Titus Livius
Römische Geschichte

Titus Livius

Römische Geschichte

Von der Gründung der Stadt an

Nach der Übersetzung von
Otto Güthling

Herausgegeben von Lenelotte Möller

marixverlag

Bibliografische Information der Deutschen Nationalbibliothek
Die Deutsche Nationalbibliothek verzeichnet diese Publikation in der Deutschen Nationalbibliografie; detaillierte bibliografische Daten sind im Internet über http://dnb.d-nb.de abrufbar.

Neu gesetzte, behutsam revidierte und überarbeitete Ausgabe für
marixverlag GmbH, Wiesbaden 2009
nach der Ausgabe Leipzig 1936 - 1938
Covergestaltung: Nicole Ehlers, marixverlag GmbH
Bildnachweis: akg-images, Berlin
Lektorat: Dr. Bruno Kern, Mainz
Satz und Bearbeitung: Medienservice Feiß, Burgwitz
Der Text wurde in der Minion Pro gesetzt
Gesamtherstellung: CPI books GmbH, Ulm
Printed in Germany

ISBN: 978-3-86539-194-0

www.marixverlag.de

Inhalt

Vorwort

Bei der Neuherausgabe der vorliegenden Livius-Übersetzung von Heusinger habe ich dieselben Grundsätze wie bei der Herausgabe des Heilmann'schen Thukydides (Univ.-Bibl. Nr. 1807 - 1815) befolgt. Es genügt daher, auf das dort im Vorwort Gesagte zu verweisen.

Bei der Revision der Übersetzung habe ich die erklärende Ausgabe von Weißenborn-Müller (Berlin, Weidmannsche Buchhandlung) zugrunde gelegt. Dass ich außerdem alle mir nur irgend zugängliche Literatur benutzt habe, brauche ich wohl nicht erst zu erwähnen.

Mein jetzt in Gott ruhender Bruder, Karl Güthling, hat mich, selbst während seiner langwierigen Krankheit, nicht nur tätlich bei meiner schwierigen Arbeit unterstützt, sondern mir auch seine Übersetzung zu mehreren Büchern des Livius zur Verfügung gestellt. Ich halte es für meine Pflicht, dies hier zu erwähnen, wenn auch bereits der Rasen sein Sterbliches deckt; *multis ille bonis flebilis occidit.* –

Weiter habe ich nichts zu sagen. Ich wünsche nur, dass diese meine Arbeit denselben Beifall der Fachkundigen finden möge, den meine Ausgabe des Thukydides zu meiner großen Freude gefunden hat.

Liegnitz, 23. Oktober 1884 *Otto Güthling*

Durchgreifende Änderungen habe ich bei der zweiten Auflage nicht vorgenommen; die Änderungen betreffen nur Einzelheiten. Zugrunde liegt auch diesmal die oben erwähnte erklärende Ausgabe von Weißenborn-Müller. In dem literarischen Nachlass meines verstorbenen Vaters, Dr. Karl Eduard Güthling, fand ich eine Übersetzung der ersten fünf Bücher des Livius vor, die ich selbstverständlich benutzt habe.

Goldschmieden bei Breslau, Ostern 1926 *Otto Güthling*

Einleitung

Titus Livius (sein Zuname ist unbekannt), wohl der größte römische Historiker, stammte aus Patavium (dem heutigen Padua), wo er im Jahre 59 v. Chr. geboren ist. Er beschäftigte sich eifrig mit Philosophie und Rhetorik, zugleich auch mit geschichtlichen Studien, teils über seine Vaterstadt (s. Buch X Kap. 2), teils über das ganze Gebiet der römischen Geschichte, welche er während eines langen Aufenthaltes in Rom eifrig trieb und zu schreiben anfing, vielleicht schon nach dem Jahre 27 v. Chr. (Buch I Kap. 19, als der Janustempel zum zweiten Mal geschlossen wurde, was er selbst sah), da er den Octavian nur Augustus nennt, wie er seit 27 v. Chr. genannt wurde. Trotz seiner republikanischen Ansicht, deretwegen Augustus ihn einen Pompejaner nannte (s. Tacitus, Annalen Buch IV Kap. 34), und obwohl er seine Selbstständigkeit mit Festigkeit wahrte, stand er doch zu Augustus in einem sehr freundschaftlichen Verhältnis. Von seinen Zeitgenossen hoch geehrt (vgl. Plinius, Briefe II, 3, 8 und Seneca, controv. 10,praef. 2) starb er im Jahre 17 n. Chr., gleichzeitig mit dem Dichter P. Ovidius Naso, und ist demnach 76 Jahre alt geworden.

Sein großes Geschichtswerk, von dem älteren Plinius *historias*, von ihm selbst bisweilen *annales* genannt, gewöhnlich aber *rerum Romanarum ab urbe condita libri*, bestand aus 142 Büchern, von welchen wir nur noch 35 Bücher haben, nämlich Buch 1–10 und 21–45, obgleich im Mittelalter noch das ganze Werk vorhanden war. Schon sehr früh teilte man das Werk in Bücher ein; er selbst hatte, wie es scheint, anfangs sein Werk nach Dekaden bzw. Halbdekaden gegliedert und veröffentlicht, ließ diese Einteilung jedoch allmählich fallen, die aber im Mittelalter beim Abschreiben des ganzen Werkes zugrunde gelegt wurde. Die fünf Bücher der fünften Dekade existieren nur in einer Handschrift. Neuerdings hat man, namentlich aus dem 91. Buche, Fragmente aufgefunden.

Von seinen philosophischen Schriften hat sich nichts erhalten (Seneca, Briefe 100, 9; Quintilian X, 1, 39). Einen sehr ungenügenden Ersatz für die verlorenen Bücher des Geschichtswerkes bilden die (mit Ausnahme von Buch 136 und 137) vollständig erhaltenen kurzen Inhaltsangaben, *periochae*, wahrscheinlich in der ersten Hälfte des zweiten Jahrhunderts n. Chr., jedenfalls vor Florus, gefertigt.

Livius' großes Geschichtswerk stellt sich die Aufgabe, in pragmatischer Weise nicht allein die Tatsachen zu berichten, sondern auch das Lehrreiche an ihnen hervorzuheben. Daher wählte er die so reiche Geschichte des römischen Volkes, die er oft mit dichterischem Schwung, welcher ihn die Sagen seines Volkes und das Sittliche in den einzelnen Handlungen beachten ließ, behandelt, sowie er auch die hervorragenden Persönlichkeiten (z. B. Hannibal) mit voller Seele fasst und darstellt. Dies erkannten auch die Alten selbst schon an ihm an (s. Quintilian, X, 1, 101). Seine eigene religiöse Anschauung, welche freilich den Römern des Mittelalters oft anstößig war, soweit sie sich in der gewissenhaften Aufzählung aller Wunderzeichen kundgibt, ist ein Zeugnis seines frommen, in dem Glauben der Väter großgezogenen Gemütes. Er verschmäht zur Ausschmückung seiner Darstellung geeignete Mittel nicht und sucht die Lebhaftigkeit derselben zu heben, indem er teils treffende Schilderungen einfügt, teils den handelnden Personen Reden in den Mund legt, welche dem Charakter derselben im Ganzen angemessen sind (wie Scipio und Hannibal), teils endlich durch kurz gehaltene Charakterschilderungen (z. B. des älteren Cato). Auch dies anerkannte schon Quintilian hinsichtlich der Reden.

Daneben trifft ihn freilich der Tadel der Ungenauigkeit in einzelnen Partien nicht mit Unrecht, z. B. in den Schlachtenbeschreibungen und insbesondere in der Darstellung der spanischen Feldzüge während des zweiten Punischen Krieges.

Was nun die Ausführung seines großartigen Werkes betrifft, so beginnt er seine Geschichte mit der Sage von Roms Gründung und von der Geschichte der Stadt in ihrer ursprünglichen engen Beschränkung und erweitert sie im Verlaufe der Begebenheiten zur Geschichte des römischen Weltreiches. Die ersten sechzig Bücher behandelten sechs Jahrhunderte, die letzten achtzig etwa hundertachtzig Jahre. Besonders gelungene Partien sind die Samnitenkriege und der zweite Punische Krieg.

Was die von ihm benutzten Quellen betrifft, so zog er alle vorhandenen Arbeiten zu Rate und verstand es, das Bessere aus ihnen auszuwählen. Seine Sprache ist meist leicht verständlich, fließend, oft blühend, gewandt und frei von dem Streben und Haschen nach altertümlichen Ausdrücken, was Livius an Sallust getadelt haben soll.

Seine Zuverlässigkeit rühmt bereits Tacitus. Livius' Geschichtswerk – sagt Weißenborn – ist von den geistreichsten Schriftstellern der Folgezeit anerkannt und bewundert worden, in Prosa und Versen (Avienus, im 4. Jahrhundert, *qui totum Vergilium et Livium iambis scripsit*) verarbeitet und in vielen Auszügen (Florus, Eutropius) bis zum Untergang der römischen Literatur (Cassiodorus, Orosius) erhalten worden und die Quelle gewesen, aus der die Kunde der Vorzeit geschöpft wurde. Bei seinen Zeitgenossen fand seine Auffassung und Darstellung der Geschichte so großen Beifall, dass noch bei seinen Lebzeiten sein Name bis an das Ende des Reiches gefeiert wurde, und von da an entnahmen die Römer aus ihm ihre Kenntnisse und Ansichten von der republikanischen Zeit, fassten die Taten und Charaktere derselben in der Gestalt und den Umrissen auf, in denen er sie dargestellt hatte, und wurden durch ihn mit Bewunderung und Begeisterung für dieselben erfüllt. Ebenso ist Livius im Mittelalter und den folgenden Jahrhunderten betrachtet und gefeiert worden, und wenn er den höheren Anforderungen an die Geschichtsschreibung, welche die neueste Zeit stellt, nicht genügt, so wird sein großartiges Werk, dem kaum ein anderes im Altertum und der neueren Zeit an die Seite gestellt werden kann, doch immer die reichste Quelle für die römische Geschichte der alten Zeit bleiben, und sein edler Sinn, seine musterhafte Darstellung ihm vielleicht die erste oder doch eine der ersten Stellen unter den Historikern der Römer auch in Zukunft sichern.

Urteile Wolfs und Buttmanns über Heusingers Livius-Übersetzung

Ew. erhalten hierbei endlich die mir mitgeteilten Hefte der neuen Übersetzung des Livius, die ich mit großem Vergnügen durchgesehen habe. Ich zweifle durchaus nicht, dass diese Arbeit alle bisherigen versuche in Vergessenheit bringen wird, da die Beweise von Genauigkeit und Einsicht überall unverkennbar sind, wozu noch kommt, dass durch so viele gelehrte Anmerkungen das Studium des Originals für Schulmänner und junge Leute, die für sich lesen, gefördert wird; aber allein schon ist der Name Heusinger in der philologischen Welt viel zu gut akkreditiert, als dass er durch die früheren Übersetzer, die keinen solchen Namen hatten, verdunkelt werden könnte.

Wolf

Ich habe das Manuskript als Probe der Übersetzung des Livius mit kritischen und erklärenden Anmerkungen mit Vergnügen durchgegangen und überall die Frucht eines langjährigen, mit Urteil und Kenntnis verbundenen Fleißes bewundert. Ich weiß als Bibliothekar aus Erfahrung, welch ein Treiben heutzutage nach den Übersetzungen der alten Historiker, besonders von den vielen Militärpersonen ist, welche die Originale nicht lesen können. Die schlechten Übersetzungen sind fortdauernd im Gange. Wird es bekannt, dass eine mit solcher Kenntnis der alten Sprache und Sachen unternommene vorhanden ist, die zugleich einen so ungezwungenen und fasslichen und dabei doch nicht ermüdenden Stil darbietet, so zweifle ich nicht, dass sie bald die einzige sein wird, die man liest.

Buttmann

VORREDE DES TITUS LIVIUS

1 Ob ich etwas Verdienstliches tun werde, wenn ich die Geschichte des römischen Volkes vom Ursprunge Roms an schreibe,* weiß ich teils nicht gewiss, teils möchte ich dies, wenn ich es wüsste, nicht behaupten. *2* Man hat das, wie ich sehe, schon längst, ja schon oft getan, weil immer die neu auftauchenden Geschichtsschreiber entweder in den Sachen selbst manches zu berichtigen oder in der Kunst des Vortrags das ungeübte Altertum übertreffen zu können glauben. *3* Wie dem auch sein mag, es bleibt mir doch die Freude, dass auch ich zur Erhaltung des Andenkens an die Taten des ersten Volkes der Erde nach meinen Kräften beigetragen habe: Und sollte bei der so großen Menge von Schriftstellern mein Name im Dunkeln bleiben, so will ich mit dem Range und der Größe derer mich trösten, die meinem Ruhme Eintrag tun. *4* Außerdem habe ich nicht nur einen Stoff von ungeheurem Umfange vor mir, denn er führt mich über 700 Jahre zurück, und wuchs, so klein sein erster Anfang war, so empor, dass er beinahe unter seiner Größe zu erliegen droht, sondern es wird auch gewiss für die meisten meiner Leser die Urgeschichte Roms mit ihren nächsten Zeiträumen so unterhaltend nicht sein, weil sie zu der Neuzeit hineilen, wo die Kräfte eines Staates, dem Übermacht so lange schon eigen war, sich selbst verzehren. *5* Ich hingegen will einen Lohn meiner Arbeit auch darin finden, dass ich mich von dem Anblick der Leiden, die unser Zeitalter seit so vielen Jahren sah, wenigstens so lange abwende, als ich mich mit ganzer Seele in jene Vorwelt versetze und noch von allen den Rücksichten frei bin, die den Geschichtsschreiber, falls sie ihn auch von der Wahrheit nicht ablenken, doch beunruhigen können.

6 Die mehr im Schmuck der dichterischen Erzählung als durch unverfälschte Denkmale der Geschichte auf uns gekommenen Angaben von Umständen, die sich vor längerer Zeit oder zunächst vor Erbauung der Stadt ereignet haben sollen, will ich ebenso wenig bekräftigen als widerlegen. *7* Man hält es der alten Welt zugute, wenn sie durch die in die Begebenheiten der Menschen eingemischten Erzählungen von Göttern die Urgeschichte der Staaten ehrwürdiger zu machen sucht. Und soll irgendein Volk auf die Erlaubnis, Heiligkeit in seinen Ursprung zu tragen und diesen göttlicher Einwirkung zuzuschreiben, ein Recht haben, so hat das römische Volk des kriegerischen Ruhmes so viel, dass die Völker der Erde es ebenso willig sich gefallen lassen können, wenn es nun gerade den Mars für seinen und seines Stifters Vater erklärt, wie sie sich auch seine Herrschaft gefallen lassen. *8* Wie man diese und ähnliche Erzählungen beachten oder beurteilen werde, kann mir ziemlich gleichgültig sein. *9* Aber darauf, wünschte ich, möge jeder seine ganze Aufmerksamkeit richten, wie die Lebensart, wie die Sitten waren; durch was für Männer und was für Mittel im Kriege und Frieden Rom seine Oberherrschaft erwarb und erweiterte. Kommt dann die Zeit, wo die alte Zucht allmählich in Verfall geriet, so verfolge man mit Aufmerksamkeit die anfangs sich gleichsam aus ihren Fugen lösende Sittlichkeit,** wie sie

* Livius will die ganze Geschichte Roms schreiben, nicht wie Sallust, Caesar u.a. bloß einen Teil derselben.

** Das Gleichnis ist von einem Gebäude hergenommen.

nachher immer tiefer sank, dann unaufhaltsam zusammenstürzte, bis wir endlich die Zeiten erleben mussten, in denen wir weder unsere Verderbnis noch die Mittel dagegen ertragen konnten. ***10*** Und gerade dies ist es, was uns die Geschichte zu einer so heilsamen und fruchtbringenden Kenntnis macht, dass wir nämlich die lehrreichen Beispiele aller Art wie auf einem glänzenden Bilde ausgeführt schauen, und jeder daraus für sich und seinen Staat das Nachahmungswürdige entnehme, und was im Beginn wie im Ausgang widerwärtig ist, vermeide.

11 Übrigens täuscht mich entweder Vorliebe für meine übernommene Arbeit, oder es war wirklich nie ein Staat größer, ehrwürdiger, an edlen Beispielen reicher; es war nie eine Stadt, in welche sich Habsucht und Verschwendung so spät eingeschlichen hätten; nie eine, in welcher Armut und Sparsamkeit so hoch und so lange geachtet wurden. So unleugbar ist es, dass die Menschen um so viel weniger begehrten als sie weniger besaßen. ***12*** Es ist ja so lange noch nicht, dass der Reichtum den Geiz und das Übermaß an Vergnügungen die Sucht in Rom eingeführt hat, um durch Üppigkeit und Ausschweifung sich selbst und alles neben sich zugrunde zu richten.

Doch Klagen, selbst dann nicht einmal angenehm, wenn sie vielleicht auch nötig sein dürften, sollen bei einem so wichtigen Vorhaben wenigstens nicht in den Anfang sich mischen. ***13*** Weit lieber würde ich, wenn es bei uns wie bei den Dichtern Brauch wäre, unter vorbedeutenden Segenssprüchen beginnen, Göttern und Göttinnen Opfer verheißen und sie anrufen, der Unternehmung eines so großen Werkes einen gesegneten Fortgang zu verleihen.

Erstes Buch

Inhalt

Das erste Buch enthält die Ankunft des Aeneas in Italien und seine Taten; die Regierung des Ascanius zu Alba, des Aeneas Silvius und der folgenden Silvischen Könige. Numitors Tochter von Mars geschwängert. Romulus und Remus geboren, Amulius getötet. Romulus baut Rom; wählt einen Senat; führt Krieg mit den Sabinern; bringt dem Jupiter Feretrius die Fürstenbeute dar; teilt das Volk in Kurien; besiegt die Fidenaten und Vejenter; wird unter die Götter erhoben. Numa Pompilius verfasst die Einrichtung des Gottesdienstes schriftlich; baut den Janustempel und ist der Erste, der ihn verschließt, weil er alle umliegenden Völker zum Frieden zu bewegen vermochte; gibt nächtliche Zusammenkünfte mit der Göttin Egeria vor und erweckt in seinen rohen Kriegern Gefühl für Religion. Tullus Hostilius bekriegt die Albaner. Gefecht der Drillingsbrüder, Horatius freigesprochen. Todesstrafe des Mettus Fufetius; Zerstörung Albas; Versetzung der Albaner nach Rom. Krieg mit den Sabinern. Tullus vom Blitze erschlagen, Ancus Marcius erneuert den von Numa eingeführten Gottesdienst; besiegt die Latiner, nimmt sie in die Stadt auf und weist ihnen den Berg Aventin an. Er erobert Politorium, eine latinische Stadt, welche die Altlatiner genommen hatten, und schleift sie. Er schlägt eine Balkenbrücke über den Tiber, zieht den Hügel Janiculus zur Stadt; erweitert die Grenzen des Reiches; baut Ostia. Unter seiner 24-jährigen Regierung kommt Lucumo, des Korinthers Damaratus Sohn, von Tarquinii, einer etruskischen Stadt, nach Rom, wird des Ancus Freund, nimmt den Namen Tarquinius an und setzt sich nach Ancus' Tode auf den Thron. Er vermehrt den Senat um hundert Mitglieder; gibt dem Circus seinen Platz und stellt Spiele an. Weil ihn die Sabiner angreifen, verstärkt er die Zenturien der Ritter. Den Augur Attus Navius und seine Kunst in Versuchung zu führen, soll er ihn befragt haben, ob das tunlich sei, was er jetzt im Sinne habe, auf erfolgtes Ja habe er ihn aufgefordert, einen Kieselstein mit einem Schermesser zu durchschneiden, und Attus habe das sofort getan. Er besiegt die Sabiner; zieht eine Mauer um die Stadt, legt die Ableitungen an. Nach einer Regierung von achtunddreißig Jahren ermorden ihn die Söhne des Ancus. Ihm folgte Servius Tullius, geboren von einer edlen Gefangenen aus Corniculum. Der Sage nach stand ihm als Knaben in der Wiege das Haupt in Flammen. Er schlägt die Vejenter und Etrusker, hält die erste Schätzung und beendet das Schätzungsopfer, bei welchem achtzigtausend Bürger geschätzt sein sollen. Er macht die Einteilung in Klassen und Zenturien; rückt die Grenze des Mauerzwingers weiter vor, zieht die Hügel Quirinalis, Viminalis und Esquilinus zur Stadt und baut den Tempel der Diana auf dem Aventin mit den Latinern gemeinschaftlich. Nach 24-jähriger Regierung wird er von Lucius Tarquinius, des Priscus Sohn, auf Anstiften seiner eigenen Tochter Tullia ermordet. Weder vom Senat noch vom Volk zum König ernannt, eignet sich Lucius Tarquinius Superbus den Thron an, an demselben Tage, als die ruchlose Tullia auf ihrem Wagen über ihren im Blute liegenden Vater hinfuhr. Er legt sich eine Leibwache zu; bringt durch List den Turnus Herdonius ums Leben; führt Krieg mit den Volskern und legt von dieser Beute auf dem Kapitol dem Jupiter einen Tempel an. Die Altäre des Terminus und der Juventas dürfen nicht verlegt werden, weil diese ihre Einwilligung versagen. Durch die List seines Sohnes Sextus Tarquinius unterwirft er sich die Stadt Gabii. Seine Söhne reisen nach Delphi und bekommen auf die Frage, wer von ihnen zu Rom regieren werde, die Antwort: *wer zuerst die Mutter küssen wird.* Während sie den Ausspruch unrichtig deuteten, stellt sich ihr Reisegefährte Junius Brutus als fiele er, und küsst die Erde. Ihn rechtfertigt der Erfolg. Denn Tarquinius Superbus, der sich alles erlaubte, zog sich allgemeinen Hass zu. Sein Sohn Sextus entehrte durch nächtliche Gewalttat die Lucretia. Sie ließ ihren Vater und ihren Gemahl Collatinus holen, beschwor die beiden, ihren Tod zu rächen, und erstach sich mit einem Dolche. Darüber jagte man den Tarquinius nach einer Regierung von fünfundzwanzig Jahren, hauptsächlich durch Zutun des Brutus, aus Rom. Mann ernennt Konsuln. Lucius Junius Brutus und Lucius Tarquinius Collatinus bekleiden dies Amt zuerst.

(1) Gleich von allem Anfange an wird allgemein angenommen, dass nach der Eroberung von Troja die übrigen Trojaner grausam behandelt wurden. Nur gegen zwei, den Aeneas und den Antenor, machten die Griechen als gegen ihre alten Gastfreunde, und weil sie immer zum Frieden und zur Herausgabe der Helena geraten hatten, von keinem Kriegsrechte Gebrauch. *2* Durch mancherlei Unfälle sei dann Antenor* mit einer Schar Eneter**, welche ohne Heimat und Führer sich ihm angeschlossen hatten – denn sie waren aus Paphlagonien durch Aufruhr vertrieben worden, und ihr König Pylaemenes war vor Troja gefallen –, in die innerste Bucht des Adriatischen Meeres gekommen; *3* Eneter und Trojaner hätten die zwischen dem Meer und den Alpen wohnenden Euganeer vertrieben und jene Länder behauptet. Auch nennt sich wirklich der Ort, wo sie zuerst das Land betraten, Troja, und nach ihm der Gau der Trojanische. Das ganze Volk bekam den Namen Veneter.

4 Aeneas, von demselben Missgeschick getroffen und aus seiner Heimat flüchtig, allein vom Schicksal zu einer wichtigeren Gründung geleitet, sei zuerst nach Makedonien gegangen; von da sei er, eine Niederlassung suchend, nach Sizilien verschlagen worden; von Sizilien aus habe er endlich mit seiner Flotte das laurentische Gebiet erreicht. Auch dieser Platz hat den Namen Troja. *5* Als die hier gelandeten Trojaner, denen ihre fast unermesslichen Seefahrten nichts als Waffen und Schiffe übriggelassen hatten, im Lande plünderten, eilten König Latinus und seine Aboriginer, die damaligen Bewohner dieser Gegend, aus der Stadt und aus den Dörfern bewaffnet herbei, um den Gewalttätigkeiten der Ankömmlinge zu wehren. Da gibt es nun zweierlei Berichte. *6* Einige sagen, Latinus habe nach verlorener Schlacht zuerst Frieden, dann auch ein Heiratsbündnis mit Aeneas geschlossen. Nach anderen trat Latinus, als die Heere in Schlachtordnung dastanden, *7* noch vor dem Zeichen zum Angriff in die Mitte der Vornehmsten vor und lud das Oberhaupt der Fremden zu einer Unterredung ein. Er erkundigte sich, wer und woher sie wären, durch welches Missgeschick sie ihre Heimat verlassen, und in welcher Absicht sie auf laurentischem Boden gelandet wären. *8* Und als er hörte, die Schar seien Trojaner, ihr Führer sei Aeneas, des Anchises und der Venus Sohn, und dass sie nach Einäscherung ihrer Vaterstadt und weil sie ihr Land hätten meiden müssen, eine Niederlassung und einen Platz zur Anlage einer Stadt suchten, da reichte er aus Achtung vor dem Adel der Nation und ihres Helden, nicht weniger vor ihrem auf Krieg und Frieden gleich gefassten Mut, dem Aeneas zum Unterpfands ihrer künftigen Freundschaft seine

* Antenors und seine Ankunft in der Gegend von Padua, das er gebaut haben soll, erwähnt Livius, weil er selbst aus Patavium (Padua) stammte.

** Sie wohnten am Parthenius in Paphlagonien.

Rechte. Beide Heerführer schlossen darauf einen Bund, es begrüßten sich die Heere. ***9*** Latinus nahm den Aeneas in seinen Palast auf, und hier knüpfte er im Angesicht seiner Hausgötter an den Völkerverein einen Familienbund: Er gab dem Aeneas seine Tochter. ***10*** Und dieser Umstand besonders erfüllte die Trojaner mit der festen Hoffnung, endlich im Besitz eines bleibenden und bestimmten Wohnorts ihren Irrfahrten ein Ziel gesteckt zu sehen. Sie legten eine Stadt an. Aeneas nannte sie nach seiner Gemahlin Lavinium. ***11*** Bald war auch aus der neuen Ehe ein männlicher Erbe da, dem seine Eltern den Namen Ascanius gaben.

(2) Jetzt wurden beide Völker, Aboriginer und Trojaner, feindlich angegriffen. Turnus, König der Rutuler, dem Lavinia vor des Aeneas Ankunft versprochen war, hatte aus Unwillen, dass ihm ein Fremder vorgezogen wurde, dem Aeneas und Latinus den Krieg erklärt. ***2*** Eine Schlacht lief für beide Heere nicht erfreulich ab. Die Rutuler wurden geschlagen; die siegenden Aboriginer und Trojaner verloren ihren Feldherrn Latinus. ***3*** Turnus und seine Rutuler nahmen aus Misstrauen auf ihre eigenen Kräfte ihre Zuflucht zu der blühenden Macht der Etrusker und deren König Mezentius. Er herrschte in der damals mächtigen Stadt Caere. Gleich anfangs über den Ursprung der neuen Stadt keineswegs erfreut, überzeugte er sich jetzt noch mehr von der für die Sicherheit der Nachbarn viel zu schnell anwachsenden Macht des trojanischen Staates und nahm keinen Anstand, mit seinem Heer zu den Rutulern zu stoßen. ***4*** Aeneas, der sich gegen einen so furchtbaren Krieg die Liebe der Aboriginer sichern wollte, nannte beide Völker, um sie unter einerlei Regierung auch durch einen Namen zu verbinden, Latiner. ***5*** Und von nun an gaben die Aboriginer an Eifer und Treue für ihren König Aeneas den Trojanern nichts nach. Etruriens Macht war so ansehnlich, dass es nicht bloß das feste Land, sondern schon das Meer nach der ganzen Länge Italiens, von den Alpen bis zur Sizilischen Meerenge, mit dem Rufe seines Namens erfüllte. Gleichwohl führte Aeneas, der sich in Lavinium hätte belagern lassen können, im Vertrauen auf die Liebe seiner beiden sich täglich inniger verbindenden Völker, sein Heer vor den Feind. ***6*** Die Schlacht war für die Latiner glücklich, für Aeneas aber war sie der Beschluss seiner irdischen Taten. Er ruht – was für ein Name ihm nach menschlichen und göttlichen Rechten gebühren mag – auf dem jenseitigen Ufer des Flusses Numicus. Gewöhnlich heißt er Jupiter Indiges (Landesgottheit).

(3) Noch war Ascanius, der Sohn des Aeneas, für den Thron zu jung; doch blieb ihm sein Königreich bis zur Volljährigkeit ungeschmälert. So lange warteten der latinische Staat und die großväterliche und väterliche Herrschaft unter der Leitung einer Frau – und diese große Frau war Lavinia – auf den Knaben. ***2*** Ich möchte aber noch sehr zweifeln – denn wer wollte Dinge von so hohem Alter für gewiss behaupten –, ob der Ascanius, den die Julische Familie nach seinem zweiten Namen, Julus, als ihren Stammvater angibt, mit dem unsrigen eine Person oder ein älterer gewesen sei, der in Trojas glücklichen Zeiten dem Aeneas von der Creusa geboren wurde und dann den Vater auf der Flucht begleitete. ***3*** Genug, Ascanius, wo und von welcher Mutter er geboren sein mag, nach aller Aussage des Aeneas Sohn, überließ, weil Lavinium zu volkreich wurde, diesen für damalige Zeiten blühenden und wohlhabenden Ort seiner Mutter oder Stiefmutter und baute sich am Fuße des Berges Albanus eine neue Stadt. Sie bekam von ihrer am Abhang hinlaufenden Länge den Namen Alba Longa. ***4*** Zwischen den beiden Kolonien von Lavinium und Alba Longa verflossen etwa nur dreißig Jahre; allein der Staat war so gewachsen, besonders durch die Besiegung der Etrusker, dass bei Aeneas' Tode und nachher, während der Regentschaft einer Frau und der ersten Lehrjahre des jungen Königs, weder Mezentius und die Etrusker noch die übrigen Nachbarn einen Angriff wagten. ***5*** Vermöge des Friedensschlusses schied der Strom Albula, der jetzt Tiber heißt, Etrurien und Latium als Grenze.

6 Nach Ascanius regierte sein Sohn Silvius, durch einen Zufall im Walde geboren. ***7*** Dieser zeugte den Aeneas Silvius; dieser wieder den Latinus Silvius, der einige Kolonien anlegte, welche altlatinische genannt wurden. Alle folgenden Könige von Alba aus diesem Geschlechte behielten den Zunamen Silvius. ***8*** Des Latinus Sohn war Alba, des Alba Atys, des Atys Capys, des Capys Capetus, des Capetus Sohn Tiberinus, der bei einer Überfahrt im Strome Albula ertrank und so dem Fluss den in der Folge üblichen Namen gab. Sein Sohn Agrippa folgte ihm. ***9*** Nach Agrippa beherrschte Romulus Silvius das vom Vater ererbte Reich. Er hinterließ es, als er vom Blitz getötet wurde, durch die Erbfolge dem Aventin. Von Aventin hat der Hügel, der jetzt ein Teil der Stadt Rom ist, den Namen, weil er da begraben liegt. Nach ihm regierte Proca, ***10*** dieser zeugte den Numitor und Amulius. Er bestimmte das alte Königreich des Silvischen Stammhauses dem älteren, dem Numitor. Allein Gewalt setzte sich über den väterlichen Willen und über die der Erstgeburt schuldige Achtung hinaus. ***11*** Amulius nahm seinem Bruder den Thron und knüpfte an diese Freveltat eine neue, er rottete den männlichen Stamm seines Bruders aus; die Tochter seines Bruders, Rhea Silvia, machte er zur Vestalin und nahm ihr unter diesem Schein der Ehre durch das Gelübde des ledigen Standes alle Hoffnung, Mutter zu werden.

(4) Gleichwohl trat jetzt der Zeitpunkt ein, auf welchen das Schicksal, wie ich glaube, den Ursprung einer so großen Stadt und den Anfang des nächst der Macht der Götter größten Reichs bestimmt hatte. ***2*** Die gewaltsam übermannte Vestalin kam mit Zwillingen nieder und gab entweder aus Überzeugung oder weil ein Gott ein ehrenvollerer Verführer war, den Mars als Vater der zweifelhaften Nachkommenschaft an. ***3*** Und doch schützten weder Götter noch Menschen sie selbst oder ihre Kinder vor des Königs Grausamkeit. Die Priesterin wurde in Fesseln gefangen gelegt, die Knaben ließ er in den Strom werfen. ***4*** Durch göttliche Fügung hatte sich der Tiber über die an seinem Ufer stehenden Sümpfe ergossen. Sowenig man irgendwo zum eigentlichen Strome kommen konnte, so hielten doch die königlichen Diener, als sie mit den Zwillingen ankamen, ein noch so seichtes Wasser für tief genug, die Neugeborenen zu ertränken, und setzten, **5** als leisteten sie so dem königlichen Befehle Genüge, in der nächsten Anspülung die Kinder aus, da, wo jetzt der Ruminalische* Feigenbaum steht, der eine Zeitlang der Romulische geheißen haben soll.

6 Diese Gegend war damals eine wilde Einöde. Als das sinkende Wasser die hin und her treibende Mulde, in welcher die Knaben ausgesetzt waren, auf festem Boden stehen ließ, zog der gewöhnlichen Sage nach das Wimmern der Kinder eine Wölfin, die, um zu trinken, vom nahen Gebirge kam, herbei. Sie gab den Kleinen ihre dargereichten Zitzen mit so viel Milde, dass sie der Oberhirt der königlichen Herden angetroffen haben soll, wie sie die Knaben leckte. Man sagt, er hieß Faustulus, und er nahm die Kinder mit in die Standhütten der Hirten zu seiner Frau Larentia, um sie aufzuziehen. ***7*** Einige nehmen an, Larentia habe, weil sie sich preisgegeben, bei den Hirten *lupa* (die Dirne; Ursprungsbedeutung: die Wölfin) geheißen; und dies habe die Veranlassung zu der wunderhaften Sage gegeben.

8 So geboren und erzogen, durchstreiften die Zwillinge, sobald sie herangewachsen waren, ohne auf dem Standplatz der Hirten und bei der Viehweide lässig zu sein, die umliegenden Wälder auf ihren Jagden. ***9*** Dadurch an Leib und Seele gestärkt, wagten sie sich bald nicht bloß an wilde Tiere, sondern griffen auch die mit Beute beladenen Straßenräuber an, teilten unter ihre Hirten den Raub aus und trieben mit diesen, während täglich die Schar der Jünglinge zunahm, Ernst und Scherz.

(5) Schon damals soll auf dem Palatinischen Berg unser heutiges Lupercal eine feierliche Lustbarkeit gewesen sein, und der Berg von der arkadischen Stadt Pallanteum den Namen Pallantium, nachher Palatium bekommen haben. ***2*** Euander stammte von jenen Arkadiern, hatte der Sage nach schon mehrere Menschenalter vorher diese Gegend im Besitze und führte die aus Arkadien

* *Ruminalis ficus* – die Zitzenfeige, weil hier die Wölfin die Zwillinge gesäugt hatte.

mitgebrachte Feierlichkeit auch hier ein. Halbbekleidete Jünglinge mussten dem lyzäischen Pan zu Ehren, den die Römer nachher Junus nannten, unter mutwilligen Scherzen umherlaufen. **3** In diesem Spiel, dessen Festlichkeit niemand unbekannt sein konnte, waren die Brüder eben begriffen, als sie von jenen Straßenräubern, die den Verlust ihrer Beute rächen wollten, überfallen wurden. Romulus erwehrte sich ihrer mannhaft. Den Remus nahmen sie gefangen und brachten ihn vor den König Amulius und verklagten ihn überdies. **4** Die Hauptanklage bestand darin: Diese beiden machten Einfälle in Numitors Gebiet und plünderten dort mit einer Rotte junger Leute wie Feinde. Auf diese Aussage ließ Amulius den Remus zur Bestrafung an Numitor abliefern.

5 Schon von Anfang an hatte Faustulus vermutet, dass seine Zöglinge königlicher Abkunft wären. Er wusste, dass auf königlichen Befehl Zwillinge ausgesetzt waren, und die Zeit, in der er sie zu sich genommen, traf genau mit jener überein. Doch wollte er sein Geheimnis, solange es noch nicht gereift wäre, nicht kund werden lassen, wenn ihn nicht ein günstiges Ereignis oder die Not dazu trieb. **6** Die Not trat früher ein. In seiner Angst machte er dem Romulus Mitteilung. Zu gleicher Zeit fiel auch dem Numitor, der den Remus gefangen hielt, der Gedanke an seine Enkel aufs Herz. Er verglich mit der Nachricht von ihrer Zwillingsgeburt ihr Alter und vollends ihr gar nicht hirtenmäßiges Benehmen, und durch Nachfrage kam auch er eben so weit, dass er nahe daran war, den Remus anzuerkennen. Von allen Seiten also machte man Anschläge gegen den König. **7** Nicht an der Spitze einer anrückenden Schar (denn zu offenbarer Gewalt war er zu schwach), sondern mit seinen verteilten Hirten, die er auf verschiedenen Wegen zu einer bestimmten Zeit am königlichen Schloss zusammentreffen hieß, brach Romulus zum Könige hinein, von Numitors Wohnung aus unterstützte ihn Remus mit einer zweiten bereitgehaltenen Schar. So wurde der König ermordet.

(6) Unter dem ersten Getümmel hatte Numitor das Gerücht ausgesprengt, es wären Feinde in die Stadt gedrungen und hätten schon das Schloss angegriffen. Dadurch gelang es ihm, die Mannschaft in Alba auf die Nebenfestung abzurufen, als müsse man wenigstens diese mit bewaffneter Hand zu behaupten suchen. Kaum aber sah er die jungen Helden nach vollbrachter Tat unter Freudengeschrei heranziehen, so rief er das Volk herbei und machte ihm die Freveltaten seines Bruders gegen ihn, die Abkunft seiner Enkel, ihre Geburt, Erziehung und Entdeckung, zuletzt den Tod des Tyrannen und seine Mitwirkung dazu bekannt. **2** Und als die Brüder, die mit ihrem Gefolge mitten in die Versammlung kamen, ihren Großvater als König begrüßten, da bestätigte der einstimmige Zuruf der ganzen Versammlung dem König Namen und Herrschaft.

3 Romulus und Remus sahen den Numitor wieder im Besitz von Alba. Da stieg in ihnen der Wunsch auf, in der Gegend, wo sie ausgesetzt und erzogen waren, eine Stadt zu bauen. Und wirklich hatten Alba und Latium Überfluss an Menschen, dazu kamen noch die Hirten. Diese zusammengenommen konnten ihnen die Hoffnung einflößen, dass gegen die zu erbauende Stadt ein Alba, ein Lavinium nur Städtchen sein würden. **4** Hier aber mischte sich in ihre Entwürfe das vom Großonkel geerbte Übel, die Herrschsucht, und dadurch entspann sich aus einem sehr unschuldigen Anfang die traurigste Fehde. Sie waren Zwillinge: Achtung vor Erstgeburt konnte für keinen den Ausschlag geben. Um also die Gottheiten selbst, in deren Schutz die Gegend stand, durch ihren Vogelflug entscheiden zu lassen, wer die neue Stadt nach sich benennen und, wenn sie dastände, beherrschen sollte, bezogen sie zur Beobachtung der Vögel jeder eine Schauhöhe, Romulus auf dem Palatinus, Remus auf dem Aventin.

(7) Remus, heißt es, war der Erste, dem die Glück bringenden Vögel erschienen: sechs Geier. Als aber nach eben angelangter Meldung dem Romulus doppelt so viele erschienen, da wurde jeder von seiner Schar zum König ausgerufen. Jene eigneten sich diese Besetzung des Throns nach dem Vorrecht zu, das ihnen die Zeit gab; diese nach der Anzahl der Vögel. **2** Zankend wurden

sie handgreiflich; durch den Wetteifer erbittert, schritten sie zu blutigen Taten: Remus wurde im Gewühl tödlich getroffen.

Die gewöhnliche Sage ist aber die, dass seinem Bruder zum Spott Remus über die angefangene Mauer gesprungen sei. Der erzürnte Romulus habe ihn erschlagen und folgenden Fluch ihm nachgerufen: *So fahre jeder dahin, der nach dir über meine Mauer springen wird!*

3 So wurde Romulus alleiniger Herrscher, und die erbaute Stadt wurde nach ihrem Erbauer genannt. Das Palatium, auf dem er erzogen war, wurde zuerst ummauert. Den übrigen Göttern brachte er ihre Opfer nach albanischem, dem Herkules nach griechischem Brauch dar, wie ihn Euander angeordnet hatte.

4 Hercules nämlich, so erzählt man, führte die wunderschönen Rinder des von ihm erlegten Geryon in diese Gegend. Der durch den Tiber vor sich hingetriebenen Herde schwamm er nach. Um die Tiere durch Ruhe und fette Weiden zu erquicken, und selbst von der Wanderung ermüdet, legte er sich hier auf dem grasigen Anger nieder. ***5*** Speise und Wein, reichlich genossen, gaben ihm einen tiefen Schlaf. Ein auf seine Stärke trotzender Hirt aus jener Gegend (er hieß Cacus), der zu den schönen Rindern Lust bekam, suchte mit dieser Beute zu entkommen. Brachte er sie aber als Treiber in seine Höhle, so mussten selbst die Spuren den suchenden Eigentümer dorthin führen. Also zog er die schönsten Rinder bei den Schwänzen rückwärts in die Höhle. ***6*** Herkules, der mit der ersten Morgenröte erwachte, seine Herde musterte und sie nicht vollzählig fand, ging auf die nahe Höhle zu, ob etwa die Spuren dort hinführten. Er sah sie aber alle auswärts gekehrt und sonst nirgendwo hinlaufen, verlegen und unschlüssig wollte er schon aus einer so unsicheren Gegend entschwinden, ***7*** da erhoben, wie die Kühe es zu tun pflegen aus Sehnsucht nach den Zurückgebliebenen, einige ihr Gebrüll, und die aus der Höhle schallende Antwort der Eingeschlossenen bewog den Herkules umzukehren. Er ging gerade auf die Höhle zu. Cacus wollte ihm den Eingang mit Gewalt verwehren, schrie den Hirten, wiewohl vergeblich, zu, ihm zu helfen, und wurde mit der Keule zu Boden gestreckt. ***8*** Euander, ein Flüchtling aus der Peloponnes, beherrschte damals diese Gegend, mehr durch sein Ansehen als durch königliche Gewalt. Das Wunder der Schreibekunst, für jene mit den Wissenschaften unbekannten Menschen etwas Staunenswertes, hatte ihn der Nation ehrwürdig gemacht, ehrwürdiger noch der Glaube an die göttlichen Eingebungen seiner Mutter Carmenta, welche schon vor der Ankunft der Sibylle in Italien von diesen Völkern als Prophetin bewundert wurde. ***9*** Auch jetzt zog der Auflauf der Hirten, die den Fremdling als offenbaren Mörder verlegen umstanden, den Euander herbei. Als er sich die Tat und ihre Veranlassung hatte erzählen lassen und in dem Äußeren und Persönlichen des Mannes eine Größe und Erhabenheit wahrnahm, die ihn hoch über Menschen setzte, fragte er ihn, was für ein Held er sei. ***10*** Und wie er da seinen Namen, Vater und Vaterland erfuhr, rief er aus: *Jupiters Sohn, Herkules, sei mir willkommen! Meine Mutter, durch deren Mund die Götter Wahrheit verkündeten, hat mir geweissagt, dass du die Zahl der Himmlischen mehren werdest, und dass dir hier ein Altar geweiht werden solle, den einst das mächtigste Volk auf Erden den Großen nennen und nach der Weise deines Landes auf ihm opfern werde.* ***11*** Herkules gab ihm die Rechte und erklärte, er nehme die Verheißung an und wolle durch Errichtung und Einweihung eines Altars den Spruch des Schicksals erfüllen. ***12*** Sogleich vollzogen sie mit einem aus der Herde erlesenen Stier dem Herkules zu Ehren hier das erste Opfer, zu dessen Ausrichtung und Mahl die angesehensten Geschlechter jener Gegend, die Potitier und Pinarier, geladen wurden. ***13*** Es traf sich, dass die Potitier zur bestimmten Zeit sich einfanden und von den Eingeweiden mitaßen, die Pinarier hingegen erst nach verzehrtem Opferfleisch zu den späteren Gerichten kamen. Seitdem blieb es gesetzlich, dass die Pinarier, solange ihr Geschlecht dauerte, von den Eingeweiden der öffentlich gebrachten Opfer nicht essen durften. ***14*** Die Potitier wurden von Euander über diesen

Gottesdienst unterrichtet und versahen ihn viele Menschenalter hindurch als Oberpriester, bis die Familienfeier den Staatssklaven übertragen wurde und das ganze Geschlecht der Potitier ausstarb. ***15*** Dies war der einzige ausländische Gottesdienst, den Romulus aufnahm, schon damals ein Verehrer durch Heldenmut errungener Unsterblichkeit, zu welcher ihn sein eigenes Schicksal führte.

(8) Nach gehörig vollbrachten Opfern rief er seine Untertanen zur Versammlung, und weil sie zu der Einheit eines Staatskörpers nur durch Gesetze verschmelzen konnten, gab er ihnen eine Verfassung. ***2*** Überzeugt, dass einem rohen Haufen dies nur dann heilig sein könne, wenn er sich selbst durch Abzeichen der höchsten Gewalt ehrwürdiger machte, gab er sich eine größere Majestät sowohl in seinem übrigen Äußeren, als besonders durch zwölf angenommene Liktoren (Gerichtsdiener). ***3*** Einige glauben, er habe in dieser Zahl sich nach der Anzahl der Vögel gerichtet, die ihm durch ihren glücklichen Flug den Thron verkündigt hatten. Ich trage kein Bedenken, der Meinung derer beizupflichten, welche unsere obrigkeitlichen Diener (Apparitoren), und auch diese Klasse derselben, ja selbst ihre Anzahl von unseren Nachbarn, den Etruskern, herleiten, von denen wir auch den Thronsessel und die verbrämte Toga bekommen haben; bei den Etruskern aber wären es darum so viele gewesen, weil ihrem aus zwölf Völkern gemeinschaftlich gewählten König jedes Volk einen Gerichtsdiener gestellt habe.

4 Unterdessen wuchs die Stadt durch Bebauung eines Platzes nach dem andern, indem sie bei Aufführung ihrer Häuser mehr auf eine zu hoffende Volksmenge als auf die gegenwärtige Menschenzahl sahen. ***5*** Um aber die Stadt, deren Anlage nicht umsonst so groß gemacht sein sollte, zu bevölkern, befolgte er die Maßregel älterer Städtebauer, welche die unbekanntesten und niedrigsten Leute zu sich einluden und dann vorgaben, ein neues Menschengeschlecht sei ihnen aus der Erde erwachsen. Er eröffnete auf dem Platz, welcher jetzt, wenn man die Straße „Zwischen den beiden Hainen" hinabgeht, durch einen Zaun gesperrt ist, eine Freistatt. ***6*** Allerlei Gesindel aus den benachbarten Völkern, Freie und Sklaven ohne Unterschied, führte der Wunsch, sich in einem neuen Staat zu versuchen, hier zusammen; und dies war die erste Verstärkung der beginnenden Größe.

7 Als er nun schon mit seiner Macht zufrieden sein konnte, gesellte er die Einsicht zur Macht. Er wählte hundert Ratsherren. Entweder hielt er diese Anzahl für ausreichend, oder es waren nur hundert da, welche zu Vätern gewählt werden konnten; wenigstens wurden sie von ihrem Vorzug Väter und ihre Nachkommen Patrizier (der Adel) genannt.

(9) Schon hatte der römische Staat eine solche Stärke, dass er jedem seiner Nachbarn im Krieg gewachsen war. Aber aus Mangel an Frauen konnte diese Größe nur ein Menschenalter dauern. Zu Hause sahen sie sich ohne Hoffnung auf Nachkommenschaft, und noch berechtigten keine nachbarlichen Verträge sie zu Ehen im Auslande. ***2*** Auf den Rat der Väter schickte Romulus Gesandte zu den nächsten Städten und ließ für sein neues Volk um Bündnis und Wechselheirat anhalten. ***3*** Auch Städte, sagten die Gesandten, wüchsen, wie alles andere, aus dem Kleinen auf. Große Macht und großen Namen erwürben erst mit der Zeit sich diejenigen, die durch Tapferkeit und göttliche Hilfe sich erhöben. ***4*** Sie wären überzeugt, dass das Emporkommen Roms die Götter gefördert hätten und Tapferkeit es fördern werde. Sie möchten sich also nicht ungeneigt finden lassen, als Menschen mit Menschen Blutsfreunde und gemeinschaftliche Stammeltern zu werden. ***5*** Nirgends fanden die Gesandten günstiges Gehör; so sehr verachteten Rom seine Nachbarn, und so gefährlich zugleich schien ihnen für sie und ihre Nachkommen das in der Mitte sich erhebende Riesengebäude der römischen Macht. Fast durchgängig wurden sie mit der Frage entlassen, ob sie nicht auch für Frauen eine Freistatt errichtet hätten. Nur dann erst würden die Ehepaare zueinander passen. ***6*** Dies verdross die jungen Römer, und Gewalt war von ihrer Seite so gut wie beschlossen. Um hier die passende Zeit und Gelegenheit zu finden, traf Romulus, ohne seinen

Unwillen sich merken zu lassen, angelegentliche Vorkehrungen zu einem Ritterspiel, welches er unter dem Namen Konsualien, dem ritterlichen Neptun zu Ehren, anstellen wollte. ***7*** Er ließ den benachbarten Städten dies Schauspiel ankündigen, und die Römer machten, um Aufsehen und Erwartung zu erregen, so feierliche Zurüstungen, als sie für damalige Zeiten wussten und konnten.

8 Es zog eine gewaltige Menge Menschen hin, auch aus Begierde, die neue Stadt zu sehen; am zahlreichsten die nächsten Nachbarn aus den Städten Caenina, Crustumeria, Antemnae. ***9*** Dann kam eine ganze Schar Sabiner mit Frau und Kind. In allen Häusern fanden sie gastliche Aufnahme, und wie sie die Lage und Befestigung Roms und die ansehnliche Häuserzahl sahen, wunderten sie sich über dies schnelle Wachstum. ***10*** Als endlich der Zeitpunkt des Kampfspieles herankam, und Herz und Auge hiermit beschäftigt war, brach die geplante Gewalttätigkeit aus. Auf ein gegebenes Zeichen sprengten die römischen Krieger nach allen Seiten zum Raube der Mädchen auseinander. ***11*** Die meisten wurden ohne Wahl weggenommen, wie sie jedem in die Hände fielen; hier und da hatten sich die Senatoren eine hervorragende Schönheit ausersehen, welche ihnen durch ihre Beauftragten im Volk in die Häuser geliefert wurde; ***12*** so, sagt man, hatten auch die Leute eines gewissen Talassius ein Mädchen geraubt, das an Wuchs und Schönheit alle anderen übertraf. Und bei der vielen Nachfrage, wem sie diese zuführten, riefen sie, damit sich keiner an ihr vergriffe, zu wiederholten Malen: *Dem Talassius!* und dadurch sei dies Wort der hochzeitliche Zuruf geworden.*

13 Traurig ergriffen die Eltern der Mädchen nach dieser schreckenvollen Unterbrechung des Schauspiels die Flucht, klagten laut über die Verletzung der Gastfreundschaft und riefen zu dem Gott um Rache, zu dessen Fest und Spielen erheuchelte Gottesfeier und Redlichkeit sie gelockt habe.

14 Auch bei den Geraubten waren die Aussichten nicht froher, der Unmut nicht kleiner. Aber Romulus ging selbst in die Häuser und belehrte sie: An dieser Tat sei bloß der Übermut ihrer Väter schuld, die das Recht gegenseitiger Ehen Nachbarn verweigert hätten. Gleichwohl sollten sie rechtmäßige Gattinnen, sollten Mitgenossinnen des gesamten Vermögens, des Bürgerrechtes, ja des Liebsten, was Menschen hätten, der künftigen Kinder sein. ***15*** Sie möchten ihren Zorn besänftigen und denen, welchen die Fügung ihren Leib gegeben hätte, auch ihre Herzen geben. Schon oft habe eine Beleidigung Freundschaft zur Folge gehabt: Und sie würden um so viel bessere Männer haben, weil jeder von seiner Seite sich bemühen werde, nach allen Beweisen der Liebe, die sich von ihm als Gatten erwarten ließen, ihnen auch für Eltern und Vaterland Ersatz zu geben. ***16*** Dazu kamen die Liebkosungen der Männer, welche ihrer Tat Leidenschaft und Liebe zu Fürsprecherinnen gaben, eine bittende Entschuldigung, die ihre Wirkung auf das weibliche Herz nicht leicht verfehlt.

(10) Schon hatten die Entführten sich bedeutend beruhigt. Aber gerade jetzt war der Zeitpunkt, in welchem die Eltern am dringendsten durch ihren Aufzug in Trauerkleidern, durch Tränen und Klagen ihre Mitbürger aufregten. Auch beschränkten sie die Ausbrüche ihres Unwillens nicht bloß auf ihre Heimat, sie strömten sogar von allen Orten zu Titus Tatius, dem König der Sabiner; und bei ihm – denn des Tatius Name stand in der ganzen Gegend in hoher Achtung – trafen ihre Gesandtschaften zusammen.

2 Zu den Beleidigten gehörten auch die Caeniner, Crustuminer und Antemnaten. Nach ihrer Meinung verfuhren Tatius und die Sabiner viel zu langsam. Also vereinten sich nur diese drei Völker zur gemeinschaftlichen Führung des Krieges. ***3*** Ja den eifrigen und erbitterten Caeninern

---

* Vielleicht lag also in diesem Zuruf auf römischen Hochzeiten ein Kompliment für die Braut. Denn eine ausgezeichnete Schönheit war es, die man zu Talassius trug, und nur, sie vor der Gefahr zu sichern, welcher ihre Schönheit sie aussetzte, rief man: Zum Talassius! – vgl. Preller, Röm. Mythol. S. 584.

waren auch die Crustuminer und Antemnaten nicht rührig genug. Aus eigener Kraft unternahmen sie den Einfall ins römische Gebiet. ***4*** Sie hatten sich auf Plünderungen zerstreut, als Romulus mit seinem Heer ihnen begegnete und in einem unbedeutenden Gefecht die Nichtigkeit eines ohnmächtigen Zornes bewies. Er schlug ihr Heer in die Flucht, verfolgte die Fliehenden, erlegte im Treffen ihren König, zog ihm die Rüstung ab, und nach dem Tod des Anführers eroberte er ihre Stadt beim ersten Angriff.

5 Der Held, den seine Taten verherrlichten, der aber auch mit diesen Taten zu glänzen verstand, zog bei seiner Rückkehr mit dem siegreichen Heer, die erbeuteten Waffen des erlegten feindlichen Heerführers an einer eigens dazu verfertigten Tragstange emporhaltend, auf das Kapitol. Hier legte er sie bei der den Hirten heiligen Eiche nieder, bestimmte zugleich mit diesem Geschenk dem Jupiter einen Platz zum Tempel und betete den Gott unter einem neuen Zunamen an. ***6*** *Jupiter Feretrius* (Darbringejupiter), sprach er, *dir bringe ich, König Romulus, diese königlichen Waffen als Sieger dar, und weihe dir auf dem Bezirk, den ich jetzt in Gedanken abmaß, einen Tempel, zum Sitz der Fürstenbeute (spolia opima), welche die Nachkommen nach Erlegung feindlicher Könige und Heerführer meiner Stiftung zufolge dir darbringen werden.* ***7*** Dies ist der Ursprung des ersten zu Rom geweihten Tempels. Durch die Vorsorge der Götter blieb die Verheißung des Erbauers, dass hier seine Nachkommen solche Beute darbringen würden, nicht unerfüllt; aber die Ehre dieser Darbringung sollte zugleich nicht durch die Menge derer, die sie erstreben möchten, gemein werden. Nur zweimal wurde später, im Laufe so vieler Jahre, in so vielen Kriegen, eine Fürstenbeute errungen. So selten war das Glück dieser Ehre.

(11) Während die Römer hier beschäftigt waren, benutzte ein Heer der Antemnaten die Gelegenheit, die römischen Grenzen unbesetzt zu finden, zu einem feindlichen Einfall. Schnell wurde das römische Heer auch gegen sie geführt und überfiel sie, wie sie auf dem Lande herumschweiften. ***2*** Beim ersten Angriff und Feldgeschrei waren die Feinde geschlagen. Ihre Stadt wurde erobert. Bei seiner Einzugsfeier nach diesem Doppelsieg bat den Romulus seine Gemahlin Hersilia, gerührt durch das Flehen der Geraubten, er möge ihren Eltern verzeihen und sie in die Stadt aufnehmen. Diese Vereinigung werde den Staat durch ein neues Band befestigen. Gern gewährte er die Bitte ***3*** und zog nun gegen die anrückenden Crustuminer. Hier war noch weniger Widerstand: Die Niederlagen der anderen hatten sie mutlos gemacht. ***4*** Nach beiden Orten wurden Ansiedler geschickt; doch meldeten sich mehrere wegen der Fruchtbarkeit des Bodens zum Crustuminischen. Auch zogen von dort viele nach Rom, namentlich die Eltern und Verwandten der Geraubten.

5 Zuletzt griffen auch die Sabiner zu den Waffen; und dieser Krieg war bei Weitem der bedeutendste. Sie ließen sich von keinem Zorn, keiner Übereilung leiten und zeigten den Krieg nicht eher, als bis sie losbrachen; ja sie nahmen bei ihrer Kaltblütigkeit die List zu Hilfe. ***6*** An der Spitze der Besatzung auf der römischen Burg stand Spurius Tarpeius. Seine unverheiratete Tochter wurde, als sie eben außerhalb der Mauer Wasser zum Opfer holen wollte, durch das Gold des Tatius gewonnen, Bewaffnete in die Burg einzulassen. ***7*** Die Eingelassenen töteten sie durch die Last der auf sie geworfenen Schilde, entweder, um sich den Schein zu geben, als hätten sie die Burg erstürmt, oder in diesem Beispiel die Lehre aufzustellen, dass ein Verräter nie auf Treue rechnen dürfe. ***8*** Man fügt der Sage bei, weil die Sabiner meistens schwere goldene Armbänder und herrliche Ringe mit Edelsteinen am linken Arm getragen hätten, habe sich die Römerin ausbedungen, was sie an der linken Hand trügen, und deshalb hätten jene statt der goldenen Geschenke ihre Schilde auf sie geworfen. ***9*** Andere meinen, sie habe laut der Zusage, ihr zu geben, was sie an der Linken hätten, geradezu diese Waffen verlangt, und weil man dies für eine List gehalten, durch den von ihr selbst bestimmten Lohn ihren Tod gefunden.

(12) Genug, die Sabiner blieben im Besitz der Burg und zogen, als tags darauf das römische Heer in Schlachtordnung die ganze Fläche zwischen dem Palatinischen und Kapitolinischen Hügel ausfüllte, nicht eher in die Ebene, als bis die Römer, von Zorn und Begierde angetrieben, die Burg wiederzugewinnen, gegen sie anrückten. ***2*** Auf beiden Seiten feuerten Männer von Rang die Kämpfenden an; die Sabiner Mettius Curtius, die Römer Hostius Hostilius. Dieser, an der Spitze des Heeres, hielt die Sache Roms auf ungünstigem Kampfboden durch Mut und Unerschrockenheit aufrecht. ***3*** Als aber Hostius fiel, verlor sogleich die römische Linie ihre Haltung und wurde bis zum alten Tor des Palatinus zurückgeworfen. Auch Romulus wurde vom Strudel der Fliehenden mit fortgerissen. Da hob er die Waffen zum Himmel und sprach: ***4*** *Jupiter, von dir waren die Vögel gesandt, die mich hier auf dem Palatium den ersten Grund zu einer Stadt legen hießen. Schon ist die Burg, durch Frevel erkauft, in der Sabiner Gewalt, von dort stürzen sie – die Waffen in der Hand, das dazwischenliegende Tal schon im Rücken – hierher.* ***5*** *Du aber, Vater der Götter und Menschen, hier wenigstens halte den Feind ab; nimm meinen Römern den Schrecken und hemme die schimpfliche Flucht.* ***6*** *Hier gelobe ich dir, als Jupiter Stator (Standgeber) einen Tempel, der Nachwelt ein Denkmal, dass deine Hilfe die Stadt gerettet hat.*

7 So betete er. Und gleich als hätte er die Zusage der Erfüllung gehört, rief er aus: *Auf dieser Stelle, ihr Römer, heißt uns der allmächtige Jupiter standhalten und den Kampf erneuern.* Und die Römer hielten stand, wie von himmlischer Stimme aufgefordert. Romulus selbst eilt vor in die vorderste Reihe.

8 Mettius Curtius war, den Sabinern voran, von der Burg herabgejagt und hatte die geschlagenen Römer auf dem ganzen Platz, so groß das Forum ist, vor sich hergetrieben. Jetzt war er schon nahe am Tor des Palatin und rief: *Wir haben sie besiegt, die treulosen Gastfreunde, die feigen Feinde. Schon kennen sie den Unterschied zwischen Mädchenraub und Männerkampf!* ***9*** So frohlockte er noch, als Romulus mit einer geschlossenen Schar seiner kühnsten Krieger auf ihn eindrang. Mettius focht vom Pferde herab, umso leichter war er vom Platz zu treiben. Die Römer verfolgten ihn. Auch das übrige römische Heer, von der Tapferkeit seines Königs begeistert, brachte die Sabiner zum Weichen. ***10*** Mettius setzte mit seinem Pferd, das vom Geschrei seiner Verfolger scheu geworden war, in einen Sumpf, ein Vorfall, der die Aufmerksamkeit auch der Sabiner, bei der Gefahr eines so großen Mannes, hierher zog. Doch er arbeitete sich, da ihm die Seinigen zuriefen und ermunterten, und der Beweis der Liebe von so vielen seine Kraft erhöhte, glücklich heraus. Römer und Sabiner erneuerten in dem Tal zwischen den beiden Bergen den Kampf; das Übergewicht aber war auf Seiten der Römer.

(13) Da fassten die Sabinerinnen, deren gewaltsame Behandlung den Krieg veranlasst hatte, weil jetzt die Not die weibliche Furcht besiegte, Mut: Mit aufgelösten Haaren und zerrissenen Kleidern unter die fliegenden Pfeile, von der Seite her drängten sie sich ein, schieden die gegeneinander gekehrten Reihen, traten zwischen die Erbitterten und baten hier ihre Väter, dort ihre Männer, ***2*** dass sie doch nicht als Schwiegerväter und Schwiegersöhne den Fluch einer solchen Blutschuld auf sich laden, nicht die Schande eines an so nahen Verwandten verübten Mordes über die brächten, welche sie geboren hätten, diese über ihre Enkel, diese über ihre Kinder! ***3*** *Wollt ihr durchaus nicht verwandt, nicht mit uns durch die Ehe verbunden sein, so kehrt euren Zorn gegen uns. Um unseretwillen wird der Krieg geführt, um unseretwillen werden Männer und Väter verwundet und erschlagen. Weit besser, wir sterben, als wir leben ohne die einen von euch als Witwen oder Waisen!*

4 Die Heere und ihre Führer wurden gerührt. Es erfolgte Stille und eine unerwartete Ruhe. Dann traten die Feldherren zur Abschließung eines Vertrages hervor und schlossen nicht nur Frieden, sondern machten auch aus beiden Staaten einen; sie vereinigten sich zu gemeinschaftlicher Regierung; zur gebietenden Hauptstadt machten sie Rom. ***5*** Damit indes für den Vorteil, den Rom durch seine Verdoppelung gewann, den Sabinern doch etwas eingeräumt würde, nannten sich beide Völker nach der (sabinischen) Stadt Cures Quiriten. Zum Andenken an diese Schlacht wurde der Ort, wo das aus der Tiefe des Sumpfes sich emporarbeitende Ross den Curtius auf sicheren Grund brachte, der Curtische See genannt. ***6*** Dieser aus einem so traurigen Krieg unerwartet hervorgegangene erfreuliche Friede machte die Sabinerinnen ihren Männern und Vätern, vor allen aber dem Romulus selbst noch teurer. Darum benannte er, wie er das Volk in dreißig Kurien teilte, diese nach den Namen der Frauen. ***7*** Ohne Zweifel muss die Anzahl der Frauen viel größer gewesen sein, doch wird nicht überliefert, ob die, welche den Kurien ihre Namen geben sollten, nach dem Alter oder nach eigenem oder ihrer Männer Rang oder durch das Los gewählt wurden. ***8*** Auch drei Zenturien Reiter wurden damals errichtet. Die eine bekam den Namen Ramnens von Romulus, die Tities von Titus Tatius. Woher die Luceres Namen und Ursprung erhalten haben mögen, ist ungewiss. Nun regierten zwei Könige, und nicht bloß gemeinschaftlich, sondern auch einträchtig.

(14) Einige Jahre nachher misshandelten verwandte des Tatius die Gesandten der Laurenter. Diese belangten sie nach dem Völkerrecht; allein die Liebe zu den Seinigen und ihre Bitten galten bei Tatius mehr als das Recht. Dadurch zog er ihre Strafe sich selbst zu. ***2*** Als er zu einem feierlichen Opfer nach Lavinium kam, machte das Volk einen Auflauf und erschlug ihn. ***3*** Romulus soll diese Tat nicht so übel aufgenommen haben, als sie es verdiente, entweder weil eine gemeinschaftliche Regierung doch auch ihr Unsicheres hatte, oder weil er glaubte, dem Ermordeten sei kein Unrecht geschehen. Er fing auch keinen Krieg an. Um indes die Misshandlung der Gesandten und den Königsmord durch eine Sühne zu tilgen, mussten Rom und Lavinium durch feierliche Erneuerung ihres Bundes sich versöhnen.

4 Hier also blieb es wider Erwarten beim Frieden, dafür aber kam es zu einem weit näheren Krieg, und fast an den Toren Roms. Die Fidenaten, besorgt, dass ihre so nahen Nachbarn zu große Fortschritte machten, wollten ihnen, ehe sie noch zu der Stärke gelangten, welche die Zukunft erwarten ließ, durch einen Krieg zuvorkommen. Sie fielen mit ihrem Heer in die Gegend zwischen Rom und Fidenae ein und verwüsteten sie. ***5*** Von hier wandten sie sich nach links, denn rechts hielt der Tiber sie ab, und plünderten unter dem allgemeinen Flüchten der Landbewohner; und der plötzliche Kriegslärm, der vom Land in die Stadt drang, war sein eigener Bote. ***6*** Romulus führte ohne Verzug – denn ein so naher Krieg gestattete kein Zögern – sein Heer aus und schlug tausend Schritte von Fidenae ein Lager auf. ***7*** Hier ließ er eine mäßige Besatzung und rückte mit allen Truppen aus, hieß aber einen Teil in den von dichtem Gebüsch verdeckten Umgebungen sich in einen Hinterhalt legen. Mit dem größeren Teil und der gesamten Reiterei zog er gegen die Feinde, und durch seinen lärmenden und drohenden Angriff, in dem er fast an die Stadttore sprengte, gelang es ihm, sie herauszulocken. Gerade der Umstand, dass der Angriff mit Reiterei geschah, musste der verstellten Flucht, die in seinem Plan lag, alles Auffallende nehmen. ***8*** Und als das Fußvolk, während die Reiterei zwischen Flucht und Gefecht gleichsam zu wanken schien, eine rückgängige Bewegung machte, da stürzten die Feinde plötzlich in dichtem Gedränge zu den Toren heraus, warfen sich hinter das weichende römische Heer und gerieten in der Hitze des Nachsetzens und Verfolgens an den Ort des Hinterhalts. ***9*** Hier nahmen die plötzlich hervorbrechenden Römer den Feind in die Flanke. Der Ausfall der im Lager zurückgelassenen Besatzung vermehrte seine Bestürzung. Geschreckt von so vielen Seiten kehrten die Fidenaten, fast noch ehe Romulus und die ihn begleitende Reiterei mit ihren Pferden umwandten, den Rücken; ***10*** und während sie eben noch Verfolger der verstellt Fliehenden gewesen waren, eilten sie jetzt weit schnelleren Laufs – denn diese Flucht war Ernst – ihrer Stadt zu. ***11*** Aber sie entkamen dem

Feind nicht. Die Römer, ihnen auf der Ferse folgend, brachen, ehe noch die Torflügel zugeworfen werden konnten, wie in einem Zug mit hinein.

(15) Die Vejenter, mit dem Krieg bei Fidenae in naher Berührung, auch als Verwandte nicht ohne Teilnahme (denn die Fidenaten sind, wie jene, Etrusker gewesen) und selbst ihrer Nähe wegen, wenn die römischen Waffen allen Nachbarn gefährlich werden sollten, in Besorgnis, machten einen Einfall ins römische Gebiet, ließen sich aber mehr auf Plünderung als auf eine förmliche Führung des Krieges ein. *2* Ohne ein Lager aufzuschlagen, ohne das feindliche Heer zu erwarten, kehrten sie, beladen mit dem auf dem Land zusammengerafften Raub, nach Veji zurück. Die Römer hingegen setzten, als sie keinen Feind im Feld fanden, zu einer entscheidenden Schlacht bereit und jene erwartend über den Tiber. *3* Als die Vejenter hörten, dass sie ein Lager aufgeschlagen hatten und vor ihre Stadt rücken würden, gingen sie ihnen entgegen, weil sie lieber eine Schlacht wagen als eingeschlossen ihre Häuser und Mauern in Gefahr bringen wollten. *4* Hier siegte der römische König, ohne seiner Stärke durch eine Kriegslist zu Hilfe zu kommen, bloß durch die Kraft seines altgedienten Heeres und verfolgte die geschlagenen Feinde bis an ihre Mauern. Einen Angriff auf die durch ihre Werke und selbst durch ihre Lage feste Stadt wagte er nicht; auf seinem Rückzug verheerte er ihr Gebiet, mehr aus Rache als aus Raublust. *5* Durch diesen Schaden ebenso sehr wie durch die verlorene Schlacht gedemütigt, schickten die Vejenter Gesandte nach Rom und baten um Frieden. Sie mussten einen Teil ihres Gebietes abtreten, und es wurde ihnen ein Waffenstillstand auf hundert Jahre bewilligt.

6 Dies sind ungefähr die Friedens- und Kriegstaten des Romulus während seiner Regierung. Keine darunter ist mit der Glaubwürdigkeit seiner göttlichen Abkunft und der eigenen nach seinem Tod geglaubten Göttlichkeit unverträglich; weder der Mut, mit dem er seinem Großvater den Thron wiedergewann, noch die Bestimmung, die er sich gab, Erbauer einer Stadt zu werden und durch Krieg und Frieden sie zu festigen. *7* Denn tatsächlich wurde er durch die im Krieg erhaltenen Kräfte so mächtig, dass sie die nächsten vierzig Jahre hindurch einen sicheren Frieden genoss. *8* Gleichwohl hatte er mehr Liebe bei dem Volk als bei den Vätern; die größte Anhänglichkeit bewiesen ihm die Soldaten; und nicht nur im Krieg, sondern auch im Frieden hatte er eine Leibwache von 300 Bewaffneten um sich, die er Celeres nannte.

(16) Diese unsterblichen Taten hatte er vollbracht, und hielt eben auf dem Feld am Ziegensumpf eine Versammlung, um sein Heer zu mustern, als ein plötzlich entstandenes Unwetter, von lautem Krachen und Donnerschlägen begleitet, den König in eine so dichte Regenwolke hüllte, dass er den Blicken der Versammlung entzogen wurde; seitdem war Romulus nicht mehr auf Erden gesehen. *2* Als endlich nach dem Unwetter der Himmel wieder hell und ruhig war und die Bestürzung sich legte, sahen die römischen Krieger den Stuhl des Königs leer. Setzten sie gleich in die Aussage der Väter, die ihm am nächsten gestanden hatten, dass ihn die Sturmwolke in den Himmel gehoben habe, kein Misstrauen, so überließen sie sich doch eine Zeitlang, von bangen Gefühlen gleich Verwaisten durchdrungen, ihrem stillen Gram. *3* Bald aber wirkte das Beispiel einiger weniger; und unter der allgemeinen Begrüßung *Gott! Gottessohn! König und Vater der Stadt Rom!* entboten sie dem Romulus ihr Lebewohl; sie flehten in Gebeten um seine Gnade, und dass er sich's gefallen lassen wolle, sie, seine Kinder, auch ferner unter seiner Obhut zu beglücken.

4 Ich glaube, dass es auch damals einige gegeben hat, die in der Stille die Vermutung hegten, die Väter selbst möchten den König zerrissen haben; denn auch diese Sage hat sich, freilich sehr unbestimmt, fortgepflanzt. Jener ersten erwarben die Bewunderung des Helden und der erschütternde Auftritt selbst eine große Verbreitung. *5* Und durch Zutun eines einzigen Mannes gewann die Sache noch mehr Glaubwürdigkeit. Denn da die Bürgerschaft durch die Sehnsucht nach ihrem

König verstimmt und gegen die Väter aufgebracht war, trat Julius Proculus, den Berichten nach ein würdiger Mann, der Urheber großer Dinge, vor der Versammlung auf. ***6*** *Heute, ihr Quiriten*, sprach er, *mit dem anbrechenden Tageslicht schwebte Romulus, der Vater unserer Stadt, plötzlich vom Himmel herab und stand vor mir. Als ich, von Schauder und Ehrfurcht durchdrungen, dastand und ihn betend anflehte, es möge mir vergönnt sein, meinen Blick zu ihm zu erheben, sprach er:* ***7*** *‚Geh, verkündige den Römern, es sei der Himmlischen Wille, dass mein Rom das Oberhaupt des Erdkreises werde. Darum möchten sie sich der Kriegskunst weihen und der Überzeugung leben und sie auf ihre Nachkommen bringen, dass keine menschliche Macht den römischen Waffen widerstehen könne.** *So sprach er und verschwand in den Lüften!*

8 Es ist zu bewundern, wie viel Glauben der Mann mit dieser Erzählung fand, und wie sehr bei den Bürgern und dem Heer die Sehnsucht nach Romulus durch diese Beglaubigung seiner Gottheit gemildert wurde.

(17) Die Väter setzte indes der Wettstreit um den Thron und der Wunsch, ihn zu besitzen, in Tätigkeit. Freilich gab es noch keine Parteien für einen Einzelnen, weil in einem neuen Volk keiner so sehr über die anderen hervorragte; nur die Stämme führten diesen Streit.

2 Die von sabinischer Abkunft wollten einen König aus ihrer Mitte gewählt wissen, damit sie nicht Gefahr liefen, weil nach des Tatius Tod von ihrer Seite kein König gewesen war, selbst bei gleichen Bundesrechten die Besetzung des Throns zu verlieren. Die ursprünglichen Römer hatten eine Abneigung gegen jeden fremden König. ***3*** Bei so verschiedenen Gesinnungen wollten doch alle von einem König beherrscht sein, weil sie die Süßigkeit der Freiheit noch nicht gekostet hatten. ***4*** Endlich fingen die Väter an zu fürchten, es möchte bei der gereizten Stimmung der vielen umliegenden Städte irgendeine auswärtige Macht den Staat ohne Oberhaupt, das Heer ohne Führer, angreifen. Man wollte also ein Oberhaupt haben; und doch konnte keiner sich entschließen, dem andern nachzustehen. ***5*** Also einigten sich die hundert Väter dahingehend, dass sie sich in zehn Dekurien teilten und für jede Dekurie einen wählten, der dem Ganzen vorstehen sollte. ***6*** Es regierten also immer zehn; die Zeichen der höchsten Würde und die Beilträger (Liktoren) hatte einer. Auf fünf Tage war diese Regentschaft beschränkt und kam der Reihe nach an jeden; und diese Zwischenzeit ohne König dauerte ein ganzes Jahr, sie bekam den jetzt noch üblichen Namen Zwischenregierung von der Sache selbst her.

7 Darauf murrten die Bürger: Ihre Sklaverei sei vervielfältigt; man habe ihnen statt eines hundert Herren gegeben. Und sie schienen keinen länger über sich dulden zu wollen, außer einen König, und zwar einen von ihnen selbst gewählten. ***8*** Als die Väter sahen, dass dies im Gang sei, machten sie sich, in der Überzeugung, dass sie das freiwillig anbieten müssten, was sie doch verloren haben würden, die Bürgerschaft noch dadurch verbindlich, dass sie ihnen die höchste Verfügung in der Sache überließen, ohne doch im Mindesten von ihren Rechten mehr wegzugeben, als sie selbst für sich behielten; ***9*** sie verordneten nämlich, dass, wenn das Volk einen König ernannt habe, dies alsdann gültig sein sollte, wenn die Väter es bestätigten. Und noch jetzt üben sie dieses Recht bei vorgeschlagenen Gesetzen und obrigkeitlichen Wahlen, wiewohl ihm alle Kraft genommen ist. Denn ehe noch das Volk zum Stimmengeben schreitet, geben die Väter auf den noch ungewissen Ausgang des Volkstages ihre Bestätigung schon im Voraus. Damals aber sprach der Zwischenkönig zu der von ihm berufenen Versammlung: ***10*** *Glück, Heil und Segen zu eurem heutigen Werk, ihr Quiriten! Wählt einen König! So haben es die Väter für gut erachtet. Wählt ihr einen, der würdig ist, für den Zweiten nach Romulus zu gelten, dann werden die Väter ihn bestätigen.* ***11*** Dies fand unter den Bürgern so großen Beifall, dass sie, um den Vätern

* Vgl. auch die schöne Stelle bei Vergil, Äneis VI,831 (übersetzt von Voß).

im Beweis des Wohlwollens nicht nachzustehen, bloß auf den Beschluss und die Erklärung sich beschränkten: Der Senat solle durch seinen Beschluss Rom einen König geben.

(18) Die Gerechtigkeit und Gottesfurcht des Numa Pompilius stand damals in großem Ansehen. Er wohnte in der sabinischen Stadt Cures und war in allen göttlichen und menschlichen Rechten so erfahren, wie es in jenem Zeitalter irgendjemand sein konnte. **2** Als seinen Lehrer gibt man, weil sich kein anderer findet, fälschlich den Samier Pythagoras an, von dem es doch gewiss ist, dass er mehr als hundert Jahre später als Zeitgenosse des römischen Königs Servius Tullius unten an Italiens Küste, etwa zu Metapontum, Heraklea und Kroton, Zulauf von jungen lernbegierigen Zuhörern gehabt habe. **3** Und gesetzt, er wäre Numas Zeitgenosse gewesen, wie hätte sein Ruf, der von jenen Gegenden bis zu den Sabinern hätte durchdringen müssen, oder vermittels welcher Sprache, jemanden bewegen können, sich aufzumachen, um von ihm zu lernen? Oder womit hätte dieser Einzelne sich schützen sollen, um durch so viele in Sprache und Sitten verschiedene Völker hierher zu gelangen? **4** Ich halte es für wahrscheinlicher, dass er sich aus eigener Stimmung der Leitung der Tugend hingegeben habe und nicht auch durch Wissenschaften des Auslandes gebildet worden sei, als in der düstern und strengen Zucht der alten Sabiner, eines Volkes, das ehemals zu den unverdorbensten gehörte. **5** Als die Väter den Numa nennen hörten, wagte es keiner von ihnen, obgleich die Sabiner ein Übergewicht zu bekommen schienen, wenn man den König aus ihnen nahm, weder sich noch einen andern seines Anhanges, oder sonst einen der Väter oder Mitbürger einem solchen Manne vorzuziehen. Einstimmig beschlossen sie, dem Numa Pompilius den Thron anzubieten. **6** Als man ihn nach Rom berufen hatte, ließ er, so wie Romulus bei Erbauung der Stadt durch den Vogelflug zur Regierung gelangt war, auch über sich die Götter befragen. Er wurde also von einem Seher (Augur, Beobachter des Vogelflugs), zu dessen Ehre man nachher das Augurenamt zu einem öffentlichen und bleibenden Priestertum erhob, auf die Burg geführt und setzte sich, gegen Mittag gewandt, auf einen Stein. **7** Der Vogelschauer setzte sich mit verhülltem Haupt ihm zur Linken, in der Rechten einen krummen Stab ohne Knoten; ein solcher Augurstab wurde Lituus (Seherstab) genannt. Er nahm die Aussicht über die Stadt und über das Feld, und wie er nach Anrufung der Götter die Himmelsgegenden von Morgen bis Abend bezeichnet hatte, nannte er Mittag die rechte, Mitternacht die linke Seite. **8** Als Grenze zwischen beiden steckte er in Gedanken ein Ziel, sich gegenüber, so weit seine Augen reichten. Darauf nahm er den Seherstab aus der rechten in die linke Hand, legte die Rechte auf Numas Haupt und betete so: **9** *Vater Jupiter, wenn es dein heiliger Wille ist, dass dieser Numa Pompilius, dessen Haupt ich jetzt berühre, König von Rom werde, so wollest du uns untrügliche Zeichen innerhalb der Grenzen offenbaren, die ich bezeichnet habe.* **10** Dann drückte er mit Worten die himmlischen Zeichen aus, die er gesendet haben wollte; und als sie erschienen waren, stieg Numa als erklärter König von dem heiligen Ort herab.

(19) So auf den Thron erhoben, nahm er sich vor, an der neuen, durch Gewalt und Waffen begründeten Stadt durch einzuführende Rechte, Gesetze und Sitten ein zweiter Stifter zu werden. **2** Als er aber einsah, dass die im Waffendienst verwilderten bei ferneren Kriegen sich hieran nicht würden gewöhnen können, baute er ihnen, in der Überzeugung, den Trotz seines Volkes durch Entwöhnung von den Waffen besänftigen zu müssen, unten an der Gasse Argiletum einen Janustempel, als Merkmal des Friedens und Krieges. Geöffnet sollte er anzeigen, der Staat sei in Waffen, geschlossen, man habe mit allen umliegenden Völkern Frieden. **3** Zweimal ist er später seit Numas Regierung geschlossen gewesen; einmal, als unter dem Konsulat des Titus Manlius der erste Punische Krieg beendigt war, zum zweiten Mal – und dies zu erleben, hatten die Götter unserm Zeitalter vorbehalten – nach der Schlacht bei Actium durch den von Cäsar Augustus als Oberfeldherrn zu Lande und zu Wasser erworbenen Frieden.

4 Als nun Numa, der sich die Freundschaft aller benachbarten Völker durch Bündnisse und Verträge gesichert hatte, diesen Tempel schloss, war für die Römer jede von außen zu befürchtende Gefahr beseitigt. Damit nun ihr Mut, welchen bisher Furcht vor den Feinden und Kriegszucht in Ordnung gehalten hatte, sich dieser Ruhe nicht überheben möchte, ließ er es seine erste Sorge sein, ihnen Furcht vor den Göttern einzuflößen, ein Mittel, das auf eine unerfahrene und in jenen Zeiten noch rohe Menge die kräftigste Wirkung haben musste. *5* Weil sie aber ohne Erdichtung irgendeines Wunders keine Wurzel in den Gemütern fassen würde, gab er vor, er habe nächtliche Zusammenkünfte mit der Göttin Egeria; von ihr beraten, könne er die gottesdienstlichen Einrichtungen so treffen, wie sie den Göttern am angenehmsten wären, und für jede Gottheit die geeignetsten Priester anstellen.

6 Auch teilte er gleich anfangs das Jahr nach dem Lauf des Mondes in zwölf Monate; und weil der Mond keinen vollen Monat von dreißig Tagen gibt, sein Jahr also gegen ein volles Jahr, dessen Ablauf sich nach der Sonnenbahn richtet, in einem Rückstand von mehreren Tagen bleibt, so glich er diesen durch eingeschobene Schaltmonate aus, so dass jedes Mal nach 24 Jahren die Tage wieder auf demselben Punkt der Sonnenbahn, von dem sie ausgegangen waren, mit dem Ablauf aller Jahre zusammentreffen mussten.*

7 Auch setzte er die Werk- und Feiertage fest, weil es voraussichtlich manchmal von Nutzen sein würde, dass nichts vor dem Volk verhandelt werden könnte.

(20) Darauf richtete er sein Augenmerk auf die Priesterwahl, obgleich er sehr viele gottesdienstliche Geschäfte persönlich verrichtete, namentlich die, auf welche jetzt Jupiters Eigenpriester angewiesen ist. *2* Weil es indessen glaublich war, dass in einem kriegerischen Staat die Könige öfter einem Romulus als einem Numa ähnlich seien und in Person zu Felde ziehen würden, ordnete er, um die Versäumung der dem König obliegenden heiligen Gebräuche zu verhüten, für Jupiter einen immer gegenwärtigen Eigenpriester an und verlieh ihm zu seiner Verherrlichung eine auszeichnende Kleidung und einen königlichen Thronsessel. Noch zwei andere Eigenpriester gab er diesem zu, einen für Mars, den andern für Quirinus. *3* Für die Vesta stellte er erlesene Jungfrauen an, ein ursprünglich albanisches und der Familie des Erbauers Romulus nicht fremdes Priestertum. Damit sie ihrem Tempel eine ununterbrochene Aufsicht widmen könnten, setzte er ihnen vom Staat ein Gehalt aus; auch machte er sie durch ihren unverheirateten Stand und andere feierliche Vorrechte ehrwürdig und heilig. *4* Ferner wählte er zwölf Salier (Tanzpriester) zum Dienst des Mars Gradivus (des Schreitenden Mars), gab ihnen einen gestickten Leibrock zum Ehrenkleid und über diesen Leibrock eine eherne Brustbedeckung. Sie sollten die Ancilien, jene vom Himmel stammenden Schilde, bei ihrem Aufzug durch die Stadt unter abzusingenden Liedern im Taktschritt und feierlichen Tänzen umhertragen. *5* Zuletzt nahm er zum Oberpriester (Pontifex) einen aus den Vätern, den Numa Marcius, des Marcus Sohn, und übergab ihm mit dem gesamten Gottesdienst eine schriftliche Übersicht und Nachweisung, mit was für Opfertieren, an welchen Tagen, in welchen Tempeln Opfer gebracht und woher die dazu erforderlichen Ausgaben

* Livius oder sein Gewährsmann scheint das vorcäsarianische Jahr, ohne das vor den Decemvirn gebräuchliche und das durch diese geordnete zu unterscheiden, auf Numa zurückzuführen, zugleich aber auch eine Verbesserung desselben anzudeuten. Das gewöhnliche Jahr hatte vor Cäsar 355 Tage, vier solcher Jahre bildeten einen Zyklus, so dass in jedem zweiten Jahr nach dem 24. Februar ein Monat von 23, in jedem vierten nach dem 23. Februar ein Monat von 22 Tagen eingeschaltet wurde. Der Zyklus hatte also 1465 Tage, vier Tage zu viel, das Jahr 366¼ Tage und konnte nicht mit dem Lauf der Sonne ausgeglichen werden. Dieses würde jedoch möglich werden, wenn die Einschaltungen so verteilt würden, dass man in zwanzig Jahren elf gewöhnliche, sieben Schaltjahre mit 23,2 mit 22 Schalttagen ansetzte, die zwanzig Jahre hätten dann 7305 Tage wie zwanzig Jahre zu 365¼ Tagen, und die Ausgleichung wäre erreicht, die Livius im Folgenden voraussetzt. Vgl. Mommsen Chron. 44; Röm. Gesch. I,206,- 472.

genommen werden sollten. *6* Auch alles, was sonst noch auf öffentlichen oder Privatgottesdienst Bezug haben konnte, unterwarf er dem Gutachten des Oberpriesters, teils, damit das Volk an ihm den Mann haben möchte, bei dem es sich Rat holen könnte; teils, um die Vorrechte der Götter weder durch Vernachlässigung der vaterländischen noch durch Aufnahme fremder Gebräuche stören zu lassen. *7* Ferner sollte der Oberpriester nicht bloß über die Verehrung der Himmlischen Auskunft geben, sondern auch über die den Verstorbenen zu erweisende letzte Ehre und über die Sühne der Seelen; auch was für Wunderzeichen, sie möchten durch einen Blitzstrahl oder sonst durch eine Erscheinung offenbart sein, als gültig angesehen und ausgesöhnt werden sollten. Um alles dies dem Sinne der Götter zu entlocken, weihte er auf dem Aventin dem Jupiter Elicius einen Altar und befragte diesen Gott vermittels des Vogelflugs, was für Wunderzeichen als solche anzuerkennen seien.

(21) Erkundigungen und Ausrichtungen dieser Art waren es, zu denen jetzt das ganze Volk von Gewalttaten und Kriegen überging. Teils gewannen sie durch diese Tätigkeit Beschäftigung für ihren Geist, teils flößte die ununterbrochene innige Rücksicht auf die Götter durch den Glauben, dass an dem Tun und Lassen der Menschen eine überirdische Gottheit Anteil nehme, ihren Herzen eine solche Frömmigkeit ein, dass das Gefühl für Treue und Eid auf die Leitung der Bürger fast ebenso wirksam war als die Furcht vor Gesetzen und Strafen. *2* Und indem sich so die Römer ihrerseits nach dem Wandel ihres Königs als dem einzigen Vorbild richteten, ging auch die bisherige Meinung der benachbarten Völker, dass nicht sowohl eine Stadt als vielmehr ein Lager mitten unter ihnen angelegt sei, um den Frieden aller zu stören, in eine solche Ehrerbietung über, dass sie es für Frevel hielten, sich an einem Volk zu vergreifen, das sich so ganz dem Dienst der Götter gewidmet habe.

3 In der Mitte eines Haines ergoss aus einer schattigen Höhle ein Quell sein rinnendes Wasser. Weil sich Numa sehr oft ohne Zeugen, wie zum Besuch einer Göttin, dahin begab, weihte er ihn den Camenen (Musen), welche hier, wie er sagte, mit seiner Gemahlin Egeria Zusammenkünfte hielten. *4* Auch weihte er der Treue einen eigenen Tempel und eine jährliche Feierlichkeit. Zu diesem Heiligtum mussten ihre Eigenpriester auf einem bogenförmig überdeckten zweispännigen Wagen fahren und bei Verrichtung des Opfers die Hand bis an die Finger eingehüllt haben. Sie sollten dadurch anzeigen, dass man die Treue bewahren und ihren Wohnsitz selbst in unserer Rechten heilig halten müsse. *5* Noch viele andere Opfer ordnete er an und weihte zu ihrer Ausrichtung Plätze, welche die Oberpriester Argeer nennen. Doch unter allen seinen Werken war dies das größte, dass er während seiner ganzen Regierung den Frieden ebenso glücklich zu schirmen wusste wie sein Reich.

6 So haben zwei aufeinanderfolgende Könige, beide auf verschiedenem Wege, jener durch Krieg, dieser durch Frieden, den Staat gehoben. Romulus hatte 37, Numa 43 Jahre regiert.

Jetzt war der Staat kraftvoll, jetzt bei schönem Ebenmaß durch die Künste des Krieges und des Friedens.

(22). Mit Numas Tod trat wieder eine Zwischenregierung ein. Dann ernannte das Volk den Tullus Hostilius, den Enkel des Hostilius, der sich am Fuß der Burg in der Schlacht gegen die Sabiner so rühmlich ausgezeichnet hatte, zum König. *2* Er war nicht allein dem vorigen König ganz unähnlich, sondern auch noch kriegerischer als Romulus. Teils spornten Jugend und Stärke seinen Mut, teils der Ruhm des Großvaters. Weil seiner Meinung nach der Staat durch die Ruhe in Kraftlosigkeit verfiel, so suchte er überall Anlass zum Krieg. *3* Da fügte es sich, dass einige römische Landleute auf albanischem und Albaner dagegen auf römischem Boden plünderten. *4* Zu Alba regierte damals Caius Cluilius. Die Gesandten, welche Genugtuung fordern sollten, gingen von beiden Seiten fast zugleich ab. Tullus hatte den seinigen den gemessenen Befehl erteilt, vor allem sich zuerst ihres Auftrages zu entledigen. Er vermutete nicht ohne Grund, der König von Alba werde die Genugtuung versagen; dann sei die Kriegserklärung rechtmäßig. **5** Die Gesandten von Alba betrieben ihre Sache nicht so angelegentlich. Weil Tullus sie sehr gefällig und gastfrei bewirtete, waren auch sie bei dem königlichen Mahl vergnügt. Unterdessen waren die römischen Gesandten die ersten gewesen, welche Genugtuung gefordert und dem albanischen Könige auf seine Weigerung den dreißigsten Tag zum Beginn des Krieges bestimmt hatten. Mit dieser Nachricht kamen sie wieder zu Tullus. **6** Nun ließ Tullus die fremden Gesandten vor, um sie über den Zweck ihrer Sendung zu vernehmen. Diese, mit dem ganzen Vorgang unbekannt, brachten lange Entschuldigungen vor: Wenn sie im Mindesten etwas sagen sollten, was dem König Tullus missfällig sein könnte, so würde ihnen dies sehr leid tun, sie müssten aber ihren Befehlen Folge leisten. Sie wären gekommen, auf Erstattung des Geraubten anzutragen. Sollte diese nicht erfolgen, so hätten sie Befehl, den Krieg zu erklären. Da sprach Tullus: 7 *Meldet eurem König, Roms König fordere die Götter auf, alles aus diesem Krieg erwachsende Elend das Volk treffen zu lassen, das zuerst die Gesandten mit ihrem Gesuch um Genugtuung abgewiesen habe.*

(23) Mit dieser Meldung kamen die Gesandten nach Alba zurück, von beiden Seiten bot man alle Kräfte zu einem Krieg auf, der einem Bürgerkrieg sehr ähnlich war, beinahe zwischen Vätern und Söhnen. Denn beide Völker waren trojanischer Abkunft, da Lavinium von Troja, von Lavinium Alba, vom albanischen Königsstamm Rom seinen Ursprung hatte. ***2*** Doch gab der Ausgang diesem Krieg eine minder traurige Wendung, insofern es zu keiner Schlacht kam und bloß nach Zerstörung der Wohnhäuser in der einen Stadt beide Völker in eins schmolzen.

3 Die Albaner fielen zuerst mit einem großen Heer ins römische Gebiet ein. Eine Meile von Rom schlugen sie ihr Lager auf und umgaben es mit einem Graben. Er hat noch einige hundert Jahre von ihrem Heerführer der Cluilische Graben geheißen, bis durch die Länge der Zeit mit der Sache auch der Name verschwand. ***4*** In diesem Lager starb der albanische König Cluilius; an seine Stelle wählten die Albaner einen Diktator, den Mettius Fufetius.

Tullus, voll Mut, noch mehr bei diesem Todesfall des Königs, und nicht ohne die Bemerkung zu äußern, dass die sichtbare Einwirkung der Götter, die an dem Oberhaupt sich zuerst gezeigt habe, das ganze albanische Volk für den ungerechten Krieg zur Strafe ziehen werde, machte sich dadurch zum angreifenden Teil, dass er sein Heer vor dem albanischen Lager in einer Nacht vorbeiführte und selbst ins albanische Gebiet einfiel. Dies nötigte auch den Mettius zum Aufbruch. **5** Er rückte auch so nahe als möglich an den Feind, von da schickte er einen Gesandten voraus und ließ dem Tullus sagen: Ehe sie eine Schlacht lieferten, wünsche er sich mit ihm zu unterreden. Wenn sich Tullus darauf einlassen wolle, so wären seine Vorschläge gewiss von der Art, dass sie den Römern ebenso wichtig sein müssten wie den Albanern. ***6*** Tullus ließ, ohne den Antrag zu verwerfen, so unwichtig er ihm auch war, zur Schlacht ausrücken. Gegenüber traten auch die Albaner auf. Als beide Teile in Schlachtordnung dastanden, traten die Feldherren, von einigen Vornehmen begleitet, in die Mitte.

Der Albaner beginnt: *7 Beleidigungen und die abgeschlagene, vertragsmäßig geforderte Erstattung des Geraubten sind nach der Äußerung unseres Königs Cluilius, wenn ich nicht irre, die Ursache dieses Krieges; und du, Tullus, wirst gewiss dasselbe aussagen. Aber wenn die Wahrheit und nicht bloß ein scheinbarer Vorwand angegeben werden soll, so ist der eigentliche Sporn, der zwei verwandte und benachbarte Völker zur Ergreifung der Waffen trieb, die Herrschsucht.* ***8*** *Ob mit Recht oder Unrecht, will ich unentschieden lassen. Diese Betrachtung musste der anstellen, der den Krieg anfing; mich haben die Albaner an ihre Spitze gestellt, ihn zu führen.* ***9*** *Nur dies Eine, Tullus, möchte ich dir zu beherzigen geben: wie groß die Macht der Etrusker sei, die uns und dich besonders umschlingt, weißt du um so genauer, je näher ihr ihnen seid. Zu Lande sind sie mächtig, zur See die Oberher-*

ren. Verlass dich darauf, sie werden, wenn du jetzt das Zeichen zur Schlacht gibst, an dem Kampf unserer Heere bloß darum ihr Auge weiden, um über den müden und entkräfteten – Sieger so gut wie Besiegten – herzufallen. Haben sich die Götter noch nicht von uns abgewandt, so lass uns, weil wir doch einmal, mit unserer gewissen Freiheit unzufrieden, auf dem misslichen Kampfplatz der Oberherrschaft und Dienstbarkeit erschienen sind, einen Weg einschlagen, auf welchem ohne großen Verlust und ohne viel Blutvergießen auf beiden Seiten entschieden werden könne, welches von beiden Völkern des andern Herr sein soll. ***10*** Der Vorschlag missfiel dem Tullus nicht, so streitlustig er teils durch seine Gemütsart, teils in der Hoffnung auf Sieg war. Während sie beide nach einem Auskunftsmittel suchen, wurde ein Weg eingeschlagen, wozu der Zufall selber Gelegenheit bietet.

(24) Es dienten zufällig in jedem der beiden Heere Drillingsbrüder, an Jahren und Stärke einander nicht ungleich. Dass sie Horatier und Curiatier geheißen haben, darin kommt man überein; und nicht leicht ist eine Begebenheit des Altertums bekannter. Gleichwohl bleibt man in einer so bekannten Tatsache über die Namen in Ungewissheit, zu welchem Volk nämlich die Horatier, zu welchem die Curiatier gehört haben sollen. Beide werden von Geschichtsschreibern beiden Völkern zugerechnet; doch finde ich mehrere, welche die römischen Brüder Horatier nennen, und ich glaube ihnen folgen zu müssen.

2 Die Könige machten diesen Drillingen den Vorschlag, sie möchten diesen Kampf der Entscheidung für ihr Vaterland eingehen; auf welcher Seite der Sieg wäre, auf der werde künftig die Oberherrschaft sein. Sie waren gleich bereit. Zeit und Ort wurden bestimmt.

3 Bevor sie kämpften, wurde zwischen den Römern und Albanern folgender Vertrag geschlossen: Welches Volkes Bürger in diesem Kampf siegen würden, das sollte des andern guter friedlicher Oberherr sein. Solche Verträge werden jeder unter anderen Bedingungen geschlossen, übrigens alle auf dieselbe Weise. ***4*** Der damalige – und er ist der älteste, von dem wir Nachricht haben – soll auf folgende Art geschlossen sein. Der Fetiale fragte den König Tullus: ***5*** *Genehmigst du es, König, dass ich mit dem Bevollmächtigten des albanischen Volkes einen Bund schließe?* Als der König es genehmigte, sprach jener weiter: *So verlange ich von dir, König, das heilige Kraut.* Der König sprach: *Nimm dazu reines Gras.* Der Fetiale holte sich von der Burg das reine Gras. Dann fragte er den König wieder: *König, machst du mich zum königlichen Boten des römischen Volkes der Quiriten? Auch mein Gerät und meine Begleiter?* Der König antwortete: *Insoweit weder mir noch dem römischen Volk der Quiriten Nachteil daraus erwachse, mache ich dich dazu.* ***6*** Fetiale war Marcus Valerius. Dieser machte den Spurius Fusius zum Bevollmächtigten dadurch, dass er ihm Haupt und Haar mit dem geweihten Gras berührte. Der Bevollmächtigte wird zur Leistung des Eides ernannt, oder, was einerlei ist, zur Bekräftigung des Vertrages; und das tut er mit vielen Worten, zu deren Mitteilung, wie sie in langer Formel lauten, hier der Ort nicht ist. Wenn er dann die Bedingungen laut vorgelesen hat, spricht er: ***7*** *Höre, Jupiter, höre, Bevollmächtigter des albanischen Volkes, höre du, Volk von Alba, so wie dieses öffentlich von Anfang bis zu Ende von diesen Tafeln oder wachs verlesen worden ist, sonder Trug, und so wie es allhier heute völlig richtig verstanden worden ist, also will auch von diesen Bestimmungen das römische Volk nicht zuerst abgehen.* ***8*** *Sollte es mit öffentlichem Willen in böser Absicht zuerst davon abgehen, so wollest du, Jupiter, an demselben Tag das römische Volk ebenso treffen, als ich heute auf dieser Stelle dieses Schwein treffen werde; und triff du es so viel kräftiger, je kräftiger du das kannst und vermagst.* ***9*** Nachdem er so gesprochen hatte, gab er einem Schwein mit einem rohen Kiesel einen Schlag. Die Albaner ließen ebenfalls die Vorlesung ihrer Formeln und ihre Eidesleistung durch ihren Diktator und ihre Priester besorgen.

(25) Nach Abschluss des Vertrages griffen der Übereinkunft gemäß die Drillinge zu den Waffen. Unter den Ermunterungen der Ihrigen auf beiden Seiten, welche ihnen vorstellten, dass jetzt die

vaterländischen Götter, das Vaterland und ihre Eltern und alle Bürger zu Hause und im Heer nur auf ihre Waffen, nur auf ihre Hände blickten, traten sie mitten im Platz zwischen beiden Heeren auf, kühn durch eigenen Mut, voll vom Zuruf der Ermunternden. ***2*** Beide Heere hatten sich vor ihrem Lager aufgestellt, frei von aller persönlichen Gefahr, aber nicht von Besorgnis. Galt es doch jetzt die Oberherrschaft ihres Staates, die von der Tapferkeit und dem Glück dieser wenigen abhing. Kein Wunder, dass sie, voll Erwartung und Ungewissheit, ihre ganze Aufmerksamkeit auf ein Schauspiel richteten, das nichts weniger als belustigend war.

3 Jetzt wurde das Zeichen gegeben. Mit gegeneinander gekehrten Waffen brachen von beiden Seiten gleich Schlachtreihen die drei Jünglinge aufeinander ein, vom Geiste großer Heere beseelt, weder hier noch dort dachte einer an seine Gefahr. Die Herrschaft oder Dienstbarkeit ihres Staates war es, die ihnen vor der Seele schwebte, und das Schicksal des Vaterlandes, das so auf ihm bleiben werde, wie sie es jetzt ihm gäben. ***4*** Als beim ersten Angriff die Waffen erklangen und die gezückten Schwerter blitzten, durchbebte die Zusehenden ein heftiger Schauder; und solange der Sieg noch auf keine Seite sich neigte, schien jeder Laut, jeder Atemzug in ihnen erstorben. ***5*** Jetzt waren sie schon im Handgemenge; man sah nicht bloß Wendungen der Körper und das Ungewisse Schwingen der Schutz- und Trutzwaffen, auch Blut und Wunden zeigten sich. Da stürzten vor den drei schon verwundeten Albanern zwei Römer, einer über den andern sterbend nieder. ***6*** Erhob bei ihrem Falle das albanische Heer ein Freudengeschrei, so verließ die römischen Legionen durch die Gefahr ihres von drei Curiatiern umstellten einzigen voll Entsetzen, schon alle Hoffnung, aber noch nicht die Besorgnis. ***7*** Zum Glück hatte er noch keine Wunde, und so wie er allein dreien zugleich nicht gewachsen war, so war er jedem Einzelnen überlegen. Um den Kampf mit ihnen zu teilen, ergriff er die Flucht, in der Erwartung, dass sie ihn so verfolgen würden, wie es jedem seine schwächende Wunde gestatten werde. ***8*** Schon war er eine ziemliche Strecke von dem Platze, wo sie gekämpft hatten, entfernt, da sah er sich um und bemerkte, dass sie, einer weit hinter dem andern, ihm folgten, und der Erste nicht mehr fern war. ***9*** Auf diesen rannte er mit großem Ungestüm zurück, und während das albanische Heer den Curiatiern zuschrie, sie sollten ihrem Bruder zu Hilfe eilen, hatte der siegende Horatius den Feind erlegt und eilte in den zweiten Kampf, vom lauten Geschrei der Römer – wie wenn bei unseren Kampfspielen dem schon Aufgegebenen seine Partei unerwartet ihren Beifall erneut – fühlte sich ihr Krieger gehoben, und er selbst eilte, den Kampf zu beenden. ***10*** Ehe noch der andere – und er war nicht mehr weit – dazukommen konnte, wurde er auch mit dem zweiten Curiatier fertig. ***11*** Nun waren, in gleicher Streiterzahl, nur Mann gegen Mann noch übrig, aber an Mut so ungleich wie an Kräften. Der eine trat bei seinem wundenfreien Körper nach seinem doppelten Sieg mit Überlegenheit zum dritten Kampf auf, der andere schleppte, matt von seiner Wunde, matt vom Lauf, sich näher; schon durch den Tod seiner vor ihm liegenden Brüder besiegt, konnte er sich seinem Sieger nur überliefern. Kampf war das nicht mehr. Frohlockend rief der Römer: ***12*** *Zwei habe ich den Geistern meiner Brüder geweiht, den dritten opfere ich der Entscheidung dieses Krieges, um die Römer zu Herrschern über Alba zu machen.* Von oben herab stößt er ihm, der kaum die Waffen noch halten konnte, das Schwert in die Kehle. Wie er dalag, beraubte er ihn seiner Waffen. ***13*** Unter Jubelgeschrei und Glückwünschen empfingen die Römer ihren Horatius, um so mehr erfreut, je misslicher die Sache gestanden hatte.

Nun schritten beide Völker zur Bestattung der Ihrigen, mit sehr ungleichen Empfindungen; denn die einen hatten ihre Herrschaft erweitert, die anderen sahen sich in fremde Hand gegeben. ***14*** Die Gräber haben noch den Platz, wo jeder fiel, die beiden römischen nebeneinander nach Alba zu, die drei albanischen näher nach Rom, aber voneinander entfernt, wie sie auch gekämpft hatten.

(26) Ehe sie voneinander schieden, fragte Mettius beim König Tullus an, was er vermöge des Vertrages zu befehlen habe. Tullus befahl ihm, seine Mannschaft unter den Waffen zu behalten; er werde sich ihrer im Falle eines Krieges mit den Vejentern bedienen. Dann wurden die Heere nach Hause geführt.

2 An der Spitze der Römer ging Horatius, prunkend mit der dreifachen Kampfbeute, vor dem Capenischen Tor kam ihm seine Schwester entgegen, die mit einem der Curiatier verlobt gewesen war; und wie sie auf ihres Bruders Schulter das Kriegsgewand ihres Bräutigams, das sie selbst verfertigt hatte, erblickte, zerraufte sie ihr Haar und rief mit Tränen ihren toten Bräutigam beim Namen. **3** Dieses Wehklagen seiner Schwester bei seinem Sieg, bei der so lauten allgemeinen Freude, erregte den Zorn des hochsinnigen Jünglings. Er zog sein Schwert und durchstieß sie mit den strafenden Worten: ***4*** *Geh hin mit deiner unzeitigen Liebe zu deinem Bräutigam, die du deiner Brüder, der toten und des lebenden, und deines Vaterlandes vergaßest! Und so fahre künftig jede dahin, die als Römerin einen Feind betrauert!* **5** Väter und Volk erkannten das Schreckliche der Tat. Allein sein neuestes Verdienst stand dieser Tat gegenüber. Doch schleppte man den Übeltäter zum König. Der König ließ, um einen so ernsthaften, dem Volk unangenehmen Rechtsgang oder auch die daran geknüpfte Todesstrafe von sich zu weisen, das Volk zur Versammlung rufen und sprach: *Ich ernenne Duumvirn (Zweimänner), die nach dem Gesetz den Horatius über Totschlag richten sollen.* **6** Das Gesetz lautete fürchterlich: Die Duumvirn sollen auf Totschlag richten. Tut der Täter vor den Duumvirn Ansprache, so soll man es auf den Erfolg der Ansprache ankommen lassen. Wird der Spruch der Duumvirn bestätigt, so sollst du ihm das Haupt verhüllen, ihn mit einem Strick an den Unglückspfahl binden, sollst ihn peitschen innerhalb oder außerhalb der Ringmauer. *7* Als die nach diesem Gesetze gewählten Duumvirn, überzeugt, dass sie ihn nach einem Gesetz dieses Inhalts auch dann nicht freisprechen könnten, wenn er unschuldig wäre, ihn verurteilt hatten, sprach der eine von ihnen: *Publius Horatius, ich erkenne gegen dich auf Totschlag. Liktor, geh und binde ihm die Hände!* ***8*** Der Liktor machte sich an ihn und warf ihm den Strick um. Da rief Horatius nach Anleitung des Tullus, der dem Gesetz eine mildere Deutung gab: *Ich tue Ansprache!* Und nun kam es auf den Gang der Ansprache vor dem Volk an. ***9*** Hier blieben die Herzen nicht ungerührt, am wenigsten, als der Vater Publius Horatius öffentlich erklärte, er glaube, seine Tochter sei mit Recht getötet. Wenn dem nicht so wäre, so würde er selbst nach dem väterlichen Recht wider seinen Sohn verfahren haben. Dann flehte er, sie möchten ihn, den sie eben noch mit trefflichen Kindern gesegnet gesehen hätten, doch nicht kinderlos machen. ***10*** Zugleich umarmte der Greis den Jüngling, wies auf die den Curiatiern abgenommenen Rüstungen hin – sie waren an der Stelle befestigt, die noch jetzt der Horatische Pfeiler heißt – und rief: *Den ihr eben noch, ihr Quiriten, im Schmuck und Jubel des Sieges aufziehen sähet, den wolltet ihr unter dem Galgen gebunden Schläge und Marter leiden sehen? Von diesem empörenden Schauspiel würden selbst die Albaner die Augen abwenden.* ***11*** *Geh, Liktor, binde die Hände, die eben noch bewaffnet dem römischen Volk die Herrschaft erkämpften! Geh, verhülle das Haupt dem Befreier dieser Stadt! Binde ihn an den Unglückspfahl! Peitsche ihn! Willst du es innerhalb der Ringmauer tun? Nur unter jenen Waffen und Rüstungen der Feinde! Oder außerhalb der Ringmauer? Nur diesseits der Curiatischen Gräber! Könnt ihr doch den Jüngling nirgends hinführen, wo ihn nicht Denkmale seiner Ehre gegen eine so unwürdige Todesstrafe in Schutz nähmen!* ***12*** Diesen Tränen des Vaters sowie der in aller Gefahr sich gleichbleibenden Fassung des Jünglings konnte das Volk nicht widerstehen. Es sprach ihn frei, mehr aus Bewunderung seiner Tapferkeit als nach dem Recht der Sache. Um indes einen so offenbaren Mord wenigstens durch eine Art von Sühne büßen zu lassen, wurde dem Vater auferlegt, die Sühne für seinen Sohn auf öffentliche Kosten auszurichten. ***13*** Der Vater stellte gewisse Reinigungsopfer an, deren Beobachtung nachher der Horatischen Familie übertragen wurde, und zog quer über die Straße einen Balken, unter welchem er den Jüngling mit verhülltem Haupt als unter einem Galgen durchgehen ließ. Dieser Galgen, der immer auf öffentliche Kosten erneuert wird, ist noch zu sehen und heißt der Schwesterbalken. ***14*** Der Horatia wurde auf der Stelle, wo sie erstochen niedersank, ein Grabmal von Quadern errichtet.

(27). Der Friede mit Alba war aber nicht von langer Dauer. Das Volk verargte es dem Diktator, dass er das Schicksal des Staates von drei Soldaten habe entscheiden lassen. Seine wankelmütige Sinnesart verschlimmerte sich dadurch, und weil er mit seinem treuen Rate nicht glücklich gewesen war, wollte er nun die Gunst seiner Mitbürger durch schlechte Mittel wiedergewinnen. ***2*** Wie vorher im Krieg Frieden, so suchte er jetzt im Frieden Krieg; und weil er sah, dass die Seinigen mehr Mut als Kraft hatten, wiegelte er zur Führung eines öffentlich angekündigten Krieges andere Völker auf: Dem seinigen ließ er bei anscheinender Bundestreue den Weg des Verrats offen. ***3*** So wurden die Fidenaten, eine römische Kolonie, welche die Vejenter mit in diesen Anschlag zog, durch den versprochenen Übergang der Albaner dahin gebracht, zu einem Krieg gegen Rom die Waffen zu ergreifen. ***4*** Nach dem öffentlich erklärten Abfall der Fidenaten zog Tullus, sobald er den Mettius mit seinem Heer von Alba zu sich entboten hatte, gegen die Feinde. Er setzte über den Anio und lagerte sich bei dessen Zusammenfluss mit dem Tiber. Zwischen dieser Gegend und der Stadt Fidenae war das Heer der Vejenter über den Tiber gegangen. ***5*** Sie standen also auch in der Schlacht neben dem Strom, auf dem rechten Flügel; auf den linken stellten sich die Fidenaten, mehr nach dem Gebirge zu. Tullus wendet sich mit den Seinigen gegen die Vejenter; den Albanern gab er ihren Platz den Fidenaten gegenüber. Der albanische Führer war ebenso unentschlossen wie treulos. Er konnte es nicht über sich bringen zu bleiben, noch auch, offenbar überzugehen; er zog sich allmählich nach den Bergen hin. ***6*** Als er nun seiner Meinung nach weit genug bergan gerückt war, stellte er sein ganzes Heer am Abhang auf und entfaltete dann, immer noch unschlüssig, nur um Zeit zu gewinnen, seine Reihen. Seine Absicht war, mit seiner Macht derjenigen Partei den Ausschlag zu geben, für welche sich das Glück erklären werde.

7 Den zunächst stehenden Römern war, als sie die Blöße sahen, die der Abzug der Bundesgenossen ihrem Flügel gab, dies anfangs unerklärlich. Ein Reiter sprengte von hier mit der Botschaft, dass die Albaner weggingen, zum König. In der Bestürzung gelobte Tullus, zwölf salische Priester zu stiften und den Göttern des Schreckens und Bebens jedem ein Heiligtum. ***8*** Den Reiter aber hieß er mit einem so lauten Verweis, dass die Feinde ihn hören mussten, ins Gefecht zurückkehren: Es sei ganz unnötig, darüber bestürzt zu werden. Den Befehl, zu schwenken und den Fidenaten in den offenen Rücken zu fallen, habe er selbst den Albanern gegeben. Zugleich befahl er ihm, die Reiterei die Lanzen in die Höhe halten zu lassen. ***9*** Sie tat es und nahm dadurch einem so großen Teil des römischen Fußvolkes den Blick auf das abziehende Heer der Albaner; und die es gesehen hatten, kämpften, in der Meinung, es stehe so um die Sache, wie sie es von ihrem König gehört hatten, um so mutiger. Der Schrecken ging auf die Feinde über. Sie hatten die Worte des Königs deutlich gehört; und sehr viele Fidenaten verstanden Latein, weil sie mit geborenen Römern zur Ergänzung der Siedler angestellt waren. ***10*** Damit sie nun nicht, wenn die Albaner plötzlich von den Anhöhen auf sie einbrächen, von ihrer Stadt abgeschnitten würden, ergriffen sie die Flucht. Tullus setzte ihnen nach, verjagte den Flügel der Fidenaten völlig und kehrte noch mehr ermutigt gegen die Vejenter zurück, die über die Flucht ihres linken Flügels voll Bestürzung waren. Sie hielten seinen Angriff eben sowenig aus, aber die Rettung ins Freie wehrte ihnen der Strom, den sie im Rücken hatten. ***11*** Wie sich also ihre Flucht hierher zog, rannten sie teils, mit schimpflicher Wegwerfung ihrer Waffen, blindlings ins Wasser, teils standen sie zögernd am Ufer, und ehe sie für Flucht oder Gefecht sich entschieden, waren sie niedergemacht. Keine frühere Römerschlacht war blutiger gewesen.

(28) Das albanische Heer, bis dahin Zuschauer des Kampfes, kam nun herab in die Ebene. Mettius wünschte dem Tullus Glück zur Besiegung der Feinde; Tullus war in seiner Antwort ebenso freundlich gegen Mettius. Die Albaner, sagte er, möchten unter göttlichem Segen ihr Lager mit dem römischen vereinigen, und auf den folgenden Tag setzte er ein Reinigungsopfer an. **2** Als mit Tagesanbruch die gewöhnlichen Vorkehrungen zum Opfer getroffen waren, ließ er beide Heere zur Versammlung rufen. Die Herolde, die vom äußersten Ende anfingen, beriefen die Albaner zuerst. Und sie selbst stellten sich aus Neugier, den römischen König öffentlich reden zu hören, ihm so nahe als möglich. **3** Das römische Fußvolk, nach Verabredung bewaffnet, umringte sie; und die Hauptleute hatten den Befehl erhalten, jeden Befehl ungesäumt zu vollstrecken. **4** Nun fing Tullus an:

Römer, konnte je einer von den früheren Feldzügen euch auffordern, euren Dank zuerst den unsterblichen Göttern und dann eurer eigenen Tapferkeit darzubringen, so tat dies die gestrige Schlacht. Denn wir haben nicht bloß mit den Feinden zu kämpfen gehabt, sondern ebenso sehr mit dem Verrat und der Treulosigkeit unserer Bundesgenossen, was ein weit schwererer und gefährlicherer Kampf ist. ***5*** *Soll ich euch nicht in irrigem Wahn lassen, so hört! Ohne mein Wissen zogen sich die Albaner auf das Gebirge. Nie hatte ich so etwas befohlen; Klugheit war es, dass ich mich stellte, es befohlen zu haben. Euch musste ich es unbekannt bleiben lassen, dass man euch verließ, wenn ich euch nicht mutlos machen wollte; die Feinde musste die Furcht, umgangen zu werden, mit Schrecken und Flucht erfüllen.* ***6*** *Doch diese meine Rüge trifft nicht alle Albaner. Sie folgten ihrem Führer, so wie ihr getan hättet, wenn ich euch auf einen Seitenweg hätte ablenken wollen. Mettius dort ist der Führer dieses Zuges, Mettius ebenso der Anstifter dieses Krieges, Mettius der Störer des Bundes zwischen Rom und Alba. Stelle ich nicht an ihm ein ausgezeichnetes Beispiel den Sterblichen zur Warnung auf, so müsse künftig jeder andere sich dergleichen Taten erlauben.* ***7*** Jetzt umstellten bewaffnete Hauptleute den Mettius. Der König fuhr in seiner Ansprache fort: *Glück, Heil und Segen erwachse für das römische Volk, für mich und euch, ihr Albaner, aus meinem Entschluss, das ganze albanische Volk nach Rom überzusiedeln, ihren Bürgern unser Bürgerrecht zu erteilen, ihre Häupter unserm Adel einzuverleiben und eine gemeinschaftliche Stadt, einen gemeinschaftlichen Staat zu bilden. So wie ehemals der Staat von Alba aus einem Volk in zwei sich teilte, so mag er sich nun wieder auf eins zurückführen lassen.* **8** Die albanische Mannschaft, ohne Waffen, von Bewaffneten umgeben, beobachtete, während er sprach, bei so verschiedener Stimmung, gleichwohl von allgemeiner Furcht gehalten, eine tiefe Stille. Darauf fuhr Tullus fort: ***9*** *Mettius Fufetius, wenn du noch lernen könntest, wie man Treue und Bündnisse hält, so hätte ich dir mit Schonung deines Lebens diesen Unterricht angedeihen lassen. Weil aber deine Sinnesart unheilbar ist, so lehre du nun das Menschengeschlecht durch deine Todesstrafe das heilig halten, was du entweiht hast. So wie jüngst dein Herz, geteilt zwischen Fidenae und Rom, hier und dort war, so sollst du jetzt deinen Leib zur Zerteilung nach allen Seiten hergeben.* ***10*** Er ließ zwei vierspännige Wagen heranfahren und den Mettius quer ausgespannt zwischen die Gestelle binden. Die Pferde jagten dann nach entgegengesetzter Richtung auseinander und schleppten den Zerrissenen, so wie die Körperstücke in den Banden hängen blieben, an jedem Wagen fort. ***11*** Alle wandten von einem so grässlichen Schauspiel die Augen ab. Dies ist das erste und letzte Mal, dass die Römer eine Todesstrafe auf eine Art vollzogen, wobei die Gesetze der Menschlichkeit wenig beachtet wurden. Sonst dürfen wir uns rühmen, dass kein Volk mildere Strafarten verfügt hat.

(29) Nach Alba war mittlerweile schon Reiterei vorausgeschickt, um das Volk nach Rom überzusiedeln. Jetzt wurden auch die Legionen hingeführt, die Stadt zu schleifen. **2** Als diese in die Tore rückten, entstand freilich kein solcher Aufruhr und Schrecken wie bei der Eroberung einer Stadt, wenn der Feind die Tore gesprengt, die Werke durch den Mauerbrecher niedergeworfen oder die Burg mit stürmender Hand erstiegen hat, und Feindesgeschrei und Waffengetümmel in allen

Gassen, die ganze Stadt mit Mord und Brand erfüllt. **3** In trauriges Schweigen und stummen Gram waren alle dermaßen versunken, dass sie – vor Angst unfähig, daran zu denken, was sie da lassen, was sie mitnehmen sollten – in ihrer Ratlosigkeit unter gegenseitig wiederholten Fragen, bald in ihren Türen stehen blieben, bald in den Häusern, um zum letzten Mal dies alles zu sehen, auf und ab liefen. **4** Als aber jetzt die Reiterei den Befehl zur Räumung ihnen schon dringender zurief, schon aus entlegenen Teilen der Stadt das Krachen der einstürzenden Gebäude herüberscholl und ein aus mehreren Gegenden aufgestiegener Staub alles wie mit einer Wolke bedeckte, da nahmen sie in der Eile, soviel nur jeder konnte, mit sich, traten mit Hinterlassung ihrer Haus- und Schutzgötter und des Daches, unter dem sie geboren und erzogen waren, auf die Straßen, fanden sie schon mit einem ununterbrochenen Zug von Wandernden bedeckt, **5** und der Anblick ihrer Mitbürger erneuerte unter wechselseitigem Mitleid ihre Tränen. Die Stimme der Klage wurde laut, besonders von den Frauen, wenn sie vor ihren ehrwürdigen, nun von Bewaffneten besetzten Tempeln vorübergingen und ihre Götter gleichsam in der Gefangenschaft zurückließen.

6 Nach dem Abzug der Albaner aus der Stadt machten die Römer allenthalben die öffentlichen und Privatgebäude dem Erdboden gleich, und die Stunde des Schicksals übergab ein Werk von vierhundert Jahren – so lange hatte Alba gestanden – der Zerstörung und den Trümmern. Doch blieben die Tempel der Götter auf ausdrücklichen Befehl des Königs verschont.

(30) Durch Albas Zerstörung wuchs inzwischen Rom. Die Bürgerzahl verdoppelte sich. Der Berg Caelius wurde zur Stadt gezogen, und damit sich hier mehrere anbauen möchten, wählte ihn Tullus zum Herrschersitz und wohnte daselbst. **2** Unter die Patrizier nahm er, um auch diesen Teil des Staates zu verstärken, die vornehmsten albanischen Familien auf, die Tullier, Servilier, Quinctier, Geganier, Curiatier, Cloelier, und gab dem dadurch zahlreicher gewordenen Stand ein geweihtes Gebäude als Rathaus, das bis auf unserer Väter Zeiten* den Namen das Hostilische behalten hat; **3** und um die Stärke jedes Ranges aus dem neuen Volk zu vermehren, hob er unter den Albanern zehn Turmen** Ritter aus. Von ebendiesem Zuwachs machte er die alten Legionen vollzählig und errichtete neue.

4 Im Vertrauen auf diese seine Kräfte erklärte Tullus den Sabinern, welche damals an Volkszahl und Kriegskunde nur den Etruskern nachstanden, den Krieg; von beiden Seiten hatte man sich Beleidigungen zugefügt und Genugtuung vergebens gefordert. **5** Tullus beschwerte sich darüber, dass sie auf dem stark besuchten Jahrmarkt bei dem Tempel der Göttin Feronia römische Kaufleute verhaftet hätten; die Sabiner hingegen, dass schon früher zu Rom einige ihrer Landsleute in dem Hain Zuflucht gefunden hätten und ihnen nicht ausgeliefert worden seien. **6** Dies waren die angeblichen Ursachen zum Krieg.

Die Sabiner, wohl eingedenk, dass schon Tatius einen Teil ihrer eigenen Macht nach Rom verpflanzt hatte, und auch, dass Rom kürzlich durch Einverleibung des ganzen albanischen Volkes noch mächtiger geworden war, sahen sich ebenfalls nach auswärtiger Hilfe um. **7** Etrurien lag ihnen nahe; die nächsten unter den Etruskern waren die Vejenter. Als sie hier die Einwohner zum Friedensbruch aufforderten, schaffte ihnen hauptsächlich die Erbitterung gegen Rom von den vorigen Kriegen her viele Freiwillige, und manche Unansässige vom dürftigen Volk reizte auch der Sold; allein von allen Seiten des Staates leistete man ihnen keinen Beistand, und diesmal blieb bei den Vejentern – denn bei den Übrigen wundert es mich weniger*** – der mit Romulus geschlosse-

* Die Hostilische Curie wurde bei Verbrennung der Teiche des Clodius eingeäschert, unter Diktator Cäsar wieder gebaut, und hieß seitdem die Julische.

** Eine *turma* bestand aus 30 Mann.

*** Die übrigen etruskischen Völkerschaften waren teils nicht so nahe Nachbarn Roms, und also auch weniger besorgt, teils waren sie gegen Rom nicht so erbittert wie die schon mehrmals geschlagenen Vejenter.

ne Waffenstillstand in seiner Kraft. ***8*** Als man nun auf beiden Seiten sich mit dem größten Ernst zum Krieg rüstete und es nur noch darauf anzukommen schien, wer zuerst den Krieg beginne, rückte Tullus als der Angreifende ins Sabinerland.

9 Bei dem Wald Malitiosa kam es zu einer blutigen Schlacht, in welcher das römische Heer freilich auch durch sein treffliches Fußvolk, ***10*** am meisten aber durch die jüngste Vermehrung der Reiterei die Oberhand behielt. Sie bewirkte durch ihr schleuniges Eindringen in den Gliedern der Sabiner eine solche Verwirrung, dass sie nicht wieder zum Standgefecht kommen und sich auch nicht ohne großen Verlust zur Flucht auflösen konnten.

(31) Als nach Besiegung der Sabiner Tullus als König und der ganze römische Staat im Besitze eines großen Ruhmes und einer wirklich großen Macht waren, wurde dem König und den Vätern gemeldet, auf dem albanischen Berg sei ein Steinregen gefallen. ***2*** Weil man das kaum glauben konnte, wurden zur Untersuchung des Wunders Leute hingeschickt; und vor ihren Augen fiel eine Menge Steine, nicht anders als wenn der Sturm einen dichten Hagel auf die Erde niederstürzt, vom Himmel herab. ***3*** Auch kam es ihnen vor, als hörten sie aus dem Hain des höchsten Gipfels eine gewaltige Stimme rufen: Die Albaner sollten ihren Gottesdienst nach vaterländischer Weise verrichten. Sie hatten diesen eingehen lassen, als hätten sie zugleich mit ihrer Vaterstadt auch die Götter hinter sich gelassen und entweder den römischen Gottesdienst angenommen oder auf ihr Schicksal zürnend, wie es der Mensch macht, alle Verehrung der Götter aufgegeben. ***4*** Auch die Römer ordneten wegen dieses Schreckenszeichens ein öffentliches neuntägiges Opferfest an, entweder auf Geheiß einer himmlischen Stimme, die sich vom albanischen Berg hören ließ – denn auch dies melden einige –, oder auf Anraten der Opferschauer.* Wenigstens blieb es Sitte, so oft die Erscheinung dieses Wunderzeichens gemeldet wurde, ein neuntägiges Opferfest anzuordnen. ***5*** Bald darauf herrschte eine ansteckende Krankheit und machte die Bürger zu Kriegsdiensten zu schwach. Dennoch gestattete der kriegerische König keine Waffenruhe; ja er glaubte sogar, die jungen Leute würden im Krieg gesünder als zu Hause sein, bis ihn endlich selbst die Krankheit auf ein langwieriges Lager warf. ***6*** Dies lähmte ihm zugleich mit dem Körper jenen mutigen Feuergeist so sehr, dass er jetzt, sowenig er es früher für königlich gehalten hatte, seine Gedanken mit dem Gottesdienst zu beschäftigen, auf einmal mit Befolgung jedes größeren und kleineren Aberglaubens seine Zeit hinbrachte und sogar das Volk zu lauter Andachtsübungen zog. ***7*** Und wirklich hielten schon die Leute, bei dem allgemeinen Wunsch, die Lage der Dinge unter dem König Numa wiederhergestellt zu sehen, Gebete um göttliche Gnade und Erbarmung für das einzige Heilmittel der Krankheit. ***8*** Der König selbst, heißt es, habe nach dem Durchlesen der Bücher Numas gefunden, dass jährlich gewisse Opfer insgeheim gebracht würden, dem Jupiter Offenbarungen abzugewinnen, und sich zur Ausrichtung jener Opfer eingeschlossen. Da er aber diesen Gottesdienst nicht gehörig eingeleitet oder abgewartet habe, habe er, ohne irgendeine himmlische Erscheinung zu bewirken, von Jupiter, den diese verkehrten Beschwörungen gestört und erzürnt hätten, einen Blitz auf sich herabgezogen und sei mit seinem Haus verbrannt. Tullus regierte mit großem Kriegsruhm 32 Jahre.

(32) Nach dem Tod des Tullus fiel die Regierung, wie es von Anfang an üblich gewesen war, wieder an die Väter, und diese ernannten einen Zwischenkönig. Auf dem von ihm gehaltenen Wahltag ernannte das Volk den Ancus Marcius zum König, und die Väter bestätigten ihn.

Ancus Marcius war ein Enkel des Königs Numa Pompilius von dessen Tochter. ***2*** Mit Antritt seiner Regierung machte er es sich zur Hauptaufgabe, teils weil ihm das rühmliche Andenken seines Großvaters vorschwebte, teils weil die vorige Regierung, im Übrigen so vortrefflich, doch von

---

* Haruspices – Opferschauer, Priester, welche aus den Eingeweiden der Opfertiere den Willen der Götter angaben.

einer Seite nicht ganz glücklich gewesen war, insofern sie nämlich die Gottesverehrung entweder verabsäumt oder verkehrt betrieben hatte, den öffentlichen Gottesdienst wieder so einzurichten, wie ihn Numa angeordnet hatte. Er ließ alle Vorschriften darüber aus Numas Büchern durch den Oberpriester aufzeichnen und dies Verzeichnis auf einer weißen Tafel öffentlich aushängen. Daher entstand bei den sich nach Ruhe sehnenden Bürgern und den benachbarten Staaten die Erwartung, der König werde den Grundsätzen und der Handlungsweise seines Ahnen folgen. ***3*** Die Latiner, mit denen unter Tullus' Regierung ein Bündnis geschlossen war, fühlten sogleich ihren Mut gehoben; sie unternahmen einen Einfall ins römische Gebiet und gaben den Genugtuung fordernden Römern eine übermütige Antwort, in der Voraussetzung, der römische König werde, untätig genug, seine Regierung auf Kapellen und Altäre beschränken. ***4*** Ancus, dem Muster des Numa treu, ohne den Romulus zu vergessen, verband die Eigenschaften beider; und außer der Überzeugung, dass unter der Regierung seines Großvaters für jenes neue und wilde Volk der Friede eher notwendig gewesen sei, sah er auch ein, dass er die Ruhe, die jenem gelungen sei, nicht werde beibehalten können, ohne sich Beleidigungen gefallen zu lassen; man mache auf seine Nachgiebigkeit einen Versuch; gelinge er, so werde man sie verachten, auch eigne sich die Lage der Dinge mehr für einen Tullus als für einen Numa. ***5*** Um jedoch, so wie Numa die gottesdienstlichen Gebräuche des Friedens eingeführt hätte, in *seiner* Person den Stifter der kriegerischen Feierlichkeiten aufzustellen und die Kriege nicht bloß führen, sondern auch vermittels eines gewissen Feierbrauchs ankündigen zu lassen, nahm er von einem alten Volk, den Äquiculern,* die gesetzliche Vorschrift her, wie die Genugtuung gefordert werden muss, und nach welcher sich noch jetzt die Fetialen richten. ***6*** Wenn der Gesandte an die Grenzen derer kommt, von denen man Genugtuung fordert, so spricht er, das Haupt mit einer Binde umwunden (die Binde ist von Wolle): *Höre, Jupiter, höret, ihr Grenzen!* Er nennt jedes Mal das Volk, dem sie zugehören. *Mich höre das Recht, das vor Gott gilt. Ich bin der Staatsbote des römischen Volkes, ich komme, auf eine gerechte und gottgefällige Weise gesandt, und meine Worte verdienen Glauben.* ***7*** Hier bringt er seine Forderungen vor. Dann nimmt er den Jupiter so zum Zeugen: *Wenn ich ungerecht und freventlich jene Leute und jene Sachen an mich, den Voten des römischen Volkes, ausgeliefert haben will, so wollest du mich mein Vaterland nie wieder betreten lassen!* ***8*** Diese Worte spricht er, wenn er über die Grenze schreitet, so, wenn ihm der erste Mann begegnet; er spricht sie bei seinem Eintritt ins Tor, und wiederum, wenn er auf dem Marktplatz steht, wobei er jedes Mal nur wenige Worte der Formel und des zu schwörenden Eides abzuändern hat. ***9*** Wird das Geforderte nicht herausgegeben, so kündigt er nach Verlauf von 33 Tagen – denn so viele sind festgesetzt – den Krieg folgendermaßen an: *Höre, Jupiter, und du, Juno, Quirinus, und ihr himmlischen Götter alle, und ihr irdischen und ihr unterirdischen, höret! Euch rufe ich zu Zeugen an, dass jenes Volk –* ***10*** er nennt den Namen – *ungerecht ist und nicht leistet, was Rechtens ist. Doch hierüber wollen wir im Vaterland unsere Alten befragen, auf welche Art wir zu unserem Recht gelangen mögen.* Mit diesen Worten kehrt der Gesandte nach Rom zur Beratung zurück.

11 Sogleich befragte der König die Väter mit ungefähr folgenden Worten: In betreff derjenigen Sachen, Streitigkeiten und Angelegenheiten sprach er zu dem, den er zuerst um seine Stimme fragte, über welche der Bevollmächtigte des römischen Volkes der Quiriten mit dem Bevollmächtigten der Altlatiner und den altlatinischen Männern übereingekommen ist, welche Sachen sie hätten geben, tun und zahlen müssen, welche Sachen sie aber weder gegeben, noch getan, noch gezahlt haben, wie dazu seine Stimme laute. ***12*** Dann sprach jener: *Meine Stimme ist die, sie durch einen gerechten, gottgefälligen Krieg einzutreiben, und also halte und stimme ich.* Nun

* Ein Teil des alten Volkes der Aequer, der aber getrennt von diesem im Sabinerland wohnte

wurden die Übrigen der Reihe nach befragt, und wenn der größere Teil der Anwesenden dieser Meinung beitrat, so war vermöge dieser Einstimmung Krieg. Gewöhnlich ging der Fetiale, eine mit Eisen beschlagene oder blutige, vorn angebrannte Lanze in der Hand, an jene Grenzen und sprach in Gegenwart von wenigstens drei Erwachsenen: ***13*** *Weil die Völker der Altlatiner und die altlatinischen Männer gegen das römische Volk der Quiriten gehandelt und sich vergangen haben, weil das römische Volk der Quiriten den Krieg mit den Altlatinern beschlossen hat, und der Senat des römischen Volkes der (Quiriten es so erachtet, beigestimmt und beschlossen hat, dass mit den Altlatinern Krieg sein solle, darum kündige ich und das römische Volk den Völkern der Altlatiner und den altlatinischen Männern den Krieg an und beginne ihn.* ***14*** Mit diesen Worten pflegte er einen Speer in ihr Gebiet zu schleudern.

Auf diese Art forderte man damals von den Latinern Genugtuung und kündigte ihnen den Krieg an; und diese Sitte pflanzte sich auf die Nachkommen fort.

(33) Ancus zog, nachdem er die Besorgung des Gottesdienstes den Eigen- und übrigen Priestern übertragen hatte, mit einem neu geworbenen Heer aus, nahm Politorium, eine Stadt der Latiner, mit Sturm und führte nach dem Beispiel der vorigen Könige, welche durch die Aufnahme der Feinde in die Stadt Roms Macht vergrößert hatten, die ganze Bevölkerung nach Rom. ***2*** Weil aber um das Palatium, den Sitz der Altrömer, her die Sabiner das Capitolium und die Burg, den Berg Caelius die Albaner eingenommen hatten, so wies er der neuen Volksmenge den Aventin an, welcher bald, durch die Eroberung von Tellenae und Ficana, noch mehr neue Bürger bekam. ***3*** Darauf musste er Politorium zum zweiten Mal erobern, weil die Altlatiner die leere Stadt besetzt hatten, und dies war der Grund, warum die Römer sie zerstörten, da sie immer für die Feinde ein Schlupfwinkel geblieben wäre. ***4*** Endlich zog sich der ganze Latinische Krieg vor Medullia, und hier wurde einige Zeit ohne Entscheidung mit abwechselndem Glück gekämpft. Teils war die Stadt durch ihre Werke gesichert und hatte eine starke Besatzung, teils hatte sich im Feld ein latinisches Heer gelagert, das mit den Römern öfters handgemein wurde. ***5*** Schließlich erfocht Ancus, von allen seinen Truppen unterstützt, zuerst einen förmlichen Sieg; dann kehrte er mit reicher Beute nach Rom zurück und nahm auch diesmal viele tausend Latiner unter seine Bürger auf. Um den Aventin mit dem Palatium in Verbindung zu setzen, gab man ihnen ihren Sitz bei der Kapelle der Murcia (der Myrtenvenus). ***6*** Auch zog er das Janiculum mit zur Stadt, nicht aus Mangel an Platz, sondern um nicht einst diese Anhöhe von einem Feind besetzen zu lassen, und vereinigte es nicht bloß durch eine Mauer mit der Stadt, sondern auch, um die Verbindung zu erleichtern, vermittels einer Balkenbrücke, der ersten über den Tiber geschlagenen. ***7*** Ebenso ist der Quiritengraben, der die Stadt vor einem Angriff von den Ebenen her nicht wenig schützt, ein Werk des Königs Ancus. ***8*** Weil auch in dieser bei dem ansehnlichen Zuwachs des Staates so hoch gestiegenen Volksmenge die Nichtachtung des Unterschiedes zwischen Recht und Unrecht Verbrechen erzeugte, deren Täter verborgen blieben, wurde zur Eindämmung der Überhand nehmenden Frechheit mitten in der Stadt am Marktplatz ein Gefängnis angelegt. ***9*** Doch nicht die Stadt allein, auch das Land und die Grenzen wurden unter diesem König erweitert. Den Vejentern nahm er den Mesischen Wald, dehnte seine Herrschaft bis ans Meer aus und baute an der Mündung des Tiber die Stadt Ostia, in deren Nähe er Seesalz gewann. Auch erweiterte er, weil er im Krieg so viel Ehre eingelegt hatte, den Tempel des Jupiter Feretrius.

(34) Unter der Regierung des Ancus zog Lucumo, ein tätiger und sehr reicher Mann, nach Rom, hauptsächlich in der Absicht und Hoffnung, zu hohen Ehrenstellen zu gelangen, wozu er in Tarquinii – denn auch dort war er fremder Abkunft – keine Gelegenheit hatte. ***2*** Er war der Sohn eines Korinthers namens Demaratus, welcher wegen Spaltungen aus seiner Vaterstadt geflüchtet war, dann durch Zufall seinen Aufenthalt zu Tarquinii genommen, sich hier verheiratet

und zwei Söhne gezeugt hatte, Lucumo und Arruns. Lucumo überlebte den Vater als Erbe des ganzen Vermögens. Arruns starb vor dem Vater, mit Hinterlassung einer schwangeren Frau. *3* Allein der Vater überlebte diesen Sohn nicht lange, und weil er, von der Schwangerschaft seiner Schwiegertochter nicht unterrichtet, den Enkel in seinem letzten Willen unbedacht gelassen hatte, gab man diesem nach des Großvaters Tod ohne alle Aussicht auf ein Erbteil geborenen Knaben von seiner Dürftigkeit den Namen Egerius (Dürftiger). *4* Lucumo hingegen, dem schon sein Reichtum als Erben des ganzen Vermögens Selbstvertrauen verlieh, erfüllte mit noch höheren Plänen seine Verheiratung mit Tanaquil, einer Frau von sehr vornehmer Abkunft, die schon dafür sorgen wollte, dass der Rang, in welchen sie eingeheiratet hatte, nicht niedriger bliebe als der, den ihr die Geburt gab. *5* Sie konnte den Unwillen über die Nichtachtung, womit die Etrusker Lucumo als dem Sohn eines angekommenen Flüchtlings begegneten, nicht länger ertragen, vergaß der natürlichen Liebe zu ihrer Vaterstadt, um nur ihren Mann in Amt und würden zu sehen, und entschloss sich, von Tarquinii wegzuziehen. *6* Rom schien ihr für ihre Absichten der beste Ort. In einem neuen Volk, wo aller Adel noch jung und bloß durch Verdienst erworben sei, werde ein tatkräftiger, rüstiger Mann seinen Platz schon finden; ein Sabiner namens Tatius sei dort König gewesen, von Cures Numa auf den Thron gerufen, selbst Ancus sei der Sohn einer Sabinerin und habe für seinen Adel nur das einzige Ahnenbild des Numa aufzuweisen. *7* Leicht überredete sie den ehrsüchtigen Mann, dem ohnehin Tarquinii nur von mütterlicher Seite als Heimatstadt galt. Sie wandern mit ihrer ganzen Habe aus nach Rom.

8 Eben waren sie an das Janiculum gekommen. Er saß mit seiner Gattin auf einem Wagen. Da schwebte ein Adler mit gespannten Schwingen sanft hernieder, nahm ihm den Hut, flog mit großem Geschrei über dem Wagen hin und her, setzte ihm, als wäre er bloß zu dieser Verrichtung vom Himmel gesandt, den Hut wieder auf den Kopf und stieg in die Höhe. *9* Tanaquil, als eine Frau, die, wie die Etrusker gewöhnlich, sich auf die Offenbarungen des Himmels verstand, bezog hoch erfreut, wie die Erzählung sagt, diesen Vogelfluge auf sie beide. Sie schloss ihren Mann in die Arme und hieß ihn Großes und Erhabenes hoffen. *10* Dazu gebe gerade dieser Vogel die Hoffnung, der aus der höchsten Himmelshöhe komme und dieses Gottes Bote sei; am ragenden Gipfel des menschlichen Körpers habe er seine Sendung vollzogen, habe die auf sein menschliches Haupt gesetzte Zierde ihm abgehoben, um sie aus Gotteshand ihm wiederzubringen.

Von diesen Hoffnungen und Gedanken erfüllt, fuhren sie in die Stadt, kauften dort eine Wohnung, und er gab sich hier den Namen Lucius Tarquinius Priscus. *11* Den Römern blieb der neue, reiche Mitbürger nicht unbemerkt; und er selbst kam seinem Glück durch zuvorkommende Begrüßungen, höfliche Einladungen und dadurch, dass er durch Wohltaten möglichst viele sich zu Freunden machte, zu Hilfe, bis man endlich von ihm auch am königlichen Hof sprach. *12* Dieser Bekanntschaft erwarb er durch Anstand und Geschicklichkeit, womit er seine Dienstleistungen beim Könige ausrichtete, die Rechte der vertrauteren Freundschaft, so dass er bei allen öffentlichen und geheimen Beratungen über Krieg und Frieden zugegen sein musste, und endlich, überall erprobt, im Testamente des Königs als Vormund der Prinzen eingesetzt wurde.

(35) Ancus, jedem der früheren Könige durch Tüchtigkeit im Krieg und im Frieden gleich, hatte 24 Jahre regiert. Seine Söhne waren dem Jünglingsalter nahe; desto eifriger drang Tarquinius darauf, dass die Volksversammlung zur Königswahl baldmöglichst gehalten würde. *2* Als sie angesagt war, schickte er die Prinzen um jene Zeit auf die Jagd, und er soll der Erste gewesen sein, der als Bewerber um den Thron sich zu empfehlen suchte und eine Rede hielt, in der er es ganz darauf angelegt hatte, die Herzen des Volkes zu gewinnen. *3* Er sagte, einmal liege in seinem Gesuch nichts Neues. Wenn er zu Rom zu regieren wünsche, so sei er nicht der erste Ausländer, worüber vielleicht jemand Unwillen oder Befremden äußern könne, sondern der dritte. Tatius sei

nicht bloß aus einem Fremden, aus einem Feind sogar zum König gemacht; Numa, ohne die Stadt zu kennen, ohne anzuhalten, vermittels einer Aufforderung zum Thron berufen. ***4*** Zum andern aber sei er, sobald er unabhängig geworden sei, mit seiner Gattin und seinem Hab und Gut nach Rom gezogen. Er habe von den Jahren, in denen der Mann sich den bürgerlichen Geschäften unterziehe, einen größeren Teil in Rom als in seiner alten Vaterstadt verlebt. ***5*** Er habe im Frieden und im Krieg unter einem Lehrer, dessen er sich nicht schämen dürfe, unter dem Könige Ancus selbst, das römische Recht und die römischen Sitten erlernt. In der Folgsamkeit und Ehrerbietigkeit gegen den König habe er mit allen, in der Wohltätigkeit gegen andere mit dem König selbst gewetteifert. ***6*** Was er da anführte, war nicht unbegründet, und das Volk ernannte ihn einstimmig zum König. War es zu verwundern, dass den übrigens vortrefflichen Mann die Sucht, sich Anhang zu verschaffen, die er bei seiner Bewerbung gezeigt hatte, auch auf den Thron begleitete? Es war ebenso sehr seine Absicht, seinen Thron zu befestigen, als Liebe zum allgemeinen Besten, wenn er hundert in die Zahl der Väter aufnahm, welche nachher die Geschlechter vom zweiten Rang genannt wurden, eine Partei, die es sicher mit dem König hielt, dem sie ihre Einführung in das Rathaus zu danken hatten.

7 Seinen ersten Krieg führte er mit den Latinern und nahm ihnen die Stadt Apiolae im Sturm. Da er von hier eine größere Beute heimführte als der Ruf des Krieges erwarten ließ, so stellte er Spiele an, welche an Pracht und Einrichtung die der vorigen Könige übertrafen. ***8*** Damals wurde auch zuerst der Platz zu einer Rennbahn (Zirkus), die jetzt die Große heißt, abgesteckt. Den Vätern und Rittern wurden Stellen zugeteilt, wo sich jeder seinen Zuschauersitz anlegen konnte. Diese bekamen die Benennung *fori* (Reihenbänke). ***9*** Die Sitze der Zuschauer ruhten zwölf Fuß über der Erde auf Stützbalken. Pferde und Fechter, die man größtenteils aus Etrurien kommen ließ, machten den Gegenstand der Spiele aus. Sie wurden nachher alle Jahre gefeiert und hießen bald die Römischen, bald die Großen Spiele. ***10*** Derselbe König verteilte auch die Umgebungen des Marktplatzes an Privatleute, um sie zu bebauen, und ließ Hallen und Buden anlegen.

(36) Auch war er damit beschäftigt, eine steinerne Mauer um die Stadt zu ziehen, als ein Krieg mit den Sabinern das angefangene Werk unterbrach. Dieser kam ihm so unerwartet, dass die Feinde, ehe noch ein römisches Heer ihnen entgegenrücken und sie aufhalten konnte, schon über den Anio gingen. ***2*** In Rom herrschte deshalb Bestürzung; und die erste Schlacht fiel bei großem Verlust auf beiden Seiten unentschieden aus. Da zogen die Feinde sich in ihr Lager zurück und ließen den Römern Zeit, sich zum Krieg von Neuem zu rüsten. Tarquinius glaubte, zur gehörigen Stärke fehle es ihm besonders an Reiterei, und er beschloss, neben den Zenturien der Ramnes, Tities und Luceres, die schon Romulus errichtet hatte, neue hinzuzufügen und durch ihre unterscheidende Benennung nach seinem Namen sich ein Andenken zu stiften. ***3*** Romulus hatte jene mit Zustimmung des Vogelfluges ausgehoben; also behauptete auch Attus Navius, ein damals berühmter Vogelschauer, ohne Genehmigung der Vögel dürfe hierin keine Änderung oder Neuerung vorgenommen werden. ***4*** Der König, heißt es, hierüber aufgebracht, hielt ihn mit seiner Kunst zum Besten und sagte: *Nun wohlan, du Mann Gottes, befrag' deine Vögel, ob das möglich ist, was ich jetzt im Sinn habe.* Jener vernahm die Vögel darüber und versicherte die gewisse Möglichkeit. *Nun,* sprach der König, *ich dachte mir Folgendes: Du solltest mit einem Schermesser einen Schleifstein durchschneiden. Hier hast du beides. Tue nun, was deine Vögel als möglich ankündigen.* Und er soll ohne Zögern den Schleifstein durchschnitten haben. ***5*** Das dem Attus errichtete Standbild mit verhülltem Haupt hat auf der Stelle gestanden, wo die Tat geschah, dem Rathaus zur Linken, hart an der Treppe auf dem Versammlungsplatz. Auch der Schleifstein soll hier als Denkmal dieses Wunders für die Nachwelt verwahrt gelegen haben. ***6*** Wenigstens gelangten der Vogelflug und das Priesteramt der Vogelschauer zu einer so hohen Achtung, dass später im Krieg

und Frieden nichts ohne Befragung der Vögel vorgenommen wurde, und Volksversammlungen, Berufungen der Heere, kurz die wichtigsten Sachen ausgesetzt werden mussten, wenn die Vögel ihre Zustimmung versagten. *7* Und damals hat Tarquinius an den Zenturien keine Änderung vorgenommen, außer dass er sie noch einmal so stark machte, so dass nun die drei Zenturien aus 1800 Reitern bestanden. *8* Die Hinzugekommenen blieben in dieselben Namen einbegriffen, nur mit dem Zusatz: die Späteren. Jetzt nennen wir sie, weil sie verdoppelt sind,* die sechs Zenturien.

(37) Nach Vermehrung dieses Teiles seiner Truppen lieferte er den Sabinern eine zweite Schlacht. Aber außer dass das römische Heer an Stärke gewonnen hatte, kam er ihm noch durch eine versteckte List zu Hilfe. Da am Ufer des Anio eine große Menge gefälltes Holz lag, schickte er hin und ließ dies angezündet in den Fluss werfen; der Wind kam der Flamme zu Hilfe, und da das Holz, meistenteils auf Flößen, gegen die Brückenpfähle trieb und daran hängen blieb, setzte es die Brücke in Brand. *2* Dies schreckte teils die Sabiner während der Schlacht, teils erschwerte es den Geschlagenen die Flucht. Eine Menge Menschen, die dem Feind entflohen war, fand ihren Tod im Fluss selbst, und ihre schwimmenden Waffen, die man bei Rom im Tiber bemerkte, brachten die Nachricht des Sieges beinahe eher dahin, als man ihn hatte melden können. *3* In dieser Schlacht legte vorzüglich die Reiterei Ehre ein. Auf beiden Flügeln aufgestellt, soll sie, als die zwischen ihnen aufgestellte Linie ihres Fußvolkes schon geworfen wurde, mit solchem Erfolg in die Seiten des sabinischen Fußvolkes eingebrochen sein, dass es nicht allein mitten in der mutigen Verfolgung der weichenden Römer halt machen musste, sondern auch gegen seine Erwartung in die Flucht geschlagen war. *4* In vollem Lauf eilten die Sabiner dem Gebirge zu, das aber nur wenige erreichten; der größte Teil wurde, wie schon gesagt, von der Reiterei in den Fluss gesprengt. *5* Tarquinius schickte, um ihnen keine Erholung vom ersten Schrecken zu gestatten, die Beute und die Gefangenen nach Rom, verbrannte die gesammelten Waffen der Feinde, wie er dem Vulkan gelobt hatte, in einem aufgetürmten Haufen, und rückte mit seinem Heer weiter in das Gebiet der Sabiner ein. *6* Die Sabiner, so unglücklich sie gewesen waren, so wenig sie hoffen konnten, jetzt glücklicher zu sein, rückten ihm gleichwohl, weil sie keine Zeit hatten, sich zu beraten, mit einem schnell zusammengerafften Heer entgegen, wurden hier zum zweiten Mal geschlagen und baten nun, fast ganz zugrunde gerichtet, um Frieden.

(38) Collatia und das ganze Gebiet um Collatia mussten die Sabiner abtreten. Egerius (er war der Brudersohn des Königs) blieb hier mit einer Besatzung. Die Collatiner ergaben sich, wie ich [in den Quellen] finde, auf folgende Art, und so lautete auch die Formel einer Übergabe. *2* Der König fragte: *Seid ihr als Gesandte und Sprecher vom collatinischen Volk abgeschickt, um euch und das collatinische Volk zu ergeben? – Ja. – Steht das collatinische Volk unter eigener Gewalt? – Ja. – Übergebt ihr euch und das collatinische Volk, die Stadt, das Gebiet, Gewässer, Grenzen, Tempel, Geräte, alles was Göttern und Menschen gehört, in meine und des römischen Volkes Gewalt? – Ja. – So nehme ich euch hiermit an.*

3 Nach Beendigung des Sabinischen Krieges kehrte Tarquinius triumphierend nach Rom zurück. *4* Darauf fing er mit den Altlatinern Krieg an. Da es nirgends zu einer Hauptschlacht kam, richtete er seine Waffen gegen die einzelnen Städte und bezwang das ganze latinische Volk. So eroberte er die Städte Corniculum, Alt-Ficulea, Cameria, Crustumerium, Ameriola, Medullia, Nomentum, die entweder den Altlatinern oder denen gehörten, welche zu ihnen übergetreten waren. *5* Und nun wurde Friede geschlossen.

Hatte er zur Führung der Kriege seine ganze Kraft aufgeboten, so betrieb er nun die Anlage mehrerer Werke des Friedens mit noch größerem Eifer, so dass das Volk zu Hause eben so wenig

* Sie waren von Servius Tullius verdoppelt worden. Vgl. Kap. 43.

Ruhe genoss wie im Feld. **6** Die steinerne Mauer, deren angefangener Bau durch den Sabinerkrieg unterbrochen war, musste an allen den Stellen, wo die Stadt noch keine Werke gehabt hatte, sich schließen. So wurden die tiefsten Gegenden der Stadt, am Forum und in den Zwischentälern der Hügel, weil man aus diesen Ebenen das Wasser nur mit Mühe abführen konnte, durch Kanäle ausgetrocknet, die von der Höhe bis an den Tiber gezogen werden mussten. **7** Ferner ließ er zu einem Tempel Jupiters, den er im Sabinischen Krieg gelobt hatte, den Platz auf dem Kapitol in einem so großen Umfang, als hätte er von der künftigen Majestät des Ortes ein Vorgefühl gehabt, mit Grundmauern einfassen.

(39) Um diese Zeit hatte man in der Königsburg eine Erscheinung von gleich wundervollem Anblick und Ausgang. Der Erzählung nach brannte vor aller Augen einem schlafenden Knaben das Haupt. Er hieß Servius Tullius. **2** Das laute Geschrei, das bei dem so wunderbaren Vorfall sich erhob, zog auch das Königspaar herbei. Einer von den Dienern brachte Wasser zum Löschen; allein die Königin hielt ihn zurück, stillte das Geschrei und befahl, den Knaben nicht zu stören, bis er von selbst erwachen würde. Bald verlor sich auch mit dem Schlaf die Flamme. **3** Da sprach Tanaquil zu ihrem Gemahl, den sie beiseite geführt hatte: *Was denkst du von dem Knaben, den wir in solcher Niedrigkeit erziehen? Ich muss dir sagen: Er wird uns einst ein Licht in dunkeln Tagen werden und dem königlichen Haus ein Retter in der Not. Demnach lass uns den Gegenstand so großen Glanzes für den Staat wie für Einzelne mit aller Zärtlichkeit pflegen.* **4** Von nun an hielten sie den Knaben wie ihr eigenes Kind und ließen ihn in den Wissenschaften unterrichten, die den Geist zur Bildung für einen höheren Stand erheben. Für den Willen der Götter fand sich der Erfolg von selbst. Servius wurde ein junger Mann von echt königlichen Eigenschaften, und als sich Tarquinius nach einem Schwiegersohn umsah, fand sich unter allen jungen Römern keiner, der in irgendeiner Art des Verdienstes den Vergleich mit ihm hätte aushalten können. Der König gab ihm seine Tochter.

5 Gerade diese ihm erwiesene hohe Ehre, was sie auch für einen Grund gehabt haben mag, lässt mich nicht glauben, dass er der Sohn einer Sklavin gewesen sei und selbst als kleiner Knabe Sklavendienste getan habe. Ich bin vielmehr mit anderen der Meinung, dass die schwangere Gemahlin des Servius Tullius, der in Corniculum regierte und im Kampf fiel, als sie nach der Eroberung dieser Stadt unter den übrigen gefangenen Frauen erkannt wurde, ihres hohen Ranges wegen von der römischen Königin mit der Sklaverei verschont und zu Rom im Palast des Tarquinius Priscus niedergekommen sei, **6** dass dann dieser so hohe Liebesdienst die Freundschaft zwischen den beiden Frauen immer enger geknüpft, und der Knabe, als von klein auf im Hause erzogen, Liebe und Achtung genossen habe, dass man aber durch das Unglück seiner Mutter, insofern sie nach Eroberung ihrer Vaterstadt eine Gefangene geworden war, veranlasst sei, ihn für den Sohn einer Sklavin zu halten.

(40) Es waren etwa 38 Jahre verflossen, seitdem Tarquinius den Thron bestiegen hatte, und Servius Tullius stand nicht allein beim König, sondern auch bei den Vätern und beim Volk in größter Achtung. **2** Hatten die beiden Söhne des Ancus schon vorher es immer für höchst empörend gehalten, dass die List ihres Vormundes sie um den väterlichen Thron gebracht hatte, dass zu Rom ein Fremdling regieren musste, der nicht nur nicht von römischer, der nicht einmal italischer Abkunft war, so stieg ihr Unmut jetzt noch höher, wenn die Regierung auch von Tarquinius nicht an sie zurückfallen, sondern immer tiefer bis zu Sklaven herabsinken sollte, **3** so dass kaum hundert Jahre* nach Romulus, der als Gottessohn und selbst ein Gott, Zeit seines irdischen Daseins den

* Es waren schon 138 Jahre nach Romulus' Tod verflossen. Sie führen nur etwa hundert an, um die Entfernung zwischen beiden zu verringern.

Thron besessen habe, in demselben Staat diesen Thron ein von einer Sklavin geborener Sklave besitzen müsse. Es werde für den römischen Namen überhaupt und insbesondere ihres Hauses Schande sein, wenn der Weg zum Thron Roms, da doch vom Könige Ancus noch männliche Erben am Leben wären, nicht bloß Ankömmlingen, sondern Sklaven sogar offen stände. ***4*** Diese Schmach zu rächen, beschlossen sie eine Gewalttat. Indessen spornte sie teils der Schmerz ihres erlittenen Unrechtes mehr gegen Tarquinius selbst als gegen Servius an; teils konnte der König, wenn sie ihn am Leben ließen, den Mord weit nachdrücklicher rächen als der Privatmann, teils auch, wenn sie den Servius ermordeten, jeden anderen, den er zum Schwiegersohne wählte, ebenso zum Thronerben ernennen. ***5*** Sie legten es also auf das Leben des Königs selbst an. Zwei von ihren verwegensten Hirten, zur Tat von ihnen ausersehen, ihr gewöhnliches Eisengerät vom Ackerbau in den Händen, mussten im Vorhof der königlichen Burg so lärmend wie möglich unter dem Schein einer Schlägerei die Königlichen auf sich aufmerksam machen. Beide beriefen sich auf den König mit einem Geschrei, das in die innere Burg drang. Der König ließ sie rufen. Sie kamen. ***6*** Zuerst waren beide gleich laut, und wetteifernd überschrie einer den andern. Der Liktor brachte sie zur Ordnung, hieß einen nach dem andern reden, und endlich legte sich ihr Wortwechsel. Einer trug nach Verabredung die Sache vor, ***7*** und als der König aufmerksam sich ganz gegen diesen wandte, schlug ihm der andere mit ausholendem Hieb die Axt in den Kopf, ließ die Mordwaffe in der Wunde stecken, und beide stürzten zur Tür hinaus.

(41) Den sterbenden Tarquinius hoben die in der Nähe Stehenden von der Erde, und jene wurden auf ihrer Flucht von den Liktoren ergriffen. Das Klagegeschrei erhob sich, und das herbeieilende Volk fragte voll Schrecken nach der Ursache. Während des Auflaufes ließ Tanaquil die Burgtore schließen und entfernte alle Zeugen; und bei dem Eifer, mit dem sie alles Nötige zur Heilung der Wunde herbeischaffte, als wäre noch Hoffnung vorhanden, dachte sie, falls die Hoffnung fehlschlüge, auf Entwürfe, sich von einer andern Seite zu decken. ***2*** Eiligst ließ sie den Servius kommen, zeigte ihm ihren Gemahl in der Verblutung, und seine Rechte festhaltend bat sie ihn, den Tod seines Schwiegervaters nicht ungerächt, seine Schwiegermutter ihren Feinden nicht zum Spott werden zu lassen. ***3*** *Der Thron,* sagte sie, *Servius, wenn du ein Mann bist, ist dein, nicht derer, welche die schändlichste Tat durch fremde Hand verübten. Ermanne dich! Folge den Göttern, die deine Führer wurden und einst dieses Haupt zur Vorbedeutung des künftigen Glanzes mit heiligem Feuer umströmten. Jetzt muss jene himmlische Flamme dich wecken! Jetzt werde dein Erwachen wahr! Auch wir waren Fremde und – regierten. Denke daran, wer, nicht wessen Sohn du bist. Wenn der plötzliche Schrecken deine Anschläge lähmt, so folge meinen.*

4 Als man dem Toben und Zudringen der Menge kaum noch steuern konnte, redete Tanaquil vom oberen Stockwerk des Palastes aus, und zwar von den nach dem Neuen Weg gehenden Fenstern – der König wohnte neben dem Tempel des Jupiter Stator – das Volk an. ***5*** Sie forderte es auf, guten Mutes zu sein. Der plötzliche Schlag habe den König betäubt, die Axt sei aber nicht tief eingedrungen, und er sei schon wieder zu sich gekommen. Nach Abwaschung des Blutes habe man die Wunde untersucht: Es stehe alles gut. Er hoffe, in den nächsten Tagen sich ihnen selbst zeigen zu können. Bis dahin, lasse er ihnen sagen, möchten sie den Befehlen des Servius Tullius Folge leisten. Der werde ihnen Recht sprechen und die übrigen Geschäfte des Königs versehen.

6 Servius erschien im königlichen Gewand, hatte die Gerichtsdiener um sich, setzte sich auf den königlichen Stuhl, entschied manches; über anderes, sagte er, werde er den König befragen. So verhehlte er, als Tarquinius schon verschieden war, den Tod mehrere Tage und befestigte als Stellvertreter eines andern seine eigene Macht. Als endlich die Bekanntmachung erfolgte und im Schloss die Totenklage erhoben wurde, hatte sich Servius durch eine starke Wache gedeckt und war der erste, der, ohne vom Volk ernannt zu sein, bloß mit Zustimmung der Väter regierte.

7 Des Ancus Söhne hatten sich gleich damals, als ihre Meuchelmörder ergriffen waren, auf die Nachricht, dass der König noch lebe und des Servius Einfluss so groß sei, mit Aufgabe ihres Vaterlandes nach Suessa Pometia* geflüchtet.

(42) Bald suchte sich Servius, so wie vorher durch Vorkehrungen im Ganzen, auch durch Familienverbindungen zu sichern; und damit die Söhne des Tarquinius nicht so gegen ihn gesinnt sein möchten, wie die des Ancus gegen Tarquinius gewesen waren, verheiratete er seine beiden Töchter an die jungen Prinzen, Lucius und Arruns Tarquinius. *2* Und doch konnte er den gebietenden Willen des Schicksals durch menschliche Mittel nicht brechen, noch die missgünstige Herrschsucht hindern, selbst die Glieder einer Familie einander treulos und gefährlich zu machen. Für die Ruhe seiner damaligen Lage zur rechten Zeit kündigte er den Vejentern – der Waffenstillstand mit ihnen war zu Ende – und anderen Etruskern den Krieg an. *3* In diesem Krieg zeigten sich die Tapferkeit und das Glück des Tullius in vollem Glanz, und er kehrte nach Besiegung eines mächtigen feindlichen Heeres nach Rom zurück, jetzt unstreitig als König, er mochte es auf die Entscheidung der Väter oder des Volkes ankommen lassen.

4 Nun machte er sich an eins der wichtigsten Werke des Friedens. Wie Numa der Gesetzgeber für alles geworden sei, was Bezug auf die Götter hatte, so sollte die Nachwelt rühmend sagen: Der Begründer aller der Einteilungen und Stände, wodurch der Unterschied zwischen den Stufen des Ranges und Vermögens hervorgehoben wird, war Servius. *5* Er führte nämlich die Schätzung ein, diese für den zu einer solchen Größe bestimmten Staat so heilsame Einrichtung, vermöge welcher die Beiträge zu den Lasten des Krieges und Friedens nicht wie zuvor nach den Köpfen, sondern nach dem Bestand des Vermögens geleistet werden sollten. Dann stiftete er die von der Schätzung abhängige Einteilung in Klassen und Zenturien, eine Ordnung, die im Frieden ebenso wie im Krieg die zweckmäßigste ist.

(43) Aus den Bürgern, welche 100 000 Kupfer-As** oder ein größeres Vermögen besaßen, machte er achtzig Zenturien; vierzig aus den älteren, vierzig aus den jüngeren. *2* Alle diese hießen die erste Klasse. Die älteren sollten zur Verteidigung der Stadt verwendbar sein, die jüngeren zur Führung auswärtiger Kriege. Die Waffen, die diese sich zu halten hatten, waren ein Helm, ein Schild, Beinschienen, Harnisch, alles aus Erz; dies sollten die Schutzwaffen sein; zum Angriff auf den Feind Lanze und Schwert. *3* An diese Klasse schlossen sich noch zwei Zenturien Werkleute, welche ohne Waffen dienen sollten, an. Ihr Geschäft war die Fortbringung des Belagerungszeuges.

4 Die zweite Klasse bildeten diejenigen, welche zwischen 100 000 und 75 000 As besaßen. Und aus diesen, älteren und jüngeren zusammen, teilte er zwanzig Zenturien ab. Die ihnen auferlegten Waffen waren statt des Rundschildes ein Langschild und außer dem Harnisch die gleichen wie bei den vorigen.

---

* Dies war damals die Hauptstadt der Volsker.

** Da die genaue Angabe, so vieler Berechnungen ungeachtet, immer noch nicht völlig ermittelt ist, so will ich die Summen nur in runden Zahlen nach dem von Trevier (sehr richtig gegen Doujat) festgesetzten damaligen Verhältnisse des Kupfers zum Silber, nämlich wie 1 : 1000, angeben. Der damalige *as liberalis* hat hiernach etwa den Wert von unsern sechs Pfennigen. Das Kupfer hatte in den frühesten Zeiten bei den Römern einen so geringen Wert gegen Silber, dass bei der ersten Prägung des Silbergeldes 1 Pfd. Silber 1000 Pfd. Kupfer galt, will man also nicht falsche Angaben machen, so muss man den Wert des Kupfers nicht nach der Zahl seiner Pfunde, sondern diese nach ihrem zu Rom gültigen Verhältnis zum Silber bestimmen. Doujat setzte die Römischen Asse von 1 Pfd. unsern Pfunden gleich, wodurch bei der Einteilung in Zenturien unter Servius ein Reichtum in Rom hervorgehen würde, der sich damals noch nicht denken ließ. Die 100 00 As in Kupfer, das Vermögen der ersten Klasse, betrugen etwa 6000 M. unseres Geldes.

5 Das Vermögen der dritten Klasse bestimmte er bis zu 50 000 As. Hier waren ebenso viele Zenturien und ebenso nach dem Alter unterschieden; auch war hier keine Abänderung in den Waffen; nur die Beinschienen fielen weg.

6 In der vierten Klasse bestand das Vermögen aus 25 000 As. Sie bekam ebenso viel Zenturien, aber andere Waffen. Nur Lanze und Wurfspieß wurde diesen gelassen.

7 Die fünfte Klasse war wieder stärker und auf 30 Zenturien gesetzt. Sie führten Schleuder und Schleudersteine. Hierzu gehörten auch die Überzähligen, ferner die Hornbläser und Trompeter, die zusammen in drei Zenturien geteilt waren. Diese Klasse war zu 11 000 As angesetzt.

8 Alles übrige Volk wurde in die Klasse von geringerem Vermögen zusammengenommen, machte nur eine Zenturie aus und war vom Kriegsdienst frei.

Nachdem er so das Fußvolk ausgestattet und eingeteilt hatte, hob er in den vornehmsten Geschlechtern zwölf Zenturien Ritter aus. *9* Außer diesen verwandelte er die drei von Romulus errichteten Zenturien in sechs, doch mit Beibehaltung der Namen, unter denen sie eingereiht worden waren. Zum Ankaufe der Pferde wurden jedem 10 000 As vom Staat gegeben; und die Unverheirateten, Erbtöchter und Witwen wurden angewiesen, zusammen jährlich 2000 As für jeden aufzubringen, wovon sie die Pferde halten könnten. Alle diese Lasten legte er unter Verschonung der Armen den Reichen auf. Dafür aber gewannen diese nun auch an Rechten. *10* Es konnten nicht mehr so, wie nach Romulus' Einrichtung die anderen Könige dies beibehalten hatten, die Stimmen nach Köpfen und ohne Unterschied mit gleichem Einfluss und gleichem Recht abgegeben werden, sondern er setzte Abstufungen fest, so dass niemand vom Stimmrecht ausgeschlossen zu sein schien und doch die Entscheidung bei den Vornehmen wäre. *11* Die Ritter wurden nämlich zuerst aufgerufen, dann die achtzig Zenturien der ersten Klasse. Konnten diese nicht einig werden, was selten der Fall war, dann sollten die Zenturien der zweiten Klasse aufgefordert werden, so dass die Stimmensammlung fast nie so weit herunterstieg, dass man bis an die Untersten gekommen wäre. *12* Man muss sich aber nicht wundern, dass unsere jetzige Ordnung, nachdem die Zahl der Bezirke auf 35 gestiegen ist, die sich ohnehin durch die Zenturien der Älteren und Jüngeren verdoppelt hatte, nicht mehr mit der von Servius Tullius festgesetzten Summe übereinstimmt; *13* denn er hatte die Stadt nach ihren Gegenden und Hügeln nur in vier Teile geteilt und nannte diese damals bewohnten Teile Tribus (Bezirke), wie ich glaube, vom Tribute; denn die dem Vermögen gleichmäßige Aufbringung desselben ist ebenfalls eine Erfindung von ihm. Auch stehen diese Bezirke mit der Einteilung in Zenturien sowenig wie mit deren Anzahl in Verbindung.

(44) Nach vollendeter Schätzung, welche er durch die Furcht vor dem Gesetz beschleunigt hatte, das allen, die sich nicht schätzen ließen, mit Gefängnis und Todesstrafe drohte, verordnete er, dass alle römischen Bürger, Ritter und Fußvolk, jeder in seiner Zenturie auf dem Marsfeld mit Tagesanbruch sich stellen sollte. *2* Hier opferte er für das ganze aufgestellte Heer ein Schwein, ein Schaf und einen Stier zur Sühne. Dies wurde nachher der Schätzungsschluss genannt, weil hiermit die Schätzung geschlossen wurde. Bei dem damaligen Schätzungsschluss sollen 80 000 Bürger geschätzt worden sein. Fabius Pictor, der älteste römische Geschichtsschreiber, fügt hinzu, dies sei bloß die Zahl der Waffenfähigen gewesen.

3 Für eine solche Volksmenge schien auch eine Erweiterung der Stadt nötig zu sein. Er zog noch zwei Hügel, den Quirinalischen und Viminalischen, mit hinein; dann kam der Anbau der Reihe nach an die Esquilin, und um dieser Gegend mehr Gefälliges zu geben, legte Servius hier seine Wohnung an. Er umgab die Stadt mit einem Wall, mit Graben und einer Mauer und rückte so das Weichbild der Stadt weiter hinaus. *4* Einige, die bloß auf die Bedeutung des Wortes Weichbild (*pomerium*) sehen, verstehen darunter nur den Raum hinter der Mauer. Es ist aber vielmehr der

Platz auf beiden Seiten der Mauer, den die Etrusker ehemals bei Erbauung der Städte da, wo sie die Mauer ziehen wollten, innerhalb gewisser Grenzen auf beiden Seiten nicht ohne genehmigenden Vogelflug weihten, damit teils von der inneren Seite keine Gebäude unmittelbar an die Mauer stießen, wie man sie jetzt gewöhnlich damit verbindet, teils auch, um von außen einen offenen Platz zu behalten, der von aller menschlichen Bestellung verschont bliebe. **5** Diesen Raum, der weder bewohnt noch bebaut werden durfte, nannten die Römer Weichbild, sowohl deswegen, weil die Mauer hinter ihm, als auch weil es hinter der Mauer war; und bei Erweiterung der Stadt wurden jedes Mal, soweit die Mauer erweitert werden sollte, auch diese geheiligten Grenzen weiter hinausgerückt.

(45) Als Servius den Staat durch die Erweiterung der Stadt gehoben und das ganze Innere in eine für Krieg und Frieden zweckmäßige Verfassung gebracht hatte, gedachte er, um nicht jeden Zuwachs mit den Waffen zu erkämpfen, Roms Oberherrschaft durch Klugheit zu erweitern und zugleich der Stadt eine Zierde mehr zu verschaffen. **2** Schon damals stand der Tempel der Diana zu Ephesus in großem Ruf, und es hieß, die Staaten Asiens hätten ihn gemeinschaftlich erbaut. Da Servius im Kreis der vornehmsten Latiner, mit denen er angelegentlich von Seiten des Staates und für sich Gastrecht und Freundschaft geknüpft hatte, dieser Eintracht und verbündeten Gottesverehrung lauten Beifall gab, so brachte er es durch wiederholte Vorstellungen dahin, dass die Völkerschaften Latiums mit dem römischen Volk gemeinschaftlich der Diana einen Tempel zu Rom bauten. **3** Hierin lag das Bekenntnis, dass Rom ihre Hauptstadt sei, worüber schon so viele Kriege geführt waren. Zwar hatte es den Anschein, als hätten alle Latiner nach so vielen unglücklichen im Krieg gemachten Versuchen diesen Gedanken aufgegeben, und gleichwohl schien sich einem von den Sabinern das Glück anzubieten, als einzelner Mann die Oberherrschaft wieder an sein Volk zu bringen. **4** Ein Hausvater im Sabinerland soll in seinem Viehstand eine Kuh von wunderbarer Größe und Schönheit aufgezogen haben. Die Hörner sind mehrere Menschenalter hindurch über dem Eingang des Dianatempels als Denkmal des Wundertiers angeheftet gewesen. **5** Man nahm die Sache für das, was sie war, für ein Wunderzeichen; die Wahrsager prophezeiten dem Staat, dessen Bürger diese Kuh der Diana opfern würde, die Oberherrschaft über die anderen, und diese Weissagung war auch an den Vorsteher des Dianatempels gelangt. **6** Sobald der Sabiner einen passenden Tag für das Opfer fand, trieb er seine Kuh nach Rom zum Dianatempel und stellte sie vor den Altar. Der römische Vorsteher, dem die durch das Gerücht bekannt gewordene Größe des Opfertieres auffiel, erinnerte sich jener Weissagung und sprach zu dem Sabiner: *Fremdling, was willst du da begehen? So unheilig der Diana ein Opfer bringen? Willst du dich nicht zuvor in fließendem Wasser baden? Unten im Tal fließt der Tiber!* **7** Der Fremde, von heiliger Scheu befallen und nicht ohne den Wunsch, alles gehörig zu beobachten, damit der Erfolg dem Wunderzeichen entspräche, stieg vom Tempel zum Tiber hinab. Inzwischen opferte der Römer der Diana die Kuh zur größten Freude des Königs und aller Bürger.

(46) Hatte Servius gleich den Thron durch vieljährigen Besitz inne, so hörte er doch, der junge Tarquinius lasse zuweilen Äußerungen fallen, dass er ohne die Bestätigung des Volkes regiere. Er machte sich also zuerst den Bürgerstand dadurch geneigt, dass er die den Feinden entrissenen Ländereien Mann für Mann verteilte, und fragte nun ohne Bedenken beim Volk an, ob sie einwilligten und ihren Beschluss dahin erklärten, dass er ihr König sein solle. Und er wurde mit solcher Einstimmigkeit wie keiner vor ihm zum König gewählt. **2** Dennoch ließ Tarquinius bei seinen Bestrebungen nach dem Thron die Hoffnung nicht sinken; vielmehr hielt er, weil er gemerkt hatte, dass die Väter mit der Verteilung der Ländereien an die Bürgerlichen nicht zufrieden gewesen waren, dies für eine Gelegenheit, den Servius um so ernstlicher bei den Vätern zu verleumden und sich im Senat geltend zu machen, eine Aussicht, die er selbst als junger Mann mit glühender

Leidenschaft verfolgte, und zu welcher seine Gemahlin Tullia seinen rastlosen Geist auch daheim spornte. *3* Denn auch die römische Königsburg brachte ein Beispiel eines tragischen Verbrechens hervor, damit der Abscheu gegen die Könige die Freiheit früher herbeiführen möchte und der Thronbesitz der letzte würde, der durch Frevel errungen war.

4 Dieser Lucius Tarquinius nämlich – ob er ein Sohn des Königs Tarquinius Priscus oder sein Enkel gewesen sei, ist nicht ganz gewiss, ich möchte ihn nach der Mehrzahl der Geschichtsschreiber als seinen Sohn angeben – hatte einen Bruder gehabt, den Arruns Tarquinius, einen sanften jungen Mann. *5* An diese beiden waren, wie oben gesagt, die beiden Tullien, des Königs Töchter, vermählt, die ebenfalls an Sitten sehr ungleich waren. Das Schicksal hatte es so gefügt, dass nicht die beiden heftigen Gemüter verbunden wurden, zum Glück des römischen Volkes, glaube ich, damit die Regierung des Servius um so länger dauern und die Einrichtung des ganzen fester begründet werden mochte. *6* Der leidenschaftlichen Tullia machte es Qual, dass sie bei ihrem Gemahl gar keine Anlage zu Entwürfen und Wagestücken fand. Sie richtete ihr Augenmerk ganz auf den andern Tarquinius; ihn bewunderte sie. Er, sagte sie, sei doch ein Mann und zeige seine königliche Abkunft. Sie verachtete ihre Schwester, die von ihrer Seite, da ihr doch ein Mann zuteil geworden sei, als Frau es an Unternehmungsgeist fehlen lasse. *7* Bald führte die Ähnlichkeit sie zusammen, wie gewöhnlich das Schlechte sich gern zum Schlechten gesellt; allein den Anfang, das Ganze umzustürzen, machte die Frau. An geheime Unterredungen mit einem fremden Mann gewöhnt, gestattete sie sich die schimpflichsten Ausdrücke über ihren Mann gegen seinen Bruder, über ihre Schwester gegen deren Mann. Weit glücklicher, sagte sie, würde sie ledig und er unverheiratet geblieben sein, als sie in dieser Missheirat wären, in der sie an der Mutlosigkeit anderer dahinwelken müssten. *8* Hätten ihr die Götter den Mann gegeben, dessen sie würdig sei, so würde sie bald die Krone bei sich im Haus gesehen haben, die sie jetzt bei ihrem Vater sehen müsse. Bald hatte sie dem jungen Mann ihre Verwegenheit eingeimpft, *9* und Arruns Tarquinius und diese jüngere Tullia, die sich durch zwei fast aneinander schließende Leichenzüge zu einer neuen Vermählung Platz gemacht hatten, wurden ein Paar, nicht so sehr mit Billigung als mit Zustimmung des Servius.

(47) Und nun wurde das Alter des Tullius mit jedem Tag sicherer, mit jedem sein Thron unsicherer. Denn schon richtete diese Frau den Blick von einem Frevel auf den andern, und Tag und Nacht ließ sie dem Mann keine Ruhe, um den verübten Bruder- und Schwestermord nicht umsonst begangen zu haben. *2* Es habe ihr nicht an einem gefehlt, sagte sie, den sie hätte ihren Gemahl nennen und mit ihm in der Stille die Dienstbarkeit tragen können. An dem habe es ihr gefehlt, der sich des Thrones würdig gehalten, sich daran erinnert hätte, dass er der Sohn des Priscus Tarquinius sei, der den Thron lieber habe besitzen als erwerben wollen. *3 Bist du der, an den ich mich verheiratet zu haben glaubte, so spreche ich in dir den Mann und den König an; andernfalls stehen jetzt unsere Sachen um so schlimmer, weil du, ohne tätiger zu werden, Blutschuld auf dich geladen hast. Warum gehst du nicht ans Werk? 4 Du hast nicht nötig, wie dein Vater, von Korinth aus oder von Tarquinii dir einen fremden Thron zu erringen. Die Götter selbst, die deines Hauses und die deines Vaters, sein Ahnenbild, seine Königsburg und in der Burg der königliche Thron und der Name Tarquinius bestimmen und rufen dich zum Thron. 5 Oder fehlt es dir hierzu an Mut, was lässt du die Untertanen vergeblich hoffen? Warum zeigst du dich als Königssohn? Zieh dich zurück nach Tarquinii oder Korinth. Sinke wieder auf deinen Ursprung herab, der du deinem Bruder ähnlicher bist als deinem Vater!* *6* Mit diesen und ähnlichen Vorwürfen setzte sie dem jungen Mann zu und konnte selbst sich nicht darüber beruhigen, wenn Tanaquil, eine Ausländerin, durch Geisteskraft es erzwungen habe, zweimal nacheinander den Thron, erst mit ihrem Mann, dann mit ihrem Schwiegersohn, besetzen zu können, und sie, eines Königs Tochter, auf Thronbesetzung

oder Entthronung nicht den mindesten Ausschlag gäbe. *7* Von dieser weiblichen Wut gespornt, ging Tarquinius herum und schmeichelte besonders den Vätern aus den Geschlechtern vom zweiten Range. Er erinnerte sie an die Wohltat seines Vaters, bat sie, dafür erkenntlich zu sein, lockte die jungen Leute durch Geschenke an sich, verschaffte sich allenthalben teils durch große Versprechungen, teils durch Verleumdung des Königs einen Anhang. ***8*** Endlich, als ihm sein Plan zur Ausführung reif schien, stürmte er, von einer Schar Bewaffneter umgeben, auf den Markt, und nicht ohne allgemeine Bestürzung ließ er von hier aus, auf dem königlichen Stuhl vor dem Rathaus sitzend, durch einen Herold die Väter vor den König Tarquinius zum Rathaus fordern. ***9*** Sie versammelten sich sogleich, einige schon früher hierzu vorbereitet, andere aus Furcht, ihr Ausbleiben könnte ihnen nachteilig werden, von dem unerwarteten und unerhörten Auftritt erschüttert und schon der Meinung, dass es um Servius geschehen sei. ***10*** Hier fing Tarquinius an, indem er mit seinen Schmähungen von der Geburt des Servius ausholte, ein Sklave von einer Sklavin geboren, habe nach seines Vaters traurigem Tod, ohne den gewöhnlichen Eintritt einer Zwischenregierung, ohne angestellten Wahltag, ohne Stimmenwahl des Volkes, ohne Genehmigung der Väter, den Thron als ein Geschenk aus Frauenhand sich angeeignet. ***11*** So geboren, so zum König gewählt, habe er, als ein Gönner der niedrigsten Menschenklasse, aus welcher er selbst stamme, und aus Hass gegen einen Adel, den er selbst nicht habe, den vornehmen die Ländereien entrissen und sie unter die Niedrigsten verteilt. ***12*** Alle Lasten, die vorher gemeinschaftlich gewesen wären, habe er den Ersten des Staates aufgebürdet, habe die Schätzung eingeführt, um den Wohlstand der Reicheren dem Neid bloßzustellen und für sich einen Vorrat zu wissen, von dem er nach Belieben den Armen Spenden machen könne.

(48) Servius, durch eine beunruhigende Botschaft herbeigerufen, kam noch während dieser Rede dazu und rief schon am Eingang des Rathauses laut: *Tarquinius, was soll das heißen? Wie kannst du dich erkühnen, bei meinen Lebzeiten die Väter zu berufen oder auf meinem Stuhl zu sitzen?* **2** Als jener trotzig erwiderte, er behaupte den Sitz seines Vaters als Thronerbe, der als Königssohn weit gerechtere Ansprüche darauf als ein Sklave habe; lange genug habe dieser seine Herren verhöhnt, ohne dass man seiner Frechheit habe beikommen können – erhoben die Anhänger beider Parteien ein Geschrei, das Volk lief zum Rathaus, und man sah vorher, die Krone würde dem zuteil werden, der den Platz behauptete. ***3*** Da fasste Tarquinius, der jetzt selbst aus Not das Äußerste wagen musste, an Jugend und Stärke dem Servius weit überlegen, ihn in der Mitte, trug ihn zum Rathaus hinaus und warf ihn die Treppe hinab auf die untersten Stufen. Dann ging er ins Rathaus zurück, um den Senat zusammenzuhalten. ***4*** Die Diener und Begleiter des Königs ergriffen die Flucht. Er selbst, da er fast halbtot sich nach Hause zurückbegab, wird von den abgeschickten Dienern des Tarquinius auf der Flucht eingeholt und ermordet. ***5*** Dass Tullia ihren Mann zu dieser Tat angetrieben habe, glauben viele, weil sie so ganz zu ihrem übrigen Frevel passt. Dies wenigstens weiß man gewiss, dass sie in ihrem Prachtwagen auf den Markt gefahren kam, und ohne die Versammlung von Männern zu scheuen, ihren Mann aus dem Rathaus rief, und die Erste war, die ihn mit der Anrede „König“ begrüßte. ***6*** Als sie nun von diesem aufgefordert, sich aus einem so großen Getümmel zu entfernen, auf ihrem Rückweg nach Hause an das Ende der Cyprischen Straße kam, wo neulich noch der Dianatempel stand, und den Wagen, um auf den Esquilin zu fahren, rechts auf die Urbische Höhe einlenken hieß, wollte der Kutscher vor Schrecken nicht weiter, hielt die Zügel an und zeigte seiner Gebieterin den Servius, der ermordet im Wege lag. ***7*** Hier wird die scheußliche und unmenschliche Tat gemeldet, deren Denkmal noch jetzt der Name der Gasse ist – sie heißt die Frevelgasse –, wo Tullia, so erzählt man, von Sinnen und von den Rachegöttinnen des an Mann und Schwester verübten Mordes gejagt, mit ihrem Gespann über ihres Vaters Leiche fuhr und an den blutigen Rädern, ja selbst als die Bespritzte voll

Flecken ihren Anteil an Blut und Vatermord zu ihren und ihres Mannes Hausgöttern hineintrug, bei deren Zorn sie sich von einem so schlechten Regierungsantritt demnächst einen ebenso schlechten Ausgang versprechen mussten.

8 Servius Tullius hat 44 Jahre regiert und zwar so, dass selbst einem guten und gemäßigten Thronfolger die Nacheiferung schwer geworden wäre. Seinen Ruhm erhöht auch das noch, dass seine Regierung die letzte gerechte und gesetzmäßige [eines Königs] war. *9* Und selbst diese, so milde und gemäßigt sie war, wollte er dennoch, wie einige Geschichtsschreiber berichten, bloß weil sie Alleinherrschaft war, niederlegen, hätte ihn nicht an der Ausführung des Planes, sein Vaterland zu befreien, die verruchte Tat der Seinigen gehindert.

(49) Von nun an regierte Lucius Tarquinius, dem seine Taten den Beinamen *Superbus* („der Stolze") gegeben haben. Denn er, der Schwiegersohn, versagte seinem Schwiegervater die Bestattung, indem er sagte, auch Romulus sei ohne Begräbnis gestorben. *2* Die ersten Senatoren, die seiner Meinung nach Anhänger des Servius waren, ließ er umbringen. Ferner, weil er sich dessen bewusst war, dass man von ihm selbst das Beispiel der frevelhaften Thronbesteigung gegen ihn anwenden könne, umgab er seine Person mit Bewaffneten. *3* Denn sein Recht auf den Thron gründete sich bloß auf Gewalt, da er ebenso wenig vom Volk zum König ernannt als von den Vätern bestätigt war. *4* Hierzu kam, dass er seinen Thron, weil er auf die Liebe seiner Untertanen nicht rechnen konnte, durch Furcht sichern musste. Damit diese auf mehrere wirken möchte, hielt er die Untersuchungen auf Leib und Leben ohne Zuziehung anderer für sich allein; *5* und unter diesem Vorwand konnte er hinrichten lassen, verbannen, mit Einziehung der Güter strafen, nicht nur den, der ihm verdächtig oder missfällig war, sondern auch die, bei denen bloß seine Raubsucht sich eine Beute versprach. *6* Da er durch diese Mittel namentlich die Zahl der Senatoren vermindert hatte, beschloss er, niemand wieder in den Senat aufzunehmen, damit der Stand selbst, durch seine geringe Zahl verächtlicher, weniger Unwillen empfände, wenn nichts durch ihn geschähe. *7* Denn er war der erste König, der die von seinen Vorgängern hergebrachte Sitte, den Senat über alles zu befragen, aufhob, den Staat nach den Eingebungen der Seinen regierte; Krieg und Frieden, Verträge und Bündnisse, mit wem es ihm gefiel, durch sich selbst, ohne Genehmigung des Volkes und Senates, einging und abstellte. *8* Hauptsächlich machte er sich das Volk der Latiner zu Freunden, um sich bei seinen Untertanen auch durch auswärtigen Beistand zu sichern, und mit den Vornehmsten unter ihnen knüpfte er nicht bloß Gastrecht, sondern auch Verwandtschaft. *9* Dem Octavius Mamilius zu Tuskulum – er war bei Weitem der Angesehenste unter allen Latinern und, wenn wir der Sage glauben, ein Nachkomme des Odysseus und der Göttin Circe –, diesem Mamilius gab er seine Tochter zur Ehe, und durch diese Ehe gewinnt er viele von dessen Freunden und Verwandten für sich.

(50) Schon hatte Tarquinius auf die Ersten der Latiner großen Einfluss, da bestimmte er einen Tag, auf den sie bei dem Hain der Göttin Ferentina zusammenkommen möchten; er habe mit ihnen gemeinschaftliche Angelegenheiten zu verhandeln. *2* Sie fanden sich zahlreich mit Tagesanbruch ein. Tarquinius selbst beobachtete zwar den Tag, kam aber erst kurz vor Sonnenuntergang. In den Unterredungen der Versammlung den ganzen Tag über wurde mancherlei zur Sprache gebracht. *3* Turnus Herdonius von Aricia hatte sich gegen den ausbleibenden Tarquinius sehr heftig ausgelassen. Es sei kein Wunder, sagte er, dass man ihn zu Rom den Beinamen „der Stolze" gegeben habe, denn schon nannten sie ihn so, unter sich und ohne laut zu werden, allgemein. Ob es wohl etwas Stolzeres gebe, als so mit allem, was Latiner heiße, seinen Spott zu treiben? *4* Die Ersten des Volkes habe er weit von ihrer Heimat herkommen lassen, und er selbst, der die Versammlung angesetzt habe, sei nicht da. Es sei nichts anderes als der Versuch, wie viel sie sich gefallen lassen würden, um sie dann, wenn sie sich unter sein Joch gebeugt hätten, ihre

Unterwürfigkeit fühlen zu lassen. Wem sei das nicht einleuchtend, dass er nach der Herrschaft über Latium trachte? **5** Hätten seine Untertanen wohl daran getan, ihm die Regierung über sich anzuvertrauen – wenn das anvertraut zu nennen sei, und nicht vielmehr durch Vatermord an sich gerissen –, so würden sie ihm auch die Latiner, und auch so nicht einmal als einem Ausländer, anzuvertrauen haben. **6** Wenn es aber die Seinen reute, weil ja einer nach dem anderen hingerichtet würde, möchten sie ins Exil gehen, ihre Güter verlieren – welche bessere Hoffnung bliebe dann für die Latiner? Wollten sie ihn hören, so müsse jetzt gleich jeder nach Hause gehen und den Tag der Zusammenkunft ebenso wenig beachten als ihn der beachte, der ihn angesetzt habe. **7** Während der aufrührerische und lasterhafte Mensch, der eben durch diese Eigenschaften Macht daheim sich erworben hatte, dies und anderes dahin Gehörige erörterte, kam Tarquinius, **8** und die Rede hatte ein Ende. Alle wandten sich zu Tarquinius, ihn zu empfangen. Und er, von den Nächststehenden darauf aufmerksam gemacht, dass er sich seiner Verspätung wegen zu entschuldigen habe, gebot Stille und sagte, Vater und Sohn hätten ihn zum Schiedsrichter gewählt; unter der Bemühung, sie auszusöhnen, habe er sich verspätet, und weil darüber der Tag verstrichen sei, wolle er die bestimmte Sache morgen vornehmen. **9** Auch dies ließ ihm Turnus, wie erzählt wird, nicht ohne Anmerkung hingehen. Keine Untersuchung, sagte er, sei kürzer als zwischen Vater und Sohn und könne mit wenig Worten abgetan werden. Da heiße es: Bist du nicht gleich deinem Vater gehorsam, dann wehe dir!

(51) Unter diesen Scheltworten gegen den König verließ Turnus die Versammlung. Aber Tarquinius, dadurch viel schwerer beleidigt als er merken ließ, legte es sogleich auf den Untergang des Mannes an, auch um den Schrecken, womit er zu Hause den Mut seiner Untertanen gebeugt hatte, den Latinern einzuflößen; **2** und weil es hier nicht anging, ihn geradezu vermittels Befehls hinrichten zu lassen, stürzte er den Schuldlosen durch eine ersonnene Verleumdung. Durch einige Ariciner von der Gegenpartei des Turnus bestach er einen von dessen Sklaven, es geschehen zu lassen, dass man in das Absteigequartier seines Herrn eine Menge Schwerter hineinschaffe. **3** Als dies alles in der einen Nacht bewerkstelligt war, ließ Tarquinius kurz vor Tagesanbruch die vornehmsten Latiner zu sich bitten, und dem Anscheine nach über einen unerhörten Vorfall noch außer Fassung, sagte er: Seinem gestrigen, er möchte sagen, durch eine göttliche Vorsehung herbeigeführten Verzuge, hätten er und sie ihre Rettung zu verdanken. **4** Man habe ihm angezeigt, Turnus sei bereit, ihn und die Ersten der sämtlichen Völkerschaften zu ermorden, um Latium allein zu regieren. Gestern in der Versammlung würde er angegriffen haben, die Sache sei aber verschoben worden, weil er, der sie berufen habe, und auf den es am meisten abgesehen sei, gefehlt habe. **5** Darum habe er auf ihn, den Abwesenden, die Ausfälle getan, weil er ihm durch dies Säumen den Entwurf vereitelt habe. Wenn jene Angabe wahr sei, so lasse sich gewiss erwarten, dass er mit Tagesanbruch, sobald die Versammlung beieinander sei, von der Rotte seiner Verschworenen unterstützt, mit den Waffen erscheinen werde. **6** Dem Gerüchte nach sei eine große Menge Schwerter bei ihm zusammengetragen. Ob dies falsch sei oder nicht, könne man auf der Stelle erfahren. Er bitte sie, sogleich mit ihm zu Turnus zu gehen. **7** Ein verdächtiges Licht warfen auf die Sache teils des Turnus heftige Gemütsart, teils seine gestrige Rede, teils das Ausbleiben des Tarquinius, weil es glaublich wurde, dass eben darum das Blutbad verschoben sei. Sie gehen, wohl im Gemüte zu glauben geneigt, dennoch, wenn nicht die Schwerter aufgefunden würden, dahin gestimmt, das Übrige für begründet zu halten. **8** Wie man ankam, umstellten den aus dem Schlafe aufgeschreckten Turnus die Wachen, und da man nach Festnahme der Sklaven, die aus Liebe zu ihrem Herrn sich zur Wehr setzten, aus allen Winkeln des Quartiers versteckte Schwerter hervorzog, da freilich schien die Sache offenbar. Turnus wurde in Ketten gelegt und sogleich unter großem Auflauf eine Versammlung der Latiner berufen. **9** Hier wurde die Erbitterung durch die

im Kreis zur Schau gelegten Waffen so wütend, dass man ihn ohne alle Verteidigung, um ihn auf eine nie gesehene Weise hinzurichten, in die Quelle des Ferentinischen Wassers stürzte und unter einer ihm aufgelegten, mit Steinen belasteten Hürde ersäufte.

(52) Als Tarquinius die Latiner wieder in die Versammlung gerufen und ihnen allen sein Lob dafür erteilt hatte, dass sie den Turnus für seinen offenbaren, zur Umwälzung des Staates entworfenen Mordanschlag mit der verdienten Strafe belegt hätten, hielt er folgende Rede: ***2*** Er könne nach einem alten Recht verfahren, weil die Latiner sämtlich als Abkömmlinge von Alba in jenen Vertrag begriffen wären, vermittels dessen der ganze albanische Staat mit allen seinen Kolonien seit Tullus' Regierung unter römische Oberherrschaft gekommen sei. ***3*** Indessen finde er es für das gemeinschaftliche Beste geratener, diesen Vertrag erneuern und die Latiner lieber an dem dem römischen Volk bestimmten Glück teilnehmen, als sie beständig die Zerstörungen ihrer Städte und Verheerungen ihres Gebietes fürchten oder dulden zu lassen, die sie vorher unter des Ancus und nachher unter seines Vaters Regierung erstritten hätten. ***4*** Die Latiner ließen sich den Vertrag ohne großen Widerstand gefallen, obgleich dadurch die römische Macht die Oberhand gewann. Teils sahen sie ja die Häupter ihres Volkes als Partei des Königs seiner Stimme beitreten, teils hatte soeben Turnus jeden, der sich etwa widersetzt hätte, über seine eigene Gefahr belehrt. ***5*** So wurde der Vertrag erneuert und den wehrhaften Latinern angekündigt, auf einen bestimmten Tag bei dem Hain der Ferentina sich vertragsmäßig unter den Waffen zu sammeln. ***6*** Als sie auf diesen Befehl des römischen Königs aus allen Völkerschaften sich stellten, errichtete er, um sie weder unter ihren Anführern noch unter einem abgesonderten Oberbefehl oder unter eigenen Fahnen zu lassen, aus Latinern und Römern gemischte Manipeln und bildete aus je zweien eine und aus einer zwei, und über die doppelte Zahl der Manipeln setzte er Zenturionen.

(53) War er aber im Frieden ein ungerechter König, so war er darum nicht auch ein schlechter Feldherr. Er würde vielmehr in dieser Eigenschaft die vorigen Könige erreicht haben, wenn nicht seine Ausartung in den übrigen auch diesen Ruhm verdunkelt hätte. ***2*** Er fing den Krieg gegen die Volsker an, der noch 200 Jahre nach ihm dauerte, und nahm ihnen die Stadt Suessa Pometia mit Sturm. ***3*** Da er aus dem Verkauf der hier gemachten Beute 40 Talente in Silber und Gold gewonnen hatte, nahm er sich vor, dem Tempel Jupiters eine Größe zu geben, wie sie des Oberhauptes der Götter und Menschen, der Herrscherin Rom und der Majestät des Standplatzes selbst* würdig wäre, und legte das erbeutete Geld zu diesem Tempelbau zurück. ***4*** Darauf sah er sich in einen Krieg verwickelt, der wider seine Erwartung einen zögernden Gang nahm, und in welchem er sich gegen die nahe Stadt Gabii, nach vergeblichen Stürmen und selbst nach aufgegebener Hoffnung, sie belagern zu können, weil er von ihren Mauern vertrieben war, zuletzt auf ein gar nicht römisches Mittel, auf List und Betrug, einließ. ***5*** Nachdem er sich den Schein gegeben hatte, als habe er seine ganze Aufmerksamkeit, mit Beseitigung des Krieges, auf die Grundlegung zum Tempel und ähnliche Werke in der Stadt gerichtet, musste der jüngste von seinen drei Söhnen, Sextus, als Überläufer nach Gabii gehen und sich dort über seines Vaters unerträgliche Grausamkeit gegen ihn beklagen. ***6*** Schon habe er seine Härte von Fremden gegen die Seinigen gewandt; selbst der Kinder habe er zu viel, und wolle sein Schloss ebenso öde machen, wie er das Rathaus gemacht habe, um gar keinen Nachkommen, gar keinen Thronerben zu hinterlassen. ***7*** Er für seine Person sei noch den Dolchen und Schwertern seines Vaters entronnen und halte sich nirgends für sicher als bei des Lucius Tarquinius Feinden. Denn, um sie nicht im Irrtum zu lassen, der Krieg drohe ihnen noch immer, den er beigelegt zu haben scheine, und bei Gelegenheit werde er sie, ehe sie es vermuteten, überfallen. ***8*** Fände sich bei ihnen für Flehende keine Aufnahme, so

* Des Kapitols.

wolle er ganz Latium durchirren und dann weiter die Volsker, die Aequer, die Herniker aufsuchen, bis er endlich an Leute käme, welche menschlich genug wären, Kinder von den grausamen und ungerechten Misshandlungen ihrer Väter zu schützen. ***9*** Vielleicht finde er auch irgendwo noch einige Kampflust, auch Waffen gegen einen so grausamen König und ein so übermütiges Volk. ***10*** Da er sich den Schein gab, als ginge er, falls sie ihn nicht halten wollten, sogleich in vollem Zorn weiter, so hießen ihn die Gabier freundlich willkommen. Er möge sich nicht wundern, sagten sie, wenn jener ebenso wie gegen seine Untertanen und gegen seine Bundesgenossen, sich endlich auch gegen seine Kinder zeige. ***11*** Wenn er keinen andern mehr habe, werde er zuletzt gegen sich selbst wüten. Ihnen hingegen sei seine Ankunft erwünscht, und sie hofften, binnen Kurzem unter seiner Mitwirkung den Krieg von den Toren von Gabii unter die Mauern Roms zu tragen.

(54) Sie zogen ihn von der Zeit an zu ihren öffentlichen Beratungen. Und so sehr er sich hier über alle anderen Angelegenheiten für die Meinung der älteren Gabier erklärte, die hiervon mehr Kenntnis hätten, so drang er von seiner Seite beständig auf Krieg; hierin maßte er sich eine besondere Einsicht an, weil er beider Völker Kräfte kenne und wisse, wie sehr die Untertanen die Härte des Königs hassten, die seine eigenen Kinder nicht hätten ertragen können. ***2*** So stimmte er nach und nach die Häupter der Gabier zur Erneuerung des Krieges; er selbst zog mit den tüchtigsten Jünglingen auf Beute und Streifzüge aus, erwarb sich durch seine sämtlich auf Betrug berechneten Worte und Handlungen ein übel angebrachtes, aber immer steigendes Zutrauen und wurde endlich zum Feldherrn gewählt. ***3*** Als es nun öfters zwischen Rom und Gabii zu kleinen Gefechten kam, in denen gewöhnlich die Gabier, ohne zu ahnen, dass dies verabredet sei, den Vorteil hatten, glaubten zu Gabii Hohe und Niedere um die Wette, in dem Feldherrn Sextus Tarquinius ein Geschenk des Himmels zu besitzen. ***4*** Bei den Soldaten aber machte er sich dadurch, dass er alle Gefahren und Beschwerden gleich mit ihnen teilte und die Beute freigebig verteilte, so beliebt, dass der Vater Tarquinius nicht mächtiger in Rom war als in Gabii der Sohn.

5 Jetzt, als er sich zu jedem Wagnis stark genug fühlte, schickte er einen von den Seinigen nach Rom an seinen Vater, mit der Anfrage, was er nun tun solle, da ihn die Götter in den Stand gesetzt hätten, in Gabii alles allein zu vermögen. ***6*** Der Bote, dem man vielleicht nicht traute, bekam keine mündliche Antwort. Der König ging, wie in tiefem Nachdenken, in seinen Schlossgarten, vom Boten des Sohnes begleitet, und schlug, so erzählt man, im Auf- und Abgehen, ohne ein Wort zu sagen, mit seinem Stab immer die höchsten Mohnköpfe ab. ***7*** Der Bote, des Fragens und Wartens auf Antwort müde, ging, seiner Meinung nach unverrichteter Sache, nach Gabii zurück, erzählte, was er selbst gesagt und was er gesehen habe. Jener habe aus Grimm oder Hass, oder nach der ihm eigenen Unfreundlichkeit nicht ein Wort gesprochen. ***8*** Sextus, dem der Sinn und die Weisung seines Vaters in diesem stummen Rätsel nicht entging, stürzte die Häupter der Stadt, zum Teil durch Verleumdungen beim Volk, zum Teil noch leichter durch den Hass, der schon auf ihnen ruhte. Viele wurden öffentlich hingerichtet; einige, gegen welche nicht einmal der Schein einer Beschuldigung vorlag, wurden heimlich ermordet. ***9*** Einigen gestattete man die gewählte Flucht; andere wurden verwiesen, und die Güter der Entfernten sowie der Hingerichteten verteilt. ***10*** Der Reiz der Spenden, der Beute und des eigenen Vorteils erstickte alles Gefühl für das Unglück des Ganzen, bis endlich der verwaiste gabinische Staat, ohne Berater und Helfer, dem römischen König ohne Schwertstreich in die Hände überliefert wurde.

(55) Als Tarquinius Gabii in seiner Gewalt hatte, schloss er mit dem Volk der Aequer Frieden und erneuerte den Vertrag mit den Etruskern. Dann richtete er sein Augenmerk auf die Werke in der Stadt, deren erstes der Jupitertempel auf dem Berg Tarpeius war, welchen er als Denkmal seiner Regierung und seines Namens hinterlassen wollte. Ihn hätten, sollte man einst sagen, zwei Tarquinier, beide als Könige, errichtet: der Vater – verheißen, der Sohn – vollendet. ***2*** Und damit

der Platz, von allem anderen Gottesdienst frei, ganz dem Jupiter und seinem hier zu erbauenden Tempel gehören möchte, beschloss er, zur Entheiligung der Weihplätze und Kapellen, deren mehrere hier vom Könige Tatius in dem entscheidenden Augenblick der Schlacht mit Romulus zuerst den Göttern versprochen, nachher geheiligt und auf Geheiß der Vögel geweiht waren, die Zustimmung des Vogelfluges einzuholen. ***3*** Da sollen gleich bei dem angefangenen Bau dieses Werkes die Götter einen Wink gegeben haben, der auf das unerschütterliche Riesengebäude des so großen Reiches deuten sollte. Denn während die Vögel die Entweihung aller übrigen Kapellen genehmigten, versagten sie bei dem Heiligtum des (Grenzgottes) Terminus ihre Zustimmung. ***4*** Diese Vorbedeutung und Anzeige durch die Vögel wurde so aufgenommen: Die Unmöglichkeit, den Sitz des Terminus zu verrücken, und dass unter allen Göttern er allein sich aus den ihm geweihten Grenzen nicht habe wegrufen lassen, verkündige Festigkeit und Unerschütterlichkeit des Ganzen. ***5*** Diesem Wink für die bleibende Dauer folgte ein anderes Wunderzeichen, die Größe der Oberherrschaft zu verkündigen. Als sie den Boden zur Grundlegung des Tempels öffneten, soll ein Menschenkopf mit unversehrtem Antlitz zum Vorschein gekommen sein. ***6*** Die Erscheinung erklärte mit leicht zu enträtselnder Deutung diese Burg für den Sitz der künftigen Oberherrschaft und für das Haupt der Welt; und so verkündigten es auch die Wahrsager, sowohl die in Rom als auch die, die man, um sich über die Sache zu beraten, aus Etrurien berufen hatte.

7 Dies machte dem König Mut, keine Kosten zu scheuen. Und so reichte die Beute von Pometia, die zur Vollendung des Werkes bis zum Gipfel bestimmt war, kaum zur Grundlegung aus. ***8*** Deshalb möchte ich dem Fabius eher glauben, der ohnehin der ältere Schriftsteller ist, dass es nur 40 Talente gewesen sind, ***9*** als dem Piso,* nach dessen Angabe 40 000 Pfund Silber hierzu zurückgelegt wären, eine Geldsumme, die teils aus der Beute einer einzigen Stadt, damals wenigstens, sich nicht erwarten ließ, teils für die bloße Grundlage jedes noch so prächtigen Gebäudes, selbst der jetzigen, viel zu groß sein musste.

(56) Um die Vollendung des Tempelbaues betreiben zu können, zu dem er aus allen Gegenden Etruriens Werkleute hatte kommen lassen, nahm er nicht allein die öffentlichen Gelder zur Hilfe, sondern auch Arbeiter aus dem Volk, wurde nun gleich diese ebenfalls nicht leichte Arbeit noch eine Zugabe zu den Beschwerden des Kriegsdienstes, so fand es doch der Bürger so drückend nicht, seine Hände zum Bau der Göttertempel herzugeben. Allein er wurde nachher auch bei anderen, minder ehrwürdigen, ***2*** aber noch weit mühsameren Bauarbeiten angestellt, die Sitzreihen nämlich im Zirkus anzulegen und den Großen Ableitungsgraben (*Cloaca maxima*), diesen Behälter aller aus der Stadt abzuführenden Unreinigkeiten, unter der Erde zu ziehen, zwei Werke, denen diese Pracht der neueren Zeit kaum ein Gegenstück geben konnte.

3 Nachdem er den Bürgern mit solchen Arbeiten zur Genüge zu tun gegeben hatte, schickte er, teils damit die Volksmenge, wenn er sie nicht weiter gebrauchte, der Stadt nicht zur Last falle, teils um durch ausgesandte Siedler die Grenzen seiner Herrschaft zu erweitern, Kolonien nach Signia und Circei, die einst, jenes von der Landseite, dies von der See her, die Hauptstadt decken sollten.

4 Bei diesen seinen Beschäftigungen ereignete es sich, dass vor einer furchtbaren Wundererscheinung, vor einer Schlange, die aus einer hölzernen Säule hervorschlüpfte, die erschrockenen Augenzeugen in die Königsburg flüchteten; und dies erschütterte den König lange nicht so sehr durch den plötzlichen Schrecken, als es ihn mit ängstlichen Besorgnissen erfüllte. ***5*** Da er also bei solchen Vorzeichen, die den Staat betrafen, gewöhnlich nur etruskische Wahrsager zu Rate zog, so beschloss er, über dieses als ein seinem Haus geltendes Vorzeichen das berühmteste Orakel

* Fabius Pictor (s. oben Kap. 44) lebte zur Zeit des zweiten punischen Krieges, also mit Scipio Africanus dem Älteren, T. Calpurnius Piso Frugi etwa 100 Jahre später mit dem jüngeren Scipio Africanus.

auf Erden, das Delphische, zu befragen; *6* und weil er es für bedenklich hielt, die Antwort des Göttersspruchs irgendeinem andern anzuvertrauen, so sandte er zwei seiner Söhne durch damals unbekannte Länder und noch unbekanntere Meere nach Griechenland.

Titus und Arruns reisten dahin. *7* Als Begleiter wurde ihnen Lucius Junius Brutus mitgegeben, ein Schwestersohn des Königs, ein junger Mann von einem ganz andern Geist, als dessen Rolle zu spielen er sich auferlegt hatte, weil er gehört hatte, die Häupter des Staates, und unter ihnen auch sein Bruder, seien von seinem Onkel ums Leben gebracht, so wollte er weder in seiner Gesinnung dem König Anlass zur Furcht, noch in seinen äußeren Verhältnissen einen Gegenstand des Wunsches lassen und durch Geringschätzung sich sichern, wo das Recht keinen Schutz gewährte. *8* Vorsätzlich also spielte er den Dummen, gab sich und das Seine dem König zum Raub hin und ließ sich auch den Beinamen Brutus (der Dumme) gefallen, wenn nur jener Geist – demnächst des römischen Volkes Befreier – unter dem Deckmantel dieses Beinamens versteckt, seine Zeit abwarten könnte. *9* Wie ihn damals die beiden Tarquinier mehr zum Spott als zur Gesellschaft mit nach Delphi nahmen, soll er dem Apollo einen goldenen Stab, der in einen dazu ausgehöhlten Stab von Kornelholz eingeschlossen war, als Geschenk dargebracht haben, ein verstecktes Sinnbild seines Geistes.

10 Als sie anlangten und die Aufträge des Vaters ausgerichtet hatten, kam sie die Lust an zu fragen, auf wen von ihnen die römische Regierung fallen werde. Tief aus der Höhle soll die Antwort erschollen sein: *Die höchste Herrschaft zu Rom wird der haben, der zuerst von euch, ihr Jünglinge, seine Mutter küssen wird.* *11* Die Tarquinier geboten das tiefste Schweigen über die Sache, damit Sextus, den sie zu Rom gelassen hatten, mit dem Orakel unbekannt, von der Regierung ausgeschlossen bliebe. Sie selbst überließen es dem Schicksal, wer von ihnen beiden, wenn sie nach Rom zurückgekommen wären, die Mutter zuerst küssen würde. *12* Brutus, nach dessen Auslegung der Spruch der Pythia einen ganz andern Sinn hatte, fiel zum Schein stolpernd nieder und küsste die Erde, die gemeinschaftliche Mutter aller Sterblichen. *13* Als sie nach Rom zurückkamen, rüstete man sich schon mit aller Macht zu einem Krieg gegen die Rutuler.

(57) Den Rutulern gehörte die Stadt Ardea, einem Volk, das für jene Gegenden und Zeiten sehr großen Reichtum besaß; und gerade dies war dem römischen König ein Grund zum Krieg, weil er teils selbst, durch die öffentlichen Prachtgebäude erschöpft, sich bereichern, teils durch Zuwendung der Beute den Unwillen seiner Bürger besänftigen wollte, *2* die außer seiner sonstigen Härte auch deshalb gegen seine Regierung erbittert waren, weil sie es unter ihrer Würde hielten, so lange vom Könige als Werkleute und zu Sklavenarbeiten gebraucht zu sein.

3 Man machte den Versuch, Ardea im ersten Sturm zu erobern. Als dies misslang, setzte man dem Feind durch Einschließung und Belagerungswerke zu. *4* Wie gewöhnlich wurde in einem mehr langwierigen als hitzigen Krieg leicht Urlaub bewilligt, jedoch noch eher den Vornehmeren als den Gemeinen. *5* Die jungen Prinzen verkürzten sich öfters die Langeweile durch gegenseitige Gastgebote und Nachtschwärmereien. *6* Einst zechten sie bei Sextus Tarquinius, wo auch Tarquinius von Collatia, des Egerius Sohn, zu Abend aß, und das Gespräch kam auf ihre Frauen. Jeder pries die seine außerordentlich; *7* der Streit wurde hitziger, und Collatinus sagte, der Worte bedürfe es nicht, in wenigen Stunden könne man sich davon überzeugen, wie weit seine Lucretia den übrigen vorzuziehen sei. *Fühlen wir noch Jugendkraft in uns, warum steigen wir nicht zu Pferde und sehen mit eigenen Augen, was an unseren Frauen ist? Das sei für jeden das Bewährteste, was sich bei der unerwarteten Ankunft des Mannes darbietet.* *8* Sie waren vom Wein erhitzt. *Es gilt!* riefen sie alle, und auf gespornten Rossen flogen sie nach Rom. Von hier, wo sie mit der ersten Abenddämmerung eingetroffen waren, ging es fort nach Collatia, *9* wo sie Lucretia ganz anders als die königlichen Schwiegertöchter, sich nicht durch üppige Gasterei im Kreis ihrer Gespielen die Zeit verkürzen, sondern in später Nacht bei ihrer Wollarbeit mit ihren noch bei Licht fleißigen Mägden in ihrem Wohnzimmer sitzen sahen. ***10*** Der Preis des weiblichen Wettstreits wurde Lucretia zuerkannt. Freundlich empfing sie den ankommenden Mann und die Tarquinier. Der Mann als Sieger bat die Prinzen höflich zu Gast.

Da erwachte in Sextus Tarquinius die schnöde Lust, Lucretia gewaltsam zu entehren; ihre Schönheit und ihre anerkannte Keuschheit reizten ihn.

11 Für jetzt aber kehrten sie von ihrer jugendlichen Nachtlust zurück ins Lager.

(58) Nach Verlauf weniger Tage kam Sextus Tarquinius ohne Wissen des Collatinus, nur von einem Sklaven begleitet, nach Collatia. ***2*** Er wurde freundlich aufgenommen – wer kannte seinen Plan? Als er nach dem Abendessen in die Gaststube geführt wurde, ging er, sobald er es umher sicher und alle im tiefen Schlaf glaubte, von Liebe glühend, mit gezogenem Schwert zur schlafenden Lucretia, hielt sie, die linke Hand ihr auf die Brust gesetzt, nieder, und sprach: *Still, Lucretia, ich bin Sextus Tarquinius, das Schwert habe ich in der Hand. Du bist des Todes, wenn du einen Laut von dir gibst.* ***3*** Als die aus dem Schlaf Auffahrende nirgends Hilfe, nur den Tod vor Augen sah, bekannte Tarquinius seine Liebe, flehte, wechselte mit Bitten und Drohungen und versuchte das weibliche Herz von allen Seiten. ***4*** Da er sie aber standhaft und selbst gegen Todesgefahr nicht wanken sah, ließ er mit der Furcht die Schande zugleich wirken. Wenn er sie ermordet habe, sagte er, wolle er einen erwürgten Sklaven nackt zu ihr legen, damit es heißen solle, er habe sie in diesem schmutzigen Ehebruch getötet. ***5*** Als die Begierde, in ihrem Wahn Siegerin, den Widerstand der Tugend durch diese Drohung bezwungen hatte, und Tarquinius, stolz über seinen auf die weibliche Ehre gelungenen Sturm, wieder abgereist war, schickte Lucretia, voll tiefen Grams über ihr schweres Unglück, denselben Boten nach Rom an ihren Vater und nach Ardea an ihren Mann: Sie möchten jeder mit einem treuen Freund kommen. Dies sei nötig, sofort nötig; es habe sich ein schrecklicher Vorfall ereignet. ***6*** Spurius Lucretius kam mit Publius Valerius, dem Sohn des Volesus; Collatinus mit Lucius Junius Brutus, mit dem er gerade nach Rom zurückging, als ihm der Bote seiner Frau begegnete. Lucretia fanden sie tief betrübt in ihrem Schlafzimmer sitzen. ***7*** Bei der Ankunft der Ihrigen brach sie in Tränen aus, und als ihr Gatte sie fragte, ob nicht alles gut stehe, sprach sie: *Durchaus nicht; wie kann es gut um eine Frau stehen, die ihre Ehre verloren hat? Die Spuren eines fremden Mannes sind in deinem Bett, Collatinus. Doch nur der Körper ist entweiht, die Seele ist rein: Das soll mein Tod bezeugen. Gebt mir aber eure Hand und euer Wort, dass der Ehebrecher nicht ungestraft bleiben soll.* ***8*** *Sextus Tarquinius ist es, der – statt eines Gastfreundes ein Feind – in voriger Nacht mit Gewalt und Waffen von hier einen Genuss mit sich nahm – mir zum Verderben, und, seid ihr Männer, ihr es ihm.* ***9*** Alle gaben nach der Reihe ihr Wort. Sie trösteten die Tiefbetrübte, indem sie ihr, als einer Gezwungenen, alle Schuld abnahmen und sie dem Täter zusprachen. Der Geist, sagten sie, sei der Sündigende, nicht der Körper; und wo kein Wille gewesen sei, da sei auch keine Sträflichkeit. – ***10*** *Ihr werdet dafür sorgen*, erwiderte sie, *dass ihm sein Recht geschehe. Ich aber, spreche ich mich gleich von der Sünde rein, entziehe mich der Strafe nicht, und keine nach mir soll auf Lucretia sich berufend bei Unkeuschheit das Leben behalten wollen.* ***11*** Sie stieß sich den unter dem Kleid versteckt gehaltenen Dolch ins Herz, neigte sich nach der Wunde hin und fiel sterbend zur Erde. ***12*** Lautes Wehklagen erheben Gatte und Vater.

(59) Während sie sich ihrem Schmerz überließen, hielt Brutus den von Blut triefenden Dolch, so wie er ihn aus Lucretias Wunde gezogen hatte, vor sich in die Höhe und sprach: *Bei diesem vor dem königlichen Frevel heiligreinen Blut schwöre ich und nehme euch, ihr Götter, zu Zeugen, dass ich den Despoten Lucius Tarquinius mit seiner gottlosen Frau und allen Kindern seines Stammes mit Feuer und Schwert und aller hinfort mir möglichen Gewalt verfolgen und nicht leiden will, dass weder er noch sonst jemand über Rom König sei.* ***2*** Dann reichte er den Dolch dem Collatinus

und dann dem Lucretius und Valerius, die über die unerwartete Erscheinung staunten, wie aus dem Inneren eines Brutus ein neuer Geist hervorgehe. Sie schworen, wie er es ihnen vorsagte, und ganz aus ihrem Schmerz zur Rache umgestimmt, schlossen sie sich Brutus an, der gleich auf der Stelle sie zum Sturz des Königtums aufforderte. ***3*** Sie trugen die Leiche der Lucretia aus dem Haus, legten sie auf den Markt und brachten durch das Auffallende und Empörende der unerhörten Begebenheit die Menschen zusammen; und alle stimmten ein in die Klage über den königlichen Frevel und die Gewalttat. ***4*** Erschütternd war auf der einen Seite des Vaters tiefer Gram, auf der andern Brutus, der ihre Tränen und unnützen Klagen schalt und sie aufforderte, wie es Männern, wie es Römern gezieme, gegen die, die sich Feindestaten erlaubt hätten, die Waffen zu ergreifen. ***5*** Freiwillig erscheinen die beherztesten Jünglinge in Waffen; die übrige Jugend folgt ihnen. Sie ließen an den Toren von Collatia eine angemessene Besatzung, stellten Wachen auf, damit niemand die königliche Familie von dem Aufstand benachrichtigen könne, und die Übrigen zogen, von Brutus geführt, bewaffnet nach Rom. ***6*** Wie sie ankamen, erregte die bewaffnete Schar, wohin sie zog, Bestürzung und Auflauf. Doch ließ der Umstand, dass man die Ersten der Stadt an ihrer Spitze sah, vermuten, was es auch sei, es müsse von Bedeutung sein. ***7*** Und nun bewirkte die Abscheulichkeit der Tat zu Rom eine ebenso allgemeine Teilnahme wie vorher zu Collatia. Aus allen Gegenden der Stadt strömten die Menschen dem Markt zu. Hier fanden sie einen Herold, der das Volk vor den Obersten der Leibwache berief, welche Stelle gerade Brutus damals bekleidete. ***8*** Und er hielt vor ihnen eine Rede, aus welcher ganz andere Gesinnungen und ein ganz anderer Geist sprachen, als den er bis dahin geheuchelt hatte; von der Gewalttat und frechen Unzucht des Sextus Tarquinius, von der schändlichen Entehrung der Lucretia und ihrem beweinenswerten Tod; von der Kinderlosigkeit des (Lucretius) Tricipitinus, für den der Tod seiner Tochter nicht so empörend und schmerzhaft sein könne als diese Ursache ihres Todes. ***9*** Dann kam er auf den Despotismus des Königs selbst, auf das Elend und die Mühseligkeiten des zur Anlegung von Gräben und Kloaken missbrauchten Volkes. Die Männer Roms, die Besieger aller Völker umher, habe er aus Kriegern zu Handwerkern und Steinbrechern gemacht. ***10*** Er erinnerte an die traurige Ermordung des Königs Servius Tullius, an die Tochter, die auf ihrem verfluchten Wagen über des Vaters Leiche fuhr, und wandte sich auffordernd an die den Elternmord rächenden Gottheiten. ***11*** Seine erbitternden Beziehungen auf diese und andere, wie ich glaube, noch schrecklichere Dinge, die der Unwille über die vorliegende Tat an die Hand gibt, kann sie gleich der Geschichtsschreiber so leicht nicht wiedergeben, veranlassten das Volk zu dem Beschluss, dem König die Regierung abzusprechen und den Lucius Tarquinius mit seiner Gemahlin und seinen Kindern für Landesverwiesene zu erklären. ***12*** Nachdem er die Dienstfähigen, die sich freiwillig meldeten, eingestellt und bewaffnet hatte, zog er selbst mit ihnen zum Lager nach Ardea, um auch dort das Heer gegen den König aufzuwiegeln; den Oberbefehl in der Stadt ließ er dem Lucretius, der schon vorher vom König zum Statthalter in Rom ernannt war. ***13*** Während dieses Getümmels flüchtete Tullia aus dem Palast, verfolgt, wo sie durchkam, von den Flüchen der Männer und Frauen, welche die Göttinnen der Rache gegen die Familienmörderin aufriefen.*

(60) Als die Nachricht von diesen Ereignissen im Lager einlief und der König, in Bestürzung über das unerwartete Ereignis, sich nach Rom aufmachte, um die Unruhen zu dämpfen, nahm Brutus, sobald er dessen Annäherung merkte, um ihm nicht zu begegnen, einen Seitenweg, und in entgegengesetzten Richtungen kamen sie fast zu gleicher Zeit, Brutus vor Ardea, Tarquinius vor Rom an. Tarquinius fand die Tore verschlossen, und seine Verbannung wurde ihm angekündigt; ***2*** den Befreier der Stadt empfing das Lager frohlockend; auch hier wurden des Königs Söhne

* Unter *parentes* sind Vater, Schwester und Mannesbruder, der auch ihr erster Gemahl war, zu verstehen.

vertrieben. Zwei folgten dem Vater und zogen als Verbannte nach Caere ins Etruskerland. Sextus Tarquinius, der sich nach Gabii, gleichsam wie in sein eigenes Königreich, begab, fand hier von der Rache derjenigen, deren Feindschaft er sich selbst durch seine früheren Mordtaten und Räubereien zugezogen hatte, seinen Tod.

3 Lucius Tarquinius der Stolze hat 25 Jahre regiert. Könige waren in Rom von Erbauung der Stadt bis zu ihrer Befreiung seit 244 Jahren gewesen. ***4*** Nunwurden nach der schriftlichen Verordnung des Servius Tullius von dem Stadtpräfekten auf einer nach Zenturien angestellten Wahlversammlung zwei Konsuln gewählt, Lucius Junius Brutus und Lucius Tarquinius Collatinus.

Zweites Buch

Inhalt

Brutus verpflichtet das Volk durch einen Eid, keinen König über Rom zu dulden. Seinen Mitkonsul Tarquinius Collatinus, den die Verwandtschaft mit den Tarquiniern verdächtig machte, nötigt er, sein Konsulat niederzulegen und die Stadt zu verlassen. Die Güter der königlichen Familie lässt er plündern. Dem Mars weiht er ihren Acker, welcher den Namen das Marsfeld bekommt. Er lässt einige junge Adlige, und unter ihnen auch seine und seiner Schwester Söhne, weil sie sich zur Wiederaufnahme der königlichen Familie verschworen hatten, enthaupten. Dem Sklaven, der die Anzeige machte und Vindicius hieß, schenkte er die Freiheit. Nach dem Namen desselben wurde die *vindicta* benannt. Als Feldherr in der Schlacht gegen den König und dessen Söhne, welche mit vereinigten Heeren der Vejenter und Tarquinier gegen Rom anrückten, fiel er zugleich mit Arruns, dem Sohn des Stolzen, im Zweikampf. Die Frauen betrauerten ihn ein ganzes Jahr. Der Konsul Publius Valerius führt durch ein Gesetz die Ansprache an das Volk ein. Das Capitolium wird eingeweiht. Als der König der Clusiner, Porsenna, der den Krieg für die Tarquinier übernahm, in das Janiculum vorgedrungen war, wurde er beim Übergang über den Tiber durch die Tapferkeit des Horatius Cocles gehindert. Dieser hält, während andere die Balkenbrücke abbrechen, ganz allein die Etrusker auf, und als die Brücke abgerissen war, stürzt er sich mit seinen Waffen in den Strom und schwimmt zu den Seinen hinüber. Das zweite Beispiel der Tapferkeit gab Mucius. Er geht, den Porsenna zu ermorden, ins feindliche Lager, tötet den Schreiber, den er für den König hält, wird ergriffen, legt seine Hand auf einen Altar, auf welchem eben geopfert war, lässt sie verbrennen und sagt, solcher dreihundert hätten sich zum Tod des Königs verschworen, voll Verwunderung über beide schlägt Porsenna Friedensbedingungen vor, gibt den Krieg auf und lässt sich Geiseln geben. Eine von diesen, Cloelia, eine Jungfrau, hintergeht die Wache und schwimmt durch die Tiber zu den Ihrigen, wird wieder ausgeliefert, von Porsenna ehrenvoll zurückgeschickt und mit einem Standbild zu Pferd beschenkt. Appius Claudius rettet sich aus dem Sabinerland nach Rom; darüber bekommt die Stadt einen neuen Bezirk, den Claudischen. Die Zahl der Bezirke wird auf 21 vermehrt. Tarquinius den Stolzen, der mit einem Heer Latiner heranzieht, besiegt der Diktator Aulus Postumius am See Regillus. Wegen der in Sklavenhaft genommenen Verschuldeten zieht der Bürgerstand, um sich abzusondern, auf den heiligen Berg, wird aber durch die Klugheit des Menenius Agrippa von der Trennung zurückgerufen. Als dieser Agrippa stirbt, wird er seiner Armut wegen auf öffentliche Kosten bestattet. Es werden fünf Volkstribunen gewählt. Die Stadt der Volsker, Corioli, wird durch die Tapferkeit und Tätigkeit des Cnaeus Marcius erobert, der davon den Namen Coriolanus bekommt. Tiberius Atinius, vom Bürgerstand, wird im Traum erinnert, eine den Gottesdienst betreffende Sache dem Senat anzuzeigen. Er achtet nicht darauf, verliert seinen Sohn, wird lahm, lässt sich in einer Sänfte in den Senat tragen, bekommt nach gemachter Anzeige den Gebrauch seiner Füße wieder und geht nach Hause. Cnaeus Marcius Coriolanus, den man verbannt hatte, wird Volskischer Feldherr, rückt mit einem feindlichen Heer vor Rom; die an ihn abgeschickten Gesandten, nachher die Priester mit ihrer Bitte, seine Vaterstadt mit dem Krieg zu verschonen, werden von ihm zurückgewiesen; nur seine Mutter Veturia und seine Gattin Volumnia bewegen ihn zum Abzug. Der erste Vorschlag zur Landverteilung. Spurius Lassius, gewesener Konsul, wird auf die Anklage, nach dem Königtum gestrebt zu haben, verurteilt und hingerichtet. Die Vestalin Oppia wird wegen Unkeuschheit lebendig begraben; weil die Vejenter, diese benachbarten Feinde, mehr lästig als gefährlich waren, erbittet sich die Familie der Fabier die Führung dieses Krieges und stellt den Feinden 306 Bewaffnete entgegen, welche sämtlich am Fluss Tremera von den Feinden niedergemacht werden, nur ein zu Hause gelassener Minderjähriger blieb übrig. Der Konsul Appius Claudius verliert durch die Widerspenstigkeit seines Heeres eine Schlacht und lässt jeden zehnten Mann zu Tode prügeln. Außerdem enthält das Buch Kriege gegen die Volsker, Aequer und Vejenter, sowie Streitigkeiten zwischen den Vätern und Bürgern.

(1) Die Taten des nunmehr selbstständigen römischen Volkes im Frieden und Krieg, die der jährlich wechselnden Beamten und die Herrschaft der Gesetze, mächtiger als die von Menschen, werde ich von jetzt an beschreiben. ***2*** Dass diese Freiheit erwünschter war, hatte die Härte des letzten Königs bewirkt. Denn die früheren haben so regiert, dass sie nicht mit Unrecht alle nach der Reihe für Erbauer, wenigstens der Teile der Stadt angesehen werden können, mit welchen sie, als neuen Wohnsitzen der von ihnen erhöhten Volkszahl, die Stadt erweitert haben. ***3*** Und es leidet keinen Zweifel, dass ebenderselbe Brutus, der durch Vertreibung des Königs Tarquinius sich so großen verdienten Ruhm erwarb, dies zum größten Nachteil des Staates getan hätte, wenn er, nach noch unzeitiger Freiheit lüstern, einem der früheren Könige die Regierung entwunden hätte. ***4*** Was wäre die Folge gewesen, wenn jener Bürgerhaufe, ein Gemisch aus Hirten und Zusammenläufern, das seinen Völkerschaften entflohen war, unter dem Schutze eines unverletzbaren Heiligtums,* mit der Freiheit oder wenigstens mit Straflosigkeit beschenkt, von aller Furcht vor einem König befreit, von tribunizischen Stürmen umgetrieben wäre ***5*** und in einer ihm noch fremden Stadt sich mit den Vätern in Fehden eingelassen hätte, ehe noch Gattinnen und Kinder als Unterpfänder und die Liebe zum Wohnort selbst, an den man sich nur durch die Länge der Zeit gewöhnt, sie zum Gemeinsinn vereinigt hätten? ***6*** Zwietracht hätte den noch jungen Staat zersplittert, den die ruhige Milde der Regierung zusammenhielt und unter ihrer Pflege so erstarken ließ, dass er die segensreiche Frucht der Freiheit bei schon gereiften Kräften tragen konnte. ***7*** Die Freiheit selbst aber muss man mehr für darin gegründet halten, dass die Regierung der Konsuln auf ein Jahr festgesetzt wurde, als weil etwa an der königlichen Gewalt das mindeste geschmälert wäre. ***8*** Die ersten Konsuln hatten noch alle Rechte, alle Auszeichnung der Könige. Nur das verhütete man, dass das furchtbare Äußere dadurch verdoppelt würde, wenn sich beide die Rutenbündel vortragen ließen. Der Mitkonsul stand freiwillig nach und überließ die Bündel das erste Mal dem Brutus, der die Freiheit nicht eifriger gegründet haben konnte als er sie von nun an bewachte. ***9*** Vor allen Dingen verpflichtete er das Volk, solange es noch nach der neuen Freiheit haschte, damit es sich auch künftig nicht durch Bitten oder Geschenke des Königs beugen ließe, durch einen Eid, nie einen König über Rom zu dulden. ***10*** Ferner, um dem Senat durch die Menge der Mitglieder mehr Stärke zu geben, brachte er die unter den Hinrichtungen des Königs verminderte Zahl der Senatoren durch Aufnahme der Vornehmsten des Ritterstandes wieder auf

* Des Asylums, der von Romulus angelegten Freistätte.

die volle Zahl von 300; ***11*** und davon, sagt man, schreibe es sich her, dass bei jeder Zusammenrufung Väter und Nachgewählte in den Senat beschieden würden. Nachgewählte nämlich nannte man die in den neuen Senat Aufgenommenen. Dies war für die Einigkeit im Staat und für die Liebe der Bürger zu den Vätern ein Mittel von außerordentlicher Wirkung.

(2) Sodann wurde für den Gottesdienst gesorgt; und weil gewisse öffentliche Opfer immer von den Königen in Person verrichtet waren, so setzte man, damit die Könige auch in keinem Stück vermisst würden, hierzu einen Priester unter dem Namen „der kleine Opferkönig" ein. ***2*** Dies Priestertum wurde dem Oberpriester untergeordnet, damit nicht etwa der Name durch eine damit verbundene höhere Ehre der Freiheit nachteilig würde, für die man damals vor allem besorgt war. Und ich möchte fast glauben, man habe die Sorge, sie gar zu sehr von allen Seiten auch durch die größten Kleinigkeiten zu sichern, übertrieben, ***3*** war ihnen doch an dem andern Konsul, an dem sie weiter nichts zu tadeln fanden, sogar der Name unleidlich. Die Tarquinier, hieß es, hätten sich zu sehr an das Regieren gewöhnt. Priscus sei der Erste gewesen, nach ihm habe zwar Servius Tullius geherrscht, aber Tarquinius der Stolze, weit entfernt, sich durch die eingeschaltete Regierung zur Aufgabe des Throns als eines fremden Eigentumes bestimmen zu lassen, habe ihn als ein seinem Stamm gebührendes Erbe durch Frevel und Gewalt wieder an sich gerissen. Nach Vertreibung Tarquinius' des Stolzen sei die Regierung in den Händen eines Tarquinius Collatinus. Die Tarquinier hätten nicht gelernt, im Privatstand zu leben: Der Name sei missliebig, sei der Freiheit gefährlich.

4 Diese Reden wurden von denen, die vorläufig in der Stille die Stimmung des Volkes erfahren wollten, durch die ganze Stadt verbreitet; und als sie bei den Bürgern mit diesem Argwohn Eingang fanden, berief Brutus eine Versammlung. ***5*** Hier las er gleich zuerst den Eid des Volkes vor, dass es keinen König und überhaupt niemanden in Rom dulden wolle, von dem die Freiheit zu fürchten habe. Dies müsse das höchste Augenmerk bleiben und nichts als geringfügig angesehen werden, was darauf Beziehung habe. Ungern rede er weiter, um den Mann zu schonen; und er hätte geschwiegen, wenn nicht die Liebe für das Ganze den Vorrang behielte. ***6*** Das römische Volk glaube die Freiheit noch nicht ganz errungen zu haben. Der Stamm des Königs, der Name des Königs, befinde sich nicht bloß im Staat, sondern sogar in der Regierung. Dies sei der Freiheit nachteilig, dies sei ihr hinderlich. *Entferne du*, fuhr er fort, ***7*** *Lucius Tarquinius, diese Furcht freiwillig, wir wissen es, wir bekennen es, du hast die Könige vertrieben. Kröne dein Werk und entferne den königlichen Namen. Dein Eigentum werden dir deine Mitbürger, wofür ich selbst sorgen will, nicht allein herausgeben, sondern, wenn es dir an etwas fehlen sollte, es freigebig vermehren.** *Gehe als Freund, befreie den Staat von seiner vielleicht unbegründeten Furcht. Sie glauben nun einmal, dass mit dem Tarquinischen Geschlecht zugleich das Königtum auswandern werde.*

8 Dem Konsul war der Antrag so neu und unerwartet, dass ihm anfangs sein Staunen die Sprache versagte; und als er anfangen wollte zu reden, umringten ihn die Ersten des Staates mit derselben, noch dringender wiederholten Bitte. Freilich machten die Übrigen weniger Eindruck auf ihn. ***9*** Als aber Spurius Lucretius, der ihnen allen an Jahren und Würde überlegen und sein eigener Schwiegervater war, ihn von mehreren Seiten, bald durch Bitten, bald durch Zureden angriff, ***10*** legte der Konsul, weil er doch befürchten musste, es könne ihm nächstens als Privatmann dasselbe, zugleich mit dem Verlust seines Vermögens und angehängtem Schimpf widerfahren, sein Konsulat nieder, schaffte all sein Hab und Gut nach Lavinium und verließ die Stadt. ***11*** Brutus trug durch einen Senatsbeschluss bei dem Volk darauf an, dass das ganze Geschlecht der

* Tatsächlich gab man ihm aus der Schatzkammer eine bedeutende Summe, und Brutus aus seinem Privatvermögen nach unserm Geld 18 000 M.

Tarquinier für landesverwiesen erklärt wurde, und ließ sich auf einem nach Zenturien gehaltenen Wahltag den Publius Valerius zum Mitkonsul geben, durch dessen Beistand er den König mit seiner Familie vertrieben hatte.

(3) Obgleich niemand daran zweifelte, dass ein Krieg von Seiten der Tarquinier drohe, so brach dieser dennoch später aus, als man erwartet hatte. Allein beinahe hätten sie die Freiheit, was sie gar nicht befürchteten, durch List und Verrat verloren.

2 Unter den römischen Jünglingen gab es mehrere, und zwar von höherem Rang, die unter der königlichen Regierung bei ihren Ausschweifungen mehr Freiheit gehabt und als Altersgenossen und Gesellschafter der jungen Tarquinier sich gewöhnt hatten, auf königlichem Fuß zu leben. ***3*** Jetzt, da alle gleiches Recht hatten, vermissten sie jene Ungebundenheit und führten unter sich darüber Klage, dass die Freiheit anderer für sie ein Sklavenleben geworden sei. Ein König sei doch ein menschliches Wesen; man könne auf ihn rechnen, möge es auf Recht oder Unrecht abgesehen sein; man könne sich bei ihm gelitten, ihn sich verbindlich machen; er könne zürnen und verzeihen und verstehe sich auf den Unterschied zwischen Freund und Feind. ***4*** Gesetze hingegen wären ein taubes, unerbittliches Ding, dem Hilflosen heilsamer und erfreulicher als dem Mächtigen; sie wüssten nichts von Erlass und Nachsicht, wenn man sich vergangen habe; es sei zu gewagt, wenn man, als Mensch so vielen Verirrungen ausgesetzt, sein Leben ganz der Unsträflichkeit zu verdanken haben wolle.

5 So missvergnügt waren sie schon durch eigene Stimmung, als von der königlichen Familie Gesandte dazu kamen, die, ohne eine Wiederaufnahme zu erwähnen, bloß die Herausgabe der Güter verlangten. Als sie ihr Begehren im Senat vorgebracht hatten, dauerte die Beratung darüber mehrere Tage, denn der Vorenthalt hätte ihnen einen Vorwand und die Verabfolgung Mittel und Hilfsquellen zum Krieg gegeben. ***6*** Unterdessen machten die Gesandten, der eine diesen, der andere jenen Versuch. Der Angabe nach bloß mit Betreibung der Rückgabe beschäftigt, schmiedeten sie insgeheim Pläne zur Wiedererlangung des Thrones, und während sie dem Schein nach bei den jungen Adligen der Sache wegen herumgingen, welche angeblich im Werke war, erforschten sie ihre Gesinnungen. ***7*** An die, bei denen ihre Rede Gehör fand, gaben sie Briefe von den Tarquiniern ab und besprachen sich mit ihnen, wie man die königliche Familie heimlich bei Nacht in die Stadt einlassen könne.

(4) Die Gebrüder Vitellius und Aquilius waren die ersten, denen sie die Sache anvertrauten. Eine Schwester der Vitellier war an den Konsul Brutus verheiratet, und aus dieser Ehe waren schon erwachsene Söhne da, Titus und Tiberius. Auch diese wurden von ihren Onkeln mit in den Anschlag gezogen, ***2*** und außer ihnen machten sie noch mehrere junge Adlige zu Mitwissern, deren Name bei der Länge der Zeit vergessen ist. ***3*** Da unterdessen im Senat die Meinung durchging, welche für die Auslieferung der Güter stimmte, und die Gesandten selbst diesen Vorwand ihres längeren Aufenthaltes in der Stadt angeben konnten, dass sie sich bei den Konsuln eine Frist genommen hätten, zur Fortschaffung der königlichen Sachen die nötigen Wagen zu besorgen, verwandten sie diese ganze Zeit zu Beratungen mit den Verschworenen und bewogen sie durch dringende Vorstellungen, ihnen einen Brief an die Tarquinier mitzugeben: ***4*** Wie würden diese sonst es glauben können, dass ihnen ihre Gesandten in einer so wichtigen Sache nicht vergebliche Hoffnung machten? Aber eben durch diesen, als Pfand der Gewissheit ihnen mitgegebenen Brief wurde die Sache entdeckt. ***5*** Denn als die Gesandten den Tag vor ihrer Abreise zu den Tarquiniern gerade bei den Vitelliern zu Abend gespeist hatten, und die Verschworenen nun ohne Zeugen über den neuen Plan, wie gewöhnlich, sich weiter ausließen, fing einer von den Sklaven, ***6*** der schon vorher gemerkt hatte, dass dies im Werke sei, ihre Reden auf, wartete aber den Zeitpunkt ab, bis den Gesandten der Brief eingehändigt würde, dessen man habhaft werden musste, um die

Sache beweisen zu können. Sobald er merkte, dass dieser abgegeben war, machte er den Konsuln Anzeige. *7* Die Konsuln zogen zur Verhaftung der Gesandten und Verschworenen bloß mit einigen aus ihren Häusern hin, taten die ganze Sache ohne allen Auflauf ab und sorgten besonders dafür, den Brief nicht verloren gehen zu lassen. Die Verräter wurden sogleich in Fesseln gelegt, wegen der Gesandten war man einen Augenblick im Zweifel; und schienen sie es gleich verdient zu haben, als Feinde behandelt zu werden, so ließ man dennoch das Völkerrecht gelten.

(5) Nun kam die Frage wegen der königlichen Güter, deren Auslieferung man vorher zugestanden hatte, von Neuem vor die Väter. Im Zorn verboten sie die Rückgabe, verboten aber auch, sie für den öffentlichen Schatz einzuziehen. *2* Man überließ sie dem Volk zur Plünderung, welches eben dadurch, dass dieser an der königlichen Familie verübte Raub auf ihm haftete, auf immer die Hoffnung verlieren sollte, sich mit ihr auszusöhnen. Das Grundstück der Tarquinier zwischen der Stadt und dem Tiber hieß nachher, weil es dem Mars geweiht wurde, das Marsfeld. *3* Hier soll damals Getreide gestanden haben, das zur Ernte reif war; und weil man sich ein Gewissen gemacht habe, die Früchte dieses Feldes zu verbrauchen, habe man auf einmal eine Menge Leute hingeschickt, welche die mit dem Stroh abgeschnittene Saat in Körben in den Tiber schütten mussten, der, wie gewöhnlich im Hochsommer, sehr seicht floss; *4* und da sich noch so manches, was der Strom zufällig mit sich führt, hier absetzte, so sei daraus nach und nach die Insel entstanden. Nachher, glaube ich, tat man Felsstücke hinzu und kam mit Kunst zu Hilfe, so dass der Platz diese Höhe bekam und Festigkeit genug, sogar Tempel und Säulengänge zu tragen.

5 Auf die Plünderung der königlichen Güter folgte die Verurteilung und Hinrichtung der Verräter, die dadurch mehr in die Augen fiel, weil hier dem Vater sein Konsulat die Pflicht auferlegte, die Strafe an seinen Söhnen zu vollziehen, und das Schicksal eben den Mann, den man als Zuschauer hätte wegbringen müssen, dazu aufstellte, den Todesstreich zu gebieten. *6* Da standen sie, an einen Pfahl gebunden, Jünglinge von erstem Rang. Allein von den Übrigen wandten, als von unbekannten Personen, die Söhne des Konsuls aller Augen auf sich, und es jammerte die Leute sowohl ihre Bestrafung als auch die Untat, wodurch sie die Strafe verdient hatten. *7* Gerade in dem Jahr, in welchem das Vaterland befreit sei, hätten sie es gewagt, dies Vaterland, ihren Vater, den Befreier desselben, das Konsulat, das in ihrer Familie, der Junier, begann, Väter und Volk und alles, was in Rom Göttern und Menschen gehöre – dem ehemals so despotischen König, jetzt so erbitterten Vertriebenen, zu verraten. *8* Die Konsuln begaben sich auf ihre Richterstühle und sandten die Gerichtsdiener zur Vollziehung der Todesstrafe. Diese entkleideten sie, peitschten sie mit Ruten und enthaupteten sie, während die ganze Zeit hindurch der Vater, sein Antlitz und seine Blicke, den Augen aller ein Ziel waren und bei dem vom Staat ihm auferlegten Strafamt das Vaterherz sich deutlich offenbarte. *9* Nach Bestrafung der Schuldigen beschenkte man den Anzeiger mit einer Summe Geld aus der Schatzkammer, mit der Freiheit und dem Bürgerrecht, damit ein nach beiden Seiten hin glänzendes Beispiel gegeben würde, um von Verbrechen abzuhalten. Er soll der Erste gewesen sein, der vermittels der Vindicta (des Lösestabes) losgegeben wurde. *10* Einige glauben, auch die Benennung der Vindicta schreibe sich von ihm her, denn er habe Vindicus geheißen. Es wurde nach ihm so angenommen, dass alle, welche auf diese Art freigesprochen wurden, eben dadurch als unter die Bürger aufgenommen betrachtet wurden.

(6) Tarquinius hielt nunmehr auf die Nachricht von dem Verlauf dieser Begebenheit nicht bloß von Schmerz über die Vereitlung eines so wichtigen Planes, sondern auch von Hass und Zorn durchdrungen, da er seiner List den Zugang versperrt sah, den offenen Krieg für das einzige ihm übrige Mittel, und bereiste als bittender Flüchtling die Städte Etruriens. *2* Vorzüglich bat er hier die Vejenter und Tarquinier, sie möchten ihren Landsmann und Blutsverwandten, der jetzt in der Verbannung mit dem Mangel kämpfe, während er noch vor Kurzem ein so großes Reich

beherrscht habe, nicht vor ihren Augen mit seinen erwachsenen Söhnen verschmachten lassen. Andere habe man nach Rom auf den Thron gerufen; er, der schon auf dem Thron saß und eben auf einem Feldzug Roms Oberherrschaft erweiterte, sei von seinen nächsten Verwandten durch schändliche Verschwörung vertrieben worden; ***3*** und weil kein Einziger unter ihnen des königlichen Thrones würdig sei, hätten sie die Regierung stückweise an sich gerissen und seine Güter, um an dem Verbrechen alle teilnehmen zu lassen, dem Volk preisgegeben. Er sei entschlossen, sein Vaterland, sein Reich wiederzuerobern und sich an seinen undankbaren Mitbürgern zu rächen. Sie möchten ihm beistehen, ihn unterstützen, möchten mitziehen, um für die ihnen zugefügten Kränkungen, für ihre so oft geschlagenen Heere, für den erlittenen Länderverlust sich zu rächen.

4 Auf die Vejenter wirkte dies. Laut drohend ließ sich jeder vernehmen, man müsse nun noch eher die Beschimpfungen zu tilgen und das verlorene durch Krieg wiederzuerobern suchen, da man einen Römer zum Anführer habe. Die Tarquinier bewog der Name und die Verwandtschaft; es schien ihnen ehrenvoll, wenn ihre Landsleute in Rom Könige wären. ***5*** So folgten zwei Heere zweier Städte dem Tarquinius, ihm seinen Thron wiederzuerobern und die Römer mit Krieg zu überziehen.

Als sie ins römische Gebiet einrückten, zogen die Konsuln dem Feind entgegen. ***6*** Valerius führte das Fußvolk in Schlachtordnung, Brutus ging mit der Reiterei zur Beobachtung des Feindes voraus. Ebenso bildete auch bei den Feinden die Reiterei die Vorhut, welche Arruns Tarquinius, der Sohn des Königs, führte; mit dem Fußvolk folgte der König selbst. ***7*** Als Arruns aus der Ferne an den Beilträgern gewahr wurde, dass hier der Konsul sei, und dann schon näher und gewisser selbst am Gesicht den Brutus erkannte, rief er, von Zorn entflammt: *Da ist er, der uns als Verbannte aus dem Vaterland stieß. Seht ihn, ihn dort! Geschmückt mit unseren Ehrenzeichen trabt er prunkend einher. Ihr von den Göttern, die ihr der Könige Rächer seid, auf, mir zu Hilfe!* ***8*** Er spornte sein Pferd und sprengte zum Angriff gegen den Konsul selbst heran. Brutus merkte, dass es ihm gelte. Damals war es rühmlich für den Führer, selbst den Kampf zu wagen. ***9*** Begierig flog er in den Kampf; und sie rannten so erbittert aufeinander, keiner von beiden darauf bedacht, sich selbst zu decken, wenn er den Feind nur träfe, dass beide, durchbohrt vom Stoß des Gegners durch den Schild, auf beiden Lanzen gespießt, sterbend von den Pferden sanken. ***10*** Zugleich begann der Kampf der übrigen Reiterei, und bald kam auch das Fußvolk heran. Man schlug sich mit wechselndem Sieg und, wie man glaubte, mit unentschiedenem Erfolg. Beide rechte Flügel siegten, beide linke wurden geschlagen. ***11*** Die Vejenter, gewohnt, sich von römischen Soldaten besiegen zu lassen, wurden zurückgeworfen und in die Flucht getrieben. Der tarquinische, noch neue Feind hielt nicht nur stand, sondern schlug sogar auf seiner Seite die Römer.

(7) Über diesen Ausgang der Schlacht befiel den Tarquinius und die Etrusker ein solcher Schrecken, dass beide Heere, das vejentische und tarquinische, mit Aufgabe ihres vergeblichen Versuchs sich in der Nacht zur Heimkehr aufmachten. ***2*** Auch erzählt man von dieser Schlacht ein Wunder. In der Stille der nächsten Nacht habe aus dem Wald Arsia eine laut schallende Stimme, die man für die Stimme des Silvanus hielt, sich hören lassen und erklärt: Von den Etruskern sei in der Schlacht einer mehr gefallen, die Römer hätten gesiegt. ***3*** Wenigstens schieden hier die Römer als Sieger, die Etrusker als Besiegte. Denn als der Tag anbrach und kein Feind mehr zu sehen war, ließ Konsul Publius Valerius die Beute vom Schlachtfeld sammeln und kehrte im Triumph nach Rom zurück. ***4*** Das Leichenbegängnis seines Mitkonsuls hielt er mit aller damals möglichen Pracht. Allein zu einer weit größeren Ehre gereichte ihm im Tod die allgemeine Trauer, die hauptsächlich dadurch ausgezeichnet war, dass ihn die Frauen von Stand gleich einem Vater ein Jahr lang betrauerten, weil er ein so eifriger Rächer der gekränkten Keuschheit gewesen sei.

5 Bald verwandelte sich gegen den ihn überlebenden Konsul bei dem gewöhnlichen Wankelmut des Volkes die Liebe in Hass, und sogar in einen Verdacht, der mit einer harten Beschuldigung verbunden war. **6** Man sagte, er wolle sich zum König machen, denn er hatte an die Stelle des Brutus sich noch keinen Amtsgenossen nachwählen lassen und baute sich ein Haus oben auf der Velia.* Das werde hier, auf dem hohen und festen Platz eine unüberwindliche Burg werden. *7* Der Konsul, dem es Kummer machte, dass ein so unwürdiges Gerücht sich verbreiten und geglaubt werden konnte, ließ das Volk zusammenrufen, die Rutenbündel vor demselben niedersenken und trat so vor der Versammlung auf. Das war ein Anblick, wie ihn die Menge sich wünschte. Man habe vor ihnen die Zeichen der höchsten Gewalt gestreckt und dadurch das Geständnis abgelegt, dass die Majestät und Macht des Volkes über die eines Konsuls erhaben sei. ***8*** Der Konsul hieß sie zuhören und pries seinen Amtsgenossen glücklich, der nach Befreiung des Vaterlandes, im höchsten Ehrenamt für die Sache des Staates kämpfend, bei gereiftem und noch nicht in Hass übergegangenem Ruhm seinen Tod gefunden habe. Er aber sei, nachdem er seinen Ruhm überlebt, nur noch da, sich beschuldigen und hassen zu lassen; sei von einem Befreier des Vaterlandes zu den Aquiliern und Vitelliern herabgesunken. ***9*** *So soll denn nie,* fuhr er fort, *ein Verdienst bei euch so bewährt sein, dass es nicht vom Verdacht entweiht werden könnte? Ich, der erbittertste Feind der Könige, musste ich befürchten dürfen, dass man mir selbst die Beschuldigung aufbürden würde, nach dem Thron zu trachten?* **10** *Musste ich, und wenn ich auf der Burg und dem Kapitol wohnte, jemals glauben, von meinen Mitbürgern gefürchtet werden zu können? Gibt eine solche Kleinigkeit über meinen Ruf bei euch den Ausschlag? Hat der Glaube an mich einen so schwachen Grund, dass mehr darauf ankommt, wo ich bin, als wer ich bin?* **11** *Nein, ihr Quiriten, das Haus eines Publius Valerius soll eurer Freiheit nicht im Wege stehen; von der Velia aus sollt ihr nichts zu befürchten haben. Ich werde mein Haus nicht bloß in die Ebene herabbringen lassen, unter den Hügel will ich es stellen, damit ihr über meinem, des verdächtigen Bürgers, Haupte wohnt. Mögen die auf der Velia bauen, denen die Freiheit mit mehr Recht anvertraut wird als dem Publius Valerius.* **12** Sogleich ließ er sämtliches Baumaterial unter die Velia bringen und das Haus unten am Fuß des Hügels aufrichten, wo jetzt der Tempel der Göttin der Macht und des Sieges steht.

(8) Darauf wurden vom Konsul Gesetze vorgeschlagen, welche ihn nicht allein während seines Konsulates von allen verdächtigen Absichten auf den Thron freisprachen, sondern so ganz das Gegenteil bewirkten, dass sie ihn zum Liebling des Volkes machten; und davon bekam er den Zunamen Publicola. ***2*** Am liebsten waren dem großen Haufen die Vorschläge, von den Obrigkeiten eine Ansprache an das gesamte Volk bringen zu dürfen und auf die Person und Habe dessen einen Fluch zu legen, der irgend Anschläge machte, das Königtum an sich zu reißen. ***3*** Als er die Erhebung dieser Vorschläge zu wirklichen Gesetzen ohne Mitkonsul bewirkt hatte, um allein den Dank davon zu haben, hielt er nun auch einen Versammlungstag zur Nachwahl eines Amtsgenossen. ***4*** Spurius Lucretius wurde gewählt, der als ein hochbejahrter Mann, dessen Kräfte den Geschäften eines Konsuls schon nicht mehr gewachsen waren, binnen wenigen Tagen starb. An die Stelle des Lucretius wurde Marcus Horatius Pulvillus nachgewählt. **5** Bei einigen alten Geschichtsschreibern finde ich Lucretius nicht als Konsul angegeben. Sie reihen den Horatius gleich an Brutus, vermutlich war ihnen sein Andenken erloschen, weil sein Konsulat durch keine von ihm vollführte ausgezeichnete Tat bemerkbar war.

6 Noch war der Tempel Jupiters auf dem Kapitol nicht eingeweiht. Die Konsuln Valerius und Horatius losten, wer von ihnen ihn weihen sollte. Das Los traf den Horatius, und Publicola zog in den Krieg gegen die Vejenter. *7* Die Verwandten des Valerius ärgerten sich mehr als billig darüber, dass die Einweihung eines so berühmten Tempels dem Horatius zuteil wurde. Dies wollten sie auf alle Weise verhindern, und wie sie alles vergeblich aufgeboten hatten, suchten sie den Konsul,

* Eine Erhöhung auf dem Palatin, die den ganzen Markt übersah.

der schon die Hand an den Pfosten des Tempels gelegt hatte, mitten in der Anrufung der Götter durch die schreckliche Botschaft zu erschüttern, sein Sohn sei gestorben; und da er eine Leiche im Haus habe, könne er keinen Tempel einweihen. ***8*** Ob er die Angabe für unwahr gehalten oder so viel Geistesstärke besessen habe, wird nicht bestimmt überliefert und lässt sich auch so leicht nicht ermitteln. Er ließ sich durch die Nachricht in seinem Vorhaben nicht weiter stören, als dass er Befehl gab, die Leiche zu begraben, zog die Hand nicht vom Pfosten ab, fuhr im Gebet fort und weihte den Tempel.

9 Dies sind die Begebenheiten des Friedens und Krieges im ersten Jahr nach der Vertreibung der Könige. Darauf wurden Publius Valerius zum zweiten Mal und Titus Lucretius Konsuln.

(9) Unterdessen waren die Tarquinier zum Lar Porsenna, dem König von Clusium, geflüchtet. Hier wechselten sie mit Vorstellungen und Bitten ab; bald baten sie, er möge nicht zugeben, dass sie, Abkömmlinge der Etrusker, mit ihnen von einerlei Blut und Namen im Elend schmachteten, ***2*** bald erinnerten sie ihn daran, die beginnende Sitte, die Könige zu vertreiben, nicht ungestraft zu lassen. Die Freiheit sei an sich schon süß genug. ***3*** Verteidigten die Könige die Throne nicht ebenso kräftig, als die Völker nach jenen rangen, so würden die Hohen den Niedrigsten gleichgemacht. Dann würde aus den Staaten alles Erhabene, alles über andere Hervorragende verschwinden; dann habe die Königswürde, unter Göttern und Menschen der höchste Schmuck, ihr Ende erreicht. ***4*** Porsenna, der für seine Tusker eine Ehre darin fand, wenn sie Rom einen König wiedergäben, vollends einen etruskischer Abkunft, zog mit seinem Heer als Feind vor Rom.

5 Noch nie hatte die Väter ein solcher Schrecken ergriffen, so mächtig war damals der clusinische Staat, und so groß der Name des Porsenna. Sie fürchteten nicht bloß die Feinde, sondern ihre eigenen Einwohner, dass vielleicht Roms Bürgerschaft in der ersten Bestürzung durch Wiederaufnahme des Königs in die Stadt den Frieden sogar mit der Sklaverei erkaufte. ***6*** Der Senat behandelte also in dieser Zeit die Bürgerschaft sehr liebevoll. Besonders sorgte er für die Kornpreise und beschickte zum Ankauf des Getreides das Volskerland und Cumae. Auch wurde der Salzhandel den Privatpersonen, weil sie zu hohe Preise nahmen, genommen und ging von nun an auf Rechnung der Schatzkammer. Ferner wurden die Bürger von Zöllen und Grundsteuern befreit, so dass diese nur von den Reichen aufgebracht wurden, welche die Last übernehmen konnten. Der Arme, sagte man, zahle dem Staat genug, wenn er Kinder erziehe.

7 Diese Vergünstigungen der Väter erhielten nicht nur zunächst unter dem Druck der Belagerung und Hungersnot die Bürger in einer solchen Eintracht, dass der Name eines Königs den Vornehmen nicht verhasster war als den Niedrigsten, ***8*** sondern auch später erwarb sich kein einziger durch schlechte Mittel die Liebe des Volkes in so hohem Grad als damals der ganze Senat durch gute Regierung.

(10) Als die Feinde erschienen, wanderte alles vom Land in die Stadt. Eine Kette von Bewaffneten deckte die Stadt. Hier schienen die Mauern, dort der schützende Tiber Sicherheit genug zu gewähren. ***2*** Allein beinahe hätte die Balkenbrücke* den Feinden den Weg gebahnt, wäre nicht ein einziger Mann gewesen, Horatius Cocles. Er war das Bollwerk, auf welchem an diesem Tag das Schicksal Roms beruhte. ***3*** Er gehörte zu der der Brücke gegebenen Bedeckung; und als er das Janiculum durch Überrumpelung erobert sah, sah, wie die Feinde von dort in vollem Lauf herabrannten und seine zitternde Schar in der Bestürzung Waffen und Glieder im Stich ließ, da zog er einen nach dem andern wieder zurück, trat ihnen in den Weg, beschwor sie bei Göttern und Menschen und bedeutete sie, sie flöhen vergeblich, wenn sie ihren Posten aufgäben. ***4*** Ließen sie die Brücke hinter sich zum Übergang, so würden der Feinde bald auf dem Palatium und Kapitol

* Ancus Marcius hatte sie, um das Janiculum mit der Stadt zu verbinden, über den Tiber geschlagen. Vgl. I,33.

mehr sein als auf dem Janiculum. Er fordere sie auf und stehe dafür ein, sie möchten die Brücke mit Brecheisen, Feuer und jeder ihnen möglichen Gewalt zerstören. Er wolle den Angriff der Feinde, so viel ein Mann Widerstand leisten könne, aufhalten.

5 Er ging vorn auf den Eingang der Brücke zu, und schon dadurch ausgezeichnet, dass er allein den Feinden, die allen übrigen dem Gefecht Ausweichenden auf den Rücken sahen, die Waffen zum Kampf entgegentrug, setzte er sie durch das Wunderhafte seiner Kühnheit in Staunen. ***6*** Nur zwei der Seinen hielt das Schamgefühl bei ihm zurück, den Spurius Lartius und Titus Herminius, beide ausgezeichnet durch Abkunft und Tapferkeit. ***7*** Mit ihnen hielt er den ersten Sturm der Gefahr und den Andrang des Kampfgetümmels eine Zeitlang aus. Dann hieß er auch sie, als von der Brücke nur noch ein kleiner Teil übrig war, und die Abbrechenden sie herüberriefen, sich in Sicherheit begeben. ***8*** Drohend richtete er seine furchtbaren Blicke auf die Anführer der Etrusker. Bald forderte er sie einzeln heraus, bald schalt er sie alle. Knechte übermütiger Fürsten, kämen sie, ohne einen Gedanken an die eigene Freiheit, die der anderen zu gefährden. ***9*** Eine Weile zauderten sie, während einer den andern darauf ansah, wer zum Kampf sich einlassen wolle. Dann bewirkte das Ehrgefühl eine Bewegung durch die ganze Linie, und nach erhobenem Geschrei schossen sie von allen Seiten ihre Pfeile auf den einzigen Feind. ***10*** Sie blieben alle im vorgehaltenen Schild hängen, und noch behauptete er ebenso trotzig mit mächtigem Schritt die Brücke, da wollten sie eben durch einen Angriff den Helden hinabstoßen, als zu gleicher Zeit das Krachen der abgebrochenen Brücke und das Geschrei, welches die Römer aus Freude über ihr schnell vollbrachtes Werk erhoben, sie plötzlich stutzen und mit dem Angriff innehalten ließ. ***11*** Da sprach Cocles: *Vater Tiberinus, ich rufe dich an mit frommem Glauben, nimm diese Waffen und diesen Krieger in deinem Strom gnädig auf!* Und so sprang er in voller Rüstung in den Tiber und schwamm unter einer Menge über ihm zusammenfallender Pfeile wohlbehalten zu den Seinigen hinüber, nachdem er eine Tat vollführt hatte, die bei der Nachwelt mehr Bewunderung als Glauben finden sollte. ***12*** Der Staat war für eine so große Tapferkeit dankbar. Es wurde ihm ein Standbild auf dem Waffenplatz errichtet und so viel Land gegeben, als er in einem Tag mit dem Pfluge umpflügen konnte. ***13*** Unter diesen öffentlichen Ehrenbezeigungen machte sich auch die Dankbeflissenheit der Einzelnen bemerkbar. Denn bei dem großen Mangel entzog sich jeder nach Maßgabe seines häuslichen Vorrats einen Teil seiner Lebensmittel, um für ihn zusammenzulegen.

(11) Porsenna, der jetzt, da sein erster Angriff abgeschlagen war, von dem Plan, die Stadt zu erstürmen, zu ihrer Belagerung überging, legte in das Janiculum eine Besatzung und lagerte sich in der Ebene und an den Ufern des Tiber, nachdem er von allen Seiten Schiffe hatte kommen lassen, ***2*** teils zur Aufsicht, um der Stadt die Zufuhr an Getreide zu nehmen, teils um seine Soldaten, wenn sich Gelegenheit zur Beute fände, an mehreren Stellen über den Fluss zu setzen. ***3*** Und bald machte er das ganze römische Gebiet so unsicher, dass nicht allein alles Übrige vom Land, sondern auch alle Herden in die Stadt geschafft wurden und niemand es wagte, sie vor die Tore zu treiben. ***4*** Dass man den Etruskern einen so großen Spielraum gestattete, war nicht eine Folge der Furcht, sondern eines Planes. Denn der Konsul Valerius, der auf eine Gelegenheit wartete, viele zugleich in völliger Unordnung unvermutet zu überfallen, achtete nicht darauf, jede Kleinigkeit zu bestrafen und behielt sich desto nachdrücklichere Rache im Großen vor. ***5*** Um die Plünderer aus dem Lager zu locken, ließ er den Bügern bekannt machen, es möchten ihrer viele am folgenden Tag ihre Herden vor das Esquilinische Tor treiben, welches den Feinden das abgelegenste war. Er vermutete, dass sie dies erfahren würden, weil bei der Belagerung und Hungersnot untreue Sklaven zu ihnen übergingen. ***6*** Wirklich erfuhren sie es durch die Anzeige eines Überläufers und setzten, in der Hoffnung des Fanges im Ganzen, in weit größerer Anzahl über den Fluss. ***7*** Da ließ Publius Valerius den Titus Herminius an der Spitze einer mäßigen Streitmacht bei dem zweiten

Meilenstein* an der Heerstraße nach Gabii sich in einen Hinterhalt legen. Spurius Lartius musste mit einer schlagfertigen Mannschaft am Collinischen Tor halten, bis der Feind vorbeizöge, und sich dann ihm in den Weg werfen, um ihm die Rückkehr zum Fluss zu nehmen. ***8*** Der andere Konsul, Titus Lucretius, zog mit einigen Rotten aus dem Naevischen Tor, Valerius selbst rückte an der Spitze auserlesener Kohorten vom Hügel Caelius aus, und diese bekam der Feind zuerst zu Gesicht. ***9*** Sobald Herminius dies Getümmel vernahm, eilte er aus dem Hinterhalt herbei und fiel den gegen Valerius gewandten Etruskern in den Rücken. Zugleich erscholl zur Rechten und zur Linken, dort vom Collinischen, hier vom Naevischen Tor her Geschrei zum Angriff. ***10*** So wurden die Plünderer umringt und niedergehauen, da sie zur Gegenwehr nicht stark genug und zur Flucht alle Wege gesperrt waren. Seitdem hatten die regellosen Streifzüge der Etrusker ein Ende.

(12) Nichtsdestoweniger dauerte die Einschließung fort. Getreide war für die höchsten Preise kaum zu haben, und Porsenna hatte Hoffnung, durch bloßes Liegen vor der Stadt dieselbe zu erobern. ***2*** Diese vereitelte Caius Mucius, ein junger Mann von Adel, der es unwürdig fand, dass das römische Volk, das in der Dienstbarkeit unter Königen in keinem Krieg und von keinem Feind belagert worden war, sich jetzt als freies Volk von denselben Etruskern belagern lassen sollte, deren Heere es so oft geschlagen hatte. ***3*** Anfangs entschloss er sich, weil man sich nach seinem Gefühl durch irgendeine große und kühne Tat dieser Schande erwehren musste, ganz für sich mitten in das feindliche Lager zu gehen. ***4*** Weil er aber fürchtete, die römischen Wachen möchten ihn, wenn er ohne der Konsuln Erlaubnis und jemandes Vorwissen wegginge, vielleicht ergreifen und wie einen Überläufer zurückschleppen – auch machte ja die damalige Lage der Stadt eine solche Beschuldigung glaublich –, so ging er zum Senat. ***5*** *Ihr Väter*, sprach er, *ich will über den Tiber und, wenn ich kann, mich ins feindliche Lager machen, nicht als Räuber, auch nicht, um ihnen die Plünderungen zu vergelten. Unter dem Beistand der Götter wage ich eine größere Tat.* Die Väter gaben ihre Einwilligung. Er nahm einen Dolch unter seinen Mantel und machte sich auf. ***6*** Als er dort ankam, stellte er sich in den dichtesten Haufen nahe an den Königsstuhl. ***7*** Hier wurde eben den Soldaten der Sold ausgezahlt; ein Schreiber, der fast in gleichem Schmuck mit dem König dasaß, war sehr geschäftig, und die Soldaten wandten sich der Reihe nach an ihn. Mucius, der es bedenklich fand, zu fragen, wer von beiden Porsenna sei, weil ihn seine Unbekanntschaft mit dem König verraten hätte, überließ seine Hand der Führung des Schicksals und mordete statt des Königs den Schreiber. ***8*** Durch die Schar der Bestürzten sich den Weg mit dem blutigen Dolch bahnend, schritt er fort. Allein in dem auf das Geschrei entstandenen Zusammenlauf ergriffen ihn die königlichen Trabanten und brachten ihn zurück. Da stand er an den Stufen des königlichen Richterstuhls, auch jetzt noch, unter so harten Drohungen des Schicksals, mehr der Furchtbare als der Fürchtende. ***9*** *Ich bin ein römischer Bürger*, sprach er, *und heiße Caius Mucius. Als Feind wollte ich einen Feind töten und habe zum Tod nicht weniger Mut, als ich zum Mord bewiesen. Einen Römer bezeichnen große Taten und große Leiden.* ***10*** *Und nicht ich allein hege solche Gesinnungen; hinter mir steht noch eine lange Reihe, die nach ebendieser Ehre ringen. Hast du Lust, so lass dich auf die Gefahr ein, mit jeder Stunde dein Leben aufs Spiel zu setzen; lass Dolch und Feind am Eingang deines Königszeltes lauern.* ***11*** *Wir, Roms Jünglinge, erklären dir diesen Krieg. Kein Heer, keine Schlacht hast du zu fürchten. Du allein wirst es, und immer nur mit einem, zu tun haben.*

12 Als der König, zugleich von Zorn entbrannt und geschreckt durch die Gefahr, drohend Feuer um ihn anlegen ließ, wenn er nicht sogleich über die gegen sein Leben gemachten Pläne, die er so rätselhaft zu verstehen gebe, sich erklärte, sprach Mucius: ***13*** *Sieh her und lerne, wie wertlos denen der Körper ist, die hohen Ruhm vor Augen haben*, und streckte die rechte Hand in das auf einem

* Alle 1000 Schritte stand ein römischer Meilenstein; fünf römische Meilen werden auf eine deutsche geschätzt.

Opferbecken lodernde Feuer. Als er sie hier mit einer Festigkeit, die aller Empfindung entsagt zu haben schien, verbrannte, sprang der König, außer sich über die unerhörte Tat, von seinem Sitz, ließ den Jüngling vom Opferfeuer wegreißen und sprach: ***14*** *Du magst hingehen, der du feindseliger gegen dich selbst als gegen mich verfuhrst. Glück auf! Wollte ich deiner Tapferkeit zurufen, wenn diese Tapferkeit meinem Vaterland diente. Des Kriegsrechtes ledig entlasse ich dich jetzt unangetastet und unverletzt.* ***15*** Da sprach Mucius, als wollte er für diese Großmut erkenntlich sein: *Ich sehe, dass du Tapferkeit zu schätzen weißt. So sei dir denn für deine Wohltat entdeckt, was deinen Drohungen nicht gelang. Dreihundert von uns, die ersten Jünglinge Roms, haben sich verschworen, auf diese Art gegen dich vorzugehen.* ***16*** *Mein Los war das erste. Die Übrigen werden, so wie es sie trifft, solange das Schicksal dich bloßstellt, jeder zu seiner Zeit sich einstellen.*

(13) Dem entlassenen Mucius, der nachher vom Verlust seiner rechten Hand den Zunamen Scaevola (Linkshänder) bekam, folgten Gesandte von Porsenna in die Stadt. ***2*** Die Wendung der ersten Gefahr, aus welcher ihn nichts als der Irrtum des Auflauernden gerettet hatte, und die Misslichkeit, der er sich so vielmal ausgesetzt sah, als noch verschworene da wären, hatten so stark auf ihn gewirkt, dass er den Römern Friedensbedingungen antragen ließ. ***3*** Er brachte, obgleich vergeblich, in den Verhandlungen die Wiedereinsetzung der Tarquinier zur Sprache, mehr, weil er es ihnen nicht hatte abschlagen können, als weil er nicht gewusst hätte, dass ihm dies die Römer nicht zugestehen würden. ***4*** Die Herausgabe des den Vejentern abgenommenen Landes wurde ihm bewilligt; und die Römer sahen sich durch die Not gedrungen, Geiseln zu geben, wenn sie wollten, dass er seine Besatzung aus dem Janiculum zöge. Als der Friede unter diesen Bedingungen geschlossen war, führte Porsenna sein Heer vom Janiculum ab und räumte das römische Gebiet.

5 Dem Mucius schenkten die Väter zum Lohne seiner Tapferkeit ein Stück Land jenseits des Tibers, welches nachher die Mucische Wiese hieß. ***6*** Durch diese dem Verdienst zuteil gewordene Ehre fühlte sich auch das weibliche Geschlecht aufgefordert, sich um den Staat verdient zu machen. Cloelia, eine von den Geiseln, eine Jungfrau, benutzte den Umstand, als das etruskische Lager nahe am Tiberufer war, hinterging die Wachen, schwamm, den übrigen Mädchen voran, unter den Pfeilen der Feinde durch den Tiber und brachte sie alle wohlbehalten nach Rom zu den Ihrigen. ***7*** Als dies dem König berichtet wurde, geriet er anfangs in Zorn und schickte Gesandte nach Rom, die Geisel Cloelia zurückzufordern; die anderen Mädchen wären ihm gleichgültig. ***8*** Bald aber erhob er, zur Vewunderung hingerissen, diese Tat über die eines Cocles und Mucius und sagte unverhohlen, so wie er den Frieden für gebrochen ansehen werde, wenn ihm die Geisel nicht ausgeliefert würde, so werde er die Zurückgegebene, ohne ihr ein Leid anzutun, den Ihrigen zurücksenden. Von beiden Seiten hielt man Wort. ***9*** Die Römer lieferten das Unterpfand des Friedens aus, und sie erntete von ihrem Mut bei dem etruskischen König nicht bloß Sicherheit, sondern auch Ehre. Er lobte das Mädchen, sagte, er mache ihr mit einem Teil der Geiseln ein Geschenk, und hieß sie unter den Jünglingen aussuchen, wen sie wolle. ***10*** Als sie ihr sämtlich vorgeführt wurden, soll sie lauter Minderjährige ausgewählt haben. So schickte sich's für die jungfräuliche Ehre, und selbst die Geiseln mussten ihr einstimmig beipflichten, wenn sie gerade das Alter der feindlichen Willkür entzog, das am meisten Unbilden ausgesetzt war. ***11*** Nach wiederhergestelltem Frieden belohnten die Römer die an einer Jungfrau ungewöhnliche Tapferkeit mit einer außerordentlichen Ehrenbezeigung, mit einem Standbild zu Pferde. Oben auf der Höhe der Heiligen Straße stand eine Jungfrau zu Pferde.

(14) Mit diesem so friedfertigen Abzug des etruskischen Königs von Rom steht eine Sitte im Widerspruch, die von den Alten auf uns gekommen und noch jetzt immer beim Güterverkauf üblich ist, die Güter des Königs Porsenna feilzubieten. ***2*** Diese Sitte muss notwendig während des Krieges entstanden und im Frieden beibehalten worden sein, oder sie verdankt ihre Fortdauer

einer freundlicheren Veranlassung, als der Ausdruck: Güter wie von einem Feind zu verkaufen, zu verraten scheint. **3** Unter den verschiedenen Angaben kommt folgende der Wahrheit am nächsten. Porsenna machte bei seinem Abzug vom Janiculum mit dem reichen Vorrat seines Lagers, welches er mit Zufuhr aus den nahen Gefilden Etruriens versorgt hatte, den Römern ein Geschenk, da gerade jetzt die Stadt durch die lange Einschließung Mangel litt. **4** Um nicht das Volk darüber herfallen und alles feindlich plündern zu lassen, verkaufte man die Vorräte unter dem Namen „Güter des Porsenna", so dass also der Ausruf mehr ein erfreuliches Geschenk andeutete als eine Versteigerung der königlichen Güter, welche die Römer ohnehin nicht in ihrer Gewalt hatten.

5 Als Porsenna den Krieg mit den Römern aufgegeben hatte, schickte er seinen Sohn Arruns, um seinen Feldzug in diese Gegenden nicht für erfolglos ansehen zu lassen, mit einem Teil seines Heeres zu einem Angriff gegen die Stadt Aricia ab. **6** Das Unerwartete setzte die Ariciner anfangs in Schrecken. Bald aber gaben ihnen die Hilfstruppen, die sie von den Völkerschaften Latiums und aus Cumae an sich zogen, Mut genug, sich auf eine Schlacht einzulassen. Als die Schlacht begann, brachen die Etrusker mit solchem Ungestüm los, dass sie gleich beim ersten Angriff die Ariciner schlugen. **7** Allein die Kohorten von Cumae, die gegen die Übermacht eine List anwendeten, zogen sich ein wenig seitwärts, machten eine kleine Schwenkung und griffen die vor ihnen vorbeistürmenden Feinde im Rücken an. So wurden die Etrusker, die den Sieg beinahe in Händen hatten, umzingelt und niedergehauen. **8** Nur sehr wenige retteten sich mit Verlust ihres Feldherrn und ihrer Waffen, weil sie keinen näheren Zufluchtsort hatten, nach Rom, in einem Aufzug, der auf Mitleid so viel Anspruch machte wie ihre Lage selbst. Hier wurden sie freundlich aufgenommen und in die Häuser verteilt. **9** Als sie von ihren Wunden geheilt waren, gingen einige nach Hause und rühmten die gastfreundschaftliche Verpflegung; viele hielt die Liebe zu ihren Wirten und zu der Stadt in Rom zurück. Man wies ihnen Wohnplätze an, die man später das Etruskische Quartier nannte.

(15) Hierauf wurden Marcus Horatius und Publius Valerius Publicola, nach ihnen Spurius Lartius und Titus Herminius zu Konsuln gewählt. In diesem Jahre kamen zum letzten Mal Gesandte von Porsenna, die Wiedereinsetzung des Tarquinius auf den Thron zu bewirken. Man gab ihnen zur Antwort, der Senat werde an den König Gesandte schicken, und sogleich gingen die angesehensten der Senatoren zu ihm ab. Sie sagten: **2** Der Grund, warum man lieber eine Gesandtschaft an ihn aus den Senatoren abgesendet als seinen Gesandten zu Rom eine Antwort erteilt habe, sei nicht der, dass man sich nicht in aller Kürze habe erklären können, man nehme die königliche Familie nie wieder auf, sondern der, die Erwähnung dieses Punktes auf immer zu beendigen und bei so großen gegenseitigen Beweisen des Wohlwollens nicht dadurch von beiden Seiten neue Misshelligkeiten hervorzurufen, wenn der König etwas verlangte, was gegen die Freiheit des römischen Volkes sei; und die Römer, wollten sie nicht zu ihrem Verderben die Gefälligen sein, dem etwas abschlagen müssten, dem sie nie etwas abzuschlagen wünschten. **3** Das römische Volk könne nie unter Königen, sondern nur in der Freiheit leben. Sie hätten einmal ihren Sinn darauf gesetzt, lieber den Feinden als der königlichen Familie die Tore zu öffnen, und ein Gemeingeist spräche aus allen, der letzte Tag für die Freiheit ihrer Stadt solle auch für die Stadt der letzte sein. **4** Wünsche er also Roms Erhaltung, so bäten sie ihn, ihnen auch die Freiheit zu lassen.

5 Von Achtung überwältigt, erwiderte der König: *Wenn denn dies so fest und unwandelbar beschlossen ist, so will ich weder euch mit Wiederholung desselben vergeblichen Antrages beschwerlich fallen, noch die Tarquinier mit der Hoffnung auf Hilfe täuschen, die ich nicht leisten kann. Lassen wir sie ihre Verbannung, sie mögen Krieg oder Ruhe geratener finden, nach einem andern Ort mitnehmen, damit mein Friede mit euch keine Störung leide.* An diese **6** Äußerungen schlossen sich noch freundschaftlichere Handlungen. Die noch übrigen Geiseln lieferte er aus; das Stück vom Vejenterland, das ihm durch den Vergleich beim Janiculum abgetreten worden war, gab er zurück.

7 Tarquinius, der alle Hoffnung auf eine Rückkehr gescheitert sah, flüchtete sich zu seinem Schwiegersohn Octavius Mamilius nach Tuskulum. So war der Friede zwischen Rom und Porsenna befestigt.

(16) Konsuln wurden jetzt Marcus Valerius und Publius Postumius. In diesem Jahr erfocht man einen Sieg über die Sabiner; die Konsuln hielten einen Triumph. Darauf rüsteten sich die Sabiner mit größerer Anstrengung. *2* Gegen sie, und zugleich, um einem plötzlichen Krieg von Tuskulum zu begegnen – denn war gleich der Krieg von dorther noch nicht erklärt, so vermutete man ihn doch –, wurden Publius Valerius zum vierten und Titus Lucretius zum zweiten Mal zu Konsuln gewählt. *3* Eine Spaltung, die unter den Sabinern zwischen den zum Krieg und den zum Frieden Ratenden entstand, wandte einen bedeutenden Teil ihrer Kräfte den Römern zu. *4* Attius Clausus nämlich – er führte nachher zu Rom den Namen Appius Claudius –, der von den Aufwieglern zum Krieg für seinen Rat zum Frieden verfolgt wurde und ihrer Partei nicht gewachsen war, nahm von Inregillus im Gefolge einer großen Anzahl seiner Schutzgenossen seine Zuflucht nach Rom. Sie bekamen das Bürgerrecht und jenseits des Anio Ländereien. *5* Der in der Folge durch Aufnahme mehrerer Mitglieder, die aus diesen Ländereien sich einfanden, entstandene Bezirk führt den Namen die Alte Claudische Tribus. Appius, der unter die Väter aufgenommen wurde, genoss bald mit den Ersten des Staates gleiche Achtung. *6* Die Konsuln rückten feindlich ins Sabinerland und verursachten dem Feind durch Verheerung, dann auch in einer Schlacht so großen Schaden, dass von dort aus in langer Zeit keine Erneuerung eines Krieges zu befürchten war, und zogen im Triumph nach Rom zurück.

7 Im Jahr darauf, unter den Konsuln Menenius Agrippa und Publius Postumius, starb Publius Valerius, allgemein für den ersten Krieger und Staatsmann anerkannt, in sehr großem Ruhm und bei so geringem Vermögen, dass es nicht zu seiner Bestattung hinreichte. Er wurde auf öffentliche Kosten bestattet, und die Frauen betrauerten ihn wie Brutus. *8* In demselben Jahr fielen zwei latinische Kolonien, Pometia und Cora, zu den Aurunkern ab. Die Aurunker wurden bekriegt, ihr großes Heer, welches den einrückenden Konsuln mutig eine Schlacht anbot, geschlagen, und der ganze Aurunkerkrieg zog sich nach Pometia. *9* Auch nach der Schlacht taten die Römer dem Blutvergießen ebenso wenig Einhalt wie im Kampf selbst, obgleich sie weit mehr Feinde erschlagen als gefangen genommen hatten; an vielen Orten machten sie auch die Gefangenen nieder. Ja, als erbitterte Feinde schonten sie nicht einmal der Geiseln, deren sie dreihundert in ihrer Gewalt hatten. Auch in diesem Jahr sah Rom einen Triumph.

(17) Die folgenden Konsuln, Opiter Verginius und Spurius Cassius, griffen Pometia anfangs mit Sturm, dann mit Schirmdächern und anderen Werken an. *2* Die Aurunker, mehr von unversöhnlichem Hass als durch irgendeine Hoffnung oder gegebene Gelegenheit gereizt, erfüllten bei einem Ausfall, zu dem sich ihrer mehrere mit Fackeln als mit Schwertern bewaffnet hatten, alles mit Mord und Brand, *3* verbrannten die Schirmdächer, verwundeten und erlegten viele Feinde, warfen den einen Konsul – seinen Namen erwähnen die Geschichtsschreiber nicht – schwer verwundet vom Pferd und hätten ihn beinahe getötet. *4* Nach diesem unglücklichen Gefecht kehrte man nach Rom zurück und ließ die vielen Verwundeten nebst dem Konsul, für dessen Leben man nur schwache Hoffnung hatte, im Lager. Nach Verlauf von einiger Zeit, welche die Heilung der Wunden und Ergänzung des Heeres erforderte, wurde jetzt mit größerer Erbitterung und verstärkter Macht der Angriff auf Pometia erneuert; *5* und schon fehlte nach Herstellung der Schirmdächer und der übrigen Sturmgerüste weiter nichts, als dass man den Soldaten die Mauern ersteigen ließ: Da ergab sich die Stadt. *6* Allein der Übergabe ungeachtet wurde sie mit derselben Härte behandelt, als wenn sie erstürmt wäre; die vornehmsten Aurunker ohne Unterschied wurden enthauptet, die Bürger der Kolonien hingegen als Sklaven verkauft, die Stadt

zerstört, die Länderei käuflich weggegeben. *7* Die Konsuln verdankten die Ehre eines Triumphes mehr der nachdrücklichen Rache, die sie dem Zorn der Römer gewährt hatten, als der Größe des vollendeten Krieges.

(18) Das folgende Jahr hatte den Postumus Cominius und Titus Lartius zu Konsuln. *2* In diesem Jahre kam es zu Rom bei einem Auflauf über den Mutwillen einiger junger Sabiner, welche bei Gelegenheit der öffentlichen Spiele sich mit Gewalt liederlicher Dirnen bemächtigten, zu einer Schlägerei und beinahe zu einer Schlacht; und aus dieser Kleinigkeit schien ein neuer Krieg hervorgehen zu wollen. *3* Mit dieser Besorgnis vor einem Sabinerkriege verband sich auch die völlige Gewissheit, dass auf Betreiben des Octavius Mamilius schon dreißig Völker sich gegen Rom verschworen hätten. *4* In der allgemeinen Ratlosigkeit, mit der man den wichtigsten Auftritten entgegensah, kam die Wahl eines Diktators zum ersten Mal in Vorschlag; man weiß aber nicht gewiss, in welchem Jahr, und wer die Konsuln waren, in die man als Anhänger der Tarquinier ein Misstrauen setzte – denn auch dies findet sich angegeben –, noch wer der erste Diktator war. *5* Indessen finde ich bei den ältesten Geschichtsschreibern den Titus Lartius als den Ersten angegeben, den man zum Diktator wählte, und den Spurius Cassius als seinen Magister Equitum.* Man nahm dazu zwei Konsularen; so bestimmte es das über die Wahl eines Diktators gegebene Gesetz. *6* Um so mehr bin ich geneigt, zu glauben, dass man es für passender gehalten habe, den Spurius Lartius, einen Konsular,** den Konsuln zum Aufseher und Anführer zu setzen, als Manius Valerius, des Marcus Sohn und Volesus' Enkel, der noch nicht Konsul gewesen war. *7* Und hätte man durchaus den Diktator aus dieser Familie nehmen wollen, so hätte man doch weit eher den Vater Marcus Valerius genommen, einen Mann von bewährtem Verdienst und gewesenen Konsul.

8 Als so zum ersten Mal in Rom ein Diktator ernannt war, gerieten die Bürger beim Anblick der aufgesteckten Beile*** in eine solche Furcht, dass sie sich's weit mehr angelegen sein ließen, aufs Wort zu gehorchen. Denn hier fand nicht wie bei den Konsuln, welche beide gleiche Macht hatten, Schutz von Seiten des Nebenkonsuls oder Ansprache ans Volk, und überhaupt kein anderes Hilfsmittel statt, als aufs Gehorchen bedacht zu sein. *9* Auch die Sabiner setzte die Wahl eines Diktators zu Rom umso mehr in Furcht, als sie geglaubt hatten, er sei ihretwegen gewählt. Sie ließen also durch Gesandte auf Frieden antragen. *10* Auf ihre Bitte beim Diktator und Senat, sie möchten jungen Leuten einen Fehltritt verzeihen, bekamen sie zur Antwort, Jünglingen könne man verzeihen, nicht aber alten Leuten, welche einen Krieg nach dem andern unternähmen. *11* Doch kam es zu Unterhandlungen, und die Sabiner hätten den Frieden erlangt, wenn sie, wie man verlangte, sich dazu bequemt hätten, die schon auf den Krieg gewandten Kosten zu tragen. Man gab ihnen die Kriegserklärung, doch verlief bei einem nicht verabredeten Waffenstillstand das Jahr.

(19) Konsuln waren jetzt Servius Sulpicius und Manius Tullius. Es fiel nichts Merkwürdiges vor; darauf Titus Aebutius und Caius Vetusius. *2* Unter diesen Konsuln wurde Fidenae belagert, Crustumeria erobert, Praeneste fiel von den Latinern an die Römer ab, und der Latinische Krieg, der schon mehrere Jahre unter der Asche glomm, wurde nicht länger verschoben. *3* Der Diktator Aulus Postumius und der Magister Equitum Titus Aebutius, die mit einer bedeutenden Macht zu Fuß und zu Pferd ausrückten, trafen den Feind am See Regillus im tuskulanischen Gebiet, *4* und als man erfuhr, dass sich im Heer der Latiner die Tarquinier befänden, gestattete die Erbitterung keinen längeren Aufschub des Angriffs. *5* So wurde denn die Schlacht viel hartnäckiger und

* So hieß immer der nächste Unterfeldherr des Diktators, der Anführer der Reiterei, den er selbst wählte.

** Konsular hieß, wer entweder Konsul gewesen war oder die Voraussetzungen erfüllte, Konsul zu werden.

*** Die Konsuln ließen in der Stadt die Beile von den Rutenbündeln ihrer Liktoren abnehmen und nur außerhalb der Stadt aufstecken. Nicht so der Diktator.

schrecklicher als sonst. Denn auch die Feldherren schienen nicht bloß darum hier zu sein, das Ganze durch Übersicht zu lenken, sondern sie ließen sich, mit Aussetzung ihrer Person, auf Kämpfe untereinander ein; und in beiden Heeren schied fast kein Anführer ohne Wunde aus dem Kampf, den römischen Diktator Postumius ausgenommen. *6* Auf ihn, als er in der vorderen Reihe die Seinen ermunterte und ordnete, sprengte Tarquinius der Stolze, war er gleich an Jahren und Kraft nicht mehr der gewandte Tümmler, geradeswegs los, wurde aber von der Seite her verwundet und von den herbeieilenden Seinen in Sicherheit gebracht. *7* Auf dem andern Flügel hatte der Magister Equitum Aebutius einen Angriff auf Octavius Mamilius gemacht. Der tuskulanische Feldherr sah ihn kommen, spornte fein Pferd auch gegen ihn, *8* und sie trafen mit eingelegter Lanze so kräftig zusammen, dass Aebutius einen Stich durch den Arm, Mamilius eine Wunde auf der Brust bekam. *9* Und ihn nahmen die Latiner ins zweite Glied auf, Aebutius aber, der mit seinem wunden Arm die Lanze nicht führen konnte, verließ den Kampfplatz. *10* Der latinische Feldherr ließ sich durch seine Wunde nicht abhalten, fuhr fort, zum Kampf zu treiben, und weil er bei den Seinen Mutlosigkeit bemerkte, ließ er die Schar anrücken, die aus verbannten Römern bestand und den Titus, den Sohn des Tarquinius, zum Anführer hatte. Den Verlust ihrer Güter und ihres Vaterlandes zu rächen, kämpfte sie mit größerer Erbitterung und stellte das Gefecht eine Zeitlang wieder her.

(20) Schon wichen die Römer auf dieser Seite, als Marcus Valerius, des Publicola Bruder, den verwegenen Königssohn Tarquinius bemerkte, wie er an der Spitze der Vertriebenen sich ein Ansehen gab. Wetteifernd mit dem Ruhm seines Bruders und den Valeriern die Ehre zu erwerben, *2* die durch sie vertriebenen Könige auch erlegt zu haben, gab er seinem Pferd die Sporen und sprengte mit eingelegter Lanze gegen Tarquinius an. *3* Tarquinius wich vor dem erbitterten Feind in den Haufen der Seinigen. Den zu unvorsichtig in die Linie der Vertriebenen eindringenden Valerius nahm einer von der Seite und durchstach ihn, und das Pferd, durch die Verwundung seines Reiters nicht im Mindesten aufgehalten, streckte den sterbenden Römer, über dem seine Waffen zusammenstürzten, zur Erde.

4 Als der Diktator Postumius einen solchen Mann verloren, die Verbannten mutig im Sturmschritt vordringen, die Seinigen voll Bestürzung weichen sah, *5* gab er seiner Kohorte, einer Schar Auserlesener, die ihn als Bedeckung umgaben, den Befehl, jeden der Ihrigen, den sie fliehen sähen, als Feind zu behandeln. So von beiden Seiten bedroht, wandten sich die Römer von der Flucht gegen den Feind, und die Linie wurde wiederhergestellt. *6* Jetzt erst trat die Kohorte des Diktators zum Kampf auf; noch ungeschwächt an Körperkraft und Mut, fiel sie auf die ermattenden Vertriebenen und hieb sie zusammen. *7* Hier gerieten abermals zwei Führer aneinander. Als der latinische Feldherr die Schar der Vertriebenen vom römischen Diktator beinahe umzingelt sah, raffte er einige Haufen von der Nachhut mit sich fort ins erste Glied. *8* Der Legat* Titus Herminius sah sie im Zug herankommen, erkannte unter ihnen den durch Kleidung und Waffen sich auszeichnenden Mamilius und brach mit viel heftigerem Ungestüm als kurz zuvor der Magister Equitum auf den feindlichen Heerführer ein, *9* so dass er ihn mit einem Stoß durch die Seite durchbohrte und tötete; er selbst aber wurde, während er dem erschlagenen Feind die Waffen abnahm, von einem Wurfspieß getroffen und starb, als man ihn als Sieger ins Lager zurückgebracht hatte, beim ersten Verband.

10 Jetzt eilte der Diktator zur Reiterei und beschwor sie, weil das Fußvolk ermattet sei, abzusitzen und den Kampf zu übernehmen. Sie gehorchten aufs Wort, sprangen von den Pferden

* Der Legat ist der auf die Konsuln zunächst folgende Unterfeldherr; hier aber ließ sich diese Übersetzung nicht füglich an wenden, weil bei einem Diktator der nächste Unterfeldherr der Magister Equitum war.

und deckten das erste Glied mit vorgehaltenen Schilden. *11* Sofort bekam die Linie des Fußvolks wieder Mut; sie sah, dass die vornehmsten Jünglinge sich mit ihr zugleich dem Kampf unterzogen und die Gefahr mit ihr teilten. Da wurden endlich die Latiner von der Stelle gedrängt und ergriffen geschlagen die Flucht. *12* Die Reiterei saß wieder auf, um den Feind verfolgen zu können, und das Fußvolk drang ihr nach. Hier war es, wo der Diktator, wie erzählt wird, um keine Art der Mitwirkung von Göttern und Menschen unbeachtet zu lassen, dem Castor einen Tempel gelobte und die Preise für die Soldaten bekannt machen ließ, wer als der erste, wer als der zweite in das feindliche Lager dränge. *13* Und der Eifer wurde so groß, dass die Römer in demselben Angriff, der ihren Feind schlug, auch sein Lager eroberten. So focht man in der Schlacht am See Regillus. Der Diktator und der Magister Equitum kehrten im Triumph in die Stadt zurück.

(21) In den nächsten drei Jahren war kein sicherer Friede, auch kein Krieg. Die Konsuln waren Quintus Cloelius und Titus Larcius; dann Aulus Sempronius und Marcus Minucius. *2* Unter ihrem Konsulat wurde der Tempel des Saturnus geweiht und die Saturnalien als Fest angeordnet. Darauf wurden Aulus Postumius und Titus Verginius Konsuln. *3* Bei einigen [Quellen] finde ich die Schlacht am See Regillus erst auf dieses Jahr angegeben. Aulus Postumius habe, weil der Nebenkonsul verdächtig gewesen sei, sein Konsulat niedergelegt und sei dann zum Diktator ernannt worden. *4* Man sieht sich hier hinsichtlich der Zeitfolge, weil man die Namen der Obrigkeiten bei dem einen so, bei dem andern anders geordnet findet, in solcher Ungewissheit, dass man bei dem hohen Alter der Begebenheiten und ihrer Berichterstatter unmöglich die Reihe angeben kann, in der die einen Konsuln auf die anderen folgten oder die Begebenheiten jedes Jahres eintraten.

5 Darauf wurden Appius Claudius und Publius Servilius Konsuln. Dieses Jahr ist durch die Nachricht vom Tod des Tarquinius denkwürdig. Er starb zu Cumae, wohin er sich, als durch die Niederlage die Macht der Latiner gebrochen war, zu dem Tyrannen Aristodemus begeben hatte. *6* Diese Nachricht belebte den Mut der Väter wie des Volkes. Allein bei den Vätern war diese Freude allzu ausgelassen. Allmählich fingen die Vornehmen an, den Bürgern, gegen die sie bis dahin so äußerst gefällig gewesen waren, Unrecht zu tun.

7 In demselben Jahr wurden nach Signia, einer vom König Tarquinius angelegten Kolonie, um die Zahl der Einwohner zu ergänzen, neue Siedler geführt. Zu Rom wurde die Zahl der Bezirke auf einundzwanzig erhöht und am fünfzehnten Mai der Merkurtempel eingeweiht.

(22) Mit den Volskern war während des Latiner-Krieges weder Friede noch Krieg gewesen; denn teils hatten die Volsker Hilfstruppen aufgebracht, welche zu den Latinern stoßen sollten, wäre ihnen nicht der römische Diktator zuvorgekommen, teils kam man ihnen von römischer Seite nur darum zuvor, um nicht in einer Schlacht Latiner und Volsker zugleich gegen sich zu haben. *2* Dies zu rächen, führten die Konsuln die Legionen ins volskische Gebiet. Die Volsker, die für ihr Vorhaben keine Strafe fürchteten, setzte die unerwartete Erscheinung in Schrecken. Ohne an Gegenwehr zu denken, stellten sie 300 Kinder aus den vornehmsten Häusern Coras und Pometias als Geiseln. So wurden die Legionen ohne Kampf wieder abgeführt. *3* Kaum aber war bei den Volskern die Furcht geschwunden, als ihre alte Neigung zurückkehrte; sie rüsteten sich abermals heimlich zum Krieg und machten die Herniker zu ihren Bundesgenossen; *4* auch schickten sie nach mehreren Orten Gesandtschaften, um Latium aufzuwiegeln. Allein die kürzlich am See Regillus erlittene Niederlage hatte den Latinern gegen jeden, der zum Krieg riet, einen so bitteren Hass eingeflößt, dass sie sich sogar Gewalt an den Gesandten erlaubten. Sie ergriffen diese Volsker und brachten sie nach Rom. Hier wurden sie den Konsuln überliefert und sie gestanden, dass sich die Volsker und Herniker gegen Rom zum Krieg rüsteten. *5* Als die Sache vor den Senat gebracht wurde, waren die Väter mit dem Benehmen der Latiner so zufrieden, dass sie ihnen sechstausend Gefangene zurückgaben und den Abschluss eines Bündnisses, das man

ihnen fast auf immer verweigert hatte, nur bis auf die neuen Konsuln aussetzten. ***6*** Nun vollends waren die Latiner hocherfreut über ihre Tat, und die Freunde des Friedens ernteten großen Ruhm. Sie schickten dem Jupiter einen goldenen Kranz zum Geschenk aufs Kapitol. Mit den Gesandten und dem Geschenk kam als Begleitung eine große Menge jener Gefangenen, die zu den Ihrigen zurückgeschickt worden waren. ***7*** Von diesen suchte jeder das Haus auf, wo er gedient hatte; sie dankten für die gütige Behandlung und Pflege in ihrem Unglück und knüpften den Bund des Gastrechts. Noch nie hatten die Latiner, als Staat oder als Einzelne, an die Römer, ihre Oberherren, sich so eng angeschlossen wie damals.

(23) Jetzt aber drohte einmal der Volskische Krieg, anderseits wütete gleich einem inneren Feuer in dem mit sich selbst uneinigen Staat Erbitterung zwischen den Vätern und Bürgern, hauptsächlich wegen der sich in Schuldhaft Befindenden. ***2*** Diese murrten laut, während sie im Ausland für Freiheit und Herrschaft ihr Leben gewagt hätten, würden sie zu Hause von ihren Mitbürgern gefangen und zugrunde gerichtet. Die Freiheit des Bürgerstandes sei im Krieg sicherer als im Frieden, unter Feinden sicherer als unter Mitbürgern. Und dieser Groll, der ohnehin schon glühte, kam durch das auffallende Elend eines Einzigen zum Ausbruche. ***3*** Ein hochbetagter Mann stürzte mit allen Merkmalen seines Elends auf den Markt; bedeckt war sein Kleid mit Schmutz, und noch kläglicher der Anblick seines in Blässe und Abzehrung verfallenen Körpers. ***4*** Außerdem gaben Bart und langgewachsene Haare seinem Gesicht ein verwildertes Aussehen. In dieser Entstellung kannten ihn gleichwohl mehrere und sagten, er sei lange Hauptmann gewesen, und unter allgemeinem Bedauern erzählte man sich verschiedene seiner Ehrentaten im Krieg. Er selbst enthüllte die Zeugen manches ehrenvollen Gefechts, seine Narben vorn auf der Brust. ***5*** Auf die Frage, wie er zu diesem Aufzug, zu dieser Entstellung komme, erzählte er der Menge, die ihn nach Art einer Versammlung umgab, Folgendes: Während er im Sabinerkrieg gedient habe, habe er bei den Verheerungen seine Ernte eingebüßt, sein Hof sei abgebrannt, alles geplündert, die Herden weggetrieben, für ihn sehr zur Unzeit Tribut eingefordert, da habe er Schulden machen müssen. ***6*** Diese, unter den Zinsen angewachsen, hätten ihn zuerst um sein väterliches und großväterliches Grundstück gebracht, dann um sein übriges Vermögen, und zuletzt habe dies wie eine pestartige Krankheit ihn selbst ergriffen. Er sei dem Gläubiger als Leibeigener hingegeben, nicht in die Sklaverei, nein, in ein Zuchthaus und auf die Marterkammer. ***7*** Dann zeigte er ihnen seinen Rücken, von den frischen Spuren der Schläge scheußlich entstellt.

Auf diesen Anblick und auf diese Erzählung erhob sich ein allgemeines Geschrei. Der Lärm beschränkte sich nicht auf den Markt, sondern durchlief allenthalben die ganze Stadt ***8*** Verhaftete und verhaftet Gewesene stürzten von allen Seiten auf die Straße und schrieen laut um Hilfe, und nirgends fehlte es an freiwilligen Begleitern des Auflaufs. Durch alle Straßen sah man hier und dort schreiende Züge zum Markte eilen. ***9*** Mit großer Gefahr für ihre eigene Person trafen diejenigen von den Vätern, die eben auf dem Marktplatz waren, auf diesen Schwarm, ***10*** und man würde sich an ihnen vergriffen haben, wären nicht die Konsuln Publius Servilius und Appius Claudius zur Unterdrückung des Aufruhrs herbeigeeilt. An sie wandte sich die Menge, zeigte ihnen ihre Fesseln und die sonstige Verunstaltung ihres Leibes. ***11*** Darum also hätten sie sich's so sauer werden lassen, sagten sie, und vorwerfend erzählte jeder, wo er sich brav gehalten hatte, der eine hier, der andere dort. Mehr drohend als bittend drangen sie darauf, sie sollten den Senat berufen, und umstellten das Rathaus, um die Verhandlungen im Senat selbst prüfen und leiten zu können. ***12*** Nur sehr wenige Väter, die der Zufall herbeiführte, wurden zu den Konsuln hingezogen; die übrigen hielt die Furcht nicht bloß vom Rathaus, sondern auch vom Markt fern, und im Senate erlaubte der schwache Besuch keine Verhandlung. ***13*** Nun vollends glaubte die Menge, man suche ihr nur auszuweichen und sie hinzuhalten, und die fehlenden Väter wären nicht durch Zufall, nicht aus Furcht weggeblieben, sondern damit nichts aus der Sache werden sollte. Die Konsuln selbst suchten Ausflüchte, und ganz gewiss treibe man mit ihrem Elend nur Hohn. ***14*** Schon war es nahe daran, dass selbst die Würde der Konsuln die Erbitterung der Menschen nicht länger in Schranken hielt, als die Väter, ungewiss, ob sie sich durch Ausbleiben oder Kommen größerer Gefahr aussetzten, im Senat erschienen. Allein, als nun endlich die Versammlung zahlreich genug war, da waren weder die Väter noch die Konsuln untereinander einig. ***15*** Appius, ein Mann von heftiger Sinnesart, riet zu konsularischer Strenge. Nähme man einen oder den andern beim Kopf, so würden die Übrigen ruhig werden. Servilius, mehr für mildere Maßregeln gestimmt, meinte, es würde sicherer und leichter sein, den Zorn des Volkes zu beugen statt ihn zu brechen.

(24) Mitten unter diesen Beratungen kam ein anderer, noch größerer Schrecken. Latinische Reiter sprengten mit der beunruhigenden Nachricht heran, die Volsker wären mit feindlichem Heer im Anzug, um die Stadt zu stürmen. Diese Nachricht hatte auf die Väter eine ganz andere Wirkung als auf die Bürger; so völlig war der Staat durch die Zwietracht aus einem in zwei zerfallen. ***2*** Das Volk frohlockte vor Freude. Da zeigte sich die göttliche Rache für die Unmenschlichkeit der Väter. Einer bestärkte den andern, sich ja nicht anwerben zu lassen; sie wollten lieber mit allen, als allein zugrunde gehen. Die Väter möchten nun Dienst tun, die Väter zu den Waffen greifen, damit nicht den einen die Gefahren des Krieges und den anderen die Belohnungen zuteil würden.

3 Ganz anders im Rathaus. Niedergeschlagen und bestürzt über die von zwei Seiten, von Bürgern und Feinden drohende Gefahr, baten die Väter den Konsul Servilius, der vermöge seiner Gemütsart volkstümlicher war, den Staat aus diesen großen ihm drohenden Gefahren zu retten.

4 Nach Entlassung des Senates trat der Konsul vor dem Volk auf. Er versicherte, die Väter dächten schon daran, den Bürgern zu helfen; allein ihre Beratung, die freilich den größten, doch aber immer nur einen Teil des Staats beträfe, sei durch die Furcht für das Gesamtwesen unterbrochen, ***5*** und solange die Feinde vor den Toren ständen, könne unmöglich dem Krieg etwas anderes vorangehen; und selbst, wenn die Sache weniger dringend wäre, werde es teils den Bürgern keine Ehre machen, nicht anders als gegen vorausgezahlten Lohn die Waffen für das Vaterland zu ergreifen, teils den Vätern nicht anständig sein, mehr gezwungen als späterhin aus eigenem Willen der bedrängten Lage ihrer Mitbürger abgeholfen zu haben.

6 Dieser Rede gab er noch mehr Gewicht durch die Verordnung, in welcher er bekannt machte, es solle niemand einen römischen Bürger gebunden oder eingesperrt halten, so dass es ihm unmöglich würde, seinen Namen bei den Konsuln anzugeben. Es solle niemand das Eigentum eines Diensttuenden, solange dieser im Lager stehe, in Besitz haben oder verkaufen, noch an dessen Kinder oder Enkel Ansprüche machen.

7 Auf diese Bekanntmachung hin ließen sich nicht allein die Schuldpflichtigen, welche zugegen waren, auf der Stelle zur Werbung einschreiben, sondern von allen Seiten lief aus der ganzen Stadt die Menge derer, die aus den Sklavenzellen sich aufmachten, weil jetzt kein Gläubiger sie halten durfte, dem Markt zu, um zur Fahne zu schwören. ***8*** Sie machten eine große Zahl aus, und im Volskischen Krieg tat es ihnen an ausgezeichneter Tapferkeit und Brauchbarkeit niemand zuvor. Der Konsul führte die Truppen gegen den Feind und schlug in geringer Entfernung von ihm sein Lager auf.

(25) In der nächsten Nacht machten die Volsker, die auf die Uneinigkeit der Römer rechneten, um eben durch die Nachtzeit einem Übergang oder einem Verrat die Hand zu bieten, einen Versuch auf das Lager. Sie wurden von den Wachen bemerkt, das Heer geweckt, und auf das gegebene Zeichen griff alles zu den Waffen. So war den Volskern ihr Beginnen vereitelt. ***2*** Die übrige Zeit der Nacht genoss man von beiden Seiten der Ruhe. Am folgenden Morgen warfen die Volsker mit Tagesanbruch die Gräben zu und griffen den Wall an. ***3*** Schon rissen sie auf allen Seiten die

Pfahlwerke nieder, schon forderten vom Konsul von allen Seiten, besonders die Schuldsklaven, mit Geschrei das Zeichen, und noch zögerte er, weil er den Mut seiner Soldaten erproben wollte. Endlich überzeugte er sich von ihrem glühenden Eifer, gab das Zeichen zum Ausfall und entließ sie voll Begierde zum Kampfe. *4* Gleich beim ersten Ausfall wurden die Feinde geschlagen; die Fliehenden, solange das Fußvolk folgen konnte, wurden niedergemacht; die Reiterei jagte die in die Flucht Geschlagenen bis an ihr Lager. Bald wurde selbst das Lager von den Legionen umringt, und weil der Schrecken die Volsker auch hier vertrieb, erobert und geplündert. *5* Tags darauf wurden die Legionen vor Suessa Pometia geführt, wohin sich der Feind geflüchtet hatte, die Stadt in wenigen Tagen erobert und zur Plünderung preisgegeben. Dadurch erholte sich das arme Kriegsvolk ein wenig. *6* Der Konsul führte das siegreiche Heer mit dem größten Ruhm nach Rom zurück. Auf seinem Abzug nach Rom meldeten sich bei ihm die Gesandten der volskischen Stadt Ecetra, welche die Eroberung von Pometia für sich selbst besorgt machte. Durch einen Senatsbeschluss wurde ihnen der Friede zugestanden, aber ein Stück Land genommen.

(26) Bald darauf bereiteten auch die Sabiner den Römern einen kleinen Schrecken, denn es war mehr ein Aufstand zum Krieg als ein Krieg. Bei Nacht lief in der Stadt die Nachricht ein, ein Heer sabinischer Plünderer sei bis zum Fluss Anio vorgedrungen und verheere und verbrenne die Landhäuser allenthalben. *2* Sogleich schickte man mit der gesamten Reiterei den Konsul Aulus Postumius hin, der im Latinerkrieg Diktator gewesen war; der Konsul Servilius folgte mit einer auserlesenen Mannschaft zu Fuß. *3* Sehr viele Sabiner wurden auf ihren Streifzügen schon von der Reiterei umringt, aber auch ihre Streitmacht hielt dem heranrückenden Fußvolk nicht stand. Ermattet vom Marsch und der nächtlichen Plünderung, größtenteils in den Landhäusern mit Speise und Wein überladen, hatten sie kaum zur Flucht noch Kraft genug.

4 Der Sabinische Krieg war in derselben Nacht, wo man von ihm hörte, beendet, und man hegte große Hoffnung, sich auf allen Seiten Frieden verschafft zu haben, *5* als schon am folgenden Tag Gesandte der Aurunker vor dem Senat erschienen und den Römern den Krieg erklärten, wenn man nicht aus dem volskischen Gebiet abziehe. Mit den Gesandten zugleich war ein Heer Aurunker aus der Heimat aufgebrochen, und der Ruf davon setzte alles in Rom, weil man sie schon in der Nähe von Aricia gesehen hatte, in eine solche Verwirrung, dass man weder die Väter der Reihe nach stimmen lassen, noch, während man selbst zu den Waffen griff, Leuten, die mit den Waffen schon ankamen, eine friedliche Antwort erteilen konnte. *6* Zum Angriff bereit ging der Zug nach Aricia; nicht weit von da lieferte man den Aurunkern eine Schlacht, und mit diesem einen Treffen war der Krieg beendigt.

(27) Das römische Heer, nach der Niederlage der Aurunker in wenigen Tagen Sieger über so viele Feinde, rechnete jetzt auf die Zusage seines Konsuls, auf das Wort des Senates, als Appius, teils aus angeborenem Hochmut, teils um seinen Mitkonsul um das öffentliche Vertrauen zu bringen, in den Schuldklagen mit möglichster Strenge zu Recht erkannte. Nach der Reihe wurden nicht nur die gewesenen Schuldsklaven den Gläubigern wieder überliefert, sondern auch neue in die Sklaverei gegeben. *2* Sowie dies einen Soldaten traf, berief sich dieser auf den Mitkonsul; alle sammelten sich um Servilius, pochten auf seine Verheißungen, und jeder hielt ihm seine Taten im Krieg und die erhaltenen Narben vor. Sie verlangten, er solle entweder im Senat die Sache vortragen oder seinen Bürgern als Konsul helfen, als Feldherr seinen Soldaten.

3 Das ging dem Konsul zu Herzen, allein die Umstände geboten ihm Zurückhaltung; so geradezu hatten nicht nur sein Mitkonsul, sondern auch der ganze Anhang der Adligen sich auf die Gegenpartei geworfen. Indem er so die Mitte zu halten suchte, entging er ebenso wenig dem Hass der Bürger, als er sich das Wohlwollen der Väter erwarb. *4* Die Väter hielten ihn für einen unmännlichen, ehrgeizigen Konsul, die Bürger für falsch, und es zeigte sich bald, dass Appius nicht verhasster war als er. *5* Die Konsuln waren in Streit darüber geraten, wer von ihnen den Tempel des Mercurius einweihen sollte. Ablehnend wies der Senat die Sache an das Volk, bestimmte aber, wem von beiden auf Erkenntnis des Volkes diese Weihe übertragen würde, der solle über den Preis der Lebensmittel die Aufsicht haben, die Kaufleute zu einem Handelsgerichte vereinen und an Oberpriesters Statt die Feierlichkeit verrichten. *6* Das Volk übertrug die Einweihung des Tempels dem Marcus Laetorius, dem Hauptmann, der den ersten Rang hatte, nicht nur, wie leicht zu ersehen war, um dem Mann eine Ehre anzutun, dem man ein Geschäft weit über seinen Rang verlieh, sondern auch den Konsuln eine Kränkung.

7 Nun vollends tobte der eine Konsul samt den Vätern; allein den Bürgern war der Mut gewachsen, und sie gingen auf einem ganz andern Weg zu Werke, als den sie zuerst eingeschlagen hatten. *8* Da sie die Hilfe der Konsuln und des Senates aufgeben mussten, liefen sie, sobald sie einen Schuldner vor Gericht führen sahen, von allen Seiten herbei und tobten und schrien so laut, dass man ebenso wenig den Ausspruch des Konsuls hören, als, wenn er ihn getan hatte, ihn befolgen konnte. *9* Man verfuhr mit Gewalt, und stattdessen, dass vorher Furcht und Freiheitsgefahr auf Seiten der Schuldner war, traf dies jetzt die Gläubiger, die als Einzelne von mehreren sogar vor des Konsuls Augen misshandelt wurden.

10 Nun kam noch die Furcht vor einem Sabinerkriege hinzu; und als eine Werbung befohlen wurde, gab niemand seinen Namen an, worüber Appius in Wut geriet und den Ehrgeiz seines Amtsgenossen ausschalt, der, dem Volk zu gefallen stumm, am Staat zum Verräter werde, und nach Unterlassung der Gerichtspflege in den Schuldklagen jetzt so weit gehe, dass er nicht einmal dem Senatsbefehl gehorsam eine Werbung halte. *11* Dennoch sei der Staat noch nicht durchaus verlassen; die Macht eines Konsuls noch nicht gestürzt. Er allein werde seine und der Väter Würde zu behaupten wissen. *12* Und da ihn täglich die immer dreister werdende Menge umstand, ließ er einen der lautesten Aufrührer greifen. Schon schleppten die Gerichtsdiener ihn fort, da sprach er das Volk an; aber Appius würde auch auf die Ansprache keine Rücksicht genommen haben, weil des Volkes Urteil leicht vorauszusehen war, hätten nicht endlich mehr die Ersten der Väter durch ihre Verwendung und Ansehen als das Geschrei des Volkes seinen Starrsinn mit vieler Mühe besiegt: So hohen Mut hatte er, den Hass zu ertragen. *13* Nun nahm das Übel täglich zu, nicht nur durch das öffentlich getriebene Geschrei, sondern auch durch Versammlungen in Winkeln und geheime Verabredungen, was weit verderblicher war. Endlich legten die den Bürgern verhassten Konsuln ihr Amt nieder, Servilius bei keiner Partei beliebt, Appius bei den Vätern in hohem Grade.

(28) Nach ihnen traten Aulus Verginius und Titus Vetusius das Konsulat an. Jetzt war das Volk ganz ungewiss, was für Konsuln sie an ihnen haben würden; sie hielten nächtliche Zusammenkünfte, teils auf dem Esquilinischen Hügel, teils auf dem Aventin, um weder auf dem Markt über ihre Entschließungen in Verlegenheit zu geraten, noch in allen Stücken blindlings und auf gut Glück zu verfahren. *2* Die Konsuln, welche die Sache für das, was sie war, für verderblich hielten, brachten sie vor den Senat; allein die Stimmen der Reihe nach über ihren Antrag abzuhören, war ihnen nicht möglich, so lärmend erklärten die Väter durch Geschrei von allen Seiten ihren Unwillen, wenn die Konsuln die gehässige Verantwortung einer Sache, die sie vermöge konsularischer Gewalt hätten erledigen sollen, auf den Senat wälzen wollten. *3* Stünden noch Obrigkeiten an der Spitze des Staates, so würde wahrlich in Rom außer der öffentlich berufenen keine Zusammenkunft stattgefunden haben. Jetzt sei der Staat, da es Zusammenkünfte auf dem Esquilin und wieder andere auf dem Aventin gebe, in unzählige Rathäuser und Versammlungen zerrissen und zerstückelt. *4* Wahrhaftig, ein einziger Mann – denn dies sage mehr als Konsul –, wie man ihn in Appius Claudius gesehen habe, hätte sofort jene Rotten auseinandergesprengt. *5* Als die so gescholtenen Konsuln anfragten, was sie denn tun sollten (denn sie wollten in keinem

Stück lässiger oder nachgiebiger verfahren, als es die Väter verlangten), beschloss man, sie sollten mit möglichster Strenge eine Werbung halten; der Übermut des Volkes sei nur eine Folge der Ruhe.

6 Nach Entlassung des Senates bestiegen die Konsuln das Tribunal und riefen die Dienstfähigen namentlich auf. Niemand antwortete auf seinen Namen, und die gleich einer Versammlung sie umströmende Menge rief, länger lasse sich der Bürger nicht hinters Licht führen. ***7*** Nie sollten sie einen Soldaten haben, wenn das Wort des Staates nicht gehalten würde. Zuvor müssten sie jedem Einzelnen seine Freiheit wiedergeben, ehe sie ihm die Waffen gäben, damit er für ein Vaterland und für Mitbürger zu kämpfen habe und nicht für Gebieter.

8 Die Konsuln sahen freilich, was ihnen vom Senat aufgetragen war, sahen aber auch von denen, die innerhalb der vier Wände des Rathauses so trotzig geredet hatten, nicht einen sich einfinden, um den Hass mit ihnen zu teilen, und offenbar sah man einem heftigen Kampf mit dem Volk entgegen. ***9*** Ehe sie also das Äußerste wagten, wollten sie lieber den Senat noch einmal befragen. Noch zudringlicher umringten jetzt fast alle jüngeren Väter die Sessel der Konsuln und forderten sie auf, vom Konsulat abzutreten und eine Gewalt niederzulegen, zu deren Behauptung es ihnen an Mut fehle.

(29) Als die Konsuln so mit der Stimmung auf beiden Seiten sich gehörig bekannt gemacht hatten, erklärten sie endlich: *Sagt nicht, ihr versammelten Väter, wir hätten euch nicht gewarnt; ein großer Aufruhr droht auszubrechen. Wir verlangen, dass diejenigen, welche uns der Feigheit am lautesten beschuldigen, bei der vorzunehmenden Werbung uns beistehen. Wir wollen in der Sache, wenn es doch einmal so sein soll, nach dem Gutachten der Entschiedensten verfahren.*

2 Sie gingen wieder auf den Richterstuhl und ließen geflissentlich einen von denen beim Namen auffordern, die ihnen zunächst vor Augen waren. Er stand und schwieg; einige andere stellten sich im Kreise um ihn, falls er angegriffen würde, und als die Konsuln einen Gerichtsdiener hingehen ließen, trieb man diesen zurück. ***3*** Die Väter, welche Beisitzer der Konsuln waren, riefen, das sei unerhört, und liefen vom Richterstuhl herab dem Diener zu Hilfe. ***4*** Hatte man den Häscher bloß abgehalten, jenen zu greifen, so griff man nun die Väter wirklich an, und die Konsuln machten der Schlägerei, in welcher es übrigens ohne Steine und ohne Waffen mehr Geschrei und Erbitterung als Tätlichkeiten gab, durch ihr Dazwischentreten ein Ende.

5 Nicht ohne Unordnung wurde der Senat berufen, mit noch größerer aber befragt, weil diejenigen, welche Schläge davongetragen hatten, auf eine Untersuchung drangen, und die Ungestümen alle nicht nur durch abgegebene Stimme, sondern auch mit Geschrei und Lärm den Befehl dazu verlangten. ***6*** Als endlich auf die Bemerkung der Konsuln, dass die Vernunft ihren Sitz ebenso wenig auf dem Rathaus als auf dem Markt habe, jene Hitze sich legte, schritt man zur ordentlichen Stimmensammlung, ***7*** und es gab drei Meinungen.

Publius Verginius machte eine Einschränkung und riet, sich nur auf diejenigen einzulassen, die auf das Ehrenwort des Konsuls Publius Servilius im Volsker-, Aurunker- und Sabinerkriege gedient hätten; ***8*** Titus Larcius, es sei jetzt nicht an der Zeit, bloß Verdienste zu belohnen. Der ganze Bürgerstand stecke tief in Schulden, und keine Rettung sei möglich, wenn nicht allen geholfen würde. Im Gegenteil, wenn man den einen anders behandeln wolle als den andern, so würde die Zwietracht mehr entzündet als gedämpft werden. ***9*** Appius Claudius, von Natur rau und jetzt teils durch seinen Hass im Volk, teils durch die Lobsprüche der Väter noch mehr überspannt, sagte, nicht das Elend im Volk habe diese großen Unruhen erregt, sondern seine Straflosigkeit. Es sei mehr ausgelassen als aufgebracht. ***10*** Das ganze Übel habe lediglich seinen Grund in der freistehenden Ansprache. Die Konsuln könnten bloß drohen, nicht befehlen, solange noch eine Ansprache an Mitschuldige stattfinde. ***11*** *Geschwind lasst uns*, fuhr er fort, *einen Diktator wählen, von welchem sich niemand mit einer Ansprache an das Volk wenden darf. Augenblicklich wird diese*

Wut, die jetzt alles in Flammen setzt, verstummen. ***12*** *Dann schlage mir einmal einer den Häscher zurück, wenn er weiß, dass sein Leben und Tod in der Hand des einen steht, an dessen Majestät er sich vergriff.*

(30) Vielen erschien die Meinung des Appius, wie sie in der Tat war, grässlich und entsetzlich, die des Verginius und Larcius hingegen hielten sie des Beispiels wegen für schädlich, namentlich die des Larcius, weil sie allen Kredit aufhebe. Am meisten schien Verginius mit seinem Vorschlag den Mittelweg und zwischen beiden das Maß zu treffen. ***2*** Allein Parteigeist und die Rücksicht auf den eigenen Vorteil, die den Beratungen für das Ganze immer nachteilig waren und sein werden, gaben dem Appius den Sieg, und beinahe wäre er selbst zum Diktator ernannt worden. ***3*** Dies hätte vollends, gerade in der gefährlichsten Lage, da Volsker, Aequer und Sabiner alle zugleich in den Waffen waren, die Bürger erbittert. ***4*** Doch die Konsuln und die älteren Väter sorgten dafür, dass eine Gewalt, die ihrer Eigenheit nach streng genug war, in milde Hände kam. ***5*** Sie wählten zum Diktator den Manius Valerius, den Sohn des Volesus. Obgleich die Bürger sahen, dass man den Diktator gegen sie gewählt habe, fürchteten sie doch von dieser Familie, da sie das Gesetz über die Ansprache seinem eigenen Bruder zu verdanken hatten, keine Beleidigung und keine Härte. ***6*** Hierin bestärkte sie die Verordnung, die der Diktator ergehen ließ, die freilich mit der des Konsuls Servilius fast gleichlautend war, allein sie hielten sich zu größerem Vertrauen zu dem Mann und zu dem Amt berechtigt, gaben den Streit auf und ließen sich einschreiben. ***7*** Ein Heer von zehn Legionen, wie man es nie gehabt hatte, wurde aufgebracht; jedem Konsul wurden drei gegeben, vier bekam der Diktator. ***8*** Auch ließ der Krieg sich nicht länger verschieben. Die Aequer waren den Latinern ins Land gefallen. Latinische Gesandte hielten beim Senat an, entweder ihnen Hilfe zu schicken oder zu erlauben, dass sie selbst zur Verteidigung ihrer Grenzen die Waffen ergriffen. ***9*** Man hielt es für sicherer, die Latiner zu verteidigen, als ihnen die Waffen wieder in die Hände zu geben. Der Konsul Vetusius wurde hingeschickt, und die Plünderungen hörten auf. Die Aequer zogen sich aus dem Feld, und unter größerem Vertrauen auf ihre Stellung als auf ihre Tapferkeit deckten sie sich durch die Gebirgshöhen.

10 Der andere Konsul zog gegen die Volsker, und um nicht selber die Zeit unnütz hinzubringen, nötigte er den Feind hauptsächlich durch Verheerung seines Gebietes, sein Lager näher heranzurücken und auf eine Schlacht sich einzulassen. ***11*** In der Ebene zwischen beiden Lagern standen die Heere, jedes vor seinen Verschanzungen zum Angriff bereit.

12 An Anzahl hatten die Volsker eine bedeutende Überlegenheit. Daherströmend und mit Verachtung unternahmen sie den Angriff. Der Konsul ließ weder seine Linie sich in Schritt setzen noch das Geschrei zur Schlacht beantworten. Er hieß sie bei ihren in die Erde gepflanzten Wurfspießen standhalten, dann aber, wenn der Feind vor die Klinge gekommen sei, mit ganzer Kraft sich erhebend das Schwert gebrauchen. ***13*** Die Volsker, vom Lauf und Geschrei ermüdet, waren auf die, so schien es, vor Furcht starrenden Römer herangestürzt; kaum aber fühlten sie sich von dem gegnerischen Widerstand zurückgedrängt und sahen die Schwerter vor ihren Augen blitzen, da wandten sie sich mit einer Bestürzung, als wären sie in einen Hinterhalt geraten, zur Flucht um, und auch zum Fliehen fehlte es ihnen an Kraft, weil sie zum Angriff gelaufen waren. ***14*** Die Römer hingegen erreichten, weil sie im Anfang der Schlacht ruhig gestanden hatten, bei voller Kraft die Ermüdeten leicht, stürmten ihnen in ihr Lager nach, verfolgten den aus seinem Lager gejagten Feind nach Velitrae, und in einem Zug drangen Sieger und Besiegte zugleich in die Stadt. ***15*** Hier floss bei dem Gemetzel der Menschen aller Art mehr Blut als selbst in der Schlacht. Man verschonte nur die wenigen, die wehrlos sich ergaben.

(31) Mit diesen Taten im Volskerland war der Sieg des Diktators über die Sabiner gleichzeitig, die ihm bei Weitem mehr Arbeit gemacht hatten. Er schlug sie in die Flucht und nahm ihr Lager.

2 Durch seine einhauende Reiterei hatte er das feindliche Mitteltreffen in Unordnung gebracht, wo sie bei zu weiter Ausdehnung auf die Flügel durch Mangel an innerem Zusammenhang der Glieder sich eine Blöße gegeben hatten. In dieser Verwirrung wurden sie vom Fußvolk angegriffen, in fortschreitendem Angriff ihr Lager erobert, und der Feldzug hatte ein Ende.

3 Nächst der Schlacht am See Regillus war in jenen Jahren keine so ruhmvoll. Der Diktator zog im Triumph in die Stadt. Außer den übrigen Ehrenbezeigungen wurde ihm und seinen Nachkommen ein eigener Schausitz auf der Rennbahn eingeräumt und auf diesem Platz ein Thronsessel aufgestellt.

4 Den besiegten Volskern wurde das Gebiet von Velitrae genommen und durch Siedler, die man von Rom aus hinschickte, Velitrae zur Kolonie gemacht.

Weit später kam es mit den Aequern zur Schlacht, auf die der Konsul sich ungern einließ, weil man den Feind in seinem Vorteil nur von unten aus angreifen konnte. **5** Allein die Soldaten, die den Konsul absichtlicher Verzögerung beschuldigten, damit der Diktator, ehe sie in die Stadt zurückkämen, sein Amt niederlegen könnte und sein Wort ebenso wenig gehalten würde, als das des vorigen Konsuls, brachten ihn dadurch so weit, dass er sie auf gut Glück gerade am Gebirge hinaufrücken ließ. **6** Infolge der Feigheit der Feinde lief das schlimme Wagestück noch glücklich ab. Denn ehe man sich noch mit Wurfspießen erreichen konnte, gaben sie, über die Kühnheit der Römer erstaunt, ein Lager preis, das ihnen die festeste Stellung gewährte, und stürzten sich in die dahinterliegenden Täler. Für einen so unblutigen Sieg fanden hier die Römer Beute in Menge.

7 Nach diesem auf drei Seiten glücklich geführten Krieg waren dennoch die Väter sowie die Bürger über die inneren Angelegenheiten nicht außer Sorge, so groß waren der Einfluss und die Gewandtheit, womit die Wucherer ihre Vorkehrungen getroffen hatten, nicht nur die Erwartungen der Bürger, sondern selbst die des Diktators zu täuschen. **8** Valerius nämlich machte nach der Rückkehr des Konsuls Vetusius das Beste des siegreichen Volkes zum Inhalt seines ersten Vortrages im Senat und fragte an, was man über die Schuldsklaven bestimmen wolle. Als dieser Antrag verworfen wurde, sprach er: ***9*** *Ich werde mit meinen Bemühungen zum Besten der Einigkeit missliebig. Bei Gott, ihr werdet nächster Tage wünschen, dass die Verteidiger des Volkes mir gleichen mögen. Was mich betrifft, so werde ich weder meinen Mitbürgern länger vergebliche Hoffnungen machen noch selbst vergebens Diktator sein.* ***10*** *Innere Zwietracht und Krieg von außen machten mein Amt dem Staat wünschenswert. Auswärts ist der Friede hergestellt, den inneren wollen wir nicht. So will ich beim Aufruhr lieber ohne ein Amt als Diktator sein.* Mit diesen Worten verließ er das Rathaus und legte seine Diktatur nieder. ***11*** Es war den Bürgern einleuchtend, dass er aus Verdruss über ihre Lage abgedankt habe. Nicht anders, als hätte er sein Versprechen erfüllt – denn dass es nicht gehalten sei, habe ja nicht an ihm gelegen –, gaben sie ihm, als er nach Hause ging, unter Beweisen des Wohlwollens und Dankes das Geleit.

(32) Nun gerieten die Väter in Furcht, es möchten, wenn das Heer entlassen würde, von Neuem geheime Zusammenkünfte und Verschwörungen entstehen. Hatte gleich der Diktator die Werbung gehalten, so hielten sie doch den Soldaten, weil er den Konsuln geschworen habe, durch seinen Eid für gebunden, und gaben unter dem Vorwand, die Aequer hätten den Krieg erneuert, den Legionen Befehl zum Ausrücken. Dies brachte den Aufruhr zur Reife. **2** Anfangs sollen sich die Bürger über die Ermordung der Konsuln besprochen haben, um sich ihres Eides zu entledigen; **3** als sie aber belehrt wurden, dass keine Verbindlichkeit durch eine Freveltat getilgt werde, seien sie auf den Rat eines gewissen Sicinius ohne Befehl der Konsuln auf den Heiligen Berg hinausgezogen, jenseits des Flusses Anio, 3000 Schritte von der Stadt. Diese Erzählung wird häufiger überliefert als die von Piso angegebene, dass sie sich auf den Aventin gezogen hätten. **4** Hier schlugen sie ohne jeden Anführer ein festes Lager mit Wall und Graben auf und hielten

sich, ohne etwas anderes als die nötigen Lebensmittel mit sich zu nehmen, mehrere Tage ruhig, wurden von keinem angegriffen und vergriffen sich an niemandem.

5 In der Stadt herrschte ungeheure Angst, und alles schwebte in gegenseitiger Furcht. Die von den Ihrigen zurückgelassenen Bürger fürchteten Gewalt von den Vätern; die Väter fürchteten sich vor den zurückgebliebenen Bürgern und wussten nicht, ob sie ihr Bleiben oder ihr Weggehen wünschen sollten. *6* Wie lange werde aber der ausgezogene Haufe sich noch ruhig verhalten? Was soll denn daraus werden, wenn irgendein auswärtiger Krieg ausbräche? *7* Die einzige ihnen bleibende Hoffnung gründe sich durchaus auf Einigkeit unter den Mitbürgern. Diese müsse man dem Staate wiedergewinnen, es koste, was es wolle. *8* Man beschloss also, den Menenius Agrippa, einen beredten und bei dem Bürgerstand, aus dem er selbst stammte, beliebten Mann, als Unterhändler an das Volk zu schicken. Er wurde ins Lager gelassen und soll im Ton jener altertümlichen und ungeschmückten Redeweise weiter nichts als Folgendes erzählt haben. *9* In der Zeit, wo im Menschen noch nicht alles so einstimmig wie jetzt gewesen sei, sondern jedes Glied seinen eigenen Willen, seine eigene Sprache hatte, habe es die übrigen Glieder verdrossen, dass ihre Sorge, Arbeit und Dienstleistung alles nur für den Magen herbeischaffe, der Magen aber, ruhig in der Mitte, nichts weiter tue, als dass er in den ihm zugeführten Genüssen sich sättige. *10* Sie hätten sich also verschworen, die Hände sollten keine Speise zum Munde führen, der Mund die angebotene nicht annehmen, die Zähne sie nicht klein kauen. Über diese Spannung, in der sie den Magen durch Hunger zwingen wollten, wären zugleich die Glieder selbst und der ganze Körper auf den höchsten Grad der Auszehrung gebracht. *11* Da sei es ihnen einleuchtend geworden, dass auch das Geschäft des Magens nicht in Untätigkeit bestehe, und dass er ebenso, wie er genährt werde, auch selbst wieder nähre, indem er das durch Verdauung der Speise gezeitigte Blut, wodurch wir leben und gedeihen, auf alle Adern verteilt, in alle Glieder des Körpers ausgehen lasse.

12 Durch Darlegung der Ähnlichkeit dieses inneren Aufruhrs im Körper mit der Erbitterung der Bürger gegen die Väter soll er seine Zuhörer umgestimmt haben.

(33) Es kam nach der Aussöhnung zu Unterhandlungen, und in den Vergleichspunkten wurde den bürgerlichen eingeräumt, dass sie ihre eigene Obrigkeit haben, dass diese unverletzlich und zur Hilfeleistung gegen die Konsuln verpflichtet sein und keinem von den Vätern erlaubt werden sollte, dies Amt zu bekleiden. *2* Demzufolge wurden zwei Volkstribunen erwählt, Caius Licinius und Lucius Albinus. Diese wählten sich noch drei Amtsgenossen, unter denen auch Sicinius, der Urheber des Aufstandes, gewesen sein soll. In der Angabe der beiden übrigen stimmt man nicht überein. *3* Einige behaupten, man habe auf dem Heiligen Berg nur zwei Tribunen gewählt, und dort sei auch das Heilige Gesetz* gegeben worden.

Während der Auswanderung des Volkes hatten Spurius Cassius und Postumus Cominius das Konsulat angetreten. *4* Unter diesen Konsuln wurde mit den Völkerschaften Latiums ein Bündnis geschlossen. Zur Vollziehung desselben blieb der eine Konsul in Rom. Der andere, der in den volskischen Krieg geschickt wurde, errang einen Sieg über die Volsker von Antium, verfolgte die Geschlagenen in die Stadt Longula und eroberte diese. *5* Darauf nahm er Polusca, gleichfalls eine Stadt der Volsker; dann griff er mit großem Nachdruck Corioli an.

Zu den vornehmsten Jünglingen, die damals im römischen Lager dienten, gehörte Cnaeus Marcius, ein junger Mann voll Geistesgegenwart und Tatkraft, derselbe, der nachher den Beinamen Coriolanus hatte. *6* Das römische Heer, welches Corioli belagerte und ohne alle Besorgnis vor einem Angriff von außen sein ganzes Augenmerk auf die in der Stadt eingeschlossenen

* Es wurde damals auf dem heiligen Berg, oder nach anderen auf dem Aventin, feierlich beschworen. Über dessen Inhalt vgl. III,55.

Feinde gerichtet hatte, sah sich plötzlich von einem aus Antium aufgebrochenen Volskerheer in demselben Augenblick angegriffen, als die Belagerten einen Ausfall machten, gegen welche gerade Marcius mit seinem Posten stand. *7* Mit seinen Auserlesenen schlug er nicht bloß den Ausfall zurück, sondern kühn drang er in das offene Tor, erfüllte die vordere Gegend der Stadt mit Mord und warf das Feuer, dessen er zufällig habhaft wurde, in die der Mauer nächsten Häuser. ***8*** Das bei einem solchen Schrecken gewöhnliche Geschrei der Einwohner, vom Geheul der Frauen und Kinder begleitet, erhöhte schon durch seinen Ausbruch den Mut der Römer und machte die Volsker bestürzt, weil sie die Stadt, zu deren Hilfe sie gekommen waren, für erobert hielten. ***9*** So wurden die Volsker von Antium geschlagen und die Stadt Corioli erobert. Und Marcius stellte durch seinen Ruhm den Namen des Konsuls so sehr in Schatten, dass es jetzt vergessen sein würde, dass gerade Postumus Cominius im Volskerkrieg Anführer gewesen sei, wäre uns nicht durch das auf einer ehernen Säule eingegrabene Bündnis mit den Latinern der Umstand aufbehalten, dass Spurius Cassius allein in Abwesenheit seines Mitkonsuls dies Bündnis geschlossen habe.

10 In demselben Jahr starb Menenius Agrippa, ein Mann, der während seines ganzen Lebens bei den Vätern und der Bürgerschaft gleich beliebt war, aber nach dem Auszug der Bürger diesen noch lieber. ***11*** Und er, der Vermittler und Stifter der bürgerlichen Eintracht, der Abgesandte der Väter an das Volk, der Wiederbringer des römischen Volkes in die Stadt, hinterließ nichts, wovon er hätte bestattet werden können. Die Bürger trugen die Kosten seiner Bestattung, zu denen jeder einen kleinen Geldbeitrag leistete.

(34) Darauf wurden Titus Geganius und Publius Minucius Konsuln. In diesem Jahre traf den Staat, als man rings von auswärtigen Kriegen Ruhe hatte und im Inneren der Zwiespalt beseitigt war, ein anderes weit größeres Übel; ***2*** zuerst Teuerung der Lebensmittel, weil während der Auswanderung der Bürger das Land unbestellt geblieben war, dann eine Hungersnot, wie sie nur in einer belagerten Stadt sein kann. ***3*** Die Sklaven vollends und die niedrige Klasse wären zugrunde gegangen, wenn nicht die Konsuln Vorkehrungen getroffen und nach allen Seiten ausgeschickt hätten, Getreide aufzukaufen, nicht nur nach Etrurien längs der Küste rechts von Ostia und durch das Volskerland links am Meer hinab bis Cumae, sondern sogar in Sizilien ließen sie nachfragen; so sehr wurden sie durch den Hass der Nachbarn genötigt, auf entfernte Hilfe Anspruch zu machen. ***4*** Zu Cumae nahm die Schiffe mit dem aufgekauften Getreide der dortige Zwingherr Aristodemus* in Beschlag, zum Ersatz für das Vermögen der Tarquinier, deren Erbe er war. Im Volskischen und Pomptinischen wurde nicht einmal der Kauf gestattet; ja die Käufer selbst liefen Gefahr, öffentlich misshandelt zu werden. ***5*** Nur aus Etrurien kam Getreide auf dem Tiber, mit dem man die Bürger hinhielt.

Sie wären bei dieser gesperrten Zufuhr sehr zur Unzeit von einem Krieg heimgesucht worden, wäre nicht unter den Volskern, eben als sie sich rüsteten, eine heftige Pest ausgebrochen. ***6*** Dieses Unglück machte die Feinde kleinmütig; und um sie auch dann, wenn es aufhörte, durch Vorkehrung einigermaßen in Furcht zu erhalten, verstärkten die Römer die Anzahl ihrer Siedler zu Velitrae und setzten sich durch eine neue auf die Gebirge von Norba geschickte Kolonie in den Besitz einer Höhe, welche das Pomptinische beherrschen konnte.

7 Unter den folgenden Konsuln Marcus Minucius und Aulus Sempronius kam ein großer Vorrat Getreide aus Sizilien an, und im Senat verhandelte man darüber, zu welchem Preis es den Bürgern gelassen werden sollte. ***8*** Viele glaubten, nun sei es Zeit, den Bürgerstand zu demütigen und sich wieder in die Rechte einzusetzen, welche den Vätern durch Auswanderung mit Gewalt entwunden worden waren; vor allen Marcius Coriolanus, ein Feind der tribunizischen Macht: ***9*** *Wollen sie den*

---

* Siehe Kap. 21.

alten Getreidepreis, sagte er, *so mögen sie den Vätern ihre vorigen Rechte wiedergeben, warum muss ich Obrigkeiten aus dem Bürgerstand sehen, warum einen gebietenden Sicinius als ein Gefangener sehen, den man unter dem Galgen durchtreibt, und gleich als von Straßenräubern nur um Lösegeld entlassen?* ***10*** *Diese Unwürdigkeiten sollte ich länger ertragen als nötig ist? In Tarquinius hätte ich den König nicht geduldet und sollte ihn in Sicinius dulden? Jetzt mag er hinziehen und mag das Volk entführen! Der Weg zum Heiligen Berg und zu anderen Hügeln steht offen.* ***11*** *Lasst sie doch das Korn auf unsern Feldern rauben, wie sie es vor drei Jahren geraubt haben. Mögen sie nun den Getreidepreis haben, den sie sich durch ihre Wut verursacht haben. Ich möchte dafür einstehen, dass sie, durch diese Not gedemütigt, lieber selbst zur Bestellung der Felder Hand anlegen werden, als dass sie wieder durch einen Auszug unter den Waffen die Bestellung hindern sollten.*

12 Darüber zu entscheiden, ob man dies habe tun sollen, finde ich nicht so leicht, als ich die Möglichkeit wahrscheinlich finde, dass die Väter unter der Bedingung wohlfeilerer Preise sich der tribunizischen Gewalt und aller ihnen aufgedrungenen Verpflichtungen hätten entledigen können.

(35) Auch dem Senat schien diese Meinung zu hart, und die Bürger hätte sie beinahe vor Erbitterung unter die Waffen gebracht. Nun greife man sie gleich Feinden sogar durch Hunger an; Brot und Speise würden ihnen vorenthalten. Das fremde Getreide, dies einzige Nahrungsmittel, das man gegen alle Erwartung dem Glück zu danken habe, solle ihnen vor dem Munde weggerissen werden, wenn nicht die Tribunen dem Cnaeus Marcius gebunden überliefert würden, wenn er sich nicht Genugtuung auf dem Rücken römischer Bürger verschaffen solle. Er sei als ihr neuer Henker aufgetreten, der ihnen nur zwischen Tod und Knechtschaft die Wahl lasse.

2 Sie hätten ihn, als er aus dem Rathaus trat, angegriffen, wenn nicht gerade jetzt die Tribunen Anklage gegen ihn erhoben hätten. Dadurch legte sich der Zorn. Jeder sah sich zum Richter seines Feindes, sich über dessen Leben und Tod zum Herrn gemacht.

3 Anfangs hörte Marcius die Drohungen der Tribunen mit Verachtung an. Ihrem Amt, sagte er, sei das Recht des Beistandes verliehen, aber nicht das der Strafe; und sie wären Tribunen der Bürger, nicht der Väter. *4* Allein die Bürger erhoben sich mit so großer Erbitterung, dass die Väter nur durch die Bestrafung des einen sich retten konnten. Gleichwohl leisteten sie Widerstand, so sehr sie sich auch dadurch dem Hass aussetzten, und gebrauchten bald den eigenen, bald des ganzen Standes Einfluss. Und zuerst machten sie den Versuch, die ganze Klage dadurch zu hintertreiben, dass sie durch angestellte Klienten diesen und jenen bereden ließen, den Zusammenkünften und Versammlungen der Bürger fernzubleiben. *5* Dann traten sie alle auf – man hätte die Väter sämtlich für die Angeklagten halten sollen – und baten das Volk flehentlich, ihnen zuliebe nur dies eine Mal einem Bürger, einem Ratsherrn, wenn sie ihn nicht für unschuldig erklären wollten, seine verdiente Strafe zu schenken.

6 Als er an dem bestimmten Tag nicht erschien, dauerte die Erbitterung fort. Er wurde abwesend verurteilt und ging zu den Volskern in die Verbannung, nicht ohne Drohungen gegen sein Vaterland und schon jetzt von feindlichem Trotz erfüllt. Die Volsker nahmen den Fremdling freundlich auf, und diese Güte stieg mit jedem Tage, je lauter aus ihm der Zorn gegen seine Mitbürger sprach, und je öfter er bald in Klagen, bald in Drohungen ausbrach. *7* Er genoss das Gastrecht bei Attius Tullus. Dieser war damals bei Weitem der angesehenste Mann unter den Volskern und von jeher der Römer bitterer Feind. Da also den einen der alte Hass, den andern die neue Erbitterung spornte, entwarfen sie gemeinschaftlich einen Plan zum Krieg mit Rom. *8* Ihre Mitbürger aber dahin zu bringen, dass sie die so oft zu ihrem Schaden versuchten Waffen abermals ergriffen, hielten sie für nicht leicht. Bei dem wiederholten Verlust ihrer Mannschaft in den vielen Kriegen und neulich noch in der Pest hätten sie den Mut verloren. Bei diesem durch das

Alter erschöpften Hass müsse man es künstlich darauf anlegen, die Gemüter durch irgendeinen neuen Unwillen zu erbittern.

(36) Gerade schickte man sich in Rom dazu an, die Großen Spiele noch einmal zu geben. Die Veranlassung, sie zu wiederholen, war folgende: Am Festtag der Spiele hatte ein Hausvater frühmorgens, ehe das Schauspiel begann, seinen Sklaven unter dem Schultergalgen durchgeprügelt und mitten durch die Rennbahn vor sich hergetrieben. Und nun ließ man die Spiele ihren Anfang nehmen, ohne diesen Vorfall mit der heiligen Feier in Bezug zu setzen. ***2*** Bald nachher hatte Titius Latinius, ein Mann aus dem Bürgerstand, einen Traum. Jupiter erschien ihm und sagte, die Eröffnung seiner Spiele durch diesen Vortänzer habe ihm sehr missfallen. Würden die Spiele nicht mit aller Pracht erneuert, so sei die Stadt in Gefahr. Er möchte hingehen und es den Konsuln anzeigen. ***3*** Der Mann blieb allerdings nicht ganz ohne eine fromme Ängstlichkeit, doch siegte die Achtung vor seiner höchsten Obrigkeit über seine Furcht, und wer macht sich gern im Mund der Leute zum Gespött? ***4*** Dieses Zaudern kam ihm teuer zu stehen. Binnen wenigen Tagen verlor er seinen Lohn. Und damit ihm die Ursache des plötzlichen Todesfalles nicht zweifelhaft bliebe, erschien dem Betrübten dieselbe Gestalt abermals im Traum und fragte ihn, ob er für seine Verachtung des göttlichen Befehls genug gestraft sei. Er habe noch mehr zu erwarten, wenn er nicht eilends ginge und es den Konsuln meldete. ***5*** Jetzt war es ihm nähergelegt. Als er dennoch zauderte und die Sache verschob, befiel ihn eine heftige Krankheit und plötzliche Lähmung. ***6*** Da wurde ihm endlich die göttliche Ungnade zu sprechend. Den schon erduldeten und noch bevorstehenden Leiden erliegend, berief er einen Familienrat, erzählte, was er gesehen und gehört habe, wie Jupiter ihm so oft im Traum erschienen sei, und wie in seinen Schicksalen die Drohungen und der Zorn des Himmels in Erfüllung gegangen seien, und er wurde nach der unzweifelhaften Übereinstimmung aller Anwesenden in einer Sänfte auf den Markt vor die Konsuln gebracht. ***7*** Als er von hier auf Befehl der Konsuln ins Rathaus getragen war und zum großen Erstaunen aller Väter dieselben Umstände erzählt hatte – siehe, da ereignete sich ein neues Wunder. ***8*** Derselbe Mensch, der an allen Gliedern gelähmt ins Rathaus getragen war, ging, wie die Sage berichtet, sobald er sich seines Auftrages entledigt hatte, auf seinen eigenen Füßen nach Hause.

(37) Der Senat befahl, die Spiele mit größter Pracht zu feiern. Zu dieser Festlichkeit fand sich, da ihnen Attius Tullus mit seinem Beispiel voranging, eine große Menge Volsker ein. ***2*** Ehe die Spiele begannen, ging Tullus, so hatte er es zu Hause mit Marcius verabredet, zu den Konsuln und sagte, er wünsche mit ihnen über Staatsangelegenheiten allein zu sprechen. Alle Zeugen wurden entfernt, und er begann: ***3*** *Ungern sage ich von meinen Mitbürgern etwas, was nicht so sein sollte. Doch komme ich nicht, sie einer begangenen Tat zu beschuldigen, sondern um zu verhüten, dass sie dieselbe begehen.* ***4*** *Der unserm Volke eigene Leichtsinn ist weit größer als mir lieb ist.* ***5*** *Unsere vielen Niederlagen haben uns dies fühlbar gemacht, und wenn wir noch als Staat dastehen, so ist dies nicht nur unser Verdienst, sondern auch eure Nachsicht. Es ist jetzt eine große Menge Volsker hier. Es sind Spiele. Die Einwohner werden als Zuschauer ihren Blick nur dahin richten.* ***6*** *Ich erinnere mich an das, was junge Sabiner bei gleicher Gelegenheit hier in der Stadt verübten. Mich schaudert vor jedem Schritt der Unbesonnenheit und Verwegenheit. Ich glaubte, unsret- und euretwegen euch, ihr Konsuln, hierauf aufmerksam machen zu müssen.* ***7*** *Was mich betrifft, so bin ich willens, sogleich von hier nach Hause zu gehen, um aller kränkenden Teilnahme an dem, was etwa mündlich oder tätlich vorfallen könnte, meine Person zu entziehen.* So sprach er und reiste ab.

8 Als die Konsuln die zweifelhafte Sache, die sie aus dem Mund eines zuverlässigen Mannes hatten, dem Senate berichteten, fand man sich, wie so oft, mehr durch den Gewährsmann als durch die Sache selbst zu Vorkehrungen veranlasst, selbst wenn sie unnötig sein sollten. Vermöge eines Senatsbefehls, dass die Volsker die Stadt räumen sollten, wurden Herolde ausgeschickt, die es ausriefen, sie sollten alle noch vor Nacht abreisen. **9** Anfangs liefen sie in großer Bestürzung auseinander, um aus ihren Quartieren ihre Sachen mitzunehmen. Allein unterwegs sagten sie im Ausbruch des Unwillens, man habe sie von Spielen, von den Tagen einer Feier, zu der sich gewissermaßen Götter und Menschen zusammenfänden, wie eine Bande Verbrecher und Unreiner weggetrieben.

(38) Als sie in einem fast ununterbrochenen Zug wanderten, nahm Tullus, der bis zur Ferentinischen Quelle vorangegangen war, die Vornehmsten, sowie sie ankamen, in Empfang, und unter den Äußerungen seines Bedauerns und Unwillens führte er sowohl sie selbst, während sie seinen Worten, die ihrem Groll entsprachen, emsig zuhörten, als auch die ganze übrige Menge auf eine an der Straße liegende Ebene. **2** Hier begann er eine Rede, als spräche er zu einer Volksversammlung: *Wenn ihr auch alles Übrige, die alten Kränkungen vom römischen Volk, die Niederlagen des Volskerstammes vergesst, mit was für Empfindungen, so möchte ich fragen, nehmt ihr die heutige Schmach zu Herzen, dass sie ihre Spiele mit eurer Beschimpfung eröffneten?* **3** *Habt ihr nicht gefühlt, dass heute über euch Triumph gehalten wurde? Dass ihr mit eurem Abzug allen Menschen, Bürgern, Fremden, so vielen benachbarten Völkerschaften zum Schauspiel dientet? Dass eure Gattinnen und eure Kinder vor aller Augen wie Gefangene vorübergeführt wurden?* **4** *Was meint ihr wohl, haben alle diejenigen denken müssen, die den Ausruf des Heroldes vernahmen, und sie, die euch abziehen sahen, oder sie, die eurem schimpflichen Zug begegneten, was sonst, als dass wir irgendeine Schandtat begangen hätten, so dass wir durch unsere Gegenwart die Spiele entheiligen und, diese Entweihung zu tilgen, ein Sühnopfer nötig machen würden, und dass wir deshalb da, wo ehrliche Leute säßen, von jeder Zusammenkunft, jeder Versammlung weggewiesen würden? Und nun, wie weiter,* **5** *fällt es euch gar nicht ein, dass wir noch leben, weil wir unsere Abreise beschleunigten, wenn das eine Abreise und nicht vielmehr eine Flucht zu nennen ist! Und ihr seht in einer Stadt, wo ihr alle, wenn ihr euch einen Tag verspätet hättet, des Todes gewesen wäret, nicht die Stadt eurer Feinde? Der Krieg ist euch angekündigt zum großen Schaden derer, die ihn ankündigten, wenn ihr Männer seid.*

6 Von selbst schon voll Erbitterung, zu der sie nun noch aufgefordert waren, gingen sie auseinander in ihre Heimat, und da ihrer so viele, jeder seine Völkerschaft aufwiegelten, hatte dies zur Folge, dass alles, was Volsker hieß, gegen Rom sich erhob.

(39) Zu Feldherren für diesen Krieg wurden nach dem einstimmigen Beschluss aller Völkerschaften Attius und der vertriebene Römer Cnaeus Marcius gewählt, auf den sie weit mehr Hoffnung setzten. **2** Und diese Hoffnung rechtfertigte er durchaus, so dass leicht zu sehen war, dass die Stärke der Römer mehr auf ihren Heerführern als auf ihren Heeren beruhe. Zuerst zog er vor Circei, verjagte dort die römischen Siedler und überlieferte die befreite Stadt den Volskern. **3** Von hier ging er durch Querpfade auf die Latinische Heerstraße und nahm die Städte Satricum, Longula, Polusca und Corioli, erst seit Kurzem römische Besitzungen. **4** Darauf eroberte er Lavinium; dann der Reihe nach Corbio, Vitellia, Trebium, Labici, Pedum; **5** von Pedum endlich zog er vor Rom, schlug bei den Cluilischen Gräben, 5000 Schritte von der Stadt, sein Lager auf und verwüstete von hier aus das römische Gebiet, doch so, **6** dass die Plünderer nach Anweisung der ihnen Mitgegebenen die Grundstücke der Adligen verschonen mussten, entweder weil er feindseliger gegen die Bürgerlichen war, oder, um zwischen Vätern und Bürgerlichen Zwietracht zu säen. **7** Und sie wäre gewiss ausgebrochen; so sehr hetzten die Volkstribunen durch ihre Beschuldigungen den an sich schon trotzigen Bürgerstand gegen die Väter auf; allein die Furcht vor dem Feind von außen – das stärkste Band der Eintracht – ließ sie, bei allem gegenseitigen Verdacht und Hass, dennoch zusammenhalten. **8** Nur darin blieben sie uneinig, dass der Senat und die Konsuln ihre einzige Hoffnung auf die Waffen setzten, die Bürger hingegen alles lieber wollten als Krieg.

9 Spurius Nautius und Sextus Furius waren jetzt Konsuln.* Sie musterten die Legionen und verteilten die Truppen auf die Mauern und andere Plätze, wo Posten und Wachen stehen sollten, als ein großer Volkshaufe sie in Schrecken setzte, der anfangs mit revolutionärem Geschrei den Frieden forderte und dann sie nötigte, den Senat zu versammeln und auf eine Gesandtschaft an Cnaeus Marcius anzutragen. ***10*** Da die Väter so offenbar den Mut der Bürger wanken sahen, genehmigten sie den Antrag; allein die mit Friedensvorschlägen an Marcius abgeschickten Gesandten kamen mit einer harten Antwort zurück: ***11*** Wenn den Volskern das genommene Stück Land wieder abgetreten sei, dann erst könne man über Frieden verhandeln. Dächten sie aber daran, ihres Raubes aus dem Krieg nun in aller Stille sich zu freuen, so werde er, ebenso sehr der ungerechten Behandlung seitens seiner Mitbürger als der gütigen Aufnahme bei seinen jetzigen Wohltätern eingedenk, seine Kräfte aufbieten, um der Welt zu zeigen, dass sein Mut durch die Verbannung gespornt, aber nicht gebrochen sei. ***12*** Dieselben Gesandten wurden bei ihrer zweiten Ankunft nicht im Lager aufgenommen. Auch die Priester, mit den Abzeichen ihrer Würde geschmückt, sollen in feierlich flehendem Aufzug in das feindliche Lager gegangen sein und ihn ebenso wenig wie die Gesandten gerührt haben.

(40) Da kam eine zahlreiche Schar von vornehmen Frauen zu Coriolans Mutter Veturia und seiner Gattin Volumnia. Ob dies öffentliche Aufforderung oder weibliche Furcht war, konnte ich nicht ermitteln. ***2*** Genug, sie bewirkten, dass mit ihnen Veturia, so hochbetagt sie war, und Volumnia mit zwei kleinen Söhnen von Marcius auf den Armen, ins Lager der Feinde gingen, um die Stadt, die Männer mit den Waffen nicht verteidigen konnten, durch Frauenbitten und -tränen zu retten. ***3*** Als sie zum Lager kamen und man Coriolanus meldete, es sei ein langer Zug von Frauen angelangt, da zeigte der Mann, auf den die Würde der Staatsgesandten, auf den die hohe, Blick und Empfindung ergreifende Feierlichkeit des Priesteraufzuges keinen Eindruck gemacht hatte, anfangs gegen die Frauentränen noch größere Festigkeit. ***4*** Dann aber sagte einer seiner Diener, der die durch ihre Traurigkeit ins Auge fallende Veturia, wie sie zwischen Schwiegertochter und Enkeln dastand, erkannte: *Trügen mich nicht meine Augen, so sind dort deine Mutter, Gattin und Kinder.* ***5*** Verstört und wie von Sinnen sprang Coriolanus von seinem Stuhl mit ausgebreiteten Armen seiner Mutter entgegen; allein statt zu bitten, überließ sie sich dem Zorn. *Ehe ich deine Umarmung annehme,* sprach sie, *muss ich wissen, ob ich zu einem Feind oder zu meinem Sohn gekommen, ob ich in deinem Lager deine Gefangene oder deine Mutter bin.* ***6*** *Musste mein langes Leben, mein unglückliches Alter mich dazu aufsparen, dass ich in dir einen Verbannten und nun meinen Feind sehen muss? Dies Land konntest du verheeren, das dich gezeugt, dich großgezogen hat?* ***7*** *Kamst du mit noch so erbittertem, mit noch so drohendem Grimm hier an, musste dein Zorn nicht sinken, als du über die Grenze tratst? Regte sich nicht, als du Roms ansichtig wurdest, der Gedanke in dir: In jenen Mauern habe ich Haus und Hausgötter, Mutter, Gattin und Kinder?* ***8*** *Also, wenn ich dich nicht geboren hätte, so würde jetzt Rom nicht belagert; hätte ich keinen Sohn, so hätte ich im freien Vaterland als eine Freie sterben können. Doch mich kann schon nichts mehr treffen, was nicht dir mehr Schande brächte als mir Elend, und gesetzt, ich wäre noch so elend, so werde ich's nicht lange sein.* ***9*** *Denke aber doch an diese da, deren Schicksal, wenn du näher rückst, ein früher Tod oder dauernde Knechtschaft sein wird!*

Nun umarmte er Gattin und Kinder, und das in der ganzen weiblichen Schar sich erhebende Weinen und ihre Wehklage über sich und ihr Vaterland brachen endlich den Sinn des Mannes. ***10*** Nach der Umarmung entließ er die Seinigen und zog sich mit seinem Lager von der Stadt

* Die Konsuln der Jahre 264 und 265 *ab urbe condita* fehlen, wahrscheinlich nicht durch die Schuld des Livius. Sie waren, im Jahre 264 Q. Sulpicius Tamerinus und Sp. Larcius Flavus (2); im Jahre 265 C. Julius Julus und P. Pinarius Rufus.

zurück. Als er endlich die Legionen ganz aus dem römischen Gebiet abführte, soll die Folge des daraus erwachsenen Hasses sein Tod gewesen sein, über dessen Art die Schriftsteller nicht einig sind. Bei Fabius, bei Weitem dem ältesten Gewährsmann, finde ich, dass er noch in hohem Alter gelebt habe. *11* Wenigstens führte dieser an, er sei oft im hohen Alter in die Worte ausgebrochen, für einen Greis sei doch die Verbannung noch weit jammervoller!

Die Männer Roms ließen dem weiblichen Verdienst Gerechtigkeit widerfahren; so wenig war es damals Sitte, fremden Ruhm zu beeinträchtigen. *12* Ja man setzte durch einen neugebauten, dem Glück der Frauen geweihten Tempel der Begebenheit ein Denkmal.

Bald brachen die Volsker im Verein mit den Aequern wieder ins römische Gebiet ein; allein schon wollten die Aequer den Attius Tullus nicht mehr als ihren Feldherrn anerkennen. *13* Auf den Streit, ob Volsker oder Aequer dem verbündeten Heer ein Oberhaupt geben sollten, folgte eine Trennung und dann eine mörderische Schlacht. Und hier vernichtete das Glück des römischen Volkes zwei feindliche Heere in einem ebenso verderblichen wie hartnäckigen Kampf.

14 Die Konsuln Titus Sicinius und Caius Aquilius folgten nun. Dem Sicinius bestimmte das Los den Krieg gegen die Volsker, dem Aquilius die Herniker, denn auch diese standen in Waffen. Die Herniker wurden in diesem Jahr besiegt, der Kampf gegen die Volsker blieb ohne Entscheidung.

(41) Darauf wurden Spurius Cassius (zum dritten Mal) und Proculus Verginius Konsuln. Mit den Hernikern schloss man Frieden: Sie mussten zwei Drittel ihres Landes abtreten. Die Hälfte davon wollte der Konsul Cassius unter die Latiner, die andere unter die Bürger verteilen. *2* Zu diesem Geschenk zog er noch ein ansehnliches Stück Land, welches, laut seiner Beschuldigung, als Staatsacker im Besitz einiger Privatpersonen sei. Dadurch sahen sich viele von den Vätern – sie waren eben die Besitzer – mit dem Verlust des Ihrigen bedroht. Allein auch in Rücksicht auf den Staat waren die Väter nicht ohne Sorge, dass der Konsul sich durch diese Spende einen Anhang mache, von dem die Freiheit zu fürchten habe.

3 Dies war das erste Mal, dass der Vorschlag, die Ländereien zu verteilen, öffentlich vorgebracht wurde, und nie ist er seitdem bis auf unsere Zeiten ohne die heftigsten Bewegungen betrieben worden. *4* Der andere Konsul widersetzte sich dieser Schenkung unter dem Beistand der Väter und hatte selbst nicht alle Bürger gegen sich, die gleich anfangs ein Geschenk verschmähten, das, statt auf die Bürger beschränkt zu bleiben, sich auch auf Bundesgenossen erstrecke und dadurch gemein gemacht werde; *5* und nachher hörten sie oft den Konsul Verginius, wenn er in seinen Reden gleichsam prophetisch vorhersagte, sein Amtsgenosse mache ihnen dies Geschenk zu ihrem Verderben, von diesen Ländereien würden die, die sie annähmen, die Knechtschaft ernten, es werde der Weg zum Königtum gebahnt, warum würden sonst die Bundesgenossen und alle Latiner mit dazugezogen? *6* Wozu sei es nötig gewesen, den Hernikern, die eben noch Feinde waren, den dritten Teil des ihnen genommenen Landes wiederzugeben, wenn nicht Cassius die Absicht habe, sich statt eines Coriolanus an die Spitze dieser Völker zu stellen?

7 Schon fand er selbst als Tadler und Gegner des Ackergesetzes beim Volk Beifall, und nun wetteiferten beide Konsuln, den Bürgern willfährig zu sein, Verginius sagte, er habe nichts dagegen, dass sie sich die Ländereien anweisen ließen, wenn sie nur römischen Bürgern angewiesen würden. *8* Cassius, der seine Ackerspende zu sehr auf den Dank der Bundesgenossen berechnet und dadurch bei seinen Mitbürgern verloren hatte, verlangte jetzt, um ihre Zuneigung durch ein anderes Geschenk wiederzugewinnen, dass man die für das sizilische Getreide eingenommenen Gelder dem Volk zurückzahlen solle. *9* Dies aber verabscheuten die Bürger geradeso wie ein für den Thron ihnen bar aufgezähltes Kaufgeld; und in Beziehung auf Alleinherrschaft waren sie für jeden Verdacht so empfänglich, dass sie seine Geschenke nicht anders, als hätten sie Überfluss an allem, mit inniger Verachtung von sich wiesen.

10 Es ist gewiss, dass er gleich nach Niederlegung seines Amtes verurteilt und hingerichtet wurde. Einige behaupten, sein Vater habe die Todesstrafe an ihm vollzogen, habe ihn nach einer zu Hause angestellten Untersuchung peitschen und töten lassen und des Sohnes eigenes Vermögen der Ceres geweiht. Hiervon habe er ein Bild der Göttin anfertigen lassen mit der Inschrift: Ein Geschenk der Cassischen Familie. ***11*** Bei einigen finde ich – und dies ist wahrscheinlicher –, dass er von den peinlichen Richtern Kaeso Fabius und Lucius Valerius auf Hochverrat angeklagt und nach dem Ausspruch des ganzen Volkes verurteilt, auch sein Haus nach einem Senatsbeschluss niedergerissen worden sei. ***12*** Die Stelle hat jetzt der freie Platz vor dem Tempel der Tellus. Mag diese Verurteilung von der Familie oder vom Senat ausgegangen sein, genug, er wurde verurteilt, als Servius Cornelius und Quintus Fabius Konsuln waren.

(42) Der Zorn der Bürger gegen Cassius war nicht von langer Dauer. Das Ackergesetz, hatte man ihnen gleich den Verfechter desselben genommen, stellte sich ihnen von selbst mit seinen Reizen dar, und die Unfreigebigkeit der Väter erhöhte diese Wünsche dadurch, dass sie nach der diesjährigen Besiegung der Volsker und Aequer den Soldaten um die Beute brachten. ***2*** Alles, was man dem Feind abnahm, verkaufte der Konsul Fabius und lieferte den Erlös in die Schatzkammer. So verhasst indes den Bürgern wegen des letzten Konsuls der Name Fabius war, so setzten es dennoch die Väter durch, dass mit Lucius Aemilius Kaeso Fabius zum Konsul gewählt wurde. ***3*** Der Bürgerstand, hierüber noch mehr erbittert, veranlasste durch die Unruhen im Innern einen Krieg von außen; durch den Krieg wurde der Bürgerzwist unterbrochen. Väter und Volk vereinigten sich gegen die den Krieg wieder beginnenden Volsker und Aequer und erfochten unter Aemilius' Anführung einen Sieg. ***4*** Doch kostete die Flucht mehr Feinden das Leben als die Schlacht; so hartnäckig verfolgte die Reiterei die Geschlagenen.

5 Am 15. Juli desselben Jahres wurde dem Castor der Tempel geweiht, den ihm in der Schlacht mit den Latinern der Diktator Postumius gelobt hatte. Ihn weihte sein Sohn als ein dazu ernannter Duumvir.

6 Auch in diesem Jahr brachte das lockende Ackergesetz die Bürger in Bewegung. Die Volkstribunen nämlich fanden in diesem die Vorteile des Bürgerstandes bezweckenden Vorschlag das Mittel, öffentlich zu zeigen, wie sehr ihr Amt dem Vorteil der Bürger diene. Die Väter hingegen, welche glaubten, in der Volksmasse finde sich, auch ohne Hoffnung auf Lohn, Tollheit genug, dachten an die Spenden und Lockungen zur Verwegenheit nur mit Entsetzen. Und den Vätern gingen mit dem tätigsten Widerstand die Konsuln voran. ***7*** So siegte denn diese Staatspartei, und diesmal nicht bloß für den Augenblick, sondern sie verschaffte sich auch Konsuln auf das nächste Jahr, den Marcus Fabius, den Bruder des Kaeso, und den als Ankläger des Spurius Cassius den Bürgern noch verhassteren Lucius Valerius.

8 Der Streit mit den Tribunen fand auch in diesem Jahr statt. Allein das Ackergesetz blieb ohne Erfolg, und seine Erneuerer wurden mit ihren Anpreisungen eines Geschenkes, das nie zustande kam, lächerlich. Die Besetzung dreier Konsulate nacheinander erwarb dem Namen der Fabier hohe Achtung, und sie standen in dem Ruf, sich gleichsam in einer Reihe in den Kämpfen mit den Tribunen bewährt zu haben. Darum blieb das Konsulat, da es in guten Händen war, länger bei diesem Geschlecht.

9 Nun fing man mit den Vejentern Krieg an, und zugleich erneuerten ihn die Volsker. Doch zu den auswärtigen Kriegen hatte man Kräfte im Überfluss, und diese missbrauchte man zu inneren Streitigkeiten. ***10*** Den allgemeinen Missmut hierüber erhöhten noch himmlische Schreckenszeichen, welche fast täglich in der Stadt und auf dem Land ihre Drohungen verkündigten, und auf die von Seiten des Staates und von Einzelnen, bald durch Opfer, bald durch Vogelflug vor die Gottheit gebrachten Anfragen, was ihren Zorn erregt habe, gaben die Priester keine andere

Auskunft, als dass die Opfer nicht auf gehörige Weise vollzogen würden. *11* Diese Besorgnisse hatten indes keine weitere Folge, als dass die Vestalin Oppia der Blutschande überführt und bestraft wurde. Darauf wurden Quintus Fabius und Caius Julius Konsuln.

(43). Der innere Zwist war in diesem Jahr ebenso hitzig, und der auswärtige Krieg noch wütender. Die Aequer griffen zu den Waffen, die Vejenter fielen verheerend ins römische Gebiet ein. Noch war die Besorgnis über diese Kriege im Steigen, als Kaeso Fabius und Spurius Furius Konsuln wurden. *2* Die Aequer bestürmten die latinische Stadt Ortona. Die Vejenter, die schon zur Genüge geplündert hatten, machten Miene, Rom selbst anzugreifen. *3* Anstatt dass diese Schreckensnachrichten den Trotz der Bürger hätten brechen müssen, vermehrten sie ihn noch; und diese überließen sich wieder der alten Gewohnheit, die Aufforderung zum Kriegsdienst nicht zu beantworten, freilich nicht aus eigenem Antrieb, sondern der Volkstribun Spurius Licinius hatte geglaubt, jetzt sei die Zeit da, den Vätern in der höchsten Not das Ackergesetz aufzudrängen, und es sich zur Aufgabe gemacht, die Werbung zu verhindern. *4* Allein diesmal trug er von der Ausübung seiner tribunizischen Gewalt den Hass ganz allein davon, und die Konsuln konnten nicht feindseliger gegen ihn auftreten, als seine eigenen Amtsgenossen es taten, mit deren Hilfe die Konsuln die Aushebung vollzogen. *5* Es wurden für beide Kriege zugleich Heere gebildet. Über das gegen die Aequer bekam Fabius, und über das gegen die Vejenter Furius die Anführung. Im Vejenterland fiel nichts Bemerkenswertes vor.

6 Dem Fabius hingegen machten seine Bürger weit mehr als der Feind zu schaffen. Er allein, der Konsul selbst, hielt das Gemeinwesen aufrecht, an dem das Heer, soviel an ihm lag, aus Hass gegen den Konsul zum Verräter wurde. *7* Denn da der Konsul unter anderen Beweisen seiner Geschicklichkeit als Feldherr, deren er in Vorbereitung und Führung dieses Krieges so viele gab, seine Linie so gestellt hatte, dass er bloß durch den Angriff mit der Reiterei das Heer der Feinde schlug, wollte das Fußvolk den Geschlagenen nicht nachsetzen. *8* Möchte der Zuruf des ihnen verhassten Feldherrn ohne Wirkung geblieben sein, allein es konnte so wenig jetzt die Scheu, sich an ihrer eigenen und an des Staates Ehre zu versündigen, als nachher, wenn der Feind wieder Mut gefasst hätte, die Gefahr sie bewegen, sich in Schritt zu setzen oder wenigstens in Schlachtordnung stehen zu bleiben. *9* Ohne Befehl kehrten sie mit den Fahnen um und gingen traurig – man hätte sie für die Besiegten halten sollen –, unter wechselnden Flüchen auf ihren Feldherrn, auf die von der Reiterei geleisteten Dienste, ins Lager zurück. *10* Und gegen ein so verderbliches Beispiel konnte der Feldherr auch nicht ein einziges Heilmittel finden; so verlässt die ausgezeichneten Geister eher die Kunst, den Bürger zu leiten, als den Feind zu schlagen.

11 Der Konsul kehrte nach Rom zurück und hatte seinen Kriegsruhm nicht so sehr erhöht, als er den Hass der Soldaten gegen sich gereizt und erbittert hatte. Dennoch setzten es die Väter durch, dass das Konsulat bei der Fabischen Familie blieb. Sie wählten den Marcus Fabius zum Konsul, des Fabius Amtsgenosse wurde Cnaeus Manlius.

(44) Auch in diesem Jahr brachte ein Tribun die Länderverteilung in Vorschlag. Es war Tiberius Pontificius. Gleich als hätte Spurius Licinius sein Ziel erreicht, schlug auch er denselben Weg ein und hinderte die Werbung, wenn auch nur auf kurze Zeit. *2* Denn als die Väter abermals in großer Sorge waren, sagte Appius Claudius, die tribunizische Gewalt sei im vorigen Jahr, der Sache nach nur diesmal, in Hinsicht auf das Beispiel aber auf immer besiegt, weil man das Mittel entdeckt habe, sie durch sich selbst zu vernichten. *3* Es werde nie an einem fehlen, dem nicht ein Sieg über seinen Amtsgenossen und der Beifall des besseren Teils, ohne dem allgemeinen Besten zu nahe zu treten, etwas Erwünschtes sei. Selbst mehrere Tribunen, wenn mehrere nötig sein sollten, würden zur Hilfe der Konsuln bereit sein, und man habe ja schon an einem gegen alle genug. *4* Die Konsuln und die Ersten der Väter möchten sich nur Mühe

geben, wo nicht alle, so doch wenigstens einige von den Tribunen für die Sache des Staates und des Senates zu gewinnen.

5 Belehrt durch diese Maßregeln des Appius, ließen sich alle Väter mit den Tribunen leutselig und zuvorkommend ein; und die Konsularen gewannen ihnen, teils als die Geliebten, teils als die Verehrten, je nachdem jeder von ihnen auf diesen oder jenen Tribun insbesondere wirken konnte, das Versprechen ab, dass der Einfluss des tribunizischen Amtes dem Staat nicht nachteilig sein solle, *6* und unter dem Beistand von vier Tribunen gegen den einzigen Feind des allgemeinen Besten vollzogen die Konsuln die Aushebung.

7 Sogleich rückten sie zum Krieg gegen die Vejenter aus, bei denen sich von allen Seiten Etruriens Hilfstruppen gesammelt hatten, nicht etwa, weil die Freundschaft für die Vejenter sie zusammenbrachte, sondern weil man die Hoffnung gehegt hatte, die innere Zwietracht könne die Auflösung des römischen Staates zur Folge haben. *8* Und auf allen Versammlungen der Völkerschaften Etruriens ließen sich ihre Häupter laut vernehmen: Die Macht der Römer würde ewig sein, wenn sie nicht durch Aufruhr getrennt gegeneinander wüteten. Hierin liege für blühende Staaten das einzige Gift, der wahre Verfall, wodurch das Schicksal auch das Ende großer Reiche herbeiführe. *9* Lange hätten dies Übel teils die Väter durch ihre Klugheit, teils die Bürger durch ihre Duldsamkeit hingehalten; jetzt sei es zum Äußersten gekommen. Aus einem Staat seien zwei geworden, jede Partei habe ihre Beamten, ihre Gesetze. *10* Zuerst wären sie nur bei den Werbungen die Unbändigen gewesen; doch hätten sie im Kriege ihren Feldherren gehorcht. Habe es in der Stadt noch so schlimm ausgesehen, so habe man das Ganze, solange die Kriegszucht geblieben sei, aufrechterhalten können. Jetzt aber begleite die Gewohnheit, den Behörden nicht zu gehorchen, den römischen Soldaten sogar ins Lager. *11* Im letzten Krieg habe das ganze Heer einstimmig, selbst in der Linie und mitten in der Schlacht den schon geschlagenen Gegnern mit dem Sieg ein freiwilliges Geschenk gemacht, habe die Fahnen preisgegeben, den Feldherrn in der Schlacht gelassen und sei ohne Befehl ins Lager zurückgegangen. *12* Rom könne wahrlich, wenn man mit Nachdruck verfahre, durch sein eigenes Heer besiegt werden. Man habe weiter nichts nötig, als den Krieg zu erklären und zu zeigen, das Übrige würden das Schicksal und die Götter seinen Gang gehen lassen. Diese Hoffnung hatte die Etrusker, die so oft bei wechselndem Geschicke Besiegte und Sieger gewesen waren, wieder unter die Waffen gebracht.

(45) Auch den römischen Konsuln bangte vor nichts so sehr als vor ihrer eigenen Macht, vor ihren eigenen Kriegern. Das Andenken an das schlimme Beispiel vom vorigen Krieg schreckte sie, die Sache nicht dahin kommen zu lassen, wo sie sich vor zwei Heeren zugleich zu fürchten hätten. *2* Daher hielten sie sich im Lager, ohne sich der Gefahr von beiden Seiten auszusetzen, vielleicht werde selbst der Aufschub und die Zeit die Zürnenden besänftigen und den Gemütern die Genesung bringen.

3 Desto eilfertiger handelten die Feinde, Vejenter und Etrusker. Sie suchten die Römer zur Schlacht zu reizen, anfangs dadurch, dass sie vor dem Lager auf und ab ritten und sie herausforderten, und als dies fruchtlos blieb, durch Schimpfen, teils auf die Konsuln selbst, teils auf das ganze Heer. *4* Unter dem Schein eines inneren Zwistes hätten sie für ihre Feigheit einen Deckmantel gefunden; und die Konsuln hätten ebenso viel Ursache, in den Mut wie in die Treue ihrer Soldaten ein Misstrauen zu setzen. Das sei ein Aufruhr von ganz neuer Art, in welchem Bewaffnete Ruhe und Stille beobachteten. Außerdem gaben sie ihnen als Neulingen in Rücksicht auf ihre Herkunft und Abstammung teils Falsches, teils Wahres zu hören. *5* Dass sie dergleichen dicht unter dem Wall und an den Toren des Lagers verlauten ließen, litten die Konsuln sehr gern. Allein die Herzen des unerfahrenen Haufens bestürmte bald der Unwille, bald die Scham, und ließ sie des inneren Missverhältnisses vergessen; es ärgerte sie, wenn dies den Feinden ungestraft hinginge, und es ärgerte sie, wenn die Väter, wenn die Konsuln ihren Willen haben sollten. In ihrem Busen kämpfte Feindeshass mit Bürgerhass. ***6*** Endlich behielt der gegen den äußeren Feind die Oberhand; so schneidend und übermütig wurde der Spott des Feindes. Zahlreich versammelten sie sich vor dem Hauptzelt, forderten eine Schlacht und verlangten, dass das Zeichen dazu gegeben werde. ***7*** Die Konsuln steckten die Köpfe zusammen, als wollten sie die Sache überlegen; sie besprachen sich lange. Sie wünschten zu schlagen, allein sie mussten ihren Wunsch zurückhalten und verbergen, um durch Widerstand und Aufschub den Eifer des einmal gereizten Kriegers zu steigern. ***8*** Sie erteilten die Antwort, die Sache sei voreilig, noch sei die Zeit zur Schlacht nicht da, sie möchten sich auf ihr Lager beschränken. Dann ließen sie bekannt machen, es solle sich niemand in einen Kampf einlassen. Wer ohne Erlaubnis sich schlage, den würden sie als Feind behandeln. ***9*** Die mit diesem Bescheide Entlassenen wurden nun auf das Treffen umso mehr erpicht, als sie die Konsuln dazu nicht geneigt glaubten. Und außerdem setzten ihnen die Feinde umso kecker zu, als sie erfahren hatten, dass die Konsuln beschlossen hätten, nicht zu schlagen. ***10*** Denn nun würden sie ungestraft sie höhnen können. Den Soldaten würden die Waffen nicht anvertraut. Der Aufruhr werde zum heftigsten Ausbruch kommen, und Roms Oberherrschaft habe ihr Ende.

In diesem Vertrauen liefen sie beständig an die Tore, riefen ihre Schmähungen hinein und konnten sich kaum enthalten, das Lager anzugreifen. ***11*** Endlich konnten die Römer die Schmach nicht länger ertragen: aus dem ganzen Lager liefen sie von allen Seiten zu den Konsuln. Nicht mehr mit Zurückhaltung wie vorher, nicht durch die vornehmsten ihrer Hauptleute ließen sie ihre Forderungen vortragen, sondern betrieben sie alle in wilder Unordnung mit Geschrei.

Jetzt war die Sache reif; aber immer noch zögerte man von jener Seite. ***12*** Endlich ließ Fabius, als mit dem Getümmel die Furcht vor dem Ausbruch zunahm, mit Bewilligung seines Mitkonsuls, mit dem Feldzeichen Stille gebieten und sprach: *Dass diese Leute siegen können, Cnaeus Manlius, das weiß ich. Dass ich aber nicht weiß, ob sie wollen, daran sind sie selbst schuld.* ***13*** *Daher bin ich fest entschlossen, das Zeichen nicht eher zu geben, bis sie schwören, dass sie aus dieser Schlacht als Sieger zurückkehren wollen. Einen römischen Konsul hat das römische Volk einmal in der Schlacht betrogen, die Götter wird es niemals betrügen.* Unter denen, die am eifrigsten den Kampf begehrten, war Marcus Flavoleius, ein Hauptmann. ***14*** *Ich*, rief er, *Marcus Fabius, werde aus der Schlacht als Sieger zurückkehren.* Hielte er nicht Wort, so rief er den Zorn des Vaters Jupiter, des Mars Gradivus und der anderen Götter über sich. Und so verpflichtete sich der Reihe nach das ganze Heer, jeder durch seinen Eid.

Nach der Eidesleistung erhielten sie das Zeichen, griffen zu den Waffen und zogen voll Hoffnung und Wut in die Schlacht. ***15*** Jetzt forderten sie die Etrusker auf, Schimpfreden auszustoßen, jetzt hießen sie den Feind großsprecherisch ihnen entgegenzutreten. ***16*** Bürgerliche und Adlige, alle zeichneten sich an dem Tag durch Tapferkeit aus; aber am hellsten strahlte der Name Fabius und alle Fabier. Sie gingen darauf aus, die durch so manchen heimischen Zwist ihnen abgewandten Herzen ihrer Bürger in dieser Schlacht wiederzugewinnen.

(46) Jetzt wurden die Reihen aufgestellt, und die Feinde, Vejenter und Etruskerlegionen, nahmen die Schlacht an. Sie machten sich beinahe sichere Hoffnung, dass die Römer gegen sie ebenso wenig kämpfen würden, wie sie gegen die Aequer gefochten hätten; ja sie glaubten, bei dieser Erbitterung, und da sie eine noch nicht entschiedene Schlacht vor sich hätten, lasse sich von ihnen noch wohl ein wichtigerer Schritt erwarten. ***2*** Es folgte gerade das Gegenteil. In keinem der früheren Kriege gingen die Römer mit größerer Erbitterung ins Treffen, so sehr hatte sie hier der Hohn des Feindes, dort das Zögern der Konsuln gereizt. ***3*** Kaum hatten die Etrusker Zeit, sich aufzustellen, als das Gefecht, weil die Römer gleich im ersten Heranstürmen ihre Wurfspieße mehr aufs Geratewohl hingeworfen als abgeschossen hatten, schon Mann gegen Mann, schon bloß

mit dem Schwert galt, was immer den heißesten Kampf gibt. ***4*** Unter den Anführern zeichnete sich das Fabische Geschlecht aus; sie waren ihren Mitbürgern ein Beispiel und ein Schauspiel.

Einem von ihnen, dem Quintus Fabius – er war vor drei Jahren Konsul gewesen –, der den Seinigen voran in die dicht geschlossenen Vejenter einbrach und sich zu unvorsichtig unter den Händen so vieler Feinde herumtummelte, stieß ein an Körperkraft und Waffenkunst überlegener Tusker sein Schwert durch die Brust, und so wie er den Stahl zurückzog, stürzte Fabius mit seiner Wunde nieder. ***5*** Auf beide Heere wirkte des Helden Fall, und schon wichen die Römer, als der Konsul Marcus Fabius über die Leiche des vor ihm Liegenden wegsprang, seinen Schild ihr vorhielt und rief: *Habt ihr das geschworen, Soldaten, dass ihr fliehend ins Lager zurückkehren wolltet? Ihr fürchtet also die feigsten Feinde mehr als den Jupiter und Mars, bei denen ihr geschworen habt?* ***6*** *Ich habe nicht geschworen, aber ich will entweder als Sieger zurückkehren oder hier neben dir, Quintus Fabius, kämpfend fallen.* Und Kaeso Fabius, der Konsul des vorigen Jahres, erwiderte dem Konsul: *Glaubst du, Bruder, durch deine Worte zu bewirken, dass sie fechten?* ***7*** *Die Götter müssen es bewirken, bei denen sie schworen! Und auch wir wollen unserem Rang gemäß und des Namens Fabius würdig, lieber kämpfend als ermahnend den Mut der Unsrigen anfeuern.* So flogen die zwei Fabier mit drohenden Lanzen an die Spitze und zogen mit sich die ganze Schlachtreihe vorwärts.

(47) Während das Treffen auf dieser einen Seite wiederhergestellt wurde, förderte auf dem andern Flügel der Konsul Cnaeus Manlius die Arbeit ebenso lebhaft; und hier waltete fast ein gleiches Schicksal. ***2*** Denn so wie auf jenem Flügel dem Quintus Fabius, so rückten auf diesem dem Konsul selbst, der die Feinde schon als Geschlagene vor sich hertrieb, die Soldaten kräftig nach, und ebenso wichen sie auch, als er schwer verwundet die Linie verließ, weil sie glaubten, er sei gefallen. ***3*** Und sie hätten das Feld geräumt, hätte nicht der andere Konsul, der mit einigen Reitergeschwadern herangesprengt kam, durch seine laute Versicherung, dass sein Mitkonsul lebe, und dass er selbst als Sieger auf jenem Flügel herbeigeeilt sei, die wankende Linie wieder zum Stehen gebracht. ***4*** Auch zeigte Manlius, um das Gefecht wiederherzustellen, sich ihnen in Person. Der Blick in das Antlitz beider Konsuln erfüllte die Soldaten mit neuem Mut. Auch hatte inzwischen die Linie der Feinde an wahrer Stärke verloren, weil sie im Vertrauen auf ihre überflüssige Menge den Rückhalt hinten weggezogen und zu einem Angriff auf das römische Lager abgeschickt hatten. ***5*** Da sie in dieses ohne großen Widerstand eingebrochen waren und mehr an Plündern als an Kämpfen denkend die Zeit verloren, ließen die Römer der dritten Linie, die den ersten Einbruch nicht hatten hindern können, die Konsuln von ihrer Lage benachrichtigen, sammelten sich bei dem Hauptzelt in einen dichten Kreis und erneuerten freiwillig das Gefecht. ***6*** Unterdessen hatte der Konsul Manlius bei seiner Rückkehr zum Lager alle Tore mit Soldaten besetzt und den Feinden den Ausweg versperrt. Die Verzweiflung entflammte die Tusker mehr zur Wut als zur Tapferkeit. Denn da sie nach allen Seiten, wo sich nur ein Ausweg hoffen ließ, mehrmals einen vergeblichen Angriff gewagt hatten, nahm sich eine ihrer Scharen den Konsul selbst zum Ziele, den seine Waffen kenntlich machten. ***7*** Anfangs fingen die Umstehenden die Pfeile auf; dann aber konnten sie der Übermacht nicht widerstehen. Der Konsul, tödlich verwundet, fiel, und alle ringsum wurden versprengt. ***8*** Den Tuskern stieg der Mut; die Römer, ohne Fassung, trieb der Schrecken im ganzen Lager umher. Und es wäre zum Äußersten gekommen, hätten nicht die Unterbefehlshaber, nachdem sie den Leichnam des Konsuls weggerissen hatten, den Feinden den Ausweg durch ein Tor geöffnet. ***9*** Zu diesem stürzten sie hinaus, und in wilder Unordnung davoneilend begegneten sie dem siegreichen andern Konsul. Hier wurden sie abermals zusammengehauen und auseinandergesprengt.

Es war ein herrlicher Sieg errungen, nur verdüstert von der Trauer über den Tod zweier hochberühmter Männer. ***10*** Darum antwortete der Konsul, als ihm der Senat den Triumph zuerkannte, wenn das Heer ohne Feldherrn triumphieren könne, so wolle er ihm für die in diesem Krieg geleisteten außerordentlichen Dienste dies gern gestatten. Er aber werde, da seine Familie durch den Tod seines Bruders Quintus Fabius in Trauer, der Staat durch den Verlust des einen Konsuls zur Hälfte verwaist sei, den bei der allgemeinen und besonderen Trauer ihm gespendeten Kranz nicht annehmen.

11 Der abgelehnte Triumph gab ihm größeren Ruhm als jeder gehaltene. So wahr ist es, dass Ehre, zur rechten Zeit abgewiesen, oft mit gehäuftem Maß wieder einkommt. Darauf begleitete er die beiden aufeinanderfolgenden Leichenzüge seines Amtsgenossen und seines Bruders; er war es, der beiden die Leichenrede hielt, wobei er dadurch, dass er seine Verdienste auf sie übertrug, den größten Teil des Lobes selbst erntete. ***12*** Und des Grundsatzes eingedenk, den er beim Antritt seines Konsulates angenommen hatte, die Herzen der Bürgerlichen wiederzugewinnen, verteilte er die verwundeten Soldaten zur Heilung unter die Väter. Den Fabiern gab er die meisten, und nirgends genossen sie eine bessere Pflege. Seitdem waren die Fabier sogar Lieblinge des Volkes, und zwar nur durch ein dem Staat heilsames Benehmen.

(48) Da also ebenso sehr auf Betrieb der Bürger als der Väter Kaeso Fabius zum Konsul gewählt war – er wurde es mit Titus Verginius –, so waren ihm weder Kriege noch Werbung oder irgendeine andere Sorge so wichtig als die, vollends bei der zum Teil schon begründeten Hoffnung auf Einigkeit die Herzen der Bürger, sobald er könnte, den Vätern wieder zuzuwenden. ***2*** Gleich mit Jahresanfang trug er bei den Vätern darauf an, ehe noch irgendein Tribun mit dem Vorschlag einer Ackerverteilung aufträte, möchten sie zuvorkommende Geber werden und die eroberten Ländereien unter die Bürgerlichen möglichst gleich verteilen. Es sei doch billig, dass diejenigen sie besäßen, durch deren Blut und Schweiß sie erworben wären.

3 Dies verwarfen die Väter, ja einige klagten sogar, dass jener ehemalige Feuergeist des Kaeso durch zu großen Ruhm in Üppigkeit und Entkräftung ausarte. Auch gab es in diesem Jahr in der Stadt keinen Parteizwist weiter; ***4*** allein die Latiner litten durch die Einfälle der Aequer. Kaeso, der mit dem Heer dorthin geschickt wurde, ging in das Land der Aequer selbst hinüber, um hier zu plündern. Die Aequer wichen in ihre Städte und hielten sich hinter den Mauern; so kam es zu keinem erwähnenswerten Kampf.

5 Von dem andern Feind, den Vejentern, erlitt man durch die Unbesonnenheit des andern Konsuls eine Niederlage, und wäre nicht Kaeso Fabius zu rechter Zeit zu Hilfe gekommen, so wäre es um das Heer geschehen gewesen.

Seitdem hatte man mit den Vejentern weder Frieden noch Krieg, und das Ganze gewann das Ansehen einer Straßenräuberei. ***6*** Vor den römischen Legionen wichen sie in die Stadt; merkten sie, dass diese abgezogen waren, so fielen sie ins römische Gebiet ein, indem sie abwechselnd den Krieg durch Ruhe und die Ruhe durch Krieg vereitelten. So konnten die Römer die Sache weder ganz liegen lassen noch beenden, und doch drohten andere Kriege teils schon jetzt auszubrechen, wie zum Beispiel von den Aequern und Volskern, die nie länger ruhten, als bis der frische Schmerz über die letzte Niederlage vorüber war, teils war es offenbar, dass nächstens die Sabiner, welche Rom immer feindselig waren, und das ganze Etrurien sich erheben würden. ***7*** Allein der Krieg mit den Vejentern, mehr anhaltend als ernsthaft, beunruhigte sie öfter durch Kränkungen als durch Gefahr, weil er nie außer Acht gelassen sein wollte, noch ihnen gestattete, sich gegen andere zu wenden.

8 Da trat das Fabische Geschlecht vor den Senat. Der Konsul vertrat seinen Stamm als Wortführer. *Der Vejentische Krieg bedarf, wie ihr wisst, versammelte Väter, mehr einer bleibenden als einer großen Schutzwehr. Besorgt ihr die anderen Kriege, den Vejentern gebt die Fabier zu Gegnern. Wir sind euch Bürgen, dass dort die Ehre des römischen Namens ungefährdet sein soll.* ***9*** *Wir sind* *gewillt, diesen unsern, gleichsam unserer Familie gehörigen Krieg auf eigene Kosten zu führen. Das Gemeinwesen soll dort weder Kriegsvolk noch Geld aufwenden.*

Mit dem lebhaftesten Dank wurde dies erwidert. ***10*** Den aus dem Rathaus tretenden Konsul begleitete der Zug der Fabier, die im Vorhof des Rathauses den Beschluss des Senates abzuwarten stehengeblieben waren, zu seiner Wohnung. Nach erhaltenem Befehl, am folgenden Tag sich bewaffnet vor der Tür des Konsuls einzufinden, gingen sie nach Hause.

(49) Das Gerücht durchlief die ganze Stadt. Lobsprüche erhoben die Fabier zum Himmel. Ein Geschlecht, hieß es, habe die Last des Staates auf sich genommen; der Vejentische Krieg sei zu einem Privatgeschäft, zu einem Privatkrieg geworden. ***2*** Wären in der Stadt noch zwei Familien von derselben Stärke, und die eine erbäte sich die Aequer, die andere die Volsker, so könnten die benachbarten Völker sämtlich unterjocht werden, während das römische Volk in tiefem Frieden feiere.

Am folgenden Tag griffen die Fabier zu den Waffen und versammelten sich auf dem bestimmten Platz. ***3*** Als der Konsul im Kriegskleid zu ihnen hinaustrat, erblickte er auf seinem Vorhof seinen ganzen Stamm gerüstet und aufgestellt. Sie nahmen ihn in die Mitte, und er gab den Befehl zum Aufbruch. Nie zog ein Heer durch die Stadt, kleiner an Zahl und durch den Ruf und die allgemeine Bewunderung gepriesener. ***4*** 306 Krieger, alle von Adel, alle aus einem Stamm, deren jeden der musterhafteste Senat – man denke ihn sich, in welche Zeiten man will – gern als sein Oberhaupt angenommen hätte, schritten einher und drohten von der Kraft eines Geschlechtes dem vejentischen Volk Verderben. ***5*** Hinter ihnen her zog ein Schwarm, teils eigenes Gefolge von Verwandten und Freunden, die über jede mittelmäßige Hoffnung oder Sorge hinaus lauter Großtaten im Sinn hatten, teils aus dem Volk, durch die allgemeine Teilnahme herbeigezogen und vor Liebe und Bewunderung staunend. ***6*** Dass sie tapfer gehen mögen, riefen sie ihnen zu, und glücklich. Ihre Unternehmung mögen sie mit entsprechendem Erfolge krönen! Von ihnen hätten sie einst Konsulate, Triumphe, alle möglichen Belohnungen und Ehrenstellen zu erwarten. *7*Als der Zug am Kapitol und der Burg und anderen Tempeln vorüberging, flehten die Leute zu den Göttern, wie sie ihren Augen oder Gedanken begegneten, sie möchten doch diese Schar mit Glück und Segen begleiten und sie bald wohlbehalten ins Vaterland zu den Ihrigen zurückführen.

Alle diese Gebete blieben unerhört. ***8*** Die Fabier zogen den Weg des Unglücks durch den rechten Schwibbogen des Carmentalischen Tores und kamen an den Fluss Cremera. Hier wählten sie einen geeigneten Platz, um eine Verschanzung anzulegen.

9 Darauf wurden Lucius Aemilius und Caius Servilius Konsuln. Solange es bloß bei Verheerungen blieb, waren die Fabier nicht allein stark genug, ihren Posten zu behaupten, sondern in der ganzen Gegend, wo das Tuskerland an das römische grenzt, gewährten sie durch ihre Streifzüge auf beiderlei Gebiete dem ihrigen völlige Sicherheit und machten das feindliche unsicher. ***10*** Dann wurden die Verheerungen auf kurze Zeit unterbrochen, in welcher teils die Vejenter mit einem in Etrurien aufgebotenen Heer den Posten an der Cremera bestürmten, teils die römischen Legionen, vom Konsul Lucius Aemilius herbeigeführt, mit den Etruskern in einem Treffen zusammengerieten. ***11*** Wiewohl man den Vejentern kaum die Zeit ließ, ihr Heer in Schlachtordnung zu stellen, so völlig nahm ihnen noch während der ersten Verwirrung, indem sie den Fahnen folgend sich in Glieder stellten und das Hintertreffen bildeten, der plötzliche Einbruch der römischen Reiterei in ihre Flanke nicht allein die Möglichkeit, das Treffen anzufangen, sondern auch sich aufzustellen. ***12*** Bis Saxa Rubra (die Roten Felsen), wo sie ihr Lager hatten, zurückgeschlagen, baten sie demütig um Frieden. Sie erhielten ihn, brachen ihn aber mit dem ihnen eigenen Wankelmut, ehe noch der römische Posten von der Cremera abgeführt war.

(50) Der Kampf der Fabier mit den Vejentern begann ohne weitere größere Zurüstung zum Krieg von Neuem, und es gab nicht bloß Streifzüge in das feindliche Gebiet oder unvorbereitete

Angriffe von Seiten der Freibeuter, sondern es kam mehrmals in freiem Feld Linie gegen Linie zur Schlacht; *2* und dies einzige Geschlecht des römischen Volkes trug oft über den den damaligen Zeiten nach so mächtigen etruskischen Staat den Sieg davon.

3 Anfangs sahen die Vejenter hierin nur Kränkung und Schimpf. Dann aber leitete sie die Sache selbst auf den Gedanken, dem übermütigen Feind einen Hinterhalt zu legen; ja sie freuten sich, dass die Fabier durch ihr großes Glück immer kühner wurden. *4* Teils also wurden den Plündernden mehrmals Viehherden entgegengetrieben, als stießen ihnen diese zufällig auf, teils ließen die flüchtenden Landleute weit und breit die Dörfer leer, teils ergriffen die bewaffneten Bedeckungen, die der Verheerung zu steuern abgeschickt waren, öfter aus gestellter als aus wahrer Furcht die Flucht. *5* Und schon verachteten die Fabier ihren Feind so sehr, dass sie glaubten, er könne ihren unbesiegbaren Waffen an keinem Ort und unter keinerlei Umständen widerstehen.

Diese Hoffnung verleitete sie, auf eine weit von der Cremera erblickte Herde, von der sie durch eine große Ebene geschieden waren, sich zu stürzen, obgleich sich hier und dort einige bewaffnete Feinde zeigten. *6* Als sie ohne Vorsicht in vollem Lauf über den zu beiden Seiten ihres Weges gelegten Hinterhalt hinausgeeilt waren und nach allen Seiten auf den Raub des Viehes auseinandersprengten, das von Schrecken gescheucht gewöhnlich sich zerstreut, da erfolgte plötzlich aus dem Hinterhalt ein allgemeiner Aufbruch, und vor sich und auf allen Leiten hatten sie Feinde.

7 Zuerst schreckte sie das von allen Seiten widerhallende Geschrei; dann kamen Pfeile aus allen Gegenden geflogen; und wie sie, als die Etrusker sich schlossen, schon von einem zusammenhängenden Heerhaufen umringt waren, sahen sie, je stärker der Feind eindrang, sich ebenfalls gezwungen, einen viel engeren Kreis zu schließen. *8* Dadurch wurde zugleich ihre geringe Anzahl und die Menge der Etrusker viel sichtbarer, bei denen sich auf dem engen Raum die Zahl der Glieder vervielfachte. *9* Folglich wandten sich die Fabier, mit Aufhebung des Kampfes, den sie gegen alle Seiten zugleich angefangen hatten, zusammen auf einen Punkt. Gegen diesen mit Körper und Waffen andrängend, erbrachen sie sich im Keil einen Ausweg. *10* Er führte sie auf einen sanft ansteigenden Hügel. Hier hielten sie zuerst wieder stand, und kaum dass ihnen der höhere Ort von neuem Atem zu schöpfen gestattete und von einer so großen Bestürzung sich zu erholen, schlugen sie auch die Heraufrückenden zurück, und von ihrem Standort begünstigt hätten die Wenigen gesiegt, hätten nicht die Vejenter durch Umgehung des Hügels den Gipfel erstiegen. *11* So bekam der Feind von Neuem die Oberhand.

Die Fabier wurden alle bis auf den letzten Mann niedergemacht und ihre Verschanzung genommen. Man stimmt darin überein, dass ihrer 306 gefallen sind und nur ein einziger, der noch nicht völlig erwachsen war, übrig blieb, der Stammhalter des Fabischen Geschlechts, das dazu bestimmt war, in misslicher Lage von innen und außen dem römischen Volke mehr als einmal dessen größte Stütze zu werden.

(51) Als diese Niederlage die Römer traf, waren schon Caius Horatius und Titus Menenius Konsuln. Gegen die auf ihren Sieg stolzen Tusker wurde sogleich Menenius abgesandt. *2* Auch diesmal fiel die Schlacht unglücklich aus, und die Feinde eroberten das Janiculum; ja die Stadt, die außer dem Krieg noch durch Hungersnot litt, wäre eingeschlossen worden – denn die Etrusker wären über den Tiber gegangen –, hätte man nicht den Konsul Horatius aus dem Volskerland zurückgerufen. Und dieser Krieg kam den Mauern selbst so nahe, dass man sich zuerst beim Tempel der Hoffnung schlug, und zwar mit gleichem Glück, dann am Collinischen Tor. *3* War hier gleich auf Seiten der Römer der Vorteil nur unbedeutend, so machte doch dies Treffen die Soldaten, denen es ihren alten Mut wiedergab, für künftige Schlachten tauglicher.

4 Aulus Verginius und Spurius Servilius wurden Konsuln. Nach der Niederlage in der letzten Schlacht vermieden die Vejenter ein Treffen. Doch plünderten sie und machten wie von einer

Burg herab vom Janiculum nach allen Seiten Ausfälle ins römische Gebiet, nirgends waren die Herden und die Landleute sicher. **5** Endlich wurden sie durch dieselbe List gefangen, womit sie die Fabier gefangen hatten. Als sie den Herden nachsetzten, die ihnen absichtlich hier und dort zur Lockspeise vorgetrieben wurden, gerieten sie in einen Hinterhalt. **6** Je zahlreicher sie waren, desto mehr wurden von ihnen zusammengehauen.

Ihre wütende Erbitterung über diesen Verlust war die Veranlassung und Einleitung zu einer noch größeren Niederlage. Sie setzten nämlich bei Nacht über den Tiber und wagten es, das Lager des Konsuls Servilius anzugreifen. Mit großem Verlust zurückgeschlagen, retteten sie sich mit knapper Not in das Janiculum.

7 Sogleich setzte der Konsul ebenfalls über die Tiber und schlug unten am Janiculum ein festes Lager auf. Freilich auch durch sein Glück im gestrigen Treffen tollkühn gemacht, mehr aber noch, weil ihn der Mangel an Lebensmitteln zu verwegenen Entschlüssen verleitete – mochten sie gewagt sein, wenn sie nur schneller wirkten –, **8** ließ er sein Heer auf gut Glück gerade zum Janiculum bergauf vor das feindliche Lager rücken, und schimpflicher zurückgeschlagen als tags zuvor die Feinde von ihm, verdankte er seine und seines Heeres Rettung dem Einschreiten seines Amtsgenossen. **9** Hier wurden die Etrusker zwischen zwei Heeren, denen sie abwechselnd den Rücken kehrten, sämtlich niedergehauen. So beendete ein glückliches Wagnis den Vejentischen Krieg.

(52) Mit dem Frieden bekam die Stadt auch wieder einen größeren Vorrat an Getreide, teils weil man aus Kampanien Zufuhr von Getreide hatte, teils weil jeder, sobald die Furcht vor künftigem eigenen Mangel schwand, seine verborgenen Vorräte auftat. **2** Nun stellte sich bei Überfluss und Ruhe der Übermut wieder ein, und man trieb die alten Übel, weil es von außen daran gebrach, im Inneren wieder auf. Durch ihr Zaubermittel, den Vorschlag der Landverteilung, setzten die Tribunen den Bürgerstand in Bewegung, hetzten ihn dann auf die sich widersetzenden Väter, und nicht bloß gegen die Gesamtheit, sondern auch gegen einzelne. **3** Quintus Considius und Titus Genucius, die Erneuerer des Vorschlages, die Äcker zu teilen, luden den Titus Menenius vor Gericht. Sie machten ihm einen Vorwurf aus dem Verlust des Postens an der Cremera, weil er als Konsul nicht weit davon sein Lager gehabt habe. **4** Dies brachte ihm den Untergang. Da sich die Väter für ihn ebenso eifrig bemühten wie für Coriolanus, auch die Liebe für seinen Vater Agrippa noch nicht erloschen war, **5** milderten die Tribunen die Strafe. Obgleich sie ihn auf Leben und Tod angeklagt hatten, legten sie ihm dennoch, als er verurteilt wurde, eine Geldstrafe von 2000 Kupfer-As auf. Dies brachte ihm den Tod. Man sagt, er erlag dem Schimpf und Gram; er verfiel in eine Krankheit und starb.

6 Ein neuer Angeklagter, Spurius Servilius, dem die Tribunen Lucius Caedicius und Titus Statius, sobald er vom Konsulat abging, unter den Konsuln Caius Nautius und Publius Valerius gleich im Anfang des Jahres vor Gericht luden, stellte den tribunizischen Angriffen nicht, wie Menenius, seine eigenen oder der Väter Bitten entgegen, sondern ein dreistes Vertrauen auf seine Unschuld und seinen guten Namen. **7** Auch ihm legte man die Schlacht mit den Tuskern am Janiculum zur Last. Er aber, ebenso wie vorhin bei der Gefahr des Staates, jetzt in seiner eigenen der Mann von glühendem Mut, verscheuchte die Gefahr durch seine Kühnheit, indem er nicht bloß die Tribunen, sondern den ganzen Bürgerstand in einer Rede voll Feuer zu Paaren trieb und ihnen die Verurteilung und den Tod des Titus Menenius vorwarf, da es doch das Werk seines Vaters sei, dass die Bürgerlichen, einst von ihm in die Stadt wieder eingesetzt, gerade diese Obrigkeit, durch die sie jetzt so unbändig wären, und diese gesetzlichen Vorrechte bekommen hätten. **8** Zugleich unterstützte ihn sein Mitkonsul Verginius als vorgeführter Zeuge dadurch, dass er ihn an seinem eigenen Ruhm teilnehmen ließ; noch mehr aber kam ihm die Verurteilung des Menenius zustatten: So ganz anders dachte man über diesen jetzt.

(53) Die inneren Streitigkeiten hatten ein Ende. Da brach ein Krieg mit den Vejentern aus, mit denen sich die Sabiner vereinigt hatten. Der Konsul Valerius, der nach Einberufung der Hilfstruppen aus den Latinern und Hernikern mit einem Heer nach Veji geschickt wurde, griff das Lager, welches die Sabiner vor den Mauern ihrer Bundesgenossenstadt aufgeschlagen hatten, sogleich an und machte dadurch ihre Verwirrung so allgemein, dass er, während sie zerstreut in Scharen aus allen Toren stürzten, um den Feind zu vertreiben, sich des Tores, auf welches er den ersten Angriff gemacht hatte, bemächtigte. ***2*** Nun erfolgte im Lager selbst mehr ein Gemetzel als ein Kampf. Aus dem Lager drang das Getümmel in die Stadt, und mit einer Bestürzung, als wäre Veji schon erobert, liefen die Vejenter zu den Waffen. Ein Teil zog den Sabinern zu Hilfe, ein anderer griff die Römer an, die mit ganzer Macht das Lager stürmten. ***3*** Jetzt mussten sie dies eine Zeitlang aufgeben und kamen aus der Ordnung. Bald aber wandten auch sie sich gegen beide Teile und leisteten Widerstand, und die vom Konsul auf den Feind gesandte Reiterei schlug die Tusker völlig. So gab ein entscheidender Augenblick den Sieg über zwei Heere und die beiden mächtigsten und größten Nachbarstaaten.

4 Während dieser Vorfälle bei Veji hatten sich die Volsker und Aequer im Latinerland gelagert und dort geplündert. Die Latiner nahmen, ohne einen Feldherrn oder Hilfe von Rom abzuwarten, ihnen mit Hilfe der Herniker ihr Lager ab ***5*** und fanden hier außer ihrem wiedergewonnenen Eigentum große Beute. Dennoch schickte man von Rom den Konsul Caius Nautius gegen die Volsker. Ich glaube, man wollte es nicht zur Sitte werden lassen, dass die Bundesgenossen ohne einen römischen Führer und Heer aus eigener Macht und nach ihren Plänen Kriege führten. ***6*** Aller nur mögliche Schaden und Hohn wurde den Volskern angetan, und doch konnte man sie nicht dahin bringen, eine Schlacht zu wagen.

(54) Darauf wurden Lucius Furius und Caius Manlius Konsuln. Dem Manlius bestimmte das Los die Vejenter; doch kam es nicht zum Krieg. Auf ihre Bitte wurde ihnen ein Waffenstillstand auf vierzig Jahre bewilligt und eine Lieferung von Getreide und Geld auferlegt.

2 An den Frieden von außen reihte sich sogleich der Zwist im Innern, von den Tribunen durch den Vorschlag der Landverteilungen angetrieben, war der Bürgerstand in Aufruhr. Die Konsuln, ohne sich im Geringsten durch die Verurteilung des Menenius oder die Gefahr des Servilius abschrecken zu lassen, widersetzten sich mit allen Kräften. Sobald sie ihr Amt niederlegten, belangte sie der Volkstribun Cnaeus Genucius. ***3*** Lucius Aemilius und Opiter Verginius traten das Konsulat an.

In einigen Jahrbüchern finde ich statt des Verginius einen Julius Vopiscus als Konsul erwähnt. In diesem Jahr – wer auch immer Konsul war – gingen die vor dem Volk angeklagten Furius und Manlius in kläglichem Aufzug eben sowohl bei den jüngeren Vätern als auch bei den Bürgerlichen umher. ***4*** Jenen rieten sie warnend, sie möchten sich der Ehrenämter und der Verwaltung des Staates enthalten, möchten die konsularischen Rutenbündel, die verbrämte Toga und den Thronsessel für nichts anderes als Prunkstücke ihres Leichenzuges ansehen. Mit diesen glänzenden Ehrenzeichen wie mit Opferbinden geschmückt, wurden sie zum Tod ausersehen. ***5*** Wenn etwa das Konsulat so große Reize für sie habe, so möchten sie noch jetzt sich davon überzeugen, dass ebendies Konsulat von der tribunizischen Gewalt bezwungen und niedergedrückt sei. Ein Konsul müsse gleich dem tribunizischen Gerichtsdiener in allen Stücken nach dem Wink und Befehl des Tribunen handeln. ***6*** Wenn er sich rühre, wenn er Rücksicht auf die Väter nehme, wenn er glaube, im Staat gebe es auch noch andere als bloß Bürgerliche, so möge er sich die Verbannung eines Cnaeus Marcius (Coriolanus), die Verurteilung und den Tod eines Menenius vor Augen stellen.

7 Entflammt durch solche Äußerungen, hielten die Väter ihre Beratungen nicht öffentlich, sondern in Privathäusern, und so, dass nur wenigen Mitwissern der Zutritt gestattet war.

Und da man hier völlig darin einig war, dass man die Beklagten retten müsse, sei es auf dem Wege des Rechts oder mit Gewalt, so fand auch jedes vorgeschlagene Mittel, je härter es war, desto größeren Beifall; und selbst der noch so verwegenen Tat fehlte es nicht am Täter.

8 Als nun am Gerichtstag die Bürger in gespannter Erwartung auf dem Platz standen, nahm es sie anfangs wunder, dass der Tribun nicht erschien. Als sein Ausbleiben schon einigermaßen verdächtig wurde, glaubten sie, er habe sich von den Großen schrecken lassen, und brachen in Klagen aus, dass er die Sache aller im Stich lasse und preisgebe. ***9*** Endlich brachten Leute, welche näher an die Haustür des Tribunen gegangen waren, die Nachricht, man habe ihn in seinem Haus tot aufgefunden. Als sich dieses Gerücht durch die ganze Versammlung verbreitete, liefen alle, wie ein Heer sich zerstreut, dessen Feldherr gefallen ist, nach allen Seiten auseinander. Der größte Schrecken aber befiel die Tribunen, die der Tod ihres Amtsgenossen belehrte, wie wenig Schutz ihnen die beschworenen Gesetze* gewährten. ***10*** Die Väter hingegen mäßigten sich nicht gehörig in der Kundgebung ihrer Freude und suchten alle sich der Tat so wenig zu entziehen, dass sogar die Schuldlosen dafür angesehen sein wollten, sie ausgeführt zu haben, und laut gesagt wurde, die tribunizische Gewalt wolle nun einmal durch schlimme Mittel gebändigt sein.

(55) Unmittelbar nach diesem Sieg, der ein so verderbliches Beispiel gab, kam der Befehl, eine Werbung zu halten, und weil die Tribunen noch vor Schrecken bebten, unterzogen sich ihr die Konsuln ohne allen Einspruch. ***2*** Nun vollends wurden die Bürgerlichen unwillig, mehr über die schweigenden Tribunen als über die ihre Macht ausübenden Konsuln. Sie sagten, es sei um ihre Freiheit geschehen; es sei wieder so wie früher; mit Genucius sei zugleich die tribunizische Gewalt gestorben und begraben. Man müsse andere Maßregeln ergreifen und daran denken, wie man den Vätern widerstehen könne. ***3*** Hier sei kein anderer Rat, als dass der Bürgerstand, weil er nirgends andere Hilfe sehe, sich selbst verteidige. Nur 24 Gerichtsdiener ständen den Konsuln zu Gebote, und noch dazu lauter Bürgerliche, ein sehr verächtlicher, ein sehr schwacher Schutz, sobald er seine Verächter finde. Das Große, das Furchtbare hierin schaffe sich ein jeder selbst.

4 Als sie durch Zuruf dieser Art einer dem andern Mut gemacht hatten, befahlen die Konsuln einem Gerichtsdiener, sich an Publius Volero zu machen, einen bürgerlichen, welcher behauptete, er brauche nicht Soldat zu werden, weil er Hauptmann gewesen sei. Volero rief den Beistand der Tribunen an. ***5*** Da ihm aber keiner von ihnen zu Hilfe kam, befahlen die Konsuln, dem Menschen die Kleider abzureißen und die Rutenbündel zu öffnen. *So rufe ich*, schrie Volero, *das Volk an, weil die Tribunen lieber einen römischen Bürger vor ihren Augen mit Ruten geißeln lassen, als sich in ihrem Bett von euch ermorden lassen wollen.*

Je trotziger er schrie, desto eifriger zerrte und riss der Gerichtsdiener ihm am Gewand. ***6*** Da erwehrte sich Volero, teils selbst ein starker Mann, teils durch die zu Hilfe Gerufenen, des Dieners, warf sich dorthin in das dichteste Gedränge, wo er die, welche aus Unwillen sich laut für ihn erklärten, am heftigsten schreien hörte, und wiederholte schreiend: *7 Ich rufe das Volk an und flehe zum ganzen Bürgerstand um Schutz. Mitbürger, zu Hilfe! zu Hilfe, ihr Waffenbrüder! Auf die Tribunen dürft ihr nicht warten, die eure Hilfe selbst nötig haben.*

8 Die zusammengeströmte Menge machte sich gleichsam zum Kampf fertig; man sah, sie würden alles aufs Spiel setzen und keinem würden weder öffentliche noch persönliche Rechte heilig sein. ***9*** Als sich nun die Konsuln diesem so großen Sturm aussetzten, machten sie bald die Erfahrung, dass Hoheit ohne Stärke sich nicht gehörig schützen könne. Man misshandelte ihre Diener, zerbrach die Rutenbündel, sie selbst wurden vom Markt in das Rathaus getrieben, ungewiss, wie weit Volero seinen Sieg verfolgen werde. ***10*** Als endlich der Lärm vorüber war

---

* S. Kap. 33.

und sie den Senat hatten berufen lassen, beklagten sie sich über ihre erlittenen Kränkungen, über die Gewalttätigkeit der Bürgerlichen, über Voleros Frechheit. ***11*** Viele stimmten für heftige Maßregeln, allein die Älteren behielten die Oberhand, die ihr Missfallen darüber äußerten, wenn der Unbesonnenheit des Bürgerhaufens der Senat von seiner Seite mit Heftigkeit begegne.

(56) Die Bürgerlichen machten den Volero, dem sie ihre ganze Liebe schenkten, am nächsten Wahltag zum Volkstribun auf das Jahr, welches den Lucius Pinarius und Publius Furius zu Konsuln hatte. ***2*** Und gegen die allgemeine Erwartung, da man nicht anders geglaubt hatte, als dass er alle Kräfte seines Tribunats aufbieten werde, die Konsuln des vorigen Jahres zu kränken, setzte er seinen Privatärger dem allgemeinen Besten nach, und ohne die Konsuln mit einem Wort zu beleidigen, schlug er bloß dem Volk vor, dass man sich zur Wahl der Obrigkeiten vom Bürgerstand nur nach den Bezirken versammeln solle. ***3*** Unter diesem dem ersten Anschein nach nichts weniger als furchtbaren Titel trug er auf eine Einrichtung an, die ganz und gar nicht geringfügig war, sondern den Patriziern alle Gelegenheit nahm, durch die Stimmen ihrer Schutzgenossen die zu Tribunen zu wählen, welche sie selbst wünschten.*

4 Freilich widersetzten sich die Väter dieser den Bürgerlichen höchst willkommenen Verhandlung aus allen Kräften; allein weder die Konsuln noch die Ersten des Senates vermochten über irgendeinen von den sämtlichen Tribunen so viel, dass er Einspruch erhoben hätte, das einzige Mittel, ihren Widerstand wirksam zu machen; und dennoch verzog sich die Sache, deren Veranstaltung ohnehin ihre Schwierigkeiten hatte, über die Streitigkeiten ein ganzes Jahr.

5 Die Bürgerlichen machten ihren Volero wieder zum Tribun. Die Väter, die einen äußerst heftigen Kampf erwarteten, machten den Appius Claudius, des Appius Sohn, zum Konsul, der schon seit den Streitigkeiten seines Vaters dem Bürgerstand verhasst und auf denselben erbittert war. Zum Amtsgenossen bekam er den Titus Quinctius.

6 Gleich mit dem Anfang des Jahres ging die Verhandlung über jenen Vorschlag allen anderen vor. Hatte Volero das Verdienst, ihn zuerst vorgebracht zu haben, so verfocht ihn sein Amtsgenosse Laetorius mit neuem Mut und Eifer. ***7*** Sein Kraftgefühl stützte sich auf seinen großen Kriegsruhm, weil ihn niemand von seinen Jahren an Taten des Armes übertraf. Volero ließ sich auf weiter nichts ein als auf seinen Vorschlag und enthielt sich aller Ausfälle gegen die Konsuln. Er hingegen begann mit Angriffen auf Appius und dessen Geschlecht, als wären es lauter Tyrannen und Verfolger des römischen Bürgerstandes. Er behauptete, in Appius hätten die Väter keinen Konsul, ***8*** sondern einen Henker gewählt, die Bürgerlichen zu martern und zu zerfleischen, und da versagte die bei dem bloßen Krieger ungeübt gebliebene Sprache seinem freimütigen und kühnen Geist den Ausdruck. ***9*** Wie er also in seiner Rede stecken blieb, sprach er: *Weil ich nicht so fertig in Worten bin, ihr Quiriten, als ich mein Wort zu halten pflege, so seid morgen hier. Ich will entweder hier vor euren Augen das Leben lassen oder den Vorschlag durchsetzen.*

10 Am folgenden Tag brachten sich die Tribunen früh genug in Besitz der Rednerbühne. Die Konsuln und der Adel, die den Vorschlag verhindern wollten, standen unten in der Versammlung. Da befahl Laetorius, jeden wegzupeitschen, der keine Stimme zu geben habe. ***11*** Die Jünglinge vom Adel standen, ohne dem Amtsboten zu weichen. Da wollte Laetorius einige greifen lassen. Dagegen behauptete der Konsul Appius, das Recht eines Tribunen erstrecke sich über keinen andern als über Bürgerliche. Das Tribunat sei nicht Obrigkeit des Gesamtvolkes, sondern des Bürgerstandes. ***12*** Und selbst diese Obrigkeit des Gesamtvolkes könne nach altem Herkommen

* Denn auf den Wahltagen nach Klassen und Zenturien stimmten die Vornehmen zuerst, und an die Bürgerlichen kam es nie. S. I,43 nach der Mitte. Die Wahlen nach Kurien hingen auch von der Zustimmung der Vögel ab, die in den Händen der Patrizier war. Allein die von Volero bewerkstelligte Wahl nach Bezirken wurde ohne alle Auspizien angestellt, und die Bürger stimmten Mann für Mann.

niemand befehlsweise wegschaffen, weil es jedes Mal heiße: *Wenn es euch gefällig ist, ihr Quiriten, so tretet ab.* Die Gewandtheit, mit der er, und zwar so verächtlich, von dem Recht des Tribunen sprach, musste den Laetorius aus der Fassung bringen. ***13*** Glühend vor Zorn schickte der Tribun seinen Amtsboten auf den Konsul, der Konsul seinen Gerichtsdiener auf den Tribunen, indem er diesen laut für einen Privatmann erklärte, der keinen Oberbefehl, keine Amtswürde habe, ***14*** und der Tribun wäre misshandelt worden, wäre nicht für ihn die ganze Versammlung tobend gegen den Konsul aufgestanden und die aus der ganzen Stadt herbeiströmende Menge auf den Markt zusammengelaufen.

Dennoch trotzte Appius mit Hartnäckigkeit einem so großen Sturm, ***15*** und es wäre zu einem blutigen Kampf gekommen, hätte nicht der andere Konsul Quinctius einigen Konsularen den Auftrag gegeben, seinen Amtsgenossen, wenn sie nicht anders könnten, mit Gewalt vom Gerichtsplatz abzuführen, und in eigener Person hier die aufgebrachten Bürger durch seine Bitten besänftigt, dort die Tribunen gebeten, die Versammlung aufzulösen, ***16*** sie möchten ihrem Zorn Zeit lassen. Die Zeit werde ihnen nichts an ihrer Kraft entziehen, sondern noch Einsicht zur Kraft hinzufügen. Die Väter würden sich dem Willen des Volkes fügen wie der Konsul dem Willen der Väter.

(57) Mit Mühe beruhigte Quinctius die Bürger, mit ungleich größerer beruhigten die Väter den andern Konsul. ***2*** Als endlich die Volksversammlung entlassen war, hielten die Konsuln Senat. Hier wechselten anfangs widersprechende Meinungen, je nachdem Furcht oder Zorn sie eingegeben hatte; je mehr sie indes durch die vergangene Zeit von der Hitze zu Beratungen übergingen, um so mehr verging ihnen die Lust zum Kampf, so dass sie dem Quinctius dafür Dank abstatteten, dass er durch seine Einwirkung den Zwist gemildert habe. ***3*** Den Appius ersuchte man, er möge sich's gefallen lassen, dass die konsularische Hoheit so groß sei, als es mit der Eintracht im Staat bestehen könne. Darüber, dass Tribunen und Konsuln, jeder auf seiner Seite, alles an sich rissen, sei der Vereinigungspunkt der Kräfte verlorengegangen. Man bekümmere sich mehr darum, in wessen Händen der Staat sei, wenn auch noch so sehr zerstückelt und zerrissen, als darum, ob er im Wohlstand sei.

4 Dagegen rief Appius Götter und Menschen zu Zeugen an, dass das allgemeine Beste aus Feigheit verraten und preisgegeben werde. Der Konsul lasse nicht den Senat, wohl aber der Senat den Konsul im Stich. Man lasse sich strengere Gesetze gefallen als einst auf dem Heiligen Berg. Doch von den Vätern überstimmt schwieg er, und der Vorschlag ging ohne allen Widerstand durch.

(58) Jetzt also wurden zum ersten Mal Tribunen nach Stimmen der Bezirke gewählt. Piso meldet, die Zahl sei auch um drei vermehrt worden, als ob vorher nur zwei gewesen wären. ***2*** Auch macht er diese Tribunen namhaft, den Cnaeus Sicinius, Lucius Numitorius, Marcus Duellius, Spurius Icilius, Lucius Mecilius.

3 Während der Uneinigkeit in Rom entstand ein Volsker- und Aequerkrieg. Sie hatten im Land geplündert, um dem Volk, wenn es etwa auswandern sollte, Gelegenheit zu geben, sich zu ihnen zu schlagen. Als aber die Sache beigelegt war, zogen sie sich mit ihrem Lager zurück. ***4*** Gegen die Volsker zog Appius Claudius; die Aequer bestimmte das Los dem Quinctius.

Die Härte des Appius, die im Feld dieselbe wie zu Hause war, war hier noch ungebundener, wo kein Tribun sie beschränkte. ***5*** Sein Hass gegen die Bürgerlichen war noch mehr als ein bloßes Erbstück vom Vater. Er selbst sei von ihnen besiegt. Man habe ihn, einen so ausgesuchten Konsul, der tribunizischen Gewalt entgegengestellt, und dennoch sei ein Vorschlag durchgegangen, den die vorigen Konsuln mit geringerem Kraftaufwand bei weit geringerer Erwartung der Väter hintertrieben hätten. ***6*** Dieser Groll, dieser Verdruss wurde für den stolzen Mann ein Sporn, seine Soldaten durch Grausamkeit zu plagen, aber dennoch ließen sie sich durch keine Gewalt bändigen, so tief waren sie vom Geiste der Widersetzlichkeit durchdrungen. ***7*** Unlustig, saumselig, nachlässig, widerspenstig waren sie in allem Tun, und weder Scham noch Furcht hielt sie in Ordnung. Befahl er schnelleren Schritt, so gingen sie geflissentlich langsamer. Wenn er als Treiber zur Arbeit erschien, so ließen alle in dem von selbst bewiesenen Fleiß nach. ***8*** War er zugegen, so schlugen sie die Augen nieder, ging er vorüber, so fluchten sie ihm insgeheim, so dass der von keinem Bürgerhass gebeugte Starrkopf oft nicht ohne Empfindung blieb. ***9*** Nachdem er alle Härte vergeblich angewandt hatte, ließ er sich selbst gar nicht mehr mit den Soldaten ein und sagte, die Hauptleute hätten das Heer verdorben, und nannte sie spottweise Volkstribunen, zuweilen auch Voleronen.

(59) Die Volsker wussten dies alles und drangen umso nachdrücklicher vor, weil sie hofften, das römische Heer werde gegen Appius dieselbe Widersetzlichkeit beweisen, die es gegen den Konsul Fabius bewiesen habe.* ***2*** Allein es ließ sie gegen Appius zu einem weit heftigeren Ausbruch kommen als gegen Fabius. Denn es wollte nicht allein nicht siegen, wie das Heer des Fabius, sondern es wollte sich besiegen lassen. In die Linie vorgeführt, eilte es in schimpflicher Flucht dem Lager zu und hielt nicht eher stand, als bis es die Volsker gegen seine Verschanzungen anrücken und das scheußliche Gemetzel in seiner Nachhut sah. ***3*** Dies zwang sie zu tätiger Gegenwehr, um den siegenden Feind wenigstens vom Wall zu vertreiben; doch sah man deutlich, der römische Soldat habe nur sein Lager nicht erobern lassen wollen, freue sich aber übrigens seiner Niederlage und seines Schimpfes.

4 Appius, dessen Starrsinn hierdurch nicht im Geringsten gebrochen wurde, wollte noch obendrein wüten und berief eine Versammlung. Da eilten die Unterfeldherren und Obersten zu ihm und warnten ihn, seinen Oberbefehl, dessen ganze Kraft auf der Zustimmung der Gehorchenden beruhe, geradezu aufs Spiel zu setzen. ***5*** Die Soldaten versicherten durchgehend, sie würden nicht zur Versammlung kommen, und man hörte sie hin und wieder laut rufen: Das Lager müsse aus dem Volskerland aufbrechen. Der siegende Feind sei kurz zuvor beinahe schon in den Toren und auf dem Wall gewesen, und nicht bloß die Ahnung eines großen Unglücks, sondern der offenbare Anblick stehe ihnen vor Augen.

6 Endlich gab er nach – wiewohl der Soldat nichts als Aufschub der Strafe gewann –, stand von der Versammlung ab, ließ den Aufbruch für den folgenden Tag bekannt machen und mit frühem Morgen zum Abzug blasen. ***7*** Gerade als sich der Zug aus dem Lager in Bewegung setzte, griffen die Volsker, die, wie leicht anzunehmen war, von demselben Zeichen geweckt waren, die Nachhut an. Das Getümmel, das von dort bis zur Vorhut drang, brachte durch den Schrecken eine solche Unordnung unter die Fahnen und Glieder, dass man keinen Befehl hören, noch das Heer in Schlachtordnung aufstellen konnte. ***8*** Jeder dachte nur an Flucht. Sie stürzten über zu Boden geworfene Menschen und Waffen so unaufhaltsam fort, dass der Feind eher von der Verfolgung als der Römer von der Flucht abließ.

9 Der Konsul, der unter vergeblichem Versuch, seine Leute zum Stehen zu bringen, nachgeeilt war, nahm sein Lager, nachdem er endlich die Flüchtigen aus der Zerstreuung wieder gesammelt hatte, auf vaterländischem Boden, berief sie zur Versammlung, schalt mit Recht auf ein Kriegsheer, das die Kriegszucht verwahrlost und die Fahnen preisgegeben habe, ***10*** und fragte jeden, wo er seine Fahne, seine Waffen gelassen habe. Dann ließ er die Soldaten ohne Waffen, die Fahnenträger ohne Fahne, und außer ihnen noch die Hauptleute und Doppellöhner,** die ihrem Glied entlaufen waren, mit Ruten peitschen und enthaupten. Aus der übrigen Menge wurde jeder, den unter Zehnen das Los traf, zur Hinrichtung bezeichnet.

---

* S. Kap. 43 Ende.

** *Duplicarius*, d. h. ein Soldat, der die doppelte Ration bekommt.

(60) Im Aequerland hingegen wetteiferten Konsul und Soldaten miteinander in Wohlwollen und Gefälligkeit. Quinctius war teils von Natur milder, teils bestimmte ihn die unglückliche Grausamkeit seines Amtsgenossen, sich lieber seinem Hang zu überlassen. **2** Die Aequer, die es nicht wagten, sich einer so großen Einigkeit zwischen Feldherrn und Heer entgegenzustellen, überließen ihr Land dem Feind, der umherziehend Beute machte und sie hier in keinem der früheren Kriege so von allen Orten zusammengetrieben hatte. **3** Sie wurde sämtlich den Soldaten gelassen. Hierzu kamen noch Lobsprüche, die den Krieger nicht weniger als Belohnungen erfreuen.

Zufrieden mit seinem Feldherrn und des Feldherrn wegen selbst mit den Vätern, kam das Heer zurück und erklärte, ihnen habe der Senat einen Vater, dem andern Heer einen Tyrannen gegeben.

4 Dies unter wechselndem Kriegsglück, unter fürchterlichen Streitigkeiten in Rom und im Heer verflossene Jahr zeichnet sich besonders durch das den Bezirken gegebene Wahlrecht aus, wobei gleichwohl der Sieg in dem darüber entstandenen Streit mehr Erwägung verdient als der Vorteil. **5** Denn durch die Ausschließung der Väter aus der Versammlung verlor der Wahltag mehr an Würde, als an Macht dem Bürgerstand zuwuchs oder den Vätern entging.

(61) Das folgende Jahr, unter den Konsuln Lucius Valerius und Tiberius Aemilius, war noch stürmischer, teils durch die Streitigkeiten der Stände über den Vorschlag der Landverteilungen, teils durch die Anklage des Appius Claudius, **2** welchen Marcus Duellius und Cnaeus Siccius vor Gericht forderten, weil er der heftigste Gegner des Vorschlages war und die Sache derer, welche die Staatsländereien im Besitz hatten, gleichsam als dritter Konsul verteidigte.

3 Nie war ein den Bürgerlichen so verhasster Angeklagter vor das Gericht gezogen wie er, beladen mit dem Groll gegen ihn selbst wie mit dem gegen seinen Vater. **4** Auch gaben sich die Väter nicht leicht für irgendeinen so viele Mühe. Der Verfechter des Senates, der Retter ihrer Hoheit, der, allen tribunizischen und bürgerlichen Stürmen entgegengestellt, bloß das Maß im Streit überschritten habe, werde den erbitterten Bürgern preisgegeben.

5 Nur einer von den Vätern, Appius Claudius selbst, achtete die Tribunen, den ganzen Bürgerstand und seine eigene Klagesache für nichts. Ihn konnten die Drohungen der Bürger, die Bitten des Senates durchaus nicht dazu bringen, nicht nur Trauerkleider anzulegen oder als Beklagter den Leuten die Hand zu drücken, sondern selbst, als er seine Sache vor dem Volk führen musste, nicht einmal dahin, seinen gewöhnlichen strafenden Vortrag im Geringsten zu mildern und herabzustimmen. **6** Er zeigte denselben Ausdruck im Gesicht, dieselbe Festigkeit sprach aus seinem Blick, derselbe Ton aus seiner Rede, so dass ein großer Teil der Bürger den angeklagten Appius ebenso sehr fürchtete, wie sie ihn als Konsul gefürchtet hatten. **7** Einmal verteidigte er sich in demselben anklagenden Ton, der allen seinen Reden eigen war, und setzte durch seine Standhaftigkeit die Tribunen und den ganzen Bürgerstand so in Staunen, dass sie ihm unaufgefordert den Gerichtstag weiter hinausrückten und dann sich die Sache verzögern ließen. **8** Unterdessen verlief einige Zeit. Doch ehe der verlängerte Termin herankam, starb er eines natürlichen Todes. **9** Versuchten es gleich die Volkstribunen, seine Leichenrede zu hintertreiben, so wollten doch die Bürger dem Begräbnistag eines so großen Mannes die hergebrachte Ehrenfeier nicht schmälern lassen. Sie liehen seiner Lobrede im Tod ihr Ohr so gern wie der Anklage bei seinem Leben und machten seinen Leichenzug durch ihr zahlreiches Gefolge feierlich.

(62) Da in demselben Jahr der Konsul Valerius, der mit einem Heer gegen die Aequer gezogen war, die Feinde nicht zum Treffen bringen konnte, wagte er einen Sturm auf ihr Lager. Diesen unterbrach ein schreckliches Gewitter, das mit Hagel und Donnerschlägen vom Himmel herabstürzte. **2** Kaum war das Zeichen zum Rückzug gegeben, so erfolgte, was die Römer noch weit mehr wunder nahm, ein so mildes, heiteres Wetter, dass sie sich ein Gewissen daraus machten,

ein Lager abermals anzugreifen, das gleichsam durch göttliche Einwirkung verteidigt wurde. Alle ihre Feindseligkeiten gingen nun auf Verheerung des Landes.

3 Der andere Konsul Aemilius führte den Krieg im Sabinerland. Hier wurde ebenso, weil der Feind in seinen Mauern blieb, das Land verwüstet. ***4*** Durch das Niederbrennen ihrer Landhäuser, ja der volkreichsten Dorfschaften zum Aufbruch getrieben, gingen endlich die Sabiner den verheerenden Feinden entgegen und zogen sich nach einem unentschiedenen Treffen den Tag darauf mit ihrem Lager in eine sichere Gegend zurück. ***5*** Dies genügte dem Konsul, um den Feind als besiegt zu verlassen, obgleich er bei seinem Abzug den Krieg unbeendet ließ.

(63) Während dieser Kriege, in denen die Uneinigkeit daheim fortdauerte, wurden Titus Numicius Priscus und Aulus Verginius Konsuln. ***2*** Länger schien der Bürgerstand den Aufschub der vorgeschlagenen Landverteilung nicht gestatten zu wollen, und man machte sich zum heftigsten Kampf bereit, als der Rauch der angezündeten Landgüter und die Flucht der Landleute von der Annäherung der Volsker Nachricht gab. Dies dämpfte den gereiften und beinahe schon ausbrechenden Aufruhr. ***3*** Die Konsuln, sogleich vom Senat zum Krieg beordert, machten dadurch, dass sie mit den Dienstfähigen aus der Stadt zogen, auch die übrigen Bürger ruhiger. ***4*** Die Feinde, die den Römern bloß einen leeren Schrecken eingejagt hatten, zogen eilig wieder ab. ***5*** Numicius ging nach Antium gegen die Volsker, Verginius gegen die Aequer. Hier hätte man durch Überfall aus einem Hinterhalt beinahe eine große Niederlage erlitten, allein die Tapferkeit der Soldaten stellte die durch Fahrlässigkeit des Konsuls verfahrene Sache wieder her. ***6*** Die Anführung im Volskerland war besser. Die Feinde wurden gleich im Anfang der Schlacht geschlagen und auf ihrer Flucht bis in die für die damaligen Zeiten sehr mächtige Stadt Antium getrieben. Diese wagte der Konsul nicht anzugreifen, nahm aber den Antiaten Ceno, eine andere bei Weitem nicht so bedeutende Stadt.

7 Während die Aequer und Volsker die römischen Heere beschäftigten, drangen die Sabiner plündernd bis an die Tore Roms. Nach wenigen Tagen aber litten sie selbst von zwei Heeren, da beide Konsuln aus Rache in ihr Land fielen, mehr Schaden, als sie gestiftet hatten.

(64) Am Ende des Jahres genoss man etwas Frieden, der aber, wie immer, durch die Uneinigkeit der Väter und Bürger gestört war. ***2*** Die unzufriedenen Bürgerlichen wollten nicht in der Versammlung zur Konsulwahl erscheinen. Also wählten die Väter und ihre Klienten den Titus Quinctius und Quintus Servilius zu Konsuln.

Sie hatten ein dem vorigen ähnliches Jahr, einen Anfang mit Aufruhr und dann durch einen auswärtigen Krieg bewirkte Ruhe. ***3*** Die Sabiner, die nach einem eiligen Durchmarsch über die Crustuminischen Ebenen am Fluss Anio Mord und Brand verübt hatten, wurden zwar nahe am Collinischen Tor von den Mauern zurückgetrieben, führten aber eine große Menge Menschen und Vieh als Beute weg. ***4*** Der Konsul Servilius, der ihnen mit einem schlagfertigen Heer nachsetzte, konnte den eigentlichen Zug im freien Feld nicht erreichen, verbreitete aber seine Verheerungen so weit umher, dass nichts vom Ungemach des Krieges verschont blieb, und er mit Beute aller Art beladen zurückkehrte.

5 Auch im Volskischen führten die Soldaten nicht weniger als der Feldherr die Sache des Staates trefflich. In der ersten Schlacht, die auf freiem Feld geliefert wurde, gab es auf beiden Seiten viele Tote und noch mehr verwundete, ***6*** und die Römer, denen bei ihrer geringeren Anzahl der Verlust um so fühlbarer war, wären gewichen, wenn nicht der Konsul durch eine zweckmäßige Lüge, indem er mehrmals rief, der Feind fliehe schon auf dem anderen Flügel, seine Linie vorwärtsgetrieben hätte. In diesem erneuerten Angriff siegten sie, weil sie zu siegen glaubten. ***7***Aus Besorgnis, durch ein zu ernsthaftes Nachsetzen eine neue Schlacht zu veranlassen, gab der Konsul das Zeichen zum Rückzug. ***8*** Dann verstrichen einige Tage, in denen man sich von beiden Seiten

Ruhe gönnte, als hätte man schweigend Waffenstillstand geschlossen, und während derselben zog sich eine bedeutende Verstärkung aus allen Völkerschaften der Volsker und Aequer in das Lager, in der festen Erwartung, dass die Römer, sobald sie dies merkten, bei Nacht abziehen würden. ***9*** Also kamen sie gegen die dritte Nachtwache, das Lager anzugreifen. ***10*** Quinctius hatte kaum den Lärm, den der erste Schrecken erregte, gestillt, da befahl er seinen Soldaten, ruhig in ihren Zelten zu bleiben, führte eine Kohorte Herniker auf den Vorposten hinaus, ließ die Hornbläser und Trompeter aufsitzen, hieß sie vor dem Wall blasen und den Feind bis zum Tag in Unruhe erhalten. ***11*** Während der übrigen Nacht war im Lager alles so ruhig, dass die Römer sogar zum Schlafen kommen konnten. Die Volsker hielt der Anblick des bewaffneten Fußvolks, das sie für zahlreicher und für Römer hielten, das Schnauben und Wiehern der Pferde, die unter einem fremden Reiter und über den ihre Ohren durchdringenden Schall noch lauter tobten, gespannt wie auf einen Angriff der Feinde.

(65) Als es tagte, trat der Römer kraftvoll und durch Schlaf erquickt in Schlachtordnung und brachte den vom Stehen und Wachen ermüdeten Volsker gleich beim ersten Angriff zum Weichen, ***2*** wiewohl die Feinde mehr wichen als getrieben wurden, denn hinter ihnen lagen Hügel, auf welche sich die hinteren Glieder in voller Ordnung sicher zurückzogen.

Als der Konsul an die Anhöhe kam, ließ er anhalten. Allein die Soldaten waren kaum zu halten, sie schrien und verlangten, den Geschlagenen nachsetzen zu dürfen. ***3*** Noch ungestümer benahm sich die Reiterei. Sie umringte den Feldherrn und rief, sie wolle den Vortrab machen. Während der Unschlüssigkeit des Konsuls, dem die Tapferkeit seiner Krieger gewiss, aber das Terrain zu bedenklich war, schrien sie alle, sie würden anrücken, und auf das Geschrei folgte die Tat. Sie pflanzten die Wurfspieße in die Erde, um so leichter die Anhöhen zu ersteigen, und gingen laufend bergan. ***4*** Als die Volsker sie beim ersten Angriff mit allen ihren Wurfwaffen überschüttet hatten, warfen sie die Steine, die ihnen vor den Füßen lagen, auf die bergan Rückenden und setzten ihnen in der Unordnung von oben herab mit häufigen Würfen zu. Dies wäre dem linken Flügel der Römer beinahe zu viel geworden, hätte nicht, als sie schon wichen, der Konsul, der bald ihre Verwegenheit, bald ihre Feigheit schalt, durch Ehrgefühl ihre Furcht verdrängt. ***5*** Zuerst hielten sie hartnäckig stand, dann wagten sie, so gut es ihnen gegen den die Höhe behauptenden Feind möglich war, heranzukommen, und brachen mit erneuertem Geschrei in Schlachtreihe auf. In einem erneuten Anlauf arbeiteten sie sich hinauf und überwanden die Schwierigkeiten der Örtlichkeit. ***6*** Schon waren sie nahe daran, den höchsten Rücken des Hügels zu ersteigen, als die Feinde die Flucht ergriffen, und in wildem Lauf, fast in einem Zug, stürzten Fliehende und Verfolger in das Lager. In dieser Bestürzung wurde das Lager erobert. Wer von den Volskern entrinnen konnte, floh nach Antium.

7 Auch gegen Antium wurde das römische Heer geführt. Nach einer Einschließung von wenigen Tagen ergab sich die Stadt, ohne weitere Anstrengung von Seiten der Belagerer, weil ihre Verteidiger schon seit jener unglücklichen Schlacht und dem Verlust ihres Lagers mutlos waren.

Drittes Buch

Inhalt

Unruhen über vorgeschlagene Landverteilungen. Das Capitolium wird von Vertriebenen und Sklaven eingenommen und, nachdem man dieselben niedergehauen, wiedergewonnen. Zweimal Schätzung. Bei dem ersten Schätzungsopfer wurden 114 214 Bürger geschätzt, die Waisen und Witwen nicht mitgerechnet; bei dem zweiten 117 219. Ein unglückliches Treffen mit den Aequern veranlasst die Römer, den Lucius Quinctius Cincinnatus, der auf dem Land bei seiner Beschäftigung mit der Feldarbeit zum Diktator ernannt wird, zur Führung dieses Krieges holen zu lassen. Er lässt die besiegten Feinde unter einem Joch durchziehen. Die Zahl der Volkstribunen wird 36 Jahre nach den ersten Volkstribunen auf zehn vermehrt. Man erbittet sich Athens Gesetze durch eine Gesandtschaft, und als sie ankommen, werden, um sie abzufassen und einzuführen, statt der Konsuln Dezemvirn ohne alle weitere Obrigkeit gewählt, im Jahr nach Roms Erbauung 302: Und so, wie von den Königen auf die Konsuln, ging jetzt die höchste Gewalt von den Konsuln auf die Dezemvirn über. Sie hängten zehn Gesetztafeln aus, benahmen sich in ihrem Amt sehr mäßig, und als man deshalb diese Regierungsverfassung auch für das folgende Jahr beibehielt, vermehrten sie die Gesetztafeln mit zwei neuen, übten aber mancherlei Übermut aus, wollten ihr Amt nicht niederlegen und setzten es auch für das dritte Jahr fort, bis endlich ein Verbrechen des Appius Claudius ihrer verhassten Regierung ein Ende machte. Er hatte sich in eine Bürgerstochter verliebt, stellte jemand an, der sie als seine Sklavin in Anspruch nehmen musste, und setzte ihren Vater Verginius, der sie nicht anders retten konnte, in die Notwendigkeit, ehe er seine Tochter dem Willen des Entehrers preisgäbe, sie mit einem im nächsten Laden ergriffenen Messer zu durchstechen. Empört über diese Zügellosigkeit des Wollüstlings besetzen die Bürger den Aventin und zwingen die Dezemvirn, vom Amt abzutreten. Die strafbarsten unter ihnen, Appius und einer seiner Amtsgenossen, werden ins Gefängnis geworfen, die übrigen verbannt, außerdem lesen wir Siege über Volsker, Aequer, Sabiner; auch einen Rechtsspruch, der dem römischen Volk nicht zur Ehre gereicht. Von den Ardeaten und Aricinern zum Schiedsrichter ernannt, sprach es den streitigen Acker sich selbst zu.

(1) Nach der Eroberung von Antium wurden Tiberius Aemilius und Quintus Fabius Konsuln. Dies war derselbe Fabius, der von seinem an der Cremera vernichteten Geschlechte allein übrig geblieben war.

2 Aemilius hatte schon in seinem ersten Konsulat zur Abgabe von Ländereien an die Bürgerlichen geraten. Also erwarteten auch in seinem zweiten Konsulat die bei der Ackerverteilung Beteiligten ein Gesetz, und die Tribunen ließen sich auf die Sache ein, in der Überzeugung, dass das, was sie so oft gegen die Konsuln versucht hätten, nun vollends mit Hilfe eines Konsuls durchgesetzt werden könne; und der Konsul blieb bei seiner Meinung. **3** Die Besitzer, ein großer Teil der Väter nämlich, wälzten durch ihre Vorwürfe, dass der erste Mann im Staat sich in Anregungen, eines Tribuns würdig, gefalle, und mit Schenkungen von fremdem Eigentum sich zum Günstling des Volkes mache, den Hass der ganzen Sache von den Tribunen auf den Konsul. **4** Schon war ein heftiger Streit im Anzug, allein Fabius löste die schwierige Lage durch eine Auskunft, die keinem von beiden Teilen wehe tat. Man habe ja noch beträchtliche Ländereien, welche Titus Quinctius im vorigen Jahr in seinem glücklichen Feldzug den Volskern abgenommen habe. **5** Man könne nach Antium, einer Stadt in dieser Nähe, mit dieser vorteilhaften Lage und am Meer gelegen, Siedler abgehen lassen: So könnten sich die Bürger, ohne die Ackerbesitzer unzufrieden zu machen, auf Ländereien ansiedeln, und der Staat bliebe in Eintracht. **6** Sein Vorschlag wurde angenommen, und er ernannte zu Dreimännern über die Verteilung des Ackers Titus Quinctius, Aulus Verginius und Publius Furius. Wer Land annehmen wollte, wurde aufgefordert, sich zu melden. **7** Die Befriedigung bewirkte, wie gewöhnlich, sogleich Unlust, und es ließen sich so wenige eintragen, dass man, um die volle Zahl von Siedlern zu haben, noch Volsker dazunehmen musste. Das übrige Volk wollte lieber in Rom Land fordern als es anderswo annehmen.

8 Den Quintus Fabius baten die Aequer, denn er war mit einem Heer gegen sie gezogen, um Frieden, und brachen diesen wieder durch einen unerwarteten Einfall ins Latinergebiet.

(2) Quintus Servilius, der im folgenden Jahr gegen die Aequer geschickt wurde – denn er war mit Spurius Postumius Konsul –, hatte sein Standlager im Latinergebiete. Eine Krankheit, die das Heer befiel, hielt es im Lager in erzwungener Ruhe. **2** Der Krieg zog sich ins dritte Jahr, in das Konsulat des Quintus Fabius und Titus Quinctius. Weil Fabius schon einmal als Sieger den Aequern Frieden gegeben hatte, wurde ihm dieser Krieg ohne Los übertragen.

3 In der gewissen Erwartung, dass der Ruf seines Namens die Aequer zum Frieden bestimmen werde, schickte er im Anzug gegen sie Gesandte an die Versammlung ihrer Völkerstämme mit dem Auftrag, der Konsul Quintus Fabius lasse ihnen sagen, er habe von den Aequern den Frieden nach Rom gebracht und bringe von Rom den Aequern Krieg in derselben bewaffneten Rechten, die er ihnen vormals friedlich gereicht habe. **4** Das Volk, dessen Treulosigkeit und Meineid dies veranlasse, sei den Göttern als Zeugen nicht unbekannt, und es habe nächstens ihre Rache zu erwarten. Wie dem aber auch sein möge, er selbst wünsche jetzt noch, die Aequer möchten das Geständnis der Reue einer feindlichen Behandlung vorziehen. **5** Zeigten sie Reue, so könnten sie sich sicher an Roms erprobte Gnade wenden, beharrten sie aber im Meineid, so würden sie bei Führung des Krieges mehr den Zorn der Götter als der Feinde zu fürchten haben.

6 Diese Vorstellungen brachten so wenig Wirkung hervor, dass sie sich beinahe an den Gesandten vergriffen hätten, und es zog gegen die Römer ein Heer an den Berg Algidus.

7 Als dies nach Rom gemeldet wurde, ließ man mehr aus Unwillen als aus Besorgnis auch den andern Konsul aus der Stadt aufbrechen. So rückten zwei konsularische Heere in Schlachtordnung gegen den Feind, um sogleich zu schlagen. **8** Weil aber gerade vom Tag nicht viel mehr übrig war, rief einer vom Posten der Feinde ihnen zu: *Das heißt, zur Schlacht sich sehen lassen, ihr Römer, nicht schlagen;* ***9*** *gegen Anbruch der Nacht stellt ihr die Linie auf. Zu dem Kampf, der unser wartet, haben wir länger Tag nötig. Morgen mit der kommenden Sonne tretet wieder auf! Der Kampf soll euch angeboten werden; seid unbesorgt.* **10** Gereizt durch diese Rede und bis auf den folgenden Tag ins Lager zurückgeführt, sah der Soldat einer in seinen Augen langen Nacht entgegen, weil sie den Kampf verzögerte. Dann stärkten sie sich durch Speise und Schlaf.

Mit Anbruch des folgenden Tages stand viel früher die römische Linie da; endlich traten auch die Aequer auf. **11** Der Kampf war auf beiden Seiten heftig. Die Römer fochten voll Erbitterung und Hass, die Aequer zwang das Bewusstsein der durch eigene Schuld herbeigeführten Gefahr und die Überzeugung, dass man ihrem Wort nicht wieder trauen werde, das Äußerste zu wagen und aufzubieten. *12* Dennoch konnten einer römischen Linie die Aequer nicht standhalten. Und als sie geschlagen sich in ihr Land zurückgezogen hatten, wurde der freche Haufe, den dies alles nicht im Mindesten zum Frieden geneigter machte, gegen seine Feldherren laut, dass sie es hätten zu einer Schlacht kommen lassen, worin sich der Römer durch Kriegskunst auszeichne. *13* Die Aequer leisteten mehr auf Plünderungen und Überfällen, und zur Führung ihrer Kriege seien viele verteilte Haufen geeigneter als das schwerfällige Ganze eines einzigen Heeres.

(3) Nach Zurücklassung einer Deckung im Lager rückten sie aus und fielen so lärmend in das römische Gebiet ein, dass sie die Stadt selbst in Schrecken setzten. *2* Teils vergrößerte hier das Unerwartete der Sache die Bestürzung, weil man nichts weniger fürchten konnte, als dass ein geschlagener und beinahe in seinem Lager eingeschlossener Feind an Plünderung denken könne, *3* teils hörte man in dem Geschrei der voll Angst in die Tore hereinstürzenden Landleute nicht etwa von Verwüstung, nicht von kleinen Scharen von Plünderern, sondern, weil sie alles aus falscher Furcht übertrieben, feindliche Heere und Legionen wären schon da und brächen geradezu gegen die Stadt herein. *4* Die nächsten gaben das, was sie von ihnen ungenau hörten, umso unsicherer an andere weiter. Das Hin- und Herlaufen und Geschrei der zu den Waffen Rufenden glich fast der Angst in einer eroberten Stadt.

5 Der Konsul Quinctius, der gerade jetzt vom Algidus nach Rom zurückkam – dies rettete sie aus der Angst –, beruhigte den Auflauf, verwies ihnen ihre Furcht vor besiegten Feinden und besetzte die Tore. *6* Dann berief er den Senat, kündigte nach Senatsbeschluss einen Gerichtsstillstand an und zog mit Hinterlassung des Quintus Servilius als Stadtkommandanten zur Deckung der Grenzen aus, fand aber auf dem platten Land keinen Feind.

7 Dem andern Konsul glückte eine herrliche Tat. Er überfiel auf dem Weg, auf dem er ihn erwarten konnte, den mit Beute beladenen Feind, der sehr schwerfällig herangezogen kam, und ließ ihn empfindlich für seine Plünderung büßen. *8* Wenige Feinde entrannen diesem Überfall, und alle Beute bekam man wieder. So machte die Rückkehr des Konsuls Quinctius in die Stadt dem Gerichtsstillstand, der vier Tage gedauert hatte, ein Ende.

9 Darauf wurde von Quinctius die Schätzung gehalten und das Schätzungsopfer vollzogen. Die Zahl der geschätzten Bürger soll sich auf 104 214 belaufen haben, die Waisen und Witwen nicht mitgerechnet.

10 Im Aequerland fiel weiter nichts Merkwürdiges vor. Sie wichen in ihre Städte und ließen den Feind im Land brennen und plündern. Nachdem der Konsul mit seinem Heer, das sich Verwüstung vorgenommen hatte, das ganze feindliche Gebiet mehrmals durchzogen hatte, kehrte er mit großem Ruhm und großer Beute nach Rom zurück.

(4) Es folgen die Konsuln Aulus Postumius Albus und Spurius Furius Fusus. Einige schreiben diese Familie statt Furier auch Fusier. Dies bemerke ich, damit niemand in der Verschiedenheit, die nur die Namen trifft, verschiedene Männer suche.

2 Es unterlag keinem Zweifel, dass einer von den Konsuln den Krieg mit den Aequern führen werde. Also baten die Aequer die Volsker von Ecetra* um Hilfe. Sie wurde ihnen mit Freuden bewilligt; so sehr wetteiferten diese Staaten in beständigem Hass gegen die Römer und rüsteten sich mit aller Macht zum Krieg. *3* Die Herniker merkten es und zeigten den Römern vorläufig an, dass die Ecetraner zu den Aequern abgefallen wären. Auch die Kolonie Antium war verdächtig. Denn von hier war eine Menge Menschen, als die Stadt erobert wurde, zu den Aequern geflüchtet, und gerade diese hatten im Krieg den Aequern die besten Dienste geleistet. *4* Als sich dann die

* S. II,25,Ende.

Aequer in ihre Städte retteten, kehrte dieser Haufe aus seiner Zersplitterung nach Antium zurück und machte die schon wankenden Kolonien den Römern abtrünnig. *5* Da nun dem Senat, ehe noch die Sache reif war, nur ihre Vorbereitungen zum Abfall gemeldet wurden, gab er den Konsuln den Auftrag, die Vornehmsten der Kolonie nach Rom kommen zu lassen und sie zu befragen, was das zu bedeuten habe. *6* Sie erschienen ohne Bedenken, beantworteten aber, als sie von den Konsuln vor den Senat geführt wurden, die vorgelegten Fragen so, dass sie verdächtiger entlassen wurden als sie gekommen waren. *7* Jetzt galt der Krieg als gewiss.

Der eine Konsul, dem das Los diesen Krieg bestimmte, Spurius Furius, zog gegen die Aequer, fand im Hernikerland den plündernden Feind, und ohne dessen Stärke zu kennen, weil er sie nirgends im Ganzen gesehen hatte, überließ er sein an Zahl schwächeres Heer einer Schlacht. *8* Beim ersten Angriff geschlagen, zog er sich ins Lager zurück, war aber auch hier noch nicht außer Gefahr. Denn in der nächsten Nacht und am folgenden Tag wurde das Lager mit solchem Nachdruck eingeschlossen und bestürmt, dass von hier aus auch nicht einmal die Nachricht nach Rom kommen konnte. *9* Man erfuhr es durch die Herniker, dass eine Schlacht verloren und der Konsul mit seinem Heer eingeschlossen sei; und sie jagten den Vätern einen solchen Schrecken ein, dass dem andern Konsul Postumius der Auftrag gegeben wurde, solche Anstalten zu treffen, dass der Staat nicht gefährdet werde, eine Form des Senatsbeschlusses, welche immer für einen Beweis der höchsten Not galt. *10* Man hielt es für das Beste, den Konsul selbst in Rom zurückzuhalten, um alle Waffenfähigen auszuheben, und statt des Konsuls mit einem Heer von Bundesgenossen den Titus Quinctius dem Lager zu Hilfe zu senden. *11* Um es vollzählig zu machen, mussten die Latiner, Herniker und die Kolonie Antium dem Quinctius Unitarier stellen: So nannte man damals die von den Bundesgenossen in Eile aufgebrachten Soldaten.

(5) Es gab in diesen Tagen mancherlei Bewegungen und Angriffe von mehr als einer Seite, weil die an Mannschaft überlegenen Feinde es darauf anlegten, die Macht der Römer auf mehreren Punkten zu beunruhigen, insofern sie nicht gegen alles ausreichen würde. *2* Während sie das Lager bestürmten, schickten sie zugleich einen Teil ihres Heeres ab, um das römische Gebiet zu plündern, und wenn sich Gelegenheit darböte, einen Versuch auf die Stadt selbst zu machen.

3 Zum Schutz der Stadt blieb Lucius Valerius zurück; den Plünderungen im Land zu steuern, musste der Konsul Postumius ausrücken. Man ließ es nirgends an Aufmerksamkeit und Anstrengung fehlen. *4* In der Stadt wurden Wachen aufgestellt, vor die Tore stellte man Posten und Verteidiger auf die Mauern, und der bei einer solchen Verwirrung nötig gewordene Gerichtsstillstand dauerte mehrere Tage.

5 Unterdessen unternahm der Konsul Furius, der anfangs die Einschließung im Lager ruhig gelitten hatte, auf den unvorbereiteten Feind einen Ausfall aus dem Hintertor; und da er ihn hätte verfolgen können, machte er Halt, um nicht das Lager einem Angriff von der entgegengesetzten Seite auszusetzen. *6* Der Unterfeldherr Furius aber – er war der Bruder des Konsuls – führte sein Ungestüm zu weit, und in der Hitze des Verfolgens bemerkte er weder den Rückzug der Seinigen noch den Angriff der Feinde in seinem Rücken. Abgeschnitten machte er mehrere wiederholte Versuche, sich zum Lager einen Weg zu bahnen, aber vergebens: Er fiel nach tapferer Gegenwehr. *7* Der Konsul selbst, der auf die Nachricht von der Umzingelung seines Bruders zur Schlacht umkehrte, sich aber mehr auf gut Glück als mit der nötigen Vorsicht mitten in den Kampf stürzte, machte dadurch, dass er eine Wunde bekam und von den Umstehenden nur mit Mühe gerettet wurde, die Seinigen bestürzt und die Feinde desto kecker. *8* Im Gefühl ihrer Taten, den Unterfeldherrn getötet und den Konsul verwundet zu haben, trotzten sie jedem Widerstand, während die ins Lager zurückgetriebenen Römer, ihnen weder an Mut noch an Kräften gleich, sich von Neuem eingeschlossen sahen. Es stand sehr misslich um das Ganze, als Titus Quinctius mit fremder Hilfe, mit einem Heer von Latinern und Hernikern, ihr Retter wurde. ***9*** Da er die gegen das römische Lager gewandten Aequer, die den Kopf des Unterfeldherrn übermütig zur Schau trugen, im Rücken angriff und zugleich auf ein von ihm in der Ferne gegebenes Zeichen ein Ausfall aus dem Lager erfolgte, hieb er von den in die Mitte genommenen Feinden eine große Menge nieder.

10 Auf römischem Boden verloren die Aequer nicht so viele Leute, wurden aber viel weiter auseinandergesprengt. Postumius nämlich hatte sie auf mehreren Punkten, die sehr zweckmäßig von ihm besetzt waren, angegriffen, als sie in Schwärmen ihre Beute fortführten. Ohne Haltung und in Züge von Flüchtlingen zersprengt, stießen sie auf den Sieger Quinctius, als er mit dem verwundeten Konsul heimkehrte. ***11*** Hier rächte das konsularische Heer die Verwundung des Konsuls und den mit seinen Kohorten gefallenen Unterfeldherrn durch einen herrlichen Sieg.

Unstreitig war in diesen Tagen der Verlust, den man auf beiden Seiten zufügte und selbst erlitt, beträchtlich. ***12*** Allein bei einer so alten Begebenheit die Anzahl der Kämpfenden und Gefallenen bestimmen zu wollen, bleibt, wenn es um Zuverlässigkeit geht, zu misslich. Gleichwohl wagt es Valerius Antias,* die Summen anzuschlagen. ***13*** Die Römer hätten im Hernikerland 5800 Mann verloren; von Plünderern der Aequer, die das römische Gebiet verheerend durchstreiften, habe der Konsul Aulus Postumius 2400 niedergemacht, der übrige mit Beute fortziehende Schwarm, der auf Quinctius stieß, sei bei Weitem nicht mit so geringem Verlust davongekommen. Es seien von ihnen 4000 erschlagen worden, und um die Zahl recht genau anzugeben, fügt er hinzu: und 230.

14Als nach der Rückkehr des Heeres in Rom der Gerichtsstillstand aufgehoben war, glaubte man den Himmel in vollem Feuer zu sehen, und noch andere Wunderzeichen wurden entweder beobachtet oder drohten den Erschreckten in eingebildeten Erscheinungen. Diese Drohungen abzuwenden, wurde eine dreitägige Feier verordnet, während welcher alle Tempel eine Menge von Männern und Frauen füllte, welche die Gnade der Götter anflehten. ***15*** Nun wurden die Kohorten der Latiner und Herniker, denen der Senat für ihre tätige Hilfeleistung im Krieg Dank sagte, nach Hause entlassen. Die tausend Antiaten hingegen, welche nach der Schlacht mit ihrer Hilfe zu spät gekommen waren, schickte man fast mit Schimpf zurück.

(6) Hierauf wurde der Wahltag gehalten. Die gewählten Konsuln, Lucius Aebutius und Publius Servilius, traten am ersten Sextilis (August), den man damals als Neujahrstag beging, ihr Konsulat an. ***2*** Es war eine ungesunde Zeit (und gerade die Jahreszeit der Seuchen) für Stadt und Land, für Vieh und Menschen; und sie verschlimmerten die Krankheit noch dadurch, dass sie aus Furcht vor Plünderung die Herden und die Landleute in die Stadt aufnahmen. ***3*** Bei diesem Zusammenfluss von lebenden Wesen aller Art befielen die Städter durch den ihnen ungewohnten Geruch, die in enge Häuser zusammengedrängten Landleute durch die Hitze und schlaflosen Nächte Krankheiten, und gegenseitige Dienstleistungen, ja die Berührung selbst, verbreiteten die Krankheiten. ***4*** Kaum konnte man die Not, die man vor Augen sah, noch ertragen, als unerwartet Gesandte der Herniker meldeten, dass auf ihrem Boden die vereinigten Aequer und Volsker ein Lager aufgeschlagen hätten und von dort aus ihr ganzes Land mit einem großen Heer verwüsteten.

5 War schon der schwach besetzte Senat den Bundesgenossen ein Zeichen dafür, wie sehr der Staat durch die Seuche gelitten habe, so erhielten sie auch den traurigen Bescheid, die Herniker möchten in Verbindung mit den Latinern ihr Eigentum selbst schützen. Die Stadt Rom werde durch die Ungnade der Götter unerwartet von einer Seuche verheert. Sollte diese Plage einigermaßen nachlassen, so werde sie ihren Bundesgenossen, wie im Jahr zuvor und sonst immer,

---

* Ein römischer Geschichtsschreiber um die Zeit des Sulla, dessen Ende in Ciceros Jugend fällt. Mit seinen Übertreibungen ist Livius auch Buch 26, Kap. 49 und Buch 26, Kap. 38 unzufrieden.

Hilfe leisten. *6* So gingen die Bundesgenossen ab und brachten auf eine traurige Nachricht den Bundesgenossen einen noch traurigeren Bescheid. Denn sie sollten nun allein sich in einem Krieg wehren, dessen sie sich, selbst von Roms Macht gestützt, kaum erwehrt hätten.

7 Länger beschränkte sich der Feind nicht auf das Hernikerland. Er fiel von hier aus ins römische Gebiet ein, das auch ohne die Unbilden des Krieges schon verwüstet war. Als ihnen hier niemand, auch nicht einmal ein Unbewaffneter entgegenkam, und sie alles, wo sie durchzogen, nicht nur unbesetzt von Posten, sondern auch vom Landmann unbestellt fanden, rückten sie auf der Gabinischen Straße bis zum dritten Meilenstein vor.

8 Der römische Konsul Aebutius war gestorben; sein Amtsgenosse Servilius lag fast hoffnungslos darnieder, die meisten Großen waren angesteckt; der größere Teil der Väter, die Dienstfähigen fast alle, so dass es an Mannschaft nicht allein zum Aufbruch fehlte, wie eine so dringende Beunruhigung ihn forderte, sondern sogar zur Besetzung friedlicher Posten. *9* Die Wachen versahen die Senatoren in eigener Person, sofern Alter und Gesundheitszustand es erlaubte; den Rundgang und die Bestellung hatten die plebejischen Ädilen (Polizeiaufseher), welchen jetzt die höchste Regierung und der Rang der Konsuln anheim gefallen war.

(7) Das verlassene Ganze, das ohne Haupt, ohne Kräfte war, fand seinen Schutz in den über die Stadt waltenden Göttern und ihrem Glück, welche den Aequern und Volskern mehr den Sinn von Räubern als von Feinden gaben. *2* Denn die Mauern Roms zu erobern, ja nur einen Versuch auf sie zu machen, fiel ihnen nicht ein, und der Anblick der fernen Häuser und ragenden Hügel erfüllte sie mit solcher Scheu, *3* dass sie auf ein im ganzen Lager sich verbreitendes lautes Murren, warum man in einem öden und verlassenen Land unter hinsiechenden Herden und Menschen untätig und beuteleer die Zeit verbringe, da man sich in ganz unberührte Gegenden, in das mit Überfluss gesegnete tuskulanische Gebiet wenden könne – plötzlich mit ihren Fahnen aufbrachen und auf Querwegen durch das Gebiet von Labici auf die Höhen von Tuskulum hinübergingen. Hierher zogen sich nun die ganze Gewalt und der ganze Sturm des Krieges.

4 Unterdessen zogen die Herniker und Latiner, von Scham zugleich und nicht bloß von Mitleid ergriffen, wenn sie den mit einem Kriegsheer vor Rom rückenden gemeinschaftlichen Feind nicht abgewehrt, noch den Bedrängten die geringste Hilfe geleistet hätten, mit dem vereinigten Heer vor Rom. *5* Als sie hier keinen Feind antrafen, gingen sie dem Gerücht und den Spuren nach und begegneten ihm, als er aus dem tuskulanischen in das albanische Tal herabzog. Hier war der Kampf keineswegs zu ihrem Vorteil, und für ihre Treue hatten die Bundesgenossen diesmal wenig Glück.

6 Nicht geringer war in Rom die Niederlage durch die Seuche, als die der Bundesgenossen durch das Schwert. Der einzige noch übrige Konsul starb; es starben auch andere angesehene Männer, die Augurn Marcus Valerius und Titus Verginius Rutilus, der Curio Maximus Servius Sulpicius, *7* und unter den unbekannten Menschen wütete die Krankheit überall. Außerstande, menschliche Hilfe zu schaffen, verwies der Senat seine Bürger an die Götter und zum Gebet und forderte sie auf, mit Frau und Kind in die Tempel beten zu gehen und die Gnade der Götter zu erflehen. *8* Und da schon jeden sein eigenes Unglück drängte, so erfüllten sie auf diese öffentliche Aufforderung alle heiligen Orte. Am Boden liegend kehrten die Frauen allenthalben die Tempel mit ihren Haaren und flehten um Abwendung des himmlischen Zornes und um das Ende der Seuche.

(8) Endlich wurden die Menschen, entweder weil sie die Götter versöhnt hatten, oder die ungesunde Jahreszeit schon vorüber war, nach überstandener Seuche allmählich gesünder, *2* und als sie wieder an öffentlichen Angelegenheiten teilnahmen, wählte nach Verlauf mehrerer Zwischenregierungen Publius Valerius Publicola am dritten Tag seiner Zwischenregierung den Lucius Lucretius Tricipitinus und Titus Veturius – oder hieß er Vetusius? – Geminus zu Konsuln.

3 Am elften Sextilis (August) traten sie ihr Amt an und fanden den Staat nicht bloß zum Verteidigungskrieg, sondern selbst zum Angriff schon stark genug. *4* Als nun die Herniker meldeten, dass der Feind in ihr Land gefallen sei, sagte man ihnen sogleich Hilfe zu, und zwei konsularische Heere wurden ausgehoben.

Veturius wurde gegen die Volsker geschickt, um sie in ihrem eigenen Land anzugreifen. *5* Tricipitinus, den man den Plünderern im Gebiet der Bundesgenossen entgegenstellte, rückte nicht weiter als bis ins Hernikerland vor. In der ersten Schlacht warf und schlug Veturius die Feinde. *6* Dem Lucretius aber entging, während er im Hernikerland still lag, das Heer der Plünderer, das sich über die Pränestinischen Berge zog und von da in die Ebene herabkam. Nun verheerten sie das Gebiet von Praeneste und Gabii und wandten sich aus dem gabinischen Gebiet seitwärts gegen die tuskulanischen Hügel. *7* Auch die Stadt Rom traf ein großer Schrecken, mehr durch die Überraschung, als weil sie sich zur Verteidigung zu schwach gefühlt hätte. Quintus Fabius befehligte die Stadt. Durch Bewaffnung der Dienstfähigen und Aufstellung der Truppen sicherte und beruhigte er alles. *8* Die Feinde also, die, ohne sich näher an die Stadt zu wagen, nur die ihnen nahen Gegenden ausplünderten, kehrten um und waren auf ihrem Rückweg, je weiter sie sich von der feindlichen Stadt entfernten, desto sorgloser, als sie auf den Konsul Lucretius stießen, der schon auf ausgekundschafteten Wegen in Schlachtordnung heranzog und des Kampfes gewärtig war. *9* Da also schlagfertiger Mut Bestürzte im ersten Schrecken angriff, warf eine weit kleinere Anzahl ein großes Heer und schlug es, trieb die Geschlagenen in Hohlwege und konnte sie bei der Schwierigkeit der Auswege umstellen. *10* Hier wurde beinahe alles, was Volsker hieß, niedergehauen. In einigen Jahrbüchern finde ich die Zahl der in der Schlacht und auf der Flucht Gefallenen auf 1750, die der Gefangenen auf 1250, der erbeuteten Fahnen zu 27 angegeben. Mag auch diese Zahl etwas zu hoch sein, groß war die Niederlage jedenfalls. *11* Siegreich kehrte der Konsul mit einer ansehnlichen Beute in sein altes Standlager zurück. Darauf bezogen die Konsuln ein gemeinschaftliches Lager, und ebenso ließen die Volsker und Aequer ihre geschwächten Heere sich vereinigen. Das war die dritte Schlacht in diesem Jahr. Dasselbe Glück verlieh den Sieg. Auf den Sieg über die Feinde folgte die Eroberung ihres Lagers.

(9) So kamen Roms Angelegenheiten wieder in den alten Stand; auch weckte das Glück des Krieges sogleich wieder Unruhen in der Stadt. *2* Caius Terentilius Harsa war in diesem Jahr Volkstribun. Er glaubte, in Abwesenheit der Konsuln habe er freie Hand, als Tribun mit Anklagen aufzutreten, nahm mehrere Tage lang vor dem Volk den Hochmut der Väter zum Gegenstand seiner Beschuldigungen, und am heftigsten traf sein Tadel die Macht der Konsuln als zu groß und mit einem Freistaat unvereinbar. *3* Nur dem Namen nach sei sie weniger gehässig, in der Tat aber beinahe furchtbarer als die königliche. *4* Denn man habe in ihnen statt eines Herrschers zwei mit unmäßiger, unbegrenzter Gewalt. Für ihre Person ohne Schranken und Zügel ließen sie alle Drohungen der Gesetze und Henkerstrafen den Bürgerstand treffen. *5* Um sie so nicht ewig schalten zu lassen, wolle er beantragen, zur Abfassung von Gesetzen über die konsularische Macht fünf Männer zu erwählen. Ein Konsul müsse gerade so viel Gewalt haben, als ihm das Volk über sich einräume, sie dürften aber ihre Willkür und eigenen Gelüste nicht als Gesetz betrachten.

6 Als der Vorschlag bekannt gemacht worden war, fürchteten die Väter, man könnte ihnen in Abwesenheit der Konsuln dieses Joch aufbürden; allein der Stadtpräfekt Quintus Fabius berief den Senat und griff den Vorschlag samt seinem Urheber mit solcher Heftigkeit an, dass beide Konsuln, wenn sie als Gegner des Tribunen aufgetreten wären, sich nicht drohender, nicht schreckender hätten ausdrücken können. *7* Aus seinem Hinterhalt falle der Mensch, der die Gelegenheit abgelauert habe, den Staat an. *8* Hätten die Götter im Zorn während der Seuche und Kriegsnot des vorigen Jahres einen ähnlichen Tribunen auftreten lassen, so hätte man nicht bestehen können. Dann wäre er mit dem Tod der beiden Konsuln, während die Bürger krank gelegen hätten, und so schon alles zusammengestürzt sei, mit seinen Vorschlägen aufgetreten, die konsularische Regierung auszurotten, hätte den Aequern und Volskern im Angriff auf die Stadt zum Führer gedient. ***9*** Was verlange er noch mehr? Ob es ihm nicht freistehe, wenn ja die Konsuln irgendeinen Bürger mit Härte oder Grausamkeit behandelten, ihnen einen Klagetag zu bestimmen und sie selbst vor dem Richterstuhl derer anzuklagen, aus deren Mitte der Beleidigte sei. ***10*** Der Mensch mache nicht die Regierung der Konsuln gehässig und unerträglich, sondern die Macht der Tribunen, die er jetzt von Neuem aus ihrer Ruhe und Verträglichkeit mit den Vätern in ihre alten Leiden zurückführe. Er wolle ihn nicht bitten; er solle fortfahren, wie er begonnen. – ***11*** *Euch, ihr übrigen Tribunen*, sprach Fabius weiter, *euch bitten wir, vor allen Dingen zu bedenken, dass euer Amt eingerichtet wurde, einzelnen beizustehen, nicht, alle zu verderben, dass man in euch Tribunen für die Bürger, nicht den Vätern Feinde aufstellte.* ***12*** *Für uns ist es ein Unglück, für euch ein Vorwurf, wenn der Staat in seiner Verwaisung angegriffen wird. Nicht euer Recht, nein, der Hass gegen euch wird sich mindern, sprecht mit eurem Amtsgenossen, dass er die Sache unentschieden bis zur Ankunft der Konsuln aussetze. Selbst Aequer und Volsker verfolgten ihren Krieg gegen uns, als die Konsuln im vorigen Jahr die Seuche wegraffte, nicht bis zur Grausamkeit und Unmenschlichkeit.*

13 Die Tribunen besprachen sich mit Terentilius; und als man die Verhandlung zum Schein verschoben, im Grunde aber aufgehoben hatte, ließ man sogleich die Konsuln herbeirufen.

(10) Lucretius kehrte mit ungeheurer Beute und weit größerem Ruhm heim und erhöhte diesen Ruhm bei seiner Ankunft dadurch, dass er die ganze Beute auf dem Marsfeld ausstellen ließ, so dass jeder sein Eigentum, wenn er es binnen drei Tagen ausfindig machte, an sich nehmen konnte. Was keinen Herrn fand, wurde verkauft. ***2*** Einstimmig gebührte dem Konsul der Triumph; allein die Sache wurde verschoben, weil der Tribun mit seinem Vorschlag auftrat. Dies hielt der Konsul für wichtiger. ***3*** Mehrere Tage lang dauerten die Verhandlungen darüber im Senat und vor dem Volk. Endlich ließ der Tribun aus Achtung vor dem allgemein verehrten Konsul die Sache fallen. Und nun ließ man dem Feldherrn und dem Heer die ihnen gebührende Ehre widerfahren. ***4*** Er triumphierte über die Volsker und Aequer, und seinem Wagen folgten seine Legionen. Dem andern Konsul bewilligte man den Einzug in die Stadt im kleinen Triumph ohne Soldaten. ***5*** Im folgenden Jahr machte der Terentilische Vorschlag, von allen Tribunen wieder zur Sprache gebracht, den neuen Konsuln zu schaffen. Diese waren Publius Volumnius und Servius Sulpicius. ***6*** In diesem Jahr sah man den Himmel in Feuer; es gab eine starke Erderschütterung, ein Ochse habe geredet; was man im vorigen Jahr nicht hatte glauben wollen, glaubte man diesmal. Unter anderen Wunderzeichen regnete es auch Fleisch. Diesen Regen, heißt es, habe eine große Schar darin herumschwärmender Vögel weggeschnappt; was aber niederfiel, habe mehrere Tage allenthalben gelegen, ohne den Geruch im Mindesten zu verändern. ***7*** Die mit der Einsicht der Heiligen Bücher* betrauten Zweimänner müssten diese einsehen, sie verkündeten Gefahr von einer Zusammenrottung von Fremdlingen, einen Angriff auf die höchsten Plätze der Stadt und ein Blutvergießen von da herab. Unter anderen warnten sie auch vor aller inneren Uneinigkeit.

Schon gaben die Tribunen die Erklärung ab, dies sei so eingeleitet, um ihren Vorschlag zu hintertreiben, und man sah einem heftigen Kampf entgegen, ***8*** als von den Hernikern – als sollte man sich jahraus jahrein in gleichem Kreis drehen – die Nachricht einlief, die Volsker und Aequer, so geschwächt sie wären, machten ihre Heere vollzählig; zu ihrem Hauptpunkt hätten sie Antium gemacht; die Siedler aus Antium hielten öffentlich zu Ecetra Versammlungen; sie wären die Anstifter, sie die Hauptmacht dieses Krieges.

---

* Nämlich der Sibyllinischen.

9 Auf diese im Senat vorgebrachten Meldungen wurde eine Werbung anbefohlen und die Konsuln beauftragt, die Führung des Krieges zu teilen, so dass der eine die Volsker, der andere die Aequer übernähme.

10 Die Tribunen riefen laut öffentlich auf dem Markt allen Leuten in die Ohren, der Volskische Krieg sei eine verabredete Sache, und die Herniker seien immer bereit, ihre Rolle zu spielen. Jetzt wende man schon nicht mehr zur Bedrückung der römischen Freiheit Kraft an, sondern vernichte sie durch einen Kniff. *11* Weil es keinen Glauben mehr finde, dass die beinahe aufgeriebenen Volsker und Aequer imstande sein sollten, als Angreifende den Krieg zu erneuern, so sähen sich die Väter nach neuen Feinden um und brächten eine treue, nahe gelegene Kolonie in üblen Ruf. Angekündigt werde der Krieg den unschuldigen Antiaten, *12* geführt mit dem römischen Bürgerstand, den sie mit Waffen belastet in jähem Zug zur Stadt hinaustreiben wollten, um sich durch diese Austreibung und Verbannung ihrer Mitbürger an den Tribunen zu rächen. *13* Alsdann sei es – und man möge nicht glauben, dass sie etwas anderes dadurch bezweckten – um das Gesetz geschehen, wenn man nicht beizeiten, solange die Bürger noch zu Hause, noch in der Toga wären, Vorkehrungen treffe, sich nicht aus der Stadt vertreiben noch das Joch aufladen zu lassen. *14* Wenn sie Mut hätten, solle es an Hilfe nicht fehlen. Alle Tribunen wären einig, von außen seien kein Schrecken und keine Gefahr zu fürchten, schon im vorigen Jahr hätten die Götter dafür gesorgt, dass die Freiheit sicher verteidigt werden könne, so die Tribunen.

(11) Gegenüber hatten sich die Konsuln ihre Sessel hinstellen lassen und fingen vor den Augen der Tribunen die Werbung an. Diese kamen dahin gestürzt und brachten die ganze Versammlung mit sich. Wie zum Versuch wurden einige aufgerufen, und sogleich kam es zu Gewalttätigkeiten. *2* Legte der Liktor auf Befehl des Konsuls Hand an einen, so befahl der Tribun, ihn loszulassen, und niemand beschränkte sich auf sein Recht, sondern man musste sich zur Erreichung seines Zweckes auf seine Stärke und seine Faust verlassen.

3 Hatten sich so die Tribunen benommen, um die Werbung zu vereiteln, so benahmen sich die Väter ebenso, das Gesetz zu vereiteln, das an jedem Versammlungstag vorgebracht wurde. *4* Der Streit begann, als die Tribunen das Volk abtreten hießen, weil die Väter sich nicht wegtreiben lassen wollten. Von den Älteren mischte sich niemand ein, denn es galt hier keine kluge Leitung, sondern dreistes Wagen und Kühnheit entschieden. *5* Auch die Konsuln zogen sich sehr zurück, um nicht in der allgemeinen Unordnung ihre Hoheit einer Beschimpfung auszusetzen. *6* Einem jungen Quinctius, mit Vornamen Kaeso, gab teils seine hohe Geburt, teils seine Körpergröße und Stärke viele Überlegenheit. Über diese von den Göttern ihm verliehenen Vorzüge waren viele Ehrentaten im Krieg und Beredsamkeit vor Gericht sein erworbenes Verdienst, so dass er als der beredtste und tapferste Mann im Staat galt. *7* Wenn er umgeben von einer Schar Patrizier dastand, so bot er allein, alle überragend, als wären mit seiner Stimme und stärke alle Diktaturen und Konsulate sein, den Angriffen der Tribunen und den Stürmen des Volkes Trotz. *8* Unter seiner Anführung wurden die Tribunen mehrmals vom Markt gejagt und die Bürgerlichen zerstreut und vertrieben. Wer ihm entgegentrat, zog mit Schlägen und zerrissenen Kleidern ab, so dass es klar war, es sei, wenn ein solches Verfahren gelte, um das Gesetz geschehen.

9 Da setzte einer von den Tribunen, die fast schon mutlos waren, Aulus Verginius, dem Kaeso eine Klage auf Leib und Leben an. Den Feuergeist erbitterte er dadurch mehr, als dass er ihn schreckte; und um so eifriger bekämpfte dieser das Gesetz, jagte die Bürgerlichen aller Orten und führte seinen Krieg gegen die Tribunen, als habe er nun ein Recht dazu. *10* Der Kläger sah es gern, dass der Beklagte seinem Sturz entgegeneilte, den Volksmasse zur Flamme auflodern und ihn selbst Stoff zu Beschuldigungen finden ließ; indessen brachte er das Gesetz wieder in Anregung, nicht so sehr in der Hoffnung, es durchzusetzen, als die Unbesonnenheit des Kaeso zu reizen.

11 Und da fielen manche unüberlegte Äußerungen und Handlungen der Jüngeren allein dem verdächtigen Feuerkopf des Kaeso zur Last, gleichwohl ging das Gesetz nicht durch. ***12*** Auch sagte Aulus Verginius den Bürgern mehr als einmal: *Merkt ihr es denn nun endlich, ihr Quiriten, dass ihr einen Bürger Kaeso und das gewünschte Gesetz nicht zugleich haben könnt?* ***13*** *Doch was sage ich von dem Gesetz? Er verträgt sich nicht mit eurer Freiheit; an Übermut lässt er alle Tarquinier hinter sich. Wartet nur, bis der einmal Konsul oder Diktator ist, den ihr schon im Privatstand durch seine Kraft und Kühnheit den König spielen seht.* Ihm stimmten viele von denen bei, die sich über Misshandlung zu beklagen hatten, und sie drangen sogar in den Tribunen, die Klage zu betreiben.

(12) Der Tag des Gerichts erschien, und wie man sah, glaubte man allgemein, dass auf der Verurteilung des Kaeso die Freiheit beruhe. Da sah er sich endlich gezwungen, mit vieler Demütigung einem nach dem andern die Hand zu drücken, und seine Verwandten, die Ersten des Staats, gingen mit ihm herum. ***2*** Titus Quinctius Capitolinus, der dreimal Konsul gewesen war, führte vieles an, was ihm selbst und seinem Geschlecht Ehre machte, ***3*** versicherte aber, weder im Stamm der Quinctier noch in ganz Rom habe je einer so viel Anlage zu einer so hohen Vollkommenheit gezeigt. Er sei sein bester Soldat gewesen; er selbst habe ihn oft sich auf die Feinde stürzen sehen. ***4*** Spurius Furius sagte, von Quinctius Capitolinus sei ihm Kaeso damals in seiner bedrängten Lage* zu Hilfe geschickt, und seiner Meinung nach habe durchaus niemand zum glücklicheren Erfolge mehr beigetragen als gerade er. ***5*** Lucius Lucretius, der Konsul des vorigen Jahres, noch strahlend in frischem Ruhmesglanz, ließ den Kaeso an seinem Lob teilnehmen, erwähnte die Schlachten, erzählte seine ausgezeichneten Taten teils bei Kriegszügen, teils in der Schlacht, ***6*** und riet und mahnte, sie möchten in einem so ausgezeichneten, mit allen Natur- und Glücksgaben ausgerüsteten Jüngling, der auf die Macht jedes Staates, in welchen er sich begebe, einen wichtigen Ausschlag geben werde, lieber sich einen Mitbürger erhalten, als ihn sich entfremden. ***7*** Was an ihm anstößig sei, seine Hitze und Kühnheit, davon nehme das Alter täglich weg, was sie an ihm vermissten, Bedachtsamkeit, diese nehme mit jedem Tag zu. Sie möchten einen so großen Mann, dessen Fehler abnähmen und dessen Tüchtigkeit reife, im Vaterland alt werden lassen. ***8*** Unter diesen Fürsprechern flehte auch sein Vater, Lucius Quinctius, mit dem Zunamen Cincinnatus, ohne die Verdienste seines Sohnes zu wiederholen – er hätte sonst den Hass nur gesteigert –, bloß unter Bitten um Nachsicht mit seinem Fehltritt und seinen Jugendjahren; sie möchten ihm zuliebe, der keinen Menschen durch Wort oder Tat beleidigt habe, seinem Sohn verzeihen. ***9*** Allein einige ließen den Bittenden nicht an sich kommen, entweder aus Scham oder aus Furcht, andere gaben mit der Klage, dass sie und die Ihrigen von Kaeso misshandelt worden wären, deutlich durch ihre harte Antwort zu erkennen, wie sie über ihn abstimmen würden.

(13) Außer der allgemeinen Abneigung drückte den Beklagten besonders eine Beschuldigung. Marcus Volscius Pictor, der mehrere Jahre vorher Volkstribun gewesen war, hatte als Zeuge ausgesagt, ***2*** er sei bald nach der Pest, die in Rom geherrscht, in der Gasse Subura auf einen Haufen schwärmender Jünglinge gestoßen. Hier sei eine Schlägerei ausgebrochen, und sein älterer Bruder, der ohnehin von der Krankheit noch nicht völlig hergestellt war, sei von einem Faustschlag des Kaeso halbtot zur Erde gesunken. ***3*** Sie hätten ihn dann nach Hause getragen, und seiner Ansicht nach sei er infolge der Misshandlung gestorben. Allein unter den Konsuln, wie die der letzten Jahre, habe er es nicht geraten gefunden, die Tat, so scheußlich sie sei, anhängig zu machen.

Als Volscius dies mit Geschrei vortrug, wurde die Erbitterung so groß, dass Kaeso beinahe unter den Händen des einstürmenden Volkes sein Leben eingebüßt hätte. ***4*** Verginius ließ ihn ergreifen und ins Gefängnis bringen. Dies verhinderten die Patrizier mit Gewalt. Titus Quinctius

* S. Kap. 4 und 5.

rief laut, wer auf Tod und Leben angeklagt sei und nächster Tage den Urteilsspruch zu erwarten habe, an dem dürfe man, als an einem noch nicht Verurteilten, noch nicht Gehörten, keine Gewalt üben. *5* Der Tribun erwiderte, er werde ihn nicht ohne Urteil hinrichten lassen, wolle ihn aber bis zum Gerichtstag in Haft behalten, damit dem römischen Volk die Möglichkeit gegeben sei, einen Mörder zur Strafe zu ziehen. *6* Die Tribunen, die er nun um Beistand ansprach, übten die Befugnis der Hilfeleistung durch einen vermittelnden Beschluss; sie verboten, ihn gefangen zu nehmen, erklärten aber ihre Meinung dahin, dass der Beklagte gehalten sein solle, sich zu stellen und dem Volk für den Fall, *7* dass er sich nicht stellte, eine Summe Geld zugesichert werde. Wie hoch die zu versichernde Summe sich belaufen solle, überließen sie, weil sie nicht darüber einig werden konnten, der Entscheidung des Senates. Während die Väter berieten, musste der Beklagte auf dem Platz bleiben. *8* Der Senat beschloss, er solle Bürgen stellen, und jeder Bürge solle mit 3000 Kupfer-As haften. Die Zahl der Bürgen sollten die Tribunen bestimmen. – Sie setzten sie auf zehn fest, so viele Bürgen ließ der Kläger für den Beklagten sich verbürgen. Und dieser war der Erste, der Bürgen bei einem Staatsprozess gestellt hat.

9 Als er vom Forum entlassen war, ging er in der folgenden Nacht als Verbannter nach Etrurien. Am Gerichtstag entschuldigte man sein Nichterscheinen mit seiner Auswanderung in die Fremde, und da Verginius dennoch die öffentliche Verhandlung fortsetzte, entließen feine Amtsgenossen, deren Hilfe man ansprach, die Versammlung. *10* Das Geld wurde mit vieler Härte von seinem Vater eingefordert, so dass er nach dem Verkauf aller seiner Habe lange Zeit jenseits des Tibers wie ein Verbannter in einer abgelegenen Hütte lebte.

(14) Diese Gerichtsverhandlung und das angekündigte Gesetz hielten die Bürgerschaft in Bewegung; vor auswärtigen Kriegen hatte man Ruhe. *2* Als nun die Tribunen gleich Siegern ihr Gesetz so gut wie durchgesetzt betrachteten, weil die Väter durch Kaesos Entfernung mutlos geworden waren, und die Älteren unter ihnen, wenn es auf sie angekommen wäre, den Besitz der Staatsverwaltung aufgegeben hätten, trieben die jüngeren Väter, *3* besonders Kaesos Bekannte, ihren Streit gegen die Bürgerlichen noch energischer, ohne den Mut sinken zu lassen, und gewannen am meisten dadurch, dass sie ihre Angriffe durch ein gewisses Maß beschränkten.

4 Wie es also nach Kaesos Verbannung das erste Mal wieder zum Antrag über das Gesetz kam, machten sie unter dem Beistand eines großen Heeres von Schützlingen auf die Tribunen, sobald diese durch den Befehl zum Auseinandergehen die Gelegenheit gaben, ihren Angriff mit solcher Haltung und Fassung, dass jeder Einzelne von der daraus erwachsenden Ehre oder Feindschaft keinen größeren Anteil mit nach Hause nahm als sie zusammen, und den Bürgerlichen nur die Klage blieb, dass statt eines Kaeso ihrer tausend aufgestanden wären. *5* In der Zwischenzeit, in der die Tribunen nichts mit dem Gesetz zu tun hatten, war niemand milder oder friedlicher als sie. Sie grüßten die Mitglieder des Bürgerstandes freundlich, redeten sie an, luden sie ein, leisteten ihnen gerichtlichen Beistand, ließen selbst den Tribunen alle übrigen Versammlungen ungestört und waren gegen niemanden weder in öffentlichen noch in Privatangelegenheiten die Heftigen, außer wenn die Verhandlung über das Gesetz begann. In allen anderen Fällen waren die jungen Männer dem Volk zu Willen. *6* Auch setzten die Tribunen nicht nur alles Übrige ruhig durch, sondern wurden sogar auf das folgende Jahr wieder gewählt. Ohne ein hartes Wort, auch nicht durch irgendein gewaltsames Mittel, bloß durch Güte und milde Behandlung hatten die jungen Männer das Volk gewonnen. Durch diese Künste wurde das Gesetz ein ganzes Jahr lang hintertrieben.

(15) Die Konsuln Caius Claudius, der Sohn des Appius, und Publius Valerius Publicola übernahmen den Staat in friedlicherer Lage. Auch hatte das neue Jahr nichts Neues gebracht, nur die Sorge, das Gesetz durchzusetzen oder es annehmen zu müssen, beschäftigte alle. *2* Je mehr sich die jüngeren Väter an die Bürgerlichen anschlossen, desto eifriger bemühten sich dagegen

die Tribunen, sie durch Anschuldigungen den Bürgern verdächtig zu machen. Man habe eine Verschwörung zustande gebracht; **3** Kaeso sei in Rom. Man gehe damit um, die Tribunen zu ermorden, die Bürger niederzuhauen. Die älteren Väter hätten es den Jüngeren zur Aufgabe gemacht, die tribunizische Gewalt aus dem Staat zu beseitigen und ihm dieselbe Verfassung wiederzugeben, die er vor der Besetzung des Heiligen Berges gehabt habe. **4** Man fürchtete von den Volskern und Aequern den schon stehenden und beinahe zur jährlichen Gewohnheit gewordenen Krieg; und ein näheres neues Übel brach unvermutet ein.

5 Vertriebene und Sklaven, an die 2500 Menschen, hatten unter Anführung eines Sabiners, Appius Herdonius, sich bei Nacht des Kapitols und der Burg bemächtigt. **6** Zuerst hieben sie auf der Burg diejenigen nieder, die der Verschwörung nicht hatten beitreten und nicht zu den Waffen hatten greifen wollen. Von diesen rannten während des Auflaufes einige von Schrecken gejagt auf den Markt herab, und man hörte abwechselnd rufen: *Zu den Waffen!* und *Die Feinde sind in der Stadt.*

7 Die Konsuln scheuten sich ebenso sehr, die Bürger zu bewaffnen, als sie unbewaffnet zu lassen. Ungewiss, was für ein plötzliches Unglück, ob von außen oder von innen, von erbitterten Bürgern oder auf Anstiftung der Sklaven über die Stadt hereingebrochen sei, stillten sie den Auflauf; hin und wieder erregten sie ihn, indem sie ihn stillten, denn die bestürzte, durcheinander gescheuchte Menge ließ sich durch Befehle nicht lenken. **8** Doch teilten sie Waffen aus, wenn auch nicht an alle; nur so viel, dass man bei der Ungewissheit über den Feind auf jeden Fall eine zuverlässige Mannschaft bereit habe. Den Rest der Nacht brachten sie in Unruhe und Ungewissheit, wer und wie stark die Feinde sein möchten, damit hin, die zu besetzenden Plätze in der ganzen Stadt mit Posten zu belegen.

9 Endlich gab der Tag über den Krieg und dessen Anführer Auskunft. Appius Herdonius rief vom Kapitol die Sklaven zur Freiheit. Er habe die Sache jedes noch so Unglücklichen auf sich genommen, um alle widerrechtlich ausgestoßenen Verbannten in ihr Vaterland zurückzuführen und den Sklaven ihr hartes Joch abzunehmen. Es sei ihm lieber, wenn es mit Genehmigung des römischen Volkes geschehe. Wenn hier keine Hoffnung sei, werde er die Hilfe der Volsker und Aequer und alles Äußerste versuchen und aufbieten.

(16) Jetzt wurde den Vätern und den Konsuln die Sache klarer. Gleichwohl fürchteten sie außer dem, was er ihnen laut drohte, es möchte dies ein Werk der Vejenter oder Sabiner sein; **2** ferner, es möchten noch, da schon so viele Feinde in der Stadt wären, in Kürze Sabiner- und Etruskerheere nach einer Verabredung erscheinen; endlich die ewigen Feinde, die Volsker und Aequer, möchten nicht, wie sonst zur Plünderung des Landes, sondern gegen die Stadt selbst heranrücken, die zum Teil schon erobert sei. **3** So vielfach und unterschiedlich waren ihre Befürchtungen. Diese alle überwog die Gefahr von Seiten der Sklaven, in denen jeder seinen Feind im Haus gehabt hätte. Ihm Zutrauen zu schenken oder ihn durch Misstrauen für treulos zu erklären, was ihn noch eher erbittern konnte, war beides gefährlich.

4 Kaum hielten sie es für möglich, den Staat zu halten, selbst bei der jetzigen Eintracht, so wenig dachte einer von ihnen daran, da die vielfache anderweitige Not schon überwiegend und drückend war, dass man von den Tribunen oder den Bürgern das mindeste zu fürchten habe. Dies Übel schien von milderer Art, immer nur während der Ruhe von anderen Übeln sich einzustellen, und jetzt durch den Schrecken von außen betäubt zu sein. **5** Und gerade dies warf sich jetzt auf den zum Sturz sich neigenden Staat mit der lastendsten Schwere.

Die Tribunen gingen in ihrer Wut so weit, dass sie behaupteten, die Besetzung des Kapitols sei nicht das Werk eines wahren, sondern eines vorgespiegelten Krieges, bloß dazu veranstaltet, den Eifer der Bürger von der Betreibung des Gesetzes abzulenken. Wenn die Gastfreunde und

Schützlinge der Adligen sähen, dass man das Gesetz, ohne sich an ihren Lärm zu kehren, durchgesetzt habe, würden sie noch stiller, als sie gekommen wären, abziehen.*6* Darauf beriefen sie zur Durchdringung des Gesetzes eine Versammlung ein, zu welcher sie das Volk von den Waffen abriefen. Unterdessen hielten, weil die neue Gefahr von Seiten der Tribunen sich drohender zeigte als die vom nächtlichen Überfall des Feindes, die Konsuln eine Senatssitzung ab.

(17) Als gemeldet wurde, die Bürger legten die Waffen nieder und verließen ihren Posten, eilte Publius Valerius, während sein Amtsgenosse den Senat beisammen hielt, aus dem Rathaus, gerade auf den Versammlungsplatz zu den Tribunen.

2 Was ist das für ein Beginnen, rief er, *ihr Tribunen? Wollt ihr unter Anführung und Obhut eines Appius Herdonius den Staat umstürzen? So ganz gelang es ihm, euch zu verführen, da seine Aufforderung nicht einmal bei euren Sklaven Eingang fand? Während uns die Feinde auf den Fersen sind, sollen wir die Waffen niederlegen und auf Verordnungen antragen?* **3** Hier wandte er seine Rede an die Menge. *Wenn ihr, Quiriten, für eure Stadt, für euer eigenes Wohl kein Gefühl habt, so achtet doch eure Götter, die der Feind gefangen hält! Der allmächtige Jupiter, die Königin Juno, Minerva und so viele Götter und Göttinnen sind von Feinden umringt! Ein Sklavenlager umschließt die Schutzgötter eures Staates*! – ***4*** *Könnt ihr hierin das Bild eines gesunden Staates sehen? Nicht bloß innerhalb der Mauern, sogar auch auf der Burg, über dem Markt und über dem Rathaus sind Scharen von Feinden; und unterdessen wird auf dem Markt Volkstag gehalten; der Senat ist auf dem Rathaus; nicht anders, als in der tiefsten Ruhe, trägt der Ratsherr seine Meinung vor, und die übrigen Quiriten schreiten zur Stimmensammlung. 5 Musste nicht alles, was Väter und Bürger heißt, müssten nicht Konsuln, Tribunen, Götter und Menschen, alle bewaffnet zur Hilfe aufstehen, auf das Kapitol eilen und jenem ehrwürdigen Wohnsitz des allmächtigen Jupiter Freiheit und Ruhe wiedergeben?* **6** *Vater Romulus, verleihe du deinen Nachkommen deine Fassung, mit der du einst diese Burg, welche ebendiese Sabiner durch Gold erobert hatten, wiedergewannst! Lass sie denselben Weg hinan gehen, auf welchem du Führer warst und dein Heer dir nachzog! Sieh herab auf mich; ich als Konsul gehe voran, dir und deiner Spur, soweit ein sterblicher einem Gott nachstreben kann, zu folgen. 7* Am Schluss seiner Rede sagte er, er greife zu den Waffen und rufe alle Quiriten zu den Waffen. Wer sich widersetze, den werde er, ohne auf seine bloß konsularischen Rechte, ohne auf tribunizische Macht und beschworene Gesetze Rücksicht zu nehmen – wer er auch sei und wo er auch sei, auf dem Kapitol oder auf dem Markt –, als Feind betrachten. ***8*** Die Tribunen möchten es versuchen, weil sie doch gegen Appius Herdonius die Waffen zu ergreifen verböten, sie gegen den Konsul Publius Valerius aufzubieten, dann werde er gegen die Tribunen dasselbe wagen, was der Stifter seines Stammes gegen die Könige gewagt habe.

9 Man sah offenbar, es werde zum gewalttätigsten Ausbruch kommen und die Zwietracht der Römer den Feinden ein Schauspiel gewähren; dennoch konnte weder der Vorschlag durchdringen, noch der Konsul aufs Kapitol ziehen. Die Nacht unterbrach den schon beginnenden Kampf; aus Furcht vor den Waffen der Konsuln gaben die Tribunen beim Einbruch der Nacht nach.

10 Als sich die Anführer des Aufruhrs entfernt hatten, gingen die Väter bei den Bürgern herum, mischten sich in ihre Zirkel, sprachen mit ihnen, wie es die Umstände verlangten, und forderten sie auf, zu bedenken, in welche Gefahr sie den Staat stürzten. ***11*** Dies sei ja kein Streit zwischen Vätern und Bürgern, sondern Väter und Bürger zugleich, die Burg der Stadt, die Tempel der Götter, die Schutzgötter des Staats und jedes Einzelnen würden dem Feind preisgegeben. ***12*** Während dies auf dem Markt zur Beseitigung des Zwistes besprochen wurde, hatten die Konsuln an den Toren und auf den Mauern gegen einen zu erwartenden Angriff der Sabiner und Vejenter Vorkehrungen getroffen.

(18) In derselben Nacht hatte man auch zu Tuskulum die Eroberung der Burg, die Besetzung des Kapitols und den sonstigen verwirrten Zustand der Stadt erfahren. Lucius Mamilius war Diktator zu Tuskulum. *2* Er berief sogleich den Senat, ließ die Boten vor und drang darauf, nicht so lange zu warten, *3* bis von Rom Gesandte mit der Bitte um Hilfe ankämen. Schon die Gefahr selbst, die drohende Entscheidung, die Götter des Bundes und die Pflicht des Vertrages fordere sie. Eine so gute Gelegenheit, sich einen so mächtigen, so nahen Staat verbindlich zu machen, würden die Götter nie wieder verleihen. *4* Die Hilfeleistung wurde beschlossen, Mannschaft aufgeboten und Waffen wurden ausgeteilt. *5* Als sie mit Tagesanbruch vor Rom ankamen, hielt man sie in der Ferne für Feinde, man glaubte Aequer oder Volsker heranrücken zu sehen. Als aber die bloß eingebildete Gefahr vorüber war, ließ man sie in die Stadt, und sie zogen auf den Markt hinab. *6* Hier war Publius Valerius, der seinen Amtsgenossen bei den Posten an den Toren gelassen hatte, schon mit Aufstellung einer Schlachtreihe beschäftigt. Das Ehrenwort des Mannes hatte bei den Bürgern Eindruck gemacht. Wenn sie nach Wiedereroberung des Kapitols und nach Beruhigung der Stadt sich belehren lassen wollten, was für geheime Ränke die Tribunen bei Beantragung dieses Gesetzes beabsichtigten, so wolle er, eingedenk seiner Ahnen, eingedenk seines Zunamens, mit welchem ihm die Sorge für das Volk von seinen Ahnen gleichsam erblich übertragen sei, in der Versammlung der Bürger keine Störungen verursachen.

7 Sie überließen sich seiner Führung, ohne sich durch das Gegengeschrei der Tribunen umstimmen zu lassen, und rückten in Schlachtordnung den Capitolinischen Hügel hinauf. Die Legion Tuskulaner schloss sich an. Bundesgenossen und Bürger wetteiferten, wer von beiden die Ehre der Wiedereroberung der Burg für sich erringen werde. Beide Feldherren sprachen den Ihrigen Mut ein. *8* Jetzt waren die Feinde in Verlegenheit, nur auf den Ort konnten sie sich verlassen. Auf die Bestürzten unternahmen Römer und Bundesgenossen den Angriff. Schon waren sie bis in den Vorhof des Tempels vorgedrungen, als Publius Valerius, der an der Spitze den Kampf anfeuerte, fiel. *9* Der Konsular Publius Volumnius sah ihn sinken, befahl seinen Leuten, den Leichnam zu decken, und eilte voran an die Stelle und den Posten des Konsuls. In der Hitze des Angriffs blieb ein so wichtiges Ereignis dem Soldaten unbemerkt: Er hatte schon gesiegt, ehe er merkte, dass er ohne Feldherrn focht.

10 Nun floss der Tempel vom Blut der Vertriebenen; viele wurden ergriffen, Herdonius fiel. So war das Kapitol wiedergewonnen. Die Hinrichtung der Gefangenen war ihrem Stande gemäß, je nachdem einer Freier oder Sklave war.* Den Tuskulanern dankte der Senat. Das Kapitol wurde gereinigt und entsühnt. *11* In das Haus des Konsuls sollen die Bürger Viertel-Asse** hineingeworfen haben, damit er feierlicher bestattet würde.

(19) Nach Wiederherstellung des Friedens drangen die Tribunen in die Väter, das Wort des Publius Valerius zu lösen, und in Claudius, seinen Amtsgenossen nicht im Grab zum Lügner zu machen und die Verhandlungen über das Gesetz zu gestatten. Der Konsul sagte, bevor er nicht seinen Amtsgenossen durch die Nachwahl ersetzt habe, werde er keine Verhandlungen über das Gesetz gestatten. *2* Diese Streitigkeiten dauerten bis zu der Versammlung für die Ergänzungswahl.

Im Dezember wurde auf eifrigen Betrieb der Väter Lucius Quinctius Cincinnatus, der Vater des Kaeso, zum Konsul ernannt, der sein Amt sogleich antreten sollte. *3* Die Bürgerlichen waren betroffen, da sie einen erbitterten Konsul haben sollten, dem die Gunst der Väter und eigener Wert Gewicht gaben, und drei Söhne, von denen keiner dem Kaeso an Geistesgröße nachstand, ja die ihn an Bedachtsamkeit und Mäßigung, wenn diese nötig waren, übertrafen.

---

* Freigeborene wurden mit dem Beil enthauptet, Sklaven gekreuzigt.

** Das Viertel eines damaligen As beträgt etwa anderthalb Pfennig unseres Geldes.

4 Als er sein Amt angetreten hatte, trieb er in seinen täglichen Reden von der Rednertribüne herab mit gleicher Heftigkeit das Volk zu Paaren und machte dem Senat Vorwürfe.

Es liege bloß an der Schlaffheit dieses Standes, dass nunmehr ewig beamtete Volkstribunen, nicht wie in einem Volksstaat von Römern, sondern wie in einer schlechten Wirtschaft, durch ihre Zungenfertigkeit und Verleumdungen die Allgebietenden wären. **5** Mit seinem Sohn Kaeso seien Heldenmut, Standhaftigkeit und alles, was jungen Männern im Krieg und Frieden Ehre mache, verbannt und vertrieben. Schwätzer, Aufrührer, Stifter des Unfriedens, durch die schlechtesten Mittel schon zwei- bis dreimal Tribunen, lebten in einer königlichen Ungebundenheit. **6** *Hat etwa Aulus Verginius dort,* sprach er weiter, *weil er nicht mit auf dem Kapitol war, eine gelindere Todesstrafe als Appius Herdonius verdient? Wahrhaftig, wenn man die Sache richtig beurteilen will, eine weit härtere! Herdonius hat doch wenigstens dadurch, dass er sich für einen Feind gab, euch, ich möchte sagen, angedeutet, dass ihr zu den Waffen greifen solltet, dieser Mensch aber nahm euch durch die Behauptung, es sei kein Krieg, die Waffen und gab euch wehrlos euren Sklaven und Vertriebenen preis.* **7** *Und dennoch rücktet ihr – mögen mir Caius Claudius den Vorwurf und Publius Valerius im Grab verzeihen – gegen den Capitolinischen Hügel an, ohne vorher die Feinde vom Markt vertilgt zu haben? — Schämen müssen wir uns vor aller Welt! Als die Feinde auf der Burg, auf dem Kapitol waren, ein Führer von Vertriebenen und Sklaven alles entweiht und im Allerheiligsten des allmächtigen Jupiter seine Wohnung hatte, griff man in Tuskulum eher zu den Waffen als in Rom.* **8** *Man konnte fragen, ob der tuskulanische Feldherr Lucius Mamilius oder ob die Konsuln Publius Valerius und Caius Claudius die Burg Roms befreien würden. Und wir, die wir sonst die Latiner, auch nicht einmal zu ihrer eigenen Verteidigung, wenn sie den Feind im Land hatten, die Waffen anrühren ließen, wir waren erobert und vernichtet, wenn nicht Latiner freiwillig die Waffen ergriffen hätten.* **9** *Nennt ihr das, ihr Tribunen, dem Bürger Hilfe leisten, ihn wehrlos dem Feind zum Niederhauen preisgeben? Freilich, wenn der niedrigste Mensch aus eurem Bürgerstand, den ihr als einen vom Volk losgerissenen Teil zu eurem Vaterland, zu eurem besondern Staat gemacht habt – wenn einer von diesen euch meldete, seine Sklaven hätten sich bewaffnet und belagerten ihm das Haus: Ihr würdet wollen, dass ihm geholfen würde.* **10** *Und der allmächtige Jupiter, von den Waffen Vertriebener und Sklaven umringt, war keiner menschlichen Hilfe würdig? Und solche Menschen verlangen, eine heilige Würde zu haben, denen die Götter selbst nicht heilig, nicht ehrwürdig sind? Doch was höre ich?* **11** *Ihr, mit Frevel gegen Götter und Menschen beladen, behauptet, ihr würdet in diesem Jahr das Gesetz durchbringen? Dann müsste bei Gott an dem Tag, an welchem ich zum Konsul ernannt bin, der Staat übel beraten gewesen sein, weit übler noch als an dem, da Publius Valerius fiel, wenn ihr das durchsetzt. Vor allen Dingen,* **12** *ihr Quiriten* – so fuhr er fort –, *haben ich und mein Amtsgenosse im Sinn, die Legionen gegen die Volsker und Aequer zu führen. Ich weiß nicht, wie es kommt, dass uns die Götter im Krieg geneigter als im Frieden sind. Die Größe der Gefahr, die wir von jenen Völkern befürchten müssten, wenn sie gewusst hätten, dass das Kapitol von Vertriebenen besetzt sei, wollen wir lieber aus dem Vergangenen abnehmen, als in der Tat erfahren.*

(20) Des Konsuls Rede hatte auf die Bürger Eindruck gemacht. Voll Freude hielten die Väter die Staatsregierung wieder für ihr Eigentum; und hatte es gleich der andere Konsul, zur Begleitung mutiger als zum Voranschreiten, gern geschehen lassen, dass in Betreibung einer so schwierigen Sache sein Amtsgenosse die Bahn brach, so erklärte er sich doch zur Ausführung alles dessen, was das Konsulat für seinen Teil von ihm forderte, sehr bereit. **2** Da setzten ihnen die Tribunen, die dies alles als leere Worte verspotteten, mit der Frage zu, wie denn die Konsuln mit einem Heer ausrücken wollten, da ihnen niemand die Werbung gestatten werde. – **3** *Haben wir doch,* antwortete Quinctius, *gar keine Werbung nötig; denn damals, als Publius Valerius den Bürgern zur Wiedereroberung des Kapitols die Waffen gab, haben alle auf die Formel geschworen, sich auf

Befehl des Konsuls zu stellen und ohne seinen Befehl sich nicht zu entfernen. ***4*** *Folglich kündigen wir euch, die ihr den Eid geleistet habt, hiermit an, euch morgen bewaffnet am See Regillus einzufinden.*

Die Tribunen wollten zwar das Volk von seinem Eid durch die Ausflucht entbinden, dass Quinctius, als die Bürger den Eid geleistet hätten, noch Privatmann gewesen sei. ***5*** Noch aber war diese Geringschätzung der Götter, die über unser Zeitalter sich verbreitet hat, nicht eingetreten; damals machte man sich Eid und Gesetze noch nicht durch eigene Auslegung bequem, sondern richtete lieber sein Verhalten nach ihnen ein. ***6*** Da also die Tribunen alle Hoffnung, die Sache zu hintertreiben, aufgeben mussten, beantragten sie, das Heer noch weiter zu entfernen, um so mehr, weil ein Gerücht sagte, man habe auch den Augurn befohlen, sich am See Regillus einzufinden, und es werde daselbst ein Ort eingeweiht, wo man nach eingeholter Zustimmung der Götter Anträge vor das Volk bringen könne, um alles, was in Rom durch die tribunizische Gewalt eingeführt sei, durch eine dort zu haltende Versammlung wieder abzuschaffen. ***7*** Dort würden alle zu allem, was die Konsuln wollten, ihre Einwilligung geben, denn über tausend Schritte von der Stadt hinaus sei die Berufung an das Volk nicht gültig; wollten aber die Tribunen sich dort einfinden, so würden sie mit den übrigen Quiriten zugleich dem konsularischen Oberbefehl unterworfen sein. ***8*** Dies machte sie unruhig, allein was sie am meisten beunruhigte, war dies, dass Quinctius öfter sagte, er werde gar keinen Versammlungstag zur Konsulwahl ansetzen. Die Krankheit des Staates sei nicht von der Art, dass er durch gewöhnliche Mittel gerettet werden könne. Das allgemeine Beste erfordere einen Diktator, damit jeder, der es wagen würde, an der Staatsverfassung zu rütteln, merke, dass von der Diktatur keine Ansprache stattfinde.

(21) Der Senat war auf dem Kapitol. Die Tribunen kamen mit dem bestürzten Bürgerstand dahin. Die Menge wandte sich mit großem Geschrei um Hilfe bald an die Konsuln, bald an die Väter, doch brachten sie den Konsul nicht eher von seinem Vorhaben ab, als bis die Tribunen versprachen, sich dem Gutachten der Väter zu fügen. ***2*** Nun wurden auf Antrag des Konsuls über die Forderungen der Tribunen und des Bürgerstandes folgende Senatsbeschlüsse durchgesetzt: Die Tribunen sollten in diesem Jahr das Gesetz nicht zum Vorschlag bringen, aber auch die Konsuln das Heer nicht aus der Stadt führen. – Obrigkeitliche Amtsverwaltungen ferner zu verlängern und dieselben Tribunen wieder zu wählen, halte der Senat dem gemeinen Besten für nachteilig.

3 Die Konsuln ordneten sich dem Senat unter, allein die Tribunen ließen sich trotz des lauten Widerspruchs der Konsuln abermals wählen. Nun wollten die Väter ebenfalls, um dem Bürgerstand kein Vorrecht zu lassen, den Lucius Quinctius wieder zum Konsul machen. Allein er erklärte sich dagegen in einer so heftigen Rede, wie er sie in seinem ganzen Konsulat nicht gehalten hatte.

4 *Soll ich mich darüber wundern*, sprach er, *ihr versammelten Väter, wenn euer Ansehen bei dem Bürgerstand wirkungslos ist? Ihr selbst hebt es auf. Weil das Volk den Beschluss des Senats über die Verlängerung der Ämter aufhebt, so seid ihr ebenso darauf aus, ihn umzustoßen, um der Unbesonnenheit des großen Haufens nicht nachzugeben,* ***5*** *gerade als ob das Übergewicht im Staate darauf beruhe, dass man mehr Leichtsinn und Ungebundenheit zeige, denn es verrät doch unstreitig mehr Leichtsinn und Unzuverlässigkeit, wenn man seine eigenen Verfügungen und Beschlüsse, als wenn man die anderer aufhebt.* ***6*** *Ahmet immerhin, ihr versammelten Väter, dem unverständigen Haufen nach, und ihr, die ihr anderen ein Muster sein sollt, mögt lieber nach dem Beispiel anderer sündigen, als dass ihr sie nach eurem Recht handeln lasst, wenn ich nur die Tribunen nicht nachahme und mich nicht gegen den Senatsbeschluss zum Konsul ernennen lasse.* ***7*** *Dich aber, Caius Claudius, fordere ich auf, teils für dich selbst dem römischen Volk diese Übertretung zu verwehren, teils in Rücksicht auf mich überzeugt zu sein, dass ich dies nicht so aufnehmen werde, als habest du mich um dies Ehrenamt bringen wollen, sondern vielmehr glaube, dass du meinen Ruhm, diese Ehrenstelle ausgeschlagen zu haben, befördert und den Vorwurf, der mich über ihre Beibehaltung treffen musste,* *von mir abgewandt habest.* **8** Darauf erließen beide die gemeinschaftliche Verordnung: Es solle niemand dem Lucius Quinctius seine Stimme zum Konsulat geben. Wenn es jemand täte, würden sie auf diese Stimme keine Rücksicht nehmen.

Quintus Fabius Vibulanus und Lucius Cornelius Maluginensis wurden zu Konsuln gewählt, jener zum dritten Mal. In diesem Jahre wurde die Schätzung gehalten; allein das Schätzungsopfer zu vollziehen trug man Bedenken, weil das Kapitol erobert gewesen und ein Konsul gefallen war.

(22) Unter den Konsuln Quintus Fabius und Lucius Cornelius gab es gleich im Anfang des Jahres Unruhen. **2** Die Tribunen hetzten das Volk auf. Nach Aussagen der Latiner und Herniker drohte ein schwerer Krieg mit den Volskern und Aequern. Die Legionen der Volsker stünden schon vor Antium. Selbst den Abfall dieser Kolonie fürchtete man sehr und konnte doch nur mit Mühe von den Tribunen erlangen, dass sie den Krieg allem vorgehen ließen. **3** Nun teilten die Konsuln die Geschäfte. Fabius bekam den Auftrag, die Legionen nach Antium zu führen, Cornelius, Rom zu decken, damit nicht ein Teil der Feinde nach der Sitte der Aequer zum Plündern ausziehe. **4** Die Herniker und Latiner müssten vertragsmäßig Soldaten stellen, und so bestanden zwei Teile im Heer aus Bundesgenossen, der dritte aus Bürgern.

Als die Bundesgenossen sich am festgesetzten Tag einstellten, bezog der Konsul vor dem Capenischen Tor ein Lager. Dann ging er nach Musterung seines Heeres nach Antium und lagerte sich nicht weit von der Stadt und dem feindlichen Standlager. **5** Da die Volsker, ohne sich in eine Schlacht einzulassen, weil das Heer der Aequer noch nicht zu ihnen gestoßen war, bloß Vorkehrungen trafen, sich ruhig hinter ihrem Wall zu verteidigen, führte Fabius am folgenden Tag sein Heer gegen den feindlichen Wall, aber nicht in einer aus Bundesgenossen und Bürgern gemischten, sondern in drei nach den drei Völkern abgesonderten Abteilungen. **6** Er selbst stand mit den römischen Legionen in der Mitte. Von dort aus hieß er alle das Zeichen erwarten, damit die Bundesgenossen zugleich mit ihm angreifen und, wenn er zum Rückzuge blasen ließe, abziehen könnten. Auch gab er jeder Abteilung ihre eigene Reiterei zum Hintertreffen. **7** So griff er das Lager von drei Seiten an, und da er von allen Seiten eindrang, warf er die seinem Einbruch weichenden Volsker vom Wall, überstieg die Verschanzungen und jagte den flüchtigen, nach einer Seite hinstürzenden Schwarm aus dem Lager. **8** Auf dieser ausgebreiteten Flucht kam die Reiterei, die bis dahin als Zuschauer des Kampfes dagestanden hatte, weil sie den Wall nicht so gut erstürmen konnte, in freiem Feld über sie und erntete durch das Gemetzel unter den Fliehenden ihren Anteil am Sieg. **9** Groß war die Niederlage sowohl im Lager als unter den Fliehenden außerhalb der Verschanzungen, noch größer die Beute, weil der Feind kaum seine Waffen mitnehmen konnte, und das Heer wäre aufgerieben worden, wenn nicht Wälder die Fliehenden gedeckt hätten.

(23) Während dieser Vorgänge bei Antium eroberten die Aequer mit dem vorausgeschickten Kern ihrer Mannschaft die Burg zu Tuskulum durch einen nächtlichen Überfall und lagerten sich mit dem übrigen Heer, um die die Streitkräfte des Feindes zu teilen, vor Tuskulums Mauern. **2** Diese Nachricht, die schnell nach Rom und von dort ins Lager nach Antium drang, machte auf die Römer den Eindruck, als würde ihnen die Eroberung des Kapitols gemeldet, so neu war teils das Verdienst der Tuskulaner, teils schien selbst die Ähnlichkeit ihrer Gefahr eine Erwiderung der geleisteten Hilfe zu fordern. **3** Fabius, der alles andere aufgab, ließ die Beute aus dem Lager schleunig nach Antium bringen, stellte hier eine mäßige Besatzung an und marschierte in Eilmärschen nach Tuskulum. Der Soldat durfte nichts mitnehmen als die Waffen und was er an gekochter Speise vorrätig hatte. Die Zufuhr besorgte der Konsul Cornelius von Rom aus.

4 Der Krieg vor Tuskulum dauerte mehrere Monate. Mit dem einen Teile seines Heeres bestürmte der Konsul das Lager der Aequer; den andern hatte er den Tuskulanern zur Wiedereroberung ihrer Burg gegeben. Hier im Sturme hinan zu kommen war nicht möglich. Zuletzt nötigte der Hunger die Feinde, herabzukommen. ***5*** Und als sie sich in der höchsten Not hierzu verstehen müssten, ließen die Tuskulaner sie sämtlich entwaffnet und entkleidet unter einem Jochgalgen abziehen. Als sie auf dieser schimpflichen Flucht ihrer Heimat zueilten, erreichte sie auf dem Algidus der römische Konsul und hieb sie zusammen. ***6*** Bei Columen – so hieß der Ort, wohin der Sieger sein Heer zurückführte – bezog er ein Lager. Nun rückte der andere Konsul, da für Roms Mauern nach Besiegung des Feindes die Gefahr beseitigt war, ebenfalls aus Rom. ***7*** Und so plünderten die Konsuln, die von zwei Seiten den Feinden ins Land fielen, dort die Volsker, hier die Aequer um die Wette.

Bei den meisten Schriftstellern finde ich, dass die Antraten in diesem Jahr abgefallen seien. Indes wage ich nicht zu behaupten, dass der Konsul Lucius Cornelius diesen Krieg geführt und die Stadt erobert habe, da die älteren Geschichtsschreiber dies nicht erwähnen.

(24) Nach Beendigung dieses Krieges schreckte zu Hause die Väter der Krieg mit den Tribunen. Diese schrieen, es geschehe aus böser Absicht, dass man das Heer so lange im Feld lasse, und es sei ein Kunstgriff, um das Gesetz aufzuheben; trotzdem wollten sie die angefangene Sache ausführen. ***2*** Dennoch bewirkte der Stadtpräfekt Lucius Lucretius, dass die Verhandlungen der Tribunen hierüber bis zur Ankunft der Konsuln vertagt wurden.

3 Noch hatte sich eine neue Veranlassung zu Unruhen gefunden. Die Quästoren* Aulus Cornelius und Quintus Servilius hatten den Marcus Volscius, weil er gegen Kaeso offenbar als falscher Zeuge aufgetreten sei, vor Gericht geladen. ***4*** Es ergab sich nämlich durch mehrere Aussagen einmal, dass des Volscius Bruder vom Anfang seiner Krankheit an sich nicht nur niemals wieder habe öffentlich sehen lassen, sondern nicht einmal von seiner Krankheit erstanden und an einer Monate dauernden Auszehrung gestorben sei, zum andern, ***5*** dass Kaeso in jener Zeit, welche der Zeuge seiner Beschuldigung unterlegte, nie in Rom gesehen sei, wobei diejenigen, welche zugleich mit ihm gedient hatten, versicherten, dass er damals mit ihnen immerfort ohne Urlaub zu nehmen unter der Fahne gestanden habe. Dass sich die Sache so verhalte, dies erboten sich viele auf ihre eigene Gefahr dem Volscius vor jedem Richter zu erweisen. ***6*** Da er es nun nicht wagte, sich einem Richter zu stellen, so ließen alle diese zusammentreffenden Umstände die Verurteilung des Volscius ebenso sicher erwarten wie früher die des Kaeso auf das Zeugnis des Volscius hin. ***7*** Doch hinderten diese die Tribunen durch die Erklärung, sie würden nicht zugeben, dass die Quästoren des Beklagten wegen einen Volkstag hielten, wenn nicht zuvor einer des Gesetzes wegen gehalten sei. So wurden beide Sachen bis zur Ankunft der Konsuln vertagt.

8 Als nun diese triumphierend mit dem siegreichen Heer in die Stadt gezogen waren, glaubten viele, weil wegen des Gesetzes alles still blieb, die Tribunen hätten den Mut verloren. ***9*** Allein diese, die damit umgingen, zum vierten Mal Tribunen zu werden – denn es war schon am Ende des Jahres –, veranlassten statt des Streites über das Gesetz einen Zank über ihre Wahl. Und obgleich die Konsuln sich der Verlängerung des Tribunats mit nicht geringerem Eifer widersetzten, als geschähe jetzt der Antrag über jenen zur Herabsetzung ihrer Würde ausgehängten Vorschlag, blieb dennoch der Sieg in diesem Streit den Tribunen.

10 Auch wurde in diesem Jahre den Aequern der erbetene Friede bewilligt. Die Schätzung, die im vorigen Jahr angefangen worden war, wurde beendet und mit einem Schätzungsopfer – dem zehnten seit Erbauung der Stadt – geschlossen. Geschätzt wurden 117 319 Bürger.

11 Die Konsuln hatten sich in diesem Jahr im Frieden und im Krieg großen Ruhm erworben. Im Feld hatten sie Frieden erkämpft, im Innern war der Staat, wenn auch nicht einig, doch minder entzweit als sonst.

---

* Damals etwa mit peinlichen Untersuchungen beauftragte Fiskale.

(25) Die nun gewählten Konsuln, Lucius Minucius und Caius Nautius, fanden zwei aus vorigem Jahr rückständige Angelegenheiten vor. *2* Wie die Konsuln das Gesetz, so verhinderten die Tribunen das Verhör des Volscius; allein die neuen Quästoren waren Männer von mehr Kraft und Ansehen. *3* Mit Marcus Valerius, dem Sohn des Manius und Enkel des Volesus, war Titus Quinctius Capitolinus Quästor, der dreimal Konsul gewesen war. Dieser verfolgte, weil er die Quinctische Familie ihres Kaeso und den Staat seines vorzüglichsten jungen Mannes unwiederbringlich beraubt sah, den falschen Zeugen, der dem Unschuldigen die Selbstverteidigung vor Gericht unmöglich gemacht hatte, mit einem Krieg, welchen Gerechtigkeit und Vaterpflicht billigten. *4* Verginius hauptsächlich und die Tribunen betrieben die Behandlung des Gesetzes, und den Konsuln wurden zwei Monate Frist gegeben, um das Gesetz zu prüfen, dann aber auch das Volk, wenn sie es über die dabei beabsichtigten geheimen Ränke belehrt hätten, an der Abstimmung über dasselbe nicht zu hindern. Diese bewilligte Zwischenzeit bewirkte Ruhe in der Stadt.

5 Allein eine dauernde Ruhe gestatteten die Aequer nicht. Sie brachen den im vorigen Jahr mit den Römern geschlossenen Frieden und übertrugen den Oberbefehl dem Gracchus Cloelius. Er war damals bei Weitem der angesehenste Aequer. *6* Unter Anführung des Gracchus fielen sie feindlich plündernd in das labicanische Gebiet, von da ins tuskulanische und lagerten sich mit Beute beladen auf dem Algidus. In dieses Lager kamen als Gesandte von Rom Quintus Fabius, Publius Volumnius und Aulus Postumius, um sich über die Gewalttätigkeit zu beklagen und dem Friedensschluss gemäß Genugtuung zu fordern. *7* Der Feldherr der Aequer hieß sie ihre Aufträge vom römischen Senat an die Eiche bestellen: Er habe unterdessen andere Dinge zu tun. Über sein Hauptzelt nämlich ragte ein großer Eichenbaum, und in dessen Schatten war ein kühler Sitz. *8* Da sprach einer der Gesandten im Weggehen: *Diese geheiligte Eiche und alle Götter mögen es hören, dass ihr den Frieden gebrochen habt, mögen sie jetzt unserer Klagen und bald unserer Waffen sich annehmen, wenn wir für die von euch zugleich verletzten göttlichen und menschlichen Rechte Rache nehmen werden.* *9* Als die Gesandten nach Rom zurückkamen, befahl der Senat dem einen Konsul, mit einem Heer gegen Gracchus auf den Algidus zu gehen, dem andern stellte er die Plünderung des Äquischerlandes zur Aufgabe. Die Tribunen widersetzten sich nach ihrer Gewohnheit der Werbung, und vielleicht hätten sie es aufs Äußerste getrieben, wenn nicht plötzlich ein neuer Schrecken aufgetreten wäre.

(26) Feindlich plündernd kam eine ungeheure Masse Sabiner nahe an die Stadtmauern. Die Äcker wurden arg mitgenommen und die Stadt in Schrecken gesetzt. Da griffen die Bürger gern zu den Waffen. Gegen alle Einwendungen der Tribunen wurden zwei große Heere geworben. *2* Das eine führte Nautius gegen die Sabiner, schlug sein Lager bei Eretum auf und richtete auf kleinen Streifzügen, meistens durch nächtliche Einfälle, im sabinischen Gebiete eine solche Verwüstung an, dass im Vergleich mit dieser das römische Gebiet vom Kriege fast unberührt schien.

3 Minucius hatte in der Ausführung seiner Aufgabe weder dasselbe Glück noch dieselbe Geisteskraft. Denn da er in des Feindes Nähe sein Lager aufgeschlagen hatte, hielt er sich, ohne eine bedeutende Niederlage erlitten zu haben, zaudernd im Lager. *4* Als dies die Feinde merkten, wuchs ihnen natürlich bei der Furchtsamkeit ihres Gegners der Mut; und da ihnen in einem nächtlichen Angriff der dreiste Sturm nicht sonderlich gelang, umgaben sie das Lager am folgenden Tag mit Verschanzungen. Ehe diese durch den ringsum aufgeworfenen Wall die Ausgänge schlossen, entkamen fünf Reiter durch die feindlichen Posten und meldeten in Rom die Einschließung des Konsuls und des Heeres. *5* Nichts konnte so unvermutet und so ganz gegen die Erwartung eintreten. Darum waren auch der Schrecken und die Bestürzung so groß, als hätten die Feinde die Stadt, nicht das Lager eingeschlossen. *6* Der Konsul Nautius wurde zurückberufen. Da man sich aber durch ihn noch nicht geschützt genug hielt und es nötig fand, einen Diktator zu wählen, der imstande sei, die schlimme Sache wieder gutzumachen, so wurde Lucius Quinctius Cincinnatus einstimmig dazu ernannt.

7 Aufmerken mögen hier diejenigen, in deren Augen alles im menschlichen Leben dem Reichtum nachsteht, die ein hohes Ehrenamt oder Verdienst immer an seiner unrechten Stelle finden, außer wo Vermögen in vollen Strömen sich sammelt. ***8*** Der einzige für die Oberherrschaft Roms zu erwartende Retter, Lucius Quinctius, bebaute jenseits des Tibers, gerade dem Platz gegenüber, wo jetzt die Werften sind, ein Grundstück von vier Morgen, welches jetzt die Quinctische Wiese heißt. ***9*** Hier baten ihn die Gesandten, wie er entweder beim Grabenziehen sich auf den Spaten stemmte oder pflügte, wenigstens, was man gewiss weiß, mit einer Landarbeit beschäftigt war, nach gegenseitiger Begrüßung, er möge zum Segen für ihn selbst und für den Staat die Anträge des Senates in der Toga vernehmen. Voll Verwunderung und unter Fragen, ob nicht alles gut stehe, hieß er seine Gattin Racilia eilends die Toga aus der Hütte herbringen. ***10*** Als er sich den Staub und Schweiß abgewischt hatte und nun gekleidet auftrat, begrüßten ihn die Glück wünschenden Gesandten als Diktator, beriefen ihn zur Stadt und schilderten ihm die Gefahr des Heeres. ***11*** Das Schiff zur Abholung des Quinctius gab der Staat; nach seiner Überfahrt empfingen ihn drei Söhne, die ihm entgegengegangen waren; weiterhin die anderen Verwandten und Freunde, zuletzt der größere Teil der Väter. Diese zahlreiche Umgebung geleitete ihn unter Vortritt der Liktoren bis an sein Haus. ***12*** Auch der Zulauf der Bürgerschaft war groß, doch sah diese den Quinctius gar nicht zu ihrer Freude, weil sie teils die Gewalt seines Amtes für zu groß, teils ihn selbst für den Mann hielt, der eben in dieser Amtsgewalt noch strenger sein werde. Doch in dieser Nacht begnügte man sich, in der Stadt Wachen auszustellen.

(27) Als der Diktator noch vor Anbruch des folgenden Tages auf den Markt gekommen war, ernannte er zum Magister Equitum den Lucius Tarquitius, aus adligem Geschlecht, der unter allen jungen Männern Roms, obgleich er aus Armut zu Fuß gedient hatte, bei Weitem als der erste Krieger galt. ***2*** Mit dem Magister Equitum trat er in die Versammlung, kündigte einen Gerichtsstillstand an, ließ in der ganzen Stadt die Kaufläden schließen und untersagte die Betreibung jedes Privatgeschäftes. ***3*** Dann hieß er alle vom dienstfähigen Alter bewaffnet, mit Mundvorrat auf fünf Tage und zwölf Schanzpfählen vor Sonnenuntergang auf dem Marsfeld erscheinen; ***4*** wer zum Dienst zu alt sei, solle dem diensttuenden Nachbarn, während dieser seine Waffen instand setze und Schanzpfähle hole, die Speisen bereiten. ***5*** Nun liefen die Jünglinge umher, sich Pfähle zu holen; jeder nahm sie, wo er sie zunächst fand, ohne von jemand gehindert zu werden; und alle stellten sich dem Befehl des Diktators ungesäumt. ***6*** Nach Anordnung des Zuges führte der Diktator selbst das Fußvolk, der Magister Equitum seine Reiterei; zum Treffen erforderlichenfalls in so guter Verfassung wie zum Marsch. In beiden Zügen hörte man Ermunterungen, wie die Lage der Dinge sie forderte. ***7*** Sie möchten den Schritt verdoppeln, es sei Eile nötig, um in der Nacht an den Feind kommen zu können; ein römischer Konsul sei mit seinem Heer eingeschlossen, schon drei Tage umringt; man könne nicht wissen, was jeden Tag, jede Nacht sich ereignen könne; oft beruhe die Entscheidung der wichtigsten Dinge auf einem Augenblick. Auch riefen sie selbst, um sich den Heerführern gefällig zu machen, untereinander: ***8*** *Fähnrich, beeile dich! Folge ihm, Kamerad!* Um Mitternacht erreichten sie den Algidus, und als sie merkten, dass sie dem Feind schon nahe waren, machten sie Halt.

(28) Hier befahl der Diktator, der das feindliche Lager umritt und, soviel Übersicht ihm die Nacht gestattete, die Lage und Gestalt desselben in Augenschein nahm, den Obersten, die Soldaten ihr Gepäck zusammenwerfen und sie dann wieder mit ihren Waffen und Schanzpfählen in die Glieder treten zu lassen. Der Befehl wurde vollzogen. ***2*** Darauf stellte er in der Ordnung, die sie unterwegs gehabt hatten, das ganze Heer in einem langen Zug um das feindliche Lager, befahl

allen, auf ein gegebenes Zeichen ein Geschrei zu erheben, und dann solle jeder an seiner Stelle einen Graben ziehen und einen Wall aufwerfen.

Der Bekanntmachung des Befehls folgte das Zeichen. *3* Der Soldat vollzog, was ihm befohlen war. Geschrei umtönte die Feinde. Es scholl über das feindliche Lager weg und drang zum Lager des Konsuls. Dort erregte es Bestürzung, hier außerordentliche Freude. *4* Die Römer, die sich einander Glück wünschend zuriefen, das sei ein Geschrei von Landsleuten, und es sei Entsatz gekommen, setzten nun selbst von den Posten und Wachen aus den Feind in Schrecken. *5* Der Konsul versicherte, sie dürften nicht säumen. Jenes Geschrei bedeute nicht bloß die Ankunft der Ihrigen, sondern den schon gemachten Angriff, und es solle ihn wundern, wenn das feindliche Lager nicht schon von außen bestürmt werde. So hieß er die Seinigen zu den Waffen greifen und ihm folgen. *6* Noch in der Nacht begannen seine Legionen den Kampf und gaben dem Diktator durch ein Geschrei zu verstehen, dass auch von ihrer Seite es zum entscheidenden Kampf gekommen sei.

7 Eben schickten die Aequer sich an, ihre Einschließung durch das Pfahlwerk zu verhindern, als sie auf das von dem inneren Feinde eröffnete Gefecht aus Furcht, er möchte mitten durch ihr Lager brechen, von den Schanzenden sich gegen den Angriff von innen wandten und die Fortsetzung der Werke die Nacht über ungestört ließen. So kämpften sie mit dem Konsul bis zum Anbruch des Tages.

8 Um diese Zeit waren sie schon vom Diktator umpfählt und dabei kaum dem Gefecht mit einem Heer gewachsen. Nun wurde vom Quinctischen Heer, das sogleich nach Vollendung der Werke die Waffen wieder ergriff, ihr Wall angegriffen; hier drohte ein neuer Kampf, und der andere hatte noch nicht nachgelassen. *9* In dieser Not von beiden Seiten baten sie, vom Kampf zum Flehen gestimmt, hier den Diktator, dort den Konsul, sie möchten den Sieg nicht in ihrer Vertilgung suchen; sie möchten sie entwaffnet abziehen lassen.

Vom Konsul wurden sie an den Diktator gewiesen, der sie aus Erbitterung noch mit Schimpf belegte. *10* Er befahl ihnen, ihren Anführer Gracchus Coelius und andere Vornehme gefesselt vor ihn zu bringen und aus der Stadt Corbio abzuziehen. Nach dem Blut der Aequer verlange ihn nicht, sie könnten abziehen; um ihnen aber endlich einmal das Geständnis abzuzwingen, dass ihr Volk bezwungen und gebändigt sei, sollten sie unter einem Jochgalgen abziehen. *11* Von drei Spießen wurde ein Jochgalgen gemacht, so dass zwei in die Erde gesteckt und einer quer darüber gebunden wurde. Durch diesen Galgen entließ der Diktator die Aequer.

(29) Nachdem er das Lager der Feinde in Besitz genommen hatte, wo sich alles im Überfluss fand – denn er hatte sie mit leeren Händen abziehen lassen –, gab er die ganze Beute nur seinen Soldaten. Das konsularische Heer und den Konsul selbst redete er mit dem Verweis an: *2 Dir gebührt kein Teil, Soldat, an der Beute von einem Feind, dem du beinahe zur Beute wurdest. Und du, Lucius Minucius, wirst, bis du anfängst, den Mut eines Konsuls zu haben, über diese Legionen Unterfeldherr sein.* *3* Also legte Minucius sein Konsulat nieder und blieb auf Befehl beim Heer.

So sehr war man damals geneigt, sich dem besseren Oberbefehl willig zu fügen, dass die Soldaten mehr der Wohltat als der Beschimpfung eingedenk, dem Diktator einen goldenen, ein Pfund schweren Kranz als Geschenk zuerkannten und ihm bei seinem Abzug als ihren Schirmherrn begrüßten.

4 Zu Rom beschloss der vom Stadtpräfekt Quintus Fabius versammelte Senat, dass Quinctius in der Ordnung seines ankommenden Zuges triumphierend seinen Einzug in die Stadt halten solle. Vor dem Wagen her gingen die Feldherren der Feinde, die Fahnen wurden ihm vorangetragen, das mit Beute beladene Heer folgte ihm. *5* Vor jedem Haus soll ein Mahl zubereitet gewesen sein, und die Schmausenden schlossen sich unter Triumphliedern und den dabei üblichen Scherzen nach Art der schwärmenden Zecher dem Zug an. **6** An dem Tag wurde dem Tuskulaner Lucius Mamilius mit allgemeiner Zustimmung das Bürgerrecht verliehen.

Der Diktator hätte sogleich sein Amt niedergelegt, hätte ihn nicht der dem falschen Zeugen Marcus Volscius angesetzte Gerichtstag davon abgehalten, den die Tribunen aus Furcht vor dem Diktator nicht hinderten. Der verurteilte Volscius ging nach Lanuvium in die Verbannung. **7** Quinctius legte die auf sechs Monate übernommene Diktatur am sechzehnten Tag nieder.

In diesen Tagen errang der Konsul Nautius bei Eretum einen herrlichen Sieg über die Sabiner. Außer der Plünderung ihres Gebietes traf die Sabiner nun noch diese Niederlage. Auf den Algidus schickte man den Quintus Fabius als Nachfolger des Minucius.

8 Am Ende des Jahres brachten die Tribunen das Gesetz wieder in Anregung; allein die Väter setzten es durch, dass in Abwesenheit beider Heere bei dem Volk kein Antrag gestellt werden sollte. Den Bürgerlichen gelang es, dieselben Tribunen zum fünften Mal zu wählen. **9** Auf dem Kapitol, heißt es, hätten sich Wölfe sehen lassen, welche von Hunden verfolgt wurden. Wegen dieses ungewöhnlichen Ereignisses soll das Kapitol durch ein Reinigungsopfer entsühnt worden sein. Dies sind die Begebenheiten dieses Jahres.

(30) Es folgen die Konsuln Quintus Minucius und Caius Horatius Pulvillus. Obgleich im Anfang dieses Jahres von außen Ruhe war, erregten doch im Inneren dieselben Tribunen und dasselbe Gesetz Zwistigkeiten, **2** und man wäre hierin weitergegangen – so sehr ließ man sich von Leidenschaften hinreißen –, wäre nicht, gleichsam dazu bestellt, die Nachricht eingelaufen, dass die Aequer die Besatzung zu Corbio durch einen nächtlichen Überfall vernichtet hätten. **3** Die Konsuln beriefen den Senat und erhielten den Auftrag, ein Heer von eiligst Aufgebotenen zu werben und nach dem Algidus zu führen. Die Werbung veranlasste, sowie man den Streit über den Vorschlag ruhen ließ, eine neue Spannung. **4** Und unter dem Beistand der Tribunen hätte man sich des konsularischen Zwangsbefehls erwehrt, als eine neue Schreckensnachricht dazu kam: Ein Heer von Sabinern sei auf Plünderung ins römische Gebiet eingefallen und ziehe nun gegen die Stadt. **5** Diese Drohung bewog die Tribunen, die Aushebung der Soldaten geschehen zu lassen, doch nur unter der Bedingung, dass künftig, weil man sie fünf Jahre lang habe hinhalten können und der Bürgerstand an ihnen nicht Beschützer genug habe, zehn Volkstribunen gewählt werden sollten. **6** Die Not zwang den Vätern die Einwilligung ab; doch verlangten sie, dass man künftig nicht dieselben Tribunen wieder wählen solle. Die Tribunenwahl wurde sogleich gehalten, damit nicht auch dies, wie so manches andere, nach dem Krieg vereitelt würde. **7** 36 Jahre nach den ersten Volkstribunen wurden zehn gewählt; aus jeder Klasse zwei;* und so sollten sie auch künftig gewählt werden. **8** Nach gehaltener Aushebung zog Minucius gegen die Sabiner, fand aber keinen Feind. Horatius lieferte den Aequern, welche die Besatzung zu Corbio niedergemacht und nun auch Ortona erobert hatten, auf dem Algidus eine Schlacht, tötete eine Menge Menschen und vertrieb den Feind nicht bloß von Algidus, sondern auch aus Corbio und Ortona. Corbio, wo man die Besatzung verraten hatte, ließ er schleifen.

(31) Darauf wurden Marcus Valerius und Spurius Verginius Konsuln, von innen und von außen war Ruhe. Überschwemmungen verursachten eine drückende Teuerung. Der Vorschlag, den Aventin zum Anbau freizugeben, wurde genehmigt. **2** Dieselben wiedergewählten Tribunen machten im folgenden Jahr unter den Konsuln Titus Romilius und Caius Veturius das Gesetz zum Gegenstand aller ihrer Volksreden. Sie sagten: Sie schämten sich ihrer vergeblich vermehrten Anzahl, wenn diese Sache während ihrer Amtszeit von zwei Jahren ebenso unvollendet bleibe,

* Es waren eigentlich sechs Klassen; vgl. I, 43. Allein die ärmste (sechste) Klasse war bloß nach ihren Köpfen, nicht nach dem Vermögen geschätzt und konnte also keine Tribunen stellen.

wie sie in den ganzen fünf Jahren vorher geblieben sei. *3* Gerade als sie dies so eifrig betrieben, meldeten Boten von Tuskulum in voller Bestürzung, die Aequer stünden in dem Gebiet von Tuskulum. Das neue Verdienst dieses Volkes machte, dass man sich schämte, mit der Hilfe zu zögern. Beide Konsuln wurden mit einem Heer hingeschickt und trafen den Feind an seiner gewöhnlichen Stelle auf dem Algidus. *4* Hier kam es zur Schlacht; über 7000 Feinde fielen, die anderen vertrieb man und machte große Beute. Wegen der Armut der Schatzkammer verkauften diese die Konsuln. Gleichwohl gereichte ihnen dies beim Heer zum Vorwurf und gab auch den Tribunen Stoff, die Konsuln beim Bürgerstand zu verleumden. Was geschah? *5* Sowie sie vom Amt abgingen, wurde unter den Konsuln Spurius Tarpejus und Aulus Aterius ein Tag zu ihrer Anklage festgesetzt, dem Romilius von dem Volkstribun Caius Claudius Cicero, dem Veturius von dem plebejische Ädil Lucius Alienus. *6* Beide wurden zum großen Verdruss der Väter verurteilt, Romilius zu 10 000 As, Veturius zu 15 000.

Doch dieses Unglück der vorigen Konsuln machte die neuen nicht untätiger. Sie sagten, man könne auch sie verurteilen, und dennoch sollten Bürger und Tribunen das Gesetz nicht durchsetzen.

7 Da machten die Tribunen unter Aufgabe des Gesetzes, das während seiner (langen) Ausstellung veraltet war, den Vätern glimpflichere Anträge. Sie möchten endlich den Streitigkeiten ein Ende machen. Wenn ihnen die Vorschläge von Bürgerlichen missfielen, dann möchten sie gemeinschaftlich aus den Bürgern und aus den Vätern Gesetzgeber wählen lassen, die nur das festzustellen hätten, was beiden Teilen nützlich sei und eine Ausgleichung der Freiheit bezwecke. *8* Die Väter verwarfen den Antrag nicht, behaupteten aber, nur entwerfen dürfe die Gesetze niemand als Väter. Als man über die Gesetzgebung einverstanden und nur noch über den Gesetzgeber uneinig war, schickte man den Spurius Postumius Albus, Aulus Manlius und Publius Sulpicius Camerinus als Gesandte nach Athen und trug ihnen auf, die berühmten Gesetze Solons abzuschreiben und sich mit den Einrichtungen, Gewohnheiten und Rechten anderer griechischer Staaten bekannt zu machen.

(32) Vor auswärtigen Kriegen hatte dieses Jahr Ruhe. Noch ruhiger war unter den Konsuln Publius Curiatius und Sextus Quinctilius das folgende Jahr durch das fortwährende Schweigen der Tribunen, weil man anfangs die nach Athen gegangenen Gesandten und die fremden Gesetze erwartete, *2* und sich nachher zwei große Plagen zugleich einstellten, eine Hungersnot und eine unter Menschen und Vieh gleich verderbliche Seuche. Die Dörfer wurden verödet, die Stadt durch ununterbrochene Todesfälle entvölkert; viele und angesehene Häuser wurden in Trauer versetzt. *3* Der Priester des Quirinus Servius Cornelius starb, der Augur Caius Horatius Pulvillus, in dessen Stelle die Augurn den Caius Veturius umso geneigter aufnahmen, weil er von den Bürgerlichen verurteilt worden war. *4* Es starben der Konsul Quinctilius und vier Volkstribunen. Durch so vielfachen Verlust wurde dies ein trauriges Jahr, vom Feind hatte man Ruhe.

5 Es folgen die Konsuln Caius Menenius und Publius Sestius Capitolinus. Auch in diesem Jahre gab es keinen auswärtigen Krieg, es entstanden aber innere Unruhen. *6* Schon waren die Gesandten mit den Attischen Gesetzen zurückgekommen. Umso ernstlicher aber drangen die Tribunen darauf, dass endlich einmal der Anfang gemacht würde, Gesetze abzufassen. Man beschloss, Zehnmänner mit unbeschränkter Vollmacht zu wählen; auch sollte in diesem Jahre keine andere Obrigkeit sein. *7* Ob auch Bürgerliche darunter aufgenommen werden sollten, darüber stritt man ziemlich lange hin und her; zuletzt überließ man die Plätze den Vätern unter der Bedingung, dass das Icilische Gesetz,* den Aventin betreffend, und die übrigen beschworenen Gesetze nicht aufgehoben würden.

---

* Vgl. Kap. 31, Anf.

(33) Im Jahre 302 nach Roms Erbauung wurde die Staatsverfassung noch einmal geändert, da die Regierung von den Konsuln auf die Dezemvirn überging, wie ehemals von den Königen an die Konsuln. *2* Diese Veränderung war weniger auffallend, weil sie nicht von langer Dauer war, denn die Freude über die neue Obrigkeit wurde zu groß; und um so schneller geriet die Sache in Verfall, und man kam wieder dahin zurück, den Titel und die Macht der Konsuln zweien zu übertragen.

3 Zu Dezemvirn wurden gewählt Appius Claudius, Titus Genucius, Publius Sestius, Lucius Veturius, Caius Julius, Aulus Manlius, Servius Sulpicius, Publius Curiatius, Titus Romilius und Spurius Postumius. *4* Dem Claudius und Genucius gab man, weil sie schon für dieses Jahr zu Konsuln bestimmt gewesen waren, die eine Würde für die andere, und dem Sestius, dem einen der vorjährigen Konsuln, wurde sie, weil er die Sache gegen den Willen seines Amtsgenossen bei den Vätern zum Vortrag gebracht hatte, zuteil. *5* Als die Würdigsten nächst ihnen nahm man die drei Gesandten, welche nach Athen gegangen waren, teils um sie für die weite Reise durch die Ehrenstelle zu belohnen, teils weil man sich von ihrer Bekanntschaft mit ausländischen Gesetzen für die Abfassung der neuen Rechte Vorteil versprach. *6* Die Übrigen machten die Zahl voll. Auch ließ man, wie es heißt, die letzten Wahlen auf betagte Männer fallen, damit diese den Beschlüssen der Übrigen nicht gar zu mutig widersprechen möchten.

7 Die Leitung der ganzen Behörde war durch die Gunst der Bürgerlichen in den Händen des Appius, und er hatte eine ihm so ganz neue Sinnesart angenommen, dass aus dem furchtbaren und ungestümen Verfolger des Bürgerstandes auf einmal ein Bürgerfreund wurde, der nach jedem Lüftchen der Volksgunst haschte. *8* Alle zehn Tage sprach einer von ihnen dem Volk Recht. An diesem Tag hatte dieser als Vorsitzender des Gerichts die zwölf Beilträger und jeder seiner Amtsgenossen nur einen Gerichtsdiener. Und mit der musterhaften Eintracht unter ihnen selbst – einer Einigkeit, die sonst den Untertanen nicht selten nachteilig wird – war die höchste Billigkeit gegen andere verbunden. *9* Ich begnüge mich, den Beweis für ihre Mäßigung durch das Beispiel eines einzigen Falles einleuchtend zu machen. Da vermöge ihrer Wahl keine Ansprache an das Volk von ihnen galt, setzte gleichwohl der Dezemvir Caius Julius, als man in dem Haus des Publius Sestius, eines Mannes vom Patrizierstand, eine verscharrte Leiche fand und vor die Versammlung brachte, dem Sestius, so offenkundig und schreiend die Sache war, doch nur einen Gerichtstag an, *10* trat vor dem Volk in einer Sache als Kläger auf, in der er gesetzmäßiger Richter war, und begab sich seines Rechtes, um in dem, was er an seiner obrigkeitlichen Gewalt schwinden ließ, der Freiheit des Volkes einen Zuwachs zu geben.

(34) In derselben Zeit, da bei ihnen dem Höchsten wie dem Niedrigsten sein Recht unverzögert und ungebeugt wie aus einem Orakel zuteil wurde, war auch die Abfassung der Gesetze in Arbeit; und als sie unter allgemein gespannter Erwartung zehn Tafeln öffentlich ausgestellt hatten, beriefen sie das Volk *2* und forderten alle auf, zum Glück, Heil und Segen des Staates, für sie selbst und ihre Kinder, hinzugehen und die ausgehängten Gesetze zu lesen. *3* Sie hätten, soweit der Einsicht von zehn Menschen die Fürsorge möglich gewesen sei, die Rechte aller, der Höchsten und der Niedrigsten, gleichgestellt. Die Einsicht und Beratung vieler vermöge mehr. *4* Sie möchten jeden Punkt bei sich im Geiste überlegen, ihn in ihren Gesprächen behandeln und über das Zuviel oder Zuwenig in jedem ihnen Mitteilungen machen. *5* Nur solche Gesetze solle das römische Volk haben, bei denen man vermuten müsse, dass die einmütige Stimme aller sie nicht etwa, nachdem sie vorgeschlagen waren, genehmigt, sondern selbst in Vorschlag gebracht habe.

6 Als sie nun nach den Äußerungen des Volkes über jeden bekannt gemachten Punkt hinlänglich berichtigt schienen, wurden auf einem Volkstag nach den Stimmen der Zenturien die Gesetze der zehn Tafeln bestätigt, die noch jetzt bei dieser ungeheuren Menge von nach und nach gehäuften Gesetzen die Quelle des gesamten Staats- und bürgerlichen Rechtes sind.

7 Bald hörte man allgemein sagen, dass noch zwei Tafeln fehlten; wenn diese hinzukämen, könne das gesamte römische Recht zu einer vollendeten Sammlung gedeihen. Diese Erwartung machte bei der Annäherung des Wahltages den Wunsch rege, abermals Dezemvirn zu wählen. Da auch die Dezemvirn die Ansprache von dem einen an den andern gestatteten, so vermisste der Bürgerstand, dem ohnehin Konsuln und Könige gleich verhasste Namen waren, nicht einmal den Beistand von Tribunen.

(35) Als aber nunmehr die Versammlungen zur Wahl der Dezemvirn für den dritten Markttag angekündigt waren, *2* entbrannte ein solcher Ehrgeiz, dass auch die ersten Männer des Staates – ich glaube, aus Furcht, wenn sie die Plätze unbesetzt ließen, möchte der Besitz einer so hohen Macht auch nicht ganz Würdigen offen stehen –, den Leuten die Hände drückten und um dasselbe Ehrenamt, dem sie sich aus allen Kräften widersetzt hatten, bei demselben Bürgerstand flehentlich nachsuchten, mit dem sie darüber gestritten hatten. *3* Die als Kampfpreis ausgestellte Würde spornte selbst den Appius Claudius, obwohl er ein Mann in reifem Alter war und die höchsten Ehrenstellen bekleidet hatte. Man wusste nicht, ob man ihn unter die Dezemvirn oder unter die Kandidaten zählen sollte; *4* oft schien er mehr das Amt zu suchen als zu bekleiden. Er führte Klagen über die Vornehmen, er erhob jeden der niedrigsten Bewerber; umringt von ehemaligen Tribunen, *5* einem Duellius, einem Icilius, eilte er auf dem Markt umher; durch sie ließ er sich den Bürgerlichen anpreisen, bis endlich auch seine Amtsgenossen, die ihm bis dahin innig ergeben waren, aufmerksam wurden und nicht begriffen, was er darunter suche. *6* Offenbar sei da keine Aufrichtigkeit. Diese Leutseligkeit bei so viel Hochmut müsse gewiss ihre Gründe haben. Sich so sehr zum Gewöhnlichen herabzustimmen und mit Privatleuten gemein zu machen, sei nicht die Art dessen, der im Begriff stehe, sein Amt abzugeben, sondern dessen, der sich den Weg zur Verlängerung des Amtes zu bahnen suche. *7* So mutlos, seiner Ehrsucht offen in den Weg zu treten, suchten sie unter dem Schein der Gefälligkeit seine Zudringlichkeit zu mildern. Einstimmig übertrugen sie ihm, weil er doch der Jüngste sei, das Geschäft, den Wahltag zu halten. *8* Dies war ein Kunstgriff: Er sollte sich nicht selbst wählen können, denn dies hatte bis dahin noch niemand, die Volkstribunen ausgenommen, und auch diese nicht ohne den geringsten Anstoß getan. Er aber, der sich gleich dazu verstand, er wolle in Gottes Namen die Wahlversammlungen leiten, ergriff das Gegenmittel als eine Gelegenheit, *9* und da er vermittels seiner Verbindungen die beiden Quinctier, Capitolinus und Cincinnatus, ferner seinen Onkel Caius Claudius, einen entschiedenen Freund der Optimaten, und andere Männer von gleich hohem Rang durchfallen ließ, stellte er Dezemvirn auf, die jenen an glänzenden Verdiensten durchaus nicht gleichkamen, *10* und unter den ersten sich selbst, was die Bessergesinnten, nachdem er es getan, ebenso sehr missbilligten, als es niemand geglaubt hatte, dass er es wagen werde. *11* Mit ihm wurden gewählt Marcus Cornelius Maluginensis, Marcus Sergius, Lucius Minucius, Quintus Fabius Vibulanus, Quintus Poetelius, Titus Antonius Merenda, Kaeso Duellius, Spurius Oppius Cornicen, Manius Rabuleius.

(36) Nun hörte Appius auf, eine fremde Rolle zu spielen, von jetzt an fing er an, sich seiner Sinnesart zu überlassen und seine neuen Amtsgenossen, ehe sie noch die Würde antraten, nach seinem Geist zu bilden. *2* Täglich kamen sie ohne Zeugen zusammen. Hier eingeschult in despotische Entwürfe, über denen sie ohne Mitwissen anderer brüteten, trieben sie ihr Wesen, selbst ohne ihren Übermut länger zu verbergen – ließen sie doch selten jemand vor, sprachen sie doch mit den Vorgelassenen so unfreundlich –, bis zum 15. Mai.

3 Der 15. Mai war damals zur Übernahme der Staatsämter festgesetzt. Gleich beim Antritt des Amtes bezeichneten sie den ersten Tag ihres Amtes durch Androhung eines gewaltigen Schreckens. Denn da die vorigen Dezemvirn es so gehalten hatten, dass sich nur einer die Rutenbündel vorantragen ließ, und dies königliche Machtzeichen der Reihe nach, so wie jeden der Wechsel traf, bei allen herumging, traten sie plötzlich alle, jeder mit zwölf Rutenbündeln, auf. *4* 120 Beilträger erfüllten den Gerichtsplatz und trugen in den Rutenbündeln die aufgesteckten Beile zur Schau. Und die Dezemvirn gaben darüber die Erklärung ab, es wäre unnötig gewesen, die Beile wegzulassen, da doch alle Ansprache von ihnen ungültig sei. *5* Es war ein Anblick von zwölf Königen, und ein vervielfachter Schrecken, nicht nur für die Niedrigen, sondern selbst für die Häupter des Senates, weil sie glaubten, man suche nur einen Vorwand, mit Morden anzufangen, so dass, wenn jemand im Senat oder im Volk ein Wort fallen ließe, in dem noch Freiheit atme, sogleich Ruten und Beile, um andere zu schrecken, gehandhabt würden. *6* Denn außer dem, dass man bei dem Volk keine Hilfe finden konnte, da alle Ansprache abgeschafft war, hatten auch die Dezemvirn allen vermittelnden Widerspruch unter sich selbst, durch ihre Verabredung vernichtet, während die vorigen Dezemvirn gestattet hatten, dass ihre Aussprüche bei erfolgter Ansprache an ihren Amtsgenossen abgeändert wurden, und manches, was vor ihren Richterstuhl zu gehören schien, vor das Volk gebracht hatten.

7 Eine Zeitlang war der Schrecken für alle gleich, allmählich fing er an, sich ganz gegen das Volk zu richten. Die Väter schonte man, mit den Niedrigeren verfuhren sie willkürlich und grausam; sie gehörten ganz der Person, nicht der Sache, denn Gunst galt bei ihnen für Recht. *8* Ihre Rechtssprüche schmiedeten sie daheim; vor Gericht ließen sie dieselben hören. Tat jemand Ansprache an einen aus ihrer Mitte, so wurde er von dem, an den er sich wandte, so entlassen, dass es ihn reute, es nicht bei dem Ausspruch des Ersten gelassen zu haben. *9* Auch verbreitete sich ein unverbürgtes Gerücht: Sie hätten sich zu diesen Bedrückungen nicht bloß für die Gegenwart verabredet, sondern einen geheimen Bund unter sich beschworen, keinen Wahltag zu halten und durch ein fortgesetztes Dezemvirat die einmal in Besitz genommene Gewalt zu behaupten.

(37) Darauf sahen die Bürgerlichen auf die Patrizier und haschten bei ihnen nach jeder Hoffnung von Freiheit, da sie doch eben durch die Furcht, von dort aus unterdrückt zu werden, den Staat in diese Lage gebracht hatten. *2* Die vornehmsten der Väter hassten die Dezemvirn und den Bürgerstand. Sie billigten nicht, was geschah, und glaubten doch, er leide nicht unverdient. Sie hatten keine Lust, Leuten zu helfen, die im gierigen Drang nach Freiheit in Knechtschaft geraten wären; ja sie suchten die Bedrückungen zu häufen, *3* damit man endlich aus Unzufriedenheit mit der Gegenwart wieder zwei Konsuln und die ehemalige Lage der Dinge wünschenswert finden möge.

4 Schon war der größere Teil des Jahres verstrichen, die zwei Gesetztafeln waren zu den vorjährigen zehn schon nachgeliefert, und wenn auch diese auf einem Volkstag durch die Stimmen der Zenturien zu Gesetzen erhoben waren, so war weiter kein Grund da, warum der Staat dieses Amtes bedurft hätte. *5* Alle erwarteten die baldige Ankündigung eines Versammlungstages zur Konsulwahl. Der Bürgerstand war nur darauf bedacht, auf irgendeine Weise die tribunizische Gewalt, dies Bollwerk seiner Freiheit, das er selbst aufgegeben hatte, wiederherzustellen. *6* Unterdessen war gar keine Rede von Wahlversammlungen; und die Dezemvirn, die anfangs immer, weil dies für volkstümlich galt, umringt von gewesenen Tribunen vor dem Volk aufgezogen kamen, hatten jetzt junge Patrizier an ihrer Seite. Scharenweise hielten diese die Gerichtsstühle umlagert. *7* Sie schalteten und walteten mit dem Bürgerstand, mit seinen Angelegenheiten und seinem Eigentum, weil dem Mächtigeren alles, wonach ihn gelüstete, zugesprochen wurde. *8* Bald ging es auch an Leib und Leben: Es gab Rutenhiebe, andere traf das Beil, und um die Grausamkeit nicht umsonst zu üben, folgte auf die Hinrichtung des Besitzers die Verschenkung seiner Güter. Dieser Lohn bestach die jungen Adligen, sich den Bedrückungen nicht nur nicht zu widersetzen, sondern öffentlich ihre eigene Ungebundenheit der allgemeinen Freiheit vorzuziehen.

(38) Der 15. Mai kam heran. An ihre Stelle hatten die Dezemvirn keine neue Obrigkeit wählen lassen: Es traten also in ihnen nicht Dezemvirn, sondern Privatleute auf, obgleich sie weder am Willen, ihre Gewalt auszuüben, noch selbst im Äußeren an ihren Ehrenzeichen das Mindeste abgehen ließen. *2* Das erschien nun ganz offenbar wie Königtum. Die Freiheit wurde auf ewig verlorengegeben; kein Retter stand auf, und man sah auch keinen für die Zukunft. Nicht genug, dass den Römern selbst der Mut sank, schon erhob sich unter den benachbarten Völkern Verachtung; es verdross sie, sich von denen beherrschen zu lassen, die nicht einmal Freiheit hätten. *3* Mit einer großen Schar machten die Sabiner einen Einfall in das römische Gebiet, und als sie nach weit verbreiteter Plünderung Beute an Menschen und Vieh ungestraft davongeführt hatten, schlugen sie bei Eretum, wo sich ihr Heer aus seiner weiten Zerstreuung sammelte, ein Lager auf, voll Vertrauen auf die Uneinigkeit in Rom, die keine Werbung zulassen werde. *4* Nicht bloß diese Nachrichten, sondern schon durch die Straßen flüchtende Landleute setzten alles in Verwirrung. Die Dezemvirn berieten, was zu tun sei. Zwischen dem Hass der Väter und der Bürgerlichen standen sie verlassen da, *5* und noch einen zweiten Schrecken schickte ihnen das Schicksal zu. Die Aequer hatten auf einer andern Seite, auf dem Algidus, ein Lager aufgeschlagen, und Gesandte von Tuskulum, welche um Verstärkung bitten, bringen die Botschaft, dass die Feinde auf ihren Streifzügen von dort aus das tuskulanische Gebiet verheert hätten. *6* In dieser Angst sahen sich die Dezemvirn genötigt, da zwei Kriege zugleich die Stadt bedrohten, den Senat anzugehen. Sie gaben Befehl, die Väter nach dem Rathaus zu berufen, obgleich sie sich nicht verhehlten, *7* dass ein großer Sturm des Hasses sie bedrohe, von den Verheerungen im Land, von den hereinbrechenden Gefahren würden alle die Schuld auf sie laden; dies werde zu dem Versuche führen, ihnen das Amt zu nehmen, wenn sie nicht einmütig sich zur Wehr setzten und dadurch, dass sie gegen einige zu Vorlaute von ihrer Gewalt nachdrücklichen Gebrauch machten, die Angriffe der Übrigen niederschlügen.

8 Als man auf dem Markt die Stimme des Herolds vernahm, der die Väter auf das Rathaus zu den Dezemvirn berief, machte dies, weil sie die Sitte, den Senat zu befragen, schon lange unterlassen hatten, als etwas Ungewöhnliches die Bürger aufmerksam, die sich darüber wunderten, was doch vorgefallen sein möchte, dass man eine seit so langer Zeit abgekommene Sitte wieder in Anwendung bringe. *9* Man müsse es den Feinden und dem Krieg Dank wissen, wenn irgendetwas geschehe, was in einem freien Staat üblich sei. In allen Teilen des Marktes spähte man nach einem Ratsherrn und bemerkte kaum einen oder den andern; dann sah man wieder auf das Rathaus und die Leere um die Dezemvirn, *10* in welcher sie selbst den allgemeinen Hass gegen ihre Regierung, die Bürger hingegen den Vorsatz der Väter fanden, sich denen nicht zu stellen, die als Nichtbeamte kein Recht hätten, den Senat zu berufen. Schon zeige sich für die Wiedereroberer der Freiheit ein Haupt, wenn sich die Bürger nur an den Senat anschlössen, wenn die Bürger ebenso wie die aufgeforderten Väter nicht in den Senat kämen, sich der Werbung entzögen. *11* So murrten die Bürgerlichen laut.

Von den Vätern war beinahe kein einziger auf dem Markt und nur wenige in der Stadt. Aus Ärger über ihr Schicksal hatten sie sich auf ihre Güter zurückgezogen und lebten nur ihren Angelegenheiten, da man ihnen die öffentlichen genommen hatte, mit dem Gedanken, sich auf diese Weise viel mehr vor Kränkungen gesichert zu haben, je weiter entfernt sie von der Verbindung und dem Umgang mit übermütigen Herrschern wären. *12* Als sie sich auf die Forderung nicht einfanden, wurden ihnen Gerichtsboten in die Häuser geschickt, zugleich zur Wegnahme eines Pfandes, zugleich auch auf Erkundigung, ob sie absichtlich unfolgsam wären; und diese brachten die Nachricht, die Väter wären auf ihren Landsitzen. Dies war den Dezemvirn erfreulicher zu hören, als wenn es geheißen hätte, sie wären zur Stelle und entzögen sich dem Befehl. *13* Sie ließen alle hereinrufen und beriefen den Senat auf den nächsten Tag, an welchem er auch weit zahlreicher, als sie erwartet hatten, zusammenkam. Dadurch war nun nach der Meinung der Bürger die Freiheit von den Vätern verraten, insofern der Senat Männern, die ihr obrigkeitliches Amt schon niedergelegt hätten und, wenn sie die Gewalt nicht beibehielten, völlig ohne Amt wären, geradeso gehorcht habe, als ob sie ihn rechtmäßig berufen könnten.

(39) Allein so folgsam sich die Väter im Rathaus eingestellt hatten, so wenig Unterwürfigkeit verrieten laut den Nachrichten darüber ihre abgegebenen Stimmen. *2* Ehe noch über den von Appius Claudius gehaltenen Vortrag die Stimmen der Reihe nach vernommen wurden, machte Lucius Valerius Potitus, wie die Überlieferung sagt, durch seine Forderung, über die Lage des Staates reden zu dürfen, und als ihm dies die Dezemvirn drohend untersagten, durch seine Versicherung, dann werde er vor dem Volk auftreten, den Anfang zum Aufstand. *3* Ebenso mutig soll Marcus Horatius Barbatus in die Schranken getreten sein, der die Dezemvirn die zehn Tarquinier nannte und daran erinnerte, dass man unter Anführung eines Valerius und Horatius auch die Könige vertrieben habe. *4* Der Name sei es nicht gewesen, dessen damals die Leute überdrüssig geworden wären, denn den dürfe man ja auch dem Jupiter beilegen, auch führe Romulus, der Stifter der Stadt, und alle Könige nach ihm diesen Namen; man habe ihn ferner bei gottesdienstlichen Verrichtungen als ganz gewöhnlich beibehalten. **5** Denn Stolz und Gewalttätigkeit des Königs sei damals der Gegenstand des Hasses geworden, und habe man diese an dem damals einzigen König oder an einem Sohn des Königs unerträglich finden müssen, wer sie sich denn von so vielen Privatleuten gefallen lassen werde? *6* Sie möchten sich hüten, dass sie durch ihr Verbot, im Rathaus frei zu reden, die Stimmen auch außerhalb des Rathauses weckten. Auch sehe er nicht ein, warum es ihm, selbst ohne Amt, weniger zustehen solle, das Volk zur Versammlung zu rufen, als ihnen, den Senat zu versammeln. *7* Wenn sie Lust hätten, möchten sie die Probe machen, ob bei der Wiederherstellung der Freiheit der Schmerz mehr Kraft verleihe oder die Begierde, eine ungerechte Herrschaft zu behaupten. *8* Sie trügen auf einen Krieg mit den Sabinern an, als ob dem römischen Volk ein Krieg wichtiger sein könne, als gegen die, welche, zur Gesetzgebung gewählt, nicht das mindeste Recht im Staat übriggelassen, die alle Wahlversammlungen, jährliche Obrigkeiten und den Wechsel in der Regierung, dies einzige Mittel zur Erhaltung gleichmäßiger Freiheit, aufgehoben hätten und ohne Amt die Rutenbündel und eine königliche Regierung beibehielten. *9* Nach Vertreibung der Könige habe man patrizische Obrigkeiten gewählt, späterhin nach dem Auszug der Bürger bürgerliche. Er frage sie, zu welcher Partei sie gehörten. Zur Volkspartei? Was sie denn durch das Volk betrieben hätten? Zu den Optimaten? Sie? Die beinahe seit Jahresfrist keinen Senat gehalten hätten und jetzt ihn so hielten, dass sie über die Lage des Staates zu reden verbieten? *10* Sie sollten nicht allzu große Hoffnung auf fremde Furcht setzen; die Leute hielten das, was sie zu leiden hätten, schon für ärger, als was sie etwa fürchten könnten.

(40) Als die Dezemvirn bei diesen lauten Äußerungen des Horatius weder für ihren Zorn noch zur Nachsicht einen Ausweg fanden und ebenso wenig absehen konnten, wie die Sache enden werde, *2* hielt Caius Claudius, des Dezemvirn Appius Onkel, eine Rede, mehr im Ton des Bittenden als des Rechtenden, worin er ihn bei der Ruhe seines verstorbenen Bruders, seines eigenen Vaters, beschwor, *3* lieber der bürgerlichen Verbindung, in der er geboren sei, als des mit seinen Amtsgenossen widerrechtlich geschlossenen Bundes eingedenk zu sein. Hierum bitte er ihn, weit mehr aus Rücksicht auf ihn selbst als auf den Staat. *4* Denn der Staat werde sich von ihnen, wenn es ihm mit ihrem Willen nicht möglich sei, auch wider ihren Willen sein Recht zu verschaffen wissen. Allein ein heftiger Streit errege gewöhnlich heftige Erbitterung; und davon fürchte er die Folgen. **5** Hatten gleich die Dezemvirn verboten, über etwas anderes zu reden als worauf ihr Antrag ging, scheuten sie sich, den Claudius zu unterbrechen. Er verfolgte also seinen

Vorschlag, nach welchem gar kein Senatsbeschluss gefasst werden sollte. ***6*** Alle nahmen dies so auf, als habe Claudius die Dezemvirn für einfache Bürger erklärt, und viele von den Konsularen gaben seiner Meinung mündlich ihre Zustimmung. ***7*** Eine andere Meinung, dem Schein nach schärfer, aber weit weniger eingreifend, forderte die Patrizier auf, zusammenzutreten und einen Zwischenkönig zu ernennen. Denn durch diesen Ausspruch wurden die, welche jetzt die Senatsversammlung hielten, für irgendeine Art von obrigkeitlichen Personen erkannt, da sie doch der Urheber jenes Vorschlages, gar keinen Senatsbeschluss zu fassen, schon für bloße Bürger erklärt hatte. ***8*** Als so der Dezemvirn Sache schon wankte, nahm Lucius Cornelius Maluginensis, der Bruder des Dezemvirn Marcus Cornelius, den sie absichtlich von den Konsularen zuletzt auftreten ließen, unter dem Schein, als ob er nur auf den Krieg Rücksicht nähme, seinen Bruder und dessen Amtsgenossen in Schutz. ***9*** Es wundere ihn sehr, sagte er, wie es sich so sonderbar füge, dass eben die, die sich selbst um das Dezemvirat beworben hätten, entweder als Helfershelfer oder geradezu selbst am heftigsten auf die Dezemvirn losgingen, ***10*** oder was sie für Gründe haben möchten, da niemand bei der friedlichen Lage des Staates seit so vielen Monaten Streit darüber angefangen habe, ob auch rechtmäßige Obrigkeiten am Ruder wären, gerade jetzt, wo die Feinde beinahe vor den Toren ständen, bürgerliche Uneinigkeit zu stiften, es müsste denn sein, dass sie glaubten, man werde unter den Unruhen ihre Absichten weniger durchschauen können. ***11*** Es sei doch billig, da man jetzt mit dringenderen Sorgen beschäftigt sei, dass sich jeder aller voreiligen Entscheidung über einen so wichtigen Gegenstand enthalte. Seiner Ansicht nach könne die Behauptung des Valerius und Horatius, nach welcher die Dezemvirn angeblich am 15. Mai ihr Amt niedergelegt hätten, erst nach Beendigung der drohenden Kriege und Wiederherstellung der öffentlichen Ruhe ***12*** dem Senate zur Entscheidung vorgelegt werden, und Appius habe sich schon jetzt darauf gefasst zu machen, dass er über jenen Wahltag, den er zur Dezemvirnwahl selbst als Dezemvir gehalten habe, Rechenschaft abzulegen haben werde, ob sie auf ein Jahr oder bis zur Annahme der noch fehlenden Gesetze gewählt wären. ***13*** Für jetzt müsse man alles, den Krieg ausgenommen, zurückstellen; und wenn sie etwa glaubten, dass das verbreitete Gerücht falsch sei, und dass nicht bloß die Boten, sondern auch die tuskulanischen Gesandten Unwahrheiten gemeldet hätten, so beantrage er, Kundschafter auszusenden, um sicherere Nachrichten einzuziehen. ***14*** Traue man aber den Boten und Gesandten, so müsse man je eher desto lieber die Aushebung vornehmen, die Dezemvirn die Heere dahin führen lassen, wo es jeder von ihnen für gut fände, und durchaus kein anderes Geschäft für dringender halten.

(41) Die Jüngeren wollten es durchsetzen, dass man dieser Meinung beitrat. Umso trotziger erhoben sich Valerius und Horatius und riefen laut, es müsse ihnen erlaubt sein, über die Lage des Staates zu reden. Und wenn ihnen dies im Senat der Parteigeist verbiete, so würden sie vor dem Volk auftreten. Privatleute dürften ihnen hieran weder im Rathaus noch in der Volksversammlung hinderlich sein, auch würden sie sich an ihre eingebildeten Rutenbündel nicht kehren. ***2*** Da rief Appius, der den Sturz der Zehnermacht sich nahen sah, wofern nicht gleiche Keckheit ihrem Ungestüm entgegentrete: ***3*** *Ich will euch raten, kein Wort zu verlieren, das nicht zu unserem Antrag gehört!* Und als Valerius erwiderte, vor einem Privatmanne brauche er nicht zu schweigen, befahl er dem Gerichtsdiener, sich an ihn zu machen.

4 Schon rief Valerius von der Schwelle des Rathauses: *Ihr Quiriten, zur Hilfe!* Da umfasste Lucius Cornelius den Appius, schlichtete durch seinen Beistand, der einem ganz andern galt als dem er zu gelten schien, den Streit und erwirkte beim Valerius die Erlaubnis, zu reden, was er wollte. Die Freimütigkeit ging doch nicht über Worte hinaus, und die Dezemvirn erreichten ihren Zweck. ***5*** Selbst den Konsularen und älteren Vätern war es vermöge ihres noch regen Hasses gegen die tribunizische Gewalt, nach welcher sich ihres Ermessens die Bürger weit mehr sehnten als nach einer konsularischen Regierung, beinahe lieber, dass die Dezemvirn einst ihr Amt freiwillig niederlegten, als dass die Unzufriedenheit mit ihnen den Bürgern Gelegenheit gebe, sich wieder zu erheben. *6* Sollte man durch schonendes Zögern, mit Vermeidung aller heftigen Auftritte im Volk, die Regierung auf Konsuln zurückführen können, so könnten vielleicht durch eintretende Kriege oder durch die von den Konsuln in Ausübung ihrer Gewalt bewiesene Mäßigung die Tribunen bei den Bürgern in Vergessenheit kommen.

7 Ohne Widerrede von Seiten der Väter wurde die Werbung anbefohlen. Die Dienstfähigen stellten sich, weil keine Ansprache von der Regierung galt, so wie sie gefordert wurden. Nach Bildung der Legionen verglichen sich die Dezemvirn, welche von ihnen in den Krieg ziehen, welche über die Heere gesetzt sein sollten.

8 Die Angesehensten unter den Dezemvirn waren Quintus Fabius und Appius Claudius. Daheim drohte ein größerer Krieg als von außen. Da sie nun glaubten, Appius sei mit seiner Heftigkeit mehr dazu geeignet, Unruhen in der Stadt niederzuschlagen, Fabius hingegen zeige mehr Wankelmut im Guten als Gewandtheit in Ränken – *9* denn diesen im Frieden und Krieg einst so vortrefflichen Mann hatten das Dezemvirat und seine Amtsgenossen so umgewandelt, dass er lieber einem Appius als sich selbst gleichen wollte –, so übertrugen sie ihm den Krieg im Sabinerland und gaben ihm als Amtsgenossen Manius Rabuleius und Quintus Poetilius bei. *10* Marcus Cornelius wurde auf den Algidus geschickt und mit ihm Lucius Minucius, Titus Antonius, Kaeso Duellius und Marcus Sergius. Den Spurius Oppius bestimmten sie zum Gehilfen des Appius Claudius zur Beschützung der Stadt; die Gewalt aller Zehnmänner war gleich.

(42) Der Senat befand sich unter ihrer Leitung im Feld nicht besser als zu Hause. *2* Nur hatten die Feldherren das allein zu verantworten, dass sie sich den Untertanen verhasst gemacht hatten; alle andere Schuld traf die Soldaten, denen es nicht darauf ankam, wenn nur unter Anführung und Oberaufsicht der Dezemvirn nirgendwo das mindeste gelänge, sich selbst und ihnen zur Schande besiegt zu werden. *3* Geschlagen waren die Heere von den Sabinern bei Eretum, auf dem Algidus von den Aequern. Von Eretum hatten sie in der Stille der Nacht die Flucht ergriffen und näher gegen Rom zwischen Fidenae und Crustumeria auf einer Anhöhe ein festes Lager bezogen; *4* und indem sie mit den verfolgenden Feinden sich nie in einen gleichen Kampf einließen, schützten sie sich durch die Lage des Ortes und den Wall, nicht durch Waffen und Tapferkeit.

5 Auf dem Algidus war die Schande noch größer, auch größer der Verlust. Hier ging sogar das Lager verloren, und der notwendigsten Bedürfnisse beraubt, hatte sich der Soldat nach Tuskulum geflüchtet, um hier von dem Beistand und Mitleid seiner Wirte zu leben, was ihm auch gelang. *6* Nach Rom kamen so fürchterliche Nachrichten, dass die Väter mit Beiseitesetzung ihres Hasses gegen die Dezemvirn in der Stadt Wache halten ließen, jeden, der altershalber die Waffen führen konnte, zur Besetzung der Mauern und der Posten vor den Toren aufforderten und die Beschlüsse fassten, *7* nach Tuskulum sollten außer den Truppen zur Ergänzung auch Waffen abgehen; die Dezemvirn sollten von der Burg zu Tuskulum herunterkommen und mit den Soldaten ein Lager beziehen, das andere Lager von Fidenae ins sabinische Gebiet verlegt und durch den Angriffskrieg die Feinde von dem Gedanken, auf Rom zu gehen, zurückgeschreckt werden.

(43) Zu diesen von den Feinden erlittenen Niederlagen kamen noch zwei verruchte Schandtaten der Dezemvirn im Feld und im Innern hinzu.

2 Bei dem Heer im Sabinerland schickten sie den Lucius Siccius, der bei dem allgemeinen Hass der Dezemvirn insgeheim gegen die gemeinen Soldaten von Tribunenwahl und Auswanderung gesprochen hatte, auf Besichtigung eines zum Lager zu wählenden Platzes aus *3* und gaben den Soldaten, die sie zu seiner Bedeckung mitgehen ließen, den Auftrag, ihn an einem gelegenen Ort zu überfallen und zu ermorden. *4* Er starb nicht ungerächt. Rund um ihn her fielen von seiner

Gegenwehr mehrere Meuchelmörder, weil er als ein sehr starker Mann mit einem seiner Stärke angemessenen Mut nach allen Seiten sich verteidigte. **5** Die übrigen gaben im Lager an, sie seien in einen Hinterhalt geraten und Siccius nach tapferer Gegenwehr mit einigen anderen Soldaten gefallen. **6** Anfangs glaubte man ihrer Erzählung. Als aber die mit Erlaubnis der Dezemvirn zur Bestattung der Gefallenen hinzugezogene Kohorte keine einzige Leiche beraubt, den Siccius in der Mitte liegen, noch in seiner Rüstung, und alle Leichen gegen ihn gekehrt sah, von den Feinden hingegen nicht einen Gefallenen und keine Spur ihres Abzuges, da brachten sie seine Leiche mit der Versicherung mit, er sei gewiss von den Seinigen ermordet worden. **7** Das ganze Lager geriet in Erbitterung, und es war schon beschlossen, den Siccius sofort nach Rom zu tragen, hätten sich nicht die Dezemvirn beeilt, ihn mit allen militärischen Ehren auf öffentliche Kosten bestatten zu lassen. Sein Begräbnis setzte die Soldaten in tiefe Trauer und die Dezemvirn allgemein in den schlechtesten Ruf.

(44) Eine Schandtat von ganz anderer Art erfolgte in der Stadt, deren Quelle Wollust und deren Ausgang ebenso scheußlich war wie die Schändung und der gewaltsame Tod der Lucretia, wodurch die Tarquinier aus der Stadt und vom Thron gestoßen wurden, so dass die Dezemvirn nicht allein, so wie die Könige, aufhörten, sondern auch ihre Regierung durch gleiche Veranlassung verloren.

2 Den Appius Claudius kam die Lust an, ein bürgerliches Mädchen zu missbrauchen. Ihr Vater Lucius Verginius stand bei dem Heer am Algidus als einer der Hauptleute von höherem Rang, zu Hause und im Feld ein musterhafter Mann. Ebenso war seine Frau erzogen, und so erzogen sie auch ihre Kinder. **3** Die Tochter hatte er dem gewesenen Tribun Lucius Icilius verlobt, einem unternehmenden Mann und von bewährtem Verdienst um die Partei der Bürgerlichen. **4** Als Appius, der vor Liebe glühend dies erwachsene, außerordentlich schöne Mädchen durch Geschenke und Versprechungen zu verführen suchte, jeden Zugang durch Keuschheit versperrt sah, entschloss er sich zu einer grausamen, alles niedertretenden Gewalttat. Seinem Klienten **5** Marcus Claudius trug er auf, sich des Mädchens als seiner Sklavin zu versichern und nicht nachzugeben, wenn man bis zur Entscheidung ihrer Freiheit Aufschub fordere, da die Abwesenheit des Vaters, wie er hoffte, seine Ungerechtigkeit begünstigte. **6** Als das Mädchen auf den Markt kam – denn dort standen unter den Krambuden auch Schulstuben –, legte der Kuppler des Dezemvirs, indem er sie wie seine Sklavin anredete, da sie eine Tochter seiner Sklavin sei, Hand an sie und befahl ihr, ihm zu folgen; im Weigerungsfall werde er sie mit Gewalt fortführen. **7** Während das Mädchen vor Schrecken starr war, entstand auf das Geschrei ihrer Amme, welche nach Hilfe rief, ein Auflauf. Ihres Vaters Verginius, ihres Bräutigams Icilius beliebter Name wurde laut genannt. Die Bekannten wurden durch die Beliebtheit dieser Männer, die Masse des Volkes durch das Unwürdige der Sache selbst für die Jungfrau gewonnen. **8** Schon war sie vor Gewalt sicher, als der Kläger anfing, das zusammengelaufene Volk sei hier ganz unnötig; er verfahre nach Recht, nicht mit Gewalt. – Er fordere das Mädchen vor Gericht. Da selbst die, welche sich ihrer annahmen, ihr rieten, mitzugehen, so kam man vor den Richterstuhl des Appius. **9** Der Kläger erzählte das dem Richter bekannte Märchen, das er selbst ersonnen hatte. Diese in seinem Haus geborene, ihm gestohlene und dem Verginius ins Haus gebrachte Sklavin sei diesem als Kind untergeschoben. **10** Seine Aussage gründe sich auf einstimmige Zeugnisse, und er werde sie beweisen, wenn auch Verginius selbst Richter sein sollte, der bei diesem Unrecht am meisten leide. Unterdessen sei es billig, dass die Magd ihrem Herrn folge. **11** Die Verteidiger des Mädchens führten an, Verginius sei im Dienst des Staates abwesend, er werde in zwei Tagen hier sein, sobald man es ihm sagen ließe; es sei hart, dass einem Abwesenden seine Kinder streitig gemacht würden, **12** und sie verlangten, Appius möge die Sache bis zur Ankunft des Vaters unentschieden lassen. Laut des von ihm selbst gegebenen Gesetzes möge er für den Aufschub zugunsten der Freiheit den Ausspruch tun und nicht zugeben, dass eine erwachsene Jungfrau Gefahr laufe, eher ihren guten Namen als ihre Freiheit zu verlieren.

(45) Appius leitete seinen Spruch folgendermaßen ein: Wie sehr er die Freiheit begünstigt habe, beweise selbst das Gesetz, auf das sich die Freunde des Verginius bei ihrer Forderung beriefen. ***2*** Allein die Freiheit finde nur dann in diesem Gesetz sicheren Schutz, wenn es sowenig zugunsten einer Sache als einer Person verdreht werde. Was sie verlangten, sei allerdings bei denen Recht, die als Herren ihrer selbst in ihrer angefochtenen Freiheit einstweilen erhalten werden müssten, weil sie als solche sich selbst an das Gesetz halten könnten, bei einer Person aber, die noch in väterlicher Gewalt stehe, könne es außer dem Vater keinen andern geben, dem der Eigentümer in der Besitzergreifung nachzustehen habe. ***3*** Er erkenne also dahin, dass der Vater geholt werden müsse, der Kläger aber unterdessen, um nicht an seinem Recht zu leiden, nicht abgehalten werde, das Mädchen mitzunehmen, und versprechen müsse, sie bei der Ankunft des angeblichen Vaters zu stellen.

4 Obgleich mehrere über das ungerechte Urteil murrten, wagte doch kein Mensch, sich zu widersetzen. Da kamen Publius Numitorius, des Mädchens Mutterbruder, und ihr Bräutigam Icilius dazu; ***5*** und da sich die Menge, die ihnen Platz machte, zum Widerstand gegen Appius das meiste von Icilius' Eintreten versprach, rief der Gerichtsdiener, das Urteil sei schon gesprochen, und drängte den laut werdenden Icilius zurück.

6 Auch ein ruhiges Gemüt hätte eine so grässliche Ungerechtigkeit erbittert. *Mit dem Schwert*, rief Icilius, *musst du mich hier wegtreiben lassen, Appius, wenn dir das ohne Rüge hingehen soll, was du so gern verheimlichen möchtest! Diese Jungfrau will ich heiraten, ich, der ich sie als eheliche, keusche Frau halten will.* ***7*** *Ruf immerhin alle Gerichtsdiener, auch die deiner Amtsgenossen, herbei, lass sie Ruten und Beile zur Hand nehmen; dennoch soll die Verlobte des Icilius nicht außerhalb des Hauses ihres Vaters bleiben.* ***8*** *Habt ihr gleich dem römischen Bürgerstand die tribunizische Hilfe und die Ansprache, diese beiden Bollwerke zur Behauptung seiner Freiheit, genommen, so ist darum eurem Hochmut noch keine Königsmacht über unsere Kinder und Frauen eingeräumt.* ***9*** *Wütet gegen unsere Rücken, gegen unsere Nacken, aber lasst wenigstens die Keuschheit unangetastet. Vergreift man sich an ihr, so rufe ich für meine Braut die hier versammelten Quiriten, Verginius für seine einzige Tochter die Soldaten, und wir alle – Götter und Menschen zum Beistand auf; und ohne uns zu morden, wirst du nimmermehr deinen Ausspruch gültig machen.* ***10*** *Ich fordere dich auf, Appius, überlege nach allen Richtungen, was für einen Schritt du tust. Kommt Verginius, so wird er selbst zusehen, wie er für seine Tochter zu sorgen habe.* ***11*** *Nur das soll er wissen, wenn er den Ansprüchen dieses Menschen nachgibt, so mag er sich nach einer Partie für seine Tochter umsehen. Ich aber lasse, die Freiheit meiner Braut zu retten, eher mein Leben schwinden als mein Wort.*

(46) Die Menge war in Bewegung, und alles ließ sich zum Kampf an. Die Liktoren hatten Icilius umstellt. Doch blieb es bei Drohungen, ***2*** denn Appius erklärte, Icilius verteidige nicht die Verginia, sondern der unruhige Mensch, der noch immer Tribunengewalt atme, suche nur Gelegenheit zum Aufruhr. ***3*** Dazu wolle er ihm heute keine Veranlassung geben. Um ihm aber zu zeigen, dass er nicht allein auf seinen Mutwillen, sondern auf die Abwesenheit des Verginius, auf Vaternamen und Freiheit Rücksicht nehme, wolle er heute kein Recht sprechen, noch einen Ausspruch rechtskräftig machen, wolle lieber den Marcus Claudius ersuchen, von seinem Recht abzustehen und es geschehen zu lassen, dass das Mädchen bis zum folgenden Tag in den Händen ihrer Verteidiger bleibe. ***4*** Falls sich aber der Vater am folgenden Tag nicht stelle, so tue er hiermit dem Icilius und allen seinesgleichen kund, dass der Geber sowenig sein Gesetz, als der Mut den Dezemvir im Stich lassen werde, und dass er gar nicht gewillt sei, um den Aufrührern zu steuern, die Liktoren seiner Amtsgenossen zusammenzurufen; er hoffe mit seinen eigenen auszukommen.

5 Kaum hörten die Beistände des Mädchens den Aufschub der Freveltat, als sie auf die Seite traten und sogleich des Icilius Bruder und des Numitorius Sohn, zwei rüstige Jünglinge, aufforderten, geradezu von hier sich zum Tor hinaus zu begeben, damit so schnell wie möglich Verginius aus dem Lager geholt werde. **6** Davon hänge die Rettung des Mädchens ab, wenn morgen der, welcher gegen das Unrecht auftreten könne, zur festgesetzten Stunde sich einfinde. Auf dies Wort machten diese sich auf, gaben den Pferden die Sporen und brachten dem Vater die Nachricht.

7 Als der Kläger mit seinem Anspruch auf das Mädchen in Icilius drang, dass er, um sie vorerst als eine Freie behalten zu können, Bürgen stellen möchte, und Icilius ihm sagte, sie seien eben damit beschäftigt, obgleich er absichtlich zögerte, um die ins Lager Abgeschickten einen Vorsprung gewinnen zu lassen, so streckte das Volk rundum die Hände empor, und jeder bot sich dem Icilius zur Bürgschaft an. **8** Mit Tränen erwiderte er: *Ich danke euch. Morgen werde ich von eurer Bemühung Gebrauch machen. Jetzt haben wir Bürgen genug.* So wurde Verginia gegen Bürgschaft der nächsten Verwandten einstweilen freigelassen.

9 Appius, der noch ein wenig wartete, damit es nicht so scheinen sollte, als habe er bloß dieser Sache wegen die Sitzung gehalten, begab sich endlich, weil niemand vortrat – denn aus Teilnahme für diese einzige Sache setzte man alles Übrige zurück – nach Hause und schrieb seinen Amtsgenossen ins Lager, sie möchten dem Verginius keinen Urlaub geben, sondern ihn vielmehr verhaften. **10** Dieser gottlose Anschlag kam verdientermaßen zu spät. Und Verginius war schon nach erhaltenem Urlaub um die erste Nachtwache abgegangen, als am folgenden Morgen der Brief mit dem Auftrag, ihn festzuhalten, erfolglos eingeliefert wurde.

(47) In der Stadt geleitete am frühen Morgen, als die Bürger erwartungsvoll schon auf dem Markt standen, Verginius im Trauerkleid seine Tochter, ebenfalls im schmutzigen Gewand, auf den Markt, mit einem Gefolge von mehreren Frauen und vielen Beiständen. **2** Hier ging er bei den Leuten herum, drückte ihnen die Hand und sprach sie um ihren Beistand an, den er sich nicht bloß erbitte, sondern der ihm gebühre. Für ihre Kinder und Gattinnen stehe er täglich im Feld, und der Mann müsse noch auftreten, der sich im Feld mehrerer Beweise der Brauchbarkeit und Tapferkeit rühmen könne. Was ihm das alles helfe, wenn seine Kinder mitten im Glück Roms Behandlungen zu leiden haben sollten, die sie, wenn es von Feinden erobert wäre, als das Grausamste fürchten müssten. **3** So beinahe im Ton einer Volksrede sprechend, ging er von dem einen zum andern. Ähnliche Reden führte Icilius. Aber mehr als alle Worte wirkte die weibliche Begleitung durch stilles Weinen.

4 Taub und unempfindlich gegen dies alles, bestieg Appius (so sehr hatte – die Tollheit, möchte man eher sagen, als – die Liebe, seinen Verstand verrückt) den Richterstuhl; und da der Kläger ganz kurz sich sogar beschwerte, dass man ihm gestern, um sich gefällig zu machen, sein Recht vorenthalten habe, so nahm schon, ohne jenen sein Gesuch zu Ende bringen zu lassen oder dem Verginius Zeit zur Gegenrede zu gestatten, Appius das Wort. **5** Es kann sein, dass uns ältere Geschichtsschreiber die Erörterung, die er seinem Ausspruch zum Gewand gab, der Wahrheit gemäß überliefert haben, weil ich aber nirgends eine finde, die einem so abscheulichen Spruch nur eine erträgliche Wahrscheinlichkeit gäbe, so wird es am besten sein, das, worin alle übereinstimmen, einfach anzuführen, dass er dem Kläger das Recht zugesprochen habe, sich seiner Sklavin zu bemächtigen.

6 Anfangs waren alle vor Staunen über das Unbegreifliche einer solchen Scheußlichkeit erstarrt, und es erfolgte eine tiefe Stille. Als aber Marcus Claudius hinging, das von Frauen umgebene Mädchen zu greifen und mit Jammern und Wehklagen der Frauen empfangen wurde, **7** da rief Verginius, seine Hände gegen Appius emporstreckend: *Appius, dem Icilius habe ich meine Tochter versprochen, nicht dir, und erzogen habe ich sie zur Ehe, nicht zur Schändung! Machst du das zur*

Sitte, dass man wie das Vieh, wie das Wild, über alles, was weiblich ist, wollüstig herfällt? Ob man dir das hier gestatten werde, weiß ich nicht, doch hoffe ich, dass es die nicht dulden sollen, welche Waffen in den Händen haben. **8** Während den verfolgenden Kläger die Schar von Frauen und umherstehenden Freunden zurückstieß, wurde durch den Herold Stille geboten.

(48) Der Dezemvir, durch Wollust völlig seines Verstandes beraubt, fing an, nicht bloß durch die gestrige Widersetzlichkeit des Icilius, nicht bloß durch das Ungestüm des Verginius, worüber er jetzt das römische Volk zu Zeugen nehme, sondern durch zuverlässige Aussagen habe er in Erfahrung gebracht, dass sich während der ganzen Nacht Rotten in der Stadt zusammengetan hätten, um Aufruhr zu erregen. **2** Auf diesen Kampf gefasst, sei er mit Bewaffneten erschienen, nicht um irgendeinem der ruhigen Bürger zu nahe zu treten, sondern um die Störer der öffentlichen Ruhe gemäß der Würde seines Oberbefehls zu beschränken. **3** *Demnach rate ich euch,* fuhr er fort, *ruhig zu sein! Dorthin, Liktor, treibe den Haufen auseinander und schaffe Platz, dass der Eigentümer seine Sklavin greifen kann!*

Als er diese Worte in vollem Zorn herabgedonnert hatte, trat die Menge von selbst auseinander, und das Mädchen stand verlassen als Beute des Unrechts da. **4** Da sprach Verginius, als er nirgends Hilfe sah: *Ich bitte dich, Appius, zuerst dem väterlichen Schmerz zu verzeihen, wenn ich mich zu hart gegen dich ausgelassen habe; dann aber erlaube mir, hier im Angesicht des Mädchens die Amme zu befragen, wie die Sache möglich sei, damit ich, wenn ich mit Unrecht Vater geheißen habe, um so beruhigter hier abtreten kann.* **5** Nach erhaltener Erlaubnis führte er Tochter und Amme auf die Seite, in die Nähe des Tempels der Cloacina, zu den Buden, die jetzt die Neuen heißen, und indem er hier ein Fleischermesser ergriff, sprach er: *Kind, dies einzige Mittel blieb mir, deine Freiheit zu retten.* Dann durchbohrte er dem Mädchen die Brust und rief, zum Richterstuhl hinaufblickend: *Auf dich, Appius, und dein Haupt lade ich den Fluch dieses Blutes.* **6** Appius, durch das über die schreckliche Tat erhobene Geschrei aufgeregt, gab Befehl, den Verginius zu greifen. Dieser aber bahnte sich, wo er ging, mit dem Messer den Weg, bis er, selbst von der nacheilenden Menge geschützt, das Tor erreichte.

7 Icilius und Numitorius, die den entseelten Körper aufhoben, zeigten ihn dem Volk und machten unter Tränen das Verbrechen des Appius, die unglückliche Schönheit des Mädchens, die dem Vater gebietende Not zum Vorwurf ihrer Klagen. **8** Die Frauen zogen hinterher und schrieen: Dazu also sollten sie Kinder gebären? Dies sei der Keuschheit Lohn? Und mehr dergleichen, wie es ihnen in solchen Fällen der weibliche Schmerz, je inniger er bei ihrem weicheren Herzen ist, zu desto rührenderen Klagen eingibt. **9** Die Rede der Männer, und besonders die des Icilius, beschäftigte sich ausschließlich mit der tribunizischen Gewalt und dem Recht der Berufung ans Volk, das ihnen entrissen war, und mit den öffentlichen Beschwerden.

(49) Die Menge geriet in Aufregung teils über die empörende Bosheit, teils durch die Hoffnung, bei dieser Gelegenheit ihre Freiheit wiederzugewinnen. **2** Appius befahl bald, den Icilius zu fordern, bald, den widerspenstigen zu greifen; endlich, weil man seine Amtsdiener jenem nicht beikommen ließ, brach er mit einer Schar pratrizischer Jünglinge durch das Gedränge und befahl, ihn ins Gefängnis zu werfen. **3** Allein schon schloss sich an Icilius nicht bloß die Menge, sondern auch Lucius Valerius und Marcus Horatius als Anführer der Menge an. Sie erklärten, als sie den Gerichtsdiener zurückgeworfen hatten, wenn es hier nach Recht gehen sollte, so wären sie hier Beschützer des Icilius gegen einen Mann ohne Amt, und wenn dieser Gewalt anwenden wolle, würden sie ihm auch da gewachsen sein. **4** Es erfolgte eine stürmische Schlägerei. Der Liktor des Dezemvirs will Hand an Valerius und Horatius legen; das Volk zerbrach ihm die Rutenbündel. Appius bestieg die Bühne, Horatius und Valerius ihm nach. **5** Auf sie hörte die Versammlung, dem Appius tobte sie entgegen, schon gebot Valerius dem Liktor vermöge seines Machtspruches,

von Appius als einem Amtlosen abzutreten, als dieser, der seinen Trotz besiegt sah und für sein Leben fürchtete, sich, von seinen Gegnern unbemerkt, mit verhülltem Haupt in ein Haus in der Nähe des Marktes rettete.

6 Spurius Oppius brach, um seinem Amtsgenossen zu Hilfe zu kommen, von einer andern Seite auf den Marktplatz herein, aber er sah die Herrschaft durch Gewalt besiegt, von mancherlei Anschlägen umgetrieben, zwischen denen er immer unschlüssig blieb, weil er nach allen Seiten hin den vielen Ratgebern beipflichtete, ließ er endlich den Senat berufen. *7* Dies beruhigte die Menge, weil sie hoffte, da einem großen Teil der Väter das Verfahren der Dezemvirn zu missfallen schien, durch den Senat selbst ihrer Herrschaft ein Ende zu machen. *8* Der Senat stimmte dahin, der Bürgerstand dürfe nicht erbittert werden, vielmehr müsse man vorbeugen, dass nicht die Ankunft des Verginius einen Aufstand im Heer veranlasse.

(50) Also wurden die jüngeren Väter ins Lager geschickt, das damals auf dem Berg Vecilius war, um den Dezemvirn zu sagen, sie möchten alles Mögliche tun, die Soldaten von einer Empörung zurückzuhalten. *2* Hier aber hatte Verginius einen größeren Aufstand erregt, als er in der Stadt zurückgelassen hatte. Denn man sah ihn nicht nur mit einer Schar von beinahe 400 Menschen aus der Stadt kommen, welche aus Erbitterung über das unwürdige Verfahren ihn aus der Stadt begleitet hatten – *3* auch das emporgehaltene Messer und das Blut, womit auch er bespritzt war, zog das ganze Lager um ihn her, und die vielen Menschen in städtischer Tracht, die man im Lager erblickte, gaben den Schein einer noch größeren Menge Städter, als wirklich da war.

4 Auf die Frage, was es denn wäre, konnte er lange vor Tränen kein Wort hervorbringen. Endlich, als der Haufe vom Getümmel des Zusammenlaufes zum Stehen kam und Stille eintrat, erzählte er der Reihe nach alles, wie es vorgefallen war. *5* Dann, mit zum Himmel erhobenen Händen und sie seine Kameraden nennend, bat er, sie möchten nicht ihm zuschreiben, was Appius Claudius verbrochen habe, ihn nicht als den Mörder seiner Kinder verabscheuen. *6* Das Leben seiner Tochter sei ihm teurer als sein eigenes gewesen, wenn sie als eine Freie, als eine Keusche hätte leben können. Da er sie aber als Sklavin zur Schändung habe fortschleppen sehen, habe er sich, in der Überzeugung, es sei besser, seine Kinder durch den Tod als durch Entehrung zu verlieren, als der Zärtliche den Schein des Grausamen gegeben. *7* Auch würde er seine Tochter nicht überlebt haben, wenn er sich nicht vom Beistand seiner Kriegskameraden Rache für ihren Tod versprochen hätte. Denn auch sie hätten Töchter, Schwestern und Gattinnen, und mit seiner Tochter sei des Appius Claudius Unzucht noch nicht erloschen, sondern werde umso zügelloser werden, je ungestrafter sie sei. *8* In dem Unglück eines Dritten sei ihnen die Lehre gegeben, sich selbst vor ähnlicher Gewalttat zu hüten, was ihn betreffe, so sei ihm seine Frau durch den Tod entrissen worden, seine Tochter habe, weil sie in Keuschheit ferner nicht hätte leben sollen, einen kläglichen, aber ehrenvollen Tod gefunden, *9* sein Haus also biete der Unzucht des Appius weiter keinen Stoff. Und vor seiner übrigen Gewalttätigkeit werde er seine Person mit demselben Mut zu schützen wissen, mit dem er seine Tochter geschützt habe. Die Übrigen aber sollten für sich selbst und ihre Kinder sorgen.

10 Auf diese lauten Klagen des Verginius ertönte ein allgemeines Geschrei, sie würden sich weder die Rache für seinen Schmerz noch ihre Freiheit nehmen lassen. Und da die in das Gewühl der Soldaten sich einmischenden Städter in seinen kläglichen Bericht einstimmten und ihnen begreiflich machten, wie viel schrecklicher das alles anzusehen gewesen sei, als es ihnen anzuhören sein könne, und sie zugleich versicherten, die Herrschaft zu Rom sei so gut wie vernichtet, und endlich noch die später Nachkommenden meldeten, *11* Appius habe sich mit Lebensgefahr kaum noch ins Ausland flüchten können, da bewirkte dies alles, dass die Soldaten zu den Waffen riefen, die Fahnen erhoben und den Marsch nach Rom antraten.

12 Die Dezemvirn, ebenso sehr durch die Auftritte vor ihren Augen als durch die Nachrichten aus Rom beunruhigt, liefen, der eine in diesen, der andere in jenen Teil des Lagers, um den Aufstand zu stillen. Auf gelinde Vorstellungen erhielten sie keine Antwort, versuchte es einer mit Strenge, so hieß es, hier hätten sie Männer und Bewaffnete vor sich. *13* In geschlossenem Zug gingen die Soldaten zur Stadt und besetzten den Aventin, wobei sie jeden Bürgerlichen, der ihnen begegnete, zur Wiedereroberung der Freiheit und zu einer Tribunenwahl aufforderten, weiter hörte man kein heftiges Wort.

14 Jetzt hielt Spurius Oppius eine Senatsversammlung ab. Man fand für gut, durchaus nicht mit Schärfe zu verfahren, weil sie selbst den Aufruhr veranlasst hätten. *15* Drei Konsularen, Spurius Tarpeius, Caius Julius und Publius Sulpicius wurden als Gesandte abgeschickt, im Namen des Senates die Soldaten zu befragen, auf wessen Befehl sie ihr Lager verlassen hätten, oder was sie damit bezweckten, dass sie bewaffnet den Aventin besetzt und unter Aufgabe des Krieges gegen die Feinde sich ihrer Vaterstadt bemächtigt hätten. *16* Es fehlte nicht an einer Antwort, es fehlte an dem, der sie erteilen sollte, weil sie noch keinen bestimmten Führer hatten und jeder Einzelne zu furchtsam war, die Verantwortung zu übernehmen. Nur so viel schrie ihnen die Menge zu, man möge ihnen den Lucius Valerius und Marcus Horatius schicken, diesen würden sie antworten.

(51) Nach Entlassung der Gesandten stellte Verginius den Soldaten vor, man sei in einer nicht sehr wichtigen Sache vorher in Verlegenheit gewesen, weil die Menge kein Haupt gehabt habe, und man habe zwar nicht ungeschickt, aber doch mehr aus zufälliger Übereinstimmung als nach gemeinschaftlichem Plan geantwortet. *2* Er schlage ihnen vor, zehn Männer zu wählen, welche die Leitung des Ganzen hätten und nach einer Ehrenbenennung, wie Krieger sie gäben, Kriegstribunen heißen könnten. *3* Als ihm diese Stelle vor allen anderen angetragen wurde, antwortete er: *Wolltet ihr euch nicht lieber diese günstigen Äußerungen über mich auf bessere Zeiten für mich und für euch aufsparen? 4 Solange der Tod meiner Tochter ungerächt bleibt, kann mir kein Ehrenamt erfreulich sein, und auch für euch ist es nicht ratsam, diejenigen an eurer Spitze zu haben, die der Hass eurer Gegenpartei zunächst treffen möchte. 5 Sollte ich euch in etwas nützlich sein können, so kann ich das ohne Amt ebenso gut sein.* *6* Also wählten sie zehn Kriegstribunen.

7 Auch das Heer im Sabinerland blieb nicht ruhig. Auf Anraten des Icilius und Numitorius trennte man sich von den Dezemvirn auch hier, wo das neue Gerücht, dass man ein Mädchen auf so schändliche Weise zum Missbrauch habe wegnehmen wollen, die Erbitterung nicht stärker anfachen konnte, als das erneuerte Andenken an den Mord des Siccius schon getan hatte. *8* Als Icilius hörte, auf dem Aventin habe man Kriegstribunen gewählt, und er befürchten musste, die Wahlversammlung der Bürger möchte sich demnächst durch die von den Soldaten früher vollzogene Wahl bestimmen lassen, ebendiese Kriegstribunen zu Volkstribunen zu ernennen, *9* so ging er, als ein in Volksverhandlungen gewandter Mann, der sich selbst auf diese Ehrenstelle Hoffnung machte, darauf aus, dass auch hier, ehe der Zug zur Stadt vor sich ging, eine gleiche Anzahl mit gleicher Würde gewählt wurde. *10* Sie rückten unter den Fahnen zum Collinischen Tor ein und zogen mitten durch die Stadt auf den Aventin. Hier gaben sie mit dem andern Heer im Verein den zwanzig Kriegstribunen den Auftrag, zwei aus ihrer Mitte zu Oberbefehlshabern zu erwählen. *11* Dies traf den Marcus Oppius und Sextus Manilius.

Die Väter, welche, über den Besitz der Regierung in Sorgen, täglich im Senat sich versammelten, brachten die Zeit öfter mit Wortstreitigkeiten als mit Beratungen hin. *12* Den Dezemvirn warfen sie die Ermordung des Siccius vor, die Frechheit des Appius und die verlorene Ehre im Feld, sie wünschten, Valerius und Horatius möchten auf den Aventin gehen. Diese versicherten, sie würden nur dann hingehen, wenn die Dezemvirn die Ehrenzeichen eines Staatsamtes ablegten, von dem sie schon vor einem Jahr abgegangen wären. *13* Die Dezemvirn, die sich darüber beschwerten, dass man ihnen zu viel zumute, erklärten, sie würden die Regierung nicht niederlegen, bevor nicht die Gesetze angenommen würden, um derentwillen man sie erwählt habe.

(52) Die Bürgerlichen, die durch Marcus Duellius, einen gewesenen Volkstribunen, Nachricht erhielten, dass unter den fortdauernden Streitigkeiten nichts erledigt würde, gingen vom Aventin auf den Heiligen Berg, **2** weil Duellius versicherte, die Sorge werde den Vätern nicht eher zu Herzen gehen, bis sie die Stadt verlassen sähen. Der Heilige Berg werde sie an die Beharrlichkeit des Bürgerstandes erinnern; dann würden sie es sich selbst sagen, dass ohne Wiedereinsetzung der Tribunen keine Eintracht möglich sei. **3** Ihr Zug ging die Nomentanische Straße, welche damals die Ficulensische hieß, und der Mäßigung ihrer Väter* treu, schlugen sie, ohne irgendetwas zu schädigen, auf dem Heiligen Berg ein Lager auf. Dem Heer zogen die Bürger nach, so dass keiner, der altershalber gehen konnte, zurückblieb. **4** Ihnen folgten ihre Gattinnen und Kinder, die wehmütig fragten, wozu sie in einer Stadt zurückgelassen würden, in der weder Keuschheit noch Freiheit heilig sei.

5 Da die ungewöhnliche Entvölkerung alles in Rom verödet hatte und auf dem Markt außer einigen Greisen niemand zu sehen war, und vollends den Vätern auf ihrem Wege in den Senat der Markt sich in seiner Leere zeigte, riefen nun schon viele und unter ihnen Horatius und Valerius laut: **6** *Worauf wartet ihr, versammelte Väter? Wollt ihr, wenn die Dezemvirn ihrer Hartnäckigkeit kein Ziel setzen, alles einstürzen und verbrennen lassen? Und was ist das für eine Regierung, ihr Dezemvirn, die ihr so festhaltet? Wollt ihr Häusern und Wänden Recht sprechen?* **7** *Schämt ihr euch nicht, dass man auf dem Markt eure Liktoren fast in größerer Anzahl als andere Bürger sieht? Was wollt ihr anfangen, wenn die Feinde gegen die Stadt ziehen, oder wenn nächstens die Bürger, falls ihre Auswanderung nicht gehörig auf uns wirkt, bewaffnet ankommen? Wollt ihr eure Regierung mit dem Untergang der Stadt beenden?* **8** *Nun aber bleibt uns keine andere Wahl – entweder keinen Bürgerstand oder Volkstribunen, wir würden eher der patrizischen Obrigkeiten entbehren können, als sie der bürgerlichen.* **9** *Sie zwangen dieses Amt, ehe sie es kannten und versucht hatten, unsern Vätern ab, gewiss nicht, um sich jetzt, nachdem sie einmal seine Süßigkeit geschmeckt haben, an den Verlust desselben zu gewöhnen, zumal auch wir uns im Befehlen nicht so mäßigen, dass ihnen ein Beistand entbehrlich würde.* **10** Da solche Äußerungen von allen Zeiten laut wurden, erklärten die Dezemvirn, sie würden sich, weil man es so haben wolle, dem Willen des Senates fügen; **11** nur baten und warnten sie zugleich, man möge sie gegen den Hass in Schutz nehmen und den Bürgerstand nicht dadurch, dass er sie bluten ließe, an die Hinrichtungen der Väter gewöhnen.

(53) Da bekamen Valerius und Horatius, welche abgeschickt wurden, den Bürgerstand unter ihm beliebigen Bedingungen zurückzurufen und das Ganze zu verabreden, den Auftrag, auch die Dezemvirn gegen jeden wütenden Angriff der Menge zu schützen. **2** Bei ihrer Ankunft empfingen die Bürger sie mit außerordentlicher Freude in ihrem Lager, als ihre unstreitigen Befreier, wie beim Ausbruch der Unruhen, so auch jetzt durch den der Sache zu gebenden Ausgang. Gleich beim Eintritt stattete man ihnen diesen Dank ab, wobei Icilius im Namen aller das Wort führte. **3** Als die Rede auf die Bedingungen kam, legte auch er den Gesandten auf ihre Frage, was die Bürger forderten, nach einem schon vor Ankunft der Gesandten verabredeten Beschluss solche Forderungen vor, dass man deutlich sah, das Volk stütze sich mehr auf die Billigkeit der Bedingungen als auf seine Waffen. **4** Sie verlangten die Wiederherstellung der tribunizischen Gewalt und der Ansprache, Schutzmittel des Bürgerstandes, die man schon vor Anstellung der Dezemvirn gehabt hatte; ferner, dass niemand dafür verantwortlich sein solle, wenn er Soldaten oder Bürger aufgerufen habe, die Wiederherstellung der Freiheit durch einen Aufstand zu bewirken. **5** Nur

* Vgl. II,32.

hinsichtlich der Bestrafung der Dezemvirn war die Forderung hart. Sie meinten, ihre Auslieferung verlangen zu können, und drohten sie lebendig zu verbrennen.

6 Hierauf antworteten die Gesandten: *Eure Forderungen, soweit sie Folgen der ruhigen Überlegung waren, sind so billig, dass wir sie euch von selbst hätten anbieten müssen, denn ihr tragt darin auf Schutz eurer Freiheit an, nicht auf Ungebundenheit im Angriff auf andere.* ***7*** *Euren Zorn aber muss man euch mehr zugute halten als begünstigen, da ihr, gegen Grausamkeit erbittert, euch selbst in Grausamkeit stürzt und beinahe noch eher, ehe ihr selbst einmal frei seid, schon über eure Widersacher gebieten wollt.* **8** *Soll unser Staat sich denn nie von den Hinrichtungen erholen, welche entweder Väter über Bürger oder Bürger über Väter verhängen? Euch ist der Schild nötiger als das Schwert.* ***9*** *Der steht tief genug, der im Staat mit anderen auf gleichem Fuß leben muss, ohne ihnen Unrecht tun zu können – aber auch ohne es zu leiden.* **10** *Und wollt ihr euch einst als die Furchtbaren zeigen, so werdet ihr ja dann, wenn ihr nach Wiedererlangung eurer Obrigkeiten und der Gesetze über unser Leben und Eigentum Richter seid, über jeden entscheiden, wie seine Sache es mit sich bringt. Jetzt gewinnt ihr genug, wenn ihr eure Freiheit wiedererlangt.*

(54) Da alle den Gesandten Vollmacht gaben, nach Gutdünken zu handeln, so versprachen diese, sie würden bald nach Erkundigung der Sache wieder zurückkommen. **2** Als sie bei ihrer Ankunft den Vätern die Forderungen der Bürger vorlegten, **3** machten die übrigen Dezemvirn, weil gegen ihre Erwartung ihrer Bestrafung gar nicht gedacht wurde, nicht die geringste Einwendung. Nur Appius, der trotzigen Sinnes war und am meisten verabscheut wurde, ermaß den Hass anderer gegen ihn nach seinem Hass gegen sie und fing an: *Ich sehe mein Schicksal kommen.* ***4*** *Man verschiebt, wie ich sehe, den Kampf gegen uns, bis wir unseren Feinden die Waffen abgeliefert haben; wir sollen unser Blut dem Hass opfern. Auch ich sträube mich nicht, das Dezemvirat niederzulegen.* **5** Darauf verordnete der Senat, die Dezemvirn sollten je eher je lieber ihr Amt niederlegen. Der oberste Priester Quintus Furius sollte Volkstribunen wählen, und niemand für den Aufstand der Soldaten und Bürger verantwortlich sein. **6** Nach Abfassung dieser Beschlüsse und der Entlassung des Senates traten die Dezemvirn in der Versammlung auf und entsagten ihrem Amt zu allgemeiner großer Freude. **7** Dem Bürgerstand wurden diese Nachrichten überbracht, und alles, was noch von Menschen in der Stadt vorhanden war, begleitete die Gesandten. Dieser Menge kam aus dem Lager eine ebenso frohe Schar entgegen, und beide wünschten sich zu der dem Staat wiedergegebenen Freiheit und Eintracht gegenseitig Glück.

Dann sprachen die Gesandten vor der Versammlung: **8** *Unter Glück, Heil und Segen für euch und für das Ganze kehrt jetzt in die Vaterstadt zu euren Hausgöttern, Gattinnen und Kindern zurück; allein dieselbe Mäßigung, die ihr hier bewiesen habt, wo ihr euch bei so mancherlei einem so großen Haufen nötigen Bedürfnissen an niemandes Acker vergriffen habt, diese Mäßigung nehmt mit euch in die Stadt. Zieht auf den Aventin, von dem ihr ausgegangen seid.* **9** *Dort, an glücklicher Stelle, wo ihr den ersten Grund zu eurer Freiheit gelegt habt, sollt ihr Volkstribunen wählen. Der oberste Priester wird zugegen sein, die Wahlversammlung zu leiten.*

10 Mit lautem Beifall und Frohlocken genehmigten sie alles. Sie erhoben die Fahnen, und auf dem Zug nach Rom wetteiferten sie mit den ihnen Begegnenden in der Freude. Bewaffnet, aber still, zogen sie durch die Stadt auf den Aventin. ***11*** Hier wählten sie sogleich unter dem Vorsitz des obersten Priesters Volkstribunen, vor allen anderen den Lucius Verginius, dann den Lucius Icilius und Publius Numitorius, den Onkel der Verginia, die Anstifter der Trennung von den Dezemvirn, ***12*** ferner den Caius Sicinius, einen Enkel dessen, der, wie die Geschichte sagt, der erste auf dem Heiligen Berg gewählte Volkstribun war,* und den Marcus Duellius, der sich

* Den Großvater nennt Livius in II, 33, den Vater in II, 58.

in seinem Tribunat vor Anstellung der Dezemvirn ausgezeichnet und in den Streitigkeiten mit ihnen dem Bürgerstand nützlich gemacht hatte. *13* Mehr in Erwartung als auf Verdienste hin wurden gewählt Marcus Titinius, Marcus Pomponius, Caius Apronius, Publius Villius, Caius Oppius.

14 Nach dem Antritt seines Tribunats beantragte Lucius Icilius sogleich beim Bürgerstand, und der Bürgerstand machte es zum Gesetz, dass niemand für den Abfall von den Dezemvirn verantwortlich sein sollte. *15* Gleich darauf setzte auch Marcus Duellius seinen Vorschlag durch, Konsuln zu wählen, von denen eine Ansprache stattfinde. Dies alles wurde in der Bürgerversammlung auf der Flaminischen Wiese verhandelt, welche jetzt die Flaminische Rennbahn heißt.

(55) Darauf wurden durch einen Zwischenkönig Lucius Valerius und Marcus Horatius als Konsuln gewählt, welche ihr Amt sogleich antraten. Sie machten sich in ihrem Konsulat beim Volke beliebt, ohne den Vätern im Geringsten Unrecht zu tun, wenn auch nicht ohne bei ihnen anzustoßen, *2* denn jede Sicherstellung der bürgerlichen Freiheit hielten diese für eine Verminderung ihrer Macht.

3 Da es bisher gleichsam als eine streitige Rechtsfrage angesehen war, ob auch die Väter durch Beschlüsse einer Bürgerversammlung gebunden wären, so machten sie es vor allen Dingen durch die Stimmen der versammelten Zenturien zum Gesetz, dass alles, was der Bürgerstand durch die Stimmen seiner Bezirke festsetzte, für das ganze Volk verbindlich sei, wodurch die Anträge der Tribunen zur schärfsten Waffe wurden.

4 Ein zweites Gesetz – einst von einem Konsul* gegeben – über die Ansprache, diese vorzügliche Schutzwehr der Freiheit, das durch die Einsetzung der Dezemvirn umgestoßen war, stellten sie nicht nur wieder her, sondern befestigten es auch für die Zukunft durch die Aufstellung des neuen Gesetzes, *5* dass niemand irgendeine Obrigkeit wählen solle, von der man nicht Ansprache nehmen könne; wer aber eine solche wähle, den solle man nach menschlichem und göttlichem Recht zu töten befugt sein, und dieser Mord solle nicht als ein peinliches Verbrechen angesehen werden. *6* Da sie so den Bürgerstand auf der einen Seite durch die Ansprache, auf der anderen durch die tribunizische Hilfe hinlänglich gesichert hatten, erneuerten sie auch den Tribunen selbst durch eine nach langer Unterlassung wieder eingeführte Weihe die Würde der Unverletzlichen, *7* und machten sie nicht bloß durch diese heilige Feierlichkeit zu Unangetasteten, sondern auch durch ein Gesetz, in welchem bestimmt war, dass, wenn jemand Volkstribunen, Ädilen, Richtern, Dezemvirn ein Leid zufüge, dessen Haupt dem Jupiter geheiligt sein sollte, und seine Habe sollte am Tempel der Ceres, des Liber und der Libera feilgeboten werden. *8* Die Rechtserklärer behaupten, nach diesem Gesetz sei eigentlich niemand für unverletzlich erklärt, sondern nur der, welcher einem von ihnen ein Leid zufüge, mit dem Fluch belegt. *9* Daher könnten auch die höheren Obrigkeiten einen Ädilen greifen und ins Gefängnis führen lassen, und obgleich dies rechtswidrig sei – denn es geschehe ja einem Leid, dem vermöge dieses Gesetzes keins geschehen sollte –, so sei dies doch ein Beweis, dass ein Ädil nicht für unverletzlich gehalten werde. *10* Die Unverletzlichkeit der Tribunen hingegen gründe sich auf das alte, bei ihrer ersten Einsetzung von den Bürgern** beschworene Recht. *11* Nach anderer Auslegung enthält dieses Horazische Gesetz auch eine Sicherstellung der Konsuln und Prätoren, deren Wahl, so wie die der Konsuln, der Vogelflug genehmigen müsse, denn unter der Benennung der Richter werde hier der Konsul verstanden. *12* Diese Erklärung wird dadurch widerlegt, dass es in jenen Zeiten wohl noch nicht Sitte gewesen sein möchte, den Konsul Richter, sondern Prätor zu nennen.

---

* Von Publius Valerius Publicola, vgl. 2II, 8.

** Af dem heiligen Berg, vgl. II,3 3.

13 Dies waren die von den Konsuln gegebenen Gesetze. Dieselben Konsuln verfügten auch, dass die Senatsbeschlüsse in den Tempel der Ceres an die plebejischen Ädilen abgeliefert werden müssten, welche vorher von den Konsuln nach Willkür unterdrückt und verfälscht wurden.

14 Darauf beantragte der Volkstribun Marcus Duellius beim Bürgerstand, und der Bürgerstand machte es zum Beschluss, dass jeder, der den Bürgerstand ohne Tribunen sein ließe oder eine Obrigkeit ohne Ansprache wählte, an Leib und Leben gestraft werden sollte. ***15*** Alle diese Verhandlungen wurden, freilich nicht zur Zufriedenheit des Adels, abgetan, doch widersetzte sich niemand, weil die Wirkungen des Hasses bis jetzt noch keinen Einzelnen trafen.

(56) Kaum aber fanden die Tribunen nach Begründung der tribunizischen Macht und der Bürgerfreiheit den Angriff auf Einzelne sicher und zeitig, so bestimmten sie gleich zuerst den Verginius zum Ankläger und den Appius zum Beklagten. ***2*** Als Verginius den Appius vor Gericht geladen hatte, und Appius von jungen Adligen umgeben auf dem Markt sich einfand, erwachte bei allen, als sie ihn und seine Trabanten erblickten, die Erinnerung an die grässliche Gewalt. Darauf begann Verginius: ***3*** *Die Reden sind für zweifelhafte Fälle erfunden. Ich werde also weder die Zeit damit verschwenden, den vor euch anzuklagen, von dessen Grausamkeit ihr euch selbst mit den Waffen befreit habt, noch dem Menschen gestatten, die Zahl seiner Gräueltaten durch eine unverschämte Verteidigung zu häufen.* ***4*** *Alles das, Appius Claudius, was du gottloser- und verruchterweise zwei Jahre lang eins nach dem andern dir erlaubt hast, erlasse ich dir. Nur wegen eines einzigen Klagepunktes lasse ich dich verhaften, wenn du nicht vor einem Richter nachweist, dass du nicht gesetzwidrig gegen eine freie Person auf Sklaverei erkannt habest.* ***5*** Weder auf die Hilfe der Tribunen noch auf das Urteil des Volkes konnte Appius im Geringsten rechnen. Dennoch sprach er nicht nur die Tribunen an, sondern als ihr Amtsbote, weil sich keiner von ihnen ins Mittel schlug, Hand an ihn legte, rief er auch: *Ich spreche das Volk an.* ***6*** Dieses Wort, das Hauptrettungsmittel der Freiheit, als es jetzt aus demselben Mund erklang, der jüngst durch seinen Spruch Freiheit in Sklaverei umwandeln wollte, bewirkte eine allgemeine Stille. ***7*** Und während jeder nach seinen Empfindungen sich äußerte, endlich sehe man doch, dass es Götter gebe, und dass sie der Menschen Tun beachteten; auf Übermut und Grausamkeit folgten, wenngleich spät, doch nachdrückliche Strafen; ***8*** der spreche jetzt den Staat an, der die Ansprache aufgehoben habe; der flehe jetzt zum Volk um Schutz, der alle Rechte des Volkes niedergetreten habe, und des Rechts der Freiheit selbst bedürfend, werde jetzt gerade der zur Haft fortgeschleppt, der eine freie Person der Sklaverei zugesprochen habe. Unterdessen war im Gemurmel der Versammlung die Stimme des Appius hörbar, der das römische Volk um Erbarmen anrief. ***9*** Er erinnerte an die Verdienste seiner Vorfahren um den Staat im Frieden und im Krieg, an seinen unglücklichen Eifer für den römischen Bürgerstand, da er, um die Gesetze ausgleichen zu können, zum größten Anstoß für die Väter sein Konsulat aufgegeben habe, an seine Gesetze, bei deren fortdauernder Gültigkeit er, der Geber derselben, ins Gefängnis geführt werde. ***10*** Doch auf das, was sich für ihn insbesondere zu seinem Vorteil oder Nachteil sagen lasse, werde er es dann ankommen lassen, wenn ihm die Erlaubnis gegeben sei, sich zu verantworten. Vorläufig verlange er nur nach dem jedem Bürger zustehenden Recht, dass er als angeklagter römischer Bürger sich verteidigen und seine Sache der Entscheidung des römischen Volkes anheim stellen dürfe. ***11*** So sehr fürchte er den Hass noch nicht, dass er sich alle Hoffnung auf die Billigkeit und das Mitleid seiner Mitbürger versagen sollte, wolle man ihn unverhört ins Gefängnis führen, so spreche er abermals die Volkstribunen an und erinnere sie, nicht diejenigen nachzuahmen, die sie hassten. ***12*** Wenn aber die Tribunen eingestünden, dass sie sich ebenso durch einen Bund zur Aufhebung aller Ansprache verpflichtet hätten, wie sich dazu laut ihrer Beschuldigung die Dezemvirn verschworen haben sollten, so wende er sich an das Volk, so flehe er die Gesetze über die Ansprache an, die von Konsuln und

von Tribunen erst in diesem Jahre gegeben seien. *13* Wer sich noch auf Ansprache einlassen könne, wenn es dem noch nicht Verurteilten, noch nicht Gehörten verwehrt werde? Welcher Bürgerliche, welcher geringe Mann bei den Gesetzen Schutz finden solle, wenn ihn ein Appius Claudius nicht fände? Er werde zum Beweis dienen, ob durch die neuen Gesetze Tyrannei oder Freiheit befestigt, und ob das Recht, gegen Kränkungen von oben Tribunen und Volk um Schutz anzusprechen, nur in toten Buchstaben vorgezeigt oder wirklich gegeben sei.

(57) Dagegen sagte Verginius, Appius Claudius sei der Einzige, der an Gesetzen, an bürgerlicher und menschlicher Verbindung keinen Teil habe. *2* Sie möchten zu seiner Richterbühne dort Hinblicken, dieser Burgfeste aller Verbrechen, wo jener immerwährende Dezemvir dem Eigentum, dem Rücken, dem Blut seiner Mitbürger auflauernd, jedem mit Ruten und Beilen drohend, *3* der Verächter aller Götter und Menschen, mit Henkern, nicht mit Gerichtsdienern umgeben, nachdem er endlich von Raub und Mord auf Unzucht verfallen sei, die frei geborene Tochter eines Bürgers im Angesicht des römischen Volkes als eine im Krieg erbeutete Sklavin aus den Umarmungen des Vaters weggerissen und einem Schützling, dem Lustdiener seines Schlafgemachs, zur Leibeignen gegeben habe. *4* Hier habe er durch seinen grausamen Spruch, durch seine unerhörte Zuerkennung die Hand des Vaters wider die Tochter bewaffnet. Hier habe er, mehr durch die gestörte Büßung seiner Lust als durch die Ermordung des Mädchens aufgebracht, den Befehl gegeben, ihren Bräutigam und Onkel, als sie die halbentseelte Leiche aufnahmen, ins Gefängnis zu führen. Das Gefängnis, das er so gern den Wohnort der römischen Bürgerlichen genannt habe, sei auch für ihn erbaut. *5* Sowie er also von Neuem und immer wieder das Volk anspreche, so werde er ihn von Neuem und immer wieder vor einen Richter fordern, vor dem er beweisen müsse, dass er nicht von Freiheit auf Sklaverei erkannt habe. Wolle er sich keinem Richter stellen, so werde er ihn als Verurteilten verhaften lassen.

6 So wurde Appius ins Gefängnis geworfen, was zwar niemand missbilligte, jedoch machte es auf alle einen tiefen Eindruck, und selbst den Bürgerlichen schien ihre Freiheit, die über einen so großen Mann die Todesstrafe verfügen konnte, zu weit gediehen. Verginius setzte die Entscheidung auf einen späteren Gerichtstag aus.

7 Unterdessen kamen von den Latinern und Hernikern Gesandte nach Rom, um den Vätern und Bürgern zu ihrer Eintracht Glück zu wünschen, und sie brachten dafür dem allmächtigen Jupiter ein Geschenk auf das Capitol, einen goldenen Kranz von mäßigem Gewicht, wie er damals sein musste, als man noch nicht reich war, und die Gottesverehrungen mehr mit Andacht als Pracht gefeiert wurden. *8* Durch ihre Aussage erfuhr man auch, dass sich die Aequer und Volsker mit aller Macht zum Krieg rüsteten. *9* Daher erhielten die Konsuln den Auftrag, sich in die Führung der Kriege zu teilen; dem Horatius bestimmte das Los die Sabiner, die Aequer und Volsker dem Valerius. Als sie die Aushebung für diese Kriege angesetzt hatten, meldeten sich aus Liebe zu ihnen nicht bloß die Bürger vom Dienstalter zur Einzeichnung ihrer Namen, sondern auch eine große Anzahl Freiwilliger, die schon über die Dienstjahre hinaus waren, und darum wurde das Heer nicht nur an Menge stärker, sondern auch durch den Wert der Truppen, unter denen so viele Veteranen dienten. *10* Ehe die Konsuln die Stadt verließen, ließen sie die in Erz gegrabenen Gesetze der Dezemvirn, welche den Namen der Zwölf Tafeln führen, öffentlich ausstellen. Einige melden, auf Befehl der Tribunen hätten die Ädilen dieses Geschäft besorgt.

(58) Caius Claudius – derselbe, welcher aus Abscheu gegen die Freveltaten der Dezemvirn, und vor allem erbittert wegen des Übermutes seines Brudersohnes, sich nach Regillum, seinem alten Stammort, zurückgezogen hatte –, dieser hochbetagte Mann war jetzt zurückgekehrt, um durch seine Fürbitte die Gefahr dessen abzuwenden, dessen Lastern er ausgewichen war. Er ging mit seinen Stammesgenossen und Schützlingen in Trauerkleidern auf dem Markte herum, drückte

jedem Bürger die Hand und flehte, ***2*** sie möchten den Stamm der Claudier nicht dergestalt brandmarken, dass sie dessen Glieder des Kerkers und der Bande würdig erklärten. Der Mann, dessen Ahnenbild bei der Nachwelt von seiner höchsten Ehrenstelle zeugen werde, der Gesetzgeber und Stifter des römischen Rechts, liege gefesselt unter Dieben und Räubern. ***3*** Sie möchten einmal vom Zorn auf Untersuchung und Besinnung zurückkommen und lieber so vielen für ihn bittenden Claudiern den einen schenken, als aus Hass gegen den einen die Bitten so vieler zurückweisen. ***4*** Auch er tue dies bloß der Verwandtschaft und dem Namen zuliebe und habe sich noch nicht mit dem ausgesöhnt, dem er nur im Unglück habe helfen wollen. Durch Mut hätten sie die Freiheit wiedergewonnen, durch Milde könnten sie die Eintracht der Stände befestigen. ***5*** Einige rührte er, aber mehr durch sein eigenes Gefühl für die Seinen als durch die Sache dessen, für den er sprach. Allein Verginius bat, sie möchten sich vielmehr seiner erbarmen und seiner Tochter, und nicht auf die Bitten des claudischen Stammes hören, der in einer königlichen Macht über die Bürger seine Bestimmung fühle, sondern auf die Verwandten der Verginia und auf drei Tribunen, welche zum Schutz des Bürgerstandes gewählt, jetzt selbst beim Bürgerstand um Mitleid und Schutz flehten. Diese Tränen fand man gerechter.

6 Als mithin alle Hoffnung abgeschnitten war, gab Appius, ehe der aufgeschobene Gerichtstag erschien, sich selbst den Tod. ***7*** Gleich darauf zog Publius Numitorius den Spurius Oppius zur Verantwortung, welchen nächst Appius der Hass am meisten traf, weil er in der Stadt gewesen war, als sein Amtsgenosse die ungerechte Verurteilung ergehen ließ. ***8*** Doch brachte dem Oppius eine Ungerechtigkeit, die er selbst verübt hatte, größeren Hass als die nicht verhinderte. Man führte einen Zeugen vor, welcher 27 Dienstjahre zählte, achtmal, sogar mit Auszeichnung, beschenkt war, diese Ehrengeschenke vor dem Volk aufwies, sich dann das Gewand zerriss, den Rücken von Ruten zerhauen zeigte und sich bereit erklärte, wenn der Beklagte ihm die geringste Schuld nachsagen könne, so wolle er sich diese wütende Behandlung von ihm als Privatmann noch einmal gefallen lassen. ***9*** Auch Oppius wurde ins Gefängnis geführt und machte dort, ehe der Gerichtstag kam, seinem Leben ein Ende. Das Vermögen des Claudius und des Oppius wurde von den Tribunen eingezogen. Ihre Amtsgenossen gingen freiwillig in die Verbannung; auch deren Güter wurden eingezogen.

10 Auch Marcus Claudius mit seinem Anspruch auf Verginia wurde angeklagt und verurteilt; doch, weil ihm selbst Verginius die Todesstrafe schenkte, entlassen; er ging nach Tibur in die Verbannung. ***11*** Und der Geist der Verginia, die im Tod glücklicher als im Leben war, kam endlich, nachdem so manche Familien bestraft worden waren, ohne einen Schuldigen übergangen zu haben, zur Ruhe.

(59) Die Väter hatte große Furcht ergriffen, und die Tribunen machten schon dieselbe Miene wie früher die Dezemvirn, als Marcus Duellius, selbst ein Volkstribun, mit heilsamer Beschränkung ihrer zu hoch gestiegenen Amtsmacht sich so erklärte: **2** *Wir haben der Freiheit und der Strafen an unseren Feinden genug. Ich werde also nicht zugeben, dass in diesem Jahr weiter irgendeiner vor Gericht gefordert oder ins Gefängnis geführt werde.* **3** *Ich möchte nicht gern, dass alte, längst vergessene Sünden wieder hervorgesucht würden, da die neuen durch Bestrafung der Dezemvirn gebüßt sind, und dass nichts Neues vorfallen werde, was etwa tribunizische Einwirkung erfordern könnte, dafür bürgt uns ununterbrochene Fürsorge, mit der beide Konsuln eure Freiheit beschützen.*

4 Diese Mäßigung eines Tribunen nahm zuerst den Vätern die Furcht, aber sie vermehrte auch ihre Unzufriedenheit mit den Konsuln, weil sie so ganz auf der Seite der Bürger gewesen wären, dass für die Wohlfahrt und Freiheit der Väter eine bürgerliche Obrigkeit früher Sorge getragen habe als die patrizische, und ihre Gegner der Bestrafungen satt geworden wären, ehe man einmal gesehen habe, dass die Konsuln Miene machten, jener Ausgelassenheit zu begegnen.

5 Ja viele machten dem Senat einen Vorwurf der Feigheit daraus, dass er die von den Konsuln vorgeschlagenen Gesetze bestätigt habe, denn es ließ sich als gewiss annehmen, dass er bei der Zerrüttung des Staates den Zeitumständen unterlegen war.

(60) Als die Konsuln die Angelegenheiten der Stadt geordnet und die rechtliche Stellung der Bürger gesichert hatten, zogen sie jeder gegen den ihm bestimmten Feind.

Valerius hielt gegen die schon auf dem Algidus vereinigten Heere der Aequer und Volsker den Krieg mit Klugheit hin. *2* Denn hätte er es gleich auf das Glück ankommen lassen, so glaube ich fast, der Kampf wäre, so wie damals seit der unglücklichen Anführung der Dezemvirn der Mut der Römer und ihrer Feinde gestimmt war, sehr zu seinem Nachteile ausgefallen. *3* Er hielt seine Truppen im Lager, das er tausend Schritte weit vom Feind aufgeschlagen hatte. Die Feinde füllten den Zwischenraum zwischen beiden Lagern mit ihrer Schlachtordnung aus, und ihre Aufforderungen zum Kampf beantwortete von den Römern niemand. *4* Endlich des Stehens und vergeblichen Harrens auf ein Treffen müde, zogen Aequer so gut wie Volsker, des ihnen eingeräumten Sieges fast schon gewiss, zum Teil ins Herniker-, zum Teil ins Latinergebiet auf Plünderung aus, im Lager blieb mehr eine Bedeckung als hinlängliche Streitkräfte für die Schlacht zurück. *5* Kaum merkte dies der Konsul, so war nun die Reihe des Drohens an ihm; nun forderte er in Schlachtordnung den Feind heraus. *6* Sobald man dort im Bewusstsein der eigenen Schwäche dem Kampfe auswich, wuchs den Römern der Mut, und sie sahen den hinter seinem Wall bebenden Feind für besiegt an. *7* Als sie den ganzen Tag in Erwartung der Schlacht gestanden hatten, räumten sie gegen Nacht den Platz.

Voll Hoffnung überließ man sich auf römischer Seite der Pflege des Leibes. Nicht mit gleichen Empfindungen schickten die Feinde eilig nach allen Seiten Boten aus, die Plünderer zurückzurufen. Die nächsten eilten zurück; die entfernteren fand man nicht.

8 Mit Tagesanbruch rückten die Römer aus mit dem Vorsatz, den Wall zu stürmen, wenn ihnen keine Schlacht angeboten würde; und als schon ein großer Teil des Tages verflossen war, und der Feind noch keine Bewegung machte, befahl der Konsul den Angriff, und die Linie brach auf, als Aequer und Volsker der Unwille ergriff, dass siegreiche Heere wie die ihrigen ihren Schutz dem Wall und nicht der Tapferkeit und den Waffen verdanken sollten. Also erhielten auch sie das ihren Feldherren abgerungene Zeichen zur Schlacht. *9* Und schon war ein Teil aus dem Lager gerückt, und der Ordnung nach folgten die anderen dem Zug, aus dem sich jeder auf seine Stelle einreihte, als der Konsul anrücken ließ, ehe die feindliche Linie auf ihre ganze Stärke fußend zum Stehen kommen könnte. *10* Und da er schon angriff, ehe sie noch alle herausgeführt waren, und die es waren, sich noch nicht völlig auf die Glieder ausgebreitet hatten, so brach er in den, ich möchte sagen, wankenden Haufen von Hin- und Herrennenden ein, die noch auf sich selbst und auf die Ihrigen warteten, und deren Bestürzung Schlachtgeschrei und Angriff zugleich erhöhte. *11* Zuerst also wichen die Feinde; als sie sich aber gesammelt hatten und ihre Feldherren ihnen scheltend von allen Seiten zuriefen, ob sie vor Besiegten weichen wollten, wurde die Schlacht wiederhergestellt.

(61) Auf der andern Seite forderte der Konsul die Römer auf, nicht zu vergessen, dass sie am heutigen Tag zum ersten Mal als freie Männer für die freie Stadt Rom kämpften. Sie würden den Sieg sich selbst erwerben, nicht, um als Sieger Dezemvirn eine Beute zu werden. *2* Hier sei kein Appius Anführer, sondern ein Konsul, Valerius, von Befreiern des römischen Volkes entsprossen und Befreier selbst. Sie möchten zeigen, dass in den vorigen Schlachten die Schuld, nicht gesiegt zu haben, an den Feldherren, nicht an den Soldaten gelegen habe. *3* Es sei schimpflich, gegen Mitbürger mehr Mut zu zeigen als gegen die Feinde, und in der Stadt vor Knechtschaft sich mehr zu fürchten als im Feld. *4* Verginia sei nur die Einzige gewesen, deren Keuschheit im Frieden

bedroht gewesen sei, Appius nur der einzige Bürger von gefährlicher Wollust. Sollte aber das Kriegsglück sich neigen, so drohe den Kindern aller von so viel tausend Feinden Gefahr. **5** Doch er wolle das nicht über seine Lippen bringen, was Jupiter sowenig wie Vater Mars über die Stadt kommen lassen würden, die unter so glücklichen Vorzeichen erbaut sei. Dann erinnerte er sie an den Aventin, den Heiligen Berg. Sie möchten dahin, wo vor wenigen Monaten die Freiheit errungen sei, auch die Herrschaft ungeschmälert zurückbringen **6** und beweisen, dass römische Soldaten noch derselbe Geist nach der Vertreibung der Dezemvirn beseele wie vor deren Wahl, und durch Ausgleichung der Gesetze der Mut des römischen Volkes nicht gemindert sei.

7 Als er so bei den Fahnen des Fußvolkes geredet hatte, eilte er zur Reiterei. *Auf, ihr jungen Männer,* sprach er, *übertrefft das Fußvolk an Tapferkeit, wie ihr es an Ehre und Rang übertrefft!* ***8*** *Im ersten Zusammentreffen hat schon das Fußvolk den Feind geworfen, sprengt ihr nun mit euren Rossen in den Geschlagenen ein und jagt ihn aus dem Feld. Er wird den Angriff nicht aushalten, und schon jetzt zögert er mehr als er widersteht.* **9** Sie spornten die Pferde und ließen sie auf den Feind, den schon das Gefecht mit dem Fußvolk aus der Haltung gebracht hatte, durchbrachen die Glieder, und da sie bis ins Hintertreffen vorgedrungen waren, jagten sie zum Teil in der freien Ebene umher, schnitten die schon auf allen Seiten Fliehenden fast sämtlich vom Lager ab, sprengten an diesem auf und nieder und schreckten sie zurück. ***10*** Die Linie des Fußvolkes, mit ihr der Konsul selbst und die ganze Wucht des Krieges warf sich auf das Lager und eroberte es unter großem Verlust der Feinde und mit dem Gewinn einer noch größeren Beute.

11 Der Ruf von dieser Schlacht, der nicht bloß in die Stadt, sondern auch ins Sabinische zu dem anderen Heer drang, erregte in der Stadt bloß allgemeine Freude; im Lager spornte er auch den Mut der Soldaten, dieser ruhmvollen Tat nachzueifern.

12 Hier hatte sie Horatius dadurch, dass er sie zu Ausfällen abordnete und in leichten Gefechten versuchte, schon wieder mehr daran gewöhnt, sich selbst zu vertrauen, als an die unter Anführung der Dezemvirn erlittene Schmach zu denken; und diese kleinen Kämpfe waren der zu hoffenden Entscheidung des Ganzen sehr vorteilhaft gewesen. ***13*** Und die Sabiner, stolz auf ihr vorjähriges Glück, hörten nicht auf, sie zu necken, heranzudringen und zu fragen, warum sie nach Art von Straßenräubern in kleinen Rotten bald hervorsprengend, bald flüchtend die Zeit hinbrächten und die Entscheidung eines einzigen Krieges in so viele kleine Treffen zerstückelten. ***14*** Warum sie nicht in Linie anrückten und dem Glück Gelegenheit gäben, der Sache mit einem Schlag ein Ende zu machen.

(62) Zu dem Mut, der die Römer ohnehin bereits beseelte, kam noch die Entrüstung. Das andere Heer werde schon als Sieger zur Stadt heimkehren, und sie müssten sich vom höhnenden Feind sogar verspotten lassen. Wann würden sie ihm aber gewachsen sein, wenn sie es noch nicht wären? **2** Als der Konsul vernahm, dass sich der Soldat so im Lager verlauten lasse, sprach er vor einer zusammengerufenen Versammlung: *Wie es auf dem Algidus gegangen ist, werdet ihr, Soldaten, wie ich glaube, gehört haben. Sie haben sich dort so benommen, wie man es von dem Heer eines freien Volkes erwarten musste. Durch die Einsicht meines Amtsgenossen, durch die Tapferkeit der Soldaten ist ein Sieg errungen.* ***3*** *Was mich betrifft, so werde ich so viel Mut und Einsicht haben, als ihr selbst mir einflößt. Der Krieg kann mit Vorteil langsam geführt, aber auch ohne Übereilung jetzt beendet werden.* ***4*** *Müssen wir zögern, so soll mir eben die Zucht, die ich bis jetzt angewandt habe, behilflich sein, euer Vertrauen und eure Tapferkeit von Tag zu Tag zu erhöhen. Habt ihr aber jetzt schon Mut genug und sehnt euch nach Entscheidung, wohlan, so erhebt hier euer Kriegsgeschrei, was ihr in der Schlacht erheben wollt, zum Zeichen eures Willens und eurer Tapferkeit!* **5** Als sie das Geschrei mit großer Freude erschallen ließen, versprach er, ihnen in der Götter Namen Folge zu leisten und sie morgen zur Schlacht zu führen. Der Überrest des Tages wurde verwandt, die Waffen instand zu setzen.

6 Als die Sabiner am folgenden Tag die Aufstellung der römischen Linie bemerkten, traten auch sie hervor, schon längst des Kampfes begierig. Die Schlacht war wie unter zwei Heeren, die beide große Zuversicht hatten, das eine durch ununterbrochenen alten Ruhm, das andere durch den letzten Sieg von neulich übermütig. *7* Auch kamen die Sabiner ihrer Stärke mit einer List zu Hilfe. Denn da sie ihrer Linie die Länge der römischen gegeben hatten, ließen sie noch 2000 Mann außerhalb der Reihe aufgestellt, welche mitten im Gefecht auf den linken römischen Flügel einbrechen sollten. *8* Schon wurden diese dem durch ihren Seitenangriff beinahe umzingelten Flügel zu schwer, als die 600 Reiter zweier Legionen von den Pferden sprangen, an die Spitze der schon weichenden Ihrigen eilten und sich nicht nur dem Feind entgegenstellten, sondern auch zuerst durch gleiche Teilnahme an der Gefahr und dann durch Beschämung den Mut der Fußgänger neu belebten. *9* Diese fanden es schimpflich, wenn die Reiter im Gefecht ihren eigenen und einen fremden Platz füllten, sie aber als Fußvolk nicht einmal einer abgesessenen Reiterei gleichkämen.

(63) Sie rücken also in die Schlacht, die sie ihrerseits aufgegeben hatten, und nahmen die Stelle, von wo sie gewichen waren, wieder ein. Und im Augenblick war nicht allein das Gefecht wiederhergestellt, sondern auch der sabinische Flügel zurückgedrängt. *2* Zwischen den Gliedern des Fußvolkes gehend und dadurch gedeckt machte sich die Reiterei wieder an ihre Pferde und eilte als Botin des Sieges zum andern Flügel hinüber; zugleich warf sie sich auf den Feind, der schon durch die Niederlage seines stärkeren Flügels geschreckt war. Ihre Tapferkeit zeichnete sie in dieser Schlacht vor allen anderen aus. *3* Der Konsul, für alles besorgt, lobte die Tapferen, schalt, wo er das Gefecht lässig sah. Die Getadelten zeigten sogleich den Eifer tapferer Männer, und hier war Beschämung ein ebenso mächtiger Sporn wie dort das Lob. *4* Mit erneuertem Geschrei schlugen sie, von allen Seiten zugleich sich anstrengend, den Feind in die Flucht, und nun war die römische Kraft unwiderstehlich. Die Sabiner, in zerstreuten Haufen über die Felder gejagt, überließen ihr Lager dem Feind zur Beute. Hier gewannen die Römer nicht wie auf dem Algidus das geraubte Gut der Bundesgenossen wieder, sondern ihr eigenes, das ihnen bei den Plünderungen ihres Landes verloren gegangen war.

5 Für diesen doppelten, in zwei verschiedenen Schlachten errungenen Sieg verordnete der Senat die der Ehre der Konsuln gebührende Dankfeier, allein nur kärglich auf einen Tag. Aber ungeheißen zog das Volk auch am andern Tag scharenweise in die Tempel, und die Zuneigung machte diese sich selbst überlassene, vom Volk aus Liebe begangene Feier beinahe festlicher als die vorige. *6* Die Konsuln trafen nach einer Verabredung an zwei aufeinanderfolgenden Tagen vor der Stadt ein und beriefen den Senat auf das Marsfeld. Als sie hier von ihren Taten Bericht erstatteten, klagten die Häupter der Väter, man halte absichtlich den Senat, um ihn zu schrecken, mitten unter Soldaten. *7* Die Konsuln verlegten demnach, um jeden Anlass zur Anklage zu entfernen, die Senatsversammlung von hier auf den schon damals so genannten Apollo-Platz der Flaminischen Wiesen, wo jetzt der Tempel des Apollo steht.

8 Da ihnen hier die Väter mit großer Einstimmigkeit den Triumph verweigerten, trug der Volkstribun Lucius Icilius auf den Triumph der Konsuln beim Volk an, vor welchem dann viele mit Gegenvorstellungen auftraten, *9* und hauptsächlich Caius Claudius, der mit lautem Unwillen sagte, über die Väter, nicht über die Feinde, wollten die Konsuln triumphieren, und dem Tribun sei es bloß um eine Gegengefälligkeit für ihr besonderes Verdienst um ihn, nicht um Ehre für ihre Tapferkeit zu tun. Noch nie sei das Recht zu triumphieren vor dem Volk zur Sprache gebracht, immer habe die Beurteilung und Entscheidung dieser Ehre dem Senat zugestanden. *10* Das ehrwürdige Vorrecht dieses höchsten Standes hätten selbst die Könige nicht geschmälert. Die Tribunen sollten sich mit ihrer Macht nicht so in alles mischen, dass sie keine oberste Behörde mehr bestehen lassen. Nur dann erst werde der Staat frei, nur dann die Gesetze gleichgemacht sein, wenn jeder Stand seine Rechte, seine Hoheit behaupte. ***11*** Noch viele von den übrigen älteren Vätern gehaltene Reden waren ähnlichen Inhaltes; dennoch genehmigten alle Bezirke jenen Antrag. Dies war das erste Mal, dass ohne Zustimmung der Väter bloß auf Befehl des Volkes ein Triumph gehalten wurde.

(64) Dieser Sieg der Tribunen und des Bürgerstandes artete beinahe dadurch in ein unheilvolles Übermaß aus, indem die Tribunen unter sich einig wurden, sich wieder wählen zu lassen, und damit ihre Amtssucht weniger hervortrete, auch den Konsuln ihr Amt zu erhalten. ***2*** Zum Vorwand nahmen sie die Einstimmigkeit der Väter, vermittels dessen jene, um die Konsuln zu beschimpfen, die Rechte des Bürgerstandes umzustoßen versucht hätten. ***3*** Was daraus werden wolle, wenn sie mit ihren Parteien, ehe noch die Gesetze in Kraft getreten wären, über neue Tribunen herfielen? Denn nicht immer würden ein Valerius und Horatius Konsuln sein, die ihre eigene Macht der Freiheit des Bürgerstandes unterordneten.

4 Es fügte sich zur rechten Zeit so glücklich, dass das Los, am Wahltag den Vorsitz zu haben, gerade den Marcus Duellius traf, einen klugen Mann, der den von der Verlängerung der Ämter zu befürchtenden Hass voraussah. ***5*** Da dieser erklärte, er werde auf keinen einzigen von den alten Tribunen Rücksicht nehmen, und seine Amtsgenossen dagegen behaupteten, er solle den Bezirken bei der Stimmensammlung freien Willen lassen oder den Vorsitz bei der Wahl seinen Amtsgenossen abtreten, welche sie mehr dem Gesetz gemäß als nach dem Willen der Väter halten würden, ***6*** befragte Duellius im Verlauf des Streites die Konsuln, die er zu den Tribunensitzen rufen ließ, was sie bezüglich der Konsulwahlen im Sinne hätten; und als sie antworteten, sie würden neue Konsuln wählen, trat er mit ihnen, als den schicklichsten Gegnern der Volkswünsche, weil sie gleichwohl des Volkes Liebe hatten, vor der Versammlung auf. ***7*** Als er hier die Konsuln vor dem Volk aufrief und sie befragte, was sie tun würden, wenn das römische Volk aus Dankbarkeit für die durch sie im Inneren wiedererlangte Freiheit, aus Dankbarkeit für ihre Kriegsdienste und Taten sie abermals zu Konsuln wählte, ***8*** die Konsuln aber von ihrer Erklärung durchaus nicht abgingen, so erteilte er ihnen sein Lob, dass sie bis ans Ende den Dezemvirn so unähnlich blieben, ließ die Wahl vor sich gehen. Und da die übrigen Bewerber, als fünf Tribunen schon gewählt waren, vor der Zudringlichkeit der neun ohne Scheu nach dem Amt ringenden Tribunen nicht die gehörige Stimmenzahl erhielten, so entließ er die Versammlung und setzte keine neue zu einem Wahltag an. ***9*** Er sagte, dem Gesetz sei Genüge geschehen, da es, ohne den Tribunen eine bestimmte Zahl vorzuschreiben, bloß verordne, man solle das Volk nicht ohne Tribunen lassen.* ***10*** Er las auch die Formel jenes Antrages vor, worin es heißt: *Wenn ich Volkstribunen wählen lasse, und ihr heute nicht die volle Zahl gewählt haben werdet, so sollen dann, wenn diese sich andere zu nachgewählten Amtsgenossen nehmen, diese Letzteren vermöge dieses Gesetzes ebenso rechtmäßige Volkstribunen sein als diejenigen, welche ihr heute zu Volkstribunen gewählt haben werdet.*

11 Duellius vereitelte durch seine bis zum Ende fortdauernde Beharrlichkeit mit der Behauptung, der Staat könne doch nicht 15 Volkstribunen haben, die herrschsüchtigen Absichten seiner Amtsgenossen, und geschätzt von den Vätern wie vom Bürgerstand, legte er sein Amt nieder.

(65) Die neuen Volkstribunen begünstigten bei den Ergänzungswahlen die Wünsche der Väter und wählten sogar zwei Patrizier und gewesene Konsuln, den Spurius Tarpeius und Aulus Aternius.

2 Spurius Herminius und Titus Verginius Caelimontanus, die neuen Konsuln, die sich weder besonders auf die Seite der Väter noch des Bürgerstandes neigten, hatten Frieden im Inneren und auswärts. ***3*** Der Volkstribun Lucius Trebonius, der auf die Väter erbittert war, weil er von ihnen,

---

* Dieses Gesetz war durch Duellius selbst zustande gebracht. Vgl. Kap. 55.

wie er sagte, bei der Nachwahl der Tribunen betrogen und von seinen Amtsgenossen verraten worden war, setzte den Vorschlag durch, *4* dass jeder, der beim römischen Bürgerstand auf die Wahl von Volkstribunen antrüge, diese Wahl so lange fortsetzen sollte, bis er zehn Volkstribunen hätte ernennen lassen, und verwandte sein Tribunat auf die Verfolgung der Väter, worüber ihm der Zuname Asper („der Raue") gegeben wurde.

5 Die folgenden Konsuln, Marcus Geganius Macerinus und Caius Julius, wussten die geheimen Verbindungen der Tribunen gegen die vornehmen Jünglinge zu verhindern, ohne gegen jene Macht feindselig zu verfahren oder von der Würde der Väter etwas zu vergeben. *6* Den Bürgerstand hielten sie dadurch von Unruhen ab, dass sie sich zum Krieg gegen die Volsker und Aequer eine Werbung anbefehlen ließen und ihre Ausführung hinhielten, indem sie versicherten, bei der Ruhe im Inneren sei auch von außen alles friedlich; nur die bürgerlichen Unruhen machten den Auswärtigen Mut. *7* So bewirkte die Sorge für den Frieden zugleich die innere Eintracht.

Aber immer ist die Mäßigung des einen Standes Veranlassung zur Unbill für den andern gewesen. Als die Bürgerlichen Ruhe hielten, fingen die Jüngeren der Väter an, sie zu kränken. *8* Wollten die Tribunen den Niedrigeren Hilfe leisten, so war diese anfänglich nicht hinreichend, und späterhin blieben sie selbst nicht unangetastet, vollends in den letzten Monaten, teils weil das Unrecht von den Mächtigeren durch ihre Verbindungen geübt wurde, teils weil die Kraft jedes obrigkeitlichen Amtes gewöhnlich gegen Ende des Jahres viel matter war; *9* und schon setzte der Bürgerstand in das Tribunat nur dann noch einige Hoffnung, wenn er dem Icilius ähnliche Tribunen hätte, seit zwei Jahren habe er leere Namen gehabt. *10* Die älteren Väter hingegen, wenngleich sie ihre jungen Männer für zu übermütig hielten, sahen es doch lieber, wenn das Maß einmal überschritten werden sollte, dass die Ihrigen mehr Mut als ihre Gegner hätten. *11* So schwer ist die Mäßigung in Behauptung der Freiheit, weil jeder unter dem Schein, sich mit anderen auf gleiche Höhe stellen zu wollen, die anderen niederdrückt, die Menschen immer, um sich nicht fürchten zu dürfen, sich selbst furchtbar machen, und wir das Unrecht, wenn wir uns dessen erwehrt haben, gleich als müssten wir es entweder tun oder leiden, anderen aufbürden.

(66) Die darauf gewählten Konsuln, Titus Quinctius Capitolinus (zum vierten Mal) und Agrippa Furius, fanden weder innere Unruhen noch auswärtigen Krieg vor. Aber beides drohte. *2* Schon ließ sich die Zwietracht der Bürger nicht länger unterdrücken, da bei der Erbitterung der Tribunen und des Bürgerstandes gegen die Väter die häufigeren gerichtlichen Anklagen der Adligen die Versammlungen jedes Mal durch neue Streitigkeiten beunruhigten. *3* Auf das erste Geräusch derselben griffen die Aequer und Volsker wie auf ein gegebenes Zeichen zu den Waffen, auch darum, weil ihre raubsüchtigen Anführer ihnen vorgeredet hatten, vor zwei Jahren habe die anbefohlene Werbung nicht vor sich gehen können, weil sich der Bürgerstand den Oberbefehl nicht länger habe gefallen lassen wollen; darum habe man keine Heere gegen sie gesandt; *4* die Sitte, als Krieger zu dienen, finde in der Ungebundenheit ihr Grab. Die Römer sähen schon in Rom selbst die gemeinschaftliche Vaterstadt nicht mehr; alle frühere Erbitterung, allen Groll gegen Auswärtige hätten sie gegen sich selbst gewandt. Jetzt sei die Gelegenheit da, die durch innere Wut verblendeten Wölfe zu unterdrücken.

5 Mit den vereinigten Heeren verwüsteten sie zuerst das ganze latinische Gebiet, und da sich hier niemand ihnen entgegenstellte, rückten sie verheerend – und dies war vollends für die Anstifter des Krieges ein großer Triumph – selbst an die Mauern Roms in der Gegend des Esquilinischen Tores und boten der Stadt in der Verheerung ihrer Gefilde ein höhnendes Schauspiel. *6* Als sie von hier ungestraft, die Beute vor sich hertreibend, rückwärts nach Corbio abzogen, rief der Konsul Quinctius das Volk zur Versammlung.

(67) Hier hielt er, wie ich in der Überlieferung finde, eine Rede folgenden Inhalts: *Bin ich mir gleich keiner Schuld bewusst, ihr Quiriten, so trete ich gleichwohl tief beschämt vor eurer Versammlung auf. Das musstet ihr erfahren, das soll der Nachwelt überliefert werden, dass Aequer und Volsker, die neulich kaum den Hernikern gewachsen waren, unter dem vierten Konsulat des Titus Quinctius sich den Mauern der Stadt Rom ungestraft mit den Waffen in der Hand genähert haben!* **2** *Hätte ich gewusst, dass diese Schande – wiewohl wir schon lange so leben und die Sachen so stehen, dass man nichts Gutes ahnen kann – gerade diesem Jahr beschieden sei, so würde ich mich ihr durch Auswanderung oder Tod, wenn ich dem Konsulat auf keine andere Art hätte ausweichen können, entzogen haben.* **3** *Also – hätten Männer jene Waffen geführt, die an unseren Toren waren, hätte Rom unter meinem Konsulat erobert werden können. Hatte ich doch der Ehrenämter genug gehabt und der Lebensjahre genug und zu viel; in meinem dritten Konsulat hätte ich sterben sollen.*

4 *Und gegen wen nahmen sich denn die feigsten aller Feinde so viel Verachtung heraus? Gegen uns Konsuln, oder gegen euch, Quiriten? Liegt die Schuld an uns, so nehmt uns Unwürdigen die Regierung, und ist das noch nicht genug, so bestraft uns noch obendrein;* **5** *wenn aber die Schuld an euch liegt, so möge weder ein Gott noch ein Mensch eure Vergehen strafen, ihr mögt sie nur bereuen. Nicht eure Mutlosigkeit war es, die jene verachtet haben, nicht auf eigene Tapferkeit bauten sie, denn so oft geschlagen und vertrieben, ihres Lagers beraubt, um Land gestraft, unter den Jochgalgen gebeugt, haben sie sich und euch kennengelernt. Die Zwietracht der Stände ist das Gift, das diese Stadt verzehrt.* **6** *Die Streitigkeiten zwischen Vätern und Bürgern, weil wir im Beherrschen, ihr in eurer Freiheit nicht Maß haltet, weil ihr mit den patrizischen, diese mit den bürgerlichen Obrigkeiten unzufrieden sind, haben jenen den Mut gehoben.* **7** *Um der Götter willen, was wollt ihr denn? Ihr wolltet Volkstribunen haben: Der Eintracht zuliebe gestanden wir sie euch zu. Ihr fandet Dezemvirn wünschenswert: Wir ließen sie wählen. Ihr wurdet mit den Dezemvirn unzufrieden: Wir zwangen sie abzudanken.* **8** *Da euer Zorn gegen sie in ihrem Privatstand fortdauerte, ließen wir die geehrtesten und vornehmsten Männer Tod und Verbannung leiden. Dann wolltet ihr abermals Volkstribunen haben: Ihr habt sie gewählt;* **9** *ihr wolltet Konsuln von eurer Partei haben: Wir haben gesehen, dass auch eine patrizische Magistratur dem Volk zum Geschenk gemacht wurde, wenn wir schon die Unbilligkeit für die Väter sahen. Die euch zur Hilfe gegebenen Tribunen, die Ansprache an das Volk, die Ausdehnung der Bürgerbeschlüsse auf die Väter, die unter dem Vorwand einer Ausgleichung der Gesetze bewirkte Unterdrückung unserer Rechte – das alles haben wir ertragen und tragen es noch. Wann werden die Fehden ein Ende haben?* **10** *Wann werden wir endlich Bürger einer Stadt sein können? Wann einmal in dieser eine gemeinschaftliche Vaterstadt bewohnen? Wir, die Besiegten, verstehen uns mit mehr Gelassenheit zur Ruhe denn ihr als Sieger.* **11** *Ist es nicht genug, dass ihr uns furchtbar seid? Gegen uns wird der Aventin eingenommen, gegen uns wird der heilige Berg besetzt. Als aber die Esquilien vom Feind beinahe schon erobert waren, der Volsker als Feind den Wall hinaufstieg, da vertrieb ihn niemand: Nur gegen uns seid ihr Männer, nur gegen uns tragt ihr Waffen.*

(68) *So zieht doch einmal, wenn ihr hier das Rathaus umlagert, den Marktplatz bedroht und das Gefängnis mit den ersten Männern gefüllt habt,* **2** *mit demselben trotzigen Sinn hinaus vor das Esquilinische Tor; oder wenn ihr auch das nicht wagt, so seht von den Mauern herab eure Ländereien mit Feuer und Schwert verwüstet, die Beute weggetrieben, allenthalben die angezündeten Häuser rauchen.* **3** *Ihr sagt: Es ist ja nur das Ganze, was hierunter am meisten leidet; wir lassen im Land sengen und brennen, die Stadt belagern, unsern Kriegsruhm dem Feind. – Wie aber? Wie steht es um euer Eigentum? Bald wird jedem von seinem Grundstück der erlittene Schaden gemeldet werden. Und was habt ihr nun zu Hause, ihn zu ersetzen?* **4** *Werden euch die Tribunen das Verlorene wiedergeben und erstatten? Geschrei und Worte werden sie euch aufdringen, soviel ihr wollt; Verleumdungen der Großen, Vorschläge, einen über den andern, und Versammlungen in Menge.*

Aber aus jenen Versammlungen kehrte noch niemand von euch mit Gewinn für sein Vermögen oder seine Lage nach Hause. **5** *Wo wäre der, der seiner Gattin und Kindern etwas anderes heimbrächte als Erbitterungen, Beleidigungen, Feindschaften von ganzen Parteien und Einzelnen, vor denen ihr euch denn immer, nicht durch eure Tapferkeit und Unsträflichkeit, sondern durch fremde Hilfe schützt.* **6** *Aber beim Herkules, wenn ihr, geführt von uns, euren Konsuln, nicht von den Tribunen, im Lager Dienst tatet, nicht auf dem Marktplatz, wenn in der Linie von eurem Geschrei die Feinde, nicht in der Versammlung die römischen Väter erbebten, dann kehrtet ihr, reich an Beute, reich an Land, das ihr dem Feind abgenommen hattet, beladen mit Gütern und Ruhm für euer Vaterland und für eure Person, als Triumphierende in euer Haus und zu seinen Göttern, und jetzt lasst ihr den Feind beladen mit dem Eurigen abziehen.* **7** *So klebt denn wie angenagelt in Versammlungen und verlebt eure Tage auf dem Marktplatz! Die Notwendigkeit zu kämpfen, die ihr flieht, folgt euch doch nach. Es war euch zu beschwerlich, in das Aequer- und Volskerland auszuziehen? Dafür ist jetzt der Krieg vor den Toren, und wenn ihr ihn da nicht abwendet, wird er nächstens innerhalb der Mauern sein, wird die Burg, das Kapitol ersteigen und euch in eure Häuser verfolgen.* **8** *Schon vor zwei Jahren befahl der Senat eine Werbung, und ein Heer sollte auf den Algidus ausrücken: Statt dessen sitzen wir untätig zu Hause, zanken wie die Frauen, lassen uns den augenblicklichen Frieden gefallen und sehen nicht ein, dass aus dieser kurzen Ruhe ein vielfacher Krieg entstehen werde.*

9 *Ich weiß, dass ich andere Sachen hätte vortragen können, die ihr lieber gehört hättet; wenn aber auch meine Denkungsart mich nicht aufforderte, lieber die Wahrheit als das Angenehme zu sagen, so zwingt mich letztlich die Not. Ich möchte euch gern gefallen, ihr Quiriten, aber noch weit lieber ist mir eure Wohlfahrt; eure daraus erwachsende Gesinnung gegen mich mag auch sein wie sie will.* **10** *Es liegt in der Natur der Sache, dass der, der vor der Menge in eigener Sache spricht, lieber gehört wird als der, dem nur das allgemeine Wohl vor der Seele schwebt; ihr müsstet denn etwa glauben, dass jene öffentlichen Schmeichler, jene Kriecher beim Volk, die euch weder unter den Waffen noch in Ruhe sein lassen, euch eures eigenen Besten wegen anstacheln und aufhetzen.* **11** *Euren Aufstand nutzen sie dann aus zu ihrem Ruhm oder Vorteil; und weil sie sehen, dass sie bei der Eintracht der Stände völlig unnütz sind, so machen sie sich lieber einer schlechten Sache als gar keiner – zu Führern der Verwirrung und des Aufruhrs.* **12** *Könnt ihr nun endlich dieses Unwesens überdrüssig werden und wollt euch eurer Väter und eure alte Sitte statt dieser neuen wieder zu eigen machen, so lasse ich mir jede Todesstrafe gefallen,* **13** *wenn ich nicht diese Plünderer unseres Landes in wenigen Tagen in die Flucht schlage, aus ihrem Lager treibe und von unseren Toren und Mauern diesen Kriegsschrecken, der euch jetzt betäubt, in ihre Städte bringe.*

(69) Selten ist sonst eine volkstümliche Rede eines Tribunen den Bürgern angenehmer gewesen als diese des sehr strengen Konsuls. *2* Und selbst die Mannschaft, welcher sonst eine ähnlich drohende Lage in der Verweigerung der Kriegsdienste die furchtbarste Waffe gegen die Väter in die Hände gab, sehnte sich nach Bewaffnung und Krieg; und das Fliehen der Landleute, ferner die in den Dörfern Ausgeplünderten und Verwundeten, die noch weit grässlichere Dinge meldeten, als was sich dem Auge darbot, erfüllten die ganze Stadt mit Wut.

3 Als man aber in den Senat kam, da wandten sich alle an Quinctius, sahen ihn als den einzigen Erhalter der römischen Hoheit an, und die Ersten der Väter erklärten, das sei noch eine Rede, wie sie eines regierenden Konsuls würdig sei, würdig seiner so vielen früheren Konsulate, würdig seines ganzen Lebens, das mit Ehrenstellen ausgeschmückt sei, die er so oft bekleidet, noch öfter verdient habe. *4* Andere Konsuln hätten entweder mit Aufopferung der Würde des Senates den Bürgern geschmeichelt oder durch zu strenge Behauptung der Rechte dieses Standes die Menge gegen alle Leitung noch widerspenstiger gemacht, Titus Quinctius aber sei in seiner Rede sowohl der Majestät der Väter als der Einigkeit der Stände und besonders der gegenwärtigen Lage eingedenk gewesen. **5** Sie bitten ihn und seinen Amtsgenossen im Namen des Staates aufzutreten, sie bitten die Tribunen, mit den Konsuln einmütig den Krieg von der Stadt und ihren Mauern zurückzuschlagen und den Vätern in einer so schwierigen Lage mit der Folgsamkeit des Bürgerstandes entgegenzukommen. Das gemeinschaftliche Vaterland wende sich an die Tribunen und rufe bei der Verheerung der Dörfer und der fast schon begonnenen Belagerung der Stadt ihre Hilfe an.

6 Mit allgemeiner Zustimmung wurde die Werbung anbefohlen und abgehalten. Da die Konsuln vor der Versammlung erklärten, es sei keine Zeit, Entschuldigungen zu untersuchen, alle Dienstfähigen sollten sich am folgenden Tag in aller Frühe auf dem Marsfeld einfinden; **7** zur Untersuchung der Entschuldigungen aller derer, welche sich jetzt zum Dienst nicht meldeten, würden sie nach Beendigung des Krieges die nötige Zeit bewilligen; der werde als Ausreißer angesehen werden, dessen Vorwand sie nicht gültig fänden. Am folgenden Tag erschien die gesamte junge Mannschaft. **8** Die Hauptleute in jeder Kohorte wählten sich diese selbst, jeder Kohorte hingegen wurden zwei Senatoren vorgesetzt. Alles dies wurde so zeitig bewerkstelligt, dass die Fahnen noch an demselben Tag, als sie die Quästoren aus der Schatzkammer verabfolgt und auf das Marsfeld geliefert hatten, um zehn Uhr morgens von diesem Platz aufbrachen, und das neue Heer, dem einige Kohorten alter Krieger freiwillig folgten, beim zehnten Meilensteine übernachten konnte. **9** Der folgende Tag brachte sie dem Feind zu Gesicht, und bei Corbio wurden die Lager nebeneinander aufgeschlagen. **10** Am dritten Tage fand der Kampf, weil die Römer die Erbitterung und jene, die den Krieg so oft erneuert hatten, das Bewusstsein ihrer Schuld und die Verzweiflung spornte, keinen weiteren Aufschub.

(70) Standen gleich bei dem römischen Heer zwei Konsuln mit gleicher Gewalt, so lenkte dennoch – und dies ist für die Leitung wichtiger Geschäfte besonders heilsam – mit Agrippas Einwilligung sein Amtsgenosse das Ganze, und dieser war bei seinem Vorrang artig genug, die Gefälligkeit, womit jener sich selbst ihm unterordnete, durch die Bereitwilligkeit zu erwidern, mit welcher er ihn an seinen Entwürfen und an seinem Ruhm teilnehmen ließ, und einen Mann, welcher ihm nicht gleichkam, sich gleichstellte.

2 In der Schlacht hatte Quinctius den rechten Flügel, Agrippa den linken, die Führung des Mitteltreffens wurde dem Legaten Spurius Postumius Albus anvertraut, den andern Legaten Servius Sulpicius setzten sie über die Reiterei. **3** Das Fußvolk auf dem rechten Flügel hielt sich vortrefflich, obgleich die Volsker kräftigen Widerstand leisteten. **4** Publius Sulpicius mit seiner Reiterei brach mitten durch die feindliche Linie, und obgleich er auf demselben Weg, ehe die Feinde ihre in Unordnung gebrachten Glieder wiederherstellen konnten, zu den Seinigen hätte zurückkehren können, so zog er es doch vor, den Feind im Rücken anzugreifen, und er hätte im Augenblick durch diesen Angriff von hinten die von zwei Seiten bedrohten Feinde gesprengt, wenn sich nicht die volskische und äquische Reiterei zu seiner eigentlichen Beschäftigung mit ihm eingelassen und ihn eine Zeitlang hingehalten hätte. **5** Da rief Sulpicius, zum Zögern sei jetzt keine Zeit. Sie wären umzingelt und von den Ihrigen abgeschnitten, wenn sie nicht alle ihre Kraft aufböten, dem Reitergefecht ein Ende zu machen. **6** Es sei nicht genug, die feindlichen Reiter als Flüchtlinge entkommen zu lassen, man müsse Ross und Mann niederhauen, so dass keiner ins Treffen zurückkehren, keiner das Gefecht erneuern könne. Unmöglich könnten diese ihnen standhalten, denen die geschlossene Linie des Fußvolkes habe weichen müssen. Das redete er nicht vor tauben Ohren. **7** In einem Anlauf schlugen sie die ganze Reiterei, warfen eine Menge von den Pferden und durchbohrten Ross und Reiter mit ihren Wurfspießen. Damit hatte das Reitergefecht ein Ende. **8** Jetzt ließen sie nach gemachtem Angriff auf das Fußvolk ihren Erfolg den Konsuln melden, vor denen die feindliche Linie schon wich. Die Nachricht erhöhte den siegenden Römern den Mut und schlug die schon weichenden Aequer vollends. **9** Ihre Niederlage begann im Mittelpunkt, wo ihnen die durchgebrochene Reiterei die Glieder in Unordnung gebracht hatte. ***10*** Dann wurde vom Konsul Quinctius ihr linker Flügel geschlagen, auf dem rechten aber gab es die meiste Arbeit. Kaum merkte hier Agrippa, ein junger kräftiger Mann, dass es um die Schlacht allenthalben besser stehe als bei ihm, da rückte er mit den Fahnen, die er den Fähnrichen abnahm, in eigener Person an, und andere warf er sogar in die dicht gedrängten Feinde. ***11*** Die Soldaten, durch die Furcht vor dieser Schande aufgebracht, drangen ein, und der Sieg war allgemein. Jetzt ließ ihm Quinctius sagen, er bedrohe schon als Sieger das feindliche Lager, wolle aber nicht eher einbrechen, bis er wisse, ob auch sein linker Flügel gesiegt habe. ***12*** Habe er die Feinde schon geschlagen, so möge er zu ihm stoßen, damit das gesamte Heer zugleich Beute machen könne. ***13*** Agrippa traf als Sieger unter gegenseitigen Glückwünschen bei seinem siegreichen Amtsgenossen am feindlichen Lager ein. Da die Wenigen, die es verteidigten, bald vertrieben waren, drangen die Konsuln ohne Widerstand in die Verschanzungen ein und führten das Heer, das eine reiche Beute machte und sein in der Plünderung seines Landes verlorenes Eigentum wiedergewann, nach Hause. ***14*** Den Triumph sollen sie selbst nicht gefordert noch der Senat ihnen denselben angeboten haben, und doch wird kein Grund angeführt, warum sie diese Ehre abgelehnt oder gar nicht erwartet hätten. ***15*** Meine Vermutung, soweit sie bei dem großen Abstand der Zeiten reicht, ist diese: Die Konsuln trugen Bedenken, da der Senat den Konsuln Valerius und Horatius den Triumph abgeschlagen hatte, welche sich außer der Besiegung der Volsker und Aequer auch den Ruhm des beendeten Sabinerkrieges erworben hatten, für die Hälfte des Verdienstes um den Triumph nachzusuchen, zugleich auch, damit es, wenn man ihn bewilligt hätte, nicht scheinen möchte, man habe mehr auf die Personen als auf das Verdienst Rücksicht genommen.

(71) Diesen ehrenvollen Sieg über die Feinde schändete daheim der schimpfliche Richterspruch des Volkes in einer Grenzstreitigkeit seiner Bundesgenossen. ***2*** Die Ariciner und Ardeaten, die über einen streitigen Acker öfter Krieg geführt hatten, nahmen, der vielen gegenseitigen Niederlagen müde, das römische Volk zum Schiedsrichter an. ***3*** Als sie ihre Sache vorzutragen sich eingefunden hatten, kamen sie in der Versammlung des Volkes, welche ihnen die Obrigkeiten dazu angesetzt hatten, hart aneinander. Und schon sollten nach Anhörung der Zeugen die Bezirke aufgerufen werden und das Volk zur Stimmensammlung schreiten, da trat ein gewisser Publius Scaptius vom Bürgerstand auf, ein hochbetagter Mann, und sagte: *Wenn es erlaubt ist, ihr Konsuln, in einer Angelegenheit des Staates zu reden, so möchte ich das Volk in dieser Sache nicht gern im Irrtum lassen.* ***4*** Da die Konsuln sagten, man müsse auf einen leeren Schwätzer nicht hören, und ihn auf sein Geschrei, das Beste des Staates werde aufgeopfert, entfernen wollten, sprach er die Tribunen an. ***5*** Die Tribunen, wie sie beinahe immer von der Menge mehr geleitet werden als dieselbe leiten, taten der Neugier des Volkes den Gefallen und ließen den Scaptius sagen, was er wollte. ***6*** Nun fing er an, er stehe im 83. Jahr und habe auf der Feldmark, von der die Rede sei, als Soldat gestanden, nicht als junger Mensch, sondern schon in seinem 20. Dienstjahr, in dem Krieg bei Corioli. Er könne also die Wahrheit der Sache angeben, weil sie sich, so veraltet sie sei, seinem Gedächtnis tief eingeprägt habe. ***7*** Das streitige Land habe zum Gebiet der Coriolaner gehört; nach Eroberung von Corioli sei es dem Kriegsrecht gemäß ein Staatseigentum des römischen Volkes geworden. Er wundere sich, wie die Ardeaten und Ariciner hoffen könnten, das römische Volk, welches sie vom Besitzer zum Schiedsrichter machten, um ein Stück Land zu betrügen, worauf sie, solange Corioli als Staat bestanden habe, nie Anspruch gemacht hätten. ***8*** Er habe noch wenig Zeit zu leben übrig, doch habe er es sich selbst nicht versagen können, ein Feld, an dessen Eroberung auch er als Soldat teilgenommen, auch als Greis mit der einzigen ihm gebliebenen Waffe, mit seinem Mund, dem rechten Herrn zu erhalten. Er rate dem Volk ernstlich, nicht aus unnützer Bescheidenheit gegen seine eigene Sache zu sprechen.

(72) Als die Konsuln bemerkten, dass Scaptius nicht bloß mit Stillschweigen, sondern auch mit Beifall gehört wurde, riefen sie Götter und Menschen zu Zeugen an, dass eine große Schandtat im Werk sei, und holten die Ersten der Väter herbei. *2* Mit diesen gingen sie bei den Tribunen herum und baten sie, sie möchten das Volk nicht eine so schimpfliche Untat zu noch schlimmerem Beispiel begehen lassen, dass es sich als Richter die streitige Sache selbst zuspräche, noch dazu, da man, falls es auch einem Richter erlaubt würde, für seinen eigenen Vorteil zu sorgen, an dem Stück Land, das man zu unterschlagen denke, bei Weitem nicht so viel gewinne, als man an der Zuneigung der Bundesgenossen verliere, die man sich durch die Ungerechtigkeit zu Feinden mache. *3* Der Nachteil vom Verlust des guten Namens und Vertrauens lasse sich gar nicht berechnen. Das würden nun die Gesandten nach Hause melden, das würde bekannt. Freunde und Feinde würden es erfahren; mit welcher Freude diese, mit welchem Schmerz jene! Ob sie denn glauben könnten, dass die benachbarten Völker dies dem Scaptius, einem alten Schwätzer, aufbürden würden? *4* Scaptius gebe dadurch seinem Ahnenbilde eine Berühmtheit; allein das römische Volk werde von nun an in der Rolle eines eigennützigen und betrügerischen Richters auftreten, der sich fremden Eigentums bemächtige, *5* denn welcher Richter in Privatsachen habe je das streitige Eigentum sich selbst zuerkannt? Das werde selbst Scaptius nicht einmal tun, wenn auch sein Schamgefühl schon ganz erstorben sei. *6* So riefen die Konsuln, so die Väter laut; allein die Habsucht und ihr Urheber Scaptius behielten die Oberhand. Die Bezirke gaben ihre Stimmen dahin ab: Der Acker sei ein Staatseigentum des römischen Volkes. *7* Ich leugne auch nicht, dass sich die Sache so verhalten habe, wenn sich nur die Parteien an andere Richter gewandt hätten; so aber wird durch die Gerechtigkeit der Sache die Schande des Spruches auf keine Weise gemildert, und er kam den Aricinern und Ardeaten nicht entehrender und härter als den römischen Vätern vor. Der Rest des Jahres blieb von inneren und äußeren Unruhen frei.

Viertes Buch

Inhalt

Der Vorschlag, die Ehen zwischen Adligen und Bürgerlichen betreffend, den die Volkstribunen mit Heftigkeit betreiben, wird bei allem Widerstand der Väter durchgesetzt. Kriegstribunen. Mehrere Jahre lang wird die Negierung des römischen Staates im Frieden und im Krieg durch diese Art von Obrigkeit verwaltet. Ferner wurden damals die ersten Zensoren gewählt. Das den Ardeaten durch den Richterspruch des römischen Volkes genommene Stück Land wird ihnen bei einer dort anzulegenden Kolonie wiedergegeben. Als das römische Volk an einer Hungersnot litt, ließ Spurius Maelius, ein römischer Ritter, auf seine Kosten dem Volk Getreide austeilen, und da er durch die Liebe der Bürger, die ihm dies gewann, König zu werden hofft, wird er von dem Anführer der Reiterei, Caius Servilius Ahala, auf Befehl des Diktators Quinctius Cincinnatus getötet; der Anzeiger Lucius Minucius wurde mit einem Ochsen und einem Standbild beschenkt. Den von den Fidenaten erschlagenen römischen Gesandten, die also im Dienst des Staates gefallen waren, werden Standbilder auf der Rednerbühne gesetzt. Der Kriegstribun Cornelius Cossus, der den König der Vejenter, Tolumnius, erschlagen hatte, bringt dem Feretrius die zweite Fürstenbeute. Der Diktator Mamercus Aemilius, der das Amt der Zensur, welches vorher fünfjährig war, auf eine Zeit von anderthalb Jahren beschränkte, wird dafür von den Zensoren mit einer schimpflichen Herabsetzung bestraft. Fidenae kommt in römische Gewalt, und man sendet Siedler hin. Die Fidenaten empören sich und ermorden jene, werden aber vom Diktator Mamercus Aemilius überwunden, und Fidenae wird erobert. Eine Verschwörung der Sklaven wird unterdrückt. Der Kriegstribun Postumius wird für seine Grausamkeit von seinem Heer erschlagen. Jetzt wurde den Soldaten zum ersten Mal Sold aus der Schatzkammer gegeben. Außerdem noch Taten gegen Volsker, Vejenter, Fidenaten, Falisker.

(1) Die folgenden Konsuln waren Marcus Genucius und Caius Curtius. Dieses Jahr brachte Widerwärtigkeiten von innen und von außen. Denn teils trug der Volkstribun Caius Canuleius gleich im Anfang des Jahres auf die Ehen zwischen den Adligen und Bürgerlichen an, ***2*** worin aber die Väter eine Entehrung ihres Blutes und eine Vermischung der den Stammhäusern eigenen Rechte zu finden glaubten, teils wurde damals zuerst von den Tribunen leise der Gedanke in Anregung gebracht, dass es erlaubt sein müsse, den einen Konsul aus dem Bürgerstand zu nehmen, und hernach kam es so weit, dass neun Tribunen den Vorschlag aushingen, es müsse dem Volk freistehen, die Konsuln nach Gefallen aus dem Bürgerstand oder aus den Vätern zu wählen. ***3*** Geschehe vollends dieses, so glaubten die Väter, sie würden die Regierung des Staates nicht bloß mit den Niedrigsten zu teilen haben, sondern sie werde ganz aus den Händen der Vornehmeren auf die Bürgerlichen übergehen. ***4*** Folglich freuten sie sich über die Nachrichten, dass die Ardeaten

wegen des ihnen ungerechterweise abgesprochenen Landes das Bündnis aufgehoben, dass die Vejenter auf den Grenzen des römischen Gebietes geplündert und die Volsker und Aequer gegen die Befestigung von Verrugo sich laut erhoben hätten. So sehr zogen sie sogar einen unglücklichen Krieg einem schimpflichen Frieden vor. **5** Von dem allen machten die Väter noch mehr Aufheben, um unter dem Getöse so vieler Kriege die Tribunen mit ihren Vorschlägen zum Schweigen zu bringen, und sie befahlen, Werbungen zu halten, sich mit allen Kräften zum Krieg zu rüsten und womöglich noch mit größerer Anstrengung, als es unter dem Konsul Titus Quinctius geschehen war. **6** Da erklärte Caius Canulejus mit wenigen Worten im Senat laut, der Versuch der Konsuln, die Bürger durch jene Nachrichten von der Teilnahme an den neuen Vorschlägen abzuschrecken, sei umsonst; solange er lebe, sollten sie nie eine Werbung halten können, bevor nicht seine und seiner Amtsgenossen Vorschläge vom Bürgerstand genehmigt wären. Und sogleich berief er das Volk zur Versammlung.

(2) Zu gleicher Zeit also erbitterten die Konsuln den Senat gegen den Tribun und der Tribun das Volk gegen die Konsuln. Die Konsuln sagten, die Raserei der Tribunen sei nicht länger zu ertragen. Sie sei schon aufs Höchste gestiegen. Im Inneren würden mehr Kriege als auswärts angefacht. Allein die Schuld treffe nicht allein den Bürgerstand, sondern auch die Väter, die Tribunen ebenso wie die Konsuln. **2** Was man in einem Staat durch Belohnungen fördere, gedeihe immer herrlich, und so bekomme man tüchtige Männer im Frieden wie im Krieg. **3** Zu Rom stehe der höchste Lohn auf Meuterei, und sowohl Einzelne als auch ganze Körperschaften seien dadurch immer zu Ehren gekommen. **4** Sie möchten es beherzigen, in welcher Größe ihnen ihre Väter die Würde des Senates hinterlassen hätten, und wie geschmälert sie ihren Kindern von ihnen werde überliefert werden. Ob sie ebenso wie die Bürgerlichen sich rühmen könnten, ihr Ansehen erweitert und erhöht zu haben? Darum finde hier keine Abgrenzung statt und werde auch nie stattfinden, solange die Stifter des Aufruhrs ebenso geehrt würden, als die Aufstände glücklich abliefen. **5** An wie viele und wichtige Dinge sich nicht ein Cajus Canuleius gewagt habe! Er vermische die Geschlechter, er stifte Verwirrung in der Befragung der Vögel von Seiten des Staates, von Seiten der Familien, damit alle Reinheit, alle Unbeflecktheit aufhöre und, wenn aller Unterschied aufgehoben sei, niemand weder sich selbst noch die Seinigen ferner kenne. **6** Was sonst für eine Folge die gemischten Ehen haben würden, als dass sich Bürgerliche und Adlige durcheinander, etwa wie das liebe Vieh, in wilder Mischung gatteten, so dass der aus einer solchen Ehe Entsprungene nicht wisse, zu welchem Blut, zu welchen Opfern er gehöre, halb ein Adliger, halb ein Bürgerlicher, mit sich selbst im Widerspruch stehe. **7** Nicht damit zufrieden, alles Göttliche und Menschliche so durcheinanderzuwerfen, wagten sich die Aufwiegler des Pöbels sogar an das Konsulat. Anfangs hätten sie es bloß gesprächsweise hingeworfen, dass doch nur der eine Konsul aus dem Bürgerstand gewählt werden dürfe, jetzt werde öffentlich darauf angetragen, dass das Volk beide Konsuln nach Gefallen aus den Vätern oder Bürgern nehmen solle. Und sicher werde man dann aus dieser Klasse den größten Aufrührer am liebsten wählen. Dann würden lauter Canuleier und Icilier Konsuln sein. **8** Möge doch das der allmächtige Jupiter verhüten, dass eine Regierung, mit königlicher Hoheit ausgestattet, so tief sinke; auch würden sie sich lieber einen tausendfachen Tod gefallen lassen, als solche Entehrungen zugeben. **9** Sie wären überzeugt, wenn ihre Vorfahren es hätten ahnen können, dass der Bürgerstand durch ihre beständigen Bewilligungen nicht gegen sie milder werden, sondern nur widerspenstiger von einer unbilligen Forderung zu noch unbilligeren fortgehen würde, sobald ihm die erste bewilligt wäre, **10** so würden auch sie sich lieber dem misslichsten Kampf unterzogen haben, ehe sie solche Vorschläge sich hätten aufbürden lassen. Weil man damals Tribunen bewilligt habe, habe man sie abermals bewilligen müssen. **11** Hier sei kein Ende zu erwarten. In einem Staat könnten Volks-

tribunen und Väter nicht bestehen. Entweder müsse man diesen Stand oder jenes Amt eingehen lassen und lieber später als nie der Frechheit und Unbesonnenheit entgegengehen. ***12*** Sei es denn nicht schändlich, dass jene Menschen zuerst als Stifter der Zwietracht die Nachbarn zu Kriegen reizten, dann gegen eben die Kriege, die sie veranlasst hätten, dem Staat alle Bewaffnung und Verteidigung untersagten, die Feinde so gut wie herbeiriefen und dennoch nicht gestatten wollten, dass gegen die Feinde Heere geworben würden, ***13*** sondern ein Canuleius die Frechheit habe, vor dem Senat auszurufen: Falls die Väter nicht zugeben würden, dass man sich seine Gesetze, als die eines Überwinders, gefallen lasse – werde er die Werbung untersagen? Könne dies etwas anderes als die Drohung sein, er wolle an seinem Vaterland zum Verräter werden, er wolle es belagern, erobern lassen? Mit welchem Mut müsse ein solcher Ausspruch – sie wollten nicht sagen, den römischen Bürgerstand, sondern – die Volsker, Aequer, Vejenter beseelen? ***14*** Ob sie nicht hoffen müssten, unter dem Anführer Canuleius das Kapitol und die Burg ersteigen zu können, wenn es den Tribunen gelingen sollte, den Vätern zugleich mit ihren Rechten und ihrer Würde auch den Mut zu entreißen? Die Konsuln seien bereit, sie eher gegen das Verbrechen der Bürger als gegen die Waffen der Feinde zu führen.

(3) Als gerade so im Senat gesprochen wurde, hielt Canuleius zugunsten seiner Vorschläge und gegen die Konsuln folgende Rede: **2** *Die tiefe Verachtung, in welcher ihr, Quiriten, bei den Vätern steht, ihre Überzeugung von eurer Unwürdigkeit, mit ihnen in einer Stadt, innerhalb derselben Mauern zu leben, glaube ich zwar auch vormals oft bemerkt zu haben,* **3** *namentlich aber jetzt, da sie mit solcher Wut diese meine Anträge angreifen, in denen wir doch nichts anderes aussprechen, als dass wir ihre Mitbürger sind, und wenn wir gleich nicht dieselben Reichtümer haben, doch mit ihnen dieselbe Vaterstadt bewohnen.* **4** *In dem einen verlangen wir das Eherecht, das auch benachbarten Völkern und Auswärtigen bewilligt wird. Haben wir doch das Bürgerrecht, das viel wichtiger als das Eherecht ist, sogar besiegten Feinden gegeben.* **5** *In dem anderen bringen wir nichts Neues auf, sondern fordern nur das zurück und machen Gebrauch von dem, was dem Volk schon gehört, dass das römische Volk seine Ehrenämter anvertrauen dürfe, wem es will.* **6** *Kann hierin der Grund liegen, warum sie Himmel und Erde bewegen wollen, warum sie jetzt eben im Senat mich beinahe angriffen, drohen, sie würden es bis zu Tätlichkeiten treiben, erklären, sie würden selbst meines geheiligten Amtes nicht schonen?* **7** *Wenn also dem römischen Volk freies Stimmrecht gestattet wird, das Konsulat übertragen zu können, wem es will, und auch dem Bürgerlichen nicht alle Hoffnung abgeschnitten wird, falls er der höchsten Stelle würdig ist, die höchste Stelle zu erreichen, so soll unsere Stadt nicht länger stehen können, so soll es um unser Reich geschehen sein? Und heißt denn die Anfrage, ob ein Bürgerlicher Konsul werden könne, ebenso viel, als wenn jemand sagte, ein Sklave oder Freigelassener soll Konsul werden?* **8** *Fühlt ihr's nun, ihr Quiriten, in welch tiefer Verachtung ihr lebt? Hinge es von ihnen ab, sie nähmen euch gern diesen Anteil am Tageslicht. Dass ihr atmet, dass ihr Töne der Sprache und Menschengestalt habt, ärgert sie.* **9** *Ja sie sagen sogar – dass es Gott erbarme –, es sei eine Sünde, einen Bürgerlichen zum Konsul zu machen! Ich bitte euch, wenngleich wir keinen Zutritt zu den Jahrbüchern, zu den Denkschriften der Oberpriester haben, sollten wir darum auch das nicht einmal wissen, was jeder Fremdling weiß, dass die Konsuln an die Stelle der Könige traten? Dass sie nicht das geringste Recht, nicht die geringste Würde haben können, die nicht vorher auf den Königen ruhte?* **10** *Nun aber sagt mir, ist das eine so unerhörte Geschichte, dass Numa Pompilius, dem so viel zum Patrizier fehlte, dass er nicht einmal römischer Bürger war, den man aus dem Sabinerlande holt, nach einer von den Vätern bestätigten Volkswahl den römischen Thron innegehabt habe?* **11** *Dass späterhin Lucius Tarquinius – nicht von römischem, nicht einmal von italischem Blut –, ein Sohn des Korinthers Damaratus, der bloß von Tarquinii herkam, noch bei Lebzeiten der Söhne des Ancus König wurde,* **12** *dass gleich nach ihm Servius Tullius, von einer*

corniculanischen Gefangenen geboren, von unbekanntem Vater, von einer Mutter, die Sklavin war, durch seinen Verstand und sein Verdienst zum Throne gelangt? Habe ich nötig, den Sabiner Titus Tatius anzuführen, den der Vater unserer Stadt, Romulus selbst, neben sich auf den Thron nahm? **13** *So wuchs der römische Staat, weil man da, wo man hervorleuchtendes Verdienst sah, sich nie an Abkunft kehrte. Und wir sollten jetzt einen bürgerlichen Konsul unzulässig finden, da unseren Vorfahren Ankömmlinge als Könige nicht anstößig waren, und unsere Stadt auch nach Vertreibung der Könige ausländischem Verdienst nicht verschlossen wurde?* **14** *Wenigstens haben wir nach Vertreibung der Könige das Claudische Geschlecht aus dem Sabinerland nicht bloß in unser Bürgerrecht, sondern selbst in die Zahl der Patrizier aufgenommen.* **15** *Ein Ausländer also soll Patrizier und dann Konsul werden können, und einem geborenen Römer, wenn er vom Bürgerstand ist, soll alle Hoffnung auf das Konsulat abgeschnitten sein?* **16** *Sollen wir es wohl gar entweder für eine Unmöglichkeit halten, dass es im Bürgerstand einen wackern, verdienstvollen, im Frieden und Krieg brauchbaren Mann, einen zweiten Numa, Lucius Tarquinius, Servius Tullius geben könne?* **17** *Oder, wenn es ihn gibt, sollen wir ihn dessen ungeachtet nicht an das Staatsruder treten lassen und lieber Konsuln haben, die den Dezemvirn, diesen Scheusalen von Menschen, die damals alle aus dem Adel waren, ähnlicher sind als den freilich ahnenlosen, aber besten Königen?*

(4) *Allein seit Vertreibung der Könige ist noch nie ein Bürgerlicher Konsul gewesen. Und was nun weiter? Darf denn gar nichts Neues eingeführt werden? Und soll das, was noch nie geschah – und in einem jungen Volk ist vieles noch nie geschehen –, auch dann nicht einmal geschehen dürfen, wenn es nützlich ist?* **2** *Oberpriester, Augurn hatte man unter der Regierung des Romulus noch nicht; Numa Pompilius schuf sie. Es gab keine Schätzung im Staat, keine Einteilung in Zenturien und Klassen;* **3** *Servius Tullius machte sie. Konsuln waren nie gewesen; nach Vertreibung der Könige wurden sie gewählt, von einem Diktator kannte man weder Amt noch Namen; zu unserer Väter Zeiten kam beides auf. Volkstribunen, Ädilen, Quästoren waren nicht; es wurde festgesetzt, dass sie sein sollten. Dezemvirn zur Abfassung der Gesetze haben wir innerhalb dieser zehn Jahre gewählt und wieder aus dem Staat vertilgt.* **4** *Wer zweifelt daran, dass in einer Stadt, die für die Ewigkeit gebaut ist und ins Unendliche wächst, nicht noch neue Staatsämter, Priestertümer, Rechte der Geschlechter und der Einzelnen eingeführt werden?* **5** *Selbst das Verbot, dass zwischen Adligen und Bürgerlichen eine Ehe stattfinden soll, haben es nicht vor wenigen Jahren erst die Dezemvirn gegeben zum größten Nachteil für den Staat, zur größten Kränkung des Bürgerstandes? Kann ein Schimpf größer und abgründiger sein, wenn der eine Teil der Bürgerschaft, als wäre er unrein, des Rechts der Ehe für unwürdig gehalten wird?* **6** *Heißt das nicht, neben dem andern in denselben Mauern leben und doch der Ausgestoßene, der Verwiesene sein? Jede Einmischung von unserer Seite durch Heirat, durch Abstammung wollen sie verhindern, dass sie ja nicht durch die Bande des Blutes mit uns vereinigt werden.* **7** *Wie, wenn das euren so hohen Adel befleckt, den ihr doch meistenteils als ursprüngliche Albaner und Sabiner nicht eurer Abkunft, nicht eurem Blut, sondern der Aufnahme unter die Väter verdankt, denen ihr entweder durch die Könige oder nach Vertreibung der Könige durch einen Volksbeschluss eingereiht wurdet, konntet ihr ihn nicht, jeder für sich, dadurch unbefleckt erhalten, dass ihr weder selbst eine Frau vom Bürgerstand nahmt noch eure Töchter und Schwestern aus dem Adelstand heraus heiraten ließet?* **8** *Kein Bürgerlicher hätte einer Jungfrau von jenem Stand Gewalt angetan; so etwas gelüstet nur Adlige. Wir hätten keinen von euch gezwungen, wider seinen Willen einen Ehevertrag zu schließen.* **9** *Dass es aber sogar durch ein Gesetz bestimmt sein soll, dass alle Ehen zwischen Adligen und Bürgerlichen für unstatthaft erklärt werden, nur darin liegt für den Bürgerstand eine Schmach. Warum vereinigt ihr euch nicht zu dem Gesetz, dass sich Reiche und Arme nicht heiraten sollen?* **10** *Was allenthalben immer Sache der häuslichen Beratung blieb, dass ein Mädchen sich in ein Haus verheiratete, das ihr passt, und der Mann sich die Frau aus jedem*

Haus holte, wo er sich zu verloben für gut fand, das unterwerft ihr jetzt dem Zwang eines mehr als tyrannischen Gesetzes, um dadurch alle bürgerliche Verbindung zu zerreißen und einen Staat in zwei aufzulösen? **11** *Warum verordnet ihr nicht, dass kein Bürgerlicher eines Adligen Nachbar sein, nicht mit ihm denselben Weg gehen, mit ihm zu Gast gehen oder auf demselben Marktplatz stehen soll? Denn – in der Sache selbst – was könnte es da ausmachen, ob ein Adliger eine Bürgerin oder ein Bürgerlicher eine Adlige nimmt? Was gäbe es da für eine Änderung in den Rechten? Die Kinder folgten ja dem Vater.* **12** *Auch suchen wir in der Ehe mit euch nichts weiter denn als Menschen, als Mitbürger zu gelten; und ihr selbst könnt keinen Grund haben, euch dem zu widersetzen, wenn es euch nicht etwa Vergnügen macht, einen Streit zu unserer Schmach und Schande zu führen.*

(5) *Endlich, wem gehört denn die höchste Gewalt, dem römischen Volk oder euch? Wurde etwa durch die Vertreibung der Könige euch die Herrschaft oder allen gleiche Freiheit errungen?* **2** *Dem römischen Volk muss es freistehen, wenn es will, ein Gesetz zu genehmigen. Oder müsst ihr etwa, sobald ein Vorschlag ausgehängt wird, zur Strafe die Werbung anbefehlen? Und musst du als Konsul, sobald ich als Tribun die Bezirke zur Abstimmung berufen werde, die Dienstfähigen in Eid nehmen, ins Lager hinausführen und dem Bürgerstand und dem Tribun drohen wollen?* **3** *Ja, wenn ihr nicht schon zweimal erfahren hättet, wie wenig diese Drohungen gegen die Einmütigkeit der Bürger vermögen. Aber freilich, ihr enthieltet euch ja des Streites, weil ihr unser Bestes wolltet! Oder kam es nicht vielmehr darum zum Kampf, weil die stärkere Partei auch die gemäßigte war? –* **4** *Auch jetzt, ihr Quiriten, wird es nicht zum Streit kommen; euren Mut werden sie immer auf die Probe stellen, aber von eurer Stärke keine Erfahrung machen wollen.*

5 *Zu den Kriegen also, ihr Konsuln, sie mögen erdichtet oder wahr sein, steht der Bürgerstand zu euren Diensten, wenn ihr mit Einräumung des Eherechts endlich Einheit in den Staat bringt, wenn sie sich an euch anschließen und durch nähere Verbindung sich mit euch vereinigen und verknüpfen dürfen, wenn der Zutritt zu Ehrenstellen tüchtigen und braven Männern gestattet wird, wenn sie mit euch an der Staatsregierung Anteil haben, zum Bund mit gehören, und wie es bei gleicher Freiheit sein muss, in jährlichen Ämtern abwechselnd gehorchen und gebieten sollen.* **6** *Will dies aber jemand verhindern, so redet immerhin von Kriegen, vervielfältigt sie durch Gerüchte, es wird sich niemand einschreiben lassen, niemand zu den Waffen greifen, niemand für stolze Gebieter kämpfen wollen, mit denen er weder in öffentlicher Kollegialität noch in häuslicher Verwandtschaft steht.*

(6) Als nun auch die Konsuln in die Versammlung kamen und auf die zusammenhängenden Reden ein Wortwechsel erfolgte, da antwortete ein Konsul dem Tribun auf die Frage, **2** warum denn ein Bürgerlicher nicht Konsul werden dürfe, vielleicht der Wahrheit, nur nicht dem Zeitpunkt der Erbitterung gemäß, weil kein Bürgerlicher die Vögel befragen dürfe, und deshalb hätten die Dezemvirn diese Ehen nicht zugelassen, damit nicht die gemischte Abkunft derer, welche die Vögel befragen müssten, hierein eine nachteilige Störung verursache. **3** Gerade dies entflammte die Bürgerlichen zum höchsten Unwillen, sich für Menschen halten zu lassen, die zur Beobachtung des Vogelfluges den unsterblichen Göttern viel zu missfällig wären. Und da der Bürgerstand in dem Tribun den entschlossensten Anführer fand und selbst mit ihm in Beharrlichkeit wetteiferte, so hörten die Streitigkeiten nicht eher auf, bis die besiegten Väter zu dem Vorschlag wegen der Ehen endlich ihre Zustimmung gaben. **4** Auf diese Art meinten sie, würden die Tribunen noch am ehesten den Streit über die bürgerlichen Konsuln entweder ganz aufgeben oder bis nach dem Krieg verschieben, und der unterdessen durch das Ehegesetz befriedigte Bürgerstand werde sich zur Werbung stellen. **5** Allein da den Canuleius sein Sieg über die Väter und seine Gunst bei den Bürgern zum großen Mann machte, verfochten die übrigen Tribunen um so streitlustiger auch ihren Vorschlag aus allen Kräften und widersetzten sich, obgleich die Kriegsgerüchte sich täglich mehrten, aller Werbung. **6** Die Konsuln, die durch den Senat beim Einspruch der Tribunen nichts

zustande bringen konnten, berieten sich mit den Vornehmeren zu Hause. Es lag offen zu Tage, dass man entweder den Feinden oder den Mitbürgern den Sieg einräumen müsse. *7* Die einzigen von den Konsularen, welche diesen Beratungen nicht beiwohnten, waren Valerius und Horatius. Die Meinung des Cajus Claudius gab den Konsuln gegen die Tribunen die Waffen in die Hände. Die Quinctier hingegen – Cincinnatus und Capitolinus – fanden es unverantwortlich, Mord und Gewalt gegen Männer anzuwenden, die man in dem mit dem Bürgerstand getroffenen Vergleich als unverletzlich anerkannt habe.

8 Durch diese Beratungen wurde die Sache dahin geleitet, dass man sich die Ernennung von Kriegstribunen mit konsularischer Gewalt gefallen lassen wollte, welche gemischt aus Adligen und Bürgerlichen gewählt sein könnten; hinsichtlich der Konsulwahl aber sollte keine Veränderung stattfinden. Und damit begnügten sich die Tribunen wie der Bürgerstand. *9* Darauf wurde ein Versammlungstag zur Wahl dieser Kriegstribunen mit konsularischer Gewalt bestimmt. Kaum war er angesetzt, da drückten alle, die sich in ihren Reden oder Taten als Aufrührer benommen hatten, hauptsächlich gewesene Tribunen, den Leuten die Hände und liefen in Festkleidern auf dem ganzen Markt umher, *10* so dass die Patrizier schon aus Verzweiflung, bei dieser Erbitterung des Bürgerstandes das Amt zu bekommen, zurücktraten, dann aber auch aus Unwillen, wenn sie es zugleich mit Leuten dieses Schlages führen sollten. Doch hielten sie endlich auf die dringenden Vorstellungen der Großen darum an, damit es nicht scheine, als hätten sie selbst den Besitz der Staatsregierung aufgegeben. *11* Der Ausgang dieses Wahltages war ein Beweis für die Verschiedenheit der Gesinnungen im Streit für Freiheit und Ehre, und in der Unbestechlichkeit des Urteils nach Beilegung des Streites. Denn das Volk wählte lauter Patrizier zu Tribunen und begnügte sich damit, dass man doch auf Bürgerliche Rücksicht genommen habe. *12* Wo würde man jetzt den Einzelnen mit dieser Mäßigung, Billigkeit und Hochherzigkeit finden, die damals das ganze Volk bewies?

(7) Im Jahre 310 nach Erbauung Roms traten zum ersten Mal statt der Konsuln Kriegstribunen als Obrigkeit ins Amt: Aulus Sempronius Atratinus, Lucius Atilius und Titus Caecilius, in deren Amt die innere Einigkeit auch Frieden von außen gewährte. *2* Einige Schriftsteller sagen, ohne den Vorschlag, dass bürgerliche Konsuln hätten gewählt werden sollen, zu erwähnen, man habe wegen des zu dem Aequer- und Volskerkrieg und zu dem Abfall der Ardeaten noch hinzugekommenen Vejenterkrieges, weil zwei Konsuln so viele Kriege auf einmal nicht hätten bestreiten können, drei Kriegstribunen gewählt, welche dann auch konsularische Gewalt und Ehrenzeichen gehabt hätten. *3* Gleichwohl stand diese Art der Ausübung obrigkeitlicher Gewalt noch nicht fest begründet, denn schon im dritten Monat nach übernommenem Amt traten sie auf Beschluss der Augurn als fehlerhaft Gewählte von ihrer Stelle wieder ab, weil Caius Curtius, der bei ihrer Wahl den Vorsitz gehabt hatte, das Zelt nicht auf die rechte Weise aufgestellt hätte.

4 Von Ardea kamen Gesandte nach Rom, die in ihren Beschwerden zu erkennen gaben, dass die Ardeaten Verbündete und Freunde bleiben wollten, wenn das ihnen geschehene Unrecht durch Zurückgabe des Grundstückes wieder gut gemacht würde. *5* Der Senat antwortete ihnen, der Beschluss des Volkes könne vom Senat nicht umgestoßen werden, auch würde er hierin nicht nur ohne Beispiel und unbefugterweise handeln, sondern müsse auch auf die Einigkeit der Stände Rücksicht nehmen. *6* Wenn die Ardeaten ihre Zeit abwarten und dem Senat die Milderung ihres Unrechtes anheim stellen wollten, so würden sie einst Ursache haben, sich späterhin zu freuen, dass sie sich in ihrem Zorn gemäßigt hätten, und hinterher einsehen, dass es der Väter ernstlicher Wille gewesen sei, Unrecht bei ihnen ebenso wenig eintreten als das eingetretene lange dauern zu lassen. *7* Die Gesandten sagten, sie wollten, ohne eine Enderklärung zu geben, die Sache melden, und wurden freundschaftlich entlassen.

Da der Staat ohne höchste Obrigkeit war, traten die Patrizier zusammen und ernannten einen Zwischenkönig. Der Streit, ob Konsuln oder Kriegstribunen gewählt werben sollten, verlängerte die Zwischenregierungen auf mehrere Tage. ***8*** Der Zwischenkönig und der Senat wollten einen Wahltag für Konsuln, die Volkstribunen und die Bürger für Kriegstribunen angesetzt haben. Die Väter behielten die Oberhand, teils weil der Bürgerstand, der diese Ehrenstelle so gut wie jene an Patrizier geben wollte, einen fruchtlosen Streit sehr unnötig fand, ***9*** teils weil die Häupter des Bürgerstandes eine solche Wahl lieber sahen, bei welcher auf sie nicht Rücksicht genommen werden konnte, als die, bei der sie als Unwürdige zurückgewiesen würden. Auch die Volkstribunen gaben einen erfolglosen Streit zugunsten der vornehmsten Senatoren auf. ***10*** Titus Quinctius Barbatus wählte als Zwischenkönig die Konsuln Lucius Papirius Mugillanus und Lucius Sempronius Atratinus.

Unter diesen Konsuln wurde das Bündnis mit den Ardeaten erneuert, und ebendies beurkundet, dass sie in diesem Jahr Konsuln waren, da sie sich sonst weder in den alten Jahrbüchern noch in den Verzeichnissen der Obrigkeiten finden. ***11*** Da im Anfang des Jahres Kriegstribunen gewesen waren, und diese Konsuln nur an deren Stelle nachgewählt wurden, so sind die Namen der Konsuln vermutlich in der Meinung ausgelassen worden, dass die Kriegstribunen das ganze Jahr regiert hätten. ***12*** Licinius Macer bezeugt, dass sie sich im ardeatischen Bündnisvertrag und in den auf Leinwand geschriebenen Büchern im Tempel der Moneta gefunden haben. Bei der Menge Drohungen, mit welchen die Nachbarn geschreckt hatten, blieb doch von außen alles ruhig und so auch im Inneren.

(8) Diesem Jahr – mag es nun Tribunen allein oder auch als Stellvertreter der Tribunen Konsuln gehabt haben – folgt ein Jahr, das unstreitig Konsuln hatte, den Marcus Geganius Macerinus zum zweiten und den Titus Quinctius Capitolinus zum fünften Mal. ***2*** Es war das Anfangsjahr der Zensur, die von einem unscheinbaren Anfang ausging, später aber einen so großen Umfang bekam, dass ihr die Aufsicht über Roms Sitten und Zucht, über den Senat und die Ritterzenturien gehörte, das Erkenntnis über Ehre und Schande ein Amt dieser Obrigkeit wurde, und die Vorrechte aller öffentlichen und Privatplätze, so auch die Einnahme und Ausgabe der Staatseinkünfte des römischen Volkes von ihrer Entscheidung und ihrem Befehl abhingen. ***3*** Die Sache nahm damit ihren Anfang, dass die Schätzung des Volkes, das seit vielen Jahren nicht geschätzt worden war, nicht länger verschoben werden konnte, und sich doch die Konsuln bei den drohenden Kriegen so vieler Völker mit diesem Geschäft nicht befassen konnten. ***4*** Sie brachten es im Senat in Anregung, eine so mühevolle, für Konsuln gar nicht geeignete Verrichtung erfordere ihr besonderes Amt, von dem die Geschäfte der Schreiber, die Aufbewahrung und Anfertigung der Verzeichnisse und die Abfassung der Schätzungsformel abhängen könnten.

5 Die Väter ließen sich die Sache, so klein sie schien, dennoch, damit sie desto mehr adlige Ämter im Staate hätten, gern gefallen; auch sahen sie vermutlich den wirklichen Erfolg voraus, dass demnächst das Ansehen derer, welche der Stelle vorständen, ihr selbst mehr Einwirkung und Hoheit zubringen werde. ***6*** Und die Tribunen, die darin mehr die Besorgung eines notwendigen Geschäftes – und das war es wirklich – als eines ehrenvollen fanden, widersetzten sich, um nicht unwillkommene Gegner auch in jeder Kleinigkeit zu sein, nur wenig. ***7*** Da sich die Ersten im Staat für diese Ehrenstelle zu groß hielten, so wählte das Volk durch Stimmenmehrheit den Papirius und Sempronius – über deren Konsulat gezweifelt wird –, um ihnen für ihr zu kurzes Konsulat durch dieses Amt Ersatz zu geben, zu Vorstehern der abzuhaltenden Schätzung. Den Namen Zensoren bekamen sie von der Sache (*census*).

(9) Während dieser Vorgänge in Rom kamen Gesandte von Ardea mit der Bitte, um ihrer uralten Freundschaft, um ihres jüngst erneuerten Bündnisses willen ihrer beinahe zerstörten

Stadt zu helfen. *2* Den Genuss des Friedens nämlich mit dem römischen Volk, den sie so redlich gehalten hätten, vermehrten ihnen innere Zwistigkeiten, deren Veranlassung und Ausbruch von einem Streit zwischen Parteien abhing, *3* einem Staatsübel, das so vielen Völkern verderblicher war und sein wird als auswärtige Kriege, als Hungersnot und Seuchen, und was man sonst als höchstes Staatsunglück dem Zorn der Götter zuschreibt.

4 Um eine Jungfrau von bürgerlicher Abkunft, die hauptsächlich durch ihre Schönheit Aufsehen erregte, warben zwei junge Männer. Der eine war mit ihr gleicher Herkunft und verließ sich auf die Vormünder, welche ebenfalls jenem Stand angehörten, der andere, ein Adliger, war bloß von ihrer Schönheit bezaubert. *5* Ihn begünstigten die Bemühungen der Vornehmen, worüber der Streit der Parteien sogar bis in das Haus des Mädchens drang. Der Adlige bekam den Vorzug durch die Erklärung der Mutter, welche ihre Tochter so glänzend wie möglich verheiraten wollte, die Vormünder hingegen, auch hierin ihrem Parteigeist getreu, wünschten sie dem Ihrigen zuzuwenden. *6* Als sich die Sache zwischen vier Wänden nicht abmachen ließ, kam man vor Gericht. Die Obrigkeit erkannte, nachdem sie Mutter und Vormünder vernommen hatte, der Mutter das Recht zu, ihre Tochter zu verheiraten, wie sie wollte; *7* allein Gewalt vermochte mehr. Denn die Vormünder, die sich in öffentlichen Reden auf dem Markt gegen die Anhänger ihrer Partei über das Unrecht beklagten, das ihnen durch diesen Spruch geschehe, brachen mit einem Haufen in das Haus der Mutter ein und raubten das Mädchen. *8* Zu noch größerer Gewalttat traten gegen jene die Vornehmen bewaffnet auf, unter der Führung des durch die Beleidigung erbitterten Jünglings. Es kam zu einem blutigen Gefecht. Die geschlagenen Bürger, den römischen in allen Stücken unähnlich, zogen bewaffnet aus der Stadt, besetzten eine Anhöhe und verwüsteten von hier aus die Landgüter der Vornehmen mit Feuer und Schwert. *9* Durch die Hoffnung auf Beute lockten sie eine Menge Handwerker aus der Stadt, und eine Belagerung drohte nun auch den Einwohnern, die vorher an dem Streit nicht teilgenommen hatten. *10* Der Krieg zeigte sich in allen seinen Gestalten und traurigen Folgen, da sich die Raserei zweier Jünglinge, die auf den Trümmern ihrer Vaterstadt eine unglückliche Ehe führen wollten, als eine Ansteckung über den ganzen Staat verbreitete. *11* Auch waren für beide Teile die Hilfsmittel zum Krieg und sein Ausbruch im Innern noch nicht genügend. *12* Die Vornehmen riefen die Römer der belagerten Stadt zu Hilfe; die Bürgerlichen die Volsker, ihnen Ardea erobern zu helfen. Die Volsker erschienen unter Anführung des Aequers Cloelius zuerst vor Ardea und warfen vor den Mauern der Feinde einen Wall auf. *13* Als dies nach Rom gemeldet wurde, brach sogleich der Konsul Marcus Geganius mit einem Heer auf, schlug 3000 Schritte vom Feind entfernt sein Lager auf, und weil sich der Tag schon neigte, befahl er seinen Soldaten, sich durch Speise zu stärken. Um die vierte Nachtwache rückte er vor, und die angefangene Schanzarbeit ging so schnell vonstatten, dass sich die Volsker bei Sonnenaufgang mit einer stärkeren Verschanzung von den Römern eingeschlossen sahen, als womit sie selbst die Stadt einschlössen. *14* Von einer anderen Seite lehnte der Konsul einen Arm seines Walles an die Mauer von Ardea, damit seine Leute zur Stadt aus- und eingehen könnten.

(10) Als der vom Wall umschlossene volskische Feldherr sein Heer, das er bis auf diesen Tag nicht von zusammengefahrenen Vorräten, sondern von dem auf dem Land nur für einen Tag geraubten Getreide erhalten hatte, plötzlich an allem Mangel leiden sah, forderte er den Konsul zu einer Unterredung auf und sagte, falls die Römer gekommen sein sollten, der Belagerung ein Ende zu machen, so sei er bereit, mit seinen Volskern abzuziehen.

2 Hierauf erwiderte der Konsul, Besiegte müssten Bedingungen annehmen, nicht vorschreiben; und die Volsker sollten nicht ebenso eigenmächtig, wie sie gekommen waren, Bundesgenossen des römischen Volkes zu belagern, auch wieder abziehen, *3* sie müssten ihren Feldherrn und die Waffen ausliefern als Geständnis, dass sie besiegt und dem Gebot unterwürfig wären; sonst werde er als unversöhnlicher Feind, sie möchten weggehen oder bleiben, lieber einen Sieg über die Volsker als einen unsicheren Frieden mit nach Rom nehmen. **4** Da die Volsker, welche mit der schwachen Hoffnung auf ihre Waffen – denn jede andere war ihnen auf allen Seiten abgeschnitten – einen Versuch machten, außer ihrem übrigen Missgeschick auf einem Boden angriffen, welcher ungünstig zur Schlacht und noch ungünstiger zur Flucht war, so gingen sie, von allen Seiten niedergehauen, vom Kampf zu Bitten über, lieferten ihren Feldherrn und die Waffen aus, zogen unter dem Jochgalgen durch und wurden mit einem einzigen Gewand, mit Schimpf und Schande beladen, entlassen. **5** Und da sie sich nicht weit von der Stadt Tuskulum niederließen, wurden sie unbewaffnet bei einem Überfall ein Opfer des alten Hasses der Tuskulaner, so dass kaum einige entkamen, die dieses Gemetzel melden konnten.

6 In Ardea stellte der römische Konsul die durch den Aufruhr zerrüttete Ordnung wieder her, bestrafte die Häupter der Unruhen mit dem Tod und ließ ihre Güter dem Staatsschatz der Ardeaten anheimfallen; und durch diese so große Wohltat des römischen Volkes war in den Augen der Ardeaten die Ungerechtigkeit jenes Richterspruchs schon getilgt; allein der römische Senat glaubte, um das Andenken an die Habsucht seines Volkes auszulöschen, etwas mehr tun zu müssen.

7 Der Konsul kehrte in die Stadt im Triumph zurück, in welchem er den Feldherrn der Volsker, Cloelius, vor seinem Wagen herführen und die Waffen vorantragen ließ, die er dem feindlichen Heer beim Durchgang unter dem Jochgalgen abgenommen hatte.

8 Konsul Quinctius erreichte im Frieden, was nicht leicht ist, den Ruhm seines bewaffneten Amtsgenossen, denn er gab seiner Aufmerksamkeit auf Eintracht und Frieden im Inneren dadurch, dass er die Rechte der Vornehmen und Niederen im Gleichgewicht hielt, eine solche Haltung, dass er nach dem Urteil der Väter konsularische Amtsstrenge und nach dem der Bürgerlichen Milde genug bewies. **9** Er setzte manches gegen die Tribunen durch, mehr durch sein Ansehen als durch Streit. Fünf Konsulate, in demselben Geist verwaltet, und sein ganzes Leben, mit konsularischem Anstand verlebt, gaben beinahe dem Mann selbst mehr Ehrwürdiges als seinem Amt. Deswegen wurde unter diesen Konsuln an eine Wahl von Kriegstribunen nicht gedacht.

(11) Man wählte zu Konsuln den Marcus Fabius Vibulanus und Postumus Aebutius Cornicen. **2** Je größeren Ruhm im Frieden und Krieg jene Männer erworben hatten, den die Konsuln Fabius und Aebutius übernahmen – und sie glaubten, jenes Jahr müsse den benachbarten Bundesgenossen und Feinden höchst denkwürdig sein, weil man sich der Ardeaten in ihrem Unglück mit solchem Eifer angenommen habe –, **3** desto mehr ließen sie es sich angelegen sein, damit sie bei der Welt das Andenken an den schimpflichen Richterspruch völlig tilgen möchten, den Senatsbeschluss zustande zu bringen, dass nach Ardea Siedler zur Besatzung gegen die Volsker abgesandt werden müssten, weil die dortige Bürgerzahl durch den inneren Aufruhr auf eine so geringe herabgesunken sei. **4** Und so wurde öffentlich in die Gesetzestafel eingetragen, um dem Bürgerstand und den Tribunen den Plan, der ihren Richterspruch vernichten sollte, zu verdecken. Man verabredete nämlich, dass an die eingezeichnete Anzahl von Ansiedlern, zu denen man weit mehr Rutuler* als Römer nahm, kein Grundstück weiter verteilt werden sollte, als das durch den ehrlosen Urteilsspruch entzogene Land, und dass auch dort keinem einzigen Römer eine Scholle Land angewiesen würde, bevor nicht jeder Rutuler seinen Anteil bekommen hätte. **5** So kam dieses Land wieder an die Ardeaten.

Die zur Ausführung der Ansiedler nach Ardea erwählten Dreimänner waren Agrippa Menenius, Titus Cloelius Siculus und Marcus Aebutius Elva. **6** Da sie nun durch dieses dem Volk gar

* Ardea war die Hauptstadt der Rutuler.

nicht erfreuliche Amt, gerade das Land an Bundesgenossen zu verteilen, welches das römische Volk für das Seinige erklärt hatte, den Bürgern anstößig wurden und sich ebenso wenig bei den Ersten der Väter beliebt machten, *7* weil sie nie die von dem oder dem Empfohlenen begünstigten, so entzogen sie sich den Plackereien der Tribunen, die ihnen schon einen Gerichtstag beim Volk angesetzt hatten, dadurch, dass sie sich als Siedler einschrieben und in der Kolonie blieben, die ihnen ihre Unbescholtenheit und Gerechtigkeit bezeugen konnte.

(12) Der innere und äußere Friede dauerte in diesem wie im folgenden Jahr fort, in welchem Caius Furius Pacilus und Marcus Papirius Crassus Konsuln waren. *2* Die Spiele, welche die Dezemvirn auf Befehl des Senates während des Aufstandes des Volkes von den Vätern gelobt hatten, wurden in diesem Jahre gefeiert.

3 Veranlassung zum Aufruhr suchte Poetelius umsonst. *4* Eben wegen seiner Verheißungen zum zweiten Mal Volkstribun geworden, konnte er doch das Erste nicht durchsetzen, dass die Konsuln auf Verteilung von Ländereien an die Bürger im Senat antragen sollten; und als er das Zweite durch großen Streit bewirkte, dass die Väter befragt werden sollten, ob man sich zur Konsuln- oder zur Tribunenwahl zu versammeln habe, kam der Befehl, Konsuln zu wählen; *5* und vollends lächerlich machte sich der Tribun mit seiner Drohung, die Werbung verhindern zu wollen, da bei der Ruhe der Nachbarn weder Krieg noch Anstalten zum Krieg nötig seien.

6 Auf diese allgemeine Ruhe folgt ein Jahr unter den Konsuln Proculus Geganius Macerinus und Lucius Menenius Lanatus, das durch mancherlei Niederlagen und Gefahren merkwürdig war, durch Aufruhr, Hungersnot und dadurch, dass man beinahe für eine lockende Spende den Nacken in das Joch des Königtums geschmiegt hätte. *7* Eines fehlte noch: Krieg von außen. Hätte der das Unheil noch drückender gemacht, so hätte man selbst mit aller Götter Hilfe kaum Widerstand leisten können.

Mit der Hungersnot fing die Reihe der Übel an, entweder weil das Jahr den Feldfrüchten ungünstig war, oder man hatte bei der Unterhaltung, welche die Versammlungen und die Stadt gewährten, den Ackerbau versäumt, denn beides wird angegeben. Die Väter beschuldigten die Bürger der Trägheit, und die Volkstribunen die Konsuln bald böser Absichten, bald der Nachlässigkeit. *8* Endlich bewirkten die Bürgerlichen ohne Widerstand des Senates die Ernennung des Lucius Minucius zum Vorsteher über das Getreidewesen; ihm war es beschieden, in diesem Amt mit größerem Glück zur Rettung der Freiheit beizutragen, als in der Besorgung seines eigentlichen Geschäfts, wiewohl er sich zuletzt, auch wegen verminderter Teuerung, nicht unverdienten Dank und Ruhm erwarb.

9 Da er durch die vielen zu Wasser und zu Lande bei den benachbarten Völkern vergeblich umhergeschickten Gesandtschaften – außer dass ein unbedeutender Getreidevorrat aus Etrurien ankam – keine Veränderung der Kornpreise bewirkt hatte, *10* sich also genötigt sah, zur gleichen Verteilung des Mangels seine Zuflucht zu nehmen (so dass er jeden zwang, sein Getreide anzugeben und, was für einen Monat zu viel war, zu verkaufen, ferner den Sklaven einen Teil ihrer täglichen Kost abziehen ließ, dann auch die Getreidehändler beschuldigte und sie der Erbitterung des Volkes preisgab) *11* und durch strenge Untersuchungen die Not mehr aufdeckte als milderte, so stürzten sich viele von den Bürgern aus Verzweiflung, ehe sie eines qualvollen langsamen Todes sterben wollten, mit verhülltem Haupt in den Tiber.

(13) Darauf ließ sich Spurius Maelius, ein Ritter und für die damalige Zeit ein sehr reicher Mann, auf eine Unternehmung ein, die an sich löblich, allein von bösem Beispiel und von noch schlechterer Absicht war. *2* Nachdem er nämlich durch die Hilfe seiner Gastfreunde und Klienten für sein Geld Getreide in Etrurien zusammengekauft hatte – und gerade dies musste, wie ich glaube, dem Staat die Sorge für niedrigere Kornpreise erschweren –, so fing er an, Spenden in

Korn zu machen, *3* und zog mit vielem Aufsehen und einem Prahlen, das den Stand eines Privatmannes überstieg, allenthalben, wo er ging, die durch sein Geschenk gewonnenen Bürger an sich, da ihm die Volksgunst die sichere Hoffnung auf das Konsulat verbürgte. *4* Er selbst aber – wie der menschliche Geist sich nie an dem genügen lässt, was das Glück ihm bietet – strebte nach dem Höheren und Unerlaubten; und weil er doch auch das Konsulat von den Vätern wider ihren Willen erzwingen musste, so ging er auf das Königtum aus, dies allein könne der würdige Preis eines so großen Aufwandes von Entwürfen sein und eines Kampfes, der ihm noch viel Schweiß kosten werde. 5 Schon rückte der Tag zur Konsulwahl heran, und gerade dies gereichte ihm, weil seine Pläne noch nicht geordnet oder reif genug waren, zum Verderben.

6 Titus Quinctius Capitolinus wurde zum sechsten Mal Konsul, ein Mann, keineswegs geeignet für einen Unruhestifter; zum Amtsgenossen gab man ihm den Menenius Agrippa, mit dem Beinamen Lanatus; *7* und Lucius Minucius wurde als Proviantmeister entweder zum zweiten Mal, oder war, solange es die Umstände erforderten, auf unbestimmte Zeit gewählt, denn es findet sich hierüber nichts Gewisses, außer dass in den leinenen Büchern der Name dieses Aufsehers für beide Jahre unter den Obrigkeiten aufgeführt ist. *8* Da dieser Minucius dieselbe Besorgung im Namen des Staates hatte, die Maelius für sich betrieb, so brachte er, weil in beiden Häusern dieselbe Klasse von Menschen aus und ein ging, den Anschlag in Erfahrung und legte ihn dem Senat vor. *9* In das Haus des Maelius würden Waffen geschafft; er halte bei sich Zusammenkünfte und entwerfe ganz bestimmt Pläne zu einem Königtum. Nur die Zeit des Ausbruchs sei noch nicht bestimmt; alles Übrige schon verabredet; schon seien die Tribunen zum Verrat der Freiheit erkauft, auch den Anführern der Menge die Rollen zugeteilt. Im Verhältnis zu der Gefahr komme Minucius mit dieser Anzeige beinahe schon zu spät, weil er nicht gern etwas Ungewisses und Grundloses habe berichten wollen.

10 Als auf diese Meldung die Häupter des Staates von allen Seiten den Konsuln des vorigen Jahres Vorwürfe machten, dass sie dergleichen Spenden und Versammlungen der Bürger im Haus eines Einzelnen hätten dulden können – und den neuen Konsuln, dass sie gesäumt hätten, bis ein Proviantmeister eine Sache von solcher Wichtigkeit zur Sprache brächte, die einen Konsul nicht bloß zur Anregung, sondern auch zur Bestrafung auffordere, *11* da sagte Titus Quinctius, die Konsuln hätten diese Vorwürfe nicht verdient, weil sie, gebunden durch die Gesetze der Ansprache, welche zur Vernichtung ihrer Macht gegeben wären, durchaus nicht so viel Kraft in ihrem Amt als eigenen Mut hätten, ein so grässliches Unternehmen gebührend zu bestrafen. Dazu gehöre ein Mann, der nicht bloß Festigkeit habe, sondern auch von den Banden der Gesetze frei und ledig sei. *12* Darum wolle er den Lucius Quinctius zum Diktator ernennen, dessen Gesinnung der hohen Macht dieses Amtes entspreche.

Während ihm alle beipflichteten, weigerte sich Quinctius anfangs und fragte sie, was ihnen das helfen könne, dass sie ihn am Ende seines Lebens einem so schweren Kampf aussetzten. *13* Als sie ihm aber von allen Seiten versicherten, sein gereifter Geist übertreffe nicht bloß an Weisheit, sondern auch an Festigkeit alle anderen, als sie ihn mit höchstverdienten Lobsprüchen überhäuften, und der Konsul von seiner Bitte nicht abstand, da ließ sich endlich Cincinnatus, *14* der in das Gebet ausbrach, die unsterblichen Götter möchten sein Alter dem Staat in dieser dringenden Not nicht zum Nachteil noch zur Unehre gereichen lassen, vom Konsul zum Diktator erklären. Er selbst ernannte dann den Caius Servilius Ahala zum Magister Equitum.

(14) Als er am folgenden Tag zu mehreren ausgestellten Posten auf den Markt gekommen war und alle über die neue unerklärliche Erscheinung die Augen auf ihn richteten, die Partei des Maelius samt ihrem Anführer einsah, dass dies Amt mit so hoher Gewalt ihnen selbst gelte, *2* alle Übrigen hingegen, mit den Anschlägen auf den Thron unbekannt, einmal über das andere fragten,

welch plötzlicher Aufstand oder Krieg das hohe Amt einer Diktatur überhaupt und insbesondere den Quinctius nach seinem achtzigsten Jahr als Oberhaupt des Staates nötig gemacht habe, **3** da ging auf Befehl des Diktators der Magister Equitum Servilius auf Maelius zu und sprach: *Der Diktator fordert dich!* Bestürzt fragte dieser, was er von ihm wolle; und Servilius kündigte ihm an, er habe sich zu verantworten und die Anklage zu widerlegen, welche Minucius vor den Senat gebracht habe. **4** Da zog sich Maelius in seine Schar zurück und sah sich anfangs unschlüssig nach allen Seiten um; endlich aber, als ihn der Gerichtsdiener auf Befehl des Magister Equitum mit sich nahm, rief er, durch Hilfe der Umstehenden losgemacht und fliehend, **5** die römischen Bürger zum Beistand auf, versicherte, die Väter hätten sich zu seiner Unterdrückung verschworen, weil er dem Bürgerstand Wohltaten erwiesen habe, und bat, sie möchten ihm in seiner höchsten Not Hilfe leisten und ihn nicht vor ihren Augen ermorden lassen.

6 Mitten in diesem Geschrei holte Servilius Ahala ihn ein und machte ihn nieder. Bespritzt vom Blut des Erschlagenen und gedeckt von einer Schar junger Patrizier brachte er dem Diktator den Bescheid, der vor ihn geforderte Maelius habe den Gerichtsdiener zurückgestoßen, das Volk erregen wollen und dafür eine verdiente Strafe empfangen. **7** Da sprach der Diktator: *Heil dir, Caius Servilius, ob deiner Tapferkeit! Du hast den Staat befreit.*

(15) Nun ließ er die lärmende Menge, die nicht wusste, wie sie die Tat aufnehmen sollte, zur Versammlung berufen und erklärte, wenn auch Maelius des Verbrechens, nach dem Thron gestrebt zu haben, nicht schuldig gewesen sein sollte, so sei er doch mit Recht umgebracht, da er, vom Magister Equitum vor den Diktator gefordert, sich nicht gestellt habe. **2** Er habe hier die Sitzung eröffnet, um die Sache zu untersuchen, und nach beendeter Untersuchung hätte Maelius ein Schicksal gehabt, je nach dem Stand der Sache. Da er aber Gewalt gebraucht habe, um sich dem Gericht zu entziehen, so sei er mit Gewalt zur Ruhe gebracht worden. **3** Auch habe man den Menschen gar nicht als einen Mitbürger behandeln müssen, denn in einem freien Volk, unter dem Schutz der Rechte und Gesetze sei er geboren, er habe gewusst, dass gerade diese Stadt die Könige vertrieben habe, und dass in demselben Jahr die Söhne der Schwester des Königs, die Söhne des Konsuls selbst, des Befreiers des Vaterlandes, auf geschehene Anzeige von einem Vertrag, den sie zur Wiederaufnahme der Könige in die Stadt eingegangen waren, auf Befehl ihres eigenen Vaters enthauptet wurden, **4** er habe gewusst, dass man hier den Konsul Tarquinius Collatinus bloß aus Hass gegen seinen Namen zur Abdankung und Auswanderung zwang; er habe ferner gewusst, dass man hier einige Jahre später den Spurius Cassius wegen eines unternommenen Anschlages auf den Thron mit dem Tod bestrafte, dass man hier noch kürzlich die Dezemvirn für ihren königlichen Übermut mit der Einziehung ihrer Güter, Verweisung und Hinrichtung bestrafte – und habe dennoch in derselben Stadt – er, ein Spurius Maelius! – es gewagt, auf den Thron zu hoffen. **5** Und welcher Mensch? Zwar öffne kein Adel, kein Ehrenamt, kein Verdienst irgendeinem den Weg zur Alleinherrschaft, indes ein Claudius, ein Cassius habe sich doch noch durch Konsulate, Dezemvirate, durch seine und seiner Vorfahren Ehrenämter, durch den Glanz seines Geschlechts verleiten lassen, nach einer verbotenen Höhe zu trachten. **6** Spurius Maelius aber, für den ein Volkstribunat mehr etwas Wünschenswertes als zu Hoffendes gewesen sei – ein reicher Getreidehändler –, habe gehofft, für zwei Pfund Getreide seinen Mitbürgern die Freiheit abgekauft zu haben, und durch ein vorgeworfenes Stück Brot das Volk, das aller benachbarten Völker Sieger sei, in die Sklaverei locken zu können, so dass alsdann dieselbe Bürgerschaft, die sich ihn kaum als Ratsherrn hätte gefallen lassen können, ihn als König hätte dulden müssen; es hätte ansehen müssen, **7** wie er mit den Majestätszeichen und der königlichen Macht eines von den Göttern entsprossenen und zu den Göttern zurückgegangenen Erbauers Romulus bekleidet sei. Dies müsse man nicht etwa für einen Frevel, für ein Scheusal müsse man es anerkennen. **8** Auch

sei sein Blut dafür keine genügende Sühne, wenn nicht auch sein Haus und die Wände, zwischen denen ein solcher Wahnsinn ausgebrütet sei, zertrümmert und seine Güter, welche in Berührung mit dem für die Freiheit gebotenen Kaufgeld verpestet wären, eingezogen würden. Er befehle hiermit den Schatzmeistern, diese Güter zu verkaufen und den Ertrag in die Staatskasse zu legen.

(16) Darauf gab er Befehl, das Haus sogleich niederzureißen, damit der freie Platz ein Denkmal des vernichteten gottlosen Entwurfes bleibe. Dieser bekam den Namen Aequimaelium (Mäliusplatz). **2** Lucius Minucius wurde mit einem Ochsen und einem vor dem Drillingstor errichteten Standbild beschenkt, womit selbst die Bürger nicht unzufrieden waren, weil er ihnen die Kornvorräte des Maelius, den Modius zum Preis eines As, verteilte.

3 Bei einigen Schriftstellern finde ich, dass dieser Minucius aus dem Adel in den Bürgerstand übergegangen, von den zehn Volkstribunen als der elfte aufgenommen sei und einen über die Hinrichtung des Maelius entstandenen Aufruhr gestillt habe. **4** Allein es ist kaum glaublich, dass die Väter die Vermehrung der Tribunenzahl gestattet haben sollten, dass gerade ein Patrizier dieses Beispiel aufgestellt, und der Bürgerstand nachher das einmal zugestandene Recht nicht behauptet oder wenigstens zu behaupten versucht habe. Aber vor allem wird die falsche Verherrlichung der Ahnen dadurch widerlegt, dass wenige Jahre vorher das Gesetz gegeben war, dass es den Tribunen nicht gestattet sein sollte, den Amtsgenossen durch Selbstergänzung zu wählen.

5 Die einzigen Tribunen, welche auf die dem Minucius zu erweisenden Ehrenbezeigungen nicht mit angetragen hatten, waren Quintus Caecilius, Quintus Junius und Sextus Titinius; sie waren es auch, welche nicht aufhörten, bald den Minucius, bald den Servilius zu beschuldigen und über den traurigen Tod des Maelius zu klagen. **6** Sie setzten es also durch, dass am Wahltag Kriegstribunen statt der Konsuln ernannt werden müssten; und sie zweifelten nicht, dass bei sechs Plätzen (denn so viele zu wählen, war schon bewilligt) auch einige Bürgerliche gewählt würden, wenn sie sich zu Rächern des ermordeten Maelius anböten. **7** Der Bürgerstand war allerdings in diesem Jahr durch so viele und mancherlei Auftritte gereizt; und dennoch wählte er zu Tribunen mit Konsulargewalt nicht mehr als drei, und unter diesen den Lucius Quinctius, einen Sohn desselben Cincinnatus, dessen angefeindete Diktatur einen Aufstand veranlassen sollte. **8** Den Quinctius übertraf an Mehrheit der Stimmen Mamercus Aemilius, ein höchst würdiger Mann. Der dritte wurde Lucius Julius.

(17) Während ihres Amtsjahres fiel Fidenae, eine römische Kolonie, an den König von Veji, Lar Tolumnius, und an die Vejenter ab. **2** Sie häuften auf das Verbrechen des Abfalls noch ein größeres. Auf Geheiß des Tolumnius erschlugen sie die römischen Gesandten Caius Fulcinius, Cloelius Tullus, Spurius Antius und Lucius Roscius, welche sich nach dem Grund dieses seltsamen Entschlusses erkundigen sollten. **3** Einige mildern die Schuld des Königs und sagen, im Würfelspiel sei bei einem glücklichen Wurf ein zweideutiger Ausruf von ihm, der für einen Hinrichtungsbefehl angesehen werden konnte, von den Fidenaten so aufgefasst worden, als wenn er den Tod der Gesandten befohlen hätte. **4** Unglaublich; er sollte bei der Erscheinung der Fidenaten, seiner neuen Bundesgenossen, die bei ihm eines Mordes wegen anfragten, welcher das Völkerrecht verletzen musste, seine Aufmerksamkeit nicht einmal vom Spiel abgezogen, auch nachher die Tat nicht verabscheut haben? **5** Wahrscheinlicher ist es, dass er die Fidenaten mit einer Schuld beladen wollte, damit ihnen das Bewusstsein, sich so schwer vergangen zu haben, jede Aussicht auf irgendeine Hoffnung bei den Römern unmöglich machte. **6** Den zu Fidenae erschlagenen Gesandten wurden zu Rom auf öffentliche Kosten Standbilder auf der Rednerbühne errichtet. Da die Vejenter und Fidenaten so nahe Nachbarn waren und überdies noch ihren Krieg durch eine so schändliche Veranlassung eröffneten, so konnte der bevorstehende Kampf nicht anders als blutig sein. **7** Und weil bei der Sorge für das Ganze der Bürgerstand und seine Tribunen Ruhe

hielten, so war man ohne Streit darüber einig, dass Konsuln gewählt werden sollten. Diese waren Marcus Geganius Macerinus zum dritten Mal und Lucius Lergius der Fidenate, ein Beiname, den er vermutlich von dem nachher geführten Krieg bekam. *8* Denn er lieferte dem König der Vejenter diesseits des Anio die erste glückliche Schlacht; aber der Sieg kostete Blut. Darum war auch der Schmerz über die verlorenen Mitbürger größer als die Freude über den geschlagenen Feind, und der Senat ließ, wie es in einer bedrängten Lage geschieht, einen Diktator ernennen, den Mamercus Aemilius. *9* Dieser wählte zu seinem Magister Equitum seinen Amtsgenossen vom vorigen Jahr, in welchem sie beide Kriegstribunen mit konsularischer Gewalt gewesen waren, den Lucius Quinctius Cincinnatus, einen seines Vaters würdigen jungen Mann, *10* gab dem von den Konsuln geworbenen Heer alte, kriegserfahrene Hauptleute und ersetzte die Anzahl der in der letzten Schlacht Gefallenen. Quinctius Capitolinus und Marcus Fabius Vibulanus erhielten vom Diktator Befehl, ihn als Unterfeldherren zu begleiten.

11 Teils das Amt von höherer Macht, teils der Mann, der diesem Amt entsprach, entfernten schon die Feinde aus dem römischen Gebiet über den Anio hinaus, und sie besetzten mit ihrem zurückgezogenen Lager die Hügel zwischen Fidenae und dem Anio, rückten auch nicht eher in die Ebene herab, als bis ihnen die Legionen der Falisker zu Hilfe kamen. *12* Nun erst schlugen die Etrusker* ihr Lager vor den Mauern von Fidenae auf, und der römische Diktator lagerte sich in ihrer Nähe bei dem Zusammenfluss an den Ufern beider Ströme,** zwischen denen er, soweit der Platz es zuließ, einen Wall aufführte. Am folgenden Tag rückte er zur Schlacht aus.

(18) Unter den Feinden gab es verschiedene Meinungen. Die Falisker, über den Dienst so fern von ihrer Heimat ärgerlich und voll Zutrauen auf sich selbst, drangen auf eine Schlacht, die Vejenter und Fidenaten versprachen sich mehr vom zögernden Gang des Krieges. *2* Tolumnius, aus Besorgnis, die Falisker möchten es sich nicht länger gefallen lassen, so weit von Haus zu dienen, obgleich er übrigens den Seinigen beipflichtete, bestimmte den folgenden Tag zur Schlacht.

3 Der Diktator und die Römer wurden nun, als der Feind einmal die Schlacht versagt hatte, noch mutiger, und am folgenden Tag riefen die Soldaten schon, sie wollten, wenn die Schlacht nicht angenommen würde, das Lager und die Stadt angreifen, als beide Heere zwischen beiden Lagern in die Mitte der Ebene vorrückten.

4 Die Vejenter, an Mannschaft überlegen, schickten Leute hinter den Bergen herum, welche während der Schlacht das römische Lager angreifen sollten. Das Heer der drei Völker war so aufgestellt, dass den rechten Flügel die Vejenter, den linken die Falisker innehatten, die Fidenaten standen in der Mitte. *5* Der Diktator leitete den Angriff auf seinem rechten Flügel gegen die Falisker, auf dem linken den Vejentern gegenüber Quinctius Capitolinus; vor der Mitte der Schlachtordnung zog der Befehlshaber der Reiterei mit den Seinigen voraus.

6 Eine kurze Zeit war es ruhig und still, teils weil die Etrusker nur kämpfen wollten, wenn sie angegriffen würden, teils weil der Diktator seinen Blick auf die römische Burg gerichtet hielt, ob die Augurn das verabredete Zeichen geben würden, dass die Vögel alles gehörig bewilligt hätten. *7* Als er dies erblickte, ließ er die Reiterei zuerst mit erhobenem Geschrei auf den Feind lossprengen. *8* Die Linie des Fußvolkes, welche ihnen nacheilte, schlug sich mit größter Anstrengung, und auf keinem Punkt hielten die etruskischen Legionen den Angriff der Römer aus. Den größten Widerstand leistete ihre Reiterei, und der König selbst, bei Weitem von seinen Reitern der tapferste, zog den Kampf in die Länge, weil er den überall unaufhaltsam nachdringenden Römern entgegensprengte.

---

* Vejenter und Falisker gehörten beide unter die zwölf etruskischen Völkerstämme.

** Der Anio mündet hier in den Tiber.

(19) Bei der römischen Reiterei stand damals Aulus Cornelius Cossus als Oberster, ein bildschöner Mann, ebenso tapfer wie kraftvoll und seines Adels nicht uneingedenk, den er, so ehrenvoll dieser auf ihn als Erben kam, seinen Nachkommen noch ansehnlicher und verherrlichter hinterließ. **2** Als er bemerkte, dass die römischen Geschwader allenthalben, wo Tolumnius eindrang, vor seinem Angriff wankten, und er ihn, wenn jener so die ganze Linie durchflog, an der auszeichnenden königlichen Kleidung erkannte, da rief er: **3** *Ist das der Mann, der menschliche Verträge bricht und am Völkerrecht frevelte? Wollen die Götter noch etwas auf Erden heilig sein lassen, so fällt er jetzt von meiner Hand, unseren Gesandten als Totenopfer!* **4** Er gab dem Pferd die Sporen und stürzte mit eingelegter Lanze auf den einen Feind, warf ihn durch den Stoß vom Pferd und schwang sich sogleich, auf den Spieß gestützt, auf seine Füße, **5** schon richtete sich der König wieder auf, da stieß er ihn mit der Wölbung seines Schildes rücklings und bohrte ihn mit wiederholten Stichen nieder. Dem Entseelten zog er die Rüstung ab, und das abgehauene Haupt als Sieger auf seiner Lanze tragend, jagte er die durch den Tod ihres Königs geschreckten Feinde. So wurde auch die Linie der Reiterei geschlagen, welche allein noch den Streit zweifelhaft gemacht hatte.

6 Der Diktator verfolgte das geschlagene Fußvolk und hieb die ihrem Lager zugetriebenen Feinde nieder, von den Fidenaten retteten sich die meisten, da sie mit der Gegend bekannt waren, in das Gebirge. Cossus, der mit der Reiterei über den Tiber setzte, brachte von den Vejentern viel Beute zur Stadt.

7 Während der Schlacht kämpfte man auch im römischen Lager gegen die feindliche Abteilung, welche Tolumnius, wie oben gesagt, gegen das Lager geschickt hatte. **8** Anfangs ließ Fabius Vibulanus den Wall ringsum verteidigen, dann aber griff er in einem Ausfall aus dem rechten Seitentor mit dem dritten Glied die mit Erstürmung des Walles beschäftigten Feinde unvermutet an und setzte sie so in Schrecken, dass sie, wenn auch ihr Verlust bei der kleineren Anzahl geringer war, doch ebenso eilfertig flohen wie die in der Schlacht.

(20) Der Diktator, welchem der Sieg auf allen Leiten gelungen war, zog nach einem Senatsbeschluss mit Genehmigung des Volkes triumphierend in die Stadt. **2** Bei Weitem das auffallendste Schauspiel des Triumphes war Cossus, in seinem Aufzug mit der dem erschlagenen König abgenommenen Fürstenbeute. In den Liedern, welche die Soldaten aus dem Stegreif ihm zu Ehren sangen, verglichen sie ihn mit Romulus. **3** Mit feierlichem Gepränge hängte er die erbeutete Rüstung als Geschenk für Jupiter Feretrius in dessen Tempel neben der von Romulus dargebrachten auf, welche, als die erste sogenannte Fürstenbeute, damals noch die einzige war. Und er hatte wirklich die Blicke seiner Mitbürger vom Wagen des Diktators weg auf sich gezogen und von der Feierlichkeit dieses Tages den Genuss beinahe allein gehabt. **4** Der Diktator legte auf Befehl des Volkes einen goldenen, ein Pfund schweren Kranz aus Staatsgeldern dem Jupiter auf dem Kapitol als Geschenk nieder.

5 Wenn ich erzählt habe, Aulus Cornelius Cossus sei als Oberster mit der zweiten Fürstenbeute zum Tempel des Jupiter Feretrius eingezogen, so bin ich darin allen Geschichtsschreibern vor mir gefolgt. **6** Allein abgesehen davon, dass nur eine solche Beute eigentlich als Fürstenbeute gelten kann, die ein Feldherr dem andern abgenommen hat, und wir keinen als Feldherrn anerkennen außer dem, unter dessen göttlich genehmigter Leitung der Krieg geführt wird, bezeugt auch selbst die Inschrift, die auf dieser Rüstung steht, gegen meine Vorgänger und mich, dass sie Cossus als Konsul erbeutet habe. **7** Da mir Cäsar Augustus, der Stifter und Wiederhersteller aller Tempel, gesagt hat, dass er im Tempel des Jupiter Feretrius, als er ihn einst besuchte, und weil er vor Alter verfallen war, wiederherstellen ließ, auf dem leinenen Brustharnisch dies selbst gelesen habe, so könnte ich mich beinahe eines angetasteten Heiligtums zeihen, wenn ich den Cossus eines Zeugen für seine Beute, wie Cäsar, der Erneuerer des Tempels selbst ist, berauben wollte. ***8*** Ob unser Irrtum daher rühre, dass die uralten Jahrbücher und die Verzeichnisse der Obrigkeiten (welche Licinius Macer als die auf Leinwand geschriebenen und im Tempel der Moneta niedergelegten Urkunden so oft als seine Zeugen anführt) den Aulus Cornelius Cossus als Konsul mit Titus Quinctius Poenus erst neun Jahre später erwähnen, überlasse ich der Beurteilung jedes Einzelnen. ***9*** Hierzu kommt noch, dass man eine so berühmte Schlacht auf dieses Jahr nicht möchte verlegen können, weil um die Zeit, in die das Konsulat des Aulus Cornelius fällt, fast drei volle Jahre wegen einer Pest und Hungersnot kein Krieg war, so dass einige Jahrbücher, gleich als wären sie darüber in Trauer, von ihnen weiter nichts als die Namen der Konsuln melden.

10 Das dritte Jahr nach Cossus' Konsulat hat ihn als Kriegstribun mit konsularischer Gewalt und dasselbe Jahr auch als Magister Equitum, in welcher Stelle er mit seiner Reiterei ein zweites glänzendes Reitergefecht lieferte. Hier können wir also nur vermuten. ***11*** Indes lassen sich, wie ich glaube, alle möglichen Meinungen aufstellen, sobald man Scheingründen folgt, die doch nicht gültig sind, da er, der den Kampf in Person bestand, als er jetzt die eben errungenen Spolien an heiliger Stätte niederlegte, und ich möchte sagen, den Jupiter selbst, dem er sie weihte, und den Romulus vor Augen hatte – diese furchtbaren Zeugen einer erlogenen Angabe –, dennoch mit „Aulus Cornelius Cossus Consul" unterschrieben hat.

(21) Unter den Konsuln Marcus Cornelius Maluginensis und Lucius Papirius Crassus wurden die Heere ins Vejenter- und Faliskergebiet geführt und Menschen und Vieh als Beute weggetrieben; ***2*** den Feind aber fand man nicht im Feld, und er stellte sich nie zu einer Schlacht; dennoch belagerte man seine Städte nicht, weil im Volk selbst eine Seuche ausbrach. ***3*** Auch suchte in Rom der Volkstribun Spurius Maelius einen Aufstand zu erregen, der aber nicht zum Ausbruch kam. In der Hoffnung, durch die Beliebtheit seines Namens etwas ausrichten zu können, hatte er den Minucius vor Gericht gefordert und beantragt, die Güter des Servilius Ahala einzuziehen, ***4*** indem er den Minucius beschuldigte, er habe den Maelius durch falsche Angaben gestürzt, dem Servilius aber die Ermordung eines nicht verurteilten Mitbürgers vorwarf. Doch dies alles war dem Volk viel weniger wichtig als der Antragsteller selbst.

5 Mehr Besorgnis erregte die um sich greifende Seuche und die furchtbarsten Ereignisse als Vorzeichen des Unglücks, hauptsächlich die Nachrichten von den vielen Erderschütterungen, welche die Häuser der Landbewohner zerstörten. Es wurden deshalb öffentliche Gebete angestellt, bei denen die beiden Aufseher des Gottesdienstes dem Volk die Formel vorsagten.

6 In dem folgenden noch ungesunderen Jahr unter den Konsuln Caius Julius, der es zum zweiten Mal war, und Lucius Verginius, stieg die Furcht vor einem allgemeinen Aussterben in der Stadt und auf dem Land so hoch, dass nicht allein jeder Streifzug zum Plündern vom römischen Gebiet aus unterblieb, und Väter und Volk den Angriffskrieg ganz vergaßen, ***7*** sondern dass sogar die Fidenaten, die sich bis jetzt in ihre Stadt, auf Gebirge oder in kleine Festungen zurückgezogen hatten, als angreifende Plünderer in das römische Gebiet einfallen durften. ***8*** Als sie hierauf bloß ein Heer von Vejentern an sich gezogen hatten (denn die Falisker ließen sich zu einer Erneuerung des Krieges weder durch das Unglück der Römer noch durch die Bitten ihrer Bundesgenossen bewegen), gingen beide Völker über den Anio und lagerten sich nahe vor dem Collinischen Tor. ***9*** Auf dem Land konnte der Schrecken nicht größer sein als er in der Stadt war. Der Konsul Julius besetzte Wälle und Mauern mit Soldaten, Verginius hielt im Tempel des Quirinus Senat. ***10*** Man beschloss, den Aulus Servilius zum Diktator zu ernennen, der nach einigen den Beinamen Priscus, nach anderen Structus gehabt haben soll. Verginius, der nur so lange wartete, bis er seinen Amtsgenossen befragen konnte, ernannte, da dieser einwilligte, den Diktator noch in der Nacht. Und dieser ernannte den Postumus Aebutius Helva zu seinem Magister Equitum.

(22) Der Diktator beschied alle auf den kommenden Tag vor das Collinische Tor, und wer noch so viel Kraft hatte, die Waffen zu tragen, erschien. Aus der Schatzkammer wurden die Adler dem Diktator abgeliefert. **2** Während dieser Vorkehrungen zogen sich die Feinde in höhere Gegenden. Der Diktator zog mit seinem verfolgenden Heer hinan, nicht weit von Nomentum besiegte er die etruskischen Legionen in offener Schlacht, trieb sie von da in die Stadt Fidenae und schloss sie mit einem Wall ein. **3** Allein mit Leitern konnte eine so hochgelegene und feste Stadt nicht erstiegen werden; auch die Einschließung hatte keinen Erfolg, weil die Belagerten Lebensmittel in Menge, nicht bloß zur Notdurft, sondern bis zum Überfluss zeitig genug zusammengebracht hatten. **4** Da also der Diktator sowohl die Hoffnung, sie zu erstürmen als zur Übergabe zu zwingen, aufgeben musste, beschloss er, von einer Gegend aus, die ihm ihrer Nähe wegen bekannt war, im Rücken der Stadt, wo diese vermöge ihrer großen natürlichen Festigkeit am schwächsten besetzt war, eine Mine zur Burg hinauf anzulegen. **5** Nachdem er aus seinem Heer vier Abteilungen gemacht hatte, die einander im Sturm ablösen sollten, zog er durch die von ganz entgegengesetzten Seiten Tag und Nacht fortgesetzten Angriffe auf die Mauern die Aufmerksamkeit der Feinde von jenem Werk ab, **6** bis endlich, als der Berg vom Lager aus durchgraben war, der Weg zur Burg hinaufführte und den Etruskern, die statt der wirklichen Gefahr sich nur durch Scheinangriffe beschäftigen ließen, ein feindliches Geschrei über ihrem Haupt die Eroberung der Stadt verkündigte.

7 In diesem Jahr erklärten die Zensoren Caius Furius Pacilus und Marcus Geganius Macerinus ihre Zufriedenheit mit dem vollendeten Bau des Bürgerhofes auf dem Marsfeld und hielten in demselben zum ersten Mal die Volksschätzung.

(23) Ich finde bei Licinius Macer, dass für das folgende Jahr dieselben Konsuln wiedergewählt sind: **2** Julius zum dritten, Verginius zum zweiten Mal, Valerius Antias und Quintus Tubero geben als Konsuln für dieses Jahr den Marcus Manlius und Quintus Sulpicius an. Und doch beruft sich sowohl Tubero als auch Macer bei einer so abweichenden Angabe auf die leinenen Bücher, ohne zu leugnen, dass sie bei alten Schriftstellern gefunden haben, dieses Jahr habe Kriegstribunen gehabt. **3** Licinius entscheidet sich geradezu für die leinenen Bücher, Tubero ist über die Wahrheit im Zweifel. Wie so manches andere, das seines hohen Alters wegen unsicher bleibt, mag auch dies dahingestellt bleiben.

4 Nach der Eroberung von Fidenae herrschte in Etrurien eine allgemeine Unruhe, weil die Furcht vor einer ähnlichen Zerstörung nicht bloß die Vejenter, sondern auch die Falisker schreckte, die sich bewusst waren, anfangs mit jenen in Verbindung Rom bekriegt zu haben, obgleich sie ihnen in dem erneuerten Krieg nicht geholfen hatten. **5** Da nun diese beiden Staaten durch ihre Gesandten bei den zwölf Völkerschaften die Einwilligung erhielten, dass das gesamte Etrurien zu einer Zusammenkunft bei dem Heiligtum der Voltumna eingeladen werden sollte, ließ der Senat, als ob von dorther ein ausgebreiteter Aufstand zum Krieg zu befürchten sei, den Mamercus Aemilius zum zweiten Mal zum Diktator ernennen. **6** Er ernannte den Aulus Postumius Tubertus zum Magister Equitum, und man rüstete sich mit um so größerem Nachdruck zum Krieg als das letzte Mal, je größer die Gefahr war, die von dem ganzen Etrurien drohte, als vorher von zwei Völkerschaften allein.

(24) Indessen ging die Sache bedeutend ruhiger vorüber, als man erwartet hatte. **2** Als man nun durch Kaufleute erfuhr, dass den Vejentern die Hilfe abgeschlagen und die Weisung gegeben sei, sie möchten einen Krieg, den sie auf eigenes Betreiben angefangen hätten, auch mit ihren eigenen Streitkräften führen und nicht Völker zu Genossen ihres Unglücks machen, mit denen sie die noch ungeschmälerte Hoffnung des Glücks nicht hätten teilen wollen, **3** nahm sich der Diktator, um nicht vergeblich gewählt zu sein, und weil er zum Ersatz für den ihm entgangenen Kriegsruhm ein Werk im Frieden zu stiften wünschte, das seiner Diktatur zum Denkmal gereichte – die

Beschränkung der Zensur vor, die ihm entweder eine zu große Gewalt zu haben schien oder ihm sowohl durch ihre Amtsgröße als auch durch ihre Dauer anstößig war. **4** Er berief also eine Versammlung und sagte: Die Sorge für das Beste des Staates von außen und für seine Sicherheit von allen Seiten hätten die unsterblichen Götter übernommen; er also wolle, was innerhalb der Mauern beschafft werden müsse, die Freiheit des römischen Volkes sich zur Aufgabe machen. Ihr bestes Verwahrungsmittel bestehe darin, dass man die großen Gewalten nicht von langer Dauer sein lasse und die, deren Rechte man nicht beschränken könne, durch die zugemessene Zeit beschränke. **5** Die übrigen obrigkeitlichen Ämter seien einjährig, die Zensur fünfjährig; es sei hart, denselben Männern so viele Jahre hindurch einen großen Teil seines Lebens unterwürfig zu sein. Er schlage das Gesetz vor, dass die Zensur nur eineinhalbjährig sein solle. **6** Mit großer Beistimmung des Volkes machte er am folgenden Tag dies zum Gesetz und sprach: *Damit ihr auch durch die Tat erfahrt, Quiriten, wie wenig die langwierigen Ämter meinen Beifall haben, so lege ich hiermit meine Diktatur nieder.* **7** Dem Mann, der so sein eigenes Amt abgegeben und ein fremdes eingeschränkt hatte, gab das Volk unter lauten Glückwünschen und Beifallsbezeigungen das Geleit bis in sein Haus.

Die Zensoren, die es sehr übel nahmen, dass Mamercus ein Staatsamt des römischen Volkes geschmälert hatte, entsetzten ihn seines Amtes, erhöhten seine Steuern um das Achtfache und versetzten ihn in die unterste Klasse.* **8** Er selbst soll das mit vieler Seelenstärke ertragen haben, indem er sich durch die Ursache seiner Beschimpfung über die Beschimpfung selbst erhob. Die Häupter der Väter aber, hatten sie gleich die Beschränkung der Zensur ungern gesehen, soll doch dies Beispiel von der Härte der Zensoren beleidigt haben, da sie voraussehen konnten, dass jeder von ihnen länger und öfter Zensoren unterworfen als selbst Zensor sein werde. **9** Bei den Bürgern wenigstens stieg der Unwille so hoch, dass nur das Ansehen des Mamercus selbst imstande war, sie von Gewalttätigkeiten gegen die Zensoren abzuhalten.

(25) Die Volkstribunen, die durch unaufhörliche Reden in den Versammlungen eine Konsulwahl verhinderten, erreichten endlich, da sie es beinahe bis zu einer Zwischenregierung kommen ließen, ihren Zweck, dass Kriegstribunen mit Konsulgewalt gewählt wurden; **2** allein den Lohn, nach welchem sie trachteten, dass auch ein Bürgerlicher gewählt werden sollte, gewährte ihr Sieg ihnen nicht. Es wurden lauter Adlige gewählt, Marcus Fabius Vibulanus, Marcus Foslius und Lucius Sergius Fidenas. **3** Eine Seuche ließ in diesem Jahr alle anderen Unternehmungen ruhen. Für die Genesung des Volkes wurde dem Apollo ein Tempel gelobt. Die beiden Aufseher der gottesdienstlichen Angelegenheiten veranstalteten nach Anleitung der Heiligen Bücher mancherlei, die Götter zu versöhnen und die Krankheit vom Volk abzuwenden; **4** und dennoch war das Sterben, da Menschen und Vieh ohne Unterschied dahingerafft wurden, in der Stadt und auf dem Land allgemein. Da man eine Hungersnot für die Landbewohner befürchtete, wurde nach Etrurien, nach dem pomptinischen Gebiet, nach Cumae, zuletzt sogar nach Sizilien des Getreides wegen geschickt.

5 Eine Konsulwahl wurde gar nicht zur Sprache gebracht. Man wählte Kriegstribunen mit Konsulgewalt, lauter Adlige, den Lucius Pinarius Mamercus, Lucius Furius Medullinus und Spurius Postumius Albus. **6** In diesem Jahr ließ die Seuche nach, und vermöge der getroffenen Fürsorge hatte man auch keinen Mangel an Getreide zu befürchten. **7** In den Versammlungen der Aequer und Volsker, ferner in Etrurien bei dem Heiligtum der Voltumna wurden Pläne zu neuen Kriegen geschmiedet. **8** Doch wurden sie auf ein Jahr verschoben und der Beschluss gefasst, bis

* Ein solcher verlor Amt und Stimmrecht und blieb nur durch die Erlegung der Steuern als römischer Bürger ansässig, die ihm auch wohl, wie in unserem Fall, zur Strafe erhöht wurden.

dahin keine Versammlung wieder abzuhalten; vergebens waren die Klagen der Vejenter, dass Veji dasselbe Schicksal wie dem zerstörten Fidenae bevorstehe.

9 Während dieser Ruhe von außen kündigen die Häupter des Bürgerstandes, die lange schon umsonst auf höhere Ämter gehofft hatten, Versammlungen in den Häusern der Volkstribunen an. ***10*** Hier hielten sie ihre Beratungen für sich und äußerten ihren Unwillen, sich vom Bürgerstand selbst so sehr verachtet zu sehen, dass noch keinem einzigen Bürgerlichen, obwohl man schon seit so vielen Jahren Kriegstribunen mit Konsulgewalt wähle, der Zutritt zu dieser Ehre gelungen sei. ***11*** Die Vorfahren hätten sehr richtig in die Zukunft gesehen, wenn sie verordnet hätten, dass kein Adliger ein Bürgeramt bekleiden solle, sonst würde man Adlige sogar zu Volkstribunen haben. So wertlos seien sie selbst ihren Standesgenossen, und den Bürgerlichen ebenso verächtlich wie den Vätern.

12 Andere entschuldigten den Bürgerstand und wälzten die Schuld auf die Väter. Nur durch die Ränke dieser Amtssüchtigen werde den Bürgerlichen die Bahn zu Ehrenstellen versperrt. Wenn nur der Bürgerstand vor jenen mit Drohungen gemischten Bitten zu freiem Atem kommen könnte, so würde er gewiss bei der Abstimmung der Seinigen eingedenk sein und, nachdem sie dann Hilfe erhalten, auch die Herrschaft gewinnen. ***13*** Sie wurden einig, die Tribunen sollten, um den Prunk bei Amtsbewerbungen zu hindern, das Gesetz vorschlagen, dass niemandem gestattet sein solle, auf die Kleidung, in der er sich um ein Amt bewürbe, Weiß aufzutragen. Jetzt möchte dies für eine Kleinigkeit und kaum einer ernstlichen Verhandlung wert gehalten werden, und damals entflammte es Adlige und Bürgerliche zu einem heftigen Streit. ***14*** Doch blieb der Sieg, den Vorschlag zum Gesetz zu erheben, den Tribunen, und es zeigte sich deutlich, dass der Bürgerstand bei dieser Erbitterung zum Vorteil der Seinigen stimmen werde. Um ihnen also nicht freie Hand zu lassen, wurde durch einen Senatsbeschluss der Wahltag für Konsuln bestimmt.

(26) Ein Kriegslärm war die Ursache, den laut Nachrichten der Latiner und Herniker die Aequer und Volsker machten. ***2*** Titus Quinctius Cincinnatus – er führt auch den Zunamen Pennus –, des Lucius Sohn, und Caius Julius Mento wurden Konsuln; ***3*** und länger ließ sich der drohende Krieg nicht aufschieben. Nachdem beide Völker ihre Werbungen mit Anwendung des Banngesetzes gehalten hatten, welches bei ihnen das wirksamste Mittel ist, Truppen zusammenzubringen, stießen ihre ausgerückten starken Heere auf dem Algidus zueinander; ***4*** Aequer und Volsker lagerten sich, jedes Volk für sich, und ihre Feldherren zeigten in der Anlegung ihrer Werke und in der Übung ihrer Leute weit mehr Eifer als je. Desto drohender kamen die Nachrichten nach Rom. ***5*** Der Senat beschloss, einen Diktator zu ernennen, teils weil diese Völker, obgleich schon oft besiegt, den Krieg mit größerer Anstrengung als je vorher erneuerten, teils weil auch ein bedeutender Teil der römischen Jünglinge von der Seuche weggerafft war. ***6*** Die größte Besorgnis erregte der böse Wille der Konsuln, ihre Uneinigkeit und Zänkereien bei allen Beratungen. Einige Schriftsteller melden, diese Konsuln hätten auf dem Algidus eine Schlacht verloren, und dies habe die Ernennung eines Diktators veranlasst. ***7*** Darin aber stimmen alle überein, dass diese in allen Stücken Uneinigen den Vätern zum Trotz in dem einen Punkt einig waren, keinen Diktator zu ernennen, bis endlich, da immer eine schreckliche Nachricht über die andere einlief und sich die Konsuln dem Willen des Senates nicht fügen wollten, Quintus Servilius Priscus, der die höchsten Staatsämter mit Auszeichnung bekleidet hatte, in die Worte ausbrach: ***8*** *Weil es denn aufs Äußerste gekommen ist, so wendet sich der Senat, ihr Volkstribunen, an euch, mit der Bitte, bei dieser so großen Gefahr des Staates die Konsuln vermöge eurer Macht zur Ernennung eines Diktators zu zwingen.* ***9*** Kaum hatte er das Wort gesprochen, da traten die Tribunen, die dies für eine günstige Gelegenheit ansahen, ihre Macht zu erhöhen, auf die Seite und erklärten dann im Namen ihres Gesamtamtes, sie hielten es für nötig, dass die Konsuln dem Senat Folge leisteten. Wenn sie sich

gegen den einstimmigen Willen des ehrwürdigsten Standes weiter sperren sollten, so würden sie Befehl geben, sie ins Gefängnis zu werfen.

10 Die Konsuln wollten sich lieber von den Tribunen als vom Senat besiegen lassen und äußerten, die Väter hätten die Rechte des höchsten Staatsamtes aufgeopfert und das Konsulat unter das Joch der tribunizischen Macht gebracht, insofern nunmehr die Konsuln von einem Tribun kraft seines Amtes zu etwas gezwungen und sogar, was ein Privatmann als das Härteste zu fürchten habe, ins Gefängnis geworfen werden könnten. *11* Das Los, einen Diktator zu ernennen – denn auch darüber konnten sich die Amtsgenossen nicht einigen –, traf den Titus Quinctius. Dieser ernannte den Aulus Postumius Tubertus, seinen Schwiegervater, einen Mann von höchster Strenge, und von diesem wurde Lucius Julius zum Magister Equitum ernannt. *12* Zugleich wurde auch ein Gerichtsstillstand angeordnet, und in der ganzen Stadt beschäftigte man sich bloß mit Vorkehrungen zum Krieg. Die Untersuchung der Ansprüche auf Dienstbefreiung wurde bis nach dem Krieg ausgesetzt, und dadurch ließen sich auch die, welche über diesen Punkt zweifelhaft waren, zur Angabe ihrer Namen bestimmen. Auch den Hernikern und Latinern wurden Truppenstellungen anbefohlen; und beide eiferten, dem Diktator Folge zu leisten.

(27) Dies alles wurde mit größter Eile betrieben. Und der Diktator – der den Konsul Caius Julius zum Schutz der Stadt und den Magister Equitum Lucius Julius zur Besorgung unvorhergesehener Erfordernisse des Krieges zurückließ, damit er selbst durch nichts, was etwa im Lager Bedürfnis werden könnte, aufgehalten würde –, *2* verhieß den Göttern, nach einer vom Hohenpriester Aulus Cornelius ihm angegebenen und auf diese Kriegsschrecken sich beziehenden Formel, die Feier großer Spiele und kam mit dem Heer, das er bei seinem Aufbruch aus der Stadt mit dem Konsul Quinctius teilte, vor den Feind.

3 Geradeso, wie sie von hier zwei feindliche Lager in geringer Entfernung voneinander vorfanden, schlugen auch sie etwa tausend Schritte vom Feind, der Diktator nach Tuskulum zu, der Konsul näher bei Lanuvium, ihre Lager auf. *4* So hatten vier Heere in ebenso vielen festen Stellungen eine Ebene in ihrer Mitte, die nicht bloß Ausfälle zu kleinen Gefechten, sondern auch die Aufstellung beider Linien vollkommen gestattete. *5* Auch unterblieben von dem Tage an, seitdem Lager gegen Lager stand, die leichten Gefechte nicht, weil der Diktator es gern geschehen ließ, dass seine Krieger, indem sie sich mit dem Feind maßen, in diesen allmählichen Versuchen eines glücklichen Erfolges, einen Hörgenuss der Hoffnung des Sieges im Großen hatten. *6* Da also die Feinde von einer förmlichen Schlacht sich keinen Sieg versprachen, so wagten sie auf die Gefahr eines sehr misslichen Erfolges einen nächtlichen Angriff auf das Lager des Konsuls. Das plötzlich entstandene Geschrei weckte nicht allein die Wachen des Konsuls und dann sein ganzes Heer, sondern auch den Diktator aus dem Schlaf auf. *7* Den Konsul verließ hier, wo schnelle Hilfe nötig war, weder sein Mut noch seine Einsicht. Ein Teil seiner Soldaten musste die Posten der Tore verstärken, ein anderer den Wall ringsherum besetzen. *8* In dem andern Lager des Diktators wurde, je weniger Verwirrung war, desto eher bemerkt, was zu tun nötig sei. Nachdem er sogleich eine Schar unter Anführung des Legaten Spurius Postumius Albus dem Lager zu Hilfe geschickt hatte, bezog er selbst mit einem Teil seiner Truppen auf einem kleinen Umweg einen ganz außer dem Schlachtgetümmel gelegenen Platz, um von hier aus dem Feind unvermutet in den Rücken zu fallen. *9* Dem Legaten Quintus Sulpicius übergab er das Lager, die Reiterei wies er dem Legaten Marcus Fabius an, mit dem Befehl, sich mit dieser bei nächtlichem Getümmel schwer zu leitenden Schar nicht vor Tagesanbruch in Bewegung zu setzen. Was jeder andere kluge und tätige Feldherr in einer solchen Lage anordnen und ausführen würde, das alles verfügte und leitete er eins nach dem andern; *10* allein einen ausgezeichneten Beweis von Besonnenheit und Entschlossenheit und eines nicht gewöhnlichen Verdienstes gab er dadurch, dass er sogar zum Angriff auf das feindliche Lager, aus welchem, wie er ausgekundschaftet hatte, der größere Teil ausgezogen war, den Marcus Geganius an der Spitze auserlesener Kohorten abschickte. ***11*** Dieser also richtete seinen Angriff auf Leute, die auf den Ausgang des anderweitigen Gefechtes aufmerksam und für sich selbst unbesorgt waren, bei völliger Vernachlässigung ihrer Wachen und Posten, und hatte das Lager beinahe schon erobert, ehe der Feind gewiss wusste, dass es bestürmt wurde. ***12*** Sobald der Diktator von hier das verabredete Zeichen, den Rauch, emporsteigen sah, rief er laut aus, das feindliche Lager sei erobert, und befahl die Verbreitung dieser Nachricht.

(28) Schon begann der Tag, und alles lag vor Augen. Hier hatte Fabius mit der Reiterei den Angriff unternommen, dort der Konsul auf die schon bedrängten Feinde einen Ausfall aus dem Lager gemacht. ***2*** Der Diktator aber, der gegenüber ihre Reservemannschaft und das Hintertreffen angriff, hatte ihnen, als sie sich nach dem von entgegengesetzten Seiten tönenden Geschrei und gegen die unerwarteten Angriffe umkehrten, von allen Seiten seine Sieger zu Fuß und zu Pferde entgegengestellt.

3 Von allen Seiten umzingelt, würden sie bis auf den letzten Mann für die Empörung gebüßt haben, hätte nicht Vettius Messius, ein Volsker, ein Mann, den mehr seine Taten als seine Abkunft adelten, den schon zum Kreis sich schließenden Seinigen die lauten Vorwürfe zugerufen: ***4*** *Hier wollt ihr euch den Pfeilen der Feinde aussetzen, ohne euch wehren, ohne euch rächen zu können? Wozu habt ihr denn die Waffen, oder warum begannt ihr den Krieg, im Frieden die Aufrührer, im Krieg die Feigen? Was hofft ihr hier von eurem Stehenbleiben? Wartet ihr, bis ein Gott euch beschützen und von hier fortführen werde? Mit dem Schwert müsst ihr euch Bahn brechen.* ***5*** *Hier, wo ihr mich vorangehen seht — auf, wer Haus und Eltern, Frau und Kind wiedersehen will, der folge mir! Keine Mauer, kein Wall, bloß Bewaffnete sperren uns Bewaffneten den Weg! An Tapferkeit seid ihr ihnen gleich; durch die Not, die letzte und furchtbarste Waffe, überlegen!*

6 Da sie auf diese Worte, die er schon in die Tat umsetzte, mit erneutem Geschrei sich ihm anschlossen, brachen sie da hinein, wo ihnen Postumius Albus seine Kohorten entgegengestellt hatte, und warfen die Sieger, bis der Diktator zu den schon weichenden Seinigen ankam; und nun zog sich der ganze Kampf auf diese Seite. ***7*** An einem Mann, dem Helden Messius, hing das Glück der Feinde. Auf beiden Seiten gab es viele Wunden, allenthalben viele Tote, selbst den römischen Feldherren kostete dies Treffen ihr Blut. ***8*** Doch nur der einzige Postumius, von einem Stein tief in den Kopf getroffen, verließ die Schlacht. Keineswegs aber vermochte den Diktator seine verwundete Schulter, nicht den Fabius sein beinahe am Pferd festgebohrter Schenkel, nicht den Konsul sein abgehauener Arm dem heißen Kampf sich zu entziehen.

(29) Messius schlug, alles vor sich niederstreckend, mit einer Schar der tapfersten Jünglinge sich durch zum Lager der Volsker, welches noch nicht erobert war. ***2*** Dorthin wendete sich die ganze Schlachtordnung. Der Konsul, der die Zersprengten bis an ihren Wall verfolgte, machte jetzt den Angriff auf Lager und Wall, von einer andern Seite rückte der Diktator mit seinen Truppen an. Der Sturm wurde nicht minder hitzig als die Schlacht gewesen war. ***3*** Der Konsul soll auch einen Adler über den Wall hineingeworfen haben, damit die Soldaten umso mutiger hinansteigen möchten, und die Wiedereroberung der Fahne soll hier zuerst den Einbruch bewirkt haben. Dort hatte der Diktator schon nach Niederreißung des Walles den Kampf ins Lager gebracht. ***4*** Da warfen hier und da die Feinde die Waffen von sich und fingen an, sich zu ergeben. Und nachdem auch dieses Lager erobert war, wurden die Gefangenen alle, die Senatoren ausgenommen, zu Sklaven verkauft, von der Beute wurde den Latinern und Hernikern, was sie für ihr Eigentum anerkannten, wiedergegeben; einen Teil verkaufte der Diktator den Meistbietenden; dann setzte er den Konsul über das Lager, fuhr im Triumph zur Stadt ein und legte die Diktatur nieder.

5 Das Andenken dieser ausgezeichneten Diktatur trüben einige Schriftsteller durch die Erzählung, Aulus Postumius habe seinen Sohn, weil er durch die Gelegenheit eines ehrenvollen Kampfes verführt, seinen Posten ohne Erlaubnis verlassen habe, obgleich er gesiegt hätte, mit hinrichten lassen. *6* Ich möchte es gern nicht glauben, und bei dem Widerspruch der Meinungen darf ich das. Auch habe ich den Grund für mich, dass die Benennungen „Manlische Zucht", nicht aber die „Postumische" üblich ist, da doch der, welcher ein solches Beispiel der Härte zuerst gab, auf die seine Grausamkeit bezeichnende Benennung früheren Anspruch gehabt hätte. Auch hat Manlius den Beinamen „der Gebieterische"; Postumius ist durch keine tadelnde Bemerkung ausgezeichnet worden.

7 Der Konsul Cnaeus Julius weihte in Abwesenheit seines Amtsgenossen dem Apollo den Tempel ohne Los ein. Quinctius, so sehr ihn dies verdross, beschwerte sich darüber, als er nach Entlassung seines Heeres zur Stadt zurückgekehrt war, im Senat vergeblich.

8 Zu den Denkwürdigkeiten dieses durch große Taten ausgezeichneten Jahres fügt man noch die eine, die damals auf den römischen Staat keinen Bezug zu haben schien, dass die Karthager, diese dereinst so mächtigen Feinde, bei den Uneinigkeiten der Sikuler jetzt zum ersten Mal ein Heer zur Unterstützung der einen Partei nach Sizilien schickten.

(30) In der Stadt betrieben die Volkstribunen die Wahl konsularischer Kriegstribunen, ohne sie durchsetzen zu können. Lucius Papirius Crassus und Lucius Julius wurden Konsuln. Die Aequer beantragten durch Gesandte beim Senat einen Friedensschluss, und da man ihnen als Friedensbedingung die Übergabe zumutete, ließen sie sich einen achtjährigen Waffenstillstand bewilligen. *2* Die Volsker, schon durch die auf dem Algidus erlittene Niederlage geschwächt, gerieten durch einen hartnäckigen Streit zwischen den Parteien für Krieg und Frieden in Zänkereien und Spaltungen. Die Römer hatten von allen Seiten Ruhe. *3* Als die Konsuln durch den Verrat eines einzelnen Volkstribunen erfahren hatten, dass diese den Wünschen des Volkes gemäß einen Vorschlag machen wollten, den Wert der zu erlegenden Strafen in Geld zu bestimmen, kamen sie ihnen mit diesem Antrag zuvor. *4* Lucius Sergius Fidenas wurde zum zweiten Mal Konsul und mit ihm Hostus Lucretius Tricipitinus. Unter ihrem Konsulat geschah nichts Erwähnenswertes. Ihnen folgten die Konsuln Aulus Cornelius Cossus und Titus Quinctius Pennus; Letzterer war es zum zweiten Mal.

5 Die Vejenter unternahmen Einfälle in das römische Gebiet. Weil dem Gerücht nach einige junge Fidenaten an dieser Plünderung teilgenommen hatten, bekamen Lucius Sergius, Quintus Servilius und Mamercus Aemilius den Auftrag, die Sache zu untersuchen. *6* Einige wurden nach Ostia verwiesen, weil sie nicht genügende Auskunft geben konnten, warum sie in jenen Tagen von Fidenae entfernt gewesen wären. Man vermehrte die Zahl der dortigen Siedler und wies ihnen die Ländereien derer an, die im Krieg gefallen waren.

7 Man hatte in diesem Jahr besonders an der Trockenheit zu leiden. Es fehlte nicht allein an Regen, sondern die Erde war auch an eigenem Wasser so arm, dass sie kaum die Ströme fließend erhielt. *8* An anderen Orten hatte der Wassermangel zur Folge, dass die vor Durst verschmachtenden Herden an den versiegten Quellen und Bächen haufenweise fielen. Auch starb viel Vieh an der Räude. Durch Ansteckung verbreitete sich die Krankheit auch über die Menschen; zuerst brach sie unter den Landleuten und Sklaven aus; dann wurde sie in der Stadt allgemein. *9* Doch war die Seuche, welche die Körper traf, nicht das Einzige; auch der Gemüter bemächtigte sich eine vielfache, meist ausländische Abgötterei, weil diejenigen, die von den durch Aberglauben Geblendeten ihren Vorteil ziehen, durch vorgegebene Göttersprüche neue Opfergebräuche in die Häuser brachten. *10* Endlich schämten sich die Häupter im Namen des Staates, wenn sie sahen, dass in allen Gassen und wo auch immer sonst ein Götterbild stand, ausländische und ungewöhnliche Opfer gebracht wurden, durch die man die erzürnten Götter versöhnen wollte. ***11*** Es wurde also den Ädilen zur Pflicht gemacht, darauf zu achten, dass keine anderen als römische Götter und nur nach vaterländischer Weise verehrt würden.

12 Die Züchtigung der Vejenter wurde auf das folgende Jahr verschoben, welches den Cajus Servilius Ahala und Lucius Papirius Mugillanus zu Konsuln hatte. ***13*** Und auch jetzt noch trug man Bedenken, ihnen sogleich den Krieg anzukündigen oder Heere gegen sie auszusenden, sondern hielt es für besser, zuvor durch Fetialen Genugtuung zu fordern. ***14*** Man hatte vor Kurzem den Vejentern bei Nomentum und Fidenae Schlachten geliefert, nachher keinen Frieden, sondern nur Waffenstillstand geschlossen, und dieser war teils schon abgelaufen, teils hatten sie ihn noch vor dem Ablauf gebrochen. Gleichwohl schickte man Fetialen hin, welche nach der Sitte der Väter die Genugtuung nach abgelegtem Eid verlangten, aber kein Gehör fanden. ***15*** Nun entstand die Streitfrage, ob das Volk den Krieg genehmigt haben müsse, oder ob ein Senatsbeschluss genüge. Die Tribunen bewirkten durch die angedrohte Verhinderung einer Werbung, dass die Konsuln bei dem Volk auf diesen Krieg antragen müssten, und alle Zenturien genehmigten ihn. ***16*** Auch gelang es dem Bürgerstand, seinen Willen durchzusetzen, dass auf das nächste Jahr keine Konsuln gewählt wurden.

(31) Es wurden vier Kriegstribunen mit konsularischer Gewalt ernannt: Titus Quinctius Pennus, früher Konsul, Caius Furius, Marcus Postumius und Aulus Cornelius Cossus. ***2*** Von diesen behielt Cossus die Aufsicht über die Stadt; drei zogen nach abgehaltener Werbung gegen Veji und gaben den Beweis, dass der Oberbefehl im Krieg in den Händen Mehrerer schlecht aufgehoben ist. Dadurch, dass jeder seinen Plan befolgt wissen wollte, und doch der eine dies, der andere jenes für gut hielt, gaben sie dem Feind Gelegenheit, ihnen beizukommen. ***3*** Da die römische Linie ohne Halt war, weil der eine zum Rückzuge, der andere zur Schlacht blasen ließ, benutzten die Vejenter diesen Augenblick zum Angriff; doch ereilten die in Unordnung gebrachten und fliehenden Römer ihr nahes Lager. Die Schande war also größer als der Verlust. ***4*** Die Bürger, ungewohnt, ihre Heere besiegt zu wissen, waren betrübt, hassten die Tribunen und verlangten die Wahl eines Diktators; auf dem beruhe die ganze Hoffnung des Staates. Und da auch hier das Bedenken obwaltete, dass ein Diktator nur von einem Konsul ernannt werden könne, so benahmen ihnen die darum befragten Augurn diesen Zweifel.

5 Aulus Cornelius ernannte den Mamercus Aemilius zum Diktator und wurde selbst von ihm zum Magister Equitum ernannt. So wenig ließ man sich, sobald die Lage des Staates den wahren Tüchtigen nötig hatte, durch die von den Zensoren verhängte Strafe abhalten, den Herrscher des Staates aus einem als unwürdig beschimpften* Haus zu nehmen. ***6*** Obwohl die Vejenter, stolz auf ihr Glück, durch umhergeschickte Gesandte allen Völkern Etruriens kundtun ließen, dass sie drei römische Feldherren in einer Schlacht besiegt hätten, konnten sie doch keinen zur Teilnahme an ihren Plänen bewegen; doch zogen sie durch die Hoffnung auf Beute allenthalben Freiwillige an sich. ***7*** Das einzige Volk der Fidenaten ließ sich auf Empörung ein, und gleich, als sei es ihnen verboten, den Krieg anders als mit einer Freveltat zu eröffnen, vereinigten sie sich nicht eher mit den Vejentern, bis sie ihre Waffen, wie vormals mit dem Blut der Gesandten, so jetzt mit dem der neuen Siedler geweiht hatten. ***8*** Nun berieten die Häupter beider Völker, ob sie Veji oder Fidenae zum Mittelpunkt des Krieges machen sollten. Fidenae schien ihnen gelegener. Also gingen die Vejenter über die Tiber und verlegten den Krieg nach Fidenae. ***9*** In Rom herrschte großer Schrecken. Nach Einberufung des Heeres von Veji, das noch dazu durch die verlorene Schlacht mutlos geworden war, wurde ein Lager vor dem Collinischen Tor aufgeschlagen, auf den

* Vgl. Kap 24.

Stadtmauern Bewaffnete aufgestellt, die Gerichte auf dem Markt und die Kaufläden geschlossen, und alles sah einem Lager ähnlicher als einer Stadt.

(32) Da schickte der Diktator seine Herolde durch die Gassen, ließ die bestürzten Bürger zur Versammlung berufen und verwies es ihnen, **2** dass sie ihren Mut von einem so unbedeutenden Glückswechsel abhängig machten und nach einem kleinen Verlust, den man selbst nicht durch die Tapferkeit der Feinde, nicht durch die Feigheit des römischen Heeres, sondern durch die Zwietracht der Feldherren erlitten habe, den Vejenter als Feind fürchteten, den sie schon sechsmal bezwungen, und Fidenae, das sie beinahe öfter erobert als belagert hatten. **3** Noch wären sowohl die Römer als auch die Feinde dieselben, die sie seit so vielen Jahrhunderten gewesen wären; sie hätten noch denselben Mut, dieselbe Körperkraft, dieselben Waffen. Auch er sei noch eben der Diktator Mamercus Aemilius, der einst die Heere der Vejenter und Fidenaten, als sie sogar durch die Falisker verstärkt waren, bei Nomentum geschlagen habe; **4** und der Magister Equitum Aulus Cornelius werde in der Schlacht derselbe sein, der im vorigen Krieg als Oberster den König der Vejenter, Lar Tolumnius, im Angesicht beider Heere erschlagen habe und mit einer Fürstenbeute zum Tempel des Jupiter Feretrius eingegangen sei. **5** Sie möchten also die Waffen mit dem Bewusstsein ergreifen, dass auf ihrer Seite Triumphe, Beute und Sieg ständen, auf Seiten der Feinde hingegen der Frevel, gegen das Völkerrecht Gesandte gemordet, mitten im Frieden die Siedler zu Fidenae erschlagen, den Waffenstillstand gebrochen und den siebenten unglücklichen Abfall gewagt zu haben. **6** Er sei völlig überzeugt, dass, sobald nur Lager gegen Lager aufgeschlagen dastünde, teils diesem verbrecherischsten aller Feinde die Freude über die Schmach der Römer bald vergehen, **7** teils das römische Volk einsehen werde, wie ungleich mehr der Staat denjenigen verpflichtet sei, die ihn zum dritten Mal zum Diktator ernannt, als denen, die seiner zweiten Diktatur, weil sie die Tyrannei ihrer Zensur zerstörte, einen Schandfleck angehängt hätten.

8 Nachdem er die Gelübde ausgesprochen hatte, rückte er aus und schlug 1500 Schritte diesseits Fidenae sein Lager auf, zur Rechten durch die Gebirge, zur Linken durch den Tiberstrom gedeckt. **9** Dem Unterfeldherrn Titus Quinctius Pennus befahl er, die Berge zu besetzen und sich jener verdeckten Höhe zu versichern, die den Feinden im Rücken sei. **10** Als den Tag darauf die Etrusker voll Mut über ihren neuerlichen - ich möchte lieber sagen, glücklichen Zugriff als - erfochtenen Sieg in Schlachtordnung ausrückten, rückte auch der Diktator, der nur so lange zögerte, bis ihm seine Kundschafter meldeten, Quinctius habe die der Burg von Fidenae nahe gelegene Anhöhe schon erstiegen, zur Schlacht aus, führte die geordnete Linie des Fußvolkes im Sturmschritt auf den Feind **11** und gebot dem Magister Equitum, nicht ohne Befehl von ihm den Kampf zu beginnen. Er wolle ihm, sobald die Mitwirkung der Reiterei nötig sei, das Zeichen geben, dann aber möge der Gedanke an jenen Königskampf, an die dargebrachte Fürstenbeute, an Romulus und Jupiter Feretrius, seine Taten leiten. **12** Das Fußvolk schlug sich mit Ungestüm, von Hass entbrannt, schalt der Römer die Fidenaten Bösewichter, die Vejenter Räuber, Bundbrüchige, mit der unerhörten Blutschuld erschlagener Gesandten beladene, vom Blut der neuen Siedler bespritzte Mörder, treulose Bundesgenossen, feige Feinde, und ließ in Tat und Worten seinen Hass aus.

(33) Er hatte schon durch den ersten Angriff den Feind geworfen, als plötzlich die Tore von Fidenae sich öffneten und ein neues Heer herausbrach, wie man es bis dahin nie gehört, nie gesehen hatte. **2** Eine große Masse, mit Feuerbränden und brennenden Fackeln bewaffnet, rannte, wie von Wahnsinn getrieben, gegen den Feind [die Römer]; und die Erscheinung eines so ungewöhnlichen Kampfes setzte die Römer einen Augenblick in Schrecken. **3** Der Diktator, der den Magister Equitum mit der Reiterei, auch den Quinctius vom Gebirge zu sich befohlen hatte, befeuerte jetzt das Gefecht aufs Neue, eilte in eigener Person auf seinen linken Flügel, der im

Schrecken vor den Flammen gewichen war und mehr den Anblick einer Feuersbrunst als einer Schlacht gewährte, und rief mit lauter Stimme:

4 Wollt ihr, durch Rauch besiegt, wie ein Bienenschwarm von eurer Stelle gescheucht, einem wehrlosen Feind weichen? Warum schlagt ihr nicht mit dem Schwert diese Feuer aus? Warum schleudert ihr nicht die Fackeln, wenn denn einmal mit Feuer, nicht mit Waffen gekämpft werden soll, so viele ihnen jeder entreißen kann, in sie selbst hinein? 5 Vorwärts! Des Römernamens, der Tapferkeit eurer Väter und eurer eigenen eingedenk, kehrt diesen Brand gegen die Stadt der Feinde und vertilgt Fidenae mit seinen Flammen, da ihr es durch eure Wohltaten nicht versöhnen konntet. Dies fordert von euch das Blut eurer Gesandten und Siedler und euer verwüstetes Land.

6 Auf den Zuruf des Diktators setzte sich die ganze Linie in Bewegung. Teils fingen sie die ihnen entgegengeworfenen Fackeln auf, andere entrissen sie dem Feind mit Gewalt; und nun waren beide Heere mit Feuer bewaffnet. *7* Auch dem Gefecht der Reiterei gab der Magister Equitum eine neue Wendung. Er befahl ihr, den Pferden die Zügel zu nehmen, und er selbst voran spornte sein entzügeltes Ross mitten in die Feuer; auch die übrigen Pferde stürzten freien Laufes, bloß von Sporen getrieben, mit ihrem Reiter in den Feind. *8* Der Staub, der mit Rauch gemischt sich erhob, entzog den Augen der Soldaten wie den Pferden das Licht, mochte aber den Männern der Anblick schreckhaft sein, die Pferde schreckte er nicht. Wo also die Reiterei durchbrach, da schien alles vor ihr zusammenzustürzen.

9 Da erscholl ein neues Geschrei, und als sich beide Heere in Verwunderung dorthin wandten, rief der Diktator laut, der Unterfeldherr Quinctius habe mit seiner Schar den Feind im Rücken angegriffen, und nun hieß er auch die Seinigen mit erneutem Geschrei um so schneller vorrücken. *10* Da also zwei Schlachtreihen, zwei Treffen von entgegengesetzten Seiten die umzingelten Etrusker von vorn und von hinten bedrängten, und der Weg zur Flucht rückwärts ins Lager weniger möglich war als zu den Gebirgen hin, von denen herab der neue Feind sich ihnen entgegengeworfen hatte, auch die zügellosen Rosse die Reiterei über das ganze Feld verbreitet hatten, stürzte der größte Teil der Vejenter in vollem Lauf dem Tiber zu, *11* und die Fidenaten, so viele ihrer übrig waren, suchten ihre Stadt Fidenae zu erreichen. In der Bestürzung führte sie die Flucht mitten in das Blutbad hinein. Sie wurden an den Ufern niedergehauen, andere in das Wasser getrieben und von Strudeln verschlungen, vor Ermattung, Wunden und Bestürzung sanken auch die, welche schwimmen konnten; nur wenige von der Menge retteten sich durch Schwimmen. Der andere Schwarm rannte durch das Lager in die Stadt. Ebendahin treibt auch das Ungestüm die verfolgenden Römer, *12* namentlich den Quinctius und die mit ihm soeben vom Gebirge Herabgekommenen; sie waren die Kampfeifrigsten von allen, weil sie erst gegen Ende der Schlacht eingetroffen waren.

(34) Nachdem sie mit den Feinden in das Tor eingedrungen waren, gewannen sie die Mauer und gaben den Ihrigen von der Mauer herab das Zeichen, dass die Stadt erobert sei. *2* Kaum merkte dies der Diktator – denn auch er war schon in das verlassene feindliche Lager eingerückt –, da bewog er seine Soldaten, so gern sie sich hier zum Plündern verteilt hätten, durch die Hoffnung auf eine noch größere Beute in der Stadt, ihm an das Tor zu folgen, und als er eingelassen war, zog er zur Burg, wohin er die Scharen der Flüchtigen stürzen sah. *3* Das Gemetzel war in der Stadt ebenso groß wie in der Schlacht, bis endlich die Feinde die Waffen wegwarfen, nur um ihr Leben baten und sich dem Diktator ergaben. Stadt und Lager wurden geplündert. *4* Am folgenden Tag bekam jeder, vom Reiter hinauf bis zum Hauptmann, einen Gefangenen, so wie er durch das Los ihm zufiel, und wer sich durch Tapferkeit ausgezeichnet hatte, zwei. Nachdem der Diktator die übrigen versteigert hatte, führte er sein siegreiches, mit Beute beladenes Heer im Triumph nach Rom, *5* ließ den Magister Equitum sein Amt niederlegen und dankte gleichfalls ab, so dass er

binnen sechzehn Tagen die Regierung im Frieden wieder abgab, die er im Krieg und in der Zeit der Not übernommen hatte.

6 Einige Jahrbücher erwähnen auch eine Flotte, die sich bei Fidenae mit den Vejentern geschlagen habe. Dies ist ebenso unglaublich, als es untunlich war, da der Strom hierzu auch jetzt nicht breit genug ist, und er damals nach alten Berichten weit schmaler war, **7** es müsste denn sein, dass man das Zusammentreffen einiger Schiffe, als man dem Feind den Übergang über den Strom wehren wollte, wie es so leicht geschieht, zu hoch gepriesen und darin den unbegründeten Anspruch auf einen zu Wasser erfochtenen Sieg gefunden hat.

(35) Das folgende Jahr hatte Kriegstribunen mit konsularischer Gewalt, den Aulus Sempronius Atratinus, Lucius Quinctius Cincinnatus, Lucius Furius Medullinus und Lucius Horatius Barbatus. **2** Den Vejentern wurde ein Waffenstillstand auf zwanzig, den Aequern auf drei Jahre bewilligt, obgleich sie ihn auf mehrere Jahre beantragt hatten. Vor unruhigen Bewegungen hatte man in der Stadt Ruhe.

3 Dem folgenden Jahr gaben weder ein auswärtiger Krieg noch innere Unruhen eine Auszeichnung, wohl aber die im Krieg verheißenen Spiele eine Feierlichkeit, zu welcher teils die Anstalten der Kriegstribunen, teils der Zusammenfluss der Nachbarn beitrugen. **4** Tribunen mit Konsulgewalt waren Appius Claudius Crassus, Spurius Nautius Rutilus, Lucius Sergius Fidenas und Sextus Julius Jules. Das Schauspiel bereitete den Fremden, abgesehen davon, dass sie auf öffentliche Einladung erschienen waren, durch die Freundlichkeit ihrer Wirte noch größeres Vergnügen.

5 Den Spielen folgten aufrührerische Reden der Volkstribunen, in denen sie dem Bürgerstand Vorwürfe machten, dass er, staunend vor Bewunderung derer, die er hasse, sich selbst in ewiger Sklaverei gebannt halte **6** und nicht nur zu mutlos sei, sich die Hoffnung zu seinem Anteil am Konsulat zu erlauben, sondern sogar bei der Wahl der Kriegstribunen, die doch Adligen und Bürgerlichen gleich offen stände, ebenso wenig an sich selbst wie an die Seinigen denke. **7** Sie möchten also sich fernerhin nicht wundern, wenn niemand von den Vorteilen des Bürgerstandes rede. Mühe und Gefahren wende man nur an zu erwartende Vorteile und Ehre. Wenn denen, die Großes wagten, auch große Preise ausgesetzt würden, so würden sich die Menschen auf alles einlassen. **8** Dass aber irgendeiner von den Volkstribunen mit persönlicher Gefahr und ohne allen Nutzen sich blindlings in Streitigkeiten stürzen solle, bei denen er sicher darauf rechnen könne, dass ihn die Väter, gegen die er sie zu führen habe, mit unauslöschlichem Hass verfolgen würden, während er bei dem Bürgerstand, für welchen er gekämpft habe, um nichts geehrter sein werde, das sei weder zu hoffen noch zu verlangen. **9** Zu großem Mut werde man nur durch große Ehre gespornt. Kein Bürgerlicher werde sich für verächtlich halten, wenn sie selbst sich nicht länger verachten ließen. Man müsse doch endlich einmal mit dem einen oder andern den Versuch machen, ob auch wohl ein Bürgerlicher einem hohen Ehrenamt gewachsen sei, oder ob man es für etwas Unerhörtes und Wunderbares anzusehen habe, wenn einmal ein geborener Bürgerlicher als tüchtiger und verdienstvoller Mann aufträte. **10** Mit der größten Anstrengung habe man das Recht errungen, zu Kriegstribunen mit Konsulgewalt auch Bürgerliche wählen zu dürfen. Da hätten dann im Frieden und Krieg bewährte Männer darum angehalten. Weil sie aber in den ersten Jahren verhöhnt, abgewiesen und den Vätern zum Gelächter preisgegeben wären, hätten sie endlich aufgehört, sich ins Gesicht verhöhnen zu lassen. **11** Auch sähen sie nicht ein, warum nicht auch das Gesetz abgeschafft werde, nach welchem erlaubt wäre, was niemals geschehen würde; denn einer ungerechten Ausschließung würden sie sich weniger zu schämen haben, als wenn sie wegen eigener Unwürdigkeit übergangen würden.

(36) Der Beifall, den derartige Reden fanden, bewog diesen und jenen, sich zum Kriegstribunat zu melden; und der eine versprach, in seinem Amt diese, der andere andere Vorteile des Bürgerstandes beachten zu wollen. *2* Sie machten Hoffnung auf Verteilung der Staatsländereien, auf Ausführung neuer Kolonien, auf eine den Landbesitzern aufzuerlegende Abgabe, von welcher den Kriegern ein Sold gereicht werden könne. *3* Die Kriegstribunen aber ersahen die Zeit, während sich die Einwohner auf das Land begeben hatten, durch geheime Einladungen den Senat auf einen bestimmten Tag hereinzuberufen und den Senatsbeschluss abzufassen, bei dem die Volkstribunen nicht zugegen waren, *4* man solle auf die eingelaufene Nachricht von einem verheerenden Einfall der Volsker in das Gebiet der Herniker die Kriegstribunen hinschicken, um die Sache zu untersuchen und auf dem nächsten Wahltag Konsuln wählen. *5* Bei ihrer Abreise überließen sie die Regierung der Stadt dem Appius Claudius, dem Sohn des Dezemvirs, einem tätigen jungen Mann, dem der Hass gegen die Volkstribunen schon in der Wiege eingeflößt war. So wurde es den Volkstribunen gleich unmöglich gemacht, sich ebenso wenig mit jenen Abwesenden, die den Senatsbeschluss zustande gebracht hatten, als mit Appius, da die Sache schon abgetan war, in einen Streit einzulassen.

(37) Es wurden zu Konsuln Caius Sempronius Atratinus und Quintus Fabius Vibulanus gewählt. Eine fremde, aber denkwürdige Tatsache soll in dieses Jahr fallen: Vulturnum, eine Stadt der Etrusker, das jetzige Capua, soll von den Samniten erobert und nach ihrem Heerführer Capys oder, wie es wahrscheinlicher ist, von dem ebenen Feld Capua genannt sein. *2* Sie eroberten es aber, nachdem sie die Etrusker durch Kriege gezwungen hatten, sie in den Mitbesitz ihrer Stadt und ihres Landes aufzunehmen; und dann erschlugen die neuen Siedler die alten Einwohner in einem nächtlichen Überfall, als diese nach einem Festtag vom Schlaf und Genuss übermannt lagen.

3 Gleich darauf traten am 13. Dezember die genannten Konsuln ihr Amt an. *4* Schon brachten nicht bloß die dazu Abgeordneten die Nachricht, dass ein volskischer Krieg bevorstehe, sondern auch Gesandte von den Latinern und Hernikern meldeten, die Volsker hätten noch nie bei der Wahl ihrer Feldherren und bei der Aushebung eines Heeres so viel Sorgfalt bewiesen. *5* Durchgängig höre man sie unwillig sich äußern, dass sie entweder auf ewig den Waffen und Kriegen entsagen und das Joch auf sich nehmen oder denen, mit welchen sie um die Oberherrschaft stritten, an Tapferkeit, Ausdauer und Manneszucht es gleichtun wollten.

6 Diese Nachrichten waren nicht unbegründet, teils aber machten sie auf die Väter keinen besonderen Eindruck, teils verfuhr Caius Sempronius, dem das Los diesen Krieg beschied, in allen Stücken unbesonnen und nachlässig, und in seinen Gedanken Anführer des siegreichen Volkes gegen Besiegte – gleich als gäbe es in der Welt nichts Zuverlässigeres als das Glück –, traute er diesem, *7* so dass sich im volskischen Heer mehr römische Ordnung als im römischen fand. So war auch das Glück, wie auch sonst oft, entsprechend der Tapferkeit. *8* Gleich in der ersten Schlacht, welche Sempronius ohne Vorsicht und Überlegung lieferte, ging das Gefecht an, ohne dass er seine Linie durch einen Rückhalt gedeckt, noch die Reiterei am rechten Platz aufgestellt hatte. *9* Schon das Schlachtgeschrei gab zu erkennen, wohin der Sieg sich neigen würde. *10* Von den Feinden wurde es weit mutiger und kräftiger erhoben, von den Römern verworren, ungleich und einige Male schwächer erneuert, sprach es schon durch seine schwankende Haltung die Verzagtheit ihres Innern aus. *11* Um so mutvoller drangen die Feinde ein, drängten sie mit ihren Schilden, ließen ihnen die Schwerter vor den Augen blinken, während auf der andern Seite den um sich her Sehenden die Helme wankten, und sie selbst, vor Verlegenheit unstet, sich der Menge anschlossen. Wo die Fahnen noch standhielten, wurden sie von den Vorderlinien verlassen, andere in die Haufen der Ihrigen zurückgezogen. Noch war ebenso wenig Flucht wie Sieg entschieden;

doch deckte sich der Römer mehr, als dass er kämpfte. Der Volsker hingegen brach ein, drängte die Linie und sah mehr Feinde fallen als fliehen.

(38) Schon wichen sie auf allen Punkten, und vergeblich schalt und ermunterte der Konsul Sempronius; Herrschergewalt und Hoheit galten nichts mehr, **2** und bald würden sie dem Feind den Rücken gekehrt haben, wenn nicht Sextus Tempanius, ein Rittmeister, durch seine Geistesgegenwart die sinkende Sache gestützt hätte. Laut schrie er, wer von den Reitern das Ganze gerettet wissen wolle, solle absitzen, **3** und da die Reiter aller Schwadronen, wie auf des Konsuls Gebot, gehorchten, rief er: *Wenn wir nicht als Kohorte hinter Reiterschilden den Angriff der Feinde aufhalten, so ist es um Roms Oberherrschaft geschehen. Folgt statt der Fahne meiner Lanze! Zeigt Römern und Volskern, dass es mit euch zu Pferd keine Reiterei und zu Fuß kein Fußvolk aufnehmen könne.* **4** Als sie mit Geschrei seinem Zuruf Beifall gaben, schritt er mit hocherhobener Lanze voran. Wo sie erschienen, bahnten sie sich den Weg mit Gewalt; mit vorgehaltenen Schilden stürzten sie dahin, wo sie die Ihrigen am meisten bedrängt sahen. **5** Allenthalben, wo sie vordrangen, wurde die Schlacht wiederhergestellt, und hätten so wenige überall zugleich sein können, so hätten unstreitig die Feinde die Flucht ergriffen.

(39) Schon konnte man sie nirgends mehr aufhalten, als der volskische Feldherr seinen Leuten befahl, sie sollten die neue feindliche Kohorte mit den runden Schilden durchlassen, damit sie, mit Ungestüm vordringend, von den Ihrigen abgeschnitten würde. **2** Als dies geschah, waren die Reiter abgeschnitten. Sie selbst konnten auf demselben Weg, auf dem sie durchgebrochen waren, sich nicht wieder durchschlagen, weil da, wo sie sich Bahn gemacht hatten, die Feinde am dichtesten standen; **3** und der Konsul und das römische Fußvolk wagten sich, als sie die, welche eben noch des ganzen Heeres Schutz gewesen waren, nirgends mehr erblickten, in jede Gefahr, um so viele tapfere Männer nicht vom Feind abschneiden und überwältigen zu lassen. **4** Die Volsker, nach entgegengesetzten Seiten kämpfend, hielten hier den Konsul und das Fußvolk auf, und gegenüber setzten sie dem Tempanius und seinen Reitern zu, welche nach vergeblich wiederholten Versuchen, sich zu den Ihrigen durchzuschlagen, eine Anhöhe besetzten und in Kreisstellung fechtend jeden Verlust am Feind rächten. Erst die Nacht beendete den Kampf.

5 Auch der Konsul hielt, ohne irgendwo vom Kampf abzulassen, solange man noch einigermaßen Tageslicht hatte, den Feind beschäftigt. **6** Die Nacht trennte die Streitenden in völliger Ungewissheit, und wegen ihrer Unsicherheit über den Ausgang der Schlacht geriet in beiden Lagern alles in solche Bestürzung, dass beide Heere mit Hinterlassung der Verwundeten und eines großen Teiles ihres Gepäcks sich als Besiegte auf die nahen Berge zurückzogen. **7** Indes blieb der Hügel bis nach Mitternacht umlagert. Als hier bei den Belagerern die Nachricht eintraf, dass ihr Lager verlassen sei, hielten auch sie die Ihrigen für die Besiegten und flohen, wohin jeden jeweils der Schrecken im Dunkeln führte. **8** Aus Furcht vor einer List hielt Tempanius die Seinigen bis zum Tag beisammen. Als er darauf mit einigen wenigen auf Kundschaft ausging und durch Nachfrage bei den feindlichen Verwundeten erfuhr, dass die Volsker ihr Lager verlassen hätten, rief er voll Freude die Seinigen vom Hügel herab und rückte in das römische Lager. **9** Als er aber auch hier alles öde und verlassen und denselben kläglichen Anblick wie bei den Feinden fand, zog er – ohne die Rückkehr der Feinde, die ihren Irrtum bemerken konnten, abzuwarten, und mit so vielen Verwundeten, als er mitnehmen konnte –, weil er nicht wusste, in welche Gegend sich der Konsul gewandt habe, auf den nächsten Wegen zur Stadt.

(40) Dahin war der Ruf von der unglücklichen Schlacht und dem verlassenen Lager schon gedrungen, und vor allen waren die Reiter beklagt worden, ebenso sehr von den Einzelnen als vom Staat. **2** Und der Konsul Fabius hielt, da der Schrecken über die Stadt gekommen war, sich mit einem Posten vor den Toren auf, als die Reiter – die man in der Ferne, noch ungewiss, wer

sie sein möchten, nicht ohne Schrecken sah –, sobald sie erkannt wurden, die Besorgnis in eine so große Freude verwandelten, dass ein Jubelgeschrei von Glückwünschen über die Rückkehr der geretteten, siegreichen Reiter die Stadt durchdrang. Aus den kurz zuvor noch trauernden Häusern, welche die Ihrigen als verloren aufgegeben hatten, ***3*** rannte man auf die Straßen, und ängstlich liefen die Mütter und Gattinnen, in der Entzückung des Aufstandes vergessend, dem Zug entgegen, und jede flog, vor Entzücken kaum noch ihrer Glieder und Sinne mächtig, auf die Ihrigen zu.

4 Die Volkstribunen, die den Marcus Postumius und Titus Quinctius vor Gericht geladen hatten, weil durch ihre Schuld die Schlacht bei Veji* so unglücklich abgelaufen war, glaubten bei Gelegenheit des neuen Hasses, der auf den Konsul Sempronius fiel, auch gegen jene die Erbitterung erneuern zu können. ***5*** Sie beriefen eine Versammlung, und da sie sich mit Geschrei darüber ausgelassen hatten, dass bei Veji das allgemeine Beste von den Feldherren aufgeopfert sei, dass nachher im Volskerland, weil jene ungestraft geblieben wären, der Konsul ebenso sein Heer aufgeopfert, so tapfere Reiter dem Gemetzel preisgegeben und sein Lager schimpflich verlassen habe, ***6*** ließ Caius Julius, einer von den Tribunen, den Ritter Sextus Tempanius vorfordern und sprach in Gegenwart der Beklagten:

*Sextus Tempanius, ich frage dich, ob sich der Konsul Sempronius deiner Meinung nach zur rechten Zeit in eine Schlacht eingelassen, sein Heer durch einen Rückhalt verstärkt oder irgendeine Pflicht eines tüchtigen Konsuls erfüllt habe. 7 Ferner, hast du nicht, als das römische Fußvolk geschlagen war, aus eigenem Antrieb die Reiterei absitzen lassen und das Gefecht wiederhergestellt? Als du darauf von unserer Linie abgeschnitten warst, kam dir und den Reitern der Konsul entweder selbst zu Hilfe oder schickte er dir eine Unterstützung? 8 Fandest du den Tag darauf von irgendeinem einigen Beistand, oder drangst du mit deiner Kohorte aus eigener Tapferkeit in euer Lager? Fandet ihr da einen Konsul oder ein Heer im Lager oder alles preisgegeben? Die verwundeten Soldaten verlassen? **9** Hierüber hast du, deiner Tapferkeit und Treue gemäß, auf welcher allein das allgemeine Beste in dieser Schlacht beruhte, dich heute zu erklären, sowie endlich auch darüber, wo Caius Sempronius, wo unsere Legionen sein mögen, ob du verlassen seiest oder den Konsul und das Heer verlassen habest. Endlich, ob wir die Besiegten oder die Sieger sind.*

(41) Hierauf antwortete Tempanius, wie man erzählt, in einer ungekünstelten Rede, doch im festen Ton des Soldaten, ohne Prunk mit eigenem Verdienst, ohne Wohlgefallen an Beschuldigungen eines Dritten: ***2*** Wie viel Einsicht im Kriegswesen Caius Sempronius besitze, dies Urteil über seinen Feldherrn sei nicht die Sache eines Soldaten, sondern damals des römischen Volkes gewesen, als es ihn am Wahltag zum Konsul gewählt habe. ***3*** Also möchten sie ihn nicht über die Entwürfe eines Feldherrn, über die Eigenschaften eines Konsuls befragen, deren Würdigung selbst einen großen Geist, einen Mann von Kopf erfordere. Er könne nur erzählen, was er gesehen habe. ***4*** Er habe aber gesehen, ehe er vom Heer abgeschnitten worden sei, wie der Konsul im Vordertreffen gekämpft, Mut eingesprochen und unter den Fahnen der Römer und Pfeilen der Feinde gewaltet habe. ***5*** Nachher habe er selbst die Seinigen aus den Augen verloren. Aus dem Getümmel aber und dem Geschrei habe er gemerkt, dass der Kampf bis in die Nacht fortgesetzt worden sei; er glaube aber, dass man vor der Menge von Feinden zu dem Hügel, den er selbst besetzt gehabt, nicht habe durchdringen können. ***6*** Wo das Heer sei, wisse er nicht; er vermute aber, so wie er selbst sich und die Seinigen durch den günstigen Platz geschützt habe, so werde auch der Konsul zur Deckung des Heeres sein Lager in sichereren Gegenden genommen haben. ***7*** Auch glaube er nicht, dass es bei den Volskern besser als bei

* Vgl. Kap. 21.

den Römern stehe. Zufall und Nacht hätten lauter Irrungen auf beiden Seiten herbeigeführt. Dann soll er auf seine Bitte, sie möchten ihn, von Beschwerden und Wunden ermüdet, nicht länger aufhalten, mit großem Lob nicht weniger seiner Tapferkeit als seiner Mäßigung wegen entlassen worden sein.

8 Während dies verhandelt wurde, war der Konsul schon auf der Lavicanischen Heerstraße beim Tempel der Göttin Quies (Ruhe). Dahin schickte man Wagen und mehrere Lasttiere von der Stadt aus, welche das von Wunden und dem nächtlichen Marsch angegriffene Heer aufnahmen. ***9*** Bald darauf zog auch der Konsul in die Stadt, nicht so sehr bemüht, die Schuld von sich abzuwälzen, als vielmehr den Tempanius mit verdientem Lob erhebend.

10 Den über die verlorene Schlacht trauernden und auf die Feldherren erzürnten Bürgern wurde Marcus Postumius, der bei Veji Kriegstribun mit Prokonsulargewalt gewesen war, als Beklagter preisgegeben und zu einer Strafe von zehntausend As verurteilt. ***11*** Seinen Amtsgenossen Titus Quinctius sprachen alle Bezirke frei, weil er teils im Volskerland als Konsul unter dem Oberbefehl des Diktators Postumius Tubertus, teils bei Fidenae als Unterfeldherr des andern Diktators Mamercus Aemilius glücklich gekämpft hatte und die ganze Schuld jenes Unglücks seinem schon verurteilten Amtsgenossen aufbürdete. ***12*** Man sagt, es sei ihm das Andenken des ehrwürdigen Cincinnatus, seines Vaters, zustatten gekommen, auch der seinem Ende so nahe Quinctius Capitolinus, der die Bürger flehentlich bat, sie möchten ihn, da er noch so wenig Zeit zu leben habe, keine so traurige Nachricht an Cincinnatus mitnehmen lassen.

(42) Der Bürgerstand ernannte den Sextus Tempanius, Aulus Sellius, Sextus Antistius und Spurius Icilius, welche auch von den Rittern dem Wunsch des Tempanius gemäß zu ihren Hauptleuten* gewählt waren, zu Volkstribunen. ***2*** Da der Hass gegen Sempronius auch den Namen der Konsuln anstößig machte, verordnete der Senat, dass Kriegstribunen mit konsularischer Gewalt gewählt werden sollten. Man wählte den Lucius Manlius Capitolinus, Quintus Antonius Merenda und Lucius Papirius Mugillanus.

3 Gleich im Anfang des Jahres lud der Volkstribun Lucius Hortensius den vorjährigen Konsul Caius Sempronius vor Gericht. Da ihn nun vier seiner Amtsgenossen im Angesicht des römischen Volkes baten, er möchte ihren unschuldigen Feldherrn, an dem man außer seinem Missgeschick nichts tadeln könne, nicht verfolgen, ***4*** nahm dies Hortensius übel, weil er glaubte, man wolle bloß seine Beharrlichkeit prüfen, und der Beklagte verlasse sich nicht so sehr auf die Fürbitten der Tribunen, die nur zum Schein vorgebracht würden, als auf ihren Beistand. ***5*** Also wandte er sich bald an ihn selbst und fragte ihn, wo jener adlige Hochsinn, wo der auf Schuldlosigkeit sich stützende und vertrauensvolle Mut geblieben sei. Der Konsular habe sich in den Schatten der tribunizischen Hilfe verkrochen. Bald richtete er seine Fragen so an seine Amtsgenossen: ***6*** *Wie aber, wenn ich nun mit meiner Klage gegen ihn fortfahre, was werdet ihr dann tun? Etwa dem Volk sein Recht entreißen und die tribunizische Gewalt vernichten?* ***7*** Als jene erwiderten, dem römischen Volk stehe über Sempronius, wie über alle, die höchste Gewalt zu, und sie wollten und könnten des Volkes Urteil nicht aufheben; wenn aber ihre Bitten für ihren Feldherrn, der ihnen Vaterstelle vertrete, nichts vermöchten, dann würden sie mit ihm sich in die Hülle der Trauer werfen, da sprach Hortensius: ***8*** *Nein, seine Tribunen soll das römische Volk nicht in Trauerkleidern sehen. Hat es Caius Sempronius bei seiner Feldherrnstelle dahin bringen können, seinen Kriegern so lieb zu werden, so habe ich weiter nichts an ihm auszusetzen.* ***9*** Und die vier Tribunen ernteten von ihrer versöhnlichen Gesinnung bei Bürgerlichen und Vätern keinen größeren Beifall als

* Die Ritter, welche eigentlich unter Dekurionen (Rittmeistern) standen, hatten nur in der vorigen Schlacht, wo sie als Fußvolk dienten, Zenturionen oder Hauptleute nötig gehabt.

Hortensius von seinem auf gerechte Verwendung so versöhnlichen Herzen. ***10*** Gegen die Aequer, welche den zweifelhaften Sieg der Volsker als den ihrigen benutzt hatten, war das Glück nicht länger nachsichtig.

(43) Deswegen fiel auch im nächsten Jahr, in welchem Numerius Fabius Vibulanus und Titus Quinctius Capitolinus, des Capitolinus Sohn, Konsuln waren, unter der Anführung des Fabius, dem das Los diesen Krieg bestimmte, nichts Merkwürdiges vor. ***2*** Denn da sich die Aequer in ihrer zagenden Schlachtordnung kaum sehen ließen, wurden sie, ohne dass der Sieg dem Konsul große Ehre machte, schimpflich in die Flucht geschlagen. Deswegen wurde ihm auch der Triumph verweigert. Weil er indes den Schimpf der Sempronischen Niederlage gemildert hatte, gestattete man ihm, im kleinen Triumph zu Pferd in die Stadt einzuziehen.

3 Als nun der Krieg mit geringerer Anstrengung als man vermutet hatte, beendet war, kam auf die Ruhe in der Stadt unerwartet eine ungeheure Zwietracht zwischen Bürgern und Vätern zum Ausbruch, welche die zu verdoppelnde Zahl der Quästoren veranlasste. ***4*** Da die Väter dem von den Konsuln gestellten Antrag, dass außer den beiden Stadtquästoren noch zwei für die Kriegsgeschäfte der Konsuln da sein müssten, ihren ganzen Beifall gegeben hatten, so machten die Volkstribunen den Konsuln die Sache in der Absicht streitig, dass ein Teil der Quästoren – denn bisher hatte man nur Adlige dazu genommen – aus dem Bürgerstand gewählt werden sollte. ***5*** Anfangs widersetzten sich dieser Forderung Konsuln und Väter mit allen Kräften; und als dann ihre nachgiebige Einwilligung – dass man ebenso bei den Quästoren dem Volk freie Wahl lassen solle, wie sie es bisher bei Ernennung der Tribunen mit konsularischer Gewalt geübt habe –, nicht den gewünschten Erfolg hatte, gaben sie den die Vermehrung der Quästoren betreffenden Vorschlag ganz auf. ***6*** Sogleich machten die Tribunen die aufgegebene Sache zu der ihrigen, und es folgte ein aufrührerischer Antrag nach dem andern, wozu auch der über die Landverteilungen gehörte. Da nun der Senat dieser Gärungen wegen lieber Konsuln als Kriegstribunen gewählt wissen wollte, die Tribunen aber durch ihre Einsprachen keinen Senatsbeschluss Zustande kommen ließen, ***7*** ging die Verwaltung des Staats von den Konsuln auf eine Zwischenregierung über, und auch das nicht ohne einen sehr heftigen Streit, weil die Tribunen die dazu nötige Zusammenkunft der Patrizier untersagten.

8 Da der größere Teil des folgenden Jahres unter neuen Volkstribunen und mehreren Zwischenregierungen bei fortgesetzten Streitigkeiten verflossen war – indem die Tribunen bald den Patriziern verboten, zur Aufstellung eines Zwischenkönigs (*interrex*) zusammenzutreten, bald durch ihre Einsprache den Senatsbeschluss umstürzten, den der Zwischenkönig zur Ansetzung einer Konsulnwahl bewirken wollte –, ***9*** so beteuerte endlich der zuletzt aufgestellte Zwischenkönig Lucius Papirius Mugillanus unter Vorwürfen, die er bald den Vätern, bald den Volkstribunen machte, dass sich, von Menschen verlassen und aufgegeben, der Staat, weil sich statt ihrer die Vorsehung und Fürsorge der Götter seiner annähmen, bloß durch den Waffenstillstand mit den Vejentern und durch die Unentschlossenheit der Aequer erhalte. ***10*** Wie aber, wenn von dieser Seite irgendein Schrecken drohe? Ob sie dann willens wären, den Staat ohne patrizische Obrigkeit überfallen zu lassen? Kein Heer zu haben? Keinen Feldherrn zur Aushebung eines Heeres? Ob sie etwa den Krieg von außen durch inneren Krieg abzuwehren dächten? ***11*** Wenn dies alles zusammenträfe, würde kaum die Allmacht der Götter verhindern können, dass der römische Staat darunter erliege. Sie sollten lieber beide etwas von der Strenge des Rechts nachlassen und durch Mittelwege die Eintracht befestigen: ***12*** die Väter, indem sie zugäben, dass statt der Konsuln Kriegstribunen gewählt würden, die Volkstribunen, wenn sie nichts dagegen einwendeten, dass das Volk die vier Quästoren gemeinschaftlich aus Bürgerlichen und Adligen durch freie Stimmenwahl ernennen dürfe.

(44) Zuerst schritt man zur Wahl der Tribunen. Zu Kriegstribunen mit Konsulgewalt wurden lauter Patrizier gewählt, Lucius Quinctius Cincinnatus zum dritten Mal, Lucius Furius Medullinus zum zweiten Mal, Marcus Manlius und Aulus Sempronius Atratinus. *2* Als unter dem Vorsitz dieses Tribuns bei der Quästorwahl unter mehreren Bürgerlichen auch der Sohn des Volkstribuns Antistius und der Bruder eines andern Volkstribuns, des Sextus Pompilius, sich meldeten, konnten doch diese sowenig durch ihr Amt als durch ihre Empfehlung die Leute abhalten, diejenigen ihres Adels wegen vorzuziehen, in deren Vätern und Großvätern sie Konsuln gesehen hatten.

3 Alle Volkstribunen waren wütend, vor allen Pompilius und Antistius, aufgebracht über die Zurücksetzung der Ihrigen. *4* Das sei doch unbegreiflich, sagten sie. Weder ihre Wohltaten noch die Kränkungen von den Vätern, noch endlich die Freude, von ihrem Recht einmal Gebrauch zu machen – da ihnen doch jetzt freistehe, was früher nicht erlaubt gewesen sei –, hätten die Bürger veranlassen können, einen einzigen Bürgerlichen, wenn auch nicht zum Kriegstribun, so doch wenigstens zum Quästor zu machen. *5* Fruchtlos wären die Bitten gewesen, des Vaters für seinen Sohn, des Bruders für seinen Bruder, zweier Volkstribunen von heiligem zum Schutz der Freiheit gestifteten Amt. Sicher stecke ein Betrug dahinter, und Aulus Sempronius sei bei der Wahl mehr listig als ehrlich zu Werke gegangen. Seine Widerrechtlichkeit sei es – so klagten sie –, welche die Ihrigen von dem Ehrenamt zurückgestoßen habe. *6* Da sie nun gegen ihn selbst, den seine Unschuld und sein jetziges Amt deckten, ihren Angriff nicht richten konnten, so wandten sie ihren Zorn gegen Caius Sempronius, den Neffen des Aulus Atratinus, und ließen ihn wegen der im Volskerkrieg erlittenen Schande vor Gericht fordern, wozu ihr Amtsgenosse Marcus Canulejius die Hand bot. *7* Unmittelbar darauf brachten dieselben Tribunen im Senat die Landverteilung zur Sprache, einen Vorschlag, dem sich Caius Sempronius immer sehr heftig widersetzt hatte, weil sie ganz richtig vermuteten, er werde entweder, wenn er diese Sache fallen ließe, den Vätern als Beklagter weniger wert sein, oder, wenn er dabei beharrte, sich gerade gegen die Zeit seines Verhörs bei den Bürgern verhasst machen. *8* Er wollte lieber dem Hass, den er vor Augen sah, sich preisgeben und seiner eigenen Sache schaden, als die des Staates im Stich lassen, *9* und blieb bei seiner Erklärung, man müsse die Schenkung nicht zustande kommen lassen, von der nur die drei Tribunen den Dank ernten würden. Und selbst hierin sei es nicht auf Ländereien für den Bürgerstand, sondern auf Hass gegen ihn abgesehen. Teils wollte er selbst diesen Sturm mit Mut und Tapferkeit über sich ergehen lassen, teils müsse weder er als Mitbürger noch irgendein anderer dem Senat so viel wert sein, dass, um einen zu schonen, das Ganze Schaden leide. *10* Da er, als der Tag erschien, mit ebenso wenig gebeugtem Mut seine Sache führte, und die Väter vergebens alles aufgeboten hatten, den Bürgerstand zu beruhigen, so verurteilte man ihn zu einer Strafe von 15 000 As.

11 In demselben Jahr musste sich eine Vestalin, Postumia, gegen die Anklage der Unsittlichkeit verantworten, die auch mit Unrecht beschuldigt war, allein durch ihr anmutiges Äußeres und ein munteres Wesen, wie es einer Jungfrau anständig ist, dem Argwohn Gelegenheit gab. *12* Es wurde ihr ein zweiter Gerichtstag zugestanden, und als sie freigesprochen war, empfahl ihr der Hohepriester im Namen seines Kollegiums, das freie Wesen zu lassen und sich lieber ehrbar als geschmackvoll zu kleiden.

Auch wurde in diesem Jahr die Stadt Cumae, welche damals den Griechen gehörte, von den Campanern erobert. *13* Das folgende Jahr hatte Kriegstribunen mit konsularischer Gewalt, den Agrippa Menenius Lanatus, Publius Lucretius Tricipitinus und Spurius Nautius Rutilus.

(45) Dieses Jahr war vermöge des Glückes des römischen Volkes mehr ausgezeichnet durch eine große Gefahr als durch ein großes Unglück. Die Sklaven verschworen sich, die Stadt an verschiedenen Ecken in Brand zu stecken und, während das Volk allenthalben mit Rettung der

Häuser beschäftigt sei, bewaffnet die Burg und das Kapitol zu erobern. ***2*** Der verruchte Anschlag wurde von Jupiter abgewandt; auf die Anzeige Zweier wurden die Schuldigen ergriffen und bestraft, von den Anzeigern bekam jeder 10 000 As aus der Schatzkammer gezahlt, welche damals für Reichtum galten, und die Freiheit zur Belohnung.

3 Darauf fingen die Aequer an, sich wieder zum Krieg zu rüsten, und man erfuhr in Rom aus zuverlässiger Quelle, dass die Lavicaner, neue Feinde, mit den alten gemeinschaftliche Sache machten. ***4*** An die Angriffe der Aequer war man schon als alle Jahre wiederkehrende gewöhnt. Nach Lavici aber wurden Gesandte geschickt, und weil aus der zweideutigen Antwort, welche diese zurückbrachten, sich ergab, dass sie sich zwar jetzt noch nicht zum Krieg anschickten, dass aber auch der Friede nicht von Bestand sein werde, gab man den Tuskulanern den Auftrag, auf jede neue Bewegung zu Lavici zu achten.

5 Kaum hatten die konsularischen Kriegstribunen des folgenden Jahres ihr Amt angetreten – es waren dies Lucius Sergius Fidenas, Marcus Papirius Mugillanus, Cajus Servilius, ein Sohn des Priscus, der als Diktator Fidenae erobert hatte –, da fanden sich bei ihnen Gesandte von Tuskulum ein. ***6*** Sie meldeten, die Lavicaner hätten die Waffen ergriffen, und nachdem sie mit dem Heer der Aequer vereint das tuskulanische Gebiet verheert hätten, sich auf dem Berg Algidus gelagert. ***7*** Nun wurde den Lavicanern der Krieg angekündigt; als aber der Senat beschloss, dass zwei von den Tribunen zu Felde ziehen und einer die Angelegenheiten Roms besorgen sollte, erhob sich zwischen diesen Tribunen ein unerwarteter Streit. Jeder hielt sich für den würdigeren Feldherrn und suchte der Besorgung der städtischen Angelegenheiten, als einem undankbaren und unrühmlichen Geschäft, auszuweichen. ***8*** Als die Väter dem unanständigen Streit zwischen Amtsgenossen mit Verwunderung zusahen, sprach Quintus Servilius: *Weil ihr denn ebenso wenig für diesen Stand wie für das allgemeine Beste Achtung habt, so soll das väterliche Ansehen diesen Streit entscheiden. Mein Sohn soll, ohne zu losen, die Stadt behalten. Mögen die, welche den Krieg für sich beanspruchen, ihn mit mehr Überlegung und Eintracht führen, als sie ihn begehren!*

(46) Man hatte beschlossen, die Werbung nicht auf das ganze Volk ohne Unterschied auszudehnen; das Los musste zehn Bezirke bestimmen, und die aus diesen aufgezeichneten Dienstfähigen wurden von den zwei Tribunen in den Krieg geführt. ***2*** Den Streit, der unter ihnen schon in der Stadt begann, entflammte dieselbe Begierde nach dem Oberbefehl im Lager noch weit heftiger. In keinem Punkt waren sie einig; jeder verfocht seine Meinung, nur seine Anschläge, nur seine Befehle sollten gültig sein; er verachtete den andern und wurde wieder von diesem verachtet, ***3*** bis endlich auf die Rüge der Unterfeldherren ein Vergleich zustande kam, dass jeder einen Tag um den andern den Oberbefehl haben sollte. ***4*** Als man dies in Rom erfuhr, soll Quintus Servilius, durch Alter und Erfahrung belehrt, die unsterblichen Götter gebeten haben, sie möchten diesen Zwist der Tribunen dem Staat nicht noch nachteiliger werden lassen, als der bei Veji gewesen sei, und, gleich als sei ein bevorstehendes Unglück außer Zweifel, soll er bei seinem Sohn darauf gedrungen haben, Truppen zu werben und an Bewaffnung zu denken. Und seine Prophezeiung wurde erfüllt. ***5*** Denn unter der Anführung des Lucius Sergius, der an diesem Tag den Oberbefehl hatte, wurden die Römer in einer nachteiligen Stellung dicht unter dem feindlichen Lager – wohin sie die törichte Hoffnung, es zu erobern, gelockt hatte, weil sich der Feind in verstellter Furcht bis an seinen Wall zurückzog –, in einem plötzlichen Angriff der Aequer durch das rücklings abhängige Tal zurückgeworfen, und in diesem mehr einem Zusammensturz als einer Flucht ähnlichen Gewühl eine Menge überfallen und niedergemacht. ***6*** Auch ihr Lager, das sie an diesem Tag mit Mühe behaupteten, verloren sie am folgenden, als es größtenteils schon vom Feind umzingelt war, durch eine schimpfliche Flucht aus dem Hintertor. Die Anführer und Unterfeldherren und der die Fahnen deckende Kern des Heeres flüchteten nach Tuskulum. ***7*** Die anderen, die zerstreut

im Land umherschweiften, eilten auf mancherlei Wegen mit der Nachricht von einer größeren Niederlage, als sie wirklich erlitten hatten, nach Rom. ***8*** Man geriet hier weniger in Bestürzung, weil der Erfolg gerade der war, den man befürchtet hatte, und vom Kriegstribun die Vorkehrungen, an die man in der Not sich halten konnte, schon getroffen waren. ***9*** Nachdem er ferner durch die niederen Beamten den Auflauf in der Stadt gestillt hatte, wurden auf seinen Befehl eiligst Kundschafter ausgeschickt, welche mit der Nachricht zurückkamen, das Heer sei mit seinen Feldherren zu Tuskulum, und der Feind mit seinem Lager nicht weitergerückt. ***10*** Was ihnen aber am meisten Mut machte, war dies, dass vermöge eines Senatsbeschlusses Quintus Servilius Priscus zum Diktator ernannt wurde, ein Mann, dessen Scharfblick in Staatssachen die Bürger zwar schon in manchen früheren Stürmen kennengelernt hatten, namentlich aber jetzt durch den Ausgang dieses Krieges, weil ihm allein der Streit der Tribunen noch vor der unglücklichen Kriegführung verdacht eingeflößt hatte. ***11*** Nachdem er den Kriegstribun, von dem er selbst zum Diktator ernannt war, seinen Sohn, zum Magister Equitum erklärt hatte – dies berichten einige, während andere schreiben, Servilius Ahala sei in diesem Jahr Magister Equitum gewesen –, ***12*** rückte er mit dem neuen Heer zum Krieg aus, zog die zu Tuskulum Befindlichen an sich und schlug zweitausend Schritte vom Feind sein Lager auf.

(47) Übermut und Leichtsinn, vorher die Fehler der römischen Feldherren, waren nach der gewonnenen Schlacht auf die Aequer übergegangen. ***2*** Da also der Diktator gleich beim Anfang der Schlacht durch seine einhauende Reiterei die vorderen feindlichen Glieder in Unordnung gebracht hatte, ließ er das Fußvolk einen schnellen Angriff machen und tötete einen seiner Fahnenträger, welcher zögerte, mit eigener Hand. ***3*** Man ging mit solchem Eifer in den Kampf, dass die Aequer den Angriff nicht aushielten, und als sie sich nach verlorener Schlacht in völliger Flucht in ihr Lager gerettet hatten, erforderte die Bestürzung weniger Zeit und Kampf als die Schlacht. ***4*** Als der Diktator nach Eroberung und Plünderung des Lagers den Soldaten die Beute überlassen hatte, und die Reiterei, die den Feind auf seiner Flucht aus dem Lager verfolgt hatte, ihm meldete, dass alle geschlagenen Lavicaner und ein großer Teil der Aequer nach Lavici geflohen wären, ***5*** rückte er am Tag darauf mit dem Heer vor Lavici, und die ringsum bestürmte Stadt wurde mit Leitern erstiegen und geplündert. ***6*** Der Diktator führte das siegreiche Heer nach Rom zurück und legte den achten Tag, nachdem er gewählt war, sein Amt nieder; und zur gelegenen Zeit beschloss der Senat durch eine große Stimmenmehrheit, ehe noch die Volkstribunen durch beabsichtigte Ackerverschenkungen Unruhen erregen und eine Verteilung der Feldmarken von Lavici in Vorschlag bringen konnten, eine Kolonie nach Lavici führen zu lassen. ***7*** 1500 von Rom ausgeschickte Kolonisten bekamen jeder zwei Morgen Land.

Nach Eroberung von Lavici und darauf erfolgter Wahl der Kriegstribunen mit konsularischer Gewalt, des Agrippa Menenius Lanatus, des Lucius Servilius Structus, des Publius Lucretius Tricipitinus – sie alle waren es zum zweiten Mal – und des Spurius Rutilius Crassus, ***8*** und für das folgende Jahr des Quintus Fabius Vibulanus, des Aulus Sempronius Atratinus zum dritten Mal, des Marcus Papirius Mugillanus und Spurius Nautius Rutilus – diese beiden waren es zum zweiten Mal – hatte man zwei Jahre lang Ruhe von außen, aber im Inneren Zwietracht wegen der Ackergesetze.

(48) Die Aufwiegler des Pöbels waren Spurius Maecilius und Marcus Metilius, beide in ihrer Abwesenheit zu Volkstribunen gewählt, jener zum vierten, dieser zum dritten Mal. ***2*** Und da sie den Antrag angekündigt hatten, dass alles den Feinden abgenommene Land nach Köpfen verteilt werden sollte, und durch diesen Volksbeschluss der Besitz eines großen Teiles des Adels für Staatsgut erklärt wurde – ***3*** denn eine auf fremdem Boden erbaute Stadt besaß von Ländereien fast nichts, als was sie mit den Waffen erobert hatte, und von den Bürgerlichen hatte niemand

Ländereien, außer denen, welche ihnen vom Staat verkauft oder angewiesen worden waren –, *4* so schien hiermit das Zeichen zu einem heftigen Streit zwischen Bürgerlichen und Adligen gegeben zu sein, und die Kriegstribunen fanden weder im Senat noch in den anberaumten Versammlungen der Vornehmen einen Ausweg. Da soll Appius Claudius, ein Neffe des gewesenen Dezemvirs, *5* der jüngste von den versammelten Vätern, gesagt haben, er bringe von Hause eine alte, geerbte Maßregel mit. *6* Sein Vorfahr Appius Claudius habe den Vätern das einzige Mittel gezeigt, die tribunizische Gewalt aufzulösen; nämlich die Einsprache der Amtsgenossen. *7* Es sei leicht, solche Emporkömmlinge durch das Ansehen der Großen von ihrer Meinung abzubringen, wenn man mit ihnen zuweilen mehr der Zeitumstände als seiner Würde eingedenk zu reden wisse. *8* Ihr Mut sei ihrer Lage angemessen, wenn sie sähen, dass ihnen die Hauptförderer des zu betreibenden Vorschlages alle Zuneigung des Bürgerstandes vorweggenommen hätten, und für sie kein Platz mehr sei, *9* so würden sie sich ohne Weigerung an die Sache des Senates anschließen, durch die sie sich als Mitverbündete der Vornehmen dem ganzen Stand der Väter empfehlen würden.

10 Da ihm alle beipflichteten, und besonders Quintus Servilius Priscus dem jungen Mann sein Lob darüber erteilte, dass er nicht aus der Art des claudischen Stammes geschlagen sei, wurde es allen zur Aufgabe gestellt, nach Möglichkeit diesen oder jenen vom Kollegium der Tribunen zur Einsprache zu stimmen.

11 Nach Entlassung des Senates drängten sich die Großen schmeichelnd an die Tribunen, und auf ihr Zureden, auf ihre Vorstellungen und Versicherungen, wie sehr sie sich dadurch jeden insbesondere und zugleich den ganzen Senat verpflichten würden, standen ihnen sechs zur Einsprache bereit. *12* Da nun am folgenden Tag im Senate verabredetermaßen der Aufruhr zur Sprache gebracht wurde, welchen Maecilius und Metilius durch eine Schenkung von so nachteiligem Beispiel stiften würden, *13* machten die Vornehmsten der Väter zum Inhalt ihrer Reden die Erklärung, sie alle wüssten sich nicht weiter zu raten und sähen auch keine andere Hilfe als den Beistand der Tribunen. Der bedrängte Staat flüchte sich wie ein hilfloser Privatmann in den Schutz dieser Macht. *14* Ihnen selbst und ihrem Amt gereiche es zur Ehre, wenn das Tribunat Kraft genug habe, den Senat nicht zu beunruhigen und keine Zwietracht unter den Ständen zu erregen, und vielmehr boshaften Amtsgenossen Widerstand zu leisten. *15* Im ganzen Senat wurde es jetzt laut, weil man von allen Seiten des Rathauses die Hilfe der Tribunen in Anspruch nahm, und nun erklärten nach erfolgter Stille die durch den Einfluss der Großen gewonnenen Tribunen, sie würden dem Antrage ihrer Amtsgenossen, weil er nach dem Urteil des Senates den Staat auflöse, ihre Zustimmung versagen. *16* Der Senat versicherte sie seines Dankes. Die Förderer des Vorschlages schalten vor dem berufenen Volk jene als Verräter an dem Wohl des Bürgerstandes und Sklaven der Konsularen, machten noch in weiteren Reden heftige Ausfälle auf ihre Mittribunen und ließen dann die Sache liegen.

(49) Das folgende Jahr, in welchem Publius Cornelius Cossus, Caius Valerius Potitus und Numerius Fabius Vibulanus Kriegstribunen mit Konsulgewalt waren, hätte die beiden beständigen Kriege wieder gehabt, *2* hätten nicht den Ausbruch des Krieges mit Veji die dortigen Großen verschoben, die in der ihre Feldmarken verwüstenden und hauptsächlich ihre Landhäuser zerstörenden Überschwemmung des Tibers eine höhere Warnung sahen. *3* Und die Aequer verhinderte die vor drei Jahren erlittene Niederlage, den Bolanern, die zu ihrem Volk gehörten, Beistand zu leisten. *4* Diese hatten in das angrenzende Lavicanische Einfälle gemacht und die neuen Siedler bekriegt. *5* Da sie nun gehofft hatten, ihr Unrecht durch den Beitritt aller Aequer verfechten zu können und sich von den Ihrigen verlassen sahen, verloren sie in einem nicht einmal der Erwähnung würdigen Krieg nach einer Belagerung und einem einzigen kleinen Gefecht Stadt und Land. *6* Den vom Volkstribun Lucius Sextus versuchten Vorschlag, dass auch nach Bolae

sowie nach Lavici Kolonisten geschickt werden sollten, vereitelte die Einsprache seiner Amtsgenossen, welche erklärten, sie würden keinen Volksbeschluss durchgehen lassen, der nicht die Genehmigung des Senates habe.

7 Die Aequer, die im folgenden Jahr Bolae wiedereroberten und eine Kolonie dorthin führten, sicherten die Stadt durch neue Streitkräfte, während in Rom Cnaeus Cornelius Cossus, Lucius Valerius Potitus, Quintus Fabius Vibulanus zum zweiten Mal und Marcus Postumius Regillensis Kriegstribunen mit Konsulgewalt waren. ***8*** Der Letztere erhielt den Krieg gegen die Aequer, ein Mann, dessen verkehrten Sinn nicht so sehr die Führung des Krieges als vielmehr der Sieg offenbarte. ***9*** Denn eifrig warb er ein Heer, führte es vor Bolae, brach in einigen kleinen Gefechten den Trotz der Aequer und drang zuletzt in die Stadt. Nun wandte er seine Angriffe von den Feinden auf seine Mitbürger, und da er während der Belagerung bekannt gemacht hatte, die Beute solle den Soldaten gehören, hielt er nach der Eroberung der Stadt nicht Wort. ***10*** Dieser Grund der Unzufriedenheit des Heeres mit ihm ist mir wahrscheinlicher als der, dass es in der erst kürzlich geplünderten Stadt und noch neuen Siedlung weniger Beute gefunden habe, als der Tribun versprochen hatte. ***11*** Als er dann auf den Ruf seiner Amtsgenossen aus Anlass der tribunizischen Unruhen in die Stadt zurückgekehrt war, hörte man von ihm in der Versammlung, was jene Erbitterung noch vermehrte, einen unvernünftigen und beinahe wahnsinnigen Ausdruck, indem er dem Volkstribun Sextius auf seinen Vorschlag der Landverteilung und auf die Äußerung, dass er auch auf die Absendung einer Kolonie nach Bolae antragen werde, weil es doch billig sei, dass die Stadt und das Gebiet von Bolae denen gehöre, die es erkämpft hätten – die Antwort gab: *Meinen Soldaten sollte es übel gehen, wenn sie nicht ruhig sind.* Worte, welche die Versammlung nicht tiefer kränkten als die Väter. ***12*** Und der Volkstribun, ein entschiedener und nicht unberedter Mann, der unter seinen Gegnern einen so übermütigen Menschen gefunden hatte, und diese ungezähmte Zunge, die er durch Reizungen und Aufforderungen zu Ausdrücken verleiten konnte, welche nicht allein den Mann selbst, sondern auch seine Sache und den ganzen Stand verhasst machten, ließ sich mit keinem vom Kollegium der Kriegstribunen öfter in Widerspruch ein als mit Postumius. ***13*** Und nun vollends nach dieser so grimmigen und unmenschlichen Äußerung rief er: *Hört ihr ihn, ihr Quiriten, wie er den Soldaten gleich Sklaven mit Hieben droht?* ***14*** *Und dennoch werdet ihr dies Ungeheuer seines hohen Amtes würdiger achten als alle, die euch mit Stadt und Feld beschenkt in Kolonien aussenden, für eine Ruhestatt eures Alters sorgen, für eure Vorteile gegen so grausame und übermütige Gegner sich zum Kampf stellen.* ***15*** *Möchte es euch doch endlich nun klar werden, warum nur noch so wenige sich eurer Sache annehmen. Denn was sollen sie von euch hoffen? Etwa Ehrenstellen, die ihr euren Gegnern lieber gebt als den Vorkämpfern des römischen Volkes?* ***16*** *Ihr seufztet jetzt, als ihr den Ausdruck des Menschen hörtet, was schadet das? Wenn ihr demnächst eure Stimmen abgebt, werdet ihr dennoch diesen hier, der euch wie Sklaven bedroht, denen, die euch im Besitz von Ländereien, Wohnstätten und Glücksgütern feststellen wollen, vorziehen.*

(50) Als diese Äußerung des Postumius den Soldaten zu Ohren kam, erregte sie im Lager noch weit größeren Unwillen: *Will der Betrüger*, hieß es, *der unsere Beute unterschlug, nun auch Soldaten wie Sklaven drohen?* ***2*** Und da sie nun ganz öffentlich lärmten, und der Quästor Publius Sestius, der den Aufruhr mit derselben Härte stillen zu können glaubte, durch welche er veranlasst war, gegen einen der Schreier den Liktor gehen ließ, ***3*** nötigte ihn bei dem daraus erfolgten Geschrei und Streit ein Steinwurf, sich aus dem Getümmel zurückzuziehen, und der ihn verwundet hatte, schrie ihm nach: *Nun hat der Quästor, was der Feldherr den Soldaten gedroht hat!* ***4*** Postumius, zu diesem Lärm herzugerufen, machte durch scharfe Untersuchungen und grausame Hinrichtungen alles noch widerspenstiger. Endlich, als er seinem Zorn keine Schranken setzte, und auf das Ge-

schrei derer, die auf seinen Befehl unter aufgelegten Hürden ersäuft werden sollten, ein Auflauf entstand, lief er selbst in Wut zu denen, die der Vollziehung wehren wollten, von der Richterbühne hinab. **5** Da nun hier die allenthalben dreinschlagenden Liktoren und Hauptleute dem Haufen übel zusetzten, kam der Unwille zu einem so heftigen Ausbruch, dass der Kriegstribun von seinem Heer gesteinigt wurde.

6 Als diese grässliche Tat nach Rom gemeldet wurde und die Kriegstribunen durch den Senat Untersuchungen über den Tod ihres Amtsgenossen anstellen wollten, erhoben die Volkstribunen Einspruch. *7* Dieser Zwist aber hing von einem anderen Streit ab, nämlich dem, dass die Väter befürchteten, die Bürger möchten aus Furcht vor Untersuchungen und aus Erbitterung Kriegstribunen vom Bürgerstand wählen, und sie gaben sich alle Mühe, eine Konsulwahl zu bewirken. **8** Da aber die Volkstribunen keinen Senatsbeschluss zustande kommen ließen und zugleich durch ihren Einspruch jeden konsularischen Wahltag hintertrieben, kam man wieder auf eine Zwischenregierung zurück. Am Ende siegten die Väter.

(51) Als der Zwischenkönig Quintus Fabius Vibulanus den Wahltag abhielt, wurden Aulus Cornelius Cossus und Lucius Furius Medullinus zu Konsuln gewählt. **2** Unter diesen Konsuln wurde im Anfang des Jahres ein Senatsbeschluss abgefasst, dass die Tribunen je eher je lieber auf eine Untersuchung des an Postumius verübten Mordes bei dem Bürgerstand antragen und ihm überlassen sollten, wem er die Leitung derselben übertragen wolle. **3** Der Bürgerstand übergab dieses Amt mit Zustimmung des Volkes den Konsuln, welche mit der äußersten Mäßigung und Milde, indem sie die Sache durch die Hinrichtung einiger wenigen abtaten, von denen man fast allgemein glaubte, dass sie sich selbst das Leben genommen hätten, es dennoch nicht erlangen konnten, dass nicht die Bürger darüber sehr unzufrieden geworden wären. **4** Verordnungen, die zu ihrem Besten vorgeschlagen würden, lägen nun schon so lange ohne Wirkung, während ein Befehl, mit welchem es gegen sie auf Blut und Todesstrafen abgesehen sei, sogleich in Wirksamkeit trete und so große Kraft habe.

5 Jetzt wäre es die geeignetste Zeit gewesen, nach Bestrafung der Aufrührer den Gemütern durch die Verteilung der Botanischen Ländereien entgegenzukommen, und dadurch würde man die Sehnsucht nach einem Vorschlag der Landverteilung, der die Väter aus dem unrechtmäßigen Besitz der Staatsländereien vertrieb, gemildert haben. **6** So aber verdross die Bürger gerade das am meisten, dass der Adel nicht nur die Staatsländereien, die er gewaltsam im Besitz hatte, hartnäckig festhielt, sondern auch nicht einmal ein herrenloses, erst kürzlich dem Feind abgenommenes Stück Land, das demnächst wie alle übrigen die Beute einiger Weniger werden musste, an den Bürgerstand verteilen lassen wollte.

7 In demselben Jahr eroberten die unter dem Konsul Furius gegen die Verheerungen der Volsker ins Gebiet der Herniker ausgerückten Legionen, weil sie dort den Feind nicht mehr fanden, die Stadt Ferentinum, in der sich eine große Menge Volsker gesammelt hatte. **8** Die Beute war unter ihrer Erwartung, weil die Volsker, als ihre Hoffnung, die Stadt behaupten zu können, sank, in der Nacht alles fortschafften und die Stadt verließen. Beinahe menschenleer wurde sie am folgenden Tag erobert. Das Gebiet selbst wurde den Hernikern geschenkt.

(52) An die Stelle der Tribunen, durch deren Mäßigung dies Jahr so ruhig gewesen war, trat nun der Volkstribun Lucius Icilius, unter den Konsuln Quintus Fabius Ambustus und Caius Furius Pacilus. **2** Da dieser gleich im Anfang des Jahres, als ruhte auf seinem Namen und Geschlecht diese Bestimmung, durch Ankündigung von Ackergesetzen Unruhen erregte, **3** zog eine ausbrechende Seuche, die indes mehr furchtbar als tödlich war, die Gedanken der Einwohner vom Markt und den öffentlichen Streitigkeiten ab auf ihr Haus und auf die Sorge der körperlichen Pflege, und man glaubt, sie sei weniger verderblich gewesen, als der Aufruhr gewesen wäre.

4 Als der Staat dieses Seuchejahr, in dem zwar viele erkrankten, aber nur sehr wenige starben, überstanden hatte, folgte auf das ungesunde Jahr, wie gewöhnlich, unter den Konsuln Marcus Papirius Atratinus und Caius Nautius Rutilus Getreidemangel, weil der Ackerbau vernachlässigt worden war. *5* Fast wäre die Hungersnot drückender als die Seuche geworden, wenn man nicht durch Gesandtschaften, welche zum Ankauf von Getreide bei allen am Etruskermeer und am Tiber wohnenden Völkern umhergeschickt wurden, für Lebensmittel gesorgt hätte. *6* Mit Härte wurde den Gesandten von den Samniten, welche Capua und Cumae innehatten, der Einkauf untersagt, dagegen waren die Alleinherrscher* Siziliens gern bereit, sie zu unterstützen, und die reichsten Ladungen führten ihnen bei der größten Bereitwilligkeit die Etrusker auf dem Tiber zu. *7* Die Menschenleere in der kranken Stadt machte sich den Konsuln auch dadurch fühlbar, dass sie sich genötigt sahen, weil sich zu den verschiedenen Gesandtschaften nur immer ein Ratsherr fand, noch zwei Ritter zuzugesellen. *8* Krankheit und Teuerung ausgenommen, gab es in diesen zwei Jahren keine weiteren Störungen, weder im Innern noch von außen. Sobald aber diese Sorgen verschwunden waren, erwachten alle die Übel, die den Staat zu beunruhigen pflegten: innere Zwietracht und Krieg nach außen.

(53) Unter den Konsuln Manius Aemilius und Caius Valerius Patitus rüsteten sich die Aequer zum Krieg, während die Volsker, wenn sie schon nicht nach einem Beschluss des Staates die Waffen ergriffen, freiwillig für Sold Dienste nahmen. *2* Da dem Konsul Valerius, der auf die Nachricht von ihren Feindseligkeiten – denn sie waren schon in das Gebiet der Latiner und Herniker eingerückt – eine Werbung hielt, der Volkstribun Marcus Maenius, um die vorgeschlagene Landverteilung zu erzwingen, sich widersetzte, und im Vertrauen auf den Schutz des Tribuns sich niemand wider Willen den Soldateneid aufdrängen ließ, *3* kam plötzlich die Nachricht, die Feinde hätten schon die Burg von Carventum besetzt. *4* Diese Schmach gereichte teils dem Maenius bei den Vätern zum Vorwurf, teils gab sie den übrigen Tribunen, mit denen die Einsprache gegen die vorgeschlagene Landverteilung schon verabredet war, einen um so gerechteren Vorwand, sich ihrem Amtsgenossen zu widersetzen. *5* Da also diese Streitigkeiten die Sache lange aufhielten, und die Konsuln Götter und Menschen zu Zeugen riefen, dass die ganze Schuld an jedem von den Feinden schon erlittenen oder noch zu befürchtenden Unglück und Schimpf auf Maenius falle, weil er die Werbung verhindere, und Maenius dagegen schrie: *6* Wenn die unrechtmäßigen Eigentümer vom Besitz der Staatsländereien abträten, so wolle er der Werbung weiter nicht hinderlich sein – da machte der dazwischen tretende Beschluss von neun Tribunen dem Streit ein Ende, und sie erklärten im Namen ihres Kollegiums: *7* Wenn der Konsul Valerius zur Forderung der Werbung gegen die sich Weigernden Strafen oder Zwangsmittel anwendete, so würden sie gegen die Einsprache ihres Amtsgenossen auf seiner Seite sein. *8* Mit diesem Beschluss gewappnet ließ der Konsul einige wenige, welche den Tribun zur Hilfe aufriefen, mit dem Strick um den Hals wegführen, und aus Furcht leisteten die Übrigen den Eid. *9* Das vor die Burg von Carventum geführte Heer, vom Konsul gehasst und erbittert auf ihn, warf dennoch voll Mut gleich bei seiner Ankunft die darin liegende Besatzung herab und gewann die Burg wieder. Die Sorglosigkeit, mit der sich ein Teil der Besatzung auf Plünderung verlaufen hatte, erleichterte den Stürmenden die Arbeit, *10* weil die Feinde bei ihren fortdauernden Verheerungen alles in dem festen Platz zusammengetragen hatten, war die Beute bedeutend. Der Konsul versteigerte sie öffentlich, ließ die Quästoren den Ertrag in die Staatskasse abliefern und sagte laut, alsdann solle das Heer an der Beute teilnehmen, wenn es sich willig zum Dienst zeigte. *11* Dadurch stieg der Unwille gegen den Konsul bei den Bürgern und bei den Soldaten. Als er nun nach einem Senatsbeschluss im

* Der bekannteste von diesen ist der ältere Dionysius, Tyrann von Syrakus, dessen Regierung in diese Zeit fällt.

kleinen Triumph in Rom einzog, ließen die Soldaten in den kunstlosen Liedern, welche sie in ihrer Ausgelassenheit sangen, Schmähungen auf den Konsul mit dem laut verkündigten Lob des Maenius abwechseln, ***12*** und so oft der Tribun erwähnt wurde, wetteiferte die Zuneigung des Volkes durch Beifallklatschen und Einstimmung in das Geschrei der Soldaten. Gerade dies erregte bei den Vätern mehr Besorgnis als der Mutwille der Soldaten gegen den Konsul, der beinahe schon zur Feierlichkeit gehörte. ***13*** In der Voraussetzung, dass dem Maenius eine Stelle unter den Kriegstribunen, falls er darum anhielte, nicht fehlschlagen könne, machten sie ihm diese durch Aufstellung eines konsularischen Wahltages unmöglich.

(54) Zu Konsuln wurden gewählt Cnaeus Cornelius Cossus und zum zweiten Mal Lucius Furius Medullinus. ***2*** Noch nie hatte es der Bürgerstand übler empfunden, dass man ihn keine Kriegstribunen hatte wählen lassen, seine Empfindlichkeit zeigte er bei der Quästorwahl und rächte sich zugleich dadurch, dass er jetzt zum ersten Mal bürgerliche Quästoren wählte, ***3*** so dass unter vier zu Erwählenden nur für einen Adligen, den Kaeso Fabius Ambustus, eine Stelle blieb, und drei vom Bürgerstand, Quintus Silius, Publius Aelius und Publius Pupius den jungen Männern der angesehensten Geschlechter vorgezogen wurden. ***4*** Diese so freimütige Abstimmung des Volkes bewirkte, wie ich [in den Quellen] finde, einige Icilier, da aus ihrem gegen die Väter so feindseligen Stamm auf dieses Jahr drei zu Volkstribunen gewählt waren, welche dem ohnehin schon höchst gierigen Volk eine Menge von Aussichten auf viele und wichtige Veranstaltungen vorspiegelten ***5*** und dabei versicherten, sie würden von alledem nichts vorschlagen, wenn das Volk auch nicht einmal bei der Quästorenwahl, der einzigen, die der Senat zur gemischten Anstellung von Bürgerlichen und Adligen dem Bürgerstand übriggelassen habe, Mut genug hätte, sich zu dem zu erheben, was es sich schon so lange gewünscht habe und wozu es gesetzlich berechtigt sei. ***6*** Folglich errang der Bürgerstand hierin einen großen Sieg, und er schätzte die errungene Quästur nicht nach dem Wert des Amtes selbst, sondern glaubte, dadurch dem Bürgeradel den Zutritt zum Konsulat und zu Triumphen geöffnet zu sehen.

7 Die Väter hingegen tobten, als wenn die Ehrenstellen nicht geteilt, sondern verloren wären. Wenn es so zugehen solle, sagten sie, brauche man keine Kinder mehr aufzuziehen, weil diese, vom Platz ihrer Ahnen verdrängt, andere im Besitz ihrer Würde sehen und zu nichts anderem hinterlassen würden, als dass sie als Salier und Eigenpriester für das Volk opferten, ohne alle Befehlshaberstellen und Macht. ***8*** Da beide Parteien gereizt waren, der Bürgerstand übermütig geworden war und aus einer durch Verteidigung des Volkes so berühmten Familie drei Führer hatte, suchten die Väter, welche voraussehen konnten, dass jeder Wahltag, an welchem die Bürger aus beiden Ständen wählen dürften, ein Gegenstück zu dem quästorischen abgeben werde, eine Konsulnwahl zu bewirken. ***9*** Die Icilier hingegen behaupteten, man müsse Kriegstribunen wählen und endlich einmal Bürgerliche an den Staatsämtern teilnehmen lassen.

(55) Es trat aber keine konsularische Verhandlung ein, durch deren Behinderung sie ihre Absicht hätten erzwingen können, bis endlich – wie gerufen – die Nachricht einlief, die Volsker und Aequer wären ausgerückt, um im Gebiet der Latiner und Herniker zu plündern. ***2*** Als nun die Konsuln vermöge eines Senatsbeschlusses für diesen Krieg zur Werbung schritten, widersetzten sich die Tribunen aus allen Kräften und nannten dies eine wunderbare Gunst des Geschicks für sie und den Bürgerstand. ***3*** Es waren ihrer drei, lauter unternehmende Männer, und unter den Bürgerlichen gehörte ihre Familie schon zu den höheren. Zwei von ihnen machten es sich zur angelegentlichen Aufgabe, jeder einen Konsul beständig zu bewachen, und einer hatte die Bestimmung, durch öffentliche Reden die Bürger teils zu beschäftigen, teils zu erregen. ***4*** Die Konsuln brachten ebenso wenig die Werbung als die Tribunen den bezweckten Wahltag zustande. Endlich, weil sich das Glück auf die Seite der Bürger neigte, kamen Nachrichten, die Aequer

hätten, während sich die Besatzung der Burg von Carventum zum Plündern zerstreut habe, die schwach besetzte Wache niedergemacht und die Burg erobert. Die Besatzung sei teils auf ihrem Rückzug zur Burg, teils in der Zerstreuung auf dem Land erschlagen worden. ***5*** Dieser dem Staat widrige Vorfall gab der Forderung der Tribunen neue Stärke. Denn da sie nach allen vergeblichen Zumutungen, doch jetzt endlich von der Verhinderung des Krieges abzustehen, weder dem Sturm, der das Ganze bedrohte, noch den für sie selbst daraus erwachsenden Vorwürfen nachgaben, setzten sie es durch, dass nach einem Senatsbeschluss Kriegstribunen gewählt werden sollten, doch stellte man als ausdrückliche Bedingung auf, ***6*** dass keiner in Betracht käme, der in diesem Jahr Volkstribun gewesen sei, noch irgendein Volkstribun auf ein neues Jahr wiedergewählt würde, ***7*** wodurch der Senat ganz offenbar die Icilier bezeichnete, die er im Verdacht hatte, als hätten sie sich für ihr aufrührerisches Tribunat mit einem Konsulat belohnen lassen wollen.

Nun hielt man Werbung und stellte unter Zustimmung aller Stände Kriegsrüstungen an. ***8*** Ob beide Konsuln gegen die Burg von Carventum auszögen, oder ob der eine zur Haltung des Wahltages zurückgeblieben sei, machen die verschiedenen Berichte zweifelhaft. Als gewiss kann man annehmen, worin sie nicht voneinander abweichen, dass man von der Burg von Carventum nach langer vergeblicher Belagerung abzog, dass ebendies Heer Verrugo im Volskerland wiedereroberte,* das Aequer- und Volskergebiet verheerte und große Beute machte.

(56) Zu Rom gab der Erfolg des Wahltages, sowie die Bürger darin siegten, dass der ihnen wünschenswerte Wahltag gehalten werden musste, den Vätern den Sieg, ***2*** denn gegen alle Erwartung wurden als Kriegstribunen mit konsularischer Gewalt lauter Patrizier, Caius Julius Julus, Publius Cornelius Cossus und Caius Servilius Ahala gewählt. ***3*** Man sagt den Patriziern einen angewandten Kunstgriff nach, dessen auch damals die Icilier sie beschuldigten: Sie hätten nämlich mit den Würdigen einen Schwarm unwürdiger Bewerber auftreten lassen und durch die bei einigen auffallende Unrechtlichkeit die bürgerlichen alle dem Volk verhasst gemacht.

4 Darauf ging das Gerücht, die Volsker und Aequer, welche entweder die Behauptung der Burg von Carventum mit Hoffnung oder der Verlust der Besatzung von Verrugo mit Rache beseelt habe, hätten sich mit ihrer ganzen Macht zum Krieg erhoben; ***5*** an der Spitze des Ganzen stünden die Antiaten; ihre Gesandten hätten die Stämme beider Hauptvölker besucht und ihnen ihre Feigheit vorgeworfen, weil sie im vorigen Jahr hinter ihren Mauern versteckt die plündernden Römer in ihrem Land hätten umherstreifen und die Besatzung von Verrugo überfallen lassen; ***6*** nicht bloß bewaffnete Heere, sogar Kolonisten würden ihnen schon ins Land geschickt, und die Römer teilten sich nicht nur selbst in ihr Eigentum, sondern hätten auch das ihnen abgenommene Ferentinum den Hernikern geschenkt. ***7*** Da sie auf diese Weise zum Unwillen entflammt wurden, ließ sich, wohin sie kamen, eine Menge Dienstfähiger anwerben. Die Mannschaft aller Völkerstämme zog sich nach Antium zusammen, schlug dort ein Lager auf und erwartete den Feind. ***8*** Als man dies mit beunruhigenden Übertreibungen in Rom meldete, befahl der Senat sogleich – was sonst nur in der Bedrängnis das letzte Mittel war –, einen Diktator zu ernennen. ***9*** Dadurch sollen sich Julius und Cornelius beleidigt gefunden und die Sache selbst einen hitzigen Streit veranlasst haben; ***10*** denn die Häupter der Väter, die sich vergeblich darüber beklagten, dass sich die Kriegstribunen dem Gutachten des Senates nicht fügen wollten, sprachen zuletzt sogar die Hilfe der Volkstribunen an und beriefen sich auf Beispiele, wo diese Macht in einem ähnlichen Fall auch gegen Konsuln zwangsweise verfahren sei, die Volkstribunen hingegen, denen die Uneinigkeit der Väter Freude machte, versicherten, ***11*** Leute, die nicht als Bürger, ja nicht einmal als Menschen angesehen

* Dass die Römer Verrugo (im Volskerlande an der äquischen Grenze) zur Festung machten, sagt Livius in Kap. 1.; wann es ihnen wieder genommen wurde, ist unbekannt.

würden, wären auch außerstande zu helfen. *12* Wenn einmal die Ämter mit Gliedern beider Stände besetzt und ihnen an der Regierung Anteil gestattet sein würde, dann würden sie darauf achten, dass nie ein Senatsbeschluss durch den Übermut der Beamten vereitelt werde; *13* bis dahin möchten die Patrizier, die sich über alle Achtung vor Gesetzen und Obrigkeiten hinwegsetzten, dem Geschäft des Tribunats sich selbst unterziehen.

(57) Dieser ganz unzeitige Streit beschäftigte die Aufmerksamkeit der Väter, wo solch ein wichtiger Krieg unmittelbar bevorstand, *2* bis der Kriegstribun Servilius Ahala, als Julius und Cornelius einer um den andern in langen Reden auseinandergesetzt hatten, wie unbillig es sei, das vom Volk ihnen übertragene Amt ihnen zu entreißen, da sie doch selbst zu Feldherren in diesem Krieg vollkommen tauglich wären, sich endlich so erklärte: *3* Er habe bis jetzt geschwiegen, nicht weil er unschlüssig gewesen sei – denn welcher redliche Bürger schließe sich mit seinen eigenen Maßregeln von den das Staatswohl Bezweckenden aus? –, sondern weil er gewünscht habe, seine Amtsgenossen möchten sich lieber aus eigenem Entschluss dem Gutachten des Senats unterwerfen, als das Tribunat gegen sich in Anspruch nehmen lassen. *4* Sogar jetzt hätte er ihnen, wenn es die Umstände erlaubten, gern Zeit gelassen, ihre zu hartnäckige Erklärung zurückzunehmen, da aber der Drang des Krieges nicht so lange warte, bis Menschen sich besonnen, so solle ihm das allgemeine Beste mehr als das Wohlwollen seiner Amtsgenossen gelten; *5* und wenn der Senat bei seiner Meinung beharre, wolle er in der nächsten Nacht den Diktator ernennen, und, falls etwa eine Einsprache keinen Senatsbefehl zustande kommen ließe, sich durch das bloße Gutachten für hinlänglich berechtigt halten.

6 Da er dadurch verdiente Lobeserhebungen und Danksagungen von allen erntete, gewährte er nach Ernennung des Publius Cornelius zum Diktator, von dem er selbst wieder zum Magister Equitum gewählt wurde, wenn man ihn mit seinen Amtsgenossen verglich, den Beweis, dass Ehre und Gunst nicht selten dem zufallen, der sie am wenigsten sucht.

7 Der Krieg war nicht bedeutend. Bei Antium wurden die Feinde in einem einzigen, noch dazu leichten Treffen geschlagen. Das siegreiche Heer plünderte das Land der Volsker aus. Eine kleine Festung am See Fucinus wurde mit Sturm erobert und 3000 zu Gefangenen gemacht, denn die übrigen Volsker waren in ihre Städte zurückgetrieben und ließen ihr Land unverteidigt. *8* Der Diktator, der den Krieg so geführt hatte, dass man nur nicht sagen konnte, er habe die Gelegenheiten unbenutzt gelassen, kehrte größer durch Glück als durch Ruhm in die Stadt zurück und legte sein Amt nieder.

9 Die Kriegstribunen kündigten, ohne eine Konsulwahl auch nur zu erwähnen – ich glaube, aus Zorn wegen der Wahl des Diktators –, einen Versammlungstag zur Wahl von Kriegstribunen an. *10* Umso größer war die Sorge, welche die Väter ergriff, da sie ihre Sache von ihren eigenen Mitgliedern verraten sahen. *11* So wie sie nun im vorigen Jahr durch die unwürdigsten bürgerlichen Bewerber einen Ekel auch vor den würdigen zu erregen gewusst hatten, so verschafften sie sich diesmal dadurch, dass sie die Adligen von großem Ansehen und Einfluss zur Bewerbung aufboten, alle Plätze, so dass kein Bürgerlicher dazu gelangte. *12* Es wurden vier gewählt, welche sämtlich diese Stelle schon bekleidet hatten: Lucius Furius Medullinus, Caius Valerius Potitus, Numerius Fabius Vibulanus und Caius Servilius Ahala. Diesen ließ man als wiedergewählten sein Amt behalten, teils wegen seiner übrigen trefflichen Eigenschaften, teils aber, weil er sich kürzlich durch seine einzigartige Mäßigung beliebt gemacht hatte.

(58) Weil in diesem Jahr die Zeit des Waffenstillstandes mit den Vejentern abgelaufen war, verlangte man durch Gesandte und Fetialen Genugtuung, denen aber bei ihrer Ankunft an der Grenze eine Gesandtschaft der Vejenter mit der Bitte entgegenkam, *2* nicht eher nach Veji zu gehen, bis sie selbst bei dem römischen Senat vorgelassen sei. Und vom Senat erhielt sie es, dass

die Genugtuung jetzt nicht gefordert werden solle, weil die Vejenter durch innere Unruhen litten; so weit war man davon entfernt, von dem Unglück anderer für sich selbst Gebrauch zu machen.

3 Im Volskerland hingegen erlitt man einen Verlust durch die eingebüßte Besatzung von Verrugo. Hier hing alles so sehr von der Zeit ab, dass das Hilfsheer, welches die dort von den Volskern belagerten Krieger auf ihre Bitte um Entsatz hätte retten können, wenn man es eiliger abgeschickt hätte, bloß dazu anlangte, die Feinde, als sie sich vom frischen Gemetzel auf Plünderung zerstreuten, zu überfallen. *4* Die Schuld des Zögerns lag nicht so sehr an den Kriegstribunen als vielmehr am Senat, welcher bei der Nachricht, dass sich die Besatzung aufs Äußerste verteidige, zu bedenken vergaß, dass auch die höchste Tapferkeit das Maß menschlicher Kräfte nicht übersteigen könne. *5* Doch hatten jene Tapferen nicht allein ihr Leben teuer verkauft, sondern auch ihr Tod blieb nicht ohne Rache. *6* Im folgenden Jahr, in welchem die beiden Cornelii Cossi, der eine mit Vornamen Publius, der andere Cnaeus, Numerius Fabius Ambustus und Lucius Valerius Potitus Kriegstribunen mit Konsulgewalt waren, kam der vejentische Krieg zum Ausbruch, weil der vejentische Senat den Genugtuung fordernden Gesandten die hochmütige Antwort geben ließ, *7* wenn sie nicht sogleich Stadt und Land räumten, wolle man ihnen dasselbe geben, was Lar Tolumnius* gegeben habe.

8 Die Väter, hierüber unwillig, befahlen den Kriegstribunen, auf eine Kriegserklärung gegen die Vejenter je eher je lieber beim Volk anzutragen. *9* Kaum wurde dies bekannt gemacht, da riefen die Dienstfähigen laut, der Krieg mit den Volskern sei noch nicht beendet; noch kürzlich wären zwei Besatzungen zusammengehauen worden, und die Behauptung jener Plätze sei nicht ohne Gefahr. *10* Kein Jahr gehe ohne Schlacht vorüber; und gleich als habe man noch nicht Not genug, schaffe man sich einen Krieg mit einem benachbarten sehr mächtigen Volk, das ganz Etrurien aufwiegeln werde. *11* Dergleichen Reden, welche schon von selber geführt wurden, steigern noch die Volkstribunen, indem sie sagen, den größten Krieg führten die Väter mit dem Bürgerstand; *12* diesen stellten sie geflissentlich gegen den Feind, um ihn im Kriegsdienst zu plagen und niederhauen zu lassen: Sie hielten ihn weit von der Stadt und schickten ihn in die Ferne, damit er nie zu Hause in Ruhe, seiner Freiheit und der Aussendungen in Kolonien eingedenk, weder den Besitz der Staatsländereien noch eine freie Stimmenabgabe einleiten könne. *13* Und wenn sie dann den Veteranen die Hände drückten, zählten sie jedem seine Dienstjahre, Wunden und Narben auf und fragten, wie viel wundenfreie Stellen sie zum Empfang neuer Wunden an ihrem Körper aufweisen könnten, wie viel Blut sie noch übrig hätten, um es dem Staat zu opfern. *14* Als sie durch diese in Gesprächen und öffentlichen Reden wiederholten Vorstellungen den Bürgerstand zur Übernahme des Krieges unwillig gemacht hatten, setzten die Väter den Zeitpunkt, mit dem Vorschlag aufzutreten, weiter aus, weil er, wie sie offenbar sahen, verworfen worden wäre, wenn man ihn dieser widrigen Stimmung preisgegeben hätte.

(59) Nach einem Beschluss müssten unterdessen die Kriegstribunen mit dem Heer ins Volskische ziehen. Cnaeus Cornelius blieb allein in Rom zurück. *2* Als die drei Tribunen sahen, dass die Volsker nirgends ein Lager hätten und sich auch zur Schlacht nicht stellen würden, zogen sie in drei Abteilungen zur Verheerung des Landes aus. *3* Valerius ging auf Antium, Cornelius gegen Ecetrae; wohin sie kamen, plünderten sie weit und breit Häuser und Felder, um die Volsker zu trennen. Denn Fabius rückte – und das war die Hauptabsicht – zum Angriff auf Anxur ohne alle Plünderung vor. *4* Die ehemalige Stadt Anxur, jetzt Tarracinae, senkt sich von einer Höhe gegen die Sümpfe;** *5* von dieser Seite drohte Fabius anzugreifen. Allein unter Caius Servilius Ahala

---

* Den Tod nämlich. Vgl. Kap. 17.

** Dies sind die bekannten Pontimschen Sümpfe.

wurden vier Kohorten herumgeschickt, welche den über die Stadt ragenden Hügel besetzten und von dem höheren Standort mit großem Geschrei und Getümmel die Mauern, die hier unbesetzt waren, erstiegen. **6** Durch dies Getümmel stutzig gemacht, ließen die, welche gegen Fabius die untere Stadt verteidigten, ihm Zeit, Leitern anzubringen, und sofort war alles mit Feinden erfüllt, und ein anhaltendes unmenschliches Gemetzel traf Fliehende und Standhaltende, Bewaffnete und Wehrlose ohne Unterschied. **7** Schon sahen sich also die Besiegten, weil ihnen, wenn sie wichen, keine Hoffnung übrig blieb, zur Erneuerung des Kampfes genötigt, als plötzlich durch den Ausruf, dass man nur gegen Bewaffnete Gewalt brauchen solle, die ganze übrige Menge sich die Waffen freiwillig entwinden ließ und an 2500 Gefangene gemacht wurden. **8** Von der übrigen Beute hielt Fabius die Soldaten so lange zurück, bis seine Amtsgenossen dazu kämen, **9** weil nach seiner Äußerung Anxur auch von jenen Heeren erobert sei, welche die übrigen Volsker von der Behauptung des Platzes abgezogen hätten. **10** Als sie eintrafen, plünderten alle drei Heere die bei langem Wohlstand reich gewordene Stadt, und diese Willfährigkeit von Seiten der Feldherren machte den Anfang zur Versöhnung des Bürgerstandes mit den Vätern. **11** Hiermit verbanden die Großen in einem Zeitpunkt, der nicht erwünschter hätte sein können, die neue Wohltat für das Volk, dass der Senat, ehe noch der Bürgerstand oder seine Tribunen nur ein Wort erwähnten, den Befehl gab, der Krieger solle den Sold aus der Staatskasse empfangen, während bis dahin jeder die Kosten des Dienstes aus eigenen Mitteln bestritten hatte.

(60) Nie sollen die Bürgerlichen eine Wohltat mit so großer Freude aufgenommen haben. Sie liefen am Rathaus zusammen, drückten den Herausgehenden die Hände, sagten ihnen, sie hießen mit Wahrheit Väter, und gestanden ein, sie hätten dadurch bewirkt, dass niemand, solange er noch irgend Kräfte habe, einem so wohltätigen Vaterland seine Person oder sein Blut versagen werde. **2** Wenn es ihnen schon sehr vorteilhaft war, ihr Vermögen wenigstens so lange unbelastet zu wissen, als ihre Person Eigentum des Staates und für ihn in Arbeit war, machte namentlich dies die Freude vielfach und den wert der Wohltat um so größer, dass man ihnen damit entgegengekommen war, und niemals weder die Volkstribunen darauf angetragen noch sie selbst untereinander diese Forderung mündlich geäußert hatten.

3 Die Volkstribunen, welche an der gemeinschaftlichen Freude und Eintracht der Stände allein keinen Teil hatten, behaupteten, dies werde weder den Vätern so erfreulich noch für alle so gedeihlich sein, wie sie selbst glaubten. Der Plan sei dem ersten Anschein nach besser gewesen, als er sich in der Anwendung zeigen werde. **4** Woher man dieses Geld zusammenbringen wolle, wenn man nicht dem Volke eine Steuer auflege? Man sei also von fremdem Eigentum freigebig gewesen. Und gesetzt, die Übrigen nähmen diese Last auf sich, so würden sich doch die, deren Dienstjahre schon abgelaufen wären, nicht gefallen lassen, dass andere im Dienst besser stehen sollten, als sie gestanden hätten, und dass sie, nachdem sie die Kosten ihrer eigenen Kriegsdienste getragen hätten, sie nun auch für andere tragen sollten. **5** Auf einen Teil der Bürger machten sie mit diesen Reden Eindruck. Zuletzt, als die Steuer schon angesagt war, erboten sich die Tribunen sogar durch eine öffentliche Bekanntmachung zum Beistand für jeden, der zum Sold der Krieger nicht beitragen würde. **6** Die Väter aber setzten das gut angefangene Werk standhaft fort. Sie selbst lieferten die Beiträge zuerst, und weil man noch kein geprägtes Silber hatte, so erregte der Beitrag von manchen, die ihre Kupferasse auf Wagen zur Schatzkammer fahren ließen, sogar Aufsehen. **7** Nachdem der Senat mit größter Gewissenhaftigkeit nach seinem Vermögen beigetragen hatte, kamen auch die Vornehmsten des Bürgerstandes, als Freunde der Adligen, vermöge ihrer Zusage mit ihren Lieferungen. **8** Und als nun das Volk sah, dass diese von den Vätern gepriesen und vom Soldatenstand als gute Bürger betrachtet wurden, fing es mit Verzichtleistung auf alle tribunizische Hilfe auf einmal an, miteinander in seinen Beiträgen zu wetteifern. **9** Und da jetzt die vorgeschlagene Kriegserklärung gegen die Vejenter durchging, führten die neuen mit Konsulgewalt bekleideten Kriegstribunen ein Heer von größtenteils Freiwilligen vor Veji.

(61) Diese Tribunen waren Titus Quinctius Capitolinus, Quintus Quinctius Cincinnatus, Caius Julius Julus zum zweiten Mal, Aulus Manlius, Lucius Furius Medullinus zum dritten Mal und Manius Aemilius Mamercinus. ***2*** Sie waren die Ersten, die Veji einschlossen; und da sich um die Zeit der angefangenen Belagerung die Völkerschaften Etruriens sehr zahlreich bei dem Heiligtum der Voltumma versammelt hatten, konnten sie nicht einig werden, ob sie die Vejenter durch einen allgemeinen Krieg von Seiten des ganzen Volkes unterstützen sollten oder nicht. ***3*** Im folgenden Jahr ging die Belagerung weniger rasch, weil ein Teil der Tribunen und des Heeres zum Volskerkrieg abgerufen wurde.

4 Dieses Jahr hatte zu Kriegstribunen mit Konsulgewalt den Caius Valerius Potitus zum dritten Mal, den Manius Sergius Fidenas, Publius Cornelius Maluginensis, Cnaeus Cornelius Cossus, Kaeso Fabius Ambustus und Spurius Nautius Rutilus zum zweiten Mal. ***5*** Mit den Volskern kam es zwischen Ferentinum und Ecetrae zu einer Schlacht. Sie fiel für die Römer glücklich aus. ***6*** Darauf unternahmen die Tribunen die Belagerung der volskischen Stadt Artena. Bei einem versuchten Ausfall, in welchem die Römer den Feind in die Stadt zurückschlugen, gelang es ihnen hineinzudringen, und sie eroberten alles bis auf die Burg. Ein Haufe Bewaffneter zog sich in die von der Natur befestigte Burg, ***7*** unten an der Burg wurde eine Menge Menschen niedergehauen oder gefangen genommen. Nun wurde die Burg belagert, konnte aber weder mit Sturm genommen werden, weil sie für ihre Größe stark genug besetzt war, noch ließ sie eine Übergabe hoffen, weil alle Getreidevorräte des Staates, noch ehe die Stadt erobert wurde, hierher geschafft waren. ***8*** Aus Überdruss wären die Römer abgezogen, hätte ihnen nicht ein Sklave die Festung verraten. Die Soldaten, die er an einer steilen Stelle einließ, erstiegen die Burg, und als sie die Wache niederhieben, brachte die Betäubung des unerwarteten Schreckens die Übrigen dahin, sich zu ergeben.

9 Als die Burg und Stadt Artena zerstört war, wurden die Legionen aus dem volskischen abgeführt, und die ganze römische Macht wandte sich gegen Veji. ***10*** Dem Verräter gab man außer der Freiheit noch die Güter zweier Familien zur Belohnung, und er wurde Servius Romanus genannt. Einige glauben, Artena habe den Vejentern und nicht den Volskern gehört. ***11*** Der Irrtum rührt daher, dass eine Stadt dieses Namens zwischen Caere und Veji lag, die aber von den römischen Königen zerstört wurde und zu dem Staat von Caere, nicht von Veji gehörte. Die andere gleichen Namens, deren Zerstörung ich jetzt gemeldet habe, lag im Volskischen.

Fünftes Buch

Inhalt

Während der Belagerung von Veji werden von den Soldaten Winterhütten angelegt. Weil dies etwas Neues war, führten die darüber unwilligen Volkstribunen die Klage, dass man den Bürgern auch nicht einmal den Winter über Ruhe vom Kriegsdienste gestatte. Die Reiter fangen an, auf eigenen Pferden zu dienen. Da der Albanische See ausgetreten war, nimmt man den Feinden einen Wahrsager weg, welcher die Erscheinung deuten soll. Im zehnten Jahr der Belagerung erobert der Diktator Furius Camillus Veji. Dem Apollo sendet er den zehnten Teil der Beute nach Delphi. Als Kriegstribun schickt er bei der Belagerung von Falerii die ihm durch Verrat gelieferten Zähne der Feinde den Eltern zurück und erwirbt sich, weil gleich darauf die Übergabe erfolgte, den Sieg über die Falisker durch seine Rechtschaffenheit. Da der eine von den Zensoren, Cajus Julius, stirbt, wird an seine Stelle Marcus Cornelius gewählt. Dies tat man niemals wieder, weil in diesen fünf Jahren Rom von den Galliern erobert war. Furius Camillus, den der Volkstribun Lucius Apulejus vor Gericht forderte, geht in die Verbannung. Da die Senonischen Gallier Clusium belagerten und die Gesandten, welche der Senat zur Vermittlung eines Friedens zwischen ihnen und den Clusinern hinschickte, in der Linie der Clusiner zum Gefecht mit den Galliern auftreten, ziehen die dadurch gereizten Senonen als Feinde gegen Rom, schlagen die Römer am Fluss Allia, erobern die Stadt, das Kapitol ausgenommen, in welches sich die Mannschaft geworfen hatte, und ermorden die Greise, welche sich, jeder in den Ehrenzeichen seiner verwalteten Staatsämter, in den Vorhof ihrer Häuser gesetzt hatten. Sie ersteigen auf der Rückseite des Kapitols die Höhe, werden aber durch das Geschnatter der Gänse entdeckt und hauptsächlich durch die Tätigkeit des Mamercus Manlius hinabgestürzt. Als endlich die Römer, durch Hunger genötigt, sich dazu verstehen, tausend Pfund Gold zu zahlen und für diesen Preis das Ende der Belagerung zu erkaufen, kommt während der Abwiegung des Goldes der abwesend zum Diktator ernannte Furius Camillus mit einem Heer an, jagt die Gallier nach sechs Monaten aus der Stadt und haut sie zusammen. Dem Aijus Locutius wird ein Tempel auf der Stelle errichtet, wo man vor Eroberung der Stadt eine Stimme hatte rufen hören: *Die Gallier kommen!* Man spricht davon, weil die Stadt verbrannt und zerstört sei, müsse man nach Veji ziehen, allein Camillus vereitelt diesen Plan. Auf das Volk machten auch die bedeutungsvollen Worte eines Hauptmanns Eindruck, der an der Spitze seiner Schar, als sie auf dem Markt ankam, ausrief: *Halt, Soldaten, hier ist zum Bleiben der beste Platz!*

(1) Überall war der Friede errungen; nur die Römer und Vejenter standen unter den Waffen, mit so viel Erbitterung und Hass gegeneinander, dass sich schon jetzt der völlige Untergang der Besiegten vorhersehen ließ. Auf ihrem Wahltag schlugen beide Völker einen ganz verschiedenen Weg ein. *2* Die Römer vermehrten die Zahl ihrer Kriegstribunen mit Konsulgewalt. Es wurden

acht gewählt – so viele hatte man noch nie gehabt –, Manius Aemilius Mamercinus zum zweiten Mal, Lucius Valerius Potitus zum dritten Mal, Appius Claudius Crassus, Marcus Quinctilius Varus, Lucius Julius Julus, Marcus Postumius, Marcus Furius Camillus und Marcus Postumius Albinus. ***3*** Die Vejenter hingegen, der alle Jahre wiederkehrenden Bewerbung müde, welche öfters Veranlassung zu Streitigkeiten gab, wählten einen König.

Dadurch beleidigten sie die Völkerschaften Etruriens, die sowohl das Königtum hassten und mehr noch den König selbst. ***4*** Er hatte schon früher das Volk seine Macht und seinen Übermut fühlen lassen, als er die Feierlichkeit ihrer Spiele, deren Unterbrechung die Religion verbietet, eigenmächtig gestört hatte; ***5*** denn als ihm die Stimmenwahl der zwölf Völkerschaften einen andern bei der Besetzung eines Priesteramtes vorzog, nahm er, aus Ärger über seine Zurücksetzung, unerwartet die Schauspieler, welche größtenteils seine Sklaven waren, mitten aus dem Spiel weg. ***6*** Das Volk also, das vor allen anderen um so mehr auf seine heiligen Gebräuche hielt, weil es in der Kunst ihrer Ausübung Meister war, beschloss, den Vejentern, solange sie unter dem König stünden, die Hilfe zu versagen. ***7*** In Veji wurde das Gerücht von diesem Beschluss aus Furcht vor dem König unterdrückt, weil er jeden auf die Anzeige, so etwas gesagt zu haben, als Haupt einer Empörung, nicht als Urheber eines eitlen Geschwätzes angesehen hätte. ***8*** Die Römer erfuhren zwar, dass in Etrurien alles ruhig sei; da es aber indessen hieß, man berate sich über diesen Gegenstand in allen Versammlungen, legten sie ihre Verschanzungen so an, dass sie auf zwei Seiten Bollwerke hatten, ***9*** die einen der Stadt zugekehrt und gegen die Ausfälle der Belagerten, die anderen gegen Etrurien zu bildeten eine Linie zum Empfang jedes Entsatzes, der von dort heranziehen könnte.

(2) Da sich die römischen Feldherren mehr von einer Einschließung als von der Bestürmung versprachen, so wurden, für den römischen Soldaten etwas ganz Neues, nämlich Winterlager gebaut, um den Krieg in einem Winterfeldzug fortzusetzen. ***2*** Kaum erfuhren dies zu Rom die Volkstribunen, die schon lange keinen Vorwand zu neuen Unruhen fanden, als sie in die Versammlung stürzten und die Bürger in Bewegung setzten, ***3*** indem sie ihnen vorstellten, das sei nun die Frucht davon, dass man dem Krieger einen Sold festgesetzt habe. Sie hätten es vorhergesehen, dass dieses Geschenk aus feindlichen Händen in Gift getaucht sein würde. ***4*** Die Freiheit des Bürgerstandes sei verkauft worden. Die junge Mannschaft, auf immer entfernt und von der Stadt und öffentlichen Verhandlungen verwiesen, dürfe sich jetzt nicht einmal vor dem Winter oder vor der Jahreszeit bergen und ihre Häuser und Habe wiedersehen. Was für eine Absicht sie in der Verlängerung des Kriegsdienstes zu entdecken glaubten? ***5*** Sie würden sicher keine andere finden als die, nur ihre Vorteile nicht bei zahlreicher Gegenwart der jungen Männer, auf denen die ganze Stärke des Bürgerstandes beruhe, zur Sprache kommen zu lassen. ***6*** Außerdem würden diese geplagt und weit härter gedrückt als die Vejenter, denn diese brächten doch den Winter in ihren Häusern zu, während vortreffliche Mauern und die natürliche Lage ihrer Stadt ihnen Sicherheit gewährten, ***7*** der römische Soldat hingegen müsse unter Arbeit und Anstrengung, in Schnee und Reif vergraben, unter Zelten aushalten, ohne einmal während des Winters, wenn alle Land- und Seekriege ruhten, die Waffen niederzulegen. ***8*** So weit hätten weder die Könige noch jene vor Einführung der tribunizischen Gewalt so übermütigen Konsuln, noch das furchtbare Machtgebot eines Diktators, so weit hätten die frechen Dezemvirn die Sklaverei nicht getrieben, dass sie einen ewigen Kriegsdienst eingeführt hätten, eine Tyrannei, welche bloße Kriegstribunen gegen den römischen Bürgerstand ausübten. ***9*** Wie würden wohl die als Konsuln oder Diktatoren verfahren, die sich unter dem Schattenbild einer konsularischen Stellvertretung so viel Härte und Grausamkeit erlaubt hätten? Allein dem Volk geschehe hierin gerade recht. Denn nicht einmal unter acht Kriegstribunen habe ein einziger Bürgerlicher seinen Platz gefunden, ***10*** vorher hätten

die Patrizier alle Kräfte aufbieten müssen, nur die gewöhnlichen drei Stellen zu besetzen. Jetzt aber kämen sie schon als ein achtspänniger Zug in die zu besetzenden Staatsämter, und in einem solchen Schwarm finde sich nicht einmal als Anhang ein einziger Bürgerlicher, der, wenn er auch zu nichts weiter tauge, doch seine Amtsgenossen daran erinnern könne, ***11*** dass ihre Soldaten freie Männer und Mitbürger, nicht aber Sklaven wären, dass man sie wenigstens im Winter unter Dach und Fach zurückbringen ***12*** und ihnen doch eine Zeit im Jahr gestatten müsse, Eltern, Kinder und Gattinnen wiederzusehen, ihre Freiheit zu genießen und Beamte zu wählen. ***13*** Mit diesen und ähnlichen ungestümen Äußerungen trafen sie auf einen Gegner, der ihnen gewachsen war, den von seinen Amtsgenossen zur Dämpfung tribunizischer Unruhen zurückgelassenen Appius Claudius, einen Mann, dem die Lust zum Kampf mit den Bürgerlichen in früher Jugend eingeflößt worden war, ***14*** der vor mehreren Jahren, wie ich schon erwähnt habe,* den Rat gab, die tribunizische Gewalt durch die Einsprache ihrer eigenen Mitglieder zu entkräften.

(3) Jetzt hielt er, nicht bloß ein fähiger Kopf, sondern auch ein geübter Gegner, folgende Rede: ***2*** *Hat es je darüber Zweifel gegeben, ihr Quiriten, ob die Volkstribunen eures oder ihres eigenen Vorteiles wegen die beständigen Stifter der Unruhen waren, so weiß ich gewiss, dass dies seit diesem Jahr nicht länger zweifelhaft sein kann.* ***3*** *Ich freue mich allerdings, dass endlich einmal eurem langen Irrtum ein Ziel gesetzt ist, namentlich aber wünsche ich euch und euretwegen dem Staat Glück, dass ihr gerade unter günstigen Umständen diesen Irrtum beseitigt seht.* ***4*** *Sollte es einen Menschen geben, dem es zweifelhaft sein könnte, ob die Volkstribunen je über euch zugefügte Beleidigungen, wenn es deren einst gegeben hat, so erbittert und aufgebracht gewesen sind als über die dem Bürgerstand von den Vätern erzeigte Wohltat, da sie den Kriegern einen Sold festsetzten?* ***5*** *Was glaubt ihr, was sonst haben sie damals gefürchtet, was sonst möchten sie heute lieber stören als die Eintracht der Stände, die sie für das wirksamste Mittel halten, ihre tribunizische Gewalt aufzulösen?* ***6*** *Wahrhaftig beim Herkules, wie schlechte Handwerker, die Arbeit suchen, so wünschen sie immer am Staat etwas schadhaft zu finden, damit es nie an etwas fehle, zu dessen Heilung sie von euch herangezogen werden müssten. Denn sagt, ihr Tribunen:* ***7*** *Verteidigt oder bekämpft ihr den Bürgerstand? Seid ihr die Gegner der im Feld Stehenden oder führt ihr ihre Sache? Es müsste denn sein, dass ihr sagtet: Die Väter mögen tun, was sie wollen, so missfällt es uns, mag es zum Besten des Bürgerstandes oder zu dessen Nachteil sein.* ***8*** *Und sowie ein Hausherr seinen Sklaven gebietet, mit anderen Leuten keinen Verkehr zu haben, und von diesen billig verlangt, dass sie jenen weder Gutes noch Böses antun, so untersagt ihr den Vätern alle Annäherung zum Bürgerstand; wir sollen ihn weder durch Güte und Freigebigkeit von unserer Seite auffordern, noch der Bürgerstand uns Folgsamkeit und Gehorsam beweisen.* ***9*** *Ich bitte euch, wäre es nicht weit eher eure Pflicht – wenn nämlich bei euch noch das Mindeste, ich will nicht sagen, von Bürgersinn, sondern von Menschlichkeit zu finden wäre –, dieser Milde der Väter und dieser Gefälligkeit der Bürger euch zu freuen und sie nach euren besten Kräften zu befördern?* ***10*** *Denn wer möchte nicht, wenn diese Eintracht dauernd wäre, die Bürgschaft dafür übernehmen, dass unser Staat binnen Kurzem unter allen benachbarten der größte werden müsse?*

(4) *Wie nützlich nun nicht allein, sondern auch wie notwendig die Maßregel meiner Amtsgenossen war, welche sie bestimmte, das Heer nicht unverrichteter Dinge von Veji wegzuführen, werde ich nachher auseinandersetzen, jetzt will ich von der Lage der Diensttuenden selbst reden.* ***2*** *Und ich glaube, wenn diese Rede nicht bloß vor euch, sondern sogar im Lager gehalten würde, sie müsste selbst nach dem Ausspruch des Heeres als wahr anerkannt werden können; und fände ich bei meinem Vortrag nicht in mir selbst, was ich sagen wollte, so brauchte ich mich nur an das zu halten, was meine Gegner vorgebracht haben.* ***3*** *Sie sagten neulich, den Kriegern müsse kein Sold gegeben werden,*

* Vor zwölf Jahren, vgl. Buch 4, Kap. 48.

weil er ihnen nie gegeben sei. Wie können sie nun darüber empört sein, dass denen, die einen neuen Zuwachs an Vorteilen bekommen, auch eine neue verhältnismäßige Arbeit auferlegt wird? **4** *Es gibt nirgends Mühe ohne Ertrag, und ebenso nicht leicht Ertrag ohne aufgewandte Mühe. Arbeit und Vergnügen, ihrer Natur nach miteinander im Widerspruch, sind durch ein gewisses natürliches Band wieder aneinandergeknüpft.* **5** *Vorher fand es der Soldat schwer, mit eigenem Aufwand dem Staat Dienst zu tun, aber dafür hatte er die Freude, einen Teil des Jahres über sein Land bestellen und sich etwas erwerben zu können, wovon er zu Hause und im Feld sich und die Seinen erhalten konnte.* **6** *Jetzt ist es ihm willkommen, vom Staat einen Erwerb zu haben, und freudig nimmt er seinen Sold in Empfang. So muss er es sich auch willig gefallen lassen, von seiner Heimat, von seinem Hauswesen, dem jetzt die Kosten nicht zur Last fallen, etwas länger entfernt zu sein.* **7** *Sollte nicht der Staat, wenn er ihn zur Gegenrechnung aufforderte, mit Recht sagen können: Du hast jährlichen Sold, tue auch jährlichen Dienst. Oder findest du es billig, für halbjährigen Dienst den vollen Sold hinzunehmen?* **8** *Ungern verweile ich bei diesem Teil meiner Rede, ihr Quiriten, denn so müssen diejenigen handeln, welche Söldner halten, wir aber möchten gern wie zu unseren Mitbürgern reden und finden es billig, dass man mit uns wie mit dem Vaterland spreche.* **9** *Entweder mussten wir den Krieg nicht anfangen, oder er musste der Würde des römischen Volkes gemäß geführt und möglichst bald beendet werden.* **10** *Er wird aber beendet werden, wenn wir den Belagerten zusetzen, wenn wir nicht eher abziehen, bis wir unsere Hoffnung durch die Eroberung von Veji gekrönt sehen. Wahrhaftig, wenn auch weiter nichts, so muss uns schon die Scham Beharrlichkeit auferlegen.* **11** *Zehn Jahre lang belagerte einst das gesamte Griechenland eine Stadt einer einzigen Frau wegen, und in welcher Entfernung von der Heimat, durch wie viele Länder und Meere geschieden!* **12** *Und wir fänden es schon unbequem, diesseits des zwanzigsten Meilensteines, beinahe im Angesicht unserer Vaterstadt eine Belagerung nur ein Jahr fortzusetzen? Etwa, weil die Ursache zum Krieg nicht bedeutend genug ist, und wir nicht den geringsten gerechten Schmerz empfinden, der unsere Beharrlichkeit spornen könnte?* **13** *Siebenmal haben sie den Frieden gebrochen; nie haben sie ihn so gehalten, dass wir ihnen trauen konnten; tausendmal haben sie unser Land verheert, die Fidenaten zum Abfall von uns gezwungen, unsere dortigen Ansiedler ermordet;* **14** *sie waren es, die gegen alles Völkerrecht die frevelhafte Ermordung unserer Gesandten anstifteten; schon längst war es ihre Absicht, ganz Etrurien gegen uns aufzuhetzen, und noch jetzt denken sie daran. Wie viel fehlte noch, dass sie sich an unseren Gesandten vergriffen hätten, als sie Genugtuung forderten?*

(5) *Und mit einem solchen Volk sollen wir schonend und aufschubweise Krieg führen? Wenn ein so gerechter Hass nichts über uns vermag, ich bitte euch, vermögen denn auch folgende Gründe nichts:* **2** *Die Stadt ist mit ungeheuren Werken umschanzt, durch welche der Feind in seine Mauern eingeschlossen ist. Sein Land hat er nicht bestellt, und was bestellt war, ist durch den Krieg verwüstet worden.* **3** *Ziehen wir nun unser Heer zurück, wer kann denn noch daran zweifeln, dass sie nicht bloß aus Rachsucht, sondern auch durch Not gezwungen, auf fremdem Boden zu plündern, weil sie das Ihrige eingebüßt haben, in unser Land einfallen werden? Folglich wird der Krieg durch diese Maßregel nicht etwa verschoben, sondern in unseren eigenen Grenzen aufgenommen.*

4 *Wie aber – und dies betrifft eigentlich die Soldaten selbst, für deren Bestes die guten Volkstribunen, die ihnen neulich den Sold entziehen wollten, jetzt auf einmal so besorgt sind –, wie steht es um diese?* **5** *Sie haben ihren Wall und Graben, beides Werke von ungeheurer Arbeit, in einer so weiten Ausdehnung vollendet, haben Schanzen, anfangs in geringerer Anzahl, dann, nach Vermehrung des Heeres, in Menge angelegt, haben Werke, welche nicht bloß der Stadt, sondern auch Etrurien die Stirn bieten, wenn etwa von dort ein Entsatz kommen sollte, aufgeführt.* **6** *Soll ich die Türme, die Schanzhütten, Sturmdächer und die übrigen bei einer Belagerung nötigen Anstalten erwähnen? Da sie so viel Arbeit überstanden haben und nun endlich zur Vollendung des Werkes gediehen* *sind, was meint ihr, sollten sie nun das alles liegen lassen, um gegen den Sommer im Schweiß des Angesichts die Anlagen von Neuem noch einmal vorzunehmen?* **7** *Wie viel geringer ist die Mühe, die angelegten Werke zu behaupten, die Sache zu beschleunigen, auszuharren und was man zu tun hat, abzutun? Und wirklich ist es bald getan, wenn es nur in einem Gang fortgeht und wir nicht durch Unterbrechungen und Pausen unsere Hoffnung weiter hinausschieben.*

8 *Doch ich rede hier von der Arbeit und von dem Zeitverlust. Wie aber, gestatten uns denn die wiederholten Zusammenkünfte Etruriens, die den Entsatz von Veji zum Zweck haben, die Gefahr zu vergessen, der wir uns durch Verlängerung des Krieges aussetzen?* **9** *Wie jetzt die Sachen stehen, sind die Etrusker gegen sie voll Zorn und Hass, schlagen ihnen alle Hilfesendung ab, und wenn es auf sie ankommt, mögen wir Veji erobern. Wer steht uns aber dafür, dass sie später, wenn wir den Krieg aufschieben, ebenso gesinnt sein werden,* **10** *da vielleicht, wenn wir ihnen eine Zwischenzeit gönnen, größere und wiederholte Gesandtschaften hingehen, da vielleicht der zu Veji gewählte König, woran sich jetzt die Etrusker stoßen, nach einiger Zeit abgeschafft werden kann, entweder nach dem Gemeinwillen des Volkes, um dadurch die Etrusker wiederzugewinnen, oder nach des Königs eigenem Entschluss, wenn er nicht will, dass die Rettung seiner Mitbürger durch sein Königtum gehindert werde?*

11 *Seht, wie mancherlei und wie schädliche Folgen aus einer solchen Verfahrensweise entspringen: der Verlust aller so mühsam angelegten Werke, die zu erwartende Verheerung unseres Landes, und statt des vejentischen ein Etruskerkrieg.* **12** *Dies, ihr Tribunen, sind eure Anschläge, wahrhaftig geradeso, als wenn man einem Kranken, der sogleich genesen könnte, wenn er sich mit einiger Standhaftigkeit behandeln ließe, nur für diesmal eine Speise, einen Trunk bewilligen wollte, durch deren Genuss die Krankheit langwierig und vielleicht unheilbar würde.*

(6) *Wenn es aber auch für diesen Krieg ganz ohne Bedeutung wäre, so ist es doch, bei Gott, für die Kriegszucht von großer Wichtigkeit, dass unser Soldat gewöhnt werde, nicht bloß den Sieg, der ihm entgegenkommt, sich gefallen zu lassen,* **2** *sondern auch bei einem zögernden Gang der Dinge nicht zu ermüden, bei noch so entfernter Aussicht das Ende zu erwarten, und sollte ein Krieg nicht gleich im Sommer beendet sein, den Winter kommen zu lassen, nicht aber, wie die Sommervögel, sich schon im Herbst nach der Heimat und dem Rückzug umzusehen.* **3** *Ich bitte euch, die Neigung zur Jagd und sein Vergnügen daran treibt so manchen durch Schnee und Reif in die Gebirge und Wälder, und wir wollten bei dem Notzwang des Krieges nicht die Standhaftigkeit zeigen, die eine bloße Lust, ein Vergnügen so oft uns abgewinnt?* **4** *Glauben wir denn, dass der Körper unserer Soldaten so verzärtelt, ihr Mut so erschlafft sei, dass sie nicht einen Winter im Lager aushalten und von Haus entfernt sein können? Dass sie, nicht anders, als hätten sie einen Seekrieg mit Benutzung des Wetters und Beachtung der Jahreszeit zu führen, weder Hitze noch Kälte ertragen könnten?* **5** *Gewiss, erröten würden sie, wenn ihnen einer dies vorwerfen würde, und darauf bestehen, dass es ihrem Mut und Körper noch nie an männlicher Ausdauer gefehlt habe, dass sie im Winter so gut wie im Sommer Kriege führen könnten, den Tribunen nicht aufgetragen hätten, Weichlichkeit und Trägheit in Schutz zu nehmen, und gerade durch dies tribunizische Amt daran erinnert würden, dass auch diese Gewalt ihre Vorfahren nicht unterm Dach oder im Schatten gegründet hätten.* **6** *So ist es der Tapferkeit eurer Krieger, so des römischen Namens würdig, dass wir nicht bloß Veji und den gegenwärtigen Krieg vor Augen haben, sondern uns auch für andere Kriege und bei anderen Völkern für die Zukunft einen Ruf erwerben.* **7** *Oder glaubt ihr, dass die daraus erwachsende Meinung von uns so unbedeutend sei? Wollt ihr etwa lieber, dass die Nachbarn in uns Römern ein Volk sehen, von dem auch nicht einmal eine Stadt etwas Weiteres zu fürchten habe, sobald sie nur den ersten schnell vorübergehenden Angriff abgeschlagen hat?* **8** *Oder soll der Schrecken unseres Namens darin bestehen, dass kein Überdruss einer langwierigen Bestürmung, keine Strenge des Winters*

ein römisches Heer von einer einmal umschlossenen Stadt entfernen kann, dass es keinen andern Ausgang des Krieges kennt als den Sieg, und in seinen Kriegen nicht bloß den mutigen Angriff, sondern auch Beharrlichkeit zeigt, ***9*** *die freilich in jeder Art des Kriegsdienstes, hauptsächlich aber bei Belagerungen notwendig ist, da die meisten Städte, wären sie auch durch Werke und natürliche Lage unüberwindlich, die Zeit selber durch Hunger und Durst besiegt und erobert,* ***10*** *wie sie auch Veji erobern wird, wenn nicht die Volkstribunen den Feinden Hilfe leisten, und die Vejenter Beistand in Rom finden, den sie in Etrurien vergeblich suchen.* ***11*** *Was könnte wohl den Vejentern erwünschter kommen, als eine allgemeine Empörung, zuerst in Rom, und dann wie durch Ansteckung auch im Lager?* ***12*** *Dahingegen ist wahrhaftig bei den Feinden ein solcher Gehorsam, dass bei ihnen kein Überdruss der Belagerung, selbst nicht des Königtums, die geringsten Unruhen veranlasst, nicht die Versagung etruskischer Hilfe sie gereizt hat.* ***13*** *Jeder Anstifter eines Aufruhrs muss dort auf der Stelle sterben, und auch nicht einer darf sich erlauben, das zu sagen, was bei euch ungestraft jeder sagt.* ***14*** *Wenn unser Soldat fahnenflüchtig wird oder seinen Posten verlässt, verdient er die Prügelstrafe. Aber Leuten, die nicht etwa einen oder den andern Krieger, sondern ganze Heere auffordern, fahnenflüchtig zu werden und das Lager zu verlassen, hört man öffentlich in der Versammlung zu.* ***15*** *So sehr seid ihr schon gewöhnt, alles, was ein Volkstribun spricht, und würde Landesverrat und Auflösung des Staates dadurch bewirkt, mit Beifall anzuhören, und von den Reizen dieses Amtes bezaubert, lasst ihr jeden Frevel sich hinter ihm verstecken.* ***16*** *Es fehlt weiter nichts, als dass sie ebendies, womit sie hier so laut sind, im Lager und bei den Soldaten vortragen, unsere Heere verführen und ihnen den Gehorsam gegen die Feldherren untersagen,* ***17*** *weil erst das in Rom Freiheit heißt, Senat, Obrigkeiten, Gesetze, Gebräuche unserer Vorfahren, Einrichtungen unserer Väter und Kriegszucht nicht weiter zu achten.*

(7) Schon war Appius selbst in den Volksversammlungen den Volkstribunen gewachsen, als ihm plötzlich ein Vorfall, von dem man es am wenigsten erwartet hätte, eine vor Veji erlittene Niederlage, in seiner Sache das Übergewicht gab, bei den Ständen eine größere Einigkeit und die Kampflust vergrößerte, Veji um so hartnäckiger zu belagern. **2** Denn als der Belagerungswall bis an die Stadt vorgerückt war und die Schutzdächer schon der Mauer nahe waren, öffnete sich bei Nacht, als man die Werke nicht mit der Sorgfalt bewachte, mit der man sie bei Tag förderte, plötzlich ein Tor, und eine zahlreiche Menge, größtenteils mit Fackeln bewaffnet, legte allenthalben Feuer an, **3** und in einer unglücklichen Stunde verzehrte die Feuersbrunst den Belagerungsbau und die Schutzdächer, das Werk einer so langen Zeit; und eine Menge Menschen, die vergebens Hilfe leisten wollten, vernichtete das Schwert oder das Feuer.

4 Als diese Nachricht in Rom eintraf, erregte sie Trauer bei allen, bei dem Senat Besorgnis und Furcht, dass vollends nunmehr der Aufruhr sich weder in der Stadt noch im Lager werde zurückhalten lassen, und dass die Tribunen dem Staat als Sieger mitspielen würden, **5** als unerwartet diejenigen, denen bei ihrem Rittervermögen kein Pferd vom Staat angewiesen war, vor dem Senat erschienen und auf erhaltene Erlaubnis zu reden, sich erboten, sie wollten den Dienst auf eigenen Pferden tun. **6** In den ehrenvollsten Ausdrücken stattete ihnen der Senat seinen Dank ab; das Gerücht drang auf den Markt und durch die Stadt, und plötzlich sammelte sich vor dem Rathaus eine Menge Bürger. **7** Nun sei die Reihe, sagten sie, an dem Stand, der zu Fuß diene, dem Staat einen außerordentlichen Dienst anzubieten; man möge sie nun vor Veji oder sonstwohin führen, wenn man sie nach Veji führte, so wollten sie nicht eher zurückkehren, bis sie die feindliche Stadt erobert hätten.

8 Da konnte man sich in der überströmenden Freude kaum mäßigen. Man gab nicht etwa, wie bei den Rittern, den obrigkeitlichen Personen den Auftrag, ihnen zu danken, **9** auch wurden sie ebenso wenig in das Rathaus gerufen, um ihnen da die Antwort zu erteilen, als sich der Senat selbst durch die Schwelle des Rathauses beschränken ließ, sondern von oben herab gab jeder mit Hand und Mund der auf dem Platz stehenden Menge die allgemeine Freude zu erkennen. ***10*** Rom, sagten sie, sei bei einer solchen Eintracht glücklich, unüberwindlich, ewig. Sie priesen die Ritter, priesen die Bürger, erhoben selbst den Tag mit Lobpreisungen und gestanden selbst, man habe es der Güte und Wohltätigkeit des Senates noch zuvorgetan. ***11*** Vätern und Bürgern rannen Freudentränen um die Wette, bis die Väter ins Rathaus zurückgerufen und folgender Senatsbeschluss ausgefertigt wurde: ***12*** Die Kriegstribunen sollten sowohl denen, die zu Fuß, als denen, die zu Pferd dienten, vor einer zusammenberufenen Versammlung Dank sagen und ihnen versichern, dass der Senat ihre Liebe zum Vaterland nicht vergessen werde. Es solle aber allen dieser außerordentliche Dienst, wozu sie sich freiwillig erboten hätten, ihren Dienstjahren angerechnet werden. Auch den Rittern wurde eine Zahl der Soldjahre festgesetzt. ***13*** Dies war das erste Mal, dass Ritter für Sold auf eigenen Pferden dienten.

Dieses vor Veji geführte Heer von Freiwilligen stellte nicht allein die verlorenen Werke wieder her, sondern errichtete auch neue. Und von Rom aus besorgte man ihm die Zufuhr mit größerer Sorgfalt als vorher, um es einem so wohlverdienten Heer in keiner Beziehung an dem Erforderlichen fehlen zu lassen.

(8) Das folgende Jahr hatte zu Kriegstribunen mit konsularischer Macht den Caius Servilius Ahala zum dritten Mal, den Quintus Servilius, Lucius Verginius, Quintus Sulpicius, Aulus Manlius zum zweiten Mal, Manius Sergius zum zweiten Mal. ***2*** Während unter ihrem Tribunat jeder seine Sorge auf den Vejentischen Krieg richtete, wurden zu Anxur, wo man die Soldaten zu sorglos beurlaubt und volskische Kaufleute ohne Unterschied aufgenommen hatte, die verratenen Torwachen plötzlich überfallen und die Besatzung überrumpelt. ***3*** Von den Soldaten fielen nur wenige, weil alle bis auf die Kranken nach Art der Krämer in den Dörfern und benachbarten Städten Handel trieben.

4 Nicht besser ging es bei Veji, das damals der Hauptgegenstand aller Staatssorgen war. Denn teils hegten die römischen Feldherren mehr Hass gegeneinander als Mut gegen die Feinde, teils vergrößerte sich der Krieg durch die unvermutete Ankunft der Capenaten und Falisker. ***5*** Diese beiden Völkerschaften Etruriens, die sich nach der Eroberung von Veji, weil sie am nächsten wohnten, auch am ersten einem römischen Krieg ausgesetzt sahen, ***6*** ja die Falisker, die noch insbesondere dadurch in Gefahr waren, dass sie sich schon früher in den Fidenatischen Krieg gemischt hatten, verbanden sich durch gegenseitige Gesandtschaften eidlich und rückten unvermutet mit ihren Heeren vor Veji.

7 Sie griffen das Lager gerade auf der Seite an, wo der Kriegstribun Manius Sergius den Oberbefehl hatte, und setzten alles in Schrecken, weil die Römer glaubten, ganz Etrurien habe sich erhoben und falle mit Riesenmacht über sie her. Dieselbe Meinung setzte auch die Vejenter in der Stadt in Bewegung. ***8*** So wurde das römische Lager von zwei Seiten bestürmt, und die Römer konnten bei dem Hin- und Herlaufen – denn sie wandten ihre Waffen bald hier- bald dorthin – weder die Vejenter mit Nachdruck in ihre Mauern zurückwerfen, noch den Sturm auf ihre eigenen Befestigungswerke abschlagen und sich gegen den äußeren Feind verteidigen. ***9*** Ihre einzige Hoffnung war, dass man ihnen aus dem größeren Lager zu Hilfe käme, so dass die Legionen in entgegengesetzter Richtung, die einen gegen die Capenaten und Falisker kämpften, die anderen gegen den Ausfall der Belagerten. Allein in jenem Lager war Verginius Befehlshaber, der persönlich auf Sergius erbittert und ihm verhasst war. ***10*** Als er die Nachricht erhielt, dass die Schanzen fast alle bestürmt, die Werke erstiegen würden, und der Feind von beiden Seiten eindringe, ließ er seine Leute unter den Waffen stehen bleiben, indem er sagte, wenn Hilfe nötig sein sollte, würde sein Amtsgenosse es ihn wissen lassen. ***11*** Seiner Anmaßung kam die Hartnäckigkeit des andern gleich, der, um nicht den Schein zu haben, Hilfe von seinem Feind begehrt zu haben, lieber vom Feind besiegt werden, als durch seinen Mitbürger siegen wollte. ***12*** Lange wurden von beiden Seiten die Soldaten niedergehauen; endlich flohen sie mit Hinterlassung ihrer Befestigung in geringer Anzahl dem größeren Lager zu, die meisten aber und Sergius selbst nach Rom; und da er hier alle Schuld seinem Amtsgenossen in die Schuhe schob, beschloss man, den Verginius aus dem Lager abzurufen und dies den Unterfeldherren anzuvertrauen.

13 Dann wurde die Sache im Senat verhandelt, und die Amtsgenossen bekämpften sich gegenseitig mit Schmähungen. Nur Wenige stimmten für das allgemeine Beste, sondern je nachdem jeden persönliche Vorliebe oder Gunst bestimmt hatte, dieser für den einen und jener für den andern.

(9) Die Häupter der Väter waren der Meinung, diese so schimpfliche Niederlage sei entweder die Schuld der Feldherren oder einem unglücklichen Zufall beizumessen; jedenfalls müsse man die gesetzmäßige Zeit der Wahl nicht abwarten, sondern sogleich neue Kriegstribunen wählen, die mit dem ersten Oktober antreten sollten. ***2*** Als die Senatoren dieser Ansicht beitraten, hatten die übrigen Kriegstribunen nichts dagegen. ***3*** Aber Sergius und Verginius, um derentwillen der Senat offenbar mit den diesjährigen Tribunen unzufrieden war, verbaten sich zuerst die Beschimpfung, dann legten sie gegen den Senatsbeschluss eine Verwahrung ein und erklärten, sie würden vor dem 13. Dezember, dem zur Übernahme der Ämter bestimmten Tag, ihre Stelle nicht niederlegen.

4 Jetzt wurden die Volkstribunen, die bei der allgemeinen Eintracht und glücklichen Ruhe des Staats ungern geschwiegen hatten, auf einmal begeistert und drohten den Tribunen, wenn sie sich nicht dem Beschluss des Senats fügten, sie ins Gefängnis führen zu lassen. ***5*** Da sprach der Kriegstribun Caius Servilius Ahala:

Was euch und eure Drohungen betrifft, ihr Volkstribunen, so hätte ich in der Tat wohl Lust, den Versuch zu machen, ob es um euer Recht zum Drohen nicht ebenso schlecht wie um euren Mut stehen möchte. Allein es ist unerlaubt, sich dem Beschluss des Senates zu widersetzen. ***6*** *Gebt also den Plan auf, in unseren Streitigkeiten Anlass zu Beleidigungen zu suchen; und was meine Amtsgenossen betrifft, so werden sie entweder tun, was der Senat für gut befindet, oder ich werde sogleich einen Diktator ernennen, der sie zur Niederlegung ihres Amtes zwingen soll.*

7 Da diese Worte allgemeinen Beifall fanden und die Väter sich freuten, dass sich, ohne von den niedrigen Drohungen der Volkstribunen Gebrauch zu machen, ein kräftigeres Mittel, Beamte zu zügeln, gefunden habe, ***8*** schritten die einmütig Überstimmten zur Wahl von Kriegstribunen, welche auf den ersten Oktober das Amt antreten sollten, und legten ihr eigenes vorher nieder.

(10) Als Lucius Valerius Potitus zum vierten, Marcus Furius Camillus zum zweiten, Manius Aemilius Mamercinus zum dritten, Cnaeus Cornelius Cossus zum zweiten Mal, Kaeso Fabius Ambustus und Lucius Julius Julus Kriegstribunen mit Konsulgewalt waren, begab sich vieles zu Hause und im Feld. ***2*** Teils hatte man vielfachen Krieg, zu gleicher Zeit bei Veji, bei Capena, bei Falerii, ***3*** und um den Feinden Anxur wieder abzunehmen, auch im Volskischen, teils hatte man in Rom Not mit der Werbung ebenso wie mit der Aufbringung der Steuer, teils gab es einen Streit über die Nachwahl einiger Volkstribunen, teils verursachte die gerichtliche Verfolgung der beiden, welche kurz vorher die Konsulgewalt bekleidet hatten, keine geringe Bewegung.

4 Die Kriegstribunen ließen es gleich ihr Erstes sein, eine Werbung anzustellen; und nicht bloß die Dienstpflichtigen wurden ausgehoben, sondern auch die Älteren gezwungen, sich zur Bewachung der Stadt eintragen zulassen. ***5*** Je mehr man die Zahl der Soldaten vergrößerte, desto mehr Geld hatte man zum Sold nötig, und dies musste durch die Steuer aufgebracht werden, welche die zu Hause Bleibenden ungern entrichteten, weil sie bei ihren Stadtwachen doch auch Soldatenarbeit verrichteten und im Dienst des Staates standen. ***6*** War die Sache an sich schon drückend, so machten die Volkstribunen dadurch die Sache noch schlimmer, dass sie in empörenden Reden die Beschuldigung vorbrachten, gerade dazu habe man den Kriegern einen Sold festgesetzt, um den einen Teil des Bürgerstandes im Dienst, den andern durch die Auflage zugrunde zu richten. *7* Einen einzigen Krieg schleppe man schon ins dritte Jahr hin und führe ihn absichtlich schlecht, um ihn desto länger zu führen. Dann habe man in einer Werbung zu vier Kriegen Heere aufgeboten und Knaben sogar und Greise fortgeschleppt. ***8*** Schon mache man zwischen Sommer und Winter keinen Unterschied mehr, um den geplagten Bürgern nie etwas Ruhe zu gönnen, die man nun noch zu guter Letzt steuerpflichtig gemacht habe, ***9*** um sie, wenn sie nun mit ihrem durch Arbeit, Wunden und zuletzt vom Alter geschwächten Körper heimkehrten und zu Hause wegen des lange entbehrten Oberhauptes alles schlecht bestellt fänden, dann noch von diesem zerrütteten Vermögen die Steuer zahlen und den Sold, als hätten sie ihn um Zinsen empfangen, dem Staat vielfach erstatten zu lassen.

10 Während man mit der Aushebung, Aufbringung der Steuer und der Besorgung wichtigerer Angelegenheiten beschäftigt war, traf es sich, dass man bei einer neuen Wahl den Volkstribunen nicht die Vollzähligkeit geben konnte; ***11*** dann stritt man darüber, dass für die leeren Plätze Patrizier nachgewählt werden sollten. Als dies nicht durchging, brachte man, um doch das Trebonische Gesetz * zu entkräften, es dahin, dass aus dem Bürgerstand, unstreitig durch Einwirkung der Patrizier, Caius Lacerius und Marcus Acutius zu Tribunen nachgewählt wurden.

(11) Der Zufall brachte es mit sich, dass in diesem Jahr Cnaeus Trebonius Volkstribun war, der die Aufrechthaltung des Trebonischen Gesetzes seinem Namen und Geschlecht schuldig zu sein glaubte. *2* Unter lauten Klagen darüber, dass den Vorsatz einiger Väter, obgleich diese mit dem ersten Versuch gescheitert wären, die Kriegstribunen dennoch durchgefochten hätten, dass man das Trebonische Gesetz umgestoßen und Volkstribunen nicht durch die Stimmen des Volkes, sondern auf patrizisches Machtgebot nachgewählt habe, dass es so weit gekommen sei, dass man entweder Patrizier oder doch Anhänger der Patrizier zu Volkstribunen haben müsse, ***3*** endlich dass die beschworenen Gesetze dem Volk entrissen, das Tribunenamt ihm entwunden würde, suchte er zu beweisen, dass an alledem die List der Patrizier und die Bosheit und der Verrat seiner Amtsgenossen schuld sei.

4 Da nicht bloß die Väter, sondern auch die Volkstribunen, die Nachgewählten ebenso wie die Nachwähler, allen Hass auf sich fallen sahen, machten sich drei von den Tribunen, Publius Curiatius, Marcus Metilius und Marcus Minucius, um sich selbst aus der Verlegenheit zu helfen, an Sergius und Verginius, diese Kriegstribunen des vorigen Jahres, und leiteten durch eine Anklage vor Gericht die Unzufriedenheit und den Hass der Bürger von sich auf jene ab. Sie erklärten:

5 Allen, welche sich durch die Werbung, durch die Auflage, durch den langwierigen Kriegsdienst und durch die Entfernung des Kriegsschauplatzes gedrückt fühlten, welchen die vor Veji erlittene Niederlage empfindlich sei, welche durch den Verlust ihrer Kinder, Brüder, Stammesgenossen und Verwandten in Familientrauer versetzt wären, allen diesen hätten sie nun das Recht und die Gelegenheit verschafft, ihren Schmerz über das Unglück des Staates und der Ihrigen an den beiden Schuldigen zu rächen. *6* Denn die Schuld an allem Unheil treffe Sergius und Verginius, und dies rüge der Kläger nicht ernstlicher, als die Beklagten es eingeständen, welche, obgleich beide schuldig, die Schuld einer auf den andern schöben, indem Verginius dem Sergius seine feige Flucht vorwerfe, Sergius aber dem Verginius, dass er ihn im Stich gelassen habe. *7* Ihr Unverstand sei so unglaublich gewesen, dass es vielmehr wahrscheinlich werde, man sei dabei nach einer Verabredung, nach einem gemeinschaftlichen Bubenstück aller Patrizier vorgegangen.

---

* Vgl. 3. Buch, Kap. 64 Ende und Kap. 65, 3. Abschn.

8 Diese hätten, um den Krieg hinzuziehen, sowohl vorher den Vejentern die Verbrennung der Befestigungswerke gestattet, als jetzt das Heer verraten und das römische Lager den Faliskern preisgegeben. *9* Dies geschehe alles, um die Jünglinge vor Veji grau werden zu lassen, und dass die Tribunen weder über Ländereien noch andere Vorteile des Bürgerstandes einen Antrag an das Volk bringen und durch die Volksmenge in der Stadt ihren Verhandlungen Ansehen geben und der Verschwörung der Patrizier Widerstand leisten könnten. *10* Vorläufig habe gegen die Beklagten teils schon der Senat gesprochen, teils das römische Volk, teils ihre eigenen Amtsgenossen. *11* Denn einmal wären sie durch einen Senatsbeschluss von der Staatsverwaltung entfernt, dann, als sie nicht hätten abdanken wollen, von ihren Amtsgenossen mit einem Diktator geschreckt, und das römische Volk habe Kriegstribunen gewählt, welche nicht am 13. Dezember, dem gewöhnlichen Tag, sondern sogleich am ersten Oktober ihr Amt hätten antreten müssen, weil der Staat, wenn solche Leute im Amt geblieben wären, nicht länger habe bestehen können. *12* Durch so viele Urteile schon vernichtet und zum Voraus verurteilt kämen sie gleichwohl noch vor das Volksgericht, in dem Glauben, damit abzukommen und gestraft genug zu sein, dass sie zwei Monate früher amtlos gemacht wären, *13* ohne zu begreifen, dass ihnen damals bloß die Macht, länger zu schaden, entrissen, allein keine Strafe auferlegt sei; denn auch ihren Amtsgenossen, die wenigstens nichts verbrochen hätten, sei ja die Staatsgewalt abgenommen. *14* Die Quiriten möchten sich in jene Stimmung zurückversetzen, in der sie unmittelbar nach der erlittenen Niederlage gewesen wären, als sie das Heer in der Bestürzung der Flucht, voll Wunden und Angst zu den Toren hätten hereinstürzen sehen, wie es Klagen, nicht über sein Geschick noch irgendeinen der Götter, sondern über diese Anführer erhoben habe. *15* Sie wären überzeugt, dass niemand in der Versammlung sei, der nicht die Person, die Familie und alles Eigentum des Lucius Verginius und Manius Sergius an jenem Tag verflucht und verabscheut habe. *16* Es wäre höchst unsinnig, wenn sie gegen die, über welche jeder den Zorn der Götter herabgefleht habe, von ihrer erlaubten und pflichtmäßigen Gewalt nicht Gebrauch machen wollten. Die Götter legten nie selbst Hand an die Verbrecher; es genüge, dass sie den Beleidigten Gelegenheit zur Rache darböten.

(12) Durch solche Reden aufgereizt, verurteilte der Bürgerstand die Angeklagten, jeden zu einer Strafe von 10 000 schweren Kupfer-As, während Sergius vergeblich das wechselnde Kriegsglück und das Schicksal anklagte, und Verginius in die Bitte ausbrach, man möge ihn doch im Frieden nicht unglücklicher werden lassen, als er im Feld gewesen sei. *2* Die Richtung, die dem Zorn des Volkes auf die Männer gegeben wurde, ließ die Nachwahl der Tribunen und die gegen das Trebonische Gesetz gebrauchte List im Dunkel der Vergessenheit ruhen.

3 Die Tribunen, welche als Sieger die Bürger für ihren Richterspruch gleich auf der Stelle belohnen wollten, brachten öffentlich Landverteilungen in Vorschlag und untersagten die Aufbringung der Steuer, *4* da doch für so viele Heere Sold nötig war und die Angelegenheiten im Feld insofern glücklich genug gingen, außer dass man in keinem einzigen Krieg das erhoffte Ziel erreichte. Denn vor Veji wurde das verlorene Lager wiedererobert und durch Vorwerke und Besatzungen gesichert. *5* Hier hatten die Kriegstribunen Manius Aemilius und Kaeso Fabius den Oberbefehl. Marcus Furius fand im Faliskerland und Cnaeus Cornelius im Capenatischen die Feinde nirgends außerhalb ihrer Festungen. Sie machten also Beute und verheerten die Gegend durch Niederbrennung der Landhäuser und Feldfrüchte. An die Städte machten sie sich weder im Sturm noch als Belagerer. *6* Im Volskerland hingegen wurde nach Verheerung ihres Gebietes das hoch gelegene Anxur vergeblich angegriffen und, weil der Sturm fruchtlos war, durch Wall und Graben eingeschlossen. Der Feldherr, dem das Los den Volskischen Krieg beschieden hatte, war Valerius Potitus.

7 Bei diesem Zustand der kriegerischen Angelegenheiten brach ein Aufruhr im Inneren aus, der mit größerer Heftigkeit als die Kriege betrieben wurde. Und da die Tribunen die Zusammenbringung der Steuer verhinderten und den Feldherren kein Sold geschickt wurde, der Soldat aber seinen Sold forderte, war es nahe daran, dass der Einfluss der empörten Stadt auch das Lager zerrüttet hätte. ***8*** Obgleich aber die Tribunen dem Bürgerstand bei dieser seiner Erbitterung gegen die Väter vorstellten, dass jetzt die Zeit da sei, der Freiheit Festigkeit zu geben und das höchste Staatsamt einem Sergius und Verginius zu nehmen und braven und tüchtigen Männern aus dem Bürgerstand zu übertragen, ging man doch nicht weiter, ***9*** als dass man einen einzigen Bürgerlichen, um von seinem Recht Gebrauch zu machen, den Publius Licinius Calvus zu einem Kriegstribun mit Konsulgewalt wählte; ***10*** die Übrigen wählten sie aus den Patriziern: den Publius Manlius, Lucius Titinius, Publius Maelius, Lucius Furius Medullinus und Lucius Publilius Volscus.

11 Der Bürgerstand selbst wunderte sich, so viel erlangt zu haben, nicht der allein, den man gewählt hatte, ein Mann, der nie vorher ein Amt bekleidet hatte, aber lange im Senat saß und schon bei Jahren war. ***12*** Auch ist man nicht darüber einig, warum man gerade ihm zuerst und hauptsächlich die neue Ehre zuerteilte. Einige glauben, der Einfluss seines Bruders Cnaeus Cornelius, der im vorigen Jahr Kriegstribun gewesen war und den Sold für die Reiter auf das Dreifache erhöht hatte, habe ihn zu dieser so hohen Ehre erhoben; andere, er selbst habe zu rechter Zeit den Ständen die Eintracht in einer Rede empfohlen, die den Beifall der Väter und der Bürger gehabt habe. ***13*** Frohlockend über diesen Sieg auf dem Wahltag ließen die Volkstribunen in dem Punkt, der das Wohl des Staates am meisten beeinträchtigte, in Ansehung der Steuer nach; es wurde bereitwillig gesteuert und der Betrag zum Heer geschickt.

(13) Anxur im Volskerland wurde bald wieder erobert, weil an einem Festtag die Wachen der Stadt vernachlässigt worden waren. Dieses Jahr zeichnete sich aus durch einen so kalten Winter mit so starkem Schnee, dass die Wege gesperrt und der Tiber unschiffbar war. Allein bei den angefahrenen Vorräten änderte sich der Getreidepreis nicht.

2 Weil sich Publius Licinius in dem Amt, das er ohne stürmische Auftritte mehr zur Freude der Bürgerlichen als mit Unwillen der Väter bekommen hatte, auch ebenso benahm, wandelte die Bürger die Lust an, bei der nächsten Kriegstribunenwahl Bürgerliche zu wählen. ***3*** Ein einziger patrizischer Bewerber, Marcus Veturius, behauptete seinen Platz; zu den übrigen Kriegstribunen mit Konsulgewalt ernannten fast alle Zenturien Bürgerliche, den Marcus Pomponius, den Caius Duellius, Volero Publilius, Cnaeus Genucius und Lucius Atilius.

4 Auf den strengen Winter folgte, entweder durch die unregelmäßige Witterung, welche zu schnell in das Gegenteil umschlug, oder aus einer andern Ursache, ein drückender und für alle lebenden Wesen ungesunder Sommer; ***5*** und da man von dem unabwendbaren Dahinsterben weder Ursache noch Ende sah, mussten auf Befehl des Senates die Sibyllinischen Bücher befragt werden. ***6*** Damals zuerst haben die Zweimänner für die Besorgung der Opfer eine Göttermahlzeit in der Stadt Rom angeordnet und während acht Tagen Apollo, Latona und Diana, Herkules, Mercurius und Neptunus versöhnt und drei für die damalige Zeit auf das Prachtvollste ausgerüstete Tische aufgestellt. ***7*** Auch in Privathäusern beging man diese heilige Feier, wie es heißt, nahm man in der ganzen Stadt bei offen stehenden Haustüren, vor denen man Bedürfnisse aller Art zu jedermanns Gebrauch öffentlich ausgelegt hatte, Bekannte und unbekannte Fremde ohne Unterschied als Gäste auf; man ließ sich mit seinen Feinden gütig und freundlich in ein Gespräch ein, vermied jeden Zank und Rechtsstreit, ***8*** nahm auch den Gefangenen für diese Tage die Fesseln ab und machte sich nachher ein Gewissen daraus, diejenigen wieder zu fesseln, welche die Götter selbst beschützt hätten.

9 Inzwischen stieg vor Veji die Gefahr dadurch, dass sich drei Kriege in einen zusammenzogen. Denn da die Capenaten und Falisker unerwartet zum Entsatz heranrückten, begann wieder ebenso wie das vorige Mal, auf beiden Seiten der Belagerungswerke ein hartnäckiger Kampf gegen drei Feinde. ***10*** Die Erinnerung an die Verurteilung des Sergius und Verginius tat hier besonders das Ihrige. Ihr zufolge fiel sogleich aus dem größeren Lager, wo man das vorige Mal so saumselig war, eine Schar, die einen kurzen Umweg nahm, den Capenaten bei ihrem Sturm auf den römischen Wall in den Rücken. ***11*** Dieser Anfang der Schlacht setzte die Falisker in Schrecken, und in dieser Bestürzung jagte sie ein zu rechter Zeit angebrachter Ausfall aus dem Lager selbst in die Flucht. Die Sieger, die den Geschlagenen nachsetzten, hieben eine Menge von ihnen nieder, ***12*** und gleich nachher trafen sie bei ihren Verheerungen im Capenatischen zufällig auf den der Schlacht entronnenen Rest und vertilgten ihn. ***13*** Auch die Vejenter verloren bei ihrem flüchtigen Rückzug in die Stadt viele Leute an den Toren, weil sie aus Furcht, die Römer möchten zugleich mit eindringen, die Torflügel zuwarfen und die letzten der Ihrigen ausschlossen.

(14) Dies geschah in diesem Jahr. Schon nahte der Tag der Kriegstribunenwahl heran, die den Vätern beinahe mehr Sorge als der Krieg machte, denn sie sahen ja, dass sie die höchste Gewalt nicht bloß mit dem Bürgerstand geteilt, sondern fast verloren hatten. ***2*** Obgleich sie also die angesehensten Männer, welche man zu übergehen sich schämen müsste, durch Verabredung aufgeboten hatten, sich um das Amt zu bewerben, nahmen sie gleichwohl, um auch für ihre Person nichts unversucht zu lassen, als bewürben sie sich sämtlich, nicht nur Menschen, ***3*** sondern auch Götter zu Hilfe, indem sie die seit zwei Jahren gehaltenen Wahlversammlungen zu einem Gegenstand religiöser Zweifel machten. Im ersten Jahr sei ein unerträglicher Winter eingetreten, den man nur mit der Andeutung göttlicher Strafgerichte vergleichen könne. Im letzten sei nicht als bloße Andeutung, sondern schon als Erfolg, eine Seuche über Stadt und Land ausgebrochen, ohne Zweifel durch den Zorn der Götter, ***4*** da man selbst in den Schicksalsbüchern gefunden habe, dass man sie, wenn sie die Pest abwenden sollten, versöhnen müsse. Die Götter hätten mit Missfallen bemerkt, dass auf den Wahlen, über die man doch die Vögel befrage, die Ämter an jedermann gegeben und die Unterschiede der Geschlechter außer Acht gelassen würden. ***5*** Das Volk, außer dem Eindruck, den die Würde der Bewerber machte, von frommer Angst erschüttert, wählte zu Kriegstribunen mit Konsulgewalt lauter Patrizier, größtenteils solche, die schon öfter die höchsten Stellen bekleidet hatten, den Lucius Valerius Potitus zum fünften Mal, den Marcus Valerius Maximus, den Marcus Furius Camillus zum dritten, Lucius Furius Medullinus zum dritten, Quintus Servilius Fidenas zum zweiten und Quintus Sulpicius Camerinus zum zweiten Mal. ***6*** Unter diesen Tribunen fiel bei Veji nichts Besonderes vor. Der ganze Krieg bestand in Verheerungen. ***7*** Die beiden obersten Feldherren, Potitus und Camillus, trieben große Beute zusammen, jener im Gebiet von Falerii, dieser von Capena, und ließen nichts verschont, was nur durch Feuer und Schwert vernichtet werden konnte.

(15) Unterdessen wurden viele Schreckzeichen gemeldet, von denen man die meisten nicht recht glaubte oder achtete, teils weil sie von Einzelnen berichtet wurden, teils weil man bei dem Krieg mit den Etruskern keine Opferschauer hatte, durch die man sie hätte können abwenden lassen. ***2*** Eines aber erregte allgemeine Besorgnis, dass nämlich der See im Albanerwald ohne alle Regengüsse oder sonst einen Grund, welcher der Sache das wunderbare genommen hätte, zu einer ungewöhnlichen Höhe stieg. ***3*** Was die Götter durch dieses Zeichen ankündigen wollten, dies zu erfragen, schickte man Gesandte an das Delphische Orakel; ***4*** allein durch die Fügung des Schicksals musste sich ein näherer Ausleger finden, ein betagter Vejenter, der gegen die auf den Posten und Wachen sich neckenden römischen und etruskischen Soldaten im Ton eines

Propheten verkündigte: Ehe nicht aus dem Albanischen See das Wasser abgelassen ist, werden die Römer Veji nie erobern.

5 Anfangs beachtete man dies, weil nur so hingeworfen, gar nicht; dann wurde darüber hin und her gesprochen, bis endlich einer vom römischen Vorposten sich erkundigte – denn die Langwierigkeit des Krieges gestattete gegenseitige Unterredungen –, wer denn der sei, der sich so rätselhaft über den Albanersee äußere, ***6*** und auf die Nachricht, er sei ein Opferschauer, da er selbst gegen göttliche Dinge nicht gleichgültig war, den Propheten unter dem Vorwand, er werde ihn, falls er sich darauf einlassen wollte, über ein ihm selbst gewordenes Wunderzeichen zu Rate ziehen, zu einer Zusammenkunft herauslockte.

7 Als sich nun beide wehrlos und ohne alles Misstrauen etwas weiter von den Ihrigen entfernt hatten, ergriff der kraftvolle junge Römer den schwachen Greis vor aller Augen rasch und trug ihn unter vergeblichem Lärm der Etrusker zu den Seinigen hinüber. Vor den Feldherrn geführt und dann nach Rom an den Senat geschickt, ***8*** gab dieser auf die Frage, wie das zu verstehen sei, was er vom Albanersee geweissagt habe, zur Antwort: ***9*** Ganz gewiss müssten die Götter an jenem Tag auf das vejentische Volk ungnädig gewesen sein, an dem sie ihm den Gedanken eingegeben hätten, die beschlossene Zerstörung seiner Vaterstadt kundzutun. ***10*** Was er also damals, von göttlicher Begeisterung erfüllt, geweissagt habe, das könne er teils durch keinen Widerruf ungesagt machen, teils würde er vielleicht durch Verschweigung dessen, was die unsterblichen Götter kundgetan wissen wollten, eine nicht geringere Sünde auf sich laden, als wenn er das zu Verschweigende aussagte. ***11*** So also laute die Überlieferung in den Schicksalsbüchern und in der etruskischen Lehre: Wenn einmal das Albanische Wasser steige und der Römer es gehörig ableite, dann sei ihm der Sieg über die Vejenter beschieden; bevor dies nicht geschehe, würden die Götter die Mauern der Vejenter nicht verlassen. ***12*** Und nun setzte er auseinander, wie die Ableitung gehörig anzustellen sei. Da aber die Väter sein Wort für zu unwichtig und in einer so bedeutenden Angelegenheit für zu unsicher hielten, beschlossen sie, die Gesandten und den Ausspruch des Pythischen Orakels abzuwarten.

(16) Ehe aber die Gesandten von Delphi zurückkamen und man die Sühnung des albanischen Wunders gefunden hatte, kamen neue Kriegstribunen mit Konsulgewalt ins Amt: Lucius Julius Julus (2), Lucius Furius Medullinus zum vierten Mal, Lucius Sergius Fidenas, Aulus Postumius Regillensis, Publius Cornelius Maluginensis [zum zweiten Mal], Aulus Manlius [zum dritten Mal].

2 In diesem Jahr traten die Tarquinier als neue Feinde auf. Da sie sahen, dass die Römer mit so vielen gleichzeitigen Kriegen beschäftigt waren, gegen die Volsker bei Anxur, wo diese die Besatzung eingeschlossen hielten, gegen die Aequer bei Lavici – hier bestürmten diese die römische Kolonie – und außer mit dem vejentischen Krieg mit dem gegen die Falisker und Capenaten, und dass in der Stadt selbst durch die Streitigkeiten der Väter und Bürger die Geschäfte nicht weniger gestört würden, ***3*** ließen sie einige leichte Kohorten zum Plündern in das römische Gebiet einrücken, in der Annahme, dass jetzt der beste Zeitpunkt zum Angriff sei. Denn entweder würden die Römer dieses Unrecht ungeahndet lassen, um sich nicht mit einem neuen Krieg zu belasten, oder sie würden mit einem kleinen, mithin zu schwachen Heer den Feind verfolgen.

4 Die Römer erfüllte die Plünderung der Tarquinier mehr mit Unwillen als mit Besorgnis. Darum trafen sie weder bedeutende Gegenanstalten, noch verschoben sie die Sache länger. ***5*** Aulus Postumius und Lucius Julius boten eine Mannschaft ohne förmliche Aushebung auf – denn diese verhinderten die Volkstribunen –, sondern beinahe aus lauter Freiwilligen, denen sie durch ihre Ermunterungen Lust gemacht hatten, zogen auf Querwegen durch das Gebiet von

Caere, überfielen die von ihren Plünderungen zurückkehrenden und mit Beute schwer beladenen Tarquinier, **6** hieben eine große Menge nieder, nahmen allen die Beute ab und kehrten mit dem wiedergewonnenen Raub ihres eigenen Landes nach Rom zurück. **7** Zwei Tage wurden den Eigentümern bewilligt, das Ihrige herauszufinden; was niemand anerkannte – dies war aber meistens feindliches Eigentum –, wurde am dritten Tag öffentlich versteigert und der Ertrag unter die Soldaten verteilt.

8 Der Ausgang der übrigen Kriege, namentlich des vejentischen, blieb noch ungewiss. Ohne noch von menschlicher Macht etwas weiter zu erwarten, richteten die Römer ihren Blick auf das Schicksal und die Götter, als die Gesandten von Delphi mit dem Ausspruch des Orakels zurückkamen, der mit der Antwort des gefangenen Propheten übereinstimmte:

***9** Römer, das Albanerwasser darf der See nicht länger fassen; es darf auch nicht in seinem Strom in das Meer hinüberfließen. Lass es die Gefilde netzen, über die du es durch Kunst leitest, und tilge es, in Bäche zerteilt. **10** Dann steig du kühn die Mauern der Feinde hinauf, wohl wissend, dass dir über diese Stadt, die du seit Jahren schon umlagerst, laut dieser jetzt enthüllten Sprüche der Sieg beschieden sei. **11** Nach Beendigung des Krieges sollst du Sieger ein herrliches Geschenk zu meinem Tempel bringen und väterlichen Gottesdienst, den du versäumt hast, neu geweiht, nach seiner Weise verrichten.*

(17) Nun bekam der gefangene Prophet ein großes Ansehen, und die Kriegstribunen Cornelius und Postumius zogen ihn zur Entsühnung des albanischen Wunderzeichens und gültigen Aussöhnung der Götter zu Rate. **2** Auch fand man endlich, in welche Beziehung die Götter über vernachlässigten Gottesdienst und unterlassene Gebräuche zu klagen hätten; es sei gewiss nichts anderes, als dass die fehlerhaft gewählten Obrigkeiten die Latinischen Feiertage und das Opfer auf dem Albanischen Berge nicht gehörig hätten ansagen können. **3** Das einzige Sühnungsmittel für alles dies bestehe darin, dass die Kriegstribunen ihr Amt niederlegten, das Recht der Vögelbefragung erneuert und eine Zwischenregierung angeordnet würde. **4** Dies alles wurde nach einem Senatsbeschluss vollzogen. Es folgten nacheinander drei Zwischenkönige, Lucius Valerius, Quintus Servilius Fidenas und Marcus Furius Camillus. **5** Dabei hörten die Unruhen niemals auf, weil die Volkstribunen die Wahlen untersagten, bis man darüber einig sei, dass der größere Teil der Kriegstribunen aus dem Bürgerstand gewählt werden solle.

6 Unterdessen sammelte sich Etrurien beim Heiligtum der Voltumna, und den Capenaten und Faliskern wurde auf ihren Antrag, dass alle Völkerschaften Etruriens einstimmig und einmütig zum Entsatz von Veji wirken möchten, die Antwort gegeben: **7** Sie hätten das schon früher den Vejentern abgeschlagen, weil diese da, wo sie in einer so wichtigen Sache keinen Rat verlangt hätten, auch keine Hilfe suchen dürften. **8** Und jetzt mache diese Hilfeleistung für ihren Teil ihr Verhältnis gerade auf dieser Seite Etruriens unmöglich. Ein nie gesehenes Volk, die Gallier, wären ihre neuen Nachbarn, mit denen sie weder sicheren Frieden noch ausgemachten Krieg hätten; **9** so viel aber wollten sie dem gemeinschaftlichen Blut und Namen und der dringenden Gefahr ihrer Verwandten nachgeben, dass sie von ihren jungen Leuten niemanden abhalten wollten, als Freiwilliger diesen Krieg mitzumachen. **10** In Rom ging das Gerücht, dass eine große Anzahl solcher Feinde gekommen sei, und wie gewöhnlich milderten sich bei der allgemeinen Gefahr die inneren Unruhen.

(18) Die Väter sahen es nicht ungern, dass die erste Zenturie den Publius Licinius Calvus, ohne dass er sich bewarb, zum Kriegstribun erwählte, einen Mann, dessen Mäßigung sie bei seiner vorigen Amtsführung kennengelernt hatten, der aber schon hochbetagt war; **2** und man sah, es würden alle seine damaligen Amtsgenossen der Reihe nach wiedergewählt werden, Lucius Titinius, Publius Maenius, Publius Maelius, Cnaeus Genucius und Lucius Atilius [alle jeweils zum

zweiten Mal. Ehe aber ihre Namen den in der Reihe stimmenden Bezirken angezeigt wurden, trat Publius Licinius Calvus mit Erlaubnis des Zwischenkönigs auf und sprach: ***3*** *Ich sehe, ihr Quiriten, ihr sucht in der Erneuerung des Andenkens an unser Amt für das folgende Jahr eine Vorbedeutung der Eintracht, dieser namentlich in der jetzigen Zeit so heilsamen Tugend.* ***4*** *Wenn ihr meine Amtsgenossen wiederwählt, so werdet ihr an ihnen Männer haben, die auch an Erfahrung gewannen, in mir aber seht ihr nicht mehr denselben, nur noch den übrig gebliebenen Schatten von Publius Licinius, nur noch den Namen, denn meine Körperkraft ist schwach, Sinne, Augen und Ohren sind abgestumpft, das Gedächtnis untreu, die Munterkeit des Geistes gelähmt.* ***5*** *Aber hier* – so fuhr er fort und fasste seines Sohnes Hand –, *hier zeige ich euch einen jungen Mann, das Ebenbild dessen, den ihr früher den ersten Kriegstribun vom Bürgerstand werden ließt. Ihn, in meinem Sinn erzogen, übergebe und weihe ich dem Staat als meinen Stellvertreter und bitte euch, Quiriten, die ohne meine Bitte mir angebotene Würde auf sein Gesuch und meine es begleitende Fürbitte ihm zu übertragen.* ***6*** Man gewährte dies dem bittenden Vater, und sein Sohn Publius Licinius wurde mit den oben Erwähnten zum Kriegstribun mit konsularischer Gewalt gewählt.

7 Die Kriegstribunen Titinius und Genucius, welche gegen die Falisker und Capenaten auszogen und den Krieg mit mehr Mut als Vorsicht führten, gerieten in einen Hinterhalt. ***8*** Genucius fiel unter den Vordersten der Vorhut und büßte seine Unbesonnenheit mit einem ehrenvollen Tod. Titinius, der seine Soldaten aus der großen Unordnung auf einer Anhöhe zusammenzog, stellte die Linie wieder her, ließ sich aber nie in der Ebene mit dem Feind ein. ***9*** Der Verlust war nicht so groß wie die Schande, der aber beinahe in eine bedeutende Niederlage übergegangen wäre; so groß war der Schrecken, den er nicht bloß in Rom, wo das Gerücht vielfach übertrieben erscholl, sondern auch im Lager vor Veji erregte. ***10*** Hier ließen sich die Soldaten kaum von der Flucht zurückhalten, weil sich das Gerücht im Lager verbreitete, die siegreichen Capenaten und Falisker und Etruriens ganze Kriegsmacht hätten das Heer und die Feldherren niedergehauen und wären schon in der Nähe. ***11*** Noch beunruhigendere Nachrichten hatte man zu Rom geglaubt: Das Lager vor Veji werde schon bestürmt, schon rücke ein Teil der Feinde zum Angriff gegen die Stadt heran; man lief auf die Mauern, und die Frauen, die der allgemeine Schrecken aus den Häusern trieb, ***12*** verrichteten in den Tempeln feierliche Gebete und drangen flehend in die Götter, sie möchten doch nun auch Roms Häuser, Tempel und Mauern vor dem Untergang schützen und dieses Unglück auf Veji abwenden, da man die heiligen Gebräuche gehörig erneuert und die Sühnung der Schreckzeichen besorgt habe.

(19) Schon waren die Spiele der Latinischen Feiertage erneuert, schon aus dem Albanischen See das Wasser auf die Felder geleitet und das Schicksal zog über Veji heran. ***2*** Und so musste auch der vom Verhängnis zur Zerstörung dieser Stadt und zur Rettung seines Vaterlandes bestimmte Feldherr, Marcus Furius Camillus, zum Diktator ernannt werden, der den Publius Cornelius Scipio zu seinem Magister Equitum ernannte.

3 Mit der Änderung des Feldherrn änderte sich plötzlich alles. Es schien eine neue Hoffnung, ein neuer Mut bei den Leuten, und für die Stadt ein neues Glück aufzugehen. ***4*** Gleich zuerst bestrafte er die, welche in jenem Schrecken von Veji geflohen waren, nach Kriegsrecht und bewirkte dadurch, dass der Feind dem Soldaten nicht gerade das Furchtbarste war. Nachdem er darauf die Aushebung auf einen bestimmten Tag angesetzt hatte, eilte er selbst unterdessen, um den Soldaten Mut einzuflößen, nach Veji. ***5*** Von hier kam er nach Rom zur Werbung des neuen Heeres zurück, und niemand weigerte sich zu dienen. Auch fanden sich die jungen Leute aus dem Ausland ein, Latiner und Herniker, und versprachen zu diesem Krieg ihre Dienste. ***6*** Dafür dankte ihnen der Diktator im Senat, und als er mit allen Vorbereitungen zum Feldzug fertig war, gelobte er auf Befehl des Senates, nach der Eroberung von Veji große Spiele zu feiern und den Tempel der Mutter Matuta*, der schon vorher vom König Servius Tullius geweiht war, wiederherzustellen und zu weihen.

7 Mehr noch mit Erwartungen als bloßen Hoffnungen der Leute brach er mit seinem Heer aus der Stadt auf, und gleich im Gebiet von Nepete lieferte er den Faliskern und Capenaten eine Schlacht. **8** Hier begleitete seine durchaus mit größter Überlegung und planmäßig getroffenen Vorkehrungen das Glück, wie es zu geschehen pflegt. Er besiegte die Feinde nicht bloß, er nahm ihnen auch ihr Lager und gewann eine ansehnliche Beute, die aber größtenteils dem Schatzmeister abgeliefert wurde; der Soldat bekam nur wenig. **9** Von hier führte er das Heer vor Veji, ließ die Kastelle dichter bauen und gewöhnte die Soldaten durch das Verbot, dass keiner ohne Erlaubnis kämpfen solle, statt der planlosen Gefechte, die zwischen der Stadtmauer und seinem Wall so häufig vorfielen, an die Schanzarbeit. ***10*** Bei Weitem das wichtigste und mühevollste aller dieser Werke war eine Mine, die man zur Burg der Feinde hinanführte, ***11*** und um dieses Werk nicht unterbrechen zu lassen, noch auch durch die fortdauernde unterirdische Arbeit dieselben Leute aufzureiben, teilte er die Schanzgräber in sechs Abteilungen; sechs Stunden wurden abwechselnd zur Arbeit angewiesen; und sie ließen nicht nach, bei Tag und Nacht zu arbeiten, bis sie sich den Weg in die Burg gebahnt hatten.

(20) Als der Diktator den Sieg bereits in seinen Händen sah, und dass die reichste Stadt fallen und so viel Beute geben werde, wie man in allen früheren Kriegen zusammengenommen nicht gehabt hätte, da schrieb er, **2** um sich weder durch zu kärgliche Verteilung der Beute die Unzufriedenheit der Soldaten, noch durch eine zu reiche Spende einen Vorwurf von den Vätern zuzuziehen, an den Senat: **3** Durch die Gnade der unsterblichen Götter, durch seine Maßregeln und die Ausdauer der Soldaten werde Veji nächstens in der Gewalt des römischen Volkes sein, was sie nun über die Beute beschlössen? **4** Den Senat hielten zwei Meinungen geteilt; die eine des alten Publius Licinius, welcher, von seinem Sohn zuerst befragt, gesagt haben soll, seiner Meinung nach müsse man dem Volk öffentlich bekannt machen, dass jeder, der an der Beute teilnehmen wolle, ins Lager vor Veji gehen möchte; **5** die andere des Appius Claudius, der dies als eine neue, verschwenderische, ungleiche und unüberlegte Schenkung verwarf und dafür stimmte, wenn sie es einmal für unrecht hielten, die den Feinden abgenommenen Summen in die durch Kriege erschöpfte Schatzkammer zu legen, so möchten sie dem Soldaten von diesem Geld den Sold zahlen, damit der Bürgerstand desto weniger an Steuern aufzubringen habe. **6** Alsdann würden nämlich den gemeinschaftlichen Genuss des Geschenks alle Häuser in gleichem Grad empfinden, nicht aber die raubgierigen Hände müßiger Städter den tapferen Kriegern ihren Lohn vorwegnehmen, da es gewöhnlich der Fall sei, dass der, der sich den meisten Beschwerden und Gefahren aussetze, gegen die Beute gleichgültiger sei. *7* Licinius hingegen sagte, auf diesem Geld werde ein ewiger Verdacht und Widerwille ruhen, und es werde Gelegenheit zu Anklagen vor dem Volk geben, dann zu Unruhen und neuen Vorschlägen. **8** Es sei also geratener, durch dieses Geschenk die Herzen des Bürgerstandes wieder zu versöhnen, den durch die Steuer so vieler Jahre Erschöpften und Ausgesogenen zu Hilfe zu kommen und ihnen den Gewinn von einem Krieg zugute kommen zu lassen, in dem sie beinahe alt geworden wären. Was jeder als eigenhändigen Raub vom Feind mit nach Hause bringe, das werde ihm lieber und angenehmer sein, als wenn er noch so mancherlei nach dem Gutdünken eines andern empfange. **9** Der Diktator selbst suche sich den daraus zu befürchtenden Vorwürfen und Beschuldigungen zu entziehen. Darum habe er die Sache dem Senat anheim gestellt. Nun müsse sie der Senat, da

* Ino, Tochter des Cadmus und Gemahlin Athamas, hieß als Meeresgöttin bei den Griechen Leukothea, bei den Römern Mutter Matuta.

sie einmal an ihn gewiesen sei, dem Volk übergeben und jeden das behalten lassen, was ihm das Kriegsglück gegeben habe. ***10*** Diese Meinung hielt man für sicherer, weil sie den Senat als Volksfreund darstellte. Man machte also bekannt: Wer Lust habe, in Veji Beute zu machen, möge sich zum Diktator ins Lager begeben.

(21) Es zog eine ansehnliche Menge hin und erfüllte das Lager. Als der Diktator mit Genehmigung der Vögel ans Werk ging, erteilte er den Befehl, dass die Soldaten zu den Waffen greifen sollten, und sprach: ***2*** *Unter deiner Führung, Pythischer Apollo, und von deiner Einwirkung getrieben, mache ich mich auf, die Stadt Veji zu zerstören, und gelobe dir den zehnten Teil der Beute.* ***3*** *Auch dich, Königin Juno, die du jetzt Veji bewohnst, bitte ich, uns Siegern in unsere, bald auch deine Stadt zu folgen, wo dich ein deiner Hoheit würdiger Tempel aufnehmen soll.*

4 Nach diesem Gebet griff er bei seinem Übergewicht an Leuten die Stadt von allen Seiten an, um die von der Mine einbrechende Gefahr weniger bemerklich zu machen. ***5*** Die Vejenter, die nicht wussten, dass sie schon von eigenen Propheten und fremden Orakeln verraten seien, dass schon Götter eingeladen seien, an ihrer Beute teilzunehmen, und andere, durch Gelübde ihrer Stadt entlockt, sich schon nach Tempeln bei den Feinden und neuen Wohnsitzen sehnten, und dass dieser Tag ihr letzter sei, ***6*** die nichts weniger fürchteten, als dass eine unter ihren Mauern hingeführte Mine ihre Burg schon mit Feinden erfüllt habe, liefen mit den Waffen auf die Mauern und konnten sich nicht erklären, ***7*** warum die Römer, bei denen sich seit mehreren Tagen keiner von den Posten entfernt habe, jetzt, wie von einer plötzlichen Raserei ergriffen, so unerwartet an die Mauern heranstürmten. ***8*** Hier wird eine Geschichte erzählt: Als der König der Vejenter geopfert habe, habe die Versicherung des Opferschauers, dass dem der Sieg beschieden sei, der die Eingeweide dieses Opfertieres verschneiden würde, die römischen Soldaten, die dies in der Mine gehört hätten, bewogen, den Gang zu öffnen, das Opferfleisch zu rauben und zum Diktator zu bringen. ***9*** Bei Erzählungen von so hohem Alter will ich mich begnügen, das für wahr zu halten, was wahrscheinlich ist. Was sich aber, wie diese Angabe, mehr mit der Darstellung auf der Bühne, welche an Wundern Freude hat, als mit der Glaubwürdigkeit verträgt, das zu erhärten oder zu widerlegen lohnt nicht der Mühe.

10 Die Mine, die jetzt mit den auserlesensten Kriegern gefüllt war, spie plötzlich die Bewaffneten in den Tempel der Juno aus, der auf der vejentischen Burg stand. Ein Teil von ihnen griff die Feinde auf den Mauern im Rücken an, ein anderer erbrach die Tore, noch ein anderer steckte die Häuser in Brand, von deren Dächern Frauen und Sklaven Steine und Ziegel herabwarfen. ***11*** Überall ertönte ein Geschrei von Stimmen der Schreckenden und der Geängstigten, mit dem sich das Geheul der Frauen und Kinder vereinigte. ***12*** Da im Augenblick die Verteidiger von allen Seiten von der Mauer herabgetrieben und die Tore geöffnet waren, wurde die Stadt von Feinden erfüllt, die hier in hellen Haufen hereinstürmten, dort über die verlassenen Mauern stiegen, und an allen Orten wurde gekämpft. ***13*** Nach langem Gemetzel wurde der Kampf endlich schwächer, und der Diktator ließ durch Herolde den Befehl geben, die Wehrlosen zu schonen. Hier hatte das Blutvergießen ein Ende. ***14*** Nun ergaben sie sich ohne Waffen, und mit Erlaubnis des Diktators zerstreuten sich die Soldaten zum Plündern. Da er nun sah, wie sie sich mit einer weit größeren Beute und mit Sachen von weit höherem Wert trugen, als er gehofft und geglaubt hatte, soll er mit zum Himmel erhobenen Händen gebetet haben: ***15*** Wenn irgendeinem der Götter und Menschen sein und des römischen Volkes Glück zu groß schiene, so möchten doch die Römer damit abkommen, dass sie diesen Neid mit seinem und des Staates möglichst kleinem Nachteil büßten. ***16*** Wie er sich bei diesem Gebet umwandte, soll er gestolpert und gefallen sein; und als man sich nachher diesen Vorfall aus dem Erfolge zu erklären suchte, soll man ihn als eine Vorbedeutung angesehen haben, die sich auf die Verurteilung des Camillus selbst und weiter noch auf das nach wenigen Jahren erfolgte Unglück der Eroberung Roms bezogen habe. – ***17*** Dieser Tag nun wurde mit Niedermetzelung der Feinde und mit Plünderung einer der reichsten Städte hingebracht.

(22) Am folgenden Tag ließ der Diktator die Freigeborenen öffentlich verkaufen. Dieses einzige Geld wurde in den Schatz geliefert, aber nicht ohne den Zorn der Bürger; ja auch für die heimgebrachte Beute wussten sie weder dem Feldherrn Dank, weil er die Sache, die von ihm abhing, an den Senat übertragen habe, um diesem die zu machenden Abzüge unter den Fuß zu geben, noch auch dem Senat, ***2*** sondern der Licinischen Familie, aus welcher der Sohn die Sache vor den Senat gebracht, und der Vater zugunsten des Volkes den Vorschlag gemacht habe. ***3*** Als man schon alles Eigentum aus Veji abgeführt hatte, fing man nun an, auch die den Göttern geweihten Geschenke und die Götter selbst wegzubringen, aber mehr in einer Art der Verehrung, und nicht als ob man plünderte. ***4*** Und so traten die erlesensten Jünglinge des ganzen Heeres, denen die Überbringung der Königin Juno nach Rom anvertraut war, nachdem sie sich zur Weihe gebadet hatten, in weißen Gewändern ehrfurchtsvoll in den Tempel und legten mit frommer Scheu Hand an, ***5*** weil dieses Götterbild nach Etruskersitte kein anderer als ein Priester von einem bestimmten Stamm anrühren durfte. Auf einen von ihnen wirkte entweder göttlicher Einfluss, oder er tat die Frage aus jugendlichem Scherz: *Willst du nach Rom gehen, Juno?* Und da schrieen die Übrigen alle, die Göttin habe genickt. ***6*** Dann bekam die Erzählung den Zusatz, sie habe auch ein Ja hören lassen, wenigstens finden wir, dass sie sich durch Mittel von unbedeutender Gewalt von ihrer Stelle heben und als die gern Folgende leicht und willig überbringen ließ, ***7*** dass sie unversehrt auf dem Aventin, ihrem ewigen Sitz, anlangte, wohin sie der römische Diktator durch Gelübde eingeladen hatte, und wo ihr nachher von demselben Camillus der Tempel, den er ihr gelobt hatte, auch geweiht wurde.

8 Das war der Untergang von Veji, einer der mächtigsten Städte Etruriens, die ihre Größe noch bei ihrem Untergang kundgab, da sie nach einer zehn Sommer und Winter dauernden Belagerung nach weit mehr zugefügtem als erlittenem Schaden selbst zuletzt, als ihr Schicksal über sie hereinbrach, doch nur durch Kunst, nicht durch Gewalt erobert worden ist.

(23) In Rom erregte die Nachricht von der Eroberung Vejis, obgleich man die Abwendung aller Unglückszeichen besorgt hatte, die Weissagungen der Propheten und die Antwort des Pythischen Orakels kannte, auch, um alles zu tun, was sich nach menschlicher Erkenntnis für die Sache tun ließ, den größten aller Feldherren, den Marcus Furius, zum Anführer ausgesucht hatte, dessen ungeachtet, ***2*** weil man dort so viele Jahre lang mit abwechselndem Glück gekämpft und so manchen Verlust erlitten hatte, nicht anders, als käme sie völlig unerwartet, eine unendliche Freude; ***3*** und ehe noch der Senat den Befehl gab, waren schon alle Tempel voll von römischen Frauen, die den Göttern ihren Dank brachten. Der Senat ordnete ein Dankfest auf vier Tage an; so lange hatte noch keins in irgendeinem Krieg gedauert.

4 Auch die Ankunft des Diktators war dadurch, dass ihm alle Stände entgegenströmten, feierlicher als die irgendeines andern vor ihm, und sein Triumph überstieg die gewöhnliche Art, einen solchen Tag zu verherrlichen, bei Weitem. ***5*** Auf ihn selbst waren alle Blicke gerichtet, weil er bei seinem Einzug in die Stadt auf einem Wagen mit vier weißen Pferden fuhr, worin man aber nicht bloß eine Erhebung über die Stufe des Bürgers, sondern auch über die eines Menschen fand. ***6*** Ja, dass sich ein Diktator mit seinem Wagen dem Jupiter und dem Sonnengott gleichstellen dürfe, hielt man sogar für eine Gewissenssache, und des einzigen Umstandes wegen erregte der Triumph mehr Aufsehen als Zufriedenheit. ***7*** Darauf bestellte er auf dem Aventin den Tempel für die Königin Juno, und den der Mutter Matuta weihte er ein. Und nach Verrichtung dieser göttlichen und menschlichen Geschäfte legte er seine Diktatur nieder.

8 Nun dachte man auch an das Geschenk für Apollo. Da Camillus sagte, er habe ihm den zehnten Teil der Beute gelobt, und die Oberpriester erklärten, das Volk müsse sich dieser heiligen Schuld entledigen, ***9*** fand man es doch so leicht nicht, dem Volk die Rücklieferung der Beute anzubefehlen, um den gebührenden Teil zur heiligen Bestimmung abzusondern. ***10*** Endlich wählte man das Mittel, welches das leichteste zu sein schien, dass jeder, der sich und sein Haus der heiligen Verbindlichkeit entledigen wolle, nach eigener Schätzung seiner Beute den Wert des zehnten Teiles dem Staat einliefern solle, ***11*** wovon man ein goldenes Geschenk verfertigen lassen wollte, wie es der Würde des römischen Volkes angemessen in einen so berühmten Tempel und einem so mächtigen Gott geliefert werden müsse. Auch diese Steuer entfremdete die Gemüter des Volkes dem Camillus.

12 Unterdessen kamen Gesandte von den Volskern und Aequern mit der Bitte um Frieden, und sie erlangten ihn, mehr, weil man der durch einen so langen Krieg ermüdeten Bürgerschaft Ruhe gönnen wollte, als dass sie die Gewährung ihrer Bitte verdient hätten.

(24) Das auf die Eroberung von Veji folgende Jahr hatte sechs Kriegstribunen mit konsularischer Gewalt, zwei Cornelier, beide mit Vornamen Publius, einer mit dem Zunamen Cossus, der andere Scipio; den Marcus Valerius Maximus zum zweiten Mal, den Kaeso Fabius Ambustus zum dritten, Lucius Furius Medullinus zum fünften und Nuintus Servilius zum dritten Mal.

2 Den Corneliern beschied das Los den Faliskerkrieg, dem Valerius und Servilius den Capenatischen. Die Letzteren machten keinen Versuch auf die Städte, weder durch Sturm noch durch Belagerung; sie verheerten das Gebiet und nahmen den Landleuten das Ihrige; kein Fruchtbaum, keine Feldfrucht wurde verschont. Dieser Schade machte die Capenaten mutlos. ***3*** Auf ihre Bitte wurde ihnen ein Friede bewilligt. Im Faliskerland dauerte der Krieg fort.

4 Zu Rom herrschten indessen vielfache Unruhen. Als ein Linderungsmittel hatte man die Ausführung von Siedlern in das volskische Gebiet befohlen, zu welcher 3000 römische Bürger angenommen werden sollten, und die dazu ernannten Dreimänner hatten auf jeden Kopf drei Morgen und sieben Zwölftel angewiesen. ***5*** Diese Wohltat nahmen die Leute mit Verachtung auf, weil sie dieselbe als ein Schmerzensgeld ansahen, wofür man ihnen eine größere Hoffnung vernichten wolle. Denn warum würden sonst die Bürger ins Volskerland verwiesen, da man Veji, eine der schönsten Städte, und die Landschaft von Veji vor Augen habe, welche fruchtbarer und größer sei als die römische? ***6*** Selbst der Stadt gaben sie in der Lage, in der Pracht der öffentlichen und Privatgebäude und Plätze den Vorzug vor der Stadt Rom. ***7*** Ja ein Vorschlag kam in Anregung, der vollends nach der Eroberung Roms von den Galliern noch größeren Beifall fand, nach Veji hinüberzuziehen. ***8*** Übrigens bestimmten einige Veji dem Bürgerstand, andere dem Senat zum Sitz, so dass das römische Volk in zwei Städten eines gemeinschaftlichen Staates wohnen sollte. ***9*** Da sich nun die Vornehmen dagegen mit solchem Nachdruck erklärten, dass sie beteuerten, sie würden vor den Augen des römischen Volkes eher sterben, als einen von diesen Vorschlägen durchgehen lassen; ***10*** denn es gebe ja in der einen Stadt Misshelligkeiten genug, wie es vollends in zweien aussehen werde? Ob wohl jemand einer siegreichen Vaterstadt die besiegte vorziehen und es geschehen lassen möchte, dass Veji nach der Eroberung ein größeres Glück erlange, als es in seinem Wohlstand gelebt habe, ***11*** und endlich versicherten, sie könnten freilich von ihren Mitbürgern in der Vaterstadt zurückgelassen werden, allein keine Gewalt solle je sie zwingen können, ihre Vaterstadt und Mitbürger hier zu lassen und einem Titus Sicinius – denn dieser hatte von den Volkstribunen den Antrag gestellt – mit Hintansetzung des Gottes Romulus, dieses Gottessohnes, dieses Vaters und Stifters der Stadt Rom, als dem neuen Erbauer nach Veji zu folgen.

(25) So gab es bei allen unanständigen Auftritten in diesem Streit, in welchem die Väter auch einen Teil der Volkstribunen auf ihre Seite gezogen hatten, kein kräftigeres Mittel, die Bürger

von Gewalttätigkeiten gegen die Väter abzuhalten, **2** als dies, dass gerade die Vornehmsten des Senates, sobald sich das Geschrei einer beginnenden Schlägerei erhob, sich selbst dem Haufen entgegenwarfen und ihn aufforderten, er möge nur auf sie losschlagen, auf sie einhauen und sie töten. **3** Weil man sich nun der Entehrung ihres Alters, ihrer Würde und Ämter enthielt und auch bei den übrigen ähnlichen Unternehmungen die Ehrfurcht dem Zorn in den Weg trat, **4** sagte Camillus an allen Orten zu wiederholten Malen in öffentlichen Reden, es sei kein Wunder, dass diese Wut den Staat treffe, an den die Götter die Erfüllung seines Gelübdes zu fordern hätten und der doch für alles andere eifriger sorge als dafür, sich seiner heiligen Zusage zu entledigen. **5** Er wolle nichts von dem Beitrag sagen, der mehr einem Almosen als dem Zehntel gleich ausfalle, und für den das Volk, seitdem diese Verbindlichkeit jedem Einzeln obliege, unverantwortlich sei. **6** Dazu aber lasse sein Gewissen ihn nicht stillschweigen, dass man das Zehntel nur von derjenigen Beute bestimme, welche in beweglichem Gut bestehe, allein der eroberten Stadt samt ihrem Gebiet, auf welche sich das Gelübde doch ebenfalls erstrecke, gar keine Erwähnung tue.

7 Da die Entscheidung darüber dem Senat zweifelhaft schien und an die Oberpriester verwiesen wurde, gab dieses Kollegium mit Zuziehung des Camillus sein Gutachten dahin ab, dass von allem, was vor Ablegung des Gelübdes vejentisches Eigentum gewesen und nach dem Gelübde dem römischen Volk zugefallen sei, der zehnte Teil dem Apollo heilig sein müsse. **8** Und so machte man einen Anschlag vom Wert der Stadt Veji und ihres Gebietes. Das Geld gab die Schatzkammer her, und die konsularischen Kriegstribunen bekamen den Auftrag, Gold dafür zu kaufen. Weil es aber daran fehlte, berieten die Frauen in eigens zu diesem Zweck veranstalteten Versammlungen die Sache, versprachen durch einen gemeinschaftlichen Entschluss ihr Gold und sämtliches Geschmeide den Kriegstribunen und lieferten es in die Schatzkammer. **9** War dem Senat je etwas erfreulich gewesen, so war es dies, und den Frauen soll für diese Bereitwilligkeit die ehrenvolle Erlaubnis erteilt worden sein, zu den Feierlichkeiten des Gottesdienstes und der Spiele in vierrädrigen und sonst an Fest- und Werktagen in zweirädrigen Wagen zu fahren. **10** Man ließ sich von einer jeden das Gold zuwägen, setzte es auf den zu zahlenden Geldwert und beschloss, einen goldenen Mischkrug anfertigen zu lassen, der dem Apollo als Geschenk nach Delphi gebracht werden sollte.

11 Kaum erholte man sich von der Gewissenssorge, da erregten die Volkstribunen neue Unruhen. Sie wiegelten die Menge gegen alle Vornehmen auf, vor allen gegen Camillus. **12** Er habe die vejentische Beute dadurch, dass er den Staat und den Gott daran habe teilnehmen lassen, auf nichts heruntergebracht. Mit dieser Dreistigkeit schalten sie auf die Abwesenden; waren aber die Väter gegenwärtig und boten sich willig dem zürnenden Volk dar, so bewies man ihnen alle Achtung. **13** Als sie nun sahen, dass man die Sache aus diesem Jahr in das folgende hinüberziehen wollte, wählten sie diejenigen Volkstribunen, welche den Vorschlag gemacht hatten, auf ein Jahr wieder, und die Väter gaben sich dieselbe Mühe für die, welche Einspruch erhoben hatten. So wurden größtenteils dieselben Volkstribunen wiedergewählt.

(26) Am Wahltag der Kriegstribunen bewirkten es die Väter, die alle ihre Kraft aufboten, dass Marcus Furius Camillus gewählt wurde. Der Angabe nach wünschten sie ihn wegen der Kriege zum Feldherrn; eigentlich suchten sie für die tribunizischen Schenkungsvorschläge einen Gegner. **2** Mit Camillus wurden zu Kriegstribunen mit konsularischer Gewalt gewählt: Lucius Furius Medullinus zum sechsten Mal, Caius Aemilius, Lucius Valerius Publicola, Spurius Postumius und Publius Cornelius zum zweiten Mal.

3 Im Anfang des Jahres unternahmen die Volkstribunen nichts, bis Marcus Furius Camillus gegen die Falisker in den Krieg zog, den man ihm übertragen hatte. Durch diesen Aufschub verlor ihr Vorschlag seine Kraft, und Camillus, ihr gefürchtetster Gegner, erwarb sich im

Faliskerland noch größeren Ruhm, ***4*** denn da sich die Feinde anfangs hinter ihren Mauern hielten, weil ihnen dies das Sicherste schien, zwang er sie durch Verheerung ihres Gebietes und Niederbrennung ihrer Landhäuser, aus der Stadt zu rücken; allein aus Furcht gingen sie nicht weit. ***5*** Etwa tausend Schritte von der Stadt schlugen sie ihr Lager auf, welches sie durch weiter nichts gesichert hielten als durch die Schwierigkeit des Zuganges, weil die Gegend rau und felsig, die Wege hier eng, dort steil waren. ***6*** Camillus indes, der einen gefangenen Landmann zum Wegweiser nahm, brach in tiefer Nacht mit seinem Lager auf und erschien bei Tagesanbruch auf einer weit bedeutenderen Anhöhe. ***7*** Die römische dritte Linie schanzte, das übrige Heer stand zur Schlacht bereit. Als hier die Feinde die Arbeit hindern wollten, schlug es sie in die Flucht, und die Falisker gerieten so in Schrecken, dass sie im flüchtigen Lauf vor ihrem Lager, obgleich es näher war, vorbei der Stadt zueilten. ***8*** Ehe sie sich in dieser Bestürzung in die Tore werfen konnten, wurden viele getötet und verwundet. Das Lager wurde erobert, die Beute an die Schatzmeister abgeliefert, zum größten Zorn der Soldaten; allein durch die Strenge des Oberbefehls niedergehalten, bewunderten sie dieselbe Festigkeit des Mannes, die sie an ihm hassten. ***9*** Nun folgte die Einschließung der Stadt, die Anlegung von Werken und zuweilen gelegentliche Ausfälle der Belagerten auf die römischen Posten und andere kleine Gefechte; man brachte die Zeit hin, ohne dass sich die Hoffnung auf eine von beiden Seiten neigte, weil die Belagerten mit Getreide und anderen früher zusammengefahrenen Vorräten reichlicher als die Belagerer versehen waren. ***10*** Auch schien die Arbeit hier ebenso langwierig werden zu wollen, als sie vor Veji gewesen war, hätte nicht das Glück dem römischen Heerführer Beistand verliehen – Gelegenheit einer Probe jener Heldengröße, welche man aus seinen Kriegen kannte, und frühzeitigen Sieg.

(27) Bei den Faliskern war es Sitte, ihre Söhne von ihrem Lehrer auch begleiten zu lassen, und mehrere Knaben zugleich wurden, wie es auch jetzt noch in Griechenland üblich ist, der Aufsicht eines einzigen übergeben. Die Kinder der Vornehmen unterrichtete, wie das gewöhnlich der Fall ist, der, welcher sich durch Wissen auszuzeichnen schien.

2 Da es sich dieser Mensch in Friedenszeiten zur Gewohnheit gemacht hatte, die Kinder zu Spielen und Übungen zur Stadt hinauszuführen, entfernte er sich mit ihnen auch jetzt, ohne diese Sitte im Krieg zu unterlassen, bald auf kürzere, bald auf längere Strecken vom Tor, und als sich ihm unter abwechselnden Spielen und Gesprächen die Gelegenheit bot, noch weiter als sonst zu gehen, führte er sie durch die feindlichen Posten und dann durch das römische Lager in das Feldherrnzelt zu Camillus. ***3*** Hier begleitete er seine schändliche Tat mit noch schändlicheren Worten. ***4*** Er habe Falerii in der Römer Hände geliefert, weil er diese Knaben, deren Väter dort die Häupter der Regierung seien, in ihre Gewalt gegeben habe.

5 Camillus hörte dies an und sprach: *Weder das Volk noch der Feldherr, zu dem du Schurke mit deinem gottlosen Geschenk kamst, sind Deinesgleichen.* ***6*** *Wir stehen mit den Faliskern nicht in einem Bündnis, das auf einem menschlichen Vertrag beruht. Aber ein Bündnis, das die Natur eingepflanzt hat, besteht und wird bestehen. Auch der Krieg hat seine Rechte wie der Friede, und diese verstehen wir ebenso wohl mit Gerechtigkeit als mit Tapferkeit zu üben.* ***7*** *Die Waffen führen wir nicht gegen das Alter, dessen man auch bei Eroberung der Städte schont, sondern gegen Bewaffnete, die weder von uns gekränkt noch gereizt ein römisches Lager vor Veji bestürmten.* ***8*** *An ihnen bist du, soweit es dir möglich war, durch einen unerhörten Frevel zum Sieger geworden, ich aber will sie durch römische Mittel, durch Tapferkeit, Belagerungswerke und Waffen, wie bei Veji, besiegen.*

9 Darauf lieferte er ihn entkleidet und mit auf den Rücken gebundenen Händen den Knaben aus, ihn nach Falerii zurückzubringen, und ließ ihnen Ruten geben, den Verräter in die Stadt zu peitschen.

10 Als zu diesem Schauspiel zuerst das Volk zusammenlief, dann die Obrigkeiten über den nie gesehenen Auftritt den Senat beriefen, erfolgte in der Stimmung der Gemüter eine solche Umwandlung, dass dieselbe Bürgerschaft, die kurz vorher noch vor Hass und Erbitterung außer sich fast lieber wie Veji endigen als wie Capena Frieden schließen wollte, jetzt einstimmig Frieden verlangte. ***11*** Die Redlichkeit der Römer, die Gerechtigkeitsliebe des Feldherrn wurden auf dem Markt, auf dem Rathaus laut gepriesen, und unter allgemeiner Übereinstimmung gingen Gesandte zu Camillus ins Lager und von da mit seiner Bewilligung nach Rom an den Senat, um Falerii zu übergeben.

In den Senat eingeführt, sollen sie so gesprochen haben: ***12*** *Von euch, ihr versammelten Väter, und von eurem Feldherrn durch einen Sieg bezwungen, der weder Göttern noch Menschen missfallen kann, ergeben wir uns euch in der Überzeugung, die für den Sieger nicht schmeichelhafter sein kann, dass wir unter eurem Oberbefehl glücklicher als unter unseren eigenen Gesetzen leben werden.* ***13*** *Durch den Ausgang dieses Krieges sind dem menschlichen Geschlecht zwei heilsame Beispiele vor Augen gestellt. Ihr habt im Krieg Redlichkeit dem unausbleiblichen Sieg vorgezogen, wir, durch diese Redlichkeit aufgefordert, haben euch den Sieg freiwillig überbracht,* ***14*** *wir sind eure Untertanen. Sendet, wenn ihr wollt, unsere Waffen, Geiseln und die Stadt bei offenen Toren zu übernehmen. Ihr werdet nie mit unserer Treue noch wir mit eurer Oberherrschaft unzufrieden sein.*

15 Von Feinden und Mitbürgern empfing Camillus Danksagungen. Den Faliskern wurde die diesjährige Löhnung der Soldaten auferlegt, um das römische Volk mit dieser Abgabe zu verschonen. Man gab ihnen Frieden, und das Heer wurde nach Rom zurückgeführt.

(28) Da Camillus, verherrlicht durch einen weit edleren Ruhm als da, wo ihn die weißen Rosse im Triumph durch die Stadt zogen, ausgezeichnet durch Gerechtigkeit und den Sieg der Redlichkeit über die Feinde, nach Rom zurückgekehrt war, gab der Senat seine Achtung für ihn dadurch laut zu erkennen, dass er sogleich befahl, ihn seines Gelübdes zu entledigen; ***2*** und man schickte Lucius Valerius, Lucius Sergius und Aulus Manlius auf einem Kriegsschiff nach Delphi als Gesandte ab, dem Apollo den goldenen Mischkrug als Geschenk zu überbringen; sie wurden aber nicht weit von der Siculer Meerenge von liparischen Seeräubern aufgebracht und nach der Insel geführt.

3 Hier war es Sitte, sich in den Raub, den die Kaperei zu einem Eigentum aller machte, zu teilen. Zum Glück bekleidete in diesem Jahr ein gewisser Timasitheus das höchste Staatsamt, ein Mann, der mehr den Römern als den Seinigen glich. ***4*** Selbst nicht ohne Achtung vor dem Namen der Gesandtschaft, vor dem Geschenk und dem Gott, dem es bestimmt war, sowie vor dem Zweck dieser Sendung, flößte er auch der Menge, die sich fast immer nach ihrem Oberhaupt richtet, die gebührende Ehrfurcht ein, begleitete die Gesandten, die er im Namen des Staates aufgenommen und bewirtet hatte, unter einer Bedeckung von mehreren Schiffen nach Delphi und schickte sie wohlbehalten nach Rom zurück. ***5*** Nach einem Senatsbeschluss stiftete man Gastfreundschaft mit ihm und beschenkte ihn im Namen des Staates.

In demselben Jahr hatte man im Krieg gegen die Aequer abwechselndes Glück, so dass man, wie bei den Heeren selbst, auch in Rom ungewiss war, ob man Sieger oder Besiegter sei. ***6*** Von den Kriegstribunen waren Caius Aemilius und Spurius Postumius Feldherren der Römer. Anfangs führten sie den Krieg gemeinschaftlich; nach einem erfochtenen Sieg verglichen sie sich, Aemilius sollte mit seinem Heer Verrugo decken, Postumius das feindliche Gebiet verheeren. ***7*** Hier griffen ihn, wie er, nach dem gelungenen Sieg weniger auf seiner Hut, mit einem ungeordneten Haufen heranzog, die Aequer an, erfüllten das Heer mit Bestürzung und jagten es auf die nächsten Anhöhen; ja der Schrecken verbreitete sich bis zu dem andern Heer nach Verrugo.

8 Als Postumius den in Sicherheit gebrachten Seinigen vor einer Versammlung ihre Bestürzung und Flucht vorwarf – hätten sie sich doch von dem feigsten und flüchtigsten Feind schlagen lassen –, da rief das ganze Heer, dies zu hören hätten sie verdient, sie geständen ihr schimpfliches Betragen, sie wollten es aber wieder gutmachen, und der Feind solle die Freude nicht lange genießen. ***9*** Sie verlangten, sogleich gegen das feindliche Lager geführt zu werden – es lag ihnen in der Ebene vor Augen –, und unterwarfen sich jeder Strafe, wenn sie es nicht noch vor Nacht eroberten. ***10*** Er lobte sie, hieß sie sich pflegen und um die vierte Nachtwache bereit sein. Als die Feinde den Römern eine nächtliche Flucht vom Hügel durch Besetzung des Weges nach Verrugo versperren wollten, stießen sie aufeinander, und die Schlacht begann vor Tagesanbruch; allein der Mond schien, und man konnte mit derselben Zuversicht wie in einer Schlacht bei Tag kämpfen. ***11*** Doch das Geschrei, das nach Verrugo erscholl, setzte dort, wo man die Bestürmung des römischen Lagers zu hören glaubte, die Soldaten so in Schrecken, dass sie gegen alles Zurückhalten und Bitten des Aemilius in zerstreuten Scharen nach Tuskulum flohen. ***12*** Und von hier verbreitete sich das Gerücht nach Rom, Postumius sei mit seinem Heer verloren.

Allein sobald der anbrechende Tag die Römer keinen Hinterhalt fürchten ließ, wenn sie den Geschlagenen nachstürzten, befeuerte sie Postumius, der die Heeresreihen durchritt und ihr Versprechen einforderte, mit einem solchen Eifer, dass die Aequer den Angriff nicht länger aushielten. ***13*** Das Blutbad unter den Fliehenden dauerte, wie zu erwarten, wenn mehr Erbitterung als Tapferkeit das Schwert führt, bis zur Vertilgung der Feinde, und auf die traurige Botschaft von Tuskulum, die der Stadt einen unnötigen Schrecken bereitet hatte, folgte ein mit Lorbeer umwundener Brief von Postumius, welcher meldete, der Sieg gehöre dem römischen Volk, und das Heer der Aequer sei vernichtet.

(29) Weil die Verhandlungen der Volkstribunen noch nicht beendet waren, bemühten sich teils die Bürgerlichen, den Urhebern jenes Vorschlages das Tribunat zu verlängern, teils die Väter, die Gegner desselben wieder wählen zu lassen. Doch behielt der Bürgerstand auf seiner Wahlversammlung die Oberhand. ***2*** Die Väter rächten sich für diesen Ärger durch den Senatsbeschluss, dass Konsuln, diese den Bürgern so verhasste Obrigkeit, gewählt werden sollten. Nach 15 Jahren also wurden wieder Konsuln gewählt: Lucius Lucretius Flavus und Servius Sulpicius Camerinus. ***3*** Während gleich im Anfang dieses Jahres die Volkstribunen trotziger zur Durchsetzung ihres Vorschlages sich erhoben, weil sie keinen Einspruch aus ihrer Mitte zu besorgen hatten, die Konsuln hingegen aus demselben Grund um so tätigeren Widerstand leisteten und die ganze Bürgerschaft ihr Augenmerk nur hierauf gerichtet hatte, eroberten die Aequer die in ihrem Land angelegte römische Kolonie Vitellia. ***4*** Von den Ansiedlern selbst rettete sich der größte Teil glücklich nach Rom, weil ihnen die Nacht, in welcher ihre Stadt durch Verrat genommen wurde, auf der entgegengesetzten Seite freie Flucht gestattete. Die Führung dieses Krieges erhielt der Konsul Lucretius. ***5*** Er rückte mit einem Heer aus, überwand die Feinde in einer Schlacht und kam als Sieger nach Rom zurück zu einem weit bedeutenderen Kampf.

6 Die Volkstribunen des vorigen Jahres, Aulus Verginius und Nuintus Pomponius, waren vor Gericht geladen, und der Senat glaubte es der Aufrechthaltung seines eigenen Vertrauens schuldig zu sein, sie durch die Mitwirkung aller Väter verteidigen zu lassen, denn niemand konnte ihnen weder in ihrem Wandel noch in ihrer Amtsführung irgendetwas zur Last legen, außer dass sie aus Gefälligkeit gegen die Väter den tribunizischen Vorschlag durch ihren Einspruch hintertrieben hatten. ***7*** Dennoch trug die Erbitterung des Bürgerstandes über den Einfluss des Senates den Sieg davon, und die Unschuldigen wurden zu einem höchst ärgerlichen Beispiel zu einer Geldstrafe von 10 000 schweren Kupfer-As verurteilt. Den Vätern war dies sehr kränkend. ***8*** Camillus beschuldigte die Bürgerlichen öffentlich des Verbrechens. Schon gingen sie auf die Ihrigen los, ohne zu merken, dass sie durch ihr ungerechtes Urteil über die Tribunen den Einspruch aufgehoben und durch die Aufhebung des Einspruchs das Amt der Tribunen gestürzt hätten. ***9*** Denn wenn sie hofften, die Väter würden sich nun die ungezügelte Willkür dieser Obrigkeiten gefallen lassen müssen, so irrten sie gewaltig. Wenn sich die Väter der tribunizischen Gewalt nicht mehr durch tribunizische Hilfe erwehren könnten, so würden sie eine andere Waffe zu finden wissen. *10* Auch die Konsuln tadelte er laut, insofern sie es ruhig angesehen hätten, dass diese Tribunen, weil sie dem Gutachten des Senates beigetreten wären, in ihrem Vertrauen auf den Staat sich hätten getäuscht sehen müssen. Durch diese Äußerungen in seinen öffentlichen Reden vermehrte er die Erbitterung der Leute gegen sich mit jedem Tag.

(30) Was aber den Vorschlag betraf, so bemühte er sich unablässig, den Senat dagegen aufzubringen. Wenn der Tag der Entscheidung über den Vorschlag käme, möchten sie nicht anders auf den Markt gehen als mit dem Gedanken, dass sie jetzt für Altar und Herd, für die Tempel der Götter und für das Land, auf dem sie geboren wären, zu kämpfen hätten. *2* Denn wenn er bloß seine Person in Betracht ziehe, so werde es ja für ihn – wenn es nicht sündlich sei, bei der Gefahr des Vaterlandes auf eigenen Ruhm Bedacht zu nehmen – sogar ehrenvoll sein, die von ihm eroberte Stadt bewohnt zu sehen, sich täglich am Denkmal seines Ruhmes zu weiden und die Stadt vor Augen zu haben, deren Bild seinem Triumphwagen vorausgetragen sei, und jedermann auf den Spuren seines Verdienstes wandeln zu lassen. *3* Allein er halte es für Sünde, dass eine von den unsterblichen Göttern aufgegebene und verlassene Stadt wieder bewohnt werden, das römische Volk auf erobertem Boden ein Fremdling sein und für seine siegreiche Vaterstadt eine besiegte eintauschen solle.

4 Durch diese Ermahnungen des vornehmsten Mannes angetrieben, kamen die Väter – Greise und Jünglinge –, als über den Vorschlag abgestimmt werden sollte, in einem Zug auf den Markt, verteilten sich unter ihre Zünfte, drückten ihren Zunftgenossen die Hand und baten sie unter Tränen, *5* sie möchten doch die Vaterstadt, für welche sie selbst und ihre Väter so tapfer und so glücklich gekämpft hätten, nicht verlassen. *6* Sie möchten doch das römische Volk – und hierbei zeigten sie auf das Kapitol, auf das Heiligtum der Vesta und die übrigen umherliegenden Tempel der Götter – nicht wie einen verbannten Flüchtling vom väterlichen Boden und von seinen Schutzgöttern in die Stadt der Feinde hinaustreiben und es nicht dahin kommen lassen, *7* dass man es für wünschenswerter halten müsse, Veji nicht erobert zu haben, damit Rom nicht verlassen würde.

8 Weil sie nicht mit Gewalt, sondern mit Bitten verfuhren und in ihren Bitten so oft die Götter erwähnten, machte sich der größte Teil des Volkes eine Gewissenssache daraus, und die den Vorschlag genehmigenden Bezirke wurden von den ihn verwerfenden um einen überstimmt. Dieser Sieg war den Vätern so erfreulich, dass am folgenden Tag auf Antrag der Konsuln folgender Senatsbeschluss gefasst wurde: Es sollten jedem Bürgerlichen sieben Morgen vom vejentischen Land angewiesen werden und dies sich nicht bloß auf Hausvater, sondern auf alle Freigeborenen jedes Hauses erstrecken; auch müsse diese Aussicht ihnen Lust machen, Familienväter zu werden.

(31) Durch dieses Geschenk besänftigt, ließ der Bürgerstand es ohne Streit geschehen, dass ein Wahltag zur Ernennung zweier Konsuln gehalten wurde. *2* Die gewählten Konsuln waren Lucius Valerius Potitus und Marcus Manlius, der den Beinamen Capitolinus später erhielt. Diese Konsuln feierten die großen Spiele, welche der Diktator Marcus Furius im vejentischen Krieg gelobt hatte. *3* In demselben Jahr wurde auch der von diesem Diktator gleichfalls in jenem Krieg gelobte Tempel der Königin Juno eingeweiht, und die Frauen sollen viel Eifer bewiesen haben, diese Weihe zu verherrlichen. *4* Mit den Aequern kam es auf dem Algidus zu einem Kampf, der aber unbedeutend war, weil die Feinde beinahe schon geschlagen waren, ehe man handgemein wurde. Dem Valerius, der sich's eifrig hatte angelegen sein lassen, den flüchtigen Feinden nachzusetzen, wurde der Triumph zuerkannt, dem Manlius der Einzug im kleinen Triumph.

5 In demselben Jahr brach ein neuer Krieg aus, der mit den Volsiniern, gegen welche aber wegen einer im römischen Gebiet herrschenden Hungersnot und Seuche, die auf eine Dürre und gar zu große Hitze gefolgt war, kein Heer ausrücken konnte. Grund genug für die Volsinier, welche die Verbindung mit den Salpinaten übermütig machte, als Angreifende in das römische Gebiet zu fallen. **6** Hierauf wurde beiden Völkern der Krieg erklärt.

Der Zensor Caius Julius starb; an seine Stelle wählte man Marcus Cornelius, woraus man sich nachher ein Gewissen machte, weil in diesen fünf Jahren Rom erobert wurde; **7** und man hat nie wieder einen Zensor an die Stelle des verstorbenen nachgewählt. **8** Weil die Krankheit auch die Konsuln befiel, beschloss man, durch eine Zwischenregierung die Oberleitung in andere Hände zu geben. Da also die Konsuln nach einem Senatsbeschluss abgedankt hatten, wurde Marcus Furius Camillus Zwischenkönig, welcher dann den Publius Cornelius Scipio, sowie dieser wieder den Lucius Valerius Potitus zum Zwischenkönige ernannte. **9** Unter seinem Vorsitz wählte man sechs Kriegstribunen mit Konsulgewalt, damit der Staat, falls auch einen von ihnen Krankheit behindern sollte, eine hinlängliche Zahl an Beamten habe.

(32) Am ersten Quinctilis (Juli) traten Lucius Lucretius, Servius Sulpicius, Marcus Aemilius, Lucius Furius Medullinus zum siebenten Mal, Agrippa Furius und Caius Aemilius zum zweiten Mal ihr Amt an. **2** Von ihnen bestimmte das Los den Lucius Lucretius und Caius Aemilius gegen die Volsinier, den Agrippa Furius und Servius Sulpicius gegen die Salpinaten zu ziehen. Mit den Volsiniern kämpfte man zuerst. **3** Der Zahl der Feinde nach war die Schlacht bedeutend, das Gefecht selbst gar nicht gefährlich. Beim ersten Zusammentreffen wurde das Heer in die Flucht geschlagen, und 8000 Bewaffnete, welche durch die Reiterei abgeschnitten waren, streckten die Waffen und ergaben sich. **4** Das Gerücht von diesem Krieg bewog die Salpinaten, sich auf keine Schlacht einzulassen. Sie zogen sich mit den Waffen hinter ihre Mauern zurück. Die Römer machten allenthalben Beute, sowohl im Gebiet von Salpinum als Volsinii ohne allen Widerstand, **5** bis endlich die durch den Krieg gedemütigten Volsinier unter der Bedingung, dem römischen Volk Genugtuung zu geben und dem Heer den diesjährigen Sold zu liefern, einen Waffenstillstand auf zwanzig Jahre erhielten.

6 In diesem Jahr zeigte Marcus Caedicius, ein Mann aus dem Volk, den Tribunen an, er habe auf dem Neuen Weg, wo jetzt die Kapelle steht, oberhalb des Tempels der Vesta, bei nächtlicher Stille eine Stimme gehört, lauter als eine menschliche, welche gerufen habe, man solle der Obrigkeit die Ankunft der Gallier melden. **7** Wie gewöhnlich, achtete man auf die Aussage eines so geringen Mannes nicht; auch war ja jenes Volk weit entfernt und deshalb umso weniger bekannt. Ja man verkannte, weil das Unglück hereinbrechen sollte, nicht allein die Warnungen der Götter, sondern entfernte auch die einzige menschliche Hilfe, die man hatte, den Marcus Furius, aus der Stadt. **8** Da ihn der Volkstribun Lucius Apulejus wegen der Beute von Veji angeklagt hatte, und er um dieselbe Zeit einen erwachsenen Sohn verlor, berief er seine Zunftgenossen und Klienten – sie machten keinen geringen Teil der Bürger aus – zu sich ins Haus, ihre Gesinnungen zu erfahren, und da sie ihm die Antwort gaben, sie wollten die Summe, zu der man ihn verurteilen würde, aufbringen, seine Freisprechung aber könnten sie nicht bewirken, **9** so ging er mit der Bitte an die unsterblichen Götter: Wenn er dies Unrecht unschuldig litte, so möchten sie ihn je eher je lieber von seinen undankbaren Mitbürgern vermisst werden lassen, in die Verbannung. Man verurteilte ihn in seiner Abwesenheit zu einer Geldstrafe von 15 000 schweren Kupfer-As.

(33) Nach Vertreibung des Mitbürgers, dessen Gegenwart, wenn sich auf irgendetwas, das von Menschen abhängt, mit Gewissheit rechnen lässt, Roms Eroberung unmöglich gemacht hätte, kamen von den Clusinern – denn schon nahte das über die Stadt verhängte Unglück – Gesandte mit der Bitte um Hilfe gegen die Gallier.

2 Der Sage nach soll diese Nation, gereizt durch die Annehmlichkeit der Erzeugnisse und besonders des Weines, eines ihr damals noch neuen Genusses, über die Alpen gegangen sein und die von den Etruskern angebauten Fluren besetzt haben; ***3*** den Wein aber habe ihr, um sie zu locken, ein Clusiner, namens Arruns, zugeführt, um sich an einem Lucumonen, dem Verführer seiner Frau, zu rächen, dessen Vormund er selbst gewesen war, den er aber, als einen sehr mächtigen jungen Mann, ohne eine auswärtige Macht aufzubieten, nicht zur Strafe ziehen konnte; ***4*** er soll bei ihrem Übergang über die Alpen ihr Führer gewesen sein und sie zum Angriff auf Clusium aufgefordert haben.

Ich will nicht leugnen, dass Arruns (oder ein anderer Clusiner) Gallier vor Clusium geführt habe; ***5*** dass aber die Belagerer Clusiums nicht die ersten Gallier waren, welche über die Alpen gingen, ist ausgemacht; denn die Gallier gingen schon 200 Jahre früher, ehe sie Clusium bestürmten und die Stadt Rom eroberten, nach Italien herüber, ***6*** und ihre Heere kämpften nicht mit diesen Etruskern zum ersten Mal, sondern schon viel früher mit denen, die zwischen den Apenninen und den Alpen wohnten. ***7*** Die Macht der Tusker nämlich erstreckte sich vor der römischen Oberherrschaft weit über Land und Meer. Wie mächtig sie auf dem oberen und unteren Meer waren, welche Italien gleich einer Insel umgeben, beweisen schon die Namen, ***8*** da Letzteres bei den Völkerschaften Italiens nach dem Namen des Volkes das Tuskermeer, und Ersteres nach einer Kolonie der Tusker, Adria, das Adriatische Meer heißt. Die Griechen nennen sie gleichfalls das Tyrrhenische und Adriatische Meer.

9 Bei dieser Aussicht auf beide Meere bewohnten sie ihr Land in zwölf Städten, zuerst diesseits des Apenninus bis ans Untermeer, nachher auch in den Ländern jenseits des Apenninus, wohin sie nach der Zahl ihrer Hauptstämme Kolonien ausgehen ließen, ***10*** welche das ganze Land jenseits des Padus (Po) bis an die Alpen besetzten, den Winkel der Veneter ausgenommen, die um den Meerbusen herum wohnen. ***11*** Auch die Alpenvölker haben ohne Zweifel denselben Ursprung, namentlich die Rätier, denen aber die Gegend selbst ihre Wildheit mitteilte und ihnen von allem Ererbten nichts weiter übrig ließ als den Klang der Sprache, und auch den nicht einmal unverfälscht.

(34) Vom Übergang der Gallier nach Italien haben wir folgende Nachrichten: Als in Rom Tarquinius Priscus regierte, waren unter den Kelten, die den dritten Teil Galliens innehaben, die Bituriger das gebietende Volk; den König über das ganze keltische Land gaben sie. ***2*** Dieser hieß Ambigatus und war durch seine und seines Volkes Tapferkeit und Glück sehr mächtig, da unter seiner Regierung Gallien an Fruchtbarkeit und Menschen so ergiebig war, dass er die zu große Volksmenge kaum regieren zu können glaubte. ***3*** In der Absicht, sein Reich von dem überlästigen Schwarm zu befreien, und selbst schon hochbetagt, ließ er bekannt machen, er wolle seine Schwestersöhne, Bellovesus und Segovesus, unternehmende Jünglinge, in die Länder aussenden, die ihnen die Götter durch den Vogelflug zu Wohnsitzen bestimmen würden. ***4*** Damit sich ihrem Anzug kein Volk widersetzen könne, möchten sie selbst so viele Menschen aufbieten als sie wollten. Da wies das Los dem Segovesus die Hercynischen Wälder an, dem Bellovesus verliehen die Götter einen weit erfreulicheren Weg, den nach Italien. ***5*** Die hierzu in den Völkerschaften Entbehrlichen bot er auf, die Bituriger, Arverner, Senonen, Haeduer, Ambarrer, Carnuten, Aulerker. Mit einem großen Heer zu Fuß und zu Pferd brach er auf und kam zu den Tricastinern. ***6*** Nun hatte er die Alpen vor sich. Dass ihm diese unübersteiglich schienen, wundert mich umso weniger, da sie, soviel uns die zusammenhängende Geschichte meldet, wenn wir nicht etwa den Sagen von Herkules glauben wollen, noch nie überstiegen worden waren. ***7*** Da hier die Höhe der Gebirge die Gallier wie eingezäunt festhielt und sie in Verlegenheit waren, auf welchem Weg sie über die mit dem Himmel zusammenhängenden Bergrücken in einen anderen Weltteil kommen könnten,

fühlten sie sich auch durch einen göttlichen Wink gehalten, als sie hörten, dass noch andere Land suchende Ankömmlinge von dem Volk der Salyer bedrängt würden. **8** Dies waren die Massilier, die von Phocaea mit einer Flotte gekommen waren. Die Gallier, die diesem Umstand eine Deutung auf ihre eigene Lage gaben, leisteten den Massiliern Beistand, so dass diese, weil jetzt die Salyer es geschehen lassen mussten, den Platz, den sie gleich bei ihrer Landung besetzt hatten, befestigen konnten. Sie selbst gingen durch das Land der Tauriner und unwegsame Bergschluchten über die Alpen, **9** und als sie nicht weit vom Fluss Ticinus die Tusker besiegt hatten und erfuhren, das Land, in dem sie sich niedergelassen hatten, heiße das Land der Insubrer, so fanden sie darin, dass sie auch im Haeduerland einen Bezirk gleichen Namens, die Insubrer, gehabt hatten, einen Wink, hier zu bleiben, bauten eine Stadt und nannten sie Mediolanum [Mailand].

(35) Eine neue Schar, Cenomaner nämlich, welche bald nachher unter Anführung des Elitovius der Spur der früheren folgte, überstieg, von Bellovesus begünstigt, durch dieselbe Schlucht die Alpen und ließ sich in der Gegend, wo jetzt die Städte Brixia und Verona sind, im Land der Libuer nieder; **2** nach ihnen nahmen die Salluvier ihren Sitz neben dem alten ligurischen Volk, den Laevern, die um den Fluss Ticinus wohnten. Nachher gingen die Boier und Lingonen über den Poeninus, und weil sie schon die ganze Gegend zwischen dem Po und den Alpen besetzt fanden, fuhren sie in Flößen über den Po und trieben nicht allein die Etrusker, sondern auch die Umbrer aus ihren Besitzungen; doch beschränkten sie sich auf die Länder diesseits des Apenninus. **3** Die letzten Ankömmlinge endlich, die Senonen, wohnten vom Fluss Utens bis an den Aesis. Und dieser Völkerstamm ging, wie ich finde, auf Clusium und dann auf Rom los; nur das ist nicht völlig gewiss, ob er allein kam oder von allen Völkerschaften der diesseits der Alpen wohnenden Gallier unterstützt wurde.

4 Die Clusiner also – die der neue Krieg in Schrecken setzte, als sie eine solche Menge Feinde und nie gesehene Menschengestalten und Waffen erblickten und zugleich hörten, dass die Heere der Etrusker von ihnen oft diesseits und jenseits des Po geschlagen worden wären –, schickten, obgleich sie mit den Römern weder als Verbündete noch als Freunde in einem Verhältnis standen, außer dass sie ihren Stammesgenossen, den Vejentern, nicht gegen das römische Volk beigestanden hatten, dennoch Gesandte nach Rom, beim Senat um Hilfe zu bitten. **5** Die Hilfe wurde ihnen nicht gewährt; man schickte drei Gesandte hin, die Söhne des Marcus Fabius Ambustus, welche im Namen des römischen Senates und Volkes den Galliern erklären sollten, sie möchten Leute, von denen sie nie beleidigt worden wären, Bundesgenossen und Freunde des römischen Volkes, unbehelligt lassen. **6** Die Römer würden diese, wenn es sein müsse, auch mit den Waffen verteidigen, doch hielten sie es für besser, womöglich einen wirklichen Krieg abzuwenden und mit den Galliern, dieser ihnen fremden Nation, lieber in friedlicher Weise als durch Waffen bekannt zu werden.

(36) Die Gesandtschaft war an sich friedlich, hätte sie nicht die trotzigen Überbringer gehabt, die mehr Galliern als Römern glichen. Als sie ihren Auftrag in der Versammlung der Gallier ausgerichtet hatten, gaben ihnen diese zur Antwort: **2** Obgleich sie den Namen der Römer zum ersten Mal hörten, so glaubten sie doch, sie müssten tapfere Männer sein, weil sich die Clusiner in ihrer Not an sie gewandt hätten. **3** Und weil sie ihre Bundesgenossen lieber durch eine Gesandtschaft als mit den Waffen vor ihnen hätten schützen wollen, so wollten auch sie den angebotenen Frieden nicht zurückweisen, wenn die Clusiner von ihrem bebauten Land, das sie in größeren Strecken besäßen, den Galliern, die dessen bedürften, einen Teil abträten; unter anderen Bedingungen könne kein Friede sein. **4** Sie wären bereit, die Antwort im Beisein der Römer zu vernehmen, und wollten auch, falls ihnen die Ländereien nicht bewilligt würden, im Beisein der Römer kämpfen, damit diese daheim bezeugen könnten, wie weit die Gallier alle übrigen Sterblichen an Tapferkeit

überträfen. **5** Da sie nun auf die Frage der Römer, was für ein Recht sie hätten, Eigentümern ihr Land abzufordern oder mit den Waffen zu drohen, und, was in Etrurien Gallier zu suchen hätten, trotzig erwiderten, sie trügen ihr Recht in den Waffen und tapferen Männern gehöre alles, lief man mit gegenseitiger Erbitterung zu den Waffen, und die Schlacht begann.

6 Hier griffen die Gesandten, so wollte es das über die Stadt Rom hereinbrechende Verhängnis, gegen das Völkerrecht zu den Waffen, und dies konnte nicht verborgen bleiben, da drei der edelsten und tapfersten jungen Männer Roms vor den Fahnen der Etrusker kämpften, und die Tapferkeit dieser Fremden so sehr sich auszeichnete. **7** Ja Quintus Fabius, der mit seinem Pferd vor die Linie sprengte, durchbohrte einem Anführer der Gallier, der zu keck auf die Reihen der Etrusker einbrach, mit seinem Speer die Seite und tötete ihn, und als er ihm die Rüstung abzog, erkannten ihn die Gallier und machten ihrem ganzen Heer die Meldung, dass dies ein römischer Gesandter sei. **8** Sie gaben ihren Zorn gegen die Clusiner auf, ließen zum Rückzug blasen und drohten den Römern. Einige rieten, sogleich auf Rom loszugehen. Allein die Älteren drangen durch, dass man vorher Gesandte abschickte, welche über das Unrecht sich beschweren und wegen des verletzten Völkerrechts auf die Auslieferung der Fabier antragen sollten.

9 Als die Gesandten der Gallier sich ihrer Aufträge entledigt hatten, missbilligte der Senat die Handlungsweise der Fabier allerdings und hielt die Forderung der Barbaren für gerecht; allein gegen Männer von so hohem Adel den Beschluss so abzufassen, wie man ihn für recht hielt, ließ die Gunstbuhlerei nicht zu. **10** Um also die Schuld nicht selbst zu tragen, wenn sich im Krieg gegen die Gallier ein Unglück ereignen sollte, verwies der Senat die Untersuchung der gallischen Forderungen an das Volk. Und hier waren Einfluss und Macht noch so viel geltender, dass man eben die, über deren Bestrafung jetzt erkannt werden sollte, für das nächste Jahr zu Kriegstribunen mit konsularischer Gewalt wählte. **11** Hierüber billigerweise aufgebracht, kehrten die gallischen Gesandten unter lauter Androhung des Krieges zu den Ihrigen zurück. **12** Mit den drei Fabiern wurden zu Kriegstribunen erwählt Quintus Sulpicius Longus, Quintus Servilius zum vierten Mal und Servius Cornelius Maluginensis.

(37) Bei dieser so großen drohenden Gefahr sah sich eben der Staat, der so manches Mal in den Kriegen gegen die Fidenaten, Vejenter und andere benachbarte Völker mit Aufbietung der äußersten Mittel einen Diktator ernannt hatte, **2** jetzt, da vom Ozean und den entlegensten Küsten der Erde ein nie gesehener, nie genannter Feind zum Kampf heranzog – so sehr blendet das Schicksal die Menschen, wenn es seine hereinbrechende Allgewalt nicht hemmen lassen will –, auch nicht im Geringsten nach einem außerordentlichen Befehlshaber oder Hilfsmittel um. **3** Die Kriegstribunen, deren Unbesonnenheit den Krieg heraufbeschworen hatte, hatten den Oberbefehl und wandten auf die Werbung nicht die geringste Sorgfalt mehr an, wie gewöhnlich bei unbedeutenden Kriegen, ja sie ließen den Krieg noch durch die verbreiteten Gerüchte gering erscheinen.

4 Unterdessen rissen die Gallier auf die Nachricht, dass man den Frevlern am Völkerrecht noch dazu Ehre erwiesen und so ihre Gesandtschaft gehöhnt habe, glühend vor Zorn, den dieses Volk nicht zu beherrschen weiß, sogleich ihre Fahnen aus der Erde und machten sich in Eilmärschen auf den Weg. **5** Als, durch das Getümmel ihres im Flug vorüberziehenden Heeres geschreckt, die Städte zu den Waffen eilten und die Landleute flüchteten, gaben sie mit lautem Geschrei zu verstehen, sie zögen auf Rom los, und wohin sie kamen, nahmen sie mit Ross und Mann in einem sich in die Länge und Breite dehnenden Zug einen ungeheuren Flächenraum ein. **6** Über Rom, wohin der Ruf und dann die Anzeigen der Clusiner und der übrigen der Reihe nach folgenden Völker vorangingen, verbreitete den meisten Schrecken die Schnelligkeit der Feinde; **7** denn obgleich man mit einem fast nur zusammengerafften Heer sich schleunig aufmachte, so konnte man doch, ohne ihnen zu begegnen, kaum noch den elften Meilenstein erreichen, da wo der

Fluss Allia, der vom Crustuminischen Gebirge in sehr tiefem Bett hinfließt, nicht weit unterhalb der Heerstraße mit dem Tiberstrom sich vereinigt. ***8*** Schon hatte man überall vor sich und auf beiden Seiten Feinde, und bei der diesem Volk eigenen Stimmung für leeres Getöse erfüllten sie alles umher mit schrecklichem und grauenerregendem Gesang und verworrenem Geschrei.

(38) Hier stellten nun die Kriegstribunen, ohne vorher einen Platz zum Lager zu wählen oder eine Verschanzung anzulegen, in die sie sich zurückziehen könnten, selbst der Götter – wie viel mehr der Menschen! – uneingedenk, ohne Vögel und Opfer um ihre Zustimmung zu fragen, ihre Schlachtreihe so, dass sie dieselbe auf die Flügel ausbreiteten, um nicht von der Menge der Feinde umzingelt zu werden. ***2*** Und dennoch wurden die Fronten einander nicht gleich, so sehr auch das römische Mitteltreffen durch die Ausdehnung geschwächt und beinahe ohne Zusammenhang war. Zur Rechten war eine mäßige Anhöhe; diese beschloss man mit einem Rückhalt zu besetzen, und gerade dieser Umstand, der den ersten Anlass zur Unordnung und Flucht gab, wurde die einzige Rettung der Fliehenden. ***3*** Denn Brennus, der Fürst der Gallier, den vorzüglich die geringe Anzahl der Feinde eine List besorgen ließ, wandte sich in der Voraussetzung, dass die Höhe nur dazu besetzt sei, um seine Gallier, sobald sich ihr Vordertreffen mit den Legionen eingelassen habe, durch jenen Rückhalt von hinten und in der Seite anzugreifen, gleich zuerst gegen diesen Rückhalt, ***4*** da er seiner so sehr überlegenen Menge, wenn er diesen geworfen hatte, in der Ebene einen leichten Sieg versprechen durfte; so sehr stand nicht allein das Glück, sondern auch die richtige Berechnung auf der Seite der Feinde.

5 Auf der Linie gegenüber sah es gar nicht römisch aus, weder bei den Feldherren noch bei den Soldaten. Bestürzung und Flucht hatten die Gemüter ergriffen und eine solche Vergessenheit aller Dinge, dass ein weit größerer Teil nach Veji, dieser feindlichen Stadt, flüchtete, von der sie doch die Tiber schied, als geradeswegs nach Rom zu ihren Frauen und Kindern. ***6*** Auf kurze Zeit deckte den Rückhalt die Anhöhe, die übrige Linie ergriff, sobald die, welche zunächst standen, das Geschrei auf der Seite und die Entferntesten es im Rücken hörten, ohne den Kampf nur zu versuchen, ja ohne das Geschrei zu beantworten, mit heiler Haut und unangegriffen die Flucht. ***7*** Es kam nicht zum Blutvergießen eines Gefechtes, nur im Kampf mit denen, die ihnen im Gewühl am Fliehen hinderlich waren, hieben sie ihren eigenen Leuten in den Rücken. ***8*** Am Ufer des Tibers aber, wohin sich mit Wegwerfung seiner Waffen der ganze linke Flügel zog, erhob sich ein großes Gemetzel, und viele, die nicht schwimmen konnten oder vom Panzer und der übrigen Rüstung beschwert ermatteten, verschlang die Tiefe; ***9*** doch rettete sich der größte Teil wohlbehalten nach Veji, sandte aber von da keine Unterstützung, nicht einmal die Nachricht von ihrer Niederlage nach Rom. ***10*** Vom rechten Flügel, welcher weiter ab vom Fluss, mehr unten am Berg gestanden hatte, liefen alle nach Rom und flüchteten, ohne auch nur die Stadttore zu schließen, auf die Burg.

(39) Auch die Gallier waren durch das Wunder eines so plötzlich errungenen Sieges in einen Zustand der Betäubung versetzt. Bestürzung auch auf ihrer Seite ließ sie anfangs wie angebannt stillstehen, als wüssten sie nicht, was vorgefallen war, dann fürchteten sie einen Hinterhalt; zuletzt sammelten sie den Raub von den Erschlagenen und türmten nach ihrer Sitte Haufen von Waffen auf. ***2*** Nun endlich, als sich nirgends etwas Feindliches zeigte, machten sie sich auf den Weg und kamen nicht lange vor Sonnenuntergang vor Rom an. Als ihnen hier die vorausgegangenen Reiter meldeten, kein Tor sei geschlossen, kein Posten stehe vor den Toren auf Wache, kein Bewaffneter sei auf den Mauern zu sehen, da standen sie über dies neue, dem vorigen ähnliche Wunder abermals still, ***3*** und weil sie es bedenklich fanden, sich bei Nacht an eine Stadt zu wagen, deren Lage sie nicht kannten, ließen sie sich zwischen Rom und dem Anio nieder und schickten Kundschafter an die Mauern und an mehrere Tore, um sich über die Maßregeln, die der Feind in seiner traurigen Lage getroffen habe, zu belehren.

4 Bei den Römern erfüllte, weil der größere Teil nach Veji statt nach Rom geflohen war, und niemand glaubte, dass außer denen, die nach Rom zurückgeflüchtet waren, noch jemand übrig sei, die Wehklage um die Lebenden wie um die Toten fast die ganze Stadt. *5* Dann aber, als man die Ankunft des Feindes erfuhr, betäubte der Schrecken der allgemeinen Not die Trauer der Einzelnen. Gleich darauf hörte man auch, als die Barbaren in Geschwadern die Stadt umschwärmten, die Misstöne ihres Geheules und Gesanges. *6* Und die ganze folgende Zeit erhielt die Bürger bis zum andern Tage in einer solchen Ungewissheit, dass sie mit jedem Augenblick den Einbruch in die Stadt erwarteten. Zuerst glaubten sie dies gleich bei der Ankunft des Feindes, weil er gegen die Stadt anrückte, denn er wäre ja an der Allia geblieben, wenn dies nicht seine Absicht sei; *7* dann, gegen Sonnenuntergang, ebendarum, weil nicht viel vom Tag übrig war, er werde noch vor Nacht gegen sie hereinbrechen; noch später, er habe sein Vorhaben auf die Nacht verschoben, um desto mehr Angst zu verbreiten. *8* Zuletzt schreckte sie der anbrechende Tag; und an die ununterbrochene Furcht reihte sich unmittelbar das Unglück an, als sie die feindlichen Fahnen in die Tore rücken sahen.

Dennoch hatten sie in dieser Nacht und an dem ihr folgenden Tag durchaus nicht mehr die geringste Ähnlichkeit mit denen, die an der Allia so bestürzt geflohen waren. *9* Denn da keine Hoffnung war, mit den wenigen noch übrigen Kriegern die Stadt verteidigen zu können, beschloss man, die wehrhafte Mannschaft mit Frau und Kind und die Rüstigsten des Senates sollten sich auf die Burg und das Kapitol begeben, *10* sich mit Waffen und Lebensmitteln versehen und von diesem befestigten Punkt herab die Götter, Bürger und den Namen Roms verteidigen, *11* der Eigenpriester hingegen und die vestalischen Priesterinnen sollten die Heiligtümer des Staates vom Mord und Brand entfernen und deren Verehrung nicht eher aufhören, als bis keiner mehr da sei, der sie verehren könne. *12* Wenn aus der bevorstehenden Zertrümmerung der Stadt nur die Burg und das Kapitol, diese Wohnsitze der Götter, der Senat als Haupt der Staatsregierung und die dienstfähige Jugend gerettet würden, so sei der Verlust der Greise, dieses in der Stadt zurückgelassenen, ohnehin dem Tod preisgegebenen Haufens, leichter zu verschmerzen. *13* Und damit sich die Menge vom Bürgerstand um so gelassener darein ergeben möchte, erklärten die Greise, welche Triumphe gehalten und Konsulate verwaltet hatten, öffentlich, sie wollten mit ihnen sterben und mit ihren Leibern, mit denen sie keine Waffen tragen, kein Vaterland verteidigen könnten, die Not der Waffenfähigen nicht drückender machen.

(40) Dies waren die Trostgründe, welche sich die zum Tod bestimmten Greise einander selbst vorsagten. Dann richteten sie ihre Ermahnungen an den Zug der Jünglinge, den sie zum Kapitol und zur Burg begleiteten, und empfahlen ihrer Tapferkeit und Jugendkraft das ganze Schicksal der Stadt, was sie – seit 360 Jahren in allen Kriegen Siegerin! – noch zu erwarten haben möchte. *2* Und als nun die, welche alle Hoffnung und Hilfe mit sich nahmen, von denen schieden, die den Untergang der eroberten Stadt nicht zu überleben beschlossen hatten, so war dies Elend an und für sich sowie sein Anblick jammervoll genug; *3* allein das Weinen der Frauen, ihr ängstliches Hin- und Herlaufen, indem sie sich bald an diese, bald an jene anschlossen und unaufhörlich ihre Männer und ihre Söhne fragten, welchem Schicksal sie überlassen seien, erfüllte jedes Maß menschlicher Leiden. *4* Doch zog ein großer Teil von ihnen mit den Ihrigen in die Burg, ohne zurückgewiesen, ohne gerufen zu sein, denn was den Belagerten zur Verminderung der wehrlosen Menge heilsam gewesen wäre, vertrug sich nicht mit der Menschlichkeit. *5* Ein anderer Schwarm, hauptsächlich vom niederen Stand, den ein so kleiner Hügel weder fassen noch bei dem großen Mangel an Lebensmitteln nähren konnte, ging, wie in einem Zug hinausströmend, nach dem Janiculum. *6* Von da verliefen sie sich teils auf das Land, teils zogen sie in die benachbarten Städte

ohne Führer, ohne Verabredung, jeder seiner eigenen Hoffnung, seinem eigenen Entschluss nach, und an gemeinsamen Maßregeln verzweifelnd.

7 Doch der Priester des Quirinus und die vestalischen Jungfrauen, die, ohne für ihr Eigentum zu sorgen, nur darüber berieten, welche Heiligtümer sie mitnehmen, welche sie – denn unmöglich konnten sie alle tragen – zurücklassen sollten, und welcher Ort diese in getreuer Hut bewahren würde, ***8*** hielten es für das Beste, sie, in kleine Gefäße gepackt, in der dem Haus des Quirinalischen Priesters zunächst gelegenen Kapelle, wo man jetzt nicht ausspeien darf, zu vergraben; in die übrigen teilten sie sich und trugen sie auf dem Weg, der über die Balkenbrücke zum Janiculum führt. ***9*** An dieser Höhe bemerkte sie Lucius Albinius, ein Römer vom Bürgerstand, der unter dem wehrlosen, die Stadt räumenden Haufen Frau und Kinder auf einem Wagen fuhr, und weil er es für sündlich hielt, die Priester des Staates zu Fuß gehen und die Heiligtümer des römischen Volkes tragen zu lassen, sich selbst aber mit den Seinigen auf einem Wagen zu zeigen – ***10*** so sehr behielt der Unterschied zwischen göttlichen und menschlichen Dingen selbst unter solchen Umständen seine Kraft! –, so ließ er seine Frau und Kinder absteigen, nahm die Jungfrauen mit den Heiligtümern auf den Wagen und fuhr sie, wohin der Weg der Priester ging, nach Caere.

(41) Unterdessen erwarteten zu Rom, wo man schon, so gut es in dieser Lage sich tun ließ, zur Behauptung der Burg die gehörigen Vorkehrungen getroffen hatte, alle Greise, zum Tod fest entschlossen, die Ankunft der Feinde. ***2*** Diejenigen, welche höhere Stellen bekleidet hatten, saßen, um in den Ehrenzeichen ihres ehemaligen Glückes, ihrer Ämter und Tapferkeit zu sterben, so feierlich gekleidet, als ob sie einen Aufzug der Götterwagen oder des Triumphes hielten, mitten im Vorhofe ihrer Häuser auf ihren elfenbeinernen Thronsesseln. ***3*** Einige berichten, sie hätten sich für das Vaterland und Roms Quiriten die Todesweihe geben lassen, wobei ihnen der Hohepriester Marcus Fabius die Formel vorgebetet habe.

4 Die Gallier, bei denen der Eintritt der Nacht die Kampfwut gemäßigt hatte, die auch weder in der Schlacht irgendeine Gefahr zu bestehen gehabt hatten, noch jetzt die Stadt durch Einbruch oder Sturm eroberten, zogen am folgenden Tag ohne alle Erbitterung und Wut in das offene Collinische Tor und rückten bis auf den Markt vor, wo sie ihre Blicke rund umher auf die Tempel der Götter und auf die Burg warfen, die allein ein kriegerisches Aussehen hatte. ***5*** Von hier verteilten sie sich mit Hinterlassung einer mäßigen Schar, um nicht in ihrer Zerstreuung von der Burg aus oder vom Kapitol überfallen zu werden, durch die menschenleeren Straßen zum Plündern, stürzten teils scharenweise in jedes nächste Haus, teils rannten sie zu den entfernteren, als ob nur diese noch unberührt und mit Beute angefüllt wären. Von hier kehrten sie wieder, selbst durch die Einöde zurückgeschreckt, ***6*** um nicht bei ihren Streifereien auf einen feindlichen Hinterhalt zu stoßen, in gedrängten Haufen auf den Markt und in dessen Nähe zurück; ***7*** und hier, wo sie die Bürgerhäuser verriegelt, die Vorhöfe der Großen aber offen sahen, fanden sie es fast bedenklicher, sich in die offenen als in die verschlossenen Häuser zu wagen, ***8*** ja nicht ohne Ehrfurcht betrachteten sie die in den Vorhäusern sitzenden Männer, denen bei ihrem Schmuck und Anstand, welcher sie über Menschen erhob, selbst die Hoheit, die aus ihren Zügen und dem Ernst des Antlitzes sprach, ein Aussehen von Göttern gab. ***9*** Indem sie so, zu ihnen wie zu Standbildern emporblickend, dastanden, brachte einer derselben, wie man sagt, Marcus Papirius, einen Gallier, der ihn am Bart zupfte – denn damals trugen alle lange Bärte –, dadurch in Zorn, dass er ihn mit seinem elfenbeinernen Stab auf den Kopf schlug; ***10*** und da das Morden damit seinen Anfang nahm, wurden auch die Übrigen auf ihren Stühlen erschlagen. Nach der Ermordung der Vornehmen wurde kein Mensch weiter geschont; die Häuser wurden geplündert und, wenn sie leer waren, angezündet.

(42) Weil indes entweder nicht alle Gallier an der Zerstörung der Stadt Gefallen fanden, oder ihre Häupter den Plan hatten, nur einige Feuer als Schreckmittel zu zeigen, um die Belagerten vielleicht durch die Liebe zu ihren Wohnplätzen zur Übergabe zu bewegen, *2* aber auch nicht alle Häuser niederzubrennen, um immer noch in dem Rest der Stadt ein Pfand zu behalten, das auf die Herzen der Feinde mit Rührung wirken könnte, so brannte es am ersten Tag – gegen das Schicksal eroberter Städte – weder allenthalben, noch ließen sie das Feuer sich weiter verbreiten.

3 Die Römer, welche von der Burg aus die Stadt voller Feinde sahen, die auf allen Straßen zerstreut umherliefen, konnten nicht allein, weil sich bald in dieser, bald in jener Gegend ein neues Unglück erhob, zu keiner Besinnung kommen, sondern sie trauten sogar ihren eigenen Augen und Ohren nicht mehr. *4* Wohin das Geschrei der Feinde, das Weinen der Frauen und Kinder, das Brausen der Flammen und das Krachen der einstürzenden Häuser sie rief, dahin richteten sie, nach jedem hinstarrend, Aufmerksamkeit, Antlitz und Auge, als hätte sie das Schicksal hierher gestellt, bei dem Untergang ihrer Vaterstadt Zuschauer zu sein und von allem ihrem Eigentum weiter nichts verteidigen zu können als ihre Personen, *5* um so beklagenswerter als alle, die je belagert wurden, weil sie als Belagerte, selbst ausgesperrt von ihrer Vaterstadt, alles Ihrige in der Gewalt der Feinde sahen. *6* Der so grauenvoll hingebrachte Tag wich einer nicht ruhigeren Nacht, auf die Nacht folgte ein unruhiger Tag, und es war kein Augenblick mehr, der von dem Anblick eines immer neuen Unglückes frei gewesen wäre.

7 Unter der Last und dem Druck so vieler Leiden begraben, verloren sie ihren Mut nicht – sollten sie auch alles durch Flammen und Trümmer dem Boden gleichgemacht sehen –, trotzdem den Hügel, den sie behaupteten, so ärmlich und klein er war, als den einzigen Zufluchtsort der Freiheit tapfer zu verteidigen. *8* Auch hatten sie sich, da es täglich dieselben Auftritte gab – der Übel gleichsam schon gewohnt –, aller Empfindung ihrer Not entfremdet und blickten nur auf ihre Waffen und auf das Schwert in ihrer Rechten, als die einzigen Überbleibsel ihrer Hoffnung.

(43) Auch die Gallier, die mehrere Tage nacheinander nur gegen die Häuser der Stadt einen Krieg ohne Erfolg geführt hatten und unter den Brandstätten und Trümmern der eroberten Stadt nichts weiter vor sich sahen als bewaffnete Feinde, die sie vergeblich durch so vielerlei Unglück geschreckt hatten, und die sich auch, ohne Gewalt zu gebrauchen, zur Übergabe nicht verstehen würden, beschlossen jetzt, das Äußerste zu wagen und einen Angriff auf die Burg zu unternehmen. *2* Bei Tagesanbruch stellte sich auf ein gegebenes Zeichen die ganze Masse auf dem Markt in Schlachtordnung auf, und nach erhobenem Geschrei rückten sie in geschlossenem Schilddach heran.

Die Römer, völlig besonnen und kaltblütig, verstärkten an allen Zugängen die Posten, stellten da, wo sie den Feind anrücken sahen, den Kern ihrer Männer ihm entgegen und ließen ihn heransteigen, weil sie ihn, je höher er sich den schroffen Felsen hinaufwagen würde, desto leichter am Abhänge hinabzustoßen hofften. *3* Etwa in der Mitte des Hügels leisteten sie Widerstand, und als sie jetzt von ihrer Höhe, die sie beinahe von selbst auf den Feind fallen ließ, den Angriff machten, häuften sich unter ihrem Schwert und durch den Herabsturz vom Berg bei den Galliern Leichen auf Leichen, so dass sie nie wieder, weder truppweise noch vereint, diese Art des Kampfes versuchten.

4 Da sie also die Hoffnung, durch Gewalt und Waffen heranzukommen, aufgaben, schickten sie sich zur Belagerung an; teils aber hatten sie selbst, ohne bis dahin daran zu denken, das Getreide bei den Einäscherungen der Häuser verbrannt, teils hatte man gerade in diesen Tagen alle Vorräte vom Land nach Veji geschafft. *5* Sie beschlossen also, mit geteiltem Heer dort bei den benachbarten Völkern zu rauben, hier die Burg eingeschlossen zu halten, um durch den auf dem Land plündernden Haufen den Belagerern Getreide zuzuführen.

6 Die von der Stadt aufbrechenden Gallier führte das Schicksal selbst, um ihnen von der römischen Tapferkeit eine Probe zu geben, nach Ardea, wo Camillus als Verbannter lebte. *7* Als er hier, betrübter über die Lage des Staates als über seine eigene, unter Klagen über Götter und Menschen sich abhärmte und es ebenso ärgerlich als unbegreiflich fand, dass jene Männer verschwunden sein sollten, die mit ihm Veji und Falerii erobert hätten, für die in anderen Kriegen die Tapferkeit immer mehr getan habe als das Glück, **8** da hörte er plötzlich, dass ein Heer von Galliern anrücke, und dass die Ardeaten voll Bestürzung hierüber berieten, und wie von göttlichem Geist angehaucht, eilte er mitten in die Versammlung, während er bisher dergleichen Zusammenkünfte gemieden hatte, und sprach:

(44) *Ardeaten, meine alten Freunde, und jetzt auch, weil es eure Güte erlaubte und mein Schicksal so fügte, meine Mitbürger, glaube niemand unter euch, dass ich meiner Lage vergessend hier aufgetreten sei; allein die Umstände und die gemeinschaftliche Gefahr zwingen jeden, das ihm in dieser Not mögliche Rettungsmittel mitzuteilen.* **2** *Und wann könnte ich für eure so großen Verdienste um mich dankbar sein, wenn ich jetzt würde gezögert haben? Oder wo würdet ihr von mir Gebrauch machen können, wenn es nicht im Krieg sein sollte? Durch dieses Mittel behauptete ich meinen Posten im Vaterland und, unbesiegt im Krieg, bin ich im Frieden von undankbaren Mitbürgern vertrieben worden.* **3** *Euch aber, ihr Ardeaten, bietet sich jetzt das Glück, teils dem römischen Volk seine großen früheren Wohltaten, deren Wert euch nicht entgangen ist – und dem treuen Gedächtnis muss man sie nicht vorhalten –, zu vergelten, teils eurer Stadt die glänzende Ehre des Sieges über den gemeinschaftlichen Feind zu erwerben.* **4** *Die in schwärmenden Zügen Heranrückenden sind ein Volk, dem die Natur mehr große als feste Körper und Mut verlieh; darum treten sie zum Kampf mehr furchtbar als kraftvoll auf.* **5** *Den Beweis mag uns Roms Unglück geben. Die offene Stadt konnten sie erobern; von der Burg und dem Kapitol widersteht man ihnen mit einer Handvoll Leute. Dem Überdruss der Belagerung erliegend ziehen sie ab und streifen schwärmend auf dem Land umher.* **6** *Mit Speise und Wein, die sie im Raub verschlingen, angefüllt, werfen sie sich, wenn die Nacht hereinbricht, ohne Verschanzung, ohne Posten und Wachen, wie das Vieh ohne alle Ordnung an den Wasserbächen nieder, und jetzt im Glück noch weniger auf ihrer Hut als gewöhnlich.* **7** *Ist es euer Wille, eure Mauern zu schützen und nicht alles hier gallisch werden zu lassen, so greift zahlreich um die erste Nachtwache zu den Waffen, folgt mir zum Morden, nicht zum Kampf. Liefere ich sie euch nicht, vom Schlaf gefesselt, wie das Vieh zur Schlachtbank, so lasse ich mir zu Ardea dieselbe Wendung meines Schicksals gefallen, die ich in Rom erfahren habe.*

(45) Freunde und Gegner waren überzeugt, dass das gegenwärtige Zeitalter nirgends einen so großen Feldherrn aufzuweisen habe. Nach aufgelöster Versammlung stärkten sie sich mit Speise, in gespannter Erwartung, ob das Zeichen gegeben werde; es erfolgte, und in der Stille der einbrechenden Nacht stellten sie sich an den Toren dem Camillus. **2** Sie rückten aus, und nicht weit von der Stadt überfielen sie das Lager der Gallier, das sie, wie er vorhergesagt hatte, ungeschützt und von allen Seiten vernachlässigt fanden, mit Geschrei. **3** Nirgends gab es Kampf, allenthalben Gemetzel; unbewehrt, vom Schlaf abgespannt, wurden die Gallier niedergehauen. Die am äußersten Ende Liegenden trieb der Schrecken, der sie von ihren Lagerstellen aufjagte, ohne zu wissen, von wem und von welcher Seite der Überfall komme, in die Flucht, und einige blindlings mitten in die Feinde. Ein großer Teil, der auf das Gebiet von Antium geraten war, wurde in seiner Zerstreuung durch einen Angriff aus der Stadt überfallen und niedergemacht.

4 Eine ähnliche Niederlage erlitten im Gebiet von Veji die Tusker, welche mit einer Stadt, die fast vierhundert Jahre ihre Nachbarin und jetzt von einem nie gesehenen, nie gehörten Feind überrumpelt war, so wenig Mitleid hatten, dass sie gerade jetzt in das römische Gebiet einbrachen und mit Beute beladen sich zu einem Angriff auf Veji, die dortige Besatzung und letzte Hoffnung der Römer, anschickten. **5** Die römischen Soldaten hatten gesehen, wie sie auf dem Land umherstreiften und in geschlossenem Zug die Beute vor sich hertrieben, und bemerkten jetzt ihr Lager in der Nähe von Veji. *6* Hier regte sich bei ihnen zuerst das Gefühl ihres Elends, dann der Unmut und durch diesen der Zorn, wenn nun gar Etrusker, von denen sie den Gallischen Krieg ab- und gegen sich selbst gewendet hätten, ihres Unglückes spotten sollten. *7* Kaum konnten sie es vor Erbitterung über sich gewinnen, nicht sogleich auf sie loszugehen; doch von dem Hauptmann Caedicius, den sie selbst zu ihrem Anführer gewählt hatten, zur Ruhe verwiesen, verschoben sie den Angriff auf die Nacht. *8* Bloß der Anführer war hier kein Camillus; übrigens ging alles denselben Gang und hatte denselben glücklichen Erfolg. Ja sie ließen sich von den Gefangenen, den Überbleibseln des nächtlichen Gemetzels, den Weg zu einer anderen Schar von Tuskern zeigen, die an den Salzgruben standen, richteten unter ihnen in der folgenden Nacht durch Überfall ein noch größeres Blutbad an und kehrten, über ihren Doppelsieg frohlockend, nach Veji zurück.

(46) Unterdessen ging die Belagerung Roms meistens sehr schläfrig fort, und von beiden Seiten verhielt man sich ruhig, weil die Gallier nur darauf bedacht waren, dass von den Feinden keiner zwischen ihren Posten durchschlüpfen möchte, als unerwartet ein junger Römer seiner Mitbürger und der Feinde Bewunderung auf sich zog. *2* Das Fabische Geschlecht hatte auf dem Quirinalischen Hügel alljährlich ein Opfer zu verrichten. Um dies zu bringen, stieg Caius Fabius Dorso, nach gabinischem Brauch aufgeschürzt, die Opfergeräte in seinen Händen, vom Kapitol herab, schritt mitten durch die feindlichen Posten, ohne auf Anruf oder Drohung zu achten, langte auf dem Quirinalischen Hügel an, *3* und nachdem er hier alles vorschriftsmäßig ausgerichtet hatte, ging er auf demselben Weg und mit demselben festen Blick und Schritt im Vertrauen auf den vollen Schutz der Götter, deren Verehrung er, selbst von der Furcht des Todes bedroht, nicht unterlassen hatte, auf das Kapitol zu den Seinigen zurück, es sei nun, dass die Gallier durch dieses Wunder der Kühnheit betroffen waren, oder dass die Ehrfurcht vor dem Heiligen auf sie wirkte, für welche dieses Volk keineswegs unempfänglich ist.

4 Zu Veji wuchs indes mit jedem Tag nicht bloß der Mut, sondern auch die Kräfte, weil sich hier nicht bloß Römer aus dem Land zusammenscharten, die nach der verlorenen Schlacht und dem Unglück der Eroberung Roms umhergeirrt waren, sondern auch aus Latium Freiwillige herbeiströmten, um an der Beute teilzunehmen. *5* Die Zeit schien da zu sein, die Vaterstadt wiederzuerobern und sie den Händen der Feinde zu entreißen, aber dem kraftvollen Körper fehlte es noch an einem Haupt. *6* Da erinnerte sie der Ort selbst an Camillus; auch waren hier unter den Soldaten viele, die unter seiner Anführung und Leitung mit Glück gekämpft hatten, und Caedicius erklärte, er werde es nicht abwarten, dass ihn irgendein anderer, Gott oder Mensch, seiner Befehlshaberstelle entsetze, bevor er sich nicht selbst, wie es sich für seinen Stand schicke, einen Feldherrn erbeten habe.

7 Allgemein wurde beschlossen, von Ardea Camillus kommen zu lassen, zuvor aber den Senat zu Rom hierüber zu befragen; so waltete damals in allen Dingen eine bescheidene Rücksicht, und in dem fast vernichteten Staat erhielt man doch jedem sein Recht. *8* Der Weg musste durch die feindlichen Wachen nicht ohne große Gefahr genommen werden. Ein unternehmender Jüngling, Pontius Cominius, erbot sich hierzu, legte sich auf Kork und schwamm den Tiber hinab zur Stadt. *9* Von hier stieg er, so nahe es ihm vom Ufer aus möglich war, an dem steilen und deswegen von der feindlichen Wache nicht beachteten Felsen zum Kapitol hinan, wurde vor die Behörden geführt und entledigte sich der Aufträge des Heeres. *10* Nachdem er hier den Senatsbeschluss erhalten hatte, dass teils Camillus, wenn er in den Kuriatskomitien* aus der Verbannung zurück-

---

* Auf den Versammlungen nach Zenturien (coumitia centuliata), in denen die Konsuln, konsularische Kriegstribunen usw. gewählt wurden, stimmten nicht bloß die Einwohner Roms, sondern auch die außerhalb wohnenden Bürger – in den von Servius Tullius nach dem Unterschied des Vermögens festgesetzten Zenturien und Massen. Auf den Versammlungen nach Bezirken (comitia tributa) stimmten ebenfalls die in und außerhalb Roms

berufen wäre, sogleich durch die Stimme des Volkes zum Diktator ernannt werden sollte, teils dass die Soldaten den zum Feldherrn haben sollten, den sie wollten, stieg er auf demselben Weg wieder herab und ging als Bote nach Veji; ***11*** und es wurden nach Ardea Gesandte zu Camillus geschickt, die ihn nach Veji rufen sollten, oder (weil ich lieber glauben möchte, er sei nicht eher von Ardea abgegangen, bis er erfahren hatte, dass der ihn betreffende Vorschlag durchgegangen sei, denn ohne Genehmigung des Volkes hätte er weder die Grenze wieder betreten noch, ohne zum Diktator ernannt zu sein, den Oberbefehl im Heer haben können) die Kurien genehmigten* den Vorschlag, und Camillus wurde abwesend zum Diktator ernannt.

(47) Während dies zu Veji geschah, waren die Burg zu Rom und das Kapitol in großer Gefahr. ***2*** Denn die Gallier, die entweder da, wo der Bote von Veji hinaufgekommen war, eine Menschenspur entdeckten, oder auch von selber bemerkt hatten, dass bei dem Tempel der Carmentis der Felsen leichter zu ersteigen sei, kamen in einer sternhellen Nacht, so dass sie zuerst einen Unbewaffneten, den Weg zu versuchen, vorangehen ließen, dann ihm ihre Waffen zureichten, ferner bei schwierigen Stellen einer um den andern sich wechselweise stützten und hoben, auch, je nachdem es der Ort erforderte, einer den andern zog, in solcher Stille die Anhöhe hinan, ***3*** dass sie nicht allein den Wachen unbemerkt blieben, sondern sogar die Hunde nicht weckten, während diese Tiere sonst jedes nächtliche Geräusch weckt. ***4*** Nur den Gänsen entgingen sie nicht, an denen man sich in der größten Hungersnot, weil sie der Juno heilig waren, nicht vergriffen hatte. Und dies rettete Rom. Von ihrem Geschrei und Flügelschlag geweckt, ergriff Marcus Manlius – er war vor drei Jahren Konsul gewesen, ein im Krieg ausgezeichneter Mann – die Waffen, rief die Übrigen zu den Waffen und eilte herbei; und während jene zusammeneilten, warf er den schon oben stehenden Gallier durch einen Stoß mit dem Buckel seines Schildes herunter. ***5*** Als der Sturz des Gefallenen die Nächsten umstieß, erlegte Manlius einige andere in ihrer Bestürzung, die mit Wegwerfung der Waffen die Klippen, an denen sie hingen, mit den Händen umklammerten; nun sammelten sich schon andere und vertrieben den Feind mit Pfeilen und Steinen, so dass die ganze Schar Hals über Kopf herabstürzend in den Abgrund hinabsank.

6 Als sich der Aufruhr gelegt hatte, überließen sie sich, soweit es der Schrecken gestattete, da auch die überstandene Gefahr sie noch in Spannung erhielt, für den übrigen Teil der Nacht dem Schlaf. ***7*** Mit Anbruch des Tages berief eine Trompete die Soldaten zur Versammlung vor den Kriegstribunen, um dem Verdienst ebenso wie der Pflichtvergessenheit ihren Lohn zu geben, und zuerst wurden dem Manlius für seine Tapferkeit Lob und Geschenke erteilt, nicht bloß von den Kriegstribunen, sondern auch einmütig von den Soldaten; ***8*** denn sie brachten ihm jeder ein halbes Pfund Roggen und ein Viertelchen Wein in sein auf der Burg gelegenes Haus, ein kleines Geschenk, das aber der Mangel zu einem auffallenden Beweis der Liebe machte, insofern jeder mit Verkümmerung seiner eigenen Lebensmittel den Beitrag zur ehrenvollen Gabe für den einen Mann seiner Person und seinen nötigsten Bedürfnissen entzog. ***9*** Darauf wurden die Wachen des Postens vorgefordert, wo man den heransteigenden Feind unbeachtet gelassen hatte, und obgleich der Kriegstribun Quintus Sulpicius erklärte, er werde die Strafe nach Kriegsrecht an allen vollziehen, ***10*** so ließ er sich doch durch das einstimmige Geschrei der Soldaten, welche die Schuld auf einen Wächter schoben, von der Bestrafung der übrigen abhalten und zur allgemeinen

---

wohnenden Bürger, aber nach Köpfen, nicht nach dem Vermögen. Nur den Versammlungen nach Kurien (Romulus hatte das Volk in 30 Kurien geteilt) stimmten bloß die in Rom Wohnenden. Und wenn auch der Konsul usw. nach Zenturien gewählt war, so hatte er doch den Oberbefehl im Heer (*Imperium*) nicht eher, bis ihm diesen die Kurien erteilt hatten.

* Folglich musste diesmal der in Veji befindliche Teil des Heeres sich dort in Kurien ordnen, und so bekam Camillus auch diesmal den Oberbefehl über das Heer durch die Stimmen der Kurien, die ihre Versammlung in Veji hielten, weil sie von Rom ausgeschlossen waren.

Zufriedenheit den einen, dieser Schuld offenbar überwiesenen, vom Felsen herabstürzen. ***11*** Seitdem waren die Wachen von beiden Seiten aufmerksamer, bei den Galliern, weil man merkte, dass zwischen Veji und Rom Boten ab- und zugingen, und bei den Römern, weil ihnen die Gefahr jener Nacht im Gedächtnis blieb.

(48) Aber mehr als alle Leiden der Belagerung und des Krieges drückte beide Heere die Hungersnot; ***2*** die Gallier auch eine Seuche, weil sie auf einem zwischen Hügeln gelegenen Boden ihr Lager hatten, der noch dazu durch die Feuersbrünste ausgedörrt und voll Dampf war, und sowie sich ein Wind erhob, nicht allein Staub, sondern auch Asche verbreitete. ***3*** Dies kann das Volk am allerwenigsten ertragen, das an Feuchtigkeit und Kälte gewöhnt ist, und durch die Hitze und die Beklemmung gequält, starben sie, wie wenn unter dem Vieh eine Seuche sich verbreitet; aber aus Faulheit, die Einzelnen zu begraben, verbrannten sie die ohne Unterschied aufgestapelten Haufen von Menschen, und dadurch wurde die Stelle durch den Namen der Gallischen Brandstätten berühmt.

4 Darauf schlossen sie mit den Römern einen Waffenstillstand, und mit Bewilligung der Feldherren knüpfte man Unterhandlungen an; und da die Gallier in diesen den Römern mehrmals den Hunger vorhielten, der sie zwinge, sich auf die Übergabe einzulassen, so warf man, wie erzählt wird, um diesen Verdacht von sich abzuwenden, an mehreren Orten vom Kapitol Brot unter die feindlichen Posten.

5 Nun aber ließ sich die Hungersnot ebenso wenig länger verbergen als ertragen. Während also der Diktator in Ardea die Werbung für sich hielt, den Magister Equitum Lucius Valerius das Heer von Veji abführen ließ und alle Verfügungen und Vorkehrungen traf, ***6*** um dem Feind beim Angriff gewachsen zu sein, sah das Kapitolinische Heer, das vom Postenstehen und Wachen erschöpft dennoch allen menschlichen Leiden Trotz bot, dem aber die Natur selbst die Besiegung des Hungers versagte, von einem Tag zum andern danach aus, ob sich gar keine Hilfe vom Diktator zeigen wolle; ***7*** und da endlich mit den Lebensmitteln auch die Hoffnung schwand, und bei dem beständigen Fortgang des Postendienstes fast die Waffen allein den entkräfteten Körper zu Boden drückten, da verlangte es Übergabe oder Loskaufung unter jeder Bedingung, denn die Gallier hatten sich nicht undeutlich verlauten lassen, sie würden sich für einen nicht hohen Preis zur Aufhebung der Belagerung geneigt finden lassen. ***8*** Der Senat wurde berufen und den Kriegstribunen der Auftrag gegeben, einen Vergleich einzugehen. Der Kriegstribun Quintus Sulpicius und der Fürst der Gallier, Brennus, brachten die Sache in einer Unterredung zustande, und der Preis des Volkes, welches demnächst die Welt beherrschen sollte, wurde zu tausend Pfund Gold* bestimmt. ***9*** Die darin liegende Schande wurde noch durch eine Unwürdigkeit erhöht. Die Gallier brachten falsche Gewichtsstücke mit, und da sie der Tribun nicht gelten lassen wollte, warf der übermütige Gallier noch sein Schwert zu den Gewichten und ließ den einem römischen Ohr unerträglichen Ausruf hören: *Wehe den Besiegten*!

(49) Doch Götter und Menschen wandten es ab, dass die Römer nicht als Erkaufte leben sollten. Es musste sich so fügen, ehe noch der schändliche Kauf zustande kam, weil über den Wortwechsel noch nicht alles Gold abgewogen war, dass der Diktator dazu kam und befahl, das Gold wegzunehmen und die Gallier wegzuweisen. ***2*** Als diese sich sträubend den Vertrag vorschützten, sagte er, der Vergleich sei ungültig, weil er nach seiner Ernennung zum Diktator ohne sein Geheiß von einer untergeordneten Obrigkeit geschlossen sei, und kündigte den Galliern an, sich zur Schlacht bereitzuhalten. ***3*** Seine Krieger aber hieß er ihr Gepäck auf einen Haufen werfen, die Waffen anlegen und das Vaterland mit dem Schwert, nicht mit Gold wiedererwerben, da sie

* Wie hoch der Wert des Goldes zu Rom in den Zeiten des Brennus stand, lässt sich schwerlich ermitteln. Späterhin, als die Römer Gold prägten, schlugen sie aus einem römischen Pfund Gold 40 Goldstücke, deren jedes den Wert von 25 Silberdenaren hatte.

jetzt die Heiligtümer der Götter, ihre Gattinnen und Kinder, den durch die Leiden des Krieges verunstalteten Boden ihrer Vaterstadt und lauter Dinge vor Augen hätten, deren Verteidigung, Wiedereroberung und Rache die Pflicht gebiete. *4* Darauf stellte er sein Heer, so gut es die Beschaffenheit des Platzes gestattete, auf dem Boden einer halb zerstörten Stadt, der an sich selbst schon uneben war, und was durch Kriegskunst den Seinigen zum Vorteil gewählt und vorbereitet werden konnte, das besorgte er alles. *5* Die Gallier, über den unerwarteten Auftritt bestürzt, griffen zu den Waffen und rannten mehr mit Leidenschaft als mit Überlegung auf die Römer ein.

Schon hatte sich das Glück gewandt, schon begünstigte der Beistand der Götter, mit der menschlichen Leitung in Verbindung, die Sache Roms. Also wurden die Gallier im ersten Zusammentreffen ebenso leicht besiegt, wie sie an der Allia gesiegt hatten. *6* In einer zweiten, ordentlichen Schlacht wurden sie am achten Meilenstein auf dem Wege nach Gabii, wohin sich ihre Flucht gewandt hatte, unter der glücklichen Anführung desselben Camillus abermals geschlagen. Hier war das Gemetzel allgemein; ihr Lager wurde erobert, und nicht einmal ein Bote ihres Unglückes entrann.

7 Der Diktator, der sein Vaterland den Feinden abgewonnen hatte, zog triumphierend in die Stadt, und die Soldaten nannten ihn in den Freudenliedern, die sie in kunstlosen Versen ertönen lassen, mit nicht unverdientem Lob einen Romulus, einen Vater des Vaterlandes und zweiten Gründer der Stadt. *8* Und später erhielt er die im Krieg gerettete Vaterstadt unstreitig zum zweiten Mal im Frieden dadurch, dass er die Auswanderung nach Veji vereitelte, obgleich die Tribunen nach Einäscherung der Stadt diesen Vorschlag noch eifriger betrieben, und die Bürger von selbst zu dem Entschluss weit geneigter waren. *9* Dies war auch der Grund, warum er nach dem Triumph die Diktatur nicht niederlegte, denn der Senat bat ihn, den Staat nicht in dieser unsicheren Lage zu verlassen.

(50) Vor allen Dingen brachte er, wie er selbst ein sehr gewissenhafter Beobachter der Gottesverehrung war, die in Hinsicht auf die unsterblichen Götter nötigen Verfügungen zum Vortrag und bewirkte den Senatsbeschluss, *2* dass alle heiligen Stätten, weil sie der Feind besetzt gehabt habe, wiederhergestellt, abgegrenzt und gesühnt und über die Art ihrer Reinigung die Heiligen Bücher von den Zweimännern befragt werden sollten. *3* Mit den Einwohnern von Caere sollte der Staat den Bund des Gastrechtes eingehen, weil sie die Heiligtümer des römischen Volkes und seine Priester aufgenommen hätten und man die Weiterführung der den unsterblichen Göttern gebührenden Verehrung der Wohltat dieses Volkes zu verdanken habe. *4* Ferner sollten Kapitolinische Spiele dem allmächtigen Jupiter zu Ehren gefeiert werden, weil er seinen Sitz und die Burg des römischen Volkes in der Not geschützt habe; und der Diktator Marcus Furius sollte hierzu einen Ausschuss von Männern ernennen, die auf dem Kapitol und der Burg wohnten. *5* Auch wurde in Erinnerung gebracht, dass man die nächtliche Stimme, die sich vor dem Gallischen Krieg als Künderin des Unglückes habe hören lassen und nicht beachtet sei, zu versöhnen habe, und der Befehl gegeben, am Neuen Weg dem Aius Locutius einen Tempel zu bauen. *6* Sowohl das den Galliern abgenommene als auch das übrige Gold, das man aus anderen Tempeln in der Eile in Jupiters Allerheiligstes gebracht hatte, wurde auf Befehl, weil man sich nicht entsinnen konnte, in welche Tempel es zurückzuliefern sei, zusammen für Tempelgut erklärt und unter Jupiters Thronsessel niedergelegt. *7* Die Frömmigkeit der Bürger hatte sich schon früher dadurch zu erkennen gegeben, dass man, weil im Schatze nicht Gold genug vorrätig war, um die Summe des den Galliern versprochenen Kaufgeldes vollzumachen, bloß in der Absicht, sich an dem heiligen Golde nicht zu vergreifen, die Frauen das ihrige hergeben ließ. Dafür wurde den Frauen Dank gesagt und außerdem die Ehre zugestanden, dass ihnen, wie den Männern, nach dem Tod eine Lobrede zukommen sollte.

8 Nachdem er so alles, was die Götter betraf und durch den Senat besorgt werden konnte, ausgerichtet hatte, trat er nun auch, weil die Volkstribunen in ihren fortgesetzten Versammlungen bei dem Volke darauf drangen, dass es mit Hinterlassung der Trümmer in die bereit stehende Stadt Veji hinüberziehen möchte, im Gefolge des ganzen Senates vor der Versammlung auf und hielt folgende Rede:

(51) *Die Streitigkeiten mit den Volkstribunen sind mir so widerwärtig, ihr Quiriten, dass mir teils meine höchst traurige Verbannung, solange ich in Ardea lebte, doch wenigstens den Trost gewährte, mich weit genug von diesen Zwistigkeiten entfernt zu wissen, teils dass ich gerade in Rücksicht auf diese entschlossen war, wenn ihr mich auch durch Senatsbeschluss und Volksbefehl zurückrufen lassen solltet, dennoch nie zurückzukommen.* **2** *Auch jetzt hat mich zur Rückkehr nicht meine Sinnesänderung bewogen, sondern euer Schicksal, denn jetzt kam es darauf an, dass die Vaterstadt auf ihrer Stelle stehen blieb, nicht darauf, dass gerade ich in der Vaterstadt lebte. Und so würde ich mich auch jetzt von Herzen gern ruhig und schweigend verhalten, wenn nicht auch dieser Kampf der Vaterstadt gälte, und ihr sich entziehen, solange man noch etwas Leben übrig hat, ist für andere eine Schande, für einen Camillus sogar Todsünde.* **3** *Denn wozu haben wir sie wiedererobert? Wozu die Belagerte den Händen der Feinde entrissen, wenn wir die Wiedergewonnene selbst verlassen, wenn jetzt – obgleich mitten im Sieg der Gallier, als sie die ganze Stadt besetzt hatten, dennoch römische Götter und römische Männer das Kapitol behaupteten und bewohnten –, jetzt, nach dem Sieg der Römer, nach Wiedererwerbung der Stadt, selbst auch die Burg und das Kapitol verlassen werden soll, wenn unser Glück eine größere Verwüstung über diese Stadt bringen soll, als unser Unglück ihr brachte?* **4** *Hätten wir keine Gottesverehrung, die zugleich mit unserer Stadt gegründet und uns erblich überliefert wäre, so begleitete dennoch das Schicksal Roms eine höhere Macht so augenscheinlich, dass ich wenigstens glauben würde, alle Nachlässigkeit gegen Gottesverehrung sei bei den Leuten vertilgt.* **5** *Bedenkt nur, entweder die günstigen oder die unglücklichen Schickungen dieser Jahre der Reihe nach, ihr werdet finden, dass uns alles gelang, wenn wir auf die Götter hörten, alles misslang, wenn wir sie verachteten.* **6** *Gleich zuerst der Vejentische Krieg – wie viele Jahre, mit welcher Mühseligkeit führten wir ihn! – wurde nicht eher beendet, bis wir nach der Mahnung der Götter aus dem Albanersee das Wasser ableiteten.* **7** *Und nun vollends dies letzte Unglück unserer Stadt, erhob es sich eher, als bis wir jene Stimme, die vom Himmel herab die Ankunft der Gallier verkündete, missachteten, bis unsere Gesandten das Völkerrecht verletzten, bis mir diese Verletzung, die wir bestrafen mussten, aus gleicher Achtlosigkeit gegen die Götter unbestraft ließen?* **8** *So haben wir denn als Besiegte, als Eroberte, als Losgekaufte bei Göttern und Menschen so gebüßt, dass wir der Welt ein Beispiel wurden.* **9** *Da erinnerte uns unser Unglück an die Verehrung der Götter. Wir nahmen unsere Zuflucht auf das Kapitol zu den Göttern, zum Sitz des allmächtigen Jupiter; wir bargen, obgleich der Staat über uns zusammenstürzte, die Heiligtümer zum Teil in der Erde, zum Teil verwahrten wir sie, in die benachbarten Städte entführt, vor den Blicken der Feinde; und von Göttern und Menschen verlassen, unterließen wir doch den Dienst der Götter nicht.* **10** *Da gaben sie uns unsere Vaterstadt, den Sieg und die alte verlorene Kriegsehre wieder und wandten Schrecken, Flucht und verderben auf den Feind, der, von Habsucht geblendet, bei Abwägung des Goldes Bündnis und Wort brach.*

(52) *Wenn ihr nun diese über Achtung und Nichtachtung der Gottheit so belehrenden Denkmale in den Begebenheiten der Welt vor Augen seht, wird es euch dann nicht klar, ihr Quiriten, zu welchem neuen Frevel wir, die wir soeben aus dem Schiffbruch unserer früheren Verschuldung und Niederlage erst wieder auftauchen, uns anschicken?* **2** *Wir haben eine Stadt, die durch göttliche Zustimmung und Weihe gegründet wurde; jeder Platz in derselben hat seine Heiligtümer, seine Götter, zu den eingeführten Opfern sind die Tage ebenso wie die Plätze, an denen sie dargebracht werden sollen,*

festgesetzt. **3** *Und alle diese Götter, des Staates sowohl als eurer Häupter, ihr Quiriten, wollt ihr verlassen? Wie wenig stimmt eure Handlungsweise mit dem überein, das neulich in der Belagerung an dem ausgezeichneten Jüngling, dem Caius Fabius, zu nicht geringerer Bewunderung der Feinde als der eurigen so sehr in die Augen fiel, als er unter den Pfeilen der Gallier von der Burg herabkam und das dem Fabischen Geschlecht gewöhnliche Opfer auf dem Quirinalischen Hügel ausrichtete!* **4** *Oder wollt ihr nur die Familienopfer auch im Krieg nicht unterbrechen lassen, und die Opfer des Staates und die Götter Roms auch im Frieden aufgeben? Und sollen die Oberpriester und Eigenpriester in den öffentlichen Religionsgebräuchen nachlässiger sein dürfen, als es ein Privatmann gegen eine Gewohnheit seines Geschlechtes war?*

5 *Vielleicht möchte jemand einwenden: Entweder können wir das alles zu Veji verrichten, oder aber von dort unsere Priester zur Ausrichtung hierher senden. – Keines von beiden kann geschehen, ohne den Gottesdienst aufzuheben.* **6** *Um nicht jede Art von Opfern und alle Götter anzuführen, kann beim Gottesmahl Jupiters die Tafel anderswo als auf dem Kapitol bereitet werden?* **7** *Soll ich das ewige Feuer der Vesta und ihr Bild erwähnen, das als Unterpfand unserer Oberherrschaft Anspruch auf Verwahrung in diesem Tempel macht? Oder eure heiligen Schilde,* Schreitender Mars und du, Vater Quirinus? Das alles sollen wir hier auf entweihter Stätte lassen? Heiligtümer, die so alt sind wie die Stadt, zum Teil noch über den Ursprung der Stadt hinausgehen?*

8 *Und nun beherzigt den Unterschied zwischen uns und unseren Vorfahren. Sie haben uns bestimmte Opfer zur Ausrichtung auf dem Albanerberg und zu Lavinium hinterlassen. Machten sie sich ein Gewissen daraus, Opfer aus den Städten der Feinde hierher nach Rom zu verlegen, und wir sollten ohne Versündigung die unsrigen nach Veji, in eine Stadt der Feinde, verlegen können?* **9** *Erinnert euch doch, ich bitte euch, wie oft gottesdienstliche Feiern von Neuem beginnen müssen, weil durch Unachtsamkeit oder Zufall in den väterlichen Gebräuchen etwas verabsäumt war. Was wurde noch neulich, nächst der Hindeutung auf den Albanersee, für unseren am Vejenterkrieg leidenden Staat das Heilmittel, als die wiederholte Weihe des Opferdienstes und die Erneuerung des Rechtes, die Vögel zu befragen?* **10** *Sogar haben wir, gleich als hielten wir noch etwas auf unsere alten Gottesverehrungen, teils fremde Götter in Rom eingeführt, teils neue aufgestellt. Wie merkwürdig und feierlich wurde nicht neulich durch die rühmliche Bemühung der ersten Römerinnen der Tag, an dem wir der von Veji herübergefahrenen Königin Juno die ihr geweihte Stelle auf dem Aventin gaben?* **11** *Dem Aius Locutius ließen wir wegen der vom Himmel vernommenen Stimme am Neuen Weg einen Tempel bauen, unsere feierlichen Gebräuche vermehrten wir durch die Kapitolinischen Spiele, und auf Veranlassung des Senats bildeten wir dafür einen neuen Ausschuss.* **12** *Wozu war eine einzige von diesen Anstalten nötig, wenn wir mit den Galliern zugleich die Stadt der Römer verlassen wollten, wenn wir während der Belagerung von so vielen Monaten auf dem Kapitol nicht aus eigener Wahl geblieben sind, sondern uns dort nur die Furcht vor den Feinden festhielt?* **13** *Wir reden von den Opfern, von den Tempeln, was soll ich aber von den Priestern sagen? Fällt euch nicht ein, welch eine Sünde begangen werden würde? Für die Vestalinnen ist ja nur der Wohnsitz der einzige, aus dem sie nie etwas als die Eroberung der Stadt entfernen kann. Für den Priester Jupiters ist es eine Todsünde, eine einzige Nacht außerhalb der Stadt zu bleiben.* **14** *Wollt ihr diese aus Priestern Roms zu Vejentern machen? Und sollen deine Vestalinnen dich, Vesta, verlassen, und der Eigenpriester durch seine Wohnung außerhalb für jede Nacht sich und den Staat mit einer solchen Todsünde beladen?* **15** *Sollen wir ferner alles das, was wir unter Zustimmung der Vögel meistenteils innerhalb der Ringmauern vollbringen, so der Vergessenheit, so der Verabsäumung preisgeben?* **16** *An welchem andern Orte können die Vögel zur Wahlversammlung nach Kurien, welche die Angelegenheiten des*

* Vgl. 1. Buch, Kap. 20.

Kriegswesens bestimmt, oder zu der nach Zenturien, in der ihr eure Konsuln und Kriegstribunen wählt, ihre Zustimmung geben, als da, wo sie immer gehalten werden? **17** *Wollen wir sie nach Veji verlegen, oder soll das Volk mit so großer Beschwerlichkeit in dieser von Göttern und Menschen verlassenen Stadt sich zur Wahl einfinden?*

(53). *Allein die Sache selbst zwingt uns, die durch Brand und Zertrümmerung verwüstete Stadt zu verlassen und in ein unversehrtes Ganzes nach Veji zu ziehen, statt hier den unvermögenden Bürgerstand mit dem Wiederaufbau zu plagen?* **2** *Dass diese Angabe mehr Vorwand als wahrer Grund sei, muss euch, ihr Quiriten, meiner Meinung nach, ohne dass ich es sage, einleuchten, da ihr euch erinnert, dass schon vor der Ankunft der Gallier, als noch alle öffentlichen und Privatgebäude standen und die Stadt noch nichts gelitten hatte, ebendieser Vorschlag, nach Veji hinüberzuziehen, betrieben wurde.* **3** *Und hier sollt ihr nun sehen, ihr Tribunen, wie sehr meine Meinung von der eurigen verschieden ist. Ihr glaubt, wenn mir es auch damals nicht hätten tun müssen, so müssten mir es doch durchaus jetzt tun; ich hingegen – und darüber wundert euch nicht, solange ihr das wahre Verhältnis noch nicht gehört habt –, ich würde, wenn man auch damals hätte wegziehen müssen, als die ganze Stadt noch unversehrt stand, mich jetzt dafür erklären, diese Trümmer nicht zu verlassen.* **4** *Denn damals wäre die Veranlassung, in die eroberte Stadt hinüberzugehen, unser Sieg gewesen, ruhmvoll für uns und unsere Nachkommen, jetzt aber ist die Wanderung für uns traurig und schimpflich, für die Gallier aber ruhmvoll,* **5** *denn wir haben dann offenbar unsere Vaterstadt nicht als Sieger verlassen, sondern als Besiegte verloren; hierzu durch die Flucht an der Allia, hierzu durch die Eroberung der Stadt, durch die Belagerung des Kapitols gezwungen gewesen zu sein, unsere Schutzgötter zu verlassen, und uns selbst Verbannung und Flucht aus einem Ort aufzuerlegen, den wir nicht hätten behaupten können. Und so sollten die Gallier Rom haben zerstören können, das die Römer, wie der Augenschein lehren würde, nicht wiederherstellen könnten?* **6** *Es fehlt weiter nichts, als dass ihr, wenn sie jetzt mit neuen Scharen kommen sollten – man weiß ja, dass die Volksmenge kaum glaublich sei – und in dieser von ihnen eroberten, von euch verlassenen Stadt zu wohnen verlangten, dies geschehen ließet.* **7** *Wie, wenn nicht die Gallier, sondern eure alten Feinde, die Aequer oder Volsker, auf den Gedanken kämen, sich nach Rom zu versetzen, wolltet ihr dann, dass sie die Römer wären und ihr die Vejenter? Oder wollt ihr, ehe es eine Stadt der Feinde sein soll, lieber eine euch gehörende Einöde daraus werden lassen? Ich sehe in der Tat nicht, was von beiden größerer Frevel sein würde. Und könnt ihr, bloß aus Unlust am Bauen, Entschlossenheit genug haben, diese Gräuel, diese Schande auf euch zu nehmen?* **8** *Ließe sich in der ganzen Stadt kein besseres oder ansehnlicheres Gebäude aufführen, als jene Hütte unseres Gründers ist, wäre es euch dann nicht doch wünschenswerter, in der Mitte eurer Heiligtümer und Schutzgötter in Hütten nach Art der Hirten und Landleute zu wohnen, als mit dem ganzen Staat ins Elend zu wandern?* **9** *Unsere Vorfahren – Ankömmlinge und Hirten – bauten auf dieser Stelle, wo es nichts als Wald und Sümpfe gab, in ganz kurzer Zeit eine neue Stadt, und wir, die wir das Kapitol, die Burg und die Tempel der Götter unversehrt stehen sehen, sind zu verdrossen, das Niedergebrannte wieder aufzubauen? Und was wir einzeln hätten tun wollen, wenn unsere Häuser abgebrannt wären, das weigern wir uns alle zusammen zu tun bei einem allgemeinen Brand?*

54. *Und wie dann, wenn durch Tücke oder Zufall eine Feuersbrunft zu Veji ausbräche, und die Flamme – was doch möglich ist – vom Wind verbreitet einen großen Teil der Stadt verzehrte, wollen wir von dort nach Fidenae, Gabii oder einer andern Stadt uns umsehen, in die mir wandern könnten?* **2** *Hält euch denn der vaterländische Boden so wenig, nicht diese Erde, die wir Mutter nennen, und trifft unsere ganze Vaterlandsliebe bloß die Oberfläche und die Balken?* **3** *Mir wenigstens – ich will es euch gestehen, obgleich mir die Erinnerung an euer Unrecht noch unwillkommener ist als die an mein Unglück –, mir traten, so oft ich in meiner Verbannung an meine Vaterstadt dachte, alle diese*

Dinge vor die Seele, die Hügel, die Gefilde, der Tiber, die Gegend, an die sich mein Auge gewöhnt hatte, und dieser Himmel, unter dem ich geboren und erzogen war, lauter Gegenstände, die euch lieber jetzt, ihr Quiriten, durch die auf ihnen haftende Liebe rühren sollten, als dass ihr euch nachher, wenn ihr sie verlassen haben solltet, durch die Sehnsucht nach ihnen abhärmt.

***4** Nicht ohne Ursache haben Götter und Menschen für die anzulegende Stadt diesen Platz gewählt: So äußerst gesunde Hügel, einen Strom, so günstig gelegen, dass er uns aus dem Mittelland die Früchte bringt und die Zufuhr von der See aufnimmt, das Meer für unsere Vorteile nahe genug und doch nicht durch zu große Nähe der Gefahr von fremden Flotten ausgesetzt; einen Platz, der als Mittelpunkt der Landschaften Italiens einzig zum Wachstum einer Stadt geschaffen ist. **5** Zum Beweise dient selbst die Größe dieser so neuen Stadt. Es ist jetzt ihr 365. Jahr, ihr Quiriten; von so vielen uralten Völkern umgeben, führt ihr so lange Krieg, und in dieser ganzen Zeit sind euch – ich mag von einzelnen Städten nichts sagen – weder die mit den Aequern verbundenen Volsker, mit ihren vielen und mächtigen Städten noch das gesamte Etrurien, das zu Lande und zu Wasser so mächtig ist, das die ganze Breite Italiens zwischen zwei Meeren im Besitz hat, im Krieg gleich. **6** Wenn dem nun so ist, wie, zum Henker, geht es zu, dass ihr mit etwas anderem als dem, was euch schon Probe gehalten hat, die Probe machen wollt, da sich doch, wenn auch eure Tapferkeit an einen andern Ort übergehen kann, wenigstens das auf dieser Stätte ruhende Glück nicht verlegen lässt? **7** Hier steht das Kapitol, wo man einst einen Menschenkopf fand und die Erklärung hörte, diese Stätte solle das Haupt der Welt und der Sitz der Oberherrschaft werden. Hier ließen sich, als man mit Genehmigung der Vögel zum Platz für das Kapitol die anderen Tempel wegräumte, zur höchsten Freude unserer Voreltern die Göttin der Jugend und der Gott der Grenzen ihren Platz nicht nehmen. Hier ist das Feuer der Vesta, hier sind die vom Himmel erhaltenen heiligen Schilde, hier die Götter alle, die, wenn ihr bleibt, euch gnädig sind.*

(55) Die ganze Rede des Camillus soll auf die Bürger Eindruck gemacht haben, hauptsächlich aber der Teil, der sich auf die Religion bezog. Doch gab eine Äußerung, die hier sehr passend kam, der noch ungewissen Sache den Ausschlag. Denn als kurz darauf über dieselbe Angelegenheit im Hostilischen Rathaus Senat gehalten wurde, traf es sich, dass die Kohorten, die von der Wache zurückkamen, über den Markt zogen und auf dem Versammlungsplatz ein Hauptmann ausrief: **2** *Hier, Fähnrich, pflanze die Fahne auf! Hier ist die beste Stelle zum Bleiben!* Kaum hörten die Senatoren diese Worte, da kamen sie aus dem Rathaus und riefen alle, sie nähmen die Vorbedeutung an, und das herzuströmende Volk gab seine Zustimmung. Als darauf der Vorschlag verworfen war, fing man allenthalben regellos zu bauen an. Die Ziegel lieferte der Staat, **3** und jedem wurde freigegeben, Steine zu holen und Holz zu hauen, wo er wollte, doch musste er Bürgen stellen, dass er in diesem Jahr den Bau vollenden wolle. **4** Die Eile ließ es nicht zu, auf die Richtung der Gassen zu achten, da jeder ohne Rücksicht auf eigenen oder fremden Boden auf dem Platz bauen durfte, den er leer fand. **5** Dies ist der Grund, warum die alten Abzugsgräben, die ursprünglich unter den Straßen liefen, jetzt unter mehreren Privathäusern durchgehen, und die Gestalt der Stadt mehr eilige Besitznahme als eine planmäßige Austeilung des Platzes zu erkennen gibt.

Sechstes Buch

Inhalt

Dies Buch enthält die glücklichen Kriege gegen die Volsker, Aequer und Praenestiner. Roms Vergrößerung durch vier neue Bezirke, den Stellatinischen, Sabatinischen, Tromentinischen, Arniensischen, weil Marcus Manlius, der das Kapitol gegen die Gallier behauptet hatte, für die mit Schulden Behafteten bezahlte und die Schuldsklaven losmachte, wird er auf die Anklage, nach dem Thron gestrebt zu haben, verurteilt und vom Tarpejischen Felsen gestürzt; ihm zum Schimpf wird durch einen Senatsbeschluss festgesetzt, dass im Manlischen Geschlecht keiner den Vornamen Marcus führen solle. Die Volkstribunen Caius Ticinius und Lucius Sextius beantragen, dass die Konsuln, die bisher aus den Vätern gewählt worden waren, auch aus dem Bürgerstand genommen werden könnten. Sie setzen diesen Vorschlag trotz des Widerstandes der Väter unter vielem Streit durch, indem sie als immer wieder gewählte Volkstribunen fünf Jahre lang die einzigen Obrigkeiten waren, und Lucius Sestius wird der erste aus dem Bürgerstand gewählte Konsul. Auch ein zweiter Vorschlag geht durch, dass niemandem erlaubt sein solle, mehr als fünfhundert Morgen Land zu besitzen.

(1) Was die Römer seit der Erbauung der Stadt bis zur Eroberung derselben zuerst unter Königen, dann unter Konsuln und Diktatoren, ferner unter Dezemvirn und Konsulartribunen ausgeführt haben, ihre auswärtigen Kriege, ihre Unruhen im Inneren, habe ich in fünf Büchern erzählt, **2** lauter Taten, welche teils wegen ihres zu hohen Alters in Dunkel gehüllt sind, gleich Gegenständen, die man in großer örtlicher Entfernung kaum erkennen kann, teils weil die schriftlichen Nachrichten, dies dem Andenken des Geschehenen einzig treue Erhaltungsmittel, in diesem Zeitraum so kurz und so selten waren, und die, welche sich etwa in den Verzeichnissen der Oberpriester und in anderen öffentlichen Urkunden fanden oder von Einzelnen aufgezeichnet waren, durch die Einäscherung der Stadt größtenteils verlorengegangen sind. **3** Von nun an habe ich die, seit dem zweiten Ursprung des gleichsam aus seinen Wurzeln erfreulicher und fruchtbarer wieder erwachsenen Staates, klarere und zuverlässigere Taten des Friedens und Krieges zu erzählen. **4** Hatte er sich übrigens an Marcus Furius als seiner ersten Stütze wieder aufgerichtet, so stand er auch jetzt auf ihn als seinen vorzüglichsten Mann gelehnt, den man seine Diktatur nicht vor Ablauf des Jahres niederlegen ließ. **5** Dass aber die Tribunen, unter deren Amtsführung die Stadt erobert worden war, den Wahltag für das folgende Jahr halten sollten, fand man anstößig; und so kam es zu einer Zwischenregierung.

6 Während die Bürgerschaft mit dem Werk und der anhaltenden Arbeit der wieder aufzubauenden Stadt beschäftigt war, wurde vom Volkstribun Caius Marcius dem Quintus Fabius, sobald dieser von seinem Amt abging, ein Klagetag angesetzt, weil er als Gesandter gegen die

Gallier, an die man ihn als Sprecher geschickt hatte, dem Völkerrecht zuwider gekämpft habe; *7* und dieser Untersuchung entzog er sich durch den Tod, der so gelegen kam, dass ihn viele für freiwillig hielten. *8* Die Zwischenregierung trat damals Publius Cornelius Scipio als Zwischenkönig an, und nach ihm Marcus Furius Camillus. Dieser ließ, wie schon einmal, Kriegstribunen mit konsularischer Macht wählen, den Lucius Valerius Publicola zum zweiten Mal, den Lucius Verginius, Publius Cornelius, Aulus Manlius, Lucius Aemilius und Lucius Postumius.

9 Als diese unmittelbar nach der Zwischenregierung ihr Amt angetreten hatten, war die erste Angelegenheit, über die sie beim Senat anfragten, die Verehrung der Götter. *10* Vor allem ließen sie, was sich an Bündnissen und Gesetzen fand (dies waren aber die zwölf Tafeln und einige königliche Gesetze), wieder aufsuchen; manche wurden dem Volk bekannt gemacht, Vorschriften aber, die den Gottesdienst betrafen, wurden größtenteils von den Priestern geheim gehalten, damit sie die große Menge durch die Götterfurcht von sich abhängig erhalten möchten. *11* Alsdann kam die Reihe an die Festsetzung der Tage von übler Vorbedeutung, und sie nannten den durch eine zweifache Niederlage bezeichneten achtzehnten Quintilis (Juli), an welchem an der Cremera die Fabier gefallen waren, an dem später an der Allia zum Untergang der Stadt die schimpfliche Schlacht geliefert war, von der letzten Niederlage den Tag von Allia, und bezeichneten ihn als untauglich zu jedem öffentlichen und privaten Geschäft. *12* Einige glauben, weil der Kriegstribun Sulpicius an dem auf die Quintilischen Idus folgenden Tage nur ungünstige Opferzeichen wahrgenommen und sein Heer am dritten Tag nachher, ohne sich der göttlichen Gnade versichert zu haben, dem Feind preisgegeben habe, so sei die Besorgung jedes gottesdienstlichen Geschäftes auch auf den Tag nach den Idus* untersagt, und daher komme es, dass auch an dem Tag nach den Kalenden und nach den Nonen das Bedenken bestand.

(2) Allein eine ruhige Überlegung der Pläne, wie der Staat nach seinem schweren Fall wieder zu heben sei, war ihnen nicht lange gegönnt. *2* Auf der einen Seite hatten die Volsker, diese alten Feinde, zur Vertilgung des römischen Namens die Waffen ergriffen, auf der andern war nach den Aussagen der Kaufleute bei dem Heiligtum der Voltumna zwischen den Häuptern aller Völkerschaften Etruriens eine eidliche Verbindung zum Krieg zustande gekommen. *3* Und eine neue beunruhigende Zugabe war der Abfall der Latiner und Herniker, die nach der Schlacht am See Regillus beinahe seit hundert Jahren gegen Roms Freundschaft nie eine zweideutige Treue gezeigt hatten. *4*Von so großen Schrecknissen von allen Seiten bedroht und in der allgemeinen Überzeugung, dass der römische Name nicht allein bei seinen Feinden dem Hass, sondern auch bei seinen Freunden der Verachtung ausgesetzt sei, *5* beschloss man, den Staat unter der Leitung desselben Mannes zu verteidigen, der ihn wiederhergestellt hatte, und den Marcus Furius Camillus zum Diktator zu ernennen.

6 Als Diktator ernannte er den Caius Servilius Ahala zum Magister Equitum, und nach Ankündigung eines Gerichtsstillstandes hielt er unter den Dienstfähigen eine Aushebung ab, wobei er auch Ältere, wenn sie noch einigermaßen rüstig waren, den Eid leisten und sich einstellen ließ. *7* Das geworbene und bewaffnete Heer teilte er in drei Teile. Den einen Teil stellte er im Vejenterland gegen Etrurien auf, den andern hieß er sich vor Rom lagern. *8* Über diese wurde der Kriegstribun Aulus Manlius, über die, welche gegen Etrurien geschickt wurden, Lucius Aemilius gesetzt. Den dritten Teil führte er selbst gegen die Volsker, und nicht weit von Lanuvium (die Gegend heißt: „bei Maecium") begann er die Bestürmung ihres Lagers.

9 Da sie nämlich in der Meinung, fast alle wehrhaften Römer seien von den Galliern aufgerieben, mit Verachtung zu diesem Krieg ausgezogen waren, hatte ihnen der bloße Ruf von der Wahl

* Dies gilt nicht nur für den Quintilis, sondern für alle Monate.

des Camillus zum Feldherrn einen solchen Schrecken eingeflößt, dass sie sich mit einem Wall und den Wall mit einem Verhau von Bäumen umzäunten, um dem Feind ihre Verschanzungen von allen Seiten unzugänglich zu machen. ***10*** Als dies Camillus merkte, ließ er in den ihm entgegengebauten Verhau Feuer werfen, und gerade wehte ein heftiger Wind gegen den Feind. ***11*** Folglich öffnete er sich nicht allein durch den Brand einen Weg, sondern er nahm auch durch die in das Lager einschlagenden Flammen, durch die Dunsthitze, durch den Rauch und das Geprassel des brennenden grünen Holzes den Feinden so sehr alle Fassung, dass es den Römern weniger Mühe kostete, über den Wall ins volskische Lager einzubrechen, als über den niedergebrannten Verhau hinwegzusteigen. ***12*** Die Feinde wurden geschlagen und niedergehauen, ihr Lager im Sturm erobert, und die Beute überließ der Diktator den Soldaten, die ihnen um so angenehmer war, je weniger sie solche von ihrem sonst nicht freigebigen Feldherrn erwartet hatten. ***13*** Als er darauf bei Verfolgung der Flüchtlinge das ganze Volskergebiet verheert hatte, zwang er endlich die Volsker nach siebzig Jahren zur Übergabe. ***14*** Aus dem Volskerland zog der Sieger gegen die ebenfalls zum Krieg schon tätigen Aequer, überfiel ihr Heer bei Volae und eroberte nicht allein ihr Lager, sondern auch die Stadt beim ersten Angriff.

(3) Während auf dieser Seite, wo Camillus an der Spitze der Römer stand, alles so glücklich ging, hatte sich auf einer andern großer Schrecken verbreitet. ***2*** Fast das ganze Etrurien in den Waffen belagerte Sutrium, eine den Römern verbündete Stadt. Als ihre Gesandten die Bitte um Hilfe in dieser Not vor den Senat gebracht hatten, erlangten sie zwar den Beschluss, dass der Diktator sobald als möglich den Sutrinern helfen solle, ***3*** da aber die Umstände der Belagerten diese sich verzögernde Hoffnung nicht abwarten konnten und schon die geringe Anzahl der Bürger, die den beständig dieselben Leute treffenden Schanzarbeiten, Wachen und Wunden erlag, ihre Stadt auf Bedingungen dem Feind übergeben hatte, und ohne Waffen entlassen, jeder nur mit einem Gewand bekleidet, in kläglichem Zug die Heimat verließ, ***4*** da kam gerade Camillus mit dem römischen Heer dazu.

Als sich ihm die tiefbetrübte Schar zu Füßen warf und auf die Rede der Vornehmen, welche ihnen die äußerste Not abgedrungen hatte, das Weinen der Frauen und Kinder, die als Begleiter der Auswanderung mitgeschleppt wurden, folgte, sagte Camillus, die Sutriner möchten ihre Klagen einstellen. Die, denen er Trauer und Tränen brächte, seien die Etrusker. ***5*** Dann ließ er das Gepäck zusammenlegen, befahl den Sutrinern, denen er eine mäßige Bedeckung ließ, sich zu lagern, und seinen Soldaten befiehlt er, bloß die Waffen mitzunehmen. Als er mit diesem schlagfertigen Heer nach Sutrium kam, fand er alles, gerade wie er vermutet hatte, in der beim Glück so gewöhnlichen Sorglosigkeit: keine Posten vor den Mauern, die Tore offen, die Sieger in der Zerstreuung, raubend die Beute aus den Häusern der Feinde herausschaffend.

6 So wurde Sutrium an demselben Tag zum zweiten Mal erobert, die Etrusker in ihrem Sieg allenthalben von dem neuen Feind niedergehauen und ihnen weder Zeit gelassen, sich zu sammeln und zu vereinigen noch zu den Waffen zu greifen. ***7*** Da sie, jeder auf eigenen Antrieb, nach den Toren eilten, um vielleicht durch eins sich ins Freie zu retten, fanden sie diese, wie der Diktator gleich anfangs befohlen hatte, verschlossen. ***8*** Nun griffen einige zu den Waffen, andere, die der Überfall gerade in den Waffen getroffen hatte, riefen die Ihrigen zum Beginn der Schlacht zusammen, und diese wäre bei der Verzweiflung der Feinde heftig geworden, wenn nicht die in der Stadt umhergeschickten Herolde geboten hätten, die Waffen niederzulegen, jeden Unbewaffneten zu schonen und sich an keinem, außer an Bewaffneten, zu vergreifen. ***9*** Da warfen auch die, welche sich in der dringenden Not bis aufs Äußerste zu kämpfen entschlossen hatten, sobald sich Hoffnung zum Leben zeigte, allenthalben die Waffen von sich und gaben sich unbewaffnet, was unter diesen Umständen das Sicherste war, dem Feind hin. ***10*** Eine große Menge wurde in die

Gefängnisse verteilt. Noch vor Einbruch der Nacht wurde den Sutrinern ihre Stadt unbeschädigt und ohne vom Kriegsunglück etwas gelitten zu haben, wiedergegeben, weil sie nicht im Sturm erobert, sondern nach Verhandlungen übergeben worden war.

(4) Camillus' Triumph bei seiner Rückkehr nach Rom feierte den vereinigten Sieg dreier Kriege. ***2*** Unter den Gefangenen, die seinem Wagen vorausgingen, waren die Etrusker bei Weitem die meisten. Aus dem öffentlichen Verkauf derselben wurde so viel Geld gewonnen, dass man den Römerinnen den Wert ihres Goldes* abbezahlen und vom Überschuss drei goldene Opferschalen anfertigen konnte, ***3*** welche, wie bekannt, mit des Camillus Namen bezeichnet, ehe das Kapitol** abbrannte, in Jupiters Heiligtum der Juno zu Füßen aufgestellt waren.

4 In diesem Jahr wurden diejenigen Vejenter, Capenaten und Falisker ins Bürgerrecht aufgenommen, welche während dieser Kriege zu den Römern übergegangen waren, und ihnen als neuen Bürgern Land angewiesen. ***5*** Auch wurden durch einen Senatsbeschluss alle von Veji in die Stadt zurückberufen, die, aus Widerwillen, in Rom zu bauen, die leeren Häuser in Veji bezogen und sich hier niedergelassen hatten. Anfangs zeigten sie gegen den Befehl laute Verachtung, allein die Festsetzung eines Tages und der Todesstrafe für jeden, der dann noch nicht wieder nach Rom gezogen sein würde, machte aus einem widerspenstigen Ganzen lauter Gehorsame. ***6*** Und nun wuchs Rom nicht bloß an Volkszahl, sondern das Ganze erhob sich auch in seinen Gebäuden mit einem Mal, da teils der Staat die Kosten tragen half, teils die Ädilen das Werk, gleich als vom Staate in Auftrag gegeben, betrieben, teils die Eigentümer selbst, die der Wunsch, Gebrauch davon zu machen, ansporne, zur Beendigung des Werkes eilten; und in Jahresfrist stand die neue Stadt.

7 Am Ende des Jahres wurde ein Wahltag für Kriegstribunen mit konsularischer Macht abgehalten. Gewählt wurden Titus Quinctius Cincinnatus, Quintus Servilius Fidenas zum fünften Mal, Lucius Julius Julus, Lucius Aquilius Corvus, Lucius Lucretius Tricipitinus und Servius Sulpicius Rufus. Ein Heer führten sie gegen die Aequer, ***8*** nicht zum Krieg, denn diese gaben sich ja für überwunden, sondern aus Hass, um ihnen das Land zu verwüsten, damit ihnen zu neuen Unternehmungen die Kräfte genommen würden; ein zweites in das Gebiet von Tarquinii. ***9*** Hier wurden die etruskischen Städte Cortuosa und Contenebra mit Sturm erobert und zerstört, und zwar Cortuosa ohne Kampf. Durch einen unvermuteten Überfall eroberten sie die Stadt beim ersten Feldgeschrei und Angriff. Sie wurde geplündert und verbrannt. ***10*** Contenebra hielt die Bestürmung einige Tage aus und wurde nur durch die fortgesetzte Anstrengung, die Tag und Nacht nicht nachließ, bezwungen. Denn da das römische Heer in sechs Abteilungen nur alle sechs Stunden der Reihe nach wieder zum Kampf auftrat, die Belagerten hingegen ihre geringe Anzahl immer als dieselben Ermüdeten dem sich beständig erneuernden Gefecht bloßstellte, wichen sie endlich, und die Römer fanden Raum, in die Stadt einzudringen. ***11*** Die Tribunen hatten beschlossen, die Beute in den Schatz zu legen, allein ihr Befehl war langsamer als ihr Entschluss, während sie noch zauderten, war die Beute schon in den Händen der Soldaten und konnte ihnen, ohne sich ihre Unzufriedenheit zuzuziehen, nicht wieder genommen werden.

12 In diesem Jahr wurde auch, damit die Stadt sich nicht bloß durch Privatgebäude hebe, das Kapitol mit Quadersteinen untermauert, ein selbst bei der jetzigen Pracht der Stadt noch sehenswürdiges Werk.

(5) Noch war die Bürgerschaft mit dem Bau beschäftigt, als schon die Volkstribunen den Versuch machten, ihren Reden zum Volk durch Vorschläge von Landverteilungen zahlreiche Zuhörer

---

* Vgl. 5. Buch, Kap. 25. Sie hatten ihr Gold zum Apollo von der vejentischen Beute bestimmten Weihkessel eingeliefert.

** Im Bundesgenossenkrieg.

zu verschaffen. *2* Sie krönten die Hoffnungen mit dem Pomptinischen Acker, der jetzt erst, nach Camillus' vernichtendem Sieg über die Volsker, ein unstreitiges Eigentum der Römer war. *3* Sie beschuldigten den Adel, dass jenes Stück Land von ihm weit mehr als früher von den Volskern zu leiden habe, denn diese hätten es doch nur so lange mit ihren Einfällen überzogen, als sie die Kraft dazu und Waffen gehabt hätten, *4* die Adligen hingegen wären als Räuber darauf erpicht, alle Staatsländereien zu behalten, und kein Bürgerlicher werde dort ein Plätzchen bekommen, wenn man nicht durch eine Verteilung den das Ganze an sich Reißenden zuvorkomme. *5* Sie hatten aber wenig Eindruck auf die Bürger gemacht, weil die Besorgung des Baues nur wenige auf dem Markt erscheinen ließ, und sie sich eben durch diese Ausgaben erschöpft hatten, folglich nicht an Ländereien denken konnten, zu deren Einrichtung ihnen die Kräfte fehlten.

6 Bei den mancherlei Rücksichten der Bürgerschaft auf die Götter, in der jetzt seit dem letzten Unglück selbst die Vornehmeren nicht ohne fromme Ängstlichkeit waren, ließ man, um sich von Neuem der göttlichen Obhut zu versichern, eine Zwischenregierung eintreten. Als Zwischenkönige folgten aufeinander Marcus Manlius Capitolinus, Servius Sulpicius Camerinus und Lucius Valerius Potitus. *7* Dieser erst hielt eine Volksversammlung, um Kriegstribunen mit Konsulgewalt zu ernennen. Unter seinem Vorsitz wählte man den Lucius Papirius, Caius Cornelius, Caius Sergius, Lucius Aemilius zum zweiten Mal, Lucius Menenius, Lucius Valerius Publicola zum dritten Mal. Unmittelbar nach der Zwischenregierung traten sie ihr Amt an.

8 In diesem Jahr wurde der Tempel des Mars, den man ihm im Gallischen Krieg gelobt hatte, von Titus Quinctius als einem der Zweimänner der gottesdienstlichen Geschäfte eingeweiht. Aus den hinzugekommenen Bürgern vermehrte man die Zahl der Stadtbezirke mit vier neuen, dem Stellatinischen, Tromentinischen, Sabatinischen, Arniensischen, und dadurch stieg die Zahl der Bezirke auf 25.

(6) Der Volkstribun Lucius Sicinius brachte den Antrag über den Pomptinischen Acker vor das Volk, das schon zahlreicher erschien und bereits für den Wunsch nach Ländereien empfänglicher als zuvor war. *2* Und die im Senat zur Sprache gebrachte Kriegserklärung gegen die Latiner und Herniker wurde bei der Befürchtung eines größeren Krieges, da Etrurien in den Waffen stand, verschoben. *3* So kam die Führung des Ganzen wieder an Camillus als Kriegstribun mit konsularischer Gewalt. Ihm wurden fünf Amtsgenossen gegeben, Servius Cornelius Maluginensis, Quintus Servilius Fidenas, zum sechsten Mal Tribun, Lucius Quinctius Cincinnatus, Lucius Horatius Pulvillus und Publius Valerius.

4 Im Anfang des Jahres wurden die Gedanken der Leute von dem Etruskischen Krieg abgelenkt, denn ein aus dem Pomptinischen in die Stadt hereinstürzender Zug von Flüchtlingen brachte die Nachricht, die Antiaten stünden unter den Waffen, und die Völkerschaften der Latiner hätten diesen unter der Hand Freiwillige zukommen lassen, *5* obgleich sie sich von aller Teilnahme von Seiten ihres Staates insofern lossagten, als sie nur Freiwilligen nicht hätten hinderlich sein wollen zu dienen, wo sie wollten.

6 Kein Krieg wurde jetzt mehr verachtet. Daher dankte der Senat den Göttern, dass jetzt Camillus im Amt sei, denn man habe ihn, wäre er Privatmann gewesen, zum Diktator ernennen müssen. Und seine Amtsgenossen gestanden, die Leitung des Ganzen beruhe, *7* sobald irgendein Krieg drohe, auf diesem einzigen Mann, und sie hätten sich vorgenommen, ihren eigenen Oberbefehl dem Camillus zu unterwerfen, und würden keine Art von Vergrößerung, die sie seiner Würde einräumten, als Abgang an der ihrigen ansehen. Der Senat bezeugte den Tribunen seinen Beifall, und Camillus selbst versicherte sie nicht ohne Verlegenheit seines Dankes. *8* Dann sagte er: Durch die Erklärung, dass man ihn schon zum vierten Mal zum Diktator ernannt hätte, sei ihm eine nicht geringe Verpflichtung vom römischen Volk auferlegt, eine größere vom Senat durch solche

Äußerungen über ihn, die größte aber von seinen Mittribunen, von so hochgeehrten Amtsgenossen, durch ihre Hingebung. ***9*** Wenn es ihm also möglich sei, seine Tätigkeit und Wachsamkeit noch zu erhöhen, so werde er, mit sich selbst wetteifernd, dahin streben, dieser so einstimmigen guten Meinung des Staates über ihn, so hohe Forderungen sie auch an ihn stelle, auch Dauer zu geben. ***10*** Was den Krieg und die Antiaten betreffe, so zeige sich hierin mehr Drohung als Gefahr. So wie er indes keinen Grund zur Furcht sehe, so stimme er doch auch nicht für Sorglosigkeit. ***11*** Die Stadt Rom sei von der Missgunst und dem Hass der Nachbarn auf allen Seiten umgeben, darum bedürfe die Verwaltung des Staates mehrerer Führer zugleich und mehrerer Heere. ***12*** *Du, Publius Valerius,* fuhr er fort, *magst, als Teilnehmer meiner Feldherrnstelle und Pläne, die Legionen mit mir gegen die feindlichen Antiaten führen,* ***13*** *du, Quintus Servilius, mit einem zweiten gerüsteten und schlachtfertigen Heer dein Standlager in der Stadt haben, aufmerksam auf die indes möglichen Bewegungen, entweder, wie neulich, von Etrurien aus, oder, was uns die neueste Sorge macht, von den Latinern und Hernikern. Ich bin überzeugt, dass du unsere Sache führen wirst, wie es deines Vaters, deines Großvaters, deiner selbst und deiner sechs Tribunate würdig ist.* ***14*** *Ein drittes Heer zur Besetzung der Mauern und der Stadt soll uns Lucius Quinctius aus Zurückgesetzten und Älteren bilden. Lucius Horatius sorge für Wehr und Waffen, für Getreide und was sonst die Vorfälle des Krieges nötig machen werden.* ***15*** *Und dir, Servius Cornelius, übergeben wir Amtsgenossen den Vorsitz hier in der Ratsversammlung, deiner Obhut den Gottesdienst, die Wahlen, die Gesetze und alle städtischen Angelegenheiten.*

16 Da sie alle bereitwillig für den einem jeden zugeteilten Amtskreis ihre Dienste versprachen, fügte Valerius, mit welchem Camillus den Heeresbefehl teilen wollte, die Erklärung hinzu, er werde den Marcus Furius als seinen Diktator und sich als dessen Magister Equitum ansehen. ***17*** Und so möchten denn die Väter die Erwartungen von diesem Krieg nach dem Vertrauen bestimmen, das sie in diesen ausgezeichneten Feldherrn setzten. – Allerdings, riefen die Väter laut, indem sie sich vor Freude von ihren Sitzen erhoben, zeige sich ihnen für Krieg und Frieden und alle Staatsangelegenheiten die schönste Aussicht. ***18*** Nie werde der Staat eines Diktators bedürfen, wenn er solche Männer in Ämtern habe, die sich mit solcher Eintracht vereinigten, zum Gehorchen wie zum Befehlen so bereitwillig wären und an ihrer eigenen Ehre lieber das Ganze teilnehmen ließen, als die Ehre aller auf sich selber zuzuwenden suchten.

(7) Nach angekündigtem Gerichtsstillstand und gehaltener Werbung zogen Furius und Valerius gegen Satricum, wo die Antiaten nicht allein die aus dem neuen Zuwachs ausgehobene Mannschaft der Volsker, sondern auch aus den Latinern und Hernikern, diesen in dem langen Frieden ungeschwächt gebliebenen Völkerschaften, eine ansehnliche Menge versammelt hatten. Diese Vereinigung neuer Feinde mit den alten setzte die römischen Soldaten in Furcht. ***2*** Als dies die Hauptleute dem Camillus, der bereits die Linie ordnete, meldeten, und dass die Soldaten in Bestürzung seien, mutlos die Waffen ergriffen hätten, zaudernd und wieder stillstehend seien sie aus dem Lager gerückt, ja man habe rufen hören, jeder von ihnen werde mit hundert Feinden zu kämpfen haben, und man werde kaum einer solchen Menge von Unbewaffneten widerstehen können, geschweige denn, wenn sie bewaffnet sei, ***3*** schwang er sich auf sein Pferd, und als er an der Spitze des Heeres, das Gesicht der Linie zugekehrt, durch die Glieder ritt, sprach er:

Wozu dieser Missmut, ihr Soldaten, und dies ungewöhnliche Zaudern? Kennt ihr den Feind, oder mich, oder euch nicht? Was ist der Feind anders, als eine immerwährende Gelegenheit für eure Tapferkeit und euren Ruhm? ***4*** *Ihr hingegen habt unter meiner Führung – eines eroberten Falerii und Veji und der in unserer eroberten Vaterstadt niedergehauenen gallischen Legionen nicht zu gedenken – noch neulich über ebendiese Volsker und Aequer und über Etrurien euren dreifachen Sieg in dreifachem Triumph gefeiert.* ***5*** *Oder erkennt ihr in mir euren Feldherrn nicht, weil ich euch* *nicht als Diktator, sondern als Tribun das Zeichen gegeben habe? Über euch habe ich für mich die unumschränkte Gewalt nicht nötig, und auch ihr müsst auf weiter nichts als auf mich sehen, denn nie hat mir die Diktatur Mut eingeflößt, sowenig als ihn mir selbst die Verbannung geraubt hat.* ***6*** *Folglich sind wir alle noch dieselben; und da wir in diese Schlacht alles mitbringen, was wir in die früheren mitbrachten, so lasst uns auch denselben Ausgang der Schlacht erwarten. Sobald ihr mit dem Feind zusammentreffen werdet, wird jeder tun, was er gelernt hat und gewohnt ist: Ihr werdet siegen, sie werden fliehen.*

(8) Nun gab er das Zeichen, sprang vom Pferd und riss den nächsten Fahnenträger, den er bei der Hand ergriff, mit sich in den Feind, **2** wobei er immer rief: *Kameraden, hinein mit der Fahne!* Kaum sahen sie ihn, der für leibliche Verrichtungen durch sein Alter schon zu schwach schien, in die Feinde eindringen, da stürmten mit erhobenem Geschrei alle zugleich vorwärts, und jeder Einzelne rief: *Dem Feldherrn nach!* ***3*** Man sagt auch, Camillus habe eine Fahne in die feindliche Linie werfen lassen, und um diese wiederzugewinnen, hatten sich die beiden Vordertreffen herangestürzt. ***4*** Hier habe die Niederlage der Antiaten begonnen, und der Schrecken sich nicht bloß über ihre erste Linie, sondern auch auf ihr Hintertreffen verbreitet. **5** Und dies Übergewicht der römischen Soldaten war nicht bloß Folge ihrer eigenen, durch die Gegenwart des Feldherrn erhöhten Tapferkeit, sondern auf die Volsker wirkte nichts so furchtbar als Camillus selbst, dessen Gestalt, wo sie etwa ihn bemerkten, sie mehr als alles schreckte. **6** So brachte er allenthalben, wohin er sich wandte, den entschiedenen Sieg mit sich. Am auffallendsten zeigte sich dies, als er mit dem Schild eines Fußgängers sich auf sein Pferd schwang, auf seinen fast schon geschlagenen linken Flügel hinsprengte und, indem er auf die übrige schon siegende Linie hinzeigte, durch seinen Anblick das Treffen wiederherstellte.

7 Schon neigte sich die Schlacht zum Sieg; allein teils war den Feinden ihr eigenes Gewühl am Fliehen hinderlich, teils hätten die schon ermüdeten Römer eine so große Menge nur durch anhaltendes Gemetzel niederhauen können; da machte plötzlich ein unter heftigem Windsturm herabströmender Regenguss mehr dem offenbaren Sieg als der Schlacht ein Ende. ***8*** Nach gegebenem Zeichen zum Rückzug wurde in der folgenden Nacht der Krieg ohne Zutun der Römer entschieden. Denn da die Latiner und Herniker von ihrer verderblichen Maßregel keinen besseren Erfolg gewannen, so verließen sie die Volsker und zogen nach Hause. **9** Als sich die Volsker von denen verlassen sahen, auf deren Beistand sie bei Erneuerung des Krieges gerechnet hatten, schlossen sie sich mit Hinterlassung ihres Lagers in die Mauern von Satricum ein, und diese wollte Camillus anfangs mit einem Wall einschließen und durch Erdarbeiten und Belagerungswerke bestürmen. ***10*** Da er aber sah, dass sie dies alles nicht einmal durch einen Ausfall zu verhindern suchten, forderte er in der Voraussetzung, dass ein so mutloser Feind einen so langsam abzuwartenden Sieg unnötig mache, seine Soldaten auf, sie möchten sich nicht bei langwierigen Werken abarbeiten, sie hätten den Sieg in Händen. Er griff mit der lautesten Zustimmung der Soldaten die Mauer von allen Seiten an und eroberte die Stadt durch Sturmleitern. Die Volsker warfen die Waffen fort und ergaben sich.

(9) Übrigens beschäftigte sich der Feldherr in Gedanken schon mit einer größeren Unternehmung, mit der gegen Antium. Dies sei die Hauptstadt der Volsker, sie die Urheberin des letzten Krieges gewesen. **2** Weil aber eine so starke Festung nicht ohne große Zurüstung, Wurfgeschütze und Werkzeuge erobert werden konnte, ging er nach Zurücklassung seines Amtsgenossen beim Heer nach Rom, um den Senat zur Zerstörung Antiums zu ermahnen, während seiner Rede – ***3*** ich glaube, es war der Götter Wille, dass Antium länger stehen sollte – kamen Gesandte von Nepete und Sutrium, welche um Hilfe gegen die Etrusker baten, indem sie anführten, dass die Möglichkeit, ihnen zu helfen, bald nicht mehr sein werde. Dies war der Punkt, auf den das Schicksal das

Übergewicht des Camillus von Antium ableitete. *4* Denn da diese Plätze nach Etrurien zu gelegen und von dieser Seite gleichsam die Schlüssel und Tore waren, so waren die Etrusker bei jedem neuen Aufstand darauf bedacht, sie zu besetzen, und die Römer, sie wiederzuerobern und zu behaupten. *5* Deswegen beschloss der Senat, mit Camillus zu unterhandeln, dass er nach Aufgebung Antiums den Etruskischen Krieg übernähme. Es wurden ihm die städtischen Legionen bestimmt, die unter Quinctius gestanden hatten,

6 Hätte er gleich das ihm bewährte, an seinen Oberbefehl schon gewöhnte Heer, das im Volskerland stand, lieber gewählt, so weigerte er sich doch nicht im Geringsten; nur erbat er sich den Valerius zum Mitbefehlshaber. Dem Valerius wurden zu Nachfolgern im Volskerland Quinctius und Horatius gegeben.

7 Furius und Valerius, welche von Rom nach Sutrium zogen, fanden einen Teil der Stadt schon von den Etruskern erobert, im andern die Einwohner, die durch Sperrung der Straßen das Eindringen der Feinde kaum noch verhindern konnten, *8* als auf einmal die Ankunft der römischen Hilfe, noch mehr der bei Feinden und Bundesgenossen hoch berühmte Name des Camillus teils der gesunkenen Sache für jetzt eine Stütze, teils zur Rettung Zeit gab.

9 Camillus nämlich, der sein Heer teilte, trug seinem Amtsgenossen auf, wenn er seine Truppen auf die von den Feinden besetzte Seite herumgezogen habe, die Mauern anzugreifen, nicht so sehr in der Hoffnung, die Stadt mit Leitern ersteigen zu können, als vielmehr, teils den vom Gefecht ermüdeten Einwohnern eine Erleichterung dadurch zu verschaffen, dass man den Feind nach jener Seite hinzöge, teils weil er selbst Zeit gewinnen wollte, ohne Kampf in die Stadt eindringen zu können. *10* Da dies zugleich von beiden Seiten geschehen war und die von zwei Seiten bedrohten Etrusker hier den heftigsten Sturm auf die Mauern, dort die Stadt voll Feinde vor sich hatten, so stürzten sie eiligst zu dem einzigen Tor, das gerade nicht belagert wurde, in ununterbrochenem Zug hinaus. *11* In der Stadt und auf dem Feld hatten die Fliehenden großen Verlust. Innerhalb der Mauern wurden sie hauptsächlich von den Truppen des Camillus niedergemacht, die des Valerius waren rascher im Verfolgen und hörten nicht eher mit dem Gemetzel auf, bis die Nacht das Sehen unmöglich machte. *12* Nach der Wiedereroberung von Sutrium, das den Bundesgenossen zurückgegeben wurde, zog das Heer vor Nepete, wo die Etrusker durch Übergabe schon im Besitz des Ganzen waren.

(10) Die Wiedereroberung dieser Stadt ließ, wie es schien, größere Anstrengung erfordern, nicht deswegen allein, weil sie den Feinden schon ganz gehörte, sondern weil auch ein Teil der Einwohner als Verräter ihrer eigenen Stadt die Übergabe bewirkt hatte. *2* Doch beschloss man, ihre Häupter durch Gesandte aufzufordern, sich von den Etruskern zu trennen und zu der treuen Hilfe, um welche sie die Römer angefleht hätten, auch das Ihrige beizutragen. *3* Als sie nun zurücksagen ließen, dass sie über nichts mehr Macht hätten, und die Etrusker die Mauern und die Tore besetzt hielten, machte man zuerst den Versuch, die Einwohner durch Verheerungen ihres Gebietes zu zwingen. *4* Weil sie aber den Pflichten der eingegangenen Übergabe vor der Bundespflicht den Vorzug gaben, versah sich das Heer auf dem Land mit Reisigbündeln, rückte an die Mauern, legte nach Füllung der Gräben Leitern an, und mit dem ersten Geschrei und Angriff wurde die Stadt erobert. *5* Dem Aufruf an die Einwohner von Nepete, die Waffen niederzulegen, folgte der Befehl, die Unbewaffneten zu schonen, die Etrusker aber wurden, bewaffnet und unbewaffnet, niedergehauen. Auch die von den Bürgern von Nepete, welche die Übergabe betrieben hatten, traf das Richtbeil; dann gab man der unschuldigen Menge das Ihrige wieder und ließ in der Stadt eine Besatzung zurück.

6 Als die Tribunen auf diese Art zwei Bundesgenossenstädte dem Feind wieder abgenommen hatten, führten sie das siegreiche Heer nach Rom zurück.

In demselben Jahr forderte man von den Latinern und Hernikern Erstattung des Geraubten und fragte an, warum sie in diesen Jahren gegen den Vertrag keine Soldaten gestellt hätten. *7* In einer zahlreichen Versammlung beider Völker wurde hierauf die Antwort erteilt, dass einige von ihren Jünglingen unter den Volskern mitgekämpft hätten, sei von Seiten ihres Staates ohne Veranlassung und Absicht geschehen. *8* Auch hätten diese für ihre Person die Strafe für ihre Verkehrtheit schon erhalten, und kein Einziger von ihnen habe sich wieder eingefunden. Dass sie aber keine Soldaten gestellt hätten, daran sei ihre beständige Unsicherheit vor den Volskern schuld, denn diese Pest, die beständig an ihren Fersen hänge, habe selbst durch wiederholte Kriege nicht vernichtet werden können. *9* Auf diese Antwort den Krieg zu erklären, hielten die Väter mehr der Zeitumstände wegen als der Gerechtigkeit der Sache nach für untunlich.

(11) Im folgenden Jahr, in welchem Aulus Manlius, Publius Cornelius, Titus und Lucius Quinctius Capitolinus, Lucius Papirius Cursor zum zweiten Mal, Caius Sergius zum zweiten Mal Konsulartribunen waren, entstand ein fürchterlicher Krieg von außen und ein noch furchtbarerer Aufruhr im Inneren, *2* der Krieg von Seiten der Volsker, weil der Abfall der Latiner und Herniker damit in Verbindung stand, der Aufruhr, von wo man ihn am wenigsten hatte fürchten können, von einem Mann aus patrizischem Geschlecht und von ausgezeichnetem Ruf, von Marcus Manlius Capitolinus.

3 Da er, allzu sehr von sich eingenommen, die übrigen Großen verachtete und den einzigen Marcus Furius, diesen zugleich durch Ehrenstellen und Verdienste ausgezeichneten Mann, beneidete, überließ er sich den kränkenden Vorstellungen, dass jener in den Ämtern, bei den Heeren, immer der Eine sei; *4* er stehe schon so hoch, dass er die mit ihm zugleich Gewählten nicht als seine Amtsgenossen, sondern als seine Untergebenen gebrauche, während doch die Vaterstadt, wenn man richtig urteilen wolle, von der feindlichen Einschließung nicht habe befreit werden können, wenn nicht zuvor das Kapitol und die Burg durch ihn erhalten sei, *5* da doch jener die Gallier nur beim Empfang des Goldes und in der Aussicht zum Vergleich in ihrer Sorglosigkeit überfallen, er selbst sie hingegen in ihren Waffen und schon im Begriff, die Burg zu erobern, hinabgestürzt habe, da ferner an dem Ruhm jenes von den Soldaten, die mit ihm gesiegt hätten, jeder seinen Anteil habe, an seinem Sieg hingegen keiner von allen sterblichen Teilnehmer sei.

6 Als er nun, aufgeblasen von solchen Einbildungen und noch dazu durch einen Charakterfehler heftig und voll Leidenschaft seinen Einfluss unter den Vätern nicht so überwiegend sah, als es seiner Meinung nach sein sollte, *7* nahm er jetzt, sobald er von den Vätern zur Volkspartei übergetreten war, Anteil an den Beratungen der bürgerlichen Obrigkeiten, ließ sich in seinem Eifer, die Väter zu beschuldigen und die Bürger an sich zu ziehen, schon von der Volksgunst, nicht von der Vernunft leiten und fand einen großen Namen wünschenswerter als einen guten; *8* und um sich nicht auf die Vorschläge der Landverteilung zu beschränken, suchte er eine Handhabe zu Unruhen, die so viele Volkstribunen schon benutzt hatten: Er versuchte den Kredit zu erschüttern, insofern nämlich die Not der Schuldenlast weit dringender sei, da sie nicht bloß mit Armut und Schande drohe, sondern auch Freigeborene durch Stricke und Bande schreckte. *9* Und in der Tat war die Schuldennot durch das Bauen, das selbst den Reichen die größten Kosten verursacht hatte, sehr hoch gestiegen.

Man nannte also zum Schein den an sich schon schweren und durch den Abfall der Latiner und Herniker noch drückender werdenden Krieg mit den Volskern als Ursache, warum eine größere Gewalt gewünscht würde. *10* Noch mehr aber bestimmten den Senat zur Ernennung eines Diktators die neuen Pläne des Manlius. Der hierzu gewählte Aulus Cornelius Cossus ernannte den Titus Quinctius Capitolinus zu seinem Magister Equitum.

(12) Der Diktator rückte, obgleich er einen größeren Kampf im Inneren als auswärts bevorstehen sah, dennoch, entweder weil der Krieg Schnelligkeit forderte, oder weil er von einem Sieg und Triumph selbst seiner Diktatur größere Wirksamkeit versprach, nach gehaltener Aushebung ins pomptinische Gebiet, wo sich den Nachrichten zufolge das volskische Heer hatte sammeln sollen. **2** Ohne Zweifel wird sich meinen Lesern außer dem Überdruss, schon in so vielen Büchern beständig Kriege mit den Volskern zu finden, auch die Frage aufdrängen, welche mich, als ich die der Zeit dieser Begebenheiten näher stehenden Erzähler durchmusterte, in Verwunderung setzte, wie die so oft besiegten Volsker und Aequer doch immer Soldaten zur Genüge hatten. **3** Da aber die Alten hierüber schweigen und es übergehen, wie sollte ich jetzt etwas mehr angeben können als eine Meinung, wie sie jedem bei seinen Vermutungen freisteht? **4** Es ist wahrscheinlich, dass sie entweder bei den Unterbrechungen eines Krieges, wie es noch jetzt der Fall mit den römischen Aushebungen ist, zu den wiederholten Erneuerungen der Feldzüge einen Nachwuchs von Jünglingen nach dem andern nahmen, oder dass die Heere nicht immer in denselben Volksstämmen ausgehoben wurden, **5** wenngleich dasselbe Volk den Krieg eröffnete, oder dass es eine unzählbare Menge Freigeborener in jenen Gegenden gegeben habe, wo jetzt, das ärmliche Überbleibsel einer Pflanzschule von Kriegern abgerechnet, ohne die römischen Leibeigenen eine menschenleere Wüste wäre. **6** Darin stimmen wenigstens alle Geschichtsschreiber überein, dass das Heer der Volsker, obgleich ihnen Camillus durch seine Geschicklichkeit und sein Glück einen so großen Verlust zugefügt hatte, sehr ansehnlich war; überdies waren Latiner und Herniker zu ihnen gestoßen, auch Hilfe von Circei, und sogar römische Ansiedler von Velitrae.

7 Als der Diktator, der noch an diesem Tag ein Lager aufschlug, sich am folgenden in die von den Auspizien genehmigte Versammlung begeben und den Göttern für ihren im dargebrachten Opfertier angedeuteten Beistand gedankt hatte, trat er fröhlich vor den Soldaten auf, die seinem Befehl zufolge auf das ausgesteckte Schlachtzeichen schon mit Tagesanbruch zu den Waffen griffen. **8** *Der Sieg ist unser*, sprach er, *ihr Soldaten, wenn irgend noch der Blick der Götter und ihrer Seher in die Zukunft reicht. So lasst uns, wie es Kriegern ziemt, die voll sicherer Hoffnung sind und mit Leuten kämpfen sollen, die ihnen nicht gewachsen sind, die Wurfspieße vor unseren Füßen niederlegen, und das Schwert die Waffe unserer Rechten sein. Ja, ich wünschte nicht einmal, dass ihr aus der Linie vorliefet, sondern, in festem Schritt den Feinden entgegengestemmt, ihren Anlauf auffinget.* **9** *Wenn sie dann ihre nutzlosen Wurfpfeile herübergeschossen haben und im Lauf herankend sich auf euch, die ihr ruhig dasteht, stürzen werden, dann lasst die Schwerter blitzen, dann sage jeglichem sein Bewusstsein, dass es die Götter sind, die dem Römer zur Seite stehen, dass es die Götter sind, die ihn unter Glück versprechendem Vogelflug in die Schlacht sandten. –* **10** *Du, Titus Quinctius, aufmerksam auf den ersten Anfang des beginnenden Kampfes, halte die Reiterei an dich; siehst du dann, dass Mann gegen Mann kämpft und die Schlacht im Gang ist,* **11** *dann falle du mit dem Schrecken deiner Reiterei auf die schon von dieser Seite Bedrängten, und hineingesprengt wirf ihre kämpfenden Reihen auseinander.* Seiner Anordnung gehorsam focht die Reiterei, focht das Fußvolk, und der Feldherr hielt seinen Legionen, das Glück dem Feldherrn Wort.

(13) Die Menge der Feinde, die sich nur auf ihre Menge verließ und beide Linien nur mit den Augen maß, fing die Schlacht ohne Besonnenheit an und gab sie ohne Besonnenheit auf. **2** Nur zum Geschrei, zum Gebrauch ihrer Wurfgeschosse und im ersten Sturm der Schlacht voll Mut, konnte sie den Schwerterkampf Mann gegen Mann und das von Kampflust blitzende Auge des Feindes nicht ertragen. **3** Ihre Vorderreihe wurde zurückgedrängt, die Verwirrung verbreitete sich auf das Hintertreffen, und die einhauende Reiterei vermehrte den Schrecken. Da wurden ihre Glieder auf mehreren Punkten durchbrochen, keine Stellung behauptet, und auf der ganzen Linie zeigte sich eine wogende Bewegung. Als endlich nach dem Fall des Vordermannes jeder das

Gemetzel auf sich hereinbrechen sah, kehrten sie dem Feind den Rücken; ***4*** die Römer hinterdrein, und solange der Feind noch bewaffnet und in geschlossenen Gliedern abzog, war das Fußvolk an der Reihe des Verfolgens; als man sie aber allenthalben die Waffen wegwerfen und die feindliche Linie auf der Flucht sich über die Felder zerstreuen sah, da brachen die Geschwader der Reiterei hervor, die den Befehl hatten, nicht etwa dadurch, dass sie beim Niederhauen der Einzelnen verweilten, die Menge entkommen zu lassen, ***5*** es genüge, durch Pfeile und drohenden Angriff sie im Lauf zu hindern und durch bloßes Entgegensprengen den Zug aufzuhalten, bis das Fußvolk nachkommen und durch ein vollständiges Gemetzel den Feind vertilgen könne.

6 Flucht und Verfolgung nahmen vor Einbruch der Nacht kein Ende; auch wurde noch an diesem Tag das Lager der Volsker erobert und geplündert und die ganze Beute mit Ausnahme der Freigeborenen dem Soldaten überlassen. ***7*** Der größte Teil der Gefangenen bestand aus Latinern und Hernikern, und zwar nicht aus geringen Leuten, von denen man hätte glauben können, dass sie für Sold gedient hätten, sondern man fand junge Männer vom ersten Rang, zum offenbaren Beweis, dass ihr Staat Roms Feinden, den Volskern, diese Hilfe bewilligt habe. ***8*** Auch erkannte man Bürger von Circei und Ansiedler von Velitrae; und als sie sämtlich nach Rom geschickt waren, bestätigten sie vor den vornehmsten Vätern auf geschehene Nachfrage, was sie schon dem Diktator gestanden hatten, jeder in unzweideutiger Aussage, den Abfall seines Volkes.

(14) Der Diktator hielt sein Heer im Standlager, in der sicheren Erwartung, dass die Väter den Krieg mit diesen Völkern genehmigen würden, als ein größerer zu Rom ausgebrochener Sturm seine Zurückberufung nach Rom gebot, wo eine Gegenpartei, die durch ihr Oberhaupt eine mehr als gewöhnliche Furcht erregte, täglich weiter um sich griff. ***2*** Denn schon waren nicht bloß die Reden des Marcus Manlius, sondern auch seine Handlungen von der Art, dass sie unter dem Schein, ihn als Volksfreund darzustellen, wenn man ihre Absicht erwog, einen Aufruhr bezweckten. ***3*** Einen Hauptmann, dem seine Kriegstaten Ruhm erworben hatten, sah er wegen dessen Schulden verurteilt wegführen, kam in der Mitte des Marktes mit seiner Schar herbeigelaufen, widersetzte sich mit Gewalt gegen die Abführung, und nachdem er sich laut über die Tyrannei der Väter, die Grausamkeit der Wucherer, das Elend der Bürger und über die Verdienste und das Schicksal des Mannes ausgelassen hatte, sprach er: ***4*** *Dann müsste ich wahrhaftig mit dieser Rechten Kapitol und Burg umsonst gerettet haben, wenn ich ruhig zusehen könnte, wie mein Mitbürger und Kampfgenosse gleichwie von siegenden Galliern gefangen, in Sklaverei und Banden weggeschleppt wird.* ***5*** Dann bezahlte er vor allem Volk dem Gläubiger die Schuld und gab den durch feierlich gewogene Zahlung Gelösten frei, der nunmehr Götter und Menschen beschwor, sie möchten dem Marcus Manlius, seinem Befreier, dem Vater des römischen Bürgerstandes, dies nicht unvergolten lassen. ***6*** Sogleich in die aufrührerische Schar aufgenommen, vermehrte nun auch dieser den Aufruhr dadurch, dass er seine im Vejentischen, gallischen und in mehreren anderen Kriegen erhaltenen Wunden aufwies. ***7*** Bei seinen Kriegsdiensten, sagte er, bei dem Wiederaufbau seines zerstörten Hauses wären die Schulden, deren Kapital er vielfach abbezahlt habe, dadurch, dass die Zinsen das Kapital immer wieder verschlungen hatten, über ihm zusammengeschlagen. Dass er das Tageslicht sehe, den Markt, das Antlitz seiner Mitbürger, sei das Werk des Marcus Manlius; alle Wohltaten, die man Eltern verdanke, verdanke er ihm; ***8*** ihm weihe er, was er an Leib und Leben und Blut noch übrig habe; alle die Verpflichtungen, die er gegen Vaterland, gegen die Schutzgötter des Staates und seines Hauses gehabt habe, habe er jetzt gegen den einen Mann.

9 Durch solche Reden begeistert, gehörten die Herzen des Volkes schon dem einen Mann, der nun nach einem für die beabsichtigte Umwälzung des Ganzen noch wirksameren Plan einen neuen Angriff folgen ließ. ***10*** Er unterwarf sein Haupterbgut, ein im vejentischen Gebiet gelegenes Grundstück, dem Ausgebot zur Versteigerung, mit der Angabe: *Nein, ich kann es nicht geschehen* *lassen, ihr Quiriten, dass einer von euch, solange von meinem Vermögen noch das Geringste übrig ist, als Verurteilter oder in die Sklaverei Hingegebener weggeführt werde.* Dies vollends entflammte die Gemüter so, dass sie bereit schienen, dem Retter ihrer Freiheit zu jeder erlaubten und unerlaubten Tat zu folgen.

11 Außerdem hielt er in seinem Haufe, wo er wie zu einer Versammlung sprach, Vorträge, voll von Beschuldigungen gegen die Väter; und da er hier manches vorbrachte, ohne dass es ihm auf Wahrheit oder Unwahrheit ankam, äußerte er auch, dass die Väter den Schatz des gallischen Goldes versteckt hielten. Schon sei ihnen der Besitz der Staatsländereien nicht genügend, wenn sie nicht auch öffentliche Gelder unterschlügen. Wenn dies an den Tag käme, könne der Bürgerstand aus allen Schulden kommen. ***12*** Bei dieser vorgespiegelten Hoffnung fanden es die Leute vollends unwürdig, dass sie damals, als zur Loskaufung des Staates von den Galliern das Gold habe aufgebracht werden müssen, dies durch auferlegte Steuer zusammengeschossen hätten, und dass nun ebendies den Feinden wieder abgenommene Gold einigen Wenigen zur Beute geworden sei. ***13*** Also drangen sie mit Fragen in ihn, wo denn ein so wichtiger Unterschleif verheimlicht werde. Und da er auswich und es seinerzeit anzuzeigen versprach, beschäftigten sich aller Gedanken, mit Hintansetzung alles Übrigen, nur hiermit; und offenbar versprach ihm die Wahrheit seiner Aussage nicht geringe Liebe, war sie aber falsch, nicht weniger Feinde.

(15) Bei diesen schwebenden Verhältnissen kam der vom Heer abgerufene Diktator in die Stadt. Nachdem er in einer am folgenden Tag gehaltenen Senatsversammlung die Gesinnungen gehörig geprüft und dem Senat befohlen hatte, ihm nicht von der Seite zu gehen, ließ er, gedeckt von dieser Schar, seinen Richterstuhl auf dem Vorplatz aufstellen und schickte einen Gerichtsboten an Marcus Manlius. ***2*** Auf den Befehl des Diktators zu erscheinen, gab dieser seiner Partei das Zeichen, des Kampfes gewärtig zu sein, und kam mit einem zahlreichen Gefolge vor den Richterstuhl. ***3*** Dort hatte sich der Senat, hier das Volk wie in Schlachtordnung aufgestellt, und hier und dort wandte jeder den Blick auf seinen Führer. ***4*** Nach gebotener Stille sprach der Diktator:

Möchten ich und die Väter Roms in allen übrigen Stücken ebenso mit den Bürgern übereinstimmen, wie mir nach meiner festen Überzeugung in Bezug auf dich und auf den Punkt einverstanden sein werden, über den ich dich jetzt zu vernehmen habe. ***5*** *Es ist erwiesen, dass du der Bürgerschaft Hoffnung gemacht hast, die Schulden könnten ohne Nachteil für den Kredit von dem gallischen Schatz, den die Vornehmsten der Väter versteckt halten sollen, bezahlt werden. Dies zu verhindern bin ich weit entfernt, fordere dich vielmehr auf, Marcus Manlius, die Bürger Roms von dem Zinsendruck zu befreien und die Ungeheuer, die auf diesem dem Staat gehörigen Schatz brüten, aus dem Besitz der verborgenen Beute zu vertreiben.* ***6*** *Tust du das nicht, so werde ich dich, entweder als Selbstteilnehmer am Raub oder deiner falschen Angabe wegen, ins Gefängnis führen lassen und nicht länger zugeben, dass die Menge von dir durch trügliche Hoffnungen aufgewiegelt werde.*

7 Hierauf erwiderte Manlius, es sei ihm nicht entgangen, dass der Diktator nicht gegen die Volsker ernannt sei, die so oft Feinde sein müssten, als es den Vätern zuträglich sei, auch nicht gegen die Latiner und Herniker, welche man durch falsche Beschuldigungen zum Krieg treibe, sondern gegen ihn und den römischen Bürgerstand. ***8*** Schon wende man mit Beiseitesetzung eines Krieges, den man nur vorgegeben habe, sich gegen ihn, schon bekenne sich der Diktator zum Beschützer der Wucherer gegen die Bürger; schon suche man in der Liebe des Volkes zu ihm ein Verbrechen und sein Verderben. ***9*** *Ist dir*, fuhr er fort, *Aulus Cornelius, und euch, ihr versammelten Väter, die meine Person umgebende Menge anstößig? Warum leitet ihr sie nicht durch eure Wohltaten von mir ab, wenn ihr für sie als Vermittler aufträtet, eure Mitbürger aus der Haft befreitet, es verhindertet, dass sie verurteilt und als Sklaven abgeführt werden, und von dem, was euren Reichtümern zuströmt, die Bedürfnisse eures Nächsten decktet?* ***10*** *Doch was ermahne ich* *euch, etwas von dem Eurigen aufzuwenden? Setzt endlich einmal die Schuldsumme fest, zieht, was an Zinsen abbezahlt ist, vom Kapital ab, und meine Umgebung wird sich vor der eines jeden anderen nicht auszeichnen. Wie aber?* ***11*** *Warum trage denn ich allein diese Sorge für meine Mitbürger? Hierauf wüsste ich ebenso wenig etwas zu antworten, als wenn mich jemand fragte, warum ich denn allein Kapitol und Burg gerettet hätte. Damals ließ ich Hilfe, soweit sie in meinen Kräften stand, allen angedeihen, und jetzt will ich sie den Einzelnen angedeihen lassen.* ***12*** *Was nun die gallischen Gelder anbetrifft, so macht bloß eure Frage die an sich leichte Sache schwierig. Denn warum fragt ihr nach etwas, das ihr wisst? Warum verlangt ihr, statt selbst die Sache darzulegen, dass wir euch die Falte, in der ihr sie versteckt haltet, ausschütteln sollen, wenn nicht ein Betrug dahinter steckt?* ***13*** *Je mehr ihr darauf dringt, dass man euch eure Taschenspielerkniffe angeben soll, je mehr fürchte ich, dass ihr euren Beobachtungen sogar die Augen weggezaubert habt. Folglich muss nicht ich dazu gezwungen werden, euren Raub euch nachzuweisen, wohl aber ihr dazu, ihn herauszugeben.*

(16) Als er auf die Weisung des Diktators, diese Winkelzüge zu lassen, und auf die Nötigung, entweder die Wahrheit seiner Aussage darzulegen oder sich des Vergehens schuldig zu erklären, den Senat fälschlich verleumdet und ihm einen erlogenen Diebstahl aufgebürdet zu haben, zur Antwort gab, er lasse sich von seinen Feinden nicht vorschreiben, was er reden solle, befahl der Diktator, ihn ins Gefängnis zu führen. ***2*** Vom Gerichtsdiener ergriffen, rief er: *Allmächtiger Jupiter, Königin Juno, du, Minerva, und ihr Götter und Göttinnen alle, die ihr das Kapitol und die Burg bewohnt, so lasst ihr euren Streiter und Beschützer so von seinen Feinden misshandelt werden? Diese Rechte, mit der ich die Gallier von euren Tempeln zurückgeschlagen habe, soll von jetzt an in Ketten und Banden sein?*

3 Jedes Auge und Ohr fühlte sich durch den empörenden Auftritt beleidigt. Allein die Bürgerschaft, gewohnt einer gerechten Regierung sich mit größter Willigkeit zu fügen, hatte gewisse Staatsämter selbst gegen ihren Eingriff gesichert, und so wagten gegen die diktatorische Gewalt weder die Volkstribunen noch die Bürger selbst einen dreisten Blick oder ein lautes Wort.

4 Als Manlius ins Gefängnis geworfen war, legte ein großer Teil des Bürgerstandes, nach sicheren Nachrichten, Trauerkleider an; eine Menge Menschen ließ Bart und Haare wachsen,* und Betrübte gingen scharenweise vor dem Eingang des Kerkers auf und ab. ***5*** Der Diktator triumphierte über die Volsker, und sein Triumph gereichte ihm mehr zum Vorwurf als zum Ruhm. Denn man rief laut, er habe ihn in Rom, nicht im Feld erworben, über einen Mitbürger und nicht über den Feind gehalten. Das Eine habe seinem Übermut noch gefehlt, dass Marcus Manlius nicht vor dem Wagen voraufgeführt sei. ***6*** Und schon war man einem Aufruhr nahe, als der Senat, ihn durch ein gelindes Mittel abzuwenden, ohne dass es jemand forderte, unerwartet den freiwilligen Geber machte. Er gab den Befehl, 2000 römische Bürger als Ansiedler nach Satricum zu führen, mit der Anweisung auf dreieinhalb Morgen Land für jeden. ***7*** Da man dies aber als eine Kleinigkeit, als ein nur Wenigen erteiltes Geschenk und als einen Preis betrachtete, um welchen man Manlius fallen lassen sollte, so wurde das Gegenmittel ein Sporn zum Aufruhr. ***8*** Teils machten die Anhänger des Manlius, in der Trauer ihres Aufzuges und Blickes den Angeklagten gleich, diese Auszeichnung immer auffallender, teils gestattete die nach dem Triumph durch Niederlegung der Diktatur geschwundene Furcht den Leuten freiere Sprache und freieren Mut.

(17) Daher hörte man ihre Äußerungen ganz öffentlich, in welchen sie dem Volk einen Vorwurf daraus machten, dass es jedes Mal durch seinen Beifall seine Verteidiger an einen gefährlichen Abgrund führe und dann in der dringendsten Gefahr im Stiche lasse. ***2*** So sei es des Spurius

---

* Livius selbst hat im 5. Buch , Kap. 41 erzählt, dass die Römer damals Bärte trugen, und wir wissen auch aus Plinius, Naturalis Historia, 7. Buch, Kap. 59, dass sie erst um das Jahr 454, also ungefähr 100 Jahre nach den Zeiten des Camillus und Manlius sich scheren ließen.

Cassius Unglück gewesen, dass er den Bürgerstand zum Ackerbesitz eingeladen habe, ebenso des Spurius Maelius, dass er sein Geld daran gewandt habe, den Hunger vom Mund seiner Mitbürger zu verscheuchen, so sei Marcus Manlius seinen Feinden geopfert worden, weil er den in Schulden versunkenen und vergrabenen Teil der Bürgerschaft wieder zur Freiheit und an das Tageslicht habe hervorziehen wollen. Der Bürgerstand mäste seine Volksfreunde, um sie abzuschlachten. ***3*** Ob wohl ein Konsulat sich so behandeln zu lassen nötig habe, weil er nicht gleich auf den Wink eines Diktators geantwortet habe? Angenommen, er habe zuvor gelogen, und darum nicht gewusst, was er jetzt antworten sollte: Ob denn je ein Sklave wegen einer Lüge in Fesseln geworfen sei? ***4*** Ob ihnen nicht das Andenken jener Nacht vorgeschwebt habe, die beinahe die letzte und ewige Nacht des römischen Namens geworden sei, nicht der Anblick der am Tarpejischen Felsen heransteigenden Schar der Gallier, nicht des Marcus Manlius selbst, wie sie ihn in seinen Waffen, von Schweiß und Blut bedeckt gesehen hätten, als er jetzt, man möchte sagen, den Jupiter selbst den Händen der Feinde entrissen hatte? ***5*** Ob sie etwa mit ihren halben Pfunden Mehl dem Retter des Vaterlandes vergolten hätten? Ob sie zugeben wollten, dass ein Mann, den sie beinahe zu einem der Himmlischen, wenigstens durch seinen Zunamen dem Kapitolinischen Jupiter gleichgemacht hätten, gefesselt im Kerker, in Finsternis, bei jedem Atemzug von der Willkür des Henkers abhängig sein solle? So viele Hilfe habe allen Einer leisten können, und so ganz und gar keine finde sich bei so vielen für den Einen?

6 Schon verlief sich ihr Haufe nicht einmal zur Nachtzeit von diesem Platz, und sie drohten, den Kerker zu erbrechen, als nach einem Senatsbeschluss, in welchem man ihnen nachließ, was sie schon sich selbst ertrotzen wollten, Manlius aus dem Gefängnis losgegeben wurde, eine Maßregel, die nicht den Aufruhr stillte, sondern dem Aufruhr einen Führer gab.

7 In diesen Tagen erhielten die Latiner und Herniker, und zugleich die Kolonien von Circei und Velitrae, die sich von dem den Volskerkrieg betreffenden Vorwurf reinigen wollten und um die Auslieferung der gefangenen Ihrigen baten, um sie nach eigenen Gesetzen zu bestrafen, eine traurige Antwort, eine noch härtere die Kolonisten, weil sie sich als römische Bürger so unverantwortlich auf Angriffe gegen ihr Vaterland eingelassen hätten. ***8***Man verweigerte ihnen also nicht nur die Gefangenen, sondern ließ ihnen im Namen des Senates andeuten – doch gegen die Bundesgenossen enthielt man sich dieser Erklärung –, sofort die Stadt zu räumen und sich nicht vor den Augen des römischen Volkes sehen zu lassen, damit nicht etwa der Schutz des Gesandtschaftsrechtes bei ihnen ungültig werde, das für Fremde, nicht für Bürger gegründet sei.

(18) Als der Manlianische Aufruhr wieder zum Ausbruch kam, wurde am Ende des Jahres der Wahltag gehalten, und aus den Vätern zu Kriegstribunen mit Konsulgewalt Servius Cornelius Maluginensis zum dritten Mal gewählt, Publius Valerius Potitus zum zweiten Mal, Marcus Furius Camillus zum fünften Mal, Servus Sulpicius Rufus zum zweiten Mal, Caius Papirius Crassus, Titus Quinctius Cincinnatus zum zweiten Mal.

2 Der auswärtige Friede, den der Anfang dieses Jahres gewährte, war sowohl den Vätern als auch dem Bürgerstand sehr willkommen, dem Bürgerstand, weil er durch keine Werbung abgerufen die Hoffnung hegte, sich unter einem so mächtigen Führer die Befreiung von Schulden zu erkämpfen, den Vätern, weil sie durch keine auswärtige Drohung von der Aufmerksamkeit auf die Heilung der inneren Gebrechen abgezogen wurden. ***3*** Da also beide Parteien etwas entschiedener auftraten, stellte sich auch Manlius zum herannahenden Kampf. Nachdem er die Bürgerlichen in sein Haus berufen hatte, beriet er mit den Ersten unter ihnen Tag und Nacht über Pläne zu einer Regierungsänderung, weit unternehmender und aufgebrachter, als er früher gewesen war. ***4*** Den Zorn hatte in dem Gemüt eines Mannes, dem Schmach vorher unbekannt gewesen war, die neuliche Beschimpfung entflammt; Mut machte ihm der Gedanke, teils dass sich der

Diktator gegen ihn nicht dasselbe erlaubt habe, was Quinctius Cincinnatus an einem Spurius Maelius vollzogen habe, teils dass dem aus seiner Verhaftung erwachsenden Hass nicht allein der Diktator durch Niederlegung seiner Diktatur ausgewichen sei, sondern auch nicht einmal der Senat habe Trotz bieten wollen. **5** Dadurch aufgeblasen und erbittert, reizte er die ohnedies schon entzündeten Gemüter des Volkes:

Wie lange wollt ihr denn eure Kräfte verkennen, welche die Natur nicht einmal unvernünftige Tiere verkennen lässt? Zählt doch wenigstens, wie viel ihr selbst seid, und wie viele Gegner ihr habt, obgleich ich, wenn ihr Mann gegen Mann auftreten müsstet, euch zutrauen dürfte, dass ihr eifriger für eure Freiheit streiten würdet, als sie für ihre Herrschaft. ***6*** *Denn so viele von euch sonst als Schutzbedürftige einen einzigen Schutzherrn umstanden, so viele von euch werden jetzt gegen einen Feind sein.* ***7*** *Zeigt nur den Krieg, und ihr werdet Frieden haben. Lasst sie sehen, dass ihr zur Gewalt entschlossen seid, so werden sie selbst ihre Ansprüche fallen lassen. Entweder müsst ihr als Ganzes etwas wagen, oder jeder Einzelne sich alles gefallen lassen.* ***8*** *Wie lange wollt ihr euch nach Hilfe bei mir umsehen? Ich werde freilich keinem von euch mich entziehen, aber seht zu, dass nicht mein Glück euch im Stich lässt. Ich, euer Retter, war, als es meinen Feinden beliebte, in ein Nichts verwandelt, und ihr alle saht den in Fesseln gelegt, der von jedem unter euch die Fesseln abgewehrt hatte.* ***9*** *Was habe ich zu hoffen, wenn sich meine Feinde noch mehr gegen mich erlauben sollten? Soll ich dem Ende eines Cassius, eines Maelius entgegensehen? Ganz recht, dass ihr verabscheuend ausruft: „Das werden die Götter verhüten!" Allein sie werden nie meinetwegen vom Himmel steigen. Euch müssen sie den Sinn verleihen, dies nicht zuzugeben, so wie sie mich in den Waffen und in der Toga beseelten, euch von wilden Feinden, euch von übermütigen Bürgern zu befreien.* ***10*** *Hat ein so großes Volk so wenig Mut, dass ihr euch immer am bloßen Beistand gegen eure Feinde genügen lasst und weiter keinen Streit mit den Vätern kennt als den, inwieweit ihr euch von ihnen beherrschen lassen wollt? Auch liegt das nicht von Natur in euch, sondern ihr lasst euch in Beschlag nehmen, wie ihr es gewohnt seid.* ***11*** *Denn warum habt ihr gegen Auswärtige so viel Mut, dass ihr glaubt, es gebühre euch, sie zu beherrschen? Weil ihr gewohnt seid, mit diesen um die Oberherrschaft zu kämpfen, gegen jene die Freiheit mehr zu versuchen als zu behaupten.* ***12*** *Dessen ungeachtet habt ihr, welche Anführer ihr auch hattet, und wie es immer um euch selbst stehen mochte, bisher alles, was ihr fordertet, entweder durch Gewalt oder durch euer Glück erlangt.* ***13*** *Es ist Zeit, sich auch an größere Dinge zu machen. Stellt nur euer Glück auf die Probe, und mich, euren, wie ich hoffe, schon glücklich Bewährten. Mit geringerer Mühe werdet ihr den aufstellen, der über die Väter herrschen soll, als ihr bisher diejenigen aufstelltet, die den Herrschenden Trotz bieten sollten.* ***14*** *Die Diktaturen und Konsulate müssen dem Boden gleichgemacht werden, damit der römische Bürgerstand sein Haupt erheben könne. Deswegen steht mir bei und verhindert, dass über Geldsachen Recht gesprochen werde. Ich erkläre mich zum Schutzherrn des Bürgerstandes, mit welchem Namen mein Eifer und meine Treue mich schon bekleiden.* ***15*** *Wollt ihr aber euren Führer mit einem Ehrennamen belegen, der auf eine ausgezeichnete Macht und Würde deutete, so werdet ihr euch seiner zur Erlangung dessen, was ihr wünscht, mit so viel größerem Nachdruck bedienen können.*

16 Und hierauf sollen nun die Pläne zu einer königlichen Regierung in Anregung gekommen sein; allein mit wem und wie weit sie gediehen seien, darüber ist nichts Sicheres berichtet worden.

(19) Auf der andern Seite kamen die Versammlungen der Bürgerlichen in einem Privathaus, das noch dazu auf der Burg lag, und die der Freiheit drohende Gefahr im Senat zur Beratung. **2** Ein großer Teil rief laut, hier bedürfe es eines Servilius Ahala, der einen Staatsfeind nicht durch den Befehl, ihn zu verhaften, reize, sondern durch Aufopferung eines Bürgers den inneren Krieg beende. **3** Man ging aber zu einem anderen Vorschlag über, der den Worten nach gelinder, übrigens von gleichem Nachdruck war: Die Obrigkeiten hätten dahin zu sehen, dass der

Staat durch die verderblichen Anschläge des Marcus Manlius nicht gefährdet werde. **4** Und nun überlegten die Konsular- und Volkstribunen – denn auch diese hatten sich, weil sie ihre Gewalt und die Freiheit aller mit gleichem Ende bedroht sahen, dem Gutachten des Senates gefügt –, sie alle, sage ich, überlegten jetzt gemeinschaftlich, was zu tun sei. **5** Da nun keiner auf einen anderen Ausweg als Gewalt und Blutvergießen verfiel, und man gleichwohl einsah, dass hiermit ein allgemeiner Kampf verbunden sei, sprachen die Volkstribunen Marcus Maenius und Quintus Publilius: **6** *Warum machen wir das zu einem Streit zwischen Vätern und Bürgern, was eigentlich der ganze Staat gegen einen verderblichen Bürger auszufechten hat? Warum greifen wir den und den Bürgerstand zugleich an, den wir sicherer durch den Bürgerstand selbst angreifen können, um ihn unter der Last seiner eigenen Macht stürzen zu lassen?* **7** *Unser Plan wäre der, ihn vor Gericht zu fordern. Nichts ist weniger volkstümlich als das Königtum. Sobald jene Menge sehen wird, dass der Kampf nicht ihr gilt, sobald die Bürger aus seinen Beiständen zu seinen Richtern gemacht werden, sobald sie bürgerliche Kläger und einen patrizischen Beklagten vor Augen haben, und die Absicht auf den Thron als Beschuldigung vor ihnen daliegt, so werden sie für nichts mehr als für ihre eigene Freiheit Partei nehmen.*

(20) Da ihnen alle beistimmten, luden sie Manlius vor Gericht. Dieser Schritt erregte gleich anfangs den Unwillen der Bürger, **2** vollends als sie den Beklagten in Trauerkleidung und mit ihm nicht nur keinen von den Vätern sahen, sondern auch keinen seiner Blutsfreunde und Verwandten, ja endlich nicht einmal seine Brüder, die beiden Manlier, Aulus und Titus. Denn es war bis auf diesen Tag noch nie der Fall gewesen, dass in einer so großen Gefahr nicht zugleich die nächsten Verwandten Trauer angelegt hätten. **3** Als Appius Claudius ins Gefängnis geführt worden sei, habe sich Caius Claudius, sein Feind, und das ganze Claudische Geschlecht in Trauerkleidern gezeigt. Es sei Verabredung, den Mann als Volksfreund zu unterdrücken, weil er der Erste sei, der von den Vätern zum Bürgerstand übergetreten sei.

4 Was dem Beklagten, als jener Tag erschien, außer den Versammlungen der Menge, seinen aufrührerischen Äußerungen, seinen Schenkungen und außer jener falschen Anzeige, in unmittelbarem Bezug auf das angeschuldigte Trachten nach dem Thron, von seinen Anklägern vorgeworfen sei, finde ich von keinem angegeben. **5** Aber ich zweifle nicht, dass es keineswegs unbedeutend gewesen sei, da der Grund, warum das Volk mit seiner Verurteilung Anstand nahm, nicht in seiner Sache, sondern nur im Ort lag. Um aber die Welt erfahren zu lassen, was für herrliche und große Auszeichnungen die unselige Begierde nach dem Thron nicht bloß unverdienstlich, sondern selbst verhasst werden ließ, mag Folgendes nicht unaufgezeichnet bleiben: **6** Er soll beinahe 400 Menschen vorgeführt haben, denen er Geld ohne Zinsen geliehen, denen er ihr Eigentum von der Versteigerung bzw. die er selbst von der Übergabe in die Sklaverei gerettet hatte. **7** Außerdem soll er seine Ehrenzeichen aus dem Krieg nicht bloß erwähnt, sondern auch zur Schau vorgelegt haben, Rüstungen erlegter Feinde an dreißig, Geschenke von Feldherren an die vierzig, worunter sich zwei Mauer-, acht Bürgerkronen auszeichneten. **8** Noch mehr, er habe Bürger vorgeführt, die er von den Feinden errettet hatte, und unter ihnen habe man den Magister Equitum Caius Servilius als Abwesenden genannt. Und da er auch dessen, was er im Krieg geleistet hatte, um der Höhe seiner Verdienste nichts zu vergeben, verherrlichend in einer Darstellung erwähnte, deren Ausdrücke sich zu den Taten emporschwangen, soll er seine von Wunden der Schlacht benarbte Brust entblößt **9** und zum Kapitol hinaufblickend einmal über das andere den Jupiter und die anderen Götter aufgefordert haben, ihm von oben herab in seinem Unglück zu helfen, soll sie angefleht haben, den Sinn, den sie ihm bei der Verteidigung der Kapitolinischen Burg zur Rettung des römischen Volkes verliehen hätten, jetzt in seiner Gefahr dem römischen Volk zu verleihen, soll die Bürger einzeln und insgesamt gebeten haben, zum Kapitol und zur Burg hinaufsehend und den unsterblichen Göttern zugekehrt über ihn zu richten.

10 Da das Volk auf dem Marsfeld zenturienweise zur Abstimmung aufgerufen wurde, und der Beklagte, die Hände zum Kapitol ausstreckend, sich mit seinen Bitten von den Menschen an die Götter wandte, sahen die Tribunen ein, wenn sie die Erinnerung an ein so großes Verdienst nicht auch für die Augen der Leute unwirksam machten, so würde das von der Wohltat bestochene Urteil der Richtenden die Klage nie für gerecht erklären. *11* Also wurde nach Verlegung des Tages die Volksversammlung in den Petelinischen Hain vor dem Nomentanischen Tor beschieden, wo man keine Aussicht auf das Kapitol hatte. Hier wurde die Beschuldigung gültig, und festen Sinnes fällte man einen harten, selbst den Richtern schmerzhaften Urteilsspruch. *12* Es fehlt nicht an Angaben, welche behaupten, er sei durch Zweimänner verurteilt, die man dazu ernannt habe, gegen ihn auf Leib und Leben zu klagen. Die Tribunen stürzten ihn vom Tarpejischen Felsen, und so wurde derselbe Ort für denselben Mann das Denkmal seines ausgezeichneten Ruhmes und seiner Hinrichtung. *13* Auch trafen ihn noch Beschimpfungen im Tod, die eine vom Staat, dass keinem Patrizier, da bei dem Volk darauf angetragen wurde, weil sein Haus da stand, wo jetzt der Tempel und die Werkstatt der Moneta steht, erlaubt sein solle, auf der Burg oder dem Kapitol zu wohnen, *14* die andere von seiner Familie, die durch einen Beschluss festsetzte, dass künftig keiner ihres Stammes Marcus Manlius heißen solle. Dies war das Ende eines, wäre er nicht in einem freien Staat geboren, preiswürdigen Mannes.

15 Bald erwachte beim Volk, als es jetzt nichts mehr von ihm zu fürchten hatte und sich seiner Verdienste ohne weitere Rücksicht erinnerte, die Sehnsucht nach ihm. Und als bald darauf auch eine Pest ausbrach, galt sie bei vielen, weil sich keine auffallende Veranlassung dieses großen Unglücks zeigte, für eine Folge von der Hinrichtung des Manlius. *16* Das Kapitol sei mit dem Blut seines Retters besudelt worden, und den Göttern sei die ihnen beinahe zur Schau gestellte Todesstrafe dessen, der ihre Tempel den Händen der Feinde entrissen habe, ein Gräuel gewesen.

(21) Auf die Pest folgte im nächsten Jahr, in welchem Lucius Valerius zum vierten Mal, Aulus Manlius zum dritten Mal, Servius Sulpicius zum dritten Mal, Lucius Lucretius, Lucius Aemilius zum dritten Mal und Marcus Trebonius Konsulartribunen waren, ein Getreidemangel, und da das Gerücht von dem zweifachen Unglück sich verbreitete, ein vielfacher Krieg. *2* Als neue Feinde traten außer den Volskern, die gleichsam vom Verhängnis beinahe für alle Ewigkeit dem römischen Soldaten zur Übung beschieden waren, außer den Kolonien Circei und Velitrae, deren Abfall schon lange im Gang war, und den verdächtigen Latinern nun auch unerwartet die Lanuviner auf, bisher eine der treuesten Städte. *3* In der Voraussetzung, dies sei eine Folge der daraus erwachsenen Verachtung, dass man die Veliterner als Mitbürger für ihren Abfall so lange ungestraft gelassen habe, beschlossen die Väter, auf den ihnen anzukündigenden Krieg je eher je lieber beim Volk anzutragen, *4* und um die Bürger zu diesem Feldzug um so geneigter zu machen, ernannten sie Fünfmänner zur Vermessung der Pomptinischen Länderei und Dreimänner zur Ausführung einer Kolonie nach Nepete. *5* Nun wurde bei dem Volk darauf angetragen, den Krieg zu bewilligen, und trotz aller Gegenvorstellungen der Volkstribunen beschlossen die Bezirke sämtlich den Krieg. *6* Die Rüstung ging noch in diesem Jahr vor sich, allein der Pest wegen rückte das Heer nicht aus. Diese Verzögerung hätte den Ansiedlern Zeit gegeben, den Senat um Verzeihung zu bitten, und viele von ihnen stimmten auch dafür, eine Gesandtschaft mit dieser Bitte nach Rom zu senden, *7* wäre nicht, wie so oft, die Gefahr des Staates mit der Gefahr der Einzelnen verbunden gewesen, und hätten nicht die Urheber des Abfalles von den Römern, aus Furcht, als die einzigen Schuldigen dem Zorn der Römer zu Sühnopfern ausgeliefert zu werden, die Kolonien von den Friedensgedanken abgebracht. *8* Von ihnen wurde nicht allein in ihrem

Senat jene Sendung hintertrieben, sondern sie überredeten auch einen großen Teil ihrer Bürger, ins römische Gebiet auf Plünderung auszugehen. *9* Auch tauchten in diesem Jahr die ersten Nachrichten vom Abfall der Praenestiner auf; allein der Senat gab den Tuskulanern, Gabinern und Lavicanern, welche sie dessen beschuldigten, da sie ihnen ins Land gefallen waren, eine so schonende Antwort, dass es offenbar war, die Anklagen fänden nur darum weniger Glauben, weil man die Wahrheit nicht zu wissen wünschte.

(22) Im folgenden Jahr führten die beiden Papirier, Spurius und Lucius, als neue Konsulartribunen die Legionen gegen Velitrae und ließen ihre vier Amtsgenossen, den Servius Cornelius Maluginensis, der dies Tribunat zum vierten Mal, den Quintus Servilius, Servius Sulpicius und Lucius Aemilius, der es zum vierten Mal bekleidete, zum Schutz der Stadt und gegen die neuen Bewegungen zurück, die etwa aus Etrurien gemeldet werden könnten, denn dort war alles verdächtig.

2 In der Schlacht bei Velitrae, in der die feindlichen Hilfstruppen von Praeneste fast noch stärker waren als das zahlreiche Heer der Kolonie selbst, siegten die Römer, weil sich der Feind durch die Nähe seiner Stadt zur früheren Flucht bestimmen ließ, sowie sie auch sein einziger Zufluchtsort wurde. *3* An die Belagerung der Stadt wagten sich die Tribunen nicht, teils weil sie gefährlich war, teils weil sie sich einen Kampf bis zum Untergang der Kolonie nicht erlauben wollten. In ihrem schriftlichen Bericht, der mit der Siegesbotschaft an den Senat nach Rom abging, führten sie härtere Beschwerden über die Feindseligkeiten der Praenestiner als der Veliterner. *4* Also wurde auf Grund eines Senatsbeschlusses und mit Genehmigung des Volkes den Praenestinern der Krieg angekündigt, welche dann im Verein mit den Volskern im folgenden Jahr Latricum, diese Kolonie des römischen Volkes, obwohl sich die Siedler tapfer verteidigten, mit Sturm eroberten und ihren Sieg auf eine schreckliche Art gegen die Besiegten missbrauchten. *5* Hierüber aufgebracht wählten die Römer den Marcus Furius Camillus zum siebenten Mal zum Kriegstribunen. Zu Amtsgenossen wurden ihm gegeben die beiden Postumius Regillensis, Aulus und Lucius, ferner Lucius Furius nebst Lucius Lucretius und Marcus Fabius Ambustus. *6* Den Volskischen Krieg übertrug man dem Marcus Furius außerordentlicherweise, von den übrigen Tribunen beschied ihm das Los den Lucius Furius zum Gehilfen, nicht so sehr zum Besten des Staates, als vielmehr um durch ihn seinem Amtsgenossen jede Art von Ehre erwachsen zu lassen, mag man nun auf das Ganze sehen, wo Camillus wieder gutmachte, was jene Unbesonnenheit verdorben hatte, oder auf den einzelnen Mann, der von dem Fehltritt des andern lieber dessen Verpflichtung als eigenen Ruhm gewinnen wollte.

7 Camillus war schon hochbetagt, und selbst auf dem Wahltag hatte er, schon bereit, den bei vorgeschützter Schwächlichkeit gewöhnlichen Eid zu leisten, nur der allgemeinen Stimme des Volkes nachgegeben, allein bei innerer Lebenskraft regte sich in ihm ein tätiger Geist; er hatte noch seine Rüstigkeit bei ungeschwächtem Geist, und da er sich mit den bürgerlichen Angelegenheiten schon nicht mehr so eifrig beschäftigte, wurden die Kriege für ihn ein Anregungsmittel. *8* Nach einer Werbung von vier Legionen, jede zu viertausend Mann, zog er mit dem Heer, das er auf den folgenden Tag an das Esquilinische Tor befehligt hatte, gegen Satricum. Hier erwarteten ihn die Eroberer der Kolonie ganz unbefangen, voll Vertrauen auf die Anzahl ihrer Krieger, worin sie ihm bei Weitem überlegen waren. *9* Als sie die Annäherung der Römer bemerkten, rückten sie sogleich in Schlachtordnung aus, um die Entscheidung nicht länger aufzuschieben. In diesem Fall, meinten sie, werde der Schwäche der Feinde die Geschicklichkeit des seltenen Feldherrn, worauf sie sich einzig verließen, ohne Nutzen sein.

(23) Dieselbe Kampflust fand sich auch im römischen Heer und bei dem zweiten Feldherrn; und dem Wagestücke eines augenblicklichen Kampfes stand weiter nichts entgegen als die Weisheit und der Oberbefehl eines einzigen Mannes, der von einem langsamen Gang des Krieges eine

Gelegenheit erwartete, seine Streitkräfte durch einen Plan zu verstärken. **2** Desto mehr drängte der Feind; und schon stellte er nicht bloß vor seinem Lager seine Linie auf, sondern schritt in die Mitte der Ebene vor und zeigte sich dadurch, dass er beinahe auf die feindliche Verschanzung heranrückte, im stolzen Vertrauen auf seine Stärke. **3** Dies sahen die römischen Soldaten mit Unwillen, noch weit unwilliger der andere Kriegstribun Lucius Furius, rasch durch Jugend und Sinnesart und jetzt durch die Aussichten der großen Menge gehoben, die seinen Mut auch aus den unzuverlässigsten Dingen nimmt. **4** Er ermunterte die ohnehin schon aufgebrachten Soldaten dadurch noch mehr, dass er das Übergewicht seines Amtsgenossen von einer Seite, der einzigen, auf der er ihm beikommen konnte, von der seines Alters, unter den wiederholten Äußerungen verkleinerte: Die Kriege seien nur Sache junger Leute, und mit dem Körper habe auch der Mut seine Fülle und seine Abnahme. **5** Aus dem raschesten Krieger sei ein Zauderer geworden, und er, der sonst gewohnt gewesen sei, durch seine Ankunft Lager und Städte im ersten Sturm zu nehmen, bringe jetzt hinter dem Wall die Zeit untätig hin, in der Hoffnung, dass zur Verstärkung seiner und zur Schmälerung der feindlichen Kräfte – **6** Gott weiß, was, welche Gelegenheit etwa oder Zeitumstand oder Platz zum Hinterhalt? – sich finden werde. **7** Den Entschlüssen eines Greises fehle es an Feuer und Raschheit. Indes wenn Camillus der Lebensjahre genug habe, habe er auch des Ruhmes genug. Wozu es aber nötig sei, dass mit dem absterbenden Körper eines Einzigen zugleich die Kräfte des Staates, welchem Unsterblichkeit gebühre, veralten sollten?

8 Durch diese Reden hatte er aller Augen im Lager auf sich gerichtet, und als von allen Seiten die Schlacht gefordert wurde, sprach er: *Marcus Furius, wir können dem Andrang der Soldaten nicht länger wehren; und der Feind, dessen Mut wir durch Zögern erhöht haben, höhnt uns mit einem unerträglichen Übermut. Gib nach, du als der Eine allen; lass es geschehen, dass dein Plan überstimmt wird, damit du umso früher den Krieg als Sieger beendest.*

9 Hierauf erwiderte Camillus, in den Kriegen, die er bisher unter alleiniger eigener Aufsicht geführt habe, sei weder er noch das römische Volk mit seinen Maßregeln oder seinem Glück unzufrieden gewesen. Jetzt wisse er, dass er einen Amtsgenossen habe, der an Recht und Gewalt ihm gleichstehe, durch Jugendkraft vor ihm den Vorzug habe. **10** Er könne also, obgleich er, was das Heer betreffe, gewohnt gewesen sei, zu leiten, nicht sich leiten zu lassen, seinen Amtsgenossen nicht in seinem Oberbefehl hindern. Er möge unter dem gnädigen Beistand der Götter handeln, wie er es für des Staates Bestes halte. **11** Er bitte sogar in Rücksicht auf sein Alter um die Nachsicht, nicht an der Spitze der Linie stehen zu dürfen, was aber in einer Schlacht einem Greis obliegen könne, das wolle er keineswegs verabsäumen. Nur darum bitte er die unsterblichen Götter, dass nicht etwa ein Unfall seinen Plan rechtfertige.

12 Weder die Menschen hörten auf den heilsamen Rat noch die Götter auf das fromme Gebet. Der Urheber der Schlacht ordnete die erste Linie, dem Hintertreffen gab Camillus Haltung und stellte auch einen starken Posten zur Beobachtung vor dem Lager auf. Er selbst nahm bei dem Gang einer fremden Leitung als aufmerksamer Zuschauer seinen Stand auf einer Anhöhe.

(24) Sobald beim ersten Zusammentreffen die Waffen klirrten, wich der Feind aus List, nicht aus Furcht zurück. **2** Ihm im Rücken hob sich zwischen seiner Linie und seinem Lager ein mäßiger Hügel, und weil er Truppen im Überfluss hatte, hatte er mehrere starke Kohorten unter den Waffen und schlachtfertig dazu im Lager stehen lassen, dass sie während des Gefechtes, wenn sich der Feind ihrer Befestigung näherte, hereinbrechen sollten. **3** Der Römer, durch seine hitzige Verfolgung des weichenden Feindes in eine ihm nachteilige Stelle gelockt, sah sich diesem Ausfall bloßgestellt. Folglich ging der Schrecken auf den Sieger über, und die römische Linie bekam durch den Angriff des neuen Feindes, zugleich durch den abschüssigen Abhang eine Beugung. **4** Die frischen Truppen der Volsker, die aus dem Lager ausgefallen waren, drangen ein, und zugleich

erneuerten die, die zum Schein geflohen waren, das Gefecht. Schon zog sich der römische Soldat nicht bloß zurück, sondern ohne an seine heutige Vermessenheit und seinen alten Ruhm zu denken, wandte er auf mehreren Punkten den Rücken und eilte in vollem Lauf seinem Lager zu, **5** als Camillus, der, sobald ihn seine Umgebung auf sein Pferd gebracht hatte, schnell sein Hintertreffen vorschob und ihnen entgegenrief: *Ist das die Schlacht, Soldaten, die ihr gefordert habt? Wo ist der Mensch, wo der Gott, den ihr anklagen könntet? Nur ihr seid es, deren Verwegenheit dort, nur ihr, deren Feigheit hier die Schuld trägt.* **6** *Seid ihr einem andern Führer gefolgt, so folgt nun dem Camillus und erringt, wie ihr unter meiner Führung gemahnt seid, den Sieg. Wozu den Blick auf den Wall und das Lager? Es soll keinen von euch aufnehmen, der nicht Sieger ist!*

7 Zuerst fesselte Scham die Davoneilenden. Dann, als sie sahen, dass die Fahnen gewandt, die Linie dem Feind wieder zugekehrt wurde, und der Feldherr bei seiner Auszeichnung durch so viele Triumphe auch durch sein Alter ehrwürdig, im Vordertreffen sich aussetzte, wo die meiste Anstrengung und Gefahr war, schalt jeder sich selbst und die anderen, und in mutigem Geschrei durchlief gegenseitige Ermunterung die ganze Linie.

8 Auch ließ es der andere Tribun an sich nicht fehlen, sondern von seinem Amtsgenossen, der die Linie des Fußvolkes wiederherstellte, zur Reiterei geschickt, ersuchte er, ohne sich auf Verweise einzulassen – denn hierzu hatte er sich durch seine Teilnahme an ihrer Schuld das Ansehen vergeben –, nein, ganz vom Befehlen zum Bitten herabgestimmt, sie einzeln und insgesamt, sie möchten ihn, da er das Schicksal des heutigen Tages zu verantworten habe, von diesem Vorwurf befreien. **9** *Ohne Zustimmung, ja gegen die Abmahnung meines Amtsgenossen gab ich mich lieber der Unbesonnenheit aller zum Teilnehmer hin, als der Vorsicht des einen, dem Camillus bringt euer Glück und euer Unglück nichts als eigenen Ruhm, ich aber werde – und hierin bin ich gerade am schlimmsten daran –, wenn die Schlacht nicht wiederhergestellt wird, das Missgeschick mit allen, die Schande allein tragen.*

10 Bei der schwankenden Haltung des Heeres hielten sie es für das Beste, die Pferde abzugeben und zu Fuß den Feind anzugreifen. Durch Waffen und Mut sich auszeichnend, schritten sie dahin, wo sie ihr Fußvolk am meisten bedrängt sahen. Führer und Soldaten machten sich den höchsten Wetteifer des Mutes zum unerlässlichen Ziele. **11** So wurde denn die Einwirkung der angestrengtesten Tapferkeit für den Ausgang entscheidend, und die Volsker, die in derselben Richtung, in der sie eben noch aus verstellter Furcht gewichen waren, jetzt als wirklich Fliehende fortstürzten, wurden größtenteils sowohl im Kampf als auch nachher auf der Flucht niedergehauen, die Übrigen dann im Lager, welches die Römer noch in demselben Angriff eroberten; doch wurden hier mehr gefangen als getötet.

(25) Als man hier bei der Musterung der Gefangenen mehrere Tuskulaner erkannte, wurden diese von den Übrigen abgesondert, vor die Tribunen geführt, und auf näheres Befragen gestanden sie, nicht ohne Staatsbeschluss gedient zu haben. **2** Camillus, gegen einen in dieser Nähe zu befürchtenden Krieg nicht gleichgültig, sagte, er wolle sogleich die Gefangenen nach Rom führen, damit den Vätern der Abfall der Tuskulaner vom Bündnis nicht unbekannt bliebe. Sein Amtsgenosse möge inzwischen, wenn er wollte, Lager und Heer übernehmen.

3 Diesen hatte jener eine Tag belehrt, sich mit seinen Maßregeln nicht über bessere hinwegzusetzen. Dennoch glaubte er selbst ebenso wenig wie irgendjemand im Heer, dass ihm Camillus jenen Missgriff, durch den er das Ganze an den Abgrund der Gefahr gebracht hatte, so völlig vergessen würde, **4** und im Heer wie in Rom galt es für eine ausgemachte Sache, dass bei dem wechselnden Erfolg der Schlacht im Volskischen die Schuld des unglücklichen Gefechtes und der Flucht den Lucius Furius treffe, alle Ehre des Sieges aber dem Marcus Furius gebühre. **5** Als die Väter, denen die Gefangenen im Senat vorgeführt wurden, für die Eröffnung des Krieges mit den

Tuskulanern gestimmt und dem Camillus die Führung desselben übertragen hatten, bat er sie, ihm einen Gehilfen zu geben, und da ihm erlaubt wurde, von seinen Amtsgenossen zu wählen, wen er wolle, wählte er wider aller Erwarten den Lucius Furius. **6** Durch diese Selbstbeherrschung besänftigte er nicht allein die Schmach seines Amtsgenossen, sondern erwarb auch sich selbst allgemeinen Ruhm.

Mit den Tuskulanern kam es aber nicht zum Krieg. Durch beharrlichen Frieden erwehrten sie sich, was sie mit den Waffen nicht konnten, der römischen Übermacht. **7** Als ihnen die Römer ins Land rückten, flüchtete aus den dem Zug nahen Ortschaften niemand, und nirgends wurde der Feldbau eingestellt. Bei offenen Toren zogen sie in Friedenskleidung scharenweise aus der Stadt den Feldherren entgegen, und freundschaftlich lieferten sie aus der Stadt und von den Dörfern dem Heer Zufuhr ins Lager. **8** Als Camillus, der sein Lager vor den Toren aufgeschlagen hatte, um zu wissen, ob dieses Bild des Friedens, das man ihm im Land zur Schau stellte, auch in den Ringmauern heimisch sei, in die Stadt rückte, **9** die Haustüren offen sah, in offenen Buden alles vorn zum Verkauf ausgestellt war, die Handwerker alle, jeder mit seiner Arbeit, sich beschäftigten, die Schulen von den Stimmen der Lernenden ertönten, auf vollen Gassen unter anderem Pöbel Kinder und Frauen hier- und dorthin gingen, wohin jeden seine Geschäfte führten, und nirgends das geringste Zeichen von Bestürzung, ja nicht einmal von Verwunderung war, ***10*** suchte er allenthalben mit spähenden Blicken um sich her, wo denn der Krieg gewesen sein möchte, ***11*** so wenig war irgendwo eine Spur von etwas auf die Seite Gebrachtem oder nur für jetzt Herbeigeschafftem zu finden, sondern alles war in ungestörtem Frieden so ruhig, dass man hätte glauben sollen, hier habe man auch nicht einmal von einem Krieg gehört.

(26) So durch die Langmut der Feinde bezwungen, ließ er ihren Senat berufen und sprach: *Bis jetzt habt ihr allein, Tuskulaner, die wahren Waffen und die rechten Mittel ausfindig gemacht, euer Eigentum vor dem Zorn der Römer zu schützen.* ***2*** *Geht nach Rom zum Senat; die Väter werden beurteilen, ob euer früheres Benehmen der Strafe, oder euer jetziges der Verzeihung würdiger sei. Ich bin nicht willens, den Dank für die Großmut des Staates mir im Voraus zuzueignen. Nur die Erlaubnis zur Abbitte nehmt von mir. Der Senat wird nach seinem Ermessen den Erfolg eurer Bitten bestimmen.*

3 Als die Tuskulaner nach Rom kamen und die Senatoren dieser noch kurz zuvor so treuen Bundesgenossen sich in der Vorhalle des Rathauses in Trauer zeigten, ließen die Väter, auf die sogleich das Mitleid wirkte, sie schon jetzt mehr gastfreundschaftlich als feindlich vorladen. **4** Die Rede des tuskulanischen Diktators lautete so:

Ebenso gewaffnet und schlachtfertig, ihr versammelten Väter, wie ihr uns jetzt am Eingang eures Rathauses stehen seht, zogen wir, gegen die ihr den Krieg erklärtet und eröffnetet, euren Feldherren und Legionen entgegen. ***5*** *So war unsere und unserer Bürger Haltung, und so wird sie immer sein, außer wenn wir die Waffen von euch und für euch in Empfang nehmen. Wir sagen euren Führern und euren Heeren Dank, dass sie lieber ihren Augen als ihren Ohren glaubten, und da, wo keine Feindseligkeit sich fand, auch selbst keine verübten.* ***6*** *Wir wollen uns von euch den Frieden erbitten, den wir gehalten haben, und flehen euch an, den Krieg dahin zu wenden, wo er sich findet. Sollen wir durch Leiden erfahren, was eure Waffen gegen uns vermögen, so wollen wir unbewaffnet diese Erfahrung machen. Dies ist unsere Gesinnung; mögen die unsterblichen Götter geben, dass sie uns ebenso erfreulich werde wie sie pflichtvoll ist. –* ***7*** *Was die Beschuldigungen betrifft, die euch zur Kriegserklärung gegen uns bewogen haben, so finden wir, obgleich es unnötig ist, durch Tatsachen widerlegte Angaben noch mit Worten zu widerlegen, dennoch für uns größere Sicherheit darin, falls sie wahr sein sollten, sie lieber einzugestehen, da unsere Reue so unverkennbar ist. Mag man sich gegen euch vergehen, wenn ihr die Männer seid, die eine solche Genugtuung verdienen.*

So etwa lauteten die Worte der Tuskulaner. Sie erlangten für jetzt den Frieden und bald nachher sogar das Bürgerrecht. Die Legionen zogen von Tuskulum ab.

(27) Camillus, ausgezeichnet durch Umsicht und Tapferkeit im volskischen Krieg, durch Glück im Feldzug gegen Tuskulum, und in beiden durch seltene Nachsicht und Mäßigung gegen seinen Amtsgenossen, ***2*** legte sein Amt nieder, nachdem unter seinem Vorsitz zu Kriegstribunen auf das folgende Jahr die beiden Valerier, Lucius und Publius, Lucius zum fünften, Publius zum dritten Mal gewählt waren, auch Caius Sergius zum dritten, Lucius Menenius zum zweiten Mal, Spurius Papirius und Sergius Cornelius Maluginensis.

3 Auch Zensoren bedurfte dieses Jahr, hauptsächlich wegen der über die Geldschulden sich widersprechenden Gerüchte, indem die Volkstribunen den Betrag der gehässigen Forderungen sogar noch drückender angaben, während ihn diejenigen auf ein Kleines herabsetzten, die ihren Vorteil dabei fanden, wenn die Schwierigkeit des Bezahlens mehr in der Unredlichkeit der Schuldner als an ihren Umständen zu liegen schien. ***4*** Die gewählten Zensoren waren Cajus Sulpicius Camerinus und Spurius Postumius Regillensis; und die schon angefangene Untersuchung wurde durch den Tod des Postumius unterbrochen, weil man sich ein Gewissen daraus machte, einem Zensor einen nachgewählten Amtsgenossen zu geben. ***5*** Als nun Sulpicius sein Amt niedergelegt hatte, konnten die neuen Zensoren, weil bei ihrer Wahl ein Fehler vorgefallen war, das Amt nicht führen. Und eine dritte Wahl vorzunehmen, hielt man für bedenklich, insofern die Götter die Zensur für dieses Jahr nicht zu genehmigen schienen. ***6*** Dies aber erklärten nun gar die Tribunen für eine unerträgliche Misshandlung des Bürgerstandes. Der Senat weiche den Schätzungslisten, als Zeugen über das Vermögen jedes Bürgers, aus, weil er die Summe der Schulden nicht zur Schau gestellt haben wolle, die einen Beweis dafür geben würde, dass der eine Teil des Staates vom andern zugrunde gerichtet sei, obgleich bei dem allen der verschuldete Bürgerstand einem Feind nach dem andern vorgeführt werde. ***7*** Überall und ohne allen Unterschied suche man Gelegenheit zum Krieg. Von Antium wären die Legionen nach Satricum, von Satricum vor Velitrae, von da nach Tuskulum geführt. Nun richte man die Waffen gegen die Latiner, Herniker, Praenestiner, mehr aus Hass gegen die Mitbürger als gegen die Feinde; bloß damit man den Bürgerstand unter den Waffen aufreibe und ihn nicht dahin kommen lasse, dass er sich in der Stadt erholen könne oder in Ruhe seiner Freiheit eingedenk sei, oder in der Versammlung sich einfinde, um endlich einmal aus dem Mund eines Tribunen ein Wort zu hören, das auf Milderung des Wuchers und Abstellung anderer Ungerechtigkeiten hinziele. ***8*** Wenn der Bürgerstand den Mut habe, den ihm die Erinnerung an seiner Väter Freiheit einflößen müsse, so würden sie weder zugeben, dass man irgendeinen römischen Bürger wegen Schulden zur Leibeigenschaft verurteile, noch dass eine Aushebung gehalten würde, bis nach Untersuchung der Schuldenmasse und herausgefundener Möglichkeit sie zu vermindern, jeder wisse, was ihm, was anderen gehöre, ob ihm die Freiheit seiner Person noch übrig bleibe, oder ob auch sein Leib in Fesseln und Banden gehöre.

9 Dieser auf Meuterei gesetzte Preis erregte auch sogleich Empörung; und teils wurden viele zur Leibeigenschaft verurteilt, teils hatten die Väter auf das Gerücht von einem Praenestinischen Krieg die Werbung neuer Legionen anbefohlen, zwei Dinge, deren Verhinderung die tribunizische Hilfe und die Beistimmung des Bürgerstandes zugleich unternahm. ***10*** Denn die Tribunen litten nicht, dass die Verurteilten abgeführt wurden, und die junge Mannschaft ließ den Aufruf ihrer Namen unbeantwortet. Da nun den Vätern die rechtliche Verfügung in Schuldsachen nicht so wichtig wie die Werbung war, denn es lief schon die Nachricht ein, dass die von Praeneste aufgebrochenen Feinde sich im Gebiet von Gabii gelagert hätten, ***11*** hatte unterdessen selbst dies Gerücht die Volkstribunen mehr zu dem unternommenen Streit gereizt als abgeschreckt, und das Einzige, was den Aufruhr in der Stadt zu dämpfen vermochte, war der Einbruch des Krieges beinahe in die Mauern selbst.

(28) Denn als die Praenestiner erfuhren, dass zu Rom kein Heer geworben, kein Feldherr gewählt sei, dass Väter und Bürger sich gegeneinander selber gewendet hätten, rückten ihre Anführer, **2** welchen dieser Zeitpunkt gelegen kam, in Eilmärschen, auf denen sie die Dörfer vor sich her plünderten, an das Collinische Tor. **3** Die Bestürzung in Rom wurde allgemein. Man rief zu den Waffen, rannte auf die Mauern und an die Tore, und nach dem endlichen Übergang vom Aufruhr zum Krieg wählte man den Titus Quinctius Cincinnatus zum Diktator. **4** Er ernannte den Aulus Sempronius Atratinus zum Magister Equitum. Kaum wurde dies ruchbar, als zugleich die Feinde – ein so großer Schrecken ging vor diesem Amt her – sich von den Mauern zurückzogen, und die jungen Römer ohne Widerstreben dem Befehl sich stellten. **5** Während in Rom ein Heer geworben wurde, verlegten die Feinde ihr Lager in die Nähe des Flusses Allia, plünderten von hier aus das Land weit umher und prahlten damit, eine für die Stadt Rom verhängnisvolle Stellung eingenommen zu haben. **6** Schrecken und Flucht würden hier denselben Gang nehmen wie im Gallischen Krieg. Denn wenn den Römern der schon seit dem Unglück an jener Stelle mit Grauen behaftete und nach ihr benannte Tag so furchtbar sei, wie viel schauderhafter als der Tag der Allia werde ihnen die Allia selbst sein, dies Denkmal ihrer so großen Niederlage? Gewiss würden hier die trotzigen Gestalten der Gallier und der Klang ihrer Stimme ihnen vor Augen und Ohren schweben. **7** Mit solchen eitlen Gedanken über nichtssagende Dinge beschäftigt, ließen sie ihre Hoffnung auf dem Glück des Orts beruhen.

Die Römer hingegen waren überzeugt, dass der Latiner als Feind, wo er sich auch sehen lasse, derselbe sei, den sie nach dem Sieg am See Regillus gehorsam in einem hundertjährigen Frieden erhalten hätten. **8** Der Platz, den das Andenken ihrer Niederlage bezeichne, solle sie vielmehr anspornen, die Erinnerung an die Niederlage auszulöschen, als dass sie ihnen Furcht verursachen würde, dass ihnen irgendein Boden zum Siege verboten sei. **9** Ja, wenn ihnen hier die Gallier selbst entgegenträten, so wollten sie so kämpfen, wie sie in Rom gekämpft hätten, bei der Wiedereroberung ihrer Vaterstadt, wie den Tag darauf bei Gabii, damals nämlich, als sie es dahin gebracht hätten, dass von den in die Ringmauern Roms eingerückten Feinden auch nicht einer weder von seinem Glück noch von seinem Unglück eine Nachricht habe nach Hause bringen können.

(29) In dieser Stimmung auf beiden Seiten gelangte man an die Allia. Schon zeigte sich der Feind in Schlachtordnung und Erwartung, da sprach der römische Diktator: *Siehst du, Aulus Sempronius, wie sie im Vertrauen auf das Glück des Ortes sich an der Allia aufgestellt haben? Und mögen ihnen die unsterblichen Götter keine festere Zuversicht oder mächtigere Hilfe angedeihen lassen! **2** Du aber eile, voll Vertrauen auf Waffen und Mut, mit deinen Rossen im Angriff auf ihren Mittelpunkt, dann will ich auf die verwirrten und Bestürzten mit den Legionen anrücken. Ihr Götter, ihr Zeugen des Bundes, seid mit uns und nehmt die Rache, die euch, an denen sie frevelten, und uns zugleich gebührt, denen sie den Eid bei eurem heiligen Namen gebrochen haben!*

Weder der Reiterei noch dem Fußvolk hielten die Praenestiner stand; beim ersten Angriff und Geschrei waren ihre Glieder gesprengt. **3** Dann, als ihre Linie allenthalben die Haltung verlor, wandten sie den Rücken, und von Verwirrung und Schrecken sogar vor ihrem Lager vorübergesprengt, ließen sie sich auf ihrer ungehemmten Flucht nicht eher nieder, bis sie Praeneste im Gesicht hatten. **4** Hier besetzten sie, infolge der Flucht zerstreut, eine Stelle, die sie durch Notwälle haltbar zu machen suchten, um nicht durch ihren Rückzug hinter die Mauern die Dörfer sogleich den Flammen preiszugeben und nach Verheerung des Ganzen ihrer Stadt eine Belagerung zuzuziehen. **5** Allein sobald sich nach Plünderung ihres Lagers an der Allia der siegende Römer zeigte, verließen sie auch diese Befestigung, und kaum dem Schutz ihrer Mauern trauend, schlossen sie sich in die Stadt Praeneste ein. *6* Außer dieser gehörten noch acht Städte zum Gebiet der Praenestiner. Sie wurden angegriffen und als sie, eine nach der andern, mit nicht sehr großer Anstrengung genommen waren, rückte das Heer bis vor Velitrae. Auch dies wurde erstürmt. *7* Nun kam die Reihe an den Hauptsitz des Krieges, Praeneste, in dessen Besitz man nicht durch Sturm, sondern durch Übergabe kam.

8 Titus Quinctius kehrte als Sieger in einer Feldschlacht, nach Erstürmung von zwei feindlichen Lagern und neun Städten und der Eroberung von Praeneste durch Übergabe nach Rom zurück und brachte im Triumph das von Praeneste mitgenommene Standbild des Jupiter Imperator auf das Kapitol. *9* Es wurde zwischen den Tempeln Jupiters und Minervas aufgestellt, und eine unter demselben aufgehängte Tafel, welche jene Taten beurkundete, hatte etwa folgende eingegrabene Inschrift: *10* „Jupiter und alle Götter haben dem Titus Quinctius verliehen, dass er als Diktator neun Städte eroberte." Am zwanzigsten Tag nach seiner Ernennung legte er die Diktatur nieder.

(30) Darauf wurde ein Wahltag zur Wahl konsularischer Kriegstribunen abgehalten, auf dem man von Adligen und Bürgerlichen eine gleiche Anzahl nahm. *2* Aus den Vätern wurden die beiden Manlius, Publius und Cajus, nebst Lucius Julius gewählt, der Bürgerstand stellte Cajus Sextilius, Marcus Albinius und Lucius Antistius.

Den Manliern, die durch Abkunft den Bürgerlichen, durch Einfluss dem Julius vorangingen, *3* bestimmte man den Krieg gegen die Volsker außerordentlicherweise ohne Los, ohne gegenseitige Verständigung, was nachher sowohl sie selbst als die Väter, deren Werk es war, gereute. *4* Ohne Kundschaft einzuziehen, schickten sie Kohorten auf Futterholen aus. Als sie, diese zu retten, die laut einer falschen Nachricht umzingelt sein sollten, schleunig herbeieilten, sogar ohne sich des Boten zu versichern – ein feindlicher Latiner hatte sie als römischer Soldat getäuscht –, fielen sie selbst in einen Hinterhalt. *5* In einer nachteiligen Stellung leisteten sie unter gegenseitigem Verlust bloß durch die Tapferkeit der Soldaten Widerstand, als die Feinde von einer andern Seite das in einer Ebene liegende römische Lager angriffen. *6* Hier sowohl als dort gab die Unbesonnenheit und Unwissenheit der Feldherren alles preis. Die dem Glück des römischen Volkes gebliebenen Überreste schützte bloß der auch ohne Leitung feststehende Mut der Soldaten. *7* Als diese Nachrichten nach Rom kamen, wollte man anfangs einen Diktator ernennen; als aber spätere Meldungen aus dem Volskischen die dortige Ruhe bezeugten, und es sich nun ergab, dass die Feinde den Sieg und die Gelegenheit nicht zu benutzen verstanden, da wurden sogar die Heere und Feldherren von dort zurückgerufen, *8* und von dieser Seite blieb man, soweit es die Volsker betraf, ungestört. Nur am Schluss des Jahres veranlasste der Umstand neue Bewegungen, dass die Praenestiner, von denen sich auch launische Völkerschaften hatten aufwiegeln lassen, den Krieg erneuerten. *9* In demselben Jahr wurden den Bürgern zu Setia, die über Menschenmangel klagten, neue Ansiedler zur Ergänzung gegeben. Und bei den weniger glücklichen Ereignissen des Krieges tröstete man sich mit dem inneren Frieden, dem die bürgerlichen Kriegstribunen durch ihre Liebe und ihr Ansehen bei ihrer Volksklasse Dauer gaben.

(31) Gleich den Anfang des folgenden Jahres, in welchem Spurius Furius, Quintus Servilius zum zweiten Mal, Caius Licinius, Publius Cloelius, Marcus Horatius, Lucius Geganius konsularische Kriegstribunen waren, setzte ein heftiger Aufruhr in Flammen. *2* Grund und Ursache der Empörung waren die Schulden, und die zur Ermittlung der Summe gewählten Zensoren, Spurius Servilius Priscus und Quintus Cloelius Siculus, wurden an der Ausrichtung des Geschäftes durch Krieg gehindert, *3* denn zuerst brachten hereinstürzende Boten, dann die flüchtenden Landleute, die Nachricht vom Einfall volskischer Legionen, die allenthalben im Römischen plünderten. *4* Bei aller Bestürmung war man gleichwohl so weit entfernt, sich durch den Schrecken von außen von den bürgerlichen Streitigkeiten abrufen zu lassen, dass sich im Gegenteil alle Tribunen noch

heftiger der Werbung widersetzten, bis sie endlich den Vätern die Bedingungen aufnötigten, dass niemand während des Krieges Steuern zahlen und kein Richter in Schuldensachen sprechen sollte. ***5*** Als sie dem Bürgerstand diese Erleichterung verschafft hatten, wurde die Werbung nicht weiter aufgehalten.

Nach Aushebung der neuen Legionen beschloss man, sie in zwei Heere geteilt ins Volskische einrücken zu lassen. Spurius Furius und Marcus Horatius wandten sich zur Rechten gegen die Seeküste und Antium, Quintus Servilius und Lucius Geganius zur Linken gegen die Gebirge bis Ecetra. ***6*** Nirgends zeigte sich der Feind. Folglich wurde eine Plünderung daraus, aber nicht bald da, bald dort, wie die Volsker nach Räuberart, im Vertrauen auf die Uneinigkeit der Feinde und vor ihrer Tapferkeit in Furcht, mit Schüchternheit geplündert hatten, sondern wie ein förmliches Heer zur förmlichen Strafübung sie vollzieht, die vermöge ihrer Dauer um so fühlbarer war. ***7*** Denn die Volsker, nicht ohne Furcht, es könne von Rom indessen ein Heer ausrücken, hatten sich mit ihren Einfällen auf die äußersten Grenzen beschränkt, für den Römer hingegen wurde die Absicht, den Feind zum Kampf herauszulocken, sogar zum Beweggrund, auf feindlichem Boden zu verweilen. ***8*** Nachdem sie also allenthalben die Häuser auf dem Land, auch einige Flecken niedergebrannt, keinen Fruchtbaum, kein Saatfeld und die Hoffnung der Ernte verschont und alles, was sich an Menschen und Vieh außerhalb der Städte fand, als Beute weggetrieben hatten, zogen sie aus beiden Gegenden ihre Heere zurück nach Rom.

(32) Nach einer kurzen den Schuldnern gegönnten Erholung waren die Verurteilungen, sobald man von Seiten der Feinde Ruhe hatte, von Neuem wieder in vollem Gang, und die Hoffnung, sich der alten Zinsen zu entledigen, so entfernt, dass man sich durch eine Steuer zu einer von den Zensoren in Verding gegebenen, von Quadern aufzuführenden Mauer mit neuen Zinsen belastet, ***2*** und der Bürgerstand sich gezwungen sah, sich dieser Last zu unterziehen, weil es für die Volkstribunen keine Werbung zu hindern gab. ***3*** Ja in seiner Abhängigkeit vom Geld der Großen machte der Bürgerstand lauter Patrizier zu Kriegstribunen, den Lucius Aemilius, Publius Valerius zum vierten Mal, Caius Veturius, Servius Sulpicius, die beiden Quinctius Cincinnatus, Lucius und Caius. ***4*** Durch denselben Einfluss setzten sie es durch, da sie, von niemandem gehindert, alle Dienstfähigen schwören lassen konnten, gegen die Latiner und Herniker, deren vereinte Legionen bei Satricum im Lager standen, drei Heere aufzustellen, ***5*** eins zum Schutz der Stadt, ein zweites, um es schleunigst ins Feld rücken zu lassen, wenn irgendwo eine Bewegung vorhanden wäre, das dritte, bei Weitem das stärkste, führten Publius Valerius und Lucius Aemilius nach Satricum.

6 Als sie hier den Feind in einer Ebene in Schlachtordnung fanden, lieferten sie ihm sogleich eine Schlacht; doch ein unter gewaltigen Stürmen sich ergießender Platzregen machte der Schlacht ein Ende, die sich, war sie gleich noch kein gewisser Sieg, doch sehr günstig anließ. ***7*** Am folgenden Tag wurde sie erneuert, und eine Zeitlang leisteten mit gleichem Mut und Glück hauptsächlich die latinischen Legionen Widerstand, die in dem langen Bündnis den römischen Dienst gelernt hatten. ***8*** Nur der Angriff der Reiterei brachte Unordnung in ihre Glieder, und in dieser Unordnung griff das Fußvolk sie an. So weit die römische Linie vordrang, so weit wurden die Feinde geworfen, und als sich die Schlacht erst einmal neigte, wurde das Übergewicht der Römer unaufhaltsam. ***9*** Weil die geschlagenen Feinde nach Satricum, 2000 Schritte von hier, nicht in ihr Lager flohen, wurden sie, besonders von der Reiterei, niedergehauen und ihr Lager erobert und geplündert. ***10*** In der auf die Schlacht folgenden Nacht ging ihr Zug gleich einer Flucht nach Antium, und obgleich ihnen das römische Heer fast auf der Ferse folgte, eilte doch die Furcht schneller als die Erbitterung. ***11*** Schon rückten sie in die Stadt, ehe der Römer in ihre Nachhut einhauen oder sie aufhalten konnte. Nun vergingen mehrere Tage unter Plünderungen im Land, weil sich die Römer aus Mangel an Belagerungszeug zu einem Angriff auf die Mauern nicht gehörig imstande sahen, und die Feinde ebenso wenig, eine Schlacht zu wagen.

(33) Jetzt entstand zwischen den Antiaten und Latinern eine Spaltung, weil die Antiaten, des Missgeschicks müde und mürbe gemacht durch einen Krieg, in welchem sie geboren und alt geworden waren, an eine Übergabe dachten, *2* die Latiner hingegen ihr Abfall, der nach einem langen Frieden erst neulich erfolgt war, bei noch frischem Mut zur Beharrlichkeit im Kriege um so entschlossener machte. Der Streit war beendigt, sobald sich beide überzeugten, dass der eine vom andern unabhängig seine Maßregeln verfolgen könne. *3* Die Latiner verwahrten sich durch ihren Aufbruch vor der Teilnahme an einem ihrer Meinung nach ehrlosen Frieden. Die Antiaten, sobald die unbequemen Schiedsrichter heilsamer Entschließungen entfernt waren, übergaben den Römern Stadt und Land.

4 Die Erbitterung und Wut der Latiner, denen es ebenso sehr misslungen war, den Römern durch diesen Krieg zu schaden, als die Volsker in den Waffen zu erhalten, brach dahin aus, dass sie die Stadt Satricum, die ihr erster Zufluchtsort nach der unglücklichen Schlacht gewesen war, verbrannten; und es blieb, weil ihre Feuerbrände ohne Unterschied geweihte und ungeweihte Häuser trafen, von dieser Stadt weiter kein Gebäude übrig als der Tempel der Mutter Matuta.* *5* Von diesem soll sie weder die Stimme des Gewissens noch die Scheu vor den Göttern, sondern eine fürchterliche Stimme abgehalten haben, welche ihnen vom Tempel aus die schrecklichsten Drohungen zurief, wenn sie nicht ihr gottloses Feuer von den Heiligtümern fernhielten. *6* Von dieser Wut entflammt warfen sie sich aus Erbitterung auf Tuskulum, aus Rache, weil sie, die gemeinsame Versammlung der Latiner verlassend, nicht nur das römische Bündnis, sondern sogar das römische Bürgerrecht angenommen hätten.

7 Da sie unerwartet zu den offenen Toren eingedrungen waren, eroberten sie die Stadt beim ersten Geschrei bis auf die Burg. In die Burg flüchteten die Einwohner mit Frau und Kind und schickten Boten mit der Nachricht von ihrem Unglück an den Senat nach Rom. *8* Mit einer Schnelligkeit, die der Treue des römischen Volkes entsprach, ließ man ein Heer nach Tuskulum rücken. Es wurde von den Kriegstribunen Lucius Quinctius und Servius Sulpicius geführt. *9* Tuskulums Tore fanden sie verschlossen, und die Latiner als Belagerer und Belagerte, wie sie unter gleichzeitigen Plänen, hier die Mauern Tuskulums zu verteidigen, dort die Burg zu bestürmen, zugleich andere ängstigten und selbst in Angst waren. *10* Allein mit der Ankunft der Römer trat auf beiden Seiten eine andere Stimmung ein. Die Tuskulaner hatte sie aus einer drückenden Besorgnis in die mutigste Entschlossenheit versetzt, die Latiner aus der fast gewissen Erwartung, die Burg zu erobern, insofern sie schon Herren der Stadt waren, in die Hoffnungslosigkeit, sich selbst retten zu können. *11* Von der Burg her erhoben die Tuskulaner ein Geschrei; ungleich stärker wurde es vom römischen Heer beantwortet. Auf beiden Seiten sahen sich die Latiner bedrängt; sie waren den Angriffen der Tuskulaner nicht gewachsen, die von der Höhe herab auf sie einstürmten, und konnten auch die Römer nicht abhalten, welche die Mauern heranstiegen und die Riegel der Stadttore aufzubrechen suchten. *12* Die Eroberung der Mauern durch Sturmleitern gelang früher, dann wurden auch die Tore gesprengt. Und da der Feind auf zwei Seiten, von vorn und von hinten eindrang, wurden die Latiner, denen zum Kampf die Kraft, zur Flucht der Raum fehlte, zwischen beiden bis auf den letzten Mann niedergemacht. Das römische Heer wurde, nachdem es den Feinden Tuskulum wieder abgenommen hatte, nach Rom zurückgeführt.

(34) Je mehr man in diesem Jahre durch die glücklichen Kriege an Ruhe von außen gewann, je drückender wurden in der Stadt die Übermacht der Väter und das Elend des Bürgerstandes mit

---

* Vgl. 5. Buch, Kap. 19.

jedem Tag, weil die Zahlung gerade durch die Notwendigkeit, jetzt zahlen zu müssen, unmöglich gemacht wurde. *2* Da die Schuldner also aus ihrem Vermögen schon nichts mehr entrichten konnten, so mussten sie, verurteilt und in Leibeigenschaft gegeben, die Gläubiger mit dem Verlust ihres ehrlichen Namens und ihrer persönlichen Freiheit befriedigen, und die Erfüllung der Verbindlichkeit war zur Strafe geworden. *3* Folglich hatten nicht bloß die Niedrigsten, sondern auch die Ersten des Bürgerstandes ihren gedrückten Mut so herabgestimmt, dass auch von den tätigen und unternehmenden Männern nicht einer es wagte, ich will nicht sagen, mit Patriziern sich um das Kriegstribunat zu bewerben, *4* so eifrig sie auch nach dieser Erlaubnis gerungen hatten, sondern selbst die bürgerlichen Amtsstellen zu übernehmen oder zu suchen, und dass die Väter den Besitz des Amtsranges, von dem der Bürgerstand nur den Nießbrauch auf einige Jahre gehabt hatte, auf ewig wiedergewonnen zu haben schienen. *5* Um diese Freude der einen Partei nicht zu lange dauern zu lassen, musste ein kleiner Umstand eintreten, der, wie so oft, die Ursache einer großen Unternehmung wurde. Marcus Fabius Ambustus, ein Mann von Einfluss sowohl unter den Mitgliedern seines Ranges als auch beim Bürgerstand, weil er bei dieser Klasse durchaus nicht für ihren Verächter galt, hatte von zwei Töchtern die ältere an Servius Sulpicius* verheiratet, die jüngere an Caius Licinius Stolo, einen Mann von Ansehen, aber bürgerlich; und selbst die Nichtabweisung dieser Verwandtschaft hatte den Fabius dem Volk beliebt gemacht. *6* Einst fügte es sich, als die Fabischen Schwestern im Haus des Kriegstribuns Servius Sulpicius nach Frauenart einander die Zeit verplauderten, dass gerade der Gerichtsdiener des Sulpicius, um seinen vom Marktplatz nach Hause zurückkehrenden Herrn zu melden, mit einem Stab, wie das üblich ist, gegen die Haustür schlug. Als die jüngere Fabia, diese Sitte nicht gewohnt, darüber erschrak, wurde sie von ihrer Schwester ausgelacht, die sich wunderte, dass ihre eigene Schwester dies nicht wisse. *7* Allein dieses Lachen bohrte dem auch für Kleinigkeiten empfindlichen weiblichen Herzen seinen Stachel ein; vielleicht zeigte sich ihr auch bei dem zahlreichen Gefolge, das sich mit der Frage, ob er noch etwas zu befehlen habe, von Sulpicius beurlaubte, die Ehe ihrer Schwester von einer glänzenden Seite, und machte sie durch die uns eigene böse Anmaßung, unseren nächsten Verwandten am wenigsten nachstehen zu wollen, mit ihrer eigenen Ehe unzufrieden. *8* Ihr Vater, der sie von dieser neuen an ihrem Herzen nagenden Empfindung verstimmt sah, fragte sie, ob ihr nicht wohl sei, und da sie den Grund ihres Schmerzes, den sie sich so wenig für Schwesternliebe als ihrem Gatten zur Ehre rechnen konnte, auf etwas anderes schob, *9* lockte er ihr durch leises Aushorchen das Geständnis ab, sie sei darüber traurig, dass sie in einer unglücklichen Ehe lebe, in ein Haus gekommen sei, wo Rang und Einfluss keinen Zutritt haben könnten. *10* Tröstend sprach Ambustus seiner Tochter Mut zu: Sie solle in den nächsten Tagen dieselbe Amtsehre bei sich im Haus sehen, die sie bei ihrer Schwester sehe. *11* Und nun ließ er sich mit seinem Schwiegersohn auf Pläne ein und nahm den Lucius Sextius dazu, einen wackeren jungen Mann, der große Aussichten hatte, dem aber für seine Aussichten nichts als patrizische Abkunft fehlte.

(35) Den günstigsten Zeitpunkt, Veränderungen einzuleiten, versprach ihnen jetzt die übergroße Menge der Schulden, ein Übel, dessen Linderung der Bürgerstand nie zu hoffen hatte, wenn nicht Männer aus seiner Mitte zu den höchsten Stellen erhoben wurden. Diesen Gedanken verfolgend, müsse man sich jetzt fertig halten. *2* Durch Unternehmungsgeist und Tätigkeit wären die Bürgerlichen schon so weit gekommen, dass sie von hier aus bei fortgesetzter Anstrengung zu dem Höchsten gelangen und sich den Vätern ebenso im Rang gleichstellen könnten wie im Verdienst.

---

* Er war gerade in diesem Jahr konsularischer Kriegstribun.

3 Für jetzt beschlossen sie, Volkstribunen zu werden, um sich in diesem Amt den Weg zu den übrigen Ehrenstellen zu bahnen. *4* Und nun stellten Caius Licinius und Lucius Sextius als erwählte Tribunen lauter Vorschläge zur Behinderung des Einflusses der Väter und zum Besten des Bürgerstandes auf, den einen in Bezug auf die Schulden, dass nach Abrechnung der schon gezahlten Zinsen vom Kapitol die Bezahlung des Überschusses auf drei Jahre zu gleichen Summen verteilt werden solle, *5* den zweiten über die Größe des Landbesitzes, dass niemand mehr als 500 Morgen Land besitzen solle, den dritten, keinen Wahltag zur Ernennung von Kriegstribunen zu halten und von den Konsuln durchaus den einen aus dem Bürgerstand zu wählen: lauter wichtige Punkte und ohne den heftigsten Kampf nicht erreichbar.

6 Da die Väter, geschreckt durch die Gefahr, alles auf einmal zu verlieren, was sich die Sterblichen mit grenzenloser Begierde wünschen, Ländereien, Geld, Ehrenämter, in ihren öffentlichen und besonderen Beratungen die größte Verlegenheit gezeigt hatten, versicherten sie sich gegen die Vorschläge der Tribunen, und weil sie außer der in vielen früheren Stürmen schon erprobten Einsprache kein anderes Mittel finden konnten, stellten sie dieser Einsprache ihre Amtsgenossen entgegen. *7* Als diese die Bezirke von Licinius und Sextius zur Stimmensammlung aufgefordert sahen, untersagten sie, von patrizischer Bedeckung umgeben, die Vorlesung der Anträge und jede andere zu einem Volksbeschluss nötige Förmlichkeit. *8* Und schon wurden nach öfteren vergeblich berufenen Versammlungen die Vorschläge als verworfen angesehen, da sprach Sextius: *Es ist noch nichts verloren. Wenn nämlich die Einsprache eine so große Kraft haben soll, so wollen wir mit derselben Waffe den Bürgerstand schützen. 9 Versucht es, ihr Väter, setzt einen Wahltag zur Wahl von Kriegstribunen an, dann werde ich dafür sorgen, dass euch dies ausgerufene „Untersagt!", in welches ihr jetzt unsere Amtsgenossen zu eurem großen Vergnügen einstimmen hört, keine Freude machen soll.* *10* Diese Drohungen blieben nicht ohne Wirkung. Es kam weiter keine Wahl zustande, als die der bürgerlichen Ädilen und Tribunen. Licinius und Sextius, abermals zu Volkstribunen gewählt, verhinderten jede Anstellung in patrizische Ämter und darüber, dass der Bürgerstand diese beiden immer wieder zu Tribunen ernannte, und sie jede Kriegstribunenwahl untersagten, sah die Stadt ihre obrigkeitlichen Ämter auf fünf Jahre erledigt.

(36) Andere Kriege ruhten zum Glück; nur die Ansiedler von Velitrae, welche die Ruhe übermütig machte, weil kein römisches Heer vorhanden war, hatten teils mehrere Einfälle ins römische Gebiet gemacht, teils einen Angriff auf Tuskulum gewagt. *2* Und gerade dies wirkte, als die Tuskulaner, diese alten Bundesgenossen, diese neuen Mitbürger um Hilfe baten, hauptsächlich weil man sich der Weigerung schämte, nicht bloß auf die Väter, sondern auch auf den Bürgerstand. *3* Da also die Volkstribunen nachgaben, wurde von einem Zwischenkönig ein Wahltag gehalten; allein die gewählten Kriegstribunen Lucius Furius, Aulus Manlius, Servius Sulpicius, Servius Cornelius und die beiden Valerier, Publius und Caius, fanden bei der Werbung die Bürger bei Weitem nicht so folgsam als am Wahltage; *4* nur mit einem unter großem Widerstand gebildeten Heer konnten sie ausrücken und vertrieben den Feind nicht bloß von Tuskulum, sondern trieben ihn auch in seine eigenen Mauern zurück. *5* Und nun hatte Velitrae eine weit heftigere Belagerung auszuhalten als früher Tuskulum; doch konnten dieselben Kriegstribunen, welche die Belagerung angefangen hatten, es nicht erobern. *6* Es wurden vorher neue gewählt, Quintus Servilius, Caius Veturius, die beiden Cornelier Aulus und Marcus, Quintus Quinctius und Marcus Fabius. Aber auch von diesen Tribunen wurde vor Velitrae nichts Denkwürdiges vollbracht.

7 Weit ungünstiger standen die Angelegenheiten im Inneren. Denn außer Sextius und Licinius, welche jene Vorschläge beantragt hatten und schon zum achten Mal als Volkstribunen wiedergewählt waren, trat nun auch der Kriegstribun Fabius, der Schwiegervater des Stolo, für die Vorschläge, die eigentlich sein Werk waren, ganz öffentlich mit seiner Empfehlung auf. *8* Und da anfangs acht vom Kollegium der Volkstribunen die Vorschläge bekämpft hatten, waren es jetzt nur noch fünf; und diese wussten, als gewonnene Schwachköpfe, wie die in der Regel sind, die von den Ihrigen abfallen, ihre Einsage nur mit erborgten Worten zu rechtfertigen, die ihnen zu Hause eingetrichtert waren: ***9*** Ein großer Teil des Bürgerstandes, jetzt im Heer vor Velitrae, sei abwesend; man müsse den Versammlungstag bis zur Ankunft der Soldaten aufschieben, damit der gesamte Bürgerstand über Gegenstände seines eigenen Wohles abstimmen könne. ***10*** Sextius und Licinius hingegen, mit einigen ihrer Amtsgenossen und dem einen Kriegstribun Fabius schon durch die vieljährige Übung Meister in der Kunst, auf das Volk zu wirken, nötigten die Väter, in die Volksversammlung zu kommen, und ermüdeten sie durch Fragen über die einzelnen Vorschläge, ***11*** ob sie die Stirn haben könnten, zu verlangen, dass es ihnen selbst erlaubt sein solle, während einem Bürgerlichen nur zwei Morgen Land zugeteilt würden, über 500 Morgen zu haben, dass jeder von ihnen die Ländereien von beinahe 300 Bürgern besitzen solle, und das Grundstück eines Bürgerlichen kaum zum nötigen Gebäude oder zur Grabstelle Raum genug habe? ***12*** Ob es ihr Wille sei, dass der durch Wucher zugrunde gerichtete Bürgerliche lieber seine Person in den Kerker und zur Sklavenstrafe hergeben, als die geliehene Summe, mit Abrechnung der Zinsen vom Kapitale, abtragen solle, dass täglich herdenweise die Verurteilten vom Markt abgeführt und die Häuser der Adligen mit Gefangenen angefüllt würden, und allenthalben, wo ein Patrizier wohne, ein besonderer Gewahrsam sei?

(37) Und wenn sie nun durch diese ebenso empörenden als Mitleid erregenden, im lauten Strafton gemachten Darstellungen bei Leuten, die beständig ein gleiches Schicksal erwarteten, ihre Zuhörer mit noch größerem Unwillen erfüllt hatten, als sie selbst empfanden, ***2*** so versicherten sie, bei alledem würden die Väter nie aufhören, sich in die Ländereien einzudrängen und die Bürgerlichen durch Wucher zu morden, ehe nicht das Volk den einen Konsul als Hüter seiner Freiheit aus dem Bürgerstand ernannt habe. ***3*** Die Volkstribunen wären schon verächtlich, da dieses Amt seine eigene Kraft durch die Einsprache vernichte. ***4*** Da könne nie Gleichheit des Rechtes obwalten, wo die Herrschaft sich auf jener, auf ihrer Seite nur Hilfeleistung finde. Ohne Teilnahme an der Regierung werde der Bürgerstand nie an der Staatsverwaltung gleichen Anteil haben. Auch dürfe niemand glauben, es sei schon genügend, wenn bei der Konsulwahl auf Bürgerliche nur Rücksicht genommen werden dürfe; wenn nicht der eine Konsul stets aus dem Bürgerstand genommen werden müsse, werde es nie einer werden. ***5*** Ob sie denn schon vergessen hätten, dass seit 44 Jahren, obgleich man ebendeswegen beschlossen habe, lieber Kriegstribunen als Konsuln zu wählen, um auch den Bürgerlichen den Zutritt zum höchsten Amt offen zu lassen, dennoch kein Bürgerlicher zum Kriegstribun gewählt sei? ***6*** Wie könnten sie glauben, dass diejenigen bei zwei Stellen freiwillig dem Bürgerstand eine überlassen würden, die gewöhnlich bei der Kriegstribunenwahl acht Stellen besetzt hätten, dass diejenigen den Zutritt zum Konsulat gestatten würden, die ihnen das Tribunat so lange gesperrt hätten? ***7*** Durch Gesetzeskraft müssten sie sich das verschaffen, was ihnen am Wahltag fremder Einfluss unerreichbar mache, und den Zutritt der Bürgerlichen zu dem einen Konsulat außer Streit setzen, da es jedes Mal, solange es streitig gelassen würde, dem Mächtigeren als Belohnung zufallen werde. ***8*** Auch könne jetzt die Einwendung nicht mehr gemacht werden, die man sonst von jener Seite gewöhnlich habe hören müssen, dass der Bürgerstand die Männer nicht habe, die zu patrizischen Ämtern geeignet seien. Oder habe sich etwa seit dem Tribunat des Publius Licinius Calvus, des ersten angestellten Bürgerlichen in der Staatsverwaltung mehr Ungeschicklichkeit und Lässigkeit gezeigt als in jenen Jahren, in denen außer Patriziern niemand Kriegstribun gewesen sei? ***9*** Im Gegenteil, mehrere Patrizier wären nach ihrem Tribunat verurteilt worden, aber kein einziger Bürgerlicher. Auch Quästoren habe man seit einigen Jahren ebenso wie sonst Kriegstribunen aus dem Bürgerstand

ernannt, und das römische Volk habe nicht Ursache gehabt, mit einem von ihnen unzufrieden zu sein. ***10*** Nun sei nur das Konsulat noch für den Bürgerstand übrig; dies aber sei die Burg, sei die Stütze der Freiheit. Komme man dahin, dann erst könne das römische Volk überzeugt sein, dass die Könige wirklich aus der Stadt vertrieben, und dass ihre Freiheit fest begründet sei. ***11*** Denn von dem Tag an werde dem Bürgerstand das alles zufallen, was jetzt den Vorzug der Patrizier ausmache, Gewalt und Ehre, Kriegsruhm, Geburt, Adel, lauter Dinge von hohem Wert schon als Genuss für sie selbst, von höherem als Erbe für ihre Kinder.

12 Als sie bemerkten, dass Reden dieser Art Eingang fanden, legten sie noch einen neuen Antrag vor, dass man statt der Zweimänner zur Aufsicht des Gottesdienstes Zehnmänner wählen, und die eine Hälfte aus den Bürgern, die andere aus den Vätern nehmen solle, und die Abstimmung über alle diese Vorschläge verschoben sie auf die Ankunft des Heeres, welches jetzt Velitrae belagerte.

(38) Das Jahr ging vorüber, ehe die Legionen von Velitrae zurückgeführt wurden. Folglich verzögerte sich die Verhandlung über jene Vorschläge ohne Entscheidung bis zu den neuen Kriegstribunen; denn zu Volkstribunen pflegte der Bürgerstand dieselben Volkstribunen, wenigstens die zwei, welche die Gesetze vorschlugen, wieder zu erwählen. ***2*** Zu Kriegstribunen wurden gewählt Titus Quinctius, Servius Cornelius, Servius Sulpicius, Spurius Servilius, Lucius Papirius und Lucius Veturius.

3 Gleich zu Anfang des Jahres kam es über die Vorschläge zum heftigsten Streit, und als die Bezirke zum Abstimmen aufgerufen wurden, die Antragsteller kein Amtsgenosse durch seine Einsprache hinderte, nahmen die bestürzten Väter ihre Zuflucht zu den zwei letzten Rettungsmitteln, der höchsten Gewalt und zum ersten Bürger. ***4*** Sie beschlossen einen Diktator zu wählen; gewählt wurde Marcus Furius Camillus, der den Lucius Aemilius zu seinem Magister Equitum machte. Einer solchen Zurüstung ihrer Gegner Trotz zu bieten, machten die Urheber der Vorschläge ebenfalls die höchste Entschlossenheit zur Waffe für die Volkssache, und nach angesetzter Bürgerversammlung forderten sie die Bezirke zur Abstimmung auf. ***5*** Als der Diktator voller Zorn und unter Drohungen, von einer Schar Patrizier umgeben, sich niedergelassen hatte, dann mit dem gewöhnlichen Streit der Volkstribunen unter sich, je nachdem sie einen Vorschlag durchsetzen wollten oder bekämpften, die Sache begann, und die Einsprache, so viel Gewicht sie durch ihre Rechtmäßigkeit hatte, ebenso viel durch die Parteilichkeit für die Vorschläge selbst und für ihre Verfechter verlor, und schon die zuerst aufgerufenen Bezirke mit einem „Dem Vorschlag gemäß" ihre Stimme gaben, da fing Camillus an:

Weil ihr euch denn, ***6*** *ihr Quiriten, schon nicht mehr vom Tribunenamt, sondern von Tribunenwillkür leiten lasst und ihr die einst durch die Auswanderung des Bürgerstandes gewonnene Einsprache zu eurem Schaden ebenso gewalttätig wieder aufhebt, wie ihr sie errungen habt, so erkläre ich mich, ebenso sehr zu eurem als des Staates Besten als Diktator für die Einsage und werde eure vereitelte Hilfe durch Gewalt beschützen.* ***7*** *Sollten also Caius Licinius und Lucius Sextius der Einsprache ihrer Amtsgenossen nachgeben, so werde ich mich mit meinem patrizischen Amt keineswegs in eure Bürgerversammlung mischen. Wenn sie aber darauf ausgehen, der Einsprache zum Trotz dem Staat, als hätten sie ihn erobert, Gesetze aufzubürden, so werde ich nicht gestatten, dass die tribunizische Gewalt durch sich selbst aufgelöst werde.*

8 Als die Volkstribunen dessen ungeachtet ihre Sache noch ebenso eifrig betrieben, sandte Camillus, von Zorn fortgerissen, seine Gerichtsdiener hin, die Bürger vom Platz zu jagen, und fügte die Drohung hinzu, wenn sie so fortführen, werde er alle Dienstfähigen in Eid nehmen und sogleich mit einem Heer aus der Stadt rücken. ***9*** Die Bürger selbst hatte er dadurch in großen Schrecken gesetzt, aber den Mut ihrer Führer befeuerte er durch den Streit mehr, als dass er ihn minderte. Doch legte er, noch bevor die Sache auf eine von beiden Seiten neigte, sein Amt nieder, entweder weil bei seiner Wahl, wie einige melden, ein Fehler vorgefallen war, oder weil die Volkstribunen bei dem Bürgerstand den Antrag stellten, den dieser annahm, dass Marcus Furius für jede Verfügung, die er als Diktator treffen würde, eine Strafe von 500 000 Pfund erlegen solle. ***10*** Wenn ich es wahrscheinlicher finde, dass er sich durch einen Wahlfehler, als durch diesen bis dahin beispiellosen Antrag habe abschrecken lassen, so bestimmt mich dazu teils die Ehrenhaftigkeit des Mannes, teils und noch mehr der Umstand, dass sogleich Publius Manlius als Diktator an dessen Stelle gewählt wurde (Und was würde es geholfen haben, diesen für einen Kampf zu ernennen, in welchem Marcus Furius schon besiegt gewesen wäre?), ***11*** teils weil das folgende Jahr den Marcus Furius wiederum als Diktator gehabt hat, der wenigstens nicht ohne Scham in ein Amt wieder eingetreten wäre, dessen Kraft das Jahr zuvor in seiner Person gebrochen gewesen wäre, zugleich auch, weil er damals, als auf Geldstrafe angetragen sein soll, entweder auch diesem Antrag, wodurch er sollte zur Ordnung gewiesen werden, ***12*** widerstehen konnte, oder auch nicht Kraft genug hatte, selbst jene zu hindern, um derer willen auch dieser gestellt worden war, und weil dennoch, solange Tribunen und Konsuln bis auf unsere Zeiten ihre Kräfte gegeneinander versucht haben, die Diktatur sich auf ihrer Höhe über sie behauptet hat.

(39) In der Volksversammlung, welche die Volkstribunen zwischen der niedergelegten ersten und der vom Manlius angetretenen neuen Diktatur, gleichsam in einer Zwischenregierung hielten, zeigte es sich, welche von den Vorschlägen dem Bürgerstand und welche den Urhebern selbst die liebsten waren; ***2*** denn die Anträge über die Schulden und Ländereien genehmigten die Bezirke, den über das bürgerliche Konsulat verwarfen sie. Und beides wäre durchgesetzt worden, wenn nicht die Tribunen erklärt hätten, dass sie bei dem Bürgerstand auf sämtliche Punkte zugleich antrügen. ***3*** Nachher gab Publius Manlius als Diktator der Sache eine für den Bürgerstand vorteilhafte Wendung, indem er den gewesenen Kriegstribun Caius Licinius, einen Bürgerlichen, zum Magister Equitum ernannte. ***4*** Ich finde (in den Quellen), dies sei den Vätern sehr unangenehm gewesen; der Diktator aber habe immer seine nahe Verwandtschaft mit Licinius zu seiner Entschuldigung angeführt und zugleich behauptet, die Stelle eines Magisters Equitum sei ja nicht höher als die eines Konsulartribunen.

5 Als der Tag zur Volkstribunenwahl angesetzt war, benahmen sich Licinius und Sextius so, dass sie durch die Weigerung, sich das Amt verlängern zu lassen, bei dem Volk die heftigste Begierde weckten, gerade das zu tun, was sie selbst, ohne den Schein zu haben, suchten. ***6*** Schon ins neunte Jahr stünden sie gegen die Vornehmen gleichsam in Schlachtordnung, nicht ohne die größte persönliche Gefahr, aber ohne den geringsten Vorteil für das Ganze. Schon wären mit ihnen selbst die angekündigten Vorschläge und die ganze Kraft des tribunizischen Amtes veraltet. ***7*** Zuerst habe man ihre Vorschläge durch die Einsprache ihrer Amtsgenossen bekämpft, dann durch die Wegsendung der Mannschaft in den Veliternischen Krieg; zuletzt habe man den Donner der Diktatur gegen sie gerichtet. ***8*** Jetzt ständen weder Amtsgenossen, noch Krieg, noch ein Diktator im Weg; ja dieser habe sogar durch die Ernennung eines Magisters Equitum aus dem Bürgerstand zu einem bürgerlichen Konsulat gleichsam ein Vorzeichen gegeben. Nur der Bürgerstand vernachlässige sich und seine Vorteile. ***9*** In dem Augenblick, in welchem er wolle, könne er die Stadt und den Gerichtsplatz von allen Gläubigern frei haben, frei die Ländereien von allen unrechtmäßigen Besitzern. ***10*** Wann denn die Bürger endlich so große Anerbietungen mit dem gehörigen Dank erkennen würden, da sie selbst jetzt, während sie die zu ihren Vergrößerungen gemachten Vorschläge annähmen, denen, die sie gemacht hätten, die Hoffnung zum Ehrenamt abschnitten? Es sei mit der Bescheidenheit des römischen Volkes unvereinbar zu verlangen, dass man es von seinen Schulden befreien und in die von den Mächtigen unrechtmäßig besessenen Ländereien führen solle, und doch ebendie Männer, durch welche es dies erreicht habe, diese im

Tribunate Ergrauten, nicht nur ohne Ehrenamt, sondern auch ohne Hoffnung auf das Ehrenamt zu lassen. ***11*** Es möchte also zuvor bei sich selbst festsetzen, was eigentlich sein Wille sei, und dann am Tag der Tribunenwahl seinen Willen erklären. Wünsche es, dass sie die von ihnen angekündigten Vorschläge ungetrennt zur Genehmigung vorlegen sollten, so lasse sich's hören, dass man eben diejenigen Volkstribunen wiederwählen wolle, denn diese würden auch die Durchsetzung ihrer Vorschläge zu bewirken wissen. ***12*** Wünsche es aber nur die Annahme dessen, was jeder zu seinem besonderen Vorteil nötig finde, so sei die gehässige Verlängerung ihres Amtes unnötig; so würden sie nicht das Tribunat, die Bürger nicht das Angekündigte erhalten.

(40) Als den übrigen vor Unwillen staunenden und verstummenden Vätern jede Antwort auf diese trotzende Rede der Volkstribunen erstarb, ***2*** soll Appius Claudius Crassus, der Enkel des Dezemvirn, mehr von Hass und Zorn als von Hoffnung beseelt, als Gegenredner aufgetreten sein und etwa folgende Rede gehalten haben:

3 *Es wäre mir nicht neu, nicht unerwartet, ihr Quiriten, wenn man den Hauptvorwurf, den aufrührerische Tribunen unserer Familie immer gemacht haben, auch mir jetzt anzuhören gäbe, dass uns Claudiern gleich von Anfang an im Staat nichts wichtiger gewesen sei als die Ehre der Väter, und dass wir uns immer den Vorteilen des Bürgerstandes widersetzt hätten.* ***4*** *Das Eine will ich nicht in Abrede stellen, es nicht widerlegen, dass wir von der Zeit an, wo wir zugleich in das Bürgerrecht und unter die Väter aufgenommen wurden, uns angelegentlich bestrebt haben, dass man uns mit Wahrheit nachsagen könne, die Ehre der Geschlechter, unter denen ihr uns unseren Platz angewiesen habt, sei durch uns eher gehoben als herabgesetzt.* ***5*** *Hinsichtlich des Zweiten, ihr Quiriten, glaube ich für mich und meine Vorfahren behaupten zu dürfen, wenn nicht etwa jemand das, was man zum Besten des Ganzen tut, als nachteilig für den Bürgerstand ansehen will, gerade als ob dieser eine andere Stadt bewohnte, dass wir wissentlich, wir mochten ohne Amt oder im Amt sein, nie etwas getan haben, was mit dem Wohl des Bürgerstandes unverträglich wäre, und dass man uns mit Wahrheit keiner Tat oder Rede zeihen könne, die euren Vorteil bestritten hätte, sollte sie auch zuweilen euren Willen bestritten haben.* ***6*** *Oder sollte ich – gesetzt, ich wäre nicht vom claudischen Stamm, nicht von patrizischem Blut entstammt, sondern ein Quirit wie jeder andere, und wäre mich nur meiner Abkunft von zwei freien Eltern, meines Daseins in einem freien Stand bewusst –,* ***7*** *sollte ich dann dazu schweigen können, wenn so ein Lucius Sextius und Caius Licinius, diese, Gott sei's geklagt, immerwährenden Tribunen, in den neun Jahren, in denen sie herrschen, sich mit der Frechheit so vertraut gemacht haben, dass sie euch ankündigen, sie würden euch weder über die Wahlen noch über die Annahme von Vorschlägen das Recht der freien Stimme gestatten?* ***8*** *Nur unter Bedingungen, spricht so ein Mensch, sollt ihr uns zum zehnten Mal zu Tribunen wiederwählen können. – Was sagt dies anders, als was andere suchen, das ist uns so sehr zum Ekel, dass wir es ohne eine große Bewilligung nicht annehmen mögen. –* ***9*** *Und worin besteht nun diese Bewilligung, unter der wir euch immer zu Tribunen haben sollen? – Darin, dass ihr unsere sämtlichen Anträge, sie mögen euch gefallen oder nicht, euch nützlich oder schädlich sein, ohne sie zu trennen, annehmt. –* ***10*** *Setzt den Fall, ich bitte euch, ihr Tarquinier in Tribunengestalt, ich riefe mitten aus der Versammlung als einzelner Bürger zu euch: Habt doch die Gnade, uns zu erlauben, dass wir von diesen Vorschlägen diejenigen auswählen, die wir uns für zuträglich halten, und mit den anderen es beim Alten lassen. –* ***11*** *Nein, spricht er, das wird nicht erlaubt. Nicht wahr, dann würdest du die Vorschläge, an denen ihr alle teilnehmt, ich meine die über die Schulden und Ländereien, gutheißen, ließest aber den Gräuel nicht zur Wirklichkeit kommen, der euch mit Unwillen, mit Abscheu erfüllt, dass die Stadt der Römer so einen Lucius Sextius und einen Caius Licinius als ihre Konsuln ansehen soll? Genehmigt sie entweder alle, oder ich schlage nichts vor. –* ***12*** *Geradeso als ob man einem von Hunger Gequälten mit der Speise Gift hineinsetzte und von ihm verlangte, entweder sich des Ge-*

deihlichen zu enthalten, oder mit dem Gedeihlichen das Todbringende zusammenzuschütten. Das ist's, was ich sage: Wenn der Staat frei wäre, würden euch dann nicht viele zurufen: Fort mit dir und deinen Tribunaten und Vorschlägen! Oder meinst du, wenn du nicht einen Vorschlag machtest, in dessen Annahme das Volk seinen Vorteil sähe, dass ihn zu machen sich niemand finden werde? – **13** *Wenn ein Patrizier, oder was nach ihrer Meinung noch gehässiger klingen soll, wenn ein Claudier spräche: Entweder nehmt alles an, oder ich habe gar keine Vorschläge zu machen! – Quiriten, wer von euch würde das ertragen?* **14** *Werdet ihr denn nie lernen, lieber auf die Sache als auf den Angeber zu sehen, sondern immer alles, was das Tribunat euch vorzutragen hat, mit geneigtem Ohr, und was wir euch sagen wollen, mit Abneigung zu vernehmen? –* **15** *Ja, sagt ihr, schon eure Sprache hat einen so unbürgerlichen Ton. – So? Wie steht's denn um den Vorschlag, dessen Verwerfung sie euch so übelnehmen? Ja, freilich, Quiriten, der klingt so leutselig als möglich. Ich trage darauf an, so lautet er, dass ihr nicht die Konsuln ernennen dürft, die ihr wollt.* **16** *Könnte jemand seinen Antrag anders abfassen, wenn er euch befehlen wollte, den einen Konsul vom Bürgerstand zu nehmen und das Recht, zwei Patrizier zu wählen, euch untersagte?* **17** *Wenn wir jetzt solche Kriege hätten, wie der Etruskische war, als Porsenna das Janiculum besetzt hatte, oder wie der Gallische kürzlich, da außer dem Kapitol und der Burg dies hier alles in Feindeshänden war, und es bewürbe sich mit Marcus Furius hier oder mit jedem anderen aus den Vätern so ein Lucius Sextius um das Konsulat, würdet ihr es dann nicht unerträglich finden, dass Sextius unbezweifelt Konsul sein müsste, Camillus aber Gefahr liefe, abgewiesen zu werden?* **18** *Heißt das, die Ehrenämter gemeinsam machen, wenn aus dem Bürgerstand zwei Konsuln erwählt werden dürfen, aus den Patriziern aber nicht? Wenn man den einen schlechterdings aus dem Bürgerstand nehmen muss, bei beiden Stellen aber die Patrizier unbeachtet lassen kann? Wo bleibt hier die Gemeinschaft, wo die Gleichstellung? Ist dir das zu wenig, dass du Anteil an einer Sache bekommst, an der du bis dahin nicht den geringsten Anteil hattest, wenn du nicht auch, indem du nach dem Anteil greifst, zugleich das Ganze an dich reißt? –* **19** *Ja, spricht er, ich fürchte, wenn ihr zwei aus den Patriziern wählen dürft, dass ihr gar keinen Bürgerlichen wählt. – Was heißt das anders, als, weil ihr mit gutem Willen Unwürdige nicht wählen werdet, so will ich euch die Notwendigkeit auferlegen, die zu wählen, die ihr nicht wollt.* **20** *Und was wird die Folge davon sein? Dass der eine Bürgerliche, wenn er mit zwei Patriziern sich bewirbt, seine Wahl nicht einmal als Wohltat dem Volk zu verdanken hat, sondern behaupten kann, er sei nach dem Gesetz, nicht weil man für ihn gestimmt habe, gewählt worden.*

(41) *Sie legen es nur darauf an, sich Ehrenämter zu erzwingen, nicht, darum anzuhalten; sie suchen sich in den Besitz der höchsten Stellen zu setzen, ohne sich auch nur die für die kleinsten schuldigen Verpflichtungen aufzuerlegen, wollen also lieber von den Zeitumständen als vom Verdienst unterstützt, sich um die Ehrenstellen bewerben.* **2** *Fühlt sich jemand zu stolz dazu, sich als Bewerber beobachten, sich beurteilen zu lassen, meint er, er allein müsse unter den mit ihm sich wagenden Bewerbern mit Sicherheit auf die Ehrenstelle rechnen dürfen, will er sich eurem Gutachten entziehen, will er eure gutwillig zu gebenden Stimmen zu erzwungenen, eure freie Wahl zu einer sklavischen machen –* **3** *den Licinius und Sextius nenne ich nicht, da ihr die Jahre in ihrem fortdauernden Amt geradeso wie auf dem Kapitol* die Regierungsjahre der Könige zählt –, wer wäre wohl in unseren Tagen in der Bürgerschaft noch so niedrig, dem nicht der Zutritt zum Konsulat durch die Gunst dieses Gesetzes leichter würde als uns und unseren Kindern? Wird es doch Fälle geben, wo ihr uns nicht einmal werdet wählen können, wenn ihr auch wolltet, und jene wählen müsst, auch wenn ihr nicht wollt.*

* Auf dem Kapitol standen die Bilder der sieben Könige (von Romulus bis Tarquinius) in Erz, und auf den Fußgestellen waren die Regierungsjahre eines jeden angegeben.

4 So viel von der Unwürdigkeit der Sache. Was soll ich aber nun, da die Würdigkeit sich bloß auf Menschen bezog, von den Religionsgebräuchen und den Auspizien sagen, wodurch dieser Unfug sich so ganz zu einer Verachtung und Beleidigung der unsterblichen Götter eignet? Wer weiß nicht, dass unsere Stadt auf Zustimmung von oben gebaut sei, dass nach diesen Auspizien sich die ganze Staatsverwaltung im Krieg und im Frieden, im Inneren und im Äußeren richte? Und wer hat nach der Einrichtung der Vorfahren diese Auspizien auszumitteln? 5 Ich sage geradezu, die Väter, denn bei der Wahl einer bürgerlichen Obrigkeit wird nach diesen Auspizien nicht einmal gefragt. 6 Uns sind die Auspizien so eigentümlich, dass nicht allein das Volk diejenigen patrizischen Obrigkeiten, die von seiner Wahl abhängen, nicht anders wählen darf, als wenn wir die göttliche Genehmigung eingeholt haben, sondern dass auch wir für uns, ohne alle Stimmenwahl des Volkes, bloß auf die Bewilligung von oben einen Zwischenkönig ernennen können, und also selbst außer dem Amt die Einholung des Götterwillens haben, die jenen dort nicht einmal als Obrigkeiten zukommt. 7 Wer also durch seine Wahl bürgerlicher Konsuln den Vätern die Auspizien, die sie allein besitzen, entzieht, was tut der anders, als dass er alle Befragung des Götterwillens im Staat abschafft? Mögen sie immerhin als Spötter der heiligen Gebräuche fragen: 8 Was ist es denn mehr, wenn einmal die Hühner nicht fressen, wenn sie nicht so geschwind aus dem Käfig kommen, wenn ein Vogelschrei eine Warnung sein soll? Dies sind Kleinigkeiten, aber als Nichtverächter dieser Kleinigkeiten haben unsere Vorfahren dem Staat diese Größe gegeben, 9 und wir, als bedürften wir der Gnade der Götter weiter nicht, verachten bereits die heiligen Gebräuche. So lasst uns denn Oberpriester, Vogelschauer, Opferkönige ohne Unterschied wählen, jedem, der nur Menschengestalt hat, den Kopfschmuck aufsetzen, den nur Jupiters Eigenpriester trägt; die Ancilien, des Reiches heilige Kleinode, die Götter selbst und die Sorge für die Götter in verbotene Hände geben. 10 Lasst uns ohne Einholung des Götterwillens Gesetze geben, ohne ihn Obrigkeiten wählen. Lasst uns die Genehmigung der Väter, wir mögen unsere Volkstage nach Zenturien oder nach Kurien halten, unnötig finden. Mögen Sextius und Licinius gleich einem Romulus und Tatius in der Stadt Rom gebieten, weil sie fremdes Geld, weil sie Ländereien verschenken. 11 So angenehm ist es, anderer Eigentum zu plündern; und niemand begreift, dass durch den einen Vorschlag, wenn wir die Besitzer von ihren Feldmarken treiben, unsere Ländereien zu wüsten Einöden werden, und durch den andern Treue und Glaube vernichtet wird, womit die ganze menschliche Gesellschaft aufgehoben wird.12 In jeder Hinsicht müsst ihr, wie ich glaube, diese Vorschläge verwerfen. Geben die Götter zu eurem Tun ihren Segen.

(42) Die Rede des Appius bewirkte nur so viel, dass die Annahme der Vorschläge noch aufgeschoben wurde. *2* Sextius und Licinius, zum zehnten Mal wieder zu Tribunen gewählt, setzten den Vorschlag durch, Zehnmänner des Gottesdienstes zur Hälfte aus den Bürgerlichen zu wählen. Man wählte fünf aus den Vätern und fünf aus dem Bürgerstand, und durch diesen Schritt schien der Weg zum Konsulat schon gebahnt zu sein. *3* Zufrieden mit diesem Sieg gab der Bürgerstand, ohne jetzt von den Konsuln weiter zu reden, den Vätern darin nach, dass Kriegstribunen gewählt werden sollten. Man wählte die beiden Cornelier Aulus und Marcus, beide zum zweiten Mal, den Marcus Geganius, Publius Manlius, Lucius Veturius, Publius Valerius zum sechsten Mal.

4 Von der Belagerung von Velitrae, deren Ausgang mehr zögernd als zweifelhaft war, abgesehen, hatten die Römer von außen Ruhe, als das unerwartete Gerücht von einem einbrechenden Gallischen Krieg den Senat bewog, den Marcus Furius zum fünften Mal zum Diktator zu ernennen. Er ernannte den Titus Quinctius Pennus zu seinem Magister Equitum.

5 Claudius* berichtet, man habe mit den Galliern in diesem Jahr am Fluss Anio gekämpft, und jener berühmte Zweikampf auf der Brücke, in welchen sich Titus Manlius mit dem ihn

* Claudius Quadrigarius, römischer Geschichtsschreiber, der zu den Zeiten Sullas lebte, 8, Buch, Kap. 19.

herausfordernden Gallier einließ, ihn im Angesicht beider Heere erschlug und ihm die Halskette abnahm, habe damals stattgefunden. ***6*** Die Mehrzahl der Angaben bestimmt mich zu der Annahme, dass jene Begebenheit volle zehn Jahre jünger, das Treffen dieses Jahres aber unter dem Diktator Marcus Furius im Gebiet von Alba geliefert sei. So groß der Schrecken war, den die Gallier den Römern durch die Erinnerung an die frühere Niederlage mitbrachten, ***7*** so war dennoch für diese der Sieg weder zweifelhaft noch schwer. Tausende von Barbaren fielen in der Schlacht, Tausende wurden nach Eroberung ihres Lagers niedergemacht. ***8*** Die Übrigen, welche größtenteils nach Apulien hinüberstreiften, sicherten sich vor dem Feind teils durch die Flucht in die Ferne, teils dadurch, dass sie vor Bestürzung und Schrecken sich hier- und dorthin versprengten. Dem Diktator wurde einstimmig von den Vätern und Bürgern der Triumph zuerkannt.

9 Kaum hatte er diesen Krieg beendigt, so machte ihm im Inneren ein weit heftigerer Aufstand zu schaffen, in welchem Diktator und Senat, nach harten Kämpfen besiegt, die tribunizischen Vorschläge annehmen mussten; und es kam trotz des Widerspruches des Adels eine Konsulwahl zustande, nach welcher Lucius Sextius als der erste Konsul aus dem Bürgerstand gewählt wurde. ***10*** Aber auch dies machte den Streitigkeiten noch kein Ende. Weil die Patrizier ihre Bestätigung verweigerten, kam es beinahe zu einer Auswanderung des Bürgerstandes und zu anderen schrecklichen Drohungen bürgerlicher Streitigkeiten. ***11*** Doch wurden noch vom Diktator die Zwistigkeiten auf Grund eines Vertrages beigelegt, und vom Adel dem Bürgerstand ein bürgerlicher Konsul, von den Bürgern dem Adel ein aus den Vätern zu wählender Prätor zugestanden, der die Rechtspflege in der Stadt handhaben sollte. ***12*** Da nun nach dieser auf die lange Erbitterung erfolgten Rückkehr der Stände zur Eintracht der Senat erklärte, dieses Ereignis verdiene, durch prächtige Spiele und Verlängerung der dreitägigen latinischen Festlichkeiten um einen Tag gefeiert zu werden, ***13*** und man werde sich zu diesem den unsterblichen Göttern zu erweisenden Ehrendienst mehr als je verpflichtet fühlen, verweigerten die Ädilen diesen Dienst, während die jungen Patrizier durch einmütigen Ruf versprachen, sie wollten dies gern zur Ehre der unsterblichen Götter tun, wenn man sie zu Ädilen mache. ***14*** Von allen wurde ihnen Dank gesagt, und der Senat beschloss, dass der Diktator beim Volk auf die Ernennung zweier Ädilen aus den Vätern antragen, und die Väter alle Wahlen dieses Jahres bestätigen sollten.

Siebentes Buch

Inhalt

Die obrigkeitlichen Ämter wurden um zwei neue vermehrt, die Prätur und das Kurulische Ädilenamt. Die Stadt wurde von einer Pest heimgesucht, welcher des Furius Camillus Tod eine Denkwürdigkeit gab, und da man, um zu genesen und die Pest zu vertreiben, neue heilige Feierlichkeiten anstellte, gab dies den Spielen der Schaubühne den Ursprung. Als der Volkstribun Marcus Pomponius den Lucius Manlius wegen seiner Härte bei der Werbung und weil er seinen erwachsenen Sohn Titus Manlius ohne Schuld auf das Land verwiesen habe, vor Gericht forderte, kam der Jüngling selbst, dessen Verweisung man dem Vater zum Vorwurf machte, in des Tribuns Schlafzimmer und zwang ihn mit gezücktem Schwert, ihm den Eid nachzusagen, dass er die Klage nicht fortsetzen wolle. Das ganze Vaterland gerät durch einen Erdfall in der Stadt Rom in den größten Schrecken, und man wirft in den tiefen Schlund Kostbarkeiten aller Art. In seiner Rüstung zu Pferd stürzt Curtius sich hinein, und der Abgrund schließt sich. Der junge Titus Manlius, der seinen Vater von der Plackerei des Tribuns gerettet hatte, trat gegen einen Gallier, der die römischen Soldaten herausforderte, zum Zweikampf auf, nahm dem Erlegten eine goldene Halskette ab, die er nachher selbst trug, und bekam davon den Namen Torquatus. Zu den Bezirken kommen zwei neue hinzu, der Pomptinische und Publilische. Licinius Stolo wird Kraft des von ihm selbst vorgeschlagenen Gesetzes verurteilt, weil er mehr als 500 Morgen Land besaß. Marcus Valerius erschlägt als Kriegstribun einen Gallier, von dem er herausgefordert war, mit Hilfe eines Raben, der sich ihm auf den Helm setzt und den Feind mit Krallen und Schnabel anfällt, und bekommt davon den Namen Corvus, und wird das Jahr darauf in einem Alter von dreiundzwanzig Jahren seiner Tapferkeit wegen zum Konsul gewählt. Geschlossener Freundschaftsvertrag mit Karthago, weil die Campaner, von den Samniten mit Krieg bedrängt, die bei dem Senat gesuchte Hilfe gegen sie nicht erhalten, übergeben sie ihre Stadt und ihr Land dem römischen Volk; dies bewirkt den Entschluss, sie als nunmehriges römisches Eigentum mit den Waffen gegen die Samniten in Schutz zu nehmen. Als das Heer unter Zuführung des Konsuls Cornelius in einer nachteiligen Stellung in große Gefahr geriet, wurde der Kriegstribun Publius Decius Mus dessen Retter. Durch Besetzung eines Hügels, der die Höhe beherrschte, auf welcher sich die Samniten gelagert hatten, gab er dem Konsul Gelegenheit, sich auf einen vorteilhafteren Platz zu ziehen, er selbst schlug sich durch die ihn umschließenden Feinde. Als die zur Besatzung in Capua gelassenen römischen Soldaten sich verschworen hatten, die Stadt für sich in Besitz zu nehmen, und nach Entdeckung ihres Anschlages aus Furcht vor der Strafe vom römischen Volk abfielen, wurden sie durch den Diktator Valerius Corvus, dessen Klugheit sie von ihrer Verblendung zurückrief, dem Vaterland wiedergegeben. Außerdem enthält dieses Buch Siege über die Herniker, Gallier, Tiburtiner, Privernaten, Tarquinier, Samniten und Volsker.

(1) Dieses Jahr wird durch das Konsulat eines *homo novus* (Aufsteigers) merkwürdig bleiben, merkwürdig durch zwei neue Ämter, das der Prätoren und das der kurulischen Ädiledie. Diese Ehrenstellen verschafften sich die Patrizier für das eine dem Bürgerstand eingeräumte Konsulat. ***2*** Dieses Konsulat übertrug das Volk dem Lucius Sextius, durch dessen Gesetz es ihm erworben war, die Prätur verschaffte der Einfluss der Väter auf dem Wahlfeld dem Spurius Furius Camillus, des Marcus Sohn, die Ädilität dem Cnaeus Quinctius Capitolinus und Publius Cornelius Scipio, lauter Männern ihres Standes. Dem Lucius Sextius wurde zum Amtsgenossen aus den Vätern Lucius Aemilius Mamercus gegeben.

3 Im Anfang des Jahres kam es teils wegen der Gallier, welche sich nach ihrer ersten Zerstreuung in Apulien, wie das Gerücht sagte, wieder sammelten, teils über den Abfall der Herniker mehrmals zu Anträgen. ***4*** Da man aber absichtlich alles aufschob, um dem bürgerlichen Konsul keinen Stoff zu Taten zu geben, herrschte in den Geschäften eine allgemeine Stille und eine einem Gerichtsstillstand ähnliche Ruhe, ***5*** nur dass die Tribunen es nicht ungerügt ließen, dass sich der Adel zum Ersatz der einen bürgerlichen Konsulstelle drei Ämter für seine Patrizier angemaßt habe, welche in der Purpurverbrämung gleich Konsuln auf Thronsesseln dasäßen, ***6*** ja dass auch ein Prätor, noch dazu mit der Gerichtspflege beauftragt, den Konsuln als Amtsgenosse zugeteilt und gleich ihnen durch Befragung der Vögel geweiht werde – und dadurch dem Senat die Bescheidenheit aufnötigten, die Wahl der kurulischen Ädilen aus den Vätern nicht zu fordern. Zuerst einigte man sich dahin, sie ein Jahr um das andere aus dem Bürgerstand zu wählen; nachher hatten beide Teile ohne Unterschied gleichen Zutritt.

7 Unter dem folgenden Konsulat des Lucius Genucius und Quintus Servilius, in welchem weder Aufruhr noch Krieg die Ruhe störte, entstand nun, damit es nie an Besorgnis und Gefahr fehlen möchte, ein großes Sterben. ***8*** Ein Zensor, ein kurulischer Ädil, drei Volkstribunen sollen gestorben, und nach dem Verhältnis auch unter dem übrigen Volk viele Todesfälle vorgekommen sein. Und besonders denkwürdig machte diese Pest der, wenn auch nicht zu frühe, so doch betrübliche Verlust des Marcus Furius. ***9*** Denn wirklich war der Mann in jeder Lage des Lebens einzig; schon ehe er in die Verbannung ging, im Frieden und im Krieg der erste, glänzender noch durch diese Verbannung, sei es, weil der Staat ihn vermisste, der, selbst in Feindeshand, den Abwesenden um Rettung anflehte, oder weil ihm das Glück beschieden war, bei seiner Zurückberufung in die Vaterstadt mit sich selbst zugleich die Vaterstadt wiederherzustellen. Und in den folgenden 25 Jahren – denn so lange lebte er nachher noch – ***10*** erhielt er sich die Auszeichnung, die ein so hoher Ruhm ihm gab, und galt für einen Mann, der es verdiente, nächst Romulus der zweite Erbauer Roms genannt zu werden.

(2) In diesem und im folgenden Jahr, unter den Konsuln Caius Sulpicius Peticus und Caius Licinius Stolo währte die Pest fort. Darum wurde nichts Denkwürdiges unternommen, ***2*** außer dass man, um die Gnade der Götter zu erflehen, jetzt zum dritten Mal nach Roms Erbauung ein großes feierliches Göttermahl anstellte. ***3*** Und da weder menschliche Mittel noch göttliche Hilfe die Gewalt der Krankheit milderten, so sollen, wie es heißt, bei der abergläubischen Stimmung der Leute unter anderen Sühnemitteln des göttlichen Zornes auch die Spiele der Bühne aufgekommen sein, für ein kriegerisches Volk, dem bisher nur Spiele der Rennbahn eine Augenweide gewährt hatten, etwas ganz Neues. ***4*** Aber auch diese waren zuerst, wie fast aller Anfang, nur klein und noch dazu ausländisch. Ohne allen Gesang, ohne alle Darstellung des Gesungenen durch Gebärdenspiel, machten die aus Etrurien geholten Spieler, in tuskischen von einer Flöte begleiteten Tänzen ganz zierliche Bewegungen. ***5*** Die Jünglinge ahmten ihnen nach, zugleich ließen sie sich untereinander in scherzhaften, frei gearbeiteten Versen hören, und die Gebärden waren dem Vortrag nicht unangemessen. ***6*** Die Sache fand Beifall und hob sich durch

die öftere Ausführung. Weil ein Spieler auf tuskisch Hister hieß, so gab man auch den heimischen Künstlern den Namen Histrio, *7* welche nun nicht mehr, wie sonst, ungefeilte und regellose Verse, den Fescenninen* ähnlich, als Wechselgespräch hinwarfen, sondern ein im Silbenmaß vollendetes Allerlei, als ein von der Flöte geleitetes Singstück mit angemessenem Gebärdenspiel aufführten. ***8*** Mehrere Jahre nachher soll Livius, der es zuerst wagte, statt des Allerlei ein Schauspiel mit einer Haupthandlung zu begründen, als ihm bei den geforderten öfteren Wiederholungen eine Heiserkeit zustieß – er war nämlich, wie damals alle, zugleich Verfasser und Geber seiner Stücke –, ***9*** nach erbetener Erlaubnis einen Knaben zum Singen vor den Flötenspieler gestellt und den Gesang der einen Person mit um so lebhafterer Bewegung begleitet haben, weil ihm nun der Aufwand seiner Stimme nicht mehr hinderlich war. ***10*** Seitdem ließ man zu dem Gebärdenspiel der Histrionen einen anderen singen, und nur der Wechselgesang blieb ihrer eigenen Stimme vorbehalten. ***11*** Als sich die Form der Bühnenstücke durch diesen regelmäßigen Gang immer mehr vom bloßen Lachen und ausgelassenen Scherz entfernte, und ihr Spiel allmählich zu einer Kunst gediehen war, überließen die jungen Römer die Aufführung der Bühnenstücke den wirklichen Schauspielern und machten sich's zum eigenen Geschäft, allerlei Stoff zum Lachen in Versen vorzutragen, welche man nachher, unter der späteren Benennung der Nebenspiele, hauptsächlich mit den atellanischen Possenspielen** in Verbindung setzte. ***12*** An diese, den Oskern abgelernten Spiele hielt sich die Jugend und ließ sie nicht von den Histrionen entweihen. Daher wurde es zur bleibenden Sitte, dass die Geber atellanischer Stücke darum nicht aus ihrem Bezirk gestoßen werden und Kriegsdienste tun dürfen, als wären sie mit der Schauspielkunst außer aller Verbindung.

13 Unter den Nachrichten über den kleinen Anfang so mancher anderen Einrichtung glaubte ich auch dem ersten Ursprung der Schauspiele einen Platz geben zu müssen, damit deutlich wurde, von was für einem gesunden Anfang sie zu diesem Unsinn übergingen, der kaum für mächtige Königreiche zu ertragen ist.

(3) Und doch befreiten diese Spiele, die ihrem Ursprung nach der Abwendung des göttlichen Zornes gewidmet waren, weder die Herzen von ihrer Götterfurcht noch die Leiber von der Krankheit. ***2*** Ja als der ausgetretene Tiber, weil er die Rennbahn überschwemmte, die Spiele mitten in der Handlung unterbrach, flößte ihnen dies besonders großen Schrecken ein, als hätten die abgewandten Götter selbst die Sühnmittel ihres Zornes zurückgewiesen. ***3*** Da also unter dem Konsulat des Cnaeus Genucius und Lucius Aemilius Mamercus, der es zum zweiten Mal war, die Auffindung der Sühnmittel mehr die Gemüter als die Krankheit den Körper quälte, soll man auf ein altes Mittel zurückgekommen sein, weil sich die älteren Leute erinnerten, dass früher durch einen vom Diktator eingeschlagenen Nagel die Pest beseitigt worden sei. ***4*** In dieser frommen Absicht beschloss der Senat, einen Diktator zur Einschlagung des Nagels zu ernennen. Der dazu ernannte Lucius Manlius Imperiosus nahm den Lucius Pinarius zum Magister Equitum. ***5*** Ein uraltes Gesetz, in alter Schrift und Sprache abgefasst, verordnet, dass der höchste Beamte am 13. September den Nagel einschlagen soll. Die Tafel hing im Tempel des allmächtigen Jupiter zur rechten Seite, wo Minerva ihren Tempel hat. ***6*** Nach diesen Nägeln soll man in jenen Zeiten, in denen die Buchstabenschrift eine Seltenheit war, die Jahre gezählt und das Gesetz selbst dem

* Von der etruskischen Stadt Fescennium oder Fescennia hatten die fescennischen Verse ihren Namen, die am häufigsten bei Hochzeiten und Erntefesten gesungen wurden, ihrem Silbermaß nach ebenso unrein, wie gewöhnlich ihrem Inhalt nach.

** Diese Posse – Witz und Satire war ihr Hauptinhalt – von der Kürze eines Zwischenspiels oder Nachspiels, hatte ihren Namen von der kampanischen oder oskischen Stadt Atella (denn die Osker waren ein kampanisches Volk), zwischen Capua und Neapolis.

Tempel der Minerva gewidmet haben, weil die Zahl eine Erfindung der Minerva sein soll. ***7*** Dass auch zu Volsinii im Tempel der Nortia, einer etruskischen Göttin, solche Nägel zu sehen waren, die man als Zeichen der Jahreszahl eingeschlagen habe, versichert uns Cincius,* ein in Erforschung solcher Denkmäler zuverlässiger Gewährsmann. ***8*** Vermöge des Gesetzes vollzog der Konsul Marcus Horatius die feierliche Einschlagung des Nagels am Tempel des allmächtigen Jupiter in dem Jahr nach Vertreibung der Könige; von den Konsuln ging die Feierlichkeit später auf die Diktatoren über, weil ihr Amt eine höhere Gewalt hatte. Als man nachher den Gebrauch unterließ, fand man die Sache an sich wichtig genug, einen Diktator bloß dazu zu ernennen. ***9*** Und bloß hierzu ernannt, quälte dennoch Lucius Manlius, um sich die Führung des Krieges mit den Hernikern zuzueignen, als hätte man ihn zu Unternehmungen an die Spitze des Staates gestellt und nicht vielmehr dazu gewählt, den Staat einer heiligen Obliegenheit zu entledigen, die Jugend durch eine mit Strenge betriebene Werbung, bis er endlich, weil alle Volkstribunen gegen ihn auftraten, von ihnen dazu gezwungen, oder aus Scheu, gezwungen zu werden, seine Diktatur niederlegte.

(4) Nichtsdestoweniger forderte im Anfang des folgenden Jahres, in welchem Quintus Servilius Ahala und Lucius Genucius Konsuln waren, der Volkstribun Marcus Pomponius den Manlius vor Gericht. ***2*** Seine Härte bei der Aushebung hatte ihn verhasst gemacht, welche die Bürger nicht bloß durch Verlust an Vermögen, sondern auch durch körperliche Misshandlungen empfunden hatten, indem er diejenigen, die bei dem Aufruf ihrer Namen nicht antworteten, teils mit Ruten schlagen, teils gefangen legen ließ; ***3*** und namentlich hasste man den ihm eigenen Starrsinn und den einem freien Staat unausstehlichen Beinamen Imperiosus (der Gebieterische), den ihm die unverhehlte Äußerung einer Härte zuzog, welche er an Fremden nicht strenger als gegen nahe Verwandte, ja selbst an seinem eigenen Blut ausübte. ***4*** Darum machte ihm auch der Tribun unter anderen Beschuldigungen einen Vorwurf daraus, dass er seinen Sohn, einen Jüngling, den er keines Verbrechens zeihen könne, als einen aus der Stadt, aus dem Haus Verbannten von den Penaten, vom Markt, vom Tageslichte, vom Umgang mit Seinesgleichen Geschiedenen, zu sklavischer Handarbeit, in einen Sklavenzwinger, wie in einen Kerker gesteckt habe, in welchem dieser Jüngling vom höchsten Rang, ***5*** eines Diktators Sohn, durch das tägliche Elend erfahren müsse, dass er in der Tat einen gebieterischen Vater habe. Und welches Verbrechens wegen? ***6*** Weil ihm die fließende Rede, die geläufige Zunge fehle. Habe er als Vater, wenn er nur einige Menschlichkeit besäße, diesen Naturfehler schonend mildern oder durch Strafe und Misshandlung umso auffallender machen müssen? Selbst die unvernünftigen Tiere hegten und pflegten das von ihren Jungen, was etwa nicht vollkommen geraten sei, darum nicht weniger. ***7*** Aber beim Herkules, Lucius Manlius vergrößere das Übel seines Sohnes durch Misshandlung, halte den schwerfälligen Geist sogar nieder und ersticke den Funken natürlicher Lebhaftigkeit, der etwa noch in ihm sei, dadurch, dass er ihn als einen Dorfbuben in bäurischem Aufzug unter dem Vieh leben lasse.

(5) Alle anderen wurden durch diese Beschuldigungen erbittert, nur der Jüngling nicht; im Gegenteil, voll Verdruss darüber, dass auch er zum Vorwand dienen müsse, Hass und Verleumdung gegen seinen Vater zu wecken, fasste er, ***2*** um aller Welt es zu zeigen, dass er es mit seinem Vater, nicht mit dessen Feinden halte, einen Entschluss, wie ein roher und bäurischer Mut ihn eingibt, der aber, sowenig er für das bürgerliche Leben ein Muster sein kann, in Rücksicht auf die kindliche Liebe Lob verdiente.

* Lucius Cincius Alimentus (Hannibals Gefangener nach Livius XXI, 38) vielleicht nach Livius XXVI, 23 Prätor, schrieb (nach Dionysius von Halicarnassos I, 75) die Römische Geschichte vom Ursprung Roms an.

3 Ohne dass jemand darum wusste, ging er, mit einem Dolch unter dem Kleid, in aller Frühe zur Stadt und vom Tor geradezu vor das Haus des Tribuns Marcus Pomponius. *4* Dem Türsteher sagte er, er müsse sogleich seinen Herrn sprechen, er möge nur den Titus Manlius, den Sohn des Lucius, melden. Da er sogleich vorgelassen wurde (denn es ließ sich erwarten, dass er, auf seinen Vater ergrimmt, entweder eine neue Beschuldigung oder einen der Sache förderlichen Wink mitzuteilen habe), sagte er nach gegenseitiger Begrüßung, er habe etwas mit ihm ohne Zeugen zu besprechen. *5* Kaum hatte sich auf Befehl jedermann entfernt, da zog er den Dolch, und über dem Bett stehend, drohte er, ihn auf der Stelle zu durchbohren, wenn er ihm nicht den Eid leiste, dass er in der Klage gegen seinen Vater nie wieder eine Volksversammlung halten wolle.

6 Der Tribun in Angst – denn er sah den Stahl vor seinen Augen blitzen, sich selbst allein und wehrlos, sich gegenüber einen handfesten und, was noch schlimmer war, auf seine Stärke trotzigen Jüngling – schwur den verlangten Eid wörtlich nach und trug kein Bedenken, öffentlich zu gestehen, diese Gewalttat habe ihn genötigt, die Sache aufzugeben. *7* Und danach zu urteilen, dass das Volk es allerdings lieber gesehen hätte, wenn es gegen einen so grausamen und übermütigen Beklagten sein Stimmrecht hätte ausüben können, nahm doch dem Sohn die für seinen Vater gewagte Tat nicht übel; ja man fand sie darum noch um so lobenswerter, weil selbst die große Härte des Vaters sein Herz von der kindlichen Liebe nicht abgebracht hatte. *8* Folglich erließ man nicht nur dem Vater die Verteidigung, sondern der Vorfall brachte auch dem jungen Mann Ehre ein, *9* denn da man in diesem Jahr zum ersten Mal die Einrichtung traf, die Kriegstribunen für die Legionen durch Stimmengebung zu ernennen: – vorher nämlich stellten die Feldherren selbst auch diese an, so wie noch jetzt die, welche Rufuli* heißen –, so erhielt er von sechs Stellen die zweite, ohne dass ihm irgendein Verdienst im Frieden oder Krieg dieses Wohlwollen erworben hätte, da er seine Jugend auf dem Land und fern vom Verkehr mit Menschen zugebracht hatte.

(6) In demselben Jahr soll entweder durch ein Erdbeben oder durch sonst eine gewaltsame Wirkung etwa die Mitte des Marktplatzes in eine weite Kluft zu einer unermesslichen Tiefe eingesunken sein; *2* und dieser Schlund soll sich durch alle hineingeschüttete Erde, die jeder nach Kräften herbeischaffte, nicht haben ausfüllen lassen, bis man auf göttliche Weisung die Frage aufwarf, worin eigentlich die Hauptstärke des römischen Volkes bestehe; *3* denn dies musste nach dem Ausspruch der Seher diesem Abgrund geweiht werden, wenn man dem römischen Staat seine Dauer sichern wollte. Da heißt es nun, Marcus Curtius, ein im Krieg ausgezeichneter Jüngling, habe diejenigen, welche ihre Ungewissheit darüber äußerten, verweisend gefragt, ob es für Römer ein höheres Gut als kriegerische Tapferkeit gebe. *4* Nach gebotener Stille habe er unter Erhebung seiner Blicke zu den am Markt ragenden Tempeln der unsterblichen Götter und zum Kapitol, und die Hände im Gebet bald zum Himmel empor, bald in die weite Öffnung der Erde zu den Göttern der Toten hinabstreckend, sich selbst zum Opfer geweiht, *5* und auf seinem Pferd, das er so herrlich wie möglich geschmückt hatte, in voller Rüstung sich in den Schlund gestürzt; eine Menge Männer und Frauen hätten Geschenke und Früchte über ihn zusammengeworfen, und der Curtische See habe seinen Namen nicht von jenem früheren Curtius, der auch Mettius hieß, dem Krieger des Titus Tatius,** sondern von diesem bekommen. *6* Könnte irgendein Weg den Forscher hier auf die Wahrheit leiten, so würde ich's an meinem Fleiß nicht fehlen lassen, jetzt aber müssen wir uns da, wo ein zu hohes Alter die sichere Beglaubigung verweigert, an die geschichtliche Sage halten; und wirklich kennen die meisten den Namen des Sees nur aus dieser späteren Erzählung.

---

* Diese, nicht vom Volk, sondern vom Feldherrn in der Legion angestellten Obersten hießen Rufuli und Rutili, weil ein Rutilius Rufus einen ihre Rechte betreffenden Antrag gestellt hatte.

** Vgl. 1. Buch, Kap. 12 und 13.

7 Nach der Entsühnung eines so wunderbaren Ereignisses beschloss in diesem Jahr der Senat, der nach einer die Herniker betreffenden Sitzung vergebens durch abgesandte Fetialen Genugtuung von ihnen verlangt hatte, dass je eher je lieber bei dem Volk zu beantragen sei, den Hernikern den Krieg zu erklären, und das Volk genehmigte diesen Krieg in zahlreicher Versammlung. *8* Ihn zu führen bestimmte das Los den Konsul Lucius Genucius.

Weil die Einholung des Götterwillens in dem zu führenden Krieg zum ersten Mal von einem bürgerlichen Konsul abhing, war der Staat in Spannung, bereit, in der zugestandenen Gemeinschaft der höchsten Ämter, je nachdem der Erfolg sein würde, eine glückliche oder unglückliche Maßregel zu finden. *9* Ein Missgeschick wollte, dass Genucius, der auf seinem Zug gegen den Feind viel Unternehmungsgeist blicken ließ, in einen Hinterhalt geriet, und da die Legionen im Schrecken des Überfalles flohen, töteten die Feinde den umringten Konsul, ohne zu wissen, wen sie getötet hatten.

10 Als diese Nachricht in Rom eintraf, riefen die Väter, lange nicht so betrübt über den Verlust des Staates, als sie sich durch die verunglückte Anführung des bürgerlichen Konsuls gehoben fühlten, allenthalben laut, nun könne man hingehen und Konsuln vom Bürgerstand wählen und die Einholung des Götterwillens auf die übertragen, denen sie nicht ohne Sünde anvertraut werden könne. *11* Die Väter hätten durch Bürgerbeschluss aus dem Besitz ihrer Ehrenstellen verdrängt werden können: Ob sich aber auch die unsterblichen Götter an dieses ohne ihre Zustimmung gegebene Gesetz gekehrt hätten? Sie selbst hätten ihren göttlichen Willen und die Art, ihn zu erfragen, in Schutz genommen. Kaum habe der Erste, dem dies nach menschlichen und göttlichen Rechten untersagt war, sich daran vergriffen, so habe die Vertilgung des Heeres samt seinem Führer die warnende Lehre gegeben, in Zukunft nicht mit Verletzung des Rechtes der Geschlechter Wahlen abzuhalten. Das Rathaus und der Markt hallten von solchen Reden wider. *12* Und nun ernannte der Konsul Servilius den Appius Claudius, der jetzt, weil er das Gesetz widerraten hatte, mit umso größerem Gewicht den Erfolg eines von ihm missbilligten Entschlusses rügen konnte, mit Zustimmung der Patrizier zum Diktator; und Aushebung und Gerichtsstillstand wurden angesagt.

(7) Bevor der Diktator und die neuen Legionen ins Land der Herniker kamen, bot sich dem Unterfeldherrn Caius Sulpicius die Gelegenheit, seine Soldaten zu einer herrlichen Tat zu führen. Von ihm als Unterfeldherrn angefeuert, und voll Zorn und Unwillen machten sie auf die Herniker, *2* die nach dem Tod des Konsuls auf das römische Lager mit Verachtung und in der sicheren Hoffnung, es zu erstürmen, anrückten, einen Ausfall. Und die Erwartung der Herniker, dem Lagerwall beizukommen, sah sich im Erfolg so sehr getäuscht, dass sie vielmehr in völlig zerrütteten Gliedern abzogen. *3* Darauf vereinigte sich bei der Ankunft des Diktators das neue Heer mit dem alten, und die Stärke der Truppen verdoppelte sich; durch das vor der Versammlung dem Unterfeldherrn und den Soldaten, die das Lager so tapfer verteidigt hatten, erteilte Lob erhöhte der Diktator den Hörern ihres verdienten Lobes den Mut und spornte die Übrigen an, in tapferen Taten mit ihnen zu wetteifern. *4* Ebenso tätig setzten sich die Feinde zum Kampf in Bereitschaft; ohne ihres vorhin erfochtenen Ruhmes zu vergessen, und von der Verstärkung der feindlichen Streitkräfte unterrichtet, verstärkten auch sie die ihrigen. Alles, was Herniker hieß, jeder dem Alter nach Dienstfähige, wurde aufgerufen. Acht Kohorten, jede von vierhundert auserlesenen Kraftmännern, wurden ausgehoben. *5* Und dieser Blüte von Kerntruppen flößten sie auch dadurch Hoffnung und Mut ein, dass sie ihnen doppelten Sold zusicherten. Auch waren sie frei von anderen Soldatendiensten, um sich bewusst zu sein, dass sie für die einzige Arbeit der Schlacht ausgehoben, mehr als jeder andere Mann zu leisten hätten. *6* Ferner hatten sie in

der Linie ihren besonderen Stand, um ihre Tapferkeit desto auffälliger zu machen. Eine Ebene von zweitausend Schritten schied das römische Lager von dem der Herniker; in fast gleicher Entfernung von beiden schlug man sich auf diesem Zwischenraum.

7 Anfangs war der Kampf unentschieden, weil die römischen Reiter mehrmals vergeblich versucht hatten, durch ihren Angriff die feindliche Linie in Unordnung zu bringen. *8* Da nun die Reiterei durch das wirkliche Gefecht noch weniger bewirkte als durch ihren Andrang, flogen die Reiter, die nach der vom Diktator auf ihre Anfrage erhaltenen Erlaubnis ihre Pferde abgaben, mit großem Geschrei vor die Linien und begannen den Kampf von Neuem, *9* und sie wären unwiderstehlich gewesen, hätten sich nicht die außerordentlichen Kohorten (der Herniker) mit einem ihrer Körperkraft entsprechenden Mut ihnen entgegengeworfen.

(8) Nun kämpften an der Spitze beider Völker die ausgezeichnetsten Krieger. Was auf dieser oder jener Seite dem gemeinsamen Los der Schlacht erlag, gab einen vielfachen, nicht nach der Anzahl zu schätzenden Verlust; die übrigen Scharen von Bewaffneten, gleich als hätten sie die Schlacht den Edlen übertragen, erwarteten ihr Schicksal von fremder Tapferkeit. Auf beiden Seiten fielen viele, noch mehr wurden verwundet. *2* Endlich brachen die Reiter – die sich einer den andern verweisend fragten, was nun noch übrig sei, da sie weder als Reiterei den Feind geworfen hätten, noch jetzt als Fußvolk den mindesten Ausschlag gaben, welche dritte Art zu fechten sie noch erwarten könnten? Zu welchem Zwecke sie so kühn an die Spitze der Linie getreten wären und an fremder Stelle kämpften? — *3* Durch diesen gegenseitigen Zuruf angespornt, dringen sie mit erneuertem Geschrei in den Feind, brachten ihn zuerst aus der Stellung, dann zum Weichen und endlich zur völligen Flucht. Auch lässt sich nicht leicht bestimmen, *4* was bei dieser Gleichheit der Kräfte den Ausschlag gegeben habe, wenn nicht etwa das jedem Volk eigene Glück, sich selbst getreu, hier den Mut hob und dort ihn niederschlug. *5* Die Römer verfolgten die fliehenden Herniker bis an ihr Lager; auf die Bestürmung des Lagers ließen sie sich nicht ein, weil es schon spät am Tag war. Das längere Ausbleiben günstiger Opferzeichen hatte dem Diktator nicht erlaubt, das Zeichen vor Mittag zu geben; darüber hatte sich der Kampf bis in die Nacht hineingezogen. *6* Am folgenden Tag fand man das Lager durch die Flucht der Herniker preisgegeben und einige Verwundete zurückgelassen; das Heer der Fliehenden wurde von den Einwohnern von Signia, welche mit wenigen Bewaffneten begleitete Fähnlein an ihren Mauern vorbeiziehen sahen, geschlagen und verlief sich auf eilfertiger Flucht in die Felder. *7* Auch auf Seiten der Römer war der Sieg nicht unblutig: Man vermisste den vierten Teil der Soldaten, und was kein geringerer Verlust war, mehrere römische Ritter waren gefallen.

(9) Als im folgenden Jahr die Konsuln Caius Sulpicius und Caius Licinius Calvus ein Heer gegen die Herniker geführt, und weil sie den Feind im offenen Feld nicht fanden, seine Stadt Ferentinum mit Sturm erobert hatten, schlossen ihnen auf ihrem Rückzug von dort die Tiburtiner ihre Tore. *2* Dies wurde die entscheidende Veranlassung, da man schon vorher von beiden Seiten viele Beschwerden gegeneinander geführt hatte, dem Volk von Tibur, nachdem man bei ihm durch Fetialen Genugtuung gefordert hatte, den Krieg zu erklären. *3* Dass Titus Quinctius Pennus in diesem Jahr Diktator und Servius Cornelius Maluginensis sein Magister Equitum gewesen sei, ist außer Zweifel. *4* Nur soll jener, wie Licinius Macer berichtet, wegen des zu haltenden Wahltages, und zwar vom Konsul Licinius ernannt sein, um der bösen Absicht seines Amtsgenossen zu begegnen, der sich beeilt habe, die Wahl noch vor dem Krieg zu veranstalten, um sein Konsulat fortzuführen. *5* Durch das Lob, welches Licinius hierdurch seiner eigenen Familie erteilt, verliert seine Aussage an Glaubwürdigkeit; und da ich jenen Umstand in älteren Jahrbüchern gar nicht erwähnt finde, bin ich geneigter zu glauben, man habe einen Diktator des Gallischen Krieges

wegen ernannt. ***6*** Wenigstens hatten in diesem Jahr Gallier ein Lager am dritten Meilenstein auf der Via Salaria* jenseits der Brücke des Anio.

Nachdem der Diktator wegen des gallischen Einbruches einen Gerichtsstillstand angeordnet hatte, vereidigte er alle junge Mannschaft zum Kriegsdienst, rückte mit einem großen Heer aus der Stadt und schlug am diesseitigen Ufer des Anio sein Lager auf. ***7*** Die Brücke in der Mitte ließen beide Teile unabgebrochen, um nicht einen Schein von Furcht auf sich zu laden. Sie zu besetzen, fielen öfter Gefechte vor; und solange beide ihre Stärke noch nicht gemessen hatten, ließ sich nicht entscheiden, wer sie behaupten würde. ***8*** Da trat ein Gallier von ausgezeichneter Körpergröße auf die unbesetzte Brücke und rief so laut er konnte: *Wen Rom jetzt als seinen Tapfersten stellen kann, der trete zum Kampf vor, damit der Ausgang zwischen uns beiden dartue, welches Volk im Streit besser sei.*

(10) Lange war unter den edlen Jünglingen der Römer alles still, weil sie sich schämten, den Kampf auszuschlagen, und auch nicht Lust hatten, das gefährliche Los zu begehren. ***2*** Da ging des Lucius Manlius Sohn, jener Titus, der seinen Vater von der Plackerei des Tribunen gerettet hatte, vom Vorposten zum Diktator und sprach: *Ohne dein Geheiß, Feldherr, möchte ich nicht außerhalb des Gliedes kämpfen, selbst dann nicht, wenn ich des Sieges ganz sicher wäre.* ***3*** *Genehmigst du es aber, so will ich jenem Unhold, weil er doch so keck den feindlichen Reihen vorantanzt, zeigen, dass ich einem Stamm entsprossen sei, der einen Schwarm Gallier am Tarpejischen Felsen hinabwarf!* ***4*** Da sprach der Diktator:

> Bleib diesem Mut treu, Titus Manlius, so wie deiner kindlichen Liebe
> gegen Vater und Vaterland! Geh hin und stelle unter dem Segen
> der Götter das römische Volk als das unüberwindliche dar.

5 Nun bewaffneten den Jüngling seine Freunde. Er nimmt den Schild eines Fußgängers und lässt sich mit einem zum Gefecht in der Nähe tauglicheren, spanischen kurzen Schwert umgürten. So bewaffnet und ausgestattet führen sie ihn dem Gallier entgegen, dem ausgelassenen Prahler, der aus Hohn (die Alten haben nun einmal den Umstand der Aufzeichnung wert gefunden) sogar die Zunge ausstreckte. ***6*** Sie ziehen sich auf ihren Posten zurück, und die beiden Gerüsteten werden in der Mitte mehr nach Sitte eines Schaukampfes als nach Kriegsmanier allein gelassen, dem Ansehen und ihrem Äußeren nach zu urteilen, keineswegs einander gleich. ***7*** Dort – ein Körper von Riesengröße, umschimmert von vielfarbiger Kleidung und bunten mit Gold ausgelegten Waffen; hier – die mittlere Größe eines Kriegers, in seinen mehr bequemen als schönen Waffen, nur mäßiger Prunk; ***8*** kein Gesang, kein Frohlocken, kein nichtiges Waffenschwingen, aber seine Brust, voll Mut und stillen Zornes, sparte jeden Kraftausbruch auf die wirkliche Entscheidung des Kampfes auf. ***9*** Als sie zwischen beiden Schlachtreihen dastanden und die Herzen so vieler Sterblicher ringsum in Furcht und Hoffnung schwebten, schmetterte der Gallier wie ein herüberragender Fels, während er sich mit der Linken den Schild vorhielt, auf die Waffen des anrückenden Feindes sein Schwert in vergeblichem Hieb mit gewaltigem Lärm herab. ***10*** Der Römer stieß mit schräg gerichteter Klinge ihm mit seinem Schild unten gegen den Schild, schmiegte sich mit seinem ganzen Körper, vor jeder Wunde schon durch die Nähe gedeckt, zwischen des Feindes Körper und Waffen, bohrte ihm einen und gleich noch einen Stich in die Weichen des Unterleibes und streckte den lang Hinstürzenden zu Boden. ***11*** Gegen den Körper des Daliegenden erlaubte er sich keine weitere Misshandlung; nur die Halskette nahm er ihm, die er sich selbst, so bespritzt von Blut sie auch war, um den Hals wand.

* Die Via Salaria ging vom Collinischen Tor ins Sabinerland und könnte als „Salzweg" übersetzt werden, weil die Sabiner auf dieser Heerstraße das Salz vom Meer holten.

12 Bestürzung und Staunen machte die Gallier starr. Die Römer, die von ihrem Posten ihrem Krieger frohlockend entgegeneilten, begleiteten ihn unter Glückwünschen und Lobeserhebungen zum Diktator. *13* Unter den rohen Soldatenscherzen, die fast wie Verse lauteten, wurde auch der Name Torquatus gehört, und von den Späteren oft wiederholt, ist er ein Ehrenname für die Familie geworden. *14* Der Diktator fügte das Geschenk eines goldenen Kranzes hinzu und pries diesen Zweikampf vor der Versammlung mit ausgezeichnetem Lob.

(11) Und in der Tat war dieser Kampf für den Erfolg des Krieges im Ganzen so entscheidend, dass das Heer der Gallier, welches in der nächsten Nacht sein Lager eiligst verließ, ins Tiburtinische und gleich darauf von da nach einem mit den Tiburtinern geschlossenen Kriegsbündnis und durch reichliche Zufuhr von ihnen unterstützt, nach Kampanien ging. *2* Dies war der Grund, warum im folgenden Jahr der Konsul Caius Poetelius Balbus, da das Los seinem Amtsgenossen Marcus Fabius Ambustus den Krieg gegen die Herniker bestimmt hatte, nach einem Volksbeschluss ein Heer gegen die Tiburtiner führte. *3* Als nun zu ihrer Hilfe die Gallier aus Kampanien zurückkamen, verübten diese, offenbar von den Tiburtinern geführt, im Gebiet von Lavici, Tuskulum und Alba schreckliche Verwüstungen; *4* und da sich der Staat zur Führung des Krieges gegen die Tiburtiner mit einem Konsul begnügen konnte, so machte der Schrecken des Gallischen Krieges die Wahl eines Diktators notwendig, Quintus Servilius Ahala, der dazu gewählt wurde, ernannte den Titus Quinctius zum Magister Equitum und gelobte nach einem Beschluss der Väter, auf den Fall eines glücklichen Erfolges in diesem Krieg, die Feier großer Spiele.

5 Der Diktator, der das konsularische Heer, um die Tiburtiner durch ihren eigenen Krieg zurückzuhalten, dort bleiben ließ, nahm alle Dienstpflichtigen in Eid, und keiner verweigerte den Dienst. *6* Es erfolgte eine Schlacht, in welcher Rom alle Kräfte aufbot, nicht weit vom Collinischen Tor im Angesicht der Eltern, Gattinnen und Kinder; und diese selbst auf Abwesende mächtig wirkenden Ermunterungen des Mutes befeuerten den Krieger, jetzt seinen Blicken dargestellt, zugleich durch Ehrgefühl und Mitleid. *7* Nach großem Verlust auf beiden Seiten wurde endlich das Heer der Gallier zurückgeschlagen. Fliehend eilten sie nach Tibur, als wenn hier der Gallische Krieg seinen Sitz habe, wurden aber in ihrer Zerstreuung vom Konsul Poetelius nicht weit von Tibur in Empfang genommen und zugleich mit den zu ihrer Hilfe ausgerückten Tiburtinern in die Tore hineingetrieben. *8* Sowohl dem Diktator als auch dem Konsul machte der Feldzug Ehre. Auch der andere Konsul Fabius besiegte die Herniker anfangs in kleinen Gefechten, zuletzt in einer Hauptschlacht, in welcher ihn die Feinde mit ihrer ganzen Macht angegriffen hatten.

9 Nachdem der Diktator den Konsuln sowohl im Senat als auch vor dem Volk großes Lob erteilt hatte, worin er sogar zu ihrem Vorteil den Ruhm seiner eigenen Taten schmälerte, legte er seine Diktatur nieder. Poetelius hielt einen doppelten Triumph, über die Gallier und Tiburtiner; Fabius begnügte sich mit dem kleineren Einzug in die Stadt. *10* Über den Triumph des Poetelius spotteten die Tiburtiner. Sie möchten wohl wissen, wo er ihnen eine Schlacht geliefert habe. Es wären einige von ihnen, um die Flucht und Verwirrung der Gallier mit anzusehen, vor die Tore hinausgegangen, und als sie gesehen hätten, dass man auch auf sie losgehe und ohne Unterschied jeden vor die Klinge Kommenden niederhaue, hätten sie sich wieder in die Stadt zurückgezogen. *11* Das hätten nun die Römer eines Triumphes würdig gehalten! Damit ihnen die Erregung eines Auflaufes an feindlichen Toren nicht ferner in dem Licht einer höchst seltenen und großen Tat erscheinen möge, sollten sie bald einen schreckenvolleren Auftritt vor ihren eigenen Toren sehen.

(12) Und wirklich brachen sie im folgenden Jahr unter dem Konsulat des Marcus Popilius Limas und Cnaeus Manlius in der ersten Stille der Nacht mit einem Heer von Tibur zu einem feindlichen Angriff auf und rückten vor Rom. *2* Die plötzlich aus dem Schlaf Aufgestörten erfüllten das Unerwartete der Sache und die nächtliche Bestürzung mit Schrecken, dazu wusste

mancher nicht, was für Feinde und woher sie kämen. ***3*** Doch rief man schleunigst alles zu den Waffen und sicherte die Tore durch Posten, die Mauern durch Truppen; und sobald das erste Tageslicht nur einen mäßigen Schwarm noch außerhalb der Mauern und keinen anderen Feind als den Tiburtiner sehen ließ, griffen die Konsuln, die aus zwei Toren ausrückten, das Heer, das schon die Mauern stürmen wollte, von zwei Seiten an: ***4*** Und da zeigte sich's, dass es sich mehr im Vertrauen auf den Überfall als auf seine Tapferkeit so weit gewagt hatte; so wenig hielt es kaum dem ersten Angriff der Römer stand. Ja man war darin einig, dass ihre Ankunft sogar den Römern vorteilhaft gewesen sei, denn der schon sich erhebende Zwiespalt zwischen Vätern und Volk war durch die Furcht eines so nahen Krieges unterdrückt worden.

5 Im folgenden Krieg zeigte sich ein anderer Feind, dessen Ankunft dem Land furchtbarer als der Stadt war. ***6*** Verheerend durchstreiften die Tarquinier das römische Gebiet, hauptsächlich auf der Seite, wo es an Etrurien grenzt; nach vergeblich geforderter Genugtuung erklärten ihnen die neuen Konsuln Caius Fabius und Caius Plautius auf Befehl des Volkes den Krieg, und das Los übertrug diesen Krieg dem Fabius, den gegen die Herniker dem Plautius. ***7*** Auch verbreitete sich das Gerücht von einem Anzug der Gallier. Bei so vielen Drohungen tröstete sich Rom mit dem Frieden, den es den Bitten der Latiner bewilligte, und dass ihm diese auf Grund des alten Vertrages eine große Anzahl Soldaten stellten, was sie seit vielen Jahren unterlassen hatten. ***8*** Da der Staat sich auf diese Verstärkung verlassen konnte, fand man die gleich nachher eingelaufene Nachricht, dass die Gallier nach Praeneste gekommen wären und in der Nähe von Pedum sich niedergelassen hätten, so schrecklich nicht. ***9*** Man beschloss, den Caius Sulpicius zum Diktator zu ernennen; der hierzu einberufene Konsul Caius Plautius ernannte ihn; der dem Diktator zugegebene Magister Equitum war Marcus Valerius. Sie führten den Kern der Truppen, den sie aus beiden konsularischen Heeren nahmen, gegen die Gallier.

10 Der Gang dieses Krieges war weit langsamer, als beiden Teilen lieb war. Da anfangs bloß die Gallier die Kampflustigen waren, nachher aber der römische Soldat durch sein Ungestüm für Waffen und Kampf der gallischen Keckheit es noch weit zuvortat, ***11*** so hatte gleichwohl der Diktator gar nicht Lust, ohne alle dringende Not sich bloß dem Glück anzuvertrauen, und zwar gegen einen Feind, welchen Zeit und fremder Himmel mit jedem Tag schwächen müssten; der ohne angelegte Vorräte, ohne haltbare Werke stillliege; noch mehr, dessen Mut und Körper dazu geeignet sei, alle Kraft im Angriff zu äußern, aber auch bei dem geringsten Zögern zu erschlaffen. ***12*** Aus diesen Gründen zog der Diktator den Krieg in die Länge, und er hatte schwere Strafe darauf gesetzt, wenn jemand ohne Erlaubnis mit dem Feind kämpfen würde.

Die Soldaten, hiermit unzufrieden, tadelten den Diktator anfangs nur in Gesprächen unter sich auf ihren Posten und Wachen; zuweilen schalten sie auch auf alle Väter, dass sie den Krieg nicht den Konsuln übertragen hätten. ***13*** Sie hätten ihnen einen herrlichen Befehlshaber ausgesucht, einen Feldherrn, einzig in seiner Art, der darauf warte, dass ihm während seines Nichtstuns der Sieg vom Himmel in den Schoß fallen werde. Bald aber ließen sie sich ebenso und noch trotziger an hellem Tag ganz öffentlich verlauten: Sie würden, ohne den Befehl des Feldherrn abzuwarten, entweder schlagen oder im Zug nach Rom gehen. ***14*** Nun traten auch Hauptleute den Soldaten bei; man hörte nicht bloß in kleinen Kreisen rufen, sondern schon strömte das Gerede in der Hauptstraße des Lagers und auf dem Feldherrnplatz zusammen; Der Haufe wuchs zu einer förmlichen Versammlung an, und allenthalben wurde geschrien, man solle sofort zum Diktator gehen; Wortführer des Heeres müsse, wie es seinem Verdienst gebühre, Sextus Tullius sein.

(13) Schon zum siebenten Mal führte Tullius als Hauptmann die erste Kompanie seiner Legion, und im ganzen Heer war unter allen zu Fuß Dienenden kein Mann durch Taten berühmter als er. ***2*** Er ging dem Zug der Soldaten voran zur Feldherrnbühne und redete den Sulpicius, der sich über

den Schwarm, noch mehr über den Tullius, diesen sonst dem Oberbefehl pünktlichst folgsamen Krieger, als Führer des Schwarmes wunderte, so an:

3 *Ich muss dir sagen, Diktator, dass das ganze Heer, in der Meinung, du habest es der Feigheit schuldig befunden und nicht anders als zur schimpflichen Strafe wehrlos hingestellt, mich gebeten hat, seine Sache vor dir zu führen.* ***4*** *Wenn wir den Vorwurf hören müssten, irgendwo von der Stelle gewichen zu sein, dem Feind den Rücken gekehrt, die Fahnen schimpflich verlassen zu haben, so dächte ich doch, wir dürften dich durch unsere Bitten dahin bringen, uns zu erlauben, unsere Schuld durch Tapferkeit wieder gutzumachen und das Andenken unserer Schande durch neuen Ruhm zu tilgen.* ***5*** *Auch die an der Allia geschlagenen Legionen haben dieselbe Vaterstadt, die sie durch ihre feige Flucht verloren hatten, als sie nachher von Veji hinzogen, durch ihre Tapferkeit wiedergewonnen. Wir aber haben, Dank sei der Gnade der Götter und deinem und des römischen Volkes Glück, im Feld und an Ehre noch nichts verloren.* ***6*** *Gleichwohl wage ich über unseren Ruhm kaum zu sprechen, solange teils die Feinde uns hinter dem Wall versteckte, als wären wir Frauen, unter allen möglichen Schmähungen höhnen dürfen, teils du selbst, unser Feldherr, und das ist uns noch kränkender, deinem Heer Mut und Waffen und Arme absprichst, und ohne uns geprüft zu haben, ein so völliges Misstrauen in uns setzest, dass du dich für einen Anführer von Krüppeln und Schwächlingen ansiehst.* ***7*** *Worin sollen wir sonst die Ursache suchen, warum du, als Feldherr ergraut, selbst der tapferste Krieger, mit den Händen im Schoß, wie man sagt, dasitzest? Denn auf jeden Fall ist es doch richtiger, dass du an unserer Tapferkeit gezweifelt zu haben scheinst, als wir an deiner.* ***8*** *Rührt aber diese Maßregel nicht von dir, sondern von mehreren her, und hält uns eine Verabredung der Väter, nicht der Gallische Krieg von Rom und unseren Hausgöttern fern, so bitte ich dich, siehe das, was ich nun noch zu sagen habe, nicht an, als sagten dies die Soldaten ihrem Feldherrn, sondern den Vätern der Bürgerstand, der etwa spräche, er dürfe, so wie ihr eure Maßregeln habt, auch die seinigen für sich haben. Darf denn jemand darüber empört sein,* ***9*** *dass wir Soldaten sind und nicht eure Sklaven, dass wir in den Krieg, nicht ins Elend geschickt sind? Dass wir, wenn uns jemand das Zeichen gibt, das uns in die Schlacht führt, kämpfen wollen, wie es Männern und Römern würdig ist, wenn aber keine Waffen nötig sind, unsere Ruhe lieber in Rom als im Lager verleben wollen?* ***10*** *Dies alles möge den Vätern gesagt sein. – Dich aber, Feldherr, bitten wir, deine Soldaten, gib uns Gelegenheit zum Kampf. Wir wünschen zu siegen, noch lieber unter dir zu siegen, dir den ehrenvollen Lorbeer zu überreichen, mit dir triumphierend in die Stadt zu ziehen, hinter deinem Wagen her glückwünschend und jubelnd zum Tempel des allmächtigen Jupiter zu gehen.*

11 An die Rede des Tullius schlossen sich die Bitten der Menge; und von allen Seiten schrieen sie, er möge das Zeichen geben, möge sie zu den Waffen greifen heißen.

(14) Obwohl der Diktator sah, dass dies an sich nicht böse Benehmen des Beispiels wegen nicht zu loben sei, machte er sich doch anheischig, den Wunsch der Soldaten zu erfüllen, fragte aber den Tullius, ***2*** den er allein nahm, was das wäre und wie das zugegangen sei. Tullius bat ihn flehentlich, er möge ja nicht glauben, dass er der Kriegszucht, seiner selbst oder des feldherrlichen Oberbefehls uneingedenk gewesen sei; er habe aber der aufgebrachten Menge, die sich gewöhnlich nach ihren Aufwieglern richte, seine Leitung nicht entziehen wollen, damit nicht ein anderer, und ein solcher, wie es sich von der Wahl eines gärenden Haufens erwarten lasse, die Stelle einnähme. Er für seine Person werde sich durchaus seinem Oberbefehlshaber fügen, **3** aber auch dieser müsse ernstlich darauf bedacht sein, dass ihm das Heer gehorsam bleibe. So aufgebrachte Gemüter hinzuhalten, sei nicht möglich; sie selbst würden sich den Platz und die Zeit zur Schlacht wählen, wenn sie ihnen der Feldherr nicht gebe. ***4*** Während dieser Gespräche wurden einige Pferde, die gerade vor dem Lagerwall weideten, einem Gallier, der sie wegtreiben wollte, von zwei römischen Soldaten genommen. Auf diese warfen die Gallier mit Steinen. Nun

erhob sich vom römischen Vorposten ein Geschrei; von beiden Seiten stürzte man hervor, *5* und alles stand zu einer ordentlichen Schlacht, als die Hauptleute eiligst dem Gefecht Einhalt taten. Wenigstens bestätigte dieser Vorfall dem Diktator die Versicherung des Tullius; und da die Sache schon keinen Aufschub mehr duldete, ließ er bekannt machen, sie sollten sich am folgenden Tag schlagen. *6* Weil ihn aber mehr die Hitze seiner Truppen als das Vertrauen auf ihre Stärke zum Treffen vermocht hatte, sah er sich nach allen Seiten um und dachte daran, den Feind durch eine List zu schrecken. Seine Erfindungskraft gab ihm ein neues Mittel, dessen sich nachher viele Feldherren, unsere und fremde, ja einige noch in unseren Zeiten bedient haben. *7* Den Maultieren, denen er die Packsättel abnehmen ließ, mussten nur zwei Satteldecken gelassen werden, und die Pferdeknechte aufsitzen, die er mit erbeuteten Waffen oder denen der Kranken versah. *8* Unter diesen fast auf tausend gebrachten Haufen steckte er hundert Reiter, mit dem Befehl, sich in der Nacht über das Lager auf die Gebirge zu ziehen, sich im Wald zu verbergen und von dort sich nicht eher in Bewegung zu setzen, bis sie von ihm ein Zeichen bekämen. *9* Als es Tag wurde, breitete er seine Linie absichtlich am Fuß der Berge aus, *10* um dem Feind die Stellung den Bergen gegenüber zu geben. Die Zurüstungen zu jenem blinden Lärm, der aber beinahe wirksamer wurde als der Gebrauch der wahren Kräfte, waren getroffen, und noch glaubten die gallischen Anführer, die Römer würden nicht in die Ebene herabkommen; als sie aber unerwartet den Herabzug schon bewerkstelligt sahen, rannten auch sie kampfbegierig ins Treffen, und ehe noch die Feldherren das Zeichen gaben, begann die Schlacht.

(15) Auf den rechten Flügel warfen sich die Gallier am heftigsten, und man hätte ihnen nicht standhalten können, wäre nicht gerade hier der Diktator zur Stelle gewesen, der den Sextus Tullius laut bei Namen rief und die Fragen an ihn richtete, ob er ihm angelobt habe, dass die Soldaten auf die Art kämpfen würden? *2* Wo jene Schreier wären, welche die Waffen verlangt hätten? Wo die Drohungen, ohne des Feldherrn Willen in die Schlacht gehen zu wollen? Hier rufe sie der Feldherr selbst mit lauter Stimme ins Treffen und schreite, die Waffen in der Hand, vor die ersten Glieder. Ob ihm wohl einer von denen folge, die eben noch hätten anführen wollen, im Lager so keck, in der Schlacht so zaghaft?

3 Sie hörten nichts als Wahrheit und fühlten sich durch die Beschämung so mächtig gespornt, dass sie sich in die feindlichen Waffen stürzten, mit einem von jedem Gedanken an Gefahr entfremdeten Mut. Dieser beinahe wütende Angriff bewirkte zuerst bei den Feinden eine Unordnung, und in dieser Unordnung trieb die auf sie gelassene Reiterei sie in die Flucht. *4* Als der Diktator ihre Linie auf einer Seite wanken sah, wandte er sich mit seinem Angriff auf ihren linken Flügel, auf welchem, wie er bemerkte, der Feind sich in einen Knäuel zusammendrängte, und gab denen auf den Bergen das verabredete Zeichen. *5* Als nun auch diese unerwartet ihr Geschrei erhoben und schräg am Berg herab ihre Richtung, wie es schien, auf das gallische Lager nahmen, da gaben die Gallier, um nicht abgeschnitten zu werden, das Gefecht auf und eilten in vollem Lauf ihrem Lager zu. *6* Da ihnen hier der Magister Equitum Marcus Valerius entgegenkam, der nach Vertreibung des feindlichen rechten Flügels vor ihren Verschanzungen herumschwärmte, *7* flohen sie gegen die Gebirge und Wälder, wo die meisten von den vermeinten Reitern und den Pferdeknechten in Empfang genommen wurden; auch diejenigen, welchen die Angst den Wald erreichen half, traf nach schon beendeter Schlacht ein schreckliches Gemetzel. *8* Und in der Tat triumphierte über die Gallier nächst Marcus Furius niemand mit größerem Recht als Caius Sulpicius. Er legte auch von der gallischen Beute auf dem Kapitol im Gewölbe eine nicht unbedeutende Masse Gold als heiligen Schatz nieder. *9* In diesem Jahr führten auch die Konsuln ihre Kriege, doch mit ungleichem Erfolg. Die Herniker wurden von Caius Plautius besiegt und bezwungen. Sein Amtsgenosse Fabius lieferte den Tarquiniern eine Schlacht ohne Vorsicht und

Überlegung, ***10*** und sein Verlust im Treffen war nicht so schmerzhaft, als dass die Tarquinier 307 gefangene römische Soldaten opferten, eine Hinrichtung, die durch ihre Abscheulichkeit den Schimpf des römischen Volkes weit ruchbarer machte. ***11*** An diese Niederlage schloss sich die Verwüstung des römischen Gebietes, welche die Privernaten und dann die Veliterner nach einem plötzlichen Einbruch ausübten. In demselben Jahr bekam die Stadt zwei neue Bezirke, den Pomptinischen und Publilischen. Die den Göttern gelobten Spiele, welche ihnen Marcus Furius als Diktator* gelobt hatte, wurden gefeiert; ***12*** auch wurde auf Veranlassung der Väter jetzt zum ersten Mal ein Vorschlag gegen ungebührliche Amtsbewerbung vom Volkstribun Caius Poetelius an das Volk gebracht, ***13*** und sie schmeichelten sich, durch dies Gesetz besonders diejenigen niederzuhalten, welche sich durch die auf Wochenmärkten und Sammelplätzen erschlichene Stimmenmehrheit zu Aufsteigern zu heben suchten.

(16) Lange nicht so erfreulich war den Vätern der Vorschlag, die Zinsen auf den zwölften Teil des Kapitals** herabzusetzen, den im folgenden Jahr unter den Konsuln Caius Marcius und Cnaeus Manlius die Volkstribunen Marcus Duellius und Lucius Maenius gültig machten und den die Bürgerlichen mit weit mehr Wärme guthießen und als Gesetz annahmen. ***2*** Zu den im vorigen Jahr schon bestimmten neuen Kriegen kam nun auch der gegen die Falisker, unter doppelter Klage gegen sie; denn teils hatte ihre junge Mannschaft unter den Tarquiniern gekämpft, teils hatten sie die aus jener unglücklichen Schlacht nach Falerii Geflüchteten den römischen Fetialen, welche sie zurückforderten, nicht ausgeliefert. ***3*** Die Führung dieses Krieges erhielt Cnaeus Manlius; Marcius führte sein Heer auf das in langem Frieden geschonte Gebiet der Privernaten und bereicherte seine Krieger mit Beute. Außer dem ihnen zugewandten Überfluss bewies er sich auch noch darin als der Freigebige, dass er durch Unterlassung aller Abzüge für die Staatskasse die Soldaten in der Verbesserung ihrer eigenen Verhältnisse begünstigte. ***4*** Da sich die Privernaten vor ihrer Stadt in einem befestigten Lager gesetzt hatten, berief er die Soldaten zur Versammlung und sprach: *Jetzt gebe ich euch das Lager und die Stadt der Feinde preis, wenn ihr mir versprecht, euch in der Schlacht als tapfere Männer zu zeigen und nicht mehr ans Plündern als ans Kämpfen zu denken.* ***5*** Mit großem Geschrei forderten sie das Zeichen und hohen Mutes, und mit der Überlegenheit eines festen Vertrauens rückten sie in die Schlacht. Da rief Sextus Tullius, von dem wir oben gesprochen haben, vor den Fahnen: *Sieh her, Feldherr, wie dein Heer dir Wort hält!* Er ließ den Wurfspieß fallen und ging mit gezücktem Schwert auf den Feind los. ***6*** Das ganze erste Glied folgte dem Tullius, und im ersten Angriff warf man den Feind, verfolgte den geschlagenen zur Stadt, die sich ergab, als man schon die Sturmleitern an die Mauern stellte. Über die Privernaten wurde triumphiert.

7 Der andere Konsul vollführte nichts Bemerkenswertes, außer dass er, völlig beispiellos, sein Heer im Lager bei Sutrium nach Stadtbezirken für seinen Vorschlag stimmen ließ, dass bei jeder Freilassung eines Leibeigenen der zwanzigste Teil seines Wertes in die Staatskasse fallen sollte. Die Väter bestätigten dies Gesetz, weil dadurch in die arme Schatzkammer eine nicht unbedeutende Einnahme floss. ***8*** Allein die Volkstribunen bestimmte nicht so sehr das Gesetz als das Beispiel, die Todesstrafe darauf zu setzen, wenn jemand künftig das Volk auswärts abstimmen ließe, denn wenn dies erlaubt sei, so könne ja ein Konsul durch die ihm vereideten Soldaten alles Mögliche

* Camillus, als durch die von den Vätern gegebene Einwilligung zum bürgerlichen Konsulat die Eintracht der Stände wiederhergestellt wurde, vgl. 6. Buch, Kap. 42.

** Bisher hatte man in Rom jährlich 12 % Zinsen bezahlt, nämlich von 100 As monatlich einen As, also jährlich 12 As. Von nun an sollten die jährlichen Zinsen den zwölften Teil des Kapitals nicht übersteigen, also der Zinsfuß nur 8 ½ % betragen; und weil der Bürgerstand auch dies noch zu drückend fand, wurde er (Kap. 27, im Jahr Roms 408) auf die Hälfte, auf 4 ⅙ % herabgesetzt.

durchsetzen, wenn es auch dem Volk noch so nachteilig wäre. *9* In demselben Jahr wurde Caius Licinius Stolo nach seinem eigenen Gesetz von Marcus Popilius Limas zu einer Strafe von 10 000 Kupfer-As verurteilt, weil er nebst seinem Sohn tausend Morgen Land besaß und durch Entlassung des Sohnes aus der väterlichen Gewalt das Gesetz hatte umgehen wollen.

(17) Die darauf folgenden neuen Konsuln, Marcus Fabius Ambustus zum zweiten Mal und Marcus Popilius Laenas zum zweiten Mal, fanden zwei Kriege. *2* Der eine, mit den Tiburtinern, welchen Limas führte, war leicht. Nach Zurücktreibung der Feinde in die Stadt verheerte er das Land. Den andern Konsul aber brachten die Falisker und Tarquinier im Beginn der Schlacht zum Fliehen. *3* Sie hatten sich so furchtbar hauptsächlich dadurch gemacht, dass ihre Priester mit vorangetragenen Feuerbranden und Schlangen, als Furien einherschreitend, durch diese neue Erscheinung die römischen Soldaten in Schrecken setzten; und anfangs warfen sich diese, als hätten sie Gespenster gesehen und wie Angedonnerte in gedrängten Haufen in ihre Bollwerke. *4* Als aber der Konsul, die Legaten und Obersten sie verlachten und schalten, dass sie sich wie Kinder durch nichtige Gaukeleien hätten scheuchen lassen, da weckte die Beschämung plötzlich das Ehrgefühl, und blindlings rannten sie auf das ein, vor dem sie geflohen waren. *5* Kaum hatten sie das Possenspiel der Feinde zerstreut und sich auf die Bewaffneten selbst geworfen, da schlugen sie die ganze Linie, eroberten noch an demselben Tag das Lager, machten ansehnliche Beute und kehrten unter lautem Spott über den Aufzug der Feinde und ihre eigene Zaghaftigkeit als Sieger zurück. *6* Nun machten sich alle etruskischen Völkerschaften auf und zogen, von den Tarquiniern und Faliskern geführt, bis an die Salzwerke.* In dieser gefährlichen Lage wurde Caius Marcius Rutilus Diktator, und zwar der erste vom Bürgerstand; er ernannte ebenfalls einen Bürgerlichen, den Caius Plautius, zum Magister Equitum. *7* Dies vollends schien den Vätern eine Unwürdigkeit, dass auch schon zur Diktatur jedermann den Zutritt habe, und sie hintertrieben es aus allen Kräften, dass dem Diktator zu diesem Krieg irgendetwas bewilligt oder angeschafft würde. Desto bereitwilliger gestand ihm auf seinen Antrag das Volk alles zu. *8* Nach seinem Auszug aus der Stadt vernichtete er auf beiden Seiten des Tibers, da er sein Heer allenthalben, wo die Feinde bemerkt wurden, auf Flößen übersetzte, eine Menge zerstreut umherschwärmende Plünderer. *9* Auch ihr Lager eroberte er durch einen unvermuteten Angriff, nahm 8000 Feinde gefangen, tötete die übrigen oder jagte sie aus dem römischen Gebiet und triumphierte ohne Genehmigung der Väter auf Befehl des Volkes. *10* Weil sie nun weder durch den bürgerlichen Diktator noch durch den bürgerlichen Konsul den konsularischen Wahltag abhalten wollten, und der andere Konsul, Fabius, noch vom Krieg abgehalten wurde, trat wieder eine Zwischenregierung ein. *11* Zwischenkönige waren nacheinander Quintus Servilius Ahala, Marcus Fabius, Cnaeus Manlius, Caius Fabius, Caius Sulpicius, Lucius Aemilius, Quintus Servilius und Marcus Fabius Ambustus. *12* Unter der zweiten Zwischenregierung erhob sich ein Streit, weil zwei patrizische Konsuln zur Wahl standen; und da die Tribunen Einsprache erhoben, erwiderte der Zwischenkönig Fabius, ein Gesetz der zwölf Tafeln bestimme, dass das allemal recht und gültig sein solle, was das Volk zuletzt für seinen Willen erklärt habe; nun aber lasse sich hier Volkeswille und Stimmenwahl nicht leugnen. *13* Da die Tribunen durch ihre Einsprache weiter nichts als den Aufschub des Wahltages hatten bewirken können, so wurden zwei patrizische Konsuln gewählt, Caius Sulpicius Peticus zum dritten Mal und Marcus Valerius Publicola; sie traten noch an diesem Tag ihr Amt an.

(18) Im Jahr 400 nach Erbauung der Stadt Rom, im 35. nach ihrer Errettung von den Galliern, traten zwei Patrizier, da die Bürgerlichen nach elf Jahren das Konsulat wieder einbüßten, als Konsuln mit dem Ende der Zwischenregierung in das Amt ein, Caius Lulpicius Peticus zum dritten

* Bei Ostia an der Tibermündung, vgl. 1. Buch, kap. 33 Ende.

Mal und Marcus Valerius Publicola. *2* Den Tiburtinern wurde in diesem Jahr Empulum ohne besonderen Kampf abgenommen; dieser Krieg mag nun, wie einige melden, unter der Leitung beider Konsuln geführt sein, oder der Konsul Sulpicius verheerte gerade, während Valerius die Legionen gegen die Tiburtiner anführte, zugleich das Gebiet der Tarquinier. *3* Zu Hause aber hatten die Konsuln mit den Bürgerlichen und Tribunen einen bedeutenderen Streit. Sie glaubten es nicht bloß ihrer Tüchtigkeit, sondern selbst ihrer Rechtlichkeit schuldig zu sein, das Konsulat, sowie sie es als zwei Patrizier erhalten hätten, auch wieder zwei Patriziern zu übertragen. *4* Ja man müsse entweder das Konsulat ganz aufheben, wenn es nun einmal ein bürgerliches Amt werden sollte, oder man müsse es ganz besitzen, so wie man diesen Besitz ungeschmälert von den Vorfahren erhalten habe.

5 Dagegen riefen die Bürgerlichen laut: Wozu sie denn das Leben hätten und für einen Teil der Bürger angesehen würden, wenn sie das, was ihnen die Tapferkeit zweier Männer, des Lucius Sextius und Caius Licinius, errungen habe, nicht einmal alle zusammen behaupten könnten? *6* Sie wollten sich lieber Könige oder Dezemvirn oder eine noch ärgere Regierung, wie sie auch heißen möge, gefallen lassen, *7* als zwei patrizische Konsuln zu sehen, wenn man nicht abwechselnd zu gehorchen und zu befehlen habe, sondern der eine Teil, zu ewiger Herrschaft eingesetzt, die Sklaverei für die einzige Bestimmung des Bürgerstandes halte. *8* Die Tribunen ließen es nicht daran fehlen, den Lärm anzufachen; aber bei der allgemeinen Aufregung ragten die Führer kaum hervor.

9 Nachdem man sich mehrere Male auf dem Marsfeld vergeblich versammelt hatte und viele Wahltage unter Streitigkeiten hingegangen waren, stieg endlich der Missmut des durch die Beharrlichkeit der Konsuln besiegten Bürgerstandes so weit, dass er auf die laute Klage seiner Tribunen, es sei um die Freiheit geschehen, jetzt müsse man nicht bloß das Marsfeld, sondern eine Stadt verlassen, die unter der Sklaverei und dem Joch königlich schaltender Patrizier stehe, in tiefer Betrübnis mit ihnen davonging. *10* Die Konsuln, die den einen Teil der Versammlung abziehen sahen, hielten trotz des spärlichen Besuches die Wahlversammlung ab. Die gewählten Konsuln, beide Patrizier, waren Marcus Fabius Ambustus zum dritten Mal und Titus Quinctius. In einigen Jahrbüchern finde ich statt des Titus Quinctius einen Marcus Popilius als Konsul angegeben.

(19) Zwei Kriege wurden in diesem Jahr mit Glück geführt, und die Tiburtiner durch Siege zur Unterwerfung gezwungen. Man nahm ihnen die Stadt Sassula ab, und ihre übrigen Städte hätte dasselbe Schicksal getroffen, wenn sich nicht der ganze Volksstamm mit Niederlegung der Waffen dem Konsul (Fabius) ergeben hätte. *2* Über die Tiburtiner wurde triumphiert; sonst zeigten sich die Sieger milde. Gegen die Tarquinier hingegen verfuhr man mit erbitterter Härte. Nachdem man eine ansehnliche Menge von ihnen in der Schlacht getötet hatte, wählte man aus der großen Anzahl von Gefangenen 358, lauter Vornehme, aus, um sie nach Rom zu schicken; die übrigen wurden niedergehauen. *3* Und das Volk war gegen die nach Rom geschickten nicht milder. Mitten auf dem Markt wurden sie alle mit Ruten gepeitscht und dann enthauptet. So vergalt man den Feinden die Opferung der Römer auf dem Markt zu Tarquinii.

4 Diese siegreichen Taten veranlassten auch die Samniten, sich um Roms Freundschaft zu bewerben. Ihre Gesandten erhielten im Senat eine freundliche Antwort, und sie wurden durch einen Vertrag als Bundesgenossen angenommen. *5* In der Stadt aber waren die römischen Bürger nicht so glücklich wie im Feld. Denn obgleich sie durch die Herabsetzung der Zinsen auf 8 ⅓ % Erleichterung bekommen hatten, erlagen doch die Armen unter dem Kapital selbst und fielen den Gläubigern als Sklaven anheim. Folglich ließen sich die Bürgerlichen in ihrer häuslichen Not weder zwei Konsuln noch die Sorge für den Wahltag, noch die Parteien im Staat zu Herzen gehen. *6* Beide Konsulstellen blieben den Patriziern. Gewählt wurden zu Konsuln Caius Sulpicius Peticus zum vierten Mal, Marcus Valerius Publicola zum zweiten Mal. Der Aufmerksamkeit des Staates, der sich auf einen Krieg mit den Etruskern gefasst machte, weil sich einem Gerücht zufolge das Volk von Caere mit seinen Stammesgenossen, den Tarquiniern, aus Mitleid vereinigt haben sollte, gaben Gesandte aus Latium die Richtung gegen die Volsker; denn sie meldeten, jene hätten ein Heer ausgehoben, bedrohten schlachtfertig schon ihre Grenzen und würden von da verheerend ins römische Gebiet einfallen. ***7*** Der Senat beschloss also, keines von beiden zu vernachlässigen, ließ Legionen gegen beide ausheben und die Konsuln um die Provinzen losen. ***8*** Späterhin wurde jedoch der Etruskerkrieg zum Hauptgegenstand der Sorge, denn man ersah aus einem Schreiben des Konsuls Sulpicius – ihm war durch das Los Tarquinii zugefallen –, dass sie in der Gegend der römischen Salzwerke geplündert, einen Teil der Beute in das Gebiet der Caeriten geschafft und sich unter den Plünderern ohne Zweifel Truppen dieses Volkes befunden hätten. ***9*** Also befahl der Senat dem zurückberufenen Konsul Valerius, welcher gegen die Volsker gestanden und sein Lager an der tuskulanischen Grenze gehabt hatte, einen Diktator zu ernennen. Er ernannte den Titus Manlius, des Lucius Sohn. ***10*** Dieser wählte den Aulus Cornelius Cossus zu seinem Magister Equitum, begnügte sich mit dem Heer des Konsuls und erklärte nach dem Beschluss der Väter und auf Befehl des Volkes den Caeriten den Krieg.

(20) Nun erst ergriff die Caeriten, als läge in dieser feindlichen Formel eine gewissere Andeutung des Krieges als in ihrem eigenen Benehmen, da sie doch durch ihre Plünderung die Römer gereizt hatten, eine wirkliche Furcht vor dem Krieg; und sie sahen ein, wie wenig dieser Kampf ihren Kräften entsprechend sei. ***2*** Sie bereuten die Plünderung und verwünschten die Tarquinier, ihre Verführer zum Abfall. Auch versah sich niemand mit Waffen oder rüstete sich zum Krieg, sondern jeder war dafür, dass man Gesandte schicken sollte, um sich für den Fehltritt Verzeihung zu erbitten.

3 Als die Gesandten, die ihre Bitte vor den Senat brachten, vom Senat an das Volk gewiesen waren, riefen sie die Götter an: Da sie ihre Heiligtümer im Gallischen Krieg aufgenommen und gehörig besorgt hätten, möchten sie auch jetzt dasselbe Mitleid mit ihnen das römische Volk in seinem Glück ergreifen lassen, welches sie ehemals gegen das römische Volk in seiner Not ergriffen habe. ***4*** Und gegen den Tempel der Vesta gewandt, beriefen sie sich auf die gastliche Aufnahme, die sie den Eigenpriestern und Vestalinnen so treu und gewissenhaft hätten angedeihen lassen. ***5*** Ob wohl jemand glauben könne, dass Leute mit solchen Verdiensten auf einmal ohne allen Grund Feinde werden könnten? Oder sollten sie ja feindlich gehandelt haben, dass sie dies mehr mit kalter Überlegung als durch Verblendung irregeleitet getan hätten, so dass sie selbst ihre alten Wohltaten, die sie noch dazu bei einem so dankbaren Volk angebracht hätten, durch spätere Übeltaten vernichteten und das römische Volk in seinem Wohlstand und bei seinem höchsten Glück im Krieg sich zum Feind wählten, da sie sich ihm in seinem Unglück zu Freunden gemacht hätten? Man möge das nicht Absicht nennen, was Zwang und Gebot des Schicksals zu nennen sei. ***6*** Als das anrückende Heer der Tarquinier durch ihr Land gezogen sei, habe es, ohne weiter etwas als den Durchmarsch zu verlangen, auf jene Plünderung, die ihnen zur Last gelegt werde, einige sich anschließende Landleute mitgenommen. ***7*** Verlange man deren Auslieferung, so wären sie bereit, sie auszuliefern, oder ihre Hinrichtung, so würde man sie zur Strafe ziehen. Aber Caere, einst der heilige Schrein des römischen Volkes, die Gaststätte seiner Priester, den Rettungsort der römischen Heiligtümer, möchten sie für die gütige Aufnahme der Vestalinnen und für die ehrfurchtsvolle Aufbewahrung der Götter von der Beschuldigung des Krieges rein und unbefleckt bleiben lassen.

8 Nicht so sehr ihre Sache, wie sie vorlag, als vielmehr ihr ehemaliges Verdienst bewog das Volk, lieber die Beleidigung als die Wohltat zu vergessen. Also wurde dem Volk von Caere der Friede bewilligt, und man ließ ihn als hundertjährigen Waffenstillstand in den anzufertigenden

Senatsbeschluss eintragen. **9** Nun wandte sich der Krieg gegen die Falisker, welche dieselbe Beschuldigung traf; allein man fand die Feinde nirgends. Nach verheerenden Streifzügen in ihrem Gebiet ließ man sich doch nicht auf Bestürmung der Städte ein, und als die Legionen nach Rom zurückgeführt waren, verwandte man die noch übrige Zeit des Jahres auf die Ausbesserung der Mauern und ihrer Türme und weihte dem Apollo einen Tempel.

(21) Am Ende des Jahres ging die Versammlung zur Konsulwahl über einen Streit zwischen Vätern und Bürgern auseinander, weil die Tribunen keinen Wahltag gestatten wollten, wenn er nicht nach dem Licinischen Gesetz gehalten würde, und der Diktator entschlossen war, lieber das Konsulat ganz für den Staat abzuschaffen, als den Bürgerlichen mit den Vätern gleichen Anteil daran zu geben. **2** Da nun nach dem Aufschub des Wahltages der Diktator sein Amt niedergelegt hatte, kam es wieder zu einer Zwischenregierung; und da die Zwischenkönige immer den Bürgerstand gegen die Väter erbittert fanden, dauerte der Wetteifer im Streit bis in die elfte Zwischenregierung. **3** Die Tribunen gaben sich den Schein, als nähmen sie bloß das Licinische Gesetz in Schutz; dem Bürgerstand aber lag der Kummer über die ihm immer drückender werdende Schuldenlast mehr am Herzen, und er überließ sich in den öffentlichen Streitigkeiten den Ausbrüchen seines häuslichen Grams. **4** Da befahlen die Väter, dieser Sache überdrüssig, dem Zwischenkönig Lucius Cornelius Scipio, sich bei der Konsulwahl um der Eintracht willen nach dem Licinischen Gesetz zu richten. Publius Valerius Publicola bekam als Amtsgenossen aus dem Bürgerstand den Caius Marcius Rutilus. **5** Die neuen Konsuln, die sich bei dieser allgemeinen Stimmung zur Eintracht auch auf die Erleichterung der Schuldenlast einließen, weil sie allein das Hindernis der Einigkeit zu sein schien, machten die Bezahlung der Schulden zur Sache des Staates, indem sie Fünfmänner ernannten, welche man von der Auszahlung der Gelder Wechsler nannte. **6** Gerechtigkeit und Sorgsamkeit erwarb ihnen die Ehre, dass in allen Urkunden der Jahrbücher ihre Namen erwähnt werden. Caius Duellius nämlich, Publius Decius Mus, Marcus Papirius, Quintus Publilius und Tiberius Aemilius hießen die Männer, **7** die eine so schwierige Sache, welche gewöhnlich beide Teile, wenigstens doch den einen drückt, sowohl überhaupt durch angebrachte Milderung als hauptsächlich auf die Art durchführten, dass der Staat nicht verlieren, sondern nur bereitstellen musste. **8** Alte, mehr durch Untätigkeit als Unfähigkeit der Schuldner verzögerte Posten wurden entweder nach vorangegangener Sicherstellung des Staates aus der Schatzkammer bezahlt, wozu die Tische mit Geld auf dem Gerichtsplatz standen, oder nach einem billigen Anschlag ihres gesamten Vermögens getilgt, so dass eine bedeutende Menge Schulden nicht allein ohne Ungerechtigkeit, sondern selbst ohne Klage auf einer von beiden Seiten abgetragen wurde. **9** Eine unbegründete Furcht vor einem etruskischen Krieg, zu welchem das Gerücht alle zwölf Völkerschaften sich verschwören ließ, machte die Ernennung eines Diktators nötig. Caius Julius wurde, weil der Senatsbeschluss den Konsuln ins Lager geschickt war, hier ernannt, dem Lucius Aemilius als Magister Equitum beigesellt wurde. Im Übrigen blieb von außen alles ruhig.

(22) Den Versuch, den der Diktator in der Stadt machte, die Wahl zweier patrizischer Konsuln zustande zu bringen, veranlasste wieder eine Zwischenregierung. **2** Durch die beiden eingeschalteten Zwischenkönige, Caius Sulpicius und Marcus Fabius, wurde das, worauf es der Diktator vergebens abgesehen hatte, dass zwei patrizische Konsuln gewählt würden, glücklich bewerkstelligt, weil den Bürgerstand die neulich durch Erleichterung der Schulden erwiesene Wohltat nachgiebiger gemacht hatte. **3** Der zuerst abgetretene Zwischenkönig, Caius Sulpicius Peticus, wurde selbst gewählt, und Titus Quinctius Pennus. Einige geben dem Quinctius den Vornamen Kaeso, andere Caius.

4 Beide zogen in den Krieg, Quinctius gegen die Falisker, Sulpicius gegen die Tarquinier; und da sich der Feind nirgends in eine Schlacht einließ, führten sie ihre Kriege mehr mit dem Land als mit den Menschen, durch Sengen und Brennen; *5* und die Hartnäckigkeit beider Völker erlag der Entkräftung in dieser, ich möchte sagen schleichenden Auszehrung so völlig, dass sie zuerst die Konsuln und dann auf deren Erlaubnis den Senat um Waffenstillstand baten. Sie erhielten ihn auf vierzig Jahre. *6* Da man also die Sorge vor diesen beiden dringenden Kriegen aufgeben konnte, beschloss man, während man einige Ruhe von den Waffen hätte, eine Schätzung abzuhalten, weil die Bezahlung der Schulden so manchem Eigentum einen andern Herrn gegeben hatte. *7* Als aber der Tag zur Wahl der Zensoren angesetzt war, unterbrach Caius Marcius Rutilus, welcher der erste bürgerliche Diktator gewesen war, durch die Erklärung, dass er sich zur Zensur melde, die Einigkeit der Stände. *8* Dem Anschein nach tat er dies zur unrechten Zeit, weil eben zwei Patrizier Konsuln waren, welche sich weigerten, auf ihn Rücksicht zu nehmen. *9* Allein teils erreichte er seinen Zweck durch seine Festigkeit, teils kam ihm die Mitwirkung der Tribunen zustatten, welche zur Wiedererhaltung eines Rechtes, das ihnen auf den konsularischen Wahltagen nicht mehr zustand, alle Kräfte aufboten; auch wohnte in dem Mann selbst eine Würde, für welche die höchste Ehrenstelle nicht zu hoch war, und namentlich wünschte der Bürgerstand gerade durch den Mann, der ihm die Bahn zur Diktatur eröffnet hatte, auch an der Zensur Anteil zu bekommen. *10* Aller Widerspruch in den Stimmen, der die Wahl des Marcius mit Cnaeus Manlius zum Zensor hätte verhindern können, fiel also am Wahltag weg.

Auch hatte dieses Jahr in Marcus Fabius einen Diktator, nicht etwa, weil man Krieg befürchtete, sondern um am Wahltag der Konsuln das Licinische Gesetz ungültig zu machen. *11* Als Magister Equitum stand dem Diktator Quintus Servilius zur Seite. Doch auch die Diktatur war nicht imstande, dem verabredeten Plan der Väter bei der Konsulnwahl einen glücklicheren Erfolg zu geben, als sie bei der Zensorenwahl gehabt hatten.

(23) Der Bürgerstand gab den Marcus Popilius Limas zum Konsul her, die Väter den Lucius Cornelius Scipio. *2* Und selbst das Glück verlieh dem bürgerlichen Konsul mehr Auszeichnung. Denn da die Nachricht einlief, dass sich ein großes Heer Gallier im latinischen Gebiet gelagert habe, wurde dem Popilius, weil Scipio von einer schweren Krankheit befallen war, der Gallische Krieg außerordentlicherweise übertragen. *3* Durch seinen Eifer bei der Aushebung des Heeres stellte er, als sich auf seinen Befehl alle junge Mannschaft bewaffnet vor dem Capenischen Tor bei dem Marstempel eingefunden hatte und die Schatzmeister die Fahnen aus der Schatzkammer hierher gebracht hatten, vier vollzählige Legionen auf, übergab den Überschuss an Truppen dem Prätor Publius Valerius Publicola *4* und bewog die Väter, noch ein zweites Heer aufzubringen, welches auf unvorhergesehene Ereignisse des Krieges dem Staat zum Schutze dienen könnte. *5* Sobald er alles hinlänglich angeordnet und herbeigeschafft hatte, zog er selbst gegen den Feind; und um sich von dessen Stärke lieber vorher zu unterrichten, als sie durch eine gewagte Entscheidung auf die Probe zu stellen, ließ er auf einer Anhöhe, die er so nahe wie möglich bei den Galliern besetzt hatte, einen Wall für ein Lager aufwerfen. *6* Als jenes wilde und kampfbegierige Volk, das schon bei dem Anblick der römischen Fahnen in der Ferne, mit dem Vorsatze, sogleich zu schlagen, seine Linien ausbreitete, jetzt gewahr wurde, dass die Römer nicht in die Ebene herabrückten, sondern teils durch die erhöhte Stellung, teils durch Werke sich schützten, hielt es dies für Verzagtheit, und in der Voraussetzung, dass sie ihm gerade jetzt bei der Anlegung ihrer Werke eine Blöße gäben, unternahm es mit fürchterlichem Geschrei einen Angriff. *7* Von Seiten der Römer wurde die Arbeit nicht aufgegeben – nur das dritte Glied war mit Schanzen beschäftigt –, und das erste und zweite, die vor den Schanzenden aufgepflanzt standen, fingen den Kampf an. *8* Außer ihrer Tapferkeit war auch die erhöhte Stellung für die Römer vorteilhaft, da alle ihre

Wurfpfeile und Lanzen, nicht wie gewöhnlich, wenn sie in der Ebene abgeschossen werden, fruchtlos zur Erde fielen, sondern sämtlich durch ihre Schwere niedergeschleudert hafteten; ***9*** und die Gallier, mit Geschossen beladen, die ihnen entweder in ihren durchbohrten Körpern festsaßen oder lastend in den Schilden hingen, waren sie gleich im Lauf beinahe zur Höhe hinaufgedrungen, machten dennoch jetzt unentschlossen Halt; ***10*** und als ebendieses Zaudern den Mut auf ihrer Seite niederdrückte, bei dem Feind aber erhöhte, stürzten sie, sobald sie zurückgeworfen wurden, alle übereinander und richteten unter sich selbst eine schrecklichere Niederlage als der einhauende Feind an. So wurden mehr von ihnen bei der Hast und Verwirrung zertreten als durch das Eisen verwundet.

(24) Allein noch war der Sieg für die Römer nicht entschieden. Als sie in die Ebene kamen, hatten sie einen neuen Riesenkampf zu bestehen. ***2*** Denn da die Übermacht der Gallier einen solchen Verlust weniger fühlbar machte, wurden frische Truppen gegen den siegreichen Feind in die Schlacht geführt, gleich als ob eine neue Schlacht anfinge. ***3*** Die Römer standen vom Angriff ab und machten Halt; denn teils sollten sie als Ermüdete von Neuem in den Kampf gehen, teils hatte sich der Konsul auf kurze Zeit aus der Schlacht entfernt, weil ihm, als er sich zu unvorsichtig unter den Vorderstreitern tummelte, die linke Schulter mit einem langen gallischen Wurfspieß beinahe durchstochen war. ***4*** Schon hatten sie über diese Verzögerung den Sieg aufgegeben, als der Konsul, sobald er nach dem Verband seiner Wunde wieder vor die Linie geritten kam, ihnen zurief: *Was steht ihr da, Soldaten? Ihr habt hier nicht den Latiner, nicht den Sabiner als Feind vor euch, die ihr aus besiegten Feinden zu Verbündeten machen könnt.* ***5*** *Unser Schwert ist auf Unholde gezückt. Badet ihr euch nicht in ihrem Blut, so fließt das eure. Vom Lager habt ihr sie zurückgeschlagen; am Abhang hinunter habt ihr sie ins Tal gestürzt; ihr steht auf hingestreckten Leichen der Feinde. Füllt nun mit ebendem Gemetzel die Felder an, mit dem ihr die Berge bedeckt habt.* ***6*** *Erwartet nicht, dass sie vor euch fliehen werden, wenn ihr stehen bleibt; anrücken müsst ihr, hineinbrechen in den Feind!* ***7*** Durch solche Ermunterungen zum neuen Angriff gehoben, drängten sie die vorderen Haufen der Gallier von der Stelle; dann brachen sie in mehreren Keilen bis in den Mittelpunkt des feindlichen Heeres. ***8*** So auseinandergeworfen, fielen die Barbaren, nun ohne festen Befehl und ohne Anführer, über ihre eigenen Truppen her, rannten, über die Ebene gejagt, auf der Flucht an ihrem eigenen Lager vorbei und eilten der Höhe von Alba zu, die ihnen unter mehreren gleichhohen Hügeln als der am meisten hervorragende Punkt in die Augen fiel. ***9*** Der Konsul, der sie nicht über ihr Lager hinaus verfolgte – denn teils beschwerte ihn seine Wunde, teils wollte er das vom Gefecht ermüdete Heer nicht unter die vom Feind besetzten Anhöhen ziehen –, überließ die ganze Beute des Lagers den Soldaten und führte sein Heer siegreich und mit gallischem Raub beladen nach Rom zurück. ***10*** Den Triumph des Konsuls verzögerte seine Wunde; ebendieser Umstand erregte bei dem Senat den Wunsch nach einem Diktator, um einen zu haben, der während der Krankheit der Konsuln den Wahltag abhalten sollte. ***11*** Lucius Furius Camillus, welcher zum Diktator ernannt wurde und den Publius Cornelius Scipio zum Magister Equitum nahm, verschaffte den Vätern den vorigen Besitz des Konsulates wieder, wegen dieses Verdienstes wurde er selbst durch die lebhaften Bemühungen der Väter zum Konsul gewählt und ernannte den Appius Claudius Crassus zu seinem Amtsgenossen.

(25) Ehe die neuen Konsuln ihr Amt antraten, hielt Popilius seinen Triumph über die Gallier unter großen Beifallsbezeigungen der Bürgerlichen; und unwillig fragte einer den andern, ob irgendjemand Ursache habe, mit einem bürgerlichen Konsul unzufrieden zu sein. ***2*** Zuletzt schalten sie auf den Diktator, dass er zum Lohn für seine Nichtachtung des Licinischen Gesetzes das Konsulat empfangen habe, das noch mehr durch seine eigene Begehrlichkeit als durch das Unrecht des Staates verunehrt sei, so dass er sich selber als Diktator zum Konsul ernenne.

3 Das Jahr zeichnete sich durch viele und mannigfaltige Bewegungen aus. Die Gallier verheerten in Streifzügen von den albanischen Gebirgen, weil sie dort den strengen Winter nicht aushalten konnten, die Ebenen und die Ortschaften am Meer. *4* Das Meer, den Strich an der Küste von Antium, die Gegend von Laurentum und die Mündungen des Tibers machten griechische Flotten unsicher, so dass einmal die Seeräuber im Zusammentreffen mit jenen zu Lande ein unentschiedenes Gefecht hatten, und beide ungewiss, ob sie Besiegte oder Sieger wären, die Gallier sich in ihr Lager, die Griechen auf ihre Schiffe zurückzogen. *5* Mitten unter diesen Bewegungen erwuchs die erschreckendste Besorgnis aus den von den latinischen Völkerschaften im Hain der Ferentina gehaltenen Versammlungen und der nicht zweideutigen Antwort, die sie den Römern auf die geforderte Truppenstellung gaben: Sie möchten aufhören, denen befehlen zu wollen, deren Hilfe sie nötig hätten. *6* Die Latiner würden die Waffen lieber für ihre eigene Freiheit als für fremde Herrschaft ergreifen.

7 Weil der Senat in der Verlegenheit, in welche ihn bei zwei gleichzeitigen Kriegen von außen noch der Abfall der Bundesgenossen setzte, es nötig fand, Völker, welche sich durch Treue nicht fesseln lassen wollten, durch Furcht zu fesseln, so befahl er den Konsuln, bei der zu haltenden Aushebung alle Kräfte des Reiches aufs Äußerste anzuspannen. Da das Bundesheer abfalle, müsse man sich mit einem Heer von Eingeborenen behaupten. *8* In dieser rund umher angestellten Aushebung nicht bloß der städtischen, sondern auch der ländlichen Jünglinge soll man zehn Legionen aufgebracht haben, jede zu 4200 Mann zu Fuß und 300 zu Pferd. Selbst jetzt würden bei einer plötzlichen Gefahr von außen die vereinten Kräfte des römischen Volkes, denen der Erdkreis fast zu klein wird, *9* ein so zahlreiches Heer aus neu geworbenen Landeskindern nicht ohne Schwierigkeit aufstellen, so sehr haben wir nur an dem zugenommen, worauf wir losarbeiten, an Reichtum und Üppigkeit.

10 Es gehört zu den übrigen traurigen Ereignissen dieses Jahres, dass der eine Konsul, Appius Claudius, mitten unter den Rüstungen zum Krieg starb; und so kam die ganze Regierung in die Hände des Camillus. *11* Und ihm, als alleinigem Konsul, einen Diktator an die Seite zu setzen, hielten die Väter für minder schicklich, teils überhaupt, weil man einen Mann von solchem Ansehen keiner Diktatur unterordnen müsse, teils auch der glücklichen Vorbedeutung wegen, die man bei diesem Aufstand gegen Gallier in seinem Familiennamen fand. *12* Der Konsul ließ der Stadt zwei Legionen zur Besatzung, teilte die acht mit dem Prätor Lucius Pinarius, und seines verdienstvollen Vaters würdig nahm er den Gallischen Krieg, ohne zu losen, für sich selbst, *13* den Prätor hieß er die Seeküste decken und den Griechen die Landung wehren. Als er ins pomptinische Gebiet gezogen war, wählte er einen geeigneten Platz zum Standlager; er wünschte keinen Angriff in der Ebene, wozu ihn nichts zwang, und glaubte auch, einem Feind, der bloß vom Raub zu leben gezwungen sei, Schaden genug zu tun, wenn er ihm die Plünderungen verwehrte.

(26) Als hier die Römer ruhig auf ihren Posten standen, trat ein Gallier hervor, ausgezeichnet durch seine Größe und Rüstung, und als er durch Schläge auf seinen Schild alle zur Stille aufgefordert hatte, rief er durch einen Dolmetscher einen von den Römern auf, sich mit ihm zu schlagen. *2* Marcus Valerius, damals Oberster, ein Jüngling, der es sich zutraute, einer solchen Ehre ebenso würdig zu sein wie Titus Manlius, holte sich zuvor die Einwilligung des Konsuls und trat dann bewaffnet in die Mitte. *3* Den minder auffallenden Kampf der beiden Männer verherrlichte eine eintretende Fügung der Götter. Dem schon angreifenden Römer setzte sich plötzlich ein Rabe auf den Helm, gegen den Feind gekehrt. *4* Erfreut nahm dies der Tribun sogleich für ein vom Himmel gesandtes Zeichen und empfahl sich im Gebet dem gnädigen Schutz des Gottes oder der Göttin, die ihm den geflügelten Boten des Glückes gesandt habe. *5* Wunderbar! Der Vogel blieb nicht allein auf der einmal genommenen Stelle, sondern bei jedem Gang des Gefechtes hob er sich mit den Flügeln und fuhr mit Schnabel und Krallen dem Feind ins Gesicht und in

die Augen, bis dieser, durch den Anblick eines solchen Ungetüms geschreckt und seiner Augen und Besinnung kaum noch mächtig, von Valerius niedergestochen wurde. Der Rabe, den Blicken entschwebend, flog gegen Morgen.

6 So lange verhielt man sich auf beiderseitigen Posten ruhig. Als aber der Tribun dem erlegten Feind die Waffen nehmen wollte, blieben die Gallier nicht länger auf ihrer Stelle, und noch schneller liefen die Römer dem Sieger zu. Hier entstand aus dem neben der Leiche des daliegenden Galliers begonnenen Gefecht eine mörderische Schlacht. ***7*** Bald wurden nicht bloß die Rotten von den nächsten Posten, sondern die von beiden Seiten herzugeströmten Legionen handgemein. Camillus hieß seine Soldaten, die der Sieg ihres Tribunen und der sichtbare Beistand der Götter mit frohem Mute erfüllte, dem Rufe der Schlacht folgen, und indem er auf den im Schmuck der Feindesbeute prangenden Tribunen hinzeigte, rief er: *Dem tu es nach, Soldat, und strecke Gallier in Scharen neben dem daliegenden Anführer hin.*

8 Götter und Menschen taten in dieser Schlacht das Ihrige, und der Sieg über die Gallier kam zur völligen Entscheidung; so gewiss hatten sich beide Heere schon im Geist von ihrer Schlacht denselben Ausgang versprochen, den der Zweikampf ihrer Krieger für beide gehabt hatte. ***9*** Zwischen den ersten Rotten, deren Zusammentreffen die übrigen herbeigezogen hatte, war das Gefecht schrecklich; der übrige Schwarm der Gallier ergriff die Flucht, ehe er zum Abschleudern des Wurfspießes kam. Zuerst zerstreuten sie sich über das Volsker- und Falernergebiet, darauf wandten sie sich nach Apulien und dem Obermeer.

10 Der Konsul beschenkte den vor einer berufenen Versammlung mit Lobsprüchen überhäuften Tribunen mit zehn Ochsen und einem goldenen Kranz. Dann vereinigte er sich nach erhaltenem Senatsbefehl, des Seekrieges sich anzunehmen, mit dem Prätor, ***11*** weil sich aber bei der Saumseligkeit der Griechen, die sich auf keine Schlacht einließen, die Sache zu verzögern schien, ernannte er hier nach einem Senatsbeschluss, damit der Wahltag abgehalten werden könnte, den Titus Manlius Torquatus zum Diktator. ***12*** Als der Diktator den Aulus Cornelius Cossus zum Magister Equitum ernannt hatte, hielt er den konsularischen Wahltag ab und kündigte den von allen Stimmen des Volkes begünstigten Nacheiferer seines Ruhmes, den abwesenden Marcus Valerius Corvus (Rabe) – denn von jetzt an hatte er diesen Beinamen – in einem Alter von 23 Jahren als erwählten Konsul an. ***13*** Zum Amtsgenossen aus dem Bürgerstand bekam Corvus den Marcus Popilius Laenas, der dadurch zum vierten Mal Konsul wurde.

Gegen die Griechen richtete Camillus nichts besonders Merkwürdiges aus. Sie waren so wenig Krieger zu Lande als die Römer zur See. ***14*** Als ihnen endlich, weil sie zu keiner Landung kommen konnten, bei den übrigen Bedürfnissen auch das Wasser ausging, verließen sie Italien. ***15*** Von welcher griechischen Völkerschaft oder von welchem Hauptvolk dies eine Flotte gewesen sei, ist ungewiss. Ich möchte am liebsten glauben, dass sie Siziliens Tyrannen gehört habe, denn das entferntere Griechenland sah schon in dieser Zeit, durch inneren Krieg erschöpft, der makedonischen Übermacht mit Schaudern entgegen.*

(27) Als nach Entlassung der Heere Friede von außen und im Inneren Eintracht der Stände und Ruhe herrschte, zwang eine Pest, welche den Staat als Milderung seines zu großen Glückes heimsuchte, den Senat, durch die Zehnmänner die Sibyllinischen Bücher einzusehen, auf deren Mahnung ein Göttermahl angestellt wurde.

2 In diesem Jahr führten die Antiaten eine Kolonie nach Satricum und bauten diese von den Latinern zerstörte Stadt wieder auf. Und zu Rom schloss man mit den Gesandten von Karthago, welche mit der Bitte um Freundschaft und Bündnis gekommen waren, einen Vertrag.

---

* Neun Jahre später siegte König Philipp von Makedonien in Chaeronea über die Städte.

3 Ebendiese Ruhe von außen und im Inneren dauerte unter den Konsuln Titus Manlius Torquatus und Caius Plautius fort. Doch wurden die Zinsen statt des bisher gezahlten zwölften Teiles vom Kapital auf den 24. Teil herabgesetzt,* und die Abtragung der Schulden wurde zu gleichen Zahlungen auf drei Jahre verteilt, wenn das erste Viertel gleich jetzt bar bezahlt würde. *4* Und ging gleich selbst bei dieser Einrichtung noch mancher Bürger zugrunde, so hielt doch der Senat den öffentlichen Kredit für einen wichtigeren Gegenstand seiner Sorge als die Not der Einzelnen. Doch bekamen diese dadurch eine Erleichterung, dass keine Steuer und keine Aushebung nötig waren.

5 Im dritten Jahr nach Satricums Wiedererbauung durch die Volsker erhielt Marcus Valerius Corvus, der in seinem zweiten Konsulat den Caius Poetelius zum Amtsgenossen hatte, auf die Nachricht aus Latium, dass Gesandte von Antium, um einen Krieg zustande zu bringen, *6* die latinischen Völkerschaften besuchten, den Auftrag, ehe die Feinde stärker würden, die Volsker zu bekriegen, und zog mit seinem erbitterten Heer gegen Satricum. Da ihm hier die Antiaten und anderen Volsker mit ihren auf den Fall einer Bewegung von Rom aus schon in Bereitschaft gehaltenen Truppen entgegenrückten, erlaubte die alte Erbitterung auf beiden Seiten keinen Aufschub des Kampfes. *7* Die Volsker, denen es eigen war, den Krieg mutiger zu erneuern als zu führen, eilten nach verlorener Schlacht in vollem Lauf den Mauern Satricums zu; und da sie sich auch nicht einmal durch die Festungswerke gesichert glaubten, ergaben sie sich, als eben die rings umstürmte Stadt mit Leitern erstiegen wurde, den wehrlosen Haufen nicht gerechnet, an 4000 Krieger. *8* Die Stadt wurde zerstört und verbrannt, nur den Tempel der Mutter Matuta verschonte man mit Feuer. Die ganze Beute wurde den Soldaten überlassen, doch wurden die 4000, die sich ergeben hatten, nicht zur Beute gerechnet. Diese ließ der Konsul gefesselt vor seinem Triumphwagen herziehen und legte aus ihrem Verkauf eine große Summe in die Schatzkammer. *9* Nach einigen Berichten bestand diese Menge bloß aus gefangenen Sklaven, und dies ist mir wahrscheinlicher, als dass man die verkauft haben sollte, die sich ergeben hatten.

(28) Auf diese Konsuln folgten Marcus Fabius Dorsuo und Servius Sulpicius Camerinus. Jetzt machten die Aurunker mit einer unerwarteten Plünderung den Anfang zum Krieg, *2* und aus Besorgnis, diese Tat einer einzelnen Völkerschaft weise auf einen Plan des latinischen Gesamtvolkes hin, wählte man den Lucius Furius, als stände schon ganz Latium unter den Waffen, zum Diktator, und er ernannte den Cnaeus Manlius Capitolinus zum Magister Equitum. *3* Und nachdem man, wie sonst nur bei einem großen Aufstand, einen Gerichtsstillstand bekannt gemacht und bei der Aushebung jede Befreiung für ungültig erklärt hatte, wurden die Legionen so schnell wie möglich in das Land der Aurunker geführt. Hier trafen sie mehr mit Räubergesindel als mit feindlichen Kriegern zusammen; der Krieg war demnach mit der ersten Schlacht beendet, *4* weil sie indessen der angreifende Teil gewesen waren und auch ohne Zögern die Schlacht angenommen hatten, glaubte der Diktator, auch die Hilfe der Götter nötig zu haben, und gelobte während des Gefechtes selbst der Juno Moneta einen Tempel. Er kam, zur Lösung seines Gelübdes verpflichtet, siegreich nach Rom zurück und legte die Diktatur nieder. *5* Diesen Tempel der Ehre des römischen Volkes würdig aufzuführen, ließ der Senat Zweimänner ernennen. Man bestimmte ihm den Platz auf der Burg, wo das Haus des Marcus Manlius Capitolinus gestanden hatte. *6* Das Heer des Diktators gebrauchten die Konsuln zu einem Krieg mit den Volskern und nahmen den Feinden Sora durch Überrumpelung.

Der Tempel der Moneta wurde in dem Jahr nach seiner Gelobung eingeweiht, unter Caius Marcius Rutilus und Titus Manlius Torquatus, von denen jener zum dritten, dieser zum zweiten Mal Konsul war. *7* Gleich nach der Einweihung ereignete sich ein Schreckenszeichen, jenem alten

---

* Der Zinssatz betrug damit wiederum 4 ⅙ %.

ähnlich, das man auf dem Albanischen Berg* wahrgenommen hatte. Denn es fiel ein Steinregen, und mitten am Tag schien Nacht einzutreten; und da man wegen der religiösen Gefühle, mit welchen die ganze Stadt erfüllt war, die Heiligen Bücher eingesehen hatte, beschloss der Senat, für die Feier der anzuordnenden Bettage einen Diktator zu ernennen. **8** Man ernannte den Publius Valerius Publicola. Zum Magister Equitum bekam er den Quintus Fabius Ambustus. Man traf die Einrichtung, die feierlichen Aufzüge der Betenden nicht bloß von den Stadtbezirken halten zu lassen, sondern auch von den nächsten Völkerschaften, und es wurde die Reihenfolge festgesetzt, an welchem Tag jede den Tempelgang halten sollte.

9 In diesem Jahr soll das Volk die von den Ädilen vor Gericht gezogenen Wucherer zu harten Strafen verurteilt haben. Und ohne allen einer Angabe würdigen Grund ließ man wieder eine Zwischenregierung eintreten. **10** Aus dieser Zwischenregierung – fast hätte man denken sollen, dies sei die Absicht gewesen – ging das Konsulat zweier Patrizier hervor, Marcus Valerius Corvus zum dritten Mal und des Aulus Cornelius Cossus.

(29) Von nun an habe ich Kriege zu erzählen, die teils durch die Stärke der Feinde, teils ebenso sehr durch die Entlegenheit des Schauplatzes als durch die Länge ihrer Dauer von größerer Wichtigkeit waren. **2** Denn in diesem Jahr ergriff Rom die Waffen gegen die Samniten, dieses mächtige und kriegerische Volk. Nach dem Krieg mit den Samniten, der mit zweifelhaftem Glück geführt wurde, trat Pyrrhus als Feind auf, und nach Pyrrhus die Punier. Welch eine Fülle von Ereignissen! Wie oft war Rom am Abgrund der Gefahr, um seine Oberherrschaft zu dieser Größe zu bringen, die es selbst kaum tragen kann!

3 Der Krieg mit den Samniten hatte für die Römer, die mit ihnen als Freunde verbündet waren, eine äußere Veranlassung, er entspann sich nicht zwischen beiden Völkern. **4** Die Samniten trieb ihre Überlegenheit über die Sidiciner zu einem ungerechten Krieg gegen sie; und die Schwächeren, genötigt, Hilfe bei Mächtigeren zu suchen, verbanden sich mit den Campanern. **5** Da die Campaner zum Schutz ihrer Bundesgenossen mehr ihren Namen als Streitkräfte aufstellen konnten, zogen sie, sobald sie im Gebiete der Sidiciner als die verweichlichten Schwelger gegen jene unter den Waffen abgehärteten Krieger die Schlacht verloren hatten, den ganzen Sturm des Krieges zu sich hinüber. **6** Denn die Samniten, die sich mit Aufgebung der Sidiciner gegen den Rückhalt dieser ihrer Nachbarn, gegen die Campaner selbst, wandten, besetzten die bei Capua ragenden Höhen Tifata mit einem starken Heer und zogen in geschlossenen Gliedern in die zwischen Capua und Tifata gelegene Ebene. **7** Hier wurde eine zweite Schlacht geliefert, und da die durch die misslungene Schlacht auf ihre Mauern beschränkten Campaner nach dem Verlust ihrer Kerntruppen keine Hilfe in der Nähe zu hoffen hatten, so sahen sie sich gezwungen, die Römer um Hilfe zu bitten.

(30) Ihre Gesandten hielten, als sie vor dem Senat auftraten, etwa folgende Rede:

Das kampanische Volk, ihr versammelten Väter, hat uns, seine Gesandten, zu euch geschickt, ihm eure Freundschaft auf immer, eure Hilfe für diesen Augenblick zu erbitten. ***2*** *Hätten wir um jene in unserer glücklichen Lage gebeten, so würde sie, so wie sie schneller begonnen hätte, auch durch ein schwächeres Band geknüpft sein. Dann nämlich würden wir bei dem Bewusstsein, die Freundschaft mit euch als gleiche Teile geschlossen zu haben, eure Freunde vielleicht ebenso gut wie jetzt, allein auch die minder abhängigen und verpflichteten gewesen sein.* ***3*** *So aber müssen wir, durch euer Mitleid an euch gebunden und durch eure Bitte in unserer Not geschützt, auch die empfangene Wohltat ehren, um nicht undankbar, nicht aller göttlichen und menschlichen Hilfe unwürdig zu scheinen.* ***4*** *Auch kann der Umstand, dass die Samniten eure Freunde und*

* Unter Tullus Hostilius, vgl. 1. Buch, Kap. 31.

Bundesgenossen eher als wir geworden sind, unmöglich die Wirkung haben, dass wir nicht in eure Freundschaft aufgenommen würden, sondern nur die, dass sie an Alter und Rang uns vorangehen, denn in eurem Bündnis mit den Samniten ist ja nicht festgesetzt, dass ihr keine neuen Bündnisse schließen solltet.

5 Ihr habt es immer für eine hinlänglich begründete Ursache zur Freundschaft gehalten, wenn jemand euch Freund sein wollte. **6** *Wir Campaner aber, erlaubt uns gleich unser gegenwärtiges Schicksal keinen zu hohen Ton, geben dennoch meines Erachtens, da wir in der Größe der Stadt, in der Fruchtbarkeit des Landes außer euch keinem anderen Volk nachstehen, durch unseren Beitritt als Freunde den Vorzügen, die ihr habt, keinen geringen Zuwachs. 7 Den Aequern und Volskern, den ewigen Feinden dieser Stadt, werden wir, sowie sie sich regen, im Rücken sein; und was ihr für unsere Rettung zuerst getan haben werdet, das werden wir für eure Oberherrschaft, für euren Ruhm zu allen Zeiten tun.* **8** *Sind die Völker zwischen uns und euch bezwungen – ein Ereignis, das wir uns von eurer Tapferkeit und eurem Glück als sehr nahe bevorstehend versprechen dürfen –, so erstreckt sich eure Herrschaft ununterbrochen bis zu uns hin.* **9** *Bitter und traurig ist das Bekenntnis, zu dem unser Schicksal uns zwingt. Es ist so weit gekommen, ihr versammelten Väter, dass wir Campaner entweder zu euren Freunden oder zu euren Feinden gehören müssen.* **10** *Nehmt ihr uns in Schutz, so sind wir die eurigen, verlasst ihr uns, so gehören wir den Samniten. Ob ihr also Capua und ganz Kampanien lieber euch oder der Macht der Samniten anheimfallen lassen wollt, das sei der Gegenstand eurer Beratung.* **11** *Es ist zwar billig, ihr Römer, dass zu eurem Mitleid, zu eurem Beistand alle gleichen Zutritt haben, allein die doch besonders, die, da sie anderen auf deren Bitte über ihre Kräfte Hilfe leisteten, sich jetzt alle selbst in diese Notwendigkeit versetzt sehen.* **12** *Gleichwohl haben wir für die Sidiciner nur dem Namen nach, eigentlich aber für uns selbst gekämpft; denn wir sahen ja von der schändlichen Straßenräuberei der Samniten unsere Nachbarn angefallen, sahen, dass dieser Brand, sobald er die Sidiciner verzehrt hatte, auch uns ergreifen würde.* **13** *Und wirklich kommen die Samniten auch jetzt nicht deswegen gegen uns angezogen, weil sie sich für unsern Angriff rächen wollen, sondern weil ihnen der gebotene Vorwand willkommen ist.* **14** *Oder wenn dies zürnende Empfindlichkeit und nicht vielmehr Benutzung des Augenblicks zur Sättigung ihrer Habsucht wäre, konnten sie sich dann nicht damit begnügen, unsere Legionen einmal im Sidicinischen und noch einmal in Kampanien selbst gestraft zu haben?* **15** *Gibt es eine solche Erbitterung, die das Blut zweier Schlachten nicht befriedigen könnte? Und hierzu rechne man noch die Plünderung unseres Gebietes, die als Beute weggetriebenen Menschen und Herden, die niedergebrannten und verwüsteten Dörfer, die Verheerung des Ganzen durch Feuer und Schwert.* **16** *Durch dies alles hätte ihr Zorn nicht gesättigt werden können? Aber nein, ihre Habsucht sollte gesättigt werden. Diese treibt sie zur Bestürmung von Capua an. Entweder wollen sie diese herrliche Stadt zerstören oder selbst besitzen.* **17** *So kommt doch ihnen, ihr Römer, in der Besetzung durch eure Wohltat lieber zuvor, als dass ihr sie in dem durch Frevel erworbenen Besitz lasst.*

Ich rede nicht zu einem Volk, das vor gerechten Kriegen zurückbebt, und doch möchte ich glauben, wenn ihr eure Hilfe nur zeigtet, würdet ihr den Krieg nicht einmal nötig haben. **18** *Bis zu uns konnte die Verachtung der Samniten reichen, höher steigt sie nicht. So könnten wir schon vom Schatten eurer Hilfe, ihr Römer, beschützt werden, wir, denen alles, was wir hernach besitzen und was wir sein werden, als euer Eigentum erscheinen wird.* **19** *Für euch wird der kampanische Acker gepflügt werden, für euch Capua eine volkreiche Stadt sein; unseren Erbauern, unseren Vätern, den unsterblichen Göttern werden wir euch an die Seite stellen. Ihr werdet keine Kolonie haben können, die uns an Folgsamkeit gegen euch und Treue überträfe.* **20** *Lasst uns Campanern, versammelte Väter, euren Wink, euren heiligen, nie besiegten Schutz angedeihen und heißt uns hoffen, dass Capua länger stehen soll.* **21** *Was glaubt ihr wohl, in welcher zahlreichen Begleitung der Menge aus* *allen Ständen wir von dort weggegangen sind? Wie wir alles unter Gelübden und Tränen verlassen haben? In welcher Erwartung jetzt der Senat und das Volk zu Capua, unsere Gattinnen und Kinder sind?* ***22*** *Ich bin überzeugt, dass die ganze Volksmenge an den Toren steht und den von hier dorthin führenden Weg hinunter der Antwort entgegensieht, die wir ihnen in ihrer Angst und Ungewissheit auf euren Befehl, versammelte Väter, zu melden haben möchten.* ***23*** *In dem einen Fall bringt sie Rettung, Sieg, Leben und Freiheit, im andern – mich schaudert davor, ihre Folgen zu ahnen. Also geht über uns zu Rate, entweder als über eure künftigen Verbündeten und Freunde oder als über völlig aus allem Dasein Verschwundene.*

(31) Als der Senat, sobald die Gesandten abgetreten waren, befragt wurde, galt ihm die Treue, obgleich nach der Meinung eines großen Teiles die bedeutendste und wohlhabendste Stadt Italiens und ihr fruchtbares, dem Meer so nahes Land in teuren Zeiten eine Kornkammer Roms werden konnte, dennoch mehr als ein so großer Vorteil, und dem Beschluss des Senates gemäß gab der Konsul folgende Antwort:

2 *Der Senat, ihr Campaner, hält euch der Hilfe würdig, findet es aber angemessen, die Freundschaft mit euch nur dann zu knüpfen, wenn keine ältere Freundschaft und kein älteres Bündnis dadurch verletzt werden. Die Samniten sind unsere Bundesgenossen. Also versagen wir euch unsere Waffen gegen die Samniten, weil wir sie sonst eher gegen die Götter als gegen die Menschen ergreifen müssten. Allein wir wollen, wie es recht und billig ist, an unsere Bundesgenossen und Freunde Gesandte mit der Bitte abgehen lassen, dass sie euch keine Gewalt zufügen.*

3 Hierauf erwiderte das Haupt der Gesandtschaft, ihren mitgegebenen Verhaltungsbefehlen gemäß: *Wenn ihr denn das Unsrige gegen Gewalt und Unrecht durch gerechte Gewalt nicht schützen wollt, so verteidigt es wenigstens als das Eurige.* ***4*** *Hiermit übergeben wir das kampanische Volk und die Stadt Capua, das Land, die Tempel der Götter, alles göttliche und menschliche Eigentum, ihr versammelten Väter, in eure und des römischen Volkes Gewalt, um alles, was wir noch zu leiden haben sollen, als eure Untertanen zu leiden.* ***5*** Mit diesen Worten warfen sie sich alle, die Hände zu den Konsuln empor streckend und in Tränen schwimmend, im Vorsaal des Rathauses auf die Knie. ***6*** Dieser Wechsel des menschlichen Schicksals rührte die Väter, wenn sogar ein Volk mit dieser Übermacht, durch seine Üppigkeit und Prachtliebe bekannt, bei dem noch kurz zuvor die Nachbarn Hilfe gesucht hatten, so den Mut sinken lassen müsse, dass es selbst sich und alles das Seine in fremde Hände gäbe. ***7*** Jetzt schien es Sache der Ehre, sie als neue Untertanen nicht preiszugeben, und man hielt es für eine Ungerechtigkeit von Seiten der Samniten, wenn sie ein Land und eine Stadt, die durch Übergabe römisches Staatseigentum geworden wären, bekriegen wollten. ***8*** Es wurde also beschlossen, sogleich an die Samniten Gesandte zu schicken. Sie hatten den Auftrag, die Bitte der Campaner, die darauf vom Senat erteilte, den Bund mit den Samniten berücksichtigende Antwort und die hinterher erfolgte Übergabe den Samniten auseinanderzusetzen. ***9*** Dann sollten sie vermöge der bestehenden Bundes- und Freundschaftsverhältnisse sie ersuchen, ein in römischen Schutz übergegangenes Volk zu schonen und ein Land, das römisches Eigentum geworden sei, nicht feindlich zu bekriegen. ***10*** Wenn sie durch mildes Auftreten nichts ausrichteten, sollten sie den Samniten im Namen des römischen Volkes und Senates erklären, dass sie die Stadt Capua und das kampanische Gebiet in Ruhe lassen sollten.

11 Die Antwort der Samniten auf diesen in ihrer Versammlung von den Gesandten gemachten Antrag wurde mit einem solchen Hochmut erteilt, dass sie nicht allein erklärten, sie würden in der Führung dieses Krieges beharren, sondern dass sogar ihre Obrigkeiten bei ihrem Austritt aus dem Rathaus vor den noch dastehenden Gesandten die Anführer ihrer Kohorten riefen ***12*** und ihnen mit lauter Stimme den Befehl gaben, sogleich auf Plünderung ins kampanische Gebiet einzurücken.

(32) Als die Gesandtschaft mit dieser Antwort nach Rom zurückkam, beschlossen die Väter, welche mit Beiseitesetzung aller übrigen Geschäfte Fetialen hinschickten, um Genugtuung zu fordern, und als diese nicht geleistet wurde, die Kriegserklärung mit der gewöhnlichen Feierlichkeit nachfolgen ließen, die Sache je eher je lieber an das Volk gelangen zu lassen; ***2*** und nach erfolgter Genehmigung des Volkes brachen beide Konsuln mit zwei Heeren aus der Stadt, Valerius nach Kampanien auf, Cornelius nach Samnium, und lagerten sich, jener am Berg Gaurus, dieser bei Laticula. ***3*** Valerius traf zuerst auf die Legionen der Samniten; denn hier war es, wo sie dem Hauptsturm des Krieges entgegensahen. Zugleich trieb sie auch die Rache auf die Campaner, die immer gleich schnell gewesen wären, hier, Hilfe gegen sie zu leisten, dort, Hilfe gegen sie herbeizurufen. ***4*** Als sie aber das römische Lager erblickten, forderten sie, jeder bei seinem Anführer, das Zeichen zur Schlacht und versicherten, der Römer solle dem Campaner mit nicht besserem Erfolg zu Hilfe gekommen sein als einst der Campaner dem Lidiciner.

5 Valerius, der unter unbedeutenden Gefechten nur einige Tage hingehen ließ, um seinen Feind kennenzulernen, ***6*** befahl, das Zeichen zur Schlacht zu geben, und ermahnte mit wenigen Worten die Seinigen: Der neue Krieg, der neue Feind dürfe sie nicht schrecken. Je weiter sie, die Waffen in der Hand, von der Stadt vorrückten, je unkriegerischer würden die Völker, zu denen sie kämen. ***7*** Sie möchten nicht aus den Niederlagen der Sidiciner und Campaner auf die Tapferkeit der Samniten schließen. Möchten die Kämpfenden noch so feige gewesen sein, so habe doch das eine Volk notwendig besiegt werden müssen. Und die Campaner wären nun unstreitig mehr von ihrer eigenen, durch übertriebene Schwelgerei herbeigeführten Abspannung und von ihrer Weichlichkeit, als von der Kraft ihrer Feinde besiegt. ***8*** Was wollten aber auch zwei in so vielen Jahrhunderten erfochtene Siege der Samniten gegen die vielen ruhmvollen Taten des römischen Volkes sagen, das beinahe mehr Triumphe als Jahre seit Erbauung der Stadt zähle, ***9*** das alles um sich her, Sabiner, Etrurier, Latiner, Herniker, Aequer, Volsker, Aurunker mit seinen Waffen unterjocht, das die in so vielen Treffen niedergehauenen Gallier endlich gezwungen habe, auf das Meer und auf die Schiffe zu fliehen? ***10*** Freilich müsse jeder hauptsächlich im Vertrauen auf eigenen Kriegsruhm und eigene Tapferkeit in die Schlacht gehen, dann aber auch beherzigen, unter wessen Führung und Leitung der Kampf begonnen werde, ***11*** ob man bloß die hochtönenden Worte des Redners anhören müsse, der zwar in Reden kriegerisch, aber mit allen Verrichtungen eines Soldaten unbekannt sei, oder aber auch selbst die Waffen zu führen, vor der Fahne herzugehen und sich mitten im Gewühl des Kampfes herumzutummeln verstehe. ***12*** *Es würde mir lieb sein, Soldaten,* so fuhr er fort, *wenn ihr euch, ohne auf meine Worte zu hören, nach meinen Taten richtetet und nicht bloß die Kriegszucht von mir lerntet, sondern mich auch zum Muster nähmet. Nicht durch Parteien, nicht durch die vom Adel gewöhnlichen Verabredungen, sondern mit diesem Arm habe ich mir seit Kurzem drei Konsulate und die höchste Ehre errungen.* ***13*** *Die Zeiten sind vorbei, in welchen man sagen konnte: Ja freilich, du warst ein Patrizier und stammtest von den Befreiern des Vaterlandes ab, und in demselben Jahre hatte deine Familie das Konsulat, in welchem diese Stadt einen Konsul hatte.* ***14*** *Jetzt haben wir Väter und ihr Bürgerlichen gleiche Ansprüche auf das Konsulat; und es ist nicht mehr, wie einst, der Lohn der Abkunft, sondern des Verdienstes. Darum, ihr Soldaten, habt immer die höchste Ehre im Auge!* ***15*** *Habt ihr gleich als Menschen, die der göttlichen Fügung folgten, mir den Beinamen Corvus gegeben, so ist doch darum der alte Beiname unserer Familie, Publicola, noch keineswegs vergessen.* ***16*** *Ich blieb immer, im Krieg und Frieden, ich mochte ohne Amt oder in Ämtern sein, in kleinen und in großen, mochte Tribun oder Konsul sein, in gleichem Fortgang durch alle meine Konsulate, wie sie aufeinander folgten, Verehrer des Bürgerstandes und habe ihn von jeher verehrt.* ***17*** *Doch jetzt ans Werk! Auf, erringt mit mir einen neuen und frischen Triumph über die Samniten.*

(33) Kein Feldherr stand mit seinen Kriegern auf einem vertraulicheren Fuß, da er ohne alle Weigerung sich mit den gemeinsten Soldaten jeder Verrichtung unterzog. ***2*** Ferner in den soldatischen Spielen, wenn die Kameraden sich miteinander in Wettstreit der Schnelligkeit und der Stärke einließen, war er freundlich und zugänglich, behielt als Sieger und Besiegter dieselbe Miene, war gegen niemand, der sich ihm zum Gegner bot, abstoßend, ***3*** war in seinen Handlungen nach Maßgabe des Verhaltens der Gütige, im Gespräch der Freiheit anderer ebenso sehr als seiner Würde eingedenk, und was die Herzen des Volkes am meisten gewinnt, er behielt die gleichen Eigenschaften bei der Führung der Ämter, durch welche er sie gesucht hatte. ***4*** Daher grenzte die mutige Regsamkeit, mit welcher das ganze Heer auf die Ermunterung eines solchen Feldherrn aus dem Lager rückte, ans Unglaubliche.

5 Begann je eine Schlacht unter gleichen Hoffnungen, mit gleichen Kräften beider Teile, mit eigenem Zutrauen auf sich selbst, ohne den Feind zu verachten, so war es diese. ***6*** Den Mut der Samniten erhöhten ihre neuen Taten und der vor Kurzem errungene doppelte Sieg; den Mut der Römer der Ruhm von vier Jahrhunderten und ihre Siege von der Erbauung der Stadt an; und dennoch erregte beiden der neue Feind einige Besorgnis. ***7*** Die Schlacht bewies die Stimmung beider Heere, denn sie kämpften so, dass sich die Linie eine ganze Zeitlang nach keiner von beiden Seiten bog. ***8*** Darauf versuchte der Konsul, weil er auf einen Feind, den keine Tapferkeit vertreiben konnte, Verwirrung wirken lassen wollte, durch das Einhauen der Reiterei das feindliche Vordertreffen in Unordnung zu bringen; ***9*** als er aber sah, dass diese, in fruchtlosem Getümmel mit ihren Geschwadern auf zu engem Raum kreisend, keine Bahn in die Feinde machen konnte, da rief er, indem er bei seiner Rückkehr zu den Vorderreihen der Legionen vom Pferd sprang: ***10*** *Soldaten, das ist eine Arbeit für uns Fußgänger! Wohlan, so wie ihr es von mir sehen werdet, wie ich mir allenthalben, wo ich dem Feind in die Linie breche, mit dem Schwert Bahn mache, so streckt auch ihr jeden, der euch vor die Klinge kommt, zu Boden! Dort, wo jetzt die emporstarrenden Lanzen blitzen, werdet ihr bald alles durch eine ungeheure Niederlage geebnet sehen.* ***11*** So sprach er, da sprengte die Reiterei auf des Konsuls Befehl sich teilend auf die Flügel und ließ dem Fußvolk zum Einbruch in das feindliche Mitteltreffen offenen Weg. Der Konsul ging von allen zuerst auf den Feind los, und der, mit welchem ihn das Schicksal zusammenführte, fiel unter seinen Streichen. ***12*** Zu seiner Rechten und zu seiner Linken, durch dieses Schauspiel zum Wetteifer gespornt, arbeitete jeder im rühmlichsten Kampf gerade vor sich hin. Entgegengestemmt hielten die Samniten stand, bekamen sie gleich mehr Wunden als sie beibrachten. ***13*** Eine ganze Zeitlang war schon gekämpft; schreckliches Gemetzel umgab die Fahnen der Samniten, aber noch regte sich durchaus keiner zur Flucht, so hartnäckig war ihr Entschluss, als Besiegte nur zu fallen. ***14*** Die Römer, die in ihren sinkenden Kräften die Ermattung spürten und den Tag zu Ende gehen sahen, warfen sich wütend auf den Feind. ***15*** Und nun erst sah man weichende Schritte und einen Anfang zur Flucht, nun erst wurden hier Samniten gefangen, dort Samniten niedergehauen; und es hätten sich nur wenige gerettet, wenn nicht die Nacht die Römer mehr vom Siegen als vom Fechten abgehalten hätte. ***16*** Teils sagten es die Römer geradeheraus, dass sie sich nie mit einem hartnäckigeren Feind geschlagen hätten, teils legten sie den Samniten die Frage vor, was ihnen als so standfesten Kämpfern die erste Veranlassung zur Flucht geworden sei. ***17*** In den Augen der Römer, antworteten sie, hätten sie Flammen gesehen, in ihren Blicken Wut und Wut auf ihrem Antlitz. Dies habe mit größerem Schrecken auf sie gewirkt als irgend sonst etwas. Und diesen Schrecken verrieten sie nicht bloß durch den Verlust der Schlacht, sondern auch durch ihren nächtlichen Aufbruch. ***18*** Am folgenden Tag fiel das leere feindliche Lager den Römern in die Hände, in welches, um ihnen Glück zu wünschen, ganz Capua in Scharen hinausströmte.

(34) Übrigens wurde diese Freude beinahe durch eine große Niederlage in Samnium getrübt. Denn der Konsul Cornelius war nach seinem Aufbruch von Saticula unvorsichtig genug, mit dem Heer in einen Wald zu rücken, der vermittels seines tiefen Tales den Durchzug gewährte, allein ringsum vom Feind besetzt war; **2** und er bemerkte den Feind über seinem Haupt nicht eher, als bis er sich schon nicht mehr mit Sicherheit zurückziehen konnte. **3** Während nun die Samniten nur noch so lange warteten, bis ihm das ganze Heer in die Tiefe des Tales gefolgt sein würde, bemerkte der Kriegstribun Publius Decius einen hervorragenden Hügel im Wald, der das feindliche Lager beherrschte, der zwar einem schwer bepackten Heer zu hoch, für leichte Truppen aber nicht schwer zu ersteigen war. **4** Er wandte sich an den bestürzten Konsul und sprach: *Siehst du, Aulus Cornelius, jenen Gipfel droben über dem Feind? Das ist der Fels unserer Hoffnung und unseres Heils, wenn wir ihn, da ihn die Samniten in ihrer Blindheit unbenutzt gelassen haben, rasch besetzen.* ***5*** *Auch brauchst du mir nicht mehr als das erste und zweite Glied einer Legion** *zu überlassen. Komme ich mit diesen auf der Höhe an, so zieh du ohne Furcht weiter und rette dich und das Heer; denn der Feind unter uns, jedem Schuss von uns ausgesetzt, wird nicht nachziehen können, wenn er sich nicht vernichten lassen will.* ***6*** *Uns wird dann entweder das Glück des römischen Volkes oder unsere Tapferkeit helfen.*

7 Vom Konsul mit Lobsprüchen überhäuft, zog er nach Übernahme des Heeres in aller Stille durch den Wald und wurde nicht eher vom Feind bemerkt, bis er seinem Ziel schon nahe war. *8* Während nun alle vor Bewunderung staunten – denn er hatte aller Augen auf sich gerichtet –, bekam durch ihn nicht nur der Konsul Zeit, sich mit dem Heer auf einen freieren Platz durchzuwinden, sondern auch er gewann den Stand auf der obersten Höhe. **9** Den Samniten, welche darüber, dass sie sich bald gegen den einen, bald gegen den andern wandten, den Vorteil auf beiden Punkten versäumten, wurde es gleich unmöglich, sowohl den Konsul zu verfolgen, wenn sie nicht durch denselben Hohlweg ziehen wollten, in welchem sie ihn soeben noch ihren Pfeilen ausgesetzt hatten, als gegen den Hügel, welchen Decius über ihrem Haupt besetzt hatte, bergauf zu rücken. ***10*** Doch bestimmte sie teils ihr Unwille, sich lieber gegen diese zu wenden, die ihnen den schönen Sieg entrissen hatten, teils die Nähe des Platzes und selbst die Schwäche des Postens, ***11*** und bald wollten sie den Hügel auf allen Seiten mit Truppen einschließen, um Decius vom Konsul abzuschneiden, bald ließen sie einen Weg offen, um die ins Tal Herabgegangenen anzugreifen. In dieser Unschlüssigkeit überfiel sie die Nacht.

12 Decius hatte anfangs die Hoffnung gehegt, von seiner Höhe herab mit einem bergan steigenden Feind zu kämpfen, jetzt aber staunte er, dass sie weder einen Angriff unternahmen noch ihn, wenn sie der nachteilige Kampfboden von diesem Plan zurückschreckte, durch Werke und Schanzpfähle einschlössen. Dann sprach er zu den Hauptleuten, die er herbeirufen ließ: ***13*** *Habe ich je eine solche Unwissenheit in der Kriegskunst, eine solche Untätigkeit gesehen? Und wie war es möglich, dass diese Leute über die Sidiciner und Campaner einen Sieg erringen konnten? Ihr seht, wie ihre Fahnen bald hierher, bald dort hinüber wanken, jetzt sich auf einem Punkt vereinigen, dann wieder ausrücken, aber die Arbeit fängt niemand an, da wir schon mit einem Wall eingeschlossen sein könnten.* ***14*** *Dann müssten wir wahrhaftig ihnen ähnlich sein, wenn wir hier länger weilen wollten, als uns gutdünkt. Kommt, begleitet mich; mir müssen, solange wir noch etwas Tageslicht haben, erspähen, wo sie ihre Posten aufstellen, wo uns ein Ausweg offen bleibt.* **15** Damit die Feinde nicht merken möchten, dass der Anführer selbst die Runde machte, untersuchte er alles im gewöhnlichen Kriegermantel und ließ die Hauptleute wie gemeine Soldaten gekleidet mitgehen.

---

* Zusammen etwa 2400 Mann.

(35) Als er hierauf die Nachtwachen angeordnet hatte, ließ er an alle Übrigen die Parole ausgeben: Wenn das Horn das Zeichen zur zweiten Nachtwache* gegeben habe, möchten sie sich in aller Stille mit den Waffen bei ihm einfinden. **2** Als sie sich dem Befehl gemäß, ohne laut zu werden, eingestellt hatten, fing er an: *Ebendieses schweigen, Soldaten, müsst ihr jetzt als meine Zuhörer, ohne alle soldatische Willenserklärung, beibehalten. Habe ich euch meine Meinung auseinandergesetzt, dann treten die, welche mir beipflichten, schweigend auf meine rechte Seite; und was die Mehrzahl will, danach richten wir uns.* **3** *Jetzt hört, was meine Gedanken sind. Der Feind hat euch hier umzingelt, nicht als hierher verschlagene Flüchtlinge, nicht als hier sitzen gebliebene Feiglinge. Eure Tapferkeit war es, die euch diesen Posten besetzen ließ, eure Tapferkeit muss euch wieder heraushelfen.* **4** *Ihr zogt hierher und rettetet dem römischen Volk ein herrliches Heer, erhaltet euch selbst, indem ihr euch durchschlagt. Ihr verdient die Ehre, als kleine Schar vielen geholfen zu haben und selbst keiner Hilfe zu bedürfen.* **5** *Wir haben mit einem Feind zu tun, der, da er gestern unser ganzes Heer vertilgen konnte, von seinem Glück Gebrauch zu machen zu lässig war, der diese so vorteilhafte, ihm über dem Haupt ragende Höhe nicht eher bemerkte, als bis wir sie besetzt hatten,* **6** *der weder unserer kleinen Schar mit seinen vielen Tausenden das Aufsteigen wehrte, noch uns im Besitz des Platzes, soviel er auch vom Tag vor sich hatte, mit Werken umschloss. Konntet ihr ihn mit sehenden und wachenden Augen so zum Besten halten, so kann es nicht fehlen, dass ihr ihm im Schlaf nicht entkommen solltet. Und im Ernst, dies ist jetzt ein Nutzen für euch.* **7** *Denn unsere Sachen stehen so, dass ich euch jetzt, ich kann nicht sagen, einen Vorschlag machen, sondern euch anzeigen muss, wozu ihr gezwungen seid.* **8** *Es kann doch wohl nicht die Frage sein, ob ihr hier bleiben oder abziehen sollt, da euer Geschick euch nichts gelassen hat als Waffen und diesen der Waffen sich bewussten Mut, und ihr alle vor Hunger und Durst umkommen müsst, wenn ihr vor dem Schwert eine größere Furcht haben solltet, als Männer und Römer sie zu haben pflegen.* **9** *Also gibt es keine andere Rettung als Durchbrechen und Abziehen. Dies müssen wir entweder bei Tag oder bei Nacht tun.* **10** *Da seht ihr gleich ein zweites Muss, noch weniger zweifelhaft als das erste. Denn wenn wir den Tag abwarten wollten, was können wir denn anders uns versprechen, als dass uns der Feind mit einem geschlossenen Wall und Graben umzingeln werde, da er jetzt schon, wie ihr seht, mit seinen niedergestreckten Leibern den ganzen Hügel umgürtet? Eignet sich aber die Nacht zum Durchbrechen, wie sie das wirklich ist, so ist in der Tat diese Stunde der Nacht am allergünstigsten.* **11** *Auf das Zeichen der zweiten Nachtwache seid ihr jetzt zusammengekommen, gerade, wenn die Sterblichen vom tiefsten Schlaf gefesselt liegen. So schreitet denn zwischen den Leibern der Schlafenden hin, denen ihr entweder, ohne dass sie es ahnen, in der Stille entkommt, oder die ihr, falls sie etwas merkten, durch euer plötzliches Geschrei mit Schrecken erfüllt.* **12** *Folgt mir jetzt, wie ihr mir bisher gefolgt seid. Ich nehme dasselbe Glück zum Führer, das uns hierher geleitet hat. Nun wohlan, wer dies für unser Rettungsmittel hält, der trete auf meine rechte Seite hinüber!*

(36) Dorthin traten sie alle und folgten dem Decius, der durch die von den (feindlichen) Wachen unbesetzt gebliebenen Stellen ging. **2** Schon waren sie über die Mitte des Lagers hinaus, als der angestoßene Schild eines über die eingeschlafenen Wachen hinwegschreitenden Soldaten ein Geräusch verursachte. Da die Wache, dadurch geweckt, ihren Nachbar weckte, und beide sich erhebend wieder andere weckten, ohne zu wissen, ob hier Freunde oder Feinde gekommen wären, ob das Heer vom Berg einen Ausfall mache oder der Konsul ihr Lager erobert habe, **3** jagte Decius durch das Geschrei, das er seine Soldaten erheben ließ, weil sie doch nun nicht unentdeckt blieben, den vom Schlaf betäubten Feinden eine solche Bestürzung ein, dass sie von Schrecken gelähmt weder schnell genug zu den Waffen greifen noch Widerstand leisten, noch verfolgen konnten. **4**

* Mit dem Anfange der vierten Nachtstunde.

Während dieser Verwirrung und bei dem Auflauf der Samniten gelangte das römische Heer, das die ihm aufstoßenden Posten niederhieb, in die Nähe des römischen Lagers. **5** Die Nacht war noch lange nicht vorbei, als sie sich schon in Sicherheit sahen; da sprach Decius: *So brav zeigt euch immer, ihr Krieger Roms. Euren Zug und Rückzug werden alle Jahrhunderte preisen.* **6** *Allein um eine solche Tapferkeit zu sehen, dazu ist das Tageslicht nötig. Auch habt ihr es nicht verdient, bei eurer so ruhmvollen Wiederkehr ins Lager euch in Schweigen und Nacht einhüllen zu lassen. Hier wollen wir den Tag abwarten.* **7** Sie folgten seinen Worten. Als er mit Tagesanbruch einen Boten an den Konsul vorausschickte, geriet das Lager durch die lauteste Freude in Bewegung; und da der Tagesbefehl ausgegeben wurde, dass diejenigen wohlbehalten wiederkämen, welche ihr Leben für die Rettung aller einer so augenscheinlichen Gefahr ausgesetzt hätten, da strömten ihnen alle entgegen, lobten sie, wünschten ihnen Glück und nannten sie einzeln und insgesamt ihre Retter, sagten den Göttern Lob und Dank und erhoben den Decius zum Himmel. **8** Dies war ein Triumph, den Decius im Lager hielt, durch dessen Mitte er mit seinem Heer unter den Waffen einherzog, wobei ihn aller Augen, die auf ihn gerichtet waren, als Tribunen jeder Art von Ehre ebenso würdig fanden wie den Konsul.

9 Als er in die Nähe des Feldherrnzeltes kam, ließ der Konsul durch die Trompete zur Versammlung rufen, und schon begann er das verdiente Lob des Decius, als er, von Decius selbst unterbrochen, die Versammlung aufhob. **10** Durch seine Vorstellungen, jetzt alles der sich darbietenden Gelegenheit unterzuordnen, beredete er den Konsul, auf die durch den nächtlichen Schrecken erschütterten Feinde, die auf einzelne Posten verteilt sich um den Hügel zerstreut hätten, einen Angriff zu machen; er glaube auch, dass mehrere zu seiner Verfolgung Ausgeschickte im Walde umherschwärmten. **11** Die Legionen erhielten Befehl, sich zu waffnen; sie rückten aus und zogen, da man jetzt durch Kundschafter schon mit dem Wald bekannter war, auf einem offeneren Weg dem Feind entgegen. **12** Nach einem plötzlichen Angriff, den er so wenig vermutete, dass die samnitischen Soldaten, allenthalben zerstreut, größtenteils unbewaffnet, sich weder auf einem Punkt vereinigen noch zu den Waffen greifen, noch sich in ihre Verschanzungen werfen konnten, trieben ihn die Römer zuerst in voller Bestürzung in sein Lager, dann eroberten sie bei der Verwirrung seiner Vorposten das Lager selbst. **13** Das sich fortpflanzende Geschrei umzog den Hügel und scheuchte auch hier jeden von seinem Posten, so dass ein großer Teil vor dem abwesenden Feind wich. Diejenigen, welche der Schrecken ins Lager getrieben hatte (und ihrer waren an die 30 000), wurden sämtlich niedergehauen und das Lager geplündert.

(37) Nach diesen Taten vollendete der Konsul vor einer berufenen Versammlung nicht nur das vorhin angefangene, sondern auch das durch sein neues Verdienst noch vermehrte Lob des Publius Decius; und außer anderen Kriegsgeschenken beschenkte er ihn mit einem goldenen Kranz und hundert Rindern nebst einem auserlesenen, weißen, fetten Stier mit vergoldeten Hörnern. **2** Die Soldaten, die unter ihm jenen Posten ausgemacht hatten, erhielten für immer das doppelte Maß an Getreide und für jetzt jeder einen Stier und zwei Leibröcke. Nach den Schenkungen des Konsuls setzten die Legionen dem Decius einen Graskranz auf, den Ehrendank für ihre Rettung aus der Einschließung, den sie jauchzend ihm zuerkannten. Der zweite Kranz, gleichfalls ein Sinnbild dieser Ehre, wurde ihm von seinen eigenen Leuten aufgesetzt. **3** Mit diesen Ehrenzeichen geschmückt opferte er den auserlesenen Stier dem Mars; die hundert gab er den Soldaten zum Geschenk, die jenen Zug mit ihm gemacht hatten. Für jeden von diesen brachten aber auch die Legionen ein Pfund Getreide und einen Schoppen Wein zusammen; und alles dies wurde mit der größten Freude betrieben, welche das Geschrei der Soldaten als Beweis des allgemeinen Beifalls begleitete.

4 Die dritte Schlacht wurde bei Suessula geliefert, welche jenes erste von Marcus Valerius geschlagene Heer der Samniten, nachdem es den ganzen Kern der heimischen Jugend an sich gezogen, als den Kampf der Entscheidung zu wagen beschlossen hatte. *5* Von Suessula waren Eilboten nach Capua und von hier Schnellreiter zum Konsul Valerius gekommen, ihn um Hilfe zu bitten. *6* Sogleich erfolgte der Aufbruch; das Gepäck blieb unter einer starken Bedeckung im Lager zurück; das Heer zog in Eilmärschen und nahm nicht weit vom Feind auf einem sehr engen Raum – denn es hatte bloß seine Reitpferde bei sich, ohne allen Tross von Packpferden und Knechten – sein Lager. *7* Das Heer der Samniten stellte sich in Linie, als ob die Schlacht sogleich beginnen würde; da ihnen aber niemand entgegenzog, rückten sie als die Angreifenden gegen das feindliche Lager an. *8* Als sie hier die Soldaten hinter dem Wall sahen und ihre nach allen Zeiten ausgeschickten Kundschafter meldeten, auf welchen engen Raum das Lager eingeschränkt sei, und wie schwach also der Feind sein müsse, *9* da rief die ganze Linie laut, man müsse die Gräben füllen, das Pfahlwerk einreißen und in das Lager eindringen, und durch diese Verwegenheit hätte der Krieg sein Ende erreicht, wenn nicht die Anführer den Ungestüm ihrer Soldaten zurückgehalten hätten. *10* Weil aber ihr zahlreiches Heer große Vorräte verbrauchte und teils durch sein früheres Stillliegen bei Suessula, teils jetzt durch die Verzögerung der Schlacht einem gänzlichen Mangel sehr nahe war, hielten sie es für das Beste, während der zaghafte Feind sich einschlösse, die Truppen auf Getreideholungen in die Felder ziehen zu lassen; *11* unterdessen werde sich auch bei dem römischen Heer, welches ohne Gepäck nur so viel Getreide mitgebracht habe, als sich neben den Waffen auf den Schultern tragen ließ, ein völliger Mangel einstellen. *12* Kaum erfuhr der Konsul, dass der Feind auf den Feldern umherschwärme und nur schwache Posten zurückgelassen habe, da führte er seine Soldaten nach einer kurzen Anrede zum Sturm gegen das Lager. *13* Als er es im ersten Geschrei und Sturm genommen und mehr Feinde in ihren Zelten als an den Toren und auf dem Wall niedergehauen hatte, ließ er die erbeuteten Fahnen an einer Stelle zusammenbringen, ließ zur Wache und Bedeckung zwei Legionen zurück, denen er bei schwerer Strafe alles Plündern bis zu seiner Rückkehr verbot; und da er sich bei seinem weiteren Vorrücken zum Angriff bereit hielt, so richtete er unter den zerstreuten Feinden, *14* die ihm wie bei einer Treibjagd von der vorausgeschickten Reiterei vorgetrieben wurden, ein ungeheures Blutbad an; *15* denn in der Bestürzung hatten sie weder festsetzen können, auf welches Zeichen sie sich sammeln, noch auch, ob sie ihrem Lager zueilen oder sich in die Ferne retten wollten. *16* Flucht und Schrecken waren so groß, dass dem Konsul an 40 000 Schilde – so hoch belief sich doch die Zahl der Erschlagenen bei Weitem nicht – und mit den im Lager erbeuteten an 170 Fahnen eingeliefert wurden. *17* Nun erfolgte der Rückzug ins Lager der Feinde, wo die ganze Beute den Soldaten überlassen wurde.

(38) Das Glück dieses Krieges nötigte teils die Falisker, welche bisher mit Rom nur einen Waffenstillstand gehabt hatten, bei dem Senat um ein Bündnis zu bitten, teils wandte es den Krieg der Latiner, deren Heere schon bereit standen, von den Römern gegen die Paeligner. *2* Ja der Ruf von diesem Erfolg beschränkte sich nicht auf Italiens Grenzen, sondern auch Karthago schickte Gesandte nach Rom, seine Glückwünsche und einen goldenen Kranz als Geschenk zu überbringen, der auf dem Kapitol in Jupiters Allerheiligstem niedergelegt werden sollte; er wog 25 Pfund.

3 Beide Konsuln triumphierten über die Samniten, und Decius zog, durch Ehre und Geschenke ausgezeichnet, hinterher, denn in den liederartigen Soldatengesängen erscholl sein Name ebenso oft wie derjenige der Konsuln. *4* Darauf bekamen die Gesandtschaften der Campaner und Suessulaner Gehör und die Gewährung ihrer Bitte, dass man bei ihnen eine Besatzung in die Winterquartiere legen möchte, die den Streifzügen der Samniten wehren könne. *5* Capua, schon damals ein der kriegerischen Zucht gar nicht zuträglicher Aufenthalt, tilgte in den Herzen der Soldaten, welche sich durch die Befriedigungsmittel jeder Sinnlichkeit verführen ließen, das Andenken an ihr Vaterland; und sie entwarfen in den Winterquartieren allerlei Pläne, den Campanern Capua auf eine ebenso frevelhafte Art zu nehmen, als es diese einst seinen alten Bewohnern genommen hätten. ***6*** Auch sei es gar nicht unrecht, ihr Beispiel auf sie selbst anzuwenden. Warum denn die fruchtbarste Gegend Italiens und eine Stadt, die einer solchen Gegend Ehre mache, gerade den Campanern gehören solle, die weder sich noch das Ihrige schützen könnten, und nicht vielmehr dem siegreichen Heer, das mit seinem Schweiß und Blut die Samniten daraus vertrieben habe? ***7*** Sei es wohl billig, dass Leute, die sich ihnen hätten ergeben müssen, in dieser Fruchtbarkeit und Anmut schwelgten, sie hingegen, ermüdet vom Kriegsdienst, mit einem verpesteten und dürren Boden rings um die Stadt zu kämpfen hätten, oder an der in der Stadt heimischen Seuche der täglich zunehmenden Schuldenlast dahinschwinden müssten? ***8*** Diese, in geheimen Verschwörungen besprochenen, noch nicht allen mitgeteilten Pläne fand der neue Konsul, Caius Marcius Rutilus, welcher Kampanien durch das Los erhalten und seinen Amtsgenossen Quintus Servilius in Rom zurückgelassen hatte, bei seiner Ankunft vor. ***9*** Da er von dem ganzen Verlauf der Sache durch die Tribunen in Kenntnis gesetzt war und als ein Mann von Jahren und Erfahrung – er war jetzt zum vierten Mal Konsul und schon Diktator und Zensor gewesen – es am geratensten fand, den Ungestüm der Soldaten auf die Art abzulenken, dass man sie bei dem Gedanken, ihren Plan, sobald sie wollten, auszuführen, nur hinhielte, sprengte er das Gerücht aus, dass die Besatzungen ihre Winterquartiere in denselben Städten auch für das folgende Jahr behalten würden. ***10*** Sie waren nämlich in die Städte Kampaniens verteilt, und von Capua aus hatten sich jene Anschläge über das ganze Heer verbreitet. Durch diesen ihren Entwürfen gegebenen Spielraum kam der Aufstand vorderhand nicht zum Ausbruch.

(39) Nachdem der Konsul mit den Soldaten in das Sommerlager gezogen war, machte er es sich zur Aufgabe, das Heer, solange ihm die Samniten Ruhe ließen, durch Entlassungen der Ruhestörer zu säubern. ***2*** Bei einigen gab er an, ihre Dienstzeit sei um, bei anderen, sie wären zu betagt oder nicht mehr rüstig genug, wieder andere wurden als Beurlaubte weggeschickt, anfangs nur einzeln, dann auch einige Kohorten, weil sie den Winter über so weit von Heimat und Eigentum gedient hätten. Auch wurde unter dem Vorwand kriegerischer Erfordernisse, zu deren Besorgung die einen hier, die anderen dorthin geschickt wurden, ein großer Teil entfernt, ***3*** und alle diese hielten der andere Konsul und der Prätor, welche einen Aufenthalt nach dem andern auszumitteln wussten, in Rom zurück. ***4*** Anfangs nahmen sie, ohne die Täuschung zu merken, die Besuche in der Heimat sehr gern an. Als sie aber merkten, dass nicht allein die Ersten nicht zu den Fahnen zurückkehrten, sondern auch fast keiner außer denen, die in Kampanien in den Winterquartieren gelegen hatten, und selbst unter diesen gerade die bedeutendsten Urheber der Verschwörung weggeschickt wurden, da ergriff sie zuerst Verwunderung und dann die nicht unbegründete Furcht, dass ihre Pläne entdeckt sein möchten. ***5*** Nun würden sie gerichtliche Untersuchungen, Angaben, heimliche Hinrichtungen des einen und des andern und die grausame Tyrannei der Konsuln und Patrizier über sich ergehen lassen müssen. ***6*** Dies waren die geheimen Unterredungen der im Lager Gebliebenen, als sie sahen, wie geschickt der Konsul ihrer Verschwörung die Nerven ausgeschnitten habe. ***7*** Eine Kohorte aber, die auf dem Weg in der Nähe von Anxur war, lagerte sich in dem engen Pass bei Lautulae zwischen dem Meer und dem Gebirge, um diejenigen aufzufangen, die der Konsul, wie ich oben gesagt habe, aus verschiedenen Gründen wegschickte. ***8*** Schon war ihre Schar beträchtlich angewachsen, und es fehlte ihnen zum Aussehen eines ordentlichen Heeres nichts als ein Anführer. Ungeordnet kamen sie als Plünderer bis ins albanische Gebiet und legten unter der Höhe von Alba ein befestigtes Lager an. ***9*** Nach Vollendung der Werke brachten sie den

übrigen Teil des Tages unter streitigen Meinungen über den zu wählenden Feldherrn hin, weil sie zu keinem von den Anwesenden Vertrauen genug hatten. Wen konnten sie aber aus Rom holen lassen? Wer von den Vätern oder vom Bürgerstand würde sich wissentlich zu einer so großen Gefahr hergeben? ***10*** Oder wem konnten sie, wenn er soeben von einem wütenden Heer gewaltsam behandelt sei, die Sache desselben mit Sicherheit anvertrauen? ***11*** Als sie am folgenden Tag dieselbe Beratung fortsetzten, meldeten einige von den umherstreifenden Plünderern, sie hätten in Erfahrung gebracht, dass Titus Quinctius, welcher der Stadt und allen Ehrenämtern entsagt habe, im tuskulanischen Gebiet auf seinem Landgut lebe. ***12*** Er war von patrizischem Geschlecht, und weil ihm sein durch eine Wunde gelähmter Fuß die Fortsetzung seiner mit großem Ruhm geleisteten Kriegsdienste nicht gestattete, hatte er beschlossen, fern von Amtsbewerbungen und Roms Markt auf dem Land zu leben. ***13*** Als sie den Namen des Mannes hörten, erinnerten sie sich seiner sogleich und ließen ihn auf gut Glück holen. Es ließ sich indes kaum hoffen, dass er sich freiwillig zu irgendetwas verstehen würde; also wollte man Zwang und Drohung anwenden. ***14*** Als die dazu Abgeschickten sich in der Stille der Nacht auf dem Landgut des Quinctius in das Haus geschlichen hatten, schleppten sie den im tiefen Schlaf Überfallenen, dem sie, ohne sich auf einen Mittelweg einzulassen, entweder die Ehre der Feldherrnstelle oder im Weigerungsfall als dem Unfolgsamen den Tod ankündigten, ins Lager. ***15*** Gleich bei seiner Ankunft begrüßte man ihn als Oberbefehlshaber, stattete ihn, von dem überraschenden Auftritt noch vor Schrecken außer sich, mit allen Ehrenzeichen seiner Würde aus und verlangte, nach Rom geführt zu werden. ***16*** Mehr aus eigenem Ungestüm als nach dem Beschluss ihres Feldherrn erhoben sie die Fahnen und kamen als feindliches Heer auf der Straße, welche jetzt die Appische heißt, bis zum achten Meilensteine, ***17*** ja sie wären gerade auf Rom losgegangen, wenn sie nicht gehört hätten, dass ihnen ein Heer entgegenrücke und dass Marcus Valerius Corvus gegen sie zum Diktator und Lucius Aemilius Mamercus zum Magister Equitum ernannt sei.

(40) Sobald sie diesen zu Gesicht kamen und die Waffen und Fahnen erkannten, milderte sogleich die Erinnerung an das Vaterland den Zorn bei allen. ***2*** Die Tapferkeit, Bürgerblut vergießen zu können, besaßen sie noch nicht, kannten noch keine Kriege als nur gegen das Ausland, und über die Trennung von den Ihrigen ging ihre Wut nicht hinaus. Also sehnten sich zugleich Feldherren und Soldaten auf beiden Seiten nach einer Annäherung in Unterredungen. ***3*** Und Quinctius, müde, die Waffen für das Vaterland zu führen, geschweige denn gegen das Vaterland, und Corvus, er, der mit seiner Liebe die Bürger alle, besonders die Soldaten, und vor allem sein Heer, umschloss, traten zu einer Unterredung vor. ***4*** Sobald er erkannt wurde, gewährten ihm die Gegner, um ihn reden zu hören, mit nicht geringerer Ehrerbietung als sein eigenes Heer, die tiefste Stille.

Soldaten, sprach er, *bei meinem Ausmarsch aus der Stadt betete ich zu den unsterblichen Göttern, zu euren so gut wie zu denen des Staates und den meinigen nur um die Gnade, sie möchten keinen Sieg über euch, nein, mir die Ehre verleihen, die Eintracht wiederhergestellt zu haben.* ***5*** *Es gab derer genug, an denen ich mir Kriegsruhm erwerben konnte, und wird ihrer geben; hier ist das Wünschenswerte – der Friede. Worum ich die unsterblichen Götter beim Aussprechen der Gelübde anflehte,* ***6*** *diesen Wunsch könnt ihr mir gewähren, wenn ihr euch daran erinnern wollt, dass euer Lager nicht in Samnium, nicht im Volskerland, sondern auf römischem Boden ist, dass auf jenen Hügeln, die ihr seht, eure Vaterstadt liegt, dass dieses Heer aus euren Mitbürgern besteht; wenn ihr euch mich als euren Konsul denkt, unter dessen Führung und Leitung ihr im vorigen Jahr zweimal die Legionen der Samniten besiegtet, zweimal ihr Lager erstürmtet.* ***7*** *Ich bin es ja, Soldaten, derselbe Marcus Valerius Corvus, dessen Adel ihr durch Wohltaten gegen euch, nicht durch Unbilden empfunden habt, der ich nie ein hartes Gesetz gegen euch, nie einen grausamen Senatsbeschluss angab, der ich in allen meinen*

Befehlshaberstellen strenger gegen mich selbst als gegen euch war. **8** *Und wenn irgendjemandem seine Abkunft, wenn ihm seine Tapferkeit, ferner seine Würde und Ehrenämter Stolz einflößen konnten, so stamme ich von solchen Ahnen ab, hatte solche Proben gegeben, hatte das Konsulat in einem solchen Alter erreicht, dass ich als Konsul von 23 Jahren selbst gegen die Väter, nicht bloß gegen Bürgerliche, den Hochgebietenden hätte spielen können.* **9** *Allein wo habt ihr eine Tat oder eine Äußerung von Valerius dem Konsul gehört, welche beleidigender gewesen wäre als von Valerius dem Tribunen? Derselben Haltung waren meine beiden folgenden Konsulate gewidmet, und auch diese herrische Diktatur soll ihr gewidmet sein, nicht nachsichtiger gegen diese meine und meines Vaterlandes Krieger, als hart gegen euch – nicht ohne Schauder sag' ich es heraus – als Feinde!* **10** *Also werdet ihr das Schwert eher gegen mich ziehen müssen als ich es gegen euch ziehe. Muss gekämpft werden, nun, so soll auf jener Seite die Trompete zuerst erschallen, von dort aus Schlachtgeschrei und Angriff beginnen.* **11** *Lasst euch in den Sinn kommen, was eure Väter und Großväter sich nicht in den Sinn kommen ließen, weder die einen, als sie auf den Heiligen Berg auszogen, noch die anderen, welche späterhin den Aventin besetzten.* **12** *Wartet darauf, dass jedem von euch, wie einst dem Coriolanus, Mütter und Gattinnen mit fliegenden Haaren aus der Stadt entgegenkommen. Damals verstanden sich die Legionen der Volsker zur Ruhe, weil sie einen Römer zum Anführer hatten; ihr aber – selbst ein römisches Heer – tretet ja nicht von eurem verruchten Krieg zurück!* **13** *Titus Quinctius, was für einen Posten du dort, freiwillig oder gezwungen, bekleiden magst, wenn es zum Schlagen kommt, zieh dich unter die letzten zurück; ja du wirst mit mehr Ehre fliehen und deinen Mitbürgern den Rücken kehren als gegen dein Vaterland fechten.* **14** *Jetzt kannst du zum Friedensgeschäft rechtmäßig und mit Ehre an die Spitze treten und Sprecher dieser wohltätigen Unterredung sein. Stellt ihr dort billige Forderungen, und ihr hier lasset sie euch gefallen, wiewohl es uns besser wäre, uns sogar zu unbilligen Bedingungen zu verstehen als handgreiflich zu werden.*

15 Weinend wandte sich Titus Quinctius zu den Seinigen und sprach: *Auch an mir, Soldaten, falls ich euch noch nützlich sein könnte, habt ihr einen tauglicheren Führer zum Frieden als zum Krieg.* **16** *Denn er, der hier eben sprach, war ja kein Volsker, kein Samnite, sondern ein Römer, war euer Konsul, euer Befehlshaber, Soldaten; und da ihr den seine Führung begleitenden Göttersegen zu eurem Glück kennengelernt habt, so hütet euch doch, eine Probe davon gegen euch machen zu wollen.* **17** *Es fehlte dem Senat nicht an Feldherren, welche gegen euch mit größerem Feindessinn fechten konnten; allein er wählte den, der euch, seine Soldaten, am meisten schonen würde, dem ihr als eurem Oberfeldherrn am meisten trauen würdet.* **18** *So wollen die sogar den Frieden, welche siegen könnten; was müssen wir denn wollen? Wohlan, sollen wir nicht unserer Erbitterung, unserer Habsucht, diesen gleißenden Verführerinnen, entsagen und uns mit allem, was unser ist, einer Redlichkeit in die Arme werfen, die wir erprobt haben?*

(41) Da alle durch Geschrei ihre Zustimmung zu erkennen gaben, trat Titus Quinctius vor die Reihen und erklärte, dass sich die Soldaten der Gewalt des Diktators unterwerfen; dann bat er ihn, er möge die Sache seiner unglücklichen Mitbürger übernehmen, und wenn er sie übernommen habe, mit der Treue führen, mit der er den Staat zu verwalten gewohnt sei. **2** Für sich insbesondere wollte er nichts befürworten, sondern seine Hoffnung bloß auf eigene Unschuld gründen. Allein den Soldaten müsse dasselbe zugesichert werden, was die Väter schon einmal dem Bürgerstand und nachher noch einmal den Legionen* zugesichert hätten, dass diese Absonderung für sie keine nachteiligen Folgen haben solle. **3** Der Diktator versicherte den Quinctius seines Beifalls, hieß die Übrigen guten Mutes sein, sprengte zu Pferd nach der Stadt zurück und beantragte, von den Vätern bevollmächtigt, im Petelinischen Hain bei dem Volk, dass keinem Soldaten diese

* Als sie im Aufstand gegen die Dezemvirn auf den Aventin zogen.

Absonderung nachteilig sein sollte. Dann bat er sich's bei den Quiriten zur Gefälligkeit aus, die Sache weder im Scherz noch im Ernst irgendjemandem vorzuhalten. **4** Auch wurde in Bezug auf die Soldaten ein Gesetz in Vorschlag gebracht, auf dessen Übertretung ein Fluch gesetzt sein sollte, dass man den Namen eines eingezeichneten Soldaten ohne seinen Willen nicht ausstreichen dürfe, mit dem Zusatz, dass niemand, der einmal Kriegstribun gewesen sei, nachher wieder als Hauptmann angestellt werden solle. **5** Dies forderten die Verschworenen in Hinsicht auf Publius Salonius, welcher beinahe ein Jahr um das andere Kriegstribun und erster Hauptmann, oder wie wir jetzt sagen, Hauptmann der Triarier, gewesen war. **6** Gegen ihn waren die Soldaten aufgebracht, weil er immer ihrer beabsichtigten Auflehnung entgegen gewesen und, um keinen Teil daran zu nehmen, von Lautulae geflohen war. **7** Da ihnen also der Senat diesen einzigen Punkt des Salonius wegen nicht zugestehen wollte, bewirkte Salonius selbst dadurch, dass er in der Versammlung der Väter flehentlich darauf drang, seinen Rang im Heer nicht höher halten zu wollen als die allgemeine Einigkeit, dass auch dieses durchging. **8** Eine andere Forderung war ebenso unverschämt: dass die Reiterei an ihrem Sold, der damals das Dreifache betrug, einen Abzug leiden sollte, weil sie der Verschwörung entgegen gewesen sei.

(42) Bei einigen Schriftstellern finde ich noch, dass der Volkstribun Lucius Genucius bei dem Volk das Verbot alles Wuchers in Vorschlag gebracht habe; **2** auch dass vermittels anderer Volksbeschlüsse festgesetzt sei, dass niemand dasselbe obrigkeitliche Amt innerhalb von zehn Jahren wieder bekleiden könne, ebenso nicht zwei Ämter in einem Jahr, ferner dass es erlaubt sein solle, sogar beide Konsuln aus dem Bürgerstand zu wählen. Wenn dem Bürgerstand dies alles eingeräumt ist, so geht daraus hervor, dass die Stärke der Abgefallenen nicht unbedeutend gewesen sein muss. **3** Andere Jahrbücher wissen nichts davon, dass Valerius zum Diktator ernannt sei, sondern lassen die ganze Sache durch die Konsuln beseitigen. Auch soll die Schar der Verschworenen nicht vor seiner Ankunft in die Stadt, sondern in Rom selbst sich in die Waffen geworfen haben, jener nächtliche Einfall nicht in das Landgut des Titus Quinctius, **4** sondern in das Haus eines Caius Manlius unternommen worden sein, und diesen hätten die Verschworenen ergriffen, um ihn zum Anführer zu machen; **5** sie wären ausgerückt und hätten sich bei dem vierten Meilenstein verschanzt; die Stimmung zur Eintracht sei nicht das Werk der Feldherren gewesen, sondern beide Heere hätten sich, als sie bewaffnet zur Schlacht ausgerückt wären, wider Erwartung begrüßt; **6** dann hätten die Soldaten sich untereinander die Hände gereicht, unter Tränen umarmt; und als die Konsuln gesehen hätten, dass die Soldaten an nichts weniger als ans Schlagen dächten, wären sie genötigt gewesen, bei den Vätern den Antrag auf Aussöhnung zu stellen. **7** Also stimmen die Nachrichten aus dem Altertum nur darüber überein, dass ein Aufstand gewesen und beigelegt sei. **8** Allein der Ruf von diesem Aufstand und der mit den Samniten unternommene schwere Krieg machten mehrere Völker von dem Bündnis mit Rom abwendig, und war man wegen der Unsicherheit des Latinischen Bündnisses schon längst nicht ohne Sorgen, so kam noch dies hinzu, dass die Privernaten die benachbarten römischen Kolonien Norba und Setia durch einen plötzlichen Einfall verheerten.

ACHTES BUCH

Inhalt

Die Latiner fallen zugleich mit den Campanern ab und lassen durch Gesandte an den Senat die Beibehaltung des Friedens nur unter der Bedingung versprechen, dass der eine Konsul aus den Latinern genommen würde. Ihr Prätor Annius erleidet, nachdem er sich seines Auftrages als Gesandter entledigt hat, einen so schweren Fall am Kapitol, dass er tot bleibt. Der Konsul Titus Manlius lässt seinen Sohn, weil er dem Befehl zuwider gegen die Latiner, obgleich mit Glück, gefochten hatte, enthaupten. Weil die Römer in der Schlacht im Nachteil sind, weiht sich Publius Decius, damals mit Manlius Konsul, für das Heer dem Tod, sprengt zu Pferd mitten unter die Feinde, fällt und schafft durch seinen Tod den Sieg den Römern wieder. Die Latiner ergeben sich. Dem Titus Manlius geht bei seiner Rückkehr in die Stadt von allen Dienstfähigen keiner entgegen. Die Vestalin Minucia wird wegen Unkeuschheit verurteilt. Nach Besiegung der Ausonen wird in die ihnen abgenommene Stadt Tales eine Kolonie ausgeführt, Auch Fregellae wird Kolonie. Man entdeckt die Giftmischereien mehrerer Frauen, von denen die meisten sogleich ihre Gifte austrinken und sterben. Damals wurde das erste Gesetz über Giftmischerei gegeben. Den nach erneuertem Krieg besiegten Privernaten wird das Bürgerrecht erteilt. Die Palaepolitaner ergeben sich nach einer Schlacht und Belagerung. Publius Publilius, der sie belagert hatte, war der Erste, dem man sein Feldherrnamt verlängerte und ihm als Prokonsul einen Triumph zuerkannte. Die Unzucht eines Gläubigers, Lucius Papirius, der seinen Schuldner Cajus Publilius hatte schänden wollen, veranlasst zum Besten der Bürgerlichen die Aufhebung der persönlichen Haft. Während der Diktator Lucius Papirius vom Heer wegen der zu erneuernden Götterleitung in die Stadt zurückgekehrt war, liefert der Magister Equitum Quintus Fabius, um eine sich darbietende Gelegenheit zu benutzen, gegen seinen Befehl den Samniten eine Schlacht und siegt. Als der Diktator Miene macht, den Magister Equitum deshalb mit der Todesstrafe zu belegen, entflieht Fabius nach Rom, und da ihn der Rechtsgang nicht begünstigt, wird seine Bestrafung der Fürbitte des Volkes geschenkt. Außerdem erzählt dies Buch Siege über die Samniten.

(1) Schon waren Caius Plautius (dieser zum zweiten Mal) und Lucius Aemilius Mamercus Konsuln, als von Setia und Norba Boten nach Rom kamen, den Abfall der Privernaten und ihren eigenen erlittenen Verlust anzuzeigen. *2* Auch lief die Nachricht ein, dass sich ein Heer der Volsker, von den Einwohnern Antiums geführt, bei Satricum gelagert habe. Beide Kriege fielen durch das Los dem Plautius zu. *3* Zuerst zog er gegen Privernum und lieferte sogleich eine Schlacht. Die Feinde wurden ohne große Anstrengung besiegt, die Stadt erobert und nach eingelegter starker Besatzung den Privernaten zurückgegeben, sie verloren zwei Drittel ihres Gebietes.

4 Von da wurde das siegreiche Heer nach Satricum gegen die Antiaten geführt. Hier wurde eine mörderische Schlacht mit großem Verlust auf beiden Seiten geschlagen; und da ein Ungewitter die Kämpfenden bei gleichen Hoffnungen schied, stellten sich am folgenden Tag die Römer, die der zweifelhafte Kampf nicht ermüdet hatte, wieder zur Schlacht. *5* Die Volsker, welche beim Nachzählen fanden, welche Männer sie die Schlacht gekostet habe, fühlten sich zur Wiederholung des Versuches bei Weitem nicht von gleichem Mut beseelt. Besiegten gleich, traten sie in der Nacht ihren Rückzug nach Antium so schleunigst an, dass sie ihre Verwundeten und einen Teil des Gepäcks zurückließen. *6* Sowohl zwischen den Leichen des Schlachtfeldes als im Lager der Feinde fand man eine große Menge Waffen. Der Konsul erklärte, er weihe sie der Mutter Lua,* und verheerte das feindliche Gebiet bis an die Seeküste.

7 Dem andern Konsul, Aemilius, stellten die Samniten, in deren Land er gerückt war, nirgends ein Lager oder ein Heer entgegen. Als er ihr Gebiet mit Feuer und Schwert verwüstete, erschienen samnitische Gesandte mit der Bitte um Frieden. *8* Von ihm wurden sie an den Senat verwiesen und baten nach erhaltener Erlaubnis zu reden, von ihrem früheren Trotz völlig geheilt, das römische Volk um Frieden und zugleich um die Erlaubnis, die Sidiciner bekriegen zu dürfen. *9* Zu diesen Bitten hielten sie sich um so mehr berechtigt, teils weil sie in ihren glücklichen Zeiten und nicht, wie die Campaner, in ihrer Not Freunde des römischen Volkes geworden wären, teils weil ihr Krieg nur den Sidicinern gelten solle, ihren ewigen Feinden, und zu keiner Zeit Freunden Roms, *10* die weder wie die Samniten im Frieden die Freundschaft, noch wie die Campaner Hilfe im Krieg gesucht hätten, und weder Schutzverwandte des römischen Volkes noch dessen Untertanen wären.

(2) Als der Prätor Tiberius Aemilius den Senat über die Forderungen der Samniten befragte und die Väter erklärt hatten, sie wieder in das Bündnis aufzunehmen, bekamen sie vom Prätor die Antwort, *2* es habe weder am römischen Volk gelegen, dass die Freundschaft mit ihnen nicht ununterbrochen fortgedauert habe, noch hätten sie jetzt etwas dagegen, dass, weil sie des durch eigene Schuld sich zugezogenen Krieges überdrüssig wären, die Freundschaft aufs Neue wiederhergestellt werde. *3* Was die Sidiciner betreffe, so habe man nichts dagegen, dass das samnitische Volk über Krieg und Frieden mit ihnen nach Gutbefinden verfügen könne.

4 Kaum waren die Gesandten nach geschlossenem Bündnis zu Hause eingetroffen, da wurde das römische Heer von dort abgeführt, nachdem es von ihnen einen jährigen Sold und Getreide auf drei Monate erhalten hatte, denn dies war die Bedingung gewesen, unter welcher ihnen der Konsul bis zur Rückkehr der Gesandten einen Waffenstillstand bewilligt hatte. *5* Nun brachen die Samniten mit denselben Truppen, welche sie im römischen Krieg verwendet hatten, gegen die Sidiciner auf, *6* mit der nicht zweifelhaften Hoffnung, sich der feindlichen Stadt sehr bald zu bemächtigen. Da boten sich die Sidiciner zuerst den Römern zur Übergabe an, und da die Väter diese als zu spät und nur durch die höchste Not erzwungen verwarfen, wendeten sie sich an die Latiner, welche schon aus eigener Bewegung die Waffen ergriffen hatten. *7* Ja selbst die Campaner enthielten sich nicht – so viel lebendiger war ihnen die Erinnerung an die Beleidigungen von Seiten der Samniten als an die Wohltat der Römer –, an diesem Kriege teilzunehmen. *8* Ein großes, aus so vielen Völkern zusammengesetztes Heer, das unter Anführung der Latiner in das Gebiet der Samniten einrückte, tat ihnen mehr Abbruch durch Verheerungen als durch Schlachten. Und waren gleich die Latiner in den Schlachten Sieger, so zogen sie sich doch nicht ungern, um nicht noch öfter zu kämpfen, aus dem feindlichen Gebiet zurück. *9* Diese Zwischenzeit benutzten die Samniten, Gesandte nach Rom zu schicken. Als sie vor dem Senat erschienen, baten sie ihn

---

* Eine Göttin, der man erbeutete Waffen weihte, indem sie verbrannt wurden.

nach vorgebrachter Klage, dass sie im Bündnis mit Rom dasselbe leiden müssten, was sie als seine Feinde gelitten hätten, ***10*** in den demütigsten Ausdrücken: Die Römer möchten sich damit begnügen, den Samniten den Sieg über ihre Feinde, die Campaner und Sidiciner, entrissen zu haben, sie möchten sie aber nicht durch diese so feigen Völker auch besiegen lassen. ***11*** Stünden die Latiner und Campaner unter römischer Hoheit, so möchten sie dieselben vermittels ihrer Oberherrschaft aus dem samnitischen Gebiet entfernen, und wenn sie die Oberherrschaft nicht anerkennen wollten, durch die Waffen im Zaum halten. ***12*** Man gab hierauf eine Antwort, welche zwei Seiten hatte, weil man nicht gern gestehen wollte, dass die Latiner schon nicht mehr von den Römern abhingen, und sich scheute, durch geforderte Verantwortung den völligen Bruch zu veranlassen. ***13*** Ganz anders stehe es mit den Campanern, die nicht durch ein Bündnis, sondern durch Übergabe Roms Schutzverwandte geworden seien; folglich müssten die Campaner ruhig sein, sie möchten wollen oder nicht. Das Bündnis mit den Latinern aber enthalte nichts, was ihnen wehren könne, Krieg zu führen, mit wem sie wollten.

(3) Entließ eine solche Antwort die Samniten in Ungewissheit, welchen Schritt sie von den Römern erwarten sollten, so bewog sie die bedrohten Campaner zum Abfall von Rom; und die Latiner erfüllte sie, gleich als müssten ihnen die Römer nun schon alles erlauben, mit um so keckerem Trotz. ***2*** Ihre Häupter also, die unter dem Schein des gegen die Samniten zu veranstaltenden Krieges häufig Versammlungen veranstalteten, beschäftigten sich bei allen Beratungen insgeheim mit einem Krieg gegen Rom. Und auch die Campaner traten diesem Krieg gegen ihre Retter bei. ***3*** So geflissentlich indessen alles verheimlicht wurde, und so sehr man die Absicht hatte, mit dem Feind im Rücken, mit den Samniten fertig zu sein, ehe die Römer losbrächen, so fanden dessen ungeachtet Winke über die Verschwörung durch gastfreundschaftliche Verbindungen und Verwandtschaften mancher Häuser den Weg nach Rom. ***4*** Da nun die Konsuln auf Befehl ihr Amt vor der Zeit niederlegten, damit man gegen einen so drohenden Krieg die neuen Konsuln um so eher wählen könne, fand man es bedenklich, den Wahltag von Männern abhalten zu lassen, deren Amtsgewalt verkürzt worden sei. ***5*** Man schritt also zu einer Zwischenregierung und hatte zweimal einen Zwischenkönig, den Marcus Valerius und Marcus Fabius. Die gewählten Konsuln waren Titus Manlius Torquatus zum dritten Mal und Publius Decius Mus. ***6*** Man weiß, dass in diesem Jahr Alexander, König von Epirus, in Italien landete. Hätte er bei seiner Unternehmung gleich anfangs mehr Glück gehabt, so wären ohne Zweifel an diesem Krieg auch die Römer beteiligt gewesen. ***7*** In dieselbe Zeit fallen auch die Taten seines Schwestersohnes, Alexanders des Großen, des unbesiegten jungen Helden, den das Schicksal in einem anderen Weltteil durch eine Krankheit wegraffte.

8 Die Römer, sahen sie auch dem Abfall ihrer Bundesgenossen und des ganzen Latinervolkes mit Gewissheit entgegen, beriefen dennoch, scheinbar der Samniten, nicht ihrer selbst wegen, zehn der vornehmsten Latiner nach Rom, um ihnen die erforderlichen Befehle zu erteilen. ***9*** Latium hatte damals zwei Prätoren, den Lucius Annius und Lucius Numisius, beide aus römischen Kolonien, jener aus Setia, dieser aus Circei; und auf ihren Antrieb hatten nicht nur Signia und Velitrae, die ebenfalls römische Kolonien waren, sondern auch die Volsker die Waffen ergriffen. Diese ließ man namentlich vorfordern. ***10*** Der Grund ihrer Vorladung war jedem einleuchtend. Nun zeigten die Prätoren, die vor ihrer Abreise nach Rom eine Versammlung beriefen, dieser an, der römische Senat habe sie zu sich entboten, und fragten an, was sie auf die Punkte, die man ihnen wahrscheinlich vorlegen werde, zu antworten hätten.

(4) Als der eine dies, der andere jenes vorschlug, sprach Annius:

Obgleich ich selbst auf eine zu gebende Antwort angetragen habe, so glaube ich doch, dass dem allgemeinen Besten die Frage wichtiger sei, was wir tun, als was wir reden sollen. Haben wir uns über unsere Maßregeln verständigt, so werden sich zu den Sachen die Worte leicht finden lassen. **2** *Denn wenn wir uns sogar jetzt noch unter dem Schein eines Bündnisses auf gleichem Fuß die Sklaverei gefallen lassen können, was bedarf es denn mehr, als dass wir mit Aufopferung der Sidiciner nicht bloß römischen, sondern auch samnitischen Befehlen gehorchen und den Römern zur Antwort geben, wir würden, sobald sie winkten, die Waffen niederlegen.* **3** *Ergreift hingegen endlich einmal die Sehnsucht nach Freiheit unsere Herzen, ist das, was wir haben, ein wahres Bündnis, beruht ein Bund auf der Gleichstellung der Rechte, dürfen wir der Verwandtschaft mit den Römern, deren wir einst uns schämten, jetzt sogar uns rühmen, wenn unser Bundesheer für sie so bedeutend ist, dass sie durch Vereinigung mit ihm ihre Macht verdoppeln und dass es zur Beendigung oder zur Eröffnung ihrer eigenen Kriege ihren Konsuln nicht von der Seite darf: Warum wird dann nicht überall Gleichheit hergestellt?* **4** *Warum geben nicht die Latiner den einen Konsul?* **5** *Wo die halbe Macht ist, warum nicht da auch die halbe Regierung? Freilich ist dies an und für sich nicht eben sehr ehrenvoll für uns, weil wir dadurch einräumen, dass Rom Latiums Haupt sei; allein dass es ehrenvoll scheinen kann, haben wir selbst durch unsere anhaltende Langmut bewirkt.* **6** *Habt ihr euch aber je die Zeit einer Regierungsvereinigung und der Ausübung eurer Freiheit herbeigewünscht, wohlan, jetzt ist diese Zeit da, durch eure Tapferkeit und die Gnade der Götter euch verliehen.* **7** *Ihr machtet durch die Weigerung, Soldaten zu stellen, den Versuch, wie viel sie sich gefallen ließen. Wer zweifelt daran, wie sie entflammt sein müssen, als wir eine mehr denn zweihundertjährige Gewohnheit abschafften? Dennoch verbissen sie diesen Schmerz.* **8** *Den Krieg mit den Paelignern führten wir als ein für uns selbst bestehender Staat. Und sie, die uns früher nicht einmal das Recht gestatteten, unsere Grenzen durch uns selbst zu schützen, hatten nichts dagegen.* **9** *Dass wir die Sidiciner in Schutz genommen haben, dass die Campaner von ihnen zu uns übergetreten sind, dass wir gegen ihre Verbündeten, die Samniten, Heere rüsten, das alles erfahren sie und rühren sich nicht von der Stelle.* **10** *Was bewegt sie zu dieser großen Mäßigung? Was anderes als das richtige Ermessen unserer und ihrer Kräfte? Ich habe meine Gewährsmänner dafür, dass der römische Senat den Samniten, als sie sich über uns beklagten, eine Antwort gegeben habe, aus der man deutlich sehen kann, sie selbst erheben schon nicht mehr den Anspruch, dass Latium unter römischer Hoheit stehen soll. So macht doch endlich selbst durch eure Forderung Gebrauch von dem, was sie stillschweigend euch einräumen.* **11** *Ist jemand zu furchtsam, den Antrag zu stellen, wohlan, so erbiete ich mich selbst, nicht nur vor des römischen Volkes und Senates, sondern selbst vor Jupiters Ohren im Kapitol, seinem Sitz, zu erklären, dass sie von uns, wenn sie uns als Verbündete und Freunde behalten wollen, den einen Konsul und die Hälfte des Senates annehmen müssen.*

12 Da er mit diesem Trotz nicht sie bloß aufforderte, sondern sich selbst erbot, so gaben sie ihm alle unter einem zustimmenden Geschrei die Vollmacht zu handeln und zu reden, wie er es dem allgemeinen Besten Latiums und seinem eigenen Wert gemäß fände.

(5) Nach ihrer Ankunft in Rom ließ sie der Senat auf dem Kapitol vor sich. Als hier der Konsul Titus Manlius im Namen der Väter sich gegen sie darüber erklärte, **2** dass sie die Samniten als Verbündete nicht bekriegen müssten, begann Annius, als wäre er der siegreiche Eroberer des Kapitols, ohne daran zu denken, dass er bloß unter dem Schutz des Völkerrechtes als Gesandter sprach:

3 *Die Zeitumstände hätten es dir anraten sollen, Titus Manlius, und euch, versammelte Väter, nun nicht länger mit uns befehlsweise zu reden, da ihr saht, dass Latium durch die Gnade der Götter an Volksmenge und Kriegsmacht zu den gesegnetsten Staaten gehört, dass es die Samniten besiegt, mit den Sidicinern und Campanern sich verbündet, jetzt auch die Volsker an sich gebunden hat, ja dass selbst eure Kolonien der römischen Herrschaft die latinische vorgezogen haben.* **4** *Weil ihr euch aber nicht dazu verstehen wollt, eurer maßlosen Herrschaft ein Ziel zu setzen, so wollen wir, obgleich wir Latiums Freiheit durch die Waffen bewirken könnten, doch die Verwandtschaft mit euch so viel* *gelten lassen, dass wir den Frieden unter uns auf Bedingungen feststellen, welche ebenso beiden Teilen gleiche Rechte geben, als es den unsterblichen Göttern gefallen hat, ihnen gleiche Macht zu verleihen.* ***5*** *Der eine Konsul muss aus Rom, der andere aus Latium gewählt werden, beide Völker stellen eine gleiche Anzahl zum Senat, beide werden zu einem Volk, zu einem Staat;* ***6*** *und weil nun einmal, wenn wir einen gemeinschaftlichen Sitz der Regierung und alle nur einen Namen haben wollen, einer von beiden Teilen nachgeben muss, so mag immerhin zum Segen für beide diese Vaterstadt den Vorzug haben und wir alle den Namen Römer führen.*

7 Es musste sich treffen, dass auch die Römer an Titus Manlius einen Konsul hatten, der dieser trotzigen Sprache gewachsen war. Er sagte in seinem Zorn gerade heraus: Wenn die versammelten Väter so töricht wären, sich von einem Menschen aus Setia Gesetze vorschreiben zu lassen, so wolle er sich mit dem Schwert umgürtet im Senat einstellen und jeden Latiner, den er im Rathaus fände, mit eigener Hand niederstechen. ***8*** Und hingewandt zur Bildsäule Jupiters rief er:

Höre, Jupiter, diese Frevel! Hört sie, ihr Gottheiten alles dessen, was Recht im Himmel und auf Erden ist! Du, Jupiter, solltest hier als der Gefangene, als der Gebeugte, in deinem geweihten Tempel ausländische Konsuln, einen Senat von Ausländern sehen? ***9*** *Sind das die Bündnisse, ihr Latiner, die der römische König Tullus mit euren Stammvätern, den Albanern, welche späterhin mit euch selbst Lucius Tarquinius schloss?* ***10*** *Entsinnt ihr euch der Schlacht am See Regillus nicht mehr? Habt ihr eure alten Niederlagen und unsere Verdienste um euch so ganz vergessen?*

(6) Als nach der Rede des Konsuls auch der Unwille der Väter laut wurde, soll sich Annius gegen die wiederholten Anrufungen der Götter, an welche sich die Konsuln mehrmals als an die Zeugen der Bündnisse wandten, Ausdrücke erlaubt haben, aus welchen seine Verachtung gegen die Gottheit des römischen Jupiter sprach. ***2*** So viel ist wenigstens gewiss, dass er vor Zorn außer sich eilenden Schrittes vom Eingang des Tempels herabrannte, auf der Treppe ins Fallen geriet und mit dem Kopf so heftig gegen die unterste steinerne Stufe schlug, dass er bewusstlos liegen blieb. ***3*** Ob er tot war, lasse ich, weil die Nachrichten nicht übereinstimmen, dahingestellt sein, sowie die Sage, dass sich bei der feierlichen Anrufung der Götter als Zeugen der gebrochenen Bündnisse unter einem fürchterlichen Donnerschlag ein Platzregen ergossen habe. Beides kann wahr sein, es kann aber auch als Erdichtung angebracht sein, um einen gleich auf der Stelle erfolgten Wink des göttlichen Unwillens anzudeuten. ***4*** Als Torquatus, vom Senat zur Abfertigung der Gesandten entlassen, den Annius daliegen sah, rief er so laut, dass Volk und Väter seine Worte hören konnten: ***5*** *Es steht alles gut. Die Götter selbst haben unseren gerechten Krieg eröffnet. Noch waltet eine Regierung vom Himmel. Noch lebst du, großer Jupiter. Nicht umsonst haben wir dir, dem Vater der Götter und Menschen, diese heilige Stätte geweiht.* ***6*** *Ihr seid noch unschlüssig, Quiriten, und ihr, versammelte Väter, die Waffen zu ergreifen, da euch die Götter vorangehen? So will ich die Legionen der Latiner zu Boden strecken, wie ihr da ihren Gesandten liegen seht.* ***7*** Diese Äußerung des Konsuls, vom Volk mit Beifall aufgenommen, erregte eine solche Erbitterung in den Gemütern, dass die abreisenden Gesandten mehr durch die Fürsorge der obrigkeitlichen Personen, welche ihnen auf Befehl des Konsuls das Geleit gaben, als durch das Völkerrecht vor der Wut und Misshandlung des Pöbels geschützt wurden. ***8*** Der Senat stimmte gleichfalls für den Krieg; und die beiden Konsuln, die mit zwei neu gebildeten Heeren durch das Land der Marser und Paeligner zogen, schlugen nach ihrer Vereinigung mit dem samnitischen Heer ihr Lager bei Capua auf, wo sich die Latiner mit ihren Bundesgenossen schon versammelt hatten. ***9*** Hier soll jeder Konsul im Traum dieselbe Erscheinung gehabt, einen Mann gesehen haben von mehr als menschlicher Größe und Erhabenheit, ***10*** welcher ihnen sagte, von der einen Partei sei der Feldherr, von der andern das Heer den Göttern der Unterwelt und der Mutter Erde verfallen; welches Heeres Feldherr die feindlichen Scharen und über ihnen sich dem Tod weihe, desselben Volk und Partei werde siegen.

11 Als sich die Konsuln ihre nächtlichen Gesichte mitteilten, beschlossen sie, zur Abwendung des göttlichen Zornes Schlachtopfer zu bringen, ferner, wenn die Eingeweide dieselbe Bestimmung anzeigten, die ihnen im Traum offenbart sei, so solle der eine Konsul dem Gebot des Schicksals Folge leisten. ***12*** Da nun mit der ihrem Herzen eingepflanzten Ahnung die Antworten der Opferschauer übereinstimmten, machten sie, damit nicht der freiwillige Tod eines Konsuls das Heer mitten in der Schlacht in Schrecken setzen möchte, mit Zuziehung der Unterfeldherren und Obersten den Befehl der Götter bekannt und machten untereinander aus, ***13*** dass der Konsul, auf dessen Flügel das römische Heer zuerst wiche, sich für das römische Volk und die Quiriten dem Tod weihen sollte. ***14*** Auch besprach man sich im Kriegsrat darüber, dass man die Kriegszucht, wenn je in einem Krieg die Befehle mit Strenge gehandhabt wären, besonders jetzt wieder auf die alte Sitte zurückführen müsse. ***15*** Diese Fürsorge war um so nötiger, weil die Feinde, die man jetzt vor sich hatte, Latiner waren, in Sprache, Sitten, Art der Waffen, und was das Wichtigste war, in der ganzen Kriegsverfassung den Römern gleich; ihre Soldaten hatten mit römischen Soldaten, Hauptleute mit Hauptleuten, Oberste mit Obersten als gemeinschaftlich angestellte Waffenbrüder und Nebenmänner in denselben Heeren, oft in derselben Rotte gestanden. ***16*** Um also die Soldaten vor jeder Verwechslung zu sichern, befahlen die Konsuln, dass niemand außer Reihe und Glied mit dem Feind kämpfen sollte.

(7) Es traf sich, dass von mehreren Rittmeistern, welche nach allen Seiten auf Kundschaft ausgerückt waren, Titus Manlius, der Sohn des Konsuls, mit seinem Geschwader über das feindliche Lager hinaussprengte, so dass er kaum auf Schussweite vom nächsten Posten entfernt war. ***2*** Hier standen die tuskulanischen Reiter; ihr Führer war Geminus Maecius, ein Mann durch Abkunft und Taten unter den Seinen hervorragend. ***3*** Als dieser die römischen Reiter und den unter ihnen sich auszeichnenden Sohn des Konsuls an ihrer Spitze bemerkte – denn sie kannten sich alle, und namentlich Männer vom Rang –, so sprach er: ***4*** *Also mit einer Schwadron wollt ihr Römer den Krieg gegen die Latiner und ihre Verbündeten führen? Was beginnen indes die Konsuln und zwei konsularische Heere? –* ***5*** *Sie werden, wenn's Zeit ist, da sein*, versetzte Manlius, *und mit ihnen wird Jupiter selbst da sein als Zeuge der von euch gebrochenen Bündnisse, der noch mehr leistet, noch mehr vermag.* ***6*** *Haben wir am See Regillus so mit euch gefochten, dass ihr dessen genug hattet, so wollen wir es hoffentlich auch hier dahin bringen, dass euch nach Heergefechten und ordentlichen Schlachten mit uns nicht sehr verlangen soll.* ***7*** Da erwiderte Geminus, indem er ein wenig von den Seinen heranritt: *Willst du dich nun, bis der Tag kommt, an dem ihr mit so großem Aufheben eure Heere in Bewegung setzen werdet, unterdessen mit mir messen, damit gleich jetzt aus dem Erfolg des Kampfes zwischen uns beiden das große Übergewicht hervorgehe, das der latinische Reiter über den römischen hat?*

8 War es Zorn oder Scham, den Kampf abzulehnen, was den feurigen Mut des Jünglings bestimmte, oder die unwiderstehliche Gewalt des Schicksals? Uneingedenk des väterlichen Befehles und der konsularischen Bekanntmachung, unterzog er sich sofort einem Kampf, in welchem für ihn siegen oder besiegt werden fast auf eins hinauslief.* ***9*** Nachdem die übrigen Ritter wie zu einem Schauspiel sich auf die Seiten gestellt hatten, sprengten jene auf dem freien Zwischenraum des Feldes mit ihren Pferden gegeneinander ein, ***10*** und da sie mit eingelegter Lanze zusammentrafen, stieß Manlius mit seinem Spieß über dem Helm des Feindes, Maecius neben dem Hals des Pferdes vorbei. Sie schwenkten mit den Rossen, und Manlius, der zuerst wieder zu einem neuen Stoß ausholte, bohrte dem Pferd seines Gegners den Spieß zwischen die Ohren. Das Tier, das vor Schmerz der Wunde sich bäumend aus allen Kräften mit dem Kopf schlug, warf seinen Reiter ab,

* Denn auch auf den Sieg stand ja der Tod.

11 und als er eben, auf Speer und Schild gelehnt, von dem schweren Fall sich erheben wollte, stach ihm Manlius in die Kehle, so dass die Lanze durch die Rippen hindurch am Boden festhaftete. ***12*** Mit der erbeuteten Rüstung ritt er zu den Seinigen zurück, eilte, begleitet von seinem freudig jauchzenden Geschwader, dem Lager zu und geradewegs in das Hauptzelt zu seinem Vater, ohne zu wissen, was er getan und was seiner warte; ob er Lob, ob er Strafe verdient habe. ***13*** *Vater,* sprach er, *damit mich die Welt mit Recht für einen Sprössling deines Blutes erkenne, bringe ich dir diese ritterliche Beute, die ich, zum Kampf aufgefordert, dem erlegten Feind abgenommen habe.*

14 Als der Konsul dies hörte, wies er sogleich seinen Sohn von sich und ließ durch die Trompete zur Versammlung rufen. Als sie sich zahlreich eingefunden hatten, sprach er: ***15*** *Weil du, Titus Manlius, ohne Beachtung des konsularischen Befehls und der väterlichen Machtvollkommenheit trotz unserer Bekanntmachung außerhalb des Gliedes gegen den Feind gefochten,* ***16*** *also so viel an dir lag, die Kriegszucht, durch welche sich Rom bis auf diesen Tag erhielt, aufgelöst und mich in die Notwendigkeit versetzt hast, entweder des Staates oder meiner und der Meinigen zu vergessen, so möge die Strafe unsers Verbrechens lieber uns selbst treffen,* ***17*** *als dass der Staat zu seinem so großen Schaden unsere Vergehungen büße. Wir werden ein trauriges, aber für die Zukunft ein der Jugend heilsames Beispiel geben.* ***18*** *Zwar lässt mich die natürliche Liebe zu meinen Kindern und selbst diese Probe deiner Tapferkeit gegen dich durch den falschen Schein der Ehre verleiteten nicht ohne Rührung.* ***19*** *Da wir aber entweder durch deinen Tod die Befehle der Konsuln bestätigen müssen oder sie durch deine Ungestraftheit auf ewig abschaffen, so denke ich, du selbst, wenn in dir noch ein Tropfen meines Blutes fließt, wirst dich nicht weigern, die durch deine Schuld gefallene Kriegszucht durch deine Strafe wiederherzustellen. Geh, Liktor, und binde ihn an den Pfahl!*

20 Entsetzt über den schrecklichen Befehl, und nicht anders, als sähe jeder das Beil gegen sich selbst gezückt, schwiegen alle mehr aus Furcht als Bescheidenheit. ***21*** Sobald aber bei dem Fall des Hauptes das Blut floss, brachen die Zuschauer, welche in Erstarrung verstummt dagestanden hatten, als höbe sich ihr Geist aus der Tiefe des Staunens, laut in ungehemmte Klagen aus, so dass sie sich ebenso wenig des Jammerns als der Flüche enthielten, den Körper des Jünglings, mit der von ihm erfochtenen Beute bedeckt, ***22*** nach einem so feierlichen Leichenbegängnis, als es der Teilnahme aller Soldaten möglich war, auf einem vor dem Lager aufgeführten Scheiterhaufen verbrannten; und Manlianischer Befehl erfüllte nicht bloß die damals Lebenden mit Schauder, sondern auch die Nachwelt als Beispiel mit Abscheu.

(8) Doch machte die grässliche Strafe die Soldaten dem Feldherrn gehorsamer, und außer dem, dass die Wachen bei Tag und bei Nacht und der Reihengang der Posten allenthalben mit größerer Genauigkeit verrichtet wurde, war auch diese Strenge, als man zur Schlacht gezogen war, im entscheidenden Kampf nicht ohne Nutzen. ***2*** Denn die Schlacht hatte die größte Ähnlichkeit mit einem Bürgerkrieg, so völlig hatten die Latiner nichts von den Römern Unterscheidendes, die Gesinnung ausgenommen. ***3*** Früher hatten die Römer den Rundschild im Gebrauch gehabt; dann, als sie Sold erhielten, nahmen sie statt des Rundschildes den Langschild; und hatten sie sonst eine der makedonischen ähnliche Phalanx gebildet, so fingen sie nachher an, ihre Linie manipelweise aufzustellen. ***4*** Zuletzt teilten sie sich in noch mehr Ordnungen. Jede Ordnung hatte 62 Mann, einen Hauptmann und einen Fahnenträger. ***5*** Die erste Linie machten die Hastaten aus in 15 durch mäßige Zwischenräume geschiedenen Streithaufen. Jeder Streithaufen hatte 20 Leichtbewaffnete und außer ihnen lauter Langschildner. Leichtbewaffnete hießen die, welche nur eine Lanze und gallische Wurfspieße führten. ***6*** Dieses erste Treffen der Schlachtordnung enthielt lauter blühende, zum Kriegsdienst heranreifende Jünglinge.

Auf diese folgten in ebenso vielen Streithaufen die von festerem Alter, welche Principes hießen; lauter Langschildner und mit vorzüglich ausgezeichneten Waffen. ***7*** Diesen ganzen Zug von 30

Streithaufen nannten sie die Antepilanen, weil hinter ihnen unter den Adlern wieder andere 15 Ordnungen standen, ***8*** von denen jede Ordnung ihre drei Abteilungen hatte. Jede erste dieser Abteilungen nannten sie die erste Pile, alle drei betrugen 186 Mann. Die erste Rotte hatte die Triarier, alte Krieger von bewährter Tapferkeit, die zweite die Rorarier, noch nicht so erstarkt an Jahren, nicht so versucht; die dritte die Überzähligen, auf die man sich am wenigsten verlassen konnte, darum wurden sie ins letzte Treffen zurückgewiesen.

9 Wenn das Heer in solcher Ordnung aufgestellt war, fingen die Hastaten als die Vordersten von allen die Schlacht an. Konnten die Hastaten den Feind nicht zur Flucht bringen, so wurden sie, in gemessenem Schritt sich zurückziehend, von den Principes in ihre Zwischenräume aufgenommen. Nun war die Schlacht die Sache der Principes, an die sich die Hastaten anschlossen. ***10*** Die Triarier lagen indes unter ihren Adlern im Anschlag, das linke Bein vorgestreckt, ihre Langschilde an die Schulter gelehnt, die Hand an der schräg mit der Spitze empor gerichteten, unten in der Erde steckenden Lanze, gleich einer von umpflanzenden Schanzpfählen starrenden Linie. ***11*** Waren auch die Principes in ihrem Kampf nicht glücklich, so zogen sie sich allmählich vom Rand der Schlacht auf die Triarier zurück. Daher hört man so oft, wo es schlimm steht, im Sprichworte sagen: „Es kommt an die Triarier." ***12*** Hatten die sich jetzt erhebenden Triarier die Principes und Hastaten in die Zwischenräume ihrer eigenen Streithaufen aufgenommen, so war sogleich durch die zusammengeschobenen Streithaufen jeder Durchgang wie verschlossen, ***13*** und in einem aneinanderhängenden Zug, der nun keine weitere Hoffnung hinter sich hatte, fielen sie auf den Feind. Dies war aber auch dem Feind gerade das Furchtbarste, dass er, seiner Meinung nach schon Verfolger der Besiegten, plötzlich eine neue verstärkte Linie sich erheben sah.

14 Die geworbenen vier Legionen bestanden jede etwa aus 5000 Mann zu Fuß und 300 Reitern für jede Legion. Eine gleiche Anzahl lieferte die Aushebung der Latiner, welche in damaliger Zeit Feinde der Römer waren und in der Stellung ihrer Linie dieselbe Einrichtung hatten; und es wussten nicht bloß die Abteilungen der Triarier, dass sie mit ebensolchen Abteilungen, ***15*** die sämtlichen Hastaten, dass sie mit Hastaten, sowie die Principes, dass sie mit Principes, sondern jeder Hauptmann, mit welchem Hauptmann er, wenn die Ordnungen nicht versetzt würden, zusammentreffen werde. ***16*** Von den beiden ersten Hauptleuten der Triarier in beiden Heeren war der Römer nicht eben vom stärksten Körperbau, übrigens ein tüchtiger Mann von Kriegserfahrenheit; ***17*** der Latiner bei außerordentlicher Stärke der erste Soldat; und beide kannten sich sehr genau, weil sie immer den gleichen Dienstrang gehabt hatten. ***18*** Der Römer hatte sich bei seinem Misstrauen auf sich selbst schon zu Rom von den Konsuln die Erlaubnis erwirkt, sich nach Belieben einen Unterhauptmann auszusuchen, der ihn gegen den einen ihm bestimmten Feind schützen könnte; und wirklich trug der jüngere Mann, der in der Schlacht gegen den latinischen Hauptmann auftrat, den Sieg davon. ***19*** Die Schlacht selbst fand nahe am Fuß des Vesuvs statt, auf der Seite, wo der Weg nach Veseris führte.

(9) Ehe die römischen Konsuln zur Schlacht auszogen, ließen sie Opfertiere schlachten. Da soll der Opferschauer den Decius darauf aufmerksam gemacht haben, dass auf derjenigen Seite der Leber, welche die Römer anging, der in der Opfersprache mit dem Namen Haupt belegte Lappen wie abgehauen fehle, übrigens nähmen die Götter das Opfer gnädig an, und Manlius habe sehr erwünscht geopfert. *So steht alles gut*, sprach Decius, *wenn nur mein Amtsgenosse glücklich geopfert hat.*

2 In der oben beschriebenen Stellung traten sie in Linien auf. ***3*** Manlius führte den rechten, Decius den linken Flügel. Im Anfang des Gefechts waren auf beiden Seiten gleiche Kräfte, gleiche Kampflust; dann aber zog sich auf dem römischen linken Flügel das erste Treffen, das den eindringenden Latinern nicht widerstehen konnte, auf das zweite zurück. ***4*** In dieser Verlegenheit rief der Konsul Decius dem Marcus Valerius mit lauter stimme zu: *Valerius, hier müssen die Götter helfen. Auf, sage du mir als Staatsoberpriester des römischen Volkes die Gebetsformel vor, nach welcher ich mich für die Legionen opfern muss.* **5** Der Oberpriester hieß ihn die verbrämte Toga anlegen und mit verhülltem Haupt, die Hand unter dem Rock neben dem Kinn hervorgestreckt, mit beiden Füßen über einem Pfeil stehend, so sprechen:

6 *Janus, Jupiter, Vater Mars, Quirinus, Bellona, ihr Hausgötter, ihr neu aufgenommenen Götter, ihr altheimischen Götter, ihr Götter, in deren Macht wir und die Feinde stehen,* **7** *und ihr Götter der Toten, zu euch bete, flehe ich, von euch erbitte ich mir die Gnade und versichere mich ihrer, dass ihr dem römischen Volk der Quiriten Übermacht und Sieg angedeihen und über die Feinde des römischen Volkes der Quiriten Schrecken, Entsetzen und Tod kommen lassen wollet.* **8** *So wie ich euch dies hiermit ausdrücklich verheißen haben will, so weihe ich für den Staat der Quiriten, für ihr Heer, für ihre Legionen und für die Hilfstruppen des römischen Volkes der Quiriten jetzt die Legionen und Hilfstruppen der Feinde samt mir den Göttern der Toten und der Tellus zum Opfer.* **9** Nach diesem Gebet hieß er seine Liktoren sich zu Titus Manlius begeben und seinem Amtsgenossen eiligst melden, dass er sich für das Heer dem Tod geweiht habe. Dann schwang er sich in gabinischer Tracht bewaffnet auf sein Pferd und stürzte sich mitten in die Feinde. Beide Heere blickten auf ihn, als eine über die Menschheit erhabene Gestalt, **10** sahen in ihm den als Sühnopfer alles göttlichen Zornes vom Himmel Herabgesandten, der alles von den Seinigen abgewandte Verderben auf die Feinde hinübertrüge: **11** So sichtbar setzte gleich anfangs jede Art des Schreckens und Entsetzens, mit ihm hereinbrechend, die Glieder der Latiner in Verwirrung und verbreitete sich dann über ihr ganzes Heer. **12** Das Auffallendste war, dass sie allenthalben, wo er zu Pferd vordrang, nicht anders als vom Ausfluss eines pestbringenden Gestirns angeweht verzagten; und wo er, bedeckt mit Pfeilen, niedersank, da ergriffen die bestürzten Kohorten der Latiner die Flucht und ließen weite Strecken öde und verlassen. **13** Zugleich erhoben sich auch die Römer, der Furcht vor den Mächten des Himmels entledigt, als wäre ihnen jetzt erst das Zeichen gegeben, und fingen die Schlacht von Neuem an. **14** Denn teils brachen die Rorarier zwischen den Antepilanen hervor und verstärkten die Hastaten und Principes, teils warteten schon die Triarier, auf das rechte Knie gestützt, auf den Wink des Konsuls, um sich zu erheben.

(10) Als die Latiner im Fortgang des Kampfes an einigen Punkten durch ihre Anzahl die Oberhand hatten, war der Konsul Manlius, der auf die Nachricht vom Schicksal seines Amtsgenossen, einem so denkwürdigen Tod die ihm vor Menschen und Göttern gebührenden Tränen und Lobsprüche geweiht hatte, ein wenig zweifelhaft, **2** ob es schon Zeit sei, die Triarier sich erheben zu lassen; darauf aber ließ er, überzeugt, dass es besser sei, diese bei frischen Kräften bis auf den Augenblick der Entscheidung aufzubewahren, die Überzähligen vom äußersten Ende des Hintertreffens vor die Fahnen rücken. **3** Sobald diese eintraten, riefen die Latiner, gleich als hätten ihre Gegner dasselbe getan, ihre Triarier auf. Als diese nun eine Zeitlang durch einen sehr erbitterten Kampf sich selber ermüdet, die Spitzen ihrer Lanzen gebrochen oder abgestumpft hatten, aber doch durch ihre Überlegenheit und in der Meinung, dass sie schon dem Ende der Schlacht entgegenkämpften und die letzte römische Linie erreicht hätten, den Feind zum Weichen brachten, da rief der Konsul den Triariern zu: **4** *Nun erhebt euch, ihr Kraftvollen, gegen Ermüdete, und denkt an Vaterland, Eltern, Gattinnen und Kinder, denkt an den Konsul, der für euren Sieg den Tod litt!*

5 Als die geschonten Triarier mit noch blitzenden Waffen wie ein frisches, plötzlich erscheinendes Heer auftraten und die Antepilanen in die Zwischenräume ihrer Streithaufen aufgenommen hatten, **6** setzten sie schon durch ihr erhobenes Geschrei das Vordertreffen der Latiner in Schrecken; sie stachen ihnen mit ihren Spießen nach den Gesichtern, hieben die Kerntruppen der ersten Linie nieder, drangen beinahe ohne Wunden durch die übrigen Ordnungen wie durch

Unbewaffnete und brachen unter einem solchen Gemetzel durch die Keile des Feindes, dass kaum der vierte Teil desselben übrig blieb. *7* Auch die in einiger Ferne am Fuß des Berges stehenden Samniten verursachten den Latinern Schrecken.

Übrigens gebührte der Ruhm dieser Schlacht vor allen Bürgern und Bundesgenossen namentlich den Konsuln, von denen der eine alle von Göttern des Himmels und der Unterwelt zu befürchtenden Drohungen und Gefahren auf sich selbst nahm, *8* der andere im Kampf so viel Tapferkeit und Einsicht bewies, dass die römischen und latinischen Schriftsteller, welche die Erzählung von dieser Schlacht der Nachwelt überliefert haben, darin übereinkommen, dass diejenige Partei ohne Zweifel habe siegen müssen, die den Titus Manlius zum Anführer hatte.

9 Die Latiner zogen sich auf ihrer Flucht nach Minturnae zurück. Ihr Lager wurde nach der Schlacht erobert und in demselben eine große Menge zu Gefangenen gemacht, hauptsächlich Campaner. *10* Den Leichnam des Decius noch an diesem Tag zu finden, war nicht möglich, denn die Nacht überraschte sie. Am folgenden Tag fand man ihn im dichtesten Haufen erschlagener Feinde, mit Pfeilen überdeckt; und sein Amtsgenosse machte die Bestattung so feierlich, wie es diesem Tod gebührte. *11* Als Anhang sei hier bemerkt, dass ein Konsul, Diktator und Prätor das Recht hat, wenn er die feindlichen Legionen dem Tod weihen will, nicht nur sich selbst, sondern jeden ihm beliebigen geborenen Römer, der in einer eingezeichneten Legion steht, hierzu zu weihen. *12* Kommt der Geweihte um, so sei dies eben recht; stirbt er nicht, so müsse sein Standbild von sieben Fuß Höhe oder noch größer in die Erde vergraben und ein Opfertier zur Sühne geschlachtet werden. Die Stelle, wo dies Bild eingegraben ist, dürfe kein römischer Beamter betreten. *13* Will er aber sich selbst weihen, so wie sich Decius weihte, und er stirbt nicht, so kann ein solcher Geweihter, ohne sich zu versündigen, kein gottesdienstliches Geschäft weder für sich noch für den Staat verrichten. Will er dem Vulkan oder einer anderen Gottheit seine Waffen weihen, so darf er die Weihe vermittels eines Schlachtopfers oder eines andern heiligen Gebrauches vollziehen. *14* Die Waffe, auf welcher der Konsul stehend gebetet hat, darf nicht in feindliche Hände geraten; bemächtigt sich dessen der Feind, so müssen dem Mars ein Schwein, Schaf und Stier zur Sühne geopfert werden.

(11) Sind gleich alle gottesdienstlichen und menschlichen Gebräuche dadurch, dass man alles, was neu und ausländisch ist, dem Alten und Heimischen vorzieht, in Vergessenheit geraten, so habe ich es doch nicht für zweckwidrig gehalten, diesen selbst in den Ausdrücken zu berichten, in denen man ihn uns überliefert hat und in denen sie abgefasst sind.

2 Bei einigen Schriftstellern finde ich, dass die Samniten, die den Ausgang der Schlacht abgewartet hätten, erst nach beendeter Schlacht den Römern zu Hilfe gekommen sein sollen. *3* Auch habe man von Lavinium aus, wo man die Zeit mit Beratungen hinbrachte, nur dann erst Hilfstruppen für die Latiner abgehen lassen, als sie schon geschlagen waren. *4* Und als die ersten Fahnen und ein Teil des Zuges aus den Toren gerückt waren, soll ihr Prätor namens Milionius, da auf die eingelaufene Nachricht von der Niederlage der Latiner die umgekehrten Reihen in die Stadt zurückkamen, gesagt haben, den kurzen Weg werde man den Römern teuer bezahlen müssen.

5 Als sich die von der Schlacht übrig gebliebenen Latiner nach ihrer Zerstreuung auf mancherlei Wegen wieder gesammelt hatten, wurde die Stadt Vescia ihr Zufluchtsort. *6* Hier behauptete in ihren Beratungen ihr Oberfeldherr Numisius, der Kriegsgott habe, in Wahrheit unparteiisch, beide Heere in gleicher Niederlage zu Boden gestreckt, und die Römer hätten den Sieg bloß dem Namen nach, übrigens sähen sie sich in ihrer Lage ebenso als Besiegte an; in beiden Hauptzelten der Konsuln herrsche Trauer, *7* in dem einen über den vom Vater selbst gemordeten Sohn, in dem andern über den Verlust des aufgeopferten Konsuls; im ganzen Heer habe das Schwert gewütet, das erste und zweite Treffen sei niedergehauen; vor und hinter den Fahnen sei das Gemetzel allgemein gewesen; die Triarier hätten endlich das Gefecht wiederhergestellt. ***8*** Habe nun gleich die Macht der Latiner ebenso sehr gelitten, so sei ihnen doch zur Ergänzung Latium oder die Volsker näher als Rom. ***9*** Wenn sie es also guthießen, so wolle er unter den latinischen und volskischen Völkerschaften schleunig die Dienstfähigen aufbieten, mit diesem Heer angriffsweise auf Capua zurückgehen und die Römer, die jetzt nichts weniger als eine Schlacht erwarteten, durch seine plötzliche Erscheinung überraschen. ***10*** Da sie lügenhafte Berichte in Latium und unter allen Volskern verbreiteten, zog sich von allen Seiten, weil diejenigen, welche der Schlacht nicht beigewohnt hatten, um so leichter ohne Untersuchung glaubten, ein von allen Seiten zusammengerafftes und schnell aufgebotenes Heer zusammen. ***11*** Diesem Zug begegnete der Konsul Torquatus bei Trifanum (so heißt ein Ort zwischen Sinuessa und Minturnae). Ohne einen Platz zum Lager zu nehmen, warf man auf beiden Seiten das Gepäck auf einen Haufen zusammen, schlug sich und entschied den Kampf. ***12*** Denn der Verlust war auf der Seite der Latiner so groß, dass sie sich dem Konsul, der an der Spitze seines siegreichen Heeres zur Plünderung ihres Gebietes heranrückte, alle ergaben und an diese Übergabe auch die Campaner sich anschlossen. ***13*** Latium und Capua büßten durch Gebietsabtretung. Das latinische Land, zu dem man das privernatische schlug, und das falernische, welches dem kampanischen Volk gehört hatte, bis an den Fluss Vulturnus, wurden unter die römische Bürgerschaft verteilt. ***14*** Im Latinischen bekam jeder zwei Morgen, und auf das Ganze wurden ihm noch an Privernatischem drei Vierte gegeben; im Falernischen gab man drei Morgen, so dass man hier die größere Entfernung durch Zulage eines Viertels vergütete. ***15*** Keine Strafe traf unter den Latinern die Laurenter, und von den Campanern die Ritter, weil sie nicht abgefallen waren. Mit den Laurentern wurde beschlossen, das Bündnis zu erneuern, und seitdem wird es jährlich nach dem zehnten Tag des Latinischen Festes erneuert. ***16*** Die kampanischen Ritter bekamen das Bürgerrecht, und sie hängten zu Rom als bezeugendes Denkmal eine eherne Tafel im Tempel des Castor auf. Dem kampanischen Volk wurde befohlen, jedem von ihnen – und ihrer waren 1600 – jährlich eine Abgabe von 450 Denaren zu entrichten.

(12) Als Titus Manlius den Krieg so geführt und jedem nach Verdienst Lohn oder Strafe zugeteilt hatte, kehrte er nach Rom zurück. Man weiß, dass ihm bei seiner Ankunft nur die Älteren entgegengingen, und dass ihn die Jüngeren sowohl damals wie während seines ganzen Lebens verabscheuten und verfluchten.

2 Die Antiaten unternahmen Einfälle in das Gebiet von Ostia, Ardea und das solonische Gefilde. Weil der Konsul Manlius die Führung dieses Krieges krankheitshalber nicht selbst übernehmen konnte, ernannte er den Lucius Papirius Crassus, der damals gerade Prätor war, zum Diktator, und von diesem wurde Lucius Papirius Cursor zum Magister Equitum ernannt. ***3*** Der Diktator hat nichts Erwähnenswertes gegen die Antiaten ausgeführt, obgleich er mehrere Monat im Gebiete von Antium sein Standlager hatte.

4 Auf dieses durch Besiegung so vieler und so mächtiger Völker, ferner durch den ruhmvollen Tod des einen Konsuls und durch die zwar schonungslose, aber unvergessliche Manneszucht des andern ausgezeichnete Jahr folgten Tiberius Aemilius Mamercinus und Quintus Publilius Philo, ***5*** Konsuln, denen teils ein so reichhaltiger Stoff zu Taten sich nicht bot, teils ihre eigenen Angelegenheiten und ihre Partei im Staat mehr am Herzen lagen als das Beste des Vaterlandes. In der Fenectanischen Ebene besiegten sie die aus Verdruss über ihren Länderverlust sich empörenden Latiner und nahmen ihnen ihr Lager. ***6*** Während hier Publilius, der am Tag der Schlacht die Führung und Leitung gehabt hatte, damit beschäftigt war, die Übergabe dieser latinischen Völkerschaften anzunehmen, welche hier ihre Truppen verloren hatten, führte Aemilius sein Heer vor Pedum. ***7*** Die Pedaner hatten Unterstützung von Tibur, Praeneste und Velitrae; auch waren Hilfstruppen von Lanuvium und Antium gekommen. ***8*** Als nun die Römer auch hier siegten, aber gegen die Stadt Pedum selbst und gegen das an die Stadt stoßende Lager der mit ihr verbündeten Völker noch vollauf zu tun hatten, ***9*** fiel es dem Konsul ein, den unvollendeten Krieg liegen zu lassen, weil er gehört hatte, dass seinem Amtsgenossen der Triumph bewilligt sei, und nach Rom zurückzukehren, um auch für sich noch vor dem Sieg den Triumph zu erlangen. ***10*** Da diese Zudringlichkeit die Väter beleidigte und sie ihm den Triumph nicht anders als nach der Erstürmung oder Übergabe von Pedum bewilligen wollten, da wendete Aemilius seinen Sinn vom Senat ab und verwaltete das Konsulat wie seine aufrührerischen Tribunate. ***11*** Denn solange er Konsul war, hörte er nicht auf, die Väter bei dem Volk zu beschuldigen; sein Amtsgenosse aber, welcher ebenfalls vom Bürgerstand war, trat ihm nicht entgegen; ***12*** und den Stoff zu diesen Beschuldigungen bot die den Bürgern gar zu kärglich ausgeteilte latinische und falernische Länderei; auch enthielt sich Aemilius nicht, als die Väter bei dem sich erneuernden Krieg der Latiner, um dem Oberbefehl dieser Konsuln ein Ende zu machen, die Ernennung eines Diktators verordneten, ***13*** und ihm gerade an diesem Tag mit den Rutenbündeln die ausübende Gewalt gehörte, seinen Amtsgenossen zum Diktator zu ernennen, welcher den Junius Brutus zum Magister Equitum ernannte. ***14*** Die Beliebtheit dieser Diktatur für das Volk äußerte sich teils durch Reden, voll Beschuldigungen gegen die Väter, teils dadurch, dass sie drei Vorschläge gültig machte, die dem Bürgerstand höchst vorteilhaft, dem Adel nachteilig waren: ***15*** 1. Die Beschlüsse des Bürgerstandes sollten für alle Quiriten verbindlich sein, 2. Die Väter sollten schon vor der Stimmensammlung alle Verordnungen genehmigen, welche auf den nach Zenturien gehaltenen Volkstagen gegeben werden möchten, ***16*** 3. Da man schon so viel für sich habe, dass man zu Konsuln zwei Bürgerliche nehmen dürfe, so solle nun auch der eine von den beiden Zensoren aus dem Bürgerstand gewählt werden. ***17*** Nach der Ansicht der Väter überwog der Schaden, den in diesem Jahr das Innere durch die Konsuln und den Diktator erlitt, die Vorteile, die der Staat nach außen ihrem Sieg und ihren Kriegstaten verdankte.

(13) Im folgenden Jahr, unter den Konsuln Lucius Furius Camillus und Caius Maenius, gab der Senat, um dem Konsul des vorigen Jahres, Aemilius, den Vorwurf über den aufgegebenen Krieg bei Pedum um so fühlbarer zu machen, mit lautem Unwillen die Erklärung, man müsse Waffen und Mann und alle Kraft aufbieten, Pedum zu erobern und zu zerstören; und die neuen Konsuln, aufgefordert, alles andere nachzusetzen, gingen dahin ab.

2 Latium war jetzt in einer solchen Lage, dass es sich auf Krieg und Frieden gleich ungern einließ. Zum Krieg fehlte es den Latinern an Kraft, und gegen den Frieden empörte sich der Schmerz über ihren Landverlust. ***3*** Sie glaubten, einen Mittelweg gehen zu müssen: Sie wollten sich in ihre Städte zurückziehen, damit die Römer, wenn sie nicht gereizt würden, auch keinen Anlass zum Krieg hätten; allein auf den ersten Ruf von der Belagerung einer Stadt sollte man aus allen Völkerschaften von allen Seiten den Belagerten zu Hilfe eilen. ***4*** Dennoch erhielten die Pedaner nur von sehr wenigen Völkern Beistand. ***5*** Die von Tibur und Praeneste bewog die Nähe ihrer Lage, sich bei Pedum einzufinden. Die von Aricia hingegen, von Lanuvium und Velitrae schlug der Konsul Maenius in einem Überfalle am Fluss Astura, als sie eben zu den Volskern von Antium stoßen wollten. ***6*** Bei Pedum lieferte Camillus den Tiburtinern, dem stärksten feindlichen Heer, eine Schlacht, die weit mehr Anstrengung erforderte, obgleich sie im Ausgang ebenso glücklich war. ***7*** Ein plötzlicher Ausfall der Belagerten während der Schlacht richtete große Verwirrung an; Camillus aber, der einen Teil seines Heeres gegen sie sich umwenden ließ, trieb sie nicht allein in die Mauern zurück, sondern erstieg noch an demselben Tage, an welchem er sie und ihre Hilfstruppen besiegt hatte, die Stadt mit Sturmleitern. ***8*** Nun beschlossen die Konsuln, das siegreiche Heer nach Eroberung dieser ersten Stadt mit größerer Kraftanstrengung und Aussicht zur Unterjochung Latiums von einem Ort zum andern zu führen, und sie ruhten nicht eher, als bis eine Stadt nach der andern durch Sturm oder Übergabe gefallen und ganz Latium bezwungen war. ***9*** Sie belegten die eroberten Städte mit Besatzungen und zogen nach Rom zurück zu einem Triumph, den ihnen alle einmütig zuerkannt hatten. Außer dem Triumph erhielten sie noch die Ehre, dass ihnen Standbilder zu Pferd – eine Seltenheit für diese Zeit – auf dem Markt errichtet wurden.

10 Ehe sie durch einen Wahltag die Konsuln für das folgende Jahr bestimmen ließen, erstattete Camillus im Senat über die latinischen Völkerschaften einen Bericht und erklärte sich folgendermaßen: ***11*** *Versammelte Väter, was durch Krieg und Waffen in Latium zu tun war, ist jetzt durch die Gnade der Götter und die Tapferkeit der Soldaten erreicht.* ***12*** *Bei Pedum und an der Astura sind die Heere der Feinde niedergehauen; alle latinischen Städte und Antium von den Volskern durch Sturm oder Übergabe gewonnen, sind mit euren Besatzungen belegt.* ***13*** *Jetzt müssen wir nur noch überlegen, weil sie uns so oft durch ihre Empörungen beunruhigen, wie wir sie durch einen dauernden Frieden in Ruhe erhalten können.* ***14*** *Die unsterblichen Götter haben diese Verfügung so ganz euch anheim gestellt, dass sie das künftige Sein oder Nichtsein Latiums in eure Hände gegeben haben. Was also die Latiner betrifft, so könnt ihr euch, sei es nun durch Grausamkeit oder durch Schonung einen dauernden Frieden verschaffen.* ***15*** *Wollt ihr gegen eure Übergebenen, gegen eure Besiegten, grausam verfahren – es steht euch frei, ganz Latium zu vertilgen und Gegenden zu weiten Einöden zu machen, aus denen euch mehrmals ein auserlesenes Heer von Verbündeten in vielen und schweren Kriegen zu Gebote stand.* ***16*** *Wollt ihr lieber nach dem Beispiel der Vorfahren den römischen Staat dadurch vergrößern, dass ihr die Besiegten in die Rechte der Bürger aufnehmt – die Gelegenheit, die rühmlichste Art groß zu werden, bietet sich euch jetzt. Wenigstens ist die Herrschaft bei Weitem die stärkste, an der die Untertanen Freude haben.* ***17*** *Allein was ihr auch immer über sie beschließen wollt, Eile tut not. Ihr habt hier so viele Völker, die alle zwischen Furcht und Hoffnung schweben. Folglich ist es ebenso nötig, dass eure Pläne mit ihnen je eher je lieber ausgeführt werden, als dass man ihren Entschlüssen, solange sie noch in gespannter Erwartung sind, entweder durch Bestrafung oder durch Wohltat zuvorkomme.* ***18*** *Unsere Sache war es, zu bewirken, dass ihr die Macht hattet, über alles zu verfügen; nun liegt es an euch, zu entscheiden, was für euch und den Staat das Beste sein mag.*

(14) Die Häupter des Senates bezeigten dem Konsul über seinen Antrag im Allgemeinen ihre Zufriedenheit; nur bemerkten sie, weil die Verhältnisse der Einzelnen verschieden seien, man werde, wenn man gegen jedes nach Verdienst erkennen wolle, und dann erst zum Beschluss kommen, wenn die Konsuln die Sache jedes Volkes namentlich zum Vortrag brächten. ***2*** Also erfolgten Antrag und Beschluss über jedes besonders. Den Lanuvinern wurde das Bürgerrecht erteilt und ihr Gottesdienst wieder freigegeben, mit der Bedingung, dass der Tempel und Hain der Juno Sospita den Lanuvinern als Bürgern einer Freistadt und dem römischen Volk gemeinschaftlich gehören solle. ***3*** Die Ariciner, Nomentaner und Pedaner erhielten bei der Aufnahme in die Bürgerschaft mit den Lanuvinern gleiche Rechte. ***4*** Den Tuskulanern ließ man das Bürgerrecht, das sie schon hatten, und sah den ihnen zur Last gelegten Abfall nicht als bösen Vorsatz des Gesamtvolkes, sondern für das Werk einiger wenigen Empörer an. ***5*** Gegen die Veliterner, die als alte Bürger Roms sich so oft empört hatten, verfuhr man mit Strenge. Ihre Mauern wurden niedergerissen, ihr Senat von da weggeführt mit dem Befehl, jenseits des Tibers zu wohnen, ***6*** so dass jedes Mitglied desselben, wenn es sich diesseits des Tibers antreffen ließe, 1000 Pfund Erz als Pfandgebühr zu erlegen hätte, und der, welcher einen solchen einfinge, ihn nicht eher als nach geleisteter Zahlung aus der Haft entlassen sollte. ***7*** Auf die Güter der Senatoren wurden neue Ansiedler geschickt, und da diese an die alten angereiht wurden, gewann Velitrae das Ansehen

seiner früheren Volksmenge wieder. *8* Auch nach Antium wurden neue Ansiedler geschickt, zugleich aber den Antiaten freigestellt, sich selbst als Ansiedler anstellen zu lassen. Man nahm ihnen ihre Kriegsschiffe, untersagte dem Volk von Antium das Meer und gab ihm das Bürgerrecht. *9* Die Tiburtiner und Praenestiner wurden mit Landverlust gestraft, nicht bloß für die kürzlich sich zugezogene Schuld des Abfalls, die sie mit anderen Latinern gemeinsam hatten, sondern weil sie vorher aus Unzufriedenheit mit der römischen Herrschaft sich mit den rohen Barbaren, den Galliern, in ein Waffenbündnis eingelassen hatten. *10* Den übrigen latinischen Völkerschaften untersagte man das gegenseitige Eherecht, die Handelsverbindungen und öffentlichen Zusammenkünfte untereinander. Den Campanern gab man ihren Rittern zu Ehren, weil sie nicht mit den Latinern hatten abfallen wollen, auch den Einwohnern von Fundi und Formiae, weil sie immer einen sicheren und friedlichen Durchmarsch durch ihr Gebiet gestattet hatten, das Bürgerrecht, doch ohne Stimme. *11* Die Einwohner von Cumae und Suessula setzte man mit Capua auf gleiche Rechte, mit derselben Bestimmung. *12* Die Schiffe der Antiaten wurden teils auf die Werften Roms gebracht, teils verbrannt, mit ihren Schnäbeln ließ man die Rednerbühne auszieren, die auf dem Gerichtsplatz gebaut wurde, und nannte diese geweihte Stätte die Rostra (Schiffsschnäbel).

(15) Als unter den Konsuln Caius Sulpicius Longus und Publius Aelius Paetus zwar auch die Macht der Römer, aber ebenso sehr auch die durch Wohltaten erworbene Liebe das Ganze in gesegnetem Frieden beherrschte, brach zwischen den Sidicinern und Aurunkern ein Krieg aus. *2* Die Aurunker waren, seitdem sie sich dem Konsul Titus Manlius unterworfen hatten, ohne Empörung treu geblieben; mit umso größerem Recht konnten sie die Römer um Hilfe bitten. *3* Ehe aber die Konsuln mit dem Heer von der Stadt aufbrachen, denn der Senat hatte die Aurunker zu schützen befohlen, lief die Nachricht ein, *4* die Aurunker hätten aus Furcht ihre Stadt verlassen und sich als Flüchtlinge mit Frau und Kind in Suessa verschanzt, das davon noch jetzt das Aurunkische heißt, und ihre alten Mauern samt der Stadt hätten die Sidiciner zerstört. *5* Aufgebracht gegen die Konsuln, deren Zögern Verbündete preisgegeben habe, ließ der Senat einen Diktator ernennen. Man ernannte den Caius Claudius Inregillensis, und dieser den Caius Claudius Hortator zum Magister Equitum. *6* Eintretende Skrupel wegen dieses Diktators und die Aussage der Vogelschauer, dass bei seiner Wahl ein Fehler vorgefallen sei, veranlassten ihn und den Magister Equitum, wieder abzudanken. *7* In diesem Jahr wurde die anfangs wegen ihres unnötigen Putzes verdächtige, dann bei den Oberpriestern von einem aussagenden Sklaven als schuldig angegebene Vestalin Minucia, *8* nachdem ihr durch ein Erkenntnis der Priester der Opferdienst und die Freilassung ihrer Sklaven untersagt war, nach erfolgter Verurteilung, bei dem Collinischen Tor, rechts von der gepflasterten Straße, auf dem Frevelfeld lebendig begraben. Den Namen bekam der Ort, wie ich glaube, vom Frevel der Unzucht. *9* In demselben Jahr wurde Quintus Publilius Philo der erste aus dem Bürgerstand gewählte Prätor, so sehr dies auch der Konsul Sulpicius, selbst durch die Erklärung, dass er ihn bei der Wahl gar nicht in Betracht ziehen werde, zu verhindern suchte, denn der Senat machte bei der Prätur weniger Kraftanstrengung, weil er nicht einmal bei den höchsten Gewalten sein Recht hatte behaupten können.

(16) Dem folgenden Jahr, welches den Lucius Papirius Crassus und Kaeso Duellius zu Konsuln hatte, gab der Krieg mit den Ausonern mehr durch seine Neuheit als durch seine Wichtigkeit eine Auszeichnung. *2* Dieses Volk bewohnte die Stadt Cales. Es hatte sich mit den Sidicinern, seinen Nachbarn, vereinigt; und in einem einzigen, kaum denkwürdigen Gefecht wurde das Heer beider Völker geschlagen, dem die Nähe seiner Städte eine Einladung zur früheren Flucht, und auf der Flucht selbst größere Sicherheit gewährte. *3* Gleichwohl gab der Senat seine Aufmerksamkeit für diesen Krieg nicht auf, weil die Sidiciner schon so oft entweder selbst Krieg angefangen oder Kriegende unterstützt, oder doch Krieg veranlasst hatten. *4* Also gab er sich alle

Mühe, dem größten Feldherrn jener Zeit, dem Marcus Valerius Corvus, das vierte Konsulat zu verschaffen, **5** und zum Amtsgenossen bekam Corvus den Marcus Atilius Regulus.* Damit auch das Los nicht etwa fehlgreifen möchte, ersuchte man die Konsuln, diesen Krieg dem Corvus ohne Los zu bestimmen. **6** Als er mit dem von den vorigen Konsuln ihm übergebenen siegreichen Heer bei Cales, dem ursprünglichen Sitz des Krieges, angelangt war und den Feind, den auch die Erinnerung an die frühere Schlacht mutlos machte, im ersten Angriff und Schlachtgeschrei geschlagen hatte, unternahm er den Angriff auf die Stadt selbst. **7** Und die Soldaten waren auch so kampfbereit, dass sie sogleich mit Sturmleitern an die Mauern rücken wollten und sie zu ersteigen versprachen. **8** Allein Corvus wollte, weil das eine schwierige Sache war, zur Erreichung seines Zweckes die Soldaten lieber einer größeren Arbeit als Gefahr aussetzen, schon waren ein Sturmwall und Schutzdächer aufgeführt und Türme an die Mauern gebracht, als ein günstiger Zufall den Gebrauch derselben unnötig machte. **9** Ein gefangener Römer, Marcus Fabius, dem es bei der Nachlässigkeit der Wachen an einem Festtag gelang, seine Bande zu sprengen, hing sich an ein um die Mauerzinne gebundenes Seil, ließ sich an der Mauer mit den Händen in die römischen Belagerungswerke herab und bewog den Feldherrn, die durch reichlichen Genuss von Wein und Speisen in tiefen Schlaf versunkenen Feinde zu überfallen; **10** und so wurden die Ausoner samt ihrer Stadt in einem ebenso leichten Kampf bezwungen, als sie vorher im Treffen besiegt waren. Die Legionen machten ansehnliche Beute, und nach Zurücklassung einer Besatzung in Cales wurden sie nach Rom zurückgeführt. **11** Vermöge eines Senatsbeschlusses hielt der Konsul den Aufzug des Triumphes, und damit der andere Konsul nicht von allem Ruhm frei bliebe, erhielten beide Konsuln den Befehl, ein Heer gegen die Sidiciner auszuführen. **12** Vorher ernannten sie nach einem Senatsbeschluss zur Haltung des Wahltages den Lucius Aemilius Mamercinus zum Diktator, und dieser ernannte den Quintus Publilius Philo zum Magister Equitum. Auf dem vom Diktator gehaltenen Wahltag wurden Titus Veturius und Spurius Postumius Konsuln.** **13** War gleich der sidicinische Krieg noch nicht ganz beendet, so trugen sie dennoch, um dem sehnlichen Wunsch der Bürger durch die Wohltat zuvorzukommen, auf die Abführung von Ansiedlern nach Cales an; **14** und als der Senatsbeschluss zustande kam, dass 2500 zur Absendung eingezeichnet werden sollten, ernannten sie zu Dreimännern der Ausführung und Landverteilung den Kaeso Duellius, Titus Quinctius, Marcus Fabius.

(17) Als darauf die neuen Konsuln von den alten das Heer übernommen hatten, rückten sie in das feindliche Gebiet und drangen unter Verheerungen bis an die Mauern der Stadt. **2** Weil aber die Sidiciner selbst nach Aufstellung eines ansehnlichen Heeres hier für ihre letzte Hoffnung das Äußerste wagen zu wollen schienen und dem Gerücht nach Samnium zur Teilnahme am Krieg aufriefen, **3** ernannten die Konsuln nach einem Senatsbeschluss einen Diktator, den Publius Cornelius Rufinus, und Magister Equitum wurde Marcus Antonius. **4** Allein religiöse Bedenken fanden die Rechtmäßigkeit dieser Wahl zweifelhaft, und beide dankten ab. Und da nun noch eine Pest dazu kam, so ließ man, nicht anders, als ob jene fehlerhafte Wahl sich auf alle erstrecke, in deren Händen die Götterleitung war, eine Zwischenregierung eintreten. **5** Nach Eröffnung dieser Zwischenregierung wurden erst vom fünften Zwischenkönig – dieser war Marcus Valerius Corvus – Konsuln gewählt, Aulus Cornelius zum zweiten Mal und Cnaeus Domitius.

6 Mitten in der Ruhe bewirkte die Nachricht von einem Anzug der Gallier einen so schnellen Aufruf zum Krieg, dass man auch die Wahl eines Diktators nötig fand. Ernannt wurde Marcus Papirius Crassus und zum Magister Equitum Publius Valerius Publicola; **7** und schon hielten

---

* Den Großvater des im ersten punischen Krieg so berühmt gewordenen Rugulus.

** Dies sind die in ihrem zweiten Konsulat im Jahre 423 durch ihr Unglück bei Caudium so berühmt gewordenen Konsuln.

sie die Werbung mit größerer Strenge als bei den Kriegen mit den Nachbarn, da erfuhr man durch ausgeschickte Kundschafter, dass bei den Galliern alles ruhig sei. ***8*** Auch erhielt sich der Verdacht, dass Samnium unter Entwürfen zum Abfall in Gärung sei, schon in das zweite Jahr; deshalb wurde das römische Heer aus dem Sidicinischen nicht zurückgezogen. ***9*** Allein der Krieg Alexanders von Epirus rief die Samniten zu den Lucanern hinüber, und beide Völker lieferten dem König, als er bei Paestum eine Landung wagte, eine Feldschlacht. ***10*** Alexander, in diesem Kampf Sieger, schloss mit den Römern einen Vertrag, ohne dass man bestimmen kann, wie treu er ihn gehalten hätte, wenn er ferner gleiches Glück gehabt hätte. ***11*** In demselben Jahr wurde eine Schätzung gehalten und die neuen Bürger geschätzt. Deshalb bekam Rom zwei neue Bezirke, den Maecischen und Scaptischen; diese Vergrößerung war das Werk der Zensoren Quintus Publilius Philo und Spurius Postumius. ***12*** Die Bürger von Acerrae wurden Römer nach dem vom Prätor Lucius Papirius gegebenen Gesetz, nach welchem sie das Bürgerrecht ohne Stimmrecht erhielten. Dies sind die friedlichen und kriegerischen Begebenheiten dieses Jahres.

(18) Das folgende Jahr wurde entweder durch ungesunde Witterung oder durch menschliche Bosheit ein abscheuliches Jahr; es hatte die Konsuln Marcus Claudius Marcellus* und Cajus Valerius. ***2*** Den Beinamen dieses Konsuls finde ich in den Jahrbüchern verschieden, bald Flaccus, bald Potitus, angegeben, ohne dass es sehr darauf ankommt, was richtig sein mag. ***3*** Die Angabe hingegen, die ich auch nicht bei allen Schriftstellern finde, möchte ich gern für unrichtig halten, dass diejenigen, durch deren Tod dieses Jahr mit dem Ruf eines Pestjahres gebrandmarkt ist, an Gift gestorben sein sollen. Um indes keinem der Erzähler seine Glaubwürdigkeit abzusprechen, will ich die Sache darlegen, wie sie gemeldet wird.

4 Da die vornehmsten Männer des Staates an ähnlichen Krankheiten und fast alle auf dieselbe Weise starben, machte sich eine Magd gegen den kurulischen Ädil Quintus Fabius Maximus anheischig, die Ursache der allgemeinen Sterblichkeit anzugeben, wenn er ihr die Versicherung gebe, dass die Anzeige sie nicht unglücklich machen solle. ***5*** Fabius berichtete die Sache sogleich den Konsuln, diese an den Senat, und mit Beistimmung des ganzen Standes erhielt die Anzeigerin jene Zusage. ***6*** Nun entdeckte sie, dass an diesem Unglück des Staates weibliche Tücke schuld sei, und dass Frauen von Rang dergleichen Gifte kochten; man könne sie auf der Tat ertappen, wenn man ihr sogleich folgen wolle. ***7*** Man folgte der Anzeigerin und fand einige mit dem Kochen solcher Mittel beschäftigt, manches schon Gekochte beiseite gestellt. ***8*** Man brachte alles auf den Markt; gegen zwanzig Frauen, bei denen man so etwas gefunden hatte, wurden durch den Gerichtsboten vorgefordert; zwei von ihnen, Cornelia und Sergia, beide aus patrizischen Geschlechtern, beteuerten die Unschädlichkeit ihrer Arzneien, und da die Klägerin durch ihre Gegenbehauptung sie aufforderte, um zu beweisen, dass sie eine Unwahrheit vorgebracht habe, möchten sie selbst ihr Getränk austrinken, ***9*** erbaten sie sich Zeit, miteinander Rücksprache zu halten. Das Volk musste zurücktreten; sie brachten vor aller Augen die Sache bei den übrigen Frauen zur Anfrage, und da sich auch diese zum Trinken bereit erklärten, tranken sie sämtlich ihren Trank aus und büßten ihre Tücke mit dem Leben. ***10*** Die zu ihrer Begleitung gehörigen Sklavinnen, derer man sich sogleich bemächtigte, gaben eine große Anzahl von Frauen an, von denen an 170 verurteilt wurden. ***11*** Nie war vorher zu Rom wegen Giftmischerei eine Untersuchung gewesen. Diese Sache wurde wie ein Gräuel angesehen und schien eher eine Gemütsverwirrung als eine verbrecherische Gesinnung vorauszusetzen. ***12*** Als man sich nun aus den Jahrbüchern erinnerte, dass einst bei den abtrünnigen Auswanderungen des Bürgerstandes ein Diktator einen Nagel eingeschlagen, und diese Sühne die in der Zwietracht zum Unsinn übergegangenen Köpfe wieder zur Besinnung

* Der Konsul, der den Hannibal bei Nola schlug, war der Urenkel dieses Marcellus.

gebracht habe, beschloss man, zur Einschlagung eines Nagels einen Diktator zu wählen. ***13*** Cnaeus Quinctilius, der dazu gewählt wurde, ernannte den Lucius Valerius zum Magister Equitum; und als der Nagel eingeschlagen war, legten sie beide ihr Amt nieder.

(19) Konsuln wurden Lucius Papirius Crassus zum zweiten Mal und Lucius Plautius Venox. Im Anfang dieses Jahres kamen Gesandte von den Volskern von Fabrateria und Lucaner* nach Rom, mit der Bitte, ihre Übergabe anzunehmen. ***2*** Wenn sie vor den Waffen der Samniten geschützt würden, wollten sie treu und gehorsam unter römischer Herrschaft leben. ***3*** Da fertigte der Senat Gesandte ab und ließ den Samniten andeuten, sich jedes Angriffs auf das Gebiet dieser Völker zu enthalten. Und diese Gesandtschaft fand Gehör, nicht so sehr weil die Samniten zum Frieden so willig, als vielmehr weil sie zum Kriege noch nicht gerüstet waren.

4 In diesem Jahre begann auch der Krieg gegen die Privernaten, an welchem die Einwohner von Fundi teilnahmen; ja der Feldherr war ein Fundaner, Vitruvius Vaccus, ein Mann, der nicht bloß in seiner Heimat, sondern selbst zu Rom in Ansehen stand. Ihm gehörte auf dem Palatium ein Haus, welches nach Niederreißung des Gebäudes als öffentlicher Platz den Namen „Die Wiese des Vaccus" erhielt. ***5*** Weil er die Gegend von Setia, Norba und Cora weit und breit verheerte, zog Lucius Papirius gegen ihn aus und lagerte sich nicht weit vom Lager desselben. ***6*** Vitruvius hatte weder Verstand genug, sich gegen einen stärkeren Feind im Lager zu halten, noch den Mut, zu einer Schlacht sich vom Lager zu entfernen. ***7*** Kaum ließ er seinem Heer die Zeit, völlig aus dem Lagertor zu rücken, da lieferte er schon ohne Plan und Entschlossenheit eine Schlacht, in der seine Soldaten ihre Blicke mehr rückwärts auf die Flucht als auf das Gefecht und auf den Feind richteten. ***8*** Während er mit so leichter Mühe und entschieden geschlagen war, sicherte er doch, selbst durch den Mangel an Raum und durch die Leichtigkeit des Rückzuges in das Lager, sein Heer ohne Schwierigkeit vor großem Verlust; ***9*** denn in der Schlacht selbst fiel fast niemand, sondern nur wenige im Gedränge der fliehenden Nachhut, als sie ins Lager zurückeilten; und beim ersten Dunkel ging der Zug in voller Eile nach Privernum, um sich lieber hinter Stadtmauern als hinter einem Lagerwall zu verteidigen.

Der andere Konsul Plautius rückte, nachdem er das Gebiet von Privernum überall verheert und Beute gemacht hatte, mit seinem Heer in das Gebiet von Fundi. Als er die Grenzen betrat, ***10*** kam ihm der fundanische Senat mit der Erklärung entgegen, sie kämen nicht, für Vitruvius und seine ihm nachgelaufene Bande zu bitten, sondern für das fundanische Volk, dessen Schuldlosigkeit Vitruvius selbst dadurch erhärtet habe, dass er auf seiner Flucht sich nach Privernum und nicht in seine Vaterstadt Fundi gerettet habe. ***11*** Zu Privernum also müsse das römische Volk seine Feinde aufsuchen und in ihnen Leute verfolgen, welche zugleich von den Fundanern und von den Römern mit gleicher Treulosigkeit gegen beide Vaterstädte abgefallen wären. Zu Fundi herrsche Friede und römische Gesinnung und dankbare Erinnerung an das erhaltene Bürgerrecht. ***12*** Sie baten den Konsul, sich alles Krieges gegen ein unschuldiges Volk zu enthalten. Ihr Land, ihre Stadt, sie selbst mit Frau und Kind wären Eigentum des römischen Volkes und würden es ferner sein. ***13*** Der Konsul bezeigte den Fundanern seine Zufriedenheit, meldete schriftlich nach Rom, dass Fundi zu den treuen Städten gehöre, und wandte sich gegen Privernum. ***14*** Claudius** schreibt, der Konsul habe vorher noch die Häupter der Verschwörung bestraft, gegen 350 von den Verschworenen in Fesseln nach Rom geschickt, der Senat aber habe diese Unterwerfung nicht angenommen, in der Meinung, die Fundaner wollten mit der Bestrafung der armen und geringen Leute die Sache abmachen.

* Nicht das Volk in Unteritalien, sondern die Bewohner einer sonst unbekannten volskischen Stadt Luca.

** Der Geschichtsschreiber Claudius Quadrigarius, vgl. 6. Buch, Kap. 42.

(20) Während der Einschließung von Privernum durch zwei konsularische Heere wurde der eine Konsul des Wahltages wegen nach Rom zurückgerufen. **2** In diesem Jahr wurden in der Rennbahn zum ersten Mal Schranken aufgestellt. Noch hatte man sich der Sorge für den Privernatischen Krieg nicht entledigt, als sich das fürchterliche Gerücht von einem drohenden gallischen Einfall verbreitete, welches die Väter fast niemals unbeachtet gelassen hatten. **3** Deswegen wurde den neuen Konsuln Lucius Aemilius Mamercinus und Caius Plautius noch am Tag ihres Amtsantrittes, am 1. Quinctilis (Juli) befohlen, sich über ihre amtlichen Verrichtungen untereinander zu verständigen, und insbesondere Mamercinus, dem das Los den Gallischen Krieg bestimmte, sich bei der Werbung auf keine Nachsicht gegen vorgeschützte Dienstfreiheit einzulassen. **4** Ja es heißt, man habe auch die sonst zum Kriegsdienst gar nicht geeignete Klasse der Handwerker und Gewerbetreibenden aufgeboten und ein großes Heer nach Veji zusammengezogen, um von dort aus den Galliern entgegenzugehen. **5** Sich weiter zu entfernen hielt man nicht für ratsam, um nicht den Feind, wenn er einen andern Weg zur Stadt einschlüge, zu verfehlen. Als man sich wenige Tage nachher völlig versichert hatte, dass man für jetzt von den Galliern nichts zu fürchten habe, wandte sich die ganze Macht gegen Privernum.

6 Hier gibt es zwei Berichte. Einige melden, die Stadt sei im Sturm erobert und Vitruvius lebendig gefangen genommen worden; andere, ehe es zum Äußersten gekommen sei, hätten sich die Bürger unter Beantragung eines Friedensstabes dem Konsul auf Gnade ergeben und den Vitruvius ausgeliefert. **7** Der Senat beschied den Konsul Plautius auf dessen Anfrage über Vitruvius und die Privernaten, wenn er Privernums Mauern niedergerissen und eine starke Besatzung dort gelassen habe, zum Triumph, befahl, bis zur Rückkunft des Konsuls den Vitruvius im Gefängnis aufzubewahren und dann ihn zu peitschen und hinzurichten. **8** Sein Haus auf dem Palatium sollte niedergerissen, seine Güter dem Semo Sangus* geheiligt werden, und von dem daraus gelösten Geld wurden eherne Kugeln verfertigt und in der Kapelle des Sangus auf der Seite aufgestellt, die nach dem Quirinustempel gerichtet ist. **9** Über den Senat von Privernum fiel der Beschluss dahingehend aus, dass jeder, der zu Privernum nach dem Abfall von Rom als Senator geblieben sei, unter derselben Verpflichtung wie die Veliterner jenseits des Tibers wohnen sollte. ***10*** Nach diesen Beschlüssen kam die Sache der Privernaten bis zum Triumphe des Plautius nicht wieder im Senat vor; allein nach seinem Triumph glaubte der Konsul, weil Vitruvius und seine Mitschuldigen den Tod schon erlitten hatten, bei Zuhörern, die durch die Hinrichtungen so vieler Schuldiger versöhnt wären, die Privernaten ohne Gefahr erwähnen zu können, und sprach: ***11*** *Da die Urheber des Abfalls ihre verdiente Strafe von den unsterblichen Göttern und von euch, ihr versammelten Väter, empfangen haben, so fragt es sich, was eurem Willen gemäß mit der schuldlosen Menge geschehen soll.* ***12*** *Ist es gleich meinem Amt angemessener, eure Meinungen zu erfragen als die meinige mitzuteilen, so wünschte ich doch für meine Person, wenn ich in den Privernaten die Nachbarn der Samniten sehe, eines Volkes, dessen friedliches Verhältnis zu uns jetzt so unsicher steht, es möchte zwischen uns und ihnen nicht die geringste Abneigung zurückbleiben.*

(21) Da in einer Sache, die ohnehin zwei Seiten hatte, jeder nach seiner eigenen Sinnesart entweder mehr zur Strenge oder zur Milde riet, machte sie alle einer der privernatischen Gesandten dadurch noch unschlüssiger, dass er mehr der Lage, in welcher er geboren war, als seines jetzigen Unglücks eingedenk, **2** einem der Ratsherren von der strengeren Partei auf die Frage, welche Strafe die Privernaten seiner Meinung nach verdient hätten, zur Antwort gab: *Die, welche Männern gebührt, die sich der Freiheit würdig achten.* **3** Als der Konsul bemerkte, dass über diese kühne Antwort diejenigen, die schon vorher der Sache der Privernaten entgegen waren, noch

* Dem Dius Fidius der Sabiner.

aufgebrachter wurden, sprach er, in der Hoffnung, jenem durch eine freundlichere Frage auch eine mildere Antwort abzugewinnen: **4** *Wie, wenn wir euch die Strafe erließen, was für einen Frieden würden wir uns dann von euch zu versprechen haben? – Ist der Friede,* erwiderte er, *den ihr uns geben werdet, schonend, einen treuen, dauernden, ist er aber drückend, einen kurzen.* **5** Nun vollends riefen einige, ein Privernate unterstehe sich zu drohen, und so ganz unverhohlen; solche Äußerungen seien dazu geeignet, sogar friedliche Völker zur Empörung zu reizen. **6** Allein der bessere Teil des Senates suchte der Antwort eine bessere Deutung zu geben und sagte, so habe ein Mann, ein Freier, gesprochen. Ob es wohl glaublich sei, dass irgendein Volk oder selbst ein einzelner Mensch in einer Lage, mit der er unzufrieden sei, länger ausdauern werde als der Zwang gebiete? **7** Treuer Friede sei nur da zu finden, wo die Menschen aus freier Zustimmung ihn hielten; nie aber dürfe man sich Treue da versprechen, wo man Sklaverei einführen wolle. **8** Vor allen anderen gewann der Konsul selbst die Gemüter für diese Meinung dadurch, dass er zu wiederholten Malen den Konsularen, an welche die Stimmenden sich anschlossen, so laut, dass es mehrere hören konnten, zurief, **9** nur solche Männer, welche nur die Freiheit im Sinn hätten, verdienten Römer zu werden. **10** Also ging die Sache nicht nur im Senat durch, sondern es wurde auch nach dem Beschluss der Väter beim Volk darauf angetragen, den Privernaten das Bürgerrecht zu erteilen. **11** Auch wurden in diesem Jahr 300 Bürger nach Anxur als Ansiedler geschickt; jeder erhielt zwei Morgen Land.

(22) Es folgte ein Jahr, das sich durch keine Begebenheit, weder im Krieg noch im Inneren auszeichnete, unter den Konsuln Publius Plautius Proculus und Publius Cornelius Scapula, außer dass nach Fregellae, das mit seinem Gebiet vorher den Sidicinern, **2** nachher den Volskern gehört hatte, eine Ansiedlung abgeführt, und von Marcus Flavius bei der Beerdigung seiner Mutter dem Volk Fleisch ausgeteilt wurde. **3** Es fehlte nicht an Leuten, welche dies so auslegten: Er habe unter dem Schein, seine Mutter zu ehren, dem Volk nur den verdienten Lohn auszahlen wollen, das ihn, als er von den Ädilen vor Gericht gefordert war, von der Anklage, eine Ehefrau geschändet zu haben, freigesprochen habe. **4** Diese zum Dank für die vormalige Freisprechung veranstaltete Fleischverteilung verhalf ihm auch zu einem Amt, und bei der nächsten Volkstribunenwahl wurde er abwesend seinen Mitbewerbern vorgezogen.

5 Nicht weit von dem jetzigen Neapolis (Neustadt) lag einst Palaepolis (Altstadt), und dasselbe Volk bewohnte beide Städte. Es stammte von Cumae. Die Cumaner haben ihren Ursprung aus Chalkis in Euböa. **6** Die Flotte, auf der sie von ihrer Heimat hier angekommen waren, gab ihnen an der von ihnen besetzten Küste ein großes Ansehen. Zuerst landeten sie auf den Inseln Aenaria und Pithecusa, dann hatten sie es gewagt, sich auf dem festen Land anzusiedeln. **7** Dieser Staat erlaubte sich im Vertrauen auf seine Macht und auf die Unzuverlässigkeit des samnitischen Bündnisses mit den Römern, oder auch, weil er die Pest in Anschlag brachte, welche den Nachrichten zufolge in Rom ausgebrochen war, mancherlei Feindseligkeiten gegen die römischen Bewohner des kampanischen und falernischen Gebietes. **8** Da nun unter den Konsuln Lucius Cornelius Lentulus und Quintus Publilius Philo – dieser war es zum zweiten Mal – die Fetialen, die man wegen der zu fordernden Entschädigung nach Palaepolis gesandt hatte, von ihnen als Griechen, einem mehr zu Worten als zu Taten tauglichen Völkerstamm, eine trotzige Antwort zurückbrachten, wurde nach einem Beschluss der Väter der Krieg gegen die Palaepolitaner vom Volk beschlossen. **9** Bei der Entscheidung über den Geschäftskreis der Konsuln bestimmte das Los den Krieg, der die Griechen bestrafen sollte, dem Publilius, mit einem zweiten Heer wurde Cornelius, falls sich die Samniten regen sollten, diesen entgegengestellt. **10** Es hieß aber, sie warteten nur auf den Abfall der Campaner, um heranzurücken. Cornelius also hielt es für das Beste, sein Standlager bei ihnen zu nehmen.

(23) Beide Konsuln meldeten dem Senat, für die Beibehaltung des Friedens mit den Samniten sei wenig Hoffnung. Publilius hatte berichtet, dass die Griechen, mehr von den Nolanern gezwungen als aus freiem Willen, 2000 nolanische und 4000 samnitische Soldaten in Palaepolis aufgenommen hätten; ***2*** Cornelius hingegen, die Behörden hätten eine Aushebung ausgeschrieben, ganz Samnium sei im Aufstand und wiegle offenbar die benachbarten Völker auf, die von Privernum, Fundi und Formiae. ***3*** Da man durch diese Gründe sich veranlasst sah, vor der Eröffnung der Feindseligkeiten Gesandte an die Samniten zu schicken, erteilten die Samniten eine trotzige Antwort. ***4*** Sie klagten noch obendrein über die Unbilden der Römer, und nicht weniger nachdrücklich suchten sie sich von den ihnen gemachten Vorwürfen reinzuwaschen. ***5*** Wenn die Griechen durch Teilnahme oder Hilfsleistungen unterstützt würden, so sei dies keine Folge eines Staatsbeschlusses; auch wären die Fundaner und Formianer nicht von ihnen aufgewiegelt; sie könnten, falls sie sich zum Krieg entschlössen, mit ihrer eigenen Macht zufrieden sein. ***6*** Übrigens könnten sie den Verdruss nicht verhehlen, den der samnitische Staat darüber empfinde, dass das römische Volk Fregellae, das sie den Volskern abgenommen und zerstört hätten, von Neuem aufgebaut und hier auf samnitischem Boden eine Ansiedlung gegründet habe, welcher die römischen Anbauer den Namen Fregellae (d. h. Zwingburg) wiedergegeben hätten. ***7*** Dieser beschimpfenden Kränkung würden sie sich, wenn sie ihnen nicht von denen selbst, die sie ihnen angetan hätten, abgenommen würde, aus allen Kräften erwehren.

8 Als der römische Gesandte ihnen vorschlug, den Streit vor dem Richterstuhl gemeinschaftlicher Bundesgenossen und Freunde auszumachen, antwortete einer: *Wozu diese Umschweife? Unsern Streit, ihr Römer, kann kein Gespräch der Gesandten, kein sterblicher als Schiedsrichter schlichten, sondern das kampanische Feld, auf dem wir zusammentreffen müssen, und die Waffen, und das über beide Teile waltende Kriegsglück.* ***9*** *Wohlan, zwischen Capua und Suessula lasst uns Lager gegen Lager aufschlagen! Dort möge entschieden werden, ob Italiens Gebieter Samniten oder Römer sein sollen.* ***10*** Während hier die römischen Gesandten zur Antwort gaben, die Römer pflegten nicht dahin zu gehen, wohin der Feind sie bescheide, sondern wohin sie von ihren Feldherren geführt würden, hatte Publilius schon, durch eine zwischen Palaepolis und Neapolis eingenommene vorteilhafte Stellung, den Feinden alle Vereinigung zu gegenseitiger Hilfe, die bis dahin der eine Ort dem andern, so wie dieser litt, geleistet hatte, unmöglich gemacht. ***11*** Da nun der Wahltag herannahte, und es durchaus nicht ratsam war, den Publilius, der schon an den Mauern der Feinde hinanstieg, von der mit jedem Tag zu hoffenden Eroberung der Stadt abzurufen, mussten nach genommener Abrede die Tribunen bei dem Volk beantragen, ***12*** dass Publilius Philo nach seinem Abgang vom Konsulat so lange als Konsul in Tätigkeit bleiben solle, bis der Krieg mit den Griechen beendet sei. ***13*** An Lucius Cornelius schrieb man – denn auch ihn wollte man, weil er schon in Samnium eingerückt war, im Gang des Krieges nicht unterbrechen –, er möge zur Abwartung des Wahltages einen Diktator ernennen. ***14*** Er ernannte den Marcus Claudius Marcellus und dieser den Spurius Postumius zum Magister Equitum. Gleichwohl wurde der Wahltag nicht vom Diktator abgehalten, weil die Gültigkeit seiner eigenen Wahl in Untersuchung kam. Die deshalb befragten Vogelschauer erklärten, ihrer Ansicht nach sei der Diktator fehlerhaft gewählt. ***15*** Dieses Benehmen machten die Tribunen durch eine laute Rüge verdächtig und allgemein verrufen; denn einmal sei es so leicht nicht, einen solchen Fehler zu entdecken, da der Konsul um Mitternacht in aller Stille zur Ernennung eines Diktators aufstehen müsse, zum andern habe der Konsul weder von Amts wegen noch für sich an irgendjemanden hierüber das Mindeste geschrieben; ***16*** und keine Menschenseele sei zu finden, die etwas gesehen oder gehört haben wolle, wodurch die Anfrage bei den Göttern gestört sei, auch hätten doch wohl die Vogelschauer durch bloßes Stillsitzen in Rom nicht erspähen können, was für ein Fehler im

Lager des Konsuls vorgekommen sei. Wem leuchte es nicht ein, dass die Vogelschauer den ganzen Fehler darin fänden, dass der Diktator bürgerlichen Standes sei? ***17*** Dies und mehr dergleichen wurde von den Tribunen vergeblich vorgebracht, und es kam darüber wieder zu einer Zwischenregierung, und da der Wahltag bald unter diesem, bald unter jenem Vorwand verschoben wurde, konnte erst der 14. Zwischenkönig Lucius Aemilius die Konsulnwahl zustande bringen. Sie traf Caius Poetelius und Lucius Papirius Mugillanus. In anderen Jahrbüchern finde ich den Cursor.

(24) In diesem Jahr soll auch Alexandrien in Ägypten erbaut worden sein; und Alexander, König von Epirus, den ein lucanischer Verbannter tötete, durch sein Ende den Ausspruch des Dodonaeischen Jupiter bestätigt haben. ***2*** Als er von den Tarentinern nach Italien gerufen wurde, hatte das Orakel ihm kundgetan, er solle sich vor dem Acherusischen Wasser und der Stadt Pandosia hüten: Dort werde er das Ziel seiner Laufbahn finden. ***3*** Desto schneller setzte er nach Italien über, um sich so weit wie möglich von der Stadt Pandosia in Epirus zu entfernen und von dem Fluss Acheron, welchen nach seinem Lauf aus Molossis durch den sogenannten „Höllensumpf" der Thesprotische Meerbusen aufnimmt. ***4*** Allein wie man gewöhnlich durch die Flucht in sein Verhängnis rennt, nachdem Alexander oft die bruttischen und lucanischen Legionen geschlagen, die Kolonie der Tarentiner Heraklea, erobert, den Lucanern Consentia und Lipontum, den Bruttiern Terina und den Messapiern und Lucanern noch andere Städte abgenommen und 300 vornehme Familien als Geisel nach Epirus geschickt hatte, so lagerte er sich jetzt nicht weit von der Stadt Pandosia, ***5*** die zugleich die lucanischen und bruttischen Grenzen berührt, auf drei Hügeln, die einander nicht ganz nahe lagen, um von hier aus in alle Gegenden des feindlichen Gebietes Einfälle zu machen. Als eine Leibwache, auf die er sich verlassen zu können glaubte, ***6*** dienten ihm beinahe 200 lucanische Verbannte, die sich aber nach der gewöhnlichen Sinnesart solcher Leute mit ihrer Treue nach dem Glück richteten. ***7*** Anhaltende Regengüsse, welche alle Felder unter Wasser setzten, hatten dem in drei Teile geteilten Heer alle gegenseitige Hilfe unmöglich gemacht; die beiden Heere, welche vom König getrennt waren, hatte ein unvermuteter feindlicher Angriff zugrunde gerichtet, und kaum waren diese aufgerieben, da vereinigten sich alle Feinde zur Einschließung des Königs. ***8*** Nun schickten die lucanischen Verbannten Boten an die Ihrigen und versprachen ihnen für die ausbedungene Wiederaufnahme, den König lebendig oder tot in ihre Hände zu liefern. ***9*** Der König, von seinem Mut zu einer ausgezeichneten Tat beseelt, brach mit seinen Auserlesenen mitten durch die Feinde, erlegte den Feldherrn der Lucaner, der sich in Person mit ihm einließ, ***10*** und indem er die durch die Flucht zerstreuten Seinigen sammelte, kam er an einen Strom, der ihm den Weg des Überganges nur durch die noch frischen Trümmer der von der Gewalt des Wassers weggeführten Brücke bezeichnete. ***11*** Als der Zug die unzuverlässigen Tiefen durchwatete, rief einer der Soldaten, der, von Furcht und Anstrengung erschöpft, den unglücklichen Namen des Flusses verwünschte: *Du heißt mit Recht Acheron* (d. h. Schmerzensstrom). Noch hörte der König den Klang dieser Worte, da fiel ihm augenblicklich die ihm gewordene Prophezeiung ein, und unschlüssig, ob er hinübergehen sollte, machte er Halt. ***12*** Jetzt eröffnete ihm sein Waffenträger Sotimus, einer von den königlichen Leibtrabanten, mit der Frage, wie er im entscheidenden Augenblick einer so großen Gefahr zögern könne, den Anschlag der Lucaner auf sein Leben. ***13*** Als der König zurückblickend sie aus der Ferne in geschlossener Schar anrücken sah, zog er sein Schwert und setzte zu Pferd mitten durch den Strom. Schon hatte er festen Boden gewonnen, als ihn ein lucanischer Verbannter mit einem Wurfspieß von Weitem durchbohrte. ***14*** Den entseelten Körper des Gefallenen mit dem darin steckenden Geschoss führte der Strom unter die Posten der Feinde. Hier wurde der Leichnam jämmerlich zerfleischt. Sie hieben ihn in der Mitte durch, schickten die eine Hälfte nach Consentia und behielten die andere, um ihren Spott damit zu treiben. ***15*** Noch zielten sie danach mit Pfeilen und Steinen, als eine Frau sich in

den mit unglaublicher Unmenschlichkeit wütenden Haufen wagte, etwas einzuhalten bat und mit Tränen sagte, sie habe Mann und Kinder als Gefangene bei den Feinden; sie hoffe, für den königlichen Leichnam, so verstümmelt er sei, die Ihrigen zu lösen. ***16*** Nun hörte die Zerfleischung auf. Zu Consentia wurden die Körperreste von einer einzigen Frau bestattet, die Gebeine den Feinden nach Metapontum ausgeliefert ***17*** und von da nach Epirus seiner Gemahlin Kleopatra und seiner Schwester Olympias übersandt, von denen diese Alexanders des Großen Mutter, jene seine Schwester war. ***18*** Mit diesen wenigen Worten glaubte ich den traurigen Ausgang Alexanders von Epirus berichten zu dürfen, weil er, wenn ihn auch sein Schicksal zu keinem Krieg mit den Römern kommen ließ, doch seine Kriege in Italien geführt hatte.

(25) In demselben Jahre feierte man in Rom zum fünften Mal nach Erbauung der Stadt ein Göttermahl zur Versöhnung derselben Götter wie früher.

2 Als hierauf die neuen Konsuln auf Befehl des Volkes die Fetialen mit der Kriegserklärung an die Samniten gesandt hatten, trafen sie nicht allein selbst zu diesem Krieg größere Zurüstungen als gegen die Griechen, sondern es bot sich auch, da sie jetzt an nichts weniger dachten, von einer andern Seite eine neue Hilfe. ***3*** Die Lucaner und Apulier, Völker, die mit den Römern bis jetzt in keiner Beziehung gestanden hatten, traten auf die Seite Roms und versprachen zu diesem Krieg Waffen und Truppen. Sie wurden in einem Vertrag für Freunde erklärt. ***4*** Zu gleicher Zeit hatten auch die Unternehmungen in Samnium guten Erfolg. Man unterwarf sich drei Städte Allifae, Callifae und Rufrium; und auch das übrige Gebiet der Feinde wurde gleich bei der Ankunft der Konsuln weit und breit verheert.

5 Bei dem glücklichen Gang dieses Krieges erreichte auch der andere mit den belagerten Griechen sein Ende. Denn außer dass der eine Teil der Feinde durch die unterbrochene Verbindung zwischen ihren Verschanzungen vom andern abgeschnitten war, waren auch die Drangsale, die sie innerhalb ihrer Mauern zu erleiden hatten, weit härter als die, womit der Feind ihnen zusetzte, ***6*** und sie mussten gleichsam als Kriegsgefangene ihrer eigenen Besatzungen die empörendste Behandlung ihrer Kinder und Gattinnen und alles Äußerste dulden, was nur eroberte Städte treffen kann. ***7*** Da nun nach einem Gerücht sowohl von Tarent als von den Samniten neue Hilfstruppen anrücken sollten, hatten sie ihrer Meinung nach schon mehr Samniten in ihren Mauern, als ihnen lieb war; ***8*** nach den tarentinischen Truppen hingegen sehnten sie sich, als Griechen nach Griechen, in der Hoffnung, sich durch diese ebenso sehr der Samniten und Nolaner als der feindlichen Römer zu erwehren. Zuletzt aber hielten sie die Übergabe an die Römer für das kleinste Übel.

9 Charilaos und Nymphius, die ersten Männer der Stadt, teilten sich nach einem verabredeten Plan in die Rollen der Ausführung; der eine sollte als Überläufer zum römischen Feldherrn gehen, der andere in der Stadt zurückbleiben, um alles für den Entwurf bereit zu halten. ***10*** Charilaos – denn er war es, der zu Publius Philo kam – begann mit dem Wunsch, dass aus seinem Entschluss, die Stadt zu übergeben, Glück, Heil und Segen für die Palaepolitaner und für das römische Volk erwachsen möge. ***11*** Ob er sich durch diese Tat den Schein eines Verräters seiner Vaterstadt oder ihres Retters zuziehen werde, das hänge jetzt von der Rechtlichkeit der Römer ab. ***12*** Für sich insbesondere habe er weder Bedingungen noch Bitten vorzubringen, für die Stadt aber wage er mehr die Bitte als die Forderung, dass die Römer, wenn der Plan gelinge, sich lieber an die Bereitwilligkeit und an die Gefahr erinnern möchten, mit der sie zur Freundschaft zurückgekehrt sei, als an die törichte Unbesonnenheit, mit der sie die friedlichen Gesinnungen verlassen habe. ***13*** Der Feldherr, der ihm seine Zufriedenheit bezeigte, gab ihm 3000 Mann, sich des von den Samniten besetzten Teiles der Stadt zu bemächtigen; und die Anführung dieser Schar bekam der Kriegstribun Lucius Quinctius.

(26) Zu derselben Zeit verleitete auch Nymphius den Prätor der Samniten durch seine List zu einem falschen Schritt. Er hatte ihm vorgestellt, weil jetzt das ganze römische Heer entweder um Palaepolis oder in Samnium stehe, möge er ihn mit einer Flotte den Seitenweg gegen das römische nehmen lassen, nicht bloß, um an der Küste, sondern um selbst in der Nähe Roms zu plündern. **2** Wenn er aber unbemerkt hinauskommen solle, müsse er bei Nacht absegeln und jetzt gleich die Schiffe flott machen. Zur schnelleren Ausführung wurde ihm die ganze samnitische Mannschaft, die nötige Bedeckung der Stadt ausgenommen, ans Ufer mitgegeben. **3** Während hier Nymphius in dunkler Nacht und in einem sich selbst hindernden Gewühl von Menschen die Zeit absichtlich unter lauter einander aufhebenden Befehlen hinbrachte, ließ Charilaos, der von seiner Partei der Verabredung gemäß in die Stadt eingelassen war, sobald er die Höhen der Stadt mit römischen Soldaten besetzt hatte, ein Geschrei erheben, auf welches die Griechen nach einem Wink von ihren Führern sich ruhig verhielten. **4** Die Nolaner entflohen durch den entgegengesetzten Teil der Stadt hinaus auf der Straße nach Nola. Die Samniten, aus der Stadt ausgesperrt, fanden die Flucht für diesen Augenblick viel weniger gehindert, allein, sobald sie der Gefahr entronnen waren, auch viel trauriger; **5** denn ohne Waffen und unter Zurücklassung jedes Eigentums in Feindes Händen kehrten sie zum Gespött, nicht bloß des Auslandes, sondern ihrer eigenen Mitbürger, geplündert und als Bettler in ihre Heimat zurück.

6 Ist mir auch die andere Meinung nicht unbekannt, nach welcher die Stadt von den Samniten verraten sein soll, so habe ich mich doch teils an Gewährsmänner gehalten, welche glaubwürdiger sind, teils macht das Bündnis mit der Stadt Neapolis – denn sie wurde nachher der Hauptsitz des großgriechischen Staates – es wahrscheinlicher, dass die Rückkehr zur Freundschaft ihr eigener Entschluss gewesen sei.

7 Dem Publilius wurde ein Triumph zuerkannt, weil man sich überzeugte, dass nur die Not der Belagerung die Übergabe der Feinde bewirkt habe. Die doppelte Auszeichnung, die diesem Mann widerfuhr, war die erste dieser Art: die Verlängerung des Oberbefehles, die vor ihm noch keinem gegeben war, und der Triumph nach Ablauf seiner Amtszeit.

(27) Gleich darauf entstand wieder ein Krieg, der mit den Griechen an der andern Küste. **2** Denn als die Tarentiner, von denen die Palaepolitaner mit vergeblicher Hoffnung auf Hilfe eine Zeitlang hingehalten waren, jetzt erfuhren, dass die Römer die Stadt erobert hätten, schalten sie auf die Palaepolitaner, gleich als wären sie von diesen im Stich gelassen, und nicht diese von ihnen; auf die Römer wurden sie vor Zorn und Neid wütend, auch aus dem Grund, weil sie hörten, dass die Lucaner und Apulier – denn in diesem Jahr kam mit beiden Völkern das Bündnis zustande – Schutzverwandte des römischen Volkes geworden wären. **3** Schon sei man fast zu ihnen gekommen, und es werde bald so weit kommen, dass man die Römer zu Herren oder Feinden haben müsse. **4** Die Entscheidung über ihre Lage hänge in der Tat nur von dem Samnitischen Krieg und seinem Ausgang ab. Dieses Volk sei allein noch übrig und noch dazu nach dem Abfall der Lucaner nicht stark genug. **5** Noch könne man diese wiedergewinnen und zur Aufhebung des römischen Bündnisses bringen, wenn man geschickt genug sei, Zwietracht zu säen.

6 Da sie mit diesen Anschlägen bei den Lucanern, welche eine Abänderung des Staatsverhältnisses wünschten, Eingang fanden, misshandelten einige bestochene junge Lucaner, die unter ihren Landsleuten mehr einen Ruf als ehrenvollen Namen hatten, sich untereinander mit Ruten, stellten sich mit entblößtem Körper der Bürgerversammlung vor und schrieen, **7** weil sie es gewagt hätten, das römische Lager zu betreten, habe sie der Konsul mit Ruten peitschen und beinahe hinrichten lassen. **8** Da dieser an sich scheußliche Anblick weit mehr den Stempel der Misshandlung als des Betruges an sich trug, zwang die aufgebrachte Menge durch ihr Geschrei die Obrigkeit, den Senat zu berufen; ein Teil umringte die Ratsversammlung und forderte Krieg gegen Rom; ***9*** ein anderer zerstreute sich, um die Leute auf dem Land zur Ergreifung der Waffen aufzuwiegeln; und da der Auflauf auch die Vernünftigen aus der Fassung brachte, wurde beschlossen, das Bündnis mit den Samniten zu erneuern und deshalb eine Gesandtschaft abzusenden. ***10*** Weil eine so unerwartete Veränderung ebenso sehr Misstrauen einflößen musste, als sie ohne Veranlassung war, wurden sie von den Samniten genötigt, Geiseln zu stellen und in ihre festen Plätze Besatzungen aufzunehmen; und geblendet von Betrug und Erbitterung verstanden sie sich zu allem. ***11*** Bald nachher klärte sich die Betrügerei dadurch auf, dass die Erfinder jener falschen Beschuldigungen nach Tarent auswanderten; jetzt aber blieb den Lucanern, da sie alle Macht über sich selber verloren hatten, nichts übrig als eine nutzlose Reue.

(28) In diesem Jahr begann für die römische Bürgerschaft gleichsam ein neuer Anfang der Freiheit, weil die Verhaftung der Überschuldeten aufhörte. Dass dieses gerichtliche Verfahren abgeschafft wurde, daran war ein einziger Wucherer durch seine mit auffallender Grausamkeit vereinte Unzucht schuld. ***2*** Dies war Lucius Papirius. Ihm hatte sich Caius Publilius wegen väterlicher Schulden zum Sklaven in Haft gegeben, dessen Jugend und Schönheit den Wucherer, statt ihm ein Mitleid abzugewinnen, zur Wollust und Misshandlung entflammten. ***3*** Er glaubte, sein Kapital biete ihm den Genuss dieser Jugendblüte als einen Nebengewinn, und versuchte es anfangs, den Jüngling durch unkeusche Reden zu verführen. Als dieser die schändliche Zumutung mit Abscheu hörte, schreckte er ihn durch häufigere Drohungen und erinnerte ihn zu wiederholten Malen an seine Lage; ***4*** zuletzt, als er sah, dass jener lieber seine gegenwärtigen Umstände als seine ehrliche Geburt vergaß, ließ er ihn entblößen und ihm Schläge geben. ***5*** Von Hieben zerfleischt stürzte sich der Jüngling auf die Straße, unter lauten Klagen über die Unzucht und Grausamkeit des Wucherers; ***6*** eine große Menge Menschen, welche teils das Mitleid mit seiner Jugend und seine Misshandlung, teils die Rücksicht auf ihre eigene Lage und auf ihre eigenen Kinder erbitterte, sammelte sich auf dem Markt und ging von hier in einem Zug vor das Rathaus. ***7*** Und als die Konsuln, durch den plötzlichen Auflauf gezwungen, den Senat beriefen, warfen sich die Leute den Vätern, sowie jeder in das Rathaus trat, zu Füßen und zeigten ihnen den zerfleischten Rücken des Jünglings. ***8*** Und beseitigt wurde an diesem Tag wegen der unvernünftigen Härte eines Einzigen ein starkes Band des Vertrauens, und die Konsuln wurden beauftragt, beim Volk zu beantragen, dass niemand, es sei denn eines Verbrechens wegen, bis zu seiner Bestrafung in Fesseln oder in den Spannstock gelegt werden solle; ***9*** für geliehene Gelder solle der Schuldner mit seinen Gütern haften, aber nicht mit seiner Person. Nun wurden alle Schuldgefangenen losgelassen und ihre Verhaftung in Zukunft verboten.

(29) Zu der Sorge, welche in diesem Jahr der Krieg mit den Samniten schon an und für sich, ferner der plötzliche Abfall der Lucaner und die Urheber dieses Abfalls, die Tarentiner, den Vätern machten, kam noch hinzu, dass das vestinische Volk sich mit den Samniten verband. ***2*** Blieb dies Ereignis freilich in diesem Jahr mehr ein Gegenstand des Volksgespräches als irgendeiner öffentlichen Beratung, so fanden doch die Konsuln des folgenden Jahres, Lucius Furius Camillus (zum zweiten Mal) und Junius Brutus Scaeva, zu einem Antrag im Senate nichts dringender und wichtiger. ***3*** Der Neuheit der Sache war die Verlegenheit der Väter angemessen, so dass sie beides, sich darauf einzulassen und sie außer Acht zu lassen, gleich bedenklich fanden, weil die Vestiner bei völliger Straflosigkeit aus Mutwillen und Übermut, oder bei der durch Krieg beabsichtigten Bestrafung die Völker ihrer Nachbarschaft durch die sich ihnen nähernde Gefahr und eigene Unzufriedenheit in Bewegung setzen konnten. ***4*** Und dieser ganze Völkerstamm war als kriegerische Macht den Samniten vollkommen gleich, und bestand aus den Marsern, Paelignern und Marrucinern, welche man alle, sobald man sich an den Vestinern vergriff, zu

Feinden haben musste. **5** Dennoch siegte die Partei, welche für jetzt mehr Entschlossenheit als Klugheit zu besitzen schien; allein der Ausgang zeigte, dass das Glück den Tapferen hilft. **6** Der Krieg gegen die Vestiner wurde nach dem Antrag der Väter vom Volke beschlossen. Die Führung desselben erhielt durchs Los Brutus, Camillus Samnium. **7** Nach beiden Orten rückten Heere aus, und die Aufmerksamkeit auf die Beschützung ihres eigenen Gebietes hinderte die Feinde, sich miteinander zu vereinigen. **8** Doch wurde der eine Konsul, Lucius Furius, auf dem die Last der wichtigeren Unternehmung ruhte, vom Schicksal durch eine ihm zugestoßene Krankheit dem Krieg entzogen, **9** und er ernannte, als ihm die Ernennung eines Diktators zur Führung des Oberbefehls aufgetragen wurde, den damals berühmtesten Krieger, den Lucius Papirius Cursor, der den Quintus Fabius Maximus Rullianus zum Magister Equitum nahm, ***10*** ein durch ihre in diesem Amt vollführten Taten berühmtes Paar, denkwürdiger noch durch ihren Zwist, der beinahe zum äußersten Kampf gedieh.

11 Der andere Konsul hatte im Land der Vestiner Gelegenheit, sich auf die vielfachen Arten des Krieges einzulassen, ohne irgendwo einen Wechsel des Glücks zu erfahren. Er verwüstete das Land allenthalben, zog die Feinde durch Verheerung und Niederbrennung ihrer Häuser und Saaten wider ihren Willen in eine Schlacht ***12*** und beugte die Macht der Vestiner in einer einzigen Schlacht, obgleich nicht ohne Verlust auf seiner Seite, so sehr, dass sie nicht bloß in ihr Lager zurückflohen, sondern, selbst nicht mehr durch Wall und Graben gesichert, in die Städte sich verliefen, um sich durch deren feste Lage und hinter Mauern zu schützen. ***13*** Zuletzt unternahm er auch die Erstürmung der Städte, wobei ihm die große Kampflust seiner Soldaten oder ihre Erbitterung wegen ihrer Wunden, weil fast kein einziger mit heiler Haut aus der Schlacht zurückgekommen war, half; zuerst erstieg er Cutina mit Leitern und dann auch Cingilia. ***14*** In beiden Städten überließ er die Beute den Soldaten, weil keine Tore, keine Mauern der Feinde sie aufgehalten hatten.

(30) Den Zug gegen Samnium unternahm man bei ungewissen Götterzeichen. Das hierbei begangene Versehen zeigte sich nicht in dem Ausgang des Krieges, denn dieser wurde mit Glück geführt, sondern in der Wut und der Erbitterung der Feldherren. **2** Denn da der Diktator Papirius auf eine warnende Anzeige des Hühnerwärters, um sich der Götterleitung von Neuem zu versichern, nach Rom gehen musste, befahl er dem Magister Equitum, sich nicht von der Stelle zu bewegen und sich in seiner Abwesenheit nicht mit dem Feind einzulassen. **3** Als Quintus Fabius nach dem Weggang des Diktators durch Kundschafter erfahren hatte, dass bei den Feinden in allen Stücken eine solche Nachlässigkeit herrsche, als stünde nicht ein einziger Römer in Samnium, **4** brach er, entweder als trotziger Jüngling darüber unwillig, dass alles auf dem Diktator beruhen sollte, oder durch die Gelegenheit zu einer glücklichen Tat verlockt, mit seinem schlagfertigen Heer in voller Schlachtordnung nach Inbrinium auf – so heißt der Ort – und lieferte den Samniten ein Treffen. **5** Das Glück dieser Schlacht war so vollständig, dass selbst die Möglichkeit eines besseren Erfolges, wenn der Diktator zugegen gewesen wäre, wegfiel: **6** Der Feldherr tat alles für sein Heer, das Heer für seinen Feldherrn. Auch die Reiterei, die in wiederholtem Angriff die feindliche Linie nicht durchbrechen konnte, zog auf das Wort des Obersten Lucius Cominius ihren Pferden die Zügel ab und machte sie so, da sie zum vollen Lauf gespornt auf die Feinde stürzten, jedem Widerstand unaufhaltbar. Durch Waffen, durch Glieder hindurchsprengend streckten sie weit und breit alles zu Boden. **7** Das Fußvolk, das sich an die hineinstürmenden Reiter anschloss, griff die verwirrten Feinde an. 20 000 Feinde sollen an diesem Tag gefallen sein. Nach einigen Angaben schlug man sich in des Diktators Abwesenheit mit dem Feind zweimal und erfocht beide Male einen herrlichen Sieg. Bei den ältesten Schriftstellern findet sich nur diese eine Schlacht, und in einigen Jahrbüchern ist die ganze Begebenheit übergangen.

8 Da der Magister Equitum von einer so großen Menge Gefallener eine ansehnliche Beute gewann, zündete er die in einen großen Haufen zusammengetragenen feindlichen Waffen an und verbrannte sie, *9* entweder weil er das irgendeinem Gott als Gelübde versprochen hatte, oder wir glauben dem Geschichtsschreiber Fabius, um nicht die Früchte von seinem Sieg den Diktator ernten, ihn nicht hier durch Unterschrift seines Namens sich verewigen oder mit der Beute im Triumph prunken zu lassen. *10* Auch war das Schreiben, das er über seinen Sieg an den Senat, nicht an den Diktator abgehen ließ, ein Beweis dafür, dass er gar nicht willens sei, seinen Ruhm mit ihm zu teilen. Wenigstens nahm der Diktator die Sache so auf, dass er, bei der Freude aller anderen über den erfochtenen Sieg, Zorn und Verdruss ohne Rückhalt äußerte. *11* Er entließ sogleich den Senat, eilte zum Rathaus hinaus und versicherte mehrfach: Wenn dem Magister Equitum diese Verachtung des Oberbefehls ungestraft hinginge, so wäre durch denselben die Hoheit des Diktators und die Kriegszucht nicht minder besiegt und über den Haufen geworfen als die Scharen der Samniten. *12* Unter Zorn und Drohungen ging er ins Lager; allein auch durch die stärksten Tagereisen konnte er doch dem Ruf seiner Ankunft nicht zuvorkommen. *13* Schon waren ihm manche aus der Stadt mit der Anzeige vorangeeilt, der Diktator komme racheschnaubend und führe, fast ein Wort um das andere, den Titus Manlius als sein Muster an.

(31) Fabius, der sogleich eine Versammlung berief, beschwor die Soldaten, sie möchten mit demselben Mut, womit sie den Staat gegen seine bittersten Feinde verteidigt hätten, auch ihn, unter dessen Führung und Leitung sie gesiegt hätten, gegen die ungezügelte Grausamkeit des Diktators in Schutz nehmen. *2* Er komme, rasend vor Neid, zürnend auf die Tapferkeit und das Glück anderer. Er sei darüber in Wut, dass in seiner Abwesenheit der Staat so herrlich beraten gewesen sei, er würde, wenn die Änderung des Schicksals bei ihm stünde, den Sieg lieber auf samnitischer als auf römischer Seite sehen. *3* Er spreche von nichts als von Nichtbeachtung des Oberbefehls; gerade als ob ihn nicht bei dem Verbot zu schlagen dieselbe Gesinnung geleitet habe, die ihn jetzt über die Schlacht mit Schmerz erfülle. Er habe ebenso damals aus Neid fremdes Verdienst hindern und so mutigen Truppen die Waffen nehmen wollen, damit sie in seiner Abwesenheit nichts unternehmen könnten, *4* wie er jetzt darüber wüte, und das ihm wehe tue, dass die Soldaten ohne Lucius Papirius nicht wehrlos, nicht Krüppel gewesen seien; dass ein Quintus Fabius sich als Magister Equitum, nicht als Scherge seines Diktators gefühlt habe. *5* Was er wohl dann getan hätte, wenn die Schlacht, was doch dem Zufall während des Gefechts und dem gemeinschaftlichen Kriegsglück möglich war, nachteilig ausgefallen wäre, da er jetzt nach Besiegung der Feinde, nach einem so herrlichen Erfolg für das Ganze, dass ihn jener einzige aller Feldherren nicht glorreicher habe machen können, ihm, einem Magister Equitum, mit der Todesstrafe drohe? *6* Doch seine Erbitterung sei gegen den Magister Equitum nicht größer als gegen die Obersten, gegen die Hauptleute, gegen das ganze Heer. Er werde, wenn es ihm möglich sei, gegen alle wüten; da dies nicht angehe, wüte er gegen einen. *7* Der Neid schlage ebenso wie die Flamme immer nach oben hin, er halte sich an das Haupt der Unternehmung, an den Führer selbst. Habe er erst ihn mit dem Ruhm dieses Sieges vernichtet, dann werde er mit dem ganzen Heer wie mit Gefangenen schalten, und was ihm am Magister Equitum erlaubt gewesen sei, sich gegen jeden Soldaten erlauben. *8* Also möchten sie in seiner Sache die gemeinsame Freiheit aller verteidigen. Wenn jener sehen werde, dass das Heer mit derselben Einigkeit, die es im Kampf bewiesen habe, auch seinen Sieg verfechte, und dass die Rettung des einen die Sache aller sei, so werde er sich zu einer milderen Meinung neigen. *9* Kurz, er stelle sein Leben und sein ganzes Schicksal ihrer Treue, ihrem Mute anheim.

(32) Die ganze Versammlung brach in das Geschrei aus, er solle guten Mut haben; solange es noch römische Legionen gebe, solle sich niemand an ihm vergreifen. Bald darauf kam der

Diktator an und ließ sogleich durch die Trompete zur Versammlung rufen. **2** Der Herold gebot Stille und forderte den Magister Equitum Quintus Fabius vor. Sobald dieser an die Stufen des Richterstuhles herantrat, fing der Diktator an:

3 Ich verlange von dir zu wissen, Quintus Fabius, da einem Diktator der höchste Oberbefehl zusteht, und ihm die Konsuln in ihrer königlichen Machtvollkommenheit gehorchen, und ebenso die Prätoren, obgleich sie mit derselben heiligen Feierlichkeit wie die Konsuln gewählt werden, ob du es für recht hältst oder nicht, dass seinem Befehl ein Magister Equitum Gehorsam leiste. 4 Desgleichen befrage ich dich, da ich wusste, dass ich bei zweifelhaft gebliebener Götterleitung von zu Hause abgegangen war, ob ich bei unserem unberichtigten Verhältnis zu den Göttern die Sache des Staates auf das Spiel setzen durfte, oder mir neue Zustimmung des Himmels einholen musste, um mich nicht bei der Ungewissheit des Götterwillens auf Unternehmungen einzulassen? 5 Auch das noch zugleich: Ob es möglich sei, dass an eine heilige Bedenklichkeit, die den Diktator abhalten musste, sich in Tätigkeit zu setzen, ein Magister Equitum sich nicht zu binden noch zu kehren brauche. Doch wozu diese Fragen, da du selbst dann, wenn ich, ohne ein Wort zu sagen abgereist wäre, deine Entschlüsse nach der Deutung meines Willens hättest regeln müssen. 6 Antworte lieber darauf, ob ich dir nicht verboten habe, in meiner Abwesenheit irgendetwas zu unternehmen; ob ich dir nicht verboten habe, dich mit dem Feind einzulassen; 7 da du hingegen mit Verachtung dieses meines Befehls dich erkühnt hast, bei unausgemachter Zustimmung des Himmels, bei ungewissem Verhältnisse zu den Göttern, der Kriegssitte, der uralten Zucht, dem Wink der Götter zum Trotz mit dem Feind zu schlagen. 8 Auf diese dir vorgelegten Fragen hast du zu antworten, und hüte dich, außerdem ein Wort zu sagen. – Herbei, Liktor!

9 Da es so leicht nicht war, jede dieser Fragen zu beantworten, und Fabius bald in die Klage ausbrach, dass sein Kläger auf Leib und Leben zugleich sein Richter sei, bald in die laute Behauptung, man könne ihm eher das Leben als die Ehre seiner Tat nehmen. **10** und abwechselnd bald im verteidigenden, bald im angreifenden Ton sprach, gab Papirius mit erneuter Wut den Befehl, dem Magister Equitum die Kleidung abzureißen und Ruten und Beile zur Hand zu nehmen. **11** Fabius aber rief, als ihm die Häscher an den Kleidern zerrten, die Soldaten zur Hilfe auf und flüchtete sich zu den Triariern, welche in der Versammlung schon lärmten. **12** Von dort verbreitete sich Geschrei durch die ganze Versammlung; an einigen Stellen hörte man Bitten, an anderen Drohungen. Die dem Richterstuhl gerade am nächsten standen und unter den Augen des Feldherrn bemerkt werden konnten, baten, er möge den Magister Equitum schonen und nicht mit ihm das ganze Heer für schuldig erklären. **13** Die Versammlung hinten und der den Fabius umgebende Haufe schalt auf den hartherzigen Diktator und war dem Aufruhr nahe. **14** Selbst auf der Richterbühne war nicht die gehörige Ruhe. Die Legaten umstellten den Stuhl des Diktators und baten ihn, die Sache bis zum folgenden Tag zu verschieben, um seinem Zorn Frist, seiner Überlegung Zeit zu gönnen. **15** Des Fabius jugendliche Unbesonnenheit sei gestraft genug, sein Sieg genug verunstaltet; er möge nicht auf die äußerste Strafe dringen; nicht einem so seltenen jungen Mann, noch dessen Vater, einem der angesehensten Männer, noch dem Fabischen Geschlecht einen solchen Schimpf antun.

16 Da ihre Bitten ebenso wenig wie die Gründe Erfolg hatten, hießen sie ihn auf die tobende Versammlung sehen. Bei dieser erbitterten Stimmung der Soldaten dem Aufruhr Feuer und Brennstoff entgegenzubringen, sei seinen Jahren, sei seiner Weisheit nicht angemessen. **17** Die Schuld davon werde niemand dem Quintus Fabius beimessen, insofern dieser dadurch der Strafe habe ausweichen wollen, sondern dem Diktator, der von Zorn geblendet durch übel angebrachte Widersetzlichkeit die erbitterte Menge gegen sich aufgereizt habe. **18** Damit er endlich nicht glauben möge, sie dächten so aus Freundschaft für Quintus Fabius, so erklärten sie sich bereit, ihm durch einen Eid zu versichern, dass es nach ihrer Überzeugung für das Ganze gefährlich sei, den Quintus Fabius unter solchen Umständen zu bestrafen.

(33) Allein der Diktator, den die Legaten durch diese Vorstellungen nur mehr gegen sich erbitterten als ihn mit dem Magister Equitum versöhnten, befahl ihnen, die Richterbühne zu verlassen; ***2*** und da nach vergeblichen Versuchen, durch den Herold Stille zu gebieten, vor Lärm und Getöse sowenig die Stimme des Diktators selbst als seiner Gerichtsdiener gehört werden konnte, machte wie in einer Schlacht die Nacht dem Streit ein Ende. ***3*** Der Magister Equitum, der sich am folgenden Tag wieder stellen sollte, entwich, da ihm alle versicherten, der Grimm des Papirius, schon durch den Widerstand angefacht und erbittert, werde viel heftiger auflodern, heimlich aus dem Lager nach Rom; ***4*** und gerade, als er im Senat, den er sogleich auf den Rat seines Vaters Marcus Fabius, eines dreimaligen Konsuls, auch gewesenen Diktators, berufen hatte, seine Klagen über die Gewalttätigkeit und Ungerechtigkeit des Diktators den Vätern vortrug, ***5*** hörte man plötzlich vor dem Rathaus das Geräusch der Platz machenden Beilträger, und er selbst erschien in seinem Grimm, da er auf die Nachricht von des Fabius Abreise aus dem Lager mit einer leichten Bedeckung von Reiterei ihm gefolgt war. Nun erneuerte sich der Streit, und Papirius befahl, den Fabius zu verhaften. ***6*** Als hier der Hartherzige gegen die von den Ersten der Väter und vom ganzen Senat eingelegten Fürbitten auf seinem Vorhaben beharrte, sprach der Vater Marcus Fabius: ***7*** *Weil denn das Ansehen des Senats und mein Alter, das du kinderlos machen willst, und die Tapferkeit und der Rang eines Magisters Equitum, den du selbst ernannt hast, ebenso wenig wie flehentliches Bitten etwas über dich vermag, das doch oft Feinde besänftigte und erzürnte Götter versöhnte, so flehe ich zu den Volkstribunen um Schutz und spreche das Volk an.* ***8*** *Und so fordere ich dich, da du dem Spruch deines Heeres, da du dem Spruch des Senates dich entziehst, vor diesen Richter, der, wenn auch allein, wenigstens mehr als deine Diktatur kann und vermag. Ich will doch sehen, ob du der Berufung wirst nachgeben wollen, der sich der römische König Tullus Hostilius gefügt hat.*

9 Nun ging es aus dem Rathaus in die Volksversammlung. Als hier der Diktator nur mit einigen Wenigen, der Magister Equitum mit dem ganzen Zug der Vornehmen auftrat, ließ ihn Papirius von der Rednerbühne an eine niedrigere Stelle führen. ***10*** *Das machst du gut*, rief der dem Sohn folgende Vater, *dass du uns den Platz hier unten geben lässt, wo wir auch als bloße Bürger uns hören lassen dürfen.* Hier hörte man anfangs nicht sowohl zusammenhängende Reden als Gezänk. ***11*** Endlich überwanden die Stimme und der Unmut des alten Fabius, der auf den Übermut und die Grausamkeit des Diktators schalt, das Getöse.

12 Auch er sei in Rom Diktator gewesen; aber niemand, auch nicht ein Mann aus dem Volk, sei von ihm misshandelt, kein Hauptmann, kein Soldat, ***13*** nur Papirius bereite sich einen Sieg, einen Triumph über einen römischen Feldherrn wie über feindliche Heerführer. Welch ein himmelweiter Unterschied zwischen der Mäßigung der Alten und dem Übermut und der Grausamkeit der jetzigen Welt sei! ***14*** Quinctius Cincinnatus habe als Diktator den Konsul Lucius Minucius, den er doch aus einer Einschließung befreit hatte, nicht härter angelassen, als dass er ihn nicht länger als Konsul, sondern als Legaten bei dem Heer bleiben ließ. ***15*** Marcus Furius Camillus habe gegen Lucius Furius, der als Verächter seines Alters und seines Ansehens sich so schimpflich schlagen ließ, seinen Zorn nicht bloß für dies eine Mal so sehr gemäßigt, dass er über seinen Amtsgenossen dem Volk oder Senat nicht das geringste Nachteilige berichtete, ***16*** sondern auch nach seiner Rückkehr gerade auf ihn unter allen Konsulartribunen sein Augenmerk gerichtet, bei der vom Senat ihm freigestellten Wahl unter seinen Amtsgenossen, sich diesen zu seinem Mitbefehlshaber auszubitten. ***17*** Denn was das Volk betreffe, dem doch die höchste Gewalt über alles zustehe, so habe es selbst gegen die, welche durch Unbesonnenheit und Unwissenheit ganze

Heere verloren hätten, seinen Zorn nie weiter getrieben, als dass es ihnen eine Geldstrafe auferlegt habe. Über Unglück im Krieg sei man bis auf den heutigen Tag noch keinem Feldherrn an das Leben gegangen. ***18*** Jetzt aber würden gegen Heerführer des römischen Volkes, was man sich gegen sie als Besiegte nie habe erlauben dürfen, selbst wenn sie gesiegt und Triumphe verdient hätten, Ruten und Beile gezückt. ***19*** Was denn sein Sohn noch weiter hätte leiden sollen, wenn er sein Heer verloren hätte, wenn er geworfen, geschlagen und seines Lagers verlustig geworden wäre? Ob der Diktator in diesem Fall seinen Grimm, seine Gewalttätigkeit noch höher hätte treiben können, als dass er ihn geißeln und hinrichten ließe? ***20*** Wie das zueinander stimme, der Staat durch Quintus Fabius in Freude, Siegesfeier, Dankfesten und Glückwünschungen, ***21*** und er, um dessentwillen die Tempel der Götter offen stünden, die Altäre von Opfern dampften, mit Weihrauch und Gaben überladen würden, in seiner Blöße vor den Augen des römischen Volkes mit Rutenhieben zerfleischt, nach dem Kapitol, nach der Burg und den Göttern hinaufblickend, die er in zwei Schlachten nicht umsonst angerufen habe? ***22*** Mit welchen Empfindungen das Heer, das unter seiner Führung und Leitung gesiegt habe, dies aufnehmen, welche Trauer dies im römischen Lager hervorrufen werde, welche Freude bei den Feinden? ***23*** Und diese Rede, zusammengesetzt aus Vorwürfen, Klagen und Anrufung aller Götter und Menschen, wobei er den Sohn in seine Arme schloss, begleiteten seine reichlichen Tränen.

(34) Ihm standen zur Seite der Senat in seiner Hoheit, die Gunst des Volkes, der Schutz der Tribunen, die Erinnerung an das abwesende Heer. ***2*** Von der andern Seite wurden die Unverletzlichkeit des vom römischen Volk verliehenen Oberamtes, die Kriegszucht, der Befehl eines Diktators, der immer für einen Götterwink gegolten habe, die Manneszucht eines Manlius und die von ihm dem Vorteil des Staates nachgesetzte Liebe zu seinem Sohne geltend gemacht. ***3*** So habe auch Lucius Brutus, der Gründer der römischen Freiheit, gegen seine beiden Söhne gehandelt. Jetzt aber wären die liebevollen Väter, diese gutmütigen Greise, bereit, nur dann, wenn die Jugend den Oberbefehl eines Dritten verachtet habe, ihr eine solche Kleinigkeit, wie es der Umsturz der Kriegszucht sei, zu verzeihen. ***4*** Er für seine Person werde bei seinem Vorhaben beharren und dem, der gegen seine ausdrückliche Andeutung, bei gestörtem Vertrauen auf die Götter, bei ungewisser Zustimmung des Himmels, eine Schlacht gewagt habe, nicht das Geringste von der gerechten Strafe erlassen. ***5*** Ob die Hoheit der Diktatur ewig bestehen solle, das liege nicht in seiner Macht, allein die Befugnisse derselben werde ein Lucius Papirius nicht schmälern. ***6*** Sein Wunsch sei der, dass die Tribunen, so wie sich niemand an ihrem Amt vergreifen dürfe, sich ebenfalls nicht durch ihre Einsprache am Oberamt Roms vergreifen möchten, und dass das Volk nicht gerade in seiner Person die Rechte der Diktatur vernichten wolle. ***7*** Tue es dies, dann würden die Nachkommen nicht über Lucius Papirius, nein, über die Tribunen, über den tadelnswerten Urteilsspruch des Volkes ihre zu späte Klage erheben; dann nämlich, wenn nach einmal gestatteter Verletzung der Kriegszucht der Soldat seinem Hauptmann, der Hauptmann den Obersten, der Oberste dem Legaten, der Legat dem Konsul, der Magister Equitum dem Diktator nicht ferner Gehorsam leisten werde, ***8*** wenn sich niemand weiter an Menschen und Götter kehre, ***9*** wenn man auf Befehle der Feldherren, auf Götterleitungen nicht mehr achte, wenn die Soldaten ohne Urlaub in Freundes-, in Feindesland umherschwärmten, wenn sie ungeachtet ihres Soldateneides sich selbst bloß durch ihre Ungebundenheit, sobald sie wollten, verabschiedeten und die Fahnen unbesetzt ließen, ***10*** wenn sie nicht mehr auf Befehl sich einstellten, nichts mehr darauf ankomme, ob sie die Schlachten bei Tag oder bei Nacht, auf günstigem oder ungünstigem Boden, mit oder ohne Befehl des Feldherrn lieferten, wenn sie weder der Fahne noch dem Glied folgten und statt eines verfassungsmäßigen und heilig beschworenen Dienstes wie die Straßenräuber blindlings und auf gut Glück zu Werke gingen. ***11*** *Allen diesen Vorwürfen*

setzt ihr euch für alle Zeiten aus, ihr Tribunen, und ihr ladet die Schuld für den Ungehorsam des Quintus Fabius auf eure Häupter.

(35) Da standen die Tribunen, betroffen und schon mehr für sich selbst besorgt als für das Schicksal dessen, der sie um ihren Beistand bat, als sie aus ihrer peinlichen Lage das römische Volk durch die Einmütigkeit rettete, mit der es unter Bitten und Beschwörungen den Diktator anging, ihm zuliebe dem Magister Equitum die Strafe zu erlassen. **2** Auch die Tribunen stimmten in den Ton der allgemeinen Bitte und drangen flehentlich in den Diktator, er möge einem menschlichen Fehltritt, er möge den Jugendjahren des Quintus Fabius Verzeihung angedeihen lassen; er sei ja schon gestraft genug. **3** Hier fiel der Jüngling selbst, nun auch der Vater Marcus Fabius, die an Widerspruch nicht mehr dachten, dem Diktator zu Füßen und baten ihn, nicht länger zu zürnen. **4** Da gebot der Diktator Stille und sprach: *Es ist genug, Quiriten! Die Kriegszucht hat gesiegt* **5** *und die Heiligkeit des Oberbefehls, welche beide Gefahr liefen, mit dem heutigen Tag aufzuhören. Quintus Fabius, der gegen den Befehl seines Oberfeldherrn gekämpft hat, wird nicht der Strafe entrissen, sondern als der verurteilte Strafbare dem römischen Volk geschenkt, geschenkt dem tribunizischen Amt, das sich durch Bitten, nicht auf das Recht seiner Sache für ihn verwendet hat.* **6** *So lebe denn, Quintus Fabius, und rechne diese Vereinigung des gesamten Staates zu deinem Schutz für dein schöneres Glück als den dich eben noch mit Stolz erfüllenden Sieg. Lebe, nachdem du eine Tat gewagt hast, die dir selbst dein Vater, wenn er auf des Lucius Papirius Posten stand, nicht verziehen hätte.* **7** *Mit mir kannst du dich nach eigenem Belieben aussöhnen. Dem römischen Volk aber, dem du dein Leben verdankst, kannst du keinen größeren Dienst erweisen, als wenn du vom heutigen Tag die bleibende Belehrung mitnimmst, im Krieg und im Frieden gesetzmäßigem Oberbefehl dich zu unterwerfen.*

8 Als er nach gefälltem Ausspruch, der Magister Equitum sei hiermit entlassen, von der geweihten Stätte herabstieg, schloss sich der Senat voll Freude und mit noch größerer das Volk, da sich beide unter Glückwünschen hier um den Magister Equitum, dort um den Diktator scharten, an sein Gefolge, **9** und nach aller Meinung hatte der Oberbefehl im Krieg durch die Gefahr des Quintus Fabius an Festigkeit nicht weniger gewonnen, als durch die klägliche Hinrichtung des jungen Manlius. **10** Es traf sich immer so in diesem Jahr, dass die Feinde in Samnium jeweils bei der Entfernung des Diktators vom Heer sich rührten. Allein dem Legaten Marcus Valerius, der den Befehl im Lager führte, stand Quintus Fabius als Warnung vor Augen, so dass er ebenso wenig Lust hatte, sich mit dem furchtbaren Zorn des Diktators einzulassen wie mit dem eindringenden Feind. **11** Als daher eine auf Getreideholung ausgeschickte Schar, die in einen Hinterhalt fiel, bei dieser Stellung im Nachteil, niedergehauen wurde, glaubte man allgemein, der Legat hätte ihnen zu Hilfe kommen können, wenn ihn nicht die strengen Befehle geschreckt hätten. **12**Auch dies wurde für die Soldaten eine Ursache der Unzufriedenheit mit dem Diktator, da sie schon früher deswegen auf ihn erzürnt worden waren, weil er sich gegen Quintus Fabius so unversöhnlich benommen und doch eben die Bitte, die er ihnen abschlug, dem römischen Volk zugestanden hatte.

(36) Als der Diktator, der dem Lucius Papirius Crassus als (neuem) Magister Equitum die Stadt übergab und dem Quintus Fabius jedes Amtsgeschäft untersagte, ins Lager zurückkam, **2** erregte seine Ankunft weder bei seinen Bürgern besondere Freude noch bei den Feinden die geringste Besorgnis. Denn schon am folgenden Tag rückten sie, entweder weil sie nicht wussten, dass der Diktator gekommen war, oder weil sie wenig darauf achteten, ob er zugegen sei oder nicht, in Schlachtordnung gegen das Lager an. **3** Allein so wichtig war der Ausschlag, der hier auf dem einzigen Mann Lucius Papirius beruhte, dass nach dem Geständnis aller die Samniten an dem Tag zugrunde gerichtet worden wären, wenn die Soldaten die Entwürfe des Feldherrn wohlwollend befolgt hätten; **4** so hatte er bei der Stellung seines Heeres für Ort und Deckung

gesorgt; so durch alle Kriegskunst ihm die Überlegenheit gesichert. Der Soldat tat seine Schuldigkeit nicht und hielt den Sieg absichtlich auf, um der Ehre des Feldherrn entgegenzuarbeiten. Die Samniten hatten mehr Tote, die Römer mehr Verwundete. *5* Der erfahrene Feldherr begriff, was seinen Sieg gehindert habe, dass er seine Gemütsstimmung beherrschen und Güte seine Strenge mildern müsse. *6* Also ging er selbst mit Zuziehung der Legaten bei den verwundeten Soldaten herum, tat einen Blick in die Zelte, fragte jeden nach seinem Befinden, empfahl die Sorge für sie namentlich den Legaten, den Obersten, der Römer sowohl als der Bundesgenossen *7* und benahm sich bei diesem an sich schon Liebe erwerbenden Geschäft so glücklich, dass während der Ausheilung ihrer Körper die Herzen der Soldaten schon längst dem Feldherrn wieder gehörten, und die Erkenntlichkeit, mit der sie seine Fürsorge aufnahmen, das wirksamste Mittel zu ihrer Genesung wurde.

8 Als er nach Wiederherstellung des Heeres, das jetzt des Erfolges so gewiss war wie er selbst, mit dem Feind zusammentraf, errang er einen so vollständigen Sieg, dass die Samniten seit diesem Tag zu keiner neuen Schlacht gegen den Diktator auftraten. *9* Nun erschien das Heer der Sieger allenthalben, wo Beute zu hoffen war, und durchstreifte das feindliche Gebiet, ohne bewaffneten Widerstand weder im Feld noch in einem Hinterhalt anzutreffen. *10* Ihre Tätigkeit erhöhte noch der Umstand, dass der Diktator die ganze Beute den Soldaten zugesprochen hatte, und ihr eigener Gewinn, ebenso wie der Hass gegen den Feind des Staates, für sie zum Ansporn wurde. *11* Gedemütigt durch diese vielfachen Schläge baten die Samniten den Diktator um Frieden; und als sie von ihm unter der Bedingung, jedem Soldaten ein Gewand und den Sold eines Jahres zu liefern, die Erlaubnis erhielten, an den Senat zu gehen, antworteten sie, *12* sie wünschten lieber dem Diktator zu folgen, dessen Rechtschaffenheit und Heldensinn sie ihre Sache anheim stellten. So räumte das Heer Samnium.

(37) Der Diktator zog triumphierend in die Stadt ein, und da er seine Diktatur niederlegen wollte, leitete er auf Geheiß der Väter noch vor seinem Abgang die Wahl neuer Konsuln, des Caius Sulpicius Longus zum zweiten Mal und des Quintus Aemilius Cerretanus.

2 Die Samniten nahmen von Rom, ohne den Frieden zustande gebracht zu haben, dessen Bedingungen noch nicht ausgemacht waren, einen Waffenstillstand auf ein Jahr mit. Sie scheuten sich aber nicht, selbst diesen zu brechen; so sehr fühlten sie durch die Nachricht, dass Papirius vom Amt abgegangen sei, ihren Mut zum Krieg gehoben.

3 Unter den Konsuln Caius Sulpicius und Quintus Aemilius (einige Jahrbücher haben den Namen Aulius) kam zu dem Abfall der Samniten ein neuer Krieg, der Apulische. Nach beiden Orten sandte man Heere aus. Dem Sulpicius bestimmte das Los die Samniten, dem Aemilius die Apulier. *4* Einige melden, der Krieg sei nicht gegen die Apulier selbst gerichtet gewesen, sondern man habe Bundesgenossen dieses Völkerstammes gegen die Gewalttätigkeiten und Bedrückungen der Samniten in Schutz genommen. *5* Allein die damalige Lage der Samniten, die sich selbst kaum der Feinde erwehren konnten, macht es wahrscheinlicher, dass die Apulier nicht von den Samniten angegriffen wurden, sondern dass die Römer mit beiden Völkerstämmen zugleich Krieg geführt haben. *6* Gleichwohl fiel durchaus nichts Merkwürdiges vor; das Land der Apulier und Samnium wurden verwüstet; auf Feinde traf man weder hier noch dort.

Zu Rom setzte ein nächtlicher Schrecken die plötzlich aus dem Schlaf aufgestörten Bürger in eine solche Bewegung, dass sich das Kapitol nebst der Burg, auch die Mauern und Tore mit Bewaffneten füllten, *7* und nachdem man von allen Seiten zusammengelaufen war und zu den Waffen gerufen hatte, zeigte sich bei Tagesanbruch ebenso wenig ein Anstifter dieses Schreckens als eine Veranlassung. *8* Auch wurde in diesem Jahr nach dem flavischen Vorschlag über die Tuskulaner vor dem Volk Gericht gehalten. Der Volkstribun Marcus Flavius beantragte beim

Volk die Bestrafung derjenigen Tuskulaner, mit deren Hilfe und Bestimmung die Veliterner und Privernaten das römische Volk bekriegt hätten. *9* Das tuskulanische Volk kam mit Frau und Kind nach Rom. Die ganze Schar ging in Trauerkleidern und im Aufzug der Beklagten bei den Bezirken herum und warf sich allen zu Füßen. *10* So half ihnen mehr das Mitleid, sich Verzeihung zu erwirken, als das Recht ihrer Sache, sich von der Anklage zu reinigen. *11* Die Bezirke sämtlich, den pollischen ausgenommen, verwarfen den Vorschlag. Der Bezirk Pollia stimmte dahin, alle Erwachsenen zu geißeln und hinzurichten, die Frauen und Kinder aber nach dem Kriegsrecht öffentlich als Sklaven zu verkaufen; *12* und es ist bekannt, dass ihm die Tuskulaner den Vorschlag, sie so hart zu bestrafen, bis auf unserer Väter Zeiten nachgetragen haben, und dass nicht leicht jemand vom pollischen Bezirk bei seinem Gesuch um ein Amt die Stimme des papirischen Bezirkes* erhielt.

(38) Im folgenden Jahr, unter den Konsuln Quintus Fabius und Lucius Fulvius, führten ein Diktator, Aulus Cornelius Arvina und sein Magister Equitum Marcus Fabius Ambustus, aus Furcht vor einem schwereren Krieg in Samnium – denn es hieß, man habe dort von den Nachbarn Truppen in Sold genommen – ein treffliches, durch strengere Werbung aufgebrachtes Heer gegen die Samniten. *2* Sie schlugen ihr Lager in Feindesland mit einer Sorglosigkeit auf, als ob der Feind weit entfernt sei, und plötzlich zeigten sich die Legionen der Samniten mit solcher Keckheit, dass sie mit ihren Lagerpfählen bis zu den römischen Vorposten heranrückten. Schon brach die Nacht ein. Dies hinderte sie, die Verschanzungen anzugreifen; *3* sie zeigten aber die Absicht, es mit Anbruch des folgenden Tages zu tun. *4* Der Diktator, der den Kampf wider seine Erwartung so nahe sah, zog mit seinen Legionen, um nicht die Tapferkeit der Truppen an dem nachteiligen Ort zu gefährden, mit Hinterlassung vieler Wachtfeuer zur täuschenden Ansicht für die Feinde, in aller Stille ab; allein bei dieser Nähe ihres Lagers konnte er ihnen nicht unbemerkt bleiben. *5* Ihre Reiterei setzte ihm sogleich nach und folgte seinem Zug auf der Ferse, ohne jedoch vor Tagesanbruch anzugreifen. Auch ihr Fußvolk rückte nicht vor Tagesanbruch aus. *6* Die Reiterei, die endlich mit Tagesanbruch den Angriff auf den Feind begann, hielt ihn dadurch, dass sie in seine Nachhut einhieb und bei dem Übergang über schwer passierbare Stellen sich auf ihn warf, in seinem Zug auf. Unterdessen kam das Fußvolk der Reiterei nach, und schon drangen die Samniten mit ihrer ganzen Macht heran. *7* Da der Diktator ohne großen Nachteil nicht weiterrücken konnte, hieß er denselben Platz, auf dem er Halt machte, als Lager abstecken. Allein vor der rundumher schwärmenden Reiterei war es nicht möglich, Schanzpfähle zu holen und die Arbeit anfangen zu lassen. *8* Als er nun sah, dass man ihn nicht ziehen und auch nicht Platz nehmen lassen wolle, stellte er seine Schlachtordnung auf, nachdem er das Gepäck aus dem Zug entfernt hatte. Auch die Feinde traten ihm gegenüber in Stellung, an Mut und Stärke ihm gleich. *9* Sie waren aber besonders darum so mutig, weil sie den Römern, ohne zu wissen, dass diese dem ungünstigen Ort, nicht dem Feind auswichen, als den Fliehenden und Geschreckten, ihrer Meinung nach als die Schreckenden nachsetzten. *10* Dies gab dem Gefecht auf einige Zeit das Gleichgewicht, da sonst die Samniten schon längst nicht mehr gewohnt waren, das Schlachtgeschrei eines römischen Heeres zu ertragen. Und wahrlich an jenem Tag soll der Kampf von morgens neun bis fünf Uhr abends so ohne alle Entscheidung gestanden haben, dass man weder das Geschrei, seitdem es einmal beim ersten Zusammentreffen erhoben war, erneuerte, noch irgendwo eine Fahne vordrang oder zurückgezogen und überhaupt auf keinem Punkt gewichen wurde. *11* Jeder kämpfte fest auf seiner Stelle, mit dem Schild vorwärtsdrängend, ohne Atem zu holen, ohne sich umzublicken. Das sich immer gleichbleibende Getöse und der Verlauf der Schlacht schienen nur mit einer völligen

* Die Tuskulaner wurden als römische Bürger zu dem Bezirke Papiria gerechnet.

Erschöpfung oder mit der Nacht enden zu wollen. *12* Schon gebrach den Männern die Kraft, dem Schwert die Schärfe, jede Maßregel den Feldherren, als auf einmal die samnitische Reiterei, die durch ein weiter hinausgesprengtes Geschwader in Erfahrung gebracht hatte, dass das Gepäck der Römer von den Fechtenden weit entfernt ohne Bedeckung und Verschanzung dastehe, voll Begierde nach Beute hineinjagte. *13* Dem Boten, der ihm in voller Bestürzung die Nachricht brachte, antwortete der Diktator: *So lass sie doch in der Beute sich verwickeln.* Schon kam einer über den andern und schrie, alles Eigentum der Soldaten werde geplündert und weggeschleppt. *14* Da ließ er den Magister Equitum rufen. *Siehst du*, sprach er, *Marcus Fabius, die Schlacht von der feindlichen Reiterei aufgegeben? 15 Sie haben sich verwickelt und stecken in unserem Gepäck. Zerstreut, wie es jede Menge beim Beutemachen wird, greif sie an, nur Einzelne wirst du auf ihren Pferden, nur Einzelne das Schwert in der Hand finden; und während sie den Raub auf die Pferde laden, haue die Unbewaffneten nieder und färbe ihnen die Beute mit Blut. 16 Die Legionen und ihr Kampf zu Fuß sollen meine Sorge sein. Dir obliege die Ehre der Reiterei.*

(39) Die Geschwader der Reiter, die in möglichst guter Ordnung auf die zerstreuten und verwirrten Feinde einsprengten, erfüllten alles mit Mord. *2* Mitten unter den plötzlich im Stich gelassenen Packereien, die den fliehenden und scheu werdenden Pferden vor den Füßen lagen, fanden sie, zum Kampf wie zum Fliehen gleich unfähig, ihren Tod. *3* Nach beinahe gänzlicher Vertilgung der feindlichen Reiterei griff Marcus Fabius mit seinen Geschwadern die Linie des feindlichen Fußvolkes durch eine kleine Umgehung im Rücken an. *4* Das neue von dorther tönende Geschrei erfüllte die Samniten mit Schrecken; und als der Diktator die vorderen Glieder der Feinde sich umsehen, die Scharen in Unordnung geraten und die ganze Linie wanken sah, da verdoppelte er bei den Seinen die Aufforderungen und Ermunterungen und rief namentlich die Obersten und ersten Hauptleute auf, mit ihm den Kampf zu erneuern. *5* Mit neu erhobenem Schlachtgeschrei rückten sie an, und je weiter sie vordrangen, desto mehr Unordnung wurden sie unter den Feinden gewahr. Die Vordersten erblickten schon die Reiter selbst, *6* und Cornelius, nach den Rotten sich umsehend, gab ihnen mit Hand und Mund, so gut er konnte, zu verstehen, dass er schon die Standarten und Rundschilde der Seinigen sehe. *7* Kaum hörten sie dies und sahen es selbst, da vergaßen sie auf einmal die fast den ganzen Tag ertragene Anstrengung und ihre Wunden, dass sie nicht anders, als brächen sie jetzt auf den Ruf der Trompete bei vollen Kräften aus dem Lager, auf die Feinde stürzten. *8* Da wurde es den Samniten unmöglich, die furchtbare Reiterei, das kräftige Fußvolk, länger aufzuhalten: hier wurden sie in der Mitte niedergemacht, dort in die Flucht gesprengt. *9* Die Standhaltenden umzingelte das Fußvolk und hieb sie zusammen, auf die Fliehenden warf sich die Reiterei mit Gemetzel, und unter diesen fiel auch der Feldherr selbst. *10* Diese Schlacht endlich brach die Macht der Samniten dermaßen, dass sie auf allen ihren Versammlungen laut riefen: Es sei gar nicht zu verwundern, wenn sie in einem ruchlosen, vertragswidrig unternommenen Krieg, in welchem die Götter mit Recht auf sie noch zorniger als die Menschen wären, kein Glück hätten. *11* Die Schuld dieses Krieges zu tilgen und zu büßen, sei ein großes Opfer nötig. Man habe nur noch auszumachen, ob man die Strafe mit dem schuldigen Blut einiger Weniger oder mit dem unschuldigen aller bezahlen wolle. Und schon hatten einige Mut genug, die Anstifter des Krieges zu nennen, *12* vor allen anderen hörte man in jedem Mund der Lautwerdenden den Namen des Brutulus Papius. Er war ein vornehmer und mächtiger Mann, der unstreitig den Bruch des letzten Waffenstillstandes bewirkt hatte. *13* Die zum Bericht über ihn gezwungenen Prätoren beschlossen: Brutulus Papius solle den Römern ausgeliefert und mit ihm alle römische Beute, auch die Gefangenen nach Rom gesandt und alles, was sie durch ihre Fetialen dem Vertrage gemäß hätten zurückfordern lassen, wie es vor Gott und Menschen recht sei, ihnen wiedergegeben werden. *14* Diesem Beschluss zufolge wurden Fetialen

mit dem Leichnam des Brutulus nach Rom geschickt; er hatte sich der Beschimpfung und Hinrichtung durch einen freiwilligen Tod entzogen. Man hatte geglaubt, mit seinem Leichnam auch sein Vermögen herausgeben zu müssen. ***15*** Allein von alldem wurde außer den Gefangenen, und was etwa jemand unter der Beute als sein Eigentum erkannte, nichts angenommen. Die Übergabe der übrigen Gegenstände war vergeblich. Der Diktator triumphierte nach Senatsbeschluss.

(40) Einige Schriftsteller geben an, dieser Krieg sei von den Konsuln geführt, und sie hätten über die Samniten triumphiert; Fabius sei sogar bis nach Apulien vorgedrungen und habe von dort große Beute zurückgebracht.

2 Es leidet freilich keinen Zweifel, dass Aulus Cornelius in diesem Jahr Diktator gewesen sei. Man ist nur darüber uneinig, ob man ihn zur Führung des Krieges gewählt habe oder, um einen zu haben, der bei den Römischen Spielen, weil der Prätor Lucius Plautius gerade von einer schweren Krankheit befallen war, ***3*** den Rennwagen das Zeichen zum Auslaufen gäbe, und ihn nach Vollziehung dieses eben nicht so merkwürdigen Amtsgeschäftes von der Diktatur wieder abtreten zu lassen. Indes ist es nicht leicht, dem einen Grund vor dem andern, oder dem einen Schriftsteller vor dem andern mehr Glaubwürdigkeit beizumessen. ***4*** Verfälscht wurde die Geschichte meiner Meinung nach durch die Lobreden auf Verstorbene und durch die unrichtigen Unterschriften der Ahnenbilder, insofern jede Familie den Ruhm großer Taten und Ehrenstellen durch Unwahrheiten sich zueignete, denen niemand nachspüren kann. ***5*** Die Verwirrung wenigstens, die sich in den Taten der Einzelnen und in den öffentlichen Denkmälern findet, floss aus dieser Quelle. Auch hat man aus jener Zeit keinen gleichzeitigen Schriftsteller, auf den man sich als einen sicheren Zeugen berufen könnte.

Neuntes Buch

Inhalt

Titus Veturius und Spurius Postumius, die bei den Caudinischen Pässen ihr Heer in einen Engpass geführt hatten, mussten sich mit den Samniten, weil sie keine Hoffnung hatten, zu entkommen, auf einen Vertrag einlassen, 600 römische Ritter als Geiseln stellen und durften ihr Heer nur unter der Bedingung abführen, dass sie alle unter dem Jochgalgen durchzögen. Als man sie beide auf den Vorschlag des Konsuls Spurius Postumius, der im Senat darauf angetragen hatte, dass sich der Staat durch die Auslieferung derer, durch deren Schuld dieser so schimpfliche Vertrag geschlossen war, seiner Zusage entbinden müsse, nebst zwei Volkstribunen und allen, welche jenen Vertrag verbürgt hatten, den Samniten auslieferte, wurden sie nicht angenommen; und bald nachher wurde die Schande der neulichen Entehrung dadurch getilgt, dass Papirius Cursor die Samniten schlug, sie unter dem Jochgalgen durchziehen ließ und die 600 römischen Ritter, die man als Geiseln gegeben hatte, wiederbekam. Die Bezirke Roms wurden durch zwei vermehrt, den Ufentinischen und Falerinischen. Nach Suessa und Pontiae wurden Siedler ausgeführt. Appius Claudius legt als Zensor eine Wasserleitung an, lässt die Straße pflastern, welche die Appische genannt wurde, und nimmt Enkel von Freigelassenen in den Senat auf. Also hielten sich die Konsuln des folgenden Jahres, weil jener Stand durch die unwürdigen Mitglieder entehrt schien, bei der Musterung des Senats ganz an die alte Reihe, welche die vorigen Zensoren aufgestellt hatten. Außerdem erzählt dieses Buch Siege über die Apulier, Etrusker, Umbrier, Marser, Aequer und über die Samniten, die man wieder in den Bund aufgenommen hatte.

Der Schreiber Flavius, dessen Vater eines Freigelassenen Sohn war, wurde durch Hilfe einer Marktpartei zum kurulischen Ädil gewählt; und da diese die Wahlen auf dem Campus störte und durch ihren überwiegenden Einfluss zu herrschend wurde, so sandte sie der Zensor Quintus Fabius in vier Bezirke aus, und nannte diese die Städtischen; und davon hieß er seitdem Fabius Maximus.

In diesem Buch wird auch Alexander der Große erwähnt, der in jenen Zeiten auftrat; und aus einer angestellten Schätzung der damaligen römischen Macht wird der Schluss gezogen, dass Alexander, wenn er nach Italien gekommen wäre, der Sieg über das römische Volk nicht so leicht geworden wäre wie über die Völker, die er im Orient seiner Oberherrschaft unterworfen hatte.

(1) Auf dieses Jahr folgt der durch die Niederlage der Römer berühmte Caudinische Vertrag unter den Konsuln Titus Veturius Calvinus und Spurius Postumius. ***2*** Die Samniten hatten in diesem Jahr den Caius Pontius, den Sohn des Herennius, zum Anführer, der von einem sehr einsichtsvollen Vater stammte und selbst der beste Krieger und Feldherr war. ***3*** Als die zur Leistung der Genugtuung nach Rom geschickten Gesandten, ohne den Frieden bewirkt zu haben,

zurückkamen, sprach er: *Damit ihr nicht glaubt, wir hätten durch diese Gesandtschaft gar nichts ausgerichtet, so muss ich euch sagen: Aller Zorn der Himmlischen, der wegen des Bundesbruches über uns waltete, ist gesühnt.* **4** *Ich bin überzeugt, dass allen den Gottheiten, nach deren Willen wir in die Notwendigkeit versetzt werden mussten, die von uns vertragsmäßig geforderte Genugtuung zu leisten, diese von Seiten der Römer so übermütige Abweisung der Bundessühne missfallen habe.* **5** *Denn was konnte, Götter zu befriedigen und Menschen zu besänftigen, mehr getan werden, als was wir getan haben? Das erbeutete Eigentum der Feinde, das wir nach Kriegsrecht als das unsrige ansehen konnten, haben wir zurückgeschickt;* **6** *die Anstifter des Krieges lieferten wir, weil wir sie lebendig nicht stellen konnten, nach ihrem Tod aus; beladen mit ihren Gütern, um von allem, worauf die Sünde haftete, nicht das Mindeste zu behalten, zogen wir nach Rom.* **7** *Sprich, Römer, was bin ich dir, was bin ich dem Bündnis, was den Zeugen des Bündnisses, den Göttern, noch weiter schuldig? Jeden möglichen Richter deines Zornes wie meiner Strafe, keinen, weder ein Volk noch einen Einzelnen scheue ich.* **8** *Und wenn dem Hilflosen gegen den Mächtigen kein Recht bei Menschen übrig bleibt, nun so flüchte ich mich zu den Göttern, den Rächern eines so unerträglichen Übermutes, und bitte sie,* **9** *ihren Zorn diejenigen treffen zu lassen, denen weder ihr ausgeliefertes Eigentum noch die Zugabe von Fremdem genügt, deren Wut nicht der Tod der Schuldigen noch die Auslieferung der entseelten Körper noch das die Auslieferung des Besitzers begleitende Vermögen sättigen kann; die nicht versöhnt werden können, wenn wir ihnen nicht unser Blut zum vergießen und unser Fleisch zum Zerfleischen darbieten.* **10** *Wer einen notwendigen Krieg führt, ihr Samniten, der führt einen gerechten Krieg; und heilig sind die Waffen dessen, der keine Rettung als durch die Waffen erhoffen kann.* **11** *Folglich könnt ihr, Samniten, da in den Angelegenheiten der Menschen so viel darauf ankommt, inwiefern über ihrem Unternehmen der Segen oder die Ungnade der Götter waltet, fest überzeugt sein, dass ihr die vorigen Kriege mehr gegen die Götter als gegen Menschen geführt habt, in dem bevorstehenden aber die Götter selbst zu Führern haben werdet.*

(2) Als er nach dieser ebenso wahren wie erfreulichen Vorhersagung mit seinem Heer ausrückte, schlug er in der Gegend von Caudium sein Lager so versteckt wie möglich auf. **2** Von hier schickte er nach Calatia, wo die römischen Konsuln seinen Nachrichten zufolge schon mit ihrem Lager waren, **3** zehn als Hirten gekleidete Soldaten mit dem Auftrag, sie sollten mit ihren Herden in der Nähe der römischen Posten nach entgegengesetzten Richtungen, der eine hier, der andere dorthin treiben; stießen sie auf Plünderer, so sollten sie alle dieselbe Aussage machen: Die Legionen der Samniten stünden in Apulien; sie belagerten Luceria mit ihrer ganzen Macht und würden es in Kürze im Sturm erobern. **4** Auch war den Römern dies vorher absichtlich verbreitete Gerücht schon zu Ohren gekommen; allein die Gefangenen machten es ihnen hauptsächlich dadurch glaubwürdiger, dass sie alle in ihrer Aussage übereinstimmten.

5 Dass die Römer den Lucerinern, ihren guten und getreuen Bundesgenossen, zu Hilfe eilen mussten, um zugleich den Abfall des gesamten Apuliens in dieser dringenden Not zu verhindern, war außer allem Zweifel. Nur das war die Frage, welchen Weg sie nehmen sollten. **6** Nach Luceria führten zwei Wege: der eine, frei und offen, durch Länder des oberen Meeres, allein war er auch sicherer, so war er auch länger; der andere kürzere durch die Caudinischen Pässe. **7** Die Beschaffenheit dieser Gegend ist folgende: Zwei tiefe, schmale und waldige Pässe haben durch das rund umher zusammenhängende Gebirge eine Verbindung; zwischen ihnen liegt in der Mitte eine ziemlich breite eingeschlossene Ebene, die Gras und Wasser hat, und der Weg geht mitten hindurch. **8** Ehe man aber an diese Ebene kommt, muss man in die erste Schlucht hineingehen und dann entweder denselben Weg, auf dem man hineinging, wieder rückwärts nehmen, oder will man weiter vorwärts, sich durch den anderen noch engeren und beschwerlicheren Pass durcharbeiten.

9 Als die Römer mit ihrem Heer auf dem einen Weg durch das Felsentor in diese Ebene gezogen waren und sogleich zu der zweiten Schlucht vorrückten, fanden sie diese durch umgehauene Bäume und große im Wege liegende Felsstücke gesperrt. Als hieraus offenbar feindliche List hervorging, ließen sich auf der Höhe des Passes auch Truppen sehen. ***10*** Schnell machten sie sich auf demselben Weg wieder zurück, den sie gekommen waren. Da fanden sie auch diesen ebenso von einem Verhau und von Bewaffneten geschlossen. Darauf blieben sie ohne Befehl stehen. Bestürzung bemächtigte sich aller und eine nie gefühlte Art von Lähmung ihrer Glieder; ***11*** und indem einer den andern anblickte, weil jeder dem andern mehr Besonnenheit und Entschluss zutraute, schwiegen sie lange unbeweglich. ***12*** Als sie darauf die Hauptzelte der Konsuln aufschlagen und diesen und jenen das Schanzzeug zur Hand nehmen sahen, gingen sie – obgleich sie einsahen, dass sie mit ihrem Schanzen, weil alles verloren und jede Hoffnung ihnen genommen war, zum Gespött dienen würden –, ***13*** um wenigstens das Unglück nicht durch Straffälligkeit zu vermehren, der eine wie der andere, ohne von irgendeinem aufgefordert oder befehligt zu sein, an die Schanzarbeit und zogen um das am Wasser aufgeschlagene Lager den Wall, ***14*** indem sie unter lautem Hohn des übermütigen Feindes und eigenen kläglichen Geständnissen ihrer verlorenen Mühe und Arbeit spotteten. ***15*** Bei den betrübten Konsuln, die auch keinen Kriegsrat beriefen, weil hier weder Rat noch Hilfe stattfand, sammelten sich die Legaten und Obersten von selbst; und die Soldaten, nach den Hauptzelten blickend, verlangten eine Rettung von ihren Feldherren, die ihnen kaum die unsterblichen Götter gewähren konnten.

(3) Mehr unter Klagen als Beratungen wurden sie von der Nacht überrascht, während jeder nach seiner Sinnesart seinen Unmut laut werden ließ, der eine: *Durch die verhauenen Wege* – der andere: *Gerade zu den Bergen hinauf lasst uns vordringen! Durch den Wald! Wo sich's irgend mit den Waffen in der Hand durchbrechen lässt!* ***2*** *Sobald nur die Möglichkeit da ist, an den Feind zu kommen, den wir seit fast 30 Jahren besiegen, wird dem Römer im Kampf mit dem treulosen Samniten alles zu Flächen und Ebenen.* ***3*** Ein anderer dagegen: *Wohin denn, oder wo sollen wir ziehen? Wollen wir die Berge von der Stelle bewegen? Wo will man, solange diese Höhen emporragen, an den Feind kommen? Wir alle, Bewaffnete und Wehrlose, Tapfere und Feige, sind einer wie der andere gefangen und zugrunde gerichtet. Der Feind wird uns nicht einmal das Schwert zum ehrenvollen Tod darbieten; stillsitzend wird er dem Krieg ein Ende machen.* ***4*** Unter solchen gegenseitigen Gesprächen brachten sie, ohne an Speise und an Schlaf zu denken, die Nacht hin.

Aber selbst die Samniten wussten ebenso wenig in ihrem großen Glück sich zu raten. Deswegen stimmten alle dafür, den Herennius Pontius, den Vater des Feldherrn, schriftlich um seine Meinung zu fragen. ***5*** Seines hohen Alters wegen hatte sich der Mann schon von allen kriegerischen und bürgerlichen Ämtern zurückgezogen; allein den schwachen Körper beseelte noch die volle Geisteskraft und Entschlossenheit. ***6*** Auf die Anzeige, dass man bei den Caudinischen Pässen die römischen Heere zwischen den beiden Pässen eingeschlossen halte, erklärte er dem um Rat fragenden Boten seines Sohnes, man solle sie sogleich, ohne ihnen etwas zu leide zu tun, sämtlich abziehen lassen. ***7*** Als dieser Rat verworfen wurde, gab er dem abermals an ihn geschickten Boten auf die wiederholte Anfrage den Bescheid, man solle sie alle bis auf den letzten Mann niederhauen. ***8*** War gleich der Sohn selbst einer der ersten, die der Widerspruch dieser gleichsam durch ein zweideutiges Orakel erteilten Antworten auf den Gedanken brachte, auch des Vaters Geist habe in dem schwachen Körper schon vom Alter gelitten, so musste er doch dem einstimmigen Verlangen, ihn selbst in den Kriegsrat zu berufen, nachgeben. ***9*** Der Greis soll, ohne sich durch die Beschwerlichkeit abhalten zu lassen, ins Lager gekommen sein, und als er in den Kriegsrat berufen wurde, sich ungefähr so erklärt haben, dass er nichts an seiner Meinung änderte, sondern nur seine Gründe hinzufügte. ***10*** Sein erster Rat, den er für den besten halte, sichere ihnen Frieden und Freundschaft mit einem der mächtigsten Völker durch diese große Wohltat auf immer; der zweite verschiebe den Krieg auf viele Menschenalter, während welcher der römische Staat nach dem Verlust zweier Heere so leicht nicht wieder zu Kräften kommen werde; einen dritten Rat gebe es nicht. ***11*** Als ihm darauf im weiteren Verlauf der Sohn und andere Vornehme die Frage vorlegten: Wie, wenn man einen Mittelweg einschlüge und die Römer, zwar unangefochten abziehen ließe und ihnen als Besiegten nach dem Kriegsrecht Bedingungen auferlege, sagte er: ***12*** *Diese Maßregel ist von der Art, dass sie euch weder Freunde erwirbt noch eure Feinde vernichtet. Versucht es und schenkt denen das Leben, die ihr durch Beschimpfung erbittert habt. Die Römer sind ein Volk, das besiegt keine Ruhe kennt.* ***13*** *Mag die Schande, die ihnen diesmal die dringende Not aufdrückt, bestehen, worin sie will, nie wird sie in ihrem Herzen sterben, wird sie nicht eher ruhen lassen, bis ihr sie ihnen durch vielfache Strafen gebüßt habt.*

(4) Von beiden Ratschlägen wurde keiner angenommen, und Herennius fuhr aus dem Lager nach Hause zurück. ***2*** Im römischen Lager fühlte man sich nach vielen vergeblich versuchten Angriffen, sich durchzuschlagen, und weil schon Mangel an allem war, durch die Not gedrungen, Gesandte abzuschicken. Sie mussten zuerst auf einen billigen Frieden antragen, und wenn sie keinen Frieden erhielten, zur Schlacht herausfordern. ***3*** Da antwortete ihnen Pontius, der Krieg sei zu Ende; und weil sie auch nicht einmal als Besiegte und Gefangene lernen wollten, ihre Demütigung zu gestehen, so wolle er sie entwaffnet im bloßen Unterkleid unter dem Jochgalgen durchziehen lassen; die übrigen Friedensbedingungen sollten Besiegten und Siegern gleiche Vorteile gewähren. ***4*** Wenn das samnitische Gebiet geräumt und die Ansiedler abgeführt würden, dann könnten Römer und Samniten im Genuss gleicher Bundesvorteile beide nach eigenen Gesetzen leben. ***5*** Auf diese Bedingungen sei er zu einem Vertrag mit den Konsuln bereit, sollte man aber auch nur eine nicht bewilligen wollen, so sollten die Gesandten nicht mehr zu ihm zurückkommen.

6 Als die Gesandten diese Botschaft meldeten, erhoben auf einmal alle eine so laute Wehklage und wurden von so tiefer Traurigkeit befallen, dass man hätte glauben sollen, es könnte ihnen nicht schrecklicher sein, wenn ihnen der Tod auf der Stelle angekündigt wäre. ***7*** Lange blieb man ohne alle Erklärung, und den Konsuln erstarb jedes Wort sowohl zur Empfehlung eines so schimpflichen als zur Missbilligung eines so notwendigen Vergleichs; da begann Lucius Lentulus, damals durch seine Tapferkeit und seine Ehrenstellen unter den Legaten der Erste: ***8*** *Ich habe oft meinen Vater erzählen hören, ihr Konsuln, dass er allein auf dem Kapitol dem Senat nicht dazu geraten habe, die Stadt von den Galliern durch Gold zu erkaufen, weil man teils von diesem zur Anlage von Werken und Schanzen viel zu trägen Feind nicht durch Wall und Graben eingeschlossen sei, teils auch, wenngleich nicht ohne große Gefahr, doch ohne sicheren Untergang sich durchschlagen könne.* ***9*** *Wenn wir jetzt, so wie es ihnen gestattet war, vom Kapitol herab mit den Waffen auf den Feind einzubrechen, wie so oft schon Belagerte auf die Belagerer einen Ausfall machten, ebenso – gleichviel, ob unsere Stellung günstig oder ungünstig wäre – nur zum Kampf mit dem Feind gelangen könnten, so würde auch ich bei meinem zu erteilenden Rat der Gesinnung meines mutigen Vaters treu geblieben sein.* ***10*** *Ehrenvoll ist es, ich leugne es nicht, für das Vaterland zu sterben, und ich bin bereit, für das römische Volk und seine Legionen mich entweder dem Tod zu weihen oder mich mitten in die Feinde zu stürzen.* ***11*** *Allein nach meiner Ansicht ist das Vaterland hier, hier Roms sämtliche Legionen, wollen diese nicht für sich selbst in den Tod gehen, was bleibt ihnen dann durch ihren Tod noch zu retten?* ***12*** *„Die Häuser der Stadt“, könnte man mir antworten, „und die Mauern, und die Bewohner dieser Stadt“. Nein, bei Gott, aufgeopfert wird das alles, wenn dieses Heer vernichtet wird, nicht gerettet. Denn wer soll das alles schützen? Etwa die unkriegerische und unbewehrte Menge?* ***13*** *Wahrhaftig, ebenso gewiss, wie sie es vor dem Einbruch der Gallier schützte, sollen sie etwa ein Heer* *von Veji und einen Camillus als Anführer herbeirufen?* ***14*** *Alle Hoffnung, alle Hilfe ist nur von diesen hier zu haben; durch ihre Rettung retten wir das Vaterland; überliefern wir sie dem Tod, so verlassen, so verraten wir das Vaterland.* ***15*** *„Aber die Übergabe ist grässlich und schmachvoll." – Die Liebe, die das Vaterland fordert, geht zu seiner Rettung, wenn es sein muss, ebenso gern in die Schande wie in den Tod.* ***16*** *So nehmen wir denn diese Schmach auf uns, sei sie, so groß sie wolle. Unterwerfen wir uns einer Notwendigkeit, die auch die Götter nicht besiegen können. Geht hin, ihr Konsuln, bringt dem Staat eure Waffen dar, dem eure Vorfahren ihr Gold darbrachten.*

(5) Die zur Unterredung mit Pontius abgegangenen Konsuln erklärten dem Sieger, der auf einen Friedensabschluss drängte, ohne Genehmigung des Volkes könne kein Friede geschlossen werden, ebenso wenig ohne Fetialen und sonst gewöhnliche Feierlichkeiten. ***2*** Also kam der Caudinische Vertrag nicht, wie man gewöhnlich glaubt, und Claudius auch schreibt, durch einen Friedensschluss, sondern durch eine verbürgte Übereinkunft zustande. ***3*** Denn wozu wären Bürgen oder Geiseln bei einem Friedensschluss nötig gewesen, wo die Sache mit der Anrufung Jupiters abgetan wird, dass er dasjenige Volk, durch dessen Schuld die aufgestellten Bedingungen verletzt würden, ebenso treffen solle, wie die Fetialen das Schwein treffen? ***4*** Diesmal verbürgten sich die Konsuln, die Legaten, die Quästoren, die Obersten und die Namen aller, die sich verbürgten, sind noch zu lesen, wo man doch, wenn die Sache durch einen Vertrag abgemacht worden wäre, bloß die Namen der beiden Fetialen finden würde. ***5*** Auch wurden wegen des notwendigen Aufschubs des eigentlichen Friedensschlusses noch 600 Ritter als Geiseln gefordert, welche mit ihrem Leben büßen sollten, wenn die Zusage nicht gehalten würde. ***6*** Dann wurde zur Auslieferung der Geiseln und zum waffenlosen Abzug des Heeres eine Zeit festgesetzt.

Die Ankunft der Konsuln erneuerte die Traurigkeit im Lager so sehr, dass sich die Soldaten beinahe an denjenigen vergriffen hätten, deren Unbesonnenheit sie in eine solche Lage gebracht hatte, und durch deren Unentschlossenheit sie noch schimpflicher abziehen sollten, als sie gekommen waren. Keinen Wegweiser, keinen Kundschafter hätten sie gehabt; ***7*** blindlings hätten sie ihre Soldaten gleich dem Wild in die Fanggrube stürzen lassen. ***8*** Einer sah den andern an, betrachtete seine bald abzuliefernden Waffen, seine bald wehrlosen Hände, seine dem Feind preisgegebene Person. Sie stellten sich selbst den feindlichen Jochgalgen vor Augen und den Hohn des Siegers, seine stolzen Mienen und ihren Zug ohne Waffen durch die bewaffneten Reihen; ***9*** dann die klägliche Wanderung ihrer schmachbeladenen Schar durch die Städte der Bundesgenossen, und die Rückkehr ins Vaterland zu den Ihrigen, wohin sie selbst und ihre Vorfahren so oft triumphierend gekommen wären. ***10*** Nur sie allein seien ohne Wunde, ohne Schwert, ohne Schlacht besiegt worden, nur ihnen sei es nicht vergönnt gewesen, das Schwert zu ziehen und mit dem Feind handgemein zu werden; umsonst wären sie mit Waffen, umsonst mit Manneskraft, umsonst mit Mut gerüstet.

11 Unter solchem Murren brach die Stunde der über sie verhängten Schmach herein, in der ihnen alles unter der Erduldung noch härter werden sollte, als sie es sich im Geist vorgestellt hatten. ***12*** Gleich zuerst wurde ihnen befohlen, nur im Untergewand, ohne Waffen, aus dem Lagerwall zu gehen; und vor allen Dingen wurden die Geiseln überliefert und in Gefangenschaft geführt. ***13*** Darauf mussten die Liktoren von den Konsuln abtreten, und die Feldherrnkleider wurden ihnen abgezogen, ein Anblick, der selbst bei denen, die kurz vorher unter Flüchen ihre Auslieferung und Zerstückelung verlangt hatten, ein so tiefes Mitleid erregte, ***14*** dass jeder, sein eigenes Schicksal vergessend, von dieser Entwürdigung der Hoheit wie von einem ruchlosen Schauspiel, seine Augen abwandte.

(6) Zuerst wurden die Konsuln, fast halbnackt, unter dem Hochgalgen durchgeschickt; dann traf die Schmach jeden, wie er im Rang der nächste war, zuletzt die Legionen eine nach der

andern. *2* Höhnend und spottend standen die Feinde bewaffnet umher; vielen drohten sie mit dem Schwert, ja einige wurden verwundet und getötet, wenn etwa in ihrem Blick der Ingrimm über die unwürdige Behandlung den Sieger beleidigte. *3* So wurden sie unter dem Jochgalgen durch, und was beinahe noch schimpflicher war, an den Augen der Feinde vorbeigeführt.

Als sie den Pass hinter sich hatten, war ihnen, obgleich sie, wie aus der Hölle herausgezogen, jetzt erst das Tageslicht zu erblicken glaubten, dennoch selbst dies Tageslicht, in welchem sie ihren scheußlichen Zug sahen, ärger als der Tod. *4* Obgleich sie also noch vor Nacht Capua hätten erreichen können, warfen sie sich, über die Zuverlässigkeit dieser Bundesgenossen ungewiss und weil sie die Scham nicht weitergehen ließ, nicht weit von Capua an der Heerstraße unter Mangel an allem auf den Erdboden nieder. *5* Als dies in Capua gemeldet wurde, überwog gerechtes Mitleid gegen Bundesgenossen den den Campanern angeborenen Übermut. *6* Sogleich versahen sie die Konsuln mit den Abzeichen ihrer Würde, mit Rutenbündeln und Liktoren, schickten den Soldaten reichlich Waffen, Pferde, Kleidung und Lebensmittel, *7* und Senat und Volk, die ihnen bei ihrem Heranrücken auf Capua vor das Tor entgegengingen, leisteten ihnen für sich und im Namen ihres Staates jede von Gastfreunden zu erwartende Gefälligkeit. *8* Doch alle Güte der Bundesgenossen, ihr freundlicher Blick, ihre Ermunterungen, konnten ihnen keine Worte auspressen, selbst nicht einmal bewirken, dass sie die Augen aufschlugen und den tröstenden Freunden ins Gesicht sähen, *9* vielmehr war es außer ihrer Betrübnis eine sehr begreifliche Scham, welche sie alle Gespräche und Menschengesellschaft fliehen hieß. *10* Als die vornehmen Jünglinge, die man ihnen von Capua mitgegeben hatte, um die Abziehenden an die kampanische Grenze zu begleiten, am folgenden Tag zurückkamen, *11* erzählten sie, vor den Rat gefordert, auf die Nachfrage der Älteren, sie wären ihnen noch weit betrübter und niedergeschlagener vorgekommen, so still und beinahe stumm wären sie auf ihrem Zug weitergegangen, *12* der alte römische Hochsinn sei zu Grabe getragen, sie hätten sich mit den Waffen auch den Mut nehmen lassen, sie grüßten keinen, erwiderten keinen Gruß, vor Furcht habe kein Einziger den Mund auftun können, gleich als trügen sie noch auf ihrem Nacken das Joch, unter dem sie weggegangen wären. *13* Die Samniten hätten nicht bloß einen herrlichen, sondern auch einen bleibenden Sieg errungen, denn sie hätten nicht, wie früher die Gallier, Rom, sondern, was eine weit größere Kriegstat sei, die römische Tapferkeit, den römischen Heldenmut erobert.

(7) Während dergleichen geredet und angehört wurde, und im Rate der treuen Bundesgenossen beinahe der Untergang des römischen Namens beweint worden war, *2* soll Ofillius Calavius, des Ovius Sohn, ein durch Abkunft und eigene Taten, jetzt auch durch sein Alter ehrwürdiger Mann, gesagt haben, die Sache verhalte sich ganz anders. *3* Dieses hartnäckige Schweigen, dieser auf die Erde geheftete Blick, dieses für alle Tröstung taube Ohr und die Scham, ins Tageslicht zu sehen, verrate einen lastenden, aus der Tiefe der Seele emporstrebenden Grimm. *4* Entweder kenne er die Gesinnung der Römer nicht, oder jenes Schweigen werde nächstens bei den Samniten klägliches Geschrei und Seufzer hervorrufen, und die Erinnerung an den Caudinischen Vertrag werde einst den Samniten weit schmerzhafter als den Römern sein. *5* Denn wo sie einander träfen, würden beide den ihnen eigenen Mut beweisen; allein Caudinische Pässe würden sich für die Samniten nicht überall finden.

6 Jetzt hatte sich auch in Rom die schlimme Nachricht von der Niederlage verbreitet. Hier hatte man anfangs bloß die Einschließung des Heeres erfahren; dann kam die noch traurigere Botschaft von einem mehr schmachvollen Vertrag als von einer wirklichen Gefahr der Truppen. *7* Auf das Gerücht von ihrer Einschließung hatte man sogleich eine Aushebung vorgenommen; als man aber hörte, dass diese schändliche Übergabe schon eingetreten sei, wurde das Aufgebot der Hilfstruppen wieder entlassen, und ohne allen öffentlichen Aufruf vereinigte man sich zu jedem Bekenntnis der Trauer. **8** Die Buden am Markt wurden geschlossen; der Gerichtsstillstand erfolgte auf dem Markt von selbst, bevor er angekündigt war; die Purpurstreifen, alle goldenen Ringe legte man ab; **9** die Bürgerschaft war fast noch betrübter als das Heer; sie zürnte nicht bloß den Feldherren, nicht bloß den Urhebern und Bürgen des Vertrages, sondern hasste auch die unschuldigen Soldaten und erklärte, man dürfe sie nicht wieder in die Stadt und in die Häuser aufnehmen.

10 Die Ankunft des Heeres, auch Zürnenden mitleidenswert, brach diesen Sturm der Gemüter. Nicht als in ihr Vaterland Heimkehrende, nicht als über alle Erwartung Gerettete, sondern dem Aufzug und der Miene nach als Gefangene, spät abends in die Stadt gekommen, ***11*** schlich jeder so in sein Haus, dass er es auch am nächsten und den folgenden Tagen nicht wagte, sich auf dem Markt oder sonst öffentlich sehen zu lassen. ***12*** Die Konsuln, in häuslicher Stille begraben, entzogen sich jeder Amtsverrichtung, außer dass sie – und auch dies wurde ihnen durch einen Senatsbefehl abgenötigt – zur Abhaltung des Wahltages einen Diktator ernannten. ***13*** Dieser war Quintus Fabius Ambustus, und Publius Aelius Paetus sein Magister Equitum. ***14*** Weil bei dieser Wahl ein Fehler begangen wurde, traten an deren Stelle als Diktator Marcus Aemilius Papus, als Magister Equitum Lucius Valerius Flaccus. Aber auch diese hielten den Wahltag nicht, und weil das Volk mit allen Obrigkeiten dieses Jahres unzufrieden war, kam man wieder auf eine Zwischenregierung zurück. ***15*** Zwischenkönige waren Quintus Fabius Maximus, Marcus Valerius Corvus. Dieser erklärte den Quintus Publilius Philo und den Lucius Papirius Cursor (diesen zum zweiten Mal) zu Konsuln mit ganz entschiedenem Beifall der Bürger, weil sie für die berühmtesten Feldherren ihres Zeitalters galten.

(8) Noch am Tag ihrer Wahl traten sie – denn so hatten es die Väter beschlossen – ihr Amt an, und nachdem sie die gewöhnlichen Senatsbeschlüsse erledigt hatten, brachten sie den Caudinischen Frieden zum Vortrag. ***2*** Publilius also, dem heute die Rutenbündel gehörten, rief: *Spurius Postumius, rede!*

Er trat auf und begann, mit demselben Blick, mit dem er unter dem Jochgalgen durchgegangen war: ***3*** *Ich bin mir dessen bewusst, ihr Konsuln, dass ich, mir zur Schande, nicht der Ehre wegen, zuerst aufgefordert werde zu reden, nicht als Senator, sondern als der mit der Schuld teils des unglücklichen Krieges, teils des schimpflichen Vertrages Behaftete.* ***4*** *Gleichwohl will ich, da ihr weder unser Verbrechen noch unsere Bestrafung zum Vortrag gebracht habt, ohne allen Versuch einer Verteidigung, die mir hier vor diesen der menschlichen Schicksale und Notfälle nicht unkundigen Männern eben nicht schwer werden sollte, nur über den Gegenstand eures Antrages kurz meine Meinung sagen. Und diese meine Meinung wird entscheiden, ob ich mich selbst oder eure Legionen geschont habe, als ich diese Verbürgung – sei sie schandbar oder notgedrungen – auf mich nahm.* ***5*** *Allein, da sie ohne Genehmigung des Volkes geschlossen ist, so ist auch das römische Volk durch sie nicht gebunden, und den Samniten gebührt vermöge derselben weiter nichts als unsere Person.* ***6*** *Lasst uns durch die Fetialen nackt und gebunden ausliefern, lasst uns das Volk von der eidlichen Verpflichtung, wenn wir ihm ja eine auferlegt haben, befreien, damit euch sowenig von Seiten der Götter als der Menschen irgendetwas hindere, den Krieg mit Gerechtigkeit und göttlichem Segen von Neuem zu eröffnen.* ***7*** *Inzwischen müssten die Konsuln ein Heer werben, bewaffnen, ausziehen, allein nicht eher in das feindliche Gebiet einrücken, als bis alles zu unserer Auslieferung Erforderliche instand gesetzt ist.* ***8*** *Euch, ihr unsterblichen Götter, bitte ich und zu euch flehe ich, wenn es nicht euer Wille war, dass die Konsuln Spurius Postumius und Titus Veturius den Krieg gegen die Samniten mit Glück führen sollten,* ***9*** *es dabei bewenden zu lassen, dass ihr uns unter dem Jochgalgen durchziehen saht, uns saht, wie wir mit einer so entwürdigenden Verbürgung belastet waren, und nun sehen sollt, wie wir nackt und gebunden den Feinden überliefert werden und der ganzen feindlichen*

Rache unsere Häupter entgegenbringen. **10** *Möchtet ihr die neuen Konsuln und römischen Legionen den Krieg mit den Samniten so führen lassen, wie alle Kriege vor unserem Konsulat geführt sind.*

11 Als er so gesprochen hatte, ergriff zugleich Bewunderung und Mitleid mit dem Mann alle in so hohem Grad, dass sie es sich jetzt kaum denken konnten, dass dies derselbe Spurius Postumius sei, der einen so schimpflichen Vertrag angenommen hatte, ***12*** dann wieder es bedauerten, dass ein solcher Mann bei den Feinden, aus Rache für den aufgehobenen Vertrag, noch eine empfindliche Strafe erleiden sollte. ***13*** Alle traten, nur in das Lob des Mannes einstimmend, durch schweigenden Übergang seiner Meinung bei; die Volkstribunen* Lucius Livius und Quintus Maelius versuchten einige Einrede. ***14*** Sie sagten, einesteils werde das Volk durch ihre Auslieferung von der eidlichen Verpflichtung nicht befreit, wenn nicht den Samniten alles, wie es bei Caudium gewesen sei, wieder übergeben würde, ***15*** anderseits hätten auch sie dafür, dass sie durch Verbürgung des Vertrages dem römischen Volk ein Heer erhalten hätten, durchaus keine Strafe verdient, und endlich, da sie unverletzlich wären, dürften sie weder den Feinden überliefert noch verletzt werden.

(9) Darauf sagte Postumius: *So liefert inzwischen, was ihr mit gutem Gewissen tun könnt, uns, die wir keinen heiligen Charakter haben, aus; diese Unverletzlichen liefert ihr dann hinterher ab, sobald sie ihr Amt niedergelegt haben,* **2** *doch, wenn mein Wort gelten soll, vor ihrer Ablieferung hier auf dem Versammlungsplatz mit Ruten gepeitscht, um ihnen so die aufgeschobene Zahlung der Strafe gleich zu verzinsen.* **3** *Denn wenn sie sagen, durch unsere Auslieferung werde das Volk von der eidlichen Verpflichtung nicht entbunden, so möchte wohl niemand mit dem Recht der Fetialen so unbekannt sein, dass er nicht begreifen wollte, dass sie dies mehr deswegen vorbringen, um nicht ausgeliefert zu werden, als weil sich die Sache wirklich so verhalte.* **4** *Auch will ich nicht in Abrede stellen, versammelte Väter, dass bei uns, die wir nächst den Verbindlichkeiten gegen die Götter menschliche Zusagen in Ehren halten, Verbürgungen ebenso heilig wie geschlossene Verträge sind; das aber leugne ich, dass ohne Genehmigung des Volkes irgendetwas zu einer Verpflichtung gemacht werden kann, durch die das Volk gebunden wäre.* **5** *Wie, wenn die Samniten mit demselben Übermut, mit dem sie jene Verbürgung von uns erpressten, uns gezwungen hätten, die bei der Übergabe von Städten eingeführte Formel auszusprechen, wolltet dann ihr Tribunen behaupten, dass wir das römische Volk übergeben hätten, und dass diese Stadt, diese Tempel und Heiligtümer, sowie Land und Wasser den Samniten gehörten?* **6** *Ich lasse den Ausdruck Übergabe beiseite, weil es hier auf eine Verbürgung ankommt. Wie nun, wenn wir uns verbürgt hätten, dass das römische Volk diese Stadt verlassen, dass es sie in Brand stecken solle, dass es ohne Obrigkeit, ohne Senat, ohne Gesetze leben, dass es wieder unter Königen stehen solle?* **7** *Gott bewahre, höre ich antworten. Allein das Empörende in der Forderung löst ja das Band der Verbürgung nie. Kann das Volk zu irgendetwas verbindlich gemacht werden, so kann es das zu allem. Auch darauf kommt es jetzt nicht an, worauf vielleicht mancher Rücksicht nehmen möchte, ob der Bürgende Konsul, Diktator oder Prätor war.* **8** *So urteilten auch die Samniten selbst, da sie, mit der Bürgschaft der Konsuln nicht zufrieden, auch die Legaten, Quästoren und Obersten sich zu verbürgen zwangen.* **9** *Auch muss mich jetzt niemand fragen, warum ich denn diese Bürgschaft geleistet hätte, da sie doch keinem Konsul zustehe, und ich keinen Frieden verbürgen könne, den ich zu geben nicht befugt sei, auch nicht in eurem Namen, da ihr mir dazu keinen Auftrag gegeben hattet.* **10** *Bei Caudium, versammelte Väter, hat menschliche Leitung gerade nichts getan. Die unsterblichen Götter nahmen euren und den feindlichen Feldherren den Verstand.* **11** *Wir waren im Krieg nicht genug auf unserer Hut; und sie verdarben sich ihren schlecht erworbenen Sieg auf eine ebenso schlechte Art, da sie selbst der Gegend, in welcher sie gesiegt hatten, nicht trauten und nur darauf erpicht waren, Männern, für die*

---

* Bei Caudium hatten sie noch im Heer gedient und waren nach ihrer Rückkehr zu Volkstribunen gewählt worden.

Waffen geboren, unter jeder Bedingung die Waffen aus den Händen zu winden. **12** *Oder verursachte das, wenn sie bei Verstand waren, so viele Schwierigkeiten, während sie die Greise aus der Heimat zu ihren Beratungen holen ließen, Gesandte nach Rom zu schicken und mit dem Senat, mit dem Volk über Friedensschluss und Vertrag zu unterhandeln?* **13** *Für einen rüstigen Mann war es eine Reise von drei Tagen. Unterdessen wäre Waffenstillstand gewesen, bis ihnen die Gesandten entweder sicheren Sieg oder sicheren Frieden von Rom zurückgebracht hätten. Das wäre dann eine gültige Verbürgung gewesen, in der wir uns mit Genehmigung des Volkes verbürgt hätten.* **14** *Allein weder hättet ihr sie an das Volk gelangen lassen, noch wären wir sie eingegangen; auch hätte der Ausgang der Sache kein anderer sein dürfen als der, dass jene wie in einem freudigen Traum, den ihr Geist nicht fassen konnte, getäuscht wurden,* **15** *und die Befreiung unseres Heeres ebenso das Werk des Schicksals war, wie seine Einschließung es gewesen war, dass ein nichtiger Sieg durch einen noch nichtigeren Frieden aufgehoben wurde und eine Verbürgung eintreten musste, die für niemanden als den Bürgen verbindlich war.* **16** *Denn wo wären die Unterhandlungen, versammelte Väter, die man mit euch oder mit dem römischen Volk gepflogen hätte? Wer kann euch darauf in Anspruch nehmen, wer kann sagen, ihr hättet ihn getäuscht? Der Feind, der Untertan? Dem Feind habt ihr für nichts gebürgt, von keinem Untertan Bürgschaft für euch verlangt.* **17** *Folglich habt ihr es weder mit uns zu tun, da ihr uns keinen Auftrag gegeben habt, noch mit den Samniten, da ihr mit ihnen über nichts unterhandelt habt.* **18** *Den Samniten sind wir hinreichende Bürgen mit dem, worüber wir verfügen, mit dem, was wir bieten können, unserer Person und unserem Leben. Mögen diese der Gegenstand ihrer Wut werden, gegen den sie ihre Schwerter, gegen den sie ihre Rache schärfen.* **19** *Was die Tribunen betrifft, so stimmt darüber ab, ob ihre Auslieferung gleich jetzt geschehen könne, oder ob sie auf eine spätere Zeit verschoben werden müsse. Indes wollen wir, Titus Veturius und ihr Übrigen, diese unsere wertlosen Häupter zur Verbüßung unserer Bürgschaft darbringen und durch unsere Bestrafung die römischen Waffen frei machen.*

(10) Die Sache wie ihr Gewährsmann machte Eindruck auf die Väter; und nicht bloß die Übrigen, sondern auch die Volkstribunen erklärten, sie würden sich der Verfügung des Senates unterwerfen. *2* Darauf legten sie sogleich ihre Ämter nieder und wurden alle den Fetialen zur Abführung nach Caudium übergeben. Die Abfassung dieses Senatsbeschlusses war für den Staat gleichsam ein Strahl des Lichts, *3* Postumius war in aller Munde: Man erhob ihn mit Lobsprüchen zum Himmel, man setzte seine Tat dem Opfertod des Konsuls Publius Decius und anderen berühmten Taten an die Seite; *4* dass sich der Staat aus einem lastenden Friedensschluss wieder emporhebe, sei seine Angabe, sein Werk; er selbst biete sich den Martern und dem Zorn der Feinde dar und gebe sich zum Sühnopfer für das römische Volk. *5* Nur an Waffen und Krieg denkend, fragten alle, ob es denn nicht einmal dazu kommen werde, dass sie sich als Bewaffnete mit den Samniten messen könnten.

6 Da die Bürger so von Zorn und Hass entflammt waren, ließen sich fast alle freiwillig anwerben. Aus denselben Truppen wurden wieder neue Legionen gebildet und das Heer nach Caudium geführt. *7* Als die vorausgegangenen Fetialen an das Stadttor kamen, ließen sie den Bürgen die Kleidung ausziehen und die Hände auf dem Rücken binden. Da der Gerichtsdiener aus Ehrfurcht vor dem hohen Rang des Postumius ihn nur lose band, rief dieser: *Willst du bald den Riemen anziehen, damit die Überlieferung ihre Gültigkeit habe?* **8** Als sie darauf in die Versammlung der Samniten und vor den Richterstuhl des Pontius kamen, sprach der Fetiale Aulus Cornelius Arvina folgende Worte: **9** *Da diese Leute hier ohne Befehl des römischen Volkes der Quiriten sich verbürgt haben, dass ein Friedensvertrag geschlossen werden solle, und deshalb sich mit Schuld beladen haben, so übergebe ich, damit das römische Volk von diesem gottlosen Frevel entbunden sei, diese Leute hier in eure Hände.* **10** Bei diesen Worten gab Postumius dem Fetialen, so stark er nur konnte, mit dem Knie einen Stoß in die Hüfte und rief laut, er sei jetzt samnitischer Untertan, und jener ein Gesandter. Er habe sich gegen das Völkerrecht an einem Fetialen vergriffen; umso gerechter werde der zu führende Krieg sein.

(11) Da sprach Pontius: Eine solche Auslieferung nehme ich ebenso wenig an, als die Samniten sie gelten lassen werden. **2** *Wenn du noch glaubst, Spurius Postumius, dass es Götter gibt, warum erklärst du nicht entweder alles wieder für ungültig, oder bestehst auf dem Vertrag? Dem samnitischen Volk gehören alle diejenigen, die es in seiner Gewalt hatte, oder dafür der Friede.* **3** *Aber was wende ich mich an dich, der du dich als Gefangenen dem Sieger mit möglichster Treue zurückgibst? Das römische Volk rufe ich an. Ist ihm die bei den Caudinischen Pässen getroffene Verbürgung nicht anständig, so liefere es die Legionen in den Pass zurück, in welchem sie eingeschlossen waren.* **4** *Keiner soll den andern übervorteilt haben: Wir nehmen alles als ungeschehen wieder an; sie erhalten die Waffen zurück, die sie vermöge des Vergleiches ablieferten, und begeben sich wieder in ihr Lager. Alles, was sie tags zuvor hatten, ehe wir in Unterhandlung traten, sei ihnen gewährt; dann wollen wir sehen, ob Gefecht und Kraftentschlüsse in ihrem Plan liegen, ob sie Bürgschaft und Frieden zurückweisen.* **5** *Ganz in derselben Lage, auf demselben Standort wollen wir den Krieg beginnen, die wir vor Erwähnung des Friedens hatten; und das römische Volk soll sich so wenig über die Verbürgung seiner Konsuln als wir uns über die Treulosigkeit des römischen Volkes zu beklagen haben.* **6** *Soll es euch denn nie an einem Vorwand fehlen, warum ihr als Besiegte nicht Wort haltet? Dem Porsenna stelltet ihr Geiseln; heimlich entzogt ihr sie ihm. Den Galliern kauftet ihr euren Staat mit Gold ab: Bei der Überhabe des Goldes hiebt ihr sie nieder.* **7** *Mit uns habt ihr den Vertrag geschlossen, dass wir euch eure gefangenen Legionen wiedergeben sollten; den Vertrag erklärt ihr für ungültig, und jedes Mal hüllt ihr eure Unredlichkeit in einen Schein des Rechts.* **8** *Das römische Volk missbilligt die Rettung seiner Legionen durch einen schimpflichen Frieden? Gut, ich gebe ihm diesen Frieden zurück, nur liefere es dem Sieger die gefangenen Legionen wieder aus; das hieße doch Redlichkeit, das hieße doch, sich der Verträge, sich der feierlichen Zusagen der Fetialen würdig benehmen.* **9** *Also du nur wolltest vermöge des Vertrages in dem Besitz dessen bleiben, was du dadurch zu gewinnen suchtest, das Leben so vieler Untertanen, ich aber soll den Frieden, den ich mir bei der Rückgabe dieser Leute ausbedungen habe, fahren lassen? Und dies wäre das Recht, welches du, Aulus Cornelius, und ihr, ihr Fetialen, zwischen den Völkern aufstellt?* **10** *Nein, ich nehme diese Leute, die ihr zum Schein ausliefert, ebenso wenig an, als ich dies für eine Auslieferung anerkenne; auch werde ich sie nicht abhalten, in den Staat, der durch die vor sich gegangene Bürgschaft verbindlich wurde, auf den alle Götter zürnen müssen, weil er mit ihrer Gottheit Spott treibt, zurückzugehen.* **11** *Führt den Krieg immerhin, weil doch Spurius Postumius soeben einen Gesandten, einen Fetialen, mit dem Knie gestoßen hat. So einfältig werden auch die Götter sein, dass sie glauben, Postumius sei ein samnitischer Untertan und kein römischer, habe als Samniter einen römischen Gesandten misshandelt, und dadurch sei euer Krieg gegen uns rechtmäßig geworden.* **12** *Dass ihr euch nicht schämt, eine solche Verhöhnung der Religion ans Tageslicht zu bringen, und dass Männer von Jahren und gewesene Konsuln, um dem Halten ihres Wortes zu entgehen, nach Winkelzügen suchen, die kaum für Knaben sich schicken?* **13** *Geh hin, Liktor, nimm den Römern die Fesseln ab, und niemand wehre ihnen, zu gehen, wohin sie wollen.*

Und so kamen diese, nachdem sie das Versprechen, vielleicht auch des Staates, wenigstens doch das ihrige, gelöst hatten, von Caudium unangefochten in das römische Lager zurück.

(12) Die Samniten, die aus einem übermütigen Frieden einen höchst erbitterten Krieg wieder hervorgehen sahen, stellten sich alles, was nachher erfolgte, nicht bloß im Geist vor, sondern hatten es fast vor Augen; **2** und zu spät und vergebens priesen sie nun beide Vorschläge des alten Pontius, zwischen denen sie mitten durchgehend den Besitz des Sieges für einen unsicheren Frieden

hingegeben, und nun, nachdem sie die Gelegenheit, wohl zu tun oder zu schaden, versäumt hätten, mit denen kämpfen müssten, die sie auf ewig entweder als Feinde hätten vernichten oder zu Freunden machen können. ***3*** Ja, ehe noch irgendein Kampf einer der Mächte ein Übergewicht gab, hatte sich seit dem Caudinischen Vertrag die Stimmung der Gemüter so geändert, dass Postumius von seiner Auslieferung bei den Römern größeren Ruhm hatte, als Pontius bei den Samniten von seinem unblutigen Sieg, ***4*** und dass die Römer die Möglichkeit der Kriegführung schon für einen gewissen Sieg ansahen, die Samniten hingegen glaubten, den Krieg erneuern und siegen sei für die Römer einerlei.

5 Inzwischen waren die Satricaner zu den Samniten abgefallen, und die Kolonie Fregellae durch einen Überfall der Samniten, zu denen sich auch nach sicheren Nachrichten Satricaner geschlagen hatten, bei Nacht überrumpelt. Dann hielten sich beide Teile aus gegenseitiger Furcht bis zum Anbruch des Tages ruhig. ***6*** Das Tageslicht eröffnete den Kampf, den die Fregellaner, obgleich er eine Zeitlang unentschieden blieb, dennoch bestanden, weil sie für Altar und Herd fochten und weil die unkriegerische Menge von den Dächern herab sie unterstützte. ***7*** Eine List brachte endlich ihre Sache zum Sinken, weil sie einen Herold zu Wort kommen ließen, welcher jedem, der die Waffen strecken würde, freien Abzug versprach. Durch diese Aussicht wurde der Mut zum Kampf gebrochen, und hin und wieder fing man an, die Waffen wegzuwerfen. ***8*** Der hartnäckigere Teil brach mit den Waffen zum entgegengesetzten Tor hinaus, und ihnen gewährte ihre Kühnheit einen besseren Schutz, als jenen die unvorsichtige Leichtgläubigkeit ihrer Furcht. Denn diese wurden von den Samniten mit rings angelegtem Feuer eingeschlossen und unter vergeblichen Berufungen auf Götter und gegebenes Wort verbrannt.

9 Die Konsuln teilten sich in die Geschäfte: Papirius zog nach Apulien gegen Luceria, wo die römischen Ritter, die bei Caudium als Geiseln gestellt worden waren, bewacht wurden. Publilius blieb in Samnium gegen die Legionen von Caudium stehen. ***10*** Dies gab der Aufmerksamkeit der Samniten eine verschiedene Richtung, denn sie durften nicht geradezu nach Luceria gehen, wenn sie nicht den Feind im Rücken haben wollten, noch auch bleiben, um nicht inzwischen Luceria zu verlieren. ***11*** Sie hielten es für das Beste, etwas zu wagen und mit Publilius fertig zu werden. Also stellten sie ihr Heer zur Schlacht auf.

(13) Konsul Publilius, der im Begriff war, mit ihnen zu kämpfen, glaubte, seine Soldaten vorher anreden zu müssen, und berief eine Versammlung. War auch der Eifer groß, mit dem sie alle dem Feldherrnplatz zueilten, so konnte man doch vor dem Geschrei der die Schlacht Fordernden von den Ermunterungen des Feldherrn nichts verstehen. ***2*** Jeder hatte an dem der Beschimpfung sich erinnernden Mut den Ermunterer in sich. So drängten sie beim Ausrücken in die Schlacht die Fahnenträger vor sich her, und um sich nicht beim Angriff mit dem Abschießen der Wurfpfeile und dann mit dem Ziehen der Schwerter aufzuhalten, warfen sie die Wurfpfeile wie auf ein gegebenes Zeichen von sich und stürzten mit gezücktem Schwert im Lauf gegen den Feind los. ***3*** An Kunst des Feldherrn in Anordnung der Linien oder des Hintertreffens war hier nicht zu denken; der Grimm der Soldaten tat in einem beinahe wütenden Angriff alles. ***4*** So wurden die Feinde nicht bloß geschlagen, sondern sie wagten es nicht einmal, auf der Flucht sich durch ihr Lager aufhalten zu lassen und eilten zerstreut nach Apulien; doch kamen sie, als sie sich wieder in einen Zug vereinigt hatten, nach Luceria. ***5*** Die Römer führte derselbe Zorn, der sie mitten durch die Linie der Feinde getrieben hatte, auch in das feindliche Lager. Hier gab es noch mehr Blut und Morden als in der Schlacht, und im Zorn wurde der größte Teil der Beute verdorben.

6 Das andere Heer mit Konsul Papirius war an der Seeküste bis Arpi durch lauter Völker gezogen, welche sich mehr aus Erbitterung über die von den Samniten erlittenen Beleidigungen als aus Verbindlichkeit gegen das römische Volk friedfertig bezeigten. ***7*** Denn die Samniten, die damals auf Gebirgen in Dörfern wohnten, verheerten die flachen und an der Küste gelegenen Gegenden, da sie selbst als ein rohes Bergvolk die Bewohner als eine wildere und, wie man es so oft findet, ihrem Boden ähnliche Menschenart verachteten. ***8*** Wäre diese Gegend den Samniten treu gewesen, so hätte entweder das römische Heer nicht nach Arpi vordringen können, oder, da sie zwischen Rom und Arpi lag, hätte sie die Römer, denen sie die Zufuhr abschneiden konnte, durch Mangel an allem aufreiben lassen. ***9*** Auch jetzt noch, als die Römer schon von dort vor Luceria angekommen waren, wurde die Not für die Belagerer so drückend wie für die Belagerten, von Arpi wurde zwar den Römern alles zugeführt, aber in so geringem Maß, dass die Reiterei dem mit Postenstehen, Wachen und Schanzarbeit beschäftigten Soldaten das Getreide in Schläuchen von Arpi auf ihren Pferden ins Lager brachte, und nicht selten, wenn sie auf Feinde stieß, sich genötigt sah, das Getreide wegzuwerfen und zu kämpfen. ***10*** Auch hatten die Samniten, ehe der andere Konsul mit seinem siegreichen Heer herbeikam, vom Gebirge Vorräte in die belagerte Stadt geschafft und Hilfstruppen hineingeschickt. ***11*** Seit der Ankunft des Publilius aber war sie in einer viel bedrängteren Lage: Denn da er die Einschließung der Sorge seines Amtsgenossen überließ, hatte er nichts weiter zu tun gehabt, als überall auf dem Land den Feinden die Zufuhr unsicher zu machen. ***12*** Weil also keine Hoffnung war, dass die Belagerten den Mangel länger ertragen würden, sahen sich die Samniten, die bei Luceria im Lager standen, gezwungen, von allen Seiten ihre Streitkräfte zusammenzuziehen und mit Papirius zu schlagen.

(14) Gerade als sich beide zur Schlacht anschickten, kamen tarentinische Gesandte dazwischen und deuteten Samniten und Römern an, den Krieg einzustellen. Wer von beiden schuld daran sein würde, dass man nicht die Waffen niederlegte, gegen den würden sie für den andern kämpfen. ***2*** Als Papirius die Gesandtschaft angehört hatte, gab er, als hätte ihre Erklärung Eindruck auf ihn gemacht, zur Antwort, er werde die Sache seinem Amtsgenossen mitteilen; er ließ ihn kommen, brachte aber die ganze Zeit mit Zurüstungen zur Schlacht hin, über die er sich mit ihm zusammen besprach, und ließ das Schlachtzeichen aufstecken. ***3*** Während die Konsuln alles vornahmen, was gewöhnlich bei einer bevorstehenden Schlacht in Rücksicht auf Götter und Menschen besorgt wird, liefen die tarentinischen Gesandten bei ihnen in Erwartung einer Antwort auf und ab. Da sprach Papirius: ***4*** *Der Hühnerwärter, ihr Tarentiner, meldet uns günstige Anzeichen. Außerdem ist das Opfer vortrefflich ausgefallen. Auf den Ruf der Götter, wie ihr seht, gehen wir ans Werk.* ***5*** Er gab Befehl, mit den Fahnen aufzubrechen, und rückte mit den Truppen aus, nicht ohne lauten Eifer gegen die Albernheit eines Volkes, das, vor innerem Aufruhr und Streit seiner selbst nicht mächtig, sich dennoch berufen fühle, bei anderen Krieg und Frieden anzuordnen. ***6*** Die Samniten, die auf ihrer Seite alle Vorkehrungen zur Schlacht eingestellt hatten, entweder weil sie ernstlich Frieden wünschten, oder weil es ihr Vorteil war, sich so zu stellen, um die Tarentiner zu gewinnen, ***7*** riefen, als sie auf einmal die Römer zur Schlacht gerüstet erscheinen sahen, sie würden sich an den Vorschlag der Tarentiner halten, würden zu keiner Schlacht auftreten und nicht einmal unter den Waffen ausrücken. Als die Betrogenen wollten sie lieber alles leiden, was das Schicksal über sie verhängen werde, als sich den Schein zuziehen, die Friedensvermittlung der Tarentiner verworfen zu haben. ***8*** Die Konsuln erwiderten, sie nähmen dies als eine Vorbedeutung an und wünschten den Feinden die Gesinnung, dass sie nicht einmal den Wall verteidigen möchten.

9 Nachdem sie die Truppen unter sich geteilt hatten, rückten sie vor die feindlichen Verschanzungen, und da in gleichzeitigem Angriff von allen Seiten ein Teil die Gräben verschüttete, ein anderer den Wall niederriss und in die Gräben hinabwarf, und nicht bloß alte Tapferkeit, sondern auch Erbitterung den durch die Beschimpfung gekränkten Mut ansporne, brachen die Römer ins Lager hinein, ***10*** und unter dem Ruf, den jeder nach seiner Weise äußerte, dass hier kein Pass sei, kein Caudium, kein unwegsamer Wald, wo der übermütige Betrug über den Irrtum den Sieg davontrug, hier gelte römische Tapferkeit, die kein Wall, kein Graben aufzuhalten vermag, ***11*** hieben sie alles nieder, die Standhaltenden und die Geschlagenen, Wehrlose und Bewaffnete, Sklaven und Freie, Erwachsene und Unmündige, Menschen und Vieh. ***12*** Und es wäre kein lebendes Wesen übrig geblieben, wenn nicht die Konsuln das Zeichen zum Rückzug gegeben und die mordgierigen Soldaten durch Befehl und Drohungen aus dem Lager der Feinde hinausgetrieben hätten. ***13*** Darum wurde auch an die über die Unterbrechung der süßen Rache Unzufriedenen sogleich eine Rede gehalten, worin zu ihrer Belehrung gesagt wurde: ***14*** Die Konsuln hätten keinem ihrer Krieger an Erbitterung gegen den Feind im Geringsten nachgestanden und wollten auch nie einem nachstehen; ja sie würden sich ihnen, wie zur Schlacht, so auch zu unersättlicher Rache zu Führern gegeben haben, wenn nicht die Rücksicht auf die 600 Ritter, die zu Luceria als Geiseln zurückbehalten würden, ihrer Wut Einhalt getan hätte; ***15*** damit nicht die Verzweiflung an aller Schonung die Feinde blindlings mit dem Mordstahl über jene herfallen ließe, um wenigstens diese noch, ehe sie selbst bluten müssten, zu erwürgen. ***16*** Dies billigten die Soldaten; sie freuten sich, dass man ihrem Zorn Einhalt getan habe, und erklärten, man müsse sich alles gefallen lassen, um nur nicht das Leben so vieler vornehmen römischen Jünglinge aufzuopfern.

(15) Nach Auflösung der Versammlung wurde Kriegsrat darüber gehalten, ob man mit den alten Truppen Luceria belagern, oder ob der eine Feldherr mit dem zweiten Heer auf die ringsum wohnenden Apulier, ein Volk von bis dahin sehr zweifelhaften Gesinnungen, einen Versuch machen sollte. ***2*** Um Apulien zu durchziehen, brach Konsul Publilius auf und unterwarf sich in einem Feldzug mehrere Völker entweder mit Gewalt, oder nahm sie unter Bedingungen als Bundesgenossen an.

3 Auch den Hoffnungen des Papirius, der als Belagerer Lucerias stehen blieb, entsprach binnen Kurzem der Erfolg. Denn da er alle Wege besetzt hielt, auf denen die Zufuhr aus Samnium zu kommen pflegte, ließ die samnitische Besatzung in Luceria, von Hunger bezwungen, dem römischen Konsul durch Gesandte antragen, er möchte gegen Zurückgabe der Ritter, um derer willen er vor Luceria liege, die Belagerung aufheben. ***4*** Papirius gab ihnen folgende Antwort: Sie hätten bei Pontius, dem Sohn des Herennius, auf dessen Rat sie die Römer unter dem Jochgalgen hätten durchgehen lassen, anfragen müssen, was sich Besiegte nach seiner Meinung müssten gefallen lassen. ***5*** Weil sie indes ihre billige Strafe lieber von ihren Feinden hätten bestimmen lassen, als sich selbst zuerkennen wollen, so möchten sie nach Luceria melden: Waffen, Gepäck, Lasttiere und alles, was unbewehrt sei, müssten in den Mauern zurückbleiben, ***6*** die Soldaten wolle er, jeden nur mit einem Untergewand, unter dem Jochgalgen durchziehen lassen, bloß, um die angetane Schmach zu rächen, nicht, um sie mit einer neuen zu belegen. Nicht ein Punkt wurde abgeschlagen. ***7*** 7000 Krieger zogen unter dem Jochgalgen durch; man machte in Luceria große Beute, außerdem gewann man alle Fahnen und Waffen wieder, die man bei Caudium verloren hatte, und was alles andere übertraf, sah man die Ritter gerettet, welche die Samniten als Friedenspfänder nach Luceria gebracht hatten.

8 Einen Sieg, den die schnelle Veränderung der Dinge mehr verherrlicht hätte, hat das römische Volk fast nie erfochten, da auch Pontius, der Sohn des Herennius, der Feldherr der Samniten, wie ich in einigen Jahrbüchern finde, um für die Schmach der Konsuln zu büßen, mit den Übrigen unter dem Jochgalgen durchgehen musste. ***9*** Übrigens wundere ich mich nicht so sehr über die hierin herrschende Ungewissheit, ob sich der feindliche Feldherr habe ergeben und unter dem Jochgalgen durchgehen müssen; weit befremdender ist der Zweifel, ob ein Diktator, Lucius Cornelius, mit seinem Magister Equitum Lucius Papirius Cursor diese Taten bei Caudium und dann bei Luceria verrichtet, ***10*** und als der herrliche Rächer eines Römerschimpfes, ich möchte sagen, bis auf diesen Zeitpunkt im gerechtesten Triumph nach Furius Camillus triumphiert habe, oder ob diese Ehre Konsuln und insbesondere dem Papirius gebühre. Und hier schließt sich an den einen Zweifel ein anderer: ***11*** Ob Papirius, der auf dem nächsten Wahltag mit Quintus Aulius Cerretanus gewählt wurde (dieser erhielt sein zweites Konsulat), unser Cursor gewesen sei, so dass man ihm wegen seines Glückes bei Luceria mit Verlängerung seines Amtes das dritte Konsulat gegeben, oder ob er Lucius Papirius Mugillanus geheißen habe, und nur in dem Beinamen ein Irrtum liege.

(16) Darüber ist man einig, dass der weitere Verlauf des Krieges bis zu seiner Beendigung durch die Konsuln geleitet wurde. Aulus bezwang die Ferentaner durch eine einzige glückliche Schlacht, und selbst ihrer Stadt, in die sich das geschlagene Heer geflüchtet hatte, bewilligte er die Unterwerfung nur gegen geforderte Geiseln. ***2*** Gleiches Glück hatte der andere Konsul gegen die Satricaner, die, selbst geborene Römer, nach dem Unglück bei Caudium auf Seiten der Samniten gestanden und eine Besatzung in die Stadt aufgenommen hatten. ***3*** Denn als das Heer vor Satricums Mauern gerückt war, und der Konsul ihren um Frieden flehenden Gesandten die traurige Antwort gab, wenn sie nicht die samnitische Besatzung entweder niederhieben oder auslieferten, möchten sie nicht wiederkommen, da setzten diese Worte die Ansiedler in größeren Schrecken als der feindliche Angriff selbst. ***4*** Und da er die Gesandten auf die mehrmals erneuerte Frage, wie er glauben könne, dass sie bei ihrer geringen Anzahl und Wehrlosigkeit sich an einer so starken und gerüsteten Besatzung vergreifen dürften, sich bei denen Rat holen hieß, auf deren Betreiben sie die Besatzung in die Stadt aufgenommen hätten, ***5*** gingen sie ab und kamen zu den Ihrigen mit der kaum noch erhaltenen Erlaubnis zurück, ihren Senat deshalb befragen und dessen Antwort ihm wiederbringen zu dürfen. ***6*** Zwei Parteien waren in diesem Senat einander entgegen: Die eine war die, deren Häupter zum Abfall vom römischen Volk geraten hatten, die andere die der treu gebliebenen Bürger. Doch wetteiferten beide, zur Wiederherstellung des Friedens dem Konsul einen Dienst zu erweisen. ***7*** Die einen glaubten genug zu tun, wenn sie den Konsul, da die Besatzung der Samniten aus Mangel an Vorkehrungen zu einer auszuhaltenden Belagerung in der nächsten Nacht abziehen wollte, die Stunde der Nacht, das Tor und den Weg erfahren ließen, auf dem sich der Feind hinausmachen würde. ***8*** Die anderen, die den Übertritt zu den Samniten ungern gesehen hatten, öffneten in dieser Nacht dem Konsul sogar ein Tor und ließen heimlich bewaffnete Feinde in die Stadt. ***9*** So wurde durch den doppelten Verrat dort die Besatzung der Samniten, weil man auf beiden Seiten ihres Weges den Wald besetzt hatte, niedergehauen, hier in der mit Feinden erfüllten Stadt das Geschrei zum Angriff erhoben, und innerhalb einer einzigen Stunde waren die Sanmiten niedergemacht, die Satricaner Gefangene und alles in des Konsuls Händen. ***10*** Nach angestellter Untersuchung, wer den Abfall angestiftet habe, ließ er die schuldig Befundenen mit Ruten geißeln und enthaupten, legte eine starke Besatzung in die Stadt und nahm den Satricanern alle Waffen. ***11*** Und hier lassen nun diejenigen den Papirius Cursor zum Triumph nach Rom kommen, welche ihn als den Feldherrn angeben, der Luceria erobert und die Samniten unter den Galgen gebracht habe.

12 Und in der Tat war er ein jedes Kriegsruhmes würdiger Mann, ausgezeichnet nicht bloß durch Geisteskraft, sondern auch durch Körperstärke. ***13*** Er war außerordentlich schnell zu Fuß, was ihm auch den Beinamen gab. Er soll im Lauf alle seine Zeitgenossen übertroffen und ebenso entweder wegen seiner übermäßigen Kräfte oder wegen seiner vielen körperlichen Übung mehr Speise und Wein als jeder andere vertragen haben; ***14*** und weil er selbst einen Körper hatte, der keiner Arbeit erlag, so hatte auch Fußvolk und Reiterei unter keinem andern einen beschwerlicheren Dienst. ***15*** Auch sagt man, die Reiter hätten einmal die Bitte an ihn gewagt, er möge ihnen, da sie sich so brav gehalten hätten, ihre Arbeit etwas erleichtern. ***16*** Die Antwort war: *Damit ihr nicht sagt, es sei euch nichts erlassen, so erlasse ich euch das, dass ihr durchaus nicht gehalten sein* *sollt, wenn ihr von den Pferden steigt, euch den Rücken zu reiben.* Und sein Feldherrenamt führte der Mann über Bundesgenossen und Mitbürger mit gleich gebietender Kraft. ***17*** Der Prätor von Praeneste hatte aus Feigheit seine Leute aus dem Hintertreffen nicht schnell genug in die Vorderlinie geführt. Vor seinem Zelt wandelnd ließ er ihn fordern ***18*** und befahl dem Liktor, das Beil zu ziehen. Als der Praenestiner auf das Wort halbtot dastand, sprach Papirius: *Hier, Liktor, haue diese Wurzel weg, an der man sich beim Vorbeigehen stößt.* Und entließ jenen, nachdem er ihn vor der Angst der Todesstrafe hatte erbeben lassen, mit einer Geldstrafe.

19 Unstreitig zeichnete sich in jenem Zeitalter, das an großen Männern fruchtbarer war als jedes andere, nicht einer als Stütze des römischen Staates so sehr aus, als er. Ja sie stellen ihn dem großen Alexander als Anführer gleich, wenn er sich nach Unterwerfung Asiens gegen Europa gewendet hätte.

(17) Es kann wohl nichts weniger vom Anfang dieses Werkes an meine Absicht gewesen sein, als von der Reihenfolge der Begebenheiten zu weit abzulenken und durch einen dem Werke gegebenen Abstich von Mannigfaltigkeiten dem Leser gleichsam angenehme Ruhepunkte und mir selbst eine Erholung zu gewähren. ***2*** Gleichwohl heißt mich der genannte Name eines so großen Königs und Feldherrn die Gedanken, mit denen er so oft meinen Geist in der Stille beschäftigte, meinen Lesern vorführen, und macht mich geneigt, die Frage aufzuwerfen, wie der Erfolg für den römischen Staat gewesen sein möchte, wenn er mit Alexander Krieg geführt hätte.

3 Die Menge und Tapferkeit der Truppen, der Geist der Feldherren, das über alle menschlichen Angelegenheiten und hauptsächlich über den Gang der Kriege gebietende Glück, sind doch wohl die Stücke, auf die es im Krieg am meisten ankommt. ***4*** Ich mag sie aber einzeln oder zusammengenommen betrachten, so verbürgen sie dem römischen Volk die Unbesiegbarkeit, wie von den anderen Königen und Völkern, so auch von diesem.

5 Um zuerst mit dem Vergleich der Feldherren anzufangen, so leugne ich keineswegs, dass Alexander ein ausgezeichneter Feldherr war; allein einen höheren Ruhm gab ihm auch das, dass er allein dastand, dass er als junger Mann im Steigen seiner Macht gestorben ist, dem sich das Glück noch nicht von der andern Seite gezeigt hatte. ***6*** Ohne mich auf andere berühmte Könige und Feldherren als Beweise menschlichen Missgeschicks einzulassen: Was sonst als ein langes Leben führte den von den Griechen so hoch gepriesenen Cyrus so wie vor kurzem Pompeius den Großen dem Glückswechsel entgegen? ***7*** Ich will die römischen Feldherren aufzählen, und zwar nicht alle aus jedem Zeitalter, sondern gerade nur die, mit denen Alexander als Konsuln und Diktatoren hätte Krieg führen müssen: ***8*** einen Marcus Valerius Corvus, einen Caius Marcius Rutilus, Caius Sulpicius, Titus Manlius Torquatus, Quintus Publilius Philo, Lucius Papirius Cursor, Quintus Fabius Maximus, die beiden Decius, den Lucius Volumnius, Manius Curius. ***9*** Nach der Reihe folgen noch große Männer, wenn er etwa den Krieg mit Karthago vor dem römischen unternommen hätte und schon in späteren Jahren nach Italien übergegangen wäre. ***10*** Bei jedem von diesen fanden sich nicht allein an Mut und Geist dieselben Anlagen wie bei Alexander, sondern die Kriegskunst, die beständig seit dem Ursprung Roms sich immer fortgepflanzt hatte, war auch in die Form einer nach zusammenhängenden Regeln geordneten Wissenschaft gebracht. ***11*** So hatten die Könige ihre Kriege geführt, so nachher die Vertreiber der Könige, ein Brutus und Valerius, und so der Reihe nach die Fabier, Quinctier, Cornelier, ebenso Furius Camillus, den diejenigen, welche mit Alexander zu kämpfen gehabt hätten, in ihren Jünglingsjahren als Greis gekannt hatten. ***12*** Wenn Alexander, der als Soldat in den Schlachten seinen Mann stand – denn auch das macht ihn ja nicht weniger berühmt –, ein Manlius Torquatus in der Schlacht als Gegner aufgestoßen wäre, oder ein Valerius Corvus, so würden sie – man denke! – ihm gewichen sein, sie, die schon als Soldaten sich ausgezeichnet hatten, ehe sie als Feldherren sich auszeichneten! ***13***

Ebenso wären ihm die Decier gewichen, die sich die Weihe geben ließen, um unter die Feinde zu stürzen! Vermutlich auch Papirius Cursor mit dieser Kraft des Körpers wie des Mutes! **14** Besiegt hätten die Pläne eines einzigen Jünglings, um nicht einzelne zu nennen, jenen Senat, der nach der Aussage des Einzigen, der sich vom römischen Senat eine richtige Vorstellung gemacht hat, aus Königen bestand! **15** Und besonders war das zu befürchten, dass er mit größerer Geschicklichkeit als irgendeiner der Genannten seine Lagerplätze ausgesucht, die Zufuhr offen gehalten, Kriegslisten angewendet, den günstigen Zeitpunkt zur Schlacht gewählt, seine Linie gestellt, sie durch das Hintertreffen gedeckt hätte! **16** Er hätte gestanden, dass er es nicht mit einem Dareius zu tun habe, diesem durch einen Zug von Frauen und Verschnittenen Geschwächten, diesem unter Purpur und Gold mit den Warenlagern seiner königlichen Schätze Belasteten, den er, weil er in ihm mehr eine Beute als einen Feind sah, nach der richtigen Berechnung, solche Nichtigkeiten verachten zu müssen, ohne Blutverlust besiegte. **17** Eine ganz andere Ansicht würde ihm Italien dargeboten haben als Indien, das er mit einem berauschten Heer schwärmend durchzog, wenn er Apuliens Waldpässe und Lucaniens Gebirge erblickt hätte und die noch frischen Spuren eines Familienverlustes, wo kurz vorher seiner Mutter Bruder Alexander, König von Epirus, seinen Tod gefunden hatte.

(18) Und wir sprechen von Alexander, wie er noch nicht im Glück, das niemand weniger ertragen konnte als er, versunken war. **2** Beurteilt man ihn, wie er in seinem neuen Glück, und wenn ich so sagen darf, in seinem neuen Geist sich gibt, den er als Sieger angenommen hatte, **3** so wäre er mehr einem Dareius als einem Alexander ähnlich nach Italien gekommen und hätte ein Heer mitgebracht, das Makedonien vergessen hatte und schon in die Sitten der Perser ausgeartet war. **4** Ungern erwähnt man bei einem so großen König den übermütigen Wechsel seiner Tracht und die verlangte Anbetung der sich vor ihm zur Erde Werfenden, Dinge, die den Makedoniern als Besiegten unerträglich gewesen wären, geschweige denn als Siegern; die scheußlichen Hinrichtungen, die Ermordungen seiner Freunde beim Wein und beim Schmaus und die lächerliche Eitelkeit, sich eine Abkunft zu erdichten. **5** Wie, wenn seine Liebe zum Wein, sein furchtbarer und unbändiger Jähzorn – ich führe nichts an, worüber nicht die Geschichtsschreiber einig wären – von Tag zu Tag zunahm, würde dies alles seinen Vorzügen als Feldherrn Eintrag getan haben? **6** Vor allen Dingen aber war freilich das zu fürchten, was leichtsinnige Griechen, die gegen die Ehre Roms sogar den Ruhm der Parther begünstigen, so oft wiederholen, dass dem römischen Volk schon der nahe Name Alexanders, von dem ihnen, wie ich glaube, nicht einmal das Gerücht etwas gesagt hatte, unwiderstehlich gewesen sein würde, **7** und dass gegen denselben Mann, gegen den man in Athen, in einem durch Makedoniens Waffen gebrochenen Staat, der gerade jetzt die rauchenden Trümmer Thebens in seiner Nähe sah, frei öffentlich zu reden wagte, was aus den schriftlich aufgezeichneten Reden klar ist, dass gegen ihn, sage ich, von so vielen römischen Großen nicht einer die Stimme der Freiheit erhoben haben sollte. **8** Man denke sich die Größe des einen Menschen noch so hoch, so bleibt sie doch immer die Größe eines Menschen, die dieser durch ein Glück von etwas mehr als zehn Jahren sich sammelte; **9** und wer diese durch die Bemerkung heben will, dass das römische Volk, wenngleich in keinem Krieg, doch in mancher Schlacht besiegt sei, Alexander aber jede Schlacht gewonnen habe, der sieht nicht ein, dass er die Taten eines Menschen, und noch dazu eines Jünglings, mit den Taten eines Volkes vergleicht, das nun schon gegen 800 Jahre Kriege führt. **10** Können wir uns wundern, wenn das Glück auf dieser Seite, auf welcher sich mehr Menschenalter zählen lassen, als auf jener Jahre, in einem so langen Zeitraum öfter gewechselt hat, als in einem Leben von dreizehn Jahren? **11** Warum vergleicht ihr nicht bei dem einen Mann mit dem andern, bei dem einen Feldherrn mit dem andern Glück gegen Glück? **12** Wie viele römische Heerführer könnte ich nennen, die nie eine Schlacht verloren

haben! Man darf nur die Seiten in den Jahrbüchern der obrigkeitlichen Personen durchlesen, und in den Verzeichnissen von Konsuln und Diktatoren, mit deren Tapferkeit sowenig wie mit ihrem Glück das römische Volk ein einziges Mal unzufrieden sein durfte. *13* Und was sie um so bewunderungswürdiger macht als Alexander und jeden andern König, so bekleideten einige die Diktatur nur zehn oder zwanzig Tage, keiner das Konsulat länger als ein Jahr; *14* von den Volkstribunen wurden die Aushebungen verhindert; sie zogen nach dem günstigsten Zeitpunkt in die Kriege; vor der Zeit wurden sie zum Wahltag wieder abgerufen; mitten unter den Vorbereitungen ging das Jahr zu Ende; *15* bald war die Unbesonnenheit, bald die Unredlichkeit ihres Amtsgenossen ihnen hinderlich oder schädlich, oft traten sie da ein, wo ein anderer die Sache verfahren hatte, übernahmen ein Heer von Neulingen oder an schlechte Zucht gewöhnter Leute. *16* Dagegen sind doch wahrhaftig die Könige nicht allein frei von allen Hindernissen, sondern als Herren der Ausführung und der Umstände zwingen sie alles in ihren Plan, ohne sich zwingen zu lassen. *17* Folglich hätte der unbesiegte Alexander unbesiegte Feldherren gegen sich und gleiche Begünstigungen vom Glück aufs Spiel zu setzen gehabt. *18* Ja, seine Lage wäre noch viel misslicher gewesen, weil die Makedonier nur einen Alexander gehabt hätten, der so manchen Unfällen nicht bloß unterworfen war, sondern selbst sich aussetzte; *19* die Römer hingegen hatten mehrere, an Ruhm und Tatengröße Alexander gleich, von denen jeder, wie es ihm bestimmt war, ohne Gefahr für den Staat hätte leben und sterben können.

(19) Es bleibt noch übrig, die Streitkräfte untereinander zu vergleichen, sowohl hinsichtlich der Zahl als der Art der Soldaten und der Menge der Hilfstruppen. *2* Gewöhnlich wurden zu jenen Zeiten in den Musterungen 250 000 Köpfe gezählt. Folglich konnte man, selbst bei dem Abfall von ganz Latium vom Bund, bei einer Aushebung aus der Stadt allein zehn Legionen aufbringen. *3* Oft führte man in jenen Jahren in Etrurien, in Umbrien, mit dem sich die Gallier zum Krieg vereinigten, in Samnium, in Lucanien die Kriege mit vier bis fünf Heeren. *4* Später hätte Alexander in den sämtlichen Latinern, nebst den Sabinern, Volskern, Aequern, dem ganzen Kampanien, einem Teil Umbriens und Etruriens, den Picentern, Marsern, Paelignern, Vestinern und Apuliern, auch in den Samniten und der ganzen mit ihnen zusammenhängenden griechischen Küste des Untermeeres von Thurii bis Neapel und Cumae, und von da wieder bis Antium und Ostia entweder mächtige Bundesgenossen der Römer oder schon von ihnen durch Krieg entkräftete Feinde gefunden. *5* Er selbst wäre mit seinen makedonischen Veteranen, die nicht über 30 000 zu Fuß und 4000 Mann größtenteils thessalischer Reiterei betrugen, über das Meer gekommen; und hierin bestand seine eigentliche Macht. Hätte er Perser, Inder und andere Völker mitgebracht, so hätte er in ihnen mehr eine unnütze Last als eine Hilfe hinter sich hergezogen. *6* Dazu kommt, dass den Römern jede Truppenergänzung in ihrer Heimat zur Hand war, Alexanders Heer hingegen hätte in dem Krieg auf fremdem Boden, was nachher Hannibal erfuhr, allmählich abgenommen.

7 Was die Waffen betrifft, so hatten jene den Rundschild und die lange Lanze; für die Römer aber war der Langschild eine weit größere Bedeckung des Körpers, und der Wurfspeer eine in Stich und Schuss weit wirksamere Waffe als ein Speer. *8* Auf beiden Seiten hielten schwere Truppen Reihe und Glied; allein dort war die Phalanx zu unbehilflich und zu einförmig; die römische Linie hingegen hatte Mannigfaltigkeit, bestand aus mehreren Teilen, ließ sich leicht, wo es nötig war, trennen und leicht wieder vereinigen. *9* Und nun, welcher Soldat käme in den Arbeiten dem römischen gleich, wäre zur Ausdauer bei Beschwerden fester? Mit einer verlorenen Schlacht war für Alexander der ganze Krieg verloren. Welche Schlacht aber hätte den Römermut gebrochen, den kein Caudium, kein Cannae brach?

10 Wahrlich, er hätte oft, wenn er auch anfangs Glück gehabt hätte, seine Perser und Inder und ein unkriegerisches Asien vermisst und gesagt, dass er bisher mit Frauen Krieg geführt habe, *11* ein Ausdruck, den man Alexander, dem König von Epirus, in den Mund legt, als er, tödlich verwundet, das gerade diesem Jüngling gewordene Los, in Asien Krieg zu führen, mit dem seinigen verglich. *12* Ich für meine Person, wenn ich bedenke, dass sich im ersten punischen Krieg die Flotten 24 Jahre lang schlugen, möchte glauben, dass Alexanders Leben kaum zu einem Krieg hingereicht hätte. *13* Und vielleicht hätte ihn, da der punische Staat mit dem römischen Kraft alter Verträge im Bund stand, und die gleiche Furcht diese beiden durch Waffenübung und Manneszahl so mächtigen Städte gegen den gemeinschaftlichen Feind bewaffnen konnte, die gleichzeitige Führung eines punischen und römischen Krieges unterdrückt. *14* Die Römer haben zwar nicht unter Alexanders Anführung, nicht bei Makedoniens vollen Kräften, aber doch gegen Antiochos, gegen Philipp und Perseus, die Makedonier als Feinde kennengelernt, und nicht allein ohne jede Niederlage, sondern selbst ohne jede Gefahr auf ihrer Seite. *15* Ohne unser Glück zu berufen und ohne die Bürgerkriege anzuführen, haben wir nie von der Reiterei des Feindes, nie von seinem Fußvolk, nie in offener Schlacht, nie auf gleichem, geschweige denn auf uns günstigem Kampfboden zu leiden gehabt. *16* Reiterpfeile, verwickelte Pässe, der Zufuhr unzugängliche Gegenden können allerdings einem so schwer bewaffneten Krieger Unruhe machen; *17* aber tausend Heere, furchtbarer als die der Makedonier und Alexanders, hat er geschlagen und wird sie schlagen, möge nur die Liebe zum Frieden, in dem wir jetzt leben, und die Sorge für bürgerliche Eintracht von Dauer sein!

(20) Darauf wurden Marcus Folius Flaccina und Lucius Plautius Venox Konsuln. *2* Die Gesandten mehrerer samnitischer Völkerschaften, welche in diesem Jahr die Erneuerung eines Friedensschlusses beantragten, wurden vom Senat, den ihr fußfälliges Flehen rührte, mit ihrer Bitte an das Volk, gewiesen, wo sie bei Weitem nicht dieselbe Wirkung hatten. *3* Mit Verweigerung eines Friedensschlusses bewilligte man ihnen, weil sie mehrere Tage lang die Bürger einzeln mit Bitten bedrängten, einen Waffenstillstand auf zwei Jahre. *4* Auch in Apulien ergaben sich, um sich den Verheerungen nicht länger auszusetzen, die Einwohner von Teanum und Canusium dem Konsul Lucius Plautius, dem sie Geiseln gaben. *5* In diesem Jahr wurden die ersten Statthalter über Capua gesetzt, dessen Einwohnern der Prätor Lucius Furius Gesetze geben musste, da sie selbst um beides als Rettungsmittel ihres durch inneren Zwiespalt leidenden Staates gebeten hatten. *6* Roms Bezirke wurden durch zwei neue vermehrt, den Ufentinischen und Falernischen. *7* Da in Apulien einmal mit der Unterwerfung der Anfang gemacht war, fanden sich auch die Apulier von Teate mit der Bitte um einen Friedensvertrag bei den neuen Konsuln Caius Junius Bubulcus und Quintus Aemilius Barbula ein, bei denen sie sich anheischig machten, dem römischen Volk Frieden in ganz Apulien zu bewirken. *8* Durch diese kühne Zusicherung erhielten sie die Bewilligung des Vertrages, doch nicht auf gleiche Bundesrechte, sondern als römische Untertanen. *9* Nach Bezwingung Apuliens – denn auch der stark befestigten Stadt Forentum hatte sich Junius bemächtigt – zog man weiter gegen die Lucaner. Der Konsul Aemilius nahm ihnen die Stadt Nerulum, vor der er unerwartet erschien, im Sturm. *10* Und als es unter den Bundesgenossen bekannt wurde, dass in Capua durch die römischen Einrichtungen die Ruhe befestigt worden sei, ernannte der Senat ebenso auf die Klage der Antraten, dass sie ohne bestimmte Gesetze und ohne Behörden lebten, Schirmherren für die Kolonie, welche Recht und Gesetz bestimmen sollten. Nicht nur die römischen Waffen, sondern auch die römischen Gesetze galten weit und breit.

(21) Gegen Ende des Jahres übergaben die Konsuln Caius Junius Bubulcus und Quintus Aemilius Barbula die Legionen nicht den von ihnen gewählten Konsuln Spurius Nautius und Marcus Popilius, sondern dem Diktator Lucius Amilius. *2* Durch seinen Angriff auf Saticula, den er mit dem Magister Equitum Lucius Fulvius unternahm, gab er den Samniten einen Anlass zur Erneuerung des Krieges. *3* Hier sahen sich die Römer von einer doppelten Gefahr bedroht. Auf

der einen Seite lagerten sich die Samniten, die zum Entsatz ihrer Verbündeten ein großes Heer aufgebracht hatten, nicht weit vom römischen Lager; auf der andern machten die Laticulaner, welche unerwartet ihre Tore öffneten, mit großem Ungestüm einen Angriff auf die feindlichen Posten. ***4*** Bald ließen sich beide Feinde, mehr im Vertrauen auf den Beistand des andern als auf eigene Stärke, auf eine förmliche Schlacht ein und bedrängten die Römer. Hatte gleich der Diktator auf zwei Seiten zu kämpfen, so hatte er doch auf keiner für seine Linie zu fürchten, weil er eine Stellung einnahm, in der er nicht leicht umzingelt werden konnte, und seinem Heer zwei Vorderseiten nach entgegengesetzter Richtung gab. **5** Doch rückte er mit größerer Erbitterung gegen die Ausgefallenen an und trieb sie ohne großen Kampf in ihre Mauern zurück. Nun wandte er seine ganze Linie gegen die Samniten. **6** Hier gab es einen härteren Kampf; allein dafür, dass der Sieg später erfolgte, war er gewiss und allgemein. Die in ihr Lager gejagten Samniten löschten in der Nacht ihre Wachtfeuer, zogen in aller Stille ab, und da sie die Hoffnung, Saticula zu retten, aufgaben, belagerten sie selbst, dem Feind durch gleiche Kränkung zu vergelten, die Bundesgenossenstadt der Römer, Plistica.

(22). Nach Ablauf des Jahres führte der Diktator Quintus Fabius den Krieg ohne Unterbrechung fort. Die neuen Konsuln blieben, wie die vorjährigen, zu Rom: Fabius kam, um das Heer von Aemilius zu übernehmen, mit den Ergänzungstruppen vor Saticula an; ***2*** denn die Samniten waren nicht vor Plistica geblieben, sondern hatten im Vertrauen auf ihre Menge, weil sie von zu Hause neue Soldaten hatten kommen lassen, sich wieder auf der vorigen Stelle gelagert und suchten die Römer durch Angriffe in Gefechten von der Einschließung der Stadt abzuhalten. ***3*** Mit desto größerem Nachdruck wandte sich der Diktator gegen die feindlichen Ringmauern, überzeugt, dass der ganze Krieg nur auf Belagerung beruhe; über die Samniten war er weniger besorgt und stellte ihnen bloß Posten entgegen, um einen Einbruch in sein Lager zu verhüten. ***4*** Desto kecker sprengten die Samniten bis zum Wall heran und hielten nicht Ruhe. Und als sie schon fast an den Toren des Lagers standen, fiel der Magister Equitum Quintus Aulius Cerretanus, ohne bei dem Diktator anzufragen, mit sämtlichen Geschwadern der Reiterei mit großem Ungestüm heraus und warf den Feind zurück. **5** Und hier gab das Schicksal in einem Kampf, der sonst nicht zu den hartnäckigen gehört, seinem Einfluss eine Wendung, dass es auf beiden Seiten einen auffallenden Verlust und den Anführern selbst einen ausgezeichneten Tod bereitete. ***6*** Zuerst stellte der samnitische Feldherr, den es verdross, sich da verjagt und zurückgeschlagen zu sehen, wo er so keck herangesprengt war, durch seine Bitten und Ermahnungen bei seiner Reiterei das Treffen wieder her. ***7*** Auf ihn nun, als er so vor allen seinen Leuten kenntlich das Gefecht betrieb, jagte der römische Magister Equitum mit eingelegter Lanze so ungestüm heran, dass er ihn durch einen Stoß tot vom Pferd warf; allein die Menge wurde durch den Fall ihres Führers nicht so betroffen, wie es gewöhnlich ist, sondern nur mehr gereizt. ***8*** Alle ringsumher schossen auf den zu unvorsichtig durch die feindlichen Geschwader vorgesprengten Aulius ihre Pfeile ab; ***9*** allein den ehrenvollen Vorzug, den samnitischen Feldherrn gerächt zu haben, gewährten die Götter seinem Bruder. Er war es, der von Schmerz und Wut ergriffen den Magister Equitum mitten in seinem Sieg vom Pferd riss und zusammenhieb; und es fehlte nicht viel, so hätten sich die Samniten auch der Leiche des Erschlagenen bemächtigt, weil er zwischen den feindlichen Geschwadern gefallen war. ***10*** Allein sogleich saßen die römischen Reiter ab, und die Samniten sahen sich genötigt, dasselbe zu tun. Eine plötzlich entstandene Linie begann um die Leichen der Führer den Kampf zu Fuß, in welchem die Römer entschieden die Oberhand behielten; und mit einer Freude, in die sich Trauer mischte, brachten sie als Sieger den wiedererkämpften Körper des Aulius ins Lager zurück. ***11*** Die Samniten kehrten nach dem Verlust ihres Feldherrn, und da sie in diesem Kampf der Reiterei ihre Kräfte erprobt hatten, unter Aufgabe Saticulas, dessen

Verteidigung sie für vergeblich hielten, zur Belagerung von Plistica zurück; und in wenigen Tagen hatten die Römer Saticula durch Übergabe, die Samniten Plistica durch Sturm in ihren Händen.

(23) Darauf veränderte sich der Schauplatz des Krieges. Die Legionen wurden aus Samnium und Apulien nach Sora geführt. ***2*** Die Bürger von Sora hatten nach Ermordung der römischen Ansiedler die samnitische Partei ergriffen. Da das römische Heer, um den Tod seiner Bürger zu rächen und die Kolonie wieder zu erobern, in Eilmärschen hier früher eingetroffen war, ***3*** und von den auf den Straßen zerstreuten Kundschaftern einer über den andern meldete, dass die samnitischen Legionen ihnen nachkämen und schon nicht mehr fern wären, ***4*** ging man dem Feind entgegen und lieferte bei Lautulae eine Schlacht ohne Entscheidung. Nicht der Verlust oder die Flucht auf einer Seite, sondern die Nacht trennte die Kämpfenden, ungewiss, ob sie Besiegte oder Sieger wären. ***5*** Bei einigen finde ich, dass diese Schlacht für die Römer nachteilig gewesen, und dass der Magister Equitum Quintus Aulius in dieser gefallen sei.

6 Der an die Stelle des Aulius neu gewählte Magister Equitum Caius Fabius war mit einem neuen Heer von Rom im Anzug, und da er durch voraufgeschickte Boten sich bei dem Diktator erkundigt hatte, wo er stehen bleiben, wann und von welcher Seite er den Feind angreifen solle, nahm er, auf alle Fälle gehörig angewiesen, eine verborgene Stellung. ***7*** Der Diktator ließ, der nach der Schlacht die Seinigen mehrere Tage lang im Lager gehalten hatte, mehr nach Art eines Belagerten als eines Belagerers, auf einmal das Zeichen zur Schlacht geben, ***8*** und weil er glaubte, dass es, um den Mut tapferer Männer zu beleben, von stärkerer Wirkung sei, wenn ihnen allen keine andere Hoffnung als auf sich selbst gelassen würde, ließ der die Soldaten vom Magister Equitum und dem neuen Heer nichts erfahren, und, ***9*** gleich als gäbe es hier keine weitere Hoffnung, als sich durchzuschlagen, hielt er folgende Ansprache: *In Engpässen vom Feinde überrascht, bleibt uns kein anderer Ausweg, ihr Soldaten, als den wir durch einen Sieg uns öffnen.* ***10*** *Unser Standlager ist durch seine Verschanzung sicher genug, aber auch vom Mangel bedroht. Denn ringsherum ist alles, was uns Zufuhr liefern konnte, von uns abgefallen, und wenn auch die Menschen uns helfen wollten, so ist doch die Örtlichkeit ungünstig.* ***11*** *Ich darf euch also nicht dadurch hinhalten, dass ich ein Lager hier stehen ließe, in welches ihr euch, ohne den Sieg zu erringen, wie am vorigen Tag, zurückziehen könntet. Die Schanzen müssen durch Waffen, nicht die Waffen durch Schanzen gesichert sein.* ***12*** *Mögen die ein Lager haben und es wieder suchen, denen daran gelegen ist, den Krieg in die Länge zu ziehen: Wir wollen uns den Rückblick auf alles, den Sieg ausgenommen, abschneiden.* ***13*** *Brecht auf gegen den Feind! Sobald der Zug den Wall hinter sich hat, mögen die, die dazu befehligt sind, das Lager anzünden; euren Verlust, Soldaten, wird euch die Beute von allen abgefallenen Völkern umher ersetzen.*

14 Angefeuert durch die Worte des Diktators, welche sie mit der dringenden Not bekannt machten, gingen die Soldaten auf den Feind, und der Rückblick auf das brennende Lager, obgleich nur die Vorderseite desselben – so hatte es der Diktator befohlen – in Brand gesetzt wurde, war ihnen kein geringer Ansporn. ***15*** Gleich Wütenden hineinstürzend, brachten sie im ersten Angriff die feindlichen Reihen in Unordnung, und zu rechter Zeit brach auch der Magister Equitum, sobald er von Fern das Lager brennen sah – dies war das verabredete Zeichen –, dem Feind in den Rücken. So ergriffen die umzingelten Samniten, wo sich jedem ein Ausweg zeigte, nach verschiedenen Richtungen die Flucht. ***16*** Eine große Zahl, durch die Furcht zusammengedrängt und in ihr eigenes Gewühl verwickelt, wurde umzingelt und niedergehauen. ***17*** Das feindliche Lager wurde erobert und geplündert; und beladen mit der Beute desselben führte der Diktator seine Soldaten ins römische Lager zurück, die sich lange nicht so sehr über den Sieg freuten, als darüber, dass sie außer dem unbedeutenden Teil, der vom Brand gelitten hatte, alles Übrige wider Erwarten unbeschädigt fanden.

(24) Von hier zog man wieder vor Sora, und die neuen Konsuln, Marcus Poetelius und Caius Sulpicius, übernahmen vom Diktator Fabius das Heer, dem sie zum Ersatz für die große Menge entlassener alter Soldaten neue Kohorten zuführten. **2** Da sich indes wegen der unzugänglichen Lage der Stadt kein sicheres Mittel ausfindig machen ließ, sie mit Sturm anzugreifen, und der Sieg entweder viel Zeit kosten musste, oder als Wagstück misslich war, **3** schlich sich ein Soraner als Überläufer heimlich aus der Stadt an die römischen Wachen heran, verlangte sogleich vor die Konsuln geführt zu werden, und als er vorgeführt war, versprach er, ihnen die Stadt zu überliefern. **4** Als er ihnen auf die Frage, wie er dies leisten wolle, Auskunft gab, und seine Angaben nicht unbegründet schienen, überredete er sie, das römische Lager, welches beinahe an die Mauern stieß, 6000 Schritte von der Stadt zurückzuziehen, **5** weil dann die Tagesposten wie die Nachtwachen in ihrem Eifer, die Stadt zu hüten, nachlassen würden. Er selbst nahm in der folgenden Nacht, nachdem sich auf sein Verlangen einige Kohorten nahe vor der Stadt in einer Waldung versteckt hatten, zehn auserlesene Soldaten mit und führte sie über steile und fast unbesteigbare Stellen in die Burg, wo er einen größeren Vorrat von Geschossen, als für diese Anzahl erforderlich war, zusammengeschafft hatte. **6** Außerdem gab es hier Steine, die zufällig, wie gewöhnlich auf rauem Boden, dalagen, und auch von den Einwohnern zur Verteidigung des Ortes absichtlich zusammengetragen worden waren. **7** Als er den Römern diesen Stand gegeben hatte, zeigte er ihnen den schmalen und steilen Pfad, der von der Stadt zur Burg herauf sich erhob, und sprach: *Hier heranzusteigen, ist einer noch so großen Menge gegen nur drei Bewaffnete unmöglich.* ***8*** *Ihr seid zehn an der Zahl, und was noch mehr sagen will, ihr seid Römer, und gerade unter den Römern die tapfersten, und der Ort ist auf eurer Seite, und die Nacht wird es sein, weil sie Erschrockenen in ihrer Ungewissheit alles noch größer darstellt. Jetzt will ich die Stadt mit Schrecken erfüllen, seid ihr nur in der Behauptung der Burg auf eurer Hut.* **9** Er lief von dort hinab und schrie, so laut er konnte, einmal über das andere: *Zu den Waffen, Hilfe, Hilfe, Bürger, die Feinde haben die Burg erobert, lauft, rettet!* ***10*** Mit diesem Ruf stürzte er in die Häuser der Vornehmen; ihn wiederholte er allen ihm Begegnenden, auch denen, die voll Angst auf die Straße herausliefen. Den von dem einen ihnen mitgeteilten Schrecken verbreiteten mehrere durch die Stadt. ***11*** Voll Bestürzung schickten die Obrigkeiten Späher zur Burg hinauf, und auf den Bericht, dass die Burg mit Wehr und Waffen besetzt sei, deren Anzahl verstärkt wurde, gaben sie die Hoffnung, sie wieder zu erobern, auf. ***12*** Alles war mit Flüchtenden angefüllt, und von Halbschlafenden und größtenteils Unbewaffneten wurden die Tore aufgebrochen, durch deren eines der auf ihr Geschrei herangeeilte römische Posten eindrang und die in Angst auf der Straße sich Sammelnden niederhieb. ***13*** Schon war Sora erobert, als die Konsuln mit Tagesanbruch dazukamen, und die übrigen Einwohner, die dem nächtlichen Gemetzel entronnen oder nicht geflüchtet waren, sich ihnen ergaben. ***14*** Von diesen ließen sie 225, denen nach einstimmiger Aussage die Schuld des schändlich an den Ansiedlern verübten Mordes und des Abfalls beigemessen wurde, gebunden nach Rom führen. Die übrige Menge ließen sie, ohne ihr etwas zuleide zu tun, nach eingelegter Besatzung in Lora zurück. ***15*** Alle nach Rom Abgeführten wurden auf dem Markt mit Ruten gepeitscht und enthauptet, zur großen Freude des Volkes, weil ihm am meisten daran gelegen sein musste, dass seine hier- und dorthin zahlreich zu neuen Ansiedlungen Ausgesandten allenthalben sicher wären.

(25) Die Konsuln, die von Sora aufbrachen, wandten den Krieg nun gegen das Land der Ausonen und deren Städte. **2** Denn die Ankunft der Samniten hatte damals, als die Schlacht bei Lautulae geliefert wurde, alles in Bewegung gesetzt, es waren hier und da in Kampanien Verschwörungen gestiftet, und selbst Capua blieb nicht frei von Schuld; **3** ja man kam bei der Untersuchung sogar bis nach Rom und an einige der Vornehmsten. Übrigens kam das Volk der Ausonen, wie Lora, durch den Verrat der Städte in die Gewalt der Römer. **4** Es kamen nämlich

aus den Städten Ausona, Minturnae und Vescia die vornehmsten jungen Männer, zwölf an der Zahl, die sich zum Verrat ihrer Städte verschworen hatten, zu den Konsuln **5** und zeigten an, ihre Mitbürger, die schon längst die Ankunft der Samniten gewünscht hätten, hätten auf die Nachricht von der Schlacht bei Lautulae die Römer für besiegt gehalten und den Samniten Truppen und Waffen geliefert. **6** Nach Vertreibung der Samniten von dort lebten sie in einem unsicheren Frieden und verschlössen zwar den Römern ihre Tore nicht, um den Krieg nicht herbeizuziehen, hätten sich aber fest vorgenommen, sie ihnen zu verschließen, falls sie mit einem Heer anrücken sollten. Bei diesen schwankenden Maßregeln könne man, ehe sie sich dessen versähen, sich ihrer bemächtigen. **7** Auf ihre Vorstellungen rückte man mit dem Lager näher und schickte nach allen drei Städten zu gleicher Zeit Soldaten, teils mit Waffen, um in der Nähe der Mauern sich heimlich in einen Hinterhalt zu legen, teils in Bürgerkleidern, mit Schwertern unter den Mänteln, um sich mit Tagesanbruch in die geöffneten Tore zu schleichen. **8** Diese fingen damit an, die Wachen niederzuhauen, und gaben zugleich den Bewaffneten ein Zeichen, aus dem Hinterhalt hervorzubrechen. So wurden die Tore besetzt und die drei Städte zu gleicher Zeit und nach dem gleichen Plan gewonnen. **9** Weil aber bei dem Angriff die Feldherren nicht zugegen waren, war des Mordens kein Ende, und das Volk der Ausonen wurde vernichtet, ohne dass die Schuld des Abfalls erwiesen war, gleich als ob es einen Kampf auf Leben und Tod gekämpft hätte.

(26) Auch bemächtigten sich die Samniten in diesem Jahr Lucerias, das seine römische Besatzung dem Feind verriet. **2** Doch blieben die Verräter nicht lange ungestraft. Nicht weit davon stand das römische Heer, welches die in der Ebene gelegene Stadt im ersten Sturm eroberte. Luceriner und Samniten wurden aufgerieben, **3** und die Erbitterung ging so weit, dass auch in Rom, als beim Senat wegen einer in Luceria anzulegenden Kolonie angefragt wurde, viele dafür stimmten, die Stadt zu zerstören. **4** Außer ihrem tödlichen Hass gegen eine Stadt, die sie zweimal hatten erobern müssen, mussten sie es wegen ihrer Entfernung gefährlich finden, ihre Bürger so weit von der Heimat unter so feindselige Völker zu verstoßen. **5** Dennoch behielt die Meinung, Ansiedler hinzuschicken, die Oberhand. 2500 wurden hingeschickt.

Auch entspannen sich bei der allgemeinen Treulosigkeit gegen die Römer in diesem Jahr zu Capua geheime Verschwörungen der Großen. **6** Als der Senat davon Bericht erhielt, ließ er diesen Gegenstand keineswegs außer Acht. Er verordnete Untersuchungen und beschloss, einen Diktator zu ernennen, der den Gang der Untersuchungen einleiten sollte. Man ernannte dazu den Caius Meanius, und dieser den Marcus Folius zum Magister Equitum. **7** Die Diktatur stand in einem furchtbaren Ruf. War es also Folge der Furcht vor dieser oder eines bösen Gewissens? Genug, die gewesenen Häupter der Verschwörung, die beiden Calavier Ovius und Novius, entzog dem Gericht, ehe sie noch bei dem Diktator genannt worden waren, der Tod, den sie gewiss sich selbst gegeben hatten. **8** Als es darauf der Untersuchung zu Capua an Stoff fehlte, ging sie auf Rom über, weil man der Sache die Auslegung gab, der Senat habe nicht namentlich gegen Capua Untersuchungen befohlen, sondern überhaupt gegen alle, wo sie sein möchten, die dem Staat zum Nachteil sich zusammengetan oder verschworen hätten, **9** und die Vereinigungen, welche die Erreichung von Ämtern zum Zweck hätten, seien doch dem Staat nachteilig; und so wurde die Untersuchung sowohl über den Vorwurf als auch die Personen weit umfassender, da der Diktator nicht dagegen war, dass die Befugnis seiner Untersuchung gar keine Schranken habe. **10** Nun wurden vornehme Männer vorgefordert, und wandten sie sich an die Tribunen, so war ihnen von diesen nicht einer dazu behilflich, die Eintragung ihrer Namen in die Liste der Angeklagten zu verhindern. **11** Da versicherten die Adligen, und nicht bloß die, gegen welche die Beschuldigung gerichtet war, sondern alle, den Adel treffe diese Beschuldigung nicht, da ihm der Weg zu Ehrenstellen, wenn ihm nicht Ränke denselben versperrten, immer offen stehe, sondern sie treffe die Emporkömmlinge. *12* Sogar der Diktator und der Magister Equitum selber eigneten sich mehr zu Angeklagten als zu passenden Untersuchungsrichtern dieses Verbrechens, und sie würden es einsehen, sobald sie ihr Amt niedergelegt hätten.

13 Da trat nun aber Maenius, dem sein guter Name wichtiger als sein Amt war, vor der Versammlung auf und sprach: ***14*** *Teils ist euch allen, ihr Quiriten, mein bisheriger Wandel nicht unbekannt, teils ist selbst dies mir angetragene Ehrenamt Zeuge meiner Unschuld. Denn diesmal verlangte die Lage des Staates nicht wie so oft den zum Diktator, der den größten Kriegsruhm hatte, sondern, um diese Untersuchung zu leiten, den, der sich in seinem Wandel von solchen Zusammenrottungen so fern wie möglich gehalten hatte.* ***15*** *Weil aber einige vom Adel – aus Gründen, die ich lieber eurem Ermessen anheim gebe, um nicht hier als Obrigkeit etwas Unerwiesenes zu behaupten – zuerst alle ihre Kräfte aufboten, die ganze Untersuchung an sich zu reißen,* ***16*** *dann, als sie dazu zu ohnmächtig waren, um sich nur nicht der Verantwortung zu stellen, lieber in die Bollwerke ihrer Gegner, in den erflehten Schutz und Beistand der Tribunen flüchteten,* ***17*** *und endlich, auch hier abgewiesen – so sehr hielten sie jedes andere Mittel für sicherer als den Erweis ihrer Unschuld –, gegen uns herangestürmt sind und sich nicht entblödet haben, als Unbeamtete einen Diktator zu belangen,* ***18*** *so entsage ich hiermit, um alle Götter und Menschen zu Zeugen zu haben, dass jene, um nur von ihrem Leben nicht Rechenschaft zu geben, sich auch an Dinge wagen, die ihnen unerreichbar sind, und dass ich hingegen ihrer Beschuldigung entgegentrete und mich meinen Feinden als Beklagter stelle, meiner Diktatur.* ***19*** *Euch, ihr Konsuln, ersuche ich, sobald euch dieses Amt vom Senat übergeben ist, die Untersuchung zuerst mit mir und diesem Marcus Folius anzustellen, damit daraus hervorgehe, dass wir durch unsere Unschuld, nicht durch die Hoheit unseres Amtes gegen diese elenden Verleumdungen gesichert sind.*

20 Darauf legte er seine Diktatur nieder, und sogleich auch Folius seine Stelle als Magister Equitum; sie waren die Ersten, die vor den Konsuln – denn diesen wurde die Sache nun vom Senat übertragen — als Beklagte erschienen, und wurden gegen die Zeugnisse von Adligen sehr ehrenvoll freigesprochen. *21* Auch Publilius Philo, der so oft die höchsten Stellen bekleidet, so oft im Frieden und Krieg sich ausgezeichnet hatte, dem aber der Adel nicht wohlwollend war, musste sich verantworten und wurde freigesprochen. *22* Die Untersuchung blieb, wie gewöhnlich, nur solange sie neu war, gegen die Beklagten von großem Namen in Kraft; dann sank sie zu geringeren Personen herab, bis sie endlich den Übeln, denen sie hätte steuern sollen, Zusammenrottungen und Parteiungen, erlag.

(27) Das Gerücht von diesen Auftritten, noch mehr aber der gehoffte Abfall der Campaner, der das Ziel der Verschwörung war, rief die Samniten, die sich nach Apulien gewandt hatten, wieder nach Caudium zurück, *2* um von hier aus nahe genug zu sein, sobald ihnen ein Aufstand die Gelegenheit eröffnete, den Römern Capua entreißen zu können. Mit einem starken Heer zogen die Konsuln dahin. *3* Und anfangs ging man in der Gegend der Waldpässe, weil beide Teile nur mit Gefahr an den Feind gelangen konnten, nur langsam zu Werke; *4* dann aber zogen die Samniten ihr Heer durch offene Gegenden auf einem kurzen Umweg in die Ebene, in die kampanischen Gefilde, und hier wurde zuerst ein feindliches Lager dem andern sichtbar. *5* Darauf versuchte man sich auf beiden Seiten in leichten Gefechten, mehr mit Reiterei als Fußvolk, und die Römer hatten keine Ursache, mit dem Erfolg derselben so wenig wie mit dem langsamen Gang des Krieges unzufrieden zu sein. *6* Die samnitischen Feldherren hingegen waren der Meinung, dass ihre Macht durch die täglichen kleinen Verluste geschwächt werde und bei dem Aufschub des Krieges erschlaffe. *7* Daher rückten sie zur Schlacht aus und verteilten die Reiterei auf die Flügel und befahlen ihr, mit größerer Aufmerksamkeit auf das Lager, damit dort kein Einbruch geschehe, als auf die Schlacht zu sehen; dadurch werde auch die Linie des Fußvolkes gedeckt sein. *8* Die

Konsuln nahmen ihren Platz, Sulpicius auf dem rechten, Poetelius auf dem linken Flügel. Der rechte, dem gegenüber auch die Samniten, entweder um den Feind zu umgehen, oder um selbst nicht umgangen zu werden, in dünnen Reihen standen, stand in einer gedehnten Ausbreitung. ***9*** Die Stärke des linken gewann, außer dadurch, dass er gedrängter stand, noch durch den schnellen Entschluss des Konsuls Poetelius, der die Kohorten des Rückhaltes, deren volle Kraft auf die Ereignisse eines längeren Kampfes erspart bleiben sollte, sogleich in die erste Linie treten ließ und mit seiner ganzen Macht die Feinde beim ersten Angriff zum Weichen brachte. ***10*** Als die Linie des samnitischen Fußvolkes geworfen war, rückte ihre Reiterei in den Kampf ein. Als sie quer zwischen beiden Linien eindrang, stürzte die römische Reiterei auf sie los und warf die Reihen und Glieder des Fußvolkes und der Reiterei zusammen, bis sie endlich die ganze Linie auf dieser Seite in die Flucht schlug. ***11*** Auf diesem Flügel war nicht allein Poetelius ermunternd zugegen gewesen, sondern auch Sulpicius, der, auf das vom linken Flügel zuerst erhobene Geschrei von den Seinigen, die noch nicht mit dem Feind handgemein wurden, hierher geritten war. ***12*** Als er hier den Sieg entschieden sah und mit 1200 Mann seinem Flügel wieder zueilte, fand er dort alles ganz anders: Die Römer aus ihrem Stand gedrängt, den siegreichen Feind in die Geschlagenen eindringend. ***13*** Allein die Ankunft des Konsuls änderte alles auf einmal. Denn teils stellte sich bei den Soldaten durch den Anblick ihres Feldherrn der Mut wieder ein, teils brachten die ankommenden Tapferen eine größere Hilfe mit, als ihre Zahl versprach, teils stellte der Sieg des andern Flügels, von dem sie hörten und gleich darauf auch Augenzeugen waren, das Treffen wieder her. ***14*** Nun siegten die Römer auf der ganzen Linie, und die Samniten, die den Kampf aufgaben, wurden niedergehauen und gefangen genommen, außer denen, welche sich nach der Stadt Maleventum retteten, welche jetzt den Namen Beneventum führt. Den Meldungen zufolge wurden gegen 30 000 Samniten getötet oder gefangen genommen.

(28) Nach diesem errungenen herrlichen Sieg führten die Konsuln ihre Legionen sogleich von da zur Belagerung von Bovianum ***2*** und hatten hier ihr Winterlager, bis der von den neuen Konsuln, Lucius Papirius Cursor – er war es zum fünften Mal – und Caius Junius Bubulcus – er war es zum zweiten Mal – zum Diktator ernannte Caius Poetelius mit seinem Magister Equitum Marcus Folius das Heer übernahm. ***3*** Auf die Nachricht von der Eroberung der Burg von Fregellae durch die Samniten gab er Bovianum auf und zog nach Fregellae, welches er wegen der nächtlichen Entweichung der Samniten ohne Kampf gewann, eine starke Besatzung hineinlegte und von hier nach Kampanien zurückging, hauptsächlich, um Nola wieder zu erobern. ***4*** Hier hatten sich kurz vor der Ankunft des Diktators alle Samniten und die nolanischen Landleute in die Mauern geworfen. ***5*** Nachdem der Diktator die Lage der Stadt in Augenschein genommen hatte, ließ er, um einen offeneren Zugang zu den Mauern zu haben, alle Häuser um die Stadtmauern her – denn die Gegend war sehr stark bewohnt – in Brand stecken; und bald darauf wurde, entweder vom Diktator Poetelius oder vom Konsul Cajus Junius – denn beide Angaben finden sich – Nola erobert. ***6*** Diejenigen, welche die Ehre der Eroberung Nolas dem Konsul erteilen, fügen hinzu, er habe auch Atina und Calatia erobert, Poetelius aber sei bei ausgebrochener Pest zur Einschlagung eines Nagels zum Diktator ernannt. ***7*** Auch wurden in diesem Jahr nach Suessa und Pontiae Ansiedler geschickt. Suessa hatte den Aurunkern gehört, Pontiae hatten die Volsker bewohnt, weil diese Insel im Angesicht ihrer Küste lag. ***8*** Ferner wurde der Senatsbeschluss gefasst, dass nach Interamna und Casinum Kolonien abgeführt werden sollten; allein erst die folgenden Konsuln Marcus Valerius und Publius Decius ernannten dazu die Dreimänner und ließen 4000 Ansiedler hingehen.

(29) Den Samnitischen Krieg hatte man beinahe beendet, da erhob sich, ehe noch die römischen Väter dieser Sorge sich entledigen konnten, das Gerücht von einem Etruskischen. ***2*** Und es gab

in jenem Zeitalter kein Volk, vor dessen Waffen man sich nächst den Einfällen der Gallier mehr gefürchtet hätte, außer seiner Nähe auch wegen seines Überflusses an Menschen. *3* Da also der eine Konsul die Überreste des Krieges in Samnium verfolgte, ernannte Publius Decius, der wegen einer schweren Krankheit in Rom geblieben war, auf Befehl des Senates Caius Junius Bubulcus zum Diktator. *4* Er nahm, wie es die Wichtigkeit der Sache verlangte, alle Dienstfähigen in Eid, setzte Waffen und alles übrige Erforderliche mit größtem Eifer in Bereitschaft, und ohne durch seine großen Vorkehrungen zu einem angreifenden Krieg übermütig zu werden, war er fest entschlossen, sich ruhig zu verhalten, wenn nicht die Etrusker zuerst angriffen. *5* Denselben Plan befolgten aber auch die Etrusker sowohl in ihrer Rüstung zum Krieg als auch in seiner Verzögerung. Beide Teile gingen nicht über ihre Grenze.

In dieses Jahr fällt auch die ausgezeichnete Zensur des Appius Claudius und Caius Plautius; doch hat Appius seinen Namen der Nachwelt mit größerem Glück dadurch empfohlen, *6* dass er eine Straße anlegte und eine Wasserleitung in die Stadt führte und diese Werke allein vollendete, *7* denn sein Amtsgenosse hatte vor Beschämung über die verrufene und verhasste Musterung des Senates sein Amt niedergelegt. *8* Appius, der die seinem Stamm schon von alten Zeiten her eigene Hartnäckigkeit behauptete, behielt die Zensur allein. *9* Ebendieser Appius war schuld daran, dass die Potitier, jenes Geschlecht, in welchem das Priestertum am Großen Altar des Herkules erblich war, Sklaven, welche der Staat hielt, in den Geschäften dieses Gottesdienstes, um deren Verrichtung ihnen übertragen zu können, unterrichteten. *10* Und hier wird erzählt, was freilich wunderbar klingt und es zur Gewissenssache machen könnte, die festgesetzte Einrichtung gottesdienstlicher Angelegenheiten zu stören, von zwölf damals lebenden Familien der Potitier, unter denen 30 Erwachsene waren, wären alle Mitglieder innerhalb eines Jahres mit ihren Kindern ausgestorben, *11* und nicht bloß der Name der Potitier sei erloschen, sondern auch der Zensor Appius habe, weil ihm dies die Götter gedachten, nach einer Reihe von Jahren das Augenlicht verloren.

(30) Die Konsuln also, die auf dieses Jahr folgten, Caius Junius Bubulcus zum dritten und Quintus Aemilius Barbula zum zweiten Mal, führten gleich mit dem Anfang des Jahres beim Volk darüber Klage, dass durch die unstatthafte Musterung des Senates dieser Stand entehrt sei, insofern sie manchen ausgestoßen habe, der ein weit würdigeres Mitglied als die Aufgenommenen sei; *2* sie erklärten, sie würden sich nach dieser Musterung, die ohne Rücksicht auf Recht und Unrecht nur mit Parteilichkeit und Willkür ausgeübt sei, keineswegs richten, und lasen den Senat sogleich nach der Ordnung ab, die vor der Zensur des Appius Claudius und Caius Plautius bestanden hatte. *3* In diesem Jahr wurden auch zum ersten Mal vom Volk zwei Gewalten vergeben, die beide in das Kriegsfach gehörten; nämlich einmal sollten immer 16 Stellen der Kriegsobersten für die vier Legionen vom Volk besetzt werden, welche vorher bis auf wenige der Wahl des Volkes überlassene Stellen meistens von der Begünstigung der Diktatoren oder Konsuln abhingen. Diesen Antrag stellten die Volkstribunen Lucius Atilius und Cajus Marcius. *4* Sodann sollte das Volk ebenfalls beim Seewesen Zweimänner zur Ausrüstung und Ausbesserung der Flotte ernennen. Dieser Volksbeschluss war das Werk des Volkstribunen Marcus Decius.

5 Einen andern unbedeutenden Vorfall dieses Jahres würde ich übergehen, wenn ich nicht glaubte, dass er auf die gottesdienstlichen Angelegenheiten Bezug habe. Weil die vorigen Zensoren den Flötenspielern untersagt hatten, nach altem Herkommen im Tempel Jupiters zu speisen, gingen diese aus Ärger darüber in einem ganzen Zug nach Tibur, so dass niemand in der Stadt war, der bei den Opfern spielte. *6* Daraus machte sich der Senat ein Bedenken und schickte Gesandte nach Tibur mit der Bitte, es so einzuleiten, dass diese Leute wieder nach Rom zurückkehrten. *7* Die Tiburtiner sagten dies willig zu, forderten sie zuerst vor den Rat und forderten sie auf, nach

Rom zurückzugehen; als die Vorstellungen aber fruchtlos waren, brauchten sie eine List, die von der Neigung dieser Leute hergenommen war. ***8*** An einem Festtag luden sie unter dem Vorwand, das Mahl durch Gesang zu feiern, der eine diesen, der andere den, und ließen sie bei vollem Genuss des Weines, den Leute dieser Art meistens lieben, einschlafen, ***9*** warfen sie so, vom Schlaf gefesselt, auf die Wagen und fuhren sie nach Rom; auch merkten diese nichts, bis sie, da man die Wagen auf dem Markt hatte stehen lassen, bei vollem Rausch der Tag überraschte. ***10*** Nun lief das Volk zusammen, und weil sie einwilligten, hier zu bleiben, wurde ihnen bewilligt, jährlich drei Tage lang in ihrem Schmuck unter Flötenspiel mit der jetzt zur Feier gehörigen Ausgelassenheit durch die Stadt umherzuziehen, und denen, die bei den Opfern vorblasen mussten, wurde das Recht wieder eingeräumt, im Tempel zu speisen. So beschäftigte man sich unter den Zurüstungen zu zwei so wichtigen Kriegen.

(31) Die Konsuln teilten die Geschäfte untereinander. Dem Junius beschied das Los die Samniten, dem Aemilius Etrurien als neuen Schauplatz. ***2*** In Samnium hatte sich das von den Römern besetzte Cluvia, dessen Eroberung keinem Sturm gelang, nach erfolgter Einschließung den Samniten aus Hunger ergeben, und sie hatten die Besatzung nach der Übergabe auf eine schreckliche Art unter zerfleischenden Prügeln hingemordet. ***3*** Junius, der, über diese Grausamkeit erbittert, einen Sturm auf Cluvia sein erstes Werk sein ließ, nahm es an demselben Tag, an welchem er die Mauern stürmend angriff, ein und hieb alle Erwachsenen nieder. ***4*** Von hier wurde das siegreiche Heer vor Bovianum geführt. Dies war die überaus reiche und mit Waffen und Mannschaft überflüssig versehene Hauptstadt der pentrischen Samniten. ***5*** Hier, wo die Erbitterung nicht so groß war, wurden die Soldaten durch die Hoffnung auf Beute gereizt und eroberten die Stadt. Man verfuhr also auch nicht so hart gegen den Feind; an Beute aber führte man beinahe mehr aus als aus ganz Samnium, und freigebig überließ man sie alle den Soldaten.

6 Weil nun dem durch seine Waffen übermächtigen Römer keine Heere, kein Lager, keine Festung widerstehen konnten, legten es alle Häupter Samniums recht eigentlich darauf an, einen Hinterhalt auszumitteln, in welchem man das feindliche Heer, wenn es sich eine zügellose Plünderung erlaubte, überfallen und umzingeln könnte. ***7*** Einige Überläufer vom Land und Gefangene, welche den Römern teils zufällig, teils absichtlich in den Wurf kamen, gaben durch ihre übereinstimmende und nicht unbegründete Aussage vor dem Konsul, dass eine große Menge Vieh in einen unwegsamen Wald getrieben sei, die Veranlassung, die Legionen ohne viel Gepäck zu dieser Beute hinzuführen. ***8*** Ein starkes hier verstecktes feindliches Heer hatte die Wege besetzt, und sobald es die Römer in den Wald ziehen sah, brach es plötzlich mit Geschrei und Lärm hervor und griff die Überraschten an. ***9*** Diese erhielt der neue Auftritt so lange in Bestürzung, als sie sich waffneten und ihr Gepäck in die Mitte zusammenwarfen; dann aber, als sie sich von allen Seiten, sowie sich jeder seiner Last entledigt und zum Gefecht instand gesetzt hatte, zu den Fahnen sammelten, und die Linie durch alte Übung im Dienst an Reihe und Glied gewöhnt, ohne Feldherrngebot sich von selbst aufstellte, ***10*** sprengte der Konsul zur misslichsten Stelle des Kampfes hin, sprang vom Pferd und beteuerte unter Anrufung des Jupiter, des Mars und anderer Götter, nicht die Aussicht auf eigenen Ruhm, sondern auf Beute für die Soldaten habe ihn hierher gezogen; ***11*** man könne ihm weiter nichts vorwerfen als einen zu großen Eifer, seine Soldaten im feindlichen Land reich zu machen; und von dieser Beschämung könne nichts in der Welt als die Tapferkeit der Soldaten ihn retten. ***12*** Sie möchten nur alle einmütig zum Angriff gegen einen Feind sich erheben, den sie geschlagen, aus seinen Lagern gejagt, seiner Städte beraubt hätten, der seine letzte Hoffnung in den Tücken eines Hinterhaltes versuche und auf den Ort, nicht auf die Waffen sich verlasse. ***13*** Welcher Ort aber sei jetzt der römischen Tapferkeit unüberwindlich? Dann erinnerte er sie an die Burg zu Fregellae, an die zu Sora und an alle die Stellen, wo der Kampf trotz des ungünstigen Bodens gelungen war.

14 Der Soldat, dadurch angefeuert und aller Schwierigkeit uneingedenk, ging auf die drohende feindliche Linie los. Solange der Zug zur Anhöhe gerade hinanstieg, gab es einige Arbeit; ***15*** allein sobald die ersten Fahnen die obere Fläche gewannen und der Schlachthaufe merkte, dass er auf ebenem Boden stand, ging der Schrecken sogleich zu den hinterlistigen Feinden über, und zerstreut und ohne Waffen suchten sie auf ihrer Flucht dieselben Schlupfwinkel wieder auf, wo sie sich vorher versteckt hatten; ***16*** allein die beschwerliche Gegend, die sie für den Feind ausgesucht hatten, verwickelte sie in ihre eigene Falle. Sehr begreiflich fanden nur wenige einen Ausweg offen; gegen 20 000 Menschen wurden niedergehauen, und die siegreichen Römer zerstreuten sich zum Raub der ihnen vom Feind selbst dargebotenen Herden.

(32) Während dieser Vorfälle in Samnium hatten schon alle Völkerschaften Etruriens, die Arretiner ausgenommen, zu den Waffen gegriffen und mit der Belagerung Sutriums, einer römischen Bundesstadt, die gleichsam der Schlüssel Etruriens war, den großen Krieg eröffnet. ***2*** Hier fand sich der eine Konsul Aemilius mit seinem Heer ein, um die Einschließung der Bundesgenossen zu hintertreiben. Den ankommenden Römern führten die Sutriner in ihr vor der Stadt aufgeschlagenes Lager reichliche Vorräte zu. ***3*** Die Etrusker ließen den ersten Tag unter Beratungen verstreichen, ob sie sich im Krieg beeilen oder zögern sollten. Und da sich ihre Feldherren lieber für den schleunigen als für den sicheren Gang erklärten, wurde am folgenden Tag mit Sonnenaufgang das Zeichen zur Schlacht gegeben, und sie traten bewaffnet in Reihe und Glied. ***4*** Auf die Meldung hiervon ließ der Konsul sogleich die Parole geben, die Soldaten sollten ihr Mittagbrot essen und vom Genuss neu gestärkt die Waffen ergreifen; sein Befehl wurde befolgt. ***5*** Als sie der Konsul gerüstet und fertig sah, ließ er ausrücken und stellte seine Schlachtordnung nicht weit vom Feind auf. Eine geraume Zeit standen sie von beiden Seiten gespannt und in der Erwartung, ***6*** dass das Geschrei und Gefecht von Seiten der Gegner sich erheben würde; und die Sonne neigte sich schon um Mittag, ehe ein Pfeil von hier oder von dort abgeschossen war. ***7*** Um nicht unverrichteter Dinge abzuziehen, erhoben die Etrusker das Geschrei; die Trompeten ertönten, und der Angriff erfolgte. Ebenso bereitwillig gingen die Römer in die Schlacht, und man traf erbittert aufeinander. ***8*** Der Feind überlegen an Zahl, die Römer an Tapferkeit. Ohne Entscheidung raffte der Kampf viele Leute dahin, und immer die Tapfersten, und nicht eher neigte sich das Gefecht, bis die zweite Linie der Römer in die Vorderreihen mit ungeschwächter Kraft ihren Ermüdeten nachrückte. ***9*** Die Etrusker, deren erste Linie von keinen frischen Truppen unterstützt war, fielen alle vor und neben ihren Fahnen. Es wäre in keiner Schlacht weniger geflohen und mehr gemordet worden, hätte nicht die zum Tod entschlossenen Tusker die Nacht geschützt, so dass die Sieger eher zu kämpfen aufhörten als die Besiegten. ***10*** Erst nach Sonnenuntergang wurde das Zeichen zum Rückzug gegeben, und in der Nacht kehrten beide Teile in ihr Lager zurück. ***11*** Auch fiel nachher in diesem Jahr nichts Merkwürdiges bei Sutrium vor, denn teils war im feindlichen Heer die ganze erste Linie in dieser einen Schlacht aufgerieben und nur das Hintertreffen noch übrig, das kaum zur Deckung des Lagers hinreichte, ***12*** teils gab es auf Seiten der Römer so viele Wunden, dass nach der Schlacht mehr verwundete starben, als im Kampfe gefallen waren.

(33) Quintus Fabius, der Konsul des folgenden Jahres, erhielt die Führung des Krieges bei Sutrium. ***2*** Der dem Fabius gegebene Amtsgenosse war Caius Marcius Rutilus. Freilich führte Fabius von Rom Ergänzungstruppen hin, allein auch zu den Etruskern stieß ein neues aus ihrer Heimat aufgebotenes Heer.

3 Seit einer Reihe von Jahren hatte es zwischen den patrizischen Obrigkeiten und den Tribunen keine Streitigkeiten gegeben, als sich aus der Familie, welche zu Zwistigkeiten mit den Tribunen und dem Bürgerstand gleichsam geboren schien, ein Streit erhob. ***4*** Der Zensor Appius Claudius ließ sich, als die 18 Monate verflossen waren, auf welche Kraft des Aemilischen Gesetzes die

Dauer der Zensur begrenzt war, obgleich sein Amtsgenosse Caius Plautius sein Amt niedergelegt hatte, durch keine Gewalt dahin bringen, abzudanken. **5** Der Volkstribun Publius Sempronius war es, der die gerichtliche Klage, die Zensur in die gesetzmäßigen Zeitgrenzen einzuschränken, übernommen hatte, **6** die nicht sosehr auf Volksgunst als auf Gerechtigkeit hinzielte, und dem großen Haufen nicht angenehmer sein konnte als jedem besseren Mann. Nach wiederholter Anführung des Aemilischen Gesetzes und vielen dem Urheber desselben, dem Diktator Mamercus Aemilius deshalb erteilten Lobsprüchen, weil er die ehemals fünfjährige und durch diese Dauer zur gebietenden Macht gewordene Zensur auf das Maß von anderthalb Jahren eingeschränkt habe, rief er aus: *7 So sage doch einmal, Appius Claudius, was du getan hättest, wenn du damals Zensor gewesen wärest, als Caius Furius und Marcus Geganius es waren?* **8** Appius antwortete, die Frage des Tribuns habe auf seine Sache nur eine entfernte Beziehung. Denn habe auch das Aemilische Gesetz jene Zensoren gebunden, in deren Amt es gegeben sei, **9** weil es vom Gesamtvolke nach der Wahl jener Zensoren angenommen sei, und jedes Mal das in Rechtskraft trete und gültig werde, was zuletzt die Zustimmung des Volkes erhalten habe, so könne doch weder er noch irgendjemand, den man nach der Annahme dieses Gesetzes zum Zensor gewählt habe, an dieses Gesetz gebunden sein.

(34) Als Appius, ohne den geringsten Beifall zu erhalten, diese Spitzfindigkeiten vorbrachte, fuhr jener fort: *Da seht ihr, Quiriten, den echten Nachkommen jenes Appius, der, auf ein Jahr zum Dezemvir gewählt, im zweiten Jahr sich selbst wählte, im dritten ohne alle sowohl eigene als fremde Wahl, als ein Unbeamteter die Rutenbündel und die Regierung beibehielt* **2** *und die fortgesetzte Führung eines obrigkeitlichen Amtes nicht eher aufgab, bis seine ebenso unrechtmäßig beibehaltenen als schlecht erworbenen und schlecht geübten Machtausübung über ihm zusammenschlug.* **3** *Dies ist dieselbe Familie, ihr Quiriten, durch deren Gewalttätigkeiten und Ungerechtigkeiten ihr gezwungen wurdet, euch als Flüchtlinge aus eurer Vaterstadt auf den Heiligen Berg zu ziehen, dieselbe, gegen die ihr das euch schützende Tribunat geschaffen habt,* **4** *dieselbe, um deretwillen ihr in zwei Heeren den Aventin besetztet. Sie bestritt jedes Mal die gegen den Wucher, die für die Landverteilungen gemachten Vorschläge. Sie hob das Eherecht zwischen Adligen und Bürgerlichen auf,* **5** *sie versperrte dem Bürgerstand den Weg zu den hohen Stellen; dieser Name ist eurer Freiheit viel gefährlicher als der Name der Tarquinier.* **6** *So sollte also nach deiner Meinung, Appius Claudius, da es doch in den hundert Jahren seit der Diktatur des Mamercus Aemilius so viele Zensoren gab, die alle angesehene und tüchtige Männer waren, keiner von allen die zwölf Tafeln gelesen haben, keiner gewusst haben, dass nur das rechtskräftig sei, was zuletzt die Zustimmung des Volkes erhielt?* **7** *Wahrhaftig, sie wussten das alle, und eben deswegen richteten sie sich viel mehr nach dem Aemilischen Gesetz als nach jenem älteren, wodurch die Wahl der ersten Zensoren geboten war, weil das neue vom Volk zuletzt genehmigt war und weil jedes Mal, wo es zwei einander widersprechende Gesetze gibt, das neue das alte aufhebt.* **8** *Oder willst du so viel sagen, Appius, das Volk sei nicht an das Aemilische Gesetz gebunden, oder das Volk sei freilich gebunden, nur du seiest gesetzlos?* **9** *Band doch das Aemilische Gesetz jene gewalttätigen Zensoren, Caius Furius und Marcus Geganius, die den Beweis lieferten, wie viel Unheil dieses Amt im Staat anrichten könne, da sie aus Rache für die Beschränkung ihres Amtes den Mamercus Aemilius, den ersten Mann seines Zeitalters im Krieg und Frieden, in die unterste Steuerklasse setzten.* **10** *Es band alle folgenden Zensoren in dem Zeitraum von hundert Jahren. Noch jetzt bindet es deinen Amtsgenossen, den Caius Plautius, der doch mit denselben Feierlichkeiten, mit denselben Rechten gewählt ist wie du.* **11** *Oder hat ihn etwa das Volk nicht zu einem Zensor gewählt, der alle zur Zensur gehörigen Rechte haben sollte, und findet bei dir allein die Ausnahme statt, dass diese Formel bei dir eine vorzügliche und besondere Bedeutung haben soll?* **12** *Soll der, den man zum Opferkönig wählt, sich an den königlichen Namen halten und behaupten, er sei durch diese*

Wahl zum König Roms mit allen dazu gehörigen Rechten gewählt? Was meinst du, würde noch wohl jemand mit einer halbjährigen Diktatur, mit einer Zwischenregierung von fünf Tagen sich begnügen lassen, dürfte man es wagen, jemand zur Einschlagung eines Nagels, zur Eröffnung der Festspiele zum Diktator zu ernennen? ***13*** *Was für törichte und stumpfsinnige Menschen müssen euch nicht die Männer scheinen, die nach Ausführung der größten Taten innerhalb von 20 Tagen die Diktatur niederlegten oder, weil bei ihrer Wahl ein Fehler vorgefallen war, abdankten?* ***14*** *Wozu soll ich die alten Beispiele wieder hervorrufen? Legte doch kürzlich erst, vor noch nicht zehn Jahren, der Diktator Caius Maenius, weil ihm bei den Untersuchungen, die er für die Sicherheit einiger Mächtiger mit zu großer Strenge ausübte, von seinen Feinden die Teilnahme an dem Verbrechen Schuld gegeben wurde, das er gerade selbst zu untersuchen hatte, seine Diktatur nieder, um amtlos der Beschuldigung die Stirn zu bieten.* ***15*** *Eine solche Bescheidenheit will ich dir keineswegs zumuten, arte du ja von deiner herrschsüchtigen und übermütigen Familie nicht aus, du sollst nicht einen Tag, nicht eine Stunde früher, als nötig ist, dein Amt niederlegen, nur die festgesetzte Zeit sollst du nicht überschreiten.* ***16*** *Genügt es ihm etwa, entweder einen Tag oder einen Monat zu seiner Zensur hinzuzufügen? Nein, spricht er, drei und ein halbes Jahr länger, als ich nach dem Aemilischen Gesetz darf, will ich die Zensur verwalten, und zwar allein verwalten. Das sieht ja geradeso aus wie ein Königtum.* ***17*** *Oder willst du dir etwa einen nachgewählten Amtsgenossen geben lassen, während man nicht einmal an die Stelle eines Verstorbenen einen nachwählen darf?* ***18*** *Nun ja, du bist noch nicht damit zufrieden, die älteste Opferfeier, die einzige, die selbst von dem Gott gestiftet wurde, dem sie gewidmet ist, den edelsten Vorstehern dieses heiligen Geschäftes abgenommen und zu einem Sklavendienst – du, der gewissenhafte Zensor – erniedrigt zu haben,* ***19*** *ein Geschlecht, dessen Alter über den Ursprung unserer Stadt hinausgeht, das uns durch die bei sich bewirteten Gottheiten ehrwürdig ist, durch dich und deine Zensur binnen Jahresfrist von Grund aus vertilgt zu sehen, wenn du nicht auch den ganzen Staat mit einem Frevel belädst, den ich schon der bösen Vorbedeutung wegen nicht zu nennen wage.* ***20*** *In denselben fünf Jahren, in welchen Lucius Papirius Cursor, um sein Amt nicht niederzulegen, nach dem Tod seines Amtsgenossen, des Zensors Caius Julius, sich den Marcus Cornelius Maluginensis zum nachgewählten Amtsgenossen geben ließ, wurde die Stadt erobert.* ***21*** *Und wie viel bescheidener war seine Amtssucht als die deinige, Appius? Weder allein noch über die durch das Gesetz bestimmte Zeit hinaus führte Lucius Papirius seine Zensur, und dennoch hat sich niemand gefunden, der sein Beispiel nachahmen wollte. Alle späteren Zensoren legten nach dem Tod ihres Amtsgenossen ihr Amt nieder.* ***22*** *Du aber lässt dich weder durch die abgelaufene Zeit der Zensur noch durch die Abdankung deines Amtsgenossen von keinem Gesetz, keiner Scham in deine Schranken weisen. In deinen Übermut, in deine Frechheit und Verachtung aller Götter und Menschen setzt du dein Verdienst.* ***23*** *In Rücksicht auf deine erhabene Würde, Appius Claudius, und auf die Hoheit und Heiligkeit des Amtes, das du bekleidet hast, möchte ich nicht gern Hand an dich legen lassen, ja nicht einmal ein unsanftes Wort gegen dich ausgestoßen haben,* ***24*** *allein dieser dein Starrsinn und Übermut war es, der mich zwang, die bis jetzt gerügte Klage gegen dich vorzubringen, und wenn du dem Aemilischen Gesetz nicht Folge leistest, werde ich dich ins Gefängnis werfen lassen.* ***25*** *Und da unsere Vorfahren eine Einrichtung getroffen haben, dass sogar der Wahltag, ohne den einen Zensor anzukündigen, auf den Fall ausgesetzt werden muss, wenn nicht beide die gehörige Stimmenzahl erhalten, so werde ich für meine Person nicht gestatten, dass du, der du doch zum alleinigen Zensor nicht gewählt werden kannst, die Zensur allein behältst.*

26 Nach diesen und ähnlichen Ausführungen hieß er den Zensor greifen und ins Gefängnis abführen. Allein gegen sechs, dem Verfahren ihres Amtsgenossen zustimmende Tribunen leisteten drei dem ihren Schutz fordernden Appius Beistand, und zur höchsten Missbilligung aller Stände verwaltete Appius die Zensur allein weiter.

(35) Während dieser Auftritte in Rom wurde Sutrium schon von den Etruskern belagert, und der Konsul Fabius, der am Fuß des Gebirges heranrückte, um den Bundesgenossen Hilfe zu bringen und, wenn es möglich wäre, einen Versuch auf die feindlichen Verschanzungen zu machen, stieß auf das schlachtfertige Heer der Feinde. *2* Und da ihn die weite sich hinabstreckende Fläche ihre bedeutende Menge übersehen ließ, zog er sich, um seinen wenigen Truppen durch die Stellung zu helfen, etwas seitwärts auf die Hügel – sie waren aber felsig und wie mit Steinen besät – und richtete nun seine Linie dem Feind entgegen. *3* Die Etrusker, die an nichts als an ihre Menge dachten, auf die sie sich allein verließen, stürzten mit solchem Ungestüm in den Kampf, dass sie, um nur schneller handgemein zu werden, mit Wegwerfung ihrer Geschosse im Andringen auf den Feind die Schwerter zogen. *4* Die Römer hingegen überschütteten sie hier mit Pfeilen, dort mit Steinen, womit der Boden selbst sie reichlich bewaffnete. *5* Getroffen auf Schild und Helm blieben auch die, die keine Wunde bekamen, nicht ohne Bestürzung. Zum näheren Kampf hinaufzudringen, war nicht so leicht, und Geschosse zum Gefecht aus der Ferne hatten sie nicht. *6* Dastehend und jedem Schuss ausgesetzt, durch nichts gehörig gedeckt, zum Teil schon sich zurückziehend, wurden sie in ihrer wankenden, unhaltbaren Linie vom ersten und zweiten Glied der Römer mit erneutem Geschrei und gezücktem Schwert angegriffen. *7* Diesen Andrang hielten die Etrusker nicht aus: Sie machten kehrt und stürzten in völliger Flucht ihrem Lager zu. Da aber die römische Reiterei, die schräg über das Feld ihnen vorsprengte, sich den Fliehenden in den Weg warf, verließen sie die Richtung nach dem Lager hin und flohen dem Gebirge zu. *8* Dann ging ihr Zug, beinahe waffenlos und übel von Wunden zugerichtet, tiefer in den Ciminischen Wald. Die Römer, die viele tausend Etrusker erlegt und 38 Fahnen erbeutet hatten, bemächtigten sich auch des feindlichen Lagers mit einer bedeutenden Beute. Und nun dachte man an die Verfolgung des Feindes.

(36) Der Ciminische Wald war damals noch unwegsamer und schauerlicher als neulich Germaniens Gebirge, und bis dahin hatte ihn auch nicht einmal ein Kaufmann betreten. Sich in diesen hineinzuwagen, hatte fast niemand den Mut, außer dem Feldherrn selbst; allen Übrigen war das Andenken an das Unglück bei Caudium noch zu neu. *2* Da erbot sich einer von den Anwesenden, der Bruder des Konsuls, Marcus Fabius – andere geben ihm den Vornamen Kaeso, einige machen ihn unter dem Namen Caius Claudius zu einem Bruder des Konsuls von *einer* Mutter –, als Kundschafter hinzugehen und binnen Kurzem von allem sicheren Bericht zu erstatten. *3* In Caere bei Gastfreunden erzogen, hatte er in den etruskischen Wissenschaften Unterricht bekommen und war mit der etruskischen Sprache vertraut. Ich finde angegeben, dass man allgemein die römischen Knaben, wie jetzt im Griechischen, so damals im Etruskischen habe unterrichten lassen. *4* Allein es ist wahrscheinlicher, dass dies bei dem Mann, der sich mit so kühner Verstellung unter die Feinde mischen konnte, eine ganz eigene Bewandtnis hat. Er soll einen Sklaven mitgenommen haben, der zugleich mit ihm erzogen und ebendarum derselben Sprache nicht unkundig war. *5* Auch ließen sie sich auf ihrem Weg keine weitere Auskunft geben, als nur im Allgemeinen über die Beschaffenheit der Gegend, in die sie eindringen sollten, und die Namen der Großen unter den Völkerschaften, um sich nicht in Gesprächen durch ihr Stocken bei irgendeinem auffallenden Umstand zu verraten. *6* Sie gingen als Hirten gekleidet, mit ländlichem Gerät bewaffnet, jeder mit einer Sichel und zwei gallischen Wurfspießen. Allein weder die Bekanntschaft mit der Sprache noch ihr Aufzug in Kleidung und Waffen schützte sie so wie die Unglaublichkeit, dass sich ein Ausländer in die Ciminischen Gebirge wagen werde. *7* Sie sollen bis zu den Camertischen Umbriern vorgedrungen sein. Hier soll es der Römer gewagt haben, sich kundzugeben, als er darauf vor ihren Senat geführt wurde, im Namen des Konsuls auf Bündnis und Freundschaft angetragen haben, *8* dann sehr gastfreundlich aufgenommen und beauftragt sein, den Römern zu melden,

dass ihr Heer, wenn es diese Gegend beträte, auf dreißig Tage Lebensmittel in Bereitschaft und die bewaffnete Mannschaft der Camertischen Umbrier ihnen zur Verfügung stehen solle.

9 Auf diese Nachrichten ließ der Konsul um die erste Nachtwache das Gepäck vorangehen, die Legionen dem Gepäck folgen, und er blieb selbst mit der Reiterei zurück. ***10*** Am folgenden Tag ritt er ganz früh vor den außerhalb des Waldes aufgestellten feindlichen Posten auf und ab, zog sich, nachdem er den Feind lange genug beschäftigt hatte, wieder in sein Lager zurück, rückte zu einem andern Tor aus und holte noch vor Nacht seinen Zug wieder ein. ***11*** Am folgenden Tag stand er in aller Frühe auf den Höhen des Ciminischen Gebirges. Nach genommener Übersicht auf die fruchtbaren Gefilde Etruriens schickte er seine Soldaten von dort in das Land herab. ***12*** Schon hatten sie eine Menge Beute weggetrieben, als einige zusammengeraffte Kohorten von etruskischen Landleuten, die von den Häuptern jener Gegend in Eile aufgeboten waren, den Römern entgegentraten, allein in so schlechtem Zustand, dass sie, die Rächer der Beute, fast selbst zur Beute wurden. ***13*** Die Römer schlugen sie und vertrieben sie, plünderten das Land weit umher und kehrten als Sieger, mit allen Vorräten reich beladen, in ihr Lager zurück. ***14*** Eben waren dort fünf Gesandte mit zwei Volkstribunen eingetroffen, um im Namen des Senats dem Fabius zu melden, dass er nicht über das Ciminische Gebirge gehen solle, voll Freude, dass sie zur Verhinderung des Feldzuges zu spät gekommen waren, kehrten sie als Siegesboten nach Rom zurück.

(37) Durch diesen Zug des Konsuls war der Krieg eher verschärft als ausgefochten. Denn die Verheerung war der am Fuß des Ciminischen Gebirges liegenden Gegend fühlbar geworden, und im Unwillen hatte sie nicht bloß die Völkerschaften Etruriens, sondern auch die benachbarten Umbrier aufgewiegelt. ***2*** Also zog sich ein so großes Heer, wie es vorher noch nie gewesen war, nach Sutrium und rückte nicht bloß mit seinem Lager aus dem Wald hervor, sondern stieg aus Begierde zu schlagen eiligst in die Ebene hinab, ***3*** hielt sich anfangs, nachdem es den Feinden, um sich gegenüber aufzustellen, Raum gelassen hatte, auf seinem Standpunkt und erschien dann, als es den Feind einer Schlacht ausweichen sah, vor dessen Verschanzungen. ***4*** Als die Etrusker sahen, dass sogar die Posten in die Verschanzungen zurückgezogen waren, forderten sie sogleich mit Geschrei ihre Feldherren auf, ihnen die Kost auf heute aus dem Lager hierher bringen zu lassen: Sie würden hier unter den Waffen bleiben und entweder noch diese Nacht oder doch mit anbrechendem Tag das feindliche Lager angreifen. ***5*** Das ebenso unruhige römische Heer zügelte der Befehl seines Feldherrn. Es war etwa vier Uhr nachmittags, als der Konsul seine Soldaten essen hieß; er befahl ihnen, unter den Waffen zu stehen, zu welcher Stunde er, tags oder nachts, das Zeichen gäbe. ***6*** Er redete sie mit wenigen Worten an, schilderte die Kriege mit den Samniten als schwer, setzte hingegen die Etrusker herab und sagte, sie dürften diese gar nicht als Feinde mit jenem Feinde, noch ihre Menge mit jener Menge vergleichen. Außerdem würden sie, wenn es Zeit sei, noch von einem insgeheim bereiteten Schlag zu hören bekommen; bis dahin müsse die Sache verschwiegen bleiben. ***7*** Er wollte durch diesen Wink, um seinen vor der Menge der Feinde besorgten Soldaten Mut zu machen, auf einen Verrat von Seiten der Feinde deuten, und die Vorspiegelung war umso glaubhafter, da sich diese ohne alle Befestigung hier gelagert hatten. Nachdem sie sich durch Speise gestärkt hatten, legten sie sich schlafen, und etwa gegen die vierte Nachtwache griffen sie, in aller Stille geweckt, zu den Waffen. ***8*** Den Trossknechten wurden Äxte ausgeteilt, um das Pfahlwerk einzureißen und die Gräben zu füllen. Innerhalb der Verschanzungen stellte sich die Linie, und an den Ausgängen des Lagers wurden auserlesene Kohorten aufgestellt. ***9*** Kurz vor Tag, gerade in dem Augenblick, wo in den Sommernächten alles im tiefsten Schlaf liegt, brach die Linie über den niedergestürzten Wall hervor und hieb auf die allenthalben herumliegenden Feinde ein; einige überraschte der Tod, ehe sie sich regten, andere

halb im Schlaf; der größte Teil in ängstlicher Hast nach den Waffen eilend, nur wenigen wurde Zeit gelassen, sich zu bewaffnen. ***10*** Aber selbst diese, die auf kein Zeichen, auf keinen Führer angewiesen waren, trieb der römische Soldat in die Flucht, und die Reiterei setzte den Fliehenden nach. In verschiedenen Richtungen zogen sie, hier ihrem Lager, dort dem Wald zu. Die sicherste Zuflucht gewährte ihnen der Wald, denn das Lager, das in einer Ebene lag, wurde noch an diesem Tag erobert. Das Gold und Silber musste dem Konsul abgeliefert werden; die übrige Beute gehörte den Soldaten. 60 000 Feinde fielen an diesem Tag bzw. wurden gefangen.

11 Diese so berühmte Schlacht jenseits des Ciminischen Waldes soll nach einigen Berichten bei Perusia geschlagen worden und Rom in großer Besorgnis gewesen sein, dass das durch einen so fürchterlichen Gebirgswald abgeschnittene Heer von den rings umher sich erhebenden Tuskern und Umbriern zugrunde gerichtet werden möchte. ***12*** Indes, die Schlacht mag vorgefallen sein, wo sie will: Die Römer waren Sieger, und deswegen kamen auch von Perusia, Cortona und Arretium, welche damals etwa die Hauptstaaten in Etrurien waren, Gesandte, welche in Rom Frieden und Bündnis beantragten, aber nur einen Waffenstillstand auf 30 Jahre erhielten.

(38) Während dieser Ereignisse in Etrurien nahm der andere Konsul Caius Marcius Rutilus den Samniten Allifae im Sturm. Viele andere kleine Festungen und Flecken wurden entweder zerstört oder kamen unangetastet in die Gewalt der Römer. ***2*** Da um dieselbe Zeit auch eine römische, von Publius Cornelius, den der Senat über die Seeküste gesetzt hatte, nach Kampanien geführte Flotte bei Pompeji gelandet war, gingen die Schiffssoldaten auf Plünderung in das Gebiet von Nuceria, verheerten eilig die nächsten Orte, von wo sie einen sicheren Rückweg zu den Schiffen hatten, ließen sich aber, wie gewöhnlich, durch den Reiz der Beute zu weit locken und machten die Feinde rege. ***3*** Solange sie auf dem Land zerstreut waren, kam ihnen, obgleich sie völlig hätten aufgerieben werden können, niemand entgegen; aber auf ihrem ungeordneten Rückzug holten die Landleute nicht weit von den Schiffen sie ein, nahmen ihnen den Raub wieder ab und töteten einen Teil; in voller Bestürzung wurde der Haufe, der dem Schwert entrann, auf die Schiffe zurückgejagt.

4 So groß der Schrecken gewesen war, den der Zug des Quintus Fabius über den Ciminischen Wald in Rom verursachte, so groß war die Freude, die der Ruf davon unter den Feinden in Samnium verbreitete: Sie erzählten sich schon von der Einschließung des abgeschnittenen römischen Heeres und von einem Gegenstück zu der Niederlage der Römer in den Caudinischen Pässen. ***5*** Bei der ihrem Volk eigenen Begierde, immer weiter vorzudringen, ebenso unbesonnen wie damals, in unwegsame Gebirgswälder geführt, waren sie jetzt von den Waffen der Feinde nicht weniger als von örtlichen Schwierigkeiten rings bedroht. ***6*** Schon mischte sich in ihre Freude eine Art von Neid, dass das Glück einen so glänzenden Sieg im Römerkrieg den Samniten missgönnt und den Etruskern zugewandt habe. ***7*** Also strömten sie mit bewaffneten Scharen herzu, den Konsul Caius Marcius in den Staub zu treten und gleich von hier, falls sich Marcius in kein Gefecht einließe, durch das Land der Marser und Sabiner nach Etrurien zu gehen. ***8*** Der Konsul zog ihnen entgegen. Auf beiden Seiten kämpfte man erbittert und mit ungewissem Ausgang. Bei unentschiedenem Verlust sprach dennoch das Gerücht die Niederlage den Römern zu, weil einige vom Ritterstand und von den Kriegsobersten, auch ein Legat gefallen waren, und was die Sache auffallend machte, der Konsul selber eine Wunde erhalten hatte. ***9*** Das hierdurch, wie gewöhnlich, vergrößerte Gerücht erfüllte die Väter mit großem Schrecken, und sie beschlossen, einen Diktator zu ernennen; auch zweifelte niemand daran, dass die Wahl auf Papirius Cursor fallen würde, auf den man damals im Krieg das größte Vertrauen setzte; ***10*** allein teils waren sie ungewiss, ob sie bei lauter gefährlichen Wegen die Bestellung ins Samnitische mit Sicherheit machen könnten, teils auch darüber, ob der Konsul Marcius noch lebe. ***11*** Und der andere Konsul, Fabius, lebte mit Papirius in persönlicher Feindschaft. Damit diese Erbitterung dem Staatswohl nicht hinderlich werden möchte, beschloss der Senat, aus der Zahl der Konsularen Abgeordnete an ihn zu schicken, ***12*** welche ihn durch bewegende Rücksichten nicht bloß auf den Staat, sondern auch auf ihre Person, dahin bringen sollten, die Feindschaft dem Vaterland zuliebe zu vergessen. ***13*** Als die an Fabius abgegangenen Gesandten ihm den Senatsbeschluss überreicht und ihre Aufträge mit dazu passenden Worten begleitet hatten, ließ sie der Konsul, der sich mit zur Erde gesenktem Blick stillschweigend entfernte, im Zweifel, was er tun werde. ***14*** In der folgenden Nacht ernannte er der Sitte gemäß in der Stille den Lucius Papirius zum Diktator; und da ihm die Gesandten für diese Selbstüberwindung ihren Dank abstatteten, blieb er bei jenem hartnäckigen Schweigen und entließ sie ohne Antwort und ohne ein Wort über seine Handlungsweise zu sagen, so dass offenbar war, dass er nur mit großer Geistesfassung einen so empfindlichen Schmerz unterdrücke.

15 Papirius ernannte den Caius Junius Bubulcus zum Magister Equitum, und als er bei den Kurien auf die Vollmacht als Feldherr antrug, verschob ein Umstand von trauriger Vorbedeutung die Sache bis zum folgenden Tag, der nämlich, dass die Kurie Faucia zuerst stimmen musste, die durch jene beiden Unglücksfälle, durch die Eroberung Roms und den Caudinischen Vertrag eine Auszeichnung erhalten hatte, weil in jenen beiden Jahren das Los der ersten Stimme gerade dieser Kurie zugefallen war. ***16*** Licinius Macer macht sie dadurch noch mehr zur Unglückskurie, dass er ihr eine dritte Niederlage, die am Fluss Cremera, aufbürdet.

(39) Nach erneuerter Gewissheit der göttlichen Zustimmung setzte der Diktator am folgenden Tag seinen Antrag durch; und als er mit den Legionen aufbrach, die man neulich auf die Schreckensnachricht geworben hatte, dass das Heer durch den Ciminischen Gebirgswald geführt sei, ***2*** kam er nach Longula, ließ sich von Konsul Marcius das ältere Heer übergeben und rückte mit seinen Truppen zur Schlacht aus; auch schienen die Feinde eine Schlacht nicht abzulehnen. Da aber keiner von beiden Teilen die Schlacht anfing, überraschte sie, aufgestellt und schlachtfertig wie sie waren, die Nacht. ***3*** Ruhig standen sie nun eine Zeitlang, weil sie ohne Misstrauen auf eigene Kräfte auch den Feind nicht verachteten, im Lager nahe aneinander.

4 Unterdessen gab es Auftritte in Etrurien; denn teils kam es zu einem Entscheidungskampf mit dem Heer der Umbrier, doch wurden die Feinde mehr auseinandergejagt als niedergehauen, weil sie in dem mutig angefangenen Kampf nicht ausharrten, ***5*** teils lieferten die Etrusker, welche ihr Heer vermittels eines Banngesetzes aufgeboten hatten, so dass jeder Mann den andern warb, am Vadimonischen See eine Schlacht mit einer Truppenzahl und solcher Tapferkeit wie nie zuvor; ***6*** und man kämpfte mit einer so wetteifernden Erbitterung, dass auf beiden Seiten kein Wurfspieß abgeschossen wurde. Mit den Schwertern eröffneten sie die Schlacht; und so hitzig sie begann, so wurde sie durch den Eifer selbst, der lange keine Entscheidung bewirkte, noch feuriger, so dass die Römer nicht mit den so oft besiegten Etruskern, sondern mit irgendeinem neuen Volk zu kämpfen wähnten. ***7*** Auf keiner Seite machte man die geringste Bewegung zur Flucht; die Vorderlinien fallen, und um die Fahnen nicht von Vorfechtern entblößen zu lassen, tritt die zweite Linie statt der ersten auf; ***8*** dann holt man aus den letzten Hintertreffen die Streiter herbei; und Anstrengung und Gefahr erreichen dermaßen ihren Höhepunkt, dass die römischen Reiter ihre Pferde abgaben und über Waffen und Leichen zu den ersten Reihen des Fußvolkes vordrangen. Diese unter lauter Ermüdeten hervortretende gleichsam neue Schlachtordnung brachte die Etrusker in Verwirrung. ***9*** Dadurch, dass die übrige Menge, so ermattet sie war, sich an diesen Angriff anschloss, durchbrach auch sie endlich die Reihen der Feinde. Da begann die Hartnäckigkeit, überwältigt zu werden, und einige Haufen machten kehrt; ***10*** und sobald sie einmal den Rücken kehrten, überließen sie sich der entschiedenen Flucht. ***11*** An diesem Tag wurde zum ersten Mal die durch langen Wohlstand üppige Macht der Etrusker gebrochen. Der Kern ihrer Truppen fiel in der Schlacht, und ebenso wurde ihr Lager mit Sturm erobert und geplündert.

(40) Fast zu gleicher Zeit erfolgte eine ebenso gefährliche und dem Ausgang nach ebenso rühmliche Schlacht im Land der Samniten, die außer ihren übrigen kriegerischen Zurüstungen dafür gesorgt hatten, dass ihre Linie in neuem Waffenschmuck glänzte. ***2*** Sie hatten zwei Heere; die Schilde des einen hatten sie mit Gold ausgelegt, die des andern mit Silber. Der Gestalt nach war ihr Schild der Langschild; nur der Oberteil, wo er Brust und Schultern deckt, war breiter und von gleichen Seiten, nach unten zu war er, um leichter zu sein, mehr keilförmig. Zur Brustdecke hatten sie einen gewölbten Panzer, und das linke Bein deckte eine Schiene. ***3*** Die Helme hatten Büsche, um dem Körper einen Schein von Größe zu geben. Die mit Gold geschmückten Soldaten trugen bunte Unterkleider, die mit Silber weiße aus Leinen; Diesen wurde der rechte Flügel angewiesen, jene traten auf den linken.

4 Die Römer waren an diese prächtige Rüstung schon gewöhnt, und ihre Feldherren hatten sie belehrt: Der Soldat müsse furchtbar aussehen, nicht mit Gold und Silber geschmückt sein, sondern auf Schwert und Mut sich verlassen. ***5*** Jene Dinge seien mehr eine Beute als wirkliche Waffen; glänzend, ehe es zur Tat komme, unter Blut und Wunden schmutzig. ***6*** Des Kriegers Schmuck sei Tapferkeit; jene Kostbarkeiten fielen alle dem Sieger anheim, und am reichen Feind bereichere sich der noch so arme Sieger. ***7*** Mit solchen Worten feuerte Cursor seine Soldaten an und führte sie zur Schlacht. Auf dem rechten Flügel stand er selbst, über den linken setzte er den Magister Equitum. ***8*** Der Wetteifer mit dem Feind wurde gleich nach geschehenem Angriff hitzig; ebenso lebhaft wurde er zwischen dem Diktator und dem Magister Equitum, auf wessen Seite der Sieg beginnen würde. ***9*** Es traf sich, dass Junius zuerst mit seinem linken Flügel den feindlichen rechten zum weichen brachte, jene nach samnitischer Sitte durch das Banngesetz geweihten Soldaten, die ebendarum durch die weiße Tracht und ebenso blendendweiße Waffen sich auszeichneten. Da er mit dem wiederholten Ausruf, er weihe diese dem Orkus zu Schlachtopfern, auf sie einbrach, brachte er ihre Glieder in Unordnung und warf die Feinde entschieden. ***10*** Als dies der Diktator bemerkte, rief er: *So soll der Sieg auf dem linken Flügel anfangen, und der rechte, wo der Diktator die Linie anführt, sich nur an den Sieg eines andern anschließen, nicht selbst das meiste zum Sieg beitragen?* ***11*** Er spornte die Soldaten an; und die Reiterei gab an Tapferkeit dem Fußvolk, die Legaten an Eifer den Feldherren nichts nach. ***12*** Marcus Valerius und Publius Decius, beide Konsulaten, jagten, jener vom rechten Flügel, dieser vom linken, zu der neben die Flügel gestellten Reiterei, forderten sie auf, mit ihnen an der Ehre teilzunehmen, und brachen in die Flanken des Feindes ein. ***13*** Da dieser neu hinzukommende Schrecken die feindliche Linie von beiden Seiten umfasste, und die römischen Legionen, ebenfalls um sie zu schrecken, mit erneutem Geschrei eindrangen, fingen die Samniten an zu fliehen. ***14*** Bald waren mit gefallenen Menschen und prächtigen Waffen die Felder bedeckt. Und anfangs nahm die geängstigten Samniten ihr Lager auf; dann aber behaupteten sie auch dieses nicht. Erobert und geplündert, wurde es noch vor Nacht in Brand gesteckt.

15 Der Diktator hielt nach einem Senatsbeschluss einen Triumph, und bei Weitem das größte Ansehen gaben diesem Triumph die erbeuteten Waffen. ***16*** Man fand sie so prächtig, dass man die mit Gold belegten Schilde, um den Markt damit zu zieren, an die Besitzer der Wechselbuden austeilte. Und dies soll für die Aedilen die Veranlassung geworden sein, den Markt auszuschmücken, wenn die Götterwagen ihren Aufzug halten. ***17*** So verwandten die Römer die herrlichen Waffen der Feinde doch noch zur Ehre der Götter; die Campaner hingegen bewaffneten aus Übermut und Hass gegen die Samniten die Gladiatoren, die sie zur Augenweide bei Tafel auftreten ließen, mit diesen Prachtstücken und gaben ihnen den Namen Samniten.

18 In demselben Jahr kämpfte auch der Konsul Fabius bei Perusia, das den Waffenstillstand ebenfalls gebrochen hatte, mit den Überresten der Etrusker so, dass der Sieg weder streitig noch schwer war. ***19*** Er hatte die Stadt selbst erobert, denn er rückte nach seinem Sieg vor ihre Mauern, wenn nicht Gesandte, mit der Vollmacht zur Übergabe versehen, zu ihm gekommen wären. ***20*** Der Konsul, der eine Besatzung nach Perusia legte und die um Freundschaft nachsuchenden Gesandtschaften Etruriens nach Rom an den Senat schickte, zog triumphierend über einen Sieg, welcher den des Diktators noch übertraf, in die Stadt ein. ***21*** Ja die Besiegung der Samniten wurde auch größtenteils den Legaten Publius Decius und Marcus Valerius zugeschrieben, welche das Volk auf dem nächsten Wahltag mit großer Übereinstimmung, den einen zum Konsul, den andern zum Prätor, ernannte.

(41) Dem Fabius wurde wegen der rühmlichen Bezwingung Etruriens das Konsulat verlängert, Decius ihm zum Amtsgenossen gegeben und Valerius zum vierten Mal zum Prätor gewählt. Die Konsuln teilten die Geschäfte unter sich; ***2*** Decius erhielt Etrurien, Fabius Samnium. ***3*** Er zog vor Nuceria Alfaterna, und ohne jetzt die Bitte der Einwohner um Frieden anzunehmen, weil sie ihn damals, als er ihnen gegeben sei, nicht hätten halten wollen, zwang er sie durch Belagerung zur Übergabe. ***4*** Er lieferte den Samniten eine Schlacht. Die Besiegung der Feinde kostete wenig Mühe, und die Erinnerung an diese Schlacht würde sich nicht erhalten haben, wenn nicht in derselben die Marser zum ersten Mal mit den Römern gekämpft hätten. Die Paeligner, welche sich an die abgefallenen Marser angeschlossen hatten, hatten auch mit ihnen gleiches Schicksal. ***5*** Auch dem andern Konsul, Decius, war das Glück im Krieg hold. Bloß durch Furcht hatte er die Tarquinier gezwungen, seinem Heer Getreide zu liefern und um einen Waffenstillstand auf 40 Jahre zu bitten. ***6*** Den Volsiniern nahm er mehrere kleine Festungen im Sturm; einige davon zerstörte er, damit sie den Feinden nicht zum Zufluchtsorte dienen sollten, und dadurch, dass er seine Waffen nach allen Seiten wandte, machte er sich so furchtbar, dass das ganze etruskische Volk von dem Konsul ein Bündnis begehrte. ***7*** Dies wurde freilich abgeschlagen, doch bewilligte er ihnen einen Waffenstillstand auf ein Jahr. Dem römischen Heer zahlte der Feind den Sold dieses Jahres und musste für jeden Mann zwei Untergewänder liefern. Dies war der Preis für den Waffenstillstand.

8 Aus dieser schon eingetretenen Ruhe störte die Etrusker der unerwartete Abfall der Umbrier von Rom, eines von den Leiden des Krieges verschont gebliebenen Volkes, außer dass ihr Land den Durchzug des Heeres empfunden hatte. ***9*** Da sie ihre ganze Mannschaft aufgeboten und einen großen Teil der Etrusker zur Erneuerung des Krieges bewogen hatten, hatten sie ein so großes Heer zusammengebracht, dass sie, ruhmredig über sich selbst und unter verächtlichen Ausdrücken gegen die Römer sich rühmten, sie würden den Decius in Etrurien lassen und gerade auf Rom losgehen, um es zu belagern. ***10*** Als der Konsul Decius ihr Beginnen erfuhr, zog er in Eilmärschen aus Etrurien gegen Rom und blieb im pupinischen Gebiet stehen, auf jede Nachricht vom Feind aufmerksam. ***11*** In Rom war man ohnehin gegen den Krieg der Umbrier nicht gleichgültig; und nun hatte die Drohung bei den Römern Besorgnis erregt, weil sie in dem unglücklichen Gallischen Krieg erfahren hatten, was für eine unhaltbare Stadt sie bewohnten. ***12*** Daher ließen sie durch Abgeordnete dem Konsul Fabius sagen, wenn er auf irgendeine Weise vom Samnitischen Krieg abkommen könnte, so möchte er schnell mit seinem Heer in Umbrien einrücken. ***13*** Der Konsul gehorchte und kam in Eilmärschen nach Mevania, wo jetzt die Truppen der Umbrier standen. ***14*** Die schnelle Ankunft des Konsuls, den sie weit von Umbrien in Samnium mit einem andern Krieg beschäftigt geglaubt hatten, schreckte die Umbrier so sehr, dass einige der Meinung waren, man müsse sich auf die Festungen zurückziehen, andere, man müsse den Krieg aufgeben. ***15*** Nur ein Kanton – sie selbst nennen ihn Materina – hielt die übrigen nicht bloß unter den Waffen, sondern brachte sie auch dahin, sogleich ein Treffen zu liefern. ***16*** Eben ließ Fabius die Pfähle zum Lager setzen, als sie ihn angriffen. Als sie der Konsul in vollem Lauf gegen seine Verschanzungen heranstürmen sah, stellte er seine vom Schanzen abgerufenen Soldaten, so gut es Ort und Zeit gestatteten, auf, ermunterte sie durch das gerechte Lob, das er ihren für die sowohl in Etrurien als auch in Samnium verrichteten ehrenvollen Taten erteilte, und forderte sie auf, dem kleinen Anhängsel des Etruskischen Krieges schnell ein Ende zu machen und für die lästernde Drohung, die Stadt Rom bestürmen zu wollen, an den Feinden Rache zu üben. ***17*** Die Soldaten hörten dies mit solcher Begeisterung an, dass ein ohne Befehl erhobenes Geschrei den redenden Feldherrn unterbrach. Ohne den Befehl abzuwarten, stürzten sie bei dem Wettklang der Trompeten und Hörner in ungehemmtem Lauf auf den Feind. ***18*** Nicht wie gegen Männer, nicht wie gegen Bewaffnete rannten sie auf sie ein: nein – es ist kaum glaublich –, sie rissen anfänglich den Fahnenträgern die Fahnen aus den Händen, dann zogen sie die Fahnenträger selbst zum Konsul hin und schleppten die bewaffneten Soldaten aus jener Linie in diese herüber; und wo es ja einigen Kampf setzte, da arbeiteten sie mehr mit den Schilden als mit den Schwertern. ***19*** Mit den Schildbuckeln und mit Schulterstößen streckten sie die Feinde zu Boden. Es gab mehr Gefangene als Tote, und durch das ganze Heer lief die allgemeine Aufforderung an die Feinde: *Streckt die Waffen!* ***20*** Also schritten selbst noch während des Kampfes die Haupturheber des Krieges zur Übergabe. Am nächsten und den folgenden Tagen ergaben sich auch die übrigen Völkerschaften Umbriens. Nur die Ocriculaner nahm man nach geleisteter Bürgschaft als Freunde an.

(42) Fabius, in einem Krieg Sieger, den das Los einem andern bestimmt hatte, führte sein Heer in seine Provinz zurück. ***2*** Wegen dieser so glücklichen Taten ließ ihn der Senat, sowie ihm im vorigen Jahr das Volk das Konsulat verlängert hatte, für das folgende Jahr, in welchem Appius Claudius und Lucius Volumnius Konsuln waren, den Oberbefehl behalten, obgleich Appius dagegen war. ***3*** In einigen Jahrbüchern finde ich, Appius sei bei der Bewerbung um das Konsulat noch Zensor gewesen, und seine Wahl sei von dem Volkstribunen Lucius Furius so lange unterbrochen geblieben, bis er die Zensur niedergelegt habe. ***4*** Nach seiner Wahl zum Konsul blieb er, da seinem Amtsgenossen die Führung des Krieges gegen neue Feinde, die Sallentiner, übertragen wurde, in Rom, um sich selbst, weil die Ehre vom Krieg anderen zufiel, durch die Künste des Friedens zu heben.

5 Volumnius hatte keine Ursache, mit seiner Amtsführung unzufrieden zu sein. Er besiegte die Feinde in vielen Kämpfen und nahm ihnen mehrere Städte mit Sturm ab. Mit der Beute war er freigebig, erhöhte die an sich schon willkommene Milde durch Freundlichkeit und hatte dem Soldaten durch diese Mittel Gefahren und Anstrengungen angenehm gemacht.

6 Der Prokonsul Quintus Fabius war mit den Samniten bei der Stadt Allifae zusammengetroffen. Der Sieg war nicht im Geringsten zweifelhaft. Die Feinde wurden geworfen und in ihr Lager getrieben; auch das Lager hätten sie nicht behauptet, wenn es nur länger Tag gewesen wäre; doch wurde es noch vor Nacht umringt und in der Nacht gehütet, um keinen entrinnen zu lassen. ***7*** Am folgenden Morgen, als es kaum tagte, schritten die Feinde zur Übergabe und bedangen sich aus, dass alle Samniten, jeder mit einem einzelnen Kleidungsstück, entlassen würden. Diese alle mussten unter dem Jochgalgen durchziehen. ***8*** Den Bundesgenossen der Samniten war nichts eingeräumt, und gegen 7000 von ihnen wurden öffentlich als Sklaven verkauft. Wer sich als geborenen Herniker angab, wurde in besonderen Gewahrsam gegeben. ***9*** Alle diese schickte Fabius nach Rom an den Senat; nach angestellter Befragung, ob sie als vom Senat Geworbene oder als Freiwillige für die Samniten gegen Rom gekämpft hätten, wurden sie unter den latinischen Völkern in Gewahrsam gegeben; ***10*** auch erhielten die neuen Konsuln, Publius Cornelius Arvina und Quintus Marcius Tremulus – denn diese waren gewählt –, den Befehl, die Sache von Neuem vor den Senat zu bringen. ***11*** Dies verdross die Herniker; und in einer von den Anagninern auf ihrer sogenannten Seerennbahn gehaltenen Versammlung aller Völkerschaften erklärte das Volk der Herniker, die Staaten von Aletrium, Ferentinum und Verulae ausgenommen, dem römischen Volk den Krieg.

(43) Auch in Samnium brachen, weil Fabius von dort abgezogen war, neue Unruhen aus. Calatia und Sora mit den darin liegenden römischen Besatzungen wurden im Sturm genommen und die gefangenen Soldaten grausam misshandelt. *2* Deswegen wurde Publius Cornelius mit einem Heer hingeschickt. Die neuen Feinde, die Anagniner und übrigen Herniker – denn der Krieg gegen sie war schon genehmigt – wurden dem Marcius angewiesen. *3* Anfangs hatten die Feinde durch Besetzung aller günstig gelegenen Plätze die beiden Lager der Konsuln so voneinander abgeschnitten, dass auch kein leicht geschürzter Bote durchkommen konnte, *4* dass beide Konsuln mehrere Tage einer über den andern in Ungewissheit und Sorge waren, und diese Besorgnis sich bis nach Rom verbreitete, so dass alle Dienstfähigen in Eid genommen und auf nicht vorherzusehende Ereignisse zwei volle Heere gebildet wurden. *5* Übrigens war der Krieg mit den Hernikern weder dem damaligen Schrecken noch dem alten Ruhm dieses Volkes angemessen. *6* Ohne irgendwo etwas Denkwürdiges gewagt zu haben, verloren sie in wenigen Tagen drei Lager und erkauften einen Waffenstillstand von 30 Tagen, um an den Senat Gesandte nach Rom schicken zu dürfen, mit einer Lieferung an Sold und Getreide für zwei Monate und mit einem Gewand für jeden Soldaten. *7* Vom Senat wurden sie an Marcius verwiesen, weil ihm durch einen Senatsbeschluss die Verfügung über die Herniker gegeben war, und ihm ergab sich das ganze Volk.

Auch in Samnium war der andere Konsul an Stärke den Feinden überlegen, aber durch die Örtlichkeit noch mehr aufgehalten. *8* Sie hatten alle Wege versperrt und die gangbaren Waldpässe besetzt, um jede Zufuhr abzuschneiden; auch konnte sie der Konsul, da er täglich in Linie ausrückte, nie zu einer Schlacht bewegen; *9* und es war klar, dass den Samniten mit einer Schlacht auf der Stelle so wenig gedient sei, als den Römern mit einem Aufschub. *10* Allein die Ankunft des Marcius, der nach Bezwingung der Herniker seinem Amtsgenossen zu Hilfe eilte, bestimmte sie, die Schlacht nicht länger zu verschieben. *11* Denn da sie in der Überzeugung, nicht einmal dem einen Heer gewachsen zu sein, dann vollends nicht die geringste Hoffnung übrig haben konnten, wenn sie beide konsularische Heere sich vereinigen ließen, so griffen sie den ankommenden Marcius an, der auf dem Zug nichts weniger als schlachtfertig war. *12* Schleunigst ließ er das Gepäck in die Mitte zusammenbringen und stellte sein Heer auf, so gut es die Umstände erlaubten. Bei dem andern Konsul setzte zuerst das Geschrei, das bis zu seinem Standort drang, dann der in der Ferne erblickte Staub alles in seinem Lager in Bewegung. *13* Sogleich befahl er seinen Soldaten, die Waffen zu ergreifen, rückte mit ihnen eilig zur Schlacht aus und fiel dem feindlichen Heer, das schon mit einem andern Kampf zu tun hatte, in die Flanke unter der wiederholten Beteuerung, *14* es würde für sie die größte Schande sein, wenn sie das andere Heer beider Siege teilhaftig werden ließen und die Ehre von dem ihnen übertragenen Krieg nicht selbst behaupteten. *15* Da, wo er den Angriff gemacht hatte, brach er durch, drang mitten durch der Feinde Heer in ihr Lager, und ohne Verteidiger wurde es erobert und in Brand gesteckt. *16* Als das Heer des Marcius den Brand bemerkte und die Feinde sich danach umsahen, begann auf allen Punkten die Flucht der Samniten; allein allenthalben sperrte ihnen Gemetzel den Weg, und nirgends fanden sie sichere Rettung.

17 Schon waren 30 000 Feinde gefallen, schon hatten die Konsuln das Zeichen zum Rückzug gegeben und zogen ihre Truppen unter gegenseitigen Glückwünschen zusammen, als sich plötzlich in der Ferne neue feindliche, zu Ergänzungstruppen aufgebotene Scharen sehen ließen und ein neues Gefecht begannen. *18* Ohne Geheiß der Konsuln, ohne gegebenes Zeichen drangen die Sieger mit dem Ausruf auf sie ein, man müsse dem samnitischen Neuling seine erste Ausflucht verbittern. *19* Die Konsuln ließen den kampflustigen Legionen ihren Willen, weil sie wohl wussten, dass jene Neugeworbenen im Verein mit ihren schon durch die Flucht mutlos gewordenen alten Kriegern nicht einmal imstande sein würden, ein Gefecht zu versuchen. ***20*** Und sie täuschten sich nicht. Alle samnitischen Truppen, alte und neue, flohen auf die nächsten Berge. Dort hinauf zog sich auch die römische Linie; die Geschlagenen sicherte jetzt auch der Ort nicht mehr, von den Höhen, welche sie besetzt hatten, wurden sie vertrieben, und nun baten sie alle einstimmig um Frieden. ***21*** Nach einer ihnen auferlegten Lieferung Getreide auf drei Monate, eines jährlichen Soldes und eines Untergewandes für jeden Soldaten durften sie Friedensgesandte an den Senat schicken. ***22*** Cornelius blieb in Samnium.

Marcius hielt bei seiner Rückkehr in die Stadt seinen Triumph über die Herniker, und ihm wurde ein auf dem Markt zu errichtendes Standbild zu Pferd zuerkannt, welches vor dem Tempel des Castor aufgestellt wurde. ***23*** Den drei Völkerschaften der Herniker, von Aletrium, Verulae und Ferentinum wurde ihre Verfassung, weil sie diese dem römischen Bürgerrecht vorzogen, gelassen, und ihnen gegenseitiges Eherecht gestattet, das sie von allen Hernikern allein lange Zeit behalten haben. ***24*** Denen von Anagnina und den anderen, welche gegen Rom gekämpft hatten, wurde das Bürgerrecht ohne Stimme gegeben, aber alle Zusammenkünfte und Ehen untereinander verboten, auch ihren Obrigkeiten außer der Besorgung des Gottesdienstes alle Geschäfte untersagt. ***25*** Auch wurde in diesem Jahr vom Zensor Caius Junius Bubulcus der Bau eines Tempels der Salus, den er im Samnitischen Krieg als Konsul gelobt hatte, verdungen. Er und sein Amtsgenosse Marcus Valerius Maximus legten auch auf öffentliche Kosten Heerstraßen durch das Land an. ***26*** Und mit den Karthagern wurde in demselben Jahr das Bündnis zum dritten Mal erneuert, und ihren hierzu gekommenen Gesandten ließ man freundlich Geschenke reichen.

(44) Dieses Jahr hat auch einen Diktator gehabt, den Publius Cornelius Scipio, mit dem Magister Equitum Publius Decius Mus. ***2*** Von ihnen wurde der konsularische Wahltag abgehalten, um dessentwillen man sie gewählt hatte, weil keiner der beiden Konsuln vom Krieg abkommen konnte. Konsuln wurden Lucius Postumius und Tiberius Minucius. ***3*** Diese Konsuln führt Pisa gleich nach Quintus Fabius und Publius Decius auf, so dass die zwei Jahre ausfallen, in welchen ich den Claudius mit Volumnius und Cornelius mit Marcius als Konsuln angegeben habe. ***4*** Ob ihn bei der Anordnung seiner Jahrbücher das Gedächtnis getäuscht oder ob er mit Absicht die zwei Konsulpaare, weil er sie für unrichtig hielt, übergangen habe, weiß ich nicht.

5 In diesem Jahr unternahmen die Samniten Einfälle in das zum kampanischen Gebiete gehörige stellatische Gebiet. ***6*** Deshalb wurden beide Konsuln nach Samnium geschickt; sie zogen in entgegengesetzten Richtungen, Postumius nach Tifernum, Minucius nach Bovianum, und unter Anführung des Postumius kam es bei Tifernum früher zur Schlacht. ***7*** Nach einigen Nachrichten war der Sieg über die Samniten völlig ausgemacht und brachte 20 000 Gefangene ein; ***8*** nach anderen heißt es, die Schlacht sei unentschieden gewesen, und Postumius habe scheinbar aus Furcht heimlich bei Nacht sein Heer auf das Gebirge geführt; die Feinde, die ihm gefolgt wären, hätten sich ebenfalls auf festen Plätzen 2000 Schritte von ihm gelagert. ***9*** Nachdem der Konsul, um sich den Schein zu geben, als habe er nur ein sicheres, leicht zu versorgendes Standlager beziehen wollen – und wirklich hatte er dies jetzt –, sein Lager teils durch Verschanzungen befestigt, teils mit allen Bedürfnissen in Überfluss versehen hatte, ***10*** führte er mit Hinterlassung einer starken Besatzung in der Nacht zwischen zwölf und drei Uhr seine Legionen ohne Gepäck auf den nächsten Wegen seinem Amtsgenossen zu, der ebenfalls anderen Feinden gegenüberstand. ***11*** Hier musste Minucius nach dem Plan des Postumius seine Feinde angreifen, und als der Kampf ohne Entscheidung bis tief in den Tag hinein fortdauerte, fiel Postumius mit seinen frischen Legionen unvermutet in die schon ermüdete feindliche Linie. ***12*** So wurden die Feinde, denen Ermattung und Wunden selbst die Flucht unmöglich machten, sämtlich niedergehauen und 21 Fahnen erbeutet. Und von da ging der Zug wieder zum Lager des Postumius. ***13*** Hier griffen die beiden siegreichen Heere den schon durch das Gerücht geschreckten Feind an, schlugen und vertrieben ihn; 26 Fahnen wurden erbeutet, der Feldherr der Samniten, Statius Gellius, und eine große Menge Menschen gefangen und beide Lager erobert; ***14*** auch Bovianum, dessen Belagerung am folgenden Tag begann, wurde in kurzer Zeit genommen; und die Konsuln hielten nicht ohne großen Ruhm ihren Triumph. ***15*** Einige geben an, der Konsul Minucius, den man schwer verwundet in das Lager getragen habe, sei gestorben und an seine Stelle Marcus Fulvius als Konsul nachgewählt, und von ihm sei, nachdem man ihn zum Heer des Minucius geschickt habe, Bovianum erobert. ***16*** In diesem Jahre wurden Sora, Arpinum und Cesennia den Samniten wieder entrissen. Ein großes Standbild des Herkules wurde auf dem Kapitol aufgestellt und geweiht.

(45) Unter den Konsuln Publius Sulpicius Saverria und Publius Sempronius Sophus schickten die Samniten, die entweder das Ende oder einen Aufschub des Krieges wünschten, des Friedens wegen Gesandte nach Rom. Auf ihr demütiges Ansuchen bekamen sie zur Antwort: ***2*** Wenn die Samniten nicht schon so oft bei ihren Rüstungen zum Krieg um Frieden nachgesucht hätten, so hätte man nach gegenseitigen Erörterungen einen Frieden abschließen können, so aber, da man sich auf ihre Worte bis jetzt nie habe verlassen können, müsse man sich an Tatsachen halten. ***3*** Der Konsul Publius Sempronius werde nächstens mit einem Heer in Samnium sein; ihn würden sie über ihre Stimmung zum Krieg oder zum Frieden nicht täuschen können; er werde alles seiner eigenen Wahrnehmung gemäß dem Senat berichten, dann möchten sie dem Konsul bei seinem Abzug aus Samnium Gesandte folgen lassen. ***4*** Da nun in diesem Jahr das römische Heer, dem die Samniten die Bedürfnisse willig lieferten, ganz Samnium ohne Feindseligkeiten zu erfahren, durchzogen hatte, wurde das ehemalige Bündnis mit ihnen erneuert.

5 Nun wandten sich die römischen Waffen gegen die Aequer, diese alten Feinde, obgleich sie sich seit vielen Jahren unter dem Schein des Friedens, so unzuverlässig er war, ruhig verhalten hatten, sie hatten nämlich, als noch die Herniker eine Macht waren, mit diesen zugleich den Samniten von Zeit zu Zeit Hilfstruppen geschickt; ***6*** dann hatte nach Bezwingung der Herniker fast das ganze Volk, ohne es zu verhehlen, dass dies Maßregel des Staates sei, sich zu den Feinden Roms geschlagen, und als nun nach dem zu Rom mit den Samniten abgeschlossenen Bündnis durch Fetialen Schadenersatz verlangt wurde, hatten sie geantwortet, ***7*** dies sei nur eine Versuchung, ob sie, durch die Drohung des Krieges geschreckt, es sich gefallen lassen würden, Römer zu werden. Und wie sehr dies zu wünschen sei, hätten die Herniker gezeigt, da diejenigen von ihnen, denen man freie Wahl gelassen habe, ihre Verfassung dem römischen Bürgerrecht vorgezogen hätten, ***8*** und die, welche nicht nach eigenem Wunsch hätten wählen dürfen, das aufgedrungene Bürgerrecht für eine Strafe ansehen müssten, wegen dieser Reden, die ganz allgemein in den Versammlungen ausgestoßen wurden, befahl das römische Volk, die Aequer zu bekriegen, ***9*** und beide Konsuln, die zu dem neuen Krieg auszogen, lagerten sich ungefähr 4000 Schritte vom feindlichen Lager. ***10*** Das Heer der Aequer, das einem zusammengerafften Haufen glich – hatten sie doch seit vielen Jahren keinen Krieg im Namen ihres Staates geführt –, geriet ohne bestimmte Führer und ohne Oberbefehl in unruhige Bewegung. ***11*** Einige stimmten dafür, man müsse zur Schlacht ausrücken, andere, das Lager verteidigen; die meisten fanden die zu erwartende Verheerung der Ländereien bedenklich und dann hinterher die Zerstörung der Städte, die man mit schwachen Besatzungen zurückgelassen habe. ***12*** Kaum also ließ sich unter den vielen Vorschlägen auch der eine hören, der mit Aufgebung der Sorge für das Ganze jeden auf sein Eigentum Rücksicht nehmen ließ, ***13*** dass sie nämlich, um alles fortzubringen und hinter Mauern zu bergen, um die erste Nachtwache jeder seines Weges aus dem Lager in ihre Städte abziehen wollten, so erklärten sich alle mit lauter Zustimmung für diesen Vorschlag. ***14*** Schon hatten sich die Feinde über das Land zerstreut, als die Römer mit Tagesanbruch ausrückten und sich in Schlachtordnung aufstellten, und weil ihnen niemand entgegenkam, im Sturmschritt dem feindlichen Lager zueilten. *15* Als sie hier weder an den Toren eine Wache, noch irgendeinen auf dem Wall, noch das einem Lager eigene Getöse bemerkten, blieben sie, über die ungewöhnliche Stille stutzig, aus Furcht vor einem Hinterhalt stehen. *16* Dann aber stiegen sie über den Wall, fanden alles verlassen und machten sich auf, der Spur des Feindes nachzugehen; allein ebendiese Spuren, die bei der Zerstreuung der Feinde gleich auffallend nach allen Seiten führten, ließen sie anfangs in Ungewissheit; *17* als sie aber nachher durch Kundschafter den Plan der Feinde erfuhren, zogen sie vor eine Stadt nach der andern und nahmen in 50 Tagen 41 Städte, alle im Sturm, ein. Die meisten wurden zerstört und in Brand gesteckt, und das Volk der Aequer beinahe mit Stumpf und Stiel ausgerottet. *18* Über die Aequer wurde ein Triumph gehalten, und ihr Unglück diente den Marrucinern, Marsern, Paelignern und Frentanern zum Beweggrund, Gesandte nach Rom zu schicken, sich Frieden und Freundschaft zu erbitten. Dieser Wunsch wurde den Völkern erfüllt und ein Vertrag abgeschlossen.

(46) In diesem Jahr war der Schreiber Cnaeus Flavius, des Cnaeus Sohn, eines Freigelassenen Enkel, allein bei seiner niedrigen Abkunft ein verschlagener und beredter Mann, kurulischer Ädil. *2* In einigen Jahrbüchern finde ich, dass ihn, nachdem er gesehen habe, obgleich er im Dienste der Ädilen stand, der erste Bezirk zum Ädil ernenne, dass aber sein Name darum nicht angenommen werde, weil er Schreiberdienste täte, habe er die Schrifttafel von sich gelegt und geschworen, er wolle den Schreiberdienst nicht länger fortsetzen. *3* Allein als Beweis, dass er das Schreiberamt schon weit früher abgegeben haben müsse, führt Licinius Macer an, er habe schon vorher das Tribunat und zwei Triumvirate bekleidet, das eine zur Erhaltung der nächtlichen Sicherheit, das andere zur Anlegung einer Kolonie. *4* Worin alle übereinstimmen, ist das, dass es sein Trotz mit den seine Niedrigkeit verachtenden Adligen aufnahm. *5* So machte er das bürgerliche Recht, das bis dahin in den Geheimnissen der Oberpriester verborgen war, bekannt und stellte am Markt den Gerichtskalender auf einem weißen Brett aus, damit jeder wissen könnte, an welchen Tagen man sich an die Gerichte zu wenden habe. *6* So weihte er den Tempel der Eintracht auf dem Vulkanusplatz zum großen Ärgernis des Adels; und durch einen einstimmigen Volksbeschluss sah sich der Hohepriester Cornelius Barbatus genötigt, die Formel der Weihe auszusprechen, obgleich er behauptet hatte, dem Herkommen gemäß könne kein anderer als ein Konsul oder Feldherr einen Tempel einweihen. *7* Darum wurde auch nach einem Senatsbeschluss beim Volk darauf angetragen, dass niemand ohne Genehmigung des Senates oder des größeren Teiles der Volkstribunen einen Tempel oder Altar weihen dürfte. *8* Eine Sache will ich noch erwähnen, die an sich selbst wenig Denkwürdiges hätte, wäre sie nicht ein Beweis des bürgerlichen Freimutes gegen adligen Übermut. *9* Als Flavius zu seinem kranken Amtsgenossen kam, um ihn zu besuchen, und nach einer Verabredung unter den jungen Adligen, die hier am Bett saßen, niemand, um ihm Platz zu machen, aufstand, ließ er sich seinen Thronsessel herbringen und übersah von seinem Ehrenstuhl seine vor Neid berstenden Feinde.

10 Übrigens hatte den Flavius eine Marktpartei zum Ädil gemacht, die durch die Zensur des Appius zu Kräften gekommen war. Dieser hatte zuerst den Senat durch die hineingenommenen Enkel der Freigelassenen verunehrt; *11* da sich aber niemand an diese Aufnahme kehrte, und Appius im Senat den dadurch bezweckten Einfluss auf die Regierung Roms nicht erlangte, hatte er durch Verteilung des niedrigsten Pöbels unter sämtliche Bezirke den Wahlen auf dem Markt und auf dem Marsfeld einen falschen Gang gegeben. *12* Und die Wahl des Flavius erregte so allgemeinen Unwillen, dass die meisten Adligen die goldenen Ringe und den Ritterschmuck ablegten. *13* Von der Zeit an zerfiel die Bürgerschaft in zwei Parteien. Ein anderes Ziel verfolgte das unverdorbene Volk, als Begünstiger und Verehrer der Rechtschaffenen, ein anderes die Marktpartei, ***14*** bis endlich Quintus Fabius und Publius Decius Zensoren wurden, und Fabius, teils die Eintracht wieder herzustellen, teils, um die Wahlen nicht in den Händen der Niedrigsten zu lassen, den ganzen Schwarm der Marktpartei aussonderte, zusammen in vier Bezirke warf und diese die städtischen nannte. ***15*** Er fand mit dieser Maßregel so großen Beifall, dass er den Beinamen Maximus, den ihm so viele Siege nicht erworben hatten, durch diese Ausgleichung der Stände erlangte, von ihm soll auch die Einrichtung herrühren, dass die Ritter am 15. Juli einen Umzug hielten.

Zehntes Buch

Inhalt

Sora, Alba und Carseoli werden Kolonien. Die sich ergebenden Marser werden angenommen. Die Anzahl der Vogelschauer wird vermehrt, so dass ihrer neun sein mussten, während früher immer nur vier gewesen waren. Das Gesetz, welches Beklagten erlaubt, sich an das Gesamtvolk zu wenden, wird von Konsul Valerius, und zwar zum dritten Mal, zur Bestätigung gebracht. Die Zahl der Bezirke wird durch zwei vermehrt, den Aniensischen und Terentinischen. Den Samniten wird der Krieg angekündigt und mehrmals glücklich gegen sie gefochten. Als in der Schlacht gegen die Etrusker, Umbrier, Samniten und Gallier das römische Heer unter Anführung des Publius Decius und Quintus Fabius in großer Gefahr ist, lässt sich Publius Decius nach dem Beispiel seines Vaters für das Heer zum Opfer weihen und verschafft durch seinen Tod dem römischen Volk in dieser Schlacht den Sieg. Papirius Cursor schlägt das Heer der Samniten, welches sie zu desto größerer Beharrlichkeit im tapferen Gefecht nach eidlicher Verpflichtung zur Schlacht hatten auftreten lassen. Eine Schätzung wird gehalten. Ein Schätzungsopfer angestellt. Der geschätzten Bürger waren 262 322.

(1) Unter den Konsuln Lucius Genucius und Servius Cornelius hatte man fast von allen auswärtigen Kriegen Ruhe. Nach Sora und Alba wurden Ansiedler geschickt. Nach Alba im Land der Aequer wurden 6000 Ansiedler eingeschrieben. *2* Sora hatte zum Gebiet der Volsker gehört, allein die Samniten hatten es im Besitz gehabt. Hierher schickte man 4000 Menschen. In demselben Jahr wurde den Einwohnern von Arpinum und Trebula das Bürgerrecht erteilt. *3* Die Frusinaten mussten zur Strafe ein Drittel ihres Gebietes abtreten, weil man erfahren hatte, dass die Herniker von ihnen aufgewiegelt würden, und die Häupter dieser Verschwörung wurden nach einer von den Konsuln auf Befehl des Senates angestellten Untersuchung mit Ruten gepeitscht und enthauptet.

4 Um indes die Römer nicht das ganze Jahr hindurch ohne Krieg hinbringen zu lassen, wurde ein kleiner Kriegszug nach Umbrien gemacht, weil die Nachricht einlief, dass dort Bewaffnete aus einer Höhle Streifzüge im Lande machten. *5* Man drang in Schlachtordnung in diese Höhle ein und sah sich hier im Dunkeln vielen Wunden ausgesetzt, hauptsächlich durch Steinwürfe, bis man, da die Höhle einen Durchgang gestattete, die andere Öffnung fand und beide Mündungen durch davor aufgeschüttete Holzhaufen in Brand setzte. *6* An die 2000 Bewaffnete, die zuletzt bei dem Versuch zu entkommen, selbst in die Flammen rannten, kamen so inwendig durch Rauch und Dampf ums Leben.

7 Unter den Konsuln Marcus Livius Denter und Marcus Aemilius fing der Krieg mit den Aequern wieder an. Da sie aus Ärger über die gleich einer Zwingburg in ihrem Gebiet angelegte

Kolonie diese mit aller Macht zu erstürmen gesucht hatten, wurden sie von den Ansiedlern selbst zurückgeschlagen. ***8*** Weil es indes kaum glaublich war, dass die so sehr geschwächten Aequer allein sich zum Krieg erhoben hätten, bewirkten sie zu Rom einen so großen Schrecken, dass man wegen dieses plötzlichen Krieges einen Diktator ernannte, nämlich Caius Junius Bubulcus. ***9*** Dieser brach mit dem Magister Equitum Marcus Titinius auf, besiegte die Aequer beim ersten Zusammentreffen, kehrte acht Tage nachher triumphierend in die Stadt zurück und gab dem Tempel der Salus, den er als Konsul gelobt, als Zensor verdungen hatte, als Diktator die Weihe.

(2) In diesem Jahr eroberte eine griechische Flotte, die unter Anführung des Spartaners Kleonymos an Italiens Küsten landete, die Stadt Thuriae im sallentinischen Gebiet. ***2*** Der gegen ihn ausgeschickte Konsul Aemilius jagte den in einer Schlacht besiegten Feind auf seine Schiffe zurück. Thuriae wurde seinen alten Bewohnern wiedergegeben und im Sallentinischen der Friede hergestellt. ***3*** In einigen Jahrbüchern finde ich, der Diktator Junius Bubulcus sei in das sallentinische Gebiet geschickt, und Kleonymos habe, ehe er noch nötig gehabt habe, mit den Römern zu kämpfen, Italien geräumt. ***4*** Als er hierauf um Brundisiums Vorgebirge herumgefahren war und ihm die Winde mitten durch den Adriatischen Meerbusen trieben, kam er am Ende desselben, weil ihn zur Linken die hafenlosen Küsten Italiens, zur Rechten die Illyrer, Liburner und Istrier abschreckten, lauter wilde und größtenteils wegen ihrer Seeräubereien verrufene Völker, an die Küste der Veneter. ***5*** Nachdem er hier einige seiner Leute ausgesetzt hatte, um die Gegend auszukundschaften, ließ er auf ihre Aussage, dass hier dem Meer nur ein schmaler Uferstrich vorgelagert sei, dass man, wenn man über diesen hinaus sei, Sümpfe hinter sich habe, die von der Meeresflut bewässert würden, dass man von da die Aussicht über das Land in der Nähe habe, zunächst über Gefilde, weiter hin auf Hügel, ***6*** dann komme man an die Mündung eines sehr tiefen Stromes, wo sie auch Schiffe zu einem sicheren Standplatz hätten hinrudern sehen – dies war der Fluss Meduacus –, seine Flotte hier hineinlaufen und stromaufwärts gehen. ***7*** Doch die schwersten Schiffe trug der Fluss nicht bis dahin. Der größte Teil seiner Bewaffneten, der auf leichteren Fahrzeugen übersetzte, kam in eine volkreiche Gegend, wo drei Seebezirke der Pataviner die Küste bewohnten. ***8*** Da sie hier nach zurückgelassener schwacher Bedeckung für die Schiffe an das Land gegangen waren, erstürmten sie die Dörfer, zündeten die Häuser an, machten Beute an Menschen und Vieh und entfernten sich beim Vergnügen zu plündern immer weiter von ihren Fahrzeugen. ***9*** Als dies die Einwohner Pataviums erfuhren, teilten sie ihre Mannschaft – denn die Nachbarschaft der Gallier hielt sie beständig unter den Waffen – in zwei Teile. Der eine zog in die Gegend, aus welcher eine unordentliche Plünderung gemeldet wurde, der andere, um den Plünderern nicht zu begegnen, auf einem andern Wege nach dem Standplatz der Schiffe, der 14 000Schritte von der Stadt entfernt war. ***10*** Nach Ermordung der Wachen fielen sie auf die kleinen Schiffe, und vor Schrecken sahen sich die Schiffssoldaten genötigt, mit ihren Schiffen an das andere Ufer des Stromes hinüberzufahren. Zu Lande war der Kampf gegen die zerstreuten Plünderer gleich erfolgreich, und als die Griechen zu ihrem Standplatz zurückfliehen wollten, versperrten ihnen die Veneter den Weg. ***11*** So wurden die in die Mitte genommenen Feinde umzingelt und niedergehauen, und die Gefangenen sagten aus, dass ihre Flotte und ihr König Kleonymos 3000 Schritte von hier stehe. ***12*** Die Veneter also, die ihre Gefangenen im nächsten Dorf in Verwahrung gaben, bemannten teils ihre Flussschiffe, denen man zur Überfahrt über die seichten stellen der Sümpfe den erforderlichen flachen Boden gegeben hatte, teils auch die erbeuteten Fahrzeuge, steuerten auf die Flotte zu und griffen die unbeweglichen Schiffe, denen die fehlende Bekanntschaft mit der Tiefe noch furchtbarer als der Feind war, von allen Seiten an, ***13*** und da sie die ernstlicher auf die Flucht ins hohe Meer als auf Gegenwehr bedachten Feinde bis an die Mündung des Flusses verfolgt hatten, kehrten sie siegreich wieder um, nachdem sie

einige feindliche Schiffe, welche die Eilfertigkeit auf Untiefen geraten ließ, erobert und in Brand gesteckt hatten. **14** Kleonymos, von dessen Flotte kaum der fünfte Teil noch brauchbar war, zog ab, ohne irgendwo im Adriatischen Meer mit Glück gelandet zu sein. Es leben noch viele, welche zu Patavium im ehemaligen Tempel der Juno die aufgehängten Schiffsschnäbel nebst der übrigen spartanischen Beute gesehen haben. **15** Das Andenken an diese Seeschlacht wird noch jährlich am Tag der Schlacht durch einen feierlichen Wettkampf der Schiffe auf dem Fluss, der mitten durch die Stadt fließt, erneuert.

(3) Auch wurde in diesem Jahr zu Rom mit den Vestinern, welche um Freundschaft baten, ein Bündnis geschlossen. Darauf entstand ein vielfacher Schrecken. **2** Es wurde gemeldet, dass Etrurien den Krieg wieder beginne, und dass diesen Aufstand ein Parteienstreit zu Arretium veranlasst habe, wo man schon Hand anlegte, das mächtige Geschlecht der Cilnier, das wegen seines Reichtums verhasst war, mit den Waffen zu vertreiben; ferner, dass die Marser ihr Gebiet, in das man eine Ansiedlung nach Carseoli geführt und 4000 Menschen für dieselbe eingeschrieben hatte, mit Gewalt behaupteten. **3** Der wegen dieser Unruhen zum Diktator ernannte Marcus Valerius Maximus wählte sich den Marcus Aemilius Paulus zum Magister Equitum. **4** Dies glaube ich eher, als dass man den Quintus Fabius bei seinen Jahren und nach solchen Amtsführungen dem Valerius untergeordnet habe; hingegen möchte ich nicht leugnen, dass die Veranlassung zu diesem Irrtum in dem Beinamen Maximus liege. **5** Der Diktator zog mit dem Heer aus und besiegte in einer einzigen Schlacht die Marser. Da sie hierdurch in ihre befestigten Städte getrieben wurden, eroberte er in wenigen Tagen Milionia, Plestina und Fresilia, und nachdem er sie zur Strafe einen Teil ihres Gebietes hatte abtreten lassen, stellte er das Bündnis mit den Marsern wieder her.

6 Darauf wandte sich der Krieg gegen die Etrusker, und während der Diktator, um sich der göttlichen Zustimmung von Neuem zu versichern, nach Rom gegangen war, wurde der Magister Equitum, als er auf Futterholung ausgegangen war, **7** in einem Hinterhalt umringt, und nach dem Verlust mehrerer Fahnen, wobei der Verlust an Leuten und die Flucht gleich schimpflich waren, in sein Lager getrieben. Ein so beunruhigender Missgriff lässt sich nicht allein deswegen von einem Fabius nicht denken, weil er seinem Beinamen, wenn irgend durch andere Vorzüge, hauptsächlich doch durch seine Verdienste im Krieg entsprach, **8** sondern auch darum nicht, weil er, der Strenge des Papirius eingedenk, sich nie würde haben bewegen lassen, ohne Befehl des Diktators zu kämpfen.

(4) Die Nachricht von dieser Niederlage erregte in Rom einen größeren Schrecken, als die Sache verdiente. **2** Denn es wurden nicht anders, als ob das ganze Heer vernichtet sei, ein Gerichtsstillstand angesagt, Posten an den Toren und Wachen straßenweise aufgestellt, und Waffen zum Schutz und zum Angriff auf die Mauern gebracht. **3** Der Diktator, der nach Beeidigung aller Dienstfähigen zum Heer geschickt wurde, fand wider Erwarten alles ruhig und durch die Vorkehrungen des Magister Equitum in Ordnung, das Lager an einen sicheren Ort zurückgezogen, **4** die Kohorten, welche ihre Fahnen verloren hatten, außerhalb des Lagerwalles ohne Zelte allein gestellt, das Heer voll Kampflust, damit eher der Schimpf getilgt würde. **5** Er rückte also sogleich mit dem Lager von da in das Gebiet von Rusellae vor. **6** Dahin folgten auch die Feinde; und obgleich sie zufolge des errungenen Erfolges das größte Vertrauen in ihre Kräfte setzten, suchten sie doch auch diesmal dem Feind durch einen Hinterhalt beizukommen, weil sie davon kurz vorher so glücklichen Gebrauch gemacht hatten. **7** Nicht weit vom römischen Lager standen die halbzerstörten Häuser eines bei der Verheerung des Landes niedergebrannten Dorfes. Hier versteckten sie Bewaffnete und ließen im Angesicht der römischen Besatzung, die unter dem Legaten Cnaeus Fulvius stand, Viehherden vorbeitreiben. **8** Als sich auf diese Lockung niemand vom römischen Posten regte, trat einer der Hirten dicht unter die Verschanzungen und

rief den Übrigen, welche das Vieh von den Schutthaufen des Dorfes nur zögernd hertrieben, laut entgegen, warum sie so zauderten, da sie sicher mitten durch das römische Lager treiben könnten. *9* Als dies dem Legaten von einigen Caeriten verdolmetscht wurde und die Soldaten alle in ihren Abteilungen vor Unwillen laut wurden, obgleich es niemand wagte, ohne Befehl aufzubrechen, so hieß er auf die der Sprache Kundigen Acht geben, ob die Mundart der Hirten mit der ländlichen oder städtischen übereinkomme. *10* Als sie ihm meldeten, der Ton der Sprache, der Anstand und ihr schmuckes Äußeres seien für Hirten zu gebildet, sprach er: *So geht denn hin und sagt ihnen, sie möchten ihren umsonst versteckten Hinterhalt nur enthüllen, die Römer wüssten alles und ließen sich jetzt ebenso wenig durch List fangen als durch Waffen besiegen.* *11* Als jene dies hörten und es den im Hinterhalt Liegenden hinterbrachten, traten diese plötzlich aus ihrem Schlupfwinkel hervor und rückten mit ihren Fahnen in ein zur Übersicht von allen Seiten offen liegendes Feld. *12* Da schien dem Legaten ihre Linie stärker, als dass seine Schar sie aufhalten könnte. Er schickte also eilig zum Diktator um Hilfe; bis dahin hielt er den Angriff der Feinde allein aus.

(5) Auf diese Anzeige ließ der Diktator die Fahnen ausrücken und seine Bewaffneten folgen; allein fast in allem kamen sie seinen Befehlen zuvor. *2* Augenblicklich wurden die Fahnen, die Waffen fortgerissen, und kaum ließen sie sich abhalten, im Lauf auf den Feind einzustürzen, da teils die Erbitterung über die neulich erlittene Niederlage, teils das Geschrei sie anfeuerte, das vom zunehmenden Kampf immer lauter herüberschallte. *3* Folglich drängte einer den andern, und sie trieben die Fahnenträger an, schneller zu gehen. Je mehr der Diktator sie eilen sah, desto nachdrücklicher hielt er ihren Zug auf und hieß sie langsam gehen. *4* Die Etrusker hingegen, die gleich zu Anfang des Gefechtes herbeigeeilt waren, waren schon mit ihrer ganzen Macht erschienen; und Boten über Boten meldeten dem Diktator, alle Legionen der Etrusker hätten am Kampf teilgenommen, und die Seinigen könnten nicht länger Widerstand leisten; ja er sah selbst von einer Anhöhe die große Gefahr jenes Heeres. *5* Da er jedoch darauf rechnen konnte, dass der Legat auch jetzt noch den Kampf aushalten werde, und dass er selbst als Retter in der Gefahr so nahe sei, will er den Feind soviel wie möglich sich ermüden lassen, um ihn in der Erschöpfung mit frischen Kräften anzugreifen. *6* Selbst bei dem langsamen Vorrücken hatten sie jetzt bis zum wirklichen Angriff nur noch einen mäßigen Zwischenraum, vollends die Reiterei. Die Legionen zu Fuß mit ihren Fahnen gingen voran, damit die Feinde keinen versteckten oder plötzlichen Schlag befürchten möchten; allein er hatte zwischen den Gliedern des Fußvolkes Zwischenräume gelassen, so dass die Pferde, um hervorbrechen zu können, Platz genug hatten. *7* Kaum erhob das Heer das Schlachtgeschrei, da stürzte auch die durchgelassene Reiterei in ungehemmtem Lauf auf die Feinde und verbreitete über die zu einem Gefecht mit Reiterei Unvorbereiteten einen plötzlichen Schrecken. *8* Da also für die vom Feind fast schon Umzingelten die Hilfe beinahe zu spät kam, so war ihnen jetzt die völligste Ruhe gewährt. Die frischen Streiter übernahmen den Kampf; er war aber weder lang noch zweifelhaft. *9* Die geschlagenen Feinde eilten ihrem Lager zu, wichen aber den anrückenden Römern und drängten sich am äußersten Ende desselben zusammen. *10* In den engen Toren stopften sich die Fliehenden; ein großer Teil stieg auf die Böschung und den Wall, um sich entweder von der Höhe zu verteidigen oder irgendwo hinüberzukommen und zu entrinnen. *11* Es fügte sich, dass die Böschung an einer Stelle, wo sie nicht gehörig dicht war, unter der Last der darauf Stehenden in den Graben stürzte, und unter dem Geschrei, dass ihnen die Götter selbst den Weg zur Flucht bahnten, entkamen sie, mehr ohne als mit Waffen.

12 Durch dieses Treffen wurde zum zweiten Mal die Macht der Etrusker gebrochen, und unter der Bedingung, den Sold für dieses Jahr und auf zwei Monate Getreide zu liefern, erhielten sie vom Diktator die Erlaubnis, eines Friedens wegen Gesandte nach Rom zu schicken. *13* Den Frieden schlug man ihnen ab und bewilligte einen Waffenstillstand auf zwei Jahre. Der Diktator kam triumphierend nach Rom zurück. Ich finde bei einigen angegeben, dass Etrurien vom Diktator ohne irgendeine bemerkenswerte Schlacht zur Ruhe gebracht sei, da er bloß die Parteizwistigkeiten der Arretiner beigelegt und das Cilnische Geschlecht mit seinem Bürgerstand wieder ausgesöhnt habe. ***14*** Aus seiner Diktatur ging Marcus Valerius in das ihm erteilte Konsulat über. Einige glauben, man habe ihn ohne sein Gesuch, ja sogar abwesend, gewählt, und dieser Wahltag sei von einem Zwischenkönig abgehalten worden. Nur das allein ist außer Zweifel, dass er dies Konsulat mit Apuleius Pansa verwaltet hat.

(6) Unter den Konsuln Marcus Valerius und Quintus Apuleius war auswärts alles ziemlich ruhig. ***2*** Die Etrusker bestimmte ihr Unglück im Krieg und der Waffenstillstand, Ruhe zu halten; und die Samniten, durch ihre Niederlagen seit so vielen Jahren gedemütigt, waren noch immer mit dem neuen Bündnis zufrieden. Auch zu Rom hatten die Abführungen so vieler Menschen in Kolonien den Bürgerstand beruhigt und erleichtert. ***3*** Damit aber ja nicht von allen Seiten Ruhe herrschen möchte, mussten die Volkstribunen, die beiden Ogulnier, Quintus und Cnaeus, zwischen den Vornehmsten des Staates, sowohl vom Patrizier- als Bürgerstand, einen Streit entzünden. ***4*** Da sie auf allen Seiten Gelegenheit gesucht hatten, die Väter bei dem Bürgerstand zu beschuldigen, strengten sie nach mehreren vergeblichen Versuchen eine Klage an, durch welche sie nicht etwa die niedrige Bürgerklasse aufwiegelten, sondern selbst die Häupter des Bürgerstandes, ***5*** welche als Männer dieser Klasse Konsulate verwaltet und Triumphe gehalten hatten, ***6*** insofern nämlich ihren Ehrenämtern die Priestertümer allein noch fehlten, welche noch nicht aus beiden Ständen besetzt wurden. Sie kündigten also den Gesetzvorschlag an, dass man, da es jetzt vier Vogelschauer und vier Oberpriester gebe, und die Zahl der Priester zu vermehren sei, vier Oberpriester und fünf Vogelschauer, sämtlich aus dem Bürgerstand, hinzufügen sollte. ***7*** Wie das Kollegium der Vogelschauer auf die Zahl von vier habe herabkommen können, wenn nicht etwa zwei gestorben wären, finde ich nicht; denn es ist unter den Vogelschauern festgesetzt, dass ihre Anzahl ungleich sein müsse, so dass die drei alten Stadtbezirke, die Ramnes, Tities und Luceres je einen Vogelschauer haben, ***8*** oder wenn sie mehr Priester haben wollen, sie verhältnismäßig in gleicher Anzahl vermehren, gerade wie sie damals vermehrt sind, als die fünf zu den vier früheren Hinzugekommenen die volle Zahl neun gaben, so dass jeder Bezirk drei hatte. ***9*** Weil sie aber aus dem Bürgerstand hinzugewählt werden sollten, war die Sache den Vätern ebenso unangenehm wie damals, als sie den Anteil am Konsulat jedem gegeben sahen. ***10*** Ja sie gaben ihr das Ansehen, als sei dies mehr die Sache der Götter als ihre eigene: Die Götter würden schon darauf sehen, dass ihr Gottesdienst nicht befleckt werde. Sie für ihre Person wünschten nur, dass daraus kein Unglück für den Staat entstehe. ***11*** Indes gewohnt, in dergleichen Streitigkeiten den Kürzeren zu ziehen, machten sie weniger Anstrengungen. Und sie sahen hier auch Gegner vor sich, die nicht etwa nach hohen Ehrenstellen als einem Preis strebten, den sie früher kaum hatten hoffen dürfen, sondern die schon alles, wonach sie bei noch so zweifelhaften Hoffnungen gerungen hatten, dennoch erreicht hatten, vielfache Konsulate, Zensuren und Triumphe.

(7) Doch sollen zur Empfehlung und Bekämpfung des Vorschlages hauptsächlich Appius Claudius und Publius Decius Mus gegeneinander aufgetreten sein. ***2*** Nachdem sie über das Recht der Väter und des Bürgerstandes fast dieselben Gründe vorgebracht hatten, welche damals für und wider den Licinischen Vorschlag angeführt wurden, als man auf Besetzung des Konsulats durch Bürgerliche antrug, ***3*** soll Decius dem Volke das Bild seines Vaters ins Gedächtnis zurückgerufen haben, so wie jenen noch viele der in der Versammlung Anwesenden gesehen hatten, in demselben Aufzug, in welchem er sich, in gabinischer Tracht über dem Speer stehend, für das römische Volk und dessen Legionen die Weihe zum Tod geben ließ.

4 Der Konsul Publius Decius, sagte er, sei damals in den Augen der unsterblichen Götter ebenso rein, ebenso gottgefällig gewesen, als wenn sich sein Amtsgenosse Titus Manlius hätte zum Tod weihen lassen. **5** Und diesen Publius Decius sollte man, ohne eine Sünde zu begehen, zur Ausrichtung des öffentlichen Gottesdienstes in Rom nicht haben wählen dürfen? Ob er etwa fürchten solle, dass die Götter seine Gebete weniger gern als die des Appius Claudius hörten? Dass dieser bei seinem häuslichen Gottesdienst frömmer sei als er, und die Götter gewissenhafter verehre? **6** Wer wohl Ursache gehabt habe, mit der Anrufung der Götter unzufrieden zu sein, die von den Lippen so vieler bürgerlicher Konsuln, so vieler Diktatoren kam, entweder bei ihrem Gang zu den Heeren oder mitten unter den Kriegen selbst? **7** Man möge die Feldherren derjenigen Jahre zählen, seit welchen der Gang der Kriege unter dem Oberbefehl und der Leitung von Bürgerlichen gestanden habe; man möge die Triumphe zählen. Selbst mit ihrem neuen Adel hätten die Bürgerlichen nicht Ursache, unzufrieden zu sein. **8** Er sei überzeugt, wenn jetzt plötzlich ein Krieg ausbräche, so werde Roms Senat und Volk auf die patrizischen Heerführer keine größere Hoffnung als auf die Bürgerlichen setzen. **9** *Wo ist der Gott,* fuhr er fort, *wo der Mensch, der unter diesen Umständen eine Unwürdigkeit darin finden kann, wenn Männer, die ihr mit dem Thronsessel, mit der Purpurverbrämung, mit der mit Palmenzweigen verzierten Tunika, mit der Stickerei auf der Toga, mit dem Triumphkranz und dem Lorbeer geehrt habt, deren Häuser ihr durch Anheftung des den Feinden abgenommenen Raubes vor anderen ausgezeichnet habt, zu dem allen noch die Ehrenzeichen der Oberpriesterwürde und des Vogelschaueramtes hinzutun?* **10** *Wenn der, der in der majestätischen Tracht des allmächtigen Jupiter in einem vergoldeten Wagen durch die Stadt zum Kapitol hinauffahren durfte, sich mit einer Opferschale, mit einem Krummstab sehen ließe, ein geweihtes Tier opferte, von der Burg die Zustimmung der Vögel holte,* **11** *wenn ihr dem, auf dessen Bild man einst in der Unterschrift das Konsulat, die Zensur, den Triumph ohne Anstoß lesen wird, das Vogelschaueramt, die Oberpriesterwürde noch dazu gegeben hättet, dann sollten die Augen der Leser von diesem Gräuel sich abwenden?* **12** *Ich darf die Hoffnung aussprechen – mögen mir die Götter es verzeihen! –, dass wir den Priesterämtern, da wir durch die Wohltaten des römischen Volkes schon so sehr gehoben sind, durch unsere Würdigsprechung nicht geringere Ehre erteilen werden, als wir durch sie erhalten möchten, und dass wir mehr um der Götter als um unserer selbst willen darauf dringen müssen, ihnen ebenso gut wie wir sie in unseren Häusern verehren, auch öffentlich dienen zu dürfen.*

(8) Doch warum habe ich bisher so geredet, als sei die Sache der Patrizier hinsichtlich Priesterämter noch ganz unentschieden, und als wären wir nicht schon im Besitz eines der ehrenvollsten Priesterämter? **2** *Zehnmänner des Gottesdienstes, Dolmetscher der Sprüche der Sibylle und der Schicksale unseres Volkes, und ebenso Vorsteher des Apollinarischen Opfers und anderer Feierlichkeiten sehen wir ja im Bürgerstand schon jetzt.* **3** *Sowenig damals den Patriziern das geringste Unrecht geschah, als die Zahl der Zweimänner des Gottesdienstes um der Bürger willen vermehrt wurde, ebenso will auch jetzt der Tribun, dieser wackere und tätige Mann, die Zahl der Vogelschauer um fünf, die der Oberpriester um vier mit Bürgerlichen zu besetzende Plätze vermehren,* **4** *nicht etwa deswegen, Appius, dass sie euch aus euren Stellen verdrängen sollen, sondern dass die Männer vom Bürgerstand euch ebenso in Besorgung der göttlichen Angelegenheiten zu Hilfe kommen mögen, wie sie euch in allen anderen menschlichen Geschäften auch von ihrer Seite behilflich sind.* **5** *Du brauchst nicht zu erröten, Appius, im Priesteramt einen Amtsgenossen zu haben, den du auch in der Zensur oder den du im Konsulat zum Amtsgenossen haben konntest, bei dem du ebenso gut Magister Equitum werden, wenn er Diktator ist, als sein Diktator sein kannst, wenn er Magister Equitum ist.* **6** *Einen sabinischen Ankömmling, den Stammvater eures Adels – mögt ihr ihn lieber Attus Clausus oder Appius Claudius genannt wissen –, nahmen jene alten Patrizier in ihre Zahl*

*auf; **7** so musst auch du es nicht verschmähen, uns in die Zahl der Priester aufzunehmen. Mit uns bringen wir viele Ehrentitel, ja gerade alle diejenigen mit, die euch so übermütig gemacht haben. **8** Lucius Sextius war der erste Konsul aus dem Bürgerstand, Caius Licinius Stolo der erste Magister Equitum, Caius Marcius Rutilus der letzte Diktator und Zensor, Quintus Publilius Philo der erste Prätor. **9** Man hört immer euer ewiges Einerlei, dass ihr nur das Recht hättet, die Vögel zu befragen, dass ihr nur von Familie wäret, dass ihr allein im Frieden und im Krieg den Oberbefehl und die Befragung der Vögel gehörig versehen könntet. **10** Beides war bisher mit gleichem Glück in den Händen der Patrizier und der Bürgerlichen, und wird es auch ferner sein. Ihr habt wohl nie davon erzählen hören, dass nicht etwa gewisse vom Himmel Gefallene zu den ersten Patriziern genommen wurden, sondern solche, die ihren Vater angeben konnten, das heißt, nichts weiter als Freigeborene waren. **11** Nun, ich kann einen Konsul meinen Vater nennen, und mein Sohn wird schon seinen Großvater als Konsul nennen können. Bei der ganzen Sache, ihr Quiriten, ist es darauf abgesehen, dass uns alles, was wir erlangen, erst abgeschlagen werden soll. Es ist bloß Streit, was die Patrizier suchen, ohne sich darum zu kümmern, was sie von ihren Streitigkeiten für einen Erfolg haben werden. **12** Ich bin der Meinung, dass dieser Antrag zum Glück, Heil und Segen für euch und den Staat, wie vorgeschlagen, zum Gesetz zu machen sei.*

(9) Sogleich befahl das Volk, die Bezirke zur Abstimmung aufzurufen, und man sah der Annahme des Vorschlages entgegen, gleichwohl ging dieser Tag durch die Einsprache verloren. Am folgenden Tag wurde er, da die Tribunen den Mut sinken ließen, mit großer Einstimmigkeit angenommen. ***2*** Zu Oberpriestern wurden gewählt Publius Decius Mus, der das Gesetz empfohlen, Publius Sempronius Sophus, Caius Marcius Rutilus und Marcus Livius Denter. Und gleichfalls aus dem Bürgerstand fünf Vogelschauer: Caius Genucius, Publius Aelius Paetus, Marcus Minucius Faesus, Caius Marcius und Titus Publilius. So wurde die Zahl der Oberpriester auf acht, die der Vogelschauer auf neun festgesetzt. ***3*** In demselben Jahr brachte auch der Konsul Marcus Valerius seinen Vorschlag wegen der Ansprache an das Volk, der er eine größere Unverletzlichkeit gab, zur Annahme. Dies war das dritte Mal seit Vertreibung der Könige, dass auf dieses Gesetz beantragt wurde, und immer von einem aus dieser Familie. ***4*** Ich glaube, die Ursache, es so oft zu erneuern, war keine andere, als weil das Übergewicht einiger Mächtiger der Freiheit des Bürgerstandes zu drückend wurde. Indes scheint doch das Porcische Gesetz allein zur Sicherstellung der Bürger vor körperlicher Misshandlung gegeben zu sein, weil es dem eine schwere Strafe androhte, der einen römischen Bürger geschlagen oder getötet hätte. ***5*** Denn das Valerische Gesetz fügt zu dem Verbot, dass man niemanden, der das Volk anspricht, mit Ruten peitschen oder hinrichten soll, weiter nichts hinzu, als dass das Verfahren dessen, der dagegen handele, gesetzwidrig sei. ***6*** Vermutlich glaubte man bei der damaligen Rechtlichkeit der Leute, das Gesetz bedürfe keines stärkeren Bandes; jetzt möchte in diesem Ton wohl niemand im Ernst drohen wollen. ***7*** Derselbe Konsul führte gegen die aufständischen Aequer einen Krieg, der aber, weil ihnen von ihrem alten Wohlstand nichts als der Trotz geblieben war, gar nicht merkwürdig war. ***8*** Der andere Konsul Apuleius schloss in Umbrien die Stadt Nequinum ein. Der Ort hatte eine steile Lage; auf der einen Seite, wo jetzt Narnia liegt, einen Absturz, und konnte weder durch Sturm noch durch Verschanzungen genommen werden. ***9*** Also kam dieses Geschäft unerledigt an die neuen Konsuln Marcus Fulvius Paetinus und Titus Manlius Torquatus.

10 Licinius Macer und Tubero berichten, da alle Zenturien den Quintus Fabius ohne sein Gesuch zum Konsul auf dieses Jahr ernannt hätten, so habe er selbst beantragt, ihm das Konsulat auf ein kriegerisches Jahr zu ersparen; ***11*** für dieses Jahr werde er dem Staat durch Verwaltung eines Amtes in der Stadt von größerem Nutzen sein; und so habe man ihn, da er, ohne darum anzuhalten, sich doch merken ließ, was er lieber wünsche, mit Papirius Cursor zum kurulischen

Ädil gewählt. *12* Dies nicht als ausgemachte Wahrheit anzunehmen, veranlasst mich Piso, der seine Jahrbücher früher schrieb und als kurulischen Ädilen dieses Jahres den Cnaeus Domitius Calvinus, des Cnaeus Sohn, und den Spurius Carvilius Maximus, den Sohn des Quintus, angibt. *13* Ich glaube, dass dieser Beiname den Irrtum über die Ädilen veranlasst und die Erzählung zur Folge gehabt habe, die als ein Gemisch von Angaben über die Ädilen- und Konsulnwahl den Irrtum in Schutz nahm. *14* Auch beendeten in diesem Jahr die Zensoren Publius Sempronius Sophus und Publius Sulpicius Saverrio eine Schätzung und vermehrten die Zahl der Bezirke durch zwei, den Aniensischen und Terentinischen. So viel von den Begebenheiten in Rom.

(10) Bei der Stadt Nequinum hingegen, wo man die Zeit mit einer ergebnislosen Einschließung verlor, kamen zwei Einwohner durch einen geheimen Gang, den sie unter der Erde gemacht hatten, zu den römischen Posten, *2* und als sie vor den Konsul geführt wurden, versprachen sie, eine bewaffnete Schar in die Verschanzungen und Ringmauern einzulassen. *3* Der Vorschlag schien sich weder zur Abweisung noch zur unvorsichtigen Annahme zu eignen. Mit dem einen von ihnen – denn der andere wurde als Geisel zurückbehalten – mussten zwei Kundschafter durch den Erdgang hineingehen, *4* und als man sich durch diese hinlänglich unterrichtet hatte, zogen, von dem Überläufer geführt, 300 Bewaffnete in die Stadt und besetzten in der Nacht das nächste Tor. Als dieses erbrochen war, rückte der Konsul mit dem römischen Heer ohne Schwertstreich in die Stadt. *5* So kam Nequinum an den römischen Staat. Es wurde dort eine Kolonie gegen die Umbrier angelegt, welche vom Fluss den Namen Narnia bekam; das Heer zog mit reicher Beute nach Rom zurück.

6 In demselben Jahr rüsteten sich auch die Etrusker in Widerspruch mit dem Waffenstillstand zum Krieg. Allein ein großes Heer von Galliern, welches ihnen in das Land fiel, rief sie, mit ganz anderen Vorkehrungen beschäftigt, eine Zeitlang von dieser Unternehmung ab. *7* Im Vertrauen auf ihr Geld, welches sie zu einer Macht von Bedeutung erhob, versuchten sie es, aus diesen Feinden Bundesgenossen zu machen, um mit diesem Heer vereint den Krieg gegen die Römer zu führen. *8* Die Barbaren waren dem Bündnis nicht abgeneigt; nur über die Bezahlung kam es zu Unterhandlungen. Als sie diese verabredet und erhalten hatten, alles schon zum Krieg fertig war und die Etrusker sie aufforderten, ihnen zu folgen, leugneten jene, sich diese Summe zur Führung eines Krieges mit den Römern bedungen zu haben. *9* Was sie bekommen hätten, hätten sie dafür erhalten, dass sie das Gebiet der Etrusker nicht verheeren und die Einwohner nicht als Feinde beunruhigen sollten. *10* Doch wollten sie, wenn dies die Etrusker durchaus verlangten, Dienste tun, allein unter keiner andern Bedingung, als dass sie Anteil an ihrem Land und endlich einmal einen festen Wohnsitz bekämen. *11* Hierüber hielten die Völkerschaften Etruriens viele Versammlungen ab, ohne zu einem Ziel zu kommen, weniger aus Abneigung gegen die Schmälerung ihres Gebietes, als vielmehr, weil sich jeder fürchtete, ein so zügelloses Volk als Nachbarn zu haben. *12* So zogen die Gallier ab und nahmen eine bedeutende Summe Geldes mit, ohne Mühe und Gefahr gehabt zu haben. In Rom bewirkte das Gerücht von dem Herannahen der Gallier und dem Etruskischen Krieg großen Schrecken; umso weniger zögerte man, mit dem Volk der Picenter einen Vertrag zu schließen.

(11) Dem Konsul Titus Manlius gab das Los die Kriegführung in Etrurien. Kaum hatte er das feindliche Gebiet betreten, als er bei einem Manöver mit der Reiterei infolge eines Sturzes vom Pferd, mit dem er in gestrecktem Lauf umwandte, fast tot liegen blieb. *2* Drei Tage nach diesem Fall starb der Konsul. Die Nachricht hob, als wäre sie eine Vorbedeutung für den ganzen Krieg, den Mut der Etrusker, die laut erklärten, dass statt ihrer die Götter den Feldzug eröffnet hätten. *3* Für Rom war dies, teils weil man den Mann ungern vermisste, teils unter so ungünstigen Umständen eine traurige Meldung, so dass nur die auf das Gutachten der vornehmsten Senatoren zur Wie-

derbesetzung der Konsulstelle veranstaltete Wahl die Väter von der Ernennung eines Diktators abhielt. *4* Alle Rats- und Volksstimmen ernannten den Marcus Valerius zum Konsul, den der Senat zum Diktator hatte ernennen wollen. Dann bekam er sogleich den Auftrag, zu den Legionen nach Etrurien aufzubrechen. *5* Schon seine Ankunft zügelte die Etrusker, so dass es keiner wagte, aus den Verschanzungen zu gehen, und ihre Zurückgezogenheit einer Einschließung ähnlich war. *6* Auch konnte sie der neue Konsul nicht durch die Verheerung ihres Landes und Niederbrennung ihrer Gebäude, da allenthalben nicht bloß die Landhäuser, sondern auch volkreiche Dörfer in Feuer aufgingen, zu einer Schlacht verlocken. *7* Während dieser Krieg wider Erwarten langsam verlief, kündigte das Gerücht nach der Anzeige der Picenter, dieser neuen Bundesgenossen, einen zweiten Feind an, welchen viele gegenseitige Niederlagen nicht mit Unrecht furchtbar gemacht hatten. Sie meldeten, dass die Samniten auf Krieg und Aufstand sannen, und dass sie selbst von ihnen zur Teilnahme aufgefordert wären. *8* Den Picentern wurde vom Senat Dank gesagt, und ein großer Teil der Sorge, welche die Väter wegen Etrurien gehabt hatten, ging nun auf Samnium über. *9* Auch setzte eine Teuerung die Stadt in Verlegenheit, und wie diejenigen Schriftsteller melden, nach deren Bericht Fabius Maximus in diesem Jahr Ädil gewesen sein soll, wäre der Mangel aufs Höchste gestiegen, wäre nicht die Sorgfalt dieses Mannes in dem friedlichen Geschäft der Austeilung der Lebensmittel durch seine Bestellungen und Zufuhren von Getreide ebenso musterhaft gewesen, wie sie es in Führung der Kriege wiederholt gewesen war.

10 In diesem Jahr trat, ohne dass man die Ursache angegeben findet, eine Zwischenregierung ein. Zwischenkönige waren Appius Claudius und dann Publius Sulpicius. Dieser hielt den konsularischen Wahltag und erklärte den Lucius Cornelius Scipio und Cnaeus Fulvius für erwählte Konsuln.

11 Vor den neuen Konsuln erschienen im Anfang des Jahres Gesandte der Lucaner, um sich über die Samniten zu beklagen, die ihnen, weil sie sie durch keine Anerbietungen zur Teilnahme am Krieg hätten bewegen können, nach einem feindlichen Einfall das Land verheerten und sie durch Krieg zum Krieg zwingen wollten. *12* Das lucanische Volk habe sich einmal mehr als zu sehr vergangen, jetzt aber sei es fest überzeugt, dass es ein kleineres Übel sei, alles zu tragen und zu leiden, als sich je wieder am römischen Staat zu versündigen. *13* Sie bäten die Väter einmal, die Lucaner zu Freunden anzunehmen, und sodann, die Gewalttätigkeiten und den Frevel der Samniten von ihnen fernzuhalten. Wären sie gleich durch den mit den Samniten schon unternommenen Krieg zur Treue gegen die Römer gezwungen, so wären sie dennoch bereit, Geiseln zu stellen.

(12) Die Beratung des Senates war kurz. Einstimmig waren alle dafür, den Bund mit den Lucanern zu schließen und von den Samniten Ersatz zu fordern. *2* Die Lucaner erhielten eine freundliche Antwort, und der Bund wurde geschlossen. Man schickte Fetialen ab, den Samniten zu gebieten, das Land römischer Bundesgenossen zu räumen und ihr Heer aus dem lucanischen Gebiet weg-zuführen. Allein samnitische Abgeordnete kamen ihnen schon entgegen, um ihnen zu sagen, wenn sie sich in Samnium auf irgendeiner Versammlung sehen ließen, würden sie nicht unverletzt davonkommen. *3* Auf die hiervon zu Rom gemachte Anzeige wurde der Krieg gegen die Samniten von den Vätern beschlossen und vom Volk gebilligt. Die Konsuln teilten die Geschäfte unter sich. *4* Dem Scipio gab das Los Etrurien, dem Fulvius die Samniten, und sie rückten nach entgegengesetzten Richtungen jeder in seinen Krieg aus. Dem Scipio, der einen lästigen, dem vorjährigen Feldzug ähnlichen Krieg erwartete, kamen die Feinde bei Volaterrae mit einem schlachtfertigen Heer entgegen. *5* Man schlug sich fast den ganzen Tag mit großem Verlust auf beiden Seiten und wurde, noch ungewiss, auf welche Seite der Sieg gefallen sei, von der Nacht überrascht. Das folgende Tageslicht entdeckte den Sieger und Besiegten; *6* denn in der Stille der

Nacht verließen die Etrusker ihr Lager. Als die zur Schlacht ausgerückten Römer durch den Abzug des Feindes sich den Sieg zugestanden sahen, rückten sie zu seinem Lager vor und nahmen es, freilich menschenleer, aber mit großer Beute, in Besitz; denn der Feind hatte das Standlager eilig verlassen. *7* Als sie von hier ins Gebiet der Falisker zurückgeführt waren und ihr Gepäck mit einer mäßigen Bedeckung in Falerii gelassen hatten, setzten sie mit ihrem erleichterten Heer den Zug zur Plünderung des feindlichen Gebietes weiter fort. ***8*** Alles wurde mit Feuer und Schwert verwüstet; allenthalben Beute weggetrieben; man ließ dem Feind nicht bloß das Land verödet zurück, sondern zündete auch Schlösser und Dörfer an; nur auf Belagerung der Städte, in welche die Etrusker die Furcht getrieben hatte, ließ man sich nicht ein.

9 Der Konsul Cnaeus Fulvius hingegen lieferte in Samnium bei Bovianum eine glänzende Schlacht, in welcher der Sieg durchaus nicht zweifelhaft war. Er griff darauf Bovianum an und eroberte Aufidena im Sturm.

(13) In demselben Jahr wurde auch in das Land der Aequiculer nach Carseoli eine Ansiedlung geführt. *2* Der Konsul Fulvius triumphierte über die Samniten. Als die Konsulnwahl herannahte, entstand das Gerücht, die Etrusker und Samniten brächten große Heere auf; ***3*** öffentlich tue man in allen Versammlungen der Etrusker den Großen die bittersten Kränkungen an, dass sie die Gallier nicht unter jeder Bedingung in den Krieg hineingezogen hätten; der samnitischen Regierung wurden Vorwürfe gemacht, dass sie ein Heer, das man nur gegen Feinde geworben hätte, wie die Lucaner wären, den Römern entgegengestellt habe. ***4*** Hieraus folge, dass die Feinde ihre eigenen und ihrer Bundesgenossen Kräfte aufböten, und dass man einen durchaus ungleichen Kampf zu bestehen haben werde. ***5*** Dieses Schreckens wegen richteten alle, da sich jetzt mehrere angesehene Männer um das Konsulat bewarben, ihre Augen auf Quintus Fabius Maximus, der anfangs nicht darum anhielt, und dann, als er sah, dass diese Stimmung den Ausschlag bekam, es sich sogar verbat. ***6*** Warum sie ihn, den Greis, der schon der Beschwerden sowie des Lohnes für diese Beschwerden genug getragen habe, aus seiner Ruhe aufstörten? Weder Körper- noch Geisteskraft bleibe immer dieselbe. Ja, er fürchte, dass selbst sein Glück irgendeinem der Götter zu groß und anhaltender scheinen möge, als das Los der Sterblichen es erlaube. *7* So wie er selbst einst dem Ruhm der Älteren nachgereift sei, so mache es ihm jetzt wieder Freude, dass andere zu seinem Ruhm sich erhöben. Es fehle zu Rom weder an Ehrenämtern für tüchtige Männer noch an tüchtigen Männern für die Ehrenämter. ***8*** Durch diese Mäßigung wurde ihre so gerechte Zuneigung nur noch verstärkt, und da er es nunmehr für Pflicht hielt, diese durch die Achtung vor den Gesetzen niederzuschlagen, so ließ er das Gesetz vorlesen, nach welchem derselbe Mann innerhalb von zehn Jahren nicht wieder zum Konsul gewählt werden durfte. ***9*** Allein vor Geräusch konnte man das Gesetz kaum hören; und die Volkstribunen erklärten, dies sollte kein Hindernis sein; sie wollten bei dem Volk beantragen, dass er von den Gesetzen entbunden sein solle. ***10*** Standhaft bei seiner Weigerung beharrend ließ er sie zu wiederholten Malen die Frage hören, was es helfen könne, Gesetze zu geben, wenn ihnen selbst durch diejenigen Eintrag geschehe, welche sie gegeben hätten. Das heiße, den Gesetzen gebieten, nicht, sie gebieten lassen. ***11*** Nichtsdestoweniger begann das Volk die Stimmensammlung, und jede Zenturie, so wie sie in die Schranken gerufen war, ernannte ohne Bedenken den Fabius zum Konsul. *12* Da endlich ergab er sich der einmütigen Stimme des Volkes und sprach: *Mögen die Götter genehmigen, ihr Quiriten, was ihr jetzt tut und künftig tun werdet. Da ihr indessen über mich eurem Willen gemäß verfügen sollt, so lasst bei der Wahl meines Amtsgenossen meine Bitte bei euch geltend sein.* **13** *Ich bitte euch, den Publius Decius, einen Mann, mir durch einträchtige Amtsführung bewährt und ganz eurer und seines Vaters würdig, mit mir zum Konsul zu wählen.* Die Empfehlung schien gerechtfertigt; und alle noch übrigen Zenturien ernannten den Quintus Fabius und Publius Decius zu Konsuln. ***14*** In diesem

Jahr wurde von den Ädilen gegen mehrere eine gerichtliche Klage erhoben, weil sie ein größeres Eigentum an Ländereien haben sollten, als durch das Gesetz bestimmt war. Kaum ein Einziger konnte sich rechtfertigen, und der unmäßigen Ländergier wurde ein starker Zügel angelegt.

(14) Als die neuen Konsuln – Quintus Fabius Maximus war es zum vierten und Publius Decius Mus zum dritten Mal – miteinander verabredeten, dass sich der eine die Samniten, der andere die Etrusker zu seinen Feinden wählen solle, ***2*** ferner, wie viele Truppen für diesen oder jenen Kriegsschauplatz hinreichend sein würden, und wer von ihnen beiden zu dem einen oder zu dem andern Krieg der geeignetere Feldherr sein möchte, ***3*** da kehrte die Anzeige der Gesandten von Sutrium, von Nepete und Falerii, dass die Völkerschaften Etruriens in ihren Versammlungen auf einen zu erbittenden Frieden antrügen, den ganzen Sturm des Krieges gegen Samnium. ***4*** Um sich die Zufuhr zu erleichtern und den Feind in größerer Ungewissheit zu lassen, von welcher Seite der Angriff geschehen werde, schlugen die aufbrechenden Konsuln mit ihren Legionen zwei Wege nach Samnium ein, Fabius durch das saranische Gebiet, Decius durch das sidicinische. ***5*** Als sie im feindlichen Gebiet angekommen waren, zogen sie überall plündernd einher. Doch reichten ihre Erkundigungen weiter als die Verwüstung. ***6*** Daher entging es ihnen nicht, dass die Feinde bei Tifernum in einem versteckten Tal in Bereitschaft standen, sie von der Höhe herab, sobald sie hereingerückt wären, zu überfallen. ***7*** Fabius, der sein Gepäck in Sicherheit brachte und ihm eine mäßige Bedeckung gab, rückte nach einer an seine Soldaten erlassenen Erinnerung, jetzt den Kampf zu erwarten, im geschlossenen Viereck gegen den ihm schon bekannt gemachten Hinterhalt der Feinde heran. ***8*** Da entschlossen sich die Samniten, die ihren unvermuteten Überfall vereitelt sahen, weil es nun doch zur offenen Entscheidung kommen musste, ebenfalls lieber zum Angriff in einer förmlichen Schlacht. Sie zogen in die Ebene herab und überließen sich mit mehr Entschlossenheit als Erwartung dem Glück. ***9*** Gleichwohl zeigten sie sich, entweder weil sie den ganzen Kern der Mannschaft aus allen samnitischen Völkerschaften zusammengezogen hatten, oder weil die Gefahr, alles zu verlieren, ihren Mut erhöhte, selbst in dieser offenen Schlacht als sehr furchtbare Gegner.

10 Als Fabius sah, dass der Feind auf keiner Seite wich, ließ er die beiden Kriegstribunen, seinen Sohn Maximus und Marcus Valerius, mit denen er ins Vordertreffen geeilt war, ***11*** sich zu den Rittern begeben und ihnen vorstellen: Wenn sie sich je eines Falles erinnerten, wo die Reiterei zum Besten des Staates wirksam gewesen sei, so möchten sie auch heute ihre Kräfte aufbieten, den Ruhm ihres Standes ungeschwächt zu erhalten. ***12*** Gegen das kämpfende Fußvolk stehe der Feind unbeweglich; alle übrige Hoffnung beruhe auf dem Angriff der Reiterei. Auch überhäufte er die jungen Männer selbst namentlich, gegen beide gleich freundlich, sowohl mit Lobsprüchen als Versprechungen. ***13*** Um aber, wenn auch dieser versuchte Einbruch misslingen sollte, da, wo Gewalt keine Hilfe schaffte, durch List zu wirken, ***14*** ließ er den Legaten Scipio das Vordertreffen der ersten Legion aus der Linie herausziehen und so heimlich wie möglich zum nächsten Gebirge herumführen; beim Hinansteigen immer noch dem Auge verdeckt, sollte er mit seinem Zug die Höhe gewinnen und dem vorwärts gekehrten Feind plötzlich in den Rücken fallen.

15 Die Reiterei, welche unter Anführung der beiden Tribunen plötzlich an die Spitze der Linie gesprengt kam, verursachte bei den Feinden nicht mehr Verwirrung als bei den Ihrigen. ***16*** Gegen die anstürmenden Geschwader stand die Schlachtordnung der Samniten unbeweglich und ließ sich nirgends vertreiben oder durchbrechen. Nach diesem fruchtlosen Versuch zogen sich jene, die nun ihren Platz hinter den Fahnen bekamen, aus dem Gefecht. ***17*** Da wuchs den Feinden der Mut, und die vordere Schlachtreihe hätte einem so langen Kampf und der durch Selbstvertrauen steigenden Überlegenheit nicht widerstehen können, wenn nicht auf Befehl des Konsuls die zweite Linie in die erste eingerückt wäre. ***18*** Die frischen Kräfte brachten die schon eindringenden

Samniten zum Stehen, und die plötzlich vom Gebirge mit Geschrei sich erhebenden Fahnen schreckten den Mut der Samniten durch eine Besorgnis, die doch nur Täuschung zum Grund hatte. ***19*** Denn Fabius schrie laut, sein Mitkonsul Decius komme an, und die Soldaten riefen, jeder von Freude begeistert, der andere Konsul sei da, die Legionen kommen; ***20*** und der den Römern zu ihrem Vorteil vorgespiegelte Wahn erfüllte die Samniten mit Flucht und Bestürzung, da sie namentlich der Gedanke schreckte, von einem zweiten noch ungeschwächten und frischen Heer überwältigt zu werden. ***21*** Auch war das Gemetzel, weil sie sich allenthalben zur Flucht zerstreuten, im Verhältnis zu einem so großen Sieg geringer. 3400 wurden niedergehauen, gegen 330 gefangen genommen und 23 Fahnen erbeutet.

(15) Zu den Samniten wären vor der Schlacht die Apulier gestoßen, wenn ihnen nicht der Konsul Publius Decius bei Maleventum ein Lager entgegengestellt und, als es ihm gelang, sie zum Treffen herauszulocken, sie geschlagen hätte. ***2*** Auch war die Flucht größer als der Verlust. 2000 Apulier wurden niedergehauen, und Decius, ohne diesen Feind weiter zu achten, führte seine Legionen nach Samnium. ***3*** Hier nun verwüsteten zwei konsularische Heere, die in verschiedenen Gegenden umherzogen, fünf Monate lang alles. ***4*** Die Zahl der Plätze in Samnium, auf denen Decius sein Lager gehabt hatte, belief sich auf 45, des andern Konsuls auf 86. ***5*** Hier blieben nicht bloß die Spuren von Wall und Gräben, sondern weit auffallendere Denkmäler, ich meine die der Verwüstung ringsumher, und der verheerten Gegenden. ***6*** Fabius eroberte auch die Stadt Cimetra. Hier wurden 2900 Bewaffnete zu Gefangenen gemacht und gegen 930 fielen im Kampfe. ***7*** Nach seinem Weggang von hier nach Rom zur Haltung des Wahltages eilte er, dieses Geschäft zu erledigen. ***8*** Als die zuerst aufgerufenen Zenturien sämtlich den Quintus Fabius zum Konsul wählten, suchte Appius Claudius, der sich um das Konsulat bewarb, ein unternehmender und ehrsüchtiger Mann, um sich zu dem Amt und zugleich den Patriziern wieder zu beiden Konsulstellen zu verhelfen, durch seinen und des ganzen Adels Einfluss es zu erzwingen, dass er mit Quintus Fabius zum Konsul ernannt würde. ***9*** Anfangs weigerte sich Fabius mit fast denselben Gründen, die er im vorigen Jahre angeführt hatte. Da umringte der ganze Adel seinen Stuhl und bat ihn, das Konsulat dem Schmutz des Nichtadels zu entheben und dieser würde und den patrizischen Geschlechtern den alten Glanz wiederzugeben. ***10*** Fabius ließ Stille gebieten und besänftigte die eifrigen Wähler durch eine Rede, in der er sich zwischen beiden Parteien in der Mitte hielt. Er sagte, er hätte dazu mitgewirkt, die Namen zweier Patrizier annehmen zu dürfen, wenn er nur sähe, dass ein anderer Konsul werden solle, als er selbst. ***11*** So aber werde er durchaus nicht den Gesetzen zuwider zum ärgerlichen Anstoß für alle als Vorsitzender der Wahlversammlung auf sich selbst Rücksicht nehmen. ***12*** So wurden Lucius Volumnius, ein Bürgerlicher, und Appius Claudius zu Konsuln gewählt, die auch schon in dem früheren Konsulat miteinander verbunden waren. Fabius musste sich vom Adel nachsagen lassen, er habe in Appius Claudius nicht gern einen Amtsgenossen haben wollen, der ihn in der Beredsamkeit und Staatskunst weit überträfe.

(16) Nach Vollendung der Wahlen wurden die alten Konsuln angewiesen, mit Verlängerung ihres Oberbefehles auf sechs Monate den Krieg in Samnium zu führen. ***2*** Ebenso auch im folgenden Jahr, unter den Konsuln Lucius Volumnius und Appius Claudius, setzte Publius Decius, der als Konsul von seinem Amtsgenossen in Samnium zurückgelassen war, jetzt als Prokonsul seine Verheerungen in diesem Land so lange fort, bis er das Heer der Samniten, welches sich nirgends in ein Treffen einließ, aus dem Land vertrieb. ***3*** Die Vertriebenen zogen nach Etrurien, und in der Voraussetzung, dass sie den so oft durch Gesandtschaften umsonst gemachten Versuch, mit einem so großen Heer unter den Waffen, wenn ihre Bitten mit Drohungen begleitet wären, um so wirksamer betreiben würden, verlangten sie eine Versammlung der Häupter Etruriens. ***4*** Als diese zusammengekommen waren, setzten sie ihnen auseinander, wie viele Jahre sie nun

schon für ihre Freiheit mit den Römern kämpften. Sie hätten alles versucht, den schweren Sturm dieses Krieges mit eigenen Kräften zu bestehen, **5** sie hätten bei ihren Nachbarn, unbedeutenden Völkern, um Hilfstruppen nachgesucht; da sie den Krieg nicht länger hätten aushalten können, hätten sie das römische Volk um Frieden gebeten; sie hätten den Krieg erneuert, weil ihnen der Friede in Dienstbarkeit drückender geworden sei, als bei Freiheit der Krieg. **6** Jetzt beruhe ihre einzige noch übrige Hoffnung auf den Etruskern. Diese seien ihnen als das Volk bekannt, das durch Waffen, Volksmenge und Reichtum das mächtigste in Italien sei. Zu Nachbarn habe es die unter Waffen und Eisen geborenen, diese freilich von Natur allen, namentlich aber dem römischen Volk feindseligen Gallier, die in ihrer Behauptung, Rom erobert und gegen Gold freigegeben zu haben, keine Prahlerei begingen. **7** Hätten die Etrusker den Mut, den ehemals Porsenna und ihre Vorfahren gehabt hätten, so könne es nicht fehlen, die Römer müssten sich genötigt sehen, das ganze Land diesseits des Tiber zu räumen, und statt sich eine unerträgliche Alleinherrschaft über Italien zu erkämpfen, für ihre eigene Rettung kämpfen. **8** Ein samnitisches Heer, zu ihrem Dienst bereit, mit Waffen und Geld versehen, sei jetzt schon hier und werde ihnen augenblicklich folgen, selbst wenn sie es zu einem Angriff auf die Stadt Rom führen sollten.

(17) Während dieser Prahlereien und Umtriebe wütete in ihrer Heimat der römische Krieg. Denn kaum hatte Publius Decius durch seine Kundschafter den Abzug des samnitischen Heeres erfahren, so berief er einen Kriegsrat. **2** *Wozu,* sprach er, *dies Herumschwärmen im Land, um ein Dorf nach dem andern zu bekriegen? Warum gehen wir nicht auf Städte und Mauern? Samnium wird von keinem Heer mehr gedeckt. Sie haben ihr Gebiet geräumt und sich selbst Verbannung auferlegt.* **3** Da alle ihm beistimmten, zog er zur Belagerung von Murgantia, einer starken Festung; und die Liebe zum Feldherrn sowie die Hoffnung auf eine größere Beute, als von den Plünderungen auf dem Land beseelte die Soldaten mit solchem Mut, dass sie an einem Tag die Stadt mit stürmender Hand eroberten. **4** 2100 Samniten, die Widerstand leisteten, wurden hier umzingelt und gefangen genommen, und außerdem große Beute gemacht. Damit diese nicht durch schweres Gepäck das Heer belästigte, ließ Decius die Soldaten zur Versammlung rufen. **5** *Wolltet ihr euch mit diesem einzigen Sieg,* sprach er, *oder mit dieser Beute begnügen lassen? Hättet ihr nicht Lust, eure Hoffnungen mit eurer Tapferkeit in Einklang zu setzen? Alle Städte der Samniten und alle ihre in den Städten zurückgelassene Habe gehören euch, habt ihr doch ihre in so vielen Treffen geschlagenen Legionen zuletzt aus dem Land gejagt.* **6** *Verkauft den Plunder und lasst den Gewinn die Kaufleute locken, eurem Zug zu folgen. Ich will euch von Zeit zu Zeit mehr zu verkaufen schaffen. Jetzt lasst uns gleich vor Romulea ziehen, wo eurer ohne größere Arbeit größere Beute wartet.* **7** Sie verkauften die Beute und forderten selbst den Feldherrn auf, sie vor Romulea zu führen. Ohne Belagerungswerke anzulegen, ohne Geschütz aufzufahren, stiegen sie auch hier, sobald sie angerückt waren, durch keine Gegenwehr von den Mauern zurückgewiesen, jeder an der ihm nächsten Stelle, auf schnell angelegten Leitern zu den Verschanzungen hinan. **8** Die Stadt wurde erobert und geplündert. An 2300 Feinde fielen, 6000 wurden gefangen genommen, **9** und der Soldat machte große Beute. Nachdem er auch diese, wie die vorige, hatte verkaufen müssen, ließ er sich, obgleich ihm nicht die geringste Ruhe vergönnt wurde, dennoch mit größter Bereitwilligkeit vor Ferentinum führen. **10** Hier aber gab es mehr Arbeit und Gefahr. Teils wurden die Mauern mit der größten Tapferkeit verteidigt, teils war der Ort durch seine Lage und durch Kunst gesichert, und dennoch siegte der Soldat, weil er auf die Beute rechnen konnte, über alles. Gegen 3000 Feinde fielen an den Mauern; die Beute gehörte den Soldaten.

11 Der größte Teil der Ehre von der Eroberung dieser Städte wird in einigen Jahrbüchern dem Maximus beigelegt. Nach ihren Berichten unternahm den Angriff auf Murgantia Decius, den auf Ferentinum aber und Rouleau Fabius. **12** Andere schreiben dieses Verdienst den neuen Konsuln zu; wieder andere nicht beiden, sondern nur dem einen, dem Lucius Volumnius, weil durch das Los der Krieg in Samnium ihm beschieden gewesen sei.

(18) Während dieser Taten in Samnium – wer sie auch verrichtet und geleitet haben mag – erhob sich aus vielen Völkern, abermals in Etrurien, ein fürchterlicher Krieg gegen die Römer, dessen Urheber der Samnite Gellius Egnatius war. ***2*** Fast alle Tusker hatten sich für diesen Krieg entschieden; ihr Beispiel hatte die nächsten Völkerschaften Umbriens angesteckt, und durch gebotenen Sold gewann man auch gallische Hilfstruppen. ***3*** Dieser ganze Völkerhaufe stürmte in das Lager der Samniten. Als diese plötzliche Schreckensnachricht in Rom einlief, und der Konsul Lucius Volumnius schon mit der zweiten und dritten Legion und 15 000 Bundesgenossen nach Samnium aufgebrochen war, beschloss man, den Appius Claudius je eher je lieber nach Etrurien zu schicken. ***4*** Ihm folgten zwei römische Legionen, die erste und vierte, und 12 000 Bundesgenossen. Er schlug in der Nähe des Feindes sein Lager auf. ***5*** Übrigens wurde mehr dadurch gewonnen, dass man zeitig genug ankam, einige sich schon zum Krieg anschickende Völker Etruriens durch den Schrecken des römischen Namens niederzuhalten, als weil hier irgendeine Unternehmung des Konsuls geschickt genug angelegt oder völlig gelungen wäre. ***6*** Er lieferte viele Gefechte an ungünstigen Orten und zu ungünstiger Zeit; mit jedem Tag vermehrte die Hoffnung des Feindes Übergewicht, und es konnte nicht lange währen, so schwand das Zutrauen der Soldaten zum Feldherrn, des Feldherrn zu den Soldaten. ***7*** In drei Jahrbüchern finde ich, dass er einen Brief habe abgehen lassen, um seinen Amtsgenossen aus Samnium an sich zu ziehen. Doch mag ich dies nicht als gewiss hinstellen, da gerade hierüber die Konsuln des römischen Volkes, Männer, die diese Würde zum zweiten Mal bekleideten, einander widersprachen, denn Appius leugnete, ihm geschrieben zu haben, Volumnius hingegen behauptete, durch des Appius Brief herbeigerufen zu sein. ***8*** Volumnius nämlich hatte in Samnium schon drei kleine Festungen erobert, in welchen gegen 3000 Feinde getötet und etwa halb so viele gefangen genommen wurden; er hatte die Unruhen der Lucaner, die unter Anführung gemeiner und armer Leute entstanden waren, durch den mit dem alten Heer dorthin geschickten Prokonsul Quintus Fabius unter der eifrigsten Teilnahme der Vornehmen unterdrückt. ***9*** Jetzt ließ er den Decius zur Verheerung des feindlichen Landes zurück und zog selbst mit seinen Truppen zu seinem Amtsgenossen nach Etrurien, wo ihn bei seiner Ankunft alle mit Freuden empfingen. ***10*** Nach dem, was dem Appius sein Bewusstsein sagte, war es, glaube ich, nicht ganz unrecht, dass er aufgebracht wurde, falls er nicht geschrieben hatte; hatte er aber Hilfe verlangt, so war es unedel und undankbar, es jetzt zu leugnen. ***11*** Da er ihm entgegengegangen war und kaum seinen Gruß erwiderte, sprach er: *Ist ein Unglück vorgefallen, Lucius Volumnius? Wie stehen die Sachen in Samnium? Was veranlasste dich, aus deiner Provinz zu gehen?* ***12*** Volumnius antwortete, in Samnium stehe alles gut; er sei auf einen Brief von ihm gekommen. Sollte dieser untergeschoben und er selbst in Etrurien nicht nötig sein, so wolle er sogleich umkehren und abziehen. – ***13*** *Ja, geh du nur, sprach Appius, hier hält dich niemand, denn es ist ungereimt, wenn du dort vielleicht deinem Krieg kaum gewachsen bist, dass du hier dich rühmen willst, anderen zu Hilfe gekommen zu sein.* – ***14*** Das wolle Gott verhüten, erwiderte jener. Es sei ihm lieber, die Mühe vergeblich gehabt zu haben, als wenn sich irgendetwas ereignet hätte, wodurch ein konsularisches Heer für Etrurien nicht genüge.

(19) Als die Konsuln schon voneinander schieden, traten die Legaten und Tribunen aus dem Heer des Appius um sie herum. Einige baten ihren Feldherrn, er möge die Hilfe seines Amtsgenossen, die man ihrerseits hätte suchen müssen, doch jetzt, da sie ihm freiwillig angeboten würde, nicht abweisen. ***2*** Mehrere traten dem abgehenden Volumnius in den Weg und beschworen ihn, nicht über einen unerlaubten Streit mit seinem Amtsgenossen das Beste des Staates aufzuopfern. Sollte ein Unglück eintreten, so würde es mehr dem verlassenden als dem verlassenen

Teil zur Last gelegt werden. **3** Die Sache sei so weit gekommen, dass alle Ehre und Schande des glücklichen oder unglücklichen Erfolges in Etrurien Lucius Volumnius zu tragen habe. Niemand werde danach fragen, welche Worte Appius im Mund geführt habe, sondern wie es dem Heer ergangen sei. **4** Von Appius freilich werde er entlassen, allein der Staat und das Heer hielten ihn zurück. Er möge nur die Gesinnung der Soldaten auf die Probe stellen. **5** Unter solchen Warnungen und Steuerungen zogen sie die sich fast widersetzenden Konsuln zur Versammlung fort. Hier wurden längere Reden gehalten, fast desselben Inhalts, der vorhin den Gegenstand des Wortwechsels unter wenigen ausmachte. **6** Und da sich Volumnius bei dem Recht auf seiner Seite selbst gegen die hohe Beredsamkeit seines Amtsgenossen gerade nicht als der Unberedte zeigte **7** und Appius sich spöttisch äußerte, sie hätten es ihm zu verdanken, dass aus dem stummen und sprachlosen sogar ein beredter Konsul geworden sei, im ersten Konsulat, vollends in den ersten Monaten, habe er den Mund nicht auftun können, und jetzt halte er schon ganze Reden voll gefälliger Schmeicheleien, **8** da antwortete Volumnius: *Wie viel lieber wäre es mir, du hättest von mir tapfere Taten gelernt, als ich von dir geschickte Reden.* Zuletzt machte er ihm einen Vorschlag, welcher entscheiden sollte, nicht wer von ihnen beiden der bessere Redner sei, denn darum sei es dem Staat nicht zu tun, sondern der bessere Feldherr. **9** Die beiden Kriegsprovinzen seien jetzt Etrurien und Samnium. Er lasse ihn wählen, welche er wolle, und werde mit seinem Heer, sei es in Etrurien oder in Samnium, seine Sache schon führen. **10** Da forderten die Soldaten durch ein erhobenes Geschrei: Beide möchten zusammen den etruskischen Krieg übernehmen. **11** Als Volumnius diesen Ausdruck der Eintracht bemerkte, sprach er: *Da ich einmal die Meinung meines Amtsgenossen unrichtig verstanden habe, so soll es wenigstens meine Schuld nicht sein, wenn ich über euren Willen ungewiss bliebe. Erklärt mir durch euer Geschrei, ob ihr wollt, dass ich bleiben oder abziehen soll.* **12** Und nun erhob sich ein so gewaltiges Geschrei, dass es die Feinde aus ihrem Lager rief, die schnell zu den Waffen griffen und sich in Schlachtordnung aufstellten. Volumnius ließ ebenfalls die Trompeten blasen und die Fahnen ausrücken. **13** Nur Appius soll gezögert haben, denn er sah, er selbst möchte schlagen oder sich ruhig verhalten, so werde der Sieg das Werk seines Amtsgenossen sein. Endlich soll auch er seinen Legionen, aus Furcht, sie möchten ebenfalls dem Volumnius folgen, auf ihr Drängen das Zeichen gegeben haben. **14** Den Vorteil der Stellung hatte von beiden Linien eigentlich keine, denn teils war der samnitische Feldherr, Gellius Egnatius, mit einigen Kohorten auf Futterholen ausgegangen, und seine Soldaten ließen sich mehr aus eigenem Antrieb als von irgendeinem Oberen geführt oder befehligt, auf das Treffen ein, **15** teils wurden die römischen Heere weder beide zugleich aufgeführt, noch hatten sie die gehörige Zeit, sich aufzustellen. **16** Volumnius griff schon an, ehe Appius den Feind erreichte. Daher geschah auch der Angriff nicht in gerader Linie. Auch ließ das Schicksal, als wollte es diesmal unter den einander gewohnten Feinden einen Tausch treffen, die Etrusker gegen Volumnius auftreten und die Samniten, die wegen der Abwesenheit ihres Feldherrn eine Weile zauderten, gegen Appius. **17** Mitten in der Gefahr des Kampfes soll Appius, so dass man ihn im Vordertreffen mit zum Himmel gehobenen Händen stehen sah, folgende Worte gebetet haben. *Bellona, wenn du uns heute Sieg verleihst, so gelobe ich dir einen Tempel.* **18** Nach diesem Gebet tat er es, als hätte ihn die Göttin begeistert, seinem Amtsgenossen und seinem eigenen Heer an Tapferkeit gleich. Die Feldherren erfüllten die Pflichten der Befehlshaber, und ihre Soldaten strengten sich an, den Sieg nicht auf dem andern Flügel früher anfangen zu lassen. **19** Also wurde der Feind geworfen und vertrieben, der ohnehin nur mit Mühe einer größeren Macht standhielt, als mit der er gewöhnlich zu kämpfen hatte. Dadurch, dass die Römer den Weichenden nachsetzten und die Geschlagenen verfolgten, trieben sie sie ins Lager. **20** Hier wurde durch die Dazwischenkunft des Gellius und der samnitischen Kohorten das Gefecht auf einige Zeit wieder lebhaft. **21** Als aber auch diese bald geschlagen waren, machten sich die Sieger schon an die Bestürmung des Lagers, und da Volumnius selbst auf ein Tor den Angriff machte, und Appius dadurch, dass er zu wiederholten Malen den Namen der Siegerin Bellona hören ließ, den Mut der Soldaten anfeuerte, brachen sie über Wall und Gräben hinein. ***22*** Das Lager wurde erobert und geplündert, die gewonnene Beute war groß und wurde den Soldaten überlassen, 7300 Feinde fielen, 2120 wurden gefangen genommen.

(20) Während sich unter beiden Konsuln die ganze römische Macht angelegentlicher auf den Krieg mit den Etruskern warf, brachen in Samnium neue Heere zur Plünderung des römischen Grenzgebietes auf, zogen durch das Land der Vesciner nach Kampanien und in das Falernerland herüber und machten große Beute. ***2*** Volumnius, der in starken Märschen nach Samnium zurückkehrte – denn schon ging der dem Fabius und Decius verlängerte Oberbefehl zu Ende –, wandte sich auf den Ruf von diesem samnitischen Heer und dessen Plünderungen im kampanischen Gebiet seitwärts, um die Bundesgenossen zu schützen. ***3*** Als er in das calenische Gebiet kam, sah er die frischen Spuren der Verheerung selbst, und die Calener erzählten ihm, die Feinde schleppten eine solche Menge Beute mit sich fort, dass sie sich kaum als Heerzug aufstellen könnten. ***4*** Deswegen sprächen auch ihre Anführer laut davon, man müsse sogleich den Weg nach Samnium nehmen, um nach dort abgelegtem Raub in den Feldzug zurückzugehen, nicht aber ein so belastetes Heer einer Schlacht aussetzen. ***5*** Fehlte es gleich diesen Aussagen nicht an Wahrscheinlichkeit, so schickte er dennoch, um sicherere Kundschaft einzuziehen, hier- und dorthin Reiter aus, um von den zerstreuten, in die Dörfer schwärmenden Plünderern einige aufzufangen. ***6*** Durch Nachforschen erfuhr er von diesen, der Feind stehe am Fluss Volturnus; er werde um die dritte Nachtwache aufbrechen, der Marsch gehe nach Samnium. ***7*** Hinlänglich hierüber belehrt zog er weiter und legte sich in eine solche Entfernung von den Feinden, dass sie nur nicht durch zu große Nähe seine Ankunft erfuhren, er sie hingegen bei ihrem Abzug aus dem Lager überfallen konnte. ***8*** Lange vor Tagesanbruch rückte er dem Lager näher und schickte einige der oskischen Sprache Kundige ab, um auszuforschen, was jetzt vorgehe. Da sich diese bei der Unordnung des nächtlichen Aufbruchs leicht unter die Feinde mischten, brachten sie in Erfahrung, dass die Fahnen schwach besetzt schon ausgerückt wären, die Beute und die Bedeckung der Beute seien im Ausrücken begriffen, ein schwerfälliger Zug, jeder nur mit der Fracht seines Eigentums beschäftigt, ohne allen gemeinschaftlichen Plan mit den Übrigen und ohne bestimmte Leitung von oben. ***9*** Dies schien ihm der günstigste Augenblick zum Angriff, auch war der Tag schon im Anbrechen. Er ließ also die Trompeten blasen und fiel auf den Zug der Feinde. ***10*** Die Samniten, mit ihrer Beute beschwert und nur einzeln bewaffnet, verdoppelten zum Teil ihre Schritte und trieben die Beute vorwärts, zum Teil machten sie halt, und ungewiss, ob es sicherer sei, weiterzugehen oder ins Lager umzukehren, wurden sie in ihrer Unschlüssigkeit niedergehauen. Auch hatten die Römer den Wall schon erstiegen, und Mord und Getümmel waren im Lager allgemein. ***11*** Der Zug der Samniten war außer dem feindlichen Getümmel auch durch den plötzlichen Aufstand der Gefangenen in Verwirrung geraten. ***12*** Diese, zum Teil ungefesselt, banden die Gefesselten los, zum Teil nahmen sie die auf das Gepäck gebundenen Waffen weg, und so bewirkten sie, unter den Zug gemischt, ein Getümmel, das noch schrecklicher war als die Schlacht selbst. ***13*** Nun aber vollführten sie eine merkwürdige Tat. Sie wagten einen Angriff auf den Feldherrn Statius Minacius, als er an die Glieder ritt und sie ermunterte, jagten die bei ihm befindlichen Reiter auseinander, nahmen ihn in die Mitte und schleppten ihn gefangen auf seinem Pferd vor den römischen Konsul.

14 Durch diesen Lärm wurde die Vorhut der Samniten wieder zurückgebracht, und der schon aufgegebene Kampf begann von Neuem, konnte aber nicht länger fortgesetzt werden. ***15*** Gegen

6000 Mann blieben auf dem Platz, 2500 wurden zu Gefangenen gemacht, unter diesen waren vier Obersten. 30 Fahnen wurden erbeutet, und was den Siegern das Erfreulichste war, 7400 Gefangene und die Menge des den Bundesgenossen geraubten Gutes gewann man wieder. Durch eine Bekanntmachung wurden die Eigentümer aufgefordert, ihr Eigentum anzuerkennen und in Empfang zu nehmen. ***16*** Was bis zu einem bestimmten Tag keinen Herrn gefunden hatte, verblieb den Soldaten, die aber ihre Beute verkaufen mussten, um ihren Sinn auf nichts anderes als auf die Waffen zu richten.

(21) In Rom hatte diese Plünderung Kampaniens große Bestürzung hervorgerufen, ***2*** und gerade in denselben Tagen war aus Etrurien die Nachricht eingelaufen, das ganze Etrurien, das nach dem Abzug des volumnischen Heeres von dort unter die Waffen getreten sei, und Gellius Egnatius, der samnitische Feldherr, riefen nicht nur die Umbrier zum Aufstand, sondern wiegelten auch durch großen Sold die Gallier auf. ***3*** Durch diese Nachrichten in Schrecken gesetzt, ließ der Senat einen Gerichtsstillstand ankündigen und eine Aushebung von Leuten aller Art halten, ***4*** nicht nur Freigeborene oder im Dienstalter Stehende wurden vereidigt, sondern auch aus denen, die schon über die Jahre waren, wurden Kohorten errichtet und Söhne der Freigelassenen in die Zenturien eingereiht. Auch dachte man daran, die Stadt in Verteidigungsstand zu setzen, und der Prätor Publius Sempronius hatte die Leitung des Ganzen. ***5*** Indessen von einem Teile der Sorgen befreite den Senat das Schreiben des Konsuls Lucius Volumnius, aus dem man ersah, dass er die Plünderer Kampaniens geschlagen und verjagt habe. ***6*** Also wurden wegen dieses Sieges dem Konsul zu Ehren feierliche Dankgebete angeordnet, der Gerichtsstillstand nach einer Dauer von 18 Tagen aufgehoben und das Dankfest sehr freudig begangen. ***7*** Darauf beriet man, wie man der von den Samniten verheerten Gegend eine Bedeckung geben möchte. Man beschloss, zwei Ansiedlungen in das vescinische und falernische Gebiet zu führen: ***8*** die eine an die Mündung des Flusses Liris, sie bekam den Namen Minturnae, die andere sollte im vesci-nischen Gebirgswald sein, wo er das falernische Gebiet berührt, da wo die griechische Stadt Sinape gestanden haben soll, die später von den römischen Ansiedlern Sinuessa genannt wurde. ***9*** Die Volkstribunen wurden beauftragt, den Prätor Publius Sempronius durch einen Beschluss des Bürgerstandes zur Ernennung der Dreimänner zu bevollmächtigen, welche den Anbauern jene Plätze anzuweisen hätten, ***10*** doch war es schwer, Leute zu finden, die sich als Ansiedler einschreiben ließen, weil sie ihrer Meinung nach so gut wie auf einen feststehenden Posten in einer unsicheren Gegend, nicht aber auf Landbesitzungen ausgesandt wurden.

11 In der Besorgung dieser Dinge unterbrachen den Senat die immer zunehmende Wichtigkeit des Etruskischen Krieges und die wiederholten Schreiben des Appius mit der Aufforderung, die Bewegungen dieser Gegend nicht zu vernachlässigen. ***12*** Vier Völker vereinigten sich, die Etrusker, Samniten, Umbrier und Gallier, schon hätten sie an zwei verschiedenen Stellen sich gelagert, weil ein Platz eine so große Menge nicht fassen könne. ***13*** Aus diesen Gründen und zugleich des Wahltages wegen, dessen Zeit herannahte, wurde der Konsul Lucius Volumnius nach Rom zurückgerufen, der dann, noch ehe er die Zenturien zur Abstimmung aufforderte, vor dem zur Versammlung berufenen Volk sich ausführlich über die Größe des Etruskischen Krieges aussprach. ***14*** Schon damals, als er dort mit seinem Amtsgenossen gemeinschaftlich gewirkt habe, sei der Krieg so groß gewesen, dass er weder von einem Feldherrn noch von einem Heer habe geführt werden können. Nachher, so heiße es, wären die Umbrier und ein ungeheures Heer von Galliern noch hinzugekommen. ***15*** Sie möchten nicht vergessen, dass sie am heutigen Tag in ihren Konsuln Heerführer gegen vier Völker zu wählen hätten. Er hätte, wenn er nicht darauf rechnete, dass die einstimmige Wahl des römischen Volkes den zum Konsul ernennen werde, den man unstreitig für den größten aller jetzigen Feldherren halte, ihn sogleich zum Diktator ernannt.

(22) Niemand zweifelte daran, dass alle einmütig sich für Quintus Fabius erklären würden, und wirklich ernannte auch die zuerst stimmende und alle nach ihr zunächst aufgerufenen Zenturien ihn mit Lucius Volumnius zum Konsul. **2** Des Fabius Erklärung lautete wie vor zwei Jahren, dann aber, als er durch die Einstimmigkeit aller sich überwunden sah, endigte sie mit der Bitte um Publius Decius als Amtsgenossen. **3** Hierin werde sein Alter eine Stütze finden. In der Zensur und in zwei mit ihm verwalteten Konsulaten habe er die Erfahrung gemacht, dass es zur Aufrechterhaltung des Besten des Staates kein stärkeres Mittel als eine einträchtige Amtsverbindung gebe. An einen neuen Genossen des Oberbefehls könne sein alternder Geist sich jetzt kaum noch gewöhnen; aber mit einem Mann von ihm schon bekanntem Charakter werde er sich leichter über die Maßregeln verständigen.

4 Dieser Rede gab der Konsul seinen Beifall, teils durch die dem Publius Decius erteilten verdienten Lobsprüche, teils dadurch, dass er auseinandersetzte, welche Vorteile bei der Leitung der Angelegenheiten im Feld aus der Eintracht der Konsuln entsprängen, und welch großer Nachteil aus ihrer Uneinigkeit, **5** und wie nahe man neulich über seines Amtsgenossen Streit mit ihm der augenscheinlichsten Gefahr gewesen sei, **6** ferner durch seine Aufforderungen an Decius und Fabius, eines Sinnes und eines Herzens miteinander zu leben. Außerdem wären sie Männer, die zum Krieg geboren seien, durch Taten groß, in Wortkämpfen und Zungengefechten ungeübt, so wären sie zu Konsuln gerade die rechten Männer. **7** Den Schlauen hingegen und Gewandten, den Rechtsverständigen und Rednern von dem Schlag eines Appius Claudius müsse man den Vorsitz in der Stadt und im Gericht geben und sie zu Prätoren wählen, um Recht zu sprechen. Mit diesen Verhandlungen ging der Tag hin.

8 Am folgenden Tag richtete man sich bei der Konsul- und Prätorwahl nach dem Vorschlag des Konsuls. **9** Zu Konsuln wurden Quintus Fabius und Publius Decius gewählt, zum Prätor Appius Claudius, alle abwesend. Und dem Lucius Volumnius wurde durch einen Senatsbeschluss und gemäß einer Verfügung des Bürgerstandes der Oberbefehl auf ein Jahr verlängert.

(23) In diesem Jahr ereigneten sich viele Schreckenszeichen. Ihre Drohungen abzuwenden, verordnete der Senat zweitägige Betfeste. **2** Den dazu nötigen Opferwein und den Weihrauch gab der Staat. Die Aufzüge beider Geschlechter zu den Tempeln waren sehr zahlreich. **3** Bemerkenswert machte dieses Betfest ein unter den vornehmen Frauen in der Kapelle der patrizischen Keuschheitsgöttin entstandener Streit; diese Kapelle steht auf dem Ochsenmarkt neben dem runden Herkulestempel. **4** Die Frauen hatten die an den bürgerlichen Konsul Lucius Volumnius verheiratete Patrizierin Verginia, des Aulus Tochter, weil sie von den Adligen ausgeheiratet hatte, bei dem Gottesdienst nicht zulassen wollen. Der kurze Wortwechsel hierüber stieg durch die weibliche Reizbarkeit zu einem leidenschaftlichen Streit, **5** in welchem Verginia mit Recht sich rühmte, sie habe den Tempel der patrizischen Keuschheitsgöttin als eine Adlige, als eine keusche Frau betreten, die nur einmal geheiratet habe, und zwar den, dem sie als Jungfrau übergeben sei; auch habe sie sich ihres Gatten oder seiner Ämter und Taten nicht zu schämen. **6** Diesen edelmütigen Worten gab sie durch eine ausgezeichnete Handlung noch höheren Wert. In ihrem Haus auf der Langen Straße – hier wohnte sie – sonderte sie so viel Raum ab, als zu einer mäßigen Kapelle hinreichte, errichtete hier einen Altar, ließ die angesehenen Bürgerinnen einladen, klagte ihnen ihre Beleidigung von den Patrizierinnen und sprach: *7 Diesen Altar weihe ich der bürgerlichen Keuschheitsgöttin und fordere euch auf, den Wetteifer, der die Männer dieses Staates in der Tapferkeit beseelt, unter uns Frauen in der Keuschheit stattfinden zu lassen und euch zu bestreben,* **8** *dass der Ruf diesem Altar womöglich eine noch reinere Verehrung und von noch keuscheren Frauen zuspreche als jenem.* **9** Der Dienst an diesem Altar hatte fast dieselbe Einrichtung wie an jenem älteren, so dass auch hier nur Frauen von Rang, von bewährter Keuschheit und die nur einmal

verheiratet waren, das Recht zu opfern hatten. ***10*** Als aber späterhin die Besorgung desselben auch Entweihten, nicht bloß von Stand, sondern auch Frauen aus allen Klassen preisgegeben war, geriet er zuletzt in Vergessenheit.

11 In demselben Jahr brachten auch Cnaeus und Quintus Ogulnius als kurulische Ädilen die Anklage mehrerer Wucherer vor das Volk. ***12*** Von den Strafgeldern, die sie aus dem Vermögen der Verurteilten in die Staatskasse zogen, ließen sie auf dem Kapitol eherne Schwellen legen, in Jupiters Allerheiligstem ein Silbergeschirr zu drei Tischen, auf der Kuppel den Jupiter im vierspännigen Wagen und bei dem Ruminalischen Feigenbaum die Bildnisse der an der Wölfin saugenden Kinder der beiden Erbauer Roms aufstellen, ferner den Fußsteig vom Capenischen Tor bis zum Marstempel mit Quadersteinen pflastern. ***13*** Auch veranstalteten die plebejischen Ädile Lucius Aelius Paetus und Caius Fulvius Curvus gleichfalls von Strafgeldern, welche sie von verurteilten Pächtern öffentlicher Weideplätze eingetrieben hatten, feierliche Spiele und stellten im Tempel der Ceres goldene Opferschalen auf.

(24) Darauf traten Quintus Fabius zum fünften und Publius Decius zum vierten Mal das Konsulat an, ***2*** die nun zum dritten Mal als Konsuln und schon vorher als Zensoren Amtsgenossen waren, Männer, die ihr Tatenruhm, so groß er war, nicht höher stellte als ihre Eintracht. Damit aber auch diese nicht ununterbrochen bliebe, musste ein Streit, meiner Meinung nach mehr unter ihnen selbst, eintreten, ***3*** weil die Patrizier nämlich dahin strebten, dass dem Fabius Etrurien außerordentlicherweise zum Kriegsschauplatz angewiesen würde, die Bürgerlichen hingegen dem Decius zuredeten, es aufs Los ankommen zu lassen. ***4*** Wenigstens kam es darüber im Senat zum Streit, und weil hier Fabius die Oberhand behielt, wurde die Sache vor das Volk gebracht. Vor der Versammlung ließen sie sich als Kriegsmänner, die mehr auf Taten als auf Reden fußten, nur auf wenige Worte ein. ***5*** Fabius sagte, es sei ungerecht, dass von dem Baum, den er gepflanzt habe, ein anderer die Früchte ernte. Er habe den Ciminischen Wald geöffnet und durch unwegsame Gebirgspässe dem Krieg Roms den Weg gebahnt. ***6*** Warum man ihn in seinen Jahren dazu aufgefordert habe, wenn man willens gewesen sei, den Krieg unter einem andern Feldherrn zu führen? Unvermerkt rückte er ihnen auch vor, dass er sich also doch einen Gegner, nicht aber einen Gehilfen im Oberbefehl gewählt habe; und dem Decius müsse das Glück ihrer dreimaligen Eintracht im Amt zu groß geschienen haben. ***7*** Am Ende sagte er, er verlange weiter nichts, als dass sie ihn, wenn sie ihn dieses Postens würdig achteten, zu demselben absenden möchten. Er habe sich hierin der Entscheidung des Senates unterworfen und werde sich auch der Entscheidung des Volkes unterwerfen.

8 Publius Decius hingegen beklagte sich über die Ungerechtigkeit des Senates. Die Väter hätten, solange es ihnen möglich gewesen sei, alle Kräfte aufgeboten, den Zutritt zu hohen Ämtern dem Bürgerstand zu verschließen, seitdem sich aber das Verdienst durch sich selbst das Recht erkämpft habe, ***9*** dass ihm, in welcher Klasse es angetroffen werde, die Ehrenämter nicht entgehen dürften, sei man darauf bedacht, nicht bloß die Wahlstimmen des Volkes, sondern selbst die Entscheidung des Loses ungültig zu machen und sie zur Begünstigung der Macht einiger weniger ausschlagen zu lassen. ***10*** Alle Konsuln vor ihnen hätten um ihre Posten gelost; jetzt erteile der Senat dem Fabius seinen Posten ohne Los. ***11*** Geschehe es, um den Fabius zu ehren, so habe dieser um ihn und um den Staat so viele Verdienste, dass er selbst den Ruhm eines Quintus Fabius begünstigen wolle, sobald dieser nur nicht durch seine Verunglimpfung glänzen solle. ***12*** Wer könne aber daran zweifeln, dass man dann, wenn der einzige gefährliche und schwierige Krieg dem einen Konsul ohne Los übertragen würde, den andern für überflüssig und untauglich halten müsse? ***13*** Fabius rühme sich seiner Taten in Etrurien. Auch Publius Decius wünsche, sich rühmen zu können, und werde vielleicht das Feuer, welches jener unter der Asche zurückgelassen habe, dass es so oft zu einer neuen unerwarteten Feuersbrunst aufschlage, völlig löschen. ***14*** Übrigens wolle er Ehrenämter und Belohnungen seinem Amtsgenossen aus Achtung vor dessen Alter und Würde gern überlassen, wenn es aber der Gefahr, sie zu verlieren, oder einem Kampf um sie gelte, weiche er gutwillig weder jetzt noch künftig. ***15*** Und sollte er weiter nichts bei diesem Streit gewinnen, so werde er wenigstens das erreichen, dass über Volkseigentum das Volk selbst verfüge, nicht aber der Senat es parteiisch verschenke. ***16*** Er bitte den allmächtigen Jupiter und die unsterblichen Götter, dass sie nur dann das Los zwischen ihm und seinem Amtsgenossen unparteiisch entscheiden lassen möchten, wenn sie ihm bei der Führung des Krieges gleiche Tapferkeit mit jenem und gleiches Glück verleihen wollten. So sei es wenigstens an sich gerecht und des guten Beispiels wegen nötig; ***17*** auch erfordere es die Ehre des römischen Volkes, dass seine Konsuln Männer wären, deren jeder den Etruskischen Krieg ordentlich führen könne.

18 Fabius, ohne eine weitere Bitte an das Volk hinzuzufügen, als dass die Bezirke, ehe sie zur Abstimmung hineingerufen würden, das aus Etrurien eingelaufene Schreiben des Prätors Appius Claudius sich vorlesen lassen möchten, schied aus der Wahlversammlung. Und mit ebenso großer Einstimmigkeit des Volkes und des Senates wurde der Oberbefehl in Etrurien, ohne zu losen, dem Fabius zuerkannt.

(25) Nun liefen fast alle Dienstfähigen bei dem Konsul zusammen, und jeder wollte sich melden, so groß war die Begierde, unter diesem Feldherrn zu dienen. ***2*** Umdrängt von diesem Schwarm, begann er: *Ich bin gesonnen, nur 4000 Mann zu Fuß und 600 zu Pferd anzunehmen. Die sich von euch heute und morgen bei mir melden, sollen mit mir ziehen.* ***3*** *Es liegt mir mehr daran, alle bereichert zurückzuführen, als mit vielen Truppen den Krieg zu führen.*

4 Nach seinem Aufbruch mit einem angemessenen Heer, das umso mehr Vertrauen und Hoffnung hegte, je weniger man seine Größe nötig gefunden hatte, nahm er seinen Weg gegen die Stadt Aharna, in deren Nähe die Feinde standen, zum Lager des Prätors Appius. ***5*** Wenige tausend Schritte diesseits begegneten ihm die Holzholer unter einer Bedeckung. Als diese die Gerichtsdiener voranschreiten sahen und die Ankunft des Konsuls Fabius hörten, bezeigten sie unter Freude und Jubel den Göttern und dem römischen Volk für die Sendung dieses Feldherrn ihren Dank. ***6*** Als sie den Konsul hierauf von allen Seiten begrüßten, fragte Fabius, wohin sie jetzt gingen, und auf ihre Antwort, sie gingen Holz zu holen, erwiderte er: *Was sagt ihr da? Habt ihr denn das Lager nicht mit einem Wall umgeben?* ***7*** Als sie ihm entgegenriefen: *Sogar mit einem doppelten Pfahlwerk und mit einem Graben; und dennoch sind wir in großer Angst,* sprach er, *So habt ihr ja Holz in Menge; kehrt wieder um und reißt das Pfahlwerk nieder.* ***8*** Sie kehrten ins Lager zurück und setzten hier durch Niederreißung des Walles die im Lager gebliebenen Soldaten und den Appius selbst in Bestürzung. ***9*** Dann sagte für sich einer dem andern, sie täten es auf Befehl des Konsuls Quintus Fabius.

Am folgenden Tag brach er von hier mit dem Lager auf, entließ den Prätor Appius nach Rom, ***10*** und seitdem hatten die Römer nirgends ein stehendes Lager. Er sagte, es sei nicht gut, dass ein Heer an einem Ort still liege: Durch Märsche und Ortsveränderungen werde es beweglicher und gesünder. Ihre Märsche waren so stark, als der noch nicht abgelaufene Winter es gestattete. ***11*** Gleich im Anfang des Frühjahrs ging er selbst unter Zurücklassung der zweiten Legion bei Clusium, das damals den Beinamen das Camertische hatte, und des Lucius Scipio, den er an Prätors statt über das Lager setzte, nach Rom zurück, um über den Krieg Rücksprache mit dem Senat zu nehmen, ***12*** sei es nun aus freien Stücken, weil sich ihm jetzt der Krieg in einer bedeutenderen Größe zeigte, als er ihm auf das bloße Gerücht zugetraut hatte, oder durch einen Senatsbeschluss zurückgerufen, denn ich finde beides angegeben. ***13*** Nach einigen fällt der Schein, seine Abberufung bewirkt zu haben, auf den Prätor Appius Claudius, insofern dieser im Senat und vor dem Volk, wie er das schon immer durch seine Briefe getan hatte, die Gefahr des Etruskischen Krieges durch die Behauptung vergrößerte, ein Feldherr und ein Heer werde gegen vier Völker nicht ausreichend sein. ***14*** Mögen diese entweder vereint dem einen zusetzen oder den Krieg geteilt führen, so sei doch immer zu befürchten, dass der eine nicht alles zugleich erreichen könne. ***15*** Er habe dort nur zwei römische Legionen zurückgelassen, und an Fußvolk und Reiterei seien nicht volle 5000 Mann mit Fabius nachgekommen, seiner Meinung nach müsse der Konsul Publius Decius sobald als möglich zu seinem Amtsgenossen nach Etrurien abgehen, und der Krieg in Samnium dem Lucius Volumnius übertragen werden. ***16*** Wolle aber der Konsul (Decius) lieber in die ihm bestimmte Provinz gehen, so müsse Volumnius dem Konsul in Etrurien ein vollständiges konsularisches Heer zuführen. ***17*** Da diese Rede des Prätors auf einen großen Teil Eindruck machte, soll Publius Decius geraten haben, die ganze Sache so lange unentschieden zu lassen und dem Quintus Fabius nicht vorzugreifen, bis er entweder selbst, sobald es sich mit dem allgemeinen Besten vereinigen lasse, nach Rom käme, oder einen seiner Unterfeldherren schickte, ***18*** der dem Senat darüber Auskunft gäbe, von welchem Umfang der Krieg in Etrurien sei, und welch eine Truppenzahl und wie viele Feldherren er erfordere.

(26) Als Fabius nach Rom kam, hielt er sowohl im Senat, als auch vor dem Volk eine so parteilose Rede, dass man wohl sah, er vergrößere den Ruf des Krieges ebenso wenig, als er ihn verkleinere, und sei bei seiner Bereitwilligkeit, sich einen zweiten Feldherrn neben sich gefallen zu lassen, mehr gegen die Besorgnis anderer der Nachsichtige, als wegen Abwendung seiner eigenen oder der öffentlichen Gefahr in Sorgen. ***2*** Wollten sie ihm übrigens einen Gehilfen im Krieg, einen Mitfeldherrn geben, wie er dann den Konsul Publius Decius vergessen könne, den er in so vielen gemeinschaftlichen Amtsführungen bewährt gefunden habe? ***3*** Keinen andern wünsche er mit sich lieber in Verbindung zu sehen. Stehe ihm Publius Decius zur Seite, dann habe er Truppen genug und nie zu viel Feinde, sollte aber seinem Amtsgenossen eine andere Anstellung lieber sein, dann möchten sie ihm zum Gehilfen den Lucius Volumnius geben.

4 Volk und Senat, und ebenso der Mitkonsul, überließen alles dem Gutbefinden des Fabius; und da sich Publius Decius zu beidem bereit erklärte, nach Samnium oder nach Etrurien zu gehen, so wurden die Freude und das Frohlocken so groß, dass man im Voraus in Gedanken den Sieg feierte und den Konsuln schon den Triumph, nicht erst die Führung des Krieges zuerkannt zu haben glaubte. ***5*** Einige Geschichtsschreiber lassen, wie ich sehe, den Fabius und Decius gleich nach dem Antritt ihres Konsulats nach Etrurien gehen, ohne im Mindesten zu erwähnen, dass die Amtsgenossen, wie ich erzählt habe, über ihre Bestimmung gelost und sich gestritten hätten. ***6*** Andere hingegen lassen sich an der Darstellung dieser Streitigkeiten noch nicht begnügen, sie machen noch eine Zugabe mit allerlei Beschuldigungen, welche Appius gegen den abwesenden Fabius an das Volk gebracht haben soll; mit einer hartnäckigen Widersetzlichkeit des Prätors gegen den anwesenden Konsul, mit noch einem andern Streit der Amtsgenossen, da Decius es habe durchsetzen wollen, dass jeder die ihm durch das Los beschiedene Bestimmung behalten solle. ***7*** Erst von dem Zeitpunkt an, wo die beiden Konsuln zu Felde zogen, tritt völlige Gewissheit ein.

Bevor übrigens die Konsuln in Etrurien eintrafen, kamen die senonischen Gallier mit einem ungeheuern Heer vor Clusium an, um dort die römische Legion und das Lager anzugreifen. ***8*** Scipio, der hier den Oberbefehl hatte, zog seine Linie, um seiner geringen Truppenzahl durch die Stellung zu Hilfe zu kommen, an einem Hügel bergan, der zwischen der Stadt und dem Lager war. ***9*** Allein da er bei dem schnell gefassten Beschluss den Weg nicht gehörig ausgekundschaftet hatte, führte ihn dieser gerade auf die Anhöhe, welche der Feind, der sie von einer andern Seite erstiegen, schon besetzt hatte. So wurde die Legion im Rücken angegriffen, und da der Feind von allen Seiten einbrach, in der Mitte umgangen. ***10*** Einige melden auch, sie sei hier so aufgerieben, dass nicht einmal ein Bote ihres Unglücks übrig blieb, ***11*** und die Konsuln, die schon nicht weit mehr von Clusium waren, hätten die Nachricht davon nicht eher erhalten, bis sie die gallischen Reiter vor Augen gehabt hätten, welche die Köpfe der Erschlagenen den Pferden vor die Brust gehängt oder auf Lanzen gesteckt hatten, und in Gesängen nach ihrer Art frohlockten. ***12*** Nach anderen sollen dies Umbrier und keine Gallier, auch die Niederlage nicht so groß gewesen sein; und der Proprätor Scipio soll den mit dem Legaten Lucius Manlius Torquatus auf Futterholung ausgezogenen umringten Truppen aus dem Lager Hilfe gebracht, die siegenden Umbrier im erneuerten Gefecht geschlagen und ihnen Gefangene und Beute wieder abgenommen haben. ***13*** Es ist wahrscheinlicher, dass diese Niederlage ein Werk der Gallier, nicht der Umbrier war, weil der Einfall der Gallier, wie freilich schon oft, besonders aber in diesem Jahr, Rom in Schrecken setzte. ***14*** Deswegen wurden auch, außer dass beide Konsuln mit vier Legionen und einer zahlreichen römischen Reiterei, ferner mit 1000 Mann auserlesener Reiter, welche Capua zu diesem Kriege stellte, ***15*** und mit einem Heer von Bundesgenossen und Latinern zu diesem Krieg ausgezogen, das noch größer als das römische war, noch zwei andere Heere in der Nähe der Stadt gegen Etrurien aufgestellt, eins im faliskischen, das andere im vaticanischen Felde. Cnaeus Fulvius und Lucius Postumius Megellus wurden beide befehligt, als Proprätoren in diesen Gegenden ihre Standlager zu nehmen.

(27) Die Konsuln kamen im Gebiet von Sentinum an den Feind, der den Apenninus überstiegen hatte. Hier schlugen sie in einer Entfernung von beinahe 4000 Schritten ihr Lager auf. ***2*** Nun hielten die Feinde Beratungen und kamen dahin überein, nicht alle in ein Lager sich zusammenzutun, auch sich nicht zugleich auf eine Schlacht einzulassen. ***3*** Den Samniten wurden die Gallier, den Etruskern die Umbrier zugegeben, der Tag zur Schlacht bestimmt, die Schlacht selbst den Samniten und Galliern übertragen, und während des Kampfes sollten die Etrusker und Umbrier das römische Lager angreifen. ***4*** Diese Pläne vereitelten drei clusinische Überläufer, welche heimlich in der Nacht zum Konsul Fabius übergingen und nach gegebener Auskunft über die Pläne der Feinde mit Geschenken entlassen wurden, um von Zeit zu Zeit jeden neuen Entschluss, so wie sie ihn in Erfahrung brächten, ihm zu hinterbringen. ***5*** Die Konsuln schrieben Fulvius und Postumius, sie möchten beide, jener aus dem faliskischen, dieser aus dem vaticanischen Feld, gegen Clusium vorrücken und das feindliche Gebiet mit allem Nachdruck verheeren. ***6*** Die Meldung von dieser Verheerung setzte die Etrusker zum Schutz ihres Landes aus dem Gebiet von Sentinum in Marsch. Nun eilten die Konsuln, in Abwesenheit jener es zur Schlacht zu bringen. Zwei Tage nacheinander forderten sie den Feind durch Gefechte auf: An beiden Tagen geschah nichts Erhebliches. ***7*** Wenige fielen auf beiden Seiten, und eigentlich wurde der Mut nur zu einer förmlichen Schlacht gereizt, ohne eine Entscheidung des Ganzen zu bewirken. Am dritten Tag rückte man mit allen Truppen in die Ebene. ***8*** Als die Heere in Schlachtordnung standen, lief eine von einem Wolf verfolgte Hirschkuh auf ihrer Flucht aus dem Gebirge über die Felder zwischen beide Heere hinab. Nun wandten die Tiere ihren Lauf in entgegengesetzter Richtung, die Hirschkuh zu den Galliern, der Wolf zu den Römern. Dem Wolf gab man zwischen den Gliedern offenen Weg, die Hirschkuh schossen die Gallier nieder. ***9*** Da rief ein römischer Soldat im Vordertreffen: *Dorthin ziehen sich Flucht und Tod, wo ihr das der Diana heilige Wild liegen seht. Auf unserer Seite aber blieb der Sieger, der dem Mars heilige Wolf unverletzt und unentweiht, und hat uns an unsere Abkunft von Mars und an unsern Stifter erinnern wollen.* ***10*** Auf dem rechten Flügel standen die Gallier, auf dem linken die Samniten. Gegen die Samniten stellte Quintus Fabius auf seinem rechten Flügel die erste und dritte Legion auf, gegen die Gallier auf dem linken Decius die fünfte und sechste. ***11*** Die zweite und vierte führten unter dem Prokonsul Lucius Volumnius in Samnium den Krieg. Beim ersten Zusammentreffen focht man mit so völlig

gleichen Kräften, dass die Römer, wenn die Etrusker und Umbrier mit zugegen gewesen wären, allenthalben, wo diese den Ausschlag gegeben hätten, sei es in der Schlacht oder im Lager, eine Niederlage hätten erleiden müssen.

(28) Obgleich aber das Kriegsglück auf beiden Seiten gleich war und das Schicksal noch keine Entscheidung gegeben hatte, so war doch der Gang der Schlacht auf dem linken Flügel von dem auf dem rechten ganz verschieden. ***2*** Die Römer unter Fabius erwehrten sich des Kampfes mehr, als dass sie ihn betrieben, und das Gefecht wurde bis tief in den Tag hinein nur hingehalten. ***3*** Der Feldherr war überzeugt, dass die Samniten und Gallier im ersten Angriff die Überlegenen wären, dass es genug sei, sie hierin aufzuhalten, dass den Samniten bei längerer Dauer des Gefechts der Mut allmählich sinke, ***4*** dass außerdem die Körperkraft der Gallier, in Beschwerden und Hitze aller Ausdauer unfähig, sich auflöse, dass sie im Anfang der Schlacht mehr als Männer, am Ende weniger als Frauen wären. ***5*** Folglich sparte er seinen Soldaten die vollen Kräfte für den Zeitpunkt auf, in welchem sich der Feind gewöhnlich besiegen ließ.

6 Decius, durch sein Alter und durch sein feuriges Temperament ungestümer, verschwendete gleich im Anfang des Streites die ganze Fülle seiner Kraft; und weil ihm das Gefecht des Fußvolkes nicht rasch genug ging, setzte er die Reiterei in Angriff. ***7*** Vom tapfersten Geschwader der Jünglinge umschlossen, bat er sie, als die ersten der Jugend mit ihm zugleich in den Feind einzuhauen, sie würden doppelten Ruhm ernten, wenn vom linken Flügel, und zwar von der Reiterei der Sieg ausginge. ***8*** Und zweimal warfen sie die gallische Reiterei. Als sie zum dritten Mal etwas weiter vorgesprengt waren und schon mitten unter den Scharen der feindlichen Reiter fochten, wurden sie von einem Kampf überrascht, der ihnen seiner Art nach neu war. ***9*** Auf Wagen und Karren stehend kam der bewaffnete Feind unter einem gewaltigen Lärm von Rossen und Rädern heran und machte die eines solchen Getümmels ungewohnten Pferde der Römer scheu. ***10*** Die schon siegende Reiterei stob, als hätte sie ein Gespenst gesehen, betäubt auseinander; die fortstürzenden Rosse und Reiter streckte die besinnungslose Flucht zu Boden. ***11*** Dadurch gerieten auch die Ordnungen des Fußvolkes in Verwirrung; unter den heranstürzenden Pferden und den durch die Glieder fortgerissenen Wagen wurden in den beiden ersten Linien viele totgetreten, und die Linie der Gallier, die bei der unter den Feinden bemerkten Unordnung sogleich hereinbrach, ließ ihnen keine Zeit, sich zu erholen und sich zu sammeln. ***12*** Decius schrie, wohin sie flöhen, was sie durch die Flucht zu gewinnen hofften? Er trat den Weichenden in den Weg und rief die Zersprengten zurück. Als er sie durch nichts in ihrer Bestürzung aufhalten konnte, sprach er unter namentlicher Anrufung seines Vaters Publius Decius: ***13*** *Was sträube ich mich länger gegen das Geschick meiner Familie? Es ist unserem Stamm beschieden, zur Abwendung der Gefahren die Sühnopfer des Staates zu sein. Bald will ich der Erde und den Geistern der Toten die Legionen der Feinde mit mir zum Opfer darbringen.* ***14*** Nach diesen Worten befahl er dem Oberpriester Marcus Livius, dem er, als er sich in den Kampf begab, geboten hatte, nicht von seiner Seite zu weichen, ihm die Formel vorzusprechen, durch welche er sich und die Legionen der Feinde für das Heer des römischen Volkes der Quiriten dem Tod weihen müsse. ***15*** Er erhielt die Weihe mit demselben Gebet und in derselben Tracht, in der sie sich sein Vater Publius Decius bei Veseris im Latinischen Krieg hatte geben lassen. ***16*** Er fügte der gewöhnlichen Formel noch die Worte hinzu, Schrecken und Flucht, Mord und Blut, den Zorn der himmlischen und unterirdischen Götter treibe er vor sich her, ***17*** trage den Fluch der Vernichtung mit sich auf der Feinde Fahnen, Waffen und Wehren hinüber, und Verderben treffe die Gallier und Samniten mit ihm auf einer Stelle. ***18*** Und nach diesen über sich und die Feinde herabgerufenen Verwünschungen spornte er sein Ross und sprengte in die Linie der Gallier, wo er sie am dichtesten sah, und fand unter den auf ihn gerichteten Waffen der Feinde, denen er selbst entgegenstürzte, den Tod.

(29) Von nun an schien die Schlacht kaum noch das Werk der Menschen zu sein. Die Römer hatten ihren Feldherrn verloren, und – was sonst wohl schrecken zu erregen pflegt – sie hörten auf zu fliehen, und Erneuerung des Kampfes war ihr Wunsch. *2* Die Gallier, und besonders der Haufe, der um die Leiche des Konsuls herumstand, schossen wie betäubt ihre nicht mehr treffenden Pfeile vergeblich ab; andere standen erstarrt da, ohne Sinn für Gefecht oder Flucht. *3* Auf jener Seite hingegen rief der Oberpriester Livius, welchem Decius die Liktoren übergeben und den Rang eines Prätors erteilt hatte, die Römer hätten gesiegt, der Tod ihres Konsuls habe sie gerettet, *4* die Gallier und Samniten wären der Mutter Erde und den Totengeistern vermacht. Decius ziehe und rufe ihr mit ihm zugleich dem Tod geweihtes Heer sich nach, und überall herrsche bei den Feinden Raserei und Furcht. *5* Indem dieser Flügel das Treffen wiederherstellte, stießen Lucius Cornelius Scipio und Caius Marcius mit den aufgesparten Truppen aus dem Hintertreffen auf Befehl des Konsuls Fabius zu ihm, der sie seinem Amtsgenossen zur Unterstützung geschickt hatte. Hier hörten sie, wie Publius Decius geendet hatte, die kräftigste Aufforderung, für das allgemeine Wohl alles zu wagen. *6* Da nun die Gallier mit vorgehaltenen Schilden in geschlossenem Glied feststanden und der Kampf gegen sie Fuß an Fuß untunlich war, wurden auf Befehl der Legaten die Wurfpfeile, welche zwischen beiden Heeren hingeworfen lagen, vom Boden gesammelt und gegen die Schildwand der Feinde abgeschossen; *7* und da diese meistenteils die Schilde, von den Wurfspießen aber auch manche die Körper durchbohrten, wurde ihr Keil geworfen, so dass ein großer Teil ohne Wunde wie besinnungslos niederstürzte. So hatte das Glück auf dem linken Flügel der Römer gewechselt.

8 Auf dem rechten hatte Fabius anfangs, wie oben gesagt, den Tag mit Zögern hingebracht; als aber das Geschrei der Feinde, ihr Andrang und ihre Schüsse nicht mehr dieselbe Kraft verrieten, *9* ließ er, sobald er den Obersten der Reiterei den Befehl erteilt hatte, ihre Geschwader auf die Seite der Samniten herumzuziehen, um ihnen auf ein gegebenes Zeichen im möglichst heftigen Angriff in die Flanke zu fallen, sein Fußvolk allmählich anrücken und den Feind verdrängen. *10* Als er keinen Widerstand, sondern entschiedene Müdigkeit sah, nahm er nun erst alle bis auf diesen Punkt gesparten Truppen vom Hintertreffen mit sich, ließ das Fußvolk sich in Eilschritt setzen und gab der Reiterei das Zeichen zum Angriff. *11* Diesen Angriff hielten die Samniten nicht aus; sie rannten in vollem Lauf dicht am Heere der Gallier vorbei ihrem Lager zu und ließen ihre Bundesgenossen auf dem Punkt der Entscheidung im Stich. *12* Die Gallier standen in geschlossenem Glied hinter ihrer Schildwand. Da befahl Fabius, der jetzt den Tod seines Amtsgenossen erfuhr, einem Geschwader Campaner von etwa 500 Reitern, sich aus der Linie um die Gallier herumzuziehen und sie im Rücken anzugreifen, *13* dem zweiten Treffen der dritten Legion aber, diesen zu folgen und wo sie das Heer der Feinde vom Angriff der Reiterei in Unordnung geraten sähen, hineinzudringen und die Geschreckten niederzuhauen. *14* Er gelobte dem Sieger Jupiter einen Tempel und die feindlichen Waffen und eilte selbst dem Lager der Samniten zu, wohin die ganze Masse in ihrer Bestürzung sich hindrängte. *15* Dicht unten am Wald machten die durch das Gewühl der Ihrigen Ausgeschlossenen, weil die Tore eine solche Menge nicht aufnehmen konnten, einen Versuch zu kämpfen. *16* Hier fiel Gellius Egnatius, der Samnitische Feldherr. Nun wurden die Samniten hinter ihren Wall getrieben, das Lager nach kurzem Kampf genommen und die Gallier im Rücken umgangen. *17* 25 000 Feinde sollen an diesem Tag gefallen, 8000 gefangen worden sein. *18* Aber der Sieg hatte auch Blut gekostet, vom Heer des Publius Decius blieben 7000 Mann, von dem des Fabius 1700 im Feld. Nachdem Fabius einige ausgeschickt hatte, die Leiche seines Amtsgenossen aufzusuchen, verbrannte er, dem Sieger Jupiter zu Ehren, die auf einen Haufen gesammelten Waffen der Feinde. *19* Den Leichnam des Konsuls konnte man an dem Tag, weil er von Haufen über ihm zusammengestürzter Gallier bedeckt lag, nicht auffinden.

Am folgenden Tag wurde er gefunden und unter vielen Tränen der Soldaten zurückgebracht. ***20*** Mit Aussetzung aller anderen Geschäfte beging Fabius die Bestattung seines Amtsgenossen sehr ehrenvoll und mit der verdienten Lobrede.

(30) Auch in Etrurien ging der Krieg unter dem Proprätor Cnaeus Fulvius in denselben Tagen nach Wunsch; und außer dem ungeheuren Schaden, den man dem Feind durch Verheerung seines Landes zufügte, wurde auch ein Sieg erfochten. ***2*** Über 3000 Perusiner und Clusiner wurden getötet und gegen 20 Fahnen erbeutet. ***3*** Der Zug der Samniten, welche durch das Paelignische Gebiet flohen, wurde von den Paelignern umzingelt und von 5000 gegen 1000 niedergehauen.

4 Der Ruhm des Tages, an dem die Schlacht im Gebiet von Sentinum geschlagen wurde, ist immer noch groß, wenn man auch bei der Wahrheit stehen bleibt. ***5*** Einige aber haben durch Übertreibungen die Glaubwürdigkeit überschritten, da nach ihrer Angabe im feindlichen Heer 100 000 Mann zu Fuß, 46 000 zu Pferd und 1000 Wagen gewesen sein sollen, nämlich Umbrier und Tusker mit eingerechnet, welche sie gleichfalls bei der Schlacht zugegen sein lassen. ***6*** Und um auch die Truppen der Römer zu vergrößern, geben sie den Prokonsul Lucius Volumnius den Konsuln zum Nebenfeldherrn, und mit seinem Heer den Legionen der Konsuln eine Zugabe. ***7*** Den meisten Jahrbüchern zufolge gehört dieser Sieg den beiden Konsuln allein.

Lucius Volumnius war indessen in Samnium tätig und schlug das Heer der Samniten, das er auf das Gebirge Tifernus getrieben hatte, ohne sich durch die Schwierigkeit des Angriffs abschrecken zu lassen, völlig in die Flucht. ***8*** Quintus Fabius, der das Heer des Decius in Etrurien ließ und seine Legionen nach der Stadt führte, hielt einen Triumph über die Gallier, Etrusker und Samniten; die Soldaten folgten seinem Triumphzug. ***9*** In ihren kunstlosen Liedern priesen sie den herrlichen Tod des Publius Decius ebenso hoch wie den Sieg des Quintus Fabius, und erneuerten das Andenken an die Tat seines Vaters, die sie in Hinsicht des Erfolges für den Staat und für ihn selbst dem Verdienst des Sohnes an die Seite setzten. ***10*** Aus der Beute wurden jedem Soldaten 82 Kupfer-As gegeben, ein Kriegsrock und ein Leibrock, Belohnungen, welche dem damaligen Krieger keineswegs verächtlich waren.

(31) Trotz dieser Erfolge war dennoch in Samnium und in Etrurien noch kein Friede. Denn teils war auf Anstiften der Perusiner, nachdem der Konsul sein Heer abgeführt hatte, der Krieg wieder erneuert, ***2*** teils kamen die Samniten in das vescinische und formianische Gebiet und von einer andern Seite in das aesernische und die am Fluss Volturnus gelegenen Gegenden auf Plünderung herab. ***3*** Gegen diese schickte man den Prätor Appius Claudius mit einem Heer des Decius. In dem von Neuem aufgestandenen Etrurien schlug Fabius 4500 Perusiner und nahm gegen 1740 gefangen, ***4*** für deren Loskaufung man von jedem 310 As bekam; die ganze übrige Beute überließ man den Soldaten. ***5*** Die Legionen der Samniten, deren einem Teil der Prätor Appius Claudius, dem andern der Prokonsul Lucius Volumnius nachzog, trafen im Gebiet von Stella zusammen. Hier lagerten sich alle Samniten, und Appius und Volumnius vereinigten sich. ***6*** Es erfolgte eine Schlacht voll der höchsten Erbitterung, weil auf der einen Seite der Groll gegen die den Krieg so oft Erneuernden zum Ansporn wurde, auf der andern die letzte Hoffnung alles wagte. ***7*** So blieben auf Seiten der Samniten 16 300 im Feld, und 2700 wurden gefangen genommen, und vom römischen Heer fielen 2700. ***8*** Dieses in Ansehung des Krieges so glückliche Jahr wurde durch eine Seuche verderblich und durch seine Schreckenszeichen unruhevoll. Denn teils lief die Nachricht ein, dass an verschiedenen Orten ein Erdbeben gewesen sei, teils sollten im Heer des Appius Claudius viele vom Blitz erschlagen sein; und man schlug deswegen die Bücher nach. ***9*** In diesem Jahr belegte Quintus Fabius Gurges, der Sohn des Konsuls, mehrere vornehme Frauen, die er in einer Klage vor dem Gesamtvolk der Unzucht überführte, mit einer Geldstrafe. Von diesen Geldern ließ er der Venus den Tempel erbauen, der neben der Rennbahn steht.

10 Es bleiben auch jetzt noch Kriege gegen die Samniten übrig, die ich nun schon ununterbrochen durch vier Bücher und durch einen Zeitraum von 46 Jahren, seit dem Konsulat des Marcus Valerius und Aulus Cornelius, die zuerst in Samnium eindrangen, behandle. ***11*** Ohne mich jetzt auf die Niederlagen beider Völker in so vielen Jahren und auf die überstandenen Mühseligkeiten einzulassen, denen gleichwohl jener ausdauernde Mut nicht unterlag, ***12*** so waren doch die Samniten nur im vorigen Jahr, im Gebiet von Sentinum, im Paelignerland, am Tifernus, in den Ebenen von Stella, bald mit ihren Legionen allein, bald mit anderen in Verbindung von vier römischen Heeren und vier Feldherren geschlagen, hatten einen der berühmtesten Feldherren ihres Volkes verloren, ***13*** sahen ihre Bundesgenossen, die Etrusker, Umbrier und Gallier ebenso unglücklich, wie sie selbst waren. Sie konnten sich weder durch eigene, noch durch fremde Hilfe länger halten, und ließen trotzdem vom Krieg nicht ab. ***14*** So ungern entsagten sie der selbst mit Unglück verteidigten Freiheit und wollten lieber besiegt werden, als den Sieg unversucht lassen. ***15*** Was müsste man von dem Geschichtschreiber und Leser denken, wenn sie über diesen langwierigen Kriegen müde würden, denen selbst die Kriegenden nicht erlagen?

(32) Auf Quintus Fabius und Publius Decius folgten die Konsuln Lucius Postumius Megellus und Marcus Atilius Regulus. Beiden wurde Samnium zur Provinz bestimmt, ***2*** weil das Gerücht ging, dass die Feinde drei Heere gebildet hätten, mit deren einem sie wieder nach Etrurien, mit dem andern wieder auf Plünderung nach Kampanien zögen, und das dritte zum Schutz ihrer eigenen Grenzen aufstellten. ***3*** Den Postumius hielt eine Krankheit in Rom zurück; Atilius brach sogleich auf, um die Feinde, wie es die Väter wünschten, noch ehe sie ausrückten, zu überfallen. ***4*** Hier trafen sie, als wäre es verabredet, in einer Gegend aufeinander, die es den Römern ebenso wenig erlaubte, in Samnium einzurücken, noch weniger also, dort zu plündern, als den Samniten, von hier in das feindliche Gebiet und die Besitzungen der römischen Bundesgenossen einzudringen. ***5*** Als nun Lager gegen Lager aufgeschlagen stand, wagten die Samniten, was kaum die Römer nach ihren vielen Siegen gewagt hätten – soviel wirkt die Verzweiflung bei ihrer so großen Unbesonnenheit –, und stürmten das römische Lager. Und wenngleich ein so kühnes Unternehmen vergeblich war, so war es doch nicht ganz ohne Erfolg. ***6*** Ein tief in den Tag hinein dauernder Nebel war so dicht, dass er das Tageslicht unwirksam machte, weil er nicht allein alle Aussicht über den Lagerwall, sondern selbst den in der Nähe aufeinander Treffenden den gegenseitigen Anblick nahm. ***7*** Im Vertrauen auf diesen verborgenen Hinterhalt kamen die Samniten schon vor Anbruch des Tages, den noch dazu die dicke Luft zurückhielt, bis an den römischen Posten, der in aller Ruhe am Tor Wache hielt. ***8*** Die Überraschten hatten weder den Mut noch die Kraft, sich zu wehren. Der Angriff geschah im Rücken des Lagers am Hintertor; ***9*** daher wurde das Zelt des Quästors erstürmt, wobei der Quästor Lucius Opimius Pansa fiel. Nun rief alles zu den Waffen.

(33) Der Konsul, durch den Lärm aufgeschreckt, befahl zwei Kohorten Bundesgenossen, einer lucanischen und einer suessanischen, die gerade die nächsten waren, das Hauptzelt zu decken, und ließ die Abteilungen der Legionen auf dem breiten Weg nach dem Hauptquartier heranrücken. ***2*** Kaum gehörig bewaffnet traten sie in Reihe und Glied und erkannten den Feind mehr an seinem Geschrei als mit ihren Augen; auch ließ sich seine Stärke nicht bestimmen. ***3*** Ungewiss, wie es um sie selbst stünde, wichen sie anfangs und ließen ihn in die Mitte des Lagers vordringen. Hier leisteten sie auf die wiederholte laute Frage des Konsuls, ob sie über den Wall hinausgetrieben, hinterher ihr eigenes Lager angreifen wollten, ***4*** nach erhobenem Geschrei den ersten Widerstand, rückten vorwärts, stürmten auf den Feind ein, trieben ihn, als er einmal wich, ebenso furchtbar wie sie begonnen hatten, vor sich her und schlugen ihn zum Tor hinaus aus dem Wall. ***5*** Zum Ausrücken und Verfolgen zu vorsichtig – denn bei dem trüben Tag mussten sie auf allen Seiten Hinterhalte fürchten –, zogen sie sich, mit der Befreiung ihres Lagers zufrieden, in den Wall

zurück, ***6*** nachdem sie fast 300 Feinde getötet hatten, von dem römischen Vorposten, von der Wache und von denen, die bei dem Zelt des Quästors überfallen waren, fielen gegen 730.

7 Dieses nicht misslungene Wagestück erhöhte den Samniten den Mut; sie wehrten den Römern nicht allein das weitere vorrücken mit dem Lager, sondern auch jede Futterholung auf samnitischem Boden, und diese gingen zum Futterholen rückwärts in das befreundete Gebiet von Lara. ***8*** Die Kunde von diesen Vorfällen, die mit größerem Lärm als die Sache wert war, in Rom einlief, nötigte den kaum genesenen Konsul Lucius Postumius, aus der Stadt aufzubrechen. ***9*** Nachdem er den Soldaten Lara zum Sammelplatz angewiesen hatte, weihte er vor seinem Abzug in eigener Person der Siegesgöttin den Tempel, dessen Bau er als kurulischer Ädil aus den Strafgeldern hatte besorgen lassen. ***10*** Nach erfolgtem Aufbruch zum Heer zog er von Sora aus nach Samnium zu seinem Amtsgenossen ins Lager. Und als die Samniten aus Misstrauen auf ihre Kräfte, wenn sie zwei Heeren widerstehen sollten, sich von dort zurückzogen, trennten sich die Konsuln nach entgegengesetzten Seiten zu Plünderungen des Landes und Angriffen auf die Städte.

(34) Postumius hatte die Belagerung von Milionia unternommen, zuerst mit Waffengewalt und durch Stürmen. Als dies nicht nach Wunsch gelang, gewann er die Stadt durch Belagerungswerkzeuge und Annäherungshütten, die zuletzt sich an die Mauer lehnten. ***2*** Hier wurde nach Eroberung der Mauer von zehn Uhr vormittags bis etwa um zwei Uhr in allen Teilen der Stadt gekämpft, und zwar lange mit zweifelhaftem Erfolg. Endlich wurden die Römer Herren der Stadt. ***3*** 3200 Samniten wurden niedergehauen, und außer der übrigen Beute hatte man 4200 Gefangene. ***4*** Von da wurden die Legionen vor Ferentinum geführt, welches die Einwohner mit ihrem Eigentum, soviel sie wegbringen und forttreiben konnten, bei Nacht durch das jenseitige Tor in aller Stille räumten. ***5*** Natürlich rückte der Konsul bei seinem Anzug gleich in der gehörigen Stellung und Rüstung an die Mauern, als ob er hier einen gleichen Kampf wie vor Milionia erwartete; dann aber, als er in der Stadt allgemeine Stille und weder Waffen noch Männer auf den Türmen und Mauern bemerkte, ***6*** tat er der Begierde der Soldaten, in die verlassene Stadt einzubrechen, Einhalt, um sie nicht, ohne darauf gefasst zu sein, in einen versteckten Hinterhalt geraten zu lassen. ***7*** Er ließ zwei Geschwader latinischer Bundesgenossen um die Mauern herumreiten und alles untersuchen. Die Reiter sehen ein und das andere Tor, welche in einer Gegend einander nahe waren, offen und auf den Wegen dort heraus die Spuren von der nächtlichen Flucht der Feinde. ***8*** Sie reiten langsam näher an die Tore heran und sehen von ihrem sichern Standort aus den Durchgang auf geraden Straßen ungehindert; sie melden dem Konsul, die Stadt sei geräumt, dies erhelle unzweifelhaft aus der allgemeinen Stille, aus den frischen Spuren der Flucht und den umherliegenden, in der nächtlichen Eile zurückgelassenen Sachen. ***9*** Auf diesen Bericht zog der Konsul nach jener Seite der Stadt herum, wo sich ihr die Reiter genähert hatten, und da er nicht weit vom Tor halt machte, ließ er fünf Reiter in die Stadt hineinreiten. Drei sollten, wenn sie eine kleine Strecke vorgerückt wären und alles sicher fänden, an dieser Stelle bleiben, zwei aber ihm Bericht erstatten. ***10*** Als diese zurückkamen und meldeten, sie wären so weit vorgerückt, dass sie nach allen Seiten eine Rundsicht gehabt hätten, es herrsche weit und breit Stille und Menschenleere, ***11*** da zog der Konsul sogleich mit den leichten Kohorten in die Stadt, die übrigen ließ er unterdessen ein festes Lager aufschlagen. ***12*** Als die eingerückten Soldaten die Haustüren aufbrachen, fanden sie nur einige alte Leute und Kranke und was sonst schwer fortzubringen war, zurückgelassen. ***13*** Dies nahm man weg und erfuhr von den Gefangenen, dass sich mehrere Städte umher nach gemeinschaftlicher Verabredung zur Flucht entschlossen hätten; ihre Mitbürger wären um die erste Nachtwache abgezogen. Nach ihrer Meinung müssten die Römer die anderen Städte ebenso menschenleer finden. ***14*** Die Gefangenen hatten die Wahrheit gesagt. Die verlassenen Städte nahm der Konsul in Besitz.

(35) Dem andern Konsul, Marcus Atilius, wurde der Krieg bei Weitem nicht so leicht. Als er seine Legionen nach Luceria führte, das laut Nachrichten von den Samniten belagert wurde, kam ihm der Feind an der lucerischen Grenze entgegen. Hier verlieh die Erbitterung beiden Teilen gleiche Kräfte. *2* Das Treffen war wechselvoll und schwankend, seinem Ausgang nach aber trauriger für die Römer, teils weil es ihnen etwas Ungewohntes war, besiegt zu werden, teils weil sie, als man voneinander abließ, es weit empfindlicher fühlten als im Gefecht selbst, wie groß auf ihrer Seite die Überzahl an Verwundeten und Gebliebenen war. *3* Folglich erhob sich im Lager eine Bestürzung, die gewiss, wenn sie die Kämpfenden befallen hätte, eine große Niederlage zur Folge gehabt hätte. Selbst jetzt hatten sie eine unruhige Nacht, weil sie glaubten, dass die Samniten jeden Augenblick das Lager angreifen würden, oder dass man am frühen Morgen mit den Siegern werde kämpfen müssen. *4* Auf Seiten der Feinde war der Verlust geringer, der Mut aber nicht größer. Sobald es tagte, wollten sie ohne Kampf abziehen. Es führte aber nur ein Weg von dort, und zwar an den Feinden vorüber. Als sie diesen einschlugen, sah es nicht anders aus, als zögen sie geradeswegs zur Bestürmung des Lagers heran. *5* Der Konsul ließ die Soldaten zu den Waffen greifen und ihm vor den Wall hinaus folgen. Die Legaten, Tribunen und Obersten der Bundesgenossen wies er an, was für jeden von ihnen zu tun sei. *6* Alle versicherten, sie würden gewiss alles tun, allein die Soldaten wären mutlos, sie hätten die ganze Nacht unter Wunden und Ächzen der Sterbenden schlaflos hingebracht, *7* wäre der Feind vor Tage gegen das Lager angerückt, so hätten sie, nach der allgemeinen Bestürzung zu urteilen, die Fahnen verlassen, jetzt würden sie nur durch Scham von der Flucht zurückgehalten; übrigens benähmen sie sich ganz wie Besiegte. *8* Da der Konsul nach diesem Bericht es für nötig hielt, selbst herumzugehen und den Soldaten zuzureden, so tat er, wo er solche fand, die mit der Bewaffnung zögerten, die verweisende Frage, *9* was ihnen diese Untätigkeit, diese Unlust helfen könne? Der Feind werde ins Lager kommen, wenn sie ihm nicht vor das Lager entgegengingen, *10* und sie würden für ihre Zelte kämpfen müssen, wenn sie für ihren Wall nicht kämpfen wollten. Bewaffnet und kämpfend könnten sie doch auf Sieg noch hoffen, wer aber unbewaffnet und wehrlos den Feind erwarten wolle, müsse sich Tod oder Sklaverei gefallen lassen. *11* Auf diese Vorwürfe und Verweise antworteten sie, die gestrige Schlacht habe es ihnen angetan; ihre Kraft und ihr Blut seien erschöpft. Der Feind zeige sich in größerer Anzahl, als er gestern gehabt habe. *12* Unterdessen kam der Zug näher, und da sie bei der geringeren Entfernung schon deutlicher sehen konnten, behaupteten sie alle, die Samniten hätten schon die Schanzpfähle bei sich, und es sei offenbar, dass sie das Lager einschließen wollten. *13* Da rief der Konsul, das sei doch vollends unerhört, wenn man sich eine solche Schmach und Beschimpfung von einem so feigen Feind gefallen ließe. *14 So sollen wir uns noch dazu in unserm Lager einschließen lassen,* sagte er, *um lieber schimpflich durch Hunger, als, wenn es sein müsste, mit dem Schwert in der Hand mit Ehren zu fallen?* Möchten die Götter kein Unglück daraus entstehen lassen, wenn jeder von ihnen täte, was er seiner würdig achte. *15* Konsul Marcus Atilius werde, wenn ihm sonst keiner folge, auch allein den Feinden entgegengehen, und lieber in den Reihen der Samniten fallen, als ein römisches Lager einschließen lassen. *16* Die Legaten, Tribunen, alle Geschwader der Reiterei und die Hauptleute der ersten Rotten erklärten sich für den Konsul. *17* Da griffen die Soldaten, von Scham besiegt, mit Unlust zu den Waffen, mit Unlust gingen sie aus dem Lager; in einem langen unzusammenhängenden Zug, traurig und fast schon als Geschlagene rückten sie gegen den Feind, dessen Besorgnis und Mutlosigkeit nicht geringer war. *18* Denn kaum erblickten die Samniten die römischen Fahnen, so verbreitete sich von der Spitze ihres Zuges bis zu den Letzten der laute Ruf: Da kämen die Römer heraus, wie man gefürchtet habe, um ihren Marsch zu verhindern. *19* Jeder Ausweg, selbst zur Flucht, sei unmöglich. Hier auf der Stelle müsse man entweder fallen oder die Feinde hinstrecken und über ihre Leichen entrinnen.

(36) Sie warfen ihre Bündel auf einen Haufen zusammen, und jeder stellte sich unter den Waffen in seinem Glied auf. **2** Schon war zwischen beiden Linien nur noch ein kleiner Raum, und sie standen voll Erwartung da, dass vom Feind der Angriff beginne, vom Feind das Geschrei erhoben würde. **3** Beiden Teilen fehlte es zum Kämpfen an Mut. Und beide wären wohlbehalten und ohne Schwertstreich jeder seines Weges gezogen, wenn sie nicht gefürchtet hätten, dass dem Weichenden der andere nachsetzen würde. Unwillkürlich begann unter Heeren voll Abneigung und Unlust mit einem dumpfen, unterbrochenen Geschrei ein lästiges Gefecht, und keiner wollte sich von der Stelle bewegen. **4** Da sandte der römische Konsul, um etwas Leben hineinzubringen, einige aus der Reiterei genommene Geschwader dazwischen, und da diese meistenteils von ihren Pferden sanken und die übrigen in Unordnung gerieten, brachen teils die Samniten, um die Gestürzten niederzuhauen, teils die Römer, um den Ihrigen beizustehen, aus der Linie hervor. **5** Darüber wurde das Gefecht einigermaßen lebhafter; allein weit schneller und auch in größerer Anzahl eilten doch die Samniten herbei; und die Reiterei ritt in der Verwirrung mit ihren scheuen Pferden selbst die ihr zu Hilfe Gekommenen nieder. **6** Nun wandte die ausbrechende Flucht die ganze römische Linie ab. Und schon hieben die Samniten den Fliehenden in den Rücken, als der Konsul, der zum Lagertor voraussprengte, einen Posten Reiterei davor aufstellte. **7** Ihm befahl er, jeden dem Wall Zueilenden, er möchte Römer oder Samnite sein, als Feind anzusehen. Und unter diesen ihnen zugerufenen Drohungen trat er den zum Lager fortstürzenden Seinigen in den Weg und rief: **8** *Wohin, Soldat? Auch hier wirst du Waffen und Männer finden, und solange dein Konsul lebt, nicht anders als siegend das Lager betreten! Wähle nun, ob du lieber gegen Bürger oder gegen Feinde kämpfen willst!* **9** Bei diesen Worten des Konsuls umschwärmten die Reiter das Fußvolk mit drohender Lanze und geboten ihm, zum Kampf umzukehren. Und nun kam dem Konsul außer seiner Tapferkeit auch das Glück zustatten, denn die Samniten drangen nicht nach, sondern ließen ihnen Raum, sich zu schwenken und die Linie vom Lager ab wieder gegen den Feind zu richten. **10** Da feuerte einer den andern wieder zum Kampf an, die Hauptleute drangen mit den Fahnen, die sie den Fähnrichen entrissen, ein und zeigten den Ihrigen, wie schwach und weitschichtig in aufgelösten Gliedern der Feind herankomme. **11** Zu gleicher Zeit erhob der Konsul die Hände zum Himmel und gelobte mit lauter Stimme, so dass ihn jeder hören musste, dem Jupiter Stator einen Tempel, wenn das römische Heer wieder standhalten und in erneutem Kampf die Legionen der Samniten werfen und besiegen würde. **12** Da bot von allen Seiten alles seine Kraft auf, die Schlacht wiederherzustellen, Anführer und Soldaten, Fußvolk und Reiterei im Verein, ja auch die waltende Gottheit schien auf die Sache Roms gnädig herabzublicken, so leicht nahm die Sache eine andere Wendung, und die Feinde wurden vom Lager zurückgetrieben. Bald waren sie auch wieder auf den Platz gedrängt, wo die Schlacht begonnen hatte. **13** Hier, wo ihnen der Haufe ihres zusammengeworfenen Gepäcks im Weg lag, blieben sie im freien Schritt gehindert hängen; dann umschlossen sie die Bündel, um ihre Habe nicht plündern zu lassen, mit einem Kreis von Kämpfenden. **14** Umso mehr bedrängte sie von vorn das Fußvolk, im Rücken die herumgezogene Reiterei. So wurden sie in der Mitte niedergehauen und gefangen genommen. Die Anzahl der Gefangenen betrug 7800, welche alle nackt unter dem Jochgalgen durchziehen mussten. Als tot werden gegen 4800 gemeldet. **15** Aber auch den Römern war dieser Sieg kein erfreulicher. Als der Konsul den erlittenen Verlust dieser zwei Tage nachzählen ließ, ergab sich die Summe von 7800 Verlorenen.

16 Während dieser Begebenheiten in Apulien misslang den Samniten der Versuch, mit ihrem zweiten Heer Interamna, eine römische Kolonie an der Latinischen Heerstraße, zu besetzen, **17** und als sie nach verübter Plünderung die übrige Beute von Menschen und Vieh und die gefangenen Siedler vor sich hertrieben, stießen sie auf den Konsul, der als Sieger von Luceria zurückkam. Und sie verloren nicht allein ihre Beute wieder, sondern auch sie selbst wurden, da sie in ihrem gedehnten und beladenen Zug ohne alle Haltung waren, niedergehauen. ***18*** Der Konsul, der durch einen Aufruf die Eigentümer zur Anerkennung und Empfangnahme ihrer Sachen nach Interamna zurückkommen und sein Heer dort stehen ließ, ging zum Wahltag nach Rom. ***19*** Sein Antrag auf die Ehre eines Triumphs wurde abgelehnt, teils weil er so viele tausend Soldaten verloren, teils weil er die Gefangenen ohne Vertrag hätte durch das Joch gehen lassen.

(37) Der andere Konsul, Postumius, der sein Heer aus Samnium, wo es ihm an Gelegenheit zum Kämpfen fehlte, nach Etrurien führte, hatte anfangs das Gebiet von Volsinii verheert; ***2*** als darauf die Feinde zum Schutz ihres Landes ausrückten, schlug er sie nicht weit von ihren eigenen Mauern. 2800 Etrusker fielen, die übrigen rettete die Nähe der Stadt. ***3*** Dann ging das Heer in das Gebiet von Rusellae hinüber. Hier wurde nicht bloß das Land verwüstet, sondern auch die Stadt erobert. Über 2000 Menschen wurden gefangen und nicht ganz 2000 an den Mauern erschlagen. ***4*** Doch war der daraus hervorgehende Friede ruhmvoller und wichtiger, als der diesjährige Krieg mit Etrurien gewesen war. Die drei mächtigsten Hauptstädte Etruriens, Volsinii, Perusia und Arretium, baten um Frieden, ***5*** und da sie sich durch eine Lieferung von Soldatenkleidung und Getreide vom Konsul die Erlaubnis erwirkt hatten, Gesandte nach Rom zu schicken, erhielten sie einen Waffenstillstand auf 40 Jahre. Jedem dieser Staaten wurde eine gleich zu zahlende Geldbuße von 500 000 Kupfer-As auferlegt.

6 Als der Konsul für diese Taten, mehr der Sitte gemäß als in Hoffnung eines Erfolges, beim Senat um den Triumph anhielt und dabei sehen musste, dass die einen, weil er zu spät aus der Stadt aufgebrochen, ***7*** die anderen, weil er ohne Erlaubnis des Senates aus Samnium nach Etrurien übergegangen sei, zum Teil aus Abneigung gegen ihn, zum Teil aus Freundschaft für seinen Amtsgenossen nun auch ihm den Triumph versagten, um jenen über sein abgeschlagenes Gesuch durch die Gleichstellung beider zu trösten, da sprach er: ***8*** *Die Ehrfurcht vor eurer Hoheit, versammelte Väter, wird mich doch nicht vergessen lassen, dass ich Konsul bin. Berechtigt durch denselben Oberbefehl, welchen ich in den zu führenden Kriegen hatte, werde ich nach glücklicher Beendigung dieser Kriege, nach Bezwingung Samniums und Etruriens und nach errungenem Sieg und Frieden triumphieren.* ***9*** Mit diesen Worten verließ er den Senat. Dies veranlasste einen Streit der Volkstribunen untereinander. Der eine Teil erklärte sich zur Einsprache bereit, um den Konsul nicht vermittels einer Neuerung triumphieren zu lassen; die anderen wollten den Triumphierenden gegen ihre Amtsgenossen in Schutz nehmen. ***10*** Darüber kam es zu Verhandlungen vor dem Volk. Nachdem der vorgeladene Konsul angeführt hatte, dass schon die Konsuln Marcus Horatius und Lucius Valerius und neulich Caius Marcius Rutilus, der Vater dessen, der jetzt Zensor sei, ohne Bewilligung vom Senat, bloß auf Verordnung des Volkes triumphiert hätten, ***11*** so fügte er hinzu, auch er hätte beim Volk dies beantragt, wenn er nicht gewusst hätte, dass Volkstribunen als Leibeigene des Adels den Vorschlag bekämpfen würden. Also werde ihm der Wille und Beifall des einstimmigen Volkes jetzt und künftig statt aller Befehle gelten. ***12*** Und am folgenden Tag hielt er unter dem Beistand dreier Volkstribunen, der Einsprache von sieben Tribunen und dem einstimmigen Willen des Senates zum Trotz, seinen Triumph, und das Volk beging den Tag mit festlicher Freude.

13 Auch den Nachrichten über dieses Jahr fehlt es an Übereinstimmung. Claudius berichtet, Postumius sei nach Eroberung mehrerer Städte in Samnium in Apulien völlig geschlagen und selbst verwundet mit wenigen in Luceria versprengt worden; die Taten in Etrurien habe Atilius verrichtet, und dieser habe auch triumphiert. ***14*** Fabius schreibt, die Taten in Samnium und bei Luceria hätten beide Konsuln verrichtet; dann sei das Heer nach Etrurien geführt, er setzt aber nicht hinzu, von welchem Konsul; bei Luceria sei der Verlust auf beiden Seiten groß gewesen

15 und in dieser Schlacht dem Jupiter Stator der Tempel gelobt, wie ihn schon vorher Romulus gelobt hatte, obgleich bis dahin hier bloß ein Fanum gewesen war, das heißt der durch das ausgesprochene Gelübde zum Tempel geheiligte Platz. *16* Erst in diesem Jahr glaubte man sich verpflichtet, da dem Staat dasselbe Gelübde schon zweimal gewährt sei, nun auch den wirklichen Bau des Tempels durch den Senat befehlen zu lassen.

(38) Auf dieses Jahr folgt als Konsul der durch seines Vaters und seinen eigenen Ruhm ausgezeichnete Lucius Papirius Cursor und ein gewaltiger Krieg mit einem so wichtigen Sieg, wie ihn über die Samniten bis auf diesen Tag noch niemand außer des Konsuls Vater, Lucius Papirius, errungen hatte. *2* Und gerade hatten sie wieder mit derselben Anstrengung und Zurüstung ihren Kriegern durch einen Aufwand von prächtigen Waffen einen Glanz gegeben und wieder die Götter zu Hilfe genommen, da sie ihren Soldaten durch eine Vereidigung vermittels einer uralten Feierlichkeit eine Art von Weihe gaben und durch ganz Samnium die Werbung nach der neuen Formel hielten, *3* dass jeder Dienstfähige, der sich nicht auf Feldherrnbefehl stellen oder ohne Erlaubnis sich entfernen würde, für seine Person dem Jupiter geweiht sein sollte. *4* Darauf beschieden sie das ganze Heer nach Aquilonia. Es fanden sich gegen 40 000 ein, die Kerntruppen Samniums. *5* Etwa in der Mitte des Lagers war ein Platz, auf allen Seiten in gleicher Länge von 200 Fuß, mit Flechtwerk und Brettern abgezäunt und mit Leinwand überdeckt. *6* Hier wurde nach der aus einem alten auf Leinwand geschriebenen Buch verlesenen Vorschrift geopfert, wobei ein gewisser Ovius Paccius Priester war, ein hochbetagter Mann, der seiner Versicherung nach diese heilige Handlung aus dem uralten Gottesdienst der Samniten entlehnte, welchen ihre Vorfahren damals befolgt hätten, als sie sich zu dem geheimen Anschlag verbanden, den Etruskern Capua zu entreißen. *7* Nach Darbringung des Opfers ließ der Feldherr jeden durch Geburt und Taten geadelten Krieger durch einen Gerichtsboten hereinrufen, sie wurden einzeln hereingeführt. *8* Außer den übrigen Opferanstalten, welche die Seele mit heiligem Schauer durchströmen konnten, standen in der Mitte des ringsum verdeckten Platzes Altäre, geschlachtete Opfertiere lagen umher, und Hauptleute mit gezückten Schwertern umgaben das Ganze. *9* Der Soldat musste an die Altäre herantreten, mehr selbst ein Schlachtopfer als ein Teilnehmer am Opfer, und wurde durch einen Eid verpflichtet, das, was er hier gesehen und gehört hätte, nicht auszuplaudern. *10* Dann musste er sich zu einer grässlichen Eidesformel verstehen, die als Fluch über sein Haupt, seine Familie und Nachkommen abgefasst war, wenn er nicht in die Schlacht zöge, wohin ihn seine Feldherren führten, ferner, wenn er selbst aus der Linie flöhe oder den, den er fliehen sähe, nicht auf der Stelle tötete. *11* Einige, welche gleich zuerst dies zu schwören sich weigerten, wurden neben den Altären ermordet und dienten, zwischen den gewürgten Opfertieren hingestreckt, den Übrigen zur Warnung, sich nicht zu weigern. *12* Als die Vornehmsten der Samniten unter dieser Verwünschung sich verpflichtet hatten, gab der Feldherr zehn dazu Ernannten den Befehl, so lange mit der Aushebung von Mann zu Mann fortzufahren, bis sie die Zahl auf 16 000 gebracht hätten. Diese wurden von der Decke des umzäunten Platzes, wo der Adel durch den Schwur geweiht war, die Leinwandlegion genannt. Man gab ihnen zur Auszeichnung von den Übrigen besondere Waffen und Helme mit Helmbüschen. *13* Etwas über 20 000 betrug das übrige Heer, das an Körperschönheit, Kriegsruhm und Waffenrüstung der Leinwandlegion nicht nachgab. Diese Menschenmasse, lauter Kerntruppen, lagerte sich bei Aquilonia.

(39) Die Konsuln verließen die Stadt. Spurius Carvilius, welcher zuerst mit den ihm bestimmten alten Legionen, die der Konsul des vorigen Jahres, Marcus Atilius, im Gebiet von Interamna zurückgelassen hatte, *2* nach Samnium aufbrach, nahm den Feinden, als sie sich, mit abergläubischen Gebräuchen beschäftigt, in ihren Versammlungen einschlossen, die samnitische Stadt Amiternum mit Sturm ab. *3* Hier wurden fast 2800 Menschen niedergehauen und 4270 gefangen

genommen. *4* Papirius erstürmte mit dem der Verordnung gemäß ausgehobenen neuen Heer die Stadt Duronia. Er machte weniger Gefangene als sein Amtsgenosse, aber er hieb weit mehr nieder. An beiden Orten gewann man reiche Beute. *5* Nachdem die Konsuln Samnium durchstreift und hauptsächlich das Gebiet von Atinum verheert hatten, kam Carvilius vor Cominium an, Papirius vor Aquilonia, wo die Hauptmacht der Samniten stand. *6* Eine ganze Zeitlang unterblieben hier zwar die Angriffe nicht, aber es kam nicht zu ernsthaften Kämpfen. Der Tag ging damit hin, dass man die still Liegenden beunruhigte, den Widerstand Leistenden wich und öfter drohte als in Gefechten vordrang; *7* und darüber, dass man so sich einließ und wieder abtrat, verzog sich die Entscheidung im Großen wie im Kleinen von einem Tag zum andern. Das zweite römische Lager war nur 20 000 Schritte von hier entfernt, so dass auch die Pläne des abwesenden Konsuls auf jede Unternehmung wirken konnten; und Carvilius hatte seine Aufmerksamkeit mehr auf Aquilonia, wo die Entscheidung wichtiger war, als auf Cominium, das er belagerte, gerichtet.

8 Als Lucius Papirius alle Vorkehrungen zu einer Schlacht getroffen hatte, ließ er seinem Amtsgenossen sagen, er sei willens, am folgenden Tag, wenn die Zeichen günstig wären, sich mit dem Feind zu schlagen. *9* Es sei erforderlich, dass auch er Cominium so heftig wie möglich bestürme, damit die Samniten nicht daran denken könnten, Aquilonia zu Hilfe zu kommen. *10* Der Bote erhielt den Tag zur Hinreise, in der Nacht kam er mit der Antwort zurück, dass der andere Konsul dem Entschluss beistimme. *11* Gleich nach Absendung des Boten hielt Papirius eine Versammlung ab, redete ausführlich über die ganze Art dieses Krieges überhaupt und ebenso von der gegenwärtigen Rüstung der Feinde, die mehr ein leerer Prunk als auf den Erfolg von Wirkung sei. *12* Ein Helmbusch mache ja keine Wunde; der römische Wurfspieß durchbohre bemalte und vergoldete Schilde ebenso gut, und die blendenden Röcke einer schimmernden Linie bekämen, wenn das Schwert entscheide, Blutflecke. *13* Schon früher habe sein Vater ein von Gold und Silber strotzendes Heer der Samniten zusammengehauen, und selbst die Besitzer hätten in diesen Waffen nicht so ehrenvoll geprunkt wie der feindliche Sieger in dieser Beute. *14* Vielleicht sei es seinem Namen und seiner Familie beschieden, immer den kräftigsten Anstrengungen der Samniten als Feldherren entgegengestellt zu werden und erbeutete Waffen heimzubringen, welche sogar als Prachtstücke öffentlicher Plätze auffielen. *15* Die unsterblichen Götter stünden wegen der so oft erneuerten Friedensgesuche, die ebenso viele Friedensbrüche geworden wären, auf römischer Seite; ja, wenn man dem göttlichen Willen eine Bestimmung zusagen könne, so wären sie nie auf ein Heer so erzürnt gewesen, *16* als auf ein solches, das bei einem grässlichen Opfer vom Blut untereinander gewürgter Menschen und Tiere bespritzt, einer zwiefachen Götterrache hingegeben, *17* hier vor den Göttern als Zeugen der mit Rom geschlossenen Bündnisse, dort vor der allen Bündnissen zum Trotz auf sich geladenen Verfluchung schaudernd, wider Willen geschworen habe, seine Verpflichtung zur Fahne verabscheue und sich zu gleicher Zeit vor Göttern, Mitbürgern und Feinden fürchten müsse.

(40) Als der Konsul dies alles, was er durch die Aussagen der Überläufer wusste, vor den ohnedies schon erbitterten Soldaten gesprochen hatte, forderten sie voll Vertrauen auf göttliche und menschliche Hilfe mit einstimmigem Geschrei die Schlacht, sahen ungern den Kampf auf den folgenden Tag verschoben, und der Verzug eines Tages und einer Nacht ist ihnen verhasst. *2* In der dritten Nachtwache stand Papirius, der die schriftliche Antwort seines Amtsgenossen schon empfangen hatte, in aller Stille auf und hieß den Hühnerwärter auf die Zeichen des Götterwillens achten. *3* Die Begierde zum Kampf hatte im Lager alle Klassen von Menschen ergriffen; Hohe und Niedrige waren in gleicher Spannung, und dem Feldherrn wurde am Soldaten, dem Soldaten am Feldherrn ein brennendes Verlangen unverkennbar. *4* Auch denen, welche den Götterwillen beobachteten, hatte sich diese Kampflust mitgeteilt, und da die Hühner nicht fressen wollten,

erlaubte es sich ein Hühnerwärter, eine Angabe des Götterwillens zu erlügen, und meldete dem Konsul die erfreulichste Fressgier seiner Hühner.* ***5*** Der Konsul verkündigte den Soldaten in voller Freude die herrliche Vorbedeutung und den zugesicherten Beistand der Götter im Kampf und ließ das Zeichen zur Schlacht geben. ***6*** Als er eben in die Linie ausrücken wollte, meldete ihm ein Überläufer, 20 Kohorten Samniten – jede war fast 400 Mann stark – wären nach Cominium abmarschiert. Er sandte sogleich einen Boten ab, seinen Amtsgenossen davon zu benachrichtigen. Er selbst hieß die Fahnen schneller vorrücken und hatte schon alle Truppen des Rückhaltes auf ihren Posten und die Befehlshaber bei den Truppen angestellt. ***7*** Über den rechten Flügel setzte er Lucius Volumnius, über den linken Lucius Scipio, über die Reiterei andere Legaten, den Caius Caedicius und Titus Trebonius. Dem Spurius Nautius befahl er, ***8*** die Maulesel ohne Packsättel mit den Flügelkohorten schnell auf einen vor Augen liegenden Hügel herumzuführen und sich von dort aus während des Gefechtes selbst durch Erregung eines möglichst großen Staubes bemerkbar zu machen.

9 Während der Feldherr hiermit beschäftigt war, erhob sich unter den Hühnerwärtern über das Vorzeichen dieses Tages ein Streit, welchen römische Reiter mit anhörten. Weil sie die Sache nicht für unwichtig hielten, meldeten sie dem Spurius Papirius, des Konsuls Brudersohn, man sei über den Götterwillen in Zweifel. ***10*** Der junge Mann, in einer Zeit geboren, in welcher Gottesverachtung noch nicht Lehre war, unterrichtete sich von der Sache, um nicht dem Konsul eine unzuverlässige Angabe zu machen, und zeigte sie ihm an. ***11*** *Wohl dir*, erwiderte ihm dieser, *dass du so tapfer und umsichtig bist, wenn mir aber der, der den Götterwillen zu beobachten hat, einen falschen Bericht gibt, so fällt die Verantwortung auf ihn. Für das römische Volk und unser Heer ist nun einmal die mir gemeldete erfreuliche Fressgier der Hühner zur herrlichsten Vorbedeutung geworden.* ***12*** Und er befahl den Hauptleuten, die Hühnerwärter vorn in die Linie zu stellen. Nun setzten sich auch die Fahnen der Samniten in Bewegung, denen ihre Linie in einer so prunkenden Rüstung folgte, dass sie selbst als Feinde ein prächtiges Schauspiel gewährten. ***13*** Noch ehe es zum Schlachtgeschrei und zum Angriff kam, sank der Hühnerwärter durch den unbemerkten Schuss eines Wurfspießes in den Vorderreihen nieder. Auf die Meldung antwortete der Konsul: *Die Götter walten in der Schlacht; die Strafe hat das Haupt des Schuldigen getroffen.* ***14*** Bei diesen Worten des Konsuls ließ sich ein vorüberfliegender Rabe mit lautem Krächzen hören. Erfreut über diese Vorbedeutung, ließ der Konsul unter der Versicherung, dass die Götter nie an menschlichen Angelegenheiten sichtbareren Anteil genommen hätten, die Hörner blasen und das Feldgeschrei erheben.

(41) Es begann eine blutige Schlacht, obgleich unter ganz verschiedenen Stimmungen. Voll Zorn, Hoffnung und Kampfbegier stürzten die Römer, nach feindlichem Blut dürstend, zum Kampf heran; einen großen Teil der Samniten zwang die Not und ihr gebundenes Gewissen, mehr wider Willen standzuhalten als anzugreifen. ***2*** Auch hätten sie, seit mehreren Jahren gewohnt besiegt zu werden, den ersten Schlachtruf und Angriff der Römer nicht ausgehalten, wenn nicht eine andere größere Furcht in der Tiefe ihres Herzens sie von der Flucht zurückgehalten hätte. ***3*** Alle Anstalten jenes geheimen Opfers schwebten ihnen vor Augen, die bewaffneten Priester, die untereinander hingewürgten Menschen und Opfertiere, die mit erlaubtem und unerlaubtem Blut bespritzten Altäre, die schreckliche Eidesleistung, die mit den Furien der Hölle drohende, den Fluch über Familie und Nachkommen herabrufende Formel. Durch diesen Bann an der Flucht gehindert, standen sie in größerer Furcht vor dem Mitbürger als vor dem Feind da. ***4*** Die Römer drangen

* Wenn den heiligen Hühnern, an denen man den Götterwillen ersah, von ihrem Futter vor Fressbegierde etwas entfiel, so galt das für die glücklichste Vorbedeutung.

von beiden Flügeln ein, ebenso vom Mittelpunkt und hieben die von Götter- und Menschenfurcht Betäubten nieder. Sie fanden nur einen matten Widerstand, wie von Leuten, deren Flucht nur durch die Furcht verzögert wurde. ***5*** Schon näherte sich das Gemetzel ihren Fahnen, als von der Seite Staub sich sehen ließ, der vom Anrücken eines großen Heeres aufgewirbelt zu sein schien. Es war Spurius Nautius, nach anderen Octavius Maecius, der Anführer der Flügelkohorten. ***6*** Sie machten einen größeren Staub, als von ihrer Anzahl zu erwarten stand. Die Holzknechte auf den Mauleseln zogen belaubte Zweige an der Erde hinter sich her, voran blitzten Waffen und Fahnen durch die dicke Luft, und der hinterherziehende höhere und dichtere Staub gab den Anschein einer den Zug schließenden Reiterei. ***7*** Dies täuschte nicht allein die Samniten, sondern auch die Römer, und der Konsul bestärkte sie in ihrem Irrtum, indem er mehrmals im ersten Glied ausrief, so dass sein Rufen auch zu den Feinden drang, Cominium sei erobert; sein Amtsgenosse zeige sich als Sieger; sie möchten den Sieg zu erringen suchen, ehe das andere Heer die Ehre davon habe. ***8*** So rief er vom Pferd herab. Dann befahl er den Obersten und den Hauptleuten, sie möchten der Reiterei Bahn machen, schon früher hatte er selbst dem Trebonius und Caedicius gesagt, wenn sie ihn seinen emporgehaltenen Speer schwenken sähen, möchten sie die Reiterei im heftigsten Ungestüm sich auf den Feind werfen lassen. ***9*** Alles geschah auf den Wink; es war ja verabredet. Zwischen den beiden Gliedern öffneten sich die Wege; die Reiterei eilte vor, rannte mit eingelegten Lanzen mitten in das feindliche Heer, und wo sie ansetzte, durchbrach sie die Glieder, Volumnius und Scipio kamen nach und Streckten den Feind in seiner Bestürzung zu Boden. ***10*** Jetzt war schon die Macht der Menschen und Götter besiegt. Es wurden die Leinwandkohorten gesprengt; Vereidigte und Unvereidigte flohen, und nichts war ihnen fürchterlicher als der Feind. ***11*** Der Zug des Fußvolks, so viel vom Treffen übrig war, wurde in das Lager bei Aquilonia gejagt. Der Adel und die Reiterei retteten sich nach Bovianum. Die Reiterei verfolgte die Reiterei, das Fußvolk die Fußsoldaten, und die römischen Flügel zogen in verschiedener Richtung, der rechte gegen das samnitische Lager, der linke gegen die Stadt. ***12*** Das Lager zu erobern, gelang dem Volumnius weit früher; in der Stadt fand Scipio größeren Widerstand, nicht weil die Besiegten mehr Mut gehabt hätten, sondern weil Mauern gegen Angriff besser schützen als Schanzpfähle. Von den Mauern trieben jene den Feind mit Steinen ab. ***13*** Scipio, überzeugt, wenn nicht im ersten Schrecken, ehe sie ihren Mut wieder sammelten, die Sache abgetan würde, werde sich die Belagerung der festen Stadt in die Länge ziehen, fragte seine Soldaten, ob sie es gleichgültig dulden wollten, dass der andere Flügel das Lager erobert habe und sie als Sieger von den Toren der Stadt zurückgetrieben würden. ***14*** Auf ihr einstimmiges lautes *Nein!* stürmte er selbst mit über den Kopf gehaltenem Schild gegen die Stadt, die anderen unter einem Schilddach hinter ihm her und dringen in die Stadt ein; und nachdem sie die am Tor stehenden Samniten verjagt hatten, gewannen sie die Mauern. Tiefer in die Stadt zu dringen wagten sie nicht, weil sie zu wenige waren.

(42) Der Konsul wusste anfangs von dem allen nichts, sondern dachte an den Rückzug des Heeres, denn schon war die Sonne dem Untergang nahe, und die einbrechende Nacht machte selbst den Siegern alles gefährlich und verdächtig. ***2*** Als er weiter vorrückte, sah er zu seiner Rechten das Lager erobert, zu seiner Linken hörte er das Geschrei in der Stadt, das Toben der Schlacht und Angstrufe, denn zufällig kämpfte man gerade am Tor. ***3*** Als er aber näherreitend die Seinigen auf der Mauer erblickte und sah, dass ihm hier nicht mehr freie Hand gelassen sei, insofern ihm durch die Verwegenheit einer so kleinen Zahl eine günstige Gelegenheit, einen großen Schlag zu tun, eröffnet sei, befahl er, die Truppen, die er schon den Rückzug machen ließ, schnell herbeizurufen und die Fähnlein gegen die Stadt zu richten. ***4*** Als sie auf der ihnen zunächst liegenden Seite eingerückt waren, machten sie wegen der nahenden Nacht Halt. In der Nacht verließen die Feinde die Stadt.

5 An diesem Tag fielen bei Aquilonia 20 340 Samniten; man machte 3870 Gefangene und erbeutete 97 Fahnen. *6* Übrigens finde ich noch angegeben, dass man nicht leicht einen Feldherrn in der Schlacht freudiger gesehen habe, entweder weil ihm dies natürlich oder weil er des Sieges so gewiss war. *7* Vermöge derselben Geistesstärke ließ er sich auch nicht durch das streitige Vorzeichen von der Schlacht abbringen, und in der Gefahr selbst, wo sonst den unsterblichen Göttern Tempel gelobt werden, hatte er dem Sieger Jupiter, falls er die Legionen der Feinde besiegen würde, einen Becher süßen Weines gelobt, ehe er selbst Wein tränke. Die Götter nahmen dies Gelübde gnädig auf; und die Vorzeichen waren günstig.

(43) Gleiches Glück hatte der andere Konsul vor Cominium. Nachdem er alle seine Truppen vor die Mauern geführt hatte, umzingelte er mit Anbruch des Tages die Stadt von allen Seiten, stellte, um jeden Ausfall zu verhindern, den Toren gegenüber starke Scharen auf, *2* und wollte schon das Zeichen geben, als er sich durch den Eilboten seines Amtsgenossen, der die Ankunft jener 20 Kohorten meldete, genötigt sah, den Angriff auszusetzen und einen Teil der Truppen, der schon zum Sturm bereit in Erwartung stand, wieder abzurufen. *3* Er trug dem Legaten Decimus Brutus Scaeva auf, mit der ersten Legion, mit zehn Flügelkohorten und der Reiterei dem feindlichen Entsatz entgegenzugehen. *4* Wo er ihn auch träfe, da möchte er sich ihm in den Weg stellen und ihn aufhalten, wenn es nötig wäre, mit ihm handgemein werden und es auf alle Fälle diesen Truppen unmöglich machen, nach Cominium durchzukommen. *5* Er selbst ließ rings um die Stadt Leitern an die Mauern legen und rückte vermittels eines Sturmdaches an die Tore. Zu gleicher Zeit wurden die Tore erbrochen und die Mauer von allen Seiten bestürmt. Hatten die Samniten, so lange sie noch keine Gegner auf den Mauern sahen, Mut genug gehabt, den Feinden das Eindringen in die Stadt zu wehren, so wurden sie von jetzt an, *6* da sie sich schon nicht mehr aus der Ferne und mit Geschossen, sondern mit dem Schwert angegriffen sahen, und nunmehr auch den mit Mühe vom Boden zur Mauer hinaufgestiegenen Römern nach Besiegung des schlimmsten Hindernisses, ihres Standortes, der Kampf auf gleichem Boden gegen einen ungleichen Feind viel leichter wurde, *7* unter Hinterlassung ihrer Türme und Mauern auf den Markt zusammengedrängt und versuchten von hier aus noch in einem kurzen Gefecht ihr letztes Glück. *8* Endlich warfen sie die Waffen weg, und gegen 11 400 Menschen ergaben sich dem Konsul. Gegen 3880 waren gefallen. *9* So ging es vor Cominium, so vor Aquilonia. In der Mitte zwischen beiden Städten, wo man eine dritte Schlacht erwartet hatte, fand man die Feinde nicht. Als sie noch 7000 Schritte von Cominium entfernt waren, verfehlten sie, weil sie von den Ihrigen zurückgerufen wurden, beide Schlachten. *10* Sie hatten schon, als es zu dunkeln anfing, hier ihr Lager, dort Aquilonia vor sich gehabt; ein Geschrei, welches von beiden Seiten gleich laut erscholl, ließ sie Halt machen; *11* darauf bewog sie die aus der Gegend ihres von den Römern angezündeten Lagers sich weit verbreitende Flamme, der sichere Beweis ihrer Niederlage, nicht näher zu kommen. *12* Fast ohne eine Stelle zu wählen, streckten sie sich hier allenthalben unter ihren Waffen hin, die ganze Nacht über voll Unruhe, unter Erwartung und Besorgnis, dass es tagen möchte. *13* Bei Tagesanbruch noch ungewiss, nach welcher Seite sie sich wenden sollten, wurden sie plötzlich zur Flucht aufgeschreckt, weil die Reiterei sie entdeckt hatte, die bei der Verfolgung der in der Nacht aus der Stadt entwichenen Samniten eine Masse gesehen hatte, die weder Wall noch Posten schützte. *14* Auch von den Mauern Aquilonias hatte man diese Menge bemerkt, und schon setzten die Kohorten der Legionen ihr nach. Indes konnte das Fußvolk die Fliehenden nicht erreichen, und die Reiterei hieb nur vom Nachzug gegen 280 nieder. *15* Auch ließen sie in ihrer Angst eine Menge Waffen und 18 Fahnen zurück. Die Übrigen entkamen, so gut es bei einer solchen Verwirrung möglich war, nach Bovianum.

(44) Die Freude beider römischen Heere wurde durch das gegenseitige Glück erhöht. Beide Konsuln gaben, jeder nach dem Wunsch des andern, die von ihnen eroberte Stadt den Soldaten zur Plünderung preis; **2** dann zündeten sie die leeren Häuser an, und an einem Tag brannten Aquilonia und Cominium nieder. Unter gegenseitigen Glückwünschen der Legionen und ihrer selbst bezogen die Konsuln ein gemeinschaftliches Lager. **3** Im Angesicht beider Heere pries und beschenkte Carvilius die Seinigen nach eines jeden Verdienst, und Papirius, auf dessen Seite der Kampf in der Schlacht, am Lager, vor der Stadt so vielfach gewesen war, beschenkte den Spurius Nautius, den Spurius Papirius, den Sohn seines Bruders, vier Hauptleute und eine ganze Schar vom ersten Glied mit goldenen Armspangen und Kränzen, **4** den Nautius für jenen Zug, auf dem er sich das dem Feind so furchtbare Ansehen eines großen Heeres gab, den jungen Papirius für die mit der Reiterei sowohl in der Schlacht als auch in jener Nacht geleisteten Dienste, in welcher durch ihn den aus Aquilonia heimlich abziehenden Samniten die Flucht so nachteilig wurde, **5** die Hauptleute und jene Soldaten, weil sie sich des Tores und der Mauer von Aquilonia zuerst bemächtigt hatten. Der ganzen Reiterei gab er für ihre bei vielen Gelegenheiten ausgezeichneten Dienste silberne Hörnchen und Armspangen. **6** Darauf wurde Kriegsrat gehalten, weil es schon Zeit war, entweder beide Heere oder doch das eine aus Samnium abzuführen. **7** Man hielt es für das Beste, bei der jetzt bewirkten Schwäche der samnitischen Macht den weiteren Verfolg um so ernsthafter und eifriger zu betreiben, um den folgenden Konsuln Samnium völlig bezwungen übergeben zu können. **8** Weil es jetzt kein feindliches Heer mehr gebe, das zu einer Schlacht sich stellen könnte, sei die einzige noch übrige Art der Kriegsführung die, die Städte anzugreifen, durch deren Zerstörung man dem Soldaten zu reicher Beute verhelfen und den für Altar und Herd kämpfenden Feind vernichten könne. **9** Als sie nun dem römischen Senat und Volk von ihren Taten Bericht erstattet hatten, rückten sie mit den geteilten Legionen aus, Papirius zum Angriff auf Saepinum, Carvilius gegen Velia.

(45) Auf dem Rathaus und in der Volksversammlung erregten die vorgelesenen Schreiben der Konsuln einen großen Jubel, und an dem viertägigen Dankfest feierten die Bürger die allgemeine Freude mit eifriger Teilnahme. **2** Auch war dem römischen Volk dieser Sieg nicht bloß wichtig, sondern auch sehr erwünscht, weil gerade um diese Zeit die Nachricht einlief, dass die Etrusker den Krieg wieder begonnen hätten. **3** Es drängte sich der Gedanke auf, wie es wohl möglich gewesen wäre, im Fall eines unglücklichen Feldzuges gegen Samnium den Krieg mit Etrurien auszuhalten, da es durch die Verschwörung der Samniten zum Aufstand bewogen, gerade weil sich beide Konsuln und die ganze römische Macht gegen Samnium gewandt hätten, diese Abhaltung der Römer als Gelegenheit benutzt habe, den Krieg wieder anzufangen. **4** Die Gesandtschaften der Bundesgenossen, die der Prätor Marcus Atilius im Senat vorführte, klagten, dass die benachbarten Etrusker in ihrem Gebiet alles niederbrennten und verheerten, weil sie vom römischen Volk nicht abfallen wollten, **5** und beschworen die versammelten Väter, sie vor den Gewalttätigkeiten und Misshandlungen ihrer gemeinschaftlichen Feinde zu schützen. Man gab den Gesandten zur Antwort, der Senat werde dafür sorgen, dass die Bundesgenossen ihre Treue nicht zu bereuen hätten; die Etrusker würden nächster Tage dasselbe Schicksal wie die Samniten haben. **6** Dennoch hätte man in Ansehung Etruriens gezögert, wenn man nicht erfahren hätte, dass sich auch die Falisker, die seit vielen Jahren Roms Freunde gewesen waren, mit den Etruskern verbunden hätten. **7** Die Nähe dieses Volkes machte den Vätern die Sorge dringender und veranlasste sie zu dem Beschluss, durch Fetialen Schadenersatz zu verlangen. Als dieser nicht erfolgte, wurde nach einem Gutachten des Senates den Faliskern durch einen Volksbeschluss der Krieg erklärt, **8** und die Konsuln erhielten Befehl, zu losen, wer von ihnen beiden aus Samnium nach Etrurien gehen sollte.

9 Schon hatte Carvilius den Samniten Velia, Palumbinum und Herculaneum abgenommen, Velia innerhalb weniger Tage, Palumbinum an dem Tag seiner Ankunft vor den Mauern der Stadt. *10* Bei Herculaneum kam es sogar zweimal zu misslichen Gefechten, und zwar mit größerem Verlust auf seiner als auf der feindlichen Seite. Darauf schloss er nach Aufschlagung eines Lagers den Feind in die Mauern ein. Die Stadt wurde gestürmt und erobert. *11* In diesen drei Städten wurden gegen 10 000 Menschen gefangen oder getötet, so dass die Mehrzahl der Gefangenen nur ein wenig größer war. Als die Konsuln um die Provinzen losten, fiel Etrurien dem Carvilius zu, wie es seine Soldaten, denen die heftige Kälte in Samnium unerträglich wurde, sich gewünscht hatten. *12* Gegen Papirius stellte sich bei Saepinum eine feindliche Macht von größerer Bedeutung auf. Es kam zu öfteren Kämpfen auf dem Marsch und an der Stadt gegen die feindlichen Ausfälle; und es war ebenso wenig eine wirkliche Belagerung wie eigentlicher Krieg im freien Feld, weil die Samniten, da sie sich zugleich durch ihre Mauern deckten, die Mauern nicht weniger durch ihre Truppen verteidigten. *13* Endlich brachte er die Feinde durch Gefechte zu einer völligen Einschließung und eroberte die belagerte Stadt durch Belagerungswerke und Sturm. *14* Daher wurde auch bei der Einnahme der Stadt aus Erbitterung umso mehr Blut vergossen. 7400 wurden niedergehauen, nicht volle 3000 zu Gefangenen gemacht. Die Beute, welche sehr groß war, weil die Samniten ihr Eigentum nur in wenige Städte gebracht hatten, wurde den Soldaten überlassen.

(46) Schon war alles mit Schnee bedeckt, und man konnte nicht länger ohne Obdach aushalten; darum führte der Konsul sein Heer aus Samnium weg. *2* Bei seiner Ankunft vor Rom wurde ihm der Triumph einstimmig bewilligt. Er hielt ihn noch im Amt in einem für den Standpunkt der damaligen Zeit prächtigen Aufzug. *3* Fußvolk und Reiterei zogen in der Auszeichnung der erhaltenen Geschenke vorüber, und man bemerkte viele Bürger-, Lager- und Mauerkronen. *4* Man betrachtete die samnitische Beute und verglich sie wegen ihrer Pracht und Schönheit mit der von seinem Vater eingebrachten, von der man so viele an öffentlichen Plätzen aufgestellte Prunkstücke kannte. Mehrere adlige Gefangene, berühmt durch ihre eigenen und ihrer Väter Taten, wurden im Triumph aufgeführt. *5* Dann folgten die Wagen mit fast 2 033 000 schweren Kupfer-As, und dieses Kupfer war der Angabe nach aus dem Verkauf der Gefangenen gelöst. Das in den Städten erbeutete Silber betrug 1830 Pfund. Alles Silber und Kupfer wurde in die Schatzkammer gelegt. *6* Den Soldaten gab man von der Beute nichts, und hierüber wurde der Bürgerstand um so ungehaltener, weil zum Sold der Krieger sogar eine Steuer aufgebracht werden musste, da man doch, wenn man über die Ehre, von dem erbeuteten Geld die Schatzkammer bereichert zu haben, hätte wegsehen wollen, von dieser Beute sowohl jetzt den Soldaten hätte ein Geschenk machen, als auch den Sold der Krieger hätte zahlen können. *7* Den Tempel des Quirinus (ich finde bei keinem der älteren Geschichtsschreiber, dass ihn Papirius in der Schlacht selbst gelobt habe; auch hätte er ihn wahrlich in so kurzer Zeit nicht vollenden können), den sein Vater als Diktator gelobt hatte, weihte der Sohn als Konsul ein und verherrlichte ihn mit Prachtstücken von der feindlichen Beute, *8* deren Menge so groß war, dass man nicht allein diesen Tempel und den Markt damit schmücken konnte, sondern auch Bundesgenossen und benachbarten Kolonien zum Schmuck ihrer Tempel und öffentlichen Plätze davon abgab. *9* Nach dem Triumph führte er sein Heer in die Winterquartiere in das Gebiet von Vescia, weil diese Gegend von den Einfällen der Samniten litt. *10* Indessen hatte Konsul Carvilius in Etrurien aus Troilus, das er zuerst angriff, 470 der Reichsten, die ihm den gestatteten Abzug mit einer bedeutenden Geldsumme bezahlten, entlassen; *11* die übrigen Einwohner mit der Stadt selbst bekam er durch Sturm in seine Gewalt. Darauf erstürmte er fünf Kastelle, die an befestigten Orten lagen. *12* Hier wurden 2400 Feinde getötet, nicht volle 2000 gefangen. Auch bewilligte er den um Frieden bittenden Faliskern einen Waffenstillstand auf ein Jahr, für den sie ihm 100 000 schwere Kupfer-As und den Sold auf dieses

Jahr für seine Soldaten zahlen mussten. ***13*** Nach diesen Taten zog er zum Triumph ab, welcher freilich als Triumph über die Samniten dem, welchen sein Amtsgenosse gehalten hatte, an Glanz nicht gleichkam, allein durch die Zugabe des Etruskischen Krieges ihn erreichte. ***14*** Er lieferte 380 000 schwere Kupfer-As in die Schatzkammer; seinen Feldherrnanteil an dem übrigen Geld bestimmte er zu einem Tempel der Fors Fortuna, welcher nach seinem Wunsch neben dem Tempel dieser Göttin, den ihr König Servius Tullius geweiht hatte, erbaut werden sollte. ***15*** Auch gab er von der Beute jedem Soldaten 102 As, und den Hauptleuten und Reitern doppelt soviel, ein Geschenk, dem die Kargheit seines Amtsgenossen in den Augen der Empfänger einen umso größeren Wert gab. ***16*** Die Liebe des Konsuls gereichte seinem Legaten Lucius Postumius bei dem Volk zum Schutz; denn da er von dem Volkstribunen Marcus Scantius angeklagt war,* war er während seiner Legatenstelle dem Urteil des Volkes, wie das Gerücht ging, ausgewichen, und man konnte eher mit dieser Anklage sich brüsten als sie durchsetzen.

(47) Nach Ablauf des Jahres hatten die neuen Volkstribunen ihr Amt schon angetreten. Weil aber bei ihrer Wahl ein Fehler vorgefallen war, wurden nach fünf Tagen statt ihrer andere gewählt. ***2*** Die Zensoren Publius Cornelius Arvina und Caius Marcius Rutilus schlossen in diesem Jahr die Schätzung: Die Zahl der Geschätzten betrug 262 321.** Seit den ersten Zensoren waren diese die sechsundzwanzigsten und ihr Schätzungsopfer das neunzehnte. ***3*** In diesem Jahr sahen die für ihre Taten im Krieg mit Kränzen Beschenkten den Römischen Spielen zum ersten Mal in ihren Kränzen zu, und zum ersten Mal wurden nach einer aus Griechenland entlehnten Sitte den Siegern Palmzweige gereicht. ***4*** Die kurulischen Ädilen, welche diese Spiele veranstaltet hatten, setzten in diesem Jahr von den den Pächtern öffentlicher Weideplätze auferlegten Strafgeldern die Pflasterung der Heerstraße mit Kieselsteinen vom Marstempel bis Bovillae fort.***

5 Den konsularischen Wahltag leitete Lucius Papirius, und man wählte den Quintus Fabius Gurges, den Sohn des Maximus, und den Decimus Junius Brutus Scaeva zu Konsuln. Papirius selber wurde zum Prätor ernannt.

6 Die vielen erfreulichen Begebenheiten dieses Jahres gewährten kaum für ein einziges Übel Entschädigung, für eine zugleich Stadt und Land heimsuchende Pest, die durch ihre Verwüstung auf ein übernatürliches Strafgericht zu deuten schien. Man ließ auch in den Heiligen Büchern nachsehen, ob sich von den Göttern eine Erlösung von diesem Unglück oder ein Gegenmittel hoffen ließe. ***7*** Aus den Büchern ersah man, dass Äskulap von Epidaurus nach Rom geholt werden müsse. Weil aber die Konsuln mit dem Krieg beschäftigt waren, wurde für dieses Jahr in der Sache weiter nichts getan, außer dass man dem Äskulap zu Ehren einen Tag als Betfest feierte.

---

* Er war mit seinem Heer ohne Befehl aus Samnium nach Etrurien gegangen und hatte gegen die Einsprache von sieben Tribunen, weil er drei auf seiner Seite hatte, einen Triumph gehalten.

** Wenn die Zahl richtig überliefert ist.

*** Den Anfang dieser Pflasterung vom Capenischen Tor bis zum Marstempel hatte Livius in Kap. 23 erwähnt.

Inhalt des elften Buches*

Als der Konsul Fabius Gurges gegen die Samniten eine Schlacht verloren hatte und der Senat im Begriff war, ihm das Heer zu nehmen, machte sein Vater, Fabius Maximus, bei seiner Fürbitte, seinem Sohn diesen Schimpf nicht anzutun, namentlich dadurch Eindruck auf den Senat, dass er sich seinem Sohn als Unterfeldherr zu stellen versprach; und er tat es. Unter seiner Leitung und Mitwirkung erwarb sich sein Sohn, der Konsul, durch Besiegung der Samniten den Triumph. Den Feldherrn der Samniten, Caius Pontius, ließ er nach der Aufführung im Triumph enthaupten. Die bei einer ausgebrochenen Pest nach Epidaurus geschickten Gesandten, welche das Standbild des Äskulap nach Rom bringen sollten, brachten eine Schlange mit, die sich zu ihnen in das Schiff begeben hatte, nach damaligem allgemeinen Glauben die Gottheit selbst; und da sie sich auf die Tiberinsel auslandete, wurde hier dem Äskulap ein Tempel geweiht. Der Konsular Lucius Postumius wurde verurteilt, weil er als Befehlshaber des Heeres die Soldaten zu Handarbeiten auf seinem Landgut gebraucht hatte. Mit den um Frieden bittenden Samniten erneuerte man das Bündnis zum vierten Mal. Der Konsul Curius Dentatus, der die Samniten zusammengehauen und die empörten Sabiner besiegt und zur Übergabe genötigt hatte, triumphierte in diesem Amt zweimal. Nach Castrum, Sena und Adria wurden Ansiedlungen ausgeführt. Zum ersten Mal werden Dreimänner über die Vollziehung der Todesstrafen angestellt. Nach gehaltener Schätzung wird das Schätzungsopfer vollzogen. Geschätzt wurden 272 000 Bürger. Nach schweren und anhaltenden Streitigkeiten über die Geldschulden zog endlich der Bürgerstand auf das Janiculum aus, und als ihn der Diktator Quintus Hortensius von dort zurückgeführt hatte, starb dieser in diesem Amt. Außerdem enthält dies Buch die Taten gegen die Volsinier und Lucaner, gegen welche man den Thurinern Hilfe zugesagt hatte.

Inhalt des zwölften Buches

Als man den senonischen Galliern wegen Ermordung der römischen Gesandten den Krieg erklärt hatte, wurde der Prätor Lucius Caecilius mit seinen Legionen von den Galliern niedergehauen. Die Tarentiner beraubten eine römische Flotte, töteten den Duumvir, welcher sie befehligte, und misshandelten die Gesandten, welche der Senat an sie geschickt hatte, um über diese Beleidigungen Klage zu führen. Man kündigte ihnen nun den Krieg an. Die Samniten fielen ab. Gegen diese, ferner gegen die Lucaner, Bruttier und Etrusker führten mehrere Feldherren den Krieg in mehreren Schlachten glücklich. Pyrrhus, König von Epirus, kommt nach Italien, den Tarentinern beizustehen. Die kampanische Legion, die unter ihrem Obersten Decius Bibellius der Stadt Negium zur Besatzung gegeben war, bemächtigte sich nach Ermordung der Reginer der Stadt.

---

* Die Bücher XI—XX sind nicht auf uns gekommen. Es folgt deshalb von den fehlenden nur die erhaltene Inhaltsangabe.

Inhalt des dreizehnten Buches

Für den Konsul Valerius Laevinus lief die Schlacht mit Pyrrhus unglücklich ab, hauptsächlich weil sich die Soldaten durch den ungewohnten Anblick der Elefanten schrecken ließen. Als Pyrrhus nach der Schlacht die Körper der erschlagenen Römer betrachtete, fand er sie alle gegen den Feind gekehrt liegen. Unter Plünderungen rückte er gegen die Stadt Rom an. Dem Caius Fabricius, der vom Senat über die Auswechslung der Gefangenen an ihn geschickt worden war, machte der König den vergeblichen Vorschlag, von seinem Vaterland abzufallen. Die Gefangenen wurden ohne Lösegeld zurückgegeben. Cineas, Gesandter des Pyrrhus an den Senat, bat für den König um die Erlaubnis, zur Abschließung des Friedens in die Stadt kommen zu dürfen. Als man für gut befand, die Anfrage vor einen zahlreicheren Senat gelangen zu lassen, kam Appius Claudius, der lange schon wegen seiner Blindheit allen öffentlichen Beratungen ferngeblieben war, in die Versammlung und bewirkte durch seine abgegebene Meinung, dass es dem Pyrrhus abgeschlagen wurde. Cnaeus Domitius, der erste Zensor vom Bürgerstand, vollzog das Schätzungsopfer. Geschätzt wurden 278 222 Bürger. Eine zweite Schlacht gegen Pyrrhus war von zweifelhaftem Ausgang. Mit den Karthagern erneuerte man das Bündnis zum vierten Mal. Der Konsul Cajus Fabricius schickte den Überläufer vom König Pyrrhus, der sich anheischig machte, den König zu vergiften, mit dieser Anzeige an den König zurück. Außerdem enthält das Buch die glücklichen Unternehmungen gegen die Etrusker, Lucaner, Bruttier und Samniten.

Inhalt des vierzehnten Buches

Pyrrhus setzte nach Sizilien über. Da unter anderen Unglückszeichen das Standbild Jupiters auf dem Kapitol durch einen Blitz herabgeworfen war, wurde der Kopf desselben durch die Opferschauer wieder aufgefunden. Curius Dentatus war der Erste, der bei der angestellten Werbung die Güter derer, die bei dem Aufruf sich nicht meldeten, feilbieten ließ. Den aus Sizilien nach Italien wieder zurückgekehrten Pyrrhus besiegte er und trieb ihn aus Italien. Fabricius schloss als Zensor den Konsular Publius Cornelius Rufinus vom Senat aus, weil dieser zehn Pfund verarbeitetes Silber hatte. Bei dem von den Zensoren vollendeten Schätzungsopfer wurden 271 224 Bürger geschätzt. Mit Ägyptens König Ptolemaeus* wurde ein Bündnis geschlossen. Die vestalische Jungfrau Sextilia, wegen Unzucht verurteilt, wurde lebendig eingemauert. Nach Posidonia und Cosa wurden Ansiedlungen geführt. Den Tarentinern kam eine Flotte der Karthager zu Hilfe; dadurch verletzten sie das Bündnis. Außerdem enthält dieses Buch die glücklichen Unternehmungen gegen die Lucaner, Samniten und Bruttier und den Tod des Königs Pyrrhus.

---

* Dieser war Philadelphus.

Inhalt des fünfzehnten Buches

Den besiegten Tarentinern bewilligte man Frieden und Freiheit. Die kampanische Legion, welche sich Regiums bemächtigt hatte, wurde belagert und nach erfolgter Übergabe enthauptet. Die Jünglinge, welche die an den Senat abgefertigten Gesandten von Apollonia geschlagen hatten, wurden den Apolloniaten ausgeliefert. Den besiegten Picentern wurde der Friede bewilligt. Nach Ariminum im Picenischen und nach Beneventum in Samnium wurden Ansiedlungen geführt. Damals kam bei den Römern das erste Silbergeld in Gebrauch. Die Übergabe der besiegten Umbrier und Sallentiner wird angenommen. Die Zahl der Quästoren wird vermehrt, so dass es nun acht waren.

Inhalt des sechzehnten Buches

Die Abkunft der Karthager und die Entstehung ihrer Stadt wird erzählt. Gegen sie und den syrakusanischen König Hiero beschließt der Senat, den Mamertinern Hilfe zu leisten, nicht ohne Streit zwischen den dafür und dawider Stimmenden. Hier ging zum ersten Mal römische Reiterei übers Meer, und gegen Hiero wurde (einige Male?) mit Glück gefochten. Auf seine Bitte wurde ihm der Friede bewilligt. Die Zensoren vollzogen das Schätzungsopfer. Geschätzt wurden 282 234 Bürger. Seinem verstorbenen Vater zu Ehren gibt Decimus Junius Brutus das erste Fechterspiel. Nach Aesernia wird eine Ansiedlung geführt. Außerdem enthält dieses Buch die glücklichen Unternehmungen gegen die Punier und Volsinier.

Inhalt des siebzehnten Buches

Der Konsul Cnaeus Cornelius, den die Punier mit ihrer Flotte einschlossen und betrüglich zu einer Unterredung zu sich herüberlockten, wurde von ihnen gefangen genommen. Der Konsul Caius Duillius focht gegen eine punische Flotte mit Glück und war von allen römischen Heerführern der Erste, der eines Seesieges wegen einen Triumph hielt. Darum ließ man ihm auch die Ehre lebenslang*, dass er sich beim Nachhausegehen vom Abendessen die Wachsfackel unter Musik eines Pfeifers vortragen lassen durfte. Der Konsul Lucius Cornelius focht in Sardinien und Korsika gegen die Sardinier und Korsen und den punischen Feldherrn Hanno mit Glück. Als der Konsul Atilius Calatinus sich zu unvorsichtig mit seinem Heer auf eine nachteilige, von den Puniern umlagerte Stellung eingelassen hatte, entging er ihr durch die Tapferkeit und Tätigkeit des Obersten Marcus Calpurnius, welcher nach einem mit 300 Soldaten bewirkten Ausbruch die Feinde gegen

* Eine Ehre, die den Feldherren sonst nur am Abend ihres Triumphtages erwiesen wurde.

sich gewandt hatte. Der punische Befehlshaber Hannibal wurde nach Besiegung der unter ihm stehenden Flotte von seinen Soldaten an das Kreuz geschlagen, Konsul Atilius Regulus setzt nach einem Seesieg über die Punier nach Afrika über.

Inhalt des achtzehnten Buches

Atilius Regulus erlegte in Afrika eine Schlange von ungeheurer Größe unter großem Verlust seiner Soldaten; und da er mehrere Schlachten gegen die Karthager gewonnen hatte und ihm bei seinem Kriegsglück vom Senate kein Nachfolger geschickt wurde, beklagte er sich darüber in einem Brief an den Senat, worin er unter den Gründen, einen Nachfolger zu verlangen, auch den anführte, dass sein kleines Grundstück von seinen Mietlingen verlassen sei. Als nachher das Schicksal es darauf anlegte, in Regulus ein erhabenes Beispiel für Glück und Unglück aufzustellen, wurde er durch den von den Karthagern berufenen spartanischen Feldherrn Xanthippus geschlagen und gefangen. Das darauf zu Wasser und zu Lande erfolgte Glück aller römischen Befehlshaber wurde durch die Schiffbrüche der Flotten verunstaltet. Tiberius Coruncanius war der erste aus dem Bürgerstand gewählte Hohepriester. Die Zensoren Publius Sempronius Sophus und Manius Valerius Maximus schlossen bei ihrer Musterung des Senates 13 Mitglieder aus. Sie vollzogen das Schätzungsopfer, bei welchem 297 797 Bürger geschätzt wurden. Regulus, von den Karthagern an den Senat geschickt, um auf einen Frieden und, falls er den nicht erlangen könnte, auf Auswechslung der Gefangenen anzutragen und zugleich durch einen Eid verpflichtet, wenn die Auswechslung der Gefangenen nicht bewilligt würde, nach Karthago zurückzukommen, riet dem Senat, beides abzuschlagen, kehrte als ein Mann von Wort zurück und wurde von den Karthagern hingerichtet.

Inhalt des neunzehnten Buches

Caecilius Metellus hielt nach einem glücklichen Zug gegen die Punier einen glänzenden Triumph, in welchem 13 feindliche Feldherren und 120 Elefanten vorübergeführt wurden. Der Konsul Claudius Pulcher, der gegen den Götterwink ausrückte und die Hühner, die nicht fressen wollten, ersäufen hieß, wurde von den Karthagern zur See geschlagen; und als ihn der Senat zurückberufen und genötigt hatte, einen Diktator zu ernennen, ernannte er den Claudius Glicia, einen Menschen vom niedrigsten Stand, welcher, zur Niederlegung des Amtes gezwungen, nachher den Spielen in obrigkeitlicher Kleidung zusah. Aetilius Calatinus war der erste Diktator, der ein Heer außerhalb Italiens anführte. Mit den Puniern kam eine Auswechslung der Gefangenen zustande. Nach Fregenae wurde eine Ansiedlung geführt und im sallentinischen Gebiet nach Brundisium. Die Zensoren schlossen die Schätzungsfeier. Geschätzt wurden 251 222 Bürger. Claudia, Schwester des Publius Claudius, der als Verächter des Götterwinks die Seeschlacht verloren hatte, rief, als sie beim Nachhausefahren aus den Spielen im Gedränge aufgehalten wurde: *Möchte doch mein*

Bruder noch leben und wieder eine Flotte anführen! Dafür belegte man sie mit einer Geldstrafe. Es wurden zum ersten Mal zwei Prätoren erwählt. Der Hohepriester Caecilius Metellus hielt den Konsul Aulus Postumius, weil dieser zugleich Eigenpriester des Mars war, als er in den Krieg ziehen wollte, in der Stadt zurück und gestattete ihm nicht, sich von der Besorgung des Gottesdienstes zu entfernen. Den glücklichen Unternehmungen mehrerer Feldherren gegen die Punier setzt der Konsul Caius Lutatius durch Besiegung der punischen Flotte bei den ilgatischen Inseln die Krone auf. Den Karthagern wird auf ihre Bitte der Friede zugestanden. Als der Tempel der Vesta brannte, riss der Hohepriester Caecilius Metellus die Heiligtümer aus dem Feuer. Die Stadt wird durch zwei Bezirke vermehrt, den Velinischen und Quirinischen. Die empörten und in sechs Tagen bezwungenen Falisker ergeben sich.

Inhalt des zwanzigsten Buches

Nach Spoletium wird eine Ansiedlung geführt. Zum ersten Mal dringt ein Heer gegen die Ligurer vor. Die Sardinier und Korsen, die den Krieg erneuerten, wurden bezwungen. Die vestalische Jungfrau Tuccia wird wegen Unzucht verurteilt. Den Illyrern, welche einen der an sie abgefertigten Gesandten ermorden, wird der Krieg angekündigt. Sie werden bezwungen und unterwerfen sich. Die Zahl der Prätoren wird auf vier vermehrt. Die in Italien eingebrochenen transalpinischen Gallier werden niedergehauen. In diesem Krieg soll der römische Staat an eigenen Bürgern und Latinern 300 000 Mann aufgestellt haben. Von den jetzt zum ersten Mal über den Po geführten römischen Heeren wurden die insubrischen Gallier in mehreren Schlachten besiegt und unterwarfen sich. Der Konsul Marcus Claudius Marcellus erwirbt durch Erlegung des Vertomarus, des Heerführers der insubrischen Gallier, eine Fürstenbeute. Die Istrier werden unterjocht. Auch die nach der Empörung bezwungenen Illyrer unterwerfen sich. Die Zensoren vollziehen das Schätzungsopfer, wobei 270 213 Bürger geschätzt werden. Die Söhne der Freigelassenen, die bisher allen Bezirken beigemischt gewesen waren, werden in vier eigene Bezirke verteilt, in den Esquilinischen, Palatinischen, Suburanischen und Collinischen. Der Zensor Caius Flaminius lässt den Flaminischen Heerweg pflastern und erbaut die Flaminische Rennbahn. In das den Galliern abgenommene Land werden Ansiedlungen geführt, nach Placentia und Cremona.

Einundzwanzigstes Buch

Inhalt

Die Veranlassung des zweiten Punischen Krieges wird erzählt, wie der punische Feldherr Hannibal dem Vertrag zuwider über den Fluss Ebro ging und Saguntum, die Stadt römischer Bundesgenossen, im achten Monat der Belagerung eroberte. Man schickte Gesandte an die Karthager, um über diese Beleidigung Klage zu führen. Da sie sich zur Genugtuung nicht verstehen wollten, erklärte man ihnen den Krieg. Nach seinem Übergang über die Pyrenäen kommt Hannibal durch Gallien, wo er die Völker, die sich ihm zu widersetzen wagen, besiegt, an die Alpen; und nach einem beschwerlichen Zug über dieselben, auf dem er auch die ihm entgegentretenden Berg-Gallier in mehreren Treffen zurückschlug, nach Italien und besiegt die Römer am Fluss Ticinus in einem Reitertreffen, in welchem den verwundeten Publius Cornelius Scipio sein Sohn rettete, der nachher den Beinamen Africanus erhielt. Nachdem Hannibal das römische Heer zum zweiten Mal am Fluss Trebia geschlagen hatte, ging er nicht ohne großes Ungemach, das seine Soldaten von der stürmischen Witterung litten, auch über den Apenninus. Gnaeus Cornelius Scipio war in Spanien gegen die Punier glücklich und nahm den feindlichen Feldherrn Hanno gefangen.

(1) Die Erklärung, welche so viele Geschichtsschreiber in dem Eingang der Gesamtdarstellung gegeben haben, darf ich diesem Teil meines Werkes voranschicken, dass ich den denkwürdigsten aller Kriege, die je geführt sind, beschreiben werde, den nämlich, welchen unter Hannibals Oberbefehl die Karthager mit dem römischen Volk geführt haben. ***2*** Denn teils richteten nie mächtigere Staaten und Völker die Waffen gegeneinander, teils hatten selbst diese nie so viel Stärke und Kraft. Auch waren sie sich in den Künsten des Krieges, mit denen sie gegeneinander auftraten, nicht unbekannt, sondern hatten sie schon im ersten Punischen Krieg kennengelernt; und das Kriegsglück war so abwechselnd und in der Entscheidung so ungewiss, dass die Gefahr auf Seiten der Sieger größer war. ***3*** Ja sie kämpften mit fast größerer Erbitterung als Kräften, die Römer, aus Unmut, dass sie als Sieger von ihren Besiegten angegriffen wurden, die Punier, weil sie glaubten, dass man gegen sie als Besiegte oft den übermütigen und habsüchtigen Gebieter gespielt habe. ***4*** Auch erzählt man, Hamilkar habe, als er nach Beendigung des Afrikanischen Krieges schon im Begriff, ein Heer nach Spanien überzusetzen, den Göttern opferte, den beinahe knapp Hannibal, der den Vater kindlich schmeichelnd bat, ihn mitzunehmen, zum Altar treten lassen und ihn unter Berührung des Opfers eidlich verpflichtet, sobald er könne, als Feind der Römer aufzutreten. ***5*** Der hohe Geist des Helden konnte Siziliens und Sardiniens Verlust nicht verschmerzen, ***6*** denn Sizilien habe man aus Verzweiflung allzu schnell aufgegeben und Sardinien sei während der afrikanischen Wirren durch römische List ihnen entrissen und ihnen sogar noch eine Kriegssteuer auferlegt worden.

(2) Von diesen Gedanken gequält, benahm er sich während der fünf Jahre des Afrikanischen Krieges, welcher gleich nach dem Friedensschluss mit den Römern ausbrach, **2** und in den folgenden neun Jahren bei der Erweiterung der punischen Herrschaft in Spanien, offenbar so, dass man sah, er denke auf einen wichtigeren Krieg, als der war, der ihn jetzt beschäftigte, und die Punier hätten, wenn er länger gelebt hätte, den Angriff auf Italien, den sie unter Hannibals Führung unternahmen, schon unter Hamilkar gemacht. **3** Hamilkars jetzt eintretender Tod und Hannibals Jugend verschoben den Krieg. Zwischen Vater und Sohn hatte beinahe acht Jahre lang Hasdrubal den Oberbefehl, dem, wie man sagt, **4** die Reize seiner Jugend zuerst Hamilkars Gunst gewannen, dann seine großen Anlagen dem Älteren zum Schwiegersohn empfahlen, und der sich gerade als dieser Schwiegersohn durch den Einfluss der Barcinischen Partei, der bei dem Heer und Volk überwiegend war, gegen den Willen der Vornehmen den Oberbefehl erwarb. **5** Als ein Mann, der öfter den Weg der Klugheit als den der Gewalt einschlug, verschaffte er der Sache Karthagos größere Vorteile durch seine Gastfreundschaften mit den Fürsten und dadurch, dass er sich bei dem Wohlwollen der Großen immer neue Völker gewann, als durch Krieg und Waffen. **6** Und dennoch schützte ihn der Friede ebenso wenig. Ein Spanier ermordete ihn, um die Hinrichtung seines Herrn zu rächen, ganz öffentlich, dieser, von den Umstehenden ergriffen, machte ein Gesicht, als wäre er entkommen, ja als er unter Foltern zerfleischt wurde, behielt er in der alle Schmerzen überwiegenden Freude einen Zug des Lachens. **7** Mit diesem Hasdrubal hatten die Römer, weil er die Kunst verstand, Völker aufzuwiegeln und sie unter seine Botmäßigkeit zu bringen, das Bündnis mit der Bestimmung erneuert, dass der Fluss Ebro die Grenze zwischen beiden Gebieten sein und den zwischen den Gebieten beider Völker wohnenden Saguntinern ihre Freiheit gelassen werden solle.

(3) Bei der Wiederbesetzung seiner Feldherrnstelle war es keinem Zweifel unterworfen, dass auf die vorläufige Wahl von Seiten der Soldaten, vermöge welcher sogleich der junge Hannibal in das Feldherrnzelt getragen und unter dem einstimmigen Geschrei und Beifall aller zum Feldherrn ausgerufen war, auch die Genehmigung des Volkes folgen würde. **2** Ihn hatte kaum als heranwachsenden Mann Hasdrubal brieflich zu sich entboten, und die Sache war selbst im Senat zur Sprache gekommen, da die Barciner es durchzusetzen suchten, dass Hannibal sich an den Kriegsdienst gewöhnen und den ganzen Einfluss seines Vaters erben möchte. **3** Hanno, das Haupt der Gegenpartei, sagte: *Hasdrubal scheint etwas sehr Billiges zu fordern, und dennoch bin ich der Meinung, man dürfe ihm seinen Wunsch nicht erfüllen.* **4** Da alle vor Verwunderung über eine so rätselhafte Erklärung die Augen auf ihn richteten, sprach er: *Hasdrubal glaubt mit vollem Recht, die Blüte der Jugend, deren Genuss er selbst dem Vater Hannibals gestattete, wieder am Sohn ernten zu dürfen. Für uns aber ist es durchaus unpassend, unsere Jugend, als gehörte dies zu den Lehrjahren des Kriegsdienstes, mit der Zügellosigkeit ihrer Vorgesetzten vertraut zu machen.* **5** *Oder fürchten wir etwa, dass einem Sohn Hamilkars die unbeschränkten Befehlshaberstellen und das Bild des väterlichen Königtums zu spät vor Augen stehen werden, und dass wir dem Sohn jenes Königs, dessen Schwiegersohn unsere Heere erblich hinterlassen wurden, nicht früh genug dienstbar sein werden?* **6** *Ich gebe meine Stimme dahin ab, dass man den jungen Mann zu Hause behalte und ihn unter Gesetzen und Obrigkeiten mit anderen auf gleichem Fuß leben lehre, damit nicht einst dieser Funke eine mächtige Flamme entzünde.*

(4) Wenige, und fast die Rechtlichsten alle, stimmten Hanno bei, allein, wie gewöhnlich, siegte die größere Partei über die bessere. Hannibal wurde nach Spanien geschickt und zog gleich bei seiner ersten Ankunft die Blicke des ganzen Heeres auf sich. **2** Die alten Soldaten glaubten, Hamilkar sei ihnen verjüngt wiedergegeben, und sie sahen ihm dieselbe Lebhaftigkeit des Blickes an, dasselbe Feuer in den Augen, die Gesichtsbildung, die Züge. Bald aber brachte er es dahin,

dass sein Vater für ihn nur die kleinste Empfehlung war. **3** Nie war derselbe Kopf zu den zwei entgegengesetztesten Dingen, zum Gehorchen und Befehlen geschickter. Darum war es schwer zu entscheiden, ob er dem Feldherrn oder dem Heer lieber war, **4** und so wie Hasdrubal, wenn ein Wagnis Mut und Pünktlichkeit erforderte, die Leitung keinem andern lieber gab, so hatte auch der Soldat unter keinem andern Führer mehr Zutrauen oder Mut. **5** Er zeigte bei Übernahme von Gefahren die höchste Kühnheit, während der Gefahren selbst die höchste Besonnenheit. Durch keine Beschwerde wurde sein Körper erschöpft, sein Mut besiegt. **6** Gegen Hitze und Kälte war seine Ausdauer gleich, das Maß seiner Speisen und Getränke wurde vom Bedürfnis der Natur, nicht vom Vergnügen bestimmt. Seine Zeit zum Wachen und Schlafen wurde nie durch Tag und Nacht geschieden. *7* Was ihm die Geschäfte übrig ließen, war der Ruhe gegönnt; aber auch sie wurde weder durch ein weiches Lager noch durch Stille herbeigerufen; vielmehr haben ihn viele oft mit einem Soldatenmantel zugedeckt zwischen den Wachen und Posten der Soldaten liegen sehen. Seine Kleidung war vor Seinesgleichen nie hervorstechend, aber seine Waffen und Rosse zeichneten sich aus. **8** Er war bei Weitem sowohl der beste Soldat zu Pferd wie zu Fuß. In das Treffen ging er voran, hatte es einmal begonnen, dann schied er als der Letzte. **9** Diesen so großen Tugenden des Mannes hielten übergroße Fehler das Gleichgewicht: Unmenschliche Grausamkeit, mehr als punische Treulosigkeit, Wahrheit war ihm fremd, nichts ihm heilig, ihn band keine Furcht vor Gott, kein Eid, kein Gewissen. Mit dieser Ausstattung von Tugenden und Fehlern diente er drei Jahre unter Hasdrubals Oberbefehl, ohne das Mindeste, was ein künftiger Feldherr von Bedeutung tun oder sehen muss, außer Acht zu lassen.

(5) Von dem Tag an aber, da er zum Feldherrn erklärt war, beschloss er – gleich als wäre ihm zum Ort seiner Bestimmung Italien angewiesen und der Krieg gegen Rom schon aufgetragen, ohne sich einen Aufschub zu erlauben, damit nicht auch ihn, wie seinen Vater Hamilkar **2** und nachher den Hasdrubal, ein Unstern abriefe –, die Saguntiner zu bekriegen. **3** Da nun ein Angriff auf sie unfehlbar Rom zum Krieg reizen musste, rückte er mit seinem Heer zuvor in das Gebiet der Olkaden – das Volk wohnte auf der Seite des Ebro, das den Karthagern zwar noch nicht unterwürfig, aber doch auf ihrer Seite stand –, um sich den Schein zu geben, als habe er es nicht auf die Saguntiner abgesehen, sondern sei durch den Gang der Dinge, da er nach Bezwingung ihrer Nachbarn sie selbst seinen Besitzungen habe einreihen müssen, in diesen Krieg hineingezogen worden. **4** Er erstürmte Cartala,* die reiche Hauptstadt jenes Volkes, und plünderte sie. Hierdurch geschreckt, unterwarfen sich die kleineren Städte und wurden zinsbar. Siegreich und mit Beute beladen wurde das Heer nach Neukarthago in die Winterquartiere geführt. **5** Nachdem er sich hier durch freigebige Verteilung der Beute und pünktliche Auszahlung des rückständigen Soldes in der Liebe aller Untertanen und Bundesgenossen befestigt hatte, zog er mit Frühlingsanfang in fortschreitendem Angriff gegen die Vaccaeer. **6** Hermandica** und Arbocala, die Städte der Vaccaeer, wurden mit Sturm genommen. Arbocala verteidigte sich durch die Tapferkeit und Volkszahl seiner Bewohner lange. *7* Die Flüchtlinge von Hermandica, die sich mit den olcadischen Vertriebenen, des im vorigen Sommer unterjochten Volkes, vereinigten, **8** wiegelten die Carpetaner*** auf, und da sie den Hannibal auf seinem Rückzug aus dem Vaccaeerland nicht weit vom Fluss Tagus angriffen, brachten sie seinen mit Beute beladenen Zug in Unordnung. **9** Hannibal ließ sich auf ein Treffen nicht ein; da er sein Lager am Ufer genommen hatte, ging er, sobald die Feinde ruhig und still wurden, an einer seichten Stelle durch den Strom, und nachdem er mit seinem Wall so weit gegen

---

* In der Nähe des heutigen Toledo.

** Man setzt Hermandica in die Gegend des heutigen Salamanca; doch scheint unter Helmantica (dieser vermutlich richtigeren Lesart aus Polybios) eine andere Stadt gemeint zu sein.

*** Noch jetzt heißt Madrid lateinisch Mantua Carpetanorum.

die Feinde vorgerückt war, dass er ihnen Raum ließ, durch den Fluss zu setzen, beschloss er, sie bei ihrem Übergang anzugreifen. ***10*** Seiner Reiterei gab er Befehl zum Angriffe, sobald sie den Feind in das Wasser gehen sahen. Sein Fußvolk stellte er am Ufer auf und vor diesem 40 Elefanten. ***11*** Die Carpetaner mit den vereinigten Olcaden und Vaccaeern beliefen sich auf 100 000 Mann, ein unüberwindliches Heer, hätte man in ebenem Feld gekämpft. ***12*** Da sie also, trotzig von Natur, auf ihre Menge sich verlassend und in der Einbildung, der Feind habe sich aus Furcht zurückgezogen, nur darin einen Aufschub ihres Sieges fanden, dass der Strom sie trenne, stürzten sie sich nach erhobenem Geschrei ohne Ordnung und Befehl, wo jeder am nächsten zukam, in den Strom. ***13*** Allein auch von der andern Seite des Ufers rückte die Reiterei in bedeutender Menge in den Fluss, und man traf mitten in seinem Bett in einem sehr ungleichen Kampf zusammen, ***14*** weil eben da, wo der Fußgänger ohne festen Stand und kaum auf dem Boden ordentlich Fuß fassend, selbst von einem unbewaffneten Reiter, wenn dieser sein Pferd nur geradezu gehen ließ, umgeworfen werden konnte, der Reiter, seines Körpers und seiner Waffen Meister, auf seinem selbst mitten in den Tiefen standfesten Pferd sich imstande sah, in der Nähe so gut wie aus der Ferne zu kämpfen. ***15*** Also wurde ein großer Teil vom Flusse verschlungen, andere, die der Strom in seinen Strudeln unter die Feinde trieb, wurden von den Elefanten zertreten, und als die Letzten, die sich durch die Umkehr nach ihrem Ufer retteten, aus einer so großen Verwirrung sich wieder zusammenfanden, ***16*** jagte sie Hannibal, ehe sie von dem großen Schrecken sich wieder erholen konnten, durch einen Angriff mit geschlossenen Gliedern vom Ufer in die Flucht. ***17*** So mussten sich also auch die Carpetaner nach Verwüstung ihres Gebietes in wenigen Tagen ergeben. Und schon gehörte alles jenseits des Ebro, die Saguntiner ausgenommen, den Karthagern.

(6) Noch hatte Hannibal mit den Saguntinern keinen Krieg; indessen wurden schon, um Krieg mit ihnen zu haben, allerlei Streitigkeiten zwischen ihnen und ihren Nachbarn eingeleitet, hauptsächlich mit den Turdetanern. ***2*** Da nun diese gerade bei dem, der den Streit veranlasst hatte, Unterstützung fanden, und aus allem hervorging, dass es nicht auf einen Rechtsstreit, sondern auf Gewalt abgesehen sei, schickten die Saguntiner Gesandte nach Rom, um sich für den unzweifelhaft drohenden Krieg Beistand zu erbitten.

3 Konsuln waren damals zu Rom Publius Cornelius Scipio und Tiberius Sempronius Longus. Als sie nach Vorführung der Gesandtschaft in dem Senat über die Angelegenheiten des Staates gesprochen und die Väter beschlossen hatten, Gesandte nach Spanien zu schicken, um die Lage der Bundesgenossen zu untersuchen, und wenn sie begründete Ursachen fänden, ***4*** teils dem Hannibal anzudeuten, sich nicht an den Saguntinern als Roms Bundesgenossen zu vergreifen, teils auch nach Karthago in Afrika überzugehen, um dort die Beschwerden der römischen Bundesstadt vorzutragen, da kam unterdessen, ***5*** als die Gesandtschaft schon beschlossen, aber noch nicht abgeschickt war, wider aller Erwarten die Nachricht von der Belagerung Sagunts. ***6*** Nun wurde die Sache von Neuem im Senat zur Sprache gebracht. Einige, nach deren Meinung die Konsuln in Spanien und Afrika auftreten sollten, stimmten dafür, den Krieg zu Lande und zu Wasser zu führen; ***7*** andere wollten den Krieg ganz gegen Spanien und gegen Hannibal gerichtet wissen. Auch fehlte es nicht an solchen, welche meinten, sich nicht so geradezu auf eine Sache von dieser Wichtigkeit einzulassen, sondern die Rückkehr der Gesandten aus Spanien abzuwarten. ***8*** Diese Meinung, welche die sicherste schien, behielt die Oberhand; und um so eiliger ließ man als Gesandte den Publius Valerius Flaccus und Quintus Baebius Tamphilus zu Hannibal nach Sagunt abgehen und, falls er vom Krieg nicht abließe, von dort nach Karthago, um zur Genugtuung für den Bundesbruch die Auslieferung des Feldherrn selbst zu verlangen.

(7) Während dieser Vorbereitungen und Verhandlungen in Rom wurde Sagunt schon mit dem größten Nachdruck bestürmt. ***2*** Diese Stadt, bei Weitem die wohlhabendste jenseits des Ebro, lag

nicht ganz 1000 Schritte vom Meer. Ihre Einwohner sollten aus der Insel Zacynthus herstammen und sich mit ihnen einige aus Ardea von rutulischer Abkunft vermischt haben. ***3*** Und zu ihrer so großen Macht waren sie binnen Kurzem aufgestiegen, entweder durch ihren Erwerb zur See oder zu Lande, oder durch ihre zunehmende Volksmenge, oder durch die Strenge der Zucht und Sitte, mit der sie ihrer Bundespflicht selbst bis zu ihrem eigenen Verderben treu blieben.

4 Hannibal, der mit seinem Heer feindlich in ihr Land rückte, verwüstete alles weit und breit und griff die Stadt von drei Seiten an. ***5*** Eine Ecke der Mauer trat in ein Tal hervor, das flacher und freier als die übrige Umgebung war. Gegen diese Ecke ließ Hannibal die Schutzdächer vorrücken, um unter diesen den Sturmbock an die Mauer bringen zu können. ***6*** Aber wenn schon die Gegend fern von den Mauern eben genug zum Anrücken der Schutzdächer war, sowenig glücklich ging das Werk vonstatten, als man zur Ausführung schritt. ***7*** Teils ragte hier ein gewaltiger Turm, teils war die Mauer hier, als an einer bedenklichen Stelle, zu einer ziemlichen Höhe aufgeführt; teils leistete eine auserlesene Mannschaft gerade da, wo sich die meiste Gefahr und Arbeit zeigte, auch den kräftigsten Widerstand. ***8*** Und anfangs trieben sie den Feind mit Pfeilen ab und ließen die Schanzenden nirgends ein sicheres Plätzchen finden. Bald aber blitzten ihre Waffen nicht bloß zum Schutz der Mauern und des Turmes, sondern sie hatten noch Mut genug, auf die feindlichen Posten und Befestigungswerke Ausfälle zu machen, ***9*** und in diesen regellosen Gefechten hatten die Saguntiner fast nie größeren Verlust als die Punier. ***10*** Als aber Hannibal selbst, wie er sich zu unvorsichtig an die Mauer wagte, mit einem Wurfspieß vorn an der Hüfte schwer verwundet zu Boden sank, wurden die Flucht und Bestürzung um ihn her so allgemein, dass beinahe die Werke und Schutzdächer im Stich gelassen worden wären.

(8) Hierauf wurde die Stadt mehrere Tage, solange die Wunde des Feldherrn geheilt wurde, mehr eingeschlossen als bestürmt. Sowie man während dieser Zeit von allen Gefechten ruhte, so fuhr man mit der Anfertigung der Sturmmaschinen und mit den Schanzarbeiten ununterbrochen fort. ***2*** Folglich erhob sich der erneuerte Sturm viel heftiger, und an mehreren Stellen, von denen manche die Anlegung von Werken kaum gestatteten, wurden Schutzdächer aufgeführt und Mauerbrecher angebracht. ***3*** Und Hannibal hatte einen Überfluss an Truppen; denn man schätzt seine Stärke mit ziemlicher Gewissheit auf 150 000 Mann. ***4*** Die Belagerten hingegen mussten sich, um alles zu verteidigen und allem nachzugehen, auf viele Punkte verteilen; ***5*** auch hielten die Mauern nicht länger aus; denn sie wurden schon mit Sturmböcken bearbeitet und hatten viele schadhafte Stellen bekommen. An einer Stelle, wo eine ganze Strecke eingeschlossen war, stand die Stadt schon offen; dann waren drei Türme nach der Reihe und das ganze Zwischenstück der Mauer mit großem Krachen niedergestürzt; ***6*** und schon versprachen sich die Punier von ihrem Fall die Eroberung der Stadt, als man von beiden Seiten, gleich als hätten beide bisher die Mauer zur Schutzwehr gehabt, zum Kampf hervorbrach. ***7*** Dieser hatte nicht die geringste Ähnlichkeit mit jenen unvorbereiteten Gefechten, wie sie bei Bestürmung der Städte die dem andern Teil sich darbietende Gelegenheit zu veranlassen pflegt, sondern vollständige Schlachtreihen hatten sich wie auf freiem Feld zwischen den Trümmern der Mauer und den nicht weit davon entfernten Häusern der Stadt aufgestellt. ***8*** Hier spornte den Mut die Hoffnung, dort die Verzweiflung, da die Punier, wenn sie sich nur einigermaßen anstrengten, die Stadt schon erobert zu haben glaubten, die Saguntiner hingegen für ihre von Mauern entblößte Vaterstadt sich hinstellten, und keiner von ihnen einen Fußbreit wich, um nicht in die von ihm verlassene Stelle den Feind einrücken zu lassen. ***9*** Je hitziger also und gedrängter sie von beiden Seiten kämpften, desto mehr wurden verwundet, weil es unmöglich war, dass auch ein einziger Pfeil ohne zu treffen zwischen Waffen und Männern niederfiel. ***10*** Die Saguntiner bedienten sich der Falarica, eines Wurfspießes mit einem runden Schaft aus Tannenholz, an dessen Ende das Eisen hervorstand. ***11*** Hier war der

Spieß wie beim Wurfspieß viereckig, wurde hier mit Werg umwunden und mit Pech bestrichen. ***12*** Das Eisen hatte drei Fuß Länge, so dass es den Mann samt den Waffen durchbohren konnte, wenn sie aber auch, ohne in den Körper einzudringen, im Schild hängen blieb, so war sie doch hauptsächlich dadurch fürchterlich, dass sie mit brennender Mitte abgeschossen wurde, und wenn sie einmal Feuer gefangen hatte, mit einer selbst durch die Bewegung angefachten Flamme geflogen kam, wodurch sie den Feind nötigte, die Waffen von sich zu werfen und sich ohne Bedeckung jedem folgenden Schuss ganz bloßzustellen.

(9) Als die Schlacht lange unentschieden geblieben war und den Saguntinern, weil sie wider Erwarten Widerstand leisteten, der Mut wuchs, der Punier hingegen, eben weil er nicht gesiegt hatte, für besiegt galt, erhoben die Belagerten plötzlich ein Geschrei ***2*** und trieben den Feind in die Trümmer der Mauer, und da ihm diese im Weg lagen und er in Verwirrung geriet, jagten sie ihn auch über diese hinaus und endlich als den völlig Geschlagenen in sein Lager zurück.

3 Unterdessen wurde die Ankunft römischer Gesandter gemeldet. Hannibal schickte ihnen Leute an das Meer entgegen und ließ ihnen sagen, es würde für sie nicht ohne Gefahr sein, wenn sie sich unter dem Waffengetümmel so vieler erbitterter Völker bis zu ihm wagen wollten, und auch er habe jetzt im Augenblick der wichtigsten Entscheidung keine Zeit, Gesandtschaften anzuhören. ***4*** Es war klar, dass die nicht vorgelassenen Gesandten sogleich nach Karthago gehen würden. Also schrieb er den Häuptern der Barcinischen Partei durch voreilende Boten, sie möchten ihre Freunde vorbereiten, damit sich nicht etwa die Gegenpartei den Römern gefällig erweisen möge.

(10) Folglich war auch diese Gesandtschaft, außer dass sie vorgelassen und angehört wurde, vergeblich und ohne Erfolg. ***2*** Einzig Hanno nahm gegen die im [karthagischen] Senat herrschende Stimmung das Bündnis in Schutz, unter allgemeiner Stille der Zuhörer, die er aber seinem Ansehen, nicht ihrem Beifall verdankte. **3** Bei den Göttern, den Richtern und Zeugen der Bündnisse habe er sie aufgefordert und früh genug ermahnt, keinen von Hamilkars Nachkommen zum Heer zu senden. Weder der Geist des Mannes noch seine Nachkömmlinge könnten Ruhe halten, und die Bündnisse mit Rom würden nie, solange noch einer von dem Barcinischen Blut und Namen übrig sei, unangefochten bleiben. ***4*** *Einen Jüngling, der von Begierde nach Alleinherrschaft brennt und den einzigen Weg, sie zu erreichen, darin sieht, wenn er durch Anfachung eines Krieges nach dem andern umgeben von Waffen und Legionen lebt, habt ihr, als wolltet ihr dem Feuer Stoff geben, zu den Heeren gesandt. So habt ihr denn dem Brand, von dem ihr jetzt ergriffen seid, selbst Nahrung gegeben.* ***5*** *Eure Heere umlagern jetzt Sagunt, was das Bündnis verbietet; bald werden römische Legionen Karthago umlagern unter Anführung derselben Götter, durch welche sie im vorigen Krieg des Bundesbruches Rächer wurden.* ***6*** *Verkennt ihr etwa den Feind oder euch selbst, oder beider Völker Glück? Gesandten, die von Bundesgenossen und für Bundesgenossen kamen, ließ euer trefflicher Feldherr nicht in sein Lager zu; er hob das Völkerrecht auf. Und sie — da weggewiesen, wo man selbst feindlichen Gesandten den Zutritt nicht wehrt, wenden sich an euch und verlangen dem Bundesvertrag gemäß Genugtuung. Dem Staat wollen sie keine böse Absicht unterlegen; nur den Urheber des Frevels, ihn, den der Vorwurf trifft, wollen sie ausgeliefert haben.* ***7*** *Je schonender sie zu Werke gehen, je saumseliger sie beginnen, desto beharrlicher, fürchte ich, wird, wenn sie einmal angefangen haben, ihre Erbitterung sein. Stellt euch die Aegatischen Inseln und den Berg Eryx* vor Augen und was ihr zu Lande und zu Wasser in jenen 24 Jahren gelitten habt.* ***8*** *Und dort war nicht dieser Knabe Feldherr, sondern der Vater selbst, Hamilkar, der zweite Mars, wie jene meinen. Allein damals hatten wir uns dem Vertrag zuwider an Tarent, also an Italien vergriffen, so wie wir uns jetzt*

* Eryx: Bergfestung in Sizilien, wo das punische Heer gegen Ende des ersten Punischen Krieges von den Römern eingeschlossen war und nur durch den Friedensschluss gerettet wurde.

an Sagunt vergreifen. Folglich wurden wir von Göttern und Menschen besiegt; **9** *und fehlte es gleich nicht an Wortstreit darüber, welches von beiden Völkern den Bund gebrochen habe, so gab doch der Ausgang des Krieges gleich einem gerechten Richter demjenigen den Sieg, auf dessen Seite das Recht war.* **10** *An Karthagos Mauern rückt Hannibal jetzt mit seinen Sturmdächern und Türmen; gegen Karthagos Mauern richtet er die Stöße mit dem Sturmbock. Sagunts Trümmer – möchte ich ein Lügenprophet sein! – werden auf unsere Häupter fallen, und den mit den Saguntinern angefangenen Krieg werden wir mit den Römern zu führen haben.* **11** *Also sollen wir den Hannibal ausliefern? möchte jemand sagen. Ich weiß, dass meine Ansicht wegen meiner Feindschaft mit seinem Vater wenig Gewicht haben mag. Allein so wie ich mich darüber, dass Hamilkar umkam, deswegen freute, weil wir, wenn er noch lebte, schon mit den Römern Krieg hätten, so hasse und verabscheue ich diesen jungen Menschen, die Furie und Brandfackel des neuen Krieges.* **12** *Und ich meine, man müsse diesen Sündenträger des Bundesbruchs nicht bloß ausliefern, sondern, wenn ihn niemand verlangte, ihn an die entlegensten Enden des Meeres und der Erde wegführen und an einen Ort schaffen, von welchem sein Name und der Ruf von ihm weder zu uns gelangen noch den Staat in seiner Ruhe stören könne.* **13** *Ich gebe meine Stimme dahin ab, dass man sogleich Gesandte nach Rom schicken soll, um dem Senat Genugtuung zu gewähren, eine zweite Gesandtschaft, dem Hannibal anzudeuten, dass er sein Heer von Sagunt wegführe und den Hannibal selbst dem Vertrag gemäß den Römern auszuliefern; auf eine dritte Gesandtschaft trage ich an, um den Saguntinern Ersatz zu geben.*

(11) Als Hanno zu Ende geredet hatte, hatte es auch nicht ein Einziger nötig, sich in eine Gegenrede mit ihm einzulassen, so sehr war fast der ganze Senat auf Hannibals Seite, und sie beschuldigten den Hanno, er habe feindseliger als der römische Gesandte Valerius Flaccus geredet. **2** Darauf erteilte man den Römern die Antwort: Der Krieg sei von den Saguntinern, nicht von Hannibal veranlasst. Das römische Volk tue Unrecht, wenn es den Saguntinern vor dem alten Bündnis mit den Karthagern den Vorzug geben wolle.

3 Während die Römer mit der Absendung von Gesandten die Zeit verloren, gab Hannibal seinen durch Gefechte und Arbeiten ermüdeten Soldaten, nachdem er bei den Schutzdächern und anderen Werken Bedeckungen ausgestellt hatte, einige Tage Ruhe. Während dieser entflammte er ihren Mut dadurch, dass er bald ihre Erbitterung gegen den Feind spornte, bald sie Belohnungen hoffen ließ. **4** Und als er nun vor der Versammlung die Beute der eroberten Stadt für ein Eigentum der Soldaten erklärte, wurden dadurch alle so begeistert, dass ihnen dem Anschein nach, hätte er sogleich das Zeichen gegeben, nichts hätte widerstehen können.

5 Hatten die Saguntiner von Gefechten Ruhe gehabt, insofern sie in mehreren Tagen weder angriffen noch angegriffen wurden, so hatten sie auch weder bei Tag noch bei Nacht die Arbeit unterlassen, um auf der Seite, wo die Stadt durch die Lücken der Mauer geöffnet war, eine neue Mauer aufzuführen. **6** Darauf wurden sie in einem weit heftigeren Sturm als vorher angegriffen, und da alles von mancherlei Geschrei ertönte, blieben sie in Ungewissheit, wo die schnellste oder nachdrücklichste Hilfe nötig sei. **7** Hannibal selbst war als Ermunterer da zugegen, wo er einen beweglichen Turm anrücken ließ, der an Höhe alle Festungswerke der Stadt übertraf. **8** Als dieser, näher gebracht, durch die auf alle seine Stockwerke verteilten kleineren und größeren Wurfgeschütze die Mauern von Verteidigern entblößt hatte, da schickte Hannibal, um diesen Augenblick zu benutzen, gegen 500 Afrikaner mit Brecheisen gegen die Mauer, um sie von unten zu durchbrechen; und sie hatten keine schwere Arbeit, weil die Steine nicht durch Mörtel verbunden, sondern nach der alten Bauart mit Lehm eingestrichen waren. **9** Folglich stürzten die Steine in weiterem Umfang, als gebrochen wurde, und durch die weiten Lücken schritten Züge von Bewaffneten in die Stadt. **10** Ja sie erreichten auch eine Höhe, welche sie, als sie hier die kleineren und größeren Wurfgeschütze zusammengefahren hatten, mit einer Mauer umschlossen, um an diesem

Bollwerk in der Stadt eine alles beherrschende Festung zu haben, und die Saguntiner zogen vor den noch nicht eroberten Teil der Stadt eine innere Mauer. Von beiden Seiten mauerte und focht man mit der höchsten Anstrengung; ***11*** allein die Saguntiner machten dadurch, dass sie nur das Innere zu behaupten suchten, die Stadt mit jedem Tag kleiner. ***12*** Zugleich wuchs bei der langen Einschließung der Mangel an allem, und die Erwartung einer Hilfe von außen schwand immer mehr, da die Römer, ihre einzige Hoffnung, so fern und alles umher in den Händen der Feinde war. ***13*** Doch auf eine kurze Zeit erholte sich ihr gesunkener Mut durch den Zug, den Hannibal unvermutet gegen die Oretaner und Carpetaner unternahm, zwei Völkerschaften, welche über die strenge Werbung empört, durch Festnahme der Werber einen Aufstand befürchten ließen, allein durch Hannibals Schnelligkeit überrascht die schon ergriffenen Waffen niederlegten.

(12) In der Bestürmung Sagunts wurde dadurch nichts versäumt, weil Maharbal, Himilkos Sohn, dem sie Hannibal übertragen hatte, so energisch dabei zu Werke ging, dass die Abwesenheit des Feldherrn weder den Soldaten noch den Feinden bemerklich war. ***2*** Er lieferte mehrere glückliche Gefechte, warf mit drei Sturmböcken einen beträchtlichen Teil der Mauer nieder und zeigte dem Hannibal bei seiner Ankunft lauter Strecken mit neuen Trümmern bedeckt. ***3*** Daher wurde das Heer sogleich gegen die Burg selbst geführt; ein fürchterlicher Kampf begann unter großem Verlust auf beiden Seiten, und ein Teil der Burg wurde erobert. Jetzt ließen sich zwei Männer, freilich mit schwacher Hoffnung, auf Friedensversuche ein: ***4*** Alcon, ein Saguntiner, und Alorcus, ein Spanier. Nachdem Alcon, der durch Bitten etwas auszurichten glaubte, ohne Wissen der Saguntiner bei Nacht zu Hannibal gegangen war, blieb er, als seine Tränen nichts vermochten und lauter harte, von einem erbitterten Sieger zu erwartende Bedingungen gestellt wurden, aus einem Fürsprecher zu einem Überläufer geworden, bei dem Feind, indem er versicherte, der würde des Todes sein, der einen Frieden unter solchen Bedingungen in Vorschlag brächte. ***5*** Man verlangte aber, sie sollten den Turdetanern Ersatz leisten, nach Ablieferung alles Goldes und Silbers in einem einzigen Rock aus der Stadt wandern und an dem Ort sich niederlassen, den ihnen Hannibal anweisen würde.

6 Als Alcon erklärte, dass die Saguntiner diese Friedensbedingungen nicht annehmen würden, behauptete Alorcus, dass da, wo alles bräche, auch der Mut breche, und erbot sich zum Vermittler dieses Friedens. Er diente damals unter Hannibal, hatte aber von Seiten seines Staates mit den Saguntinern Freundschaft und Gastrecht. ***7*** Er gab seine Waffen vor aller Augen an die feindliche Wache ab, wurde in die Festung gelassen und, wie er es selbst verlangte, vor den saguntinischen Befehlshaber geführt. ***8*** Da sich hier sogleich Leute von allen Ständen sammelten, ließ der Senat die übrige Menge abtreten und den Alorcus einführen, welcher folgende Rede hielt:

(13) *Wenn euer Mitbürger Alcon, wie er, um den Frieden zu erbitten, zu Hannibal gekommen ist, auch mit den Bedingungen des Friedens von Hannibal zu euch zurückgekehrt wäre, so wäre dieser Gang von meiner Seite sehr zwecklos gewesen,* ***2*** *insofern er mich weder als Hannibals Abgeordneten noch als Überläufer zu euch geführt hätte. Da er aber entweder durch eure oder durch seine Schuld bei dem Feind geblieben ist – durch seine eigene, wenn er Besorgnis heuchelte,* ***3*** *durch eure, wenn man mit der Angabe der Wahrheit bei euch Gefahr läuft –, so bin ich, damit es euch nicht unbekannt bliebe, dass es für euch doch noch Bedingungen der Rettung und des Friedens gebe, vermöge des alten Gastrechts, worin ich mit euch stehe, zu euch gekommen. Dass ich aber das, was ich jetzt zu euch rede, bloß in Rücksicht auf euch und auf keinen andern rede, muss euch schon daraus klar sein, dass ich weder, solange ihr mit eigenen Kräften Widerstand leistetet, noch, während ihr von den Römern Hilfe hofftet, den Frieden je bei euch erwähnt habe.* ***4*** *Da ihr aber von den Römern nicht das Geringste zu hoffen habt, und euch weder eure Waffen noch eure Mauern länger schützen, bringe ich euch einen Frieden, der mehr notwendig als billig ist,* ***5*** *den ihr nur dann vielleicht hoffen*

könnt, wenn ihr, so wie Hannibal als Sieger ihn vorschreibt, als Besiegte ihm Gehör gebt, wenn ihr nicht das, was ihr einbüßet, als Verlust – da doch alles dem Sieger gehört –, **6** *sondern was euch noch gelassen wird, als Geschenk ansehen wollet. Die Stadt, die er schon größtenteils zerstört, fast ganz erobert hat, nimmt er euch; eure Ländereien lässt er euch, weil er euch einen Platz anweisen will, wo ihr eine neue Stadt bauen könnt;* **7** *alles Gold und Silber, Staatsschatz und eigenes Vermögen befiehlt er euch abzuliefern, lässt euch aber eure Gattinnen, eure Leute und Kinder unangetastet, wenn ihr unbewaffnet, jeder nur mit zwei Kleidungsstücken aus Sagunt abziehen wollt.* **8** *Dies sind die Forderungen des siegreichen Feindes. So drückend und hart sie sind, so rät euch doch eure Lage, sie anzunehmen. Ich gebe zwar nicht die Hoffnung auf, dass er bei gänzlicher Hingebung von eurer Seite das eine und das andere erlassen werde.* **9** *Allein ich würde euch lieber raten, selbst dies zu erdulden, als euch selbst niederhauen zu lassen und eure Gattinnen und Kinder nach Kriegsrecht geraubt und weggeschleppt zu sehen.*

(14) Als durch die nach und nach herbeigeströmte Menge, welche diese Eröffnungen hatte anhören wollen, eine Volksversammlung mit dem Senat sich vereinigt hatte, da traten plötzlich die Angesehensten noch vor Erteilung der Antwort ab, brachten alles Silber und Gold aus dem Schatz und eigenem Vermögen auf den Markt, warfen es in ein zu diesem Zweck schnell angelegtes Feuer und stürzten sich meistenteils selbst hinein. **2** Schrecken und Bestürzung hierüber verbreitete sich durch die ganze Stadt, als man von der Burg her einen neuen Lärm hörte. Ein Turm, der dem Mauerbrecher lange Widerstand geleistet hatte, war eingestürzt, und da die punische Kohorte, die durch die Lücke eindrang, ihren Feldherrn wissen ließ, dass die Stadt von den gewöhnlichen feindlichen Posten und Wachen entblößt sei, eroberte sie Hannibal, der bei einer solchen Gelegenheit nicht zögern zu dürfen glaubte, **3** durch einen Angriff mit seiner ganzen Macht sofort und befahl, alle junge Mannschaft niederzuhauen. Dass dieser grausame Befehl gleichwohl beinahe notwendig war, zeigte der wirkliche Erfolg. **4** Denn wen konnte man von solchen Feinden schonen, die sich entweder mit Frau und Kind in ihren Häusern verschlossen und sich mit ihnen verbrannten, oder bewaffnet den Kampf nur mit ihrem Leben beendeten?

(15) In der Stadt gewannen die Sieger eine große Beute. Zwar hatten die Besitzer vieles absichtlich verdorben, bei dem Gemetzel hatte die Erbitterung kaum einige Rücksicht auf irgendein Alter genommen, und die Gefangenen wurden den Soldaten als Beute überlassen, **2** aber dennoch ist ausgemacht, dass der Wert der verkauften Sachen eine bedeutende Geldsumme einbrachte und viele Kostbare Geräte und Stoffe nach Karthago geschickt wurden.

3 Nach einigen Schriftstellern wurde Sagunt im achten Monat nach eröffneter Belagerung erobert, von da soll sich Hannibal nach Neukarthago in die Winterquartiere begeben haben und dann erst im fünften Monat nach seinem Aufbruch von Neukarthago in Italien angekommen sein. **4** Ist dies richtig, so können Publius Cornelius und Tiberius Sempronius nicht dieselben Konsuln gewesen sein, an die im Anfang der Belagerung von den Saguntinern Gesandte geschickt wurden und doch in ihrem Amt dem Hannibal, der eine am Fluss Ticinus, und beide beträchtliche Zeit hernach an der Trebia die Schlacht lieferten. **5** Entweder rückt dies alles auf weit kürzere Zeit zusammen, oder die Belagerung Sagunts wurde mit dem Anfang des Jahres, in welchem Publius Cornelius und Tiberius Sempronius Konsuln waren, nicht eröffnet, sondern beendet. **6** Denn die Schlacht an der Trebia lässt sich nicht auf das Jahr des Gnaeus Servilius und Gaius Flaminius hinaussetzen, weil Flaminius sein Konsulat zu Ariminum antrat, nachdem er es unter dem Vorsitz des Konsuls Tiberius Sempronius erhalten hatte, und dieser kehrte nach Beendigung des Wahlgeschäfts zu seinem Heer in die Winterquartiere zurück, als er erst nach der Schlacht an der Trebia zur Konsulwahl nach Rom gegangen war.

(16) Fast um dieselbe Zeit, als die von Karthago zurückgekommenen Gesandten die Nachricht brachten, dass nichts als Krieg zu erwarten sei, erfuhr man auch die Zerstörung Sagunts; **2** und die Väter fühlten sich zugleich von Betrübnis, von Mitleid mit den so schmählich umgekommenen Bundesgenossen, von Beschämung, ihnen nicht geholfen zu haben, von Zorn gegen die Karthager und nicht anders, als stünde der Feind schon vor den Toren, und von Besorgnis für den ganzen Staat so stark ergriffen, dass sie, von so verschiedenen Gemütsbewegungen auf einmal bestimmt, mehr durcheinander lärmten als sich berieten. **3** Nie habe man mit einem hartnäckigeren, kriegerischeren Feind zu tun gehabt, und nie sei der römische Staat so saumselig, so unkriegerisch gewesen. **4** Die Sardinier und Korsen, die Istrier und Illyrer hätten die römischen Waffen mehr gereizt als geübt, und mit den Galliern habe man eher stürmische Anfälle als wahren Krieg gehabt. **5** Die Punier, diese erprobten Feinde, seit 23 Jahren in den schwierigsten Feldzügen unter spanischen Völkern beständig Sieger, zuerst unter Hamilkar, dann unter Hasdrubal, jetzt von Hannibal, einem tatkräftigen Feldherrn eingewöhnt, kämen nach der Zerstörung der mächtigsten Stadt neu gestärkt über den Ebro, zögen so viele Völker Spaniens hinter sich her und würden die immer kampflustigen Völkerschaften Galliens aufwiegeln. **6** Mit dem ganzen Erdkreise werde man Krieg zu führen haben, und zwar in Italien vor Roms Mauern.

(17) Angegeben waren den Konsuln ihre Provinzen schon früher; jetzt mussten sie verlost werden. Cornelius erhielt Spanien, Sempronius Afrika nebst Sizilien. **2** Sechs Legionen wurden ihnen für dies Jahr bestimmt, so viele Bundesgenossen, als sie nötig finden würden, und eine so große Flotte, als sie ausrüsten könnten. Sie brachten 24 000 Mann römisches Fußvolk auf **3** und 1800 Reiter, von den Bundesgenossen 40 000 zu Fuß, 4400 zu Pferd, und machten 220 Linienschiffe und 20 Jachten segelfertig. **4** Darauf wurde die Frage an das Volk gebracht, ob es genehmige und beschließe, dass dem karthagischen Volk der Krieg erklärt werde. Und wegen dieses Krieges wurde in der Stadt ein Betfest angestellt und die Götter angefleht, dem Krieg, den das römische Volk beschlossen habe, einen gesegneten und glücklichen Erfolg angedeihen zu lassen.

5 Die Truppen wurden unter die Konsuln folgendermaßen verteilt: Sempronius bekam zwei Legionen, jede zu 4000 Mann und 300 Reitern, 16 000 Mann Bundesgenossen zu Fuß und 1800 zu Pferd, 160 Kriegsschiffe und zwölf Jachten. **6** Mit dieser Land- und Seemacht wurde Sempronius nach Sizilien geschickt, um damit, wenn der andere Konsul zur Abwehr der Punier von Italien genüge, nach Afrika überzusetzen.

7 Dem Cornelius gab man weniger Truppen, weil der Prätor Lucius Manlius ebenfalls mit einem nicht unbeträchtlichen Heer nach Gallien geschickt wurde. **8** Namentlich verringerte man dem Cornelius die Zahl der Schiffe. Man gab ihm 60 Linienschiffe, denn man glaubte nicht, dass der Feind zur See herankommen oder überhaupt sich auf diese Art der Kriegführung einlassen werde; ferner vier Legionen Römer mit ihrer vollzähligen Reiterei und 14 000 Mann Bundesgenossen zu Fuß mit 1600 zu Pferd.

9 Zwei römische Legionen, 10 000 Mann Bundesgenossen zu Fuß, 1000 Mann Bundesgenossen zu Pferd und 600 römische Reiter bekam die Provinz Gallien, ohne dass an deren Verwendung für den Punischen Krieg gedacht wurde.

(18) Nach diesen Vorkehrungen schickte man, um jede Pflicht erfüllt zu haben, bevor es zum Krieg käme, von den älteren Senatoren den Quintus Fabius, Marcus Livius, Lucius Aemilius, Gaius Licinius und Quintus Baebius als Gesandte nach Afrika, um bei den Karthagern anzufragen, **2** ob Hannibal Sagunt nach einem Beschluss des Staatsrates belagert habe; und wenn sie dies, was man vermutete, **3** zugeben und als Maßregel des Staates rechtfertigen wollten, dem karthagischen Volk den Krieg zu erklären. Als die in Karthago angelangten Römer vor den Senat geführt waren, und Quintus Fabius dem Auftrag gemäß bloß die eine Frage an sie gerichtet hatte, **4** sprach

einer von den Karthagern: *Auch eure vorige Gesandtschaft, ihr Römer, war sehr übereilt, als ihr Hannibal ausgeliefert haben wolltet, als hätte er Sagunt auf seine Verantwortung belagert;* **5** *allein diese, wenngleich bis jetzt in den Ausdrücken milder, ist in der Tat noch verletzender. Damals wurde Hannibal zugleich beschuldigt und zur Auslieferung verlangt, jetzt wollt ihr uns das Geständnis einer Schuld abnötigen* **6** *und sogleich, als hätten wir sie schon gestanden, Ersatz haben. Meiner Meinung nach muss hier nicht gefragt werden: Hat Hannibal Sagunt auf eigene Hand oder mit Zustimmung des Staates belagert, sondern: Tat er das mit Recht oder mit Unrecht?* **7** *Ob er es auf eigenen oder unseren Antrieb getan hat, darüber haben bei unserem Mitbürger nur wir zu untersuchen und zu verfügen.* **8** *Mit euch beruht der Streit bloß darauf, ob unser Vertrag das zugelassen habe. Weil ihr indes die Frage ausgemacht wissen wollt, was die Feldherren nach des Staates Ermessen und was sie auf eigenen Antrieb tun sollen, so hat ja auch euer Konsul Lutatius einen Vertrag zwischen euch und uns geschlossen; und als in diesem die Bundesgenossen beider Teile sichergestellt wurden, fiel nicht ein Wort von Sicherstellung der Saguntiner vor,* **9** *denn sie waren eure Bundesgenossen noch nicht. Aber, sagt ihr, in dem Vertrag, den wir mit Hasdrubal schlossen, war sie den Saguntinern ausdrücklich ausbedungen.* **10** *Hierauf werde ich nur das erwidern, was ich von euch gelernt habe. Ihr wolltet damals an den ersten Vertrag, welchen der Konsul Lutatius mit uns schloss, durchaus nicht gebunden sein, weil er weder nach einem Beschluss des Senates noch auf Befehl des Volkes geschlossen war. Deswegen wurde ein anderer ganz neuer mit Zustimmung eures Staates geschlossen.* **11** *Wenn ihr euch nicht an Verträge bindet, die nicht auf euren Beschluss oder euer Geheiß geschlossen sind, so hat auch Hasdrubals Vertrag, den er ohne unser Wissen geschlossen hat, uns nicht verpflichten können.* **12** *So hört doch auf, Sagunt und den Ebro im Mund zu führen und lasst das, womit euer Inneres so lange schon schwanger geht, endlich hervortreten.* **13** Da sprach der Römer, indem er seine Toga in eine Vertiefung zusammenfasste: *Hier bringen wir euch Krieg und Frieden, nehmt, was ihr wollt!* Auf diese Worte erwiderten sie nicht minder trotzig mit Geschrei, er möge ihnen geben, was er wolle. **14** Und als er die Toga herunterließ und sagte, er gebe ihnen den Krieg, da antworteten alle, sie nähmen ihn an und würden ihn mit demselben Sinn, mit dem sie ihn annähmen, auch führen.

(19) Diese unmittelbare Anfrage und Kriegserklärung schien der Würde des römischen Volkes angemessener zu sein, als sich über das Recht der Verträge in einen Wortstreit einzulassen, selbst wenn es vor der Zerstörung Sagunts geschehen wäre, um so viel mehr jetzt nach derselben. **2** Denn wenn hier eine Auseinandersetzung in Worten stattfinden sollte, wie konnte man Hasdrubals Vertrag mit dem ersten nachher geänderten Vertrag des Lutatius zusammenstellen, **3** da im Vertrag des Lutatius der ausdrückliche Zusatz gemacht war, er solle nur dann gültig sein, wenn das Volk ihn bestätige – in Hasdrubals Vertrag hingegen dergleichen nicht nur nicht angegeben war, sondern dieser selbst durch ein vieljähriges Stillschweigen noch bei Hasdrubals Leben so volle Gültigkeit bekam, dass auch nicht einmal bei seinem, des Stifters, Tod etwas darin abgeändert wurde? **4** Selbst wenn man sich an den älteren* Vertrag halten wollte, so war in diesem für die Saguntiner hinlänglich dadurch gesorgt, dass die Bundesgenossen beider Teile sichergestellt waren, denn es war weder hinzugesetzt: „Bloß diejenigen, die wir jetzt haben", noch auch, dass man keine neuen annehmen sollte. **5** Und wenn man neue Bundesgenossen annehmen durfte, wer könnte dann es sich denken, dass man nicht entweder dieses und jenes Volk seiner Verdienste wegen annehmen, oder die in den Bund Aufgenommenen unbeschützt lassen werde? Wenn man nur karthagische Bundesgenossen ebenso wenig zum Abfall verleitete, als sie, wenn sie von selbst abfielen, in Schutz nahm.

---

* An den von Lutatius mit römischer Genehmigung geschlossenen.

6 Die römischen Gesandten gingen, wie ihnen zu Rom befohlen war, von Karthago nach Spanien, wo sie die Staaten besuchen sollten, um sie zum römischen Bund zu bereden oder von den Puniern abwendig zu machen. ***7*** Zuerst kamen sie zu den Bargusiern. Da diese der punischen Herrschaft überdrüssig waren, wurden sie freundlich aufgenommen und weckten bei vielen Völkern den Wunsch nach einer neuen Lage. ***8*** Von hier kamen sie zu den Volcianern, deren in Spanien ruchbar gewordene Antwort die übrigen Völker vom römischen Bund abbrachte. Der Älteste von ihnen ließ sich vor der Versammlung so aus: ***9*** *Mit welcher Unverschämtheit, ihr Römer, verlangt ihr, dass wir eure Freundschaft der karthagischen vorziehen sollen, da ihr an den Saguntinern, die dies getan haben, als Bundesgenossen mit mehr Grausamkeit zu Verrätern geworden seid, als die Punier, ihre Feinde, zu Mördern?* ***10*** *Ich dächte, ihr suchtet euch Bundesgenossen, wo man vom Unglück der Saguntiner nichts weiß. Für Spaniens Völker werden die Trümmer Sagunts eine ebenso deutliche wie traurige Mahnung sein, sich auf Roms Treue und Bündnis nicht zu verlassen.* ***11*** Darauf wurde ihnen angedeutet, aus dem volcianischen Gebiet sich sogleich zu entfernen, und nun erhielten sie von keiner einzigen Versammlung in Spanien eine freundlichere Antwort. So gingen sie, nachdem sie Spanien vergeblich bereist hatten, nach Gallien.

(20) Bei den Galliern bot sich ihnen ein neuer und schrecklicher Anblick dar, weil das Volk die Gewohnheit hat, in der Versammlung bewaffnet zu erscheinen. ***2*** Als die Gesandten nach einer Schilderung, in der sie den Ruhm und die Tapferkeit des römischen Volkes und die Größe des Reiches priesen, ihre Bitte vortrugen, die Gallier möchten dem Hannibal zu seinem Angriff auf Italien den Durchzug durch ihre Länder und Städte nicht gestatten, ***3*** soll ein so lautes Getöse und Gelächter entstanden sein, dass kaum die Behörden und älteren Männer die jüngeren zur Ruhe bringen konnten. ***4*** So albern und unverschämt fanden es die Gallier, dass man ihnen zumute, sie sollten, um den Krieg nicht nach Italien gelangen zu lassen, ihn auf sich selbst ableiten und ihr eigenes Land einem Fremden zur Verheerung preisgeben. ***5*** Als endlich das Getöse gestillt war, gaben sie den Gesandten die Antwort, weder die Römer hätten sich um sie so verdient gemacht, noch die Karthager an ihnen so schlecht gehandelt, dass sie entweder für die Römer oder gegen die Karthager zu den Waffen greifen möchten. ***6*** Im Gegenteil müssten sie hören, dass Völker ihres Stammes von den Römern aus Italiens Gebiet und Grenzen vertrieben würden, dass sie Tribut zahlten und sonst Unwürdiges zu erdulden hätten. ***7*** Die Anträge der Gesandten und die Antworten darauf waren in den übrigen Versammlungen Galliens fast dieselben; und die Sprache der gastlichen und wohlmeinenden Aufnahme hörten sie nicht eher, als bis sie nach Massilia kamen. ***8*** Hier wurden sie nach den mit treuer Sorgfalt angestellten Erkundigungen dieser Bundesgenossen von allem unterrichtet: dass Hannibal in der Bewerbung um die Freundschaft der Gallier ihnen schon früh zuvorgekommen sei, dass aber diese Nation bei ihrer Wildheit und Rohheit auch gegen ihn nicht so ganz gefällig sein werde, wenn er nicht von Zeit zu Zeit das Wohlwollen der Oberhäupter durch Geld gewinne, nach welchem die Nation sehr begierig sei. ***9*** So trafen die Gesandten, nachdem sie die Völkerschaften Spaniens und Galliens besucht hatten, in Rom nicht lange nachher ein, als die Konsuln zu den Heeren abgegangen waren. Hier fanden sie die ganze Stadt in gespannter Erwartung auf den Krieg, denn das Gerücht, dass die Punier schon über den Ebro gegangen wären, wurde allgemein bestätigt.

(21) Hannibal war nach der Eroberung Sagunts in die Winterquartiere nach Neukarthago gegangen. Und hier, wo er die Verhandlungen und Beschlüsse von Rom und Karthago erfuhr, ***2*** und dass er nicht bloß Anführer, sondern auch die Ursache des Krieges sei, ließ er nach Austeilung und Verkauf der noch übrigen Beute die geborenen Spanier seines Heeres zusammenrufen, weil er nun nicht länger säumen wollte. ***3*** *Ich glaube*, sprach er, *es werde euch, Bundesgenossen, ebenfalls klar sein, dass wir nach Beruhigung aller Völkerschaften Spaniens entweder unseren Kriegsdienst*

aufgeben und die Heere entlassen, oder den Kriegsschauplatz in andere Länder verlegen müssen, ***4*** *denn nur dann werden sich diese Nationen nicht bloß der Segnungen des Friedens, sondern auch der des Sieges zu erfreuen haben, wenn wir Beute und Ruhm bei anderen Völkern suchen werden.* ***5*** *Da uns also ein Dienst fern von der Heimat bevorsteht und es ungewiss ist, wann ihr eure Häuser und was ein jeder dort Liebes hat, wiedersehen werdet, so gebe ich jedem von euch, der die Seinigen besuchen will, hiermit Urlaub.* ***6*** *Mit dem Anfang des Frühlings findet euch wieder ein, um unter dem Beistand der Götter einen Krieg zu beginnen, der uns mit Ruhm und Beute überhäufen wird.*

7 Fast allen war die freiwillig angebotene Erlaubnis, ihre Heimat besuchen zu dürfen, sehr willkommen, weil sie sich teils schon nach den Ihrigen sehnten, teils für die Zukunft eine längere Entbehrung voraussahen. ***8*** Diese während des ganzen Winters zwischen den schon überstandenen und demnächst zu überstehenden Beschwerden genossene Ruhe gab ihnen neue Körperkraft und Mut, alles wieder aufs Neue zu ertragen. Mit dem Anfang des Frühjahrs stellten sie sich seinem Befehl gemäß wieder ein.

9 Als Hannibal die Hilfstruppen aller Völker gemustert hatte, ging er nach Gades, bezahlte dem Herkules seine Gelübde und machte sich, wenn ihm seine Unternehmungen ferner gelängen, zu neuen verbindlich. ***10*** Und nun beschloss er, zufolge seiner auf Angriff und Sicherstellung zugleich verteilten Maßregeln, damit nicht die Römer von Sizilien aus, während er zu Lande durch Spanien und Gallien gegen Italien heranzöge, Afrika wehrlos und offen finden möchten, Letzteres durch ein starkes Truppenkorps zu sichern. ***11*** Zum Ersatz ließ er sich aus Afrika eine Verstärkung größtenteils von leicht bewaffneten Wurfschützen schicken, so dass in Spanien Afrikaner, in Afrika Spanier Kriegsdienste taten, beide in der Ferne von Hause bessere Soldaten werden und sich einander gleichsam durch gegenseitige Unterpfänder Bürgschaft stellen mussten. ***12*** 13 850 Mann Fußvolk mit kleinen spanischen Schilden schickte er nach Afrika, 870 balkarische Schleuderer, und an Reiterei, aus mehreren Völkern gemischt, 1200. ***13*** Diese Truppen bestimmte er teils zur Besatzung von Karthago, teils zur Verteilung in Afrika. Auch mussten 4000 der auserlesensten Jünglinge, die er durch seine Werber in den Staaten ausheben ließ, als Besatzung zugleich und als Geiseln nach Karthago gebracht werden.

(22) Um aber auch Spanien nicht zu vernachlässigen – und gerade dies umso weniger, weil ihm nicht unbekannt war, dass eine römische Gesandtschaft mit Anträgen an die Fürsten es besucht hatte –, ***2*** bestimmte er dies seinem Bruder Hasdrubal, einem tatkräftigen Mann, zur Provinz und versah ihn mit einem Heer größtenteils afrikanischer Truppen, mit einem Fußvolk von 11 850 Afrikanern, 300 Ligurern, 500 Balearen. ***3*** Außer dieser Macht zu Fuß gab er ihm an Reiterei 300 Libyphönizier, ihrer Abkunft nach halb Punier, halb Afrikaner, gegen 1800 Numider und Mauren, Anwohner des Ozeans, und eine kleine Schar Ilergeten aus Spanien, 200 Reiter, und um es ihm an keinem Erfordernis einer Landmacht fehlen zu lassen, 14 Elefanten. ***4*** Ferner gab er ihm eine Flotte zum Schutz der Seeküste – denn es war zu erwarten, dass sich die Römer auch jetzt wieder auf diesen Zweig der Kriegführung einlassen würden, der ihnen den Sieg verschafft hatte –, 50 Fünfruderer, zwei Vierruderer; aber segelfertig und bemannt waren nur 32 Fünfruderer und die fünf Dreiruderer.

5 Von Gades kehrte er nach Neukarthago in das Winterlager seines Heeres zurück, und nach seinem Aufbruch von hier rückte er bei der Stadt Anusa vorbei nach dem Ebro und der Seeküste. ***6*** Hier, heißt es, sah er im Traum einen Jüngling von göttlicher Gestalt, der ihm sagte, Jupiter schicke ihn dem Hannibal zum Wegweiser nach Italien. Er möge also folgen und seine Augen nach keiner Seite von ihm abwenden. ***7*** Anfangs sei er zögernd, ohne seitwärts oder hinter sich zu blicken, ihm gefolgt, dann aber habe er, vermöge der menschlichen Neugierde, darüber unruhig, was das sein möge, wonach er sich nicht umsehen solle, die Augen nicht länger in seiner Gewalt gehabt.

8 Da habe er denn einen Drachen von erstaunlicher Größe gesehen, der über niedergebrochene Bäume und Gebüsche ihm nachstürzte und im Hintergrund eine Wetterwolke, die am krachenden Himmel heraufzog. ***9*** Auf seine Frage, was das für ein Ungetüm sei und was diese Erscheinung bedeute, habe er die Antwort bekommen, das sei die Verheerung Italiens; er möge weitergehen, nicht weiter fragen und die Zukunft in ihrem Dunkel ruhen lassen.

(23) Dieser Erscheinung froh, setzte er sein Heer in drei Abteilungen über den Ebro, nachdem er einige vorausgeschickt hatte, die ihm für seinen Durchzug die Gallier jener Gegenden durch Geschenke gewinnen und die Wege über die Alpen ausforschen sollten. Es waren 90 000 Mann zu Fuß und 12 000 zu Pferde, die er über den Ebro führte. ***2*** Darauf unterwarf er sich die Ilergeten, Bargusier, Ausetaner und Lacetanien, das am Fuß der Pyrenäen liegt, und setzte Hanno über diese ganze Gegend, um den Pass, durch welchen Spanien mit Gallien zusammenhängt, in seiner Gewalt zu haben. ***3*** Zur Behauptung dieser Länder ließ er dem Hanno 10 000 Mann zu Fuß und 1000 zu Pferd.

4 Als das Heer den Zug über die Pyrenäen begann und unter seinen fremden Truppen das Gerücht von einem römischen Krieg sich mit einiger Gewissheit verbreitete, kehrten 3000 Mann karpetanisches Fußvolk um. Man erfuhr, dass nicht so sehr der Krieg selbst sie geschreckt habe, als vielmehr der weite Weg und die Unmöglichkeit, die Alpen zu übersteigen. ***5*** Hannibal, der aus Besorgnis, auch den Trotz der Übrigen zu reizen, es zu gewagt fand, sie zurückzurufen oder mit Gewalt festzuhalten, ***6*** schickte noch über 7000 Mann, an denen er eine gleiche Unlust zum Dienst gemerkt hatte, nach ihrer Heimat zurück und gab sich den Schein, auch die Carpetaner entlassen zu haben.

(24) Nun zog er mit den übrigen Truppen, um sie nicht durch Aufenthalt und Untätigkeit verdrießlich werden zu lassen, über die Pyrenäen und lagerte sich bei der Stadt Iliberri. ***2*** Die Gallier hörten zwar, dass der Krieg Italien gelte, aber dennoch sammelten sich auf das Gerücht, dass man die Spanier jenseits der Pyrenäen zur Unterwerfung gezwungen und mit starken Besatzungen belegt habe, mehrere Völkerschaften, die aus Furcht vor der Sklaverei zu den Waffen herbeistürzten, zu Ruscino. ***3*** Als dies Hannibal gemeldet wurde, ließ er, mehr den Aufenthalt als ihre Kriege fürchtend, ihren Fürsten sagen, er wünsche sich persönlich mit ihnen zu besprechen, entweder möchten sie näher an Iliberri kommen, oder er wolle nach Ruscino vorrücken, um die Zusammenkunft durch die Nähe zu erleichtern; ***4*** er werde sie mit Freuden in sein Lager aufnehmen und ebenso ohne Bedenken sich bei ihnen einfinden; denn er sei nach Gallien als Gastfreund, nicht als Feind gekommen. Auch werde er, wenn es die Gallier geschehen ließen, sein Schwert nicht eher ziehen, bis er in Italien angelangt sei. ***5*** Dies ließ er ihnen durch seine Abgeordneten melden. Als nun die Fürsten der Gallier, nachdem sie sogleich bis Iliberri gegangen waren und sich ohne Anstand bei Hannibal eingefunden hatten, und durch Geschenke gewonnen waren, ließen sie sein Heer ungestört durch ihr Gebiet bei der Stadt Ruscina vorüberziehen.

(25) Nach Italien war unterdessen noch keine weitere Nachricht gelangt, als durch die massilischen Gesandten nach Rom und dass Hannibal über den Ebro gegangen sei; ***2*** und dennoch empörten sich sogleich, gerade als hätte er schon die Alpen überschritten, die Boier, von denen die Insubrer schon aufgewiegelt waren, nicht so sehr aus alter Erbitterung gegen Rom, als vielmehr weil sie es verdross, dass neulich in der Nähe des Po Ansiedlungen nach Placentia und Cremona in das gallische Gebiet geführt waren. ***3*** Plötzlich griffen sie zu den Waffen und setzten alles durch einen Einfall gerade in diese Gegend so in Schrecken und Aufstand, dass nicht bloß eine Menge Landbewohner, sondern selbst die römischen Dreimänner, die zur Landvermessung hierher gekommen waren, ***4*** Gaius Lutatius, Gaius Servilius und Titus Annius, weil ihnen Placentia nicht fest genug schien, nach Mutina flüchteten. Über den Namen des Lutatius finde ich keinen Zweifel.

Statt des Gaius Servilius und Titus Annius haben einige Jahrbücher den Quintus Acilius und Gaius Herennius, andere den Publius Cornelius Asina und Gaius Papirius Maso. ***5*** Auch das ist zweifelhaft, ob sich die Boier an den Gesandten vergriffen, welche sie zur Rede stellen sollten, oder ob sie die Dreimänner bei der Vermessung des Landes anfielen. ***6*** Die Gallier, von welchen sie zu Mutina eingeschlossen waren, die, als ein mit dem Sturm auf Städte zu unbekanntes und zur Anlegung von Belagerungswerken viel zu träges Volk, ohne Erfolg vor den unberührten Mauern lagen, ließen sich zum Schein auf Friedensunterhandlungen ein. ***7*** Die von den Fürsten der Gallier zur Unterredung herausgerufenen Gesandten wurden nicht nur gegen das Völkerrecht, sondern auch dem auf diese Zeit gegebenen Wort zuwider verhaftet, und die Gallier weigerten sich, sie freizugeben, wenn ihnen nicht ihre Geiseln zurückgegeben würden.

8 Auf diese Nachricht über die Gesandten und bei der Gefahr, in welcher Mutina mit seiner Besatzung schwebte, rückte der Prätor Lucius Manlius zornentbrannt in einem ungeordneten Zug nach Mutina. ***9*** Auf beiden Seiten des Weges stand damals noch ein Wald, weil die Gegend meistens noch unbeackert war. Hier fiel er, weil er ohne eingezogene Kunde sich aufgemacht hatte, in einen Hinterhalt. Nicht ohne großen Verlust an Leuten und nur mit Mühe rettete er sich in eine mehr offene Gegend, ***10*** wo er ein Lager aufschlug, und weil die Gallier keinen Angriff auf dieses wagten, den Mut seiner Truppen wiederherstellte, obgleich sie ihre Gefallenen auf 500 berechnen konnten. ***11*** Sie begannen den Marsch von Neuem, und solange der Zug durch offene Gegenden ging, zeigte sich kein Feind. ***12*** Kaum aber rückten sie wieder in das Gehölz, als ihnen der Feind in die Nachhut fiel und in der allgemeinen Verwirrung und Bestürzung 700 tötete und sechs Fahnen nahm. ***13*** Diese furchtbaren Angriffe der Gallier und die Verzagtheit der Römer hatten sogleich ein Ende, als diese dem unwegsamen und wild verwachsenen Forst entgangen waren. Von hier an im Freien, konnten die Römer ihren Zug sichern, wo sie dann nach Tannetum, einem Flecken in der Nähe des Po, eilten. ***14*** Hier behaupteten sie sich gegen die täglich wachsende Menge der Feinde für die erste Zeit durch eine Verschanzung, durch die Zufuhr vermittels des Flusses und den Beistand der Gallier von Brixia.

(26) Als die Nachricht von diesem plötzlichen Kriegslärm in Rom einlief und die Väter zu dem Punischen Krieg noch einen Gallischen kommen sahen, ***2*** befahlen sie dem Prätor Gaius Atilius, mit einer römischen Legion und 5000 Mann Bundesgenossen, welche der Konsul durch eine neue Werbung aushob, dem Manlius zu Hilfe zu ziehen, und er kam ohne Schwertstreich, weil sich die Feinde aus Furcht zurückgezogen hatten, nach Tannetum.

3 Auch der Konsul Publius Cornelius, der die mit dem Prätor abgeschickte Legion durch eine neu geworbene ersetzte, kam von Rom mit 60 Kriegsschiffen an der Küste Etruriens, Liguriens und den Gebirgen der Salluver vorbei nach Massilia ***4*** und schlug an der nächsten Mündung der Rhone – denn der Strom teilt sich bei seinem Ausfluss in mehrere Arme – sein Lager auf, ohne daran glauben zu wollen, dass Hannibal schon die Pyrenäen überstiegen habe. ***5*** Als er nun hören musste, dass dieser sogar schon an den Übergang über die Rhone denke, schickte er, ungewiss, wo er ihm entgegentreten sollte, und weil auch seine Soldaten von der Seekrankheit noch nicht völlig hergestellt waren, vorläufig 300 auserlesene Reiter aus, welche, von den Massiliern und gallischen Hilfstruppen geführt, sich nach allem erkundigen und von einem sicheren Standort aus den Feind beobachten sollten.

6 Hannibal, der sich bei den übrigen Völkern eine friedliche Aufnahme erzwungen oder erkauft hatte, war jetzt in das Gebiet der Volker, eines mächtigen Volkes, gerückt. Sie wohnen an beiden Ufern der Rhone. Weil sie sich aber nicht zutrauten, den Puniern das diesseitige Land verwehren zu können, schafften sie, um den Strom als Schutzwehr zu benutzen, fast ihr ganzes Eigentum über die Rhone und besetzten das jenseitige Ufer mit Bewaffneten. ***7*** Die übrigen Anwohner des Flusses und selbst diejenigen von ihnen, welche sich von ihren Wohnungen nicht hatten trennen wollen, wurden teils von Hannibal durch Geschenke gewonnen, von allen Seiten Schiffe zusammenzubringen und neue zu zimmern, teils war es ihr eigener Wunsch, das Heer übergesetzt und ihr Land baldmöglichst von einer so drückenden Menschenmasse befreit zu sehen. ***8*** Es wurde also eine ungeheure Menge von Schiffen und Kähnen aufgebracht, die ohnehin zu allerlei Bedürfnissen in der Nähe fertig standen; ***9*** und man baute noch neue dazu, indem zuerst bloß die Gallier zu jedem Kahn, dem sie kaum den ersten Zuschnitt gaben, einen Baumstamm aushöhlten, dann aber auch die Soldaten selbst, zugleich durch die Menge des Bauholzes und die Leichtigkeit der Arbeit angelockt, weil sie nur darauf zu sehen hatten, dass sie auf dem Wasser schwimmen und beladen werden könnten, in der Eile eine Menge unförmlicher Kiele bloß dazu anfertigten, sich und ihr Eigentum vermittels derselben auf die andere Seite zu schaffen.

(27) Als schon alles zur Überfahrt gerüstet war, musste man nun noch die Feinde gegenüber fürchten, die das ganze Ufer mit Reiterei und Fußvolk besetzt hielten. ***2*** Um diese zu vertreiben, befahl er Hanno, einem Sohn Bomilkars, mit einem Teil der Truppen, namentlich Spaniern, stromaufwärts einen Tagesmarsch zu machen ***3*** und, wenn er dann, wo es zuerst tunlich wäre, so unbemerkt wie möglich über den Strom gegangen sei, sich mit seiner Schar herumzuziehen, um den Feind zu rechter Zeit im Rücken anzugreifen. ***4*** Die hierzu mitgegebenen gallischen Wegweiser belehrten ihn, dass der Fluss beinahe 25 000 Schritte weiter aufwärts, wo er eine kleine Insel bilde, weil er sich hier teile, bei einem breiteren und ebendarum nicht so tiefen Bett einen Übergang gestatte. ***5*** Hier wurden sogleich Bäume gefällt und Flöße gezimmert, um auf diesen Pferde und Leute und andere Lasten überzusetzen. Die Spanier schwammen ohne große Zurüstungen auf Schläuchen, nachdem sie ihre Kleidung hineingesteckt und ihre Rundschilde unter sich genommen hatten, über den Fluss. ***6*** Das übrige Heer, das auf verbundenen Flößen übersetzte, hielt in einem nahe am Fluss bezogenen Lager wegen seiner Ermüdung vom nächtlichen Marsch und von der beschwerlichen Arbeit einen Rasttag, während der Anführer sich anschickte, den Plan zu rechter Zeit auszuführen. ***7*** Am folgenden Tag gaben sie, nach ihrem Aufbruch aus dieser Stellung, das Zeichen durch Rauch, dass sie über den Fluss gegangen und nicht mehr fern wären.

Als Hannibal dies hörte, gab auch er, um den Augenblick nicht zu versäumen, Befehl zum Übergang. ***8*** Schon war das Fußvolk mit seinen Kähnen fertig und bereit. Der Zug von Schiffen, der so ziemlich die ganze Reiterei neben den schwimmenden Pferden, und zwar um die Gewalt des Stromes zu brechen, oberhalb hinübertrug, gewährte den unterhalb übersetzenden Kähnen ein weniger reißendes Wasser. ***9*** Die Pferde wurden größtenteils schwimmend von den Hinterteilen der Schiffe an Riemen nachgezogen, bis auf die, welche man gesattelt und gezäumt auf die Schiffe genommen hatte, damit sie von dem Reiter, sowie er ans Land gestiegen wäre, sogleich gebraucht werden könnten.

(28) Die Gallier kamen ihnen unter mancherlei Geheul und Gesang nach ihrer Sitte an das Ufer entgegengelaufen, schlugen über ihrem Kopf auf ihre Schilde und schwangen in ihren Rechten die Waffen, ***2*** wiewohl auch sie eine so große Menge von Schiffen vor ihnen, sowie der laut rauschende Strom und das mannigfache Geschrei der Schiffer und Soldaten, welche hier den treibenden Strom durchbrechen wollten, dort vom andern Ufer den übersetzenden Ihrigen Ermunterungen zuriefen, in Schrecken setzte. ***3*** Schon bestürzt genug durch den Lärm gegenüber, wurden sie im Rücken von einem noch fürchterlicheren Geschrei überfallen, weil Hanno ihr Lager erobert hatte. Gleich darauf war er selbst da, und der Schrecken umringte sie von zwei Seiten, da von den Schiffen her eine solche Menge Bewaffneter ans Land stieg und ein nicht erwartetes Heer sie im Rücken bedrängte. ***4*** Als die Gallier, die gegen beide Seiten Widerstand zu leisten versuchten, sich geschlagen sahen, brachen sie durch, wo ihnen der Weg am meisten offen schien, und verliefen

sich ängstlich nach allen Seiten in ihre Dörfer. Hannibal, dem seit diesem Tag die lärmenden Angriffe der Gallier nur wenig Befürchtung verursachten, schlug ein Lager auf, nachdem er seine übrigen Truppen in aller Ruhe übergesetzt hatte.

5 Beim Übersetzen der Elefanten hat man mancherlei Maßregeln angewandt; wenigstens erzählt man den Vorgang auf mancherlei Art. Einige berichten, nachdem man die Elefanten zusammen an das Ufer getrieben, habe der wildeste von ihnen, den man durch seinen Führer necken ließ, dadurch, dass er den ins Wasser flüchtenden schwimmend verfolgte, die ganze Schar hinter sich hergezogen, da selbst die Gewalt des Stromes jeden einzeln, sowie ihm bei seiner Scheu vor der Tiefe der Grund ausging, an das andere Ufer hinüberriss. ***6*** Allein mehrere kommen darin überein, dass sie auf Flößen übergesetzt sind. Und so wie diese Maßregel vor der Ausführung die sicherste gewesen sein müsste, so wird sie auch dadurch, dass die Sache gelang, umso wahrscheinlicher. ***7*** Sie ließen ein 200 Fuß langes, 50 Fuß breites Floß vom Land in den Strom gehen. Nachdem sie dies am oberen Ufer mit mehreren starken Seilen festgebunden hatten, damit es nicht mit dem Strom fortgehen könnte, überschütteten sie es gleich einer Brücke mit daraufgebrachter Erde, so dass es die Tiere, wie einen festen Boden, ohne Scheu betreten konnten. ***8*** Ein zweites Floß, ebenso breit, 100 Fuß lang, und zur Überfahrt eingerichtet, wurde mit jenem in Verbindung gesetzt; ***9*** und sobald die Elefanten, die auf dem festen Floß wie auf einer Heerstraße den voraufgehenden Weibchen nachgetrieben waren, ***10*** wurden die Seile, womit es an jenem nur leicht befestigt war, sogleich gelöst und das Floß von einigen Ruderschiffen zum andern Ufer hinübergezogen. Wenn man so die ersten gelandet hatte, holte man wieder andere und setzte auch diese über. Solange sie noch wie auf einer festen Brücke gingen, zeigten sie nicht die geringste Scheu. ***11*** Nur dann erst wurden sie ängstlich, wenn das ganz abgelöste Floß sie in die Mitte des Stromes fortführte; hier zeigten sie sich sehr unruhig, drängten sich untereinander, und die äußersten zogen sich vom Wasser zurück, bis endlich die Furcht selbst, wenn sie nichts als Wasser um sich sahen, sie zur Ruhe brachte. ***12*** Auch stürzten einige, die zu unbändig waren, in den Fluss; indes da schon ihre Schwere sie im Stehen erhielt, warfen sie ihre Führer herunter, suchten selbst Fuß vor Fuß die seichten Stellen und kamen so glücklich an das Land.

(29) Während die Elefanten übergesetzt wurden, hatte Hannibal 500 numidische Reiter gegen das römische Lager geschickt, um den Standort und die Stärke der Truppen und ihr Vorhaben auszukundschaften. ***2*** Auf dieses Geschwader stießen die 300 römischen Reiter, die, wie oben gesagt, von der Mündung der Rhone abgeschickt waren. Es kam zu einem Gefecht, das viel blutiger war, als es die geringe Anzahl der Kämpfenden erwarten ließ. ***3*** Denn außer vielen Wunden auf beiden Seiten war auch der Verlust beinahe gleich, und den schon sehr entkräfteten Römern gab nur die Flucht und Bestürzung der Numider den Sieg. Von den Siegern fielen 160, und nicht einmal lauter Römer, sondern zum Teil Gallier; von den Besiegten über 200. ***4*** Dieser Anfang des Krieges beschied den Römern zugleich als Vorbedeutung zwar im Ganzen einen glücklichen Erfolg, aber auch einen blutigen Sieg und schweren Kampf.

5 Als beide Teile nach diesem Hergang zu ihren Feldherren zurückkamen, konnte hier Scipio zu keinem weiteren Entschluss kommen, als dass sich seine Maßregeln nach den Entwürfen und Unternehmungen des Feindes richten sollten, ***6*** und dort bestimmte den Hannibal, der ebenso unschlüssig war, ob er seinen angefangenen Zug nach Italien fortsetzen, oder mit dem ersten sich darbietenden römischen Heer schlagen sollte, die Ankunft der Gesandten der Boier und des Fürsten Magalus, sich vor der Hand auf keine Schlacht einzulassen, weil sie sich zu Wegweisern und Teilnehmern des Wagestücks erboten und der Meinung waren, man müsse den Sturm des Krieges ungebrochen und ohne vorher an Kräften das Mindeste aufzuopfern, Italien treffen lassen. ***7*** Der Soldat fürchtete im Allgemeinen zwar den Feind, weil die Erinnerung an den vorigen Krieg noch nicht in ihm erloschen war, noch besorgter aber machten ihn der ungeheure Weg und die Alpen, welche das Gerücht den Unerfahrenen als etwas Furchtbares darstellte.

(30) Hannibal ließ nun, als sein Entschluss, weiter zu ziehen und sich nach Italien zu wenden, gefasst war, das Heer zur Versammlung rufen und feuerte den Mut der Soldaten auf mancherlei Weise, durch Beschämung und Ermunterung an. *2* Er wundere sich, was für ein plötzlicher Schrecken ihre sonst immer furchtlosen Herzen befallen habe. Seit so vielen Jahren dienten sie als siegreiche Krieger und hätten Spanien nicht eher verlassen, als bis alle Nationen und Länder, welche von den beiden einander gegenüberliegenden Meeren umschlossen würden, Karthago unterworfen wären. *3* Nur der Unwille darüber, dass das römische Volk alle Belagerer Sagunts gleich als Verbrecher habe ausgeliefert wissen wollen, habe sie über den Ebro geführt, um den römischen Namen zu vertilgen und die Welt zu befreien. *4* Da sei keinem der Zug lang erschienen, als sie ihn vom Untergang der Sonne ihrem Aufgang entgegen begonnen hätten. *5* Jetzt, da sie bei Weitem den größeren Teil des Marsches zurückgelegt sähen, unter einer Menge der wildesten Völker die Pyrenäen überstiegen hätten, die Rhone, einen so großen Fluss, den ihnen die Gallier zu Tausenden hätten sperren wollen, selbst mit Besiegung des reißenden Stromes überschritten hätten und die Alpen vor Augen sähen, deren andere Seite Italien zugehöre, jetzt, schon an den Toren der Feinde, blieben sie erschöpft stehen, vielleicht in der Meinung, *6* als wären die Alpen – was denn sonst, als Berghöhen? *7* Gesetzt, diese wären auch höher als die Rücken der Pyrenäen, so reiche doch nirgends ein Land bis an den Himmel und sei nie dem menschlichen Geschlecht unübersteigbar. Die Alpen würden sogar bewohnt und bebaut; sie erzeugten und nährten lebende Geschöpfe. Menschen in geringer Anzahl gingen hinüber, und sie wären auch für Heere nicht unwegsam. *8* Selbst die Gesandten, die sie hier sähen, wären ja nicht auf Flügeln durch die Luft getragen über die Alpen gekommen. Auch die Vorfahren dieser Gallier wären keine Eingeborenen, sondern hier als Fremdlinge, als Landbewohner Italiens wären sie über dieselben Alpen oft in großen Zügen mit Frau und Kind nach Art wandernder Völker ohne alle Gefahr herübergekommen. *9* Und was sei wohl einem bewaffneten Krieger, der nichts als die Werkzeuge des Krieges mit sich führe, unwegsam oder unübersteigbar? Wie viele Gefahren, wie viele Beschwerden hätten sie acht Monate lang erduldet, um Sagunt zu erobern? *10* Und im Anzug gegen Rom, die Hauptstadt der Welt, wollten sie irgendetwas so rau und schwierig finden, dass es sie in ihrer Unternehmung aufhalten könne? *11* Gallier hätten einst die Stätte sogar erobert, welche nur betreten zu können der Punier die Hoffnung aufgebe. Also möchten sie entweder einem Volk, das sie in diesen Tagen so oft besiegt hätten, den Preis des Mutes und der Tapferkeit einräumen, oder das Ziel ihres Marsches auf dem Feld zwischen dem Tiber und Roms Mauern erwarten.

(31) Als er sie durch diese Ermunterungen angefeuert hatte, hieß er sie ihren Körper pflegen und sich zum Marsch fertig machen. *2* Am folgenden Tag zog er am Ufer der Rhone aufwärts tiefer nach Gallien hinein, nicht etwa, weil dies ein geraderer Weg zu den Alpen gewesen wäre, sondern weil er, je weiter er sich vom Meer entfernte, *3* um so weniger die Römer zu treffen hoffte, mit denen er vor seiner Ankunft in Italien nicht handgemein zu werden beschlossen hatte. *4* Nach vier Tagemärschen kam er zu der Insel, wo sich die beiden Ströme Arar und Rhone, die von zwei entgegengesetzten Seiten der Alpen herabkommen und einen großen Landstrich umschließen, miteinander vereinigen. Die Ebenen zwischen beiden haben den Namen Insel erhalten. *5* In der Nähe wohnen die Allobroger, ein Volk, das schon damals keinem gallischen Volk an Macht und Ruf nachstand; *6* jetzt aber herrschte in demselben Uneinigkeit. Zwei fürstliche Brüder stritten um den Thron. Der ältere, der zuerst geherrscht hatte, namens Brancus, wurde von seinem jüngeren Bruder und dessen Anhängern unter der Jugend, weil ihm dieser an Macht, wenngleich nicht an Recht, überlegen war, verdrängt. *7* Da die ihm vorgelegte Entscheidung dieses Streites dem

Hannibal sehr erwünscht kam, so gab er als ernannter Schiedsrichter über den Thron, was der Senat und die vornehmen gewollt hatten, dem älteren die Regierung wieder. ***8*** Und wegen dieser verdienstlichen Handlung unterstützte man ihn mit Zufuhr und allem Überfluss, besonders an Kleidungsstücken, womit er sich gegen die berüchtigte Alpenkälte schützen musste.

9 Als er jetzt nach beigelegtem Zwist der Allobroger den Alpen näher rückte, nahm er seinen Weg nicht geradeaus, sondern wandte sich links in das Gebiet der Tricastiner; von da zog er durch die äußerste Ecke des vocontischen Gebietes in das der Tricorier, ohne den Weg beschwerlich zu finden, bis er an den Fluss Druentia kam. ***10*** Dieser, ebenfalls ein Alpenstrom, macht unter allen Flüssen Galliens beim Übergang die meisten Schwierigkeiten. Denn bei den großen Wassermassen, die er mit sich führt, kann er doch keine Schiffe tragen, ***11*** weil er, ohne sich auf Ufer einzuschränken, zugleich in mehrere und nicht immer dieselben Betten verteilt ist, und bei immer neuen Untiefen und neuen Strudeln – gerade dies macht auch dem Fußgänger den Durchweg gefährlich – und weil die Felsstücke und Kiesel, die der Strom fortwälzt, bewirken, dass der, welcher in den Fluss geht, nirgends einen sicheren Stand hat. ***12*** Auch damals machte er ihnen, noch dazu durch Regengüsse angeschwollen, beim Übergang nicht geringe Not, da sie, alles Übrige abgerechnet, schon ihre eigene Verlegenheit und so mancherlei irre machendes Geschrei aus der Fassung brachte.

(32) Konsul Publius Cornelius war etwa drei Tage nach Hannibals Aufbruch von der Rhone in voller Schlachtordnung bei dem feindlichen Lager angekommen, sogleich zu schlagen bereit. ***2*** Als er aber die Verschanzungen verlassen sah, und dass er die so weit Vorausgekommenen so leicht nicht werde einholen können, kehrte er an das Meer und zu seinen Schiffen zurück, um so desto sicherer und leichter dem Hannibal bei seinem Herabsteigen von den Alpen entgegenzugehen. ***3*** Um das durch das Los ihm zugefallene Spanien nicht ohne römische Unterstützung zu lassen, schickte er seinen Bruder Gnaeus Scipio mit dem größten Teil seiner Truppen gegen Hasdrubal, ***4*** nicht bloß zum Schutz der alten Bundesgenossen und zu Verbindungen mit neuen, sondern sogar um den Hasdrubal aus Spanien zu verdrängen. ***5*** Er selbst ging nach Genua mit sehr geringen Streitkräften zurück, weil er Italien mit dem am Po stehenden Heer verteidigen wollte.

6 Hannibal war von der Druentia meistens durch Ebenen, ohne von den Versöhnern jener Gegend, den Galliern, gehindert zu werden, bis an die Alpen gelangt. ***7*** Hatten sich auch die Soldaten von diesen schon eine Vorstellung gemacht, wie der Ruf sie gab, der unbekannte Dinge gern über die Wahrheit hebt, so erregten doch jetzt die Höhe der Gebirge, als sie dieselben in der Nähe sahen, die fast mit dem Himmel zusammenhängenden Schneemassen, die elenden, auf Klippen angebrachten Hütten, die Herden und das Zugvieh, vor Kälte zusammengeschrumpft, die Menschen, ungeschoren und verwildert, die ganze lebende und leblose Natur starrend von Frost, und alle übrigen Erscheinungen, die im Anblick noch grässlicher wurden als in der Schilderung, ihr Entsetzen von Neuem. ***8*** Als der Zug zu den vorderen Hügeln hinanging, bemerkten sie, dass die Bergbewohner die Höhen über ihnen besetzt hielten. Hätten diese die versteckteren Täler besetzt, so hätten sie durch einen plötzlichen Angriff eine allgemeine Flucht und Niederlage bewirkt. ***9*** Hannibal ließ Halt machen, und da er durch die zur Besichtigung der Gegend vorausgeschickten Gallier erfuhr, dass hier kein Übergang möglich sei, schlug er in einem so ausgedehnten Tal, so gut er konnte, zwischen lauter Felsstücken und Klippen sein Lager auf. ***10*** Da er nun durch dieselben Gallier, welche in Sprache und Sitten von den Bergbewohnern wenig verschieden sich in ihre Gespräche gemischt hatten, belehrt wurde, dass der Waldpass nur bei Tag besetzt sei, dass sie sich sämtlich des Nachts in ihre Häuser zerstreuen, so rückte er mit Tagesanbruch an den Fuß der Hügel, als ob er vor ihren Augen bei hellem Tag sich den Pass erzwingen wolle. ***11*** Als nun die Punier auf derselben Stelle, wo sie stehen geblieben waren, ***12*** mit Verschanzung eines Lagers, einer scheinbaren Beschäftigung, die etwas ganz anderes bezweckte, den Tag hingebracht hatten, drang Hannibal, als er sah, dass die Gebirgsbewohner von den Höhen herabgegangen waren und ihre Posten nur vereinzelt dastanden, nachdem er zum Schein mehrere Feuer hatte anzünden lassen, als die Zahl der Bleibenden erforderte, mit Hinterlassung seines Gepäcks, seiner Reiterei und des größten Teiles des Fußvolkes an der Spitze seiner unbelasteten Kerntruppen eiligst durch den Pass ***13*** und nahm seine Stellung auf denselben Höhen, welche die Feinde früher besetzt gehabt hatten.

(33) Bei Tagesanbruch brach das Lager auf, und der Zug der Zurückgebliebenen begann. ***2*** Schon wollten sich die Gebirgsbewohner auf das aus ihren Kastellen gegebene Zeichen zu ihrem gewöhnlichen Posten sammeln, als sie unerwartet einen Teil der Feinde nach Besetzung ihrer Anhöhe über ihren Häuptern stehen, die anderen durch die Straße ziehen sahen. ***3*** Über beide zu gleicher Zeit sich darbietende Erscheinungen standen sie anfangs mit stierem Blick und starr vor Staunen ohne Bewegung. Als sie aber das Gedränge im Pass und den Zug schon durch sein eigenes Getümmel, hauptsächlich über die scheu werdenden Pferde in Verwirrung sahen, da kamen sie in der Überzeugung, ***4*** dass dem Feind selbst der kleinste Zuwachs seiner Bestürzung verderblich werden müsse, auf allen Seiten, der Unwege ebenso wie der Umwege gewohnt, von den Klippen herabgelaufen. ***5*** Da sahen sich die Punier zugleich dem Kampf mit den Feinden und mit der nachteiligen Gegend ausgesetzt; und da jeder für sich bemüht war, der Gefahr am schnellsten zu entgehen, hatten sie mehr Streit untereinander selbst als mit den Feinden. ***6*** Namentlich machten den Zug die Pferde unsicher, weil sie geschreckt durch das misstönende Geschrei, welches die Haine und widerhallenden Täler noch verstärkten, lauter Sprünge machten, und wenn sie einen Schlag oder eine Wunde bekamen, so wild wurden, dass sie eine Menge Menschen und Gepäck aller Art zu Boden stießen; ***7*** viele warf auch das Gedränge, da der Pass auf beiden Seiten steil und abgerissen war, in den Abgrund hinunter, ja selbst einige Soldaten; die Lasttiere aber rollten, als stürzten große Gebäude ein, mit ihren Lasten bergab. ***8*** So grässlich dies anzusehen war, so blieb Hannibal anfangs stehen und hielt seine Leute zurück, um das Getümmel und die Verwirrung nicht noch zu vermehren. ***9*** Dann aber, als er sah, dass der Zug durchbrochen werde und er Gefahr laufe, sein Heer, wenn auch ungeschlagen, doch von allem Gepäck entblößt, über den Pass hinausgebracht zu haben, eilte er von der Höhe herbei, und hatte er gleich durch den bloßen Angriff die Feinde zerstreut, so hatte er doch auch bei seinem Heer die Verwirrung vermehrt. ***10*** Indes war diese Verwirrung im Augenblick, sobald durch die Flucht der Gebirgsbewohner die Wege frei geworden waren, geschlichtet, und bald erfolgte der völlige Durchzug nicht nur in aller Ruhe, sondern beinahe in der Stille. ***11*** Darauf eroberte er die Bergfeste, die Hauptstadt dieses Bezirkes, und einige herumliegende Flecken, und erhielt drei Tage lang sein Heer von den erbeuteten Speisevorräten und Herden. Und weil es weder durch die Gebirgsbewohner, die noch im ersten Schrecken waren, noch auch durch die Gegend besonders aufgehalten wurde, legte er in diesen drei Tagen einen nicht unbedeutenden Teil des Weges zurück.

(34) Darauf kam er zu einer andern Völkerschaft, die nach Verhältnis einer Gebirgsgegend eine Menge Landbauer hatte. Hier lief er Gefahr, nicht in offenem Krieg, sondern durch seine Künste, durch Täuschung und Nachstellung überwältigt zu werden. ***2*** Die Oberhäupter der kleinen Festungen, Männer von hohem Alter, fanden sich als Gesandte bei dem punischen Feldherrn ein und sagten, das Unglück anderer habe sie, ein heilsames Beispiel, den Wunsch gelehrt, lieber die Freundschaft als die Übermacht der Punier zu erfahren. ***3*** Also würden sie gehorsam alle Befehle vollziehen. Er möge Lebensmittel, Wegweiser und für die Sicherheit ihrer Versprechungen Geiseln annehmen. ***4*** Hannibal, der, ohne ihnen geradezu zu glauben und ohne sie abzuweisen, damit sie nicht als Zurückgestoßene offenbar Feinde würden, eine gütige Antwort erteilte, die

Geiseln, die sie ihm gaben, annahm, und von den Lebensmitteln, die sie ihm selbst auf die Straße brachten, Gebrauch machte, folgte ihren Wegweisern mit völlig geordnetem Heer, gar nicht wie in Freundes Land. ***5*** Die Elefanten und die Reiterei waren die Ersten, er selbst folgte mit dem Kern seines Fußvolkes, nach allen Seiten achtsam und auf seiner Hut. ***6*** Kaum war er in einen engen Weg gekommen, der einer zur Seite ragenden Höhe ausgesetzt war, da brachen die Barbaren an allen Ecken und Enden von vorn und von hinten aus ihrem Hinterhalt hervor und griffen aus der Nähe und aus der Ferne an. ***7*** Sie wälzten große Steine auf den Zug hinab, und die meisten von ihnen warfen sich in seine Nachhut. Der Umstand, dass jetzt die Punier mit ihrem Fußvolk in Linie sich gegen diese wenden konnten, machte es ihnen augenscheinlich, wie groß ihr Verlust in diesem Gebirgspass gewesen wäre, wenn ihr Zug im Rücken nicht gedeckt gewesen wäre. ***8*** Selbst jetzt sahen sie sich in der äußersten Gefahr und am Rande des Verderbens. Denn während Hannibal Bedenken trug, mit seinem Heeresteil in den Pass hineinzurücken, weil das Fußvolk, mit dem er selbst die Reiterei deckte, nicht ebenso einen Schutz im Rücken hatte, ***9*** so liefen die Gebirgsbewohner quer über den Weg, durchbrachen den Zug in der Mitte, und Hannibal musste eine Nacht ohne Reiterei und Gepäck zubringen.

(35) Am folgenden Tag stießen seine Truppen, weil sich die Barbaren schon nicht mehr so hitzig in die Lücke drängten, wieder zusammen und legten den Pass nicht ohne Verlust, doch mit größerem Verlust an Lasttieren als an Menschen zurück. ***2*** Jetzt fielen die Gebirgsbewohner nur noch in kleineren Haufen, und mehr nach Räuber- als nach Kriegerart, bald in die Vorhut, bald in die Nachhut, je nachdem ihnen entweder die Gegend einen Vorteil gab, oder der Zug durch sein Fortrücken oder Nachbleiben eine Gelegenheit bot. ***3*** Für den großen Zeitverlust, mit welchem die Elefanten über die engen steilen Wege weitergebracht wurden, gewährten sie auch, wohin ihr Gang sie führte, dem Zug Sicherheit vor den Feinden, weil diese, ihrer ungewohnt, zu furchtsam waren, sich ihnen zu nähern.

4 Am neunten Tag kam man auf die Höhe der Alpen, meistens auf Unwegen und Irrgängen, weil sie entweder von den Wegweisern absichtlich irregeleitet wurden, oder weil sie selbst, wenn sie diesen nicht trauten, sich auf gut Glück in Täler hineinwagten, wo sie einen Weg vermuteten. ***5*** Zwei Tage hatten sie auf der Höhe ihr Standlager; so lange wurde den von Beschwerden und Gefechten ermüdeten Soldaten Ruhe gegönnt, und in dieser Zeit fanden sich auch mehrere der auf den Felsen gestürzten Lasttiere, die der Spur des Zuges nachgegangen waren, wieder im Lager ein. ***6*** Vom Überdruss so vieler Leiden erschöpft, sahen sie sich durch den gefallenen Schnee – ***7*** denn schon hörte das Siebengestirn auf, sichtbar zu sein – zu ihrem großen Schrecken überrascht. Als das Heer, das mit Tagesanbruch aufbrach, allenthalben durch hohen Schnee verdrossen weiterzog, und Unlust und Verzweiflung aus aller Blicken sprach, stellte sich Hannibal an die Spitze des Zuges, ***8*** ließ die Soldaten auf einer vortretenden Gebirgsecke, wo man weit und breit eine Aussicht hatte, Halt machen und zeigte ihnen die am Fuß der Alpen zu beiden Seiten des Po sich hinstreckenden Gefilde mit der Versicherung, dass sie jetzt die Mauern nicht nur von Italien, sondern selbst von der Stadt Rom überstiegen. ***9*** Von nun an gehe der Weg durch Ebenen, ja sogar bergab. Nach einem, höchstens zwei Treffen, würden sie über die Burg und Hauptstadt Italiens wie über ihr Eigentum zu gebieten haben. ***10*** Und nun ging der Zug weiter, selbst ohne alle Versuche von Seiten der Feinde, kleine gelegentliche Überlistungen abgerechnet. Indessen war der Weg hier weit beschwerlicher, als er im Hinansteigen gewesen war, ***11*** weil die Alpen meistenteils auf der italischen Seite zwar weniger hoch, aber doch steiler sind. Fast der ganze Weg war abschüssig, schmal und schlüpfrig, ***12*** so dass sie weder, wenn sie einmal ins Wanken kamen, sich vor dem Fallen bewahren konnten, noch, wenn sie zu Boden gefallen waren, auf ihrer Stelle liegen blieben und also Menschen und Vieh, eins über das andere hinstürzten.

(36) Nun kam man auf eine Klippe, die noch weit schmaler war und deren Felswände so gerade standen, dass kaum ein unbewaffneter Soldat, wenn er den Versuch machte und sich mit den Händen an den umher ragenden Büschen und Stämmen hielt, sich hinablassen konnte. ***2*** Diese Stelle, schon vorher von Natur steil, war durch einen frischen Erdsturz zu einer Tiefe von beinahe 1000 Fuß hinabgestürzt. Als Hannibal sich wunderte, was hier den Zug aufhielt, weil die Reiterei nicht anders, als sei der Marsch zu Ende, stehenblieb, ***3*** meldete man ihm, dass auf dieser Klippe ein Durchkommen unmöglich sei. Er ging selbst hin, um den Ort in Augenschein zu nehmen. ***4*** Er glaubte sich entschließen zu müssen, das Heer auf einem Umweg, wäre er auch noch so lang, durch die ungebahnten, nie betretenen Umgebungen zu führen. ***5*** Hier aber war der Weg vollends unmöglich. Denn solange der bis jetzt unberührte neue Schnee von mäßiger Höhe auf dem alten lag, konnten sie bei ihrem Eintritt in den weichen und nicht zu hohen Schnee leicht festen Fuß fassen. ***6*** Als er aber durch den Heerzug so vieler Menschen und Tiere auseinandergetreten war, gingen sie auf dem darunter stehenden nackten Eis und im fließenden Schlamm des geschmolzenen Schnees. ***7*** Natürlich hatten sie hier eine schreckliche Not mit dem schlüpfrigen Eis, auf dem kein Fußtritt haftete und dessen abschüssige Fläche den Fuß um so eher gleiten ließ. Und stürzten sie, weil auch dann, wenn sie sich auf ihren Händen oder Knien aufrichten wollten, selbst diese Stützen ausglitten, von Neuem nieder, so gab es rundumher weder Stamm noch Wurzel, woran sie sich mit dem Fuß oder der Hand hätten aufhelfen können. So wälzten sie sich nun auf lauter glattem Eis und in dem geschmolzenen Schnee hin und her. ***8*** Die Lasttiere traten öfters durch, da sie ohnehin schon auf der untersten Schneelage gingen, und wenn sie, um sich vom Fall zu erheben, stärker mit den Klauen aufschlugen, sanken sie völlig ein, so dass die meisten wie in einem Fangeisen in dem gehärteten und tief hinein gefrorenen Eis stecken blieben.

(37) Endlich wurde, als Menschen und Tiere vergeblich sich abgemüht und erschöpft hatten, auf der Höhe ein Lager aufgeschlagen, wozu man den Platz nur mit größter Mühe reinigte; soviel Schnee hatte man auszugraben und wegzuschaffen. ***2*** Nun mussten die Soldaten heran, über diese Klippe, die einzige, über welche der Weg möglich war, Bahn zu machen; und da der Fels gebrochen werden musste, so türmten sie die in der Nähe gefällten und gekappten ungeheuren Bäume zu einem gewaltigen Holzstoß auf; diesen setzten sie bei einem sich erhebenden heftigen Sturm, der die Glut beförderte, in Brand, und machten das glühende Gestein durch aufgegossenen Essig mürbe. ***3*** Den auf diese Art ausgebrannten Felsen öffneten sie mit Werkzeugen und ließen seine Höhen so sanft in mäßigen Krümmungen ablaufen, dass nicht allein die Packpferde, sondern auch die Elefanten hinabgeführt werden konnten. ***4*** Vier Tage brachte man an dieser Klippe zu, während welcher die Lasttiere beinahe vor Hunger umkamen; denn die Gipfel sind gewöhnlich kahl, und haben sie etwas Futter, so verschüttet es der Schnee. ***5*** Am Fuß der Gebirge gibt es Täler und manchen sonnigen Hügel, auch Bäche an den Waldungen und Plätze, welche es schon eher verdienen, von Menschen angebaut zu werden. ***6*** Hier schickte man die Lasttiere auf die Weide ***7*** und gab den von Anlegung der Straße ermüdeten Leuten eine dreitägige Ruhe. Von da ging es in die Ebene hinab, wo schon die Gegend und die Sitten ihrer Bewohner milder waren.

(38) Ungefähr auf diese Art erreichten sie Italien, seit ihrem Aufbruch von Neukarthago, wie einige melden, im fünften Monat, nachdem sie die Alpen in 15 Tagen überschritten hatten. ***2*** Wie viele Truppen Hannibal nach dem Übergang gehabt habe, darüber sind die Schriftsteller keineswegs einig. Nach der höchsten Angabe soll er 100 000 Mann zu Fuß und 20 000 zu Pferd gehabt haben, nach der niedrigsten zu Fuß 20 000, zu Pferd 6000. ***3*** Ich würde mich am liebsten an Lucius Cincius Alimentus halten. Weil er nach seinem eigenen Bericht Hannibals Gefangener war, hätte er nicht dadurch, dass er die Gallier und Ligurer mit in die Summe zieht, die Zahl zusammengeworfen. Diese mitgerechnet, habe Hannibal – obgleich es mir wahrscheinlicher ist,

dass sie ihm nun erst zuströmten, *4* was auch einige Schriftsteller behaupten – 80 000 Mann zu Fuß, 10 000 zu Pferd nach Italien gebracht, *5* er habe aber von Hannibal selbst gehört, dass er nach seinem Übergang über die Rhone 36 000 Mann und eine beträchtliche Menge Pferde und Saumtiere verloren habe.

6 Als Hannibal das Gebiet der Tauriner, des den Galliern nächsten Volkes, durchquert hatte, stieg er nach Italien hinab. Da hierin alle übereinstimmen, so wundert es mich umso mehr, dass man darüber ungewiss ist, wo er über die Alpen gegangen sei, und dass man gewöhnlich glaubt, er sei über den Poeninus* gegangen, und diese Höhe der Alpen habe davon den Namen bekommen. Coelius lässt ihn über die Höhe des Cremo** gehen; *7* allein diese Pässe beide hätten ihn nicht zu den Taurinern, sondern durch die Berg-Salasser in das gallische Volk der Libuer herabgeführt. *8* Auch ist es nicht wahrscheinlich, dass jene Wege nach Gallien damals schon offen waren; besonders wäre die Gegend, die zum Poeninus führt, von halbgermanischen Völkern versperrt gewesen. *9* Und dass jenem Gebirge von einem Übergang der Punier der Name beigelegt sei, wenn etwa jemand hierin einen Grund finden wollte, davon wissen die Veragrer, die Bewohner dieser Höhe, in der Tat nicht das Geringste, sondern es bekam ihn von dem Gott, den die Bergbewohner Poeninus nennen, der auf dem höchsten Gipfel verehrt wird.

(39) Die Tauriner also waren, sehr gelegen für den Anfang des Unternehmens, mit den Insubrern im Krieg begriffen, aber Hannibal konnte sein Heer, das gerade bei der Erholung die Größe des erlittenen Verlustes empfand, nicht bewaffnen, um dem einen Teil Hilfe zu leisten. *2* Die Ruhe nach der Beschwerde, der Überfluss nach dem Mangel, die Pflege nach dem Schmutz und der Entbehrung wirkten auf die verschmutzten und fast verwilderten Körper verschiedenartig.

3 Dies bewog den Konsul Publius Cornelius, mit dem Heer, das er nach seiner Ankunft mit der Flotte zu Pisa von Manlius und Atilius übernommen hatte, war es auch neu geworben und wegen der neulichen unrühmlichen Vorfälle*** noch mutlos, an den Po zu eilen, um sich mit dem Feind zu schlagen, ehe sich dieser erholt hätte. *4* Allein als der Konsul nach Placentia kam, war Hannibal aus seinem Standlager schon aufgebrochen und hatte eine Stadt der Tauriner, die Hauptstadt dieses Volkes, weil sie sich nicht auf die von ihm gesuchte Freundschaft einließen, mit Sturm erobert; *5* auch hätten sich die am Po wohnenden Gallier nicht bloß aus Furcht, sondern selbst gutwillig an ihn angeschlossen, hätte sie nicht plötzlich die Ankunft des Konsuls, als sie nur den rechten Zeitpunkt zum Abfall erwarteten, überrascht. *6* Und wirklich brach Hannibal aus dem taurinischen Gebiet auf, *7* weil er hoffte, dass die Gallier in der Ungewissheit, auf welche Seite sie treten sollten, wenn er nur da wäre, auf seine Seite treten würden.

Schon standen die Heere einander fast gegenüber, und die Feldherren waren sich näher gerückt, welche beide, wenngleich noch nicht ganz miteinander bekannt, doch schon von einer gegenseitigen Verwunderung erfüllt waren. *8* Denn Hannibal stand auch bei den Römern schon vor der Zerstörung Sagunts in großem Ruhm, und dass Scipio ein vorzüglicher Mann sein müsse, sah Hannibal selbst daraus, dass man diesen hauptsächlich gegen ihn ausgesucht habe. *9* Und sie hatten eine um so höhere Meinung voneinander gewonnen, Scipio dadurch, dass er, der in Gallien Zurückgelassene, dem nach Italien herübergegangenen Hannibal jetzt gegenüberstand, Hannibal durch die kühne Unternehmung eines Überganges über die Alpen und dessen Erfolg. *10* Doch setzte Scipio schneller über den Po, und als er mit seinem Lager bis an den Fluss Ticinus vorgerückt war, redete er, ehe er zur Schlacht ausrückte, um seine Soldaten zu ermuntern, sie folgendermaßen an:

* Der große St. Bernhard. Der Pöninus umfasst die Alpenkette von dem großen St. Bernhard bis zum St. Gotthard.

** Dieser Pass ist sonst nicht bekannt; wahrscheinlich der kleine St. Bernhard.

*** Es hatte gegen die Boier wiederholten Verlust gehabt. Kap. 25.

(40) *Soldaten! Wenn ich das Heer zur Schlacht führte, das ich in Gallien bei mir hatte, so wäre ich aller Anrede an euch überhoben.* **2** *Denn wozu könnte es nützen, entweder die Reiter zu ermuntern, die an der Rhone die feindliche Reiterei so rühmlich besiegt hatten, oder das Fußvolk, mit welchem ich als Verfolger gerade dieses fliehenden Feindes das Bekenntnis des Ausweichenden und dem Kampf sich Entziehenden als einen Sieg betrachten konnte?* **3** *Jetzt aber, da jene Legionen, für den Kriegsschauplatz in Spanien geworben, unter meiner Anführung mit meinem Bruder Gnaeus Scipio dort in Tätigkeit sind,* **4** *wo sie es nach dem Willen des römischen Senates und Volkes sein sollen, und ich mich selbst, um euch gegen Hannibal und die Punier einen Konsul zum Anführer zu geben, freiwillig diesem Kampf gestellt habe, so wird der neue Feldherr seinem neuen Heer wenigstens einige Worte zu sagen haben.*

5 *Damit ihr nun weder die Art des Krieges noch den Feind verkennt, muss ich euch sagen, Soldaten, ihr habt mit denselben zu kämpfen, die ihr im vorigen Krieg zu Lande und zu Wasser besiegt, von denen ihr seit 20 Jahren Steuern eingetrieben, von denen ihr Sizilien und Sardinien als Lohn des Sieges errungen habt.* **6** *Folglich wird euch und ihnen im bevorstehenden Kampf zumute sein, wie Siegern und Besiegten zu sein pflegt. Auch jetzt werden sie nicht kämpfen, weil sie Mut haben, sondern weil sie müssen,* **7** *ihr müsstet denn etwa glauben, dass Leute, die mit ihrem vollzähligen Heer der Schlacht auswichen, nachdem sie beim Übergang über die Alpen zwei Drittel an Fußvolk und Reiterei verloren haben – denn es sind ja beinahe mehr umgekommen als noch leben –, bessere Aussichten gewonnen hätten.* **8** *Aber, möchte einer sagen, sie sind freilich wenige; allein diese sind so rüstig an Geist und Körper, dass alle Tapferkeit ihrer Kraft und Stärke kaum widerstehen kann.* **9** *Menschliche Gestalten, Schatten sind sie, ausgemergelt sind sie von Hunger, Kälte, Unreinlichkeit und Schmutz, an Felsen und Klippen zerquetscht und gelähmt. Außerdem sind ihnen Finger und Zehen erfroren, die Sehnen vom Schnee steif, die Glieder vor Kälte erstarrt, ihre Waffen zerstoßen und zerbrochen, ihre Pferde steif und lahm.* **10** *Mit solch einer Reiterei und solch einem Fußvolk werdet ihr kämpfen; die Reste von Feinden, nicht Feinde werdet ihr vor euch haben.* **11** *Und ich fürchte nichts mehr, als dass, wenn ihr kämpfen werdet, schon die Alpen den Hannibal besiegt zu haben scheinen werden. Doch vielleicht wollte es die Schicklichkeit so, dass einem Krieg mit einem bundbrüchigen Feldherrn und Volk die Götter selbst ohne alles menschliche Zutun den Anfang und den Ausschlag gaben und wir, die wir nächst den Göttern die Beleidigten sind, nach diesem ihm gegebenen Anfang und Ausschlag ihn endigen mussten.*

(41) *Ich fürchte nicht, dass jemand glauben werde, ich redete in diesem hohen Ton, um euch Mut zu machen, in der Tat aber sei mir dabei ganz anders ums Herz.* **2** *Es stand mir ja frei, mit meinem Heer auf den mir angewiesenen Kriegsschauplatz nach Spanien zu gehen, wohin ich schon abgegangen war, wo ich nicht nur an meinem Bruder einen Teilnehmer meiner Entwürfe und Genossen in der Gefahr, sondern auch für Hannibal lieber den Hasdrubal mir gegenüber gehabt hätte, und unstreitig einen weniger schweren Krieg.* **3** *Gleichwohl landete ich, als ich mit meiner Flotte an Galliens Küsten vorbeisegelte, sobald ich von diesem Feind hörte, sandte meine Reiterei voraus und rückte mit meinem Lager an die Rhone.* **4** *In dem Reitergefecht, des einzigen Teiles meiner Truppen, mit welchem es mir dem Feind beizukommen gelang, habe ich ihn geschlagen, den Zug seines Fußvolkes, das mit einer fluchtähnlichen Schnelligkeit weitergetrieben wurde, konnte ich zu Lande nicht erreichen, daher schiffte ich mich wieder ein und kam ihm, so schnell es mir bei einem solchen Umweg über Meer und Land möglich war, am Fuß der Alpen entgegen.* **5** *Lässt es sich denken, dass ich diesem furchtbaren Feind, ich, der Ausweichende, gegen alle Erwartung aufgestoßen sein sollte? Oder bin ich es nicht, der ihm auf seiner Spur entgegentritt, ihn auffordert und zum Schlagen zwingt?* **6** *Ich wünschte doch zu erfahren, ob die Erde seit 20 Jahren auf einmal andere Karthager hervorgebracht hat, oder ob sie noch dieselben sind, die bei den Aegatischen Inseln kämpften und die*

ihr, den Mann zu 18 Denaren geschätzt, vom Eryx abziehen ließet; **7** *ob dieser Hannibal, wie er sich rühmt, in seinen Zügen es mit Herkules aufnimmt, oder ob ihn sein Vater als einen dem römischen Volk zinsbaren und steuerpflichtigen Sklaven zurückgelassen hat.* **8** *Trieb ihn nicht der an Sagunt verübte Frevel in der Welt herum, so würde er wahrlich, wenn auch nicht auf sein besiegtes Vaterland, so doch wenigstens auf sein Haus und seinen Vater zurückblicken und auf die von Hamilkars Hand geschriebenen Verträge,* **9** *eben jenes Hamilkar, der auf unseres Konsuls Befehl die Besatzung vom Eryx abführte, der sich die drückenden den besiegten Karthagern auferlegten Bedingungen murrend und tief betrübt gefallen lassen musste, der sich zur Räumung Siziliens, zu baren Zahlungen an das römische Volk verstand.*

10 *Deswegen wünschte ich, Soldaten, dass ihr nicht bloß mit eurem gewöhnlichen Mut wie gegen andere Feinde kämpfen möchtet, sondern mit einer Art von Unwillen und Entrüstung, gleich als ob ihr plötzlich eure Sklaven gegen euch in den Waffen stehen sähet.* **11** *Wir konnten die in Eryx Eingeschlossenen durch die schmählichste Marter, die Menschen treffen kann, durch Hunger umkommen lassen; wir konnten unsere siegreiche Flotte nach Afrika übersetzen und in wenig Tagen ohne Schwertstreich Karthago zerstören.* **12** *Wir verziehen den Bittenden, wir entließen sie aus der Belagerung, machten mit den Besiegten Frieden und sahen sie, da sie nachher im afrikanischen Krieg bedrängt waren, als unsere Schützlinge an.* **13** *Zur Dankbarkeit kommen sie, einen rasenden Jüngling an ihrer Spitze und greifen unser Vaterland an.*

Und wollte Gott, diese Schlacht würde bloß für unsere Ehre, nicht für unsere Rettung gefochten! **14** *Nicht um den Besitz Siziliens und Sardiniens, worauf es einst ankam, sondern für Italien habt ihr zu kämpfen,* **15** *und es steht kein anderes Heer uns im Rücken, welches dem Feind, wenn wir ihn nicht besiegen, entgegenträte; auch gibt es keine Alpen weiter, die sie zu übersteigen hätten, während wir neue Truppen zusammenbringen könnten. Hier müssen wir standhalten, Soldaten, als kämpften wir vor den Mauern Roms.* **16** *Jeder soll glauben, dass er mit seinen Waffen nicht bloß seine Person, sondern seine Frau und Kinder verteidigt, und beschränke sich nicht bloß auf diese Sorge für sein Haus, sondern rufe sich den Gedanken immer wieder in die Seele zurück, dass auf unsern Arm jetzt die Augen des römischen Senates und Volkes gerichtet sind,* **17** *und dass mit unserm Wirken und unserer Tapferkeit das künftige Schicksal unserer Stadt und der römischen Herrschaft in Verbindung steht.* So der Konsul bei den Römern.

(42) Hannibal, in der Überzeugung, seine Soldaten, ehe er redete, durch Handlungen ermuntern zu müssen, ließ in der Mitte seines als Zuschauer einen Kreis schließenden Heeres gefangene Bergbewohner in Fesseln aufstellen, diesen dann gallische Waffen vor die Füße werfen und sie durch einen Dolmetscher fragen, ob jemand Lust habe, wenn man ihm die Fesseln abnähme und ihm, falls er siegte, Waffen und Pferd geschenkt würden, zum Zweikampf aufzutreten. **2** Als sie alle Schwert und Kampf verlangten und die Lose zu diesem Zwecke gemischt waren, wünschte jeder unter denen zu sein, die das Schicksal zu diesem Kampf bestimme. **3** Sowie eines jeden Los heraussprang, griff er flink unter den ihm Glückwünschenden vor Freude hüpfend und in Tanzsprüngen nach seiner Landessitte eilig zu den Waffen. **4** Und als sie nun kämpften, da fühlten sich nicht nur ihre Mitgefangenen, sondern auch alle Zuschauer so gestimmt, dass sie die eines so schönen Todes Sterbenden ebenso glücklich priesen wie die Sieger.

(43) Als er sie mit diesem Eindruck, nachdem sie mehreren Paaren zugesehen, entlassen hatte, soll er vor der nun erst berufenen Versammlung so geredet haben:

2 *Wenn ihr dieser Gesinnung, die ihr soeben bei der Darstellung eines fremden Schicksals gezeigt habt, auch in der Würdigung eures eigenen Schicksals treu bleibt, Soldaten, so ist der Sieg schon unser; denn was ihr gesehen habt, war nicht ein bloßes Schauspiel, sondern, ich möchte sagen, die bildliche Darstellung eurer Lage.* **3** *Und ich weiß nicht, ob nicht euch das Schicksal mit stärkeren*

Zwangsmitteln und dringenderer Not als eure Gefangenen umgeben hat. **4** *Zur Rechten und Linken sperren uns zwei Meere die Flucht, wo wir selbst nicht einmal zu dieser Flucht ein einziges Schiff besitzen, vor uns haben wir den Po, und dieser Po ist ein größerer und reißenderer Strom als die Rhone; im Rücken drohen die Alpen, die ihr kaum mit ungebrochener und frischer Kraft überstiegen habt.* **5** *Hier, Soldaten, wo ihr zuerst an den Feind kommt, müssen wir siegen oder sterben. Und dasselbe Schicksal, das euch die Notwendigkeit zu kämpfen auferlegt hat, hält euch als Siegern Belohnungen vor, die sich die Menschen von den unsterblichen Göttern selbst nicht herrlicher zu wünschen pflegen.* **6** *Wollten wir durch unsere Tapferkeit bloß Sizilien und Sardinien wieder erobern, die man unseren Vätern entriss, so würde dieser Preis dennoch groß genug sein. So aber wird alles, was die Römer je in so vielen Triumphen errungen und zusammengetragen haben, samt den Besitzern euer sein.* **7** *Auf, zu einem so überschwänglichen Lohn greift unter dem segnenden Beistand der Götter zu den Waffen!* **8** *Lange genug seid ihr auf den wüsten Gebirgen Lusitaniens und Keltiberiens, wo ihr bloß auf Herden Jagd machen konntet, für eure so vielen Beschwerden und Gefahren ohne allen Genuss geblieben;* **9** *es ist Zeit, dass ihr einträglichere und gewinnreiche Dienstjahre habt, und von eurer Mühe einen großen Lohn erntet, nachdem ihr einen solchen Zug über so viele Gebirge und Ströme und durch so viele bewaffnete Völker zurückgelegt habt.* **10** *Hier hat euch das Schicksal das Ziel eurer Mühen beschieden; hier wird es euch die überstandenen Dienstjahre würdig vergelten.*

Auch dürft ihr nicht glauben, dass der Sieg ebenso schwierig sein wird, als der Ruf des Krieges groß ist. **11** *Oft hielt ein verachteter Feind einem blutigen Kampf stand, und berühmte Völker und Könige wurden ohne große Mühe besiegt. Rechnet ihr diesen einzigen Glanz des römischen Namens ab,* **12** *was wäre dann noch, worin sie mit euch verglichen werden könnten?* **13** *Ohne eure 20 Dienstjahre, verbunden mit einer solchen Tapferkeit, mit einem solchen Glück, zu erwähnen, seid ihr doch von den Säulen des Herkules, vom Ozean und den äußersten Grenzen der Erde, durch so viele und wilde Völker Spaniens und Galliens siegend hierher gekommen.* **14** *Kämpfen werdet ihr mit einem Heer von Neulingen, das noch in diesem Sommer von Galliern sich schlagen ließ, besiegt und eingeschlossen wurde, das seinem Feldherrn noch unbekannt ist und ihn selbst nicht kennt. Oder soll ich mich, der ich im Hauptzelt meines Vaters, eines so berühmten Feldherrn, ich möchte sagen geboren, wenigstens doch erzogen bin,* **15** *den Bezwinger Spaniens und Galliens und ebenso den Besieger nicht bloß der Alpenvölker, sondern, was viel mehr ist, der Alpen selbst, mit diesem halbjährigen Anführer vergleichen, der seinem Heer entlief? Wenn ihm noch heute jemand die Punier und Römer ohne Fahnen vorführte, so bin ich überzeugt, er würde nicht wissen,* **16** *bei welchem von beiden Heeren er Konsul ist. Das ist in meinen Augen keine Kleinigkeit, ihr Soldaten, dass unter euch nicht einer ist, vor dessen Augen ich nicht oft eine Großtat vollbracht hätte,* **17** *und dem ich nicht ebenso als Zuschauer und Zeuge seiner Tapferkeit mit Bemerkung der Zeit und des Ortes seine Ehrentaten aufzählen könnte. Mit euch, die ihr unzählige Male von mir belobt und beschenkt wurdet,* **18** *will ich, früher euer aller Zögling, als Feldherr in der Schlacht gegen Leute ziehen, die ihren Kameraden ebenso unbekannt, als diese ihnen fremd sind.*

(44) *Wo ich meine Blicke hinwende, sehe ich alles voll Mut und Kraft, ein Fußvolk aus alten Soldaten, eine Reiterei auf gezäumten und ungezäumten Pferden, aus den edelsten Völkern, euch Bundesgenossen, ebenso treu wie tapfer,* **2** *in euch Karthagern die Männer, die nicht bloß um ihres Vaterlandes willen, sondern auch aus gerechtem Zorn kämpfen werden.* **3** *Den Krieg eröffnen wir, und als die Angreifenden ziehen wir nach Italien, auf Kühnheit und Tapferkeit im Streit umso mehr gefasst, je mehr der Angreifende an Hoffnung und Mut vor dem sich Verteidigenden gewöhnlich voraus hat.* **4** *Außerdem befeuern und spornen unsern Mut Schmerz, Kränkung und Unwille. Ausgeliefert wollten sie uns zur Todesstrafe haben, zuerst mich, den Feldherrn, dann euch alle, die ihr Sagunt belagert hattet.* **5** *Und die Ausgelieferten hätten sie mit den schmählichsten Martern*

*belegt. Dies so grausame und übermütige Volk will allenthalben besitzen, allenthalben entscheiden. Mit wem wir Krieg, mit wem wir Frieden haben sollen, dies zu bestimmen, gebührt nach seiner Meinung ihm; es engt und schließt uns in Grenzen von Gebirgen und Flüssen ein, die wir ja nicht überschreiten sollen: Und doch lässt es die Grenzen, die es setzte, selbst nicht gelten.** **6** R. *Dass du nicht über den Ebro gehst! Dass du dich nicht an den Saguntinern vergreifst!* H. *Sagunt liegt noch am Ebro.* **7** R. *Du sollst dich überhaupt nicht vom Flecke bewegen!* H. *Ist es nicht genug, dass du mir meine uralten Provinzen Sizilien und Sardinien nimmst? Nun nimmst du auch Spanien? Und räume ich dies, so wirst du auch nach Afrika kommen. Sagte ich: Du wirst? Schon haben sie die beiden Konsuln dieses Jahres, den einen nach Afrika, den andern nach Spanien geschickt. Nirgendwo bleibt uns das Mindeste übrig, außer was wir mit den Waffen behaupten.* **8** *Sie mögen die Feigen und Mutlosen sein, die noch einen Rückhalt haben, da sie ihr eigener Boden, ihr Vaterland von der Flucht über sichere und friedliche Wege in Empfang nehmen wird; euch gebietet die Not Helden zu sein, und da ihr zwischen Sieg oder Tod nichts als den Abgrund in offenbarer Verzweiflung vor euch seht, entweder zu siegen oder, sollte das Glück Anstand nehmen, lieber in der Schlacht als auf der Flucht den Tod willkommen zu heißen.* **9** *Ist dies eure feste Überzeugung und Vorsatz, so sage ich noch einmal: Ihr habt schon gesiegt. Ein wirksameres Hilfsmittel zum Sieg als die Verachtung des Lebens haben die unsterblichen Götter dem Menschen nicht gegeben.*

(45) Als auf beiden Seiten der Mut der Soldaten durch diese Ermunterungen zum Kampf angefeuert war, schlugen die Römer eine Brücke über den Ticinus und warfen zur Behauptung der Brücke einen Brückenkopf daneben an. **2** Während den Feind diese Arbeit beschäftigte, schickte der punische Feldherr den Maharbal mit dem einen Flügel der Numider von 500 Mann Reiterei aus, um das Gebiet der römischen Bundesgenossen zu verheeren. **3** Er befahl ihnen, die Gallier soviel wie möglich zu schonen und die Vornehmen zum Abfall aufzufordern. Als die Brücke fertig war, lagerte sich das ins Gebiet der Insubrer geführte Heer 5000 Schritte von Victumuli. **4** Hier hatte Hannibal sein Lager, und da er bei dem offenbar herannahenden Kampf den Maharbal und die Reiterei eilends zurückgerufen hatte, verhieß er seinen Soldaten in der Überzeugung, dass zu ihrer Ermunterung nie genug gesagt und erinnert werden könne, vor einer berufenen Versammlung sichere Belohnungen, die sie von diesem Kampf zu hoffen haben sollten. Er wolle ihnen Ländereien in Italien, Afrika und Spanien, wo sie sich jeder wünschen möchte, geben, **5** und zwar abgabenfrei für den Empfänger und seine Kinder. Wer lieber Geld als Land haben wolle, den werde er mit Geld befriedigen, **6** wer von den Bundesgenossen karthagischer Bürger werden wolle, dem werde er dazu verhelfen, sollten andere lieber nach Hause zurückkehren wollen, so werde er dafür sorgen, dass sie mit keinem ihrer Landsleute hinsichtlich ihrer Glücksumstände sollten tauschen wollen. **7** Auch den Sklaven, die ihren Herren gefolgt waren, versprach er die Freiheit, und den Herren für jeden von ihnen zwei Leibeigene. **8** Und damit sie sich hierauf verlassen könnten, rief er, in der linken Hand ein Lamm, in der Rechten einen Kieselstein haltend, den Jupiter und die übrigen Götter an, ihn selbst ebenso zu schlagen, wie er jetzt dieses Lamm schlage, und zerschmetterte nach dieser Anrufung mit dem Stein den Kopf des Tieres. **9** Da verlangten sie alle, gleich als hätten sich jedem die Götter selbst zu Bürgen seiner Hoffnung gegeben, überzeugt, dass bloß der Umstand, dass sie noch nicht kämpften, die Erfüllung ihrer Hoffnungen aufhalte, einmütig und einstimmig die Schlacht.

(46) Bei den Römern herrschte keineswegs eine solche Freude, da sie noch dazu jetzt eben durch ungünstige Vorzeichen geschreckt waren. **2** Denn es war nicht allein ein Wolf in das Lager

---

* Um das Gespräch zwischen den Römern und Hannibal umso besser anzudeuten, setze ich ab hier die Buchstaben R. und H. voran.

gelaufen, welcher alle, die ihm begegneten, zerrissen hatte und der selbst unbeschädigt entkommen war, sondern es hatte sich auch auf einem Baum, der nahe am Feldherrnzelt stand, ein Bienenschwarm niedergelassen. ***3*** Scipio, der nach Beseitigung dieser Zeichen mit der Reiterei und leichten Wurfschützen ausgezogen war, um das feindliche Lager und die Stärke und Beschaffenheit der Truppen in der Nähe zu beobachten, stieß auf Hannibal, der ebenfalls mit Reiterei ausgerückt war, um sich mit der Gegend bekannt zu machen. ***4*** Beide bemerkten sich anfangs nicht; bald aber wurde der vom Marsch so vieler Menschen und Pferde sich erhebende dicke Staub das Zeichen von der Annäherung der Feinde. Beide Züge machten Halt und schickten sich zur Schlacht an. ***5*** Scipio stellte die Wurfschützen und die gallischen Reiter voran, die Römer und den Kern der Bundestruppen in Rückhalt. Hannibal nahm die Reiterei, welche gezäumte Pferde hatte, in die Mitte, seine Flügel sicherte er durch die Numider.

6 Kaum war das Schlachtgeschrei erhoben, da flüchteten die Wurfschützen auf ihren Rückhalt, d. h. zum zweiten Treffen. Nun war das Gefecht in der zweiten Linie Sache der Reiterei und eine Zeitlang unentschieden. Dann aber kämpfte man, da so viele von den Pferden stürzten, weil das eingedrungene Fußvolk die Pferde scheu machte, oder auch, wenn sie die umzingelten Ihrigen in Not sahen, von den Pferden herabsprangen, größtenteils schon zu Fuß, ***7*** bis endlich die Numider, die auf den Flügeln standen, nach einer kleinen Abbeugung sich im Rücken zeigten. Hier gerieten die Römer in Bestürzung, und diese vermehrte sich noch durch die Verwundung des Konsuls und seine Gefahr, die aber durch die Dazwischenkunft seines Sohnes, eines damals noch reifenden Jünglings, abgewandt wurde. ***8*** Dieser junge Mann ist derselbe, dem die Ehre zuteil wurde, diesen Krieg dereinst zu beendigen, und der wegen seines ausgezeichneten Sieges über Hannibal und die Punier Africanus genannt wurde.

9 Die in voller Flucht Dahineilenden waren indessen hauptsächlich die Wurfschützen, die von den Numidern als erstes Glied angegriffen waren. Die übrige Reiterei brachte in geschlossener Ordnung ihren in die Mitte genommenen Konsul, nicht nur mit ihren Waffen, sondern auch mit ihren Körpern ihn schützend, ins Lager zurück, ohne irgendwo in Unordnung oder auseinandergesprengt zu weichen. ***10*** Die Ehre, den Konsul gerettet zu haben, teilt Coelius einem Sklaven zu, einem geborenen Ligurer. Ich möchte lieber, dass die Wahrheit sie dem Sohn zuspräche, was sich auch bei den meisten Geschichtschreibern findet und sich in der allgemeinen Sage erhalten hat.

(47) Dies war die erste Schlacht mit Hannibal, durch die sich leicht offenbarte, dass die Punier an Reiterei überlegen und dass ebendarum die offenen Ebenen, die es zwischen dem Po und den Alpen gibt, für die Römer zur Führung des Krieges nicht geeignet waren. ***2*** Daher ließ Scipio in der nächsten Nacht seine Truppen, die ihre Sachen in aller Stille zusammenpacken mussten, das Lager am Ticinus abbrechen und eilte zum Po, um sie vermittels der noch stehenden Schiffbrücke, die er über den Fluss hatte schlagen lassen, ohne alle Unordnung und Verfolgung vom Feind überzusetzen. ***3*** Sie kamen auch früher nach Placentia, als Hannibal mit Sicherheit wusste, dass sie vom Ticinus aufgebrochen wären; doch machte er noch am diesseitigen Ufer gegen 600 Nachzügler, welche die Schiffbrücke nicht schnell genug abbrachen, zu Gefangenen. Selbst über diese zu gehen gelang ihm nicht, weil die ganze Schiffbrücke, sobald das Ende abgelöst war, stromabwärts getrieben wurde. ***4*** Coelius berichtet, Mago sei mit der Reiterei und dem spanischen Fußvolk sogleich durch den Fluss geschwommen; Hannibal selbst habe weiter aufwärts an seichten Stellen des Po sein Heer, vor welchem er, um die Gewalt des Stromes zu brechen, die Elefanten in Reihen aufgestellt habe, durchgeführt. ***5*** Dies ist, wenn man den Strom kennt, kaum glaublich. Denn einmal ist es nicht wahrscheinlich, dass sich die Reiterei, ohne ihre Waffen und Pferde preiszugeben, durch einen so reißenden Strom habe durcharbeiten können, selbst wenn aufgeblasene Schläuche alle Spanier hinübergetragen hätten, und dann hätte man die Untiefen des

Po, wo ein Heer mit schwerem Gepäck hätte durchgehen sollen, durch einen Umweg von vielen Tagemärschen suchen müssen. ***6*** Ich lege den Berichterstattern einen höheren Wert bei, welche überliefern, dass die Punier zu einer Schiffbrücke über den Strom kaum in zwei Tagen eine Stelle fanden und über diese die leichte spanische Reiterei unter Mago vorausgehen ließen. ***7*** Während Hannibal, den die Anhörung gallischer Gesandtschaften in der Nähe des Flusses aufhielt, sein schweres Fußvolk übersetzen ließ, gelangte die mit Mago über den Strom gegangene Reiterei in einem Tagemarsche nach Placentia an den Feind. ***8*** Wenige Tage nachher schlug Hannibal 6000 Schritt von Placentia ein Lager auf und zeigte sich den Tag darauf den Feinden, vor deren Augen er seine Schlachtordnung aufstellte, zum Schlagen bereit.

(48) In der folgenden Nacht veranlassten im römischen Lager die gallischen Hilfstruppen ein Gemetzel, das aber mehr lärmend als bedeutend war. ***2*** An 2000 Mann Fußvolk und 200 Reiter hieben an den Toren die Wachen nieder und gingen zu Hannibal über, der sie nach einer freundlichen Anrede unter Verheißung ansehnlicher Geschenke jeden in seine Vaterstadt entließ, wo sie ihre Landsleute aufwiegeln sollten.

3 Scipio, der in diesem Gemetzel das Zeichen zum Abfall aller Gallier zu sehen glaubte, und dass sie durch diesen Frevel, an dem sie alle teil hätten, gleichsam von Wut befallen zu den Waffen greifen würden, brach in der folgenden Nacht um die vierte Nachtwache, ***4*** so schwer er seiner Wunde wegen weiterzubringen war, in der Stille nach dem Fluss Trebia auf und zog in eine höhere Gegend und auf Hügel, die der Reiterei den Angriff schwerer machten. Diesmal aber entkam er nicht so unbemerkt als am Ticinus; ***5*** und Hannibal hätte durch seine ganze Reiterei namentlich die Nachhut in Unordnung gebracht, hätte nicht die Numider ihre Gier nach Beute seitwärts auf das verlassene römische Lager getrieben. ***6*** Während sie hier mit Durchsuchung jedes Winkels im Lager ohne allen diese Verspätung aufwiegenden Lohn die Zeit hinbrachten, verloren sie den Feind aus den Händen und töteten, als sie schon sahen, dass die Römer über die Trebia gegangen waren und ein Lager absteckten, nur einige Nachzügler, welche sie diesseits des Flusses umzingelten.

7 Scipio, dem der Schmerz seiner Wunde, die durch die Bewegung auf dem Marsch schlimmer geworden war, zusetzte, und in der Überzeugung, seinen Amtsgenossen zu erwarten – auch hatte er die Zurückberufung desselben aus Sizilien schon erfahren –, verschanzte sich auf einem ausgesuchten Platz, der ihm in der Nähe des Flusses zu einem Standlager am sichersten schien. ***8*** Und Hannibal schickte, nachdem er sich in der Nähe gelagert hatte, nicht stolzer auf seinen Sieg mit der Reiterei, als in Unruhe über den Mangel, der ihm auf dem Marsch durch Feindesland ohne alle zur Versorgung getroffene Vorkehr mit jedem Tage drückender bevorstand, eine Schar nach Clastidium, einen Flecken, wo die Römer eine große Menge Getreide zusammengefahren hatten. ***9*** Hier wurde den Puniern, als sie Sturm laufen wollten, Hoffnung auf Verrat gemacht, und für einen geringen Preis, für 400 Goldstücke*, womit sich der Befehlshaber der Besatzung, Dasius aus Brundisium, bestechen ließ, wurde dem Hannibal Clastidium übergeben. Dies war die Kornkammer der Punier, solange sie an der Trebia lagen. ***10*** Die Gefangenen von der übergebenen Besatzung behandelte man, weil man sich anfangs in den Ruf der Milde setzen wollte, gar nicht mit Härte.

(49) Während im Landkrieg an der Trebia ein Stillstand eingetreten war, hatten sich unterdessen die Römer in der Gegend von Sizilien und den an Italien liegenden Inseln sowohl unter dem Konsul Sempronius als auch schon vor seiner Ankunft zu Lande und zu Wasser tätig gezeigt. ***2*** Von 20 Fünfruderern, welche die Karthager mit 1000 Mann Truppen zur Verheerung der italischen

---

* Die Römer hatten damals noch kein geprägtes Gold, wohl aber das durch Handel reiche Karthago.

Küste aussandten, hatten neun die Liparischen Inseln, acht die Insel des Vulkan erreicht; drei wurden von der Flut in die Meerenge verschlagen. *3* Sobald man dieser Schiffe von Messana aus ansichtig wurde, ließ der syrakusanische König Hiero, der sich gerade, um den römischen Konsul zu erwarten, in Messana befand, zwölf Schiffe auslaufen, von welchen jene ohne Widerstand genommen und im Hafen zu Messana aufgebracht wurden. *4* Von den Gefangenen erfuhr man, dass außer dieser gegen Italien abgeschickten Flotte von 20 Schiffen, zu der sie selbst gehörten, noch 35 andere Fünfruderer nach Sizilien steuerten, um ihre ehemaligen Bundesgenossen auf ihre Seite zu ziehen. *5* Ihr Hauptaugenmerk sei, Lilybaeum zu überrumpeln, aber auch diese Flotte werde von demselben Sturm, der die ihrige zerstreut habe, an die Aegatischen Inseln verschlagen worden sein.

6 Der König schrieb alles, wie er es gehört hatte, an den Prätor Marcus Aemilius, dem die Verwaltung Siziliens gehörte, und riet ihm, sich Lilybaeums durch eine starke Besatzung zu versichern. *7* Sogleich schickte der Prätor teils in die Städte seine Unterfeldherren und Obersten umher, um seinen Leuten die sorgfältigste Vorsicht einschärfen zu lassen, *8* namentlich sollten sie sich Lilybaeums versichert halten, wobei sie den Befehl bekanntmachen mussten, die Seeleute sollten außer dem Kriegsgerät auf zehn Tage gekochte Speisen an Bord nehmen, es sollte sich auf das gegebene Zeichen jeder ungesäumt einschiffen, teils andere an der ganzen Küste umher, um von den Wachthöhen die ankommende feindliche Flotte früh genug zu entdecken. *9* Sobald man sie also, obgleich die Karthager absichtlich langsamer segelten, um vor Tage bei Lilybaeum anzukommen, dessen ungeachtet vorher gewahr wurde, weil der Mond die ganze Nacht schien und sie mit aufgesteckten Segeln kamen, *10* gab man sogleich von den Wachthöhen das Zeichen, rief in der ganzen Stadt zu den Waffen und schiffte sich ein, und die Soldaten standen schon entweder auf den Mauern und an den Toren auf ihren Posten oder auf den Schiffen. *11* Auch hielten sich die Karthager, weil sie sahen, dass sie nicht mit Unvorbereiteten zu tun haben würden, bis an den Morgen vom Hafen entfernt, indem sie diese Zeit mit Beilegung der Segel hinbrachten und sich mit der Flotte zur Schlacht anschickten. *12* Als es Tag wurde, zogen sie die Flotte auf die Höhe zurück, um selbst zur Schlacht Platz zu haben und den feindlichen Schiffen das Auslaufen aus dem Hafen freizulassen. *13* Und die Römer, voll Zuversicht auf den Sieg, an welchen gerade diese Gegend sie erinnerte,* und auf die Menge und Tapferkeit ihrer Truppen, nahmen die Schlacht an.

(50) Als sie in die hohe See hinausgesegelt waren, wollten die Römer sich zum Kampfe anschicken und mit dem Feind sich in der Nähe messen, *2* die Punier hingegen wichen aus, wollten sich nur auf Kunst, nicht auf Tapferkeit einlassen und das Ganze mehr zu einem Kampf der Schiffe als der Männer und Waffen machen. *3* Denn war gleich ihre Flotte hinlänglich mit Schiffsmannschaft ausgerüstet, so war sie doch mit Soldaten schwach bemannt, und sobald sich eins ihrer Schiffe einließ, war die Anzahl seiner Fechtenden der feindlichen durchaus nicht gleich. *4* Als dies bemerkt wurde, erhöhte den Römern ihre Menge den Mut und jenen sank er bei ihrer geringen Zahl. Sogleich wurden sieben punische Schiffe umringt, *5* die übrigen ergriffen die Flucht. 1700 Mann, Soldaten und Seeleute, wurden auf diesen Schiffen gefangen genommen, darunter drei vornehme Karthager. *6* Die römische Flotte lief wohlbehalten, da ihr nur ein Schiff durchbohrt war, das aber gleichfalls mit zurückkam, wieder in den Hafen.

7 Nach dieser Schlacht, von der man aber zu Messana noch nichts gehört hatte, kam Konsul Tiberius Sempronius zu Messana an. Als er in die Meerenge einlief, fuhr ihm König Hiero mit seiner festlich geschmückten Flotte entgegen, *8* und als er aus seinem königlichen Schiff auf das

* Durch seinen entscheidenden Sieg bei den Ägatischen Inseln, Lilybaeum gegenüber, hatte der Konsul Gaius Lutatius Catulus den ersten Punischen Krieg beendet.

Admiralschiff hinübergegangen war, setzte er ihm nach abgestattetem Glückwunsch zu seiner glücklichen Ankunft mit Heer und Flotte und dem feierlichen Wunsch einer gesegneten und erfreulichen Überfahrt nach Sizilien ***9*** den Zustand der Insel und die Versuche der Karthager auseinander; dann versprach er, mit derselben Gesinnung als Greis den römischen Staat zu unterstützen, womit er ihn im vorigen Krieg als junger Mann unterstützt habe. ***10*** Getreide und Kleidung wolle er den Legionen des Konsuls und den Seeleuten unentgeltlich liefern. Endlich sagte er, Lilybaeum und die Seestädte seien in großer Gefahr, und einigen würden Unruhen sehr erwünscht kommen.

11 Diese Gründe bewogen den Konsul, sogleich mit der Flotte nach Lilybaeum zu gehen, und der König mit seiner Flotte begleitete ihn. Unterwegs wurde ihnen die Schlacht bei Lilybaeum gemeldet, und dass die feindliche Flotte geschlagen und weggenommen sei.

(51) Von Lilybaeum setzte der Konsul, nachdem er Hiero mit der königlichen Flotte entlassen und den Prätor zum Schutz der sizilianischen Küste zurückgelassen hatte, nach der Insel Melita über, welche von den Karthagern besetzt war. ***2*** Bei seiner Ankunft wurde ihm Hamilkar, Gisgons Sohn, der Befehlshaber der Besatzung mit beinahe 2000 Mann und die Stadt mit der Insel übergeben. Von da ging er nach wenigen Tagen nach Lilybaeum zurück, und Konsul und Prätor verkauften ihre Gefangenen bis auf einige durch ihren Rang sich auszeichnende öffentlich als Sklaven. ***3*** Als der Konsul Sizilien von dieser Seite für hinlänglich gesichert hielt, setzte er nach den vulkanischen Inseln über, weil dort eine punische Flotte liegen sollte, fand aber in der Gegend dieser Inseln keinen Feind. ***4*** Sie waren eben zur Verheerung der italischen Küste hinübergesegelt und setzten, durch Plünderung der Gegend um die Stadt Vibo, diese selbst in Schrecken. ***5*** Auf seiner Rückfahrt nach Sizilien wurde dem Konsul die im Gebiet von Vibo erfolgte Landung der Feinde gemeldet und ein vom Senat angekommener Brief eingehändigt, der ihm Hannibals Übergang nach Italien anzeigte und ihm so schnell wie möglich seinem Amtsgenossen zu Hilfe zu kommen befahl. ***6*** Über so mancherlei gleichzeitige Sorgen in Verlegenheit, ließ er sogleich sein eingeschifftes Heer auf dem Obermeer nach Ariminum abgehen, übertrug dem Legaten Sextus Pomponius, mit 25 Schiffen das Gebiet von Vibo und die Seeküste Italiens zu decken, ***7*** verstärkte die Flotte des Prätors Marcus Aemilius auf 50 Schiffe und kam selbst, nachdem er Siziliens Angelegenheiten in Ordnung gebracht hatte, mit zehn Schiffen, auf denen er an Italiens Küste hinfuhr, nach Ariminum. Von hier brach er mit seinem Heer nach dem Fluss Trebia auf und vereinigte sich mit seinem Amtsgenossen.

(52) Dass man jetzt beide Konsuln und die ganze römische Macht gegen Hannibal aufstellte, ließ deutlich erkennen, dass man entweder die Verteidigung des römischen Reiches von diesen Truppen zu erwarten, oder dass man auf weiter nichts zu hoffen habe. ***2*** Dennoch wünschte der eine Konsul, heruntergestimmt durch das letzte Gefecht mit der Reiterei und durch seine Wunde, lieber zu zögern; der andere, frischen Mutes und darum um so ungestümer, wollte sich keinen Aufschub gefallen lassen.

3 Die Gegend zwischen der Trebia und dem Po bewohnten damals Gallier, die in dem Kampf der beiden übermächtigen Völker von ihrer schwankenden Begünstigung beider Parteien unstreitig den Dank des Siegers zu ernten hofften. ***4*** Dies konnten die Römer, wenn jene nur nicht gegen sie aufstanden, ihnen gern nachsehen, dem punischen Feldherrn aber war es sehr ungelegen, da er behauptete, von den Galliern gerufen, sei er zu ihrer Befreiung hierher gekommen. ***5*** Aus Rache also und zugleich, um sein Heer durch die Beute zu unterhalten, ließ er durch 2000 Mann zu Fuß und 1000 zu Pferd, meistens Numider mit zugegebenen Galliern, die ganze Gegend der Reihe nach bis an die Ufer des Po verheeren. ***6*** Um Hilfe verlegen, sahen sich die Gallier, so sehr sie bis dahin die Neutralität gewahrt hatten, jetzt gezwungen, statt der Partei, die sie misshandelte, die zu ergreifen, wo sie Schutz erwarteten; und eine Gesandtschaft an den Konsul musste sich die Hilfe der Römer für ihr Land erbitten, das für seine nur zu große Treue gegen Rom jetzt büßen müsse.

7 Weder der Beweggrund noch die Zeit war nach des Cornelius Meinung dazu geeignet, sich hiermit zu befassen, und diese Nation war ihm verdächtig, nicht nur wegen ihrer so oft bewiesenen Untreue, sondern auch wegen der neulichen Treulosigkeit der Boier, wenn auch alles Übrige in Vergessenheit gekommen sei. ***8*** Sempronius hingegen erklärte, es gebe kein stärkeres Bindemittel, Bundesgenossen in der Treue zu erhalten, als dies, der ersten, welche Hilfe nötig hätten, sich anzunehmen. ***9*** Und da sein Amtsgenosse noch unschlüssig war, schickte er seine Reiterei, der er vom Fußvolk beinahe 1000 Mann Wurfschützen mitgab, zur Verteidigung des gallischen Gebietes auf die andere Seite der Trebia. ***10*** Da diese die Feinde in ihrer Zerstreuung und Unordnung, und noch dazu die meisten mit Beute beladen, unerwartet überfielen, verbreiteten sie allenthalben Schrecken und Gemetzel und jagten die Flüchtigen bis an das feindliche Lager und in die Vorposten; und als sie hier von der herausstürzenden Menge zurückgetrieben wurden, stellten sie durch die von den Ihrigen erhaltene Unterstützung das Treffen wieder her. ***11*** Obgleich nun das Gefecht, da sie unter wechselndem Vorteil bald verfolgten, bald wichen, am Ende auf beiden Zeiten gleich war, erklärte sich doch der Ruf des Sieges lauter für die Römer als für ihre Feinde.

(53) Allein unter allen hielt den Sieg niemand für größer und vollständiger als der Konsul selbst. Er war außer sich vor Freude, gerade mit dem Teil der Truppen gesiegt zu haben, mit dem sich der andere Konsul habe schlagen lassen. ***2*** Nun sei den Soldaten der Mut wiedergegeben und gestärkt, und niemand wünsche einen Aufschub des Kampfes außer seinem Amtsgenossen, der, mehr am Mut als am Körper krank, vor Schlacht und Waffen zurückschaudere, wenn er an seine Wunde dächte. ***3*** Aber man müsse nicht wie ein kranker Mann den Mut verlieren, denn wozu solle man länger hinausschieben oder die Zeit vergeuden? Welchen dritten Konsul, welch neues Heer solle man erwarten? ***4*** Das Lager der Karthager stehe in Italien, beinahe im Angesicht Roms. Ihre Absicht gehe nicht etwa auf Sizilien und Sardinien, das sie als Besiegte verloren hätten, oder auf Spanien diesseits des Ebro, sondern die Römer würden von ihrem väterlichen Boden und aus dem Land vertrieben, in welchem sie geboren seien. ***5*** *Wie sehr*, sagte er, *würden unsere Väter seufzen, sie, die an den Mauern Karthagos Krieg zu führen pflegten, wenn sie sehen sollten, dass wir, ihre Nachkommen, dass zwei Konsuln und zwei konsularische Heere mitten in Italien hinter ihrem Lager sich ducken, dass die Punier das ganze Land zwischen den Alpen und dem Apennin sich unterworfen haben!* ***6*** So sprach er am Bett seines kranken Amtsgenossen, so flossen ihm die Worte auf dem Feldherrnplatz, nicht anders, als redete er vor einer Versammlung. Ihn spornte zugleich bei der herannahenden Wahl die Besorgnis an, den Krieg bis zu den neuen Konsuln zu verschieben und die Gelegenheit, bei der Krankheit seines Amtsgenossen allen Ruhm sich allein anzueignen. ***7*** Mochte Cornelius immerhin seine Zustimmung versagen, genug, er befahl den Soldaten, zum nahe bevorstehenden Kampf sich bereitzuhalten.

Hannibal, der des Feindes Bestes kannte, durfte kaum hoffen, dass die Konsuln irgendeinen unüberlegten und unvorsichtigen Schritt tun würden. ***8*** Da er aber zuerst durch das Gerücht und dann durch die Erfahrung belehrt, von der Hitze und Keckheit des einen überzeugt war und jetzt annehmen konnte, dass jener durch das glückliche Gefecht mit seinen Plünderern noch kecker geworden sei, sah er einer Gelegenheit zur Ausführung irgendeines Streiches mit Gewissheit entgegen. ***9*** Sein Dichten und Trachten war darauf gerichtet, diesen günstigen Augenblick nicht vorübergehen zu lassen, solange noch die feindlichen Soldaten ungeübt wären, solange noch den Besseren von ihren Feldherren seine Wunde unbrauchbar machte ***10*** und die Gallier noch frischen Mut hätten, von denen er voraussah, dass ihre gewaltige Menge, je weiter er sie von ihrer Heimat wegführte, um so weniger Lust haben würde, zu folgen. ***11*** Da er aus diesen und ähnlichen Gründen einen nahen Kampf hoffte, falls man aber dort zögern sollte, es zu erzwingen wünschte, und nur durch seine gallischen Kundschafter – sie waren zur Auskundschaftung dessen, was er wissen wollte, viel sicherer zu gebrauchen, weil in beiden Lagern Gallier dienten – ihm gemeldet wurde, die Römer schickten sich zum Kampf an, sah er sich nach einer Stelle für einen Hinterhalt um.

(54) In der Mitte zwischen beiden Heeren war ein Bach, auf beiden Seiten von sehr hohen Ufern umgeben, ringsumher mit Sumpfgras und der gewöhnlichen Bekleidung unangebauter Plätze, mit Buschwerk und Dornsträuchern bewachsen. Als er diese Gegend, der es nicht an Schlupfwinkeln fehlte, sogar Reiterei zu verstecken, selbst zu Pferd in Augenschein genommen hatte, **2** sprach er zu seinem Bruder Mago: *Dies soll der Platz sein, welchen du zu besetzen hast. Suche dir unter dem gesamten Fußvolk und unter der Reiterei von jedem 100 Mann aus, mit denen du um die erste Nachtwache zu mir kommen kannst. Jetzt ist es Zeit, euch durch Nahrung zu stärken.* Hiermit wurde der Kriegsrat entlassen.

Mago stellte sich bald mit den Auserwählten. *Ich sehe hier lauter Kerntruppen*, sprach Hannibal. *Um euch aber auch durch die Anzahl, nicht bloß durch euren Mut ein Übergewicht zu geben, soll jeder neun Seinesgleichen aus den Geschwadern und Rotten sich aussuchen.* **3** *Den Ort, den ihr besetzen sollt, wird euch Mago zeigen. Ihr werdet einen Feind vor euch haben, der für Kriegslisten dieser Art blind ist.*

4 Als er diese 1000 Mann zu Pferd und 1000 zu Fuß zu ihrer Bestimmung unter Mago hatte abgehen lassen, gab er mit Tagesanbruch der numidischen Reiterei den Befehl, über die Trebia zu gehen, vor den Toren des feindlichen Lagers herumzuschwärmen und durch Schießen auf die Vorposten den Feind zur Schlacht herauszulocken. Dann aber, wenn sie ihn zum Kampf gebracht hätten, durch einen zögernden Rückzug ihn über den Fluss sich nachzuziehen. So weit die Befehle an die Numider. **5** Den übrigen Anführern des Fußvolks und der Reiterei trug er auf, sie sollten den Soldaten befehlen, dass alle jetzt äßen und dann bewaffnet und sattelfertig das Zeichen erwarteten.

6 Sempronius ließ bei dem lärmenden Andrang der Numider zuerst die ganze Reiterei – denn diese machten ihn besonders übermütig –, dann 6000 Mann Fußvolk, zuletzt alle Truppen seinem schon längst bestimmten Entschluss gemäß zur Schlacht, die ihm sehr erwünscht kam, ausrücken. **7** Es war gerade jetzt um die Zeit des kürzesten Tages, die Witterung Schneegestöber, in einer Gegend, die zwischen den Alpen und Apenninen lag und ohnehin wegen der nahen Flüsse und Sümpfe sehr kalt ist. **8** Außerdem hatten Menschen und Pferde, die bei dem eiligen Aufbruch ebenso wenig genossen als sich Verwahrungsmittel gegen die Kälte vorgesehen hatten, nicht die geringste innere Wärme mehr; und je näher sie dem Zug der Flussluft kamen, desto heftiger war die Kälte, die ihnen entgegenwehte. **9** Als sie aber bei der Verfolgung der zurückfliehenden Numider in das Wasser gingen – und es reichte ihnen, vom Regen in der Nacht angewachsen, bis an die Brust –, da waren ihnen allen, als sie wieder heraustraten, die Glieder so erstarrt, dass sie kaum die Waffen halten konnten und zugleich vor Erschöpfung, weil es schon hoch am Tag war, und vor Hunger ganz matt wurden.

(55) Hannibals Soldaten, die unterdessen vor den Zelten Feuer angezündet, mit dem rottenweise verteilten Öl ihre Glieder geschmeidig gemacht und in aller Ruhe Speise zu sich genommen hatten, griffen auf die Nachricht, dass der Feind durch den Fluss gegangen sei, munter an Seele und Leib zu den Waffen und rückten in Schlachtordnung vor. **2** Die Balearen und die anderen Leichtbewaffneten, beinahe 8000 Mann, stellte er voran, dann das Fußvolk in der schwereren Rüstung, seine zuverlässigsten, seine Kerntruppen; auf die Flügel verteilte er 10 000 Reiter, und neben die Flügel stellte er die auf beide Seiten verteilten Elefanten. **3** Der Konsul gab seiner in

gestrecktem Lauf verfolgenden Reiterei, als sie, ohne darauf gefasst zu sein, von den plötzlich standhaltenden Numidern angegriffen wurde, das Zeichen zum Rückzug und stellte sie sodann auf die beiden Seiten des Fußvolkes. ***4*** Römer waren 18 000, latinische Bundestruppen 20 000; außerdem hatten sie Hilfstruppen von den Cenomanen, dem einzigen treu gebliebenen gallischen Volksstamm. Dies waren die Truppen, die jetzt zusammentrafen.

5 Den Anfang des Treffens machten die Balearen. Da das römische Fußvolk so leicht Bewaffneten mit großer Überlegenheit widerstand, mussten diese schnell nach den Flügeln abschwenken. ***6*** Dies bewirkte, dass die römische Reiterei sogleich im Nachteil war, denn außer dass schon an sich selbst 4000 zu Pferd Zehntausenden, und Ermüdete meistens noch frischen Truppen kaum widerstehen konnten, wurden sie nun noch mit einem Hagel von Wurfpfeilen überschüttet, welche die Balearen auf sie schleuderten. ***7*** Noch mehr: Die auf den Ecken der Flügel ragenden Elefanten verbreiteten hauptsächlich dadurch, dass vor ihrem ungewohnten Anblick und Geruch die Pferde scheu wurden, allenthalben Flucht.

8 Der Kampf des Fußvolkes war sich gleich, mehr im Mut als in der Stärke. Denn die Punier brachten, weil sie noch kurz zuvor sich pflegen konnten, frische Kräfte in die Schlacht; aber den nüchternen, ermattenden und vor Kälte starrenden Römern erlahmten die Glieder. Dennoch hätten sie durch ihren Mut sich behauptet, wenn sie bloß gegen Fußvolk zu kämpfen gehabt hätten. ***9*** Teils aber schossen ihnen die Balearen nach Vertreibung der Reiterei in die Flanken, teils waren schon die Elefanten in die Mitte der Linie eingebrochen, und Mago, der mit den Numidern, sobald die römische Linie vor seinem Hinterhalt, ohne sich dessen zu versehen, vorbeigerückt war, sich ihr in den Rücken warf, setzte sie in große Verwirrung und Schrecken. ***10*** Dennoch stand sie bei so großem Nachteil eine Zeitlang unbeweglich, und was am wenigsten zu erwarten war, hauptsächlich gegen die Elefanten. Eigens dazu angestellte Plänkler jagten die Tiere durch die auf sie geschleuderten Wurfpfeile in die Flucht und stachen ihnen im Nachsetzen von hinten unter die Schwänze, wo sie wegen der weicheren Haut am leichtesten zu verwunden sind.

(56) Die Tiere, die in der Verwirrung und in Wut fast schon auf ihre eigenen Truppen stürzten, ließ Hannibal aus der Mitte der Linie nach außen hin auf den linken Flügel gegen die gallischen Hilfstruppen treiben.

Hier bewirkten sie sogleich offenbare Flucht. Ein neuer Schrecken für die Römer, die nun ihre Hilfstruppen geschlagen sahen. ***2*** Jetzt, da sie schon eingeschlossen im Kreis fochten, erzwangen sich beinahe 10 000 Mann den Durchbruch, der ihnen auf keiner andern Seite möglich war, ***3*** unter großem Verlust der Feinde, mitten durch die punische Linie, wo sie mit den gallischen Hilfstruppen besetzt war. Und da sie weder in ihr Lager, von welchem sie der Strom ausschloss, zurückgehen, noch bei dem Regen mit Gewissheit bestimmen konnten, wo sie den Ihrigen helfen sollten, ***4*** marschierten sie geradeswegs nach Placentia. Nun erfolgten mehrere Ausbrüche nach allen Seiten. Alle, die dem Strom zueilten, wurden entweder von dem Strudel verschlungen, oder während sie Bedenken trugen, hineinzugehen, von den Feinden eingeholt. ***5*** Die sich hingegen auf der Flucht über die Felder zerstreuten, folgten der Spur des weichenden Haufens und gingen nach Placentia, oder sie wagten sich aus Furcht vor den Feinden in den Strom und kamen hinüber in ihr Lager. ***6*** Ein mit Schnee gemischter Regen und die unerträglich heftige Kälte rafften viele Menschen und Lasttiere und die Elefanten fast alle weg. ***7*** Der Fluss Trebia setzte den verfolgenden Puniern ein Ziel, und sie kehrten vor Kälte so erstarrt in ihr Lager zurück, dass sie die Freude des Sieges kaum empfanden. ***8*** Als daher in der folgenden Nacht die Bedeckung des Lagers und ein großer Teil des noch übrigen Heeres auf Flößen über die Trebia setzten, ***9*** hörten die Punier entweder vor dem rauschenden Regen nichts davon, oder sie stellten sich, als merkten sie nichts, weil sie sich vor Müdigkeit und Wunden schon nicht mehr regen konnten; und ohne dass sie sich rührten, führte der Konsul Scipio sein Heer in aller Stille nach Placentia, und von hier, damit nicht eine Kolonie zu sehr durch die Winterquartiere zweier Heere belästigt würde, über den Po nach Cremona.

(57) In Rom verbreitete diese Niederlage einen solchen Schrecken, dass alle glaubten, der Feind werde sogleich zum Angriff auf die Stadt heranziehen, und es sei weder die geringste Hoffnung noch irgendein Mittel übrig, den Sturm auf ihre Tore und Mauern abzuschlagen, *2* Welche andere Heerführer, was für andere Legionen man herbeirufen könne, da ein Konsul am Ticinus, und nach Abberufung des andern aus Sizilien zwei Konsuln und zwei konsularische Heere geschlagen wären?

3 In diesem Schrecken fand sie der ankommende Konsul Sempronius, der nicht ohne große Gefahr mitten durch die überall nach Beute umherschwärmenden feindlichen Reiter hindurchgegangen war, mehr von seiner Kühnheit geleitet als von einem Plan, oder mit einiger Hoffnung, sich durchzuschleichen, oder wenn er nicht unentdeckt bliebe, sich durchzuschlagen. *4* Nachdem er die Konsulwahl, für jetzt das dringendste Bedürfnis von allen, abgehalten hatte, kehrte er in die Winterquartiere zurück. Gewählt wurden zu Konsuln Gnaeus Servilius und Gaius Flaminius zum zweiten Mal.

5 Aber auch nicht einmal in den Winterquartieren hatten die Römer Ruhe, weil überall die numidische Reiterei, und wo für diese die Wege zu schlecht waren, die Keltiberer und Lusitaner umherschwärmten. *6* Folglich war ihnen die Zufuhr von allen Seiten gesperrt, außer was ihnen auf dem Po die Schiffe zuführten. Nahe bei Placentia lag ein Handelsplatz, der mit vielem Fleiß befestigt und mit einer starken Besatzung versehen war. Obgleich Hannibal auf diese kleine Festung, zu deren Erstürmung er seine Reiter und Leichtbewaffneten mitnahm, den Angriff in der Nacht machte, weil er sich von der Verheimlichung seines Unternehmens den meisten Erfolg versprach, konnte er dennoch die Wachen nicht überlisten. *7* Plötzlich erhob sich ein so lautes Geschrei, dass man es auch in Placentia hörte. Dagegen erschien gegen Morgen mit seiner Reiterei der Konsul, der dem Fußvolk den Befehl gegeben hatte, in geschlossenem Zug zu folgen. *8* Indessen kam die Reiterei zum Gefecht, in welchem aber der durch Hannibals Verwundung – sie nötigte ihn, das Treffen zu verlassen – unter den Feinden sich verbreitende Schrecken für die Besatzung eine ehrenvolle Rettung bewirkte.

9 Nachdem er sich nur wenige Tage Ruhe gegönnt hatte und kaum seine Wunde recht geheilt war, rückte er weiter zum Angriff auf Victumulae. Dieser Handelsplatz war im Gallischen Krieg von den Römern befestigt worden. *10* Nachher hatten mehrere Anbauer, die sich von allen Seiten aus den benachbarten Völkern zusammenfanden, den Ort bevölkert, und jetzt hatte ihn die Furcht vor Verheerung zu einem Sammelplatz von größtenteils Landleuten gemacht. *11* Eine Menge Menschen dieses Schlages, durch den Ruf von dem tapferen Widerstand der Besatzung bei Placentia mutig gemacht, griff schnell zu den Waffen und rückte dem Hannibal entgegen. *12* Noch auf dem Weg stießen sie, ich will lieber sagen in Zügen als in Schlachtordnung, aufeinander; und da auf der einen Seite nur ein unförmlicher Haufe, auf der andern ein Feldherr stand, der seinem Heer, und ein Heer, das seinem Feldherrn trauen konnte, wurden fast 30 000 Mann von wenigen in die Flucht geschlagen. *13* Am Tag darauf nahmen sie nach geschlossener Übergabe eine Besatzung ein, und als sie dem erhaltenen Befehl zufolge die Waffen abgeliefert hatten, wurde plötzlich den Siegern ein Zeichen gegeben, die Stadt, als wäre sie durch Sturm erobert, zu plündern. *14* Keine Art des Unheils, welche die Geschichtschreiber bei solchen Ereignissen gewöhnlich bemerkenswert finden, blieb hier unausgeübt, so völlig erlaubten sich die Punier gegen diese Unglücklichen jeden Ausbruch der Wollust, Grausamkeit und unmenschlichen Verhöhnung. Dies waren Hannibals Unternehmungen im Winter.

(58) Die Ruhe, die er nun seinen Soldaten gönnte, dauerte nur kurze Zeit, solange die Kälte unerträglich war; **2** und da er schon auf die ersten und unsicheren Zeichen des Frühjahrs aus den Winterquartieren aufbrach, trat er den Weg nach Etrurien an, um auch dieses Volk, sowie die Gallier und Ligurer, mit Gewalt oder in Güte mit sich zu verbinden. **3** Beim Übergang über den Apennin überraschte ihn ein so schreckliches Unwetter, dass es die Gräuel der Alpen fast noch übertraf. Gleich zuerst sahen sie sich bei dem von Sturm begleiteten, ihnen gerade ins Gesicht schlagenden Regenguss genötigt, Halt zu machen, weil sie entweder die Waffen von sich werfen mussten, oder wenn sie gegen das Wetter marschierten, vom Wirbel niedergeschleudert zu Boden fielen. **4** Als es ihnen aber nun auch die Luft nahm und kein Atemholen gestattete, setzten sie sich eine Zeitlang mit dem Rücken gegen den Wind. **5** Und jetzt fing der Himmel schrecklich an zu tosen, und Blitze leuchteten unter furchtbarem Krachen. Ohne zu hören, ohne zu sehen, waren alle vor Entsetzen starr. Als endlich nach dem Erguss des Regenschauers der Wind ebendarum sich noch weit stürmischer erhob, **6** mussten sie sich entschließen, gerade auf der Stelle, wo sie vom Wetter überfallen waren, ein Lager aufzuschlagen. **7** Hier war es nicht anders, als ginge ihre Not von Neuem an, denn sie konnten weder irgendetwas auseinanderrollen noch aufstellen, und war es aufgestellt, so blieb es nicht stehen, weil der Wind alles zerriss und mit sich nahm; **8** und gleich darauf stürzten die vom Sturm in die Höhe geführten und auf den kalten Gebirgshöhen gefrorenen Wasserdünste einen so gewaltigen Hagel mit Schnee herab, dass die Menschen alles Übrige preisgaben, sich niederwarfen und unter ihren Decken mehr vergraben als verwahrt umherlagen. **9** Und nun trat eine so heftige Kälte ein, dass niemand, so gern er sich aus den jämmerlich zusammengestürzten Menschen und Lasttieren erheben und loshelfen wollte, dies konnte, weil ihm die vor Kälte starren Flechsen kaum erlaubten, die Finger krumm zu machen. **10** Als sie sich endlich durch Auf- und Abgehen die Bewegung wiedererlangten und wieder ins Leben kamen, und man hin und wieder anfing Feuer zu machen, sah sich jeder Hilflose nach fremder Hilfe um. **11** Zwei Tage lagen sie auf diesem Platz wie belagert still. Sie büßten viele Menschen und viele Lasttiere ein und von den aus der Schlacht an der Trebia übrig gebliebenen Elefanten sieben.

(59) Hannibal zog vom Apenninus herab wieder rückwärts gegen Placentia, rückte gegen 10 000 Schritte vor und lagerte sich. Den folgenden Tag führte er 12 000 Mann zu Fuß und 5000 zu Pferd gegen den Feind. Und Konsul Sempronius – denn schon war er von Rom zurückgekommen – **2** wich der Schlacht nicht aus. An dem Tag betrug die Entfernung beider Lager nur 3000 Schritte. **3** Am folgenden schlug man sich mit großer Erbitterung und abwechselndem Erfolg. Bei dem ersten Zusammentreffen kamen die Römer so sehr in Vorteil, dass sie nicht allein in der Linie siegten, sondern auch die geschlagenen Feinde in ihr Lager verfolgten und dann sogar das Lager bestürmten.

4 Hannibal, der auf den Wall und an die Tore nur wenige Verteidiger stellte, zog die übrigen Truppen dicht geschlossen in die Mitte des Lagers zurück und befahl ihnen, schlagfertig das Zeichen zum Ausfall zu erwarten. **5** Schon war es fast drei Uhr nachmittags, als der römische Feldherr, der sich nun keine Hoffnung mehr machen durfte, das Lager zu erobern, seinen Truppen, die sich vergebens abgemüht hatten, das Zeichen zum Abzug gab. **6** Kaum hörte dies Hannibal, welcher nun das Gefecht aufgegeben und den Rückzug vom Lager sah, als er sogleich zur Rechten und Linken seine Reiterei auf den Feind gehen ließ und selbst in der Mitte mit dem Kern seines Fußvolkes aus dem Lager hervorbrach.

7 Nicht leicht wäre eine Schlacht wütender und durch den Verlust auf beiden Seiten merkwürdiger geworden, wenn der Tag gestattet hätte, sie länger fortzusetzen. Die Nacht machte dem mit so außerordentlichem Mut begonnenen Kampf ein Ende. **8** Folglich war das erste Zusammentreffen hitziger als das Gemetzel, und so wie man fast mit gleichem Glück gefochten hatte, so schied man auch mit gleichem Verlust. Auf keiner Seite fielen mehr als 600 Fußsoldaten und 300 Reiter. ***9*** Bei den Römern aber überwog der Verlust die Zahl, weil mehrere vom Ritterstand, fünf Kriegstribunen und von den Bundesgenossen drei Befehlshaber gefallen waren.

10 Nach dieser Schlacht zog Hannibal nach Ligurien, Sempronius nach Luca. Die Ligurer übergaben dem Hannibal bei seiner Ankunft, um ihn von der Zuverlässigkeit ihres Vertrages und Beitritts desto fester zu überzeugen, zwei in einem Hinterhalt gefangene römische Quästoren, den Gaius Fulvius und Lucius Lucretius, nebst zwei Kriegstribunen und fünf vom Ritterstand, meistens Söhne von Senatoren.

(60) Während dieser Ereignisse in Italien unterwarf der mit Flotte und Heer nach Spanien geschickte Gnaeus Cornelius Scipio, ***2*** als er nach seiner Abfahrt von der Mündung der Rhone am Vorgebirge der Pyrenäen vorbeigesegelt und bei Emporiae gelandet war, mit seinem hier ausgesetzten Heer, das mit den Lacetanern den Anfang machte, ***3*** die ganze Küste bis an den Ebro, teils durch Erneuerung der alten Verträge, teils durch eingeleitete neue der römischen Herrschaft. ***4*** Durch den hier erworbenen Ruf der Milde gewann er nicht bloß das Vertrauen der Küstenbewohner, sondern selbst der kriegerischen Völkerschaften, die tiefer landeinwärts und auf den Gebirgen wohnten. Er vermochte sie nicht bloß zum Friedensschluss, sondern sogar zum Waffenbündnis, und man hob bei ihnen einige starke Kohorten Hilfstruppen aus.

Das Land diesseits des Ebro stand unter dem Oberbefehl des Hanno; ***5*** ihn hatte Hannibal zum Schutz dieser Gegend zurückgelassen, weil dieser es für nötig hielt, dem Feind entgegenzugehen. Ehe alles von ihm abfiel, schlug er im Angesicht desselben ein Lager auf und rückte in Schlachtordnung aus. ***6*** Der römische Feldherr sah nicht ein, warum er zögern sollte, da er wusste, dass er mit Hanno und Hasdrubal zugleich zu kämpfen haben würde und lieber gegen jeden einzeln als gegen beide vereinigt aufzutreten wünschte. ***7*** Auch wurde die Schlacht ohne großen Kampf beendet, 6000 Feinde blieben, 2000 wurden nebst der Lagerbedeckung zu Gefangenen gemacht, denn auch das Lager wurde genommen, auch Cissis, eine Stadt in der Nähe des Lagers erobert. ***8*** Freilich gab die Beute in der Stadt nur Sachen von geringem Wert, Hausgeräte wilder Völker und elende Sklaven. ***9*** Aber das Lager machte den Soldaten reich; denn er fand nicht bloß das Eigentum des hier besiegten, sondern auch des in Italien unter Hannibal dienenden Heeres, welches fast alle seine Kostbarkeiten, um sich nicht mit schwerem Gepäck zu tragen, diesseits der Pyrenäen zurückgelassen hatte.

(61) Hasdrubal, der noch vor der Kunde von dieser Niederlage mit 8000 Mann zu Fuß und 1000 zu Pferd in der Meinung über den Ebro gegangen war, den Römern gleich bei ihrer ersten Ankunft entgegenzutreten, richtete jetzt auf die Nachricht von der unglücklichen Schlacht bei Cissis und dem Verlust des Lagers seinen Marsch gegen das Meer. ***2*** Nicht weit von Tarraco jagte er die römischen Seesoldaten und Schiffsleute, die zerstreut in den Dörfern umherschwärmten – Glück erzeugt ja gewöhnlich Sorglosigkeit –, durch seine nach allen Seiten verteilte Reiterei mit großem Verlust der Feinde und mit noch größerer Verwirrung in ihre Schiffe. ***3*** Da er sich aber in dieser Gegend aus Furcht, von Scipio überfallen zu werden, nicht länger aufzuhalten wagte, zog er sich über den Ebro zurück; ***4*** und Scipio, der auf das Gerücht von neuen Feinden sein Heer in Eilmärschen herbeigeführt hatte, ließ nach Bestrafung einiger weniger Schiffshauptleute in Tarraco eine mäßige Besatzung zurück ***5*** und ging mit der Flotte wieder nach Emporiae. Kaum war er weg, da erschien Hasdrubal wieder, verleitete die Ilergeten, ein Volk, das dem Scipio Geiseln gestellt hatte, zum Abfall, und gerade ihre Mannschaft war es, mit der er die den Römern treu gebliebenen Staaten verwüstete. ***6*** Als er dadurch Scipio aus den Winterquartieren aufgestört hatte, überließ er ihm abermals die ganze Gegend diesseits des Ebro. Scipio brach in das Gebiet der von ihrem Aufwiegler verlassenen Ilergeten feindlich ein, trieb sie nach Atanagrus – dies war

ihre Hauptstadt – und belagerte sie; *7* und in wenigen Tagen machte er die Ilergeten, denen er jetzt mehr Geiseln als das erste Mal abforderte und eine Geldstrafe auferlegte, wieder zu römischen Untertanen. *8* Von da rückte er in das Land der Ausetaner am Ebro, welche es ebenfalls mit den Puniern hielten, und bei der Belagerung ihrer Stadt überfiel er die Lacetaner, welche ihren Nachbarn zu Hilfe zogen, nicht weit von der Stadt, als sie eben hineinrücken wollten, in einem Hinterhalt. *9* An 12 000 wurden niedergemacht, die Übrigen flohen, fast alle mit Verlust ihrer Waffen, überall über die Felder zerstreut, in ihre Heimat; und nun schützte die Belagerten weiter nichts als der für die Belagerer ungünstige Winter. *10* Die Einschließung währte 30 Tage, während welcher der Schnee selten unter vier Fuß hoch lag; und er hatte die Schutzwände und Sturmdächer der Römer so bedeckt, dass er allein gegen das vom Feind gegen die Belagerungsmaschinen mehrmals geschleuderte Feuer sogar Schutz gewährte. *11* Endlich, als sich ihr Fürst Amusicus zu Hasdrubal geflüchtet hatte, ergaben sie sich unter der Bedingung, 20 Silbertalente zu erlegen. Nun erfolgte der Rückzug in die Winterquartiere nach Tarraco.

(62) In Rom oder in seiner Nähe ereigneten sich in diesem Winter viele außerordentliche Erscheinungen, oder es wurden, wie dies der Fall zu sein pflegt, wenn die Stimmung zur Götterfurcht einmal da ist, viele berichtet und ohne Weiteres geglaubt. *2* Unter anderen habe auf dem Kohlmarkt ein halbjähriges Kind freier Eltern Triumph gerufen; *3* in einem Haus am Ochsenmarkt sei ein Ochse von selbst in das dritte Stockwerk hinaufgegangen und habe sich, durch den Auflauf der Bewohner gescheucht, von da herabgestürzt; *4* am Himmel hätten sich strahlende Schiffe sehen lassen; in den Tempel der Hoffnung am Kohlmarkt habe der Blitz eingeschlagen; zu Lanuvium habe ein Spieß sich geregt; in den Tempel der Juno sei ein Rabe geflogen und habe sich auf dem Götterpolster niedergelassen; *5* im Gebiet von Amiternum hätten sich an mehreren Orten weiß gekleidete Menschengestalten in der Ferne sehen lassen, die sich aber niemandem genähert hätten; im picenischen Gebiet habe es Steine geregnet; zu Caere hätten sich die Orakeltäfelchen verkleinert, und in Gallien habe ein Wolf einer Schildwache das Schwert aus der Scheide gerissen und weggetragen.

6 Wegen der übrigen Wunderzeichen wurde den Zehnmännern befohlen, die Sibyllinischen Bücher einzusehen; allein wegen des Steinregens im picenischen Gebiet wurde ein neuntägiges Betfest ausgeschrieben, und fast die ganze Bürgerschaft hatte immer von Neuem mit Ausrichtung der Sühnopfer zu tun. *7* Vor allen Dingen hielt man den Reinigungsumgang um die Stadt und brachte allen in den Büchern angegebenen Göttern große Opfertiere dar; *8* man brachte nach Lanuvium in den Tempel der Juno ein Geschenk von 40 Pfund Gold; der Juno auf dem Aventin weihten die Frauen ein Standbild von Erz; zu Caere, wo sich die Orakeltäfelchen verkleinert hatten, wurde ein Göttermahl angeordnet und der Fortuna auf dem Algidus ein Betfest; *9* auch zu Rom der Juventas ein Göttermahl; man setzte ein Betfest namentlich allein für den Tempel des Herkules an, und dann ließ man eins vom ganzen Volk bei allen Altären anstellen; auch wurden dem Schutzgeist fünf große Tiere geopfert, *10* und Prätor Gaius Atilius Serranus wurde beauftragt, im Namen des Staates, wenn er in den nächsten zehn Jahren seine Verfassung behielte, die Erfüllung gewisser Gelübde zu versprechen. *11* Diese nach den Angaben der Sibyllinischen Bücher veranstalteten Sühnungen und Gelübde hatten die Gemüter größtenteils von ihren frommen Bedenklichkeiten befreit.

(63) Der eine von den beiden ernannten Konsuln, Flaminius, welchem das Los die zu Placentia überwinternden Legionen bestimmt hatte, ließ mit einem Schreiben an den Konsul den Befehl ergehen, dass jenes Heer am 15. März bei Ariminum im Lager stehen sollte. *2* Es war nämlich seine Absicht, sein Konsulat am Ort seiner Bestimmung anzutreten, denn er erinnerte sich der alten Streitigkeiten, die er mit den Vätern als Volkstribun und nachher als Konsul zuerst über das ihm

abgesprochene Konsulat und dann über seinen Triumph gehabt hatte. ***3*** Auch hatte er sich den Hass der Väter bei Gelegenheit eines neuen Vorschlages zugezogen, vermittels dessen der Volkstribun Quintus Claudius zum Nachteil des Senates – auch unterstützte den Vorschlag von allen Vätern als einziger Flaminius – es zum Gesetz gemacht hatte, dass niemand, der selbst Senator sei oder einen Senator zum Vater gehabt habe, ein Seeschiff von mehr als 300 Tonnen halten dürfte. ***4*** Diese Größe hielt man für hinreichend zur Abholung der Früchte aus den Landgütern und sah jeden Handelserwerb für Senatoren als schimpflich an. Die Folge dieser mit der größten Heftigkeit betriebenen Verhandlung war für Flaminius als Fürsprecher des Gesetzes bei dem Adel Hass, bei dem Bürgerstand Wohlwollen und dann das zweite Konsulat. ***5*** Deswegen glaubte er, man werde ihn durch erlogene Vorbedeutungen, durch Hinausschieben der latinischen Feiertage und andere mit dem Konsulat verknüpfte Hinderungen in der Stadt zurückhalten, und so ging er unter dem Vorwand einer Reise als Privatmann heimlich zum Heer ab. ***6*** Dies Benehmen zog ihm, als es bekannt wurde, bei den ihm schon vorher erbitterten Vätern neuen Unwillen zu. Gaius Flaminius, sagten sie, führe nicht bloß mit dem Senat Krieg, sondern nun auch mit den unsterblichen Göttern. ***7*** Schon früher gegen die Winke der Götter zum Konsul gemacht, sei er, obgleich ihn Götter und Menschen selbst vom Schlachtfeld zurückgerufen hätten, ungehorsam gewesen; und jetzt aus bösem Gewissen, weil er beide verachtet habe, dem Kapitol und der Abkündigung der jährlichen Gelübde entlaufen, um nur ja nicht am ersten Tag seines Amtes den Tempel des allmächtigen Jupiter zu betreten, ***8*** um nicht den ihm allein verhassten Senat, dem er selbst verhasst sei, sehen und befragen zu müssen, oder die latinischen Feiertage zu bestimmen und dem Jupiter Satiaris das jährliche Opfer auf der Anhöhe zu bringen, ***9*** um ja nicht zu dem feierlichen Aufzug auf das Kapitol, wo er die Gelübde hätte ablegen müssen, die Zustimmung der Götter einzuholen und im Feldherrnpurpur mit Liktoren zum Heer abzugehen. Wie ein Marketender sei er ohne Abzeichen, ohne Liktoren heimlich und verstohlen davongegangen, als hätte er gleich einem Verbannten das Land räumen müssen. ***10*** Er finde es vermutlich der Hoheit des konsularischen Oberbefehls angemessener, zu Ariminum als zu Rom sein Amt anzutreten und den Purpur lieber in einer fremden Herberge als bei den Göttern seiner Heimat anzulegen. ***11*** Alle stimmten dafür, man müsse ihn zurückrufen und abholen lassen und ihn zwingen, ehe er zum Heer und zu seinem Bestimmungsort abginge, allen seinen Pflichten gegen Götter und Menschen an Ort und Stelle zu genügen.

12 Quintus Terentius und Marcus Antistius, welche zu dieser Sendung abgingen – denn es war eine Gesandtschaft beschlossen worden –, konnten ihn ebenso wenig bewegen, wie ihn in seinem ersten Konsulat das vom Senat an ihn erlassene Schreiben bewogen hatte. ***13*** Wenige Tage nachher trat er sein Amt an. Bei seinem Opfer entriss sich das schon gestochene Kalb den Händen der Opferpriester und bespritzte viele der Umstehenden mit Blut. ***14*** Das Flüchten und der Auflauf wurden weiterhin bei denen, welche die Ursache des Durcheinanderstürzens nicht wussten, noch größer; und die meisten fanden darin eine schreckliche Vorbedeutung. ***15*** Nachdem er sich die zwei Legionen vom vorjährigen Konsul Sempronius und zwei vom Prätor Tajus Atilius hatte übergeben lassen, begann das Heer den Marsch durch die Engpässe des Apenninus nach Etrurien.

Zweiundzwanzigstes Buch

Inhalt

Hannibal, der bei dem beständigen Wachen im Morast ein Auge verliert, kommt nach Etrurien; in diesem Morast war er ohne auszuruhen vier Tage und drei Nächte fortmarschiert. Der Konsul Gaius Flaminius, ein verwegener Mann, der den Götterwinken zuwider aufbrach, die Heerfahnen, weil man sie nicht aus dem Boden aufziehen konnte, losgraben ließ, und als er zu Pferd gestiegen war, über den Kopf herabstürzte, wurde am Trasumenischen See durch Hannibals List umringt und mit dem Heer niedergehauen. 6000, welche sich durchgeschlagen und an Maharbal ergeben hatten, lässt Hannibal treuloserweise fesseln. Bei der auf die Nachricht von dieser Niederlage über Rom sich verbreitenden Trauer bekommen zwei Mütter unvermutet ihre Söhne zurück und sterben vor Freude. Nach Anweisung der Sibyllinischen Bücher gelobt man wegen dieser Niederlage einen heiligen Frühling. Als Quintus Fabius Maximus, der nun als Diktator gegen Hannibal geschickt wurde, sich mit ihm in kein Treffen einlassen wollte, um nicht seine durch unglückliche Schlachten mutlos gewordenen Soldaten gegen einen auf so viele Siege stolzen Feind in der Schlacht aufs Spiel zu setzen, und Hannibals Absichten bloß dadurch vereitelte, dass er sich ihm entgegenstellte, bewirkt sein Magister Equitum, Marcus Minucius, ein kecker und verwegener Mann, dadurch, dass er den Diktator der Untätigkeit und Feigheit beschuldigt, einen Volksbeschluss, der ihm mit dem Diktator gleichen Oberbefehl gibt; und als er mit dem zwischen ihnen geteilten Heer auf ungünstigem Kampfboden ein Treffen liefert und es sehr schlimm um seine Legionen steht, wird er von dem mit seinem Heer herbeieilenden Fabius Maximus gerettet. Gerührt durch diese Wohltat, zieht er wieder zu ihm ins Lager, begrüßt ihn als Vater, und auf seinen Befehl tun dies auch die Soldaten. Hannibal, der nach der Verheerung Kampaniens zwischen der Stadt Casilinum und dem Berg Callicula von Fabius eingeschlossen wird, verjagt durch Reisbündel, welche er Ochsen an die Hörner binden und anzünden lässt, das römische Heer, welches den Callicula besetzt hält, und kommt so durch den Pass. Auch verschont er, als er alles umher niederbrennen lässt, das Landgut des Diktators Quintus Fabius Maximus, um ihn als Verräter verdächtig zu machen. Nun kommt es unter dem Konsulat und Anführung des Aemilius Paulus und Terentius Varro zu der höchst unglücklichen Schlacht mit Hannibal bei Cannae, in welcher 45 000 Römer mit dem Konsul Paulus und 80 Senatoren fielen, und 30 gewesene Konsuln, Prätoren oder Ädilen. Als nach dieser Niederlage mehrere Jünglinge von Adel aus Verzweiflung mit dem Plan umgehen, Italien zu verlassen, schwört der Kriegstribun Publius Cornelius Scipio, später Africanus genannt, indem er den Beratenden sein Schwert über die Köpfe hält, dass er den als Feind ansehen wolle, der ihm nicht die vorgesagten Worte nachschwöre, und bewirkt dadurch, dass sie alle sich eidlich verpflichten, Italien auf keinen Fall zu verlassen. Außerdem berichtet dieses Buch die Bestürzung und Trauer der Stadt Rom und die besser gelungenen Unternehmungen in Spanien. Opimia und Floronia, vestalische Jungfrauen, werden wegen Unkeuschheit verurteilt. Aus Mangel an Soldaten werden 8000 Sklaven bewaffnet. Die Gefangenen werden, obgleich man sie auslösen konnte, nicht ausgelöst. Dem Varro geht man entgegen und dankt ihm, dass er den Staat noch nicht aufgegeben habe.

(1) Jetzt nahte der Frühling, als Hannibal, der es schon vorher bei der unerträglichen Kälte vergebens versucht hatte, über den Apenninus zu gehen und nicht ohne große Gefahr und Besorgnis so lange hier gestanden hatte, aus den Winterquartieren aufbrach. *2* Als die Gallier, welche die Hoffnung auf Beutemachen und plündern ihm zugeführt hatte, anstatt das sie selbst auf fremden Boden zu rauben und zu plündern dachten, ihr eigenes Land zum Schauplatz des Krieges gemacht und mit den Winterquartieren der beiderseitigen Heere bedrückt sahen, ging ihr Hass von den Römern wieder auf Hannibal über; *3* und Hannibal, schon oft von den Nachstellungen ihrer Fürsten bedroht, hatte ihrer eigenen gegenseitigen Treulosigkeit, mit der sie ihre Entwürfe ebenso leichtsinnig verrieten als verabredeten, seine Rettung verdankt oder auch durch öfters veränderte Kleidung und Kopfbedeckung in seiner Unkenntlichkeit Schutz gefunden. *4* Doch war auch diese Besorgnis ein Grund für ihn, den Aufbruch aus den Winterquartieren zu beschleunigen. Um dieselbe Zeit trat in Rom der Konsul Gnaeus Servilius am 15. März sein Amt an. *5* Als er bei dieser Gelegenheit über die Lage des Staates Bericht erstattete, erwachte der Hass gegen Gaius Flaminius von Neuem. Zwei Konsuln, sagten die Väter, hätten sie gewählt und nur einen hätten sie. Denn wie könne man von jenem behaupten, dass er einen rechtmäßigen Oberbefehl, dass er die Götterleitung habe? *6* Diese müsse ja jeder Beamte von der Heimat aus, von den Schutzgöttern des Staates und seines Hauses, nach begangener Feier der latinischen Festtage, nach verrichtetem Opfer auf dem Albanischen Berg, nach förmlicher Ablegung der Gelübde auf dem Kapitol mit sich hinausnehmen; *7* sie schließe sich nie an den Privatmann, und wer ohne Götterleitung abgereist sei, könne sich ja nicht im Ausland eine neue und ebenso gültige selbst geben. *8* Und Wunderzeichen, welche von mehreren Orten zugleich gemeldet wurden, erhöhten diese Furcht. In Sizilien sollten mehreren Soldaten, in Sardinien dem Ritter, der auf der Mauer bei den Wachen die Runde machte, der Stab in der Hand gebrannt, die Küsten von vielem Feuer geleuchtet, zwei Schilde Blut geschwitzt, der Blitz einige Soldaten erschlagen und die Sonnenscheibe sich verkleinert gezeigt haben. *9* Zu Praeneste sollten brennende Fackeln vom Himmel gefallen, zu Arpi Schilde am Himmel und die Sonne mit dem Mond im Kampf gesehen worden *10* und zu Capena bei Tag zwei Monde aufgegangen sein; die Bäder zu Caere hätten ein mit Blut gemischtes Wasser gegeben, und aus der Herkulesquelle selbst sei das Wasser wie mit blutigen Flecken besprengt hervorgequollen; Schnittern seien in der Gegend von Antium blutige Ähren in den Korb gefallen; *11* zu Falerii habe man den Himmel wie von einem großen Riss gespalten gesehen, und aus der Öffnung habe ein gewaltiges Licht hervorgeleuchtet; die Orakeltäfelchen seien dort kleiner geworden und eins beim Umschütteln herausgesprungen, mit der Aufschrift: „Mars schwingt seinen Speer“; *12* und zu gleicher Zeit habe zu Rom das Standbild des Mars neben den Bildnissen der Wölfe an der Via Appia Schweiß vergossen; auch habe man zu Capua den Himmel brennen und unter einem Regenschauer einen herabfallenden Mond gesehen. *13* Nun fanden auch die Meldungen von unbedeutenderen Erscheinungen Glauben, dass bei verschiedenen Leuten Ziegen Wolle bekommen hätten, dass sich eine Henne in einen Hahn, ein Hahn in eine Henne verwandelt habe.

14 Nachdem der Konsul diese Angaben, so wie sie gemeldet waren, den Vätern vorgelegt und die Anzeiger vor dem Senat hatte auftreten lassen, brachte er die göttlichen Angelegenheiten zur Umfrage. *15* Man beschloss, diese wunderbaren Erscheinungen teils durch größere, teils durch noch saugende Opfertiere beseitigen und bei allen Göttersitzen ein dreitägiges Betfest halten zu lassen. ***16*** Alles Übrige sollte, wenn die Zehnmänner die Bücher eingesehen hätten, so ausgerichtet werden, wie sie es nach der Aussage der heiligen Sprüche für den Göttern gefällig erklären würden. ***17*** Auf die Angabe der Zehnmänner wurde beschlossen, zuerst zum Geschenk für Jupiter einen goldenen Donnerkeil, 50 Pfund schwer, machen zu lassen, der Juno und Minerva silberne Geschenke darzubringen, ***18*** der Juno Regina auf dem Aventin und der Juno Sospita zu Lanuvium große Tiere zu opfern, die Frauen sollten von einer zusammengeschossenen Geldsumme, zu welcher jede nach ihrem Vermögen beitrüge, der Juno Regina ein Geschenk auf den Aventin bringen, und ein Göttermahl sollte gehalten werden; ja sogar die freigelassenen Frauen sollten ebenfalls nach ihrem Vermögen Geld zusammenlegen, wovon der Feronia ein Geschenk gemacht werden könnte. ***19*** Als dies geschehen war, brachten die Zehnmänner große Tiere auf dem Markt zu Ardea zum Opfer. Noch in den letzten Tagen des Monats Dezember wurde zu Rom im Tempel des Saturnus geopfert, ein Göttermahl, bei welchem Senatoren die Tafelsitze überzogen, und ein allgemeines Gastgebot angeordnet; ***20*** in der ganzen Stadt rief man bei Tag und bei Nacht: „Saturnalien!“, und dem Volk wurde anbefohlen, diesen Tag festlich zu begehen und ihn auch in Zukunft beizubehalten.

(2) Während den Konsul in Rom die Versöhnung der Götter und die Aushebung beschäftigte, nahm Hannibal, ***2*** der auf das Gerücht, dass der Konsul Flaminius schon zu Arretium angekommen sei, aus den Winterquartieren aufbrach, nicht den ihm gezeigten längeren, freilich bequemeren Weg, sondern den näheren durch die Sümpfe, wo in diesen Tagen der Fluss Arno mehr als gewöhnlich ausgetreten war. ***3*** Die Spanier und Afrikaner – aus diesen bestand der Kern seiner alten Krieger – ließ er vorausgehen, und zwar mit ihrem Gepäck, damit es ihnen, wenn sie irgendwo Halt machen müssten, nicht an dem Nötigsten fehlen möchte; ihnen mussten die Gallier folgen, um in der Mitte des Zuges zu sein, und zuletzt die Reiterei; dann musste Mago mit den leichten Numidern den Zug schließen, ***4*** namentlich um die Gallier zusammenzuhalten, wenn sie etwa aus Überdruss der Beschwerden und des langen Marsches – denn dergleichen auszuhalten ist dies Volk zu weichlich – sich zerstreuen oder stehen bleiben sollten. ***5*** Die ersten folgten, wo nur ihre Wegweiser vorangingen, durch die jähen und tiefen Schlünde der Stromflut, vom Schlamm fast verschlungen und hineinsinkend, dennoch den Fahnen. ***6*** Die Gallier konnten sich weder halten noch, wenn sie gefallen waren, ihre Körper durch Mut bzw. ihren Mut durch Hoffnung erhalten, ***7*** so dass sie teils die ermatteten Glieder nur mit Mühe weiterschleppten, teils, wenn sie einmal aus Überdruss verzweifelnd sich hingeworfen hatten, zwischen den gleichfalls umherliegenden Lasttieren starben. Was die Leute am meisten entkräftete, war die Schlaflosigkeit, die sie nun schon vier Tage und drei Nächte ertragen hatten. ***8*** Da in der alles bedeckenden Flut keine Stelle zu finden war, wo sie ihre müden Körper hätten ins Trockene legen können, legten sie sich oben auf ihr im Wasser aufgetürmtes Gepäck. ***9*** Hin und wieder gewährten ihnen sogar die Haufen der auf dem ganzen Zug gefallenen Lasttiere, da sie nur irgendetwas suchten, was aus dem Wasser ragte, auf kurze Zeit ein Notlager. ***10*** Hannibal selbst, der bei einer gleich anfangs durch die unbeständige, mit Hitze und Kälte wechselnde Frühlingswitterung ihm zugestoßenen Augenkrankheit, um desto höher über dem Wasser zu sein, sich von dem noch übrigen einzigen Elefanten tragen ließ, ***11*** wurde zuletzt, da das viele Wachen und die Nachtdünste bei der Sumpfluft ihm den Kopf angegriffen hatten, auf einem Auge blind.

(3) Als er endlich nach einem kläglichen Verlust vieler Menschen und Lasttiere sich aus den Sümpfen herausgearbeitet hatte, schlug er, sobald er das auf trockenem Boden konnte, ein Lager auf und erfuhr durch seine vorausgeschickten Kundschafter mit Gewissheit, dass das römische Heer an den Mauern Arretiums stehe. ***2*** Nun beschäftigte er sich damit, die Pläne und Gesinnung

des Konsuls, die Lage der Gegenden, die Wege, die Möglichkeit, sich freie Zufuhr zu verschaffen und alles Übrige, was ihm zu wissen nötig war, auf das Sorgfältigste zu erforschen. ***3*** Die Gegend war eine der fruchtbarsten Italiens, die etruskischen Gefilde, die zwischen Faesulae und Arretium liegen, mit Überfluss an Getreide und Herden und allem Übrigen gesegnet, ***4*** der Konsul noch voll Übermut von seinem vorigen Konsulat, und nicht nur ohne Scheu vor den Gesetzen und der Würde der Väter, sondern auch so ziemlich vor den Göttern. Das Glück hatte diese ihm natürliche Verwegenheit durch einen ihn begünstigenden Erfolg in seinen bürgerlichen und kriegerischen Unternehmungen genährt. ***5*** Es war also gewiss zu erwarten, dass er, ohne Götter oder Menschen zu befragen, in allem ungestüm und übereilt handeln werde. Und damit er noch mehr in seinen Fehlern bestärkt würde, legte es Hannibal darauf an, ihn zu hetzen und zu reizen; ***6*** und da er auf seinem Marsch nach Faesulae, mit Hinterlassung des Feindes zur Linken, in der Mitte von Etruriens Fluren zum Plündern auszog, ließ er durch Mord und Brand den Konsul aus der Nähe einer Verheerung zusehen, so arg sie ihm zu bewirken möglich war.

7 Flaminius, der selbst einem ruhigen Feind gegenüber nicht geruht hätte, der vollends jetzt, als er das Eigentum der Bundesgenossen beinahe vor seinen Augen weggetragen und weggetrieben werden sah, es für einen persönlichen Schimpf hielt, wenn die Punier schon Italiens Mitte durchschwärmten und ohne den geringsten Widerstand zum Angriff auf die Mauern Roms weiter rücken könnten; – ***8*** mochten immerhin alle übrigen Stimmen im Kriegsrat dem wahren Vorteil vor der Scheinehre durch die Erklärung den Vorzug geben, dass Flaminius seinen Amtsgenossen erwarten müsse, damit sie beide mit vereinten Heeren, in einem Geist und nach einem Plan zu Werke gehen könnten, ***9*** bis dahin müsse man mit der Reiterei und den leicht bewaffneten Hilfstruppen die ausgelassene Frechheit des Feindes in seinen Verheerungen beschränken. Genug, er stürzte in vollem Zorn zum Kriegsrat hinaus und ließ das Zeichen zum Aufbruch und zur Schlacht zugleich aufstecken. ***10*** *Dass wir doch ja,* rief er, *vor Arretiums Mauern sitzen bleiben; denn hier ist ja unsere Vaterstadt mit unseren Hausgöttern. Hannibal, den wir unseren Händen entschlüpfen lassen, mag Italien verwüsten, mag unter Verheerungen und Einäscherungen der ganzen Gegend bis an Roms Mauern vordringen, und wir rühren uns nicht eher von der Stelle, bis die Väter, wie einst den Camillus von Veji, den Gaius Flaminius von Arretium rufen lassen.* ***11*** Als er mit diesem laut geäußerten Hohn zugleich den Befehl gab, die Fahnen schleunigst auszuziehen, und sich auf sein Pferd warf, stürzte plötzlich das Pferd lang hin, und über den Kopf weg wurde der Konsul zur Erde geschleudert. ***12*** Noch waren alle Umstehenden über das grässliche Vorzeichen, mit dem die Unternehmung beginne, in Schrecken, als die Meldung kam, eine Fahne wolle trotz aller vom Fähnrich angewandten Kraft nicht aus der Erde. ***13*** Da rief der Konsul dem Meldenden entgegen: „*Bringst du nicht etwa auch einen Brief vom Senat, worin mir der Krieg verboten wird? Geh, sage ihnen, wenn ihnen vor Furcht die Hände erstarrt wären, die Fahne herauszuziehen, so sollten sie sie ausgraben.* ***14*** Nun erfolgte der Aufbruch des Heeres, obgleich die Hauptleute nicht allein im Kriegsrat dagegen, sondern auch jetzt durch das doppelte Vorzeichen verschreckt waren, während der gemeine Soldat, der mehr auf die Hoffnung seines Feldherrn, als auf die Gründe dieser Hoffnung sah, an dem wilden Trotz desselben seine Freude hatte.

(4) Hannibal übte bei seiner Plünderung des Landstriches zwischen der Stadt Cortona und dem Trasumenischen See alle Schrecknisse des Krieges aus, damit die Erbitterung hierüber für die Feinde ein um so schärferer Sporn würde, das Ungemach ihrer Bundesgenossen zu rächen. ***2*** Schon waren sie in die zu einem Hinterhalt wie geschaffene Gegend gekommen, wo der Trasumenische See dicht unter die Gebirge von Tortona tritt. Es bleibt nur ein sehr schmaler Weg dazwischen, gleichsam als wäre dieser Raum absichtlich hierzu übrig gelassen; weiterhin eröffnet sich ein etwas breiteres Feld, ***3*** und dann erheben sich die Hügel. Hier in der offenen Ebene schlug

Hannibal ein Lager auf, wo er selbst nur mit den Afrikanern und Spaniern seinen Standort haben wollte. Die Balearen und übrigen Leichtbewaffneten führte er hinter dem Berg herum; die Reiterei stellte er an den Eingang des Passes, wo sie von Hügeln leicht verdeckt stand, damit ringsum, wenn sich den eingedrungenen Römern die Reiterei in den Rücken werfe, alles vom See und den Bergen eingeschlossen wäre.

4 Als Flaminius, welcher tags zuvor mit Sonnenuntergang an den See gekommen war, ohne alle eingezogene Kunde den Pass am folgenden Tag fast noch in der Dämmerung zurückgelegt hatte, so dass er eben anfing, seinen Zug in das offenere Feld auszubreiten, wurde er freilich der Feinde gewahr, aber nur der vor ihm Stehenden, von dem Hinterhalt im Rücken und über seinem Haupt merkte er nichts. ***5*** Kaum sah Hannibal, was er gewünscht hatte, den Feind zwischen dem See und den Bergen eingeschlossen und von seinen Truppen umringt, so gab er das Zeichen zum allgemeinen Angriff. ***6*** Wie diese, wo es jedem am nächsten war, herabgeeilt kamen, so war dies den Römern um so überraschender und unerwarteter, weil sich ein aus dem See aufgestiegener Nebel dichter auf der Ebene als auf den Bergen gelagert hatte, und die feindlichen Scharen, die einander von mehreren Höhen aus deutlich genug beobachten konnten, den Angriff um so gleichzeitiger machten. ***7*** Die Römer schlossen schon aus dem Geschrei, weil es rings um sie her sich erhob, dass sie umzingelt wären, ehe sie noch völlig sehen konnten; und sie wurden schon von vorn und auf den Seiten angegriffen, ehe sie Zeit hatten, die Schlachtordnung aufzustellen, die Waffen in die Hand zu nehmen und das Schwert zu ziehen.

(5) Bei der allgemeinen Bestürzung war der Konsul selbst trotz der Verwirrung noch ziemlich unerschrocken, ordnete die in Verwirrung gebrachten Glieder, weil jeder nach dem verworrenen Geschrei sich umwandte, so gut es Zeit und Ort gestattete; und wo er nur herankommen und gehört werden konnte, sprach er Mut ein und hieß die Leute standhalten und kämpfen, denn hier sei die Rettung durch kein Gelübde, keine Anrufung der Götter, ***2*** sondern durch Kraft und Tapferkeit zu bewirken. Mitten durch die Linien bahne sich das Schwert den weg, und je weniger man fürchte, desto geringer sei gewöhnlich die Gefahr. ***3*** Allein vor Getöse und Lärmen konnte man weder Rat noch Befehl vernehmen; und weit entfernt, auf seine Fahne, sein Glied und seinen Platz zu merken, hatte der Soldat kaum Besinnung genug, um zu den Waffen zu greifen und sich zum Kampf fertig zu machen; manche wurden niedergehauen, weil ihre Waffen sie mehr beschwerten als schützten; auch taten bei dem dicken Nebel die Ohren bessere Dienste als die Augen. ***4*** Ihr Antlitz, ihr Auge irrte nach den Seufzern der Verwundeten umher, nach den auf Körper, auf Waffen fallenden Streichen, nach den sich mischenden Tönen der Drohung und des Angstrufes. ***5*** Hier blieben Fliehende, weil sie auf einen Haufen Kämpfender stießen, feststecken, dort riss ein Schwarm von Fliehenden die ins Gefecht Zurückkehrenden mit sich fort.

6 Als sie nun nach allen Seiten hin vergebliche Angriffe gemacht hatten, auf den Flügeln die Berge und der See, von vorn und im Rücken das feindliche Heer sie einschlossen, und der Augenschein lehrte, dass hier keine Rettung als von der Faust und vom Schwert zu erwarten sei, da wurde jeder sein eigener Führer und Ermunterer zum Einhauen, ***7*** und es erfolgte sozusagen eine zweite Schlacht, aber freilich nicht eine nach einem Mittel-, Vorder- und Hintertreffen geordnete, und weder so verteilt, dass die Vorfechter vor den Fahnen und das übrige Heer hinter den Fahnen gekämpft hätten, noch so, dass der Soldat in seiner Legion, oder in seiner Kohorte oder Rotte stand. ***8*** Der Zufall warf die Leute in eine Masse; den Platz vorn oder hinten im Gefecht gab jedem sein eigener Mut; und der Waffenkampf wurde so hitzig, die Aufmerksamkeit so ganz auf die Schlacht gerichtet, dass das Erdbeben, welches viele Städte Italiens größtenteils zerstörte, reißende Ströme von ihrem Lauf abwandte, das Meer in die Flüsse trieb, Berge durch ungeheuren Fall vertiefte, von keinem Kämpfenden bemerkt wurde.

(6) Beinahe drei Stunden schlug man sich, und überall mit der größten Erbitterung. Doch um den Konsul her war das Gefecht am heftigsten und blutigsten. *2* An ihn schloss sich der Kern seiner Männer, er selbst leistete überall, wo er die Seinigen Not leiden und im Gedränge sah, schleunige Hilfe. Ihm beizukommen – denn seine Waffen machten ihn kenntlich –, baten die Feinde alle Kräfte auf, die Bürger, ihn zu schützen, bis endlich ein insubrischer Reiter – *3* er hieß Ducarius –, der ihn auch von Angesicht kannte, seinen Landsleuten zurief: *Seht, das ist der Konsul, der unsere Legionen niedergehauen, der unser Land und unsere Stadt verheert hat; jetzt will ich ihn den Seelen unserer kläglich gemordeten Mitbürger zum Opfer bringen*, *4* sogleich seinem Pferd die Sporen gab, durch den dichtesten Haufen der Feinde drang, und nachdem er den Waffenträger, der sich seinem Angriff entgegenwarf, erschlagen hatte, den Konsul mit einer Lanze durchbohrte. Er wollte ihn entwaffnen, musste aber den Triariern weichen, die den Leichnam mit ihren Schilden deckten.

5 Dies war für einen großen Teil der Römer der Anfang zur Flucht, und nun hielt ihre Bestürzung kein See, kein Berg auf; blindlings rannten sie durch jeden Hohlweg, über jede Klippe, und Waffen und Männer stürzten übereinander, *6* viele, die bei der völligen Unmöglichkeit zu fliehen an den seichten Uferstellen des Sees ins Wasser gingen, wagten sich so weit hinein, dass sie nur noch mit Kopf und Schultern herausragten. Manche trieb die unüberlegte Furcht dazu, durch Schwimmen die Flucht zu versuchen; *7* da aber diese end- und hoffnungslos war, so wurden sie entweder, wenn sie den Mut verloren, von Strudeln verschlungen, oder nachdem sie sich vergebens abgemüht hatten, konnten sie mit großer Anstrengung kaum die Untiefen wiedergewinnen und wurden von der feindlichen Reiterei, die in das Wasser hineinritt, überall niedergestoßen.

8 Fast 6000 Mann des Vordertreffens, die sich mutig geradewegs durch die Feinde durchschlugen, retteten sich, unbekannt mit allem, was hinter ihnen vorging, aus dem Pass. Als sie auf einem Hügel Halt gemacht hatten, konnten sie, da sie nichts als Geschrei und Waffengetöse hörten, den Ausgang der Schlacht weder vernehmen noch vor Nebel so weit sehen. Als aber endlich nach entschiedener Niederlage der von der wärmeren Sonne zerteilte Nebel den Tag durchbrechen ließ, *9* da zeigten ihnen Gebirge und Ebenen die verlorene Schlacht und das kläglich hingestreckte römische Heer in vollem Licht. *10* Damit ihnen nun nicht, sobald man sie von Fern sähe, die Reiterei nachgeschickt würde, machten sie sich mit ihren eiligst erhobenen Fahnen so schnell wie möglich davon. *11* Am folgenden Tag, da sie außer dem übrigen Elend auch dem schmählichsten Hunger entgegensahen, verstanden sie sich, auf Maharbals – er hatte sie in der Nacht mit seiner ganzen Reiterei eingeholt – gegebenes Wort, jeden mit einem Kleidungsstück, wenn sie die Waffen abliefern würden, zu entlassen, zur Übergabe. *12* Diese Zusage erfüllte Hannibal mit punischer Gewissenhaftigkeit, und alle wurden in Fesseln gelegt.

(7) Dies ist die berühmte Schlacht am Trasumenischen See, und die ganz besonders merkwürdige Niederlage des römischen Volkes. *2* 15 000 Römer fielen in der Schlacht, 10 000, die sich auf der Flucht über ganz Etrurien zerstreuten, suchten auf verschiedenen Wegen Rom zu erreichen. *3* Von den Feinden blieben 2500 in der Schlacht, und viele starben nach nachher auf beiden Seiten an ihren Wunden, vielfach soll nach anderen Berichten der Verlust auf beiden Seiten gewesen sein. *4* Außer dass ich überhaupt nicht gern aus trüber Quelle geschöpft haben möchte, wozu sich die Geschichtsschreiber nur gar zu gern verführen lassen, glaube ich, mich hauptsächlich an Fabius halten zu müssen, einen mit diesem Krieg gleichzeitigen Schriftsteller.

5 Als Hannibal nach unentgeltlicher Entlassung aller Latiner und Festnahme aller römischen Gefangenen den Befehl gab, die aus dem aufgetürmten Haufen der Feinde hervorgesuchten Leichen der Seinigen zu begraben, ließ er auch den Körper des Flaminius, um ihn zu bestatten, sehr sorgfältig aufsuchen, aber er fand ihn nicht.

6 In Rom lief das Volk auf die erste Nachricht von dieser Niederlage in großem Schrecken und Getümmel auf den Markt. *7* Die Frauen liefen in den Straßen umher und wollten von jedem, der ihnen begegnete, über das plötzlich gemeldete Unglück und über das Schicksal des Heeres Auskunft haben. Und da der Volksschwarm, gleich einer zahlreichen Versammlung dem Wahlplatz und dem Rathaus zugekehrt, die Obrigkeiten herausrief, *8* gab ihnen endlich der Prätor Marcus Pomponius kurz vor Sonnenuntergang die Erklärung: *Wir haben eine große Schlacht verloren!* Und hatten sie auch nichts Ausführlicheres von ihm erfahren, so brachten sie doch, einer vom andern mit Gerüchten beladen, die Nachricht nach Hause, der Konsul sei mit dem größten Teil des Heeres im Feld geblieben. *9* Die wenigen noch Lebenden hätten sich entweder als Flüchtlinge in Etrurien verlaufen oder wären vom Feind gefangen. *10* So mancherlei die Schicksale des geschlagenen Heeres waren, so verschiedenen Sorgen öffneten sich die Herzen derer, die in dem Heer unter dem Konsul Gaius Flaminius Verwandte hatten, da sie nicht wissen konnten, was für ein Schicksal jeden der Ihrigen getroffen habe und jeder über das, was er hoffen oder fürchten sollte, in Ungewissheit blieb. *11* Am folgenden und an mehreren Tagen nacheinander stand an den Toren fast ein größerer Haufe von Frauen als von Männern, die entweder einen der Ihrigen selbst, oder doch Nachricht von ihnen erwarteten. Sie drängten sich mit ihren Fragen um die Kommenden und waren, vollends von Bekannten, durchaus nicht eher wegzubringen, bis sie ihnen alles der Reihe nach abgefragt hatten. *12* Und wenn sie nun von den Erzählern schieden, dann konnte man den verschiedenen Ausdruck der Gesichter sehen, je nachdem jeder frohe oder traurige Botschaft erfahren hatte, und wie sie beim Nachhausegehen von Freude oder Beileid Bezeigenden umringt waren. Besonders waren bei den Frauen die Äußerungen der Freude und Trauer außerordentlich. *13* Eine Mutter soll noch im Tor, wo sie unerwartet den geretteten Sohn traf, in seiner Umarmung gestorben sein; eine andere, die in ihrem Kummer, weil ihr fälschlich der Tod ihres Sohnes gemeldet war, zu Hause saß, soll bei dem ersten Anblick des Wiederkehrenden vor übergroßer Freude gestorben sein. *14* Den Senat hielten die Prätoren mehrere Tage lang von Sonnenaufgang bis zum Untergang im Rathause versammelt, um zu beraten, unter welchem Feldherrn oder durch was für Truppen sie den siegreichen Puniern Widerstand leisten könnten.

(8) Ehe sie sich noch für eine Maßregel entschieden, kam unerwartet die Nachricht von einem neuen Unglück: 4000 Reiter, welche der Konsul Servilius unter dem Proprätor Gaius Centenius an seinen Amtsgenossen schickte, wären in Umbrien, wohin sie sich auf das Gerücht von der Schlacht am Trasumenischen See gewandt hatten, von Hannibal aufgehoben. *2* Der Eindruck, den diese Nachricht auf die Leute machte, war sehr verschieden. Einige, deren Gemüt noch der größere Kummer füllte, hielten diesen neuen Verlust an Reiterei im Vergleich mit den früheren für unbedeutend. *3* Andere berechneten diesen Unfall nicht nach seiner eigenen Größe, sondern meinten, so wie einem geschwächten Körper ein noch so unbedeutender Zufall weit empfindlicher als einem starken ein schwererer sei, *4* so müsse man auch jetzt jedes Missgeschick, von dem der kranke und leidende Staat betroffen werde, nicht nach der Größe des Ereignisses, sondern nach seinen geschwächten Kräften in Anschlag bringen, die auch nicht den geringsten Zuwachs von Übel ertragen könnten. *5* So nahm denn der Staat seine Zuflucht zu einem Rettungsmittel, das man lange weder für nötig gehalten noch gebraucht hatte: Zur Ernennung eines Diktators. Und weil der Konsul, den man allein zur Ernennung desselben berechtigt hielt, abwesend und es so leicht nicht war, bei der Besetzung Italiens von punischen Waffen ihn mit einem Boten oder Schreiben kommen zu lassen, vom Volk aber kein Diktator ernannt werden konnte, *6* was auch bis auf diesen Tag nie geschehen war, so erklärte das Volk den Quintus Fabius Maximus zum Prodiktator und zum Magister Equitum den Marcus Minucius Rufus. *7* Ihnen wurde vom Senat der Auftrag gegeben, die Mauern und Türme der Stadt zu befestigen, Truppen auszuheben, wo sie es nötig

fänden, und die Brücken über die Flüsse abzubrechen, denn da man Italien nicht habe behaupten können, so müsse man nun den Kampf zur Rettung Roms im Angesicht seiner Schutzgötter wagen.

(9) Hannibal kam geradeswegs durch Umbrien bis nach Spoletium. *2* Als er aber von dieser Stadt, die er nach Verheerung ihres Gebietes stürmend angriff, mit großem Verlust zurückgeschlagen, aus der Stärke einer einzigen gar nicht mit Glück angegriffenen Kolonie sich sagte, welch ein Riesenbau Rom selbst sein müsse, *3* nahm er seinen Marsch seitwärts in das picenische Gebiet, das nicht allein an Vorräten aller Art Getreide Überfluss hatte, sondern auch eine Fülle von Beute gab, über welche seine gierigen und Not leidenden Truppen unaufhaltsam herfielen. *4* Hier hatte er sein Standlager mehrere Tage, und der Soldat, den die Wintermärsche, der Zug durch die Sümpfe und die Schlacht angegriffen hatten, die mehr im Ausgang glücklich, als an sich unbedeutend und leicht gewesen war, erholte sich. *5* Als er endlich, da ihnen ohnehin Raub und Verheerung lieber als Muße und Erholung war, nach gehöriger Ruhezeit wieder aufbrach, verwüstete er das Gebiet von Praetutium und Hadria, dann das Land der Marser, Marruciner und Paeligner, sowie die nächste Gegend Apuliens um Arpi und Luceria.

6 Kaum erfuhr der Konsul Gnaeus Servilius, der mit den Galliern einige leichte Gefechte gehabt und ihnen eine unbedeutende Stadt genommen hatte, die Niederlage seines Amtsgenossen und des Heeres, so machte er sich bei der eintretenden Besorgnis für die Mauern der Vaterstadt, um nicht in der dringendsten Gefahr abwesend zu sein, auf den Weg nach Rom. *7* Quintus Fabius Maximus, der gleich am Antrittstag seiner zweiten Diktatur den Senat berief, bestimmte durch seine von den Göttern ausgehende Belehrung, *8* dass sich Konsul Gaius Flaminius durch Nichtachtung der heiligen Gebräuche und Götterwinke mehr als durch Unbesonnenheit und Ungeschicklichkeit habe zuschulden kommen lassen, und dass man um die Sühnmittel des göttlichen Zornes die Götter selbst befragen müsse, die Väter zu dem Beschluss, der sonst gewöhnlich nur auf die Anzeige schrecklicher Vorzeichen ausgefertigt wird, dass die Zehnmänner sich an die Sibyllinischen Bücher wenden sollten. *9* Nach genommener Einsicht in die Bücher der Schicksale berichteten diese den Vätern, das auf Veranlassung dieses Krieges dem Mars dargebrachte Gelübde müsse, weil es nicht gehörig besorgt sei, von Neuem und ansehnlicher ausgerichtet werden; *10* dem Jupiter müsse man große Spiele, der Venus Erycina und der Göttin Mens Tempel geloben, ferner einen Bettag und ein Göttermahl anstellen und eine heilige Frühlingsspende dann zu geben geloben, wenn man im Krieg glücklich wäre und der Staat in dem Zustand, worin er vor dem Krieg gewesen, sich erhielte. *11* Weil den Fabius die Sorge für den Krieg beschäftigen würde, befahl der Senat dem Prätor Marcus Aemilius, dies alles nach dem eingeholten Gutachten des Kollegiums der Oberpriester beizeiten besorgen zu lassen.

(10) Nach Vollziehung dieser Senatsbeschlüsse erklärte der Hohepriester Lucius Cornelius Lentulus auf die vom Prätorenkollegium an ihm ergangene Anfrage: Vor allen Dingen müsse man über die heilige Frühlingsspende bei dem Volk anfragen; ohne Genehmigung des Volkes könne sie nicht versprochen werden. *2* Der Antrag an das Volk lautete wörtlich so: Ist es euer Wille und Gebot, dass es also geschehe, dass, wenn der Staat des römischen Volkes der Quiriten auf die nächsten fünf Jahre, wie ich es ihm wünsche, in diesen Kriegen unversehrt erhalten wird (ich meine den Krieg, den das römische Volk mit dem karthagischen führt, und die Kriege, die mit den Galliern, welche diesseits der Alpen wohnen, geführt werden), *3* das römische Volk der Quiriten eine geschenkte Gabe daraus mache, dass alles, was an Herdenvieh, Schweinen, Schafen, Ziegen und Rindern der Frühling bringen wird, und was noch keinem geweiht ist, dem Jupiter von dem Tag an geweiht sei, den der Senat und das Volk bestimmen wird? *4* Wer dann opfern will, der opfere, wann er will und nach welcher Vorschrift er will; auf welche Weise er auch opfern mag, so soll er recht geopfert haben, stirbt das, was hätte geopfert werden müssen, so soll es ungeweiht

gewesen und keine Sünde sein, **5** verdirbt oder tötet es jemand unabsichtlich, so soll daraus kein Nachteil erwachsen, stiehlt es jemand, so soll es weder dem Volk noch dem, dem es gestohlen wird, zur Sünde werden. **6** Opfert es jemand ohne Wissen an einem Unglückstag, so soll er recht geopfert haben. Mag es bei Tag oder bei Nacht, mag es ein Sklave oder ein Freier opfern, so soll er recht geopfert haben, wenn Senat und Volk früher zu opfern verordnet haben, als jemand opfert, so soll das Volk ohne Verantwortung und frei sein.

7 Aus derselben Ursache wurden große Spiele für einen Kostenaufwand von 333 333 ⅓ und einem Drittel Kupfer-As gelobt, außerdem dem Jupiter ein Opfer von 300 Stieren, vielen anderen Göttern weiße Rinder und den übrigen andere Opfertiere. *8* Als die Gelübde feierlich zugesagt waren, wurde der Bettag bekannt gemacht, und mit Frau und Kind zog nicht allein das Volk in der Stadt zur Anbetung in die Tempel, sondern auch diejenigen von den Landleuten, welche bei eigenem Wohlstand gegen den öffentlichen nicht gleichgültig waren. **9** Nun wurde das Göttermahl drei Tage nacheinander gefeiert, das die Zehnherren des Gottesdienstes besorgten. Sechs Göttertafeln waren öffentlich aufgestellt, eine für Jupiter und Juno, die andere für Neptun und Minerva, die dritte für Mars und Venus, ***10*** die vierte für Apollo und Diana, die fünfte für Vulkan und Vesta, die sechste für Merkur und Ceres. Dann wurden die Tempel gelobt. Der Venus Erycina gelobte einen Tempel der Diktator Quintus Fabius Maximus, weil es so aus den Büchern der Schicksale angegeben war, dass der ihn geloben solle, der im Staat den höchsten Oberbefehl habe. Der Göttin Mens gelobte Prätor Titus Otacilius einen Tempel.

(11) Als so der Gottesdienst besorgt war, fragte der Diktator nun auch wegen des Krieges und der Staatsangelegenheiten an, welche und wie viele Legionen die Väter dazu bestimmten, dem siegreichen Feind entgegenzugehen. *2* Man beschloss, er solle das Heer vom Konsul Gnaeus Servilius übernehmen, außerdem unter Bürgern und Bundesgenossen so viel Reiterei und Fußvolk ausheben, als er nötig fände, und in allen übrigen Dingen so verfahren und handeln, wie es seiner Meinung nach das Beste des Staates erfordere. *3* Fabius erklärte, er werde das Heer des Servilius durch zwei Legionen verstärken. Er bestimmte diesen, als der Magister Equitum sie ausgehoben hatte, einen Tag, auf den sie sich zu Tibur stellen mussten. *4* Und als er selbst nach erlassener Bekanntmachung – dass alle, die in unbefestigten Städten und Flecken wohnten, in sichere Plätze ziehen und selbst aus den Dörfern jener Gegend, durch welche Hannibal gehen würde, alle auswandern sollten, wenn sie zuvor die Häuser angezündet und die Früchte vernichtet hätten, damit sich nicht der geringste Vorrat fände – **5** auf der Flaminischen Heerstraße dem Konsul und den Truppen entgegenzog, schickte er, sobald er am Tiber in der Umgegend von Ocriculum den Zug in der Ferne und den Konsul bemerkte, der mit der Reiterei herankam, einen Amtsboten hin, um dem Konsul zu sagen, er müsse vor dem Diktator ohne Liktoren erscheinen. **6** Er gehorchte; und ihre Zusammenkunft gab der Diktatur bei Bürgern und Bundesgenossen, die mit diesem Staatsamt infolge der Länge der Zeit beinahe unbekannt geworden waren, ein gewaltiges Ansehen: Da meldete ein Brief aus Rom, dass die Frachtschiffe, die von Ostia aus Lebensmittel für das Heer nach Spanien geladen hatten, nahe am Hafen von Cosa von einer punischen Flotte genommen seien. *7* Deshalb wurde dem Konsul sogleich befohlen, nach Ostia zu gehen, und wenn er die bei Rom oder zu Ostia liegenden Schiffe mit Soldaten und Seeleuten bemannt hätte, die feindliche Flotte zu verfolgen und Italiens Küste zu decken. **8** Es hatte nämlich zu Rom eine starke Aushebung stattgefunden; sogar Freigelassene, wenn sie Kinder und das dienstfähige Alter hatten, waren in Eid genommen. **9** Von diesem städtischen Heer wurden die unter 35 Jahren eingeschifft, die anderen wurden zum Schutz der Stadt zurückgelassen.

(12) Nachdem sich der Diktator das Heer des Konsuls vom Legaten Fulvius Flaccus hatte übergeben lassen, kam er durch das sabinische Gebiet nach Tibur, wo sich hier die neuen Soldaten

seiner Bekanntmachung gemäß hatten einstellen sollen; *2* von hier ging er auf Praeneste und über Querwege auf die Latinische Heerstraße, und von da rückte er auf lauter sorgfältigst ausgekundschafteten Wegen näher an den Feind, mit dem Vorsatz, es nirgends, außer wenn die Not dazu zwänge, auf das Glück ankommen zu lassen.

3 Gleich am ersten Tag, als er nicht weit von Arpi im Angesicht des Feindes sein Lager aufschlug, zögerte Hannibal keinen Augenblick, in Schlachtordnung auszurücken und ihm ein Treffen anzubieten. *4* Als er aber sah, dass bei den Feinden alles ruhig blieb und ihr Lager nicht im Geringsten in Aufruhr geriet, äußerte er zwar bei seinem Rückzug ins Lager laut spöttelnd, dass doch endlich auch den Römern der vom Mars angestammte Mut gebrochen, der Krieg beendet und der Preis der Tapferkeit und Ehre offenbar ihm überlassen sei, *5* verschwieg aber die Sorge, die in seinem Innern erwachte, dass er es nun mit einem Feldherrn zu tun haben werde, der keineswegs einem Flaminius und Sempronius ähnlich sei, und dass die Römer, durch Unglück belehrt, sich endlich nach einem Feldherrn umgesehen hätten, der dem Hannibal gewachsen sei. *6* Dass er vom Diktator keinen Gewaltschlag, sondern Klugheit zu fürchten habe, sah er gleich. Und da er seine Beharrlichkeit noch nicht kannte, legte er es darauf an, durch öfteren Aufbruch mit seinem Lager und durch Verheerung des Gebietes der römischen Bundesgenossen vor seinen Augen ihn zu beunruhigen und zu reizen. *7* Bald entzog er sich seinen Blicken durch Eilmärsche, bald blieb er plötzlich an irgendeiner Krümmung des Weges im Hinterhalt stehen, um ihn, falls er in die Ebene käme, in Empfang zu nehmen.

8 Fabius führte sein Heer immer in hohen Gegenden, in mäßiger Entfernung vom Feind, so dass er ihn weder losließ noch mit ihm zusammentraf. Die Soldaten ließ er, außer wenn es Bedürfnisse unumgänglich notwendig machten, nicht aus dem Lager. Futter und Holz holten sie nie in kleinen und zerstreuten Schwärmen. *9* Eine Schar Reiterei und Leichtbewaffneter, für plötzliche Überfälle eingerichtet, deckte die eigenen Soldaten überall und machte den zerstreuten feindlichen Plünderern die ganze Gegend unsicher. Nie wagte er das Ganze in einer allgemeinen Schlacht; *10* und die unbedeutenden Vorteile in kleinen Gefechten, wo sie seine Leute aus einer sicheren Stellung angriffen und den Zufluchtsort in der Nähe hatten, gewöhnten die durch bisherige Niederlagen mutlos gewordenen Krieger, endlich mit ihrer Tapferkeit oder ihrem Glück nicht mehr so unzufrieden zu sein.

11 Aber bei diesen so vernünftigen Maßregeln hatte er keinen schlimmeren Gegner an Hannibal als am Magister Equitum, den nichts anderes als seine Unterordnung unter den Oberbefehl hinderte, das allgemeine Beste ins Unglück zu stürzen. Und mit seiner zügellosen Zunge machte er in seinen Benennungen anfangs nur gegen wenige, zuletzt ganz laut vor jedermann *12* aus dem Zögernden einen Lässigen, aus dem Behutsamen einen Feigen, so dass er den Tugenden des Mannes die nahe liegenden Fehler andichtete, und hob sich durch die Kunst, Vorgesetzte zu verkleinern, welche gottlose Kunst durch den nur zu glücklichen Erfolg, den sie so manchem gewährte, selbst ihr Glück gemacht hat.

(13) Hannibal ging aus dem Land der Hirpiner nach Samnium, verheerte die Gegend um Benevent, eroberte die Stadt Telesia, ja er reizte den römischen Feldherrn geflissentlich, um ihn vielleicht durch so manchen ärgerlichen Auftritt, so manches Unglück seiner Verbündeten zu erzürnen und zu einer Schlacht in der Ebene zu verleiten.

2 Zu den vielen italischen Bundesgenossen, welche von Hannibal am Trasumenischen See zu Gefangenen gemacht und entlassen waren, gehörten auch drei kampanische Ritter, welche Hannibal schon damals mit vielen Geschenken und Versprechungen gewonnen hatte, ihre Landsleute ihm zu Freunden zu machen. *3* Diese brachten ihn durch die Versicherung, dass ihm der Besitz von Capua nicht fehlschlagen könne, wenn er nur sein Heer in Kampanien einrücken ließe, ungeachtet seiner Zweifel, da ihm die Leute, um sich auf ihr Wort einzulassen, für eine so wichtige Sache zu unbedeutend schienen, und so sehr er zwischen Trauen und Nichttrauen schwankte, dennoch endlich dahin, aus Samnium nach Kampanien zu marschieren; ***4*** er entließ sie mit der wiederholten Aufforderung, ihre Versprechungen durch die Tat zu bekräftigen, und hieß sie, mit mehreren, und zwar mit einigen der Vornehmsten wieder zu ihm kommen. ***5*** Er selbst befahl dem Wegweiser, ihn in das Gebiet von Casinum zu führen, weil er sich von der Gegend Kundigen hatte belehren lassen, dass er den Römern durch Besetzung jenes Passes jede Straße sperren würde, um ihren Bundesgenossen Hilfe zu leisten. ***6*** Doch sein punischer mit der Aussprache latinischer Namen unverträglicher Akzent ließ den Wegweiser statt Casinum Casilinum verstehen, und so zog Hannibal ganz von seinem Weg ab durch die Gebiete von Allifae, Calatia und Cales in die Ebene bei Stella. ***7*** Als er sich hier in einer von Bergen und Flüssen eingeschlossenen Gegend sah, ließ er den Wegweiser rufen und fragte ihn, wo in aller Welt sie wären. ***8*** Als dieser versicherte, sie würden noch heute zu Casilinum Nachtquartier nehmen, da erst klärte sich das Missverständnis auf, und dass Casinum weit von hier in einer ganz andern Gegend liege. ***9*** Er ließ den Wegweiser mit Ruten schlagen und den Übrigen zum Schrecken ans Kreuz schlagen, legte ein festes Lager an und sandte Maharbal mit der Reiterei zum Plündern in das Gebiet der Falerner. ***10*** Diese Verheerung erstreckte sich bis an die Bäder von Sinuessa. Die Numider richteten ungeheuren Schaden an, noch allgemeiner verbreiteten sie Flucht und Schrecken. ***11*** Und dennoch ließen sich die Bundesgenossen durch diesen Schrecken, obgleich alles umher in Kriegsflammen stand, von ihrer Treue nicht abbringen; natürlich, weil sie unter einer gerechten und schonenden Regierung standen und – was das einzige Band der Treue ist – zum Gehorsam gegen Bessere sich angezogen fühlten.

(14) Als nun Hannibal gar am Fluss Volturnus ein Lager aufschlug, die reizendste Gegend Italiens verheert war, und allenthalben die Landhäuser in Rauch aufgingen, während Fabius auf den Höhen des Gebirges Massicus umherzog, da kam es von Neuem unter seinen Soldaten beinahe zum Aufstand. ***2*** Sie waren einige Tage ruhig geblieben, weil sie bei den schnelleren Märschen, als sie gewöhnlich machten, geglaubt hatten, man eile so, um Plünderungen in Kampanien gegenzusteuern. ***3*** Als sie aber auf die letzten Höhen des Berges Massicus gekommen waren, den Feind unter sich vor Augen hatten, der die Gebäude des Falernergebietes und der Anbauer von Sinuessa niederbrannte und dennoch von keiner Schlacht die Rede war, da fing Minucius an:

4 *Sind wir denn hierher gekommen, um gleichsam zur Augenweide den Ermordungen unserer Bundesgenossen und den Feuersbrünsten zuzusehen? Und schämen wir uns, wenn auch vor niemandem sonst, auch nicht einmal vor diesen unseren Mitbürgern, die von unseren Vätern als Ansiedler nach Sinuessa geschickt wurden,* ***5*** *um vor den Feindseligkeiten der Samniten eine Gegend zu schützen, welche jetzt nicht der benachbarte Samnite verheert, sondern der Punier, ein Ausländer, den unsere Zögerung und Schläfrigkeit von den äußersten Grenzen des Erdkreises bis hierher vordringen ließ?* ***6*** *So sehr sind wir leider von unsern Vätern ausgeartet, dass wir dieselbe Küste, an welcher punische Flotten schwärmen zu lassen sie schon für eine Schande ihrer Herrschaft ansahen, jetzt von Feinden überschwemmt und in ein Besitztum der Numider und Mauren verwandelt sehen.* ***7*** *Wir, die wir neulich noch, aus Unwillen über die Bestürmung Sagunts, nicht Menschen allein, sondern Bundesrecht und Götter aufboten, sehen jetzt kaltblütig den Hannibal über die Mauern einer römischen Kolonie steigen,* ***8*** *von den brennenden Landhäusern und Dörfern zieht uns der Rauch in Augen und Mund; die Ohren gellen uns vom Geschrei unserer jammernden Bundesgenossen, die in ihrem Hilferufen öfter unsern als der Götter Namen nennen. Und wir – führen unser Heer wie Herden auf sonnigen Waldhöhen und entlegenen Pfaden, in Wolken und Gehölz versteckt.* ***9*** *Hätte Marcus Furius ebenso auf Wanderungen über Berggipfel und Waldhöhen den Galliern Rom wieder* *nehmen wollen, wie dieser neue Camillus – dies uns in unserm Unglück aufgestellte Muster eines Diktators – dem Hannibal Italien wieder abgewinnen will, so gehörte Rom heute noch den Galliern,* ***10*** *das jetzt von unsern Vorfahren durch ihre mehrmalige Rettung – bei dieser unserer Saumseligkeit muss ich das fürchten! – für Hannibal und für die Punier aufbewahrt wird.* ***11*** *Aber als ein Mann und echter Römer bot er dem Feind noch an demselben Tag, als zu Veji die Nachricht einlief, dass er auf des Senates Gutachten und auf Befehl des Volkes zum Diktator ernannt sei, obgleich das Janiculum hoch genug war, um ihn als den Stillsitzenden auf den Feind herabsehen zu lassen, die Schlacht in der Ebene, und hieb noch an demselben Tag mitten in der Stadt, wo jetzt die gallischen Brandstätten sind, und am folgenden diesseits Gabii die gallischen Legionen zusammen. Und wie?* ***12*** *Als uns viele Jahre nachher bei den Caudinischen Pässen die Samniten unter dem Jochgalgen durchgehen ließen, legte damals Lucius Papirius Cursor das dem Römernacken abgehobene Joch dem übermütigen Samniten etwa dadurch auf, dass er Samniums Höhen durchwandelte oder dadurch, dass er Luceria belagerte und es einschloss und den siegreichen Feind herausforderte?* ***13*** *Was anders gab unlängst dem Gaius Lutatius den Sieg als Schnelligkeit? Dass er gleich den Tag darauf, nachdem er den Feind entdeckte, die mit Vorräten beladene, durch ihre eigene Ladung und Rüstung aufgehaltene Flotte überfiel.* ***14*** *Zu glauben, dass man durch Stillsitzen oder fromme Verheißungen den Krieg beendigen könne, ist Dummheit. Bewaffnet werden müssen die Truppen, die man in die Ebene führen muss, um Mann gegen Mann auftreten zu lassen. Durch Wagen und Handeln hob sich der römische Staat, nicht durch diese untätigen Maßregeln, die der Feige Vorsicht nennt.*

Bei dieser wie von der Rednerbühne herab gehaltenen Anrede umstand den Minucius eine Menge römischer Obersten und Ritter, ja seine kecken Äußerungen drangen selbst den gemeinen Soldaten zu Ohren; und sie erklärten unzweideutig, wenn es auf ihre Stimme ankäme, so würden sie sich den Minucius lieber als den Fabius zum Feldherrn nehmen.

(15) Fabius, auf die Seinigen nicht minder als auf die Feinde in beständiger Aufmerksamkeit, behauptete sich in seiner Festigkeit zuerst gegen jene. Wusste er gleich sehr gut, dass sein Zögern nicht bloß in seinem Lager, sondern auch schon zu Rom verrufen war, so ließ er dennoch unverrückt den noch übrigen Teil des Sommers bei demselben Gang seiner Maßregeln verstreichen, ***2*** so dass Hannibal, den die Hoffnung einer sehnlichst gewünschten Schlacht im Stich ließ, sich schon für seine Winterquartiere nach einem Ort umsehen musste, weil die Gegend seiner gegenwärtigen Stellung – lauter Baumgärten und Weinberge und überall mehr mit lieblichen als mit notwendigen Früchten bestellt – Vorräte für die Gegenwart, aber nicht für die Dauer lieferte. ***3*** Fabius erfuhr dies durch seine Kundschafter. Da er darauf rechnen konnte, dass Hannibal durch denselben Pass, durch den er in das falernische Gebiet eingerückt war, wieder zurückgehen werde, ***4*** besetzte er den Berg Callicula und die Stadt Casilinum, die, vom Fluss Volturnus geteilt, das falernische Gebiet vom kampanischen scheidet, mit einer mäßigen Truppenmacht; schickte den Lucius Hostilius Mancinus mit 400 Mann Bundesreiterei auf Kundschaft und führte sein eigenes Heer wieder auf denselben Höhen zurück. ***5*** Als Mancinus, der anfangs bloß als Kundschafter sich nur so weit hervorwagte, dass er aus einer sicheren Stellung den Feind beobachten konnte, die Numider hier und da in den Dörfern herumstreifen sah, und, weil er im Vorteil war, auch einige niederhieb, ***6*** so fühlte er sich sogleich – er gehörte ja zu jenen jungen Männern, die oft in Haufen den kecken Worten des Magisters Equitum zugehört hatten – von Kampflust hingerissen, und vergessen waren die Vorschriften des Diktators, der es ihm zur Pflicht gemacht hatte, wenn er, soweit er sicher könnte, vorgerückt wäre, sich gleich zurückzuziehen, ehe ihn die Feinde gewahr würden. ***7*** Die Numider, von denen immer wieder andere bald auf ihn heranjagten, bald zurücksprengten, lockten ihn mit völliger Erschöpfung seiner Pferde und seiner Leute fast bis an ihr Lager. ***8*** Als Carthalo, unter dem die Reiterei stand, bloß dadurch, dass er im vollen Galopp

hervorbrach, den Feind, noch ehe man zu Schuss kam, geworfen hatte, verfolgte er die Fliehenden in ununterbrochenem Nachsetzen beinahe 5000 Schritte weit. ***9*** Mancinus, der den Feind nicht nachlassen und ihm zu entkommen keine Möglichkeit sah, kehrte nach einem Zuruf an die Seinigen in ein Gefecht zurück, dem er in keiner Beziehung gewachsen war. ***10*** Umzingelt blieben er und seine erlesenen Reiter auf dem Platz. Die Übrigen, die nun wieder davonjagten, retteten sich zuerst nach Cales und von hier auf beinahe unwegsamen Pfaden zum Diktator. ***11*** Gerade an diesem Tag hatte mit Fabius sich Minucius wieder vereinigt. Er war abgeschickt worden, eine Abteilung in den Gebirgswald zu werfen, der oberhalb Tarracina, wo er sich zu einem engen Pass schließt, am Meer hinzieht, weil sonst Hannibal, wenn ihm die Via Appia unversperrt blieb, in die Gegend von Rom hätte vordringen können. ***12*** Nach Vereinigung ihrer Heere zogen sich Diktator und Magister Equitum mit ihrem Lager auf die Straße hinab, die Hannibal nehmen musste. Die Feinde standen 2000 Schritte von ihnen entfernt.

(16) Am folgenden Tag bedeckte der Zug der Punier den ganzen Weg zwischen beiden Lagern. ***2*** Obgleich nun die Römer dicht unter ihrem Wall offenbar im Vorteil waren, rückten die Punier dennoch mit leichten Truppen und Reiterei von unten herauf und machten mit kleinen, bald heransprengenden, bald wieder zurückweichenden Posten den Angriff, bloß um den Feind zu reizen. ***3*** Allein die römische Linie behauptete ihre Stellung. Das Gefecht nahm einen zögernden Gang und war mehr in des Diktators als in Hannibals Hand. Auf römischer Seite fielen 200, auf feindlicher 800 Mann.

4 Nun schien Hannibal, da der Weg nach Casilinum besetzt war, eingeschlossen zu sein, und zwar so, dass Capua und Samnium und so viele reiche Bundesgenossen im Rücken der Römer ihnen Zufuhr liefern konnten, während die Punier keine anderen Winterquartiere gehabt hätten, als zwischen den Klippen von Formiae, den Landsteppen Liternums und wild verwachsenen Sümpfen. ***5*** Auch sah Hannibal sehr wohl, dass man seine eigenen Kniffe gegen ihn anwende. Da er also bei Casilinum nicht durchkommen konnte, sondern sich gegen die Gebirge wenden und die Höhe des Callicula übersteigen musste, beschloss er – um ein zur Täuschung des Feindes ersonnenes, dem Anschein nach fürchterliches Blendwerk ausführen zu können, ***6*** wodurch die Römer gehindert würden, seinen zwischen Tälern eingeschlossenen Zug anzugreifen –, mit einbrechender Nacht sich unvermerkt gegen die Berge zu ziehen. ***7*** Der listige Plan selbst war so angelegt: Aus den Dörfern rings umher zusammengebrachte Fackeln, Rutenbündel und dürres Reisig ließ er den Ochsen, deren er eine Menge, gezähmte und ungezähmte, unter der übrigen Landbeute mit sich führte, vorn an die Hörner binden. ***8*** Er brachte gegen 2000 Stück zusammen und gab dem Hasdrubal den Auftrag, beim ersten Dunkel der Nacht die Herde mit angezündeten Hörnern gegen die Berge treiben zu lassen, und womöglich, wenn er könnte, über die vom Feind besetzten Waldpässe.

(17) Mit dem ersten Dunkel brach man in aller Stille auf; die Ochsen wurden eine ziemliche Strecke vorangetrieben. ***2*** Als man an den Fuß der Berge und die engen Wege kam, wurde sogleich das Zeichen gegeben, das Holz auf den Hörnern der Rinder anzuzünden und sie in die Berge zu treiben; und schon die Furcht vor der ihnen vom Kopf herableuchtenden Flamme und die Hitze, die ihnen bald an das Leben, an die Wurzeln der Hörner kam, jagte die Ochsen wie von Wut gespornt dahin. ***3*** Als sie auseinander rannten, schienen alle Gebüsche umher, nicht anders, als wären Wald und Gebirge angezündet, plötzlich in Brand zu stehen; und bei der reißenden Bewegung, mit der sie die Köpfe schleuderten und die Flammen noch mehr anfachten, glaubte man, hier und da Leute herumlaufen zu sehen. ***4*** Als die zur Besetzung des Waldpasses ausgestellten Wachen oben auf den Bergen und über sich Feuer gewahr wurden, verließen sie, weil sie sich umgangen glaubten, ihren Posten; aber obgleich sie ihrer Meinung nach den sichersten

Weg nach den Höhen der Gebirge einschlugen, wo sie die wenigsten Flammen leuchten sahen, stießen sie doch auf einige Ochsen, welche von ihren Haufen abgestreift waren. ***5*** Anfangs, solange sie dieselben noch aus der Ferne sahen, standen sie von der seltsamen Erscheinung dieser Flammen Hauchenden wie angedonnert; ***6*** und als sie menschliche List darin erkannten, und nun vollends, weil sie sich eines Hinterhalts versahen, in desto größerer Bestürzung sich auf die Flucht machten, rannten sie sogar auf die leichten Truppen des Feindes. Doch hielt die Nacht, von welcher beide Teile gleichviel zu fürchten hatten, beide ab, vor Tag in ein Gefecht sich einzulassen, ***7*** und Hannibal, der unterdessen den Pass mit seinem ganzen Zug zurückgelegt hatte, schlug nun im Gebiet von Allifae sein Lager auf.

(18) Von diesem Lärm hörte Fabius. Weil er aber teils einen Hinterhalt vermutete, teils besonders jedes nächtliche Gefecht scheute, hielt er seine Leute in den Verschanzungen zurück. ***2*** Mit dem ersten Tageslicht kam es am Abhang des Berges zu einem Gefecht, in welchem die Römer die von den Ihrigen abgeschnittenen leichten Truppen des Feindes bald besiegt hätten (denn sie waren ihnen an Zahl bei Weitem überlegen), wenn nicht die eben deswegen von Hannibal zurückgeschickte Kohorte Spanier angekommen wäre. ***3*** Diese, der Gebirge mehr gewohnt und teils durch körperliche Geschwindigkeit, teils durch die Beschaffenheit ihrer Waffen zum Ansprung zwischen Felsen und Klippen geschickter und behender, vereitelte bei dieser Art des Gefechtes den Angriff eines Feindes leicht, der mit seiner schweren Rüstung in die Feldschlacht und in Reihe und Glied gehörte. ***4*** Als sie nach einem eben darum ungleichen Kampf voneinander abließen, zogen die Spanier fast alle ohne Wunde, die Römer mit Verlust von mehreren der Ihrigen in ihr Lager. ***5*** Auch Fabius brach auf, und als er den Pass hinter sich hatte, lagerte er sich oberhalb Allifae in einer hoch gelegenen und befestigten Gegend. ***6*** Darauf zog sich Hannibal, der zum Schein den Weg durch Samnium nach Rom einschlug, unter lauter Verheerungen wieder in das Land der Paeligner zurück. Fabius, zwischen dem Zug der Feinde und der Stadt Rom in der Mitte, führte sein Heer immer auf Höhen weiter, ohne vom Feind abzulassen oder mit ihm zusammenzutreffen. ***7*** Aus dem Paelignerland bog Hannibal seitwärts ab und kam auf seinem Rückmarsch gegen Apulien nach Geronium, einer Stadt, die von den Ihrigen, weil ein Teil ihrer Mauer in Trümmern lag, aus Furcht verlassen worden war. Der Diktator verschanzte sein Lager im Gebiet von Larinum.

8 Von hier wegen eines Opfers nach Rom gerufen, ging er, nachdem er dem Magister Equitum nicht bloß Kraft seines Amtes, sondern als ratgebender Freund und beinahe bittend vorgestellt hatte, ***9*** er möge lieber auf Vorsicht als auf Zufall bauen, als Feldherrn lieber ihn, als einen Sempronius oder Flaminius zum Muster nehmen und ja nicht glauben, es sei damit nichts getan, dass sich der Feind fast den ganzen Sommer hindurch habe gängeln lassen müssen – auch die Ärzte richteten zuweilen mehr durch Ruhe als durch aufregende und anregende Mittel aus – ***10*** es sei keine Kleinigkeit, von einem so oft siegreichen Feind sich nicht mehr schlagen zu lassen und von den beständigen Niederlagen sich erholt zu haben, – ich sage, nach diesen dem Magister Equitum – freilich vergeblich – gemachten – Vorstellungen ging er nach Rom ab.

(19) Im Anfang des Sommers, da sich dies ereignete, nahm der Krieg auch in Spanien zu Lande und zu Wasser seinen Anfang. ***2*** Hasdrubal verstärkte die Zahl der ausgerüsteten und schlachtfertigen Schiffe, die er von seinem Bruder empfangen hatte, mit zehn neuen, übergab dem Himilko eine Flotte von 40 Schiffen, ***3*** und während er so von Neukarthago an der Küste hinsegelte, ließ er das Heer am Ufer mitgehen, zur Schlacht bereit, mit welchem Teile seiner Macht der Feind ihm entgegentreten möchte. ***4*** Denselben Vorsatz hatte Gnaeus Scipio, als er den Aufbruch des Feindes aus den Winterquartieren hörte, anfangs auch. Dann aber, da er es bei dem allgemeinen Gerücht von neuen zum Feind gestoßenen Hilfstruppen bedenklich fand, sich zu Land einzulassen, blieb er sich nur insofern treu, dass er mit einer Flotte von 35 Schiffen, auf

welchen er die zum Seedienst ausgesuchten Soldaten eingeschifft hatte, dem Feind entgegenzog. *5* Am zweiten Tag nach seiner Abfahrt von Tarraco erreichte er einen Ankerplatz, der 10 000 Schritte von der Mündung des Ebro entfernt war. Zwei von hier vorausgeschickte massilische Spähschiffe meldeten, die punische Flotte liege in der Mündung des Stromes und habe ihr Lager am Ufer. *6* Um sie also mit dem Schrecken eines allgemeinen auf einmal hereinbrechenden Angriffs unversehens und unvorbereitet zu überfallen, ließ er die Anker lichten und segelte auf die Feinde zu.

7 Spanien hat viele, auch auf Höhen angelegte Türme, die man teils zu Warten, teils zu Blockhäusern gegen die Räuber gebraucht. Von einer solchen gab man dem Hasdrubal, sobald man die feindliche Flotte erblickte, ein Zeichen, und es geriet alles zu Land und im Lager früher als zur See und auf den Schiffen in Bewegung, wo man noch keinen Ruderschlag oder anderes Getöse der Seeleute gehört hatte und auch die Vorgebirge noch keine Flotte sehen ließen. *8* Als plötzlich ein Reiter nach dem andern von Hasdrubal ankam und die Seesoldaten, die in ihrer Zerstreuung am Ufer, in ihrer Ruhe unter Zelten nichts weniger als heute einen Feind oder eine Schlacht erwarteten, eilends zu Schiff gehen und sich bewaffnen hieß: Eine römische Flotte sei schon nicht mehr fern vom Hafen. *9* Überall meldeten die abgeschickten Reiter diese Befehle. Bald kam Hasdrubal selbst mit dem ganzen Heer heran, und überall tobte vielfaches Getümmel durcheinander, weil zugleich Ruderknechte und Soldaten, mehr vom Land Flüchtenden als in den Kampf Ziehenden ähnlich, auf die Schiffe eilten. *10* Kaum waren alle an Bord, so fuhren diese hier, wenn sie das Hintertau gelöst hatten, gegen die Anker an; dort kappte man, um sich durch nichts aufhalten zu lassen, die Ankertaue, und da sie alles im Flug mit völliger Übereilung betrieben, störten die Vorkehrungen der Soldaten die Geschäfte des Seedienstes, und die Verwirrung der Seeleute hinderte die Soldaten, die Waffen zu ergreifen und sich fertig zu machen. *11* Und schon war Scipio nicht bloß in der Nähe, sondern hatte auch seine Schiffe in die Schlachtreihe gestellt. Die Punier, durch den Feind und das Treffen weniger als durch ihr eigenes Gewühl in Verwirrung gebracht, drehten ihre Schiffe, da sie die Schlacht anzufangen mehr versucht als wirklich angefangen hatten, zur Flucht um. *12* Und da sie in einem so ausgebreiteten Zug und so viele von ihnen auf einmal durchaus nicht in die Mündung, dem Strom entgegen, einlaufen konnten, fuhren sie hier und dort mit den Schiffen gegen den Strand und nahmen durch einen gelungenen Sprung, jene auf eine seichte Stelle, diese auf das trockene Ufer, teils mit, teils ohne Waffen, ihre Zuflucht zu der am Ufer aufgestellten Schlachtordnung der Ihrigen. Doch waren gleich beim ersten Zusammentreffen zwei punische Schiffe genommen und vier in den Grund gebohrt.

(20) Die Römer, die ohne Anstand zu nehmen, obgleich sie das Land in des Feindes Gewalt und seine bewaffnete Schlachtordnung an der ganzen Küste hinunter aufgestellt sahen, dennoch der flüchtigen feindlichen Flotte nachsetzten, zogen teils diejenigen Schiffe, *2* die bei dem Stoß auf den Strand das Vorderteil nicht gänzlich zertrümmert hatten, teils die mit dem Kiel auf Sandbänken festgefahrenen, sämtlich im Schlepptau hinter ihren Schiffen her auf die hohe See. Von 40 Schiffen hatten sie gegen 25 erobert. *3* Gleichwohl war dies bei diesem Sieg nicht ihr Hauptgewinn, sondern sie sahen sich durch eine einzige leichte Schlacht im Besitz dieses ganzen Küstenmeeres. *4* Da sie also mit ihrer Flotte nach Onusa segeln konnten und nach bewerkstelligter Landung die Stadt erstürmt und geplündert hatten, rückten sie von da gegen Neukarthago vor, *5* und nachdem sie die ganze Gegend umher verwüstet hatten, steckten sie zuletzt sogar die an die Stadtmauer und an die Tore stoßenden Häuser in Brand.

6 Von da kam die schon mit Beute beschwerte Flotte nach Longuntica, wo Hasdrubal zum Schiffsbedarf einen großen Vorrat von Pfriemengras aufgehäuft hatte. *7* Man nahm so viel weg als man nötig hatte und verbrannte alles Übrige. So fuhr die Flotte nicht bloß an den vorspringenden Küsten des Festlandes hin, sondern setzte auch auf die Insel Ebusus über. Als hier die Römer – die bei Belagerung der Hauptstadt dieser Insel *8* trotz ihrer zweitägigen äußersten Anstrengung die Zeit unter vergeblichen Hoffnungen hingehen sahen, *9* nach nunmehr vorgenommener Plünderung und Niederbrennung mehrerer Dörfer – mit einer größeren Beute, als ihnen das feste Land gegeben hatte, sich wieder auf ihre Schiffe begaben, da erschienen vor Scipio Gesandte von den Balearischen Inseln mit der Bitte um Frieden. *10* Von hier wandte sich die Flotte zurück und fuhr in die diesseitige Gegend der Provinz, wo die Gesandten aller Völker, welche diesseits des Ebro wohnen, und auch vieler vom äußersten Spanien zusammentrafen. Und der Völker, die wirklich durch Stellung von Geiseln unter römische Herrschaft und Botmäßigkeit traten, waren über 120. *11* Da sich also Scipio nun auch mutiger auf seine Landmacht verlassen konnte, rückte er bis zu dem Waldgebirge von Castulo vor. *12* Hasdrubal zog sich nach Lusitanien und näher an den Ozean zurück.

(21) Nun schien es, als würde man die übrige Zeit des Sommers Ruhe haben, und die würde auch von Seiten der Punier nicht durch Feindseligkeiten gestört sein. *2* Allein außer dass die Spanier an sich unruhige und neuerungssüchtige Köpfe sind, hatten Mandonius und Indibilis, der vorher Fürst der Ilergeten gewesen war, *3* sobald die Römer von dem Gebirge nach der Seeküste zurückgegangen waren, ihre Landsleute aufgewiegelt und bedrohten das friedliche Gebiet der römischen Bundesgenossen mit Verheerung. *4* Ein Oberster, der von Scipio mit leichten Truppen von den Hilfstruppen gegen sie abgeschickt wurde, jagte alle, einen zusammengerafften Haufen, nach leichtem Kampf in die Flucht, und nachdem er einige von ihnen getötet und gefangen genommen hatte, entwaffnete er eine große Menge von ihnen. *5* Gleichwohl zog dieser kleine Krieg den zum Ozean weichenden Hasdrubal jetzt zum Schutz seiner Verbündeten wieder in die Gegend diesseits des Ebro. *6* Das punische Lager stand im Gebiet von Ilergavonia, das römische Lager bei Nova Classis, als eine unerwartete Nachricht den Krieg nach einer andern Seite wandte. *7* Die Keltiberer, welche den Römern die Häupter ihres Volkes als Gesandte, auch Geiseln, zugeschickt hatten, griffen auf die von Scipio erhaltene Anzeige zu den Waffen und brachen mit einem starken Heer in die Provinz der Karthager ein. Drei Städte nahmen sie im Sturm. Darauf liefern sie dem Hasdrubal selber zwei glückliche Treffen, töteten gegen 15 000 Feinde, nahmen 4000 gefangen und erbeuteten viele Fahnen.

(22) Bei dieser Lage der Dinge in Spanien kam Publius Cornelius Scipio, der nach seinem Konsulat unter Verlängerung seines Oberbefehls vom Senat in die Provinz geschickt wurde, mit 30 Kriegsschiffen, 8000 Mann und vielen mitgebrachten Vorräten an. *2* Diese Flotte, die man mit ihrem großen Zug von Lastschiffen von Ferne erblickte, lief zu großer Freude der Römer und ihrer Bundesgenossen von der Höhe in den Hafen von Tarraco ein. *3* Hier schiffte Scipio die Truppen aus, zog zu seinem Bruder, um sich mit ihm zu vereinigen, und seitdem führten sie einmütig und nach gemeinsamem Plan den Krieg.

4 Sie gingen ungesäumt, weil jetzt die Karthager mit dem Keltiberischen Krieg beschäftigt waren, über den Ebro und drangen, ohne einen Feind gesehen zu haben, bis Sagunt vor, weil die von Hannibal hier in Verwahrung gegebenen Geiseln von ganz Spanien, wie man erfuhr, auf der Burg nur eine mäßige Wache hatten. *5* Dieses wichtige Pfand hielt alle zur Freundschaft mit Rom geneigten Völker Spaniens noch zurück, um nicht die Schuld des Abfalls mit dem Blut ihrer Kinder büßen zu müssen. *6* Von diesem Zwang befreite Spanien ein Einziger durch einen Anschlag, der seiner Gewandtheit mehr Ehre als seiner Treue macht.

Zu Sagunt befand sich ein vornehmer Spanier, namens Abelux, bisher ein treuer Anhänger der Punier. Jetzt aber wurde (der gewöhnlichen Denkart der Barbaren gemäß) mit dem Glück seine Treue wandelbar. *7* Weil er nun glaubte, dass ein Überläufer, der bei den Feinden ankomme, ohne eine Sache von Wichtigkeit zu verraten, nichts weiter mitbringe als sein einziges unbedeutendes und ehrloses Ich, so ging er darauf aus, seinen neuen Freunden durch sich einen der größten Vorteile zuzuwenden. ***8*** Als er alle die Mittel durchdachte, die ihm seine Lage an die Hand geben konnte, richtete er sein Augenmerk besonders auf die Übergabe der Geiseln, weil gerade dies nach seiner Ansicht den Römern die Freundschaft der spanischen Großen mehr als jedes andere Mittel gewinnen musste. ***9*** Weil er aber wusste, dass ohne Befehl des Obersten Bostar die Wachen der Geiseln sich auf nichts einlassen würden, machte er sich mit List an Bostar selbst. ***10*** Bostar hatte sein Lager außerhalb der Stadt dicht am Ufer, um den Römern den Zugang von der Hafenseite zu versperren. Hier war es, wo er ihn allein nahm und ihn über die Lage der Dinge, als wäre sie ihm unbekannt, belehrte. ***11*** Bis heute habe die Spanier Furcht im Zaume gehalten, weil die Römer fern gewesen wären, jetzt aber sei ein römisches Lager diesseits des Ebro eine sichere Burg und Zuflucht für alle, die eine Staatsveränderung wünschten. Also müsse man die, welche keine Furcht mehr fessele, sich durch Wohltaten und Liebe verpflichten. ***12*** Als Bostar in Verwunderung geriet und ihn fragte, womit man ihnen denn in der Geschwindigkeit ein so wichtiges Geschenk machen könne, antwortete er: **13** *Schicke die Geiseln in ihre Staaten zurück. Dies wird als Familiengeschenk den Vätern, die gerade am meisten in ihren Staaten gelten, und als Staatsgeschenk den Völkern sehr willkommen sein.* ***14*** *Jeder will sich gern sich selbst anvertraut wissen, und meistenteils macht bewiesenes Vertrauen zu Gegenvertrauen sogar verbindlich. Die Aufgabe, die Geiseln ihrer Heimat wieder zuzuführen, bitte ich mir aus, um meiner Angabe auch durch aufgewandte Tätigkeit zu Hilfe zu kommen und einer Sache, die sich schon durch sich selbst empfiehlt, noch alle mir mögliche Empfehlung mitzugeben.*

15 Als er den in Vergleich mit anderen punischen Köpfen nicht so schlauen Menschen beredet hatte, ging er in der Nacht heimlich zu den feindlichen Vorposten hinaus, wandte sich an einige von den spanischen Hilfstruppen, ***16*** wurde von ihnen vor Scipio gebracht und eröffnete seinen Antrag. Nach gegenseitiger Zusage und Verabredung, wo und wann die Geiseln überliefert werden sollten, ging er nach Sagunt zurück und brachte den folgenden Tag bei Bostar damit hin, sich mit den zur Ausführung der Sache nötigen Befehlen versehen zu lassen. ***17*** Nach der Entlassung machte er sich, weil die Abreise, um die feindlichen Wachen zu täuschen, auf die Nacht verabredet war, mit den Wachen der Kinder, die er um die ihnen bestimmte Stunde in Bewegung setzte, auf den Weg und führte sie, wie es schien, ohne es zu wissen, den durch seine List bestellten Auflauerern in die Hände. ***18*** Sie wurden ins römische Lager gebracht. Übrigens nahm die ganze Zurückgabe der Geiseln der Verabredung mit Bostar gemäß denselben Gang, den sie genommen hätte, wenn gerade dasselbe im Namen der Karthager geschehen wäre. ***19*** Dennoch ernteten von einerlei Verfahren die Römer eine weit größere Liebe, als daraus für die Karthager erwachsen wäre. Denn da man von diesen während ihres Glückes Druck und Härte zu leiden hatte, so konnte man denken, Unglück und Furcht habe sie gütiger gemacht. ***20*** Die Römer hingegen hatten bei aller früheren Unbekanntschaft gleich bei ihrer Ankunft mit Gnade und Edelmut den Anfang gemacht, und ein so kluger Mann wie Abelux hätte nicht ohne Grund die Bundesgenossen vertauscht. ***21*** Folglich war bei den Spaniern die Stimmung zum Abfall allgemein, und sie hätten sogleich zu den Waffen gegriffen, wenn nicht der Winter eingetreten wäre, der auch die Römer und Karthager nötigte, sich unter Dach und Fach zu begeben.

(23) So ging es auch in Spanien in diesem zweiten Sommer des punischen Krieges, während in Italien die Niederlagen der Römer durch des Fabius kluges Zögern ein wenig unterbrochen waren. ***2*** In so große Verlegenheit dies den Hannibal setzte, welcher jetzt sah, dass die Römer die Leitung des Krieges endlich den Händen eines Mannes anvertraut hatten, der im Krieg mit Überlegung und nicht auf gut Glück zu Werke ging, in ebenso großer Verachtung stand seine Kriegführung bei des Fabius Mitbürgern, in den Waffen so gut wie in der Toga; **3** und vollends

jetzt, da in seiner Abwesenheit durch die Planlosigkeit des Magister Equitum ein Gefecht stattgefunden hatte, dessen Ausgang, die Wahrheit zu sagen, mehr gern gesehen als glücklich war. *4* Die Unzufriedenheit mit dem Diktator zu erhöhen, waren noch zwei Umstände hinzugekommen. Der eine durch Hannibals Tücke und Flauheit, insofern das Landgut des Diktators, welches ihm Überläufer gezeigt hatten, das einzige war, das auf seinen Befehl, während alles umher dem Boden gleichgemacht wurde, von Feuer und Schwert und jeder feindlichen Gewalttat unberührt bleiben musste, um die Leute hierin den Preis eines geheimen Einverständnisses finden zu lassen. *5* Die andere durch sein eigenes Benehmen, das anfangs vielleicht in einem zweifelhaften Licht erschien, *6* weil er hierbei die Genehmigung des Senates nicht abgewartet hatte, das aber zuletzt unstreitig zu seiner größten Ehre ausschlug, nämlich bei der Auswechslung der Gefangenen, insofern beide Feldherren, der römische wie der punische, so wie man es im ersten Punischen Kriege gehalten hatte, miteinander übereingekommen waren, dass derjenige Teil, welcher mehr Gefangene zurückerhielte als ablieferte, auf den Mann zwei und ein halbes Pfund Silber zu zahlen habe. *7* Da nun die Römer 247 mehr zurückerhielten als die Punier, und das dafür schuldige Geld, so oft die Sache im Senat zur Sprache kam, weil er die Väter nicht darum befragt hatte, erst nach Zögerungen bewilligt wurde, ließ er durch seinen Sohn Quintus, den er nach Rom schickte, das vom Feind unberührt gelassene Landgut verkaufen *8* und erfüllte auf eigene Kosten die im Namen des Staates gemachte Zusage.

9 Hannibal hatte ein befestigtes Lager vor den Mauern von Geronium, einer Stadt, von der er, als er sie eroberte und anzündete, einige Gebäude zu Vorratshäusern hatte stehen lassen. *10* Von hier schickte er zwei Drittel seines Heeres auf Futterholen aus, mit dem dritten marschfertigen blieb er in seiner Stellung teils zum Schutz seines Lagers, teils auf Umsicht nach allen Seiten, um seine Futterholer nirgends überfallen zu lassen.

(24) Das römische Heer war damals im Gebiet von Larinum. Der Magister Equitum Minucius hatte den Oberbefehl, weil der Diktator, wie oben gesagt, nach der Stadt gegangen war. *2* So wurde denn das Lager, das man auf einem hohen Berg und sicheren Platze genommen hatte, gleich in die Ebene verlegt, und der Sinnesart des Befehlshabers gemäß wurden raschere Maßregeln getroffen, so dass man entweder auf die sich zerstreuenden Futterholer oder auf das nur schwach besetzt gebliebene Lager einen Angriff machte. *3* Auch entging dem Hannibal die Bemerkung nicht, dass sich mit dem Befehlshaber auch der Gang des Krieges geändert habe, und dass die Feinde mehr mit Ungestüm als mit Überlegung zu Werke gingen. *4* Und doch schickte er selbst (kaum sollte man es glauben), da sich der Feind genähert hatte, ein Drittel seiner Leute aufs Futterholen aus, so dass er nur zwei Drittel im Lager behielt; *5* dann rückte er selbst mit seinem Lager dem Feind näher, beinahe 2000 Schritte von Geronium, auf einen Hügel, der dem Feind vor Augen lag, um ihm zu verstehen zu geben, dass er bei jedem Angriff, der auf seine Futterholer geschehen könnte, sie zu schützen bereit stehe. *6* Von hier aus zeigte sich ihm ein noch näherer Hügel, der hart an das römische Lager stieß, weil ihm nun, wenn er zur Besetzung desselben am Tag vor aller Augen ausrücken ließ, der Feind ohne Zweifel auf kürzerem Weg zuvorkommen musste, ließ er ihn durch heimlich hingeschickte Numider bei Nacht besetzen. *7* Kaum hatten die Römer am folgenden Tag den ihnen verächtlichen schwachen Posten aus dem Besitz des Platzes vertrieben, so verlegten sie selbst ihr Lager dahin.

8 Jetzt also, da Wall und Wall nur ein geringer Zwischenraum schied, bedeckte nicht allein die römische Schlachtordnung diesen beinahe ganz, sondern zu gleicher Zeit verbreitete ihre Reiterei, die mit den leichten Truppen aus dem von Hannibals Lager abgewandten Lagertor auf die Futterholer gelassen wurde, unter den zerstreuten Feinden weit und breit Tod und Flucht. *9* Und Hannibal wagte es nicht, sich in eine Schlacht einzulassen, weil er, wenn ein Sturm auf sein

Lager unternommen worden wäre, mit einer so geringen Zahl dasselbe kaum hätte schützen können. ***10*** Ja, bald führte er den Krieg (ein Teil des Heeres fehlte ihm jetzt fast immer) nach Art des Fabius, als der Stillsitzende und Zögernde, und hatte sich auch in sein voriges Lager, das an Geroniums Mauern stand, zurückgezogen.

11 Einige berichten, es sei sogar eine förmliche Schlacht geliefert und die beiderseitigen Heere seien gegeneinander gerückt. Beim ersten Zusammentreffen wären die Punier bis an ihr Lager zurückgeschlagen, dann habe sich bei dem von hier aus erfolgten Ausfall der Schrecken auf die Römer geworfen; endlich sei durch die Ankunft des Samniten Numerius Decimius das Treffen wiederhergestellt. ***12*** Da dieser Mann – er war nicht bloß in seiner Heimat Bovianum, sondern in ganz Samnium der Vornehmste und Reichste –, auf seinem Zug zum römischen Lager, dem er auf Befehl des Diktators 8000 Mann zu Fuß und 500 zu Pferd zuführte, sich dem Hannibal im Rücken gezeigt habe, hätten beide Teile geglaubt, ein neues Korps mit Quintus Fabius sei von Rom gekommen; auch habe Hannibal aus Furcht vor einem Hinterhalt seine Truppen zurückgezogen; die Römer, die ihm nachgegangen wären, hatten an dem Tag mit Hilfe der Samniten zwei Kastelle erobert; ***13*** von den Feinden wären 6000 gefallen, von den Römern gerade 5000, und dennoch sei bei einem so fast gleichen Verlust zu Rom der prahlerische Ruf von einem glorreichen Sieg mit einem noch prahlerischeren Schreiben vom Magister Equitum eingelaufen.

(25) Diese Dinge kamen mehrmals im Senat wie in der Volksversammlung zur Sprache. ***2*** Da nun bei der allgemeinen Freude der Diktator allein weder dem Gerücht noch dem Schreiben glauben wollte, ja sich sogar äußerte, gesetzt, dass alles wahr sei, so befürchte er von dergleichen Glück mehr als vom Missgeschick, ***3*** da erklärte der Volkstribun Marcus Metilius, das sei doch wahrhaftig unausstehlich. ***4*** Der Diktator habe sich nicht allein, solange er dort gewesen sei, jeder Unternehmung widersetzt, sondern befeinde auch jetzt abwesend die schon gelungene Tat und bringe die Zeit mit Verzögerung des Krieges und zwar in der Absicht hin, um desto länger im Amt zu sein und in Rom und beim Heer die höchste Gewalt allein zu haben. ***5*** Denn der eine Konsul sei in der Schlacht gefallen, der andere unter dem Vorwand, die punische Flotte zu verfolgen, weit von Italien weggeschickt. ***6*** Zwei Prätoren habe man mit Sizilien und Sardinien zu beschäftigen gewusst, während doch keine von beiden Provinzen unter den jetzigen Umständen einen Prätor nötig habe. Den Magister Equitum Marcus Minucius habe er, damit dieser ja keinen Feind zu sehen bekäme, ja nichts Kriegerisches unternähme, beinahe wie in Haft gehalten. ***7*** So habe denn der Feind beim Herkules nicht bloß Samnium, das man schon wie ein jenseits des Ebro gelegenes Land den Puniern eingeräumt habe, sondern sogar das kampanische, calenische und falernische Gebiet gänzlich verwüstet, ***8*** während der Diktator zu Casilinum gesessen und mit den Legionen des römischen Staates sein Landgut gedeckt habe. Das Heer, das nach einer Schlacht sich sehnte, und den Magister Equitum habe er beinahe als Eingesperrte im Lager gehalten und ihnen wie gefangenen Feinden die Waffen genommen. ***9*** Da sie endlich, als der Diktator weggegangen sei, wie aus einer Belagerung Erlöste aus dem Wall hätten ausrücken können, hätten sie den Feind geschlagen und in die Flucht gejagt. ***10*** Aus diesen Gründen würde er, wenn noch der alte Geist in dem römischen Bürger herrschte, kühn darauf angetragen haben, den Oberbefehl des Quintus Fabius für aufgehoben zu erklären, so aber wolle er nur auf die schonendere Verfügung antragen, die Rechte des Magisters Equitum und des Diktators gleichzustellen, ***11*** aber auch so den Diktator nicht eher zum Heer gehen zu lassen, als bis er an des Gaius Flaminius Stelle einen Konsul nachgewählt habe.

12 Der Diktator hielt sich von den Volksversammlungen fern, da sich sein Vortrag den Beifall des Volkes unmöglich versprechen konnte; ja selbst im Senat hörte man ihm eben nicht gern zu, wenn er den Feind in seinen Reden erhob, wenn er die Niederlagen dieser zwei Jahre als Folgen der Unüberlegtheit und Unwissenheit der Feldherren darstellte und wenn er sagte, ***13*** der Magister

Equitum müsse darüber, dass er gegen seinen Befehl sich in ein Treffen eingelassen habe, zur Rechenschaft gezogen werden. ***14*** Blieben der Oberbefehl und die Leitung des Ganzen in seinen Händen, so hoffe er nächstens den Leuten begreiflich zu machen, dass ein tüchtiger Feldherr das Glück nur sehr wenig in Anschlag bringe, dass Verstand und Überlegung das Ganze bestimme. ***15*** Das Heer zur Zeit der Not und ohne Ehrverlust erhalten zu haben, gereiche ihm zu größerem Ruhm, als wenn er Tausende von Feinden niedergemacht hätte. ***16*** Nach mehreren vergeblichen Reden dieses Inhalts und nach gehaltener Konsulwahl, die den Marcus Atilius Regulus traf, ging er, um nicht selbst die Beschränkung seines Oberbefehls zur Entscheidung gebracht zu sehen, in der Nacht vor dem Tag, an welchem hierauf angetragen werden sollte, zum Heer ab.

17 Als mit Tagesanbruch die Volksversammlung gehalten wurde, fühlten die Leute mehr eine Regung stummer Unzufriedenheit mit dem Diktator und des Wohlwollens für den Magister Equitum, als dass dieser oder jener Mut genug gehabt hätte, zur Empfehlung dessen, was die Menge wünschte, aufzutreten, und bei der Gewissheit einer günstigen Aufnahme fehlte es dem Antrag dennoch an einer Einführung. ***18*** Da fand sich als Fürsprecher des Vorschlages ein Einziger, Gaius Terentius Varro, der im vorigen Jahr Prätor gewesen war, ein Mann, nicht bloß von niedriger, sondern sogar gemeiner Herkunft. ***19*** Sein Vater soll Fleischer gewesen sein, selbst seine Ware feilgeboten und auch seinen Sohn zu den knechtischen Handreichungen seines Gewerbes benutzt haben.

(26) Als der junge Mensch durch das Geld, das ihm der Vater von dieser Art des Erwerbes hinterließ, sich zur Hoffnung eines ehrenvolleren Ranges berechtigt hielt ***2*** und die Toga und der Markt für ihn Reiz hatte, gelang es ihm zuerst dadurch, dass er die schmutzigsten Personen und Parteien der Sache und dem guten Ruf rechtlicher Leute zum Nachteil als Schreier in Schutz nahm, zu einer Bekanntschaft bei dem Volk und dann zu Ehrenämtern zu kommen. ***3*** Und da er nach Verwaltung der Quästur und beider Ädilenämter, des bürgerlichen und des adligen, zuletzt auch der Prätur, sich nunmehr zur Aussicht auf das Konsulat gehoben fühlte, ***4*** suchte er, listig genug, von dieser Unzufriedenheit mit dem Diktator für sich die Zuneigung des Volkes zu gewinnen; und als der Volksbeschluss zustande kam, war er es allein, dem man dies verdankte.

5 Alle in Rom wie im Feld, billige und unbillige Beurteiler, sahen in dem durchgegangenen Vorschlag eine beabsichtigte Herabsetzung des Diktators, nur er selbst nicht. ***6*** Hatte er mit fester Würde seine bei der Menge ihn verleumdenden Feinde ertragen, so ertrug er auch mit dieser das ihm von dem wütenden Volk zugefügte Unrecht; ***7*** und da er das Schreiben mit dem Senatsbeschluss über die Teilung des Oberbefehls noch unterwegs erhalten hatte, kam er, fest davon überzeugt, dass durch den gegebenen Anteil an den Rechten eines Oberfeldherrn nicht auch die Geschicklichkeit des Oberfeldherrn mitgeteilt sei, in einer von seinen Mitbürgern ebenso wenig wie vom Feind besiegten Fassung beim Heer wieder an.

(27) Minucius hingegen, den schon vorher sein Glück und die Gunst des Volkes beinahe unausstehlich gemacht hatten, ***2*** rühmte sich, nun vollends ohne sich zu mäßigen oder zu schämen, seines Sieges über Hannibal nicht weniger als über Quintus Fabius. ***3*** Gerade der Feldherr, den man in der Not als den vorzüglichsten, als Gegner für Hannibal ausgesucht habe, sei gegen alles Beispiel in den Jahrbüchern, sei als der Vorgesetzte seinem Untergeordneten, als Diktator seinem Magister Equitum auf Befehl des Volkes in dem Staat gleichgestellt, in welchem sonst jeder Magister Equitum vor den Rutenbündeln und Beilen eines Diktators gezittert und geschaudert habe. In einem so glänzenden Licht hätten sich sein Glück und seine Tapferkeit gezeigt. ***4*** Sollte nun der Diktator bei seiner von Göttern und Menschen verurteilten Saumseligkeit und Untätigkeit beharren, so werde er sich an sein Glück halten. ***5*** Also gleich am ersten Tag, an dem er mit Quintus Fabius zusammenkam, erklärte er, vor allen Dingen müsse festgesetzt werden,

wie sie es mit dem gleichgemachten Oberbefehl halten wollten. *6* Seiner Meinung nach sei es am besten, dass einen Tag um den andern, oder falls man sich für größere Zeiträume bestimme, auch hierin abwechselnd alle Gewalt und Anordnung von einem abhinge, *7* damit es dieser bei sich darbietender Gelegenheit nicht bloß an Einsicht, sondern auch an Stärke mit dem Feind aufnehmen könne. *8* Dies wollte sich Quintus Fabius durchaus nicht gefallen lassen, weil sonst, wenn man der Unbesonnenheit seines Amtsgenossen alles hingebe, auch alles dem Zufall hingegeben werde. Ihm sei der Oberbefehl gemeinschaftlich mit ihm gegeben, aber nicht genommen. *9* Also werde er nie gutwillig davon zurücktreten, auf den Teil, bei dem es ihm noch möglich sei, nach seiner Einsicht zu wirken, werde sich nie mit ihm in Zeiten oder Tage des Oberbefehls, sondern in die Heere teilen und nach seinen Maßregeln, weil ihm die Rettung des Ganzen nicht mehr freistehe, so viel zu retten suchen, als er könne. *10* Dadurch bewirkte er, dass sie sich, wie es bei den Konsuln üblich ist, in die Legionen teilten. Die erste und vierte gab das Los dem Minucius, die zweite und dritte dem Fabius. *11* Ja teilten sie sich auch in die Reiterei und in die Hilfstruppen der Bundesgenossen und latinischen Völker beide gleich. Ja der Magister Equitum wollte sogar ein getrenntes Lager beziehen.

(28) Hierüber hatte Hannibal eine doppelte Freude, denn es blieb ihm nichts von allem, was bei den Feinden vorging, unbekannt, weil er teils durch Überläufer viel erfuhr, teils seine Kundschafter hatte. *2* Er sah, wenn er die nunmehr zügellose Verwegenheit des Minucius in die Falle locken wollte, sich freie Hand gelassen; er sah der Geschicklichkeit des Fabius die Hälfte der Wirkungskraft entzogen.

3 Zwischen dem Lager des Minucius und dem der Punier war eine Anhöhe. Wer diese nahm, brachte ohne Zweifel den Feind in eine üble Lage. *4* Hannibal wünschte nicht so sehr, sie ohne Gefecht zu besetzen, obwohl selbst dies der Mühe wert war, als dadurch ein Gefecht mit Minucius zu veranlassen, bei dem er sicher darauf rechnen konnte, dass er jedes Mal zur Verhinderung seiner Absichten ihm entgegentreten werde. *5* Das ganze Feld dazwischen war zur Anlage eines Hinterhaltes dem ersten Anschein nach ganz ungeeignet, weil es auch nicht eine Waldung oder nur mit Gesträuch bewachsene Stelle hatte, in der Tat aber war es zur Deckung eines Hinterhaltes *6* umso mehr geeignet, weil sich in einem kahlen Tal eine solche List gar nicht fürchten ließ, und doch hatte es in seinen Krümmungen so große Felsenhöhlen, dass sie einige hundert Bewaffnete fassen konnten. *7* In diese Schlupfwinkel ließ er sich, so viel jede derselben bequem besetzen konnten, zusammen 5000 Mann zu Fuß und zu Pferd verstecken. *8* Damit aber nicht hier oder dort durch die Bewegung eines zu unvorsichtig Hervortretenden oder durch die blitzenden Waffen der Betrug in einem so offenen Tal sich verriete, gab er dem Auge des Feindes durch Absendung einer geringen Mannschaft, die mit Anbruch des Tages die vorhin genannte Anhöhe besetzen musste, eine Beschäftigung. *9* Kaum erblickten diese die Römer, so erfüllte sie die schwache Zahl mit Verachtung, und den Auftrag, die Feinde dort zu vertreiben, forderte jeder. Der Anführer selbst unter den Törichtsten und Tollsten ruft zu den Waffen und schmäht mit eitlem Übermut und Drohungen den Feind. *10* Zuerst entließ er die Leichtbewaffneten, dann sandte er die Reiterei in geschlossenem Zug; als er zuletzt sah, dass auch den Feinden Unterstützung nachrücke, trat er mit seinen schlagfertigen Legionen auf. *11* Auch Hannibal, der den bedrängten Seinigen mit steigendem Kampf eine Verstärkung über die andere nachschickte, hatte schon beinahe eine völlige Schlachtordnung gebildet, und es wurde auf beiden Seiten mit ganzer Kraft gekämpft. *12* Die römischen Leichtbewaffneten an der Spitze, die aus der Tiefe herauf zu dem besetzten Hügel hinanstiegen, erfüllten, sowie sie geschlagen und hinuntergeworfen waren, die nachrückende Reiterei mit Bestürzung und flohen auf die Glieder der Legionen. *13* Die Linie des Fußvolkes blieb unter den Bestürzten allein unerschrocken, und wie es schien, wäre sie allerdings, wenn sie in einer ordentlichen Schlacht oder dem Feind gerade gegenüber hätte kämpfen können, ihm gewachsen gewesen. *14* Allein die plötzlich aus dem Hinterhalt Hervorbrechenden bewirkten durch ihren Angriff auf beide Flanken und vom Rücken her Verwirrung und Schrecken in so hohem Grad, dass allen der Mut zum Kampf sank, ja selbst die Hoffnung, zu entfliehen.

(29) Als Fabius ihre Angstschreie hörte und von Fern die Linie in Unordnung sah, rief er: *Da haben wir's; nicht schneller, als ich's gefürchtet habe, hat das Unglück die Unbesonnenheit gefasst.* **2** *Der dem Fabius im Oberbefehl Gleichgesetzte sieht in Hannibal seinen Obmann an Tapferkeit und Glück. Doch zum Hadern und Zürnen wird sich eine andere Zeit finden. Jetzt zu den Fahnen! Ausgerückt! Dem Feind wollen wir seinen Sieg abgewinnen und unsern Mitbürgern das Geständnis ihres Irrtums!* **3** Als ein großer Teil hier schon niedergehauen war, dort sich nach der Flucht umsah, erschien plötzlich wie vom Himmel herabgesandt das Heer des Fabius zu ihrer Hilfe. **4** Sehr begreiflich hielt es schon, ehe es sich auf Schussweite näherte oder handgemein wurde, seine Mitbürger von der völligen Flucht und die Feinde vom allzu ungestümen Kampf zurück. **5** Die aus den gesprengten Gliedern zerstreut umherliefen, eilten von allen Seiten dem neuen Heer zu; die in einem Haufen miteinander geflohen waren, zogen sich jetzt, dem Feind wieder zugekehrt und im geschlossenen Kreis langsam zurück oder behaupteten, in einen dichten Schwarm zusammengedrängt, ihren Platz. **6** Und schon waren die Linien des geschlagenen und die des neuen Heeres beinahe zu einer gediehen und rückten gegen den Feind an, als auf punischer Seite zum Rückzug geblasen wurde, nicht ohne Hannibals lautes Geständnis, er habe den Minucius, Fabius ihn besiegt.

7 Als so der größere Teil des Tages unter wechselndem Glück vergangen war, sprach Minucius nach der Rückkehr in sein Lager vor seinen zusammenberufenen Soldaten: **8** *Ich habe oft gehört, Soldaten, der sei der erste Mann, der selbst das Beste zu finden wisse; der zweite der, der einen guten Rat befolgt; wer aber selbst weder anzugeben, noch einem andern sich zu fügen verstehe, der zeige einen völligen Mangel an Verstand.* **9** *Weil uns nun der erste Rang an Verstandes- und Geistesstärke nicht beschieden ist, so wollen wir uns an den zweiten, mittleren halten, und bis wir befehlen lernen, dem Entschluss Raum geben, dem Klügeren uns zu fügen.* **10** *Lasst uns unser Lager wieder mit Fabius vereinigen, sobald ich ihn dann, wenn wir die Fahnen auf dem Feldherrnplatz aufgestellt haben, als Vater anrede, wie es seinem Verdienst um uns und seiner Erhabenheit gebührt,* **11** *so müsst ihr, Soldaten, diejenigen, deren Waffen und Arm euch soeben beschützt haben, als eure Schutzherren begrüßen; und wenn wir von diesem Tag weiter nichts gewinnen, so soll er uns wenigstens den Ruhm eines dankbaren Herzens erworben haben.*

(30) Auf angegebenes Zeichen erfolgte der Aufruf, zum Abmarsch zu rüsten. Ihr Ausrücken und der geschlossene Zug zum Lager des Diktators setzte diesen selbst und alle, die um ihn waren, in Staunen. **2** Als nach Aufpflanzung der Fahnen vor der Feldherrnbühne der Magister Equitum, der vor die Übrigen heraustrat, den Fabius mit dem Namen Vater angeredet und sein ganzer Zug die ihn umgebenden Soldaten des Fabius als Schutzherrn begrüßt hatte, sprach er:

3 Meinen Eltern, Diktator, denen ich dich soeben durch die Benennung, soviel ich mit Worten kann, gleichstellte, verdanke ich bloß mein Leben, dir meine und dieser aller Rettung. **4** *Was also den Volksbeschluss betrifft, mit dem ich mehr belästigt als beehrt bin, so bin ich der Erste, der ihn verwirft und aufhebt; ich kehre – möge es für dich und mich, möge es für diese deine Heere, das gerettete sowohl, wie seine Retter die glücklichsten Folgen haben –, unter deinen Oberbefehl, in deine Obhut zurück und liefere dir diese Fahnen und Legionen wieder aus.* **5** *Du aber, ich bitte dich, lass' als der Verzeihende mich mein Amt als Magister Equitum, von diesen hier jeden seine Stelle behalten.* **6** Darauf erfolgte gegenseitiger Händedruck; die angekommenen Soldaten wurden nach entlassener Versammlung von Bekannten und Unbekannten liebevoll und gastfreundlich eingeladen; und aus einem noch kurz vorher so traurigen und fast fluchwürdigen Tag wurde ein Tag der Freude.

7 Als zu Rom die Nachricht von diesem Vorfall eintraf und dann durch die Briefe der Feldherren selbst und der gemeinen Soldaten aus beiden Heeren sich bestätigte, erhob jeder nach seiner Weise den Maximus mit Lobsprüchen bis zum Himmel. *8* Gleichen Ruhm ließen ihm selbst die Feinde, Hannibal und die Punier widerfahren, *9* und nun endlich wurden sie inne, dass sie mit Römern und in Italien Krieg führten. Denn in den letzten zwei Jahren waren ihnen die römischen Heerführer und die Heere so unbedeutend geworden, dass sie kaum mit demselben Volk zu kämpfen glaubten, von dem ihnen ihre Väter eine so schreckliche Schilderung gemacht hatten. *10* Auch Hannibal soll bei seinem Rückzug aus der Schlacht gesagt haben, endlich habe die Wolke, die immer auf den Berghöhen gelegen habe, Sturm und Platzregen gebracht.

(31) Während dieser Vorgänge in Italien segelte der Konsul Gnaeus Servilius Geminus, der mit einer Flotte von 120 Schiffen die Küste von Sardinien und Korsika umfahren hatte und sich an beiden Orten Geiseln hatte geben lassen, nach Afrika über; und nachdem er noch, *2* ehe er hier zur Landung kam, die Insel Meninx verheert und sich von den Einwohnern Cercinas zehn Talente Silber als Brandschatzung hatte zahlen lassen, erreichte er die Küste von Afrika und schiffte seine Truppen aus. *3* Die sogleich zur Plünderung des Landes geführten Soldaten und Seeleute schwärmten so ausgelassen umher, als ob sie auf jenen menschenarmen Inseln plünderten. *4* Da sie sich also durch ihre Unachtsamkeit in einen Hinterhalt geführt, als Zerstreute von vollen Haufen, als Fremde von der Gegend Kundigen umringt sahen, wurden sie in schimpflicher Flucht mit vielem Verlust zu den Schiffen zurückgetrieben. *5* Sie verloren gegen 1000 Mann, unter diesen den Quästor Sempronius Blaesus. Die Flotte, die von der mit Feinden besetzten Küste in eiliger Verwirrung abstieß, setzte ihre Fahrt bis Sizilien fort, und zu Lilybaeum übergab sie der Konsul dem Prätor Titus Otacilius, *6* um sie durch seinen Legaten Publius Sura nach Rom zurückführen zu lassen. *7* Er selbst nahm seinen Weg durch Sizilien zu Lande und setzte durch die Meerenge nach Italien über, wohin ihn und seinen Amtsgenossen Marcus Atilius ein Schreiben von Quintus Fabius beschieden hatte, um von ihm, weil das halbe Jahr seines Oberbefehls fast abgelaufen sei, die Heere zu übernehmen.

8 Fast alle Jahrbücher überliefern, dass Fabius als Diktator den Krieg gegen Hannibal geführt habe; und Coelius schreibt sogar, er sei der erste Diktator* gewesen, den das Volk gewählt habe. *9* Doch Coelius und die Übrigen bedachten nicht, dass dem Konsul Gnaeus Servilius, den damals die Führung des Krieges in Gallien weit entfernt hielt, das Recht, einen Diktator zu ernennen, allein zustand, *10* dass man aber in der Stadt, weil man im Schrecken über die Niederlage einen so langen Aufschub nicht abwarten konnte, die Auskunft traf, vom Volk einen Prodiktator wählen zu lassen, *11* und dass nachher die Taten und der ausgezeichnete Ruhm dieses Feldherrn, ferner seine Nachkommen, welche die Unterschrift des Ahnenbildes heben wollten, leicht veranlassen konnten, dass der, der nur Prodiktator war, als Diktator angegeben wurde.

(32) Als die Konsuln nach Übernahme der Heere, Atilius des Fabischen, Servilius Geminus des Minucischen, sich im Winterlager frühzeitig verschanzt hatten, *2* denn es war schon am Ende des Herbstes, setzten sie in der größten Eintracht den Krieg nach des Fabius Grundsätzen fort. Wenn Hannibal auf Getreideholung ausrücken ließ, erschienen sie an verschiedenen Orten zur gelegenen Zeit, bedrohten seinen Zug und nahmen die Zerstreuten gefangen. Zu dem misslichen Wurf eines allgemeinen Kampfes, nach welchem Hannibal mit allen Künsten rang, ließen sie es nie kommen. *3* Und Hannibal sah sich vom Mangel so bedrängt, dass er, wenn er nicht gefürchtet hätte, sich jetzt durch einen Abzug den Schein des Fliehenden zu geben, nach Gallien zurück-

* Als zweiten vom Volk ernannten Diktator rechnete Caelius wahrscheinlich den Sulla, der sich vom Volk wählen ließ.

gegangen wäre, weil ihm zur Erhaltung seines Heeres in diesen Gegenden keine Hoffnung übrig blieb, wenn die folgenden Konsuln den Krieg auf dieselbe Weise führen sollten.

4 Als die Unternehmungen, vom Winter aufgehalten, bei Geronium stillstanden, kamen nach Rom Gesandte von Neapolis. Sie überreichten im Rathaus 40 goldene Schalen von großer Schwere und hielten folgende Ansprache: ***5*** Die Neapolitaner wüssten, dass die Schatzkammer des römischen Volkes durch den Krieg erschöpft werde, und da er für die Städte und Länder der Bundesgenossen nicht minder geführt werde, als für das Haupt und die Burg Italiens, für die Stadt Rom und deren Herrschaft, ***6*** so hätten sie es für billig erachtet, mit dem Gold, was ihnen ihre Vorfahren teils zur Zierde der Tempel, teils als Notgeld hinterlassen hätten, dem römischen Volk auszuhelfen. ***7*** Wenn sie sich selbst eine tätige Hilfe hätten zutrauen dürfen, so hätten sie diese mit gleicher Dienstwilligkeit angeboten. ***8*** Die Väter und die Bürger Roms würden ihnen einen Gefallen erzeigen, wenn sie alles Eigentum der Neapolitaner als das ihrige ansähen und sie für würdig hielten, ein Geschenk von ihnen anzunehmen, das durch die Gesinnung und den guten Willen derer, die es mit Freuden gäben, größer und ehrenvoller sei, als durch sich selbst. ***9*** Der Senat stattete den Gesandten für ihre Teilnahme und Freigebigkeit seinen Dank ab, nahm aber nur die Schale an, die am wenigsten schwer war.

(33) Gerade in diesen Tagen wurde ein karthagischer Kundschafter, der zwei Jahre lang unentdeckt geblieben war, in Rom erwischt und mit abgehauenen Händen entlassen; ***2*** auch wurden 25 Sklaven gekreuzigt, weil sie angeblich sich auf dem Marsfeld zu einer Verschwörung verbunden hatten. Den Anzeiger belohnte man mit der Freiheit und zwanzigtausend schweren Kupfer-As. ***3*** Auch schickte man eine Gesandtschaft an den makedonischen König Philipp mit dem Antrag, den Demetrius von Pharia auszuliefern, welcher nach dem unglücklichen Krieg mit Rom zu ihm geflohen sei; ***4*** eine andere an die Ligurer, um Beschwerde darüber zu führen, dass sie die Punier mit Vorräten und Hilfstruppen unterstützt hatten, und zugleich, um in der Nähe zu beobachten, was im Land der Boier und Insubrer vorgehe. ***5*** Auch an den König Pineus gingen Gesandte nach Illyrien ab, um die Geldlieferungen einzufordern, deren Zahlungsfrist schon abgelaufen war, oder, wenn er sie verlängern wollte, sich Geiseln geben zu lassen. ***6*** So wenig vernachlässigten die Römer, obgleich sie mit einem größeren Kriege zu tun hatten, irgendwo ein Geschäft, selbst wenn es aus weiter Ferne besorgt sein wollte. ***7*** Auch machte man sich darüber ein Gewissen, dass man den Bau eines Tempels der Eintracht, welchen auf Veranlassung eines Soldatenaufruhrs in Gallien der Prätor Lucius Manlius vor zwei Jahren gelobt hatte, bis jetzt noch nicht verdungen habe. ***8*** Daher gaben die zu diesem Zweck vom Stadtprätor Marcus Aemilius ernannten Zweimänner, Gnaeus Pupius und Kaeso Quinctius Flamininus, den Bau des Tempels, der auf der Burg stehen sollte, in Bestellung.

9 Derselbe Prätor musste nach einem Senatsbeschluss den Konsuln schreiben, wenn sie es für gut hielten, so möchte der eine von ihnen zur Konsulwahl nach Rom kommen; er wolle dann auf den Tag, den sie bestimmen würden, die Wahlversammlung ankündigen. ***10*** Hierauf schrieben die Konsuln zurück, ohne Nachteil für das Ganze könnten sie sich vom Feind nicht entfernen. Es sei also besser, die Wahl durch einen Zwischenkönig besorgen zu lassen, als einen von den Konsuln vom Krieg abzurufen. ***11*** Die Väter hielten es für zweckmäßiger, dass ein Konsul zur Haltung der Wahl einen Diktator ernenne. Lucius Veturius Philo, der dazu ernannt wurde, erklärte den Manius Pomponius Matho zum Magister Equitum. ***12*** Da aber bei ihrer Wahl ein Fehler vorgefallen war und sie 14 Tage nachher ihr Amt niederlegen mussten, kam es doch zu einer Zwischenregierung.

(34) Den Konsuln wurde der Oberbefehl auf ein Jahr verlängert. Die von den Vätern ernannten Zwischenkönige waren Gaius Claudius Lento, der Sohn des Appius, darauf Publius Cornelius Asina. In seiner Zwischenregierung ging der Wahltag unter einem heftigen Streit zwischen Vätern und bürgerlichen vor sich.

2 Dem Gaius Terentius Varro, den das Volk als einen Mann seines Standes sogar zum Konsulat emporzuheben trachtete, weil er sich durch Verunglimpfung großer Männer und andere dem Volke schmeichelnde Mittel bei dem Bürgerstand in Gunst gesetzt und dadurch, dass er den Einfluss des Quintus Fabius und die Gewalt eines Diktators erschütterte, die Unzufriedenheit des Volkes mit jenem zu seinem eigenen Glanz benutzt hatte, widersetzten sich die Väter mit allen Kräften, damit man sich nicht daran gewöhnen möchte, in ihrer Verunglimpfung den Weg zur Gleichstellung mit ihnen zu finden. **3** Der Volkstribun Quintus Baebius Herennius, ein Verwandter des Gaius Terentius, suchte durch Beschuldigungen nicht bloß des Senates, sondern auch der Vogelschauer, weil diese den Diktator verhindert hätten, die Wahl zustande zu bringen, bei dem Hass, den er auf diese fallen ließ, seinem Bewerber Gunst bei dem Volk zu verschaffen. **4** Die Adligen, sagte er, die seit vielen Jahren Krieg gesucht hätten, hätten den Hannibal nach Italien gebracht, und dieselben wären es, die den Krieg, der schon beendet sein könne, listig genug in die Länge zögen. **5** Dass man mit vier Legionen im Ganzen zur Schlacht habe auftreten dürfen, sei dadurch erwiesen, **6** dass Marcus Minucius in Fabius' Abwesenheit mit Glück gekämpft habe; dann hätten sich zwei Legionen dem Feind zum Gemetzel preisgeben und hinterher vom Gemetzel retten lassen müssen, damit nur der Mann den Namen „Vater und Schutzherr" davontrüge, **7** der den Siegen der Römer eher in den Weg getreten sei als ihrer Besiegung. Darauf hätten die Konsuln durch die Künste des Fabius den Krieg, den sie hätten beenden können, in die Länge gezogen. Hierzu stünden die Adligen alle im Bunde, und man würde das Ende des Krieges nicht eher erleben, bis man einen wirklich Bürgerlichen oder, was dasselbe sei, einen Emporkömmling (*homo novus*) zum Konsul mache, **8** denn die von der Nobilität wären schon in dieselben Geheimnisse eingeweiht und verachteten, seitdem sie nicht mehr von den Vätern verachtet würden, jeden Bürgerlichen. **9** Wem sei es nicht klar, dass man bloß deswegen danach getrachtet und gerungen habe, eine Zwischenregierung eintreten zu lassen, damit die Väter die Wahl in ihren Händen hätten? **10** Dies hätten beide Konsuln mit ihrem Verbleib beim Heer erreichen wollen; nachher habe man, weil gegen ihren Willen zur Haltung des Wahltages ein Diktator ernannt sei, es dennoch zu erzwingen gewusst, dass die Vogelschauer die Diktatorwahl für fehlerhaft erklärt hätten. So habe man denn eine Zwischenregierung. **11** Allein wenigstens eine Konsulstelle gehöre doch dem römischen Bürgerstand. Das Volk werde darüber nach freiem Willen verfügen und sie dem geben, der lieber wirklich siegen als lange Feldherr sein wolle.

(35) Durch solche Reden aufgebracht, wählte der Bürgerstand, obgleich drei Altadlige, Publius Cornelius Merenda, Lucius Manlius Volso und Marcus Aemilius Lepidus, **2** und zwei aus schon adligen Bürgerfamilien, nämlich Gaius Atilius Serranus und Quintus Aelius Paetus, sich zugleich bewarben, von denen der eine Oberpriester, der andere Vogelschauer war, den Gaius Terentius allein zum Konsul, so dass der zur Wahl seines Amtsgenossen anzusetzende Tag von ihm abhing. **3** Da musste sich auf Antrieb des Adels, dem es nicht entgangen war, dass die Mitbewerber nicht Gewicht genug gehabt hatten, Lucius Aemilius Paulus, so anhaltend und ernstlich er sich weigerte, zum Konsulat melden, ein Mann, der mit Marcus Livius Konsul gewesen und bei der Verurteilung seines Amtsgenossen, ja es fehlte nicht viel, bei seiner eigenen, kaum mit heiler Haut davongekommen war, ein erklärter Feind des Bürgerstandes. **4** Dieser wurde am nächsten Wahltag, da vor ihm alle, die mit Varro in die Schranken getreten waren, zurücktraten, dem Konsul, ich möchte lieber sagen, zum Amtsgegenmann als zum Amtsgenossen, gegeben. Darauf wurde die Prätorenwahl gehalten. **5** Gewählt wurden Manius Pomponius Matho und Publius Furius Philus. Das Los, zu Rom die städtische Gerichtspflege auszuüben, traf den Pomponius, die zwischen römischen Bürgern und Fremden den Publius Furius Philus. **6** Man setzte aber noch zwei Prätoren ein, Marcus Claudius Marcellus für Sizilien, Lucius Postumius Albinus für Gallien.

7 Sie alle wurden abwesend gewählt und keinem von ihnen, den Konsul Terentius ausgenommen, ein Amt übertragen, das er nicht schon vorher verwaltet gehabt hätte, indem man sogar mehrere tüchtige und brauchbare Männer überging, weil man glaubte, in der gegenwärtigen Lage dürfe man keinem ein Amt anvertrauen, das ihm noch neu sei.

(36) Auch die Heere wurden verstärkt. Wie viel aber die Vermehrung an Fußvolk und Reiterei betragen habe, darüber sind sowohl hinsichtlich der Zahl als der Art der Truppen die Angaben so wenig übereinstimmend, dass ich es kaum wage, irgendeiner als der ganz zuverlässigen beizutreten. ***2*** Einige sagen, man habe als Ergänzungstruppen neue 10 000 Mann ausgehoben; andere, man habe vier neue Legionen gebildet, um mit acht Legionen zur Schlacht auftreten zu können; ***3*** auch habe man den Legionen eine größere Zahl an Fußvolk und Reiterei gegeben, insofern man jede um 1000 Mann zu Fuß und 100 zu Pferd verstärkt habe, so dass sich jede auf 5000 zu Fuß und 400 zu Pferd belief, und die Bundesgenossen an Reiterei die Doppelzahl gaben und an Fußvolk den Römern gleich waren. ***4*** Einige geben die Summe der Bewaffneten im römischen Lager, als man bei Cannae kämpfte, auf 87 200 an. ***5*** Darüber aber ist man einig, dass man mit größerer Kraftanstrengung und mit mehr Nachdruck als in den früheren Jahren gehandelt habe, weil die Hoffnung, den Feind besiegen zu können, durch den Diktator geweckt war.

6 Ehe indessen die neuen Legionen von der Stadt aufbrachen, wurde wegen der Besorgnis, welche durch neue Wunderzeichen allgemein unter den Leuten verbreitet war, den Zehnmännern der Auftrag gegeben, sich an die Heiligen Bücher zu wenden und aus ihnen sich belehren zu lassen. *7* Denn es war nicht nur gemeldet, dass es zu gleicher Zeit zu Rom auf dem Aventin und zu Aricia Steine geregnet, sondern auch, dass im Sabinerland Götterbilder von Blut getroffen haben sollen und in den Bädern zu Caere blutiges Wasser hervorgequollen sei. ***8*** Da sich diese Erscheinung zu wiederholten Malen ereignete, wurde sie dadurch umso drohender. Auch hatte auf der Schwibbogenstraße – sie war in der Nähe des Marsfeldes – der Blitz mehrere Menschen getroffen und getötet. Man traf wegen dieser Wunderzeichen die Verfügungen nach den Heiligen Büchern. ***9*** Von Paestum kamen Gesandte nach Rom, goldene Schalen zu überreichen. Der Senat sprach ihnen ebenso wie den neapolitanischen seinen Dank aus, nahm aber das Gold nicht an.

(37) In diesen Tagen lief zu Ostia eine Flotte von Hiero mit vieler Zufuhr ein. ***2*** Die Gesandten meldeten, als sie dem Senat vorgestellt wurden, die Nachricht vom Tod des Konsuls Gaius Flaminius und seines Heeres sei dem König Hiero so nahe gegangen, dass ihm kein Missgeschick, wenn es ihn selbst und sein Reich betroffen hätte, habe empfindlicher sein können. ***3*** Darum habe er, obgleich völlig überzeugt, dass sich die Größe des römischen Volkes in widrigen Schickungen beinahe noch bewunderungswürdiger zeige als im Glück, ***4*** dennoch allerlei geschickt, was man in Kriegen als eine Beisteuer von redlichen und treuen Bundesgenossen zu bekommen pflege, und er ersuche die versammelten Väter dringend, ihm die Annahme nicht zu versagen. ***5*** Namentlich brächten sie zur guten Vorbedeutung eine goldene Siegesgöttin von 320 Pfund mit. Sie möchten sie annehmen, ihres Besitzes sich versichern und sie als ihr bleibendes Eigentum betrachten. ***6*** Auch hätten sie 300 000 Scheffel Weizen hergefahren und 200 000 Scheffel Gerste, um einem Mangel an Lebensmitteln vorzubeugen, und was etwa noch nötig sein möchte, würden sie da anfahren lassen, wo es die Väter befehlen würden. *7* Der König wisse, dass sich das römische Volk keiner anderen Soldaten und Reiterei bediene als geborener Römer und Latiner, doch habe er leichte Hilfstruppen auch von Auswärtigen im römischen Lager gesehen.* ***8*** Also habe er 1000 Bogenschützen und Schleuderer mitgeschickt, ein Korps, das sich gegen Balearen und Mauren und andere auf den Schuss geübte Völker verwenden lasse.

---

* Im ersten Punischen Krieg.

9 Diese Geschenke begleiteten sie mit dem guten Rat, dass man den Prätor, dem die Verwaltung Siziliens übertragen worden sei, mit einer Flotte nach Afrika übersetzen lassen möchte, damit auch der Feind den Krieg im Land habe und ihm desto weniger freie Hand gelassen werde, Hannibal Unterstützungen nachzusenden.

10 Der Senat ließ dem König zurücksagen, Hiero sei ein Muster der Redlichkeit und ein Bundesgenosse ohnegleichen. Er habe, seitdem er mit dem römischen Volk Freundschaft geknüpft, eine ununterbrochene Treue bewiesen und sich jederzeit und allerorten der Sache Roms durch reiche Spenden angenommen. *11* Dies erkenne das römische Volk pflichtschuldigst mit Dank an. *12* Die goldenen Geschenke, die auch einige andere Staaten dargebracht hätten, habe das römische Volk, ohne den guten Willen zu verkennen, zurückgegeben. Die Siegesgöttin aber und die Vorbedeutung nehme es an; es eigne und weihe der Göttin das Kapitol, den Tempel des allmächtigen Jupiters zum Sitz; auf dieser Burg der Stadt Rom in ihrer Heiligkeit aufgestellt, werde sie als segnende Geleiterin sich dem römischen Volk fest und unwandelbar anschließen. *13* Die Schleuderer und Bogenschützen nebst dem Getreide wurden an die Konsuln abgeliefert. Die Flotte, die unter dem Proprätor Titus Otacilius in Sizilien stand, verstärkte man mit 25 Fünfruderern und stellte es ihm frei, sobald er es dem Staat für zuträglich hielte, nach Afrika überzusetzen.

(38) Nach beendeter Werbung verweilten die Konsuln noch einige Tage, um die Ankunft der Bundestruppen aus den Stämmen Latiums abzuwarten. *2* Diesmal wurden die Soldaten, was nie vorher geschehen war, von ihren Obersten eidlich verpflichtet, dass sie auf Befehl der Konsuln sich stellen und ohne deren Befehl nie auseinandergehen wollten. *3* Denn bis dahin war es bloß bei der Dienstweihe geblieben, und wenn die Soldaten zusammengekommen waren, sich in ihre Rotten zu zehn oder zu 100 Mann einreihen zu lassen, schwur die Reiterei rottenweise zu zehn, *4* das Fußvolk zu 100 Mann freiwillig unter sich, sie wollten nie als Flüchtlinge oder Furchtsame davongehen, nie aus Reihe und Glied treten, außer um ihr Geschoss zu nehmen, Schanzpfähle zu holen und entweder auf den Feind einzuhauen oder einen der Ihrigen zu retten. *5* Dies wurde aus einem freiwilligen Vertrag unter ihnen selber von den Kriegsobersten auf die förmliche Eidesleistung übertragen.

6 Ehe die Truppen aus der Stadt aufbrachen, unterhielt der Konsul Varro das Volk durch häufigere in einem hohen Ton gehaltene Reden, *7* in denen er geradeheraus sagte, der Krieg sei von den Adligen nach Italien gezogen worden und werde im Herzen des Staates festsitzen, wenn er mehrere Fabier zu Feldherren hätte. Er wolle ihm gleich denselben Tag ein Ende machen, an dem er den Feind zu sehen bekäme.

8 Sein Mitkonsul Paulus hielt nur eine Rede, am Tag vor seinem Aufbruch aus der Stadt, die freilich mehr Wahrheit, aber weniger Beifall beim Volk fand, und in der er sich weiter keinen Ausfall gegen Varro erlaubte als diesen, er wundere sich, *9* wie irgendein Feldherr, ehe er noch sein eigenes oder das feindliche Heer, die Tage der Orte, die Beschaffenheit der Gegend kenne, schon jetzt aus seinem Gesichtskreis in der Stadt ersehen wolle, was er zu tun haben werde, wenn er unter den Waffen stehe; *10* und wie er sogar den Tag vorherbestimmen könne, an dem er sich mit dem Feind in eine förmliche Schlacht einlassen wolle. *11* Mit Plänen, welche ohnehin mehr von den Umständen den Menschen als von den Menschen den Umständen geliehen würden, wolle er sich im Voraus, solange sie noch unreif wären, nicht befassen, wenn nur nach seinem Wunsch das mit Vorsicht und Überlegung Unternommene den gehörigen Erfolg habe. *12* Die Unbesonnenheit sei, abgesehen davon, dass sie töricht sei, bis dahin immer unglücklich gewesen. *13* So viel trat von selbst zu Tage, dass er das Sichere übereilten Ratschlägen vorziehen würde, und damit er dabei umso standhafter beharre, soll ihn Quintus Fabius Maximus vor der Abreise folgendermaßen angeredet haben:

(39) *Hättest du, Lucius Aemilius, entweder, was ich lieber wünschte, einen dir ähnlichen Amtsgenossen, oder wärest du deinem Amtsgenossen ähnlich, so könnte ich meine Worte sparen.* **2** *Denn als zwei gute Konsuln würdet ihr, auch ohne meine Worte, in allen Dingen im Interesse des Staates handeln, wie es sich von euch erwarten ließ, und als zwei schlechte würdet ihr weder meine Worte zu Ohren noch meinen Rat zu Herzen nehmen.* **3** *So aber werden meine Worte, wenn ich auf der einen Seite deinen Amtsgenossen, auf der andern in dir einen so würdigen Mann erblicke, mit dir allein zu tun haben, da ich sehe, dass du vergebens der rechtschaffene Mann und Bürger sein wirst, wenn der Staat auf der andern Seite schlecht beraten sein sollte. Dann werden schlimme und gute Maßregeln gleiche Rechte und Gewalt haben.* **4** *Denn du irrst, Lucius Paulus, wenn du einem geringeren Kampf mit Gaius Terentius als mit Hannibal entgegensiehst. Ich möchte fast sagen, der Widersacher, der dich in diesem hier erwartet, ist schlimmer, als in jenem der Feind.* **5** *Mit jenem wirst du nur in der Schlacht, mit diesem an allen Orten und zu allen Zeiten zu kämpfen haben, und den Hannibal und seine Legionen wirst du mit deiner Reiterei, mit deinem Fußvolk bekämpfen, aber Varro wird dich als Anführer mit deinen eigenen Soldaten bestürmen.* **6** *Schon der Vorbedeutung wegen möchte ich dich nicht gern an Gaius Flaminius erinnern. Und dennoch äußerte der seine Wut erst als Konsul auf dem Schauplatz des Krieges und bei dem Heer, bei diesem aber spukt es, schon ehe er sich ums Konsulat bewirbt, dann bei der Bewerbung ums Konsulat und auch jetzt noch, wo er Konsul ist, ehe er noch ein Lager oder einen Feind zu sehen bekommt.* **7** *Und was meinst du, wird der, der schon jetzt durch seine Prahlereien von Gefechten und Schlachten so viele Gewitter unter friedlichen Bürgern aufsteigen lässt, dort in der Mitte der Bewaffneten beginnen, dort, wo an die Worte die Tat sogleich sich anschließt?* **8** *Wenn dann der Mensch, was er uns als seinen Vorsatz ankündigt, sich den Augenblick auf das Schlagen einlässt, so sind entweder die Kriegskunst, diese Art des Krieges und dieser Feind mir unbekannte Dinge, oder es wird irgendein Ort durch unsere Niederlage noch berühmter als der Trasumenische See.* **9** *So sehr es nicht zeitgemäß wäre, mich gegen einen Einzelnen zu rühmen, und obgleich ich lieber in Verachtung des Ruhmes das Ziel überschreiten möchte, als in der Sucht nach Ruhm, so spricht doch hier die Sache. Die einzige Richtung, die wir dem Krieg mit Hannibal geben können, ist die, welche ich ihm gegeben habe.* **10** *Dies lehrt nicht nur der Erfolg – er ist der Lehrmeister der Dummen –, sondern gerade diese Richtung selbst, die immer unveränderlich blieb und bleiben wird, solange die Umstände dieselben sind.* **11** *Wir führen den Krieg in Italien, auf unserem Grund und Boden. Ringsumher haben wir überall Mitbürger und Bundesgenossen. Sie helfen uns aus mit Waffen, Fußvolk, Reiterei, Zufuhr, und werden uns weiter helfen.* **12** *Diesen Beweis der Treue haben sie in unserem Unglück schon gegeben. Uns macht die Zeit mit jedem Tag geübter, vorsichtiger, standhafter.* **13** *Hannibal hingegen steht in einem fremden, in Feindesland, wo alles um ihn her gegen ihn ist und ihm auflauert, fern von seiner Stadt, fern von seinem Vaterland; Friedliches für ihn gibt es weder zu Lande noch zu Wasser, keine Städte nehmen ihn auf, keine Mauern; nirgends findet er, was zu ihm gehörte; er lebt vom Raub für diesen Tag; kaum hat er noch den dritten Teil von dem Heer, mit dem er über den Ebro ging;* **14** *der Hunger nahm ihm mehr Leute als das Schwert; und selbst für diese wenigen reichen die Lebensmittel nicht mehr aus.* **15** *Zweifelst du nun noch, ob wir durch Stillsitzen ihn bezwingen werden, der mit jedem Tag kraftloser wird? Der keine Zufuhr, keinen Ersatz, kein Geld hat?* **16** *Wie lange ist vor den Mauern von Geronium, einem elenden Kastell von Apulien, als wären es die Mauern von Karthago, gekämpft worden!* **17** *Doch auch nicht einmal dir ganz allein will ich mein Beispiel anpreisen. Bedenke aber, wie ihn die letzten Konsuln Gnaeus Servilius und Atilius zum Besten gehalten haben. Dies, Lucius Paulus, ist der einzige Weg der Rettung, den jedoch deine Mitbürger mehr erschweren und bekämpfen werden als der Feind.* **18** *Denn deine eigenen Soldaten werden mit den feindlichen gleichen Willen haben. Der römische Konsul Varro wird dasselbe wünschen, was Hannibal als feindlicher Befehlshaber*

wünscht. Du allein also musst zwei Feldherren widerstehen und wirst ihnen widerstehen, wenn du gegen das Gerücht und gegen das Gerede der Leute gehörig fest stehst, wenn weder der nichtige Ruhm eines Amtsgenossen, noch deine eigene unwahre Nachrede auf dich Eindruck macht. ***19*** *Nur zu oft leidet nach dem Sprichwort die Wahrheit eine Verdunkelung, aber sie erlischt nie.* ***20*** *Wer Ruhm verachten kann, erlangt den echten. Mögen sie aus dir, wenn du der Vorsichtige bist, den Furchtsamen machen, aus dem Überlegenden den Trägen, aus dem Kriegserfahrenen den Feigen. Mir ist es lieber, wenn der weise Feind dich fürchtet, als wenn unverständige Mitbürger dich loben. Wagst du alles, so wird Hannibal dich verachten, unternimmst du nichts auf gut Glück, so wird er dich fürchten.* ***21*** *Auch fordere ich dich nicht auf, nichts zu tun, sondern dich bei deinem Tun von der Überlegung, nicht vom Glück leiten zu lassen. Alles muss jedes Mal von dir abhängen, alles auf deiner Seite sein; du musst immer in den Waffen, immer aufmerksam bleiben, weder deinen Vorteil versäumen, noch dem Feind den seinigen bieten.* ***22*** *Wer nichts überstürzt, dem ist alles klar und gewiss; die Übereilung ist unvorsichtig und blind.*

(40) In dem, was der Konsul hierauf erwiderte, äußerte er in der Tat wenig frohe Aussichten, ***2*** insofern er freilich die Wahrheit dessen, was Fabius gesagt habe, nicht aber die Leichtigkeit der Ausführung zugab. Wenn einem Diktator sein Magister Equitum schon zu viel geworden sei, sagte er, wie dann ein Konsul sich gegen einen aufrührerischen und unbesonnenen Amtsgenossen wirksam und geltend erhalten könne? ***3*** Er sei den Flammen des Volkshasses in seinem vorigen Konsulat mit halbverbrannten Fittigen entflohen. Er wünsche, dass alles glücklich gehen möge. Sollte sich aber ein Unfall ereignen, so werde er sein Haupt lieber den Waffen der Feinde als den richtenden Stimmen ergrimmter Mitbürger aussetzen. ***4*** Gleich nach dieser Unterredung soll Paulus ausgerückt sein, von den Ersten der Väter begleitet. Dem bürgerlichen Konsul gab sein Bürgerstand das Geleit, das sich mehr durch den vollen Haufen als durch seine Würde auszeichnete.

5 Als sie nach ihrer Ankunft im Lager die neuen und die alten Truppen vereinigt hatten, ließen sie nach Anlegung eines doppelten Lagers, wovon das neue kleinere dem Hannibal näher stand, das alte aber den größeren Teil des Heeres mit allen Kerntruppen enthielt, ***6*** von den Konsuln des vorigen Jahres den Marcus Atilius, der altershalber um Entlassung bat, nach Rom zurückgehen, den Servilius Geminus aber setzten sie im kleineren Lager über eine römische Legion mit 2000 Mann Bundesgenossen zu Fuß und zu Pferd.

7 Obgleich Hannibal die feindlichen Truppen um die Hälfte verstärkt sah, hatte er dennoch über die Ankunft der Konsuln eine außerordentliche Freude. ***8*** Denn es war nicht nur von den auf einen Tag geraubten Lebensmitteln nichts mehr übrig, sondern es gab auch nicht einmal eine Gegend mehr, wo er sie hätte nehmen können, da man rings umher bei der Unsicherheit des platten Landes alles Getreide in die Festungen gebracht hatte, ***9*** so dass bei ihm, wie man nachher erfuhr, der Vorrat von Getreide kaum noch auf zehn Tage ausreichte, und die Spanier schon aus Mangel übergehen wollten, wenn man die rechte Zeit hätte abwarten wollen.

(41) Allein der Planlosigkeit des einen Konsuls und seiner vorschnellen Art, sich zu bestimmen, gab selbst das Verhängnis dadurch Nahrung, dass es in einem bei Zurücktreibung der Plünderer sich ereignenden Zusammentreffen, welches mehr durch das Herbeistürzen der Soldaten als nach getroffener Vorkehrung oder auf Befehl der Feldherren erfolgte, die Punier völlig den Kürzeren ziehen ließ. ***2*** Es blieben ihrer an 1700, während die Römer mit ihren Bundesgenossen nicht über 100 verloren. ***3*** Aus Furcht vor einem Hinterhalt trat der Konsul Paulus, der an diesem Tag den Oberbefehl hatte – denn sie wechselten denselben nach Tagen –, seinen in Unordnung nachsetzenden Siegern in den Weg, so unwillig auch Varro lärmte und schrie, man habe den Feind aus den Händen gelassen, man hätte dem Krieg, wenn man nicht zurückgeflohen wäre, ein Ende machen können.

4 Hannibal betrübte sich über diesen Verlust nicht besonders, ja er glaubte vielmehr, die Verwegenheit des ungestümen Konsuls und besonders der jungen Soldaten sei dadurch gleichsam geködert. *5* Auch kannte er das ganze Verhältnis bei den Feinden so gut wie sein eigenes, wusste, dass zwei ungleiche und uneinige Männer an der Spitze standen, dass im Heer beinahe zwei Drittel der Soldaten Rekruten waren. *6* Da er also jetzt zu einem Hinterhalt einen geeigneten Ort und Gelegenheit zu haben glaubte, ließ er in der nächsten Nacht sein Lager, aus dem ihm die Soldaten mit nichts als mit den Waffen in der Hand folgen mussten, mit allerlei Vorräten von Staats- und Privateigentum stehen, *7* barg hinter den nächsten Höhen zur Linken sein aufgestelltes Fußvolk, zur Rechten die Reiterei *8* und ließ das Gepäck als mittleren Zug durch das Tal gehen, um so den Feind zu überfallen, wenn er mit der Plünderung eines nach der Flucht seiner Besitzer für verlassen geachteten Lagers beschäftigt sei und dabei sich verwickelt habe. *9* Es mussten viele Wachtfeuer im Lager brennen bleiben, um es wahrscheinlich zu machen, dass er, um nur auf der Flucht einen größeren Vorsprung zu gewinnen, die Konsuln durch das täuschende Aussehen eines Lagers, sowie er voriges Jahr den Fabius getäuscht hätte, in ihrer Stellung habe festhalten wollen.

(42) Als es Tag wurde, erregten zuerst die eingezogenen Posten, dann, als man näher heranging, die ungewöhnliche Stille Staunen. *2* Als man sich von der Räumung völlig vergewissert hatte, strömte im römischen Lager alles mit der Nachricht zu den Feldherrnzelten hin, der Feind sei geflohen, so übereilt geflohen, dass er bei stehenden Zelten sein Lager verlassen habe, auch habe er, um seine Flucht desto besser zu verbergen, viele Feuer zurückgelassen. *3* Nun erhob sich ein Geschrei, man solle Befehl zum Aufbruch geben, man solle sie anführen, dem Feind nachzusetzen und sogleich das Lager zu plündern. Und der eine Konsul war ganz wie einer von der aufgeregten Masse der Soldaten. *4* Paulus sagte einmal über das andere, man müsse sich vorsehen und auf der Hut sein. Endlich, als er weder den Aufruhr noch den Wortführer des Aufruhrs länger zurückhalten konnte, schickte er den Obersten der Reiterei, Marius Statilius, mit einem lucanischen Geschwader auf Kundschaft aus. *5* Als dieser, sowie er sich den Toren näherte, die Übrigen außerhalb der Befestigung hatte halten lassen, ging er selbst mit zwei Reitern in den Wall, und als er alles sorgfältig erspäht hatte, meldete er zurück. *6* Es sei gewiss eine Falle; die zurückgelassenen Feuer fänden sich nur auf der gegen den Feind liegenden Lagerseite; die Zelte stünden offen, und alle Sachen von Wert lägen zum Wegnehmen da; auch habe er hin und wieder in den Lagergassen herumliegendes Silber bemerkt, als wenn es zum Plündern hingeworfen sei.

7 Was hier gemeldet wurde, um die Raubgier zu schrecken, entzündete sie. Und da die Soldaten ein Geschrei erhoben, sie würden, wenn man ihnen den Aufbruch versagte, ohne Führer hingehen, so fehlte es auch an einem Führer durchaus nicht; denn sogleich gab Varro das Zeichen zum Aufbruch. *8* Da aber dem Paulus bei seinem absichtlichen Zögern auch die Hühner bei der Vogelschau das Ausrücken untersagten, ließ er seinem Amtsgenossen, als er eben mit den Fahnen zum Tore hinauszog, die üble Vorbedeutung melden. *9* So ärgerlich dies dem Varro war, so fühlte er sich doch durch das neuliche Unglück des Flaminius und durch den im ersten Punischen Krieg denkwürdig gewordenen Verlust des Konsuls Claudius zur See von heiliger Furcht ergriffen. *10* Fast möchte ich sagen, an diesem Tag waren es die Götter selbst, die das über den Römern schwebende Verderben, wenn nicht abwandten, so doch verschoben. Denn als die Soldaten dem Befehl des Konsuls, ins Lager wieder einzurücken, nicht nachkommen wollten, musste es sich so fügen, dass gerade an diesem Tag zwei Sklaven, der eine einem Ritter aus Formiae, der andere einem aus Sidicinum gehörend, *11* die unter den Konsuln Servilius und Atilius beim Futterholen den Numidern in die Hände gefallen waren, ihren Herren wieder zuliefen und vor den Konsuln aussagten, Hannibals ganzes Heer stehe auf jener Seite der nächsten Berge im Hinterhalt. *12* Dass sie so zur rechten Stunde eintrafen, setzte die Befehle der Konsuln wieder in Kraft, da die nach

Gunst haschende Sucht des einen gleich anfangs bei den Soldaten durch seine strafbare Nachsicht das Band der Ehrfurcht vor ihm gelöst hatte.

(43) Als Hannibal sah, dass sich die Römer zwar vorschnell genug zum Angriff aufgemacht hatten, aber nicht aufs Geratewohl zum Ziel der Entscheidung fortschritten, ging er, da seine List ohne Erfolg entdeckt war, in sein Lager zurück. **2** Mehrere Tage hier zu bleiben, machte der Mangel an Getreide unmöglich, und nicht bloß bei den Soldaten, die aus einem Zusammenfluss aller Völker gemischt waren, sondern selbst bei dem Feldherrn stiegen mit jedem Tag neue Gedanken auf. **3** Denn da sie anfangs nur murrend, dann geradezu mit lauten Stimmen den schuldigen Sold forderten, zuerst über knappes Auskommen, zuletzt über Hungersnot klagten, und es ruchbar wurde, dass die Mietsoldaten und namentlich die aus Spanien zum Überlaufen entschlossen wären, **4** da soll Hannibal selbst zuweilen damit umgegangen sein, sich nach Gallien zu flüchten und mit Zurücklassung des ganzen Fußvolkes sich mit dem berittenen Heer davonzumachen. **5** Bei diesen Plänen und Gesinnungen in seinem Lager entschloss er sich, von hier in Apuliens wärmere und eben darum zur früheren Ernte sich eignende Gegenden aufzubrechen, zugleich auch, um seinen Wankelmütigen, je weiter er sich vom Feind zurückzöge, das Überlaufen desto mehr zu erschweren. **6** Er zog in der Nacht ab, da er ebenso mehrere Feuer anlegen und zum Schein einige Zelte stehen ließ, damit sich die Römer aus Furcht vor einer List, wie neulich, festhalten lassen sollten. **7** Als aber eben der Lucaner Statilius, der die ganze Gegend über das Lager hinaus und jenseits der Berge auskundschaftete, mit der Nachricht zurückkam, man habe den Zug der Feinde in der Ferne gesehen, wurde nun über die Verfolgung des Feindes Kriegsrat gehalten. **8** Da die Meinung beider Konsuln ebenso ausfiel, wie sie vorher immer gestimmt hatten, dem Varro aber beinahe alle beipflichteten, dem Paulus dagegen niemand, den vorjährigen Konsul Servilius ausgenommen, **9** brachen sie nach der Meinung der Mehrheit, von der Übermacht des Verhängnisses gedrängt, nach Cannae auf, das sie durch eine Niederlage der Römer berühmt machen sollten.

10 Nahe bei diesem Flecken hatte Hannibal sein Lager aufgeschlagen, mit dem Rücken gegen den Südostwind, der auf jenen vor Dürre brennenden Gefilden den Staub in Wolken fortführt. ***11*** Dies war teils für das Lager an sich schon sehr bequem, teils musste es besonders dann von großem Vorteil sein, wenn sich die Schlachtlinien stellten, insofern die Punier, abgewandt vom Wind, der ihnen nur in den Rücken blies, mit einem Feind kämpfen konnten, der vom entgegenströmenden Staub geblendet wurde.

(44) Als die Konsuln, die auf gehörig erforschten Wegen dem Hannibal folgten, nach Cannae kamen, wo sie den Feind vor sich sahen, verschanzten sie sich fast in der gleichen Entfernung, wie bei Geranium in zwei Lagern, auf welche sie die Truppen wieder ebenso verteilten. **2** Zum Fluss Aufidus, der an beiden Lagern vorbeifloss, kamen die Wasserholer, wie es sich für jeden nach seinem Standort tun ließ, wiewohl nicht ohne Gefecht. **3** Doch die Römer im kleineren Lager, das jenseits des Aufidus war, holten das Wasser mit weniger Störung, weil das jenseitige Ufer keinen feindlichen Posten hatte.

4 Hannibal, der jetzt hoffen konnte, die Konsuln würden ihm in diesen zu einem Gefecht mit der Reiterei geschaffenen Gegenden – und hierin bestand ja seine unüberwindliche Stärke – eine Schlacht anbieten, stellte seine Linie auf und ließ den Feind durch die vorsprengenden Numider reizen. **5** Sogleich geriet das römische Lager von Neuem durch den Aufstand der Soldaten und durch die Uneinigkeit der Konsuln in Bewegung, da Paulus dem Varro die Unbesonnenheit eines Sempronius und Flaminius, Varro hingegen das jedem feigen und untätigen Feldherrn vorleuchtende Beispiel des Fabius hinwarf **6** und Götter und Menschen zu Zeugen rief, **7** dass er nicht schuld daran sei, wenn Hannibal Italien gewissermaßen als sein Eigentum betrachte, dass ihn sein Amtsgenosse wie eingeschnürt festhalte, dass den erbitterten und kampfbegierigen Soldaten das Schwert und die Waffen genommen würden, während jener beteuerte: Wenn die zu einer unberatenen und unvorsichtigen Schlacht hingeopferten und preisgegebenen Soldaten nicht glücklich sein sollten, so werde er der völlig schuldlose, aber Teilnehmer jedes Erfolges sein; es wäre zu wünschen, dass die, welche so fertig und keck mit der Zunge wären, in der Schlacht ebenso kräftige Arme zeigten.

(45) Während die Zeit mehr unter Gezänk als Beratungen verging, schickte Hannibal aus der Schlachtordnung, die er bis tief in den Tag aufgestellt erhalten hatte, als er sich jetzt mit den übrigen Truppen in das Lager zurückzog, *2* die Numider über den Fluss, um die Wasserholer aus dem kleineren römischen Lager anzugreifen. *3* Als sie den ungeordneten Haufen durch ihr bloßes Erscheinen am Ufer, durch ihr Geschrei und Getümmel verscheucht hatten, *4* jagten sie auch den vor dem Wall aufgestellten Posten beinahe an die Tore selbst, von einem bloß lärmenden Hilfskorps sogar ein römisches Lager bedroht zu sehen. Dies fanden die Römer so empörend, dass sie sogleich über den Fluss gegangen wären und zur Schlacht sich angeschickt hätten, wenn nicht der einzige Umstand sie zurückgehalten hätte, dass heute die Reihe des Oberbefehls an Paulus war. *5* Am folgenden Tag also gab Varro, dem heute der Oberbefehl zukam, ohne bei seinem Mitkonsul anzufragen, das Zeichen zur Schlacht und führte die Truppen in Schlachtordnung über den Fluss; und Paulus folgte, weil er dem Unternehmen zwar seinen Beifall, nicht aber seine Unterstützung versagen durfte.

6 Als sie über den Fluss gegangen waren, zogen sie auch die Truppen an sich, die sie im kleineren Lager gehabt hatten, und stellten ihre Schlachtreihe so, dass sie auf dem rechten Flügel – dieser war näher am Fluss – die römische Reiterei aufstellten, dann ihr Fußvolk; *7* den linken Flügel besetzte nach außen hin die Reiterei der Bundesgenossen, nach innen ihr Fußvolk, welches sich in der Mitte an das römische Fußvolk schloss. Die Wurfschützen und die übrigen leicht bewaffneten Hilfstruppen machten das Vordertreffen aus. *8* Die Konsuln nahmen die Flügel, Terentius den linken, Aemilius den rechten. Dem Servilius Geminus übergaben sie die Leitung des Mitteltreffens.

(46) Hannibal, der mit Tagesanbruch nach Voraufschickung der Balearen und der übrigen Leichtbewaffneten über den Fluss ging, stellte seine Truppen nach derselben Ordnung in Linie, in der er sie herübergeführt hatte, *2* die gallische und spanische Reiterei neben dem Ufer auf den linken Flügel, der römischen Reiterei gegenüber. *3* Den rechten Flügel gab er der numidischen Reiterei, nachdem er die Mitte so durch das Fußvolk gedeckt hatte, dass auf beiden Ecken Afrikaner standen, und zwischen diese die Gallier und Spanier in die Mitte gestellt waren. *4* Die Afrikaner hätte man größtenteils für eine römische Linie halten können, so waren sie bewaffnet, da ihnen zwar auch die Schlacht an der Trebia, größtenteils aber die am Trasimenus diese Waffen gegeben hatte. *5* Die Schilde der Gallier und Spanier waren ungefähr von gleicher Form, ihre Schwerter aber ungleich und verschieden, das gallische sehr lang und ohne Spitze, jenes der Spanier – gegen seinen Feind mehr auf Stich als auf Hieb geübt – leicht durch seine Kürze und mit einer Spitze. Auch gab wirklich dem übrigen Äußern dieser Völker Körpergröße und Aufzug etwas Furchtbares. *6* Die Gallier waren oberhalb des Nabels nackt, die Spanier standen da in leinenen mit Purpur verbrämten Röcken, die vom reinsten Weiß glänzten. Die Zahl des ganzen Fußvolkes, das in Linie stand, betrug 40 000, die Reiterei 10 000. *7* Anführer auf den Flügeln waren auf dem linken Hasdrubal, auf dem rechten Maharbal; das Mitteltreffen führte Hannibal selbst mit seinem Bruder Mago. *8* Die Sonne war beiden Teilen, entweder weil sie sich absichtlich so stellten, oder ohne Absicht so zu stehen kamen, zur Seite gleich vorteilhaft, da die Römer gegen Mittag, die Punier gegen Mitternacht standen. *9* Der Wind – die Landesbewohner nennen ihn Volturnus – ging den Römern ins Gesicht, wehte ihnen viel Staub in die Augen und nahm ihnen die Aussicht.

(47) Nach erhobenem Schlachtgeschrei brachen die Hilfstruppen hervor, und der Kampf begann zuerst unter den Leichtbewaffneten; dann ließ sich auch der linke Flügel der gallischen und spanischen Reiter mit dem rechten römischen ein, aber gar nicht so, wie Reiterei zu kämpfen pflegt, ***2*** denn sie mussten mit gegeneinander gekehrten Vorderreihen zusammentreffen, weil sie in ihrer geraden gegenseitigen Richtung hier der Fluss, dort die Linie des Fußvolkes beschränkte, ***3*** ohne ihnen zu einem Seitenausfall den geringsten Raum zu lassen. Als nun die Pferde stillstanden und in einen Knäuel zusammengedrängt waren, umfasste ein Mann den andern und zog ihn vom Pferd. ***4*** Schon hatte sich der Kampf größtenteils in ein Gefecht zu Fuß verwandelt, doch focht man mehr mit Erbitterung als Ausdauer, und die geschlagenen römischen Reiter ergriffen die Flucht.

Nach dem Ende des Reitergefechts begann auch die Schlacht des Fußvolkes. Anfangs hielten die Gallier und Spanier, dem Feind gleich an Stärke wie an Mut, im Glied stand, ***5*** aber endlich drangen die Römer nach langer und wiederholter Anstrengung in gerader Linie und dicht geschlossener Stellung in den feindlichen Keil hinein, welcher, zu dünn gestellt und eben darum ohne die gehörige Kraft, aus der übrigen Linie hervorragte. ***6*** Dann setzten sie den Weggedrängten und voll Bestürzung sich Zurückziehenden nach, und da sie in einem Vorrücken durch den vor Schrecken eiligst zurückstürzenden Haufen mitten in die feindliche Schlachtordnung drangen, kamen sie zuletzt ohne Widerstand an das Hintertreffen der Afrikaner, ***7*** die rechts und links auf zurückgelehnten Flügeln standen, weil der Mittelpunkt der Linie, auf dem die Gallier und Spanier gestanden hatten, einen bedeutenden Vorsprung gehabt hatte. ***8*** Als dieser geschlagene Keil zuerst die Vorderreihe zur geraden Linie ausglich, dann durch das Nachdrängen der Römer in der Mitte einen Bogen gab, hatten sich die Afrikaner schon zu beiden Seiten als die Ecken aufgestellt, überflügelten nun die Römer, die unvorsichtig in die Mitte hineinstürzten, und es währte nicht lange, so hatten sie durch Ausdehnung ihrer Flügel den Feind auch im Rücken eingeschlossen. ***9*** Und nun traten die Römer, ohne vom ersten Gefecht Vorteil zu haben, indem sie die Gallier und Spanier fahren lassen mussten, auf welche sie schon von hinten eingehauen hatten, ***10*** auch gegen die Afrikaner in den Kampf, der nicht allein deswegen ungleich war, weil sie als Eingeschlossene gegen ihre Umgebung, sondern auch als Ermüdete mit frischen und kräftigen Truppen zu kämpfen hatten.

(48) Auch auf ihrem linken Flügel, wo die Reiterei der Bundesgenossen den Numidern gegenüberstand, waren die Römer schon zum Kampf gekommen, der anfangs einen zögernden Gang nahm und mit einem punischen Trug begann. ***2*** Gegen 500 Numider, die außer ihren gewöhnlichen Schutz- und Angriffswaffen unter den Panzern Dolche versteckt hielten, ***3*** sprangen, als sie unter dem Schein von Überläufern, die Schilde auf den Rücken haltend, von ihrer Linie herübergesprengt kamen, plötzlich von den Pferden, und da sie Schild und Wurfspieß den Feinden zu Füßen warfen, ließ man sie ins Glied und führte sie zu den Letzten, mit dem Befehl, im Rücken des Heeres zu bleiben. Und bis auf allen Punkten die Schlacht allgemein wurde, standen sie ruhig da. ***4*** Als aber der Kampf aller Herzen und Augen beschäftigte, da fielen sie, indem sie sich der Schilde bemächtigten, die überall zwischen den Haufen der Erschlagenen auf dem Boden lagen, die Linie der Römer von hinten an und bewirkten dadurch, dass sie sie im Rücken verwundeten oder die Kniekehlen zerschnitten, ein gewaltiges Gemetzel und eine noch weit größere Angst und Verwirrung.

5 Während auf einigen Punkten der Schlacht Schrecken und Flucht herrschte, auf einem andern der Kampf unter schlechten Aussichten hartnäckig anhielt, schickte Hasdrubal, der von jenem Flügel, auf welchem er gesiegt hatte, zum rechten hinübergezogen war, sobald Maharbal, welcher hier den Oberbefehl hatte, durch seine Ankunft das Übergewicht erhielt, die Numider, die er aus ihrer beschränkten Linie wegzog, weil sie bei ihrer Art zu kämpfen auf einen gegenüber aufgestellten Feind zu unwirksam waren, nach allen Gegenden zur Verfolgung der Fliehenden ab **6** und ließ seine spanische und gallische Reiterei sich an die Afrikaner anschließen, die fast mehr vom Niederhauen als vom Kämpfen ermüdet waren.

(49) Auf der andern Seite der Schlacht trat Paulus, wiewohl er gleich im Anfang derselben durch einen Schleuderwurf schwer verwundet war, **2** dennoch mehrmals in dicht geschlossener Schar dem Hannibal entgegen und stellte das Treffen auf mehreren Punkten wieder her, da ihn römische Reiter deckten, die aber zuletzt ihre Pferde abgaben, **3** weil der Konsul zu schwach wurde, sein Pferd zu lenken. Da soll Hannibal dem, der ihm meldete, der Konsul habe die Reiter absitzen lassen, gesagt haben: *Noch besser, wenn er sie mir gebunden lieferte!* **4** Der Kampf dieser Reiter zu Fuß war so, wie wenn dem Feind der Sieg schon gewiss wäre, da die Besiegten lieber auf der Stelle sterben als fliehen wollten, die Sieger hingegen, auf die Verzögerer ihres Sieges ergrimmt, niederhieben, was sie nicht zurücktreiben konnten. **5** Doch brachten sie die noch übrigen wenigen, die von Anstrengung und Wunden erschöpft waren, zum Weichen. Nun zerstreuten sich alle, und wem es möglich war, der suchte wieder an sein Pferd zu kommen, um zu entfliehen. **6** Gnaeus Lentulus, ein Oberster, sah im Vorbeireiten den Konsul mit Blut bedeckt auf einem Stein sitzen und sprach: *7 Lucius Aemilius, du, dessen sich die Götter als des einzigen, am Unglück des heutigen Tages Unschuldigen erbarmen müssen,* ***8*** *besteige, da auch du noch nicht ganz kraftlos bist, mein Pferd; ich kann dich mit mir nehmen und schützen. Gib dieser Schlacht nicht durch den Tod eines Konsuls einen schwarzen Fleck. Auch ohnedies haben wir der Tränen und der Trauer genug!*

9 Der Konsul antwortete: *Ehre deiner Tapferkeit, Cornelius! Lass aber die kurze Zeit, in der du noch den Händen der Feinde entkommen kannst, nicht unter zwecklosem Bedauern verstreichen.* ***10*** *Auf, melde den Vätern, sie möchten die römische Hauptstadt schützen und noch, ehe der siegende Feind ankommt, durch Truppen sichern, und dem Quintus Fabius insbesondere, Lucius Aemilius sei seinen Lehren im Leben und selbst noch im Tod treu geblieben.* ***11*** *Mich lass hier unter meinen gefallenen Kriegern sterben, damit ich nicht nötig habe, entweder auch nach meinem zweiten Konsulat als Beklagter dazustehen, oder gegen meinen Mitkonsul als Kläger aufzutreten, um durch die Anklage eines andern meine eigene Unschuld zu retten.* **12** Sie hatten eben ausgeredet, da stürzten, zuerst ein Haufe fliehender Römer, dann die Feinde heran, die den Konsul, ohne zu wissen, wen, unter Pfeilen begruben. Mit Lentulus flog sein Pferd mitten durch das Getümmel. **13** Und nun wurde die Flucht allgemein.

7000 erreichten das kleine Lager, 10 000 das große, fast 2000 das Dorf Cannae, die aber sogleich von Carthalo und seiner Reiterei, weil keine Befestigungen das Dorf schützten, umzingelt wurden. **14** Der andere Konsul, der sich durch Zufall oder absichtlich keinem Zug der Fliehenden anschloss, erreichte mit etwa 70 Reitern Venusia. **15** Vom Fußvolk sollen 45 500, von der Reiterei 3700 gefallen sein, und zwar von Bürgern und Bundesgenossen beinahe gleichviel, **16** unter diesen auch beide Quästoren der Konsuln Lucius Atilius und Lucius Furius Vibaculus, 21 Obersten, einige, die schon Konsuln, Prätoren oder Ädilen gewesen waren, unter diesen Gnaeus Servilius Geminus und Marcus Minucius, der im vorigen Jahr Magister Equitum und einige Jahre früher Konsul gewesen war, **17** ferner 80 Senatoren, oder die doch solche Ämter bekleidet hatten, welche freiwillig Dienste in den Legionen genommen hatten. **18** Gefangen genommen seien in dieser Schlacht 3000 Mann zu Fuß und 300 zu Pferd.

(50) Dies ist die Schlacht bei Cannae, der Niederlage an der Allia an Berühmtheit gleich **2** und in ihren Folgen, weil der Feind säumte, leichter, wie durch das Gemetzel im Heer schwerer und scheußlicher. **3** Denn eben dadurch, dass die Flucht an der Allia die Stadt preisgab, rettete sie das Heer, bei Cannae aber hatte der fliehende Konsul kaum 70 Mann im Gefolge, der andere im Tod das ganze Heer.

4 Da in beiden Lagern die halb bewaffnete Menge ohne Anführer war, ließen die im größeren Lager den anderen sagen: Während in der Nacht die vom Kampf und dann von dem Siegesschmaus ermüdeten Feinde der Schlaf umfange, möchten sie zu ihnen herüberkommen; sie wollten dann in einem Zug nach Canusium abgehen. ***5*** Diesen Vorschlag verwarfen einige ganz; denn warum kämen jene, welche sie hinüberrufen ließen, nicht selbst, da sie doch ebenso gut zu ihnen stoßen könnten – Weil freilich alles in der Mitte von Feinden besetzt sei, und sie lieber das Leben anderer als ihr eigenes einer so großen Gefahr aussetzen wollten. Anderen missfiel der Vorschlag nicht so sehr, als es ihnen an Mut fehlte. ***6*** Da sprach Publius Sempronius Tuditanus, ein Oberster:

So wollt ihr euch lieber von dem geldgierigsten, grausamsten Feind gefangen nehmen und den Preis eurer Köpfe bestimmen lassen, euch euren Wert mit den Worten abfragen lassen – Bist du römischer Bürger oder latinischer Bundesgenosse – damit aus deiner Schmach, aus deinem Jammer anderen Ehre erwachse? ***7*** *Jeder ruft nein, wenn ihr anders als Mitbürger einem Konsul Lucius Aemilius angehört, der für seine Person lieber mit Ehren sterben als mit Schande leben wollte, und so vielen Tapferen, die in Haufen um ihn herliegen.* ***8*** *Nein, ehe uns der Tag überrascht und größere Scharen von Feinden den Weg versperren, wollen wir durch diese Elenden, die ohne Ordnung, ohne Gliederschutz vor den Ausgängen herumtoben, hinausbrechen.* ***9*** *Schwert und Mut bahnen den Weg durch einen noch so dichten Feind. Und vollends im Keil werden wir durch diese zerstreute und aufgelöste Schar hindurchgehen, als stünde uns kein Mensch im Weg. So folge mir denn, wer sich selbst und den Staat gerettet wissen will!* ***10*** Mit diesen Worten zog er sein Schwert, schritt in geschlossenem Keil mitten durch die Feinde fort, ***11*** und da die Numider von der rechten Seite her, wo sie ungedeckt waren, auf sie schossen, nahmen sie ihre Schilde auf den rechten Arm herüber, drangen an 600 stark in das große Lager durch und von hier, wo sich ein noch größerer Zug ihnen anschloss, glücklich nach Canusium. ***12*** So ging es bei den Besiegten zu, mehr in einer plötzlichen Aufwallung, wie sie jedem seine eigene Sinnesart oder das Schicksal eingab, als nach einem Kriegsrat oder auf Befehl eines Oberen.

(51) Bei dem Sieger Hannibal dagegen, den ein Gedränge von Glückwünschenden umringte und ihn aufforderte, nach Beendigung eines so wichtigen Krieges für diesen Tag, so viel davon noch übrig sei, und die folgende Nacht sich selbst zur Ruhe berechtigt zu halten und sie seinem ermüdeten Heer zu gönnen, ***2*** sprach Maharbal, der Anführer der Reiterei, der durchaus von keinem Aufschub wissen wollte: *Nein, um zu erfahren, was durch diese Schlacht gewonnen sei, musst du in fünf Tagen als Sieger auf dem Kapitol speisen. Komm mir nach; ich will mit der Reiterei vorausgehen, um sie früher erfahren zu lassen, dass du gekommen seist, als dass du kommen wirst.* ***3*** Dem Hannibal schien diese Unternehmung das Glück zu übertreiben und zu groß, um sich sogleich darin finden zu können. Er sagte also, er lobe Maharbals guten Willen, allein den Vorschlag zu prüfen habe man Zeit nötig. ***4*** Da sprach Maharbal: *Nun ja; die Götter gaben nicht einem alles. Siegen, Hannibal, verstehst du, nicht aber, den Sieg auszunutzen.* Man glaubt ziemlich allgemein, Rom und seine Oberherrschaft haben dem Aufschub dieses Tages ihre Rettung zu verdanken.

5 Mit Anbruch des folgenden Tages waren sie darauf aus, ihren Raub zu sammeln und die selbst ihnen als Feinden grässliche Niederlage in Augenschein zu nehmen. ***6*** Da lagen so viele tausend Römer, Fußvolk und Reiter untereinander, wie Zufall, Kampf oder Flucht sie nebeneinander gebettet hatte. Einige, von ihren durch die Morgenluft gekühlten Wunden ermuntert, richteten sich kaum in ihrem Blut mitten aus dem Gemetzel auf, so wurden sie vom Feind niedergemacht. ***7*** Andere sah man, weil sie mit abgehauenen Schenkeln und Kniekehlen noch lebend dalagen, den Nacken und den Hals entblößen und den Feind auffordern, ihnen auch das übrige Blut abzuzapfen. ***8*** Einige fand man mit den Köpfen unter aufgescharrter Erde stecken, so dass es augenscheinlich war, sie mussten sich diese Löcher selbst gemacht und dadurch, dass sie sich den Mund mit der aufgeworfenen Erde verschütteten, sich selbst erstickt haben. **9** Besonders zog aller Augen ein Numider auf sich, der mit zerfleischter Nase und Ohren noch lebend einem auf ihm liegenden toten Römer untergebreitet lag, so dass bei diesem, weil ihm die Hände den Dienst, eine Waffe zu halten, versagten, der Grimm in Wut übergegangen war und er den Geist aufgab, während er seinen Feind mit den Zähnen zerfleischte.

(52) Nachdem sie bis tief in den Tag die Beute gesammelt hatten, führte sie Hannibal zum Angriff auf das kleinere Lager; und sein erstes Geschäft war, die Römer durch einen vorgezogenen Graben vom Fluss abzuschneiden. **2** Da sie aber alle unter Beschwerden, Wachen und Wunden erlagen, erfolgte die Übergabe früher als er selbst gehofft hatte. Nach eingegangenem Vertrag, dass für die römischen Gefangenen auf den Kopf 300, für Bundesgenossen 200, für Sklaven 100 Silberdenare gezahlt **3** und sie nach Entrichtung dieses Lösegeldes jeder mit einem Kleidungsstück entlassen werden sollten, nahmen sie den Feind in das Lager auf und wurden alle, Römer und Bundesgenossen voneinander getrennt, in Verwahrung gegeben.

4 Da unterdessen, während man hier so die Zeit hinbrachte, aus dem größeren Lager von denen, welche noch Kräfte oder Mut genug hatten, gegen 4000 zu Fuß und 200 zu Pferd sich teils in geschlossenem Zug, teils einzeln durch die Dörfer – was ebenso sicher war – nach Canusium geflüchtet hatten, wurde das Lager selbst von den Verwundeten und Furchtsamen unter denselben Bedingungen wie das andere dem Feind übergeben. **5** Es wurde eine ungeheure Beute gewonnen; und außer den Pferden und Menschen und was sich etwa an Silber fand – dies bestand meistens in Putzschilden der Pferde, denn zum Tafelgerät verarbeitetes Silber hatte man damals nur sehr wenig, erst recht im Feld –, wurde alle übrige Beute zum Plündern preisgegeben. Darauf ließ Hannibal die Leichen der Seinigen zusammentragen, um sie zu bestatten. **6** Es sollen an 8000 der besten Truppen gewesen sein. Nach einigen Schriftstellern soll man auch den römischen Konsul aufgesucht und begraben haben. **7** Die nach Canusium Geflüchteten unterstützte eine Apulierin, namens Busa, eine vornehme und reiche Frau, da sie von den Canusiern bloß in die Stadt und in die Häuser aufgenommen waren, mit Getreide, Kleidung und sogar mit Geld, für welche Mildtätigkeit ihr nachmals der Senat am Ende des Krieges eine besondere Ehre erwies.

(53) Obgleich hier nun vier Kriegsobersten waren, Fabius Maximus von der ersten Legion, der Sohn des vorjährigen Diktators, **2** von der zweiten Legion Lucius Publicius Vibulus und Publius Cornelius Scipio, und von der dritten Legion Appius Claudius Pulcher, der kürzlich Ädil gewesen war, **3** so wurde doch der Oberbefehl einstimmig dem Publius Scipio, so jung er noch war, und dem Appius Claudius übertragen. **4** Als diese in einem kleinen Kreis über die Lage der Dinge zu Rate gingen, eröffnete ihnen Publius Furius Philus, der Sohn eines gewesenen Konsuls, es sei umsonst, dass sie sich an eine gescheiterte Hoffnung klammerten, es sei mit dem Staat vorbei und alle Rettung verloren. **5** Einige junge Adlige, deren Haupt Lucius Caecilius Metellus sei, sähen sich schon nach dem Meer und nach Schiffen um, um mit Hinterlassung Italiens zu irgendeinem König überzugehen. **6** Da bei diesem Schlag, der sie außer seiner Härte noch als Zugabe zu so vielen Niederlagen traf, alle vor Staunen und Entsetzen starr dasaßen, und der ganze Kreis dafür stimmte, deshalb einen Kriegsrat zu berufen, behauptete der junge Scipio, vom Schicksal zum Sieger dieses Krieges bestimmt, so etwas eigne sich nicht für einen Kriegsrat. **7** Bei einem Übel von dieser Größe, sagte er, müsse man wagen und handeln, nicht Rat halten. Wer den Staat gerettet wissen wolle, möge sogleich bewaffnet mit ihm gehen. **8** Nirgends stehe das feindliche Lager in eigentlicherem Sinn als da, wo man dergleichen Gedanken hege. **9** Von wenigen begleitet, ging er sofort in die Wohnung des Metellus, und da er hier die jungen Männer, die ihnen angegeben waren, versammelt fand, rief er, indem er den Beratenden mit dem gezückten Schwert über den

Köpfen stand: ***10*** *Ich schwöre nach bestem Wissen und Gewissen, dass ich den Staat des römischen Volkes nicht verlassen* ***11*** *noch zugeben will, dass ihn ein anderer römischer Bürger verlasse. Breche ich diesen Eid wissentlich, dann möge der allmächtige Jupiter mich, mein Haus, meine Verwandten und alles, was mir gehört, mit dem schrecklichsten Verderben heimsuchen.* ***12*** *Ich verlange, Lucius Caecilius, dass du diese Worte nachschwörst und so auch ihr Übrigen, die ihr hier seid. Wer nicht schwört, soll wissen, dass dieses Schwert auf ihn gezückt ist.* ***13*** Nicht weniger erschrocken, als wenn sie den Sieger Hannibal vor sich gesehen hätten, schworen sie alle und gaben sich selbst dem Scipio in Gewahrsam.

(54) Während dieser Vorgänge zu Canusium kamen in Venusia beim Konsul gegen 4500 Mann, Fußvolk und Reiterei, die sich auf der Flucht über das Land zerstreut hatten, wieder an. ***2*** Die Venusiner, welche sie alle zur guten Aufnahme und Pflege unter ihre Familien verteilten, gaben jedem Reiter ein Ober- und Unterkleid und 25 Silberdenare, dem Fußgänger zehn, auch denen Waffen, die keine hatten, ***3*** benahmen sich in allen Stücken als Volk und als Einzelne sehr gastfreundlich und beeiferten sich, den Staat von Venusia nicht von einer Canusinerin in Liebesdiensten übertreffen zu lassen. ***4*** Allein für Busa wurde die Last der Menge wegen viel drückender, und es waren dort ihrer schon gegen 10 000. ***5*** Darum ließen auch Appius und Scipio, als sie hörten, dass sich der eine Konsul gerettet habe, diesem anzeigen, wie viele Truppen zu Fuß und zu Pferd sie bei sich hätten, und zugleich bei ihm anfragen, ob sie ihm dieses Heer nach Venusia zuführen sollten, oder ob es in Canusium bleiben sollte. ***6*** Varro aber führte seine Truppen selbst nach Canusium. Und schon hatten sie doch den Schein eines konsularischen Heeres wieder und konnten sich vielleicht in einer Festung, wenn auch nicht im freien Feld halten.

7 Allein in Rom hatte man nicht einmal vom Dasein dieser Überreste von Bürgern und Bundesgenossen gehört, sondern dass beide Konsuln mit beiden Heeren niedergemacht und alle Truppen völlig vernichtet seien. ***8*** Nie herrschte in Roms Mauern, solange die Stadt stand, ein solcher Schrecken, eine solche Verwirrung. Deshalb will ich lieber der zu schweren Aufgabe erliegen und mich nicht an Schilderungen wagen, die bei der ausführlichsten Darstellung dennoch hinter der Wahrheit zurückbleiben würden. ***9*** Da man schon im vorigen Jahr einen Konsul und ein Heer verloren hatte, wurde jetzt nicht nach dem alten Schlag ein neuer, sondern vervielfachtes Unglück gemeldet, der Verlust zweier Konsuln, zweier konsularischer Heere; für Rom gebe es kein Lager, keinen Feldherrn, keine Soldaten mehr; ***10*** Apulien, Samnium und schon fast ganz Italien sei in Hannibals Händen. Jeder andere Staat würde gewiss von einem so großen Übergewicht des Unglücks erdrückt sein. ***11*** Wollte man hiermit das Unglück der Karthager in der Seeschlacht bei den Aegatischen Inseln vergleichen, wodurch kleinmütig geworden, sie Sizilien und Sardinien abtraten und hinterher sich zoll- und steuerpflichtig machen ließen? Oder die unglückliche Schlacht in Afrika, der später Hannibal selbst unterlag? Sie können in keinem Stück mit diesem verglichen werden, außer darin, dass man sich dabei viel kleinmütiger benahm.

(55) Die Prätoren Publius Furius Philus und Manius Pomponius beriefen den Senat in das Hostilische Rathaus, um ihn über die Bewachung der Stadt zu Rate zu ziehen. ***2*** Denn sie zweifelten nicht daran, dass der Feind, da die Heere vernichtet seien, zum Angriff auf Rom, der einzigen noch übrigen Kriegstat, heranrücken werde. ***3*** Da sie bei einem so großen und nicht einmal bekannten Unglück sich nicht einmal zu raten wussten, und das Geschrei der heulenden Frauen sehr störend war und, solange noch nichts bekannt gemacht war, die Wehklage über Lebende und Tote ohne Unterschied fast in allen Häusern erhoben wurde, ***4*** da gab Quintus Fabius Maximus den Rat, man solle auf der Appischen und Latinischen Heerstraße leichte Reiterei ausschicken, die nach geschehener Erkundigung bei den ihnen Begegnenden – denn die Flucht würde doch wohl einige hier- und dorthin versprengt haben – ***5*** Nachricht zurückbrächten, wie es um die

Konsuln und die Heere stehe, und sollten die unsterblichen Götter aus Mitleid mit dem Staat etwas von dem römischen Namen übrig gelassen haben, wo diese Truppen stünden, wohin sich Hannibal nach der Schlacht gewandt habe, welche Anstalten er treffe, was er tue und tun wolle. **6** Alles dies müsse man durch tüchtige junge Männer auszuforschen und zu erfahren suchen. Hingegen müsse man es den Vätern selbst, weil der Obrigkeiten zu wenig waren, zur Aufgabe stellen, dass sie dem Aufruhr und der Verwirrung in der Stadt ein Ende machten, die Frauen von den Straßen wegwiesen und jede zwängen, sich innerhalb ihres Hauses zu halten; **7** dass sie das Wehklagen der Familien beschränkten, Stille in der Stadt bewirkten, Sorge dafür trügen, dass die Boten mit jeder Nachricht zu den Prätoren geführt würden, **8** dass jeder den Gewährsmann für sein Schicksal zu Hause erwarte; ferner dass sie Wachen an die Tore stellten, um zu verhindern, dass irgendeiner die Stadt verlasse, und dass sie die Leute nur von der Erhaltung der Stadt und ihrer Mauern die eigene Rettung hoffen ließen, wenn sich der Aufruhr gelegt habe, dann erst sei es Zeit, die Väter wieder ins Rathaus zu rufen und über die Bewachung der Stadt zu beraten.

(56) Nachdem alle der Ansicht des Fabius beigetreten waren und, sobald durch die Obrigkeiten der Schwarm vom Markt weggeschafft war, die Väter sich nach mehreren Gegenden zur Stillung des Aufruhrs verteilt hatten, **2** da endlich lief ein Schreiben von Konsul Terentius mit der Anzeige ein, der Konsul Lucius Aemilius und das Heer seien erschlagen; er stehe zu Canusium und sammle die Überbleibsel einer so großen Niederlage wie aus einem Schiffbruch. Sie machten beinahe 15 000 Mann nicht zusammengehöriger und ungeordneter Truppen aus. **3** Der Punier stehe bei Cannae, wo er, ebenso wenig im Geist eines Siegers als nach Sitte eines großen Feldherrn, mit den Preisen seiner Gefangenen und der übrigen Beute feilsche. **4** Nun wurde auch jeder Familie der Verlust der Ihrigen bekannt, und die ganze Stadt dermaßen überall mit Trauer erfüllt, dass das jährliche Opfer der Ceres unterbleiben musste, weil keine Leidtragende es bringen darf und in jener Unglückszeit keine Frau ohne Trauer war. **5** Damit nun nicht aus dieser Ursache auch andere dem Staat oder Einzelnen obliegende Gottesverehrungen versäumt würden, wurde durch einen Senatsbeschluss die Zeit der Trauer auf dreißig Tage beschränkt.

6 Als nun nach gestilltem Aufruhr in der Stadt die Väter wieder ins Rathaus berufen waren, meldete noch ein anderes Schreiben aus Sizilien vom Proprätor Titus Otacilius, Hieros Reich werde von einer punischen Flotte verheert. **7** Als er diesem auf seine Bitte habe zu Hilfe ziehen wollen, sei ihm gemeldet, dass eine zweite Flotte bei den Aegatischen Inseln gerüstet und zum Angriff bereit stehe, **8** um sogleich, wenn die Punier merkten, dass er sich auf die Verteidigung der syracusanischen Küste einlasse, Lilybaeum und die übrige römische Provinz zu überfallen. Wenn man also den verbündeten König und Sizilien schützen wollte, so sei eine Flotte nötig.

(57) Als die Schreiben des Konsuls und des Proprätor verlesen waren, beschlossen die Väter, den Prätor Claudius Marcellus, der jetzt die bei Ostia stehende Flotte befehligte, nach Canusium zum Heer zu schicken und dem Konsul zu schreiben, wenn er dem Prätor das Heer übergeben hätte, möchte er, soweit es sich mit dem Interesse des Staates vereinigen lasse, so schnell wie möglich nach Rom kommen.

2 Außer diesen so großen Niederlagen wurden die Gemüter teils durch Schreckzeichen, teils auch dadurch erschüttert, dass man in diesem Jahr zwei Vestalinnen, Opimia und Floronia, der Unzucht überführte und die eine, wie gewöhnlich, vor dem Collinischen Tor unter der Erde hatte sterben lassen, die andere sich selbst den Tod angetan hatte. **3** Lucius Cantilius, der Schreiber des Oberpriesters, die man jetzt die kleinen Oberpriester nennt, der mit der Floronia unerlaubten Umgang gehabt hatte, war vom Hohenpriester auf dem Versammlungsplatz so lange mit Ruten geschlagen, dass er unter den Schlägen starb. **4** Da man nun auch diesen Frevel, wie sich's unter so vielen Unfällen erwarten ließ, für ein Unglückszeichen ansah, **5** so erhielten die Zehnmänner den Befehl, die Bücher nachzuschlagen. Auch wurde Quintus Fabius Pictor nach dem Delphischen Orakel geschickt, um anzufragen, durch welche Gebete und Bußübungen man die Götter versöhnen könne, und auf welche Art die so großen Unglücksfälle ein Ende nehmen würden. ***6*** Unterdessen brachte man, wie es die Schicksalsbücher verlangten, mehrere außerordentliche Opfer, auch dieses, dass man einen Gallier und eine Gallierin, einen Griechen und eine Griechin auf dem Rindermarkt lebendig in ein unter der Erde ummauertes Zimmer hinabließ, das schon früher, ganz gegen den Geist römischer Gottesverehrungen, Menschen als Opfertiere in Empfang genommen hatte.

7 Als die Götter, wie man glaubte, hinlänglich versöhnt waren, schickte Marcus Claudius Marcellus von Ostia die für die Flotte geworbenen, unter ihm stehenden 1500 Mann nach Rom, ***8*** um hier als Besatzung zu dienen. Er selbst eilte, nachdem er die Legion der Flotte (sie war die dritte Legion) mit den Obersten nach Sidicinisch-Teanum vorausgeschickt und die Flotte seinem Mitprätor Publius Furius Philus übergeben hatte, wenige Tage darauf in Eilmärschen nach Canusium. ***9*** Der nach einem Senatsgutachten gewählte Diktator Marcus Junius und sein Magister Equitum Tiberius Sempronius hoben nach angesetzter Werbung die Dienstfähigen vom 17. Lebensjahr an und manche noch jüngere aus. Aus diesen bildete man vier Legionen und 1000 Reiter. ***10*** Ferner schickten sie an die Bundesgenossen und alle Latiner, um dem Vertrag gemäß Truppen zu erhalten. Sie ließen Schutz- und Angriffswaffen und ähnliche Dinge anfertigen; auch nahmen sie aus den Tempeln und Hallen die ehemals von den Feinden erbeuteten Waffen. ***11*** Der Mangel an freien Leuten und die Not veranlassten noch eine Aushebung in einer neuen Gestalt. Sie bewaffneten 8000 vom Staat gekaufte kräftige Jünglinge vom Sklavenstand, nachdem sie jeden gefragt hatten, ob er zum Kriegsdienst Lust habe. ***12*** Sie nahmen diese Art Soldaten lieber, obgleich sie für einen geringeren Preis ihre Gefangenen hätten loskaufen können.

(58) Denn als Hannibal, der nach der so glücklichen Schlacht bei Cannae mehr auf die Geschäfte eines Siegers als eines kriegenden Feldherrn sah, von den Gefangenen, die er sich vorführen und sondern ließ, ***2*** die Bundesgenossen der Römer, so wie vormals an der Trebia und am See Trasimenus, nach einer freundlichen Anrede ohne Lösegeld entlassen hatte, redete er auch die Römer, die sonst nie vor ihn gerufen waren, in recht freundlichem Ton an; ***3*** er führe gegen die Römer keinen Vertilgungskrieg, er kämpfe um Ehre und Oberherrschaft. So wie seine Vorfahren der römischen Tapferkeit gewichen wären, so gehe sein Streben dahin, dass nun auch seinem Glück zugleich und seiner Tapferkeit alles weiche. ***4*** Er stelle es also den Gefangenen frei, sich loszukaufen. Der Preis betrage auf jeden Kopf für den Reiter 500 Silberdenare, für den Fußgänger 300, für den Sklaven 100.

5 Wurde hier gleich den Reitern die Summe, die sie bei ihrer Übergabe bedungen hatten, bedeutend erhöht, so nahmen sie doch einen Vertrag unter jeder Bedingung mit Freuden an. ***6*** Man ließ sie durch eigene Wahl zehn unter sich dazu ernennen, nach Rom an den Senat zu gehen, und nahm von diesen kein anderes Pfand der Redlichkeit, als einen Eid, dass sie wiederkommen wollten. ***7*** Carthalo, ein vornehmer Karthager, wurde ihnen mitgegeben, um auf den Fall, dass er zu Rom eine Stimmung zum Frieden fände, die Bedingungen angeben zu können. ***8*** Als sie aus dem Lager abgegangen waren, kehrte einer von ihnen, ein Mensch ohne allen Römersinn, als hätte er dort etwas vergessen, in das Lager zurück, um sich seines Eides zu entledigen, und holte vor Nacht seine Gefährten wieder ein. ***9*** Als man erfuhr, dass sie nach Rom kämen, wurde dem Carthalo ein Gerichtsdiener entgegengeschickt, der ihm in des Diktators Namen andeuten musste, noch vor Nacht das römische Gebiet zu verlassen.

(59) Die Gesandten der Gefangenen ließ der Diktator vor den Senat kommen. Ihr Anführer, Marcus Junius, sprach: *Es ist keiner unter uns, der nicht wüsste, dass nie in einem Staat die Kriegs-*

gefangenen weniger geachtet wurden als im unsrigen. **2** *Und dennoch sind nie, wenn wir nicht für unsere Sache zu sehr eingenommen sind, Römer in feindliche Gewalt geraten, welche es weniger verdienten, von euch vernachlässigt zu werden, als wir.* **3** *Wir haben nicht aus Feigheit in der Schlacht die Waffen gestreckt, sondern nachdem wir fast bis in die Nacht, über Haufen von Erschlagenen stehend, den Kampf fortgesetzt hatten, zogen wir uns ins Lager zurück.* **4** *Den Rest des Tages und die folgende Nacht hindurch behaupteten wir, obgleich ermattet von Beschwerden und Wunden, unsern Wall.* **5** *Am folgenden Tag, als uns, vom Heer des Siegers umlagert, das Wasser abgeschnitten war, die Möglichkeit, die dichten Scharen der Feinde zu durchbrechen, sich nicht denken ließ, und wir nicht begreifen konnten, dass es ein Unrecht sein sollte, wenn nach einem Opfer von 50 000, die aus unserem Heer fielen, der eine oder der andere römische Soldat aus der Schlacht bei Cannae übrig bliebe;* **6** *dann erst haben wir über das Lösegeld unterhandelt, um das wir entlassen werden wollten, und überreichten die Waffen, die uns weiter keinen Schutz gewährten, dem Feind.* **7** *Wir wussten, dass auch unsere Vorfahren sich von den Galliern durch Gold losgekauft, dass eure Väter, so zurückstoßend sie den vorgeschlagenen Frieden verwarfen, dennoch Gesandte zur Auswechslung der Gefangenen nach Tarent geschickt hatten.* **8** *Gleichwohl war, was beide Schlachten, sowohl die an der Allia mit den Galliern, als auch die bei Heraclea mit Pyrrhus verrufen machte, nicht so sehr der Verlust als Mutlosigkeit und Flucht. Bei Cannae sind die Gefilde mit Haufen getöteter Römer bedeckt, und nur die von uns überlebten die Schlacht, zu deren Niedermetzlung dem Feind Schwert und Kräfte zu stumpf wurden.* **9** *Auch gibt es unter uns solche, die nicht einmal in der Schlacht Flüchtlinge geworden sind, sondern die, im Lager als Besatzung zurückgelassen, nur dadurch in Feindesgewalt gerieten, dass das Lager sich ergab.* **10** *Ich missgönne keinem meiner Mitbürger oder Kampfgenossen sein Glück oder seine Tage und möchte mich auch nicht durch Herabsetzung anderer erheben, allein, wenn nicht etwa Schnelligkeit zu Fuß und im Lauf belohnt werden soll, so dürfen nicht einmal die, welche meistens als waffenlose Flüchtlinge aus der Schlacht nicht eher stillstanden, bis sie in Venusia oder Canusium ankamen, sich mit Recht vor uns den Vorzug geben, noch sich rühmen, dass sie dem Staat mehr Schutz als wir gewährten.* **11** *Macht allerdings von ihnen als tüchtige und tapfere Krieger Gebrauch, von uns aber ebenfalls, die wir für das Vaterland noch bereitwilliger sein werden als sie, insofern wir durch eure Wohltat ausgewechselt und in unser Vaterland wieder eingesetzt sein werden.*

12 *Eure Aushebung erstreckt sich über jedes Alter, jeden Stand; wie ich höre, werden 8000 Sklaven bewaffnet. Unsere Zahl ist nicht geringer, und uns auszuwechseln kostet nicht mehr, als diese zu kaufen. Denn wenn ich uns übrigens mit ihnen vergleichen wollte, so würde ich ja die römische Bürgerehre kränken.* **13** *Auch das, dünkt mich, ihr versammelten Väter, dürft ihr bei dieser Überlegung nicht aus dem Auge lassen, wenn ihr anders gegen uns härter sein wolltet, obgleich ihr es ohne alles unser Verschulden sein würdet, welchem Feind ihr uns dann überlassen würdet.* **14** *Etwa einem Pyrrhus, der unsere Gefangenen als seine Gäste behandelte, oder dem Barbaren, dem Punier, bei dem es sich schwer entscheiden lässt, ob er geldgieriger oder grausamer ist?* **15** *Solltet ihr die Ketten, das Elend, die Jammergestalt eurer Bürger sehen, gewiss, ihr würdet durch diesen Anblick ebenso gerührt sein, wie wenn ihr auf der andern Seite eure in den Feldern von Cannae hingestreckten Legionen anschautet.* **16** *Aber sehen könnt ihr die Angst und die Tränen unserer im Vorhof des Rathauses stehenden, auf eure Entscheidung wartenden Verwandten. Wenn sie schon für uns und für jene Abwesenden so besorgt und ängstlich sind, was meint ihr, müssen die selbst für Empfindungen haben, deren Leben und Freiheit auf dem Spiele steht?* **17** *Sollte, bei Gott, Hannibal aus eigenem Antrieb im Widerspruch mit sich selbst gegen uns der Gütige sein wollen, so würden wir dennoch glauben, dass uns mit dem Leben nicht gedient sei, nachdem ihr uns für unwürdig erklärt hättet, uns loszukaufen.* **18** *Freilich kamen einst die von Pyrrhus unentgeltlich zurückgeschickten Gefangenen wieder nach Rom; allein sie kamen wieder, von Gesandten begleitet, den Ersten des Staates, die man* *zu ihrer Loskaufung hingeschickt hatte. Und ich sollte wieder in meine Vaterstadt kommen, wenn ich als Bürger Roms nicht 300 Denare wert sein soll? Jeder hat sein eigenes Gefühl, ihr versammelten Väter.* **19** *Ich weiß, dass mein Leben und mein Kopf auf dem Spiel stehen. Aber weit mehr wirkt auf mich die meine Ehre betreffende Besorgnis, verworfen und verstoßen von euch abziehen zu müssen; denn dass ihr es auf das Geld abgesehen haben solltet, wird die Welt nicht glauben.*

(60) Kaum hatte er aufgehört zu reden, so erhob die Menge derer, die auf dem Versammlungsplatz standen, ein klägliches Geschrei, und sie streckten die Hände nach dem Rathaus aus, mit der Bitte, man möge ihnen ihre Kinder, Brüder und Verwandten wiedergeben. **2** Bangigkeit und das Band der Liebe hatte in diesen Schwarm von Männern auf dem Markt auch Frauen sich einmischen lassen. **3** Nun wurden nach Entfernung der unbefugten Zuhörer* die Ratsherren um ihre Meinungen befragt. Da dieselben sehr verschieden waren, und einige dafür stimmten, man müsse die Gefangenen aus dem Staatsschatz loskaufen, andere, man dürfe dem Staat keine Kosten verursachen, aber auch nicht verwehren, dass sich jeder für sein Geld loskaufe, **4** und wenn es diesem oder jenem an barem Geld fehlen sollte, ihm aus dem Schatz leihen und den Staat durch Bürgschaften und liegende Gründe sicherstellen, **5** da soll Titus Manlius Torquatus, ein Mann von Alter, und wofür er bei den Meisten galt, von gar zu harter Strenge, als ihm seine Stimme abgefordert wurde, so geredet haben:

6 *Wenn die Gesandten im Namen derer, die jetzt in Feindes Händen sind, bloß das Verlangen geäußert hätten, wieder losgekauft zu sein, so hätte ich, ohne irgendeinem derselben zu nahe zu treten, meine Meinung ganz kurz vorgetragen.* **7** *Denn was hätte ich weiter nötig gehabt, als euch daran zu erinnern, die von unseren Vätern uns überkommene Sitte zu einem für den Kriegsdienst unerlässlichen Beispiel beizubehalten? So aber, da sie sich dessen beinahe rühmen, dass sie sich den Feinden überliefert haben und sich selbst den Vorzug nicht allein vor den in der Schlacht vom Feind Gefangenen, sondern auch vor denen, die sich nach Venusia und Canusium retteten und sogar vor dem Konsul Gaius Terentius, so kann ich unmöglich zugeben, versammelte Väter, dass euch auch das Geringste von allem dem, wie es dort hergegangen ist, unbekannt bleibe.* **8** *Und was wollte ich darum geben, dass ich das, was ich jetzt euch auseinandersetzen werde, zu Canusium auseinanderzusetzen hätte, vor dem Heer selbst, dem besten Zeugen von der Feigheit oder Tapferkeit eines jeden, oder dass wenigstens der einzige Publius Sempronius hier gegenwärtig wäre, da diese Menschen noch heute, wenn sie seiner Führung gefolgt wären, Soldaten im römischen Lager, nicht als Gefangene in der Gewalt des Feindes sein würden.* **9** *Allein da sie die ganze Nacht zum Ausfall hatten, weil die Feinde vom Kampf ermüdet, vor Siegesfreude trunken, und fast alle, so wie sie, in ihr Lager zurückgegangen waren, da auch 7000 Bewaffnete selbst dichte Feindesscharen hätten durchbrechen können, machten sie ebenso wenig aus eigenem Antrieb diesen Versuch, als sie Lust hatten, sich einem andern anzuschließen.* **10** *Fast die ganze Nacht hindurch hörte Publius Sempronius nicht auf, sie zu erinnern, sie aufzufordern, sie möchten ihm als Führer folgen, solange die Zahl der Feinde vor dem Lager noch so klein, solange noch alles ruhig und still sei, solange noch die Nacht die Unternehmung verberge; noch vor Tage könnten sie sichere Gegenden, könnten sie Verbündete Städte erreichen.* **11** *Wenn so, wie zu unserer Großväter Zeiten der Kriegstribun Publius Decius in Samnium, wie in unseren Jünglingsjahren im ersten Punischen Krieg Calpurnius Flamma seine 300 Freiwilligen anredete, als er sie zur Besetzung einer Anhöhe führte, die in der Mitte der Feinde lag: „Lasset uns sterben, Leute, und durch unseren Tod die umzingelten Legionen aus der Einschließung erretten.“ –* **12** *Wenn so Publius Sempronius euch anredete, so konnte er euch ja nicht einmal für Männer, geschweige denn für Römer halten, wenn sich ihm zum Begleiter bei seiner Großtat auch nicht einer erbot.* **13** *Er zeigt*

* Dies sind hier die Gesandten der Kriegsgefangenen.

ihnen die Bahn, weniger zum Ruhm als zu ihrer Rettung; er will sie dem Vaterland, ihren Eltern, Gattinnen und Kindern wieder zuführen. **14** *Euch retten zu lassen, fehlt es euch an Mut. Was würdet ihr tun, wenn es darauf ankäme, für das Vaterland zu sterben? 50 000 an einem Tag erschlagene Bürger und Bundesgenossen liegen um euch her. Konnten euch so viele Beispiele der Tapferkeit nicht bewegen, so wird euch nie etwas bewegen; konnte euch eine solche Niederlage nicht gleichgültig gegen das Leben machen, so kann es keine.* **15** *Wünscht euch in das Vaterland zurück als seine freien, vollbürtigen Mitglieder, oder vielmehr, wünscht euch zurück, solange ihr noch seine Bürger seid. Jetzt wünscht ihr das zu spät, da ihr eure bürgerliche Ehre verloren, eurem Bürgerrecht entfremdet, euch den Karthagern zu Sklaven hingegeben habt.* **16** *Ihr wollt für Geld dahin zurückkehren, von wo ihr euch aus Feigheit und Niederträchtigkeit entfernt habt? Publius Sempronius, euer Mitbürger, fand bei euch kein Gehör, als er euch aufforderte, zum Schwert zu greifen und ihm zu folgen; aber gleich hinterher fand Hannibal Gehör, als er euch zumutete, euer Lager zu verraten und die Waffen abzuliefern.* **17** *Klage ich noch lange die Feigheit dieser Menschen an, die ich des Frevels zeihen könnte? Denn sie weigerten sich nicht bloß, dem zu folgen, der ihnen ihr Bestes riet, sondern versuchten es sogar, sich dem Zug zu widersetzen und ihn zurückzuhalten, wenn nicht jene Helden mit gezücktem Schwert die Nichtswürdigen auseinandergesprengt hätten.* **18** *Ich sage, Publius Sempronius musste eher durch einen Schwarm von Bürgern sich durchschlagen als durch Feinde. Nach solchen Bürgern sollte das Vaterland sich sehnen, da es im Fall, dass ihnen die übrigen ähnlich gewesen wären, heute auch nicht an einem Einzigen von allen, die bei Canae gekämpft haben, noch einen Bürger hätte?* **19** *Unter 7000 Bewaffneten fanden sich nur 600, die den Mut hatten, sich durchzuschlagen, die in ihr Vaterland frei und unentwaffnet zurückkehrten, und 40 000 Feinde konnten sie nicht aufhalten.* **20** *Was meint ihr, wie viel sicherer musste der Weg einem Zug von beinahe zwei Legionen sein? Dann hättet ihr heute, versammelte Väter, an Bewaffneten zu Canusium tapfere, treue 20 000. Wie wäre es aber jetzt möglich, dass diese Menschen nur ehrliche – denn für Tapfere dürften sie sich doch wohl selbst nicht ausgeben – und treue Mitbürger sein könnten,* **21** *man müsste denn glauben, sie wären es damals gewesen, als sie die auf den Feind Ausfallenden vom Ausfall zurückhalten wollten, oder dass sie nicht die Früchte der Tapferkeit, die Rettung und Ehre jener beneiden sollten, da sie sich dessen bewusst sind, ihre schimpfliche Sklaverei durch Mutlosigkeit und Untätigkeit verschuldet zu haben?* **22** *Sie wollten lieber, in ihren Zelten versteckt, mit dem Tag zugleich den Feind erwarten, da sie doch Gelegenheit hatten, in der Stille der Nacht sich hinauszumachen. Doch vielleicht fehlte es ihnen nur an Mut zum Ausfall aus dem Lager; allein ihr Lager zu verteidigen, hatten sie Mut genug.* **23** *Vielleicht schützten sie in einer Belagerung von mehreren Tagen und Nächten den Wall durch die Waffen, sich selbst durch den Wall, und nur zuletzt, nachdem sie das Äußerste gewagt und erduldet hatten, da ihnen alle Lebensmittel fehlten und sie von Hunger entkräftet die Waffen nicht länger halten konnten, erlagen sie mehr dem Gebot ihrer Natur als dem Feinde? –* **24** *Nein, mit Sonnenaufgang rückte der Feind an den Wall, und schon vor acht Uhr morgens lieferten sie, ohne ihr Glück im Kampf auch nur zu versuchen, ihre Waffen und sich selber aus. Denkt euch ihre Taten in jenen zwei Tagen so:* **25** *Als sie in Linie standhalten und kämpfen sollten, flohen sie zurück ins Lager, als sie den Wall verteidigen sollten, übergaben sie das Lager, im Lager ebenso unbrauchbar wie in der Schlacht.* **26** *Euch sollte ich loskaufen? Wenn ihr aus dem Lager ausfallen sollt, säumt ihr und bleibt; wenn die Not euch bleiben und das Lager mit den Waffen schützen heißt, übergebt ihr Lager und Waffen und euch selbst dem Feind? –* **27** *Ich kann ebenso wenig, versammelte Väter, für die Loskaufung dieser Menschen stimmen wie für die Auslieferung derjenigen an Hannibal, die mitten durch die Feinde aus ihrem Lager durchbrachen und mit der großen Tapferkeit sich dem Vaterland wiedergaben.*

(61) Als Manlius gesprochen hatte, ließen sich die Väter, die doch fast alle mit den Gefangenen verwandt waren, nicht bloß durch das Beispiel des Staates bestimmen, der von jeher gegen seine

Kriegsgefangenen durchaus nicht der Nachsichtige gewesen war, sondern auch durch die Rücksicht auf die Geldsumme, *2* denn sie hatten ebenso wenig Lust, den Schatz zu erschöpfen, da für den Ankauf und die Bewaffnung der Sklaven zum Kriegsdienst schon eine große Summe ausgegeben war, als den Hannibal reich zu machen, dem es, wie man hörte, hauptsächlich an Geld fehlte. *3* Als der strenge Bescheid erfolgte, die Gefangenen würden nicht losgekauft, und zu den bisherigen Aufforderungen zur Trauer nun noch diese durch den Verlust so vieler Bürger hinzukam, da folgte den Abgeordneten bis ans Tor eine Begleitung von vielen Weinenden und Wehklagenden. *4* Einer von ihnen ging nach Hause, weil er sich durch den listigen Rückgang ins Lager seines Eides entledigt zu haben glaubte. Als dies bekannt wurde und an den Senat kam, stimmten alle dafür, ihn greifen und unter einer vom Staat mitgegebenen Wache zu Hannibal zurückbringen zu lassen.

5 Von den Gefangenen erzählt noch eine andere Sage, es seien ihrer zuerst zehn gekommen. Als man im Senat unschlüssig war, ob man sie in die Stadt einlassen solle oder nicht, habe man ihnen den Eingang gestattet, doch ohne sie im Senat vorzulassen. *6* Als sie nun wider aller Erwartung zu lange ausgeblieben wären, seien noch drei andere Gesandte gekommen, Lucius Scribonius, Gaius Calpurnius und Lucius Manlius. *7* Nun erst habe ein Verwandter des Scribonius, ein Volkstribun, die Auslösung der Gefangenen beantragt, der Senat habe die Auslösung nicht bewilligt, und die drei neuen Gesandten seien zu Hannibal zurückgekehrt, *8* die zehn alten aber geblieben, weil sie von ihrer Reise, unter dem Vorwand, sich ein Namensverzeichnis der Gefangenen geben zu lassen, zu Hannibal zurückgekehrt und ihres Eides entbunden wären. Über ihre Auslieferung sei es im Senat zu lebhaften Erörterungen gekommen, und diejenigen, welche für die Auslieferung gestimmt hätten, hätten einer nur geringen Mehrheit von Stimmen nachgeben müssen. *9* Übrigens seien sie von den nächsten Zensoren so durch alle möglichen Rügen und Beschimpfungen bezeichnet worden, dass sich einige von ihnen sogleich selbst das Leben genommen, die übrigen aber, solange sie noch lebten, sich nicht bloß den Markt, sondern beinahe das Tageslicht und alles öffentliche Erscheinen versagt hätten. *10* Man kann sich eher über die große Verschiedenheit der Angaben wundern als mit Gewissheit ermitteln, was hier Wahrheit ist.

Dass aber diese Niederlage viel größer als die früheren gewesen ist, geht schon daraus hervor, dass selbst diejenigen Bundesgenossen, die bis auf diesen Tag fest geblieben waren, jetzt anfingen zu wanken, offenbar aus keinem andern Grund, als weil sie Roms Herrschaft für verloren hielten. *11* Es traten zu den Puniern folgende Völkerschaften über: die Einwohner von Atella, von Calatia, die Hirpiner, ein Teil der Apuler, die Samniten mit Ausnahme der Pentrer, alle Bruttier, die Lucaner, *12* ferner die von Uzentum und fast die ganze Küste der Griechen, die von Tarent, Metapontum, Croton und Locri und alle Gallier diesseits der Alpen. *13* Und dennoch waren diese Niederlagen und der Abfall so vieler Bundesgenossen nicht imstande, dass des Friedens von Seiten der Römer nur Erwähnung geschehen wäre, weder vor der Ankunft des Konsuls in Rom, noch als er zurückgekommen war und die Erinnerung an die erlittene Niederlage erneuerte. *14* Ja selbst in dieser Zeit beseelte die Bürger eine so großartige Gesinnung, dass sie dem nach einer so großen, meistens durch ihn selbst verschuldeten Niederlage zurückkehrenden Konsul aus allen Ständen zahlreich entgegenzogen und ihm Dank sagten, dass er den Staat noch nicht aufgegeben habe; *15* wäre er ein karthagischer Feldherr gewesen, hätte er alle möglichen Strafen leiden müssen.

Dreiundzwanzigstes Buch

Inhalt

Die Campaner treten zu Hannibal über. Mago, mit der Botschaft vom Sieg bei Cannae nach Karthago gesandt, schüttet im Vorzimmer des Rathauses die den erschlagenen Römern von den Fingern gezogenen Ringe aus, welche über einen Scheffel betragen haben sollen. Auf diese Anzeige rät Hanno, einer der edelsten Punier, dem karthagischen Senat, beim römischen Volk um Frieden nachzusuchen, dringt aber, von der Lateinischen Partei überstimmt, nicht durch. Der Prätor Claudius Marcellus kämpft bei Nola in einem Ausfall aus dieser Stadt gegen Hannibal mit Glück. In den Winterquartieren zu Capua fällt Hannibals Heer durch Schwelgerei in eine Abspannung an Körperkraft und Mut. Casilinum, von den Puniern belagert, leidet so drückenden Hunger, dass man hier von den Schilden abgelöste Riemen und Häute, auch Mäuse isst, und von Nüssen lebt, welche die Römer auf dem Strom Volturnus hinfließen lassen. Der Senat wird aus dem Ritterstand mit 197 Köpfen ergänzt. Der Prätor Lucius Postumius wird mit seinem Heer von den Galliern niedergehauen. Die beiden Scipionen Gnaeus und Publius in Spanien besiegen Hasdrubal und unterwerfen Spanien. Die Überbleibsel des cannensischen Heeres werden nach Sizilien verwiesen, mit dem Befehl, nicht eher von dort wegzugehen, bis nach beendetem Krieg. Der makedonische König Philipp und Hannibal schließen ein Bündnis. Konsul Sempronius Gracchus schlägt die Campaner. Außerdem enthält dieses Buch die glücklichen Taten des Prätors Titus Manlius in Sardinien gegen die Punier und Sardinier. Der Feldherr Hasdrubal, auch Mago und Hanno meiden seine Gefangenen. Der Prätor Claudius Marcellus erringt bei Nola über Hannibals Heer einen Sieg und ist der Erste, der für diesen Krieg den durch so viele Niederlagen erschöpften Römern eine bessere Aussicht gibt.

(1) Hannibal war, als er nach der Schlacht bei Cannae das Lager erobert und geplündert hatte, sogleich aus Apulien nach Samnium aufgebrochen, weil ihn Statius Trebius durch das Versprechen, ihm Compsa zu übergeben, in das Land der Hirpiner gerufen hatte. *2* Trebius war aus Compsa und ein unter seinen Mitbürgern angesehener Mann, allein ihn drückte die Partei der Mopsier, einer durch Begünstigung der Römer mächtigen Familie. *3* Als der mopsische Anhang auf die Nachricht von der Schlacht bei Cannae und der durch des Trebius Äußerungen angekündigten Ankunft Hannibals die Stadt geräumt hatte, wurde sie ohne Kampf den Puniern übergeben und nahm eine Besatzung ein. *4* Hannibal, der die ganze Beute und das Gepäck hier zurückließ und sein Heer teilte, befahl dem Mago, die Städte dieser Gegend, wenn sie von den Römern abfielen, zu besetzen, oder wenn sie sich weigerten, zum Abfall zu zwingen. *5* Er selbst zog durch Kampanien nach dem Untermeer zu einem Angriff auf Neapolis, um eine Seestadt in Besitz zu haben. *6* Als er den neapolitanischen Boden betrat, legte er einen Teil seiner Numider, wo es sich

tun ließ – und es gibt hier viele Hohlwege und verborgene Schluchten –, in Hinterhalte; andere mussten, prunkend mit dem Raub der Dörfer, den sie vor sich hertrieben, bis an die Stadttore heranreiten. ***7*** Da nun auf diesen dem Schein nach schwachen und ungeschlossenen Haufen ein Geschwader Reiterei einen Ausfall machte, wurde dieses, sobald es die absichtlich Weichenden in den Hinterhalt gelockt hatten, umzingelt, ***8*** und nicht einer wäre entkommen, hätten nicht das nahe Meer und die nicht weit vom Strand wahrgenommenen Schiffe, die meistens Fischern gehörten, die, welche schwimmen konnten, gerettet. ***9*** Doch wurden in diesem Gefecht mehrere vornehme junge Männer gefangen und getötet; auch fiel Hegeas, der Befehlshaber der Reiterei, der die Weichenden zu hitzig verfolgt hatte. ***10*** Von einem Sturm auf die Stadt schreckte Hannibal der Anblick ihrer Mauern ab, die keineswegs leicht zu nehmen waren.

(2) Von hier wandte er sich nach Capua, das bei seinem langen Glück und durch die Gunst des Schicksals übermütig geworden, bei der freilich allgemeinen Sittenverderbnis, namentlich aber durch die Zügellosigkeit seines im Gebrauch der Freiheit unmäßigen Bürgerstandes in Üppigkeit versunken war. ***2*** Pacuvius Calavius hatte den Senat sich selbst und dem Bürgerstand verbindlich gemacht, ein Mann von Adel und zugleich ein Volksfreund, der sich übrigens dieses Ansehen durch schändliche Umtriebe verschafft hatte. ***3*** Da er gerade in dem Jahr, wo die Niederlage am Trasimenus erlitten wurde, die höchste Amtsstelle verwaltete, so schlug er – in der Überzeugung, dass die auf den Senat lange schon erbitterten Bürger bei einem eintretenden Umsturz zu einer Tat von Bedeutung sich erheben, das heißt, den Puniern, sobald Hannibal mit seinem siegreichen Heer in diese Gegend käme, Capua nach Ermordung des Senates übergeben würden – ***4*** zwar als ein unredlicher, doch nicht im höchsten Grad schlechter Mensch, insofern er lieber mit Erhaltung als durch Umsturz des Staates der Alleinherrscher sein wollte und dabei begriff, dass kein der Leitung des Ganzen beraubter Staat bestehen könne – einen Weg ein, auf dem er den Staat rettete und ihn sich und dem Bürgerstand verbindlich machte.

5 Nachdem er dem zusammengerufenen Senat einleitend eröffnet hatte, dass er auf keine Weise zu dem Entschluss, von den Römern abzufallen, sich verstanden hätte, wenn dieser nicht durchaus notwendig gewesen wäre, ***6*** denn er habe ja Kinder von der Tochter eines Appius Claudius, habe ja selbst seine Tochter an einen Livius nach Rom verheiratet, dass aber jetzt ein viel größerer und weit furchtbarerer Sturm im Anzug sei; ***7*** denn der Bürgerstand gehe nicht damit um, sich in der Staatsverfassung durch den Abfall von Rom des Senates zu entledigen, sondern eben durch Ermordung des Senates dem Hannibal und den Puniern den Staat zu freier Verfügung zu stellen, ***8*** dass er sie aber aus dieser Gefahr retten könne, wenn sie sich ihm überlassen, wenn sie, ohne der Streitigkeiten im Staat weiter zu gedenken, ihm vertrauen wollten, fuhr er, da sie alle von Besorgnis geschreckt sich ihm überließen, so fort: ***9*** *Ich will euch im Rathaus einschließen und dadurch, dass ich als vermeintlicher Teilnehmer des entworfenen Frevels Anschlägen beitrete, denen ich mich vergeblich widersetzen würde, eure Rettung auszumitteln suchen. Dafür will ich euch jede Versicherung geben, die ihr selbst wollt.* ***10*** Als er nach geleisteter Zusage aus dem Rathaus ging, ließ er es schließen und besetzte den Vorplatz mit einer Wache, damit ohne Erlaubnis von ihm niemand zum Rathaus weder hinein noch herausgehen konnte.

(3) Nun redete er das zur Versammlung berufene Volk folgendermaßen an:

Was ihr euch so oft gewünscht habt, die Möglichkeit, Campaner, einen gottlosen und verabscheuungswürdigen Senat zur Strafe zu ziehen, ***2*** *diese habt ihr jetzt, doch nicht so, dass ihr mit größter Gefahr für euch selbst im Aufruhr die einzelnen Häuser erstürmen müsstet, die sie durch aufgestellte Posten von Schützlingen und Sklaven verteidigen würden, sondern mit eurer völligen Sicherheit und ungestört. Nehmt sie alle in Empfang, im Rathaus eingeschlossen, allein, unbewaffnet.* ***3*** *Verfahrt aber nicht übereilt, nicht aufs Geratewohl und blindlings. Ich will euch das Recht verschaffen, über* *das Leben eines jeden eure Meinung zu sagen, damit jeder die Strafe leide, die er verdient hat.* ***4*** *Vor allen Dingen aber müsst ihr eurem Zorn nur insoweit Raum geben, dass ihr euer eigenes Heil und Bestes noch lieber habt als eure Rache. Denn wenn ich nicht irre, hasst ihr nur diese Senatoren, seid aber nicht der Meinung, gar keinen Senat zu haben.* ***5*** *Ihr müsst nämlich entweder – wovor uns Gott behüten möge – einen König haben, oder was für einen Freistaat die einzige beratende Macht bleibt, einen Senat. Ihr habt also zwei Dinge auf einmal zu besorgen: erstlich den alten Senat abzuschaffen, sodann einen neuen an dessen Stelle zu wählen.* ***6*** *Jetzt will ich einen Senator nach dem andern vorfordern lassen, so dass ich euch über ihr Leben zu Richtern machen werde; was ihr über jeden beschließt, soll geschehen. Zuvor aber müsst ihr in diese Stelle einen braven und wackeren Mann ernennen, ehe an dem Schuldigen die Strafe vollzogen wird.* ***7*** Nun setzte er sich zu Gericht, und nachdem die Namen in eine Urne geworfen waren, ließ er den Namen, der beim Losen zuerst heraussprang, laut ausrufen und den Mann selbst aus dem Rathaus vorführen. ***8*** Sowie der Name bekannt wurde, schrie jeder auf seine Weise, das sei ein böser, ein gottloser Mensch und der Todesstrafe würdig. Da sprach Pacuvius: ***9*** *Ich sehe, wie ihr über diesen gesprochen habt, wählt nun in die Stelle des bösen und gottlosen Senators einen guten und gerechten.*

10 Aus Mangel eines vorzuschlagenden Besseren war anfangs alles still; nachher aber entstand, als es sich jemand herausnahm, einen zu nennen, sogleich ein viel lauteres Geschrei, ***11*** da einige sagten, sie kennten den nicht, andere ihm schlechte Taten oder Niedrigkeit und schmutzige Armut oder auch das Beschimpfende seines Handwerks oder seines Erwerbes vorwarfen. ***12*** Dies war bei dem zweiten und dritten vorgeforderten Senator der Fall noch weit mehr, so dass man wohl sah, die Leute waren mit ihm unzufrieden, hatten aber niemand, den sie an seine Stelle zu setzen hatten, da es teils nichts helfen konnte, die schon einmal Genannten noch einmal zu nennen, ***13*** weil sie bloß dazu genannt zu sein schienen, ihre Schmähungen zu hören, teils auch die Übrigen noch weit niedriger und unbekannter waren, als die, auf welche man zuerst verfallen war. ***14*** So gingen die Bürger auseinander, sagten, je bekannter man mit einem Übel sei, desto erträglicher sei es, und auf ihr Verlangen wurde der Senat aus der Haft entlassen.

(4) Als Pacuvius auf diese Weise durch die Errettung vom Tod den Senat noch weit mehr sich selbst als dem Bürgerstand verpflichtet hatte, herrschte er, weil ihm jetzt alle den Rang ließen, ohne Gewalt der Waffen. ***2*** Seitdem schmeichelten die Senatoren, ihrer eigenen Würde und Freiheit uneingedenk, den Bürgerlichen, grüßten diese zuerst, ***3*** luden sie höflich ein, bewirteten sie mit prächtigen Gastmählern, übernahmen die Rechtshändel, leisteten immer der Partei Beistand, entschieden als Richter die Streitsachen für die, die bei dem Volk die geduldetere und geeignetere war, ihnen die Zuneigung des großen Haufens zu gewinnen. Sogar in den Verhandlungen des Senates ging es nicht anders zu, als ob hier die Bürger Versammlung hielten. ***4*** Der Staat, in dem man immer zur Schwelgerei geneigt war, nicht allein durch Schuld der eigenen Sinnesart, sondern auch durch den zuströmenden Überfluss von Vergnügungen und durch die Lockungen aller vom Meer wie vom Land dargebotenen Annehmlichkeiten, ***5*** versank nun vollends durch die Nachgiebigkeit der Großen und durch die Zügellosigkeit des Bürgerstandes in eine solche Schwelgerei, dass Lüste und Aufwand alles Maß überschritten. ***6*** Zu der Verachtung der Gesetze, der Obrigkeiten, des Senates kam jetzt nach der Niederlage bei Cannae noch dies, dass sie vor der Regierung zu Rom, für die sie bis dahin doch einige Achtung hatten, keine Furcht mehr hatten. ***7*** Das einzige Hindernis, nicht sofort abzufallen, lag für sie darin, dass das alte Eherecht viele angesehene und mächtige Familien mit römischen verbunden hatte, und das stärkste Band waren, ***8*** da mehrere von ihnen in römischen Kriegsdiensten standen, die 300 Reiter, alle aus den edelsten kampanischen Häusern, welche zu Besatzungen der sizilianischen Städte von den Römern ausgehoben und dort hingeschickt worden waren.

(5) Ihre Eltern und Verwandten setzten es nur mit Mühe durch, dass man an den römischen Konsul Gesandte schickte. Sie fanden den Konsul, als er noch nicht nach Canusium aufgebrochen, sondern noch in Venusia war, mit wenigen halb bewaffneten Leuten unter Umständen, die ihn gutdenkenden Bundesgenossen höchst mitleidenswürdig, übermütigen aber und treulosen wie die Campaner waren, verächtlich machen mussten. *2* Und der Konsul steigerte diese Verachtung seiner Lage und seiner selbst noch dadurch, dass er Roms Verlust gar zu sehr aufdeckte und enthüllte. *3* Denn als ihm die Gesandten erklärten, es sei dem kampanischen Senat und Volk sehr schmerzhaft, dass die Römer nicht ganz glücklich gewesen wären und sich zu allen Lieferungen von Kriegsbedürfnissen erboten, antwortete er: *4 Ihr Campaner habt euch in der Aufforderung an uns, die Kriegslieferungen bei euch eintreiben zu lassen, mehr an die zwischen uns als Bundesgenossen bestehende alte Formel gehalten, als dem Zustand unserer gegenwärtigen Lage gemäß geredet. 5 Denn was ist uns bei Cannae übrig geblieben, so dass wir, als hätten wir noch etwas, uns nur das Fehlende von unseren Bundesgenossen ersetzen lassen möchten? Sollen wir Fußvolk von euch verlangen, als hätten wir Reiterei? Sollen wir sagen, es fehle uns an Geld, als fehlte es uns nur daran? 6 Das Schicksal hat uns nichts, auch nicht einmal etwas zur Ergänzung gelassen. Fußvolk und Reiterei, Waffen und Fahnen, Pferde und Leute, Geld und Lebensmittel gingen entweder in der Schlacht oder in den beiden am folgenden Tag verlorenen Lagern verloren. 7 Daher müsst ihr uns nicht nur im Krieg unterstützen, sondern den Krieg für uns übernehmen. 8 Möchtet ihr euch jetzt daran erinnern, wie wir einst eure Vorfahren in ihrer Verlegenheit, als sie auf ihre Stadtmauer beschränkt waren und nicht bloß vor den Samniten, sondern sogar vor den Sidicinern als Feinden bebten, als unsere Schutzgenossen bei Saticula verteidigt und den euretwegen mit den Samniten angefangenen Krieg beinahe hundert Jahre lang unter abwechselnden Launen des Glückes ausgehalten haben. 9 Dazu kommt noch, dass wir euch, die ihr euch doch uns ergeben hattet, ein Bündnis auf gleichem Fuß zugestanden, euch eure Gesetze ließen, ja noch bis zuletzt – und das wollte doch vor der Niederlage bei Cannae sehr viel sagen – einer großen Anzahl von euch unser Bürgerrecht gegeben und es mit euch geteilt haben. 10 Darum müsst ihr Campaner die Niederlage, die wir erlitten, so ansehen, als habe sie beide getroffen, müsst euch sagen, es sei ein gemeinschaftliches Vaterland zu verteidigen. 11 Wir haben nicht mit Samniten oder Etruskern Krieg, so dass die Regierung Italiens, wenn sie uns genommen würde, doch noch in Italien bliebe. Unser Feind ist der Punier, der ein Heer, nicht einmal in Afrika heimisch, von den äußersten Küsten der Erde, von der Meerenge des Ozeans und von den Säulen des Herkules herbeischleppt, ein Heer, dem Völkerrecht, Vertrag, ja beinahe die Menschensprache fremd sind. 12 Diese durch Natur und Gewohnheit rohe und wilde Horde hat ihr Führer dadurch noch wilder gemacht, dass er sie Brücken und Dämme von aufgetürmten Menschenkörpern machen ließ, dass er sie – mich ekelt es zu sagen – Menschenleiber essen lehrte. 13 Und in diesen mit so schauderhafter Kost gemästeten Wilden, deren Berührung schon eine Verunreinigung wäre, seine Beherrscher vor sich zu sehen und über sich zu haben, sich Gesetze aus Afrika und aus Karthago zu holen, Italien eine Provinz der Numider und Mauren sein zu lassen, wem sollte das – sei er in Italien auch nur geboren – nicht ein Gräuel sein? 14 Ehrenvoll wird es für euch sein, Campaner, wenn das durch eine Niederlage der Römer gesunkene Reich durch eure Treue, durch eure Kraft behauptet und wiederhergestellt wird. 15 Ich sollte denken, 30 000 Mann zu Fuß und viertausend zu Pferd könnten in Kampanien ausgehoben werden. Ferner, Geld und Getreide habt ihr ja genug. Hält eure Treue mit eurer Wohlhabenheit gleichen Schritt, so soll weder Hannibal merken, dass er gesiegt hat, noch die Römer, dass sie besiegt sind.*

(6) Als die Gesandten nach dieser Rede des Konsuls entlassen und unterwegs waren, sagte einer von ihnen, nämlich Vibius Virrius, die Zeit sei gekommen, wo die Campaner nicht allein die ihnen einst von den Römern widerrechtlich genommene Landschaft wieder erlangen, sondern sich auch

der Herrschaft über Italien bemächtigen könnten. **2** Mit Hannibal würden sie einen Vertrag auf Bedingungen schließen können. Es werde gar kein Streit darüber sein, wenn Hannibal selbst nach beendetem Krieg als Sieger nach Afrika abziehe und sein Heer einschiffe, die Herrschaft über Italien den Campanern zu überlassen. **3** Da die anderen alle dieser Ansicht des Virrius beitraten, statteten sie ihren Gesandtschaftsbericht so ab, dass jeder glauben musste, der römische Staat sei vernichtet. **4** Sogleich sahen auch das Volk und der größere Teil des Senates einem Abfall entgegen. **5** Doch wurde die Sache durch die Einsprachen der Bejahrteren einige Tage hingehalten, endlich aber setzte es die Meinung der Mehrzahl durch, dass dieselben Gesandten, die zum römischen Konsul gegangen waren, an Hannibal abgeschickt wurden. **6** Bevor diese abgegangen wären und noch ehe sich die Campaner zum Abfall fest entschlossen hätten, sollen sie, wie ich in einigen Jahrbüchern finde, Gesandte nach Rom geschickt haben, mit der Forderung, wenn die Römer auf Hilfe rechnen wollten, so müsse der eine Konsul ein Campaner sein. **7** Im Ausbruch des Unwillens habe man sie aus dem Rathaus entfernen lassen und einen Gerichtsdiener mitgeschickt, um sie aus der Stadt zu bringen mit dem Befehl, noch an demselben Tag außerhalb des römischen Gebietes zu übernachten. **8** Weil mir die ehemalige Forderung der Latiner gar zu gleichlautend war, und Coelius und andere den Umstand nicht ohne ihre Gründe übergangen hätten, so trug ich Bedenken, dies als wahr aufzustellen.

(7) Die Gesandten kamen zu Hannibal und schlossen mit ihm einen Frieden unter folgenden Bedingungen: **2** Kein Feldherr, keine Obrigkeit der Punier sollte über einen kampanischen Bürger irgendein Recht haben, auch kein kampanischer Bürger zu Waffendiensten oder anderen Dienstleistungen gezwungen werden. Capua sollte seine Gesetze und seine Obrigkeiten behalten, von punischer Seite sollte man den Campanern 300 römische Gefangene überlassen, die sie selbst aussuchen würden, um sie gegen die in Sizilien dienenden kampanischen Ritter auswechseln zu können. **3** Soweit der Vertrag. Aber mehr, als der Vertrag forderte, ließen sich die Campaner tatsächlich zuschulden kommen. Denn der Pöbel ließ die Kriegsobersten der Bundesgenossen und andere römische Bürger, welche teils durch eine Leistung des Kriegsdienstes in Anspruch genommen waren, teils in Privatgeschäfte verwickelt waren, nachdem er sie alle plötzlich festgenommen hatte, unter dem Vorwand, sie hier in Verwahrung zu geben, in die Badehäuser einschließen, wo sie vor Glut und Hitze erstickend auf die schmählichste Art umkamen. **4** Sowohl diesen Tätlichkeiten als der Absendung der Gesandtschaft an Hannibal hatte sich Decius Magius aus allen Kräften widersetzt, ein Mann, dem zum höchsten Ansehen nichts weiter als ein gesunder Verstand seiner Mitbürger fehlte. **5** Als er aber hörte, dass Hannibal eine Besatzung schicke, rief er öffentlich, indem er ihnen laut die übermütigen Herrscheranmaßungen des Pyrrhus und die klägliche Sklaverei der Tarentiner als Beispiele vorhielt, zuerst, sie möchten die Besatzung nicht aufnehmen. **6** Sein zweiter Rat war, wenn sie dieselbe aufgenommen hätten, sie entweder zu vertreiben, oder, wenn sie ihre schlechte Tat, den Abfall von ihren ältesten Bundesgenossen und Blutsfreunden durch eine tapfere und denkwürdige Tat wieder gutmachen wollten, nach Niedermetzlung des punischen Korps sich den Römern wieder zu unterwerfen. **7** Als dies Hannibal gemeldet wurde – und es war ja nicht im Verborgenen geschehen –, schickte er anfangs einige ab, den Magius zu ihm ins Lager zu rufen. Als dieser hochmütig erklärte, er werde nicht hingehen, denn Hannibal habe keinem kampanischen Bürger etwas zu sagen, ergriff den Punier Zorn, und er befahl, den Menschen zu greifen und gebunden herzuschleppen. **8** Doch als er hinterher befürchtete, es könne bei der Gewalttat ein Auflauf und durch aufgeregte Leidenschaften ein wilder Kampf entstehen, brach er nach vorläufiger Anzeige bei dem kampanischen Prätor Marius Blassius, dass er am folgenden Tag zu Capua eintreffen werde, in eigener Person mit einer mäßigen Bedeckung aus seinem Lager auf. **9** Marius, der eine Volksversammlung berief, forderte sie auf, in zahlreichem

Aufzug mit Frau und Kind Hannibal entgegenzugehen. Und das taten sie alle, nicht bloß Folge leistend, sondern sich auch beeifernd, ja von Seiten des Volkes aus Zuneigung und Neugierde, den schon durch so viele Siege berühmten Feldherrn zu sehen. ***10*** Nur Decius Magius ging weder zum Empfang, noch hielt er sich auch, was ihm hätte den Schein eines sich fürchtenden bösen Gewissens geben können, zu Hause. Ganz ruhig ging er, während die ganze Stadt in Bewegung war, den Punier zu empfangen und zu sehen, auf dem Marktplatz mit seinem Sohn und einigen seiner Schützlinge auf und ab. ***11*** Hannibal verlangte nach seinem Einzug in die Stadt sogleich Gehör beim Senat; und da ihn nun die kampanischen Vornehmen baten, heute nichts Ernsthaftes vorzunehmen ***12*** und den durch seine Ankunft festlichen Tag auch selbst vergnügt und freudig mitzufeiern, so verwandte er, um sie nicht gleich im Anfang eine Fehlbitte tun zu lassen, bei seinem natürlichen Hang zum Zorn, dennoch einen großen Teil des Tages darauf, die Stadt zu besichtigen.

(8) Er nahm Wohnung bei den Gebrüdern Ninnius Celer, mit den Vornamen Sthenius und Pacuvius, deren Adel und Reichtum bekannt war. ***2*** Pacuvius Calavius, den ich oben erwähnt habe, das Haupt der Partei, welche den Übertritt zu den Puniern bewirkt hatte, ***3*** brachte seinen Sohn mit, einen Jüngling, den er dem Decius Magius aus den Armen und von der Seite weggerissen hatte, dem er sich zur Aufrechthaltung des römischen Bündnisses gegen den Punischen Vergleich auf das Mutigste anschloss, ohne sich weder durch das Übergewicht der allgemeinen Stimme für das Gegenteil, noch durch die gebietende Würde seines Vaters von seiner Gesinnung abbringen zu lassen. ***4*** Jetzt söhnte der Vater mit diesem jungen Mann, mehr durch Bitte um Verzeihung, als durch Rechtfertigung den Hannibal wieder aus, und Hannibal, der den Bitten und Tränen des Vaters nachgab, lud ihn sogar mit dem Vater zur Tafel, ***5*** obgleich er nicht willens gewesen war, irgendeinen Campaner in diese Gesellschaft zu ziehen, außer seinen Wirten und dem Vibellius Taurea, einem im Krieg ausgezeichneten Mann. ***6*** Sie setzten sich noch bei hellem Tag zu Tisch, und der Schmaus war nicht nach punischer Sitte und der Kriegszucht, sondern wie in einem seit langen Zeiten schwelgenden Staat und Haus, mit allen Reizen sinnlicher Genüsse ausgestattet. ***7*** Nur der Sohn des Calavius konnte weder durch die Einladung der Wirte noch dadurch, dass es Hannibal manchmal selber tat, zum Zechen bewogen werden, indem er sich mit seinem Gesundheitszustand entschuldigte, der Vater auch noch seine gar nicht zu verwundernde Gemütsbewegung als Grund anführte. ***8*** Als gegen Sonnenuntergang der Vater Calavius die Gesellschaft verließ, redete der Sohn, der ihm nachging, als sie in dem Garten, der hinter dem Haus lag, allein waren, ihn so an: ***9*** *Ich teile dir einen Anschlag mit, Vater, durch den wir Campaner für unser Vergehen, für unsern Übertritt zu Hannibal bei den Römern nicht allein Verzeihung erhalten,* ***10*** *sondern in weit größerer Achtung und Liebe stehen werden, als wir je gestanden haben.* Da der Vater voll Verwunderung fragte, was das für ein Anschlag sei, zeigte er ihm nach Zurückwerfung der Toga von der Schulter seine Seite mit einem Dolch umgürtet. *Jetzt will ich*, sprach er, *mit Hannibals Blut das Römische Bündnis besiegeln.* ***11*** *Dir wollte ich es vorher mitteilen, wenn du etwa, während die Tat vollbracht wird, lieber nicht zugegen sein wolltest.*

(9) Bei diesem Anblick und diesen Worten rief der Greis, nicht minder vor Furcht außer sich, als sähe er die Tat, von der er hörte, schon vollbringen: ***2*** *Bei allen Verpflichtungen, mein Sohn, welche die Kinder an ihre Eltern knüpfen, bitte und flehe ich dich, vor deines Vaters Augen keine Scheußlichkeiten zu begehen und an dir begehen zu lassen.* ***3*** *Es sind erst wenige Stunden her, dass wir durch den Schwur bei allen Göttern, die es gibt, mit dargebotener Rechte ihm Treue zugesichert haben, etwa dazu, um die durch die Zusage geweihte Hand, sowie wir von der Unterredung abträten, gegen ihn zu bewaffnen?* ***4*** *Stehst du von gastlicher Tafel auf, zu der du als der dritte Campaner von Hannibal geladen bist, um diese Tafel mit dem Blut dessen zu bespritzen, der dich einlud? So konnte ich meinem Sohn als Vater den Hannibal gewinnen und meinen Sohn nicht dem Hannibal?* ***5*** *Aber*

setzen wir uns über alles, was heilig ist, hinweg, über Treue, Achtung des Eides und Redlichkeit, sie werde gewagt, die Schandtat, wenn sie nicht zugleich mit dem Frevel Verderben über uns bringt. Du allein willst den Hannibal angreifen? **6** *Und jener Schwarm so vieler Freier und Sklaven? Die auf ihn allein gehefteten Augen aller? Und so manche Hand? Werden die alle bei deiner Tollheit erlahmt sein?* **7** *Den Blick Hannibals selbst, welchen bewaffnete Heere nicht ertragen konnten, vor dem das römische Volk schaudert, wolltest du ertragen? Gesetzt, es fehlte ihm andere Hilfe – wirst du es vermögen, mich zu durchstechen, wenn ich Hannibals Person mit meinem eigenen Körper schirme?* **8** *Ja, durch meine Brust stich nach ihm und durchbohre ihn. Lass dich lieber hier abschrecken, als dort überwältigen! Lass meine Bitten bei dir gelten, so wie sie heute für dich gegolten haben!* **9** *Als er hier den Jüngling weinen sah, schloss er ihn in seine Arme, und mit Küssen an ihm hängend, ließ er nicht eher mit Bitten ab, bis er ihn dahin brachte, den Dolch abzulegen und sein Versprechen erhielt, so etwas nicht zu tun.* **10** *Dann sprach der Jüngling: Was mich betrifft, so zahle ich dann die Pflicht, die ich dem Vaterland schuldig bin, an den Vater. Aber für dich tut es mir leid, dass du den Vorwurf eines dreimal am Vaterland begangenen Verrates auf dir hast,* **11** *einmal, als du den Abfall von Rom, dann, als du den Friedensschluss mit Hannibal bewirktest,* **12** *und heute zum dritten Mal, da du das Gegengewicht und Hindernis wirst, Capua den Römern wiederzugeben. Nimm du, mein Vaterland, das Schwert zurück, mit dem ich für dich bewaffnet diese Burg der Feinde betrat, da mir mein Vater ihn entwindet.* **13** Mit diesen Worten warf er das Schwert über den Gartenzaun auf die Straße, und um weniger Verdacht zu erregen, ging auch er wieder in die Gesellschaft zurück.

(10) Am folgenden Tag erschien Hannibal in dem ihn zahlreich erwartenden Senat. Hier war der Anfang seiner Rede sehr schmeichelhaft und gütig; denn er sagte den Campanern Dank, dass sie seine Freundschaft dem Bund mit Rom vorgezogen hätten, **2** und unter anderen glänzenden Versprechungen versprach er auch, Capua solle nächstens das Haupt von ganz Italien sein, **3** und nebst dessen übrigen Völkern werde dann auch das römische von hier sich Gesetze holen. Nur einer habe keinen Anteil an der punischen Freundschaft und an dem mit ihm geschlossenen Vertrag, das sei aber kein Campaner und dürfe auch nicht so genannt werden, Decius Magius. Er verlange, dass ihm dieser ausgeliefert, dass noch in seiner Gegenwart die Sache zum Vortrag gebracht und ein Senatsbeschluss ergehe. **4** Alle traten seiner Meinung bei, obgleich vielen von ihnen teils der Mann diese Misshandlung nicht verdient zu haben, teils zur Schmälerung ihrer Freiheitsrechte ein nicht geringer Anfang gemacht zu sein schien.

5 Als Hannibal das Rathaus verlassen hatte, setzte er sich auf dem der Obrigkeit geweihten Platz, hieß den Decius Magius greifen und am Fuß des Richterstuhles stehend sich verantworten. **6** Als dieser mit sich gleich bleibendem Trotz behauptete, hierzu könnte er Kraft des Vertrages nicht gezwungen werden, wurde er in Ketten gelegt, und einem Gerichtsdiener wurde befohlen, ihn vor sich her ins Lager abzuführen. **7** Solange er während seiner Abführung den Kopf frei hatte, schritt er unter fortgesetzten Reden einher, indem er der von allen Seiten ihn umströmenden Menge zurief: *Das ist nun die Freiheit, Campaner, nach der ihr gestrebt habt. Mitten auf dem Markt, am hellen Tag, vor euren Augen muss ich, der ich keinem Campaner nachstehe, mich in Fesseln zum Tod fortschleppen lassen. Was könnte Ärgeres geschehen, wenn Capua erobert wäre?* **8** *Geht Hannibal entgegen, schmückt die Stadt und heiligt den Tag seiner Ankunft, um Zuschauer zu sein, wenn euer Mitbürger im Triumph aufgeführt wird.* **9** Unter diesen Ausrufungen wurde ihm, weil sie auf das Volk Eindruck zu machen schienen, das Haupt verhüllt, und es wurde befohlen, ihn so schnell wie möglich zum Tor hinauszuschaffen. So wurde er in das Lager geführt, sogleich auf ein Schiff gebracht und nach Karthago geschickt, **10** damit nicht auch der Senat, wenn der Unwille über dieses Verfahren eine Bewegung in Capua veranlassen sollte, sich es gereuen ließe, einen der ersten Männer ausgeliefert zu haben; ferner, damit man sich nicht genötigt sähe, falls eine

Gesandtschaft käme, seine Zurückgabe zu fordern, entweder durch Versagung ihrer ersten Bitte die neuen Bundesgenossen zu beleidigen, oder wenn man sie gewährte, in ihm den Zunder zu Aufruhr und Unruhen in Capua zu behalten. ***11*** Ein Sturm verschlug das Schiff nach Cyrene, das damals unter Königen stand. Als den Magius, weil er sich hier zur Bildsäule des Königs Ptolemaeus rettete, seine Wache von da nach Alexandrien zu Ptolemaeus* hatte bringen müssen, ***12*** wurden ihm auf seinen Bericht, dass er gegen die Bedingung im Vertrag von Hannibal in Ketten gelegt sei, seine Fesseln abgenommen und ihm freigestellt, wohin er am liebsten wollte, nach Rom oder nach Capua zurückzukehren. ***13*** Magius erklärte aber, in Capua sei er nicht sicher, und der Aufenthalt zu Rom werde ihm zu einer Zeit, in welcher zwischen Römern und Campanern Krieg sei, eher den Schein eines Überläufers als eines Gastes geben. Er wolle daher am liebsten in dem Reich dessen leben, der Retter und Urheber seiner Freiheit sei.

(11) Unterdessen kam der römische Gesandte Quintus Fabius Pictor von Delphi zurück und las die schriftliche Antwort vor. Es waren darin alle Gottheiten angegeben, an die man sich in öffentlichen Gebeten und wie man sich an sie wenden sollte. ***2*** Dann hieß es ferner: Wenn ihr danach tut, ihr Römer, werden eure Sachen ein besseres und günstigeres Ansehen gewinnen, eure öffentlichen Angelegenheiten mehr nach eurem Wunsch gehen, und der Sieg im Krieg wird auf Seiten des römischen Volkes sein. ***3*** Dem Pythischen Apollo sollt ihr, wenn euer Staat gut geführt und erhalten ist, von dem gemachten Gewinn ein Geschenk senden und von der Beute, ihrem Ertrag und den erkämpften Rüstungen eine Ehre antun. Vor Gottesverachtung sollt ihr euch in Acht nehmen. ***4*** Als er die griechische Urformel in der Übersetzung vorgelesen hatte, setzte er hinzu, da er das Orakel verlassen habe, habe er sogleich allen diesen Gottheiten mit Weihrauch und Wein ein Opfer gebracht; ***5*** auch habe es ihm der Vorsteher des Tempels zur Pflicht gemacht, sowie er bekränzt mit einem Lorbeerkranz vor dem Orakel erschienen sei und die heilige Opferhandlung vollbracht habe, ebenso im Kranz an Bord zu gehen und ihn nicht eher abzulegen, bis er in Rom angelangt sei. ***6*** Alle diese Befehle habe er mit größter Gewissenhaftigkeit und Pünktlichkeit vollzogen und den Kranz zu Rom auf den Altar des Apollo niedergelegt. Der Senat beschloss, dass alle diese Opfer und öffentlichen Gebete sobald wie möglich sorgfältig ausgerichtet werden sollten.

7 Während dieser Begebenheiten in Rom und in Italien war Mago, Hamilkars Sohn, mit der Nachricht vom Sieg bei Cannae in Karthago angekommen. Sein Bruder hatte ihn nicht unmittelbar nach der Schlacht abgeschickt, sondern mehrere Tage in Italien zurückbehalten, um die bruttischen und andere zu ihm übertretende Städte durch ihn in Besitz zu nehmen. ***8*** Als er im Senat vorgelassen wurde, gab er von den Taten seines Bruders in Italien folgende Schilderung. Er habe mit sechs Feldherren, von welchen vier Konsuln, zwei, der eine Diktator und Magister Equitum gewesen wären, mit sechs konsularischen Heeren gekämpft, ***9*** habe über 200 000 Feinde getötet und über 50 000 Gefangene gemacht. Von den vier Konsuln habe er zwei getötet, von den beiden übrigen habe sich der eine mit einer Wunde, der andere nach Verlust seines ganzen Heeres kaum mit 50 Mann gerettet. Der Magister Equitum, der den Rang eines Konsuls habe, sei völlig in die Flucht geschlagen, ***10*** der Diktator gelte bloß deswegen, weil er nie eine Schlacht gewagt habe, für den vorzüglichsten Feldherrn. Die Bruttier und Apulier, ein Teil der Samniten und Lucaner seien auf punische Seite getreten. ***11*** Capua, die Hauptstadt nicht bloß Kampaniens, sondern nach der Schlacht bei Cannae, dem Todesstreich der römischen Macht, von ganz Italien, habe sich Hannibal ergeben. ***12*** Es sei Pflicht, für diese so großen und so zahlreichen Siege den unsterblichen Göttern zu danken und sich dankbar zu beweisen.

---

* Ptolemaeus IV. Philopator.

(12) Zur Beglaubigung dieser so erfreulichen Nachrichten ließ er im Vorzimmer des Rathauses die goldenen Ringe ausschütten, die einen so großen Haufen ausmachten, dass sie, als man sie maß, nach der Angabe einiger Schriftsteller über drei Scheffel herauskamen. **2** Nach der wahrscheinlicheren Sage, die sich erhalten hat, war es nicht mehr als ein Scheffel. Dabei bemerkte er ausdrücklich, um sie auf eine desto größere Niederlage schließen zu lassen, dass dieses Ehrenzeichen nur von Rittern, und zwar von den vornehmsten, getragen werde. **3** Im Ganzen ging seine Rede dahin, je näher man der Hoffnung sei, den Krieg zu beenden, je mehr müsse man den Hannibal aus allen Kräften unterstützen. Denn der Schauplatz des Krieges sei weit von der Heimat, mitten im Land der Feinde. **4** Es gehe viel Getreide, viel Geld drauf, und so wie die vielen Schlachten die feindlichen Heere vernichtet hätten, so hätten sie doch auch die Truppen des Siegers einigermaßen gelichtet. **5** Danach müsse man ihm Verstärkung und Geld und Getreide zum Sold für die Soldaten schicken, die sich um den punischen Namen so hoch verdient gemacht hätten.

6 Da durch diesen Bericht des Mago alle sehr freudig gestimmt waren, sprach Himilko, einer von der Barcinischen Partei, der die Gelegenheit benutzen wollte, dem Hanno eins zu versetzen: *Wie nun, Hanno? Bist du noch immer nicht mit dem gegen Rom unternommenen Krieg einverstanden? Dring doch auf Hannibals Auslieferung! Untersage uns, den unsterblichen Göttern für so erfreuliche Schickungen unsern Dank darzubringen! Lasst uns doch einmal dem römischen Senator im karthagischen Rathaus zuhören!* **7** Hanno erwiderte darauf: *Ich hätte heute geschwiegen, versammelte Väter, um nicht bei der allgemeinen Freude etwas vorzubringen, was euch weniger angenehm wäre.* ***8*** *Wenn ich aber jetzt einem Senator auf seine Frage, ob ich noch immer mit dem gegen Rom unternommenen Krieg nicht einverstanden sei, nicht antwortete,* ***9*** *so würde ich entweder den Übermütigen oder den Knecht spielen, und jenes gehört nur für den Mann, der anderer, dieses für den, der seiner eigenen Freiheit uneingedenk ist.* ***10*** *Ich muss also dem Himilko antworten, und zwar, dass ich noch nicht aufgehört habe, mit dem Krieg unzufrieden zu sein, und auch nicht eher aufhören werde, eurem unbesiegten Feldherrn Vorwürfe zu machen, bis ich's erlebe, dass der Krieg unter einigermaßen leidlichen Bedingungen beendet ist; und nichts anderes als ein neuer Friede wird meiner Sehnsucht nach dem alten ein Ziel setzen.* ***11*** *Die Verhältnisse, mit denen Mago soeben geprahlt hat, sind allerdings einem Himilko und den übrigen Trabanten Hannibals schon jetzt erfreulich. Auch mir können sie erfreulich sein, weil erworbene Vorteile des Krieges, wenn wir unser Glück benutzen wollen, uns einen billigeren Frieden verschaffen werden.* ***12*** *Denn wenn wir diese Zeit vorbeigehen lassen, in der wir uns den Schein geben können, den Frieden mehr zu geben als anzunehmen, so fürchte ich, dass auch diese Freude für uns zu üppig und eitel werde.* ***13*** *Und doch von welcher Beschaffenheit ist sie denn selbst jetzt? „Ich habe die feindlichen Heere niedergehauen – schickt mir Soldaten!" Was sonst würdest du verlangen, wenn du der Geschlagene wärest?* ***14*** *„Ich habe zwei feindliche Lager erobert – die doch wohl mit Vorräten gefüllt waren – Gebt mir Lebensmittel und Geld!" Was sonst könntest du dir erbitten, wenn du geplündert, wenn du aus deinem Lager vertrieben wärest?* ***15*** *Doch um nicht der Einzige zu sein, der das alles so sonderbar findet, so mag mir jetzt – denn da ich dem Himilko geantwortet habe, so habe ich nun auch das Recht und die Befugnis, wieder zu fragen – entweder Himilko oder Mago die Frage beantworten:* ***16*** *Einmal, da doch die Schlacht bei Cannae zur Vernichtung der römischen Macht ausgefallen ist, und alle Welt weiß, dass ganz Italien abfällig ist, ob von den latinischen Völkern auch wohl ein einziges sich für uns erklärt habe; zum andern, ob aus jenen 35 Stadtbezirken auch wohl ein einziger Mensch zu Hannibal übergelaufen sei.* **17** Als Mago beides verneinte, rief er: *So haben wir denn der Feinde immer noch mehr als zu viel. Aber ich möchte wohl wissen, wie es jetzt um den Mut, um die Hoffnungen einer noch so großen Menge stehen mag.*

(13) Als Mago sagte, das sei ihm unbekannt, erwiderte Hanno: *Nichts ist leichter zu erfahren als das. Haben die Römer irgendjemanden mit Friedensvorschlägen an Hannibal gesandt? Ist euch berichtet worden, dass die Römer auch nur vom Frieden gesprochen haben?* **2** Als Mago auch dies verneinte, fuhr er fort: *So haben wir denn den Krieg völlig noch so vor uns, als wir ihn an dem Tag hatten, da Hannibal in Italien eingerückt ist. Die meisten von uns jetzt Lebenden erinnern sich noch,* **3** *wie wechselnd für die Römer der Sieg im ersten Punischen Krieg war. Nie hatten unsere Sachen zu Land und zu Wasser ein günstigeres Ansehen, als in dem Jahr vor dem Konsulat des Gaius Lutatius und Aulus Postumius.* **4** *Unter den Konsuln Lutatius und Postumius wurden wir bei den Aegatischen Inseln besiegt. Gesetzt, das Glück würde – was die Götter verhüten mögen! – auch jetzt wieder wankend, hofft ihr alsdann Frieden, wenn wir besiegt werden, den uns niemand gibt, da wir siegen?* **5** *Ich meinesteils würde, wenn mich jemand über den Frieden befragen sollte, ob dieser den Feinde anzubieten oder von uns anzunehmen sei, ihm meine Meinung sogleich sagen können; wenn ihr aber bloß unser Gutachten über Magos Forderungen verlangt, so glaube ich, dass es nicht nötig ist, Siegern etwas zu schicken, und sollten sie uns durch falsche und leere Hoffnungen täuschen, so muss ihnen meiner Meinung nach noch viel weniger etwas geschickt werden.*

6 Hannos Rede machte nur auf wenige Eindruck. Denn teils nahm seine Feindschaft gegen die Barcinische Familie seinen Behauptungen das Gewicht, teils hatten sie, soeben von der Freude berauscht, für alles, was ihre frohe Stimmung hätte vereiteln können, kein Gehör; ja sie glaubten, dem Krieg bald sein Ende geben zu können, wenn sie sich nur einigermaßen anstrengen wollten. **7** Also wurde mit großer Übereinstimmung der Senatsbeschluss gefasst, dass dem Hannibal 24 000 Mann Fußvolk, 4000 Numider als Ergänzungstruppen geschickt werden sollten, ferner 40 Elefanten und 1500 Talente Silber. **8** Vorläufig wurde mit Mago ein Diktator nach Spanien geschickt, um dort 20 000 Mann zu Fuß und 4000 zu Pferde auszuheben, um mit diesen die Heere, sowohl das in Italien als das in Spanien, zu verstärken.

(14) Übrigens ging man hierbei, wie das im Glück der Fall zu sein pflegt, schläfrig und mit aller Muße zu Werk. Die Römer hingegen ließ außer der ihnen eigenen Tätigkeit auch ihr Unglück nicht zögern. **2** Der Konsul betrieb jedes ihm obliegende Geschäft mit Eifer, und der Diktator Marcus Junius Pera, nachdem er die gottesdienstlichen Handlungen vollzogen und, wie gewöhnlich, beim Volk darauf angetragen hatte, dass er zu Pferd steigen dürfe, nahm außer den beiden Stadtlegionen, welche im Anfang des Jahres von den Konsuln ausgehoben worden waren, ferner außer den ausgehobenen Sklaven und den im picenischen und in den gallischen Feldmarken aufgebrachten Kohorten noch ein Mittel zu Hilfe, **3** wie es in einem beinahe aufgegebenen Staat die äußerste Not gebietet, wann die Pflichtmäßigkeit dem Nutzen zu weichen pflegt, und machte öffentlich bekannt, er wolle alle diejenigen, die das Leben verwirkt hätten, alle, welche schuldenhalber verurteilt in Haft wären, wenn sie unter ihm Kriegsdienst nehmen würden, von Strafe und Schulden freisprechen lassen. **4** 6000 rüstete er mit den erbeuteten gallischen Waffen aus, die man bei dem Triumph des Flaminius aufgeführt hatte. Und so brach er mit einem Heer von 25 000 Mann aus der Stadt auf.

5 Als Hannibal nach der Besitznahme von Capua abermals auf die Gesinnung der Neapolitaner durch Verheißungen und durch Drohungen einen vergeblichen Versuch gemacht hatte, **6** führte er sein Heer in das Gebiet von Nola, und wenn er auch nicht gleich feindlich verfuhr, weil er die Hoffnung auf ihren freiwilligen Beitritt noch nicht aufgab, so doch entschlossen, wenn sie seine Hoffnung verzögerten, sie mit nichts zu verschonen, was sie erleiden oder fürchten konnten. **7** Der Senat und besonders die Angesehenen beharrten im römischen Bund mit aller Treue, das Volk war, wie das gewöhnlich der Fall ist, ganz für die neue Veränderung und für Hannibal und sah im Geist schon die zu befürchtende Verheerung der Ländereien und die mancherlei drückenden und empörenden Übel, die es in der Belagerung zu erdulden haben würde. Auch fehlte es an Ermunterern zum Abfall keineswegs. ***8*** Dem Senat, welcher schon befürchten musste, er werde sich bei offenen Maßregeln der aufgeregten Menge nicht widersetzen können, gelang es in der Stille, durch scheinbare Begünstigung das Übel aufzuschieben; ***9*** er gab vor, er sei dem Übertritt zu Hannibal nicht abgeneigt, allein noch nicht über die Bedingungen einig, unter denen man sich der neuen Verbindung und Freundschaft überlassen wolle. ***10*** Da er hierdurch Zeit gewann, schickte er schleunigst Gesandte an den römischen Prätor Claudius Marcellus, der mit seinem Heer bei Tasilinum stand, und unterrichtete ihn von der großen Gefahr, in welcher sich der nolanische Staat befinde; ***11*** das Land sei schon in Hannibals und der Punier Händen; die Stadt werde es, wenn keine Hilfe komme, nächstens auch sein. Nur dadurch, dass der Senat dem Volk seine Bereitwilligkeit zugestanden habe, abzufallen, sobald es wolle, habe er es noch bewirkt, dass es sich mit dem Abfall nicht übereilt habe. ***12*** Marcellus, der die Nolaner lobte, hieß sie unter eben dem Schein bis zu seiner Ankunft die Sache hinhalten und bis dahin sich weder von den Verhandlungen mit ihm noch von einer Hoffnung auf römische Hilfe das Mindeste merken zu lassen. ***13*** Er selbst eilte von Casilinum nach Cajatia, setzte dann über den Fluss Volturnus und gelangte durch das Gebiet von Saticula und Trebula über Suessula und das Gebirge nach Nola.

(15) Kurz nach der Ankunft des römischen Prätors verließ der punische Feldherr das nolanische Gebiet und ging in die Nähe von Neapolis an das Meer hinab, nicht ohne den Wunsch, sich einer Seestadt zu bemächtigen, wo die Schiffe aus Afrika sicher einlaufen könnten. ***2*** Als er aber erfuhr, dass Neapolis ein römischer Befehlshaber besetzt habe – es war dies Marcus Junius Silanus, den die Neapolitaner selbst herbeigerufen hatten –, zog er, da er Neapolis ebenso wie Nola aufgab, vor Nuceria. ***3*** Diese Stadt brachte er nach längerer Einschließung unter häufigeren Stürmen und vergeblichen Versuchen, bald die Bürger, bald die Vornehmen zu gewinnen, endlich durch Hunger zur Übergabe, mit der Bedingung, dass jeder mit einem Rock und ohne Waffen abziehen sollte. ***4*** Darauf bot er, weil er im Anfang gegen alle Italiker, mit Ausnahme der Römer, milde erscheinen wollte, allen denen, welche bleiben und bei ihm Kriegsdienste tun würden, Belohnungen und Ehrenstellen an. ***5*** Allein es ließ sich keiner durch diese Aussicht halten. Sie zerstreuten sich alle, wohin jeden entweder geknüpftes Gastrecht oder zufälliger Antrieb führte, in die Städte Kampaniens, meist nach Nola und Neapolis. ***6*** Gegen 30 Senatoren, und gerade die vornehmsten, die nach Capua gegangen waren, wandten sich, da man sie hier deswegen abwies, weil sie dem Hannibal ihre Tore verschlossen hätten, nach Cumae. Die Beute in Nuceria wurde den Soldaten überlassen, die Stadt geplündert und verbrannt.

7 Im Besitz von Nola sah sich Marcellus nicht nur durch seine Truppen gesichert, sondern auch durch die gute Gesinnung der Vornehmen. Der Bürgerstand machte ihm Sorgen, und vorzüglich Lucius Bantius, der sich durch seine Beistimmung zu dem versuchten Abfall und aus Furcht vor dem römischen Prätor gedrungen fühlte, entweder seine Vaterstadt zu verraten oder, wenn es ihm hierzu an Gelegenheit fehlen sollte, zu Hannibal überzugehen. ***8*** Er war ein feuriger junger Mann und unter den Bundesgenossen seiner Zeit beinahe der angesehenste Ritter. Bei Cannae war er unter einem Haufen Erschlagener halbtot aufgefunden worden, und Hannibal, der ihn durch freundliche Pflege wieder heilen ließ, hatte ihn sogar mit Geschenken nach Hause entlassen. ***9*** Erkenntlich für dieses Verdienst um ihn hatte er den Hannibal zum Herrn und Besitzer von Nola machen wollen; und die Spannung und Unruhe, mit welcher er die zu bewirkende Staatsveränderung betrieb, entging dem Prätor nicht. Da er nun entweder durch Hinrichtung unschädlich gemacht oder durch Wohltat gewonnen werden musste, ***10*** wollte Marcellus einen tapferen und brauchbaren Bundesgenossen lieber zu sich herüberziehen, als ihn bloß dem Feind genommen haben, ließ ihn rufen und sagte nach einer freundlichen Anrede: Dass er unter deinen Landsleuten viele Neider haben müsse, ließe sich schon daraus leicht erkennen, dass ihm noch kein Bürger von Nola je davon gesagt habe, ***11*** wie zahlreich seine Auszeichnungen im Kriege waren. Wer aber im römischen Lager gedient hat, dessen Tapferkeit könne nicht verborgen bleiben. ***12*** Viele von denjenigen, die mit ihm zugleich gedient haben, haben ihm erzählt, was für ein Mann er sei und wie großen und wiederholten Gefahren er zur Erhaltung und Ehre des römischen Staates sich ausgesetzt habe, und wie er in der Schlacht bei Cannae nicht eher zu kämpfen aufhörte, ***13*** bis er beinahe verblutet unter dem Gewühl über ihn hinstürzender Männer, Rosse und Waffen begraben lag. ***14*** *Fahre daher fort, so brav zu sein. Bei mir kannst du jede Ehre, jede Belohnung erwarten; und je öfter du zu mir kommen wirst, wirst du erkennen, dass dir dieser Umgang zur Ehre und zum Vorteil gereicht.* ***15*** Und nun beschenkte er den über diese Zusagen erfreuten jungen Mann mit einem auserlesenen Pferd, befahl dem Quästor, ihm 500 Silberdenare auszuzahlen, und gebot seiner Wache, so oft er zu ihm kommen wolle, ihn einzulassen.

(16) Diese Leutseligkeit des Marcellus versetzte den jungen Mann aus seinem Trotz in eine so milde Stimmung, dass sich nachher unter allen Bundesgenossen keiner der Sache Roms kräftiger und treuer annahm, ***2*** als selbst Hannibal vor den Toren stand – denn er hatte sein Lager von Nuceria wieder nach Nola verlegt – und die Bürger von Nola von Neuem einem Abfall entgegensahen. ***3*** Marcellus zog sich bei der Ankunft der Feinde hinter die Mauern zurück, nicht aus Misstrauen auf seinen Stand im Lager, sondern um denen, welche nur darauf warteten, die Stadt verraten zu können – und die Zahl derselben war groß –, die Gelegenheit zu nehmen. ***4*** Darauf stellten sich die Linien auf beiden Seiten auf, die römische zum Schutz Nolas vor dessen Mauern, die punische vor ihrem Lager. Darüber kam es zwischen der Stadt und dem Lager zu kleinen Gefechten, und zwar mit wechselndem Erfolg, da die Heerführer denen, welche ohne Plan in kleiner Anzahl sich herausforderten, ebenso wenig steuern als zur allgemeinen Schlacht das Zeichen geben wollten. ***5*** Bei dieser fortdauernden Stellung beider Heere meldeten die vornehmsten Nolaner dem Marcellus, es komme zwischen ihren Bürgern und den Puniern zu nächtlichen Unterredungen; ***6*** und jene hätten sich vorgenommen, wenn das ausgerückte römische Heer von den Toren abzöge, den schweren Nachzug und das Gepäck zu plündern, dann die Tore zu schließen und die Mauern zu besetzen, um sofort, wenn sie Herren ihrer Lage und der Stadt wären, statt der Römer die Punier einzulassen. ***7*** Marcellus, der bei dieser Mitteilung den Senatoren von Nola mit Lobeserhebungen dankte, entschloss sich, ehe noch eine Bewegung von innen ausbreche, eine Schlacht zu wagen. ***8*** An den drei zum Feind führenden Toren stellte er sein Heer in drei Abteilungen zum Treffen, ließ das Gepäck nachfolgen, und die Holzknechte, Marketender und zum Gefecht Unbrauchbaren mussten Schanzpfähle tragen. An dem mittleren Tor gab er seinen tapferen Legionen und der Reiterei ihren Platz, an den beiden Toren zur Seite den Neugeworbenen, den Leichtbewaffneten und der Reiterei der Bundesgenossen. ***9*** Den Nolanern wurde verboten, sich den Mauern und Toren zu nähern und dem Gepäck eine eigene Bedeckung zugegeben, um es so, während die Legionen das Treffen beschäftigte, vor jedem Angriff zu sichern. Da standen sie innerhalb der Tore in Schlachtordnung.

10 Hannibal, der, wie seit mehreren Tagen, bis tief in den Tag schlagfertig in Schlachtordnung gestanden hatte, wunderte sich anfangs, dass ebenso wenig ein römisches Heer ausrückte, als auf den Mauern ein Bewaffneter sich sehen ließ. ***11*** Dann schickte er, in der Vermutung, seine Unterredungen möchten den Römern verraten sein, und ihre Besorgnis sie in der Stadt zurückhalten, einen Teil seiner Soldaten mit dem Befehl ins Lager zurück, alle zum Sturm auf die Stadt nötigen Werkzeuge sogleich ins erste Treffen zu bringen, nicht ohne die sichere Erwartung, dass während seines Andringens auf die Zögernden das Volk in der Stadt einen Aufstand erregen werde. ***12*** Indem nun alle im Vordertreffen, zu ihren verschiedenen Verrichtungen sich verteilend, durcheinander eilten, und die Schlachtordnung sich gegen die Mauer in Bewegung setzte, ließ Marcellus nach plötzlich geöffnetem Tor die Trompeten blasen, zugleich ein Schlachtgeschrei erheben und das Fußvolk voran, ihm nach die Reiterei, in möglichst heftigem Anlauf auf den Feind einbrechen. ***13*** Schon hatten sie Schrecken und Verwirrung genug in das Mitteltreffen gebracht, als aus den beiden Seitentoren die Legaten Publius Valerius Flaccus und Gaius Aurelius auf die feindlichen Flügel hervorbrachen. Die Marketender und Holzknechte und der übrige dem Gepäck als Bedeckung zugegebene Schwarm verstärkten das Geschrei, ***14*** so dass die Punier, denen der Feind namentlich wegen seiner geringen Anzahl verächtlich war, plötzlich ein großes Heer zu sehen glaubten. ***15*** Kaum wage ich es, zu behaupten, was einige berichten, dass 2800 Feinde im Feld blieben und die Römer nicht über 500 verloren. ***16*** Mag der Sieg groß oder klein gewesen sein, an diesem Tag wurde wenigstens eine große, ich möchte fast sagen, in diesem Krieg die größte Tat vollführt, denn von Hannibal nicht besiegt zu werden, war diesmal für die Sieger eine schwerere Aufgabe, als später die, ihn zu besiegen.

(17) Als Hannibal nach vereitelter Hoffnung, Nola zu gewinnen, nach Acerrae zurückgekehrt war, stellte Marcellus sogleich bei verschlossenen Toren und verteilten Wachen, die niemand aus der Stadt lassen durften, auf dem Gerichtsplatz eine Untersuchung über die an, welche sich mit den Feinden in geheime Unterredungen eingelassen hatten, ***2*** ließ über 70 des Verrates schuldig Befundene enthaupten und erklärte ihre Güter für dem römischen Staat verfallen; ***3*** und nachdem er die Regierung der Nolaner ihrem Senat übergeben hatte, brach er mit seinem ganzen Heer auf und bezog oberhalb Suessula ein Lager. ***4*** Hannibal, der bei seinem zuerst gemachten Versuch, die Einwohner von Acerrae zur freiwilligen Übergabe zu bereden, sie unbeweglich fand, schritt nun zur Einschließung und Bestürmung. Allein die Acerraner hatten mehr Mut als Kraft. ***5*** Als sie ihre Mauern umschanzt sahen, flüchteten sie aus Verzweiflung, die Stadt behaupten zu können, ehe noch die feindlichen Befestigungen vollendet wurden, indem sie durch die offen gelassenen oder unbesetzt gebliebenen Stellen des Walles in später Nacht sich durchschlichen, ***6*** auf gangbaren und ungangbaren Wegen, wo eigene Wahl oder Irrtum jeden führte, in die Städte Kampaniens, über deren Beharrlichkeit auf ihrer Partei sie völlig gewiss waren.

7 Als Hannibal, nachdem er Acerrae geplündert und verbrannt hatte, gemeldet wurde, die Besatzung zu Casilinum suche den römischen Diktator mit den neuen Legionen an sich zu ziehen, führte er, damit nicht bei einer solchen Nähe des feindlichen Lagers selbst Capua unruhig würde, sein Heer vor Casilinum.

8 Casilinum war damals von 500 Praenestinern und einigen wenigen Römern und Latinern besetzt, welche die Nachricht von der Niederlage bei Cannae hierher getrieben hatte. ***9*** Als sie nämlich nach zu spätem Aufbruch aus ihrer Heimat – denn die Aushebung war zu Praeneste nicht an dem bestimmten Tag beendet worden – zu Tasilinum vor dem Gerücht von jener Niederlage angekommen waren, veranlasste sie, da sie in Vereinigung mit anderen Römern und Bundesgenossen in einem ziemlich starken Heer von Tasilinum weiterzogen, die Nachricht von der Schlacht bei Cannae, wieder nach Tasilinum umzukehren. ***10*** Da sie hier ebenso sehr bei den Campanern in Verdacht als vor ihnen in Furcht und unter gegenseitiger Aufmerksamkeit auf die zu umgehenden oder auf die zu legenden Schlingen mehrere Tage hingebracht hatten, und nun schon als völlig gewiss erfuhren, dass Capua wegen seines Übertritts unterhandle und Hannibal aufnehme, ermordeten sie bei Nacht diejenigen Bürger, die ihnen verdächtig waren, und bemächtigten sich der Stadt, soweit sie diesseits des Volturnus liegt, denn von diesem wird sie geteilt; und aus ihnen bestand die römische Besatzung zu Tasilinum. ***11*** Hierzu kam noch eine perusinische Kohorte von 460 Mann, die ebenfalls auf jene Nachricht, wie wenige Tage zuvor die Praenestiner ihre Zuflucht nach Casilinum nahmen. ***12*** Und so war die Mannschaft zur Behauptung eines so kleinen Platzes, den noch dazu auf einer Seite der Strom deckte, gerade genug; ja der Mangel an Getreide machte, dass nur zu viele Menschen zu sein schienen.

(18) Als sich Hannibal der Stadt schon näherte, schickte er die Gaetuler mit ihrem Hauptmann, namens Isalca, voraus und befahl ihm, wenn man sich auf eine Unterredung einließe, die Einwohner zuerst mit guten Worten zur Öffnung der Tore und Einnahme einer Besatzung zu bereden, wenn sie aber im Trotz beharrten, die Feindseligkeiten zu beginnen und zu versuchen, ob sie auf irgendeiner Seite in die Stadt eindringen könnten. ***2*** Als sie an die Mauern rückten, glaubten sie wegen der herrschenden Stille, die Stadt sei menschenleer, und der Barbar, in der Meinung, man habe sie aus Furcht geräumt, wollte schon die Tore einschlagen lassen und die Schlösser sprengen, ***3*** als aus den plötzlich sich öffnenden Toren die beiden zu diesem Zweck drinnen schon aufgestellten Kohorten mit ungeheurem Lärm hervorstürzten und unter den Feinden ein großes Blutbad anrichteten. ***4*** Selbst Maharbal, der nach diesem unglücklichen Versuch der Vorhut mit einem größeren Haufen besserer Truppen anrücken musste, konnte dem Ausfall der Kohorten nicht widerstehen. ***5*** Endlich musste sich Hannibal, der ihnen vor den Mauern sein Lager entgegenstellte, darauf einlassen, gegen eine so kleine Stadt und gegen dieses kleine Korps alle seine Kräfte und Truppen aufzubieten. Und da er ihnen mit seinem rings um die Mauern aufgestellten Kreis zusetzte und gegen sie anstürmte, verlor er mehrere, und zwar die besten seiner Leute, die man ihm von der Mauer herab und von den Türmen erschoss. ***6*** Einmal hätte er sie, da sie sogar einen Ausfall wagten, durch einen vorgeschobenen Trupp Elefanten beinahe abgeschnitten, und er trieb sie nach einem für ihre geringe Anzahl bedeutenden Verlust in voller Verwirrung in die Stadt zurück. Es wären noch mehr gefallen, wenn nicht die Nacht dem Gefecht ein Ende gemacht hätte. ***7*** Am folgenden Tag entflammte Hannibal den Mut aller zum Kampf, hauptsächlich dadurch, dass er einen goldenen Mauerkranz als Preis aussetzte, und er selbst als ihr Oberfeldherr den Eroberern Sagunts, die er einzeln und alle an Cannae, an den Trasumenischen See, an die Trebia erinnerte, aus der zögernden Belagerung eines elenden, flach gelegenen Örtchens einen Vorwurf machte. ***8*** Nun wurden auch Annäherungshütten und Minen angelegt; allein es fehlte hier zur Vereitelung jedes feindlichen Unternehmens weder an Tapferkeit noch an Gewandtheit. ***9*** Gegen die Annäherungshütten legten die römischen Bundesgenossen Außenwerke an, die feindlichen Minen gruben sie durch Quergänge ab und wussten jedem offenbaren und geheimen Versuche zu begegnen, bis endlich Hannibal aus Scham von der Unternehmung abstand, und um nicht den Schein zu haben, als sei das Ganze aufgegeben, nach Befestigung seines Lagers und mit Hinterlassung einer mäßigen Besatzung nach Capua in die Winterquartiere zog.

10 Hier legte er während des größten Teiles des Winters sein Heer in die Häuser, das bei aller wiederholten und langen Abhärtung gegen jede menschliche Not doch mit dem Wohlleben unbekannt und unverträglich war. ***11*** Den Leuten also, welche kein Druck der Not überwältigt hatte, wurden die gar zu guten Tage und die übermäßigen Vergnügungen verderblich, und dies umso mehr, je gieriger sie sich aus Ungewohnheit in dieselben hineinstürzten. ***12*** Denn durch Schlaf, Wein, Schmausereien, Dirnen, Bäder und eine mit jedem Tag behaglichere Untätigkeit wurden sie an Körper und Geist so entnervt, dass späterhin mehr ihre ehemaligen Siege sie deckten, als wirkliche Stärke, und ihrem Feldherrn von Kennern der Kriegskunst dies zum größeren Fehler angerechnet wird, ***13*** dass er sie nicht sogleich nach der Schlacht bei Cannae vor Rom führte. Denn durch jene Verzögerung konnte er den Sieg bloß verschoben zu haben scheinen, durch diesen Missgriff sich selbst die Kraft zum Sieg geraubt zu haben. ***14*** Und in der Tat fand sich, gleich als bräche er von Capua mit einem andern Heer auf, nirgends mehr eine Spur von der alten Zucht. ***15*** Viele kehrten wieder um, die sich an Dirnen gehängt hatten, andere wurden, als sie nun wieder unter Zelten ausdauern mussten und der Marsch nebst anderen Beschwerden des

Kriegslebens an die Reihe kam, gleich den jüngsten Soldaten kraft- und mutlos; ***16*** auch verlief sich, solange der Sommerfeldzug dauerte, ein großer Teil ohne Urlaub von den Fahnen; und der Schlupfwinkel für solche Ausreißer war jedes Mal Capua.

(19) Übrigens rückte Hannibal, als der Winter milder wurde, mit seinem Heer aus den Winterquartieren wieder vor Casilinum. ***2*** Hier hatte man freilich die Bestürmung so lange ausgesetzt, allein bei der fortwährenden Einschließung litten die Bürger und Besatzung den äußersten Mangel. ***3*** Im römischen Lager hatte Tiberius Sempronius den Oberbefehl, weil der Diktator, um die Götterleitung zu erneuern, nach Rom gegangen war. ***4*** Den Marcellus, der ebenso den Belagerten zu Hilfe zu kommen wünschte, hielt in Nola teils der stark angeschwollene Volturnus fest, teils die Bitten der Einwohner und Acerraner, die sich vor den Campanern, sobald die römische Besatzung sich entfernte, zu fürchten hatten. ***5*** Gracchus, der bei Casilinum bloß stillsaß, unternahm nichts, weil ihn der Diktator ausdrücklich gewarnt hatte, sich in seiner Abwesenheit auf irgendetwas einzulassen, obgleich von Casilinum Dinge gemeldet wurden, die alle Geduld überstiegen. ***6*** Man wusste, dass sich Verschiedene, um der Qual des Hungers zu entgehen, in den Strom gestürzt hatten, dass sie sich ohne Waffen auf die Mauer stellten und sich unbedeckt den Geschossen zum Ziele darboten. ***7*** So ärgerlich dies dem Gracchus war, so konnte er doch nichts weiter tun, da er gegen des Diktators Befehl keine Schlacht wagen durfte (er sah aber, ohne Kampf ließ sich kein Getreide hineinschaffen) und heimlich es hineinzubringen sich nicht hoffen ließ, ***8*** als er aus den Dörfern rings umher Korn zusammenfahren, dieses auf eine Menge Fässer laden und der Obrigkeit nach Casilinum hineinsagen ließ, sie möchten die mit dem Strom kommenden Fässer auffangen. ***9*** In der nächsten Nacht, als sie alle dem Strom und der von dem römischen Boten ihnen gemachten Hoffnung entgegensahen, kamen auf dem Fluss die in seiner Mitte fortgeschwemmten Fässer angeschwommen; und das Getreide wurde unter alle zu gleichen Teilen ausgegeben. ***10*** So ging es am folgenden, auch am dritten Tag wieder. Bei Nacht erfolgte die Absendung und die Ankunft; nur dadurch blieben sie den feindlichen Posten unentdeckt. ***11*** Nun aber trieb der durch anhaltende Regengüsse reißender gewordene Strom in seitwärts auslaufenden Strudeln die Fässer an das von den Feinden besetzte Ufer. Hier bemerkte man sie, als sie in dem am Ufer wachsenden Weidengesträuch hängen geblieben waren. Es wurde Hannibal gemeldet und seitdem genauer Acht gegeben, so dass ihnen von allem, was der Volturnus der Stadt zuführen sollte, nichts entgehen konnte. ***12*** Und doch fing man zu Casilinum Walnüsse, die beim römischen Lager in den Strom geschüttet wurden und mitten in seinem Bett geschwommen kamen, mit Flechtwerk auf. ***13*** Zuletzt kam es zu einer solchen Hungersnot, dass sie sich daran machten, Riemen und von den Schilden gerissene Felle zu kochen und zu essen, sich nicht vor Mäusen und allen anderen Tieren ekelten und alle Arten von Kräutern und Wurzeln unten am Erddamm der Mauer her, ausrissen; ***14*** ja, da die Feinde jeden Grasfleck außerhalb der Mauer umgepflügt hatten, säten sie Rüben, so dass Hannibal ausrief: *So lange soll ich noch vor Casilinum liegen, bis diese wachsen?* ***15*** Und er, der vorher von keiner Unterhandlung etwas wissen wollte, verstand sich nun endlich dazu, einen Antrag wegen Loskaufung der Freigeborenen anzunehmen. Der Preis, zu dem man übereinkam, betrug für jeden sieben Unzen Gold. ***16*** Nach erhaltener eidlicher Versicherung ergaben sie sich, wurden bis zu völlig berichtigter Zahlung in Verwahrung genommen und dann der Zusage gemäß nach Cumae entlassen. ***17*** Dies ist mehr begründet, als dass man sie bei ihrem Abzug durch nachgeschickte Reiterei habe niederhauen lassen. Der größte Teil waren Praenestiner. Von 570 Mann, welche dort als Besatzung gestanden hatten, nahm Schwert und Hunger beinahe die Hälfte weg; ***18*** die Übrigen kamen mit ihrem Prätor Marcus Anicius – er war vorher Schreiber gewesen – wohlbehalten in Praeneste wieder an. Zum Beweis dient sein Standbild, das ihm auf dem Markt zu Praeneste errichtet und unter der umhüllenden

Toga gepanzert war, mit verschleiertem Haupt, sowie auch drei Bilder, und dabei auf einer Kupferplatte die Inschrift: Marcus Anicius habe sie vermöge seines Gelübdes für die Errettung der Soldaten dargebracht, welche zu Casilinum in Besatzung gelegen hätten. Dieselbe Inschrift befand sich auch unter drei Bildern, die im Tempel der Fortuna aufgestellt waren.

(20) Die Stadt Casilinum gab Hannibal den Campanern zurück, nachdem er sie mit einer Besatzung von 700 Mann aus seinem Heer belegt hatte, damit sie nicht nach dem Abzug der Punier von den Römern angegriffen würde. *2* Den praenestinischen Soldaten bewilligte der römische Senat einen doppelten Sold und Befreiung vom Kriegsdienst auf fünf Jahre. Sie wurden auch für ihre Tapferkeit mit dem Bürgerrecht beschenkt, nahmen dies aber nicht an. *3* Die Nachrichten über das Schicksal der Perusiner haben für uns mehr Dunkles, weil uns hierüber weder ein Denkmal bei ihnen selbst noch ein römischer Staatsbefehl Licht gibt.

4 Damals wurden auch die Einwohner von Petelia, die allein von allen Bruttiern den Römern treu geblieben waren, nicht bloß von den Karthagern, den damaligen Besitzern des Landes, sondern auch von den übrigen Bruttiern, weil sie es nicht mit ihnen gehalten hatten, angegriffen. *5* Da sich die Peteliner gegen diese drohenden Stürme nicht stark genug fühlten, schickten sie Gesandte nach Rom, um sich Hilfe zu erbitten. Diese erregten durch ihre Bitten und Tränen – denn auf den erhaltenen Bescheid, dass sie sich selbst beraten möchten, ergossen sie sich im Vorsaal des Rathauses in wehmütigen Klagen – bei den Vätern und bei dem Volk ein großes Mitleid. *6* Und als die Väter vom Prätor Marcus Aemilius zum zweiten Mal hierüber befragt wurden, gaben sie ihnen, da die angestellte Übersicht ihrer sämtlichen Staatskräfte sie zu dem Geständnis zwang, dass für so entfernte Bundesgenossen jetzt bei ihnen keine Hilfe zu haben sei, die Erklärung, sie möchten nach Hause gehen, und da sie ihrer Bundestreue völlig Genüge geleistet hätten, unter den jetzigen traurigen Umständen ihre Maßregeln für die Zukunft selbst treffen. *7* Auf diesen den Petelinern erstatteten Bericht ihrer Gesandten ergriff ihren Senat im ersten Augenblick eine so große Betrübnis und Verzagtheit, *8* dass ein Teil der Meinung war, jeder müsse sich retten, wohin er könne, und die Stadt preisgeben, ein anderer: Da man von den alten Bundesgenossen verlassen sei, müsse man sich an die Bruttier anschließen und durch diese sich Hannibal ergeben. *9* Doch behielt der Teil die Oberhand, welcher dafür war, nichts übereilt und aufs Geratewohl zu tun, sondern die Sache von Neuem zu überlegen. *10* Da der Gegenstand am folgenden Tag mit größerer Ruhe von Neuem behandelt wurde, mussten es die Väter durchzusetzen, dass man alles vom Land in die Stadt schaffte und diese, wie die Mauern, zu sichern suchte.

(21) Ungefähr um dieselbe Zeit trafen zu Rom Schreiben aus Sizilien und Sardinien ein. Der zuerst im Senat verlesene, vom Proprätor Titus Otacilius, meldete aus Sizilien, *2* der Prätor Publius Furius sei mit seiner Flotte aus Afrika in Lilybaeum angekommen, befinde sich aber wegen seiner schweren Wunde in größter Lebensgefahr. Soldaten und Seeleute bekämen auf den Zahlungstag weder Sold noch Getreide, man wisse auch nicht, woher man es nehmen solle. Er empfehle den Vätern dringend, *3* beides baldmöglichst zu übersenden; auch möchten sie ihm, wenn es ihnen gefällig sei, einen von den neuen Prätoren als Nachfolger schicken. *4* Fast dasselbe schrieb hinsichtlich des Soldes und Getreides der Proprätor Aulus Cornelius Mammula aus Sardinien. Beide bekamen die Antwort, es sei nichts da, wovon man schicken könne. Sie möchten selbst für ihre Flotten und Heere Rat schaffen. *5* Titus Otacilius, der sich durch Abgeordnete an Hiero, die einzige Hilfsquelle des römischen Volkes, wandte, erhielt von ihm so viel Geld als er zum Sold nötig hatte, und auf sechs Monate Getreide. Für Cornelius legten die Städte der Bundesgenossen in Sardinien reichlich zusammen. *6* Auch zu Rom wurden wegen Geldmangels auf den Vorschlag des Volkstribunen Marcus Minucius Dreimänner für die Bankgeschäfte ernannt, *7* Lucius Aemilius Papus, der Konsul und Zensor gewesen war, und Marcus Atilius Regulus, der zweimal Konsul

gewesen war, und Lucius Scribonius Libo, damaliger Volkstribun. Auch weihten als ernannte Zweimänner die Atilier Marcus und Gaius den Tempel der Eintracht, welchen Lucius Manlius als Prätor gelobt hatte. Ferner wurden drei Oberpriester gewählt, Quintus Caecilius Metellus, Quintus Fabius Maximus und Quintus Fulvius Flaccus, in die Stelle des verstorbenen Publius Scantinius und des Konsuls Lucius Aemilius Paulus und des Quintus Aelius Paetus, welche beide in der Schlacht bei Cannae gefallen waren.

(22) Nachdem die Väter die durch eine Reihe von Niederlagen herbeigeführten Verluste, soweit menschliche Klugheit reichte, ersetzt hatten, ***2*** dachten sie endlich auch an sich, an ihr menschenleeres Rathaus und die geringe Anzahl derer, die im Staatsrat zusammenkamen. ***3*** Denn seit den Zensoren Lucius Aemilius und Gaius Flaminius war keine Senatorenwahl gewesen, obgleich die verlorenen Schlachten so viele Senatoren und außerdem seit fünf Jahren persönliche Unfälle diesen und jenen weggerafft hatten. ***4*** Als der Prätor Manius Pomponius – denn der Diktator war nach dem Verlust von Casilinum schon zum Heer abgegangen – dies auf einstimmige Anforderung zum Vortrag brachte, sagte Spurius Carvilius, nachdem er in einer langen Rede nicht bloß über die Verarmung der Bürger, sondern auch über den Mangel an solchen geklagt hatte, aus welchen Senatoren gewählt werden könnten, ***5*** er müsse, wenn man den Senat ergänzen und ganz Latium noch enger mit Rom verbinden wolle, dringend dazu raten, aus jeder launischen Völkerschaft zwei Senatoren, falls es die römischen Väter genehmigten, das Bürgerrecht zu erteilen und sie an die Stelle der verstorbenen in den Senat wählen. ***6*** Dieser Vorschlag fand bei den Vätern eine ebenso ungünstige Aufnahme wie ehemals die Forderung der Latiner selbst; ***7*** und da die Äußerungen ihres Unwillens im ganzen Rathaus laut wurden und namentlich Titus Manlius sich vernehmen ließ, es fehle auch jetzt noch nicht an einem Mann aus dem Stamm, aus welchem einst ein Konsul auf dem Kapitol gedroht habe, jeden Latiner, den er im Rathaus erblicken würde, mit eigener Hand zu ermorden, ***8*** so sagte Quintus Fabius Maximus, noch nie sei im Senat irgendein Gegenstand mehr zur Unzeit in Anregung gebracht, als jetzt dieser bei so schwankenden Gesinnungen und so unzuverlässiger Treue der Bundesgenossen berührte Punkt, der sie obendrein noch reizen müsse. ***9*** Eine so unüberlegte Äußerung eines Einzelnen müsse durch die Verschwiegenheit aller vernichtet werden, und habe man je auf dem Rathaus irgendetwas als Geheimnis oder Heiligtum zu verschweigen gehabt, so habe man dies vor allen anderen zuzudecken, zu verheimlichen, zu vergessen und als nie gesagt anzusehen. Und so kam die Sache nicht weiter zur Sprache. ***10*** Man beschloss, einen gewesenen Zensor, und zwar den ältesten von den jetzt lebenden gewesenen Zensoren, zum Diktator zu ernennen, um durch ihn die Senatorenwahl zu vollziehen, und man gebot, zur Ernennung des Diktators den Konsul Gaius Terentius kommen zu lassen. ***11*** Als dieser aus Apulien mit Hinterlassung seines Korps in großen Tagereisen nach Rom zurückgeeilt war, ernannte er in der nächsten Nacht, wie es Sitte war, vermöge eines Senatsbeschlusses den Marcus Fabius Buteo auf sechs Monate zum Diktator ohne Magister Equitum.

(23) Kaum hatte dieser mit seinen Liktoren die Rednerbühne bestiegen, so erklärte er, ***2*** er könne es ebenso wenig billigen, dass man zwei Diktatoren auf einmal habe, was noch nie dagewesen sei, wie dass er Diktator ohne Magister Equitum sei, ebenso wenig, dass man die Gewalt eines Zensors einem einzigen und zwar demselben Mann zum zweiten Mal anvertraut, wie dass man einem Diktator, wenn er nicht zur Kriegführung ernannt sei, den Oberbefehl für sechs Monate übertragen habe. ***3*** Er wolle diese durch Schicksal, Zeitumstände und Not herbeigeführten Maßlosigkeiten wieder beschränken. Denn einmal werde er keinen von denen aus dem Senat stoßen, welche von den Zensoren Gaius Flaminius und Lucius Aemilius in den Senat aufgenommen worden wären, ***4*** er werde bloß die Namen in die neue Liste umschreiben und vorlesen lassen,

um nicht das Urteil und die Entscheidung über den guten Namen und die Sitten eines Senators einem Einzelnen anheim gestellt sein zu lassen; zum andern werde er die Plätze der Verstorbenen so besetzen, dass man sehen solle, er habe einem Stand vor dem andern, nicht aber einem Mann vor dem andern einen Vorzug eingeräumt. **5** Als er die Namen der alten Senatoren hatte verlesen lassen, nahm er nun zuerst diejenigen in die Stellen der Verstorbenen auf, welche nach den Zensoren Lucius Aemilius und Gaius Flaminius ein kurulisches Amt bekleidet hatten, aber noch nicht in den Senat aufgenommen waren, und zwar danach, wie jeder zuerst gewählt war; **6** dann nahm er die, welche plebejische Ädilen, Volkstribunen oder Quästoren gewesen waren; dann von denen, welche noch kein Amt bekleidet hatten, diejenigen, welche in ihrem Haus aufgehängte feindliche Rüstungen vorzeigen konnten oder mit einem Bürgerkranz beschenkt waren. **7** Als er so mit großem öffentlichen Beifall 177 in den Senat aufgenommen hatte, legte er sogleich seine Diktatur nieder und ging als Privatmann, da er auch seinen Liktoren geboten hatte, von ihm abzutreten, von der Rednerbühne herab; **8** dann ging er in den Haufen derer, die in ihren eigenen Angelegenheiten erschienen waren, so dass er absichtlich die Zeit hinbrachte, um nur nicht schuld daran zu sein, dass das Volk vom Gerichtsplatz abträte, um ihn zu begleiten. Und dennoch erkaltete über sein Zögern die öffentliche Teilnahme nicht, sondern in zahlreichem Gefolge begleitete man ihn nach Hause. **9** In der folgenden Nacht ging der Konsul wieder zum Heer ab, ohne es dem Senat angezeigt zu haben, damit ihn dieser nicht wegen der Wahlgeschäfte in der Stadt zurückhielte.

(24) Der Senat beschloss, auf die am folgenden Tag vom Prätor Manius Pomponius getane Anfrage dem Diktator zu schreiben, er möge, wenn er es mit dem allgemeinen Besten vereinbar fände, **2** mit dem Magister Equitum und dem Prätor Marcus Marcellus zur Konsulwahl nach Rom kommen, damit sich die Väter durch ihre Aussage über die Lage des Staates belehren und den Umständen nach ihre Maßregeln treffen könnten. Die Herbeigerufenen erschienen alle, nachdem sie ihre Legionen unter dem Oberbefehl ihrer Legaten zurückgelassen hatten. **3** Der Diktator, der von sich selbst wenig und mit Bescheidenheit sprach, wandte einen großen Teil seines Ruhmes dem Magister Equitum Tiberius Sempronius Gracchus zu und setzte einen Wahltag an, um an diesem den Lucius Postumius, der damals in Gallien zu tun hatte, in seiner Abwesenheit zum dritten mal und den Tiberius Sempronius Gracchus, den damaligen Magister Equitum und kurulischen Ädilen, zu Konsuln wählen zu lassen. **4** Dann wurden Marcus Valerius Laevinus, Appius Claudius Pulcher, Quintus Fulvius Flaccus und Quintus Mucius Scaevola zu Prätoren gewählt. **5** Nachdem der Diktator die Wahl der Obrigkeiten besorgt hatte, kehrte er nach Teanum in die Winterquartiere zu seinem Heer zurück, mit Hinterlassung seines Magisters Equitum zu Rom, damit dieser, der in wenigen Tagen sein neues Amt antreten musste, wegen der auf das nächste Jahr zu werbenden und aufzustellenden Heere den Senat befragen könne.

6 Gerade während man hiermit beschäftigt war, wurde eine neue Niederlage gemeldet, da das Schicksal für dieses Jahr eine auf die andere häufte. Der zum neuen Konsul bestimmte Lucius Postumius sei in Gallien mit seinem Heer niedergehauen. Es war ein ungeheurer Wald – bei den Galliern hieß er Litana –, durch welchen er mit seinem Heer ziehen wollte. **7** Am Weg durch diesen Wald zur Rechten und zur Linken hatten die Gallier die Bäume so angesägt, dass sie, unangerührt, standen, allein vom Übergewicht eines mäßigen Stoßes sanken. **8** Postumius hatte zwei Legionen Römer und am Obermeer so viel Bundesgenossen geworben, dass er mit 25 000 Mann in das feindliche Gebiet eingerückt war. **9** Da die Gallier den Wald am Rand der Außenseite umstellt hatten, stießen sie, als der Zug sich in den Pass begeben hatte, die äußersten angesägten Bäume um, die dann, weil der eine auf den andern ohnehin unhaltbaren und kaum noch am Stamm hängenden fiel, unter ihrem Zusammensturz von beiden Seiten Waffen, Ross und Reiter begruben, so dass kaum zehn Menschen entkamen. ***10*** Denn da die meisten von den Baumstämmen und Bruchstücken der Äste erschlagen wurden, wurde auch die übrige Menge, durch das plötzliche Unglück außer Fassung, von den Galliern, welche den ganzen Pass bewaffnet umstellt hatten, niedergehauen, so dass nur wenige von einer so großen Anzahl Gefangene wurden, die auf ihrer Flucht nach der Brücke des Flusses von dem Feind, der die Brücke schon besetzt hatte, abgeschnitten wurden. ***11*** Hier blieb Postumius, der alles daran setzte, sich nicht gefangen nehmen zu lassen, im Kampf. ***12*** Die der Leiche des Feldherrn ausgezogene Rüstung und sein abgehauenes Haupt brachten die Boier im Jubelaufzug in den heiligsten von ihren Tempeln. Nachdem sie den Kopf gereinigt hatten, wie es bei ihnen Sitte ist, legten sie den Schädel mit Gold aus; er diente ihnen als heiliges Gefäß bei Feierlichkeiten zur Opferschale, und der Priester und die Tempelvorsteher tranken daraus. ***13*** Auch war für die Gallier die Beute nicht geringer als der Sieg. Denn war auch das Vieh größtenteils durch das Umfallen der Bäume getötet, so fanden sie doch die übrigen Gegenstände, die durch keine Flucht zerstreut waren, in der ganzen Länge des zu Boden liegenden Zuges ausgebreitet.

(25) Als die Bürger auf die Nachricht von dieser Niederlage mehrere Tage in so großer Bestürzung gewesen waren, dass endlich der Senat – weil die Kaufläden nicht anders, als herrschte nächtliche Stille in der Stadt, geschlossen blieben – ***2*** den Ädilen den Auftrag gab, in der Stadt herumzugehen, die Kaufläden öffnen und Rom nicht länger ein Bild der allgemeinen Betrübnis sein zu lassen. Da versammelte Tiberius Sempronius den Senat und tröstete die Väter und ermahnte sie, diejenigen, die dem niederschmetternden Schlag von Cannae nicht erlegen wären, möchten bei kleineren Unglücksfällen den Mut nicht sinken lassen. ***3*** Wenn nur gegen die Karthager und Hannibal alles gut ginge, wie er hoffe, dass es der Fall sein werde, so könne man den Gallischen Krieg ebenso sicher liegen lassen als verschieben, ***4*** und es werde schon einmal von den Göttern und vom römischen Volk abhängen, jene Bosheit zu bestrafen. Jetzt sei der Punische Krieg nebst den Heeren, durch die man ihn führen wolle, der Gegenstand, den man erwägen und betreiben müsse. ***5*** Nun war er der Erste, der über Fußvolk und Reiterei, über Bürger und Bundesgenossen im Heer des Diktators Auskunft gab. Dann legte Marcellus den Bestand seiner Truppen vor. ***6*** Wie viele unter Konsul Gaius Terentius in Apulien stünden, erfragte man von denen, die es wissen konnten. Und doch sah man die Möglichkeit nicht, wie man den konsularischen Heeren für einen so wichtigen Krieg die gehörige Stärke geben wolle. So beschloss man denn, den Anforderungen einer gerechten Rache ungeachtet, Gallien für dieses Jahr aufzugeben. ***7*** Des Diktators Heer bestimmte man dem Konsul, von Marcellus' Heer sollten diejenigen, die bei Cannae geflohen waren, nach Sizilien übergesetzt werden und dort so lange dienen, wie in Italien Krieg sei. ***8*** Dorthin solle man auch aus den Legionen des Diktators die am wenigsten kräftigen Soldaten verweisen, ohne ihnen eine Dienstzeit zu bestimmen, es sei denn, dass einer die gesetzliche Zeit der Dienstjahre habe. ***9*** Dem andern Konsul, der an Stelle des Lucius Postumius nachgewählt würde, bestimmte man zwei Stadtlegionen und beschloss, ihn so bald wie möglich zu wählen, sobald es sich ohne Hintansetzung des Götterwillens tun lasse. Außerdem sollten so schnell wie möglich zwei Legionen aus Sizilien herbeigerufen werden; aus diesen könne dann der Konsul, dem die Stadtlegionen zufielen, sich so viele Soldaten aussuchen, wie er für nötig halte. Dem Konsul Gaius Terentius solle die Feldherrnstelle noch ein Jahr gelassen und das zur Deckung Apuliens ihm anvertraute Heer in nichts verringert werden.

(26) Bei diesen Vorgängen und Zurüstungen in Italien ging der Krieg in Spanien in seinem raschen Gang fort, allein bis dahin mit mehr Glück für die Römer. ***2*** Nachdem die Scipionen, Publius und Gnaeus, ihre Truppen unter sich geteilt hatten, so dass Gnaeus den Land-, Publius den Seekrieg führte, hielt sich der punische Feldherr Hasdrubal, der im einen sowenig als im

andern seinen Kräften trauen durfte, weit vom Feind, so dass er sich durch die Entfernung und durch genommene Stellungen sicherte, bis ihm endlich auf sein dringendes und langes Anhalten 4000 Mann Fußvolk und 500 Reiter als Verstärkung aus Afrika geschickt wurden. ***3*** Da endlich seine Hoffnung wieder erwachte, rückte er mit seinem Lager dem Feind näher, und auch er ließ zur Behauptung der Inseln und der Küste die Flotte instand setzen und segelfertig halten. ***4*** Gerade im ersten Anlauf, die Bewegung aufs Neue zu beginnen, erschreckte ihn der Übergang seiner Schiffsobersten, welche seit dem harten Verweis nach dem Vorfall am Ebro, wo sie vor Bestürzung die Flotte preisgaben, es nie wieder, weder mit ihm als Feldherrn, noch mit der Sache Karthagos ehrlich gemeint hatten. ***5*** Diese Überläufer hatten bei dem Volk der Tartesier einen Aufstand gestiftet, und auf ihr Anstiften waren mehrere Städte abgefallen; eine hatten sie selbst mit Sturm erobert. ***6*** So ging der Krieg aus seiner Richtung gegen die Römer zu diesem Volk über, und Hasdrubal, der ihnen als Feinden mit einem schlagfertigen Heer ins Land fiel, beschloss einen Angriff auf Chalbus, einen tartesischen Heerführer von Ruf, welcher vor den Mauern der seit wenigen Tagen eroberten Stadt mit einem starken Heer sich auf sein Lager beschränkte. ***7*** Nach Voraussendung seiner Leichtbewaffneten, welche den Feind zum Kampf reizen sollten, schickte er einen Teil seines Fußvolkes nach allen Gegenden zur Plünderung des Landes aus und um die Zerstreuten aufzufangen. ***8*** Zu gleicher Zeit also gab es Getümmel vor dem Lager und auf dem Land Flucht und Gemetzel; dann aber, als sie sich auf verschiedenen Wegen von allen Seiten her auf ihr Lager zurückgezogen hatten, schwand auf einmal alle Furcht bei ihnen so völlig, dass sie nicht allein Mut genug hatten, ihre Verschanzungen zu verteidigen, sondern auch den Feind zur Schlacht herauszufordern. ***9*** Mit Tanzen und Springen nach ihrer Sitte brachen sie im Zug aus ihrem Lager hervor, und ihre plötzliche Kühnheit setzte den Feind, der kurz vorher sie aufgefordert hatte, in Schrecken. ***10*** Jetzt also gab Hasdrubal ebenfalls seinen Truppen eine geschützte Stellung auf einem Hügel von mäßiger Höhe, der vorne noch durch einen Fluss gedeckt war; er ließ auch seine voraufgeschickten Leichtbewaffneten und die umherstreifende Reiterei sich ebendahin zurückziehen, und weil er sich weder durch den Hügel noch durch den Fluss hinlänglich gesichert hielt, warf er um sein Lager einen Wall auf. ***11*** Während dieser abwechselnden Bedrohungen fanden mehrere Gefechte statt, und der Numider war als Reiter dem Spanier keineswegs gewachsen, sowenig als der maurische Wurfschütze dem Rundschildner, der ihm an Geschwindigkeit gleich, an Mut und Körperkraft bei Weitem überlegen war.

(27) Da die Tartesier, sooft sie sich vor dem punischen Lager zeigten, den Feind trotzdem nicht zum Kampf reizen konnten, ***2*** und die Bestürmung des Lagers so leicht nicht war, nahmen sie die Stadt Ascua, wo Hasdrubal, als er ihnen ins Land rückte, Getreide und andere Vorräte aufgehäuft hatte, mit Sturm ein und unterwarfen sich die ganze Landschaft ringsum. Und nun ließen sie sich weder auf dem Marsch noch im Lager durch irgendeinen Befehl zusammenhalten. ***3*** Als Hasdrubal diese gewöhnlich auf Glück folgende Unordnung bei ihnen einreißen sah, ging er nach einer Ermahnung an seine Truppen, die Feinde ohne Fahnen in ihrer Zerstreuung anzugreifen, vom Hügel herab in förmlicher Schlachtlinie gegen ihr Lager. ***4*** Als die von den Warten und Posten Zurückfliehenden mit vielem Lärm meldeten, der Feind sei schon da, erfolgte nun erst der Ruf zu den Waffen. ***5*** Und sowie jeder sich bewaffnet hatte, stürzten sie ohne Befehl, ohne Fahnen, ohne Stellung und Schluss ins Treffen. Schon hatten sich die Ersten eingelassen, als andere noch in Scharen herbeieilten, wieder andere noch nicht ausgerückt waren. ***6*** Doch selbst dieser Beweis von Mut machte sie anfangs dem Feind furchtbar. Da sie aber gerade deswegen, weil sie selbst außer Schluss auf geschlossene Reihen stießen, bei ihrer geringeren Zahl sich nicht schützen konnten, sahen sie sich einer nach dem andern um und drängten sich, von allen Seiten her zurückgetrieben, in einen Kreis; ***7*** und da sie, während sich Mann an Mann und Schild an Schild

schloss, so in die Enge zusammengedrückt wurden, dass sie kaum Platz genug hatten, die Waffen zu bewegen, sahen sie sich, ringsum von Feinden umzingelt, einen großen Teil des Tages hindurch dem Gemetzel preisgegeben. ***8*** Nur ein kleines Korps, das sich durchschlug, lief dem Wald und Gebirge zu; und derselbe Schrecken bewirkte beides, dass sie ihr Lager im Stich ließen und tags darauf das ganze Volk sich ergab. ***9*** Doch hielt es seine Zusage nicht lange. Denn von Zeit zu Zeit erfuhr man aus Karthago, dass Hasdrubal so schnell wie möglich mit seinem Heer nach Italien gehen solle. Die Verbreitung dieser Nachricht in Spanien wandte fast alle Völker den Römern zu. ***10*** Deswegen schrieb Hasdrubal ungesäumt nach Karthago und setzte den großen Nachteil auseinander, den der Ruf von seinem Abzug gehabt habe. Wenn er aber wirklich aufbräche, so würde ganz Spanien, noch ehe er über den Ebro ginge, den Römern zufallen. ***11*** Denn abgesehen davon, dass er weder Truppen noch einen Feldherrn habe, den er an seiner Stelle zurücklassen könne, wären die römischen Heerführer solche Männer, gegen die man kaum bei gleichen Kräften auftreten dürfe. ***12*** Wenn ihnen also Spanien nicht völlig gleichgültig sei, so möchten sie ihm an der Spitze eines tüchtigen Heeres einen Nachfolger schicken, der selbst bei dem glücklichsten Erfolg noch genug zu tun finden werde.

(28) Obgleich dieses Schreiben anfangs großen Eindruck auf den karthagischen Senat machte, so traf dieser dennoch, weil seine erste und wichtigste Sorge auf Italien gerichtet blieb, hinsichtlich Hasdrubals und seiner Truppen keine Änderung. ***2*** Um aber Spanien zu Land und zu Wasser zu behaupten und zu decken, wurde Himilko mit einem angemessenen Heer und einer verstärkten Flotte hingeschickt, ***3*** der auch, als er die Land- und Seetruppen übergesetzt, ein Lager aufgeschlagen, die Schiffe ans Land gezogen und mit einem Wall umgeben hatte, an der Spitze seiner auserlesensten Reiter, so schnell es ihm bei einem Marsch möglich war, auf dem er sich gegen unzuverlässige wie gegen feindliche Völker in gleicher Fassung zu halten hatte, bei Hasdrubal ankam. ***4*** Als er ihn mit den Beschlüssen und Aufträgen des Senates bekannt gemacht und sich dagegen von ihm hatte belehren lassen, wie der Krieg in Spanien zu führen sei, kehrte er in sein Lager zurück, durch nichts mehr gesichert als durch seine Schnelligkeit, indem er allenthalben schon durchgegangen war, ehe sie einig geworden waren.

5 Bevor Hasdrubal aufbrach, forderte er von allen von ihm abhängigen Völkerschaften Geld, denn er wusste wohl, dass auch Hannibal den Durchzug einige Male erkauft und von den Galliern keine andere als gedungene Hilfstruppen gehabt hatte, ***6*** dass jener kaum, wenn er einen solchen Zug mit leerer Hand angetreten hätte, bis an die Alpen gekommen wäre. Nachdem er die Gelder eiligst eingetrieben hatte, zog er zum Ebro. ***7*** Als man bei den Römern von den Beschlüssen der Karthager und von Hasdrubals Marsch hörte, schickten sich mit Zurücksetzung alles übrigen beide Feldherren an, mit vereinten Kräften ihm entgegenzutreten und zu widerstehen, ***8*** denn sie glaubten das Ende des römischen Staates vorauszusehen, wenn mit einem Feind wie Hannibal, der allein schon Italien beinahe erdrückte, ein Feldherr wie Hasdrubal und ein Heer Spanier sich vereinigen sollte. ***9*** Von diesen Sorgen geängstigt, zogen sie ihre Truppen am Ebro zusammen, und als sie nach dem Übergang lange überlegt hatten, ***10*** ob sie sich Lager gegen Lager dem Feind stellen oder sich damit begnügen sollten, ihn durch ihre Angriffe auf karthagische Bundesgenossen von dem beschlossenen Zug zurückzuhalten, fingen sie an, eine der reichsten Städte jener Gegend – sie hieß nach dem nahen Strom Ibera – zu belagern. ***11*** Als Hasdrubal dies hörte, zog er gleichfalls, statt seinen Bundesgenossen zu Hilfe zu kommen, vor eine Stadt, die sich erst kürzlich in römischen Schutz begeben hatte. ***12*** Da hoben die Römer die schon angefangene Einschließung auf und wandten sich zum Angriff gegen Hasdrubal selbst.

(29) Einige Tage standen sie in einer Entfernung von 5000 Schritten Lager gegen Lager, ***2*** zwar nicht ohne leichte Gefechte, doch ohne zur Schlacht auszurücken. Endlich wurde an ein

und demselben Tag, als wäre es verabredet, von beiden Seiten das Zeichen zur Schlacht gegeben, und sie zogen mit allen Truppen in die Ebene. *3* Die römische Linie war in drei Treffen aufgestellt. Zwischen den beiden ersten Treffen wurde ein Teil der Leichtbewaffneten aufgestellt, ein anderer Teil hinter das dritte Treffen, die Reiterei deckte die Flügel. *4* Hasdrubal besetzte seinen Mittelpunkt mit Spaniern; ihnen zur Seite stellte er rechts die Punier, links die Afrikaner und Söldner auf; von seiner Reiterei gab er die Numider dem punischen Fußvolk auf den Flügel, die übrigen den Afrikanern. *5* Allein nicht alle Numider standen auf dem rechten Flügel, sondern nur die, welche selbst oft im heftigsten Gefecht, weil sie zwei Pferde bei sich hatten, nach Art der Kunstreiter von dem müden Pferd auf das frische hinüberzuspringen pflegten; *6* so flink sind sie selbst und so gelehrig ist diese Art Pferd. In dieser gegenseitigen Stellung hatten beiderlei Feldherren fast gleiche Hoffnungen. Denn auch nicht einmal an Zahl oder in der Art der Truppen hatten diese oder jene ein bedeutendes Übergewicht; allein die Soldaten hatten bei Weitem nicht denselben Mut. *7* Denn den Römern, so fern sie auch von ihrem Vaterland kämpften, hatten doch ihre Feldherren leicht begreiflich gemacht, dass sie jetzt für Italien und für die Stadt Rom zu kämpfen hätten. Daher hatten sie sich's vorgenommen, gleich als hinge ihre Rückkehr ins Vaterland von der Entscheidung dieser Schlacht ab, zu siegen oder zu sterben. *8* So entschlossen waren die Kämpfer auf der andern Seite nicht. Denn der größte Teil bestand aus Spaniern, die sich nicht so gern als Sieger nach Italien schleppen als in Spanien schlagen lassen wollten. *9* Also gleich beim ersten Zusammentreffen, als kaum die Wurfpfeile abgeschossen waren, zog sich das Mitteltreffen zurück, und als die Römer mit großem Ungestüm nachdrängten, wich es zurück. Dessen ungeachtet wurde auf den Flügeln heftig gekämpft, *10* von hier setzten den Römern die Punier zu, von dort die Afrikaner und fochten gegen sie auf zwei Seiten wie gegen Umzingelte. *11* Allein sobald sich die römische Linie in ihrer ganzen Stärke in der Mitte gesammelt hatte, hatte sie auch Kraft genug, die feindlichen Flügel auseinanderzusprengen. *12* Es standen also hier zwei Schlachten nach entgegengesetzter Richtung; und in beiden trugen die Römer, die nun auch, nachdem sie das Mitteltreffen geworfen hatten, an Zahl und Festigkeit der Truppen die Überlegenen waren, einen zweifellosen Sieg davon. *13* Die Menge der hier Gefallenen war sehr groß, und wären nicht die Spanier, als man kaum handgemein geworden war, in vollen Scharen geflohen, so wären vom ganzen Heer nur wenig übriggeblieben. *14* Die Reiterei kam so gut wie gar nicht zum Gefecht; denn sobald die Mauren und Numider ihr Mitteltreffen zurückgedrängt sahen, ließen sie durch ihre völlige Flucht die Flügel bloßgestellt, indem sie sogar die Elefanten vor sich hertrieben. *15* Und Hasdrubal, der bis zur letzten Entscheidung der Schlacht aushielt, rettete sich mitten aus dem Gemetzel mit nur wenigen. Das Lager wurde von den Römern erobert und geplündert. *16* Waren in Spanien noch einige Völker unschlüssig gewesen, so zog sie diese Schlacht auf römische Seite, und Hasdrubal nahm sie nicht allein die Hoffnung, sein Heer nach Italien hinüberzuführen, sondern selbst in Spanien sich mit völliger Sicherheit zu halten. *17* Als sich diese Nachricht durch die Briefe der Scipionen in Rom verbreitete, freute man sich nicht so sehr über den Sieg, als vielmehr darüber, dass Hasdrubals Zug nach Italien vereitelt war.

(30) Während dieser Ereignisse in Spanien wurde im Bruttierland Petelia mehrere Monate nach eröffneter Belagerung von Himilko, Hannibals Unterbefehlshaber, erobert. *2* Diesen Sieg erkauften die Punier mit viel Blut und Wunden; und doch war eigentlich der Hunger das Zwangsmittel, dem die Eingeschlossenen erlagen. *3* Denn als die Lebensmittel an Getreide und das Fleisch von allen möglichen Tieren verzehrt waren, lebten sie zuletzt von Schildleder, Kräutern, Wurzeln, zarter Baumrinde und abgestreiften Blättern, *4* und blieben unbezwungen, bis es ihnen an Kraft fehlte, auf der Mauer zu stehen und die Waffen zu halten. *5* Nach der Einnahme von Petelia gingen die punischen Truppen nach Consentia, das sich nach einem minder hartnäckigen Widerstand

in wenigen Tagen ergab. *6* Fast in denselben Tagen bestürmte auch ein bruttisches Heer die griechische, einst so kriegerische und volkreiche Stadt Kroton, die aber damals schon durch viele und große Unglücksfälle so heruntergekommen war, dass sich aus allen Älteren nicht volle 20 000 Bürger zusammenfanden. *7* Also bemächtigten sich einer Stadt, die für ihre Verteidiger zu groß war, die Feinde mit leichter Mühe; nur die Burg behauptete sich, auf die sich während des Getümmels bei Eroberung der Stadt mitten aus dem Gemetzel mehrere von ihnen retteten. *8* Auch Locri, wo das Volk von seinen Vornehmen verraten wurde, trat auf die Seite der Bruttier und Punier. *9* Die Bewohner von Rhegium waren die einzigen in jener Gegend, die bis ans Ende den Römern treu und ihre eigenen Herren blieben. *10* Diese Stimmung der Gemüter ging auch nach Sizilien über, und nicht einmal Hieros Haus blieb ganz vom Abfall frei. *11* Denn sein ältester Sohn Gelo, dem zugleich des Vaters hohes Alter und nach der Niederlage bei Cannae das römische Bündnis verächtlich wurde, trat zu den Puniern über und hätte in Sizilien Unruhen veranlasst, *12* hätte ihn nicht, als er schon das Volk bewaffnete und Bundesgenossen aufwiegelte, der Tod so zu rechter Zeit dahingerafft, dass diesen der Verdacht sogar dem Vater beimaß. *13* Dies sind die Begebenheiten dieses Jahres in Italien, in Afrika, in Sizilien, in Spanien von ungleichem Erfolg. Am Ende des Jahres hielt Quintus Fabius Maximus beim Senat um die Erlaubnis an, den Tempel der Venus Erycina, den er ihr als Diktator gelobt habe, zu weihen. *14* Der Senat beschloss, dass der ernannte Konsul Tiberius Sempronius, wenn er sein Amt angetreten habe, bei dem Gesamtvolk darauf antragen sollte, den Quintus Fabius für diese dem Tempel zu gebende Weihe zum Zweimannn ernennen zu lassen. *15* Auch gaben dem Marcus Aemilius Lepidus zu Ehren, welcher zweimal Konsul und Augur gewesen war, seine drei Söhne Lucius, Marcus und Quintus bei seiner Beerdigung dreitägige Spiele und ebenfalls drei Tage nacheinander auf dem Markt 22 Fechterpaare. *16* Die kurulischen Ädilen Gaius Laetorius und Tiberius Sempronius Gracchus, der ernannte Konsul, der als Ädil zugleich Magister Equitum gewesen war, veranstalteten die Römischen Spiele, die drei Tage nacheinander gegeben wurden. *17* Die plebejischen Spiele der Ädilen Marcus Aurelius Cotta und Marcus Claudius Marcellus wurden dreimal gegeben.

18 Als das dritte Jahr des Punischen Krieges sein Ende erreicht hatte, trat Tiberius Sempronius Gracchus am 15. März als Konsul sein Amt an. Von den Prätoren erhielt Quintus Fulvius Flaccus, der schon zweimal Konsul, auch Zensor gewesen war, die städtische Gerichtsbarkeit, und Marcus Valerius Laevinus die über die Fremden; Appius Claudius Pulcher erhielt Sizilien, Quintus Mucius Scaevola Sardinien. Dem Marcus Claudius Marcellus wurde vom Volk die Gewalt eines Prokonsuls gegeben, *19* weil er nach der Niederlage bei Cannae der einzige römische Feldherr war, der in Italien glücklich gekämpft hatte.

(31) Der Senat beschloss gleich an dem Tag seiner ersten Sitzung auf dem Kapitol, dass in diesem Jahr eine doppelte Steuer ausgeschrieben und die einfache sogleich erhoben werden sollte, *2* damit hiervon allen Soldaten der Sold alsbald gezahlt werden könne, diejenigen ausgenommen, die bei Cannae im Dienst gestanden hätten. *3* Über die Heere trafen sie folgende Verfügungen: Den zwei Stadtlegionen sollte der Konsul Tiberius Sempronius einen Tag bestimmen, an dem sie sich zu Cales zu sammeln hätten; von da sollten diese Legionen in das Claudische Lager oberhalb Suessula geführt werden; *4* die hier stehenden Legionen – sie gehörten aber größtenteils zum Heer von Cannae – sollte der Prätor Appius Claudius Pulcher nach Sizilien übersetzen, und die in Sizilien befindlichen sollten nach Rom herübergeführt werden. *5* Zu dem Heer, das sich an dem bestimmten Tag zu Cales sammeln musste, schickte man den Marcus Claudius Marcellus und befahl ihm, die Stadtlegionen in das Claudische Lager zu führen. *6* Hier das alte Heer in Empfang zu nehmen und es nach Sizilien abzuführen, schickte Appius Claudius seinen Legaten Tiberius Maecilius Croto.

7 Anfangs hatten alle stillschweigend erwartet, dass der Konsul einen Wahltag zur Ernennung eines Mitkonsuls halten würde. Als sie jetzt aber sahen, dass Marcus Marcellus gleichsam absichtlich weggeschickt sei, da sie doch ihn vor allen anderen wegen seiner ausgezeichneten Taten in der Prätur zum Konsul gewählt hätten, entstand Murren im Senat. *8* Als dies der Konsul merkte, sprach er: *Beides war dem allgemeinen Besten angemessen, versammelte Väter, sowohl dass Marcus Claudius zur Austauschung der Heere nach Kampanien ging, als auch, dass der Wahltag nicht eher angesetzt wurde, bis jener nach Verrichtung des Amtes, das ihm aufgetragen ist, zurückgekehrt ist, damit ihr zu einem Konsul, wie ihn die Lage des Staates erfordert, gerade den bekommen möchtet, den ihr am liebsten wünscht.* *9* Und nun war über den Wahltag bis zur Rückkehr des Marcellus alles still. Unterdessen wurden Quintus Fabius Maximus und Titus Otacilius Crassus zu Zweimännern ernannt, um den Göttinnen Mens und Venus Erycina die Tempel zu weihen, jenen Otacilius, diesen Fabius. Beide Tempel stehen auf dem Kapitol, nur durch einen Graben voneinander getrennt. *10* Auch stellte man wegen der 300 kampanischen Reiter, welche nach Verlauf ihrer mit aller Treue in Sizilien ausgehaltenen Dienstjahre nach Rom gekommen waren, nunmehr den Antrag beim Volk, sie unter die römischen Bürger aufzunehmen, auch sie einen Tag früher, als der Abfall des kampanischen Volkes vom römischen erfolgt sei, für Munizipalbürger von Cumae gelten zu lassen. *11* Der Hauptbeweggrund, diesen Antrag zu stellen, war der, dass diese Reiter sagten, sie wüssten selbst nicht, wohin sie eigentlich gehörten, da man sie, nachdem sie ihr altes Vaterland verlassen hätten, in das, in welches sie aus Sizilien zurückgekommen wären, noch nicht aufgenommen habe.

12 Als Marcellus vom Heer zurückkehrte, wurde ein Versammlungstag angesetzt, um den einen Konsul an die Stelle des Lucius Postumius zu wählen. *13* Mit großer Einstimmigkeit wählte man Marcellus, und zwar so, dass er sein Amt sogleich übernehmen sollte. Da es aber beim Antritt seines Konsulates donnerte, erklärten die zu Rate gezogenen Augurn, ihrer Meinung nach sei die Wahl fehlerhaft; und die Väter brachten allgemein in Umlauf, es missfalle den Göttern, dass durch diese Wahl das Konsulat zum ersten Mal an zwei Bürgerliche gekommen sei. *14* An Marcellus' Stelle wurde, als er vom Amt zurücktrat, Fabius Maximus nachgewählt, der zum dritten Mal Konsul wurde.

15 In diesem Jahr stand das Meer im Feuer. Bei Sinuessa warf eine Kuh ein Füllen; zu Lanuvium troffen die Bildsäulen am Tempel der Juno Sospita von Blut, und in der Nähe dieses Tempels regnete es Steine. Wegen dieses Regens wurde, wie gewöhnlich, ein neuntägiges Betfest gehalten, und die übrigen Wunderzeichen wurden sorgfältig durch Sühnungen abgewandt.

(32) Nun teilten sich die Konsuln in die Heere. Fabius erhielt durch das Los das Heer zu Teanum, welches unter dem Diktator Marcus Junius gestanden hatte, Sempronius alle Freiwilligen vom Sklavenstand und 25 000 Mann Bundesgenossen. *2* Dem Prätor Marcus Valerius bestimmte man die aus Sizilien zurückgekommenen Legionen und schickte den Marcus Claudius als Prokonsul zu dem Heer, welches zum Schutz Nolas oberhalb Suessula stand. Die Prätoren gingen nach Sizilien und Sardinien ab. *3* Die Konsuln machten bekannt, die Senatoren und alle, welche das Stimmrecht im Senat hätten, sollten sich, wenn sie den Senat beriefen, am Capenischen Tor versammeln. *4* Die Prätoren, welche die Gerichtspflege hatten, schlugen ihre Richterstühle an dem öffentlichen Fischteich auf. Hier sollten die Vorladungen stattfinden, und hier wurde in diesem Jahr Recht gesprochen.

5 Unterdessen lief zu Karthago, als Mago, Hannibals Bruder, von hier aus mit 12 000 Mann zu Fuß und 1500 Reitern nebst 20 Elefanten und 1000 Talenten Silber unter einer Bedeckung von 60 Kriegsschiffen nach Italien übergehen sollte, *6* die Nachricht ein, dass man in Spanien unglücklich gewesen und dass fast alle Völkerschaften dieses Landes zu den Römern übergegangen seien. *7* Es fehlte nicht an solchen, die mit Zurücksetzung Italiens den Mago mit dieser Flotte und Mannschaft für Spanien bestimmten, *8* als sich unvermutet ein Strahl von Hoffnung zeigte, Sardinien wieder zu erobern. Denn das römische Heer dort sei nur schwach; der alte, mit dieser Provinz bekannte Prätor Aulus Cornelius gehe ab, der neue werde erwartet. *9* Außerdem wollten die Sardinier von der alten Herrschaft nichts mehr wissen, und im vorigen Jahr habe man sie mit Härte und Habsucht behandelt, habe sie durch schwere Steuern und übertriebene Kornlieferungen gedrückt. Es fehle nichts als ein Führer, an den sie abfallen könnten. *10* Dies meldeten ihnen die Häupter der Insel durch eine geheime Gesandtschaft, hauptsächlich auf Betrieb des Hampsicoras, der damals unter ihnen bei Weitem der Angesehenste und Reichste war.

11 Durch diese Nachrichten fast zu gleicher Zeit gebeugt und gehoben, schickte man von Karthago den Mago mit seiner Flotte und Mannschaft nach Spanien. *12* Für Sardinien wählte man einen Hasdrubal zum Anführer und bestimmte ihm fast ebenso viele Truppen wie dem Mago.

13 Schon setzten sich auch zu Rom die Konsuln, nachdem sie ihre Stadtgeschäfte besorgt hatten, zum Krieg in Bewegung. *14* Tiberius Sempronius bestimmte seinen Soldaten den Tag, an dem sie sich zu Sinuessa sammeln sollten, und Quintus Fabius verordnete, nachdem er deshalb beim Senat angefragt hatte, *15* dass alle Landbewohner ihr Getreide vor dem nächsten ersten Juni in die festen Städte liefern sollten. Wer es nicht geliefert hätte, dessen Felder würde er verheeren, die Sklaven versteigern und die Gebäude niederbrennen lassen. Nicht einmal die Prätoren, welche für die Gerichtspflege gewählt waren, waren von der Teilnahme an der Kriegführung befreit. *16* Man beschloss, den Prätor Valerius nach Apulien gehen zu lassen, um das Heer von Terentius zu übernehmen; wenn die Legionen aus Sizilien angekommen wären, sollte er eigentlich diese zum Schutz jener Gegend gebrauchen, das Heer des Terentius aber mit einem Legaten nach Tarent gehen lassen. *17* Auch dem Publius Valerius wurden 25 Schiffe gegeben, um die Seeküste zwischen Brundisium und Tarent decken zu können. *18* Eine gleiche Anzahl von Schiffen wurde dem Stadtprätor Quintus Fulvius gegeben, um die Küste in der Nähe von Rom zu decken. *19* Dem Prokonsul Gaius Terentius wurde aufgetragen, im picenischen Gebiet Soldaten aufzubringen und diese Gegend in Schutz zu nehmen. *20* Auch wurde Titus Otacilius Crassus, nachdem er den Tempel der Mens auf dem Kapitol eingeweiht hatte, mit dem Oberbefehl über die Flotte nach Sizilien geschickt.

(33) Auf diesen Kampf der beiden mächtigsten Völker auf Erden hatten alle Könige und Nationen ihre Aufmerksamkeit gerichtet, *2* und unter ihnen Philipp, König von Makedonien, umso mehr, je näher er Italien war und nur durch das Jonische Meer von ihm geschieden wurde. *3* Wie er auf die erste Kunde von Hannibals Übergang über die Alpen sich über den zwischen den Römern und Puniern ausgebrochenen Krieg gefreut hatte, so hatte er doch, solange das Übergewicht noch unentschieden war, geschwankt, welchem von beiden Völkern er den Sieg am liebsten gönnen sollte. *4* Als jetzt schon mit der dritten Schlacht der dritte Sieg auf punischer Seite stand, neigte er sich dem Glück zu und schickte Gesandte an Hannibal, welche mit Umgehung der Häfen Brundisium und Tarent – denn diese waren von römischen Wachtschiffen besetzt – bei dem Tempel der Juno Lacinia an das Land stiegen. *5* Da sie von hier durch Apulien ihren Weg nach Capua nahmen, gerieten sie mitten unter die römischen Posten und wurden vor den Prätor Marcus Valerius Laevinus geführt, der in der Nähe von Luceria sein Lager hatte. *6* Hier sagte Xenophanes, das Haupt der Gesandtschaft, ohne im Geringsten verlegen zu sein, König Philipp habe ihn geschickt, um mit dem römischen Volk Freundschaft und Bündnis zu schließen, er habe Aufträge an die Konsuln, an den römischen Senat und an das Volk.

7 Der Prätor, über den neuen Beitritt eines so berühmten Königs mitten unter dem Abfall der alten Bundesgenossen hoch erfreut, nahm seine Feinde als Freunde höflich auf, *8* gab ihnen eine

Begleitung mit, die ihnen genau die Wege mit der Bemerkung zeigen musste, welche Plätze und welche Pässe von den Römern oder von den Feinden besetzt wären. ***9*** So kam Xenophanes durch die römischen Posten nach Kampanien und von hier, sobald er ihm nahe genug war, in Hannibals Lager und schloss mit ihm einen Vertrag und ein Bündnis unter folgenden Bedingungen: ***10*** König Philipp solle mit einer möglichst großen Flotte – und er schien 200 Schiffe stellen zu können – nach Italien kommen, die Seeküste verheeren und seinerseits am Krieg zu Land und zu Wasser teilnehmen. ***11*** Am Ende des Krieges solle ganz Italien mit der Stadt Rom selbst den Karthagern gehören und alle Beute dem Hannibal zufallen. ***12*** Wenn man sich Italien unterworfen habe, dann wollten sie zur See nach Griechenland kommen, und der König werde die Feinde zu bestimmen haben, gegen die es gehen solle. Alle an Makedonien grenzenden Staaten des Festlandes und alle nahen Inseln sollten Philipp und seinem Reich gehören.

(34) Ungefähr unter diesen Bedingungen kam der Vertrag zwischen dem punischen Feldherrn und den makedonischen Gesandten zustande, ***2*** und die diesen mitgegebenen Bevollmächtigten, welche ihn vom König selbst bestätigen lassen sollten, Gisgo, Bostar und Mago, gelangten wieder bis zum Tempel der Juno Lacinia, wo ein Schiff im Geheimen auf der Reede war. ***3*** Als sie nach ihrer Abfahrt schon auf der hohen See waren, wurden sie von der römischen Flotte bemerkt, welche Kalabriens Küsten deckte. ***4*** Den vom Publius Valerius Flaccus ausgeschickten Jachten, welche das Schiff einholen und zurückbringen sollten, suchten die Makedonier anfangs zu entkommen; als sie aber merkten, dass die Römer schneller segelten, ergaben sie sich. ***5*** Als sie vor den Admiral gebracht wurden, fing Xenophanes auf die Fragen desselben, wer und woher sie wären und wohin ihre Fahrt ginge, wieder an, seine schon einmal glücklich genug gewesene Lüge wieder aufzutischen, er sei von Philipp an die Römer gesandt und bis zu Marcus Valerius gekommen, weil bis zu ihm, aber auch nur zu ihm, der Weg sicher gewesen sei, denn durch Kampanien zu kommen, das er ganz von feindlichen Posten umstellt gefunden habe, sei ihm unmöglich gewesen. ***6*** Als aber Hannibals Gesandte durch ihre punische Tracht und ihr Äußeres Verdacht erregten und bei den an sie gerichteten Fragen ihre Sprache sie verriet, ***7*** kam man durch besondere Abhörung ihrer Bedienten und angebrachte Drohungen dem Brief Hannibals an Philipp und den Verabredungen zwischen dem makedonischen König und dem punischen Feldherrn auf die Spur. ***8*** Nachdem dies hinlänglich ausgemittelt war, schien es das Beste, die Gefangenen und ihr Gefolge so schnell wie möglich nach Rom zum Senat oder zu den Konsuln abführen zu lassen, wo sie auch immer wären. ***9*** Hierzu suchte man die fünf besten Schnellsegler aus, gab ihnen den Lucius Valerius Antias als Befehlshaber mit und trug ihm auf, die Gesandten auf alle Schiffe zur abgesonderten Bewachung zu verteilen und darauf zu sehen, dass keiner den andern sprechen und ihm Mitteilungen machen könne.

10 Um dieselbe Zeit fassten zu Rom die Väter – auf den Bericht des von der Verwaltung Sardiniens abgegangenen Aulus Cornelius Mammula über den Zustand der Insel, dass alles dort nach Krieg und Abfall aussehe, ***11*** dass sein Nachfolger Quintus Mucius, weil er gerade bei der ungesunden Jahreszeit und anhaltenden Nässe eingetroffen sei, durch eine zwar nicht gefährliche, aber langwierige Krankheit auf längere Zeit außer Stand gesetzt werde, sich dem Sturm des Krieges zu unterziehen, ***12*** und dass das dortige Heer bei aller genügenden Stärke, die Provinz in Friedenszeiten zu schützen, doch für einen Krieg, der jetzt allem Anschein nach zum Ausbruch komme, viel zu schwach sei – den Beschluss, ***13*** Quintus Fulvius Flaccus solle 5000 Mann zu Fuß und 400 zu Pferd ausheben, diese Legion so schnell wie möglich nach Sardinien übersetzen lassen ***14*** und ihr nach seiner Wahl einen Befehlshaber mitgeben, damit er die Leitung übernehme, bis Mucius wiederhergestellt sei. ***15*** Hierzu wurde Titus Manlius Torquatus abgeschickt, welcher zweimal Konsul, auch Zensor gewesen war, und in seinem Konsulat die Sardinier unterworfen hatte. *16* Fast um dieselbe Zeit wurde eine von Karthago unter Anführung Hasdrubals, mit dem Beinamen der Kahle, ebenfalls nach Sardinien gesandte Flotte, die ein furchtbarer Sturm übel zurichtete, an die Balearischen Inseln verschlagen *17* und darüber, dass hier die Schiffe ans Land gezogen und wieder ausgebessert werden mussten – so sehr waren nicht bloß die Masten und Ruder, sondern selbst die Rümpfe beschädigt –, verfloss eine geraume Zeit.

(35) In Italien, wo es mit dem Krieg nach der Schlacht bei Cannae nicht so schnell ging, weil auf der einen Seite die Kraft gebrochen, auf der andern der Trieb erschlafft war, *2* unternahmen es die Campaner für sich allein, den Staat von Cumae sich zu unterwerfen, zuerst dadurch, dass sie die Cumaner zum Abfall von Rom zu bereden suchten; da dies aber nicht gelang, legten sie es darauf an, sie durch List zu besiegen. *3* Alle Campaner hatten bei Hamae einen festgesetzten Opfertag. Sie ließen den Cumanern sagen, der kampanische Senat werde sich dort einfinden, und baten, auch der Senat von Cumae möge hinkommen, um durch gemeinschaftliche Beratung es dahin zu bringen, dass beide Völker dieselben Freunde und Feinde hätten; sie würden dort Mannschaft unter den Waffen haben, um vor den Römern wie vor den Puniern außer Gefahr zu sein. *4* Die Cumaner, waren sie gleich nicht ohne Besorgnis einer Hinterlist, erklärten sich doch zu allem bereit; sie glaubten, auf diese Art eine Falle von ihrer Seite um so besser verdecken zu können.

5 Konsul Tiberius Sempronius, der indessen nach Musterung seiner Truppen zu Sinuessa, wohin er sie auf einen bestimmten Tag zum Sammelplatz befohlen hatte, über den Fluss Volturnus gegangen war, lagerte sich in der Nähe von Liternum. *6* Da er hier ein ruhiges Standlager hatte, ließ er die Soldaten sich fleißig üben, damit die Neulinge – sie bestanden größtenteils aus Freiwilligen vom Sklavenstand – der Fahne folgen und sich in der Linie zu ihrer Schar finden lernten. *7* Hierbei hatte der Feldherr sein Hauptaugenmerk darauf gerichtet und dies auch den Legaten und Obersten zur Vorschrift gemacht, ja nicht dadurch, dass man irgendeinem seine früheren Verhältnisse vorwarf, die Stände untereinander zu entzweien. *8* Der alte Soldat solle sich's gefallen lassen, dem jungen, der Freigeborne, dem Freigekauften sich gleichgestellt zu sehen. Jeder solle die für ehrenwert und edelbürtig achten, denen das römische Volk seine Waffen und Fahnen anvertraut habe. *9* Dieselbe Not, welche diesen Schritt zu tun geboten habe, gebiete auch, ihn zu verfolgen, nachdem man ihn getan habe. Angelegentlicher konnten die Anführer diese Befehle nicht geben, als die Soldaten sie befolgten, und in kurzer Zeit waren alle zu einem so einmütigen Ganzen geworden, dass es fast in Vergessenheit kam, aus welchem Stand jeder ins Heer getreten sei.

10 Unter diesen Beschäftigungen meldeten dem Gracchus Gesandte von Cumae den Antrag, der ihnen vor einigen Tagen von den Campanern durch eine Gesandtschaft gemacht sei, und was sie selbst darauf geantwortet hätten. Von morgen an dauere das Fest drei Tage. *11* Die Campaner würden hier nicht allein ihren ganzen Senat, sondern auch ein Lager und ein Heer haben. *12* Gracchus, der den Cumanern riet, alles vom Land in die Stadt zu schaffen und in ihren Mauern zu bleiben, brach den Tag vor der festgesetzten kampanischen Opferfeier nach Cumae auf. Hamae liegt von da noch 3000 Schritte entfernt. *13* Schon hatten sich hier die Campaner der Verabredung gemäß zahlreich versammelt, und nicht weit davon stand Marius Alfius, der Medixtuticus – bei den Campanern das höchste Amt –, mit 14 000 Bewaffneten in einem versteckten Lager, *14* allein weit eifriger auf die Zurüstungen zum Opfer bedacht und dabei zugleich auf Vorbereitung des Überfalles als auf Befestigung seines Lagers oder irgendeine kriegerische Maßregel. *15* Die Opferfeier bei Hamae war dreitägig; die heilige Handlung ging bei Nacht vor sich, doch musste sie vor Mitternacht beendet sein. *16* Da Gracchus diese Zeit benutzen zu müssen glaubte, ließ er nach Besetzung der Tore, damit niemand sein Vorhaben ausschwatzen könne, und nachdem er seine Soldaten angehalten hatte, bis zur zehnten Tagesstunde sich zu pflegen und zu schlafen,

17 damit sie mit dem ersten Dunkel auf sein Zeichen sich sammeln könnten, gegen die erste Nachtwache den Aufbruch erfolgen, ***18*** und da er in aller Stille ausgerückt war, drang er, als er gegen Mitternacht bei Hamae eintraf, durch alle Tore zugleich in das von den Campanern – es war ja Nachtfeier – vernachlässigte Lager, tötete sie teils, so wie sie im Schlaf hingestreckt lagen, teils wie sie von dem vollzogenen Opfer unbewaffnet zurückkamen. ***19*** Mehr als 2000 Menschen verloren in diesem nächtlichen Überfall samt ihrem Anführer Marius Alfius ihr Leben; man erbeutete 34 Fahnen.

(36) Gracchus, der mit einem Verlust von nicht ganz 100 Mann das feindliche Lager erobert hatte, zog sich eilig nach Cumae zurück, aus Furcht vor Hannibal, der oberhalb Capua auf der Höhe Tifata sein Lager hatte. ***2*** Und er hatte sich in dem, was er vorauszusehen glaubte, nicht getäuscht. Denn kaum erfuhr man diese Niederlage zu Capua, als Hannibal, der das Heer von Neulingen und größtenteils Sklaven über den Sieg in ausgelassener Freude noch bei Hamae über der Beraubung der Erschlagenen und Beseitigung der Beute anzutreffen hoffte, ***3*** in schnellem Zug vor Capua vorbeieilte, die auf ihrer Flucht ihm begegnenden Campaner unter mitgegebener Bedeckung nach Capua bringen ***4*** und die Verwundeten auf Wagen hinfahren ließ. Er selbst fand bei Hamae das Lager von den Feinden geräumt und nichts als die Spuren eines frischen Blutbades und allenthalben die Leichen seiner Bundesgenossen hingestreckt. ***5*** Einige rieten ihm, sogleich von hier nach Cumae zu ziehen und die Stadt anzugreifen. ***6*** So sehr Hannibal dies selbst wünschte, um wenigstens, weil es ihm mit Neapolis nicht gelungen war, an Cumae eine Seestadt in Besitz zu haben, zog er sich doch, da der Soldat bei dem schnellen Aufbruch nichts als die Waffen mitgenommen hatte, wieder in sein Lager oberhalb Tifata zurück. ***7*** Auf die fortwährenden Bitten der Campaner kam er am folgenden Tag von dort mit allem zum Sturm auf eine Stadt nötigen Rüstzeug wieder vor Cumae an und lagerte sich nach gänzlicher Verheerung des cumanischen Gebietes 1000 Schritte von der Stadt, ***8*** in welcher Gracchus stehen blieb, mehr, weil er sich schämte, Bundesgenossen, die ihn und das römische Volk um Rettung anflehten, in einer solchen Not zu verlassen, als dass er sich ganz auf sein Heer hätte verlassen können. ***9*** Auch der andere Konsul, Fabius, der bei Cales sein Lager hatte, wagte sich nicht über den Fluss Volturnus, zuerst durch Wiedereinholung der Götterleitung behindert, dann durch schlimme Vorbedeutungen, die ihm eine über die andere gemeldet wurden; ***10*** und als er sie durch Sühnopfer abwenden lassen wollte, zeigten ihm die Priester an, dass es schwer sei, ein günstiges Opfer zu erhalten.

(37) Da diese Gründe den Fabius festhielten, blieb Sempronius in der Stadt eingeschlossen; und sie wurde schon mit Belagerungswerken bestürmt. ***2*** Gegen einen ungeheuren hölzernen Turm, der auf die Stadt anrückte, führte der römische Konsul auf der Mauer selbst einen andern viel höheren auf, weil er bei Ziehung der starken Grundbalken die an sich schon hohe Mauer als Unterlage hatte. ***3*** Von hier aus behaupteten die Verteidiger ihre Mauern und ihre Stadt anfangs mit Steinen, Pfählen und anderen Geschossen; ***4*** zuletzt, als sie sahen, dass der herangerollte Turm an die Mauer stieß, warfen sie vermittels brennender Fackeln auf einmal eine Menge Feuer hinein. ***5*** Und als die Menge von Bewaffneten durch den Brand in voller Verwirrung sich vom Turm herabstürzte, brachte ein aus zwei Toren zugleich unternommener Ausfall die feindlichen Posten zum Weichen und trieb sie in ihr Lager zurück, so dass die Punier an diesem Tag eher die Belagerten als die Belagerer zu sein schienen. ***6*** Gegen 1300 Karthager wurden getötet und 59 Gefangene gemacht, welche an der Mauer und auf ihren Posten in aller Arglosigkeit und Unordnung, weil sie nichts weniger als einen Ausfall befürchteten, ehe sie sich dessen versahen, abgeschnitten wurden. ***7*** Ehe sich die Feinde von dem plötzlichen Schrecken erholten, gab Gracchus das Zeichen zum Rückzug und barg seine Truppen hinter den Mauern. ***8*** Am folgenden Tag stellte Hannibal, in der Voraussetzung, der Konsul werde, vergnügt über den glücklichen Erfolg,

sich in eine förmliche Schlacht einlassen, zwischen seinem Lager und der Stadt seine Linie auf. *9* Als er aber niemanden von der gewöhnlichen Bewachung der Stadt sich entfernen, nichts im Vertrauen auf gut Glück unternehmen sah, zog er sich unverrichteter Sache nach Tifata zurück.

10 In denselben Tagen, in welchen Cumae von der Einschließung befreit wurde, war auch in Lucanien bei Grumentum Tiberius Sempronius mit dem Beinamen Longus in einem Gefecht mit dem Punier Hanno glücklich. *11* Er tötete über 2000 Feinde, verlor nur 280 Mann und erbeutete etwa 41 Fahnen. *12* Hanno, aus den Grenzen Lucaniens vertrieben, zog sich wieder in das bruttische Gebiet zurück. Auch wurden durch den Prätor Marcus Valerius den Hirpinern drei Städte, welche vom römischen Volk abgefallen waren, mit Sturm wieder abgenommen, Vercellium, Vescellium und Sicilinum, und die Urheber des Abfalls enthauptet. *13* Über 1000 Gefangene wurden öffentlich verkauft, die übrige Beute den Soldaten überlassen und das Heer nach Luceria zurückgeführt.

(38) Als während dieser Begebenheiten im lucanischen und hirpinischen Gebiet die fünf Schiffe, welche die gefangenen makedonischen und punischen Gesandten nach Rom bringen sollten, *2* auf ihrer aus dem Obermeer fast um die ganze Küste Italiens bis ins Untermeer gemachten Fahrt vor Cumae vorbeisegelten, und man nicht gewiss wusste, ob sie Feinden oder Freunden gehörten, schickte ihnen Gracchus Schiffe von seiner Flotte entgegen. *3* Als man nach gegenseitigem Nachfragen hörte, dass zu Cumae der Konsul sei, landeten sie bei Cumae, und die Gefangenen wurden vor den Konsul gebracht und die Briefschaften abgeliefert. *4* Nachdem der Konsul Philipps und Hannibals Schreiben gelesen hatte, schickte er alles versiegelt zu Land an den Senat; die Gesandten ließ er zu Schiffe hinbringen. *5* Da nun fast an einem Tag die Schreiben und die Gesandten zu Rom eintrafen und in dem angestellten Verhör die mündliche Aussage mit der schriftlichen übereinstimmte, gerieten die Väter anfangs in große Besorgnis, da sie sich von einem schweren Krieg mit Makedonien bedroht sahen, während sie schon dem Punischen beinahe erlägen. *6* Doch weit entfernt, sich von dieser Besorgnis niederbeugen zu lassen, dachten sie vielmehr sogleich daran, durch einen zuvorkommenden Angriff diesen Feind von Italien fernzuhalten. *7* Nachdem sie die Gefangenen hatten in Fesseln legen und deren Begleiter öffentlich verkaufen lassen, befahlen sie, die Flotte von 25 Schiffen, die unter dem Oberbefehl des Publius Valerius Flaccus stand, mit den zweiten 25 noch zu bauenden zu verstärken. *8* Als diese gebaut und in See gelassen waren, und man die fünf Schiffe, auf denen die gefangenen Gesandten gekommen waren, wieder hatte dazu stoßen lassen, *9* gingen diese 30 Schiffe von Ostia nach Tarent ab, und Publius Valerius erhielt den Befehl, wenn er die zu Tarent unter dem Legaten Lucius Apustius stehenden ehemaligen Truppen Varros eingeschifft hätte, mit seiner Flotte von 50 Schiffen nicht bloß die Küste Italiens zu decken, sondern sich auch über den Makedonischen Krieg Gewissheit zu verschaffen; *10* wären Philipps Maßregeln mit den Briefen und Aussagen der Gesandten übereinstimmend, so solle er den Prätor Marcus Valerius schriftlich davon benachrichtigen, und dieser dann, *11* wenn er nach Abgabe seines Heeres an den Legaten Lucius Apustius zur Flotte nach Tarent gegangen sei, so schnell wie möglich nach Makedonien übersetzen und alles aufbieten, Philipp in seinem Reich festzuhalten. *12* Zu den Kosten der Flotte und des Makedonischen Krieges bestimmte man die Gelder, welche man nach Sizilien an Appius Claudius geschickt hatte, um sie dem König Hiero zurückzuzahlen; diese ließ der Legat Lucius Apustius nach Tarent herüberholen. *13* Mit diesen schickte Hiero 200 000 Scheffel Weizen und 100 000 Scheffel Gerste.

(39) Während dieser Vorbereitungen und Vorkehrungen der Römer fand eins der eroberten Schiffe, die nach Rom geschickt worden waren, unterwegs Gelegenheit, zu Philipp zu entkommen; dadurch erfuhr er, dass seine Gesandten mit den Briefen gefangen waren. *2* Da er nun nicht wusste, was seine Gesandten mit Hannibal verabredet und was ihm dessen Gesandte mitgeteilt

hätten, ließ er eine zweite Gesandtschaft mit den nämlichen Aufträgen abgehen. **3** Die Gesandten an Hannibal waren Heraclitus mit dem Beinamen Scotinus, Crito aus Böotien und Sositheus aus Magnesia. **4** Diese brachten ihre Aufträge glücklich hin und zurück. Allein der Sommer ging zu Ende, ehe sich der König in Bewegung setzen und etwas unternehmen konnte; von solcher Wichtigkeit war die Wegnahme des einzigen Schiffes mit den Gesandten für den Aufschub dieses den Römern bevorstehenden Krieges.

5 Auch in der Gegend von Capua führten beide Konsuln den Krieg, da Fabius nach endlicher Beseitigung der ungünstigen Zeichen über den Volturnus gegangen war. **6** Die zu den Puniern übergetretenen Städte Combulteria, Trebula und Austicula eroberte Fabius mit Sturm und machte die dortigen Besatzungen Hannibals und sehr viele Campaner zu Gefangenen. **7** In Nola hielt es wieder, wie voriges Jahr, der Senat mit den Römern, der Bürgerstand mit Hannibal, und es fehlte nicht an geheimen Anschlägen, die Vornehmen zu ermorden und die Stadt zu verraten. **8** Damit ihnen ihr Vorhaben nicht gelinge, nahm Fabius, der sein Heer zwischen Capua und Hannibals auf Tifata stehendem Lager hindurchführte, seine Stellung oberhalb Suessula im claudischen Lager und schickte von hier den Proprätor Marcus Marcellus mit den Truppen, welche dieser bei sich hatte, nach Nola zur Besatzung.

(40) Auch in Sardinien brachte der Proprätor Titus Manlius die Unternehmungen wieder in Gang, die seit der schweren Krankheit des Prätors Quintus Mucius geruht hatten. **2** Dadurch, dass Manlius, um den Krieg zu Lande zu führen, die Kriegsschiffe bei Caralis ans Land hatte ziehen lassen und die Seeleute bewaffnet, auch die Truppen vom Prätor übernommen hatte, stellte er sein Heer von 20 000 Mann Fußvolk und 1200 Reitern auf. **3** Als er mit dieser Stärke an Reiterei und Fußvolk in das feindliche Gebiet gerückt war, schlug er nicht weit von Hampsicoras' Lager das seinige auf. Hampsicoras war eben zu den Pelz-Sardiniern* abgegangen, um zur Verstärkung seiner Truppen ihre junge Mannschaft zu bewaffnen. Sein Sohn, namens Hostus, hatte den Oberbefehl im Lager. **4** In einem Treffen, auf das er sich aus jugendlichem Übermut unbesonnen einließ, wurde er geschlagen und in die Flucht gejagt. An die 3000 Sardinier blieben in dieser Schlacht, beinahe 800 wurden gefangen genommen. **5** Das übrige Heer, das anfangs auf der Flucht in Feldern und Waldungen umherirrte, rettete sich nachher in die Hauptstadt jener Gegend, namens Cornus, wohin dem Gerücht zufolge ihr Anführer geflohen war. Und der Krieg in Sardinien wäre mit dieser Schlacht beendet worden, **6** wäre nicht unter Hasdrubal die punische Flotte, die an die Balearischen Inseln verschlagen war, zur rechten Zeit für die Hoffnung der Empörer eingetroffen. **7** Auf den Ruf von einer gelandeten punischen Flotte zog sich Manlius nach Caralis zurück. Dies gab dem Hampsicoras Gelegenheit, sich mit den Puniern zu vereinigen. **8** Hasdrubal, der nach Ausschiffung seiner Truppen und Zurücksendung seiner Flotte nach Karthago von Hampsicoras geführt in das Gebiet der römischen Bundesgenossen auf Plünderung ausgezogen war, wäre bis Caralis vorgedrungen, wenn nicht Manlius dadurch, dass er ihm mit dem Heer entgegenging, seiner weit verbreiteten Verheerung Einhalt getan hätte. Anfangs standen sie, Lager gegen Lager, in mäßiger Entfernung; **9** dann folgten Ausfälle und leichte Gefechte von wechselndem Ausgang; endlich traten sie in Reihen und fochten, Heer gegen Heer, vier Stunden lang in einer ordentlichen Schlacht.

10 So leicht sich gewöhnlich die Sardinier besiegen ließen, so lange verzögerten die Punier die Entscheidung; endlich als rings um sie her die Sardinier niedergehauen waren oder flohen, wurden auch sie geschlagen. ***11*** Allein als sie jetzt die Flucht ergriffen, umzingelte sie der römische Feldherr durch eine Schwenkung des Flügels, mit dem er die Sardinier geschlagen hatte. ***12*** Und

---

* Als Bewohner der kalten Gebirge trugen sie Pelze.

nun erfolgte mehr ein Gemetzel als ein Gefecht. 12 000 Feinde, Sardinier und Punier zusammen, wurden getötet, beinahe 3700 gefangen und 27 Fahnen erbeutet.

(41) Was diese Schlacht besonders berühmt und denkwürdig machte, war die Gefangennahme des Feldherrn Hasdrubal, Hannos und Magos, zweier vornehmer Karthager. ***2*** Mago, aus dem Barcinischen Geschlecht, war mit Hannibal nahe verwandt; Hanno hatte die Sardinier zur Empörung gebracht und war unstreitig der Anstifter dieses Krieges. ***3*** Aber auch durch das Unglück der sardinischen Feldherren kam die Schlacht in nicht geringeren Ruf. ***4*** Denn Hostus, der Sohn Hampsicoras', fiel in der Schlacht, und als Hampsicoras, den auf der Flucht nur wenige Reiter begleiteten, in dieser Lage auch den Tod seines Sohnes erfuhr, nahm er in der Nacht, um sein Vorhaben vor jemandes Dazwischenkunft zu sichern, sich selbst das Leben. ***5*** Die Übrigen fanden wieder, wie früher, ihren Zufluchtsort in der Stadt Cornus, welche aber Manlius, als er sie mit seinem siegreichen Heer angriff, in wenigen Tagen eroberte. ***6*** Auch die übrigen Städte, welche zu Hampsicoras und den Puniern übergetreten waren, ergaben sich, nachdem sie Geiseln gestellt hatten. Als er einer jeden nach Maßgabe ihrer Kräfte oder ihrer Schuld Geld- und Getreidelieferungen auferlegt hatte, führte er sein Heer nach Caralis zurück.***7*** Als er hier die Kriegsschiffe flott gemacht und die mit ihm herübergeschifften Truppen wieder eingeschifft hatte, segelte er nach Rom und meldete den Vätern die Unterwerfung Sardiniens; die eingetriebenen Gelder lieferte er den Quästoren, das Getreide den Ädilen und die Gefangenen an den Prätor Quintus Fulvius ab.

8 Da um dieselbe Zeit der Proprätor Titus Otacilius, der mit einer Flotte von 50 Schiffen von Lilybaeum nach Afrika übergesetzt war und das karthagische Gebiet verheert hatte, von hier nach Sardinien fuhr, ***9*** wohin dem Ruf nach Hasdrubal neulich von den Balearen übergegangen war, stieß er auf diese nach Afrika zurücksegelnde Flotte, und da es auf der hohen See zu einem kleinen Gefecht kam, nahm er ihnen sieben Schiffe samt ihren Seeleuten ab; die Übrigen wurden durch die Furcht nicht anders wie durch einen Sturm nach allen Richtungen hin zerstreut.

10 Gerade in diesen Tagen landete auch Bomilkar mit den von Karthago geschickten Ergänzungstruppen, Elefanten und Vorräten zu Locri. ***11*** Appius Claudius, der in der Absicht, ihn unvermutet zu überfallen, mit seinem Heer unter dem Schein, als wolle er seine Provinz bereisen, schleunigst nach Messana ging, setzte mit günstiger Flut nach Locri über. ***12*** Allein schon war Bomilkar von hier zu Hanno in das bruttische Gebiet aufgebrochen, und die Locrer schlossen den Römern die Tore. Appius, der große Anstrengungen gemacht hatte, kehrte unverrichteter Sache nach Messana zurück.

13 In demselben Sommer machte Marcellus von Nola aus, das er besetzt hielt, häufige Einfälle in das Gebiet der Hirpiner und der Samniten von Caudium und verwüstete alles mit Feuer und Schwert so sehr, ***13*** dass er dadurch bei den Samniten das Andenken an die alten Niederlagen erneuerte.

(42) Deswegen wurden ungesäumt von beiden Völkern zugleich Gesandte an Hannibal geschickt, welche ihn so anredeten: ***2*** *Anfangs, Hannibal, standen wir als Feinde des römischen Volkes für uns allein da, solange unsere Waffen und unsere Kräfte uns schützen konnten. Als unser Vertrauen auf diese schwand, schlossen wir uns an König Pyrrhus an;* ***3*** *von diesem im Stich gelassen, entschlossen wir uns aus Not zum Frieden und hielten in diesem beinahe 60 Jahre aus, bis auf die Zeit, da du nach Italien kamst.* ***4*** *Deine Tapferkeit freilich und dein Glück, nicht weniger aber deine außerordentliche Freundlichkeit und Güte gegen unsere Mitbürger, die du als deine Gefangenen uns zurücksandtest, haben uns so für dich eingenommen, dass wir uns, solange du, unser Freund, lebst und kräftig dastehst, nicht nur vor keinem Römer, sondern nicht einmal – wenn der Ausdruck nicht sündlich ist – vor der Ungnade der Götter fürchten würden.* ***5*** *Aber wahrhaftig, nicht bloß bei deiner vollen Kraft und deinen Siegen, sondern sogar in deiner Gegenwart – beinahe könntest du*

die Wehklagen unserer Frauen und Kinder hören und unsere Häuser brennen sehen –, sind wir in diesem Sommer mehrmals so ausgeplündert, dass bei Cannae Marcus Marcellus, nicht Hannibal, gesiegt zu haben scheint, und die Römer damit prahlen, dass du, nur zu einem einzigen Schlag stark, gleichsam den Stachel verloren habest und gelähmt wärest. **6** *Fast hundert Jahre haben wir mit dem römischen Volk Krieg geführt, ohne von einem fremden Feldherrn oder Herrn unterstützt zu werden, außer dass Pyrrhus zwei Jahre lang mehr durch unsere Truppen seine Macht verstärkte, als durch seine Stärke uns verteidigte.* **7** *Ich will mich unseres Glückes nicht rühmen, dass wir zwei Konsuln und zwei konsularische Heere unter dem Jochgalgen durchziehen ließen, und anderer für uns erfreulichen oder ruhmvollen Ereignisse.* **8** *Aber selbst was uns damals Nachteiliges und Widriges begegnete, können wir dir eher ohne Unwillen erzählen, als was wir jetzt erleben.* **9** *Mächtige Diktatoren, jeder mit seinem Magister Equitum, immer zwei Konsuln mit zwei konsularischen Heeren zogen in unser Gebiet ein und rückten nie anders als auf Plünderung aus, als nach eingezogener Kundschaft und ausgestelltem Rückhalt und in Reihe und Glied. Jetzt sind wir die Beute eines einzigen Proprätors und einer selbst zum Schutz Nolas zu schwachen Besatzung.* **10** *Nicht einmal in geschlossener Schar, sondern nach Art der Straßenräuber schwärmen sie in unserm Gebiet herum, sorgloser, als wenn sie auf römischem Boden umherstreiften.* **11** *Der Grund davon ist teils der, dass du selbst dich unser nicht annimmst, teils, dass unsere Jugend, welche uns schützen würde, wenn sie zu Hause wäre, sämtlich unter deinen Fahnen dient.* **12** *Ich müsste weder dich noch dein Heer kennen, wenn ich nicht glaubte, dass es dem, von dem ich so viele römische Heere besiegt und zu Boden geworfen weiß, eine Kleinigkeit sei, unsere ohne alle Fahnen schwärmenden Plünderer zu vertilgen, die sich immer dahin zerstreuen, wo die Hoffnung zu plündern, so vergeblich sie ist, jeden hinlockt.* **13** *Sie würden die Beute weniger Numider sein und du wirst zugleich uns Hilfe schicken und die Nolaner von einer Besatzung befreien, wenn du nur diejenigen, die du des Bundes mit dir würdig achtest, jetzt, da du uns in deinen Schutz genommen hast, auch deines Schutzes nicht unwürdig hältst.*

(43) Darauf erwiderte Hannibal, die Hirpiner und Samniten täten alles auf einmal; sie meldeten ihre Verluste; sie bäten um Hilfstruppen und klagten, dass man sie ungeschützt gelassen und vernachlässigt habe. *2* Zuerst hätten sie die Anzeige machen sollen; dann hätten sie ein Recht gehabt, um Hilfe zu bitten; und zuletzt, wenn sie diese nicht erhalten hätten, dann erst hätten sie sich beschweren dürfen, dass sie vergeblich um Hilfe gebeten hätten. *3* Er werde sein Heer nicht in das Gebiet der Hirpiner und Samniten führen, damit nicht auch er ihnen zur Last falle, sondern in die nächsten Gegenden der römischen Bundesgenossen. Durch deren Verheerung werde er seine Soldaten bereichern und den für sich selbst besorgten Feind von ihnen weit entfernen. *4* Was den römischen Krieg betreffe, so werde er, wenn die Schlacht am Trasumenischen See die an der Trebia, wenn die bei Cannae wieder die am Trasimenus an Ruhm übertreffe, auch das Andenken der Schlacht von Cannae durch einen größeren und glänzenderen Sieg verdunkeln. *5* Mit dieser Antwort und ansehnlichen Geschenken entließ er die Gesandten. Als er nach Hinterlassung einer mäßigen Besatzung auf Tifata mit dem übrigen Heer aufgebrochen war, zog er gerade auf Nola los. *6* Ebendahin kam auch Hanno aus dem Bruttierland mit den von Karthago mitgebrachten Ergänzungstruppen und Elefanten.

Als Hannibal in der Nähe ein Lager bezogen hatte, fand er bei seinen Erkundigungen alles ganz anders, als ihm die Gesandten seiner Bundesgenossen gesagt hatten. *7* Denn Marcellus unternahm durchaus nichts, wobei er sich aufs Geratewohl dem Glück oder dem Feind überlassen hätte. Er war auf Plünderung ausgegangen, aber nicht ohne Kundschaft, unter starker Bedeckung und nach Sicherung des Rückzuges; und in allem war er, als hätte er den Hannibal selbst vor sich, auf seiner Hut und gefasst. *8* Jetzt, sobald er die Ankunft des Feindes gewahr wurde, beschränkte er seine Truppen auf die Stadt; die nolanischen Senatoren hieß er auf den Mauern die Runde machen und nach allen Seiten die Unternehmungen des Feindes erspähen. ***9*** Mit zweien von ihnen, dem Herennius Bassus und Herius Pettius, ließ sich Hanno, welcher sie bei seiner Ankunft vor der Stadtmauer zu einem Gespräch eingeladen hatte, zu dem sie mit Marcellus' Bewilligung hinausgingen, durch einen Dolmetscher in eine Unterredung ein. ***10*** Er erhob Hannibals Tapferkeit und Glück; dagegen zog er des römischen Volkes Hoheit, als zugleich mit der Macht schwindend, in den Staub. ***11*** Gesetzt aber, beide wären sich noch wie früher gleich, so müssten dessen ungeachtet Leute, welche die Erfahrung gemacht hätten, wie drückend die römische Herrschaft ihren Verbündeten und wie schonend Hannibal sogar gegen alle Gefangenen von italischem Stamme sei, eine Verbindung und Freundschaft mit den Puniern wünschenswerter finden als mit den Römern. ***12*** Wenn beide Konsuln mit ihren Heeren bei Nola stünden, so würden sie doch Hannibal ebenso wenig gewachsen sein, als sie es bei Cannae gewesen wären, geschweige denn, dass ein einziger Prätor mit einigen neu geworbenen Soldaten Nola sollte schützen können. ***13*** Es sei wichtiger für sie selbst als für Hannibal, ob Nola durch Sturm oder durch Übergabe sein werde, denn sein müsse es werden, wie ihm Capua und Nuceria geworden sei; allein der Unterschied zwischen Capuas und Nucerias Los könne den Nolanern, die beinahe in der Mitte von beiden wohnten, nicht unbekannt sein. ***14*** Schon der Vorbedeutung wegen möge er sie nicht daran erinnern, was die Stadt nach einem Sturm zu erwarten haben werde; lieber wolle er sich ihnen verbürgen, dass niemand anders als sie selbst, wenn sie mit der Stadt Nola den Marcellus und seine Besatzung übergäben, die Bedingungen festsetzen solle, auf welche sie sich der Verbindung und Freundschaft mit Hannibal überlassen wollten.

(44) Darauf antwortete Herennius Bassus, schon seit vielen Jahren bestehe zwischen Rom und Nola eine Freundschaft, mit der beide Teile bis auf den heutigen Tag zufrieden seien; und hätten sie ja mit dem Glück ihre Verbindung ändern sollen, so sei doch für sie diese Änderung jetzt zu spät, ***2*** denn wenn sie sich dem Hannibal hätten ergeben wollen, hätten sie keine römische Besatzung hereinrufen müssen. Sie teilten mit denen, die zu ihrem Schutz sich eingefunden hätten, Wohl und Weh, und würden es bis auf den letzten Augenblick mit ihnen teilen. ***3*** Diese Unterredung vernichtete Hannibals Hoffnung, sich Nolas durch Verrat zu bemächtigen. Nun umstellte er die Stadt mit einem Truppenkranz, um von allen Seiten zugleich zu den Mauern heranzustürmen. ***4*** Kaum sah ihn Marcellus unter den Mauern ankommen, als er mit seinen innerhalb des Tores aufgestellten Truppen mit großem Lärm hervorbrach. Im ersten Angriff wurden mehrere überrascht und niedergehauen; als aber hierauf alles bei den Fechtenden zusammenlief, und beide Teile an Stärke sich gleich wurden, begann ein fürchterlicher Kampf, und er hätte seinen Platz unter den denkwürdigsten erhalten, hätte nicht ein unter heftigen Stürmen sich ergießender Platzregen die Kämpfenden geschieden. ***5*** So zogen sich beide, da für heute der Kampf unbedeutend blieb und ihren Mut nur gereizt hatte, die Römer in die Stadt, die Punier in ihr Lager zurück. Dennoch waren von den gleich anfangs durch den Ausfall überraschten Puniern nicht weniger als 400 gefallen, von den Römern 50. ***6*** Der anhaltende Regen dauerte die ganze Nacht durch bis zum folgenden Morgen um neun Uhr. Also beschränkten sich beide Teile, so kampflustig sie waren, für heute auf ihre Verschanzungen. Am dritten Tag schickte Hannibal einen Teil seiner Truppen im Gebiet von Nola auf Plünderung aus. ***7*** Als dies Marcellus merkte, rückte er sogleich mit seinen Truppen zur Schlacht aus, und Hannibal lehnte sie nicht ab. Zwischen der Stadt und dem Lager waren etwa 1000 Schritte. Auf diesem Raum – denn rings um Nola herum sind lauter Felder – trafen sie zusammen. ***8*** Das von beiden Seiten erhobene Geschrei rief auch von den in die Dörfer auf Plünderung ausgegangenen Kohorten die nächsten in die schon begonnene Schlacht zurück. ***9*** Auch verstärkten die Nolaner die römische Schlachtreihe. Doch hieß sie Marcellus, der ihnen Lob erteilte, den Rückhalt bilden

und die Verwundeten aus der Schlacht wegtragen und am Kampf nicht teilnehmen, wenn er ihnen nicht ein Zeichen gäbe.

(45) Das Treffen war unentschieden; und die Feldherren boten ebenso im Ermahnen alle ihre Kräfte auf wie die Soldaten im Feld. Marcellus forderte die Seinigen auf, Feinden, über welche sie vorgestern gesiegt hätten, welche sie vor wenigen Tagen von Cumae vertrieben hätten und die im vorigen Jahr ebenfalls unter seiner Anführung, nur mit anderen Truppen, vor Nola zurückgeschlagen wären, keine Ruhe zu lassen. ***2*** Sie wären nicht einmal alle in der Schlacht zugegen; plündernd streiften sie im Land umher; aber auch die Kämpfenden wären durch kampanische Schwelgerei ausgemergelt und hätten sich durch Wein und Dirnen und durch alle möglichen Ausschweifungen den ganzen Winter hindurch abgeschwächt. ***3*** Jenes Feuer, jene Lebhaftigkeit habe sie verlassen; verschwunden sei die Körper- und Geisteskraft, mit der sie die Höhen der Pyrenäen und Alpen überstiegen hätten; von diesen Männern kämpfe nur noch der Überrest, der kaum seine Waffen und eigenen Glieder tragen könne. ***4*** Capua sei Hannibals Cannae geworden. Hier sei alle kriegerische Tapferkeit, hier die Kriegszucht, hier sein Ruhm aus früherer Zeit, hier seine Hoffnung auf die Zukunft zuschanden geworden.

5 Während Marcellus durch diese den Feinden schimpfliche Rüge den Mut seiner Soldaten belebte, brach Hannibal gegen sie in noch weit härtere Vorwürfe aus: ***6*** Die Waffen freilich und die Fahnen erkenne er noch als dieselben, die er an der Trebia und am Trasiumenus und zuletzt bei Cannae gesehen und gehabt habe. Aber wahrlich habe er ganz andere Soldaten in die Winterquartiere nach Capua geführt und ganz andere wieder herausgebracht. ***7*** *Mit aller Anstrengung besteht ihr, die ihr euch nie von zwei konsularischen Heeren aufhalten ließet, jetzt kaum einen römischen Legaten und den Kampf mit einer Legion und ihren Bundestruppen.* ***8*** *Muss uns Marcellus mit seinen Neulingen und Helfern aus Nola ungestraft schon zum zweiten Mal zum Kampfe herausfordern? Wo ist mein Soldat, der dem vom Pferd herabgerissenen Konsul Cujus Flaminius den Kopf abhieb, wo der, der bei Cannae den Lucius Paulus erschlug? Sind jetzt eure Schwerter abgestumpft oder eure Hände erlahmt, oder ist sonst irgendein Wunder geschehen?* ***9*** *Die ihr sonst gewohnt wart, als kleine Zahl eine Menge zu besiegen, ihr haltet jetzt als Mehrzahl kaum wenigen stand? Ihr vermaßet euch, in Worten tapfer, Rom zu erobern, wenn euch jemand hinführen wollte. Freilich, das ist auch eine leichtere Aufgabe. Hier will ich von eurer Kraft, von eurer Tapferkeit eine Probe sehen.* ***10*** *Erobert Nola, eine Stadt in der Ebene, die keinen Fluss, kein Meer zum Schutz hat. Von hier will ich entweder euch, mit Beute und Siegesgewinn aus einer so reichen Stadt beladen, führen, wohin ihr wollt, oder von euch mich führen lassen.*

(46) Allein den Puniern Fassung zu geben, schlugen weder gute noch böse Worte an. ***2*** Da sie von allen Seiten zurückgedrängt wurden und den Römern der Mut wuchs, weil nicht bloß ihr Feldherr sie anfeuerte, sondern auch die Nolaner durch ihr Geschrei, den Zeugen ihres Beifalls, ihren Eifer zum Kampf befeuerten, ergriffen sie die Flucht und wurden in ihr Lager zurückgetrieben. ***3*** Marcellus führte seine Römer, obgleich sie begierig waren, es zu stürmen, nach Nola zurück, unter lauten Freudenbezeigungen und Glückwünschen sogar des Volkes, das es vorher mehr mit den Puniern gehalten hatte. ***4*** Von den Feinden fielen an diesem Tage über 5000; 600 wurden Gefangene, 19 Fahnen erbeutet und zwei Elefanten; vier tötete man in der Schlacht. Von den Römern blieben nicht ganz 1000. ***5*** Den folgenden Tag verwandte man in einem schweigend bewilligten Waffenstillstand auf Beerdigung der von beiden Seiten in der Schlacht Gefallenen. Die den Feinden abgenommenen Waffen verbrannte Marcellus, wie er dem Vulkan gelobt hatte. ***6*** Drei Tage nachher gingen, vielleicht als Beleidigte, oder auch in Hoffnung auf einen einträglichen Dienst, 1272 Reiter, teils Numider, teils Spanier, zu Marcellus über. Ihre Tapferkeit und Treue kam den Römern mehrmals in diesem Krieg zustatten. ***7*** Nach beendetem Krieg wurde den

Spaniern in Spanien, den Numidern in Afrika zur Belohnung ihrer Tapferkeit ein Grundstück als Niederlassung angewiesen.

8 Nachdem Hannibal den Hanno nebst den mit diesem gekommenen Truppen in das bruttische Gebiet zurückgeschickt hatte, zog er von Nola in die Winterquartiere Apuliens und lagerte sich um Arpi. ***9*** Quintus Fabius, der auf die Nachricht von Hannibals Abzug nach Apulien sogleich von Nola und Neapolis Getreide in das Lager oberhalb Suessula führen ließ, die Befestigung instand setzte und eine Besatzung zurückließ, die den Platz während der Winterquartiere behaupten könnte, verlegte selbst sein Lager näher nach Capua und verheerte das kampanische Gebiet mit Feuer und Schwert, ***10*** bis endlich die Campaner sich genötigt sahen, bei allem Misstrauen auf eigene Kraft aus den Toren zu rücken und ein Lager vor der Stadt im offenen Felde aufzuschlagen. ***11*** Sie hatten 6000 Mann unbrauchbares Fußvolk; mit ihrer Reiterei konnten sie mehr ausrichten und reizten deswegen den Feind durch Angriffe zu Pferde. ***12*** Unter den vielen vornehmen kampanischen Rittern war einer, Cerrinus Vibellius, mit dem Zunamen Taurea. Er war Bürger von Capua und unter allen Campanern bei Weitem der tapferste Ritter, so dass ihm, als er noch unter den Römern diente, der einzige Römer, Claudius Asellus, an Ritterruhm gleichkam. ***13*** Jetzt also fragte Taurea, als er lange vor den feindlichen Geschwadern, sie durchspähend, auf und ab geritten war, endlich nach gebotener Sitte, ***14*** wo Claudius Asellus sei, und warum er nicht jetzt, da er sonst so oft mit ihm in Worten über den Vorrang in der Tapferkeit gestritten habe, die Entscheidung vom Schwert nehme und entweder seinen Sieger ausgezeichnete Prunkstücke gewinnen lasse oder als Sieger sie erbeute.

(47) Asellus, der auf die ihm ins Lager gebrachte Nachricht nur so lange Anstand nahm, bis er sich bei dem Konsul erkundigt hatte, ob er gegen einen ihn herausfordernden Feind außerhalb des Gliedes kämpfen dürfe, warf sich auf erhaltene Erlaubnis sogleich in die Waffen; ***2*** und sowie er vor die Posten hinausgeritten war, rief er den Taurea bei Namen und forderte ihn auf, sich mit ihm zu messen, wo er wolle. ***3*** Schon hatte sich eine Menge Römer, um diesem Kampf zuzusehen, vor ihrem Lager aufgestellt; auch die Campaner füllten als Zuschauer nicht bloß den Wall ihres Lagers, sondern auch ihre Stadtmauer. ***4*** Da beide schon vorher durch mutige Äußerungen dem Kampf ein höheres Ansehen gegeben hatten, jagten sie jetzt mit eingelegter Lanze gegeneinander. Unter neckendem Getümmel auf freiem Platz verlängerten sie nun den Kampf, ohne einander zu verwunden. ***5*** Da sprach der Campaner zu dem Römer: *Das wird ein Kampf für die Pferde und nicht für die Reiter, wenn wir nicht vom Feld in diesen Hohlweg uns begeben. Dort, wo der Raum jede Abschweifung versagt, müssen wir einander vor die Klinge kommen.* ***6*** Kaum hatte er ausgeredet, da sprengte Claudius schon mit seinem Pferd in den Graben. Taurea, mutiger in Worten als in der Tat, rief: *Bewahre Gott! nur nicht mit dem Wallach in den Graben!* Worte, die nachher in ein ländliches Sprichwort übergegangen sind. ***7*** Als Claudius, der in dem Weg weit hinunter ritt, ohne auf einen Feind zu treffen, wieder auf das Feld herausgekommen war, schalt er auf die Feigheit seines Feindes und kehrte, von lauten Freudenbezeigungen und Glückwünschen als Sieger begleitet, ins Lager zurück. ***8*** An die Erzählung von diesem Ritterkampf knüpfen einige Jahrbücher noch einen Umstand, der wenigstens wunderbar klingt. Über die Wahrheit desselben bleibt von meiner Seite jedem sein Urteil freigestellt. Als Claudius den in die Stadt flüchtenden Taurea verfolgt habe, sei er in das offene feindliche Tor hineingeritten und durch das entgegengesetzte, während die Feinde über das Wunder staunten, unversehrt entkommen.

(48) Seitdem stand man einander ruhig gegenüber, ja der Konsul zog sich mit seinem Lager zurück, damit die Campaner die Aussaat machen könnten; auch vergriff er sich an den kampanischen Feldern nicht eher, als bis die Saat schon so hoch im Halm stand, dass sie Futter geben konnte. ***2*** Dies ließ er in das claudische Lager oberhalb Suessula bringen und legte hier seine Winter-

quartiere an. Dem Prokonsul Marcus Claudius befahl er, wenn er zu Nola die zur Behauptung der Stadt nötigen Truppen zurückbehalten hätte, die übrigen nach Rom zu entlassen, damit sie den Bundesgenossen keine Beschwerde und dem Staat keine Kosten bereiteten. ***3*** Nachdem auch Tiberius Gracchus seine Legionen von Cumae nach Luceria in Apulien geführt hatte, schickte er von hier den Prätor Marcus Valerius mit dem Heer, welches dieser zu Luceria gehabt hatte, nach Brundisium mit dem Auftrag, die Küste des sallentinischen Gebietes zu decken und diejenigen Vorkehrungen zu treffen, welche Philipp und der Makedonische Krieg erheische.

4 Am Ende dieses Sommers, in welchem, wie ich beschrieben habe, dies vorfiel, meldete ein von den Scipionen, Publius und Gnaeus, eingelaufenes Schreiben, was für große und glückliche Taten sie in Spanien vollführt hätten, dass es aber an Geld zum Solde für das Heer, an Kleidung und Getreide und den Seeleuten an allem fehle. ***5*** Was den Sold betreffe, so wollten sie, wenn die Schatzkammer erschöpft sei, es möglich zu machen suchen, dass sie ihn von den Spaniern nähmen; das Übrige aber müsse notwendig von Rom geschickt werden, sonst lasse sich weder das Heer noch die Provinz länger erhalten. ***6*** Als das Schreiben verlesen war, fand sich niemand, der nicht die Wahrheit der Angaben und die Billigkeit der Forderungen eingestanden hätte; aber es schwebte ihnen vor, was für große Heere zu Land und zu Wasser sie zu erhalten hätten, und wie groß die neue nächstens auszurüstende Flotte sein müsse, wenn der Makedonische Krieg ausbreche. ***7*** Sizilien und Sardinien, welche vor dem Krieg Steuern gezahlt hätten, unterhielten jetzt kaum die zu ihrer Behauptung dort stehenden Heere. Jetzt decke man die Kosten lediglich durch die Abgaben; allein gerade die Anzahl derer, welche die Abgaben entrichteten, sei durch die großen Niederlagen der Heere, ***8*** teils am Trasumenischen See, teils bei Cannae, vermindert; wenn man die noch übrigen wenigen mit so vielfachen Zahlungen belaste, so würden sie einer andern Not erliegen. ***9*** Folglich müsse der Staat, da er sich mit barem Geld nicht retten könne, durch Kredit sich aufhelfen. ***10*** Der Prätor Fulvius müsse in der Versammlung auftreten, dem Volk die Verlegenheit des Staates aufdecken und diejenigen, die durch Übernahmen vom Staat ihr Vermögen vergrößert hätten, auffordern, dem Staat, der sie reich gemacht habe, ***11*** durch gestattete Frist zu helfen und die dem spanischen Heer nötigen Lieferungen unter der Bedingung zu übernehmen, dass ihnen, sobald die Schatzkammer Geld habe, vor allen anderen gezahlt würde. ***12*** Der Prätor zeigte dies der Versammlung an und zugleich den Tag, an welchem er die Lieferung der dem spanischen Heer nötigen Kleidungsstücke und Kornvorräte, und was außerdem noch für die Seesoldaten erforderlich sei, verdingen wolle.

(49) Als dieser Tag gekommen war, fanden sich zur Übernahme 19 Männer bereit, stellten aber zwei Forderungen. ***2*** Erstlich, dass sie, solange sie dem Staat auf diese Art dienten, vom Kriegsdienst frei wären. Zweitens, wenn sie die Ladungen eingeschifft hätten, dass alsdann alle Gefahr von Seiten der Feinde oder eines Sturmes der Staat zu tragen habe. ***3*** Nachdem ihnen beides zugestanden war, schlossen sie ab, und die Ausgaben des Staates wurden von Privatleuten bestritten. Dies war die Gesinnung, so groß die Vaterlandsliebe, die gleichsam der Reihe nach durch alle Stände ging. ***4*** So hochherzig man sich zur Übernahme verstanden hatte, so lieferte man auch den Heeren alles mit größter Bereitwilligkeit und nicht anders, als ob sie wie sonst aus einer reichen Schatzkammer verpflegt würden.

5 Als diese Zufuhr ankam, belagerten Hasdrubal, Mago und Hannibal, Bomilkars Sohn, die Stadt Iliturgi wegen ihres Übertritts zu den Römern. ***6*** Die Scipionen, die zwischen diesen drei Lagern durch, unter hartem Kampf und großem Verlust der sich widersetzenden Feinde, in die Stadt ihrer Bundesgenossen eindrangen, führten ihr Getreide zu, woran sie Mangel litt, ***7*** und nachdem sie die Bürger ermuntert hatten, ebenso mutig ihre Mauer zu verteidigen, wie sie das römische Heer für sie hätten kämpfen sehen, zogen sie zum Angriff gegen das größte der drei

Lager, wo Hasdrubal den Oberbefehl hatte. ***8*** Hier sammelten sich aber auch die beiden anderen Feldherren und Heere der Karthager, weil sie einsahen, dass das Ganze von diesem Punkt abhänge. Also erfolgte das Gefecht vermittels eines Ausfalles aus ihren Lagern. ***9*** 60 000 Feinde standen an diesem Tag in der Schlacht, und 16 000 Römer. ***10*** Dennoch war der Sieg so wenig unentschieden, dass die Römer mehr Feinde töteten, als sie selbst Leute hatten, ***11*** über 3000 Gefangene machten, beinahe 1000 Pferde, 59 Fahnen und sieben Elefanten erbeuteten, nachdem sie schon fünf im Kampf getötet hatten. Auch eroberten sie noch an diesem Tag alle drei Lager. ***12*** Nach dem Entsatz von Iliturgi wurden die punischen Heere zur Belagerung von Intibili geführt, da sie Ergänzungstruppen aus ihrer Provinz bekommen hatten, welche, wenn es nur Beute oder Sold gab, so kriegslustig war wie irgendeine, und jetzt an Mannschaft Überfluss hatte. ***13*** In einer zweiten Schlacht hatte der Kampf für beide Teile wieder denselben Erfolg. Über 13 000 Feinde wurden getötet, über 2000 gefangen, 42 Fahnen genommen und neun Elefanten. ***14*** Dann aber fielen fast alle Völker Spaniens zu den Römern ab, und es waren in diesem Sommer weit größere Taten in Spanien als in Italien vollführt.

Vierundzwanzigstes Buch

Inhalt

Hieronymus, König der Syrakusaner, dessen Großvater Hiero Freund der Römer gewesen war, tritt zu den Karthagern über und wird wegen seiner Grausamkeit und seines Übermuts von seinen Untertanen ermordet. Prokonsul Tiberius Sempronius Gracchus kämpft gegen die Punier und ihren Feldherrn Hanno bei Beneventum mit Glück, hauptsächlich durch die Tapferkeit der Sklaven, und erklärt sie für Freie. Konsul Claudius Marcellus bestürmt in Sizilien, das fast ganz zu den Puniern abgefallen war, Syrakus. Dem makedonischen König Philipp kündigt man den Krieg an. Bei Apollonia in einem nächtlichen Treffen überrascht und geschlagen, flieht er mit einem beinahe wehrlosen Heer nach Makedonien. Zur Führung dieses Krieges war der Prätor (Marcus) Valerius abgeschickt. Außerdem enthält dieses Buch die Taten der beiden Scipionen, Publius und Gnaeus, in Spanien gegen die Karthager. Syphax, König von Numidien, wird Freund der Römer, und da er von Masinissa, einem massylischen Prinzen, der auf karthagischer Seite focht, geschlagen wird, zieht er sich mit einer großen Schar in das Gebiet der Maurusier, Gades gegenüber, wo Afrika und Spanien durch die schmale Meerenge geschieden werden, zurück.

(1) Nach seiner Rückkehr aus Kampanien ins bruttische Gebiet machte Hanno, von den Bruttiern unterstützt und angeführt, Angriffsversuche auf die griechischen Städte, die in dem Bund mit Rom umso leichter blieben, weil sie sahen, dass die Bruttier, die von ihnen gehasst und gefürchtet wurden, auf karthagischer Seite waren. *2* Auf Rhegium machte er den ersten Versuch und verlor hier mehrere Tage. Unterdessen schafften die Locrer Getreide, Holz und andere Bedürfnisse vom Land in ihre Stadt, auch darum, um dem Feind keine Beute zurückzulassen, *3* und täglich strömte eine größere Menge aus allen Toren. Zuletzt waren bloß die in der Stadt zurückgelassen, welche die Mauern und Tore ausbessern und Vorräte von Geschossen auf die Verteidigungswerke bringen mussten. *4* Auf jene aus allen Altern und Ständen gemischte und größtenteils wehrlos im Land umherstreifende Menge schickte der Punier Bomilkar seine Reiterei, welche mit dem ausdrücklichen Verbot, irgendjemanden zu verletzen, bloß dazu mit ihren Geschwadern sich ihnen entgegenwarf, um die auf der Flucht sich Zerstreuenden von der Stadt abzuschneiden. *5* Der Feldherr selbst, welcher eine Höhe besetzte, von wo er die Gegend und die Stadt übersehen konnte, ließ eine Kohorte Bruttier an die Mauern rücken, welche die vornehmsten Locrer zu einer Unterredung herausrufen und sie unter der Zusage von Hannibals Freundschaft zur Übergabe der Stadt bereden sollten. *6* In der Unterredung trauten diese anfangs den Bruttiern durchaus nicht; dann aber, als auf den Höhen sich die Punier zeigten und einige Flüchtlinge berichteten, dass die ganze übrige Bevölkerung in feindlicher Gewalt sei, verstanden sie sich aus Furcht zu der Antwort, sie wollten bei dem Volk darauf antragen; *7* und da in der sogleich berufenen Versammlung die

Leichtsinnigsten eine neue Verfassung und ein neues Bündnis gern sahen, diejenigen aber, deren Verwandte außerhalb der Stadt von den Feinden abgeschnitten waren, ihre Neigung, gleich als hätten sie Geiseln gegeben, schon verpfändet hatten, und nur wenige die Beharrlichkeit in der Treue mehr in der Stille für recht erkannten, als die für recht erkannte zu verteidigen wagten, ***8*** da erfolgte dem Schein nach mit offenbarer Übereinstimmung die Übergabe an die Punier. Nachdem man den Befehlshaber der Besatzung, ***9*** Lucius Atilius, und seine Römer heimlich in den Hafen gebracht und eingeschifft hatte, um sie nach Rhegium abfahren zu lassen, nahm man Bomilkar und die Punier unter der Bedingung in die Stadt auf, dass in den gleich jetzt abzuschließenden Punkten des Bündnisses beide Teile sich gleichgestellt würden. ***10*** Beinahe wäre ihnen dies nach der Übergabe nicht gehalten worden, weil der punische Anführer sie beschuldigte, sie hätten treuloserweise die Römer abziehen lassen, und die Locrer dagegen vorschützten, jene hätten sich selbst gerettet. ***11*** Es wurde auch den Römern Reiterei für den Fall nachgeschickt, dass die Flut die Schiffe in der Meerenge aufhielte oder sie ans Land triebe. Sie holte die, denen sie nachsetzte, nicht mehr ein, erblickte aber andere Schiffe, welche von Messana durch die Meerenge nach Rhegium übersetzten. ***12*** Es waren römische Soldaten, die der Prätor Claudius abgeschickt hatte, um sich dieser Stadt zu versichern. Deswegen zog auch Hanno gleich darauf von Rhegium ab. ***13*** Der mit Hannibals Zustimmung den Locrern bewilligte Friede setzte fest, sie sollten frei nach ihren Gesetzen leben, die Stadt sollte den Puniern offen stehen, der Hafen den Locrern gehören, der Bund sollte auf der Verpflichtung beruhen, dass die Punier den Locrern, die Locrer den Puniern im Frieden und Krieg Hilfe zu leisten hätten.

(2) Jetzt also zogen sich die Punier von der Meerenge wieder zurück, nicht ohne lautes Murren von Seiten der Bruttier, weil diese Regium und Locri, Städte, die zu plündern sie die sichere Hoffnung gehegt hatten, unangerührt hätten lassen müssen. ***2*** Deswegen machten sie für sich allein, nachdem sie unter ihren Dienstfähigen 15 000 ausgehoben und bewaffnet hatten, sich auf den Weg, ***3*** Kroton zu belagern, eine ebenfalls griechische, auch am Meer gelegene Stadt, in der Überzeugung, durch den Besitz einer Seestadt, welche ihres Hafens und ihrer Festigkeit wegen wichtig sei, ihre Macht bedeutend zu erhöhen. ***4*** Nur diese Sorge beunruhigte sie, dass sie es nicht geradezu wagen wollten, die Punier zur Hilfeleistung ungerufen zu lassen, um sich nicht den Schein zu geben, als hätten sie hier nicht als Bundesgenossen gehandelt, und sie doch auch, wenn die Punier auch diesmal mehr den Schiedsrichter zum gütlichen Vergleich, als den Helfer beim Angriff machten, nicht gern vergebens und nur für die Freiheit von Kroton, so wie früher für die von Locri gekämpft haben wollten. ***5*** Sie hielten es also für das Beste, an Hannibal Gesandte zu schicken und sich von ihm auszubedingen, dass Kroton nach der Eroberung den Bruttiern gehören solle. ***6*** Da sie Hannibal mit der Antwort, das hätten die zu überlegen, die an Ort und Stelle wären, an Hanno gewiesen hatte, gab ihnen auch Hanno keine Gewissheit. ***7*** Denn beide wollten eine so berühmte und reiche Stadt nicht gern geplündert wissen, und sie hofften, wenn die Bruttier sie belagerten und es sich zeige, dass man von punischer Seite die Belagerung weder billige noch unterstütze, dass sie desto eher zu ihnen übertreten werde. ***8*** Bei dem Volk von Kroton waren weder der gleiche Entschluss noch die gleichen Neigungen. Ich möchte sagen, die Städte Italiens waren sämtlich von derselben Krankheit befallen, dass die Bürgerlichen anders dachten als die Vornehmen, der Senat die Römer begünstigte, der Bürgerstand sich auf die Seite der Punier neigte. ***9*** Diese Uneinigkeit in der Stadt zeigte ein Überläufer den Bruttiern an; zugleich, dass Aristomachus das Haupt des Bürgerstandes sei und die Übergabe der Stadt beabsichtige, dass in einer so großen Stadt und bei ihren weit auseinanderlaufenden Verschanzungen die Posten und Wachen der Senatoren nur einzeln stünden, ***10*** wo aber Bürgerliche die Wache hätten, der Eingang offen sei. Auf dieses Wort des Überläufers und unter seiner Leitung schlossen die Bruttier von

allen Seiten die Stadt ein, und von den Bürgerlichen beim ersten Angriff eingelassen, besetzten sie alle Plätze außer der Burg. *11* Die Burg behaupteten die Vornehmen, welche sie schon früher auf einen solchen Fall als Zufluchtsort in Bereitschaft gesetzt hatten. Ebendahin flüchtete auch Aristomachus, als sei es seine Absicht gewesen, die Stadt den Puniern, nicht aber den Bruttiern zu übergeben.

(3) Die Stadt Kroton hatte vor der Ankunft des Pyrrhus in Italien eine Mauer gehabt, die sich auf 12 000 Schritte in die Runde erstreckte. *2* Nach der in jenem Krieg erlittenen Entvölkerung wurde kaum noch die Hälfte bewohnt. Der Fluss, welcher die Stadt in der Mitte durchströmt hatte, floss jetzt außerhalb der mit Häusern besetzten Gegend vorüber, und die Burg lag von dem bewohnten Teil weit ab. *3* 6000 Schritte von der berühmten Stadt, und noch berühmter als die Stadt selbst, stand der Tempel der Juno Lacinia, allen umherwohnenden Völkern heilig. *4* Dort hatte ein von dichter Waldung und hohen Tannenbäumen umschlossener Hain in seiner Mitte die herrlichsten Weideplätze, wo das der Göttin geweihte Vieh aller Art ohne Hirten weidete; *5* und die nach ihren Arten gesondert ausgegangenen Herden wanderten ebenso am Abend wieder den Ställen zu, von auflauerndem Wild, von menschlicher Bosheit gleich unbeschädigt. *6* Folglich war der Gewinn von diesen Herden bedeutend, und man hatte davon einen Pfeiler von gediegenem Gold verfertigen lassen und geweiht, und der Tempel war auch wegen seines Reichtums, nicht bloß durch seine Heiligkeit berühmt. *7* Auch pflegen dergleichen sich auszeichnenden Orten Wunder angedichtet zu werden. So sagt man, im Vorhof des Tempels stehe ein Altar, dessen Opferasche kein Wind verwehe.

8 Die Burg von Kroton nun, die mit der einen Seite in das Meer hineinragt, mit der andern landeinwärts liegt, ehemals bloß durch ihre natürliche Lage fest, war späterhin auch da mit einer Mauer umzogen, wo Siziliens Tyrann Dionysius von hinten über die Felsen sich hereingeschlichen hatte. *9* Diese Burg, die, wie der Augenschein lehrte, fest genug war, hatten damals die Vornehmsten von Kroton besetzt und wurden hier von den Bruttiern und ihren eigenen Bürgern belagert. *10* Als die Bruttier zur Eroberung der Burg sich zu schwach fühlten, riefen sie endlich notgedrungen den Hanno zu Hilfe. *11* Hanno fand mit seinem Versuch, die Krotoniaten zur Übergabe durch die Vorstellung zu bewegen, dass sie sich's gefallen lassen möchten, bruttische Siedler einzunehmen und ihrer öden und verlassenen Stadt die alte Bevölkerung wiedergegeben zu sehen, bei niemandem Eingang, als bei Aristomachus; sie versicherten, *12* sie wollten lieber sterben, als mit den Bruttiern vermischt zu fremden Gebräuchen, Sitten und Gesetzen und demnächst auch zu einer andern Sprache übergehen. *13* Aristomachus war der Einzige, der, weil er sie weder zur Übergabe zu bereden vermochte, noch eine Möglichkeit sah, die Burg zu verraten, wie er die Stadt verraten hatte, als Überläufer zu Hanno ging. *14* Als aber bald darauf mit Hannos Erlaubnis Gesandte von Locri sich in die Burg begaben, ließen sich die Krotoniaten von diesen zu der Einwilligung bewegen, nach Locri versetzt zu werden und es nicht zum Äußersten kommen zu lassen. *15* Auch hatten sie diese Erlaubnis schon von Hannibal durch Gesandte erhalten, die sie an ihn selbst geschickt hatten. So wurde Kroton geräumt, und die Krotoniaten, die man an die Küste brachte, gingen zu Schiff. Die ganze Bevölkerung zog nach Locri.

16 Zwischen den Römern und Hannibal blieb in Apulien auch nicht einmal der Winter ruhig. Konsul Sempronius überwinterte zu Luceria, Hannibal in der Nähe von Arpi. Sowie man sich traf, oder sowie diese oder jene Partei ihren Vorteil ersah, fielen kleine Gefechte vor; und in diesen wurden die Römer bessere Soldaten und lernten sich von Tag zu Tag besser vor Überlistung hüten und schützen.

(4) In Sizilien hatte sich für die Römer alles geändert durch den Tod des Hiero und den Übergang der Regierung auf seinen Enkel Hieronymus, einen Knaben, der kaum die Freiheit,

geschweige denn die Herrschaft mit Mäßigung ertragen würde. *2* Mit dieser Sinnesart kam er in die Hände von Vormündern und Freunden, die sich's angelegen sein ließen, ihn in alle Laster zu stürzen. Hiero, der dies voraussah, soll noch in seinen letzten Tagen willens gewesen sein, Syrakus als einen Freistaat zu hinterlassen, damit sein Königreich, durch löbliche Mittel fest begründet, nicht unter der Herrschaft eines Kindes mutwillig zugrundegerichtet würde. *3* Diesem seinem Vorsatz arbeiteten seine Töchter mit allem Nachdruck entgegen, weil sie erwarteten, dass der Prinz den königlichen Titel, die Regierung des Ganzen aber sie und ihre Gatten, Andranadorus und Zoippus haben würden; denn diese hatte Hiero unter den ernannten Vormündern obenan gestellt. *4* Es war allerdings nicht leicht für ihn, im 90. Jahr, Tag und Nacht von liebkosenden Töchtern umlagert, sich die freie Stimmung zu geben und statt des Besten seines Hauses das des Staates zu beherzigen. *5* Er tat also nur so viel: Er hinterließ dem jungen Prinzen 15 Vormünder, die er sterbend bat, sie möchten die treue Freundschaft mit dem römischen Volk, die er 50 Jahre lang gehalten habe, unverbrüchlich halten und den Jüngling vorzüglich seinen Fußstapfen und der Zucht folgen lassen, in welcher er bis jetzt gebildet sei. Dies war sein Auftrag. *6* Als nach seinem Ableben das Testament durch die Vormünder geöffnet und der Prinz der Versammlung vorgestellt war – *7* er war damals ungefähr 15 Jahre alt –, und nur die wenigen, die man in der Versammlung verteilt hatte, um Beifallsgeschrei hervorzurufen, dem Testament Beifall gaben, die Übrigen aber wie nach dem Verlust eines Vaters in dem verwaisten Staat alles fürchteten, *8* ging der königliche Leichenzug vor sich, feierlicher durch die Liebe und Hochschätzung der Untertanen als durch die Teilnahme seiner Angehörigen. *9* Bald darauf verdrängte Andranodorus die übrigen Vormünder mit der Behauptung, Hieronymus sei schon Jüngling und selbst regierungsfähig, und dadurch, dass er eine Vormundschaft niederlegte, in die er sich mit mehreren zu teilen hatte, eignete er sich die Macht aller Übrigen an.

(5) Selbst jedem guten und gemäßigten König möchte es nur mit Mühe gelungen sein, als Nachfolger des so vielgeliebten Hiero die Herzen der Syrakusaner zu gewinnen. *2* Hieronymus aber zeigte gleich, als wollte er die Leute durch seine Laster seinen Großvater recht vermissen lassen, sowie er sich zum ersten Mal sehen ließ, in allen Stücken einen nur zu sehr auffallenden Unterschied. *3* Hatten die Untertanen seit so vielen Jahren den Hiero und seinen Sohn Gelo nie durch ihre Tracht oder ein anderes Abzeichen von den übrigen Bürgern sich unterscheiden sehen, so zeigte er sich ihnen jetzt in Purpur, mit einer königlichen Kopfbinde, mit bewaffneten Trabanten, *4* oder, wie er nicht selten auf einem Viergespann von weißen Rossen nach Sitte des Tyrannen Dionysius von der Königsburg herabfuhr. *5* Diesem Prunk und diesem stolzen Aussehen entsprachen die Verachtung aller Menschen, übermütiges Gebaren, eine beleidigende Sprache, seltenes Vorlassen nicht nur anderer, sondern auch der Vormünder, neue Lüste, unmenschliche Grausamkeit. *6* So überfiel denn auch alle ein solcher Schrecken, dass einige von den Vormündern durch freiwilligen Tod oder Flucht der gefürchteten Hinrichtung zuvorkamen. *7* Drei von ihnen, die allein einen vertrauteren Zutritt im Haus hatten, Andranodorus und Zoippus, Hieros Schwiegersöhne, und ein gewisser Thraso fanden zwar in anderen Dingen wenig Gehör, *8* doch hatten sie darüber, dass ihrer zwei die Sache Karthagos, Thraso hingegen das Bündnis mit Rom begünstigt wissen wollten, zuweilen durch ihren Streit und Eifer die Aufmerksamkeit des Jünglings auf sich gezogen, *9* als man von einer Verschwörung gegen das Leben des Tyrannen durch einen gewissen Callon erfuhr, der, dem Hieronymus gleichaltrig, von früher Kindheit an alle Rechte der vertrautesten Freundschaft genossen hatte. *10* Der Anzeiger konnte nur einen von den Verschworenen nennen, den Theodotus, der ihn selbst zur Teilnahme aufgefordert hatte. Als dieser sogleich ergriffen und dem Andranodorus zur Folterung überliefert war, verschwieg er, nach dem freimütigsten Geständnis über sich selbst, seine Mitverschworenen. *11* Endlich,

unter Foltern, die alles, was Menschen aushalten können, überstiegen, zerfleischt, gab er, indem er sich stellte, als müsse er vor Schmerzen bekennen, statt der Mitwissenden Unschuldige an, ***12*** machte fälschlich den Thraso zum Urheber des Anschlages, weil sie ohne Rückhalt an einem so mächtigen Haupt auf eine so wichtige Unternehmung sich nicht eingelassen hätten. ***13*** Und nun nannte er von der nächsten Umgebung des Tyrannen alle die, deren Leben in seinen Augen, soviel er sich bei der unter Schmerzen und Gewimmer auszudenkenden Anklage entsann, den wenigsten Wert hatte. Bei dem Tyrannen gab seiner Aussage dies die meiste Glaubwürdigkeit, dass er den Thraso nannte. Sogleich wurde dieser zur Hinrichtung abgeliefert, die auch an den übrigen ebenso Unschuldigen vollzogen wurde. ***14*** Von den Mitverschworenen versteckte sich, obgleich der Teilnehmer ihres Anschlages lange auf der Folter war, nicht einer; nicht einer ergriff die Flucht; so fest verließen sie sich auf die Standhaftigkeit und Treue des Theodotus, und so viel Kraft hatte Theodotus selbst, sein Geheimnis zu bewahren.

(6) Als auf diese Art Thraso, das einzige Band des römischen Bündnisses, aus dem Weg geräumt war, war der wirkliche Abfall so gut wie ausgemacht; ***2*** es gingen Gesandte an Hannibal ab, und er schickte dagegen nebst einem vornehmen Jüngling, namens Hannibal, den Hippocrates und Epicydes, die zu Karthago geboren waren, aber durch ihren vertriebenen Großvater aus Syrakus stammten und nur von mütterlicher Seite Punier waren. ***3*** Durch sie kam ein Bündnis zwischen Hannibal und dem Tyrannen von Syrakus zustande, und Hannibal sah es nicht ungern, dass sie bei dem Tyrannen blieben.

4 Als der Prätor Appius Claudius, dessen Provinz Sizilien war, dies erfuhr, schickte er sogleich an Hieronymus Gesandte, welche aber auf die Anzeige, dass sie gekommen wären, das mit seinem Großvater bestandene Bündnis zu erneuern, von Hieronymus zum Hohn angehört und entlassen wurden, ***5*** indem er sich spöttisch bei ihnen erkundigte, wie doch die Schlacht bei Cannae für sie abgelaufen sei; denn was Hannibals Gesandte davon erzählten, sei fast unglaublich. Er wünschte doch die Wahrheit zu wissen, um danach seinen Entschluss zu fassen, an welche Partei von beiden er sich anzuschließen habe. ***6*** Die Römer, die ihm antworteten, sie wollten sich wieder bei ihm einfinden, wenn er so weit gekommen wäre, Gesandtschaften mit Ernst anhören zu können, verabschiedeten sich mehr im Ton der Warnenden als der Bittenden, den Bund nicht so leichtsinnig aufzugeben.

7 Hieronymus schickte Gesandte nach Karthago, um gemäß der Vereinigung mit Hannibal ein Bündnis abzuschließen. In dem Vertrag wurde man einig, dass, wenn sie die Römer aus Sizilien vertrieben hätten – und dies würde bald geschehen, wenn nur die Karthager Schiffe und Truppen schickten –, der Fluss Himera, welcher beinahe die Durchschnittslinie der Insel ist, die Länder des syrakusanischen Königreichs und der punischen Herrschaft scheiden sollte. ***8*** Aufgeblasen durch die Schmeicheleien derer, die ihm zu bedenken gaben, dass nicht bloß Hiero sein Großvater gewesen sei, sondern von der Mutter her auch König Pyrrhus, schickte er später eine zweite Gesandtschaft ab, durch welche er erklärte, billig müsse ihm ganz Sizilien überlassen und für Karthago als alleiniges Eigentum die Herrschaft über Italien erkämpft werden. ***9*** Sie fanden diese unsichere und schwankende Haltung an einem verrückten Jüngling ebenso wenig befremdend wie zu Gegenvorstellungen geeignet, wenn sie ihn nur den Römern abwendig machten.

(7) Aber bei ihm stürzte sich alles dem Untergang unaufgehalten entgegen. Denn als er nach Voraussendung des Hippocrates und Epicydes, welche mit 2000 Mann die mit römischen Besatzungen belegten Städte bedrohen sollten, ***2*** für seine Person mit dem ganzen übrigen Heer – es waren gegen 15 000 Mann Fußvolk und Reiterei – ebenfalls nach Leontini abgegangen war, mietete sich ein Haufe Verschworener – ***3*** und sie alle dienten gerade unter den Truppen – ein leer stehendes Haus an einer engen Straße, durch welche der König auf den Marktplatz zu kommen

pflegte. **4** Einem aus ihrer Mitte, namens Dinomenes, teilten sie die Rolle zu, weil er zur Leibwache gehörte, während die Übrigen in Erwartung des vorübergehenden Königs fertig und bewaffnet dastünden, durch irgendeine Veranlassung, wenn sich der König der Haustür näherte, hinter dem König den Zug in der engen Straße aufzuhalten. **5** Es ging alles wie verabredet. Dinomenes, der unter dem Schein, an seinem aufgehobenen Fuß einen zu festgeschürzten Riemen locker zu machen, die Menge aufhielt, bewirkte dadurch einen so großen Zwischenraum, dass der König, auf welchen der Angriff geschah, als er im Vorübergehen keine Bewaffneten um sich hatte, durch mehrere Wunden niedergemacht wurde, ehe man ihm zu Hilfe kommen konnte. **6** Bei dem ausbrechenden Geschrei und Getümmel wurde auf Dinomenes, den man nun offenbar den Weg sperren sah, mit Pfeilen geschossen, unter denen er aber mit zwei Wunden entkam. **7** Die Trabanten ergriffen, als sie den König liegen sahen, die Flucht. Die Mörder eilten zum Teil auf den Marktplatz unter die über ihre Freiheit frohlockende Menge, zum Teil nach Syrakus, um den Plänen des Andranodorus und der übrigen königlich Gesinnten zuvorzukommen.

8 Da Appius Claudius bei dieser ungewissen Lage der Dinge dem Ausbruch des Krieges in seiner Nähe entgegensah, benachrichtigte er den Senat schriftlich, man gehe damit um, Sizilien den Karthagern und Hannibal zu befreunden. **9** Dann zog er, um den Plänen in Syrakus entgegenzuwirken, alle seine Truppen gegen die Grenzen seiner Provinz und des königlichen Gebietes.

10 Am Ende dieses Jahres machte Quintus Fabius im Auftrag des Senates Puteoli, welches während des Krieges als Handelsplatz bevölkert war, zur Festung und legte eine Besatzung hinein. **11** Auf seinem Weg von hier zum Wahltag nach Rom setzte er den nächsten zur Versammlung sich eignenden Tag zur Wahl an und nahm seinen Weg an der Stadt vorbei zum Marsfeld. **12** Da die Dienstfähigen der Aniensischen Zenturie an diesem Tag durch das Los die erste Stimme zu geben hatten und sie den Titus Otacilius und den Marcus Aemilius Regillus zu Konsuln wählten, hielt Quintus Fabius nach gebotener Stille folgende Rede:

(8) *Hätten wir entweder Frieden in Italien oder Krieg mit einem Feind, gegen den man der Nachlässigkeit einigen Spielraum gestatten dürfte, so würde ich glauben, dass der Mann, der euren Neigungen, mit denen ihr auf das Wahlfeld kommt, um die Staatsämter jedem nach eurem Gefallen anzuvertrauen, das geringste Hindernis entgegenstellen wollte, nicht die gehörige Rücksicht auf eure Freiheit nähme.* **2** *Allein da in diesem Krieg und gegen diesen Feind keiner von unseren Feldherren einen Fehler begangen hat, der nicht für uns den größten Nachteil zur Folge gehabt hätte, so müsst ihr auch mit derselben Sorgfalt, mit der ihr euch bewaffnet zum Kampf stellt, bei der Konsulwahl zum Stimmengeben schreiten und jeder sich selbst sagen: Ich wähle in dem Konsul dem Feldherrn Hannibal einen Gegner.* **3** *Selbst in diesem Jahr wurde bei Capua dem herausfordernden Vibellius Taurea als dem besten kampanischen Ritter der beste römische Ritter Claudius Asellus entgegengestellt.* **4** *Dem fordernden Gallier auf der Brücke des Anio sandten einst unsere Vorfahren den mutigen und starken Titus Manlius.* **5** *Dasselbe muss meiner Meinung nach einige Jahre später der Grund gewesen sein, warum man in Marcus Valerius kein Misstrauen setzte, als er bei der ähnlichen Forderung eines Galliers sich bewaffnete.* **6** *So wie wir Fußvolk und Reiterei zu haben wünschen, die den feindlichen überlegen, wo nicht, ihnen wenigstens gewachsen sind, so müssen wir uns nach einem Heerführer umsehen, der dem feindlichen Feldherrn gewachsen ist.* **7** *Selbst wenn wir den erfahrensten Feldherrn im Staat ausgesucht haben, so wird er doch plötzlich gewählt, und für ein Jahr ernannt einem alten und bleibenden Feldherrn gegenübergestellt, den weder Beschränkung der Zeit noch seiner Rechte abhält, alles so zu leiten und anzuordnen, wie es die Umstände des Krieges erfordern.* **8** *Uns aber geht schon bei der Zurüstung selbst und wenn wir die Sachen eben nur eingeleitet haben, das Jahr zu Ende.* **9** *Nachdem ich über den Punkt, was für Konsuln ihr wählen müsst, genug gesagt habe, muss ich noch in Bezug auf die Männer einiges bemerken, für welche*

die zuerst stimmende Zenturie sich erklärt hat. ***10*** *Marcus Aemilius Regillus ist Eigenpriester des Quirinus, so dass wir ihn weder in den Krieg schicken noch zurückbehalten können, wenn wir nicht entweder die Sorge für die Götter oder die für den Krieg verabsäumen wollen.* ***11*** *Otacilius hat meiner Schwester Tochter zur Gattin und Kinder von ihr. Allein eure Verdienste um mich und meine Vorfahren sind nicht von der Art, dass ich nicht des Staates Bestes allen Familienverbindungen vorziehen sollte.* ***12*** *Auf ruhigem Meer kann jeder Schiffer oder der im Schiff fährt, das Steuer führen; erhebt sich aber ein heftiger Sturm und das Schiff wird auf wogendem Meer vom Wind fortgerissen, dann muss ein Mann, und zwar ein Steuermann heran.* ***13*** *Wir schiffen jetzt nicht auf ruhiger See, sondern durch mehrere Stürme sind wir dem Sinken nahe. Folglich habt ihr mit der größten Sorgfalt es einzurichten und darüber zu verfügen, wer am Steuer sitzen soll. In einer minder wichtigen Sache, Titus Otacilius, haben wir mit dir einen Versuch gemacht, wahrlich, du hast uns keine solche Probe abgelegt, dass wir Lust hätten, uns im Großen auf dich zu verlassen.* ***14*** *Die Flotte, die du zu führen hattest, rüsteten wir in diesem Jahr zu dreierlei Zwecken aus: Sie sollte die afrikanische Küste verheeren, uns die Küste Italiens sichern, hauptsächlich aber keine Zufuhr an Truppen, Geld und Vorräten von Karthago zu Hannibal gelangen lassen.* ***15*** *Wählt ja den Titus Otacilius zum Konsul, wenn er dem Staat, ich will nicht sagen dieses alles, sondern nur eins davon geleistet hat. Wenn aber alles Mögliche, während du an der Spitze unserer Flotte standest, bei Hannibal von Hause sicher und unversehrt anlangte, nicht anders, als wäre zu Wasser Friede,* ***16*** *wenn Italiens Küste in diesem Jahr öfter beunruhigt wurde als die von Afrika, was kannst du dann als Grund anführen, warum wir gerade dich als Feldherrn einem Feind wie Hannibal gegenüberstellen sollen?* ***17*** *Wenn du jetzt Konsul wärst, so müssten wir nach dem Muster unserer Vorfahren auf Ernennung eines Diktators antragen, und du dürftest nicht darüber unwillig sein, dass im römischen Staat jemand für brauchbarer im Krieg gehalten würde als du. Es kann keinem mehr daran liegen, Titus Otacilius, als dir selbst, dass deinem Nacken keine Last aufgebürdet werde, unter welcher du erliegst.*

18 *Ich fordere euch dringend auf, wie, wenn ihr schon als Bewaffnete in der Schlachtreihe jetzt gleich zwei Feldherren wählen solltet, um unter ihrer Führung und Götterleitung zu kämpfen, in derselben Gesinnung* ***19*** *auch heute die Konsuln zu wählen, denen eure Kinder den Fahneneid leisteten, auf deren Ruf sie sich stellen, unter deren Schutz und Aufsicht sie kämpfen sollen.* ***20*** *Der See Trasimenus und Cannae sind für unsere Erinnerung traurige Beispiele, aber zu unserer Belehrung, uns vor ähnlichen Niederlagen zu hüten, heilsam. Herold, fordere die Dienstfähigen der Aniensischen Zenturie auf, noch einmal zu stimmen.*

(9) Als Titus Otacilius in wilder Wut rief, Fabius wolle nur sein Konsulat ein zweites Jahr fortführen, und Lärm machte, da hieß der Konsul die Gerichtsdiener sich neben jenen stellen; ***2*** und weil er selbst, ohne in die Stadt zu ziehen, sogleich von der Reise auf das Marsfeld gegangen war, fragte er ihn, ob er wohl wisse, dass auf seinen Rutenbündeln noch die Beile steckten. ***3*** Die zuerst stimmende Zenturie schritt wieder zur Stimmensammlung, und von ihr wurden Quintus Fabius Maximus zum vierten Mal und Marcus Marcellus zum dritten Mal zu Konsuln gewählt. Die übrigen Zenturien ernannten ohne alle Abweichung dieselben Konsuln. ***4*** Auch ein Prätor wurde wieder gewählt, Quintus Fulvius Flaccus, die übrigen drei waren neue, Titus Otacilius Crassus, der es zum zweiten Mal wurde, Quintus Fabius, des Konsuls Sohn, damals kurulischer Ädil, und Publius Cornelius Lentulus. ***5*** Nach beendeter Prätorenwahl erging ein Senatsbeschluss, dass dem Quintus Fulvius die Stadtgeschäfte ohne Los zuerkannt und er, wenn die Konsuln in den Krieg gezogen wären, die eigentliche Stadtobrigkeit sein sollte. ***6*** Man hatte in diesem Jahr zweimal großes Wasser, und der Tiber riss in der Überschwemmung auf dem Land viele Häuser ein, und Herden und Menschen kamen um.

7 Im fünften Jahr des zweiten Punischen Krieges fanden bei dem Antritt ihres Konsulats Quintus Fabius Maximus – es war sein viertes – und Marcus Claudius Marcellus – es war sein drittes – den Staat in Betreff ihrer Person in einer mehr als gewöhnlichen Erwartung. Denn seit vielen Jahren war kein solches Paar Konsuln gewesen. *8* Alte Leute erzählten, so wären Maximus Rullus und Publius Decius für den Gallischen Krieg, so nachher Papirius und Carvilius gegen die Samniten und Bruttier und gegen das lucanische Volk samt dem tarentinischen zu Konsuln erklärt worden. *9* Marcellus war abwesend zum Konsul gewählt, da er bei dem Heer stand; dem Fabius wurde das Konsulat in seiner Gegenwart verlängert und da er selbst den Wahltag hielt. *10* Die Zeitumstände, der Drang des Krieges und die Gefahr des Ganzen waren die Ursachen, warum niemand gegen dies gegebene Beispiel etwas einzuwenden hatte oder den Konsul der Herrschsucht verdächtig hielt. *11* Vielmehr pries man seine Geistesgröße, dass er bei der Überzeugung, jetzt habe der Staat seinen größten Feldherrn nötig, und der sei außer allem Zweifel er selbst, die üble Nachrede, die für ihn daraus erwachsen konnte, weniger geachtet habe als das Beste des Staates.

(10) An dem Tag, an welchem die Konsuln ihr Amt antraten, wurde auf dem Kapitol Senatssitzung gehalten und zuallererst beschlossen, *2* dass die Konsuln losen oder sich miteinander vergleichen sollten, wer von ihnen, ehe sie zum Heer abgingen, eine Versammlung zur Zensorenwahl zu halten habe. *3* Dann wurde allen, die bei ihrem Heer standen, der Oberbefehl verlängert und ihnen allen aufgegeben, in ihrem Wirkungskreis zu bleiben, Tiberius Gracchus zu Luceria, wo er mit dem Heer von Freiwilligen aus dem Sklavenstand stand, *4* Gaius Terentius Varro im picenischen Gebiet, Manius Pomponius im gallischen Gebiet, von den Prätoren des vorigen Jahres sollten als Proprätoren Quintus Mucius Sardinien behalten, Marcus Valerius bei Brundisium als Befehlshaber an der Küste alle Bewegungen des makedonischen Königs Philipp beobachten. *5* Dem Prätor Publius Cornelius Lentulus wurde Sizilien als Provinz bestimmt, dem Titus Otacilius dieselbe Flotte, die er voriges Jahr gegen die Karthager gehabt hatte.

6 In diesem Jahr meldete man viele Wunderzeichen, und je mehr sie bei jenen schlichten und gewissenhaften Leuten Glauben fanden, desto mehr wurden gemeldet. Zu Lanuvium hätten im Innersten des Tempels der Juno Sospita Raben genistet; *7* in Apulien habe ein grüner Palmbaum gebrannt, bei Mantua das stehende Wasser des übergetretenen Stromes Mincius eine Blutfarbe gehabt; zu Cales habe es Steine, zu Rom auf dem Rindermarkt Blut geregnet. *8* Ferner in dem Insteischen Quartier soll eine Quelle unter der Erde so wasserreich hervorgebrochen sein, dass sie Tonnen und Fässer, die auf dem Platz standen, wie ein reißender Strom fortgewälzt habe; *9* auf dem Kapitol sei der freie Vorplatz vom Blitz getroffen, auf dem Marsfeld der Tempel des Vulkan, im sabinischen Gebiet ein Kastell und die Heerstraße, zu Gabii die Mauer und ein Tor. *10* Auch trug man sich noch mit anderen Wundern: Zu Praeneste habe sich der Speer des Mars von selbst vorgerückt, in Sizilien habe ein Ochse gesprochen, im marrucinischen Gebiet ein Kind im Mutterleibe „Io Triumph" gerufen, zu Spoletum habe eine Frau sich in einen Mann verwandelt, zu Adria sich am Himmel ein Altar sehen lassen, umringt von Menschengestalten in weißen Gewändern. *11* Ja in der Stadt Rom selbst brachten einige nach der Erscheinung eines Bienenschwarms auf dem Markt durch die Behauptung, sie sähen auf dem Janiculum bewaffnete Legionen, die Bürgerschaft in die Waffen; *12* die aber auf dem Janiculum waren, versicherten, es habe sich außer den gewöhnlichen Anbauern des Hügels niemand sehen lassen. *13* Nach einer Erklärung der Opferschauer wurde die Abwendung dieser Schreckenszeichen durch Opferung großer Tiere besorgt und ein öffentlicher Betgang bei allen Göttern verordnet, die in Rom Altäre hatten.

(11) Nachdem alles zur Versöhnung der Götter Nötige besorgt war, brachten die Konsuln die Staatsgeschäfte und die Führung des Krieges im Senat zur Sprache, und den Bestand der Heere

und wo jedes stehen sollte. *2* Man bestimmte die Anzahl der Legionen für den Krieg auf 18; zwei davon sollte sich jeder Konsul nehmen; Gallien, Sizilien und Sardinien mit je zwei behauptet werden, ferner mit zwei der Prätor Quintus Fabius Apulien decken, mit zwei Legionen Freiwilliger vom Sklavenstand Tiberius Gracchus die Gegend um Luceria, *3* dem Prokonsul Gaius Terentius sollte für das picenische Gebiet und dem Marcus Valerius für die Flotte bei Brundisium je eine gelassen werden, und zwei sollten der Stadt zur Besatzung dienen. *4* Um diese Anzahl der Legionen aufzubringen, mussten sechs neue ausgehoben werden. Den Konsuln wurde befohlen, diese baldigst auszuheben und eine Flotte instand zu setzen, *5* so dass in diesem Jahr, die Schiffe mit eingerechnet, welche zum Schutz Kalabriens an der dortigen Küste lagen, die Flotte auf 150 Kriegsschiffe gebracht werden sollte. *6* Nachdem die Aushebung gehalten und 100 neue Schiffe in See gelassen waren, hielt Quintus Fabius die Zensorenwahl; die Gewählten waren Marcus Atilius Regulus und Publius Furius Philus. *7* Als das Gerücht von dem in Sizilien ausgebrochenen Krieg allgemeiner wurde, bekam Titus Otacilius Befehl, mit der Flotte dahin abzugehen. Da es aber an Seeleuten fehlte, machten die Konsuln vermöge eines Senatsbeschlusses bekannt, wer für seine Person oder wessen Vater von den Zensoren Lucius Aemilius und Gaius Flaminius als Besitzer von 50 000 bis zu 100 000 Kupfer-As geschätzt oder nachher zu einem solchen Vermögen gelangt sei, solle einen Matrosen mit sechsmonatiger Löhnung stellen, *8* wer über 100 000 bis zu 300 000 As besitze, drei Matrosen mit ihrem jährigen Sold; der Besitzer von mehr als 300 000 As bis zu einer Million fünf Matrosen; von mehr als einer Million sieben, und die Senatoren acht Matrosen mit dem jährigen Sold. *9* Die zufolge dieser Verordnung gestellten Seeleute, welche von ihren Herren mit Mundvorrat auf dreißig Tage versehen waren, schifften sich ein. Dies war das erste Mal, dass man eine römische Flotte mit Seeleuten bemannte, welche auf Kosten von Privatpersonen gestellt wurden.

(12) Diese mehr als gewöhnliche Zurüstung schreckte besonders die Campaner durch die Furcht, die Römer möchten den diesjährigen Feldzug mit der Einschließung von Capua beginnen. *2* Sie schickten daher an Hannibal Gesandte mit der Bitte, sich mit seinem Heer Capua zu nähern; zu Rom würden zu einem Sturm auf Capua neue Heere geworben, denn kein Abfall irgendeiner Stadt habe die Römer mehr erbittert. *3* Da sie dies mit solcher Ängstlichkeit meldeten, zog Hannibal, welcher eilen zu müssen glaubte, damit ihm die Römer nicht zuvorkämen, nach seinem Aufbruch von Arpi auf Tifata in sein ehemaliges Lager oberhalb Capua. *4* Von hier ging er, nachdem er die Numider und Spanier zur Bedeckung seines Lagers sowohl als Capuas zurückgelassen hatte, mit dem übrigen Heer zum See Avernus, angeblich, um dort ein Opfer zu bringen, in der Tat aber, um Puteoli und die dortige Besatzung zu bedrohen. *5* Als dem Maximus gemeldet wurde, Hannibal sei von Arpi aufgebrochen und ziehe wieder nach Kampanien, *6* ging er, ohne seinen Marsch Tag und Nacht zu unterbrechen, zu seinem Heer, ließ den Tiberius Gracchus von Luceria seine Truppen gegen Beneventum ziehen und den Prätor Quintus Fabius – dies war sein, des Konsuls Sohn – nach Luceria in Gracchus' Stelle rücken. *7* Zu gleicher Zeit gingen zwei Prätoren nach Sizilien ab, Publius Cornelius zum Heer, Otacilius zum Oberbefehl an der Küste und zur See; so auch die Übrigen jeder in seine Provinz; und diejenigen, denen der Oberbefehl verlängert war, behielten dieselben Gegenden wie im vorigen Jahr.

(13) Zu Hannibal kamen, als er am See Avernus stand, fünf vornehme Jünglinge von Tarent, die er teils am See Trasumenus, teils bei Cannae gefangen genommen und mit derselben Leutseligkeit in ihre Heimat entlassen hatte, die er – ein Punier – gegen alle römischen Bundesgenossen bewies. *2* Sie sagten, eingedenk seiner Wohltaten hätten sie einen großen Teil junger Tarentiner dahin gebracht, Hannibals Freundschaft und Bündnis für wünschenswerter zu halten als die römische, und als Abgeordnete der Ihrigen bäten sie den Hannibal, sein Heer in die Nähe von

Tarent zu führen. **3** Wenn man von Tarent aus seine Fahnen und sein Lager erblicken werde, würde der Übergabe der Stadt nichts mehr im Weg stehen. Von der bewaffneten Jugend hänge der Bürgerstand ab, und in den Händen des Bürgerstandes sei die ganze Regierung von Tarent. **4** Hannibal, der ihnen seinen Beifall erklärte und eine Menge herrlicher Verheißungen mitgab, hieß sie zur Beschleunigung ihres Unternehmens nach Hause zurückgehen; er werde sich zu rechter Zeit einfinden. Mit dieser Hoffnung entließ er die Tarentiner. **5** Ihn selbst hatte ein mächtiges Verlangen ergriffen, sich Tarents zu bemächtigen. Er dachte sich es als die reiche, berühmte Stadt, die noch dazu an der Küste und so vorteilhaft Makedonien gegenüber liege, und dass König Philipp im Fall eines Übergangs nach Italien, da die Römer Brundisium hätten, nun auf diesen Hafen steuern könne. **6** Nachdem er das Opfer, das er hatte bringen wollen, vollzogen und während seiner Anwesenheit die ganze Gegend von Cumae bis zum Vorgebirge Misenum hatte verheeren lassen, wandte er sich plötzlich gegen Puteoli, um die dortige Besatzung zu überraschen. **7** Sie war aber 6000 Mann stark und der Ort auch durch Befestigung, nicht bloß durch seine natürliche Lage gesichert. Als sich Hannibal hier unter Angriffen, die er auf diese Besatzung von allen Seiten machte, drei Tage aufgehalten hatte, rückte er, weil es ihm durchaus nicht gelang, mehr aus Erbitterung als aus Hoffnung sich der Stadt zu bemächtigen, zur Verheerung des Gebietes von Neapolis weiter. **8** Bei seiner Ankunft in der benachbarten Landschaft gerieten die Bürgerlichen zu Nola, die schon lange den Römern abgeneigt und auf ihren Senat erbittert waren, in Bewegung. Es fanden sich also auch ihre Gesandten bei Hannibal ein, um ihn herbeizurufen, mit der gewissen Zusage, ihm die Stadt zu übergeben. **9** Konsul Marcellus, den die Vornehmen gerufen hatten, kam diesem Unternehmen zuvor. Er hatte zu dem Marsch nach Suessula von Cales einen Tag gebraucht, weil ihn der Übergang über den Volturnus aufgehalten hatte; **10** von da schickte er in der nächsten Nacht 6000 Mann zu Fuß und 300 zu Pferd dem Senat zu Hilfe nach Nola hinein; und sowie der Konsul in allem rasch zu Werk ging, um sich Nolas früher zu versichern, **11** so war Hannibal der Zögernde, weil er nach zwei vergeblichen früheren versuchen Bedenken trug, den Nolanern zu trauen.

(14) In denselben Tagen kam Konsul Quintus Fabius zu einem Versuch vor Casilinum an, wo eine punische Besatzung lag, und vor Beneventum trafen, als hätten sie sich verabredet, von der einen Seite Hanno aus dem Land der Bruttier mit einer bedeutenden Mannschaft zu Fuß und zu Pferd, und von der andern Tiberius Gracchus von Luceria ein, der auch zuerst in die Stadt einzog. **2** Dann aber, als er hörte, Hanno habe beinahe 3000 Schritte von der Stadt am Fluss Calar ein Lager bezogen und verheere von dort aus die Gegend, schlug er ebenfalls, nachdem er aus der Stadt vorgerückt war, beinahe 1000 Schritte vom Feind sein Lager auf, **3** und hier war es, wo er seine Soldaten in einer Versammlung anredete. Seine Legionen nämlich bestanden größtenteils aus Freiwilligen vom Sklavenstand, welche schon das zweite Jahr die Freiheit lieber stillschweigend hatten verdienen als geradezu fordern wollen. Doch war es ihm bei dem Aufbruch aus den Winterquartieren nicht entgangen, dass sie im Zug halblaut sich gefragt hatten, ob sie wohl jemals als Freie dienen würden, **4** und er hatte dem Senat weniger geschrieben, was sie erwarteten, als was sie verdient hätten, denn sie hätten ihm bis auf diesen Tag gute und wackere Dienste geleistet, und es fehle ihnen zu guten Soldaten nichts als die Freiheit. **5** Er hatte hierin Vollmacht erhalten, so zu handeln, wie er es dem Besten des Staates angemessen fände. Ehe er also mit dem Feind sich einließ, erklärte er öffentlich, der Augenblick, zum Besitz der lange erhofften Freiheit zu gelangen, sei für sie gekommen. **6** Am folgenden Tag wolle er auf freiem und offenem Feld eine förmliche Schlacht liefern, wo ohne alle Furcht vor Hinterhalt bloß wahre Tapferkeit entscheiden würde. **7** Wer den Kopf eines Feindes brächte, den werde er auf der Stelle für frei erklären; wer aber weiche, den werde er mit dem Sklaventod bestrafen. **8** Jeder habe also sein Schicksal in seiner Hand; für

den Erklärer ihrer Freiheit würden sie nicht nur ihn anzusehen haben, sondern ebenso den Konsul Marcus Marcellus und den ganzen Senat, der auf geschehene Anfrage von ihm ihre Freisprechung ihm überlassen habe. ***9*** Hierauf las er ihnen das Schreiben des Konsuls und den Senatsbeschluss vor, welche sie durch ein Freudengeschrei in großer Einstimmung beantworteten. Sie forderten die Schlacht und drangen mit Ungestüm darauf, ihnen auf der Stelle das Zeichen zu geben. ***10*** Gracchus erklärte den folgenden Tag zum Schlachttag und entließ die Versammlung. Voll Freude wandten die Soldaten, namentlich die, welche für die Dienstleistung eines Tages die Freiheit zum Lohn haben sollten, die übrige Zeit dazu an, ihre Waffen instand zu setzen.

(15) Kaum ließen sich am folgenden Tag die Trompeten hören, so waren sie von allen die Ersten, die bereit und völlig gerüstet vor dem Feldherrnzelt sich sammelten. ***2*** Nach Sonnenaufgang rückte Gracchus mit seinen Truppen in die Schlacht, und die Feinde säumten nicht, den Kampf anzunehmen. Es waren 17 000 zu Fuß, größtenteils Bruttier und Lucaner, zu Pferde 1200, unter diesen nur wenige Italer, die Übrigen mochten wohl alle Numider und Mauren sein. ***3*** Das Gefecht wurde heftig und anhaltend, vier Stunden lang neigte sich die Schlacht auf keine Seite, und nichts war den Römern hinderlicher, als dass der Preis ihrer Freiheit auf feindlichen Köpfen stand. ***4*** Denn sowie einer seinen Feind mutig erschlagen hatte, so brachte er einmal darüber, dass er nur mit Mühe im Gedränge und Getümmel den Kopf herunterhieb, die Zeit hin, und zum andern hatten alle die Tapfersten, die ihre Rechte mit dem zu haltenden Kopf beladen hatten, aufgehört Kämpfer zu sein; die Schlacht war den Zögerern und Feigen anheim gefallen. ***5*** Als nun die Obersten dem Gracchus meldeten, man verwunde schon keinen stehenden Feind mehr, sondern zerstückele die liegenden, und statt der Schwerter hätten die Soldaten Menschenköpfe in der Hand, da ließ er schnell bekannt machen, sie sollten die Köpfe wegwerfen und auf den Feind losgehen. ***6*** Ihre Tapferkeit sei einleuchtend und ausgezeichnet genug, und die Freiheit könne so tapferen Männern auf keinen Fall entgehen. Da begann der Kampf von Neuem, und auch die Reiterei wurde auf den Feind gelassen. ***7*** Da ihr aber die Numider mutig entgegensprengten und das Gefecht der Reiterei ebenso heftig wie das des Fußvolkes wurde, sah es um die Entscheidung abermals misslich aus, obwohl die Feldherren von beiden Seiten in ihren Ermunterungen, der römische die Bruttier und Lucaner, als so oft von den Vorfahren besiegte und unterjochte Feinde, der punische die Römer als Leibeigene und als Soldaten aus dem Sklavenzwinger herabwürdigten. ***8*** Endlich erklärte Gracchus laut, auf Freiheit dürften sie durchaus nicht rechnen, wenn sie nicht heute den Feind besiegten und in die Flucht schlügen.

(16) Dieses Wort endlich befeuerte ihren Mut abermals. Gleich als wären sie plötzlich verwandelt, stürzten sie mit erneuertem Geschrei mit solcher Gewalt auf den Feind, dass aller weitere Widerstand unmöglich war. ***2*** Zuerst wurden die vorderen Reihen der Punier, dann die unter den Fahnen in Unordnung gebracht, zuletzt die ganze Linie zurückgedrängt; dann wandten sie entschieden sich ab und stürzten so geschreckt und eilig in ihr Lager, dass auch nicht einmal an den Toren oder auf dem Wall der geringste Widerstand geleistet wurde, und die Römer, die fast in einem Zug ihnen folgten, erst mitten in den feindlichen Werken einen neuen Kampf zu bestehen hatten. ***3*** Je verwickelter hier in der Enge das Gefecht war, desto schrecklicher war das Morden; und die Gefangenen vermehrten es noch. Denn da sie im Getümmel Waffen errafft hatten, hieben sie in einen Trupp gesammelt zugleich von hinten auf die Punier ein und verhinderten die Flucht. ***4*** Darum entkamen auch von einem so großen Heer nicht einmal 2000 Menschen, und größtenteils nur von der Reiterei, mit dem Feldherrn selbst; alle anderen wurden niedergehauen oder gefangen genommen und man erbeutete 38 Fahnen. ***5*** Von den Siegern fielen gegen 2000. Die ganze Beute, nur die Gefangenen nicht, wurde den Soldaten überlassen; auch war das Vieh davon ausgenommen, wozu sich innerhalb von 30 Tagen die Eigentümer melden sollten.

6 Als die Soldaten mit Beute beladen ins Lager zurückgekehrt waren, zogen sich beinahe 4000 Freiwillige, welche in der Schlacht nicht so brav gewesen, auch nicht zugleich mit den anderen in das feindliche Lager eingebrochen waren, aus Furcht vor Strafe auf eine Anhöhe in die Nähe des Lagers zurück. *7* Als sie tags darauf durch Obersten von dort herabgeholt wurden, kamen sie, als Gracchus eben die Soldaten zur Versammlung gerufen hatte, dazu. *8* Nachdem der Prokonsul hier zuerst die alten Soldaten, jeden nach seiner in der Schlacht bewiesenen Tapferkeit und Tätigkeit mit Kriegergeschenken belohnt hatte, sprach er, was die Freiwilligen betreffe, so wolle er lieber alle Würdigen und Unwürdigen belobt, als am heutigen Tag irgendeinen bestraft haben. *9* Er erkläre sie also alle mit dem Wunsch, dass dies dem Staat und ihnen selbst zum Glück, Heil und Segen gereichen möge, für freie Männer. *10* Als auf diese Erklärung ein laut jubelndes Geschrei ertönte und sie bald unter gegenseitigen Glückwünschen sich umarmten, bald mit zum Himmel erhobenen Händen für das römische Volk und Gracchus selbst nichts als Segen herabflehten, fuhr Gracchus weiter fort: ***11*** *Solange ich noch nicht alle durch einerlei Freiheitsrechte gleichgestellt hatte, wollte ich niemanden durch die Bezeichnung der Bravheit oder der Freiheit ausgezeichnet wissen.* ***12*** *Jetzt, nachdem ich das Wort des Staates gelöst habe, werde ich, um nicht allen Unterschied zwischen Tapferkeit und Feigheit aufzuheben, die Namen derer, die im Bewusstsein, dem Kampf sich entzogen zu haben, kurz vorher sich von uns trennten, mir angeben lassen und sie, einen nach dem andern, sowie ich sie vorfordere, durch einen Eid verpflichten, dass sie, solange sie Dienste tun, wenn nicht Krankheit sie entschuldigt,* ***13*** *nie anders als stehend Speise und Trank zu sich nehmen wollen. Ihr werdet euch diese Strafe gern gefallen lassen, wenn ihr bedenkt, dass ihr mit keiner leichteren Rüge der Feigheit bestraft werden konntet.* ***14*** Dann gab er das Zeichen zum Aufbruch, und die Soldaten kamen, ihre Beute tragend und vor sich her treibend, unter Mutwillen und Scherz so lustig nach Beneventum zurück, ***15*** dass man hätte glauben sollen, sie kehrten von einem an hochgefeiertem oder festlichem Tag gehaltenen Schmaus und nicht aus der Schlacht zurück. ***16*** Alle Bewohner von Benevent, die ihnen in herausströmendem Schwarm vor die Tore entgegengegangen waren, umarmten die Soldaten, wünschten ihnen Glück und luden sie zu sich in ihre Wohnungen. ***17*** Sie hatten alle auf den Vorplätzen ihrer Häuser Gastmähler gerüstet; hierzu nötigten sie dieselben und baten den Gracchus für die Soldaten um Erlaubnis zum Schmaus. Und Gracchus gab sie, aber unter der Bedingung, dass alle auf der Straße essen sollten. So ließ jeder seine Gerichte vor seiner Haustür auftragen. ***18*** Die gewesenen Sklaven hatten beim Essen Hüte auf oder die Köpfe mit weißer Wolle umwunden; einige lagen zu Tisch, andere standen, und diese machten zugleich den Aufwärter und den Gast. ***19*** Dem Gracchus schien die Sache wichtig genug, dass er nach seiner Rückkehr nach Rom die Feier jenes Tages im Tempel der Freiheit, welcher durch seinen Vater aus den Strafgeldern auf dem Aventin erbaut und geweiht war, in einem Gemälde darstellen ließ.

(17) Während dieser Vorfälle bei Beneventum bricht Hannibal, der die Gegend um Neapolis verheert hatte, gegen Nola auf. ***2*** Als der Konsul dessen Annäherung merkte, machte er sich fertig, nachdem er den Proprätor Pomponius mit seinem im Lager oberhalb Suessula stehenden Heer an sich gezogen hatte, dem Feind entgegenzugehen und ihm ohne Verzug eine Schlacht anzubieten. ***3*** Den Cajus Claudius Nero schickt er in der Stille der Nacht mit dem Kern der Reiterei aus dem vom Feind am weitesten abgelegenen Tor und befiehlt ihm, wenn er sich unbemerkt hinter dem Feind herumgezogen hätte, dem Zug desselben langsam nachzugehen und sobald er sähe, dass es zum Treffen gekommen sei, sich ihm in den Rücken zu werfen. Ob Nero dies aus Unkunde der Wege oder Mangel an Zeit nicht habe ausführen können, ist ungewiss. ***4*** Als die Schlacht in seiner Abwesenheit geliefert wurde, behielten freilich die Römer zweifellos die Oberhand; ***5*** weil aber die Reiterei nicht zu rechter Zeit eintraf, so geriet der verabredete Plan ins Stocken. Marcellus, der es nicht wagen durfte, dem weichenden Feind nachzusetzen, gab den siegenden Seinigen das

Zeichen zum Abzug. *6* Doch sollen an dem Tag über 2000 Feinde gefallen sein, von den Römern nicht ganz 400. *7* Als gegen Sonnenuntergang Nero, welcher Tag und Nacht hindurch Pferde und Menschen vergeblich ermüdet hatte, ohne einen Feind gesehen zu haben, wiederkam, machte ihm der Konsul so ernstliche Vorwürfe, dass er sagte, nur er sei schuld daran, dass diesmal die Niederlage bei Cannae dem Feind nicht vergolten sei. *8* Am folgenden Tag stellten sich die Römer in Schlachtordnung; Hannibal, selbst nach seinem schweigenden Geständnis besiegt, blieb im Lager. Drei Tage nachher brach er in der Stille der Nacht, ohne die Hoffnung der Eroberung Nolas, die ihm nie hatte glücken wollen, zu verfolgen, nach Tarent auf, wo er einem Verrat mit mehr Gewissheit entgegensah.

(18) Der Ernst der Römer in den Staatsangelegenheiten zu Hause war dem im Krieg bewiesenen gleich. *2* Die Zensoren, die bei der Erschöpfung der Schatzkammer an öffentliche in Verding zu gebende Baulichkeiten nicht zu denken hatten, richteten ihre Aufmerksamkeit auf die Beaufsichtigung der öffentlichen Sitten und auf die Bestrafung der Laster, welche ebenso aus dem Krieg erwuchsen wie mit langwierigen Krankheiten behaftete Körper sie aus sich selbst erzeugen. *3* Zuerst forderten sie diejenigen vor, von denen es hieß, sie hätten nach der Schlacht bei Cannae den Staat verlassen und Italien räumen wollen. Das Haupt derselben, Lucius Caecilius Metellus, war damals gerade Quästor. *4* Da er und die übrigen desselben Verbrechens Beschuldigten bei der ihnen anbefohlenen Verantwortung ihre Unschuld nicht erweisen konnten, taten die Zensoren den Ausspruch, sie hätten sich auf Äußerungen und Reden gegen den Staat eingelassen, um eine Verschwörung zum Verlassen Italiens zustande zu bringen. *5* Nächst diesen wurden die listigen Deuter der Eidesumgehung vorgefordert, diejenigen von den Kriegsgefangenen, welche dadurch, dass sie unterwegs in aller Stille in Hannibals Lager zurückgegangen waren, sich der beschworenen Rückkehr entledigt zu haben glaubten. *6* Ihnen sowie den vorhin Genannten wurden, wenn sie ein Pferd vom Staat hatten, diese Pferde genommen, sie selbst aus dem Bürgerstand gestoßen und alle für steuerpflichtig erklärt. *7* Auch beschränkte sich diese Aufmerksamkeit der Zensoren nicht bloß darauf, dass sie im Senat oder Ritterstand auf Sittlichkeit hielten, sondern sie machten aus dem Verzeichnis der Dienstfähigen einen Auszug von den Namen aller derer, die seit vier Jahren keine Dienste getan hätten, obgleich sie weder einen gültigen Urlaub hatten noch eine Krankheit als Ursache angeben konnten. *8* Alle diese Namen, die sich auf über 2000 beliefen, wurden unter die Steuerpflichtigen versetzt und aus der Tribus gestoßen. *9* Und zu einer so scharfen Rüge kam nun noch der harte Senatsbeschluss, dass alle, die von den Zensoren gerügt wären, zu Fuße dienen und nach Sizilien zu den Überresten des cannensischen Heeres geschickt werden sollten, zu jener Klasse von Soldaten, deren Dienstzeit vor Vertreibung des Feindes aus Italien nicht zu Ende ging.

10 Weil sich auch die Zensoren wegen der Erschöpfung der Schatzkammer schon nicht mehr darauf einließen, Ausbesserungen der heiligen Gebäude, Lieferungen der Rennpferde und ähnlicher Dinge in Verding zu geben, *11* so fand sich bei ihnen eine Menge von Leuten ein, welche sich gewöhnlich mit dieser Art von Kaufgebot abgaben, und forderten die Zensoren auf, alles ebenso zu unternehmen und zu verdingen, als ob Geld im Schatz wäre. Sie alle wollten nur erst nach beendigtem Krieg bei der Kammer auf Bezahlung antragen. *12* Darauf stellten sich die Eigentümer derer ein, welche Tiberius Sempronius bei Beneventum für Freie erklärt hatte und sagten, sie wären vor das Zahlamt gefordert, um sich das Geld für ihre Sklaven auszahlen zu lassen; sie würden es aber vor beendetem Krieg nicht annehmen. *13* Bei dieser Neigung des Volkes, der Armut des Staatsschatzes zu Hilfe zu kommen, fing man an, auch die Mündelgelder und das Vermögen der Witwen dem Schatz zu übergeben, da diejenigen, welche sie ablieferten, glaubten, *14* sie könnten sie in keine sicherere und heiligere Verwahrung geben, als sie unter den Schutz des Staates zu stellen. Wurde den Mündeln und Witwen von ihren Geldern etwas gekauft oder angeschafft, so stellte der Schatzmeister eine schriftliche Anweisung aus. Diese Bereitwilligkeit der Bürger verbreitete sich von der Stadt auch über das Lager, ***15*** so dass kein Ritter, kein Hauptmann seinen Sold nahm und jedem, der ihn sich geben ließ, den Schimpfnamen „Söldling" entgegenrief.

(19) Der Konsul Quintus Fabius hatte sein Lager vor Casilinum, wo 2000 Campaner und 7000 Mann von Hannibals Truppen als Besatzung lagen. Den Oberbefehl führte Statius Metius. ***2*** Er war von dem diesjährigen Medixtuticus zu Capua, Gnaeus Magius Atellanus, hierher geschickt, welcher auch die Sklaven und Bürgerlichen ohne Unterschied zu dem Zweck bewaffnete, während den Konsul die Bestürmung Casilinums beschäftige, das römische Lager anzugreifen. Fabius wusste das alles. ***3*** Er ließ demnach seinem Amtsgenossen nach Nola sagen, es sei während des Sturmes auf Casilinum ein zweites Heer nötig, um es den Campanern entgegenzustellen. ***4*** Er möge entweder mit Hinterlassung einer mäßigen Besatzung zu Nola selbst kommen, oder falls ihn Nola festhalte und er Hannibals wegen noch nicht außer Sorgen sei, so wolle er den Prokonsul Tiberius Gracchus von Beneventum kommen lassen. ***5*** Auf diese Anzeige kam Marcellus, der zu Nola 2000 Mann Besatzung ließ, mit seinem übrigen Heer nach Casilinum, und seine Ankunft erhielt die Campaner, die sich schon in Bewegung gesetzt hatten, in Ruhe. ***6*** Nun unternahmen beide Konsuln den Sturm auf Casilinum. Als hier die römischen Soldaten, weil sie zu keck an den Mauern hinaufstiegen, viele Wunden bekamen und ihre Unternehmungen nicht den gewünschten Erfolg hatten, erklärte Fabius, man müsse eine Sache, welche zwar weniger bedeutend, aber doch ebenso schwierig sei als die von Wichtigkeit, aufgeben und abziehen. ***7*** Marcellus hingegen mit seiner Behauptung, so wie sich große Feldherren auf dieses und jenes nicht einzulassen hätten, so müssten sie, wenn sie sich einmal darauf eingelassen hätten, nicht davon abgehen, denn der Ausschlag des Rufes sei auf beiden Seiten allerdings von Bedeutung, setzte es durch, dass man nicht unverrichteter Sache abzog. ***8*** Als darauf die Schutzdächer und alle Arten von Werken und Maschinen angebracht wurden, und die Campaner den Fabius baten, ihnen einen sicheren Abzug nach Capua zu gestatten, bemächtigte sich Marcellus, als erst wenige herausgekommen waren, des Tores, aus dem sie zogen, ***9*** und nun kam es zuerst am Tor zu einem Gemetzel gegen alle ohne Unterschied, dann auch nach bewerkstelligtem Einbruch in der Stadt. ***10*** Etwa 50 der zuerst ausgezogenen Campaner gelangten, da sie sich zu Fabius retteten, unter einer Bedeckung von ihm nach Capua. Casilinum wurde während der Besprechungen und der Zögerung derer, die um Schutz flehten, bei Gelegenheit erobert. ***11*** Die Gefangenen, sie mochten kampanische oder von Hannibals Truppen sein, wurden nach Rom geschickt und dort eingesperrt; die Masse der städtischen Bewohner wurde unter die benachbarten Völker zur Verwahrung verteilt.

(20) In denselben Tagen, als man nach glücklich errungenem Erfolg von Casilinum aufbrach, schickte Gracchus in Lucanien einige in dortiger Gegend geworbene Kohorten unter einem Obersten der Bundesgenossen in das feindliche Gebiet auf Plünderung aus. ***2*** Hanno, der diese sich zu weit zerstreuenden Schwärme angriff, brachte hier am Feind die Niederlage beinahe wieder ein, die er selbst bei Beneventum erlitten hatte, und zog sich eilig, um nicht von Gracchus eingeholt zu werden, ins bruttische Gebiet zurück. ***3*** Konsul Marcellus ging nach Nola zurück, woher er gekommen war, Fabius aber in Samnium weiter vorwärts, um die Dörfer zu plündern und die abgefallenen Städte mit bewaffneter Hand wiederzuerobern. Mit besonderer Härte wurde das Caudinische Samnium verwüstet. ***4*** Die Dörfer wurden weit und breit niedergebrannt und Vieh und Menschen als Beute weggetrieben. ***5*** Die mit Sturm genommenen Städte waren Compulteria, Telesia, Compsa, Fagifulae und Orbitanium in Lucanien, Blanda und Aecae in Apulien wurden belagert. ***6*** 25 000 Feinde wurden in diesen Städten zu Gefangenen gemacht oder getötet; auch fielen dem Konsul 370 Überläufer in die Hände, welche er nach Rom schickte, wo sie alle auf dem

Versammlungsplatz mit Ruten gegeißelt und vom Felsen gestürzt wurden. ***7*** Dies alles vollführte Quintus Fabius in wenigen Tagen. Den Marcellus hielt eine Krankheit zu Nola in Untätigkeit. ***8*** Auch der Prätor Quintus Fabius, dem sein Wirkungskreis in der Gegend von Luceria angewiesen war, eroberte in diesen Tagen die Stadt Acuca mit Sturm und verschanzte bei Ardoneae sein Standlager.

9 Während die Römer diese Taten an verschiedenen Orten verrichteten, war Hannibal schon vor Tarent angekommen, nicht ohne die schrecklichste Verwüstung aller Orte, durch die er seinen Weg nahm. ***10*** Erst im tarentinischen Gebiet ging sein Zug friedlich weiter. Hier vergriff man sich an nichts und beschränkte sich immer auf die Heerstraße; es war klar, dass dies nicht aus Bescheidenheit der Soldaten oder des Feldherrn, sondern in der Absicht geschah, die Tarentiner sich geneigt zu machen. ***11*** Als er übrigens beinahe bis vor die Mauern gerückt war, ohne dass auf den Anblick seiner Vorhut, wie er gehofft hatte, irgendeine Bewegung entstand, schlug er fast tausend Schritte von der Stadt ein Lager auf. ***12*** Zu Tarent ließ Marcus Livius, welcher, drei Tage vor Hannibals Ankunft an den Mauern, von dem die Flotte bei Brundisium befehligenden Proprätor Marcus Valerius hierher geschickt war, ***13*** nach Aushebung der vornehmeren Jünglinge und Ausstellung von Posten an allen Toren und wo es im ganzen Umkreis der Mauer nötig war, bei seiner Tag und Nacht fortgesetzten höchsten Aufmerksamkeit die Feinde sowenig wie seine unzuverlässigen Bundesgenossen dazu kommen, irgendeinen Versuch zu machen. ***14*** Nachdem Hannibal daselbst mehrere Tage vergeblich zugebracht hatte, brach er, da von denen, welche ihn am See Avernus aufgesucht hatten, weder selbst jemand erschien, noch ihm Boten oder Briefe sandte, mit seinem Lager wieder auf, da er sah, dass er auf gut Glück leeren Versprechungen nachgegangen war. ***15*** Aber auch jetzt ließ er, ohne sich an den Feldern von Tarent zu vergreifen – denn hatte ihm gleich der angenommene Schein von Güte bis jetzt nichts geholfen, so gab er doch die Hoffnung, ihre Treue wankend zu machen, gar nicht auf –, als er nach Salapia kam, hier alles Getreide aus den Feldern von Metapontum und Heraklea zusammenfahren, denn der Sommer war schon zur Hälfte vorüber, und der Platz gefiel ihm für die Winterquartiere. ***16*** Von hier aus entließ er die Numider und Mauren auf Plünderung in das salentinische Gebiet und die nächsten Wälder Apuliens, wo sie zwar wenig andere Beute, aber hauptsächlich die Herden von Pferden wegtrieben, von denen er gegen 4000, um sie zuzureiten, unter seine Reiterei verteilte.

(21) Da in Sizilien ein Krieg drohte, der keineswegs unbeachtet bleiben durfte, und der Tod des Tyrannen den Syrakusanern eher tüchtige Feldherren gegeben, als ihre Sache oder Gesinnung geändert hatte, bestimmten die Römer die Führung dieses Krieges dem einen Konsul, dem Marcus Marcellus. ***2*** Zu Leontini hatten nach Ermordung des Hieronymus die Soldaten anfangs einen Aufruhr gemacht und drohend gerufen, man müsse dem König mit dem Blut der Verschworenen ein Totenopfer bringen. ***3*** Dann aber hatte der den Ohren so süße, oft erschallende Name der wiederhergestellten Freiheit die ihnen gemachte Hoffnung zu spenden aus dem königlichen Schatz und zu einem Kriegsdienst unter geeigneteren Anführern und die Schilderung der scheußlichen Freveltaten des Tyrannen und seiner noch scheußlicheren Lüste eine solche Veränderung in ihren Gesinnungen bewirkt, dass sie damit einverstanden waren, die Leiche des vorher schmerzlich vermissten Königs unbegraben liegen zu lassen. ***4*** Da die übrigen Verschworenen, um sich des Heeres zu versichern, hier blieben, eilten Theodotus und Sosis auf königlichen Pferden, so schnell sie konnten, nach Syrakus, um die Hofpartei, als wüsste sie noch von allem nichts, zu überfallen. ***5*** Allein nicht bloß das Gerücht, dem in solchen Fällen nichts in der Welt an Geschwindigkeit vorangeht, sondern auch einer von den königlichen Sklaven war ihnen als Bote zuvorgekommen. ***6*** Also hatte Andranodorus sowohl die Insel als auch die königliche Burg und andere Plätze, so viele er konnte und die sich dazu eigneten, mit Besatzungen gesichert.

7 Theodotus und Sosis, die nach Sonnenuntergang schon beim Dunkelwerden durch das Hexapylon einritten, das blutige Gewand des Königs und seinen Kopfschmuck zur Schau tragend, beriefen auf ihrem Zug durch das Stadtviertel Tyche unter beständigem Ruf *Zur Freiheit* und *Zu den Waffen* die Bürger zur Versammlung in das Stadtviertel Achradina. ***8*** Die Leute liefen teils auf die Straße hinaus, teils standen sie in ihren Türen, teils sahen sie von den Dächern und Fenstern herab und wiederholten die Frage: *Was gibt's?* ***9*** Alles war von Lichtern erhellt und mit mancherlei Getöse erfüllt. Auf den offenen Plätzen sammelten sich die Bewaffneten. Die Unbewaffneten nahmen im Tempel des Olympischen Jupiter die den Galliern und Illyrern abgenommenen Waffen, ***10*** welche Hiero vom römischen Volk zum Geschenke bekommen und hier aufgehängt hatte, mit der Bitte an Jupiter herab, er möge ihnen diese heiligen Waffen mit Wohlgefallen und unter seinem Segen überlassen, da sie sich zum Schutz des Vaterlandes, der Göttertempel und der Freiheit bewaffnen wollten. ***11*** Auch dieser Haufe reihte sich den auf den Hauptplätzen der Stadt schon ausgestellten Posten an. Auf der Insel hatte zwar Andranodorus unter andern auch die öffentlichen Vorratshäuser mit Truppen besetzt, ***12*** aber dieses mit einer Mauer von Quadern umfassten und gleich einer Burg befestigten Platzes bemächtigte sich die zur Besatzung desselben bestimmte Mannschaft und ließ nach Achradina melden, die Vorratshäuser und das Getreide seien in der Gewalt des Senates.

(22) Mit Anbruch des Tages kam das ganze Volk, bewaffnet und unbewaffnet, in Achradina vor dem Rathaus zusammen. Hier hielt einer der Vornehmsten, namens Polyaenus, am Altar der Eintracht, der auf diesem Platz stand, eine Rede, die ebenso sehr für die Mäßigung wie für die Freiheit sprach. ***2*** Mit dem Gefühl der Knechtschaft und des Unwillens vertraut, hätten sie sich gegen dies ihnen bekannte Übel aufgelehnt, was für Unglück bürgerliche Zwietracht im Gefolge habe, hätten die Syrakusaner mehr von ihren Vätern gehört als selbst erfahren. Dass sie ungesäumt zu den Waffen gegriffen hätten, billige er, ***3*** werde es aber noch mehr billigen, wenn sie von ihnen nur durch die äußerste Not gezwungen Gebrauch machten. ***4*** Für jetzt müsse man seiner Meinung nach an Andranodors Gesandte schicken, ihm anzukündigen, dass er sich dem Senat und Volk zu unterwerfen, die Tore der Insel zu öffnen und die Besatzung an ihre Behörde zu überliefern habe. ***5*** Sollte dieser aber willens sein, durch den Schutz einer fremden Tyrannei sich eine eigene königliche Macht zu begründen, dann müsse man auch ebenso nach seiner Meinung die Freiheit weit ernstlicher von Andranodorus zurückfordern als von Hieronymus. ***6*** Nach dieser Rede wurden die Gesandten abgeschickt. Darauf wurde Senat gehalten, der freilich, so wie er unter Hieros Regierung die höchste Staatsbehörde geblieben war, nach dessen Tod bis dahin in keiner einzigen Angelegenheit weder zusammengerufen noch zu Rate gezogen war.

7 Als die Gesandten zu Andranodorus kamen, fand er in der Vereinigung aller Bürger, in der Besatzung der übrigen Teile der Stadt und in der Übergabe und dem Abfall sogar des festesten Platzes auf der Insel für seine Person allerdings triftige Gründe. ***8*** Allein seine Gemahlin Damarata, eine Tochter des Hiero, noch voll von königlicher Hoheit und weiblichem Übermut, ließ ihn von den Gesandten herausrufen und erinnerte ihn an den so oft angeführten Ausspruch des Tyrannen Dionysius, wodurch er erklärt habe, ***9*** man müsse die Alleinherrschaft nicht aus den Händen lassen, bis man an den Füßen heruntergezogen werde, aber nie, solange man noch zu Pferd sitze. ***10*** Den Besitz eines hohen Ranges aufzugeben, sei jeden Augenblick, sobald man es für gut finde, etwas Leichtes; aber ihn zu gründen und sich zu verschaffen sei schwierig und mühsam. Er möge sich bei den Gesandten einige Frist zur Überlegung ausbitten. Diese möge er dazu anwenden, die Soldaten von Leontini kommen zu lassen, wenn er diesen die königlichen Schätze verspräche, würde ihm alles zu Gebote stehen. ***11*** Diese Ratschläge seiner Frau verwarf Andranodorus weder ganz, noch nahm er sie augenblicklich an, da es seiner Überzeugung nach zur Erlangung der höchsten Macht einen sicherern Weg gab, wenn er für jetzt sich in die Tage der Dinge fügte. *12* Also bat er die Gesandten, zurückzumelden, er werde sich den Beschlüssen des Senates und des Volkes fügen.

Nachdem er am folgenden Tag frühmorgens die Tore der Insel hatte öffnen lassen, kam er auf den Markt von Achradina. *13* Hier trat er vor den Altar der Eintracht, an welchem tags vorher Polyaenus die Rede gehalten hatte, und fing seine Rede damit an, dass er für seine Unschlüssigkeit um Verzeihung bat. *14* Denn er habe die Tore geschlossen gehalten, nicht etwa, um sich in ein vom Ganzen abgesondertes Verhältnis zu setzen, sondern aus ängstlicher Besorgnis, was für Grenzen man, da die Schwerter einmal gezückt gewesen wären, dem Blutvergießen stecken werde, ob sie sich, wie es zur Sicherstellung der Freiheit hinreichend sei, auf die Hinrichtung des Tyrannen beschränken würden, *15* oder ob jeder, der durch Abstammung oder Verheiratung oder durch irgendeine Art von Dienstgeschäft mit dem Hofe in Berührung gestanden habe, als Teilhaber fremder Schuld gemordet werden sollte. Sobald er gesehen habe, dass die Befreier des Vaterlandes es auch nach seiner Befreiung erhalten wissen wollten, und dass man von allen Seiten zu gemeinschaftlicher Beratung zusammentrete, da habe er kein Bedenken getragen, seine Person und alles, was ihm anvertraut und in seine Aufsicht gegeben sei, da der, welcher es ihm übertragen habe, ein Opfer seines eigenen Wahnsinns geworden sei, dem Vaterland zurückzuerstatten. *16* Dann sprach er, indem er sich an die Mörder des Tyrannen wandte und namentlich Theodotus und Sosis anredete: *17 Ihr habt eine denkwürdige Tat vollbracht. Aber glaubt mir, euer Ruhm ist nur erst eingeleitet, noch nicht vollendet, und die große Gefahr ist noch nicht beseitigt, dass der Staat, wenn ihr nicht für Frieden und Eintracht sorgt, als Freistaat zu Grabe getragen werde.*

(23) Nach dieser Rede legte er ihnen die Schlüssel zu den Toren und zum königlichen Schatz zu Füßen. Und an diesem Tag brachten alle, aus der Versammlung entlassen, voll Freude mit Frau und Kind in allen Tempeln der Götter ihre Dankgebete dar. Am folgenden Tag wurde Prätorenwahl gehalten. *2* Einer der zuerst gewählten war Andranodorus, die Übrigen größtenteils Mörder des Tyrannen, zwei wählte man sogar in ihrer Abwesenheit, den Sopater und Dinomenes. *3* Als diese beiden von den Vorgängen zu Syrakus hörten, ließen sie den zu Leontini befindlichen königlichen Schatz nach Syrakus bringen und überlieferten ihn den hierzu gewählten Schatzmeistern; *4* auch der auf der Insel wurde nach Achradina gebracht, und derjenige Teil der Mauer, welcher die Insel von der übrigen Stadt als gar zu festes Bollwerk abschnitt, wurde mit allgemeiner Beistimmung niedergerissen. Diese Stimmung der Gemüter zur Freiheit hatte auch die übrigen Maßnahmen zur Folge.

5 Hippocrates und Epicydes gingen auf die Nachricht vom Tod des Tyrannen, welche Hippocrates sogar durch Hinrichtung des Boten hatte unterdrücken wollen, von den Soldaten verlassen, nach Syrakus zurück, *6* weil sie dies für den Augenblick für das Sicherste hielten. Um hier während ihres Aufenthaltes nicht im Verdacht zu stehen, als suchten sie irgendeine Gelegenheit zu einer Staatsumwälzung, wandten sie sich zuerst an die Prätoren, dann durch diese an den Senat. *7* Hannibal, sagten sie ganz keck, habe sie an Hieronymus als seinen Freund und Bundesgenossen gesandt. Sie hätten sich dem Befehl dessen angeschlossen, an den ihr Feldherr sie gewiesen habe. *8* Jetzt wollten sie zu Hannibal zurückgehen, weil indes der Weg nicht sicher sei, da durch ganz Sizilien überall römische Scharen umherstreiften. So bäten sie, man möge ihnen eine Art von Bedeckung mitgeben, welche sie nach Locri in Italien hinüberbrächte. Man würde sich durch diese kleine Gefälligkeit den Hannibal sehr verbinden. Dies wurde ihnen sehr leicht bewilligt, *9* denn man sah es gern, dass diese königlichen Befehlshaber, die sich auf den Krieg verstanden und zugleich arm und verwegen waren, sich entfernen möchten; allein man betrieb die nötige Beschleunigung dessen, was man wünschte, nicht tätig genug. *10* Unterdessen streuten diese kriegerischen jungen Männer, die mit Soldaten umzugehen verstanden, teils selbst bei diesen, teils bei den Überläufern, welche größtenteils römische Seeleute waren, teils unter dem niedrigsten Volk allerlei Beschuldigungen gegen den Senat und die Vornehmen aus. ***11*** Diese gingen damit um und leiteten es so ein, dass Syrakus unter dem Vorwand einer wieder angeknüpften Bundesfreundschaft von den Römern abhängig würde und dann ihre Partei und die Urheber des erneuerten Bündnisses unumschränkt regierten.

(24) In Syrakus strömte, mit jedem Tag sich mehrend, eine Menge Menschen zusammen, denen so etwas zu hören und zu glauben eben recht war, und weckte nicht allein bei Epicydes die Hoffnung auf einen Umsturz, sondern auch bei Andranodorus. ***2*** Bewältigt von den unablässigen Einredungen seiner Gattin, welche ihm vorstellte, dass jetzt die rechte Zeit zum Eingreifen sei, solange bei der neuen und noch nicht begründeten Freiheit überall Verwirrung herrsche, noch die Truppen, von königlichem Sold gepflegt, vor seinen Augen ab- und zugingen, noch die von Hannibal hergesandten Anführer bei ihrer Vertraulichkeit mit den Soldaten sein Vorhaben unterstützen könnten, war dieser unvorsichtig genug, die mit Themistus, einem Schwiegersohn des Gelo, getroffene Verabredung wenige Tage nachher einem gewissen Aristo zu entdecken, einem tragischen Schauspieler, dem er auch sonst seine Geheimnisse anzuvertrauen pflegte. ***3*** Die Abkunft und Umstände des Mannes waren gut, und seine Kunst warf, weil so etwas bei den Griechen nicht zur Unehre gereicht, auf diese keinen Schatten. In der Überzeugung, dem Vaterland zu größerer Treue verpflichtet zu sein, brachte er seine Anzeige vor die Prätoren. ***4*** Als sich diese durch bestimmte Anzeichen von der Wahrheit der Sache überzeugt hatten, besetzten sie, nach genommener Rücksprache mit den ältesten und auf deren Betrieb, die Türen des Rathauses mit einer Wache, und als Themistus und Andranodorus hereintraten, stach man sie nieder, ***5*** und da über eine solche, dem Anschein nach noch schrecklichere Tat, weil den übrigen die Veranlassung unbekannt war, alles in Aufstand geriet, führten sie nach endlich bewirkter Stille den Aussager vor den Senat. ***6*** Als sie dieser der Reihe nach über alles belehrte, auch darüber, dass die Verschwörung schon seit der Verheiratung der Harmonia, Gelons Tochter, mit Themistus im Werke sei, ***7*** dass die afrikanischen und spanischen Hilfstruppen angewiesen wären, die Prätoren und andere Vornehme zu ermorden, dass deren Güter den Mördern als Beute zugesprochen wären, ***8*** dass Andranodorus schon eine Schar Mietsoldaten, gewohnt, seinen Befehlen zu gehorchen, in Bereitschaft gehalten habe, um sich der Insel wieder zu bemächtigen, und ihnen dann stückweise alles, was und durch wen es hätte ausgeführt werden sollen und die ganze Verschwörung mit allen Personen und gewaltsamen Mitteln ihres Planes vor Augen legte, da fand der Senat allerdings ihre Hinrichtung ebenso rechtmäßig wie die des Hieronymus. ***9*** Vor dem Rathaus ertönte das Geschrei der bunt gemischten und über den Vorgang noch ungewissen Volksmenge, welche aber, so trotzig sie auf dem Vorplatz des Rathauses drohte, als sie die Leichen der Verschwörer sah, die Furcht so ruhig machte, dass sie ganz still dem unverdorbenen Volk in die Versammlung folgte. ***10*** Sopater bekam vom Senat und seinen Amtsgenossen den Auftrag, das Wort zu führen.

(25) Wie wenn er als gerichtlicher Ankläger den Andranodorus und Themistus vor sich gehabt hätte, maß er ihnen, von deren früherem Lebenswandel er ausging, von jeder seit Hieros Tode verübten Schandtat und Bosheit die ganze Schuld bei. ***2*** Denn was habe Hieronymus, dieser Knabe und kaum werdende Jüngling, aus eigenem Antriebe tun können? Seine Vormünder und Lehrer hätten regiert, während er den Hass getragen habe. ***3*** Sie hätten also schon früher als er oder doch wenigstens mit Hieronymus ermordet werden müssen. Statt dessen hätten sie, schon selbst des Todes würdig und seine bestimmten Opfer noch nach des Tyrannen Tode, sich auf neue Frevel eingelassen, und zwar gleich anfangs ganz öffentlich, indem Andranodorus nach Schließung der Inseltore das Königreich als seine Erbschaft angetreten und was er als Aufseher in Verwahrung

gehabt, als Eigentümer genommen habe. *4* Als er nachher von denen auf der Insel im Stich gelassen und von der ganzen Achradina in Besitz habenden Bürgerschaft belagert sei, habe er es darauf angelegt, den Thron, den er frei und öffentlich zu besteigen versucht habe, *5* insgeheim und mit List sich zuzueignen und sich nicht einmal durch das mit zuvorkommender Güte ihm übertragene Ehrenamt gewinnen lassen, als man unter den Befreiern des Vaterlandes auch ihn, gerade den heimlichen Feind der Freiheit, zum Prätor erwählt habe. *6* Und diesen despotischen Sinn hätten ihnen ihre fürstlichen Frauen eingeflößt, da mit dem einen Hieros, mit dem andern Gelos Tochter verheiratet sei. *7* Bei diesen Worten erhob sich auf allen Seiten das Geschrei aus der Versammlung, keine von ihnen dürfe am Leben bleiben und überhaupt niemand vom Haus des Tyrannen übrig bleiben.

8 So ist der Charakter des Volkes: Er spielt entweder den kriechenden Sklaven oder den übermütigen Tyrannen. Der in der Mitte liegenden Freiheit versteht er ebenso wenig mit Mäßigung sich zu entäußern wie sie zu genießen, *9* und gewöhnlich fehlt es seiner Erbitterung nicht an dienstwilligen Helfern, welche die gierigen und unbändigen Leidenschaften der Volksmenge zu Blutvergießen und Mordtaten aufreizen. *10* So machten auch damals die Prätoren sogleich den Vorschlag – und er wurde beinahe eher angenommen als vorgelegt –, die ganze königliche Familie umzubringen; *11* und Damarata, Hieros, und Harmonia, Gelos Tochter, wurden durch die von den Prätoren Abgeschickten ermordet.

(26) Eine Tochter Hieros, Heraklia, war die Gattin des Zoippus, der als Gesandter von Hieronymus an den König Ptolemaeus geschickt, sich zu einer freiwilligen Verbannung entschlossen hatte. *2* Da sie schon gehört hatte, dass man auch zu ihr kommen werde, war sie mit zwei erwachsenen Töchtern mit fliegendem Haar und in einem Mitleid erregenden Aufzug in ihre Kapelle zu den Hausgöttern geflüchtet. *3* Und so brach sie anfangs in die flehende Bitte aus, in welcher sie bei dem Andenken ihres Vaters Hiero und ihres Bruders Gelo die Mörder beschwor, sie möchten sie als eine Unschuldige nicht auch ein Opfer des Hasses gegen Hieronymus werden lassen. *4* Sie habe von dessen Regierung nichts als die Verbannung ihres Mannes, sie habe weder bei Lebzeiten des Hieronymus mit ihrer Schwester das gleiche Geschick gehabt, noch sei sie jetzt nach dessen Hinrichtung mit ihr in gleicher Lage. *5* Ja, wenn dem Andranodorus seine Anschläge geglückt wären, hätte jene mit ihrem Mann geherrscht, sie aber wäre mit allen anderen die Untertänige gewesen. Könne wohl jemand daran zweifeln, *6* dass Zoippus, wenn ihm gemeldet würde, Hieronymus sei ermordet und Syrakus frei, nicht sogleich zu Schiffe ginge und in sein Vaterland zurückkäme? *7* So könnten sich die Menschen in ihren Erwartungen täuschen! Seine Gattin und Kinder gerieten im befreiten Vaterland in Lebensgefahr, weil sie der Freiheit – in welchem denkbaren Falle? – im Weg stünden! Welche Gefahr irgendjemand von ihr, einer Verlassenen und so gut wie Witwe und von zwei in Vaterlosigkeit lebenden Mädchen zu fürchten habe? *8* Wolle man sagen, Gefahr fürchte man von ihr freilich nicht, allein der königliche Stamm sei nun einmal verhasst, *9* so möge man sie doch weit von Syrakus und Sizilien wegschicken und sie nach Alexandrien bringen lassen, die Gattin zum Mann, die Töchter zum Vater. *10* Ohne darauf zu hören und zu achten, griffen, wie sie sah, schon einige, um nicht die Zeit zu verlieren, zu den Dolchen. Nun flehte sie, ohne für sich weiter zu bitten, sie möchten wenigstens die Mädchen verschonen, *11* an deren Jugend auch der feindliche Krieger seinen Grimm nicht auslasse, sonst würden sie ja selbst in der Rache an den Tyrannen die ihnen verhassten Gräueltaten derselben nachahmen.

12 Unter diesen Worten mordeten sie die von der heiligen Stätte Weggerissene und gingen nun auf die mit der Mutter Blut bespritzten Mädchen los. Sinnlos vor Schmerz und Furcht zugleich rannten diese wie von Wut ergriffen mit solcher Schnelligkeit aus dem Heiligtum, dass sie gewiss, wenn ihnen nicht die Ausflucht auf die Gasse versperrt gewesen wäre, die ganze Stadt in Aufruhr gesetzt hätten. ***13*** Aber auch so retteten sie sich in einem nichts weniger als geräumigen Haus mitten durch so viele Bewaffnete mehrere Male, ohne eine Wunde zu bekommen, und entrissen sich denen, welche sie schon ergriffen hatten, obwohl sie sich vielen und starken Händen zu entwinden hatten. ***14*** Endlich sanken sie, von so vielen Wunden entkräftet, nachdem sie alles mit ihrem Blut erfüllt hatten, entseelt zu Boden, und ihre an sich schon bejammernswerte Ermordung machte der Zufall noch bejammernswerter, weil gleich nachher bei dem schnell erfolgten Übergang zum Mitleid ein Bote eintraf, der ihre Hinrichtung untersagte. ***15*** An die Stelle des Mitleids trat nun der Unwille, dass man mit der Todesstrafe so sehr geeilt und es unmöglich gemacht habe, sich eines Besseren zu besinnen und von der Hitze des Zorns in sich zurückzugehen. ***16*** Die Volksmenge wurde laut und verlangte für die Stelle des Andranodorus und Themistus - denn beide waren Prätoren gewesen – eine neue Wahl, die man gewiss nicht nach den Wünschen der Prätoren ausfallen lassen wollte.

(27) An dem zur Wahlversammlung angesetzten Tag rief wider aller Erwarten einer vom niedrigsten Haufen den Namen Epicydes aus, dann ein anderer Hippocrates. Bald wurde dies Rufen allgemeiner und hatte bestimmt den Beifall der Menge. ***2*** Und die Versammlung war nicht bloß aus einem Schwarm vom Volk, sondern auch von Soldaten zusammengeströmt, in welchen sich auch eine große Anzahl von Überläufern gemischt hatte, für die ein gänzlicher Umsturz etwas Erwünschtes war. Anfangs taten die Prätoren, als wenn sie es nicht hörten, und wollten die Sache hinhalten; ***3*** endlich aber überstimmt und nicht ohne Besorgnis eines Aufruhrs, erklärten sie jene für gewählte Prätoren. ***4*** Und diese enthüllten ihre Absichten nicht gleich nach ihrer Wahl, so unangenehm es ihnen auch war, dass an Appius Claudius Gesandte mit dem Antrag eines zehntägigen Waffenstillstandes abgingen und nach dessen Bewilligung eine zweite Gesandtschaft abgeschickt wurde, um über die Erneuerung des alten Bündnisses zu unterhandeln.

5 Die Römer standen damals mit einer Flotte von 100 Schiffen bei Murgantia, um den Ausgang der zu Syrakus durch Hinrichtung des Herrscherstammes entstandenen Bewegungen abzuwarten, und auf welche Partei die neue und ungewohnte Freiheit die Syrakusaner treiben würde. ***6*** Da Appius in diesen Tagen dem Marcellus, welcher eben in Sizilien ankam, die syrakusanischen Gesandten zuschickte, ließ Marcellus, nachdem er die Friedensbedingungen angehört hatte, von der Möglichkeit einer Übereinkunft überzeugt, auch von seiner Seite Gesandte nach Syrakus gehen, um an Ort und Stelle mit den Prätoren über die Erneuerung des Bündnisses zu unterhandeln. ***7*** Hier aber waren die bisherige Ruhe und der Friede schon ganz verschwunden. Denn als die Nachricht einlief, bei Pachynum stehe eine punische Flotte, gaben Hippocrates und Epicydes, dadurch kecker gemacht, hier bei den Mietsoldaten, dort bei den Überläufern an, man gehe damit um, Syrakus den Römern zu verraten. ***8*** Als nun noch dazu Appius mit der Flotte seinen Stand an der Mündung des Hafens nahm, um auch den Mut der andern Partei zu beleben, gab dies jenen unbegründeten Beschuldigungen eine große Wahrscheinlichkeit, ***9*** und in der ersten Hitze war die Volksmenge tobend an den Strand gelaufen, um eine mögliche Landung zu verwehren.

(28) Bei einer so allgemeinen Verwirrung wurde beschlossen, eine Versammlung zu berufen. Als hier der eine diesen, der andere jenen Zweck verfolgte, so dass es beinahe zu einem Aufstand kam, hielt einer der vornehmsten, Apollonides, eine für die Zeitumstände heilsame Rede: ***2*** Nie sei irgendein Staat seiner gehofften Rettung, aber auch nie seinem Untergang näher gewesen. ***3*** Denn wenn sie alle einmütig entweder auf Roms oder auf Karthagos Seite träten, so könne es nie für einen Staat eine günstigere oder vorteilhaftere Lage geben, ***4*** wenn aber der eine den Staat auf diese, der andere auf jene Seite ziehen wolle, so könne der Krieg zwischen den Puniern und Römern nicht schrecklicher sein, als zwischen den Syrakusanern unter sich selbst, wenn innerhalb einer Mauer jede der beiden Parteien ihre Heere, ihre Waffen, ihre Feldherren finden

werde. *5* Folglich müsse man durchaus dahin trachten, dass alle einmütig wären, welche von beiden Verbindungen die vorteilhaftere sei, dies sei eine weit leichtere und unbedeutendere Frage. *6* Doch aber sei bei der Wahl der Bundesgenossen Hiero ein nachahmungswürdigeres Beispiel als Hieronymus, oder man müsse auch eine seit 50 Jahren glücklich bewährte Freundschaft einer jetzt noch neuen ehemals ungetreuen vorziehen. *7* Auch das sei für diese Überlegung von einiger Bedeutung, dass man einem Vertrag mit den Karthagern ausweichen könne, ohne durchaus mit ihnen für jetzt Krieg führen zu müssen, mit den Römern hingegen sogleich entweder Frieden oder Krieg haben müsse. *8* Je weniger Leidenschaft und Parteilichkeit diese Rede verriet, desto mehr machte sie Eindruck. Man setzte den Prätoren und einem Ausschuss von Senatoren noch einen Kriegsrat an die Seite und hieß die Hauptleute und Obersten der Hilfstruppen an den Beratungen teilnehmen. *9* Nachdem die Sache mehrmals mit großer Erbitterung zur Sprache gebracht war, beschloss man endlich, weil ein Krieg mit den Römern durchaus keinen Grund für sich hatte, ihren Gesandten den Frieden zuzusagen und zur Bestätigung desselben mit diesen eigene Gesandte abzusenden.

(29) Kaum waren einige Tage vorüber, als aus Leontini Gesandte eintrafen, welche für ihr Gebiet um eine Besatzung baten. Diese Gesandtschaft kam, wie man glaubte, sehr erwünscht, weil man sich der unordentlichen und unruhigen Volksmenge entledigen und ihre Anführer entfernen wollte. *2* Der Prätor Hippocrates bekam den Auftrag, die Überläufer dorthin zu führen, und die vielen ihm nachfolgenden Mietsoldaten machten, dass sich die Zahl auf 4000 Bewaffnete belief. *3* Den Wegschickenden und den Weggeschickten war dieser Zug erfreulich. Denn die Letzteren bekamen dadurch Gelegenheit, im Staat neue Unruhen zu stiften, was sie schon lange wünschten, und jene freuten sich, gewissermaßen den Auswurf der Stadt abgelassen zu haben. Doch verschafften sie dadurch dem Staatskörper wie einem Kranken nur für den Augenblick Erleichterung, nach welcher er bald in eine desto schwerere Krankheit zurückfallen musste. *4* Denn Hippocrates fing damit an, das benachbarte Gebiet durch heimliche Einfälle zu verheeren; und nachher, als Appius, um das Gebiet seiner Bundesgenossen zu schützen, eine Besatzung hinschickte, machte er einen Angriff mit seinen sämtlichen Streitkräften auf eine ihm gegenüberstehende Abteilung und richtete ein großes Blutbad an.

5 Als dies Marcellus gemeldet wurde, schickte er sogleich Gesandte mit der Erklärung nach Syrakus, dass der Friede gebrochen sei und dass es nie an Veranlassungen zum Krieg fehlen werde, außer wenn Hippocrates und Epicydes nicht bloß aus Syrakus, sondern aus ganz Sizilien entfernt würden. *6* Epicydes, welcher ebenfalls nach Leontini ging, entweder um nicht bei der Klage gegen seinen abwesenden Bruder, wenn er hier blieb, selbst verantwortlich zu werden, oder auch, um bei der Anregung zum Krieg von seiner Seite nichts zu versäumen, fing jetzt, da er die Leontiner zu einem Krieg gegen Rom erbittert genug glaubte, sogar an, sie auch den Syrakusanern abwendig zu machen, *7* weil diese den Frieden mit den Römern auf die Bedingung hin geschlossen hätten, dass alle Völkerschaften, welche königliche Untertanen gewesen wären, nun auch zu ihrem Gebiet gehören sollten. Sie begnügten sich schon nicht mehr mit ihrer eigenen Freiheit, wenn sie nicht auch herrschen und gebieten könnten. *8* Man müsse ihnen also zurücksagen lassen, auch die Leontiner glaubten, frei sein zu müssen, teils weil der Tyrann auf dem Grund und Boden ihrer Stadt gefallen sei, teils weil hier zuerst der Aufruf zur Freiheit stattgefunden und man sich von hier aus mit Hinterlassung der königlichen Heerführer nach Syrakus zusammengetan habe. *9* Also müsse entweder jene Bedingung im Friedensvertrag wegfallen, oder sie würden sich zu diesem Punkt des Vertrages nie verstehen. *10* Die Menge überredete er leicht. Und so erhielten die syrakusanischen Gesandten sowohl auf ihre Beschwerde wegen des niedergemachten römischen Postens als auch auf ihren Antrag, dass Hippocrates und Epicydes nach Locri gehen möchten, oder wohin sie sonst lieber wollten, wenn sie nur Sizilien verließen, die trotzige Antwort, *11* sie hätten den Syrakusanern nicht befohlen, in ihrem Namen Frieden mit den Römern zu machen, und an fremde Verträge wären sie nicht gebunden. *12* Die Syrakusaner zeigten dies den Römern mit der Erklärung an, die Leontiner wären ihre Untertanen nicht mehr. Darum könnten die Römer unbeschadet ihres Bündnisses mit jenen Krieg führen. Auch würden sie selbst diesem Krieg nicht fernbleiben, doch unter der Bedingung, dass jene, wenn man sie bezwungen habe, wieder zu ihrem Gebiet gehörten, wie der Vertrag es festgesetzt habe.

(30) Marcellus, welcher mit seinem ganzen Heer gegen Leontini aufbrach und auch den Appius an sich zog, um ihn den Angriff von der andern Seite machen zu lassen, wurde von seinen Leuten, welche auf die Leontiner wegen der während der Friedensunterhandlungen niedergehauenen Heeresabteilungen erzürnt waren, mit solchem Eifer unterstützt, dass die Stadt im ersten Angriff genommen war. *2* Als Hippocrates und Epicydes sahen, dass die Mauern erstiegen und die Tore gesprengt wurden, zogen sie sich mit wenigen in die Burg zurück. Von da entflohen sie heimlich bei Nacht nach Herbesus. *3* Den Syrakusanern, die mit einem Zug von 8000 Mann von zu Hause aufgebrochen waren, kam am Fluss Mylas ein Bote, der übrigens ein Gemisch von wahrem und Falschem berichtete, mit der Nachricht entgegen, die Stadt sei erobert. *4* Man habe bei dem Gemetzel zwischen Soldaten und Bürgern keinen Unterschied gemacht, er glaube nicht, dass noch ein Erwachsener übrig sei; man habe die Stadt geplündert, die Güter der Reichen verschenkt.

5 Auf diese so entsetzliche Nachricht machte der Zug Halt, und da alle empört waren, berieten die Anführer – es waren dies Sosis und Dinomenes –, was sie tun sollten. *6* Einen Schein von schrecklicher Wahrheit bekam die Lüge dadurch, dass die Überläufer, gegen 2000 Mann, gepeitscht und enthauptet wurden; *7* übrigens hatte man sich nach Einnahme der Stadt weder an einem Leontiner noch sonst an irgendeinem Soldaten vergriffen, und alles Eigentum, außer was im ersten Getümmel der Eroberung verlorengegangen war, wurde ihnen wiedergegeben. *8* Der Zug ließ sich weder bewegen, nach Leontini weiterzurücken, weil alle klagten, man habe ihre Kameraden zum Niederhauen preisgegeben, noch da, wo er stand, sichere Nachrichten abzuwarten. *9* Da die Prätoren die Neigung der Truppen zum Abfall sahen, zugleich aber auch, dass diese Aufwallung nicht von Dauer sein werde, sobald man die Anstifter des törichten Beginnens aus dem Weg räumte, *10* führten sie das Heer nach Megara. Sie selbst gingen mit einiger Reiterei nach Herbesus ab, in der Hoffnung, bei dem allgemeinen Schrecken sich der Stadt durch Verrat zu bemächtigen. *11* Als dieses Unternehmen fehlschlug, brachen sie, um nun mit Gewalt zu verfahren, am folgenden Tag mit ihrem Lager von Megara auf, um mit ihrer ganzen Macht Herbesus anzugreifen.

12 Hippocrates und Epicydes, welche es nicht nur für eine auf den ersten Anblick sichere, sondern, weil ihnen allenthalben die Hoffnung ausging, für ihre einzige Maßregel hielten, ihr Schicksal in die Hände der Soldaten zu geben, welche größtenteils an sie gewöhnt und jetzt durch das Gerücht von dem Blutbad unter ihren Kameraden erbittert wären, gingen dem Zug entgegen. *13* Es traf sich so, dass die Vorhut 600 Kreter bildeten, welche bei Hieronymus unter ihnen gedient und dem Hannibal die Schonung zu verdanken hatten, dass sie von ihm, als er sie am Trasimenus mit anderen römischen Hilfstruppen zu Gefangenen machte, entlassen waren. *14* Als Hippocrates und Epicydes diese an den Fahnen und der Art ihrer Bewaffnung erkannten, baten sie unter dem Schutz dargereichter Ölzweige und mit der Kopfbinde Gnadeflehender umwunden, sie möchten sie unter sich aufnehmen, ihnen als Aufgenommenen ihren Schutz angedeihen lassen und nur nicht den Syrakusanern preisgeben, von denen auch sie selbst bald den Römern zum Niedermetzeln würden ausgeliefert werden.

(31) Da schrieen ihnen nun alle entgegen, sie möchten guten Mutes sein, sie wollten jedes Schicksal mit ihnen teilen. Während dieser Unterredung hatten die Abteilungen Halt gemacht, und der Zug stand, ohne dass die Ursache des Aufenthalts den Anführern kund geworden war. *2* Als das Gerücht von des Hippocrates und Epicydes Erscheinung zu ihnen drang und ein lautes Rufen durch den ganzen Zug diese offenbar willkommen hieß, eilten die Prätoren zu Pferd sogleich zu den vordersten Abteilungen hin und fragten, *3* was das für eine Sitte sei, wie sich die Kreter herausnehmen könnten, mit Feinden Unterredungen anzuknüpfen und sie ohne Befehl der Prätoren in ihren Zug aufzunehmen! *4* Sie befahlen, den Hippocrates zu greifen und in Ketten zu legen. Plötzlich erhoben auf dieses Wort zuerst die Kreter ein solches Geschrei – und dann stimmten die Übrigen ein –, dass man leicht vermuten konnte, sie würden, wenn sie weitergingen, für sich selbst zu fürchten haben. *5* Aus Besorgnis und Ungewissheit über ihre Lage gaben sie Befehl zum Rückzug nach Megara, woher sie gekommen waren, und berichteten über ihren gegenwärtigen Zustand nach Syrakus. *6* Bei dieser Empfänglichkeit der Gemüter für jeden Verdacht erhöhte Hippocrates die Wirkung noch durch eine List. Da er durch einige abgeschickte Kreter die Wege hatte besetzen lassen, las er einen Brief vor, den er selbst verfertigt hatte, aber aufgefangen haben wollte: „Die Prätoren von Syrakus an den Konsul Marcellus". *7* Nach dem gewöhnlichen Gruß hieß es, er habe darin recht und planmäßig gehandelt, dass er zu Leontini niemanden verschont habe. *8* Allein alle Mietsoldaten wären ebenso strafbar, und Syrakus werde nie zur Ruhe kommen, solange von den fremden Hilfstruppen entweder in der Stadt oder in ihrem Heer noch ein Mann übrig sei. *9* Er möge sich's also angelegen sein lassen, dass er die unter ihren Prätoren bei Megara im Lager Stehenden in seine Gewalt bekäme und durch ihre Hinrichtung Syrakus endlich befreite. *10* Als er ihnen dies vorgelesen hatte, sprengten sie mit einem solchen Geschrei zur Ergreifung der Waffen auseinander, dass die Prätoren voll Bestürzung während des Auflaufs nach Syrakus davonritten. *11* Allein selbst ihre Flucht beruhigte den Aufstand noch nicht, man ging auf die syrakusanischen Soldaten los und hätte keinen verschont, wenn nicht Epicydes und Hippocrates der Erbitterung des großen Haufens gewehrt hätten, *12* nicht aus Mitleid oder Menschlichkeit, sondern um sich nicht selbst die Hoffnung zur Rückkehr abzuschneiden und teils selbst diese syrakusanischen Soldaten zugleich als treue Leute, zugleich als Geiseln zu behalten, *13* teils auch, um deren Verwandte und Freunde einmal durch eine so hohe Verpflichtung, zum andern durch diese Unterpfänder an sich zu fesseln. *14* Und als sie gesehen hatten, welchen Eindruck die grundlosesten und unwichtigsten Eingebungen auf den Pöbel machten, veranlassten sie einen Soldaten, einen von denen, welche zu Leontini in der Belagerung gewesen waren, mit den nach dem Fluss Mylas gemeldeten Unwahrheiten übereinstimmende Aussagen nach Syrakus zu überbringen *15* und dadurch, dass er als Bote aufträte und jeden zweifelhaften Umstand als mit Augen angesehen erzählte, den Zorn der Bevölkerung zu erregen.

(32) Er fand nicht allein Glauben beim Volk, sondern machte selbst, als er in das Rathaus geführt wurde, Eindruck auf den Senat. Manche, sonst nicht unzuverlässige Männer sagten laut, es sei ein großes Glück, dass man zu Leontini die Habsucht und Grausamkeit der Römer offen gesehen habe. Sie hätten, wenn sie Syrakus betreten hätten, ebenso oder noch schändlicher gehandelt, je reicher hier für ihre Habsucht der Gewinn gewesen wäre. *2* Demnach stimmten alle dafür, man müsse die Tore schließen und die Stadt besetzen. Doch waren nicht bei allen die Römer die Gefürchteten und Gehassten. Nur Soldatenstand und ein großer Teil der Bürgerlichen war gegen alles, was Römer hieß, eingenommen. *3* Die Prätoren dagegen und einige Vornehme, wenngleich durch die falsche Erzählung irregeleitet, suchten sich vor dem näheren und gegenwärtigen Übel zu sichern. *4* Und wirklich standen Hippocrates und Epicydes schon vor dem Hexapylum und trugen durch die in ihrem Heer dienenden Verwandten der Bürger darauf an,

ihnen die Tore zu öffnen und die Verteidigung der gemeinsamen Vaterstadt gegen einen Angriff der Römer nicht zu hindern. ***5*** Schon war man nach Öffnung eines Tores von Hexapylum damit beschäftigt, sie einzulassen, als die Prätoren dazukamen. Anfangs drangen diese mit Befehlen und unter Drohungen darauf, dann durch angegebene Gründe und vorgehaltene Gefahr, zuletzt, als alles umsonst war, aller Hoheit sich entäußernd, mit Bitten in sie, ihre Vaterstadt nicht den ehemaligen Trabanten des Tyrannen, den jetzigen Verführern des Heeres preiszugeben. ***6*** Allein die Ohren der aufgeregten Menge waren für das alles taub; die Tore wurden ebenso gewaltsam von innen als von außen bestürmt, und als alle gesprengt waren, nahm man den ganzen Zug in Hexapylum auf. ***7*** Die Prätoren flohen mit den jungen Bürgern nach Achradina. Die Mietsoldaten, Überläufer und alles, was von königlichen Truppen in Syrakus war, verstärkten den Zug der Feinde. ***8*** So wurde auch Achradina beim ersten Angriff erobert, und die Prätoren, bis auf die, welche während des Getümmels entflohen, wurden alle niedergemacht. Die Nacht endigte das Gemetzel. ***9*** Am folgenden Tag wurden die Sklaven zur Freiheit gerufen, die Gefesselten aus den Kerkern entlassen, und dieser ganze zusammengerottete Haufe ernannte den Hippocrates und Epicydes zu Prätoren. So fiel Syrakus nach einem schnell vorübergehenden Schein von Freiheit in die alte Sklaverei zurück.

(33) Als dies den Römern gemeldet wurde, brachen sie sogleich mit ihrem Lager von Leontini nach Syrakus auf. ***2*** Die von Appius gerade jetzt zum Hafen hereingeschickten Gesandten befanden sich auf einem Fünfruderer. Des vorausgeschickten Vierruderers bemächtigten sich die Feinde, als er zur Mündung des Hafens einlief; die Gesandten retteten sich mit knapper Not. ***3*** So hatte man sich nicht allein an den Verträgen des Friedens sondern selbst am Kriegsrecht vergangen; da lagerte sich ein römisches Heer bei Olympium – dies ist ein Tempel Jupiters –, 1500 Schritte von der Stadt. Selbst von hier aus wollte man zuvor noch einen Versuch durch Gesandte machen. ***4*** Damit diese nicht in die Stadt kämen, gingen ihnen Hippocrates und Epicydes mit einigen von ihrem Anhang vor das Tor entgegen.

5 Der römische Redner sagte, er bringe den Syrakusanern nicht Krieg, sondern Beistand und Hilfe, sowohl denen, welche, mitten aus dem Blutbad entronnen, sich zu ihnen gerettet hätten, als auch denen, welche, durch Furcht zu Boden gedrückt, sich eine Knechtschaft gefallen lassen müssten, die nicht allein schmählicher als jede Verbannung sei, sondern selbst als der Tod. Auch würden die Römer die schändliche Ermordung ihrer Bundesgenossen nicht ungerächt lassen. **6** Wenn also denen, welche sich zu ihnen geflüchtet hätten, die sichere Rückkehr in ihre Vaterstadt offen stünde, die Anstifter des Blutbades ausgeliefert und den Syrakusanern Freiheit und Gesetze wiedergegeben würden, so bedürfe es der Waffen nicht. Geschehe das nicht, so würden sie jeden, der daran hinderlich sei, mit Krieg verfolgen. ***7*** Hierauf erwiderte Epicydes, wenn sie Aufträge an ihn hätten, so hätte er ihnen geantwortet; so aber möchten sie dann wiederkommen, wenn der syrakusanische Staat in den Händen derer sei, an welche sie abgeschickt wären. ***8*** Sollten sie einen feindlichen Angriff machen, so würden sie durch den Erfolg selbst belehrt werden, dass es nicht dasselbe sei, Syrakus oder Leontini zu bestürmen. Dann ließ er die Gesandten stehen und schloss die Tore zu. ***9*** Nun nahm die Bestürmung von Syrakus zu Lande und zu Wasser zugleich ihren Anfang, zu Lande auf das Hexapylum, zur See gegen Achradina, dessen Mauer vom Meer bespült wird. Und weil die Römer nicht daran zweifelten, sowie sie Leontini in Schrecken und im ersten Angriff erobert hatten, auch in eine geräumige und sich weit ausdehnende Stadt auf irgendeiner Seite einzudringen, so setzten sie alle zum Sturm auf Städte erforderlichen Werkzeuge gegen die Mauern in Bewegung.

(34) Und dies mit so großem Eifer begonnene Unternehmen wäre nicht ohne Erfolg geblieben, wenn nicht damals in Syrakus ein bestimmter Mann gelebt hätte. ***2*** Dies war Archimedes, ein aus-

gezeichneter Beobachter des Himmels und der Gestirne, noch bewundernswürdiger als Erfinder und Angeber solcher Kriegsgeschosse und Werkzeuge, wodurch er alles, was die Feinde durch ungeheure Veranstaltungen bewirken wollten, von seiner Seite durch einen geringen Aufwand von Kraft vereiteln konnte. ***3*** Die über ungleiche Hügel fortlaufende Mauer – meistens hatte sie eine hohe Lage und war von schwierigem Zugang, an anderen Stellen stand sie in der Tiefe und so, dass man ihr aus den Talebenen beikommen konnte – besetzte er, je nachdem es ihm an jeder Stelle geeignet schien, mit allen möglichen Arten von Wurfgeschossen. ***4*** Marcellus bestürmte die Mauer von Achradina, die, wie ich oben gesagt habe, vom Meer bespült wird, mit Fünfruderern, ***5*** von den übrigen Schiffen aus ließen die Pfeilschützen und Schleuderer und die leichten Wurfschützen, deren Geschoss von Leuten, welche damit unbekannt sind, nicht zum Rückwurf gebraucht werden kann, kaum jemand ohne Wunde auf der Mauer stehen. ***6*** Sie hielten ihre Schiffe, weil sie für ihre Geschosse Raum nötig hatten, in einiger Entfernung von der Mauer. Auf anderen Fünfruderern – es waren etwa acht –, die man paarweise so verbunden hatte, ***7*** dass man ihnen auf den inneren Seiten die Ruder nahm, so dass Seite an Seite sich anschloss, während sie durch die äußeren Ruderreihen wie ein einzelnes Schiff regiert wurden, standen Türme mit Stockwerken und andere zur Erschütterung der Mauern künstliche Geräte. ***8*** Gegen diese Anstalten von der Seeseite verteilte Archimedes auf den Mauern seine Wurfgeschütze von verschiedener Größe. Auf die Schiffe in der Ferne warf er Steine von ungeheurem Gewicht; die näheren beschoss er mit leichteren um so zahlreicheren Geschossen; ***9*** ja zuletzt brach er, damit die Seinigen den Feind beschießen könnten, ohne selbst verwundet zu werden, durch die Mauer von unten bis oben eine Menge Schießscharten, nach innen von Ellenweite, nach außen etwa eine Handbreit, so dass sie unbemerkt mit Pfeilen und mittelgroßen Skorpionen auf den Feind schießen konnten. ***10*** Wagten sich einige Schiffe näher an die Mauer, um so eher dem Wurfgeschütz unter den Schuss zu kommen, so stellte er sie, indem er sie vermittels einer über die Mauer hinausgehenden Wippe mit einer eisernen, an starken Ketten befestigten Zange am Vorderteil fasste, sowie das schwere Bleigewicht auf den Boden zurückschnellte, mit schwebendem Vorderteil auf das Hinterteil; ***11*** dann ließ die plötzlich loslassende Zange das Schiff, als ob es von der Mauer herabfiele, mit den gewaltsam durcheinanderfliegenden Seeleuten so heftig auf das Wasser zurückprallen, dass es selbst dann, wenn es gerade niederfiel, bedeutend Wasser schöpfte. ***12*** So wurde der Angriff auf die Seeseite vereitelt, und der ganze Sturm bekam nun die Richtung, mit allen Kräften zu Lande anzudringen. ***13*** Aber auch diese Seite war auf Kosten und Betrieb des Hiero seit vielen Jahren von Archimedes mit seltener Kunst durch Aufstellung von Geschützen aller Art in ebenso guten Stand gesetzt. ***14*** Und die Natur kam hier noch zu Hilfe, weil der Felsen, auf welchem der Grund der Mauer steht, meistens so abschüssig ist, dass nicht allein alles, was vermittels der Geschütze geschleudert wurde, sondern auch das, was durch eigene Schwere fortrollte, schwer auf den Feind fiel. ***15*** Aus diesem Grund war beim Hinanklimmen der Zugang steil und der Schritt unsicher. ***16*** Daher beschlossen die Römer in einem Kriegsrat, weil alle ihre Versuche vereitelt wurden, von der Bestürmung abzustehen und dem Feind bloß durch Einschließung zu Wasser und zu Lande die Zufuhr abzuschneiden.

(35) Unterdessen eroberte Marcellus, der ungefähr mit dem dritten Teil seines Heeres aufgebrochen war, um sich die Städte zu unterwerfen, welche in diesem Aufstand an die Karthager abgefallen waren, Helorus und Herbesus durch Übergabe. ***2*** Das mit Sturm eingenommene Megara zerstörte und plünderte er, um die Übrigen, hauptsächlich die Syrakusaner, zu schrecken. ***3*** Etwa um dieselbe Zeit landete auch Himilko, welcher lange mit seiner Flotte am Vorgebirge Pachynum gestanden hatte, bei Heraklea Minoa, mit 25 000 Mann zu Fuß, 3000 zu Pferd und 12 Elefanten, ***4*** einem Heer, welches gar nicht mehr so unbedeutend war, als das, mit dem er vorher

auf der Flotte bei Pachynum stand. Im Gegenteil, als er auf die Nachricht, dass sich Hippocrates in den Besitz von Syrakus gesetzt habe, nach Karthago gesegelt war und sich hier auf einen Brief von Hannibal stützte, worin dieser behauptete, jetzt sei zur ehrenvollen Wiedereroberung Siziliens der rechte Zeitpunkt, *5* so hatte er auch selbst durch eindringliche Vorstellungen an Ort und Stelle leicht bewirkt, dass man alles, was man an Fußvolk und Reiterei aufbringen konnte, nach Sizilien schickte. *6* Wenige Tage nach seiner Ankunft zu Heraklea besetzte er Agrigentum, und die Hoffnung, die Römer aus Sizilien zu vertreiben, wurde auch in den übrigen Städten, die es mit Karthago hielten, so belebt, dass sogar die in Syrakus Belagerten Mut bekamen, *7* und in der Überzeugung, die Stadt mit einem Teil ihrer Truppen hinlänglich verteidigen zu können, sich in die Geschäfte des Krieges so teilten, dass Epicydes den Oberbefehl über die Besatzung der Stadt, Hippocrates aber mit Himilko die Führung des Krieges gegen den römischen Konsul haben sollte. *8* Mit 10 000 Mann zu Fuß und 500 zu Pferd zog er sich in der Nacht durch die unbesetzt gebliebenen Stellen und war noch in der Nähe der Stadt Acrillae mit Anlegung seines Lagers beschäftigt, *9* da überfiel Marcellus die Schanzenden. Auf seinem Rückweg von dem schon besetzten Agrigentum, wohin dieser bei aller Eile, dem Feind zuvorzukommen, doch vergeblich aufgebrochen war, hatte er sich, sowenig er erwarten konnte, dass er eben jetzt und gerade hier auf ein Heer Syrakusaner stoßen würde, *10* dennoch aus Furcht vor Himilko und den Puniern, weil er ihnen mit den Truppen, die er bei sich hatte, durchaus nicht gewachsen war, bei der möglichsten Aufmerksamkeit mit seinem Heer auf alle Fälle gefasst gehalten.

(36) Und so kam ihm die gegen die Punier gebrauchte Vorsicht gegen die Sikuler zustatten. Da er sie bei der Befestigung ihres Lagers in Unordnung und Zerstreuung und meist unbewaffnet fand, nahm er das ganze Fußvolk in die Mitte. Die Reiterei mit Hippocrates entfloh nach einem kurzen Gefecht nach Acrae. *2* Da diese Schlacht den Abfall der Sikuler von den Römern zurückhielt, kehrte Marcellus nach Syrakus zurück, und wenige Tage darauf schlug Himilko in einer Entfernung von beinahe 8000 Schritten am Fluss Anapus mit Hippocrates vereint sein Lager auf.

3 Etwa um dieselbe Zeit liefen nicht allein unter dem Flottenführer Bomilkar 25 karthagische Kriegsschiffe von der hohen See im Großen Hafen von Syrakus ein, *4* sondern es setzte auch eine römische Flotte von 30 Fünfruderern die erste Legion zu Panormus aus; und es konnte den Anschein haben – so sehr richteten beide Völker ihr Augenmerk auf Sizilien –, als habe sich der Krieg von Italien hierher gezogen. *5* Himilko, welcher sicher darauf rechnete, dass die zu Panormus ans Land gesetzte römische Legion auf ihrem Anzug gegen Syrakus seine Beute werden sollte, verfehlte den Weg. *6* Denn der punische Feldherr nahm seine Richtung mitten durch die Insel, die Legion aber kam durch lauter Seeplätze in Begleitung der Flotte zu Appius Claudius, der ihr mit einem Teile seiner Truppen bis Pachynum entgegengerückt war.

7 Nun verweilten auch die punischen Anführer nicht länger bei Syrakus. Der eine, Bomilkar, teils aus Misstrauen auf seine Seemacht, da die Römer leicht eine noch einmal so starke Flotte hatten, teils überzeugt, dass durch sein unnützes Verweilen die Seinigen den Mangel ihrer Verbündeten nur noch drückender machten, lief auf die Höhe aus und segelte nach Afrika. *8* Der andere, Himilko, der dem Marcellus nach Syrakus, wiewohl vergeblich, nachgerückt war, um ihm, ehe mehrere Truppen zu ihm stießen, eine Schlacht zu liefern, sobald sich eine Gelegenheit bot, brach ebenfalls, weil sie sich ihm durchaus nicht darbot, und er sah, wie fest und stark der Feind vor Syrakus stand, *9* um nicht unter vergeblichem Stillsitzen und als Zuschauer bei der Belagerung seiner Bundesgenossen die Zeit zu verlieren, sein Lager hier ab, um allenthalben, wo ihn irgendein zu hoffender Abfall von den Römern hinriefe, mit seinem Heer zu erscheinen und durch seine Gegenwart seinen Anhängern Mut zu machen. *10* Murgantia, wo die Römer große Vorräte aller Art aufgehäuft hatten, eroberte er zuerst, weil ihm die römische Besatzung von den Einwohnern verraten wurde.

(37) Auf die Nachricht von diesem Abfall wurden auch andere Staaten unruhig, und an mehreren Orten wurden die römischen Besatzungen entweder aus der Burg vertrieben, oder, wenn man sie treulos verraten hatte, niedergehauen.

2 Henna war teils auf einer ragenden, von allen Seiten steilen Anhöhe durch seine Lage unüberwindlich, teils hatte es eine starke Besatzung, und an der Spitze dieser Besatzung einen Mann, der sich gewiss keiner Überlistung bloßstellte. *3* Dies war Lucius Pinarius, ein Mann von Unternehmungsgeist, der die Unmöglichkeit, hintergangen zu werden, für sicherer hielt als die Treue der Sikuler, und besonders jetzt bei den vielen Berichten von Verrat und Abfall der Städte und von niedergehauenen Besatzungen gegen alles desto wachsamer und auf seiner Hut war. *4* Daher war alles bei Tag wie bei Nacht mit Posten und Wachen versehen und besetzt, und nie trat der Soldat unter den Waffen aus oder von seinem Posten ab. *5* Als die Oberhäupter von Henna, die dem Himilko den Verrat der Besatzung schon versprochen hatten, jetzt bemerkten, dass der römische Feldherr aller ihrer List nie eine Blöße gebe, wollten sie ganz offen zu Werke gehen. *6* Stadt und Burg, sagten sie, müssten in ihrer Gewalt sein, wenn sie sich den Römern als freie Leute zum Bunde, nicht als Sklaven zur Haft hingegeben hätten. *7* Darum hielten sie es für billig, dass die Torschlüssel ihnen ausgeliefert würden. Für redliche Bundesgenossen sei eigene Treue das stärkste Band, und nur dann könne ihnen das römische Volk und der Senat Dank wissen, wenn sie aus freiem Willen und nicht gezwungen in der Freundschaft beharrten.

8 Darauf erwiderte der römische Befehlshaber, er sei von seinem Feldherrn hier zur Besatzung eingelegt und habe die Torschlüssel und die Wache auf der Burg von ihm erhalten, so dass er beides weder seinem eigenen noch der Bürger von Henna, sondern dem Gutbefinden dessen verdanke, der es ihm übergeben habe. *9* Auf Abgang vom Posten stehe bei den Römern der Kopf, und dieses Gesetz hätten die Väter sogar durch die Hinrichtung ihrer Kinder unverbrüchlich gemacht. Konsul Marcellus sei in der Nähe; sie möchten sich mit ihren Gesandten an den wenden, der hierüber zu gebieten und zu verfügen habe. *10* Sie hingegen wollten sich zu keiner Absendung verstehen und versicherten, wenn sie mit Warten nichts ausrichteten, so würden sie sich ihre Freiheit auf irgendeine Art zu verschaffen suchen. *11* Da sagte Pinarius, wenn sie es denn zu beschwerlich fänden, zum Konsul zu schicken, so möchten sie ihn vor dem Volk auftreten lassen, damit er erführe, ob diese Zumutung von einigen wenigen oder von der gesamten Bürgerschaft herrühre. Und mit ihrer Zustimmung wurde die Versammlung auf den folgenden Tag bestellt.

(38) Als er aus dieser Unterredung sich auf die Burg zurückbegeben hatte, hielt er an seine zusammenberufenen Soldaten folgende Rede: *Ich glaube, ihr werdet gehört haben, Soldaten, wie die römischen Besatzungen von den Sikulern in diesen Tagen überlistet und zugrundegerichtet sind. **2** Dieser List seid ihr zuerst durch die Gnade der Götter, dann aber auch durch die Beharrlichkeit entgangen, mit welcher ihr Tag und Nacht unter den Waffen wach geblieben seid. Möchten wir auch weiter die Zeit hinbringen können, ohne Unwürdiges zu leiden oder zu begehen! **3** Gegen heimliche List bleibt uns die Vorsicht, die wir bis jetzt angewendet haben; weil es ihnen aber damit nicht glücken will, fordern sie die Torschlüssel geradezu und offen; und wenn wir diese abliefern, dann wird Henna sofort karthagisch sein und wir noch jämmerlicher zusammengehauen werden, als die Besatzung zu Murgantia gemordet ist. **4** Mit Mühe habe ich mir eine einzige Nacht zur Überlegung erbeten, um euch in dieser Nacht von der drohenden Gefahr in Kenntnis zu setzen. Mit Anbruch des Tages werden sie eine Versammlung halten, um mich zu beschuldigen und gegen euch das Volk aufzuwiegeln. **5** Morgen also wird Henna entweder mit eurem Blut oder dem der Hennenser strömen. Lasst ihr euch zuvorkommen, so habt ihr nirgends die geringste Hoffnung, seid ihr selbst die Zuvorkommenden, nirgends die geringste Gefahr. Wer zuerst das Schwert zieht, dem gehört der Sieg. **6** So wartet denn alle aufmerksam und bewaffnet auf mein Zeichen. Ich werde in der*

Versammlung sein und, bis alles fertig ist, die Zeit mit Schwatzen und Zanken hinbringen. ***7*** *Wenn ich mit meiner Toga das Zeichen gebe, dann fallt – hört ihr? – mit ringsum erhobenem Geschrei über den Haufen her, streckt alles mit dem Schwert nieder und lasst ja niemanden übrig bleiben, von dem Gewalt oder List zu befürchten ist.* ***8*** *Euch, Mutter Ceres und Proserpina, und ihr übrigen himmlischen und unterirdischen Gottheiten, in deren Schutz diese Stadt und diese euch geheiligten Seen und Haine stehen, euch flehe ich an, nur dann uns willig und gnädig beizustehen, wenn wir diese Maßregel ergreifen mussten, uns selbst vor Tücken zu retten, nicht aber, sie auszuüben.* ***9*** *Euch, Soldaten, würde ich nachdrücklicher ermuntern, wenn dies ein Kampf mit Bewaffneten sein müsste. So aber werdet ihr Unbewaffnete, nichts weniger Erwartende niederzuhauen haben, bis ihr dessen müde seid. Auch ist ja des Konsuls Lager in der Nähe, so dass ihr von Himilko und den Puniern nichts zu fürchten braucht.*

(39) Als er sie mit dieser Ermahnung entlassen hatte, nahmen sie Stärkung zu sich. Am folgenden Tag stellten sie sich, diese hier, jene dort, indem sie sich zur Besetzung der Wege und zur Sperrung der Ausgänge aufstellten, größtenteils oberhalb des Versammlungsplatzes und um ihn her, auch schon früher nicht ungewohnt, bei den Volksversammlungen Zuschauer zu sein. ***2*** Als der römische Befehlshaber, von der Obrigkeit vor das Volk geführt, seine Behauptung, das es dem Konsul und nicht ihm zukomme, über diesen Punkt zu entscheiden und zu verfügen, und meistenteils wieder wie gestern dasselbe vorgebracht hatte, ***3*** und jene anfangs deutlich genug und schon in größerer Zahl, dann aber alle einstimmig die Auslieferung der Schlüssel verlangten, bei seiner Unschlüssigkeit und Zögerung ihm trotzig drohten und der äußersten Gewalt sich nicht länger enthalten zu wollen schienen, da gab er mit seiner Toga das verabredete Zeichen. ***4*** Und die Soldaten, schon lange darauf wartend und gefasst, fielen teils nach erhabenem Geschrei von oben herab der Versammlung in den Rücken, teils stellten sie sich dicht gedrängt vor die Ausgänge des Platzes. ***5*** Die Hennenser, in einen Käfig eingeschlossen, wurden niedergehauen und behinderten sich nicht bloß in dem Gemetzel, sondern auch durch die Flucht, da einige den anderen über die Köpfe fortstürzten und die Unverwundeten, wenn sie über die Verwundeten, die Lebenden, wenn sie über die Toten gefallen waren, in Haufen zusammenlagen. ***6*** Von hier aus ging der Angriff nach allen Seiten, und wie in einer eroberten Stadt gab es überall Mord und Flucht, da die Soldaten ohne alle Rücksicht, dass sie auf einen wehrlosen Haufen einhieben, ebenso wütend waren, als ob sie Leben gegen Leben setzten oder die Hitze des Kampfes sie reizte. ***7*** So wurde Henna durch eine Tat behauptet, die entweder schlecht oder notwendig war. Marcellus, der das, was einmal geschehen war, nicht missbilligte, erkannte auch die in Henna gemachte Beute den Soldaten zu, weil er glaubte, die Sikuler würden, hierdurch abgeschreckt, von ihrem Verrat an den Besatzungen ablassen. ***8*** Wirklich drang auch der Ruf von dem Unglück dieser Stadt, die mitten in Sizilien lag und durch ihre natürliche feste Lage sowie durch eine Menge heiliger Spuren der vormals hier geraubten Proserpina berühmt war, an einem Tage durch die ganze Insel. ***9*** Weil man aber die Sache so ansah, als hätten sich die Römer durch dieses unerhörte Blutbad nicht bloß an einer Wohnstätte der Menschen, sondern auch der Götter versündigt, traten nunmehr alle, die schon vorher gewankt hatten, zu den Puniern über.

10 Hippocrates und Himilko, die, von den Verrätern gerufen, ihre Truppen vergeblich vor Henna geführt hatten, zogen sich von hier, jener nach Murgantia, dieser nach Agrigent zurück. ***11*** Marcellus ging wieder rückwärts ins leontinische Gebiet, und nachdem er Getreide und andere Vorräte in sein Lager hatte schaffen lassen, fand er sich mit Hinterlassung einer mäßigen Besatzung bei der Einschließung von Syrakus ein und setzte, ***12*** weil er den Appius Claudius zur Bewerbung um das Konsulat von hier nach Rom entließ, an dessen Stelle den Titus Quinctius Crispinus über die Flotte und das alte Lager. ***13*** Er selbst verschanzte sich in einem Winterlager

5000 Schritte von Hexapylum – der Ort hat den Namen Leon – und baute es aus. Dies geschah in Sizilien bis zu Anfang des Winters.

(40) In demselben Sommer kam auch der Krieg mit dem König Philipp, wie man schon vorher vermutet hatte, zum Ausbruch. *2* Es kamen Gesandte von Orikon zum Prätor Marcus Valerius, welcher mit seiner Flotte Brundisium und die kalabrische Küstengegend zu decken hatte, und meldeten, Philipp habe zuerst mit 120 kleinen Fahrzeugen stromaufwärts einen Angriffsversuch auf Apollonia gemacht; *3* als ihm aber dieses Unternehmen nicht schnell genug gelungen sei, sei er heimlich in der Nacht mit seinem Heer vor Orikon gerückt und habe diese in einer Ebene gelegene, weder durch Mauern noch durch Mannschaft und Waffen geschützte Stadt im ersten Ansturm überrumpelt. *4* Mit dieser Anzeige verbanden sie die Bitte, er möge ihnen helfen und diesen unstreitigen Feind der Römer von den Seestädten fernhalten, die er aus keinem andern Grunde angreife, als weil sie Italien nahe gegenüberlägen. *5* Marcus Valerius, der zur Sicherung seines Postens den Legaten Publius Valerius zurückließ und den Teil seiner Mannschaft, welchen die Kriegsschiffe nicht fassen konnten, auf Lastschiffe brachte, kam am folgenden Tag mit seiner wohlbemannten und schlagfertigen Flotte zu Orikon an *6* und nahm diese Stadt bei der schwachen Besatzung, welche Philipp bei seinem Abzug von hier zurückgelassen hatte, ohne großen Kampf wieder in Besitz. *7* Hier trafen Gesandte von Apollonia mit der Nachricht ein, man halte sie, weil sie nicht von den Römern abfallen wollten, eingeschlossen, und sie könnten, wenn ihnen die Römer keine Hilfe schickten, dem Angriff der Makedonier nicht länger widerstehen. *8* Er versprach ihnen, ihre Bitte zu gewähren und schickte unter einem Obersten der Bundesgenossen, dem Quintus Naevius Crista, einem tätigen und kriegserfahrenen Mann, 2000 auserlesene Soldaten auf Kriegsschiffen an die Mündung des Flusses. *9* Nachdem dieser seine Leute gelandet und die Schiffe nach Orikon, woher sie kamen, zur Flotte zurückgeschickt hatte, führte er sein Korps in ewiger Entfernung vom Fluss einen Weg, den die königlichen Truppen gar nicht besetzt hatten, und rückte bei Nacht, ohne von einem Feind bemerkt zu werden, in die Stadt. *10* Am folgenden Tag ruhten sie sich aus, bis der Hauptmann die junge Mannschaft der Apolloniaten, die Waffen und die Streitkräfte der Stadt in Augenschein genommen hätte. Da ihm ihr Anblick und diese Besichtigung Mut machten und er zugleich durch seine Kundschafter die große Sorglosigkeit und Nachlässigkeit der Feinde erfuhr, *11* rückte er in tiefer Nacht in aller Stille aus der Stadt und fand das feindliche Lager bei seinem Eintritt so vernachlässigt und offen, dass man gewiss weiß, es waren schon 1000 Mann eingerückt, ehe es jemand merkte, und sie hätten bis zum königlichen Zelt vordringen können, wenn sie sich vom Gemetzel zurückgehalten hätten. *12* Das Niedermetzeln derer, die dem Tor zunächst standen, schreckte die Feinde auf. Nun aber überfielen Schrecken und Bestürzung alle in so hohem Grad, dass nicht allein niemand daran dachte, zu den Waffen zu greifen oder die Vertreibung der Feinde aus dem Lager zu versuchen, *13* sondern dass auch selbst der König, als er aus dem Schlaf aufgesprungen war, fast halbnackt fliehend, in einem Aufzug, der kaum für einen Soldaten, geschweige denn für einen König passte, dem Fluss und den Schiffen zueilte. *14* Dahin strömte auch der übrige Haufe. Nicht ganz 3000 Mann wurden im Lager entweder gefangen oder getötet; doch waren weit mehr Gefangene als Erschlagene. *15* Nach Plünderung des Lagers führten die Apolloniaten die Katapulte, Wurfgeschosse und das übrige schwere Geschütz, das zum Sturm auf ihre Stadt angelegt war, zur Verteidigung ihrer Mauern, wenn einmal eine ähnliche Lage eintreten sollte, nach Apollonia. Die ganze übrige Lagerbeute wurde den Römern überlassen.

16 Als dies nach Orikon gemeldet wurde, führte Marcus Valerius seine Flotte sogleich vor die Mündung des Flusses, damit der König nicht zu Schiff die Flucht ergreifen könne. *17* Daher ging Philipp, der sich weder zu einem Land- noch Seekampf stark genug fühlte, nachdem er seine Schiffe ans Ufer gezogen und verbrannt hatte, zu Land nach Makedonien mit einem Heer, das größtenteils wehrlos oder seiner Waffen beraubt war. Die römische Flotte überwinterte mit Marcus Valerius zu Orikon.

(41) In Spanien wurde in diesem Jahr mit abwechselndem Glück gekämpft. Denn bevor die Römer über den Ebro gingen, schlugen Mago und Hasdrubal große spanische Heere; ***2*** und das jenseitige Spanien wäre von den Römern abgefallen, wäre nicht Publius Cornelius mit seinem in aller Eile über den Ebro gesetzten Heer bei der wankenden Stimmung seiner Bundesgenossen zu rechter Zeit eingetroffen. ***3*** Zuerst hatten die Römer ihr Lager bei Castrum Album. Der Ort ist dadurch bekannt, dass hier der große Hamilkar umkam. ***4*** Dies war eine Bergfestung, und die Römer hatten hier schon früher Getreide zusammengefahren. Dennoch zogen sie von hier, weil ringsherum eine Menge Feinde stand, auch die feindliche Reiterei ungestraft in den Zug der Römer eingehauen und gegen 2000 Nachzügler und in den Dörfern Zerstreute getötet hatte, dem Gebiet ihrer Freunde näher und nahmen am Berg Viktoria ein festes Lager. ***5*** Hierher kam Gnaeus Scipio mit allen seinen Truppen, und Hasdrubal, Gisgons Sohn, als der dritte punische Feldherr mit einem ordentlichen Heer, und alle drei nahmen jenseits des Flusses ihre Stellung dem römischen Lager gegenüber. ***6*** Publius Scipio, der mit einem fliegenden Korps in der Stille ausgerückt war, um die Gegend in Augenschein zu nehmen, blieb den Feinden nicht unbemerkt, und sie hätten ihn im freien Feld vernichtet, wenn er sich nicht auf einen nahen Hügel zurückgezogen hätte. Auch hier umzingelt, wurde er durch seinen dazukommenden Bruder von der Einschließung befreit. ***7*** Castula, eine feste und ansehnliche spanische Stadt und mit den Puniern in so enger Verbindung, dass Hannibal von hier seine Gemahlin hatte, fiel zu den Römern ab. ***8*** Die Karthager ließen sich auf die Bestürmung von Iliturgis ein, weil hier eine römische Besatzung lag, und es schien, als wollten sie diesen Ort aushungern. ***9*** Gnaeus Scipio, der, um den Bundesgenossen und der Besatzung zu Hilfe zu kommen, mit einer Legion ohne Gepäck aufbrach, drang unter großem Verlust der Feinde zwischen ihren beiden Lagern durch in die Stadt und machte am folgenden Tag einen ebenso glücklichen Ausfall. ***10*** Sie verloren in diesen zwei Gefechten über 12 000 Mann; mehr als 1000 wurden gefangen und 36 Fahnen erbeutet. ***11*** Darauf begannen die Karthager die Belagerung von Bigerra, ebenfalls einer römischen Bundesstadt. Scipios Ankunft machte ohne Schlacht der Einschließung ein Ende.

(42) Von hier brach das punische Lager nach Munda auf, und dahin folgten die Römer sogleich. ***2*** Hier kämpften sie beinahe vier Stunden lang, Heer gegen Heer; und mitten im schönsten Sieg musste den Römern das Zeichen zum Rückzug gegeben werden, weil Gnaeus Scipio von einer Lanze am Schenkel verwundet war; die Besorgnis dass die Wunde tödlich sein möchte, hatte die ihn zunächst umgebenden Soldaten bestürzt gemacht. ***3*** Übrigens unterlag es keinem Zweifel, dass man das punische Lager, wäre nicht dies hindernd eingetreten, an diesem Tag hätte erobern können. Schon waren nicht allein die Soldaten, sondern auch die Elefanten bis an den Wall zurückgedrängt und 39 Elefanten auf dem Wall selbst mit Wurfpfeilen niedergeschossen. ***4*** Auch in diesem Treffen sollen gegen 12 000 Mann geblieben, beinahe 3000 Gefangene gemacht und 57 Fahnen genommen worden sein.

5 Darauf zogen sich die Punier nach der Stadt Auringis zurück, und die Römer folgten ihnen, um den Schrecken zu benutzen. Hier lieferte Scipio, der sich in einer Sänfte in die Schlacht tragen ließ, abermals eine Schlacht; und der Sieg blieb nicht zweifelhaft, obgleich nur halb so viele Feinde als das vorige Mal fielen, weil weniger Streitbare übrig waren. ***6*** Aber eine Familie, wie die Barcinische zur Erneuerung und Wiederbelebung der Kriege wie geboren, ergänzte durch den von seinem Bruder auf Werbung abgeschickten Mago das Heer in kurzer Zeit und machte ihm Mut, den Kampf von Neuem zu wagen. ***7*** Die meist gallischen Soldaten fochten für eine in wenigen

Tagen so oft besiegte Partei nicht mit größerem Mut als früher; so war auch jetzt der Erfolg derselbe. ***8*** Über 8000 Mann blieben, ungefähr 1000 wurden gefangen, 85 Fahnen genommen, und die Beute bestand meistens in einer großen Menge gallischer goldener Halsketten und Armbänder. Auch zwei angesehene Fürsten der Gallier – sie hießen Moeniacapto und Vismarus – fielen in diesem Treffen; acht Elefanten wurden gefangen, drei getötet.

9 Da jetzt die Sachen in Spanien so günstig standen, schämten sich endlich die Römer, dass die Stadt Sagunt, die Veranlassung zum Krieg, schon im achten Jahr in Feindeshänden sein sollte. ***10*** Sie nahmen die Stadt nach Vertreibung der punischen Besatzung wieder ein, gaben sie den alten Bewohnern, welche die Wut des Krieges verschont hatte, zurück, ***11*** bezwangen auch die Turdetaner, welche jenen den Krieg mit den Karthagern zugezogen hatten, verkauften sie als Sklaven und zerstörten ihre Stadt.

(43) Dies geschah in Spanien unter dem Konsulat des Quintus Fabius und Marcus Claudius. In Rom setzte gleich nach dem Antritt der neuen Volkstribunen Lucius Metellus, ein Volkstribun, den Zensoren Publius Furius und Marcus Atilius einen Gerichtstag vor dem Volk an. ***2*** Wegen der von ihm bei Cannae angestifteten Verschwörung, Italien zu verlassen, ***3*** hatten sie ihn als Quästor im vorigen Jahr nach Abnahme des Ritterpferdes aus seinem Bezirk gestoßen und zum Steuerpflichtigen gemacht. Allein durch den Beitritt der anderen neun Tribunen erhielten sie den Befehl, sich während ihres Amtes nicht vor Gericht zu verantworten, und blieben unangefochten. ***4*** Dass sie die Schätzung nicht schlossen, daran war der Tod des Publius Furius schuld. Marcus Atilius legte sein Amt nieder.

5 Die Konsulwahl wurde vom Konsul Quintus Fabius Maximus gehalten. Zu Konsuln wählte man zwei Abwesende, den Quintus Fabius Maximus, des Konsuls Sohn, und den Tiberius Sempronius Gracchus zum zweiten Mal. ***6*** Prätoren wurden Marcus Atilius und die damaligen kurulischen Ädilen Publius Sempronius Tuditanus und Gnaeus Fulvius Centumalus, ferner Marcus Aemilius Lepidus. ***7*** Man hat erzählt, dass in diesem Jahr zum ersten Mal die kurulischen Ädilen vier Tage nacheinander Vorstellungen auf der Schaubühne geben ließen. ***8*** Dieser Ädil Tuditanus war es, der bei Cannae, während andere zufolge der großen Niederlage von Furcht wie gelähmt waren, mitten durch die Feinde zog.

9 Nach beendigten Wahlen traten auf Antrieb des Konsuls Quintus Fabius die neu ernannten Konsuln, die man deshalb nach Rom berief, ihr Amt an; sie richteten an den Senat eine Anfrage wegen des Krieges, wegen ihrer eigenen und der Prätoren Kriegsbezirke, auch wegen der Heere, welche man gebrauchen und wer sie befehligen solle; und die Standorte des Krieges nebst den Heeren wurden folgendermaßen verteilt.

(44) Der Krieg gegen Hannibal wurde den Konsuln übertragen, und das eine von den Heeren, welches Sempronius selbst, und das andere, welches der Konsul Fabius gehabt hatte. Jedes bestand aus zwei Legionen. ***2*** Der Prätor Marcus Aemilius, dem die Gerichtsbarkeit über die Fremden zugefallen war, sollte seine Gerichtspflege seinem Amtsgenossen, dem Stadtprätor Marcus Atilius übertragen, die Gegend um Luceria zu seinem Standort und die beiden Legionen haben, welche der nunmehrige Konsul Quintus Fabius als Prätor befehligt hatte. ***3*** Dem Publius Sempronius gab das Los die Kriegführung bei Ariminum, dem Gnaeus Fulvius die bei Suessula, jedem ebenso mit zwei Legionen, so dass Fulvius die in der Stadt geworbenen Legionen zu führen hätte, und Tuditanus die von Manius Pomponius übernähme. ***4*** Mit Beibehaltung des Oberbefehls und Amtskreises ließ man dem Marcus Claudius Sizilien, so weit sich Hieros Reich erstreckt hatte, dem Proprätor Lentulus seinen alten Amtskreis, dem Titus Otacilius die Flotte. Zugaben an Truppen bekamen sie nicht. ***5*** Dem Marcus Valerius blieb Griechenland und Makedonien nebst der Legion und der Flotte, die er schon hatte, dem Quintus Mucius Sardinien mit dem alten Heer; es bestand aus zwei

Legionen, dem Gaius Terentius seine bisherige Legion und das picenische Gebiet. **6** Außerdem sollten zwei Legionen in der Stadt und 20 000 Mann Bundesgenossen ausgehoben werden. Dies waren die Feldherren, dies die Truppen, die man zum Schutz des Römerreiches gegen so viele gleichzeitige entweder schon abgebrochene oder noch zu befürchtende Kriege aufstellte.

7 Nachdem die Konsuln zwei Legionen in der Stadt ausgehoben und Ergänzungen für die übrigen bestimmt hatten, besorgten sie noch vor ihrem Aufbruch aus der Stadt die Sühne der berichteten Unglückszeichen. ***8*** Der Blitz hatte in die Mauer und in Tore eingeschlagen, und zu Aricia war sogar Jupiters Tempel vom Blitz getroffen. Auch andere Augen- und Ohrentäuschungen hatte man für wirkliche Erscheinungen genommen. Auf dem Fluss bei Tarracina wollte man Kriegsschiffe gesehen haben, und doch fand man keine; im Tempel des Jupiter Vicilinus, der im Gebiet von Compsa steht, sollten Waffen geklirrt haben, und der Fluss zu Amiternum soll blutig geflossen sein.

9 Nachdem die Konsuln die Abwendung dieser Zeichen einer Erkenntnis der Oberpriester gemäß, besorgt hatten, rückten sie aus, Sempronius nach Lucanien, Fabius nach Apulien. Der Vater ging, als Unterfeldherr bei seinem Sohn, in das Lager bei Suessula. ***10*** Als ihm der Sohn entgegenging, und die vor ihm herschreitenden Liktoren aus Achtung vor dem ehrwürdigen Haupt ohne Anruf vorübergingen, war der Greis schon vor elf Rutenbündeln vorbeigeritten, als der Konsul den letzten Liktor aufforderte, seine Schuldigkeit zu tun, und dieser dem Greis zurief, er solle absteigen. Jetzt endlich sprang der Vater herab und sagte: *Ich wollte nur sehen, lieber Sohn, ob du auch recht wüsstest, dass du Konsul bist.*

(45) In dieses Lager kam ein Arpiner, namens Dasius Altinius heimlich in der Nacht mit drei Sklaven, und versprach, gegen eine Belohnung Arpi zu verraten. ***2*** Als Fabius die Sache vor einen Kriegsrat brachte, meinten einige, einen Menschen von solchem Doppelsinn, den gemeinsamen Feind beider Parteien, müsse man als einen Überläufer peitschen und hinrichten lassen. Nach der Niederlage bei Cannae sei er, als ob sich die Treue auf die Seite des Glückes halten müsse, zu Hannibal übergegangen und habe Arpi zum Abfall verleitet. **3** Jetzt, da die Sache Roms gegen seine Hoffnung und Wünsche sich gleichsam erhebt, biete er dafür, ihrer Meinung nach noch niederträchtiger, den früher Verratenen einen neuen Verrat an. Er stehe immer auf der Partei, mit deren Gegnern er es halte, als treuloser Bundesgenosse, als unschädlicher Feind. Man müsse in ihm den Überläufern zur Warnung ein Beispiel aufstellen, das sich als das dritte an die Verräter der Stadt Falerii und des Pyrrhus anschließe.

4 Dagegen sagte Fabius, des Konsuls Vater, sie schienen ihm, der Zeitumstände uneingedenk, mitten im Kriegsbrand gerade wie im Frieden über jeden ohne Rückhalt schalten zu wollen, ***5*** da sie, statt dahin zu arbeiten und darauf zu sinnen, wenn es irgend möglich zu machen sei, keinen Bundesgenossen von Rom abfallen zu lassen, dies außer Acht ließen, ja sogar, wenn sich einer eines Besseren besinne und sich wieder nach der alten Freundschaft umsehe, von aufzustellenden Beispielen sprächen. **6** Wenn man von den Römern sich lossagen, aber nicht wieder zu ihnen zurückkehren dürfe, wem leuchte es dann nicht ein, dass binnen Kurzem die Sache Roms, von ihren allen Bundesgenossen verlassen, alle Völker in Italien durch Verträge an Karthago gekettet sehen werde. ***7*** Indessen sei er gar nicht der Mann, der dazu rate, dem Altinius im Geringsten zu trauen, er wolle sich an einen Mittelweg halten. ***8*** Man solle ihn, ohne ihn gleich jetzt für einen Feind oder für einen Freund zu nehmen, unter freier Haft in irgendeine treue Stadt in der Nähe des Lagers, solange der Krieg dauere, in Verwahrung geben; dann habe man nach Beendigung des Krieges zu beherzigen, ob der frühere Abfall strafwürdiger oder die spätere Rückkehr verzeihlicher sei.

9 Die Stimmen erklärten sich für Fabius. Altinius wurde in Ketten gelegt und für seine Person samt seiner Begleitung in Gewahrsam gegeben. Eine ansehnliche Summe Gold, die er diesmal mitgebracht hatte, ließ, man ihn aufbewahren. ***10*** Zu Cales ging er bei Tag ohne Ketten, von der Wache begleitet, des Nachts war er eingeschlossen. Zu Arpi vermisste man ihn zuerst in seinem Haus und suchte ihn; ***11*** dann erregte das durch die ganze Stadt sich verbreitende Gerücht, da in ihm einer der ersten Männer verschwunden war, einen Auflauf, und aus Furcht vor einer Umwälzung sandte man sogleich Boten an Hannibal. ***12*** Dieser, der sich diese Mitteilung durchaus nicht leid sein ließ, weil er den Altinius als einen zweideutigen Mann schon lange in Verdacht hatte und jetzt einen Vorwand bekam, die Güter eines so reichen Mannes in Besitz zu nehmen und zu verkaufen, um doch die Leute glauben zu lassen, ***13*** dass er sich hier nicht so sehr von Habsucht als von Rache leiten lasse, erlaubte seiner Raubgier sogar eine Grausamkeit. ***14*** Er ließ die Gattin und Kinder des Altinius ins Lager holen, sie dann, zuerst über dessen Entweichung, nachher über den Betrag des im Haus gebliebenen Goldes und Silbers peinlich vernehmen und sobald er die nötige Auskunft hatte, lebendig verbrennen.

(46) Fabius, der von Suessula aufbrach, verfolgte zunächst den Angriff auf Arpi. Als er hier in einer Entfernung von etwa 500 Schritt sein Lager aufgeschlagen hatte, beschloss er nach einer näheren Besichtigung der Lage der Stadt und ihrer Mauern, gerade gegen den festesten Teil der Werke anzurücken, weil er hier am meisten die Besetzung vernachlässigt sah. ***2*** Als alles, was zum Sturm auf Städte gebraucht wird, herbeigeschafft war, wählte er im ganzen Heer die tüchtigsten Hauptleute aus, nahm zu den Obersten, die er über sie setzte, tapfere Männer, gab ihnen 600 Soldaten mit, die ihm hinlänglich schienen, und den Befehl, wenn sie zur vierten Nachtwache blasen hörten, an jener Stelle die Sturmleitern anzulegen. ***3*** Hier war ein niedriges und enges Tor an einer in diesem öden Teil der Stadt wenig besuchten Straße. Wenn sie mit den Leitern die Mauer überstiegen hätten, sollten sie sich an dieses Tor machen und von innen das Schloss sprengen. Wenn sie dann im Besitz dieses Teiles der Stadt wären, mit dem Horn ein Zeichen geben, damit er auch die übrigen Truppen anrücken lassen könne; er werde alles bereit und schlagfertig halten.

4 Es wurde ungesäumt vollzogen; und was ihnen bei der Unternehmung ein Hindernis werden zu wollen schien, war ihnen besonders behilflich, unbemerkt zu bleiben. Ein Platzregen, welcher gegen Mitternacht eintrat, zwang die feindlichen Posten und Wachen, unter Verlassen ihres Standortes in die Häuser zu flüchten, ***5*** ließ sie anfänglich vor dem Rauschen des gießenden Sturmschauers das Getöse der am Tor Brechenden nicht hören, und wie er nun nachließ und dem Ohr mehr eintönig klang, brachte er vielen von ihnen den Schlaf. ***6*** Als die Römer im Besitz des Tores waren, mussten die auf dem Weg in gleichen Entfernungen aufgestellten Hornbläser ins Horn stoßen, um den Konsul herbeizurufen. ***7*** Als das verabredete Zeichen erfolgte, rief der Konsul zum Aufbruch und rückte kurz vor Tagesanbruch durch das gesprengte Tor in die Stadt ein.

(47) Jetzt endlich wurden die Feinde wach, da der Regen schon aufhörte und der Tag nahe war. ***2*** Die Stadt hatte eine Besatzung von Hannibal, beinahe 5000 Mann stark, und die Arpiner selbst stellten 3000. Um sich vor diesen gegen jede Untreue in ihrem Rücken zu sichern, stellten die Punier sie gegen den Feind voran. ***3*** Anfangs focht man im Dunkeln und in engen Straßen. Als darauf die Römer nicht bloß die Straßen, sondern auch die nächsten Häuser am Tor besetzt hatten, um von oben vor Schuss und Wunde gesichert zu sein, ***4*** erkannten sich einige Arpiner und Römer gegenseitig, und nun kam es zu Unterredungen. Die Römer fragten, was denn die Arpiner hier eigentlich wollten? ***5*** Was ihnen die Römer zuleide getan, noch mehr, was sie den Puniern zu verdanken hätten, dass sie deswegen als Italer auf der Seite von Ausländern und Barbaren gegen ihre alten Bundesgenossen, die Römer, Krieg führten und Afrikanern Italien zinsbar und steuerpflichtig machen wollten? ***6*** Die Arpiner sagten zu ihrer Entschuldigung, sie wären, ohne es zu wissen, von ihren Oberhäuptern an die Punier verkauft und von einigen wenigen überlistet

und unterjocht. *7* Nach diesem Anfang besprachen sich schon mehrere mit mehreren. Endlich wurde der arpinische Prätor von seinen Leuten zum Konsul begleitet, und da man sich unter Fahnen und Schlachtreihen Freundschaft zugesichert hatte, wandten plötzlich die Arpiner ihre Waffen als Freunde der Römer gegen die Karthager. *8* Auch gingen beinahe 1000 Spanier, die sich beim Konsul weiter nichts abbedungen hatten, als dass die punische Besatzung freien Abzug bekäme, mit ihren Fahnen zu ihm über. *9* Den Karthagern öffnete man die Tore, hielt ihnen bei der Entlassung Wort, und sie kamen unangefochten zu Hannibal nach Salapia. *10* So war Arpi ohne alles Unglück, das ausgenommen, welches jenen alten Verräter und neuen Überläufer traf, wieder auf römische Seite getreten. *11* Den Spaniern ließ man doppelte Kost reichen, und sie leisteten durch ihre Tapferkeit und Treue dem Staat manchen Dienst.

12 Als der eine Konsul in Apulien, der andere in Lucanien stand, kamen 112 edle kampanische Ritter, die unter dem Vorwand, auf feindlichem Boden plündern zu wollen, mit Erlaubnis ihrer Obrigkeit aus Capua ausgerückt waren, an das oberhalb Suessula stehende römische Lager. Sie sagten dem Posten, wer sie wären und dass sie den Prätor zu sprechen wünschten. *13* Den Oberbefehl im Lager hatte Gnaeus Fulvius. Als sie ihm gemeldet wurden und er von den zehn, die er aus ihrer Anzahl unbewaffnet vor sich führen ließ, ihre Forderungen vernommen hatte – sie baten aber um nichts weiter, als dass ihnen nach der Wiedereroberung von Capua ihre Güter zurückgegeben würden –, nahm er sie alle als Freunde auf.

14 Auch die Stadt Atrinum wurde von dem andern Prätor, Sempronius Tuditanus, erobert. Über 7000 Menschen fielen in seine Gewalt und eine ganze Menge geprägtes Kupfer und Silber.

15 In Rom währte eine schreckliche Feuersbrunst zwei Nächte und einen Tag. Zwischen den Salzgruben und dem Carmentalischen Tor brannte alles nieder, auch das Aequimaelium und die Jugarische Straße. *16* Das weit um sich greifende Feuer vernichtete auch im Tempel der Fortuna, der Mutter Matuta und der Spes außerhalb des Tores geweihte und ungeweihte Gegenstände in Menge.

(48) In demselben Jahr erweiterten die beiden Scipionen Publius und Gnaeus, da ihre Sachen in Spanien nach Wunsch gingen, und sie teils viele ehemalige Bundesgenossen wiedergewannen, teils viele neue dazu bekamen, ihre Aussichten sogar bis nach Afrika. *2* Syphax, König von Numidien, brach unerwartet mit Karthago. An ihn schickten sie drei Hauptleute als Gesandte, um Freundschaft und Bündnis mit ihm zu schließen und ihm zu versichern, *3* wenn er durch Fortsetzung des Krieges den Karthagern zu schaffen machte, würde er sich dadurch den römischen Senat samt dem Volke verbinden, und sie würden sich's angelegen sein lassen, zu seiner Zeit und in reichlichem Maß es zu vergelten. *4* Dem fremden König war dieser Antrag willkommen, und da er sich mit den Gesandten über die Art der Kriegführung besprach und die Reden der alten Soldaten vernahm, bemerkte er aus dem Vergleich mit einer so wohlgeordneten Kriegszucht, in wie vielen Dingen er unerfahren wäre. *5* Da bat er sie, das Erste, was sie ihm als gute und treue Bundesgenossen zuliebe täten, müsse das sein, dass zwei von ihnen mit der Antwort auf ihre Sendung zu ihren Feldherren zurückgingen, einer als Leiter des Kriegswesens bei ihm bliebe. Seine Numider wären mit dem Kriegsdienst zu Fuß völlig unbekannt, wären bloß gut eingeritten. *6* So hätten schon seit den frühesten Zeiten ihres Volkes ihre Vorfahren die Kriege geführt und so wären sie es selbst gewöhnt. Er habe aber einen Feind vor sich, der sich auf sein Fußvolk verlasse; wenn er es dem an Stärke gleichtun wolle, müsse auch er sich ein Fußvolk schaffen. *7* Und Leute genug könne sein Reich dazu hergeben; nur die Kunst, sie zu bewaffnen, zusammenzustellen und einzuüben verstünden sie nicht. Bei ihnen bestehe alles, wie bei einem blindlings zusammengelaufenen Haufen in der großen ungeregelten Masse.

8 Die Gesandten antworteten, sie wollten es zuerst so machen, wie er es wünsche, ließen sich aber von ihm versprechen, wenn ihre Feldherren ihre Zustimmung nicht geben sollten, dass er dann jenen sogleich zurückschicken wolle. *9* Quintus Statorius hieß der, welcher bei dem König zurückblieb. Mit den beiden übrigen Römern schickte der numidische König Gesandte nach Spanien, um sich von den römischen Feldherren die Zusage geben zu lassen. *10* Auch trug er ihnen auf, sofort die Numider, welche unter karthagischen Truppen als Hilfstruppen dienten, zum Übergang zu bereden. *11* Auch Statorius hob dem König bei einem Überfluss an Mannschaft ein Fußvolk aus, lehrte die Leute, die er nach römischem Muster einreihte, in ihren Stellungen und Entwicklungen der Fahne folgen und Glied halten, *12* und machte sie mit der Schanzarbeit und allem, was der Soldat zu leisten hat, so vertraut, dass sich der König bald auf sein Fußvolk ebenso sehr verlassen konnte wie auf seine Reiterei, und wirklich die Karthager im freien Feld Mann gegen Mann in einer vollständigen Schlacht besiegte. *13* Auch den Römern in Spanien gereichte die Ankunft der königlichen Gesandten zum großen Vorteil. Auf den bloßen Ruf davon erfolgte von Seiten der Numider ein Übertritt nach dem andern. So kam das Bündnis der Römer mit Syphax zustande. Als dies die Karthager erfuhren, ließen sie sogleich an Gala, welcher den andern Teil Numidiens beherrschte – das Volk hat den Namen Maesuler –, eine Gesandtschaft abgehen.

(49) Gala hatte einen Sohn, namens Masinissa, welcher erst 17 Jahre alt war, allein ein junger Mann von solchen Anlagen, dass man schon damals voraussehen konnte, er werde dem Reich einen größeren Umfang und Wohlstand geben, als es bei seinem Antritt gehabt habe. *2* Die Gesandten sagten, weil Syphax sich den Römern angeschlossen habe, um sich durch das Bündnis mit ihnen gegen die Könige und Völker Afrikas mehr Stärke zu geben, *3* so werde auch Gala besser tun, wenn er sich sogleich mit Karthago verbünde, ehe noch Syphax nach Spanien oder die Römer nach Afrika übersetzten. Syphax könne man, solange er vom römischen Bündnis noch weiter nichts als den Namen habe, leicht bezwingen.

4 Gala wurde, da sich sein Sohn für diesen Krieg als Führer anbot, ohne Mühe überredet, ein Heer abzusenden; und dieses, mit den karthagischen Legionen in Verbindung, besiegte Syphax in einer Hauptschlacht. 30 000 Menschen sollen in dieser Schlacht gefallen sein. *5* Syphax entfloh mit wenigen Reitern vom Schlachtfeld zu den Maurusischen Numidern, welche ganz zu äußerst am Ozean Gades gegenüber wohnen, und da auf das Gerücht von seiner Ankunft die Barbaren von allen Seiten herbeiströmten, hatte er in kurzer Zeit wieder ein großes Heer unter den Waffen. *6* Bevor er jedoch mit diesem nach Spanien über die scheidende schmale Meerenge setzen konnte, erschien Masinissa mit seinem siegreichen Heer und führte hier den Krieg mit Syphax zu seinem großen Ruhm ganz allein ohne alle Unterstützung von Seiten der Karthager.

7 In Spanien selbst fiel nichts vor, was einer Erwähnung wert wäre, außer dass die römischen Feldherren die Truppen der Keltiberer zu demselben Sold, welchen sie von den Karthagern sich ausbedungen hatten, auf ihre Seite brachten *8* und über 300 Spanier aus den besten Häusern nach Italien schickten, um ihre unter Hannibals Hilfstruppen dienenden Landsleute zum Abfall zu bringen. Nur dies zeichnet sich als Denkwürdigkeit vom diesjährigen spanischen Feldzug aus, dass damals die Keltiberer die ersten Söldner waren, welche die Römer in ihrem Heer gehabt haben.

Fünfundzwanzigstes Buch

Inhalt

Publius Cornelius Scipio, der nachmalige Africanus, wird vor dem dazu erforderlichen Alter zum Ädil erwählt. Durch einige junge Tarentiner, welche eine nächtliche Jagdpartie vorgeben, bemächtigt sich Hannibal der Stadt Tarent bis auf die Burg, in welche sich die römische Besatzung rettet. Den Göttersprüchen des Marcius zufolge, in welchen man auch die Niederlage bei Cannae vorhergesagt fand, werden die Apollinarischen Spiele eingeführt. Die Konsuln Quintus Fulvius und Appius Claudius kämpfen gegen den punischen Feldherrn Hanno mit Glück. Der Prokonsul Tiberius Gracchus, den sein lucanischer Gastfreund in einen Hinterhalt lockt, wird von Hanno getötet. Centenius Paenula, bis dahin Hauptmann, der aber auf seinen Antrag im Senat, ihm ein Heer zu geben, und auf sein Versprechen, falls ihm seine Bitte gewährt würde, den Hannibal zu besiegen, über 8000 Mann, die man ihm gibt, zum Anführer gesetzt wird, liefert dem Hannibal eine Schlacht und wird mit seinem Heer niedergehauen, der Prätor Gnaeus Fulvius ist gegen Hannibal unglücklich, verliert 16 000 Mann in der Schlacht und entkommt mit 200 Rittern. Capua wird von den Konsuln Quintus Fulvius und Appius Claudius eingeschlossen. Claudius Marcellus erobert Syrakus im dritten Jahr. Im Getümmel der Eroberung verliert Archimedes, vertieft in die Figuren, die er im Sand aufgezeichnet hatte, sein Leben. Die beiden Scipionen, Publius und Gnaeus, ernten in Spanien von ihren zahlreichen und so großen glücklichen Taten ein trauriges Ende; sie werden im achten Jahr nach ihrem Eintritt in Spanien fast mit ihren ganzen Heeren niedergehauen; und für die Römer wäre es um den Besitz ihrer Provinz geschehen, hätte nicht Lucius Marcius, ein römischer Ritter, durch seine Tapferkeit und Tätigkeit mit den gesammelten Resten der Heere, denen er Mut einsprach, zwei feindliche Lager erobert. Er tötete gegen 37 000 Feinde, bekam gegen 1830 gefangen und machte große Beute. Die Soldaten gaben dem Marcius den Titel „Imperator".

(1) Während dieser Ereignisse in Afrika und in Spanien brachte Hannibal den Sommer im salentinischen Gebiet zu, in der Hoffnung, durch Verrat sich der Hauptstadt der Tarentiner zu bemächtigen. Unterdessen fielen die minder wichtigen Städte ihres und des salentinischen Gebietes an ihn ab. ***2*** Zu gleicher Zeit begaben sich in Bruttien von den zwölf Völkerschaften, welche im vorigen Jahr zu den Puniern übergetreten waren, die Consentiner und Taurianer wieder in römischen Schutz. Und es wären mehrere zurückgekehrt, ***3*** hätte sich nicht Titus Pomponius Veientanus, ein Oberster der Bundesgenossen, der durch verschiedene glückliche Streifzüge das Ansehen eines ordentlichen Feldherrn bekommen hatte, an der Spitze eines zusammengerafften Heeres mit Hanno in eine Schlacht eingelassen. ***4*** Hier wurden viele Menschen, wenn auch nur ungeordnete Haufen von Bauern und Sklaven, getötet oder gefangen, und der kleinste Verlust

war der, dass sich unter den Gefangenen der Oberste selbst befand, ein Mensch, dessen Werk nicht allein jetzt dies unbesonnene Gefecht war, sondern der auch schon vorher als Pächter der Staatsgüter durch alle möglichen Ränke sowohl dem Staat als auch den Teilnehmern seiner Pachtungen untreu gewesen war und sie in Schaden gebracht hatte. ***5*** Konsul Sempronius hatte in Lucanien viele kleine Gefechte, von denen keins bemerkenswert ist, und eroberte einige unbedeutende lucanische Städte.

6 Je mehr sich der Krieg in die Länge zog, und je größer der Wechsel war, welchen Glück und Unglück nicht so sehr in den Umständen als in der Stimmung des Menschen bewirkten, je allgemeiner wurde auch unter den Bürgern der Hang zu frommem, meistenteils fremdem Aberglauben, so dass es schien, als wären plötzlich entweder ganz andere Menschen oder ganz andere Götter aufgekommen. ***7*** Die römischen Gebräuche ließ man nicht bloß insgeheim und innerhalb der eigenen Wände abkommen, sondern auch auf den Straßen, auf dem Markt und dem Kapitol sah man Scharen von Frauen, die nicht mehr nach vaterländischer Weise opferten oder beteten. ***8*** Opferpriester und Wahrsager hatten sich der Herzen bemächtigt; und ihre Anzahl vermehrte sich teils durch das Landvolk, das aus seinen während des langen Krieges unbestellten und unsicheren Feldern von Dürftigkeit und Furcht in die Stadt getrieben war, teils durch die Leichtigkeit, in der Einfalt anderer einen Erwerb zu finden, den es so keck betrieb, als hätte es zur Ausübung dieser Kunst einen Freiheitsbrief. ***9*** Anfangs hörte man die einzelnen Missbilligungen der Redlichen; nachher gedieh die Sache zu einem Antrag an die Väter und zu einer Staatsbeschwerde. ***10*** Als nun die Ädilen und Dreimänner der peinlichen Gerichtspflege, die man deshalb im Senat hart anfuhr, dass sie dem Unwesen nicht steuerten, es auf sich nahmen, den Markt von diesem Gesindel zu säubern und die Anstalten und Geräte zu den Opfern wegzuschaffen, hätte man sich beinahe an ihnen vergriffen. ***11*** Da man nun sah, dass das Übel zu mächtig geworden sei, um durch Unterobrigkeiten gedämpft zu werden, gab der Senat dem Stadtprätor Marcus Atilius den Auftrag, das Volk von diesen abergläubischen Gebräuchen zu befreien. ***12*** Er las in einer Volksversammlung den Senatsbeschluss vor und machte bekannt, jeder, der prophetische Bücher, Gebete oder schriftliche Anweisungen zum Gottesdienst besäße, solle alle diese Bücher und Schriften vor dem ersten April ihm abliefern, auch solle niemand an öffentlicher oder heiliger Stätte fremden gottesdienstlichen Gebräuchen folgen.

(2) Auch starben in diesem Jahr einige priesterliche Würdenträger: Lucius Cornelius Lentulus, der Hohepriester, und Gaius Papirius Maso, des Gaius Sohn, ein Oberpriester, und Publius Furius Philus, ein Vogelschauer, und Gaius Papirius Maso, des Lucius Sohn, Zehnmänner für den Gottesdienst. ***2*** An die Stelle des Lentulus wurde Marcus Cornelius Cethegus, an die des Papirius wurde Gnaeus Servilius Caepio zum Priester gewählt, Vogelschauer wurde Lucius Quinctius Flamininus; Zehnmann für den Gottesdienst Lucius Cornelius Lentulus.

3 Schon nahte die Zeit der Konsulwahl; weil man aber die mit dem Krieg beschäftigten Konsuln nicht abrufen wollte, ernannte der Konsul Tiberius Sempronius den Gaius Claudius Cento zum Diktator für die Wahlen, und dieser den Quintus Fulvius Flaccus zu seinem Magister Equitum. ***4*** Unter Vorsitz des Diktators wurden am nächsten Volkstag Quintus Fulvius Flaccus, der Magister Equitum und Appius Claudius Pulcher, der als Prätor in Sizilien gestanden hatte, zu Konsuln gewählt. ***5*** Dann wählte man die Prätoren, den Gnaeus Fulvius Flaccus, Gaius Claudius Nero, Marcus Junius Silanus und Publius Cornelius Sulla. ***6*** Nach Beendigung der Wahlen legte der Diktator sein Amt nieder.

Kurulische Ädilen waren in diesem Jahr Marcus Cornelius Cethegus und Publius Cornelius Scipio, welcher später den Beinamen Africanus hatte. Als diesem bei seiner Bewerbung um das Ädilenamt die Volkstribunen entgegen waren und behaupteten, auf ihn könne keine Rücksicht genommen werden, weil er noch nicht das zur Bewerbung gehörige Alter habe, sprach er: *Wenn alle Quiriten mich zum Ädil machen wollen, bin ich alt genug.* ***7*** Und nun eilten die Bürger mit solcher Parteinahme für ihn zur Abgabe der Stimmen auf ihre Bezirksplätze, dass die Tribunen sogleich von ihrem Vorhaben zurücktraten. ***8*** Die Ädilenspende bestand in Folgendem: Sie gaben die Römischen Spiele, die nach Maßgabe des damaligen Reichtums prächtig genug waren und einen Tag gefeiert wurden, und verteilten auf jede Straße eine Anzahl Kannen Öl. ***9*** Die plebejischen Ädilen Lucius Villius Tappulus und Marcus Fundanius Fundulus belangten mehrere Frauen vor dem Volk wegen Unzucht, einige für schuldig erklärte trieben sie aus der Stadt. ***10*** Die Bürgerspiele wurden zwei Tage gefeiert und wegen dieser Spiele dem Jupiter zu Ehren ein Gastgebot angestellt.

(3) Quintus Fulvius Flaccus trat sein drittes und Appius Claudius sein erstes Konsulat an. Auch die Prätoren erlosten ihre Stellen, Publius Cornelius Sulla die Gerichtspflege in der Stadt und über die Fremden, in welche sonst zwei Prätoren sich teilten, Gnaeus Fulvius Flaccus Apulien, ***2*** Gaius Claudius Nero Suessula, Marcus Junius Silanus die Tusker. ***3*** Den Konsuln bestimmte man den Krieg gegen Hannibal und jedem zwei Legionen; der eine sollte die des vorjährigen Konsuls Quintus Fabius, der andere die des Fulvius Centumalus übernehmen, ***4*** von den Prätoren sollte Fulvius Flaccus die Legionen haben, welche bei Luceria unter dem Prätor Aemilius, Claudius Nero die, welche in Picenum unter Gaius Terentius gestanden hätten. Ihre Ergänzungen sollte jeder selbst vornehmen. Dem Marcus Junius wurden für Tuscien die Stadtlegionen vom vorigen Jahr gegeben. ***5*** Dem Tiberius Sempronius Gracchus und Publius Sempronius Tuditanus wurden ihr Oberbefehl und ihre Stellen in Lucanien und Gallien mit Beibehaltung ihrer Heere verlängert, ***6*** desgleichen dem Publius Lentulus im Bezirk der alten Provinz in Sizilien, dem Marcus Marcellus vor Syrakus und soweit sich Hieros Reich erstreckt habe; dem Titus Otacilius über die Flotte; dem Marcus Valerius über Griechenland; dem Quintus Mucius Scaevola über Sardinien; den Corneliern Publius und Gnaeus über die beiden Spanien. ***7*** Außer den alten Heeren bildeten die Konsuln noch zwei Legionen in der Stadt, und man brachte die Zahl der Legionen in diesem Jahr auf 23. ***8*** Die Aushebung der Konsuln verhinderte das Vorgehen des Marcus Postumius von Pyrgi,* welches beinahe einen großen Aufstand veranlasst hätte. ***9*** Postumius war ein Staatspächter, dem seit vielen Jahren an Betrug und Habsucht niemand unter den Bürgern gleichkam, außer Titus Pomponius Vejentanus, den im vorigen Jahr bei seinen unbesonnenen Plünderungen in Lucanien die Karthager unter Hannos Führung gefangen genommen hatten. ***10*** Weil jeden durch Sturm angerichteten Schaden in allem, was den Heeren zugeführt wurde, der Staat trug, hatten diese beiden bald erlogene Schiffbrüche angegeben, bald waren sogar die, welche sie mit Wahrheit meldeten, durch sie selbst aus böser Absicht, nicht durch Zufall veranlasst. ***11*** Wenn sie wenige Waren von geringem Wert auf alte baufällige Schiffe geladen hatten, diese dann auf hohem Meer sinken und die Schiffer in bereit gehaltene Kähne herübersteigen ließen, gaben sie vielfache Ladungen als verloren an. ***12*** Schon im vorigen Jahr war dieser Betrug dem Prätor Marcus Atilius angezeigt und durch ihn an den Senat berichtet, aber noch durch keinen Senatsbeschluss bestraft, weil die Väter den Stand der Staatspächter bei der gegenwärtigen Lage der Dinge nicht gern unzufrieden machen wollten. ***13*** Das Volk verfuhr gegen den Betrug mit größerer Strenge, und endlich wurden zwei Volkstribunen, die beiden Carvilier, Spurius und Lucius, durch die allgemeine Unzufriedenheit und laute Missbilligung dahin gebracht, gegen Marcus Postumius auf eine Geldstrafe von 200 000 Kupfer-As anzutragen. ***14*** Als der Tag kam, an welchem man hierüber entscheiden sollte, und das Volk sich so zahlreich eingefunden hatte, dass der freie Platz des Kapitols die Menge kaum fasste, ***15*** schien für Postumius nach vorgebrachter Verteidigung die letzte Hoffnung noch darauf

* Einer kleinen Festung in Etrurien.

zu beruhen, wenn der Volkstribun Gaius Servilius Casca, sein Blutsfreund und mütterlicher Verwandter, ehe die Bezirke darüber abstimmten, diese Abstimmung durch seine Einsprache untersagte. ***16*** Nach Anhörung der Zeugen ließen die Tribunen das Volk zurücktreten, und die Urne wurde gebracht, um die Stimmgeber losen zu lassen, in welcher Ordnung sie stimmen sollten. ***17*** Indes bestimmten die Staatspächter den Casca, die Versammlung für den heutigen Tag aufzulösen. Dagegen schrie das Volk laut; und Casca, dessen Inneres Furcht und Scham zugleich bestürmten, saß gerade vorn auf einer Ecke. ***18*** Da er den erwarteten Schutz nicht gewährte, brachen die Pächter, um alles in Verwirrung zu setzen, in einen Keil gestellt, über den vom zurückgewiesenen Volk geräumten Platz hinein und zankten zugleich mit dem Volk und mit den Tribunen. **19** Und schon kam es beinahe zu Schlägereien, da sprach der Konsul Fulvius zu den Tribunen: *Seht ihr nicht, wie wenig eure Vorrechte gelten, und dass es zum Aufruhr kommen wird, wenn ihr nicht sogleich die Versammlung der Bürger entlasst?*

(4) Als sie das Volk entlassen hatten, wurde der Senat berufen, und die Konsuln hielten über die durch der Staatspächter Gewalttat und Frechheit gestörte Volksversammlung folgenden Vortrag: ***2*** Marcus Furius Camillus, dessen Verbannung den Untergang der Stadt zur Folge gehabt, habe sich von seinen zürnenden Mitbürgern verurteilen lassen. ***3*** Schon vor ihm hätten die Zehnmänner, an deren Gesetze man bis diesen Tag sich halte, und späterhin viele der ersten Männer im Staat sich in den Ausspruch des Volkes ergeben. ***4*** Nur ein Postumius von Pyrgi habe dem römischen Volk die Stimmfreiheit gewaltsam entrissen, habe die Volksversammlung gesprengt, die Tribunen in die Schranken von Privatpersonen zurückgeworfen, gegen das römische Volk eine Schlachtreihe aufgestellt, den Platz besetzt, um die Tribunen von den Bürgern abzuschneiden, um die Aufrufung der Bezirke zum Stimmengeben zu verwehren. ***5*** Vom wirklichen Gemetzel und blutigen Kampf habe die Leute weiter nichts abgehalten als die Nachgiebigkeit der Obrigkeiten, mit der sie für dieses Mal der Wut und Frechheit einiger weniger ausgewichen wären und es hätten geschehen lassen, dass sie selbst und das römische Volk die Besiegten geworden wären, ***6*** mit der sie endlich den Volkstag, den der Beklagte durch Gewalt und Waffen habe hindern wollen, um den Kampflustigen keine Veranlassung zu geben, seinem Wunsch gemäß aufgehoben hätten. ***7*** Da nun gerade die redlichsten Männer, der Abscheulichkeit der Sache gemäß, in diesem Ton eiferten und der Senat dahin erkannt hatte, diese Gewalttat sei ein Verbrechen gegen den Staat und gebe ein verderbliches Beispiel, ***8*** ließen sofort die beiden Carvilier, die Volkstribunen, die Entscheidung über die Geldstrafe fallen, bestimmten einen Tag zur Klage gegen Postumius auf Leib und Leben und befahlen dem Gerichtsdiener, falls der Beklagte keine Bürgen stelle, ihn zu ergreifen und ins Gefängnis zu werfen. Postumius stellte Bürgen, erschien aber nicht. ***9*** Da stellten die Volkstribunen den Antrag, den der Bürgerstand annahm: wenn Marcus Postumius auf den 1. Mai sich nicht stelle und auf diesen Tag als vorgeladener nicht Rede stehe, oder wegen seiner Abwesenheit sich nicht rechtfertige, so wolle man es so ansehen, als lebe er in der Verbannung; man werde seine Güter verkaufen und ihm Wasser und Feuer untersagen. ***10*** Darauf stellte man der Reihe nach gegen alle Urheber jenes Lärms und Auflaufs die Klage auf Leib und Leben an und verlangte Bürgschaft von ihnen, ***11*** warf dann erst diejenigen ins Gefängnis, welche keine Bürgen stellten, nachher auch solche, welche sie hätten stellen können; und dieser Gefahr auszuweichen, gingen die meisten in die Verbannung.

(5) Diesen Ausgang hatte die Betrügerei der Staatspächter und die Frechheit, mit der sie zuletzt den Betrug in Schutz nahmen. ***2*** Darauf wurde eine Versammlung zur Wahl eines Obersten Priesters abgehalten; der neue Oberpriester Marcus Cornelius Cethegus hielt sie. ***3*** Drei boten bei dieser Bewerbung alle ihre Kräfte auf: Konsul Quintus Fulvius Flaccus, der schon zweimal Konsul, auch Zensor gewesen war, Titus Manlius Torquatus, ebenfalls durch zwei Konsulate und

die Zensur ausgezeichnet, und Publius Licinius Crassus, der noch nicht einmal um das Amt eines kurulischen Ädils angehalten hatte. *4* Und der Jüngling gewann in diesem Wettstreite über die durch Jahre und Ämter ehrwürdigen Männer den Sieg. Vor ihm war seit 120 Jahren, den Publius Cornelius Calussa ausgenommen, niemand zum Obersten Priester gewählt, der nicht schon auf einem Amtsthron gesessen hatte.

5 Da die Konsuln die Aushebung mit Mühe zustande brachten, weil die geringe Anzahl der Dienstfähigen keineswegs zu beiden Zwecken hinreichte, nämlich zugleich neue Stadtlegionen zu bilden und die alten zu ergänzen, ***6*** befahl ihnen der Senat, ihr Geschäft gleichwohl nicht aufzugeben und einen doppelten Ausschuss, jeden zu drei Männern wählen zu lassen, von denen die einen diesseits, die andern jenseits des 50. Meilensteins in den Dörfern, Marktflecken und Gerichtsorten den ganzen Bestand der Freigeborenen in Augenschein nehmen und alle, ***7*** die ihnen zum Waffendienst Kraft genug zu haben schienen, wenn sie auch das Dienstalter noch nicht hätten, zu Soldaten machen sollten. ***8*** Die Volkstribunen sollten, wenn sie es für gut hielten, bei dem Volk beantragen, dass allen denen, die vor ihrem 17. Jahr zur Fahne geschworen hätten, die Dienstjahre ebenso angerechnet werden sollten, als wenn sie im Alter von 17 Jahren oder älter Soldaten geworden wären. ***9*** Und nun nahm der doppelte, vermöge dieses Senatsbeschlusses gewählte Ausschuss von je drei Männern unter den Freigeborenen auf dem Land die Aushebung vor.

10 Um diese Zeit wurde auch im Senat ein Schreiben des Marcus Marcellus aus Sizilien verlesen über die Forderungen der Soldaten, welche unter Publius Lentulus dienten. ***11*** Sie bestanden aus dem von der Niederlage bei Cannae übrig gebliebenen Heer, das man, wie ich oben gesagt, nach Sizilien geschickt hatte, um nicht vor dem Ende des Punischen Krieges nach Italien zurückzukehren.

(6) Sie schickten mit Genehmigung des Lentulus die ersten Ritter und Hauptleute und die Tapfersten vom Fußvolk der Legionen an Marcus Marcellus in dessen Winterquartier, und nach erhaltener Erlaubnis zu reden sprach einer von ihnen:

2 *Wir hätten uns schon an dich, Marcus Marcellus, als Konsul in Italien gewandt, gerade als der, wenn nicht harte, so doch niederschlagende Senatsbeschluss über uns gefällt war, wenn wir nicht gehofft hätten,* ***3*** *in eine durch den Tod ihrer Könige in Aufruhr gesetzte Provinz zu einem schweren Krieg gegen Sizilianer und Punier zugleich geschickt zu werden und mit unserm Blut und Wunden dem Senat Genüge zu leisten, sowie ihm zu unserer Väter Zeiten die von Pyrrhus bei Heraklea gefangen Genommenen im Kampf gegen ebendiesen Pyrrhus Genüge leisteten.* ***4*** *Und gleichwohl, was haben wir verschuldet, dass ihr so über uns erzürnt wart, versammelte Väter, und noch jetzt zürnt?* ***5*** *Mir ist nämlich, wenn ich meine Augen auf dich richte, Marcus Marcellus, nicht anders, als ob ich beide Konsuln und den ganzen Senat vor mir sähe; denn hätten wir bei Cannae dich zum Konsul gehabt, so stünde es jetzt besser um den Staat und um uns.* ***6*** *Gestatte mir, ich bitte dich, ehe ich dir unsern Zustand klage, von dem Vorwurf, den man uns macht, uns zu reinigen. Sind wir nicht durch den Zorn der Götter, nicht durch das Schicksal, nach dessen Gesetzen die unabänderliche Reihe der menschlichen Ereignisse sich zusammenstellt, sondern durch Schuld unglücklich geworden, so frage ich: Wessen war denn diese Schuld? Der Soldaten oder der Feldherren?* ***7*** *Freilich darf ich mir als Soldat auch die geringste Äußerung über meinen Feldherrn nicht erlauben, um so weniger, da ich weiß, dass ihm der Senat feierlich dafür gedankt hat, dass er den Staat nicht gleich für aufgegeben hielt, da ihm nach seiner Flucht von Cannae alle Jahre aufs Neue der Oberbefehl übertragen wurde.* ***8*** *Und ebenso hören wir, dass auch diejenigen von den Überresten jenes unglücklichen Tages, welche wir als Kriegsoberste hatten, um Ehrenämter nachsuchen, sie wirklich bekleiden und in Kriegsländern angestellt werden.* ***9*** *Also wollet ihr, versammelte Väter, euch selbst und euren Kindern so leicht verzeihen und nur gegen uns Menschen als geringe Leute so grausam sein? Einem Konsul und den* *übrigen Großen des Staates soll es nicht schimpflich sein, wenn alle Hoffnung verloren war, zu fliehen, und nur uns Soldaten schicktet ihr schlechterdings zum Sterben in die Schlacht?* **10** *An der Allia ergriff beinahe das ganze Heer die Flucht. In den Caudinischen Pässen lieferte es, sogar ohne den Kampf zu versuchen, seine Waffen dem Feind ab, anderer unrühmlicher Niederlagen unserer Heere nicht zu gedenken.* **11** *Gleichwohl war man so weit davon entfernt, an eine Beschimpfung dieser Heere zu denken, dass man sogar mit demselben Heer, das von der Allia nach Veji geflohen war, die Stadt Rom wiedergewann;* **12** *und dass die Caudinischen Legionen, die ohne Waffen nach Rom zurückgekehrt waren, mit Waffen nach Samnium zurückgeschickt, unter dem Jochgalgen denselben Feind durchgehen lassen konnten, der sich über diese Beschimpfung, als sie sie selber verhängten, gefreut hatte.* **13** *Kann aber jemand Flucht oder Bestürzung dem Heer von Cannae vorwerfen, wo mehr als 50 000 Menschen gefallen sind? Wo der Konsul mit 70 Reitern entkam? Wo niemand übrig blieb, außer denen, welche der Feind, vom Niederhauen ermattet, übrig ließ?* **14** *Als den Gefangenen die Auslösung versagt wurde, lobte man uns allgemein, dass wir uns dem Staat erhalten hätten, dass wir nach Venusia wieder zum Konsul gegangen und wenigstens dem Schein nach als ordentliches Heer aufgetreten wären.* **15** *Jetzt aber haben wir es weit schlimmer als die Gefangenen zu unserer Väter Zeiten. Jene wurden doch nur hinsichtlich der Waffen, in der Rangordnung im Dienst und durch den Platz, wo ihr Zelt im Lager stand, erniedrigt, und das alles konnten sie durch einen dem Staat geleisteten Dienst, durch ein glückliches Gefecht wieder einbringen.* **16** *Keiner von ihnen wurde in die Verbannung geschickt, keinem die Hoffnung genommen, seine Dienstzeit zu vollenden. Ein Feind wurde ihnen gegeben, durch den sie entweder nur ihr Leben oder auch ihre Schande beendeten.* **17** *Wir nur, denen man nichts vorwerfen kann, als dass wir es uns haben zuschulden kommen lassen, dass noch ein oder der andere römische Soldat aus der Schlacht bei Cannae übrig ist, werden nicht allein weit von unserm Vaterland und Italien,* **18** *sondern auch aus der Nähe des Feindes weggeschickt, damit wir keine Hoffnung, keine Gelegenheit haben sollen, unsern Schimpf zu tilgen, den Zorn unserer Mitbürger zu besänftigen, ja nicht einmal die, mit Ehren zu sterben.* **19** *Auch bitten wir weder um Beendigung unserer Schande noch um Belohnung unserer Tapferkeit, es sei uns nur vergönnt, unsern Mut zu versuchen, unsere Kraft zu üben. Beschwerden und Gefahren erbitten wir uns, um als Männer, als Soldaten unsere Pflicht zu tun.* **20** *In Sizilien wird der Krieg schon ins zweite Jahr mit großer Erbitterung geführt; da erstürmen hier die Punier Städte, dort die Römer; Heere von Fußvolk und Reiterei treffen zusammen;* **21** *bei Syrakus kämpft man zu Lande und zu Wasser; das Geschrei der Kämpfenden, das Geklirr der Waffen hören wir und sitzen still und untätig, als hätten wir weder Arme noch Waffen. Die Legionen von Sklaven hat der Konsul Tiberius Sempronius schon so oft gegen den Feind Mann gegen Mann geführt; sie haben als Belohnung für ihre Dienste die Freiheit und das Bürgerrecht.* **22** *Möchten wir euch nur so viel gelten, als für diesen Krieg erkaufte Sklaven. Man gestatte uns, an den Feind zu kommen und kämpfend uns die Freiheit zu erwerben. Willst du eine Probe mit unserer Tapferkeit zur See machen? Zu Lande? In der Schlacht? Im Sturm auf Städte?* **23** *Immer das Schlimmste in Hinsicht auf Beschwerde, auf Gefahr fordern wir für uns, um das, was wir bei Cannae haben tun sollen, je eher je lieber in Erfüllung gehen zu lassen, weil doch seit jenem Tag unser ganzes Leben der Schande hingegeben sein soll.*

(7) Nach diesen Worten fielen sie dem Marcellus zu Füßen. Marcellus sagte, dies stehe nicht in seiner Macht und Gewalt; er wolle aber an den Senat schreiben und ganz nach dem Willen der Väter verfahren. **2** Sein Schreiben lief bei den neuen Konsuln ein, wurde von ihnen im Senat verlesen, und nach geschehener Umfrage wurde folgender Beschluss gefasst: **3** Das Wohl des Staates Soldaten anzuvertrauen, welche bei Cannae ihre kämpfenden Kameraden im Stich gelassen hätten, dazu habe der Senat nicht den geringsten Grund. **4** Sollte der Prokonsul Marcus Claudius anderer Meinung sein, so möge er so handeln, wie er es dem Besten des Staates und

seiner eigenen Gewissenhaftigkeit gemäß fände, unter der Bedingung, dass keinem von ihnen eine Dienstbarkeit erlassen, keiner wegen seines Wohlverhaltens nach Heeressitte beschenkt, noch, solange der Feind in Italien stehe, nach Italien zurückgebracht würde.

5 Hierauf wurde vom Stadtprätor nach der Meinung des Senates und dem Erachten des Volkes ein Versammlungstag gehalten, an welchem Fünfmänner zur Ausbesserung der Mauern und Türme gewählt wurden, und zwei Ausschüsse von Dreimännern, die einen, die Heiligtümer zusammenzusuchen und die Weihgeschenke aufzuzeichnen, **6** die anderen, die Tempel der Fortuna und Mutter Matuta innerhalb des Carmentalischen Tores wieder aufzubauen, aber auch den der Göttin Spes außerhalb des Tores, welche von der vorjährigen Feuersbrunst verzehrt waren. **7** Es gab schreckliche Gewitter. Auf dem Albanischen Berg dauerte ein Steinregen zwei Tage lang. An vielen Orten schlug der Blitz ein: in zwei Tempel auf dem Kapitol, **8** im Lager über Suessula schlug er an vielen Stellen in den Wall, und er erschlug zwei Schildwachen. Zu Cumae wurden die Mauer und verschiedene Türme nicht bloß vom Blitz getroffen, sondern ganz herabgeworfen. Zu Reate glaubte man ein großes Felsstück fliegen zu sehen; die Sonne sah röter als gewöhnlich und wie Blut aus. **9** Wegen dieser Schreckzeichen wurde ein Bettag angestellt, und die Konsuln beschäftigten sich mehrere Tage mit gottesdienstlichen Angelegenheiten; auch wurde während derselben das neuntägige Opferfest begangen. **10** Schon lange war der Abfall der Tarentiner für Hannibal ein Gegenstand der Hoffnung und für die Römer des Argwohns, als zufälligerweise von außen eine Veranlassung eintrat, ihn zu beschleunigen. **11** Phileas, ein Tarentiner, welcher sich schon lange unter dem Schein einer Gesandtschaft zu Rom aufhielt, ein Mann, dessen unruhiger Geist sich durchaus nicht in die Untätigkeit finden konnte, bei deren langer Dauer er jetzt seiner Meinung nach alle Kraft verlor, wusste sich den Zugang zu den tarentinischen und thurinischen Geiseln zu verschaffen. **12** Man hütete sie im Vorhof des Freiheitstempels ziemlich unbesorgt, weil es weder ihr eigener noch ihres Staates Vorteil war, den Römern untreu zu werden. **13** Bei wiederholten Zusammenkünften verführte er sie, und als er sie durch Vorschub zweier bestochener Tempelwärter beim ersten Dunkel ihrem Gewahrsam entführt hatte, gesellte er sich selbst zu den in aller Stille Entwichenen als Begleiter. **14** Mit Tagesanbruch wurde ihre Flucht in der Stadt bekannt; die ihnen nachgeschickten Verfolger brachten sie sämtlich von Tarracina, wo sie dieselben ergriffen hatten, zurück. Sie wurden auf dem Versammlungsplatz der Reihe nach zur Strafe geführt, mit Genehmigung des Volkes mit Ruten gepeitscht und vom Felsen herabgestürzt.

(8) Die scheußliche Strafe erbitterte zwei der vornehmsten griechischen Städte in Italien, **2** insofern diese sie teils als Staaten, teils insbesondere ihre einzelnen Bürger betraf, je nachdem jeder von diesen mit den so kläglich Hingerichteten durch Verwandtschaft oder Freundschaft in Verbindung stand. **3** Von diesen Verschworen kamen etwa 13 junge Tarentiner aus den ersten Häusern, unter ihnen waren Nico und Philemenus die Vornehmsten. **4** Weil sie, ehe sie etwas unternähmen, eine Unterredung mit Hannibal für nötig hielten, machten sie sich unter dem Vorwand, als gingen sie bei Nacht auf die Jagd, zu ihm auf den Weg. **5** Als sie nicht mehr weit vom Lager entfernt waren, verbargen sich die Übrigen in einem Wald an der Straße. Nico und Philemenus wurden, als sie an die Posten kamen, ergriffen und, wie sie selbst verlangten, vor Hannibal geführt. **6** Nach Darlegung der Gründe für ihren Entschluss und ihres Planes bekamen sie, mit Lobeserhebungen und Versprechungen überhäuft, die Erlaubnis, um es ihren Mitbürgern glaublich zu machen, dass sie auf Beutemachen aus der Stadt gegangen wären, einiges karthagisches Herdenvieh, das man auf die Weide vor das Lager geschickt hatte, in die Stadt zu treiben. Dass sie dies ohne alle Gefahr und ohne Kampf sollten bewerkstelligen können, wurde ihnen zugesichert. **7** Die mitgebrachte Beute der Jünglinge fiel ins Auge, um so weniger wunderte man sich, dass sie es noch einmal und öfters wagten. **8** Bei einer abermaligen Zusammenkunft mit Hannibal setzten sie vertragsmäßig

fest, dass die Tarentiner als freie Leute ihre Gesetze und ihr Eigentum behalten, den Puniern nicht die geringste Abgabe zahlen noch wider ihren Willen eine Besatzung einnehmen sollten, die jetzige Besatzung aber durch den Verrat in karthagische Gefangenschaft käme. ***9*** Als sie hierüber einig geworden waren, machte Philemenus nun vollends von seiner Gewohnheit, bei Nacht durch das Tor aus- und einzugehen, öfter Gebrauch; und er galt als ein leidenschaftlicher Jäger; Hunde und anderes Jagdgerät folgten ihm, ***10*** und fast jedes Mal machte er mit seinem Wildbret oder mit dem Eingebrachten, das er verabredetermaßen dem Feind abnehmen durfte, entweder dem Befehlshaber der Besatzung oder den Torwachen ein Geschenk. Dass er meistens bei Nacht abging, dies, glaubte man, geschehe aus Furcht vor den Feinden.

11 Als dies endlich so zur Gewohnheit geworden war, dass ihm zu jeder Nachtzeit auf sein durch einen Pfiff gegebenes Zeichen das Tor geöffnet wurde, glaubte Hannibal, die Sache sei zur Ausführung gereift. ***12*** Er war drei Tagemärsche entfernt; und damit es weniger auffiele, dass er mit seinem Lager so lange auf einem und demselben Platz stände, stellte er sich krank. ***13*** Selbst den Römern, die zu Tarent in Besatzung lagen, war sein untätiges Zögern nicht mehr verdächtig.

(9) Als er sich entschlossen hatte, nach Tarent vorzurücken, brach er mit 10 000 Mann zu Fuß und zu Pferd, wozu er diejenigen auswählte, die er wegen leiblicher Gewandtheit und Leichtigkeit ihrer Waffen für die tauglichsten zu diesem Zug erachtete, um die vierte Nachtwache auf, ***2*** und etwa 80 numidischen Reitern, die er voranschickte, gab er den Befehl, sich auf den Straßen zu zerstreuen und allenthalben umherzusehen, dass ihnen auch nicht ein Landmann, der ihren Zug aus der Ferne beobachtete, unentdeckt bliebe; alle, die ihnen voraus wären, sollten sie zurückschleppen; ***3*** die ihnen begegneten, niederhauen, um sich bei den Anwohnern eher den Schein der Plünderer als eines Heeres zu geben. Er selbst schlug nach dem schnellsten Eilmarsch beinahe 15 000 Schritte von Tarent sein Lager auf, ***4*** und ohne auch hier den Soldaten anzuzeigen, wohin sie gingen, schärfte er ihnen bloß bei einem Zusammenruf ein, auf der Heerstraße zu bleiben, niemanden einkehren oder im Zug aus dem Gliede treten zu lassen, mit besonderer Aufmerksamkeit jedem Befehl entgegenzusehen, nichts ohne Gebot der Vorgesetzten zu tun; wenn es Zeit sei, werde er ihnen seine Willensmeinung eröffnen.

5 Fast in derselben Stunde traf in Tarent das Gerücht ein, dass einige wenige numidische Reiter in den Dörfern plünderten und weit und breit die Landleute in Schrecken setzten. ***6*** Auf den römischen Befehlshaber machte die Nachricht keinen weiteren Eindruck, als dass er den Befehl gab, am nächsten Tag solle ein Teil der Reiterei in aller Frühe ausrücken, um den Plünderungen des Feindes entgegenzutreten. ***7*** Übrigens hielt man sich hierdurch so wenig zu größerer Achtsamkeit aufgefordert, dass man im Gegenteil diese Streifzüge der Numider als einen Beweis ansah, dass Hannibal mit seinem Heer noch nicht aufgebrochen sei. ***8*** Hannibal rückte um die Zeit der ersten Nachtruhe aus. Sein Führer war Philemenus, wie gewöhnlich mit Jagdbeute beladen. Die übrigen Verräter erwarteten, was verabredet war. ***9*** Man hatte nämlich ausgemacht, Philemenus sollte, wenn er seine Jagdbeute durch das gewöhnliche Pförtchen einbrächte, Bewaffnete mit hineinnehmen, von der andern Seite sollte Hannibal sich dem Tor Temenis nähern. ***10*** Dies lag landeinwärts gegen Morgen bei den Grabhügeln, welche ziemlich tief in die Ringmauer der Stadt eingeschlossen sind. Als sich Hannibal dem Tor näherte, ließ er das der Verabredung gemäß angezündete Feuer hinüberleuchten, und Nico erwiderte dies Zeichen; dann löschte man die Feuer auf beiden Seiten. Hannibal kam in aller Stille vor das Tor. ***11*** Nico, der die eingeschlafenen Wachen überfiel, mordete sie auf ihrem Lager und öffnete das Tor. ***12*** Hannibal rückte mit seinem Fußvolk ein, die Reiterei musste zurückbleiben, um erforderlichenfalls aus freiem Feld herbeieilen zu können. ***13*** Auf der andern Seite kam auch Philemenus an das Pförtchen, wo er aus- und einzugehen pflegte. Auf seinen bekannten Ton und das schon zur Gewohnheit gewordene Zeichen erhebt sich die Schildwache, und weil er ruft, er könne die Last des großen Stückes kaum noch tragen, wird ihm das Pförtchen geöffnet. ***14*** Zwei Jünglingen, die einen Eber tragen, folgt er selbst mit einem leicht bewaffneten Jäger und durchbohrt die Schildwache, die in sorglosem Anstaunen des großen Tieres nur auf die Träger achtet, mit seinem Jagdspieß. ***15*** Etwa 30 hereineilende Soldaten machen die übrigen Wachen nieder, und hinter ihnen her rückt der Zug unter den Fahnen ein. Von hier in aller Stille nach dem Marktplatz geführt, vereinigen sie sich mit Hannibal. ***16*** Hannibal schickt an der Spitze von 2000 Galliern, die er in drei Haufen teilt, Tarentiner mit dem Befehl in der Stadt umher, die gangbarsten Straßen zu besetzen, und wenn der Lärm ausbräche, ***17*** allenthalben die Römer niederzuhauen und die Bürger zu schonen. Um dies möglich zu machen, befahl er den jungen Tarentinern, wo sie einen ihrer Landsleute von Ferne sähen, sollten sie ihm zurufen, er möge sich ruhig verhalten, schweigen und guten Mutes sein.

(10) Schon waren der Lärm und das Geschrei so laut wie in einer eroberten Stadt, allein noch wusste niemand mit Gewissheit, was es bedeute. ***2*** Die Tarentiner glaubten, die Römer hätten sich zu einer Plünderung der Stadt zusammengeschart, die Römer hielten es für einen Aufstand der Bürger in irgendeiner bösen Absicht. ***3*** Der Befehlshaber der Besatzung, der durch den ersten Lärm aufgeschreckt wurde, entfloh nach dem Hafen und fuhr, in einen Kahn aufgenommen, von dort nach der Burg herum. ***4*** Auch eine Trompete, die vom öffentlichen Schauplatz her sich hören ließ, verbreitete Schrecken. Denn es war freilich eine römische, welche die Verräter zu dem Zweck in Bereitschaft gehalten hatten; allein da sie von einem Griechen ungeschickt geblasen wurde, wusste man ebenso wenig, von wem als wem dies Zeichen gelten sollte. ***5*** Als es zu tagen anfing, ließ freilich den Römern der Anblick der punischen und gallischen Waffen keinen Zweifel mehr; und die Griechen, die allenthalben erschlagene Römer liegen sahen, wussten nun, dass Hannibal die Stadt erobert habe. ***6*** Als es völlig Tag geworden war, die dem Gemetzel entronnenen Römer sich auf die Burg geflüchtet hatten und der Tumult allmählich schwieg, berief Hannibal eine unbewaffnete Versammlung der Tarentiner. ***7*** Sie fanden sich sämtlich ein, diejenigen ausgenommen, welche den auf die Burg weichenden Römern gefolgt waren, um jedes Schicksal mit ihnen zu teilen. ***8*** Nach einer freundlichen Anrede und Berufung auf alles, was er an ihren beim Trasimenus oder bei Cannae gefangenen Mitbürgern getan habe, wobei er die harte Tyrannei der Römer nicht ungerügt ließ, machte er es allen Tarentinern zur Pflicht, ***9*** sich zu Hause zu halten und an ihre Haustür ihre Namen zu schreiben, denn er werde sogleich auf ein gegebenes Zeichen die nicht bezeichneten Häuser plündern lassen. Wer vor das Quartier eines geborenen Römers – diese lagen nämlich in herrenlosen Häusern – einen Namen setzte, den werde er als Feind behandeln. ***10*** Als nach aufgelöster Versammlung die mit Inschriften gekennzeichneten Haustüren den Unterschied zwischen Freundes und Feindes Wohnung kenntlich machten, zerstreuten sich Hannibals Truppen auf ein Zeichen von ihm zur Plünderung der römischen Quartiere; ihre Beute war nicht unbeträchtlich.

(11) Am folgenden Tag zieht er zur Belagerung der Burg. Da er aber diese auf der Seite des Meeres, von dem sie größtenteils wie eine Halbinsel umflossen ist, durch sehr hohe Felsen und von der Stadtseite durch eine Mauer und einen großen Graben geschützt sah, ***2*** und dass sie ebendarum sowenig durch Sturm als durch Werke zu erobern sei, beschloss er, damit weder ihn selbst die Sorge, die Tarentiner zu schützen, von wichtigeren Dingen abhalte, noch auch die Römer von der Burg aus, sooft sie wollten, über die ohne große Besatzung zurückgelassenen Tarentiner herfallen könnten, ***3*** die Stadt von der Burg durch einen Wall abzuschneiden, nicht ohne die Hoffnung, den Römern, wenn sie die Arbeit verhindern wollten, beizukommen, und wenn sie sich zu keck herausmachten, durch eine tüchtige Schlappe die Stärke der Besatzung so zu

schwächen, dass die Tarentiner für sich selbst ihre Stadt leicht vor ihnen schützen könnten. ***4*** Als die Arbeit begann, stürzten die Römer aus dem sich plötzlich öffnenden Tor auf die Schanzenden hervor, und der Posten, der die Arbeiter deckte, ließ sich verdrängen, damit die Feinde durch den Erfolg kecker werden und in größerer Anzahl auf eine weitere Strecke die Geschlagenen verfolgen möchten. ***5*** Jetzt aber erhoben sich die von Hannibal dazu aufgestellten Punier auf ein gegebenes Zeichen von allen Seiten. Die Römer hielten den Angriff nicht aus, allein der enge Raum und die mancherlei Sperrungen, hier von dem schon angefangenen Befestigungswerk, dort von den Vorkehrungen dazu, erschwerten ihnen die ungehemmte Flucht. ***6*** Sehr viele stürzten in den Graben, und sie verloren mehr auf der Flucht als im Gefecht. Seitdem ging auch die Arbeit ohne alle Störung vor sich. ***7*** Ein großer Graben wurde gezogen und diesseits ein Wall aufgeführt, ja Hannibal ging daran, in einer mäßigen Entfernung noch auf ebendieser Seite hinter demselben eine Mauer beizufügen, damit sich die Bürger auch ohne ein Hilfskorps gegen die Römer behaupten könnten. ***8*** Doch ließ er ihnen eine mäßige Besatzung zurück, zugleich auch, damit ihnen diese bei der anzulegenden Mauer helfen sollte. Nach seinem Aufbruch mit den übrigen Truppen schlug er am Fluss Galaesus – er ist 5000 Schritte von der Stadt entfernt – sein Lager auf. ***9*** Als das Werk, zu dessen Besichtigung er aus diesem Standlager zurückkam, über seine Erwartung schnell vorgerückt war, glaubte er auch die Möglichkeit zu sehen, die Burg zu erobern. Und sie ist nicht durch eine hohe Lage wie sonst gesichert, sondern liegt hier auf einer Ebene und ist von der Stadt bloß durch Mauer und Graben getrennt. ***10*** Als sie schon mit Maschinen aller Art und aus Werken bestürmt wurde, machte eine aus Metapontum geschickte Verstärkung den Römern so viel Mut, dass sie bei Nacht die feindlichen Befestigungen überfielen. Einige zertrümmerten, andere verbrannten sie. Und nun hatten Hannibals offenbare Angriffe auf die Burg ein Ende. ***11*** Die einzige Hoffnung beruhte noch auf der Einschließung, aber auch sie versprach nur wenig Erfolg, weil die Besitzer der Burg, welche durch ihre Lage auf der Halbinsel den Eingang des Hafens beherrscht, das Meer frei hatten, während der Stadt die Zufuhr zur See abgeschnitten und die Belagerer dem Mangel eher ausgesetzt waren als die Belagerten. ***12*** Da setzte Hannibal den vornehmsten Tarentinern, die er zusammenkommen ließ, alle gegenwärtigen Schwierigkeiten auseinander. Er sehe weder ein Mittel, eine so feste Burg zu erobern, noch rechne er im Geringsten auf die Einschließung, solange der Feind das Meer beherrsche. ***13*** Wenn man Schiffe habe, ihm die Einfuhr der Lebensmittel zu wehren, so müsse er sogleich entweder abziehen oder sich ergeben. ***14*** Die Tarentiner stimmten ihm bei, meinten aber, wer zu einer Sache rate, müsse ihr auch durch sein Zutun zu Hilfe kommen. ***15*** Wenn er punische Schiffe aus Sizilien zusammenzöge, so würden diese das bewerkstelligen können; wie sollten es ihre eigenen Schiffe, die im Innern einer kleinen Bucht eingeschlossen wären, es möglich machen, da der Feind den Hafen geschlossen halte, auf das offene Meer hinauszukommen? – ***16*** *Sie werden herauskommen,* sprach Hannibal, *manche von Natur schwierige Aufgabe löst die Klugheit. Ihr habt eine Stadt, die in einer Ebene liegt. Ihre ebenen und hinlänglich breiten Straßen sind nach allen Seiten hin offen.* ***17*** *Auf dem Weg, der vom Hafen mitten durch die Stadt bis zum Meer führt, will ich die Schiffe ohne große Schwierigkeit hinüberschaffen. Dann wird einmal das Meer, das jetzt die Feinde beherrschen, unser sein, sodann werden wir die Burg von dort aus zur See, von hier aus zu Lande einschließen, Was gilt's? In Kürze werden wir sie, entweder von den Feinden geräumt, oder mitsamt den Feinden in unserer Gewalt haben.* ***18*** Diese Rede erweckte bei ihnen nicht bloß die Hoffnung auf das Gelingen, sondern erfüllte sie auch mit einer außerordentlichen Verwunderung des Feldherrn. Sogleich wurden von allen Seiten Wagen zusammengebracht und aneinandergebunden; man brachte Walzen an, die Schiffe auf das Ufer zu heben, und bahnte zur Erleichterung der Überfahrt für die Wagen und größere Vorkehrungen zu ersparen, den

Weg. *19* Man bot Zugvieh und Menschen auf, ging mit Eifer an das Werk, und nach wenigen Tagen segelte die Flotte bemannt und fertig um die Burg herum und legte sich gerade vor der Mündung des Hafens vor Anker.

20 In diesem Zustand hinterließ Hannibal Tarent, als er in die Winterquartiere ging. Ob übrigens der Abfall der Tarentiner im vorigen oder in diesem Jahr zustande gekommen sei, darüber sind die Geschichtsschreiber nicht einig. Die Mehrzahl und die der Zeit nach der Geschichte dieser Begebenheiten näher stehen, setzen ihn in dieses Jahr.

(12) Zu Rom wurden die Konsuln und Prätoren bis zum 27. April zurückgehalten. *2* Nachdem sie aber an diesem Tag die Feier auf dem Albanischen Berg begangen hatten, ging jeder nach dem Ort seiner Bestimmung ab. Jetzt fand man in den Weissagungen des Marcius neue Bedenklichkeiten. *3* Dieser Marcius war ein berühmter Weissager gewesen, und seine Schriften waren, als im vorigen Jahr nach einem Senatsbeschluss die Aufsuchung von Schriften dieser Art stattfand, dem Stadtprätor Marcus Atilius, der dies Geschäft besorgte, in die Hände gekommen. Er hatte sie dann weiter dem neuen Prätor Sulla abgeliefert. *4* Von zwei Sprüchen dieses Marcius, die bekannt geworden waren, hatte die Bestätigung des einen durch den Ausgang auch dem andern, dessen Zeit noch nicht gekommen war, Beglaubigung verschafft. *5* In dem ersten Lied war die Niederlage bei Cannae ungefähr mit folgenden Worten verkündigt:

„Trojageborener Römer, vermeide den Fluss Canna, damit dich nicht Fremdlinge zwingen, im Feld des Diomedes handgemein zu werden. *6* Aber du wirst mir nicht glauben, bis du mit deinem Blut die Felder dort getränkt hast und der Fluss viele tausend Getötete von der fruchtbringenden Erde dem großen Meer zuführt und den Fischen und Vögeln und landbewohnendem Wild dein Fleisch zur Speise wird, wie Jupiter mir gesagt." *7* Hier fanden diejenigen, welche in diesen Gegenden Kriegsdienste getan hatten, die Felder des Argivers Diomedes und den Fluss Canna ebenso richtig angegeben wie die Niederlage selbst. *8* Darauf wurde auch die zweite Prophezeiung vorgelesen. Sie war nicht allein dunkler als die erste, insofern die Zukunft ungewisser als die Vergangenheit ist, sondern auch viel verwickelter in der Abfassung: *9* „Wollt ihr, Römer, den Feind aus eurem Land vertreiben und das Geschwür, das weit aus fremden Völkern daherkam, so müsst ihr, das ist mein Rat, dem Apollo Spiele geloben, jegliches Jahr sie feiern und willig, Apollo zu Ehren. Hat das Volk vom gemeinen Schatz gegeben, lege jeder Einzelne dazu für sich und die Seinen. *10* Bei den zu haltenden Spielen gehört der Vorsitz dem Prätor, welcher dem Volk und den Bürgern das höchste Recht spricht. Zehnmänner bringen ihm Opfertiere nach griechischer Weise. Tut ihr das, wie sich's gebührt, so werdet ihr immer euch freuen, und euer Zustand wird besser. Denn er, der Göttliche, wird sie tilgen, die euch bekriegen und eure Felder jetzt abweiden." *11* Man nahm sich einen Tag dazu, diese Weissagung zu deuten. Am folgenden Tag wurde der Senatsbeschluss gefasst, dass die Zehnmänner über die Spiele für Apollo und die Opfer in den Heiligen Büchern nachschlagen sollten. *12* Als über diese Punkte nachgesehen und an den Senat berichtet war, erklärten die Väter, dem Apollo sollten Spiele gelobt und gefeiert werden, und wenn sie gefeiert wären, sollten dem Prätor zur Ausrichtung der heiligen Handlung 12 000 Kupfer-As und zwei große Opfertiere verabfolgt werden. *13* Ein anderer Senatsbeschluss lautete, die Zehnmänner sollten das Opfer nach griechischer Weise vollziehen und mit folgenden Opfertieren: dem Apollo mit einem Ochsen mit vergoldeten Hörnern, der Diana mit zwei weißen Ziegen ebenso vergoldet, der Latona mit einer ebenso vergoldeten Kuh. *14* Als der Prätor die Spiele auf der großen Rennbahn feiern wollte, machte er bekannt, dass jeder im Volk während dieser Spiele zu einer Steuer für Apollo nach Gutbefinden beitragen möchte. *15* Dies ist der Ursprung der Apollinarischen Spiele, welche in der Hoffnung auf den Sieg, nicht der Gesundheit, wie die meisten glauben, gelobt und gefeiert wurden. Das Volk sah ihnen in Kränzen zu; die Frauen gingen zum Gebet in die Tempel; allenthalben speiste man bei offenen Türen auf den Vorplätzen und beging den Tag mit heiligen Feierlichkeiten aller Art.

(13) Während Hannibal in der Gegend von Tarent, die beiden Konsuln in Samnium standen, aber schon an die Einschließung von Capua zu denken schienen, da litten die Campaner, was sonst nur die schlimme Folge einer anhaltenden Belagerung zu sein pflegt, schon jetzt eine Hungersnot, weil die römischen Heere sie verhindert hatten, die Saat zu bestellen. *2* Darum schickten sie an Hannibal Gesandte mit der Bitte, ehe die Konsuln mit den Legionen ihnen ins Land rückten und alle Wege von feindlichen Truppen besetzt würden, aus den benachbarten Orten Getreide nach Capua zusammenfahren zu lassen. *3* Hannibal hieß den Hanno mit seinem Heer aus Bruttien nach Kampanien übergehen und dafür sorgen, dass die Campaner mit Getreide versehen würden. Als Hanno, der auf dem Zug aus Bruttien mit seinem Heer jedem feindlichen Lager und den in Samnium stehenden Konsuln auswich, *4* in die Nähe von Beneventum kam, bezog er 3000 Schritte von der Stadt selbst sein Lager auf einer Anhöhe. *5* Von hier ließ er, unter mitgegebener Bedeckung für die Fuhren, aus den verbündeten Völkern der Nachbarschaft das während des Sommers hier zusammengebrachte Getreide in sein Lager fahren *6* und meldete von da aus nach Capua den Tag, an welchem sie zur Übernahme des Getreides mit Fuhrwerken und Lasttieren aller Art, so viel sie in den Dörfern zusammenbringen könnten, in seinem Lager sich einzufinden hätten. *7* Die Campaner betrieben die Sache mit ihrer gewöhnlichen Sorglosigkeit und Nachlässigkeit. Sie schickten kaum etwas über 400 Wagen und außerdem wenige Lasttiere. Hanno, der dies mit dem Verweis rügte, dass bei ihnen auch nicht einmal der Hunger die Achtsamkeit spornen könne, der doch die unvernünftigen Tiere ansporne, bestimmte ihnen einen andern Tag, an dem sie das Getreide nach ernstlicheren Vorkehrungen abholen sollten.

8 Als die Beneventaner von dem ganzen Vorgang Nachricht bekamen, schickten sie sogleich – das römische Lager stand in der Gegend von Bovianum – dorthin zehn Gesandte an die Konsuln. *9* Als diese auf die Anzeige von den Vorgängen in Capua übereingekommen waren, dass der eine von ihnen mit dem Heer nach Kampanien ziehen sollte, brach Fulvius, dem dieses Geschäft zugefallen war, sogleich auf und rückte bei Nacht in Beneventum ein. *10* Hier erfuhr er, dass Hanno mit einem Teil des Heeres auf Getreideholung ausgegangen sei, dass er durch den Quästor den Campanern Getreide geliefert habe, dass bei ihm 2000 Wagen nebst einem Haufen ungeordneter Mannschaft und anderen Unbewaffneten eingetroffen seien, dass alles in Angst und Verwirrung und die ganze Gestalt des Lagers und alle soldatische Ordnung durch die aus jenen Gegenden hereingeströmten Landleute aufgehoben sei. *11* Als sich der Konsul hierüber genügend unterrichtet hatte, befahl er seinen Soldaten, für die nächste Nacht bloß Fahnen und Waffen bereit zu halten, es gelte einem Sturm aufs punische Lager. *12* Als sie mit Hinterlassung ihrer Bündel und alles Gepäcks zu Beneventum, wo sie um die vierte Nachtwache aufbrachen, kurz vor Tagesanbruch bei dem Lager ankamen, jagten sie hier alles so in Schrecken, dass sie es gewiss im ersten Angriff hätten erobern können, wenn es in der Ebene gelegen wäre. So aber war es durch seine Höhe und Bollwerke geschützt, *13* welche auf allen Seiten nur einen steilen und schwierigen Zugang gestatteten. *14* Mit Tagesanbruch begann ein heftiges Gefecht, und die Punier behaupteten nicht nur ihr Lager, sondern warfen auch, weil ihnen ihr Standort den Vorteil gab, die steil heranklimmenden Feinde hinab.

(14) Allein ausdauernde Tapferkeit besiegte jedes Hindernis, und man drang an mehreren Stellen zugleich bis an den Wall und die Gräben, wiewohl nicht ohne viele Wunden und Verlust an Leuten. *2* Deswegen erklärte auch der Konsul den zusammenberufenen Obersten, man müsse von dem zu gewagten Unternehmen abstehen. Er halte es für das Sicherste, für heute das Heer nach Beneventum zurückzuführen und sich dann morgen dicht an das Lager der Feinde zu legen,

damit die Campaner ebenso wenig dort weggehen, als Hanno sich zurückziehen könne. *3* Um dies desto leichter zustande zu bringen, wolle er auch seinen Amtsgenossen und dessen Heer an sich ziehen und dem vereinten Angriff diese Richtung geben. Allein als er schon zum Abzug blasen ließ, warf das Geschrei, mit dem die Soldaten einen so mutlosen Befehl zurückwiesen, diese Maßregel des Feldherrn über den Haufen. *4* Einem der feindlichen Tore zunächst stand eine Kohorte Paeligner. Vibius Accaus, der Anführer derselben, ergriff eine Fahne und warf sie in die Verschanzung der Feinde. *5* Und unter Flüchen, die er auf sich und seine Kohorte herabrief, wenn diese Fahne in feindlichen Händen bliebe, brach er selbst voran über Graben und Wall in das Lager. *6* Schon kämpften die Paeligner innerhalb des Walles, schon machte auf der Seite gegenüber der Oberste der dritten Legion, Valerius Flaccus, seinen Römern einen Vorwurf über die Feigheit, mit der sie die Ehre von der Eroberung des Lagers ihren Verbündeten überließen, *7* da nahm Titus Pedanius, erster Hauptmann der zweiten Linie, einem Fahnenträger das Feldzeichen und rief: *Gleich sollen diese Fahne und dieser Hauptmann im feindlichen Lager sein; wer dem Feind die Eroberung der Fahne nicht gönnt, der folge mir.* Die Soldaten seiner Rotte waren die Ersten, die ihm über den Graben nachstiegen, dann folgte die ganze Legion. *8* Ja der Konsul selbst, der, sobald er sie den Wall ersteigen sah, mit Abänderung seines Planes vom Abrufen zum Auffordern und Ermuntern überging, zeigte den Soldaten jetzt die dringende Gefahr, in der sich Kohorte und Legion der tapfersten Bundesgenossen und Bürger befänden. *9* Da stiegen sie über ebene und unebene Stellen, mochten ihnen die Feinde unter einem Pfeilregen von allen Seiten Waffen und Menschen entgegenstellen, alle ohne Ausnahme vorwärts und brachen ein. Viele Verwundete, auch solche, denen Blut und Kräfte schwanden, boten noch alles auf, um in den feindlichen Verschanzungen zu fallen. *10* So war das Lager in einem Augenblick erobert, als hätte es ohne die starken Werke in einer Ebene gestanden. Im Innern desselben trat nun, bei dem so vielfachen Gemisch von Leuten, an die Stelle des Kampfes das Gemetzel. *11* Über 6000 Feinde wurden getötet, über 7000 Menschen nebst den kampanischen Getreidefahrern und das ganze Aufgebot von Wagen und Lastvieh gerieten in Gefangenschaft. Auch die übrige Beute war bedeutend, welche Hanno, der allenthalben auf seinem Zug plünderte, aus den Dörfern römischer Bundesgenossen hier zusammengeschleppt hatte. *12* Von dem niedergerissenen feindlichen Lager kehrte man nach Beneventum zurück, wo beide Konsuln – denn wenige Tage nachher traf hier auch Appius Claudius ein – die Beute verkauften und verteilten. *13* Auch wurden die beschenkt, durch deren Verdienst das feindliche Lager erobert war, vor anderen der Paeligner Accaus und Titus Pedanius aus der zweiten Linie der dritten Legion. *14* Hanno nahm von Cominium Ocritum, wohin ihm der Verlust seines Lagers gemeldet wurde, mit den wenigen Feldplünderern, die er gerade bei sich hatte, seinen Rückweg mehr nach Art einer Flucht als eines Marsches ins bruttische Gebiet.

(15) Auch die Campaner schickten auf die Nachricht von ihrem und ihrer Bundesgenossen Verlust zu Hannibal wieder Gesandte, welche ihm sagen sollten, zwei Konsuln stünden bei Beneventum, eine Tagereise von Capua; sie hätten den Krieg fast dicht an ihren Toren; komme er nicht schleunigst zu Hilfe, so werde Capua noch schneller als Arpi in den Händen der Römer sein. *2* Tarent selbst nicht, geschweige denn das bloße Schloss, dürfe ihm so viel wert sein, dass er Capua, das er sonst immer der Stadt Karthago an die Seite gesetzt habe, darüber verabsäume und es unverteidigt dem römischen Volk überliefere. *3* Hannibal ließ mit dem Versprechen, für Capua zu sorgen, vor der Hand 2000 Mann Reiterei mit den Gesandten zurückgehen, damit sie ihr Gebiet vor Plünderungen schützen könnten.

4 Unterdessen sorgten die Römer, wie für so manches andere, auch für die Burg von Tarent und die dort eingeschlossene Besatzung. Der Legat Gaius Servilius, den der Prätor Publius Cornelius nach einem Beschluss der Väter zum Ankauf von Getreide nach Etrurien schickte, lief mit mehreren beladenen Schiffen zwischen den feindlichen Posten durch im Hafen von Tarent ein. *5* Waren die Römer vor seiner Ankunft bei ihrer geringen Hoffnung auf Hilfe von den Feinden oft in Gesprächen zum Übergehen aufgefordert, so war jetzt die Reihe, die Feinde aufzufordern und zu sich herüberzurufen, an ihnen. Da auch zum Schutz der Burg von Tarent die Truppen aus Metapontum hierher verlegt waren, war die Besatzung jetzt stark genug. *6* Kaum aber sahen sich die Metapontiner von der Furcht, die sie zurückhielt, befreit, so fielen sie zu Hannibal ab. *7* Dasselbe taten an derselben Küste auch die Thuriner. Es war nicht so sehr der Abfall der Tarentiner, der auf sie wirkte, oder derjenige der Metapontiner, obgleich sie mit Letzteren außer der gemeinschaftlichen Abstammung aus Achaja auch verwandt waren, als vielmehr die Erbitterung gegen die Römer wegen der neulich hingerichteten Geiseln. *8* Die Freunde und Verwandten von diesen ließen dem Hanno und Mago, welche in der Nähe im Land der Bruttier standen, durch Briefe und Abgeordnete sagen, wenn sie mit einem Heer vor ihre Mauern kämen, wollten sie ihnen die Stadt in die Hände spielen. *9* Marcus Atinius war zu Thurii Befehlshaber mit einer mäßigen Besatzung. Sie glaubten, er werde sich sehr leicht zum Kampf aus der Stadt locken lassen, nicht so sehr im Vertrauen auf seine Soldaten – deren hatte er sehr wenige –, als vielmehr auf die thurinische Mannschaft, die er nicht ohne Absicht in Zenturien gereiht und bewaffnet hatte. *10* Als die punischen Feldherren ihre Truppen unter sich geteilt hatten, ging Hanno bei ihrem Eintritt in das thurinische Gebiet mit dem Fußvolk als der Angreifende gegen die Stadt selbst. Mago blieb mit der Reiterei, um seinen Hinterhalt zu verstecken, hinter vorspringenden Hügeln stehen. *11* Atinius, der durch seine Kundschafter nur von heranziehendem Fußvolk gehört hatte, rückte zur Schlacht aus, mit der Falle, die ihm in der Stadt bereitet wurde, ebenso unbekannt wie mit dem feindlichen Hinterhalt. *12* Der Kampf der Fußtruppen nahm einen zögernden Verlauf, weil im Vordertreffen nur die wenigen Römer fochten, die Thuriner hingegen den Erfolg mehr abwarteten als unterstützten, und die karthagische Linie zog sich geflissentlich zurück, um den nichts ahnenden Feind an den Rücken des von ihrer Reiterei besetzten Hügels zu ziehen. *13* Als sie hier ankamen, jagte sogleich die mit Geschrei hervorbrechende Reiterei den regellosen Schwarm der Thuriner, der ohnehin auf der Partei, auf deren Seite er focht, mit wankender Treue stand, in die Flucht. *14* Die umzingelten Römer, obgleich sie auf der einen Seite Fußvolk, auf der andern Reiterei bedrängte, hielten dennoch das Gefecht eine Zeitlang hin. Endlich kehrten auch sie den Rücken und flohen der Stadt zu. *15* Kaum hatte die sich hier zusammendrängende Truppe von Verrätern ihre Mitbürger in die offenen Tore aufgenommen, so schrie sie, als sie die geschlagenen Römer der Stadt zueilen sah, die Punier wären hinter ihnen, und wenn man nicht eilig die Tore schlösse, würden auch die Feinde mit ihnen in einem Haufen in die Stadt dringen. *16* Und so gaben sie die ausgeschlossenen Römer dem Feind zum Niederhauen preis; doch ließen sie den Atinius mit einigen wenigen ein. Nun begann ein bald vorübergehendes Gezänk, da die einen erklärten, man müsse die Stadt behaupten, jene aber von der andern Seite, man müsse den Umständen nachgeben und die Stadt den Siegern überlassen. *17* Das Schlimmere, im Erfolg wie der Absicht nach, behielt, wie gewöhnlich, die Oberhand. Sie führten den Atinius mit den Seinigen, mehr aus Wohlwollen gegen ihn, weil er sie mit Güte und Gerechtigkeit behandelt hatte, als aus Rücksicht auf die Römer, an den Strand hinab zu den Schiffen und nahmen die Karthager in die Stadt auf.

18 Die Konsuln führten von Beneventum ihre Legionen in das Gebiet von Capua, nicht nur um die Saat zu verderben, die schon im Halme stand, sondern um Capua selbst anzugreifen; ihrem Konsulat, glaubten sie, *19* würde die Eroberung einer so mächtigen Stadt einen Namen machen, und zugleich würden sie ihren Staat von dem schimpflichen Vorwurf befreien, dass er den Abfall einer so nahen Stadt schon drei Jahre lang ungestraft gelassen habe. *20* Um indes

Beneventum nicht ohne Besatzung zu lassen, zugleich auch um auf unvorhergesehene Fälle, wenn etwa Hannibal, was man sicher von ihm erwartete, zur Rettung seiner Verbündeten gegen Capua heranziehe, ihrer Reiterei gegen seine Überlegenheit ein Gleichgewicht zu geben, befahlen sie dem Tiberius Gracchus, mit seiner Reiterei und den leichten Truppen aus Lucanien nach Beneventum zu kommen, und um die Behauptung Lucaniens nicht aufzugeben, solle er den Oberbefehl über die Legionen und sein dortiges Standlager einem anderen übertragen.

(16) Gracchus hatte, als er vor seinem Aufbruch aus Lucanien opferte, eine Unglück verkündende Erscheinung. ***2*** Zwei Schlangen, welche nach Vollendung des Opfers, man sah nicht, woher, zu den Eingeweiden hinschlüpften, fraßen die Leber, und als man sie bemerkte, waren sie plötzlich verschwunden. ***3*** Als man auf die Mahnung der Opferschauer das Opfer wiederholte und die ausgenommenen Eingeweide sorgfältiger aufhob, sollen sich die Schlangen zum zweiten und dritten Mal gezeigt, die Leber benagt und ohne dass man ihnen beikommen konnte, sich davongemacht haben. ***4*** Obgleich ihm nun die warnenden Opferschauer andeuteten, dass dies Vorzeichen dem Feldherrn gelte, und sich Gracchus vor falschen Menschen und deren Ratschlägen zu hüten habe, ließ sich doch das hereinbrechende Schicksal durch alles Vorherwissen nicht abändern. ***5*** Flavius, ein Lucaner, war das Haupt der lucanischen Partei, welche es, da die andere zu Hannibal übergetreten war, mit den Römern hielt; er war schon ein Jahr im Amt, von derselben Partei zum Vorsteher gewählt, plötzlich änderte der Mann seine Gesinnung, und da er sich bei Hannibal beliebt machen wollte, ***6*** glaubte er noch nicht genug zu tun, wenn er selbst überginge und die Lucaner zum Abfall verleitete, wenn er nicht auch seiner Verbindung mit den Feinden mit dem Leben und Blut eines verratenen Feldherrn, der zugleich sein Gastfreund war, die Unverbrüchlichkeit gäbe. ***7*** Heimlich ging er zu einer Unterredung mit Mago ab, der in Bruttium den Oberbefehl hatte; und auf die von ihm erhaltene Zusage, wenn er ihnen den römischen Feldherrn auslieferte, sollten die Lucaner bei ihren Gesetzen als freie Leute zu Verbündeten aufgenommen werden, führte er den punischen Feldherrn an eine Stelle, wohin er den Gracchus mit einem schwachen Gefolge bringen wollte. ***8*** Mago sollte mit Fußvolk und Reiterei zum Kampf fertig diejenigen Schlupfwinkel besetzen, in denen sich eine große Anzahl verstecken ließe. ***9*** Als sie den Platz zur Genüge in Augenschein genommen und von allen Seiten untersucht hatten, bestimmten sie den Tag der Ausführung. ***10*** Flavius kam zum römischen Feldherrn und sagte, er habe eine wichtige Sache eingeleitet, zu deren Vollendung der Beitritt des Gracchus selbst erforderlich sei. Er habe die Vorsteher aller Völker, welche in jenem allgemeinen Aufstand Italiens zu den Puniern übergegangen wären, überredet, ***11*** zur Verbindung mit Rom zurückzukehren, weil doch auch der römische Staat, der durch das Unglück von Canna dem Untergang so nahegebracht sei, von Tag zu Tag glücklicher und stärker werde, Hannibals Kraft hingegen im Abnehmen sei und fast auf nichts heruntergekommen wäre. ***12*** Das römische Volk werde gegen ein ehemaliges Vergehen nicht unversöhnlich sein. Nie habe sich ein Volk leichter erbitten und zum Verzeihen bereitwilliger finden lassen. Wie oft hätten sie selbst ihren Vorfahren die erneuerten Kriege verziehen? ***13*** Dies, sagte er, habe er ihnen vorgestellt; indessen wünschten sie, wenn auch nur dasselbe, doch lieber vom Gracchus selbst zu hören, den Handschlag von ihm in Person zu bekommen und als Unterpfand der Treue mitzunehmen. ***14*** Zur Verabredung habe er ihnen einen Ort bestimmt, wo man ungesehen sei, nicht weit vom römischen Lager. Hier könne die Sache mit wenigen Worten abgetan werden, deren Erfolg der Beitritt aller Lucaner zur Freundschaft und zum Bündnis mit Rom sein werde.

15 Gracchus, der sowenig in dieser Rede als in der Sache selbst eine List entdeckte, rückte mit seinen Liktoren und einem Geschwader Reiter aus dem Lager und fiel, von seinem Gastfreund geleitet, in den Hinterhalt. ***16*** Plötzlich brachen die Feinde hervor, und um den Verrat unbezweifelt zu machen, schloss Flavius an diese sich an. ***17*** Von allen Seiten fliegen Pfeile auf Gracchus und seine Reiter. Gracchus springt vom Pferd, heißt die anderen dasselbe tun und ermahnt sie, das Einzige, was ihnen das Schicksal übriggelassen habe, durch Tapferkeit ehrenvoll zu machen. ***18*** Was bleibe aber einer kleinen, von einer Menge in einem durch Wälder und Berge eingeschlossenen Tal umringten Schar weiter als der Tod? ***19*** Nur das mache einen Unterschied, ob sie, sich selbst hingebend und wie das Vieh ungerächt, sich abschlachten lassen oder ob sie, ohne einem Gedanken an Stillhalten und an Abwartung des Ausganges Raum zu geben, nur Angriff und Rache schnaubend, voll reger Kraft und Mut, in feindlichem Blut gebadet, zwischen hoch aufgehäuften Waffen und Körpern ihrer sterbenden Todfeinde fallen wollten. ***20*** Sie sollten alle den lucanischen Verräter und Überläufer sich zum Ziel nehmen. Wer den als Opfertier vor sich her zur Unterwelt schicke, werde sich ausgezeichneten Ruhm und einen herrlichen Ersatz für seinen eigenen Tod erkaufen. ***21*** Nachdem er sich bei diesen Worten den Mantel um den linken Arm gewickelt hatte – denn auch nicht einmal Schilde hatten sie mitgenommen –, stürzte er auf die Feinde ein. ***22*** Das Gefecht gewann weiter an Ausdehnung, als es sich von einer so kleinen Anzahl erwarten ließ. Namentlich waren es die Wurfspieße, welche den Römern die unbedeckten Körper durchbohrten; und der Feind hatte allenthalben von den Höhen den Wurf in das hohle Tal. ***23*** Die Punier boten alles auf, den von Verteidigern schon entblößten Gracchus lebend in ihre Gewalt zu bekommen; aber da er seinen lucanischen Gastfreund unter den Feinden erblickte, griff er mit solcher Erbitterung die dicht geschlossenen Glieder an, dass man ihn, ohne viele Leute aufzuopfern, nicht schonen konnte. ***24*** Seine Leiche schickte Mago sogleich an Hannibal ab und ließ sie mit den zugleich erbeuteten Rutenbündeln vor der Thronbühne des Feldherrn niederlegen, so lautet der wahre Bericht. Gracchus fiel in Lucanien bei dem sogenannten Alten Feld.

(17) Dagegen geben andere in der Gegend von Beneventum, nahe am Fluss Calor, die Stelle an, wo ihn, als er mit den Liktoren und drei Sklaven zum Baden aus dem Lager gegangen sei, ***2*** die unter dem am Ufer gewachsenen Weidengebüsch zufällig versteckten Feinde nackt und wehrlos, und da er sich nur mit den vom Fluss fortgespülten Steinen verteidigt hätte, getötet haben sollen. ***3*** Noch andere berichten, als er sich auf Erinnerung der Opferschauer 500 Schritte vom Lager entfernt habe, um die oben angeführten Schreckzeichen durch Sühnopfer auf einem unbetretenen Rasenplatz abzuwenden, hätten ihn zwei in dieser Gegend gerade auflauernde numidische Geschwader überfallen. So wenig ist man bei einem so berühmten und ausgezeichneten Mann weder über den Ort noch über die Art seines Todes einig. ***4*** Auch über die Beerdigung des Gracchus lauten die Berichte verschieden. Einige lassen ihn im römischen Lager von den Seinigen bestatten, andere – und diese Erzählung ist die gewöhnlichere – lassen den Hannibal auf dem Vorplatz des punischen Lagers einen Scheiterhaufen errichten, ***5*** sein ganzes Heer unter den Fahnen ausrücken, die Spanier in ihrem Kriegstanz, die Übrigen in den bei jedem Volk üblichen Waffen- und Körperbewegungen und den Hannibal selbst durch Anordnungen und Reden dem Leichenbegängnis die ehrenvollste Feierlichkeit geben. ***6*** So erzählen die, welche den ganzen Vorfall nach Lucanien setzen. Will man denen glauben, welche berichten, Gracchus sei am Fluss Calor gefallen, so bekamen die Feinde bloß seinen Kopf in ihre Gewalt. ***7*** Als dieser Hannibal gebracht wurde, schickte er sogleich den Carthalo ab, um ihn ins römische Lager an den Quästor Gnaeus Cornelius abzuliefern. Dann veranstaltete dieser die Leichenfeier des Feldherrn im Lager, wobei sich die Beneventaner mit dem Heer beteiligten.

(18) Als die Konsuln nach ihrem Eintritt in das Gebiet von Capua hin und wieder plünderten, riefen sie zwar, durch einen Ausfall der Capuaner und des Mago an der Spitze seiner Reiterei in Schrecken und Bestürzung gesetzt, die hier und dort zerstreuten Soldaten zu den Fahnen zurück, allein da sie kaum Zeit hatten, sich in Linie aufzustellen, wurden sie geschlagen und verloren über 1500 Mann. ***2*** Da wuchs bei diesem ohnehin schon übermütigen Volk die Keckheit noch mehr,

und sie reizten die Römer durch beständige Gefechte; die Konsuln hingegen hatte dies eine, ohne Vorsicht und Plan gelieferte Treffen gelehrt, besser auf ihrer Hut zu sein. **3** Doch ein einziger kleiner Vorfall stellte auf der einen Seite den Mut wieder her und verminderte die Kühnheit auf der andern, wiewohl im Krieg nichts so geringfügig ist, dass es nicht in wichtigen Dingen einen Ausschlag geben sollte. **4** Des Titus Quinctius Crispinus Gastfreund war der Campaner Badius, der mit ihm durch innige Freundschaft verbunden war. Ihre Freundschaft war dadurch noch enger geworden, dass Badius vor dem Abfall der Campaner zu Rom in einer Krankheit im Haus des Crispinus sehr anständig und gütig behandelt worden war. **5** Und jetzt ging ebendieser Badius über die Posten hinaus, die das Stadttor außerhalb deckten, und verlangte, man solle den Crispinus rufen. Als man es dem Crispinus meldete, trat er in der Meinung, dass jener eine freundschaftliche und vertraute Unterredung wünsche, da er selbst bei der Auflösung der öffentlichen Verträge die Erinnerung an das Gastrecht festhielt, einige Schritte vor den Übrigen hervor. **6** Als sie einander zu Gesicht bekamen, rief Badius: *Crispinus, ich fordere dich zum Kampf heraus, wir steigen zu Pferde, lassen die anderen zurücktreten und machen für uns aus, wer von beiden der Tapfere sei.* **7** Crispinus antwortete, ihm sowenig als ihm fehle es an Feinden, an denen sie ihre Tapferkeit zeigen könnten. Selbst wenn er ihm in der Schlacht begegnete, würde er ausweichen, um seine Hand nicht durch das Blut seines Gastfreundes zu entweihen. Hier drehte er sich um und ging. **8** Nun aber fing der Campaner an, noch viel trotziger ihm Weichlichkeit und Feigheit vorzuwerfen und gegen den Schuldlosen Schmähungen auszustoßen, die er selbst verdiente, nannte ihn einen gastlichen Feind, der sich die Miene gebe, den zu schonen, dem er sich nicht gewachsen fühle. **9** Wenn er etwa glaube, dass durch Auflösung der Staatsverbindungen ihre Privatverhältnisse noch nicht hinlänglich abgebrochen wären, so kündige er, Badius aus Capua, dem Titus Quinctius Crispinus aus Rom, hiermit öffentlich vor den Ohren zweier Heere die Gastfreundschaft auf. **10** Er habe mit ihm nicht die geringste Gemeinschaft, und auch er könne als Feind nicht mit einem Feind im Bund stehen, gegen dessen Vaterstadt, gegen dessen Volks- und Hausgötter er als Belagerer aufgetreten sei. Wenn er ein Mann sei, so möge er sich stellen. **11** Den Crispinus, welcher lange Anstand nahm, beredeten endlich die Übrigen von seinem Geschwader, den Hohn des Campaners nicht ungestraft zu lassen. **12** Nachdem er sich nur die Zeit genommen hatte, bei seinen Feldherren anzufragen, ob sie ihm erlauben wollten, außer Reih und Glied gegen einen herausfordernden Feind zu kämpfen, warf er sich nach erhaltener Erlaubnis in die Waffen, bestieg sein Pferd und rief den Badius namentlich zum Kampf heraus. **13** Der Campaner stellte sich unverzüglich. Sie sprengten, Ross gegen Ross gespornt, zusammen. Crispinus durchbohrte mit seinem Speer dem Badius die linke Schulter über dem Schild und sprang zu dem mit seiner Wunde Niedergesunkenen vom Pferd, um zu Fuß den Daliegenden vollends zu töten. **14** Allein Badius ließ, ehe jener über ihn kam, Schild und Pferd im Stich und entfloh zu den Seinigen. **15** Crispinus wurde mit erbeutetem Ross und Waffen und seinem blutigen Speer, im Schmuck seiner Siegerbeute prangend, von den Soldaten unter lauten Lobsprüchen und Glückwünschen vor die Konsuln geführt und wurde auch von ihnen mit Lobsprüchen und mehreren Geschenken geehrt.

(19) Als Hannibal aus dem Gebiet von Beneventum nach Capua aufgebrochen war, führte er am dritten Tag nach seiner Ankunft seine Truppen zur Schlacht vor, in der sicheren Erwartung, **2** da die Campaner in seiner Abwesenheit vor wenig Tagen mit Glück gekämpft hätten, dass die Römer viel weniger ihm und seinem so oft siegreichen Heer standhalten würden. **3** Doch litt die römische Linie, nachdem die Schlacht begonnen hatte, hauptsächlich nur durch den Angriff der Reiterei, von der sie mit Wurfspießen überschüttet wurde, bis endlich auch ihrer Reiterei das Zeichen gegeben wurde, auf den Feind einzusprengen. **4** So kämpfte auf beiden Seiten nur Reiterei, als das in der Ferne entdeckte Heer des Sempronius, mit dem Quästor Gnaeus Cornelius

an der Spitze, auf beiden Teilen die gleiche Besorgnis veranlasste, es möchte ein neuer Feind im Anzug sein. **5** Auf beiden Seiten wurde, als hätten sie es verabredet, zum Rückzug geblasen, und sie schieden bei ihrem Abzug ins Lager fast mit gleichem Verlust. Doch hatten die Römer durch jenen ersten Angriff mehr gefallene Reiter. **6** In der folgenden Nacht gingen die Konsuln, um Hannibal von Capua abzuziehen, in entgegengesetzten Richtungen, Fulvius in die Gegend von Cumae, Claudius nach Lucanien. **7** Als Hannibal am folgenden Tag gemeldet wurde, das römische Lager sei leer, und sie wären in zwei Zügen nach entgegengesetzten Seiten abgezogen, beeilte er sich nach einiger Unschlüssigkeit, wem er folgen sollte, den Appius zu verfolgen. **8** Der aber traf, nachdem er seiner Absicht gemäß den Feind herumgezogen hatte, auf einem andern Weg wieder vor Capua ein. Dem Hannibal aber führte das Glück in diesen Gegenden einen andern Vorteil zu: **9** Unter denen, welche die erste Hauptmannsstelle bekleideten, war Marcus Tentenius mit dem Beinamen Paenula ausgezeichnet durch Körpergröße und Mut. ***10*** Dieser alte Krieger, dem der Prätor Publius Cornelius Sulla im Senat Zutritt verschaffte, bat die Väter, ***11*** sie möchten ihm 5000 Mann geben. Mit dem Feind und mit den Gegenden bekannt, wolle er binnen Kurzem etwas leisten, was sie ihm Dank wissen würden. Er werde sich der Kunstgriffe, wodurch bis dahin unsere Feldherren und Heere überlistet wären, gegen den Erfinder selbst bedienen. ***12*** Die Torheit, so etwas zu versprechen, war nicht größer, als die, so etwas zu glauben, gerade als wäre die Tüchtigkeit zum Soldaten der zum Feldherrn gleich. ***13*** Statt der 5000 gab man ihm 8000 Mann, die Hälfte Bürger, die Hälfte Bundesgenossen; er selbst zog noch eine bedeutende Menge Freiwilliger unterwegs in den Dörfern an sich und kam mit einem beinahe verdoppelten Heer nach Lucanien, wo Hannibal nach seiner vergeblichen Verfolgung des Claudius Halt gemacht hatte. ***14*** Zwischen einem Feldherrn Hannibal und einem Hauptmann, zwischen zwei Heeren, von denen das eine unter Siegen alt geworden, das andere ganz neu, ja größtenteils zusammengerafft und halb bewaffnet war, war die Sache so gut wie entschieden. ***15*** Als sich die Scharen zu Gesicht bekamen und keiner von beiden Teilen den Kampf verweigerte, stellte man sich sogleich in Schlachtordnung auf. Der Kampf dauerte bei durchaus ungleichen Verhältnissen dennoch länger als zwei Stunden, weil auch die römische Linie, solange ihr Führer stand, mit Lebhaftigkeit einbrach. ***16*** Als aber dieser, nicht bloß seinem alten Ruhm getreu, sondern auch aus Furcht vor künftiger Schande, wenn er das durch seine Unbesonnenheit herbeigeführte Unglück überlebte, den feindlichen Waffen beständig sich entgegenwerfend fiel, war die römische Linie sofort geschlagen. ***17*** Allein auch der Weg zur Flucht war ihnen, da die Reiterei alle Ausgänge besetzt hatte, so wenig offen gelassen, dass von einer so großen Menge kaum 1000 entkamen. Die Übrigen wurden in der Zerstreuung, der auf diese, der andere auf jene Art auf, gerieben.

(20) Nun gingen die Konsuln wieder mit dem größten Nachdruck an die Einschließung von Capua, und alles dazu Nötige wurde herbeigeschafft und instand gesetzt. Man fuhr Getreide nach Casilinum; **2** man legte an der Mündung des Volturnus, wo jetzt die Stadt ist, eine Schanze an; die kürzlich von Fabius Maximus angelegte versah man mit einer Besatzung, um das nahe Meer und den Strom im Besitz zu haben. **3** In diese beiden Küstenschanzen ließ man sowohl das neulich aus Sardinien geschickte als auch das vom Prätor Marcus Junius in Etrurien aufgekaufte Getreide bringen, damit es dem Heer den Winter über nicht fehlen sollte. **4** Außer dem Verlust, den man in Lucanien erlitten hatte, verlief sich auch das Heer angekaufter Freiwilliger, das, solange Gracchus lebte, mit größter Treue gedient hatte, von den Fahnen, als ob es mit dem Tod des Feldherrn verabschiedet wäre.

5 Hannibal war gar nicht willens, Capua zu vernachlässigen und ebenso wenig gerade jetzt in ihrer so großen Gefahr seine Bundesgenossen preiszugeben – allein der glückliche Erfolg, den er durch die Unbesonnenheit eines römischen Anführers gehabt hatte, ließ ihn auf eine passende

Gelegenheit denken, auch einen zweiten samt seinem Heer zugrunde zu richten. *6* Apulische Gesandte meldeten ihm nämlich, der Prätor Gnaeus Fulvius sei anfangs bei seinen Angriffen auf einige apulische an Hannibal abgefallene Städte ziemlich vorsichtig zu Werk gegangen, nachher aber habe er samt den Soldaten bei ihrem zu großen Glück, bei dem Überfluss an Beute sich so ganz der Zügellosigkeit und Nachlässigkeit hingegeben, dass alle Kriegszucht aufgehört habe. *7* Hannibal, der außer seinen sonstigen früheren Erfahrungen, selbst aus den letzten Tagen mit dem Zustand eines Heeres unter einem unwissenden Feldherrn bekannt war, brach sogleich nach Apulien auf.

(21) Die römischen Legionen unter dem Prätor Fulvius standen bei Herdonea. Auf die Nachricht vom Anzug des Feindes hätten sie beinahe ohne Geheiß des Prätors die Fahnen erhoben, um zur Schlacht auszurücken. Was sie noch am meisten zurückhielt, war die sichere Hoffnung, dasselbe nach eigener Willkür zu jeder anderen Zeit tun zu können. *2* Als Hannibal erfuhr, wie unruhig es in ihrem Lager zugegangen sei, und dass die meisten unter einem lauten Aufruf zu den Waffen dem Feldherrn trotzig zugesetzt hätten, ihnen das Zeichen zu geben, *3* verteilte er, der die Gelegenheit zum Sieg schon vor Augen sah, in der folgenden Nacht 3000 Mann bloß mit Waffen in die umherliegenden Landhäuser, Gebüsche und Waldungen. Sie sollten auf ein Zeichen alle zugleich aus ihren Winkeln hervorbrechen. *4* Den Mago hieß er mit fast 2000 Mann Reiterei alle Wege besetzen, welche seiner Berechnung nach die Fliehenden einschlagen mussten. Nach diesen in der Nacht getroffenen Vorkehrungen ließ er mit Tagesanbruch die Truppen in die Linie ausrücken. *5* Auch Fulvius war sogleich entschlossen, nicht so sehr aus irgendeinem Grund von Hoffnung, als vielmehr, weil er sich von dem zufälligen Ungestüm seiner Soldaten fortreißen ließ. Daher wurde auch mit derselben Unbesonnenheit, mit der sie zur Schlacht ausgerückt waren, die Schlachtordnung selbst aufgestellt, nach der Willkür der Soldaten, die auf gut Glück da vortraten oder da stehen blieben, wie es ihrer Laune behagte, und dann wieder aus Eigenwillen oder Furchtsamkeit diesen Platz verließen. *6* Die erste Legion und die Bundesgenossen vom zweiten Flügel wurden vorn aufgestellt, und die Schlachtordnung wurde sehr ausgedehnt. *7* Mochten die Obersten schreien, im Innern sei keine Stärke, keine Haltbarkeit, allenthalben, wo die Feinde angriffen, würden sie durchbrechen, die Soldaten nahmen keinen heilsamen Rat zu Herzen, sie hörten nicht einmal darauf. *8* Und doch war es Hannibal, der jetzt, als ein ganz anderer Feldherr mit einem ganz andern, gar nicht so aufgestellten Heer anrückte. Also hielten die Römer auch nicht einmal das Geschrei und den ersten Angriff dieses Heeres aus. *9* Als ihr Führer, an Unverstand und Unbesonnenheit ein zweiter Centenius, an Mut durchaus mit ihm nicht zu vergleichen, die Sache schlimm stehen und die Seinigen in Verwirrung sah, warf er sich auf sein Pferd und entfloh mit beinahe 200 Reitern; *10* die übrige Linie, von vorn geschlagen, im Rücken und auf den Flügeln umzingelt, wurde so zusammengehauen, dass von 18 000 Menschen nicht mehr als 2000 entkamen. Das Lager fiel in die Hände der Feinde.

(22) Die Nachrichten von diesen Niederlagen, welche zu Rom eine über die andere einliefen, bewirkten freilich allgemeine Trauer und Bestürzung, doch machten sie, weil die Konsuln auf dem Hauptpunkt bis dahin glücklich waren, einen minder tiefen Eindruck. *2* An die Konsuln schickte man den Gaius Laetorius und Marcus Metilius als Abgeordnete mit dem Auftrag, sie möchten die Reste jener beiden Heere sorgfältig sammeln und zu verhindern suchen, *3* dass sie sich aus Furcht und Verzweiflung, wie es nach der Niederlage bei Cannae der Fall gewesen sei, dem Feind ergäben; auch sollten sie die Ausreißer von dem Heer der Freiwilligen wieder aufsuchen lassen. *4* Dieselbe Aufgabe erhielt auch Publius Cornelius, dem auch die Aushebung übertragen war; und er machte in allen Marktflecken und auf den Sammelplätzen bekannt, dass eine Aufsuchung der Freiwilligen vorgenommen und diese wieder zu den Fahnen geliefert werden sollten. Dies alles

betrieb man mit der angestrengtesten Sorgfalt. ***5*** Konsul Appius Claudius, der an der Mündung des Volturnus den Decimus Junius, zu Puteoli den Marcus Aurelius Cotta zu Befehlshabern mit der Anweisung ernannt hatte, sowie aus Etrurien und Sardinien Schiffe anlandeten, das Getreide sofort ins Lager zu liefern, ***6*** fand nach seiner Rückkehr vor Capua, dass sein Amtsgenosse zu Tasilinum damit beschäftigt sei, zum Angriff auf Capua alles herüberzuschaffen und instand zu setzen. ***7*** Darauf machten sie sich beide an die Einschließung der Stadt und ließen auch den Prätor Claudius Nero von Suessula aus dem Lager des Claudius hierher rufen. ***8*** Auch er zog sich also, nachdem er zur Behauptung des Platzes eine mäßige Besatzung zurückgelassen hatte, mit allen seinen übrigen Truppen nach Capua. So standen um Capua drei Hauptquartiere und drei Heere, die auf entgegengesetzten Seiten das Werk begannen, machten sich daran, die Stadt mit Wall und Graben zu umziehen. ***9*** Sie legten in mäßigen Zwischenräumen Schanzen an und kämpften auf mehreren Punkten zugleich mit den Campanern, als sie die Anlagen stören wollten, mit solchem Erfolg, dass sich diese zuletzt auf ihre Tore und Mauern beschränkten. ***10*** Bevor aber die Werke Zusammenhang bekamen, schickten sie Gesandte an Hannibal, welche darüber klagen mussten, dass er Capua im Stich gelassen und beinahe an die Römer abgegeben habe, und ihn beschwören sollten, ihnen als nicht mehr bloß Umlagerten, sondern schon Umschanzten, wenigstens jetzt noch zu Hilfe zu kommen. ***11*** Den Konsuln schrieb der Prätor Publius Cornelius, ehe sie Capua durch Werke einschlössen, möchten sie den Campanern erklären, ***12*** dass es jedem von ihnen freistehen solle, Capua zu verlassen und sein Eigentum mitzunehmen. Wer vor dem 15. März herausginge, sollte frei sein und sein Hab und Gut behalten. Nach diesem Tag würde jeder, er möge herauskommen oder zurückbleiben, als Feind angesehen werden. ***13*** Dies wurde den Campanern gemeldet, aber so geradezu abgewiesen, dass sie noch obendrein Schmähungen und Drohungen ausstießen.

14 Hannibal hatte in der Hoffnung, sich der Burg von Tarent durch Gewalt oder durch List zu bemächtigen, seine Legionen von Herdonea nach Tarent geführt. Als ihm diese fehlschlug, bog er seitwärts gegen Brundisium, weil er glaubte, man werde ihm diese Stadt verraten. ***15*** Als er auch hier die Zeit vergeblich aufwandte, trafen die kampanischen Gesandten unter Klagen und Bitten zugleich bei ihm ein. Hannibal antwortete ihnen in einem hohen Ton, seine Ankunft habe schon einmal der Belagerung ein Ende gemacht, und auch jetzt würden die Konsuln sie nicht bestehen. ***16*** Die Gesandtschaften, mit dieser Hoffnung entlassen, konnten kaum wieder in die Stadt kommen, weil sie schon mit einem doppelten Graben und Wall umgeben war.

(23) Gerade als die Aufführung des Pfahlwalles um Capua so eifrig betrieben wurde, wurde die Belagerung von Syrakus beendet, wozu außer der Tätigkeit und Tapferkeit des Feldherrn und des Heeres auch Verrat im Innern mithalf.

2 Marcellus nämlich, im Anfang des Frühlings noch unschlüssig, ob er dem Krieg die Richtung auf Agrigent gegen Himilko und Hippocrates geben, oder ob er die Einschließung von Syrakus fortsetzen sollte, ***3*** obgleich er einsah, dass eine von der Land- und Seeseite unüberwindliche Stadt sowenig durch Sturm wie durch Hunger zu erobern sei, da die Zufuhr der Lebensmittel von Karthago aus fast frei war, forderte doch, ***4*** um nichts unversucht zu lassen, die zu ihm übergegangenen Syrakusaner auf – es befanden sich aber im römischen Lager einige der vornehmsten Männer, die man um die Zeit des Abfalls von den Römern, weil sie den neuen Maßregeln nicht beistimmten, vertrieben hatte –, durch Unterredungen mit Leuten von ihrer Partei die Gesinnungen zu erforschen und ihnen zu versprechen, wenn sie Syrakus übergäben, sollten sie als freie Leute nach ihren Gesetzen leben. ***5*** Die Unterredungen ließen sich aber nicht möglich machen, weil bei dem Verdacht gegen die Gesinnung so vieler Mitbürger die Besorgnis und selbst die Blicke aller darauf gerichtet waren, jedem Anschlag dieser Art auf die Spur zu kommen. ***6*** Ein einziger

Sklave dieser Vertriebenen, den sie wie einen Überläufer in die Stadt gehen ließen, und der sich nur an Einzelne machte, brach diesen Gesprächen zuerst die Bahn. Dann ließen sich einige in einem Fischerkahn mit Netzen zudecken, fuhren so zum römischen Lager und besprachen sich mit den Überläufern. Ebenso machten es zu wiederholten Malen bald diese, bald andere. Zuletzt waren es gegen 80. ***7*** Und als schon alles zur Übergabe festgesetzt war, wurden sie alle auf die von einem gewissen Attalos dem Epicydes gemachte Anzeige – er tat das aus Zorn darüber, dass man ihn nicht in das Vertrauen gezogen hatte – unter Martern hingerichtet.

8 An die Stelle dieser vereitelten Hoffnung trat bald nachher eine andere. Ein gewisser Damippus aus Sparta, der von Syrakus an den König Philipp gesandt wurde, war von römischen Schiffen gefangen genommen worden. ***9*** Dem Epicydes war sehr daran gelegen, den Mann loszukaufen, und auch Marcellus war nicht abgeneigt, weil es die Römer schon damals auf eine Verbindung mit den Aetolern anlegten, deren Bundesgenossen die Spartaner waren. ***10*** Die Abgeordneten, welche über seine Auswechslung unterhandeln sollten, fanden einen Ort am Hafen der Trogiler, nahe an einem Turm, der Galeagra hieß, am meisten in der Mitte und für beide Teile am gelegensten. ***11*** Nach mehrfacher hier gehaltenen Zusammenkunft meldete ein Römer, der bei näherer Ansicht der Mauer ihre Höhe nach einem mutmaßlichen Überschlag ausmaß – denn er konnte die Steine zählen und in Gedanken die vordere Höhe eines jeden berechnen – und jetzt zu finden glaubte, ***12*** dass sie bei Weitem niedriger sei, als er und andere bisher gemeint hatten, und selbst auf mittelmäßigen Leitern zu ersteigen sei, dem Marcellus seine Entdeckung. Marcellus hielt sie der Beachtung nicht unwert. ***13*** Weil aber dieser Stelle nicht beizukommen war, die ebendeswegen viel sorgfältiger bewacht wurde, wartete man auf eine passende Gelegenheit. ***14*** Und diese bot sich durch einen Überläufer, welcher aussagte, das Fest der Diana werde drei Tage hintereinander gefeiert, und weil es bei der Belagerung an manchem andern fehle, würden die Gastmähler durch reichlicheren Weingenuss gefeiert; diesen habe Epicydes dem gesamten Bürgerstand durch eine Spende möglich gemacht, welche durch die Vornehmsten unter die Bezirke verteilt sei. ***15*** Als Marcellus dies erfuhr, besprach er sich mit einigen seiner Obersten, und nachdem er durch sie zur Ausrichtung und Unternehmung eines so wichtigen Vorhabens die geeignetsten Hauptleute und Soldaten ausgesucht und Leitern in aller Stille zusammengebracht hatte, ließ er den Übrigen durch Lagerbefehl bekannt machen, sie sollten beizeiten sich gehörig stärken und schlafen legen, weil sie in der Nacht zu einer Unternehmung ausziehen müssten. ***16*** Als die Zeit da zu sein schien, wo die Belagerten nach ihren noch bei hellem Tag angefangenen Gastereien schon von Wein überfüllt im ersten Schlaf liegen mussten, ließ er die Soldaten von einer Fahne die Leitern nehmen und etwa gegen 1000 Bewaffnete in einer schmalen Linie ganz in der Stille an jenen Ort führen. ***17*** Als die Ersten ohne alles Geräusch und Lärm hinaufgestiegen waren, folgten die anderen der Reihe nach, da die Kühnheit ihrer Vorgänger auch den minder Entschlossenen Mut einflößte.

(24) Schon hatten 1000 Bewaffnete einen Teil der Stadt besetzt, als die übrigen Truppen nachrückten; und schon erkletterten sie die Mauer auf mehreren Leitern, ***2*** indem man ihnen ein Zeichen von Hexapylum aus gab, wohin man, ohne einem Menschen zu begegnen, gekommen war, weil ein großer Teil, der auf den Türmen geschmaust hatte, entweder infolge des Weingenusses eingeschlafen war oder mit schwerem Kopf noch zechte. Man tötete nur einige, die man auf ihrem Lager überfiel. ***3*** Erst in der Nähe von Hexapylum wurde die Gewalt durch Sprengung eines Pförtchens laut; schon war aber von der Mauer das verabredete Zeichen mit der Trompete gegeben, und zugleich ging man auf allen Seiten nicht mehr verstohlen, sondern mit offenbarer Gewalt zu Werk, ***4*** weil man bis Epipolae, einen stark besetzten Ort, gekommen war, und die Feinde mehr geschreckt als getäuscht werden mussten. Und sie ließen sich schrecken. ***5*** Denn sobald man den Klang der Trompeten und das Geschrei derer vernahm, welche die Mauern und

einen Teil der Stadt im Besitze hatten, flohen die Wachen in der Meinung, es sei schon alles besetzt, zum Teil auf der Mauer weiter, teils sprangen sie von der Mauer oder stürzten im Gewühl der Zusammengeschreckten herab. ***6*** Bei alledem war ein großer Teil mit dem fürchterlichen Unglück noch unbekannt, entweder weil sie alle im Rausch und tiefem Schlaf lagen, oder weil in einer Stadt von so weitem Umfang das, was in einem Teil vorging, nicht so deutlich nach allen Seiten hinüberscholl. ***7*** Gegen Morgen setzte sie Marcellus, der nach Erbrechung des Hexapylums mit allen Truppen einrückte, alle in Bewegung und nötigte sie, die Waffen zu ergreifen und ihrer fast schon eroberten Stadt womöglich zu Hilfe zu kommen. ***8*** Epicydes, der von der Insel – sie heißt bei ihnen Nasos – mit einem fortgerafften Haufen anrückte und gar nicht daran zweifelte, die wenigen etwa durch Nachlässigkeit der Wachen über die Mauer Gestiegenen bald hinauszuwerfen, ***9*** der sogar die in der Bestürzung ihm Entgegensprengenden mit den Worten anließ, sie machten nur den Lärm größer und machten in ihren Angaben die Sache größer und fürchterlicher als sie wirklich sei, wandte bald, als er um Epipolae alles voll Waffen sah, ohne etwas weiter zu tun, als dass er den Feind durch einige Schüsse beunruhigte, mit seinem Zug nach Achradina um, ***10*** nicht so sehr aus Furcht vor der Übermacht und Menge der Feinde, als dass bei dieser Gelegenheit ein geheimer Plan im Innern ausbrechen möchte und er dann bei dem Auflauf die Tore von Achradina und der Insel verschlossen fände.

11 Als Marcellus nach seinem Einzug in die Mauern fast die schönste aller damaligen Städte von den Anhöhen aus überblickte, soll ihn teils die Freude über eine so wichtige vollbrachte Tat, teils der uralte Ruhm der Stadt zu Tränen gerührt haben. ***12*** Die in Grund gebohrten Schiffe der Athener, die beiden großen mit ihren beiden weltberühmten Feldherren vertilgten Heere stellten sich seinem Geist dar; die vielen, von dieser Stadt mit Karthago geführten, für ihre Feindin so misslichen Kriege; ihre so vielen und so mächtigen Herrscher und Könige; ***13*** vor allen Hiero, teils als König aus der neuesten Zeit, teils über alles andere, was eigener Wert und Glück ihm beschied, durch seine Verdienste um den römischen Staat so ausgezeichnet. ***14*** Während ihm dies alles vor die Seele trat und ihn der Gedanke beschäftigte, dass dies vor ihm liegende Ganze, wenn jetzt die Stunde des Unglücks geböte, in Flammen stehen und in Asche zurückkehren werde, schickte er, ehe er mit den Fahnen gegen Achradina anrückte, ***15*** die Syrakusaner, welche, wie oben gesagt, bei den römischen Truppen ihre Sicherheit gefunden hatten, voraus, damit sie durch friedliche Vorstellungen die Feinde bewegen möchten, die Stadt zu übergeben.

(25) Die Tore und Mauern Achradinas hielten besonders die Überläufer besetzt, für welche keine Hoffnung auf Verzeihung durch Bedingungen war. Diese ließen niemand weder den Mauern sich nähern noch jemand anreden. ***2*** Als nun Marcellus die Vergeblichkeit seines Beginnens sah, gab er den Truppen Befehl, sich gegen den Euryalus zurückzuziehen. Dies ist ein vom Meer abwärts gelegener Hügel an der äußersten Ecke der Stadt; er beherrscht die in die Felder und in die Mitte Siziliens führende Heerstraße und gewährt durch seine Lage den Vorteil, alle Zufuhr abzuschneiden. ***3*** Den Oberbefehl in dieser Festung hatte der von Epicydes hierher geschickte Argiver Philodemus. Sosis, einer von den Mördern des Tyrannen, der von Marcellus an ihn geschickt und nach einer langen Unterredung unter einem leeren Vorwand auf eine andere Zeit wiederbestellt wurde, meldete dem Marcellus, der Mann habe sich Bedenkzeit genommen. ***4*** Da er aber einen Tag nach dem andern aufschob, bis Hippocrates und Himilko mit ihren Lagern und Heeren in die Nähe kämen und dann erwarten konnte, dass das zwischen Mauern eingeschlossene römische Heer, sobald er jene in die Festung einnähme, aufgerieben werden müsse, schlug Marcellus, wie er sah, ***5*** dass der Euryalus ihm nicht übergeben werde und dass er auch nicht zu erobern sei, zwischen Neapolis und Tycha – so heißen diese Städten gleichenden Teile der Stadt – sein Lager auf, zugleich aus Furcht, er werde seine beutegierigen Soldaten, wenn er sich auf die bewohnteren

Gegenden einließe, nicht von der Zerstreuung zurückhalten können. *6* Dahin kamen Gesandte von Tycha und Neapolis mit priesterlichen Abzeichen und umwundenen Ölzweigen, dass sie mit Blutvergießen und Feuersbrunst verschont werden möchten. *7* Als Marcellus über dies mehr im Ton der Bitte als der Forderung vorgebrachte Gesuch einen Kriegsrat gehalten hatte, ließ er nach der einstimmigen Meinung aller Mitglieder den Soldaten sagen, es solle sich keiner an einem Freigeborenen vergreifen, alles Übrige solle ihnen als Beute gehören. *8* Das Lager musste sich an einer Mauer hinter dem Fachwerk der Häuserwände schützen. An seine Tore, die gegen die Straßen der Stadt hin sich öffneten, verteilte er Posten und Truppen, um es, während die Soldaten umherliefen, vor Angriffen zu sichern. Auf das gegebene Zeichen zerstreuten sich die Soldaten zum Plündern; *9* doch enthielten sie sich, selbst bei Erbrechung der Türen und dem allgemeinen Getöse des Schreckens und Getümmels, alles Mordens. Des Raubens aber war kein Ende, bis sie alle während eines vieljährigen Wohlstandes in den Häusern aufgehäuften Güter fortgeschleppt hatten.

10 Unterdessen übergab auch Philodemus, der sich, als ihm alle Hoffnung auf Hilfe schwand, das Versprechen geben ließ, dass man ihn, ohne sich an ihm zu vergreifen, zu Epicydes abziehen lassen wolle, mit Abführung seiner Truppen den Römern den Hügel. *11* Gerade als das Getümmel der zum Teil eroberten Stadt die Aufmerksamkeit aller auf sich zog, segelte Bomilkar, der unter dem Schutz einer Nacht, in welcher die römische Flotte des Sturmes wegen sich in tiefem Wasser nicht vor Anker legen konnte, *12* mit 35 Schiffen aus dem syrakusanischen Hafen abfuhr, ohne dass ihm jemand das Meer streitig machte, auf die hohe See, ließ dem Epicydes und den Syrakusanern 55 Schiffe zurück, und nachdem er die Karthager über die unangenehme Lage der Dinge zu Syrakus aufgeklärt hatte, kam er in wenigen Tagen mit 120 Schiffen wieder, von Epicydes, wie es hieß, mit vielen Geschenken aus Hieros Schatz belohnt.

(26) Durch Eroberung und Besetzung des Euryalus war Marcellus von einer Sorge befreit, dass nicht etwa ein feindliches ihm im Rücken in die Festung aufgenommenes Korps seine von Mauern eingeschlossenen und beengten Truppen beunruhigen möchte. *2* Darauf umschloss er mit drei an günstigen Stellen aufgeschlagenen Lagern Achradina, in der Hoffnung, bei den Umlagerten einen allgemeinen Mangel zu erzeugen. *3* Nachdem man sich mehrere Tage hindurch auf den Posten von beiden Seiten ruhig verhalten hatte, veranlasste die unerwartete Ankunft des Hippocrates und des Himilko, dass die Römer auf allen Punkten sogleich die Angegriffenen wurden. *4* Denn teils unternahm Hippocrates, der sich am Großen Hafen verschanzt hatte, auf ein der Besatzung von Achradina gegebenes Zeichen einen Sturm auf das alte römische Lager unter Crispinus, teils machte Epicydes einen Ausfall auf die Posten des Marcellus; und die punische Flotte legte sich zwischen der Stadt und dem römischen Lager an den Strand, damit Marcellus dem Crispinus keine Hilfe nachschicken könne. *5* Und doch war der Auflauf, den die Feinde veranlassten, größer als der Kampf. Denn den Hippocrates trieb Crispinus nicht bloß von den Verschanzungen weg, sondern er verfolgte ihn sogar auf seiner eiligen Flucht; und den Epicydes trieb Marcellus in die Stadt zurück. *6* Ja man schien sogar für die Zukunft den Vorteil erreicht zu haben, dass man von unvorhergesehenen Ausfällen der Feinde nichts zu fürchten hatte. *7* Hierzu kam noch die Pest, ein Übel, das beiden Teilen gemeinsam und groß genug war, ihre Gedanken vom Krieg abzuziehen. Denn in der herbstlichen Jahreszeit und in einer an sich ungesunden Gegend hatte die unerträgliche Hitze fast auf alle Körper in beiden Lagern, wiewohl noch weit mehr in dem außerhalb als in der Stadt, einen nachteiligen Einfluss. *8* Und anfangs erkrankten und starben sie nur durch Schuld der Jahreszeit und des Ortes; nachher machte selbst die Pflege und Berührung der Kranken die Seuche allgemeiner, so dass jeder, den sie einmal befiel, entweder vernachlässigt und verlassen dahinstarb, oder seine Wärter und Pfleger, von demselben Gift der

Krankheit angesteckt, mit sich ins Grab riss; ***9*** dass man täglich Leichen und Tod vor Augen sah und rings um sich her Tag und Nacht das Jammern hörte. ***10*** Zuletzt wurden die Gemüter durch die Gewöhnung an das Unglück so unempfindlich, dass man den Gestorbenen nicht nur keine Tränen, keine pflichtschuldige Totenklage widmete, sondern sie nicht einmal hinausschaffte oder begrub, so dass die entseelten Körper vor den Augen derer, die denselben Tod erwarteten, übereinander lagen, ***11*** und die Toten die Kranken, die Kranken die Gesunden nicht bloß durch die Furcht, sondern auch durch Verwesung und den verderblichen Geruch zugrunde richteten; ja, um lieber durch das Schwert zu sterben, fielen einige ganz allein die feindlichen Posten an. ***12*** Doch wütete die Pest weit stärker im punischen Lager als unter den Römern, welche sich während der langen Einschließung von Syrakus schon mehr an die hiesige Luft und an die nasse Witterung gewöhnt hatten. ***13*** Bei dem feindlichen Heer zerstreuten sich die Sizilianer, als sie sahen, dass an dem ungesunden Ort die Krankheit um sich greife, jeder in seine nahe Stadt; ***14*** die Karthager hingegen, die nirgends eine Zuflucht hatten, starben alle zusammen samt ihren Feldherren Hippocrates und Himilko aus. ***15*** Marcellus hatte, als das Übel so heftig wurde, seine Truppen schon in die Stadt geführt, und der Schutz der Häuser und der Schatten stellte die Kranken wieder her. Doch auch im römischen Heer wurden viele von dieser Pest hinweggerafft.

(27) Nach Vernichtung der punischen Landmacht schafften diejenigen Sizilianer, die unter Hippocrates gedient hatten, in zwei eben nicht große, aber durch Lage und Befestigung sichere Städte – die eine liegt 3000, die andere 15 000 Schritte von Syrakus entfernt – aus ihren Städten Lebensmittel zusammen und zogen Hilfstruppen an sich. ***2*** Unterdessen hatten auch die Vorstellungen Bomilkars zu Karthago, wo er zum zweiten Mal mit seiner Flotte angelangt war und von der Lage der Bundesgenossen eine solche Schilderung gab, dass man hoffen konnte, durch neue Hilfe nicht nur sie selbst zu retten, sondern auch die Römer in der noch nicht ganz eroberten Stadt zu umringen, die Wirkung gehabt, ***3*** dass man ihm Vorräte aller Art auf einer Menge von Lastschiffen mitgab und auch seine Flotte verstärkte. ***4*** Bei seiner Abfahrt von Karthago mit 130 Kriegs- und 700 Lastschiffen hatte er zur Überfahrt nach Sizilien ganz günstige Winde. Ebenso waren es aber auch die Winde, welche ihn jetzt nicht über Pachynum hinauskommen ließen. ***5*** Da die Annäherung Bomilkars zuerst durch das Gerücht, dann durch ihre unvermutete Zögerung bei Römern und Syrakusanern abwechselnd Freude und Furcht erregte, ***6*** schiffte Epicydes aus Besorgnis, die punische Flotte möchte, wenn derselbe Ostwind, welcher jetzt wehte, mehrere Tage anhielte, nach Afrika zurücksegeln, ***7*** zu Bomilkar und überließ Achradina den Anführern der Mietsoldaten. ***8*** Ihn, der mit den Vorderteilen seiner Schiffe Afrika zugekehrt stand und vor einem Seetreffen sich fürchtete, nicht so sehr, weil er an Stärke oder Schiffszahl der Schwächere gewesen wäre – denn hierin war die Überlegenheit auf seiner Seite –, sondern weil der Wind der römischen Flotte günstiger war als der seinigen, bewog dennoch Epicydes endlich, sein Glück in einer Seeschlacht zu versuchen. ***9*** Auch Marcellus, um nicht bei seiner Beschränkung auf eine feindliche Stadt zugleich zu Wasser und zu Lande angegriffen zu werden – denn er sah, dass die Sizilianer ein Heer aus der ganzen Insel aufbrachten und dass eine punische Flotte mit reichen Vorräten ankomme –, entschloss sich, obgleich an Schiffszahl der Schwächere, dem Bomilkar den Zugang nach Syrakus zu verwehren.

10 Zwei einander beobachtende Flotten standen in der Gegend des Vorgebirges Pachynum, als wollten sie, sobald sie bei ruhigem Meer die hohe See erreichen könnten, zusammentreffen. ***11*** Als nun der seit mehreren Tagen stürmende Ostwind sich jetzt legte, setzte sich Bomilkar zuerst in Bewegung, und anfangs schien seine Flotte deswegen die hohe See zu suchen, um desto leichter um das Vorgebirge hinauszukommen. ***12*** Allein als Bomilkar die römischen Schiffe auf sich heransegeln sah, nahm er – man weiß nicht, was ihm so plötzlich Furcht einjagte, seinen

Lauf in die hohe See, und nachdem er nach Heraklea den Befehl hatte abgehen lassen, dass auch die Frachtschiffe von dort nach Afrika zurückgehen sollten, segelte er an Sizilien vorüber nach Tarent. ***13*** Epicydes, dem auf einmal seine so große Hoffnung fehlgeschlagen war, schiffte, um nicht zur Belagerung einer größtenteils schon eroberten Stadt zurückzukehren, nach Agrigent, mehr in der Absicht, den Ausgang abzuwarten, als von hier aus irgendetwas zu unternehmen.

(28) Als im Lager der Sizilianer die Nachricht einlief, Epicydes habe sich aus Syrakus fortgemacht, die Karthager hätten die Insel verlassen und den Römern zum zweiten Mal beinahe geräumt, ***2*** schickten sie, nachdem sie sich zuvor über die Gesinnung der Belagerten unterrichtet hatten, Gesandte an Marcellus. ***3*** Da man darüber fast allgemein einverstanden war, dass alles, was irgendwo den Königen gehört habe, den Römern gehören, alles Übrige aber nebst ihrer Freiheit und Verfassung den Sizilianern verbleiben solle, sagten sie denen, welchen Epicydes die Geschäfte übertragen hatte, in einer Unterredung, zu der sie diese herausgerufen hatten, das sizilianische Heer habe sie zugleich an Marcellus und an sie abgesandt, ***4*** damit alle zugleich, die Belagerten und die nicht Belagerten, ihr Schicksal miteinander teilen und die einen nicht etwa Bedingungen für sich allein stellen könnten. ***5*** Als sie von diesen vorgelassen waren, um ihre Verwandten und Gastfreunde einmal zu sprechen, brachten sie diese, denen sie ihre schon mit Marcellus abgeschlossenen Verträge mitteilten, durch die ihnen gemachte Hoffnung ihres eigenen Heiles dahin, dass sie ihnen behilflich waren, des Epicydes Stellvertreter, den Polyclitus, Philistio und Epicydes (Sindon genannt) zu überfallen. ***6*** Als sie diese getötet, die Einwohner zur Versammlung gerufen und in die Klage über die Hungersnot eingestimmt hatten, die schon oft unter diesen in der Stille der Gegenstand des Murrens gewesen war, behaupteten sie, bei der Menge der Übel, von denen sie bedrängt wären, dürften sie doch ihr Schicksal nicht anklagen, da es in ihrer Macht stehe, wie lange sie solche ertragen wollten. ***7*** Syrakus zu belagern, wären die Römer aus Liebe zu den Syrakusanern veranlasst, nicht durch Hass. Denn als sie nur gehört hätten, Hippocrates und Epicydes, Hannibals und späterhin des Hieronymus Trabanten, hätten die Regierung an sich gerissen – nur dann erst hätten sie den Krieg eröffnet und die Belagerung der Stadt unternommen, um die Tyrannei ihrer Bedrücker, nicht die Stadt selbst zu erstürmen. ***8*** Nun aber, da Hippocrates von der Pest weggerafft, Epicydes von Syrakus ausgeschlossen, seine Befehlshaber getötet und die Karthager aus dem Besitz Siziliens zu Wasser und zu Lande gänzlich vertrieben wären, was sollten die Römer nun noch für einen Grund haben, den Wohlstand von Syrakus nicht ebenso eifrig zu wünschen, als wenn Hiero, dies Muster der Anhänglichkeit an Rom, selbst noch lebte? ***9*** Folglich stehe weder der Stadt noch ihren Bewohnern irgendeine andere Gefahr bevor, als die, welche sie sich selbst bereiten würden, wenn sie es versäumten – und so günstig, wie in diesem entscheidenden Zeitpunkte, werde die Gelegenheit nie wieder kommen –, sich mit den Römern in dem Augenblick auszusöhnen, wo ihnen der erste Strahl der Errettung von ihren übermütigen Tyrannen aufgegangen sei.

(29) Diese Rede fand außerordentlichen Beifall bei allen, doch beschlossen sie, ehe sie Gesandte ernannten, zuvor Prätoren zu wählen. Darauf wurden aus der Zahl der Prätoren selbst Abgeordnete an Marcellus geschickt. ***2*** Das Haupt der Gesandtschaft sprach: *Wir Syrakusaner waren es nicht, die in jener ersten Zeit von euch abfielen, sondern das tat Hieronymus, der gegen euch lange nicht so frevelhaft wie gegen uns war;* ***3*** *ebenso wenig hat nachher den durch die Ermordung des Tyrannen wiederhergestellten Frieden irgendein Syrakusaner gestört, sondern das taten die Trabanten der Tyrannei, Hippocrates und Epicydes, nachdem sie uns teils durch Furcht, teils durch List unterdrückt hatten. Auch kann niemand behaupten, dass es für uns eine Zeit der Freiheit gegeben habe, die nicht zugleich die Zeit des Friedens mit euch gewesen wäre.* ***4*** *Wenigstens haben wir uns, sobald wir durch Ermordung derer, welche Syrakus unterdrückt hielten, unsere eigenen Herren geworden sind, sogleich*

eingefunden, um unsere Waffen abzuliefern, uns selbst, unsere Stadt und Mauern zu übergeben und uns jedes Schicksal gefallen zu lassen, das ihr uns auferlegen werdet. ***5*** *Den Ruhm, die berühmteste und schönste der griechischen Städte erobert zu haben, haben die Götter dir beschieden, Marcellus. Was wir je zu Lande und zu Wasser Denkwürdiges vollführt haben, das kommt zu der Ehre deines Triumphes hinzu.* ***6*** *Willst du etwa, dass die Nachkommen nur dem Gerücht glauben, dass du eine so mächtige Stadt erobert hast, wie sie selbst vor dem Anblick der Nachkommen dastehe? Nein, wohin der Fremde – vom Land, von der See aus – den Fuß setzt, da müsse sie ihm hier die Denkmale unserer Siege über Athen und Karthago, dort der deinigen über uns zeigen, und du müssest an dem von dir erhaltenen Syrakus deinem Stamm ein dem Schutz des Marcellischen Namens übergebenes Pflegekind hinterlassen.* ***7*** *Die Erinnerung an Hieronymus möge bei euch nicht über die an Hiero den Ausschlag haben. Er war weit länger euer Freund, als jener euer Feind; von Hieros Wohltaten war euch der volle Genuss; die Tollheit jenes schlug nur zu seinem eigenen Verderben aus.*

8 In Rücksicht auf die Römer hatten sie keine Fehlbitte, keine Unsicherheit zu fürchten. Unter ihnen selbst gab es desto mehr blutige Auftritte und Gefahren. Denn die Überläufer, die ihre Auslieferung an die Römer fürchteten, flößten dieselbe Furcht auch den Mietsoldaten ein. ***9*** Sie griffen zu den Waffen, hieben zuerst die Prätoren nieder, verteilten sich dann zur Ermordung der Bürger, mordeten in der Wut jeden, der ihnen in den Wurf kam, und wo sie zugreifen konnten, plünderten sie. ***10*** Darauf ernannten sie, um nicht ohne Anführer zu sein, sechs Obersten, drei zu Befehlshabern in Achradina, drei für die Insel. Nachdem endlich der Lärm gestillt war und sie durch Nachfrage in Erfahrung brachten, was man eigentlich mit den Römern unterhandelt habe, sahen sie, wie es wirklich stand, dass ihre Lage von der der Überläufer ganz verschieden sei.

(30) Gerade jetzt kamen von Marcellus die Gesandten zurück, welche ihnen auseinandersetzten, dass sie sich durch unbegründeten Verdacht hätten aufbringen lassen, und dass die Römer auch nicht einen einzigen Grund wüssten, sie zur Strafe zu ziehen. ***2*** Unter den drei Obersten in Achradina war ein Spanier, namens Moericus. An ihn wurde unter den Gesandten absichtlich einer von den spanischen Hilfstruppen hineingeschickt, der es sein Erstes sein ließ, sobald er den Moericus allein fand, ihm die Lage zu schildern, in welcher er Spanien verlassen habe; und er war erst neulich dorther gekommen. ***3*** Dort sei alles den römischen Waffen Untertan. Er könne ja, wenn er etwas Dankenswertes leiste, unter seinen Landsleuten der erste Mann sein, er möge nun lieber auf römischer Seite kämpfen oder in sein Vaterland zurückgehen wollen. Hingegen, wenn er sich lieber länger belagern lasse, was er dann, zu Lande und zu Wasser eingeschlossen, für Aussichten haben könne?

4 Auf diese Vorstellungen ließ Moericus mit der nächsten an Marcellus abzuschickenden Gesandtschaft seinen Bruder mitgehen. Dieser, der durch eben jenen Spanier ohne die anderen zu Marcellus geführt wurde, ließ sich von ihm die Zusage geben, verabredete mit ihm den der Sache zu gebenden Gang und kam nach Achradina zurück. ***5*** Da fing Moericus an, um sich bei jedermann außer allen Verdacht eines Verrats zu setzen, dies Ab- und Zugehen der Gesandten gefalle ihm durchaus nicht. Man müsse ebenso wenig einen annehmen wie absenden; und damit die Wachen desto sorgfältiger in Acht genommen würden, müssten die bedenklichen Stellen unter die Obersten verteilt werden, so dass jeder für die Aufsicht über seinen Bezirk verantwortlich sei. ***6*** Über diese Verteilung der Plätze waren alle seiner Meinung; ihm selbst bestimmte das Los die Gegend vom Quell Arethusa bis zur Mündung des großen Hafens. Er sorgte dafür, dass die Römer dies erfuhren. ***7*** Marcellus also ließ in der Nacht ein bemanntes Lastschiff im Tau eines Vierruderers an das Ufer von Achradina schleppen und die Soldaten in der Gegend des Tores landen, welches nahe am Quell Arethusa liegt. ***8*** Als dies um die vierte Nachtwache geschehen war und Moericus die ans Land gesetzten Soldaten der Verabredung gemäß in das Tor gelassen hatte, unternahm Marcellus am frühen Morgen mit allen seinen Truppen einen Angriff auf die Mauern von Achradina, so ***9*** dass er nicht allein die Aufmerksamkeit der Besatzung von Achradina auf sich richtete, sondern auch die Truppen aus der Insel scharenweise mit Verlassung ihrer Posten herbeiliefen, um den Sturm der andringenden Römer abzuschlagen. ***10*** In diesem Getümmel mussten einige Schnellruderer, die schon vorher bemannt und hierher herumgefahren waren, ihre Truppen auf der Insel aussetzen, welche durch ihren unvermuteten Angriff auf die halb besetzten Posten und offen gelassenen Pforten des Tores, durch welches soeben die Soldaten dorthin gelaufen waren, ohne großen Kampf die in der Verwirrung von ihrer weggeeilten Besatzung preisgegebene Insel eroberten. ***11*** Auch zeigten die Überläufer unter allen die wenigste Festigkeit oder Ausdauer zum Standhalten, da sie, selbst nicht ohne Misstrauen gegen ihre eigene Partei, mitten aus dem Kampf entflohen. ***12*** Als Marcellus hörte, dass die Insel erobert, ein Teil von Achradina von den Seinigen besetzt und Moericus mit seinen Truppen zu ihnen gestoßen sei, ließ er zum Rückzug blasen, damit die königlichen Schätze, deren Ruf die Wahrheit noch überstieg, nicht geplündert würden.

(31) Dadurch, dass der Angriff der Soldaten eingestellt wurde, ***2*** wurde teils den in Achradina befindlichen Überläufern Zeit und Gelegenheit zur Flucht gegeben, teils schickten die endlich von ihrer Furcht erlösten Syrakusaner, die sogleich die Pforten von Achradina öffneten, Gesandte an Marcellus, die um nichts weiter baten, als um ihr und der Ihrigen Leib und Leben. ***3*** Marcellus antwortete ihnen vor einem Kriegsrate, zu welchem er auch die Syrakusaner zog, die, durch Spaltungen aus ihrer Vaterstadt vertrieben, im römischen Lager Schutz gefunden hatten, ***4*** die Zahl der von Hiero den Römern seit 50 Jahren erwiesenen Wohltaten übersteige die des Bösen nicht, was ihnen in diesen wenigen Jahren diejenigen angetan hätten, in deren Besitze Syrakus' gewesen sei. Indes sei dies meistenteils auf die zurückgefallen, welche es verdient hätten, und die Störer der Verträge hätten sich selbst weit empfindlicher bestraft, als das römische Volk es gewünscht habe. ***5*** Freilich halte er Syrakus schon das dritte Jahr eingeschlossen, nicht aber in der Absicht, die Stadt dem römischen Volke zur Sklavin zu machen, sondern damit sich nicht die Anführer der Überläufer in der Eroberung und Bedrückung derselben behaupten möchten. ***6*** Was die Syrakusaner hatten tun können, davon wären sowohl diejenigen ihrer Mitbürger ein Beweis, welche sich in römischen Schutz geflüchtet hätten, als auch ein spanischer Anführer, Moericus, welcher seine feste Stellung aufgegeben habe, und endlich der zwar späte, aber doch mannhafte Entschluss der Syrakusaner selbst. ***7*** Für ihn sei von allen seinen vor den Mauern von Syrakus zu Wasser und zu Lande seit so langer Zeit erduldeten Beschwerden und Gefahren kein Genuss so groß als der, dass er Syrakus habe erobern können.

8 Nun wurde zur Übernahme und Bewachung des königlichen Schatzes der Quästor auf die Insel geschickt. Die Stadt wurde den Soldaten zur Plünderung preisgegeben, sobald in die Häuser derer, welche ihre Zuflucht im römischen Lager gehabt hatten, Schutzwachen verteilt waren. ***9*** Unter den vielfachen Gräueln, welche aus Rache und Raubsucht begangen wurden, soll auch Archimedes, wie überliefert wird, bei der großen Verwirrung, welche der Schrecken über die Eroberung der Stadt bei dem Umherirren der plündernden Soldaten hervorrufen konnte, ganz vertieft in die Figuren, welche er im Sand gezeichnet hatte, von einem Soldaten, der ihn nicht kannte, getötet worden sein. ***10*** Dies soll Marcellus sehr ans Herz gegangen sein, und er soll selbst für die Bestattung der Leiche gesorgt haben, ja der Name und das Andenken des Mannes erwarben seinen Verwandten, welche Marcellus aufsuchen ließ, Ehre und Schutz.

11 Auf diese Art ungefähr wurde die Stadt Syrakus erobert, in welcher sich so viel Beute fand, wie damals kaum die Eroberung der Stadt Karthago gegeben hätte, welche doch als eigentliche Gegnerin mit Rom im Gleichgewicht stand.

12 Wenige Tage vor der Eroberung von Syrakus segelte Titus Otacilius mit 80 Fünfruderern von Lilybaeum nach Utica. Da er vor Tage in den Hafen eingelaufen war, bemächtigte er sich der mit Korn beladenen Lastschiffe; ***13*** er ging ans Land, verheerte eine weite Gegend um Utica und brachte mancherlei Beute auf seine Schiffe. ***14*** Am dritten Tag nach seiner Abfahrt von Lilybaeum traf er hier wieder ein mit einer schweren Ladung von Korn und Beute auf 130 Lastschiffen und schickte das Getreide sogleich nach Syrakus. ***15*** Wäre dies nicht zur Zeit angekommen, wäre die Hungersnot den Siegern ebenso verderblich geworden wie den Besiegten.

(32) In Spanien vereinigten die römischen Feldherren in diesem Sommer, nachdem hier beinahe seit zwei Jahren nichts Besonderes vorgefallen und der Krieg mehr mit Plänen als mit Waffen geführt war, nach dem Aufbruch aus den Winterquartieren ihre Truppen. ***2*** Hier hielten sie Kriegsrat, und alle Stimmen waren darin einig, da man bis jetzt nur darauf hingewirkt habe, den Hasdrubal von seinem Zug nach Italien zurückzuhalten, so sei es nun Zeit, an die Beendigung des Krieges in Spanien zu denken; ***3*** und hierzu hielten sie sich durch den Zuwachs an Truppen stark genug, den ihnen das Aufgebot von 20 000 Keltiberern in diesem Winter gegeben hatte; punische Heere waren drei dort. ***4*** Hasdrubal, Gisgons Sohn, und Mago standen beinahe fünf Tagemärsche von den Römern in einem gemeinschaftlichen Lager. ***5*** Näher war Hamilkars Sohn, Hasdrubal, in Spanien der altbewährte Feldherr. ***6*** Er hatte sein Heer bei einer Stadt, namens Amtorgis. Ihn wollten die römischen Feldherren zuerst niederwerfen, und sie hatten die Hoffnung, dazu hinlängliche Streitkräfte zu haben. Die einzige Sorge blieb ihnen, der andere Hasdrubal und Mago möchten sich, durch seine Besiegung mutlos gemacht, in abgelegene Waldungen und Gebirge zurückziehen und den Krieg verlängern. ***7*** In der Meinung, so am besten zu tun, wenn sie mit geteilten Heeren den Krieg gegen ganz Spanien auf einmal unternehmen, trafen sie die Teilung unter sich so, ***8*** dass Publius Cornelius zwei Drittel Römer und Bundesgenossen gegen Mago und Hasdrubal mitnehmen, Gnaeus Cornelius hingegen an der Spitze des übrigen Drittels vom alten Heer und der Keltiberer den Krieg gegen den Barcinischen Hasdrubal führen sollte. ***9*** Nachdem beide Feldherren und Heere zugleich aufgebrochen waren, ließen sie die Keltiberer vorangehen und schlugen dann bei der Stadt Amtorgis im Angesicht der Feinde, von denen ein Strom sie schied, ihr Lager auf. ***10*** Hier blieb Gnaeus Scipio mit den oben genannten Truppen stehen, und Publius Scipio zog weiter zu dem ihm bestimmten Teil des Krieges.

(33) Als Hasdrubal merkte, dass das Heer im Lager der Feinde an Römern so schwach sei, und dass ihre ganze Hoffnung auf den keltiberischen Hilfstruppen beruhe, trug er, ***2*** bekannt mit der Treulosigkeit der Barbaren überhaupt und namentlich aller der Völker, unter denen er seit so vielen Jahren kämpfte, bei der Leichtigkeit sich zu verständigen, ***3*** da es in beiden Lagern Spanier in Menge gab, den Anführern der Keltiberer eine große Summe unter der Bedingung, ihre Truppen hier wegzuziehen. ***4*** Auch war das in ihren Augen keine so unerhörte Tat. Denn man unterhandelte ja nicht mit ihnen, dass sie die Waffen gegen die Römer wenden sollten, und noch dazu wurde ihnen jetzt eine Summe, die ihnen selbst zur Führung des Krieges genügt hätte, bloß dazu gegeben, keinen Krieg zu führen, und so wie die Ruhe überhaupt, so waren noch mehr die Rückkehr in die Heimat und der Genuss, die Seinigen und sein Eigentum wiederzusehen, dem gemeinen Soldaten willkommen. ***5*** Also wurde der große Haufe ebenso leicht gewonnen wie die Anführer; selbst nicht einmal Furcht vor den Römern, deren so wenige waren, konnte hier stattfinden, wenn diese sie etwa mit Gewalt hätten zurückhalten wollen. ***6*** Davor also werden sich römische Feldherren immer zu hüten und diese Beispiele in der Tat als warnende Belehrungen anzusehen haben, sich nie so sehr auf fremde Hilfstruppen zu verlassen, dass ihr Lager nicht noch an innerer Stärke und an eigenen Truppen eine Überlegenheit behalte. ***7*** Plötzlich brachen die Keltiberer mit ihren Fahnen auf und zogen ab, ohne den Römern, welche nach der Ursache

fragten und sie beschworen, hier zu bleiben, weiter etwas zu antworten als, sie würden durch eigenen Krieg abgerufen. ***8*** Als Scipio sah, dass sich die Bundesgenossen weder durch Bitten noch durch Gewalt halten ließen, dass er ebenso wenig ohne sie dem Feind gewachsen sei, als sich mit seinem Bruder wieder vereinigen könne, und dass sich jetzt weiter nichts zur Rettung tun lasse, so beschloss er, so weit wie möglich zurückzugehen, ***9*** wobei er sein ganzes Augenmerk nur darauf richtete, sich nirgends in freiem Feld mit dem Feind einzulassen, der schon über den Fluss gegangen war und den Abziehenden auf der Ferse folgte.

(34) In denselben Tagen wurde Publius Scipio von einem gleichen Schrecken, von noch größerer Gefahr durch einen neuen Feind bedrängt. ***2*** Der junge Masinissa, den Roms Freundschaft nachher so berühmt und mächtig gemacht hat, war damals Bundesgenosse der Karthager. ***3*** Dieser warf sich dem ankommenden Publius Scipio gleich jetzt mit seiner numidischen Reiterei entgegen ***4*** und kam auch nachher Tag und Nacht beständig als der Angreifende wieder, fing nicht bloß die Zerstreuten auf, die sich auf Holz- und Futterholungen weiter vom Lager entfernten, sondern er setzte auch dadurch, dass er dicht an das Lager heranritt und oft mitten in die Posten hineinsprengte, alles in große Unruhe und Verwirrung. ***5*** Oft hatte man durch seinen plötzlichen Angriff sogar bei Nacht an den Toren und Wällen genug zu tun, und den Römern blieb auch keine Stelle, keine Zeit von Furcht und Besorgnis frei. ***6*** Und als sie auf ihr Lager zurückgedrängt, aller notwendigen Dinge beraubt, sich beinahe schon in einer förmlichen Einschließung befanden, und diese offenbar noch enger werden musste, sobald Indebilis, der Lage nach mit 7500 Suessetanern schon im Anzug, ***7*** sich mit den Puniern vereinigte, da fasste Scipio, dieser umsichtige und vorsichtige Anführer, in der dringenden Not den allerdings gewagten Entschluss, in der Nacht dem Indebilis entgegenzugehen und wo er ihm auch immer begegnete, mit ihm zu schlagen. ***8*** Nachdem er also, mit Hinterlassung einer mäßigen Bedeckung und des Unterfeldherrn Titus Fonteius als Befehlshaber im Lager, abmarschiert war, traf er mit den ihm entgegenkommenden Feinden zusammen. ***9*** Freilich kämpften sie hier mehr in Zügen als in Schlachtreihen; und dennoch hatten die Römer, soweit es in diesem wilden Gefechte möglich war, die Oberhand. Allein plötzlich brach auch die numidische Reiterei, welche nach Scipios Meinung sie nicht bemerkt haben sollte, sie aber jetzt auf den Flügeln umringte, zu ihrem großen Schrecken auf sie ein. ***10*** Kaum hatten sie sich auf den neuen Kampf mit den Numidern eingelassen, so kamen, als dritter Feind, noch die punischen Feldherren dazu, die ihnen, als sie schon im Kampf waren, im Rücken nachgekommen waren. Und nun sahen sich die Römer allenthalben von der Schlacht umringt, ohne zu wissen, gegen welchen Feind zuerst und nach welcher Seite zusammendrängend sie den Durchbruch versuchen sollten. ***11*** Hier wurde dem kämpfenden, seine Leute ermunternden und wo die Not am größten war, sich aussetzenden Feldherrn die rechte Seite von einer Lanze durchbohrt; und kaum sah der Keil von Feinden, der auf die um ihren Anführer sich zusammendrängenden Römer eingebrochen war, den Scipio entseelt vom Pferd sinken, so sprengte er unter einem Freudengeschrei mit der Nachricht durch die ganze Linie, der römische Feldherr sei gefallen. ***12*** Als dieser Ausruf nach allen Seiten sich verbreitete, galten auch unfehlbar die Feinde schon für Sieger, die Römer für die Besiegten. ***13*** Mit dem Verlust des Feldherrn begann auch sogleich das Flüchten aus der Linie. Allein obwohl es wenig Schwierigkeit verursachte, Numider und andere leicht bewaffnete Hilfstruppen zu durchbrechen, so war es doch kaum möglich, einer so zahlreichen Reiterei und Fußtruppen, die den Pferden an Schnelligkeit gleichkamen, zu entkommen; ***14*** und auf der Flucht fielen von den Römern beinahe mehr als in der Schlacht. Und es wäre kein Einziger am Leben geblieben, wenn nicht der Tag sich schon zum Abend geneigt hätte und die Nacht eingefallen wäre.

(35) Die punischen Feldherren, die ungesäumt von ihrem Glück Gebrauch machten, führten ihr Heer, dem sie kaum die nötige Erholung gestatteten, gleich nach der Schlacht in Eilmärschen

zu Hasdrubal, Hamilkars Sohn, in der sicheren Hoffnung, wenn sie sich vereinigten, den Krieg beendigen zu können. ***2*** Als sie hier ankamen, brachen Heere und Heerführer vor Freude über den eben erfochtenen Sieg und in der gewissen Erwartung eines zweiten nicht minder wichtigen in laute Glückwünsche aus, einen so großen Feldherrn mit seinem ganzen Heer aufgerieben zu haben. ***3*** Bei den Römern war zwar die Nachricht von diesem großen Verlust noch nicht angekommen, allein es herrschten unter ihnen ein trauriges Schweigen und eine stille Ahnung, wie sie unser Herz zuweilen ergreift, wenn es vom nahenden Unglück eine Vorempfindung hat. ***4*** Der Feldherr selbst fühlte sich, abgesehen davon, dass er sich von seinen Bundesgenossen verlassen und die feindlichen Truppen so sehr verstärkt sah, durch Vermutung und Überlegung mehr zur Voraussetzung eines erlittenen Verlustes als zu irgendeiner frohen Hoffnung geneigt. ***5*** Denn wie hätten doch Hasdrubal und Mago, außer nachdem sie ihrerseits den Krieg beendigt hätten, ohne Kampf das Heer herbeiführen können? ***6*** Wie sei es aber sonst möglich, dass sein Bruder ihnen nicht hinderlich gewesen oder doch auf dem Fuß gefolgt sei, um wenigstens, wenn er die Vereinigung der Feldherren und der Heere nicht habe abwenden können, ebenso mit seinem Heer zu seinem Bruder zu stoßen? ***7*** Von diesen Sorgen beunruhigt, hielt er es für jetzt für das einzige Rettungsmittel, sich soweit wie möglich zurückzuziehen, und wirklich legte er in einer Nacht, solange die Feinde von nichts wussten und ebendarum still lagen, eine beträchtliche Strecke Wegs zurück. ***8*** Mit Anbruch des Tages, sobald sie den Abzug ihres Feindes bemerkten, schickten sie die Numider voraus und fingen an, sie in möglichst beschleunigtem Marsch zu verfolgen. Noch vor Nacht langten die Numider unter Angriffen bald im Rücken, bald auf den Seiten an. ***9*** Die Römer machten Halt und deckten ihren Zug so gut es ging, doch ermunterte sie Scipio, soviel sie mit Sicherheit könnten, zugleich zu kämpfen und vorzurücken, ehe das Fußvolk sie einhole.

(36) Allein da sie unter wechselndem Vorrücken und Anhalten in geraumer Zeit nur wenig vorwärts kamen und die Nacht schon hereinbrach, ***2*** rief Scipio seine Leute aus der Schlacht zurück und führte sie, als er sie gesammelt hatte, einen Hügel hinan, der zwar keine völlige Sicherheit gewährte, am wenigsten einem von Schrecken befallenen Heer, der aber doch höher als die Umgebung war. ***3*** Das Fußvolk, das sich hier um sein nebst der Reiterei in die Mitte genommenes Gepäck herumstellte, wehrte anfangs ohne Schwierigkeit die Angriffe der heransprengenden Numider ab; ***4*** dann aber, als drei Feldherren mit drei ordentlichen Heeren in ganzem Zug erschienen und es einleuchtend war, dass die Römer ohne Verschanzung mit den Waffen allein zur Behauptung des Platzes zu schwach sein würden, ***5*** fing ihr Feldherr an, sich umzusehen und darauf zu sinnen, wie er es möglich machen wolle, einen Wall umher aufzuführen. Allein der Hügel war so kahl und der Boden so hart, dass sich hier weder Gebüsch, um Pfähle zu hauen, noch ein zum Rasenstechen oder zur Führung eines Grabens oder sonst zur Anlage irgendeines Werkes taugliches Erdreich finden ließ; ***6*** auch nicht eine Stelle war durch Natur so steil oder abschüssig, dass sie dem Feind den Zugang oder das Heransteigen erschwert hätte; das Ganze erhob sich mit sehr mäßiger Aufsteigung. ***7*** Um indessen doch etwas von Wall vor sich zu haben, legten die Römer um sich her einen Kreis von ihren Saumsätteln an mit dem darauf festgebundenen Gepäck, welches sie zur gewöhnlichen Höhe gleichsam ausmauerten, doch so, dass sie da, wo es an Sätteln zum Bollwerk fehlte, alle möglichen Bündel im Haufen vor sich aufbauten.

8 Als die punischen Heere ankamen, rückte ihr Zug zwar ohne Schwierigkeit die Höhe hinan, allein die neue Art von Verschanzung fesselte sie anfangs gleich einer Wundererscheinung, ***9*** obgleich ihnen ihre Führer von allen Seiten zuriefen, warum sie Halt machten und dies Spielwerk, welches Frauen oder Knaben kaum aufzuhalten vermöchte, nicht auseinanderrissen und zerstörten. Sie hätten den hinter sein Gepäck sich verkriechenden Feind bereits gefangen. ***10*** So verächtlich forderten ihre Feldherren sie auf. Übrigens war es so leicht eben nicht, über die ihnen entgegengetürmten Lasten hinwegzuspringen oder sie loszubrechen oder die festgepackten und in das Gepäck selbst vergrabenen Sättel zu durchhauen. ***11*** Lange machte ihnen dies zu schaffen, sobald aber das weggeräumte Packwerk sie mit den Waffen eindringen ließ und dies an mehreren Stellen geschah, war auch das Lager auf allen Seiten erobert; die Wenigen wurden von den Vielen, Mutlose von Siegern allenthalben niedergehauen. ***12*** Doch ein großer Teil der Soldaten, der in die nahen Wälder entfloh, rettete sich in das Lager des Publius Scipio, welches der Unterfeldherr Titus Fonteius befehligte. Gnaeus Scipio soll nach einigen Berichten auf dem Hügel beim ersten Angriff der Feinde gefallen sein, nach anderen sich mit wenigen auf einen Turm in der Nähe des Lagers geflüchtet haben. ***13*** Um diesen habe man Feuer angelegt und ihn so durch Verbrennung der Torflügel, die man mit aller Gewalt nicht erbrechen konnte, erobert und alle darin Befindlichen samt dem Feldherrn niedergehauen. ***14*** Gnaeus Scipio verlor sein Leben im achten Jahr nach seiner Ankunft in Spanien, 29 Tage nach dem Tod seines Bruders. Die Traurigkeit über ihren Verlust war zu Rom nicht größer als in ganz Spanien. ***15*** Bei ihren Mitbürgern ging sogar ein Teil des Schmerzes um sie auf die eingebüßten Heere, auf die verlorene Provinz und auf das Unglück des Staates ab. ***16*** In beiden Spanien hingegen beweinte und vermisste man sie, doch den Gnaeus noch inniger, insofern er dort den Oberbefehl noch länger gehabt, die Gunst zuerst vorweggenommen hatte und der Erste gewesen war, der von der Gerechtigkeit und Mäßigung der Römer eine Probe gegeben hatte.

(37) Als die Heere vernichtet und die spanischen Provinzen verloren schienen, gab ein einziger Mann der schlimmen Sache eine bessere Wendung. ***2*** Bei diesem Heer stand Lucius Marcius, des Septimus Sohn, ein römischer Ritter; dabei ein feuriger junger Mann, von viel größerem Mut und Geist, als der Stand, in welchem er geboren war, erwarten ließ. ***3*** Seinen hohen Fähigkeiten war die Schule des Gnaeus Scipio zu Hilfe gekommen, in der er seit so vielen Jahren in allen Künsten des Krieges gebildet war. ***4*** Aus den von der Flucht aufgesammelten Soldaten und einigen abgeführten Besatzungen hatte er ein nicht unbedeutendes Heer zusammengebracht und es dem Unterfeldherrn des Publius Scipio, dem Titus Fonteius zugeführt. ***5*** Allein an Ansehen und Ehre bei den Soldaten hatte der römische Ritter so sehr den Vorzug, dass diese – als man in dem diesseits des Ebro befestigten Lager nach gemeinschaftlichem Beschluss zur Ernennung eines Feldherrn über beide Heere eine Wahlversammlung von Soldaten hielt, ***6*** während welcher immer einer den andern auf den Wachen und Posten ablöste, bis sie sämtlich nach der Reihe gestimmt hatten – alle ohne Ausnahme den Oberbefehl dem Lucius Marcius übertrugen. ***7*** Die ganze folgende Zeit, so kurz sie war, wurde auf Befestigung des Lagers und Anfuhr von Lebensmitteln verwandt, und die Soldaten vollzogen jeden Befehl nicht nur mit Eifer, sondern auch ohne alle Verzagtheit. ***8*** Allein als sie jetzt hörten, Hasdrubal, Gisgons Sohn, sei in der Absicht, die Überbleibsel des Krieges zu vertilgen, über den Ebro gegangen und schon in der Nähe, und nun das Zeichen zur Schlacht vom neuen Feldherrn gegeben sahen, da brachen sie alle bei der Erinnerung, ***9*** was für Feldherren sie noch kurz zuvor gehabt hätten, und mit welchem Vertrauen auf Anführer und Truppen sie sonst immer in die Schlacht gezogen wären, auf einmal in Tränen aus und schlugen sich vor die Stirn; einige streckten unter Klagen über die Götter die Hände zum Himmel; andere warfen sich zur Erde und riefen jeder seinen Feldherrn bei Namen. ***10*** Auch ließ sich ihre Wehklage nicht stillen, obgleich jeder Hauptmann die Soldaten seiner Rotte zu ermuntern suchte, und Marcius selbst bald sie tröstete, bald sie tadelte, dass sie sich lieber zu weibischen und unnützen Tränen erniedrigten, statt dass sie mit ihm zu ihrer eigenen und des Staates Verteidigung den Mut stählen und ihre Feldherren im Tod nicht ungerächt lassen sollten, als plötzlich Geschrei und Trompetenklang erscholl; ***11*** denn die Feinde waren schon nahe vor dem Wall. Da rannten sie, indem plötzlich ihre Trauer in Wut überging, nach ihren Waffen, stürzten wie von Wahnsinn ergriffen zu den

Toren hin und warfen sich auf den nachlässig und unordentlich herankommenden Feind. ***12*** Die Überraschung jagte sogleich den Puniern Schrecken ein; voll Verwunderung, wie nach beinahe gänzlicher Vernichtung des Heeres so viel Feinde so schnell sich aufgemacht haben könnten, wie die Geschlagenen und in die Flucht Gejagten zu dieser Kühnheit, zu diesem Selbstvertrauen kämen, wer nach dem Fall der zwei Scipionen noch Feldherr sein könne, wer das Lager befehlige, wer das Zeichen zur Schlacht gegeben habe: ***13*** Über alles dies Unerwartete ohne Aufschluss und staunend zogen sie sich anfangs zurück, und als sie durch einen kräftigen Andrang geworfen wurden, kehrten sie den Rücken. ***14*** Und nun wäre entweder unter den Fliehenden ein grässliches Blutbad angerichtet worden, oder für die Verfolgenden wäre der Ausfall gewagt und misslich gewesen, hätte nicht Marcius schleunigst das Zeichen zum Rückzug gegeben und dadurch, dass er den Seinigen an der Spitze entgegentrat, einige sogar selbst zurückhielt und die ungestüme Schlachtordnung zurückgedrängt hätte. Dann führte er sie noch in ihrer vollen Begierde nach Gemetzel und Blut in das Lager zurück.

15 Die Karthager, zuerst in Verwirrung von dem feindlichen Wall zurückgetrieben, nachdem sie sich von niemandem verfolgt sahen, meinten, die Römer hätten aus Furcht Halt gemacht, und rückten wieder voll Verachtung und in langsamem Schritt ins Lager ein. ***16*** Das Lager selbst bewachten sie mit gleicher Nachlässigkeit. Denn war gleich der Feind in der Nähe, so stellten sie ihn sich doch nur als Überrest zweier vor wenigen Tagen von ihnen vernichteten Heere vor. ***17*** Da aus diesem Grund bei den Feinden alles die Nachlässigkeit selbst war, ließ sich Marcius, als man es ihm meldete, auf einen Plan ein, der dem ersten Anschein nach mehr unbesonnen als unternehmend war, ***18*** selbst einen Angriff auf das feindliche Lager zu machen, weil er es für leichter hielt, das Lager des Hasdrubal allein zu erobern, als, wenn sich die drei Heere und die drei Feldherren abermals vereinigten, sein eigenes zu verteidigen; ***19*** zugleich auch, um entweder durch den glücklichen Erfolg den erlittenen Schaden wieder gutzumachen, oder wenn er doch geschlagen würde, sich wenigstens durch den zuvorkommenden Angriff bei den Feinden aus der Verachtung zu setzen.

(38) Weil er es aber nötig fand, sich gegen die Soldaten darüber auszulassen und sie sogar aufzufordern, damit nicht der völlige Mangel an Vorbereitung und der Aufstand bei Nacht und noch dazu ein in ihrer Lage nicht zu erwartender Plan sie um alle Fassung brächte, redete er sie in einer berufenen Versammlung so an:

2 *Sowohl meine Liebe zu unseren Feldherren im Leben und im Tod, als auch unserer aller gegenwärtige Lage können einen jeden überzeugen, dass mir die jetzige Befehlshaberstelle, so ehrenvoll für mich durch eure Würdigung, in der Tat sehr drückend und sorgenschwer sein müsse.* ***3*** *Zu einer Zeit, in der ich meiner selbst, wenn die Furcht den Schmerz nicht betäubte, kaum mächtig genug sein würde, für mein bekümmertes Herz einige Tröstungen zu finden, bin ich gezwungen, auf euer aller Bestes zu sinnen und, was in Traurigkeit gerade am schwersten wird: ich ganz allein;* ***4*** *und selbst dann nicht einmal, wenn ich daran denken soll, wie ich diese Überbleibsel zweier Heere dem Vaterland möchte retten können, ist es mir zu Gemüte, mein Herz von dem festsitzenden Gram zu befreien.* ***5*** *Denn die schmerzhafte Erinnerung ist immer wieder da; beide Scipionen bereiten mir Tag und Nacht Sorgen und Schlaflosigkeit; sie wecken mich oft durch den Gedanken aus dem Schlaf,* ***6*** *dass ich sie, dass ich ihre seit acht Jahren in diesen Landen unbesiegten Krieger, eure Kampfgenossen, dass ich den Staat nicht ungerächt lassen darf, und fordern mich auf, an ihre Kriegszucht, an ihre Grundsätze mich zu halten;* ***7*** *und so wie bei ihrem Leben niemand ihren Befehlen folgsamer gewesen ist als ich, so auch nach ihrem Tod das in jedem Fall als das Beste zu wählen, wovon ich am festesten überzeugt bin, dass auch sie hier so gehandelt hätten.* ***8*** *Auch ihr, Soldaten, dächte ich, müsstet ihnen nicht, gleich Verstorbenen, unter Wehklagen und Tränen nachtrauern – sie leben ja* *und wirken durch den Ruhm ihrer Taten; –, sondern ihr müsst jedes Mal, so oft die Erinnerung an sie sich aufdringt, so in die Schlacht gehen, als ob ihr sie euch Mut einsprechen, euch das Zeichen geben sähet.* **9** *Und gewiss bewirkte keine andere Erscheinung als die ihrige dadurch, dass sie euren Augen und euren Seelen vorschwebte, am gestrigen Tag das denkwürdige Gefecht,* **10** *in welchem ihr den Feinden den Beweis gegeben habt, dass nicht zugleich mit den Scipionen alles, was Römer heißt, erloschen ist, sondern dass die Kraft und Tapferkeit dieses Volkes, da sie im Unglück von Cannae nicht zu Grabe getragen wurde, sich gewiss aus jedem Sturm des Schicksals emporarbeiten werde.* **11** *Nun, da ihr so viel aus eigenem Antrieb gewagt habt, möchte ich wohl den Versuch machen, wie viel ihr, aufgefordert von eurem Anführer, wagen würdet. Denn es war gestern, als ich euch von der weiteren Verfolgung des in Unordnung fliehenden Feindes durch mein Zeichen zurückrief, nicht meine Absicht, euren Mut zu brechen, sondern ihn für euren größeren Ruhm und für eine bessere Gelegenheit zu sparen,* **12** *damit ihr demnächst als die Vorbereiteten Unbesorgte, als die Bewaffneten Wehrlose, ja sogar im Schlaf Siegende im günstigsten Zeitpunkte überfallen könntet. Und die Hoffnung auf diese Gelegenheit, ihr Soldaten, hege ich nicht etwa, ohne Grund zu haben, sondern weil sie aus der Sache selbst hervorging.* **13** *Auch ihr würdet, wenn euch jemand fragen sollte, wie so wenige von euch gegen so viele, ihr, die Besiegten, gegen die Sieger euer Lager behauptet hättet, gewiss nichts anderes antworten, als gerade weil ihr dies befürchtet hättet, hättet ihr alles durch Werke gehörig gedeckt gehabt und wäret selbst bereit und schlagfertig gewesen.* **14** *Und so ist es. Die Menschen sind gegen keinen Schlag weniger gesichert, als den das Glück sie nicht fürchten lässt, weil allemal unsere unbeachtete Seite auch die unbewachte und offene ist.* **15** *Nichts in der Welt fürchten unsere Feinde jetzt weniger, als dass wir, soeben noch selbst die Eingeschlossenen und Angegriffenen, ihr Lager als die Angreifenden bestürmen könnten. Lasst uns unternehmen, was als Unternehmung von unserer Seite nicht denkbar ist. Ebendarum, weil es so äußerst schwer scheint, wird es äußerst leicht sein. Um die dritte Nachtwache will ich euch in aller Stille hinführen.* **16** *Ich weiß durch sichere Erkundigungen, dass sie keine Ordnung in ihren Wachen, keine gehörigen Posten haben. Schon der Ton eures Feldgeschreis in ihren Toren und der erste Sturm werden das Lager erobern.* **17** *Dann richtet mir unter den von Schlaf Betäubten, durch das überraschende Getümmel Besinnungslosen, auf ihren Schlafstellen wehrlos Überfallenen das Blutbad an, von welchem gestern abgerufen zu werden euch so empfindlich war.* **18** *Ich weiß, mein Plan scheint gewagt. Allein in dringender Not und bei wenig Hoffnung ist immer die kräftigste Maßregel die sicherste, weil wir dann, wenn wir im entscheidenden Augenblick des im Vorüberflug sich darbietenden günstigen Zeitpunktes im Mindesten gesäumt haben, hinterher den unbenutzten vergebens zurückwünschen.* **19** *Nur eins von ihren Heeren steht in der Nähe; zwei sind nicht weit entfernt; und ihr habt schon eure Stärke mit der ihrigen gemessen. Nun besteht noch eine Hoffnung für die Angreifer; ihr habt ja schon eure und ihre Kräfte geprüft.* **20** *Lassen wir einen Tag vergehen, sind wir nach dem Gerücht von unserm gestrigen Ausfall nicht mehr die Verächtlichen, so laufen wir Gefahr, dass sich die Feldherren und die Truppen vereinigen. Werden wir wohl dann drei Feldherren, drei feindliche Heere aushalten, die Scipio mit dem vollständigen Heer nicht hat aushalten können?* **21***So wie unsere Feldherren durch die Teilung ihrer Truppen unglücklich wurden, so können auch die Feinde, getrennt und geteilt, zugrunde gerichtet werden. Einen andern Weg der Unternehmung gibt es für uns nicht. So lasst uns denn auf nichts weiter als auf den günstigen Zeitpunkt der nächsten Nacht warten.* **22** *Geht unter dem gnädigen Beistand der Götter und pflegt euch, um bei voller Kraft und Wirksamkeit mit demselben Mut in das feindliche Lager einzubrechen, mit dem ihr das eurige verteidigt habt.*

23 Der neue Vorschlag vom neuen Feldherrn machte ihnen Freude; und je kühner er war, je mehr gefiel er ihnen. Die übrige Tageszeit brachten sie hin, die Waffen instand zu setzen und sich zu pflegen, und den größeren Teil der Nacht überließen sie sich der Ruhe. Um die vierte Nachtwache brachen sie auf.

(39) Über das nächste Lager hinaus standen in einer Entfernung von 6000 Schritt noch andere punische Truppen. Ein tiefes, dicht bewachsenes Tal war dazwischen. Beinahe in der Mitte dieser Waldung wurde mit punischer Schlauheit eine römische Kohorte und Reiterei versteckt. ***2*** Als man so den Zwischenweg gesperrt hatte, wurden die übrigen Truppen in aller Stille gegen die nächsten Feinde geführt. Und da an den Toren kein Posten, auf dem Wall keine Wache stand, zogen sie ohne allen Widerstand wie in ihr eigenes Lager ein. ***3*** Nun erschallen die Trompeten, und das Feldgeschrei erhebt sich. Hier hauen sie die halb schlafenden Feinde nieder, dort werfen sie Feuer auf die mit dürrem Stroh gedeckten Hütten, andere besetzen die Tore, um die Flucht zu sperren. ***4*** Feuer, Geschrei, Gemetzel, alles zugleich lässt die Feinde, wie ihrer Sinne beraubt, nichts hören, nichts tun. Wehrlos geraten sie unter bewaffnete Scharen; ***5*** einige stürzen nach den Toren, andere springen, weil sie die Wege gesperrt finden, über den Wall; ***6*** und so wie sich jeder davonmacht, eilt er sofort dem andern Lager zu, wo alle von der aus dem Hinterhalt hervorbrechenden Kohorte und Reiterei umzingelt und insgesamt niedergehauen werden. ***7*** Gleichwohl, wenn auch einer diesem Gemetzel entronnen wäre, so eilten doch die Römer nach Eroberung des näheren Lagers schnell zu dem zweiten hinüber, dass ihnen kein Bote des Unglücks vorauskommen konnte. ***8*** In diesem nun fanden sie, weil es vom Feind soviel weiter entfernt lag, und weil gegen Morgen viele auf Futter- und Holzholung, manche auch zum Plündern ausgegangen waren, die Vernachlässigung und Unachtsamkeit in allen Stücken noch größer; auf den Posten bloß die Waffen hingestellt, die Soldaten ohne Waffen auf der Erde sitzen und liegen, oder außerhalb des Walles und vor den Toren auf und ab gehen. ***9*** Auf diese Sorglosen und Unachtsamen hieben jetzt, noch heiß vom eben bestandenen Kampf und durch ihren Sieg gehoben, die Römer ein. So war an den Toren aller Widerstand unmöglich. Aber hinter denselben erhob sich, als auf das erste Geschrei und Getümmel der Zulauf aus dem ganzen Lager sich sammelte, ein heftiger Kampf, ***10*** und er hätte lange gedauert, wenn nicht der Anblick der blutigen römischen Schilde den Puniern den Beweis von der Niederlage des ersten Heeres und dadurch Bestürzung mitgeteilt hätte. ***11*** In diesem Schrecken wandten sie sich alle zur Flucht, und da sie bis auf die, welche in dem Blutbad fielen, allenthalben, wo nur ein Weg war, hinausstürzten, blieb ihr Lager den Siegern. So wurden in einer Nacht und an einem Tag unter Anführung des Lucius Marcius zwei feindliche Lager erobert.

12 Claudius, der die Jahrbücher des Acilius aus dem Griechischen ins Lateinische übersetzt hat, gibt die Anzahl der gebliebenen Feinde auf 37 000, ***13*** die der Gefangenen auf 1830 und eine ungeheure Beute an; in dieser habe sich auch ein silberner Schild, 138 Pfund schwer, mit dem Bild des Hasdrubal Barcas befunden. ***14*** Valerius Antias sagt, nur Magos Lager sei erobert und 7000 Feinde getötet; in der zweiten Schlacht habe man nur in einem Ausfall mit Hasdrubal gekämpft und 10 000 getötet, 4330 zu Gefangenen gemacht. ***15*** Piso schreibt, als Mago die weichenden Unsrigen zu hitzig verfolgt habe, habe er durch einen Hinterhalt 5000 Mann verloren. ***16*** Alle rühmen den Marcius als Anführer. Ja einige erhöhen seinen wirklichen Ruhm durch Erzählungen von Wundern. Während seiner Rede sei ihm vom Haupt ohne alle Empfindung von seiner Seite, aber zum großen Entsetzen der umstehenden Soldaten eine Flamme aufgelodert; ***17*** auch soll sich als Denkmal seines Sieges über die Punier der Schild, unter dem Namen „der Marcische", mit Hasdrubals Bildnis bis auf den Brand des Kapitols* in diesem Tempel befunden haben.

18 Nun hielt man sich in Spanien eine Zeitlang ruhig, weil beide Teile nach so großen, gegenseitig zugefügten und erlittenen Niederlagen Anstand nahmen, etwas Entscheidendes zu wagen.

* Im Jahr Roms 669 unter den Konsuln Scipio und Norbanus. Hierbei verbrannten auch die Sibyllinischen Bücher.

(40) Während dieser Ereignisse in Spanien ließ Marcellus, der nach der Eroberung von Syrakus alles Übrige in Sizilien mit einer so großen Rechtlichkeit und Unparteilichkeit in Ordnung gebracht hatte, dass er nicht bloß seinen Ruhm, sondern auch die Ehrfurcht gegen den römischen Staat erhöhte, die Zierden dieser Stadt, die Statuen und Gemälde, woran Syrakus einen Überfluss hatte, nach Rom bringen. ***2*** Freilich war das alles feindliche Beute und nach dem Kriegsrecht Eigentum geworden; allein eben daraus entstand auch die Bewunderung griechischer Kunstwerke und diese Unverschämtheit, alles Heilige und Unheilige ohne Unterschied zu plündern, was nachher die römischen Götter selbst und gerade zuerst diesen von Marcellus so herrlich geschmückten Tempel traf. ***3*** Denn sonst besahen sich immer die Fremden in den beiden von Marcellus am Capenischen Tor geweihten Tempeln die vortrefflichen Prachtstücke dieser Art, von denen aber jetzt nur noch ein sehr kleiner Teil vorhanden ist.

4 Fast aus allen Städten Siziliens fanden sich nun bei Marcellus Gesandtschaften ein. Verschieden, wie ihre Sache, waren auch die Verfügungen über sie. Diejenigen, welche vor der Eroberung von Syrakus entweder nicht abgefallen oder zur Verbindung mit Rom zurückgekehrt waren, wurden als treue Bundesgenossen angenommen und geehrt; die sich aber nach der Eroberung von Syrakus aus Furcht ergeben hatten, mussten als Besiegte vom Sieger sich Gesetze geben lassen. ***5*** Doch fanden sich für die Römer in der Gegend von Agrigent nicht unbeträchtliche Reste des Krieges. Epicydes nämlich und Hanno, die vom bisherigen Krieg noch übrigen Feldherren, und ein dritter, neuer, welchen Hannibal an des Hippocrates Stelle geschickt hatte, ein Libyphönizier aus Hippo – er hieß bei seinen Landsleuten Muttines –, ein unternehmender Mann und als Zögling Hannibals mit allen Regeln des Krieges bekannt. ***6*** Epicydes und Hanno übergaben ihm die numidischen Hilfstruppen. Mit diesen durchstreifte er das feindliche Gebiet dergestalt und stellte sich, um die Bundesgenossen in ihrer Treue zu erhalten, oder wo diesem und jenem in der Not zu helfen war, immer so richtig ein, ***7*** dass er bald seinen Namen über ganz Sizilien verbreitete und die Anhänger der karthagischen Partei auf niemanden so große Hoffnung wie auf ihn setzten. ***8*** Die beiden Feldherren also, der punische und der syrakusanische, seit einiger Zeit bloß auf die Mauern von Agrigent beschränkt, wagten sich jetzt, ich sage nicht auf Muttines' Rat, aber doch im Vertrauen auf ihn, aus den Mauern hervor und schlugen am Fluss Himera ihr Lager auf. ***9*** Gleich auf die Nachricht hiervon setzte sich Marcellus mit seinen Truppen in Bewegung und nahm beinahe 4000 Schritt von den Feinden seine Stellung, um abzuwarten, was sie unternähmen und im Sinn hätten. ***10*** Allein Muttines setzte über den Fluss, bewirkte durch seine Angriffe auf die feindlichen Posten Schrecken und Auflauf und ließ ihm zum Warten und Überlegen weder Gelegenheit noch Zeit; ***11*** ja den folgenden Tag jagte er die Römer beinahe in einem förmlichen Treffen in ihre Verschanzungen. Da ihn nun ein im Lager ausgebrochener Aufstand der Numider, von denen auch beinahe 300 nach Heraklea Minoa weggingen, von hier abrief, um sie wieder zu besänftigen und zurückzuholen, soll er bei seinem Weggang die anderen Feldherren ernstlich gewarnt haben, in seiner Abwesenheit sich mit dem Feind einzulassen. ***12*** Dies nahmen beide sehr übel, am meisten Hanno, weil ihm der Ruhm des Mannes schon lange Kummer machte. Ein Muttines, ein halber Afrikaner, wolle ihm, einem karthagischen, von Senat und Volk ausgesandten Feldherrn, seine Grenzen anweisen. ***13*** Er brachte den zögernden Epicydes dahin, dass sie über den Fluss setzten und zur Schlacht ausrückten. Denn wollten sie den Muttines erwarten, sagte Hanno, so werde, wenn die Schlacht glücklich ausfiele, sicher Muttines die Ehre davontragen.

(41) Da gab Marcellus, der es sich zur Schande rechnete, wenn er diesen von ihm selbst zu Land und zu Wasser besiegten Feinden auswiche, da er den auf den Sieg bei Cannae stolzen Hannibal von Nola zurückgeschlagen habe, sogleich seinen Soldaten Befehl, zu den Waffen zu greifen und auszurücken. ***2*** Als er sein Heer aufstellte, kamen zehn Numider zu Pferd in vollem Lauf aus der

feindlichen Linie angesprengt und meldeten, ihre Landsleute würden, teils infolge jenes Aufstandes, in welchem 300 aus ihrer Anzahl nach Heraklea weggegangen wären, ***3*** teils weil sie ihren Obersten gerade vor dem Tag der Schlacht von beiden seinem Ruhm entgegenarbeitenden Feldherren weggeschickt sähen, in der Schlacht sich ruhig verhalten. Die sonst so treulose Nation hielt diesmal Wort. ***4*** Folglich wuchs nicht nur den Römern der Mut, als schleunigst durch alle Glieder bekannt wurde, der Feind werde von seiner Reiterei, vor der sie sich am meisten fürchteten, im Stich gelassen, ***5*** sondern die Feinde gerieten auch in Schrecken, da sich ihnen, außer dass gerade ihre größte Stärke sie nicht unterstützte noch die Furcht aufdrängte, zugleich von ihrer eigenen Reiterei angegriffen zu werden. ***6*** Daher kostete es keinen großen Kampf. Das bloße Geschrei und der erste Angriff entschieden. Als die Numider, die während des Zusammentreffens ruhig auf den Flügeln stehen blieben, die Ihrigen den Rücken kehren sahen, nahmen sie an ihrer Flucht nur eine kurze Zeit als Begleitung teil; ***7*** als sie aber sahen, dass der ganze Zug in voller Bestürzung nach Agrigent eilte, zerstreuten sie sich, um sich nicht belagern zu lassen, in die nächsten Städte umher, viele tausend Menschen wurden getötet und gefangen, auch acht Elefanten. Dies war Marcellus' letzte Schlacht in Sizilien. Er ging von hier als Sieger nach Syrakus zurück.

8 Schon war das Jahr beinahe zu Ende. Deshalb befahl der Senat zu Rom, der Prätor Publius Cornelius solle den Konsuln vor Capua schriftlich anzeigen, ***9*** während Hannibal weit entfernt sei, und bei Capua nichts von großem Belange vorgenommen werde, möge der eine von ihnen, wenn sie es für gut fänden, zur Wahl der neuen Obrigkeiten nach Rom kommen. Nach Empfang des Briefes machten die Konsuln untereinander aus, ***10*** dass Claudius die Wahlen vornehmen, Fulvius vor Capua bleiben solle. ***11*** Unter Claudius' Vorsitz wurden Gnaeus Fulvius Centumalus und Publius Sulpicius Galba, des Servius Sohn, obgleich er noch kein kurulisches Amt bekleidet hatte, zu Konsuln gewählt. ***12*** Darauf wählte man zu Prätoren den Lucius Cornelius Lentulus, Marcus Cornelius Cethegus, Gaius Sulpicius und Gaius Calpurnius Piso. ***13*** Piso erhielt die Gerichtspflege in der Stadt, Sulpicius Sizilien, Cethegus Apulien, Lentulus Sardinien. Den Konsuln wurde der Oberbefehl auf ein Jahr verlängert.

Sechsundzwanzigstes Buch

Inhalt

Hannibal schlägt drei Meilensteine von Rom oberhalb des Anio sein Lager auf und reitet selbst, um sich mit der Lage der Stadt bekannt zu machen, mit 2000 Mann Reiterei bis nahe an das Capenische Tor. Von beiden Seiten tritt man drei Tage nacheinander mit allen Truppen zur Schlacht auf, welche jedes Mal ein Unwetter verhindert. Capua wird von den Prokonsuln Quintus Fulvius und Appius Claudius erobert. Die vornehmsten Campaner geben sich den Tod durch Gift. Als die kampanischen Senatoren schon an die Pfähle gebunden waren, um enthauptet zu werden, legte der Prokonsul Quintus Fulvius den vom Senat eingetroffenen Brief, welcher ihm Schonung gebot, in seinen Schoß, ließ nach dem Gesetz verfahren und die Hinrichtung vollziehen. Auf die vor dem versammelten Volk geschehene Anfrage, wem der Oberbefehl über die beiden Spanien übertragen werden sollte, erklärte Publius Scipio, der Sohn des in Spanien gefallenen Publius, da sich niemand dazu erbot, er wolle hingehen; und als er durch die Wahl des Volkes und mit allgemeiner Beistimmung hingeschickt wurde, eroberte er Neukarthago an einem Tag. Er war erst im 24. Jahr, und man traute ihm göttliche Abkunft zu, teils weil er, seitdem er die Männertoga trug, sich täglich auf dem Kapitol einfand, teils weil man mehrmals im Schlafzimmer seiner Mutter eine Schlange gesehen hatte. Außerdem enthält dieses Buch die Taten in Sizilien, die Befreundung mit den Aetolern und den Krieg gegen die Acarnanen und den makedonischen König Philipp.

(1) Als die Konsuln Gnaeus Fulvius Centumalus und Publius Sulpicius Galba am 15. März ihr Amt angetreten hatten, befragten sie den auf das Kapitol berufenen Senat über die Staatsverwaltung, über die Führung des Krieges, über die Provinzen und Heere. *2* Den Konsuln des vorigen Jahres Quintus Fulvius und Appius Claudius verlängerte man den Oberbefehl und ließ ihnen ihre jetzigen Heere. Dabei wurde bestimmt, sie sollten von Capua, das sie eingeschlossen hielten, nicht abziehen, bis sie es erobert hätten. *3* Diese Sorge beschäftigte damals die Römer am meisten, nicht so sehr aus Erbitterung, obgleich diese nie gegen einen Staat gerechter war, *4* als vielmehr weil sie der Meinung waren, sowie diese berühmte und mächtige Stadt durch ihren Abfall mehrere Völker sich nachgezogen habe, so werde auch ihre Wiedereroberung die Stimmung bewirken, sich wieder nach der ehemaligen Regierung umzusehen. *5* Auch den Prätoren des vorigen Jahres, Marcus Junius in Etrurien und Publius Sempronius in Gallien, wurde der Oberbefehl über die zwei Legionen, die jeder gehabt hatte, verlängert. *6* Auch sollte ihn Marcus Marcellus behalten, um in Sizilien als Prokonsul dem Krieg mit seinem jetzigen Heer vollends ein Ende zu machen. *7* Hätten seine Truppen Ergänzung nötig, so möchte er sie aus den Legionen vollzählig machen, welche unter dem Proprätor Publius Cornelius in Sizilien stünden; *8* nur sollte er dazu nicht einen Mann von denen nehmen, welchen der Senat den Abschied und die Rückkehr ins

Vaterland vor Beendigung des Krieges verweigert habe. ***9*** Dem Gaius Sulpicius, welcher Sizilien durchs Los erhalten hatte, bestimmte man die zwei Legionen, welche Publius Cornelius gehabt habe, und Ergänzungstruppen von dem Heer des Gnaeus Fulvius, das im vorigen Jahr in Apulien so schimpflich zusammengehauen und in die Flucht geschlagen war. ***10*** Den hierzu gehörigen Soldaten hatte der Senat für ihre Dienstzeit dasselbe Ziel gesetzt wie denen von Cannae, und zur Erhöhung ihres Schimpfes durften beide nie in Städten Winterquartiere nehmen, noch sie unter einer Entfernung von 10 000 Schritten bei irgendeiner Stadt anlegen. ***11*** Dem Lucius Cornelius gab man für Sardinien die zwei Legionen, welche Quintus Mucius befehligt hatte. Die etwa nötigen Ergänzungstruppen sollten die Konsuln ausheben. Dem Titus Otacilius und Marcus Valerius wurde Siziliens und Griechenlands Küste mit den Legionen und Flotten bestimmt, welche sie befehligten. ***12*** In Griechenland gebrauchte man 50 Schiffe und eine Legion, für Sizilien 100 Schiffe und zwei Legionen. ***13*** Die Römer führten den Land- und Seekrieg für dieses Jahr mit 23 Legionen.

(2) Als es im Anfang des Jahres über den von Lucius Marcius eingelaufenen Bericht zum Vortrag kam, erklärte zwar der Senat die Taten desselben für bedeutend, allein den Ehrentitel, den er sich in der Überschrift gab – er hatte, ohne den Oberbefehl auf Geheiß des Volkes oder nach einem Senatsbeschluss zu haben, so geschrieben: „Der Proprätor an den Senat“ –, fanden viele anstößig. ***2*** Es sei kein gutes Beispiel, wenn man die Feldherren von den Heeren wählen lasse; auch gehe dann die feierliche Sitte der durch heilige Vögel genehmigten Wahlen in das Lager und in die Provinzen über, wo sie fern von Gesetzen und Obrigkeiten von der Unbesonnenheit der Soldaten abhingen. ***3*** Obgleich einige dafür waren, die Sache im Senat zur Sprache zu bringen, hielt man es doch für besser, diese Beratung bis nach der Abreise der Ritter zu verschieben, welche den Brief von Marcius überbracht hatten. ***4*** Man beschloss, hinsichtlich des Getreides und der Kleidungsstücke für das Heer ihm zu antworten, der Senat werde für beides sorgen. Allein die Aufschrift „An den Proprätor Lucius Marcius“ sollte wegfallen, damit er nicht gerade das, was man der Beratung vorbehielt, als vorläufig bewilligt ansehen möchte.

5 Nach Abfertigung der Ritter machten die Konsuln die Sache zum ersten Gegenstand ihres Vortrages, und alle Stimmen vereinigten sich dahin, die Volkstribunen zu bescheidenen, dass sie je eher je lieber beim Bürgerstand anfragten, wen man als Oberbefehlshaber nach Spanien zum Heer schicken solle, ***6*** das Gnaeus Scipio als Oberfeldherr befehligt habe. Man machte dies mit den Tribunen aus, und der Antrag wurde öffentlich bekannt gemacht. Unterdessen hatte eine Streitigkeit von anderer Art die Aufmerksamkeit auf sich gezogen. ***7*** Gaius Sempronius Blaesus, der den Gnaeus Fulvius wegen des in Apulien verlorenen Heeres vor Gericht gezogen hatte, nahm diesen in seinen Reden sehr heftig mit, deren gewöhnlicher Inhalt dieser war: ***8*** Schon mancher Feldherr habe durch Unbesonnenheit und Ungeschick sein Heer an den Rand des Verderbens geführt, aber noch keiner, außer Gnaeus Fulvius, habe seine Legionen, ehe er sie aufgeopfert habe, durch alle Arten von Laster zugrunde gerichtet. Man könne mit Wahrheit sagen, sie wären schon vorher verloren gewesen, ehe sie einen Feind gesehen hätten, und nicht von Hannibal, sondern von ihrem Feldherrn zu Überwundenen gemacht. ***9*** Niemand könne, wenn er zur Stimmenwahl schreite, mit Sicherheit vorhersehen, wem er den Oberbefehl, wem er das Heer anvertraue. Wie ganz anders habe sich Tiberius Sempronius benommen! ***10*** Dem habe man ein Heer von Sklaven gegeben, und in kurzer Zeit habe er durch Zucht und Gebot bewirkt, dass sie alle ihre Abkunft, ihren Ursprung in der Schlacht vergessen hätten und der Bundesgenossen Schutz, der Feinde Schrecken geworden wären; ***11*** sie hätten Cumae, Beneventum und andere Städte gleichsam aus Hannibals Klauen dem römischen Volk wiedergewonnen. Gnaeus Fulvius aber habe einem Heer römischer Quiriten, edelbürtigen, frei erzogenen Männern Sklavenlaster eingeimpft, so habe er es dahin gebracht, dass sie unter den Bundesgenossen trotzig und unruhig, unter den Feinden feig und unkriegerisch waren und nicht nur den Angriff der Punier, sondern auch schon ihr Feldgeschrei nicht hätten aushalten können. ***12*** Auch sei es kein Wunder, dass die Soldaten in der Schlacht nicht standgehalten hätten, da der Feldherr von allen zuerst geflohen sei. ***13*** Er wundere sich mehr darüber, dass doch noch einige in Linie Stehende gefallen wären, als dass sie nicht alle den Gnaeus Fulvius in seiner Bestürzung und Flucht begleitet hätten. Ein Gaius Flaminius, Lucius Paulus, Lucius Postumius, die Scipionen Gnaeus und Publius hätten lieber in der Schlacht fallen als ihre umzingelten Heere im Stich lassen wollen; ***14*** nur Gnaeus Fulvius sei beinahe als der einzige Bote von seinem vernichteten Heer nach Rom gekommen. Es sei unerhört, dass das Heer von Cannae wegen seiner Flucht aus der Schlacht nach Sizilien geführt sei, um dort nicht eher entlassen zu werden, bis der Feind Italien geräumt habe, ***15*** dass man dasselbe neulich gegen die Legionen des Gnaeus Fulvius erkannt habe; wenn dem Gnaeus Fulvius seine Flucht aus der durch seine Unbesonnenheit gelieferten Schlacht ungestraft hinginge, wenn er in Kneipen und liederlichen Häusern, wo er seine Jugend verlebt habe, auch sein Alter zubringen sollte, ***16*** und die Soldaten, die weiter nichts verbrochen hätten, als dass sie ihres Feldherrn Ebenbild gewesen wären, so gut als in die Verbannung verwiesen, in einem schimpflichen Dienste stünden, so ungleich sei zu Rom die Freiheit für den Reichen und Armen, für den Vornehmen und Geringen.

(3) Der Beklagte schob die Schuld von sich auf die Soldaten. Da er sie auf ihre trotzige Forderung, zu schlagen, aber nicht an dem Tag, an welchem sie es gewollt hätten – denn da sei es schon zu spät gewesen –, sondern am folgenden in den Kampf geführt und sie zu rechter Zeit und am gehörigen Ort aufgestellt habe, hätten sie den Ruf und die Gewalt des Feindes nicht aushalten können. ***2*** Da sie alle unaufhaltsam geflohen wären, sei auch er vom Gedränge mit fortgerissen, wie Varro in der Schlacht bei Cannae, ***3*** wie so mancher andere Feldherr; wie hätte er aber durch sein alleiniges Standhalten, wenn nicht etwa sein Tod künftige Niederlagen habe abwenden sollen, dem Staat nützen können? ***4*** Ihm habe es kein Mangel an Lebensmitteln getan, kein unvorsichtiger Zug auf eine nachteilige Stelle, kein Überfall aus einem Hinterhalt auf unerkundetem Weg; durch offenen Angriff, mit Waffen, in der Schlacht sei er besiegt. Er habe weder den Mut der Seinigen noch den der Feinde in seiner Gewalt gehabt; Kühnheit oder Furcht gebe jedem sein eigener Sinn.

5 Er wurde zweimal angeklagt, und der Kläger beantragte eine Geldstrafe. Als aber im dritten Termin von den aufgestellten Zeugen, außer dass ihm eine Menge von Vorwürfen zur Last fiel, sehr viele eidlich aussagten, ***6*** der Prätor habe zu dieser Flucht und Feigheit das erste Beispiel gegeben, und da die von ihm im Stich gelassenen Soldaten geglaubt hätten, die Furcht ihres Feldherrn müsse nicht unbegründet sein, hätten auch sie die Flucht ergriffen, da wurde die Erbitterung so groß, dass die ganze Versammlung eine Anklage auf Leib und Leben forderte. ***7*** Hierüber kam es zu einem neuen Streit. Denn da der Tribun zweimal Geldstrafe beantragt hatte und nun zum dritten Mal auf eine Anklage auf Leib und Leben antrug, nahm Fulvius die Tribunen in Ansprache. ***8*** Und diese erklärten, sie würden ihrem Amtsgenossen nicht hinderlich sein, wie es ihm nach alter Sitte zustehe, entweder nach den Gesetzen oder der Sitte so lange auf Strafe anzutragen, bis er gegen ihn als Privatmann entweder einen Spruch auf Geld- oder Leibesstrafe bewirkt habe. ***9*** Da sagte Sempronius, er klage gegen Gnaeus Fulvius auf Hochverrat, und erbat sich hierzu vom Stadtprätor Gaius Calpurnius einen Volkstag. ***10*** Jetzt versuchte der Beklagte einen andern Weg der Hilfe, ob er es möglich machen könnte, seinen Bruder Quintus Fulvius zum gerichtlichen Beistand zu haben, dessen Tatenruhm bei der zu hoffenden baldigen Eroberung Capuas in voller Blüte stand. ***11*** Da Fulvius in einem um die Rettung seines Bruders kläglich flehenden Brief um diese Erlaubnis gebeten, die Väter aber geantwortet hatten, seine Entfernung von Capua werde einen nachteiligen Einfluss auf das Ganze haben, ***12*** ging Gnaeus Fulvius um die Zeit des

Gerichtstages in die Verbannung nach Tarquinii; und der Bürgerstand erklärte, die Verbannung sei ihm von Rechts wegen zuerkannt.

(4) Inzwischen hatte sich der ganze Sturm des Krieges gegen Capua gewandt, obgleich es ernstlicher eingeschlossen als bestürmt wurde; und die Sklaven und geringen Leute konnten ebenso wenig die Hungersnot länger ertragen, als bei den scharfen Wachen an Hannibal Boten senden. ***2*** Da fand sich ein Numider, der mit einem Brief durchzukommen versprach, und da er, um Wort zu halten, bei Nacht mitten durch das römische Lager ging, bei den Campanern den Mut weckte, solange sie noch einige Kräfte hätten, auf allen Seiten einen Ausfall zu versuchen. ***3*** Auch liefen bei den vielen Kämpfen die Reitergefechte für sie meistens glücklich ab; nur zu Fuß waren sie die Geschlagenen. Aber die Freude zu siegen war bei Weitem nicht so groß wie der Verdruss, auf irgendeiner Seite von einem belagerten und fast schon bezwungenen Feind besiegt zu werden. ***4*** Endlich fand man ein Mittel, den Abgang an Kraft durch Kunst zu ersetzen. Man hob aus allen Legionen die durch Rüstigkeit und Gewandtheit der Glieder behendesten Jünglinge aus und gab ihnen kürzere Rundschilde als die Reiter hatten und jedem sieben Wurfspieße von vier Fuß Länge, vorne mit Eisen beschlagen, wie es die Lanzen der leichten Truppen haben. ***5*** Von diesen nahm jeder Reiter einen zu sich aufs Pferd und gewöhnte ihn, hinter ihm aufzusitzen und auf ein Zeichen schnell abzuspringen. ***6*** Als sie durch die tägliche Übung so weit gekommen zu sein schienen, dies mit der notwendigen Fertigkeit tun zu können, rückte man auf dem zwischen dem Lager und der Stadtmauer befindlichen Feld gegen die aufgestellte kampanische Reiterei vor. ***7*** Als man zum Pfeilschuss kam, sprangen auf das Zeichen die Leichtbewaffneten ab; und nun drang plötzlich aus der Reiterei eine Linie zu Fuß auf die feindlichen Reiter ein und schleuderte mit Nachdruck Spieße über Spieße auf sie ab. ***8*** Da diese überall in Menge auf Ross und Mann geworfen wurden, verwundeten sie viele; doch war es eigentlich das Neue und Unerwartete des Schauspiels, was ihnen den meisten Schrecken einjagte; und da nun auf die bestürzten Feinde die Reiterei einhieb, verbreitete diese Flucht und Gemetzel unter ihnen bis an die Tore. ***9*** Von nun an hatten die Römer auch an Reiterei die Überlegenheit. ***10*** Es wurde beschlossen, in den Legionen solche Absitzer beizubehalten. Diese Mischung der Reiterei mit Fußvolk war, der Angabe nach, das Werk des Hauptmanns Quintus Navius, der deshalb von seinem Feldherrn besonders geehrt wurde.

(5) Bei dieser Lage der Dinge vor Capua waren die Sorgen Hannibals zwischen dem Wunsch, die Burg von Tarent zu gewinnen und Capua zu behaupten, geteilt. ***2*** Doch behielt die Rücksicht auf Capua die Oberhand, weil er sah, dass die Aufmerksamkeit aller Bundesgenossen und Feinde auf diese Stadt gerichtet war, deren Abfall von den Römern in beiden Fällen des Ausgangs als Lehre gelten werde. ***3*** Nachdem er also einen großen Teil des Gepäcks und alle schweren Rüstungen in Bruttium zurückgelassen hatte, eilte er mit Fußvolk und Reiterei, so passend er sie zur Beschleunigung des Zuges auswählen konnte, nach Kampanien; doch folgten ihm auf seinem so schnellen Marsch 33 Elefanten. ***4*** In einem versteckten Tal hinter dem in Capuas Nähe ragenden Gebirge Tifata lagerte er sich. Nach Eroberung des Kastells Galatia, wo er gleich bei seiner Ankunft die Besatzung im Sturm verjagte, wandte er sich gegen die Belagerer Capuas. ***5*** Da er nach Capua Boten vorausgeschickt hatte, dass sie um dieselbe Zeit, wo er das römische Lager angreifen würde, zum Ausfall fertig zu allen Toren herausstürzen möchten, setzte er dadurch bei den Römern alles in Schrecken. ***6*** Denn auf der einen Seite griff er selbst an, auf der andern brachen alle Campaner, Fußvolk und Reiterei und mit ihnen die punische Besatzung unter Bostar und Hanno aus der Stadt. ***7*** Die Römer, um nicht in einer solchen Verlegenheit durch ein Zusammenströmen auf einen Punkt irgendeine Stelle ohne Verteidigung zu lassen, verteilten ihre Truppen so. ***8*** Appius Claudius trat den Campanern entgegen, Fulvius dem Hannibal. Der Proprätor Gaius Nero nahm

mit den Reitern der sechsten Legion seinen Stand auf der Straße nach Suessula, der Legat Gaius Fulvius Flaccus dem Strom Volturnus gegenüber. ***9*** Die Schlacht begann nicht allein mit dem gewöhnlichen Geschrei und Lärm, sondern außer dem Getöse der Männer, Rosse und Waffen erhob auch die Menge von Campanern, die wehrlos auf den Mauern verteilt war, mit Zusammenschlagen von ehernen Gefäßen, wie man es in nächtlicher Stille bei einer Mondfinsternis ertönen lässt, ein solches Geschrei, dass es die Aufmerksamkeit der Heere vom Kampf abzog. ***10*** Die Campaner hielt Appius ohne Mühe von seinem Wall ab; allein den Fulvius bedrängte von der andern Seite ein wirksamerer Feind, Hannibal mit seinen Puniern. ***11*** Hier wich die sechste Legion von ihrer Stelle, nach deren Vertreibung eine Kohorte Spanier mit drei Elefanten bis an den Wall vordrang; und schon hatte sie die Linie der Römer in der Mitte gesprengt und schwebte selbst zwischen Hoffnung und Furcht, ob sie bis ins Lager durchbrechen oder von den Ihrigen abgeschnitten würde. ***12*** Als Fulvius die Legion in Bestürzung, das Lager in Gefahr sah, rief er dem Quintus Navius und mehreren der Vornehmsten Hauptleuten zu, sie möchten die feindliche, schon am Wall kämpfende Kohorte angreifen; ***13*** es sei die größte Gefahr; entweder müsste man die Feinde durchlassen, und dann würden sie mit leichterer Mühe, als sie die dichte Linie gesprengt hätten, in das Lager einbrechen, oder man müsse sie am Wall zusammenhauen. ***14*** Und dies werde einen so großen Kampf nicht kosten. Der Haufe sei klein und noch dazu von den Seinigen abgeschnitten; und wenn die Linie, die jetzt bei der Bestürzung der Römer unterbrochen scheine, sich von beiden Seiten gegen den Feind wende, so könne sie von vorn und von hinten die in die Mitte Genommenen einschließen. ***15*** Auf diesen Befehl des Feldherrn riss Navius dem Fähnrich von der zweiten Rotte des ersten Gliedes die Fahne aus der Hand und trug sie unter der Drohung den Feinden entgegen, sie mitten unter sie zu werfen, wenn nicht sogleich jeder Soldat ihm folgte und am Kampf teilnehme. ***16*** Der Mann war von mächtigem Körperbau, die Waffen standen ihm schön; und die empor gehaltene Fahne zog die Aufmerksamkeit von Freund und Feind auf dieses Schauspiel. ***17*** Freilich schossen die Spanier, als er sich jetzt ihren Fahnen näherte, von allen Seiten ihre Wurfpfeile auf ihn, und fast ihre ganze Linie richtete sich gegen den einen; allein weder die Menge der Feinde noch ein Hagel von Geschossen konnte den Andrang dieses Mannes zurückhalten.

(6) Auch der Legat Marcus Atilius zwang den Fähnrich der ersten Rotte im zweiten Glied ebendieser Legion, mit seiner Fahne die spanische Kohorte anzugreifen. Ebenso verteidigten auch die Befehlshaber des Lagers, die Legaten Lucius Porcius Licinus und Titus Popilius den Wall tapfer und töteten die Elefanten beim Übergang auf dem Wall selbst. ***2*** Allein der Graben, durch diese Körper gestopft, gewährte den Feinden den Durchgang, als führte ein Damm oder eine Brücke hinüber; und auf dieser mit toten Elefanten überdeckten Stelle entstand ein lebhafter Kampf.

3 Auf der inneren Seite des Lagers waren die Campaner und die punische Besatzung schon geschlagen, man focht selbst unter dem von Capua nach Volturnum führenden Tor, ***4*** und es waren nicht so sehr die Bewaffneten, welche den Römern das Eindringen wehrten, als das mit Wurfmaschinen und Schleuderwerkzeugen ausgerüstete Tor, das die Feinde durch Geschosse fernhielt. ***5*** Auch hielt den Andrang der Römer die Wunde ihres Feldherrn Appius Claudius auf, dem an der Spitze der Seinigen, denen er Mut einsprach, die Brust oben unter der linken Schulterhöhle von einem gallischen Wurfspieß getroffen worden war. Dennoch wurde eine große Menge Feinde vor dem Tor niedergehauen und die übrigen in voller Bestürzung in die Stadt getrieben. ***6*** Als Hannibal die Niederlage der spanischen Kohorte und das feindliche Lager mit solcher Tapferkeit verteidigt sah, fing er an, unter Aufgabe des Angriffs sich zurückzuziehen und sein Fußvolk zu schwenken, wobei die Reiterei den Schluss bildete, damit der Feind ihnen nicht nachsetzen könnte.

7 Die Legionen brannten vor Eifer, dem Feind nachzusetzen, allein Flaccus ließ zum Rückzug blasen; er glaubte, beide Zwecke hinlänglich erreicht zu haben, sowohl die Campaner zu belehren, wie wenig ihnen Hannibal helfen könne, als den Hannibal selbst dies fühlen zu lassen. ***8*** Die Berichte der Geschichtsschreiber über diese Schlacht sagen, Hannibal habe an diesem Tag 8000 Mann verloren, die Campaner 3000; den Karthagern habe man 15 Fahnen abgenommen, den Campanern 18. ***9*** Bei anderen habe ich gefunden, dass die Schlacht keineswegs von solcher Bedeutung war und die Verwirrung größer gewesen, als der Kampf war, ***10*** da die Numider und Spanier unvermutet mit den Elefanten in das römische Lager eingebrochen wären und die mitten durch das Lager fortschreitenden Elefanten unter großem Getöse den Umsturz der Zelte und die Flucht der von ihren Halftern sich losreißenden Packpferde veranlasst hätten; ***11*** diese Verwirrung sei durch Hannibals List noch größer geworden, weil er durch Leute, welche der lateinischen Sprache kundig waren – und er hatte mehr solche –, im Namen der Konsuln ausrufen ließ, die Soldaten sollten sich, da das Lager verloren sei, auf das nahe Gebirge retten, ***12*** doch sei die List bald entdeckt und mit großer Niederlage der Feinde vereitelt worden; die Elefanten habe man mit Feuer aus dem Lager gescheucht. ***13*** Diese Schlacht, wie sie auch angefangen und beendet sein mag, war vor der Übergabe von Capua die letzte. Medixtuticus – so heißt bei den Campanern die höchste Obrigkeit – war in diesem Jahr Seppius Loesius, ein Mensch von niedriger Abkunft und in dürftigen Verhältnissen. ***14*** Seine Mutter soll einst bei einem Sühnopfer, das sie zur Abwendung eines ihrer Familie drohenden Schreckenszeichens im Namen dieses Unmündigen brachte, auf die Erklärung des Opferschauers, die erste Regierungsstelle zu Capua werde an diesen Knaben kommen, ***15*** weil sie sich zu dieser Hoffnung durchaus nicht berechtigt sah, geantwortet haben: *Da muss es doch deiner Aussage nach sehr schlecht um Capua stehen, wenn hier die höchste Ehrenstelle an meinen Sohn kommen soll.* Und gerade dieser mit der Wahrheit getriebene Scherz erfüllte sich doch. ***16*** Denn als unter dem Druck der Hungersnot und des Krieges und bei völliger Verzweiflung an allem diejenigen, welche vermöge ihrer Geburt auf Ehrenstellen hoffen durften, sich ihnen entzogen, ***17*** verschaffte sich durch seine Klagen, dass die Vornehmen Capua preisgäben und verrieten, die höchste obrigkeitliche Würde Loesius, der Niedrigste aller Campaner.

(7) Als Hannibal sah, dass er die Feinde weder zu einer neuen Schlacht herauslocken, noch durch ihr Lager nach Capua durchbrechen könne, ***2*** beschloss er, um sich nicht selbst von den neuen Konsuln die Zufuhr abschneiden zu lassen, von seinem vergeblichen Versuch abzustehen und von Capua aufzubrechen. ***3*** Unter einer Menge von Vorschlägen, wohin er sich nun wenden solle, fühlte er in sich den Drang, den Hauptsitz des Krieges, Rom selbst, anzugreifen, eine stets gewünschte Unternehmung, deren günstigen Zeitpunkt nach der Schlacht bei Cannae versäumt zu haben, teils mancher andere rügte, teils Hannibal selbst nicht geradezu leugnete. ***4*** Sollte man daran verzweifeln müssen, durch Überraschung und im Getümmel wenigstens einen Teil der Stadt zu erobern? ***5*** Auch würden ja, sobald Rom in Gefahr sei, entweder beide römische Feldherren, oder doch einer von ihnen, Capua aufgeben müssen, und hätten sie ihre Truppen geteilt, so würden beide, nun desto schwächer, entweder ihm oder den Campanern Gelegenheit geben, ihr Glück zu machen. ***6*** Nur die eine Sorge drückte ihn, dass sich die Campaner, wenn er abgezogen wäre, ergeben möchten. Da veranlasste er durch Geschenke einen zu jedem Wagstück entschlossenen Numider mit einem Brief als Überläufer ins römische Lager und auf der andern Seite heimlich nach Capua zu gehen. ***7*** Der Brief war voll von Ermunterungen, sein Abzug, der ihnen zur Rettung gereichen werde, solle die römischen Feldherren und Heere vom Sturm auf Capua zur Verteidigung Roms herüberziehen, ***8*** sie sollten den Mut nicht sinken lassen. Dadurch, dass sie wenige Tage aushielten, würden sie die Aufhebung der Belagerung bewirken. ***9*** Dann befahl er, die Schiffe, die er auf dem Fluss Volturnus wegnehmen ließ, bei der Schanze

zusammenzubringen, welche er früher zu seiner eigenen Deckung hatte aufwerfen lassen. ***10*** Als er hörte, man habe so viele beisammen, dass das Heer in einer Nacht übersetzen könne, ging er mit den Legionen, die sich mit zehntägiger Kost versehen hatten, in der Nacht bis an den Fluss und noch vor Tagesanbruch hinüber.

(8) Als Fulvius Flaccus, noch ehe es so weit kam, dem Senat nach Rom schrieb, dass man dies zu erwarten habe – er hatte es durch Überläufer erfahren –, machte die Nachricht auf die Bürger nach der Verschiedenheit der Sinnesarten verschiedenen Eindruck. ***2*** In dem bei so dringender Not sogleich berufenen Senat wollte Publius Cornelius, mit dem Beinamen Asina, alle Feldherren und Heere aus ganz Italien, ohne weiter an Capua oder sonst etwas zu denken, zum Schutz der Stadt zurückgerufen wissen. ***3*** Fabius Maximus erklärte es für eine Schande, von Capua abzuziehen und sich durch jeden Wink, jede Drohung Hannibals schrecken und an der Nase herumziehen zu lassen. ***4*** Er, der als Sieger von Cannae dennoch den Mut nicht gehabt habe, auf Rom loszugehen, solle jetzt, von Capua zurückgeschlagen, hoffen, Herr von Rom zu werden? ***5*** Nicht zur Belagerung Roms, sondern Capua von der Belagerung zu befreien, mache er sich auf den Weg. Rom würden, außer dem Heer, welches in der Stadt stehe, Jupiter, der Zeuge der von Hannibal gebrochenen Verträge, und die übrigen Götter verteidigen. ***6*** Über diese einander widersprechenden Stimmen behielt die Stimme des Publius Valerius Flaccus auf dem Mittelweg die Oberhand. Mit Rücksicht auf beides riet er, den vor Capua stehenden Feldherren zu schreiben, sie wüssten selbst, wie es mit der Besatzung der Stadt aussehe, wie stark dagegen die unter Hannibal anrückenden Truppen seien, ebenso, wie groß das zur Einschließung Capuas erforderliche Heer sein müsse. ***7*** Wenn zugleich einer von den Feldherren und ein Teil des Heeres unter der Bedingung nach Rom kommen könne, dass von dem dort zurückbleibenden Feldherrn und Heer Capua gehörig eingeschlossen gehalten werde, ***8*** so möchten sie beide, Claudius und Fulvius untereinander übereinkommen, wer von ihnen die Belagerung von Capua behalten und wer zum Entsatz der Vaterstadt nach Rom kommen müsse. ***9*** Als dieser Senatsbeschluss nach Capua kam, führte der Prokonsul Quintus Fulvius, der unter diesen Umständen, weil sein Amtsgenosse noch nicht von der Wunde genesen war, nach Rom gehen musste, gegen 15 000 Mann zu Fuß und 1000 zu Pferd, lauter erlesene Leute aus drei Heeren, über den Volturnus. ***10*** Von hier ließ er, weil er bestimmt erfahren hatte, dass Hannibal auf der Via Latina weitergehen werde, in den auf der Via Appia und in deren Nähe liegenden Freistädten, ***11*** in Setia, Cora und Lanuvium im Voraus ansagen, sie sollten in den Städten Mundvorrat bereithalten, aus den abgelegenen Dörfern auf die Heerstraße bringen und in die Städte Mannschaften aufnehmen, damit jeder Staat Herr der Lage bliebe.

(9) Am Tag seines Überganges über den Volturnus bezog Hannibal in der Nähe des Flusses ein Lager. ***2*** Am folgenden kam er vor Tales vorbei in die sidicinische Landschaft. Hier brachte er einen Tag unter Plünderungen hin und zog durch die Gebiete von Suessa, Allifae und Casinum auf der Via Latina; bei Casinum stand er zwei Tage und ließ rund umher plündern, ***3*** von da kam er vor Interamna und Aquinum vorbei in das Gebiet von Fregellae an den Fluss Liris, wo er, um ihn im Marsch aufzuhalten, von den Fregellanern die Brücke abgebrochen fand. ***4*** Ebenso hatte der Strom Volturnus den Fulvius aufgehalten, der zum Übersetzen seines Heeres, weil Hannibal die Schiffe verbrannt hatte, bei dem großen Mangel an Zimmerholz kaum die nötigen Flöße bauen konnte. ***5*** Allein als das Heer auf diesen hinübergeschafft war, kam Fulvius rasch auf dem übrigen Weg vorwärts, weil nicht bloß in den Städten, sondern auch an der Heerstraße Lebensmittel in Menge ausgestellt waren, und die Soldaten voll Munterkeit einer den andern aufforderte, er müsse durch den Gedanken, dass dieser Gang der Verteidigung der Vaterstadt gelte, seine Schritte verdoppeln. ***6*** In Rom verbreitete ein Bote aus Fregellae, der Tag und Nacht den Weg gemacht hatte, einen ungeheuren Schrecken. Aber noch lauter als seine Meldung hatte das

Hin- und Herlaufen der Menschen, die zu dem, was sie hörten, noch Unwahrheiten hinzufügten, die ganze Stadt in Aufruhr gebracht. *7* Nicht bloß aus den Privathäusern hörte man das Geheul der Frauen, sondern auch die Frauen, die auf die Straßen hinausströmten, liefen von allen Seiten in die Tempel, *8* fegten mit gelöstem Haar die Altäre, streckten auf den Knien liegend die Hände zum Himmel und zu den Göttern empor und flehten, sie möchten die Stadt Rom aus der Hand der Feinde erretten und die römischen Mütter mit ihren Kleinen vor Misshandlung schützen. *9* Der Senat war auf dem Markt der Behörden gewärtig, wenn sie Rat halten wollten. Die einen nahmen Befehle in Empfang und begaben sich jeder auf den Posten der Geschäfte; andere erboten sich zu allem, wo ihre Dienste nötig sein könnten. Truppen wurden auf der Burg, auf dem Kapitol, auf den Mauern, um die Stadt her, auch auf dem Albanischen Berg und der Aesulanischen Burg aufgestellt. *10* Unter diesem Getümmel traf die Nachricht ein, der Prokonsul Quintus Fulvius sei mit seinem Heer von Capua aufgebrochen, und damit sein Heerbefehl durch seinen Eintritt in die Stadt nicht an Gültigkeit verliere, wurde ein Senatsbeschluss gefasst, dass Quintus Fulvius im Oberbefehl den Konsuln gleichstehen solle. *11* Hannibal kam, nachdem er das Gebiet von Fregellae wegen der abgebrochenen Brücken noch feindseliger verheert hatte, durch das Gebiet von Frusina, Ferentinum und Anagnia in die Gegend von Lavici. *12* Von da ging er durch den Algidus auf Tuskulum los, und da ihn die Stadt nicht aufnahm, zog er unterhalb Tuskulum rechts nach Gabii. Als er von hier sein Heer in den pupinischen Bezirk hinabgezogen hatte, schlug er 8000 Schritte von Rom sein Lager auf. *13* Je näher der Feind heranrückte, desto mehr Flüchtende ließ er, da die Numider die Vorhut bildeten, niederhauen und desto mehr Gefangene machte er von jedem Stand und Alter.

(10) Mitten in dieser Verwirrung zog Fulvius Flaccus, der mit seinem Heer zum Capenischen Tor in Rom eingerückt war, mitten durch die Stadt über die Via Carinae nach den Esquilien. *2* Von da rückte er wieder aus und schlug zwischen dem Esquilinischen und Collinischen Tor sein Lager auf. Dorthin schickten ihm die plebejischen Ädilen die Lebensmittel. Die Konsuln und der Senat kamen in das Lager, und hier hielten sie Staatsrat. Es wurde beschlossen, die Konsuln sollten in der Gegend des Collinischen und Esquilinischen Tores ein Lager aufschlagen; der Stadtprätor Gaius Calpurnius solle das Kapitol und die Burg unter Aufsicht haben, und der Senat versammelt auf dem Markt bleiben, falls man bei dem Drang der Umstände einer Anfrage bedürfe. *3* Unterdessen rückte Hannibal mit seinem Lager an den Fluss Anio, 3000 Schritte von der Stadt. Als er hier seinen Stand genommen hatte, ritt er selbst mit 2000 Reitern vom Collinischen Tor bis an den Tempel des Herkules heran und nahm so nahe als möglich im Auf- und Abreiten die Mauern und die Lage der Stadt in Augenschein. *4* Dass er dies so ungehindert und in aller Ruhe tun könne, sah Flaccus als einen Schimpf an und schickte seine Reiterei gegen ihn mit dem Befehl, die feindliche Reiterei zu vertreiben und ins Lager zurückzutreiben. *5* Als das Treffen begonnen hatte, befahlen die Konsuln den numidischen Überläufern, von denen damals etwa 12 000 auf dem Aventin standen, mitten durch die Stadt nach den Esquilien hinüberzugehen, *6* weil sie zu Gefechten zwischen Tälern, Gartenhäusern und Gräbern oder lauter Hohlwegen diese Truppen für besonders geeignet hielten. Leute, welche von der Burg und vom Kapitol aus diese Numider zu Pferd an der Publicischen Höhe hinuntersprengen sahen, fingen an zu schreien, der Aventin sei erobert. *7* Und dieser Zufall erregte ein so allgemeines Laufen und Fliehen, dass die ganze Volksmenge in der Angst zu den Toren hinausgestürzt wäre, hätte nicht vor der Stadt ein punisches Lager gestanden; so aber flohen sie in ihre Häuser und auf die Dächer und warfen auf ihre eigenen in den Straßen zerstreuten Leute, die sie für Feinde hielten, mit Steinen und Pfeilen. *8* Auch war es nicht möglich, den Lärm zu stillen und den Irrtum aufzudecken, weil die Straßen vom Gewühl der Landleute und Herden angefüllt waren, die der plötzliche Schrecken in

die Stadt zusammengetrieben hatte. ***9*** Das Gefecht fiel für die Reiterei glücklich aus; die Feinde wurden zurückgetrieben. Weil indes hin und wieder so mancher ohne Grund veranlasste Auflauf gestillt werden musste, beschloss man, allen gewesenen Diktatoren, Konsuln und Zensoren, bis der Feind von den Mauern abgezogen wäre, die Macht des Heerbefehls beizulegen. ***10*** Und noch mancher blinde Lärm, der am übrigen Tag und in der folgenden Nacht entstand, wurde gestillt.

(11) Am folgenden Tag rückte Hannibal nach seinem Übergang über den Anio mit allen Truppen zur Schlacht aus; ***2*** und Flaccus und die Konsuln wichen dem Kampf nicht aus. Als von beiden Seiten die Heere zu einem Kampf aufgestellt standen, in welchem der Preis des Siegers die Stadt Rom sein sollte, setzte ein gewaltiger Platzregen mit Hagel gemischt beide Heere so in Verwirrung, dass sie sich kaum mit den geretteten Waffen ins Lager zurückziehen konnten und den Feind ihre geringste Sorge sein ließen. ***3*** Ein gleicher Gewittersturm trennte auch am folgenden Tag die auf demselben Platz aufgestellten Schlachtreihen. Sobald sie sich in ihr Lager zurückgezogen hatten, trat das heiterste Wetter und Windstille ein. ***4*** Dies nahmen die Punier für einen höheren Wink, und man will von Hannibal die Äußerung gehört haben, Roms sich zu bemächtigen, fehle es ihm bald an Sinn, bald an Glück. ***5*** Auch sanken seine Hoffnungen durch einen doppelten Zufall, von denen der eine unbedeutend, der andere wichtig war. Einmal hörte er, man habe, ***6*** während er selbst mit einem Heer an den Mauern der Stadt Rom stand, Truppen in Reihe und Glied als Verstärkung nach Spanien abgehen lassen; sodann erfuhr er von einem Gefangenen, dass in diesen Tagen gerade das Feld, auf dem er mit seinem Lager stand, verkauft sei, ohne darum im Geringsten am Preis zu verlieren. ***7*** Dies nun, dass sich zu demselben Boden, den er als seine Eroberung besitze und innehabe, zu Rom ein Käufer gefunden habe, schien ihm ein so hoher Übermut, eine solche Beschimpfung, dass er sogleich einen Ausrufer kommen ließ, der die damals am römischen Markt stehenden Wechslerbuden käuflich ausbieten musste. ***8*** Aus diesen Gründen zog er sein Lager bis an den Fluss Tutia zurück, 6000 Schritte von der Stadt. Von da ging er weiter zum Hain der Feronia, einem damals durch seinen Reichtum berühmten Heiligtum. ***9*** Die Capenaten waren die alten Anwohner, welche ihm dadurch, dass sie die Erstlinge ihrer Früchte und andere Geschenke nach Vermögen darbrachten, einen reichen Schmuck an Gold und Silber verschafft hatten. ***10*** Aller dieser Geschenke wurde das Heiligtum damals beraubt. Große Haufen von Erz fand man nach Hannibals Abzug, weil es die Soldaten, ohne die Sünde zu scheuen, umhergeworfen hatten. Coelius berichtet, Hannibal sei dorthin auf seinem Hingang nach Rom von Tretum aus seitwärts gezogen, und lässt ihn von Reate, von Cutiliae und Amiternum ausgehen. ***11*** Aus Kampanien sei er nach Samnium, dann ins Paelignerland gekommen, sei bei der Stadt Sulmo vorbei ins Marrucinische Land gegangen, von da durch das Gebiet von Alba ins Marserland und dann nach Amiternum und zu dem Flecken Foruli gekommen. ***12*** Die Ungewissheit rührt nicht daher, dass sich etwa die Spuren eines so großen Heeres in so kurzer Zeit* in dem Andenken verwischt hätten, ***13*** denn dass er diesen Weg gezogen sei, ist ausgemacht; nur darüber ist man uneinig, ob er auf diesem Weg zur Stadt gekommen oder von der Stadt nach Kampanien zurückgekehrt sei.

(12) Übrigens war Hannibals Beharrlichkeit, die Stadt Capua zu retten, keineswegs so groß wie die der Römer, welche es belagerten. ***2*** Denn durch Samnium, Apulien und Lucanien eilte er in das bruttische Gebiet; dann aber an die Meerenge und nach Rhegium so schnellen Laufs, dass er hier beinahe durch seine plötzliche Ankunft die Sorglosen überrascht hätte. ***3*** Wenn Capua auch während dieser Tage nicht ernstlich belagert wurde, so wurde dennoch die Ankunft des Flaccus fühlbar, und man wunderte sich, dass Hannibal nicht zugleich zurückgekommen sei. ***4*** Dann

* Coelius lebte etwa nur 80 Jahre später zur Zeit der Gracchen.

erfuhren sie durch mündliche Mitteilungen, dass sie verlassen und aufgegeben seien, und dass die Punier der Hoffnung, Capua zu behaupten, entsagt hätten. **5** Hierzu kam noch der Aufruf des Prokonsuls, der vermöge eines Senatsbeschlusses angeschlagen und den Feinden bekannt wurde, jeder kampanische Bürger, der bis zu einem bestimmten Tag überginge, solle frei von Strafe sein. **6** Es erfolgte jedoch kein einziger Übergang, weil die Furcht sie stärker als die Treue zusammenhielt, da für die schweren Vergehungen bei ihrem Abfall keine Verzeihung zu erwarten war. **7** Da sich aber niemand entschloss, allein zum Feind überzugehen, beriet man auch nicht über eine gemeinschaftliche Rettung. **8** Der Adel hatte sich dem Staat entzogen und konnte nicht in den Senat zusammengerufen werden; und im höchsten Amt stand ein Mensch, der nicht etwa durch dieses seine Ehre erhöhte, sondern der durch seine Unwürdigkeit das Amt, das er bekleidete, um alle Macht und Vorrechte brachte. **9** Schon ließ sich weder auf dem Markt noch sonst auf einem öffentlichen Platz irgendeiner der Vornehmen sehen; zu Hause eingeschlossen, sahen sie dem Fall ihrer Vaterstadt und ihrem eigenen Untergang mit jedem Tag entgegen. **10** Alle Sorge für das Ganze lag auf Bostar und Hanno, den Befehlshabern der punischen Besatzung, denen ihre eigene Gefahr, nicht die ihrer Bundesgenossen, zu schaffen machte. **11** Diese beklagten sich über Hannibal in einem Brief an ihn selbst, nicht bloß in einem freimütigen, sondern in einem vorwurfsvollen Ton: Nicht Capua allein habe er den Feinden in die Hände gespielt, sondern auch sie und ihre Besatzung allen Martern der Feinde preisgegeben. **12** Er sei ins Bruttierland gezogen, als wolle er sich abwenden, um nicht Capua vor seinen Augen erobert zu sehen. Aber die Römer hätten sich nicht einmal durch den Sturm auf die Stadt Rom von der Einschließung Capuas abziehen lassen; **13** mit um so größerer Standhaftigkeit sei der Römer – Feind, als der Punier – Freund. Wenn er nach Capua zurückginge und den ganzen Kriegsschauplatz hierher verlegte, würden sowohl sie als auch die Campaner zum Ausfall bereit sein. **14** Nicht zu einem Krieg mit den Rheginern oder Tarentinern wären sie über die Alpen gegangen. Wo die römischen Legionen stünden, da müsse auch das Heer der Karthager sein. So habe man bei Cannae, so am Trasimenus Taten vollbracht dadurch, dass man sich einander genähert, Lager gegen Lager aufgeschlagen und das Glück versucht habe. **15** Einen Brief in diesem Sinn gab man einigen Numidern mit, die für den ausgesetzten Preis ihre Dienste angeboten hatten. Da diese als Überläufer zu Flaccus ins Lager gekommen waren, um sich, sobald sie ihre Zeit ersähen, davonzumachen, und bei der Hungersnot, die schon so lange in Capua herrschte, jedermann die Veranlassung zu ihrem Übergang glaublich fand, **16** kam unvermutet eine Frau aus Capua ins Lager, die Konkubine eines der Überläufer, und zeigte dem römischen Feldherrn an, der Übergang der Numider sei ein listiger Plan; sie hätten einen Brief an Hannibal bei sich, **17** und sie sei bereit, es dem einen von ihnen, der ihr die Sache entdeckt habe, auf den Kopf zuzusagen. Als er vorgeführt wurde, gab er sich anfangs mit vieler Haltung den Schein, als sei die Person ihm unbekannt; allein nach und nach durch die Wahrheit überführt, und als er sah, dass die Folter bestellt und herbeigeholt wurde, gestand er. Der Brief kam zum Vorschein, **18** und außerdem erfuhr man durch seine Aussage, was bis jetzt verheimlicht geblieben war, dass auch andere Numider unter dem Schein von Überläufern im römischen Lager sich aufhielten. **19** Mehr als 70 wurden ergriffen, mit den neuen Überläufern öffentlich ausgepeitscht und mit abgehauenen Händen nach Capua zurückgebracht. Der Anblick einer so schrecklichen Strafe brach den Mut der Campaner.

(13) Der Zusammenlauf des Volkes vor dem Rathaus zwang den Loesius, den Senat zu berufen; und man drohte den Vornehmen, die schon lange den öffentlichen Beratungen fernblieben, geradezu, wenn sie nicht in den Senat kämen, wolle man Haus für Haus zu ihnen kommen und sie alle mit Gewalt auf die Straße schleppen. Die Furcht vor einer solchen Behandlung versammelte den Senat um sein Oberhaupt sehr zahlreich. **2** Als hier die anderen davon redeten, Gesandte an

die römischen Feldherren zu schicken, und Vibius Virrius, der an dem Abfall von den Römern schuld war, um seine Meinung befragt wurde, **3** sagte er, diejenigen, welche von Gesandten, von Frieden und Übergabe sprächen, bedächten weder, was sie selbst getan hätten, wenn sie die Römer in ihrer Gewalt gehabt hätten, noch was jetzt ihr eigenes Schicksal sein müsse. **4** *Meint ihr etwa,* fuhr er fort, *die Übergabe werde von derselben Art sein, wie die einst, als wir, um uns Schutz gegen die Samniten zu erkaufen, uns und alles Unsrige den Römern übergaben?* **5** *Habt ihr schon vergessen, in welchem Zeitpunkt, in welcher Lage der Römer wir von ihnen abfielen? Vergessen, wie wir bei unserm Abfall ihre Besatzung, die wir entlassen konnten, unter Martern und Rom zu höhnen, hinrichteten?* **6** *Wie oft, wie ergrimmt wir auf sie in der Belagerung Ausfälle machten, ihr Lager bestürmten? Den Hannibal zu ihrer Vernichtung riefen? Ihn noch neulich von hier zum Sturm auf Rom entsandten?* **7** *Nun erinnert euch auf der andern Seite, wie erbittert sie sich gegen uns benahmen, um hiernach selbst bestimmen zu können, was ihr zu hoffen habt. Als ein wildfremder Feind in Italien stand, dieser Feind ein Hannibal war, und überall die Flamme des Krieges loderte, schickten sie, ohne auf sonst irgendetwas, ohne selbst auf Hannibal zu achten, beide Konsuln mit zwei konsularischen Heeren zum Angriff auf Capua.* **8** *Fast schon zwei Jahre martern sie uns Umschanzte und Eingeschlossene durch Hunger, obgleich sie so gut wie wir die äußersten Gefahren, die drückendsten Beschwerden zu erdulden hatten, da sie oft an ihren Wällen und Gräben zusammengehauen sind, zuletzt noch beinahe ihr Lager verloren hätten.* **9** *Ich will dies nicht weiter verfolgen; bei Belagerung einer feindlichen Stadt Beschwerden und Gefahren auf sich nehmen, ist etwas Altes und Gewöhnliches. Aber das ist doch wohl der Beweis von einem Grimm und Hass bis zur Vernichtung!* **10** *Hannibal bestürmt mit einem mächtigen Heer Fußvolk und Reiterei ihr Lager und erobert es zum Teil; sie lassen sich durch keine Größe der Gefahr in der Belagerung stören. Er geht über den Volturnus, brennt alles im calenischen Gebiet nieder; das höchste Elend ihrer Bundesgenossen ruft sie nicht ab.* **11** *Er lässt sein Heer ohne Schonung auf Rom selbst gehen; auch dieses heranziehende Gewitter beachten sie nicht. Er geht über den Anio, nimmt 3000 Schritte von der Stadt sein Lager, rückt zuletzt an die Mauern selbst und an die Tore. Er droht, ihnen Rom nehmen zu wollen, wenn sie Capua nicht lassen; sie lassen es nicht.* **12** *Wilde Tiere, wenn sie noch so blind und voll Wut heranstürzen, lassen sich auf die ihren Lieblingen zu leistende Hilfe dadurch ableiten, dass man seinen Gang geradezu gegen ihre Lagerstellen und Jungen richtet.* **13** *Die Römer bewog weder ihre eingeschlossene Stadt, noch Frau und Kind, deren Klagegeschrei wir beinahe hier hörten, weder Altar noch Herd, nicht die Verunreinigung und Entweihung ihrer Göttertempel und der Gräber ihrer Väter, von Capua abzuziehen; so groß ist ihre Gier nach einem Strafgericht über uns, so groß ihr Durst nach unserem Blut.* **14** *Und vielleicht tun sie daran nicht unrecht; auch wir hätten dasselbe getan, wenn wir das Glück gehabt hätten. Da dies nicht der Götter Wille gewesen ist, so kann ich, weil ich mich des Todes nicht einmal weigern darf, doch den Martern und Beschimpfungen, auf die der Feind sich freut, noch als freier Mann, als Herr meiner selbst, durch einen nicht bloß ehrenvollen, sondern auch sanften Tod entgehen.* **15** *Ich will keinen Appius Claudius, keinen Quintus Fulvius in seinem übermütigen Sieg sich rühmen sehen, mich nicht als Schauspiel des Triumphes gebunden durch die Stadt Rom schleppen lassen, um hinterher im Kerker oder an den Pfahl gebunden mit ausgepeitschtem Rücken meinen Nacken unter ein römisches Beil zu strecken, nicht sehen, wie meine Vaterstadt zerstört und in Brand gesteckt wird, und die kampanischen Frauen und Jungfrauen und edelbürtigen Knaben zur Entehrung fortgeschleppt werden.* **16** *Alba, woher sie selbst stammten, haben sie von Grund aus zerstört, um sogar das Andenken ihres Stammortes und Ursprungs zu vertilgen; und ich sollte glauben, dass sie Capua verschonen würden, auf das sie noch ergrimmter als auf Karthago sind?* **17** *Für diejenigen also, welche von euch gesonnen sind, dem Schicksal zuvor auszuweichen, ehe sie von so vielen und so kränkenden Auftritten Zeugen werden, soll heute bei mir eine besetzte*

Tafel bereit stehen. ***18*** *Haben wir uns satt gegessen und getrunken, dann soll derselbe Becher, den man mir reichen wird, herumgehen. Dieser Trunk wird unseren Körper vor aller Marter, den Geist vor allem Hohn, und Auge und Ohr vor dem Anblick und der Anhörung aller Kränkungen und Entehrungen, welche Besiegten bevorstehen, bewahren. Es werden Leute bereit sein, welche unsere entseelten Körper auf einen großen im Vorhof meines Hauses angezündeten Scheiterhaufen werfen werden.* ***19*** *Dies ist der einzige freie und ehrenvolle Weg zum Tod. Selbst die Feinde werden unsere Seelenstärke bewundern, und Hannibal wird erfahren, dass die von ihm im Stich gelassenen und preisgegebenen Bundesgenossen Männer waren.*

(14) An Beifall fehlte es dieser Rede des Virrius nicht so sehr als an Männern, welche es über sich gewinnen konnten, den Vorschlag, dem sie beistimmten, mit Entschlossenheit auszuführen. ***2*** Der größere Teil des Senates, der die Hoffnung nicht aufgab, dass die oft in vielen Kriegen erprobte Milde des römischen Volkes auch gegen sie versöhnlich sein werde, beschloss, den Römern Capua durch Gesandte zu übergeben, und ließ sie abgehen. ***3*** Dem Vibius Virrius folgten etwa 27 Senatoren nach seinem Haus und schmausten mit ihm; und als sie durch Wein, so gut es ging, das Gefühl für den herannahenden schweren Schritt niedergedrückt hatten, nahmen sie alle den Gifttrank. ***4*** Nach aufgehobener Tafel reichten sie einander die Hand, beweinten in ihrer letzten Umarmung ihren und ihres Vaterlandes Untergang und blieben teils, um auf demselben Scheiterhaufen verbrannt zu werden, da, teils gingen sie nach Hause. ***5*** Die mit Speise und Wein angefüllten Adern schwächten die Wirkung des Giftes und verzögerten den Eintritt des Todes. Also rangen die meisten die ganze Nacht und einen Teil des folgenden Tages mit dem Tod; doch gaben sie noch alle, bevor den Feinden die Tore geöffnet wurden, den Geist auf.

6 Am folgenden Tag wurde dem römischen Lager gegenüber das Jupitertor auf Befehl des Prokonsuls geöffnet. In dieses rückten eine Legion und die Geschwader von zwei Legionen mit dem Unterfeldherrn Gaius Fulvius ein. ***7*** Dieser, der vor allen Dingen dafür sorgte, dass alle zu Capua befindlichen Schutz- und Angriffswaffen bei ihm abgeliefert werden mussten, stellte an alle Tore Posten, damit niemand hinausgehen oder hinausgelassen werden könnte, machte die punische Besatzung zu Gefangenen und ließ den kampanischen Senat ins Lager zu den römischen Feldherren gehen. ***8*** Als sie hier ankamen, wurden sogleich allen Ketten angelegt mit dem Befehl, all ihr Gold und Silber an die Quästoren abzuliefern. Das Gold betrug 2070, das Silber 31 200 Pfund. ***9*** 25 Senatoren wurden nach Tales, 28 nach Teanum in Gewahrsam gegeben, lauter solche, von denen man wusste, dass sie hauptsächlich für den Abfall von Rom gestimmt hatten. (15) Über die Bestrafung des kampanischen Senates waren Fulvius und Claudius durchaus verschiedener Meinung. Claudius war zum Verzeihen geneigt, Fulvius erklärte sich für die Strenge. ***2*** Darum wollte Appius die ganze Sache zur Entscheidung an den Senat verweisen, auch darum, weil die Väter billig freie Hand behalten müssten, zu untersuchen, ***3*** ob nicht etwa die Campaner mit einigen von den latinischen Bundesgenossen und von den Freistädten ein Verständnis unterhalten und durch deren Vorschub Unterstützung im Krieg gehabt hätten. ***4*** Gerade so weit, sagte Fulvius, müsse man es durchaus nicht kommen lassen, dass man treugesinnte Bundesgenossen durch zweifelhafte Beschuldigungen kränke und sie von der Aussage solcher Menschen abhängig mache, denen es nie darauf angekommen sei, was sie täten oder was sie sprächen. Er also werde diese Untersuchung niederschlagen und nichtig machen. ***5*** Als sie nach diesen Worten auseinandergingen und Appius nicht zweifelte, sein Amtsgenosse werde bei allen seinen starken Äußerungen dennoch in einer so wichtigen Sache erst ein Schreiben aus Rom abwarten, ***6*** gab Fulvius, um sich nicht eben dadurch in seinem Plan gehindert zu sehen, gleich bei der Entlassung des Kriegsrats den Obersten der Bundesgenossen sowie den Kriegstribunen Befehl, bei der Reiterei 2000 Auserlesenen zu befehlen, dass sie, wenn die Wachen zum dritten Mal abziehen würden, bereit sein sollten. ***7*** Da er in der

Nacht mit diesem Geschwader nach Teanum aufbrach, rückte er mit Tagesanbruch ins Tor und dann gerade auf den Markt, und da schon bei dem Eintritt seiner Truppen alles herbeiströmte, ließ er den sicidinischen Senat fordern und befahl ihm, die ihm in Haft gegebenen Campaner vorführen zu lassen. ***8*** Alle wurden vorgeführt, mit Ruten gepeitscht und enthauptet. Von da ging es schnell nach Tales. Als er hier auf der Richterbühne saß und die vorgeführten Campaner schon an die Pfähle gebunden wurden, kam ein Ritter von Rom angesprengt und überreichte dem Fulvius ein Schreiben vom Prätor Gaius Calpurnius mit einem Senatsbefehl. ***9*** Da durchlief von der Richterbühne aus die ganze Versammlung das Geflüster, die Sache der Campaner bleibe bis zur Entscheidung der Väter unausgemacht. Fulvius, der dies vermutete, legte das ihm eingehändigte Schreiben uneröffnet in den Busen und befahl dem Ausrufer, den Scharfrichter nach dem Gesetz verfahren zu lassen. So wurde auch an denen zu Cales die Hinrichtung vollzogen. ***10*** Nun las er den Brief und den Senatsbefehl, der zur Verhinderung einer geschehenen Sache zu spät kam, die er absichtlich beschleunigt hatte, um die Verhinderung unmöglich zu machen. ***11*** Schon erhob sich Fulvius vom Stuhl, da rief ihn Taurea Vibellius, der Campaner, welcher mitten durch die Stadt und durch den Haufen herangeschritten kam, laut bei Namen, und als Fulvius voll Verwunderung, was er von ihm wolle, sich wieder gesetzt hatte, ***12*** sprach jener: *Lass auch mich hinrichten, damit du dich rühmen könnest, einen viel tapferern Mann, als du selbst bist, getötet zu haben.* ***13*** Da Flaccus behauptete, der Mensch sei gewiss nicht bei Sinnen, bald wieder erklärte, wenn er es auch tun wolle, so verbiete es ihm ja der Senatsbefehl, ***14*** da fuhr Vibellius fort: *Weil mir denn nach Eroberung meiner Vaterstadt, nach dem Verlust meiner Verwandten und Freunde, nach dem Tod meiner Gattin und Kinder, die ich, um sie keine Unwürdigkeiten leiden zu lassen, mit eigener Hand umgebracht habe, auch nicht einmal derselbe Tod werden kann, der diesen meinen Mitbürgern wurde, so soll mich die Tapferkeit von diesem verlassenen Leben befreien.* ***15*** Mit diesen Worten stieß er sich das Schwert, das er unter dem Gewand verborgen hatte, in die Brust und sank sterbend vor den Füßen des Feldherrn nieder.

(16) Weil sowohl das, was die Hinrichtung der Campaner betrifft, als auch anderes mehr ganz allein auf Flaccus' Gutbefinden vor sich gegangen war, so berichten einige, Appius Claudius sei um die Zeit der Übergabe von Capua gestorben. ***2*** Auch dieser Taurea habe sich weder von selbst zu Cales eingefunden, noch sich mit eigener Hand getötet, sondern als er mit den anderen an den Pfahl gebunden wurde, habe Flaccus, weil man vor Lärm das, was jener rief, nicht gehörig verstanden habe, Stille geboten. ***3*** Da habe Taurea die Worte gesprochen, die ich vorhin erwähnte. Er werde als tapferer Mann von dem getötet, der ihm bei Weitem an Tapferkeit nicht gleichkomme. Auf diese Äußerung habe der Ausrufer auf Befehl des Prokonsuls den Aufruf ergehen lassen: *Scharfrichter, dem tapfern Mann gibst du einige Hiebe mehr und verfährst mit ihm zuerst nach dem Gesetz!* ***4*** Auch berichten einige, Flaccus habe, bevor er die Hinrichtung mit dem Beil vollziehen ließ, den Senatsbefehl gelesen, weil aber auch der Satz darin gestanden habe, es werde ihm anheim gestellt, die Sache, ohne darin zu verfahren, an den Senat gelangen zu lassen, habe er das so gedeutet, es werde ihm anheim gegeben, was er dem Besten des Staats für angemessener halte. ***5*** Von Cales ging er nach Capua zurück, dann zur Übernahme von Atella und Calatia – und auch hier bestrafte er die höchsten Staatsmänner mit dem Tod. ***6*** So wurden gegen 70 der ersten Senatoren hingerichtet; fast 300 der vornehmsten Campaner wurden in den Kerker geworfen; die anderen, welche er in die latinischen Bundesstädte in Verwahrung gab, fanden ihren Tod auf mancherlei Weise; die übrige Menge kampanischer Bürger verkaufte er. ***7*** Nun konnte sich also die Beratung nur noch auf die Stadt und das Land beziehen, und einige stimmten für die Zerstörung der Stadt, weil sie so vorzüglich mächtig, nahegelegen und feindlich gesinnt sei. Allein der unmittelbare Nutzen gab den Ausschlag. Ihres Bodens wegen, welcher in jeder Art

des Feldertrages unstreitig für den ersten in ganz Italien galt, ließ man die Stadt stehen, um doch den Ackerleuten einen Wohnort zu lassen. ***8*** Zur Bevölkerung der Stadt musste eine Menge von Einwohnern, Freigelassenen, Krämern und Handwerkern darin bleiben, alles Land aber und die öffentlichen Gebäude wurden römisches Staatseigentum. ***9*** Übrigens hatte man bloß die Absicht, Capua als Stadt bewohnt und bevölkert bleiben zu lassen, allein es sollte keine Staatsverfassung, keine Senats- oder Volksversammlung, keine Beamten haben; ***10*** dann werde der Haufe ohne einen Rat, ohne Oberhaupt und durch nichts miteinander in Verbindung, auch unfähig sein, sich zu irgendetwas zu vereinigen; zur Gerichtspflege wollte man jährlich von Rom aus einen Statthalter hinschicken. ***11*** So wurde alles, was Capua betraf, nach einem in jeder Hinsicht zu billigenden Plan geordnet. Gegen die besonders Schuldigen verfuhr man streng und schnell; die Menge der Bürger wurde ohne Hoffnung auf Rückkehr zerstreut; ***12*** man ließ nicht durch Brand und Zerstörung seine Wut an den unschuldigen Häusern und Mauern aus, gab sich, außer dem Gewinn, bei den Bundesgenossen dadurch das Ansehen der Milde, dass man eine so berühmte und wohlhabende Stadt unzerstört ließ, über deren Zertrümmerung ganz Kampanien und alle ringsum wohnenden Völker geseufzt hätten, ***13*** und nötigte dem Feind das Geständnis ab, wie sehr es Rom in seiner Gewalt habe, treulose Bundesgenossen zu züchtigen, und wie ohnmächtig Hannibal sei, die, welche sich seinem Schutz anvertraut hätten, zu schützen.

(17) Die römischen Väter, die sich jetzt hinsichtlich Capuas ihrer Sorge entledigt sahen, bestimmten dem Gaius Nero von den zwei Legionen, die er bei Capua gehabt hatte, 6000 Mann zu Fuß und 300 zu Pferd, welche er selbst sich aussuchen würde, und von den latinischen Bundesgenossen ein ebenso starkes Korps zu Fuß und 800 zu Pferd. ***2*** Mit diesem zu Puteoli eingeschifften Heer setzte Nero nach Spanien über. Als er mit der Flotte zu Tarraco angekommen war, hier die Truppen ausgeschifft, die Schiffe auf den Strand gebracht und zur Vergrößerung seines Heeres auch die Seeleute bewaffnet hatte, ***3*** rückte er an den Ebro und übernahm von Titus Fonteius und Lucius Marcius das Heer. Von da zog er weiter gegen den Feind. Hasdrubal, Hamilkars Sohn, hatte sein Lager im Ausetanischen, bei den Schwarzen Steinen; ***4*** so heißt diese Gegend zwischen den Städten Illiturgis und Mentissa. Nero besetzte die Pässe dieses Forstes. ***5*** Hasdrubal, um sich aus der Schlinge zu ziehen, schickte einen Herold mit dem Versprechen, wenn man ihn abziehen ließe, sein ganzes Heer aus Spanien abzuführen. ***6*** Als sich der römische Feldherr mit Freuden hierauf einließ, erbot sich Hasdrubal den folgenden Tag zu einer Unterredung, damit die Römer wegen Übergabe der Burgfesten in den Städten die Bedingungen abfassen und einen Tag festsetzen möchten, an welchem die Punier die Besatzungen abführen und ihr Eigentum unangefochten mitnehmen könnten. ***7*** Als Hasdrubal dies erlangt hatte, befahl er sogleich beim Einbruch der Dunkelheit und von da während der ganzen Nacht dem schwerfälligsten Teil des Heeres, auf jedem möglichen Weg aus dem Waldgebirge zu entrinnen. ***8*** Er entließ geflissentlich in dieser Nacht nicht viele, damit es der kleinen Zahl umso leichter würde, dem Feind in der Stille zu entgehen und sich auf den engen und beschwerlichen Pfaden hinauszumachen. ***9*** Am folgenden Tag kam man zur Unterredung; da man ihn aber damit zubrachte, dass man absichtlich manches redete und schrieb, was nicht hierher gehörte, wurde die Sache bis morgen vertagt. ***10*** Die gewonnene nächste Nacht gab ihm Zeit, noch mehrere wegzuschicken, und auch den nächsten Tag kam man noch nicht zu Ende. ***11*** So gingen mehrere Tage dem Schein nach mit Auseinandersetzung der Bedingungen, die Nächte unter heimlichen Entlassungen aus dem karthagischen Lager hin, und als der größere Teil des Heeres gerettet war, wollte man auch das nicht halten, wozu man sich erboten hatte, und sowie mit der Not die Lust zum Worthalten schwand, ***12*** konnte man immer weniger einig werden. Schon war fast das ganze Fußvolk aus dem Wald entkommen, als mit frühem Morgen ein dicker Nebel den Wald und die Felder umher bedeckte. Sobald das Hasdrubal

bemerkte, schickte er zu Nero um Aufschub der Unterredung auf den folgenden Tag, weil für den heutigen die Gesetze den Karthagern jedes ernste Geschäft untersagten. *13* Auch jetzt argwöhnte Nero noch keinen Betrug. Hasdrubal, der sogleich nach erhaltener Bewilligung dieses Tages mit der Reiterei und den Elefanten sein Lager verließ, entkam ohne Geräusch ins Freie. *14* Gegen zehn Uhr enthüllte der von der Sonne gescheuchte Nebel den Tag, und die Römer sahen das feindliche Lager leer. *15* Als Claudius, der nun endlich punischen Betrug merkte, sich überlistet sah, machte er sich sogleich zur Verfolgung des Abziehenden auf, zur Schlacht in völliger Bereitschaft; allein der Feind wich jedem Kampf aus, *16* obgleich es zwischen der Nachhut des punischen Heerzuges und der römischen Vorhut zu leichten Gefechten kam.

(18) Unterdessen kehrten von den Völkern in Spanien weder diejenigen zur römischen Partei zurück, welche nach der letzten Niederlage abgefallen waren, noch traten andere zu ihnen über. *2* In Rom lag jetzt nach der Wiedereroberung von Capua dem Senat und Volk Italien nicht mehr am Herzen als Spanien, und man beschloss, nicht nur das Heer zu verstärken, sondern auch einen Feldherrn hinzuschicken; *3*doch wusste man nicht recht, wen man hinsenden sollte; aber das war klar, dass, wo binnen 30 Tagen zwei der größten Feldherren gefallen waren, ein Nachfolger mit außerordentlicher Sorgfalt gewählt werden müsse. *4* Da der eine den, der andere jenen vorschlug, kam man endlich überein, dass das Volk zur Wahl eines Prokonsuls für Spanien zusammenkommen sollte; und die Konsuln setzten den Wahltag an. *5* Anfangs erwartete man, dass diejenigen, welche sich eines so hohen Oberbefehls würdig erachteten, sich nennen würden. Als diese Erwartung fehlschlug, fühlte man den Schmerz über die erlittene Niederlage und wie viel man in den beiden Feldherren verloren habe, von Neuem. *6* Traurig also und fast unfähig sich zu raten, gingen die Bürger am Versammlungstag doch auf das Wahlfeld, auf die Behörden den Blick gerichtet sahen sie auf die Mienen der Vor nehmen, die selbst einander ansahen; und schon murrten sie laut, dass der Staat so tief gesunken und seine Erhaltung so ganz aufgegeben sei, *7* dass auch nicht einer den Mut habe, den Oberbefehl für Spanien anzunehmen, als unerwartet Publius Cornelius, der Sohn des in Spanien gefallenen Publius, jetzt in einem Alter von beinahe 24 Jahren, mit der Erklärung, dass er darum anhalte, auf eine höhere Stelle trat, wo man ihn sehen konnte. *8* Da jetzt alle ihre Augen auf ihn richteten, wurde augenblicklich ihr Freudengeschrei und Beifallruf der Vorbote von Glück und Segen in seiner Feldherrnstelle; *9* und als sie darauf zur Stimmenwahl angewiesen wurden, erklärten nicht nur alle Zenturien, sondern jeder Einzelne einstimmig den Publius Scipio zum Feldherrn in Spanien. *10* Kaum aber war es geschehen, und das Ungestüm und die Hitze hatten sich gelegt, als auf einmal an deren Stelle ein allgemeines Schweigen und die stille Überlegung traten, was sie gemacht hätten, ob hier nicht Zuneigung mehr getan habe als Vernunft. *11* Namentlich stieß man sich an seinem Alter. Einigen wurde sogar bange vor dem Missgeschick seines Hauses und dem Namen dessen, der aus zwei in Trauer versetzten Familien in Länder abgehen solle, wo er den Schauplatz für seine Taten zwischen den Gräbern seines Vaters und Onkels finde.

(19) Als er die allgemeine Ängstlichkeit und Besorgnis merkte, der man sich nach einer so leidenschaftlich betriebenen Wahl überließ, lud er das Volk zur Anhörung seiner Rede und *2* sprach über sein Alter, über die ihm aufgetragene Feldherrnstelle und den zu führenden Krieg mit so viel Geistesgröße und Mut, dass er jenen erkalteten Eifer wieder weckte und erneuerte und die Zuhörer mit einer festeren Hoffnung erfüllte, als sonst die Sicherheit menschlicher Zusagen und ein vernünftiges Vertrauen auf die Umstände uns gewöhnlich einflößt. *3* Und in der Tat war Scipio der Mann, dem nicht bloß wirkliche Vorzüge Bewunderung erwarben, *4* sondern der sich auch von Jugend auf eine Geschicklichkeit zu geben wusste, sie sehen zu lassen, insofern er auch seine Sache vor dem Volk fast immer durch angegebene Erscheinungen im Traum oder als durch

ihm gewordene göttliche Eingebungen betrieb, entweder weil er selbst von einer Art frommer Einbildung nicht frei war, oder weil er bewirken wollte, dass man seinen Befehl und seinen Rat als Aussprüche eines Orakels ohne Zögern vollzöge. ***5*** Hierauf gleich von Anfang die Menschen hinzuleiten, besuchte er von der Zeit an, als er die Männertoga angelegt hatte, jeden Tag, ehe er irgendein öffentliches oder Privatgeschäft vornahm, das Kapitol, ging in den Tempel, setzte sich und brachte hier meistenteils einige Zeit allein und im Verborgenen zu. ***6*** Diese Gewohnheit, die er sein ganzes Leben hindurch beibehielt, sei es absichtlich oder ohne besonderen Zweck, bewirkte bei einigen den Glauben an die verbreitete Meinung, dass der Mann eine göttliche Abstammung habe, ***7*** und brachte die schon früher über Alexander den Großen verbreitete, ebenso unbegründete und nachgesprochene Sage wieder in Umlauf, dass er von einer ungeheuren Schlange gezeugt sei, und dass man im Schlafzimmer seiner Mutter sehr oft die Erscheinung des Wundertieres gesehen habe, das aber, wenn jemand darauf zugekommen sei, plötzlich entschlüpft und vor den Augen verschwunden sei. ***8*** Nie verspottete er selbst den Glauben an diese Wunder, vielmehr bestärkte er ihn durch eine gewisse Feinheit, dergleichen weder zu widerlegen noch geradezu zu behaupten. ***9*** Mehrere Dinge dieser Art, teils wahr, teils angedichtet, setzten den jungen Mann in der Bewunderung des Volkes über den Menschen hinaus, und hierauf vertraute die Bürgerschaft, als sie seinem durchaus noch nicht gereiften Alter eine solche Last von Geschäften und eine so wichtige Feldherrnstelle übertrug. ***10*** Zu den Truppen, welche in Spanien vom alten Heer noch übrig und von Puteoli mit Gaius Nero übergesetzt waren, gab man ihm noch 10 000 Mann Fußvolk und 1000 Reiter, und der Proprätor Marcus Silanus wurde ihm in seinen Unternehmungen zum Gehilfen gegeben. ***11*** Als er so mit einer Flotte von 30 Schiffen – und es waren lauter Fünfruderer – aus der Mündung des Tiber an der Küste des Tuskermeeres, an den Alpen hin den Gallischen Meerbusen entlang und dann um das Pyrenäische Vorgebirge herumgesegelt war, setzte er die Truppen zu Emporiae, einer Stadt der Griechen – auch diese stammten aus Phokaea – ans Land; ***12*** und als er von hier nach hinterlassenem Befehl, dass die Schiffe nachfolgen sollten, zu Land nach Tarraca gegangen war, hielt er eine Versammlung aller Bundesgenossen ab; denn auf das Gerücht von seiner Ankunft waren Gesandtschaften aus der ganzen Provinz herbeigeeilt. ***13*** Die Schiffe ließ er hier auf den Strand bringen, nachdem er die vier massilischen Dreiruderer, die ihm das Ehrengeleit gegeben hatten, nach Hause entlassen hatte. ***14*** Nun ging er daran, den durch den Wechsel so vieler Unfälle schwankenden Gesandtschaften Antworten zu erteilen; und diese gab er mit einem durch das volle Vertrauen auf seine Vorzüge so erhöhten Edelmut, dass ihm nicht nur kein einziges übermütiges Wort entfiel, sondern auch alles, was er sagte, in gleich hohem Grad Verehrung und Vertrauen einflößte.

(20) Nach seinem Aufbruch von Tarraco besuchte er die Staaten der Bundesgenossen und die Winterquartiere des Heeres und gab den Soldaten das ehrende Zeugnis, dass sie, von zwei so gewaltigen Schlägen nacheinander getroffen, die Provinz dennoch behauptet, ***2*** den Feind, ohne ihn die Früchte seiner Siege genießen zu lassen, vom ganzen Gebiet diesseits des Ebro abgehalten und die Bundesgenossen gewissenhaft beschützt hätten. ***3*** Den Marcius hatte er immer bei sich und erwies ihm so viel Ehre, dass man wohl sehen konnte, die Furcht, dass ein anderer seinem Ruhm im Wege stehen könne, sei ihm etwas Fremdes. ***4*** Darauf rückte Silanus an Neros Stelle, und die neuen Soldaten bezogen die Winterquartiere. Als Scipio alles bei Zeiten bereist und erledigt hatte, was zu bereisen und zu erledigen war, ging er wieder nach Tarraca. ***5*** War Scipios Ruf bei seinen Mitbürgern und Bundesgenossen groß, so war er es bei den Feinden nicht weniger und hier mit einer Ahnung der Zukunft verbunden, die ihnen um so größere Besorgnis einflößte, je weniger sie sich von dieser ohne Veranlassung bei ihnen aufgestiegenen Furcht den Grund angeben konnten. ***6*** Die Winterquartiere hatten sie in entgegengesetzten Richtungen bezogen: Hasdrubal, Gisgons

Sohn, bis an den Ozean und Gades, Mago mitten im Land, größtenteils oberhalb des Gebirges von Castulo, Hasdrubal, Hamilkars Sohn, überwinterte nahe am Ebro in der Gegend von Sagunt.

7 Am Ende des Sommers, in welchem Capua erobert wurde und Scipio nach Spanien kam, hatte zwar eine punische Flotte, welche aus Sizilien nach Tarent berufen war, ***8*** um der römischen Besatzung auf der Burg der Tarentiner die Zufuhr abzuschneiden, jeden Zugang zur Burg vom Meer aus gesperrt, allein durch ihr längeres Stillliegen veranlasste sie bei ihren Bundesgenossen drückenderen Mangel als bei den Feinden. ***9*** Denn unter dem Schutz punischer Schiffe konnte den Einwohnern auf freiem Meer und bei ihren offenen Häfen nicht so viel Getreide zugeführt werden, als die Flotte selbst mit ihrem aus Menschen aller Art gemischten Gewimmel verzehrte, ***10*** so dass sich die Besatzung der Burg, weil sie schwach war, auch ohne Zufuhr von ihren früheren Vorräten erhalten konnte, für die Tarentiner hingegen und für die Flotte nicht einmal die Zufuhr hinreichend war. ***11*** Endlich entließ man die Flotte mit größerer Freude, als man sie empfangen hatte; der Mangel aber ließ nur wenig nach, weil nun, da der Schutz zur See aufhörte, kein Getreide zugeführt werden konnte.

(21) Marcus Marcellus, der am Ende desselben Sommers aus der Provinz Sizilien zur Stadt gekommen war, wurde vom Prätor Gaius Calpurnius dem Senat im Tempel der Bellona vorgestellt. *2* Als er sich hier nach dem Bericht über seine Taten mehr hinsichtlich der Soldaten als seiner selbst die leise Klage erlaubt hatte, dass er nach völliger Besiegung der Provinz dennoch sein Heer nicht habe abführen dürfen, trug er auf die Erlaubnis an, im Triumph in die Stadt einzuziehen. Dies wurde ihm nicht gewährt. ***3*** Nachdem es darüber zu vielen Worten gekommen war, ob es weniger unstatthaft sei, dem Mann, zu dessen Ehre man für die unter seiner Anführung gelungenen Unternehmungen in seiner Abwesenheit ein Dankfest angeordnet und den unsterblichen Göttern Opfer dargebracht habe, in seiner Gegenwart den Triumph abzuschlagen, ***4*** oder eben den Mann, dem der Befehl zur Abgabe des Heeres an seinen Nachfolger erteilt sei, welcher nur dann ausgefertigt werde, wenn der Krieg in der Provinz noch fortdauere, jetzt ebenso, als habe er den Krieg gänzlich beendet, triumphieren zu lassen, da doch das Heer, welches jedem verdienten und unverdienten Triumph als Zeuge beiwohnen müsse, nicht zugegen sei, schlug man den Mittelweg ein, ihn im kleinen Triumph in die Stadt einziehen zu lassen. ***5*** Die Volkstribunen beantragten nach einem Senatsbeschluss beim Volk, dass Marcus Marcellus auf den Tag, an dem er im kleinen Triumph in die Stadt einziehe, den Oberbefehl haben solle. ***6*** Den Tag vor seinem Einzug in die Stadt triumphierte er auf dem Albanischen Berg. In dem folgenden kleinen Triumph kam er mit einer Menge voraufziehender Beute zur Stadt. *7* Nebst einer Abbildung des eroberten Syrakus lieferte er großes und kleines Wurfgeschütz und anderes Kriegsgerät aller Art, an einen langen Frieden und an königlichen Reichtum erinnernde Prachtstücke, eine Menge verarbeitetes Silber und Erz, ***8*** andere Gegenstände, kostbare Gewänder und viele berühmte Kunstwerke, worin Syrakus, eine der ersten griechischen Städte, geprangt hatte, ab. ***9*** Als Beweis eines Sieges über die Punier wurden acht Elefanten aufgeführt. Ein nicht weniger auffallendes Schauspiel gewährten die in goldenen Kränzen vorausschreitenden beiden, ***10*** der Syrakusaner Sosis und der Spanier Moericus, von denen der Erste die Römer bei ihrem nächtlichen Einbrüche in Syrakus geleitet, der andere die Inselburg nebst der Besatzung verraten hatte. ***11*** Beiden gab man das Bürgerrecht und jedem 500 Morgen Land. Dem Sosis sollten diese an solchen syrakusanischen Ländereien angewiesen werden, die entweder den Königen oder den Feinden des römischen Volkes gehört hätten, ferner zu Syrakus nach seiner eigenen Wahl eins von den Häusern, deren Eigentümer nach Kriegsrecht hingerichtet wären, ***12*** dem Moericus aber und den mit ihm übergegangenen Spaniern eine Stadt in Sizilien und ein Feldeigentum der vom römischen Volk Abgefallenen. ***13*** Den Auftrag, ihnen Stadt und Land nach seinem Dafürhalten anzuweisen, bekam Marcus

Cornelius. Auf demselben Grund und Boden wurden auch dem Belligenes, durch den man den Moericus zum Übertritt bewogen hatte, 400 Morgen zuerkannt.

14 Nach Marcellus' Abgang aus Sizilien landete eine punische Flotte 8000 Mann Fußvolk und 3000 numidische Reiter. Murgantia mit seinen Umgebungen ergriff ihre Partei, und diesem Abfall folgten Hybla, Macella und einige andere minder wichtige Städte. *15* Auch brannten die Numider, die unter ihrem Obersten Muttines ganz Sizilien durchstreiften, die Dörfer römischer Bundesgenossen nieder. *16* Außerdem verrichtete selbst das römische Heer aus Erbitterung, teils weil es nicht mit seinem Feldherrn aus der Provinz abgeführt war, teils wegen der ihm untersagten Winterquartiere in Städten seinen Dienst sehr lässig, und es fehlte ihm zur Empörung mehr an einem Anführer als am Willen. *17* Unter allen diesen Schwierigkeiten beruhigte der Prätor Marcus Cornelius nicht nur die Gemüter der Soldaten bald durch Zureden, bald durch Verweise, sondern brachte auch alle abgefallenen Städte wieder zum Gehorsam. Und von diesen wies er den Spaniern, denen jener Senatsbeschluss eine Stadt und Acker bestimmte, Murgantia an.

(22) Weil beide Konsuln Apulien zum Schauplatz ihrer Kriegführung hatten, und die Punier und Hannibal selbst schon nicht mehr so furchtbar waren, wurden ihnen Apulien und Makedonien als die Plätze bestimmt, worüber sie zu losen hätten; Sulpicius erhielt Makedonien, und er wurde Laevinus' Nachfolger. *2* Fulvius berief man zum Wahlgeschäft nach Rom, und als er den Versammlungstag zur Konsulwahl hielt, ernannten die Jüngeren in der zuerst stimmenden Zenturie Veturia den Titus Manlius Torquatus und den abwesenden Titus Otacilius. *3* Manlius, welcher gegenwärtig war, kam, von einem großen Volkshaufen umringt – denn ein Schwarm von Glückwünschenden sammelte sich um ihn, und die Zustimmung des Volkes war vorauszusehen –, *4* vor die Tribüne des Konsuls und bat, für einige Worte ihm Gehör zu geben und die Zenturie, welche ihre Stimme schon gegeben habe, zurückberufen zu lassen. *5* Da die Erwartung, was er wohl zu fordern habe, alle in Spannung hielt, lehnte er seiner Augenkrankheit wegen das Amt ab. *6* Wenn der Steuermann und der Feldherr alles mit fremden Augen betreiben müsse, so sei es Unverschämtheit von ihm, zu verlangen, dass man ihm das Leben und die Wohlfahrt anderer anvertrauen solle. *7* Wenn es also dem Konsul nicht missfällig sei, so möge er die Jüngeren von der Zenturie Veturia auffordern, zur neuen Stimmabgabe zu schreiten und bei der Konsulwahl den jetzigen Krieg in Italien und die Lage des Staates nicht zu vergessen. *8* Von dem Geräusch und Getöse, das die Feinde gemacht hätten, als sie noch vor wenigen Monaten an den Mauern Roms standen, habe sich ja das Ohr kaum schon erholt. Als ihm hier die Zenturie mit lebhaftem Geschrei entgegenrief, sie werde ihre Stimme nicht zurücknehmen, sondern dieselben Männer zu Konsuln ernennen, sagte Torquatus: *9 Ich werde mich ebenso wenig als Konsul mit euren Sitten vertragen können als ihr euch mit meinem Oberbefehl. Geht wieder an die Stimmabgabe und bedenkt, dass Punier jetzt in Italien Krieg führen und dass der Heerführer der Feinde Hannibal sei.* *10* Da bat die Zenturie, teils durch das Ansehen des Mannes, teils durch die ausbrechende Bewunderung der Umstehenden bewogen, den Konsul, die Älteren von der Zenturie Veturia vorfordern zu lassen. *11* Sie wünsche mit den Bejahrteren sich zu besprechen und nach deren Gutachten Konsuln zu ernennen. *12* Als die älteren Bürger der Veturia berufen waren, wurde ihnen Zeit gelassen, sich ohne Zeugen mit ihnen an einem abgesonderten Ort zu unterreden. Die Älteren sagten, man habe drei zu berücksichtigen. Zwei von diesen, Quintus Fabius und Marcus Marcellus, hätten schon mehrere Ämter bekleidet. Wenn sie aber durchaus irgendeinen neuen zum Konsul gegen die Punier ernannt wissen wollten, so habe sich Marcus Valerius Laevinus gegen den König Philipp zu Land und zur See durch herrliche Taten ausgezeichnet. *13* Auf diesen Vorschlag, drei zu berücksichtigen, schritten die Jüngeren nach Entlassung der Älteren wieder zur Wahl. Sie ernannten den Marcus Claudius Marcellus, dem eben jetzt die Eroberung Siziliens einen Glanz

gab, und den Marcus Valerius, beide abwesend, zu Konsuln, und die Zenturien traten alle der abgegebenen Stimme ihrer Vorgängerin bei. *14* Mag man jetzt immerhin über die Verehrer des Altertums spotten, ich wenigstens glaube, wenn es irgendwo jenen Staat der Weisen gäbe, von dem die Weltweisheit mehr träumt als weiß, so könnten weder seine Großen ehrwürdiger und mehr von aller Herrschsucht zurückgezogen, noch seine Volksmenge besser gesittet sein. *15* Dass aber die Zenturie der Jüngeren sogar die Älteren habe befragen wollen, wem sie durch ihre Stimmen den Oberbefehl zu geben habe, das ist in unseren Tagen, wo sogar die Eltern von ihren Kindern gar nicht oder kaum geachtet werden, beinahe zur Unglaublichkeit geworden.

(23) Nun wurde Prätorenwahl gehalten, Publius Manlius Volso, Lucius Manlius Acidinus, Gaius Latorius und Lucius Cincius Alimentus wurden gewählt. *2* Es traf sich gerade so, dass nach Beendigung der Wahl die Nachricht einlief, Titus Otacilius, welchen das Volk allem Anschein nach in seiner Abwesenheit dem Titus Manlius zum Amtsgenossen gegeben hätte, wenn nicht der gewöhnliche Gang der Wahl unterbrochen wäre, sei in Sizilien gestorben.

3 Im vorigen Jahr waren Apollinarische Spiele gefeiert worden, und als der Prätor Gaius Calpurnius beantragte, dass man sie auch dieses Jahr feiere, befahl der Senat, dass sie auf immer gelobt werden sollten. *4* Auch wurden in diesem Jahr mehrere Wunderzeichen gesehen und gemeldet. Auf dem Tempel der Eintracht wurde die auf dem Giebel stehende Siegesgöttin vom Blitz getroffen und herabgeworfen, blieb aber, ohne weiter zu fallen, an den Bildern der Siegesgöttin hängen, welche auf dem Vorsprung standen, *5* Sowohl von Anagnia als auch von Fregellae meldete man, der Blitz habe in die Mauer und in Tore eingeschlagen; auf dem Markt zu Subertum sollten einen ganzen Tag lang Bäche mit Blut geflossen sein; zu Cretum habe es Steine geregnet, und zu Reate habe eine Mauleselin Junge gehabt. *6* Die Sühne dieser Wunderzeichen wurde mit größeren Opfertieren besorgt, auch dem Volk eine Betandacht auf einen Tag und das neuntägige Opfer anbefohlen. *7* Es starben in diesem Jahr einige Staatspriester, und neue wurden an ihre Stelle gewählt; an die Stelle des Manius Aemilius Numida, eines der Zehnmänner gottesdienstlicher Geschäfte, Marcus Aemilius Lepidus; an die Stelle des Manius Pomponius Matho, eines Oberpriesters, Gaius Livius; an die Stelle des Spurius Carvilius Maximus, eines Vogelschauers, Marcus Servilius. *8* Weil der Tod des Oberpriesters Titus Otacilius Crassus am Ende des Jahres erfolgt war, fand bei ihm die Ernennung eines Nachfolgers nicht statt. Gaius Claudius, Eigenpriester Jupiters, musste von seinem Priesteramt abtreten, weil er beim Auflegen des Opferfleisches einen Fehler begangen hatte.

(24) Um diese Zeit traf Marcus Valerius Laevinus, nachdem er zuvor in geheimen Unterredungen die Gesinnung der vornehmsten Aetoler erspäht hatte, mit seiner schnell segelnden Flotte zu einer ätolischen Volksversammlung ein, welche sie gerade zu diesem Zweck schon früher angesetzt hatten. *2* Als er hier zur Beglaubigung des römischen Waffenglücks in Sizilien und Italien die Eroberungen von Syrakus und Capua als Großtaten aufgeführt *3* und dabei behauptet hatte, es sei bei den Römern eine schon von ihren Vorfahren geerbte Sitte, ihre Bundesgenossen in Ehren zu halten, deren sie sogar einige in ihre Bürgerschaft und zu gleichen Rechten mit sich selbst aufgenommen, andere so gestellt hätten, dass sie lieber Roms Bundesgenossen bleiben als selbst Bürger werden wollten, *4* so versicherte er, die Aetoler würden noch viel größere Achtung zu erwarten haben, weil sie unter allen Völkern jenseits des Meeres die Ersten wären, welche sich auf die Freundschaft mit Rom einließen. *5* Sie hätten an Philipp und den Makedoniern lästige Nachbarn. Indes habe er deren Macht und Stolz teils schon jetzt gebrochen, teils werde er diese noch so niederdrücken, dass sie nicht allein die den Autlern gewaltsam abgenommenen Städte wieder räumen, sondern selbst in Makedonien nicht sicher sein sollten. *6* Auch die Acarnanen, deren Trennung von ihrem Staatskörper den Autlern so schmerzhaft sei, wolle er unter die alte

Vertragsformel ätolischer Vorrechte und Landeshoheit zurückführen. ***7*** Diese Äußerungen und Versprechungen des römischen Feldherrn bestätigten Skopas, der damalige Bundesfeldherr des Volkes, und Dorimachos, einer der aetolischen Großen, durch ihr Ansehen, indem sie mit weniger Zurückhaltung und größerer Unparteilichkeit die Größe der römischen Macht und Hoheit priesen. Den größten Eindruck machte die Hoffnung, Acarnanien wiederzubekommen. ***8*** So wurden denn die Bedingungen festgesetzt, unter welchen sie der Freundschaft und dem Bündnis mit Rom beitreten wollten, ***9*** mit dem Zusatz, wenn man damit einverstanden sei, und jene Völker selbst es wünschten, so sollten auch die Eleer, Spartaner, auch Attalos, Pleuratus und Skerdilaedus, Fürsten von Asien, Thrakien und Illyrien, an diesem Bund gleiches Recht haben. ***10*** Den Krieg gegen Philipp zu Land sollten die Aetoler sogleich anfangen, die Römer sollten mit einer Flotte von wenigstens 20 Fünfruderern sie unterstützen. ***11*** Bis Korkyra, von Ätolien an gerechnet, sollten von den Städten Grund und Boden, Gebäude, Mauern und Ländereien den Aetolern, alle übrige Beute den Römern gehören; auch sollten die Römer da, für sorgen, dass die Aetoler in den Besitz von Acarnanien kämen. ***12*** Falls die Aetoler mit Philipp Frieden schlössen, sollten sie zu dem Vertrag hinzusetzen, der Friede könne nur dann gültig sein, wenn sich Philipp aller Angriffe auf die Römer, ihre Bundesgenossen und alle, welche von diesen abhängig waren, enthielte. ***13*** Ebenso sollte das römische Volk, wenn es einen Vertrag mit dem König schließe, ausbedingen, dass er nicht befugt sei, die Aetoler und ihre Bundesgenossen zu bekriegen. ***14*** Dies waren die Punkte der Übereinkunft, welche zwei Jahre später zu desto größerer Unverbrüchlichkeit als geweihte Denkmale von den Aetolern zu Olympia, von den Römern auf dem Capitol schriftlich niedergelegt wurden. ***15*** Dies hatte sich verzögert, weil die ätolischen Gesandten in Rom zu lange aufgehalten waren, obgleich die Unternehmungen dadurch nicht aufgehalten wurden. Die Aetoler ihrerseits brachen sogleich gegen Philipp los, und auch Laevinus nahm Zakynthus – dies ist eine kleine Insel nahe bei Ätolien; sie hat nur eine Stadt gleichen Namens, diese erstürmte er bis auf die Burg –, Oniadae und Nasus den Acarnanen weg und räumte sie den Aetolern ein. ***16*** Und weil er auch Philipp so tief in den Krieg mit den Nachbarn verwickelt zu haben glaubte, dass dieser an Italien, an die Punier und seine Verträge mit Hannibal nicht denken könne, zog er sich wieder nach Korkyra zurück.

(25) Den Abfall der Aetoler erfuhr Philipp, als er in Pella überwinterte.***2*** Weil er nun mit dem Anfang des Frühjahrs gegen Griechenland aufbrechen wollte, unternahm er, um seinem Makedonien von Seiten der Illyrer und ihrer Nachbarn durch die nun auf sie übergehende Furcht die Ruhe zu sichern, plötzlich einen Zug in die Gegend von Orikon und Apollonia und schlug die Apolloniaten, die gegen ihn gerückt waren, in großer Unordnung und Bestürzung in ihre Mauern zurück. ***3*** Als er die benachbarten Gegenden von Illyricum verheert hatte, wandte er sich mit gleicher Schnelligkeit nach Pelagonia und nahm die dardanische Stadt Sintia, weil sie in den Händen der Dardaner ein Schlüssel zu Makedonien gewesen wäre. ***4*** Nachdem er dies in größter Schnelligkeit vollbracht hatte, zog er, des ätolischen und des damit verbundenen römischen Krieges eingedenk, durch Pelagonia, Lynkos und Bottiaea nach Thessalien. ***5*** Er glaubte, hier die Einwohner gewinnen zu können, um mit im Krieg gegen die Aetoler auf seiner Seite zu stehen; und nachdem er am Pass Thessaliens den Perseus mit 4000 Mann zurückgelassen hatte, ***6*** um den Aetolern den Eingang zu vermehren, zog er selbst, ehe er durch wichtigere Dinge in Anspruch genommen wurde, mit seinem Heer nach Makedonien und von da nach Thrakien und gegen die Maeder. ***7*** Diese fielen gewöhnlich in Makedonien ein, wenn sie merkten, dass den König ein auswärtiger Krieg beschäftige und sein Reich ohne Schutz sei. ***8*** Um nun ihren Übermut zu brechen, machte er den Anfang mit der Verheerung ihres Gebietes und ging dann an die Bestürmung der Stadt Jamphorynna, der ersten Stadt und Festung in Maedica. ***9*** Als Skopas hörte, der König sei

nach Thrakien gegangen und dort in Krieg verwickelt, ließ er die ganze ätolische Mannschaft zum Krieg gegen Acarnanien in die Waffen treten. ***10*** Gegen einen solchen Angriff schickten sich die Acarnanen, die ungleich schwächer waren, Oniadae und Nasus schon verloren und sich noch obendrein von römischen Waffen bedroht sahen, mehr mit Wut als mit Plan, mäßig zum Krieg an. ***11*** Nachdem sie ihre Frauen und Kinder und die Greise über 60 Jahre in das nahe Epirus geschickt hatten, machten sich alle von 15 bis zu 60 Jahren durch einen Eid anheischig, nur als Sieger heimzukehren. ***12*** Jeden Eingeborenen belegten sie mit dem schrecklichsten förmlich abgefassten Fluch, wenn er irgendeinem, der aus der Schlacht als Besiegter entflohen wäre, in die Stadt, unter sein Dach, an seinen Tisch oder bei dem Schutzgott aufnähme; zu gleichem Zweck setzten sie an alle auswärtigen Gastfreunde die feierlichste Beschwörung auf ***13*** und baten zugleich die Epiroten, allen ihren Landsleuten, welche in der Schlacht fallen würden, die gemeinschaftliche Decke eines Hügels zu geben und die Beerdigten mit der Inschrift auszuzeichnen: ***14*** „Hier ruhen die Acarnanen, welche im Kampf gegen ätolische Gewalt und Ungerechtigkeit für ihr Vaterland ihr Leben dahingegeben haben." ***15*** Hierdurch mit Mut beseelt, lagerten sie sich an ihrer äußersten Grenze, da, wo der Feind heranziehen musste. Dadurch, dass sie auch Philipp von der Größe ihrer Gefahr benachrichtigten, zwangen sie den König, den Krieg, mit dem er eben beschäftigt war, liegen zu lassen, als sich Jamphorynna schon ergeben hatte und ihm auch andere Unternehmungen gelangen. ***16*** Die Aetoler hatten auf den Ruf von der eidlichen Verbindung der Acarnanen zuerst mit ihrem Angriff gezögert, und die Nachricht von Philipps Anzug nötigte sie sogar, sich tief in ihr Land zurückzuziehen. ***17*** Doch rückte Philipp, obgleich er, um die Acarnanen nicht unterjochen zu lassen, in starken Märschen herbeigeeilt war, nur bis Dium vor und kehrte ebenfalls auf die Nachricht vom Rückzug der Aetoler aus Acarnanien nach Pella zurück.

(26) Als Laevinus, der im Anfang des Frühjahrs von Korkyra absegelte, um das Vorgebirge Leukate herum nach Naupaktum gekommen war, erklärte er seine Absicht, von hier nach Antikyra zu segeln, damit Skopas und die Aetoler sich dort einfinden möchten. ***2*** Antikyra liegt in Locris, wenn man in den Korinthischen Meerbusen einläuft, zur Linken; und von Naupaktum war der Weg zu Land für die Aetoler wie für ihn zur See nur kurz. ***3*** Etwa drei Tage darauf begann die Belagerung auf beiden Seiten. Der Sturm von der Seeseite war der wirksamere, teils weil die Flotte mit Wurfgeschützen und Maschinen aller Art versehen war, teils weil hier die Römer stürmten. Nach der in wenigen Tagen erfolgten Übergabe wurde die Stadt den Aetolern eingeräumt, die Beute fiel nach dem Vertrag den Römern zu. ***4*** Laevinus erhielt ein Schreiben, er sei abwesend zum Konsul erwählt, und sein Nachfolger Publius Sulpicius sei unterwegs; weil ihn aber dort eine langwierige Krankheit festhielt, kam er gegen alle Erwartung erst spät nach Rom.

5 Marcus Marcellus, der am 15. März sein Konsulat antrat, eröffnete, bloß weil es Sitte war, an diesem Tag den Senat, und zwar mit der Erklärung, er werde in Abwesenheit seines Amtsgenossen weder die Lage des Staates noch die Verteilung der Provinzen zur Sprache bringen. ***6*** Er wisse, dass sich viele Sizilianer in der Nähe der Stadt in den Landhäusern seiner Neider aufhielten. Ihnen die Erlaubnis zu versagen, die von seinen Feinden ausgesprengten und erdichteten Beschuldigungen öffentlich in Rom bekannt zu machen, liege so ganz und gar außer seinem Plan, ***7*** dass er sie vielmehr, wenn sie nicht eine Art von Furcht heuchelten, in Abwesenheit seines Amtsgenossen sich über ihn als Konsul zu erklären, jetzt gleich vor den Senat gestellt hätte. Sobald aber sein Amtsgenosse einträfe, würde er auf nichts eher antragen lassen als auf die Anhörung der Sikuler im Senat. ***8*** Marcus Cornelius habe in ganz Sizilien, er möchte fast sagen eine Werbung gehalten, um so viel als möglich Kläger gegen ihn nach Rom gehen zu lassen. Derselbe Mann habe, um seinem Ruhm zu schaden, durch lügenhafte Briefe die Nachricht in der Stadt verbreitet, dass in Sizilien der Krieg noch fortdauere. ***9*** Der Konsul, der sich an diesem Tag den Ruhm der

Mäßigung erwarb, entließ nun den Senat, und es schien, als würden alle Angelegenheiten bis zur Wiederkehr des andern Konsuls zur Stadt fast wie bei einem Gerichtsstillstand liegen bleiben. ***10*** Diese Ruhe erregte, wie gewöhnlich, ein Murren unter dem Bürgerstand. Die Leute klagten, der Krieg dauere gar zu lange, die Ländereien um die Stadt, die Hannibal als Feind durchzogen habe, seien verheert, Italien werde durch die Werbungen erschöpft, und fast jährlich seien Heere niedergehauen; ***11*** auch habe man zwei kriegerische Konsuln gewählt, beide energische und unternehmende Männer, die im tiefsten Frieden Krieg zu erregen fähig wären, geschweige denn, dass sie im Krieg der Bürgerschaft einige Erholung gönnen sollten.

(27) Dieses Gerede wurde durch eine in der Nacht vor dem Fest der Minerva in der Gegend des Marktes an mehreren Stellen zugleich entstandene Feuersbrunst unterbrochen. ***2*** Auf einmal sah man die sieben Kaufläden, deren nachher nur fünf waren, und die Wechslerbuden, welche jetzt die Neuen heißen, in Flammen. ***3*** Dann ergriff das Feuer auch Privatgebäude; denn damals standen hier noch keine Staatspaläste, ferner die Gefängnisstraße, den Fischmarkt und die Königshalle. ***4*** Der Tempel der Vesta wurde knapp gerettet, und zwar hauptsächlich durch 13 Sklaven, welche nachher der Staat loskaufte und freiließ. ***5*** Eine Nacht und einen Tag tobte das Feuer. Auch zweifelte niemand daran, dass es boshafterweise gelegt sei, weil es zugleich an mehreren, und zwar entgegengesetzten Orten ausgebrochen war. ***6*** Deswegen machte der Konsul im Auftrag des Senats in einer Volksversammlung bekannt, wer die Täter anzeigen würde, die dies Feuer gelegt hätten, sollte zur Belohnung, wenn er ein Freier sei, eine Geldsumme, wenn ein Sklave, die Freiheit erhalten. ***7*** Diesen Preis zu verdienen, sagte der Sklave der Calavier, einer kampanischen Familie – Manus hieß er – Folgendes aus: Seine Hausherren nebst fünf anderen jungen Adligen aus Capua, deren Väter Quintus Fulvius hatte enthaupten lassen, hätten diesen Brand gelegt und würden, wenn man sich ihrer nicht versichere, ab und zu noch mehrere anstiften. Sie wurden mit ihren Bedienten festgenommen; ***8*** und anfangs machten sie den Angeber und seine Aussage durch den Vorwurf verdächtig, der Mensch sei am Tag vorher von seinen Herren mit Schlägen gezüchtigt worden und ihnen entlaufen. Aus Rache und Leichtsinn habe er dann diesen Zufall zu ihrer Verleumdung benutzt. ***9*** Als aber das persönliche Gegenverhör sie widerlegte und mit den Helfershelfern mitten auf dem Gerichtsplatz die peinliche Untersuchung vor sich ging, da bekannten sie alle; und Herren und mitschuldige Sklaven wurden hingerichtet. Dem Anzeiger schenkte man die Freiheit und 20 000 As.

10 Als der Konsul Laevinus vor Capua vorbeireiste, umringte ihn eine Menge Campaner, die ihn mit Tränen um die Erlaubnis baten, sie nach Rom an den Senat gehen zu lassen, um die Väter, wenn endlich noch Mitleid sie zu rühren vermöchte, zu bitten, sie doch nicht völlig zu verderben und nicht alles, was Campaner heiße, von Quintus Flaccus zugrunde richten zu lassen.

11 Flaccus erklärte, er stehe durchaus nicht als Privatmann mit den Campanern in Feindschaft. Er hasse sie als Staatsbürger und habe eine tödliche Feindschaft und werde sie hassen, solange er überzeugt sei, dass sie ebenso gegen Rom gesinnt wären. ***12*** Denn es sei gegen alles, was Römer heiße, kein Volk auf Erden, kein Volksstamm erbitterter als sie. Darum halte er sie in die Mauern eingeschlossen, weil sie, sowie sie entsprängen, gleich wilden Tieren im Land umherstreiften und alles, was ihnen in den Wurf komme, zerfleischten und niederrissen. Einige wären zu Hannibal übergegangen, andere nach Rom gegangen, um es in Brand zu stecken. ***13*** Die Spuren kampanischen Frevels werde der Konsul auf dem halb niedergebrannten Markt noch finden. ***14*** Es sei auf den Tempel der Vesta abgesehen gewesen, auf das ewige Feuer und jenes im Allerheiligsten verwahrt liegende Kleinod, von dem nach Schicksalsbeschluss die Dauer des Römerreichs abhänge. Er halte es durchaus nicht für sicher, Campanern den Eintritt in die Mauern Roms zu gestatten. ***15*** Doch erlaubte Laevinus den Campanern, ihm nach Rom zu folgen, nachdem sie dem Flaccus hatten schwören müssen, fünf Tage nach erhaltener Antwort vom Senat sich wieder in Capua einzufinden. ***16*** An der Spitze dieses ihm folgenden Schwarmes und zugleich vor den ihm entgegengegangenen Sizilianern und Aetolern her kam er nach Rom und führte also die im Krieg Besiegten jetzt als Kläger gegen die beiden hoch gepriesenen Eroberer der berühmtesten Städte in die Stadt ein. ***17*** Doch der erste Vortrag der Konsuln im Senat betraf die Lage des Staates und die Provinzen.

(28) Hier setzte Laevinus die Lage Makedoniens und Griechenlands, der Aetoler, Acarnanen und Locrer und was er selbst dort zu Lande und zur See geleistet habe, auseinander. ***2*** Philipp, der schon gegen die Aetoler angerückt sei, den er aber nach Makedonien zurückgeschlagen habe, habe sich in das Innerste seines Reiches zurückgezogen; die Legion könne dort abgeführt werden; den König von Italien abzuhalten, sei die Flotte hinreichend, so viel sagte er über sich selbst und über seine Amtsführung. Den Vortrag wegen der anzuweisenden Kriegsplätze übernahmen die Konsuln gemeinschaftlich. ***3*** Die Väter beschlossen, Italien und der Krieg gegen Hannibal solle nur einem Konsul übertragen werden, der andere die bisher von Titus Otacilius geführte Flotte haben und Sizilien als seinen Geschäftskreis mit dem Prätor Lucius Cincius gemeinschaftlich. ***4*** Ihnen wurden die beiden Heere bestimmt, welche Etrurien und Gallien hatte; dies waren vier Legionen. Die beiden Stadtlegionen vom vorigen Jahr sollten nach Etrurien gehen und die beiden, welche Sulpicius als Konsul befehligt habe, nach Gallien. Gallien und seine Legionen sollte der bekommen, ***5*** dem der Konsul, welcher Italien bekäme, sie anvertrauen wolle. ***6*** Gaius Calpurnius, dem man nach seiner Prätur den Oberbefehl auf ein Jahr verlängerte, wurde nach Etrurien geschickt und Capua dem Quintus Fulvius als Provinz bestimmt, ebenfalls mit einjähriger Verlängerung seines Oberbefehls. ***7*** Die römischen und verbündeten Truppen sollten vermindert werden, so dass aus zwei Legionen nur eine von 5000 Mann zu Fuß und 300 Reitern gemacht würde, und diejenigen, ***8*** welche die meisten Dienstjahre hätten, entlassen würden; an Bundesgenossen sollte sie 7000 Mann zu Fuß und 300 Reiter behalten und auch hier bei Entlassung der alten Soldaten auf das Verhältnis der Dienstjahre Rücksicht genommen werden. ***9*** Mit dem Konsul des vorigen Jahres, Gnaeus Fulvius, traf man weder hinsichtlich seiner Provinz Apulien noch des Heeres, das er gehabt hatte, die geringste Änderung, außer dass man ihm den Oberbefehl auf ein Jahr verlängerte. Sein Amtsgenosse Publius Sulpicius wurde angewiesen, sein ganzes Heer, die Seeleute ausgenommen, zu entlassen. ***10*** So sollte auch nach der Ankunft des Konsuls in Sizilien das Heer, das Marcus Cornelius befehligte, entlassen werden. ***11*** Dem Prätor Lucius Cincius gab man zur Behauptung Siziliens die Soldaten von Cannae, die zwei Legionen ausmachten. Für Sardinien bestimmte man dem Prätor Publius Manlius Vulso ebenso viele Legionen, dieselben, welche voriges Jahr in dieser Provinz Lucius Cornelius angeführt hatte. ***12*** Für die Stadtlegionen sollten die Konsuln mit der Aushebung so verfahren, dass sie keinen zum Soldaten machen sollten, der schon unter Marcus Claudius, Marcus Valerius oder Quintus Fulvius im Heer gedient hätte; ***13*** und die Zahl der römischen Legionen sollte für dieses Jahr nicht über einundzwanzig betragen.

(29) Nach Abfassung dieser Senatsbeschlüsse losten die Konsuln um ihre Amtskreise. Marcellus erhielt Sizilien und die Flotte, Laevinus Italien und den Krieg gegen Hannibal. ***2*** Diese Entscheidung des Loses brachte die Sizilianer – und sie waren in Erwartung, wie das Los ausfallen würde, den Konsuln nähergetreten –, nicht anders, als sähen sie Syrakus zum zweiten Mal erobert, so aus aller Fassung, dass sie schon jetzt durch ihr Wehklagen und ihre kläglichen Äußerungen aller Augen auf sich zogen und auch nachher zu mancherlei Gerede Anlass gaben. ***3*** Denn sie gingen in Trauerkleidern bei den Senatoren umher und versicherten, sie würden nicht nur ihre Vaterstadt, sondern ganz Sizilien verlassen, wenn Marcellus abermals als Oberbefehlshaber dorthin geschickt würde. Ohne ihr Verschulden sei er schon vorher gegen sie unversöhnlich gewesen; ***4*** was würde er

nun aus Rache tun, wenn er wüsste, dass die Sizilianer, um über ihn zu klagen, nach Rom gekommen seien? Unter dem Feuerstrom des Ätna verschüttet zu werden oder im Meer zu versinken, sei für ihre Insel besser, als sich ihrem Feind gleichsam zur Züchtigung preisgegeben zu sehen. ***5*** Diese Klagen der Sizilianer, die anfangs in den Häusern der Vornehmen herumgingen und dann durch Äußerungen in Umlauf kamen, welche teils das Mitleid mit den Sizilianern, teils der Neid gegen Marcellus veranlasste, gelangten endlich auch vor den Senat. ***6*** Hier verlangte man von den Konsuln, beim Senat einen Tausch der Provinzen zu beantragen. Da sagte Marcellus, wenn der Senat die Sizilianer schon angehört hätte, wäre seine Erklärung vielleicht anders ausgefallen; ***7*** so aber wolle er sich bloß deswegen, damit niemand sagen könne, die Furcht halte diese Leute ab, mit der gehörigen Freimütigkeit über den zu klagen, der sie nächstens in seiner Gewalt haben werde, wenn sein Amtsgenosse nichts dawider habe, den Tausch der Provinzen gefallen lassen. ***8*** Er verbitte es sich aber, dass der Senat (dadurch dass er beschließe, die Provinzen sollten vertauscht werden) im Voraus ein (ihm ungünstiges) Urteil abgebe. Denn da es schon unbillig gewesen wäre, seinem Amtsgenossen die Wahl einer Provinz ohne Losung zu überlassen, wie viel größer dann die Beleidigung, ja die Beschimpfung für ihn sein müsse, wenn man sein Los auf diesen übertrage. ***9*** Und so wurde der Senat, der freilich seine Willensmeinung zu erkennen gegeben hatte, entlassen, ohne sie als Beschluss auszufertigen. Die Konsuln einigten sich selbst über die Provinzen, und der Tausch kam zustande, weil das Schicksal den Marcellus zu Hannibal hinriss, ***10*** zu dessen Ruhm er, so wie er die Ehre davongetragen hatte, ihn zuerst besiegt zu haben, gerade unter den glücklichsten Fortschritten des Krieges als der letzte römische Feldherr fallen sollte.

(30) Nach Tausch der Amtskreise brachten die im Senat vorgelassenen Sizilianer eine weitläufige Schilderung von König Hieros ununterbrochener Treue gegen das römische Volk vor, um das als Verdienst ihrer Stadt darzustellen. ***2*** Hieronymus hingegen und nachher Hippocrates und Epicydes wären ihnen zwar auch als Tyrannen aus anderen Gründen, hauptsächlich aber wegen ihres Übertritts von den Römern zu Hannibal verhasst gewesen. Darum sei auch Hieronymus von ihren vornehmsten jungen Männern, man möchte sagen, auf Anschlag des ganzen Volkes, ermordet worden, ***3*** und so hätten sich auch zur Ermordung des Epicydes und Hippocrates 70 der edelsten Jünglinge verschworen gehabt, die aber alle, da durch Marcellus' Zaudern die Sache verraten sei – denn er sei nicht zur bestimmten Zeit mit seinem Heer vor Syrakus erschienen –, von den Tyrannen hingerichtet worden wären. ***4*** Ja selbst dieser Tyrannei des Hippocrates und Epicydes habe Marcellus durch die grausame Plünderung der Leontiner das Dasein gegeben. ***5*** Nie hätten es die ersten Männer von Syrakus seit jener Zeit an Übertritten zu Marcellus und an Versprechungen fehlen lassen, ihm die Stadt, wenn er wolle, zu überliefern. Allein anfangs habe er sie lieber mit Sturm einnehmen wollen. ***6*** Dann aber, als ihm dies trotz aller Versuche zu Land und zu Wasser nicht gelungen sei, habe er lieber einem Schmied Sosis und einem Spanier Moericus als den ersten Syrakusanern, die sich hierzu so oft von selbst, immer umsonst erboten hatten, die Übergabe von Syrakus verdanken wollen, nur um einen gerechten Vorwand zu haben, die ältesten Bundesgenossen des römischen Staates morden und plündern zu können. ***7*** Wenn nicht Hieronymus, sondern Volk und Senat von Syrakus an Hannibal abgefallen wären, wenn die Syrakusaner selbst vermöge eines Staatsbeschlusses, nicht aber nach Unterdrückung der Syrakusaner ihre Tyrannen Hippocrates und Epicydes dem Marcellus die Tore von Syrakus verschlossen hätten, wenn die Syrakusaner diesen Krieg mit der Gesinnung der Karthager gegen Rom geführt hätten, ***8*** ob Marcellus alsdann noch feindlicher hätte verfahren können, als er verfahren sei, es müsste denn sein, dass er Syrakus völlig vertilgt hätte. ***9*** Wenigstens habe er, die Mauern und ausgeplünderten Häuser, die erbrochenen und entweihten Göttertempel ausgenommen, da er selbst die Götter samt ihrem Schmuck weggeführt habe, der Stadt Syrakus nichts übrig

gelassen. ***10*** Vielen habe er auch ihre Güter genommen, so dass sie auch nicht einmal von dem nackten Grund und Boden, dem Überrest ihrer geplünderten Habe, sich und die Ihrigen ernähren könnten. Sie bäten die versammelten Väter, wenn es nicht möglich sei, alles, wenigstens doch das, was noch vorhanden sei und anerkannt werden könne, an die Eigentümer wieder abliefern zu lassen. ***11*** Als sie nach diesen Beschwerden Laevinus aus dem Rathaus abtreten ließ, damit im Senat über ihre Forderungen beraten werden könnte, sagte Marcellus: *Lasst sie ja hier bleiben, damit ich ihnen in ihrer Gegenwart antworten kann, weil wir Feldherren doch einmal bei Führung eurer Kriege, ihr versammelten Väter, in der Lage sind, dass wir unsere Besiegten zu Anklägern haben müssen. Mögen doch die beiden in diesem Jahr eroberten Städte, Capua den Fulvius, Syrakus den Marcellus vor Gericht ziehen.*

(31) Nachdem die Gesandten wieder in das Rathaus zurückgeführt waren, sprach der Konsul: *Der Hoheit des römischen Staates und der Würde dieses Oberbefehls, versammelte Väter, kann ich unmöglich so sehr vergessen, dass ich, wenn jetzt eine Anklage gegen mich zur Sprache käme, mich als Konsul gegen beschuldigende Griechen verantworten würde;* ***2*** *allein es kommt hier nicht in Betracht, was ich etwa getan haben mag, sondern was ihnen zu leiden oblag. Sind sie nicht unsere Feinde gewesen, so ist es einerlei, ob ich jetzt oder noch bei Lebzeiten des Hiero Syrakus übel behandelt habe,* ***3*** *sind sie aber von uns abgefallen, sind sie auf unsere Gesandten mit Schwert und Waffen eingedrungen, haben sie ihre Stadt und Mauern uns verschlossen und sie mit einem karthagischen Heer gegen uns verteidigt, wer darf alsdann darüber empört sein, dass sie Feindseligkeiten, deren sie genug begingen, erlitten haben?* ***4*** *Die ersten Männer von Syrakus, die mir die Stadt hätten übergeben wollen, soll ich abgewiesen, soll einen Sosis, einen Spanier Moericus in einer so wichtigen Sache meines Vertrauens würdiger gehalten haben. Ihr seid nicht von den niedrigsten Syrakusanern; denn ihr werft ja anderen die Niedrigkeit vor.* ***5*** *Ist einer unter euch, der mir versprochen hätte, mir die Tore zu öffnen, meine Soldaten mit Waffen in die Stadt einzulassen? Ihr hasst, ihr verwünscht ja die, die es taten, und enthaltet euch nicht einmal hier der Schmähungen gegen sie; so weit wäret ihr davon entfernt, so etwas selbst zu tun.* ***6*** *Selbst die Niedrigkeit, versammelte Väter, die sie jenen vorwerfen, ist ja der stärkste Beweis, dass ich keinen, der unserem Staat seine Dienste leisten wollte, abgewiesen habe.* ***7*** *Bevor ich Syrakus einschloss, habe ich bald durch abgeschickte Gesandte, bald durch eingegangene Unterredungen den Frieden versucht; dafür aber habe ich auch nachher, als man sich nicht scheute, sich an meinen Gesandten zu vergreifen, und ich selbst in der Zusammenkunft am Tor von ihren Großen nicht einmal eine Antwort erhielt, so viele Strapazen ich auch zu Land und zu Wasser zu bewältigen hatte, doch endlich Syrakus mit Waffengewalt erobert.* ***8*** *Was ihnen als Besiegten widerfuhr, darüber durften sie sich mit größerem Recht bei Hannibal und den Karthagern, ihren Mitbesiegten, beklagen, als vor dem Senat der Sieger. Wenn ich dies leugnen wollte,* ***9*** *dass ich Syrakus habe plündern lassen, versammelte Väter, so hätte ich ja auf keinen Fall mit der Beute von dort die Stadt Rom verschönert. Habe ich als Sieger diesem oder jenem etwas genommen oder zugesprochen, so bin ich gewiss, hierin sowohl nach dem Kriegsrecht als auch nach dem Verdienst eines jeden gehandelt zu haben.* ***10*** *Dass ihr dies genehmigt, versammelte Väter, wahrlich daran liegt dem Staat mehr als mir. Ich habe meine Pflicht erfüllt; jetzt muss es Wunsch des Staates sein, dass ihr nicht etwa durch den Umsturz meiner Verfügungen die Schritte künftiger Feldherren lähmt.* ***11*** *Und nun, ihr versammelten Väter, da ihr in beider Teile Gegenwart sowohl die Sizilianer als mich gehört habt, so wollen wir auch zugleich von dieser Stätte abtreten, damit der Senat in meiner Abwesenheit in der Beratung ganz frei ist.* Nachdem er so die Sizilianer entlassen hatte, ging auch er zu einer Truppenaushebung auf das Kapitol.

(32) Der andere Konsul brachte die Forderungen der Sizilianer vor den Senat. Hier wurde freilich bei der Abstimmung lange gestritten, ***2*** und sehr viele Senatoren, die sich der Stimme des

Titus Manlius Torquatus anschlossen, waren der Meinung, dass mit den Tyrannen, ***3*** als Feinden der Syrakusaner und Römer zugleich, hätte der Krieg geführt werden müssen, die Stadt aber hätte man wieder in Schutz nehmen, nicht erobern und nach der Wiederaufnahme auf ihre alte Verfassung und Freiheit zurückführen, nicht aber in ihrer Erschöpfung unter der kläglichsten Sklaverei durch Krieg noch elender machen sollen. Über die Kämpfe der Tyrannen mit dem römischen Feldherrn sei sie selbst, zum Lohn des Sieges bestimmt, zugrunde gegangen, eine der schönsten und berühmtesten Städte, ehemals die Korn- und Schatzkammer des römischen Volkes, die durch ihre Freigebigkeit und Geschenke in so manchem Sturm, selbst noch zuletzt in diesem Punischen Krieg, dem Staat Hilfe und Ehre geschafft habe. ***4*** Wenn König Hiero, dieser treueste Beförderer der römischen Herrschaft, von den Toten auferstehen sollte, mit welcher Stirn man ihm entweder Syrakus oder Rom zeigen wolle, wenn er, nach dem Anblick seiner halb zerstörten und geplünderten Vaterstadt, schon bei seinem Eintritt in Rom, auf dem Vorplatz der Stadt, beinahe im Tor, die Prunkbeute aus seiner Vaterstadt zu sehen bekäme? – ***5*** Ich sage, obgleich dies und mehr dergleichen dem Konsul zum Vorwurf und zur Erregung des Mitleids mit den Syrakusanern vorgebracht wurde, ***6*** so fassten die Väter dennoch in Bezug auf Marcellus den schonenden Beschluss ab, was er als kriegführender Feldherr und Sieger verfügt habe, müsse gültig bleiben. Für das Weitere wolle sich der Senat die Sache der Syrakusaner angelegen sein lassen und dem Konsul Laevinus den Auftrag geben, so viel sich ohne Nachteil für das Ganze tun lasse, sich der Lage jenes Staates anzunehmen. ***7*** Zwei auf das Kapitol an den Konsul abgeschickte Senatoren riefen ihn in das Rathans zurück, und nach abermaliger Einführung der Sizilianer wurde der Senatsbeschluss verlesen. ***8*** Die Gesandten, die man nach einer freundlichen Anrede entließ, warfen sich dem Konsul Marcellus mit der Bitte zu Füßen und baten und beschworen ihn, das, was sie zur traurigen Darlegung und Erleichterung ihres Unglücks gesagt hätten, möge er ihnen verzeihen und sie und die Stadt Syrakus seines Beistandes und Schutzes würdigen. Und darauf wurden sie vom Konsul unter freundlichen Worten entlassen.

(33) Nun ließ der Senat die Campaner eintreten, deren Rede um so viel kläglicher, wie ihre Sache schlimmer war. ***2*** Denn sie konnten nicht leugnen, die Strafe verdient zu haben, und hatten auch keine Tyrannen, auf die sie die Schuld wälzen konnten. Doch glaubten sie, da sich so viele ihrer Senatoren vergiftet, so viele unter dem Richtbeil geblutet hätten, Strafe genug gelitten zu haben, ***3*** wären doch nur wenige von ihren Adligen noch am Leben; und diese habe weder ihr Gewissen gezwungen, sich selber ein Leid zuzufügen, noch der erbitterte Sieger sie zum Tod verurteilt. Diese bäten für sich und die Ihrigen um die Freilassung und um die Rückgabe eines Teiles ihrer Güter, da sie selbst römische Bürger, meistenteils vermöge der alten Berechtigung zu gegenseitigen Heiraten mit römischen Familien verschwägert und durch nahe Verwandtschaft mit ihnen verbunden wären.

4 Nachdem man die Gesandten aus dem Rathaus hatte abtreten lassen, war man einige Augenblicke in Zweifel, ob man den Quintus Fulvius von Capua kommen lassen sollte – denn der Konsul Claudius war gleich nach Einnahme der Stadt gestorben –, um die Sache ebenso in Gegenwart des Feldherrn zu erledigen, der dort der Handelnde gewesen sei, wie man es mit Marcellus und den Sizilianern gemacht habe. ***5*** Als sie aber den Marcus Atilius und den Gaius Fulvius, des Flaccus Bruder, seine beiden Unterfeldherren, und ebenso die Unterfeldherren des Claudius, den Quintus Minucius und Lucius Veturius Phila, im Senat sitzen sahen, sämtlich Augenzeugen von allem, was dort vorgenommen war, ***6*** und sie weder den Fulvius von Capua abberufen noch die Campaner auf einen andern Tag bestellen wollten, wurde Marcus Atilius Regulus, der unter denen, welche vor Capua gewesen waren, das höchste Ansehen hatte, um seine Meinung befragt. ***7*** *Ich erkläre,* sprach dieser, *dass ich von den Konsuln zum Kriegsrat zu Rate gezogen wurde, in welchem* *nach Eroberung von Capua es sich darum handelte, ob sich irgendein Campaner um unsern Staat ein Verdienst erworben habe.* ***8*** *Man brachte in Erfahrung, es fänden sich zwei Frauenspersonen, Vestia Oppia aus Atella und Pacula Cluvia, welche in früheren Zeiten sich für Geld preisgab; jene habe täglich für Roms Erhaltung und Sieg geopfert, diese den notleidenden Gefangenen heimlich Nahrungsmittel gebracht.* ***9*** *Die Gesinnung aller übrigen Campaner gegen uns war die der Karthager, und Quintus Fulvius hat mehr diejenigen hinrichten lassen, welche durch ihre Würde, als die durch ihre Schuld vor den Übrigen hervorragten.* ***10*** *Ich sehe wohl, dass der Senat gegen die Campaner, weil sie römische Bürger sind, ohne Beistimmung des Volkes nicht verfahren kann; daher kam es auch bei unseren Vorfahren in der Angelegenheit der abgefallenen Satricaner, dass der Volkstribun Marcus Antistius vorher bei dem Bürgerstand darauf antragen und der Bürgerstand sich erst erklären musste, dass der Senat zum Urteilsspruch über die Satricaner berechtigt sein solle.* ***11*** *Nach meiner Meinung also müsste man die Tribunen ersuchen, dass einer oder mehrere von ihnen beim Volk einen Antrag stelle, wodurch wir das Recht bekommen, über die Campaner zu verfügen.* ***12*** Der Volkstribun Lucius Atilius stellte nach einem Senatsgutachten den Antrag bei dem Bürgerstand mit diesen Worten: *Über alle Einwohner von Capua, Atella, Talatia und die Sabatiner, welche sich durch die Übergabe an den Prokonsul Fulvius der Verfügung und Landeshoheit des römischen Volkes unterworfen haben,* ***13*** *auch was sie mit sich zugleich übergeben haben, ihr Land, ihre Stadt, geweihtes und ungeweihtes Eigentum, und was sie sonst noch übergeben haben, wie mit dem allen eurem Willen gemäß verfahren werden solle, darüber befrage ich euch, Quiriten.* ***14*** Das Volk erklärte sich so: *Was der Senat mit eidlicher Erklärung, die Mehrheit aller Anwesenden beschließt, das wollen und beschließen wir.*

(34) Der nach dieser Erklärung des Volkes um seine Stimmen befragte Senat erkannte gleich zuerst der Oppia und Cluvia ihre Güter und Freiheit wieder zu und hieß sie, wenn sie sich noch andere Belohnungen beim Senat zu erbitten hätten, nach Rom kommen. ***2*** Hinsichtlich der Campaner richteten sich die Beschlüsse nach den verschiedenen Familien, die nicht alle anzuführen nötig ist. Bei einigen beschloss man die Einziehung ihrer Güter; ***3*** sie selbst, ihre Kinder und Frauen sollten verkauft werden, diejenigen Töchter ausgenommen, welche, ***4*** ehe die Römer Landesobrigkeit geworden wären, ins Ausland geheiratet hätten. Andere sollten gefesselt und demnächst über sie verfügt werden. Bei anderen Campanern ließen sie auch den Unterschied des Vermögens bestimmen, ob ihre Güter eingezogen werden sollten oder nicht. ***5*** Das ihnen geraubte Vieh, die Pferde ausgenommen, ihre Sklaven, ausgenommen die männlichen Erwachsenen, und alles, was nicht zum Boden gehörte, erklärten sie für zurückzugebendes Eigentum. ***6*** Alle Campaner, Atellaner, Calatiner, Sabatiner, diejenigen ausgenommen, die entweder selbst oder deren Eltern sich bei den Feinden aufhielten, sollten frei sein, doch so, ***7*** dass niemand von ihnen römischer oder latinischer Bürger werden könne, auch sollte keiner von denen, die, während die Tore in Capua geschlossen gewesen wären, länger als bis zu einem bestimmten Tag in der Stadt und im Gebiet von Capua bleiben dürfen. ***8*** Diesen sollte ein Wohnort jenseits des Tiber angewiesen werden, der aber den Tiber nicht berühren dürfe. Wer aber in der Zeit des Krieges weder zu Capua noch in einer von Rom abgefallenen kampanischen Stadt gewesen wäre, ***9*** sollte bis in die Gegend diesseits des Flusses Liris, nach Rom zu, entfernt werden; und die zu den Römern übergegangen wären, ehe Hannibal nach Capua gekommen sei, bis diesseits des Volturnus; keiner von ihnen sollte dem Meer näher als 15 000 Schritte ein Landstück oder Gebäude haben dürfen. ***10*** Diejenigen von ihnen, welche über den Tiber hinausgewiesen wären, sollten weder selbst noch ihre Nachkommen irgendwo ein Grundeigentum erwerben oder besitzen können, außer im Gebiet von Veji, Sutrium, Nepete, und auch dies nur unter der Bedingung, dass es das Maß von 50 Morgen nicht übersteige. ***11*** Die Güter aller Senatoren und Obrigkeiten von Capua,

Atella, Calatia sollten zu Capua verkauft werden. Die Freien, deren Verkauf bestimmt war, sollten nach Rom geschickt und in Rom verkauft werden. ***12*** Was von den ehernen Bildern und Statuen, welche sie den Feinden abgenommen haben wollten, als Heiligtum anzusehen sei oder nicht, überließ man dem Kollegium der Oberpriester zur Entscheidung. ***13*** Durch diese Beschlüsse noch weit mehr gebeugt, als sie gekommen waren, wurden die Campaner aus Rom entlassen. Und nun klagten sie nicht mehr über die Grausamkeit des Quintus Fulvius gegen sie, sondern über die Ungerechtigkeit der Götter und über den Fluch des Geschickes.

(35) Nach Entlassung der Sizilianer und Campaner nahm man die Aushebung der Truppen vor, und als man ein Heer geworben hatte, beschäftigte man sich mit Entwürfen zur Ergänzung der Ruderknechte. ***2*** Da man aber hierzu weder Menschen genug hatte, noch in der Schatzkammer zu deren Ankauf und Besoldung damals Geld vorhanden war, machten die Konsuln bekannt, ***3*** jeder Einzelne habe nach seinem Vermögen und Stand so wie früher Ruderer mit Sold und Beköstigung auf 30 Tage zu stellen. ***4*** Auf diese Bekanntmachung wurden die Bürger so laut und ihr Unwille so groß, dass es zum Aufruhr mehr an einem Anführer als an Zunder fehlte. Bei den Konsuln, sagten sie, komme nun die Reihe des Vernichtens und Hinwürgens nach den Sizilianern und Campanern an die römischen Bürger. ***5*** Seit so vielen Jahren durch Geldlieferungen erschöpft, hätten sie nichts weiter als den nackten und verödeten Boden übrig. Die Häuser hätten ihnen die Feinde in Brand gesteckt; die Sklaven zum Ackerbau habe der Staat hingenommen, indem er sie bald für eine Kleinigkeit zum Kriegsdienst ankaufe, bald für die Ruderbank sie fordere. ***6*** Das Wenige, was dieser und jener an Silber und Kupfer gehabt habe, sei durch die Besoldung der Ruderknechte und die jährlichen Geldlieferungen erschöpft. Zu geben, was sie nicht hätten, könne keine Gewalt, kein Befehl sie zwingen. Man möge das Ihrige verkaufen, möge gegen ihre Person, das einzige ihnen Übriggebliebene, wüten. Sie hätten auch nicht einmal so viel noch, dass sie sich als Sklaven freikaufen könnten. ***7*** So rief, nicht etwa heimlich, sondern ganz offen auf dem Markt und unter den Augen der Konsuln selbst ein großer sie umströmender Schwarm, und weder durch harte noch durch milde Worte konnten die Konsuln die Leute beruhigen. ***8*** Darauf erklärten sie, sie gäben ihnen drei Tage Bedenkzeit; diese Frist aber benutzten sie selbst, um die Sache zu prüfen und zu erledigen. ***9*** Am folgenden Tag hielten sie über die Ergänzung der Ruderer eine Senatssitzung. Als sie hier weitläufig auseinandergesetzt hatten, warum die Weigerung der Bürger nicht unbillig sei, schlossen sie ihre Rede mit der Behauptung, den Privatpersonen müsse diese Last, möge es gerecht oder ungerecht sein, aufgebürdet werden. ***10*** Denn wovon sollten sie sonst die Seeleute stellen, da in der Schatzkammer kein Geld sei? Wie man aber ohne Flotten entweder Sizilien behaupten, Philipp von Italien abhalten oder Italiens Küsten decken wolle?

(36) Als bei diesen Schwierigkeiten niemand Rat wusste und jeder sich wie am Verstand gelähmt fühlte, da sprach der Konsul Laevinus, ***2*** die Staatsbeamten müssten dem Senat und der Senat dem Volk, wie sie ihm an Ehre vorgingen, so auch zur Übernahme alles Drückenden und Unangenehmen als Führer vorangehen. ***3*** *Wollt ihr den Geringeren etwas aufbürden, so wären sie alle viel folgsamer, wenn ihr dieselbe Verpflichtung zuerst euch selbst und den Eurigen auferlegtet. Auch wird ihnen die Ausgabe nicht schwer, wenn sie sehen, dass jeder von uns Vornehmen an Beiträgen mehr, als auf seinen Anteil fällt, übernimmt.* ***4*** *Wollen wir also, dass das römische Volk Flotten habe und bemanne, dass die Einzelnen ohne Weigerung Ruderer stellen, so müssen wir sie uns zuerst auferlegen.* ***5*** *All unser Gold, Silber, geprägtes Kupfer wollen wir Senatoren sogleich dem Staat abliefern, so dass jeder nur für sich, seine Gattin und Kinder die Ringe, für seinen Sohn den üblichen Schmuck und diejenigen, welche Frau und Töchter haben, für jede eine Unze Gold behalte.* ***6*** *Wer schon auf dem kurulischen Sessel sitzt, behält an Silber den Pferdeschmuck und noch ein Pfund, um die Götter mit Salzfass und Opferschale bedienen zu können.* ***7*** *Von uns übrigen*

Senatoren behält jeder Hausvater für sich nur ein Pfund Silber und an Kupfermünzen 5000 As. ***8*** *Alles übrige Gold, Silber und gemünzte Kupfer wollen wir sogleich den Dreimännern der Bank abliefern, und zwar ohne vorhergegangenen Senatsbeschluss, damit unser freiwilliger Beitrag und Wetteifer in Unterstützung des Staates zuerst dem Ritterstand, dann auch den übrigen Bürgern Lust mache, uns nachzueifern.* ***9*** *Nach allem, was wir Konsuln darüber besprochen haben, fanden wir diesen einzigen Weg. Betretet ihn unter göttlichem Beistand. Die Rettung des Staates verbürgt uns auch die Rettung unseres Eigentums ohne Schwierigkeit; opfert man den Staat auf, dann rettet man das Seinige umsonst.*

10 Hierzu gaben alle ihre Zustimmung mit solchem Edelsinn, dass sie sogar den Konsuln ihren Dank aussprachen. ***11*** Nach Entlassung des Senates lieferte jeder für seine Person sein Gold, Silber und Kupfer dem Staat ein, mit einem so aufbietenden Wetteifer, ja seinen Namen unter den ersten im öffentlichen Verzeichnis obenan geschrieben zu sehen, dass die Dreimänner der Bank nicht Hände genug zur Entgegennahme, die Buchhalter nicht zum Einschreiben hatten. ***12*** Dieser Einstimmigkeit des Senates folgte der Ritterstand und dem Ritterstand die Bürger. So war der Staat, ohne einen Befehl, ohne obrigkeitlichen Zwang mit Mannschaft zur Ergänzung der Seeleute und dem Sold für sie versehen, und als alles zum Krieg fertig war, gingen die Konsuln in ihre Provinzen.

(37) Auch gab es in diesem Krieg nie einen Zeitpunkt, in welchem Karthager und Römer, beide von mannigfachem Wechsel umkreuzt, so sehr zwischen Hoffnung und Furcht geschwankt hätten. ***2*** Bei den Römern hatte teils in den Provinzen, dort das Unglück in Spanien, hier das Glück in Sizilien, Trauer und Freude gemischt, ***3*** teils in Italien selbst der Verlust von Tarent Schaden und Betrübnis, aber auch die mit der Besatzung behauptete Burg Tarents unerwartete Freude veranlasst, und den plötzlichen Schrecken und die Bestürzung bei dem Angriff und Sturm auf Rom ***4*** verwandelte die Eroberung Capuas nach wenigen Tagen in Jubel. ***5*** Auch jenseits des Meeres wogen sich die Erfolge gewissermaßen auf. Sehr zur Unzeit hatte man an Philipp einen Feind bekommen; dafür aber waren die Aetoler neue Bundesgenossen geworden, mit ihnen Attalos, der König Asiens, gleich als wollte das Schicksal den Römern schon jetzt auf die Beherrschung des Morgenlandes Hoffnung machen.

6 Ebenso stellten die Karthager den Verlust von Capua und die Eroberung Tarents nebeneinander, und so wie sie sich's zum Ruhme anrechneten, dass sie niemand habe hindern können, bis an die Mauern von Rom zu dringen, so weh tat ihnen die aufgegebene Unternehmung, und sie schämten sich, so wenig geachtet zu sein, dass, ***7*** während sie selbst vor den Mauern Roms lagen, aus einem andern Tor ein römisches Heer nach Spanien abging. ***8*** Selbst die beiden Spanien, je näher sie dort der Hoffnung gewesen waren, durch Vertilgung zweier so großer Feldherren und Heere den Krieg beendigt und die Römer ausgetrieben zu haben, erfüllten sie mit viel größerem Unwillen darüber, dass ihr ganzer Sieg von einem Lucius Marcius, einem in der Eile auftretenden Anführer, so ganz vereitelt und vernichtet war.

9 Bei diesem Gleichgewicht des Schicksals blieb auf beiden Seiten alles im Schwanken, so dass sie alle ihre Hoffnungen, alle ihre Besorgnisse noch ebenso vor sich hatten, als fingen sie jetzt erst den Krieg an.

(38) Hannibal beunruhigte nichts mehr als dies, dass der Ruf, wie viel Beharrlichkeit die Römer im Angriff auf Capua, wie wenig er selbst zur Rettung desselben getan, ***2*** viele Völker Italiens ihm abwendig gemacht hatte, die er ebenso wenig alle durch Besatzungen fesseln konnte, wenn er sein Heer nicht in viele und kleine Teile zerstückeln wollte, was ihm jetzt durchaus nicht zuträglich war, als er es wagen durfte, die Treue seiner Bundesgenossen, wenn er seine Besatzungen abführte, entweder ihren ungehinderten Wünschen oder einer drohenden Gefahr preiszugeben. ***3*** Seine

Neigung zur Habsucht und Grausamkeit bestimmte ihn, alles, was er nicht behaupten könnte, zu plündern um es dem Feinde verwüstet zu hinterlassen. *4* So schlimm es war, zu einer solchen Maßregel zu greifen, so war sie in ihren Folgen noch schlimmer, denn dadurch wandte er nicht bloß die Herzen der Misshandelten, sondern auch der Übrigen von sich ab, denn das Beispiel reichte weiter als der Verlust. *5* Und der römische Konsul ließ es an Angriffsversuchen auf die Städte, wo sich nur einige Hoffnung zeigte, nicht fehlen. *6* Zu Salapia waren Dasius und Blattius die ersten Männer. Dasius hielt es mit Hannibal, Blattius begünstigte, so viel er mit Sicherheit konnte, die Partei der Römer und hatte durch geheime Boten dem Marcellus Hoffnung auf eine Übergabe gemacht; allein ohne Mitwirkung des Dasius konnte die Sache nicht durchgesetzt werden. *7* Nach vielem und langem Zaudern, und auch jetzt mehr aus Ratlosigkeit als in Hoffnung auf Erfolg, trug er bei Dasius selbst darauf an. Dieser, ebenso sehr gegen die Sache eingenommen als aus Feindschaft gegen den Nebenbuhler seiner Macht, entdeckt das Ganze Hannibal. *8* Als beide vorgefordert waren, Hannibal auf der Richterbühne noch einiges erledigte, um sogleich die Untersuchung über Blattius vorzunehmen, und Kläger und Beklagter, weil das Volk hatte Platz machen müssen, allein standen, erneuerte Blattius bei Dasius seinen Antrag. *9* Da aber rief Dasius, wie bei einer ganz augenscheinlichen Sache, laut aus, nun fordere man ihn sogar unter Hannibals Augen zum Verrat auf. Eben ihrer Kühnheit wegen schien dem Hannibal und seinen Beisitzern die Tat umso weniger wahrscheinlich. *10* Es sei gewiss zwischen ihnen bloß Eifersucht und Hass, und jener bringe eine Beschuldigung vor, die er ebendarum, weil kein Zeuge darüber möglich sei, umso dreister habe erdichten können. *11* Sie wurden also entlassen. Aber Blattius gab seinen kühnen Plan nicht auf, bis er durch fortgesetzte Zudringlichkeit und durch die Vorstellungen, welchen Vorteil sie selbst und ihre Vaterstadt davon haben würden, bei jenem es dahin brachte, dass sie die punische Besatzung – sie bestand aus 500 Numidern – und Salapia dem Marcellus überlieferten. *12* Doch ging die Übergabe nicht ohne viel Blutvergießen ab; denn jene waren bei Weitem die tapfersten Reiter im ganzen punischen Heer. Obgleich sie also überrascht wurden und von ihren Pferden in der Stadt keinen Gebrauch machen konnten, griffen sie dennoch während des Auflaufs zu den Waffen, suchten sich durchzuschlagen, *13* und als sie nirgends durchbrechen konnten, fielen sie kämpfend bis auf den letzten Mann. Nicht über 50 von ihnen kamen den Feinden lebend in die Hände, und der Verlust dieses Geschwaders seiner Reiterei war dem Hannibal empfindlicher als der von Salapia; auch waren die Punier seitdem an Reiterei, worin ihre Hauptstärke bestanden hatte, nicht mehr die Überlegenen.

(39) Da um dieselbe Zeit der Mangel auf der Burg von Tarent kaum noch zu ertragen war, hatte die dortige römische Besatzung sowie ihr und der Burg Befehlshaber Marcus Livius, ihre ganze Hoffnung auf die Zufuhr gesetzt, die ihr von Sizilien geschickt wurde; *2* und damit diese sicher an Italiens Küste vorbeigehen könnte, stand bei Regium eine Flotte von fast 20 Schiffen. *3* Den Oberbefehl über die Flotte wie über die Zufuhren hatte Decimus Quinctius, von geringer Herkunft, allein durch viele tapfere Taten von ausgezeichnetem Kriegsruhm. *4* Anfangs hatte er nur fünf Schiffe, von denen die beiden größten, zwei Fünfruderer, Marcellus ihm anvertraut hatte. Später wurden ihm wegen seines mehrmaligen tapferen Benehmens drei Fünfruderer zugegeben, *5* und zuletzt brachte er durch Beitreibung der von den Bundesgenossen, von den Reginern, von Velia, von Paestum vertragsmäßig zu stellenden Schiffe seine Flotte, wie schon gesagt, auf 20 Segel. *6* Dieser von Regium ausgelaufenen Flotte begegnete Democrates mit ebenso viel tarentinischen Schiffen bei Sapriportis, beinahe 15 000 Schritte von der Stadt. Die Römer, ohne Ahnung eines bevorstehenden Kampfes, hatten sich ganz ihren Segeln überlassen. *7* Doch in der Gegend von Kroton und Sybaris hatten sie ihre Ruderknechte vollzählig gemacht, und die Flotte war der Größe ihrer Schiffe gemäß vortrefflich ausgerüstet und bemannt; *8* auch traf

es sich, dass sich ungefähr zu gleicher Zeit der starke Wind gänzlich legte und der Feind ihnen zu Gesicht kam, so dass sie genug Zeit hatten, die Segel einzuziehen und Ruderer und Soldaten zum bevorstehenden Kampf in Bereitschaft zu setzen. ***9*** Nicht leicht trafen vollständige Flotten mit größerer Kampfbegier zusammen; denn sie kämpften für eine Entscheidung von größerer Bedeutung als sie selbst waren, ***10*** die Tarentiner, um von den Römern, denen sie ihre Stadt fast nach 100 Jahren wieder abgewonnen hatten, nun auch die Burg zu befreien, in der Hoffnung, wenn sie dem Feind durch die Seeschlacht den Besitz des Meeres entrissen, ihm sogar die Zufuhr abzuschneiden; ***11*** die Römer, um durch fortgesetzte Behauptung der Burg zu zeigen, dass sie Tarent nicht durch Eroberung oder Tapferkeit, sondern durch Verrat und Tücke verloren hätten. ***12*** Nachdem sie also von beiden Seiten auf das gegebene Zeichen mit den Schiffsschnäbeln zusammengestoßen waren, niemand sein eigenes Schiff zurückzog und ebenso vermittels des angeworfenen Raubhakens dem feindlichen, mit dem er sich eingelassen hatte, alles Losreißen unmöglich machte, kamen sie so nahe im Kampf, dass sie nicht bloß mit Geschossen, sondern auch mit dem Schwert, beinahe Fuß an Fuß kämpften. ***13*** Die zusammengefahrenen Vorderteile saßen fest; die Wendungen der Hinterteile hingen von den Rudern des feindlichen Schiffes ab. Dicht gedrängt standen sich die Schiffe so nahe, dass zwischen ihnen kaum ein Pfeil, umsonst abgeschossen, ins Meer fiel. Gleich Linien im Feld drangen sie mit der Stirn gegeneinander, und die Kämpfenden schritten von Schiff zu Schiff weiter. ***14*** Doch zeichnete sich unter den Übrigen das Gefecht von zweien aus, die an der Spitze des ganzen Zuges aufeinandergeraten waren. ***15*** Auf dem römischen Schiff war Quinctius selbst, auf dem tarentinischen Nico, mit dem Zunamen Perca, der nicht bloß als öffentlicher Feind, sondern auch für seine Person den Römern verhasst war und sie wieder hasste, insofern er zu der Partei gehörte, die Tarent dem Hannibal verraten hatte. ***16*** Er durchbohrte den Quinctius, als dieser, mit dem Kampf und den Ermunterungen seiner Leute zugleich beschäftigt, ihm eine Blöße gab, mit seinem Speer, dass er, in der Rüstung hinabstürzend, am Vorderteil niederfiel. ***17*** Schon trieb der siegreiche Tarentiner, welcher rasch auf das durch den Verlust seines Anführers in Verwirrung gesetzte Schiff herüberschritt, die Feinde vor sich her; schon waren die Tarentiner vom Vorderteil Meister, als sich plötzlich am Hinterteil ein neuer Feind, ein Dreiruderer, zeigte. ***18*** So wurde das in die Mitte genommene römische Schiff erobert. Kaum sahen die Übrigen das Hauptschiff verloren, da bemächtigte sich ihrer der Schrecken. Nach allen Seiten ergriffen sie die Flucht, sanken zum Teil auf der Höhe, zum Teil ruderten sie auf den Strand, wo sie gleich nachher den Thurinern und Metapontinern zur Beute wurden. ***19*** Von den Lastschiffen, welche der Flotte die Lebensmittel nachbrachten, fielen den Feinden nur sehr wenige in die Hände, die übrigen erreichten dadurch die hohe See, dass sie ihren Segeln gegen die wechselnden Winde bald hierhin, bald dorthin die schräge Richtung gaben.

20 Aber nicht das gleiche Glück begleitete die Unternehmungen der Tarentiner zu Lande. Denn da 4000 von ihnen, welche auf Getreideholung ausgerückt waren, allenthalben in den Dörfern schwärmten, ***21*** schickte Livius, der Befehlshaber der Burg und der römischen Besatzung, der keine Gelegenheit zu einem glücklichen Streich aus den Augen ließ, den Gaius Persius, einen tüchtigen Mann, an der Spitze von 2500 Bewaffneten aus der Burg ab. ***22*** Dieser überfiel die in den Dörfern ausgelassen Umherstreifenden und Zerstreuten, hieb sie auf allen Seiten nieder, und es retteten sich von den vielen nur wenige durch die eiligste Flucht in die Tore, die man ihnen, um nicht die Stadt von dem zugleich heranstürzenden Feind erobern zu lassen, nur halb geöffnet hatte. ***23*** So hielten sich bei Tarent der römische Sieg zu Lande und der tarentinische zur See das Gleichgewicht. Die erhoffte Zufuhr an Getreide, die sie schon vor Augen sahen, ging beiden verloren.

(40) Als um dieselbe Zeit, nachdem ein großer Teil vom Jahr verstrichen war, der Konsul Laevinus unter großer Erwartung der alten und neuen Bundesgenossen in Sizilien angekommen war, ließ er es seine erste und wichtigste Aufgabe sein, die Lage der Dinge zu Syrakus, die durch den neuen Frieden verworren war, zu ordnen. *2* Von da führte er seine Legionen vor Agrigent, wo allein noch Krieg zu führen war und eine starke karthagische Besatzung lag. Und hier kam ihm das Glück zu Hilfe. *3* Hanno nämlich war Oberbefehlshaber der Karthager; sie hatten aber ihre ganze Hoffnung auf Muttines mit seinen Numidern gesetzt. *4* Auf seinen Streifzügen durch ganz Sizilien trieb dieser von den römischen Bundesgenossen Beute zusammen, und keiner Tapferkeit, keiner List gelang es, ihn von Agrigent abzuschneiden oder an seinen Ausfällen, sobald er sie machen wollte, zu hindern. *5* Dieser sein Ruhm, der jetzt schon die Ehre des Feldherrn verdunkelte, ging endlich in Hass über, so dass auch seine gelungensten Taten dem Hanno des Täters wegen nicht mehr erfreulich waren. *6* Deswegen gab er zuletzt die Oberstenstelle Muttines' an seinen Sohn, in der Hoffnung, er werde ihm mit dem Oberbefehl zugleich das Ansehen bei den Numidern nehmen. *7* Gerade das Gegenteil trat ein. Die alte Liebe zu Muttines erhöhte er noch dadurch, dass er sich selbst verhasst machte; und jener verschmerzte die empörende Zurücksetzung nicht, sondern ließ sogleich durch geheime Boten dem Laevinus die Übergabe von Agrigent antragen. *8* Als man ihm durch diese seine Annahme zugesichert und den Gang der Sache verabredet hatte, nahmen die Numider, die sich des zum Meer führenden Tores nach Vertreibung oder Niedermetzelung der Wache bemächtigten, die zu diesem Zweck abgeschickten Römer in die Stadt auf. *9* Und schon ging ihr Zug unter großem Lärm in die Mitte der Stadt und nach dem Markt, als Hanno in der Meinung, es sei bloß ein Auflauf und eine Meuterei der Numider, wie das schon früher der Fall gewesen war, zur Dämpfung des Aufruhrs dahin rückte. *10* Aber freilich, als er eine in der Ferne für bloße Numider zu große Menge erblickte, und ihm das wohlbekannte Kriegsgeschrei der Römer in die Ohren drang, *11* ergriff er, noch ehe er sich auf Schussweite näherte, die Flucht, nahm den Epicydes in seine Begleitung auf und kam mit wenigen, zum Hintertor hinausgelassen, ans Meer. Hier trafen sie zum Glück ein kleines Fahrzeug, überließen den Feinden das seit so vielen Jahren streitig gemachte Sizilien und setzten nach Afrika über. *12* Die übrigen nicht wenigen Karthager und Sizilianer, die, ohne Widerstand zu versuchen, sich blindlings flüchteten und die Ausgänge gesperrt fanden, wurden an den Toren niedergehauen. *13* Nach Einnahme der Stadt ließ Laevinus die Mitglieder der Regierung zu Agrigent mit Ruten geißeln und enthaupten. Die Übrigen, ebenso die Beute, verkaufte er. Alles Geld schickte er nach Rom.

14 Als der Ruf von diesem Unglück der Agrigentiner durch Sizilien erscholl, fiel auf einmal alles den Römern zu. Durch Verrat gewannen sie in kurzer Zeit 20 Städte; sechs nahmen sie mit Sturm, gegen 40 ergaben sich freiwillig. *15* Nachdem der Konsul den Oberhäuptern dieser Städte, jedem nach Verdienst, ihre Belohnung oder Bestrafung hatte angedeihen lassen, nachdem er ferner die Sizilianer gezwungen hatte, endlich die Waffen niederzulegen und sich ganz mit Ackerbau zu beschäftigen, *16* so dass die Insel nicht bloß zur Ernährung ihrer Bewohner ergiebig genug sein müsste, sondern auch einem Mangel in Rom und Italien abhelfen könnte, wie sie schon oft in solchen Verlegenheiten getan hatte, nahm er noch von Agathyrna eine ungeordnete Masse mit sich nach Italien. *17* Es waren 4000 Menschen, ein Gemisch von allen möglichen Zusammengelaufenen, von Vertriebenen, Verschuldeten und meistenteils Schwerverbrechern, die schon früher, als sie noch in ihren Städten und unter Gesetzen lebten und auch noch, nachdem sie ein ähnliches Schicksal unter mancherlei Veranlassungen in Agathyrna zusammengeworfen hatte, von Straßenraub und Dieberei lebten. *18* Laevinus hielt es für zu unsicher, auf einer Insel, die sich soeben nach dem neuen Frieden wieder zu einem Ganzen vereinigte, solche Menschen als Zunder neuer Unruhen zurückzulassen, auch konnten sie sich den Reginern, denen ein solcher in Räuberzügen geübter Haufe erwünscht kam, durch Verheerung des Bruttierlandes nützlich machen. Und so wurde der Krieg, soweit er Sizilien betraf, in diesem Jahr beendet.

(41) In Spanien erteilte Publius Scipio, der mit dem Anfang des Frühlings die Schiffe ins Meer ließ und die Hilfstruppen der Bundesgenossen vermittels einer Bekanntmachung nach Tarraca beschied, der Flotte und den Lastschiffen Befehl, von hier nach der Mündung des Ebro zu segeln. **2** Als er hier auch die Legionen aus den Winterquartieren hatte zusammenkommen lassen, ging er selbst mit 5000 Mann Bundesgenossen zum Heer. Nach seiner Ankunft hielt er, weil er hauptsächlich den alten, nach so harten Niederlagen noch übrigen Soldaten etwas Angenehmes sagen wollte, vor einer berufenen Versammlung folgende Rede:

3 *Vor mir hat noch nie ein neuer Feldherr seinen Soldaten, noch ehe er von ihren Diensten Gebrauch machte, gerechten und verdienten Dank abstatten können.* **4** *Mich aber hat das Schicksal euch schon verpflichtet, ehe ich die Provinz oder das Lager zu sehen bekam, einmal durch die liebevolle Gesinnung, die ihr meinem Vater und Onkel im Leben und im Tod bewiesen habt,* **5** *sodann dafür, dass ihr den durch eine so schwere Niederlage verlorenen Besitz der Provinz sowohl dem römischen Staat als mir, ihrem Nachfolger, durch eure Tapferkeit ungeschmälert erhalten habt. Da wir aber jetzt durch die Gnade der Götter daran denken können und damit beschäftigt sind,* **6** *nicht, dass wir in Spanien bleiben wollen, sondern dass kein Punier darin bleibe, nicht, dass wir, an den Ufern des Ebro stehend, die Feinde vom Übergang abhalten, sondern dass wir als die Angreifenden hinübergehen und den Krieg auf die andere Seite tragen,* **7** *befürchte ich, diese Maßregel möchte einem und dem andern unter euch teils für den gebliebenen Eindruck der neulich erlittenen Niederlagen, teils für meine Jahre zu groß und zu gewagt erscheinen.* **8** *In keinem menschlichen Herzen können unsere unglücklichen Schlachten in Spanien weniger erlöschen als in dem meinigen. Denn mir fielen Vater und Onkel innerhalb von 30 Tagen, als sollte in meiner Familie Leiche auf Leiche folgen.* **9** *Schlägt aber, ich möchte sagen, die Verwaisung und Einsamkeit meines Hauses meinen Geist nieder, so lassen mich dagegen das Glück meines Volkes und seine Tapferkeit am Erfolg für das Ganze nicht verzweifeln. Durch eine Art von Verhängnis ist uns das Los beschieden, dass wir in allen wichtigen Kriegen als die Besiegten siegen mussten.* **10** *Ich übergehe die alten, einen Porsenna, die Gallier, die Samniten; lasst mich mit den punischen Kriegen anfangen. Wie viele Flotten, wie viele Feldherren, wie viele Heere gingen im ersten Krieg verloren?* **11** *Wozu soll ich die aus diesem Krieg erwähnen? Bei allen Niederlagen war ich entweder selbst zugegen oder war da, wo ich fehlte, von allen der einzige, der sie am tiefsten fühlte. Trebia, der Trasimenus, Cannae, was sind sie anders als Denkmale erschlagener römischer Heere und Konsuln?* **12** *Dazu kam der Abfall Italiens, des größeren Teiles von Sizilien und der Sardiniens. Und dann noch die letzte Not und Angst – ein punisches Lager, das zwischen dem Anio und Roms Mauern stand, und Hannibal, der sich als Sieger beinahe an den Toren zeigte. Unter den Trümmern dieses Einsturzes stand allein der hohe Mut des römischen Volkes unverkümmert und unerschüttert. Er war es, der alles zu Boden Geschlagene wieder aufrichtete und emporhob.* **13** *Ihr, Soldaten, wart unter allen die ersten, die dem nach unserem Unglück bei Cannae gegen die Alpen und Italien heranrückenden Hasdrubal – und hätte er sich mit seinem Bruder vereinigt, so gäbe es jetzt keinen mehr, der Römer hieße – unter der Anführung und Götterleitung meines Vaters euch entgegenstelltet, und eure glücklichen Taten haben jenes Unglück aufgewogen.* **14** *Jetzt steht durch die Gnade der Götter in Italien und Sizilien alles gut und glücklich und mit jedem Tag erfreulicher und herrlicher.* **15** *In Sizilien sind Syrakus und Agrigent erobert, die Feinde von der ganzen Insel vertrieben, und die wiedergewonnene Provinz steht unter der Hoheit des römischen Volkes.* **16** *In Italien gehört Arpi wieder uns, Capua ist erobert. Hannibal, der den ganzen Weg von Rom in eiliger Flucht zurücklegte, in den äußersten Winkel des Bruttierlandes hineingedrängt ist, bittet die Götter um keine größere Wohltat, als dass sie ihn ohne Einbuße den feindlichen Boden* *räumen und abziehen lassen.* **17** *Soldaten! Was würde sich weniger schicken, als wenn ihr damals, da die Niederlagen sich aufeinander häuften, und die Götter selbst, ich möchte sagen, auf Hannibals Seite standen, hier mit meinen beiden Vätern – lasst sie mich auch durch diese ehrenvolle Benennung einander gleichstellen! – das wankende Glück des römischen Staates aufrecht erhalten hättet – und gerade ihr wolltet jetzt, weil dort alles gut und erfreulich steht, den Mut verlieren?* **18** *Und selbst die letzten Unfälle, möchten sie ebenso ohne Trauer für mich wie für euch vorübergegangen sein! Eben die unsterblichen Götter, die Beschützer der römischen Oberherrschaft, sie, auf deren Eingebung sich alle Zenturien erklärten, dass man den Oberbefehl mir geben solle, verkündigen uns jetzt durch ihre Andeutungen, durch den Flug ihrer Vögel und selbst durch Erscheinungen im Traum alles mögliche Glück und Gelingen.* **19** *Und mein eigener Sinn, bis jetzt mein sicherster Prophet, sagt mir, dass Spanien unser ist; bald werde alles, was Punier heißt, hier ausgerottet, Meere und Länder auf schimpflicher Flucht bedecken.* **20** *Was der Geist aus sich selbst ahnt, dasselbe geht auch aus untrüglichen Vernunftgründen hervor. Die von jenen misshandelten Bundesgenossen flehen durch Gesandte um unsern Schutz. Drei Feldherren, unter sich so uneinig, dass beinahe einer vom andern abfallen möchte, haben ihr dreifach geteiltes Heer nach ganz verschiedenen Ländern abgeführt.* **21** *Dasselbe Schicksal bricht über sie herein, das kürzlich uns beugte. Denn sie werden so von ihren Bundesgenossen verlassen, wie wir vorher von den Keltiberern, und sie haben ihre Heere getrennt, gerade so wie dies meinem Vater und Onkel so verderblich wurde.* **22** *Ihre innere Uneinigkeit wird sich nicht vereinigen lassen, und einzeln werden sie uns nicht widerstehen können.* **23** *Gönnet ihr nur, Soldaten, dem Namen der Scipionen eure Liebe, dem Sprössling eurer Feldherren, der gleichsam aus dem abgehauenen Stamm wieder aufschießt, wohlan, ihr alten Krieger, führt das neue Heer und die neuen Feldherren über den Ebro; führt sie hinüber in Länder, die ihr mehrmals unter vielen tapferen Taten durchzogen habt.* **24** *Bald hoffe ich es dahin zu bringen, dass ich euch, so wie ihr jetzt an mir die Ähnlichkeit mit meinem Vater und Onkel im Gesicht, in der Miene und in körperlichen Grundzügen wiederfindet,* **25** *ebenso an Geist, an Biedersinn und Tapferkeit ein zum Sprechen getroffenes Nachstück ihres Urbildes geben kann, so dass jeder sagen soll, sein Feldherr Scipio sei ihm wieder aufgelebt oder von Neuem geboren.*

(42) Als er durch diese Rede den Mut der Soldaten entflammt hatte, ließ er zur Bedeckung dieser Gegend Marcus Silanus mit 3000 Mann zu Fuß und 300 Reitern zurück und ging mit allen übrigen Truppen – es waren 25 000 Mann zu Fuß und 2500 Reiter – über den Ebro. ***2*** Da ihm hier einige rieten, weil sich die punischen Heere auf drei so weit auseinander gelegenen Gegenden verteilt hätten, das nächste anzugreifen, beschloss er doch aus Besorgnis, sie dadurch alle nach dem einen Punkt hinzuziehen und dann mit seinem Heer allein so vielen nicht gewachsen zu sein, ***3*** in dieser Zeit Neukarthago zu belagern, eine Stadt, die an sich sehr reich und jetzt mit allen Kriegsvorräten der Feinde angefüllt war – ***4*** denn hier hatten sie ihre Waffen, ihre Kriegskasse und die Geiseln von ganz Spanien –; die außerdem zur Überfahrt nach Afrika sehr bequem liegt und noch dazu an einem Hafen, der für jede noch so große Flotte groß genug und ich möchte wohl sagen, soweit die spanische Küste an unser Meer stößt, der einzige ist. ***5*** Wohin der Marsch gehe, wusste von den Übrigen außer Gaius Caelius keiner. Ihn, der mit der Flotte herumgehen musste, hatte er angewiesen, seine Fahrt so einzurichten, dass die Flotte, sowie sich die Landmacht zeigte, in den Hafen liefe. ***6*** In sieben Tagen kam man vom Ebro zu Lande und zu Wasser zugleich vor Karthago an. Im Norden der Stadt errichtete man ein Lager und deckte es, weil die Front durch die Natur gesichert war, im Rücken durch einen Wall.

7 Die Lage von Neukarthago ist übrigens folgende: Der Meerbusen, der, etwa in der Mitte der spanischen Küste, hauptsächlich dem Südwestwind gegenüber liegt, zieht sich 2500 Schritte weit in das Land hinein und erstreckt sich etwas über 1000 Schritte in die Breite. ***8*** Eine kleine Insel, die dem Busen in der Mitte seiner Mündung von der Seeseite vorgelagert ist, sichert den Hafen vor jedem Wind, den Südwest ausgenommen. Vom Innersten des Busens läuft eine Landzunge aus, gerade die Anhöhe, auf welcher die Stadt erbaut ist, die gegen Osten und Süden vom Meer eingefasst wird. Gegen Westen aber schließt sie ein stehender See, der sich auch etwas nordwärts erstreckt, von abwechselnder Tiefe, je nachdem das Meer Flut oder Ebbe hat. **9** Eine Erdenge, etwa 250 Schritte breit, verbindet die Stadt mit dem Festland. Obgleich eine Verschanzung auf dieser Seite wenig Mühe gekostet hätte, zog der römische Feldherr dennoch hier keinen Wall, entweder um sein Selbstvertrauen dem Feind durch Nichtachtung zu zeigen, oder um bei den öfteren Angriffen auf die Stadtmauer den Rückweg sich offen zu halten.

(43) Als er die übrigen nötigen Anlagen vollendet hatte, gab er auch den Schiffen im Hafen, als wollte er auch eine Belagerung von der Seeseite erwarten lassen, ihre Stellung; und nachdem er bei seiner Durchfahrt durch die Flotte den Schiffshauptleuten eingeschärft hatte, auf die Nachtwachen mit Sorgfalt zu achten, **2** weil ein belagerter Feind anfangs alles Mögliche versuche, hielt er nach seiner Rückkehr ins Lager, um den Soldaten Auskunft über seinen Entschluss zu geben, warum er den Feldzug mit einer Belagerung eröffne und sie zugleich durch ermunternde Darstellungen die Eroberung hoffen zu lassen, vor dem versammelten Heer folgende Rede:

3 *Wenn einer glaubt, man habe euch, Soldaten, bloß zum Angriff auf eine einzige Stadt hierher geführt, so berechnet er eure Mühe richtiger als euren Gewinn. Denn ihr werdet wirklich nur die Mauern einer einzigen Stadt bestürmen, allein in dieser einen Stadt das ganze Spanien erobert haben.* **4** *Hier sind die Geiseln aller berühmten Könige und Völker, welche in dem Augenblick, wo sie in eure Hände fallen, alles, was jetzt den Karthagern unterworfen ist, an uns übergeben werden.* **5** *Hier ist die Kriegskasse der Feinde, ohne die sie den Krieg nicht führen können, weil sie Söldnerheere halten, die aber uns, um die Barbaren zu unsern Freunden zu machen, einen großen Vorteil gewähren wird.* **6** *Hier sind ihre Wurfgeschütze, ihre Waffen, ihr Schiffsgerät und alle ihre Kriegsvorräte, die euch reichlich versorgen und zugleich den Feind davon entblößen werden.* **7** *Außerdem werden wir Herren der schönsten und reichsten Stadt, mit ihrer äußerst vorteilhaften Lage an einem herrlichen Hafen, von wo aus alle Erfordernisse des Krieges zu Wasser und zu Land uns zugeführt werden können. Soviel uns selbst das alles wert sein muss, so nehmen wir doch dem Feind dadurch noch weit mehr.* **8** *Denn dies ist ihre Burg, ihre Vorratskammer, ihre Schatzkammer, ihr Zeughaus, kurz die Niederlage von allem. Von hier geht die gerade Fahrt nach Afrika, hier ist zwischen den Pyrenäen und Gades die einzige Reede; von hier aus ist Afrika dem ganzen Spanien furchtbar.* (*Doch ich sehe euch ja schon gerüstet und geordnet, so lasst uns mit aller Kraft und gutem Mut zum Sturm auf Neukarthago übergehen.* Und da alle einmütig schrien, das solle geschehen, so führte er sie gegen Karthago. Und nun gab er Befehl zum Sturm zu Land und zu Wasser.)

(44) Als der punische Anführer Mago den Feind die Belagerung zu Land und zu Wasser eröffnen sah, traf auch er unter seinen Truppen die Anordnung zur Gegenwehr. **2** 2000 Bürger stellte er den Feinden auf jener Seite entgegen, wo das römische Lager stand; mit 500 seiner Soldaten besetzte er die Burg, mit 500 eine gegen Osten gelegene Anhöhe der Stadt, die übrige Menge erhielt Befehl, aufmerksam auf alles, dahin zu eilen, wo ein Geschrei oder sonst ein unerwarteter Vorfall sie hinrufen würde. **3** Jetzt öffnete er das Tor und ließ die ausrücken, die er auf der zum feindlichen Lager führenden Straße aufgestellt hatte.

Die Römer zogen sich auf ausdrücklichen Befehl ihres Feldherrn ein wenig zurück, um während des Kampfes selbst jeder nachkommenden Hilfe näher zu sein. **4** Anfangs hielten beide Teile gleiche Linie; dann aber trieben die wiederholten Verstärkungen aus dem Lager die Feinde nicht nur in die Flucht, sondern den Fortstürzenden so heftig nach, dass sie allem Anschein nach ohne das Zeichen zum Rückzug mitten im Gewühl der Flüchtenden in die Stadt eingebrochen wären.

5 Die Verwirrung war im Kampf nicht größer gewesen als jetzt in der ganzen Stadt. Viele Posten wurden vor Bestürzung und Fluchteile aufgegeben, und die Mauern waren verlassen, weil jeder, wo er am nächsten konnte, heruntergesprungen war. *6* Als Scipio, der sich auf den sogenannten Merkurhügel begeben hatte, die Mauern an vielen Stellen von Verteidigern entblößt sah, ließ er sogleich alle aus dem Lager zur Bestürmung der Stadt aufbrechen und Leitern herbeibringen. *7* Er ging selbst, indem ihm drei handfeste Jünglinge ihre Schilde vorhielten – denn alle Arten von Geschossen kamen schon in Menge von den Mauern geflogen –, an die Stadt, feuerte an, traf die zweckmäßigsten Anordnungen, *8* und was den Mut der Soldaten zu entflammen die Hauptsache war, er stand als Zeuge und Zuschauer der Tapferkeit oder Feigheit eines jeden da. *9* So stürzten sie Wunden und Pfeilen entgegen; und keine Mauern, keine oben stehenden Bewaffneten konnten sie abhalten, wetteifernd hinanzusteigen. *10* Zu gleicher Zeit begann auch von den Schiffen aus der Sturm auf jene Seite der Stadt, wo sie das Meer bespült. Übrigens war von dieser Seite der Lärm größer als der Erfolg. *11* Während sie anlegten und in der Eile Soldaten und Leitern ausschifften, und jeder, wo es ihm am nächsten war, ans Land zu springen suchte, hinderte vor Eilfertigkeit und Wetteifer einer den andern.

(45) Unterdessen hatten auch die Punier ihre Mauern völlig wieder mit Verteidigern besetzt, *2* und Geschosse hatten sie bei einem so großen aufgehäuften Vorrat in großer Menge zur Hand. Allein weder Männer noch Waffen noch sonst etwas gewährte der Mauer stärkeren Schutz, als diese sich selbst. Nur einzelne Leitern kamen ihrer Höhe gleich, und je höher jede war, desto schwächer war sie auch. *3* Da also immer der, der oben stand, auf die Mauer nicht kommen konnte, und doch andere nachstiegen, brachen die Leitern schon von der Last, und selbst wenn sie standen, stürzte mancher zur Erde herab, weil ihnen in der Höhe der Schwindel vor die Augen trat. *4* Überall stürzten Menschen und Leitern, und durch den Erfolg wuchs auf Seiten der Feinde Mut und Tätigkeit, als das Zeichen zum Abzug ertönte, *5* wovon sich die Belagerten nicht nur für jetzt Ruhe nach so schwerem Kampf und so großer Anstrengung versprachen, sondern auch für die Zukunft die Gewissheit, dass man ihre Stadt mit Leitern und im Ringsturme nicht erobern könne. Die Anlage von Werken aber habe teils ihre Schwierigkeit, teils werde sie ihren Feldherren Zeit geben, ihnen zu Hilfe zu kommen.

6 Kaum war der erste Lärm verstummt, als Scipio anderen noch kraftvollen, frischen Truppen befahl, den Müden und verwundeten die Leitern abzunehmen und mit größerem Nachdruck die Stadt anzugreifen. *7* Er selbst aber nahm, als ihm der Eintritt der Ebbe gemeldet wurde – denn er hatte durch Fischer von Tarraca, welche den stehenden See auf leichten Kähnen oder, wo diese sitzen blieben, auf den seichten Stellen watend durchkreuzt hatten, erfahren, dass man hier zu Fuß leicht an die Mauer kommen könne –, 500 Mann mit sich an diese Stelle. *8* Es war beinahe Mittag und außer dass das Wasser schon von selbst mit der sinkenden Flut den Zug zum Meer nahm, gab auch ein sich erhebender strenger Nordwind dem abfließenden See mit der Ebbe einerlei Richtung und hatte die Untiefen so seicht gemacht, dass den Römern das Wasser an einigen Stellen bis an den Nabel reichte, an anderen kaum über die Knie ging. *9* Scipio, der das, was Aufmerksamkeit und Nachdenken ihn wahrnehmen ließ, einem Wunderwerk und den Göttern zuschrieb, die das Meer zu einem Durchgang für die Römer abziehen ließen, dem See es entführten und ihnen bis jetzt von keinem menschlichen Fuß betretene Wege öffneten, forderte sie auf, unter Neptuns Anführung ihren Weg zu verfolgen und mitten durch den See gegen die Mauern vorzurücken.

(46) Auf der Landseite hatten die Stürmenden schwere Arbeit, und die Mauer wurde ihnen nicht bloß durch ihre Höhe nachteilig, sondern auch dadurch, dass die Feinde die herankommenden Römer auf beiden Flügeln zum Schuss unter sich hatten, so dass diese sich im Hinansteigen mehr auf den Seiten als vorne bedroht sahen. *2* An jener Stelle hingegen wurde den 500 nicht

nur der Durchgang durch den See, sondern auch das Ersteigen der Mauer leicht gemacht; denn teils war hier die Befestigung nicht ausgeführt, weil man sie durch die Lage und den See hinlänglich geschützt hielt, teils fanden sie hier keinen Posten, keine Wache gegen sich, weil sich alle mit ihrer Hilfe dahin gewandt hatten, wo offene Gefahr drohte. ***3*** Als sie in die Stadt ohne Kampf eingedrungen waren, eilten sie im schnellsten Lauf dem Tor zu, wo der ganze Kampf sich entsponnen hatte. ***4*** Und auf diesen waren nicht nur die Gedanken, sondern die Augen und Ohren aller Kämpfenden, aller ihnen Zusehenden und Ermunterung Zurufenden so ganz gerichtet, ***5*** dass keiner von der Eroberung der Stadt in ihrem Rücken früher etwas merkte, bis von hinten Pfeile unter sie flogen, und sie auf zwei Seiten Feinde vor sich hatten. ***6*** Jetzt brachte die Furcht die Verteidiger außer Fassung. Zugleich von innen und außen begann man das Tor aufzubrechen. Da sie aber mit dieser Arbeit sich abmühten und voneinander getrennt wurden, so machten sie ihren Angriff durch die Seitentüren, damit der Marsch nicht aufgehalten würde. ***7*** Viele stiegen auch über die Mauern herein und diese verteilten sich nach allen Seiten zum Morden der Einwohner. Hingegen zog die volle Linie, die zum Tor eingerückt war, unter ihren Befehlshabern in Reih und Glied mitten durch die Stadt auf den Hauptplatz. ***8*** Als Scipio hier bemerkte, dass die Fliehenden zwei Wege einschlugen, die einen nach dem Hügel gegen Osten, der mit 500 Mann besetzt war, die anderen nach der Burg, wohin sich auch Mago fast mit der ganzen von der Mauer vertriebenen Mannschaft geflüchtet hatte, da schickte er einen Teil seiner Truppen zur Eroberung des Hügels ab und mit einem andern zog er selbst vor die Burg. ***9*** Der Hügel wurde im ersten Sturme genommen, und da Mago, welcher anfangs die Burg verteidigen wollte, alles umher voll Feinde und nirgends einige Hoffnung sah, so ergab er sich ebenfalls mit der Burg und der Besatzung. ***10*** Bis zur Übergabe der Burg wurde in der ganzen Stadt das Gemetzel überall fortgesetzt, und kein Erwachsener, wo man ihn fand, geschont. Darauf wurde auf ein gegebenes Zeichen dem Morden ein Ende gemacht, und die Sieger machten sich ans Plündern, und ihre Beute war groß und mannigfaltig.

(47) An männlichen Freigeborenen belief sich die Zahl der Gefangenen auf 10 000, von diesen ließ Scipio diejenigen, welche Bürger von Neukarthago waren, frei und gab ihnen die Stadt und alles Ihrige, was ihnen der Krieg gelassen hatte, zurück. ***2*** Handwerker fanden sich etwa 2000; diese erklärte er für Kammerknechte des römischen Staates mit der Hoffnung einer baldigen Freilassung, wenn sie bei den Handreichungen zum Krieg in ihrem Dienst Eifer bewiesen. ***3*** Den übrigen Haufen junger Einwohner und tüchtiger Sklaven gab er zur Ergänzung seiner Ruderer auf die Flotte, die er mit acht eroberten Schiffen vermehrt hatte. ***4*** Von dieser Menge waren die Geiseln der Spanier ausgeschlossen, für welche man ebenso besorgt war, als wären sie Kinder der Bundesgenossen. Auch erbeutete man einen bedeutenden Vorrat an Kriegsgerät; ***5*** 120 der größten Katapulte, 281 kleinere, ***6*** an großen Wurfgeschossen 23, an kleineren 52, große und kleine Skorpione, Schutz- und Angriffswaffen in großer Anzahl und 74 Fahnen. ***7*** Ferner wurde eine große Menge Gold und Silber dem Feldherrn abgeliefert; goldene Schalen waren 276, fast alle ein Pfund schwer; an verarbeitetem und gemünztem Silber 18 300 Pfund und silberne Gefäße in großer Zahl. ***8*** Dies alles wurde dem Quästor Gaius Flaminius zugewogen und zugezählt. An Weizen fanden sich 40 000 Scheffel, an Gerste 270 000. ***9*** Im Hafen wurden 63 Lastschiffe erobert, einige mit ihren Ladungen an Getreide, Waffen, auch Kupfer und Eisen, Segeltuch und Pfriemengras ***10*** und anderem zur Ausrüstung einer Flotte erforderlichen Bedürfnis, so dass bei einem so großen Gewinn an Kriegsvorräten Karthago selbst den geringsten Wert hatte.

(48) Noch an diesem Tag führte Scipio, der die Stadt dem Gaius Caelius und den Seesoldaten zu bewachen gab, ***2*** die Legionen selbst in ihr Lager zurück und hieß die durch alle Arten an einem Tag bestandener Kriegsarbeiten ermüdeten Soldaten – sie hatten in Linie gefochten, hatten

im Sturm auf die Stadt sich so vielen Beschwerden und Gefahren ausgesetzt, hatten nach der Eroberung mit den auf die Burg Geflüchteten, selbst in Rücksicht auf den Standort im Nachteil den Kampf fortgesetzt –, sich etwas zugute zu tun. ***3*** Am folgenden Tag brachte er vor den zusammenberufenen Land- und Seetruppen zuerst Preis und Dank den unsterblichen Göttern dar, insofern sie ihn nicht bloß an einem Tag in den Besitz der reichsten aller spanischen Städte gesetzt, sondern auch zuvor die Schätze beinahe von ganz Afrika und Spanien in ihr zusammengehäuft hatten, um den Feinden nicht das Geringste übrig zu lassen und ihm und seinen Römern alles im Überfluss zu geben. ***4*** Dann erteilte er der Tapferkeit der Soldaten Lob, dass kein Ausfall der Feinde, keine Höhe der Mauern, keine Unbekanntschaft mit den Tiefen des Meeres, nicht die Festung auf hohem Hügel, nicht die so stark verschanzte Burg sie habe abschrecken können, überall hinüberzusteigen und durchzubrechen. ***5*** Obgleich er nun allen alles zu verdanken habe, so gebühre doch die Auszeichnung des Mauerkranzes dem, der die Mauer zuerst erstiegen habe. Wer sich dieser Belohnung würdig achte, solle sich melden. ***6*** Es meldeten sich zwei, Quintus Trebellius, Hauptmann in der vierten Legion, und ein Matrose Sextus Digitius, und der Streit unter ihnen selbst war minder heftig als der Parteigeist, der bei den Truppen, unter welchen jeder stand, in Anregung kam. ***7*** Für die Seesoldaten sprach Gaius Laelius, Befehlshaber der Flotte; ***8*** für die von der Legion Marcus Sempronius Tuditanus. Als Scipio erklärt hatte, da der Streit beinahe zum Aufruhr gedieh, er wolle ihnen drei Schiedsrichter geben, welche nach untersuchter Sache und Abhörung der Zeugen entscheiden sollten, wer die Stadt zuerst erstiegen habe, ***9*** so setzte er den Beiständen der Parteien, dem Gaius Caelius und Marcus Sempronius, einen parteilosen Dritten, den Publius Cornelius Caudinus an die Seite und befahl diesen drei Schiedsrichtern, die Sitzung anzufangen und die Sache zu untersuchen. ***10*** Da sie aber nun noch mit viel heftigerem Streit betrieben wurde, weil man jene Männer von so hohem Rang, bisher nicht als Anreger, sonder vielmehr Bremse des Parteigeistes hatte abtreten lassen, kam Gaius Caelius aus der Sitzung zu Scipio auf die Richterbühne ***11*** und meldete ihm, die Parteien kennten kein Maß, keine Zurückhaltung mehr, es sei nahe dabei, dass sie handgreiflich würden. Wenn es aber auch nicht zu Gewalttätigkeiten komme, so gebe doch das Benehmen in der Sache ein höchst schlechtes Beispiel, insofern man sich den Preis der Tapferkeit durch Betrug und Meineid zuzueignen suche. ***12*** Auf der einen Seite ständen die Soldaten der Legion, auf der andern die von der Flotte bereit, bei allen Göttern zu beschwören, mehr, was sie für Wahrheit halten wollten, als was sie dafür erkennten, lüden den Fluch des Meineids nicht bloß auf sich und ihr eigenes Haupt, sondern auch auf ihre Fahnen, auf die Adler, und entweihten den heiligen Soldatenschwur. ***13*** Er habe ihm dies im Auftrag des Publius Cornelius und Marcus Sempronius melden sollen. Scipio, der dem Caelius dankte, berief eine Versammlung und erklärte, er finde es völlig erwiesen, dass Quintus Trebellius und Sextus Digitius die Mauer zugleich erstiegen hätten; also schenke er jedem von ihnen für seine Tapferkeit den Mauerkranz. ***14*** Nun belohnte er auch die Übrigen dem Verdienste und der Tapferkeit eines jeden gemäß; vor allen anderen setzte er den Befehlshaber der Flotte Gaius Caelius durch Ehrenbezeugungen aller Art sich selbst gleich und beschenkte ihn mit einem goldenen Kranz und 30 Opferstieren.

(49) Darauf ließ er die Geiseln der spanischen Staaten vor sich rufen. Ihre Zahl kann ich nicht bestimmen, weil ich sie bei einigen fast auf 300, bei anderen auf 725 angegeben finde. ***2*** Ebenso wenig einstimmig sind die Geschichtsschreiber über andere Punkte. Die punische Besatzung gibt der eine auf 10 000, der andere auf 7000, noch ein anderer nur auf 2000 an. Bei einigen findet man 10 000 Gefangene, bei anderen über 25 000. ***3*** Die Zahl der erbeuteten großen und kleinen Skorpione würde ich auf 60 bestimmen, wenn ich mich an einen Griechen, den Geschichtsschreiber Silenus halten wollte, hingegen nach Valerius Antias auf 6000 große und 13 000 kleine;

so hält man auf keiner Seite im Lügen Maß. ***4*** Nicht einmal über die Feldherren ist man einig. Die meisten sagen, Laelius habe die Flotte geführt, einige aber Marcus Junius Silanus. ***5*** Valerius Antias nennt den Befehlshaber der punischen Besatzung, der sich den Römern ergeben habe, Arines; nach anderen Schriftstellern war es Mago. ***6*** Weder über die Zahl der eroberten Schiffe noch über den Betrag des Goldes und Silbers und des gelösten Geldes sind sie einig. Soll man sich durchaus für diesen oder jenen erklären, so bleiben immer die mittleren Angaben die wahrscheinlichsten.

7 Scipio also, der die Geiseln hatte rufen lassen, hieß alle gleich anfangs guten Mutes sein. ***8*** Sie seien dem römischen Volk anheimgefallen, das die Menschen lieber durch Wohltun als durch Furcht mit sich verkette und die auswärtigen Völker lieber durch Treue und Bündnis mit sich vereinigt, als in trauriger Knechtschaft sich unterwürfig sehe. ***9*** Als er sich die Namen von ihren Staaten hatte angeben lassen, sah er in der Reihe der Gefangenen nach, wie viele jedem Volk gehörten, und ließ dann in ihre Heimat melden, dass jeder kommen könne, die Seinigen wieder in Empfang zu nehmen. ***10*** Waren gerade von einigen Städten Gesandte zur Stelle, so gab er diesen die Ihrigen sofort zurück; die übrigen übergab er dem Quästor Gaius Flaminius zu freundlicher Behandlung.

11 Da warf sich mitten aus dem Haufen der Geiseln eine hochbetagte Frau, die Gemahlin des Mandonius – er war ein Bruder des Königs der Ilergeten, Indibilis – dem Feldherrn weinend zu Füßen und fing an ihn zu beschwören, er möge doch die Wartung und Behandlung der Frauen den Aufsehern dringend empfehlen. ***12*** Als Scipio versicherte, es solle ihnen an nichts fehlen, sagte sie: *Darauf kommt es uns so sehr nicht an; denn was genügt nicht in unserer Lage? Eine andere Sorge quält mich, wenn ich auf die Jugend dieser Mädchen hinblicke; denn ich selbst bin über die Gefahr, als Frau zu leiden, hinaus.* ***13*** In Jugend und Schönheit blühend standen die Töchter des Indibilis und andere von gleichem Rang um sie her, welche alle sie als eine Mutter verehrten. ***14*** Da sprach Scipio: *Schon meiner und der römischen Kriegszucht zuliebe würde ich darauf sehen, dass bei uns nichts entweiht werde, was irgend heilig ist.* ***15*** *Mir hieraus jetzt noch eine angelegentlichere Sorge zu machen, fordert mich eure Tugend und Würde auf, die ihr auch nicht einmal im Unglück des weiblichen Anstandes vergeht.* ***16*** Darauf übergab er sie einem Mann von bewährter Sittenreinheit und hieß sie mit derselben Ehrerbietung und Aufmerksamkeit behandeln, als wären sie Gattinnen oder Mütter von Gastfreunden.

(50) Dann wurde ihm von den Soldaten eine erwachsene Jungfrau als Gefangene vorgeführt, von so außerordentlicher Schönheit, dass sie, wo sie ging, aller Augen auf sich zog. ***2*** Scipio, der sie nach ihrem Vaterland und ihren Eltern fragte, erfuhr unter anderem, dass sie mit einem der vornehmsten jungen Keltiberer verlobt sei, namens Allucius. ***3*** Sogleich ließ er die Eltern und den Bräutigam kommen, und als er unterdessen hörte, dass dieser unsterblich in seine Braut verliebt sei, wandte er sich, als der Bräutigam vor ihn kam, in seiner Anrede noch angelegentlicher an ihn als an die Eltern. ***4*** *Um uns bei dieser Unterredung weniger durch Zurückhaltung zu binden, rede ich als Jüngling in dir den Jüngling an. Weil ich – als deine gefangene Braut von unseren Soldaten vor mich gebracht war, hörte, dass du sie innig liebtest* ***5*** *und ihre Schönheit es mich glauben hieß – selbst den Wunsch hegte, man möchte ebenso – falls ich mir jetzt ein solches jugendliches Vergnügen und vollends eine erlaubte und rechtmäßige Liebe gestatten dürfte und nicht der Staat meine ganze Seele beschäftigte – auch mir eine aufmerksame Liebe für meine Braut zugute halten, so will ich auch, was mir vergönnt ist, deine Liebe begünstigen.* ***6*** *Deiner Braut widerfuhr bei uns dieselbe Achtung wie bei deinen Schwiegereltern, ihren eigenen Eltern, sie wurde dir so aufgehoben, dass sie dir als ein unentweihtes, meiner und deiner würdiges Geschenk übergeben werden konnte.* ***7*** *Die einzige Belohnung bedinge ich mir zur Gegengabe: Sei des römischen Staates Freund. Und wenn du glaubst, ich sei ein braver Mann, wie ihn diese Völker schon früher in meinem Vater und Onkel gekannt*

haben, so sage ich dir: Es gibt Männer wie wir unter Roms Bürgern noch viele, ***8*** *und man kann dir jetzt kein Volk auf Erden nennen, das du dir und den Deinigen weniger zum Feind und lieber zum Freund wünschen möchtest.* ***9*** Durchdrungen zugleich von Beschämung und Freude und Scipios Rechte festhaltend, rief der junge Mann alle Götter an, ihm statt seiner zu vergelten, weil er dazu nach seiner Empfindung und Scipios Verdienst um ihn außer Stande sei. Nun wandte sich Scipio an die Eltern und Verwandten der Jungfrau. ***10*** Sie, denen die Tochter unentgeltlich wiedergegeben war, zu deren Loskaufung sie reichlich Gold mitgebracht hatten, ***11*** drangen mit der Bitte in Scipio, dies von ihnen als Geschenk anzunehmen, indem sie versicherten, sie würden ihm dafür ebenso herzlich Dank wissen, wie für die Rückgabe der unverletzten Jungfrau. ***12*** Scipio, der ihnen auf eine so dringende Bitte die Annahme zusagte, ließ das Gold zu seinen Füßen hinstellen, rief den Allucius näher und rief: *Zu der Mitgift, die du von deinem Schwiegervater erhalten wirst, kommt noch dies Brautgeschenk von mir.* Er hieß ihn dann das Gold hinnehmen und als sein Eigentum ansehen. ***13*** Unter Freuden über diese Geschenke und Ehrenbezeugungen in seine Heimat entlassen, verbreitete Allucius unter seinen Landsleuten Scipios verdientes Lob: Da sei ein junger Mann gekommen, ein wahres Ebenbild der Götter, der alles durch Waffen nicht kräftiger als durch Güte und Wohltaten besiege. ***14*** Und so stellte er sich, nach vollendeter Werbung unter seinen Schützlingen, mit 1400 Mann auserlesener Reiter in wenigen Tagen bei Scipio wieder ein.

(51) Scipio, der Laelius so lange bei sich behielt, bis er mit dessen Zuziehung über die Gefangenen, über die Geiseln und die Beute seine Verfügungen getroffen hatte, ***2*** schickte ihn, da alles in Ordnung gebracht war, auf einem dazu bestimmten Fünfruderer, auf welchem er auch die Gefangenen, den Mago und etwa 15 zugleich mit ihm zu Gefangenen gemachte Senatoren einschiffte, als Boten seines Sieges nach Rom; ***3*** er selbst aber verwandte die wenigen Tage, die er noch zu seinem Aufenthalt in Karthago bestimmt hatte, auf die Übung seiner See- und Landtruppen. ***4*** Am ersten Tag machten die Legionen in ihren Waffen auf einem Raum von 4000 Schritten Schwenkungen im Eilschritte, am zweiten ließ er sie vor den Zelten ihre Waffen instand setzen und putzen, am dritten Tag lieferten sie einander ordentliche Treffen, aber mit Fechthölzern, und schossen mit vorne beknauften Wurfspießen, am vierten war Rasttag, am fünften wieder Heerschwenkung unter den Waffen. ***5*** Diese Ordnung der Arbeit und der Ruhe beobachteten sie, solange sie in Karthago waren. ***6*** Die Ruderer und Seesoldaten, die bei stiller See auf die Höhe fahren mussten, erprobten in vorgestellten Seetreffen die Schnelligkeit ihrer Schiffe. ***7*** Diese Übungen vor der Stadt zu Land und zu Wasser stählten Körper und Geist zum Krieg. Die Stadt selbst tönte von der Anfertigung der Kriegsgeräte, zu welcher die Handwerker aller Art in der öffentlichen Werkstatt eingeschlossen wurden. ***8*** Der Anführer ging allem mit gleicher Sorgfalt nach. Bald war er auf der Flotte und bei dem Seegefecht, bald machte er die Übungen der Legionen mit, bald wandte er seine Zeit auf Besichtigung der Arbeiten, welche in den Werkstätten, im Zeughaus, auf den Werften eine Menge von Handwerkern täglich mit großem Wetteifer betrieb. ***9*** Nachdem er dies alles so eingerichtet, die Mauern, wo sie gelitten hatten, wieder ausgebessert und die Truppen zum Schutz der Stadt angewiesen hatte, ***10*** brach er von Tarraca auf und wurde schon unterwegs von vielen Gesandtschaften begrüßt. Zum Teil fertigte er sie noch auf seinem Zug mit der Antwort ab, zum Teil verschob er diese bis auf Tarraca, wohin er alle alten und neuen Bundesgenossen zu einer Versammlung berufen hatte. ***11*** Und fast alle diesseits des Ebro wohnenden Völker fanden sich hier ein, viele sogar aus der jenseitigen Provinz.

Die karthagischen Feldherren suchten anfangs das Gerücht von der Eroberung Karthagos zu verheimlichen; nachher aber stellten sie die Sache, als sie zu bekannt wurde, um sie zu verheimlichen oder ableugnen zu können, als unbedeutend dar. ***12*** Durch Überraschung, und man möchte sagen durch das Diebesglück eines einzigen Tages, habe man eine einzige Stadt Spaniens weggenommen. Stolz auf den Preis einer solchen Kleinigkeit habe der anmaßende Jüngling seiner übertriebenen Freude den Anschein eines großen Sieges gegeben, ***13*** wenn er aber hören werde, dass drei Feldherren, drei siegreiche feindliche Heere gegen ihn anrückten, ***14*** dann würden ihm bald die Niederlagen seiner Verwandten wieder ins Gedächtnis kommen. So prahlten sie vor der Menge, aber sie wussten gar wohl, wie viel sie durch den Verlust von Karthago in jeder Hinsicht an Stärke verloren hatten.

Siebenundzwanzigstes Buch

Inhalt

Der Prokonsul Gnaeus Fulvius wird von Hannibal bei Herdonea geschlagen. Mit glücklicherem Erfolg kämpft der Konsul Claudius Marcellus gegen ihn bei Numistro, und Hannibal zieht sich in der Nacht zurück. Marcellus verfolgt ihn und setzt dem Weichenden nach, bis er sich schlägt. In der ersten Schlacht hat Hannibal die Oberhand, in der folgenden Marcellus. Fabius Maximus erobert als Konsul Tarent durch Verrat wieder. In Spanien kämpft Scipio bei Baecula mit Hasdrubal, dem Sohn Hamilkars, und siegt, auch schickt er einen gefangenen jungen Prinzen mit Geschenken an dessen Mutterbruder Masinissa zurück. Die Konsuln Claudius Marcellus und Titus Quinctius Crispinus, die aus ihrem Lager auf Spähung ausgehen, werden von Hannibal in einem Hinterhalt umringt. Marcellus fällt, Crispinus entflieht. Außerdem enthält dieses Buch die Taten des Prokonsuls Publius Sulpicius gegen Philipp und die Achäer. Die Zensoren schließen die Schätzung. Die Kopfzahl der geschätzten Bürger betrug 137 108, aus welcher Summe sich ergab, wie viele Menschen das Unglück in so mancher Schlacht dem römischen Volk genommen hatte. Hasdrubal, der mit einem neuen Heer die Alpen überschritten hatte, um sich mit Hannibal zu vereinigen, bleibt mit 56 000 Mann in einer Schlacht gegen den Konsul Marcus Livius, durch nicht geringere Mitwirkung des Konsuls Claudius Nero. Denn dieser, der Hannibal gegenübersteht, bringt dadurch, dass er vom Feind unbemerkt sein Lager verlässt und mit einer auserlesenen Mannschaft dort hinzieht, den Hasdrubal ins Unglück.

(1) So standen die Sachen in Spanien. In Italien nahm der Konsul Marcellus, nachdem er Salapia durch Verrat wiedergewonnen hatte, den Samniten Marmoreae und Meles mit Sturm. *2* Hier verlor Hannibal 3000 Mann, die er dort zur Besatzung gelassen hatte. Die Beute – und sie war beträchtlich – wurde den Soldaten überlassen. Auch fand man an Weizen 240 000 Scheffel und 110 000 an Gerste. *3* Übrigens wog die Freude hierüber keineswegs die wenige Tage nachher unweit der Stadt Herdonea erlittene Niederlage auf. *4* Hier hatte der Prokonsul Gnaeus Fulvius sein Lager, in der Hoffnung, Herdonea wiederzubekommen, das nach der Niederlage bei Cannae von den Römern abgefallen war; das Lager aber hatte weder in der Stellung die gehörige Festigkeit, noch durch aufgestellte Posten Sicherheit. *5* Der dem Feldherrn angeborene Leichtsinn wurde noch durch die Aussicht vergrößert, dass die Bürger, wie er gemerkt hatte, in ihrer Treue gegen die Punier wankten, sobald sie erfahren hatten, dass sich Hannibal nach dem Verlust von Salapia aus diesen Gegenden in das Bruttierland zurückgezogen habe. *6* Alle diese Umstände, die Hannibal durch geheime Boten von Herdonea erfuhr, weckten in ihm den Wunsch, sich eine Bundesstadt zu erhalten, und zugleich die Hoffnung, den unvorsichtigen Feind zu überfallen. Mit einem leicht beweglichen Heer eilte er in Eilmärschen, so dass er beinahe dem Ruf von seiner

Ankunft zuvorkam, nach Herdonea, und um den Feind desto mehr in Schrecken zu setzen, kam er schon in Schlachtordnung. *7* An Kühnheit ihm gleich, an Kopf und Truppenstärke unter ihm, nahm der römische Feldherr, der schleunigst mit seinem Heer anrückte, die Schlacht an, und die fünfte Legion, begleitet vom linken Flügel der Bundesgenossen, begann lebhaft den Kampf. ***8*** Doch Hannibal, der seiner Reiterei ein Zeichen gegeben hatte, sobald der lebhafte Kampf die Blicke und Gedanken der Linien zu Fuß beschäftigen würde, sollte sie durch einen Umweg teils das feindliche Lager, teils die Bestürzten im Rücken angreifen, ***9*** sagte unter spöttischen Ausfällen auf den gleichen Namen des Fulvius, weil er vor zwei Jahren in derselben Gegend den Prätor Gnaeus Fulvius besiegt hatte, einen gleichen Ausgang der Schlacht vorher. ***10*** Und er täuschte sich nicht. Denn da bisher die Glieder und Fahnen der Römer noch standhielten, soviel ihrer auch Mann gegen Mann und im Kampf gegen das Fußvolk gefallen waren, ***11*** so jagte doch das Getöse der Reiterei in ihrem Rücken und zugleich das aus ihrem Lager erschallende feindliche Geschrei zuerst die sechste Legion, welche, als Hintertreffen aufgestellt, auch zuerst von den Numidern geworfen wurde, dann auch die fünfte Legion und alle im ersten Glied Kämpfenden vom Platz. ***12*** Ein Teil stürzte fliehend fort, die anderen wurden von allen Seiten niedergehauen, und hier fiel auch Gnaeus Fulvius selbst mit elf Obersten. ***13*** Wie viel tausend Römer und Bundesgenossen im Kampf gefallen sind, kann keiner mit Gewissheit bestimmen, da ich bei einigen 13 000, bei anderen nicht über 7000 angegeben finde. ***14*** Der Sieger nahm das Lager und seine Beute. Herdonea steckte er, nachdem er die ganze Volksmenge nach Metapontum und Thurii abgeführt hatte, in Brand, weil er erfuhr, dass es zu den Römern übergetreten wäre, und ihm auch nicht treu bleiben werde, wenn er abgezogen wäre, und die Vornehmen, von denen er erfahren hatte, dass sie mit Fulvius geheime Unterredungen gehabt hätten, ließ er hinrichten. ***15*** Diejenigen von den Römern, welche sich aus der großen Niederlage retteten, flohen halbbewaffnet auf verschiedenen Wegen zum Konsul Marcellus nach Samnium.

(2) Marcellus schrieb, ohne sich eben durch eine so große Niederlage schrecken zu lassen, nach Rom an den Senat, man habe bei Herdonea einen Feldherrn samt dem Heer verloren. ***2*** Übrigens sei er derselbe, der nach der Schlacht bei Cannae den auf seinen Sieg stolzen Hannibal gedemütigt habe, schon auf dem Weg, ihm die Freude, in der er jetzt juble, bald zu nehmen. ***3*** Zu Rom freilich war die Trauer über den Vorfall ebenso groß wie die Furcht für die Zukunft. ***4*** Der Konsul aber, der aus Samnium nach Lucanien ging, schlug bei Numistro im Angesicht Hannibals sein Lager in einer Ebene auf, während Hannibal auf einem Hügel stand. ***5*** Ja er ließ dadurch noch mehr Selbstvertrauen blicken, dass er zuerst zur Schlacht ausrückte. Und Hannibal schlug, als er die Fahnen aus dem Lager ziehen sah, sie nicht aus. Doch stellten sie die Schlachtordnung so, dass Hannibal seinen rechten Flügel zum Hügel hinan zog, die Römer sich mit ihrem linken an die Stadt lehnten. Obgleich sie nun das Gefecht von morgens neun Uhr bis gegen die Nacht fortsetzten, und die vorderen Linien schon vom Schlagen ermüdet waren, ***6*** auf römischer Seite nämlich die erste Legion und der rechte Flügel der Bundesgenossen, auf Seiten Hannibals die spanischen Truppen, die balearischen Schleuderer und auch die Elefanten, die erst während des Kampfes in das Treffen getrieben waren, blieb doch die Schlacht lange für beide Teile unentschieden. ***7*** Nun trat statt der ersten Legion die dritte, statt des rechten Flügels der Bundesgenossen der linke auf, auch bei den Feinden übernahmen frische Truppen statt der müden den Kampf. ***8*** Ein neuer und fürchterlicher Kampf glühte plötzlich aus dem so schläfrigen auf, weil Mut und Kräfte neu waren; allein die Nacht schied die Kämpfenden bei unentschiedenem Sieg.

9 Am folgenden Tag standen die Römer von Sonnenaufgang bis tief in den Tag hinein in Schlachtordnung. Als ihnen kein Feind entgegentrat, sammelten sie mit Muße den Raub ein und verbrannten ihre zusammengetragenen Toten. ***10*** In der folgenden Nacht brach Hannibal in aller Stille auf und zog nach Apulien ab. Marcellus, welcher gleich, sowie der Tag die Flucht des Feindes aufdeckte, die Verwundeten mit einer mäßigen Bedeckung in Numistro zurückließ und dem Obersten Lucius Furius Purpureo die Aufsicht anvertraute, eilte, ihm auf dem Fuß zu folgen. *11* Bei Venusia holte er ihn ein. Da fanden beim beständigen Necken der Vorposten einige Tage mehr lärmende als große Treffen zwischen Reiterei und Fußvolk statt. *12* Darauf zogen die Heere durch Apulien ohne bedeutenden Kampf, da Hannibal in der Nacht ausrückte, um eine Gelegenheit für einen Hinterhalt zu suchen, Marcellus aber nur am hellen Tag und nach eingezogener Erkundigung ihm folgte.

(3) Während Flaccus inzwischen zu Capua die Zeit mit dem Verkauf der Güter der Großen und mit Verpachtung der Ländereien zubrachte, welche für Staatseigentum erklärt waren – er verpachtete aber alles für Getreide –, kam ein neuer im Verborgenen glimmender Entwurf der Bosheit, als sollte es ihm zur Härte gegen die Campaner nie an Stoff fehlen, durch Verrat an den Tag. *2* Um nämlich auch die Häuser der Stadt sowie Ländereien zur Benutzung zu vermieten, und aus Besorgnis, auch sein Heer möge, wie es Hannibal ging, *3* durch die gar zu große Anmut der Stadt verweichlicht werden, hatte er seine Soldaten die Häuser räumen lassen und sie genötigt, auf den Toren und Mauern sich selbst nach Feldsitte ein Obdach zu bauen. *4* Hierzu hatten sie meistens Flechtwerk und Bretter genommen, zum Teil Schilf geflochten, überall aber Strohdächer angebracht, gleichsam absichtlich lauter Nahrungsmittel einer Feuersbrunst. *5* Dies alles bei Nacht in einer Stunde anzuzünden, hatten sich 170 000 Campaner, deren Häupter die Gebrüder Blossius waren, verschworen. Als auf die vom Gesinde der Blossier hierüber gemachte Anzeige die Soldaten, welche plötzlich auf Befehl des Prokonsuls die Tore schlossen, auf ein gegebenes Zeichen zu den Waffen griffen, da wurden alle Schuldigen ergriffen und nach scharfer Untersuchung verurteilt und hingerichtet, die Anzeiger bekamen die Freiheit und jeder 10 000 As. *6* Die Einwohner von Nuceria und Acerrae wies Fulvius mit ihrer Klage, dass sie keine Wohnungen hätten, weil Acerrae zum Teil verbrannt, Nuceria zerstört sei, nach Rom an den Senat. *7* Die Acerraner bekamen die Erlaubnis, das Abgebrannte wieder aufzubauen, die Nuceriner wurden, weil ihnen dies lieber war, nach Atella geführt, und die Atellaner mussten nach Talatia wandern. *8* Unter den vielen und großen Ereignissen, welche bald als Glück, bald als Unglück die Römer beschäftigten, vergaßen sie doch auch die Burg der Tarentiner nicht. *9* Marcus Ogulnius und Publius Aquilius gingen als Beauftragte nach Etrurien, Getreide aufzukaufen, das nach Tarent geliefert werden sollte; und von der Stadtbesatzung schickte man 1000 Mann, ebenso viele Römer wie Bundesgenossen, mit dem Getreide ebendahin zur Besatzung.

(4) Schon ging der Sommer zu Ende, und die Zeit der Konsulwahl rückte heran. Allein ein Schreiben von Marcellus, worin er bezeugte, es sei für den Staat nachteilig, Hannibal jetzt aus den Augen zu lassen, den er eben, weil er weiche und jedes Treffen vermeide, als der Nachstürmende verfolge, *2* hatte die Väter in die Verlegenheit gesetzt, entweder den Konsul gerade jetzt in seiner Tätigkeit vom Krieg abrufen zu müssen, oder auf ein Jahr keine Konsuln zu haben. *3* Sie hielten es für angemessen, lieber den Konsul Valerius, obgleich er außerhalb Italiens sei, aus Sizilien zurückzurufen. *4* Auf Befehl des Senats schrieb der Stadtprätor Lucius Manlius an diesen und legte das Schreiben des Marcellus bei, damit er hieraus ersehen möchte, was für Veranlassung die Väter hätten, lieber ihn als seinen Amtsgenossen aus seinem Wirkungskreis abzurufen.

5 Ungefähr um dieselbe Zeit trafen in Rom Gesandte von König Syphax ein, welche seine Siege über die Karthager meldeten. Sie sagten, ihr König sei gegen kein Volk so erbittert wie gegen die Karthager und gegen keins freundschaftlicher gesinnt wie gegen das römische. *6* Er habe schon einmal Gesandte nach Spanien an die römischen Feldherren Gnaeus und Publius Cornelius geschickt; jetzt habe er Roms Freundschaft gleichsam aus der Quelle selbst schöpfen wollen.

Der Senat erteilte nicht nur den Gesandten eine sehr freundliche Antwort, sondern schickte ***7*** auch von seiner Seite den Lucius Genucius, Publius Poetelius, Publius Popilius als Gesandte mit Geschenken an den König. ***8*** Sie überbrachten ihm ein purpurnes Ober- und Untergewand, einen elfenbeinernen Sessel, eine aus fünf Pfund Gold gearbeitete Opferschale. ***9*** Sie hatten Befehl, noch weiter bei anderen Königen Afrikas ihren Besuch zu machen, und überbrachten ihnen die bestimmten Geschenke: verbrämte Obergewänder und goldene Opferschalen, jede zu drei Pfund. ***10*** Auch mussten nach Alexandrien, um die ehemalige Freundschaft in Erinnerung zu bringen und zu erneuern, an den König Ptolemaeus* und die Königin Kleopatra Marcus Atilius und Manius Acilius als Gesandte gehen und dem König ein purpurnes Ober- und Untergewand nebst einem elfenbeinernen Sessel, der Königin einen gestickten Mantel mit einem purpurnen Umwurf überbringen.

11 Während des Sommers, in welchem dies geschah, wurden aus den benachbarten Städten und Gegenden viele Wunderzeichen gemeldet. Zu Tuskulum sei ein Lamm mit einem milchenden Euter geboren, der Giebel am Jupitertempel vom Blitz getroffen und fast das ganze Dach abgedeckt worden; ***12*** fast in denselben Tagen habe der Erdboden vor dem Tor von Anagnia, den der Blitz getroffen, ohne alle Feuernahrung Tag und Nach gebrannt, und im Hain der Diana am anagninischen Kreuzweg hätten die Vögel ihre Nester auf den Bäumen verlassen, ***13*** zu Tarracina hätten im Meer nicht weit vom Hafen außerordentlich große Schlangen wie spielende Fische getanzt, zu Tarquinii sei ein Ferkel mit einem Menschengesicht zur Welt gekommen, ***14*** und im Gebiet von Capena hätten im Hain der Feronia vier Statuen Tag und Nacht viel Blut geschwitzt. ***15*** Auf Verordnung der Oberpriester wurde die Sühne dieser Gräuel mit großen Opfertieren besorgt, und ein Betumgang zu allen Tempeln auf einen Tag für Rom, auf den andern für die Gegend des Capenatischen Haines der Feronia angekündigt.

(5) Als der Konsul Marcus Valerius auf die schriftliche Aufforderung Provinz und Heer dem Prätor Cincius übergeben und Marcus Valerius Messala, den Befehlshaber der Flotte, mit einem Teil seiner Schiffe nach Afrika geschickt hatte, um die Absichten und Pläne der Karthager auszukundschaften, hielt er gleich nach seiner Ankunft zu Rom, ***2*** wohin er mit zehn Schiffen abgegangen war, eine Senatsversammlung ab. Hier stellte er seine Taten folgendermaßen dar: ***3*** Nachdem man seit fast 60 Jahren in Sizilien zu Lande und zu Wasser oft mit großem Verlust Krieg geführt habe, so habe er es zur Provinz gemacht. ***4*** In Sizilien sei kein Karthager mehr; jeder Sizilianer, der sich als Flüchtling aus Furcht entfernt hätte, sei wieder da, sämtlich in ihre Städte, auf ihre Ländereien zurückgekehrt, ackerten und säten sie jetzt, ***5*** der lange versäumte Boden gewähre endlich durch Wiederbestellung den Bauern selbst reichen Ertrag und dem römischen Volk. Es mag Friede oder Krieg sein, die treueste Aushilfe bei Teuerungen. ***6*** Darauf wurden Muttines und alle, die der Konsul sonst noch wegen ihrer Verdienste um den römischen Staat dem Senat vorstellte, um das Wort des Konsuls nicht unerfüllt zu lassen, ehrenvoll belohnt. ***7*** Den Muttines machte man sogar zum römischen Bürger vermöge eines auf Beschluss der Väter von einem Volkstribun vor das Volk gebrachten Antrages.

8 Während dieser Vorgänge in Rom landete Marcus Valerius, welcher sich mit 50 Schiffen vor Tagesanbruch der Küste von Afrika genähert hatte, unvermutet im Gebiet von Utica; ***9*** und nachdem er es weit und breit verheert hatte, schiffte er sich mit einer Menge Gefangener und Beute aller Art wieder ein, fuhr nach Sizilien und kam 13 Tage nach seiner Abfahrt von hier zu Lilybaeum wieder an. ***10*** Von den Gefangenen erfuhr er durch eine angestellte Befragung, was er auch alles dem Konsul Laevinus, um ihn über die Vorkehrungen in Afrika zu belehren,

* Philopator.

ausführlich schrieb: *11* Zu Karthago ständen unter Masinissa, dem Sohn des Gala, einem sehr unternehmenden jungen Mann, 5000 Numider, auch würden in ganz Afrika Mietsoldaten geworben, die man für Hasdrubal nach Spanien schicken wolle, *12* damit dieser mit einem möglichst großen Heer je eher je lieber nach Italien ziehen und sich mit Hannibal vereinigen könne. Hierauf beruhe, wie man zu Karthago glaube, der Sieg. *13* Außerdem werde eine große Flotte ausgerüstet, um Sizilien wiederzugewinnen, und diese müsse ihrer Meinung nach nächstens abgehen. *14* Als der Konsul diese Anzeige vorlas, machte sie auf die Väter einen solchen Eindruck, dass sie beschlossen, der Konsul solle die Wahlen nicht abwarten, sondern zur Haltung des Wahltages einen Diktator ernennen und sogleich in die Provinz zurückgehen. *15* Nur konnte man erst nicht einig werden, als der Konsul sagte, er wolle in Sizilien den Marcus Valerius Messalla, den damaligen Befehlshaber der Flotte, zum Diktator ernennen, und die Väter dagegen einwandten, außerhalb des römischen Gebietes – und dies gehe doch nicht über Italien hinaus – dürfe kein Diktator ernannt werden. *16* Als der Volkstribun Marcus Lucretius den Senat hierüber um seine Meinung fragte, beschloss dieser, der Konsul solle vor seinem Weggang aus der Stadt beim Volk anfragen, wen es zum Diktator ernannt wissen wolle, und wen das Volk verlangte, den solle er ernennen. Weigere sich der Konsul, so solle der Prätor beim Volk die Anfrage stellen, und wenn auch der nicht wolle, so sollten es die Tribunen an den Bürgerstand gelangen lassen. *17* Da nun der Konsul erklärte, er werde das Volk nicht um eine Sache befragen, die von ihm selbst abhänge, und auch dem Prätor die Anfrage untersagte, so übernahmen sie die Tribunen, und das Volk erkannte dahin, dass Quintus Fulvius, der damals in Capua stand, zum Diktator ernannt würde. *18* Allein in der Nacht vor dem angesetzten Versammlungstag ging der Konsul heimlich nach Sizilien ab, und die ohne Hilfe gelassenen Väter mussten sich entschließen, an Marcus Claudius zu schreiben, er möge sich des von seinem Amtsgenossen verlassenen Staates annehmen und den vom Volke bestimmten Diktator ernennen. *19* So wurde Quintus Fulvius von Konsul Marcus Claudius zum Diktator erklärt und vermöge desselben Bürgerbeschlusses vom Diktator Quintus Fulvius der Hohepriester Publius Licinius Crassus zu seinem Magister Equitum.

(6) Als der Diktator nach Rom kam, schickte er seinen Legaten Gaius Sempronius Blaesus, den er zu Capua gehabt hatte, in die Provinz Etrurien zum Heer, um den Prätor Gaius Calpurnius abzulösen, den er schriftlich anwies, Capua und sein Heer zu übernehmen. *2* Er selbst setzte die Wahlversammlung auf den nächsten dazu geeigneten Tag an, die aber wegen des Streites der Tribunen mit dem Diktator nicht beendet werden konnte. *3* Die jüngeren Bürger der Zenturie Galeria, die dem Los nach zuerst stimmen musste, hatten den Quintus Fulvius und Quintus Fabius zu Konsuln ernannt, und ebenso hätten sich auch die übrigen Zenturien der Reihe nach erklärt, *4* hätten nicht die beiden Volkstribunen Gaius und Lucius Arennius sich eingemischt. Sie sagten, es sei sehr unbürgerlich, sich obrigkeitliche Amtsführungen verlängern zu lassen, und ein noch weit schlimmeres Beispiel, wenn gerade der sich wählen lasse, der den Wahltag halte. *5* Wenn also der Diktator die Angabe seines eigenen Namens gelten ließe, so würden sie gegen die Wahl Einsprache tun; wenn aber andere, abgesehen von ihm, berücksichtigt würden, so hätten sie gegen die Wahl nichts einzuwenden. *6* Der Diktator behauptete die Rechtmäßigkeit der Wahl aus dem Ansehen des Senats, aus dem Bürgerbeschluss und aus Beispielen, *7* denn unter dem Konsul Gnaeus Servilius, als der andere Konsul, Gaius Flaminius, am Trasimenus gefallen war, habe man nach einem Gutachten der Väter bei den Bürgern darauf angetragen, und die Bürger hätten es genehmigt, dass das Volk das Recht haben solle, solange in Italien Krieg sei, von den gewesenen Konsuln, welche und wie oft es wolle, wieder zu Konsuln zu wählen. *8* Er beziehe sich für den jetzigen Fall auf das uralte Beispiel des Lucius Postumius Megellus, der an demselben Wahltag, welchen er als Zwischenkönig hielt, mit Gaius Junius Bubulcus zum Konsul erwählt sei, und auf

das ganz neue des Quintus Fabius, der sich gewiss sein Konsulat nie hätte haben verlängern lassen, wenn es nicht des Staates Vorteil verlangt hätte.

9 Als man lange in solcherlei Reden gestritten hatte, kamen zuletzt Diktator und Tribunen darin überein, sich an die Entscheidung des Senats zu halten. ***10*** Den Vätern schien die Lage des Staats von der Art zu sein, dass man ihn bewährten und kriegskundigen Feldherren anvertrauen müsse; daher erklärten sie ihr Missfallen gegen jede Behinderung der Wahl. ***11*** Die Tribunen gaben nach, und die Wahl ging vor sich. Quintus Fabius Maximus wurde zum fünften Mal und Quintus Fulvius Flaccus zum vierten Mal zum Konsul gewählt. ***12*** Darauf wurden zu Prätoren Lucius Veturius Philo, Titus Quinctius Crispinus, Gaius Hostilius Tubulus und Gaius Aurunculeius ernannt. Nachdem die jährigen Beamten erwählt waren, legte Quintus Fulvius seine Diktatur nieder.

13 Am Ende dieses Sommers verheerte eine punische Flotte von 40 Schiffen, die unter Hamilkars Führung nach Sardinien übersetzte, zuerst die Gegend von Olbia, ***14*** und als sie von hier, sobald sich der Prätor Publius Manlius Volso mit seinem Heer zeigte, auf die andere Seite der Insel herumgefahren war, das Gebiet von Caralis und kehrte mit Beute aller Art nach Afrika zurück. ***15*** Es starben in diesem Jahr mehrere Priester in Rom, und ihre Stellen wurden wieder besetzt. Gaius Servilius trat an die Stelle des Titus Otacilius Crassus als Oberpriester. Für diesen Titus Otacilius Crassus wurde Tiberius Sempronius Longus, der Sohn des Tiberius, Vogelschauer. ***16*** Zehnmann der gottesdienstlichen Angelegenheiten an Stelle des Tiberius Sempronius Longus, eines Sohnes des Gaius, wurde ebenfalls Tiberius Sempronius Longus, der Sohn des Tiberius. Der Opferkönig Marcus Marcius starb, auch der oberste Kurienpriester Marcus Aemilius Papus; ihre Stellen blieben dieses Jahr unbesetzt. ***17*** Auch hatte dieses Jahr Zensoren, den Lucius Veturius Philo und Publius Licinius Crassus, der zugleich Hoherpriester war. Licinius Crassus war weder Konsul noch Prätor gewesen, als er Zensor wurde, vom Ädilenamte tat er den Schritt zur Zensur. ***18*** Doch diese Zensoren musterten weder den Senat, noch verrichteten sie sonst ein Staatsgeschäft. Dies verhinderte der Tod des Lucius Veturius; daher trat auch Licinius von der Zensur ab. ***19*** Die kurulischen Ädilen Lucius Veturius und Publius Licinius Varus feierten einen Tag lang die römischen Spiele wieder. Die plebejischen Ädilen Quintus Catius und Lucius Porcius Licinus gaben von den Strafgeldern eherne Statuen in den Tempel der Ceres und feierten ihre Spiele nach Verhältnis des damaligen Aufwandes mit großer Pracht.

(7) Am Ende dieses Jahres kam, 34 Tage nach seiner Abfahrt von Tarraco, Scipios Legat Gaius Laelius nach Rom, und sein Eintritt in die Stadt mit einem Zug von Gefangenen verursachte einen großen Zusammenlauf des Volkes. ***2*** Als er am folgenden Tag in den Senat eingeführt wurde, berichtete er die Eroberung von Neukarthago, der Hauptstadt Spaniens, die Wiederbesetzung mehrerer abtrünnig gewesener Städte und den Beitritt neuer zum römischen Bund. ***3*** Was man von den Gefangenen erfuhr, stimmte ungefähr mit dem überein, was Marcus Valerius Messalla geschrieben hatte. Am meisten beunruhigte die Väter Hasdrubals Übergang nach Italien, da dieses sich kaum Hannibals und seiner Waffenmacht erwehren könne. ***4*** In seiner Aufstellung vor dem Volk wiederholte Laelius jene Mitteilungen. Scipios Taten zu Ehren verordnete der Senat ein eintägiges Dankfest; dem Gaius Laelius befahl er, die Schiffe, mit denen er gekommen war, so schnell wie möglich nach Spanien zurückzuführen.

5 Die Eroberung von Neukarthago habe ich nach mehreren Angaben in dieses Jahr gesetzt, obwohl ich weiß, dass es nach einigen erst im folgenden Jahr erobert worden sein soll; denn es ist mir unwahrscheinlich, dass Scipio in Spanien ein ganzes Jahr untätig zugebracht habe.

6 Beiden Konsuln, Quintus Fabius Maximus, der es zum fünften, und Quintus Fulvius Flaccus, der es zum vierten Mal war, wurde am 15. März, an dem sie ihr Amt antraten, Italien als Schauplatz ihrer Tätigkeit angewiesen, doch sollten sie den Oberbefehl auf zwei verschiedene Gegenden verteilen, der eine ihn bei Tarent haben, der andere im Lucanischen und Bruttischen. *7* Dem Marcus Claudius wurde der Oberbefehl auf ein Jahr verlängert. Den Prätoren bestimmte das Los folgende Plätze: dem Gaius Hostilius Tubulus die Gerichtspflege in der Stadt, die über die Fremden nebst Gallien dem Lucius Veturius Philo, dem Titus Quinctius Crispinus Capua, dem Gaius Aurunculeius Sardinien. *8* Die Heere wurden auf die verschiedenen Standorte so verteilt: dem Fulvius wurden die beiden Legionen angewiesen, welche Marcus Valerius Laevinus in Sizilien hatte; dem Quintus Fabius die, welche in Etrurien unter Gaius Calpurnius gestanden hatten. *9* Das städtische Heer sollte nach Etrurien nachrücken und dem Gaius Calpurnius der Befehl über Provinz und Heer zustehen, Capua mit dem Heer, welches Quintus Fulvius gehabt hatte, solle Titus Quinctius übernehmen. Lucius Veturius sollte sich vom Proprätor Gaius Laetorius dessen Provinz und Heer, das damals zu Ariminum stand, übergeben lassen. *10* Dem Marcus Marcellus wurden dieselben Legionen bestimmt, mit denen er als Konsul den Krieg geführt hatte. *11* Dem Marcus Valerius und dem Lucius Cincius – denn auch ihnen wurde der Oberbefehl in Sizilien auf ein Jahr verlängert – gab man das Heer von Cannae mit dem Befehl, dasselbe durch die von den Legionen des (Prokonsuls) Gnaeus Fulvius (Centumalus) noch übrigen Soldaten zu ergänzen. *12* Die Konsuln ließen diese aufsuchen und schickten sie nach Sizilien; auch wurden sie im Dienst mit demselben Schimpf belegt, der auf den Truppen von Cannae und jenen vom Heer des Prätors Gnaeus Fulvius Flaccus lastete, welche der Senat aus Unwillen über ihre ähnliche Flucht gleichfalls dahin geschickt hatte. *13* Dem Gaius Aurunculeius bestimmte man dieselben Legionen in Sardinien, mit denen Publius Manlius Volso diese Provinz verwaltet hatte. *14* Dem Publius Sulpicius, der mit seiner bisherigen Legion und Flotte Makedonien behalten sollte, wurde der Oberbefehl auf ein Jahr verlängert. 30 Fünfruderer sollten aus Sizilien nach Tarent zu Konsul Quintus Fabius geschickt werden, *15* und Marcus Valerius Laevinus entweder selbst mit der übrigen Flotte auf Plünderung nach Afrika übersetzen oder Lucius Cincius oder Marcus Valerius Messalla hinschicken. *16* Auch hinsichtlich Spaniens traf man keine Änderung, außer dass dem Scipio und Silanus der Oberbefehl nicht auf ein Jahr verlängert wurde, sondern erst, wenn sie der Senat zurückrufen würde. So wurden die Geschäfte und der Oberbefehl über die Heere in diesem Jahr verteilt.

(8) Mitten unter den Sorgen für wichtigere Dinge erregte die Wahl eines obersten Kurienpriesters, als die Stelle des Marcus Aemilius beim Opferdienst wieder besetzt werden sollte, einen alten Streit; *2* denn die Adligen behaupteten, auf Gaius Mamilius Atellus, den einzigen bürgerlichen Mitbewerber, sei keine Rücksicht zu nehmen, weil vor ihm noch niemand, der nicht aus den Vätern gewesen sei, dieses Priestertum bekleidet habe. *3* Die Tribunen, an welche seine Ansprache erging, wiesen die Sache vor den Senat, der Senat überließ sie dem Volk. *4* So war Gaius Mamilius Atellus der erste Bürgerliche, dem man das Amt des obersten Kurienpriesters gab. Der Hohepriester Publius Licinius zwang Gaius Valerius Flaccus, sich wider Willen die Weihe zum Eigenpriester Jupiters geben zu lassen. An die Stelle des verstorbenen Quintus Mucius Scaevola wurde Gaius Laetorius zum Zehnmann der gottesdienstlichen Angelegenheiten gewählt. *5* Den Grund, warum der Eigenpriester zur Weihe gezwungen wurde, hätte ich gern verschwiegen, wenn nicht dadurch sein voriger schlimmer Ruf in einen guten übergegangen wäre. Wegen seines liederlichen und verschwenderischen Lebens war Gaius Flaccus, dem auch sein Bruder Lucius Flaccus und die übrigen Verwandten wegen dieser Fehler gram waren, vom Hohenpriester Publius Licinius zum Eigenpriester ausersehen. *6* Als nun die Sorge für den Gottesdienst und die heiligen Gebräuche ihn beschäftigten, legte er so plötzlich die alten Sitten ab, dass von allen jungen Männern keiner mehr als er galt, keiner bei den Vornehmsten der Väter, bei Verwandten und Fremden größeren Beifall fand. *7* Durch einen so einstimmig guten Ruf zu gerechtem Selbstvertrauen erhoben, machte er

von einer seit vielen Jahren durch die Unwürdigkeit der vorigen Eigenpriester abgekommenen Gewohnheit wieder Gebrauch, nämlich in den Senat zu gehen, ***8*** und da er als Eigenpriester nach seinem Eingang in das Rathaus vom Prätor Publius Licinius wieder hinausgeführt wurde, berief er sich auf die Tribunen. Er verlangte das alte Recht seiner priesterlichen Würde zurück; und das sei dem Eigenpriestertum mit der verbrämten Toga und mit dem Thronsessel verliehen. ***9*** Der Prätor meinte, ein Recht beruhe nicht auf längst verjährten Beispielen aus Jahrbüchern, sondern jedes Mal auf der jüngsten Ausübung einer Gewohnheit, und weder zu der Väter noch Großväter Zeiten habe je ein Eigenpriester dieses Recht ausgeübt. ***10*** Da die Tribunen für Recht erkannten, aus dem durch die Trägheit der Priester abgekommenen Recht habe für sie selbst, nicht aber für das Priesteramt, ein Nachteil erwachsen können, so führten sie, ohne weitere Einwendungen selbst von Seiten des Prätors, mit großem Beifall der Väter und Bürger den Priester in den Senat, da jedermann die Sache so ansah, als habe er den Erfolg mehr der Unsträflichkeit seines Wandels zu verdanken, als dem Recht seines Priestertums. ***11*** Bevor die Konsuln in ihre Provinzen gingen, hoben sie zwei Stadtlegionen aus und an Ergänzungstruppen für die übrigen Heere so viel, wie nötig war. ***12*** Das alte Stadtheer ließ der Konsul Fulvius durch seinen Legaten Gaius Fulvius Flaccus – er war der Bruder des Konsuls – nach Etrurien führen und die Legionen, welche in Etrurien standen, nach Rom zurückbringen. ***13*** Ebenso ließ der Konsul Fabius die zusammengebrachten Reste des Fulvischen Heeres – sie bestanden aus 3336 Mann – durch seinen Sohn Quintus Maximus dem Prokonsul Marcus Valerius in Sizilien zuführen und von ihm die zwei Legionen und dreißig Fünfruderer in Empfang nehmen. ***14*** Durch die Abführung dieser Legionen aus der Insel verlor die Besatzung dieser Provinz weder an innerer noch äußerer Kraft. ***15*** Denn hatte auch Laevinus außer den beiden alten, trefflich ergänzten Legionen noch eine große Menge numidischer Überläufer zu Pferd und zu Fuß, so nahm er doch auch die Sizilianer, welche unter Epicydes oder den Puniern im Heer gedient hatten, als tüchtige Krieger unter seine Soldaten. ***16*** Durch diese Anstellung fremder Hilfstruppen bei jeder römischen Legion erhielt er seiner Macht den Schein zweier Heere. Mit dem einen musste Lucius Cincius den Teil der Insel decken, der ehemals das Reich des Hiero gebildet hatte, ***17*** mit dem andern deckte er selbst den übrigen Teil, der ehemals durch die Grenzen der römischen und punischen Herrschaft geschieden war; auch teilte er die Flotte von 70 Schiffen, um im ganzen Umfang der Küste die Gegenden an der See gesichert zu wissen. ***18*** Mit der Reiterei des Muttines durchzog er selbst die ganze Provinz, um die Felder zu besichtigen, sich das Bebaute oder Unbebaute zu merken und danach unter die Besitzer Lob oder Tadel auszuteilen. ***19*** Diese Fürsorge ergab so viel Getreide, dass er davon nach Rom schicken und nach Catana führen lassen konnte, um von da an das Heer abzugeben, das bei Tarent ein Sommerlager beziehen sollte.

(9) Bald aber hätte die Überfahrt der Soldaten nach Sizilien – und der größere Teil bestand aus Latinern und Bundesgenossen – Veranlassung zu einem großen Aufstand gegeben. So hängt oft in wichtigen Dingen der Ausschlag von Kleinigkeiten ab. ***2*** In den Versammlungen der Latiner und Bundesgenossen erhob sich ein lautes Murren: Schon ins zehnte Jahr würden sie durch Aushebungen und Steuern erschöpft, fast jedes Jahr litten sie in Schlachten großen Verlust. ***3*** Die einen fielen in der Schlacht, andere kämen durch Krankheiten um. Es gingen ihnen mehr Bürger verloren, wenn sie zum römischen Dienst ausgehoben, als wenn sie von den Puniern gefangen genommen würden, denn der Feind entlasse sie unentgeltlich in ihr Vaterland, die Römer aber verschickten sie weit von Italien, mehr ins Elend als ins Feld. ***4*** Schon seit acht Jahren reibe sich dort der Soldat von Cannae auf, der eher sterben werde, ehe der Feind, der gerade jetzt in seiner vollen Stärke sei, Italien räume. ***5*** Wenn die alten Soldaten nicht heimkehrten und immer neue ausgehoben würden, so werde bald niemand übrig sein. Ehe es also zur äußersten Entvölkerung

und Armut komme, müsse man den Römern verweigern, was nächstens die Umstände selber unmöglich machen würden. *6* Wenn sie dann sähen, dass alle Bundesgenossen hierin einig wären, würden sie gewiss daran denken, mit den Karthagern Frieden zu schließen; sonst werde Italien, solange Hannibal lebe, nie ohne Krieg sein. So redete man in ihren Versammlungen.

7 Das römische Volk hatte damals 30 Kolonien. Zwölf von ihnen erklärten, da sich die Gesandtschaften aller zu Rom befanden, den Konsuln, sie könnten weder Soldaten noch Geld geben. Diese waren Ardea, Nepete, Sutrium, Alba, Carseoli, Tora, Suessa, Circei, Setia, Cales, Narnia und Interamna. *8* Die Konsuln, die, durch eine so unerwartete Erklärung betroffen, sie von ihrem so verabscheuungswürdigen Plan abschrecken wollten, sagten ihnen, *9* in der Hoffnung, mehr durch Verweise und Vorwürfe als durch Milde auszurichten, ihre dreiste Äußerung gegen die Konsuln im Senat zur Sprache zu bringen, könnten die Konsuln unmöglich über sich gewinnen. Denn ein solches Benehmen heiße nicht, die Kriegsleistungen verweigern, sondern geradezu vom römischen Staat abfallen. *10* Sie möchten also eiligst in ihre Kolonien zurückkehren und als hätten sie ohne weitere Folgen einen solchen Frevel mehr in Worten als im Willen gehabt, mit den Ihrigen darüber zu Rate gehen, möchten sie daran erinnern, dass sie ja selbst nicht Campaner, nicht Tarentiner seien, sondern Römer, dass sie von Rom stammten, *11* dass man sie von Rom aus in die Siedlungen und auf die eroberten Ländereien geschickt habe, um den Römerstamm zu vermehren. Was Kinder den Eltern schuldig wären, das wären sie den Römern schuldig, wenn sie noch die geringste Kindesliebe, noch das geringste Gefühl für ihren alten Stammort hätten. *12* Sie möchten ihre Beratungen von vorne wieder anfangen, denn der Zweck, auf den sie jetzt so unbesonnen hinarbeiteten, sei kein anderer, als den römischen Staat zu verraten und Hannibal den Sieg zu überlassen. *13* Nachdem die Konsuln abwechselnd auf Vorstellungen dieser Art viel Zeit verwandt hatten, erklärten die Gesandten, ohne sich bewegen zu lassen, hierüber gebe es so wenig für sie etwas zu berichten, als neue Maßregeln dort für ihren Senat, wo es ebenso an Leuten zu Aushebungen fehle, als an Geld zu Steuern.

14 Als die Konsuln diese Hartnäckigkeit sahen, brachten sie die Sache vor den Senat. Hier gerieten alle in so große Bestürzung, dass viele riefen, es sei um den Staat geschehen. Die anderen Kolonien würden dasselbe tun; alle Bundesgenossen hätten sich dahin vereinigt, Rom an Hannibal zu verraten.

(10) Die Konsuln ermunterten und trösteten den Senat und sagten, die anderen Kolonien würden von ihrer Treue und ihrem Gehorsam nicht abgehen. Selbst diejenigen, welche ihre Pflicht verabsäumt hätten, würden dem Reich, wenn sie durch Gesandte beschickt würden, welche aber im verweisenden, nicht im bittenden Ton reden müssten, ihre Achtung nicht versagen. *2* Als ihnen der Senat Vollmacht gab, so zu verfahren und zu handeln, wie sie es für des Staates Bestes hielten, riefen sie, nachdem sie vorläufig die Gesinnungen der übrigen Kolonien geprüft hatten, die Gesandten derselben zu sich und fragten bei ihnen an, ob sie die vertragsmäßigen Truppen geworben hätten. *3* Da antwortete im Namen der 18 Kolonien Marcus Sextilius aus Fregellae, die vertragsmäßigen Truppen stünden bereit, und sollten mehrere nötig sein, *4* so werde man auch mehrere stellen; überhaupt werde man sich eifrig angelegen sein lassen, die Forderungen und Wünsche des römischen Volkes zu erfüllen. Es fehle ihnen dazu nicht an Kräften und noch weniger am Willen. *5* Die Konsuln erklärten, ihrer Meinung nach sei ein bloßes Lob aus ihrem Mund für dieses ihr Verdienst noch zu wenig, wenn ihnen nicht auch alle Väter im Rathaus Dank sagten, und hießen sie ihnen in die Senatsversammlung folgen. *6* Der Senat, der sich mit einer Ausfertigung in den ehrenvollsten Ausdrücken an sie wandte, gab den Konsuln den Auftrag, sie auch der Volksversammlung vorzustellen und in der Reihe von so vielen rühmlichen Verdiensten, welche die Römer und ihre Vorfahren diesen Kolonien zu verdanken hätten, auch dieses ihr

neuestes um den Staat zu erwähnen. *7* So werde denn auch von mir nach so vielen Menschenaltern ihr Name noch genannt und ihr Ruhm nicht verkleinert. Es waren die Kolonisten von Signia, Norba, Saticula, Brundisium, Fregellae, Luceria, Venusia, Hadria, Firmum und Ariminum; *8* und an dem andern Meer die von Pontiae, Paestum, Cosa, aus der Mitte des Landes die von Beneventum, Aesernia, Spoletium, Placentia und Cremona. *9* Die Unterstützung dieser Kolonien rettete damals dem römischen Volk seine Herrschaft, und sowohl im Senat als auch vor dem Volk erhielten sie eine Danksagung. *10* Die zwölf übrigen Kolonien, welche den Gehorsam verweigert hatten, verbot der Senat zu erwähnen, die Konsuln sollten die Gesandten weder abfertigen noch zurückbehalten und sich gar nicht mit ihnen einlassen. Dieser schweigende Verweis schien der Würde des römischen Volkes am angemessensten zu sein.

11 Um den Konsuln die Herbeischaffung der übrigen Erfordernisse des Krieges möglich zu machen, beschloss man, den Schatz des Zwanzigsten, das in der geheimeren Schatzkammer für Notfälle aufbewahrte Gold anzugreifen. Man nahm an 4000 Pfund Gold heraus. *12* Davon wurden den Konsuln, ferner den Prokonsuln Marcus Marcellus und Publius Sulpicius, auch dem Prätor Lucius Veturius, dem das Los die Provinz Gallien gegeben hatte, jedem 500 Pfund gegeben, *13* und dem Konsul Fabius außerdem noch 100 Pfund Gold zugelegt, welche auf die Burg von Tarent geschafft werden sollten. Das übrige verwendete man dazu, die Lieferung der Kleidungsstücke für das Heer, das in Spanien sich selbst und seinem Feldherrn Ehre machte, gegen bare Zahlung zu verdingen.

(11) Bevor die Konsuln aus der Stadt abgingen, sollte auch die Sühne der Gräuel besorgt werden. *2* Auf dem Albanischen Berg hatte der Blitz ein Jupiterbild getroffen und nahe am Tempel einen Baum, zu Ostia einen See, zu Capua die Mauer und Fortunas Tempel, zu Sinuessa die Mauer und ein Tor. An allen diesen Stellen hatte der Blitz eingeschlagen. *3* Andere meldeten, das Albanische Wasser habe Blut mit sich geführt. Zu Rom sei im Allerheiligsten des Tempels der Fors Fortuna ein auf dem Haupt der Göttin in ihrem Kranz stehendes Bild von selbst in ihre Hände herabgefallen; *4* zu Privernum hatte nach aller Angabe ein Rind geredet, und ein Geier war bei voller Versammlung auf dem Markt in eine Bude geflogen; zu Sinuessa sei ein Kind geboren, dessen Geschlecht als männlich oder weiblich nicht zu bestimmen war, *5* dergleichen der gemeine Mann, nach einer im Griechischen für die meisten Fälle leichteren Zusammensetzung, Androgynon nennt; auch sollte ein Milchregen gefallen und ein Knabe mit einem Elefantenkopfe geboren worden sein. *6* Diese Vorzeichen wurden durch Opferung größerer Tiere gesühnt, ein Bußfest in allen Tempeln und auf einen Tag ein Betfest angeordnet, ferner festgesetzt, dass der Prätor Gaius Hostilius dem Apollo Spiele geloben und anstellen sollte, so wie sie in diesen Jahren gelobt und gefeiert waren.

7 In diesen Tagen hielt auch der Konsul Fulvius eine Wahlversammlung zur Ernennung der Zensoren ab. Zu Zensoren wurden Marcus Cornelius Cethegus und Publius Sempronius Tuditanus gewählt, welche beide noch nicht Konsuln gewesen waren. *8* Nach einem Senatsgutachten wurde bei den Bürgern darauf angetragen, dass diese Zensoren die kampanischen Ländereien zur Benutzung verpachten sollten, und die Bürger genehmigten es. *9* Die Musterung des Senats verzögerte der Streit unter den Zensoren, wen sie als ersten Mann wählen sollten. *10* Sempronius hatte die Wahl. Cornelius aber behauptete, man müsse der von den Vorfahren überlieferten Sitte treu bleiben und den als ersten Mann wählen, der von den jetzt Lebenden zuerst Zensor gewesen sei. *11* Dies war Titus Manlius Torquatus. Sempronius hingegen sagte, wen die Götter durch das Los zur Wahl bestimmt hätten, dem hätten auch die Götter eben dadurch die Wahl freigestellt. Er werde hierin nach seinem Gutdünken verfahren und diesen Platz dem Quintus Fabius Maximus geben, dessen Vollgültigkeit als dermaliger erster Mann des römischen Staats er selbst vor Hannibals Richterstuhl zu erweisen hoffe. *12* Als sein Amtsgenosse nach langem

Wortstreit nachgab, las Sempronius den Konsul Quintus Fabius Maximus als ersten Mann des Senats zuerst, dann die ganze Reihe der übrigen Senatoren ab, wobei er acht überging, unter denen auch Lucius Caecilius Metellus war, der berüchtigte Urheber des Vorschlages, Italien nach der Schlacht bei Cannae zu verlassen. ***13*** Eben diesen Grund ließen sie bei Bestrafung der Reiter stattfinden; es waren aber nur sehr wenige, welche diese Schande traf. ***14*** Die Pferde wurden ihnen genommen, sowie allen – und deren waren viele –, die als Reiter bei den Legionen von Cannae in Sizilien standen. Die Härte der Strafe verstärkten sie noch durch Bestimmung der Dauer, dass jenen die zurückgelegten Dienstjahre, in welchen ihnen der Staat das Pferd zum Dienst gehalten hatte, nicht gerechnet werden sollten, sondern jeder auf eigenem Pferd noch zehn Dienstjahre zu machen habe. ***15*** Außerdem machten sie eine große Menge von denen ausfindig, welche zu Pferd hätten dienen müssen, und erklärten alle, die zu Anfang des Krieges 17 Jahre alt gewesen waren und keine Dienste genommen hatten, für Steuerpflichtige. ***16*** Darauf gaben sie die am Markt abgebrannten Gebäude, die sieben Kaufläden, das Kaufhaus, die Halle und das Königshaus zum Wiederaufbau in Auftrag.

(12) Nachdem die Konsuln alles, was sie zu Rom besorgen mussten, vollendet hatten, zogen sie ins Feld. Fulvius ging nach Capua, ***2*** und nach wenigen Tagen folgte Fabius nach. Dieser – der seinem Amtsgenossen mündlich und dem Marcellus schriftlich die dringendsten Vorstellungen machte, sie möchten, während er selbst Tarent belagerte, den Hannibal durch unaufhörliche Angriffe festzuhalten suchen, ***3*** denn nach dem Verlust dieser Stadt werde der überall zurückgedrängte Feind, dem jeder Standort, jeder sichere Rückhalt genommen sei, nicht einmal eine Ursache zu längerem Verweilen in Italien haben – ***4*** schickte auch einen Boten nach Regium an den Befehlshaber der Besatzung. Der Konsul Laevinus hatte sie gegen die Bruttier hierher gelegt; es waren 8000 Mann, ***5*** größtenteils, wie ich oben erwähnte, von Agathyrna aus Sizilien herübergeführt und gewohnt, vom Raub zu leben; bruttische Überläufer aus der Gegend, ebenso kühn wie notgedrungen, alles zu wagen, waren noch zu ihnen gestoßen. Auch diese Mannschaft musste auf seinen Befehl ausrücken, ***6*** zuerst auf Plünderung des bruttischen Gebietes, dann zur Belagerung der Stadt Caulonia. Sie vollzog diesen Auftrag nicht bloß unverdrossen, sondern auch mit Freuden, und nachdem sie die Bauern geplündert und verjagt hatte, belagerte sie die Stadt mit großem Nachdruck.

7 Marcellus, welchen teils des Konsuls Brief in Bewegung setzte, teils seine eigene Meinung von sich, dass von allen römischen Feldherren keiner dem Hannibal so ganz gewachsen sei wie er, aus den Winterquartieren aufbrechen ließ, sobald nur Futter auf den Feldern zu haben war, traf den Hannibal bei Canusium. ***8*** Der punische Feldherr suchte die Canusiner zum Abfall zu bringen. Als er aber Marcellus' Ankunft erfuhr, brach er auf. Die Gegend war ihm zu offen, ohne alle Schlupfwinkel zu einem Hinterhalt; demnach zog er sich allmählich in die höheren Waldungen. ***9*** Marcellus folgte ihm auf dem Fuß, schlug immer Lager gegen Lager auf, und sowie es verschanzt war, trat er mit den Legionen zur Schlacht auf. Hannibal, der seine Reiterei nur geschwaderweise oder von seinem Fußvolk nur die Wurfschützen zu leichten Gefechten kommen ließ, hielt es nicht für notwendig, ein entscheidendes Treffen zu wagen, wurde aber doch zu dem Kampf, den er mied, gezwungen. ***10*** Marcellus holte ihn, als er in der Nacht vorgerückt war, in einer ebenen und offenen Gegend ein und wehrte ihm, als er sich lagern wollte, durch die auf die Schanzgräber von allen Seiten gemachten Angriffe, die Verschanzung. So kam es zur Schlacht. Alle Truppen fochten und schieden, als die Nacht heranrückte, mit gleichen Vorteilen. Noch vor Anbruch der Nacht wurde die Befestigung beider Lager, die einander sehr nahe standen, vollendet.

11 Am folgenden Tag rückte Marcellus am frühen Morgen in Schlachtordnung aus. Auch Hannibal entzog sich dem Kampf nicht, nachdem er seine Truppen ausführlich ermahnt hatte, eingedenk der Schlachten am Trasimenus und bei Cannae den kecken Feind zu Boden zu werfen. ***12*** Er dränge und verfolge sie, lasse sie weder ruhig weitergehen noch ein Lager beziehen, gestatte ihnen keine Erholung, keinen Umblick. Die aufgehende Sonne und die römische Linie seien im Feld der tägliche Anblick. ***13*** Wenn sie ihn nur in einer Schlacht mit blutigem Kopf heimschickten, so werde er seinen Unternehmungen mehr Stillstand und Ruhe geben. Gespornt durch diese Ermunterungen und zugleich der Keckheit des täglich andringenden und reizenden Feindes überdrüssig, fingen sie hitzig den Kampf an. ***14*** Man focht über zwei Stunden, da fingen auf römischer Seite der rechte Flügel der Bundesgenossen und ihre Auserlesenen an zu weichen. Als dies Marcellus bemerkte, führte er die achtzehnte Legion ins erste Treffen. ***15*** Da aber jene voll Bestürzung wichen, diese zögernd nachrückten, so geriet die ganze Linie in Unordnung, dann wurde sie völlig geworfen, und als die Furcht erst die Scham besiegte, kehrte sie den Rücken. ***16*** In der Schlacht und auf der Flucht fielen von Bürgern und Bundesgenossen an 2700, unter diesen vier römische Hauptleute und zwei Oberste, Marcus Licinius und Marcus Helvius. ***17*** Der Flügel, welcher zuerst gewichen war, büßte vier, die Legion, welche in die Stelle der weichenden Bundesgenossen einrückte, zwei Fahnen ein.

(13) Nach der Rückkehr ins Lager machte Marcellus seinen versammelten Soldaten so harte und bittere Vorwürfe, dass ihnen die Rede des zürnenden Feldherrn mehr weh tat als das den ganzen Tag über mit Verlust ausgehaltene Treffen. **2** *Den unsterblichen Göttern*, sprach er, *bringe ich unter solchen Umständen noch obendrein mein Lob und meinen Dank dafür, dass der siegreiche Feind, als ihr in voller Angst in die Befestigungen und Tore hineinstürztet, nicht auch das Lager selbst angegriffen hat. Ihr hättet gewiss ebenso verzagt euer Leben im Stich gelassen, wie ihr das Treffen aufgegeben habt.* **3** *So eingeschüchtert, so verblüfft zu sein! Wie konnte es euch so plötzlich in den Sinn kommen, zu vergessen, wer ihr, die Kämpfenden, wäret, und gegen was für Leute ihr kämpftet? Sind es doch gerade dieselben Feinde, mit deren Besiegung und siegreicher Verfolgung ihr den ganzen vorigen Sommer zugebracht habt,* **4** *die ihr noch in diesen Tagen auf ihrer Flucht bei Tag und bei Nacht verfolgtet, die ihr in leichten Gefechten erschöpftet, denen ihr noch gestern weder fortzugehen noch ein Lager zu beziehen gestattetet.* **5** *Nichts mehr von dem, worauf ihr stolz sein müsst – an das muss ich erinnern, was schon ganz allein mit Scham und Unmut euch erfüllen muss. Höbet ihr doch noch gestern die Schlacht unter gleichen Vorteilen auf.* **6** *Was hat diese Nacht, was hat dieser Tag gebracht? Wurden in dieser Zeit eure Scharen vermindert, die feindlichen verstärkt? Mir ist gar nicht so, als redete ich zu meinem Heer, zu römischen Soldaten. Nur die Leiber und Waffen sind noch dieselben.* **7** *Oder hätte der Feind, wenn ihr den alten Mut noch hattet, euren Rücken ansehen, oder hätte er einer einzigen Rotte oder Kohorte die Fahne nehmen können? Bisher rühmte er sich bloß von niedergehauenen römischen Legionen; durch euch wurde ihm zum ersten Mal die Ehre zuteil, ein Heer in die Flucht geschlagen zu haben.*

8 Da erhob sich ihr Geschrei: Er möge ihnen den heutigen Tag verzeihen, wo er später wolle, möge er den Mut seiner Soldaten auf die Probe stellen. – *Sie soll gemacht werden, Soldaten, diese Probe*, sagte er, *morgen führe ich euch in die Schlacht, um euch die erbetene Verzeihung als Siegern, nicht als Besiegten, zu gewähren.* **9** Den Kohorten, welche ihre Fahnen verloren hatten, ließ er Gerste geben, von den Rotten, welche ihre Fahnen vermissten, ließ er die Hauptleute ohne Gurt, mit Schwert ohne Scheide, zur Schau ausstellen und befahl, auf den folgenden Tag sollten sich alle, Reiterei und Fußvolk, mit ihren Waffen einfinden. ***10*** So wurden sie aus der Versammlung entlassen, und alle gestanden, den Verweis habe er ihnen mit Fug und Recht gegeben, und der Einzige, der an diesem Tag als Mann in der römischen Linie gestanden habe, sei der Feldherr selbst, dem sie entweder durch den Tod oder durch ausgezeichneten Sieg Genüge leisten müssten. ***11*** Am folgenden Tag stellten sie sich dem Befehl, völlig bereit und bewaffnet. Der Feldherr, der ihnen seinen Beifall bekundete, kündigte ihnen an, er werde die, welche gestern zuerst geflohen wären, und die Kohorten, die ihre Fahnen verloren hätten, im Treffen voranstellen. Jetzt erkläre er ihnen, dass er Kämpfen und Siegen von ihnen allen fordere. ***12*** Jeder einzeln und alle im Ganzen müssten dahin streben, dass die Nachricht von ihrer gestrigen Flucht nicht früher zu Rom eintreffe als vom heutigen Sieg. ***13*** Dann hieß er sie sich gütlich tun, damit die Kräfte ausreichten, wenn die Schlacht länger dauern sollte. Wie alles, was ihren Mut beleben konnte, gesagt und getan war, rückten sie aus in die Kampfreihen.

(14) Als Hannibal dies gemeldet wurde, sagte er: *Das sage ich ja, wir haben es mit einem Feind zu tun, der weder Glück noch Unglück ertragen kann. Hat er gesiegt, so drängt er keck den Besiegten nach, ist er geschlagen, so stellt er sich den Siegern zu neuem Kampf.* ***2*** Er ließ die Trompeten blasen und rückte aus. Von beiden Seiten focht man weit hartnäckiger als tags zuvor, da die Punier ihre Kräfte daran setzten, die Ehre von gestern zu behaupten, die Römer, die Schande auszuwetzen. ***3*** Auf dem römischen linken Flügel fochten jene Bundesgenossen und Kohorten, welche ihre Fahnen verloren hatten, an der Spitze, und die achtzehnte Legion war als rechter Flügel aufgestellt. ***4*** Die Legaten Lucius Cornelius Lentulus und Gaius Claudius Nero befehligten die Flügel; Marcellus stärkte durch seine Gegenwart als Ermunterer und Zeuge das Mitteltreffen. ***5*** Auf Hannibals Seite bildeten die Spanier das Vordertreffen, und sie waren der Kern des ganzen Heeres. ***6*** Als die Schlacht lange unentschieden blieb, ließ Hannibal die Elefanten als Vorderreihe aufführen, um dadurch vielleicht Verwirrung oder Schrecken zu bewirken. ***7*** Anfangs brachten sie auch die Fahnen und Glieder in Unordnung, und weil sie alles umher entweder niedertraten oder durch den Schrecken zerstreuten, bewirkten sie auf der einen Seite der Linie eine Blöße, und die Flucht wäre allgemeiner geworden, ***8*** hätte nicht der Oberste Gaius Decimius Flavus, der dem Fähnrich der ersten Rotte im ersten Glied die Fahne wegriss, die Rotte dieser Fahne aufgefordert, ihm zu folgen. Er führte sie dahin, wo die zusammengedrängten Ungeheuer das größte Getümmel verursachten, und hieß auf sie mit Wurfpfeilen schießen. ***9*** Wo der Schuss so wenig fehlen konnte, in einer solchen Nähe, auf so große vom Gewühl zusammengeschobene Körper, trafen die Pfeile alle. Wenn aber auch nicht alle Elefanten verwundet wurden, so rissen doch die, in deren Rücken der haftende Wurfpfeil steckte, durch ihre Flucht – wie diese schreckliche Tierart so leicht sich schrecken lässt – auch die Unverwundeten mit sich fort. ***10*** Da schoss nicht mehr die eine Rotte, sondern jeder Soldat nach Möglichkeit, wenn er nur die Schar der fliehenden Elefanten erreichen konnte, mit Wurfpfeilen auf sie. Um so gewaltiger stürzten die Tiere auf ihr eigenes Heer und warfen hier noch viel schrecklicher alles nieder, als sie unter den Feinden getan hatten, weil die treibende Angst auf das gescheuchte Tier eine viel stärkere Wirkung hat, als der auf ihm sitzende Lenker seinem Gebot zu geben vermag. ***11*** Auf die bei diesem Durchbruch ihrer Elefanten zerrüttete Linie rückte jetzt das römische Fußvolk an, und ohne großen Kampf schlug es die Getrennten und Bestürzten in die Flucht. ***12*** Gleich schickte Marcellus den Fliehenden seine Reiterei nach, und die Verfolgung hörte nicht eher auf, als bis die Geängstigten in ihr Lager getrieben waren. ***13*** Denn außer den übrigen Ursachen des Schreckens und der Verwirrung waren auch zwei Elefanten im Tor selbst zu Boden gestürzt, und die Soldaten waren genötigt, über Graben und Wälle in ihr eigenes Lager einzubrechen. Da war das größte Blutbad. Gegen 8000 Mann und fünf Elefanten wurden getötet. ***14*** Aber auch auf Seiten der Römer hatte der Sieg Blut gekostet. Von den zwei Legionen waren beinahe 1700 Mann und von den Bundesgenossen über 1300 geblieben, Verwundete hatten Bürger und Bundesgenossen sehr viel. ***15*** In der nächsten Nacht brach Hannibal mit seinem Lager auf. Ihm zu folgen, so sehr Marcellus es wünschte, erlaubte die Menge der Verwundeten nicht. Die dem Zug nachgeschickten Kundschafter kamen am folgenden Tag mit der Nachricht zurück, Hannibal ziehe nach Bruttium.

(15) Ungefähr zu derselben Zeit ergaben sich an den Konsul Quintus Fulvius nicht nur die Hirpiner, Lucaner und Vulcienter *2* und lieferten Hannibals Besatzungen, die in ihren Städten lagen, aus und wurden vom Konsul, der ihren ehemaligen Fehltritt bloß mit Worten rügte, sehr freundlich aufgenommen; *3* sondern da sich auch von Seiten der Bruttier die Brüder Vibius und Paccius, bei Weitem die angesehensten Männer dieses Volkes, mit der Bitte bei ihm einfanden, sich auf dieselben Bedingungen wie die Lucaner ergeben zu dürfen, so machte er auch ihnen Hoffnung zu einer ähnlichen Verzeihung.

4 Konsul Quintus Fabius eroberte im Sallentinischen die Stadt Manduria mit Sturm, machte hier gegen 4000 Gefangene und außerdem große Beute. *5* Von hier brach er nach Tarent auf und nahm sein Lager selbst am Eingang des Hafens. Die Schiffe, mit denen Livius seine Zufuhr gedeckt hatte, nahm Fabius teils zu Vorrichtungen und Veranstaltungen des Mauersturms, teils versah er sie mit Wurfgeschützen, Steinen und Geschossen aller Art, ebenso auch die Lastschiffe und nicht bloß die mit Rudern versehenen, *6* so dass seine Leute hier mit Sturmzeugen und Leitern an die Mauern kommen, dort aber aus der Ferne von den Schiffen auf die Verteidiger der Mauer schießen konnten. *7* Diese Schiffe hatten die Einrichtung und den Zweck, vom offenen Meer aus die Stadt anzugreifen. Und das Meer war frei, weil die punische Flotte zu dem Angriff, den Philipp auf die Aetoler unternahm, nach Korkyra gegangen war. *8* Unterdessen hatten sich in Bruttium die Belagerer von Caulonia bei Hannibals Annäherung, um nicht überrascht zu werden, auf einen Hügel gezogen, der sie nur für den Augenblick gegen einen Angriff schützen konnte. *9* Dem Fabius aber war bei der Belagerung Tarents ein geringfügiger Umstand zur Erreichung seines großen Zweckes behilflich. Unter den Truppen ihrer Besatzung hatten die Tarentiner eine Kohorte Bruttier, die ihnen Hannibal gab. Der Oberste dieser Mannschaft war unsterblich in ein Mädchen verliebt, dessen Bruder im Heer des Konsuls Fabius stand. *10* Als dieser aus einem Brief seiner Schwester ihren neuen Umgang mit dem reichen und bei seinen Landsleuten so angesehenen Fremden erfuhr, teilte er, in der Hoffnung, durch seine Schwester den Verliebten zu allem Möglichen bringen zu können, seine Aussichten dem Konsul mit. *11* Als sein Vorschlag nicht für unstatthaft erklärt wurde, musste er als Überläufer nach Tarent gehen, gewann durch seine Schwester den Obersten, stellte anfangs dessen Gesinnungen unvermerkt auf die Probe, und als er von seinem Leichtsinn Beweise genug hatte, machte er ihn durch die weiblichen Liebkosungen geneigt, auf dem Posten, der ihm anvertraut war, die Wache zu verraten. *12* Als sie über das Wie und Wann einig geworden waren, meldete der bei Nacht über die unbesetzten Lücken heimlich aus der Stadt gelassene Soldat dem Konsul, wie weit die Sache gediehen und was nach der Verabredung zu tun sei. *13* Fabius, der um die erste Nachtwache die Besatzung der Burg und den Posten am Hafen durch ein Zeichen benachrichtigte, nahm für sich mit Umgehung des Hafens auf der östlichen Seite der Stadt eine verdeckte Stellung ein. *14* Dann ertönten die Trompeten zugleich von der Burg, vom Hafen und von den Schiffen, die auf der freien Seeseite angelegt hatten; Geschrei und schreckliches Getümmel machte man geflissentlich auf allen Stellen, wo am wenigsten zu fürchten war. *15* Noch immer hielt sich der Konsul mit den Seinigen ganz still. Als nun Democrates, der vormalige Flottenführer, der gerade den Oberbefehl an dieser Stelle hatte, alles um sich her ruhig sah, aus anderen Gegenden aber ein so lautes Getöse vernahm, dass das Geschrei zuweilen aus der schon eroberten Stadt zu kommen schien, *16* zog er aus Besorgnis, der Konsul möchte, während er hier säume, an irgendeiner Stelle stürmen und eindringen, seine Mannschaft in die Gegend der Burg, von wo das Getöse am fürchterlichsten zu ihm herüberscholl. *17* Als Fabius aus der Länge der Zeit und aus der Stille selbst ersehen konnte, dass hier die Besatzung abgeführt sei – denn wo man noch kurz zuvor die Schlafenden aufschrie und zu den Waffen rief, da war jetzt auch nicht ein Laut zu hören –, so ließ er an derjenigen Stelle Leitern an die Mauer legen, wo nach der

Aussage des Unterhändlers bei diesem Verrat die bruttische Kohorte die Besatzung bildete. ***18*** Hier wurde die Mauer zuerst erstiegen, weil die Bruttier den Soldaten hinaufhalfen und ihnen die Hände reichten. Diese kamen in die Stadt und erbrachen hier das nächste Tor, so dass ganze Züge unter den Fahnen einrücken konnten. ***19*** Nach erhobenem Geschrei kamen sie fast mit Tagesanbruch, ohne auf Bewaffnete zu stoßen, auf den Marktplatz und zogen von allen Seiten den Angriff aller, die bei der Burg und am Hafen kämpften, auf sich.

(16) Allein der Kampf hier am Eingang des Marktes begann mit mehr Hitze als Beharrlichkeit. Weder an Mut noch an Waffen und Kriegsübung, weder an Freudigkeit noch an Körperkraft waren die Tarentiner den Römern gleich. ***2*** Kaum hatten sie ihre Wurfspieße geschleudert, so kehrten sie, fast noch ehe sie handgemein wurden, dem Feind den Rücken und zerstreut entkamen sie bei ihrer Bekanntschaft mit den Straßen der Stadt in ihre oder ihrer Freunde Häuser. ***3*** Zwei von ihren Anführern, Nico und Democrates, fielen unter tapferer Gegenwehr, Philemenus, der dem Hannibal Tarent verraten hatte, gab seinem Pferd die Sporen und eilte aus dem Gefecht; ***4*** man erkannte aber gleich nachher sein in der Stadt umherlaufendes Pferd, ohne seinen Körper finden zu können. Man glaubte allgemein, er habe sich vom Pferd in einen offenen Brunnen gestürzt. ***5*** Carthalo, der Befehlshaber der punischen Besatzung, der die Waffen gestreckt hatte und unter Berufung auf die väterliche Gastfreundschaft schon dem Konsul nahte, wurde von einem herzukommenden Soldaten niedergemacht. ***6*** Die anderen töteten hier diese, dort jene, Bewaffnete und Unbewaffnete ohne Unterschied, Tarentiner so gut wie Karthager. Auch hieb man viele Bruttier nieder, entweder aus Irrtum oder aus altem angeborenen Hass gegen sie, oder auch, um das Gerücht von dem Verrat zu entkräften, dass man eher glauben sollte, Tarent sei mit Sturm und Waffengewalt erobert. ***7*** Nach dem Gemetzel verteilten sich die Soldaten zur Plünderung der Stadt. Sie machten, wie es heißt, 30 000 Sklaven zu Gefangenen, fanden an verarbeitetem und geprägtem Silber eine ungeheure Menge, 83 000 Pfund Gold und so viele Gemälde und Statuen, dass sie beinahe dem Reichtum der Kunstschätze von Syrakus gleichkamen. ***8*** Aber hochherziger als Marcellus konnte sich Fabius der Beute dieser Art enthalten. Auf die Anfrage, wie er es mit den Standbildern gehalten wissen wolle – und es waren lauter Götter in Riesengröße, jeder mit seinen Waffen im Angriff dargestellt –, gab er dem Schreiber zur Antwort, die zürnenden Götter sollten den Tarentinern bleiben. ***9*** Die Mauer, welche die Burg von der Stadt schied, ließ er niederreißen und zerstören.

Als Hannibal, dem sich während dieser Ereignisse zu Tarent die Belagerer von Caulonia ergeben mussten, die Belagerung Tarents erfuhr, ***10*** und nach mehreren zur Beschleunigung des Entsatzes Tag und Nacht fortgesetzten Eilmärschen hörte, die Stadt sei erobert, sagte er: *Auch die Römer haben ihren Hannibal. Durch dieselbe List, durch welche wir Tarent erobert haben, haben wir es verloren.* ***11*** Um jedoch bei seinem Rückzug nicht als der Fliehende zu erscheinen, schlug er da, wo er sein Heer hatte halten lassen, beinahe 5000 Schritte von der Stadt ein Lager auf. Dann zog er sich nach einem Aufenthalt von wenigen Tagen nach Metapontum zurück, ***12*** Von hier ließ er zwei Metapontiner mit Briefen von den Häuptern der Stadt zu Fabius nach Tarent gehen, um sich vom Konsul die Zusage zu erbitten, dass ihnen alles Vorige verziehen sein sollte, wenn sie ihm Metapontum mit der punischen Besatzung überlieferten. ***13*** Fabius, der ihre Anträge für wahr hielt, bestimmte ihnen den Tag, wann er vor Metapontum ankommen wollte, und gab ihnen ein Schreiben an die Vorsteher mit, das Hannibal überbracht wurde. ***14*** Dieser, über seine glücklich angelegte Falle viel mehr erfreut, wenn sich selbst Fabius von ihm müsste überlisten lassen, legte in der Nähe von Metapontum einen Hinterhalt. ***15*** Dem Fabius, der vor seinem Aufbruch von Tarent Vogelschau hielt, zeigten die Vögel wiederholt nichts Gutes an, und da er auch im ausgeschlachteten Opfertier den Wink der Gottheit zu vernehmen suchte, warnte ihn der Opferschauer vor feindlicher List und Nachstellung. *16* Als die Metapontiner, wie er an dem bestimmten Tag nicht kam, sich wieder einfanden, um den Säumenden aufzufordern, wurden sie geschwind festgenommen und entdeckten aus Furcht vor härterer Folter den ganzen Anschlag.

(17) Am Anfang des Sommers, wo diese Ereignisse stattfanden, kam zu Publius Scipio, welcher in Spanien den ganzen Winter dazu verwendet hatte, die Ausländer teils durch Geschenke, teils durch Zurücksendung der Geiseln und Gefangenen zu gewinnen, Edesco, der bei den Spaniern als Feldherr einen Ruf hatte. *2* Seine Gattin und Kinder waren in den Händen der Römer; allein außer dieser Veranlassung führte ihn eine Art von unwillkürlicher Zuneigung her, welche fast das ganze Spanien bewog, aus der punischen Oberherrschaft zur römischen überzutreten. *3* Dies war auch der Grund, warum Indibilis und Mandonius, ohne Zweifel die ersten Männer in ganz Spanien, mit allen ihren Landestruppen sich von Hasdrubal trennten und auf den an sein Lager stoßenden Anhöhen ihre eigene Stellung nahmen, um von hier über die zusammenhängenden Bergrücken einen ungehinderten Weg zu den Römern zu haben. *4* Da Hasdrubal die Macht der Feinde durch so großen Zuwachs sich verstärken, die seinige dagegen abnehmen sah und voraussehen konnte, dass sie sich, wie sie schon anfinge, völlig auflösen würde, wenn er nicht durch ein Wagestück eine Änderung bewirkte, beschloss er, je eher je lieber zu schlagen. *5* Noch sehnlicher wünschte Scipio eine Schlacht, teils aus Hoffnung auf den Sieg, die der glückliche Fortgang seiner Unternehmungen verstärkte, teils weil er lieber, ehe die feindlichen Heere sich vereinigten, mit einem Feldherrn und mit einem Heer schlagen wollte, als mit allen zugleich. *6* Doch auch für den Fall, auf einmal mit mehreren kämpfen zu müssen, hatte er durch eine kluge Maßregel seine Truppen vermehrt. Weil er nämlich sah, dass er seine Schiffe nicht gebrauchen konnte – denn die ganze spanische Küste hatte jetzt keine punische Flotte –, ließ er die Seesoldaten von den Schiffen, die zu Tarraco auf den Strand gebracht wurden, zu seinen Landtruppen stoßen. *7* Und Waffen hatte er in Überfluss, teils zu Neukarthago erbeutet, teils nach der Eroberung durch die Menge eingeschlossener Handwerker angefertigt. *8* Mit diesen Truppen zog Scipio, der zu Anfang des Frühlings von Tarraco ausrückte – denn auch Laelius war schon von Rom zurückgekommen, ohne den er nichts Bedeutendes vornehmen wollte –, gerade gegen den Feind. *9* Auf diesem Zug durch lauter Freundesland, auf welchem ihn jede Völkerschaft der Bundesgenossen, sowie er durch ihre Grenzen ging, begleitete und empfing, kamen Indibilis und Mandonius mit ihren Truppen ihm entgegen. *10* Indibilis führte in beider Namen das Wort, und gar nicht als der vermessene, rücksichtslose Barbar, sondern vielmehr mit bescheidener Würde, und mehr im Ton dessen, der seinen Übertritt mit der Notwendigkeit entschuldigt, als dass er sich dessen gerühmt hätte, bei dieser ersten Gelegenheit gleichsam zugegriffen zu haben. *11* Den Namen „Überläufer", das wüssten sie sehr gut, treffe bei den früheren Bundesgenossen ihr Fluch, bei den neuen ihr Misstrauen; auch wollten sie diese Sitte der Leute nicht tadeln, wenn wirklich die Sache, nicht der Name, den zweifachen Hass bewirke. *12* Dann erwähnte er ihre Verdienste um die karthagischen Feldherren und wie habsüchtig, wie übermütig und in allen Stücken ungerecht sich diese gegen sie und ihre Landsleute benommen hätten. *13* Darum wären sie bis auf den heutigen Tag auch nur mit ihrem Körper auf jener Seite gewesen; ihr Herz sei längst schon da, wo ihrer Überzeugung nach Recht und Gerechtigkeit geachtet werde. Auch die Hilfesuchenden, welche die Gewalttätigkeiten und Misshandlungen von Menschen nicht länger tragen könnten, nähmen ja ihre Zuflucht zu den Göttern. *14* Sie bäten Scipio nur darum, in ihrem Übertritt weder einen Nachteil für sie noch eine Empfehlung zu finden, sondern den Wert ihres Diensteifers nur danach zu bestimmen, wie sie seinen Erfahrungen über sie vom heutigen Tag an sich bewähren würden. *15* Der römische Feldherr antwortete, er werde sich ganz so verhalten und Männer nicht als Überläufer betrachten, weil ihnen ein Bündnis mit Menschen ungültig gewesen sei, denen weder göttliche noch mensch-

liche Rechte heilig wären. *16* Jetzt zeigten sich ihren Blicken ihre vorgeführten Gemahlinnen und Kinder, die den vor Freude Weinenden zurückgegeben wurden, und Scipio nahm sie für heute als Gäste mit sich in sein Quartier. *17* Am folgenden Tag nahm er vermittels eines Vertrages die Zusage ihrer Treue an und entließ sie, um Mannschaft zuzuführen. Seitdem standen ihre Zelte im römischen Lager, und sie brachten als Wegweiser das Heer vor den Feind.

(18) Das nächste karthagische Heer stand unter Hasdrubal bei der Stadt Baecula. *2* Vor dem Lager standen Posten von Reiterei. Auf diese machten die Leichtbewaffneten, die erste Linie und die Vorhut, sowie sie auf dem Marsch ankamen, ehe sie noch einen Platz zum Lager nahmen, ihren Angriff mit solcher Geringschätzung, dass man schon hieraus auf den Mut beider Teile schließen konnte. *3* Die Reiterei wurde in ungeordneter Flucht in ihr Lager getrieben, und die römischen Fahnen rückten beinahe bis ins Tor ein. *4* Für heute blieb es bei der bloßen Aufforderung zum Kampf, und die Römer schlugen ein Lager auf. *5* In der Nacht zog Hasdrubal seine Truppen auf einen Hügel zurück, der sich oben in eine flache Ebene ausbreitete, im Rücken einen Strom hatte und dessen ganzen Rand vorn und auf den Seiten gleichsam ein steiles Ufer umgab. *6* Unter dieser Ebene lag tiefer unten eine zweite, schräg ablaufende. Ein zweiter, ebenso schwer zu ersteigender Abhang zog sich auch um diese. *7* Auf dieses tiefer gelegene Feld schickte Hasdrubal am folgenden Tag, als er die feindliche Linie vor ihrem Lager in Stellung sah, die numidische Reiterei und die balearischen und afrikanischen leichten Truppen herab. *8* Scipio, der bei seinen Gliedern und Fahnen herumritt, bemerkte ihnen, dass der Feind, der mit Verzichtleistung auf eine Schlacht im freien Feld nur Höhen zu gewinnen suche, bloß im Vertrauen auf seine Stellung, nicht auf Tapferkeit und Waffen, vor ihren Augen stehe. Allein Neukarthago habe noch höhere Mauern gehabt, und doch haben sie Roms Krieger überstiegen. *9* Dort hätten ihren Waffen keine Bergschanzen, keine Burg, nicht einmal das Meer widerstehen können. Die Höhen, welche die Feinde besetzt hätten, würden zu weiter nichts dienen, als dass sie in Sprüngen über Klippen und Abstürze fliehen müssten. Aber auch diese Flucht wolle er ihnen versperren. *10* Und so ließ er zwei Kohorten, die eine den Eingang des Tales besetzen, durch welches der Fluss sich wälzte, die andere sich an den Weg legen, der von der Stadt am Abhang des Hügels aufs Feld führte. Er selbst führte seine Leichtbewaffneten, welche den Tag vorher die feindlichen Vorposten geworfen hatten, gegen die feindlichen leichten Truppen, die am unteren Rand des Berges standen.

11 Zuerst zogen sie über steile Anhöhen, durch nichts als durch den Wald selbst aufgehalten. Als sie jetzt dem Feind in den Wurf kamen, wurden sie von einem schrecklichen Hagel von Geschossen aller Art überschüttet; *12* sie selbst erwiderten dies mit Steinen, welche überall auf dem Boden zerstreut und zum Wurf tauglich sich darboten; und dies taten nicht die Soldaten allein, sondern auch der den Bewaffneten zugegebene Schwarm der Trossknechte. *13* So schwer ihnen indessen das Hinansteigen war, und obgleich sie mit Geschossen und Steinen beinahe überschüttet wurden, so kamen dennoch, des Sturmes auf Mauern gewohnt und im Mut beharrend, die Ersten hinauf. *14* Kaum hatten diese nur ein Plätzchen der Ebene gewonnen, wo sie festen Fuß fassen konnten, da jagten sie einen leicht bewaffneten Feind, der sich nur auf den schnellen Ansprung versteht, sich in seiner sicheren Ferne hält, solange man von Weitem mit Geschossen spielend kämpft, der aber dem Handgefecht in der Nähe nicht standhalten kann, von seinem Platz und warfen ihn mit großem Verlust gegen die Schlachtordnung, die auf dem höheren Hügel stand. *15* Da teilte Scipio, der die Sieger gegen das Mitteltreffen hinanrücken ließ, seine übrigen Truppen mit Laelius, hieß ihn die rechte Seite des Hügels umgehen, bis er einen weniger steilen Aufweg fände, und brach selbst von der linken nach einem kleinen Umweg den Feinden in die Flanke. *16* Hier geriet ihre Linie zuerst in Unordnung, als sie nach dem auf allen Seiten sie umtosenden Geschrei ihre Flügel schwenken und den Gliedern der Linie die Richtung auf die Flügel geben wollten. *17* Während dieser Verwirrung erreichte auch Laelius die Höhe, und als sie sich zurückzogen, um nicht im Rücken verwundet zu werden, löste sich ihre vordere Linie und machte den im Mitteltreffen Angreifenden das Hinaufsteigen möglich, ***18*** die auf einem so ungünstigen Boden, wenn die Glieder unverrückt stehen geblieben wären, vor denen noch dazu Elefanten standen, den Platz nie erstiegen hätten. ***19*** Als schon auf allen Seiten das Niederhauen begann, hatte Scipio, der mit seinem linken Flügel auf den rechten eingedrungen war, den Hauptvorteil, gegen die entblößte Flanke des Feindes zu kämpfen. ***20*** Schon war ihnen auch kein Ausweg zur Flucht mehr offen, denn teils hatten sich römische Posten auf beiden Seiten, zur Rechten und zur Linken, an den Weg gelegt, teils hatte die Flucht des Feldherrn und der Vornehmsten das Lagertor gesperrt, wozu noch das Getümmel der Elefanten kam, welche jetzt in Scheu ihnen ebenso furchtbar wie der Feind waren. Also blieben 8000 Mann auf dem Platz.

(19) Hasdrubal hatte schon vor der Schlacht das Geld fortschaffen lassen und die Elefanten vorausgeschickt, und indem er soviel wie möglich von der Flucht an sich zog, marschierte er den Tagus entlang nach den Pyrenäen. ***2*** Scipio, der nach der Eroberung des feindlichen Lagers die ganze Beute mit Ausnahme der Freigeborenen den Soldaten überließ, fand bei Musterung der Gefangenen 10 000 vom Fußvolk, 2000 von der Reiterei. Alle unter ihnen befindlichen Spanier entließ er ohne Lösegeld in ihre Heimat; die Afrikaner musste der Quästor verkaufen. ***3*** Da wurde er von der ihn umströmenden Menge Spanier, die sich teils früher ergeben hatten, teils gestern gefangen worden waren, mit dem einstimmigen Zuruf „König“ begrüßt. ***4*** Scipio ließ durch den Herold Stille gebieten und sagte ihnen, für ihn sei die Benennung Oberbefehlshaber, welche ihm seine Soldaten gegeben hätten, die höchste. An anderen Orten sei der königliche Titel etwas Großes, zu Rom aber unerträglich. ***5*** Dass er königlichen Sinn habe, möchten sie, wenn sie dies für die erhabenste menschliche Gesinnung hielten, für sich still anerkennen, aber den mündlichen Ausdruck vermeiden. ***6*** Selbst den Barbaren machte sich diese Seelengröße fühlbar, die auf dem Gipfel ihrer Höhe eine Würde zurückwies, deren Wunderglanz andere Sterbliche in Staunen setzt.

7 Darauf teilte er den spanischen Fürsten und Großen Geschenke aus und ließ den Indibilis unter der großen Menge erbeuteter Pferde 300 nach Belieben sich auswählen. ***8*** Als der Quästor dem Befehl des Feldherrn gemäß die Afrikaner verkaufte und unter ihnen einen Knaben in den ersten Jünglingsjahren von außerordentlicher Schönheit fand, schickte er ihn, als er hörte, er sei von königlicher Abkunft, zu Scipio. ***9*** Auf die Frage des Scipio, wer, woher er sei und warum er so jung schon dem Lager folge, antwortete er, er sei ein Numider, heiße mit seinem Landesnamen Massiva, als Waise von seinem Vater hinterlassen, sei er bei seinem mütterlichen Großvater, dem numidischen König Gala, erzogen, und mit seiner Mutter Bruder Masinissa, welcher neulich den Karthagern Hilfstruppen an Reiterei zugeführt habe, nach Spanien gegangen. ***10*** Er sei noch nie in eine Schlacht gekommen, weil es Masinissa seiner Jugend wegen nicht erlaubt habe. Am Tag der Schlacht mit den Römern habe er ohne Vorwissen des Onkels in aller Stille seine Waffen und sein Pferd genommen und sei ins Treffen gegangen; hier aber von seinem stürzenden Pferd vornüber auf die Erde geschleudert und von den Römern gefangen genommen. ***11*** Scipio ließ den Numider bewachen und besorgte, was er auf dem Richterstuhl zu erledigen hatte. Dann ließ er, als er in sein Feldherrnzelt zurückgegangen war, ihn rufen und fragte ihn, ob er wohl Lust habe, wieder zu Masinissa zu gehen. ***12*** Als der Jüngling unter hervorströmenden Freudentränen antwortete, er wünsche es sehr, schenkte er ihm einen goldenen Ring, ein breit verbrämtes Unterkleid nebst einem spanischen Mantel, eine goldene Spange und ein stattlich aufgeschirrtes Pferd und entließ ihn mit dem Befehl an einige Reiter, ihn, so weit er es verlange, zu begleiten.

(20) Nun wurde Kriegsrat gehalten. Obgleich ihm einige rieten, sogleich den Hasdrubal einzuholen, widmete er dennoch, in Anbetracht der Gefahr, ***2*** dass sich Mago und der andere Has-

drubal mit jenem vereinigen möchten, den Rest des Sommers der Wiederaufnahme spanischer Völkerschaften in seinen Bund und schickte bloß zur Besetzung der Pyrenäen eine Abteilung ab. ***3*** Und wirklich kamen auch wenige Tage nach der Schlacht bei Baecula, als Scipio schon auf der Rückkehr nach Tarraco sein Heer aus dem Gebirgswalde von Castulo herausgezogen hatte, die Feldherren Hasdrubal, Gisgons Sohn, und Mago aus dem jenseitigen ***4*** Spanien bei Hasdrubal an, freilich zur Hilfe nach geschehenem Unglück zu spät, aber zu dem über die weitere Führung des Krieges zu verabredenden Entwürfe sehr zur rechten Zeit. Nach gegenseitigen Mitteilungen über die Gesinnungen der Spanier, wie sie jeder von ihnen in der Gegend seiner Provinz gefunden hatte, war der einzige Hasdrubal, Gisgons Sohn, der Meinung, die entfernteste Küste Spaniens am Ozean und gegen Gades sei noch mit den Römern unbekannt und ebendarum Karthago völlig treu. ***5*** Der andere Hasdrubal hingegen und Mago hielten es für ausgemacht, dass Scipio durch seine Gefälligkeiten die Herzen aller, der Völker sowohl als der Einzelnen, schon gewonnen habe, und dass die spanischen Soldaten nicht eher aufhören würden, zu ihm überzugehen, bis sie alle entweder in das äußerste Spanien entfernt oder nach Gallien geführt wären. ***6*** Wenn es also auch der Senat zu Karthago nicht verlangt hätte, so würde Hasdrubal dennoch nach Italien haben gehen müssen, weil dort vom Hauptsitz des Krieges die Entscheidung des Ganzen abhänge, und zugleich damit er alle Spanier, um in der Ferne von Scipio nichts zu hören, von Spanien wegführte. ***7*** Sein Heer, durch den häufigen Überlauf, besonders durch die unglückliche Schlacht geschwächt, müsse er durch spanische Soldaten wieder ergänzen. So müsse auch Mago nach Übergabe seines Heeres an Hasdrubal, Gisgons Sohn, mit einer ansehnlichen Geldsumme, um Söldner zu werben, auf die Balearen übersetzen; ***8*** Hasdrubal, Gisgons Sohn, mit seinem Heer in das innere Lusitanien abziehen und sich mit den Römern gar nicht einlassen, Masinissa aber von den ausgesuchtesten Truppen der ganzen Reiterei volle 3000 Mann haben und in dem (ihnen) diesseitigen Spanien zur Verteidigung der Bundesgenossen, zu Angriffen auf feindliche Städte und Verheerungen ihres Gebietes umherstreifen. Nach diesen Beschlüssen traten die Feldherren, um ihre Verabredungen auszuführen, ihre verschiedenen Wege an. Dies geschah in diesem Jahr in Spanien.

9 Zu Rom stieg der Ruhm Scipios mit jedem Tag. Dem Fabius gereichte die Eroberung Tarents, wenngleich mehr durch List als durch Tapferkeit bewirkt, dennoch zum Ruhm. Der Ruhm des Fulvius nahm ab. ***10*** Von Marcellus sprach man sogar ungünstig, weil er außer der ersten unglücklichen Schlacht seine Soldaten mitten im Sommer, während Hannibal in Italien umherzog, nach Venusia in die Quartiere gebracht hatte. ***11*** Der Volkstribun Gaius Publicius Bibulus war sein persönlicher Feind. Dieser hatte schon seit der ersten unglücklichen Schlacht nicht aufgehört, in seinen öffentlichen Reden den Claudius bei den Bürgern verrufen und verhasst zu machen, und jetzt beantragte er, ihm den Oberbefehl zu entziehen, ***12*** doch bewirkten des Marcellus verwandte, dass er mit Hinterlassung eines Legaten zu Venusia nach Rom kommen durfte, um sich gegen die von seinen Feinden vorgeschlagenen Beschlüsse zu verteidigen, und dass man die Anfrage über seine Entsetzung vom Oberbefehl in seiner Abwesenheit ruhen ließ. ***13*** Es traf sich, dass Marcellus, um diese Kränkung durch Gegenvorstellungen abzuwehren, und Konsul Quintus Fulvius zur Haltung der Wahlversammlungen um dieselbe Zeit nach Rom kamen.

(21) Die Verhandlung über den Oberbefehl des Marcellus ging unter großem Zulauf der Bürger und aller Stände auf der Flaminischen Rennbahn vor sich; ***2*** und der Volkstribun beschuldigte nicht den Marcellus allein, sondern alle Adligen. Ihre Ränke, ihr Zögern seien schuld daran, dass Hannibal Italien schon fast zehn Jahre zu seinem Tummelplatz habe, dass er hier mehr Jahre als zu Karthago gelebt habe. ***3*** Da sehe nun das römische Volk die Früchte vom verlängerten Oberbefehl des Marcellus; sein zweimal geschlagenes Heer liege zu Venusia in Sommerquartieren. ***4*** Diesen Ausfall des Tribuns schlug Marcellus durch Darlegung seiner Taten so völlig nieder, dass nicht

allein der Antrag, ihm den Oberbefehl zu nehmen, verworfen, sondern er selbst am folgenden Tag von allen Zenturien mit großer Einstimmigkeit zum Konsul ernannt wurde. ***5*** Zum Amtsgenossen gab man ihm den Titus Quinctius Crispinus, der damals Prätor war. Am folgenden Tag wurden zu Prätoren gewählt der Oberste Priester Publius Licinius Crassus Dives, Publius Licinius Varus, Sextus Julius Caesar und Quintus Claudius. ***6*** Selbst in den Tagen der Wahlversammlung befürchtete die Bürgerschaft einen Abfall Etruriens. Nach einem Schreiben des Gaius Calpurnius, welcher als Proprätor über diese Provinz gesetzt war, wollten die Einwohner von Arretium den Anfang machen. *7* Demnach wurde sogleich Marcellus, der nächste Konsul, hingeschickt, die Sache zu untersuchen, und wenn er es nötig fände, durch Herbeiholung seines Heeres den Krieg aus Apulien nach Etrurien zu verlegen. ***8*** Hierdurch in Schrecken gesetzt, hielten die Etrusker Ruhe. Die tarentinischen Gesandten mit ihrem Gesuch um Frieden, Freiheit und Beibehaltung ihrer Gesetze beschied der Senat zur Wiederkehr, wenn der Konsul Fabius in Rom angekommen sei. ***9*** Die Römischen und Bürgerspiele wurden dieses Jahr, jede auf einen Tag, wieder gegeben. Kurulische Ädilen waren Lucius Cornelius Caudinus und Servius Sulpicius Galba, plebejische Ädilen Gaius Servilius und Quintus Caecilius Metellus. ***10*** Servilius beschuldigte man, er sei ebenso widerrechtlich Volkstribun gewesen, wie er jetzt Ädil sei, weil sein Vater, den die Boier, wie man seit zehn Jahren irrig glaubte, als einen der Dreimänner bei der Landvermessung in der Gegend von Mutina erschlagen haben sollten, wie man jetzt gewiss wusste, noch am Leben und in Feindes Händen war.

(22) Im elften Jahr des Punischen Krieges traten Marcus Marcellus zum fünften Mal (wenn ich das Konsulat mitzähle, welches er wegen des Wahlfehlers nicht bekleidete) und Titus Quinctius Crispinus das Konsulat an. ***2*** Beiden Konsuln bestimmte man Italien zum Wirkungskreis, und zu ihren Heeren die beiden konsularischen des vorigen Jahres - das dritte stand damals zu Venusia und hatte den Marcus Marcellus zum Anführer gehabt – so, dass sie sich aus diesen dreien nach eigener Wahl zwei aussuchen könnten und das dritte dem übergäben, der Tarent und das sallentinische Gebiet zum Standorte bekäme. ***3*** Die übrigen Ämter wurden unter die Prätoren so verteilt: Publius Licinius Varus wurde bei der Gerichtspflege in Rom angestellt, Publius Licinius Crassus, der Hohepriester, bei der auswärtigen oder wozu ihn sonst der Senat bestimmen würde, Sextus Julius Caesar in Sizilien, Quintus Claudius Flamen zu Tarent. ***4*** Auf ein Jahr verlängerten Oberbefehl bekam Quintus Fulvius Flaccus, so dass er Capua, den bisherigen Standort des Prätors Titus Quinctius, mit einer Legion haben sollte. ***5*** Man verlängerte ihn auch dem Gaius Hostilius Tubulus, der als Proprätor bei den zwei Legionen in Etrurien an die Stelle des Gaius Calpurnius treten sollte, verlängerte ihn auch dem Lucius Veturius Philo, der nun als Proprätor dieselbe Provinz Gallien mit denselben Legionen behalten sollte, die er als Prätor gehabt hatte. ***6*** Wie über Lucius Veturius, so verfügte auch der Senat über Gaius Aurunculeius, und dahin ging auch der Antrag beim Volk, ihm den Oberbefehl zu verlängern, da er als Prätor die Provinz Sardinien mit zwei Legionen gehabt hatte. *7* Auch wurden ihm zur Deckung der Provinz 50 Schiffe beigegeben, die ihm Publius Scipio aus Spanien senden würde. Sowohl dem Publius Scipio als dem Marcus Silanus wurden beide Spanien ferner nebst ihren Heeren auf ein Jahr bestimmt. Scipio sollte von den 80 Schiffen, welche er teils aus Italien mitgenommen, teils in Neukarthago erobert habe, 50 nach Sardinien schicken, ***8*** denn das Gerücht ging, zu Karthago mache man für dieses Jahr große Seerüstungen und wolle mit 200 Schiffen alle Küsten Italiens, Siziliens und Sardiniens überziehen. Für Sizilien traf man folgende Einteilung: ***9*** Dem Sextus Caesar wurde das Heer von Cannae gegeben. Marcus Valerius Laevinus – denn auch ihm verlängerte man den Oberbefehl – sollte die bei Sizilien stehende Flotte von 70 Schiffen haben, die 30 Schiffe, welche voriges Jahr bei Tarent gewesen waren, dazu nehmen und mit dieser Flotte von 100 Schiffen, wenn er es geraten

fände, auf Plünderungen nach Afrika übersetzen. ***10*** Auch dem Publius Sulpicius wurde der Oberbefehl auf ein Jahr verlängert, so dass er für Makedonien und Griechenland dieselbe Flotte behielt. Mit den beiden Legionen, welche zu Rom gestanden hatten, traf man keine Änderung. ***11*** Ergänzungstruppen, wo sie auch nötig sein möchten, sollten die Konsuln ausheben dürfen. Roms Herrschaft wurde in diesem Jahr von 21 Legionen verteidigt. ***12*** Auch dem Stadtprätor Publius Licinius Varus gab man den Auftrag, die 30 alten Kriegsschiffe, welche zu Ostia standen, auszubessern und 20 neue mit Seeleuten zu bemannen, um mit einer Flotte von 50 Schiffen die Küste in der Nähe der Stadt Rom zu decken. ***13*** Gaius Calpurnius erhielt den Befehl, mit seinem Heer nicht eher von Arretium aufzubrechen, bis sein Nachfolger angekommen sei. Ebenso befahl man auch dem Tubulus, besonders dagegen Vorsorge zu treffen, dass die Etrusker eine Umwälzung einleiten könnten.

(23) Die Prätoren gingen in ihre Provinzen. Die Konsuln hielten religiöse Bedenken zurück, weil ihnen nach eingegangenen Berichten von mehreren Wunderzeichen kein Opfer gelingen wollte. ***2*** Aus Kampanien war gemeldet, zu Capua habe der Blitz zwei Tempel getroffen, den der Fortuna und des Mars, und mehrere Gräber; zu Cumae hätten die Mäuse – so mischt ein verkehrter Glaube die Götter auch in die größten Kleinigkeiten – im Tempel Jupiters am Gold genagt; zu Casinum habe sich ein ungeheurer Bienenschwarm auf dem Markt niedergelassen. ***3*** Und auch zu Ostia habe der Blitz in die Mauer und in ein Tor eingeschlagen; zu Caere sei ein Geier in Jupiters Tempel geflogen, zu Vulsinii habe der See Blutwasser gehabt. ***4*** Wegen dieser Wunderzeichen wurde ein eintägiges Betfest angeordnet. Mehrere Tage lang schlachtete man große Opfertiere ohne Erfolg und konnte lange die Huld der Götter nicht erlangen. Die unglückliche Erfüllung der Wunderzeichen kostete, ohne den Staat zu treffen, die Konsuln das Leben.

5 Die Apollospiele waren zum ersten Mal unter den Konsuln Quintus Fulvius und Appius Claudius vom Stadtprätor Publius Cornelius Sulla gefeiert worden. Seitdem hatten sie alle Stadtprätoren der Reihe nach gefeiert, sie gelobten sie immer nur für ein Jahr und feierten sie an einen unbestimmten Tag.***6*** In diesem Jahr wurden die Stadt und ihre Gegend von einer schweren Pest heimgesucht, die aber mehr zu langwierigen als tödlichen Krankheiten ausschlug. ***7*** Wegen dieser Seuche wurden in der ganzen Stadt auf den Wegen Gebete verrichtet, und der Stadtprätor Publius Licinius Varus musste beim Volk beantragen, dass die Feier dieser Spiele immer auf einen festgesetzten Tag gelobt werden sollte. Er war der Erste, der sie auf diese Weise gelobte und am fünften Juni beging. Dieser Tag blieb nachher ein unbeweglicher Festtag.

(24) Das über die Stadt Arretium sich verbreitende Gerücht wurde täglich bedenklicher und für die Väter beunruhigender. Deswegen schrieben sie dem Gaius Hostilius, er möge die Abforderung der arretinischen Geiseln nicht aufschieben, und Gaius Terentius Varro wurde mit der Vollmacht eines Oberfeldherrn hingeschickt, um sie sich von ihm zur Ablieferung nach Rom übergeben zu lassen. ***2*** Als dieser ankam, ließ Hostilius sogleich eine Legion, die ihr Lager vor der Stadt hatte, in die Stadt einrücken, stellte an geeigneten Orten Wachen auf und forderte auf dem Markt von den vor ihn beschiedenen Senatoren Geiseln. ***3*** Als sich der Senat zwei Tage Bedenkzeit ausbat, kündigte er ihnen an, sie müssten sie entweder sogleich stellen oder er werde morgen lauter Senatorenkinder als Geiseln nehmen. Darauf erhielten die Kriegstribunen, die Obersten der Bundesgenossen und die Hauptleute Befehl, die Tore zu besetzen, damit niemand bei Nacht aus der Stadt ginge. ***4*** Dies wurde nicht schnell und eifrig genug vollzogen. Sieben der ersten Senatoren entkamen noch vor Nacht mit ihren Kindern, ehe die Wachen an den Toren aufgestellt waren. ***5*** Am folgenden Tag, als am frühen Morgen der Senat auf den Markt gefordert wurde, vermisste man sie und verkaufte ihre Güter, von den übrigen Senatoren nahm man 120 Geiseln, ihre eigenen Kinder, in Empfang und übergab sie dem Gaius Terentius zur Abführung nach Rom. ***6*** Dieser gab

der Sache vor dem Senat in allen Stücken ein noch verdächtigeres Ansehen als sie schon gehabt hatte. Also erhielt, gleich als wäre ein Aufstand der Etrusker schon im Ausbruch, *7* er selbst, Gaius Terentius, Befehl, eine von den beiden Stadtlegionen nach Arretium zu führen, um damit die Stadt besetzt zu halten. *8* Mit dem übrigen Heer sollte Gaius Hostilius in der ganzen Provinz umherziehen und alles abwenden, was ihnen bei ihrer Lust zur Umwälzung zustatten kommen könnte. Als Gaius Terentius mit der Legion in Arretium ankam, forderte er der Stadtobrigkeit die Torschlüssel ab. Als sie ihm antworteten, sie wären nicht zu finden, und er vermutete, sie möchten eher absichtlich versteckt als aus Nachlässigkeit verlorengegangen sein, ließ er für alle Tore neue Schlösser machen und ließ sich's eifrig angelegen sein, alles in seiner Gewalt zu haben. *9* Den Hostilius forderte er ernstlich auf, seine ganze Hoffnung, dass die Etrusker keine Unruhen anfangen würden, nur darein zu setzen, wenn er dafür sorgte, dass sie keine anfangen könnten.

(25) Nun kam im Senat die Angelegenheit der Tarentiner unter lebhaften Erörterungen zur Sprache, und zwar in Gegenwart des Fabius, der seine Überwundenen in Schutz nahm, während andere auf sie erbittert und größtenteils geneigt waren, sie für ebenso schuldig und strafbar zu erklären wie die Campaner. *2* Der Senatsbeschluss wurde so abgefasst, wie Manius Acilius gestimmt hatte: Die Stadt sollte eine Besatzung erhalten, alle Tarentiner sich auf ihre Mauern beschränken und ihre Sache demnächst, wenn Italien mehr Ruhe habe, von Neuem zur Verhandlung kommen. *3* Über Marcus Livius, den Befehlshaber der tarentinischen Burg entstand ein sehr lebhafter Streit, denn einige stimmten dafür, es ihm in einem Senatsbeschluss zu verweisen, dass er als Befehlshaber durch seine Sorglosigkeit Tarent den Feinden preisgegeben habe; *4* andere beantragten für ihn Belohnungen, weil er doch die Burg fünf Jahre lang behauptet und man namentlich durch sein Zutun Tarent wiedergewonnen habe; *5* und zwischen beiden in der Mitte behaupteten die dritten, die Untersuchung über ihn gehöre vor die Zensoren, nicht vor den Senat. Dieser Meinung trat auch Fabius bei, doch fügte er hinzu, er gestehe, dass Tarent durch Zutun des Livius wiedererobert sei, wie dessen Freunde ganz allgemein hervorgehoben hätten; denn die Wiedereroberung wäre ja nicht möglich gewesen, wenn es nicht verloren gewesen wäre.

6 Der eine Konsul, Titus Quinctius Crispinus, ging mit den Ergänzungstruppen nach Lucanien zu dem Heer, das Quintus Fulvius Flaccus gehabt hatte. Marcellus hielten noch religiöse Bedenken, die sich ihm eine nach der andern aufdrängten. *7* Dahin gehörte, dass die Oberpriester ihm die Weihe des Tempels nicht gestatten wollten, den er im Gallischen Krieg bei Clastidium dem Honos und der Virtus verheißen hatte. *8* Sie behaupteten, eine Götterwohnung könne nicht gut zweien gewidmet werden, denn wenn der Blitz einschlüge oder sich sonst ein Wunderzeichen darin ereignete, so habe die Sühne ihre Schwierigkeiten, weil man nicht wissen könne, *9* welcher von beiden Gottheiten das Opfer zu bringen sei, denn dasselbe Opfertier zweien zugleich zu weihen, es müssten denn bestimmte Gottheiten sein, gezieme sich nicht. *10* So wurde in beschleunigtem Bau für die Virtus noch ein Tempel angehängt, wiewohl er selbst die Weihe beider nicht vollzog. Nun endlich ging er mit den Ergänzungstruppen zu dem Heer ab, das er im vorigen Jahr zu Venusia zurückgelassen hatte.

11 Crispinus, in dessen Augen Fabius durch die Eroberung von Tarent so großen Ruhm geerntet hatte, hatte zur Belagerung von Locri in Bruttium alle Arten von Wurfgeschützen und Maschinen aus Sizilien kommen lassen; auch waren Schiffe von dort hierher beschieden, welche die Stadt von der Seeseite bestürmen sollten. *12* Diese Belagerung unterblieb, weil Hannibal schon bis Lacinium vorgerückt war, und auch dem Crispinus das Gerücht sagte, sein Amtsgenosse, mit dem er sich vereinigen wollte, sei schon mit dem Heer von Venusia aufgebrochen. *13* Demnach ging er aus Bruttium nach Apulien zurück, und zwischen Venusia und Bantia standen beide Konsuln nicht volle dreitausend Schritte auseinander in zwei Lagern. *14* Als Hannibal den Angriff auf Locri abgeschlagen hatte, zog er auch wieder in jene Gegend. Hier rückten nun die Konsuln, beide voll Unternehmungsgeist, beinahe täglich zur Schlacht aus, in der bestimmten Hoffnung, wenn es der Feind mit zwei vereinigten konsularischen Heeren aufnähme, dem Kriege ein Ende zu machen.

(26) Als sich Hannibal, weil er im vorigen Jahr bei seinem zweimaligen Zusammentreffen mit Marcellus Sieger und Besiegter gewesen war, wenn er jetzt nur wieder mit ihm allein kämpfen sollte, zur Hoffnung und zur Besorgnis berechtigt halten musste, hielt er sich doch beiden Konsuln keineswegs gewachsen. ***2*** Daher sah er sich, ganz im Geist seiner alten Schliche, nach einem Hinterhalt um. ***3*** Indessen gab es zwischen beiden Lagern leichte Gefechte von wechselndem Ausgang. Da die Konsuln, wenn sie auch glaubten, den Sommer damit hinbringen zu können, doch die Belagerung von Locri hierbei für tunlich hielten, so schrieben sie an Lucius Cincius, er möchte mit seiner Flotte von Sizilien nach Locri übersetzen. ***4*** Und damit die Mauern auch von der Landseite angegriffen würden, ließen sie von Tarent einen Teil des Heeres, das dort in Besatzung lag, heranrücken. ***5*** Hannibal, der diese Vorkehrungen durch einige Turiner erfuhr, ließ den Weg von Tarent besetzen. Hier nahmen unter der Höhe von Petelia 3000 Mann Reiter, 2000 Fußsoldaten eine verdeckte Stellung, ***6*** und da die ohne eingezogene Kunde heranrückenden Römer ihnen in die Hände fielen, so hatten sie einen Verlust von etwa 2000 Toten und fast 1200 Gefangenen. Die anderen kamen als Flüchtlinge über die Felder und Waldungen zerstreut nach Tarent zurück.

7 Zwischen dem punischen und römischen Lager war ein waldiger Hügel, anfangs von beiden unbesetzt; denn die Römer wussten nicht, wie er auf der dem feindlichen Lager zugekehrten Seite aussehe, und Hannibal hielt ihn für geeigneter zu einem Hinterhalt als zum Lager. ***8*** Deswegen hatte er auch einige bei Nacht dazu ausgeschickte numidische Geschwader mitten im Wald versteckt, von denen bei Tag niemand vom Posten ging, um so wenig wie möglich Waffen wie Leute in der Ferne sichtbar werden zu lassen. ***9*** Im römischen Lager rief man durchgängig, der Hügel müsse besetzt und durch ein Kastell befestigt werden, damit man nicht, wenn ihn Hannibal besetze, den Feind gewissermaßen auf dem Nacken habe. ***10*** Marcellus, der darauf hörte, sagte seinem Amtsgenossen: *Sollen wir selbst mit etwas Reiterei hingehen, um ihn zu erkunden? Ein Augenschein wird uns einen bestimmten Plan an die Hand geben.* ***11*** Als Crispinus einwilligte, rückten sie mit 220 Reitern aus, von denen 40 Fregellaner, die übrigen Etrusker waren. ***12*** Mit ihnen gingen als Obersten Marcus Marcellus, Sohn des Konsuls, und Aulus Manlius, und ebenfalls zwei Obersten der Bundesgenossen, Lucius Arrenius und Manius Aulius. ***13*** Einige Schriftsteller berichten, Konsul Marcellus habe an dem Tag geopfert. Bei dem zuerst abgeschlachteten Opfertier habe an der Leber ein Lappen gefehlt; bei dem zweiten habe sich alles wie gewöhnlich gezeigt, ja man habe sogar den einen Lappen übergroß gefunden, ***14*** und dies sei dem Opferschauer gar nicht lieb gewesen, dass sich nach Erscheinung des Verstümmelten und Missgestalteten gleich etwas Übererfreuliches gezeigt habe.

(27) Allein bei Konsul Marcellus war die Begierde, mit Hannibal zu schlagen, so groß, dass ihm nie Lager an Lager nahe genug stand. ***2*** Auch jetzt gab er, schon im Wegreiten aus dem Lager, den Befehl, der Soldat solle sich schlagfertig auf seiner Stelle halten, um sogleich, falls ihnen der Hügel, den sie jetzt in Augenschein nehmen wollten, gefiele, aufbrechen und folgen zu können. ***3*** Vor dem Lager war eine kleine Ebene; von da führte ein auf allen Seiten offener und übersehbarer Weg zum Hügel. Der Kundschafter gab den Numidern, die er wahrlich nicht in der Hoffnung auf einen so großen Fang aufgestellt hatte, sondern nur, um kleine Streifparteien aufheben zu können, die sich etwa beim Futter- oder Holzholen zu weit vom Lager entfernten, das Zeichen, auf einmal aus ihren verschiedenen Winkeln hervorzubrechen. ***4*** Die, welche dem Feind gerade entgegen von der Höhe her aufbrechen mussten, kamen ihm nicht eher zu Gesicht, bis ihn die,

welche ihm den Weg im Rücken abschneiden sollten, schon umgangen hatten. Da brachen alle von allen Seiten hervor und machten mit Feldgeschrei den Angriff. *5* Obgleich die Konsuln sich in einem Tal befanden, aus dem sie weder zu der vom Feind besetzten Höhe hinaufdringen noch sich zurückziehen konnten, weil sie im Rücken umzingelt waren, *6* hätte sich doch der Kampf länger fortsetzen lassen, wenn nicht die Etrusker durch ihren Anfang zur Flucht die Übrigen bestürzt gemacht hätten. Dennoch gaben die von den Etruskern im Stich gelassenen Fregellaner das Gefecht nicht auf, solange noch die Konsuln unverwundet durch ihre Ermunterungen und selbst für ihren Teil als Mitkämpfer die Sache hinhielten. *7* Als sie aber beide Konsuln verwundet, den Marcellus sogar von einer Lanze durchbohrt, sterbend vom Pferd sinken sahen, machten auch sie – es waren aber nur sehr wenige übrig – mit dem von zwei Wurfspießen getroffenen Konsul Crispinus und dem jungen ebenfalls verwundeten Marcellus sich davon. *8* Oberst Aulus Manlius blieb auf dem Platz, und von den beiden Obersten der Bundesgenossen wurde Manius Aulius getötet, Lucius Arrenius gefangen genommen. Auch fielen den Feinden fünf Liktoren der Konsuln in die Hände; *9* die Übrigen wurden entweder getötet oder entkamen mit dem Konsul. 43 Reiter fielen entweder im Kampf oder auf der Flucht; 18 wurden gefangen. *10* Auch im Lager war man in Bewegung geraten, um den Konsuln zu Hilfe zu eilen, als man schon den einen Konsul und den Sohn des andern, beide verwundet, mit dem kleinen Rest der unglücklichen Unternehmung auf das Lager zukommen sah. *11* Der Tod des Marcellus, an sich schon bedauernswert, war es dadurch noch mehr, dass er weder seinen Jahren – denn er war schon über sechzig – noch der Klugheit eines alten Feldherrn gemäß so unvorsichtig sich selbst, seinen Mitkonsul und beinahe den ganzen Staat ins Verderben stürzte.

12 Ich würde viele Umschweife über eine einzige Begebenheit machen müssen, wenn ich die verschiedenen Angaben der Geschichtsschreiber über den Tod des Marcellus ausführlich mitteilen wollte. *13* Um andere nicht zu erwähnen, gibt Coelius drei Versionen der Begebenheiten an, wovon die eine durch die Sage überliefert, die andere in der Lobrede des Sohnes aufgezeichnet sei, der bei der Begebenheit zugegen gewesen, die dritte, die er selbst als ausgemacht und von ihm selber erforscht nennt. *14* So verschieden indes die Aussagen sind, so erzählen doch die meisten, dass Marcellus bei einem Ritt aus dem Lager zur Besichtigung einer Gegend, und alle, dass er in einen Hinterhalt geraten sei.

(28) Hannibal, der es sich dachte, wie sehr der Tod des einen und die Verwundung des andern Konsuls die Feinde geschreckt haben müsse, verlegte sein Lager sogleich, um keine Gelegenheit unbenutzt zu lassen, auf den Hügel, wo sie gekämpft hatten. Hier fand man den Körper des Marcellus, den er begraben ließ. *2* Crispinus, mutlos durch den Tod seines Mitkonsuls und seine eigene Wunde, brach in der folgenden Nacht in aller Stille auf und nahm sein Lager auf den nächsten Bergen, die er erreichen konnte, in einer hohen, ringsum gedeckten Stellung. *3* Hier boten die Feldherren beide ihre Schlauheit auf, der eine, jenem einen Streich zu spielen, der andere, sich dagegen zu verwahren. *4* Mit der Leiche des Marcellus war auch sein Siegelring in Hannibals Hände gekommen. Aus Besorgnis, der punische Feldherr möge durch eine Täuschung mit dem Siegel irgendjemanden täuschen, hatte Crispinus den nächsten Städten angezeigt, sein Mitkonsul sei gefallen und dessen Siegelring in den Händen des Feindes; sie möchten keinem Brief unter Marcellus' Namen trauen. *5* Eben war dieser Bote vom Konsul zu Salapia angekommen, als ein Brief von Hannibal, in Marcellus' Namen abgefasst, die Bestellung machte, er werde in der nächstfolgenden Nacht zu Salapia eintreffen. Die Truppen der Besatzung sollten sich bereit halten, wenn er etwa ihre Dienste nötig habe. *6* Die Salapitaner erkannten die List, und weil sie fürchteten, seine Rache suche nur Gelegenheit, sie teils für ihren Abfall, teils für seine getötete Reiterei zur Strafe zu ziehen, *7* so verteilten sie nach Zurücksendung des Boten – es war ein

römischer Überläufer –, um den Soldaten bei ihren Vorkehrungen freie Hand zu lassen, ihre Bürger auf die Mauern und dazu sich eignende Stadtplätze, ***8*** und besorgten die Aufstellung der Posten und Wachen für diese Nacht mit großer Pünktlichkeit. An dem Tor, wo sie die Ankunft des Feindes erwarten mussten, stellten sie ihm ihre ganze Besatzung entgegen.

9 Hannibal kam gegen die vierte Nachtwache vor der Stadt an. Die Vorhut bildeten die römischen Überläufer, die auch römische Waffen hatten. Als sich diese dem Tor näherten, riefen sie, alle in lateinischer Sprache, die Wachen an und hießen sie das Tor öffnen, der Konsul sei da. ***10*** Die Wachen waren, gleich als kämen sie durch ihren Anruf aus dem Schlaf, sehr laut, taten sehr eifrig und arbeiteten am Tor. Es war durch ein niedergelassenes Fallgatter gesperrt. Dies lüfteten sie teils mit Hebebäumen, teils zogen sie es durch Seile so weit in die Höhe, dass man aufrecht darunter weggehen konnte. ***11*** Kaum war der Durchgang groß genug, als die Überläufer wetteifernd zum Tor hereinstürzten; und als beinahe 600 von ihnen eingedrungen waren, stürzte das Fallgatter, weil das Seil, an dem es hing, nachgelassen wurde, mit großem Geprassel nieder. ***12*** Nun fielen die Salapitaner hier auf die Überläufer, die ihre Waffen noch vom Marsch nachlässig wie in Freundes Land auf den Schultern hängen hatten; dort trieben sie vom Turm des Tores und von den Mauern herab den Feind mit Steinen, Pfählen und Wurfpfeilen zurück. ***13*** So musste Hannibal, in seiner eigenen Schlinge gefangen, hier abziehen. Er machte sich nun auf den Weg, die Stadt Locri zu entsetzen, welche Cincius mit allen Kräften mit Werken und aus Sizilien herbeigeführten Wurfgeschützen aller Art bestürmte. ***14*** Dem Mago, der beinahe schon den Glauben verloren hatte, die Stadt zu behaupten und den Feind abzuhalten, ging der erste Hoffnungsschimmer auf, als er den Tod des Marcellus erfuhr. ***15*** An diese Nachricht schloss sich die zweite: Hannibal, der die numidische Reiterei vorangehen lasse, komme selbst mit dem Fußvolk in den schnellsten Eilmärschen herangezogen. ***16*** Sobald also das von den Warten ihm mitgeteilte Zeichen die Ankunft der Numider verkündigte, brach er aus einem plötzlich geöffneten Tor mit dreister Kühnheit auf die Feinde ein. Und anfangs blieb das Gefecht unentschieden, mehr weil er sie überrascht hatte, als weil er ihnen gewachsen gewesen wäre. ***17*** Als aber nachher die Numider dazukamen, wurde die Bestürzung unter den Römern so groß, dass sie allenthalben, mit Hinterlassung ihrer Werke und Maschinen, die sie zum Stoß auf die Mauern gebraucht hatten, dem Meer und ihren Schiffen zueilten. So nahm durch Hannibals Ankunft die Belagerung von Locri ein Ende.

(29) Als Crispinus bemerkt hatte, dass sich Hannibal nach Bruttium gezogen habe, trug er dem Obersten Marcus Marcellus auf, das Heer, welches sein Amtsgenosse befehligt hatte, nach Venusia zu führen. ***2*** Er selbst, mit seinen Legionen schon auf dem Weg nach Capua, auf dem er bei seinen schweren Wunden kaum die Bewegung der Sänfte ertragen konnte, meldete durch ein Schreiben den Tod seines Amtsgenossen und seine eigene bedenkliche Lage nach Rom. ***3*** Er könne zu den Wahlversammlungen nicht nach Rom kommen, teils weil man es ihm nicht zutraue, die Beschwerden der Reise aushalten zu können, teils weil er für Tarent fürchte, wenn sich Hannibal aus Bruttium dahin ziehen sollte. Es sei nötig, ihn durch Absendung einiger einsichtsvoller Männer in den Stand zu setzen, dass er seine Vorschläge hinsichtlich des Staates mündlich machen könne. ***4*** Dieses vorgelesene Schreiben erregte gleich große Trauer über den Tod des einen und Besorgnis wegen des andern Konsuls. Also schickte man nicht bloß zum Heer nach Venusia Quintus Fabius, den Sohn, sondern auch an den Konsul drei Legaten, den Sextus Julius Caesar, Lucius Licinius Pollio und Lucius Cincius Alimentus, der erst wenige Tage vorher aus Sizilien zurückgekommen war. ***5*** Sie mussten dem Konsul sagen, wenn er selbst zu den Wahlversammlungen nach Rom nicht kommen könne, so möge er auf römischem Boden einen Diktator der Wahlen wegen ernennen. ***6*** Falls der Konsul schon nach Tarent abgegangen sei,

halte man es für nötig, den Prätor Quintus Claudius mit den Legionen von dort in eine Gegend ziehen zu lassen, wo er die meisten verbündeten Städte beschützen könne.

7 In diesem Sommer ging Marcus Valerius mit einer Flotte von 100 Schiffen aus Sizilien nach Afrika über, und nach einer bei der Stadt Clupea bewerkstelligten Landung verheerte er, fast ohne einem Bewaffneten zu begegnen, das Land weit und breit. Aber eilig warfen sich die Plünderer wieder auf ihre Schiffe, weil ihnen unerwartet das Gerücht von der Annäherung einer punischen Flotte zu Ohren kam. Sie bestand aus 83 Schiffen. ***8*** Nicht weit von Clupea hatten die Römer mit ihr ein glückliches Gefecht. Sie eroberten 18 Schiffe, schlugen die übrigen in die Flucht und kehrten reich an Beute, die sie zu Lande und zu Wasser gemacht hatten, nach Lilybaeum zurück.

9 In demselben Sommer kam auch Philipp den Achäern auf ihre Bitte zu Hilfe. Der spartanische Tyrann Machanidas bedrängte sie als Nachbar mit Krieg, und von den Aetolern, welche mit einem Heer über die von den Einwohnern Rhion genannte, Naupactus und Patrae scheidende Meerenge setzten, waren sie ausgeplündert. ***10*** Auch sagte man, Attalos, König von Asien, werde nach Europa herüberkommen, weil ihm die Aetoler auf ihrer letzten Versammlung die höchst obrigkeitliche Stelle ihres Landes übertragen hatten.

(30) Als Philipp aus diesen Gründen nach Griechenland zog, stießen bei der Stadt Lamia die Aetoler unter ihrem Feldherrn Pyrrias auf ihn, den sie für dieses Jahr nebst dem abwesenden Attalos zum Anführer gewählt hatten. ***2*** Auch standen Hilfstruppen von Attalos bei ihnen und fast 1000 Mann von der römischen Flotte, die ihnen Publius Sulpicius geschickt hatte. Gegen diesen Feldherrn und diese Truppen kämpfte Philipp zweimal mit glücklichem Erfolg. In beiden Schlachten tötete er gegen tausend Feinde. ***3*** Als sich die Aetoler hierdurch geschreckt auf die Mauern der Stadt Lamia beschränkten, ging Philipp mit seinem Heer nach Phalara zurück. Dieser Ort liegt an dem Malischen Meerbusen und war früher wegen seines herrlichen Hafens, der sicheren Ankerplätze in seiner Nähe und bei so manchen ihm zu Wasser und zu Lande eigenen Vorteilen sehr bevölkert. ***4*** Hier kamen Gesandte von Ägyptens König Ptolemaeus, von den Rhodiern, Athenern und Chiern an, um den Krieg zwischen Philipp und den Aetolern beizulegen. Die Aetoler zogen auch von ihren Nachbarn den König der Athamanen, Amynander, als Vermittler hinzu. ***5*** Bei allen aber war dies nicht nur Sorge für die Aetoler, deren Trotz für die Sinnesart jedes griechischen Volkes viel zu groß war, als vielmehr die, dass sich Philipp in Griechenlands Angelegenheiten mische und seine Herrschaft wie eine schwere Last auf die Freiheit von Griechenland drücke. ***6*** Die Beratung über den Frieden wurde bis zur Versammlung der Achäer vertagt, und zu dieser Versammlung Ort und Tag bestimmt, unterdessen wurde ein Waffenstillstand von 30 Tagen erwirkt. *7* Der König, der von hier aufbrach, kam durch Thessalien und Böotien nach Chalcis auf Euböa, um Attalos, von dem er gehört hatte, er werde mit seiner Flotte auf Euböa zusteuern, die Häfen und die Anfahrt an die Küste zu verwehren. ***8*** Nach seinem Aufbruch von hier, wo er eine Besatzung gegen Attalos zurückließ, wenn dieser unterdessen übersetzen sollte, kam er nur mit wenigen Reitern und Leichtbewaffneten nach Argos. ***9*** Von hier, wo ihm die Besorgung der Junonischen und Nemeischen Spiele durch Abstimmung des Volkes übertragen wurde, weil die makedonischen Könige ihre Abkunft aus dieser Stadt herleiten, ging er, als die Junonischen Spiele beendigt waren, unmittelbar nach der Feierlichkeit nach Aegium zu der schon längst dorthin beschiedenen Versammlung seiner Bundesgenossen.

10 Hier besprach man sich über die Beendigung des Ätolischen Krieges, damit weder die Römer noch Attalos einen Vorwand hätten, nach Griechenland zu kommen. ***11*** Dies alles wurde, beinahe noch vor Ablauf des Waffenstillstandes, durch die Aetoler wieder umgeworfen, sobald sie nur hörten, dass Attalos nach Aegina gekommen sei und dass bei Naupaktos eine römische Flotte stehe. ***12*** Denn als sie in die Versammlung der Achäer gerufen waren, in welcher sich dieselben Gesandtschaften einfanden, die zu Phalara den Frieden zustande zu bringen suchten, beklagten sie sich zuerst über einige Kleinigkeiten, welche während des Waffenstillstandes gegen die Verabredung vorgefallen wären, ***13*** und am Ende erklärten sie, der Krieg könne nicht beigelegt werden, sofern nicht die Achäer den Messeniern Pylos wiedergäben, die Römer die Landschaft Atintania zurückbekämen, und Skerdilaedus und Pleuratus das Land der Radiere. ***14*** Voll von Unwillen, dass seine Besiegten ihm, dem Sieger, sogar Bedingungen vorschreiben wollten, sagte Philipp, er habe schon vorher den Friedensvorschlägen nicht etwa deswegen Gehör gegeben oder den Waffenstillstand bewilligt, weil er von Seiten der Aetoler die mindeste Friedfertigkeit erwartet habe, sondern um alle Bundesgenossen zu Zeugen zu haben, dass er selbst es auf den Frieden, jene aber auf Krieg abgesehen hätten. ***15*** Als er die Versammlung, ohne Frieden geschlossen zu haben, entlassen hatte, ließ er den Achäern zum Schutz 4000 Mann seiner Truppen zurück und sich ließ er dagegen von ihnen fünf Linienschiffe geben. Denn er hatte sich vorgenommen, ***16*** wenn er diese mit der ihm neulich zugeschickten karthagischen Flotte und mit den Schiffen vereinigt hätte, welche aus Bithynien vom König Prusias unterwegs waren, den Römern, welche lange schon in dieser Gegend zu Wasser die Oberhand hatten, eine Schlacht anzubieten. ***17*** Er selbst ging von dieser Versammlung nach Argos zurück; denn die Zeit der Nemeischen Spiele rückte heran, welche er durch seine persönliche Gegenwart verherrlichen wollte.

(31) Während sich der König mit den Zurüstungen zu den Spielen beschäftigte und während der Feiertage sich der Erholung mit größerer Ungebundenheit überließ, als Kriegszeiten sie gestatten, landete Publius Sulpicius, der von Naupaktos mit seiner Flotte absegelte, zwischen Sekyon und Korinth und verheerte die durch ihre Fruchtbarkeit so berühmte Gegend weit und breit. ***2*** Das Gerücht hiervon rief den Philipp von den Spielen ab. Nach einem raschen Zug mit seiner Reiterei, auf dem seine Fußvölker ihm folgen mussten, überfiel er die Römer, die sich, ohne so etwas zu ahnen, überall in den Dörfern zerstreut und mit Beute beladen hatten, und trieb sie auf die Schiffe. ***3*** So kehrte die römische Flotte, welcher das Beutemachen gar nicht gut bekommen war, nach Naupaktos zurück. Der Ruf dieses, wenn auch unbedeutenden, doch über Römer erfochtenen Sieges machte auch für Philipp die Feierlichkeit der noch übrigen Spiele viel festlicher, und man beging die Feiertage mit ungemeiner Freude, ***4*** umso mehr noch, weil er mit Ablegung seines Kopfschmuckes, seines Purpurs und des übrigen königlichen Anzuges sich im Äußeren allen gleichstellte, was in Freistaaten so wohl aufgenommen wird. ***5*** Auch hätte er ihnen dadurch Hoffnung auf die Sicherheit ihrer Freiheit gemacht, wenn er nicht dies alles durch seine unerträgliche Wollust befleckt und besudelt hätte. So aber durchschwärmte er mit einem oder zweien aus seinem Gefolge bei Tag und bei Nacht die Häuser, wo verheiratete Frauen waren, wobei er weniger auffiel, weil er seine Höhe auf den Fuß eines Privatmannes herabstimmte; ***6*** aber desto mehr erlaubte er sich und machte von aller Freiheitsliebe, die er gegen andere aus Eitelkeit blicken ließ, nur für seine Zügellosigkeit Gebrauch. ***7*** Und nicht immer erkaufte oder erschmeichelte er Gunstbezeugungen; er lieh seinen schändlichen Zwecken auch Gewalt, und Gatten und Eltern liefen Gefahr, wenn sie mit ungefälliger Strenge einem Lustgenuss des Königs in den Weg traten. ***8*** Sogar einem der vornehmsten Achäer, Aratos,* ließ er die Frau, Polycratia hieß sie, wegnehmen und unter Versprechung des königlichen Beilagers nach Makedonien bringen. ***9*** Nachdem er unter solchen Schandtaten die Feier der Nemeischen Spiele hingebracht und hier noch einige Tage zugegeben hatte, brach er auf, um die ätolische Besatzung, welche die Eleer gerufen und in die Stadt genommen hatten, zu verjagen. Kykliadas, ***10*** der Oberfeldherr, und seine Achäer stießen bei Dymae zu dem König, teils aus Hass gegen die Eleer, weil sie sich vom Bund der übrigen

* Dies war Kratos der Jüngere. Der berühmte Stifter des Achäischen Bundes war sein Vater.

Achäer ausgeschlossen hatten, teils aus Erbitterung gegen die Aetoler, die, wie sie wussten, auch die Römer zum Krieg gegen sie gereizt hatten. *11* Nach ihrem Aufbruch von Dymae gingen sie mit vereintem Heer über den Fluss Larisus, der das Gebiet von Elis vom Dymaeischen scheidet.

(32) Den ersten Tag, an welchem sie über die feindliche Grenze zogen, brachten sie mit Plündern hin. Am folgenden Tag rückten sie in Schlachtordnung vor die Stadt der Eleer und schickten die Reiterei voraus, welche durch nahes Schwärmen an den Toren die zu Ausfällen gleich fertigen Aetoler reizen sollte. *2* Sie wussten aber nicht, dass Sulpicius mit 15 Schiffen von Naupaktos nach Cyllene hinübergesetzt, mit 4000 Mann gelandet, und um seinen Anmarsch zu verheimlichen, in der Stille der Nacht in Elis eingerückt war. *3* Daher setzte sie die Überraschung in großen Schrecken, als sie zwischen den Aetolern und Eleern römische Fahnen und Truppen erblickten. *4* Und anfangs hatte der König seine Truppen zurückziehen wollen; weil er aber in dem Kampf, auf welchen sich die Aetoler und die Traller, ein illyrisches Volk, schon eingelassen hatten, die Seinigen leiden sah, sprengte auch er mit seiner Reiterei auf eine römische Kohorte los. *5* Da hier das Pferd, mit einem Wurfpfeil durchschossen, den über Kopf abgeworfenen König zur Erde schleuderte, wurde der Kampf von beiden Seiten heftig, weil die Römer auf den König eindrangen und ihn die Seinigen schützten. *6* Und der König kämpfte nicht ohne Auszeichnung, da er sich zu Fuß unter lauter Reiterei zum Kampf gezwungen sah. Als endlich der Streit schon ungleich war und viele um den König her fielen und verwundet wurden, begab er sich, von den Seinigen fortgerissen und auf ein anderes Pferd gesetzt, auf die Flucht. *7* An diesem Tag schlug er sein Lager 5000 Schritte von der Stadt Elis auf. Am folgenden Tag rückte er mit allen Truppen gegen ein Kastell, Pyrgus mit Namen, wohin sich, wie er erfuhr, eine Menge Landleute aus Furcht vor Plünderung mit ihren Herden geflüchtet hatte. *8* Diese ungeordnete und wehrlose Menge machte er bei seiner Ankunft gleich im ersten Schreck zu Gefangenen, und diese Beute hatte den bei Elis erlittenen Schimpf abgeglichen. *9* Als er die Beute und die Gefangenen verteilte – es waren 4000 Mann und an Vieh aller Art gegen 20 000 Stück –, kam die Nachricht aus Makedonien, dass ein gewisser Aeropus, von dem sich der Befehlshaber der Besatzung habe bestechen lassen, sich der Stadt Lychnidus bemächtigt, einige Flecken im Gebiet der Dassareten besetzt habe und nun die Dardaner aufwiegle. *10* Daher gab er zunächst den Krieg gegen die Achäer auf, ließ aber doch noch 2500 Mann an Truppen aller Art unter Anführung des Menippus und Polyphantes zum Schutz seiner Bundesgenossen zurück, *11* brach von Dymae auf und kam durch Achaja, Böotien und über Euböa in zehn Tagemärschen zu Demetrias in Thessalien an.

(33) Hier kamen ihm schon andere Boten mit der Nachricht von einem noch größeren Aufstand entgegen. Die Dardaner, welche in Makedonien eingebrochen wären, hätten schon die Landschaft Orestis besetzt und sich in die argestaeische Ebene gezogen; auch habe sich unter den Barbaren das Gerücht verbreitet, dass Philipp ermordet sei. *2* Auf dem Zug, da er in der Gegend von Sikyon das Gefecht mit den Plünderern hatte, hatte er durch einen Satz seines Pferdes gegen einen Baum an einem hervorstehenden Ast das eine Horn seines Helmes abgebrochen. *3* Ein Aetoler hatte es gefunden, und als es nach Ätolien an Skerdilaedus gebracht wurde, welcher den Helm, den es schmückte, kannte, wurde dadurch der Ruf vom Tod des Königs allgemein. *4* Nach dem Abzug des Königs aus Achaja vereinigte sich Sulpicius, der mit seiner Flotte nach Aegina ging, mit Attalos. *5* Die Achäer lieferten den Aetolern und Eleern nicht weit von Messene ein glückliches Treffen. König Attalos und Publius Sulpicius überwinterten auf Aegina.

6 Am Ende dieses Jahres starb der Konsul Titus Quinctius Crispinus, nachdem er den Titus Manlius Torquatus zur Abhaltung der Wahlversammlungen und Spiele zum Diktator ernannt hatte, an seiner Wunde, nach einigen zu Tarent, nach anderen in Kampanien. *7* So hinterließen, was noch in keinem Krieg der Fall gewesen war, beide Konsuln, die nicht einmal in einer denkwürdigen Schlacht fielen, den Staat gleichsam verwaist. Der Diktator Manlius ernannte den damaligen kurulischen Ädilen Gaius Servilius zu seinem Magister Equitum. *8* Am ersten Tag seiner Zusammenkunft befahl der Senat dem Diktator, die Großen Spiele zu feiern, welche der Stadtprätor Marcus Aemilius unter den Konsuln Gaius Flaminius und Gnaeus Servilius gefeiert und auf alle fünf Jahre gelobt hatte. Der Diktator feierte die Spiele und gelobte sie wieder auf das nächste Schätzungsopfer. *9* Da nun zwei konsularische Heere ohne Feldherren in einer solchen Nähe des Feindes standen, so beschäftigte die Väter und das Volk unter Hintansetzung alles anderen die Hauptsorge, so schnell wie möglich Konsuln zu wählen, und zwar ganz besonders solche, die sich bei ihrer Tapferkeit auch gehörig gegen punische List zu sichern wüssten. *10* Denn abgesehen davon, dass in diesem ganzen Krieg die voreiligen und hitzigen Köpfe der Feldherren nur Schaden gestiftet hätten, so wären selbst in diesem Jahr beide Konsuln über ihre Sucht, sich mit dem Feind zu messen, in eine unvorhergesehene Schlinge geraten. *11* Allein aus Mitleid mit dem Römervolk hätten die unsterblichen Götter der unschuldigen Soldaten geschont und ihr Missfallen an der Unbesonnenheit der Konsuln durch den über sie selbst verhängten Tod offenbart.

(34) Als sich die Väter nach Männern umsahen, die sie zu Konsuln wählen sollten, ragte weit vor allen anderen Gaius Claudius Nero hervor. *2* Für ihn suchte man nun einen Amtsgenossen; denn ihn selbst hielten sie zwar für einen vortrefflichen Mann, aber für allzu rasch und feurig, als es die Verhältnisse des Krieges und ein Feind wie Hannibal fordere. *3* Seinen feurigen Geist glaubten sie durch einen als Mitkonsul ihm an die Seite zu stellenden Mann von Bedacht und Einsicht mildern zu müssen. So ein Mann war Marcus Livius, der vor mehreren Jahren bei seinem Abgang vom Konsulat durch einen Gerichtsspruch des Volkes verurteilt war. *4* Diese Schande war ihm so empfindlich gewesen, dass er auf das Land zog und viele Jahre sowohl die Stadt als auch jede Zusammenkunft von Menschen mied. *5* Im achten Jahr nach seiner Verurteilung hatten ihn die Konsuln Marcus Claudius Marcellus und Marcus Valerius Laevinus wieder in die Stadt geholt, allein noch immer ging er in schmutziger Kleidung mit lang gewachsenem Haar und Bart und legte in Miene und Aufzug das unverkennbare Bewusstsein des erlittenen Schimpfes zutage. *6* Die Zensoren Lucius Veturius und Publius Licinius zwangen ihn, sich den Bart scheren zu lassen, das trübe Äußere abzulegen, in den Senat zu kommen und andere öffentliche Verrichtungen zu übernehmen. *7* Allein auch jetzt noch gab er seine Zustimmung mit einem Wort oder er trat nur einer ausgesprochenen Meinung bei, bis er sich in der Sache eines seiner Verwandten, des Marcus Livius Macatus, dessen guter Name gefährdet war, genötigt sah, vor dem Senat aufzutreten und seine Meinung auszusprechen. *8* Der Redner, der nach so langer Zwischenzeit sich wieder hören ließ, zog aller Augen auf sich und gab Veranlassung zu allerlei Gerede: Er habe das Unrecht vom Volk nicht verdient, und es sei für den Staat ein großer Verlust gewesen, in diesem schweren Krieg die Tätigkeit und den Rat eines solchen Mannes nicht benutzt zu haben. *9* Dem Gaius Nero könne man weder Quintus Fabius noch Marcus Valerius Laevinus zum Amtsgenossen geben, weil man zwei Konsuln von Adel nicht wählen dürfe. *10* Dies sei auch der Fall bei Titus Manlius, abgesehen davon, dass er schon einmal das angebotene Konsulat abgelehnt habe und es auch wieder ablehnen werde. *11* Das würde ein treffliches Paar von Konsuln sein, wenn man Marcus Livius dem Gaius Claudius zum Amtsgenossen gäbe. Auch das Volk wies den von den Vätern ausgegangenen Vorschlag nicht von der Hand. *12* Nur einer von der ganzen Bürgerschaft, gerade der Mann, dem die Ehrenstelle angeboten wurde, verweigerte die Annahme, weil ihm die Bürger zu leichtsinnig wären. Sie hätten mit ihm als Beklagten im Trauerkleid kein Mitleid gehabt, und jetzt trügen sie ihm gegen seinen Willen die weiße Toga an. *13* Mit Ehrenämtern und Strafen überhäuften sie den Mann. Wenn sie ihn für rechtschaffen hielten, warum sie ihn als

den Schlechten und Strafwürdigen verurteilt hätten? Hätten sie ihn für schuldig befunden, wozu dem, dem das erste Konsulat so übel anvertraut gewesen sei, ein zweites anvertrauen? ***14*** Diese und ähnliche Vorwürfe und Klagen verboten ihm die Väter und erinnerten ihn, auch Marcus Furius, den man doch aus der Verbannung zurückgerufen, habe die von ihrer Stelle verrückte Vaterstadt wiederhergestellt. Die Grausamkeit des Vaterlandes müsse man, ebenso wie die der Eltern, durch Geduld und Ausharren mildern. Alle drangen in ihn, und mit Gaius Claudius wurde Marcus Livius Konsul.

(35) Drei Tage darauf war Prätorenwahl. Die gewählten Prätoren waren Lucius Porcius Licinus, Gaius Mamilius und Aulus und Gaius Hostilius Cato. Nach Beendigung der Wahlen und der Feier der Spiele legten der Diktator und Magister Equitum ihr Amt nieder. ***2*** Gaius Terentius Varro wurde als Proprätor nach Etrurien geschickt, weil aus dieser Provinz Gaius Hostilius (Tubulus) nach Tarent zu dem Heer gehen sollte, das der Konsul Titus Quinctius gehabt hatte. ***3*** Auch sollte Lucius Manlius als Gesandter auf die jenseitige Küste gehen und zusehen, was dort vorgehe. Zugleich sollte er, weil für diesen Sommer die Spiele zu Olympia bevorstanden, welche Griechenland durch eine äußerst zahlreiche Zusammenkunft verherrlichte, wenn er es der Feinde wegen mit Sicherheit könnte, diese Versammlung besuchen, ***4*** um teils die während des Krieges dahin verschlagenen Sizilianer, teils die von Hannibal verwiesenen Tarentiner zur Heimkehr einzuladen und ihnen mitzuteilen, dass ihnen das römische Volk alles, was sie vor dem Krieg gehabt hätten, wiedergebe. ***5*** Da dieses Jahr so viele Gefahren im Gefolge zu haben schien und der Staat noch ohne Konsuln war, wünschte man, die nächstbestimmten Konsuln, auf die sich aller Augen richteten, sobald wie möglich um die Amtsbezirke losen zu lassen, damit ein jeder wisse, welchen Standort er bekommen, welchen Feind er vor sich haben werde. ***6*** Auch kam es im Senat über ihre Aussöhnung zur Sprache, und der Anfang dazu wurde von Quintus Fabius Maximus gemacht. ***7*** Ihre Feindschaft nämlich war stadtbekannt, und die Erbitterung und der Unwille auf Seiten des Livius noch durch sein Unglück vergrößert, weil er sich bei seinem Missgeschick für den Verachteten hielt. ***8*** Er war also auch der Unversöhnlichere und behauptete, es bedürfe keiner Aussöhnung; sie würden alles mit desto größerem Eifer und größerer Anstrengung betreiben, um nicht im Amtsgenossen den Feind auf ihre Kosten glänzen zu lassen. ***9*** Doch der Einspruch des Senats bestimmte sie unter Beiseitesetzung allen Grolles zur einträchtigen Führung der Geschäfte und Befolgung gemeinschaftlicher Pläne. ***10*** Ihre Standorte wurden ihnen, nicht wie im vorigen Jahr auf vereinigtem Gebiet, sondern auf entgegengesetzten Punkten des äußersten Italiens angewiesen; dem einen als Gegner Hannibals die Bruttier und Lucaner, dem andern gegen Hasdrubal, welcher sich schon den Alpen nähern sollte, Gallien. ***11*** Von den zwei in Gallien und Etrurien stehenden Heeren mit Zugabe der Stadttruppen sollte sich der, dem das Los Gallien zuweise, eins nach Belieben aussuchen, ***12*** wem aber sein Platz in Bruttien zufiele, sollte sich nach Aushebung neuer Stadtlegionen eins von den beiden Heeren der vorjährigen Konsuln wählen. ***13*** Das vom Konsul nicht gewählte Heer sollte der Prokonsul Quintus Fulvius übernehmen und auf ein Jahr den Oberbefehl behalten. ***14*** Den Gaius Hostilius (Tubulus), den sie seinen Platz in Etrurien gegen Tarent hatten vertauschen lassen, hießen sie jetzt Tarent gegen Capua vertauschen. Er bekam die eine Legion, welche im vorigen Jahr unter Fulvius gestanden hatte.

(36) Die Besorgnis wegen Hasdrubals Annäherung gegen Italien nahm mit jedem Tag zu. ***2*** Seinen Übergang nach Gallien hatten die Gesandten der Massilier zuerst gemeldet, auch den Eindruck, den seine Ankunft auf die Gallier gemacht habe, weil er eine Menge Gold mitgebracht haben sollte, um Hilfstruppen in Sold zu nehmen. ***3*** Die mit den Massiliern von Rom aus zu näherer Erkundigung abgegangenen Gesandten Sextus Antistius und Marcus Raecius hatten berichtet, sie hätten mit massilischen Wegweisern Leute ausgeschickt, welche ihnen durch Vor-

schub ihrer Gastfreunde unter den Oberhäuptern der Gallier von allem genauere Nachricht hätten geben müssen. ***4*** Jetzt hielten sie es für gewiss, dass Hasdrubal mit seinem großen, schon zusammengebrachten Heer im nächsten Frühjahr über die Alpen gehen werde; und schon jetzt halte ihn nichts weiter ab, als dass ihm der Winter die Alpen sperre.

5 An die Stelle des Marcus Marcellus wurde Publius Paetus zum Vogelschauer gewählt und eingeweiht. Statt des vor zwei Jahren verstorbenen Marcus Marcius bekam Gnaeus Cornelius Dolabella die Weihe als Opferkönig. ***6*** In diesem Jahr wurde zum ersten Mal seit Hannibals Ankunft in Italien ein Schätzungsopfer von den Zensoren Publius Sempronius Tuditanus und Marcus Cornelius Cethegus gehalten. ***7*** Geschätzt wurden 137 108 Bürger, eine viel kleinere Zahl, als sie vor dem Krieg gewesen war. ***8*** Von demselben Jahr finde ich noch bemerkt: Einmal, der Versammlungsplatz habe ein Obdach bekommen, zum andern, die kurulischen Ädilen Quintus Metellus und Gaius Servilius hätten die römischen Spiele auf einen Tag ***9*** und die plebejischen Ädilen Quintus Mamilius und Marcus Caecilius Metellus die Bürgerspiele an zwei Tagen gegeben. Diese stellten auch drei Statuen im Tempel der Ceres auf. Auch war in Bezug auf die Spiele Jupiter zu Ehren ein Opferschmaus.

10 Nun traten Gaius Claudius Nero zum zweiten Mal, und Marcus Livius ihr Konsulat an. Weil sie schon als gewählte Konsuln um ihre Amtskreise gelost hatten, ließen sie nun die Prätoren losen. ***11*** Gaius Hostilius (Cato) erhielt die Rechtspflege in der Stadt; man gab ihm die über Ausländer dazu, damit man noch drei Prätoren für Aufgaben behielte. Aulus Hostilius erloste Sardinien, Gaius Mamilius Sizilien, Lucius Porcius Gallien. ***12*** Die 23 Legionen wurden so auf die Provinzen verteilt, dass man für jeden Konsul zwei, für Spanien vier, für jeden der drei Prätoren in Sizilien, Sardinien und Gallien, zwei, für Gaius Terentius in Etrurien zwei, ***13*** zwei für Quintus Fulvius in Bruttium, zwei dem Quintus Claudius für die Gegend von Tarent und das sallentinische Gebiet und eine dem Gaius Hostilius Tubulus für Capua bestimmte, und noch zwei Stadtlegionen ausgehoben werden sollten. ***14*** Die Obersten bei den vier ersten Legionen wählte das Volk, bei den übrigen stellten die Konsuln sie an.

(37) Noch vor dem Aufbruch der Konsuln wurde der neuntägige Gottesdienst gehalten, weil es zu Veji Steine vom Himmel geregnet hatte. ***2*** Auf die Meldung eines einzigen Wunderzeichens folgte gleich, wie gewöhnlich, die Meldung noch anderer. Zu Minturnae sei der Tempel Jupiters und der Hain der Marica und zu Atella die Mauer und ein Tor vom Blitz getroffen. ***3*** Ja, was noch schrecklicher sei, erzählten die Minturnenser, in ihrem Tor sei ein Blutstrom geflossen. Und zu Capua hatte ein Wolf, der bei Nacht ins Tor eingedrungen war, einen Wächter zerrissen. ***4*** Die Sühnung dieser Wunderzeichen wurde mit großen Opfertieren besorgt und auf Erkenntnis der Oberpriester ein Bettag gehalten. Dann wurde der neuntägige Gottesdienst noch einmal erneuert, weil man auf der Waffenweihe einen Steinhagel fallen sah. ***5*** Kaum hatten sich die Gemüter vor diesen heiligen Drohungen gesichert, da beunruhigte sie die neue Anzeige, zu Frusino sei ein Kind geboren, so stark wie ein vierjähriges; doch sei das Befremdende an ihm weniger die Größe als die Ungewissheit, so wie bei jenem vor zwei Jahren zu Sinuessa geborenen, ob in ihm ein Knabe oder ein Mädchen zur Welt gekommen sei. ***6*** Dies nun vollends erklärten die aus Etrurien Berufenen Zeichendeuter für ein abscheuliches und hässliches Ungetüm, das man aus dem römischen Gebiet verbannen und fern von aller Berührung mit dem festen Land im tiefen Meer versenken müsse. So steckte man es lebend in einen Kasten, fuhr mit ihm auf das hohe Meer und warf es über Bord. ***7*** So befahlen auch die Oberpriester, dass drei Chöre, jeder von neun Jungfrauen, in einem Aufzuge durch die Stadt ein Lied singen sollten. Als diese sich im Gesang des vom Dichter Livius verfassten Liedes im Tempel des Jupiter Stator übten, schlug der Blitz auf dem Aventin in den Tempel der Juno Regina, ***8*** und weil die Zeichendeuter erklärten, dies Wunderzeichen gelte

den Frauen, so wählten diese, welche sich sämtlich, so viele ihrer in der Stadt und innerhalb des zehnten Meilensteines von Rom wohnhaft waren, ***9*** nach einer Verordnung der kurulischen Ädilen auf dem Kapitol einfanden, aus ihrer Mitte 25 Frauen, um diesen von ihrer Mitgift ihre Beisteuer einzuliefern. ***10*** Hiervon wurde ein goldenes Becken als Weihgeschenk angefertigt, in den Tempel auf dem Aventin getragen, und dabei von den Frauen mit reinem und keuschem Sinn das Opfer dargebracht. ***11*** Gleich darauf wurde von den Zehnmännern der heiligen Geschäfte ein Tag zu einer anderen Opferfeier derselben Göttin zu Ehren angesetzt. Die Ordnung dabei war folgende. ***12*** Vom Tempel des Apollo führte man zwei weiße Kühe zum Carmentalischen Tor herein in die Stadt. Zwei zypressene Standbilder der Juno Regina wurden ihnen nachgetragen. Dann folgten zu Fuß 27 Jungfrauen in langen Gewändern und sangen ein Loblied auf die Juno Regina, ***13*** das damals vielleicht bei dem noch ungebildeten Geschmack Beifall fand, das aber jetzt, wenn ich es hersetzen wollte, ungebührlich und plump sein möchte. Dem Zug der Mädchen folgten die Zehnmänner im Lorbeerkranz und in der Purpurverbrämung, vom Tor ab kamen sie über die Ochsenstraße auf den Markt. ***14*** Auf dem Markt stand der Zug still, und die Mädchen machten an einem Seil, das ihnen allen durch die Hand lief, eine schreitende Reihe, in welcher sie zum Takt des Gesanges mit dem Fußschlag den Einklang gaben. ***15*** Von da ging der Zug weiter über die Tuskische Straße, das Velabrum, den Rindermarkt, auf die Publicische Höhe und zum Tempel der Juno Regina. Hier opferten die Zehnmänner die beiden Tiere und stellten die zypressenen Bilder im Tempel auf.

(38) Nach gebührender Aussöhnung der Götter hielten die Konsuln die Abhebung, welche strenger und ausgedehnter war, als sich dessen irgendjemand aus früheren Jahren erinnern konnte. ***2*** Denn die Gefahr des Krieges hatte sich durch den Anzug eines neuen Feindes gegen Italien verdoppelt, und der Dienstfähigen, aus denen sie die Soldaten nehmen sollten, waren weniger. ***3*** Also forderten sie auch die Kolonien an der See, welche der Sage nach eine unverletzliche Dienstfreiheit hatten, zu Truppenstellungen auf. Als sie sich weigerten, setzten sie ihnen einen Tag fest, an welchem jede von ihnen im Senat anzeigen sollte, aus welchem Rechtsgrund sie die Dienstfreiheit genieße. ***4*** An diesem Tag erschienen vor dem Senat die Volksbürger von Ostia, Alsium, Antium, Anxur, Minturnae, Sinuessa und von Sena am Obermeere. ***5*** Als jede Völkerschaft ihren Freiheitsbrief vorgelesen hatte, ließ man aus dem Grund, dass jetzt der Feind in Italien stehe, bei keiner, Antium und Ostia ausgenommen, die Dienstbefreiung gelten; und selbst die Dienstfähigen dieser Kolonien wurden darauf vereidigt, solange der Feind in Italien sei, nicht über einen Monat außerhalb der Mauern ihrer Kolonie zu übernachten. ***6*** Da alle dafür stimmten, die Konsuln müssten je eher je lieber zum Kriege aufbrechen, denn teils müsse man dem von den Alpen herabsteigenden Hasdrubal entgegengehen, damit er nicht die Gallier diesseits der Alpen oder Etrurien in Bewegung setze, das einer Veränderung der Dinge entgegensähe, ***7*** teils müsse man Hannibal durch einen nur ihm geltenden Feldzug beschäftigen, damit er nicht aus Bruttium entschlüpfen und seinem Bruder entgegenziehen könne. So war Livius der Säumige, weil er meinte, er könne sich auf die Heere seiner Bezirke nicht so ganz verlassen; ***8*** sein Mitkonsul hingegen habe aus zwei herrlichen konsularischen Heeren und einem dritten, das zu Tarent unter Quintus Claudius stand, die Auswahl; und schon hatte er den Vorschlag gemacht, abermals Freiwillige von den Sklaven unter die Fahnen zu rufen. ***9*** Der Senat gab den Konsuln freie Vollmacht, sowohl die Ergänzungen herzunehmen, wo sie wollten, als auch von allen Heeren die zu wählen und umzutauschen, welche sie wollten, und selbst aus Provinzen Heere in eine andere herüberzunehmen, wenn sie es dem Staat für zuträglich hielten. ***10*** Alles dies setzten die Konsuln mit größter Eintracht ins Werk. Freiwillige nahmen sie in die neunzehnte und zwanzigste Legion. ***11*** Nach einigen Schriftstellern sandte auch Publius Scipio dem Marcus Livius zu diesem Krieg

ansehnliche Verstärkungen aus Spanien, 8000 Mann Spanier und Gallier, 2000 Legionssoldaten und an Reiterei, aus Numidern und Spaniern zusammengesetzt, 1000 Mann. Diese Truppen habe Marcus Lucretius auf Schiffen gebracht; ***12*** und auch aus Sizilien habe Gaius Mamilius gegen 4000 Bogenschützen und Schleuderer geschickt.

(39) Die Bestürzung in Rom wurde noch dadurch vermehrt, dass der Prätor Lucius Porcius aus Gallien schrieb, dass Hasdrubal aus den Winterquartieren gerückt sei und schon über die Alpen gehe. ***2*** 8000 Ligurer, schon ausgehoben und bewaffnet, würden nach seinem Übergang in Italien zu ihm stoßen, wenn man nicht jemand hinschicke, der ihnen durch einen Angriff auf Ligurien zuvorkäme. Er selbst wolle mit seinem schwachen Heer so weit vorrücken, als er es für sicher halte. ***3*** Dieses Schreiben bestimmte die Konsuln, nach schnell beendigter Aushebung früher auf ihre Plätze zu gehen, als sie sich vorgenommen hatten, mit dem Vorsatz, jeder seinen Feind in seiner Gegend festzuhalten und ihm keine Vereinigung, kein gemeinschaftliches Wirken auf einen Punkt zu gestatten. ***4*** Am meisten war ihnen hierin Hannibal selbst durch seine Meinung förderlich, weil er, wenn er auch seines Bruders Heerzug gegen Italien in diesem Sommer erwartete, ihm gleichwohl, wenn er sich erinnerte, wie viel er selbst auf seinem Zuge zuerst über die Rhone, dann über die Alpen, mit Menschen und Natur kämpfend, fünf Monate lang habe ausstehen müssen, keinen so leichten und baldigen Übergang zutraute. ***5*** Und darum brach er auch später aus den Winterquartieren auf. ***6*** Allein mit Hasdrubal ging alles über seine und anderer Erwartung schnell und ungestört. Denn die Arverner und die übrigen gallischen und alpinischen Völker der Reihe nach nahmen ihn nicht allein auf, sondern folgten ihm in den Krieg; ***7*** und so, wie er größtenteils durch Gegenden kam, welche seines Bruders Übergang, so unwegsam sie vorher waren, gebahnt hatte, so ging auch sein Zug, weil der offene Weg über die Alpen schon eine Dauer von zwölf Jahren hatte, durch viel milder gewordene Völker. ***8*** Denn vorher ebenso wenig von Ausländern besucht als selbst gewohnt, Ankömmlinge in ihrem Lande zu sehen, waren sie gegen alle anderen Menschen unverträglich. Auch hatten sie anfangs, ehe sie wussten, wohin die Punier gingen, geglaubt, es sei auf ihre Felsen und Kastelle, auf Vieh- und Menschenraub abgesehen. ***9*** Nachher hatte sie der Ruf des Punischen Krieges, von welchem Italien nun fast zwölf Jahre litt, hinlänglich belehrt, dass über ihre Alpen nur der Weg gehe, dass zwei der mächtigsten Städte, durch Meere und Länder weit voneinander geschieden, um Herrschaft und Macht sich bekriegten. ***10*** Diese Ursachen hatten dem Hasdrubal den Weg über die Alpen gebahnt. ***11*** Was er indes auf seinem Zug an Schnelligkeit gewann, verlor er wieder durch seinen Aufenthalt vor Placentia, welches er vergeblich, ich möchte lieber sagen, einschloss als belagerte. ***12*** Er hatte sich die Eroberung einer Stadt in der Ebene so leicht gedacht, und der Ruf dieser Kolonie hatte ihn glauben lassen, er werde durch Zerstörung dieser Stadt den übrigen einen großen Schrecken einjagen. ***13*** Diese Belagerung aber wurde nicht nur ein Hindernis für ihn selbst, sondern ließ auch den Hannibal stillsitzen, als er auf den über seine Erwartung schnell erfolgenden Ruf von Hasdrubals Übergang schon aus den Winterquartieren aufbrechen wollte. ***14*** Er kannte ja den langsamen Gang der Städtebelagerungen und wusste, dass er selbst, obgleich als Sieger von der Trebia kommend, auf dieselbe Kolonie einen vergeblichen Angriff unternommen hatte.

(40) Dadurch, dass die Konsuln auf zwei entgegengesetzten Wegen von der Stadt aufbrachen, war die allgemeine Besorgnis gesteigert und auf zwei Kriege gleichmäßig hingelenkt worden. ***2*** Indem man sich hier daran erinnerte, wie manches Unglück Hannibals Einbruch gleich anfangs über Italien gebracht habe, überließ man sich dort der ängstlichen Betrachtung, wo wohl die Götter wären, die der Stadt Rom und ihrem Staat gnädig genug sein möchten, um ihm zu gleicher Zeit auf beiden Punkten Glück zu verleihen. Noch habe man bei dem Gegengewicht der Vorteile gegen die Unfälle sich bis jetzt so hingehalten. ***3*** Als die römische Macht am Trasimenus und

bei Cannae unterlag, hätten die glücklichen Kriege in Spanien sie vom Sturz wieder aufgerichtet. ***4*** Als in Spanien eine Niederlage nach der andern nach dem Verlust zweier ausgezeichneter Feldherren zwei Heere größtenteils aufgerieben habe, hätten die Siege in Italien und Sizilien den angegriffenen Staat bei sich geborgen. ***5*** Und selbst bei der Entfernung des Schauplatzes, da der eine dieser Kriege an den äußersten Küsten der Welt geführt sei, habe man Zeit gehabt, sich zu erholen. ***6*** Jetzt nähmen zwei nach Italien gekommene Kriege, zwei Feldherren vom höchsten Ruf die Stadt Rom in die Mitte, und der ganze Schwall und alle Last der Gefahr habe sich auf einen Punkt geworfen. Wer von den beiden zuerst siegen würde, werde sich in wenigen Tagen mit dem andern vereinigen. ***7*** Und das vorige Jahr, durch den Tod beider Konsuln so trauervoll, vermehrte die Angst. Unter diesen marternden Sorgen gab man den Konsuln, als sie beim Abgang nach ihren Standorten schieden, das Geleit. ***8*** Marcus Livius, der, wie ich aufgezeichnet finde, noch voll Erbitterung auf seine Bürger zum Krieg aufbrach, soll dem Quintus Fabius auf seine Warnung, ehe er seinen Feind nicht kenne, sich ja nicht unvorsichtig einzulassen, geantwortet haben, sobald er das feindliche Heer zu Gesicht bekomme, werde er schlagen. ***9*** Auf die Frage, was ihn so eilen heiße, antwortete er: *Entweder will ich mir am Feind einen glänzenden Ruhm oder an meinen geschlagenen Mitbürgern eine mir wenigstens zu gönnende, wenn auch ruhmlose Freude erwerben.*

10 Ehe noch der Konsul Claudius auf seinem Kriegsplatz eintraf, überfiel Gaius Hostilius Tubulus mit seinen schlagfertigen Kohorten den Hannibal, der sein Heer durch die äußerste Ecke des Gebietes von Larinum in das Sallentinische zog, und brachte den ungeschlossenen Zug in eine fürchterliche Verwirrung. ***11*** Er tötete ihm gegen 4000 Mann und erbeutete neun Fahnen. Als der Feind von sich hören ließ, war auch Quintus Claudius, dessen Truppen verteilt in den Städten des sallentinischen Gebietes lagen, aus den Winterquartieren aufgebrochen. ***12*** Um also nicht mit zwei Heeren zugleich zu schlagen, brach Hannibal in der Nacht aus dem tarentinischen Gebiet auf und zog sich in das bruttische, ***13*** und Claudius wandte sich wieder in das sallentinische Gebiet. Hostilius, der seinen Zug nach Capua verfolgte, begegnete bei Venusia dem Konsul Claudius. ***14*** Hier wurden aus beiden Heeren 40 000 Mann zu Fuß und 2500 zu Pferd ausgesucht, welche der Konsul dem Hannibal entgegenstellen wollte. Die Übrigen musste Hostilius nach Capua führen, um sie dem Prokonsul Quintus Fulvius zu übergeben.

(41) Hannibal kam mit seinem aus den Winterquartieren oder aus den Besatzungen des bruttischen Gebietes von allen Seiten zusammengezogenen Heer in das Land der Lucaner, nach Grumentum, in der Hoffnung, die Städte wiederzugewinnen, welche aus Furcht zu den Römern übergetreten waren. ***2*** Ebendahin eilte auch der römische Konsul auf vorher erkundigten Wegen und schlug etwa 1500 Schritte vom Feind sein Lager auf. ***3*** Der punische Lagerwall schien mit Grumentums Mauern beinahe zusammenzuhängen. Die Entfernung betrug 500 Schritte. ***4*** Zwischen dem punischen und römischen Lager war eine Ebene. Den Puniern zur Linken und den Römern zur Rechten ragten kahle Hügel, beiden gleich unverdächtig, weil sie ohne alle Waldung und ohne Schlupfwinkel zu Hinterhalten waren. ***5*** Auf der in der Mitte liegenden Ebene ließ man sich bei Ausfällen von den Posten in unbedeutende Scharmützel ein. Die Absicht der Römer schien nur die zu sein, den Feind nicht abziehen zu lassen. Hannibal, der sich loszuwinden suchte, trat immer mit seiner ganzen Macht zum Kampf auf. ***6*** Da ließ der Konsul ganz im Sinne seines Feindes, eben weil sich auf so offenen Hügeln kein Hinterhalt fürchten ließ, fünf Kohorten mit einer Verstärkung von fünf Rotten die Höhe bei Nacht übersteigen und ihr im Rücken sich in die Täler legen. ***7*** Über die Zeit zum Aufbruch aus ihrem Hinterhalt und zum Angriff auf den Feind bekamen die ihnen mitgegebenen Anführer, der Oberste Tiberius Claudius Asellus und Publius Claudius, Oberster der Bundesgenossen, seine Anweisung. ***8*** Er selbst rückte bei Anbruch des Tages mit allen seinen Truppen zu Fuß und zu Pferd zur Schlacht aus. Gleich darauf gab

auch Hannibal das Zeichen zur Schlacht, und sein Lager ertönte vom Geschrei derer, die zu den Waffen griffen. Wetteifernd strömten Reiterei und Fußvolk aus den Toren und eilten, über die Ebene sich verbreitend, dem Feind zu. ***9*** Als sie der Konsul herausstürmen sah, befahl er dem Gaius Aurunculeius, Obersten in der dritten Legion, die Reiterei dieser Legion mit dem größten Ungestüm auf die Feinde losbrechen zu lassen. ***10*** Sie hätten sich wie Vieh in solcher Unordnung über die ganze Ebene verbreitet, dass sie, ehe sie sich in Schlachtordnung gestellt, niedergeworfen und zertreten werden könnten.

(42) Noch war Hannibal nicht aus dem Lager gegangen, als er schon das Geschrei der Kämpfenden hörte. Aufgestört durch den Lärm, jagte er seine Truppen dem Feind entgegen. ***2*** Noch waren die von der Reiterei zuerst Angegriffenen in voller Bestürzung, und schon rückten die erste Legion Fußvolk und der rechte Flügel Bundesgenossen in die Schlacht ein. Die Feinde kamen ohne Schluss ins Gefecht, so wie jeden der Zufall auf Fußvolk oder Reiterei geraten ließ. ***3*** Die Nachrückenden gaben dem Gefecht mehr Ernst, und durch die Menge der zum Kampf Hervorbrechenden wurde es allgemeiner. Dennoch hätte Hannibal seine schon kämpfenden Truppen – ***4*** was nur einem alten Feldherrn bei seinem alten Heer möglich ist – mitten unter Getümmel und Angriff aufgestellt, wenn sie nicht bei dem ihnen im Rücken ertönenden Geschrei der Kohorten und Rotten, die von den Hügeln herabgerannt kamen, hätten fürchten müssen, von ihrem Lager abgeschnitten zu werden. ***5*** Dies brachte sie aus der Fassung; auf allen Seiten begann die Flucht, und das Gemetzel war so groß nicht, weil die Nähe des Lagers ihnen den Weg der Flucht verkürzte, so geschreckt sie auch waren. ***6*** Denn die Reiterei lag ihnen im Rücken, und die Kohorten, die von den Hügeln auf dem unbewachsenen und ungehinderten Weg im Zulauf herabrannten, waren ihnen in die Flanken gefallen. ***7*** Dennoch blieben über 8000 Mann, über 700 wurden Gefangene, neun Fahnen gingen verloren, und von den Elefanten, die sie in einem so unerwarteten und unvorbereiteten Kampf gar nicht hatten gebrauchen können, wurden vier getötet, zwei gefangen. ***8*** Von den Siegern waren ungefähr 500, Römer und Bundesgenossen, gefallen. Am folgenden Tag hielten sich die Punier ruhig. Als der römische Feldherr, der mit seinen Truppen ausrückte, niemand ihm entgegentreten sah, ließ er die Rüstungen der erschlagenen Feinde sammeln und die zusammengetragenen Leichen der Seinigen begraben. ***9*** An den nächstfolgenden Tagen näherte er sich den feindlichen Lagertoren so weit, dass es den Schein hatte, als wollte er eindringen, ***10*** bis Hannibal, der in seinem Lager auf der Feindesseite viele Feuer und Zelte, und um sie auf dem Wall und an den Toren sehen zu lassen, einige Numider zurückließ, in der dritten Nachtwache aufbrach und den Marsch nach Apulien antrat. ***11*** Als es tagte, rückte die römische Linie an den Wall. Die Numider zeigten sich, wie sie sollten, noch eine Zeitlang an den Toren und auf dem Wall, und als sie den Feind eine geraume Zeit getäuscht hatten, holten sie auf gespornten Pferden den Zug der Ihrigen ein. ***12*** Als der Konsul die Stille im Lager und auch die wenigen nicht mehr bemerkte, die am frühen Morgen umhergegangen waren, ließ er zwei Reiter auf Kundschaft in das Lager vorausgehen, und wie alles völlig sicher befunden wurde, die Truppen einrücken. ***13*** Hier verweilte er nur so lange, bis die Soldaten die Beute zusammenholten, ließ dann zum Abzug blasen und brachte noch lange vor Nacht seine Truppen zurück. ***14*** Am folgenden Tag brach er am frühen Morgen auf, ging in starken Märschen dem Ruf und der Spur des feindlichen Zuges nach und erreichte ihn nicht weit von Venusia. Auch hier kam es zu einem unvorbereiteten Gefecht. ***15*** Über 2000 Punier fielen. Von hier zogen sie immer bei Nacht und über Gebirge, um nicht zu einer Schlacht genötigt zu werden, bis Metapontum. ***16*** Von da wurde Hanno – denn er hatte die Besatzung des Ortes befehligt – mit schwacher Begleitung in das bruttische Gebiet geschickt, ein neues Heer aufzubringen. Hannibal vereinigte die Truppen desselben mit den seinigen, ging auf seinen vorigen Wegen nach Venusia zurück und rückte von da bis Canusium vor. ***17*** Nie war

Nero dem Feind von der Spur gewichen; und als er selbst ihm auf Metapontum folgte, hatte er nach Lucanien, um diese Gegend nicht ohne Bedeckung zu lassen, den Quintus Fulvius entboten.

(43) Unterdessen wurden vier gallische und zwei numidische Reiter, welche Hasdrubal nach aufgehobener Einschließung von Placentia mit einem Schreiben an Hannibal abfertigte, und die fast die ganze Länge Italiens mitten durch die Feinde schon zurückgelegt hatten, die aber jetzt, als sie dem nach Metapontum sich zurückziehenden Hannibal nachgehen wollten, *2* aus Unbekanntschaft mit dem Weg nach Tarent geraten waren, von den im Land herumstreifenden römischen Nachzüglern zum Proprätor Quintus Claudius gebracht. *3* Anfangs suchten sie ihn durch unbestimmte Antworten zu hintergehen, als sie aber die Furcht vor der angedrohten Folter zum Geständnisse der Wahrheit zwang, sagten sie aus, sie hätten ein Schreiben von Hasdrubal an Hannibal. *4* Mit diesem Schreiben, das er, so wie es war, unentsiegelt ließ, übergab er sie dem Obersten Lucius Verginius zur Ablieferung an den Konsul Claudius und ließ zwei Geschwader Samniten zur Bedeckung mitgehen. *5* Als sie beim Konsul Claudius angekommen waren, wurde der Brief von einem Dolmetscher gelesen und die Gefangenen angehört. Jetzt war seiner Ansicht nach der Staat nicht in einer solchen Lage, *6* dass sich jeder Feldherr nach dem gewöhnlichen Gang auf die Grenzen seines Bezirks beschränken durfte, um bloß mit seinen Truppen den vom Senat nur ihm angewiesenen Feind zu bestreiten, *7* sondern man musste sich zu einer unerwarteten, überraschenden Tat erheben, die durch ihren ersten Schritt die Bürger nicht weniger als die Feinde in Schrecken setzen musste, in der Ausführung aber die große Besorgnis in große Freude verwandeln sollte; und diese seine Absicht teilte er, *8* als er Hasdrubals Brief nach Rom an den Senat schickte, in seinem eigenen den Vätern mit; zugleich machte er es ihnen zur Pflicht, *9* da Hasdrubal laut seinem Brief seinen Bruder in Umbrien zu treffen hoffe, die Legion von Capua nach Rom kommen zu lassen, in Rom selbst eine Aushebung zu halten und die Stadttruppen bei Narnia gegen den Feind aufzustellen. *10* So viel schrieb er dem Senat; zugleich schickte er in das larinatische, marrucinische, frentanische und praetutianische Gebiet, durch welche er seinen Marsch nehmen wollte, Leute mit der Bestellung voraus, alle Einwohner sollten zur Speisung der Soldaten Lebensmittel aus den Dörfern und Städten auf die Heerstraße bringen und Pferde und anderes Zugvieh stellen, damit es nicht an Fuhrwerk für die Ermatteten fehle. *11* Dann hob er im ganzen Heer von Bürgern und Bundesgenossen die besten Truppen aus, 6000 Mann zu Fuß, 1000 zu Pferd, und ließ bekannt machen, er wolle die nächste Stadt in Lucanien mit ihrer punischen Besatzung überrumpeln, jeder solle sich marschfertig halten. *12* Er brach gegen Nacht auf und ging seitwärts nach Picenum. Und der Konsul eilte nun in möglichst starken Märschen zu seinem Kollegen, nachdem er den Legaten Quintus Catius als Befehlshaber im Lager zurückgelassen hatte.

(44) Zu Rom aber waren der Schrecken und der Auflauf nicht geringer als vor drei Jahren, als Roms Mauern und Toren ein punisches Lager gegenüberstand, und man konnte mit sich selbst nicht einig werden, ob man den so kühnen Zug des Konsuls loben oder tadeln sollte. *2* Offenbar sollte sein Ruf – und das ist doch so unbillig wie möglich – vom Erfolg abhängen, stünden doch die Truppen dicht vor einem Feind Hannibal, ohne Feldherrn, in einem Lager, dem der Kern und die Blüte der Männer entzogen sei, und der Konsul, der ihnen vorgeredet habe, er gehe nur nach Lucanien, ziehe gegen Picenum und Gallien und verlasse sein Lager, *3* dessen ganze Sicherheit auf dem Irrtum des Feindes beruhe, solange dieser nicht wisse, dass hier der Feldherr und ein Teil des Heeres fehle. *4* Was aber daraus werden solle, wenn dies bekannt würde, und Hannibal auf den Gedanken käme, entweder mit seinem ganzen Heer den Nero zu verfolgen, der nur mit 6000 Mann abgegangen sei, oder auf das Lager loszugehen, das man ihm ohne Stärke, ohne Oberbefehl, ohne Götterleitung zur Beute hingegeben habe? *5* Mit Schrecken dachte man an die

früheren Niederlagen dieses Krieges und an die beiden im vorigen Jahr gefallenen Konsuln. Und das alles habe man schon erlebt, da doch nur ein Feldherr, nur ein Heer der Feinde in Italien gewesen sei, jetzt aber seien zwei Punische Kriege daraus geworden, zwei gewaltige Heere und beinahe zwei Hannibale stünden in Italien. ***6*** Denn Hasdrubal sei ebenfalls Hamilkars Sohn, ein ebenso unternehmender Feldherr, seit so vielen Jahren in Spanien im Römerkrieg eingeübt, verherrlicht durch einen zwiefachen Sieg, in welchem er zwei Heere mit ihren berühmten Feldherren vernichtet habe. ***7*** Ja, mit der Schnelligkeit seines Zuges aus Spanien, mit der Aufwiegelung der spanischen Völkerschaften zu den Waffen könne er sich viel mehr als Hannibal selbst rühmen, ***8*** da er gerade in den Gegenden ein Heer gesammelt habe, in welchen jener den größeren Teil seiner Soldaten durch die kläglichste Todesart, durch Hunger und Frost, verloren hätte. ***9*** Wer mit den Vorfällen in Spanien bekannt war, fügte noch hinzu, er werde in Gaius Nero nicht einen ihm unbekannten Feldherrn antreffen, sondern denselben, den er einst, als ihn jener durch Zufall in einem unwegsamen Gebirge überrascht hatte, gleich einem Knaben durch Aufsetzen trügerischer Friedensbedingungen überlistet und ihm entschlüpft sei. ***10*** Alle Hilfsmittel der Feinde hielten sie für größer, als sie wirklich waren, die eigenen für geringer; denn die Furcht gab die Deutung ein, welche immer zum Schlimmeren geneigt ist.

(45) Als sich Nero jetzt so weit vom Feind entfernt hatte, dass er seine Absicht mit Sicherheit entdecken konnte, hielt er an seine Soldaten eine kurze Rede. Er sagte: ***2*** Nie sei eine Maßregel des Feldherrn dem Schein nach gewagter, in der Tat aber sicherer gewesen als die seinige. ***3*** Er führe sie zu einem sicheren Sieg. Denn in einem Krieg, zu dem sein Mitkonsul nicht eher gezogen sei, bis ihm der Senat Fußvolk und Reiterei zur Genüge bewilligt habe, und zwar zahlreicher und stattlicher gerüstet, als wenn es gegen Hannibal selbst ginge, müssten sie jetzt, wenn sie auch noch so geringe Kraft zum Ausschlag einlegten, der ganzen Sache die Entscheidung geben, ***4*** sobald man nur in der Schlacht hören werde – und dass man es nicht eher hören solle, dafür wolle er sorgen –, der zweite Konsul und das zweite Heer sei angekommen, so werde auch der Sieg außer Zweifel sein. Den Ausgang der Kriege bestimme der Ruf, und menschliche Hoffnung und Furcht hänge von kleinen Umständen ab. ***5*** Fast den ganzen Ruhm vom erfochtenen Sieg würden sie ernten. Jede zuletzt noch zutretende Kraft scheine immer alles getan zu haben. ***6*** Sie sähen ja selbst, wie ihr Zug der allgemeine Gegenstand des Zusammenlaufes, der Bewunderung und des Wohlwollens sei. ***7*** Und in der Tat zogen sie überall durch aufgestellte Reihen von Männern und Frauen, die von allen Seiten aus den Dörfern herbeigeeilt waren, unter Gelübden, Gebeten und Lobeserhebungen weiter; sie nannte man die Stützen des Staates, die Retter der Stadt Rom und ihres Reiches; auf den Waffen, auf der Rechte dieser Männer, hieß es, beruhe ihre und ihrer Kinder Erhaltung und Freiheit. ***8*** Man betete zu allen Göttern und Göttinnen, ihnen Segen auf den Weg, einen glücklichen Kampf und baldigen Sieg über die Feinde zu verleihen; man wünschte zur Erfüllung der Gelübde verpflichtet zu werden, die man für sie getan habe, ***9*** um in wenigen Tagen, so wie man jetzt voll Sorge ihnen das Geleit gäbe, ebenso voll Freude sie im Siegesjubel empfangen zu können. ***10*** Dann nötigte sie jeder nach seiner Weise, bot ihnen an und bestürmte sie mit Bitten, was sie für sich und ihre Pferde nötig hätten, doch ja am liebsten von ihnen zu nehmen, und man gab ihnen mit willigem Herzen alles in Überfluss. ***11*** Da wetteiferten auch die Soldaten in der Bescheidenheit, nichts weiter anzunehmen als was sie notwendig gebrauchten; nirgends hielten sie sich auf, traten nicht aus dem Glied, machten selbst beim Essen nicht Halt, sondern gingen Tag und Nacht und erlaubten sich kaum so viel Ruhe, als die Natur für den Körper forderte. ***12*** An den andern Konsul waren Boten abgeschickt, um ihre Ankunft zu melden und bei ihm anzufragen, ob sie heimlich oder ganz offen ankommen, ob sie dasselbe Lager mit ihm oder ein anderes beziehen sollten. Er hielt es für besser, sie bei Nacht unbemerkt einrücken zu lassen.

(46) Der Konsul Livius hatte im Lager den Befehl gegeben, jeder Oberste sollte einen Obersten, jeder Hauptmann einen Hauptmann, der Reiter einen Reiter, der Fußgänger einen Fußgänger in sein Zelt aufnehmen; *2* das Lager dürfe man nicht erweitern, damit der Feind die Ankunft des andern Konsuls nicht merke. Auch mussten sich mehrere auf den engen Raum eines Zeltes um so leichter zusammendrängen lassen, weil das Claudische Heer auf diesen Zug fast nichts als die Waffen mitgenommen hatte. *3* Doch war auf dem Marsch selbst der Zug durch Freiwillige verstärkt, da nicht nur alte Soldaten, die schon ausgedient hatten, sich unaufgefordert stellten, sondern auch Jünglinge, welche Nero bei ihrem Wetteifer, sich einstellen zu lassen, wenn ihr Wuchs und ihre Kräfte zum Dienst tauglich schienen, angenommen hatte. *4* Das Lager des andern Konsuls stand bei Sena, und fast 500 Schritte davon stand Hasdrubal. Deswegen blieb Nero, als er sich jetzt näherte, hinter den Bergen stehen, um nicht vor Nacht ins Lager einzurücken. *5* Als sie in aller Stille eingezogen waren, wurden sie, jeder von einem seines Ranges, ins Zelt aufgenommen und unter großer allgemeiner Freude bewirtet. Am folgenden Tag wurde Kriegsrat gehalten, welchem auch der Prätor Lucius Porcius Licinus beiwohnte. Er hatte sein Lager mit dem Lager der Konsuln in Verbindung gesetzt, *6* und schon vor ihrer Ankunft, indem er mit seinem Heer nur auf Höhen weiter zog, dem Feind durch alle möglichen Kriegslisten Abbruch getan, hatte bald die engen Pässe besetzt, um ihm den Durchzug abzuschneiden, bald dessen Zug von der Flanke oder im Rücken angegriffen. *7* Jetzt war er mit im Kriegsrat. Viele stimmten dafür, die Schlacht müsse noch aufgeschoben werden, bis Nero sein vom Marsch und Wachen ermüdetes Heer sich habe erholen lassen, und sich selbst einige Tage Zeit genommen habe, den Feind kennenzulernen. *8* Nero aber riet nicht bloß, sondern hörte nicht auf, so dringend wie möglich zu bitten, man möge seine Maßregel, deren Sicherheit nur auf Schnelligkeit beruhe, nicht durch Zögern zu einer Unbesonnenheit machen. *9* Hannibal, gleichsam im Schlummer der Unwissenheit, die aber nicht lange dauern werde, denke weder daran, sein ohne Feldherrn zurückgelassenes Lager anzugreifen, noch habe er sich zu einer Verfolgung in Marsch gesetzt. Ehe der sich in Bewegung setze, könne Hasdrubals Heer schon aufgerieben sein und er nach Apulien zurückgehen. *10* Wer durch Aufschub dem Feind Zeit gebe, verrate dem Hannibal nicht nur jenes Lager, sondern öffne ihm auch den Weg nach Gallien, um sich in aller Muße, sobald er wolle, mit Hasdrubal zu vereinigen. *11* Sogleich müsse man das Zeichen geben und zur Schlacht ausrücken und von dem Irrtum des entfernten sowohl als des gegenwärtigen Feindes Gebrauch machen, solange jener noch nicht wisse, dass er mit wenigeren, dieser, dass er es mit mehreren zu tun habe. *12* Nach Entlassung des Kriegsrats wurde das Zeichen zur Schlacht gegeben, und sogleich rückten sie aus.

(47) Schon standen die Feinde vor ihrem Lager aufgestellt, doch wurde die Schlacht bloß dadurch verzögert, dass Hasdrubal, als er mit einigen Reitern vor die Glieder ritt, bei den Feinden alte Schilde erblickte, die er vorher nicht bemerkt hatte, auch abgerittene Pferde. Ja, die Menge schien ihm größer als gewöhnlich. *2* Da mutmaßte er allerdings, wie es stand, ließ sogleich zum Rückzug blasen und schickte Truppen an den Fluss, wo die Feinde Wasser holten, ob sie vielleicht einige auffangen oder schon mit den Augen wahrnehmen könnten, dass dieser oder jener, wie vom neulichen Marsch, mehr gebräunt sei; *3* zugleich ließ er das feindliche Lager in der Ferne umreiten, um zu sehen, ob es nicht auf irgendeiner Seite erweitert sei, und besonders darauf achten, ob zum Lagerzeichen ein- oder zweimal geblasen werde. *4* Da ihm hierüber alles genau berichtet wurde, blieb ihm nur das unerklärlich, dass das Lager nicht erweitert war. Es waren immer noch die zwei Lager wie vor der Ankunft des andern Konsuls; das eine des Marcus Livius, das andere des Lucius Porcius, bei keinem von beiden waren, um etwa für mehrere Zelte Platz zu gewinnen, die Befestigungen im Mindesten herausgerückt. *5* Allein der Umstand, dass man ihm meldete, im Lager des Prätors sei einmal, im Lager des Konsuls zweimal geblasen, war für den alten, mit

Römern als Gegnern bekannten Feldherrn entscheidend. Gewiss seien beide Konsuln da, und nun machte er sich Sorge darüber, wie der andere sich von Hannibal habe losmachen können. ***6*** Am wenigsten konnte er die Wahrheit vermuten, dass sich Hannibal die hohe Täuschung habe abgewinnen lassen, nicht zu missen, wo der Feldherr, wo das Heer sei, dem er Lager an Lager gegenüberstehe. ***7*** Gewiss habe jener, durch eine bedeutende Niederlage geschreckt, den Mut zum Nachzug verloren. Er fürchte gar sehr, nach geschehenem Unglück zu spät zu Hilfe zu kommen. Und die Römer möchten wohl schon in Italien ebenso viel Glück haben wie in Spanien. ***8*** Zuweilen glaubte er auch, sein Schreiben müsse nicht angekommen sein, und da der Konsul dies abgefangen habe, sei er herbeigeeilt, um mit ihm fertig zu werden. Unter so ängstigenden Sorgen ließ er die Feuer auslöschen, und auf ein in der ersten Nachtwache gegebenes Zeichen, in aller Stille einzupacken, ging der Marsch vor sich. ***9*** In dieser Eile und nächtlichen Unruhe blieb von seinen nicht sorgfältig genug beobachteten Wegweisern der eine in einem Schlupfwinkel sitzen, den er sich schon vorher ausersehen hatte, der andere, mit dem Flussbett des Metaurus bekannt, schwamm hinüber. So irrte der Zug, von seinen Führern verlassen, anfangs über die Felder; mehrere von ihnen, vom vielen Wachen todmüde, warfen sich, wo es sein mochte, auf den Boden und ließen die Fahnen allein. ***10*** Hasdrubal ließ die Fahnen, bis der Tag den Weg zeigen würde, dem Ufer des Flusses folgen und setzte, ohne an den Krümmungen und Windungen des sich schlängelnden Stromes viel weiterzukommen, seinen Irrweg fort, immer in der Absicht, sobald ihm der Morgen einen bequemen Durchgang zeigen würde, hinüberzusetzen. ***11*** Da er aber nirgends auf seichte Stellen traf, weil er, je weiter er sich vom Meer entfernte, den Strom immer von steilen Ufern eingeschlossen fand, verlor er diesen Tag und gab den Feinden Zeit, ihn zu verfolgen.

(48) Zuerst erschien Nero mit der ganzen Reiterei. Dann holte ihn Porcius mit den Leichtbewaffneten ein. ***2*** Als diese von allen Zeiten in dem ermüdeten Zug Einzelne wegrafften und einbrachen, und die Punier eben unter Aufgabe ihres Marsches, der mehr einer Flucht ähnlich war, auf einer Höhe am Ufer ein Lager abstecken wollten, ***3*** kam Livius mit der ganzen Macht des Fußvolkes dazu, nicht bloß wie zum Marsch, sondern wie zur augenblicklichen Schlacht bewaffnet und ausgerüstet. ***4*** Als sie alle Truppen vereinigt hatten und die Schlachtordnung aufgestellt wurde, stellte Claudius den rechten Flügel zur Schlacht auf, Livius den linken; die Führung des Mitteltreffens bekam der Prätor. ***5*** Als Hasdrubal sah, dass er schlagen müsse, stellte er, unter Aufgabe der Lagerarbeiten, seine Elefanten im ersten Treffen vor die Fahnen, ihnen zur Seite auf dem linken Flügel gegen Claudius die Gallier, nicht so sehr im Vertrauen auf sie, als weil er glaubte, sie würden vom Feind gefürchtet, für sich selbst und für die Spanier – ***6*** und auf diese alten Soldaten setzte er die meiste Hoffnung – nahm er den rechten Flügel gegen Marcus Livius. ***7*** Die Ligurer bekamen ihren Platz in der Mitte hinter den Elefanten – allein die Linie hatte mehr Länge als Tiefe. Die Gallier deckte ein vortretender Hügel. ***8*** Die Vorderseite, welche die Spanier besetzt hatten, ließ sich mit dem linken römischen Flügel ein, aber die ganze Linie zur Rechten blieb, über die Schlacht hinausragend, in Untätigkeit; der vorliegende Hügel ließ sie weder von vorn noch seitwärts zum Angriff kommen. ***9*** Zwischen Livius und Hasdrubal war das Treffen sehr heftig geworden, und auf beiden Zeiten wurde ein großes Blutbad angerichtet. Hier standen beide Feldherren, ***10*** hier der größere Teil der Römer an Fußvolk und Reiterei, hier die Spanier, diese alten Soldaten und an den Kampf mit Römern gewohnt, und die Ligurer, ein unter den Waffen abgehärtetes Volk. Hierher stürzten auch die Elefanten, die gleich durch ihren Angriff beide römische Vordertreffen in Unordnung brachten und denen selbst die Linie der Fahnen den Platz räumte. ***11*** Nachher aber bei dem steigenden Kampf und Geschrei ließen sie sich schon so gut nicht lenken, tummelten sich, als wüssten sie nicht, zu welcher sie gehörten, zwischen beiden

Linien herum gleich Schiffen, die ohne Steuer treiben. *12* Claudius hingegen, als er unter dem Zuruf an seine Soldaten: *Wozu haben wir denn so eilig einen so langen Weg gemacht?* mit seiner Linie zur vorliegenden Höhe hinaufzurücken vergeblich versucht hatte *13* und die Unmöglichkeit sah, auf dieser Seite an den Feind zu kommen, zog aus seinem rechten Flügel, wo er statt eines Gefechtes nur einen müßigen Postenstand zu erwarten hatte, mehrere Kohorten heraus und führte sie hinter der Linie herum. Den Römern ebenso unerwartet wie den Feinden fiel er in den rechten feindlichen Flügel, *14* und mit solcher Schnelligkeit, dass die Kohorten, als sie sich eben auf der Flanke gezeigt hatten, mit dem Feind schon im Rücken kämpften. *15* So wurden die Spanier und Ligurer auf allen Punkten, von vorn, auf der Seite, im Rücken niedergehauen, und schon kam das Gemetzel an die Gallier. *16* Hier war der Kampf am schwächsten; denn ein großer Teil fehlte bei den Fahnen, weil er sich in der Nacht verlaufen und überall in den Feldern zum Schlaf hingestreckt hatte; und die noch da Stehenden, schon von Natur zur Ausdauer in Beschwerden untauglichen Körpermassen schleppten, vom Marsch und Wachen erschöpft, kaum die Waffen auf den Schultern. *17* Auch war es schon Mittag; lechzend vor Durst und Hitze ließen sie sich in großer Zahl niederhauen oder gefangen nehmen.

(49) Von den Elefanten töteten ihre eigenen Führer mehr als der Feind. Sie führten einen gewöhnlichen Meißel und Hammer bei sich. Wurde das Tier wütend und rannte auf sein Heer, so setzte ihm der Führer den Meißel zwischen die Ohren, gerade auf das Gelenk, wo Kopf und Nacken zusammenhängen, und trieb ihn, so stark er schlagen konnte, hinein. *2* Wenn man die Hoffnung, Tiere von einem solchen Riesenkörper zu lenken, aufgeben musste, war dies die beste Erfindung, sie schnell zu töten; und Hasdrubal hatte sie zuerst eingeführt, ein Feldherr, der sich schon so manches Mal, besonders aber durch diese Schlacht denkwürdig machte. *3* Hielten die Kämpfenden stand, so war dies das Werk seiner Ermunterung, seiner gleichen Teilnahme an der Gefahr. Er war es, der den von Überdruss und Strapazen Erschöpften und des Kampfes sich Weigernden bald durch Bitten, bald durch Vorwürfe wieder Mut machte, der die schon aufgegebene Schlacht auf mehreren Punkten wiederherstellte. *4* Als sich endlich das Glück offenbar für die Feinde erklärte, stürzte er sich, um ein so großes Heer, das seinem Feldherrnruhm gefolgt war, nicht zu überleben, auf gespornten Ross in eine römische Kohorte. Kämpfend fiel er, seines Vaters Hamilkar, seines Bruders Hannibal würdig.

5 Nie waren in diesem Krieg in einer Schlacht so viele Feinde gefallen, und die Niederlage von Cannae schien durch den Verlust sowohl des Feldherrn als des Heeres vergolten. *6* 56 000 Feinde lagen tot, 5400 waren gefangen; die Beute aller Art war bedeutend, besonders an Gold und Silber. *7* Auch bekamen die Römer über 4000 Bürger wieder, welche bei den Feinden Gefangene gewesen waren; so hatten sie für den in dieser Schlacht erlittenen Verlust einige Erleichterung; denn der Sieg hatte allerdings Blut gekostet. Beinahe 8000 Römer und Bundesgenossen lagen auf dem Platz, *8* und selbst die Sieger waren des Blutvergießens und Mordens so satt, dass der Konsul Livius, als ihm am folgenden Tag gemeldet wurde, die cisalpinischen Gallier und die Ligurer, die teils in der Schlacht nicht gewesen, teils während des Gemetzels entflohen wären, *9* zögen in einem Haufen ab, ohne sichere Führung, ohne Fahnen, völlig ohne Ordnung und Oberbefehl, wenn ihnen ein Flügel Reiterei nachgeschickt würde, könnten sie alle vernichtet werden, zur Antwort gab: *Es müssen ja Boten von des Feindes Niederlage und unserer Tapferkeit übrig bleiben.*

(50) Nero, der noch in der Nacht nach der Schlacht aufbrach, kam mit seinen Truppen, die er noch schneller eilen ließ als auf dem Herweg, am sechsten Tag in seinem Lager und bei seinem Feind wieder an. *2* Seinen Zug machte, weil kein Bote vorausgegangen war, kein so großer Zulauf feierlich, aber ein so großer Jubel, dass die Menschen vor Freude kaum ihrer selbst mächtig waren. *3* Die Stimmung der Gemüter zu Rom gehörig anzugeben und zu beschreiben, vermag

ich nicht, so wenig die, als die Bürger über die Erwartung des Ausganges in Ungewissheit waren, wie diese, mit der sie den Siegesruf vernahmen. *4* Als das Gerücht den Zug des Konsuls Claudius gemeldet hatte, war Tag für Tag, von Sonnenaufgang bis an den Abend, weder ein Senator vom Rathause und von den oberen Behörden, noch das Volk von der Stelle gewichen. *5* Die Frauen, die zum Helfen zu schwach, zu Gebeten und Anrufungen ihre Zuflucht nahmen, ermüdeten die Götter von Tempel zu Tempel mit Flehen und Gelübden. *6* In dieser ängstlichen Erwartung hörten die Bürger zuerst das unsichere Gerücht, zwei Reiter von Narnia sollten aus der Schlacht in das Lager gekommen sein, das in Umbriens Engpässen aufgeschlagen war, und den Sieg über die Feinde gemeldet haben. *7* Anfangs ließen sie sich das mehr zu Ohren als zu Herzen gehen, es war zu wichtig, zu erfreulich, als dass sie es fassen oder sicher glauben konnten, und der Glaube stieß sich selbst an die Schnelligkeit, weil die Schlacht erst vor zwei Tagen geliefert sein sollte. *8* Darauf kam ein Schreiben von Lucius Manlius Acidinus aus dem Lager an, der die Ankunft der narniensischen Reiter meldete. *9* Als dieses Schreiben über den Markt zum Prätor auf die Richterbühne gebracht wurde, trieb es den Senat aus dem Rathaus, und das Volk lief in solchem Gedränge und Getümmel an den Türen des Rathauses zusammen, dass der Bote nicht durchkommen konnte und immer von Leuten angehalten wurde, die ihn ausfragen wollten und laut riefen, das Schreiben müsse erst auf der Rednerbühne und dann im Senat vorgelesen werden. *10* Endlich ließen die Obrigkeiten Platz machen und die Menge in ihre Schranken weisen. Nun konnte die freudige Botschaft einem nach dem andern mitgeteilt werden, während die Gemüter sie noch immer nicht fassen konnten. *11* Im Senat wurde das Schreiben zuerst vorgelesen, dann vor dem Volk. Und je nachdem jeder dachte, genoss der eine schon die sichere Wonne, der andere wollte nichts eher glauben, bis er den Bericht der Konsuln selbst entweder durch Gesandte oder aus ihrem Schreiben erführe.

(51) Da kam denn die Nachricht, die Gesandten wären in der Nähe. Und nun lief ihnen Alt und Jung entgegen, die alle die Ersten sein wollten, die Botschaft einer so hohen Wonne mit eigenen Augen und Ohren zu verschlingen. *2* Bis zur Mulvischen Brücke riss der Zug nicht ab. *3* Die Gesandten, Lucius Veturius Philo, Publius Licinius Varus und Quintus Caecilius Metellus gelangten, umdrängt von einer Volksmenge aus allen Ständen, auf den Markt, doch so, *4* dass man bald hier sie selbst, bald dort ihr Gefolge über das Vorgefallene befragte; und sowie jeder hörte, das Heer der Feinde sei mit dem Feldherrn geschlagen, die römischen Legionen seien wohlbehalten und die Konsuln gesund, teilte er sogleich seine Freude anderen weiter mit. *5* Als die Gesandten mit Mühe im Rathaus ankamen, und noch weit mühsamer der Schwarm abgehalten wurde, zwischen die Väter zu stürzen, wurde das Schreiben im Senat verlesen, und dann wurden die Gesandten der Volksversammlung vorgeführt. *6* Lucius Veturius setzte nach Vorlesung des Schreibens den ganzen Vorgang ausführlich auseinander, nicht ohne großen Beifall und zuletzt unter dem Geschrei der ganzen Versammlung, da sich die Leute vor Freude kaum zu lassen wussten. *7* Nun verliefen sich diese in die Tempel, um den Göttern ihren Dank abzustatten, jene in ihre Häuser, um Frau und Kindern solch eine große und erfreuliche Botschaft mitzuteilen. *8* Der Senat verordnete ein dreitägiges Dankfest, mit der Angabe, weil die Konsuln Marcus Livius und Gaius Claudius mit Erhaltung ihres eigenen Heeres den Feldherrn und die Legionen der Feinde vernichtet hätten. Dieses Dankfest kündigte der Prätor Gaius Hostilius der Versammlung an, und es wurde von Männern und Frauen begangen. *9* Alle Tempel hatten volle drei Tage hindurch gleich zahlreiche Besucher, und die Frauen im Festkleid mit ihren Kindern brachten den unsterblichen Göttern ihren Dank, so ganz aller Furcht entledigt, als wäre der Krieg schon völlig beendet. *10* Auch auf den inneren Zustand des Staates hatte dieser Sieg den Einfluss, dass man es nun wieder wie zu Friedenszeiten wagte,

sich mit anderen auf Verträge, Verkaufs- oder Kaufverträge, auf Darlehen und Abtragung geliehener Gelder einzulassen.

11 Als der Konsul Gaius Claudius im Lager wieder angekommen war, ließ er Hasdrubals Kopf, den er sorgfältig aufgehoben und mitgebracht hatte, vor die feindlichen Posten hinwerfen und die gefangenen Afrikaner in ihren Fesseln zur Schau stellen, auch zwei von ihnen entfesselt zu Hannibal gehen, damit sie ihm erzählen könnten, was vorgefallen war. ***12*** Hannibal, von einem so harten Schlag für den Staat und seine Familie zugleich getroffen, soll gesagt haben, hieran erkenne er Karthagos Schicksal. ***13*** Nachdem er aufgebrochen war, um alle Streitkräfte, die er bei ihrer weiten Zerstreuung nicht schützen konnte, in dem äußersten Winkel Italiens, in Bruttium, zu vereinigen, nahm er auch alle Einwohner von Metapontum, die er auswandern hieß, und was von Lucanern in seinem Bereich lag, in das bruttische Gebiet hinüber.

Achtundzwanzigstes Buch

Inhalt

Erzählung dessen, was Scipios Legat Silanus und sein Bruder Lucius gegen die Punier in Spanien, was der Prokonsul Sulpicius und der asiatische König Attalos gegen den makedonischen König Philipp zum Besten der Aetoler ausrichten. Da den Konsuln Marcus Civilis und Claudius Nero der Triumph zuerkannt wird, so zieht Livius, unter dessen Oberbefehl in seiner Provinz der Sieg errungen war, auf dem Triumphwagen ein, Nero, der nur in der Provinz seines Mitkonsuls ihm bei dem Sieg geholfen hatte, folgt zu Pferd und erntet in diesem Aufzug mehr Ehre und Achtung als sein Kollege; er hatte auch in diesem Feldzug mehr geleistet. Im Tempel der Vesta erlischt durch die Nachlässigkeit einer Vestalin das Feuer, das sie unbewacht gelassen hatte. Sie wird zur Strafe gegeißelt. In Spanien macht Publius Scipio im 14. Jahr dieses Krieges, im fünften nach seiner Ankunft dem dortigen Krieg mit den Puniern ein Ende und erobert Spanien mit gänzlicher Ausschließung der Feinde vom Besitz desselben, geht von Tarraco auf zwei Schiffen zum numidischen König Syphax nach Afrika über und schließt mit ihm ein Bündnis. Hier lag Gisgons Sohn Hasdrubal mit ihm auf einem Polster zur Tafel. Seinem Vater und Onkel zu Ehren gibt er zu Neukarthago ein Fechterspiel, nicht von Fechtsklaven, sondern von solchen, die entweder ihrem Feldherrn zu Ehren oder auf Herausforderung in den Zweikampf sich einließen; hier fechten auch zwei königliche Brüder um den Thron. Als die Römer die Stadt Astapa belagern, ermorden die Einwohner nach Errichtung eines Scheiterhaufens ihre Kinder und Frauen und stürzen sich ihnen nach ins Feuer. Scipio selbst dämpft nach seiner Wiedergenesung einen Aufruhr, der während seiner schweren Krankheit bei einem Teil des Heeres ausbrach, und zwingt die sich empörenden Völker Spaniens, sich zu ergeben. Nach geschlossener Freundschaft mit dem numidischen König Masinissa, der ihm, wenn er nach Afrika herüberkäme, Hilfe zusagt, auch mit den Gaditanern, welche Mago vermöge eines schriftlichen Befehles aus Karthago, nach Italien überzugehen, verlassen muss, kehrt Scipio nach Rom zurück und wird zum Konsul gewählt. Obwohl er sich Afrika zum Standorte ausbittet, wird ihm auf den Widerspruch des Quintus Fabius Maximus Sizilien gegeben, jedoch mit der Erlaubnis, wenn er es dem Staat zuträglich fände, nach Afrika überzusetzen. Mago, Hamilkars Sohn, geht von Minorca, wo er überwintert hatte, nach Italien über.

(1) Da Spanien durch den Abzug Hasdrubals ebenso viel erleichtert schien, als von dem Krieg nach Italien abgeleitet worden war, erneuerte sich derselbe ganz wie vorher. *2* Beide Spanien waren damals so zwischen Römern und Puniern geteilt: Hasdrubal, Gisgons Sohn, hatte sich ganz bis zum Ozean und nach Gades zurückgezogen. *3* Die Küste unseres Meeres und fast das ganze östliche Spanien waren in der Gewalt Scipios und der Römer. *4* Da der neue Feldherr Hanno, der

an Stelle Hasdrubals, des Sohnes Barcas', mit einem neuen Heer aus Afrika herübergekommen und zu Mago gestoßen war, in Keltiberien, das zwischen beiden Meeren liegt, sehr bald eine große Menge Menschen bewaffnet hatte, *5* schickte Scipio gegen ihn den Marcus Silanus ab mit ungefähr 10 000 Mann zu Fuß und 500 zu Pferd. *6* Silanus kam durch Märsche, so stark er sie machen konnte – freilich waren ihm die rauen Wege und die in Spaniens häufige Waldungen eingeklemmten Engpässe hinderlich –, dennoch nicht nur den Verkündern, sondern selbst dem Ruf seiner Ankunft zuvor und gelangte unter der Führung von Überläufern, welche selbst geborene Keltiberer waren, an den Feind. *7* Durch dieselben erfuhr er auch, als sie ungefähr noch 10 000 Schritte vom Feinde entfernt waren, dass an der Straße, auf der sie zogen, zwei Lager standen: Das zur Linken gehöre den Keltiberern, einem neu geworbenen, über 9000 Mann starken Heer, das zur Rechten den Puniern. *8* Dieses sei durch Vorposten, Wachen und alle gehörigen kriegerischen Sicherheitsmaßregeln hinlänglich gedeckt und geschützt, in dem andern herrsche Unordnung und Nachlässigkeit, wie gewöhnlich bei Barbaren, noch dazu bei neu geworbenen, und im eigenen Land stehenden und daher umso mehr unbesorgten Männern. *9* Silanus, der den früheren Angriff auf das letztere vorzog, hielt sich auf seinem Zug soviel wie möglich linker Hand, um den punischen Vorposten auf keinem Punkt sichtbar zu werden, ließ seine Kundschafter vorausgehen und rückte rasch gegen den Feind.

(2) Schon war er nicht volle 3000 Schritte mehr entfernt, und noch hatte der Feind nichts bemerkt. Nur die Hügel, von Schluchten durchschnitten und mit Gebüsch bewachsen, hielten ihn auf. *2* Hier ließ er in einem hohlen und deswegen verborgenen Tal die Soldaten Halt machen und Speise genießen; unterdessen kamen seine Kundschafter zurück und bestätigten die Aussage der Überläufer. *3* Da griffen die Römer, die ihr Gepäck zusammenwarfen, zu den Waffen und rückten in förmlicher Schlachtordnung vor. 1000 Schritte waren sie noch entfernt, als die Feinde sie bemerkten und plötzlich alles in Bewegung geriet. Auch Mago kam auf das erste Geschrei und Getümmel aus seinem Lager zu Pferd herangesprengt. *4* Das keltiberische Heer hatte 4000 Schwerbewaffnete und 200 Reiter. Diese vollzählige Legion, die auch beinahe den Kern ausmachte, stellte er in die erste Linie, die Übrigen, lauter Leichtbewaffnete, ins Hintertreffen. *5* Als er sie so geordnet aus dem Lager führte, empfingen die Römer die kaum Ausgerückten mit ihren Wurfpfeilen. *6* Die Spanier legten sich gegen die feindlichen Geschosse auf das eine Knie und hoben sich wieder, um die ihrigen abzuschießen. Als die Römer in ihrem gewöhnlichen Schluss diese mit einem Wall von Schilden aufgefangen hatten, stand jetzt Fuß gegen Fuß, und nun galt die Klinge. *7* Den Keltiberern, zum Gefecht auf Ansprung geübt, machte der unebene Boden ihre Schnelligkeit unnütz; den Römern hingegen, an stehende Schlachten gewöhnt, war er nicht nachteilig, *8* außer dass die schmalen Stellen und das hier und da aufgeschossene Gestrüpp ihre Glieder trennten und sie nötigten, einzeln und paarweise wie im Zweikampf zu kämpfen. *9* Was den Feinden die Flucht hinderte, das gab sie auch wie Gefesselte dem Gemetzel preis. *10* Schon wurden auch die leicht bewaffneten Keltiberer, nachdem ihre Schwerbewaffneten fast sämtlich gefallen waren, und die aus dem anderen Lager zu Hilfe gekommenen Karthager noch in ihrer Bestürzung niedergehauen. *11* Nicht über 2000 Mann zu Fuß entkamen, und die ganze Reiterei, die sich kaum auf ein Gefecht eingelassen hatte, mit Mago. Der andere Feldherr Hanno wurde mit denen, welche noch zuletzt bei der schlimmen Wendung des Treffens dazugekommen waren, gefangen genommen. *12* Fast die ganze Reiterei und was sich noch als Rest des alten Fußvolkes an den fliehenden Mago angeschlossen hatte, gelangte in zehn Tagen in die Gegend von Gades zu Hasdrubal. Die neu geworbenen Keltiberer, die in die nächsten Waldungen flohen, liefen auseinander in ihre Heimat.

13 Durch diesen sehr willkommenen Sieg wurde weniger ein großer schon ausgebrochener Krieg, als vielmehr die Grundlage eines künftigen Krieges unterdrückt, wenn es möglich gewesen wäre, nach der Aufwiegelung der Keltiberer auch andere Völker unter die Waffen zu bringen. ***14*** Daher erteilte Scipio dem Silanus kein geringes Lob, und da sich ihm jetzt die Hoffnung zeigte, wenn er sie nicht durch eigenes Säumen verzögerte, dem Krieg ein Ende zu machen, so zog er, um das Übrige noch zu erledigen, in das äußerste Spanien gegen Hasdrubal. ***15*** Der punische Feldherr, welcher damals, um sich der Treue seiner Bundesgenossen im baetischen Spanien zu versichern, hier im Lager stand, brach sogleich auf und ging, mehr auf der Flucht als im Marsch, ganz zu äußerst nach dem Ozean und nach Gades. ***16*** Weil er aber befürchten musste, solange er sein Heer beisammen hielte, das Ziel der feindlichen Angriffe zu sein, verteilte er sämtliche Truppen hin und wieder in die Städte, um sie selbst durch die Mauern und die Mauern wieder durch ihre Waffen schützen zu lassen.

(3) Als Scipio bemerkte, dass sich der Krieg auf mehrere Punkte verteilt habe, und er das Herumziehen zum Angriff aller einzelnen Städte für noch langwieriger als beschwerlich hielt, ging er wieder zurück. ***2*** Um aber diese Gegend den Feinden nicht zu überlassen, schickte er seinen Bruder Lucius Scipio mit 10 000 Mann zu Fuß und 1000 zu Pferd ab, um die wohlhabendste Stadt in diesem Bezirk, bei den Barbaren hieß sie Orongis, zu belagern. ***3*** Sie liegt im Gebiet der Maesesser, eines spanischen Stammes. Ihr Boden ist fruchtbar; auch haben die Einwohner Silberbergwerke. Bei Hasdrubals Ausfällen auf die landeinwärts wohnenden Völker ringsumher war sie sein fester Standort gewesen.

4 Bevor Scipio die Stadt, in deren Nähe er sein Lager nahm, mit Verschanzungslinien umschloss, schickte er an die Tore, um durch eine Unterredung in der Nähe auf die Einwohner einen Versuch zu machen und sie dahin zu stimmen, sich lieber auf eine Probe von der Freundschaft der Römer als von ihrer Überlegenheit einzulassen. ***5*** Als die Antwort gar nicht friedlich lautete, umzog er die Stadt mit einem Graben und doppelten Wall und teilte sein Heer in drei Teile, um immer den einen stürmen zu lassen, während die beiden anderen ruhten. ***6*** Als der erste den Sturm begann, erfolgte in der Tat ein schrecklicher und misslicher Kampf. Vor der Menge herabfliegender Pfeile konnten die Römer kaum anrücken, kaum die Leitern zur Mauer bringen, schon wurden die, welche ihre Leiter an der Mauer aufgerichtet hatten, ***7*** zum Teil mit dazu verfertigten Gabeln herabgestoßen; anderen warf man von oben eiserne Haken an, so dass sie Gefahr liefen, schwebend zur Mauer hinaufgezogen zu werden. ***8*** Als Scipio bemerkte, dass die geringe Anzahl der Seinigen dem Gefecht die Gleichheit gebe, und dass der Feind schon dadurch überlegen sei, weil er auf der Mauer kämpfte, ließ er seine erste Abteilung sich zurückziehen und bestürmte die Stadt mit den beiden anderen zugleich. ***9*** Schon ermüdet vom Gefecht mit der ersten, gerieten die Belagerer hierdurch in einen solchen Schrecken, dass die Bürger in eiliger Flucht die Mauern verließen, und sich die punische Besatzung, aus Furcht, die Stadt möchte verraten sein, mit Verlassung ihrer Posten in einem Haufen sammelte. ***10*** Jetzt fürchteten die Bürger, wenn der Feind in die Stadt dränge, möchte er Punier und Spanier ohne Unterschied, allenthalben, wo sie ihm aufstießen, niederhauen. ***11*** Durch ein schleunigst geöffnetes Tor stürzten sie in Menge zur Stadt hinaus, hielten sich bloß die Schilde vor, um nicht aus der Ferne getroffen zu werden, und die unbewehrte Rechte in die Höhe, um sehen zu lassen, dass sie die Schwerter weggeworfen hätten. ***12*** Ob man dies in der Entfernung nicht deutlich genug bemerkt oder eine List gefürchtet habe, ist nicht sicher ermittelt. Die Überläufer wurden feindlich angegriffen und ebenso niedergemacht, als hätte man sie in Schlachtordnung vor sich gehabt. ***13*** Zu demselben Tor drang der angreifende Feind in die Stadt; auch auf anderen Seiten wurden die Tore mit Äxten und Beilen eingehauen und gesprengt. Sowie jeder Reiter eindrang, jagte er zur Besetzung des Marktplatzes, wie ihm befohlen war, spornstreichs dorthin; ***14*** und der Reiterei war eine Unterstützung vom dritten Glied zugegeben. In die übrigen Teile der Stadt drangen die Legionssoldaten, der Plünderung und des Niederhauens der ihnen Begegnenden, wenn diese nicht in Waffen Widerstand leisteten, enthielten sie sich. *15* Alle Karthager wurden in Gewahrsam gebracht, auch fast 300 von den Bürgern, welche die Tore verschlossen hatten. Den Übrigen wurde die Stadt wieder eingeräumt und ihr Eigentum gelassen. Im Sturm auf diese Stadt fielen von den Feinden beinahe 2000, von den Römern nicht über 90 Mann.

(4) Erfreulich war diese Eroberung sowohl denen, welche sie bewirkt hatten, als dem Feldherrn und dem übrigen Heer; und ihrer Ankunft gaben sie dadurch ein Ansehen, dass sie einen großen Schwarm von Gefangenen vor sich hergehen ließen. *2* Nachdem Scipio seinen Bruder gelobt und so ehrenvoll wie möglich die durch ihn gelungene Eroberung von Orongis seiner eigenen von Neukarthago an die Seite gesetzt hatte, führte er alle seine Truppen, *3* weil auch der Winter nahte, so dass er weder einen Angriff auf Gades machen noch dem in der ganzen Provinz zerstreuten Heer Hasdrubals nachziehen konnte, in das diesseitige Spanien zurück; *4* er entließ die Legionen in die Winterquartiere, schickte seinen Bruder Lucius Scipio mit dem feindlichen Feldherrn Hanno und den übrigen vornehmen Gefangenen nach Rom und ging selbst nach Tarraco.

5 In demselben Jahr verheerte auch eine römische Flotte, die mit dem Prokonsul Marcus Valerius Laevinus nach Afrika gegangen war, das Gebiet von Utica und Karthago weit umher; sie machte Beute an den äußersten karthagischen Grenzen, selbst vor den Mauern von Utica. *6* Auf ihrer Rückfahrt nach Sizilien begegnete ihr eine punische Flotte von 70 Kriegsschiffen, von diesen eroberte sie 17 Schiffe, vier bohrte sie in den Grund. Die übrige Flotte wurde geschlagen und floh. *7* Zu Land und zur See Sieger, segelte der römische Befehlshaber mit einer großen Beute aller Art nach Lilybaeum zurück. Da die feindlichen Schiffe vom ganzen Meer vertrieben waren, hatte Rom reichliche Zufuhr von Getreide.

(5) Zu Anfang des Sommers, da dies geschah, gingen der Prokonsul Publius Sulpicius und König Attalos, welche, wie oben gesagt, auf Aegina überwintert hatten, mit einer vereinigten Flotte von 25 römischen und 35 königlichen Fünfruderern von dort nach Lemnus über. *2* Auch Philipp, um zu jeder Unternehmung bereit zu sein, er möchte nun zu Land oder zur See dem Feind entgegengehen müssen, begab sich nach Demetrias ans Meer; seinem Heer bestimmte er einen Tag, sich in Larisa zu sammeln. *3* Auf den Ruf von der Ankunft des Königs trafen von allen Seiten zu Demetrias Gesandtschaften seiner Bundesgenossen ein. *4* Die Aetoler nämlich waren auf ihr Bündnis mit den Römern, noch mehr durch die Ankunft des Attalos keck geworden und plünderten ihre Nachbarn; *5* und nicht allein die Acarnanen, die Böotier und Einwohner von Euböa waren in großer Besorgnis, sondern auch die Achäer, welche sich außer dem Aetolischen Krieg auch von Machanidas, dem spartanischen Tyrannen, bedroht sahen, der an der argivischen Grenze ein Lager bezogen hatte. *6* Sie schilderten alle die Gefahr, die ihren Staaten zu Land und zu Wasser drohe, und baten um seine Hilfe. *7* Ja laut Nachrichten aus seinem eigenen Reich war selbst dessen Ruhe nicht ungestört, hatten sich Skerdilaedus und Pleuratus in Bewegung gesetzt, wollten von Thrakiens Seite her hauptsächlich die Maeder in die nächsten Gegenden Makedoniens einbrechen, sobald der König durch einen Krieg in der Ferne abgerufen werde. *8* Noch meldeten ihm die Böotier und die Völker des inneren Griechenlands, der Bergpass von Thermopylae werde in der schmalen Schlucht, die den engen Weg bildet, von den Aetolern durch Graben und Wall gesperrt, damit Philipp, wenn er seinen Bundesstädten zu Hilfe ziehen wollte, keinen Durchgang finde. *9* Auch einen trägen Feldherrn hätten so viele beunruhigende Schreckensnachrichten aufgerüttelt. Sogleich fertigte Philipp die Gesandtschaften mit dem Versprechen ab, sowie sich Zeit und Umstände bieten würden, ihnen allen Hilfe zu leisten. *10* Für dieses Mal schickte er, was jetzt das Dringendste war, eine Besatzung in die Stadt der Insel Peparethus, weil ihm von dorther gemeldet war, Attalos, der von Lemnus aus mit seiner Flotte hinübergegangen

sei, habe alles Land im Umkreis der Stadt verwüstet. *11* Nach Böotien schickte er eine mäßige Mannschaft unter Polyphantas; den Menippos, gleichfalls einen seiner Heerführer, mit 1000 Leichtbeschildeten – der makedonische leichte Schild ist dem spanischen Lederschild nicht unähnlich –, nach Chalkis. *12* Um alle Teile der Insel Euböa decken zu können, gab er ihm 500 Agrianer mit. Er selbst ging nach Skotussa, und auch die makedonischen Truppen mussten sich von Larisa dahin ziehen. *13* Hier hörte er, die Aetoler hätten eine Versammlung zu Heraklea angesetzt, auf welcher auch König Attalos erscheinen werde, um sich mit ihnen über den Krieg im Allgemeinen zu beraten. *14* Um diese Zusammenkunft durch seine Überraschung zu stören, eilte er in Eilmärschen nach Heraklea. *15* Freilich kam er, als die Versammlung schon entlassen war; allein er verheerte die Feldfrüchte, welche schon im Reifen waren, hauptsächlich am Anianischen Meerbusen, und führte dann seine Truppen nach Skotussa zurück. *16* Hier ließ er sein ganzes Heer und ging bloß mit dem königlichen Leibregiment wieder nach Demetrias. Um von hier aus jeder feindlichen Bewegung begegnen zu können, schickte er Leute nach Phokis, Euböa und Peparethus, um Höhen auszusuchen, die ihn ein gegebenes Feuerzeichen sehen ließen. Er selbst legte auf dem Tisaeus, *17* einem Berg mit einem sehr hohen Gipfel, eine Warte an, um sich durch das in der Ferne angesteckte Feuer, sowie die Feinde etwas unternähmen, gleich ein Zeichen geben zu lassen. *18* Der römische Befehlshaber und König Attalos setzten von Peparethus nach Nicaea über. Von hier ließen sie die Flotte nach Euböa vor die Stadt Oreum gehen, welche man auf der Fahrt aus dem Meerbusen von Demetrias nach Chalkis und in den Euripus als die erste Stadt auf Euböa linker Hand liegen sieht. *19* Attalos und Sulpicius waren dahin übereingekommen, den Sturm von der Seeseite sollten die Römer, vom Land aus die königlichen Truppen unternehmen.

(6) Vier Tage nach ihrer Landung mit der Flotte griffen sie die Stadt an; so lange währten die geheimen Unterredungen mit Plator, welchem Philipp die Stadt anvertraut hatte. *2* Diese hat zwei Burgen; die eine liegt am Meer, die andere mitten in der Stadt. Aus letzterer führt ein unterirdischer Gang an das Meer, den auf der Seeseite ein treffliches Bollwerk schloss, ein Turm von fünf Stockwerken. *3* Hier gab es anfangs einen blutigen Kampf, weil der Turm mit Geschossen aller Art versehen war, und weil man zum Sturm auf diesen Wurfgeschütze und Maschinen von den Schiffen gelandet hatte. *4* Während dieser Kampf aller Aufmerksamkeit und Blicke in Anspruch nahm, ließ Plator in das Tor der am Meer gelegenen Burg die Römer ein, und im Augenblick war diese Burg genommen. Die Bürger, von dort in die Mitte der Stadt getrieben, eilten der anderen Burg zu. *5* Aber auch hier fanden sie Wachen aufgestellt, welche die Torflügel zuwarfen. So wurden die Ausgeschlossenen von allen Seiten niedergemacht und gefangen genommen. *6* Die makedonische Besatzung hielt als ein dichter Haufen unten an der Burgmauer, sprengte zwar nicht zur Flucht auseinander, kämpfte aber auch nicht mit Nachdruck. *7* Plator, der sie mit Bewilligung des Sulpicius einschiffte, setzte sie zu Demetrium in Phthiotis aus; er selbst begab sich zu Attalos.

8 Sulpicius fuhr, durch den ihm so leicht gewordenen Erfolg bei Oreum kühn gemacht, mit seiner siegreichen Flotte sogleich von da nach Chalkis; hier aber entsprach der Ausgang seiner Erwartung nicht. *9* Das Meer, das sich hier auf zwei Seiten von der offenen Höhe her in eine schmale Enge schließt, könnte auf den ersten Anblick den Schein eines doppelten Hafens gewähren, der nach zwei verschiedenen Richtungen sich öffnet; und doch gibt es für Schiffe kaum einen unsichereren Standort. *10* Denn es erheben sich von den sehr hohen Gebirgen beider Landseiten plötzliche und stürmische Winde, und die Meerenge des Euripus selbst hat nicht, wie die Sage erzählt, siebenmal des Tages ihren bestimmten Flutenwechsel, sondern bei einer Wogenflut, die ebenso unregelmäßig wie der Wind ihren Zug bald hier- bald dorthin nimmt, ist sie so reißend, wie ein von steilem Gebirge sich herabwälzender Strom. *11* Folglich haben die Schiffe Tag und Nacht keine Ruhe. War nun schon die Flotte auf einem ungünstigen Standort, so war die Stadt selber auf der einen Seite vom Meer eingeschlossen, auf der andern, der Landseite, trefflich befestigt und durch eine starke Besatzung geschützt, und über das alles durch die Treue der Befehlshaber und Volkshäupter, die bei Oreum so unzuverlässig und trügend gewesen war, völlig haltbar und unüberwindlich. *12* Hatte sich indes der römische Befehlshaber unvorsichtig eingelassen, so handelte er wenigstens darin klug, dass er sogleich, als ihm die Schwierigkeiten einleuchteten, um die Zeit nicht unbenutzt zu vergeuden, von seiner Unternehmung abließ und mit der Flotte nach Cynus in Locris fuhr, einem der Stadt Opus, die nur 1000 Schritte vom Meere entfernt liegt, gehörigen Landungsplatz.

(7) Für Philipp war das Feuer, das ihm von Oreum aus die Anzeige brachte, durch Plators Untreue zu spät auf der Warte ausgesteckt, und auch bei seiner Schwäche zur See war eine Landung auf der Insel für seine Flotte zu misslich; *2* bei diesem Zögern unterblieb die ganze Unternehmung. Desto eiliger setzte er sich auf das erhaltene Zeichen in Bewegung, der Stadt Chalkis zu Hilfe zu kommen. Freilich liegt die Stadt Chalkis ebenfalls auf jener Insel, allein sie ist vom festen Land nur durch eine so schmale Meerenge getrennt, dass sie vermittels einer Brücke mit ihm zusammenhängt und vom Land aus zugänglicher ist als von der See her. *3* Philipp, der von Demetrias nach Skotussa ging, hier wieder um die dritte Nachtwache aufbrach, die Besatzung und die geschlagenen Moler aus dem Engpass Thermopylae vertrieb und die Feinde in voller Bestürzung nach Heraklea jagte, machte in einem Tag einen Marsch von mehr als 60 000 Schritten bis nach Elatia in Phokis. *4* Dies war etwa derselbe Tag, an dem König Attalos die eroberte Stadt Opus plünderte. Sulpicius nämlich hatte diesmal die Beute dem König überlassen, weil zu Oreum wenige Tage vorher die römischen Soldaten geplündert hatten, ohne die Königlichen teilnehmen zu lassen. *5* Die römische Flotte war dorthin zurückgegangen, und Attalos, ohne von Philipps Annäherung zu wissen, brachte die Zeit damit hin, von den Vornehmen Gelder einzutreiben. *6* Er wurde so überrascht, dass er hätte überrascht werden können, wenn nicht einige Kreter, die sich gerade auf Futterholen etwas zu weit von der Stadt entfernt hatten, den Zug der Feinde von Weitem gesehen hätten. *7* In ungehemmtem Lauf eilte Attalos ohne Waffen in der höchsten Unordnung dem Meer und den Schiffen zu. Noch brachten sie die Schiffe vom Ufer ab, als Philipp dazukam und vom Land aus selbst die Seesoldaten in großen Schrecken setzte. *8* Von hier ging er nach Opus zurück unter Klagen über Götter und Menschen, dass ihm das Glück, einen solchen Hauptstreich auszuführen, beinahe vor seinen Augen habe schwinden müssen; *9* in diesem Unwillen machte er auch den Opuntiern Vorwürfe, dass sie, statt die Belagerung bis zu seiner Ankunft hinzuhalten, gleich bei Erscheinung des Feindes sich zu einer beinahe freiwilligen Übergabe verstanden hätten. Als er zu Opus alles angeordnet hatte, zog er nach Thronium. *10* Attalos ging zuerst auf Oreum zurück, von da fuhr er auf die Kunde, König Prusias von Bithynien sei ihm ins Reich gefallen, mit Beiseitesetzung alles Übrigen, auch des Aetolischen Krieges, nach Asien über. *11* Auch Sulpicius ging mit seiner Flotte nach Aegina zurück, wo er im Anfang des Frühlings abgefahren war. So leicht Attalos Opus erobert hatte, eroberte Philipp Tithronium. *12* Die Bewohner dieser Stadt waren Flüchtlinge aus dem phthiotischen Theben. Als ihnen Philipp ihr Theben nahm, hatten sie sich in den Schutz der Aetoler begeben, und diese hatten ihnen jenen Wohnort eingeräumt, eine im früheren Krieg ebenfalls mit Philipp verwüstete und entvölkerte Stadt. *13* Als er von dem, wie ich eben gesagt habe, eroberten Tithronium wieder aufbrach, nahm er Tritonos und Drymiae, kleine und unbekannte Städte in Doris, ein. Von hier kam er nach Elatea, wo ihn die Gesandten des Ptolemaeus und der Rhodier auf seine Bestellung erwarteten. *14* Als hier auf Beendigung des Aetolischen Krieges angetragen wurde – denn diese Gesandten hatten auch neulich der Versammlung der Römer und Aetoler zu Heraklea beigewohnt –, lief die Nachricht ein, Machanidas gehe damit um, die Eleer bei ihren Anstalten zur Feier der Olympischen

Spiele zu überfallen. *15* Um ihm zuvorzukommen, brach Philipp, nachdem er die Gesandten sehr freundlich mit der Erklärung entlassen hatte, er sei an dem Krieg nicht Schuld und werde auch einem Frieden nicht hinderlich sein, wenn es ihm irgend billige und ehrenvolle Bedingungen erlaubten, *16* mit schlagfertigen Truppen auf, zog durch Böotien nach Megara und dann nach Korinth, versorgte sich hier mit Lebensmitteln und eilte nach Phlius und Pheneus. *17* Da er schon bei seiner Ankunft zu Heraea erfuhr, Machanidas sei auf die Nachricht von seiner Annäherung hin geschreckt nach Sparta geflohen, ging auch er zurück nach Aegium zur Versammlung der Achäer, zugleich in der Erwartung, hier eine punische Flotte vorzufinden, die er herbeigerufen hatte, um auch zur See sich geltend zu machen. *18* Wenige Tage zuvor waren die Punier nach den Oxischen Inseln hinübergesegelt. Von da hatten sie den Hafen Acarnaniens aufgesucht, weil sie seit der Nachricht, Attalos und die Römer wären von Oreum ausgelaufen, befürchten mussten, dass diese gegen sie heranzögen, und sie dann innerhalb Rhium – so heißt die Mündung des Korinthischen Meerbusens – überfallen würden.

(8) Freilich machte sich Philipp darüber Kummer und Sorgen, dass er bei seinen schnellen Ausflügen nach allen Punkten dennoch nirgends zu rechter Zeit angekommen war, und dass das Schicksal, indem es ihm alles vor seinen Augen entrückt hatte, seine Geschwindigkeit verhöhnte. *2* Allein vor der Versammlung sprach er, Herr über seinen Zorn, in einem hohen Ton und rief Götter und Menschen zu Zeugen an, dass er es an keinem Ort, zu keiner Stunde an sich habe fehlen lassen, mit der möglichsten Schnelligkeit überall hinzueilen, wo nur der Klang einer feindlichen Waffe hörbar geworden sei. Allein es lasse sich kaum ermitteln, ob die Kühnheit, mit welcher er, oder die Fluchtliebe, womit die Feinde den Krieg führten, größer sei. *3* So sei von Opus Attalos, von Chalkis Sulpicius, so in diesen Tagen Machanidas ihm aus den Händen entschlüpft. *4* Indessen die Flucht gelinge nicht immer, auch sei ein Krieg nicht gerade für schwierig zu halten, in welchem man schon gesiegt habe, sobald man mit den Feinden zusammentreffe. *5* Er habe, was schon jetzt von großem Wert sei, das Geständnis der Feinde, dass sie ihm nicht gewachsen seien; nächstens werde er den Sieg ebenso gewiss haben, sie aber würden gegen ihn mit nicht glücklicherem Erfolg kämpfen, als sie jetzt sich selbst versprächen. *6* An seinen Bundesgenossen hatte der König freudige Zuhörer. Darauf gab er den AchäernHeraea und Triphylia zurück, Kliphera aber räumte er den Megalopolitanern wieder ein, weil sie den vollständigen Beweis lieferten, dass es zu ihrem Gebiet gehört habe. Von hier setzte er, nachdem er sich von den Achäern hatte Schiffe geben lassen – *7* es waren aber drei Vierruderer und ebenso viele Zweiruderer –, nach Antikyra über. *8* Als er von da wieder mit sieben Fünfruderern und mehr als 20 Jachten ausgelaufen war – er hatte sie in den Korinthischen Meerbusen gehen lassen, weil sie sich mit der karthagischen Flotte hatten vereinigen sollen –, unternahm er bei dem aetolischen Erythrae, das nahe bei Eupalium liegt, eine Landung. *9* Aber den Aetolern entging das nicht. Was sich von Menschen entweder in den Dörfern befand oder in den kleinen Schanzen in der Nähe von Potidania und Apollonia, rettete sich in die Wälder und Berge. *10* Nur das Vieh, das sie in der Eile nicht hatten wegtreiben können, wurde geraubt und eingeschifft. Mit dieser und der übrigen Beute schickte er den Prätor der Achäer Nicias nach Aegium, segelte nach Korinth und ließ von da seine Landtruppen durch Böotien zu Lande weitergehen. *11* Er selbst kam zur See von Kenchreae aus die attische Küste entlang um Sunium herum, beinahe mitten durch die feindlichen Flotten nach Chalkis. *12* Nachdem er hier die Bürger für ihre Treue und Tapferkeit belobt hatte, und dass weder Furcht noch Hoffnung sie in ihren Gesinnungen wankend gemacht habe, sie auch für die Zukunft ermahnt hatte, mit gleicher Festigkeit bei seinem Bund zu beharren, wenn sie anders ihr eigenes Los glücklicher fänden als das der Städte Oreum und Opus, *13* schiffte er von Chalkis nach Oreum, überließ hier denjenigen Großen, welche nach Eroberung der Stadt lieber hatten entfliehen als

sich den Römern ergeben wollen, die Regierung und Hütung der Stadt und fuhr von Euböa nach Demetrias, wo er den Zug zur Unterstützung seiner Bundesgenossen angetreten hatte. *14* Darauf ließ er zu Kassandrea zu 100 neuen Kriegsschiffen die Kiele legen, zog zur Förderung der Arbeit eine Menge Schiffszimmerleute herbei, und weil die Abreise des Attalos und seine eigene den notleidenden Bundesgenossen zu rechter Zeit geleistete Hilfe Griechenland beruhigt hatte, ging er in sein Reich zurück, um die Dardaner zu bekriegen.

(9) Als am Schluss des Sommers, in welchem dies in Griechenland geschah, Quintus Fabius, des Maximus Sohn, als Abgeordneter vom Konsul Marcus Livius an den Senat zu Rom berichtete, nach des Konsuls Meinung sei die Provinz Gallien durch die Legionen unter Lucius Porcius hinlänglich gedeckt, er selbst könne dort abgehen und das konsularische Heer abgeführt werden, verordneten die Väter, *2* nicht allein Marcus Livius solle nach Rom zurückkommen, sondern auch sein Mitkonsul Gaius Claudius. *3* Nur darin lautete die Ausfertigung verschieden, dass Marcus Livius sein Heer zurückbringen, Neros Legionen aber dem Hannibal gegenüber auf ihrem Standort bleiben sollten. *4* Die Konsuln machten schriftlich miteinander aus, da sie die Sache des Staates so einmütig geführt hätten, so wollten sie, obgleich sie sich aus ganz entgegengesetzten Provinzen zusammenfinden müssten, nun auch zu gleicher Zeit in Rom eintreffen. Wer zuerst zu Praeneste ankäme, sollte seinen Kollegen dort erwarten. *5* Es traf sich, dass beide an einem Tag in Praeneste ankamen. Nach vorausgeschickter Bekanntmachung, dass sich die Senatsversammlung am dritten Tag im Tempel der Bellona einzufinden habe, kamen sie zur Stadt, aus der ihnen alles Volk entgegenlief. *6* Der ganze sie umgebende Zug hieß sie willkommen, aber auch jeden Einzelnen drängte der Wunsch, auch für seine Person die siegreichen Rechten der Konsuln zu berühren, und hier empfing man sie unter Glückwünschen, dort dankte man ihnen mit der Erklärung, die Rettung des Staates sei ihr Werk. *7* Als sie im Senat, wie alle Feldherren tun, nach Darlegung ihrer Taten beantragten, man möge in Anbetracht ihrer von Tapferkeit und Glück begleiteten Führung der Staatsgeschäfte den unsterblichen Göttern den Dank darbringen und zugleich ihnen erlauben, triumphierend in die Stadt einzuziehen, *8* gaben die Väter die Antwort, zum verdienten Dank bewilligten sie diese Forderungen, den Göttern zuerst und nächst den Göttern den Konsuln. *9* Als darauf zu Ehren beider Konsuln ein Dankfest und jedem von ihnen der Triumph bestimmt wurde, machten sie miteinander aus, dass sie, da sie in der Führung des Krieges selbst so einmütig gewesen wären, auch im Triumph nicht getrennt sein wollten. *10* Weil nun aber ihr Sieg in des Marcus Livius Provinz errungen sei und er auch gerade am Schlachttag die Götterleitung gehabt habe, weil ferner des Livius Heer, als das abgeführte, nach Rom habe kommen können, Neros Heer aber von seinem Standort nicht abgeführt werden dürfe, so solle Marcus Livius im Gefolge des Heeres auf dem Triumphwagen in die Stadt fahren, Gaius Claudius aber zu Pferd ohne Heer einziehen. *11* Diese Vereinigung des Triumphes gewährte beiden noch größeren Ruhm, besonders dem, der seinem Kollegen, je mehr er selbst ihn an Ruhm übertraf, einen desto größeren Vorrang an Ehre überließ.

12 Dieser Reiter, sagte man, habe in sechs Tagen die ganze Länge Italiens durchlaufen und an demselben Tag in Gallien dem Hasdrubal eine förmliche Schlacht geliefert, an welchem er nach Hannibals Meinung ihm in Apulien im Lager gegenüberstand. *13* So habe der eine Konsul, auf beiden Punkten Italiens Beschützer, gegen zwei feindliche Heerführer, gegen zwei Hauptfeldherren dort seine Maßregel, hier seine Person aufgestellt. *14* Neros Name habe genügt, Hannibal in seinem Lager festzuhalten; Hasdrubal aber sei – wodurch denn anders als durch das Einschreiten dieses Helden? – zu Boden geschlagen und vernichtet. *15* Möge der andere Konsul hinziehen, prunkend auf hohem Triumphwagen, mit Rossen, wenn er wolle, vielfach bespannt. Der wahre Triumphzug gehe dort mit dem einen Pferd durch die Stadt; und den Nero werde nicht allein der in diesem Krieg erworbene, sondern auch der bei diesem Triumph abgelehnte Ruhm denkwürdig machen. *16* Solche Äußerungen der Zuschauer begleiteten den Nero bis auf das Kapitol.

An Geld lieferten die Konsuln drei Millionen Sesterzien und 80 000 Kupfer-As in die Schatzkammer. *17* Unter seine Soldaten verteilte Marcus Livius Mann für Mann 56 As. Ebenso viel versprach Gaius Claudius seinen abwesenden Soldaten zu geben, wenn er zum Heer zurückkäme. *18* Es ist bemerkt worden, dass die munteren Lieder der Soldaten an diesem Tag mehr den Gaius Claudius als ihren eigenen Konsul feierten, *19* auch dass die Ritter den beiden Unterfeldherren Lucius Veturius und Quintus Caecilius große Lobsprüche erteilten und die Bürger aufforderten, sie für das nächste Jahr zu Konsuln zu wählen. *20* Dieser vorläufigen Stimme der Ritter hätten die Konsuln dadurch Gewicht gegeben, dass sie am folgenden Tag in ihrer Rede an das Volk bezeugten, wie viel sie der Tapferkeit und Treue dieser beiden Legaten besonders zu danken hätten.

(10) Da die Zeit der Wahlversammlungen herannahte und man diese durch einen Diktator abhalten lassen wollte, ernannte der Konsul Gaius Claudius seinen Kollegen Marcus Livius zum Diktator; Livius den Quintus Caecilius zum Magister Equitum. *2* Unter dem Vorsitz des Diktators Marcus Livius wurden Lucius Veturius und Quintus Caecilius, derselbe, welcher jetzt Magister Equitum war, zu Konsuln gewählt. *3* Nun ging die Prätorenwahl vor sich. Die Gewählten waren Gaius Servilius, Marcus Caecilius Metellus, Tiberius Claudius Asellus und Quintus Mamilius Turinus, der damalige plebejische Ädil. *4* Der Diktator, der nach beendigten Wahlen sein Amt niederlegte und sein Heer entließ, ging auf Grund eines Senatsbeschlusses in die Provinz Etrurien, um dort Untersuchungen anzustellen, *5* welche Völkerschaften Etruriens oder Umbriens um die Zeit von Hasdrubals Anzuge beabsichtigt hatten, von den Römern zu ihm überzutreten, *6* und welche ihn durch Hilfstruppen, Zufuhren oder auf irgendeine Weise unterstützt hätten. Dies waren die Begebenheiten dieses Jahres im Inneren und im Feld. Die kurulischen Ädilen Gnaeus Servilius Caepio und Servius Cornelius Lentulus begingen die vollständige Feier der Römischen spiele dreimal. *7* Ebenso vollständig war die eintägige Feier der Bürgerspiele, welche die plebejischen Ädile Marcus Pomponius Matho und Quintus Mamilius Turrinus gaben.

8 Im dreizehnten Jahre des Punischen Krieges, welches den Lucius Veturius Philo und Quintus Caecilius Metellus zu Konsuln hatte, wurde diesen beiden Bruttium als Standort des Krieges gegen Hannibal bestimmt. *9* Als darauf die Prätoren losten, traf den Marcus Caecilius Metellus die Gerichtspflege in der Stadt, den Quintus Mamilius die über die Fremden, den Gaius Servilius Sizilien, den Tiberius Claudius Sardinien. *10* Die Heere wurden so verteilt: Dem einen Konsul das bisherige Heer des vorjährigen Konsuls Gaius Claudius, dem andern das des Proprätors Quintus Claudius; jedes bestand aus zwei Legionen. *11* In Etrurien sollte Marcus Livius als Prokonsul mit Verlängerung des Oberbefehls auf ein Jahr vom Proprätor Gaius Terentius die zwei Legionen Freiwilliger vom Sklavenstand übernehmen. *12* Ferner wurde dem Quintus Mamilius bestimmt, nach Übertragung seiner Gerichtspflege an seinen Kollegen, Gallien mit dem Heer vorzustehen, das der Prätor Lucius Porcius befehligt hatte, und das Gebiet der Gallier zu verheeren, welche bei Hasdrubals Anzug zu den Puniern übergegangen wären. *13* Dem Gaius Servilius wurde mit den beiden Legionen von Cannae, so wie sie Gaius Mamilius gehabt hatte, Sizilien übertragen. *14* Aus Sardinien wurde das alte Heer, das unter Aulus Hostilius gestanden hatte, abgeführt; eine neue Legion, welche Tiberius Claudius mit übernehmen sollte, hoben die Konsuln aus. *15* Dem Quintus Claudius und dem Gaius Hostilius Tubulus wurde der Oberbefehl auf ein Jahr verlängert, jenem für seinen Standort zu Tarent, diesem für Capua. *16* Der Prokonsul Marcus Valerius, der die Seeküste im Umkreise Siziliens zu schützen gehabt hatte, erhielt Befehl, 30 Schiffe an Gaius Servilius abzugeben und mit der ganzen übrigen Flotte nach Rom zurückzukehren.

(11) Weil die Bürger aus Ängstlichkeit bei einem so misslichen Krieg die Ursachen jedes Glückes und Unglückes den Göttern zuschrieben, wurden viele Wunderzeichen gemeldet: ***2*** Zu Tarracina habe der Blitz in den Tempel Jupiters, zu Satricum in den Tempel der Mutter Matuta eingeschlagen. Dass in den Tempel Jupiters zwei Schlangen sogar durch die Torflügel geschlüpft waren, fanden die Satricaner nicht minder schrecklich. Von Antium wurde gemeldet, den Schnittern hätten sich blutige Ähren gezeigt. ***3*** Zu Caere war ein Ferkel mit zwei Köpfen und ein Zwitterlamm zur Welt gekommen. Zu Alba wollte man zwei Sonnen gesehen haben ***4*** und zu Fregella ein bei Nacht entstandenes Licht. Selbst auf der Feldmark Roms sollte ein Ochse geredet, auf der Flaminischen Rennbahn Neptuns Altar von vielem Schweiß geflossen haben, und die Tempel der Ceres, der Salus, des Quirinus hatte der Blitz getroffen. ***5*** Den Konsuln wurde befohlen, die Sühne dieser Wunderzeichen mit großen Opfertieren besorgen und einen Bettag halten zu lassen. Man handelte dem Senatsbeschluss gemäß. ***6*** Aber mehr als alle von außen berichteten oder selbst in Rom wahrgenommenen Drohungen schreckte die Gemüter das im Tempel der Vesta erloschene Feuer, und auf Verordnung des Oberpriesters Publius Licinius wurde die Vestalin, die in jener Nacht die Wache hatte, gegeißelt. ***7*** War dies gleich, ohne Andeutung von Seiten der Götter, eine Folge menschlicher Nachlässigkeit gewesen, so musste dies Unheil dennoch mit großen Opfertieren abgewandt und im Tempel der Vesta ein Bettag gehalten werden.

8 Bevor die Konsuln in den Krieg zogen, wurde ihnen vom Senat aufgetragen, für die Zurückführung der Bürger auf das Land Sorge zu tragen. Durch die Gnade der Götter sei der Krieg von der Stadt Rom und von Latium entfernt, und man könne wieder ohne Furcht auf dem Land wohnen. Es sei sehr unrecht, größere Sorgfalt auf Siziliens als auf Italiens Anbau zu wenden. ***9*** Und doch war es für die Bürger keine leichte Aufgabe, denn die frei geborenen Bauern hatte der Krieg weggerafft, an Sklaven fehlte es sehr, die Herden waren weggetrieben, die Landhäuser zerstört oder niedergebrannt. Gleichwohl gingen viele, durch die Vorstellungen der Konsuln bewogen, in ihre Dörfer zurück. ***10*** Die Sache war eigentlich durch die Klage der Gesandten von Placentia und Cremona zur Sprache gekommen, dass ihnen die benachbarten Gallier das Land durchstreiften und verheerten, dass ein großer Teil ihrer Anbauer sich verlaufen habe, und ihnen nichts übrig sei als entvölkerte Städte und wüste, verödete Ländereien. ***11*** Den Auftrag, die Kolonien vor dem Feind zu schützen, erhielt der Prätor Mamilius. Auf Grund eines Senatsbeschlusses machten die Konsuln bekannt, dass sich jeder Bürger aus Cremona und Placentia an einem bestimmten Tag in seiner Kolonie wieder einzufinden habe. Dann gingen auch sie mit Anfang des Frühjahres zum Krieg ab.

12 Konsul Quintus Caecilius übernahm das Heer von Gaius Nero, Lucius Veturius das des Proprätors Quintus Claudius und ergänzte es durch neue Truppen, die er selbst ausgehoben hatte. ***13*** Beide Konsuln rückten nun in das Gebiet von Consentia, und als sie es weit und breit verheert und schon ihren Zug mit Beute beladen hatten, gerieten sie in einem engen Pass durch einen Angriff von Bruttiern und numidischen Wurfschützen in eine solche Verwirrung, ***14*** dass nicht allein ihre Beute, sondern selbst die Truppen in Gefahr kamen. Doch wurde das Getümmel größer als das Gefecht, und als sie erst die Beute vorangeschickt hatten, zogen sich auch die Legionen ohne Verlust in sichere Gegenden. ***15*** Von da gingen sie nach Lucanien, und ohne sich zu wehren, kehrte dieses ganze Volk unter die Botmäßigkeit des römischen Volkes zurück.

(12) Gegen Hannibal geschah in diesem Jahr nichts. Bei der erst neulich dem Staat und ihm geschlagenen Wunde bot er selbst sich den Römern nicht, und sie ließen den Ruhenden ungestört. Eine solche Kraft, meinten sie, wohne ihm allein als Anführer bei, wenn auch alles rings um ihn zusammenstürze. ***2*** Und ich möchte wohl sagen, er war im Unglück noch bewundernswürdiger als im Glück. ***3*** Denn derselbe Mann, der seit 13 Jahren, sogar in Feindes Land, so weit von zu

Hause, bei wechselndem Glück Krieg führte, und nicht an der Spitze eines Heeres von Landsleuten, sondern eines gemischten Zusammenflusses aus allen Völkern, denen weder Gesetz noch Sitte und Sprache gemein war, deren jedes sich anders trug, andere Kleidung, andere Waffen, Gebräuche und Gottesdienst, ja beinahe andere Götter hatte, ***4*** wusste sie dennoch durch ein gemeinschaftliches Band so zu verknüpfen, dass es nie, weder unter ihnen selbst, noch gegen den Feldherrn zu einem Aufstand kam, ***5*** so oft auch die Gelder für den Sold und in Feindes Land die Zufuhr fehlten, Erfordernisse, deren Mangel im ersten Punischen Krieg viele Gräuel zwischen den Heerführern und Truppen veranlasst hatte. ***6*** Dass aber sogar später, als Hasdrubals Heer samt dem Anführer vernichtet war, auf dem doch die ganze Hoffnung des Sieges beruhte, dass auch da, als Hannibal durch seinen Rückzug in den Winkel Bruttiums das übrige Italien räumte, nie die mindeste Unruhe in seinem Lager ausbrach, wer fände das nicht der Bewunderung wert? ***7*** Zu so manchen anderen Verlegenheiten kam noch die, dass er seine ganze Hoffnung, das Heer zu ernähren, auf das bruttische Gebiet beschränkt sah, das zur Erhaltung eines so großen Heeres, gesetzt, es wäre auch allenthalben bestellt, doch viel zu klein war; ***8*** und außerdem fanden so viele dem Ackerbau entzogene junge Männer ihre Beschäftigung im Krieg und in der diesem Volk eigenen bösen Gewohnheit, Straßenraub als Übung im Kriegsdienst zu treiben. ***9*** Und aus seinem Vaterland wurde ihm nichts geschickt, weil man sich dort nur um die Behauptung Spaniens Sorge machte, gleich als ginge in Italien alles nach Wunsch.

10 In Spanien hatten die Dinge in einer Beziehung dieselbe, in anderer eine ganz verschiedene Lage; dieselbe, insofern die Karthager durch den Verlust einer Schlacht und eines Feldherrn an die äußerste Küste Spaniens bis zum Ozean zurückgedrängt waren; ***11*** verschieden hingegen, insofern Spanien durch die Eigentümlichkeit seiner Gegenden und seiner Menschen zur Erneuerung des Krieges nicht nur geeigneter als Italien ist, sondern als jedes Land in der Welt. ***12*** Ebendarum wurde es auch, obgleich es von allen Provinzen des festen Landes die erste war, welche die Römer betraten, dennoch unter allen zuletzt, erst zu unseren Zeiten unter der Anführung und Götterleitung des Augustus Caesar uns unterwürfig. ***13*** Hier stellte damals Hasdrubal, Gisgons Sohn, in jenem Krieg nächst denen aus dem Haus Barcas der größte und angesehenste Feldherr, nach seiner Rückkehr von Gades in der Hoffnung, den Krieg erneuern zu können, von Hamilkars Sohn Mago unterstützt, durch Aushebungen, die er im jenseitigen Spanien gehalten hatte, gegen 50 000 Mann zu Fuß und 4500 Reiter unter die Waffen. ***14*** Über die starke der Reiterei sind die Schriftsteller ziemlich einig, aber das bei der Stadt Silpia versammelte Fußvolk geben einige auf 70 000 an. ***15*** Hier lagerten sich auf offenen Feldern beide punische Feldherren, in der Absicht, einem Kampf nicht auszuweichen.

(13) Als das Gerücht Scipio die Aufstellung eines so großen Heeres verkündigte, schickte er in der Überzeugung, dass er einer so großen Macht bloß mit römischen Legionen nicht gewachsen sei, wenn er ihr nicht wenigstens zum Schein auch fremde Hilfstruppen entgegenstellte, ***2*** ohne doch diesen so viel Gewicht beizulegen, dass etwa ihre Treulosigkeit, so wie sie seinen Vater und Onkel unglücklich gemacht habe, einen bedeutenden Ausschlag bewirken könne, den Silanus zu Culchas voraus, einen Beherrscher von 28 Städten, ***3*** um von ihm die Truppen zu Pferd und zu Fuß in Empfang zu nehmen, die er im Winter zu sammeln versprochen hatte, ***4*** zog dann selbst nach seinem Aufbruch von Tarraco bei seinen Bundesgenossen, wie er der Reihe nach auf seinem Weg an sie kam, mäßige Verstärkungen an sich und kam nach Castulo. ***5*** Hier führte ihm Silanus die Hilfstruppen zu, 3000 Mann zu Fuß, 500 zu Pferd, von da rückte Scipio mit seinem ganzen Heer von Römern und Bundesgenossen, an Fußvolk und Reiterei zusammen 45 000, nach Baecula vor. ***6*** Als sie sich lagern wollten, griffen Mago und Masinissa mit der ganzen Reiterei an, und hätten sie bei der Schanzarbeit in Unordnung gebracht, hätte sich nicht

die Reiterei, welche Scipio hinter einer hierzu sehr vorteilhaft gelegenen Höhe versteckt hatte, auf den zerstreuten Feind geworfen. *7* Sie trieb die Rüstigsten, welche dicht an den Wall und auf die Schanzgräben vorangesprengt waren, durch den kaum begonnenen Kampf zurück, mit den übrigen aber, welche unter den Fahnen und in Gliedern anrückten, war das Gefecht anhaltender und lange zweifelhaft. *8* Als aber zuerst die schlagfertigen Kohorten von den Posten, dann auch die von der Arbeit abgeführten und zur Bewaffnung aufgerufenen Truppen, als die Zahlreicheren und Geschonten die Ermüdeten ersetzten, und schon ein großer Zug in vollen Waffen aus dem Lager in die Schlacht eilte, da war die Flucht der Punier und Numider entschieden. *9* Anfangs zogen sie in Geschwadern ab, ohne die Glieder in der Bestürzung und Eile zu brechen, als aber die Römer mit Nachdruck auf die Letzten einhieben und ihr Angriff unwiderstehlich wurde, da lösten sie sich ohne Glied zu halten allenthalben, wo es jedem am nächsten war, zur Flucht auf. *10* Obgleich aber durch diese Schlacht den Römern der Mut bedeutend gestiegen, bei den Feinden gesunken war, so unterblieb doch während einiger der folgenden Tage das Heransprengen der Reiterei und der Leichtbewaffneten nicht.

(14) Als Hasdrubal in diesen leichten Gefechten seine Kräfte hinlänglich erprobt zu haben glaubte, rückte er zuerst zur Schlacht aus, dann auch die Römer. Beide Linien waren aber vor ihrem Wall aufgestellt; *2* und da keiner den Kampf begann, so führte, weil sich der Tag schon zum Abend neigte, der punische Feldherr zuerst, dann auch der römische, seine Truppen ins Lager ab. *3* Ebenso ging es mehrere Tage nacheinander; Hasdrubal war immer der Erste, der seine Truppen ausrücken ließ, aber auch der Erste, der seinen vom Stehen Ermüdeten das Zeichen zum Rückzug gab. Von beiden Seiten erfolgte kein Angriff, kam kein Pfeil, ertönte kein Laut. *4* Hier besetzten das Mitteltreffen die Römer, dort die Karthager mit Afrikanern untermischt, und die Bundesgenossen die Flügel; auf beiden Seiten standen Spanier auf den Flügeln. Vor der punischen Linie nahmen sich die Elefanten von Weitem wie Schanzen aus. *5* Schon war dies in beiden Lagern das allgemeine Gespräch, sie würden so kämpfen, wie sie in Schlachtordnung stünden. Beide Mitteltreffen, Römer und Punier, die eigentlichen Parteien des Krieges, würden, an Mut und Rüstung sich gleich, aufeinandertreffen. *6* Als Scipio bemerkte, dass dies fest geglaubt würde, änderte er für den Tag, an dem er schlagen wollte, alles absichtlich ab. *7* Abends befahl er im Lager, Mann und Pferd sollten vor Tagesanbruch sich gepflegt und gefüttert haben, und der Reiter sein Pferd gesattelt halten. *8* Noch war es nicht ganz hell, als er schon die ganze Reiterei mit den leichten Truppen die punischen Posten angreifen ließ; *9* und sogleich rückte er selbst mit den schweren Legionen so auf, dass er, gegen die sichere Erwartung seines eigenen und des feindlichen Heeres, die Flügel mit Römern besetzte, die Bundesgenossen in die Mitte nahm.

10 Als Hasdrubal durch das Geschrei der Reiterei geweckt, aus seinem Zelt herausstürzte, das Getümmel vor dem Lagerwall, die Bestürzung der Seinigen, in der Ferne die blitzenden Adler der Legionen und die Ebene voll Feinde sah, schickte er sofort seine ganze Reiterei gegen die feindliche ab, *11* zog selbst mit dem Fußvolk zum Lager heraus, änderte aber in der gewöhnlichen Weise an der Stellung nichts.

12 Lange schon war das Reitergefecht schwankend, auch konnte es nicht durch sich selbst entschieden werden, weil die Geschlagenen – und dies waren sie beinahe abwechselnd – jedes Mal in der Linie ihres Fußvolkes eine sichere Aufnahme fanden. *13* Als aber diese nur noch 500 Schritte voneinander entfernt waren, ließ Scipio auf ein gegebenes Zeichen zum Rückzug die Glieder sich öffnen und die ganze Reiterei nebst den Leichtbewaffneten in die Mitte nehmen, und stellte diese in zwei Haufen verteilt als Hintertreffen auf die Flügel. *14* Dann ließ er, als jetzt die Schlacht beginnen sollte, die Spanier – sie standen im Mittelpunkt – im gemessenen Schritt aufmarschieren. *15* Er selbst ließ vom rechten Flügel, wo er seinen Stand hatte, dem Silanus und

Marcius sagen, sie möchten ihren Flügel nach der Linken ausdehnen, wie sie ihn selbst den seinigen nach der Rechten dehnen sähen, *16* und ihre leicht bewaffneten Truppen zu Fuß und zu Pferd mit dem Feinde zusammentreffen lassen, ehe die beiden Mitteltreffen aneinander gerieten. *17* So wurden auf beiden verlängerten Flügeln drei Kohorten zu Fuß und drei Geschwader Reiterei nebst den Leichtbewaffneten in raschem Lauf auf den Feind geführt, während die anderen in schräger Richtung folgten. *18* In der Mitte war eine Einbiegung. Weil die Spanier langsamer aufmarschierten, so waren die Flügel schon im vollen Kampf, *19* während die punischen Veteranen und Afrikaner, gerade der Kern des feindlichen Heeres, noch nicht zum Speerwurf gekommen waren, und auch auf die Flügel, um an deren Kampfe teilzunehmen, sich nicht ausbreiten durften, wenn sie nicht den Mittelpunkt dem gegenüber ankommenden Feind öffnen wollten. *20* Ihre Flügel sahen sich auf zwei Seiten bedrängt; die Reiterei, die Leichtbewaffneten und die Veliten hatten ihre Flügel herumgezogen und fielen ihnen in die Flanke, und die Kohorten stürmten von vorn heran, um die Flügel von der übrigen Linie zu trennen.

(15) Sie hatten also auf keiner Seite des Gefechts das Gleichgewicht, schon deshalb nicht, weil eine Schar Balearen und neu geworbene Spanier römische und latinische Krieger zu Gegnern hatten, *2* und weil Hasdrubals Heer beim Vorrücken des Tages sich immer kraftloser fühlte, da es durch das frühe Getümmel überrascht und ehe es sich durch Speise gestärkt hatte, gezwungen war, eiligst in die Schlacht zu ziehen. *3* Noch dazu hatte Scipio absichtlich bis tief in den Tag gezögert, damit der Kampf spät eintrete. Denn erst nachmittags um ein Uhr griff das Fußvolk die Flügel an; *4* die Mitteltreffen kamen weit später zum Gefecht, so dass die Punier, noch ehe sie mit dem Feind handgemein wurden, schon die Hitze der Mittagssonne, das beschwerliche Stehen unter den Waffen und dabei Hunger und Durst entkräftete. *5* Also standen sie an ihre Schilde gelehnt. Außerdem hatten sich auch, geschreckt durch die geräuschvolle Art des Reitergefechts, der Veliten und Leichtbewaffneten, die Elefanten von den Flügeln auf das Mitteltreffen gestürzt. *6* Erschöpft an Leib und Seele wichen die Punier, hielten sich aber noch in Gliedern, gerade so, als zöge sich ihre Linie ungebrochen auf Befehl des Feldherrn zurück. *7* Als aber jetzt die Sieger, die den Kampf sich entscheiden sahen, um so nachdrücklicher von allen Seiten hereinstürzten, und ihr Andrang unwiderstehlich wurde, da gewann bei den Puniern, *8* obgleich sie Hasdrubal aufhalten wollte, den Weichenden in den Weg trat und ihnen zurief, sie hätten im Rücken Hügel und einen sicheren Zufluchtsort, wenn sie nur allmählich sich zurückzögen, *9* dennoch die Furcht die Oberhand über das Ehrgefühl; und da immer der dem Feind zunächst Stehende auswich, so kehrten sie bald alle den Rücken und überließen sich einer ungehemmten Flucht. *10* Zwar machten sie anfangs, weil die Römer nicht Lust zu haben schienen, ihre Linie gerade bergan zu richten, am Fuß der Höhen Halt und suchten die Glieder wiederherzustellen; als sie aber den Feind mutig zum Angriff heranrücken sahen, erneuerten sie die Flucht und ließen sich im Schrecken in ihr Lager treiben. *11* Die Römer waren nicht mehr weit vom Wall, und in dieser Hitze des Angriffs hätten sie das Lager genommen, hätte sich nicht nach der heftigen Sonnenhitze, so wie sie zwischen regenschwangeren Wolken hervorbricht, ein so gewaltiger Platzregen ergossen, dass auch die Sieger sich kaum in ihr Lager zurückziehen konnten, und einige hierin selbst einen göttlichen Wink fanden, für heute nichts weiter zu unternehmen. *12* Waren gleich für die durch Beschwerden und Wunden erschöpften Karthager die Nacht und der Regen sehr einladend zur nötigen Ruhe, so verstärkten sie doch, weil ihnen Furcht und Gefahr zum Säumen nicht Zeit ließ *13* – sahen sie doch mit dem Anbruche des Tages dem feindlichen Sturm auf ihr Lager entgegen –, ihre Brustwehr durch Steine, die sie allenthalben aus den nahen Tälern zusammentrugen, um sich bei dem zu schwachen Schutz ihrer Waffen durch Bollwerke zu verteidigen. Allein der Übergang ihrer Bundesgenossen zum Feind ließ sie doch die Flucht

als sicherer dem längeren Bleiben vorziehen. *14* Den Anfang zum Abfall machte Attenes, Fürst der Turdetaner. Er ging mit einer größeren Anzahl seiner Leute über; *15* dann wurden auch zwei Festungen mit ihren Besatzungen von ihren Befehlshabern den Römern übergeben. *16* Damit also bei dieser Stimmung zum Abfall das Übel nicht weiter um sich greife, brach Hasdrubal in der Stille der folgenden Nacht mit seinem Lager auf.

(16) Als dem Scipio bei Tagesanbruch seine Posten den Abzug der Feinde meldeten, hieß er der vorausgeschickten Reiterei die Fahnen folgen. Und der Zug ging so schnell, *2* dass sie den Feind, wenn sie seiner Spur geraden Weges gefolgt wären, ohne Zweifel eingeholt hätten. Allein sie trauten der Versicherung ihrer Wegweiser, dass ein kürzerer Weg zum Fluss Baetis führe, wo sie den Feind beim Übergang anzugreifen hofften. *3* Da Hasdrubal den Übergang über den Fluss gesperrt fand, wandte er sich seitwärts dem Ozean zu. In vollem Lauf machten sich die Punier gleich Fliehenden davon, und dies gab ihnen vor den römischen Legionen einen bedeutenden Vorsprung. *4* Nur die Reiterei und die leichten Truppen, die ihnen bald in den Rücken fielen, bald in der Flanke ihnen zusetzten, machten ihnen Not und hielten sie auf; *5* da sie indessen bei den häufigeren Angriffen Halt machen und bald mit der Reiterei, bald mit den Veliten und dem Fußvolk der Hilfstruppen kämpfen mussten, kamen die Legionen bald nach. *6* Nun erfolgte schon nicht mehr eine Schlacht, sondern eine Schlächterei wie von Vieh, bis endlich ihr Feldherr, der selbst zur Flucht aufforderte, sich mit beinahe 6000 Mann Halbbewaffneter auf die nächsten Anhöhen rettete. Die Übrigen wurden niedergehauen oder gefangen genommen. *7* Hier legten die Punier in größter Eile auf der steilen Anhöhe ein Notlager an, und von da herab verteidigten sie sich gegen die vergeblichen Versuche des Feindes, an dem unersteigbaren Abhang hinaufzukommen, mit leichter Mühe. *8* Allein die Einschließung ließ sich auf einem nackten und unfruchtbaren Felsen kaum einige Tage aushalten; und so gingen Überläufer in Menge zu den Feinden über. Zuletzt ließ sich der Feldherr, weil das Meer in der Nähe war, Schiffe geben, verließ in der Nacht sein Heer und floh nach Gades. *9* Als Scipio die Flucht des feindlichen Anführers erfuhr, ließ er Silanus, um das Lager eingeschlossen zu halten, 10 000 Mann zu Fuß und 1000 zu Pferd. *10* Er selbst kehrte mit den übrigen Truppen in 70 Tagesmärschen, auf denen er der Reihe nach das Verhalten der Fürsten und Staaten untersuchte, um sie nach gehöriger Würdigung ihrer Verdienste belohnen zu können, zurück nach Tarraco. *11* Als Scipio abgezogen war, ging auch Masinissa nach einer geheimen Unterredung mit Silanus, um sich für die neuen Pläne, mit denen er umging, seines Volkes zu versichern, mit einigen seiner Untertanen nach Afrika über, *12* und war gleich jetzt die Ursache dieser schnellen Veränderung so klar nicht, so diente doch seine nachherige, bis in sein spätestes Alter unerschütterliche Treue zum Beweis, dass er auch damals nicht ohne triftigen Grund gehandelt habe.

13 Auf den von Hasdrubal zurückgeschickten Schiffen ging nun auch Mago nach Gades. Die Übrigen zerstreuten sich, von ihren Feldherren verlassen, teils als Überläufer, teils als Flüchtlinge, in die nächsten Städte, nirgends blieb eine an Zahl oder an Kraft bedeutende Abteilung.

14 So etwa wurden unter der Anführung und Leitung des Publius Scipio im 13. Jahr nach Eröffnung des Krieges, im fünften, seitdem Publius Scipio diese Provinz und das Heer übernommen hatte, die Karthager aus Spanien getrieben. *15* Nicht lange darauf traf Silanus mit der Nachricht, dass der Krieg zu Ende sei, zu Tarraco bei Scipio wieder ein.

(17) Lucius Scipio wurde mit vielen vornehmen Gefangenen, um die Eroberung Spaniens zu melden, nach Rom geschickt. *2* Und während hier jeder die Tat als Gegenstand der allgemeinen Freude und des lautesten Rühmens feierte, sah nur einer, der Täter selbst, bei seinem unbefriedigten Streben nach Verdienst und wahrem Ruhm in der Eroberung Spaniens eine kleine Probe dessen, was ihm seine Aussicht und seine Geistesgröße versprach. *3* Schon sah er nach Afrika,

nach Karthago hinüber, und auf den ganzen Ruhm aus diesem Krieg, vom Schicksal zu seiner Verherrlichung, zu seiner Benennung, gleichsam für ihn zusammengehäuft. ***4*** In der Voraussetzung, er habe seine Vorbereitungen dort schon jetzt zu treffen und sich die Könige und Völker zu Freunden zu machen, beschloss er, sich zuerst an König Syphax zu wagen. ***5*** Dieser war König der Masaesuler. Die Masaesuler sind Nachbarn der Mauren und wohnen dem Teil von Spanien gegenüber, wo Neukarthago liegt. ***6*** Jetzt stand der König mit den Karthagern im Bund; da aber Scipio glaubte, dass ihm dieser nicht wichtiger und heiliger sein werde als den meisten Barbaren, deren Treue vom Glück abhängt, ***7*** ließ er den Gaius Laelius als Gesandten mit Geschenken an ihn abgehen. ***8*** Hierüber erfreut und in Anbetracht dessen, dass die Römer jetzt allenthalben Glück, die Punier in Italien Unglück, in Spanien gar nichts mehr hatten, erklärte sich der ausländische König zur Freundschaft mit Rom bereit; allein das Wort zum Abschluss des Bundes gebe er keinem andern und nehme es auch von keinem andern als vom römischen Feldherrn in Person. ***9*** So ließ sich Laelius vom König nur darauf das Wort geben, dass Scipio sicher kommen dürfe, und kehrte zu diesem zurück.

10 Für den, der sein Augenmerk auf Afrika richtete, war Syphax in jeder Hinsicht ein Mann von großem Ausschlag: der reichste König dieses Landes, im Krieg mit Karthago schon erprobt, und durch die Lage seines Reiches in Verbindung mit Spanien, von welchem jenes nur durch die schmale Meerenge geschieden ist. ***11*** Da also Scipio die Sache wichtig genug fand, weil sie sich nicht anders tun lasse, sie selbst nicht ohne große Gefahr zu unternehmen, so ließ er zur Behauptung Spaniens zu Tarraco den Lucius Marcius, zu Neukarthago, wohin er von Tarraco zu Lande in starken Märschen gegangen war, den Marcus Silanus zurück, ***12*** reiste mit Gaius Laelius auf zwei Fünfruderern von Neukarthago ab und fuhr bei Windstille, meistenteils vermittels der Ruder und nur zuweilen mit Hilfe eines schwachen Windes nach Afrika. ***13*** Es traf sich so, dass gerade jetzt der aus Spanien getriebene Hasdrubal, der mit sieben Dreiruderern im Hafen eingelaufen war, seine Schiffe schon vor Anker sich ans Land legen ließ, ***14*** als auf einmal der Anblick der beiden Fünfruderer, die jeder gleich für feindliche erkannte und mit der überlegenen Macht, ehe sie noch in den Hafen liefen, nehmen zu können glaubte, dennoch weiter nichts bewirkte als ein Getümmel und Durcheinanderlaufen der Soldaten wie der Seeleute, welche vergebens Waffen und Schiffe instand setzten. ***15*** Denn die Segel, die jetzt von der Höhe her ein etwas stärkerer Wind traf, trugen die Fünfrüderer schon in den Hafen, ehe die Punier die Anker lichten konnten, und in dem königlichen Hafen wagte keiner weiter, sie zu beunruhigen. ***16*** Also stieg zuerst Hasdrubal ans Land, bald auch Scipio und Laelius; und alle begaben sich zum König.

(18) Syphax fand es, was es auch wirklich war, ehrenvoll für sich, dass die Feldherren der beiden mächtigsten Völker jener Zeit sich an einem Tag eingefunden hätten, um Frieden und Freundschaft mit ihm zu schließen. Er nötigte beide, bei ihm einzutreten; ***2*** und weil sie der Zufall unter ein Dach, zu einerlei Hausgöttern zusammengeführt hatte, so versuchte er es auch, zur Beilegung ihrer Feindseligkeiten eine Unterredung zu vermitteln, ***3*** bis ihm Scipio erklärte, er hege gegen den punischen Feldherrn nicht die mindeste persönliche Abneigung, um etwa diese durch eine Unterredung zu tilgen; er könne sich aber auch über Staatssachen ohne Vollmacht vom Senat mit einem Feinde durchaus nicht einlassen. ***4*** Und weil dem König, damit nicht der eine seiner Gäste von der Tafel ausgeschlossen schiene, so sehr daran gelegen war, dass er sich's gefallen lassen möchte, mit Hasdrubal bei einem Mahl zu erscheinen, so sagte er es zu. ***5*** Sie speisten also zugleich beim König, und weil dieser etwas darin suchte, lagen Scipio und Hasdrubal sogar auf einem Tafelpolster. ***6*** Scipio aber hatte so viel Gefälliges und in allen Stücken eine so große ihm natürliche Gewandtheit, dass er nicht allein den Syphax, diesen mit römischen Sitten unbekannten Barbaren, sondern selbst seinen ausgesprochenen Feind durch die Unbefangenheit in seinen

Unterhaltungen gewann, so dass dieser laut sagte, *7* der Mann habe sich durch die persönliche Bekanntschaft bei ihm in noch höhere Achtung gesetzt als durch seine Taten im Krieg. *8* Auch werde ganz gewiss in kurzer Zeit Syphax und sein Reich den Römern zur Verfügung stehen; so habe dieser Mann es verstanden, die Herzen zu gewinnen. *9* Man habe also in Karthago nicht nachzufragen, wie Spanien habe verloren gehen können, sondern daran zu denken, wie man sich Afrika erhalte. *10* Nicht zu einer Vergnügungsfahrt, nicht um anmutige Küsten zu befahren, habe sich dieser römische Feldherr von seiner eroberten Provinz, mit Hinterlassung seiner Heere auf zwei Schiffen nach Afrika gewagt, in ein feindliches Land, in die Gewalt eines Königs, den er nicht kenne, sondern weil er die Hoffnung hege, Afrika zu erobern. *11* Schon längst gehe er damit in Gedanken um und äußere seine Unzufriedenheit laut, dass nicht schon jetzt, wie Hannibal in Italien, so Scipio in Afrika den Krieg führe. *12* Nach Abschluss des Bündnisses mit Syphax reiste Scipio aus Afrika ab und erreichte, von wechselnden und meistens stürmischen Winden auf offenem Meer umhergetrieben, am vierten Tag den Hafen von Neukarthago.

(19) Hatte auch Spanien vom Punischen Krieg Ruhe, so zeigte es sich doch offenbar, dass einige Staaten im Bewusstsein ihrer Schuld, sich mehr aus Furcht als aus Anhänglichkeit an Rom ruhig verhielten. Die bedeutendsten, aber auch die strafbarsten darunter waren Iliturgi und Castulo. *2* Die Einwohner von Castulo, die mit Rom zur Zeit seines Glücks verbunden waren, waren, als die Scipionen mit ihren Heeren niedergehauen wurden, zu den Puniern abgefallen. Die Iliturgitaner hatten als Verräter und Mörder der Flüchtlinge, die sich aus jenem Unglück zu ihnen retteten, ihren Abfall noch durch Frevel verschlimmert. *3* Härte gegen diese Völker wäre gleich bei Scipios Ankunft bei den wankenden Gesinnungen der Spanier, wenn auch verdient, so doch nicht angebracht gewesen. *4* Allein da ihm jetzt bei der allgemeinen Ruhe die Zeit der Bestrafung gekommen zu sein schien, schickte er den Lucius Marcius, den er von Tarraco berief, mit dem dritten Teil der Truppen zum Angriff auf Castulo ab; er selbst traf mit dem übrigen Heer beinahe in vier Tagesmärschen vor Iliturgi ein. *5* Die Tore waren geschlossen, und alles in Verfassung und Bereitschaft, sich des Sturmes zu erwehren. So völlig hatte bei ihnen das Bewusstsein, das ihnen sagte, was sie verdient hatten, die Stelle der Kriegserklärung vertreten. *6* Deswegen leitete auch Scipio die Anrede an seine Soldaten etwa so ein: Durch die Schließung ihrer Tore gäben diese Spanier selbst zu erkennen, was sie verschuldet hätten. Deswegen müsse auch der Sturm gegen sie mit weit größerem Groll als gegen die Karthager selbst ausgeführt werden. *7* Denn mit diesen kämpfe man fast ohne Erbitterung um Herrschaft und Ruhm, an jenen aber müsse man die Strafe der Treulosigkeit, der Grausamkeit und des Frevels vollziehen. *8* Die Zeit sei gekommen, für die schändliche Ermordung ihrer Kampfbrüder und für eine, wenn die Flucht auch sie hierher verschlagen hätte, auch auf sie angelegte Bosheit Rache zu üben und durch ein nachdrückliches Strafexempel für alle Zeiten die Warnung aufzustellen, dass sich niemand einfallen lasse, ein römischer Bürger oder Soldat, in welcher Lage sich dieser auch befinde, sei ihm zur Misshandlung preisgegeben.

9 Durch diese Aufforderung des Feldherrn entflammt, teilten sie unter die rottenweise Erlesenen die Sturmleitern aus, und mit geteiltem Heer, so dass die eine Hälfte den Legaten Laelius an der Spitze hatte, setzten sie die Stadt durch einen doppelten Angriff, von zwei Seiten zugleich, in Schrecken. *10* Den Einwohnern gebot nicht etwa ein Anführer oder mehrere ihrer Vornehmen, sondern die Furcht ihres eigenen bösen Gewissens die mutigste Verteidigung der Stadt. *11* Sie wussten es selbst, und einer sagte es dem andern, dass es hierauf abgesehen sei, Rache, nicht Sieg zu ernten. Es komme also nur auf die Stelle an, wo jeder seinen Tod finde, ob sie lieber im Kampf und in der Schlachtreihe, wo das Kampfglück unparteiisch zuweilen auch den Besiegten wieder aufrichte und den Sieger niederwerfe, *12* oder später, nach Verbrennung und Zertrümmerung ihrer Vaterstadt, vor den Augen ihrer gefangenen Gattinnen und Kinder, unter Schlägen und Ketten, nach Erduldung der schmählichsten und empörenden Misshandlungen ihren Geist aufgeben wollten. ***13*** Und so leisteten denn nicht bloß das kriegerische Alter, nicht die Männer allein, sondern auch Frauen und Kinder eine tätigere Hilfe, als ihr Mut und ihre Körperkraft sie versprachen. Sie reichten ihren Verteidigern die Geschosse und trugen den Arbeitern an der Mauer die Steine zu. ***14*** Hier galt es nicht bloß die Freiheit, die nur tapferen Männern die Brust stählt, sondern die schmählichste Hinrichtung, und der kläglichste Tod aller schwebte ihnen vor Augen. Ihren Mut erhöhte der Wetteifer in der Übernahme der Beschwerden und Gefahren und schon ihr gegenseitiger Anblick. ***15*** Daher begann auch der Kampf mit einer solchen Wut, dass selbst dieses Heer von Unterjochern des gesamten Spaniens, durch die Mannschaft einer einzigen Stadt mehrmals von den Mauern abgeschlagen, bei diesem ihm gar nicht ehrenvollen Kampf in Verlegenheit kam. ***16*** Als Scipio dies bemerkte, gab er von der Besorgnis, durch die vereitelten Anstrengungen der Seinigen möge den Feinden der Mut wachsen und seinen Soldaten die Lust vergehen, auf den Gedanken gebracht, er selbst müsse Hand anlegen und einen Teil der Gefahr übernehmen, den Befehl, bei dem er seinen Soldaten den Vorwurf der Feigheit hören ließ, man solle ihm Leitern bringen, und er drohte, er werde, wenn die andern zu feige wären, selbst hinansteigen. ***17*** Schon war er nicht ohne große Gefahr an den Fuß der Mauer gekommen, als die für ihren Feldherrn besorgten Soldaten von allen Seiten ein Geschrei erhoben und zugleich an mehreren Stellen Leitern angesetzt wurden. ***18*** Und ebenso drang von der anderen Seite Laelius heran. Da unterlag die Anstrengung der Belagerten. Die Verteidiger wurden geworfen, die Mauern gewonnen. In diesem Getümmel wurde auch die Burg gerade von der Seite, wo sie uneinnehmbar schien, erobert.

(20) Während die Belagerten auf die Verteidigung solcher Stellen ihr Augenmerk richteten, wo sich Gefahr zeigte, und die Römer da hinanstiegen, wo die Möglichkeit den Sturm gestattete, ***2*** bemerkten die Afrikaner, welche damals als Überläufer unter den römischen Hilfstruppen standen, dass gerade die steilste Gegend der Stadt, weil sie als überaus hoher Felsen gesichert war, ebenso wenig durch irgendein Werk befestigt, als mit Verteidigern besetzt sei. ***3*** Mit ihrem leichten, im Emporschwingen sehr geübten Körper, und mit eisernen Nägeln versehen, fingen sie, wo die hervorstehenden Ungleichheiten der Klippe es möglich machten, an zu steigen. ***4*** Kamen sie auf gar zu steile und glatte Stellen des Felsens, so machten sie sich durch die in mäßigen Zwischenräumen eingeschlagenen Nägel gleichsam eine Treppe, ***5*** und da die Ersten den Nachfolgenden die Hand reichten, die Letzten aber die Voransteigenden stützten, so gelangten sie auf den Gipfel. Mit Geschrei rannten sie von da herab in die von den Römern schon gewonnene Stadt. ***6*** Und nun sah man, dass Rachsucht und Hass den Ort bestürmt hatten. Niemand dachte daran, Gefangene zu machen, niemand an Beute, obgleich alles zur Plünderung offen stand. Unbewaffnete wie Bewaffnete, Frauen wie Männer hieben sie nieder; die Rache ging in ihrer Grausamkeit bis zur Ermordung unmündiger Kinder. ***7*** Dann warfen sie Feuer in die Häuser, und was nicht hatte verbrennen können, zerstörten sie; so angelegen ließen sie sich's sein, selbst die Spur der Stadt zu vertilgen und die Erinnerung an den feindlichen Wohnort zu vernichten.

8 Von hier führte Scipio das Heer vor Castulo, eine Stadt, welche nicht bloß zusammengelaufene Spanier, sondern auch die nach ihrer Zerstreuung sich hier sammelnden Reste des punischen Heeres besetzt hatten. ***9*** Der Ruf vom Unglück der Iliturgianer war der Ankunft des Scipio vorausgegangen. ***10*** Schrecken und Verzweiflung hatten sich seitdem ihrer bemächtigt; und da sich, in ganz verschiedenem Verhältnis beider Teile zu den Römern, jeder ohne Rücksicht auf den andern zu retten suchte, so bewirkten zuerst der schweigende Verdacht, dann die offenbare Misshelligkeit zwischen den Karthagern und Spaniern eine Trennung. ***11*** Den Letzteren riet Cerdubelus geradezu zur Übergabe. Befehlshaber der punischen Hilfstruppen war Himilko. Ihn und die Stadt überlieferte Cerdubelus nach insgeheim erhaltener Zusage der Verzeihung den Römern. ***12*** Hier waren die Sieger schonender. Teils hatten jene nicht so viel verbrochen, teils hatte die freiwillige Übergabe die Erbitterung um ein Bedeutendes gemildert.

(21) Darauf wurde Marcius abgeschickt, um diejenigen Barbaren, die noch nicht bezwungen waren, zur Unterwürfigkeit zu bringen. Scipio kehrte nach Neukarthago zurück, um den Göttern seine Gelübde zu bezahlen und die Fechterspiele zu feiern, die er als Leichenfeier zur Ehre seines Vaters und Onkels veranstaltet hatte. ***2*** Das Schauspiel dieses Fechtkampfes gewährten nicht etwa Leute einer solchen Klasse, aus welcher die Fechtmeister sie aufzustellen pflegen, von Sklaven oder denen, die ihr Leben verkaufen; die Fechtenden leisteten sämtlich diesen Dienst freiwillig und unbezahlt. ***3*** Denn einige waren von ihren Fürsten geschickt, um von der ihrem Volk eigenen Tapferkeit eine Probe abzulegen, ***4*** andere erboten sich selbst zum Kampf, aus Gefälligkeit gegen den Feldherrn, noch andere bewog Wetteifer und Lust sich zu messen zur Herausforderung, und die Geforderten, sie nicht auszuschlagen. ***5*** Einige, welche ihre Streitigkeiten durch Auseinandersetzung nicht hatten schlichten können oder wollen, ließen nach getroffener Übereinkunft, dass der streitige Besitz dem Sieger anheimfallen solle, das Schwert entscheiden. ***6*** Auch taten dies nicht bloß Leute von geringer Herkunft, sondern Angesehene und Vornehme. Selbst Corbis und Orsua, zwei Bruderssöhne, die um die Regierung ihrer Stadt, namens Ibes, stritten, wollten ihre Sache mit dem Schwert ausmachen. ***7*** Corbis war der ältere, allein Orsuas Vater, der von seinem älteren Bruder bei dessen Tod die Regierung bekommen hatte, war zuletzt Regent gewesen. ***8*** Als Scipio dies gerichtlich entscheiden und ihren Zorn besänftigen wollte, sagten beide, das hätten sie ihren gemeinschaftlichen Verwandten schon abgeschlagen und würden unter Göttern und Menschen keinen anderen Richter als den Mars anerkennen. ***9*** Da sie beide, der Ältere auf seine Stärke, der Jüngere auf seine blühende Jugend trotzend, bei dem Wunsch, lieber im Kampf zu fallen als einer vom andern abhängig zu sein, von einer so heftigen Wut nicht abzubringen waren, gewährten sie dem Heer ein ausgezeichnetes Schauspiel und gaben den Beweis, was für ein mächtiges Übel unter den Sterblichen die Herrschsucht sei. ***10*** Durch Waffenübung und List siegte der Ältere über die vermessene Stärke des Jüngeren ohne Mühe. An dieses Schauspiel der Fechtenden schlossen sich die übrigen Leichenspiele, so gut man sie danach, dass die Anstalten teils in einer Provinz, teils im Lager getroffen wurden, nur haben konnte.

(22) Indessen schritten die Unternehmungen durch Scipios Unterfeldherren weiter vor. Dem Marcius ergaben sich nach seinem Übergang über den Fluss Baetis, der bei den Einwohnern Certis heißt, zwei mächtige Städte ohne Kampf. ***2*** Eine Stadt, Astapa hieß sie, hatte es immer mit Karthago gehalten, doch war dies kein rechter Grund zur Erbitterung gegen ihre Bürger, hätten sie nicht gegen die Römer einen tödlicheren Hass gehegt, als selbst der Krieg gebot. ***3*** Ihre Stadt war weder durch die Lage noch durch Verschanzungen so gesichert, dass sie darauf hätten trotzen können; allein der Hang der Einwohner zum Straßenraub hatte sie verführt, in die angrenzenden Länder der römischen Bundesgenossen Einfälle zu machen und die zerstreuten römischen Soldaten, Marketender und Krämer aufzufangen. ***4*** Einmal hatten sie auch die für den Durchzug durch ihr Gebiet, das für eine kleine Zahl zu unsicher war, mitgegebene stärkere Begleitung in einem Hinterhalt umzingelt und, weil sie durch ihre Stellung im Vorteil waren, niedergehauen. ***5*** Als das Heer zum Angriff auf die Stadt anrückte, verabredeten sich die Einwohner, ihrer Frevel sich bewusst, bei der Unsicherheit der Übergabe an einen so erbitterten Feind, und ohne von ihren Mauern oder Waffen ihre Rettung erhoffen zu können, zu einer scheußlichen und unmenschlichen Tat gegen sich selbst und die Ihrigen. ***6*** Sie bestimmten einen Platz auf dem Markt, ihre besten Kostbarkeiten hier zusammenzubringen. Über den aufgeschütteten Haufen

mussten ihre Frauen und Kinder sich setzen; sie türmten Holz umher auf, bewarfen es mit Reisbündeln *7* und gaben 50 jungen Kriegern den Befehl, solange der Ausgang des Kampfes noch ungewiss sei, sollten sie auf diesem Platz als Bedeckung ihre Habe und die Personen, die ihnen noch teurer als ihre Habe wären, bewachen. *8* Sähen sie ihr Unglück entschieden und die Stadt auf dem Punkt, erobert zu werden, so könnten sie überzeugt sein, dass alle, welche sie jetzt in den Kampf gehen sähen, auch ihren Tod im Gefecht selbst zu finden wüssten. *9* Dann bäten sie sie bei allen Göttern des Himmels und der Unterwelt, eingedenk der Freiheit, die an diesem Tag entweder durch ehrenvollen Tod oder durch ehrlose Sklaverei ihr Ende nehmen müsse, nichts übrig zu lassen, woran der ergrimmte Feind seine Wut ausüben könne. *10* Feuer und Schwert hätten sie in Händen. Es sei besser, die vom Tod nicht zu Rettenden durch treue Freundeshand zu vernichten, als den höhnenden Feind mit ihnen sein grausames Spiel treiben zu lassen. *11* Diese Aufforderungen verstärkten sie durch die schrecklichsten Verwünschungen gegen den, der sich etwa durch Hoffnung oder Weichheit des Gemüts von seinem Vorsatz abbringen ließe.

In stürmischem Zug brachen sie mit gewaltigem Lärm aus den Toren hervor. *12* Es war ihnen kein Posten von hinreichender Stärke entgegengestellt, weil sich nichts weniger fürchten ließ, als dass sie es wagen würden, aus ihren Mauern herauszukommen. Nur wenige Geschwader Reiterei und die leichten Truppen, zu diesem Zweck eiligst aus dem Lager abgeschickt, kamen ihnen entgegen. *13* Das Gefecht war durch die Wut im Angriff mehr heftig als durch gehörige Aufstellung geordnet. Die Reiterei, die sich dem Feind zuerst entgegengeworfen hatte, trug, als sie geschlagen wurde, den Schrecken unter ihre leichten Truppen, und das Gefecht hätte sich unter den Lagerwall gezogen, wenn nicht der Kern der Legionen, obgleich sie wenig Zeit sich aufzustellen hatten, in gerader Linie aufgerückt wäre. *14* Und selbst hier gerieten die Glieder für eine kurze Zeit in Verwirrung, weil der Feind, blind vor Wut, ohne Wunden und Waffen zu scheuen, mit rasender Kühnheit hereinstürzte. Dann aber hemmten diese Veteranen, gegen die Anläufe der Unbesonnenheit standfest, durch ihr Gemetzel unter den Vordersten den Andrang der Nachfolgenden. *15* Und als sie gleich nachher bei ihrem Versuch, selbst einzubrechen, niemanden weichen, sondern sie alle, jeden zum Tod auf seiner Stelle verschmoren sahen, dehnten sie ihre Linie – und dies konnten sie bei ihrer Truppenmenge sehr leicht –, umfassten die feindlichen Flügel und machten die in einem dichten Haufen um sich Hauenden bis auf den letzten Mann nieder.

(23) Dies haben jedoch die Gewalt und der Angriff erbitterter Feinde im offenen Kampf gegen Bewaffnete, die sich wehrten, vollbracht. *2* Allein unmenschlicher war das Gemetzel in der Stadt, wo Mitbürger selbst den unkriegerischen wehrlosen Haufen ihrer Frauen und Kinder mordeten, die Körper meistens noch halb lebend auf den angezündeten Holzstoß warfen, Blut in Bächen die auflodernde Flamme erstickte, und sie selbst zuletzt, vom kläglichen Mord der Ihrigen erschöpft, sich mit ihren Waffen mitten in die Flammen stürzten. *3* Schon war der Mord vollbracht, als die Römer vom Sieg dazu kamen. Und anfangs stutzten sie, durch den Anblick einer solchen Unmenschlichkeit in Staunen gesetzt. *4* Als sie aber nachher mit der dem Menschen eigenen Begierde das zwischen den zusammengeworfenen Sachen hervorblitzende Gold und Silber aus dem Feuer reißen wollten, wurden manche von der Flamme ergriffen, andere erstickten durch die heißen Dämpfe, weil die Vordersten bei dem großen Gewühl der Nachdrängenden nicht zurückweichen konnten. *5* So wurde Astapa ohne Beute für die Soldaten mit Feuer und Schwert vertilgt. Marcius, an den sich alle Übrigen in dieser Gegend aus Furcht ergaben, führte sein siegreiches Heer nach Neukarthago zu Scipio zurück.

6 In denselben Tagen kamen Überläufer von Gades, welche versprachen, die Stadt, die darin liegende punische Besatzung und deren Befehlshaber nebst der Flotte auszuliefern. *7* Mago war dort nach seiner Flucht geblieben, und vermittels einiger auf dem Weltmeer gesammelten Schiffe hatte er nicht unbedeutende Verstärkungen jenseits der Meerenge von der afrikanischen Küste und aus den nächsten Gegenden Spaniens durch den Unterfeldherrn Hanno an sich gezogen. ***8*** Nach gegenseitiger Zusage zwischen den Überläufern und Römern wurden sowohl Marcius mit Kohorten ohne schweres Gepäck, als auch Laelius mit sieben Dreiruderern und einem Fünfruderer dahin geschickt, um zu Land und zu Wasser nach gemeinschaftlichem Plan den Krieg zu führen.

(24) Eine schwere Krankheit, die Scipio befiel, von der aber die Nachrichten noch schlimmer lauteten, weil bei der dem Menschen eigenen Sucht, Gerüchte wissentlich zu übertreiben, ein jeder das, was er gehört hatte, übertrieb, brachte die ganze Provinz, besonders die entlegeneren Gegenden, in Gärung; ***2*** und es zeigte sich, welch einen Schwall von Unruhen sein wirklicher Verlust erzeugt hätte, da schon das leere Gerücht so große Stürme erregte. Die Bundesgenossen blieben nicht treu, das Heer nicht in seiner Pflicht. ***3*** Mandonius und Indibilis, deren Erwartung ebendarum völlig unbefriedigt blieb, weil sie nach Vertreibung der Karthager im Geist schon die Herrschaft von Spanien für sich in Besitz genommen hatten, boten ihre Untertanen auf – dies waren die Lacetaner –, ***4*** riefen die jungen Keltiberer zu den Waffen und verheerten das Gebiet der Suessetaner und Sedetaner, römischer Bundesvölker, als Feinde. ***5*** Eine Raserei anderer Art kam selbst unter Römern im Lager bei Sucro zum Ausbruch. Hier standen 8000 Mann, um die Völker diesseits des Ebro zu bewachen. ***6*** Sie gerieten aber auf ihren verkehrten Sinn nicht etwa jetzt erst, als die bedenklichen Nachrichten über das Leben ihres Feldherrn einliefen, sondern schon früher durch die bei ihnen eingerissene, nach langer Untätigkeit gewöhnliche Zügellosigkeit, zum Teil auch dadurch, dass sie, verwöhnt, von ihrem Raub in Feindesland mehr aufgehen zu lassen, auf friedlichem Gebiet sich knapper behelfen mussten. ***7*** Anfangs kam es nur insgeheim zu Gesprächen darüber, was sie unter lauter friedlichen Völkern zu tun hätten, wenn doch in der Provinz noch Krieg sei. Sei aber der Krieg schon zu Ende und die Provinz bezwungen, warum sie dann nicht nach Italien zurückgeführt würden? ***8*** Auch hatten sie den Sold mit mehr Ungestüm gefordert, als es sich für die Zucht und für gesittete Soldaten schickte; die Wachen hatten sich gegen die Obersten, wenn diese die Runde machten, unanständige Ausdrücke erlaubt; manche waren bei Nacht auf die nächsten Gegenden in Freundes Land zum Plündern ausgegangen; zuletzt gingen sie bei Tag und ganz öffentlich ohne Urlaub von den Fahnen. ***9*** Die Willkür und Anmaßung der Soldaten galten überall, die alte Einrichtung und Kriegszucht oder der Befehl der Vorgesetzten nirgends. ***10*** Doch behielt das Ganze noch die äußere Gestalt eines römischen Lagers; aber auch dies hing bloß von ihrer Voraussetzung ab, vermöge welcher sie ihren Obersten, die gewiss von dem allgemeinen Schwindel ergriffen an Aufruhr und Abfall teilnehmen würden, bis jetzt noch die Ausübung der Gerichtsbarkeit auf dem Hauptplatz gestatteten, das Losungswort von ihnen holten, der Reihe nach auf Posten und Wachen zogen, ***11*** und so wie sie allem Oberbefehl die Kraft genommen hatten, gleichwohl den Schein der aufs Wort Gehorchenden dadurch wahrten, dass sie sich selbst befehligten. ***12*** Allein der Aufstand kam zum Ausbruch, sobald sie merkten, dass die Obersten dies Benehmen tadelten und missbilligten, ihnen entgegenzuarbeiten suchten und sich laut von aller zu erwartenden Teilnahme an ihrer Verblendung lossagten. ***13*** Nachdem sie also die Obersten vom Hauptplatz und bald nachher aus dem Lager gejagt hatten, übertrugen sie mit allgemeiner Beistimmung den Oberbefehl den Anführern des Aufruhrs, zwei gemeinen Soldaten, dem Gaius Albius von Cales und dem Gaius Atrius aus Umbrien. ***14*** Diese, mit den Auszeichnungen eines Obersten nichts weniger als zufrieden, streckten keck genug die Hand nach den Ehrenzeichen des höchsten Oberbefehls, nach den Rutenbündeln und Beilen aus, ohne daran zu denken, dass diese Ruten und diese Beile, die sie sich zum Schrecken anderer vorantragen ließen, über ihrem Rücken, über ihrem Nacken schwebten. ***15*** Der irrtümliche Glaube an den

Tod Scipios machte die Leute blind; und wenn sich nun nächstens das Gerücht davon verbreitete, so ergriff, wie sie gar nicht zweifelten, das Feuer des Krieges ganz Spanien. ***16*** In diesem Aufruhr könnten sie dann die Bundesgenossen brandschatzen, die benachbarten Städte plündern, und wenn bei der allgemeinen Verwirrung keinem ein Frevel zu groß sei, so würde das, was sie selbst getan hätten, weniger bemerklich sein.

(25) Da sie nun von Zeit zu Zeit andere neuere Nachrichten nicht bloß über seinen Tod, sondern auch über die Bestattung erwarteten, diese aber ausblieben und das ohne Grund entstandene Gerücht verstummte, so fingen sie an, sich nach den Urhebern umzusehen; ***2*** und da sich jeder zurückzog, um lieber den Schein eines zu voreiligen Glaubens als einer Erdichtung von solcher Wichtigkeit auf sich zu laden, da überfiel die nun alleinstehenden Anführer ein Schauder vor ihren eigenen Ehrenzeichen, und statt des Schattenbildes von Oberbefehl, womit sie sich bekleidet hatten, sahen sie die wirkliche Macht in ihrer ganzen Stärke nächstens gegen sich im Anzug. ***3*** Als noch während dieser Bestürzung der Aufrührer zuerst über das Leben, bald auch über die Gesundheit des Scipio sichere Nachrichten einliefen, wurden von Scipio selbst sieben Obersten geschickt. ***4*** Ihre Ankunft bewirkte anfangs allgemeine Erbitterung. Bald aber, als sie sich ihren Bekannten, sowie sie mit ihnen zusammenkamen, durch freundliche Gespräche gefällig machten, wurde alles friedfertiger. ***5*** Indem sie nämlich anfangs von Zelt zu Zelt gingen, dann auch, wo sie in dem Hauptquartier und dem Feldherrnplatze mehrere im Gespräch beisammen sahen, redeten sie die Soldaten an, mehr im Ton derer, die darüber Auskunft haben wollten, wie sie in aller Welt zu diesem Grollen und dieser Verschüchterung hätten kommen können, als dass sie ihnen über das Geschehene Vorwürfe machten. ***6*** Meistens wurde ihnen der nicht zur gehörigen Zeit gezahlte Sold als Grund angegeben; auch habe man, da sie doch zu derselben Zeit, wo der Frevel der Iliturgitaner zum Ausbruch gekommen sei, nach dem Verlust zweier Feldherren und zweier Heere die Ehre Roms gerettet und die Provinz behauptet hätten, über die Iliturgitaner längst die verdiente Strafe verhängt, allein ihre Verdienste zu belohnen finde sich niemand. ***7*** Auf diese Klagen antworteten die Obersten: Ihre Forderung sei billig, und sie würden sie dem Feldherrn berichten, sie wären herzlich froh, dass das Übel nicht schlimmer, nicht unheilbarer sei. Durch die Gnade der Götter seien ja ebenso Publius Scipio wie der Staat imstande, ihnen seine Schuld abzutragen.

8 Scipio, wohl an Kriege gewöhnt, mit Stürmen des Aufruhrs aber unbekannt, war in nicht geringer Verlegenheit, um weder die Soldaten in ihren Fehltritten das Maß überschreiten zu lassen, noch in seinen Strafen es selbst zu überschreiten. ***9*** Für jetzt beschloss er, bei der Milde, mit der er angefangen habe, zu bleiben, und ihnen durch Absendung der Einzieher an die zinsbaren Staaten auf baldige Zahlung des Soldes Hoffnung zu machen. ***10*** Bald darauf ließ er den Befehl ergehen, sie sollten zur Abholung des Soldes nach Neukarthago kommen, wie sie am liebsten wollten, in mehreren Abteilungen oder alle zusammen. ***11*** Der schon von selbst erschlaffende Aufruhr sank bei der unerwarteten Ruhe der spanischen Empörer zur völligen Stille zurück. Denn als Mandonius und Indibilis erfahren hatten, dass Scipio noch lebe, waren sie mit Aufgebung ihres Unternehmens in ihr Gebiet zurückgegangen, ***12*** und nun hatten die Soldaten weder Landsleute noch Ausländer, an die sie sich in ihrer Verblendung hätten anschließen können. ***13*** Bei ihrem Haschen nach Maßregeln blieb ihnen doch keine übrig, als der freilich nicht ganz sichere Rückschritt von ihrem bösen Vorhaben, um sich entweder dem gerechten Zorn oder der immer noch möglichen Gnade ihres Feldherrn zu überlassen. Habe er doch sogar Feinden verziehen, gegen die es Leben und Tod gegolten habe. ***14*** Ihr Aufstand sei ohne Wunde, ohne Blut abgegangen, sei an sich selbst so arg nicht gewesen und auch keiner blutigen Strafe wert – ganz so, wie die Erfindungskraft jeden Menschen zur Verkleinerung seiner Fehler nur zu beredt macht. ***15*** Nur darüber nahmen sie noch Anstand, ob sie zur Abholung des Soldes in einzelnen Kohorten oder zusammen hingehen wollten. Der Beschluss lautete, was ihnen das sicherste schien, alle zusammen zu gehen.

(26) In denselben Tagen, in welchen sie diese Überlegungen anstellten, wurde über sie zu Neukarthago Kriegsrat gehalten, ***2*** und die Meinungen waren darüber streitig, ob man bloß die Anstifter des Aufruhrs – es waren ihrer nicht über 35 – bestrafen solle, oder ob mit der Bestrafung mehrerer ein so böses Beispiel einer Empörung, die eher ein Abfall genannt werden konnte, geahndet werden müsse. ***3*** Die mildere Ansicht, die Strafe auf diejenigen zu beschränken, von denen die schuld ausgegangen sei, und die Menge mit einem Verweis abkommen zu lassen, behielt die Oberhand. ***4*** Nach aufgehobener Sitzung wurde dem Heer zu Neukarthago, als habe sie gerade diesen Zweck gehabt, der Aufbruch gegen Mandonius und Indibilis angekündigt und der Befehl gegeben, sich auf mehrere Tage mit Lebensmitteln zu versehen. ***5*** Jedem der sieben Obersten, denselben, die vorher zur Stillung des Aufruhrs nach Sucro gegangen waren, und die man jetzt dem Heer entgegensandte, wurden fünf Rädelsführer mit Namen angegeben, ***6*** um sie durch dazu geeignete Leute mit Freundlichkeit und guten Worten zu Gast zu bitten und im Rausch schlafend binden zu lassen.

7 Sie waren schon nicht mehr weit von Neukarthago entfernt, als die Erzählung der ihnen Begegnenden, dass morgen das ganze Heer unter Marcus Silanus gegen die Lacetaner aufbreche, sie nicht nur völlig von ihrer insgeheim gehegten Furcht befreite, sondern ihnen große Freude machte, weil sie so den allein gelassenen Feldherrn eher in ihrer Gewalt haben, als selbst von ihm abhängen würden. ***8*** Gegen Sonnenuntergang rückten sie in die Stadt und sahen, wie das andere Heer alles zum Marsch instand setzte. ***9*** Mit Ausdrücken empfangen, welche, absichtlich so gefasst, ihnen sagen mussten, wie erfreulich, wie ganz zu rechter Zeit für den Feldherrn ihre Ankunft sei, da sie gerade gegen den Auszug des anderen Heeres einträfen, taten sie im Genuss sich gütlich. ***10*** Ohne allen Lärm lockten die von den Obersten dazu Ausgesuchten die Anstifter des Aufruhrs glücklich in die Quartiere, nahmen sie fest und banden sie. ***11*** Um die vierte Nachtwache setzte sich das Gepäck des angeblich ausrückenden Heeres in Bewegung. Gegen Morgen brachen die Fahnen auf, mussten aber im Tor Halt machen, und an allen Toren wurden Wachen aufgestellt, um niemanden aus der Stadt herauszulassen. ***12*** Als darauf die tags zuvor Eingerückten zur Versammlung gefordert wurden, liefen sie voll Keckheit auf den Markt, der Richterbühne des Feldherrn zu, den sie sogar von ihrer Seite durch ihr Dazwischenschreien zu Schrecken hofften. ***13*** Zu gleicher Zeit bestieg nun der Feldherr den Richterstuhl, und die von den Toren zurückgeführten Bewaffneten verbreiteten sich im Rücken um die wehrlose Versammlung. ***14*** Da sank ihr ganzer Trotz, und wie sie nachher gestanden, erschütterte sie nichts so sehr, als die unerwartete Gesundheitsfülle und frische Farbe des Feldherrn, den sie als einen Leidenden wiederzufinden geglaubt hatten, und ebenso sein Blick, dessen sie sich so ihrer Aussage nach selbst aus keiner Schlacht zu erinnern wussten. ***15*** Eine Weile saß er schweigend da, bis ihm gemeldet wurde, man habe die Anstifter der Empörung auf den Markt geführt, und es sei alles fertig.

(27) Jetzt ließ er durch den Herold Stille gebieten und begann: *Nie habe ich geglaubt, dass es mir an Worten fehlen würde, mein Heer anzureden,* **2** *nicht etwa darum, weil ich mich mehr auf Worte als auf Taten geübt hätte, sondern weil ich, fast von Kindheit an im Lager mich aufhaltend, mit den Eigentümlichkeiten des Soldaten vertraut geworden war.* **3** *Wie ich aber zu euch reden soll, dies gibt mir kein Nachdenken, keine Sprache an, da ich nicht einmal weiß, wie ich euch in meiner Anrede zu nennen habe.* **4** *Mitbürger? – Euch, die ihr von, eurem Vaterland abgefallen seid? Vielleicht Soldaten? – Die ihr von allem Oberbefehl, von aller Leitung euch losgesagt, den euch bindenden*

Fahneneid gebrochen habt? Oder Feinde? – Kann ich doch in eurer Gestalt, Bildung, Kleidung und dem ganzen Äußeren meine Mitbürger nicht verkennen, wenn ich gleich in euren Handlungen, Worten, Maßregeln und Gesinnungen nur Feinde erblicke. **5** *Denn sagt, hattet ihr andere Wünsche, andere Hoffnungen als die Ilergeten und Lacetaner? Und diese folgten doch noch einem Mandonius und Indibilis, Männern von königlichem Rang, als Führern ihres Unsinns; ihr aber übertragt die Leitung und den Oberbefehl einem Umbrier, Atrius, und einem Calener, Albius.* **6** *Sagt immer, Soldaten, ihr hättet das nicht alle getan, nicht alle gern gesehen; es sei dies eine Verblendung, eine Raserei nur weniger, und wie gern will ich eurem Leugnen Glauben schenken! Denn die Verbrechen sind wahrlich nicht von der Art, dass sie, falls das ganze Heer davon angesteckt wäre, ohne große Sühnmittel gebüßt werden könnten.* **7** *Ungern berühre ich diese Wunde, allein wenn sie nicht angerührt, nicht behandelt wird, kann sie nicht geheilt werden.*

8 *Als wir die Karthager aus Spanien vertrieben hatten, bildete ich mir ein, nun gebe es in der ganzen Provinz keinen Ort, keinen Menschen mehr, wo mein Leben verhasst sein könne; so hatte ich mich nicht nur gegen unsere Bundesgenossen, sondern selbst gegen die Feinde benommen.* **9** *Und siehe da! in meinem eigenen Lager – wie sehr hat mich meine Erwartung getäuscht! – ist die Nachricht von meinem Tod nicht bloß willkommen, sondern man erwartete sie auch.* **10** *Ich sage das nicht in der Absicht, das Verbrechen auf alle auszudehnen, denn wenn ich glauben müsste, mein ganzes Heer habe mir den Tod gewünscht, so würde ich nach meiner Denkungsart hier auf der Stelle vor euren Augen sterben, und ein Leben könnte mir ja nicht erfreulich sein, das meinen Mitbürgern und meinen Soldaten verhasst wäre.* **11** *Nein, jede Menge – so ist das Meer durch sich selbst unbeweglich, Winde nur und Lüfte regen es auf; ebenso gibt es bei euch Windstille oder Stürme, und die Veranlassung oder der Ausbruch eurer Verblendung ist jedes Mal das Werk der Aufwiegler; auf euch ging der Unsinn nur durch die Ansteckung über.* **12** *Ihr selbst scheint mir noch heute nicht einmal zu wissen, wie weit ihr in eurer Raserei gegangen seid; was für ein Verbrechen ihr gegen mich, gegen das Vaterland und eure Eltern und Kinder, gegen die Götter, die Zeugen eures Fahneneides, gegen die Götterleitung, unter der ihr dient, gegen die Sitte des Kriegsdienstes und die alte angestammte Zucht, gegen die Majestät des höchsten Oberbefehls gewagt habt.* **13** *Von mir selbst schweige ich. Mögt ihr mehr übereilt als gern die Gläubigen gewesen sein; mag ich sogar der Mann sein, bei dem man sich über die Unzufriedenheit des Heeres mit seiner Leitung gar nicht zu verwundern hätte, was hatte aber das Vaterland um euch verschuldet, dass ihr durch Vereinigung eurer Anschläge mit einem Mandonius und Indibilis an ihm zu Verrätern wurdet?* **14** *Oder das römische Volk, dass ihr den durch Wahl des Volkes ernannten Obersten den Oberbefehl nähmet und ihn Privatleuten übertrugt? Und selbst hiermit noch nicht zufrieden, sie für eure Obersten anzusehen, übertrugt ihr auch die Rutenbündel eures Feldherrn Leuten, die nie einen Sklaven hatten, dem sie befehlen konnten, ihr, ein Heer von Römern!* **15** *Auf dem Hauptplatz standen die Feldherrnzelte eines Albius und Atrius, bei ihnen gab die Trompete das Zeichen, von ihnen holtet ihr die Losung, auf Publius Scipios Richterbühne saßen sie, ihnen leistete der Häscher den Dienst, sie hießen ihn Platz machen, wenn sie daherkamen, Ruten und Beile wurden ihnen vorgetragen.* **16** *Wenn es Steine regnet, Blitze vom Himmel einschlagen, die Tiere Missgeburten zur Welt bringen, dann glaubt ihr Schreckzeichen zu sehen; hier habt ihr ein Schreckzeichen, das ohne das Blut derer, die einen solchen Frevel wagten, durch keine Opfer, keine Bettage entsühnt werden kann.*

(28) *Auch möchte ich, obgleich ein Frevel nie Vernunft zur Grundlage hat, wohl wissen, was hierbei, soviel sich dessen in einer Schandtat finden lässt, euer Sinn, eure Absicht gewesen sei.* **2** *Einst hat eine nach Regium zur Besatzung gelegte Legion nach frevelhafter Ermordung der vornehmsten Bürger die reiche Stadt zehn Jahre in Besitz gehabt.* **3** *Die ganze Legion von 4000 Mann wurde wegen dieses Verbrechens in Rom auf dem Markt enthauptet.* **4** *Aber einmal folgten doch jene nicht einem*

Halbmarketender Atrius aus Umbrien, vor dem man als Oberhaupt schon seines Namens wegen schaudern muss, sondern ihrem Kriegsobersten Decimus Vibellius. Zum andern vereinigten sie sich nicht mit Pyrrhus, nicht mit den Samniten oder Lucanern, den Feinden Roms.* **5** *Ihr aber zogt den Mandonius und Indibilis in euren Plan und wäret auch mit euren Waffen zu ihnen gestoßen.* **6** *Jene wollten, so wie die Campaner Capua, das sie den alten Bewohnern, den Tuskern, genommen hatten, so wie die Mamertiner in Sizilien Messana, ebenso Regium als bleibenden Wohnort behalten, ohne im Mindesten einen Kriegsangriff gegen das römische Volk oder gegen die Bundesgenossen des römischen Volkes zu beabsichtigen.* **7** *War es so auch euer Wille, Sucro als eure Heimat zu behalten? Hätte ich als nach Eroberung der Provinz abgehender Feldherr euch dort zurückgelassen, so musstet ihr euch ja bei Göttern und Menschen beklagen, dass man euch nicht zu euren Gattinnen und Kindern zurückkehren ließe.* **8** *Doch auch an sie, sowenig wie an euer Vaterland und mich, soll euer Herz gedacht haben. Mein Zweck ist nur der, dass aus der Untersuchung eures Planes hervorgehen möchte, er sei zwar frevelhaft, aber doch nicht die höchste Tollheit gewesen.* **9** *Und doch wolltet ihr, bei meinem Leben, bei dieser Stärke meines übrigen Heeres, mit dem ich an einem Tag Neukarthago eroberte, mit dem ich vier Feldherren, vier Heere der Karthager warf, aus dem Feld schlug, aus Spanien verjagte, ihr, sage ich, 8000 Menschen, alle wenigstens von minderem Wert als Albius und Atrius, denen ihr euch selbst unterworfen habt, wolltet die Provinz Spanien dem römischen Volk entreißen?* **10** *Ich will von meinem Namen ganz absehen und ihn aus dem Spiel lassen, ihr mögt mich nur durch Leichtgläubigkeit hinsichtlich meines Todes beleidigt haben –* **11** *Wie nun, wenn ich auch gestorben wäre, musste dann mit mir der Staat auch ausgelebt haben? Wäre mit mir auch die Oberherrschaft des römischen Volkes gefallen? Das wolle der allmächtige Jupiter verhüten, dass eine mit göttlicher Genehmigung, unter Einwirkung der Götter, für die Ewigkeit erbaute Stadt mit diesem zerbrechlichen und sterblichen Körper auf gleiche Dauer gesetzt sein sollte!* **12** *Wenn einen Gaius Flaminius, einen Aemilius Paulus, Sempronius Gracchus, Postumius Albinus, Marcus Marcellus, Titus Quinctius, Crispinus, Gnaeus Fulvius, meine Scipionen und so viele, so vortreffliche Feldherren dieser einzige Krieg dahinraffte, so steht doch das römische Volk noch da und wird noch dastehen, wenn auch 1000 andere hier durch das Schwert, dort durch Krankheiten ihren Tod finden; und mit meiner einzigen Leiche sollte der römische Staat zu Grabe getragen werden?* **13** *Ihr selbst habt hier in Spanien, als mein Vater und Onkel, eure beiden Feldherren, gefallen waren, gegen die über ihren soeben erfochtenen Sieg frohlockenden Punier den Marcius Septimus zu eurem Feldherrn erwählt. Und ich nehme die Lage der Dinge so, als ob Spanien ohne Feldherrn gewesen wäre,* **14** *sollte Marcus Silanus, der mit denselben Rechten, mit demselben Rang des Oberbefehls wie ich in die Provinz gesandt wurde, sollten mein Bruder Lucius Scipio und Gaius Laelius, meine Unterfeldherren, gesäumt haben, die Hoheit des Oberbefehls in Schutz zu nehmen?* **15** *Ließ sich hier zwischen Heer und Heer, zwischen Feldherren und Feldherren, oder hinsichtlich der Würde oder der gerechten Sache ein Vergleich anstellen? Wenn ihr aber auch in allen diesen Punkten die Überlegenen wäret, wolltet ihr dann mit den Puniern zugleich die Waffen gegen euer Vaterland, gegen eure Mitbürger erheben? In Afrika Italiens, in Karthago Roms Beherrscherin suchen? Womit hatte dies das Vaterland verschuldet?*

(29) *Dass ehemals Coriolanus sich aufmachte, seine Vaterstadt zu belagern, dazu trieb ihn eine ungerechte Verurteilung, eine traurige und empörende Verbannung; und dennoch rief ihn von einer frevelhaften Vernichtung seiner Vaterstadt die Liebe gegen die Seinigen zurück. Welches Leiden aber empörte euch? Worüber hattet ihr zu zürnen?* **2** *Konnte die bei der Krankheit des Feldherrn um einige Tage sich verspätende Zahlung des Soldes für euch ein hinreichender Grund sein, deswegen eurem*

---

* Semilixa, ein Schimpfwort.

Vaterland den Krieg anzukündigen? Deswegen vom römischen Volk an die Ilergeten abzufallen? Euch darum an Gott und Menschen zu versündigen? ***3*** *Wahrhaftig, Soldaten, ihr wart verrückt, und die Wut der Krankheit befiel meinen Körper nicht heftiger als euren Verstand.* ***4*** *Mich schaudert davor, das alles zur Sprache zu bringen, was die Menschenkinder geglaubt, gehofft, gewünscht haben mögen! Möge Vergessenheit, wenn sie kann, das alles als ungeschehen mit sich wegnehmen, wo nicht, Stillschweigen, so gut es sich tun lässt, es decken!* ***5*** *Ich will nicht leugnen, dass ihr meine Rede hart und schrecklich gefunden haben könnt; was meint ihr aber, wie viel schrecklicher müssen eure Taten als meine Worte sein? Und verlangt ihr, dass ich alles, was ihr getan habt, mit Gleichmut tragen soll, und ihr wolltet schon die Beleidigten sein, wenn man es euch mit Worten vorhält?* ***6*** *Aber auch vorgeworfen werden soll es euch nicht weiter. Möget ihr dies ebenso leicht vergessen, als ich es vergessen will. Wenn ihr also eure Verirrung bereut, so bin ich, soviel euch insgesamt betrifft, mit dieser Strafe vollkommen abgefunden.* ***7*** *Aber der Calener Albius und der Umbrier Atrius und die übrigen Anstifter der schandbaren Meuterei sollen mit ihrem Blut büßen, was sie verwirkt haben.* ***8*** *Euch muss der Anblick ihrer Hinrichtung nicht nur nicht schmerzhaft, sondern, wenn ihr wirklich zur richtigen Besinnung zurückgekehrt seid, sogar erfreulich sein. Denn mit niemandem haben sie es schlimmer und feindseliger im Sinne gehabt als mit euch.*

9 Kaum hatte er geendet, als alle möglichen Arten von Schrecknissen Augen und Ohren erfüllten. Das Heer, das die Versammlung im Kreis umschloss, ließ seine Schwerter gegen die Schilde klirren. ***10*** Der Ruf des Heroldes erscholl, der die im Kriegsrat Verurteilten bei Namen vorforderte. ***11*** Entkleidet wurden sie mitten auf den Platz geschleppt, und zugleich wurden alle Anstalten zur Hinrichtung gemacht. Während die Verbrecher an den Pfahl gebunden, mit Ruten gepeitscht und enthauptet wurden, waren die Zuschauer vor Furcht so starr, dass nicht allein kein dreisteres Wort gegen die Härte der Strafe, sondern auch nicht einmal ein Seufzer gehört wurde. ***12*** Dann wurden alle weggeschleppt, der Platz gereinigt, die Soldaten, so wie sie namentlich gefordert wurden, schwuren vor ihren Obersten dem Publius Scipio Gehorsam und empfingen, so wie sie aufgerufen antworteten, ihren Sold. Mit einem solchen Ausgang endete die von den Soldaten bei Sucro angefangene Meuterei.

(30) Um diese Zeit brachte ein Unterbefehlshaber Hanno, den Mago von Gades aus mit einer kleinen Schar Afrikaner an den Fluss Baetis geschickt hatte, durch den Reiz des gebotenen Soldes gegen 4000 Mann unter die Waffen. ***2*** Allein Lucius Marcius nahm ihm sein Lager, und da er den größten Teil seiner Truppen im Getümmel dieser Eroberung, auch mehrere, denen die Reiterei als versprengten nachsetzte, auf der Flucht verloren hatte, entfloh er nur für seine Person mit wenigen. ***3*** Während dieser Ereignisse am Fluss Baetis landete Laelius, der durch die Meerenge in das Weltmeer hinausfuhr, mit seiner Flotte bei Carteia. Die Stadt liegt an der Küste des Ozeans, wo das Meer eben anfängt, von der schmalen Straße sich auszubreiten.

4 Man hatte, wie ich schon gesagt habe, Hoffnung gehabt, Gades ohne Kampf durch Verrat zu gewinnen, weil einige Bürger mit diesem Versprechen im römischen Lager eingetroffen waren. Noch unreif wurde der Verrat entdeckt. Mago ließ alle festnehmen und überlieferte sie dem Prätor Adherbal zur Abführung nach Karthago. ***5*** Adherbal, der die Verschworenen auf einem Fünfruderer einschiffte und diesen, weil er seinem Dreiruderer zu langsam segelte, vorausgehen ließ, folgte selbst mit acht Dreiruderern in mäßigem Zwischenraum. ***6*** Schon kam der Fünfruderer in der Meerenge an, als Laelius, der aus dem Hafen von Carteia, ebenfalls auf einem Fünfruderer, im Gefolge von sieben Dreiruderern ausgelaufen war, seine Richtung gegen Adherbal und gegen die Dreiruderer nahm, denn den Fünfruderer hielt er in der reißenden Meerenge für schon aufgebracht, weil diesem die entgegenströmende Flut alle wechselnde Wendung unmöglich mache. ***7*** Adherbal, durch die Überraschung in Verlegenheit gesetzt, blieb eine Weile unschlüssig, ob er seinem Fünfruderer folgen oder sich gegen die Feinde wenden sollte. ***8*** Ebendies Zaudern machte es ihm unmöglich, der Schlacht auszuweichen; denn schon konnten sie sich mit Geschossen erreichen, und von allen Seiten drangen die Feinde heran; auch konnte er wegen des Seestromes seine Schiffe nicht nach Willkür lenken. Überhaupt hatte das Gefecht mit einer Seeschlacht gar keine Ähnlichkeit, weil hier kein eigener Wille, keine Kunst oder Maßregel galt. ***9*** Die über den ganzen Kampf gebietende Eigentümlichkeit der Meerenge riss mit der Flut die vergebens mit ihren Rudern entgegenarbeitenden Schiffe bald auf ihre eigenen, bald auf die feindlichen fort, so dass man hier ein fliehendes Schiff, vom Strudel zurückgeschleudert, auf seine Sieger losgehen, dort ein verfolgendes, wenn es in die widrige Richtung des Seestromes geriet, gleich einem fliehenden sich abwenden sah. ***10*** Ja selbst im Augenblick des Kampfes bekam hier ein Schiff, wenn es eben mit seinem Schnabel auf das feindliche einging, mit seiner eigenen Seite jenem vorgebreitet, den Stoß von dessen Schnäbeln; ***11*** dort sah sich ein anderes, das dem feindlichen in die Quere entgegengeworfen war, durch einen plötzlichen Umschwung auf sein eigenes Vorderteil herumgedreht. Während die Dreiruderer unter der Leitung des Zufalls in unentschiedenem Kampf zu fechten hatten, bohrte der römische Fünfruderer, welcher sich besser regieren ließ, entweder weil ihn seine Schwere weniger beweglich machte, oder weil er die Strudel mit mehreren Ruderreihen durchschnitt, zwei feindliche Dreiruderer in den Grund und streifte einem dritten, an welchem er ungestüm vorbeifuhr, auf der einen Seite die Ruder ab. ***12*** Auch hätte er die anderen, so wie er sie erreicht hätte, übel zugerichtet, wäre nicht Adherbal mit den übrigen fünf Schiffen mit Hilfe der Segel nach Afrika gesteuert.

(31) Als Laelius, der als Sieger nach Carteia zurücksegelte, das zu Gades Vorgefallene erfuhr, dass man den Verrat entdeckt und die Verschworenen nach Karthago geschickt habe, dass die ganze Hoffnung, in welcher er und Lucius Marcius gekommen waren, vereitelt sei, ***2*** ließ er diesem sagen, wenn sie nicht mit vergeblichem Stillsitzen bei Gades die Zeit verlieren wollten, so müssten sie zu ihrem Feldherrn zurückkehren, und als ihm Marcius beistimmte, gingen sie beide wenige Tage darauf nach Neukarthago zurück. ***3*** Mit ihrem Abzug kam Mago, der sich bis dahin auf zwei Seiten, zu Land und zu Wasser, von doppelter Furcht bedrängt sah, nicht allein wieder zu Atem, sondern da er auch auf die Nachricht von der Empörung der Ilergeten neue Hoffnung schöpfte, Spanien wiederzugewinnen, schickte er an den Senat zu Karthago Gesandte ***4*** und ließ ihn unter übertriebenen Darstellungen des Aufruhrs im eigenen Lager der Römer und des Abfalls ihrer Bundesgenossen dringend auffordern, Truppen herüberzusenden, mit denen die von den Vätern auf sie vererbte Herrschaft über Spanien wieder erlangt werden könne.

5 Mandonius und Indibilis, die sich in ihre Staaten zurückgezogen hatten, blieben eine Zeitlang, um zu erfahren, wie das Urteil über die Aufrührer ausfallen würde, erwartungsvoll in Ruhe, ohne daran zu zweifeln, dass auch ihnen verziehen werden könne, wenn anders die Untertanen wegen ihres Fehltrittes Verzeihung erhielten. ***6*** Als sie aber aus der mit Strenge vollzogenen Todesstrafe, als diese bekannt wurde, abzunehmen glaubten, dass sie auch für ihr Vergehen eine ähnliche Strafe erleiden müssten, riefen sie ihre Untertanen von Neuem zu den Waffen, ***7*** zogen die vorigen Hilfstruppen wieder an sich und gingen mit 20 000 Mann zu Fuß und 2500 zu Pferd in das Gebiet der Sedetaner herüber, wo sie nach ihrem Abfall gleich anfangs ihr Standlager gehabt hatten.

(32) Scipio, der durch gewissenhafte Zahlung des Soldes an einen wie den andern, an Schuldige sowohl als Unschuldige, noch mehr durch die aus Blick und Worten sprechende Versöhnung, die Herzen seiner Soldaten leicht wiedergewann, ***2*** ließ sie, bevor er von Neukarthago aufbrach, zur Versammlung rufen, und nach wiederholten Äußerungen seines Unwillens über die Treulosigkeit der sich empörenden Häuptlinge, ***3*** sagte er, dass er zur Bestrafung dieses Frevels mit ganz anderen Empfindungen sich aufmache, als womit er neulich die Verirrung seiner Mitbürger

geheilt habe. *4* Damals habe er unter Seufzen und Tränen, wie einer, der sich in sein eigenes Fleisch schneide, die Unbesonnenheit oder das Verbrechen von 8000 mit 30 Köpfen gesühnt; jetzt mache er mit freudigem und gehobenem Mut sich auf, die Ilergeten zusammenzuhauen. *5* Denn diese seien nicht mit ihm in demselben Land geboren, noch durch irgendeine Verbindung an ihn geknüpft. Die einzige bisher obwaltende, die der Treue und Freundschaft, hätten sie selbst so frevelhaft zerrissen. *6* Für sein Heer aber nehme ihn außer dass er in ihm lauter Mitbürger oder Bundesgenossen und Latiner vor sich sehe, auch der Gedanke ein, dass sich fast kein einziger Soldat darunter finde, der nicht entweder von seinem Onkel Gnaeus Scipio, dem ersten Römer, der diese Provinz betreten habe, oder von seinem Vater als Konsul oder von ihm selbst aus Italien hierher gebracht worden sei. *7* Sie alle, an den Namen und die Leitung der Scipionen gewöhnt, wünsche er mit sich ins Vaterland zum verdienten Triumph zu führen und verspreche sich von ihnen, dass sie ihn bei seiner Bewerbung ums Konsulat unterstützen würden, als gelte es ihrer aller gemeinschaftlichen Ehre. *8* Was übrigens den bevorstehenden Feldzug betreffe, so würde man sich seiner Taten nicht mehr erinnern, wenn man hierin einen Krieg finden wolle. Mago, der sich mit wenigen Schiffen zur Welt hinaus auf eine vom Ozean umflutete Insel geflüchtet habe, mache ihm in der Tat mehr Sorge als die Ilergeten. *9* Denn dort sei doch ein karthagischer Feldherr und doch irgendeine Abteilung des Heeres, hier aber Straßenräuber und Häupter von Räuberbanden. Gesetzt, diese zeigten auch in Plünderung des Nachbarlandes, in Niederbrennung der Häuser und bei wegzuraffenden Herden eine Art von Stärke, so sei doch die in der Schlachtreihe und in einem förmlichen Treffen ganz ohne Bedeutung; sie würden kämpfen mehr im Vertrauen auf ihre Schnelligkeit zur Flucht als auf ihre Waffen. *10* Er habe also nicht darum, weil er von dort irgendeine Gefahr oder den Zunder zu einem größeren Krieg zu sehen glaube, die Unterjochung der Ilergeten vor seinem Abgang aus der Provinz für nötig gehalten, *11* sondern einmal, damit eine so frevelhafte Empörung nicht ungestraft bleibe, sodann, damit es nicht heißen könne, er habe in der Provinz, die sie mit ebenso viel Tapferkeit als Glück bezwungen hätten, einen Feind zurückgelassen. *12* So möchten sie ihm denn unter göttlichem Beistand folgen, nicht so sehr zur Führung eines Krieges – denn es sei ja kein Kampf gegen einen gleichen Feind –, als vielmehr zur Bestrafung von Frevlern.

(33) Als er sie mit dieser Rede entließ, befahl er ihnen, sich auf den folgenden Tag marschfertig zu halten, brach dann auf und kam in zehn Märschen an den Fluss Ebro. Nachdem er über den Fluss gegangen war, schlug er am vierten Tag im Angesicht der Feinde sein Lager auf. *2* Vor ihm lag eine Ebene, rings von Bergen eingeschlossen. In dieses Tal ließ Scipio die meistens auf feindlichem Gebiet geraubten Herden den milden Barbaren zur Lockung vortreiben, schickte leichtes Fußvolk zur Bedeckung nach *3* und befahl dem Laelius, wenn diese durch kleine Angriffe das Gefecht in Gang gebracht hätten, aus einer verborgenen Stellung mit der Reiterei hervorzubrechen. *4* Den zu deckenden Hinterhalt der Reiterei begünstigte ein vorspringender Berg; und bald darauf begann die Schlacht. Die Spanier stürzten auf die von fern erblickten Herden, das leichte Fußvolk auf die mit der Beute beschäftigten Spanier. *5* Es suchte sie anfangs durch Wurfpfeile zu schrecken, als es aber die leichten Pfeile, welche das Gefecht mehr reizen als entscheiden konnten, verschossen hatte, zog es die Schwerter und focht nun Mann gegen Mann; auch stand es um den Kampf des Fußvolkes misslich, wäre nicht die Reiterei dazugekommen. *6* Sie ritt nicht allein, wo sie von vorn einbrach. Alles, was ihr in den Weg kam, nieder, sondern ein Teil, der sich am Fuß der Anhöhe herumzog, warf sich den Feinden, um sie dem größten Teil nach zu umzingeln, im Rücken entgegen. Auch war ihr Verlust größer, als er sich von einem leichten Gefecht vorspringender Parteien hätte erwarten lassen. *7* Und doch entflammte dies den Barbaren nachteilige Gefecht, statt ihren Mut zu schwächen, vielmehr ihre Erbitterung.

Deswegen rückten sie, um nicht die Verzagten zu scheinen, am folgenden Tag am frühen Morgen zur Schlacht aus.

8 Das enge Tal, das ich oben erwähnte, konnte ihre Truppen nicht alle fassen. Nur zwei Drittel ihres Fußvolkes und die ganze Reiterei rückten in die Schlacht; was sie an Fußvolk übrig hatten, stellten sie schräg am Hügel auf. ***9*** Scipio, der die Beschränktheit des Platzes für seinen Vorteil hielt, weil der römische Soldat im dichten Schluss tauglicher sei als der spanische, und weil sich die feindliche Linie auf eine Gegend habe locken lassen, die ihrer ganzen Menge zu klein sei, richtete seinen Sinn noch auf einen andern Plan; ***10*** denn weder könne er selber bei so engem Raum die Reiterei auf den Flügeln aufstellen, noch werde dieselbe dem Feind von Nutzen sein, ***11*** da sie mit dem Fußvolk in das Tal herabgekommen wäre. So trug er denn dem Laelius auf, mit der Reiterei so versteckt wie möglich an den Hügeln herumzugehen und das Gefecht der Reiterei vom Gefecht des Fußvolkes so weit als er könne, abzuziehen.

12 Er selbst wandte sich mit seinem ganzen Fußvolk gegen den Feind und stellte an der Spitze nur vier Kohorten auf, weil er wegen des engen Raumes die Schlachtordnung nicht weiter ausdehnen konnte. ***13*** Und sogleich fing er die Schlacht an, um selbst vermittels des Gefechtes den Übergang seiner Reiterei über die Höhen dem Auge zu entziehen. Auch merkten die Feinde von der Umgehung nichts, bis sie das Getümmel der kämpfenden Reiterei vom Rücken her vernahmen. ***14*** So gab es hier zwei Schlachten in entgegengesetzter Richtung, zwei Linien zu Fuß und zwei Reitereien waren die Länge des Feldes hinab im Kampf, denen der enge Raum eine Zusammensetzung beider Arten von Truppen nicht gestattete. ***15*** Da von Seiten der Spanier weder das Fußvolk die Reiterei, noch die Reiterei das Fußvolk unterstützen konnte; da das Fußvolk, das sich bloß im Vertrauen auf seine Reiterei aufs Geratewohl in die Ebene gewagt hatte, schon zusammengehauen wurde, und ihre umgangene Reiterei weder von vorn den Angriff des Fußvolkes – denn ihr eigenes Fußvolk war schon niedergehauen – noch in ihrem Rücken die Reiterei aufzuhalten vermochte, so wurde sie ebenfalls, nachdem sie sich lange von den stehenden Pferden herab im Kreis gewehrt hatte, bis auf den letzten Mann zusammengehauen, und von allen, die zu Fuß und zu Pferd in diesem Tal gekämpft hatten, entkam keiner. ***16*** Nur das Drittel, das mehr zum sicheren Genuss des Schauspieles als zur Teilnahme an der Schlacht am Hügel stand, hatte Platz und Zeit zum Fliehen. ***17*** Und mit diesem ergriffen auch die beiden Fürsten die Flucht, die sich in der allgemeinen Bestürzung, ehe noch die Schlachtordnung ganz eingeschlossen wurde, dorthin gerettet hatten.

(34) Das spanische Lager, das noch an diesem Tage erobert wurde, lieferte außer der übrigen Beute beinahe 3000 Gefangene. ***2*** Von den Römern und Bundesgenossen fielen in diesem Treffen gegen 1200; verwundet waren über 3000 Mann. Der Sieg hätte weniger Blut gekostet, wenn sie auf einem offeneren, die Flucht mehr begünstigenden Feld gekämpft hätten. ***3*** Indibilis, der unter Aufgabe aller kriegerischen Entwürfe die schon erprobte Offenheit und Gnade des Scipio in seiner schlimmen Lage für die sicherste Zuflucht hielt, schickte seinen Bruder Mandonius an ihn. ***4*** Dieser warf sich ihm zu Füßen und brach in Klagen über das Schicksal aus, das eine solche Verblendung über diese Zeit verhängt habe, in welcher, wie von einer Pest angesteckt, nicht bloß die Ilergeten und Lacetaner, sondern selbst das römische Lager gerast hätten. ***5*** Er und sein Bruder und ihre übrigen Landsleute wären in einer solchen Lage, dass sie entweder dem Publius Scipio, wenn er so über sie entscheide, mit dem Leben bezahlen müssten, das sie ihm schon einmal verdankt hätten, oder dass sie als Begnadigte dies Leben, das sie demselben Mann zum zweiten Mal schuldig würden, beständig für ihn zum Opfer darzubringen hätten. ***6*** Vormals hätten sie, mit seiner Gnade noch unbekannt, sich auf ihre Sache verlassen, jetzt, gerade umgekehrt, ließen sie ihre Hoffnung durchaus nicht auf ihrer Sache, sondern ganz auf der Barmherzigkeit des Siegers beruhen.

7 Es war eine alte Sitte bei den Römern, wenn mit einem keine Freundschaft vermöge eines Vertrags und auf gleiche Bedingungen geschlossen wurde, nicht eher den Friedenszustand anzuerkennen, als bis alles göttliche und menschliche Eigentum übergeben, Geiseln gestellt, die Waffen ausgeliefert und Besatzungen in die Städte gelegt waren. ***8*** Nach vielen Vorwürfen, die er dem anwesenden Mandonius und dem abwesenden Indibilis machte, sagte Scipio: Nach Verdienst hätten sie für ihre Übeltat den Tod verdient; allein durch seine und des römischen Volkes Wohltat sollten sie am Leben bleiben. ***9*** Übrigens werde er weder ihnen die Waffen nehmen, denn das wären nur Pfänder für die, denen vor einem erneuerten Krieg bange sei; – er lasse ihnen den freien Gebrauch ihrer Waffen und die volle Unbefangenheit ihres Mutes; noch werde er, wenn sie abfielen, gegen schuldlose Geiseln, sondern gegen sie selbst der Harte sein, und nicht den wehrlosen, sondern den bewaffneten Feind zur Strafe ziehen. ***10*** Da sie das eine Verhältnis wie das andere kennengelernt hätten, so stelle er es ihnen anheim, ob sie mit den Römern lieber im Guten oder im Bösen zu tun haben wollten. ***11*** So wurde Mandonius weggeschickt, nur mit auferlegter Geldlieferung, um den Soldaten Zahlung leisten zu können. ***12*** Scipio, der den Marcius in das jenseitige Spanien vorausschickte, den Silanus nach Tarraco zurückgehen ließ, holte nach einem Aufenthalt von wenigen Tagen, während welcher die den Ilergeten auferlegten Geldsummen einliefen, mit seinen Truppen ohne Gepäck den Marcius wieder ein, als dieser sich schon dem Ozean näherte.

(35) Bald durch diese, bald durch jene Verzögerung war der schon früher eingeleitete Abschluss mit Masinissa immer verschoben, weil der numidische König durchaus mit Scipio selbst zusammenkommen und die Festigkeit des Bündnisses auf Scipios Handschlag gründen wollte. Jetzt war dies für Scipio der Grund zu einem so weiten Zug und in so entlegene Gegenden. ***2*** Als Masinissa, der noch zu Gades war, durch Marcius benachrichtigt wurde, dass Scipio unterwegs sei, beredete er den Mago unter dem Vorwand, die Pferde gingen durch die Einschließung auf der Insel zugrunde, verursachten für andere Mangel an allem und müssten ihn selbst entgelten, und außerdem langweilten sich die Reiter in Untätigkeit, ***3*** dass er ihm erlaubte, auf das feste Land überzusetzen, um die nächsten Gegenden Spaniens auszuplündern. ***4*** Nach seinem Übergang schickte er drei vornehme Numider voran, um Zeit und Ort zur Unterredung auszumachen; zwei sollte Scipio als Geiseln zurückbehalten. Nach Zurücksendung des dritten, der den Masinissa zur bestimmten Stelle bringen musste, kamen sie von wenigen begleitet zur Unterredung. ***5*** Schon vorher war der numidische König durch den Ruf von Scipios Taten von Bewunderung eingenommen, und seine Einbildungskraft hatte ihm den Mann auch in einem ansehnlichen und würdevollen Äußeren dargestellt. ***6*** Jetzt aber, als er ihn vor sich sah, fühlte er sich von noch größerer Verehrung ergriffen; denn abgesehen davon, dass Scipio schon von Natur viel Erhabenes hatte, schmückten ihn ein lang herabhängendes Haar und ein Körper, der nicht durch Schmuck herausgeputzt, sondern wahrhaft männlich und eines Kriegers würdig war; dazu ein Alter in der Mitte der vollen Kraft, ***7*** welcher eine nach der Krankheit gleichsam neu aufblühende Jugend noch mehr Fülle und Glanz verlieh. ***8*** Jetzt, durch die Annäherung selbst fast wie bezaubert, sagte ihm der König für die Zurücksendung seines Neffen Dank. Er versicherte, seit jener Zeit habe er sich nach dieser Gelegenheit gesehnt, welche er nun, da sie ihm endlich durch die Gnade der unsterblichen Götter geboten sei, nicht habe versäumen wollen. ***9*** Er wünsche ihm und dem römischen Staat seine Dienste zu widmen, und zwar so, dass noch nie ein Auswärtiger Roms Sache mit größerem Eifer unterstützt haben solle. ***10*** So sehr dies lange schon sein Wille gewesen sei, so habe er es doch in Spanien, einem ihm nicht gehörigen und unbekannten Land, nicht leisten können; allein in dem Land, wo er geboren und zur Hoffnung auf den väterlichen Thron erzogen sei, werde er es ohne Mühe leisten. ***11*** Wenn nämlich die Römer den Scipio ebenso als Feldherrn

nach Afrika schickten, so sei er gewiss, dass Karthago die längste Zeit gestanden habe. *12* Scipio sah und hörte ihn mit vieler Freude, da er wusste, dass Masinissa in der feindlichen Reiterei das meiste getan habe, und der junge Mann auch unverkennbare Proben von Geistesgröße gab. Nach gegenseitiger Zusicherung der Treue ging Scipio nach Tarraco zurück. *13* Als Masinissa mit Bewilligung der Römer die nächsten Gegenden verheert hatte, um einen Grund seiner Überfahrt nach dem festen Land angeben zu können, kam er wieder in Gades an.

(36) Dem Mago, der mit Aufgebung Spaniens, zu dessen Behauptung ihm zuerst der Aufruhr der römischen Soldaten und dann der Abfall des Indibilis Hoffnung gemacht hatte, sich eben zur Überfahrt nach Afrika anschickte, kam die Weisung von Karthago, auf Befehl des Senates mit der Flotte, die er bei Gades habe, nach Italien überzugehen; *2* wenn er hier so viele Gallier und Ligurer angeworben habe, wie ihm möglich sei, sich mit Hannibal zu vereinigen und einen Krieg nicht unwirksam werden zu lassen, den man mit der größten Lebhaftigkeit und noch größerem Glück angefangen habe. *3* Teils wurde Mago zu diesem Zweck Geld von Karthago geschickt, teils trieb er selbst, soviel er konnte, von den Gaditanern ein, plünderte nicht allein ihre Schatzkammer, sondern auch ihre Tempel und zwang jeden Eigentümer, sein Gold und Silber an den Staat abzuliefern. *4* Als er an der Küste Spaniens hinunterfuhr, setzte er nicht weit von Neukarthago seine Truppen ans Land, verheerte die nächsten Dörfer und ging von da mit der Flotte vor die Stadt. **5** Solange es noch Tag war, behielt er die Truppen auf den Schiffen, setzte sie aber in der Nacht an der Küste aus und führte sie gegen die Stelle der Mauer, wo die Römer Karthago erobert hatten; denn seiner Meinung nach war teils die Besatzung der Stadt nicht stark genug, teils sollte auch die Aussicht auf eine neue Regierung selbst manche Einwohner zu Unternehmungen veranlassen.

6 Allein aufgeschreckte Boten vom Land hatten alles auf einmal gemeldet: die Plünderung, die Flucht der Landleute und die Ankunft der Feinde; *7* bei Tag hatte man die Flotte gesehen, und es war selbstverständlich, dass dieser Standort vor der Stadt nicht ohne Absicht gewählt sei. Demnach mussten sich die Truppen innerhalb des Tores, das nach dem stehenden See und zum Meer führte, in Ordnung und bewaffnet beisammenhalten. *8* Als aber die Feinde in vollem Haufen, Soldaten mit einem Schwarm von Seeleuten gemischt, mehr lärmend als nachdrücklich gegen die Mauern anrückten, da brachen die Römer plötzlich aus dem geöffneten Tor mit Geschrei hervor **9** und verfolgten die in Unordnung geratenden und gleich beim ersten Angriff und Speerwurf umkehrenden Feinde unter großem Verlust bis ans Ufer, *10* und hätten nicht die anfahrenden Schiffe die Herzustürzenden aufgenommen, so wäre aus dem Treffen und auf der Flucht niemand davongekommen. *11* Ja selbst auf die Schiffe ging die Verwirrung über. Um die Feinde nicht mit den Ihrigen zugleich eindringen zu lassen, zogen die Punier die Schiffsleitern ein und kappten die Hinterseile und Anker, um nicht beim Lichten zu verweilen; *12* und viele, die zu den Schiffen schwammen, kamen im Dunkeln bei der Ungewissheit, wohin sie sich richten und wo sie ausweichen sollten, kläglich ums Leben. *13* Am folgenden Tag, als die Flotte wieder gegen das Weltmeer zurückgeflohen war, woher sie gekommen war, fand man zwischen der Mauer und dem Gestade gegen 800 Erschlagene und gegen 2000 Rüstungen.

(37) Als Mago nach Gades zurückkehrte, wurde er nicht eingelassen; er landete bei Cimbii – dies liegt nicht weit von Gades – und wusste durch Abgesandte und Klagen davon, dass man ihm, einem Bundesgenossen und Freund, die Tore verschlossen habe, *2* ein Verfahren, das die Gaditaner mit dem Auflauf der Menge entschuldigten, die über einzelne von seinen Soldaten beim Einschiffen verübte Plünderungen aufgebracht sei. Ihre Sufeten – so heißt bei den Puniern die höchste Obrigkeit – und ihren Schatzmeister zu einer Unterredung lockte er heraus, ließ sie auf das Härteste prügeln und ans Kreuz schlagen, und segelte von dort beinahe 100 000 Schritte vom festen Lande ab nach der Insel Pityusa, welche damals Punier bewohnten. **3** Daher fand

die Flotte hier eine freundliche Aufnahme und wurde nicht allein reichlich mit Lebensmitteln versorgt, sondern bekam auch zur Ergänzung ihrer Truppen Mannschaft und Waffen. ***4*** Im Vertrauen auf diese setzte Mago nach den balearischen Inseln über; diese liegen 50 000 Schritte von jener. ***5*** Der balearischen Inseln sind zwei: Die eine ist größer, hat größeren Reichtum an Waffen und Menschen und einen Hafen, in welchem er sehr bequem überwintern zu können glaubte; denn der Herbst war schon dem Ende nahe. ***6*** Allein die Flotte wurde so feindlich empfangen, als hätten die Insel Römer bewohnt. Die Schleuder war, wie noch jetzt die vorzügliche, so damals die einzige Waffe der Einwohner; und in der Geschicklichkeit, sie zu führen, übertrifft bei keinem anderen Volk ein Einziger seine Landsleute so weit, als die Balearen alle jeden andern. ***7*** Gleich dem dichtesten Hagel überströmte die Flotte eine solche Menge von Steinen, dass die Punier, ohne das Einlaufen in den Hafen zu wagen, in die hohe See umkehrten. ***8*** Sie gingen von da nach der kleineren balearischen Insel über, die einen fruchtbaren Boden hat, aber an Mannschaft und Waffen jener nicht gleichkommt. ***9*** Nach ihrer Landung schlugen sie oberhalb des Hafens auf einem haltbaren Ort ein Lager auf, gewannen die Stadt und ihr Gebiet ohne Kampf, hoben 2000 Mann Hilfstruppen aus, schickten sie nach Karthago und brachten ihre Schiffe zum Überwintern auf das Land. ***10*** Als Mago die Küste des Ozeans verlassen hatte, ergab sich Gades den Römern.

(38) Dies geschah in Spanien unter der Anführung und Leitung des Publius Scipio. Er selbst ging, nachdem er die Provinz den Prokonsuln Lucius Lentulus und Lucius Manlius Acidinus übergeben hatte, mit zehn Schiffen nach Rom zurück. ***2*** Als ihn der Senat außerhalb der Stadt im Tempel der Bellona vorließ, setzte er seine Taten in Spanien auseinander, wie oft er förmliche Schlachten geliefert, wie viele feindliche Städte er erstürmt, wie viele Völker er der römischen Oberhoheit unterworfen habe. ***3*** Nach Spanien hin sei er gegen vier Feldherren, gegen vier siegreiche Heere gegangen, und habe im ganzen Reiche keinen Karthager zurückgelassen. ***4*** Die Hoffnung des Triumphes als Belohnung für diese Taten äußerte er mehr versuchsweise, als um sie ernstlich zu verfolgen, weil bekanntlich bis auf diesen noch niemand triumphiert hatte, der als kriegführender Feldherr nicht zugleich in obrigkeitlichem Amt stand. ***5*** Nach Entlassung des Senats zog er in die Stadt und ließ vor sich her 14 342 Pfund Silber und eine große Menge Silber in die Schatzkammer tragen.

6 Darauf hielt Lucius Veturius Philo den Versammlungstag zur Konsulnwahl, und alle Zenturien ernannten unter lauten Äußerungen des Wohlwollens den Publius Scipio zum Konsul. Als Amtsgenosse wurde ihm der Oberste Priester Publius Licinius Crassus zugegeben. ***7*** Übrigens ist aufgezeichnet worden, dass dieser Wahltag zahlreicher besucht war als irgendeiner während dieses Krieges. Aus allen Orten waren die Leute zusammengekommen, nicht bloß, um ihre Stimme abzugeben, sondern auch um Publius Scipio zu sehen; ***8*** sie strömten haufenweise teils zu ihm ins Haus, teils zu seinem Opfer auf das Kapitol, als er dem Jupiter die in Spanien im Gelübde verheißenen 100 Stiere darbrachte; ***9*** und sie versprachen sich im Geist, dass, wie Gaius Lutatius den vorigen Punischen Krieg beendigt habe, so auch den gegenwärtigen Publius Cornelius beendigen werde. ***10*** So wie er die Punier aus ganz Spanien vertrieben habe, so werde er sie aus Italien vertreiben; und gleich, als wären sie mit dem Krieg in Italien schon fertig, bestimmten sie ihm Afrika zum Schauplatz seiner Taten. ***11*** Darauf wurde Prätorenwahl gehalten. Zwei wurden gewählt, welche zu der Zeit plebejische Ädilen waren, Spurius Lucretius und Gnaeus Octavius; zwei noch Unbeamtete, Gnaeus Servilius Caepio und Lucius Aemilius Papus.

12 Als Publius Cornelius Scipio und Publius Licinius Crassus im 14. Jahr dieses Punischen Krieges das Konsulat antraten, wurden ihnen als Konsuln die Plätze ihrer Bestimmung angewiesen; dem Scipio, ohne darum zu losen, Sizilien, da es ihm sein Amtsgenosse überließ, weil diesen als obersten Priester die Besorgung der gottesdienstlichen Geschäfte in Italien zurückhielt; dem

Crassus Bruttium. *13* Darauf wurden die Geschäfte der Prätoren verlost. Den Gnaeus Servilius traf die Gerichtspflege in der Stadt; Ariminum – so nannte man damals Gallien – den Spurius Lucretius, Sizilien den Lucius Aemilius, den Gnaeus Octavius Sardinien. *14* Es folgte eine Senatssitzung auf dem Kapitol. Hier wurde auf Antrag des Publius Scipio durch einen Senatsbeschluss bewilligt, dass er die Spiele, die er in Spanien bei dem Aufstand der Soldaten gelobt hatte, von dem Geld bestreiten sollte, das er selbst in den Schatz geliefert hatte.

(39) Jetzt führte er die Gesandten der Saguntiner dem Senat vor. Der älteste von ihnen sprach: *Gehen auch keine Leiden, versammelte Väter, über die hinaus, die wir, um euch unsere Treue bis in den Tod zu bewähren, erduldet haben, so sind doch eure und eurer Feldherren Verdienste um uns so groß, dass wir selbst unser vielfaches Unglück uns nicht leid sein lassen.* **2** *Unsertwegen nahmt ihr den Krieg auf euch; schon ins 14. Jahr führt ihr den übernommenen mit einer solchen Beharrlichkeit, dass ihr öfter selbst in die höchste Gefahr gerietet oder die Karthager darein versetztet.* **3** *Als ihr selbst in Italien einen so schrecklichen Krieg und einen Hannibal als Feind vor euch hattet, schicktet ihr euren Konsul mit einem Heer nach Spanien, als wolltet ihr sogar die Trümmer unseres Schiffbruchs sammeln lassen.* **4** *Die beiden Cornelier, Publius und Gnaeus, haben seit ihrem Eintritt in die Provinz nie aufgehört, alles zu tun, was uns vorteilhaft und unseren Feinden nachteilig sein konnte.* **5** *Vor allen Dingen stellten sie unsere Stadt wieder her, führten unsere durch ganz Spanien verkauften Mitbürger durch umhergeschickte Leute, welche sie zusammensuchen mussten, aus der Sklaverei der Freiheit wieder zu.* **6** *Als wir schon nahe daran waren, nach dem traurigsten Schicksal ein wünschenswertes zu genießen, fanden die Cornelier Publius und Gnaeus, obgleich eure Feldherren, doch zu größerer Trauer für uns als für euch ihren Tod.* **7** *Da freilich glaubten wir, nur dazu aus den verschiedensten Gegenden auf unseren alten Wohnort zurückgeschleppt zu sein, um abermals zugrunde zu gehen und eine zweite Zerstörung unserer Vaterstadt zu erleben;* **8** *und dass man zu unserem Verderben nicht gerade eines Feldherrn oder Heeres von Karthago bedürfe, dass wir schon von den Turdulern, unseren alten Feinden, die auch unsere frühere Zerstörung herbeigeführt hatten, vertilgt werden könnten, als ihr auf einmal,* **9** *ohne dass wir es hoffen konnten, ihn, den Publius Scipio, uns sandtet. Wir schätzen uns vor allen Saguntinern höchst glücklich, dass wir ihn als erklärten Konsul gesehen haben und unseren Mitbürgern wieder sagen können: So haben wir ihn gesehen, ihn, auf dem unsere ganze Hoffnung und Wohlfahrt beruht.* **10** *Er war es, der bei seinen Eroberungen so vieler feindlicher Städte in Spanien, die Saguntiner allenthalben aus der Zahl der Gefangenen ausgesucht, in ihre Vaterstadt zurückschickte;* **11** *endlich Turdetanien, diese Macht, deren Feindseligkeit gegen uns so weit geht, dass bei ihrem Bestand Sagunt nicht stehen kann, durch seinen Krieg so herunterbrachte, dass es nicht nur uns – fern sei alle sträfliche Überhebung! –, selbst unseren Nachkommen nicht weiter furchtbar sein kann.* **12** *Wir sehen deren Stadt zerstört, denen zu Gefallen Hannibal Sagunt zerstört hatte, wir erheben Abgaben von ihrem Gebiet, die uns durch den Ertrag nicht erfreulicher sind als durch die Vergeltung.* **13** *Euch für diese Wohltaten, die wir selbst von den unsterblichen Göttern nicht größer hoffen noch wünschen konnten, Dank abzustatten, haben Senat und Volk von Sagunt uns zehn Gesandte hierher geschickt,* **14** *zugleich, um euch dazu Glück zu wünschen, dass ihr diese Jahre über euren Krieg in Spanien und Italien so geführt habt, dass ihr Spanien, nicht bis an den Ebro, sondern bis an die durch den Ozean bestimmte Weltgrenze euren Waffen unterworfen und von Italien dem Punier nichts als den Fleck gelassen habt, den sein Lagerwall umschließt.* **15** *Wir haben Befehl, dem allmächtigen Jupiter, dem Schutzgott des Kapitols, nicht allein dafür Dank zu sagen, sondern auch diesen goldenen Kranz, wenn ihr es erlauben würdet, als Geschenk für den verliehenen Sieg auf dem Kapital niederzulegen.* **16** *Um diese Erlaubnis ersuchen wir euch auch darum, den Begünstigungen, welche eure Feldherren uns gewährt haben, durch euer Machtwort, wenn es euch so gefällig sein sollte, Gültigkeit und Dauer zu erteilen.*

17 Der Senat antwortete den saguntinischen Gesandten: Sagunts Zerstörung und Wiederherstellung werde allen Völkern ein Beweis auf beiden Seiten gehaltener Bundestreue sein. *18* Dass die römischen Feldherren Sagunt wiederhergestellt und die Saguntiner Bürger aus der Sklaverei befreit hätten, daran hätten sie recht getan, dem gebührenden Gang und des Senates Willen gemäß; und was sie ihnen sonst noch Gutes erzeigt haben möchten, sei alles nach den Wünschen des Senates geschehen. Ihr Geschenk auf dem Kapitol niederzulegen, solle ihnen gestattet sein. *19* Dann wurde befohlen, den Gesandten Wohnung und Bewirtung und jedem nicht unter 10 000 As als Geschenk zu geben. *20* Nun erhielten die übrigen Gesandtschaften vortritt und Gehör im Senat. *21* Auch gab man den Saguntinern auf ihre Bitte, soweit es sich unbeschadet der Sicherheit tun lasse, sich in Italien umsehen zu dürfen, Wegweiser mit und schrieb an die Städte, sie möchten diese Spanier freundschaftlich aufnehmen. *22* Nun kam es zu Vorträgen, welche den Staat, die Werbungen und Bestimmung der Kriegsplätze betrafen.

(40) Da unter den Leuten allgemein das Gerücht ging, Afrika sei dem Scipio ohne Los als neuer Kriegsschauplatz bestimmt, weil ferner er selbst, mit einem mäßigen Ruhm schon nicht mehr zufrieden, behauptete, er sei nicht bloß zur Führung, sondern zur Beendigung des Krieges zum Konsul ernannt; *2* dies aber sei nicht anders möglich zu machen, als wenn er selbst mit dem Heer nach Afrika hinüberginge, er auch geradeheraus sagte, wenn ihm der Senat entgegen sei, so werde er die Sache durch das Volk betreiben. So trat, da diese Maßregel bei den Ersten der Väter durchaus keinen Beifall fand, und die übrigen aus Furcht oder Gefälligkeit nicht laut werden mochten, Quintus Fabius Maximus, als er seine Stimme abgeben sollte, mit folgenden Worten auf:

3 Ich weiß es, versammelte Väter, es scheint vielen unter euch so, als befassten wir uns heute mit einer unnützen Verhandlung, und als würde der eine vergebliche Rede halten, der über die Bestimmung Afrikas zum Kriegsschauplatz seine Meinung als über eine noch unentschiedene Frage abgeben wollte. 4 Allein einmal weiß ich nicht, wie Afrika dem Konsul, diesem übrigens tapferen und tüchtigen Mann, schon als Standort überwiesen sein kann, da es weder vom Senat als diesjähriger Standort anerkannt noch vom Volk dafür erklärt ist. 5 Ist es das aber, nun, so handelt nach meiner Ansicht der Konsul unrecht, wenn er nach schon abgemachter Sache durch den sich gegebenen Schein, sie zur Sprache zu bringen, den ganzen Senat zum Besten hält, nicht bloß den einzelnen Senator, der über die als Gegenstand der Beratung aufgestellte Frage, so wie die Reihe an ihn kommt, sein Gutachten abgibt. 6 Ja ich sehe vorher, dass ich mich, wenn ich dieser Eilfertigkeit, nach Afrika zu gehen, meine Zustimmung versage, einem zweifachen Schein aussetzen werde: 7 einmal dem einer mir eigentümlichen Zauderhaftigkeit, welche die jüngeren Männer immerhin sogar Furchtsamkeit und Saumseligkeit nennen mögen, solange ich darüber nicht unzufrieden sein kann, dass man immer die Maßregeln anderer beim ersten Anblick scheinbarer, die meinigen durch die Erfahrung bewährter fand. 8 Zum anderen dem, als arbeitete ich neidisch dem mit jedem Tag wachsenden Ruhm des tapfersten Konsuls entgegen. 9 Spricht mich von diesem Verdacht weder mein bisheriges Leben und meine Handlungsweise, noch die Diktatur nebst fünf Konsulaten und die Menge des im Krieg und Frieden erworbenen Ruhmes frei, so dass mir der Ekel davor näher liegt als der Wunsch danach, so soll mich wenigstens mein Alter freisprechen. Wie kann ich der Nebenbuhler dessen sein, der nicht einmal so alt wie mein Sohn ist? 10 In meiner Diktatur, in der Blüte meiner Kräfte, im Lauf der wichtigsten Taten, hat niemand weder im Senat noch vor dem Volk ein Wort von mir gehört, wodurch ich es zu hindern gesucht hätte, dass derselbe Magister Equitum, der mein Ankläger war, nicht im Oberbefehl – so unerhört dies bis dahin war – mir gleichgesetzt würde. 11 Ich wollte es lieber durch Taten als durch Worte dahin bringen, dass eben der, nach anderer Urteil mir Gleichgestellte, binnen Kurzem durch sein eigenes Geständnis mir vor sich selbst den Vorzug geben sollte; 12 und nun, nachdem ich längst auch alle Staatsämter verwaltet habe, sollte ich mir Nebenbewerbungen und Wettkämpfe mit einem Mann von den blühendsten Jahren zum Ziel setzen? **13** *Wahrscheinlich in der Absicht, mir, der ich schon des Lebens, nicht bloß der Taten müde bin, Afrika, wenn es ihm abgeschlagen würde, zum Schauplatz meiner Taten geben zu lassen! Nein, mit dem Ruhm, den ich mir erworben habe, will ich leben und sterben.* **14** *Ich wehrte dem Hannibal den Sieg, damit ihr, die ihr jetzt in der Blüte eurer Kräfte seid, ihn auch solltet besiegen können.*

(41) *Das aber musst du mir billigerweise verzeihen, Publius Cornelius, dass ich, der ich meinen eigenen Ruf bei den Leuten nie höher hielt als das Beste des Staates, auch deinem Ruhme vor dem allgemeinen Besten nicht den Vorzug gebe;* **2** *mag auch immerhin, wenn wir entweder gar keinen Krieg in Italien oder hier einen Feind vor uns hätten, durch dessen Besiegung nicht der geringste Ruhm zu erwerben wäre, der Mann, der dich in Italien zurückhalten wollte, gesetzt, er täte es auch zum Besten des Ganzen, den Schein auf sich laden würde, als habe er dir zugleich mit dem Krieg den Stoff zum Ruhm entreißen wollen.* **3** *Wenn aber ein Feind wie dieser, wenn ein Hannibal mit einem vollständigen Heer schon ins 14. Jahr Italien besetzt hält, wird dir dann, Publius Cornelius, der Ruhm nicht genügen, diesen Feind, der uns die Ursache so vieler Todesfälle, so vieler Niederlagen war, als Konsul aus Italien vertrieben zu haben, und ebenso die Ehre von der Beendigung dieses punischen Krieges zu ernten, wie Gaius Lutatius vom vorigen?* **4** *Oder wollen wir annehmen, dass Hamilkar als Feldherr den Hannibal, dass jener Krieg den jetzigen übertreffe, oder dass jener Sieg herrlicher und ruhmvoller war, als dieser – wenn es nur der Himmel verleiht, dass wir ihn unter deinem Konsulat erringen – für uns werden wird?* **5** *Möchtest du lieber einen Hamilkar aus Drepanum und Eryx herausgetrieben oder einen Hannibal mit seinen Puniern aus Italien vertrieben haben?* **6** *Du selbst, so sehr du es auch lieber mit einem schon erworbenen als noch zu hoffenden Ruhm hältst, würdest dich doch nicht so gern der Befreiung Spaniens als Italiens rühmen wollen.* **7** *Noch ist Hannibal nicht so weit, dass ein Feldherr, der einen anderen Krieg lieber wählt, sich nicht eher den Schein zuziehen sollte, ihn gefürchtet als ihn verachtet zu haben.* **8** *Warum machst du dich also nicht an diesen Krieg und gibst ihm, ohne dich auf solche Umwege einzulassen, dass du lieber darauf hoffest, Hannibal solle dir folgen, wenn du nach Afrika übersetztest, geradeswegs die Richtung dahin, wo Hannibal steht? Du strebst nach jenem ausgezeichneten Preis, den Punischen Krieg beendet zu haben?* **9** *Der Natur nach geht das voran, dass man sein Eigentum rettet, ehe man hingeht, fremdes anzutasten. Erst muss Friede in Italien sein, ehe Krieg in Afrika wird; und erst müssen wir uns der Furcht entledigen, ehe wir durch Angriffe andere schrecken.* **10** *Kann beides unter deiner Anführung und Leitung geschehen, so erobere, wenn du hier den Hannibal besiegt hast, dort Karthago. Musst du einen von beiden Siegen neuen Konsuln überlassen, so wird doch der erste nicht allein wichtiger und ruhmvoller, sondern auch die Ursache des Folgenden sein.* **11** *Denn für jetzt – abgesehen davon, dass die Schatzkammer zwei Heere zugleich in Italien und in Afrika auf so weit geschiedenen Punkten nicht halten kann,* **12** *ferner, dass uns zur Erhaltung der Flotten, zur Bestreitung der anzuschaffenden Zufuhren nichts übrig geblieben ist – ich bitte dich, wem leuchtet nicht auch die Gefahr ein, in die wir uns wagen?* **13** *Man sage nicht: Den Krieg in Italien wird Publius Licinius führen und den in Afrika Publius Scipio. – Wie? – Wenn aber – mögen alle Götter die Vorbedeutung abwenden! Auch schaudert mich davor, dies auszusprechen: Allein, einmal Geschehenes kann wieder geschehen. – Wie? – Wenn Hannibal als Sieger gegen die Stadt heranzöge, sollen wir dann erst dich, unseren Konsul, aus Afrika holen lassen, wie etwa den Quintus Fulvius von Capua?* **14** *Wie? Ist das Kriegsglück nicht auch in Afrika misslich? Lass dir die Beispiele deines Stammes zur Lehre dienen; deinen Vater und Onkel, die innerhalb von 30 Tagen ebenda samt ihren Heeren fielen,* **15** *wo sie durch so große Taten zu Wasser und zu Land den Namen des römischen Volkes und den eures Geschlechtes bei den auswärtigen Völkern berühmt gemacht hatten.* **16** *Der Tag würde hingehen, wenn ich die Könige und Feldherren aufzählen wollte, die zu ihrem und ihrer Heere größtem Nachteil unbesonnen auf feindlichen Boden übergingen.* **17**

Die Athener, ein so staatskluges Volk, ließen einen Krieg in der Heimat zurück, gingen auf Antrieb eines ebenso tätigen wie vornehmen jungen Mannes mit einer großen Flotte nach Sizilien und stürzten in einer einzigen Seeschlacht ihren blühenden Staat auf ewig ins Unglück.

(42) *Warum gehe ich auf Geschichten des Auslandes und weit zurück Liegendes zurück? Gerade dieses Afrika und Marcus Atilius, dies ausgezeichnete Beispiel für beide Fälle des Glückes, sollten uns zur Warnung dienen.* **2** *Wahrhaftig, Publius Cornelius, wenn du erst vom hohen Meer aus Afrika erblickst, dann werden dir deine beiden Spanien nur als ein Spiel, nur als ein Spaß erscheinen. Denn wo ist da eine Ähnlichkeit?* **3** *Dahin segeltest du auf friedlichem Meer die Küste von Italien und Gallien entlang, gingst mit deiner Flotte nach Emporiae, einer Bundesstadt, führtest dein ausgeschifftes Heer durch lauter völlig sichere Gegenden zu römischen Bundesgenossen und Freunden nach Tarraco;* **4** *von Tarraco ging der Weg durch römische Posten; am Ebro fandest du deines Vaters und Onkels Heere,* **5** *nach dem Verlust ihrer Feldherren und selbst durch ihr Unglück noch mutiger; Lucius Marcius dort war freilich nur für den Augenblick, nur durch die Stimmen der Soldaten gewählter Anführer, übrigens, wenn ihn Abkunft und die üblichen Ehrenstellen gehoben hätten, in jeder Kriegskunst den berühmtesten Feldherren gleich; man ließ dir zu dem Sturm auf Neukarthago alle mögliche Ruhe, da von drei punischen Heeren auch nicht eines seinen Bundesgenossen zu Hilfe kam.* **6** *Alles übrige, so wenig ich es verkleinern will, ist doch in keiner Beziehung mit dem Krieg in Afrika zu vergleichen, wo nicht ein Hafen für unsere Flotte offen, kein Gebiet mit uns in Frieden, kein Staat mit uns im Bunde, kein König unser Freund ist, und uns die Stelle fehlt, auf der wir stehen bleiben, zu der wir Weiterschreiten könnten.* **7** *So weit du um dich blickst, ist alles feindlich gesinnt. Oder traust du dem Syphax und den Numidern? Lass es genug sein, ihnen einmal getraut zu haben. Nicht immer hat Leichtgläubigkeit so viel Glück; und der Betrug baut sich in kleinen Dingen eine Schutzmauer des Vertrauens auf, um, wenn es der Mühe wert ist, mit größerem Lohn zu täuschen.* **8** *Ihren bewaffneten Feinden gingen dein Vater und Onkel nicht eher in die Hände, als nach der Treulosigkeit der verbündeten Keltiberer; und dir selbst wurden Mago und Hasdrubal, die feindlichen Heerführer, nicht so gefährlich wie Indibilis und Mandonius, die du in Schutz genommen hattest.* **9** *Kannst du Numidern trauen, du, der du den Abfall deiner Truppen erfahren musstest? Freilich gönnen sowohl Syphax als Masinissa sich selbst das Übergewicht in Afrika lieber als den Karthagern; aber doch den Karthagern eher als jedem anderen.* **10** *Jetzt werden sie von Eifersucht und allen möglichen Veranlassungen zu Streitigkeiten gespornt, weil alle Furcht von außen her ihnen fern genug ist. Aber lass sie römische Waffen, lass sie ein ausländisches Heer erblicken; zusammenlaufen werden sie, als wollten sie einen Brand löschen, der sie alle trifft.* **11** *So verteidigten dieselben Karthager Spanien, aber ganz anders werden sie die Mauern der Vaterstadt verteidigen, die Tempel ihrer Götter, Altar und Herd, wenn beim Auszug zur Schlacht die geängstigte Gattin sie begleitet und die kleinen Kinder ihnen in den Weg treten.* **12** *Und weiter, wenn nun die Karthager, in sicherem Vertrauen auf die Bestimmung von Afrika, auf die Treue ihrer verbündeten Könige, auf ihre Mauern, sobald sie Italien von dir und deinem Heer unbeschützt sehen, selbst angriffsweise entweder ein neues Heer aus Afrika nach Italien senden* **13** *oder dem Mago, von dem wir schon wissen, dass er nach seiner Abfahrt von den Balearen an der Küste der alpinischen Ligurer kreuzt, den Befehl geben, sich mit Hannibal zu vereinigen?* **14** *Offenbar haben wir dann denselben Schrecken wieder, den wir neulich hatten, als Hasdrubal nach Italien kam, weil du, der du mit deinem Heer nicht bloß Karthago, sondern ganz Afrika sperren willst, ihn dir aus der Hand nach Italien hattest entschlüpfen lassen.* **15** *Du wirst sagen: Den habe ich ja besiegt! Umso weniger wünschte ich, und das in Rücksicht auf dich, nicht auf den Staat allein, du hättest einem Besiegten nicht den Weg nach Italien gestattet. Lass uns alles, was für dich und Roms Oberherrschaft zum Glück ausschlug, deinen Maßregeln zuschreiben, alles Misslungene als Wechselfälle des Krieges und*

als Schickung abrechnen, so hält das Vaterland und ganz Italien, **16** *je glücklicher und tapferer du bist, in dir einen solchen Beschützer umso fester. Du selbst kannst nicht verhehlen, dass da der Hauptpunkt und eigentliche Sitz des Krieges sei, wo Hannibal steht; denn du erklärst ja laut, dass du darum nach Afrika übersetzen willst, um den Hannibal dahinzuziehen.* **17** *Es mag also hier oder dort geschehen, genug du wirst mit Hannibal dich einlassen müssen. Solltest du nun wohl, ich bitte dich, in Afrika stärker allein sein als hier, wo du dein und deines Mitkonsuls Heer beieinander hast? Beweisen dir die Konsuln Claudius und Livius, selbst durch ihr noch so neues Beispiel nicht, was das für einen Unterschied macht?* **18** *Ferner, was gäbe wohl dem Hannibal eine größere Überlegenheit an Waffen und Truppen? Der äußerste Winkel von Bruttium, wo er schon so lange vergeblich von Hause aus Unterstützung fordert, oder die Nähe von Karthago, und ganz Afrika mit ihm im Bunde?* **19** *Was ist das für ein Entschluss, es lieber da zur Entscheidung kommen zu lassen, wo man selbst an Truppen um die Hälfte schwächer und der Feind soviel stärker ist, als wo man mit zwei Heeren gegen eins zu kämpfen hat, das schon durch so viele Schlachten und durch einen so langwierigen und beschwerlichen Dienst entkräftet ist?* **20** *Bedenke, wie wenig dein Entschluss dem deines Vaters gleicht. Er war als Konsul nach Spanien gegangen und kehrte aus seiner Provinz nach Italien zurück, um dem von den Alpen kommenden Hannibal entgegenzutreten; und du machst dich fertig, da Hannibal in Italien steht, Italien zu verlassen, nicht weil du das für den Staat heilsam, sondern für dich selbst für ehrenvoll und rühmlich hältst,* **21** *geradeso wie damals, wo du, ohne durch einen Senatsbeschluss beauftragt zu sein, deine Provinz und dein Heer im Stich ließest und als Oberbefehlshaber des römischen Volkes das Wohl des Staates und die Würde des Oberbefehls, welche beide in deiner Person gefährdet wurden, zwei Schiffen anvertrautest.* **22** *Meines Erachtens, versammelte Väter, wurde Publius Cornelius für den Staat und für uns, nicht für sich selbst und seine Person zum Konsul ernannt; und unsere Heere haben wir zum Schutz Roms und Italiens aufgebracht, nicht aber um sie von den Konsuln nach Art der Könige in ihrem Hochmut dahin schleppen zu lassen, wohin es ihnen beliebt.*

(43) Als Fabius durch diese den Zeitumständen angemessene Rede, ebenso sehr auch durch sein Ansehen und den seit Jahren bewährten Ruf seiner Vorsicht einen großen Teil der Senatoren, hauptsächlich die älteren, gewonnen hatte, und mehrere von ihnen sich für die Maßregel des älteren Mannes als für den kühnen Entwurf des Jünglings erklärten, soll Scipio etwa so geredet haben: **2** *Quintus Fabius selbst, ihr versammelten Väter, hat im Anfang seiner Rede erwähnt, dass seine ausgesprochene Meinung dem Verdacht einer Verkleinerungssucht Raum gebe.* **3** *So wenig ich selbst zu dieser Beschuldigung eines so großen Mannes Mut genug habe, so ist doch dieser Verdacht, ich weiß nicht, ob durch Schuld der Rede oder der Sache selbst, keineswegs beseitigt.* **4** *Denn um den Vorwurf eines Neides von sich abzuwälzen, hat er in seiner Rede seinen Amtsführungen und dem Ruf seiner Taten eine Höhe gegeben, als ob ich zu fürchten hätte, dass sich auch jeder noch so Niedrige mit mir in einen Wettstreit einlassen möchte, und nicht vielmehr der, der ebendarum, weil er andere überragt, die Absicht haben kann, sich von mir nicht erreichen zu lassen, wohin auch mein Bestreben geht, was ich keineswegs verhehle.* **5** *Sich selbst hat er so ganz als den mit Ehrenämtern übersättigten Greis hingestellt und mich noch unter die Jahre seines Sohnes herabgesetzt, als ob sich der Wunsch nach Ruhm nicht über die Spanne des menschlichen Lebens erstreckte und sein Hauptaugenmerk nicht auf unser Andenken und auf die Nachwelt hinüberreichte.* **6** *Je größer der Geist, je eher muss ihm meiner Überzeugung nach das begegnen, dass er sich nicht bloß den berühmten Männern seiner, sondern aller Zeiten anpasst.* **7** *Und ich leugne nicht, dass ich deinen Ruhm, Quintus Fabius, nicht bloß zu erreichen, sondern – mit deiner gütigen Erlaubnis sei es gesagt – wenn ich kann, auch zu übertreffen wünsche.* **8** *So musst du weder gegen mich noch ich gegen Jüngere gesinnt sein, dass wir es nicht gern sähen, wenn irgendjemand ein solcher Bürger wird wie wir; denn das wäre ja ein*

Nachteil nicht bloß für die, denen wir dies missgönnten, sondern für den Staat und fast für das ganze menschliche Geschlecht.

9 *Er hat angeführt, wie groß die Gefahr für mich sein würde, wenn ich nach Afrika übersetzte, so dass er besorgt nicht allein um den Staat und um das Heer, sondern auch für meine Person zu sein schien.* **10** *Woher kommt denn auf einmal diese Sorge für mich? Als mein Vater und Onkel gefallen, ihre beiden Heere so gut wie zusammengehauen, beide Spanien verloren waren, vier punische Heere und vier Feldherren sich alles durch Schrecken und Gewalt unterworfen hatten,* **11** *bei der Nachfrage nach einem Feldherrn für diesen Krieg sich niemand sehen ließ, sich namentlich dazu zu melden, außer mir niemand den Mut hatte, und das römische Volk mir in einem Alter von 24 Jahren den Oberbefehl übertrug:* **12** *Warum rügte damals niemand meine Jugend, die Übermacht der Feinde, die Schwierigkeit dieses Krieges, die Niederlage, die meinen Vater und Onkel soeben betroffen hatte? Haben wir etwa jetzt in Afrika ein größeres Unglück als damals in Spanien erlitten?* **13** *Oder haben sie jetzt größere Heere in Afrika stehen, mehrere und geschicktere Feldherren, als damals in Spanien standen? Oder war mein Alter damals zur Führung des Krieges reifer als jetzt?* **14** *Oder eignet sich ein Krieg, in dem Karthago der Feind ist, eher für Spanien als für Afrika? Freilich, nachdem die vier punischen Heere besiegt und zerstreut, so viele Städte mit Sturm erobert oder durch Furcht zur Übergabe gezwungen sind,* **15** *alles bis zum Ozean hin, so viele Könige, so viele wilde Völker sich unterworfen haben, das ganze Spanien so gewonnen ist, dass auch nicht eine Spur von Krieg zurückblieb:* **16** *Jetzt ist es leicht, meine Taten zu verkleinern, wahrhaftig ebenso leicht, als es nach meiner siegreichen Rückkehr aus Afrika sein wird, alles das zu verkleinern, was man jetzt, um mich zurückzuhalten, durch die Darstellung zu einer Größe hebt, die ihm den Schein des Schrecklichen geben muss.* **17** *Er sagt, Afrika sei unzugänglich, nicht ein einziger Hafen stehe uns offen. Er führt die Gefangennahme des Marcus Atilius in Afrika an, gerade als wäre es dem Marcus Atilius gleich bei seinem Eintritt in Afrika so schlecht gegangen; und er erinnert sich nicht daran, dass selbst diesem unglücklichen Feldherrn doch die Häfen in Afrika offen standen, dass er im ersten Jahr die herrlichsten Taten verrichtete und hinsichtlich der karthagischen Heerführer bis zuletzt unbesiegt geblieben ist.* **18** *Mit diesem Beispiel also wirst du mich durchaus nicht schrecken. Wenn wir jene Niederlage im jetzigen, nicht im vorigen Krieg, wenn wir sie in diesen Tagen, nicht vor mehr als 40 Jahren erlitten hätten, warum sollte ich deswegen weniger nach Afrika übersetzen, weil Regulus dort in Gefangenschaft geriet, als nach Spanien, weil hier meine Scipionen gefallen sind?* **19** *Dann würde ich doch den Spartaner Xanthippus nicht zu größerem Glück für Karthago geboren sein lassen, als mich selbst für mein Vaterland; und selbst der Gedanke, dass die Tapferkeit eines einzigen Menschen einen so großen Ausschlag geben könne, würde mir ein umso größeres Selbstvertrauen geben.* **20** *Doch wir sollen uns ja auch von den Athenern belehren lassen, dass sie, mit Versäumen des Krieges im Lande, auf gut Glück nach Sizilien übergegangen sind.* **21** *Wenn wir denn einmal Zeit haben, uns griechische Geschichten zu erzählen, warum kommst du nicht auf die, dass Agathokles, König von Syrakus, in dem langen Krieg, in welchem die Punier Sizilien verheerten, durch seinen Übergang gerade in dieses Afrika den Krieg in das Land hinüberspielte, von dem er ausgegangen war?*

(44) *Allein wozu ist es nötig, durch alte und fremde Beispiele zu erläutern, wie vorteilhaft es ist, als der Angreifende den Feind in Furcht zu setzen und mit Entfernung der Gefahr von sich selbst, den Gegner auf den Punkt der Entscheidung zu ziehen?* **2** *Kann es irgendein auffallenderes und gegenwärtigeres Beispiel geben als Hannibal ist? Ob wir fremdes Gebiet verheeren oder unser eigenes verbrennen und zerstören sehen, macht einen großen Unterschied.*

Wer die Gefahr bringt, ist unternehmender, als wer sie abwehrt. **3** *Außerdem ist uns manches schrecklicher, weil wir nicht damit bekannt sind. Unseres Feindes stärkere und schwächere Seite* *müssen wir dadurch näher kennenlernen, dass wir ihm ins Land gehen.* **4** *Hannibal hatte es nicht erwartet, dass in Italien so viele Völker zu ihm übergehen würden, als nach dem Unglück bei Cannae zu ihm übertraten; Wie viel weniger können sich die Karthager, diese treulosen Bundesgenossen, diese drückenden und übermütigen Tyrannen, irgendwo in Afrika Treue und Zuverlässigkeit versprechen?* **5** *Ferner, selbst von unseren Bundesgenossen verlassen, standen wir durch eigene Kraft, durch römische Truppen. Die Karthager wissen nichts von heimischer Stärke; sie haben Mietlinge für Sold, Afrikaner und Numider von einer Sinnesart, die nur zu geneigt ist zum Treubruch.* **6** *Werde nur von hier aus kein Hindernis gemacht, so sollt ihr die Nachrichten, dass ich übergegangen bin, dass Afrika in Kriegesflammen steht, dass Hannibal von hier aufbricht, dass Karthago eingeschlossen ist, zu gleicher Zeit bekommen. Seht erfreulicheren und öfteren Meldungen aus Afrika entgegen, als ihr aus Spanien empfingt.* **7** *Zu diesen Hoffnungen berechtigen mich das Glück des römischen Staates, die Götter als Zeugen des vom Feind entweihten Bundes, die Könige Syphax und Masinissa, auf deren Treue ich mich so verlassen werde, dass ich gegen ihre Untreue gesichert bin.* **8** *So manches, was uns jetzt in der Ferne nicht deutlich ist, wird der Krieg eröffnen, und darin eben liegt ja die Tüchtigkeit des Mannes und des Feldherrn, das sich darbietende Glück zu benutzen und die Handreichungen des Zufalls in seinen Plan zu verflechten.* **9** *Allerdings werde ich zum Gegner den haben, den du mir bestimmst, Quintus Fabius, den Hannibal: allein ich will lieber der sein, der ihn sich nachzieht, als der von ihm sich zurückhalten lässt. Zwingen will ich ihn, in seinem Land zu kämpfen, und Karthago soll ein würdigerer Preis des Sieges sein, als die halbzerstörten Kastelle der Bruttier.* **10** *Damit nicht in der Zwischenzeit, während ich mit dem Lager gegen Karthago rücke, das gemeine Wesen hier Schaden leide, was du, Quintus Fabius, während Hannibal als Sieger durch ganz Italien zog, leisten konntest; das wäre doch wohl schmachvoll, wenn man sagen wollte,* **11** *das könne, nachdem Hannibals Macht erschüttert und beinahe gebrochen ist, der tapfere Mann, Konsul Publius Licinius, nicht leisten, der nur, weil er als oberster Priester beim Opfern nicht fehlen darf, deswegen bei einer so entlegenen Provinz nicht mitgelost hat.* **12** *Wenn aber auch der Krieg auf diesem von mir vorgeschlagenen Weg nicht früher beendet würde, so gehörte sich's doch für die Würde des römischen Staates und für unseren Ruf bei den auswärtigen Königen und Völkern, dass wir nicht bloß Mut zu haben scheinen, Italien zu verteidigen, sondern auch unsere Waffen nach Afrika zu tragen;* **13** *dass es nicht Glaube und Volksgespräch wird, was Hannibal gewagt habe, das wage keiner von den römischen Feldherren; und im ersten Punischen Krieg, als man nur um Sizilien gekämpft habe, sei Afrika so oft von unseren Heeren und Flotten angegriffen, jetzt aber, da man um Italien kämpfe, habe Afrika Frieden.* **14** *Endlich muss das so lange geplagte Italien sich erholen, und Brand und Verheerung müssen nun auch in Afrika an die Reihe kommen.* **15** *Lieber wollen wir mit einem römischen Lager Karthago bedrohen, als dass wir noch einmal die feindlichen Werke vor unseren Mauern sehen. Der Sitz des ferneren Krieges sei Afrika; dorthin sollen sich Schrecken und Flucht, Plünderung der Dörfer, Abfall der Bundesgenossen und jedes andere Unglück des Krieges wenden, das 14 Jahre lang über uns hereinbrach.*

16 *Ich begnüge mich, über die Lage des Staates und den bevorstehenden Feldzug, auch was dessen Schauplätze betrifft, über die wir uns hier beraten, meine Meinung gesagt zu haben.* **17** *Meine Rede würde zu lang werden, und auch für euch ohne Beziehung sein, wenn ich wie Quintus Fabius meine Taten in Spanien verkleinerte, dagegen ebenso seinen Ruhm anfechten und den meinigen durch die Darstellung heben wollte.* **18** *Keines von beiden werde ich tun, versammelte Väter; und ich hoffe, wenn es mir anders in irgendeinem Stück gelingt, wenigstens so in der Bescheidenheit und Bezähmung meiner Zunge als Jüngling den Greis besiegt zu haben. In meinem Wandel und an der Spitze des Heeres habe ich mich so benommen, dass ich, auch wenn ich davon schweige, gern mit eurer Meinung von mir zufrieden sein kann, der ihr so entgegenkommend Raum gegeben habt.*

(45) Scipio fand nicht ganz geneigtes Gehör, weil man sich allgemein sagte, er wolle, wenn er es beim Senat nicht durchsetzte, dass ihm Afrika als Provinz gegeben würde, die Sache vor das Volk bringen. ***2*** Darum verlangte auch Quintus Fulvius, der viermal Konsul und Zensor gewesen war, der Konsul solle geradezu im Senat erklären, ob er den Vätern die Entscheidung über die Provinzen überlassen, nach dem, was sie verfügen würden, sich richten oder die Sache an das Volk gelangen lassen werde. ***3*** Als Scipio erklärte, er werde dem Besten des Staates gemäß handeln, sprach Fulvius: ***4*** *Ich tat die Frage nicht, weil ich nicht schon gewusst hätte, wie du antworten oder verfahren würdest, da du es selbst nicht verhehlst, dass du den Senat mehr auf die Probe stellst als befragst, und wenn wir dir nicht sofort die Provinz zuerkennen, die du wünschest, über den Antrag an das Volk schon mit dir einig bist.* ***5*** *So verlange ich denn von euch, ihr Volkstribunen, Beistand, wenn ich mich aus dem Grund weigere, meine Meinung abzugeben, weil der Konsul selbst dann, wenn man meiner Meinung beiträte, sie nicht gelten lassen will.* ***6*** Nun entstand ein Wortwechsel, weil der Konsul behauptete, die Tribunen dürften einen Senator von der Verbindlichkeit, nach der Aufforderung in der Reihe seine Stimme zu geben, durch ihre Einsage nicht befreien. Die Tribunen fassten ihren Ausspruch so: ***7*** *Wenn der Konsul die Entscheidung über Provinzen dem Senat überlässt, so muss es unserer Meinung nach bei dem bleiben, was der Senat beschließen wird, und wir werden darüber keinen Antrag an das Volk gestatten; überlässt er sie ihm nicht, so versprechen wir dem, der darüber seine Meinung abzugeben sich weigert, unseren Beistand.* ***8*** Der Konsul bat sich diesen Tag aus, um sich mit seinem Amtsgenossen zu besprechen. Am folgenden Tag überließen sie die Sache dem Senat. Die Provinzen wurden so verteilt: Dem einen Konsul Sizilien und 30 Kriegsschiffe, welche im vorigen Jahr Gaius Servilius gehabt habe, auch wurde ihm freigestellt, nach Afrika überzugehen, wenn er es dem Besten des Staates zuträglich fände; ***9*** dem andern die Bruttier und der Krieg gegen Hannibal und hierzu das Heer des Lucius Veturius oder Quintus Caecilius. Auch sollten diese darum losen oder sich vergleichen, wer von ihnen beiden die zwei Legionen in Bruttium befehligen solle, die der Konsul nicht gewählt hätte; ***10*** wem dieser Platz zufiele, dem solle der Oberbefehl auf ein Jahr verlängert sein. Auch den übrigen, welche außer den Konsuln und Prätoren an der Spitze von Heeren und in Kriegsgegenden stehen sollten, wurde der Oberbefehl verlängert. ***11*** Das Los, mit dem Konsul gemeinschaftlich in Bruttium den Krieg gegen Hannibal zu führen, traf Quintus Caecilius. Nun feierte Scipio seine Spiele unter großem Zulauf und Beweisen der Liebe von Seiten der Zuschauer. ***12*** Die nach Delphi zur Überbringung eines Geschenkes von Hasdrubals Beute abgegangenen Gesandten, Marcus Pomponius Matho und Quintus Catius, überreichten einen goldenen Kranz, 200 Pfund schwer, und Nachbildungen von erbeuteten feindlichen Waffen, aus 1000 Pfund Silber gefertigt. ***13*** Scipio, der es nicht erlangt, aber auch nicht sehr sich danach gesehnt hatte, eine Aushebung halten zu dürfen, erhielt die Erlaubnis, Freiwillige zuzulassen, und weil er versichert hatte, die Flotte solle dem Staat keine Kosten verursachen, ***14*** von den Bundesgenossen die Beiträge anzunehmen, die sie ihm zur Erbauung neuer Schiffe geben wollten. Die Völker Etruriens waren die ersten, welche sich für den Konsul, jedes nach seinem Vermögen, zur Unterstützung anboten. ***15*** Die Bürger von Caere versprachen Getreide für die Seeleute und Lebensmittel aller Art, die von Populonia Eisen, von Tarquinii Leinwand zu Segeln, von Volaterrae Schiffbauholz und Getreide, ***16*** von Arretium 3000 Schilde und ebensoviel Helme; an Wurfpfeilen, kurzen Spießen und langen Lanzen wollten sie die volle Zahl von 50 000 Stück zusammen, von jeder Art gleichviel, liefern und an Beilen, Schaufeln, Mauerhaken, Mulden und Handmühlen, ***17*** so viel wie 40 Kriegsschiffe nötig hätten, an Weizen 120 000 Scheffel aufbringen und den Ruderern und Steuerleuten einen Reisegeldbeitrag zur Ausrüstung; ***18*** die von Perusia, Clusium, Rusellae Tannenholz zum Schiffbau und eine große Menge Getreide; doch nahm Scipio das Tannenholz aus den Forsten des Staates.

19 Umbriens Völker und außer ihnen die Bürger von Nursia, Reate, Amiternum und das ganze Sabinerland versprachen Soldaten. Die Marser, Paeligner und Marruciner stellten sich scharenweise als Freiwillige für die Flotte. ***20*** Die Camerten, obwohl sie mit Rom zu gleichen Rechten im Bund standen, schickten doch eine gerüstete Kohorte von 600 Mann. ***21*** Als zu 30 Schiffen, zu 20 Fünfruderern und zehn Vierruderern die Kiele gelegt waren, betrieb Scipio selbst den Bau so eifrig, dass 45 Tage nach Herbeiholung des Bauholzes aus den Wäldern die Schiffe ausgebaut und segelfertig vom Stapel gelassen wurden.

(46) Er ging mit 30 Kriegsschiffen, die er mit ungefähr 7000 Mann Freiwilligen bemannt hatte, nach Sizilien ab. ***2*** Auch Publius Licinius kam in Bruttium bei den beiden konsularischen Heeren an und wählte sich von diesen das, welches der Konsul Lucius Veturius gehabt hatte. ***3*** Den Metellus ließ er aus dem Grund, dass ihm an seinen Befehl gewöhnte Truppen die Unternehmungen erleichtern würden, die Legionen, die er bisher befehligt hatte, behalten. Auch die Prätoren gingen nach entgegengesetzten Richtungen in ihre Provinzen. ***4*** Desgleichen wurde den Quästoren aufgetragen, weil das Geld zum Krieg fehlte, den Strich des kampanischen Gebietes, der sich vom Griechischen Graben nach dem Meer zieht, zu verkaufen; ***5*** zugleich mussten sie jeden zu der Angabe berechtigen, was für Feldmarken kampanischen Bürgern gehört hätten, damit diese unter römisches Staatseigentum begriffen wären. Dem Anzeiger wurde der zehnte Teil vom Geldwert des nachgewiesenen Grundstücks zur Belohnung gesetzt. ***6*** Auch bekam der Stadtprätor Gnaeus Servilius den Auftrag, dafür zu sorgen, dass jeder campanische Bürger wirklich da wohne, wo ihm der Senatsbeschluss zu wohnen gestatte, und diejenigen, welche an anderen Orten wohnten, zu bestrafen.

7 In demselben Sommer setzte Hamilkars Sohn Mago der die während seines Winteraufenthaltes auf der kleineren balearischen Insel ausgehobene Mannschaft eingeschifft hatte, auf etwa 30 Kriegs- und vielen Lastschiffen 12 000 Mann zu Fuß und fast 2000 zu Pferd nach Italien über ***8*** und bemächtigte sich, weil die Seeküste durch keine Bedeckung geschützt war, durch seine überraschende Ankunft der Stadt Genua. Von da fuhr er mit seiner Flotte an die Küste der Alpenligurer, um hier womöglich Empörungen zu veranlassen. Die ***9*** Ingauner – sie sind ein ligurisches Volk – führten eben mit den auf Gebirgen wohnenden Epanteriern Krieg. ***10*** Der punische Feldherr also, der in der Alpenstadt Savo seine Beute absetzte, zehn Kriegsschiffe zu seiner eigenen Sicherheit auf der Reede behielt und die übrigen zur Deckung der Seeküste nach Karthago zurückschickte – denn das Gerücht meldete ihm Scipios bevorstehenden Übergang –, ließ sich mit den Ingaunern, ***11*** deren Freundschaft ihm lieber war, in ein Bündnis ein und ging damit um, die Bergbewohner anzugreifen. Und mit jedem Tag wuchs sein Heer, da auf den Ruf seines Namens Gallier von allen Seiten ihm zuströmten.

12 Diese Umstände, über welche die Väter ein Schreiben von Spurius Lucretius unterrichtete, erregten bei ihnen die große Besorgnis, ihre Freude, vor zwei Jahren den Hasdrubal mit seinem Heer vernichtet zu haben, möchte vergeblich gewesen sein, wenn sich von dorther ein neuer gleicher Krieg, nur unter einem andern Feldherrn, erhöbe. ***13*** Deswegen befahlen sie dem Prokonsul Marcus Livius, mit dem Heer von gewesenen Sklaven aus Etrurien nach Ariminum vorzurücken, und beauftragten den Prätor Gnaeus Servilius, wenn es seiner Meinung nach das Beste des Staates zuließe, so sollte er die Stadtlegionen unter Anführung eines Mannes, den er zu wählen habe, aus der Stadt aufbrechen lassen. ***14*** Marcus Valerius Laevinus war es, der diese Legionen nach Arretium führte.

Dass in denselben Tagen in der Nähe von Sardinien Gnaeus Octavius, der Befehlshaber dieser Provinz, gegen 80 punische Lastschiffe aufgebracht habe, melden Coelius und Valerius; nur waren sie nach jenem mit Ladungen von Getreide und Zufuhr für Hannibal abgegangen, nach diesem sollten sie Beute aus Etrurien und gefangene Bergbewohner aus Ligurien weiter nach Karthago bringen.

15 In Bruttium fiel dieses Jahr fast nichts Besonderes vor. Römer und Punier wurden von einer Pest heimgesucht, die beiden gleich verderblich war; doch litt das punische Heer außer der Krankheit auch durch Hungersnot. ***16*** Hannibal stand den Sommer über in der Nähe vom Tempel der Juno Lacinia; und hier errichtete und weihte er einen Altar mit einer pomphaften Angabe seiner Taten, die er an demselben in punischer und griechischer Sprache eingraben ließ.

Neunundzwanzigstes Buch

Inhalt

Gaius Laelius, der von Scipio aus Sizilien nach Afrika geschickt wird, bringt große Beute zurück und eröffnet dem Scipio die Aufträge des Masinissa und dessen Klagen darüber, dass Scipio noch nicht mit dem Heer nach Afrika übergegangen sei. Der Krieg in Spanien, welchen Indibilis erregt hatte, endigt mit dem Sieg der Römer. Er selbst bleibt im Feld; Mandonius wird auf die Forderung der Römer von den Seinigen ausgeliefert. Mago, der in Gallien und Ligurien stand, schickt man aus Afrika eine ansehnliche Truppenzahl und Geldsummen, wofür er Hilfstruppen werben soll, und befiehlt ihm, sich mit Hannibal zu vereinigen. Scipio geht von Syrakus nach Bruttium, wo er Locri wiedererobert, die punische Besatzung verjagt und Hannibal zurücktreibt. Friede mit Philipp, von der phrygischen Stadt Pessinus wird die Idaeische Mutter nach Rom geholt, weil sich in den Sibyllinischen Büchern die Prophezeiung fand, der ausländische Feind könne aus Italien vertrieben werden, wenn man die Idaeische Mutter nach Rom hole. Übergeben wurde sie den Römern van Asiens König Attalos. Sie war ein Stein, den die Landesbewohner Mutter der Götter nannten. Publius Scipio Nasica, der Sohn des in Spanien umgekommenen Gnaeus, den der Senat als noch nicht Quästor gewesenen Jüngling für den rechtschaffensten Mann erklärt, nimmt sie in Empfang, weil das Orakel befahl, diese Gottheit sollte von dem rechtschaffensten Mann in Empfang genommen und an geweihter Stätte aufgestellt werden. Die Einwohner von Locri beklagen sich durch eine Gesandtschaft zu Rom über die Zügellosigkeit des Legaten Quintus Pleminius, weil er die Schätze der Proserpina geraubt und ihnen Kinder und Frauen entehrt hatte, Pleminius, der in Ketten nach Rom gebracht wird, stirbt im Kerker. Da sich in der Stadt von Publius Scipio, damals Prokonsul in Sizilien, das falsche Gerücht verbreitet, dass er ein ausschweifendes Leben führe, schickt der Senat Gesandte hin, die Wahrheit der Sache zu untersuchen; und Scipio, der die Nachrede widerlegt, geht mit Bewilligung des Senats nach Afrika über. Syphax kündigt nach seiner Vermählung mit der Tochter des Hasdrubal Gisgo dem Scipio die Freundschaft auf, die er in Person mit ihm geknüpft hatte. Masinissa, König der Massilier, war nach dem Tod seines Vaters Gala, während er in Spanien für die Sache der Karthager focht, seines Reiches verlustig geworden, und nach mehrmaliger Wiedereroberung durch einige gegen den numidischen König Syphax verlorene Schlachten desselben völlig beraubt. So stößt er als Landflüchtiger mit 200 Reitern zu Scipio und besiegt mit ihm in Verbindung gleich im Anfang des Feldzuges Hamilkars Sohn Hanno mit einer großen feindlichen Schar. Scipio, der bei der Annäherung des Hasdrubal und Syphax, welche fast mit 100 000 Mann heranziehen, die Einschließung von Utica aufgibt, verschanzt sein Winterlager. Konsul Sempronius kämpft im Gebiet von Kroton gegen Hannibal mit Glück. Die Zensoren schließen die Schätzungsfeier: Der geschätzten Bürger waren 214 000. Zwischen den Zensoren Marcus Livius und Claudius Nero entsteht ein merkwürdiger Zwist. Claudius spricht seinem Kollegen Livius das Pferd ab, weil dieser vom Volk verurteilt und aus der Stadt verwiesen worden war, und Livius dem Claudius, weil dieser gegen ihn falsch gezeugt und sich nicht ehrlich mit ihm ausgesöhnt habe. Auch erklärt er alle Bezirke bis auf einen für steuerpflichtig, weil sie ihn unschuldig verurteilt und nachher zum Konsul und Zensor gemacht hätten.

(1) Nach seiner Ankunft in Sizilien brachte Scipio die Freiwilligen in Abteilungen und Zenturien, ***2*** behielt aber 300 von ihnen, die sich durch Jugendblüte und Körperkraft auszeichneten, unbewaffnet bei sich, ohne dass sie wussten, zu welchem Zweck sie ohne Anstellung und Waffen blieben. ***3*** Darauf hob er aus allen dienstfähigen Sizilianern 300 der vornehmsten und reichsten Ritter aus, als sollten sie mit ihm nach Afrika übergehen, und machte ihnen den Tag bekannt, an dem sie beritten und bewaffnet in völliger Rüstung sich einfinden sollten. ***4*** Dieser nicht leichte Dienst, so weit von zu Hause, ließ sie vielen Beschwerden und großen Gefahren zu Land und zu Wasser entgegensehen, und machte nicht bloß ihnen selbst, sondern auch ihren Eltern und Verwandten das Herz schwer. ***5*** Als der bestimmte Tag erschien, zeigten sie Waffen und Pferde auf. Da äußerte Scipio, ihm sei gesagt worden, dass einige sizilianische Reiter gegen diesen Dienst, als sei er beschwerlich und hart, eine Abneigung hätten. ***6*** Er wünsche, dass diejenigen, welche so dächten, ihm dies lieber gleich jetzt sagten, als dass sie nachher unter Klagen, nur mit Unlust und ohne Nutzen für den Staat Soldaten wären. Sie möchten ihre Meinung von sich sagen, er wolle sie, ohne es ihnen übel zu nehmen, anhören. ***7*** Da nun einer von ihnen wagte zu gestehen, er wolle wirklich, wenn ihm von beiden die Wahl gelassen werde, lieber nicht dienen, sprach Scipio: ***8*** *Weil du offen heraussagst, junger Mann, wie du hierüber denkst, so will ich dir einen Stellvertreter verschaffen, an den du Waffen und Pferde und die übrigen Erfordernisse des Feldzuges abliefern, ihn gleich von hier mit dir nach Hause nehmen, üben und für seinen Unterricht im Reiten und Fechten sorgen kannst.* ***9*** Mit Freuden nahm dieser den Vorschlag an, und Scipio übergab ihm einen von den 300, die er ohne Waffen gelassen hatte. Als die Übrigen sahen, dass dieser, ohne den Feldherrn zu beleidigen, seinen Abschied erhalten hatte, brachte jeder seine Gründe vor und ließ sich einen Stellvertreter geben. ***10*** So traten ohne Kosten für den Staat statt der Sizilianer 300 Römer als Reiter ein. Die Sorge für ihre Unterweisung und Übung hatten die Sizilianer, weil der Feldherr befahl, wer das nicht täte, sollte selbst dienen. ***11*** Dies soll ein ausgezeichnetes Reitergeschwader geworden sein und in vielen Schlachten dem Staat gute Dienste geleistet haben.

12 Als er dann die Legionen musterte, hob er aus ihnen die Soldaten von den meisten Dienstjahren aus, besonders solche, ***13*** die unter Marcellus gedient hatten; von ihnen versprach er sich nicht allein die beste Zucht, sondern auch wegen der langen Einschließung von Syrakus im Sturm auf Städte die meiste Erfahrenheit; denn er hatte nichts Geringes, sondern schon jetzt die Eroberung Karthagos im Sinn. ***14*** Nun verteilte er sein Heer in die Städte, ließ sich Getreide von den sizilianischen Staaten liefern und sparte das aus Italien mitgebrachte; die alten Schiffe ließ er ausbessern und den Gaius Laelius mit diesen nach Afrika auf Beute gehen; die neuen brachte er bei Panormus auf den Strand, um sie auf dem Trockenen überwintern zu lassen, weil sie in der Eile aus grünem Holz gezimmert waren.

15 Nach allen Vorkehrungen zum Feldzug ging er nach Syrakus, das nach so großen Stürmen des Krieges noch nicht völlig beruhigt war. ***16*** Von mehreren geborenen Italern forderten die Griechen die Rückgabe ihres vom Senat ihnen zugesprochenen Eigentums, das aber diese ebenso gewalttätig, als sie es im Krieg genommen hatten, behielten. ***17*** Da er es für seine wichtigste Pflicht hielt, das Wort des Staates gültig zu erhalten, gab er teils durch allgemeinen Befehl, teils durch ergangenen Rechtsspruch gegen die in der Behauptung ihres Unrechts Hartnäckigen, den Syrakusanern das Ihrige wieder. ***18*** Nicht allein sie wussten ihm für dieses Verfahren Dank, sondern alle Völker Siziliens, und umso eifriger unterstützten sie ihn in seinen Anstalten zum Krieg.

19 In demselben Sommer brach in Spanien ein heftiger Krieg aus, welchen Indibilis aus keiner anderen Veranlassung erregte, als weil bei ihm die Bewunderung des Scipio in eine Verachtung der anderen Feldherren übergegangen war. *20* Er bildete sich ein, da Hannibal die übrigen römischen Feldherren umgebracht habe, so sei jener noch der allein Lebende. Darum hätten auch die Römer, als die beiden Scipionen in Spanien gefallen wären, keinen anderen schicken können, und sobald sie der Krieg in Italien ernstlicher bedrängt habe, hätten sie ihn gegen Hannibal herbeigerufen. *21* Außer dass die Römer nur noch dem Namen nach Feldherren in Spanien hätten, sei ja auch das alte Heer von hier abgeführt. *22* Alles sei wie bei einem ungebildeten Haufen von Neugeworbenen in Verwirrung. Nie werde es eine so günstige Gelegenheit zur Befreiung Spaniens wieder geben. *23* Bis dahin sei man entweder den Karthagern oder den Römern dienstbar gewesen, und nicht den einen oder den anderen abwechselnd, sondern zuweilen beiden zugleich. *24* Von den Römern wären die Karthager vertrieben; von den Spaniern könnten nun die Römer vertrieben werden, wenn sie einig wären, so dass Spanien, von aller auswärtigen Herrschaft frei, wieder zu seinen vaterländischen Sitten und Gebräuchen zurückkehrte. *25* Durch diese und andere Vorstellungen wiegelte er nicht bloß seine Untertanen, sondern auch seine Nachbarn, die Ausetaner auf und noch andere ihm und ihnen nahe wohnenden Völker. *26* In wenigen Tagen also stellten sich 30 000 Mann zu Fuß, beinahe viertausend zu Pferd im sedetanischen Gebiete ein, wie es bestimmt war.

(2) Auch die römischen Feldherren, Lucius Lentulus und Lucius Manlius Acidinus, welche ebenfalls ihre Heere vereinigten, *2* um nicht den Krieg, wenn sie ihn im Entstehen vernachlässigten, weiter um sich greifen zu lassen, kamen durch das ausetanische Gebiet, wo sie auf feindlichem Boden ihre Truppen mit einer Schonung wie in Freundesland durchführten, zu dem Standort der Feinde. 3000 Schritt weit von dem Lager derselben schlugen sie das Ihrige auf. *3* Anfangs suchten sie, aber vergeblich, durch Gesandte sie zu bewegen, die Waffen niederzulegen. Dann, als die römischen Futterholer unerwartet von spanischer Reiterei angegriffen wurden, kam es zwischen den Reitern, weil die Römer auch von ihrem Posten die ihrige nachrücken ließen, zu einem Treffen, das für beide Teile ohne besonderen Erfolg war. *4* Am folgenden Tag bei Sonnenaufgang zeigten sich die Feinde beinahe 3000 Schritt weit vom römischen Lager, alle geordnet und bewaffnet. *5* In der Mitte standen die Ausetaner, den rechten Flügel hatten die Ilergeten besetzt, weniger bekannte Völker Spaniens den linken. Zwischen den Flügeln und ihrem Mitteltreffen hatten sie ziemlich weite Zwischenräume gelassen, um durch diese zur rechten Zeit die Reiterei hervorbrechen zu lassen. *6* Die Römer, die ihrem Heer die gewöhnliche Stellung gaben, ahmten nur darin den Feinden nach, dass sie zwischen den Legionen ebenfalls der Reiterei breite Wege ließen. *7* Da aber nach Lentulus' Urteil nur die Partei von der Reiterei Gebrauch machen konnte, welche die ihrige zuerst in die durch jene Zwischenräume geöffnete feindliche Linie einbrechen ließ, *8* befahl er dem Obersten Servius Cornelius, auf den in der feindlichen Linie sich öffnenden Wegen die Reiterei hineinsprengen zu lassen. *9* Er selbst verweilte, da der Anfang der Schlacht für sein Fußvolk nicht ganz glücklich war, nur so lange, bis er zur Unterstützung der weichenden zwölften Legion, welche am linken Flügel gegen die Ilergeten aufgestellt war, die dreizehnte Legion vom Hintertreffen vorgeführt hatte, *10* kam dann, sobald das Gefecht hier wieder im Gleichgewicht stand, zu Lucius Manlius, der die Vorderlinie anfeuerte und, wo es nötig war, Verstärkungen nachrücken ließ, und meldete ihm, der linke Flügel sei gedeckt, *11* und er habe schon den Servius Cornelius hingeschickt, der die Feinde mit der einstürmenden Reiterei im Rücken fassen solle. *12* Kaum hatte er die Worte gesprochen, als die mitten in die Feinde eingebrochene römische Reiterei zugleich die Linie des Fußvolks zusammenwarf und zugleich der spanischen Reiterei den Weg, mit ihren Pferden einzudringen, versperrte. *13* Die Spanier, die das Gefecht zu Pferd aufgeben mussten, saßen ab, um zu Fuß zu kämpfen. Sobald die römischen

Feldherren die Verwirrung in den feindlichen Gliedern, Angst und Schrecken und die Haufen in schwankender Haltung sahen, ermunterten und baten sie ihre Soldaten, auf die Fassungslosen einzugehen und das Treffen nicht wiederherstellen zu lassen. ***14*** Und diesen so nachdrücklichen Angriff hätten die Barbaren nicht ausgehalten, wenn nicht der Fürst Indibilis selbst mit seinen abgestiegenen Reitern sich vor der ersten Linie seines Fußvolkes den Feinden entgegengestellt hätte. ***15*** Hier behauptete sich der Kampf eine Zeitlang mit Heftigkeit. Als endlich auch die, die um den König kämpften, der halblebend noch standhielt, dann aber mit einem Wurfpfeil am Boden festgebohrt wurde, von Pfeilen überschüttet hinsanken, da begann auf verschiedenen Punkten die Flucht, ***16*** und sehr viele wurden niedergehauen, weil die Reiterei nicht dazu kommen konnte, ihre Pferde zu besteigen, und weil die Römer den Geschreckten mit Heftigkeit nachsetzten. Und sie ließen nicht eher ab, bis sie dem Feind auch das Lager genommen hatten. ***17*** 13 000 Spanier wurden an dem Tag niedergehauen, beinahe 800 gefangen genommen, von den Römern und ihren Bundestruppen fielen etwas über 200, hauptsächlich auf dem linken Flügel. ***18*** Die zu ihrem Lager hinausgeschlagenen oder der Schlacht entronnenen Spanier zerstreuten sich anfangs über die Felder, dann gingen sie, jeder in seine Stadt, zurück.

(3) Als sie nun Mandonius zu einer Versammlung rief und sie sich hier über die erlittene Niederlage beklagten, fassten sie unter Schmähungen gegen die Anstifter des Krieges den Beschluss, sich durch Gesandte zur Ablieferung der Waffen und zum Abschluss einer Übergabe zu erbieten. ***2*** Obgleich sie alle Schuld dem Indibilis als Urheber des Krieges und den übrigen Großen beilegten, welche größtenteils in der Schlacht gefallen waren, auch die Ablieferung der Waffen und die Übergabe beantragten, erhielten sie doch zur Antwort, ***3*** die Übergabe werde nur angenommen, wenn sie den Mandonius und die übrigen Aufwiegler zum Krieg lebend auslieferten, wo nicht, so werde man mit beiden Heeren den Ilergeten, Ausetanern und so der Reihe nach den übrigen Völkern ins Land fallen. ***4*** Dies war der Bescheid, den die Gesandten bekamen und der Versammlung überbrachten. Da wurden Mandonius und die übrigen Häupter festgenommen und zur Hinrichtung ausgeliefert. ***5*** Spaniens Völkern gab man den Frieden, befahl ihnen für dieses Jahr den doppelten Sold, Getreide auf sechs Monate und dem Heer Kriegsmäntel und Oberkleider zu liefern und ließ sich von beinahe 30 Völkerschaften Geiseln geben. ***6*** Da auf diese Art Spaniens Aufwallung zum Krieg ohne große Bewegung innerhalb weniger Tage zum Ausbruch und zum Ende gekommen war, so wandte sich nun der ganze Schrecken des Angriffs auf Afrika.

7 Gaius Laelius, der in der Nacht bei Hippo Regius landete, führte am frühen Morgen seine Soldaten und Seeleute in Reih und Glied zur Verheerung der Gegend aus. ***8*** Da hier alle wie im Frieden in voller Sorglosigkeit lebten, litten sie desto größeren Verlust; und Eilboten erfüllten Karthago mit der fürchterlichen Nachricht, eine römische Flotte sei angekommen mit Scipio als Oberbefehlshaber; denn seinen Übergang nach Sizilien hatte das Gerücht schon gemeldet. ***9*** Und weil sie nicht mit Gewissheit erfahren konnten, wie viele Schiffe jene gesehen hätten, noch, wie stark die Mannschaft sei, die im Land plündere, so dachten sie sich alles, da die Furcht es vergrößerte, weit schlimmer. ***10*** Also bemächtigte sich ihrer anfangs Schrecken und Bestürzung, dann aber Betrübnis, weil das Glück sich so geändert habe, dass sie, die sie noch jüngst als Sieger ihr Heer vor Roms Mauern gehabt und nach Besiegung so vieler feindlicher Heere alle Völker Italiens zur gezwungenen oder willigen Unterwerfung gebracht hätten, ***11*** jetzt auf der Kehrseite des Kriegsglückes Afrikas Verheerungen und Karthagos Einschließung vor Augen haben sollten, sie, zur Ertragung dieser Übel durchaus ohne die Kraft, welche die Römer gezeigt hätten. ***12*** Jenen habe der römische Bürgerstand, habe Latium die Mannschaft gegeben, die in die Stelle so vieler niedergehauener Heere immer stärker und zahlreicher nachgewachsen sei. ***13*** Ihr Volk bestehe aus unkriegerischen Städtern, aus unkriegerischen Landleuten. Für Bezahlung müssten sie sich die

Hilfstruppen von den Afrikanern schaffen, einem Volk, das bei jedem Schimmer einer Hoffnung wankend und treulos sei. *14* Schon seien die Könige, Syphax nach der Unterredung mit Scipio von ihnen abgewandt, Masinissa durch offenbaren Abfall, ihr erbitterter Feind. Nirgends sei noch einige Hoffnung, nirgends einige Hilfe. *15* Mago bewirke weder von Gallien aus einen Aufstand, noch stoße er zu Hannibal; und selbst bei Hannibal sei Ruhm und Kraft schon im welken.

(4) Von diesen Klagen, zu welchen sie bei der eben angekommenen Nachricht herabsanken, rief sie bald der dringende Schrecken wieder ab zu der Beratung, wie sie den Gefahren des Augenblicks begegnen sollten. *2* Sie beschlossen, Aushebungen in der Stadt und auf dem Land zu beschleunigen, Afrikaner durch Abgeschickte in Sold zu nehmen, die Stadt zu befestigen, Getreide anzufahren, Geschosse und Waffen anzufertigen, Schiffe auszurüsten und sie nach Hippo der römischen Flotte entgegenzuschicken. *3* Schon waren sie hiermit beschäftigt, als endlich die Nachricht kam, Laelius, nicht Scipio, sei herübergekommen, und nur so viele Truppen, als zu einem Streifzug auf dem Lande hinreichten; der Hauptsitz des Krieges sei noch in Sizilien. *4* Da schöpften sie wieder freier Atem und ließen Gesandtschaften an Syphax und andere Fürsten abgehen, um die Verbindungen mit ihnen zu sichern. *5* Auch schickten sie Gesandte an Philipp und ließen ihm zweihundert Talente Silber versprechen, wenn er nach Sizilien oder nach Italien überginge. Und ihren beiden Feldherren in Italien ließen sie sagen, sie müssten durch jede drohende Vorkehrung den Scipio festhalten. *6* An Mago gingen nicht allein Gesandte ab, sondern auch 25 Kriegsschiffe, 6000 Mann Fußvolk, 800 Reiter, sieben Elefanten und noch eine große Summe Geld für anzuwerbende Hilfstruppen, um stark genug zu sein, sein Heer näher gegen Rom zu führen und sich mit Hannibal zu vereinigen. So rüstete und beeilte man sich in Karthago.

7 Bei Laelius, der von einem unbewehrten und ungeschützten Land eine Menge Beute zusammentrieb, erschien, durch das Gerücht einer römischen Flotte herbeigerufen, Masinissa mit einer kleinen Anzahl Reiter. *8* Er beschwerte sich über Scipios Langsamkeit, dass er nicht schon jetzt mit dem Heer nach Afrika herübergegangen sei, während die Karthager noch in Bestürzung wären, und Syphax, außer seiner Veränderung durch Kriege mit den Nachbarn, noch als der Unentschiedene stillliege. Lasse man diesem Zeit, seine Angelegenheiten nach Wunsch in Ordnung zu bringen, so werde nie echtes Wohlwollen gegen Rom seine Schritte leiten. *9* Laelius müsse den Scipio auffordern und zur Eile antreiben. Er selbst, obgleich aus seinem Reich vertrieben, werde mit einer nicht unbedeutenden Mannschaft an Fußvolk und Reiterei sich einstellen. Auch Laelius selbst dürfe sich in Afrika nicht aufhalten; er glaube, es sei schon von Karthago eine Flotte abgegangen; und sich mit dieser in Abwesenheit des Scipio in eine Schlacht einzulassen, sei bedenklich.

(5) Laelius, der den Masinissa nach dieser Unterredung entließ, segelte am folgenden Tag mit beutebeladenen Schiffen von Hippo ab und legte bei seiner Rückkunft nach Sizilien dem Scipio die Aufträge des Masinissa vor. *2* Fast zur selben Zeit landeten die von Karthago an Mago abgegangenen Schiffe zwischen dem Land der Albingauner, eines ligurischen Volkes, und Genua. *3* In dieser Gegend hatte Mago gerade damals seine Flotte stehen; und nach Anhörung der Gesandten, welche ihn so große Truppenmassen als möglich aufbringen hießen, hielt er sogleich eine Versammlung der Gallier und Ligurer – denn es befand sich hier aus beiden Völkern eine große Menschenmenge – *4* und sagte ihnen, schon er sei ausgesandt, sie in Freiheit zu setzen, und jetzt würden ihm, wie sie selbst sähen, Verstärkungen nachgeschickt; allein wie stark die Anstrengungen, wie groß die Heere sein sollten, mit welchen man diesen Krieg führen wolle, das hänge von ihnen ab. *5* Zwei römische Heere ständen, das eine in Gallien, das andere in Etrurien. Er wisse gewiss, dass sich Spurius Lucretius mit Marcus Livius vereinigen werden. Auch sie müssten viele Tausende bewaffnen, um zwei römischen Feldherren und zwei Heeren widerstehen zu können. *6* Die Gallier

versicherten, an der größten Bereitwilligkeit fehle es ihnen hierzu nicht; allein da sie das eine römische Heer in ihrem Land, das andere im benachbarten Etrurien beinahe vor Augen hätten, so würden ihnen, sobald es bekannt würde, dass sie den Puniern Hilfstruppen gäben, von beiden Seiten jene Heere als Feinde ins Land rücken, von den Galliern müsse er solche Unterstützungen fordern, die sie ihm in der Stille zukommen lassen könnten. *7* Die Ligurer hingegen hätten, da das römische Lager von ihrem Land und ihren Städten weit genug entfernt sei, freie Hand. Diesen könne man es zumuten, dass sie ihre Dienstfähigen bewaffneten und als kriegführender Teil das Ihrige täten. *8* Die Ligurer weigerten sich dessen nicht, nur baten sie sich für die zu haltenden Werbungen die Zeit von zwei Monaten aus. Unterdessen sammelte Mago, der die Gallier hatte nach Hause gehen lassen, heimlich in ihren Dörfern Truppen für Sold; auch lieferten ihm die gallischen Völker insgeheim Zufuhr aller Art. *9* Marcus Livius führte das Heer von Freiwilligen aus dem Sklavenstand aus Etrurien nach Gallien, und nachdem er sich mit Lucretius vereinigt hatte, machte er sich darauf gefasst, wenn sich Mago aus Ligurien näher gegen Rom wenden sollte, ihm entgegenzugehen; wenn sich aber der punische Feldherr ruhig auf den Fuß seiner Alpenecke beschränkte, so wollte auch er auf seinem Platz bei Ariminum zum Schutz Italiens stehen bleiben.

(6) Da nach der Rückkehr des Gaius Laelius aus Afrika nicht bloß die Ermahnungen des Masinissa den Scipio anspornten, sondern auch die Soldaten durch den Anblick, dass eine ganze Flotte Beute von Feindes Land auslud, darauf erpicht wurden, baldmöglichst hinüberzugehen, so trat zwischen die Ausführung des größeren Zweckes ein kleinerer, der, die Stadt Locri wiederzuerobern, welche um die Zeit des Abfalls von Italien ebenso auf punische Seite getreten war. *2* Die Hoffnung, sich auf diese Unternehmung einlassen zu können, leuchtete aus einer Kleinigkeit hervor. In Bruttium nahm das Ganze mehr den Gang einer Straßenräuberei als eines ordentlichen Krieges. Die Numider hatten hierin den Ton angegeben, und die Bruttier ebenso sehr aus eigener Neigung als durch ihre Verbindung mit den Puniern sich in diese Sitte gefügt. *3* Zuletzt unternahmen auch die Römer, als wären sie von dieser Lust am Raub angesteckt, soviel sie vor ihren Feldherren durften, Streifzüge in die feindlichen Dörfer. *4* Einige Locrer, die sich aus der Stadt wagten, waren von ihnen übermannt und nach Regium fortgeschleppt. Unter diesen Gefangenen befanden sich auch Zimmerleute, zufällig einige von denen, welche bei den Puniern auf der Burg zu Locri gegen Bezahlung zu arbeiten pflegten. *5* Da sie von den vornehmen Locrern, welche sich damals, als ihre Gegenpartei Locri dem Hannibal übergab, *6* als Flüchtlinge nach Regium begeben hatten, jetzt erkannt wurden und ihnen auf die nach langer Abwesenheit gewöhnliche Frage, wie es zu Hause stehe, über alles Auskunft gegeben hatten, so machten sie diesen Hoffnung, wenn man sie auswechseln und zurückschicken wolle, so wollten sie ihnen die Burg übergeben; sie wohnten da und hätten in allen Stücken das Zutrauen der Karthager. *7* Die Vertriebenen, bei ihrer peinigenden Sehnsucht nach der Vaterstadt und zugleich brennend vor Begierde nach Rache an ihren Feinden, sobald sie mit jenen über den Plan der Ausführung und die Zeichen einig waren, *8* welche sie aus der Ferne erwarten müssten, hatten sie sogleich losgekauft und zurückgehen lassen, und da sie selbst durch eine Reise zu Scipio nach Syrakus, wo er einen Teil ihrer Mitvertriebenen bei sich hatte, dem Konsul die Versprechungen der Gefangenen hinterbrachten, gab er ihnen, weil sich von den Hoffnungen, die sie ihm machten, ein Erfolg versprechen ließ, *9* die Obersten Marcus Sergius und Publius Matienus mit, befahl diesen, von Regium 3000 Mann nach Locri mitzunehmen, und der Proprätor Quintus Pleminius wurde schriftlich angewiesen, die Ausführung zu unterstützen.

10 Die von Regium ausgerückten Truppen, mit Leitern versehen, die nach der angegebenen Höhe der Burg gemacht waren, gaben etwa gegen Mitternacht von der verabredeten Stelle aus den Verrätern der Burg das Zeichen. *11* Da diese, schon bereit und aufmerksam, ebenso zu diesem Zweck gefertigte Leitern herunterließen und an mehreren Orten zugleich die Hinaufsteigenden in

Empfang nahmen, so wurden, bevor sich noch ein Geschrei erhob, die punischen Wachen – hatten sie doch nichts dergleichen fürchten können – im Schlaf überfallen. ***12*** Zuerst hörte man diese im Tod winseln; dann ein plötzliches Aufstürzen mehrerer vom Schlaf und Getümmel, ohne die Veranlassung zu wissen; zuletzt, da die ersten wieder andere weckten, die reine Wahrheit. ***13*** Schon rief einer wie der andere: *Zu den Waffen. Die Feinde sind in der Burg! Die Wachen werden niedergehauen!* Und die Römer, an Zahl bei Weitem schwächer, wären überwunden worden, wenn nicht das von denen, die noch nicht in der Burg waren, erhobene Geschrei, bei dem nächtlichen, jede Unwichtigkeit vergrößernden Getümmel, die Punier in der Ungewissheit gelassen hätte, von wem es komme. ***14*** Als wäre die ganze Burg schon voll Feinde, flohen sie im Schrecken, ohne weiteren Kampf auf die andere Burg; denn Locri hat deren zwei von geringer Entfernung. ***15*** Die Stadt hatten als Preis des Sieges die Bürger. Aus beiden Schlössern wurden täglich kleine Gefechte geliefert. ***16*** Befehlshaber der römischen Besatzung war Quintus Pleminius, der punischen Hamilkar; und beide verstärkten sich durch aus der Nähe hereingezogene Truppen. ***17*** Zuletzt kam Hannibal selbst; und die Römer hätten sich nicht gehalten, wäre nicht die Volksmenge zu Locri, aus Erbitterung über die Härte und Raubsucht der Punier, gut römisch gewesen.

(7) Als Scipio gemeldet wurde, die Sachen in Locri schwebten in großer Gefahr, und Hannibal selbst sei im Anzug, ***2*** ließ auch er, um nicht die Besatzung selbst aufs Spiel zu setzen, die sich nicht leicht von dort zurückziehen konnte, von Messana aus, das er seinem Bruder Lucius Scipio zu decken überließ, sobald die Flut der Meerenge günstige Strömung bot, sich mit seinen Schiffen vom Meer hinübertragen. ***3*** Und Hannibal, der vom Flusse Butrotus – er fließt nicht weit von der Stadt Locri – den Seinigen voraus hineinsagen ließ, sie möchten mit Tagesanbruch den Kampf gegen die Römer und Locrer so nachdrücklich wie möglich anfangen, während er selbst bei der allgemeinen Richtung auf jenes Getümmel die unbeachtete Stadt im Rücken angriffe, hatte für sich, als er das Gefecht mit Tagesanbruch eröffnet fand, ***4*** freilich keine Lust, sich in die Burg einzuschließen, wo er den engen Platz mit seiner Truppenmenge nur gestopft hätte, hatte aber auch keine Leitern mitgebracht, die Stadtmauer ersteigen zu können. ***5*** Als er nach Zusammenwerfung des Gepäcks auf einen Haufen seine Schlachtordnung, um die Feinde zu schrecken, nicht weit von den Mauern aufgestellt hatte, umritt er die Stadt, um so lange, bis die Leitern und übrigen Sturmgeräte fertig würden, zu untersuchen, wo er am vorteilhaftesten angreifen könne. ***6*** Da aber beim Anrücken auf die Mauer der Mann, der neben ihm stand, von einem Pfeil getroffen wurde, ließ er, abgeschreckt durch ein so missliches Ungefähr, zum Rückzug blasen und legte sein Lager außerhalb der Schussweite an.

7 Die römische Flotte von Messana fuhr bei Locri an, als noch einige Stunden vom Tag übrig waren. Alle Truppen wurden ausgeschifft und rückten noch vor Sonnenuntergang in die Stadt. ***8*** Am folgenden Tag eröffneten die Punier von der Burg aus den Kampf, und Hannibal, der nun die Leitern und alles Übrige zum Sturm fertig hatte, rückte gegen die Mauern vor, als plötzlich, da er so etwas am allerwenigsten erwartete, aus einem geöffneten Tor die Römer gegen ihn herausbrachen. ***9*** Bei diesem Angriff töteten sie gegen 200 von den Überraschten. Mit den Übrigen zog sich Hannibal, der jetzt die Anwesenheit des Konsuls merkte, in sein Lager zurück; und nachdem er denen auf der Burg hatte sagen lassen, sie möchten sich selbst beraten, hob er in der Nacht sein Lager auf und zog ab. ***10*** Die in der Burg steckten die Häuser, worin sie lagen, um den Feind durch diesen Lärm aufzuhalten, in Brand, und holten in fluchtähnlichem Lauf den Zug der Ihrigen noch vor Nacht wieder ein.

(8) Als Scipio die Burg von den Feinden verlassen und das Lager leer sah, berief er die Locrer zur Versammlung, machte ihnen wegen ihres Abfalls die bittersten Vorwürfe, ***2*** bestrafte die Urheber mit dem Tod und überließ ihre Güter für die den Römern bewiesene vorzügliche Treue

den Häuptern der Gegenpartei. ***3*** Den Locrern, sagte er, als Staat betrachtet, gebe er so wenig etwas, als er ihnen nehme. Sie möchten Gesandte nach Rom schicken; ihr Schicksal werde künftig so sein, wie es der Senat für Recht fände. ***4*** Das aber wisse er gewiss, dass sie, so schlecht sie sich auch um den römischen Staat verdient gemacht hätten, doch unter den erzürnten Römern sich besser stellen würden als unter den Karthagern als Freunden. ***5*** Er ließ den Legaten Quintus Pleminius und das Korps, welches die Burg erobert hatte, zur Bedeckung der Stadt zurück und ging selbst mit den Truppen, mit welchen er gekommen war, nach Messana über.

6 Die Locrer waren nach ihrem Abfall von Rom mit solcher Härte und Grausamkeit von den Karthagern behandelt worden, dass sie mäßige Unbilden nicht allein gleichmütig, sondern beinahe mit einer Art von Behagen erdulden konnten. ***7*** Aber freilich taten es Pleminius dem Befehlshaber Hamilkar und die römischen Besatzungstruppen den punischen an Freveltaten und Raubsucht so weit zuvor, dass sie mit ihnen nicht in den Waffen, sondern in Lastern zu wetteifern schienen. ***8*** Nichts von allem, was dem Hilflosen das Übergewicht des Mächtigeren verhasst machen kann, ließen weder der Anführer noch die Soldaten gegen die Bewohner unausgeübt: Sie übten gegen ihre Personen, gegen ihre Kinder und Frauen unerhörte Misshandlungen aus. ***9*** Und ihre Habsucht enthielt sich nicht einmal der Ausraubung des Heiligen; sie vergriffen sich nicht allein an den übrigen Tempeln, sondern auch an den Schätzen der Proserpina, an welche sich noch nie eine Hand gewagt hatte, außer dass sie von Pyrrhus geplündert sein sollten, der aber nicht ohne schwer zu büßen die Beute seines Tempelraubes zurücklieferte. ***10*** Wie also ehemals die königliche Flotte, durch Schiffbruch zertrümmert, nichts unversehrt ans Land brachte, als das heilige Geld der Göttin, das sie geladen hatte, so ließ auch jetzt dasselbe Geld alle mit der Schuld dieses Tempelraubes Behafteten ***11*** von einem anderen Unglück, von einer Raserei befallen, und hetzte sie, Führer gegen Führer, Soldaten gegen Soldaten in feindlicher Wut aufeinander.

(9) Den Oberbefehl führte Pleminius; von den Soldaten standen die, die er selbst von Regium mitgenommen hatte, unter ihm; die übrigen unter ihrem Obersten. ***2*** Einem Soldaten des Pleminius, der mit einem geraubten silbernen Becher aus einem Bürgerhaus gelaufen kam, und den der Eigentümer mit den Seinigen verfolgte, begegneten zufällig die Obersten Sergius und Matienus. ***3*** Da ihm auf Befehl der Obersten der Becher abgenommen wurde, kam es darüber zwischen den Soldaten des Pleminius und der Tribunen zum Zanken, Schreien und endlich zum Gefecht, in welchem der Zulauf und der Lärm immer größer wurden, so wie jeder, seiner Partei willkommen, sich anschloss. ***4*** Da die Soldaten des Pleminius als die Besiegten mit Geschrei und Erbitterung bei ihm zusammenliefen, Blut und Wunden aufzeigten und ihm die Schmähungen wiederholten, die man bei dem Gezänk gegen ihn selbst ausgestoßen habe, lief er in vollem Zorn zum Haus hinaus, hieß die Obersten herbeirufen und den Liktor sie entkleiden und geißeln. ***5*** Weil es längere Zeit kostete, ihnen die Kleidung abzureißen – denn sie widersetzten sich und riefen ihre Soldaten zur Hilfe auf –, stürzten diese, trotzig auf ihren eben erfochtenen Sieg, schleunigst von allen Seiten herbei, nicht anders als riefe man sie zu den Waffen gegen den Feind zusammen. ***6*** Kaum aber sahen sie ihre Obersten in Person durch Rutenhiebe misshandeln, da fielen sie, zu einer noch weit zügelloseren Wut entbrannt, ohne Rücksicht, ich will nicht sagen auf seinen hohen Stand, sondern selbst auf alle Menschlichkeit, über den Unterfeldherrn her, nachdem sie zuerst seine Liktoren auf das Schändlichste zugerichtet hatten. ***7*** Dann behandelten sie ihn selbst, als sie ihn von seinen Leuten abgeschnitten und in ihrer Mitte hatten, auf das Scheußlichste, schnitten ihm Nase und Ohren ab und ließen ihn beinahe tot auf dem Platz liegen.

8 Als Scipio, der auf die hiervon zu Messana erhaltene Nachricht wenige Tage nachher zu Locri auf einem Sechsruderer ankam, die Sache des Pleminius und der Obersten untersucht hatte, sprach er den Pleminius frei, ließ ihn hier den Oberbefehl behalten, erklärte aber die Tribunen für schuldig, ließ sie in Fesseln legen, um sie nach Rom an den Senat zu schicken, und ging nach Messana und von dort nach Syrakus zurück. ***9*** Pleminius, der vor Zorn seiner selbst nicht mächtig sich einbildete, Scipio habe die ihm zugefügte Misshandlung übersehen und zu leicht genommen, und diesen Streit könne niemand würdigen, außer, wer die schreckliche Behandlung als leidender Teil gefühlt habe, ***10*** ließ die Tribunen herbeischleppen, unter allen Martern, die nur einem Menschen angetan werden können, hinrichten und durch ihre Bestrafung im Leben noch nicht befriedigt, ihre Leichen unbeerdigt hinwerfen. ***11*** Mit gleicher Grausamkeit verfuhr er gegen diejenigen Großen zu Locri, von denen er hörte, dass sie zu Publius Scipio gereist waren, sich über ihre Misshandlung zu beklagen; und hatte er die Bundesgenossen vorher aus Mutwillen und Habsucht seine Untaten fühlen lassen, so übte er diese jetzt aus Rache vielfach aus und stürzte nicht allein sich selbst in Schmach und Hass, sondern auch seinen Feldherrn.

(10) Schon nahte die Zeit der Wahlversammlungen, als ein zu Rom eingelaufenes Schreiben des Konsuls Publius Licinius meldete, er und sein Heer würden von einer schweren Krankheit heimgesucht; auch hätte er nicht bestehen können, wenn nicht dieses Übel ebenso arg oder noch heftiger bei den Feinden ausgebrochen wäre. ***2*** Da er also selbst zum Wahltag nicht kommen könne, so wolle er, wenn es den Vätern recht sei, den Quintus Caecilius Metellus zur Haltung des Wahltages zum Diktator ernennen. Man tue am besten, wenn man das Heer des Quintus Caecilius entlasse, ***3*** denn einmal könne man jetzt von diesen Truppen keinen Gebrauch machen, da Hannibal sein Heer schon in die Winterquartiere zurückgezogen habe, und sodann wüte die Krankheit in diesem Lager so heftig, dass er glaube, es werde von allen, wenn man sie nicht zeitig entlasse, nicht einer übrig bleiben. Die Väter gaben dem Konsul Vollmacht, hierin zu handeln, wie er es vor dem Staat und seinem Gewissen verantworten könne.

4 Unerwartet sah sich jetzt die Bürgerschaft hinsichtlich der Götter durch eine neue Sorge beunruhigt, weil sich in den Sibyllinischen Büchern, die man wegen des in diesem Jahr häufigen Steinregens nachgeschlagen hatte, der Spruch fand: ***5*** Wenn einmal ein auswärtiger Feind Italien bekriege, so könne man ihn aus Italien vertreiben und besiegen, wenn man die Idaeische Mutter von Pessinus nach Rom bringen ließe. ***6*** Dieser von den Zehnmännern des Gottesdienstes aufgefundene Spruch machte um so größeren Eindruck auf die Väter, weil auch die Gesandten, welche das Geschenk nach Delphi gebracht hatten, berichteten, der Pythische Apollo habe ihnen nicht nur zum Opfer Segen verliehen, sondern ihnen sei auch vom Orakel die Prophezeiung gegeben: Das römische Volk habe einen viel größeren Sieg zu erwarten als den, von dessen Beute sie jetzt dies Geschenk brächten. ***7*** Zu allen diesen Hoffnungen rechneten sie auch Scipios die Beendigung dieses Krieges gleichsam vorempfindenden Sinn, insofern er Afrika zu seinem Wirkungsplatz verlangt habe. ***8*** Um also des durch die Bücher des Schicksals, durch Ahnungen und Orakelsprüche sich ankündigenden Sieges um so eher teilhaftig zu werden, dachten sie daran, welches Verfahren wohl anzuwenden sei, die Göttin nach Rom zu bringen.

(11) Noch hatten die Römer in Asien keine verbündeten Staaten. Allein in der Erwägung, dass sie auch früher bei einer im Volk herrschenden Seuche aus Griechenland, mit dem sie noch in gar keiner Verbindung gestanden, den Äskulap geholt hätten, ***2*** dass zu einer Freundschaft mit dem König Attalos, bei ihrem gemeinschaftlichen Krieg gegen Philipp, der Anfang schon gemacht sei, und dass er für das römische Volk alles Mögliche tun werde, ernannten sie zu Gesandten an ihn ***3*** den Marcus Valerius Laevinus, der zweimal Konsul und in Griechenland Feldherr gewesen war, den Marcus Caecilius Metellus, der schon die Prätur, den Servius Sulpicius Galba, der das Ädilenamt, und zwei, welche die Quästur bekleidet hatten, den Gnaeus Tremellius Flaccus und Marcus Valerius Falto. ***4*** Damit ihre Ankunft in diesen Ländern, wo sie den Namen Roms in Achtung bringen sollten, der Würde des römischen Volkes entspräche, bestimmte man ihnen fünf

Fünfruderer. **5** Die nach Asien gehenden Gesandten landeten auf diesem Weg zu einem Gang nach Delphi, besuchten das Orakel und fragten an, was für Hoffnung es ihnen und dem römischen Volk zur Ausrichtung des Geschäftes mache, zu dem sie aus ihrer Heimat abgeschickt wären. **6** Ihnen soll geantwortet worden sein, durch den König Attalos würde ihnen das, was sie beabsichtigten, gewährt werden. Wenn sie die Göttin nach Rom gebracht hätten, möchten sie dafür sorgen, dass Roms rechtschaffenster Mann sie gastlich in Empfang nehme. **7** Sie kamen nach Pergamon zum König. Der König begleitete die sehr freundlich aufgenommenen Gesandten nach Pessinus in Phrygien und übergab ihnen den heiligen Stein, der nach der Aussage der Bewohner die Mutter der Götter war, zur Abführung nach Rom. **8** Die Gesandten schickten den Marcus Valerius Falto mit der Nachricht voraus, die Göttin werde gebracht, und man habe den rechtschaffensten Mann des Staates ausfindig zu machen, welcher sie vorschriftsmäßig gastlich empfangen könne.

9 Quintus Caecilius Metellus wurde vom Konsul in Bruttium für den Wahltag zum Diktator ernannt und sein Heer entlassen; sein Magister Equitum war Lucius Veturius Philo. **10** Die Wahlversammlung wurde vom Diktator gehalten. Konsuln wurden Marcus Cornelius Cethegus und Publius Sempronius Tuditanus, dieser in seiner Abwesenheit, da er seinen Amtskreis in Griechenland hatte. **11** Darauf wurden zu Prätoren gewählt Tiberius Claudius Nero, Marcus Marcius Ralla, Lucius Scribonius Libo und Marcus Pomponius Matho. Nach vollendeter Wahl legte der Diktator sein Amt nieder.

12 Die Römischen Spiele wurden dreimal, die Bürgerlichen siebenmal gegeben. Kurulische Ädilen waren Gnaeus und Lucius Cornelius Lentulus. Lucius, der seinen Standort in Spanien hatte, wurde abwesend gewählt und bekleidete dieses Amt abwesend. **13** Plebejische Ädilen waren Tiberius Claudius Asellus und Marcus Junius Pennus. In diesem Jahr weihte Marcus Marcellus den Tempel der Tapferkeit am Capenischen Tor, den sein Vater im ersten Konsulat bei Clastidium in Gallien vor 17 Jahren gelobt hatte. **14** Auch starb in diesem Jahr der Priester des Mars, Marcus Aemilius Regillus.

(12) Die Angelegenheiten in Griechenland hatte man in diesen zwei Jahren vernachlässigt. Also zwang Philipp die von den Römern verlassenen Aetoler, auf deren Hilfe sie allein vertrauten, unter Bedingungen, wie er sie wünschte, den Frieden zu begehren und zu schließen. **2** Hätte er nicht aus allen Kräften geeilt, dies zustande zu bringen, so wäre ihm bei dem Krieg mit den Aetolern ein Angriff vom Prokonsul Publius Sempronius zu viel geworden, da dieser mit 10 000 Mann zu Fuß, 1000 zu Pferd und 35 Kriegsschiffen, einer zur Unterstützung der Bundesgenossen gewiss nicht bedeutenden Macht, hierhergeschickt wurde, dem Sulpicius im Oberbefehl zu folgen. **3** Kaum war der Friede geschlossen, da erhielt der König die Nachricht, die Römer wären zu Dyrrachium angekommen, hätten die Parthiner und andere benachbarte Völker durch die Hoffnung einer neuen Regierung zum Aufstand gebracht, und bestürmten Dimallum. **4** Dahin hatten sich die Römer gewandt, statt den Aetolern, an welche sie geschickt waren, zu helfen, aus Ärger, dass diese ohne ihre Genehmigung dem Vertrag zuwider mit dem König Frieden geschlossen hatten. **5** Als Philipp dies erfuhr, eilte er, um jeder bedeutenderen Bewegung unter den benachbarten größeren und kleineren Völkerschaften zuvorzukommen, in Eilmärschen nach Apollonia, wohin sich Sempronius zurückgezogen hatte, weil er seinen Unterfeldherrn Laetorius, teils um sich durch nähere Ansicht zu belehren, teils womöglich den Frieden wieder umzustoßen, mit einem Teil des Heeres und 15 Schiffen nach Aetolien geschickt hatte. **6** Philipp verheerte das Gebiet der Apolloniaten und bot durch Annäherung seiner Truppen an die Stadt dem römischen Feldherrn eine Schlacht an. Da er diesen sich ruhig auf die Verteidigung der Mauern beschränken sah, **7** sich selbst zu einem Sturm auf die Stadt nicht stark genug hielt und mit den Römern ebenso wie mit den Aetolern womöglich Frieden, wo nicht, doch Waffenstillstand zu schließen wünschte,

so zog er sich, ohne durch einen neuen Kampf die Erbitterung weiter zu reizen, in sein Reich zurück. *8* Um dieselbe Zeit schickten die Epiroten, des langen Krieges überdrüssig, nachdem sie zuvor die Römer über ihre Gesinnungen ausgeforscht hatten, mit dem Vorschlag zu einem gemeinschaftlichen Frieden an Philipp Gesandte, *9* mit der Versicherung, der Friede werde, wie sie gewiss wüssten, zustande kommen, wenn er den Schritt zu einer Unterredung mit dem römischen Feldherrn Publius Sempronius tun wolle. *10* Da der König selbst nicht abgeneigt war, gab er ohne Schwierigkeit seine Einwilligung, nach Epirus hinüberzugehen.

11 In Epirus liegt eine Stadt Phönike. Hier unterredete sich der König vorher mit Kropus, Dardas und Philippus, den Prätoren der Epiroten, und dann kam er mit Publius Sempronius zusammen. *12* Auch Amynander, König der Athamanen, war bei der Unterredung zugegen und andere obrigkeitliche Personen aus Epirus und Acarnanien. Zuerst nahm der Prätor Philipp das Wort und ersuchte den König und den römischen Feldherrn zugleich, dem Krieg ein Ende zu machen und diese Bitte der Epiroten zu erfüllen. *13* Publius Sempronius stellte folgende Friedensbedingungen auf: dass die Parthiner, ferner Dimallum, Bargullum und Eugenium den Römern gehören sollten. Atintania solle an Makedonien fallen, wenn der König durch eine nach Rom zu schickende Gesandtschaft vom Senat die Zustimmung erhielte. *14* Als der Friede auf diese Bedingungen hin zustande kam, traten auf Seiten des Königs der bithynische König Prusias, die Achäer, Böotier, Thessalier, Acarnanen und Epiroten dem Vertrag bei; auf Seiten der Römer der Staat von Ilium, König Attalos, Pleuratus, der spartanische Tyrann Nabis, die Staaten Elis, Messene und Athen. *15* Diese Punkte wurden aufgesetzt und untersiegelt, und ein Waffenstillstand auf zwei Monate geschlossen, bis Gesandte nach Rom geschickt würden, um den Frieden auf diese Bedingungen vom Volk bestätigen zu lassen. *16* Und alle Bezirke genehmigten ihn, weil sie bei dem Übergang des Krieges nach Afrika sich für jetzt aller anderen Kriege entledigen wollten. Nach dem Friedensschluss ging Publius Sempronius nach Rom ab, um sein Konsulat anzutreten.

(13) Den Konsuln Publius Sempronius und Marcus Cornelius – es war das 15. Jahr dieses Punischen Krieges – wurden als Provinzen dem Cornelius Etrurien mit dem alten Heer zuerkannt, dem Sempronius Bruttium, für welches er neue Legionen ausheben solle. *2* Von den Prätoren bekamen durch das Los Marcus Marcius die Gerichtspflege über die Stadt, Lucius Scribonius Libo die Auswärtigen und Gallien, Marcus Pomponius Matho Sizilien, Tiberius Claudius Nero Sardinien. *3* Dem Publius Scipio wurde über das Heer und die Flotte, die er schon hatte, der Oberbefehl auf ein Jahr verlängert. So sollte auch Publius Licinius Bruttium mit zwei Legionen behalten, solange der Konsul dessen Aufenthalt als Befehlshaber in dieser Provinz für ratsam hielt. *4* Auch dem Marcus Livius und Spurius Lucretius wurde, jedem bei seinen zwei Legionen, womit sie Gallien gegen Mago gedeckt hatten, der Oberbefehl verlängert. *5* Auch dem Gnaeus Octavius, und zwar so, dass er nach Abgabe Sardiniens und seiner Legionen an Tiberius Claudius, dagegen mit 40 Kriegsschiffen die vom Senat ihm zu bestimmende Gegend der Seeküste zu decken hätte. *6* Dem Prätor Marcus Pomponius wurden in Sizilien die beiden Legionen des Heeres von Cannae übergeben. Als Proprätoren sollten Titus Quinctius Tarent, Gaius Hostilius Tubulus Capua, beide so wie im vorigen Jahr, mit der alten Besatzung behalten. *7* Wegen des Oberbefehls in Spanien ließ man einen Antrag an das Volk gelangen, die zwei auf jenem Standort anzustellenden Prokonsuln zu ernennen. Alle Bezirke hießen dieselben Prokonsuln, den Lucius Cornelius Lentulus und Lucius Manlius Acidinus, jene Plätze behalten, wie sie dieselben voriges Jahr gehabt hätten. *8* Nun gingen die Konsuln an die Aushebung, sowohl der neuen Legionen für das bruttische Gebiet als der Ergänzungstruppen für die übrigen Heere, wie es ihnen vom Senat aufgetragen war.

(14) Obgleich Afrika noch nicht öffentlich zum Kriegsschauplatz erklärt war – ich glaube, die Väter hielten es geheim, damit es die Karthager nicht vorher erführen –, war doch die Bürger-

schaft auf diese Hoffnung gespannt, dieses Jahr werde in Afrika entscheiden und der Punische Krieg beendet werden. *2* Ebendarum waren sie auch voll abergläubischer Gedanken; sie waren geneigt, hier Unglückszeichen zu melden, dort sie zu glauben. Mehrere solche wurden unter das Volk gebracht. *3* Man hätte zwei Sonnen gesehen; mitten in der Nacht sei es hell geworden, zu Setia habe man einen Feuerstreif von Morgen nach Abend laufen sehen, zu Tarracina habe der Blitz ein Tor, zu Anagnia ein Tor und die Mauer an vielen Stellen getroffen; im Tempel der Juno Sospita zu Lanuvium habe sich ein Getöse mit furchtbarem Krachen hören lassen. *4* Zur Darbringung der Sühne wurde ein eintägiges Betfest begangen, und weil ein Steinregen gefallen sein sollte, die neuntägige Andacht.

5 Hierzu kam die Beratung über den Empfang der Idaeischen Mutter, welche der neuesten Nachricht zufolge, da schon der eine von den vorausgegangenen Gesandten, Marcus Valerius, ihre Ankunft in Italien als nahe angezeigt hatte, schon in Tarracina war. *6* Die Senatoren beschäftigte die Entscheidung der wichtigen Frage, wer der rechtschaffenste Mann des Staates sei. *7* Wenigstens hätte sich jeder den wirklichen Sieg in diesem Streit lieber gegönnt, als alle durch die Stimmen der Väter oder Bürger ihm gebotenen Feldherrnstellen und Ehrenämter. *8* Sie behaupteten, unter allen rechtschaffenen Männern im ganzen Staat sei der rechtschaffenste Publius Scipio, der Sohn des in Spanien gefallenen Gnaeus, ein junger Mann, der noch nicht Quästor gewesen war. *9* Was für Vorzüge er habe, von denen sie sich bei diesem Urteil leiten ließen, so gern ich dies der Nachwelt überlieferte, wenn es von den jener Zeit zunächst lebenden Geschichtsschreibern uns aufbehalten wäre, so wenig mag ich in Vermutungen über eine im Altertum vergrabene Begebenheit mit meiner Meinung mich aufdrängen. *10* Genug, Publius Cornelius erhielt den Auftrag, mit allen Frauen nach Ostia der Göttin entgegenzugehen, diese vom Schiff in Empfang zu nehmen und wenn er sie ans Land gebracht, diesen zu übergeben. *11* Als das Schiff sich der Mündung des Tiberstromes näherte, fuhr er dem Auftrag gemäß auf einem Schiff in See, nahm die Göttin von den Priestern in Empfang und hob sie ans Land. *12* Die ersten Frauen des Staates übernahmen sie. Unter diesen zeichnet sich der Name der Quinta Claudia aus, deren Keuschheit ein, wie erzählt wird, früher zweifelhafter Ruf durch dies so heilige Geschäft bei der Nachwelt nur noch verherrlichte. *13* Sie trugen die Göttin, die bei ihnen der Reihe nach von Hand zu Hand ging, unter dem Zulauf der ganzen entgegenströmenden Stadt, da man vor allen Türen, wo sie vorübergetragen wurde, Rauchfässer aufgestellt hatte und bei angezündetem Weihrauch sie anflehte, *14* sie möge gern und gnädig in die Stadt Rom einziehen, in den Tempel der Siegesgöttin, der auf dem Palatium steht. Es war der 12. April, und dies war ein Festtag. Zahlreich brachte das Volk der Göttin seine Gaben auf das Palatium; es wurden ein Göttermahl und Spiele angestellt, welche man die Megalesien nannte.

(15) Als man im Senat über die Ergänzung der Legionen sprach, welche in den Provinzen standen, sagten einige, jetzt sei es Zeit, da endlich durch die Gnade der Götter alle Besorgnis gehoben sei, sich das, was man in bedrängten Zeitumständen so hätte hingehen lassen, jetzt, wo durch die göttliche Gnade die Furcht entfernt sei, nicht länger zu leiden. *2* Da die Väter in gespannter Erwartung waren, fuhren jene fort, die zwölf latinischen Kolonien, welche den Konsuln Quintus Fabius und Quintus Fulvius die Truppenstellung verweigert hätten, habe man beinahe schon ins sechste Jahr, als ob man sie dadurch ehren und belohnen wolle, mit allem Kriegsdienst verschont, *3* während man die guten und willigen Bundesgenossen bei ihrer Treue und Folgsamkeit gegen Rom durch alljährlich fortgesetzte Aushebungen erschöpft habe. *4* Auf diese Äußerungen hin wurde bei den Vätern nicht nur eine beinahe schon vergessene Sache in Erinnerung gebracht, sondern auch ihr Unwille geweckt. *5* Ohne also die Konsuln auf etwas anderes antragen zu lassen, fassten sie den Beschluss, die Konsuln sollten die Obrigkeiten und

zehn der ersten Männer aus jeder dieser Kolonien, aus Nepete, Sutrium, Ardea, Cales, Alba, Carseoli, Sora, Suessa, Setia, Circei, Narnia und Interamna – sie waren es, die dieser Vorwurf traf – ***6*** nach Rom senden, ihnen aufgeben, dass jede von ihnen an Fußvolk die höchste Anzahl, die sie seit dem Einbruch des Feindes in Italien dem römischen Volk gestellt hätten, in doppeltem Betrag zu stellen habe, und jede 120 Reiter. ***7*** Sollte eine oder die andere so viele Reiter nicht aufbringen können, so stehe es ihr frei, statt eines Reiters drei Mann zu Fuß zu geben; zu diesem Fußvolk und dieser Reiterei sollten die reichsten Leute ausgesucht und dahin geschickt werden, wo man nur irgend außerhalb Italiens Ergänzungstruppen nötig habe. ***8*** Falls sich einige von ihnen weigern sollten, sei es des Senates Wille, die Obrigkeiten und Gesandten einer solchen Kolonie festzuhalten und sie trotz aller Anforderungen nicht eher im Senat vorzulassen, bis sie den Befehl ausgeführt hätten. ***9*** Außerdem sollte in diesen Kolonien von 1000 As einer als Steuer entrichtet und jährlich eingetrieben und die Schätzung nach den von den römischen Zensoren aufgestellten Grundsätzen gehalten werden. Sie sollten aber darin dem römischen Volk ganz gleichgestellt ***10*** und der Betrag der Schätzung von den Zensoren der Kolonien nach Eid und Pflicht nach Rom gebracht werden, ehe sie ihr Amt niederlegten. ***11*** Als nun die Konsuln auf Grund dieses Senatsbeschlusses den nach Rom geforderten Obrigkeiten und Vornehmsten aus jenen Kolonien die Truppenstellungen und Geldlieferungen anbefahlen, weigerten sich die einen noch mehr als die anderen und schrien laut dagegen. ***12*** So viele Truppen, sagten sie, könnten sie nicht stellen. Kaum würden sie, wenn ihnen das vertragsmäßig zu stellende Kontingent auferlegt würde, dieses erschwingen können. ***13*** Sie bäten sich's aus und bestanden auf der Erlaubnis, im Senat vorgelassen zu werden und das Unglück durch Bitten abzuwenden. Sie hätten nichts begangen, womit sie ihren Untergang verdient hätten; wenn sie aber auch zugrunde gehen sollten, so erwachse doch für sie weder aus ihrem Vergehen noch aus dem Zorn des römischen Volkes die Möglichkeit, mehr Truppen zu stellen als sie hätten. ***14*** Die Konsuln, die nicht nachgaben, befahlen den Gesandten, in Rom zu bleiben, die Obrigkeiten aber sollten nach Hause gehen, um die Aushebungen vorzunehmen, und versicherten, es werde ihnen niemand Zutritt im Senat verschaffen, bevor nicht die verlangte Truppenzahl in Rom eingetroffen sei. ***15*** Da sie also mit Gegenvorstellungen vor den Senat zu kommen nicht hoffen durften, gingen diese zwölf Kolonien an die Aushebung, und da sich wegen der Dienstjahrgänge die jungen Leute bei ihnen sehr gemehrt hatten, kam sie ohne Schwierigkeit zustande.

(16) Eine zweite Sache, die ungefähr ebenso lange unbeachtet geblieben war, wurde von Marcus Valerius Laevinus in Erinnerung gebracht. Er sagte, es sei billig, die unter seinem und des Marcus Claudius Konsulat eingelieferten Gelder den Privatleuten endlich wieder auszuzahlen. ***2*** Auch dürfe es niemand befremden, wenn er sich einer Schuld, die eigentlich auf dem Staat laste, so vorzüglich annehme; denn abgesehen davon, dass die Sache doch den Konsul des Jahres, in welchem man die Gelder zusammengeschossen habe, persönlich angehe, sei auch diese Einlieferung bei der damaligen Armut der Kammer und dem Unvermögen der Bürger, eine Steuer zu zahlen, auf seinen Antrieb geschehen. ***3*** Den Vätern war diese Erinnerung willkommen, und als sie den Konsuln befohlen hatten, die Sache vorzutragen, fassten sie den Beschluss, dies Geld solle in drei Zahlungen abgetragen werden; die erste hätten jetzt gleich die jetzigen Konsuln zu leisten, die beiden anderen die Konsuln über drei und fünf Jahre.

4 Nun verdrängte alle anderen Sorgen eine einzige, weil jetzt das vielfache Leiden der Locrer, das man bis dahin nicht gekannt hatte, durch die Ankunft ihrer Gesandten allgemein bekannt wurde. ***5*** Und den allgemeinen Unwillen erregte nicht so sehr des Quintus Pleminius Frevel, als Scipios schonende Gefälligkeit für ihn oder seine Nachlässigkeit. ***6*** Mit Schmutz und Staub überdeckt warfen sich zehn locrische Gesandte, welche als Schutzflehende den auf dem Versammlungsplatz thronenden Konsuln statt der umwundenen Stäbe nach griechischer Sitte Ölzweige entgegenreichten, unter lautem Wehklagen vor der Richterbühne zur Erde. 7 Auf die Frage der Konsuln erklärten sie sich für Locrer, die von dem Unterfeldherrn Quintus Pleminius und von Roms Soldaten solche Dinge erfahren hätten, wie sie das römische Volk nicht einmal Karthagern erfahren lassen wolle. Sie bäten die Konsuln um die Erlaubnis, vor dem Senat aufzutreten und ihm ihr Leid zu klagen.

(17) Als sie vor den Senat kamen, sprach der älteste von ihnen folgendermaßen: *Ich weiß, versammelte Väter, dass eure Beachtung unserer Klage wesentlich davon abhängt, wenn ihr völlige Kunde darüber habt, wie Locri an Hannibal verraten wurde, und wie es nach Vertreibung der Besatzung Hannibals unter eure Botmäßigkeit zurückkehrte.* **2** *Denn wenn sowohl die Schuld des Abfalls den Absichten der Regierung ganz fern lag, und die Rückkehr unter eure Botmäßigkeit offenbar nicht nur nach unserem Wunsch, sondern auch mit unserer Hilfe und durch unsere Tapferkeit zustande gekommen ist, so dürftet ihr desto ungehaltener werden, dass wir als gute und treue Bundesgenossen so schreckliche und empörende Ungerechtigkeiten von euren Legaten und euren Soldaten haben leiden müssen.* **3** *Allein ich glaube die Darlegung unseres doppelten Abfalls auf eine andere Zeit verschieben zu müssen, und das aus zwei Gründen:* **4** *einmal, damit sie in Gegenwart des Publius Scipio verhandelt werde, welcher Locri wiedereroberte und uns alles, was wir recht und unrecht getan haben, bezeugen kann, sodann, weil wir, wenn wir auch noch so strafbar sein sollten, doch das, was wir gelitten haben, nicht leiden mussten.* **5** *Wir können es nicht leugnen, versammelte Väter, als wir noch eine punische Besatzung in unserer Burg hatten, da haben wir sowohl von Hamilkar, dem Befehlshaber der Besatzung, als auch von den Numidern und Afrikanern manche schmähliche und empörende Behandlung erlitten. Was ist das aber im Vergleich mit dem, was wir jetzt erleiden?* **6** *Ich bitte euch, versammelte Väter, ihr möchtet es gut aufnehmen, wenn ich etwas sage, was ich euch nur ungern hären lasse. Es steht jetzt auf dem Punkt der Entscheidung, ob das gesamte Menschengeschlecht in euch oder in den Karthagern die Herren der Erde erblicken soll.* **7** *Wenn danach, was wir Locrer entweder von jenen gelitten haben oder noch diesen Augenblick von eurer Besatzung leiden, die Herrschaft Roms oder die der Punier gewürdigt werden sollte, so würde alle Welt lieber sie als euch sich zu Herren wünschen.* **8** *Und dabei erkennt nun, wie wir Locrer trotzdem gegen euch gesinnt sind. Als wir von den Karthagern soviel leidlichere Unbilden litten, nahmen wir unsere Zuflucht zu eurem Feldherrn; da wir von eurer Besatzung ärger als feindlich behandelt werden, haben wir uns mit unseren Klagen an keinen andern als an euch gewandt.* **9** *Entweder werdet ihr, versammelte Väter, auf unsere traurige Lage Rücksicht nehmen, oder es bleibt uns auch nicht einmal bei den unsterblichen Göttern etwas weiter zu erbitten.* **10** *Quintus Pleminius wurde als Unterfeldherr mit einem Korps abgeschickt, den Karthagern Locri zu nehmen, und blieb mit diesem dort in Besatzung.* **11** *Dieser euer Unterfeldherr, versammelte Väter – die höchste Not gibt mir den Mut, offen zu sprechen –, hat von einem Menschen nichts weiter an sich, als die Gestalt und den Schein, und von einem geborenen Römer nichts als das Äußere, die Tracht und den Klang der Sprache Latiums.* **12** *Ein Tod verbreitendes, scheußliches Ungeheuer ist er wie die, die einst der Sage nach zum Verderben der Seefahrer die Meerenge besetzt hielten, die uns von Sizilien trenn. Wenn er sich nun damit begnügte, bloß seinen Frevel, seine Wollust und Raubsucht an euren Bundesgenossen auszuüben,* **13** *so würden wir einen, wenn auch bodenlosen Abgrund durch unsere Unterwürfigkeit immer noch sättigen; allein alle eure Hauptleute und Soldaten –* **14** *so allgemein sollte nach seinem Willen die Zügellosigkeit und Bosheit sein – hat er zu „Pleminiern" gemacht.* **15** *Sie alle rauben, plündern, prügeln, verwunden, morden; sie entehren Frauen, Mädchen und aus der Eltern Armen weggerissene Edelbürtige.* **16** *Täglich wird unsere Stadt erobert, täglich geplündert, Tag und Nacht wird überall, wo es auch sein mag, das Klagegeschrei der Frauen und Knaben laut,*

die man wegnimmt und fortschleppt. **17** *Wer das so alles erführe, müsste sich ebenso sehr darüber wundern, dass bei uns die Geduld ausreichte, es zu ertragen, als dass so schrecklicher Misshandlungen die Täter noch nicht müde sind. Ich kann unmöglich alles, was wir gelitten haben, einzeln durchgehen, und euch ist auch nicht damit gedient, es zu hören. Ich will es in ein Ganzes zusammenfassen.* **18** *Ich behaupte, es ist zu Locri nicht ein Haus, nicht ein Mensch ohne Misshandlung geblieben; ich behaupte, es ist keine Art von Frevel, von schandbaren Lüsten und Raubgier mehr übrig, die nicht an irgendeinem, an dem sie ausgelassen werden konnte, verübt sei.* **19** *Es lässt sich kaum ermitteln, welches Unglück von beiden für einen Staat schauderhafter ist, das, wenn die Feinde die Stadt mit Sturm erobert haben, oder wenn ihn ein verderblicher Tyrann durch die Gewalt der Waffen unterjocht hat.* **20** *Aber alles, was eroberte Städte zu leiden pflegen, haben wir gelitten, und leiden es gerade jetzt, versammelte Väter; und jeden Frevel, den die grausamsten und unerträglichsten Tyrannen gegen ihre unterdrückten Mitbürger zu üben pflegen, hat Pleminius an uns und unseren Frauen und Kindern ausgeübt.*

(18) *Ein Verbrechen aber führen wir in unserer Klage namentlich an, teils weil eine tief uns innewohnende Frömmigkeit uns dazu zwingt, teils weil es unser Wunsch ist, dass ihr es hören, und wenn es auch zweckmäßig scheint, euren Staat von einem Frevel entsündigen mögt.* **2** *Haben wir doch gesehen, mit welcher Heiligkeit ihr nicht allein eure Götter verehrt, sondern auch fremde aufnehmt.* **3** *Proserpina hat bei uns ein Heiligtum, einen Tempel, von dessen Unverletzlichkeit ihr, wie ich glaube, im Krieg mit Pyrrhus etwas gehört habt.* **4** *Als er nämlich auf der Rückkehr aus Sizilien mit seiner Flotte vor Locri vorbeifuhr, beging er unter anderen Schandtaten, die er wegen unserer unverbrüchlichen Treue gegen euch uns fühlen ließ, auch einen Raub an dem bis dahin von niemandem angetasteten Schatz der Proserpina, lud dann das Geld auf seine Schiffe und rückte selbst zu Lande weiter.* **5** *Was geschah nun, versammelte Väter? Am folgenden Tag überfiel die Flotte der schrecklichste Sturm und warf alle Schiffe, welche die heiligen Gelder führten, an unseren Strand.* **6** *Der König, bei allem Hochmut doch endlich durch einen so großen Verlust über das Dasein höherer Wesen belehrt, hieß das Geld zusammensuchen und wieder in den Schatz der Proserpina bringen. Dennoch gelang ihm seitdem nichts mehr, und verjagt aus Italien starb er bei seinem unbesonnenen nächtlichen Einbruch in Argos eines unrühmlichen und schimpflichen Todes.* **7** *Obgleich euer Unterfeldherr und seine Obersten dies und tausend andere Dinge gehört hatten, die wir nicht gerade in der Absicht, ihnen größere Ehrfurcht einzuflößen, sondern als unsere und unserer Voreltern mehrmalige Erfahrungen über die offenbare Einwirkung der Göttin erzählten,* **8** *so hatten sie doch noch die Frechheit, ihre tempelräuberischen Hände an jene nie berührten Schätze zu legen und sich und die Ihrigen und eure Soldaten mit einem so schändlichen Raub zu beflecken.* **9** *Wir beschwören euch bei eurem uns heiligen Schutz, versammelte Väter, wagt mit diesen Leuten, ehe ihr ihren Frevel gesühnt habt, ja nicht die mindeste Unternehmung, weder in Italien noch in Afrika, damit sie nicht den auf sich geladenen Fluch sowohl mit ihrem eigenen Blut als auch mit einem Unglück des Staates büßen.* **10** *Gleichwohl ist schon jetzt, versammelte Väter, der Zorn der Göttin so wenig bei jenen Anführern als bei euren Soldaten ausgeblieben. Schon mehrmals haben sie unter sich förmliche Schlachten geliefert. Auf der einen Seite stand Pleminius als Anführer, auf der anderen die beiden Obersten. Erbitterter haben sie nie gegen die Karthager gekämpft als unter sich selbst;* **11** *und durch ihre Wut hätten sie dem Hannibal Gelegenheit gegeben, Locri wiederzuerobern, wenn nicht auf unsere Einladung Scipio dazugekommen wäre.* **12** *Nun ja! Ruft man mir entgegen, die Soldaten freilich tummelt der Fluch des Tempelraubes als Wütende gegeneinander; allein in Be-strafung der Anführer selbst hat sich doch keine Wirkung der Göttin gezeigt? – Gerade da war sie am handgreiflichsten.* **13** *Der Legat ließ die Obersten mit Ruten geißeln. Die auflauernden Obersten bemächtigten sich des Legaten, zerfleischten ihn am ganzen Körper, schnitten ihm Nase und Ohren ab und ließen ihn halbtot*

liegen. ***14*** *Kaum erholte sich der Legat von seinen Wunden, da ließ er die Obersten in Fesseln werfen, peitschen, mit allen möglichen Sklavenmartern quälen und gliedweise hinrichten; auch verbot er, ihre Leichen zu begraben.* ***15*** *Diese Strafen hat die Göttin an den Räubern ihres Tempels schon genommen, und sie wird nicht aufhören, mit allen Rachegöttinnen sie zu verfolgen, bis das heilige Geld wieder in den Schatz gelegt ist.* ***16*** *Einst wollten unsere Vorfahren in einem schweren Krieg mit den Krotoniaten, weil der Tempel außerhalb der Stadt liegt, jene Gelder in die Stadt bringen. In der Nacht ließ sich eine Stimme aus dem Heiligtum hören, sie sollten keine Hand anlegen; ihren Tempel wisse die Göttin selbst zu schützen.* ***17*** *Weil sie jetzt, von heiliger Scheu ergriffen, die Gelder nicht fortschaffen konnten, beschlossen sie, den Tempel mit einer Mauer zu umgeben. Schon war die Mauer zu einer bedeutenden Höhe aufgeführt, als plötzlich alles wieder einstürzte.* ***18*** *Ihren Sitz also und ihren Tempel hat die Göttin sowohl jetzt als auch sonst schon oft geschützt oder an ihren Beleidigern schwer gerächt. Unsere Misshandlungen aber kann und soll niemand anders rächen als ihr, versammelte Väter.* ***19*** *Zu euch und zu eurem Schutz nehmen wir flehend unsere Zuflucht. Es ist uns ganz einerlei, ob ihr Locri unter diesem Legaten, unter dieser Besatzung länger lasst oder ob ihr es dem erzürnten Hannibal und den Puniern zur Bestrafung überliefert, wir verlangen nicht, dass ihr uns auf der Stelle, dass ihr uns über einen Abwesenden, dass ihr uns, ohne ihn zu hören, Glauben schenken sollt.* ***20*** *Lasst ihn kommen, ihn selbst unsere Anklage hören, ihn selbst sie entkräften. Hat er irgendeinen Frevel, den ein Mensch Menschen antun kann, an uns unverübt gelassen, so weigern wir uns nicht, das alles, wenn wir es noch einmal leiden können, noch einmal zu leiden und ihn von allen seinen Schandtaten gegen Gott und Menschen freisprechen zu lassen.*

(19) Als die Gesandten so gesprochen hatten und Quintus Fabius sie fragte, ob sie diese Klagen vor Publius Scipio gebracht hätten, antworteten sie, sie hätten Gesandte hingeschickt, er sei aber mit den Zurüstungen zum Krieg beschäftigt und entweder nach Afrika schon übergegangen oder werde doch in wenig Tagen hinübergehen. ***2*** Wie viel auch der Unterfeldherr bei seinem Oberfeldherrn gelte, hätten sie daraus gesehen, dass er nach Untersuchung des Streites zwischen ihm und den Obersten die Obersten habe fesseln lassen, den Legaten aber, der ebenso strafbar oder noch strafbarer sei, auf seinem Posten gelassen habe. ***3*** Nachdem man die Gesandten aus dem Versammlungssaal hatte abtreten lassen, wurden nicht nur Pleminius, sondern auch Scipio in den Reden der Häupter des Senates heftig mitgenommen. Vor allem gab ihm Quintus Fabius schuld, er sei dazu geboren, die Kriegszucht zu verderben. ***4*** So habe er auch in Spanien beinahe mehr Soldaten durch Empörung als durch Krieg verloren. Das heiße sich unrömisch und wie ein König betragen, wenn er bald den Soldaten zu viele Freiheit gestatte, bald sie mit Grausamkeit behandle. ***5*** In seinem Gutachten am Schluss dieser Rede erklärte er mit gleicher Härte, seiner Meinung nach müsse der Legat Pleminius gefesselt nach Rom gebracht werden und gefesselt sich verantworten; und wenn die Klagen der Locrer begründet wären, müsse man ihn im Kerker hinrichten lassen und sein Vermögen einziehen. Den ***6*** Publius Scipio, weil er ohne Geheiß des Senats von seinem Posten gegangen sei, müsse man zurückrufen und es mit den Volkstribunen ausmachen, dass sie beim Volk beantragten, ihm den Oberbefehl abzusprechen. Den locrischen Gesandten sei im Senat die Antwort zu erteilen: Die ihnen zugefügten Unbilden, über die sie klagten, hätten in Rom sowohl des Senates als des Volkes Missfallen. ***7*** Dann müsse man sie für brave Leute, für Bundesgenossen und Freunde Roms erklären, ihre Kinder, Frauen und was ihnen sonst geraubt sei, ihnen wiedergeben, das dem Schatz der Proserpina entwandte Geld beitreiben, ***8*** den doppelten Betrag in den Schatz liefern und ein Sühnopfer anstellen lassen, wenn man vorher beim Kollegium der Oberpriester angefragt habe, durch welche Entsühnungen, bei welchen Göttern und mit was für Opfertieren die Ausräumung und Entweihung eines heiligen Schatzes zu sühnen sei. ***9*** Alle in Locri liegenden Soldaten müsse man nach Sizilien schaffen und vier

Kohorten latinischer Bundesgenossen als Besatzung nach Locri gehen lassen. ***10*** Bei der warmen Teilnahme für und wider Scipio kam man mit Anhörung der Stimmen an diesem Tag nicht zu Ende. ***11*** Denn außer dem Frevel des Pleminius und dem Elend der Locrer sprach man auch über des Feldherrn eigene, nicht allein unrömische, sondern auch unsoldatische Lebensweise. ***12*** In griechischem Mantel und Schuhen gehe er in den Schulgebäuden lustwandeln, gebe sich mit Literatur und Gymnastik ab, und ebenso untätig und weichlich wie er, ließen sich alle von seiner näheren Umgebung die Annehmlichkeiten von Syrakus gefallen. ***13*** An Karthago und an Hannibal werde nicht mehr gedacht. Das ganze Heer, wie vorhin zu Sucro in Spanien, wie jetzt zu Locri in Zügellosigkeit verwildert, sei den Bundesgenossen furchtbarer als den Feinden.

(20) Hatten auch diese Anführungen als teilweise wahr, teilweise nur halb wahr, ebendarum mehr Wahrscheinlichkeit, so behielt doch die Meinung des Quintus Metellus die Oberhand, der im Übrigen dem Maximus beipflichtete, in Ansehung des Scipio aber ihm widersprechend die Frage aufwarf, ***2*** wie es sich schicken würde, wenn man denselben Mann, den der Staat unlängst zur Wiedereroberung Spaniens noch so jung zum Feldherrn ausersehen habe, den man, weil er Spanien den Feinden wirklich abgenommen, zum Konsul gewählt habe, um durch ihn den Punischen Krieg zu beendigen, den man in seiner Hoffnung dazu bestimmt habe, Hannibal aus Italien hinauszuzwingen und Afrika zu unterjochen; wenn man den so auf einmal, ***3*** nicht anders wie einen Quintus Pleminius, unverhörter Sache so gut als schon verurteilt, von seinem Posten abrufen ließe, da doch die Locrer selbst sagten, dass bei den Schändlichkeiten, über welche sie zu klagen hätten, Scipio nicht einmal gegenwärtig gewesen sei, und man ihm nichts weiter zur Last legen könne, als dass er seines Unterfeldherrn aus Langmut oder Ehrgefühl geschont habe. ***4*** Sein Vorschlag sei, den Prätor Marcus Pomponius, dem das Los Sizilien zur Provinz gegeben habe, in den nächsten drei Tagen in diese Provinz abgehen zu lassen; die Konsuln könnten zehn, ihrem Ermessen anheim zu stellende Abgeordnete im Senat sich aussuchen, um diese mit dem Prätor, zwei Volkstribunen und einem Ädilen hinzuschicken. Mit diesen Beisitzern müsse der Prätor die Sache untersuchen. ***5*** Stellte es sich heraus, dass das, worüber sich die Locrer beklagten, auf Befehl oder mit Zustimmung des Publius Scipio geschehen sei, so müssten sie ihm befehlen, die Provinz zu verlassen. ***6*** Sollte Publius Scipio schon nach Afrika übergesetzt sein, so müssten die Volkstribunen und der Ädil mit zwei Bevollmächtigten, die der Prätor hierzu am meisten geeignet fände, nach Afrika gehen, ***7*** die Tribunen und der Ädil, um den Scipio von dort zurückzubringen, die Bevollmächtigten, um das Heer so lange zu befehligen, bis der neue Feldherr bei diesem Heer einträfe. ***8*** Sollten aber der Prätor und die zehn Abgeordneten sehen, dass das Vorgefallene weder Scipios Befehl noch dessen Zustimmung für sich habe, so sollte Scipio bei dem Heer bleiben und in der Führung des Krieges seine Maßregeln verfolgen.

9 Als ein Senatsbeschluss dieses Inhalts zustande kam, besprach man sich mit den Volkstribunen, dass sie sich über die beiden, die mit dem Prätor und den Abgeordneten gehen sollten, vergleichen oder sie durch das Los wählen möchten. ***10*** Dann erging an das Kollegium der Oberpriester ein Antrag wegen der Sühne, hinsichtlich all dessen, was im Tempel der Proserpina zu Locri angetastet, entheiligt und entwendet sei. ***11*** Die Volkstribunen, die mit dem Prätor und den zehn Bevollmächtigten abreisten, waren Marcus Claudius Marcellus und Marcus Cincius Alimentus. Man gab ihnen einen plebejischen Ädilen mit, damit sie diesem, falls Scipio entweder in Sizilien auf das Wort des Prätors nicht hören wollte oder schon nach Afrika übergegangen wäre, die Festnahme des Scipio als Tribunen anbefehlen und ihn vermöge ihres unverletzlichen Amtes zurückbringen könnten. Dass sie eher nach Locri als nach Messana gingen, lag im Plan.

(21) Übrigens hat man hinsichtlich des Pleminius eine zweifache Überlieferung. Einige erzählten, gerade als er auf die Nachricht von den Verhandlungen zu Rom unterwegs gewesen sei, nach

Neapolis auszuwandern, sei er zufällig auf Quintus Metellus, einen der Abgeordneten, gestoßen und von ihm mit Gewalt nach Regium zurückgeschleppt worden, *2* andere, Scipio selbst habe einen Unterfeldherrn mit 30 der vornehmsten Ritter hingeschickt, um den Quintus Pleminius und mit ihm die Häupter der Meuterei in Ketten zu legen. *3* Alle wurden entweder schon früher auf Scipios oder damals auf des Prätors Befehl den Reginern in Gewahrsam gegeben. *4* Der Prätor und die Abgeordneten ließen bei ihrer Ankunft zu Locri ihrem Auftrag gemäß das Religionsgeschäft ihre erste Sorge sein. Alles heilige Geld, das sie bei Pleminius und bei den Soldaten zusammensuchten, legten sie mit der Summe, die sie selbst mitgebracht hatten, wieder in den Schatz und brachten das Sühnopfer. *5* Dann hieß der Prätor die zur Versammlung gerufenen Soldaten unter den Fahnen aus der Stadt rücken und schlug in der Ebene ein Lager auf, mit Androhung einer schweren Strafe für jeden Soldaten, der entweder in der Stadt bliebe oder etwas mit sich hinausnähme, das nicht sein Eigentum sei. Den Locrern gestattete er, was jeder als sein Eigentum erkenne, hinzunehmen und was sich nicht finde, einzufordern. *6* Vor allen Dingen sollten den Locrern sofort alle Freigeborenen zurückgegeben werden; wer sie nicht auslieferte, werde es schwer zu büßen haben. *7* Darauf berief er auch die Locrer und sagte ihnen: Das römische Volk und der Senat setze sie wieder in ihre Freiheit und Verfassung ein. Sollte jemand den Pleminius oder wer es sonst sei, verklagen wollen, so möge er mit nach Regium gehen. *8* Hätten sie selbst im Namen ihres Staates gegen Publius Scipio eine Klage anzubringen, dass die zu Locri gegen Götter und Menschen begangenen Schandtaten auf Befehl oder mit Zustimmung des Publius Scipio begangen wären, so möchten sie Gesandte nach Messana schicken. Er wolle dort mit seinen Beiräten die Sache untersuchen. *9* Die Locrer statteten dem Prätor, den Abgeordneten, dem römischen Senat und dem Volk ihren Dank ab; sie würden kommen, um den Pleminius zu verklagen; *10* Scipio aber, habe er auch die Misshandlungen ihrer Bürger nicht hoch genug empfunden, sei doch ein Mann, den sie lieber zum Freund als zum Feind haben möchten. Sie wären überzeugt, dass diese so vielen und so großen Schändlichkeiten weder auf Befehl noch mit Zustimmung eines Publius Scipio verübt worden wären; *11* er habe entweder dem Pleminius zu viel oder ihnen zu wenig geglaubt. Es sei bei manchen natürliche Stimmung, dass sie gegen das Unrecht mehr einen Widerwillen als den Mut hätten, es zu bestrafen.

Sowohl der Prätor als auch seine Beisitzer waren von einer nicht geringen Last befreit, einer Untersuchung gegen Scipio. *12* Den Pleminius und außer ihm gegen 32 andere verurteilten sie und schickten sie in Ketten nach Rom. *13* Sie selbst gingen zu Scipio, um auch über die herumgesprochenen Beschuldigungen des Feldherrn, über seine Lebensweise, seine Untätigkeit und die Auslösung der Kriegszucht, so wie sie es bei eigener Ansicht finden würden, nach Rom zu berichten.

(22) Bei ihrer Annäherung an Syrakus machte sich Scipio fertig, sich vor ihnen durch Tatsachen, nicht durch Worte zu rechtfertigen. Er ließ hier das ganze Heer zusammenkommen, die Flotte sich schlagfertig halten, als sollte noch heute zu Land und zu Wasser den Karthagern eine Schlacht geliefert werden. *2* Nachdem er sie am Tag ihrer Ankunft sehr freundlich bei sich aufgenommen hatte, zeigte er ihnen den Tag darauf seine Land- und Seemacht, nicht bloß in voller Rüstung, sondern auch im Eilschritte sich entwickelnd, und die Flotte, wie auch sie im Hafen eine Seeschlacht darstellte; *3* dann wurden Prätor und Abgeordnete herumgeführt, die Zeughäuser, die Getreidevorräte und die übrigen Anstalten zum Krieg zu besichtigen. *4* Und er erfüllte sie mit einer solchen Bewunderung des Einzelnen und des Ganzen, dass sie sicher glaubten, der Sieg über Karthago werde entweder durch diesen Feldherrn möglich und durch dieses Heer oder nie, dass sie ihn aufforderten, unter der segnenden Leitung der Götter nach Afrika überzugehen und dem römischen Volk die Hoffnung, *5* die es sich von ihm an dem Tag gemacht habe, an welchem

ihn alle Zenturien zum ersten Konsul ernannten, baldmöglichst zu gewähren; ***6*** und sie reisten in so froher Stimmung ab, als hätten sie schon den Sieg, nicht bloß die staunenswerten Anstalten zum Krieg, nach Rom zu berichten.

7 Pleminius und seine Mitschuldigen wurden gleich nach der Ankunft zu Rom in den Kerker geworfen, und bei ihrer ersten Vorführung vor das Volk durch die Tribunen fand für sie in Herzen, welche schon von dem Unglück der Locrer eingenommen waren, kein Mitleid einen Platz. ***8*** Als man sie dann öfter vorführte, milderte sich, so wie der Hass etwas Altes wurde, auch der Zorn; und selbst die Verunstaltungen des Pleminius und die Erinnerung an den abwesenden Scipio machten ihm das Volk geneigter. ***9*** Er starb aber im Gefängnis, ehe das Volk über ihn ein Urteil gefällt hatte. ***10*** Clodius Licinius erzählt im dritten Buch seiner Römischen Geschichte, dieser Pleminius habe die Absicht gehabt, während der festlichen Spiele, welche Africanus zu Rom in seinem zweiten Konsulat einem Gelübde zufolge gab, durch einige Bestochene die Stadt an mehreren Orten anzünden zu lassen, um so zum Aufbrechen des Kerkers und zum Entkommen Gelegenheit zu haben. Da aber sein boshafter Anschlag entdeckt sei, habe er auf Befehl des Senates in das Tullianum hinabwandern müssen. ***11*** Scipios Sache kam bloß im Senat zur Sprache. Und hier bewirkten die Lobeserhebungen, mit denen die Abgeordneten und Tribunen einstimmig von dieser Flotte, von diesem Heer und Feldherrn sprachen, dass der Senat dahin stimmte, die Überfahrt nach Afrika solle sobald wie möglich vor sich gehen, ***12*** und dem Scipio freigestellt wurde, von den Truppen in Sizilien sich selbst diejenigen auszusuchen, die er mit sich nach Afrika hinübernehmen und die er zum Schutz der Provinz zurücklassen wolle.

(23) Während die Römer hiermit beschäftigt waren, verschafften sich auch die Karthager, die, von ihren auf allen Vorgebirgen erbauten Warten auf jede Nachricht lauschend und unruhig, den Winter in Ängstlichkeit zugebracht hatten, eine Beihilfe, ***2*** die für sie auf die Verteidigung von Afrika von nicht geringer Bedeutung war, eine Verbindung mit dem König Syphax, auf dessen Mitwirkung der römische Feldherr ihrer Meinung nach seine Unternehmung auf Afrika besonders begründete. ***3*** Hasdrubal, Gisgons Sohn, war nicht nur, wie ich oben gesagt habe, seitdem Scipio und Hasdrubal zu gleicher Zeit aus Spanien bei dem König zusammentrafen, des Königs Gastfreund, sondern es war auch eine Verwandtschaft unter ihnen in Vorschlag gekommen, eine Vermählung des Königs mit Hasdrubals Tochter. ***4*** Da Hasdrubal, um diese zustande zu bringen und die Zeit zur Vermählung zu bestimmen – denn die Jungfrau war schon heiratsfähig –, wieder hingegangen war, ließ er, weil er den König vor verlangen glühen sah – und bei den Numidern ist der Hang zur sinnlichen Liebe weit heftiger als bei allen anderen Barbaren –, die Tochter von Karthago kommen und beschleunigte die Vermählung; ***5*** und unter anderen frohen Festlichkeiten wurde auch in der Absicht, an den Familienverein einen Staatenbund zu knüpfen, zwischen dem karthagischen Volk und dem König unter gegenseitigem Versprechen, einerlei Freunde und Feinde zu haben, ein Bündnis feierlich beschworen. ***6*** Weil aber Hasdrubal in Hinsicht auf das vom König auch mit Scipio geschlossene Bündnis und auf die unzuverlässige und veränderliche Sinnesart der Barbaren befürchtete, selbst diese Ehe möchte, wenn Scipio nach Afrika herüberkäme, ***7*** ein zu schwaches Bindemittel sein, so verführte er seinen numidischen Schwiegersohn im Rausch der neuen Liebe mit zu Hilfe genommenen Liebkosungen von Seiten der jungen Frau zu dem Schritt, dass er Gesandte nach Sizilien an Scipio abgehen und ihm sagen ließ, er möge nicht im Vertrauen auf seine frühere Zusage nach Afrika übersetzen. ***8*** Er selbst sei durch seine Vermählung mit einer geborenen Karthagerin, einer Tochter des Hasdrubal, den er als Gast bei ihm gesehen habe, und durch ein Staatenbündnis an Karthago gebunden. ***9*** Am liebsten wünsche er, die Römer möchten, wie sie es bisher getan hätten, fern von Afrika ihren Krieg mit den Karthagern beendigen, damit er nicht nötig habe, sich in ihren Streit zu mischen und

unter Aufgabe des einen Bündnisses den Waffen entweder dieser oder jener Partei beizutreten. ***10*** Sollte aber Scipio von Afrika nicht fernbleiben und mit einem Heer gegen Karthago ziehen, so werde er gezwungen sein, für den afrikanischen Boden, auf dem auch er geboren sei, und für die Vaterstadt seiner Gattin, für deren Vater und Hausgötter zu kämpfen.

(24) Die Gesandten, die mit diesen Aufträgen vom König an Scipio abgingen, trafen ihn zu Syrakus. ***2*** Scipio, der sich einer mächtigen Unterstützung seines in Afrika auszuführenden Planes und einer großen Hoffnung beraubt sah, schickte die Gesandten, ehe die Sache ruchbar würde, schleunigst nach Afrika zurück und gab ihnen einen Brief an den König mit, ***3*** worin er ihm dringende Vorstellungen machte, nicht gegen die Pflichten der Gastfreundschaft, die er mit ihm, nicht gegen die des Bundes, den er mit Rom geschlossen habe, noch an allem, was Gottesfurcht und Redlichkeit heiße, an dem gegebenen Handschlag und an den Göttern, den Zeugen und Richtern ihrer beiderseitigen Verträge so treulos zu handeln. ***4*** Weil indessen die Ankunft der Numider sich nicht verheimlichen ließ – sie waren ja in der Stadt herumgegangen und hatten sich oft auf dem Hauptplatz sehen lassen –, und er befürchten musste, wenn er über den Zweck ihrer Ankunft schwiege, die Wahrheit möchte gerade darum, weil sie verheimlicht würde, um so eher aus sich selbst hervorgehen, und dann das Heer in Furcht geraten, dass es nun zugleich mit dem König und den Karthagern zu kämpfen haben werde, ***5*** entrückte er den Vermutungen die Wahrheit durch zuvorkommende falsche Angaben. Er sagte den Soldaten, die er zur Versammlung berufen ließ, länger dürfe man nicht säumen. Die verbündeten Könige drängen in ihn, sobald wie möglich nach Afrika überzugehen. Zuerst sei Masinissa selbst zu Laelius gekommen und habe geklagt, dass die Zeit mit Säumen hingebracht werde. ***6*** Jetzt kämen Gesandte von Syphax, der es ebenso unerklärlich finde, was man für einen Grund haben könnte, so lange zu zögern, und der darauf dringe, endlich einmal ein Heer nach Afrika überzusetzen, oder, wenn man sich anders entschlossen habe, es ihn wissen zu lassen, damit auch er für sich und sein Reich seine Maßregeln treffen könne. ***7*** Da also alles fertig und in Ordnung sei und die Sache kein längeres Säumen dulde, so habe er sich entschlossen, die Flotte bei Lilybaeum landen zu lassen, dort seine ganze Macht zu Fuß und zu Pferd zusammenzuziehen und am ersten Tag, der das Auslaufen gestatte, mit Hilfe der Götter nach Afrika überzugehen. ***8*** An Marcus Pomponius schrieb er, wenn er nichts dagegen habe, möchte er nach Lilybaeum kommen, damit sie gemeinschaftlich beraten könnten, was für Legionen eigentlich und wie viele Truppen er mit nach Afrika zu nehmen habe. ***9*** So beschickte er auch die ganze Küste umher, um alle Lastschiffe, deren man habhaft werden könnte, nach Lilybaeum zusammenbringen zu lassen. ***10*** Da nun alles, was es von Soldaten und Schiffen in Sizilien gab, sich zu Lilybaeum sammelte, und weder die Stadt die Menge Menschen, noch der Hafen die Schiffe fassen konnte, ***11*** so war bei allen der Eifer, nach Afrika überzusetzen, so groß, als würden sie nicht zum Krieg, sondern zu sicheren Belohnungen des Sieges geführt. Besonders hofften die noch übrigen Krieger des Heeres von Cannae, durch Dienste, die sie dem Staat nur unter diesem und keinem anderen Feldherrn leisten könnten, ihre schimpfliche Dienstzeit zu beenden. ***12*** Und dem Scipio waren Soldaten dieses Schlages gar nicht unwillkommen, da er wusste, dass die Niederlage bei Cannae nicht einer Feigheit von ihrer Seite beizumessen sei, und dass es im ganzen römischen Heer keine Soldaten gebe, die so lange gedient und in mancherlei Gefechten oder gar im Sturm auf Städte soviel Übung hätten. Die fünfte und sechste Legion waren Truppen von Cannae. ***13*** Nachdem er erklärt hatte, er wolle diese nach Afrika hinübernehmen, musterte er die Soldaten einzeln, ließ die, die er untüchtig fand, zurück, ersetzte ihre Stelle aus denen, die er aus Italien mitgebracht hatte ***14*** und ergänzte diese Legionen so, dass jede 6200 Mann zu Fuß und dreihundert Reiter hatte; ebenso nahm er die latinischen Bundesgenossen zu Fuß und zu Pferd aus dem Heer von Cannae.

(25) Wie viele Truppen damals nach Afrika übergesetzt sind, darüber sind die Schriftsteller in den Summen weit auseinander. *2* Hier finde ich 10 000 Mann zu Fuß, 2200 zu Pferd, dort 16 000 zu Fuß und 1600 zu Pferd, bei anderen alles über die Hälfte vergrößert und an Fußvolk und Reiterei 35 000 Mann als eingeschifft angegeben. *3* Einige geben die Summe nicht an, und zu diesen möchte ich bei den darüber obwaltenden Zweifeln am liebsten gehören. Coelius, lässt er sich auch nicht auf die Summe des Ganzen ein, so gibt er ihm doch den Schein einer ungeheuren Menge. *4* Vögel, sagt er, seien vom Geschrei der Soldaten auf die Erde gefallen, und eine solche Menge habe sich eingeschifft, dass man hätte denken sollen, weder in Italien noch in Sizilien bleibe irgendein Sterblicher zurück.

5 Die Sorge für die ordentliche und ruhige Einschiffung der Soldaten übernahm Scipio selbst. Unterdessen hielt der Befehlshaber der Flotte, Gaius Laelius, die Seeleute, die er früher hatte einsteigen lassen, auf den Schiffen beisammen. *6* Die Einladung der Lebensmittel bekam der Prätor Marcus Pomponius zu besorgen; man lud auf 45 Tage Mundvorrat ein und darunter für 15 Tage Brot. *7* Als alle eingeschifft waren, ließ Scipio Kähne umhergehen, um von jedem Schiff den Steuermann, den Schiffshauptmann und zwei Soldaten zum Empfang seiner Befehle auf dem Markt zusammenkommen zu lassen. *8* Als sie beisammen waren, fragte er sie zuerst, ob sie für Menschen und Vieh auf ebenso viele Tage Wasser und Getreide eingenommen hätten. *9* Sie antworteten, es sei auf 45 Tage Wasser auf den Schiffen; und nun zeigte er den Soldaten an, dass sie gegen die Seeleute mit aller Ruhe, ohne Widersetzlichkeit, in allen zu leistenden Handreichungen als die willig Folgsamen, sich schweigend zu verhalten hätten. *10* Er selbst und Lucius Scipio würden die Fahrschiffe auf dem rechten Flügel mit 20 Kriegsschiffen decken, den linken ebenso viele Kriegsschiffe unter dem Befehlshaber der Flotte Gaius Laelius, nebst Marcus Porcius Cato, dieser war damals Quästor. *11* Jedes Kriegsschiff sollte eine, jedes Fahrzeug zwei Laternen habe, ihres Feldherrn Schiff werde bei Nacht an drei Laternen kenntlich sein. *12* Den Steuerleuten befahl er, nach Emporia zu steuern. Dies ist eine äußerst fruchtbare Landschaft, und darum hat die Gegend reichen Überfluss an allem; ihre Bewohner sind, wie auf üppigem Boden gewöhnlich, unkriegerisch; und er hoffte, sie bezwungen zu haben, ehe man ihnen von Karthago zu Hilfe käme. *13* Nachdem er ihnen diese Befehle gegeben hatte, ließ er sie auf die Schiffe zurückgehen und am folgenden Tag mit Hilfe der Götter auf das gegebene Zeichen die Anker lichten.

(26) Schon manche römische Flotte war aus Sizilien und selbst aus diesem Hafen abgegangen. Allein nicht bloß in diesem Krieg – und das wäre kein Wunder, denn die meisten Flotten waren nur auf Plünderung ausgelaufen –, sondern auch nicht einmal im vorigen hatte die Abfahrt irgendeiner Flotte ein solches Schauspiel gewährt. *2* Freilich wenn man bloß die Größe seiner Flotte in Anschlag brachte, so waren früher zwei Konsuln zugleich mit zwei Heeren übergegangen, und bei jenen Flotten hatten sich fast so viele Kriegsschiffe befunden, als Scipio jetzt Lastschiffe hinüberführte, *3* da außer 40 Kriegsschiffen auch 400 Lastschiffe das Heer übersetzten. Allein einmal hatten der Umstand, dass dieser Krieg in Italien geführt wurde, und die großen Niederlagen so vieler Heere, mit denen zugleich ihre Feldherren fielen, die Wirkung, *4* dass in den Augen der Römer der eine Krieg gegen den anderen, der zweite gegen den ersten, weit schrecklicher erschien. *5* Sodann zog ein Feldherr wie Scipio, den seine tapferen Taten sowie ein gewisses ihm eigenes Glück, um seinen außerordentlichen Ruhm zu erhöhen, zum Allgepriesenen machten, die Aufmerksamkeit aller auf sich, *6* sowie auch sein Zweck bei dieser Überfahrt, auf welchen sich kein Feldherr vor ihm in diesem Kriege einließ, insofern er selbst in Umlauf gebracht hatte, er gehe hinüber, um Hannibal aus Italien hinaus zu zwingen, den Krieg nach Afrika hinüberzutragen und dort zu beenden. *7* Zu diesem Schauspiele war die ganze Masse nicht allein von Lilybaeums Einwohnern am Hafen zusammengeströmt, sondern auch von allen Gesandtschaften aus Sizilien,

welche teils aus Höflichkeit sich einfanden, um Scipio das Geleit zu geben, teils an den Prätor der Provinz, Marcus Pomponius, sich angeschlossen hatten. ***8*** Außerdem waren auch die in Sizilien zurückbleibenden Legionen ausgerückt, um ihren Kameraden das Geleit zu geben; und so wie die Flotte den ihr vom Land aus Nachsehenden, so gewährte das ganze rund umher dicht mit Menschen besetzte Gestade den Abfahrenden ein nicht geringeres Schauspiel.

(27) Darauf ließ Scipio durch den Herold Stille gebieten und sprach: ***2*** *Ihr Götter und Göttinnen, die ihr Meere und Länder bewohnt, zu euch bete ich, euch flehe ich an. Möge alles, was unter meinem Oberbefehl geschehen ist, geschieht und noch geschehen wird, für mich, für Roms Volk und seine Bürger, für seine Bundesgenossen und die Latiner, für alle, die des römischen Volkes und meiner Partei, die meinem Oberbefehl und meiner Götterleitung zu Lande, zu Wasser und auf Strömen folgen, zum Heil ausschlagen. Möget ihr dies alles gnädig unterstützen, durch segensreiches Gedeihen heben,* ***3*** *sie selbst aber gesund und wohlbehalten, von den überwundenen Feinden als Sieger heimkehrend, mit Waffenraub geschmückt, mit Beute beladen und triumphierend mit mir zur Heimat geleiten, uns Rache nehmen lassen an unseren Widersachern und Feinden, und mir und dem römischen Volk die Macht verleihen,* ***4*** *an dem Staat der Karthager solche Beispiele aufzustellen, wie das karthagische Volk an unserem Staat zu stiften geschäftig war.* ***5*** Nach diesem Gebet reichte er das Opferfleisch roh, wie es Sitte ist, ins Meer hinab und ließ durch die Trompete das Zeichen zur Abfahrt geben. ***6*** Da sie mit gutem, ziemlich starkem Wind abfuhren, kamen sie dem Land schnell aus dem Gesichte; auch erhob sich nach Mittag ein so dunkler Nebel, dass sich die Schiffe kaum vor dem Zusammenstoß in Acht nehmen konnten. Auf der Höhe ließ der Wind nach. ***7*** Der Nebel dauerte die folgende Nacht, verzog sich aber nach Sonnenaufgang, und der Wind wurde stärker. Jetzt sahen sie Land; ***8*** und gleich darauf meldete der Steuermann dem Scipio, Afrika sei nicht über 5000 Schritte entfernt, er sehe das Vorgebirge Mercurs. Wenn er dort hinzusteuern befehle, so solle die ganze Flotte bald im Hafen sein. ***9*** Als Scipio das Land vor sich sah, bat er die Götter, sie möchten ihn Afrika zum Segen für den Staat und für ihn haben erblicken lassen, hieß die Segel aussetzen und weiter abwärts eine andere Anfahrt suchen. ***10*** Sie fuhren noch mit demselben Wind; allein der fast um dieselbe Zeit wie gestern sich erhebende Nebel entzog ihnen den Anblick des Landes, und unter der Nebelhülle legte sich der Wind. ***11*** Darauf machte die Nacht alles noch unsicherer. Also mussten die Schiffe, um nicht aneinander zu stoßen oder gegen den Strand zu laufen, sich vor Anker legen. ***12*** Als es Tag wurde, erhob sich derselbe Wind wieder und enthüllte ihnen nach zerstreutem Nebel die ganze Küste von Afrika. Als Scipio auf die Frage, wie das nächste Vorgebirge heiße, gesagt wurde, das Vorgebirge des Pulcher (des Schönen), rief er aus: *Die Vorbedeutung ist gut; lenkt die Schiffe darauf zu!* ***13*** Dahin also fuhr die Flotte, und alle Truppen wurden ans Land gesetzt. Dass die Fahrt glücklich gewesen sei, ohne alle Gefahr und Beunruhigung, habe ich auf das Zeugnis so vieler griechischer und lateinischer Schriftsteller geglaubt. ***14*** Einzig Coelius, außer dass er die Schiffe nicht in den Fluten begräbt, schildert sie uns unter allen möglichen Schrecken des Himmels und der See, lässt zuletzt die Flotte durch Sturm von Afrika nach der Insel Aegimurus verschlagen werden, von da nur mit Mühe auf ihre Bahn wieder einlenken ***15*** und die Soldaten von ihren beinahe gesunkenen Schiffen, ohne Befehl des Feldherrn, auf Kähnen, gleich Schiffbrüchigen ohne Waffen in großer Unordnung sich ans Land retten.

(28) Nach Ausschiffung ihrer Truppen steckten die Römer auf den nächsten Hügeln ein Lager ab. ***2*** Schon hatte sich, zuerst beim Anblick der Flotte, dann über das Getümmel der Landung, Bestürzung und Schrecken nicht bloß über die Dörfer der Küste, sondern selbst bis in die Städte verbreitet. ***3*** Allenthalben hatte die Wege nicht bloß ein Gewühl von Menschen erfüllt, in welchem Züge von Frauen und Kindern sich mischten, sondern die Landleute trieben auch ihre Herden

vor sich weg; man hätte glauben sollen, Afrika werde auf einmal geräumt. *4* Den Städten selbst aber jagten sie einen größeren Schrecken ein als sie mit sich hinein nahmen. Namentlich war in Karthago der Aufruhr beinahe so groß, als ob es schon erobert wäre. *5* Die Bürger hatten nach den Konsuln Marcus Atilius Regulus und Lucius Manlius seit etwa 50 Jahren kein römisches Heer gesehen, *6* nur etwa auf Plünderung ausgelaufene Flotten, die an den Küsten Truppen ausgesetzt, und wenn sie das, was ihnen zufällig aufstieß, geraubt hatten, immer wieder ihren Schiffen zugeeilt waren, ehe noch das Geschrei die Landleute zusammenrief. Umso größer waren jetzt das Flüchten und die Bestürzung in der Stadt. *7* Und in der Tat hatten sie jetzt weder ein tüchtiges Heer daheim, noch einen Feldherrn entgegenzustellen. Hasdrubal, Gisgons Sohn, war freilich durch Adel, Ruf, Reichtum und jetzt auch durch seine Verwandtschaft mit einem König bei Weitem der erste Mann im Staat; *8* allein sie wussten auch, dass er von demselben Scipio in Spanien in mehreren Schlachten besiegt und verfolgt war, und dass er als Feldherr dem römischen Feldherrn ebenso wenig gewachsen sei, als ihr zusammengerafftes Heer dem römischen Heer. *9* Folglich ertönte überall das Geschrei *Zu den Waffen!* nicht anders, als ob Scipio sogleich die Stadt selbst angreifen würde; schleunigst wurden die Tore geschlossen, die Mauern mit Truppen besetzt, Wachen und Posten ausgestellt, und in der nächsten Nacht blieb alles wach. *10* Die 500 Reiter, die man am folgenden Tag ausschickte, sich an der Küste umzusehen und die Feinde bei der Landung zu beunruhigen, stießen schon auf römische Posten. *11* Denn Scipio hatte nach Absendung seiner Flotte nach Utica, ohne weit vom Meer vorzurücken, schon die nächsten Häfen besetzt und Reiterei auf geeigneten Posten ausgestellt und auch Reiter auf Plünderung in die Dörfer gehen lassen.

(29) Diese tötete, als sie mit der karthagischen Reiterei kämpfte, einige im Kampf, die meisten aber auf der Flucht im Verfolgen, und unter letzteren auch den Anführer Hanno, einen jungen Mann von Adel. *2* Scipio verwüstete nicht allein das Land rings umher, sondern eroberte auch die nächste, ziemlich wohlhabende afrikanische Stadt, *3* wo außer den übrigen Gütern, die er sogleich auf Frachtschiffe laden und nach Sizilien abgehen ließ, 8000 Freigeborene und Sklaven seine Beute wurden. *4* Doch war den Römern für den Anfang ihrer Unternehmungen nichts erfreulicher als die Ankunft des Masinissa. Einige geben an, er sei mit nicht mehr als 200 Mann zu Pferd, andere, er sei mit einer Reiterei von 2000 Mann angekommen. *5* Doch da er unter allen Königen seiner Zeit bei Weitem der größte war und dem römischen Staat so hervorragende Dienste geleistet hat, so darf ich mir wohl für die Schilderung der mancherlei Schicksale, unter denen er sein Erbreich verlor und wiedereroberte, eine kleine Abschweifung erlauben.

6 Während er in Spanien für Karthago kämpfte, starb sein Vater Gala. Die Regierung fiel an des Königs hochbetagten Bruder Oezalces, so ist es bei den Numidern Sitte. *7* Als auch bald nachher Oezalces starb, bekam der ältere von seinen beiden Söhnen, Capussa – der andere war noch sehr jung –, den väterlichen Thron. *8* Da ihn aber auf diesem mehr das Erbrecht als eigenes Ansehen bei den Untertanen oder Macht schützte, so trat ein gewisser Mazaetullus auf, der zwar auch zum königlichen Haus, aber zu einer Linie gehörte, die mit der jetzt regierenden immer in Feindschaft lebte und ihr mit wechselndem Glück den Thron streitig machte. *9* Durch sein großes Ansehen bei denjenigen Untertanen, die mit dem regierenden Haus unzufrieden waren, brachte er diese zum Aufstand, schlug in offenem Feld ein Lager auf und zwang den König, sich auf eine Schlacht einzulassen und sein Reich daran zu wagen. *10* In dieser Schlacht fiel Capussa mit vielen Vornehmen, und das ganze maesulische Volk unterwarf sich der Hoheit und Regierung des Mazaetullus. *11* Doch nahm er den königlichen Namen nicht an, und mit dem bescheidenen Titel eines Vormundes sich begnügend, erklärte er den vom königlichen Stamm noch übrigen unmündigen Prinzen Lacumaces zum Könige. *12* In der Aussicht auf eine Verbindung mit Karthago vermählte er sich mit einer vornehmen Karthagerin, einer Schwestertochter Hannibals, welche unlängst mit dem König Gezalces vermählt war; ***13*** auch erneuerte er durch eine abgefertigte Gesandtschaft das alte Bündnis mit Syphax – lauter Vorkehrungen, sich gegen Masinissa Beistand zu verschaffen.

(30) Als Masinissa hörte, dass sein Onkel gestorben sei, und dann, dass sein Vater gefallen war, setzte er aus Spanien nach Mauretanien über. König der Mauren war damals Baga. ***2*** Auf sein flehentliches, demütiges Bitten erhielt er von diesem 4000 Mauren, aber ohne ihre Begleitung in den Krieg bewirken zu können, nur zur Bedeckung auf der Reise. ***3*** Als er mit diesen nach Voraussendung eines Boten an seinen Vater und seine Freunde an die Grenzen seines Reiches gekommen war, sammelten sich bei ihm gegen 500 Numider. ***4*** Hier ließ er die Mauren der Abrede gemäß zu ihrem König zurückgehen, und war auch die Zahl der bei ihm sich Einfindenden weit unter seiner Hoffnung und gar nicht so, dass er mit ihr eine so große Unternehmung sicher hätte wagen können, ***5*** so zog er dennoch in der Voraussetzung, er werde durch Handeln und Versuchen auch an Kraft zum Handeln gewinnen, dem jungen König Lacumaces, der eben auf dem Marsch zu Syphax war, bei Thapsus entgegen. ***6*** Voll Bestürzung floh der Zug in die Stadt; Masinissa eroberte die Stadt im ersten Anlauf, nahm diejenigen von den königlichen Truppen, die sich ergaben, unter die Seinigen auf und ließ die, welche Widerstand leisteten, niederhauen. Der größte Teil entkam im Getümmel mit dem Knaben selbst zu Syphax, zu welchem zu gehen ihre erste Absicht gewesen war. ***7*** Der Ruf von dieser unbedeutenden Tat, die gleich anfangs mit Glück ausgeführt war, wandte die Numider dem Masinissa zu. Von allen Seiten strömten aus Dörfern und Flecken die alten Soldaten des Gala herbei und forderten den jungen Helden zur Wiedereroberung seines väterlichen Reiches auf. ***8*** An Truppenzahl war ihm Mazaetullus bei Weitem überlegen. Denn teils hatte er selbst noch jenes Heer, womit er den Capussa schlug, und eine Menge derer, die er nach des Königs Falle begnadigte, teils hatte ihm der junge Lacumaces von Syphax ansehnliche Verstärkungen zugeführt. ***9*** Bei Mazaetullus standen 15 000 Mann Fußvolk und 10 000 Reiter. Lange nicht so stark, weder zu Fuß noch zu Pferd, lieferte ihnen Masinissa eine Schlacht. Und doch siegte die Tapferkeit der alten Krieger und der Scharfblick eines Feldherrn, der sich oft zwischen römischen und punischen Waffen herumgetummelt hatte. ***10*** Der junge König mit seinem Vormund und eine kleine Schar Masaesuler retteten sich auf das karthagische Gebiet, weil aber Masinissa, der so seines väterlichen Reiches wieder Herr geworden war, einem weit größeren Kampf mit Syphax entgegensah, schickte er, um sich lieber mit seinem Vetter auszusöhnen, an ihn, ***11*** ließ dem Prinzen die Aussicht eröffnen, wenn er sich dem Masinissa ergäbe, so sollte er bei ihm denselben ehrenvollen Rang haben, in welchem Oezalces bei Gala gestanden habe, ***12*** ließ auch dem Mazaetullus außer der Straflosigkeit die gewissenhafteste Rückgabe aller seiner Güter versprechen und brachte sie, da sie beide ein mäßiges Glück zu Hause dem Leben im Ausland vorzogen, so angelegentlich es auch die Karthager zu hintertreiben suchten, zu sich herüber.

(31) Gerade während dieser Ereignisse war Hasdrubal bei Syphax. Und als der numidische König meinte, es sei ihm ziemlich gleichgültig, ob das massulische Reich in Lacumaces' oder Masinissas Händen sei, sagte ihm Hasdrubal, ***2*** er täusche sich sehr, wenn er glaube, Masinissa werde sich mit derselben Macht begnügen, wie sein Vater Gala oder sein Oheim Oezalces. Der sei mit weit größerem Mut und Geist ausgestattet, als irgendeiner seines Stammes. ***3*** Oft habe er in Spanien Proben einer bei Menschen seltenen Tapferkeit vor Freunden und Feinden abgelegt, und Syphax wie die Karthager würden, wenn sie dies Feuer nicht gleich im Entstehen erstickten, sich binnen Kurzem von einer gewaltigen Feuersbrunst ergriffen sehen, ohne dass sie helfen könnten. ***4*** Jetzt nur sei seine Kraft noch zart und leicht zu Knicken, da er sein kaum wieder

zusammengefügtes Reich hüte. Unter beständigem Anhalten und Treiben überredete er ihn, **5** er müsse ein Heer an die massulische Grenze rücken lassen und einen gewissen Bezirk, über den es schon oft mit Gala nicht bloß zum Wortstreit, sondern selbst zum Kampf gekommen war, als sein unstreitiges Eigentum vermittels eines Lagers besetzen. **6** Wolle ihn jemand vertreiben, und das sei gerade das Wünschenswerte, so müsse er es zur Schlacht kommen lassen; räume man ihm den Strich aus Feigheit ein, so müsse er in das Innere des Königreiches selbst dringen; entweder würden die Massuler ohne Schwertstreich sich seiner Hoheit unterwerfen oder ihm doch auf keine Weise im Feld gewachsen sein. **7** Durch diese Vorstellungen aufgestachelt, kündigte Syphax dem Masinissa den Krieg an, und gleich im ersten Treffen schlug er die Massuler vollständig. Masinissa rettete sich aus der Schlacht nur mit wenigen Reitern auf einen Berg, der bei den Einwohnern Bellus heißt. **8** Mehrere Familien zogen mit ihren Hütten und Herden – diese sind ihr Geld – dem König nach; die übrigen Massuler unterwarfen sich der Hoheit des Syphax.

9 Der Berg, den die Flüchtlinge besetzt hatten, ist reich an Gras und Wasser, und weil er demnach zur Viehweide taugte, so gab er auch Leuten, die von Fleisch und Milch lebten, vollkommen hinreichende Nahrung. **10** Von hier aus wurde nun, anfangs durch nächtliche und verstohlene Streifzüge, dann durch offenbaren Straßenraub die ganze Gegend umher unsicher; am meisten litt das Gebiet von Karthago, teils weil es hier mehr Beute als im Numidischen gab, teils weil es sich hier mit mehr Sicherheit rauben ließ. **11** Und schon trieben sie ihren Mutwillen so ungehindert, dass sie ihren ans Meer gefahrenen Raub an Kaufleute verhandelten, die bloß darum mit ihren Schiffen anlegten, und dass mehr Karthager getötet und gefangen genommen wurden, als zuweilen in einem förmlichen Krieg. **12** Hierüber beschwerten sich die Karthager bei Syphax, und bei seinem alten Groll brachten sie ihn zu dem Entschluss, die Überbleibsel des Krieges abzutun. Allein für den König selbst schien es doch fast zu schimpflich, auf einen im Gebirge umherstreifenden Räuber Jagd zu machen.

(32) Bucar, einer von den königlichen Befehlshabern, ein rastlos tätiger Mann, wurde dazu ausersehen. Man gab ihm 4000 Mann zu Fuß und 2000 zu Pferd, und überhäuft mit versprochenen hohen Belohnungen, wenn er den Kopf des Masinissa brächte oder gar zu einem unbezahlbaren Vergnügen ihn lebendig gefangen lieferte, **2** unternahm er auf die Zerstreuten, sorglos sich Umhertreibenden einen unvermuteten Angriff, schnitt Herden und Menschen in großer Menge von ihrer bewaffneten Bedeckung ab und jagte den Masinissa selbst mit wenigen auf den Gipfel des Berges. **3** Nachdem er von hier, als sei der Krieg so gut wie beendet, nicht bloß seine Beute an gefangenen Herden und Menschen dem König zugeschickt, sondern auch die für den Rest des Krieges viel zu zahlreichen Truppen zurückgesandt hatte, **4** verfolgte er den von der Höhe herabgekommenen Masinissa nur mit 500 Mann zu Fuß und 200 zu Pferd und schloss ihn in einem engen Tal zwischen beiden besetzten Mündungen ein. Hier ging es schrecklich über die Massuler her. **5** Mit nicht mehr als 50 Reitern entriss sich ihm Masinissa durch Gebirgskrümmen, die seine Verfolger nicht kannten. **6** Dennoch blieb ihm Bucar auf der Spur, und da er ihn in den offenen Gefilden nahe bei der Stadt Clupea einholte, umzingelte er ihn so, dass er bis auf vier Reiter alle übrigen niederhieb. Und im Getümmel entschlüpfte mit diesen auch der verwundete Masinissa ihm unter den Händen. **7** Aber die Fliehenden waren ihm noch nicht aus den Augen. Ein Geschwader von Reitern, über das weite Feld verbreitet, zum Teil seitwärts absprengend, um den Flüchtigen entgegenzukommen, jagte fünf Feinden nach. **8** Ein großer Fluss nahm die Fliehenden auf – denn ohne Säumen hatten sie sich, von einer größeren Furcht bedrängt, auf ihren Pferden hineingestürzt –, der Strudel fasste sie und führte sie quer vorüber; **9** und da zwei von ihnen vor den Augen der Feinde vom reißenden Strudel verschlungen wurden, hielten sie auch ihn für ertrunken. Aber die beiden übrigen Reiter stiegen mit ihm unter dem Gebüsch des

jenseitigen Ufers ans Land. Hier hörte Bucars Verfolgung auf, teils weil er in den Fluss sich nicht wagte, teils weil er glaubte, er habe keinen mehr zu verfolgen. ***10*** Er kehrte mit dem falschen Bericht, Masinissa sei ertrunken, zum König zurück; nach Karthago wurden Boten geschickt, die große Freude zu verkündigen, und in ganz Afrika, soweit der Ruf von Masinissas Tod es erfüllte, erregte er sehr ungleiche Empfindungen.

11 Masinissa lebte in einer verborgenen Höhle einige Tage, während er mit Kräutern seine Wunde heilte, von den Räubereien seiner beiden Reiter. ***12*** Als die Wunde vernarbt war und Bewegung zu gestatten schien, machte er sich mit unglaublicher Kühnheit auf den Weg zur Wiedereroberung seines Reiches. Und als er bei seiner Ankunft in Massulien mit nicht mehr als 40 unterwegs gesammelten Reitern sich öffentlich kundgab, bewirkte teils die alte Liebe zu ihm, teils die unverhoffte Freude, ihn frisch und gesund zu sehen, den man für tot gehalten hatte, ***13*** eine so allgemeine Bewegung, dass sich in wenigen Tagen 6000 Bewaffnete zu Fuß, 4000 zu Pferd bei ihm einfanden ***14*** und er nicht allein schon im Besitz seines väterlichen Reiches, sondern sogar imstande war, das Gebiet karthagischer Bundesvölker und das Land der Masaesuler – dies war das Reich des Syphax – zu verheeren. Da er dadurch Syphax zum Krieg gereizt hatte, nahm er zwischen Cirta und Hippo eine Stellung auf Gebirgshöhen, die für jede Unternehmung sehr günstig gelegen schienen.

(33) Syphax, dem die Sache zu ernst wurde, als dass er sie einem Unterfeldherrn überlassen dürfte, gab seinem Sohn, dem jungen Vermina, der mit einem Teil des Heeres vorausgehen sollte, den Auftrag, den Feind, während er selbst ihn beschäftigte, zu umgehen und im Rücken anzugreifen. ***2*** Vermina trat, um ihn aus dem Verborgenen anzugreifen, seinen Marsch in der Nacht an; Syphax aber brach am Tag auf und marschierte auf offener Straße als ein solcher, der mit dem Feind zusammentreffen und ihm eine förmliche Schlacht liefern wollte, ***3*** und als seiner Rechnung nach die Zeit da war, wo die sich Herumziehenden zur Stelle sein konnten, ließ er auch im Vertrauen auf seine Menge und auf die dem Feind im Rücken drohende List, obgleich ein mäßiger Abhang zu ihm hinanführte, seine bergauf steigende Linie anrücken. ***4*** Masinissa, besonders durch seine Stellung gesichert, die ihm im Gefecht bei Weitem den größeren Vorteil gewähren musste, stellte die Seinigen ebenfalls auf. Die Schlacht war fürchterlich und lange unentschieden, weil Stellung und Tapferkeit der Kämpfenden auf Seiten des Masinissa, allein eine mehr als zu große Überzahl auf Seiten des Syphax war. ***5*** Und da diese Übermacht in zwei Scharen teils von vorn eindrang, teils von hinten sich herumgezogen hatte, gab sie dem Syphax den entschiedenen Sieg; und die hier von vorn, dort vom Rücken her Eingeschlossenen behielten nicht einmal einen offenen Ausweg zur Flucht. ***6*** So wurden die Übrigen, Fußvolk und Reiterei, niedergehauen oder gefangen genommen; nur gegen 200 Reiter, welche Masinissa um seine Person gesammelt und als Geschwader in drei Haufen geteilt hatte, forderte er mit Angabe des Ortes, wo sie aus der Zerstreuung sich zusammenfinden wollten, auf, sich durchzuschlagen. ***7*** Er selbst brach auf dem beabsichtigten Weg mitten unter den feindlichen Pfeilen durch. Die beiden anderen Geschwader blieben stecken; das eine ergab sich aus Furcht dem Feind, das andere wurde bei seinem hartnäckigeren Widerstand mit Pfeilen überschüttet und niedergeschossen. ***8*** Vermina, der ihm beinahe an der Ferse hing, brachte er dadurch, dass er in beständigen Abbiegungen auf neue Seitenwege ihm entschlüpfte, endlich so weit, dass er vor Überdruss und Verzweiflung von der Verfolgung Abstand nahm. Und so kam er mit sechzig Reitern bei der kleinen Syrte an. ***9*** In der Gegend zwischen der punischen Landschaft Emporia und dem Volk der Garamanten brachte er die ganze Zeit bis zur Ankunft des Gaius Laelius und der römischen Flotte in Afrika unter dem herrlichen Bewusstsein zu, die Wiedereroberung seines Erbreiches so oft gewagt zu haben. ***10*** Dies macht mich geneigt, lieber zu glauben, dass sich Masinissa mit einer mäßigen als mit einer

starken Bedeckung von Reiterei auch nachher bei Scipio eingefunden habe, denn jene Zahl passt für einen Herrscher, diese für die Lage eines Verbannten.

(34) Die Karthager, die nach dem Verlust ihres Reitereigeschwaders und seines Obersten eine andere Reiterei durch neue Aushebungen aufstellten, gaben ihr Hanno, den Sohn Hamilkars, zum Anführer. ***2*** Mehrere Male riefen sie Hasdrubal und Syphax durch Boten und Briefe herbei und zuletzt sogar durch Gesandte. Hasdrubal befahlen sie, zur Rettung seiner beinahe eingeschlossenen Vaterstadt heranzuziehen. Syphax baten sie, Karthago und ganz Afrika zu Hilfe zu kommen. ***3*** Scipio hatte damals bei Utica, beinahe tausend Schritte von der Stadt, sein Lager, das er vom Meer, wo es einige Tage mit der Flotte in Verbindung geblieben war, hierher verlegt hatte. ***4*** Hanno, dem man eine Reiterei gegeben hatte, die bei Weitem nicht stark genug zu einem Angriff auf den Feind war, ja nicht einmal das Land gegen Plünderungen zu schützen, ließ es seine erste Aufgabe sein, durch Aushebungen seine Reiter zu verstärken; ***5*** und ohne die aus anderen Völkern abzuweisen, nahm er doch meistens Numider – in Afrika die beste Reiterei – in Sold. ***6*** Schon hatte er gegen 4000 beisammen, als er eine Stadt, namens Salaeca, besetzte, in einer Entfernung von beinahe 15 000 Schritten vom römischen Lager. ***7*** Als Scipio dies gemeldet wurde, rief er: *Eine Reiterei in Sommerquartieren unter Dach und Fach! Mögen ihrer noch mehrere sein, wenn sie solch einen Anführer haben.* ***8*** Und da er desto weniger säumen zu müssen glaubte, je untätiger jene zu Werke gingen, so ließ er den Masimissa, der mit der Reiterei vorangehen musste, an die Stadttore sprengen und den Feind zu einer Schlacht herauslocken. Wenn dann der ganze Schwarm herausstürzte und ihm im Kampf schon heftiger zusetzte, dass er nicht ohne Gefahr länger widerstehen könne, so möchte er sich allmählich zurückziehen: Er wolle zur rechten Zeit im Kampf sich einfinden. ***9*** Nachdem er nur die Zeit abgewartet hatte, die seiner Berechnung nach der vorausgegangene dazu nötig hatte, die Feinde herauszulocken, folgte er mit der römischen Reiterei und rückte unter dem Schutz der Höhen, welche ihm sehr willkommen die Seitenwände des sich krümmenden Weges machten, unbemerkt weiter.

10 Masinissa, der bald als der Drohende, bald als der Furchtsame entweder bis an die Tore sprengte oder sich zurückzog, lockte die Feinde, die der gegebene Schein von Furcht kühn machte, zur Verfolgung auf gut Glück heraus. ***11*** Noch waren sie nicht alle ausgerückt, und ihr Anführer hatte seine vielfache Not, die einen halb schlafend und berauscht dahin zu bringen, dass sie die Waffen zur Hand nahmen und die Pferde aufzäumten, den anderen in den Weg zu treten, dass sie nicht zerstreut, ohne Glied, ohne Ordnung und Fahnen zu allen Toren hinausliefen. ***12*** Zuerst nahm Masinissa die zu dreist Heranstürmenden in Empfang; bald aber, als mehrere zugleich in dichter Schar zu den Toren herausströmten, hielten sie ihm das Gleichgewicht; zuletzt, wie schon ihre ganze Reiterei am Kampfe teilnahm, konnte er ihnen nicht länger widerstehen. ***13*** Doch begab sich Masinissa nicht schleunigst auf die Flucht, sondern unter allmählichem Zurückweichen ließ er ihre Angriffe an sich kommen, bis er sie zu den die römische Reiterei deckenden Hügeln zog. ***14*** Die hier hervorbrechenden Reiter, selbst noch bei voller Kraft und auf frischen Pferden, umzingelten den Hanno und seine vom Kämpfen und Verfolgen ermüdeten Afrikaner; und Masinissa, der schnell mit seinen Pferden umlenkte, trat wieder zum Kampf auf. ***15*** Beinahe 1000, die sich nicht leicht zurückziehen konnten, weil sie am weitesten voraus gewesen waren, wurden mit ihrem Führer Hanno abgeschnitten und niedergemacht. ***16*** Von den Übrigen, die hauptsächlich durch den Tod ihres Anführers geschreckt in voller Flucht davonjagten, machten die Sieger, die sie 3000 Schritte weit verfolgten, noch außerdem gegen 2000 Reiter entweder zu Gefangenen oder hieben sie nieder. ***17*** Unter diesen befanden sich, was man als gewiss erfuhr, nicht weniger als 200 karthagische Ritter, welche durch Reichtum und Geburt hervorragten.

(35) Es traf sich so, dass gerade an dem Tag, da dies vorfiel, die Schiffe, welche die Beute nach Sizilien gebracht hatten, mit Lebensmitteln zurückkamen, als wären sie von einer Ahnung zur Abholung einer zweiten Beute hergeführt. *2* Dass zwei karthagische Befehlshaber gleichen Namens in zwei Reitergefechten geblieben sind, wird nicht von allen Schriftstellern angegeben. Vermutlich wollten sie sich hüten, sich eine zweimalige Erzählung desselben Umstandes entschlüpfen zu lassen. Coelius dagegen und Valerius sagen auch, Hanno sei gefangen genommen worden. *3* Scipio belohnte jeden Oberst und die Reiter nach Verdienst, vor allen Masinissa, durch auszeichnende Geschenke. *4* Er legte nach Salaeca eine starke Besatzung, brach mit dem übrigen Heer auf, und nachdem er nicht allein durch Plünderung aller Gegenden, wohin er nur kam, sondern auch durch Erstürmung einiger Städte und Flecken den Schrecken des Krieges weit verbreitet hatte, *5* kehrte er sieben Tage nach seinem Aufbruch mit einem langen Zug von Gefangenen, weggetriebenen Herden und aller Art von Beute in sein Lager zurück und entließ die Flotte abermals mit feindlichem Raub schwer beladen. *6* Nun richtete er mit Aufgebung aller kleineren Züge und Plünderungen seine ganze Kriegsmacht auf die Belagerung von Utica, um für die Folge an dieser Stadt, wenn er sie erobert hätte, einen Ausgangspunkt seiner Unternehmungen zu haben. *7* Zu gleicher Zeit mussten auf der einen Seite, wo die Stadt vom Meer bespült wird, von der Flotte die Seesoldaten, und von einer beinahe an die Mauer stoßenden Höhe das Landheer anrücken. *8* Wurfgeschütze und Maschinen hatte er teils mitgebracht, teils waren sie ihm mit der Zufuhr aus Sizilien nachgeschickt und in dem Zeughaus, wo er eine Menge Arbeiter dieser Art beisammen hielt, wurden neue gefertigt. *9* Die auf allen Seiten von einem so gewaltigen Sturmdrang umschlossenen Uticenser hatten ihre ganze Hoffnung auf die Karthager gesetzt, und die Karthager die ihrige auf Hasdrubal, wenn er anders den Syphax in Bewegung setzen könnte. *10* Aber für die Sehnsucht der Hilfsbedürftigen setzte sich alles zu langsam in Bewegung. Hatte auch Hasdrubal durch die strengste Werbung gegen 30 000 Mann zu Fuß und 3000 zu Pferd zusammengebracht, so wagte er es doch nicht, vor der Ankunft des Syphax sein Lager dem Feinde näher zu rücken. *11* Syphax kam mit 50 000 Mann zu Fuß und 10 000 Reitern, und sogleich brach er von Karthago auf und lagerte sich nicht weit von Utica und den Verschanzungen der Römer. *12* Ihre Ankunft hatte wenigstens die Wirkung, dass Scipio, der beinahe seit 40 Tagen in der Belagerung von Utica alles Mögliche vergebens versucht hatte, unverrichteter Sache abzog. *13* Und weil der Winter schon nahte, legte er auf einer Landspitze, die vermittels eines schmalen Bergrückens mit dem festen Land im Zusammenhange sich ziemlich weit ins Meer erstreckt, sein Winterlager an und umgab auch den Standort der Schiffe mit demselben Wall. *14* Er ließ die Legionen sich mitten auf der Höhe lagern; am nördlichen Ufer hatten die auf den Strand gebrachten Schiffe und die Seetruppen ihren Platz, in dem gegen Süden zu dem andern Ufer ablaufenden Tale die Reiterei. *15* Dies geschah in Afrika bis zum Ende des Herbstes.

(36) Außer dem allenthalben aus den geplünderten nahen Dörfern eingefahrenen Getreide und den aus Sizilien und Italien gelieferten Zufuhren brachte ihm auch der Proprätor Gnaeus Octavius einen bedeutenden Getreidevorrat aus Sardinien von Prätor Tiberius Claudius, dessen Provinz dies war, *2* und es wurden nicht allein die schon angelegten Vorratshäuser gefüllt, sondern auch neue gebaut. Nur an Kleidung fehlte es seinem Heer; und Octavius bekam den Auftrag, bei dem Prätor anzufragen, ob man nicht aus jener Provinz solche anschaffen und herüberschicken könne. *3* Auch dies wurde ohne Anstand besorgt, und binnen Kurzem waren 1200 Oberkleider und 12 000 Brusttücher geschickt.

4 In dem Sommer, wo dies in Afrika vor sich ging, kämpfte der Konsul Publius Sempronius, dessen Provinz Bruttium war, selbst auf dem Marsch in einem nicht erwarteten Treffen mit Hannibal. *5* Die Truppen fochten mehr in Zügen als in Schlachtordnung. Die Römer wurden geschlagen, und vom Heer des Konsuls blieben in diesem – ich möchte lieber sagen Auflauf als Treffen – gegen 1200 Mann. In voller Unordnung gingen sie in ihr Lager zurück, doch wagten die Feinde keinen Angriff auf dasselbe. ***6*** Der Konsul aber, der in der Stille der nächsten Nacht von hier aufbrach, stieß mit seinen Truppen zum Prokonsul Publius Licinius, dem er durch einen vorausgeschickten Boten hatte sagen lassen, er möchte sich mit seinen Legionen nähern. ***7*** So zogen zwei Feldherren und zwei Heere wieder gegen Hannibal. Man nahm keinen Anstand, sich zu schlagen, weil dem Konsul seine doppelte Stärke, den Puniern ihr jüngster Sieg Mut machte. Seine eigenen Legionen führte Sempronius als Vordertreffen auf, in das Hintertreffen stellten sich die Legionen des Publius Licinius. ***8*** Im Anfang der Schlacht gelobte der Konsul dem Glück der Erstgeborenen einen Tempel, wenn er am heutigen Tag die Feinde schlüge. Sein Wunsch wurde ihm gewährt. ***9*** Die Punier wurden besiegt und flohen; sie verloren über 4000 Mann; fast 300 wurden gefangen genommen, 40 Pferde und elf Fahnen erbeutet. Durch dieses unglückliche Gefecht mutlos gemacht, führte Hannibal sein Heer nach Kroton weg.

10 In derselben Zeit hielt der Konsul Marcus Cornelius auf der andern Seite Italiens Etrurien, wo fast alles dem Mago und einer durch ihn zu bewirkenden Umwälzung entgegensah, nicht so sehr durch die Waffen als vielmehr durch sein gerichtliches Verfahren in Schrecken. ***11*** Bei diesen Untersuchungen nahm er gemäß dem Senatsbeschluss nicht die geringste Rücksicht auf den Stand, und so wurden zuerst viele vornehme Etrusker, die wegen des Übertritts ihrer Völkerschaften entweder selbst zu Mago gegangen waren oder an ihn geschickt hatten, in Person verurteilt. ***12*** Späterhin ließen die, welche abwesend verurteilt wurden, weil sie sich im Bewusstsein ihrer Schuld selbst mit der Verbannung bestraften, mit Entziehung ihrer Person den strafenden Richter sich bloß an ihre einzuziehenden Güter halten.

(37) Während dieser Taten der Konsuln in verschiedenen Gegenden lasen zu Rom die Zensoren Marcus Livius und Gaius Claudius das Verzeichnis der Senatoren vor. Quintus Fabius Maximus wurde abermals als erster Mann abgelesen. Sieben wurden übergangen, doch war keiner darunter, der den Thronsessel schon bekleidet hätte. ***2*** Die in Pacht gegebene Erhaltung der Staatsgebäude betrieben sie mit Strenge und größter Gewissenhaftigkeit. Die Anlegung einer Straße vom Ochsenmarkt bis zum Tempel der Venus, der öffentlichen Schausitze dort herum und eines Tempels der Großen Mutter auf dem Palatium gaben sie in Verding. Auf den Salzverkauf legten sie eine neue Steuer. ***3*** In Rom und in ganz Italien galt das Maß Salz 1/6 As. Nach ihrem Verding musste das Salz in Rom zu demselben Preis verkauft werden, teurer in den Marktflecken und anderen Orten. Diese Auflage hielt man allgemein für das Werk des einen Zensors, der auf das Volk erbittert sei, weil es ihn ehemals durch einen ungerechten Spruch verurteilt habe; ***4*** man glaubte auch, dass er mit dem Salzpreis vorzüglich jene Bezirke belastet habe, durch deren Zutun er verurteilt sei. Er bekam davon den Zunamen „der Salzer“ (Salinator). ***5*** Den Schätzungsschluss feierten die Zensoren später, weil sie erst an die Standorte der Heere schickten, um die Zahl der in jedem dienenden römischen Bürger zu erfahren. ***6*** Mit diesen war die Zahl der Geschätzten 214 999 Köpfe. Geschlossen wurde die Schätzung von Gaius Claudius Nero. ***7*** Darauf ließen sie sich, was früher noch nie der Fall gewesen war, die Schätzungslisten der zwölf Kolonien einreichen, welche die Zensoren jener Kolonien selbst ablieferten, um in den Staatsrechnungen eine Urkunde darüber zu haben, wie viele Truppen jene stellen könnten, wie hoch sich ihr bares Vermögen belaufe.

8 Nun ging die Schätzung der Reiter vor sich, und gerade hatten beide Zensoren ein Pferd vom Staat. Als die Reihe an den pollischen Bezirk kam, dessen Liste den Namen des Marcus Livius enthielt, und der Herold Bedenken trug, den Zensor selbst aufzufordern, sprach Nero: ***9*** *Auf, Marcus Livius, auf!* und entweder aus einem Überrest von alter Feindschaft oder mit einer unzeitig angebrachten Strenge sich brüstend, hieß er den Marcus Livius sein Pferd verkaufen, weil er durch einen Volksbeschluss verurteilt sei. ***10*** Ebenso befahl auch Marcus Livius, als er an den arniensischen Bezirk und an den Namen seines Amtsgenossen kam, dem Gaius Claudius, sein Pferd zu verkaufen, und das aus zwei Gründen: einmal weil er gegen ihn ein falsches Zeugnis abgelegt, sodann weil er es bei der Aussöhnung mit ihm nicht ehrlich gemeint habe. ***11*** So gab es hier, nicht ohne Nachteil eigener Ehre, einen unangenehmen und hässlichen Wettstreit, die Ehre des andern zu besudeln. ***12*** Als Gaius Claudius beim Abgang von seiner Zensur den Eid auf die Gesetze abgelegt hatte und in die Urkundenkammer hinaufging, setzte er unter die Namen derer, die er als Steuerpflichtige hinterließ, auch den Namen seines Amtsgenossen. ***13*** Nachher ging Marcus Livius auf die Kammer und setzte außer dem maecischen Bezirk, der ihn nicht verurteilt, ***14*** also auch nicht als Verurteilten zum Konsul oder Zensor ernannt habe, das ganze römische Volk, alle 34 Bezirke, als Steuerpflichtige an, ***15*** weil sie ihn unschuldig verurteilt, weil sie ihn nach der Verurteilung zum Konsul und zum Zensor gemacht hätten, und weil sie nicht leugnen könnten, dass sie entweder einmal in ihrem Urteilsspruch oder zweimal in ihrer Wahl Unrecht getan hätten. ***16*** Unter den 34 Bezirken werde sich denn auch Gaius Claudius als Steuerpflichtiger befinden; sonst hätte er, wenn er ein Beispiel gefunden hätte, dass man einen und denselben Mann zweimal als Steuerpflichtigen ansetzen könne, den Gaius Claudius namentlich als Steuerpflichtigen angesetzt. ***17*** Der Wettstreit der Zensoren, sich gegenseitig zu beschimpfen, war anstößig und ärgerlich. Allein die Rüge des Wankelmutes am Volk war der Zensorwürde und dem Ernst jener Zeiten angemessen. ***18*** Da man auf die Zensoren schlecht zu sprechen war, so setzte ihnen beiden der Volkstribun Gnaeus Baebius, der jetzt eine Gelegenheit zu finden glaubte, an ihnen groß zu werden, einen Klagetag vor dem Volk. Damit nicht künftig die Zensur von der Laune des Volkes abhängig sein möchte, vereinigten sich die Väter und schlugen die Sache nieder.

(38) In diesem Sommer eroberte der Konsul Clampetia in Bruttium im Sturm. Consentia und Pandosia und andere minder namhafte Städte unterwarfen sich freiwillig. ***2*** Deswegen beschloss man auch, als jetzt die Zeit der Wahlversammlung herannahte, lieber aus Etrurien, wo es keinen Krieg gab, den Konsul Cornelius nach Rom zu berufen. ***3*** Unter seinem Vorsitz wurden Gnaeus Servilius Caepio und Gaius Servilius Geminus zu Konsuln gewählt. Darauf folgte die Prätorenwahl. ***4*** Gewählt wurden Publius Cornelius Lentulus, Publius Quinctilius Varus, Publius Aelius Paetus und Publius Villius Tappulus. Diese beiden wurden Prätoren, da sie noch plebejische Ädilen waren. ***5*** Nach Abschluss der Wahlen ging der Konsul zum Heer nach Etrurien zurück.

6 Die in diesem Jahr verstorbenen und an deren Stelle gewählten Priester waren folgende: Tiberius Veturius Philo wurde als Eigenpriester des Mars an die Stelle des im vorigen Jahr verstorbenen Marcus Aemilius Regillus gewählt und eingeführt, ***7*** und an die Stelle des gewesenen Vogelschauers und Zehnmannes für den Gottesdienst Marcus Pomponius Matho wählte man zum Zehnherrn Marcus Aurelius Cotta, zum Vogelschauer den Tiberius Sempronius Gracchus, einen noch sehr jungen Mann, was damals bei der Übertragung der Priesterämter sehr selten geschah. ***8*** Die kurulischen Ädilen Gaius Livius und Marcus Servilius Geminus stellten in diesem Jahr ein goldenes Viergespann auf dem Kapitol auf. Auch veranstalteten sie die römischen Spiele zwei Tage nacheinander. Auch die plebejischen Ädile Publius Aelius und Publius Villius stellten zwei Tage lang die Bürgerspiele an, und mit den Spielen war Jupiter zu Ehren ein heiliges Mahl verbunden.

Dreissigstes Buch

Inhalt

In Afrika besiegt Scipio die Karthager, und zwar immer den numidischen König Syphax mit Hasdrubal, in mehreren Treffen mit Hilfe Masinissas und erobert zwei feindliche Lager, in welchen 40 000 Menschen durch Schwert und Feuer aufgerieben werden. Durch Gaius Caelius und Masinissa nimmt er Syphax gefangen. Masinissa verliebt sich gleich in die gefangene Sophoniba, des Syphax Gemahlin, des Hasdrubal Tochter, und nach vollzogener Vermählung behält er sie als Gemahlin. Nach einer Zurechtweisung von Scipio schickt er ihr Gift. Sie trinkt es und stirbt. Endlich bewirken Scipios Siege, dass die in Verzweiflung geratenen Karthager zur Rettung ihres Staates den Hannibal zurückrufen. Im 16. Jahr räumt er Italien, geht nach Afrika über, sucht in einer Unterredung mit Scipio den Frieden zustande zu bringen, und da sie über die Friedensbedingungen nicht einig werden können, wird er in einer Schlacht besiegt. Den Karthagern wird der erbetene Friede bewilligt. Den Gisgo, der dem Frieden widerrät, zieht Hannibal mit eigener Hand vom Platz, entschuldigt sich wegen seiner Unbesonnenheit und redet selbst zur Empfehlung des Friedens. Mago, der im Gebiet der Insubrer in einer Schlacht mit den Römern verwundet war, stirbt auf seinem Weg nach Afrika, wohin er durch Gesandte zurückgerufen war, an seiner Wunde. Masinissa bekommt sein Reich wieder. Scipio hält bei seiner Rückkehr in die Stadt den prächtigsten und ruhmvollsten Triumph, wobei ihm der Senator Quintus Terentius Culleo mit einem Hut folgt. Scipio wird als Africanus – es ist ungewiss, ob ihm diesen Zunamen schon früher die Liebe seiner Soldaten, oder ob Zuneigung des Volkes ihm denselben gab –, wenigstens als der erste Feldherr durch die Benennung nach dem von ihm besiegten Volk, verherrlicht.

(1) Als die Konsuln Gnaeus Servilius Caepio und Gaius Servilius Geminus – ihr Jahr war das 16. des Punischen Krieges – die Lage des Staates, den Krieg und die Verteilung der Provinzen im Senat zur Sprache brachten, beschlossen die Väter, ***2*** die Konsuln sollten darüber sich vergleichen oder losen, wer von ihnen die Bruttier als Hannibals Gegner, und wer Etrurien und Ligurien zum Standorte haben solle. Wem die Bruttier zufielen, ***3*** der solle das Heer von Publius Sempronius übernehmen. Publius Sempronius – denn auch ihm wurde als Prokonsul der Oberbefehl auf ein Jahr verlängert – sollte an die Stelle des Publius Licinius treten, ***4*** dieser aber nach Rom zurückkommen, ein Mann, der außer seinen übrigen Vorzügen, worin ihn zu seiner Zeit nach der Meinung seiner Mitbürger kein anderer übertraf, auch für einen guten Krieger galt, weil Natur und Glück alle menschlichen Güter in ihm vereinigten. ***5*** So hatte er zugleich bei hoher Abkunft Reichtum, war von ausgezeichneter Schönheit und Körperkraft, galt für den beredtsten Mann sowohl im Vortrag einer Rechtssache, als wenn er im Senat oder vor dem Volk einen Vorschlag zu

empfehlen oder zu widerraten hatte, für den Erfahrensten im priesterlichen Recht; ***6*** außerdem hatte ihn sein Konsulat des Kriegsruhmes teilhaftig gemacht.

Mit dem Beschluss über die Führung der Geschäfte in Bruttium war der über Etrurien und Ligurien gleichlautend; ***7*** Marcus Cornelius solle sein Heer an den neuen Konsul abgeben und mit Verlängerung seines Oberbefehls Gallien als seine Provinz nebst den Legionen haben, welche im vorigen Jahr der Prätor Lucius Scribonius gehabt habe. ***8*** Nun losten sie um ihre Ämter; Caepio bekam Bruttium, Servilius Geminus Etrurien. ***9*** Dann wurden die Geschäftskreise der Prätoren verlost. Die Gerichtspflege in der Stadt bekam Aelius Paetus, Sardinien Publius Lentulus, Sizilien Publius Villius, Ariminum mit zwei Legionen – sie hatten unter Spurius Lucretius gestanden – Quinctilius Varus. ***10*** Auch dem Lucretius wurde der Oberbefehl verlängert, damit er die vom Punier Mago zerstörte Stadt Genua wieder aufbauen könnte. Den dem Publius Scipio verlängerten Oberbefehl begrenzte man nicht auf eine Zeit, sondern auf die Ausführung seines Geschäfts, ***11*** bis er den Krieg in Afrika beendigt haben würde, und verordnete ein Betfest, da Scipio durch die Überfahrt seinen Standort in Afrika genommen habe, so möchten sie diese Unternehmung dem römischen Staat und dem Feldherrn selbst und seinem Heer zum Heil und Segen gereichen lassen.

(2) Für Sizilien wurden 3000 Mann ausgehoben, teils weil alles, was diese Provinz an Kerntruppen gehabt hatte, nach Afrika übergesetzt war, teils weil man beschlossen hatte, um jeder afrikanischen Flotte die Überfahrt zu wehren, die Küste von Sizilien von 40 Schiffen bewachen zu lassen. ***2*** 13 neue Schiffe nahm Villius mit nach Sizilien; die übrigen waren die alten, in Sizilien ausgebesserten. ***3*** Marcus Pomponius, Prätor des vorigen Jahres, der mit verlängertem Oberbefehl an der Spitze dieser Flotte stand, schiffte die aus Italien angekommenen neuen Soldaten ein. ***4*** Eine gleiche Anzahl Schiffe bestimmten die Väter dem Gnaeus Octavius, dem gleichfalls vorjährigen Prätor, mit derselben Berechtigung zum Oberbefehl, um die Küste Sardiniens zu decken. Der Prätor Lentulus erhielt Befehl, 2000 Soldaten auf diese Schiffe zu liefern. ***5*** Auch zum Schutz der Küste Italiens, weil man nicht wusste, wohin die Karthager eine Flotte senden würden – man vermutete aber, dass sie jeden unbesetzten Fleck zum Ziele nehmen möchten –, wurden dem Prätor des vorigen Jahres, Marcus Marcius, ebenso viele Schiffe gegeben. ***6*** Die 3000 Mann für diese Flotte hoben nach einem Beschluss der Väter die Konsuln aus und noch zwei Stadtlegionen für unvorhergesehene Fälle des Krieges. ***7*** Beide Spanien mit ihren Heeren und deren Oberbefehl wurden den beiden alten Feldherren Lucius Lentulus und Lucius Manlius Acidinus gelassen. Rom hatte zur Führung seines Krieges in diesem Jahr überhaupt 20 Legionen und 160 Kriegsschiffe.

8 Die Prätoren erhielten den Befehl, nach ihren Amtskreisen zu gehen. Den Konsuln wurde aufgetragen, ehe sie von der Stadt abgingen, die großen Spiele zu feiern, die der Diktator Titus Manlius Torquatus auf das fünfte Jahr gelobt habe, wenn der Staat noch ebenso in seinem Zustande wäre. ***9*** Auch erregten die von mehreren Orten gemeldeten Schreckzeichen in den Gemütern neue Besorgnisse von Seiten der Götter. Man glaubte, auf dem Kapitol hätten Raben Gold nicht bloß mit ihren Schnäbeln zerhackt, sondern sogar gefressen. ***10*** Zu Antium benagten die Mäuse einen goldenen Kranz. Bei Capua bedeckte eine gewaltige Menge Heuschrecken die ganze Landschaft, ohne dass man recht wusste, woher sie kamen. ***11*** Zu Reate kam ein Füllen mit fünf Füßen zur Welt. Zu Anagnia brannten zuerst zerstreute Feuerhaufen am Himmel und dann eine ungeheure Fackel. ***12*** Zu Frusino umgab die Sonne ein Hof mit einem schmalen Streifen, und diesen Kreis umschloss nachher die sich vergrößernde Sonnenscheibe von der äußeren Seite. Bei Arpinum sank das Erdreich im Feldland zu einem tiefen Kessel ein. ***13*** Als der eine Konsul sein erstes Opfer brachte, fehlte an der Leber des Tieres ein Lappen. Die Sühne dieser Schreckzeichen wurde mit großen Opfertieren besorgt; das Kollegium der Oberpriester gab die Götter an, denen man die Opfer bringen musste.

(3) Nach Erledigung dieser Geschäfte gingen die Konsuln und Prätoren auf ihre Posten ab; sie alle aber sorgten, als hätten sie sich diesen erlost, für Afrika, entweder weil sie sahen, dass das ganze Glück des Staates und des Krieges von dort abhänge, oder um sich dem Scipio gefällig zu beweisen, auf den damals der ganze Staat seine Augen richtete. ***2*** Folglich gingen dorthin nicht allein aus Sardinien, wie ich oben sagte, sondern auch aus Sizilien und Spanien Kleidungsstücke, Getreide, aus Sizilien auch Waffen und Zufuhren aller Art. ***3*** Auch hatte Scipio während des ganzen Winters die Geschäfte des Krieges, die ihn massenhaft und auf allen Seiten zugleich in Anspruch nahmen, nie ausgesetzt. Utica hielt er umschlossen; das Lager, das er vor sich sah, gehörte Hasdrubal; ***4*** ihre Schiffe hatten die Karthager schon in See gelassen; seine Zufuhren aufzufangen, hatten sie ihre Flotte schon fertig und in Bereitschaft. Bei alledem gab er selbst den Plan nicht auf, mit Syphax wieder anzuknüpfen, wenn ihn vielleicht der freie Zutritt bei seiner Gemahlin in der Liebe gesättigt hätte. ***5*** Allein von Syphax' Seite wurden mehr Vorschläge zu einem Frieden mit Karthago gemacht, dass nämlich die Römer Afrika, die Punier Italien räumen sollten, als irgendeine Hoffnung zu einem Übertritt, wenn der Krieg fortdauern sollte. ***6*** Dass diese Unterhandlungen durch Gesandte betrieben wurden, ist mir wahrscheinlicher – und dafür stimmen auch die meisten Berichte – als dass Syphax selbst, wie Valerius Antias berichtet, zu einer Unterredung in das römische Lager gekommen sei. ***7*** Anfangs würdigte der römische Feldherr diese Bedingungen kaum des Anhörens; dann zeigte er sich gegen ebendiese Vorschläge, um den Seinigen einen scheinbaren Vorwand zum Ab- und Zugehen in das feindliche Lager zu erhalten, weniger abgeneigt und machte Hoffnung, dass die Sache durch häufigere Rücksprache von beiden Seiten zustande kommen könne. ***8*** Das Winterlager der Karthager, aus dem ersten besten vom Land zusammengetragenen Material gebaut, war fast ganz von Holz. ***9*** Die Numider wohnten größtenteils unter Flechtwerk von Schilf, das mit Matten gedeckt war, hier und da, ohne alle Ordnung, einige sogar, da sie sich ohne Anweisung die Plätze selbst gegeben hatten, außerhalb des Grabens und Walles. ***10*** Auf diesen Bericht baute Scipio die Hoffnung, bei Gelegenheit das feindliche Lager in Brand stecken zu können.

(4) Den an Syphax abzuschickenden Gesandten gab er statt Diener einige seiner ersten Hauptleute, Männer von bewährter Tapferkeit und Umsicht, in Sklavenkleidung mit, welche, ***2*** während die Abgeordneten zur Unterhandlung gezogen würden, beim Herumgehen im Lager, der eine hier, der andere dort, alle Ein- und Ausgänge, die Lage und Gestalt des ganzen Lagers wie seiner Teile, den Standort der Punier und den der Numider, die Entfernung zwischen Hasdrubals und des Königs Lager auskundschaften und sich zugleich über die dort gewöhnliche Aufstellung der Posten und Wachen unterrichten sollten, ***3*** ob es tunlicher sei, sie bei Nacht oder bei Tag zu überfallen. Bei den häufigeren Unterredungen schickte er absichtlich immer wieder andere mit, damit alles mehreren bekannt werden könnte. ***4*** Als die häufigere Verhandlung der Sache den Karthagern und durch sie dem Syphax mit jedem Tag sichere Aussicht zum Frieden versprach, erklärten die römischen Gesandten, sie dürften zu ihrem Feldherrn nicht eher wiederkommen, bis sie eine bestimmte Antwort mitbrächten. ***5*** Wenn er also seinen Entschluss schon gefasst habe, so wünschten sie ihn zu hören, oder müsse er noch mit Hasdrubal und den Karthagern Rücksprache nehmen, so möge er bei diesen anfragen. Es sei Zeit, entweder den Frieden abzuschließen oder den Krieg mit Nachdruck zu führen. ***6*** Während Syphax bei Hasdrubal, Hasdrubal wieder bei den Karthagern anfragen ließ, hatten die Späher Zeit, alles in Augenschein zu nehmen, und Scipio, die nötigen Vorkehrungen zu treffen. ***7*** Und bei der Erwähnung und Hoffnung des Friedens waren natürlich die Karthager und der numidische König viel weniger auf ihrer Hut, sich bis dahin vor jedem feindlichen Angriff zu sichern. ***8*** Endlich erteilten sie die Antwort, in die sie aber, weil man römischerseits so sehr auf den Frieden hinzusteuern schien, mit Benutzung dieses

Anscheines, einige harte Punkte hatten einfließen lassen. Bei seinem Wunsch, den Waffenstillstand abzubrechen, gewährte dies dem Scipio einen willkommenen Vorwand; ***9*** und da er dem königlichen Bevollmächtigten gesagt hatte, er werde die Sache dem Kriegsrat vorlegen, gab er ihm am folgenden Tag den Bescheid: Es habe außer ihm selbst, der umsonst den Frieden zustande zu bringen gesucht habe, niemand weiter dafür gestimmt. Er möge also die Antwort mitnehmen, Syphax könne auf einen Frieden mit Rom nur dann rechnen, wenn er die Seite der Karthager verließe. ***10*** So hob er den Waffenstillstand auf, um bei der Ausführung seines Planes nicht durch sein Wort gebunden zu sein, und besetzte seine ins Meer gelassenen Schiffe – denn es war schon Frühlingsanfang – mit Maschinen und Wurfgeschützen, als ob er Utica von der Seeseite angreifen wollte. ***11*** Auch schickte er 2000 Mann ab, um den Hügel oberhalb Utica zu besetzen, auf dem er das vorige Mal gestanden hatte, teils um die Aufmerksamkeit der Feinde von seinem wirklichen Vorhaben auf etwas anderes abzulenken, ***12*** teils auch, damit nicht während seines Zuges gegen Syphax und Hasdrubal ein Ausfall aus der Stadt und ein Angriff auf sein nur schwach besetztes Lager gemacht würde.

(5) Nach diesen Vorbereitungen berief er einen Kriegsrat und hörte seine Späher über ihre mitzuteilenden Wahrnehmungen an, sowie auch den Masinissa, der über alles bei den Feinden Bescheid wusste, und setzte selbst dann seinen Plan für die nächste Nacht auseinander. ***2*** Den Obersten befahl er, wenn sie nach aufgehobenem Kriegsrat die Trompete hörten, sogleich die Legionen ausrücken zu lassen. ***3*** Diesem Befehl gemäß setzten sich die ersten Fahnen gegen Sonnenuntergang in Bewegung; um die erste Nachtwache war der Zug marschfertig und um Mitternacht erreichte er – er hatte 7000 Schritte zu machen – das feindliche Lager. ***4*** Hier übergab Scipio einen Teil seiner Truppen, auch Masinissa und die Numider an Laelius und befahl ihm, das Lager des Syphax anzugreifen und Feuer hineinzuwerfen. ***5*** Dann führte er beide, den Laelius und Masinissa, einzeln auf die Seite und ermahnte sie dringend, durch Achtsamkeit und Sorgfalt zu ersetzen, was ihnen bei Nacht an Umsicht abgehe. ***6*** Er selbst wolle den Hasdrubal und das punische Lager angreifen; allein er werde sich nicht eher daran machen, als bis er im königlichen Lager die Flamme sehe. ***7*** Und sie blieb nicht lange aus. Denn als das auf die vordersten Hütten geworfene Feuer fasste, ergriff es augenblicklich die nächsten, dann der Reihe nach die folgenden und verbreitete sich über das ganze Lager. ***8*** Die Bestürzung wurde so allgemein, wie sie bei einer nächtlichen, so weit um sich greifenden Feuersbrunst sein musste; weil aber alle das Feuer nur für zufällig hielten, ohne an einen Feind und eine Kriegslist zu denken, so strömten sie unbewaffnet zum Löschen herbei und fielen dann bewaffneten Feinden in die Hände, ***9*** besonders den Numidern, welche Masinissa bei seiner Bekanntschaft mit dem königlichen Lager sehr zweckmäßig auf die Ausgänge der Straßen verteilt hatte. ***10*** Viele ergriff die Flamme noch auf ihrem Lager im Halbschlaf; viele wurden, da im Sturm der Flucht die einen über die anderen stürzten, bei dem Gedränge in den Lagertoren zertreten.

(6) Da zuerst die karthagischen Wachen und dann auch andere, vom nächtlichen Getümmel aufgeweckt, die aufleuchtende Flamme sahen, glaubten auch sie in demselben Irrtum, das Feuer sei zufällig entstanden. ***2*** Und das Geschrei, das die Niedergehauenen und Verwundeten erhoben, ließ sie, bei dem festen Glauben, dies sei eine Folge des nächtlichen Schreckens, nicht auf die Vermutung der Wahrheit kommen. ***3*** Es strömten also alle, jeder für sich, ohne Waffen, ohne im Geringsten etwas Feindliches zu vermuten, aus allen Toren, wo es jedem am nächsten war, nur mit dem beladen, was zum Löschen diente, gerade in den Zug der Römer hinein. ***4*** Nachdem sie alle nicht bloß aus feindlicher Erbitterung niedergehauen waren, sondern auch, um keinen von ihnen mit der Nachricht entkommen zu lassen, machte Scipio sogleich auf die bei einem solchen Getümmel natürlich vernachlässigten Tore den Angriff, ***5*** und als er in die nächsten

Hütten Feuer hatte werfen lassen, loderte die Flamme unaufhaltsam, zuerst wie an mehreren Stellen ausgestreut, empor, dann aber verschlang sie in zusammenhängendem Fortschritt alles auf einmal in einem allgemeinen Brand. **6** Halbverbrannte Menschen und Tiere versperrten zuerst durch ihre jammervolle Flucht, und dann zu Boden gestreckt, die Wege nach den Toren; was die Flamme nicht verzehrte, fraß das Schwert, und eine unglückliche Nacht vernichtete beide Lager. **7** Doch retteten sich beide Feldherren und von so viel tausend Bewaffneten nur 2000 zu Fuß und 500 Reiter, halb bewaffnet, **8** größtenteils verwundet und vom Feuer versengt, vom Schwert oder in den Flammen kamen 40 000 Menschen um, gefangen wurden über 5000; **9** unter diesen waren viele karthagische Edle und elf Senatoren; 174 Fahnen wurden erbeutet, über 2700 numidische Pferde und sechs Elefanten – acht hatte Feuer und Schwert weggerafft – und eine große Menge Waffen, die der Feldherr alle als ein Weihgeschenk für Vulcanus verbrennen ließ.

(7) Hasdrubal hatte sich auf der Flucht mit wenigen Afrikanern in die nächste Stadt begeben, und dorthin hatten sich alle übrig Gebliebenen, da sie der Spur des Feldherrn folgten, gesammelt. Aus Furcht aber, dass sich die Stadt Scipio ergeben möchte, räumte er sie. **2** Bald darauf ließ sie die Römer bei offenen Toren ein und blieb, weil sie sich freiwillig unterworfen hatte, von Feindseligkeiten verschont. Dann wurden nacheinander zwei Städte mit Sturm erobert und geplündert. Diese Beute und die aus dem angezündeten Lager und dem Feuer entrissene wurde den Soldaten überlassen. **3** Beinahe 8000 Schritte von hier nahm Syphax Stellung in einem befestigten Platz, Hasdrubal eilte nach Karthago, um jeden nachgiebigen Entschluss, den der neuliche Verlust veranlassen könnte, zu hintertreiben. **4** Denn der erste Schrecken, der sich dort verbreitete, war so groß, dass sie alle glaubten, Scipio werde unter Aufgabe Uticas sogleich Karthago einschließen. **5** Also beriefen die Sufeten – dies ist bei ihnen eine Art konsularisches Amt – den Senat. **6** Hier behielt von drei Meinungen – die erste erklärte sich für Gesandte an Scipio um Frieden, die andere rief den Hannibal zurück, um seine Vaterstadt vom verderblichen Krieg zu retten, die dritte, von römischer Standhaftigkeit im Unglück, **7** drang auf Wiederherstellung des Heeres und auf Vorstellungen an Syphax, ja nicht vom Krieg abzulassen – diese letzte, sage ich, behielt die Oberhand, weil Hasdrubal, der in Person zugegen war, und alle Mitglieder der Barcinischen Partei den Krieg vorzogen. **8** Nun fing man die Aushebung in der Stadt und in den Dörfern an und schickte Gesandte an Syphax, der ohnehin schon alle Kräfte zur Erneuerung des Feldzuges aufbot; denn diesmal hatte seine Gemahlin nicht wie sonst durch Liebkosungen auf ihn gewirkt, soviel diese über das Herz des Liebenden vermochten, sondern durch ihr Flehen und Jammern, hatte unter Strömen von Tränen ihn beschworen, **9** ihren Vater und ihr Vaterland nicht preiszugeben und Karthago nicht von denselben Flammen verzehren zu lassen, welchen sein Lager zum Raub geworden sei. **10** Auch brachten die Gesandten eine Hoffnung mit, die sich ihnen zur rechten Zeit geboten hatte: Es seien ihnen bei einer Stadt – sie hieß Obba – 4000 durch ihre Werber in Spanien in Sold genommene Keltiberer begegnet, auserlesene Leute; auch werde Hasdrubal nächstens mit einem bedeutenden Korps sich einstellen. **11** Also gab auch er den Gesandten nicht bloß eine freundliche Antwort, sondern er führte ihnen auch die Menge seiner numidischen Landsleute vor, denen er in diesen Tagen Waffen und Pferde gegeben hätte, und versprach, alle Dienstfähigen seines Königreiches aufzubieten. **12** Sie wüssten ja selbst, dass jenes Unglück einem Brand, nicht dem Treffen zuzuschreiben sei, im Kriege aber sei nur der der Besiegte, der den Waffen erliege. **13** So antwortete er den Gesandten. Und nach wenigen Tagen vereinigten Hasdrubal und Syphax ihre Heere wieder. Dieses ganze Heer belief sich fast auf 30 000 Mann.

(8) Scipio, welcher jetzt, als hätte er alle Kämpfe mit Syphax und den Karthagern schon abgetan, mit der Bestürmung Uticas beschäftigt war und schon Maschinen an die Mauern rücken ließ,

rief das Gerücht von dieser Erneuerung des Feldzuges von hier wieder weg, *2* und nachdem er zu Lande und zu Wasser bloß zum Schein einer Einschließung mäßige Posten zurückgelassen hatte, setzte er selbst mit dem Kern seines Heeres gegen die Feinde sich in Marsch. *3* Zuerst machte er auf einer Anhöhe halt, die beinahe 4000 Schritte vom königlichen Lager entfernt war; den folgenden Tag brachte er, als er mit der Reiterei in die unter der Anhöhe gelegenen sogenannten Großen Gefilde hinab gegangen war, mit Annäherung auf die feindlichen Posten und Neckereien mit kleinen Scharmützeln hin; *4* und auch an den beiden nächsten Tagen fiel bei allem Getümmel in wechselnden Angriffen von beiden Seiten nichts Besonderes vor; am vierten schritten beide Heere zur Schlacht. *5* Der römische Feldherr stellte auch jetzt hinter das erste Glied das zweite und das dritte ins Hintertreffen, lehnte seine italische Reiterei an den rechten, und an den linken Flügel die Numider unter Masinissa. *6* Syphax und Hasdrubal, die der italischen Reiterei die numidische, die punische dem Masinissa entgegenstellten, nahmen die Keltiberer den Legionen gegenüber ins Mitteltreffen. In dieser Stellung geschah der Angriff. *7* Beim ersten Zusammentreffen wurden beide feindliche Flügel, die Numider und die Karthager, geschlagen. Denn weder die Numider, größtenteils Landleute, konnten einer römischen Reiterei, noch die Karthager, ebenfalls Neugeworbene, einem Masinissa widerstehen, der außer seinen übrigen Vorteilen auch durch den jüngsten Sieg ihnen furchtbar war. *8* Allein obgleich auf beiden Seiten von ihren Flügeln entblößt, hielt die Linie der Keltiberer stand, weil sie für sich in einem fremden Land auf der Flucht keine Rettung sahen, und weil sie von Scipio keine Verzeihung hoffen durften, da sie, bei seinen Verdiensten um sie und ihr Volk, gegen ihn zu kämpfen sich nach Afrika verdungen hatten. *9* Auf allen Seiten von Feinden umringt, fielen sie, einer über den andern stürzend, auf der Stelle; und darüber, dass alles auf sie einhieb, gewannen Syphax und Hasdrubal auf ihrer Flucht einen bedeutenden Vorsprung. Die vom langen Gemetzel mehr als vom Gefecht ermüdeten Sieger überraschte die Nacht.

(9) Tags darauf ließ Scipio den Laelius und Masinissa mit der ganzen römischen und numidischen Reiterei und leichtem Fußvolk zur Verfolgung des Syphax und Hasdrubal abgehen. *2* Er selbst unterwarf mit dem schweren Fußvolk die Städte im Umkreis, welche alle karthagischer Hoheit waren, teils durch Hoffnung, teils durch Drohung, teils durch Sturm. *3* Karthago war in großem Schrecken, denn man glaubte dort, Scipio werde im Fortschritt seiner Siege, wenn er alles Nahegelegene im Fluge erobert habe, plötzlich vor Karthago selbst erscheinen. *4* Man besserte die Mauern aus, man besetzte sie zur Verteidigung mit Maschinen, und jeder brachte nach seinem Vermögen für eine länger auszuhaltende Belagerung die Bedürfnisse vom Feld herein. *5* Den Frieden erwähnten nur wenige, mehrere eine Gesandtschaft an Hannibal, um ihn einzuberufen; die meisten schlugen vor, *6* die Flotte, die man ausgerüstet hatte, um alle Zufuhr aufzufangen, nach Utica gehen zu lassen, um die dort liegenden Schiffe in ihrer Sorglosigkeit zu überfallen; vielleicht könne man sich sogar des nur mit schwacher Bedeckung zurückgebliebenen Lagers der Seetruppen bemächtigen. *7* Dieser Vorschlag fand den meisten Beifall; doch beschloss man die Absendung von Boten an Hannibal; denn gesetzt, die Flotte sei noch so glücklich, so bekomme dadurch nur das belagerte Utica einige Erleichterung, *8* aber Karthago selbst zu schützen, habe man weiter keinen anderen Feldherrn als Hannibal und kein anderes Heer als das seinige. *9* Am folgenden Tag ließen sie die Schiffe in See gehen und zugleich die Gesandten nach Italien; alles wurde in der dringenden Not eiligst gefördert und jeder glaubte, wenn er irgendwo der Säumige sei, an der Rettung aller zum Verräter zu werden. *10* Scipio, dem sein mit dem Raub so vieler Städte beladenes Heer zu schwerfällig wurde, schickte die Gefangenen und die übrige Beute in sein altes Lager bei Utica und besetzte, schon in Rücksicht auf Karthago, das von den entflohenen Wachen verlassene Tunes. *11* Der Ort, kaum 15 000 Schritt von Karthago entfernt, ist teils künstlich, teils

durch die Natur befestigt, liegt im Angesicht von Karthago ***12*** und gewährt selbst die Aussicht nach der Stadt und dem sie umgebenden Meer.

(10) Gerade als die Römer ihre Schanzpfähle aufstellten, erblickten sie von hier die feindliche Flotte, die von Karthago nach Utica segelte. ***2*** Mit Aufgabe der Arbeit wurde gleich zum Marsch gerufen, und der Aufbruch erfolgte schleunigst, weil man die Schiffe, die in ihrer Anstellung gegen die Küste und zur Belagerung durchaus auf kein Seegefecht vorbereitet waren, nicht überfallen lassen wollte. ***3*** Denn wie hätten einer so regsamen, mit allem Schiffsgerät versehenen und schlagfertigen Flotte jene Schiffe widerstehen können, welche Wurfgeschütze und Maschinen bei sich hatten und entweder als Frachtschiffe gebraucht wurden, oder sich so nahe an die Mauer angelegt hatten, dass sie als Damm oder Brücke zum hinansteigen dienten? ***4*** Scipio also, der ganz gegen die Gewohnheit einer Seeschlacht die Schnabelschiffe, welche den übrigen hätten Schutz gewähren können, dicht ans Land in die letzte Linie nahm, ***5*** stellte dem Feind eine vierfache Reihe von Lastschiffen wie eine Mauer entgegen, verband diese, damit die Linien im Getümmel der Schlacht nicht zerrissen würden, durch Mastbäume und Segelstangen, die er von einem Schiff in das andere hinüberragen und mit starken Seilen wie in fortlaufender Verbindung daran befestigen ließ; dann belegte er sie mit Brettern, ***6*** um über die ganze Reihe einen Gang zu haben, und unter diesen Übergängen machte er Zwischenräume, wo die Spähschiffe gegen den Feind auslaufen und sich sicher zurückziehen konnten. ***7*** Als alles eiligst nach Maßgabe der Zeit ins Werk gesetzt war, wurden die Lastschiffe mit beinahe 1000 auserlesenen Verteidigern besetzt, und Waffen, vorzüglich zum Schuss, in großer Menge herbeigeschafft, um für einen noch so langen Kampf auszureichen. ***8*** So gerüstet und gefasst, erwarteten sie die Ankunft der Feinde.

Die Karthager, die, wenn sie geeilt hätten, alles im Gewühl der sich durcheinander Tummelnden auf den ersten Angriff hätten vernichten können, liefen, ***9*** durch ihre Niederlagen im Feld mutlos und ebendeswegen auch nicht einmal auf der See, wo sie doch die Stärkeren waren, vom nötigen Selbstvertrauen belebt, nach einer den Tag über langsam fortgesetzten Fahrt gegen Sonnenuntergang in einen Hafen ein, den die Afrikaner Rusucmona nennen. ***10*** Am folgenden Tag, mit Sonnenaufgang, stellten sie auf der Höhe ihre Schiffe wie zu einer förmlichen Seeschlacht auf, als ob die Römer gegen sie auslaufen würden. ***11*** Als sie lange gestanden hatten und auf Seiten der Feinde nicht die geringste Bewegung wahrnahmen, machten sie endlich auf die Lastschiffe einen Angriff. ***12*** Die Sache hatte nicht die geringste Ähnlichkeit mit einem Seegefecht, sondern ganz den Schein eines von Schiffen aus auf Mauern unternommenen Sturmes. ***13*** An Höhe hatten die Lastschiffe bei Weitem den Vorzug; aus ihren Schnabelschiffen schossen die Punier ihre meisten Pfeile – kam doch der Wurf aus übergebogener Hand – vergeblich zur Höhe hinan; aus den Lastschiffen hingegen fiel der Schuss von oben herab mit um so größerem Nachdruck und selbst durch das Gewicht in stärkerem Schwung. ***14*** Allein die Späherschiffe wurden, ebenso die leichten Fahrzeuge, wenn sie unter den bretternen Brücken durch die Zwischenräume ausliefen, zuerst durch den bloßen Angriff und die Größe der Kriegsschiffe überwältigt, dann wurden sie auch den Verteidigern des Bollwerks hinderlich, ***15*** weil sie mit den feindlichen Schiffen gemischt jene oft nötigten, mit den Geschossen zurückzuhalten, um nicht bei der Unsicherheit des Wurfes die Ihrigen zu treffen. ***16*** Zuletzt fingen die Punier an, aus ihren Schiffen mit einem eisernen Haken beschlagene Stangen – man nennt sie Raubhaken – an die römischen Schiffe zu werfen; ***17*** und da sich weder die Stangen selbst noch die Ketten, an denen sie hängend geworfen wurden, abhauen ließen, so eröffnete sich nun das Schauspiel, dass, so wie jedes rückwärts steuernde Kriegsschiff sein am Haken hängendes Lastschiff fortzog, ***18*** hier die Bänder, wodurch ein Schiff an das andere befestigt war, zerrissen, dort eine Reihe mehrerer Schiffe zugleich davon geführt wurde. ***19*** Hauptsächlich auf diese Art wurden also alle Brücken zertrümmert, und kaum den Verteidigern so viel Zeit gelassen, in die zweite Reihe der Schiffe hinüberzuspringen. ***20*** Sechs Lastschiffe ungefähr wurden im Schlepptau nach Karthago fortgeführt, zu einem Jubel, der freilich ihren Wert überstieg, und doch desto willkommener war, je unerwarteter ihnen unter lauter Unfällen und Tränen diese einzige, wenn auch kleine Freude lächelte, ***21*** die ihnen zugleich den Beweis gab, dass die römische Flotte der Vernichtung nahe gewesen wäre, wenn nicht die Befehlshaber der punischen Schiffe gezögert hätten, und Scipio zu rechter Zeit zu Hilfe gekommen wäre.

(11) Als gerade in diesen Tagen Laelius und Masinissa nach einem beinahe fünfzehntägigen Marsch in Numidien angekommen waren, traten die Masaesuler, die Untertanen des Masinissa von seinem Vater her, mit Freuden zu ihm als ihrem lange ersehnten König über. ***2*** Syphax, dessen Befehlshaber und Besatzungen hier vertrieben wurden, sah sich auf sein altes Reich beschränkt, aber keineswegs in der Absicht, sich ruhig zu verhalten. ***3*** Gattin und Schwiegervater setzten dem Liebeskranken zu, und er hatte an Männern und Pferden solchen Überfluss, dass sich bei der Übersicht der Kräfte seines so viele Jahre blühenden Reiches auch ein minder roher und unbändiger Geist hohe Gedanken hätte machen können. ***4*** Nachdem er also alle, die zum Krieg tauglich waren, zu einem Ganzen zusammengetrieben hatte, gab er ihnen Rosse und Waffen zur Verteidigung und zum Angriff. Die Reiterei teilte er in Geschwader, das Fußvolk in Kohorten, wie er es früher von den römischen Hauptleuten gelernt hatte. ***5*** Mit einem Heer, das nicht kleiner als sein voriges war, übrigens aber fast ganz neu geworben und ungeübt, ging der Marsch gegen die Feinde vorwärts. ***6*** Als sein Lager in ihrer Nähe stand, machten sich anfangs nur wenige Reiter auf gedeckte Spähung von ihren Posten hervor; durch Wurfspieße vertrieben eilten sie zu den Ihrigen zurück; dann wechselten die Ausfälle, ***7*** und weil die Geschlagenen der Unwille antrieb, rückten mehrere nach, gemäß gewöhnlicher Lockung bei Reitereigefechten, wenn Hoffnung den Siegenden, Erbitterung den Besiegten Verstärkungen zuführt. ***8*** Als so das Treffen von wenigen angeregt war, strömte der Wetteifer im Kampf zuletzt die ganze Reiterei von beiden Seiten ins Feld. Und solange es ein eigentliches Reitereitreffen blieb, war die Menge der Masaesuler, die Syphax in mächtigen Schwärmen entließ, fast unaufhaltbar. ***9*** Als aber das römische Fußvolk, durch plötzliches Eindringen zwischen seine ihm den Weg öffnenden Geschwader eine feste Linie bildete und dem ausgelassen hereinstürzenden Feind Grenzen setzte, ***10*** da sprengten die Barbaren schon gehaltener heran, dann hielten sie still und kamen über die neue Art des Kampfes aus der Fassung; zuletzt wichen sie nicht allein dem Fußvolk, sondern hielten auch der Reiterei nicht stand, die durch den Schutz ihres Fußvolkes kecker wurde. ***11*** Jetzt rückten auch die Legionen unter den Fahnen heran; und nun vollends hielten die Masaesuler nicht nur keinen Angriff, sondern nicht einmal den Anblick dieser Fahnen und Waffen aus; so mächtig wirkte auf sie entweder die Erinnerung an die früheren Niederlagen oder der Schrecken des Augenblicks.

(12) Hier wurde Syphax, der sich bei dem Versuch, ihre Flucht durch Beschämung und Aussetzung seiner Person zu hemmen, den feindlichen Geschwadern entgegenwarf, nach einem Sturz mit seinem schwer verwundeten Pferd übermannt, gefangen genommen und lebend zu Laelius geschleppt, ***2*** ein Anblick, der keinem erfreulicher sein musste als Masinissa. Cirta war die Hauptstadt im Reich des Syphax; dahin flüchtete eine gewaltige Menge Menschen. ***3*** Denn das Blutbad in der Schlacht war nicht so groß wie der Sieg, weil nur die Reiterei gekämpft hatte. ***4*** Es fielen nicht über 5000 Mann, und weniger als halb soviel wurden gefangen genommen, als die Römer in das Lager einbrachen, wohin sich die über den Verlust ihres Königs bestürzte Menge geflüchtet hatte. **5** Cirta war die Hauptstadt des Königreiches Syphax', und dorthin hatte er sich mit einer riesigen Menschenmenge geflüchtet. ***6*** Da sagte Masinissa, für ihn könne freilich für jetzt nichts herrlicher sein, als sich in seinem Sieg den Anblick seines nach so langer Zwischenzeit wiedereroberten Reiches zu gestatten; allein Glück vertrage sich mit Zeit zum Aufschub ebenso wenig wie Unglück.

7 Wenn Laelius ihn mit der Reiterei und dem gebundenen Syphax nach Cirta vorausgehen lasse, so werde er dort alles in der ängstlichsten Bestürzung überraschen. Laelius könne dann mit dem Fußvolk in mäßigen Tagemärschen nachfolgen. *8* Mit Zustimmung des Laelius ging er nach Cirta vorauf und ließ die vornehmsten Cirtenser zu einer Unterredung kommen. Allein auf diese, die noch mit dem Unglück ihres Königs unbekannt waren, wirkten seine Erzählungen des Vorgefallenen, seine Drohungen und Ermahnungen nicht eher, bis ihnen der König gebunden vorgeführt wurde. *9* Bei diesem traurigen Anblick erhob sich ein allgemeines Wehklagen, und teils verließen sie die Mauern aus Furcht, teils wurden durch schleunige Vereinigung derer, die sich bei dem Sieger beliebt machen wollten, die Tore geöffnet. *10* Masinissa, der an die Tore und sich dazu passende Plätze der Mauern Posten ausstellte, um alle Auswege zur Flucht zu sperren, sprengte auf schäumendem Ross zur Burg, um sie zu besetzen. *11* Als er in den Vorplatz trat, kam ihm schon an der Schwelle Sophoniba, des Syphax' Gemahlin, Tochter des Puniers Hasdrubal, entgegen, und da sie in der umgebenden Schar von Kriegern den durch Waffen und übrige Tracht sich auszeichnenden Masinissa erblickte, sprach sie vor dem, den sie als König erkannte, kniefällig: *12 Dir alles über uns erlauben zu können, haben Götter, Tapferkeit und Glück dir freigestellt. Darf aber eine Gefangene vor dem Gebieter über ihr Leben und ihren Tod ihre flehende Stimme erheben, darf sie seine Knie, seine siegreiche Rechte berühren, 13 so bitte ich dich, so flehe ich bei der Hoheit der Königswürde, in der auch wir soeben noch gestanden haben, bei dem Namen des numidischen Volkes, der dir mit Syphax gemeinsam war, bei den Schutzgöttern dieser Königsburg, die dich unter segensvollerer Leitung hier aufnehmen mögen, 14 als sie den Syphax von hier entlassen haben, gewähre einer Flehenden die einzige Bitte und verfüge über sie als deine Gefangene, wie eigener Wille dich tun heißt, nur lass sie nicht der übermütigen und grausamen Willkür irgendeines Römers hingegeben sein. 15 Wäre ich auch nichts weiter als Gemahlin des Syphax gewesen, so würde ich mich doch lieber der Gnade eines Numiders und mit mir in demselben Afrika Geborenen, als der eines Ausländers und Fremden überlassen. 16 Was aber die Karthagerin vom Römer, was Hasdrubals Tochter zu fürchten habe, weißt du selbst. Hast du kein anderes Mittel, so bitte ich, so beschwöre ich dich, rette mich vor der Willkür der Römer durch den Tod.* *17* Sie war außerordentlich schön und von blühender Jugend. Da sie also, seine Rechte umfassend, nur dazu seine Zusage sich erbat, keinem Römer übergeben zu werden, und ihre Worte der Liebkosung näher als der Bitte kamen, *18* fühlte sich das Herz des Siegers nicht bloß zum Mitleid hingerissen, sondern – wie die Numider alle in der Liebe leidenschaftlich sind – von der Liebe zu seiner Gefangenen gefesselt, begab sich der Sieger, der ihr zur Versicherung seines Wortes für ihre Bitte die Rechte bot, in den Palast. *19* Nun ging er mit sich zu Rate, wie er sein Versprechen erfüllen möchte; und als er sich nicht zu helfen wusste, borgte er von der Liebe eine Maßregel, die ebenso unbesonnen als unverschämt war. *20* Er befahl, noch auf denselben Tag sogleich die Vermählungsfeier zu veranstalten, um durchaus weder dem Laelius noch dem Scipio selbst freie Hand zu lassen, gegen die als eine Gefangene zu verfahren, die schon Masinissas Gemahlin wäre. *21* Nach Vollzug der Vermählung kam Laelius an und verhehlte seine Missbilligung des Geschehenen so wenig, dass er sogar anfangs willens war, sie aus dem Brautgemach holen zu lassen und mit Syphax und den übrigen Gefangenen an Scipio zu schicken. *22* Aber auf die dringenden Bitten Masinissas, der ihn bat, es auf die Entscheidung Scipios ankommen zu lassen, welchem von den beiden Königen Sophoniba als Teilnehmerin an seinem Los zugegeben werden sollte, schickte er bloß den Syphax mit den anderen Gefangenen ab und eroberte mit Masinissas Hilfe die übrigen vom König mit Besatzungen belegten Städte Numidiens.

(13) Als die Nachricht kam, Syphax werde ins Lager gebracht, strömte die ganze Menge wie zum Schauspiel eines Triumphes heraus. Er selbst ging gebunden voran; *2* eine Menge numidischer

Vornehmer folgte. Nun legte jeder, soviel er konnte, der Größe des Syphax, dem Ruf der Numider bei, indem er dadurch seinen eigenen Sieg verherrlichte: ***3*** Das sei der König, dessen hohem Namen die beiden mächtigsten Völker der Erde, das römische und das karthagische, soviel Ehre erwiesen hätten, ***4*** dass ihr eigener Feldherr, Scipio, um die Freundschaft desselben zu gewinnen, mit Verlassen der Provinz Spanien und seines Heeres, auf zwei Fünfruderern nach Afrika gefahren sei, und der punische Feldherr Hasdrubal ***5*** nicht nur zu ihm in sein Reich gekommen sei, sondern ihm sogar seine Tochter zur Frau gegeben habe. Er habe zu gleicher Zeit zwei Feldherren, einen punischen und einen römischen, in seiner Gewalt gehabt. ***6*** So wie beide Parteien durch Darbringung der Opfertiere bei den unsterblichen Göttern Gnade suchten, so hätten auch bei ihm beide Teile um Freundschaft nachgesucht. ***7*** Ja er habe solche Macht gehabt, dass er den von Land und Leuten vertriebenen Masinissa dahin gebracht habe, dass sein Leben nur durch den Ruf von seinem Tod, nur in den Schlupfwinkeln, wo er nach Art der Tiere im Wald von Raub gelebt habe, geschützt gewesen sei.

8 So wurde der König, in diesen Gesprächen aller Umstehenden gefeiert, zu Scipio in das Feldherrnzelt geführt. Auch den Scipio rührte das frühere Los des Mannes im Vergleich mit seinem gegenwärtigen, und die Erinnerung an ihre Gastfreundschaft, an die ihm dargereichte Rechte und die öffentliche und persönliche Verbindung mit ihm. ***9*** Ebendiese Verhältnisse gaben auch dem Syphax in der Anrede an den Sieger Mut. Denn als ihn Scipio fragte, woran er wohl gedacht habe, als er nicht bloß der Verbindung mit Rom entsagt, sondern ungereizt ihm den Krieg angekündigt habe, ***10*** da gestand er zwar, er habe gefehlt und unsinnig gehandelt, allein nicht dann erst, als er gegen das römische Volk die Waffen ergriffen habe; dies sei nur der Ausgang gewesen, den sein Wahnwitz genommen habe, aber nicht der Anfang. ***11*** Damals sei er wahnsinnig gewesen, damals habe er alles, was Gastfreundschaft und persönliches und öffentliches Bündnis heiße, aus seinem Herzen vertilgt, als er eine karthagische Frau in sein Haus gebracht habe. ***12*** Bei dieser hochzeitlichen Fackel sei sein Reich in Flammen aufgegangen. Diese Furie, diese Unglückstifterin habe durch alle möglichen Schmeicheleien sein Herz den Römern entzogen und entfremdet und nicht eher geruht, bis sie ihm mit eigenen Händen die gottlosen Waffen gegen den Gast, gegen seinen Freund, angelegt habe. ***13*** Doch in seiner Vernichtung und in seinem Unglück finde er darin einen Trost für seine Leiden, es noch erlebt zu haben, dass gerade diese Verderberin, diese Furie, in das Haus, in die Wohnung und Behausung seines ärgsten Todfeindes übergegangen sei. ***14*** Und Masinissa sei weder klüger noch standhafter als Syphax, wenigstens habe sie jener noch mit größerer Unvernunft und Unenthaltsamkeit zu seiner Frau gemacht als er.

(14) Da er so nicht bloß als der feindlich hassende, sondern auch als der Eifersüchtige sprach, der seine Geliebte in den Händen seines Nebenbuhlers sah, setzte er Scipio in nicht geringe Verlegenheit. ***2*** Wahrscheinlich bekamen die Beschuldigungen dadurch, dass Masinissa so gut wie mitten unter den Waffen, ohne Laelius zu fragen oder zu erwarten, eine Hochzeit überstürzt hatte; ferner durch die beschleunigte Hast, mit der er sich mit seiner Feindin an demselben Tag, wo er sie als seine Gefangene erblickte, durch die Ehe verband. ***3*** In Scipios Augen war dies alles umso abscheulicher, weil ihn selbst in Spanien als jungen Mann nie die Schönheit einer Gefangenen gereizt hatte. Noch hing er diesen Betrachtungen nach, als Laelius und Masinissa ankamen. Beide empfing er mit gleich freundlicher Miene, erhob sie vor dem ganzen Kriegsrat mit auszeichnenden Lobsprüchen, führte dann Masinissa auf die Seite und redete so mit ihm: ***4*** *Ich glaube, Masinissa, dass du sowohl anfangs in Spanien, im Hinblick auf einige gute Eigenschaften, die ich besitze, gekommen bist, um Freundschaft mit mir zu schließen, und dann in Afrika dich selbst mit allen deinen Hoffnungen in meinen Schutz begeben hast. So muss ich dir sagen:* ***5*** *Unter diesen Vorzügen, die dir vielleicht meine Bekanntschaft wünschenswert gemacht haben, ist keiner, auf*

den ich so stolz sein möchte als auf meine Selbstbeherrschung und Enthaltsamkeit. ***6*** *Ich wünschte, Masinissa, du legtest deinen übrigen herrlichen Vorzügen auch diesen bei. Lange, lange nicht so viele Gefahren, glaube mir, drohen uns in unserm Alter von bewaffneten Feinden als von den uns allenthalben umringenden Vergnügungen,* ***7*** *Wer diese durch seine Enthaltsamkeit zügelt und zähmt, der hat sich eine weit größere Ehre, einen weit größeren Sieg erworben, als wir durch Besiegung des Syphax haben.* ***8*** *Was du in meiner Abwesenheit als der tüchtige, als der tapfere Mann getan hast, das erwähnte ich vorhin und erinnere mich noch daran mit Vergnügen, über das andere will ich dich selbst lieber in der Stille nachdenken, als, wenn ich es zur Sprache brächte, dich erröten lassen.* ***9*** *Bei unserem Sieg über Syphax, bei seiner Gefangennahme ging uns die Leitung des römischen Volkes voran. Folglich sind Syphax, seine Gattin, sein Reich, sein Land, seine Städte mit allen Einwohnern, kurz alles, was dem Syphax gehörte, eine Beute des römischen Volkes;* ***10*** *und der König und seine Gattin, wäre sie auch nicht eine geborene Karthagerin, sähen wir auch ihren Vater nicht an der Spitze der feindlichen Heere, müsste doch nach Rom geschickt werden, und des Senats und römischen Volkes Gericht und Entscheidung müsste doch über die ergehen, die es sich nachsagen lassen muss, dass sie einen mit uns verbündeten Regenten uns abwendig gemacht und Hals über Kopf zum Krieg getrieben hat. Besiege deine Leidenschaft;* ***11*** *hüte dich, dein vielfaches Gute durch einen einzigen Fehler zu verunstalten und durch eine größere Schuld, als der Gegenstand dieser Schuld wert ist, dir selbst den Dank für so viele Verdienste zu vereiteln.*

(15) Als Masinissa dies hörte, errötete er nicht allein, sondern auch die Tränen brachen ihm hervor, und nach gegebener Versicherung, dass er sich seinem Oberfeldherrn überlassen werde, und hinzugefügter Bitte, für sein unüberlegt gegebenes Wort so viel tun zu dürfen, als die Umstände erlaubten - ***2*** denn er habe ihr versprochen, sie in keine andere Gewalt kommen zu lassen -, ging er aus dem Feldherrnzelt in großer Verwirrung in sein eigenes. ***3*** Nachdem er hier ohne Zeugen mit Seufzen und Wehklagen, so dass es die vor dem Zelt Stehenden deutlich hören konnten, eine lange Zeit zugebracht hatte, rief er, nach einem endlich ausgestoßenen lauten Seufzer, von seinen Sklaven einen Getreuen herein, ***4*** der, wie es bei Königen Sitte ist, Gift auf unvorhergesehene Fälle unter seiner Aufsicht hatte, hieß ihn eine Mischung davon im Becher zu Sophoniba bringen ***5*** und ihr dabei sagen, Masinissa hätte ihr so gern sein erstes Versprechen geleistet, wie der Gatte der Gattin schuldig sei. Da ihn aber die, welche die Macht dazu hätten, hierüber nicht verfügen ließen, so halte er sein zweites Versprechen, sie nicht lebendig in römische Gewalt geraten zu lassen. ***6*** Im Hinblick auf ihren Vater als Feldherrn, auf ihr Vaterland und zwei Könige, denen sie vermählt gewesen sei, möge sie sich selbst beraten. Als der Überbringer mit dieser Bestellung und dem Giftbecher in der Hand zu Sophoniba kam, sprach sie: ***7*** *Ich nehme das Hochzeitsgeschenk an, das mir nicht einmal unwillkommen sein darf, wenn es das Höchste ist, was er als Gemahl seiner Gemahlin gewähren konnte. Das aber sage ihm wieder, ich wäre eines schöneren Todes gestorben, wenn ich mich nicht am Grab noch vermählt hätte.* ***8*** Mit derselben Geistesstärke, mit der sie dies sprach, trank sie den in Empfang genommenen Becher ohne jedes Zeichen von Bestürzung furchtlos aus. ***9*** Als dies dem Scipio gemeldet wurde, ließ er aus Besorgnis, der leidenschaftlich aufgeregte Mann könne sich in seiner kranken Stimmung ein Leid antun, ihn sogleich zu sich rufen. ***10*** Bald sprach er ihm Trost ein, bald verwies er es ihm mit Milde, dass er eine Unbesonnenheit durch die andere habe gutmachen wollen und die Sache schlimmer gemacht habe, als nötig gewesen sei. ***11*** Am folgenden Tag bestieg er, um ihn von der gegenwärtigen Gemütsbewegung abzulenken, die Feldherrnbühne und ließ zur Versammlung rufen. Hier beschenkte er den Masinissa, den er zum ersten Mal mit dem Titel König anredete und mit außerordentlichen Lobsprüchen belegte, mit einem goldenen Kranz, einer goldenen Opferschale, einem Thronsessel, elfenbeinernem Stab, gesticktem Oberkleid und einem mit Palmzweigen durchwirkten Unterkleid. ***12*** Diesem

Geschenke gab er einen noch höheren Wert durch die Erklärung, dass in den Augen der Römer nichts erhabener als ein Triumph sei, und für die Triumphierenden nichts ehrenvoller als dieser Schmuck, dessen das römische Volk den Masinissa als den einzigen Ausländer würdige. ***13*** Dann beschenkte er den Laelius, den er ebenfalls mit Lob überhäufte, mit einem goldenen Kranz; auch die übrigen Helden des Heeres erhielten nach dem, was sie geleistet hatten, ihre Belohnungen. ***14*** Diese Ehrenbezeugungen beruhigten den König und erhoben ihn zu der Hoffnung, nun bald nach Beseitigung des Syphax ganz Numidiens sich zu bemächtigen.

(16) Als Scipio den Gaius Laelius nebst Syphax und den übrigen Gefangenen nach Rom geschickt hatte, mit denen auch Gesandte von Masinissa abreisten, verlegte er sein Lager wieder nach Tunes und vollendete die angefangenen Verschanzungen. ***2*** Die Karthager, die nach einem für diesmal ziemlich gelungenen Angriff auf die römische Flotte nicht allein eine kurze, sondern beinahe vergebliche Freude genossen hatten, die aber bei dem Ruf von Syphax' Gefangennahme, auf den sie beinahe mehr Hoffnung als auf Hasdrubal und ihr eigenes Heer gesetzt hatten, in großen Schrecken gerieten, ***3*** schickten nun, ohne weiter auf einen Fürsprecher des Krieges zu hören, Friedensgesandte ab, und zwar 30 der vornehmsten Älteren. Dies war bei ihnen ein ehrwürdiger Ausschuss von Räten und selbst auf die Leitung des Senates von größtem Einfluss. Als sie im römischen Lager und auf dem Feldherrnplatz ankamen, warfen sie sich nach Art der Anbetenden – ***4*** ich glaube, diese Sitte schrieb sich aus dem Land ihrer früheren Abkunft her – zur Erde. ***5*** Ihre Rede war einer so demütigen Verehrung angemessen, denn sie rechtfertigten ihre Schuld nicht, schoben aber die Veranlassung dazu auf Hannibal und die Beförderer seiner Zügellosigkeit. ***6*** Sie baten um Verzeihung für ihren Staat, der schon zweimal vorher durch die Unbesonnenheit ihrer Mitbürger zugrunde gerichtet sei und abermals seine Rettung Feinden verdanken werde. ***7*** Das römische Volk gehe nur darauf aus, über besiegte Feinde zu herrschen, nicht aber auf deren Untergang. Er möge ihnen, die sie zu folgsamer Unterwürfigkeit sich bereit erklärten, befehlen, was ihm beliebe.

8 Scipio antwortete, er sei zwar mit der Hoffnung nach Afrika gekommen, und durch den glücklichen Erfolg des Krieges sei diese seine Hoffnung noch gehoben, den Sieg, aber keinen Frieden, mit nach Hause zu nehmen. ***9*** Doch wolle er, obgleich er den Sieg beinahe schon in Händen habe, den Frieden nicht zurückweisen, damit alle Völker erfahren möchten, dass das römische Volk seine Kriege mit derselben Rechtlichkeit, mit der es sie anfange, auch endige. Er bestimme folgende Friedensbedingungen: ***10*** Die Gefangenen, die Überläufer und entflohenen Sklaven sollten sie ausliefern, aus Italien und Gallien ihre Heere abführen, Spaniens sich enthalten, alle Inseln zwischen Italien und Afrika abtreten, ***11*** alle Kriegsschiffe bis auf 20 ihm überlassen, 500 000 Scheffel Weizen und 200 000 Scheffel Gerste geben. ***12*** Wie groß die ihnen auferlegte Geldlieferung gewesen sei, darüber sind die Angaben sehr verschieden; hier finde ich, er habe ihnen 5000 Talente auferlegt, dort 5000 Pfund Silber, wieder bei anderen für die Soldaten den doppelten Sold. ***13*** *Ob euch der Friede*, fuhr er fort, *unter diesen Bedingungen genehm sei, darüber gebe ich euch drei Tage Bedenkzeit. Nehmt ihr ihn an, so schließt mit mir Waffenstillstand und schickt nach Rom an den Senat Gesandte.* ***14*** Da die Karthager nach diesem Bescheid für gut fanden, keine der Friedensbedingungen zu verweigern – denn sie suchten nur Zeit zu gewinnen, bis Hannibal nach Afrika käme –, so schickten sie die eine Gesandtschaft an Scipio ***15*** zur Schließung des Waffenstillstandes, die andere nach Rom, welche um Frieden anhalten sollte und zum Schein, um ihn desto leichter zu erlangen, eine Anzahl von Gefangenen, Überläufern und entflohenen Sklaven mitnehmen musste.

(17) Laelius kam mit Syphax und den vornehmen numidischen Gefangenen einige Tage früher in Rom an und setzte den Vätern alle Ereignisse in Afrika der Reihe nach auseinander,

zu ihrer aller ebenso großen Freude für jetzt als Hoffnung für die Zukunft. *2* Bei der Umfrage beschlossen die Väter, den König nach Alba in Verwahrung zu schicken, den Laelius aber in der Stadt zu behalten, bis die karthagischen Gesandten kämen. Sie beschlossen ein viertägiges Dankfest. *3* Nach Entlassung des Senats und Berufung des Volkes bestieg der Prätor Publius Aelius mit Gaius Laelius die Rednerbühne. *4* Als hier nun die Leute vernahmen, die Heere der Karthager seien geschlagen, ein König von so hohem Ruf besiegt und gefangen, ganz Numidien im glänzendsten Sieg durchzogen, *5* da war es ihnen nicht möglich, sich auf eine stille Wonne zu beschränken und ihre unbegrenzte Freude nicht durch Jubelgeschrei und andere der Volksmenge gewöhnliche Zeichen an den Tag zu legen. *6* Darum ließ auch der Prätor sogleich bekannt machen, die Tempelwärter sollten in der ganzen Stadt alle Gotteshäuser öffnen; es müsse dem Volk freistehen, den ganzen Tag über aus einem Tempel in den andern zu gehen und den Göttern Preis und Dank darzubringen. *7* Am folgenden Tag führte er die Gesandten des Masinissa in den Senat. Zuerst wünschten sie dem Senat Glück zu den dem Publius Scipio in Afrika gelungenen Taten, *8* dann sagten sie dafür Dank, dass er den Masinissa nicht bloß König benannt, sondern ihn auch durch Wiedereinsetzung in sein Reich dazu gemacht habe, das der König nun nach Entthronung des Syphax, wenn die Väter diese genehmigten, ohne Besorgnis und Nebenbuhler regieren werde; *9* auch dafür, dass er ihn unter Lobsprüchen vor der Versammlung mit den ehrenvollsten Geschenken bedacht habe; ihrer nicht unwürdig zu sein, sei Masinissas Bestreben früher gewesen und werde es auch ferner sein. *10* Er bitte die Väter, ihm den Königstitel und die übrigen Wohltaten und Verehrungen von Scipio durch einen Senatsbeschluss zu bestätigen. *11* Auch bitte Masinissa, wenn es nicht zu viele Umstände mache, die numidischen Gefangenen, die zu Rom in Haft wären, ihm zurückzuschicken; dies würde ihm bei seinen Untertanen zur großen Empfehlung gereichen. *12* Hierauf bekamen die Gesandten zur Antwort, die Freude über das Siegesglück in Afrika teilten die Väter mit dem König. Dass ihn Scipio König genannt habe, daran habe er ihres Erachtens recht gehandelt und wie es sich gehöre. Und was er sonst noch Masinissas Wünschen gemäß getan haben möge, das alles habe die Zustimmung und den Beifall der Väter. *13* Zu Geschenken, welche die Gesandten dem König mitnehmen sollten, bestimmte man zwei purpurne Kriegsmäntel, jeden mit einer goldenen Schnalle, und Winterkleider mit breiter Verbrämung, ferner zwei ausgeschmückte Pferde, zwei Ritterrüstungen nebst Panzern, auch solche Zelte und Feldgerät, wie man sie gewöhnlich einem Konsul hielt. *14* Der Prätor bekam Befehl, dies dem König zu übersenden. Jedem Gesandten wurden nicht unter 5000, ihren Begleitern jedem 1000 Kupfer-As als Geschenk bestimmt, ferner jedem Gesandten zwei Kleider, den Begleitern eins, sowie auch den Numidern, die aus ihrer Haft entlassen und dem König wiedergegeben werden sollten. Außerdem bestimmte man den Gesandten ein freies Haus zur Wohnung, Ehrenplätze und Bewirtung.

(18) In demselben Sommer, da in Rom dies beschlossen, in Afrika dies vollführt wurde, lieferten der Prätor Publius Quinctilius Varus und der Prokonsul Marcus Cornelius im Gebiet der insubrischen Gallier dem Punier Mago eine förmliche Schlacht. *2* Die Legionen des Prätors standen im Vordertreffen, Cornelius, obgleich er selbst in die vordere Linie ritt, ließ die Seinigen hintenanstehen; und an der Spitze beider Flügel ermahnten Prätor und Prokonsul, mit dem größten Nachdruck die Feinde anzugreifen. *3* Als dies ohne Wirkung blieb, sprach Quinctilius zu Cornelius: *Das Gefecht geht, wie du siehst, zu langsam. Durch seinen unverhofften Widerstand hat sich des Feindes Furcht gelegt, und wir laufen Gefahr, dass sie in Keckheit übergehe. 4 Wollen wir ihn in Unordnung und aus der Stellung verdrängen, so müssen wir den Sturm der Reiterei erregen. Entweder halte du den Kampf vorn in der Linie aus, und ich will die Reiterei ins Gefecht führen, oder ich will hier im ersten Treffen mich halten, und du lässt die Reiter unserer vier Legionen auf*

den Feind. ***5*** Da sich der Prokonsul zur Übernahme des einen oder des anderen Postens, welchen der Prätor ihm lassen wollte, bereit erklärte, machte sich der Prätor Quinctilius mit seinem Sohn Marcus, einem tapferen jungen Mann, zu den Reitern hin, ließ sie aufsitzen und lässt sie plötzlich auf den Feind los. ***6*** Den Lärm vom Angriff der Reiterei verstärkte das ihn begleitende Schlachtgeschrei der Legionen; und die feindliche Linie hätte nicht standgehalten, hätte nicht Mago gleich beim ersten Andringen der Reiterei die in Bereitschaft gehaltenen Elefanten ins Treffen geführt. ***7*** Die durch das Gekreisch, den Geruch und Anblick dieser Tiere scheu gewordenen Pferde machten die Hilfe der Reiterei unwirksam, und so wie der römische Reiter im Schlachtgewühl, wenn er Spieß und Schwert in der Nähe gebrauchen konnte, die Überlegenheit behielt, so hatten auf ihn, wenn das scheue Pferd mit ihm durchging, die Numider aus der Ferne einen desto sichereren Schuss. ***8*** Über Vermögen behauptete die zwölfte, größtenteils zusammengehauene Legion des Fußvolkes ihren Platz nur noch aus Scham, ***9*** und hätte ihn nicht länger behauptet, wenn nicht die dreizehnte Legion, die aus dem Hintertreffen vorn in die Linie einrückte, den misslichen Kampf auf sich genommen hätte. Zwar setzte auch Mago dieser frischen Legion aus seinem Hintertreffen die Gallier entgegen. ***10*** Da aber diese ohne große Mühe geworfen wurden, setzte sich das erste Glied der elften Legion in Schluss und ging auf die Elefanten los, die jetzt auch schon in der Linie des Fußvolkes Unordnung bewirkten. ***11*** Da sie bei dem Angriff auf die sich drängenden Tiere fast keinen Wurfpfeil vergebens abschossen, so jagten sie diese auf ihre eigene Linie zurück: Vier stürzten mit Wunden bedeckt zu Boden. ***12*** Hier wich die feindliche Vorderreihe, weil plötzlich das ganze römische Fußvolk, wie es die Elefanten umkehren sah, um sie noch scheuer und wilder zu machen, ihnen nachstürzte. Doch setzten ihre Glieder, die sich, solange Mago noch an ihrer Spitze stand, nur Schritt für Schritt zurückzogen, das Gefecht ununterbrochen fort. ***13*** Allein als sie ihn mit durchbohrtem Schenkel sinken und halbtot aus der Schlacht weggetragen werden sahen, da wandten sie sich sogleich alle zur Flucht. Gegen 5000 Feinde fielen an dem Tag, 22 Fahnen wurden erbeutet. ***14*** Aber auch für die Römer war dies kein unblutiger Sieg. Bei dem Heer des Prätors, und zwar größtenteils von der zwölften Legion, wurden 2300 vermisst, von dieser auch zwei Oberste, Marcus Cosconius und Marcus Maenius. ***15*** Von der dreizehnten Legion, die erst am Ende des Treffens auftrat, fiel der Oberste Gnaeus Helvius bei Wiederherstellung des Gefechtes, sie verlor gegen 22 adlige römische Ritter, die von den Elefanten zertreten wurden, nebst mehreren Obersten. Überhaupt hätte der Kampf länger gedauert, wäre nicht infolge der Verwundung des Feldherrn der Sieg preisgegeben worden.

(19) Mago, der nach seinem Aufbruch in der Stille der nächsten Nacht so starke Märsche machte, als sie ihm seine Wunde erlaubte, erreichte das Meer im Gebiet der ingaunischen Ligurer. ***2*** Hier kamen Gesandte von Karthago, welche wenige Tage vorher im Gallischen Meerbusen gelandet waren, mit dem Befehl zu ihm, so schnell wie möglich nach Afrika überzusetzen. ***3*** Sein Bruder Hannibal, an den ebenfalls Gesandte mit demselben Befehl abgegangen wären, werde dasselbe tun. Die Lage der Karthager sei nicht von der Art, dass sie Eroberungen in Gallien und Italien behaupten könnten. ***4*** Mago, nicht bloß durch den Befehl des Senates und durch die Gefahr des Vaterlandes aufgefordert, sondern auch aus Besorgnis, der siegende Feind möge ihn, wenn er bliebe, verfolgen, ja selbst die Ligurer, wenn sie die Punier Italien räumen sähen, möchten zu denen übertreten, in deren Gewalt sie doch nächstens sein würden, ***5*** zugleich auch in der Hoffnung, bei einer Seefahrt werde die Erschütterung seiner Wunde geringer als auf der Landstraße und alles zu seiner Heilung bequemer sein, segelte nach Einschiffung seiner Truppen ab, starb aber, als er kaum über Sardinien hinaus war, an seiner Wunde, und mehrere punische Schiffe, die auf der Höhe verschlagen waren, wurden von der bei Sardinien stehenden römischen Flotte genommen. ***6*** Dies waren die Ereignisse zu Lande und zu Wasser auf der Seite Italiens, die an die Alpen stößt.

Der Konsul Gaius Servilius, der auf seinem Posten in Etrurien, auch in Gallien, wohin er gleichfalls vorgerückt war, nichts Besonderes verrichtete, ***7*** der aber seinen Vater Gaius Servilius und den Gaius Lutatius, welche bei dem Dorf Tannetum von den Boiern gefangen genommen waren, aus sechzehnjähriger Sklaverei zurückbrachte, gab seiner Rückkehr nach Rom, ***8*** wobei ihm sein Vater auf der einen, Catulus auf der anderen Seite ging, mehr Auszeichnung durch sein Verdienst um ein paar Einzelne als um den Staat. ***9*** Nun wurde beim Volk beantragt, da Gaius Servilius den Gesetzen zuwider Volkstribun und plebejischer Ädil gewesen sei, während sein Vater, der doch ein kurulisches Amt bekleidet hatte, noch gelebt habe, so solle er, weil er dies nicht gewusst habe, ohne Verantwortung sein. ***10*** Als der Vorschlag angenommen war, ging der Konsul in seine Provinz zurück.

Zu dem in Bruttium stehenden Konsul Gnaeus Servilius traten Consentia, Aufugum, Bergae, Besidiae, Ocriculum, Lymphaeum, Argentanum, Clampetia und viele andere unberühmte Völkerschaften über, weil sie den Punischen Krieg sich zum Ende neigen sahen. ***11*** Auch lieferte dieser Konsul im Gebiet von Kroton dem Hannibal eine Schlacht. Die Nachrichten darüber sind dunkel, Valerius Antias gibt die Zahl der gefallenen Feinde auf 5000 an. Diese Sache ist von solcher Bedeutung, dass sie entweder unverschämt erdichtet oder aus Nachlässigkeit übergangen worden ist. ***12*** In Italien hat wenigstens Hannibal nichts weiter getan. Denn gerade in denselben Tagen, wie bei Mago, trafen auch bei ihm Gesandte von Karthago ein, die ihn nach Afrika zurückriefen.

(20) Zähneknirschend und klagend und kaum der Tränen sich enthaltend hörte er, wie man erzählt, die Worte der Gesandten. Als sie ihm die Befehle kundgetan hatten, sprach er: ***2*** *So rufen sie mich denn schon nicht mehr durch versteckte List, sondern geradezu zurück, sie, die durch Verweigerung der nachzusendenden Truppen und Gelder schon lange mich zurückzerrten!* ***3*** *So wurden denn Hannibals Sieger – nicht die Römer, die er so oft zusammenhieb und schlug, sondern der Senat von Karthago durch entgegenarbeitenden Parteienhass!* ***4*** *Und über diesen meinen schimpflichen Abzug wird Scipio nicht lauter frohlocken und sich erheben als Hanno, der meine Familie, weil er es durch andere Mittel nicht konnte, unter Karthagos Trümmern begrub.*

5 In der Ahnung, dass es so kommen würde, hatte er die Schiffe schon in Bereitschaft gehalten. Nachdem er eine Schar untauglicher Truppen unter dem Vorwand, dort die Besatzungen zu machen, in die wenigen bruttischen Städte weggeschickt hatte, welche mehr aus Furcht als Ergebenheit bei seiner Partei geblieben waren, ***6*** ging er mit dem Kern des Heeres nach Afrika über, ließ aber noch viele geborene Italer, weil sie sich, um ihm nicht nach Afrika zu folgen, in das Heiligtum der Juno Lacinia geflüchtet hatten, das bis auf diesen Tag unentweiht geblieben war, selbst im Tempel schändlich ermorden. ***7*** Man sagt, die Traurigkeit dessen, der als Verbannter aus seinem Vaterland scheide, könne nicht leicht größer sein als die, mit welcher Hannibal das Land der Feinde räumte. Oft habe er unter Klagen über Götter und Menschen nach Italiens Küsten zurückgeblickt, und unter Verwünschungen seiner selbst und seines Lebens es sich vorgeworfen, ***8*** dass er nicht sein Heer, noch blutig vom Sieg bei Cannae, vor Rom geführt habe. Ein Scipio, der als Konsul keinen feindlichen Punier in Italien gesehen habe, erdreiste sich, vor Karthago zu rücken, ***9*** und er, vor dem am Trasimenus und bei Cannae 100 000 mit ihren Waffen gesunken seien, habe vor Tasilinum, Cumae und Nola seine Kraft verloren. Unter solchen Vorwürfen und Klagen wurde er von dem lange behaupteten Besitz Italiens weggerissen.

(21) Zu Rom liefen die Nachrichten von Magos und Hannibals Abfahrt in denselben Tagen ein. Die Freude über diese doppelte Jubelnachricht wurde einmal dadurch gemindert, dass es den römischen Feldherren entweder am Willen oder an Kraft gefehlt zu haben schien, sie festzuhalten, ***2*** da ihnen dies doch vom Senat befohlen war; dann auch dadurch, dass man besorgt war, da sich jetzt die ganze Masse des Krieges auf einen Feldherrn und ein Heer geworfen hatte,

wie dies ablaufen werde. *3* In diesen Tagen kamen auch Gesandte von Sagunt und brachten die samt ihren Geldsummen gefangenen Karthager mit, welche auf Truppenwerbung nach Spanien übergesetzt waren. *4* Sie lieferten 250 Pfund Gold, 800 Pfund Silber in der Vorhalle des Rathauses ab. *5* Die Gefangenen wurden angenommen und in den Kerker gebracht, das Gold und Silber zurückgegeben und den Gesandten Dank abgestattet; man gab ihnen außerdem Geschenke und zur Rückkehr nach Spanien Schiffe. *6* Dann äußerten die Älteren im Senat, der Mensch empfinde doch immer das Gute weniger als das Schlimme. Wie alles bei Hannibals Einbruch in Italien voll Schrecken und Bestürzung gewesen sei, hätten sie noch nicht vergessen. Welches Unglück habe sich nachher ereignet? Welche Veranlassung zur Trauer? *7* Von Roms Mauern habe man das feindliche Lager gesehen, wie da die Gelübde jedes Einzelnen und aller gelautet hätten? Wie oft habe man die Bürger in den Versammlungen mit zum Himmel erhobenen Händen ausrufen hören: *8* Soll denn nie der Tag erscheinen, an dem sie Italien, vom Feind geräumt, die Segnungen des Friedens genießen sehen könnten? *9* Im 16. Jahr endlich hätten dies die Götter verliehen, und nun beantrage niemand, den Göttern dafür zu danken. Mit so wenig Herzlichkeit nähmen die Menschen sogar die ankommende Wohltat auf, geschweige dass sie der früheren sich gehörig erinnern sollten. *10* Da riefen Stimmen von allen Seiten des Saales: Der Prätor Publius Aelius sollte die Sache vortragen, und es wurde der Beschluss gefasst, fünf Tage lang vor allen Altären Betandachten zu halten und 120 große Tiere zu opfern. *11* Weil schon nach Entlassung des Laelius und der Gesandten des Masinissa die Nachricht einlief, karthagische Friedensgesandte an den Senat, die man schon zu Puteoli gesehen habe, würden von dort zu Lande ankommen, beschloss man, den Gaius Laelius wieder zurückzurufen, um über den Frieden in seiner Gegenwart zu verhandeln. *12* Quintus Fulvius Gillo, ein Legat des Scipio, begleitete die Karthager nach Rom. Sie durften die Stadt nicht betreten, bekamen Quartier in einer Staatswohnung und Zutritt vor dem Senat im Tempel der Bellona.

(22) Sie brachten ungefähr dasselbe vor wie bei Scipio. Der Krieg sei ohne alle Zustimmung von Seiten des Staates ganz Hannibals Werk. *2* Dieser sei ohne Befehl des Senats nicht nur über die Alpen, sondern auch über den Ebro gegangen und habe nicht bloß die Römer, sondern schon vorher die Saguntiner auf eigene Hand bekriegt. *3* Senat und Volk von Karthago stünden mit den Römern, wenn man es genau nehmen wolle, noch diesen Tag in unverletztem Bund. *4* Also hätten sie auch den Auftrag, nur darum zu bitten, dass es bei dem zuletzt mit dem Konsul Lutatius geschlossenen Frieden bleiben dürfe. *5* Als der Prätor nach der herkömmlichen Sitte den Vätern freistellte, wenn sie wollten, den Gesandten Fragen vorzulegen, und die älteren, die an dem Abschluss des Friedens teilgehabt hatten, der eine nach diesem, der andere nach einem anderen Punkt fragten, die Gesandten aber – sie waren fast alle junge Männer – *6* erwiderten, sie wären noch nicht so alt, dass sie dies wissen könnten, rief man von allen Seiten des Saales, das sei ein echt punischer Kniff, zum Antrag auf Beibehaltung eines Friedens Gesandte zu nehmen, die sich dessen nicht erinnern könnten.

(23) Als man die Gesandten hatte abtreten lassen, wurden die Stimmen abgehört. Marcus Livius schlug vor, den Konsul Gaius Servilius, der näher wäre, kommen zu lassen. *2* Da nie über einen wichtigeren Gegenstand als der vorliegende sei, eine Beratung eintreten könne, so sei es seines Erachtens der Würde des römischen Staates nicht ganz angemessen, eine solche Sache ohne den einen oder gar ohne beide Konsuln vorzunehmen. *3* Quintus Metellus, der vor drei Jahren Konsul, auch schon Diktator gewesen war, sagte, da Publius Scipio die Feinde durch Besiegung ihrer Heere, durch Verwüstung ihres Landes so weit gebracht habe, dass sie um Frieden bitten müssten, *4* und kein Mensch richtiger beurteilen könne, in welcher Absicht dieser Friede gesucht werde, als der Feldherr, der vor den Toren von Karthago stehe, so müsse man auch nach

keines anderen als Scipios Gutachten den Frieden annehmen oder verweigern. *5* Marcus Valerius Laevinus, der zweimal Konsul gewesen war, erklärte die Angekommenen für Kundschafter, nicht für Gesandte; man müsse ihnen befehlen, Italien zu verlassen, müsse sie unter Aufsicht bis an die Schiffe bringen lassen und dem Scipio schreiben, er möge mit dem Krieg nicht nachlassen. *6* Für diese Meinung führten Laelius und Fulvius noch an, auch Scipio habe die Hoffnung auf Frieden nur darauf gesetzt, wenn Hannibal und Mago nicht aus Italien zurückgerufen würden. *7* Die Karthager würden, solange sie diese Feldherren, diese Heere erwarteten, sich jeden Schein zu geben suchen, dann aber, selbst den diesen Augenblick geschlossenen Verträgen und allen Göttern zum Hohn, ihren Krieg fortsetzen. *8* Umso mehr trat man der Meinung des Laevinus bei. Die Gesandten wurden unverrichteter Sache und beinahe ohne Antwort entlassen.

(24) Um dieselbe Zeit segelte der Konsul Gnaeus Servilius, in der festen Überzeugung, dass die Ehre, Italien beruhigt zu haben, ihm gebühre, nicht anders als zur Verfolgung des durch ihn vertriebenen Hannibal, nach Sizilien über, um von da nach Afrika überzugehen. *2* Als dies in Rom bekannt wurde, erklärten sich die Väter zuerst dahin, der Prätor solle dem Konsul schreiben, der Senat finde für gut, dass er nach Italien zurückkomme. *3* Als aber der Prätor erwiderte, der Konsul werde sein Schreiben nicht beachten, wurde ausdrücklich hierzu ein Diktator ernannt, Publius Sulpicius, der vermöge seines höheren Amtes den Konsul nach Italien zurückrief. *4* Den übrigen Teil des Jahres wandte er mit seinem Magister Equitum Marcus Servilius dazu an, die Städte Italiens, welche während des Krieges abgefallen waren, zu bereisen und sich von einer jeden ihre Sache vorlegen zu lassen.

5 Während des Waffenstillstandes gingen auch aus Sardinien vom Prätor Lentulus 100 Lastschiffe mit Vorräten unter einer Bedeckung von 20 Kriegsschiffen, von Feinden und von Stürmen gleich unangefochten, nach Afrika über. *6* Gnaeus Octavius, der mit 200 Lastschiffen und 30 Kriegsschiffen aus Sizilien hinüberfuhr, hatte nicht dasselbe Glück. *7* Er sah nach einer glücklichen Fahrt Afrika beinahe schon vor sich, da blieb anfangs der Wind aus, dann schlug er in Südwest um, wurde stürmisch und warf die Flotte auseinander. *8* Mit den Kriegsschiffen erreichte er zwar, weil seine Ruderer mit höchster Anstrengung gegen die Fluten ankämpften, das Vorgebirge Apollos, *9* allein die Lastschiffe wurden größtenteils nach Aegimurus – diese Insel schließt von der Höhe her die Bucht, in welcher Karthago liegt, in einer Entfernung von fast 30 000 Schritten von der Stadt –, die anderen, der Stadt selbst gegenüber, an die warmen Bäder verschlagen. *10* Dies alles geschah im Angesicht von Karthago. Daher entstand ein Zusammenlauf aus der ganzen Stadt nach dem Markt. Die Obrigkeit berief den Senat, das Volk am Eingang des Rathauses verlangte tobend, man solle die herrliche Beute, die man schon vor Augen und in Händen habe, nicht fahren lassen. *11* Stellten gleich einige dagegen vor, dies würde ein Bruch der Friedensarbeit sein, andere, des Waffenstillstandes, dessen Frist noch nicht abgelaufen war, so einigte man sich, da die Versammlung des Senates und die des Volkes, die beinahe ein Ganzes bildete, dennoch dahin, mit einer Flotte von 50 Schiffen den Hasdrubal nach Aegimurus hinübergehen zu lassen, um von dort die an den Küsten und in den Häfen zerstreuten römischen Schiffe aufzubringen. *12* Und so wurden die von den entflohenen Seeleuten verlassenen Lastschiffe zuerst von Aegimurus, dann auch die von den Bädern im Schlepptau nach Karthago gebracht.

(25) Noch waren die Gesandten nicht von Rom zurückgekommen, noch wusste man nicht, wie der römische Senat über Krieg und Frieden entschieden habe, und ebenso wenig war die Frist des Waffenstillstandes abgelaufen. *2* Demnach schickte Scipio, der eine empörendere Beleidigung darin fand, dass die, welche selbst um Frieden und Waffenstillstand gebeten hatten, die Hoffnung des Friedens und das Wort des Waffenstillstandes vernichteten, sogleich Lucius Baebius, Lucius Sergius und Lucius Fabius als Gesandte nach Karthago. *3* Da sich der zusammengelaufene Pöbel

beinahe an ihnen vergriffen hätte, und sie selbst sahen, dass sie keinen sicheren Rückweg haben würden, baten sie sich bei der Obrigkeit, welche sie gegen die Tätlichkeiten in Schutz genommen hatte, Schiffe zur Begleitung aus. ***4*** Sobald die beiden mitgegebenen Dreiruderer bis zum Fluss Bagradas gekommen waren, von wo man das römische Lager sehen konnte, gingen sie wieder nach Karthago zurück. ***5*** Allein bei Utica lag eine punische Flotte. Von dieser machten drei Vierruderer – sei es nun, dass es so insgeheim von Karthago aus bestellt war, oder dass der Befehlshaber der Flotte, Hasdrubal, den treulosen Streich ohne höhere Eingebung unternahm – ***6*** auf den römischen Fünfruderer, als er eben um das Vorgebirge herumkam, plötzlich von der Höhe her Jagd. Allein einen Schnabelstoß konnten sie ihm nicht beibringen, weil er, schneller als sie, ihnen entglitt; ebenso wenig konnten die Punier aus ihren niedrigeren Schiffen in das höhere hinüberspringen; ***7*** und die Römer, solange ihre Geschosse ausreichten, verteidigten es trefflich, als diese ausgingen und nur noch die Nähe der Küste und die aus dem Lager herbeiströmende Menge sie schützen konnte, ***8*** steuerten sie mit vollen Rudern so heftig als möglich gegen den Strand und retteten sich selbst, bloß mit Verlust des Schiffes.

9 Da so durch einen Frevel über den anderen der Waffenstillstand offenbar gebrochen war, trafen von Rom aus Laelius und Fulvius mit den karthagischen Gesandten ein. ***10*** Den Letzteren sagte Scipio, obgleich die Karthager nicht allein das Wort des Waffenstillstandes gebrochen, sondern auch an seinen Gesandten das Völkerrecht verletzt hätten, so wolle er sich doch gegen sie nichts erlauben, was römischer Ordnung und seiner eigenen Handlungsart unwürdig sei, entließ sie und fing die Unternehmungen wieder an. ***11*** Schon nahte Hannibal der Küste. Einer von seinen Seeleuten musste den Mast besteigen, um zu sehen, in welche Gegend sie gekommen seien. Als ihm dieser sagte, das Vorderteil sehe gerade auf ein verfallenes Grab, ließ er, nicht ohne Äußerung des Missfallens an einer solchen Vorbedeutung, den Steuermann vorbeisegeln, ***12*** legte mit seiner Flotte bei Leptis an und schiffte hier die Truppen aus.

(26) Dies waren die Begebenheiten dieses Jahres in Afrika. Die folgenden fallen in das Jahr, in welchem Marcus Servilius Geminus, der damalige Magister Equitum, und Tiberius Claudius Nero Konsuln wurden, ***2*** weil übrigens zu Ende des vorigen Jahres Gesandte aus Griechenland von den mit Rom verbündeten Städten mit der Klage gekommen waren, dass Truppen des Königs ihr Gebiet verheert hätten, ***3*** und dass König Philipp ihre Gesandten, die sie mit dem Antrag auf Schadenersatz nach Makedonien geschickt hätten, nicht vorgelassen habe, und sie dabei meldeten, wie es heiße, habe er unter Sopater 4000 Mann als Hilfstruppen für Karthago nach Afrika geschickt und eine bedeutende Summe Geld mitgeschickt, beschloss der Senat, ***4*** Gesandte an den König zu schicken, welche ihm erklären sollten, dass dies nach der Meinung der Väter mit ihren Verträgen nicht vereinbar sei. Gaius Terentius Varro, Gaius Mamilius und Marcus Aurelius wurden hingeschickt und ihnen drei Fünfruderer gegeben.

5 Dieses Jahr zeichnete sich aus durch eine große Feuersbrunst, in welcher die Häuser auf dem Publicischen Hügel bis auf den Boden abbrannten, und durch eine Wassersnot. Doch die Lebensmittel waren wohlfeil, weil abgesehen davon, dass bei der Befreiung vom Feind die Zufuhr durch ganz Italien offen stand, ***6*** auch aus Spanien eine große Menge Getreide geliefert wurde, das die kurulischen Ädilen Marcus Valerius Falto und Marcus Fabius Buteo das Maß zu vier As auf den Straßen an das Volk verteilten.

7 In diesem Jahr starb auch Quintus Fabius Maximus in hohem Alter, wenn es wahr ist, dass er das Amt eines Vogelschauers 62 Jahre bekleidet hat, wie einige Schriftsteller angeben. ***8*** Der Mann verdiente wenigstens seinen hohen Beinamen, sogar dann, wenn dieser neu bei ihm angefangen hätte. An Ehrenstellen tat er es seinem Vater zuvor, seinem Großvater gleich. Sein Großvater Rullus zeichnete sich durch mehrere Siege und größere Schlachten aus, doch diese alle kann der einzige

Feind Hannibal ausgleichen. ***9*** Dennoch galt er mehr als Vorsichtiger denn als Tätiger; und so wie man zweifeln könnte, ob er aus Anlage der Zauderer gewesen sei, oder weil es dem Krieg, der damals geführt wurde, so eigentlich angemessen war, so ist doch nichts gewisser, als dass der eine Mann, wie Ennius sagt, uns durch sein Zaudern den Staat wiedergab. ***10*** Zum Vogelschauer wurde an seine Stelle sein Sohn Quintus Fabius Maximus eingeweiht; und ebenso an seine Stelle zum Oberpriester – denn er hat zwei Priesterämter gehabt – Servius Sulpicius Galba. ***11*** Die römischen Spiele wurden einen Tag, die bürgerlichen dreimal gegeben, von den Ädilen Marcus Sextius Sabinus und Gnaeus Tremellius Flaccus. Diese wurden beide zu Prätoren erwählt und mit ihnen Gaius Livius Salinator und Gaius Aurelius Cotta. ***12*** Ob die Wahlversammlungen für dieses Jahr der Konsul Gaius Servilius selbst gehalten habe, oder, weil ihn seine Geschäfte in Etrurien festhielten, wo er einem Senatsbeschluss zufolge über die Verschwörungen der Großen Untersuchungen anstellte, der von ihm ernannte Diktator Publius Sulpicius, darüber lassen uns die widersprechenden Angaben in Ungewissheit.

(27) Mit Anfang des folgenden Jahres hielten Marcus Servilius und Tiberius Claudius im Senat, den sie auf das Kapitol beriefen, den Vortrag über die Standorte der Heere. ***2*** Sie verlangten, dass über Italien und Afrika gelost würde, und beide wünschten sich Afrika. Allein hauptsächlich auf Betrieb des Quintus Metellus wurde ihnen Afrika weder bewilligt noch abgeschlagen. ***3*** Man bestimmte, die Konsuln möchten es mit den Volkstribunen ausmachen, dass diese, falls sie nichts dagegen hätten, beim Volk anfragten, wen es den Krieg in Afrika führen lassen wolle. Alle Bezirke bestimmten dazu den Publius Scipio. ***4*** Gleichwohl brachten die Konsuln Afrika als Standplatz mit in Losung: denn so lautete der Senatsbeschluss. ***5*** Tiberius Claudius bekam durch das Los Afrika, sodass er mit einer Flotte von 50 Schiffen, lauter Fünfruderern, nach Afrika übergehen und dem Scipio im Oberbefehl gleichstehen sollte. ***6*** Marcus Servilius erloste Etrurien. Auch dem Gaius Servilius wurde der Oberbefehl in derselben Provinz auf den Fall verlängert, dass es der Senat gutheißen sollte, den Konsul in der Stadt zu behalten. ***7*** Von den Prätoren erloste Marcus Sextius Gallien, und Publius Quinctilius Varus sollte ihm seine beiden Legionen nebst der Provinz übergeben, Gaius Livius das bruttische Gebiet mit den zwei Legionen, welche voriges Jahr der Prokonsul Publius Sempronius befehligt hatte, ***8*** Gnaeus Tremellius Sizilien, um vom Prätor des vorigen Jahres, Publius Villius Tappulus, die Provinz mit den zwei Legionen in Empfang zu nehmen; Villius sollte dann als Proprätor mit 20 Kriegsschiffen und 1000 Mann die Küste Siziliens decken ***9*** und von dort Marcus Pomponius auf den übrigen 20 Schiffen 1500 Mann nach Rom zurückbringen. Die Gerichtspflege in der Stadt erhielt Gaius Aurelius Cotta. Den Übrigen wurde, jedem in seiner Provinz und bei seinem Heer, der Oberbefehl verlängert.

10 In diesem Jahr verteidigte Rom seine Herrschaft mit nicht mehr als sechzehn Legionen. ***11*** Um aber in allen Stücken unter dem Beistand der Götter zu beginnen und zu verfahren, sollten auch die Konsuln, ehe sie in den Krieg auszögen, die Spiele abhalten und die großen Opfertiere darbringen, welche unter dem Konsulat des Marcus Claudius Marcellus und Titus Quinctius der Diktator Titus Manlius den Göttern gelobt hatte, wenn sie in den nächsten fünf Jahren den Staat in demselben Zustand erhielten. ***12*** Diese Spiele wurden in der Rennbahn vier Tage lang gefeiert, und die Opfertiere denjenigen Göttern, denen sie versprochen waren, dargebracht.

(28) Unterdessen nahmen zugleich Hoffnung und Besorgnis mit jedem Tag zu, und man konnte mit sich selbst nicht eins werden, ob es zu höherer Freude berechtige, dass Hannibal bei seinem Abzug aus Italien nach 16 Jahren dem römischen Volk den Besitz desselben geräumt habe, oder zu größerer Besorgnis, dass er mit seinem ganzen Heer nach Afrika übergegangen sei. ***2*** Der Schauplatz habe sich allerdings geändert, nicht aber die Gefahr; und der neulich mit Tod abgegangene Verkünder dieser so wichtigen Entscheidung, Quintus Fabius, habe gewiss nicht ohne Grund

sich mehrmals prophetisch verlauten lassen, dass Hannibal in seinem Land ein furchtbarerer Feind sein werde, als er im fremden gewesen sei. ***3*** Und Scipio werde nicht einen Syphax vor sich haben, den König von ungeschlachter Rohheit, dem gewöhnlich der Halbmarketender Statorius die Heere geordnet habe, noch den Schwiegervater des Syphax, Hasdrubal, den Ausreißer unter den Feldherren, noch schnell zusammengeraffte Heere, die aus einem halb bewaffneten Schwarm von Bauern zusammengelesen wären, ***4*** sondern den Hannibal, ihn, der im Hauptquartier des tapfersten Feldherrn, seines Vaters, geboren, unter Waffen herangewachsen und erzogen sei, als Knabe schon Soldat, kaum Jüngling, schon Feldherr; der, unter Siegen alt geworden, ***5*** beide Spanien, beide Gallien, Italien von den Alpen bis zur Meerenge mit Denkmälern gewaltiger Taten erfüllt habe; und das Heer, das er führe, sei ihm selbst an Dienstjahren gleich, abgehärtet durch die Ausdauer unter allen Arten von Not, deren Erduldung man Menschen kaum zutrauen könne, sei unzählige Male von Römerblut durchnässt und trage sich mit Rüstungen, die es den Soldaten, ja die es Feldherren abgenommen habe. ***6*** Da würden dem Scipio in der Schlacht viele begegnen, die mit eigener Hand römische Prätoren, Imperatoren, Konsuln getötet, Mauer- und Lagerkränze aufzuweisen hätten und römische eroberte Lager, eroberte Städte durchschwärmt hätten. ***7*** Die Obrigkeiten des römischen Volkes könnten jetzt nicht so viele Rutenbündel aufzeigen, als Hannibal nach Erlegung so vieler Feldherren sich könne vortragen lassen. ***8*** Und wenn sich nun die Römer in Gedanken mit solchen Schreckbildern beschäftigten, so schufen sie sich darum auch noch größere Sorge und Unruhe, weil jetzt, da sie gewohnt waren, mehrere Jahre hindurch den Krieg vor ihren Augen in dieser oder jener Gegend Italiens auf entfernte Aussichten und ohne alle Erwartung einer nahen Beendigung zu führen, Scipio und Hannibal, dies gleichsam zum letzten Kampf gegeneinander aufgestellte Feldherrenpaar, die Augen aller auf sich gerichtet hatten. ***9*** Auch diejenigen, welche ein unbegrenztes Vertrauen und ihre ganze Hoffnung des Sieges auf Scipio setzten, fühlten sich, je näher sie demselben entgegensahen, zu desto größerer Teilnahme aufgeregt.

10 Eine ähnliche Stimmung herrschte zu Karthago. Bald bereuten sie es, wenn sie an Hannibal und die Größe seiner Taten dachten, um Frieden gebeten zu haben; ***11*** bald aber, wenn sie ihre beiden verlorenen Schlachten, die Gefangennahme des Syphax, ihre Vertreibung aus Spanien, aus Italien beherzigten, und dass dies alles durch die Tapferkeit und Klugheit des einzigen Scipio bewirkt sei, überfiel sie ein Schauder vor diesem Feldherrn, als ob er vom Schicksal zu ihrem Verderben geboren sei.

(29) Schon war Hannibal nach Hadrumetum gekommen, von hier eilte er, nachdem er sich nur wenige Tage zur Wiederherstellung seiner Truppen von der Seefahrt genommen hatte, aufgeschreckt durch die ängstlichen Meldungen, dass um Karthago her alles von Feinden besetzt sei, in großen Tagemärschen nach Zama. ***2*** Zama liegt fünf Tagereisen von Karthago entfernt. Als seine von hier ausgeschickten und von römischen Posten aufgefangenen Kundschafter vor Scipio gebracht wurden, übergab sie dieser einigen Obersten und ließ sie ganz unbesorgt alles in Augenschein nehmen, ließ sie im ganzen Lager, wo sie wollten, herumführen, und nachdem er sich bei ihnen erkundigt hatte, ***3*** ob sie auch alles zur Genüge beobachtet hätten, ließ er sie unter einer mitgegebenen Begleitung zu Hannibal zurückgehen. ***4*** War gleich für Hannibal von allem, was sie meldeten, auch nicht ein einziger Umstand erfreulich – erzählten sie doch auch, dass gerade an demselben Tag Masinissa mit 6000 Mann zu Fuß und 4000 zu Pferd eingetroffen sei –, so beunruhigte ihn doch namentlich die Zuversicht des Feindes, die gewiss ihren guten Grund haben müsse. ***5*** Obgleich er also selbst am Krieg schuld war und durch seine Ankunft den geschlossenen Waffenstillstand und die Hoffnung eines Vergleichs vernichtet hatte, so trug er doch in der Voraussetzung, billigere Bedingungen zu erhalten, wenn er jetzt in seiner gan-

zen Stärke, als wenn er nach einer Niederlage Frieden suchte, bei Scipio darauf an, ihm eine Unterredung zu bewilligen. ***6*** Ob er dies für sich oder im Auftrag des Senates getan habe, dies entscheidend zu behaupten, fehlt es mir an Beweisen. ***7*** Valerius Antias berichtet, nach Verlust des ersten Treffens, in welchem 12 000 Punier geblieben, 1700 gefangen seien, sei Hannibal mit zehn anderen Gesandten zu Scipio ins Lager gekommen. ***8*** Genug, da Scipio die Unterredung nicht ausschlug, rückten beide Feldherren vermöge einer Übereinkunft mit ihrem Lager weiter vor, um aus der Nähe zusammenkommen zu können. ***9*** Scipio lagerte sich nicht weit von der Stadt Naraggara, einem auch sonst wohlgelegenen Ort, besonders aber, weil er innerhalb des Bereiches eines Speerwurfes sich mit Wasser versorgen konnte. ***10*** Hannibal besetzte 4000 Schritte von hier eine sonst auch sichere und bequeme Höhe, nur dass das Wasserholen entlegener war. Hier wählten sie in der Mitte einen Platz, den man von allen Seiten übersehen konnte, um vor jedem Hinterhalt sicher zu sein.

(30) Nachdem sie ihre Bewaffneten gleich weit zurückgeschickt hatten, trat jeder mit einem Dolmetscher auf, die beiden größten Feldherren, nicht allein ihrer Zeit, sondern auch jedem Könige oder Heerführer aller früheren Jahrhunderte bei allen Völkern gleich. ***2*** Eine Zeitlang schwiegen sie einer bei des anderen Anblick von gegenseitiger Bewunderung starr. Dann fing Hannibal an: ***3*** *Wenn es mir so vom Schicksal beschieden war, dass ich, der ich im Krieg gegen Rom der Angreifende war und so oft den Sieg beinahe schon in Händen hatte, aus freiem Antriebe kommen sollte, den Frieden zu erbitten, so freue ich mich der mir gewordenen Bestimmung, ihn gerade bei dir suchen zu müssen.* ***4*** *Und ebenso gehört auch für dich unter so manchen Auszeichnungen, die dir zuteil wurden, diese vielleicht nicht zu den letzten, dass derselbe Hannibal, dem die Götter über so viele römische Feldherren den Sieg verliehen haben, vor dir zurücktritt, und dass du es bist, der diesem, früher durch eure als durch unsere Niederlagen sich auszeichnenden Krieg ein Ende macht.* ***5*** *Mag auch das Glück, um zu spielen, den Zufall haben eintreten lassen, dass ich, der ich unter deines Vaters Konsulat die Waffen ergriff, mit ihm unter allen römischen Feldherren zuerst im Feld mich maß, jetzt waffenlos bei seinem Sohn mich einfinde, ihn um Frieden zu bitten.* ***6*** *Am besten wäre es freilich gewesen, die Götter hätten unseren Vätern den Sinn verliehen, dass ihr mit Italiens, wir mit Afrikas Beherrschung zufrieden gewesen wären;* ***7*** *denn selbst euch sind ja Sizilien und Sardinien kein würdiger Ersatz für den Verlust so vieler Flotten, so vieler Heere und so manches ausgezeichneten Feldherrn. Doch das Vergangene lässt sich eher tadeln als gutmachen.* ***8*** *Wir haben mit dem Erfolg nach fremdem Gut gerungen, dass wir unser Eigentum aufs Spiel setzen mussten, dass nicht bloß ihr in Italien sowie wir in Afrika Krieg zu führen haben, sondern dass auch ihr ebenso fast in euren Toren und vor euren Mauern die Fahnen und Waffen der Feinde erblicktet, wie wir jetzt von Karthago aus das Getöse eines römischen Lagers vernehmen.* ***9*** *Folglich sind wir jetzt in einer Lage, die für uns so traurig wie möglich, euch aber höchst erwünscht sein muss, dass die Friedensunterhandlungen in einem Zeitpunkt angeknüpft werden, der für euch der günstigere ist, und es knüpfen sie zwei Männer, denen nicht nur selbst so viel daran liegt, Frieden zu haben, sondern die auch sicher sind, dass ihre Staaten alle ihre Abschlüsse genehmigen werden. Wir bedürfen also nur eines von friedlichen Maßregeln nicht abgeneigten Sinnes.* ***10*** *Was mich betrifft, so haben mich, der ich bejahrt in mein Vaterland zurückkehre, das ich als Knabe verließ, nicht nur mein Alter, sondern auch bald einmal Glück, bald einmal Unglück so in die Lehre genommen, dass ich mich lieber an die Vernunft als an das Glück zu halten wünsche.* ***11*** *Nur deine Jugend und dein ununterbrochenes Glück, die dir beide mehr Mut einflößen, als sich mit dem Entschluss zum Frieden verträgt, machen mich bange. Wen das Glück nie hinterging, der lässt den unbestimmbaren Zufall so ziemlich unbeachtet.* ***12*** *Was ich am Trasimenus, was ich bei Cannae war, das bist du heute. Kaum zum Soldaten alt genug und schon mit der Feldherrnwürde bekleidet, unternahmst du alles mit*

höchster Kühnheit, und nirgends täuschte dich das Glück. **13** *Du zogest hin, den Tod deines Vaters und Onkels zu rächen, erntetest so vom Trauerfall deines Stammes einen ausgezeichneten Ruhm der Tapferkeit und musterhafter kindlicher Liebe und gewannst beide verlorene Spanien wieder, wo du vier punische Heere vertrieben hattest.* **14** *Du wurdest Konsul; und da die Übrigen nicht den Mut hatten, Italien zu behaupten, rissest du mich durch deinen Übergang nach Afrika, wo du zwei Heere schlugst, in einer Stunde zwei Lager zugleich erobertest und verbranntest, den Syphax, diesen mächtigen König, gefangen nahmst, so manche ihm, so manche uns gehörige Stadt erobertest; aus dem Besitz Italiens, so fest ich ihn seit 16 Jahren gehalten hatte, hast du mich weggerissen.* **15** *So kann dir, ich wiederhole es, der Sieg wünschenswerter als der Friede sein. Ich kenne ihn, diesen mehr hohen als gedeihlichen Sinn; auch mir lächelte einst ein solches Glück.* **16** *Gäben uns die Götter im Glück auch die rechte Sinnesart, so würden wir nicht das bloß erwägen, was sich begeben hat, sondern auch, was sich begeben kann. Wenn du dich an keinen anderen erinnertest, so bin ich selbst für jeden Glückswechsel dir Beispiel genug,* **17** *derselbe Mann, den ihr sein Lager zwischen dem Anio und eurem Rom nehmen und mit seinen Fahnen auf Roms Mauern anrücken saht. Siehe, ich stehe vor dir, zweier tapferer Helden, die meine Brüder und berühmte Feldherren waren, beraubt, und bitte dich an den Mauern meiner beinahe eingeschlossenen Vaterstadt, diese meine Vaterstadt mit dem zu verschonen, womit ich die eurige bedroht habe.* **18** *Dem größten Glück muss man immer am wenigsten trauen. In deiner günstigeren Lage, in unserer bedenklicheren, ist der Friede für dich, den Geber, glorreich und glänzend; für uns, die wir ihn suchen, ist er mehr notwendig als ehrenvoll.* **19** *Erfreulicher und sicherer ist ein gewisser Friede als ein noch gehoffter Sieg. Jener steht in deiner, dieser in der Götter Hand. Setze nicht das Glück so vieler Jahre auf den Ausschlag einer einzigen Stunde.* **20** *Nimm allerdings Rücksicht auf deine Stärke, aber auch auf den Einfluss des Glückes und das bald den einen, bald den anderen Teil begünstigende Schicksal einer Schlacht. Nirgends trifft der Erfolg weniger als im Krieg zu.* **21** *Du kannst dem Ruhm, den du jetzt durch Erteilung des Friedens haben kannst, wenn du die Schlacht gewinnst, nicht soviel Zuwachs geben, als du einbüßen wirst, wenn sie dir misslingen sollte. Die erworbenen und die gehofften Siegeszeichen zugleich kann das Schicksal einer einzigen Stunde vernichten.* **22** *Bei einem abzuschließenden Frieden, Publius Cornelius, hängt alles von dir ab, im entgegengesetzten Fall musst du das Schicksal hinnehmen, das dir die Götter zumessen.* **23** *Hier in unserem Weltteil hätte vormals Marcus Atilius als eines der selteneren Beispiele des Glückes und der Tapferkeit geglänzt, wenn er als Sieger unseren Vätern den Frieden auf ihre Bitte bewilligt hätte. Darüber, dass er seinen Fortschritten nicht endlich ein Ziel setzte, sein sich überhebendes Glück nie beschränkte, stürzte es umso schimpflicher zusammen, je höher er gestiegen war.*

24 *Freilich hat der, der den Frieden erteilt, nicht der, der ihn sucht, die Bedingungen anzugeben; vielleicht aber sind wir nicht unwürdig, unsere Strafe uns selbst aufzuerlegen.* **25** *Wir weigern uns nicht, euch alles zu überlassen, worüber der Krieg entstand: Sizilien, Sardinien, Spanien und alle in dem ganzen Meer zwischen Afrika und Italien gelegenen Inseln.* **26** *Wir Karthager wollen, auf Afrikas Ufer beschränkt, weil es so der Götter Wille war, zusehen, wie ihr zu Wasser und zu Land Beherrscher auswärtiger Staaten seid.* **27** *Ich will es nicht leugnen, die punische Treue kann euch wegen des neulich nicht gar zu gewissenhaft erbetenen oder abgewarteten Friedens verdächtig sein. Allein, Scipio, für den redlichen Willen, den Frieden festzustellen, kommt viel darauf an, durch wen er gesucht wird.* **28** *Haben doch eure Väter, wie ich höre, gewissermaßen den Frieden auch darum versagt, weil die Gesandtschaft nicht Würde genug hatte.* **29** *Ich selbst, Hannibal, bitte um Frieden. Ich würde nicht darum bitten, wenn ich ihn nicht für wohltätig hielte, und ebendieser Wohltat wegen, die mich bewog, ihn zu suchen, werde ich ihm auch die Gültigkeit geben.* **30***Und sowie ich, weil ich doch den Krieg eröffnet habe, es zu bewirken wusste, dass jedermann damit zufrieden war, bis die*

Götter selbst unsere Neider wurden, so werde ich auch dahin zu wirken suchen, dass niemand mit dem durch mich gestifteten Frieden unzufrieden sein soll.

(31) Hierauf erwiderte der römische Feldherr ungefähr Folgendes: *Es ist mir nicht entgangen, Hannibal, dass bloß die Hoffnung auf deine Ankunft die Karthager bewog, sowohl die ausdrückliche Zusage des Waffenstillstandes als auch die Hoffnung des Friedens umzustoßen.* **2** *Und du selbst bist wahrlich nicht willens, dies abzuleugnen, da du von den vorigen Friedensbedingungen alles wieder zurücknimmst, außer was schon längst in unserer Gewalt ist. Allein so wie du dir es zur Angelegenheit machst, deine Mitbürger fühlen zu lassen, welch einer großen Last sie durch dich entledigt werden,* **3** *so habe auch ich dahin zu arbeiten, dass sie nicht etwa von solchen Punkten, zu denen sie sich damals verstanden, wenn ich sie diese heute aus den Friedensbedingungen zurücknehmen ließe, eine Belohnung ihrer Treulosigkeit ernten.* **4** *Unwert, dass man euch die vorigen Bedingungen offen lässt, stellt ihr eure Forderungen so, dass ihr sogar von eurer Unredlichkeit Vorteil haben wollt. Weder unsere Väter haben über Sizilien, noch wir über Spanien Krieg angefangen. Damals geboten uns bei der Gefahr unserer Bundesgenossen, der Mamertiner, und diesmal bei der Zerstörung Sagunts, Treue und Pflicht, die Waffen zu ergreifen.* **5** *Dass ihr selbst die Angreifenden gewesen seid, gestehst du nicht allein selbst, sondern dessen sind auch die Götter Zeugen, die den Ausgang jenes Krieges so geleitet haben und den des jetzigen schon so leiten und noch leiten werden, wie menschliche und göttliche Rechte es fordern.*

6 *Was mich anbetrifft, so bin ich der menschlichen Unsicherheit nicht uneingedenk, beherzige den Einfluss des Schicksals allerdings und weiß, dass alles, was wir unternehmen, tausend Zufällen unterworfen ist.* **7** *So wie ich mich indessen eines übermütigen und gewalttätigen Verfahrens schuldig bekennen würde, wenn ich jetzt dich abweisen wollte, falls du vor meinem Übergang nach Afrika Italien freiwillig geräumt und nach Einschiffung deines Heeres von selbst dich eingefunden hättest, auf einen Frieden anzutragen,* **8** *so bin ich dir jetzt, da ich beinahe habe Hand an dich legen müssen, um dich bei allem deinem Sperren und Ausweichen nach Afrika heranzuziehen, zu keiner Verbindlichkeit verpflichtet,* **9** *wenn ihr außer den Bedingungen, auf welche dem Anschein nach der Friede damals zustande gekommen wäre – du kennst sie –, noch für die während des Waffenstillstandes mit ihren Ladungen aufgebrachten Schiffe und für die Beleidigung unserer Gesandten eine Geldstrafe zahlt, so lässt sich die Sache vor einen Kriegsrat bringen. Scheinen euch aber diese Bedingungen zu hart, nun so macht euch fertig zum Kampf, weil ihr euch in den Frieden nicht habt finden können.*

10 Als sie, ohne Frieden geschlossen zu haben, nach der Unterredung zu den Ihrigen zurückkehrten, zeigten sie ihnen an, es sei bei vergeblichen Worten geblieben. Das Schwert müsse entscheiden, und man müsse das Schicksal haben, das die Götter geben werden.

(32) Als sie in ihrem Lager ankamen, kündigten beide ihren Truppen an, sie sollten sich mit Waffen und Mut zum letzten Kampf rüsten, nicht, um auf einen Tag, sondern, wenn das Glück ihnen beistände, auf immer Sieger zu werden. **2** Ob Rom oder Karthago den Völkern Gesetze geben solle, würden sie vor Ende der Nacht erfahren. Denn nicht etwa Afrika oder Italien, sondern der Erdkreis werde der Preis des Sieges sein, aber auch diesem Preise angemessen die Gefahr derer, für welche die Schlacht unglücklich abliefe. **3** Und wirklich war auch den Römern in einem fremden unbekannten Land jeder Weg zum Entfliehen geschlossen; und ebenso sah Karthago, wenn es seine letzte Kraft verbraucht hatte, offenbar der nahen Zerstörung entgegen. **4** Zu einer solchen Entscheidung traten am folgenden Tag die beiden berühmtesten Feldherren zweier so mächtiger Staaten und die beiden tapfersten Heere auf, um ihren vielfachen früher erworbenen Ruhm an diesem Tag entweder zu erhöhen oder zu vernichten. **5** So hielt denn die Gemüter ein Gemisch von ebenso unsicheren Hoffnungen als Besorgnissen in Unruhe; und wenn sie bald auf ihre eigene, bald auf die feindliche Linie hinblickten – beurteilten sie auch die Kräfte mehr mit

den Augen als nach Vernunftgründen –, so schwebten ihnen zugleich erfreuliche und niederschlagende Bemerkungen vor. Was ihnen von selbst nicht einfiel, riefen ihnen die Feldherren als Erinnerer, als Ermunterer ins Gedächtnis. ***6*** Hannibal nannte ihnen die seit 16 Jahren auf italischem Boden erfochtenen Siege, die vielen besiegten römischen Feldherren und römischen Heere, und sowie er an Krieger kam, die sich in irgendeiner Schlacht eine Auszeichnung ihres Namens erworben hatten, jedem Einzelnen seine Ehrentat. ***7*** Scipio erinnerte die Römer an beide Spanien, an die neulichen Schlachten in Afrika, an das eigene Geständnis der Feinde, insofern sie aus Furcht hätten um Frieden bitten müssen und ihn doch aus angeborener Treulosigkeit nicht hätten halten können. ***8*** Außerdem legte er seiner Unterredung mit Hannibal, da sie ohne Zeugen gewesen war und ihm zu jeder Angabe freien Spielraum ließ, einen Inhalt unter, wie er selbst wollte. ***9*** Er verkündigte ihnen, bei ihrem Ausrücken zur Schlacht hätten ihnen die Götter dieselbe Leitung zugesagt, unter welcher einst ihre Väter bei den Aegatischen Inseln gefochten hätten. ***10*** Das Ende des Krieges und der Mühen sei da; sie hätten die Beute Karthagos, die Heimkehr ins Vaterland, zu ihren Eltern, Kindern, Gattinnen und Hausgöttern schon in Händen. ***11*** Dies sprach er mit der seinem Äußeren eigenen Hoheit und einer so frohen Miene, dass man hätte glauben sollen, er habe schon gesiegt. Dann stellte er das erste Glied voran, hinter dieses das zweite und schloss mit dem dritten sein Hintertreffen.

(33) Er ließ aber seine Kohorten nicht in dichtem Schluss vor ihren Fahnen auftreten, sondern gab den Rotten einige Entfernung voneinander, um einen Raum zu gewinnen, in welchen man die feindlichen Elefanten ohne Störung für die Glieder einlassen könne. ***2*** Den Laelius, den er vorher als Legaten, in diesem Jahr aber einem Senatsbeschluss zufolge als außerordentlichen Quästor zum Beistand hatte, stellte er mit der italischen Reiterei am linken, den Masinissa und die Numider am rechten Flügel auf. ***3*** Die Lücken zwischen den Rotten der beiden ersten Glieder füllte er mit den Veliten, den damaligen leichten Truppen, die den Befehl hatten, beim Angriff der Elefanten sich entweder hinter die gerade Linie zu retten oder rechts und links auseinandersprengend sich an die beiden ersten Glieder anzuschließen, um den Tieren den Weg offen zu lassen, wo sie von zwei Seiten den Geschossen ausgesetzt wären.

4 Hannibal stellte, um den Feinden Schrecken einzujagen, die Elefanten an die Spitze; er hatte deren 80; mehr als in irgendeiner Schlacht vorher; ***5*** dann die Hilfstruppen von den Ligurern und Galliern, an die sich die Balearen und Mauren schlossen; in das zweite Treffen die Karthager, Afrikaner und die makedonische Legion, ***6*** in einem mäßigen Zwischenraum hinter diesen als Rückhalt eine Linie von Italern; dies waren meistenteils Bruttier, deren mehrere aus Zwang und Not als aus Neigung ihm bei seinem Abzug aus Italien gefolgt waren. ***7*** Die Reiterei stellte er ebenfalls an die Flügel, den rechten besetzten die Karthager, den linken Numider. ***8*** Bei einem Heer von so mancherlei Menschen, an Sprache, an Sitten, Gesetzen, Waffen, Tracht und Haltung so verschieden wie an Beweggründen zum Kriegsdienst, gab es auch der Ermunterungen mancherlei. ***9*** Die Hilfstruppen spornte die Hoffnung augenblicklicher Zahlung und der durch die Beute vervielfachte Sold an. Die Gallier entflammte man durch ihren alten, gegen die Römer ihnen eigenen Hass. Die Ligurer vertröstete man in Hoffnung des Sieges auf die reichen Fluren Italiens, auf welche sie von ihren rauen Gebirgen herabgeführt würden. ***10*** Die Mauren und Numider schreckte er mit der bevorstehenden tyrannischen Regierung eines Masinissa. Bei den einen wurde diese, bei anderen eine andere Hoffnung oder Besorgnis geweckt. ***11*** Die Karthager wurden auf die Mauern ihrer Vaterstadt hingewiesen, auf ihre Hausgötter, auf die Grabmäler ihrer Vorfahren, auf ihre Kinder, Eltern und geängstigten Frauen, und dass sie entweder Zerstörung und Knechtschaft oder Weltherrschaft, aber auch nichts in der Mitte Liegendes zu fürchten oder zu hoffen hätten.

12 Noch unterhielt seine Karthager ihr Feldherr und von den Anführern der übrigen Völker jeder seine Landsleute mit diesen Vorstellungen, die meisten freilich ihre mit Fremden gemischten Haufen durch Dolmetscher, *13* als die Römer Trompeten und Hörner erschallen ließen und ein so fürchterliches Geschrei erhoben, dass sich die Elefanten, besonders auf dem linken Flügel, gegen ihr eigenes Heer, auf die Mauren und Numider warfen. Hier brachte Masinissa leicht die Bestürzten völlig in Verwirrung, und durch ihn war für die feindliche Linie die Reiterei auf diesem Flügel verloren. *14* Gleichwohl richteten einige Elefanten, die, ohne Scheu zu werden, in den Feind getrieben wurden, unter den Reihen der Leichtbewaffneten eine gewaltige Niederlage an, so viele Wunden sie selbst dabei bekamen. *15* Denn da die auf ihre Scharen zurückflüchtenden Leichtbewaffneten, um nicht zertreten zu werden, den Elefanten den Weg offen ließen, so schossen sie nun von hier und von dort auf die dem Schuss zu beiden Seiten ausgesetzten Tiere ihre Geschosse ab, und die beiden Vorderlinien ließen es ebenso wenig an Wurfspießen fehlen, *16* bis die Elefanten endlich, durch die von allen Seiten auf sie regnenden Geschosse aus der römischen Schlachtordnung gejagt wurden und nun auch auf ihrem eigenen rechten Flügel die karthagische Reiterei zur Flucht zwangen. Als Laelius hier die Feinde in Unordnung sah, brachte er die Bestürzten vollends in Verwirrung.

(34) Schon war die punische Linie auf beiden Flügeln ohne Reiterei, da erst kam ihr Fußvolk zum Kampf, dem Feind an Vertrauen und Stärke nun nicht mehr gleich. Hierzu kam ein Umstand, unbedeutend anzuführen, aber zugleich von großer Bedeutung in der Kriegsführung: Das Schlachtgeschrei der Römer war einstimmig und daher umso schrecklicher; disharmonisch waren bei jenen die Töne, wie bei den verschieden lautenden Sprachen vieler Völker. *2* Der Kampf der Römer, die mit Körper- und Waffengewicht den Feind bedrohten, war ein stehender; auf jener Seite war mehr ein Ansprung, mehr Behendigkeit als Kraft. *3* Also warfen die Römer gleich beim ersten Angriff die Linie der Feinde. Als sie jetzt auf die durch Stöße mit Arm und Schild Weggedrängten eindrangen, rückten sie, als hätten sie niemand gegen sich, eine ziemliche Strecke vor; *4* auch drängten die letzten Glieder, sobald sie das Fortrücken der Linie bemerkten, den Vordersten nach, und gerade dies war das wirksamste Mittel, den Feind zu werfen. *5* Bei den Feinden hingegen waren die Afrikaner und Karthager so weit davon entfernt, als zweite Linie ihre weichenden Hilfstruppen aufzuhalten, dass sie sich sogar selbst zurückzogen, damit der Feind durch das Einhauen auf die hartnäckig standhaltenden Vorderen nicht auch an sie gelangen möchte. *6* Also kehrten ihre Hilfstruppen plötzlich dem Feind den Rücken, und gegen die Ihrigen gewandt flohen sie teils in die zweite Linie, teils hieben sie diejenigen, welche sie nicht einlassen wollten, nieder, wurden sie doch von ihnen nicht unterstützt und jetzt ausgeschlossen. *7* Hier bekam die Schlacht beinahe ein doppeltes Ansehen, weil sich die Karthager genötigt sahen, zugleich mit den Feinden und mit den Ihrigen zu kämpfen. *8* Und dennoch nahmen sie diese Bestürzten und Erzürnten nicht in ihre Linie auf, sondern vermittels ihres Gliederschlusses drängten sie jene aus dem Gefecht auf die Flügel und in das umliegende freie Feld hinaus, um nicht in ihrer festen, frisch auftretenden Linie ein Gemisch von Leuten zu haben, welche durch Flucht und Wunden zaghaft geworden waren. *9* Übrigens hatten den Platz, auf welchem diese Hilfstruppen kurz zuvor gestanden hatten, so viele hingestreckte Leichen und Waffen bedeckt, dass es beinahe schwerer war, hier durchzukommen, als vorher durch die dichtgedrängten Feinde. *10* Folglich gerieten in der voranschreitenden ersten Linie, wo jeder Römer, so gut er konnte, über Haufen von Körpern und Waffen und durch die Lachen von Blut den Feind verfolgte, die Fahnen und Reihen in Unordnung; auch ihr zweites Treffen verlor die Richtung, weil es die Linie vor sich ohne Haltung sah. *11* Als Scipio dies bemerkte, ließ er dem ersten Treffen sogleich das Zeichen zum Rückzug geben, dann die Verwundeten hinter die letzte Linie bringen und führte das zweite und dritte Treffen

als Flügel auf, um so dem in die Mitte genommenen ersten mehr Schutz und Stärke zu geben. ***12*** So begann die Schlacht von Neuem, und nun erst trafen die Römer auf ihre eigentlichen Feinde, die an Waffen, an Kriegserfahrenheit, an Tatenruf wie in Rücksicht der Wichtigkeit dessen, was sie zu hoffen oder zu fürchten hätten, ihnen gleichkamen. ***13*** Doch sowohl an Zahl als auch an Mut war das Übergewicht auf Seiten der Römer, weil sie schon die Reiterei, schon die Elefanten geschlagen hatten, schon nach Besiegung der ersten Linie gegen die zweite kämpften.

(35) Zur rechten Zeit fielen Laelius und Masinissa, die der geschlagenen Reiterei auf eine beträchtliche Strecke nachgeeilt waren, bei ihrer Rückkehr der feindlichen Linie in den Rücken; ***2*** und dieser Angriff der Reiterei warf endlich den Feind. Viele wurden im Treffen umringt und niedergehauen, viele, welche die Flucht auf das offene Feld umher auseinanderwarf, auf dem sich die Reiterei überall verbreitete, fanden ihren Tod in der Zerstreuung. ***3*** Von den Karthagern und ihren Verbündeten fielen an diesem Tag über 20 000; fast ebenso viele kamen mit 130 Fahnen und elf Elefanten in die Gefangenschaft, von den Siegern fielen gegen 2000.

4 Hannibal, der in dem Getümmel mit wenigen Reitern entkam, floh nach Hadrumetum, nachdem er vor und während der Schlacht, ***5*** ehe er das Gefecht verließ, alles Mögliche versucht und selbst nach Scipios und aller Kriegskundigen Geständnis sich den Ruhm erworben hatte, dass er seine Linie an diesem Tag mit seltener Kunst geordnet habe. ***6*** Die Elefanten nämlich vorn an der Spitze, damit durch deren regellosen Angriff und ihre unwiderstehliche Gewalt die Römer gehindert würden, den Fahnen zu folgen und Glied zu halten, worauf sie gerade die meiste Hoffnung setzten. ***7*** Dann die Hilfstruppen vor der karthagischen Linie, damit diese aus einem Zusammenfluss aller Völker gemischten Truppen, die nur der Sold, nicht eigene Treue bei der Fahne hielt, nicht nach Willkür die Flucht nehmen könnten; ***8*** zugleich sollten sie den ersten hitzigsten Angriff der Feinde als Ableiter brechen und, wenn auch weiter nichts, den feindlichen Stahl durch ihre Wunden stumpfen, ***9*** hinter diesen dann diejenigen Truppen, auf denen die ganze Hoffnung beruhte, die Karthager und Afrikaner, so dass diese, in jeder anderen Hinsicht dem Feind gleich, schon dadurch das Übergewicht bekommen müssten, dass sie als frische Truppen nur mit Ermüdeten und Verwundeten zu kämpfen hätten. Und endlich die Italer, die er ebenso gut für Feinde als für Bundesgenossen nehmen konnte, sogar durch einen Zwischenraum geschieden, als die in die hinterste Linie Zurückgesetzten. ***10*** Als Hannibal, der hier gleichsam die letzte Probe von seinem Feldherrntalent ablegte, nach Hadrumetum geflohen war und von dort nach Karthago berufen, nach einer Abwesenheit von 36 Jahren, seitdem er es als Knabe verlassen hatte, zurückkam, ***11*** gestand er dem Senat, er sei nicht bloß für diese Schlacht, sondern für den ganzen Krieg der Besiegte, und es lasse sich keine andere Rettung hoffen, als den Frieden nachzusuchen.

(36) Scipio, der gleich nach der Schlacht das feindliche Lager eroberte und plünderte, ging auf die eingelaufene Nachricht, ***2*** dass Publius Lentulus mit 50 Kriegs- und 100 Lastschiffen mit Zufuhr aller Art in Utica eingetroffen sei, an das Meer und zu seinen Schiffen zurück. ***3*** Da er also glaubte, das bestürzte Karthago von allen Seiten bedrohen zu müssen, hieß er den Gnaeus Octavius – denn den Laelius schickte er mit der Siegesnachricht nach Rom – mit den Legionen zu Land gegen Karthago gehen; er selbst steuerte nach Vereinigung der neuen Flotte des Lentulus mit seiner alten von Utica ab auf den Hafen von Karthago los. ***4*** Er war nicht weit mehr entfernt, als ihm ein mit Fähnchen und Ölzweigen behangenes Schiff von Karthago entgegenkam. Es führte zehn Gesandte, die Ersten des Staates, die man auf Hannibals Anraten abgeschickt hatte, um Frieden zu bitten. ***5*** Als sie an das Hinterteil des Hauptschiffes kamen, hielten sie nach Art demütig Flehender die umwundenen Zweige empor und baten und flehten um Scipios Schutz und Erbarmen, ***6*** doch gab er ihnen keinen andern Bescheid, als sie möchten nach Tunes kommen, wohin er mit seinem Lager vorrücken werde. Nachdem er die Lage von Karthago, nicht so sehr

um für jetzt von dieser Kunde Gebrauch zu machen, als vielmehr um die Feinde völlig niederzuschlagen, in Augenschein genommen hatte, ging er wieder nach Utica, wohin er auch den Octavius zurückrief. ***7*** Als sie von hier nach Tunes gingen, lief die Nachricht ein, Vermina, des Syphax Sohn, komme, stärker an Reiterei als Fußvolk, den Karthagern zu Hilfe. ***8*** Nur ein Teil des (römischen) Heeres, der mit der ganzen Reiterei gerade am ersten Tag der Saturnalien die Numider angriff, schlug sie nach leichtem Kampf, und da ihnen, weil die Reiterei sie auf allen Seiten umgab, auch der Ausweg zur Flucht abgeschnitten wurde, so fielen von ihnen 15 000, 1200 wurden gefangen genommen, 1500 numidische Pferde und 72 Fahnen erbeutet. Der junge Prinz selbst entkam im Getümmel nur mit wenigen.

9 Darauf schlug Scipio bei Tunes sein Lager an der vorigen Stelle auf, und hier fanden sich 30 Gesandte von Karthago ein. Freilich taten sie jetzt, je dringender ihre Not war, weit kläglicher als zuerst, wurden aber, weil ihre Treulosigkeit noch in frischer Erinnerung war, mit viel geringerem Mitleid angehört. ***10*** Im Kriegsrat selbst waren alle, so gerecht auch die Erbitterung war, welche alle Mitglieder zur Zerstörung Karthagos aufforderte, dennoch für den Frieden gestimmt, teils weil sie sich sagten, was für eine schwere und langwierige Unternehmung es sein werde, eine so feste und mächtige Stadt zu belagern, ***11*** teils weil den Scipio der Gedanke an einen zu erwartenden Nachfolger beunruhigte, der sich zu dem durch die Anstrengungen und Gefahren eines andern ihm erworbenen Ruhm, den Krieg beendigt zu haben, nur einzufinden brauche.

(37) Nachdem er am folgenden Tag die Gesandten wieder vorgefordert und ihnen unter einem scharfen Verweise ihrer Treulosigkeit ans Herz gelegt hatte, doch nun durch so viele Niederlagen belehrt, nicht länger Götter und Eide für nichts zu halten, ***2*** gab er ihnen folgende Friedensbedingungen: Sie sollten frei nach eigenen Gesetzen leben. Ihre Städte und Länder sollten sie nach den Grenzen, die sie vor dem Krieg gehabt hätten, behalten, und das römische Heer sollte mit dem heutigen Tag alle Plünderung einstellen. ***3*** Alle Überläufer, flüchtigen Sklaven und Gefangenen sollten sie den Römern zurückgeben; ihre Kriegsschiffe sollten sie bis auf zehn Dreiruderer, alle zahmen Elefanten, die sie hätten, ausliefern und keine wieder zähmen, ***4*** weder innerhalb noch außerhalb Afrikas ohne Erlaubnis der Römer Krieg führen, dem Masinissa das Seinige wiedergeben und Frieden mit ihm schließen, bis die Gesandten von Rom wiederkämen, ***5*** Getreide liefern und den Sold für die Hilfstruppen, 10 000 Silbertalente, zahlen, auf 50 Jahre in gleiche Summen verteilt, ***6*** 100 Geiseln stellen, die Scipio wählen würde, nicht jünger als 14, nicht älter als 30 Jahre. Waffenstillstand werde er ihnen nur dann bewilligen, wenn sie die während des vorigen Waffenstillstandes weggenommenen Frachtschiffe und alles, was darauf gewesen sei, herausgäben, widrigenfalls sei so wenig an Waffenstillstand als an Frieden zu denken. ***7*** Diese Bedingungen mussten die Gesandten mit nach Hause nehmen. Als sie diese der Volksversammlung vorlegten, und die ebenso unkriegerische als unruhige Menge dem Gisgo, welcher auftrat, um den Frieden zu widerraten, Gehör gab, ***8*** ergriff Hannibal voll Unwillen, dass man unter diesen Umständen dergleichen vorbringe und anhöre, den Gisgo und zog ihn mit eigener Hand von der Rednerbühne herab. Da das Volk über diesen in einem freien Staat ungewohnten Auftritt sich empörte, sprach Hannibal, der durch diese Äußerung städtischer Freiheit als Krieger in Verlegenheit geriet: ***9*** *Nach 36 Jahren bin ich, der als neunjähriger Knabe von euch schied, zurückgekommen. Die Regeln des Krieges, über die mich von Kindheit an teils meine eigene Lage, teils die des Staates belehrte, soll ich so ziemlich innehaben. Allein über die Rechte der Stadt und des Gerichtes, über Gesetze und Gebräuche habe ich eure Belehrung nötig.* ***10*** Nach Entschuldigung seiner Unkunde setzte er ihnen weitläufig auseinander, wie dieser Friede gar nicht unbillig und wie nötig er sei. ***11*** Die größte Schwierigkeit machte der Umstand, dass von den während des Waffenstillstandes genommenen Schiffen sich nichts weiter vorfand als die Schiffe selbst, und die Untersuchung war misslich, weil diejenigen,

die man hätte in Anspruch nehmen können, ebendeswegen den Frieden zu hintertreiben suchten. *12* Man beschloss, die Schiffe zurückzugeben und vor allen Dingen die Menschen aufsuchen zu lassen, für das übrige Fehlende dem Scipio die Angabe des Wertes anheim zu stellen, so dass Karthago den Ersatz in barem Geld leisten würde

13 Nach einigen Schriftstellern ging Hannibal vom Schlachtfeld an das Meer und fuhr sogleich auf einem bereitgehaltenen Schiff zu König Antiochos, und Scipio bekam auf die erste seiner Forderungen, ihm Hannibal auszuliefern, zur Antwort, Hannibal sei nicht mehr in Afrika.

(38) Als die Gesandten zu Scipio zurückkehrten, mussten die Schatzmeister das Staatseigentum, das auf den Schiffen gewesen war, in Abschrift aus den Staatsrechnungen, und die Privateigentümer das Ihrige angeben; *2* der ganze Betrag wurde gleich bar mit 25 000 Pfund Silber bezahlt, und nun den Karthagern auf drei Monate Waffenstillstand bewilligt. *3* Mit diesem wurde die Bedingung verbunden, dass sie in der Zeit des Waffenstillstandes nirgends Gesandte hinschicken sollten, außer nach Rom, und alle Gesandten, die nach Karthago kämen, nicht eher entließen, bis sie dem römischen Feldherrn angezeigt hätten, woher sie kämen und was sie wollten. *4* Den karthagischen Gesandten nach Rom wurde Lucius Veturius Philo mitgegeben und Marcus Marcius Ralla und Lucius Scipio, des Feldherrn Bruder.

5 In diesen Tagen bewirkten die Zufuhren aus Sizilien und Sardinien einen so wohlfeilen Marktpreis, dass die Kaufleute den Schiffern das Getreide für die Fracht gaben.

6 Zu Rom war man auf die erste Nachricht vom Wiederausbruch des Krieges bei Karthago in Bestürzung geraten, und Tiberius Claudius hatte den Befehl bekommen, seine Flotte zeitig nach Sizilien zu führen und von da nach Afrika überzusetzen, und der andere Konsul, Marcus Servilius, musste bei der Stadt verweilen, bis man wüsste, wie die Sachen in Afrika stünden. *7* Allein der Konsul Tiberius Claudius hatte die ganze Ausrüstung und das Auslaufen der Flotte langsam genug betrieben, weil durch den Beschluss der Väter die Festsetzung der Friedensbedingungen dem Scipio und nicht dem Konsul überlassen war. *8* Auch die Schreckzeichen, welche ungefähr mit dem Gerücht von der Erneuerung der Feindseligkeiten zugleich gemeldet wurden, hatten Bestürzung verursacht. Zu Cumae hatte man die Sonnenscheibe kleiner gesehen, auch war ein Steinregen gefallen. Im Gebiet von Velitrae war der Erdboden in ungeheure Höhlen eingesunken, und Bäume waren vom Abgrund verschlungen. Zu Aricia waren der Marktplatz und die Buden umher, *9* zu Frausino die Mauer an mehreren Stellen, auch ein Tor, vom Blitz getroffen; und auf dem Palatium hatte es Steine geregnet. Dieses Schreckzeichen wurde nach väterlicher Sitte durch eine neuntägige Opferfeier, die übrigen durch Opferung großer Tiere gesühnt. *10* Auch die während dieser Ereignisse eingetretene ungewöhnliche Höhe des Wassers wurde als bedenklich angesehen. Denn der Tiber trat so gewaltig aus, dass man schon, weil die Rennbahn überschwemmt war, die Feier der Apollinarischen Spiele vor dem Collinischen Tor bei dem Tempel der Venus Erycina veranstaltete. *11* Allein am Tag der Spiele selbst ließ man bei überraschend heiterem Himmel den Festzug, der sich schon bei dem Collinischen Tor in Bewegung setzte, auf die Nachricht, dass sich das Wasser auf der Rennbahn verlaufen habe, zurückrufen und dorthin vor sich gehen; *12* und der dem gewöhnlichen Schauspiel wiedergegebene eigentümliche Platz erhöhte die Freude des Volkes und die Feierlichkeit der Spiele.

(39) Den Konsul Claudius, der endlich von der Stadt absegelte, brachte ein schrecklicher Sturm, der ihn zwischen den Hafen von Cosa und Loretum überfiel, in große Not. *2* Als er endlich Populonium erreicht und hier so lange gelegen hatte, ging er nach der Insel Ilva, von Ilva nach Korsika und von Korsika nach Sardinien. Hier fuhr er eben um das Wahnsinnsgebirge herum, als ein viel heftigerer Sturm, der ihn noch dazu in einer gefährlicheren Gegend traf, die Flotte zerstreute. *3* Viele Schiffe wurden leck und verloren ihr Takelwerk, einige wurden ganz zertrümmert. So kam

die Flotte übel zugerichtet und zerschlagen nach Carales. Während hier die aufs Land gebrachten Schiffe ausgebessert wurden, überraschte ihn der Winter; das Jahr war abgelaufen, und Claudius brachte die Flotte, da ihm niemand den Oberbefehl verlängerte, als Privatmann nach Rom zurück.

4 Marcus Servilius ging dann erst in seine Provinz ab, nachdem er, um nicht des Wahltages wegen nach der Stadt zurückgerufen zu werden, einen Diktator, den Gaius Servilius Geminus, ernannt hatte. Der Diktator wählte Publius Aelius Paetus zum Magister Equitum. *5* Die mehrmals angesagten Wahlversammlungen wurden durch Gewitter unterbrochen. Da also am 14. März die bisherigen Obrigkeiten abgegangen und an ihre Stelle neue noch nicht gewählt waren, so war der Staat ohne kurulische Obrigkeit.

6 In diesem Jahr starb der Oberpriester Titus Manlius Torquatus, an seine Stelle trat Gaius Sulpicius Galba. Von den kurulischen Ädilen Lucius Licinius Lucullus und Quintus Fulvius wurden die Römischen Spiele dreimal ganz gegeben. *7* Durch eine Anzeige erfuhr man, dass die Schreiber und Amtsdiener der Ädilen heimlich aus der Schatzkammer Geld geholt hatten, und sie wurden, nicht ohne üble Nachrede für den Ädil Lucullus, zur Strafe gezogen. *8* Die plebejischen Ädilen Publius Aelius Tubero und Lucius Laetorius, bei deren Wahl ein Fehler vorgefallen war, legten ihr Amt nieder, nachdem sie schon die Spiele und den mit den Spielen verbundenen Ehrenschmaus Jupiters angestellt und von den Strafgeldern drei silberne Statuen auf dem Kapitol aufgestellt hatten. Auf Grund eines Senatsbeschlusses feierten der Diktator und Magister Equitum Spiele zu Ehren der Ceres.

(40) Als aus Afrika die römischen und karthagischen Gesandten zugleich nach Rom kamen, wurde im Tempel der Bellona Senat gehalten. *2* Hier erzählte Lucius Veturius Philo zu großer Freude der Väter, dass man dem Hannibal eine Schlacht, und zwar für die Karthager die letzte, geliefert habe, und dass endlich der traurige Krieg beendigt sei. *3* Er fügte hinzu, als eine kleine Zugabe zu jenen glücklichen Taten könne man auch einen über Vermina, des Syphax Sohn, erfochtenen Sieg ansehen. Nun musste er in der Versammlung auftreten und die Freude auch dem Volk mitteilen. *4* Da wurden unter allgemeiner Freudenbezeigung alle Tempel in der Stadt geöffnet und auf drei Tage feierliche Dankgebete angesagt. Den Gesandten der Karthager und des Königs Philipp – denn auch diese waren gekommen – musste auf ihre Bitte, im Senat vorgelassen zu werden, der Diktator auf Befehl der Väter antworten, die neuen Konsuln würden sie vor den Senat führen.

5 Nun wurde der Wahltag gehalten. Gnaeus Cornelius Lentulus und Publius Aelius Paetus wurden zu Konsuln gewählt; von den Prätoren bestimmte das Los dem Marcus Junius Pennus die Gerichtspflege in der Stadt, dem Marcus Valerius Falto die Bruttier, dem Marcus Fabius Buteo Sardinien und dem Publius Aelius Tubero Sizilien. *6* Über die Amtstätigkeit der Konsuln beschloss man vorher nichts auszumachen, bis man die Gesandten König Philipps und der Karthager gehört habe. Man sah schon vorher, dass das Ende des einen Krieges der Anfang eines anderen sein werde.

7 Konsul Gnaeus Lentulus brannte vor Begierde, Afrika zu seinem Standort zu erhalten, denn er versprach sich dort, wenn der Krieg fortdauerte, einen leichten Sieg, oder wenn er dann aufhörte, die Ehre, dass er als Konsul einen so bedeutenden Krieg beendigt habe. *8* Er erklärte daher, er werde keine Verhandlung gestatten, bevor ihm nicht Afrika zuerkannt sei; denn sein Kollege trat als ein gemäßigter und kluger Mann zurück, der es begriff, dass der Kampf um diese Ehre mit einem Scipio, die Unbilligkeit abgerechnet, auch sehr ungleiche Parteien haben möchte. *9* Da sprachen die beiden Volkstribunen Quintus Minucius Thermus und Manius Acilius Glabrio: Gnaeus Cornelius mache denselben Versuch, den schon im vorigen Jahr der Konsul Tiberius Claudius vergebens gemacht habe. Vermöge eines Senatsgutachtens sei bei dem Volk angefragt, *10* was in betreff des Oberbefehls in Afrika des Volkes Wille sei, und alle 35 Bezirke hätten diesen

Oberbefehl dem Publius Scipio zuerkannt. *11* Nach vielen Streitigkeiten, welche die Sache im Senat und vor dem Volk veranlasste, kam man zuletzt dahin, dass die Tribunen die Entscheidung dem Senat anheim stellten. *12* Die Väter also, und zwar nach eigener Verabredung hierzu beeidigt, erklärten, die Konsuln sollten über ihre Amtsdauer sich entweder verständigen oder losen, wer von ihnen beiden Italien, und wer eine Flotte von fünfzig Schiffen haben solle. *13* Wem die Flotte zufiele, sollte nach Sizilien segeln, und wenn der Friede mit den Karthagern nicht zustande käme, nach Afrika übersetzen. Dann solle der Konsul den Oberbefehl zur See haben, und Scipio mit allen seinen Rechten wie bisher zu Land. *14* Würde man über die Friedensbedingungen einig, so sollten die Volkstribunen bei dem Volk anfragen, ob es den Abschluss des Friedens dem Konsul oder dem Publius Scipio übergebe, und wenn nun das siegreiche Heer aus Afrika abgeführt werden müsse, wem die Abführung. *15* Wenn es sich dahin erkläre, dass Publius Scipio den Frieden zu schließen und so auch das Heer abzuführen habe, so sollte der Konsul aus Sizilien nicht nach Afrika hinübergehen. *16* Der andere Konsul, welchem Italien zufallen würde, sollte die zwei Legionen vom Prätor Marcus Sextius erhalten.

(41) Dem Publius Scipio wurde der Oberbefehl in Afrika über die Heere verlängert, die er hatte. Dem Prätor Marcus Valerius Falto wurden die beiden Legionen in Bruttium bestimmt, die im vorigen Jahr Gaius Livius befehligt hatte. *2* Prätor Publius Aelius sollte die beiden Legionen in Sizilien von Gnaeus Tremellius übernehmen. Dem Marcus Fabius wurde für Sardinien die eine Legion bestimmt, welche Publius Lentulus als Proprätor gehabt hatte. *3* Dem vorjährigen Konsul Marcus Servilius wurde ebenfalls der Oberbefehl über seine zwei Legionen in Etrurien verlängert. *4* Was beide Spanien anlange, so ständen dort Lucius Cornelius Lentulus und Lucius Manlius Acidinus schon mehrere Jahre. Die Konsuln also sollten mit den Tribunen ausmachen, dass diese sich's gefallen ließen, bei den Bürgern anzufragen, wem sie den Oberbefehl in Spanien gäben. *5* Der sollte dann von jenen zwei Heeren die dort dienenden Römer in eine Legion und die latinischen Bundesgenossen in 15 Kohorten zusammenziehen, um mit diesen die Provinz zu behaupten; die alten Soldaten aber sollten Lucius Cornelius und Lucius Manlius nach Italien führen. *6* Konsul Cornelius bestimmte man eine Flotte von 50 Schiffen aus den beiden Flotten, der des Gnaeus Octavius, welche bei Afrika stand, und der des Publius Villius, welche Siziliens Küste schützte, so dass er sich die Schiffe nach eigenem Gefallen auswählen sollte. *7* Publius Scipio sollte die 40 Schiffe, die er bisher gehabt habe, behalten. Wünschte er, dass Gnaeus Octavius den Oberbefehl über diese, so wie er ihn bisher gehabt, behalte, so solle Octavius für dieses Jahr als Proprätor angestellt sein; *8* übergebe er sie aber dem Laelius, so solle Octavius nach Rom abgehen und die Schiffe, welche der Konsul nicht gebrauche, zurückführen. Auch dem Marcus Fabius wurden für Sardinien zehn Kriegsschiffe bestimmt, *9* ferner den Konsuln befohlen, zwei Stadtlegionen zu werben, so dass der Staat in diesem Jahr 14 Legionen und 100 Kriegsschiffe unterhielt.

(42) Der nächste Gegenstand der Beratung waren die Gesandtschaften Philipps und der Karthager. *2* Es wurde beschlossen, die Makedonier zuerst eintreten zu lassen. Ihre Rede war sehr verschiedenartig, da sie teils gegen die Vorwürfe der von Rom aus an den König abgeschickten Gesandten, römische Bundesgenossen geplündert zu haben, sich verteidigten, teils selbst zwar auch über diese Bundesgenossen Klage führten, *3* weit härter aber über Marcus Aurelius – denn obgleich er zu den drei an sie abgeschickten Gesandten gehört habe, sei er, mit Truppenaushebung sich beschäftigend, dort geblieben, habe gegen allen Vertrag sie feindlich angegriffen und ihren Heerführern mehrmals förmliche Treffen geliefert –, teils auch darauf antrugen, *4* dass ihnen die Makedonier mit ihrem Anführer Sopater, welche bei Hannibal um Sold gedient hätten und jetzt als Gefangene in Fesseln lägen, zurückgegeben würden.

5 Dagegen erwiderte Marcus Furius, welchen Aurelius ebendeswegen aus Makedonien geschickt hatte, Aurelius, der dort habe bleiben sollen, um die Bundesgenossen Roms nicht unter den Verheerungen und Misshandlungen erliegen und an den König abfallen zu lassen, habe nie die Grenzen der Bundesgenossen überschritten, aber freilich sich's zur Aufgabe gemacht, *6* die Plünderer nicht ungestraft in die Grenzen derselben einbrechen zu lassen. Sopater sei Hofbeamter und Verwandter des Königs, und gerade einen solchen Mann habe er mit 4000 Makedoniern und einer Geldsumme noch vor Kurzem dem Hannibal und Karthago zu Hilfe gesandt. *7* So verwickelt die Antwort war, welche die über diese Punkte befragten Makedonier gaben, so geradeheraus wurde ihnen geantwortet, der König suche Krieg, und wenn er so fortfahre, solle er ihn binnen Kurzem haben. *8* Den Frieden habe er doppelt gebrochen, einmal weil er sich gegen Roms Bundesgenossen Misshandlungen erlaubt und sie feindlich angegriffen, sodann weil er dessen Feinde mit Hilfstruppen und Geld unterstützt habe. *9* Nicht bloß Publius Scipio scheine darin ganz recht und ordnungsmäßig gehandelt zu haben und noch zu handeln, dass er diejenigen, die er im Gebrauch ihrer Waffen gegen das römische Volk gefangen nähme, als Feinde in Fesseln halte, *10* sondern auch Marcus Aurelius handle, wie das Beste des Staates es fordere; und der Senat wisse es ihm Dank, dass er die Bundesgenossen des römischen Volkes, sobald ihm die rechtliche Hilfe des Friedens unmöglich gemacht werde, mit den Waffen schütze.

11 Mit dieser unfreundlichen Antwort wurden die Makedonier entlassen und die karthagischen Gesandten hereingerufen. Als die Väter lauter Männer von Jahren und Stand vor sich sahen – und sie waren bei Weitem die ersten ihres Staates –, äußerte jeder auf seine Art, nun sei es Karthago mit dem Frieden ernst. *12* Doch zeichnete unter den übrigen Hasdrubal sich aus – er hatte bei seinen Landsleuten den Zunamen Haedus (Bock) –, der beständige Forderer des Friedens und Gegner der Barcinischen Partei. *13* Umso mehr Gewicht hatte er jetzt, wenn er die Schuld des Krieges vom Staat ab auf die Herrschsucht einiger Privatpersonen hinüberleitete. *14* Nachdem er seine Rede beendet hatte – der er mehrere Wendungen gab, insofern er bald Beschuldigungen widerlegte, bald diese oder jene einräumte, um sich nicht durch die Unverschämtheit, womit sie Tatsachen leugneten, die gesuchte Verzeihung zu erschweren, bald sogar warnend den versammelten Vätern einen bescheidenen und gemäßigten Gebrauch ihres Glückes empfahl, *15* denn wenn die Karthager ihn und Hanno hätten hören wollen, so würden sie die Friedensbedingungen, um die sie jetzt bitten müssten, selbst haben geben können. Nur selten würden den Sterblichen gute Tage und gute Entschließungen zugleich gegeben. Das römische Volk sei darum unüberwindlich, *16* weil es zur Zeit des Glückes weise zu sein und sich zu beraten nicht vergesse. Und in der Tat, wenn es anders handelte, hätte dies befremden müssen. *17* Denn nur die, denen Glück etwas Neues sei, verlören über die Ungewohnheit die Besinnung, weil sie sich in ihre Freude nicht finden könnten. Dem römischen Volk hingegen sei die Freude des Sieges etwas Gewöhnliches, fast etwas Altes, und es habe seine Oberherrschaft beinahe mehr durch Schonung der Besiegten als durch Siege erweitert –, *18* sprachen die Übrigen mehr im Ton der Klagenden, indem sie zu bedenken gaben, von welcher großen Höhe und zu welcher Tiefe die Macht ihres Staates herabgesunken sei. Sie, die noch vor Kurzem beinahe den Erdkreis mit ihren Waffen besetzt gehabt hätten, sähen sich nichts übriggelassen als Karthagos Mauern. *19* Auf diese beschränkt, sähen sie weder zu Land noch zu Wasser das geringste Eigentum. Auch die Stadt und die Götter selbst würden sie nur unter der Bedingung behalten, wenn die Römer nicht auch diese noch übrigen letzten Reste ihren Zorn treffen lassen wollten. *20* Als der Eindruck des Mitleids auf die Väter unverkennbar war, soll einer der Senatoren aus Unmut über die punische Treulosigkeit den Gesandten zugerufen haben: *21* Bei welchen Göttern sie den Vertrag beschwören wollten, da sie denen, bei welchen sie den vorigen beschworen hätten, eidbrüchig geworden wären? Darauf sagte Hasdrubal: Bei denselben, deren Rache die Bundbrüchigen so sichtbar verfolgt.

(43) Alle zeigten ihre Stimmung für den Frieden: Nur der Konsul Gnaeus Cornelius, der den Oberbefehl über die Flotte hatte, erhob gegen den Senatsbeschluss Einspruch. *2* Da legten die Volkstribunen Manius Acilius und Quintus Minucius dem Volk die Frage vor, ob Roms Bürger hierin einwilligten und den Senat zu der Ausfertigung bevollmächtigten, dass man mit Karthago Frieden schließe. Ferner, wen sie dazu bestimmten diesen Frieden zu schließen, und wer die Heere aus Afrika zurückführen solle. *3* Hinsichtlich des Friedens gaben alle Bezirke ihre Beistimmung zu dem geschehenen Antrag, hießen den Publius Scipio den Frieden erteilen und die Heere abführen. *4* Der eingeholten Volkserklärung gemäß beschloss der Senat, dass Publius Scipio mit Beistimmung von zehn Bevollmächtigten mit dem karthagischen Volk auf die Bedingungen, die er gutheißen würde, Frieden machen sollte.

5 Jetzt statteten die karthagischen Gesandten den Vätern Dank ab und baten um die Erlaubnis, in die Stadt zu gehen, und um eine Unterredung mit ihren Landsleuten, welche im Staatsgefängnis lägen. *6* Es wären darunter teils ihre eigenen Verwandten und Freunde, Leute von Stand, teils solche, an welche sie Aufträge von Verwandten hätten. *7* Nachdem sie diese gesprochen hatten und nun wieder um die Erlaubnis baten, diejenigen von den Gefangenen, welche sie aussuchen würden, loskaufen zu dürfen, mussten sie die Namen angeben; *8* und als sie gegen 200 angegeben hatten, wurde der Senatsbeschluss gefertigt: Die römischen Bevollmächtigten sollten von den Gefangenen 200, welche sich die Karthager aussuchen würden, zu Publius Scipio nach Afrika mitnehmen und ihm auftragen, wenn der Friede zustande käme, sie den Karthagern ohne Lösegeld zurückzugeben. *9* Als die Fetialen aufgefordert wurden, zur Schließung des Friedens nach Afrika abzugehen, wurde auf ihre Vorstellung ein Senatsbefehl in folgenden Worten abgefasst: Jeder von ihnen sollte einen Kieselstein, jeder geweihtes Gras mitnehmen. Der römische Prätor sollte ihnen anbefehlen, den Friedensvertrag zu schließen, und sie sollten vom Prätor das geweihte Gras verlangen. Dieses Gras, das man von der Burg holt, wird jedes Mal den Fetialen gereicht.

10 Als die hierauf von Rom entlassenen Gesandten der Karthager in Afrika bei Scipio angekommen waren, schlossen sie den Frieden unter den oben angegebenen Bedingungen. *11* Ihre Kriegsschiffe, Elefanten, die Überläufer, entlaufenen Sklaven und 4000 Gefangene lieferten sie aus. Unter den Letzteren befand sich der Senator Quintus Terentius Culleo. *12* Die Schiffe ließ Scipio auf die hohe See fahren und verbrennen. Nach einigen Angaben sollen sich diese auf 500 Ruderschiffe aller Art belaufen haben, und der plötzliche Anblick ihres Brandes den Karthagern so traurig gewesen sein, als stünde jetzt Karthago selbst in Flammen. *13* Die Überläufer wurden härter bestraft als die entflohenen Sklaven. Geborene Latiner wurden enthauptet, geborene Römer gekreuzigt.

(44) 40 Jahre vorher war mit Karthago der letzte Friede unter den Konsuln Quintus Lutatius und Aulus Manlius geschlossen. *2* 23 Jahre nachher war unter den Konsuln Publius Cornelius und Tiberius Sempronius der Krieg wieder ausgebrochen. Er wurde im 17. Jahr unter den Konsuln Gnaeus Cornelius und Publius Aelius Paetus beendet. *3* Scipio soll nachher oft gesagt haben, die Ehrfurcht zuerst des Tiberius Claudius und dann des Gnaeus Cornelius habe ihn gehindert, diesen Krieg mit der Zerstörung Karthagos zu beenden.

4 Als die erste Aufbringung der Kriegssteuer bei der Erschöpfung von dem langwierigen Krieg zu Karthago Schwierigkeiten fand und es auf dem Rathaus nur Trauer und Tränen gab, wollte man gesehen haben, dass Hannibal lachte. *5* Als ihn nun Hasdrubal Haedus darüber anfuhr, dass er bei der allgemeinen Wehklage lachen könne, da er doch selbst die Ursache der Tränen sei, sprach er: *6 Könnte man so, wie man die Mienen des Gesichts mit den Augen wahrnimmt, auch die Stimmung im Innern beobachten, so würde sich's euch deutlich zeigen, dass dies von euch getadelte Lachen nicht aus einem freudigen, sondern aus einem durch mancherlei Unglück fast empfindungslosen Herzen kommt. Und doch ist es lange nicht so unzeitig wie diese eure abgeschmackten und unstatthaften Tränen.* ***7*** *Da hättet ihr weinen sollen, als uns die Waffen genommen, die Schiffe verbrannt, die Kriege mit dem Ausland untersagt wurden. Mit dieser Wunde empfingen wir den Todesstreich. Wahrhaftig, ihr könnt es glauben, diese Maßregel hat den Römern der Hass gegen euch eingegeben.* ***8*** *Kein großer Staat verträgt eine lange Ruhe. Hat er keinen Feind auswärts, so findet er ihn im Inneren, sowie ein von Stärke strotzender Körper vor Angriffen von außen gesichert scheint, aber durch seine eigenen Kräfte beschwert wird. Wir fühlen in der Tat vom Unglück des Staates gerade nur so viel als unsere besonderen Umstände trifft, und selbst hierbei erbittert uns nichts mehr als die Einbuße an unserem Geld.* ***9*** *Wie also dem besiegten Karthago die Waffen genommen wurden, wie ihr es von nun an entwaffnet und hilflos zwischen die vielen bewaffneten Völker Afrikas hingestellt saht, da hat niemand geseufzt:* ***10*** *und jetzt weint ihr, weil ihr die Steuer aus eigenem Vermögen aufbringen sollt, als würde der Staat zu Grabe getragen. Wie sehr fürchte ich, ihr werdet nächstens merken, dass das Übel, worüber ihr heute weint, gerade das kleinste war.* So sprach Hannibal zu den Karthagern.

11 Scipio schenkte vor versammeltem Heer dem Masinissa die Stadt Cirta und die übrigen Städte und Ländereien, welche die Römer in den Staaten des Syphax erobert hatten, als eine Zugabe zu seinem Erbreich. ***12*** Dem Gnaeus Octavius befahl er, die Flotte nach Sizilien zu führen und dem Konsul Gnaeus Cornelius zu übergeben, den Karthagern aber Gesandte nach Rom zu schicken, um seine mit Zuziehung der zehn Bevollmächtigten getroffenen Verfügungen durch die Genehmigung des Senates und durch einen Beschluss des Volkes bestätigen zu lassen.

(45) Als Friedensstifter zu Wasser und zu Lande segelte er mit seinem eingeschifften Heer nach Lilybaeum in Sizilien über. ***2*** Von hier ließ er einen großen Teil seiner Truppen zu Schiff weitergehen, er selbst verfolgte seinen Weg durch das über den Frieden nicht minder als über den Sieg erfreute Italien; die Städtebewohner strömten zu seinem ehrenvollen Empfang aus den Toren, Scharen von Landleuten standen an den Heerstraßen, und sein Triumphzug in die Stadt war der glorreichste von allen. ***3*** An Silber lieferte er in die Schatzkammer 3120 Pfund. Jedem Soldaten gab er als Anteil an der Beute 400 Kupfer-As.

4 Syphax starb kurz vorher zu Tibur, wohin er von Alba gebracht war. Durch seinen Tod wurde er mehr der Betrachtung der Menschen als dem Ruhm des Siegers entzogen. Doch hatte sein Tod eine Auszeichnung, weil er auf öffentliche Kosten begraben wurde. ***5*** Polybius, dessen Angabe allerdings Wert hat, sagt, dieser König sei im Triumph aufgeführt worden. Hinter dem triumphierenden Scipio ging, mit einem Hut auf dem Kopf Quintus Terentius Culleo, und nachher bewies er, solange er lebte, dem Retter seiner Freiheit, wie billig, jede Art der Verehrung. ***6*** Ob den Beinamen „Africanus" schon früher die Liebe der Truppen oder das Wohlwollen des Volkes aufgebracht hat, oder ob ihn, wie zu unserer Väter Zeiten bei Sulla den Beinamen „der Glückliche", bei Pompejus den „der Große", die Schmeichelei der näheren Umgebungen veranlasste, darüber habe ich keine hinlängliche Auskunft. ***7*** Wenigstens war Scipio der erste Feldherr, der durch die Benennung nach dem von ihm besiegten Volke verherrlicht wurde. Nach seinem Beispiel stellten später andere, konnten sich gleich ihre Siege mit diesem keineswegs messen, eine Reihe von Ahnenbildern mit auszeichnenden Unterschriften und prunkende Beinamen in ihrer Familie auf.

Einunddreissigstes Buch

Inhalt

Als Ursachen, warum der Krieg gegen Makedoniens König Philipp nach seiner Unterbrechung erneuert wurde, werden folgende angegeben. Zur Zeit der Weihe kamen zwei junge Acarnaner, welche die Weihe nicht hatten, nach Athen und gingen mit anderen ihrer Landsleute in das Heiligtum der Ceres. Darüber wurden sie, als hätten sie die höchste Schandtat begangen, von den Athenern erschlagen. Die Acarnaner, aufgebracht über die Ermordung der Ihrigen, suchten zu ihrer Rache Hilfe bei Philipp. Wenige Monate nach dem den Karthagern bewilligten Friedensschluss, im Jahr nach Erbauung Roms 552, kommen von Althen, das Philipp belagert, Gesandte und bitten den Senat um Hilfe; und da der Senat dafür stimmt, sie ihnen zu leisten, das Volk aber, dem die fortdauernde Anstrengung in so vielen Kriegen zu schwer wird, sich widersetzt, dringt der Senat mit seinem Gutachten durch, so dass auch das Volk die dem verbündeten Staat zu leistende Hilfe bewilligt. Dieser Krieg wird dem Konsul Publius Sulpicius aufgetragen. Er geht mit dem Heer nach Makedonien und ist in einigen Reitergefechten gegen Philipp glücklich. Die von Philipp belagerten Einwohner von Abydus ermorden wie die Saguntiner die Ihrigen und sich selbst. Der Prätor Lucius Furius besiegt die den Krieg erneuernden insubrischen Gallier und den Punier Hamilkar, den Stifter des Krieges in jener Gegend, Hamilkar selbst bleibt in der Schlacht und 36 000 Menschen. Außerdem erzählt dieses Buch die Unternehmungen des Königs Philipp und des Konsuls Sulpicius, und was für Städte beide eroberten. Konsul Sulpicius führte diesen Krieg mit Hilfe des Königs Attalos und der Rhodier. Der Prätor Lucius Furius triumphierte über die Gallier.

(1) Auch ich freue mich, als ob ich selber hätte an der Arbeit und Gefahr teilgenommen, mit dem zweiten Punischen Krieg zu Ende gekommen zu sein. ***2*** Denn so wenig der, welcher den Mut hatte, sich zur Darstellung der ganzen römischen Geschichte zu verstehen, bei einzelnen Teilen dieser großen Arbeit ermüden darf, so sehe ich doch, wenn ich erwäge, dass mir 63 Jahre – ***3*** denn so viele sind vom Anfang des ersten Punischen Krieges bis zum Ende des zweiten verflossen – ***4*** ebenso viele Bücher ausgefüllt haben, als mir die 488 Jahre von Erbauung Roms bis auf den Konsul Appius Claudius ausgefüllt hatten, der zuerst mit Karthago Krieg führte, im Geist voraus, dass ich ebenso wie die, ***5*** die sich von den nächsten Untiefen an der Küste verführen lassen, zu Fuß ins Meer zu gehen, je weiter ich fortschreite, mich in eine ausgebreitete Tiefe und gleichsam in einen Abgrund hineinbegebe, und dass die Arbeit beinahe zunimmt, welche zuerst durch Vollendung des Zunächstliegenden vermindert zu werden schien.

6 Auf den Frieden mit den Puniern folgte sogleich der Makedonische Krieg, in Hinsicht der Gefahr mit jenem keineswegs zu vergleichen, man sehe auf die Tüchtigkeit des feindlichen Heerführers oder auf die Stärke der Truppen; *7* allein durch den glänzenden Namen der ehemaligen makedonischen Könige, durch den alten Ruhm ihres Volkes und durch die Größe des Reiches, das einst einen großen Teil von Europa, einen größeren von Asien durch Waffengewalt umfasst hatte, fast noch berühmter. *8* Übrigens hatte der Krieg gegen Philipp, der vor drei Jahren aufgegeben war, beinahe zehn Jahre früher seinen Anfang genommen, und die Aetoler hatten den Frieden und den Krieg veranlasst. *9* Nun aber ließen die Römer, denen jetzt der Punische Friede freie Hände, und Philipp teils durch seine unredliche Beobachtung des Vertrages mit den Aetolern und anderen dortigen Bundesgenossen Roms, teils durch die nach Afrika neulich an Hannibal *10* und die Punier gesandte Unterstützung an Truppen und Geld Grund zur Beschwerde gab, sich durch die Bitten der Athener, welche Philipp nach Verheerung ihres Gebietes in ihre Stadt getrieben hatte, bewegen, den Krieg wieder anzufangen.

(2) Ungefähr um dieselbe Zeit trafen Gesandte von König Attalos und von den Rhodiern ein und meldeten, dass Philipp auch Asiens Staaten aufzuwiegeln suche. *2* Die Gesandtschaften bekamen zur Antwort, der Senat werde für die Angelegenheiten Asiens Sorge tragen. Die Beratung über den Makedonischen Krieg verschob man, ohne vorzugreifen, auf die Rückkehr der Konsuln, welche damals beide, jeder in seiner Provinz, waren. *3* Unterdessen wurden an den König von Ägypten, Ptolemaeus (Epiphanes), drei Gesandte geschickt, Gaius Claudius Nero, Marcus Aemilius Lepidus und Publius Sempronius Tuditanus, um dem König *4* den Sieg der Römer über Hannibal und die Punier zu melden und ihm dafür zu danken, dass er in ihrer misslichen Lage, in welcher sogar benachbarte Bundesgenossen die Römer im Stich gelassen hätten, ihnen treu geblieben sei, und ihn zu bitten, falls sie durch Unbilden von Philipp gezwungen würden, den Krieg gegen diesen zu unternehmen, seine frühere Gesinnung gegen das römische Volk beizubehalten.

5 Ungefähr um dieselbe Zeit ließ der Konsul Publius Mus in Gallien, der auf die Anzeige, dass schon vor seiner Ankunft die Boier Einfälle in das Gebiet der Bundesgenossen gemacht hätten, *6* zur Dämpfung dieses Aufstandes zwei eiligst zusammengebrachte Legionen aufstellte, denen er vier Kohorten von seinem Heer zugab, den Obersten der Bundestruppen, Gaius Ampius, mit diesem schnell errichteten Korps durch jenen Bezirk von Umbrien, der dort den Namen der Sapinische führt, in das Land der Boier einrücken. Er selbst nahm seinen Weg auf offener Straße mitten durch das Gebirge ebendahin. *7* Ampius unternahm nach seinem Eintritt in das feindliche Gebiet anfangs einige Plünderungen mit Glück und Sicherheit. Als er aber nachher bei dem Kastell Mutilum eine ganz vorteilhafte Stellung eingenommen hatte und nun wieder, um das Getreide einzuernten, auszog – denn schon war die Saat reif –, *8* ohne die Gegend ausgekundschaftet noch hinlängliche Posten ausgestellt zu haben, die mit ihren Waffen die Unbewaffneten und mit ihrer Arbeit Beschäftigten hätten decken können, wurde er mit seinen Getreideholern in einem Überfall von den Galliern umzingelt. Deshalb verbreiteten sich Bestürzung und Flucht auch unter seinen Bewaffneten. *9* An 7000 der in den Kornfeldern Zerstreuten wurden niedergehauen, mit ihnen der Oberst Gaius Ampius selbst. Die Übrigen, welche die Furcht ins Lager trieb, kamen in der folgenden Nacht, *10* von keinem besonderen Anführer, sondern bloß durch eigene Übereinstimmung geleitet, mit Zurücklassung eines großen Teiles ihres Eigentums, über beinahe unwegsame Waldgebirge bei dem Konsul wieder an, *11* der, ohne in seiner Provinz etwas Besonderes verrichtet zu haben, außer dass er das boische Gebiet geplündert und mit den ingaunischen Ligurern ein Bündnis geschlossen hatte, nach Rom zurückging.

(3) Da in der ersten von ihm abgehaltenen Senatssitzung alle darauf drangen, dass nichts eher vorgenommen würde als die Sache Philipps und die Klagen der Bundesgenossen, so trug er dies sogleich vor. *2* Und der zahlreich versammelte Senat beschloss, der Konsul Publius Aelius sollte nach eigener Wahl einen als Oberbefehlshaber absenden, der nach Übernahme der Flotte, welche

jetzt Gnaeus Octavius aus Sizilien zurückbrächte, nach Makedonien übersetzte. ***3*** Marcus Valerius Laevinus war es, der als Proprätor in der Gegend von Vibo 38 Schiffe von Gnaeus Octavius in Empfang nahm und nach Makedonien überging. ***4*** Bei ihm traf der Legat Marcus Aurelius ein, setzte ihn von der Stärke der Heere und der Schiffzahl in Kenntnis, die der König zusammengebracht habe, ***5*** und wie er nicht allein in allen Städten des Festlandes, sondern auch auf den Inseln teils in Person, teils durch Gesandte die Bewaffnung betreibe, ***6*** so dass die Römer diesen Krieg, wenn nicht Philipp, während sie säumten, dasselbe wagen sollte, was Pyrrhus mit der Macht eines weit kleineren Reiches schon einmal gewagt habe, mit größerem Nachdruck eröffnen müssten; und beide beschlossen, Aurelius solle ebendiese Vorstellungen auch an die Konsuln und den Senat schriftlich gelangen lassen.

(4) Auf den am Ende des Jahres gehaltenen Vortrag über die Verteilung von Ländereien an diejenigen Veteranen, welche unter der Anführung und Leitung des Publius Scipio den Krieg in Afrika zu Ende gebracht hätten, beschloss der Senat, ***2*** der Stadtprätor Marcus Junius solle, wenn er nichts dagegen habe, Zehnmänner ernennen, um durch sie die dem römischen Staat zuständigen Ländereien in Samnium und Apulien vermessen und verteilen zu lassen. ***3*** Er ernannte Publius Servilius, Quintus Caecilius Metellus, die beiden Servilier, Gaius und Marcus – beide hatten den Zunamen Geminus –, die beiden Hostilii Catones, Lucius und Aulus, Publius Villius Tappulus, Marcus Fulvius Flaccus, Publius Aelius Paetus und Quintus Flaminius.

4 In diesen Tagen wurden unter dem Vorsitz des Konsuls Publius Aelius bei den Wahlversammlungen Publius Sulpicius Galba und Gaius Aurelius Cotta zu Konsuln gewählt. Darauf wurden Quintus Minucius Rufus, Lucius Furius Purpureo, Quintus Fulvius Gillo und Gnaeus Sergius Plancus Prätoren. ***5*** Die kurulischen Ädilen Lucius Valerius Flaccus und Lucius Quinctius Flamininus gaben in diesem Jahr die Römischen Spiele nach prächtigen Veranstaltungen auf der Bühne zwei Tage nacheinander ***6*** und verteilten mit großer, ebenso dankbar anerkannter Gewissenhaftigkeit den großen Vorrat von Getreide, den Publius Scipio aus Afrika geschickt hatte, unter das Volk zum Preis von vier As. ***7*** Die plebejischen Ädilen Lucius Apustius Fullo und Quintus Minucius Rufus, der als Ädil zum Prätor gewählt wurde, gaben die ganze Feier der Bürgerspiele drei Tage nacheinander, und in Bezug auf die Spiele wurde dem Jupiter zu Ehren ein Opferschmaus angestellt.

(5) Im Jahr 551 nach Erbauung Roms nahm unter den Konsuln Publius Sulpicius Galba und Gaius Aurelius der Krieg mit König Philipp seinen Anfang, wenige Monate nach dem Friedensschluss mit Karthago. ***2*** Am 15. März, dem damaligen Antrittstag der Konsuln, ***3*** machte Konsul Sulpicius dies zum ersten Gegenstand seines Vortrages, und der Senat beschloss, die Konsuln sollten den Göttern, denen sie opfern zu müssen glaubten, größere Tiere darbringen und der Gebetsformel den Inhalt geben: ***4*** „Der Schritt, welchen Roms Senat und Volk den Staat tun zu lassen, und der neue Krieg, welchen sie zu eröffnen gesonnen wären, möchte für das römische Volk, seine Bundesgenossen und alle Latiner zu Heil und Segen gereichen." Und nach verrichtetem Opfer und Gebet sollten sie die Lage des Staates und die Geschäfte im Senat zur Sprache bringen. ***5*** In diesen Tagen liefen, um die Gemüter für den Krieg zu stimmen, zu rechter Zeit nicht allein Schreiben von dem Legaten Marcus Aurelius und dem Proprätor Marcus Valerius Laevinus ein, sondern es kam auch eine zweite Gesandtschaft der Athener mit der Meldung, dass der König ihnen näher rücke ***6*** und dass binnen Kurzem ihr Land und selbst ihre Stadt in seiner Gewalt sein werde, wenn sie nicht auf Hilfe von Rom rechnen dürften. ***7*** Nach der Erklärung der Konsuln, dass das Opfer gebührend verrichtet, dass das Gebet nach Aussage der Opferschauer von den Göttern gnädig aufgenommen, die Ausschlachtung erfreulich ausgefallen sei, und Erweiterung der Grenzen, Sieg und Triumph angedeutet werde, wurden nun die Schreiben des Valerius und Aurelius vor-

gelesen und die attischen Gesandten angehört. ***8*** Dann wurde der Senatsbeschluss gefasst, dass den Bundesgenossen Dank gesagt werden solle, weil sie trotz der anhaltenden Versuchungen, selbst bei der Furcht vor einer Belagerung, ihrer Treue nicht entsagt hätten; ***9*** über die ihnen zu sendende Hilfe wolle man ihnen dann Auskunft geben, wenn die Konsuln um ihre Amtskreise gelost hätten, und derjenige Konsul, dem das Los Makedonien zu seinem Standort anwiese, bei dem Volke darauf angetragen hätte, Makedoniens König Philipp den Krieg zu erklären.

(6) Publius Sulpicius war es, dem das Los Makedonien bestimmte, und er ließ anfragen, ob das Volk es billige und genehmige, dass man dem König Philipp und seines Reiches Untertanen, den Makedoniern, wegen der von ihnen an Roms Bundesgenossen ausgeübten Unbilden und Gewalttaten den Krieg ankündige. Dem anderen Konsul, Aurelius, bestimmte das Los Italien als Amtskreis. ***2*** Bei ihrer darauf folgenden Ziehung erhielten die Prätoren Gnaeus Sergius Plancus die Gerichtspflege in der Stadt, Quintus Fulvius Gillo Sizilien, Quintus Minucius Rufus das bruttische Gebiet, Lucius Furius Purpureo Gallien. ***3*** Die Anfrage wegen des Makedonischen Krieges wurde am ersten Versammlungstag fast von allen Zenturien verworfen. Durch den langen und schweren Krieg erschöpft, hatten dies teils die Leute aus Überdruss der Not und Gefahren von selbst getan, ***4*** teils hatte ein Volkstribun, Quintus Baebius, der den alten Weg der Klage über die Väter einschlug, diesen den Vorwurf gemacht, dass sie nur Kriege aus Kriegen erwachsen ließen, um das Volk nie eines Friedens froh werden zu lassen. ***5*** Dies beleidigte die Väter sehr, schneidende Schmähungen trafen im Senat den Volkstribun, und jeder forderte in seinem eigenen Namen den Konsul auf, einen Versammlungstag zur Wiederholung der Anfrage anzusetzen, das Volk über seine Verdrossenheit zurechtzuweisen ***6*** und es über die Größe des Nachteils und der Schande zu belehren, welche dieser Aufschub des Krieges zur Folge haben werde.

(7) Auf dem auf dem Marsfeld abgehaltenen Volkstag redete der Konsul, ehe er die Zenturien zur Abstimmung schreiten ließ, zu der vorgeforderten Versammlung so: ***2*** *Es kommt mir vor, Quiriten, als sei es eurer Einsicht entgangen, dass jetzt die Frage an euch nicht die sein kann, ob ihr Krieg oder Frieden haben wollt – denn hierin lässt euch Philipp, der es zu Wasser und zu Land auf einen fürchterlichen Krieg anlegt, keine freie Wahl –, sondern, ob ihr eure Legionen nach Makedonien übersetzen oder den Feind in Italien aufnehmen wollt.* ***3*** *Ist es euch je klar geworden, was für einen großen Unterschied dies macht, so war das doch wohl der Fall im letzten Punischen Krieg. Denn wer kann darüber ungewiss sein, dass wir, hätten wir auch auf der Stelle den belagerten, uns um Rettung anflehenden Saguntinern Hilfe gewährt, wie sie unsere Väter den Mamertinern leisteten, den ganzen Krieg auf Spanien abgeleitet hätten, den wir durch unser Säumen zu unserem höchsten Nachteil in Italien herübernahmen?* ***4*** *Selbst das unterliegt keinem Zweifel, dass wir ebendiesen Philipp, der seinen Übergang nach Italien dem Hannibal schon durch Gesandte und Briefe zugesagt hatte, durch Absendung unserer Flotte unter Laevinus, der ihm im Angriff zuvorkommen musste, in Makedonien festgehalten haben.* ***5*** *Und was wir damals getan haben, obgleich wir einen Feind wie Hannibal in Italien hatten, das wollten wir jetzt zu tun Bedenken tragen, nachdem wir Hannibal aus Italien vertrieben und die Karthager besiegt haben?* ***6*** *Lassen wir den König bei seiner Erstürmung Athens von unserer Langsamkeit eine Probe sehen, wie wir es bei Hannibal durch die Eroberung Sagunts getan haben,* ***7*** *so wird er nicht in fünf Monaten, wie Hannibal von Sagunt, sondern in fünf Tagen nach seiner Abfahrt von Korinth in Italien eintreffen.* ***8*** *Ohne Philipp gerade mit einem Hannibal, ohne die Makedonier mit den Karthagern zu vergleichen, werdet ihr sie wenigstens dem Pyrrhus gleichstellen. Gleichstellen, sage ich? Wie weit übertrifft hier der Mann den Mann und diese Nation jene!* ***9*** *Epirus ist von jeher Makedoniens unbedeutendste Zugabe gewesen und ist das noch heute. Philipp hingegen hat die ganze Peloponnes in seiner Gewalt und selbst das durch des Pyrrhus Tod ebenso sehr wie durch eigenen alten Ruf verherrlichte Argi. Man lasse mich nun unsere Lage erwägen.* ***10*** *Italiens*

weit blühenderen Zustand, seine weit mehr geschonten Kräfte – denn ihm standen ja die vielen Feldherren, die vielen Heere zu Gebote, welche nachher der Punische Krieg verschlang – erschütterte Pyrrhus durch seinen Angriff dessen ungeachtet und drang als Sieger beinahe bis vor die Stadt Rom! ***11*** *Und nicht bloß die Tarentiner und die Küste Italiens, die den Namen Großgriechenland führt, fielen von uns ab, so dass man hätte denken können, sie hätten sich von der Sprache, vom Namen verleiten lassen, sondern auch die Lucaner, Bruttier und Samniten.* ***12*** *Glaubt ihr, dass diese, wenn Philipp nach Italien kommt, sich ruhig verhalten oder euch treu bleiben werden? Blieben sie es doch, denke ich, nachher im Punischen Krieg! Jedes Mal werden diese Völker von uns abfallen, es müsste denn niemand da sein, an den sie abfallen könnten.* ***13*** *Wenn es euch zu schwer angekommen wäre, nach Afrika überzugehen, so hättet ihr noch heute den Hannibal und die Karthager als Feinde in Italien. Wir wollen lieber Makedonien als Italien den Krieg tragen lassen, die Verwüstung durch Feuer und Schwert lieber den Städten der Feinde, den Ländereien der Feinde gönnen.* ***14*** *Haben wir doch die Erfahrung gemacht, dass unsere Waffen im Ausland glücklicher und kraftvoller als daheim sind. So schreitet denn unter dem segnenden Beistand der Götter zur Abstimmung und gebt dem, was die Väter für gut erachtet haben, die Bestätigung.* ***15*** *Zu diesem Entschluss werdet ihr nicht nur von mir, eurem Konsul, sondern auch von den* unsterblichen Göttern selbst geleitet, welche mir bei meinem Opfer und auf mein Gebet, dass dieser Krieg mir selbst, dem Senat, euch, unseren Bundesgenossen und dem gesamten Latium erwünscht und glücklich ausschlagen möchte, lauter erfreuliche, Segen verkündende Vorzeichen gegeben haben.

(8) Als er sie nach dieser Rede zur Abstimmung schreiten ließ, genehmigten sie den Krieg seinem Antrag gemäß. ***2*** Dann wurde von den Konsuln einem Senatsbeschluss zufolge ein dreitägiges Betfest ausgeschrieben, und an allen Altären flehte man zu den Göttern, dass der vom Volk beschlossene Krieg gegen Philipp erwünscht und glücklich ausschlagen möge; ***3*** auch befragte der Konsul Sulpicius die Fetialen, ob sie es nötig fänden, dass der dem König Philipp zu erklärende Krieg ihm durchaus selbst angekündigt werden müsse, oder ob es genüge, ihn der nächsten Besatzung innerhalb der Grenzen seines Reiches kundzutun. ***4*** Die Fetialen erklärten, er werde in beiden Fällen recht handeln. Die Väter stellten es dem Konsul anheim, nach eigener Wahl einen von denen, die nicht im Senat wären, als Boten abzusenden, der dem König den Krieg ankündigte.

5 Nun schritt man zur Beratung über die Heere der Konsuln und Prätoren. Die Konsuln wurden angewiesen, jeder zwei Legionen auszuheben und die alten Heere zu entlassen. ***6*** Sulpicius, dem der neue, seinem Namen nach so wichtige Krieg bestimmt war, erhielt die Erlaubnis, von dem durch Publius Scipio aus Afrika abgeführten Heer so viele Freiwillige mitzunehmen, als er könnte; doch sollte er nicht berechtigt sein, irgendeinen alten Krieger gegen dessen Willen zu nehmen. ***7*** Den Prätoren Lucius Furius Purpureo und Quintus Minucius Rufus sollte der Konsul jedem 5000 Mann latinischer Bundestruppen geben, mit denen sie die ihnen angewiesene Gegend, der eine Gallien, der andere Bruttium, behaupten könnten. ***8*** Ebenso bekam auch Quintus Fulvius Gillo den Auftrag, aus dem Heer, das der Konsul Publius Aelius gehabt hatte, nach der geringsten Zahl der Dienstjahre eine Aushebung vorzunehmen, bis er ebenfalls 5000 Mann Bundesgenossen und Latiner aufgestellt hätte; diese sollten die Provinz Sizilien decken. ***9*** Dem Marcus Valerius Falto, der im vorigen Jahr als Prätor Kampanien als Amtskreis gehabt hatte, wurde der Oberbefehl auf ein Jahr verlängert, ***10*** um als Proprätor nach Sardinien überzugehen und von dem dortigen Heer 5000 Mann latinischer Bundestruppen nach der geringsten Zahl der Dienstjahre auszuheben. ***11*** Auch mussten die Konsuln zwei Stadtlegionen ausheben, welche man dahin schicken wollte, wo etwa die vielen Völker Italiens es nötig machen würden, die sich während des Krieges als Bundesgenossen der Punier ihrem Einfluss hingegeben hatten und noch immer voll aufbrausender Erbitterung waren. Der Staat setzte seine diesjährigen Streitkräfte auf sechs Legionen fest.

(9) Noch während der Vorkehrungen zum Krieg trafen Gesandte von König Ptolemaeus mit der Meldung ein, die Athener hätten den König um Hilfe gegen Philipp gebeten. ***2*** Indessen obgleich sie ihre gemeinschaftlichen Bundesgenossen wären, würde doch der König, ohne die Genehmigung des römischen Volkes für sich zu haben, weder Flotte noch Heer zur Verteidigung oder Bekämpfung irgendeiner Partei nach Griechenland abgehen lassen. ***3*** Habe das römische Volk zur Verteidigung der Bundesgenossen freie Hand, so wolle er ruhig in seinen Staaten bleiben; er werde aber auch damit zufrieden sein, wenn die Römer die Ruhe vorziehen sollten, und dann seinerseits Hilfstruppen hinsenden, denen die Behauptung Athens gegen Philipp ein Leichtes sein solle. ***4*** Der Senat sagte dem König Dank und antwortete: Die Römer seien entschlossen, die Bundesgenossen selbst zu schützen. Sollte für diesen Krieg irgendein Bedürfnis eintreten, so würden sie es dem König mitteilen, und sie verließen sich mit Sicherheit auf den Überfluss seines Reiches, als die stärkste und treueste Stütze ihres Staates. ***5*** Dann wurde nach einem Senatsbeschluss jedem der Gesandten ein Geschenk von 5000 Sesterzen geschickt.

Als die Konsuln die Aushebung hielten und alles, was zum Krieg nötig war, besorgten, beschloss der Staat, der besonders beim Ausbruch neuer Kriege auf die Götter Rücksicht nahm, ***6*** obgleich die Bettage schon gefeiert und die Andachten an allen Altären gehalten waren, um nichts zu unterlassen, was sonst wohl geschehen sei, der Konsul, welchem Makedonien als Amtskreis zugefallen sei, solle dem Jupiter Spiele nebst einem Weihegeschenk geloben. ***7*** Dieses Staatsgelübde verzögerte sich durch die Behauptung des Hohenpriesters Licinius, dass man ein Gelübde nicht von einer unbestimmten Summe tun dürfe, insofern ein solches Geld zum Krieg nicht gebraucht werden könne. Es müsse sogleich zurückgelegt werden und dürfe nicht mit dem übrigen Geld zusammengeworfen sein. Geschehe dies nicht, so werde die Bezahlung des Gelübdes nicht richtig ausfallen. ***8*** Konnte man auch den Einwurf selbst sowenig wie den Angeber unbeachtet lassen, so ließ man doch den Konsul bei dem Kollegium der Oberpriester anfragen, ob sich mit gutem Gewissen von einer unbestimmten Geldsumme ein Gelübde tun lasse. Nach der Erklärung der Oberpriester war das nicht allein erlaubt, sondern sogar noch gottgefälliger. ***9*** Der Konsul tat das Gelübde vermittels derselben vom Hohenpriester ihm vorgesprochenen Formel, nach der man sonst gewöhnlich die fünfjährigen Gelübde verhieß, ***10*** außer, dass er diesmal gelobte, die Spiele und Weihgeschenke von einer Geldsumme darzubringen, deren Größe der Staat bei Bezahlung des Gelübdes bestimmen würde. So oft waren vorher die großen Spiele von einer benannten Summe gelobt; diese waren die ersten von einer unbenannten.

(10) Während die allgemeine Aufmerksamkeit auf den Makedonischen Krieg gerichtet war, entstand gerade in einem Zeitpunkt, wo man es am wenigsten befürchtete, auf einmal das Gerücht von einem Einbruch der Gallier. ***2*** Die Insubrer, Cenomaner und Boier hatten nach Aufwiegelung der Celiner, der Ilvaten und der übrigen ligurischen Völkerschaften unter Anführung des Puniers Hamilkar, welcher von Hasdrubals Heer in jener Gegend zurückgeblieben war, Placentia überfallen, ***3*** und jetzt zogen sie, nachdem sie die Stadt geplündert hatten, in der Wut größtenteils eingeäschert und kaum 2000 Menschen auf Brandstätten und Trümmern übrig gelassen hatten, schon über den Po zur Plünderung von Tremona heran. ***4*** Der Ruf vom Unglück der Nachbarstadt gab den Kolonien Zeit, ihre Tore zu schließen und die Mauern zu besetzen, um sich wenigstens eher belagern als erobern zu lassen und dem römischen Prätor Nachricht geben zu können. ***5*** Lucius Furius Purpureo war es, der damals diese Provinz hatte. Nachdem er dem Senatsbeschluss gemäß sein Heer bis auf 5000 Mann Bundesgenossen und Latiner entlassen hatte, war er mit diesen Truppen in der Nachbarschaft seiner Provinz, in der Gegend von Ariminum stehengeblieben. Jetzt schrieb er dem Senat, in welchem Aufruhr die Provinz sei. ***6*** Von zwei Kolonien, welche jenem schrecklichen Sturm des Punischen Krieges entgangen wären, sei die

eine von den Feinden erobert und geplündert, die andere belagert. *7* Sein Heer werde zum Schutz der bedrängten Kolonien nicht stark genug sein, wenn er nicht 5000 Mann Bundesgenossen 40 000 Feinden – denn so viele stünden unter den Waffen – zum Niederhauen vorwerfen und den durch die Zerstörung der einen römischen Kolonie schon aufgeblasenen Feind durch eine große Niederlage noch erhöhen wollte.

(11) Nach Vorlesung dieses Schreibens beschlossen die Väter, Konsul Gaius Aurelius solle das Heer, das er schon auf einen bestimmten Tag nach Etrurien beordert habe, auf denselben Tag sich zu Arminum stellen lassen, *2* und dann, wenn es ihm die Lage der Dinge erlaube, entweder selbst zur Dämpfung des gallischen Aufruhrs abgehen oder dem Prätor Lucius Furius schreiben. Wenn die Legionen aus Etrurien bei ihm angelangt wären, möchte er dagegen die 5000 Mann Bundesgenossen zurückgehen lassen, *3* damit diese Etrurien decken könnten, und er selbst zum Entsatz der belagerten Kolonie aufbrechen. *4* Auch beschlossen sie, Gesandte nach Afrika zu schicken, und zwar nach Karthago und nach Numidien an Masinissa dieselben. *5* Nach Karthago sollten sie gehen, um dort die Anzeige zu machen, dass ein Hamilkar, ein geborener Karthager, der in Gallien, man wisse nicht, ob früher von Hasdrubals oder nachher von Magos Heer, zurückgeblieben sei, gegen den Friedensvertrag sich in einen Krieg gestürzt *6* und Heere von Galliern und Ligurern gegen Rom geführt habe. Wenn sie den Frieden behalten wollten, müssten sie ihn abrufen und den Römern ausliefern. *7* Zugleich sollten sie ihnen zu wissen tun, dass nicht alle Überläufer ausgeliefert wären. Eine große Menge von diesen gehe, wie es heiße, öffentlich in Karthago umher; diese müssten sie greifen und aufsuchen lassen, um sie ihnen dem Vertrag gemäß herauszugeben. So weit die Aufträge an die Karthager.

8 Masinissa sollten sie dazu Glück wünschen, dass er nicht allein sein väterliches Reich wieder erobert, sondern es auch mit dem hinzugekommenen blühendsten Teile von den Staaten des Syphax vermehrt habe. *9* Außerdem sollten sie ihm melden, man habe gegen König Philipp den Krieg unternommen, weil er die Karthager mit Truppen unterstützt habe, *10* und er ferner durch die Roms Bundesgenossen zugefügten Unbilden selbst während des Kriegsfeuers in Italien die Römer genötigt habe, Flotten und Heere nach Griechenland zu schicken, und es ihm besonders wegen dieser Verteilung ihrer Truppen zuzuschreiben sei, dass sie nicht früher nach Afrika übergegangen wären. Sie bäten, der König möge ihnen zu diesem Krieg Unterstützung an numidischer Reiterei senden. *11* Es waren ihnen kostbare Geschenke mitgegeben, um sie dem König zu überreichen, goldene und silberne Gefäße, eine purpurne Toga, eine Tunika mit gestickten Palmzweigen nebst einem Zepter von Elfenbein, auch ein verbrämtes Staatsgewand nebst einem Thronsessel. *12* Zugleich sollten sie die Versicherung geben, wenn er zur Befestigung oder Erweiterung seines Reiches irgendetwas für nötig halten sollte, so werde das römische Volk dies seinem Verdienst angelegentlichst zu gewähren suchen.

13 In diesen Tagen erschienen auch Gesandte Verminas, des Sohnes Syphax', vor dem Senat, die unter Entschuldigungen seines Fehltritts und seiner Jugend alle Schuld auf die Hinterlist der Karthager schoben. *14* Auch sei ja Masinissa aus einem Feind der Römer Freund geworden. Vermina werde sich ebenfalls bestreben, in Gefälligkeiten gegen den römischen Staat sich es weder von Masinissa noch von sonst jemand zuvortun zu lassen. Er bitte darum, vom Senat die Benennung König, Bundesgenosse und Freund zu erhalten. *15* Die Gesandten bekamen zur Antwort: Teils sei sein Vater Syphax ohne Grund aus einem Bundesgenossen und Freund auf einmal des römischen Volkes Feind geworden, teils habe er selbst die Lehrjahre seiner Jugend auf feindliche Angriffe gegen die Römer verwandt. *16* Er habe also zuvor bei dem römischen Volk um Frieden zu bitten, ehe er darum bitten könne, König, Bundesgenosse und Freund zu heißen. Die Ehre dieser Benennung pflege das römische Volk nur ganz besonderen Verdiensten der

Könige um seinen Staat einzuräumen. ***17*** Es würden römische Gesandte nach Afrika kommen, denen der Senat auftragen würde, dem König die Friedensbedingungen zu stellen, wenn er dem römischen Volk die freie Bestimmung darüber überlasse. Sollte er bei diesen etwas hinzuzufügen, wegzulassen oder abzuändern wünschen, so habe er sich mit seinem Gesuch von Neuem beim Senat zu melden. ***18*** Als Gesandte mit den Aufträgen des Senats gingen Gaius Terentius Varro, Spurius Lucretius und Gnaeus Octavius nach Afrika ab. Jedem wurde ein Fünfruderer bewilligt.

(12) Darauf wurde im Senat ein Schreiben vom Prätor Quintus Minucius vorgelesen, der im bruttischen Gebiet seinen Standort hatte, worin er meldete, dass zu Locri aus dem Schatz der Proserpina eine Summe durch nächtlichen Diebstahl entwendet sei und keine Spur auf den Verüber dieses Frevels führe. ***2*** Mit Unwillen sah der Senat, dass immer wieder Tempelräubereien begangen würden, und dass selbst ein Pleminius, als ein so sehr in die Augen fallendes und noch neues Beispiel der Verschuldung sowie der Bestrafung, die Menschen nicht abschrecke. ***3*** Er trug dem Konsul Gaius Aurelius auf, nach Bruttium an den Prätor zu schreiben: Dem Willen des Senats gemäß müsse er den Raub des Tempelschatzes mit derselben Strenge untersuchen, wie vor drei Jahren der Prätor Marcus Pomponius. ***4*** Das ausfindig gemachte Geld sei wieder in den Schatz zu legen; gebe das Gefundene noch nicht die ganze Summe, so sei diese zu ergänzen; auch könnten, falls er der Meinung sei, zur Sühne für diese Entheiligung des Tempels Opfer angestellt werden, wie sie die Oberpriester das vorige Mal für nötig erachtet hätten. ***5*** Auch ließen sich Schreckzeichen sehen, die man um dieselbe Zeit von mehreren Orten meldete. Im lucanischen Gebiet sollte der Himmel in Flammen gestanden haben; zu Privernum sei bei heiterem Wetter die Sonne den ganzen Tag rot gewesen, ***6*** zu Lanuvium sei im Tempel der Juno Sospita bei Nacht ein schreckliches Getöse entstanden. Ja, von mehreren Orten meldete man hässliche Missgeburten von Menschen und Tieren. Im sabinischen Gebiet war ein Kind geboren, von dem man nicht wusste, ob es männlichen oder weiblichen Geschlechtes sei; man fand noch ein anderes, schon 16 Jahre alt, ebenfalls ungewissen Geschlechtes. ***7*** Zu Frusino kam ein Lamm mit einem Schweinskopf, zu Sinuessa ein Schwein mit einem Menschenkopf zur Welt, in Lucanien auf einer Staatsmeierei ein Füllen mit fünf Füßen. ***8*** Alle diese Erscheinungen hielt man für grauenhafte Unregelmäßigkeiten, für Fehlgriffe der bei der Erzeugung des einen sich auf ein anderes verirrenden Natur. Als besondere Unglückszeichen verabscheute man die Zwitter und ließ sie sogleich ins Meer werfen, so wie man noch vor Kurzem unter den Konsuln Gaius Claudius und Marcus Livius eine ebenso schauderhafte Zwittergeburt im Meer versenkt hatte. ***9*** Noch mehr, man ließ wegen dieses drohenden Zeichens die Zehnmänner die heiligen Bücher einsehen. Nach Angabe der Bücher verordneten die Zehnmänner dieselben heiligen Feierlichkeiten, die man das letzte Mal bei jener Schreckenserscheinung beobachtet hatte. Außerdem sollten drei Chöre, jeder von neun Jungfrauen, mit Absingung eines Liedes durch die Stadt ziehen und der Juno Regina ein Weihegeschenk darbringen. ***10*** Konsul Gaius Aurelius besorgte dies, wie die Zehnmänner es angeordnet hatten. Das Lied dichtete diesmal Publius Licinius Tegula, wie jenes zur Zeit der Väter Livius.

(13) Als die Konsuln, nachdem allen Anforderungen des Glaubens und Gewissens Genüge getan war – denn auch zu Locri war Quintus Minucius den Tempelräubern auf die Spur gekommen, und das Geld von dem Vermögen der Täter in den Schatz zurückgeliefert –, ***2*** auf ihre Posten abgehen wollten, erschienen mehrere von den Privatpersonen, welchen der Staat von dem Geld, das sie ihm unter dem Konsulat des Marcus Valerius und Marcus Claudius geliehen hatten, in diesem Jahr ein Drittel zahlen sollte, ***3*** vor dem Senat, denn die Konsuln hatten ihnen, da die Schatzkammer den neuen, mit einer großen Flotte und großen Heeren zu bestreitenden Krieg kaum decken konnte, schon gesagt, es sei nichts da, wovon sie bezahlt werden könnten. ***4*** Der

Senat konnte nicht umhin, ihre Klage gerechtfertigt zu finden, wenn der Staat das Geld, das sie ihm für den Punischen Krieg gegeben hätten, nun auch zum Makedonischen Krieg gebrauchen wolle. Dies ist ja geradeso, da immer ein Krieg aus dem andern hervorgehe, als ob ihr Geld, das sie so wohlwollend hergegeben hätten, ihres Verbrechens wegen vom Staat eingezogen wäre. ***5*** Da auf der einen Seite die Forderung der Einzelnen billig war, und doch auf der andern der Staat seine Schuld nicht bezahlen konnte, ***6*** so nahmen die Väter in ihrer Erklärung folgenden Mittelweg zwischen Billigkeit und Nutzen, und weil doch ein großer Teil der Gläubiger davon spreche, dass man für jeden käufliche Ländereien genug habe, und ihnen damit gedient sei, solche zu kaufen, so solle es ihnen freistehen, von den innerhalb des 50. Meilensteines gelegenen Staatsländereien einen Ankauf zu machen. ***7*** Die Konsuln sollten dieses Land schätzen lassen und zum Beweis, dass es Staatsland sei, jede Hufe mit einem As Grundzins belegen, ***8*** so dass der, der um die Zeit, wenn der Staat zahlungsfähig sei, lieber sein Geld haben wolle als den Acker, diesen dem Volk zurückgeben könne. ***9*** Mit Freuden nahmen sie diesen Vorschlag an. Man nannte dieses Land, weil es ihnen für ein Drittel ihrer Schuldforderung überlassen war, das Drittelzahlungsland (ager trientabulum).

14. Publius Sulpicius, der unmittelbar nach Ablegung der Staatsgelübde auf dem Kapitol seinen Auszug im Feldherrnpurpur mit den voraustretenden Liktoren hielt, kam darauf nach Brundisium, ***2*** und nachdem er die Freiwilligen von den alten Soldaten des afrikanischen Heeres in die Legionen eingereiht und sich aus der Flotte des Konsuls Cornelius die Schiffe ausgesucht hatte, setzte er in zwei Tagen nach seiner Abfahrt von Brundisium nach Makedonien über. ***3*** Hier traf er die Gesandten der Athener, die ihn baten, sie von der Belagerung zu befreien. Sogleich sandte er den Gaius Claudius Cento nach Athen mit 20 Kriegsschiffen und einer mäßigen Anzahl Truppen. ***4*** Denn es stand nicht der König selbst als Belagerer vor Athen. Gerade jetzt belagerte er Abydus und hatte schon in zwei Gefechten zur See seine Kräfte gegen die Rhodier und Attalos, doch ohne Glück gegen beide, versucht. ***5*** Allein außer dem ihm eigenen Unternehmungsgeist machte ihm teils das mit Syriens König Antiochos geschlossene Bündnis Mut, teils die mit ihm verabredete Teilung des ägyptischen Reiches, welche seit der Nachricht vom Tod des Königs Ptolemaeus (Philopator) beide bezweckten.

6 Übrigens hatten sich die Athener den Krieg mit Philipp durch eine gar nicht würdige Veranlassung zugezogen, weil sie von ihrem ehemaligen Wohlstand nichts als den hohen Sinn behalten hatten. ***7*** Zwei acarnanische Jünglinge gingen zur Zeit der Weihe, obgleich sie nicht geweiht waren, und ohne zu wissen, dass dies ein heiliges Verbot war, mit dem übrigen Haufen in den Tempel der Ceres. ***8*** Bald verriet sie ihre Rede, da sie einige unpassende Fragen stellten; sie wurden vor die Aufseher des Tempels geführt, und obgleich es klar war, dass sie aus Unwissenheit hineingegangen waren, dennoch, als hätten sie einen unerhörten Frevel begangen, hingerichtet. ***9*** Diese so unwürdige und feindselige Behandlung klagte das acarnanische Volk Philipp und erhielt von ihm die Erlaubnis, mit makedonischen Hilfstruppen die Athener zu bekriegen. ***10*** Dieses Heer, das anfangs Attika mit Feuer und Schwert verwüstete, kehrte mit Beute aller Art nach Acarnanien zurück. Doch dies war nur der erste Grund zur Erbitterung. Dann wurde daraus durch die zuvorkommenden Ankündigungen von Seiten des attischen Staates ein förmlicher Krieg. ***11*** Denn da König Attalos und die Rhodier als Verfolger des nach Makedonien sich zurückziehenden Philipp nach Aegina gekommen waren, ging der König, um die alte Freundschaft mit den Athenern zu erneuern und zu befestigen, in den Piräus über. ***12*** Alle Bürger mit Frau und Kind strömten hinaus ihm entgegen; bei seinem Einzug in die Stadt empfingen ihn die Priester im heiligen Schmuck, und es fehlte nicht viel, man hätte die Götter selbst zu seinem Empfang von ihren Sitzen aufgestört.

(15) Das Volk wurde sogleich zur Versammlung gerufen, weil ihm der König seine Beschlüsse persönlich mitteilen wollte. Dann aber hielt er es für besser, seine Meinung schriftlich abzugeben,

2 als entweder bei Aufzählung seiner Verdienste um den attischen Staat oder bei den Freudenbezeigungen und dem wiederholten Zuruf der Volksmenge, die durch übertriebene Äußerung ihres Beifalls der Bescheidenheit lästig würde, als der Errötende dazustehen. **3** Das an die Versammlung geschickte und ihr vorgelesene Schreiben erwähnte zuerst seine Wohltaten gegen den verbündeten Staat, dann seine Taten gegen Philipp, **4** und zuletzt forderte er die Athener auf, den Krieg zu wählen, da sie jetzt ihn, da sie die Rhodier, und noch mehr, da sie auch die Römer zu Gehilfen hätten. Vergebens würden sie nachher, wenn sie jetzt zauderten, nach der verlorenen Gelegenheit sich umsehen. **5** Darauf bekamen die Gesandten von Rhodos Gehör. Sie hatten sich in diesen Tagen ein Verdienst erworben, insofern sie vier attische, von den Makedoniern eroberte und diesen wieder abgenommene Kriegsschiffe abgeliefert hatten. Daher wurde der Krieg gegen Philipp mit allgemeiner Bestimmung beschlossen. **6** Nun erhielten zuerst der König Attalos, dann auch die Rhodier maßlose Ehrenbezeigungen. Damals machte man zum ersten Mal den Vorschlag, die zehn alten Bezirke mit einem neuen, unter der Benennung des Attalischen, zu vermehren; **7** der Staat von Rhodos erhielt für sein Verdienst einen goldenen Kranz zum Geschenk, und den Rhodiern wurde das Bürgerrecht erteilt, wie es die Rhodier schon früher den Athenern erteilt hatten. **8** Hierauf begab sich König Attalos wieder nach Aegina zu seiner Flotte. Die Rhodier segelten von Agina nach Keos, von da zwischen den Inseln durch nach Rhodos, nachdem sie diese alle bis auf das mit Makedoniern besetzte Andrus, Parus und Cythnus in ihren Bund aufgenommen hatten. **9** Den Attalos hielt zu Aegina die Absendung seiner Boten nach Aetolien und die Erwartung einer Gesandtschaft von dort in ziemlich langer Untätigkeit. **10** Sowenig es ihm gelang, die Aetoler zur Ergreifung der Waffen aufzuwiegeln, da sie des mit Philipp abgeschlossenen Friedens, so gut er sich hatte machen lassen wollen, froh waren, **11** so gewiss hätte er selbst samt den Rhodiern, hätten sie jetzt den Philipp nicht losgelassen, die ehrenvolle Auszeichnung, Griechenlands Befreier zu sein, davongetragen; da sie diesem aber Zeit ließen, wieder in den Hellespont hinüberzugehen und durch Eroberung vorteilhafter Plätze in Thrazien sich zu verstärken, so gaben sie dem Krieg Nahrung und überließen den Ruhm, ihn ausgefochten und beendigt zu haben, den Römern.

(16) Philipp ging mehr mit königlicher Gesinnung zu Werk. Waren ihm auch Attalos und die Rhodier als Feinde überlegen gewesen, so schickte er dennoch, ohne sich selbst durch den bevorstehenden römischen Krieg schrecken zu lassen, **2** einen seiner Unterfeldherren, den Philokles, mit 2000 Mann zu Fuß und 200 zu Pferd zur Verheerung des attischen Gebietes ab, übergab dem Heraklides die Flotte, **3** um nach Maronea zu steuern, und ging selbst mit 2000 Mann leichter Truppen zu Fuß und 200 zu Pferd zu Lande ebendahin. **4** Und Maronea eroberte er beim ersten Angriff, gewann auch Anus, freilich mit vieler Mühe, doch zuletzt durch Verrat des Ganymedes, eines Unterfeldherrn des Ptolemaeus; dann besetzte er andere kleine Festungen der Reihe nach, Cypsela, Doriscus und Serrheum, **5** rückte nach der Chersones vor, unterwarf sich Elaeus und Alopeconesus, die sich ihm freiwillig übergaben; auch Callipolis und Madytos ergaben sich nebst einigen anderen geringeren Festungen. **6** Nur die Einwohner von Abydus verschlossen dem König ihre Tore, ohne einmal seine Gesandten zuzulassen. Die Bestürmung dieser Stadt hielt Philipp lange auf, und wären nicht Attalos und die Rhodier langsam gewesen, so hätte sie entsetzt werden können. **7** Attalos schickte nur 300 Mann zu ihrer Verteidigung, und die Rhodier von ihrer Flotte, die doch bei Tenedos stand, einen einzigen Vierruderer. **8** Als nachher, als die Eingeschlossenen die Belagerung kaum mehr aushalten konnten, auch Attalos nach Tenedos überging, zeigte er ihnen die erhoffte Hilfe nur in der Nähe, ohne seine Bundesgenossen zu Wasser und zu Land zu unterstützen.

(17) Die Abydener hielten anfangs durch ihre auf der Mauer aufgestellten Geschütze nicht nur die zu Lande Stürmenden vom Hinansteigen ab, sondern beunruhigten selbst die feindlichen

Schiffe zur See. *2* Endlich, als schon ein Teil der Mauer in Trümmern lag und sich der Feind durch Minen auch der inneren eiligst aufgeworfenen Mauer näherte, schickten sie Gesandte an den König, die Bedingungen der Übergabe zu verabreden. *3* Sie verlangten die Erlaubnis, den rhodischen Vierruderer mit den Seeleuten wie auch die Truppen des Attalos abziehen zu lassen, und für ihre Person, jeder nur mit einem Gewand aus der Stadt gehen zu dürfen. *4* Da aber Philipp die Gesandten keine Schonung hoffen hieß, wenn ihm nicht alles überlassen würde, steigerte der erstattete Bescheid den Unwillen und die Verzweiflung der Abydener zum Grimm, *5* so dass sie sich der Wut der Saguntiner überließen und Befehl gaben, alle Frauen in den Dianatempel, die freigeborenen Knaben und Jungfrauen, selbst die Unmündigen mit ihren Ammen, in die Übungsschule zu sperren, *6* Gold und Silber auf den Stadtplatz zusammenzutragen, die kostbaren Kleider auf das Schiff von Rhodos und eins von Cyzicus zu bringen, die im Hafen lagen, Priester und Opfertiere herbeizuholen und in der Mitte Altäre zu errichten. *7* Hier wurde zuerst ein Ausschuss ernannt, der, sobald er sehen würde, dass die vor der zertrümmerten Mauer kämpfende Linie der Ihrigen gefallen sei, sogleich die Frauen und Kinder töten, Gold und Silber und die auf die Schiffe gebrachten Kleider ins Meer werfen, *8* soviel als möglich öffentliche und Privathäuser in Brand stecken sollte, *9* und nach einer von den Priestern ihm vorgesagten Verfluchungsformel sich zur Ausführung dieser Tat verpflichten ließ; dann schwuren auch alle unter den Waffen Stehenden, dass keiner lebend aus der Schlacht zurückkehren würde, wenn er nicht gesiegt hätte. *10* Treu ihrem den Göttern gegebenen Wort kämpften sie so hartnäckig, dass der König, obgleich die Nacht die Kämpfenden geschieden hätte, durch ihre Wut geschreckt, zuerst vom Kampf abließ. *11* Da nun ihre Vornehmen, welche die grässlichere Hälfte der Tat auszuführen hatten, die kleine Anzahl sahen, die vom Kampf noch übrig und von Wunden und Entkräftung erschöpft war, so schickten sie mit Tagesanbruch ihre Priester in ihrem Schmuck zu Philipp, um ihm die Stadt zu übergeben.

18. Noch vor der Übergabe kam von den drei römischen Gesandten, welche nach Alexandrien gegangen waren, auf die Nachricht von der Belagerung der Stadt Abydus, der jüngste, Marcus Aemilius – so hatten sie es unter sich ausgemacht – zu Philipp. *2* Als der König auf die ihm deshalb gemachten Vorwürfe, dass er den Attalos und die Rhodier angegriffen habe und gerade jetzt Abydus belagere, zur Antwort gab, Attalos und die Rhodier hätten ihn mit Krieg überzogen, sagte Aemilius: *Sind etwa auch die Abydener gegen dich die Angreifenden gewesen?* *3* Nicht gewohnt, die Wahrheit zu hören, nahm er diese Worte für eine zu unverschämte Äußerung gegen einen König. *Deine Jugend*, sprach er, *deine Bildung und mehr als dies alles, dein Römername, macht dich dreister als du sein solltest. 4 Ich für meine Person möchte am liebsten, ihr hieltet, der gemachten Zusage eingedenk, mit mir Frieden. Solltet ihr mich aber zum Krieg auffordern, so bin auch ich willens, euch fühlen zu lassen, dass der Thron und der Name von Makedonien des Ruhmes im Krieg so viel hat wie der römische.* *5* So entließ Philipp den Gesandten, nahm das im Haufen zusammengetragene Gold und Silber hin, ging aber aller Gefangenen verlustig. *6* Denn der Volkshaufe wurde von einer solchen Wut ergriffen, dass plötzlich alle, in der Meinung, man habe die kämpfend Gefallenen verraten, und unter gegenseitigen Vorwürfen des Meineides – die namentlich die Priester hören mussten, weil sie diejenigen, denen sie selbst die Weihe zum Tod gegeben, durch Übergabe lebend dem Feind ausgeliefert hätten –, *7* dass plötzlich alle auseinandersprengten, um die Frauen und Kinder zu töten, und sie sich selbst durch alle Arten des Todes mordeten. Staunend über diese Wut rief der König seine Truppen vom Eindringen zurück und sagte, er verleihe den Abydenern drei Tage zum Sterben. *8* Und in dieser Zeit übten die Besiegten mehr Untaten gegen sich selbst aus, als die erbitterten Sieger sich erlaubt hätten, und es kam nicht einer lebend in feindliche Gewalt, wenn ihn nicht etwa Ketten oder sonst ein Zwang am Sterben verhinderten. Philipp belegte

Abydus mit einer Besatzung und kehrte in sein Reich zurück. ***9*** Da ebenso wie bei Hannibal die Zerstörung Sagunts bei Philipp das Unglück der Abydener den Entschluss zum Krieg mit Rom gereift hatte, erfuhr er unterwegs, der Konsul sei schon in Epirus und habe die Landtruppen nach Apollonia, die Seemacht aber nach Korkyra in die Winterquartiere gelegt.

(19) Unterdessen bekamen die wegen Hamilkars, der sich an die Spitze eines gallischen Heeres gestellt hatte, nach Afrika geschickten Gesandten von den Karthagern die Antwort, sie könnten weiter nichts tun, als dass sie ihn mit der Landesverweisung belegten und seine Güter konfiszierten. ***2*** Die Überläufer und entflohenen Sklaven, die sie hätten ausfindig machen können, hätten sie ausgeliefert und würden auch deshalb Gesandte nach Rom schicken, die den Senat zufriedenstellen sollten. Sie schickten 200 000 Scheffel Weizen nach Rom und 200 000 zum Heer nach Makedonien. ***3*** Von da gingen die Gesandten nach Numidien zu den Königen. Dem Masinissa überreichten sie Geschenke und richteten ihre Aufträge aus. Obgleich er 2000 numidische Reiter stellen wollte, nahmen sie doch nur 1000 an. ***4*** Er selbst besorgte deren Einschiffung und sandte sie nebst 200 000 Scheffel Weizen und 200 000 Scheffel Gerste nach Makedonien. ***5*** Der dritte, zu welchem die Gesandtschaft ging, war Vermina. Er kam den Gesandten an die äußersten Grenzen seines Reiches entgegen und überließ die vorzuschreibenden Friedensbedingungen ihrer Willkür. Jeder Friede mit dem römischen Volk, sagte er, werde für ihn vorteilhaft und billig sein. Sie stellten die Friedensbedingungen auf und forderten ihn auf, zu deren Bestätigung Gesandte nach Rom zu schicken.

(20) Um diese Zeit kehrte Lucius Cornelius Lentulus als Prokonsul aus Spanien zurück. ***2*** Als er im Senat seine so viele Jahre hindurch mit Tapferkeit und Glück vollführten Taten auseinandergesetzt und um die Erlaubnis angehalten hatte, triumphierend in die Stadt einzuziehen, ***3*** erklärte der Senat, seine Taten verdienten den Triumph, allein es liege kein Beispiel der Vorfahren vor, dass jemand, ohne auf dem Posten eines Diktators, Konsuls oder Prätors zu stehen, triumphiert habe. ***4*** Er aber habe die Geschäftsführung in Spanien als Prokonsul, nicht als Konsul oder Prätor bekommen. ***5*** Doch schlug man den Mittelweg ein, ihn im kleinen Triumph seinen Einzug halten zu lassen, wiewohl nicht ohne Widerspruch von Seiten des Volkstribuns Tiberius Sempronius Longus, welcher behauptete, dies werde ebenso wenig der Sitte der Vorfahren als irgendeinem Beispiel gemäß sein. ***6*** Endlich gab der Tribun dem einstimmigen Willen des Senates nach, und zufolge eines Senatsbeschlusses zog Lucius Lentulus im kleinen Triumph zur Stadt ein. ***7*** An Beute lieferte er 44 000 Pfund Silber, 2450 Pfund Gold ab und gab jedem Soldaten von der Beute 120 As.

(21) Schon war das konsularische Heer von Arretium nach Ariminum geführt, und 5000 Mann latinischer Bundestruppen waren aus Gallien nach Etrurien gegangen. ***2*** Daher schlug Lucius Furius, der in Eilmärschen gegen die jetzt gerade Cremona belagernden Gallier herangezogen war, in einer Entfernung von 1500 Schritten ein Lager auf, dem Feind gegenüber. ***3*** Er hätte eine herrliche Tat ausführen können, wenn er sein Heer sogleich vom Marsch zur Erstürmung des feindlichen Lagers geführt hätte. ***4*** Überall auf dem Feld streiften sie zerstreut umher, ohne eine hinlängliche Besatzung zurückzulassen. Er fürchtete aber, seine Truppen möchten zu sehr erschöpft sein, weil der Zug sehr schnell gegangen war. ***5*** Die Gallier, denen das Geschrei der Ihrigen das Zeichen zum Rückzug vom Feld gab, ließen die Beute, die sie schon in Händen hatten, fahren, eilten in ihr Lager zurück und rückten am folgenden Tag in Schlachtordnung aus. ***6*** Auch die Römer zögerten nicht mit dem Kampf. Sie hatten aber kaum Zeit sich zu ordnen, so schnellen Laufes kamen die Feinde zum Kampf heran. ***7*** Der rechte Heerhaufen – das Heer der Bundesgenossen war damals in zwei Haufen geteilt – wurde in die vordere Linie gestellt, im Hintertreffen standen die zwei römischen Legionen. ***8*** Den rechten Heerhaufen führte Marcus Furius, die Legionen Marcus Caecilius, die Reiterei Lucius Valerius Flaccus, sämtlich Legaten. ***9*** Zwei andere Legaten,

den Gnaeus Laetorius und Publius Titinius, hatte der Prätor an seiner Seite, um alles beobachten und jedem unvorhergesehenen Angriff der Feinde begegnen zu können. ***10*** Anfangs hofften die Gallier, wenn sie mit ihrer ganzen Masse auf einen Punkt drängten, den rechten Heerhaufen, der in der Vorderlinie stand, erdrücken und niedertreten zu können. ***11*** Als ihnen dies nicht nach Wunsch gelang, versuchten sie, die feindlichen Flügel zu umgehen und die Linie einzuschließen, was ihnen bei ihrer Menge gegen so wenige leichter vorkam. ***12*** Als dies der Prätor bemerkte, ließ er, um ebenfalls seine Linie zu dehnen, die beiden Legionen aus dem Hintertreffen sich rechts und links dem in der ersten Linie kämpfenden Heerhaufen anschließen; ja er gelobte, wenn er heute die Feinde schlüge, dem Jupiter einen Tempel. ***13*** Dem Lucius Valerius befahl er, auf der einen Seite die Reiter beider Legionen, auf der anderen die Reiterei der Bundesgenossen gegen die feindlichen Flügel loszulassen und sie zu hindern, die Schlachtreihe zu umgehen. ***14*** Zugleich ließ er selbst, als er die Linie der Gallier in der Mitte durch die Abführung ihrer Flügel geschwächt sah, seine Soldaten geschlossen anrücken und die Glieder durchbrechen. ***15*** Von der Reiterei wurden die Flügel, vom Fußvolk das Mitteltreffen geschlagen. Und plötzlich flohen die Gallier, als sie auf allen Seiten schrecklich niedergehauen wurden, und eilten in ungeordneter Flucht ihrem Lager zu. ***16*** Die Reiterei setzte den Fliehenden nach, und bald machten auch die nachgefolgten Legionen einen Angriff auf das Lager. ***17*** Aus diesem retteten sich nicht volle 6000 Mann, über 35 000 wurden niedergehauen oder eine Beute der Römer, nebst 70 Fahnen und mehr als 200 mit vieler Beute beladene gallische Wagen. ***18*** In dieser Schlacht fielen der Punier Hamilkar und drei angesehene gallische Feldherren. Gegen 2000 gefangen gewesene Freigeborene aus Placentia wurden der Kolonie zurückgegeben.

(22) Der Sieg war groß und erregte große Freude in Rom. ***2*** Auf den eingegangenen Bericht wurde ein dreitägiges Dankfest angeordnet, von den Römern und ihren Bundesgenossen waren in der Schlacht gegen 2000 gefallen, hauptsächlich von dem rechten Heerhaufen der Verbündeten, den die Feinde gleich anfangs mit großer Überlegenheit angriffen. ***3*** Hatte auch der Prätor den Krieg beinahe beendet, so ging doch der Konsul Gaius Aurelius, als er seine Geschäfte in Rom besorgt hatte, nach Gallien und übernahm vom Prätor das siegreiche Heer. ***4*** Der andere Konsul, der ungefähr zu Ende des Herbstes auf seinem Posten eintraf, überwinterte in der Gegend von Apollonia. ***5*** Als Gaius Claudius und die römischen Dreiruderer, die, wie ich oben gesagt habe, von der bei Korkyra auf das Land gebrachten Flotte nach Athen gehen mussten, im Piräus eingelaufen waren, hatte ihre Ankunft den schon verzagenden Bundesgenossen große Hoffnung eingeflößt. ***6*** Denn teils hatten nun die Streifzüge zu Lande von Korinth aus, die gewöhnlich über Megara ins attische Gebiet unternommen wurden, ein Ende, ***7*** teils getrauten sich die Kaperschiffe von Chalkis, welche den Athenern nicht bloß das Meer, sondern auch die ganze Küstengegend unsicher gemacht hatten, nicht allein nicht mehr um Sunium herumzusegeln, sondern sie wagten sich nicht einmal aus der Meerenge des Euripus ins offene Meer. ***8*** Nun kamen noch zu jenen drei rhodische Vierruderer, und man hatte auch drei attische unbedeckte Schiffe, die zur Verteidigung der Küstengegend ausgerüstet waren. Da bot sich dem Claudius, der für jetzt damit zufrieden gewesen wäre, mit dieser Flotte die Stadt Athen und ihr Gebiet zu decken, sogar die Gelegenheit, noch etwas mehr zu tun.

(23) Flüchtlinge von Chalkis, von den königlichen Machthabern durch Misshandlungen vertrieben, zeigten ihm an, Chalkis könne ohne Schwertstreich genommen werden; ***2*** denn die Makedonier streiften, weil kein Feind in der Nähe zu fürchten sei, nach allen Seiten umher, und die Einwohner, voll Vertrauen auf die makedonische Besatzung, dächten nicht daran, die Stadt zu bewachen. ***3*** Infolge dieser Aussage lief er aus, und obgleich er so früh bei Sunium ankam, dass er noch bei Tag bis zum Eingang der Meerenge von Euböa hätte weitersegeln können, so ließ er

doch, um nicht entdeckt zu werden, wenn er um das Vorgebirge herumkäme, die Flotte bis zur Nacht sich vor Anker legen. ***4*** Beim ersten Dunkeln fuhr er ab, und da er bei ruhiger See nach Chalkis kam, nahm er kurz vor Tagesanbruch auf der unbewohntesten Seite der Stadt mit wenigen Truppen den nächsten Turm und die Mauer ringsum durch Sturmleitern, weil an einigen Stellen die Wachen schliefen, an anderen gar keine waren. ***5*** Als sie weiterhin in eine bewohntere Gegend kamen, machten sie die Wachen nieder, erbrachen ein Tor und ließen alle übrigen Truppen ein. ***6*** Von hier zerstreuten sie sich über die ganze Stadt, die dadurch in noch größeren Aufruhr geriet, dass die Häuser am Marktplatz in Brand gesteckt wurden. ***7*** Die königlichen Kornkammern und das Zeughaus mit einem großen Vorrat von Rüstzeugen und Geschützen gingen in Flammen auf. Nun begann überall das Gemetzel unter den Fliehenden und den sich Wehrenden, ***8*** und wie schon alles, was die Waffen tragen konnte, entweder niedergehauen oder in die Flucht geschlagen war, selbst Sopater aus Acarnanien, Befehlshaber der Besatzung, gefallen war, brachten sie die ganze Beute zuerst auf dem Marktplatz zusammen und luden sie dann auf die Schiffe. ***9*** Die Rhodier öffneten auch das Gefängnis und entließen die Gefangenen, welche Philipp hier seiner Meinung nach in die sicherste Verwahrung gegeben hatte. ***10*** Nachdem sie noch die Standbilder des Königs umgestürzt und verstümmelt hatten, schifften sie auf das gegebene Zeichen zum Rückzug sich ein und segelten in den Piräus zurück, von wo sie gekommen waren. ***11*** Hätten die Römer so viele Truppen gehabt, dass sie Chalkis hätten behaupten können, ohne die Beschützung Athens aufzugeben, so waren – gleich als erste Tat bei Eröffnung des Krieges bedeutend – Chalkis und der Euripus dem König genommen; ***12*** denn so wie der Pass Thermopylae zu Lande, so schließt die Meerenge des Euripus Griechenland zur See.

(24) Philipp war damals in Demetrias. Als hier die Nachricht vom Unglück seiner Bundesstadt eintraf, brach er, freilich zu spät, um den Unglücklichen zu helfen, aber doch, nächst der Hilfe das Tröstendste, ***2*** ihnen Rache zu schaffen, sofort auf mit 5000 Mann leichter Truppen zu Fuß und 300 Reitern und eilte beinahe im Lauf nach Chalkis, in der festen Überzeugung, die Römer zu überraschen. ***3*** Als ihm diese Hoffnung fehlschlug, und er zu weiter nichts angekommen war als zu dem kläglichen Anblick einer halb zerstörten und noch rauchenden Bundesstadt, die kaum noch Menschen genug behalten hatte, um die im Kampf Gebliebenen zu beerdigen, ging er ebenso schnell, wie er gekommen war, über die Brücke des Euripus und zog durch Böotien gegen Athen in der festen Überzeugung, dem gleichen Beginnen werde auch der gleiche Erfolg entsprechen. ***4*** Und dieser wäre ihm zuteil geworden, wenn nicht ein vorausgeeilter Kundschafter – die Griechen nennen diese Tageläufer, weil sie in einem Tag eine ungeheure Strecke zurücklegen –, der den Zug des Königs von einer Warte aus beobachtet hatte, um Mitternacht nach Athen gekommen wäre. ***5*** Hier herrschte dieselbe Schlaftrunkenheit, dieselbe Nachlässigkeit, welche wenige Tage zuvor Chalkis preisgegeben hatte. ***6*** Von dem Lärm machenden Boten aufgeweckt, ließ der attische Feldherr und Dioxippus, unter welchem die Kohorte der besoldeten Hilfstruppen stand, sobald sie ihre Soldaten auf den Markt zusammengerufen hatten, von der Burg aus ein Zeichen mit der Trompete geben, um jeden von der Ankunft der Feinde zu benachrichtigen. ***7*** So eilte man von allen Seiten an die Tore und auf die Mauern. Philipp, der wenige Stunden nachher, wiewohl noch lange vor Tagesanbruch, der Stadt sich näherte, machte, wie er die vielen Lichter bemerkte und wie natürlich bei einem solchen Auflauf das Getöse der durcheinander eilenden Menschen hörte, Halt ***8*** und ließ sein Heer sich lagern und ausruhen, um mit offenbarer Gewalt zu Werk zu gehen, weil ihm die List nicht gelungen war. ***9*** Auf der Seite von Dipylon rückte er an. Dies gleichsam in der Mündung der Stadt ragende Tor ist weit größer und weiter als die übrigen, und innerhalb und außerhalb desselben sind die Wege breit, so dass nicht nur die Bürger vom Marktplatz bis ans Tor in Schlachtreihe aufrücken konnten, sondern auch ein beinahe 1000 Schritte breiter Fußweg,

der nach der Übungsschule der Akademie führte, den feindlichen Truppen zu Fuß und zu Pferd freien Raum gab. ***10*** Die Athener, die ihre Linie hinter dem Tor aufstellten, rückten mit den Truppen des Attalos und der Kohorte des Dioxippus auf diesem Fußweg aus. ***11*** Als sie Philipp sah, spornte er, in der Hoffnung, die Feinde schon in seiner Gewalt zu haben und in einem längst gewünschten Gemetzel unter ihnen seine Rache zu sättigen - denn keine von allen griechischen Städten war ihm verhasster - unter dem Zuruf an seine Truppen, sie möchten ihren Blick auf ihn gerichtet kämpfen und nicht vergessen, ***12*** dass da die Fahnen, da die Linie stehen müssten, wo der König sei, sein Pferd auf die Feinde, ***13*** zugleich von Zorn und Ruhmsucht entflammt, weil er sich die Auszeichnung versprach, vor der großen Menge Menschen, welche die Mauern auch als Zuschauer erfüllten, sich im Kampf sehen zu lassen. ***14*** Weit vor die Linie sprengte er mit einer kleinen Anzahl Reiter mitten unter die Feinde und erregte bei den Seinigen so große Kampflust wie unter den Feinden Verwirrung. ***15*** Er setzte denen, die er in Menge aus der Nähe und Ferne verwundet und in das Tor zurückgetrieben hatte, in Person nach, und nachdem er von ihnen im Drang der Verwirrung noch mehrere erlegt hatte, gelang es ihm, von seinem unbesonnenen Schritt sich ohne Schaden zurückzuziehen, ***16*** weil die auf den Türmen des Tores Stehenden, um nicht die mit den Feinden gemischten Ihrigen zu treffen, ihr Geschoss anhielten. ***17*** Als hierauf die Athener ihre Truppen innerhalb der Mauer halten ließen, gab auch Philipp das Zeichen zum Rückzug und schlug auf dem Kynosarges – hier steht ein Herculestempel, auch eine Übungsschule, und das Ganze umschließt ein Hain – sein Lager auf. ***18*** Und nun wurden Kynosarges, das Lyzeum, jedes Heiligtum und jede schöne Anlage in der Umgebung der Stadt in Brand gesteckt, nicht allein die Gebäude, sondern auch die Gräber wurden zerstört, und die ungezügelte Wut ließ weder das den Göttern noch das den Menschen Gehörende stehen.

(25) Am folgenden Tag, als die Tore, die anfänglich geschlossen waren, jetzt plötzlich geöffnet wurden, weil die Truppen des Attalos von Aegina und die Römer vom Piräus in die Stadt gerückt waren, verlegte der König sein Lager auf beinahe 3000 Schritte rückwärts von der Stadt. ***2*** Da er von hier nach Eleusis marschiert war, um den dortigen Tempel und die den Tempel deckende und umschließende Festung zu überrumpeln, die Wachen aber durchaus nicht vernachlässigt fand, und die Flotte vom Piräus der Stadt zu Hilfe kommen sah, gab er seinen Plan auf, rückte nach Megara und von dort gleich weiter nach Korinth. Als er aber hörte, zu Argos werde Bundestag der Achäer gehalten, erschien er, den Achäern unerwartet, in der Versammlung. ***3*** Sie berieten über den Krieg gegen den Tyrannen der Spartaner, Nabis, der sogleich, als er die Hilfstruppen der Achäer sich verlaufen sah, weil die Achäer den Oberbefehl an Philopeomene statt dem Kykliadas übertragen hatten, der als Feldherr jenem durchaus nicht gleichkam, den Krieg erneuert hatte, die Länder seiner Nachbarn verheerte und selbst den Städten furchtbar wurde. ***4*** Als sie sich berieten, wie viele Truppen jede Stadt gegen diesen Feind zu stellen habe, erklärte sich Philipp bereit, die Sorge für Nabis und die Spartaner auf sich zu nehmen ***5*** und nicht bloß das Gebiet seiner Verbündeten vor Plünderungen zu schützen, sondern sogleich mit seinem Heer in Lakomen einzurücken und alle Schrecken des Krieges dorthin zu verlegen. ***6*** Als diese Erklärung mit unglaublichem Beifall aufgenommen wurde, fuhr er fort: *Doch fordert die Billigkeit, dass mein eigenes Land, während meine Waffen das eurige decken, nicht von Truppen entblößt ist. 7 Seid ihr damit zufrieden, so rüstet so viele Truppen aus, als zur Besetzung von Oreum, Chalkis und Korinth genügen, damit ich mein Eigentum im Rücken sicher weiß und ohne Besorgnis den Krieg mit Nabis und Sparta anfangen kann.* ***8*** Es entging den Achäern nicht, was er mit diesem großmütigen Versprechen und der angebotenen Hilfe gegen die Spartaner beabsichtige, dass er es nur darauf anlege, die achäischen Krieger als Geiseln der Peloponnes zu entführen, um die Nation in den Krieg mit Rom zu verwickeln. ***9*** Kykliadas, Prätor der Achäer, hielt es für unnötig,

dies zu rügen, schützte vor, es sei gegen die Gesetze der Achäer, etwas anderes vorzutragen, als wozu sie zusammengekommen seien, ***10*** und entließ nach Abfassung des Beschlusses, gegen Nabis ein Heer aufzustellen, die Versammlung, die er mit Entschlossenheit und Freimütigkeit geleitet hatte, er, den man bis dahin unter die Schmeichler des Königs zählte. ***11*** Philipp, der seine große Hoffnung vereitelt sah, ging mit einigen Freiwilligen, die er zusammenbrachte, nach Korinth und von da nach Attika zurück.

(26) In denselben Tagen, als Philipp in Achaia war, überschritt einer seiner Feldherren, Philokles, der mit 2000 Thrakiern und Makedoniern zur Verheerung des attischen Gebietes von Euböa ausrückte, Eleusis gegenüber das Waldgebirge Kithaeron. ***2*** Von hier schickte er die Hälfte seiner Truppen nach allen Seiten zur Plünderung der Dörfer aus, mit der andern nahm er auf einem zum Hinterhalt tauglichen Platz eine verdeckte Stellung ein, ***3*** um die Feinde, wenn sie aus der Festung von Eleusis seine Plünderer angriffen, ehe sie sich dessen versähen, in ihrer Zerstreuung plötzlich zu überfallen. ***4*** Seine List blieb nicht unbemerkt. Er rief also die Truppen, die sich zum Plündern zerstreut hatten, zurück, versah sie mit allem Nötigen und zog nach Eleusis zur Bestürmung der Feste, zog aber mit vielen Verwundeten ab und vereinigte sich mit Philipp, der aus Achaia kam. ***5*** Nun versuchte der König ebenfalls den Angriff auf diese Feste. Allein die römischen Schiffe, die vom Piräus eintrafen, und die eingerückte Besatzung zwangen ihn, von seinem Vorhaben abzustehen. ***6*** Nun teilte er sein Heer, schickte mit der einen Abteilung den Philokles nach Athen und zog mit der andern selbst gegen den Piräus, um desto leichter, während Philokles durch Annäherung an die Mauern und durch gedrohte Bestürmung die Athener in der Stadt beisammen hielte, den schwach besetzten Piräus zu erobern. ***7*** Allein der Sturm auf den Piräus gelang ihm nicht besser als der auf Eleusis, weil hier und dort fast dieselben Verteidiger kämpften. Vom Piräus rückte er unerwartet vor Athen. ***8*** Durch einen überraschenden Ausfall mit Fußvolk und Reiterei wurde er auch hier auf dem beengenden Kampfboden einer halb zerstörten Mauer, die in zwei Armen die Verbindung Athens mit dem Piräus ausmacht, zurückgeschlagen, brach nach aufgehobener Belagerung der Stadt und abermaliger Teilung des Heeres mit Philokles zur Verheerung der Gegend auf, ***9*** und hatte er seine vorige Verwüstung durch Zerstörung der die Stadt umgebenden Gräber ausgeübt, so ließ er jetzt, ***10*** um auch nichts unentweiht zurückzulassen, die Göttertempel, in welchen sie dort als Landgemeinden ihr Heiligtum verehrten, niederreißen und verbrennen. ***11*** Attika, das bei dem leicht zu habenden Landesmarmor und dem schöpferischen Geist seiner Künstler mit Werken dieser Art vorzugsweise geschmückt war, gab dieser Wut einen reichen Stoff. ***12*** Denn der König begnügte sich nicht damit, die Tempel selbst niederzureißen und die Götterbilder umzustürzen, sondern er ließ auch die Steine zerschlagen, damit sie, auch nicht einmal in Trümmern ganz, aufeinander lägen. ***13*** Und als es ihm nun weder an unbefriedigter Rache noch an dieser Art des Stoffes zur ihrer Ausübung fehlte, ging er aus dem feindlichen Gebiet nach Böotien, ohne in Griechenland weiterhin etwas Besonderes zu vollführen.

(27) Der Konsul Sulpicius hatte damals sein Lager am Fluss Apsus zwischen Apollonia und Dyrrachium. Dorthin berief er den Unterfeldherrn Lucius Apustius und sandte ihn mit einer Abteilung Truppen auf Plünderung in das Gebiet der Feinde. ***2*** Apustius, der das äußerste Makedonien verheerte und die kleinen Festungen Korragum, Gerrunium und Orgessus beim ersten Angriff eroberte, kam vor die Stadt Antipatrea, die hinter einem schmalen Zugang lag. ***3*** Zuerst versuchte er, die zu einer Unterredung herausgerufenen Vornehmen zu überreden, sich dem Schutz der Römer anzuvertrauen. Als sie, im Vertrauen auf die Größe, auf die Mauern und Lage ihrer Stadt seine Vorstellungen verwarfen, lief er Sturm ***4*** und eroberte sie durch Waffengewalt, ließ alle Erwachsenen niedermachen, überließ die ganze Beute den Soldaten, riss die Mauern nieder und steckte die Stadt in Brand. ***5*** Dieser Schrecken bewirkte, dass sich Kodrio, eine bedeutende

und feste Stadt, ohne Schwertstreich den Römern ergab. **6** Hier ließ er eine Besatzung und nahm Knidos – ein mehr durch die andere Stadt in Asien als durch dies Städtchen bekannter Name – mit Sturm. Als der Unterfeldherr mit einer ganz ansehnlichen Beute auf dem Rückzug zum Konsul war, brachte Athenagoras, einer der königlichen Feldherren, der ihn bei dem Übergang über einen Fluss im Rücken angriff, die Letzten des Zuges in Unordnung. **7** Doch als der Legat, der auf das Geschrei der durcheinander stürzenden Seinigen sogleich zu Pferd herbeisprengte, den Zug eine Schwenkung machen, das Gepäck in die Mitte zusammenwerfen ließ und dem Feind eine Linie entgegenstellte, hielten die Truppen des Königs den Angriff der Römer nicht aus. Viele wurden getötet, noch mehr gefangen. **8** Der Legat, der sein Heer ohne Verlust dem Konsul wieder zugeführt hatte, wurde sogleich von dort wieder zur Flotte gesandt.

(28) Nach dieser für die Eröffnung des Feldzuges nicht unglücklichen Unternehmung fanden sich von den Fürsten und Großen aus Makedoniens Nachbarschaft folgende im römischen Lager ein: Pleuratus, der Sohn des Skerdilaedus, Amynander, König der Athamanen, und aus Dardanien Bato, der Sohn des Longarus. **2** Longarus hatte schon auf eigene Faust mit Philipps Vater Demetrius Krieg geführt. Auf ihr Erbieten, Hilfstruppen zu stellen, erwiderte der Konsul, von der Dardaner und des Pleuratus Beistand wolle er Gebrauch machen, wenn er in Makedonien einrücke. **3** Amynander trug er auf, die Aetoler zur Teilnahme am Krieg zu bewegen. Den Gesandten des Attalos – denn auch sie waren um diese Zeit angekommen – trug er die Bestellung auf, der König möge in seinem Winterquartier auf Aegina die Ankunft der römischen Flotte abwarten und dann mit ihr vereint den Krieg gegen Philipp wie bisher zur See fortsetzen. **4** Auch an die Rhodier ging eine Gesandtschaft ab, sie zur Teilnahme am Krieg aufzufordern. Philipps Anstalten zum Krieg – schon war er in Makedonien angekommen – waren nicht minder lebhaft. **5** Seinen noch sehr jungen Sohn Perseus, dem er einige von seinen Freunden als Leiter seiner Jugend mitgab, schickte er mit einer Abteilung seiner Truppen hin, um die Pässe bei Pelagonia zu besetzen. **6** Skiathus und Peparethus, nicht unbedeutende Städte, zerstörte er, damit sie nicht der feindlichen Flotte Beute und Vorteile gewähren könnten. An die Aetoler schickte er eine Gesandtschaft, damit dieses unruhige Volk nicht etwa bei der Ankunft der Römer seine Partei verließe.

(29) Der bei den Molern zur allgemeinen Versammlung festgesetzte Tag – sie nennen diese das Panaetolium – rückte heran. Nicht nur die Gesandten des Königs beschleunigten ihre Hinreise, um hier einzutreffen, sondern es kam auch der Legat Lucius Furius Purpureo, den der Konsul sandte. **2** Auch Gesandte von Athen fanden sich zu dieser Versammlung ein. Die neuesten Verbündeten, die Makedonier, erhielten zuerst das Wort. Sie sagten: **3** Da keine Veränderung eingetreten sei, so hätten auch sie keine Änderung zu beantragen. Denn aus denselben Gründen, aus welchen die Aetoler, sobald sie das Nachteilige ihrer Verbindung mit Rom entdeckten, mit Philipp Frieden geschlossen hätten, müssten sie diesen einmal bestehenden Frieden auch beibehalten. – **4** *Oder wolltet ihr etwa, fuhr einer der Gesandten fort, die Keckheit oder den Leichtsinn der Römer zum Muster nehmen, derselben Römer, die euren Gesandten zu Rom die Antwort erteilen ließen: Warum kommt ihr zu uns, ihr Aetoler, da ihr doch den Frieden mit Philipp ohne unsere Genehmigung geschlossen habt.* **5** *Und trotzdem verlangen sie jetzt, dass ihr im Krieg gegen Philipp auf ihrer Seite stehen sollt? Vormals stellten sie sich, als hätten sie in Hinsicht auf euch und zu eurem Schutz gegen ihn die Waffen ergriffen, und jetzt wollen sie es verwehren, dass ihr mit Philipp in Frieden lebt?* **6** *Um der Stadt Messana zu helfen, setzten sie das erste Mal nach Sizilien über, das zweite Mal, um das von den Karthagern unterdrückte Syrakus in Freiheit zu setzen.* **7** *Jetzt haben sie Messana, Syrakus und ganz Sizilien selbst, haben es als eine steuerpflichtige Provinz ihren Ruten und Beilen unterworfen.* **8** *Ihr denkt, so wie ihr jetzt zu Naupaktum nach euren Gesetzen durch die von euch gewählten Obrigkeiten Versammlung haltet, um nach eigenem freien Willen zu bestimmen, wer*

euer Freund, wer euer Feind sein soll, und um nach eurem Belieben Frieden und Krieg zu haben, so werde vielleicht den sizilischen Staaten Syrakus, Messana oder Lilybaeum zum Versammlungsort bestimmt? Nicht also. **9** *Die Versammlungen hält ein römischer Prätor ab; zu diesem stellen sie sich ein, befehlsweise hinberufen, sie sehen ihn auf einer erhabenen Richterbühne, von Beilträgern umgeben, seine Machtsprüche erteilen, über ihren Rücken ragen die Rutenbündel, über ihren Nacken die Beile, und mit jedem Jahr gibt ihnen das Los wieder einen anderen Zwingherrn.* **10** *Auch darf und kann sie dies nicht wundernehmen, da sie selbst Italiens Städte Regium, Tarent, Capua – die Nachbarinnen Roms, durch deren Trümmer es sich vergrößerte, erwähne ich jetzt nicht –, ebenfalls seinem Befehl unterwürfig sehen.* **11** *Freilich steht Capua noch da, als Grab und Denkmal eines campanischen Volkes, nachdem sie das Volk selbst zu Grabe getragen und aus dem Land gestoßen haben, als verstümmelter Staat, ohne Senat, ohne Volk, ohne Obrigkeiten, ein wahres Ungetüm, das sie mit mehr Grausamkeit für Bewohner stehen ließen, als wenn sie es vertilgt hätten.* **12** *Es ist Unsinn, die Hoffnung zu hegen, wenn wildfremde Menschen, die durch Sprache, Sitten und Gesetze weiter von uns abstehen als durch die Strecke von Meeren und Ländern, sich dieser Gegenden bemächtigen sollten, dass alsdann irgendetwas in seinem Zustand bleiben werde.* **13** *Philipps Reich erscheint euch und eurer Freiheit nicht ganz vorteilhaft; und doch hat er, als er mit Recht auf euch erbittert sein konnte, weiter nichts von euch verlangt als Frieden, und auch noch heute wünscht er nur die Gültigkeit des ihm zugesagten Friedens.* **14** *Gewöhnt fremde Legionen an diese Länder, lasst euch ihr Joch gefallen, zu spät und vergeblich werdet ihr dann, wenn ihr den Römer zum Zwingherrn habt, in Philipp einen Bundesgenossen suchen.* **15** *Auf kurze Zeit herbeigeführte Kleinigkeiten veranlassen zwischen den Aetolern, Acarnanen und Makedoniern, Völkern einer Sprache, Trennungen und Verbindungen; allein mit Ausländern, mit Barbaren, haben alle Griechen einen ewigen Krieg und werden ihn haben. Sie sind Feinde durch die Natur, welche unwandelbar ist, nicht aus Gründen, die mit jedem Tag sich ändern.* **16** *Doch meine Rede soll damit schließen, womit ich sie begann. An ebendieser Stätte habt ihr, noch dieselben Männer, mit demselben Philipp vor drei Jahren über den Frieden einen Beschluss gefasst, und eben die Römer missbilligten damals diesen Frieden, den sie jetzt nach seinem Abschluss und in seinem Bestand stören wollen. Da also das Schicksal selbst für eure Beratung alles unverändert gelassen hat, so sehe ich nicht ein, warum ihr sie ändern wolltet.*

(30) Nach den Makedoniern ließ man, selbst mit Bewilligung und auf Verlangen der Römer, die Athener auftreten, weil sie vermöge ihrer vom König erlittenen schrecklichen Misshandlung um so eher berechtigt waren, über seine Grausamkeit und Unmenschlichkeit sich mit Bitterkeit auszusprechen. *2* Nach einer jammervollen Schilderung der traurigen Verheerung und Plünderung ihres Gebietes sagten sie, sie wollten sich nicht darüber beklagen, dass ihr Feind sie feindlich behandelt habe; denn der Krieg habe seine Rechte, die man sich ebenso gefallen lassen müsse, wie man sie ausüben dürfe. *3* Niederbrennung der Saaten, Zerstörung der Häuser, Wegführung der Beute an Menschen und Herden sei für den, der dies zu leiden habe, mehr bedauernswürdig als unwürdig. *4* Allein darüber hätten sie zu klagen, dass der, welcher die Römer wildfremde und Barbaren heiße, alles, was Göttern und Menschen heilig sei, so völlig entweiht habe, dass seine erste Plünderung ein sündhafter Krieg mit den Göttern der Unterwelt und die zweite mit den Göttern des Himmels gewesen sei. *5* Alle Gräber und Denkmäler innerhalb ihrer Grenzen habe er zerstört, alle Leichen entblößt, über keinem Gebein die deckende Erde gelassen. *6* Sie hätten noch von ihren Vorfahren geweihte Tempel gehabt, welche diese als einen Gegenstand der Verehrung für sie, solange sie noch als Landgemeinden in jenen kleinen Festungen und Flecken wohnten, auch dann nicht einmal unbesucht gelassen hätten, als sie schon in einer einzigen Stadt vereinigt gewesen wären. *7* Alle diese Tempel habe Philipp mit feindlichem Feuer heimgesucht; und nun lägen zwischen den hingestürzten Pfosten der Tempel die Bildnisse der Götter *8* halbverbrannt

und verstümmelt. Was er aus dem ehemals so prächtigen und wohlhabenden Attika gemacht habe, das werde er, sobald es ihm freistehe, auch aus Aetolien und ganz Griechenland machen. ***9*** Sogar ihre Stadt hätte eine ähnliche Verunstaltung zu erwarten gehabt, wenn ihr nicht die Römer zu Hilfe gekommen wären. Denn ebendiese frevelnde Misshandlung sei auch den Göttern in der Stadt zugedacht gewesen, der Beschützerin der Burg, Minerva, dem Tempel der Ceres zu Eleusis, dem Jupiter und der Minerva im Piräus. ***10*** Da er aber nicht bloß von den Tempeln dieser Götter, sondern auch von den ihnen geweihten Mauern mit bewaffneter Hand zurückgeschlagen sei, so habe er seine Wut an den Tempeln ausgelassen, deren einziger Schutz ihre Heiligkeit gewesen sei. ***11*** Sie bäten deshalb die Aetoler inständigst, aus Mitleid mit Athen auf diesen Krieg unter Anführung der unsterblichen Götter sowie auch der nächst den Göttern das meiste vermögenden Römer sich einzulassen.

(31) Darauf sprach der römische Gesandte: *Meine Worte haben zuerst die Makedonier und dann die Athener vorweggenommen.* ***2*** *Denn da ich gekommen war, mich über Philipps Misshandlungen so vieler mit uns verbündeten Städte zu beklagen, nötigten mich die Makedonier durch ihre selbst gegen uns Römer vorgebrachten Klagen, eine Verteidigung statt der Anklage aufzustellen;* ***3*** *und da die Athener seine unerhörten und unmenschlichen Freveltaten gegen die Götter des Himmels und der Unterwelt geschildert haben, was hätten sie mir oder sonst jemandem zu weiteren Vorwürfen gegen ihn übrig gelassen?* ***4*** *Seid aber versichert, dass dieselben Klagen die Bewohner von Kios, Abydus, Aenus, Maronea, Thasos, Paros, Samos, Larisa und von Messene führen, das euch hier so nahe in Achaia liegt, und noch härtere und bittere Klagen diejenigen, denen wehe zu tun er mehr Gelegenheit hatte.* ***5*** *Denn was die Vorwürfe betrifft, die er uns gemacht hat, so bekenne ich, wenn uns diese nicht zur Ehre gereichen müssen, dass sie sich nicht entschuldigen lassen.* ***6*** *Er wirft uns Regium, Capua und Syrakus vor. Im Krieg mit Pyrrhus nahm eine von uns auf Bitte der Reginer zur Besatzung in ihre Stadt geschickte Legion die Stadt, zu deren Schutz sie hingeschickt war, frevelhafterweise in Besitz.* ***7*** *Haben wir etwa diese Untat gebilligt? Gaben wir nicht vielmehr, nachdem wir die Legion von Bösewichtern bekriegt und bezwungen hatten und sie durch Schläge und Enthauptungen ihrer Bundesgenossen hatte büßen müssen, den Reginern ihre Stadt, ihr Land und alles Eigentum nebst ihrer Freiheit und ihrer Staatsverfassung wieder?* ***8*** *Den Syrakusanern, denen wir bei ihrer Unterdrückung von auswärtigen Tyrannen, was die Sache noch unwürdiger macht, zu Hilfe gekommen waren, gaben wir, obgleich erschöpft durch die beinahe drei Jahre zu Wasser und zu Land fortgesetzte Belagerung einer so starken Festung, als selbst die Syrakusaner schon lieber ihren Tyrannen frönen als sich von uns erobern lassen wollten, die gleichfalls durch unsere Waffen eroberte und befreite Stadt dennoch zurück.* ***9*** *Auch leugnen wir nicht, dass Sizilien unsere Provinz sei, dass die Staaten, welche auf karthagischer Seite standen und im Einverständnis mit Karthago Krieg gegen uns geführt hatten, uns steuerpflichtig und zinsbar sind. Im Gegenteil wünschen wir, dass ihr und alle Völker es erfahren, dass eines jeden Schicksal sich danach richte, was er um uns verdient hat.* ***10*** *Oder sollten wir uns etwa die Bestrafung der Campaner gereuen lassen, über die sie selbst nicht einmal sich beklagen können? Diese Schurken, für welche wir beinahe 70 Jahre lang einen Krieg nicht ohne unsere großen Niederlagen mit den Samniten geführt hatten,* ***11*** *die wir zuerst durch einen Bundesvergleich, dann durch Heiratserlaubis und daraus entstehende Verwandtschaft, zuletzt noch durch Erteilung des Bürgerrechts mit uns verschmolzen hatten,* ***12*** *waren zur Zeit unseres Unglücks unter allen Völkern Italiens die Ersten, die zu Hannibal, und zwar nach kläglicher Ermordung unserer Besatzung, übertraten, die dann aus Unmut, sich von uns belagert zu wissen,* ***13*** *Hannibal den Angriff auf Rom machen ließen. Wenn weder ihre Stadt noch irgendein Mensch von ihnen vorhanden wäre, wer könnte es rügen, wir wären härter mit ihnen verfahren als sie verdient hätten?* ***14*** *Auch haben sich mehr von ihnen im Bewusstsein ihrer Freveltaten das Leben selbst genommen, als von uns mit dem Tod bestraft sind. Die Übrigen schlossen*

wir von ihrer Stadt, von ihrem Land auf die Art aus, **15** *dass wir ihnen Land und Wohnort gaben und die unschuldige Stadt unversehrt stehen ließen, so dass jeder, der sie heute sieht, dort keine Spur von Belagerung oder Eroberung findet. Doch wozu erwähne ich Capua, da wir selbst dem besiegten Karthago Frieden und Freiheit gewährt haben?* **16** *Wir haben weit mehr zu befürchten, dass wir, indem wir den Besiegten so leicht verzeihen, eben dadurch desto mehrere reizen, ihr Glück im Krieg gegen uns zu versuchen.* **17** *Dies mag zu unserer Verteidigung und zur Widerlegung Philipps gesagt sein, dessen Ermordungen in seinem häuslichen Kreis, dessen Hinrichtungen seiner Verwandten und Freunde, dessen Wollust, beinahe scheußlicher als seine Grausamkeit, euch um so bekannter sein müssen, je näher ihr Makedonien seid.* **18** *Was euch betrifft, ihr Aetoler, so hatten wir den Krieg zu eurem Schutz gegen Philipp übernommen; ihr habt ohne uns mit ihm Frieden gemacht.* **19** *Und vielleicht könnt ihr sagen, da wir mit dem Punischen Krieg beschäftigt gewesen wären, hättet ihr aus Furcht vor dem, der damals der Mächtigere war, die Friedensbedingungen angenommen. Auch wir haben, von größerer Not bedrängt, den von euch aufgegebenen Krieg ebenfalls liegen lassen.* **20** *Jetzt aber, wo wir durch die Gnade der Götter den Punischen Krieg beendet haben, wenden wir uns mit unserer ganzen Kraft gegen Makedonien, und auch euch wird die Gelegenheit geboten, der Freundschaft und Verbindung mit uns euch wieder anzuschließen, wenn ihr nicht etwa gesonnen seid, lieber mit Philipp zugrunde zu gehen als mit den Römern zu siegen.*

(32) Da nach diesen Worten des römischen Gesandten alle für die Römer gestimmt waren, sprach Damocritus, der aetolische Prätor, wie es heißt, von Philipp bestochen, ohne sich selbst für die eine oder die andere Partei zu erklären, **2** für Beratungen von wichtiger Entscheidung sei nichts nachteiliger als Übereilung. Denn die Reue folge schnell, wenn auch oft spät und unnütz, dagegen lassen zu schnell beeilte Maßregeln sich weder ungeschehen machen, noch auf den vorigen Standpunkt zurückführen. **3** Die Zeit dieser Beratung, die man seiner Meinung nach erst zur Reife kommen lassen müsse, könne gleichwohl schon jetzt dadurch bestimmt werden, **4** wenn man sogleich den Beschluss fasste, dass der Prätor, da nach den Gesetzen nur auf dem Panaetolischen oder Pylischen Landtag über Krieg und Frieden verhandelt werden dürfe, unverantwortlich gemacht werde. Wenn er, sowie er über Krieg oder Frieden verhandeln wolle, den Landtag beriefe; und dass alles, was dann zur Sprache gebracht und beschlossen würde, ebenso richtig und gültig sein solle, als ob es auf dem Panaetolischen oder Pylischen Versammlungstag vorgenommen sei. **5** Dadurch, dass man so die Gesandten unverrichteter Sache entließ, hatte er seiner Behauptung nach einen wichtigen Dienst geleistet; denn nun könne sie sich zur Partei dessen schlagen, den das Kriegsglück vor dem andern begünstigen werde. Dies waren die Verhandlungen auf dem aetolischen Landtag.

(33) Philipp rüstete sich zu Wasser und zu Lande sehr eifrig. Seine Seetruppen zog er bei Demetrias in Thessalien zusammen. **2** In der Voraussicht, dass Attalos und die römische Flotte mit Frühlingsanfang sich von Aegina aus in Bewegung setzen würden, übergab er den Befehl auf der Flotte und an der Küste Heraklidas, dem er ihn auch früher anvertraut hatte. **3** Er selbst setzte die Landtruppen instand und glaubte, den Römern zwei wichtige Unterstützungen genommen zu haben, hier die Aetoler und dort die Dardaner, denen er den Pass bei Pelagonia durch seinen Sohn Perseus gesperrt hatte. **4** Der Konsul rüstete jetzt nicht mehr zum Krieg, sondern er führte ihn schon. Er zog mit seinem Heer durch das Gebiet der Dassareten, ohne das Getreide, das er aus den Winterquartieren mitgenommen hatte, anzugreifen, weil sich so viel, wie die Truppen bedurften, in den Dörfern fand. **5** Die Städte und Flecken ergaben sich teils freiwillig, teils aus Furcht. Einige wurden erstürmt, andere fand man verlassen, weil die Barbaren in das nahe Gebirge geflüchtet waren. **6** Bei Lynkus, nahe am Fluss Bevus, schlug er sein Standlager auf. Von hier aus schickte er seine Getreideholer zu den Scheunen der Dassareten umher.

Philipp sah zwar die ganze Gegend in Aufruhr und die Einwohner in großer Bestürzung; da er aber nicht sicher wusste, nach welcher Seite sich der Konsul gewandt habe, so schickte er ein Geschwader seiner Reiterei aus, um zu erfahren, wohin die Feinde ihren Weg genommen hätten. *7* In derselben Ungewissheit war der Konsul. Dass der König aus den Winterquartieren aufgebrochen sei, wusste er, allein ohne die Gegend zu wissen, die jener gewählt habe. *8* Auch er also hatte Reiterei auf Kundschaft ausgeschickt. Diese beiden Geschwader trafen von ganz entgegengesetzten Seiten, nachdem sie lange auf ungewissen Wegen im dassaretischen Gebiet umhergestreift waren, endlich auf derselben Straße zusammen. Beide merkten die Annäherung des Feindes, sobald sie aus der Ferne das Getöse von Menschen und Rossen vernahmen. Noch ehe sie also einander zu Gesicht kamen, setzten sie Ross und Waffen instand. Und sowie sie den Feind erblickten, erfolgte der Angriff ungesäumt. *9* Es traf sich so, dass sie, auf beiden Teilen Auserlesene, an Zahl und Tapferkeit sich nicht ungleich waren, und sie kämpften mehrere Stunden mit gleicher Kraft. Die Ermüdung, der sie selbst und ihre Rosse erlagen, trennte die Kämpfenden, ohne den Sieg zu entscheiden. *10* Von den Makedoniern fielen 40 Reiter, von den Römern 35. Und doch brachten weder jene ihrem König, noch diese dem Konsul, im Mindesten gewissere Auskunft darüber, wo das feindliche Lager wäre. *11* Endlich erfuhr man es durch Überläufer, die sich immer im Krieg aus Leichtsinn dazu hergeben, den Zustand des Feindes in Erfahrung zu bringen.

(34) Philipp, der die Liebe seiner Untertanen und ihre Bereitwilligkeit, sich für ihn Gefahren auszusetzen, zu erhöhen hoffte, *2* wenn er für das Begräbnis der auf diesem Zug gefallenen Reiter Sorge trüge, ließ sie ins Lager bringen, um die Ehre ihrer Bestattung alle sehen zu lassen. *3* Nichts ist so unzuverlässig und unberechenbar wie die Empfindungen der großen Menge. Was die Menschen bereitwilliger machen sollte, jeden Kampf zu wagen, das flößte ihnen Furcht und Unlust ein. *4* Denn da sie, gewohnt mit Griechen und Illyrern zu kämpfen, nur Wunden von Spießen und Pfeilen, seltener von Lanzen gesehen hatten, so lag es ihnen hier, als sie die mit dem spanischen Schwert verstümmelten Körper mit abgeschlagenen Armen oder die mit Abhauung des ganzen Halses vom Rumpf getrennten Köpfe, das weit geöffnete Fleisch und die übrige Scheußlichkeit der Wunden erblickten, *5* zu aller Entsetzen vor Augen, gegen welche Waffen, gegen welche Männer sie zu kämpfen haben würden. Selbst den König ergriff der Schrecken, noch ehe er den Römern eine förmliche Schlacht geliefert hatte. *6* Da er also seinen Sohn und das in Dassaretiens Pässen stehende Korps zurückrief, um dadurch seine Truppen zu verstärken, eröffnete er dem Pleuratus und den Dardanern den Eingang in Makedonien. *7* Von Überläufern geführt, zog er selbst mit 20 000 Mann zu Fuß und 4000 zu Pferd gegen den Feind, befestigte etwas weiter als 200 Schritte vom römischen Lager entfernt einen Hügel nahe bei Athakus durch Graben und Wall *8* und soll, als er das römische Lager übersah, sowohl die ganze Gestalt desselben als auch die durch die Ordnung der Zelte und durch die Zwischenräume der Wege bestimmte Begrenzung jeder einzelnen Abteilung bewundert und gesagt haben, dies könne niemand für ein Lager von Barbaren ansehen. *9* Zwei Tage lang hielten der Konsul und der König, einer des andern Unternehmungen abwartend, die Ihrigen in der Verschanzung, am dritten Tag rückte der römische Feldherr mit allen seinen Truppen zur Schlachtordnung aus.

(35) Der König aber, der eine so schnelle Entscheidung durch ein allgemeines Treffen scheute, sandte 400 Trailer – sie sind, wie ich an einem andern Ort gesagt habe, ein illyrischer Stamm – und 300 Kreter, indem er diesen Fußvölkern eine gleiche Anzahl Reiter mitgab, unter Anführung eines königlichen Hofbeamten, des Athenagoras, ab, die feindliche Reiterei zu reizen. *2* Von Seiten der Römer wiederum, deren Linie nur etwas über 500 Schritte entfernt stand, wurden die Leichtbewaffneten und meistenteils die Reiterei von zwei Legionen ausgesandt, so dass ihre Reiterei und ihr Fußvolk den Feinden auch an Zahl gleichkam.

3 Die Königlichen hatten ein Gefecht erwartet, wie sie es gewohnt waren, dass nämlich die Reiterei, abwechselnd verfolgend und zurückfliehend, bald zum Schuss käme, bald den Rücken wendete, dass ihnen dann die Geschwindigkeit der Illyrer zu Ausfällen und plötzlichen Angriffen zustatten kommen, und die Kreter den wild heranstürzenden Feind mit ihren Pfeilen überschütten würden. *4* Allein diese Kampfordnung störte der ebenso standhafte wie kräftige Angriff der Römer. *5* Denn nicht anders, als ob sie in ganzer Linie kämpften, griffen die Leichtbewaffneten, als sie ihre Spieße abgeschossen hatten, zum Schwert, und die Reiter, die einmal gegen den Feind angesprengt waren, hielten die Pferde an und kämpften teils selbst von den Pferden, teils sprangen sie ab und mischten sich unter das Fußvolk. *6* So war weder die Reiterei des Königs bei ihrer Unbekanntschaft mit einem stehenden Kampf der römischen Reiterei gewachsen, noch das Fußvolk, hin und her rennende Plänkler und fast halbnackt, dem römischen Leichtbewaffneten, der seinen Schild und sein Schwert hatte und so gut zu seiner Bedeckung wie zum Angriffe auf den Feind bewaffnet war. *7* Also hielten sie den Kampf nicht aus und flohen, durch nichts als durch ihre Geschwindigkeit geschützt, in ihr Lager.

(36) Da der König, der nur einen Zwischentag verstreichen ließ, seine ganze Reiterei mit allen Leichtbewaffneten zur Schlacht aufführen wollte, hatte er in der Nacht die Schildträger – die sogenannten Peltasten – an einer günstigen Stelle zwischen beiden Lagern in einen Hinterhalt gelegt *2* und dem Athenagoras mit der Reiterei den Befehl gegeben, solange ihnen ein offener Kampf gelänge, ihr Glück zu benutzen, wo nicht, durch allmähliches Weichen den Feind auf die Stelle des Hinterhaltes zu ziehen. *3* Und wirklich wich die Reiterei; allein die Anführer der beschildeten Kohorte brachten sich dadurch, dass sie ihre Leute, ohne das Zeichen gehörig abzuwarten, zu früh in Bewegung setzten, um die Gelegenheit eines glücklichen Gefechtes. Die Römer, nicht nur im offenen Kampf Sieger, sondern auch von aller List im Hinterhalt unangefochten, kehrten in ihr Lager zurück.

4 Am folgenden Tag rückte der Konsul mit allen Truppen, an deren Spitze er die Elefanten aufstellte – von ihrer Mitwirkung machten die Römer jetzt zum ersten Mal Gebrauch, denn sie hatten im Punischen Krieg mehrere derselben gefangen genommen – in Schlachtordnung. *5* Als er sah, dass die Feinde hinter ihrem Wall gedeckt blieben, kam er, nicht ohne laute Rüge ihrer Feigheit, näher heran. Da sich aber auch jetzt niemand zum Kampf stellte, verlegte er, weil wegen der Nähe beider Lager das Futterholen zu unsicher war und die feindliche Reiterei die auf den Feldern zerstreuten Truppen sogleich überfallen konnte, um seinen Futterholungen durch die Entfernung mehr Sicherheit zu geben, *6* sein Lager fast 8000 Schritte weiter nach Ottolobus – so heißt der Ort. *7* Als die Römer aus der Nähe Getreide holten, behielt der König seine Leute anfangs im Lager, um mit der Kühnheit der Feinde zugleich ihre Sorglosigkeit steigen zu lassen. *8* Als er ihre Zerstreuung bemerkte, eilte er mit der ganzen Reiterei und den kretischen Hilfstruppen, so geschwind diese Schnellläufer zu Fuß der Reiterei folgen konnten, herbei und nahm seine Stellung zwischen dem Lager der Römer und ihren Futterholern. *9* Dann teilte er seine Truppen, sandte die eine Hälfte ab, um die zerstreuten Futterholer zu verfolgen, mit dem Befehl, keinen lebend zurückzulassen; mit der anderen besetzte er die Wege, auf denen er die nach ihrem Lager zurückeilenden Feinde erwarten konnte. *10* Schon waren Gemetzel und Flucht allgemein, und noch war nicht die geringste Kunde von diesem Unglück im römischen Lager eingetroffen, weil die Zurückfliehenden dem Posten des Königs in die Hände fielen, *11* und mehrere von ihnen von denen niedergemacht wurden, welche die Wege besetzt hatten, als von denen, welche abgeschickt waren, sie niederzuhauen. Die wenigen, die endlich mitten durch die feindlichen Posten entschlüpften, hatten in ihrer Bestürzung mehr Verwirrung als eine sichere Nachricht ins Lager gebracht.

(37) Als der Konsul den Reitern befohlen hatte, den Notleidenden, wo jeder zukommen könne, zu Hilfe zu eilen, rückte er selbst mit den Legionen aus dem Lager und führte sie in Schlachtordnung gegen den Feind. *2* Von den über die Felder zerstreuten Reitern gerieten manche auf Abwege, weil das von so verschiedenen Orten sich erhebende Geschrei sie irreführte. Andere gelangten an den Feind, und das Gefecht begann an mehreren Punkten zugleich. *3* Der Posten des Königs bestand den hartnäckigsten Kampf, denn teils machte er schon an sich durch seine Menge Truppen zu Pferd und zu Fuß beinahe ein völliges Heer aus, teils aber rannten auch, weil er den Weg in der Mitte besetzt hielt, die meisten Römer gegen ihn an. *4* Auch dadurch waren die Makedonier im Vorteil, dass ihr König als Ermunterer zugegen war, und dass die kretischen Hilfstruppen manchen unversehens verwundeten, weil sie selbst geschlossen und schussfertig ihren Feind in der Zerstreuung und Auflösung bekämpften. *5* Hätten sie sich im Verfolgen gemäßigt, so hätten sie nicht allein hinsichtlich der Ehre vom heutigen Treffen, sondern selbst für die Entscheidung des Krieges gewonnen; *6* so aber stießen sie, da sie aus Mordgier so heftig nachsetzten, auf die mit den Obersten vorausgegangenen römischen Kohorten. *7* Als die fliehenden Reiter die Fahnen der Ihrigen erblickten, kehrten sie mit ihren Pferden um gegen den aufgelösten Feind; *8* und in einem Augenblick wandte sich das Schicksal der Schlacht, so dass die die Flucht ergriffen, welche eben noch Verfolger waren. Viele kamen im Handgemenge um, viele auf der Flucht. Sie fanden den Tod nicht durch das Schwert allein, sondern viele wurden in die Sümpfe gedrängt und versanken mit ihren Pferden im tiefen Schlamm. *9* Auch der König geriet in Gefahr. Denn da sein verwundetes Pferd stürzte und er vorne über zu Boden sank, wäre er da liegend beinahe überfallen worden. *10* Sein Retter war ein Reiter, welcher schleunigst absprang und auf sein Pferd den erschrockenen König nahm. Er selbst, der zu Fuß mit der fliehenden Reiterei nicht fortkommen konnte, wurde von den auf den Sturz des Königs herandringenden Feinden niedergestochen. *11* Der König, der um den Morast herum, wo es einen Weg gab und wo es keinen gab, flüchtig fortjagte, kam endlich, als schon alle seine Rettung aufgegeben hatten, in seinem Lager an. *12* In diesem Treffen fielen 200 makedonische Reiter, beinahe 100 wurden gefangen genommen; auch nahmen die Römer zugleich mit den erbeuteten Waffen 80 kostbar geschmückte Pferde mit sich.

(38) Es hat nicht an Vorwürfen gefehlt, der König habe sich an diesem Tag zu unbesonnen, der Konsul lässig benommen. Philipp habe sich ruhig verhalten müssen, da er wusste, dass die Feinde in wenigen Tagen, wenn sie die ganze umliegende Gegend erschöpft hatten, in den äußersten Mangel geraten mussten; *2* und der Konsul, der die feindliche Reiterei und die leichten Truppen schon geschlagen und den König beinahe gefangen genommen hatte, habe sogleich auf das feindliche Lager losgehen müssen, *3* denn die Feinde hätten in einer so großen Bestürzung nicht standgehalten, und der Krieg hätte durch die Entscheidung dieses Augenblicks sein Ende erreicht. Dies ist, wie gewöhnlich, leichter gesagt als getan. *4* Freilich, wenn sich der König mit allen seinen Truppen, auch seines Fußvolkes, eingelassen hätte, so hätte man ihm vielleicht in der Verwirrung, wenn die ganze geschlagene und bestürzte Masse aus dem Treffen in ihre Verschanzungen und dann vor dem über die Werke hereinsteigenden feindlichen Sieger weiter geflohen wäre, sein Lager nehmen können. *5* Da aber sein Fußvolk ungeschwächt im Lager geblieben war, Posten an den Toren und Bedeckungen aufgestellt waren, was hätte da der Konsul weiter gewonnen, als dass er zu jener Unbesonnenheit des Königs, womit dieser kurz zuvor der geschlagenen Reiterei nachgestürzt war, selbst ein Nachbild geliefert hätte? *6* Denn sogar des Königs erste Maßregel, die im Feld zerstreuten Futterholer zu überfallen, verdiente keinen Tadel, wenn er sich in dem glücklichen Gefecht zu mäßigen gewusst hätte. *7* Dass er sein Glück versuchte, darf uns auch darum um so weniger wundernehmen, weil das Gerücht sagte, Pleuratus und die Dardaner wären

mit einem starken Heer aus ihrem Land aufgebrochen und schon in Makedonien eingedrungen. ***8*** Wäre er auf allen Seiten von so vielen Truppen umringt, so wurde es wahrscheinlich, dass die Römer den Krieg, ohne sich zu rühren, beendigen konnten. ***9*** Da nun Philipp, der nach zwei unglücklichen Gefechten seiner Reiterei einen längeren Aufenthalt an demselben Standort nicht für sicher hielt, gern, und zwar vom Feind unbemerkt, abziehen wollte, täuschte er die Feinde dadurch, dass er gegen Sonnenuntergang einen Herold an den Konsul schickte, der um Waffenstillstand zur Beerdigung der gefallenen Reiter nachsuchen musste, ***10*** und zog um die zweite Nachtwache, mit Hinterlassung vieler Wachtfeuer im Lager, in aller Stille ab.

(39) Der Konsul speiste schon, als ihm die Ankunft des Heroldes und sein Gesuch gemeldet wurde. ***2*** Da er ihm bloß sagen ließ, er werde morgen früh zu sprechen sein, erreichte Philipp, was er gewünscht hatte, die Nacht und einen Teil des folgenden Tages zum Vorsprung. Er nahm den Weg in das Gebirge, weil er wusste, dass diesen die Römer mit ihrem schwerfälligen Zug nicht einschlagen würden. ***3*** Als der Konsul, der am frühen Morgen den Herold nach Bewilligung des Waffenstillstandes entlassen hatte, bald darauf den Abzug des Feindes erfuhr, brachte er, ungewiss, auf welchem Weg er ihm folgen sollte, mehrere Tage in demselben Lager mit Einholung des Getreides zu. ***4*** Dann zog er nach Stubera und ließ aus Pelagonia alles Getreide, das auf dem Feld war, zusammenfahren. Von hier rückte er nach Pluinna vor, ohne zu wissen, nach welcher Gegend der Feind sich gewandt habe. ***5*** Philipp, der sein Standlager anfangs bei Bruanium gehabt hatte, rückte von dort auf Querwegen heran und verursachte dem Feind einen plötzlichen Schrecken. Deshalb brachen die Römer von Pluinna auf und nahmen ihr Lager am Fluss Osphagus. ***6*** Nicht weit davon lagerte sich der König ebenfalls hinter Werken, die er am Ufer eines Stromes zog; die Einwohner nennen ihn Erigonus. ***7*** Von hier eilte er, auf die sichere Nachricht, dass die Römer nach Eordaea gehen würden, zur Besetzung des engen Weges voraus, um dem Feind den in einen schmalen Pass sich verengenden Eingang unmöglich zu machen. ***8*** Hier befestigte er einige Stellen durch einen Wall, andere durch einen Graben oder durch aufgeführte Steine, die als Mauer dienen sollten, oder auch durch einen Verschlag, je nachdem es die Lage erforderte, oder sich das Material zur Bearbeitung fand, ***9*** und machte, seiner Meinung nach, den an sich schon schwierigen Weg durch die jedem Durchgang vorgeschobenen Werke unüberwindlich. ***10*** Die Gegend umher war meistens Waldung, womit sich die makedonische Phalanx gerade am wenigsten verträgt, die sich nicht sonderlich gebrauchen lässt, außer wo sie ihre überlangen Speere als eine Pfahlreihe vor ihre Schilde gepflanzt hat, und dazu muss sie freies Feld haben. ***11*** Auch den Thrakern waren ihre ebenfalls außerordentlich langen Schwerter unter den überall entgegenstehenden Baumästen hinderlich. ***12*** Die einzige Kohorte der Kreter war nicht unnütz, allein so gut sie auch gegen den Angreifenden, wenn Ross und Reiter sich aussetzten, ihre Pfeile abschießen konnte, so hatte doch auch sie, wenn ihr römische Langschilde gegenüberstanden, weder Kraft genug, diese zu durchschießen, noch irgendeine Blöße, worauf sie hätte zielen können. ***13*** Da sie also merkten, dass ihre Art des Geschosses unwirksam sei, griffen sie den Feind mit Steinen an, die überall im ganzen Tal lagen. Dies freilich mehr tosende als am wenigsten verwundende Geklapper auf ihren Schilden ließ die Römer ein Weilchen stutzen. ***14*** Dann aber verachteten sie auch dies und brachen entweder in geschlossenem Schilddach gerade durch die Feinde, ***15*** oder erstiegen auf kurzem Umweg die Höhe des Hügels und jagten die Makedonier in voller Hast von ihren Schutzwehren und Posten hinunter, und weil die Flucht, wie gewöhnlich auf verwachsenem Boden, nicht leicht war, hieben sie die meisten nieder.

(40) So war der Pass mit geringerem Kampf gewonnen, als sie vermutet hatten, und sie kamen im eordaeischen Gebiet an. Der Konsul, der die ganze Gegend verwüsten ließ, zog sich wieder in das elimäische Gebiet; von hier fiel er in die Landschaft Orestis ein und machte sich an die

auf einer Halbinsel gelegene Stadt Teletrum. *2* Ihre Mauern umschließt ein See; zu Lande hat sie nur einen einzigen Zugang über eine schmale Erdenge. Die Bürger, im Vertrauen auf ihre Lage, schlossen anfangs die Tore und verweigerten die Unterwerfung. *3* Als sie aber die Fahnen sich nähern, ein Sturmdach an ihr Tor rücken und die Erdenge vom Zug der Feinde bedeckt sahen, ergaben sie sich aus Furcht, ohne einen Kampf zu versuchen. *4* Von Keletrum rückte er in Dassaretien ein und nahm die Stadt Pelium mit Sturm. Er führte hier die Sklaven nebst der übrigen Beute ab, entließ die Freigeborenen ohne Lösegeld und gab ihnen die Stadt wieder, in die er aber eine starke Besatzung legte, *5* weil ihre Lage auch zum Einfall in Makedonien Vorteile gewährte. *6* Nach diesen Streifzügen durch das feindliche Gebiet führte er seine Truppen wieder in Freundesland nach Apollonia, von wo aus er den Feldzug eröffnet hatte.

7 Philipp hatten die Aetoler, die Athamanen, die Dardaner und so viele hier und dort unerwartet ausbrechenden Kriege eine andere Richtung gegeben. *8* Gegen die Dardaner, die sich aus Makedonien schon wieder zurückzogen, schickte er Athenagoras mit schlagfertigem Fußvolk und dem größeren Teil seiner Reiterei, mit dem Befehl, den Abziehenden im Rücken nachzusetzen und ihnen durch Einhauen in ihre Nachhut die Lust zu künftigen Heereszügen aus ihrer Heimat zu nehmen. *9* Die Aetoler hatte der Prätor Damocritus, derselbe, der zu Naupaktus mit der Kriegserklärung zu zögern riet, auf der letzten Versammlung zur Ergreifung der Waffen bewogen; denn der Ruf hatte ihm das Treffen der Reiterei bei Ottolobus gemeldet; *10* die Dardaner und Pleuratus mit den Illyrern waren in Makedonien eingefallen; noch mehr, eine römische Flotte war zu Oreum angekommen, und außer der Umzingelung von so vielen Völkern stand Makedonien auch eine Einschließung von der Seeseite bevor.

(41) Diese Gründe führten den Damocritus und die Aetoler wieder den Römern zu, und im Verein mit Amynander, dem König der Athamanen, zogen sie hin und belagerten Kerkinium. *2* Die Bürger hatten die Tore geschlossen, man weiß nicht, ob gezwungen oder aus eigenem Willen, denn sie hatten eine königliche Besatzung. *3* Doch wurde Kerkinium innerhalb weniger Tage erobert und in Brand gesteckt; alle, die diesem großen Blutbad entrannen, Freigeborene und Sklaven, wurden mit der übrigen Beute abgeführt. *4* Die Furcht vor gleicher Behandlung zwang alle Anwohner des Sees Boebe, mit Verlassung ihrer Städte in die Berge zu fliehen. *5* Und die Aetoler, die der Mangel an Beute hier wegtrieb, zogen weiter, in das perrhaebische Gebiet. Hier eroberten sie Kyretiae im Sturm und plünderten es schrecklich. Die Einwohner von Maloea, die sich gutwillig ergaben, wurden als Verbündete angenommen. *6* Amynander riet, aus Perrhaebien vor Gomphoe zu ziehen; denn Athamanien hat diese Stadt in seiner Nähe, und ihre Eroberung schien nicht viel Kampf zu kosten. *7* Allein die Aetoler wandten sich gegen die an Beute reichen Gefilde Thessaliens, wohin ihnen Amynander folgte, obgleich er ihre zügellosen Plünderungen ebenso wenig billigte, als dass sie auf gut Glück an der ersten besten Stelle ohne alle Auswahl, ohne alle Sorge für Befestigung ihr Lager aufschlugen. *8* Damit also nicht ihre Unbesonnenheit und Sorglosigkeit auch ihm und den Seinigen einen Nachteil bringen möchte, wählte er, als er sie in einer flachen Gegend ihr Lager unter der Stadt Pharcadon nehmen sah, *9* für die Seinigen etwas über 500 Schritte weiter einen Hügel, wenn dieser gleich nur geringen Schutz gewährte. *10* Als nun die Aetoler, außer dass sie plünderten, kaum daran zu denken schienen, dass sie in Feindes Land waren, die einen zerstreut und halb bewaffnet umherstreiften, die anderen im Lager ohne Posten unter Schlaf und Wein die Tage an die Nächte reihten, rückte plötzlich Philipp heran. *11* Auf die Nachricht von seiner Ankunft, die einige aus den Dörfern Zurückflüchtende in voller Bestürzung meldeten, gerieten Damocritus und die übrigen Anführer in Verlegenheit; und es war gerade Mittagszeit, wo die meisten mit vollem Magen im Schlaf lagen. *12* Da weckte der eine diesen, der andere den und befahl ihnen, sich zu bewaffnen; wieder andere wurden umhergeschickt, die in

den Dörfern zerstreuten Plünderer zurückzurufen, und es ging alles so übereilt zu, dass einige von der Reiterei sogar ohne Schwert ausrückten und die meisten keinen Panzer angelegt hatten. ***13*** So zum Lager herausgerissen trafen sie, an Reiterei und Fußvolk zusammen kaum 600 Mann stark, auf die an Zahl, Mut und Bewaffnung überlegene Reiterei des Königs. ***14*** So eilten sie denn auch, im ersten Angriff geschlagen, fast ohne ein Gefecht zu versuchen, in schimpflicher Flucht in ihr Lager zurück. Doch schnitt die Reiterei manchen vom Strom der Fliehenden ab und hieb sie nieder oder nahm sie gefangen.

(42) Philipp ließ den Seinigen, die sich schon dem Wall näherten, das Zeichen zum Rückzug geben; denn was er an Ross und Mann bei sich hatte, war erschöpft, nicht nur vom Kampf, sondern zugleich von der Länge und übereiligen Schnelligkeit des Marsches. ***2*** Daher ließ er die Reiterei nur geschwaderweise, auch die Leichtbewaffneten in abwechselnden Haufen Wasser holen und essen, und andere in den Waffen die Posten besetzen, ***3*** während er das in der schweren Rüstung langsamer ziehende Fußvolk erwartete. ***4*** Als diese Truppen ankamen, erhielten sie gleichfalls Befehl, nach aufgestellten Fahnen und vor sich hingelegten Waffen in aller Geschwindigkeit zu essen, und nur durch zwei, höchstens drei aus jedem Haufen Wasser holen zu lassen. Indessen standen die Reiterei und die Leichtbewaffneten auf jede Bewegung des Feindes bereit und schlagfertig. ***5*** Die Aetoler – denn nun hatte sich auch die in den Dörfern zerstreut gewesene Menge im Lager wieder eingefunden – stellten Bewaffnete an die Tore und auf den Wall, als wollten sie, solange sie nämlich auf unangefochtener Stätte keck dem stillliegenden Feind zusahen, ihre Befestigungen verteidigen. ***6*** Als sich aber die Fahnen der Makedonier in Bewegung setzten und sie in voller Rüstung und schlagfertig gegen den Wall herangeschritten kamen, da flohen auf einmal alle mit Hinterlassung ihrer Posten aus dem hinteren Lagertor dem Hügel zu, in das Lager der Athamanen. Auch auf dieser so eiligen Flucht wurden viele Aetoler gefangen oder niedergemacht.

7 Philipp, der sicher gehofft hatte, wenn es länger Tag geblieben wäre, auch die Athamanen aus ihrem Lager zu vertreiben, ließ sich, weil der Tag mit dem Treffen und dann mit der Plünderung des Lagers zugebracht war, auf der nächsten Ebene unter der Anhöhe nieder, mit der Absicht, in der ersten Frühe des folgenden Tages den Feind anzugreifen. ***8*** Allein ebenso mutlos wie sie ihr Lager verlassen hatten, liefen auch hier die Aetoler in der nächsten Nacht als zerstreute Flüchtlinge davon. Besonders kam ihnen hier Amynander zustatten, unter dessen Anführung die der Wege kundigen Athamanen sie über die höchsten Gebirge auf Pfaden, welche den sie verfolgenden Feinden unbekannt waren, nach Aetolien brachten. ***9*** Von den zerstreuten Flüchtlingen gerieten manche, wenn auch nicht gerade viele, in der Verirrung unter die makedonische Reiterei, welche Philipp mit Tagesanbruch, als er die Anhöhe verlassen fand, abschickte, um den Zug der Feinde zu beunruhigen.

(43) In diesen Tagen erreichte auch der königliche Feldherr Athenagoras die Dardaner auf dem Rückzug in ihr Gebiet und brachte anfangs ihre Nachhut in Unordnung. ***2*** Als sich darauf die gegen ihn umkehrenden Dardaner in Schlachtordnung stellten, kam es zur förmlichen Schlacht, in welcher sich beide gleich waren. Traten die Dardaner ihren Zug wieder an, so wurden die königlichen Truppen durch ihre Reiterei und Leichtbewaffneten den Dardanern, die ohne alle ähnliche Unterstützung und mit schwerfälligen Waffen belastet waren, äußerst beschwerlich, und die Gegend selbst kam ihnen dabei zustatten. ***3*** Getötet wurden nur wenige, verwundet mehrere, gefangen nicht einer, weil sie nicht ohne Not aus dem Glied treten, sondern, es sei im Gefecht oder auf dem Rückzuge, immer im Schluss bleiben.

4 So hatte Philipp die Unfälle, die er im Krieg gegen die Römer erlitt, dadurch wieder ausgeglichen, dass er durch diese zu rechter Zeit gemachten Züge zwei Völkerschaften in ihre Schranken zurückwies, mannhaft in seiner Unternehmung, nicht bloß im Erfolg der Glückliche. Ein zufälliges

Ereignis verminderte nachher auch die Zahl seiner Feinde, der Aetoler. *5* Scopas, der erste Mann in diesem Volk, war von König Ptolemaeus mit vielem Gold aus Alexandrien abgeschickt und führte 6000 Söldner, Fußvolk und Reiter, nach Ägypten. *6* Er hätte keinen dienstfähigen Aetoler zurückgelassen, hätte nicht Damocritus, der sie an den bevorstehenden Feldzug und an die zu erwartende Entvölkerung erinnerte – man weiß nicht, ob aus Besorgnis für den Staat oder um dem Scopas entgegen zu sein, *7* weil er nicht genug mit Geschenken bedacht war –, durch seine Zurechtweisungen einen Teil der Mannschaft im Land zurückgehalten.

Dies waren die Taten der Römer und Philipps in diesem Sommer.

(44) Die Flotte, die von Korkyra im Anfang dieses Sommers unter dem Legaten Lucius Apustius aufbrach, fuhr um Malea herum und vereinigte sich in der Gegend von Scyllaeum, das zum Gebiet von Hermione gehört, mit dem König Attalos. *2* Und nun äußerte die Bürgerschaft von Athen den Hass gegen Philipp, den sie aus Furcht so lange gezügelt hatte, im Vertrauen auf die sich zeigende Hilfe in vollem Maß. *3* Dort nämlich finden sich immer zur Erregung des großen Haufens fertige Sprecher; eine Sorte von Menschen, die zwar in allen Freistaaten, hauptsächlich aber in Athen, wo die Rede alles gilt, durch die Gunst der Menge genährt wird. *4* Sogleich stellten sie den Antrag, und das Volk beschloss, dass Philipps Standbilder, alle Abbildungen mit ihren Unterschriften, auch die von allen seinen Vorfahren männlichen und weiblichen Geschlechts, weggenommen und getilgt, die Festtage, Opfer und Priester, welche ihm oder seinen Vorfahren zu Ehren angeordnet wären, sämtlich abgeschafft werden sollten. *5* Auch die Plätze, wo irgendetwas zu seiner Ehre aufgestellt oder mit einer Inschrift versehen sei, sollten verflucht sein, und mit des Volkes Willen künftig von dem allen nicht das Geringste hier aufgestellt und geheiligt werden können, was die Religion auf unentweihter Stätte aufzustellen oder zu heiligen befehle. *6* So oft die Staatspriester für Athens Volk, für seine Bundesgenossen, seine Heere und Flotten Gebete darbrächten, sollten sie jedes Mal Philipp, seine Kinder, sein Reich, seine Land- und Seemacht und alles, was makedonischen Stammes und Namens sei, verwünschen und verfluchen. *7* Im Anhang dieses Volksbeschlusses hieß es: Sollte auch künftig jemand irgendetwas in Vorschlag bringen, was zu Philipps Schimpf und Schande dienen könnte, so sollte Athens Volk dies alles genehmigen; *8* redete aber oder unternähme jemand etwas, um die Beschimpfung desselben zu hindern oder zur Rettung seiner Ehre, dann sollte der, der einen solchen umbrächte, ihn von Rechts wegen erschlagen haben. Zuletzt brachten sie auch noch hinein, dass alle ehemaligen Verordnungen gegen die Pisistratiden auch gegen Philipp gültig sein sollten. *9* Die Athener also führten ihren Krieg gegen Philipp mit Schriften und Worten, was ihre einzige Stärke ist.

(45) Attalos und die Römer, die von Hermione zuerst nach dem Piräus steuerten, hielten sich hier nur wenige Tage auf *2* und mit ebenso unmäßigen Ehren von Seiten der Bundesgenossen überhäuft, als ihr Zorn gegen den Feind maßlos gewesen war, segelten sie von Piräus nach Andros. *3* Nachdem sie sich in einen Hafen – er hieß Gaurion – gelegt hatten, ließen sie durch Abgesandte die Stimmung der Bürger erfragen, ob sie die Stadt lieber gutwillig übergeben oder es auf Sturm ankommen lassen wollten; *4* und als diese zur Antwort gaben, ihre Burg sei in den Händen einer königlichen Besatzung und sie hingen nicht von sich selbst ab, landeten der König und der römische Legat auf entgegengesetzten Punkten ihre Truppen und das ganze Belagerungsgerät und rückten vor die Stadt. *5* Aber weit wirksamer zum Schrecken für diese Griechen waren die römischen Adler und Waffen, die sie früher nie gesehen hatten, und der Mut der Soldaten, die so schnell zu den Mauern hinanstiegen. *6* Also ergriffen sie gleich die Flucht auf die Burg, und die Feinde waren Herren der Stadt. Da sie sich auch in der Burg mehr im Vertrauen auf den Ort als auf ihre Waffen zwei Tage gehalten hatten, ergaben sie sich nebst der Besatzung auf die Zusage, dass sie alle, jeder mit einem Gewand, nach Delium in Böotien übergeschifft werden sollten. *7*

Die Besitzungen räumten die Römer dem König Attalos ein, die Beute und die Zierden der Stadt nahmen sie mit sich. Attalos beredete, um nicht eine verödete Insel zu besitzen, die Makedonier fast alle, auch einige Andrier, dass sie blieben. *8* Nachher ließen sich auch die vermöge des Vertrages nach Delium Übergesetzten durch die Versprechungen des Königs, denen sie aus Sehnsucht nach dem Vaterland umso williger trauten, von dort zurückrufen.

9 Von Andros gingen die Verbündeten nach Kythnos. Hier brachten sie mehrere Tage mit Bestürmung der Stadt vergeblich zu, und weil sie kaum der Mühe wert war, zogen sie ab. *10* Bei Prasiae – es liegt auf dem festen Land in Attika – stießen zu der römischen Flotte 20 Schiffe von Issa. Diese wurden zur Verheerung des Gebietes von Karystos abgeschickt. Die übrige Flotte hielt zu Geraestos an, einem bekannten Hafen von Euböa, bis die Issäer von Karystos zurückkamen. *11* Von hier segelten sie alle auf die hohe See und kamen auf offenem Meer bei der Insel Skyros vorbei nach Ikos. *12* Da sie der stürmende Nordwind einige Tage hier aufgehalten hatte, setzten sie, sobald sie wieder ruhiges Meer hatten, nach Skiathos über, wo Philipp kürzlich die Stadt verwüstet und geplündert hatte. *13* Die Soldaten, die die Felder durchstreiften, brachten Getreide und was ihnen sonst als Mundvorrat brauchbar sein konnte, auf die Schiffe. Beute fand sich nicht; auch hatten die Griechen keine Plünderung verdient. *14* Auf ihrer Fahrt von hier nach Kassandrea hielten sie zuerst bei Mendaeum an, einem zu dieser Stadt gehörigen Küstenort. Als sie von hier nach Umsegelung des Vorgebirges die Flotte gegen die Mauern der Stadt selbst umbiegen lassen wollten, erhob sich ein schrecklicher Sturm, begrub sie beinahe in den Wellen, und zerstreut retteten sie sich mit großem Verlust an ihrem Takelwerk an das Land. *15* Auch war dieser Sturm zur See ein Vorbote ihres Schicksals bei ihrer Unternehmung zu Lande. Denn als sie die Schiffe wieder gesammelt und die Truppen gelandet hatten, wurden sie bei dem Angriff auf die Stadt – sie hatte eine starke königliche Besatzung – mit großem Verlust zurückgeschlagen, zogen unverrichteter Sache ab und setzten nach Kanastraeum in Pallene über. Von da ging ihre Fahrt um das Vorgebirge von Torona nach Akanthus. *16* Hier verwüsteten sie zuerst die Gegend, dann eroberten sie die Stadt mit Sturm und plünderten sie. Ohne weiter vorzudringen – denn auch ihre Schiffe, mit Beute beladen, gingen schwer –, fuhren sie wieder, woher sie gekommen waren, nach Skiathos und von Skiathos nach Euböa.

(46) Hier ließen sie die Flotte und liefen mit zehn leichten Schiffen, um mit den Aetolern den Plan der Kriegsführung zu verabreden, in den Malischen Meerbusen. *2* Der Aetoler Pyrrhias war das Haupt der Gesandtschaft, welche sich zu Heraklea einfand, um mit dem König und dem römischen Legaten gemeinschaftliche Maßregeln zu treffen. *3* Sie verlangten von Attalos auf Grund des Vertrages mit ihm, 1000 Mann zu stellen; denn zu so viel hatte er sich, wenn sie Krieg mit Philipp führten, anheischig gemacht. *4* Dies wurde den Aetolern verweigert, weil sie ebenfalls sich geweigert hätten, zur Plünderung Makedoniens auszurücken, gerade in dem Zeitpunkte, wo sie Philipp, der in der Nähe von Pergamon Heiliges und Unheiliges niederbrannte, durch die auf sein eigenes Reich zu nehmende Rücksicht von dort hätten abziehen können. *5* So wurden die Aetoler mehr mit Hoffnung, da die Römer alles versprachen, als mit wirklicher Hilfe entlassen.

Apustius ging mit Attalos zur Flotte zurück. *6* Dann berieten sie sich über den Angriff auf Oreum. Die Stadt hatte sehr feste Mauern und wegen des früher auf sie gemachten Versuches eine starke Besatzung. Nach der Eroberung von Andros waren 20 rhodische Schiffe, alle mit Verdecken, unter der Anführung des Akesimbrotos zu ihnen gestoßen. *7* Dieser Flotte wiesen sie eine Stellung bei Zelasium an – und gerade hierzu kam ihnen die Lage dieses Vorgebirges, oberhalb Demetrias Histiaea gegenüber, sehr zu statten –, um einen Vorposten zu haben, falls sich die makedonische Seemacht von dort aus in Bewegung setzte. *8* Hier stand Heraklides, der königliche Befehlshaber, mit der Flotte, mehr, um bei passender Gelegenheit, die ihm vielleicht von einer Nachlässigkeit des Feindes geboten würde, als durch offenen Angriff etwas zu unternehmen. *9* Oreum bestürmten die Römer und König Attalos auf zwei verschiedenen Punkten, die Römer von der Seite des Kastells, das am Meer lag, die königlichen Truppen in der Gegend des Tales, das zwischen den zwei Burgen liegt, von dem auch die Stadt durch eine Mauer geschieden ist. *10* Und wie ihre Stellungen, so war auch ihr Sturm verschieden, denn die Römer drangen gegen die Mauern mit Sturmdächern, Annäherungshütten und Mauerbrechern ein, die königlichen Truppen hingegen schossen Pfeile mit großem und kleinem Wurfgeschütz und allen Arten von Schleuderwerken, warfen Felsstücke von ungeheurem Gewicht, nahmen Erdgänge zu Hilfe und alles, was sie in der vorigen Belagerung vorteilhaft gefunden hatten. *11* Indessen verteidigten die Makedonier die Stadt und die beiden Burgen jetzt mit einer stärkeren Mannschaft und mit mehr Entschlossenheit, weil ihnen auch der König durch die häufigere Rüge ihrer früheren Schuld seine Drohungen für die Zukunft sowie ihre Versprechungen unvergesslich gemacht hatte, so dass die Hoffnung, die Stadt bald zu erobern, schwach genug war. *12* Der Legat, der unterdessen auch etwas anderes leisten zu können glaubte, ließ so viele Truppen, als ihm zur Vollendung der Befestigung hinreichend schienen, zurück, setzte auf das nahe Festland über und eroberte durch seine plötzliche Erscheinung Larisa – nicht jene berühmte Stadt Thessaliens, sondern die andere mit Zunamen Kremaste – bis auf die Burg. *13* Auch Attalos überraschte Pteleos, dessen Bewohner dies, während er eine andere Stadt belagerte, am wenigsten vermuteten. *14* Jetzt waren schon die Befestigungen um Oreum in voller Wirksamkeit, und die Besatzung in der Stadt durch die anhaltenden Beschwerden, durch beständiges Wachen bei Tag und bei Nacht und durch Wunden erschöpft. *15* Auch die Strecke der Mauer über dem Hafen, von den Stößen des Mauerbrechers untergraben, war schon an vielen Stellen hingesunken, und auf dem durch ihren Einsturz geöffneten Weg brachen die Römer in die Burg ein. *16* Attalos drang mit Tagesanbruch auf das ihm aus der Burg von den Römern gegebene Zeichen in die Stadt, deren Mauer er größtenteils schon niedergeworfen hatte. Die Besatzung und die Bürger flohen auf die andere Burg, wo zwei Tage später die Übergabe erfolgte. Die Stadt fiel dem König, die Gefangenen den Römern anheim.

(47) Schon nahte die herbstliche Tag- und Nachtgleiche, und dem Euböischen Meerbusen, der sogenannten Höhle, trauen die Seeleute nicht. Da sie also vor den Winterstürmen hier hinauszukommen wünschten, suchten sie den Piräus wieder auf, von wo sie zur Eröffnung des Krieges abgefahren waren. *2* Hier ließ Apustius 30 Schiffe zurück und schiffte um Malea herum nach Corcyra. Der König aber blieb, um den Feierlichkeiten am Weihefest der Ceres beizuwohnen, während desselben in Athen. Nach dem Weihefest ging er ebenfalls nach Asien zurück, nachdem er den Agesimbrotos und die Rhodier zur Heimfahrt entlassen hatte. *3* Dies war es, was in diesem Sommer zu Wasser und zu Land gegen Philipp und dessen Bundesgenossen der römische Konsul und der römische Legat mit Hilfe des Königs Attalos und der Rhodier vollführten.

4 Der andere Konsul, Gaius Aurelius, der nach Beendigung des Krieges in der Provinz eintraf, ließ sehr deutlich seinen Unwillen darüber aus, dass in seiner Abwesenheit der Prätor eine Schlacht geliefert habe. *5* Er schickte ihn daher nach Etrurien, rückte selbst mit den Legionen in Feindesland ein und führte den Krieg durch Plünderungen, die ihm mehr Beute als Ruhm einbrachten. *6* Lucius Furius, der in Etrurien nichts fand, was ihn hätte beschäftigen können, und zugleich nach einem Triumph über Gallien trachtete, den er in Abwesenheit des zürnenden und ihn beneidenden Konsuls leichter erhalten zu können meinte, erschien unerwartet vor Rom, *7* hielt im Tempel der Bellona eine Senatssitzung und bat nach erstattetem Bericht über seine Taten um die Erlaubnis, triumphierend in die Stadt einziehen zu dürfen.

(48) Bei einem nicht geringen Teil der Senatoren sprachen die Größe seiner Taten und die persönliche Gunst für ihn. *2* Die Älteren versagten ihm den Triumph, weil er seine Unternehmung

mit dem Heer eines anderen bewerkstelligt und aus Begierde, den Triumph in einem günstigen Zeitpunkt zu bekommen, die Provinz verlassen habe, und so zu handeln sei ohne Beispiel. *3* Vorzüglich sagten die Konsularen, er habe den Konsul erwarten sollen. Wenn er sich in der Nähe von Cremona gelagert hätte, *4* so hätte er auf die Sicherstellung der Kolonie sich beschränkend, ohne eine Schlacht zu liefern, bis zu dessen Ankunft die Sache hinhalten können. Was der Prätor nicht getan habe, müssten jetzt die Senatoren tun: Sie müssten den Konsul erwarten. *5* Wenn sie den Konsul und den Prätor gegeneinander gehört hätten, würden sie die Frage richtiger beurteilen können. *6* Ein großer Teil des Senats war der Meinung, der Senat habe nur die Taten des Prätors selbst und den Umstand ins Auge zu fassen, ob er sie in seinem Amt und unter seiner Leitung verrichtet habe. *7* Da von den beiden Kolonien, die zur Beschränkung der gallischen Ausbrüche als Vormauern dastünden, die eine geplündert und niedergebrannt sei, und dieser Krieg mit seinem Brand wie über zusammenstoßende Dächer auf die andere so nahe gelegene Kolonie habe hinüberschlagen wollen, was da der Prätor anders habe tun sollen? *8* Denn wenn ohne den Konsul nichts habe unternommen werden dürfen, so habe entweder der Senat daran Unrecht getan, dass er dem Prätor ein Heer gegeben habe – der Senat habe nämlich, falls es sein Wille gewesen sei, dass das Heer nicht unter dem Prätor, sondern nur unter dem Konsul mit dem Feind kämpfe, den Senatsbeschluss mit der Bestimmung abfassen dürfen, dass mit dem Feind zu kämpfen nicht der Prätor, sondern nur der Konsul berechtigt sei –, *9* oder der Konsul daran, dass er nach seinem Befehl an das Heer, aus Etrurien in Gallien überzugehen, nicht selbst mit dem Heer in Ariminum zusammengetroffen sei, um nicht in einem Krieg zu fehlen, der ohne ihn nicht habe geführt werden dürfen. *10* Im Krieg pflege die Entscheidung des Augenblicks auf den ausbleibenden oder verschiebenden Feldherrn nicht zu warten, und zuweilen müsse man schlagen, nicht weil man wolle, sondern weil der Feind dazu zwinge. *11* Hier müssten die Schlacht selbst und der Erfolg der Schlacht ins Auge gefasst werden. Die Feinde seien geschlagen und niedergehauen, ihr Lager erobert und geplündert, die Kolonie von der Einschließung befreit, die aus der anderen Kolonie Weggeführten dem Feind abgenommen und den Ihrigen wiedergegeben und der ganze Krieg durch diese eine Schlacht beendet worden. *12* Nicht Menschen allein sei dieser Sieg erfreulich gewesen, sondern selbst den unsterblichen Göttern habe man drei Tage nacheinander dafür Dankgebete dargebracht, dass der Prätor Lucius Furius die Sache des Staates gut und glücklich, nicht aber deswegen, weil er sie schlecht und unbesonnen verfochten habe. Selbst das Schicksal scheine die Kriege mit den Galliern dem Stamm der Furier bestimmt zu haben.

(49) Durch dergleichen Reden von ihm selbst und seinen Freunden trug die Zuneigung für den anwesenden Prätor über den höheren Rang des abwesenden Konsuls den Sieg davon, und eine große Mehrheit der Stimmen erkannte dem Lucius Furius den Triumph zu. *2* Diesen Triumph über die Gallier hielt Lucius Furius als Prätor noch während seines Amtes. In die Schatzkammer lieferte er 320 000 Pfund Kupfer und 170 000 Pfund Silber. *3* Kein Gefangener wurde vor dem Wagen hergeführt, keine eroberten Waffen wurden vorausgetragen; auch fehlte das Gefolge von Soldaten. Man sah, es war alles, den Sieg ausgenommen, in des Konsuls Händen.

4 Nun feierte Publius Cornelius Scipio die Spiele, die er als Konsul in Afrika gelobt hatte, mit großer Pracht. *5* Auch wurde über die seinen Soldaten zu gebenden Grundstücke der Beschluss gefasst, dass jeder von ihnen, so viele Jahre er in Spanien oder in Afrika gedient habe, für jedes Jahr zwei Morgen bekommen solle. Zehnmänner sollten ihnen die Länderei anweisen. *6* Dann wurden zur Ergänzung der Anbauer von Venusia, weil der Krieg mit Hannibal diese Kolonie sehr heruntergebracht hatte, Dreimänner ernannt, nämlich Gaius Terentius Varro, Titus Quinctius Flamininus und Publius Cornelius Scipio, der Sohn des Gnaeus. Sie führten die für Venusia eingezeichneten Anbauer ab.

7 In diesem Jahr schlug auch Gaius Cornelius Cethegus, der als Prokonsul das Heer in Spanien befehligte, auf sedetanischem Gebiet ein großes feindliches Heer. 15 000 Spanier sollen in dieser Schlacht gefallen, 78 Fahnen erbeutet sein.

8 Als der Konsul Gaius Aurelius zur Abhaltung des Wahltages aus seiner Provinz nach Rom gekommen war, führte er nicht, wie man vermutet hatte, Beschwerden deshalb, dass der Senat ihn nicht erwartet, nicht einmal die wörtliche Auseinandersetzung mit dem Prätor ihm, einem Konsul, freigelassen habe, *9* sondern darüber, dass der Senat einem den Triumph zuerkannt und dabei nur auf die Aussage eines einzigen, welcher selbst den Triumph halten wollte, und keinen von denen gehört habe, die dem Feldzug beigewohnt hätten. *10* Die Einrichtung, bei einem Triumph die Unterfeldherren, die Obersten, die Hauptleute, ja die Soldaten gegenwärtig sein zu lassen, hätten die Vorfahren darum getroffen, damit die Taten dessen, dem eine so große Ehre erwiesen werde, auch öffentlich sich als wahr bewähren sollten. *11* Ob nun von diesem Heer, das gegen die Gallier gekämpft habe, er wolle nicht sagen ein Soldat, sondern nur ein Marketender da gewesen sei, bei dem der Senat habe nachfragen können, was an den Erzählungen des Prätors wahr oder unwahr sei. *12* Er bestimmte darauf den Wahltag, an dem Lucius Cornelius Lentulus und Publius Villius Tappulus zu Konsuln ernannt wurden. Dann wurden Lucius Quinctius Flamininus, Lucius Valerius Flaccus, Lucius Villius Tappulus und Gnaeus Baebius zu Prätoren gewählt.

(50) Auch waren in diesem Jahr die Lebensmittel sehr wohlfeil. Die kurulischen Ädilen Marcus Claudius Marcellus und Sextus Aelius Paetus verteilten eine große Menge aus Afrika eingeführtes Getreide zum Preis von zwei As unter das Volk. *2* Sie feierten auch die Römischen Spiele mit großer Pracht, begingen sie auch diesmal wieder einen Tag und stellten in der Schatzkammer von den eingelaufenen Strafgeldern fünf eherne Standbilder auf. *3* Die plebejischen Spiele wurden von den Ädilen Lucius Terentius Massiliota und Gnaeus Baebius Tamphilus, welcher zum Prätor bestimmt war, dreimal ganz gegeben. *4* Ferner stellten in diesem Jahr bei dem Tod des Marcus Valerius Laevinus seine Söhne, Publius und Marcus, vier Tage lang auf dem Markt Leichenspiele an; sie gaben auch Fechterspiele, es fochten 25 Paare.

5 Ein Zehnmann für die Opferfeierlichkeiten, Marcus Aurelius Cotta, starb. An seine Stelle wurde Manius Acilius Glabrio gewählt. *6* Es traf sich, dass am Wahltag zwei kurulische Ädilen ernannt wurden, welche beide das Amt sogleich nicht antreten konnten. Denn Gaius Cornelius Cethegus war in seiner Abwesenheit gewählt, da er die Provinz Spanien verwaltete, *7* und Gaius Valerius Flaccus, der bei der Wahl zugegen gewesen war, konnte als Eigenpriester Jupiters die Gesetze nicht beschwören; wer aber die Gesetze nicht beschworen hatte, durfte ein Amt nicht über fünf Tage verwalten. *8* Auf die Bitte des Flaccus, ihn von der Forderung der Gesetze zu entbinden, beschloss der Senat, dass, wenn der Ädil nach dem Gutbefinden der Konsuln einen stellen könnte, der für ihn schwöre, so sollten die Konsuln, wenn sie es für gut befänden, mit den Volkstribunen verhandeln, dass sie es an das Volk bringen sollten. *9* Den Eid für seinen Bruder zu leisten, stellte sich der ernannte Prätor Lucius Valerius Flaccus. Die Tribunen brachten die Sache an das Volk, und das Volk beschloss, dass der Eid ebenso viel gelten solle, als wenn er ihn selbst geleistet habe. *10* Auch über den andern Ädil kam ein Erkenntnis des Volkes zustande. Die Tribunen hatten angefragt, welche zwei Männer das Volk dazu bestimmen wolle, als Oberfeldherren zu den Heeren in Spanien zu gehen, damit Gaius Cornelius als kurulischer Ädil sich zur Führung seines Amtes einstellen *11* und Lucius Manlius Acidinus nach so vielen Jahren von seinem Posten in der Provinz abgehen könne. Das Volk beschloss, Gnaeus Cornelius Lentulus und Lucius Stertinius sollten als Prokonsuln in Spanien den Oberbefehl haben.

Zweiunddreissigstes Buch

Inhalt

Mehrere aus verschiedenen Gegenden gemeldete Wunderzeichen werden erzählt, unter anderem, dass in Makedonien am Hinterteil eines Kriegsschiffes ein Lorbeerbaum hervorgewachsen sei. Der Konsul Titus Quinctius Flamininus kämpft im Eingangspass von Epirus gegen Philipp mit Glück und zwingt ihn, in sein Reich zurückzufliehen. Er selbst und seine Bundesgenossen, die Aetoler und Athamanen, nehmen das an Makedonien stoßende Thessalien arg mit. Im Krieg zur See erobert des Konsuls Bruder Lucius Quinctius Flamininus unter dem Beistand König Attalos' und der Rhodier die beiden Seestädte auf Euböa, Karystos und Eretria. Die Achäer werden Roms Bundesgenossen. Die Verschwörung der Sklaven, welche die Befreiung der karthagischen Geiseln zum Zweck hat, wird unterdrückt; 2000 werden hingerichtet. Die Anzahl der Prätoren wird verstärkt, so dass immer sechs gewählt wurden. Der Konsul Cornelius Cethegus siegt in einem Treffen über die insubrischen Gallier. Mit den Spartanern und ihrem Tyrannen Nabis schließt Rom ein Bündnis. Außerdem werden die Eroberungen makedonischer Städte erzählt.

(1) Nach dem Antritt ihrer Ämter am 15. März losten die Konsuln und Prätoren um ihre Amtskreise. *2* Lucius Cornelius Lentulus fiel Italien zu, Publius Villius Makedonien, von den Prätoren Lucius Quinctius die Gerichtspflege in der Stadt, Gnaeus Baebius Ariminum, Lucius Valerius Sizilien, *3* Lucius Villius Sardinien. Konsul Lentulus bekam den Auftrag, neue Legionen auszuheben, Villius, das Heer von Sulpicius zu übernehmen. Man überließ es ihm, zur Ergänzung desselben so viele Truppen auszuheben, wie er nötig fände. *4* Dem Prätor Baebius wurden die Legionen, welche der Konsul Gaius Aurelius gehabt habe, mit der Bestimmung angewiesen, dass er sie bei sich behalten solle, bis der Konsul mit dem neuen Heer einträfe. *5* Wenn dieser in Gallien ankäme, sollten alle Soldaten als verabschiedet entlassen werden, 5000 Mann Bundesgenossen ausgenommen, welche hinreichen würden, die Provinz in der Umgegend von Ariminum zu behaupten. *6* Nachdem den Prätoren des vorigen Jahres der Oberbefehl verlängert war – dem Gnaeus Sergius, um den Soldaten, welche in Spanien, Sizilien und Sardinien so viele Jahre gedient hätten, Ländereien anweisen zu lassen, *7* dem Quintus Minucius, um in Bruttium durch denselben Mann die Untersuchungen wegen der Verschwörungen zu beenden, die er als Prätor mit so viel Gewissenhaftigkeit und Sorgfalt betrieben hatte, *8* ferner um durch ihn diejenigen, welche er als des Tempelraubes Überwiesene in Fesseln nach Rom geliefert habe, nach Locri zu ihrer Hinrichtung absenden zu lassen; dann auch, die Wiedererstattung der aus dem Heiligtum der Proserpina entwandten Schätze nebst den Sühnopfern zu besorgen –, *9* wurden vermöge eines Beschlusses der Oberpriester die latinischen Feiertage noch einmal begangen, weil sich die Abgeordneten von Ardea im Senat darüber beschwert hatten, dass ihnen bei der latinischen

Feier auf dem Albanischen Berg das gewöhnliche Fleisch nicht gegeben worden sei. ***10*** Von Suessa meldete man, der Blitz habe in zwei Tore und in die Mauer zwischen beiden eingeschlagen; dasselbe berichteten die Gesandten aus Formiae vom Tempel Jupiters, und die aus Ostia ebenso von ihrem Jupitertempel, die aus Velitrae von den Tempeln des Apollo und des Sancus, und dass in dem Tempel des Herkules Haare gewachsen seien. ***11*** Aus Bruttium schrieb der Proprätor Quintus Minucius, es seien ein Füllen mit fünf Füßen und drei junge Hühner, jedes mit drei Füßen, zur Welt gekommen. ***12*** Da lief ein Schreiben vom Prokonsul Publius Sulpicius aus Makedonien ein, worin er unter anderem anzeigte, am Hinterteil eines Kriegsschiffes sei ein Lorbeerbaum gewachsen. ***13*** In Betreff der früher gemeldeten Vorzeichen hatte der Senat schon erklärt, die Konsuln sollten denjenigen Göttern, die ihrer Meinung nach hier in Betracht kommen könnten, große Tiere opfern. ***14*** Wegen dieser Erscheinung allein wurden die Opferschauer in den Senat gefordert und ihrer Angabe gemäß dem Volk ein Betfest auf einen einzelnen Tag angesetzt und an allen Altären geopfert.

(2) In diesem Jahr lieferten die Karthager zum ersten Mal die ihnen auferlegte Geldsumme nach Rom. ***2*** Auf die Erklärung der Quästoren, dass das Silber nicht echt sei, und weil auch bei der Probe der vierte Teil abschmolz, ersetzten sie den Abgang des Silbers von einer in Rom aufgenommenen Summe. ***3*** Als sie darauf baten, der Senat möge ihnen, wenn er schon jetzt so gütig sein wolle, ihre Geiseln zurückgeben, wurden ihnen 100 wiedergegeben; zu den übrigen wurde ihnen Hoffnung gemacht, wenn sie treu blieben. ***4*** Auf ihre fernere Bitte, die Geiseln, die ihnen nicht zurückgegeben wurden, von Norba, wo ihnen der Aufenthalt nicht ganz zuträglich sei, anderswohin zu bringen, wurde diesen erlaubt, nach Signia und Ferentinum zu ziehen. ***5*** Ferner wurde den Gaditanern auf ihr Gesuch so viel eingeräumt, dass ihnen kein Statthalter nach Gades geschickt werden sollte, wogegen sie sich damals, als sie sich den Römern ergaben, in dem Vertrag mit Lucius Marcius Septimus verwahrt hatten. ***6*** Da auch die Gesandten von Narnia sich beklagten, dass sie nicht die volle Zahl von Kolonisten hätten, und manche eingeschlichene Fremde sich als Kolonisten benähmen, erhielt aus diesen Gründen der Konsul Lucius Cornelius den Auftrag, Dreimänner zu wählen. ***7*** Er wählte die beiden Aelier, Publius und Sextus – beide mit Zunamen Paetus – und den Gaius Cornelius Lentulus. Was den Narniensern bewilligt wurde, dass die Zahl ihrer Kolonisten erhöht würde, erlangten die Bewohner von Cosa mit ihren Bitten nicht.

(3) Als die Konsuln mit allem fertig waren, was sie in Rom zu tun hatten, gingen sie in ihre Provinzen ab. ***2*** Publius Villius war kaum in Makedonien angekommen, als er sich schon mit einem stürmischen Aufruhr seiner Soldaten, der schon früher eingeleitet und nicht gleich anfangs gehörig unterdrückt war, befassen musste. ***3*** Es waren 2000 Mann, die aus Afrika nach dem Sieg über Hannibal nach Sizilien und von da etwa ein Jahr später nach Makedonien als Freiwillige übergeführt waren. Jetzt sagten sie, es sei nicht ihr freier Wille gewesen. Trotz ihrer Weigerung hätten ihre Obersten sie eingeschifft. ***4*** Wie dem aber auch sein möge, der Dienst möge ihnen aufgezwungen oder von ihnen willig übernommen sein, so sei auch der nun überstanden, und einmal müsse doch das Dienen ein Ende nehmen. ***5*** Seit vielen Jahren hätten sie Italien nicht gesehen. Unter den Waffen wären sie in Sizilien, Afrika und Makedonien grau geworden. Längst hätten Beschwerden und Arbeit sie entkräftet, und durch so viele Wunden hätten sie ihr Blut verloren.

6 Der Konsul erklärte, wenn sie um den Abschied mit Bescheidenheit anhielten, scheine ihm der Grund, warum sie ihn forderten, ganz gerecht. Allein zu einem Aufstand eigne sich als ordentlicher Rechtsgrund weder dieser noch ein anderer. ***7*** Wenn sie also bei den Fahnen aushalten und aufs Wort gehorchen wollten, so werde er über ihren Abschied an den Senat schreiben; und sie würden das, was sie suchten, durch Bescheidenheit leichter als durch Trotz erreichen.

(4) Philipp bestürmte damals Thaumakoi mit dem größten Nachdruck durch Erdwälle und Annäherungshütten und wollte schon den Sturmbock an die Mauern rücken lassen. ***2*** Allein diese Unternehmung aufzugeben zwang ihn die plötzliche Ankunft der Aetoler, welche unter der Anführung des Archidamos zwischen den makedonischen Posten durch in die Stadt gedrungen waren und Tag und Nacht nicht aufhörten, bald auf die Posten, bald auf die Befestigungen der Makedonier Ausfälle zu machen. ***3*** Und selbst die Lage des Ortes unterstützte sie. Thaumakoi liegt nämlich, wenn man von Thermopylae und dem Malischen Meerbusen über Lamia geht, auf einer Höhe, dicht über dem Pass, der dort Thessaliens Höhlung heißt, ***4*** und wenn man die mit Tiefen wechselnden Höhen und die mit gewundenen Tälern verflochtenen Wege zurückgelegt hat und sich der Stadt nähert, so breitet sich auf einmal eine unermessliche Fläche wie die des ungeheuren Meeres aus, so dass das Auge die unten vor ihm liegenden Ebenen kaum erreichen kann. ***5*** Von dieser überraschenden Aussicht hat die Stadt den Namen Thaumakoi (die Wundervolle) bekommen, und sie ist nicht allein durch ihre hohe Lage gesichert, sondern auch, weil sie auf Felsen erbaut ist, deren Klippenwände auf allen Seiten abgeschnitten sind. ***6*** Durch diese Schwierigkeiten und die viele Mühe und Gefahr, welche sich hier kaum lohnte, wurde Philipp bewogen, die Unternehmung aufzugeben. ***7*** Auch nahte schon der Winter, als er hier abzog und seine Truppen zurück nach Makedonien in die Winterquartiere führte.

(5) Hier hatten sich die anderen, die Ruhe, soviel oder sowenig ihnen auch immer gegönnt war, benutzend, zugleich leiblich und geistig erholt; ***2*** nur Philipp, dem der entscheidende Erfolg des Krieges am Herzen lag, fühlte sich, je mehr ihn die Jahreszeit den anhaltenden Beschwerden der Märsche und Kämpfe enthob, desto mehr von Sorgen geängstigt, weil ihm nicht allein vor den zu Land und zu Wasser ihn bedrängenden Feinden, sondern bald vor der Stimmung seiner Bundesgenossen, bald seiner eigenen Untertanen, bange war, dass jene in der Aussicht auf ein Bündnis mit den Römern von ihm abfallen, ***3*** und diese, die Makedonier selbst, sich eine Regierungsveränderung wünschen möchten. ***4*** Darum schickte er auch Gesandte nach Achaia, teils um die Eidesleistung zu fordern – denn sie hatten sich bereit erklärt, ihm jährlich ihre Freundschaft zuzuschwören –, teils um den Achäern Orchomenos, Heraea und Triphylia wiederzugeben, und den Megalopoliten – denn er hatte es den Eleern schon abgenommen – ***5*** Aliphera, weil sie darauf bestanden, dass diese Stadt nie zu Triphylia gehört habe, sondern ihnen wieder eingeräumt werden müsse, weil sie eine von den Städten sei, welche durch den Landtagsbeschluss der Arkader zur gemeinschaftlichen Erbauung von Megalopolis aufgeboten wären. ***6*** Durch dieses Mittel sicherte er sich die Verbindung mit den Achäern, ***7*** die Liebe der Makedonier aber dadurch, dass er den Heraklides festnehmen ließ. Denn da er sah, dass er sich den Hass namentlich durch diesen Menschen zuzog, ließ er ihn unter vielen Beschuldigungen zur großen Freude der Untertanen ins Gefängnis werfen. ***8*** Hatte er sich je mit besonderem Eifer zum Feldzug angeschickt, so tat er es jetzt, ***9*** übte die Makedonier und die Söldner in den Waffen und schickte mit Anbruch des Frühjahrs alle fremden Hilfstruppen und alle leichten Truppen unter Athenagoras durch Epirus nach Chaonien, um den Pass bei Antigonea – er heißt bei den Griechen die Engen – zu besetzen. ***10*** Er selbst folgte in wenigen Tagen mit dem schweren Heer und fand nach genommener Übersicht der Gegend einen Ort am Fluss Aous zu Verschanzungen sehr vorteilhaft. ***11*** Zwischen zwei Bergen, deren einen die Anwohner Meropus, den andern Asnaus nennen, strömt dieser in einem engen Tal, so dass er am Ufer nur einen schmalen Weg übrig lässt. Die Besetzung und Befestigung des Asnaus übertrug der König dem Athenagoras mit den leichten Truppen; er selbst nahm sein Lager auf dem Meropus. ***12*** An den schroffen Stellen der Felsen genügten nur wenige Bewaffnete als Posten, die minder sicheren ließ er hier durch Gräben, dort durch Wälle, dort durch Türme befestigen. ***13*** Auch eine große Menge Wurfgeschütze wurde auf geeignete Stellen verteilt, um den

Feind aus der Ferne durch Geschosse abzuhalten. Sein Königszelt ließ er außerhalb des Walles auf einer in die Augen fallenden Höhe errichten, um durch dieses Selbstvertrauen bei den Feinden Furcht, bei den Seinigen gute Hoffnung zu erwecken.

(6) Der Konsul, welcher durch den Epiroten Charopus benachrichtigt wurde, was für Gebirgspässe der König mit seinem Heer besetzt habe, ging ebenfalls mit Anbruch des Frühlings aus seinen Winterquartieren von Korkyra auf das feste Land über und führte sein Heer gegen den Feind. ***2*** Als er beinahe noch 5000 Schritte vom Lager des Königs entfernt war, ließ er die Legionen in ihrer verschanzten Stellung, rückte selbst zur Besichtigung der Gegend mit leichten Truppen aus und hielt am folgenden Tag Kriegsrat, ***3*** ob er bei aller dabei vor Augen liegenden Beschwerde und Gefahr dennoch den Durchgang durch diesen vom Feind besetzten Gebirgspass versuchen sollte, oder mit seinen Truppen denselben Umweg nähme, ***4*** auf dem im vorigen Jahr Sulpicius in Makedonien eingedrungen war. Während er hierüber viele Tage lang beriet, lief die Nachricht ein, Titus Quinctius, der zum Konsul ernannt sei und durch das Los die Provinz Makedonien bekommen habe, sei nach beschleunigter Abreise schon nach Korkyra übergegangen.

5 Valerius Antias berichtet, Villius sei in den Wald hineingerückt, und da er auf geradem Weg nicht habe durchdringen können, weil der König alles besetzt hatte, sei er dem Tal nachgegangen, durch dessen Mitte der Strom Aous fließt, habe ***6*** vermittels einer Notbrücke das Ufer gewonnen, auf dem des Königs Lager stand, und ihm eine Schlacht geliefert; ***7*** der König, geschlagen und vertrieben, habe sein Lager verloren. 12 000 Feinde seien in dieser Schlacht gefallen, 2200 gefangen, 132 Fahnen und 230 Pferde erbeutet worden. Auch habe Villius während dieser Schlacht dem Jupiter, wenn er ihm den Sieg verleihe, einen Tempel gelobt. ***8*** Die übrigen Jahrbücher von griechischen und lateinischen Verfassern, so viele ich gelesen habe, sagen uns, Villius habe nichts Besonderes verrichtet, und der folgende Konsul Titus Quinctius den Krieg noch völlig unentschieden übernommen.

(7) Während dieser Vorgänge in Makedonien hielt der andere Konsul, Lucius Lentulus, einen Versammlungstag zur Zensorenwahl. ***2*** Unter vielen ausgezeichneten Bewerbern wurden Publius Cornelius Scipio Africanus und Publius Aelius Paetus zu Zensoren gewählt. ***3*** Mit großer Eintracht in ihrem Amt vollzogen sie die Musterung des Senats. Ohne auch nur einen auszuschließen, verpachteten die Einnahme vom Warenzoll zu Capua, Puteoli und Castra – wo jetzt eine Stadt steht –, gaben diesem Ort nach der vom Senate bestimmten Zahl 300 neue Kolonisten zu und verkauften die Ländereien von Capua am Fuß des Berges Tifata. ***4*** Um diese Zeit hielt Lucius Manlius Acidinus nach seinem Abgang aus Spanien, weil ihm der Volkstribun Publius Porcius Laeca den kleinen Triumph untersagte, obgleich er ihm vom Senat bewilligt war, seinen Einzug in die Stadt als Privatmann und lieferte 1200 Pfund Silber und gegen 30 Pfund Gold in den Schatz.

5 In demselben Jahr wurde Gnaeus Baebius Tamphilus, der vom vorjährigen Konsul Gaius Aurelius die Kriegsführung in Gallien übernommen hatte und zu unvorsichtig in das Gebiet der insubrischen Gallier eingerückt war, ***6*** fast mit seinem ganzen Heer aufgerieben. Er verlor über 6700 Mann. ***7*** So groß war die Niederlage in einem Krieg, vor dem man schon außer Furcht zu sein glaubte. Dieser Vorfall rief den Konsul Lucius Lentulus aus der Stadt. In der Provinz fand er alles in Unruhe, übernahm das mutlose Heer und hieß den Prätor, dem er derbe Verweise gab, seinen Posten niederlegen und nach Rom abgehen. ***8*** Doch verrichtete auch der Konsul nichts Denkwürdiges, weil er wegen des Wahltages nach Rom zurückgerufen wurde. Denn gerade diesen verhinderten die Volkstribunen Marcus Fulvius und Manius Curius, weil sie nicht zugeben wollten, ***9*** dass Titus Quinctius Flamininus unmittelbar nach der Quästur um das Konsulat anhalten dürfte. ***10*** Schon finde man das Ädilenamt und die Prätur zu schlecht, und die Leute vom Adel möchten schon nicht mehr auf den Stufen der Ehrenämter unter abzulegenden Beweisen ihrer

Tüchtigkeit nach dem Konsulat trachten, sondern reihten mit Überschreitung der Mittelstellen die höchsten sogleich an die niedrigsten. *11* Nach diesem Streit auf dem Wahlfeld kam die Sache vor den Senat. Die Väter erklärten, wenn jemand sich um ein Amt, dessen Übernahme ihm die Gesetze gestatteten, bewerbe, so müsse dem Volk die Freiheit zustehen, zu wählen, wen es wolle. *12* Die Tribunen fügten sich dem Ausspruch der Väter. Sextus Aelius Paetus und Titus Quinctius Flamininus wurden zu Konsuln gewählt. *13* Dann folgte die Prätorenwahl. Sie traf den Lucius Cornelius Merula, Marcus Claudius Marcellus, Marcus Porcius Cato und Gaius Helvius, welche beide plebejische Ädilen gewesen waren. Sie stellten wieder die Bürgerspiele an und auf Veranlassung der Spiele dem Jupiter zu Ehren einen Opferschmaus. *14* Auch die kurulischen Ädilen Gaius Valerius Flaccus, Jupiters Eigenpriester, und Gaius Cornelius Cethegus begingen die Feier der römischen Spiele mit ihrer Pracht. *15* Die Oberpriester, Sulpicii Galbae, der eine Servius, der andere Gaius mit Vornamen, starben in diesem Jahr. An deren Stelle wurden Marcus Aemilius Lepidus und Gnaeus Cornelius Scipio zu Oberpriestern gewählt.

(8) In der Senatsversammlung, welche die Konsuln Sextus Aelius Paetus und Titus Quinctius Flamininus nach Antritt ihres Amtes auf dem Kapitol abhielten, beschlossen die Väter, die Konsuln sollten über die Amtskreise Makedonien und Italien sich einigen oder losen. *2* Wem von beiden Makedonien zufalle, der solle zur Ergänzung der Legionen 3000 geborene Römer ausheben und 300 Reiter, und von den verbündeten Latinern 5000 Mann zu Fuß und 500 zu Pferd. *3* Dem andern Konsul wurde ein ganz neues Heer bestimmt, dem Konsul des vorigen Jahres, Lucius Lentulus, der Oberbefehl verlängert und ihm untersagt, aus der Provinz vor Ankunft des Konsuls mit den neuen Legionen ebenso wenig selbst abzugehen, als das alte Heer abzuführen. *4* Die Konsuln ließen über ihre Amtskreise das Los entscheiden. *5* Aelius zog Italien, Quinctius Makedonien; und von den Prätoren Lucius Cornelius Merula die Gerichtspflege in der Stadt, Marcus Claudius Sizilien, Marcus Porcius Sardinien und Gaius Helvius Gallien. *6* Nun gingen die Aushebungen vor sich, denn außer den Heeren, welche von den Konsuln aufgestellt wurden, hatten auch die Prätoren Befehl, Soldaten auszuheben, *7* und zwar für Marcellus nach Sizilien aus den verbündeten Latinern 4000 Mann zu Fuß und 300 zu Pferd, für Cato nach Sardinien von denselben Truppen 3000 zu Fuß und 200 zu Pferd, *8* damit diese beiden Prätoren nach ihrer Ankunft in den Provinzen die alten Truppen zu Fuß und zu Pferd entlassen könnten.

9 Dann führten die Konsuln die Gesandten des Königs Attalos in den Senat. Als diese auseinandergesetzt hatten, wie der König mit seiner Flotte und allen Truppen zu Land und zu Wasser den römischen Staat unterstütze und bis heute alles, was ihm die römischen Konsuln auftrugen, unverdrossen und willig geleistet habe, äußerten sie seine Besorgnis, *10* sich durch den König Antiochos an der ferneren Leistung gehindert zu sehen. Denn da Antiochos das Reich des Attalos von See- und Landmacht unbesetzt gesehen, habe er es angegriffen. *11* Deshalb bitte Attalos die versammelten Väter, wenn sie von seiner Flotte und seiner Mitwirkung zum Makedonischen Krieg Gebrauch machen wollten, ihm von ihrer Seite zum Schutz seines Reiches Truppen zukommen zu lassen, oder falls sie dies nicht wollten, zur Verteidigung seines Eigentums ihm mit seiner Flotte und den übrigen Truppen die Rückkehr zu erlauben. *12* Der Senat befahl, den Gesandten so zu antworten, dass König Attalos den römischen Befehlshabern mit seiner Flotte und übrigen Truppen behilflich gewesen sei, darüber erkläre der Senat sein Wohlgefallen. *13* Sie würden weder von ihrer Seite dem Attalos gegen Antiochos, einen Bundesverwandten und Freund der Römer, Hilfstruppen zusenden, noch die ihnen von Attalos gestellten länger, als dem Könige lieb sei, zurückhalten. *14* Das römische Volk habe immer bei seinem Gebrauch fremden Eigentums den anderen die Entscheidung überlassen; und diejenigen, die durch ihren Zutritt Rom hätten unterstützen wollen, hätten nach eigener Willkür damit anfangen und aufhören können. *15* Sie würden aber Gesandte an Antiochos schicken, um ihm zu melden, dass das römische Volk jetzt den Beistand des Attalos, sowie dessen Schiffe und Truppen gegen Philipp, diesen gemeinschaftlichen Feind, benutze. Wenn Antiochos das Reich des Attalos unangefochten ließe und den Krieg lasse, so würde er auch dem Wohlgefallen des Senats gemäß handeln. ***16*** Billig sollten doch mit dem römischen Volk verbündete und befreundete Könige auch unter sich selbst Frieden halten.

(9) Den Konsul Titus Quinctius, der bei der Aushebung die Maßregel befolgt hatte, meistens nur Krieger von bewährter Tapferkeit auszuheben, die in Spanien oder Afrika gedient hatten, hielten bei aller Eile, auf seinen Feldherrnposten abzugehen, die gemeldeten Schreckzeichen und ihre Sühnung noch in Rom zurück. ***2*** Der Blitz hatte eingeschlagen zu Veji in die offene Straße, zu Lanuvium auf dem Marktplatz und in den Jupitertempel, zu Ardea in den Tempel des Hercules, zu Capua in die Mauer, in Türme und in den sogenannten Weißen Tempel. ***3*** Zu Arretium hatte man den Himmel brennen sehen. Zu Velitrae war die Erde in einem Umfang von drei Morgen zu einer großen Höhle eingesunken, von Suessa Aurunca meldete man, dass ein Lamm mit zwei Köpfen geboren worden sei, zu Sinuessa ein Schwein mit einem Menschenkopf. ***4*** Auf Veranlassung dieser Schreckzeichen wurde ein Bettag gehalten. Die Konsuln besorgten selbst die gottesdienstlichen Angelegenheiten, und nach Versöhnung der Götter reisten sie auf ihre Posten ab, Aelius nebst dem Prätor Gaius Helvius nach Gallien. ***5*** Er übergab das von Lucius Lentulus ihm abgetretene Heer, dessen Entlassung ihm aufgetragen war, dem Prätor, weil er selbst die neuen Legionen, die er mitgebracht hatte, gebrauchen wollte; doch verrichtete er nicht das Mindeste Denkwürdige.

6 Der andere Konsul, Titus Quinctius, der seine Überfahrt von Brundisium wider die Gewohnheit der vorigen Konsuln beschleunigte, lief mit 8000 Mann Fußvolk und 800 Reitern auf Korkyra ein. ***7*** Von Korkyra ging er in einem Fünfruderer auf die nächste Küste von Epirus über und eilte in Eilmärschen dem römischen Lager zu. ***8*** Hier entließ er den Villius, wartete einige Tage, bis die Truppen von Korkyra nachkamen, und hielt dann Kriegsrat, ob er geradeswegs durch das feindliche Lager einen Durchbruch wagen sollte, ***9*** oder, ohne ein so schwieriges und gefahrvolles Unternehmen auch nur zu versuchen, lieber auf sicherem Umweg durch Dassaretien und über Lykus in Makedonien eindringe. ***10*** Die letztere Meinung hätte die Oberhand behalten, wenn er nicht gefürchtet hätte, dass ihm alsdann, wenn er bei einer weiteren Entfernung vom Meer den Feind aus den Händen ließe, sobald Philipp wieder wie vorher sich durch Einöden und Wälder decken sollte, der Sommer ohne Erfolg verstreichen würde. ***11*** Es möge stehen wie es wolle, man beschloss, gerade an dieser so ungünstigen Stelle den Feind anzugreifen, aber der Beschluss war leichter gefasst als die Möglichkeit seiner Ausführung ausgemittelt.

(10) 40 Tage hatten sie ohne den geringsten Versuch, im Angesicht der Feinde stillliegend, zugebracht. Da wurde bei Philipp die Hoffnung geweckt, durch Vermittlung der Epiroten einen Frieden einleiten zu können; ***2*** und der Prätor Pausanias und der Anführer der Reiterei Alexander, die im Kriegsrat dazu ausersehen wurden, die Sache zustande zu bringen, führten den Konsul und den König zu einer Unterredung auf die Stelle, wo der Fluss Aous in ein sehr enges Bett gezwängt wird. ***3*** Die Forderungen des Konsuls gingen dahin, der König solle aus den Staaten seine Truppen wegführen, was von geraubten Sachen sich vorfände, denen wiedergeben, deren Dörfer und Städte er geplündert habe, den Wert des übrigen nach einer billigen Würdigung bestimmen lassen. ***4*** Philipp antwortete, die Lage der Städte sei nicht bei allen dieselbe; die er selbst erobert habe, wolle er räumen; die ihm aber von seinen Vorfahren überliefert wären, von deren erblichem und rechtmäßigem Besitz werde er nie zurücktreten. ***5*** Sollten die Staaten, mit denen er Krieg geführt habe, über diesen oder jenen erlittenen Kriegsschaden klagen, so wolle er die Entscheidung von ihnen selbst gewählter Völker, die mit beiden Teilen in friedlichen Verhältnissen geblieben wären, anerkennen. ***6*** Der Konsul sagte, hierzu bedürfe es keiner Entscheidung und keines Richters.

Wem sei es nicht klar, dass das Unrecht von dem ausgegangen sei, der zuerst einen feindlichen Angriff gemacht habe? Philipp sei von niemandem bekriegt worden, er selbst habe sich zuerst gewaltsame Mittel gegen alle erlaubt. ***7*** Als man nun zu der Frage kam, welche Staaten Philipp zu räumen habe, nannte der Konsul vor allen anderen Thessalien. Hierüber wurde der König so empört, dass er laut rief: *Was könntest du mir Härteres zumuten, Titus Quinctius, wenn du mich schon besiegt hättest?* ***8*** Hiermit stürzte er fort aus der Unterredung, und kaum enthielten sich beide Teile, mit Pfeilen, weil der dazwischen fließende Strom sie schied, einen Kampf anzufangen. ***9*** Am folgenden Tag veranlassten die Ausfälle von den Vorposten viele kleine Gefechte, zuerst in einer Ebene, die hierzu Raum genug gab, ***10*** dann, als sich die Truppen des Königs auf enge und unebene Gegenden zurückzogen, drangen die Römer, von Kampfbegierde entflammt, auch dahin nach. ***11*** Auf ihrer Seite waren Ordnung, Kriegskunst, Waffenart, die ganz dazu taugte, sie den Königlichen überlegen zu machen; auf Seiten der Feinde die Gegend und die kleineren und größeren Wurfgeschütze, womit fast alle Klippen wie Mauern bepflanzt waren. ***12*** Nach vielen Verwundungen auf beiden Seiten, nachdem auch einige wie in einer förmlichen Schlacht gefallen waren, machte die Nacht dem Gefecht ein Ende.

(11) So standen die Sachen, als ein Hirte, den der Fürst der Epiroten, Charopus, gesendet hatte, vor den Konsul gebracht wurde. ***2*** Dieser sagte, er weide sonst in dem Wald, den jetzt der König mit seinem Lager gesperrt hatte, die Herden und kenne in diesem Gebirge jede Windung und jeden Fußsteig. ***3*** Wollte ihm der Konsul einige Leute mitgeben, so sollten diese unter seiner Führung auf einem nicht gefahrvollen, nicht sehr beschwerlichen Weg über den Stand der Feinde hinauskommen. ***4*** Dabei ließ Charopus sagen, so sehr der Konsul hierauf bauen könne, so möge er doch weniger dem Hirten als seinem eigenen Ermessen folgen.

5 Der Konsul, der sich darauf einzulassen mehr Lust als Mut hatte und unter Empfindungen von Freude und Besorgnis schwankte, beschloss endlich im Vertrauen auf Charopus, auf die ihm dargebotene Hoffnung einzugehen, ***6*** und um allen Verdacht abzuwenden, ließ er an den beiden folgenden Tagen den Feind ununterbrochen durch Truppen beunruhigen, die er auf allen Seiten aufstellte, und so, dass immer frische an die Stelle der ermüdeten einrückten. ***7*** Nun übergab er 4000 auserlesene Leute zu Fuß und 300 zu Pferd einem Obersten. Die Reiterei sollte er so weit mitnehmen, als die Gegend es gestatten würde; käme sie so weit, dass sie nicht weiter könne, so sollte sie sich irgendwo in einer Ebene aufstellen, das Fußvolk aber dem Weg folgen, den ihm der Führer zeigen werde; ***8*** wären sie, wie versprochen, auf der Höhe über dem Feind angelangt, so sollten sie durch Rauch ein Zeichen geben, allein nicht eher ein Geschrei erheben, bis der Oberst aus dem von ihm selbst erhaltenen Zeichen ersehen könne, dass der Angriff gemacht sei. ***9*** Bei Nacht sollte er marschieren – und gerade schien der Mond in dieser Nacht –, am Tag sich die Zeit zum Essen und Ausruhen nehmen. Den Wegweiser, den er mit den größten Versprechungen überhäufte, wenn sich seine Verheißung bewährte, übergab er dem Obersten gebunden. ***10*** Nachdem er so diese Truppen entlassen hatte, drang er umso nachdrücklicher darauf, die feindlichen Stellungen zu erstürmen.

(12) Unterdessen gaben die Römer am dritten Tag durch Rauch das Zeichen, dass sie den Gipfel, auf den es abgesehen war, gewonnen und besetzt hätten. Sogleich teilte der Konsul seine Truppen in drei Züge, rückte mit dem Kern seiner Leute mitten durch das Tal heran und ließ seine Flügel rechts und links das Lager angreifen. ***2*** Die Feinde gingen ihm ebenso schnell entgegen, und solange sie aus Kampfbegierde herandrängend außerhalb ihrer Verschanzungen kämpften, hatte der römische Soldat durch Tapferkeit, Übung und Waffenart ein bedeutendes Übergewicht. ***3*** Als aber die Makedonier mit Wunden und Verlust sich auf Plätze zurückzogen, die durch Befestigungen oder von der Natur gesichert waren, da ging die Not auf die Römer über, weil sie

zu unvorsichtig in nachteilige Stellen und den Rückzug erschwerende Engpässe vorgedrungen waren, *4* und sie hätten sich, nicht ohne ihre Unbedachtsamkeit zu büßen, zurückgezogen, wenn nicht zuerst das vom Rücken her erschallende Geschrei, dann das schon beginnende Gefecht die königlichen Truppen durch den plötzlichen Schrecken ihrer Sinne beraubt hätte. *5* Ein Teil ergriff die Flucht, ein anderer, der mehr deswegen standhielt, weil Fliehen unmöglich war, als weil er Mut zu kämpfen hatte, wurde von dem von vorn und im Rücken andrängenden Feind niedergemacht. *6* Das ganze Heer hätte aufgerieben werden können, wenn die Sieger die Fliehenden verfolgt hätten; *7* so aber hinderte den Reiter der geschlossene Raum und die Gebirgsgegend, den Fußgänger das Gewicht seiner Waffen. *8* Der König floh anfangs in vollem Lauf und ohne sich umzusehen. Dann aber, als er nach Zurücklegung einer Strecke von 5000 Schritt vermutete, was auch richtig war, dass ihm der Feind nicht folgen könne, machte er auf einer Anhöhe halt und schickte auf alle Bergrücken und in die Täler Leute aus, die Zerstreuten zu sammeln. *9* Nach einem Verlust, der nicht über 2000 Mann betrug, fand sich die ganze übrige Menge, als wäre sie einem gegebenen Zeichen nachgegangen, wieder zusammen und nahm in gut besetzten Reihen ihren Weg nach Thessalien. *10* Die Römer, die ihnen nachsetzten und die Erschlagenen beraubten, solange sie mit Sicherheit folgen konnten, plünderten nun das königliche Lager, dessen Zugang auch ohne Verteidiger schwierig war, und übernachteten in ihrem eigenen Lager.

(13) Am folgenden Tag zog der Konsul durch den eigentlichen Engpass, wo sich der Strom zwischen die Täler drängt, dem Feind nach. *2* Der König erreichte am ersten Tage Pyrrhus' Lager. So heißt ein Ort in Triphylien, einer Gegend von Molottis. Am folgenden Tag verlängerte er seinen Marsch – für ein Heer außerordentlich weit, allein die Furcht gebot es – bis auf das Gebirge Linkos. *3* Diese Berge selbst gehören zu Epirus, sie liegen aber zwischen Makedonien und Thessalien. Die gegen Thessalien gelegene Seite sieht nach Osten, nach Makedonien zu liegt der Norden, sie haben viel Wald, und oben auf den Höhen gibt es geräumige Flächen und Quellwasser. *4* Nachdem der König hier mehrere Tage sein Standlager gehabt hatte, konnte er nicht schlüssig werden, ob er sich sogleich in sein Reich zurückzöge oder ob er sich vorher nach Thessalien wenden sollte. *5* Endlich fiel sein Entschluss dahin aus, unerwartet nach Thessalien zu ziehen, und er ging auf den nächsten Feldwegen nach Trikka. Von hier durcheilte er die in seinem Weg liegenden Städte im Flug. *6* Die Menschen, die ihm folgen konnten, störte er aus ihren Wohnsitzen auf; die Städte zündete er an. Die Eigentümer durften, so viel sie vom Ihrigen tragen konnten, mitnehmen; das Übrige wurde Beute der Soldaten, *7* und sie hätten vom Feind keine grausamere Behandlung erleiden können, als sie jetzt von ihren Bundesgenossen erlitten. *8* So zu verfahren, war freilich Philipp selbst schmerzhaft, allein er wollte doch in einem Land, das bald dem Feind gehören würde, diesem wenigstens die Personen seiner Verbündeten entreißen. *9* So wurden die Städte Phakion, Piresiae, Euhydrion, Eretria und Palaepharsalus verwüstet. Pherae schloss ihm, als er heranzog, die Tore, weil die Eroberung, wenn er dazu Lust gehabt hätte, einen Aufenthalt erforderte, und er keine Zeit hatte. So ging er, ohne sich darauf einzulassen, nach Makedonien hinüber. Denn das Gerücht sagte ihm, dass auch die Aetoler heranrückten.

10 Auf die Nachricht von der Schlacht am Fluss Aous verwüsteten sie zuerst die Gegend um Sperchiae und Tome (mit dem Zunamen Macra), gingen dann nach Thessalien hinüber und eroberten Kymene und Angea beim ersten Angriff. *11* Von Metropolis wurden sie, da während ihrer Plünderungen in den Dörfern sich die Bürger zur Verteidigung ihrer Mauern gesammelt hatten, zurückgeschlagen. Bei ihrem folgenden Angriff auf Kallithera hielten sie einen ähnlichen Angriff der Einwohner mit mehr Festigkeit aus, *12* schlugen die, die sich herausgewagt hatten, in die Festung zurück, begnügten sich aber, weil sie an eine Eroberung gar nicht denken durften, mit diesem Sieg und zogen weiter. Dann eroberten und plünderten sie die Flecken Teuma und

Kelathara; *13* Acharrae bekamen sie, weil es sich ergab. Ebenso verließen aus Furcht die Einwohner Xyniae. *14* Allein auf ihrem Zug aus der Vaterstadt begegneten die Flüchtlinge einer Truppenabteilung, die, um sicherer Futter holen zu können, den Weg nach Thaumakon genommen hatte; und der ungeordnete, unbewaffnete Haufe, mit dem Gewühl seiner Hilflosen vermischt, wurde von den Bewaffneten niedergehauen. Das verlassene Xyniae wurde geplündert. Dann eroberten die Aetoler Kyphaera, eine kleine Festung, die durch ihre Lage Dolopien beherrscht. *15* Dies alles verrichteten die Aetoler wie im Flug innerhalb weniger Tage. Aber auch Amynander und die Athamanen blieben auf den Ruf von der für die Römer glücklichen Schlacht nicht untätig.

(14) Amynander, der sich auf seine eigenen Truppen nicht ganz verlassen konnte, erbat sich vom Konsul eine mäßige Unterstützung und eroberte gleich auf seinem Zug nach Gomphoi die zwischen Gomphoi und dem Thessalien von Athamanien scheidenden Engpass gelegene Stadt, namens Phaeca, im Sturm. *2* Von hier zog er zum Angriff auf Gomphoi; und wenn auch die Einwohner mehrere Tage hindurch mit der größten Tapferkeit Widerstand leisteten, so bewog doch auch sie die Furcht vor einer Erstürmung, als er die Leitern anschlagen ließ, sich zu ergeben. *3* Diese Übergabe von Gomphoi setzte Thessalien in großen Schrecken; und es ergaben sich der Reihe nach Argenta, Pherinion, Timaron, Ligynae, Strymon, Lampsos und andere gleich unbedeutende Festungen. *4* Während die Athamanen und Aetoler, nunmehr vor den Makedoniern außer Furcht, den fremden Sieg zum Beutemachen benutzten, und Thessalien von drei Heeren zugleich verwüstet wurde, ohne zu wissen, wen es als Feind oder als Freund ansehen sollte, ging der Konsul durch den Pass, *5* den ihm die Flucht der Feinde geöffnet hatte, auf das Gebiet von Epirus über; und wusste er auch sehr gut, *6* mit welcher Partei die Epiroten, den Fürsten Charopus ausgenommen, es gehalten hatten, so beherzigte er doch, da er sie seine Befehle, auch um ihn wieder gut zu machen, so eifrig erfüllen sah, mehr ihr jetziges als ihr ehemaliges Benehmen und erwarb sich gerade durch die so leicht gewährte Verzeihung ihre Liebe für die Zukunft. *7* Dann ließ er nach Korkyra den Befehl ergehen, dass die Lastschiffe in den Ambracischen Meerbusen kommen sollten, rückte in mäßigen Märschen weiter und schlug am vierten Tag auf dem Berg Kercketios sein Lager auf, wohin er auch den Amynander mit seinen Hilfstruppen kommen ließ, nicht so sehr, weil er sie zur Verstärkung nötig hatte, *8* als um sie als Führer nach Thessalien zu gebrauchen. In derselben Absicht wurden auch die meisten Epiroten als Freiwillige unter die Hilfstruppen gestellt.

(15) Die erste Stadt Thessaliens, die er angriff, war Phaloria. Sie hatte 2000 Makedonier zur Besatzung, die anfangs, soweit ihnen Waffen und Mauern Schutz gewährten, aus allen Kräften widerstanden; *2* allein der anhaltende Sturm, der Tag und Nacht nicht nachließ, weil der Konsul glaubte, es würde für die Stimmung der übrigen Thessalier entscheidend sein, wenngleich die ersten einem römischen Angriff nicht hätten widerstehen können, brach die Hartnäckigkeit der Makedonier. *3* Nach der Eroberung von Phaloria kamen von Metropolis und Kierion Gesandte und übergaben diese Städte. Sie erhielten die nachgesuchte Verzeihung, Phaloria aber wurde in Brand gesteckt und geplündert. *4* Von hier zog er gegen Aeginion. Da er aber sah, dass der Ort, den auch eine mäßige Besatzung behaupten könne, so gut wie unüberwindlich sei, ließ er auf den nächsten Posten nur einige Pfeile abschießen und zog seitwärts in das Gebiet von Gomphoi. *5* Als er in Thessaliens Ebenen kam und es seinem Heer, weil er die Gefilde der Epiroten verschont hatte, schon an allem fehlte, schickte er nach angestellter Erkundigung, ob die Lastschiffe zu Leukas oder im Ambracischen Meerbusen eingelaufen wären, seine Kohorten abwechselnd zur Futterholung nach Ambracia; *6* und der Weg von Gomphoi nach Ambracia, so rau und beschwerlich er ist, ist doch sehr kurz. *7* Da man also in wenigen Tagen die Vorräte vom Strand herüberschaffen konnte, hatte das Lager Überfluss an allem. *8* Von hier brach er nach Atrax auf, das fast 10 000 Schritte von

Larisa entfernt ist. Die Einwohner stammen aus Perraebien; die Stadt liegt oberhalb des Stromes Peneus. ***9*** Die Thessalier ließen sich durch die Ankunft der Römer nicht gleich aus der Fassung bringen; und wenn Philipp es auch nicht wagte, nach Thessalien vorzurücken, so wusste er doch vermittels einer im Tempetal genommenen Stellung, sowie der Feind sich an eine Festung machte, gelegentlich Truppen hineinzubringen.

(16) Fast um dieselbe Zeit, als der Konsul zuerst in den Engpässen von Epirus sich dem König Philipp gegenüber lagerte, ***2*** segelte auch des Konsuls Bruder Lucius Quinctius, dem der Senat die Führung der Flotte und den Oberbefehl an der Küste übertragen hatte, mit zwei Fünfruderern nach Korkyra über; und da er auf die Nachricht, ***3*** dass die Flotte schon abgesegelt sei, ohne sich einen Aufenthalt zu gestatten, bei der Insel Same sie eingeholt hatte, entließ er den Lucius Apustius, dem er im Amt folgte, ***4*** und kam nur langsam nach Malea, weil die Flotte die mit der Zufuhr nachfolgenden Schiffe fast immer im Schlepptau hatte. ***5*** Von Malea, wo er den Übrigen ihm so schnell wie möglich zu folgen befahl, segelte er selbst mit drei schnellsegelnden Fünfruderern nach Piräus voraus und übernahm die vom Legaten Lucius Apustius zum Schutz Athens dort zurückgelassenen Schiffe. ***6*** Zu gleicher Zeit fuhren auch zwei Flotten aus Asien ab; die eine mit König Attalos – dies waren 24 Fünfruderer –; die andere, die rhodische, von 20 Verdeckschiffen, geführt von Agesimbrotus. ***7*** Nach ihrer Vereinigung bei der Insel Andros segelten beide Flotten nach Euböa, das nur durch eine schmale Meerenge getrennt ist. ***8*** Zuerst verheerten sie das karystische Gebiet, dann aber gingen sie, weil ihnen Karystus durch eine von Chalkis aus eiligst hineingeworfene Besatzung verwehrt schien, vor Eretria. ***9*** Hier fand sich auf die Nachricht von des Königs Attalos Ankunft auch Lucius Quinctius mit den Schiffen ein, die im Piräus gelegen hatten, und er hatte den Befehl hinterlassen, dass auch die Schiffe seiner eigenen Flotte, sowie sie dort ankämen, nach Euböa steuern sollten. ***10*** Im Sturm auf Eretria wurden alle Kräfte aufgeboten. Denn abgesehen davon, dass die Schiffe der drei vereinigten Flotten mit allen Arten von Wurfgeschützen und Werkzeugen zur Zerstörung von Städten besetzt waren, lieferte auch die Gegend den Stoff zur Errichtung neuer Werke sehr reichlich. ***11*** Anfangs verteidigten die Bürger ihre Mauern sehr mutig; dann aber neigten sich mehrere vor Ermattung und Wunden, als sie nun auch schon einen Teil der Mauer durch die feindlichen Belagerungswerke umgestürzt sahen, zur Übergabe. ***12*** Allein ihre Besatzung bestand aus Makedoniern, vor denen sie sich ebenso wie vor den Römern fürchteten; und der königliche Befehlshaber Philokles ließ ihnen von Chalkis aus sagen, er werde, wenn sie die Belagerung hinhielten, zu rechter Zeit erscheinen. ***13*** Durch diese mit Furcht gemischte Hoffnung wurden sie gezwungen, länger zu zögern als sie wollten oder konnten. ***14*** Als sie darauf erfuhren, Philokles sei zurückgeschlagen und in voller Eile nach Chalkis hineingeflohen, schickten sie sogleich Gesandte an Attalos, ihn um Schonung und Schutz zu bitten. ***15*** Während sie aber, auf die Hoffnung des Friedens gespannt, im Dienst gegen den Feind zu säumig waren und mit Vernachlässigung der übrigen Plätze bloß da bewaffnete Posten aufstellten, wo die Mauer zertrümmert war, griff Quinctius in der Nacht auf einer Seite an, wo sie am wenigsten fürchteten, und erstieg die Stadt mit Leitern. ***16*** Der ganze Schwarm von Bürgern floh mit Frau und Kind auf die Burg, nachher ergab er sich. ***17*** An Geld, Gold und Silber fand man hier nur wenig; aber an Standbildern, Bildwerken der alten Kunst und ähnlichen Prachtstücken fand sich mehr, als sich nach Verhältnis der Größe oder der übrigen Wohlhabenheit von dieser Stadt erwarten ließ.

(17) Von hier rückte man wieder vor die Stadt Karystos, aus der sich aber, ehe die Truppen ausgeschifft werden konnten, der ganze Volkshaufe mit Hinterlassung der Stadt auf die Burg rettete. ***2*** Von dort schickten sie Gesandte und baten den römischen Befehlshaber um Gnade. Den Bürgern wurde sogleich Leben und Freiheit zugestanden, den Makedoniern ein Lösegeld, 300

Drachmen auf jeden Kopf, gesetzt und der Abzug nach Ablieferung ihrer Waffen bewilligt. ***3*** Als die Summe für sie gezahlt war, wurden sie ohne Waffen nach Böotien übergesetzt. Und so fuhren die Seetruppen, die in wenigen Tagen zwei berühmte Städte auf Euböa erobert hatten, um Sunion, das Vorgebirge von Attika, herum und liefen zu Kenchreae, dem Stapelplatz von Korinth, ein.

4 Unterdessen war der Konsul mit der Bestürmung von Atrar beschäftigt, die über alle Erwartung anhaltend und fürchterlich war; und noch dazu leisteten die Feinde da Widerstand, wo er es am wenigsten vermutet hatte. ***5*** Er hatte nämlich geglaubt, das Einstoßen der Mauer werde die ganze Arbeit sein; hätte er nur seinen Bewaffneten den Eingang in die Stadt geöffnet, dann würde auf Seiten der Feinde Flucht und Niederlage, dem Schicksal eroberter Städte gemäß, unausbleiblich sein. ***6*** Allein als seine Bewaffneten, denen der Einsturz eines Teiles der Mauer mit Sturmböcken gelungen war, über diese Trümmer zur Stadt hereinschritten, da eröffnete sich gleichsam ein neuer Kampf und in seiner ganzen Stärke. ***7*** Die Makedonier nämlich, eine zahlreiche Besatzung von Auserlesenen, die selbst eine ehrenvolle Auszeichnung darin suchten, die Stadt lieber durch Waffen und Tapferkeit als durch Mauern zu schützen, ***8*** merkten kaum, dass die Römer über die Trümmer hereinschritten, als sie in geschlossener Stellung und in einer Linie, der sie in der Tiefe durch viele Glieder Haltbarkeit gaben, den Feind über den verschütteten, den Rückzug erschwerenden Platz wieder hinauswarfen. ***9*** Voll Unwillen und überzeugt, dass dieser Schimpf nicht bloß bei dieser einen Stadt die Dauer der Belagerung, sondern den ganzen Erfolg des Krieges bestimmen werde, der so oft von einwirkenden Kleinigkeiten abhänge, ***10*** ließ der Konsul den vom Sturz der halb zertrümmerten Mauer behäuften Platz reinigen und einen Turm von außerordentlicher Höhe, der eine Menge Streiter in mehrfachen Stockwerken trug, heranrollen; ***11*** zugleich mussten seine Kohorten im Angriff abwechseln, um womöglich den Keil der Makedonier – in ihrer Sprache die Phalanx – mit Gewalt zu durchbrechen. ***12*** Allein auf einem engen Raum – und die Strecke der eingestürzten Mauer gab keine sehr weite Öffnung – war die Art der Waffen und des Kampfes dem Feind günstiger. ***13*** Wenn sich die Makedonier dicht geschlossen ihre überlangen Lanzen vorhielten, konnten die Römer, die jetzt nach vergeblich abgeschossenen Wurfspießen gegen dies gleichsam aus übertretenden Schilden dicht gefugte Schuppendach die Schwerter zogen, ***14*** weder nahe genug herankommen noch die Lanzen vorn abhauen, und hatten sie einige durchgehauen oder abgebrochen, so füllten doch die Schafte mit ihrem scharfen Bruch in der Spitzenreihe der unverkürzt gebliebenen Lanzen gleichsam ihre Pfahlstelle. ***15*** Auch deckte der noch stehende Teil der Mauer den Feinden beide Flügel, und sie hatten nicht nötig – was sonst die Glieder so leicht in Unordnung bringt –, aus der Ferne weder auf die Ihrigen sich zurückzuziehen noch auf den Feind auszubrechen. ***16*** Dazu kam zur Erhöhung ihres Mutes ein Zufall. Als der Turm über den nicht fest genug gestampften Erddamm gerollt wurde, ***17*** gab ihm das eine Rad, das in ein zu tiefes Gleis einsank, eine so starke Neigung, dass die Feinde schon glaubten, sie sähen ihn stürzen, und die darauf stehenden Bewaffneten ein fürchterlicher Schrecken ergriff.

(18) Als der Erfolg in keiner Beziehung günstiger wurde, war dem Konsul nichts empfindlicher, als dass ein Vergleich zwischen Truppen und Truppen, zwischen Waffen und Waffen nicht ausblieb; ***2*** zugleich sah er weder Hoffnung auf eine baldige Eroberung noch die Möglichkeit, in dieser Entfernung vom Meer und in einer durch die unglücklichen Folgen des Krieges verheerten Gegend zu überwintern. ***3*** Da er also die Belagerung aufgab, und sich an der ganzen Küste Acarnaniens und Aetoliens kein Hafen fand, der imstande war, alle Lastschiffe zu fassen, welche dem Heer die Vorräte zuführten, und zugleich den Legionen für den Winter Obdach zu geben, ***4*** so schien ihm das am Korinthischen Meerbusen in Phokis gelegene Antikyra hierzu am tauglichsten, ***5*** weil sie sich dann nicht zu weit von Thessalien und den Standorten des Feindes

entfernten, und zugleich gegenüber, nur durch ein schmales Meer geschieden, die Peloponnes, im Rücken Aetolien und Acarnanien, auf den Seiten Locri und Böotien hatten.

6 In Phokis eroberte er Phanotea ohne Schwertstreich im ersten Sturm. Die Belagerung von Antikyra dauerte nicht lange. Dann bekam er Ambrysus und Hyampolis. *7* Daulis konnte wegen seiner Lage auf einem hohen Hügel weder durch Leitern noch durch Werke erobert werden. *8* Die Römer also lockten die Besatzung durch neckende Pfeilschüsse zu Ausfällen und brachten sie durch abwechselndes Fliehen und Verfolgen und leichte, nichts entscheidende Gefechte zu einem so hohen Grad von Sorglosigkeit und Feindesverachtung, bis sie mit den ins Tor Zurückfliehenden in einem Schwarm zur Stadt hereinstürzten. *9* Sechs andere unbedeutende kleine Festungen in Phokis kamen mehr durch Drohungen als Gewalt in die Hände der Römer. Elatea schloss ihnen die Tore und schien, wenn nicht Gewalt gebraucht würde, weder den Anführer noch das römische Heer aufzunehmen.

(19) Bei der Belagerung von Elatea hoffte der Konsul einen wichtigeren Zweck zu erreichen, nämlich das Volk der Achäer von der Verbindung mit dem König in ein Bündnis mit Rom zu ziehen. *2* Sie hatten den Kykliadas, das Oberhaupt der den Philipp begünstigenden Partei, vertrieben. Aristaenos, auf dessen Wunsch sich die Nation an die Römer schließen sollte, war Prätor. *3* Bei Kenchreae lag die römische Flotte mit Attalos und den Rhodiern, welche sich alle gemeinschaftlich dazu anschickten, Korinth zu belagern. *4* Daher hielt es der Konsul für sehr zweckmäßig, bevor sie sich auf die Unternehmung einließen, der achäischen Nation durch Gesandte das Versprechen zu geben, wenn sie vom König zu den Römern überträten, so wolle man Korinth wieder dem alten Bund der Achäer einverleiben. *5* Auf Betrieb des Konsuls gingen von seinem Bruder Lucius Quinctius, ferner von Attalos, von den Rhodiern und Athenern die Gesandten an die Achäer ab, und in Sikyon wurden sie vor die Versammlung geführt. *6* Es war aber die Stimmung bei den Achäern eine gemischte, von Sparta aus drohte ihnen ein beschwerlicher, nie ablassender Feind, dem Krieg mit Rom sahen sie mit Schrecken entgegen, *7* den Makedoniern waren sie für ältere und neuere Wohltaten verpflichtet, allein dem König trauten sie wegen seiner Grausamkeit und Treulosigkeit nicht, *8* und ohne ihn danach zu beurteilen, wie er sich jetzt den Zeitumständen gemäß benahm, sahen sie einen schweren Herrscherdruck nach dem Krieg voraus. *9* Keiner von ihnen wusste entweder, was er im Senat seiner Stadt noch in den gemeinschaftlichen Versammlungen des Bundes als seine Meinung vortragen sollte; *10* ja sie konnten bei eigenem Nachdenken mit sich selbst nicht einig werden, was sie zu wünschen oder zu wählen hätten. Eingeführt in die Versammlung dieser Unschlüssigen bekamen nun die Gesandten die Erlaubnis zu reden. *11* Zuerst hatte der römische Gesandte, Lucius Calpurnius, das Wort, darauf die Gesandten des Attalos, nach ihnen die Rhodier; *12* dann erhielten Philipps Gesandte die Bewilligung, und die letzten Redner waren, um die Behauptungen der Makedonier zu widerlegen, die Athener. *13* Und sie waren es, die wohl am heftigsten gegen den König losfuhren; denn niemand hatte mehr und Härteres von ihm erfahren. Und für heute wurde mit Sonnenuntergang, da die sich aneinanderreihenden Reden so vieler Gesandtschaften den Tag weggenommen hatten, die Versammlung entlassen.

(20) Am folgenden Tag wurden sie wieder berufen. Als hier nach griechischer Sitte jedermann von der Obrigkeit durch den Herold bevollmächtigt wurde, seine Vorschläge vorzubringen, und niemand auftrat, da herrschte, weil einer den andern ansah, ein langes Schweigen. *2* Und es war kein Wunder, wenn Leute, deren Geist von der Beherzigung jener miteinander kämpfenden Rücksichten schon von selbst wie betäubt war, nun vollends durch die einen ganzen Tag über von beiden Seiten gehaltenen Reden irregeworden waren, worin ihnen jede Schwierigkeit aufgedeckt und ans Herz gelegt wurde. *3* Endlich fing Aristaenos, der achäische Bundeshauptmann, um die

Versammlung nicht als ganz stumm zu entlassen, so an zu reden: *Wo blieb denn die Hitze des Parteienstreits, ihr Achäer, die euch auf euren Gastgeboten und in euren Zirkeln, wenn die Rede auf Philipp und die Römer fiel, beinahe zu Tätlichkeiten kommen ließ?* **4** *Jetzt seid ihr in einer Versammlung, die einzig zu diesem Zweck berufen wurde, wo ihr die Reden der beiderseitigen Gesandten gehört habt, wo die Obrigkeiten die Sache bei euch zur Sprache bringen, wo der Herold euch zu Vorschlägen auffordert, die Stummen.* **5** *Wenn die Teilnahme für das allgemeine Beste nicht auf euch wirkt, kann denn auch nicht einmal euer Lieblingswunsch, der euer Herz entweder auf diese oder auf jene Seite neigt, aus einem einzigen nur ein Wort hervorpressen?* **6** *Noch dazu, wo niemand so blödsinnig ist, dass er nicht wissen sollte, nur jetzt, ehe wir zum Beschluss kommen, sei jedem noch vergönnt zu reden und das zu empfehlen, was er wünscht oder für das Beste hält. Ist einmal für einen Bund entschieden, dann müssen ihn alle, auch die, denen er vorher nicht anstand, als gut und heilsam verfechten.* **7** Diese Aufforderung des Prätors bewog auch nicht einen, als Redner aufzutreten; ja sie bewirkte in einer so großen, aus so vielen Völkern zusammengesetzten Versammlung nicht einmal ein Geräusch oder Murren.

(21) Da begann der Bundeshauptmann Aristaenos von Neuem: *Euch, Achaias ersten Männern, fehlt es weder an Fertigkeit im Reden noch an Vorschlägen, nur will keiner seinen Rat für das allgemeine Beste auf eigene Gefahr mitteilen. Wäre ich ohne Amt, dann schwiege auch ich vielleicht. Allein als Bundeshauptmann bin ich der Meinung, dass wir entweder den Gesandten diese Zusammenkunft nicht bewilligen durften oder sie nicht ohne Antwort entlassen müssen.* **2** *Wie kann ich ihnen aber eine Antwort geben, wenn kein Beschluss von euch sie ausspricht? Und weil denn keiner von euch allen, die ihr zu dieser Versammlung berufen seid, Lust oder Mut genug hat, mit seiner eigenen Erklärung aufzutreten, so wollen wir die gestern von den Gesandten gehaltenen Reden als abgegebene Stimmen durchgehen,* **3** *wollen die Sache so ansehen, nicht, als hätten sie zu ihrem eigenen Vorteil Forderungen an uns gemacht, sondern als hätten sie uns das anempfohlen, worin sie unseren Vorteil zu sehen glaubten.* **4** *Die Römer, Rhodier und Attalos bitten uns um Bündnis und Freundschaft, und ihrer Meinung nach wäre dann in dem Krieg, den sie mit Philipp führen, eine Unterstützung von unserer Seite Pflicht.* **5** *Philipp erinnert uns nur an unsern Bund mit ihm, an unsern Bundeseid, und bald ruft er uns auf seine Seite, bald will er schon zufrieden sein, wenn wir nur am Krieg nicht teilnehmen.* **6** *Kommt niemand unter euch darauf, wie es zugehe, dass die, die noch nicht mit uns verbündet sind, mehr von uns fordern als unser Bundesgenosse? Dies ist so wenig die Wirkung der Bescheidenheit auf Philipps, als einer Unverschämtheit auf der Seite der Römer.* **7** *Der Hafen Kenchreä erfüllt den einen Forderer mit Zutrauen und nimmt dasselbe dem andern. Von Philipp sehen wir nichts weiter als einen Gesandten. Aber eine römische Flotte liegt bei Kenchreae, prunkend mit der Beute euböischer Städte. Einen Konsul sehen wir mit seinen Legionen, von uns durch ein schmales Meer geschieden, Phokis und Locri durchstreifen.* **8** *Ihr wundert euch, warum soeben Philipps Gesandter Kleomedon so schüchtern uns zumutete, für seinen König die Waffen gegen die Römer zu ergreifen.* **9** *Allein, wenn wir jetzt Kraft desselben Bündnisses und dieses Bundeseides, den er uns scheuen hieß, ihn bitten wollten, dass uns Philipp dort gegen Nabis und die Spartaner, hier gegen die Römer verteidigen möchte, so würde er ebenso wenig wissen, wo er die Truppen zu unserem Schutz hernehmen,* **10** *als was er uns antworten sollte; wahrhaftig ebenso wenig als im vorigen Jahr Philipp selbst, der unter dem Versprechen, unseren Krieg mit Nabis zu führen, es darauf anlegte, unsere Mannschaft von hier nach Euböa hinüberzuziehen;* **11** *als er aber sah, dass wir ihm die Truppenstellung nicht bewilligten und uns in keinen Krieg mit Rom verwickeln lassen wollten, unser Land dem Nabis und den Spartanern zur Verheerung und Plünderung überließ, ohne an den Bund mit uns, mit dem er jetzt so prahlt, zu denken.* **12** *Meiner Ansicht nach schien auch Kleomedons Rede mit sich selbst im Widerspruch zu sein. Er*

setzte den Krieg mit den Römern herunter und verhieß uns von dem jetzigen denselben Ausgang wie von dem, den sie schon einmal mit Philipp geführt hätten. **13** *Warum bittet denn dieser aus der Ferne uns um Hilfstruppen und kommt nicht lieber selbst, um uns, seine alten Bundesgenossen, zugleich vor Nabis und den Römern zu schützen? Ich führe uns an? Warum ließ er Eretria und Karystus wegnehmen? Warum so viele Städte Thessaliens? Warum Locris und Phokis?* **14** *Warum leidet er noch jetzt, dass Elatea belagert wird? Warum räumte er entweder besiegt oder aus Furcht oder freiwillig die Engpässe von Epirus und jene unbezwingliche Klause über dem Fluss Aous und zog sich mit Hinterlassung des Gebirgswaldes, den er besetzt hatte, tief in sein Reich? Gab er aus eigenem Willen so viele Bundesgenossen den Feinden zur Plünderung preis, wie kann er etwas dawider haben, dass auch die Bundesgenossen für sich selbst sorgen?* **15** *Oder aus Furcht, dann muss er auch uns diese Furcht verzeihen. Oder wenn er als der Besiegte wich, so sollen wir Achäer, Kleomedon, Roms Waffen aufhalten, die ihr Makedonier nicht aufhalten konntet?* **16** *Sollen wir dir eher glauben, dass die Römer den Krieg diesmal nicht mit mehreren Truppen und größerer Anstrengung führen, als sie ihn vorhin geführt haben, und die Sache nicht so ansehen, wie sie vor uns liegt?* **17** *Damals kamen sie den Aetolern mit einer Flotte zu Hilfe; sie führten den Krieg weder durch einen Konsul noch durch ein konsularisches Heer: Philipps Bundesgenossen in den Seestädten waren in Schrecken und Aufruhr; das innere Land blieb vor den römischen Waffen so sicher, dass Philipp die um Roms Hilfe vergeblich flehenden Aetoler ausplündern konnte.* **18** *Jetzt aber haben die Römer, nachdem sie den Punischen Krieg überstanden haben, den sie 16 Jahre lang im Inneren Italiens aushielten, nicht etwa den Krieg führenden Aetolern einige Mannschaft gesandt, sondern selbst als Krieg führende Hauptmacht Makedonien zu Land und zu Wasser angegriffen.* **19** *Schon der dritte Konsul führte diesen Krieg mit allem Nachdruck. Sulpicius, der mit dem König in Makedonien selbst zusammentraf, schlug und warf ihn und verheerte den blühendsten Teil seines Königreiches.* **20** *Jetzt hat ihn im Besitz des Engpasses von Epirus, ungeachtet seines Vertrauens auf Stellung, Werke und Heer, Quinctius zum Lager hinausgeschlagen, und als er ihm auf der Flucht nach Thessalien folgte, die königlichen Besatzungen und die mit ihm verbündeten Städte fast vor den Augen des Königs erobert.* **21** *Angenommen, es sei nichts von alledem wahr, was soeben Athens Gesandte von des Königs Grausamkeit, Habsucht und Wollust geredet haben; alle die Frevel, die im Gebiet von Attika gegen die Götter der Ober- und Unterwelt verübt wurden, sollen uns nichts angehen,* **22** *noch viel weniger, was die von uns so weit entfernten Bewohner von Kia und Abydos gelitten haben, auch die uns selbst geschlagenen Wunden wollen wir, wenn es so sein soll, vergessen,* **23** *die Hinrichtungen und den Raub, die er mitten in der Peloponnes zu Messene vornahm; dass er zu Kyparissia seinen Wirt Chariteles gegen alle menschlichen und göttlichen Rechte beinahe noch an der Tafel morden ließ, dass er die beiden Sikyonier, Aratos, Vater und Sohn, hinrichtete,* **24** *obgleich er den unglücklichen Greis so oft Vater genannt hatte, dass er sogar die Gattin des Sohnes zur Befriedigung seiner Lüste nach Makedonien entführte; wir wollen die Entehrung so mancher anderer Jungfrau und Gattin vergessen, wollen annehmen, Philipp stehe mit unseren Angelegenheiten außer aller Beziehung, da euch ohnehin die Furcht vor seiner Grausamkeit sprachlos gemacht hat –* **25** *denn aus welchem anderen Grund könnten zur Staatenversammlung Berufene so schweigsam sein? – wir wollen tun, als hätten wir unsere Sache mit dem milden, gerechten, um uns so hochverdienten König Antigonus auszumachen; sollte der uns auffordern, etwas zu leisten, was nicht geschehen könnte?* **26** *Denn die Peleponnes ist eine Halbinsel, die durch den schmalen Pass der Landenge mit dem festen Land zusammenhängt und keinem Angriff so offen und ausgesetzt ist wie dem zur See.* **27** *Wenn jetzt 100 Deckschiffe, 50 leichtere ohne Deck und von Issa 30 Jachten sich daran machen, die Küste zu verheeren und die beinahe am Ufer selbst bloßgestellten Städte zu bestürmen – sollen wir uns etwa dann in die Städte des Mittellandes zurückziehen? Fühlen wir auch nicht da die Qual* *des heimischen, in unseren Eingeweiden haftenden Krieges?* **28** *Wenn uns zu Land Nabis und die Spartaner, zur See eine römische Flotte bedrängt, von wo aus sollen wir dann den verbündeten König und makedonische Truppen zu Hilfe rufen? Oder sollen wir etwa die Städte, die der feindliche Römer angreifen wird, mit eigenen Waffen in Schutz nehmen? Haben wir doch im vorigen Krieg Dymae vortrefflich verteidigt!* **29** *Das Unglück anderer gibt uns Belehrung genug; lasst uns nicht darauf ausgehen, anderen zur Warnung zu dienen.* **30** *Weist doch nicht aus diesem Grund, weil die Römer mit der Bitte um Freundschaft uns zuvorkommen, gerade das, was wir wünschen und aus allen Kräften erstreben müssten, von euch ab.* **31** *Denn es treibt sie freilich die leidige Furcht, in einem fremden Land, wo sie unter dem Schatten eures Beistandes verborgen sein wollen, sich in den Bund mit euch zu flüchten, um in eure Häfen einlaufen zu können und Zufuhr zu haben. Auf dem Meer gebieten sie;* **32** *sowie sie ein Land betreten, machten sie es sich unterwürfig. Was sie von uns erbitten, können sie erzwingen. Weil sie euch zu schonen wünschen, wollen sie euch euren Untergang nicht verschulden lassen.* **33** *Denn was euch soeben Kleomedon als Mittelweg und als den sichersten Entschluss empfahl, dass ihr euch ruhig verhalten und gar keinen Anteil am Krieg nehmen solltet, das ist nicht Auskunft auf einem Mittelweg, sondern gar keine.* **34** *Denn abgesehen davon, dass ihr gezwungen seid, die Verbindung mit Rom entweder anzunehmen oder feindlich zu verwerfen: Was wird, wenn wir nirgends auf sichere Freundschaft rechnen können, insofern wir selbst den Ausgang gleichsam abgewartet hätten, um unseren Entschluss dem Glück anzupassen, aus uns anderes werden als eine Beute des Siegers?* **35** *Wenn man euch das, worauf alle unsere Wünsche gerichtet sein mussten, aus freien Stücken anbietet, so stoßt es doch nicht von euch. So wie ihr heute beides in eurer Gewalt habt, werdet ihr es nicht immer haben. Die Gelegenheit wird euch nicht oft noch lange geboten werden.* **36** *Schon lange habt ihr mehr den Willen als den Mut, euch von Philipp zu befreien. Mit großen Flotten und Heeren sind sie übers Meer gekommen, die euch ohne eure Mühe, ohne eure Gefahr in Freiheit setzen wollen.* **37** *Verschmäht ihr diese Bundesgenossen, dann muss man freilich euren gesunden Menschenverstand bezweifeln; allein, sie entweder zu Bundesgenossen oder zu Feinden zu haben, ist für euch ein Muss.*

(22) Nach der Rede des Bundeshauptmanns wurden einige laut durch Bezeigung ihres Beifalles, andere durch ihre harten Äußerungen gegen die Beistimmenden. ***2*** Bald gerieten nicht Einzelne allein, sondern ganze Völkerschaften in Wortwechsel. Zuletzt wurde der Streit unter den Obrigkeiten der Nation – sie heißen Damiurgen, deren immer zehn gezählt werden – ebenso hitzig wie unter der Menge. ***3*** Fünf von ihnen erklärten, sie würden das Bündnis mit den Römern beantragen und selbst dafür stimmen; die fünf anderen führten das Gesetz für sich an, das den Obrigkeiten jeden Antrag, der Versammlung jeden Beschluss, der dem Bündnis mit Philipp zuwider sei, untersagte. So wurde auch dieser Tag mit Streitigkeiten hingebracht. ***4*** Zu einer gültigen Versammlung hatten sie nun noch einen Tag – denn ein Gesetz bestimmte die Abfassung des Beschlusses auf den dritten Tag –, und auf diesen schickten sie sich mit einer Parteiwut an, die beinahe Vater gegen Sohn bewaffnet hätte. ***5*** Der Sohn des Pisias von Pellene, Memnon, war Damiurg und gehörte der Partei an, die sich der Vorlesung des Beschlusses und der Abhörung der Stimmen widersetzte. ***6*** Nach langem flehentlichen Anhalten bei seinem Sohn, die Achäer auf das allgemeine Wohl Rücksicht nehmen zu lassen und nicht durch seinen Starrsinn die ganze Nation unglücklich zu machen, ***7*** schwur Pisias, als seine Bitten nicht gehörig wirkten, er wolle ihn mit eigener Hand umbringen ***8*** und ihn nicht für seinen Sohn, sondern als Feind ansehen, und überredete ihn durch die Drohung, sich am folgenden Tag mit denen zu vereinigen, die den Gegenstand zum Vortrag brachten. Als nun diese, die eben dadurch die Mehrheit bekamen, den Antrag taten, und die Völker fast alle offenbar dem Antrag beistimmten und ohne Rückhalt zu erkennen gaben, wie ihr Beschluss lauten solle, ***9*** da standen, noch bevor dieser abgefasst wurde,

die Bürger von Dymae, von Megalopolis und einige von Argos auf und verließen die Versammlung, ohne indessen Befremden oder Missfallen zu erregen. ***10*** Denn die Megalopolitaner, deren Vorfahren von den Spartanern vertrieben waren, hatte Antigonus in ihre Heimat zurückgeführt; und die Dymaeer, deren Stadt kürzlich vom römischen Heer erobert und geplündert war, hatte Philipp allenthalben aus der Sklaverei loskaufen lassen und ihnen mit der Freiheit ihre Vaterstadt wiedergegeben. ***11*** Die Argiver endlich waren, in dem Glauben, dass die makedonischen Könige von ihnen abstammten, meistenteils auch für ihre Person durch Gastrecht und Familienfreundschaft mit Philipp in Verbindung. ***12*** Darum traten sie aus einer Versammlung ab, welche sich für die Anerkennung des Bündnisses mit den Römern entschied, und man konnte ihnen bei ihren großen und neuen Verbindlichkeiten diesen Austritt nicht verdenken.

(23) Die übrigen achäischen Völkerschaften gaben nach Anhörung der Stimmen dem Bündnis mit Attalos und den Rhodiern gleich auf der Stelle durch einen Beschluss die Wirklichkeit. ***2*** Das mit den Römern aber wurde, weil es ohne Genehmigung des römischen Volkes nicht gültig sein konnte, bis zum Abgang einer Gesandtschaft nach Rom verschoben. ***3*** Für jetzt beschlossen sie, nur an Lucius Quinctius drei Gesandte zu schicken und mit dem ganzen achäischen Heer vor die Stadt Korinth zu rücken, welche Quinctius nach der Eroberung von Kenchreae schon belagerte. ***4*** Die Achäer lagerten sich gegenüber dem nach Sikyon führenden Tor, die Römer stürmten auf der nach Kenchreae liegenden Stadtseite; Attalos, der mit seinem Heer über die Landenge gegangen war, von Lechaeum her, dem Hafen des anderen Meeres; anfangs nicht ernstlich, weil sie auf eine Trennung in der Stadt zwischen den Bürgern und der königlichen Besatzung rechneten. ***5*** Da aber bei vollkommener Eintracht unter allen die Makedonier wie für eine gemeinschaftliche Vaterstadt kämpften, und die Korinther dem Befehlshaber der Besatzung Androsthenes, als ob er ihr Mitbürger und von ihnen selbst erwählt wäre, unumschränkte Gewalt ließen, so mussten nun die Belagerer ihre ganze Hoffnung auf Sturm, Waffen und Werke setzen. ***6*** Von allen Seiten wurden Dämme, so schwierig die Annäherung war, bis an die Mauern aufgeführt. ***7*** Auf der Seite, wo die Römer stürmten, hatte der Sturmbock schon eine ganze Strecke der Mauer eingestoßen. Als nun die Makedonier herbeieilten, um die entblößte Stelle mit den Waffen zu schützen, da kam es zwischen ihnen und den Römern zu einem schrecklichen Gefecht. ***8*** Anfangs wurden die Römer von der Menge leicht hinausgedrängt; als sie aber von den Achäern und Attalos Verstärkung erhielten, waren sie dem Kampf gewachsen, und sicher hätten sie die Makedonier und Griechen bald vom Platz getrieben. ***9*** Allein es war eine große Menge italischer Überläufer im Ort, die teils aus Hannibals Heer aus Furcht vor der von den Römern zu erwartenden Strafe Philipps Fahnen gefolgt, teils als Seesoldaten ihren Flotten kürzlich entlaufen waren, weil sie zu einem ehrenvolleren Dienst überzugehen hofften. Die Überzeugung, ohne Schonung verloren zu sein, wenn die Römer siegten, entflammte sie mehr zur Wut als zur Kühnheit. ***10*** Sikyon gegenüber liegt das Vorgebirge der sogenannten Juno Acraea, das weit ins Meer hinausläuft. Die Überfahrt von hier nach Korinth beträgt beinahe 7000 Schritte. ***11*** Dahin zog sich durch Böotien ein anderer königlicher Befehlshaber, Philokles, mit 1500 Mann; und diese Truppen fanden schon Jachten von Korinth zu ihrer Einnahme und Überfahrt nach Lechäum bereit. ***12*** Da riet Attalos, sogleich alle Befestigungen anzuzünden und die Belagerung aufzugeben. Quinctius war mehr für die Beharrlichkeit in dem, was man einmal unternommen habe. Als er aber sah, dass an alle Tore königliche Posten verteilt waren, und dass er ihnen die Ausfälle schwerlich werde wehren können, da stimmte auch er der Meinung des Attalos bei. ***13*** Sie gaben das Vorhaben auf, entließen die Achäer und schifften sich wieder ein. Attalos segelte nach dem Piräus, die Römer nach Korkyra.

(24) Während seine Seetruppen hiermit beschäftigt waren, suchte der Konsul, der sich in Phokis vor Elatea gelagert hatte, anfangs in Unterredungen seinen Zweck durch die vornehmen Elateer

zu erreichen. *2* Als er aber die Antwort bekam, sie hätten in keiner Beziehung freie Hand, und die königliche Besatzung sei zahlreicher und besser imstande als die Bürger, griff er die Stadt auf allen Seiten zugleich durch Belagerungswerke und mit Waffengewalt an. *3* Als ihm jetzt der herbeigebrachte Sturmbock eine Strecke der Mauer von einem Turm zum andern niedergeworfen hatte und unter schrecklichem Krachen und Getöse die Festung erschloss, drang nicht allein die römische Kohorte auf diesem ihr soeben durch den Sturz geöffneten Weg herein, *4* sondern zu gleicher Zeit eilte aus allen Teilen der Stadt jeder mit Hinterlassung seines Postens der Stelle zu, welche dem Einbruch des Feindes ausgesetzt war. *5* Allein in demselben Augenblick, wo die Römer über die Trümmer der Mauer eindrangen, legten sie auch überall ihre Leitern an die noch stehende Mauer, und während der Kampf die Blicke und Gedanken der Feinde nur auf diese Seite zog, erstiegen sie die Mauer an mehreren Stellen und drangen mit dem Schwert in die Stadt. *6* Durch das laute Getümmel geschreckt, flohen die Feinde mit Hinterlassung der Stelle, die sie in gedrängter Schar behauptet hatten, voll Furcht auf die Burg, wohin der Schwarm der Wehrlosen ihnen folgte. *7* So gewann der Konsul die Stadt. Nach der Plünderung ließ er in die Burg melden, er wolle den königlichen Truppen, wenn sie ohne Waffen abzögen, das Leben, und den Elateern die Freiheit schenken, und als er auf diese Bedingungen hin mit ihnen abgeschlossen hatte, sah er sich in wenigen Tagen auch im Besitz der Burg.

(25) Durch die Ankunft des königlichen Obersten Philokles in Achaia wurde aber nicht allein Korinth von der Belagerung befreit, sondern auch die Stadt Argos von einigen Vornehmen nach einer vorläufigen Erkundung über die Gesinnung der Bürger dem Philokles verraten. *2* Es war hier Brauch, dass am ersten Tag der Wahlversammlungen die obersten Beamten die Verehrung des Jupiter, Apollo und Hercules ankündigten. Später war durch ein Gesetz bestimmt, den König Philipp diesen anzureihen. *3* Da nun nach dem mit den Römern geschlossenen Bündnis der Herold diesen Namen nicht nachfolgen ließ, entstand anfangs ein Murren unter der Menge, *4* und dann ein lautes Geschrei von denen, welche den Namen Philipp hinzufügten und die Beibehaltung der gesetzmäßigen Ehre für ihn verlangten, bis endlich mit großem Beifall auch sein Name gerufen wurde. *5* Philokles, den sie im Vertrauen auf diese Volksstimmung eingeladen hatten, besetzte in der Nacht eine an der Stadt ragende Höhe – diese Burg hat den Namen Larisa –, als er aber mit Zurücklassung einer Truppenzahl bei Tagesanbruch zum Angriff auf den unter der Burg liegenden Markt zog, rückte ihm eine schlagfertige Schar entgegen. *6* Dies war die erst kürzlich von den Achäern hier hineingelegte Besatzung, etwa 500 Mann Auserlesene aus allen ihren Städten. Anesidemus von Dymae war ihr Anführer. *7* Der Unterhändler, welcher von dem königlichen Obersten an sie geschickt wurde und sie die Stadt räumen hieß – denn sie wären ja nicht einmal den Bürgern allein gewachsen, die mit den Makedoniern einverstanden wären, geschweige denn, wenn sich die Makedonier an diese anschlössen –, machte anfangs weder auf den Anführer noch auf sie selbst einigen Eindruck; *8* ja selbst, als sie gleich darauf auch die Argiver bewaffnet von der andern Seite in einem langen Zug heranrücken sahen, schienen sie jeder Gefahr, wenn ihr Anführer darauf bestanden hätte, Trotz bieten zu wollen. *9* Anesidemus, der nicht mit der Stadt zugleich den Kern der achäischen Mannschaft aufopfern wollte, machte mit Philokles aus, dass sie abziehen konnten, wich aber für seine Person mit einigen seiner Schützlinge nicht von der Stelle, die er in voller Rüstung behauptete. *10* Philokles ließ bei ihm anfragen, was er weiter wolle. Er antwortete, weiter nichts, als in der Verteidigung der ihm anvertrauten Stadt – er blieb hinter seinem vorgehaltenen Schild in Stellung – mit den Waffen in der Hand zu sterben. Da ließ der Oberst seine Thraker sie zusammenhauen, und sie fielen alle. *11* So waren seit dem zwischen den Achäern und Römern abgeschlossenen Bündnis zwei der angesehensten Städte,

Argos und Korinth, in den Händen des Königs. *12* Dies ist alles, was die Römer in diesem Sommer in Griechenland zu Land und zu Wasser ausrichteten.

(26) In Gallien führte der Konsul Sextus Aelius nichts Besonderes aus. *2* Obgleich er zwei Heere in der Provinz hatte, das eine, das er behielt, obgleich er es hätte entlassen sollen, das der Prokonsul Lucius Cornelius befehligt hatte (er aber setzte den Prätor Gaius Helvius darüber) und das andere, mit dem er selbst in die Provinz zog, *3* brachte er doch beinahe das ganze Jahr damit zu, dass er die Siedler von Cremona und Placentia anhielt, in die Kolonien zurückzukehren, aus denen die Unfälle des Krieges sie verscheucht hatten.

4 Ebenso unerwartet als für dieses Jahr die Ruhe von Seiten Galliens war, kam in Roms Nähe ein Sklavenaufruhr beinahe zum Ausbruch. In Setia waren die Geiseln von Karthago in Verwahrung. *5* Als Kinder vornehmer Leute hatten sie eine große Schar von Sklaven bei sich. *6* Diese wurde noch zahlreicher, da auch die Einwohner von Setia von der Beute des erst kürzlich beendeten Punischen Krieges mehrere Gefangene als Sklaven gekauft hatten. *7* Als diese nach eingeleiteter Verschwörung einige aus ihrer Zahl abgeschickt hatten, um in dem Gebiet von Setia, dann in der Gegend von Norba und Circei die Sklaven aufzuwiegeln, setzten sie, als schon alles in Bereitschaft war, fest, an den Spielen, die nächstens zu Setia veranstaltet werden sollten, das seiner Augenweide sich hingebende Volk zu überfallen und, *8* wenn sie Setias durch Mord und Überrumpelung sich bemächtigt hätten, auch Norba und Circei wegzunehmen. Von diesem scheußlichen Plan gelangte eine Anzeige nach Rom an den Stadtprätor Lucius Cornelius Merula. *9* Vor Tagesanbruch kamen zwei Sklaven zu ihm und setzten ihm alles, was schon geschehen war und noch geschehen sollte, der Reihe nach auseinander. *10* Als der Prätor, der sie in seinem Haus in Gewahrsam gab, den Senat berufen und von der Anzeige seiner Informanten benachrichtigt hatte, *11* ging er, weil er selbst den Auftrag erhielt, zur Untersuchung und Dämpfung dieser Verschwörung sich aufzumachen, mit fünf Bevollmächtigten ab und ließ alle in den Dörfern ihm Begegnenden den Soldateneid schwören, die Waffen nehmen und ihm folgen. *12* In dieser eilfertigen Werbung bewaffnete er gegen 2000 Mann und kam, ohne dass jemand wusste, wohin er ziehe, nach Setia. *13* Als hier die Häupter der Verschwörung schleunigst eingezogen wurden, flohen die Sklaven aus der Stadt. Es wurden also Leute in die Dörfer umhergesandt, sie aufzusuchen. *14* Besonders kam ihnen hier die Hilfe der beiden aussagenden Sklaven und eines Freigeborenen zustatten. Die Väter befahlen, diesem 100 000 schwere As zu geben und den beiden Sklaven je 25 000 As nebst der Freiheit. Ihr Kaufwert wurde den Eigentümern aus der Schatzkammer ersetzt. *15* Nicht lange darauf wurde von Präneste berichtet, dass auch die dortigen Sklaven, noch im Zusammenhang mit jener Verschwörung, sich der Stadt bemächtigen wollten. *16* Der Prätor Lucius Cornelius ging dahin ab und belegte etwa 500 von ihnen, die sich dessen schuldig gemacht hatten, mit der Todesstrafe. Zu Rom war man in Besorgnis, das Ganze möchte ein Werk der punischen Geiseln und Gefangenen sein. *17* Deswegen wurden nicht allein in Rom in den Straßen Wachen gehalten, wobei die Obrigkeiten vom niederen Rang die Runde zu machen hatten, und die Dreimänner der peinlichen Gerichtspflege zu strengerer Aufsicht über die öffentlichen Gefängnisse angewiesen, *18* sondern der Prätor schickte auch in ganz Latium den schriftlichen Befehl umher, dass man die Geiseln auf ihre Wohnung beschränken und ihnen nicht gestatten solle, auf den Straßen zu erscheinen, ferner dass die Gefangenen mit Fußeisen belegt würden, die nicht unter zehn Pfund schwer sein dürften, und nirgendwo anders als in dem öffentlichen Kerker in Verwahrung sein sollten.

(27) In diesem Jahr legten auch Gesandte vom König Attalos einen goldenen Kranz, 246 Pfund schwer, auf dem Kapitol nieder und erkannten es mit Dankbarkeit gegen den Senat, dass Antio-

chos auf Antrag einer römischen Gesandtschaft sein Heer aus den Staaten des Attalos abgeführt habe. **2** Auch kamen in diesem Sommer 200 Reiter, zehn Elefanten und 200 000 Scheffel Weizen vom König Masinissa bei dem Heer an, das in Griechenland stand. **3** Auch aus Sizilien und Sardinien erhielt dieses Heer große Zufuhren und Kleidungsstücke. Sizilien verwaltete Marcus Marcellus, Sardinien Marcus Porcius Cato, der öffentlichen Meinung nach ein ehrwürdiger und tadelloser Mann, nur zu hart in Beschränkung des Wuchers. **4** Die Wucherer wurden aus der Insel verjagt; die Ausgaben, welche die Bundesgenossen gewöhnlich für den Hofstaat der Prätoren machen mussten, setzte er entweder herab oder schaffte sie ganz ab.

5 Unter dem Vorsitz des Konsuls Sextus Aelius, der zur Haltung der Wahlen aus Gallien nach Rom zurückkam, **6** wurden Gaius Cornelius Cethegus und Quintus Minucius Rufus zu Konsuln gewählt. Die Prätorenwahl war zwei Tage später. In diesem Jahr wurden zum ersten Mal sechs Prätoren ernannt, weil jetzt die Geschäfte sich häuften, und das Reich sich immer weiter ausbreitete. **7** Die Gewählten waren Lucius Manlius Vulso, Gaius Sempronius Tuditanus, Marcus Sergius Silus, Marcus Helvius, Marcus Minucius Rufus und Lucius Atilius. Von diesen waren Sempronius und Helvius plebejische Ädilen. **8** Kurulische Ädilen waren Quintus Minucius Thermus und Tiberius Sempronius Longus. Die Römischen Spiele dauerten in diesem Jahr vier Tage.

(28) Die Konsuln Gaius Cornelius und Quintus Minucius stellten in erster Linie einen Antrag wegen der Amtskreise der Konsuln und Prätoren. **2** Zuerst wurde die Sache hinsichtlich der Prätoren erledigt, weil sie durch das Los erledigt werden konnte. Die Gerichtspflege in der Stadt fiel dem Sergius zu, die über die Fremden dem Minucius. Sardinien erloste Atilius, Sizilien Manlius, das diesseitige Spanien Sempronius, Helvius das jenseitige. **3** Als aber die Konsuln über Italien und Makedonien losen wollten, waren die Volkstribunen Lucius Oppius und Quintus Fulvius deshalb dagegen, weil Makedonien ein so entfernter Posten sei **4** und bis jetzt das größte Hindernis in diesem Krieg darin bestanden habe, dass immer der frühere Konsul, wenn er kaum seine Unternehmungen begonnen hatte, in dem ersten Anlauf zum Krieg zurückgerufen wurde. **5** Seit dem Beschluss, den Makedonischen Krieg zu führen, sei dies schon das vierte Jahr. Sulpicius habe den größeren Teil des Jahres damit zugebracht, den König und sein Heer nur aufzusuchen, Villius sei eben, als er an den Feind gelangte, unverrichteter Dinge zurückgerufen. **6** Quinctius, über ein halbes Jahr durch gottesdienstliche Geschäfte in Rom zurückgehalten, habe sich gleichwohl so benommen, dass er den Krieg, wenn er entweder früher auf seinem Posten angekommen oder der Winter nur etwas später eingetreten wäre, hätte beendigen können. **7** Jetzt höre man, wiewohl er beinahe nur dazu hingegangen sei, um die Winterquartiere zu beziehen, dennoch von seinen Vorkehrungen zum Feldzug so viel Gutes, **8** dass er vermutlich, wenn ihn kein Nachfolger unterbreche, im nächsten Sommer am Ziel sein werde. Durch diese Reden setzten sie es durch, dass die Konsuln erklärten, sie würden sich dem Gutachten des Senats unterwerfen, wenn auch die Tribunen es täten. Da also die Väter von beiden Teilen ungehindert verfügen konnten, so wiesen sie beiden Konsuln ihren Posten in Italien an; **9** Titus Quinctius aber verlängerten sie den Oberbefehl bis dahin, wo er einen Nachfolger bekäme. Den Konsuln bestimmten sie jedem zwei Legionen und den Krieg mit den von Rom abgefallenen Galliern diesseits der Alpen. **10** Quinctius wurden als Ergänzungstruppen für Makedonien 5000 Mann zu Fuß, 300 Reiter und 3000 Seesoldaten bewilligt. **11** Das Kommando über die Flotten behielt Lucius Quinctius Flamininus. Die Prätoren bekamen für beide Spanien je 8000 Mann zu Fuß an Bundesgenossen und Latinern und 400 zu Pferde, um die alten Soldaten aus beiden Spanien entlassen zu können; auch sollten sie die Grenze bestimmen, was künftig zu der jenseitigen oder zur diesseitigen Provinz zu rechnen sei. **12** Dem Heer in Makedonien wurde Publius Sulpicius und Publius Villius, welche als Konsuln dort ihren Stand gehabt hatten, als Unterfeldherren beigegeben.

(29) Ehe die Konsuln und Prätoren auf ihre Plätze abgingen, sollten die Drohungen der Schrecklichen gesühnt werden. Denn zu Rom waren die Tempel des Vulcanus und Summanus, ferner zu Fregellae die Mauer und ein Stadttor vom Blitze getroffen, ***2*** zu Frusino war bei Nacht eine Tageshelle entstanden, zu Asculum ein Lamm mit zwei Köpfen und fünf Beinen zur Welt gekommen, in die Stadt Formiae waren zwei Wölfe eingebrochen und hatten von den ihnen Begegnenden mehrere zerfleischt, zu Rom hatte sich ein Wolf nicht allein in die Stadt, sondern sogar auf das Kapitol gewagt.

3 Der Volkstribun Gaius Acilius machte den Vorschlag, an der Seeküste fünf Kolonien anzulegen; zwei an den Mündungen der Flüsse Volturnus und Liternus, eine zu Puteoli, eine zu Castrum Salerni, ***4*** dazu wurde noch Buxentum gefügt. Für jede Kolonie wurden 300 Familien bewilligt. Die zu ihrer Abführung erwählten Dreimänner, welche drei Jahre lang ihre Obrigkeit sein sollten, waren Marcus Servilius Geminus, Quintus Minucius Thermus und Tiberius Sempronius Longus. ***5*** Als die Konsuln die Aushebung und die übrigen heiligen und bürgerlichen Geschäfte, welche sie in eigener Person verrichten mussten, erledigt hatten, gingen sie beide nach Gallien ab. ***6*** Cornelius nahm den geraden Weg gegen die Insubrer, die damals, mit den Cenomanern vereinigt, in Waffen standen; Quintus Minucius bog auf die linke Seite Italiens ein, dem unteren Meer zu, führte sein Heer bis nach Genua und begann den Krieg mit dem Angriff auf die Ligurer. ***7*** Die Städte Clastidium und Litubium, beide ligurisch, und zwei Völkerschaften desselben Stammes, die Celeiaten und Cerdiciaten ergaben sich. Und schon hatte er sich außer den Boiern, welche zu Gallien, und den Ilvaten, welche zu Ligurien gehörten, diesseits des Po alles unterworfen. ***8*** Man sagte, 15 Städte und 20 000 Menschen hätten sich ergeben. Von hier führte er die Legionen in das Gebiet der Boier.

(30) Nicht lange vorher hatte das Heer der Boier den Po überschritten und sich mit den Insubrern und Cenomanern vereinigt, um sich ebenfalls durch Zusammenstellung ihrer Kräfte auf einen Punkt mehr Stärke zu geben, ***2*** weil sie gehört hatten, die Konsuln würden ihre Legionen vereinigt wirken lassen. ***3*** Kaum aber sagte ihnen das Gerücht, der eine Konsul verheere das boische Gebiet, als sogleich Misshelligkeit entstand. Die Boier forderten für die Notleidenden die Hilfe aller. Die Insubrer weigerten sich, ihr Eigentum preiszugeben. ***4*** So teilten sie ihre Truppen, und als die Boier, um ihr Land zu schützen, abgezogen waren, lagerten sich die Insubrer mit den Cenomanern am Ufer des Flusses Mincius. ***5*** 5000 Schritt weiter unten hatte auch der Konsul Cornelius sein Lager an diesem Fluss. ***6*** Als er hier durch seine Aussendungen in die Flecken der Cenomaner und in ihre Hauptstadt Brixia mit Gewissheit erfuhr, ***7*** die Mannschaft habe ohne Zustimmung ihrer Ältesten die Waffen ergriffen, und der Beitritt der Cenomaner zur Empörung der Insubrer sei nicht das Werk eines allgemeinen Entschlusses, so legte er es in Unterhandlungen mit ihren Großen, die er zu sich geladen hatte, darauf an, dass die Cenomaner sich von den Insubrern lossagen und mit ihren Fahnen entweder in ihre Heimat zurückkehren oder zu den Römern übergehen sollten. ***8*** So viel konnte er freilich nicht durchsetzen. Aber darauf gaben sie dem Konsul ihr Wort, dass sie in der Schlacht entweder untätig oder, wenn sich die Gelegenheit fände, den Römern sogar nützlich sein wollten. ***9*** Von dieser Verabredung wussten die Insubrer nichts, und doch waren sie nicht ohne Argwohn, dass die Treue ihrer Bundesgenossen wanke. Da sie also beim Ausrücken in die Schlacht ihnen weder den einen noch den andern Flügel anzuvertrauen wagten, damit sie nicht durch treuloses Weichen der ganzen Sache den Ausschlag gäben, so stellten sie sie hinter den Gliedern als Rückhalt auf. ***10*** Der Konsul gelobte zu Beginn der Schlacht der Juno Sospita ein Heiligtum, wenn er heute als Sieger die Feinde aus dem Feld schlüge. Die Soldaten beteuerten durch ihr Geschrei, sie wollten dem Konsul zur Leistung seines Gelübdes verhelfen, und der Angriff auf den Feind begann. ***11*** Gleich beim ersten Zusammentreffen erlagen

die Insubrer. Nach dem Bericht einiger Schriftsteller sollen sie, weil ihnen auch die Cenomaner mitten im Kampf unerwartet in den Rücken gefallen wären, durch den Angriff von zwei Seiten in Unordnung geraten sein, und weil sie in die Mitte genommen waren, 35 000 Mann an Toten, 5200 an Gefangenen verloren haben; ***12*** unter diesen sei auch der punische Feldherr Hamilkar gewesen, der sie zu diesem Krieg getrieben habe; außerdem 130 Fahnen und über 200 Kriegswagen. ***13*** Die Städte, welche die Partei der Empörer genommen hatten, ergaben sich den Römern.

(31) Der Konsul Minucius war anfangs auf ausgebreiteten Plünderungen im Land der Boier umhergestreift. Als sie darauf nach ihrer Trennung von den Insubrern zum Schutz ihres Eigentums sich einstellten, hielt er sich an sein Lager, weil er glaubte, mit den Feinden schlagen zu müssen. ***2*** Auch wären die Boier einer Schlacht nicht ausgewichen, wenn ihnen nicht die eingelaufene Nachricht von der Besiegung der Insubrer den Mut gebrochen hätte. Da sie sich also mit Hinterlassung ihres Feldherrn und ihres Lagers, damit jedes das Seinige rettete, in ihre Flecken zerstreuten, veranlassten sie den feindlichen Feldherrn, seine Maßregel zu ändern. ***3*** Denn da er die Hoffnung aufgeben musste, durch einen einzigen Schlag eine Entscheidung zu gewinnen, so fing er wieder an, das Land zu verheeren, die Häuser niederzubrennen und die Flecken zu erobern. So wurde damals Clastidium verbrannt. ***4*** Von hier führte er die Legionen gegen die Ilvaten in Ligurien, die einzigen noch Ungehorsamen. ***5*** Als diese Nation hörte, dass die Insubrer eine Schlacht und die Boier sogar den Mut verloren hätten, sich auch nur auf den Anriff einer Schlacht einzulassen, ergab sie sich ebenfalls. ***6*** Die Berichte der Konsuln aus Gallien über ihre glücklichen Fortschritte liefen in Rom zu gleicher Zeit ein. Der Stadtprätor Marcus Sergius las sie dem Senat vor, dann auf Geheiß der Väter auch dem Volk. Es wurde ein viertägiges Dankfest beschlossen. Es war damals schon Winter.

(32) Als Titus Quinctius nach der Eroberung von Elatea schon in den auf Phokis und Locris verteilten Winterquartieren war, kam es in Opus zu einem Aufstand. ***2*** Die eine Partei rief die Aetoler, welche näher waren, die andere die Römer herbei. ***3*** Die Aetoler kamen zuerst; allein die bedeutendere Partei schloss den Aetolern die Tore, gab dem römischen Feldherrn Nachricht hiervon und behauptete bis zu seiner Ankunft die Stadt. ***4*** Auf der Burg lag eine königliche Besatzung; und diese ließ sich sowenig durch die Drohungen der Opuntier als durch das Machtgebot des römischen Konsuls bewegen, von dort herabzukommen. ***5*** Sie sogleich zu bestürmen unterließ man, weil vom König ein Herold ankam, der Ort und Zeit zu einer Unterredung bestimmt haben wollte. ***6*** Dies wurde dem König nicht ungern bewilligt, weil es Quinctius lieb sein musste, wenn die Beendigung des Krieges durch Waffentaten und Unterhandlungen nur als sein Werk erschien. ***7*** Denn er wusste noch nicht, ob der eine von den beiden neuen Konsuln in seine Stelle geschickt würde, oder ob man ihm den Oberbefehl verlängern werde, was ihm seine Freunde und Verwandten seinem Auftrag gemäß aus allen Kräften durchsetzen sollten; ***8*** eine Unterredung schien ihm gerade dazu geeignet, dass er freie Hand behielte, sich im Fall seines Hierbleibens für den Krieg, oder wenn er abginge, für den Frieden zu entscheiden.

9 Sie wählten das Gestade bei Nicaea am Malischen Meerbusen. Dahin kam der König mit fünf Booten und einem Kriegsschiff von Demetrias. ***10*** Mit ihm waren zwei vornehme Makedonier und der von den Achäern vertriebene Tycliadas, ein ausgezeichneter Mann. ***11*** Bei dem römischen Feldherrn waren König Amynander, Dionysodorus, Gesandter des Attalos, Agesimbrotus, Befehlshaber der rhodischen Flotte, Phaeneas, Oberhaupt der Aetoler, und die beiden Achäer Aristaenus und Xenophon. Als der König auf das Vorderteil seines vor Anker liegenden Schiffes getreten war, ***12*** sagte der römische Konsul, der mit seiner Begleitung bis zum Rand des Gestades herankam: ***13*** *Wenn du zu uns an Land kämest, würden wir in der Nähe von beiden Seiten besser reden und hören können.* Als der König erklärte, dass er das nicht tun werde, sprach Quinctius: *Vor wem fürchtest* *du dich denn?* ***14*** Stolz und königlich antwortete Philipp: *Furcht habe ich vor keinem Menschen, nur vor den unsterblichen Göttern; ich traue aber nicht allen, die ich um dich sehe, und am wenigsten den Aetolern. –* ***15*** *Auf die Gefahr, keinem Einzigen trauen zu dürfen,* erwiderte Quinctius, *wagen es doch alle, die zu einer Unterredung mit dem Feind zusammentreten. –Allein, wenn es hier treulos hergehen sollte, Titus Quinctius,* versetzte der König, ***16*** *so würden doch Philipp und Phaeneas sehr ungleiche Preise der Treulosigkeit sein; denn die Anstellung eines anderen Prätors möchte wohl den Aetolern so schwer nicht werden, als die eines Königs in meinen Platz den Makedoniern.* Und nun trat Stillschweigen ein.

(33) Als nun der Konsul behauptete, es sei billig, dass der zuerst rede, der die Unterredung gesucht habe, der König hingegen, das erste Wort müsse der haben, der die Friedensbedingungen erteile, nicht, wer sie annähme, so sagte der Konsul, was er vorzutragen habe, sei sehr einfach. ***2*** Denn er werde nur solche Bedingungen zur Sprache bringen, ohne deren Erfüllung sich über den Frieden nicht weiter reden lasse. ***3*** Der König müsse aus allen Städten Griechenlands seine Besatzungen abführen, den Bundesgenossen des römischen Volkes alle Gefangenen und Überläufer ausliefern, den Römern die Plätze Illyricums wieder einräumen, die er nach dem in Epirus geschlossenen Frieden besetzt habe, ***4*** und dem König Ägyptens Ptolemaeus die nach dem Tod des Ptolemaeus Philopator genommenen Städte zurückgeben. So weit die Bedingungen, welche er und die Römer zu machen hätten; doch sei es billig, auch die Forderungen der Bundesgenossen zu hören. ***5*** Der Gesandte des Königs Attalos sagte, Philipp müsse die Schiffe und Gefangenen, die er im Seetreffen bei Chios genommen, ferner Nikephorion und den Venustempel, welche beide er geplündert und verwüstet habe, so gut wie unversehrt zurückgeben. ***6*** Die Rhodier forderten Peraea zurück – dies ist ein Strich festes Land der Insel gegenüber, ihr uraltes Eigentum –, ferner wollten sie die Besatzungen von Jasos, Bargylia, ***7*** der Stadt Euromon und am Hellespont von Sestos und Abydos abgeführt, den Byzantinern Perinthos in den vertragsmäßigen Bestand ihrer alten Vorrechte zurückgegeben und alle Handelsplätze und Häfen Asiens in Freiheit gesetzt wissen. Die Achäer forderten Korinth und Argi zurück. ***8*** Nachdem der aetolische Prätor Phaeneas fast dieselben Forderungen wie die Römer gestellt hatte, dass Griechenland geräumt und den Malern die Städte wiedergegeben werden müssten, über die sie ehemals Gerichtspflege und Landeshoheit gehabt hätten, ***9*** nahm nach ihm Alexander das Wort, einer der vornehmsten Aetoler und, für einen Aetoler, beredt genug. ***10*** Er sagte, er habe lange geschwiegen, nicht etwa, weil er glaube, dass durch diese Unterredung irgendetwas werde ausgerichtet werden, sondern um keinen Redner der Verbündeten zu unterbrechen. Philipp aber unterhandle über den Frieden weder mit Aufrichtigkeit, noch habe er mit wahrer Tapferkeit seine Kriege geführt. ***11*** Bei den Unterhandlungen sei er der Hinterlistige, der Auflaurer, im Krieg gebe er sich nie auf freiem Feld, wage er nie eine förmliche Schlacht, sondern im Zurückflüchten verbrenne und plündere er die Städte und verderbe dem Sieger – er, der Geschlagene – den Preis des Sieges. ***12*** Nicht so die alten makedonischen Könige. Die hätten ihre Kriege immer durch Schlachten geführt und möglichst viele Städte geschont, um Oberherren eines desto wohlhabenderen Reiches zu sein. ***13*** Sich selbst nichts als den Krieg übrig zu lassen, indem man das, um dessen Besitz gekämpft werde, vernichte, was das für eine Maßregel sei? ***14*** Im vorigen Jahr habe Philipp allein mehr Städte seiner Bundesgenossen in Thessalien verwüstet als alle, die je Thessaliens Feinde gewesen wären. ***15*** Auch selbst den Aetolern habe er, mit ihnen im Bündnis, mehr Städte genommen als im offenen Krieg. Er habe Lysimachia mit Vertreibung des aetolischen Prätors und ihrer Besatzung weggenommen. ***16*** Die Stadt Kios, die ebenfalls ihr Eigentum sei, habe er von Grund aus zerstört und vernichtet, und ebenso hinterlistig habe er Theben, Phthia, Echinus, Larisa und Pharsalos im Besitz.

(34) Philipp kam, bewogen durch Alexanders Rede, um besser verstanden zu werden, mit seinem Schiff näher an das Land. **2** Als er sich namentlich gegen die Aetoler sehr heftig ausließ, unterbrach ihn Phaeneas und sagte, es komme hier nicht auf Worte an, sondern entweder müsse man im Krieg Sieger sein oder dem Überlegenen sich fügen. Da sprach Philipp: ***3*** *Das leuchtet auch einem Blinden ein,* nicht ohne Anspielung auf die Augenkrankheit des Phaeneas. Er erlaubte sich gern im Witz mehr, als einem König geziemt, und konnte sich auch in ernsten Dingen das Lachen nicht immer versagen. ***4*** Nun begann er voll Unwillen seine Rüge, dass die Aetoler, als ob sie die Römer wären, ihm gebieten wollten, Griechenland zu räumen, sie, die nicht einmal anzugeben wüssten, wie weit Griechenlands Grenzen reichten. Denn von Aetolien selber seien die Agraeer, die Apodoter und Amphilocher, ein großer Teil von ihnen, keine Griechen. – ***5*** *Können sie das mit Recht zur Klage bringen, dass ich mich an ihren Bundesgenossen vergriffen haben soll, da sie selbst von alters her, gleich als einem Gesetz, der Gewohnheit treu bleiben, die ihren jungen Leuten bloß mit Vorbehalt der öffentlichen Genehmigung gegen ihre eigenen Bundesgenossen Dienst zu nehmen gestattet, so dass oft die einander gegenüberstehenden Heere auf beiden Seiten aetolische Hilfstruppen aufzuweisen haben?* ***6*** *Auch habe nicht ich Kios erstürmt, sondern dem Prusias, meinem Bundesgenossen und Freund half ich bei der Belagerung; auch Lysimachia habe ich vor den Thrakern gerettet; da mich aber der Drang des gegenwärtigen Krieges von der Bewachung jener Stadt abrief, haben jetzt die Thraker sie wieder.* ***7*** *So viel den Aetolern. Dem Attalos aber und den Rhodiern bin ich dem Recht nach zu nichts verpflichtet. Denn nicht von mir, sondern von ihnen ist der Krieg ausgegangen.* ***8*** *Doch will ich aus Achtung vor den Römern den Rhodiern Peräa und dem Attalos seine Schiffe nebst den Gefangenen, so viele sich auffinden lassen, wiedergeben.* ***9*** *Denn, was die Wiederherstellung des Haines Nikephorion und des Venustempels betrifft, so weiß ich nicht, was ich auf diese verlangte Wiederherstellung weiter antworten* soll, ***10*** *als dass ich – das einzige Mittel, wie niedergehauene Haine und Wälder wiederhergestellt werden können – die Anpflanzung besorgen und bezahlen will, weil es doch einmal beliebt, dass Könige untereinander solche Forderungen machen und beantworten sollen.* ***11*** Der Schluss seiner Rede ging gegen die Achäer. Hierbei ließ er, nachdem er zuerst Antigonos, dann seine eigenen Verdienste um diese Nation aufgeführt hatte, ihre Beschlüsse vorlesen, worin sie alles, was Götter und Menschen ehren kann, auf ihn zusammenhäuften, ***12*** und reihte an diese zuletzt ihren jüngsten Beschluss, worin sie ihren Abfall erklärt hatten. Endlich sagte er nach heftigen Ausfällen gegen ihre Treulosigkeit, er wolle ihnen dennoch Argi wiedergeben, ***13*** die Rückgabe Korinths wolle er mit dem römischen Feldherrn beraten und zugleich bei ihm anfragen, ob er es für billig halte, dass er bloß diejenigen Städte räumen müsse, die er nach Kriegsrecht als eigene Eroberung besitze, oder auch die von seinen Vorfahren geerbten Eroberungen.

(35) Eben wollten die Achäer und Aetoler hierauf antworten, als die Unterredung, weil die Sonne dem Untergang nahe war, auf den folgenden Tag verschoben wurde, und Philipp auf seinen Ankerplatz, von wo er hergekommen war, die Römer und ihre Bundesgenossen in ihr Lager zurückgingen. **2** Am folgenden Tag stellte Quinctius bei Nicaea, wo man der Verabredung nach sich finden wollte, zur bestimmten Zeit sich ein; allein kein Philipp ließ sich sehen, auch mehrere Stunden lang nicht einmal ein Bote von ihm; und schon glaubte niemand mehr, dass er kommen werde, als auf einmal die Schiffe sich zeigten. **3** Er selbst sagte zwar, er habe, da ihm so harte und empörende Bedingungen gestellt würden, den Tag mit Überlegen hingebracht, ohne sich entschließen zu können. **4** Aber alle glaubten, er habe sich absichtlich verspätet, weil dann aus Mangel an Zeit den Achäern und Aetolern nicht gestattet werden könne, ihm zu antworten. Und diese Meinung bestärkte er selbst durch die Bitte, dass ihm eine Unterredung ohne weitere Zeugen mit dem römischen Feldherrn allein vergönnt sein möchte, **5** damit nicht die Zeit mit

Gezänk hingebracht werde und doch endlich ein Abschluss herbeigeführt werden könne. *6* Dies wurde nicht sogleich angenommen, man hätte sich ja den Schein gegeben, als schlösse man die Bundesgenossen von der Unterredung aus. *7* Als aber der König mit Bitten nicht abließ, ging mit Zustimmung aller der römische Feldherr, von dem Obersten Appius Claudius begleitet, ohne die anderen mitzunehmen, an den Rand des Ufers, *8* und der König kam mit den beiden, die er auch gestern bei sich gehabt hatte, ans Land. Nachdem sie sich hier ziemlich lange allein unterredet hatten, kam Philipp zu den Seinigen zurück, ohne dass man weiß, wie viel er ihnen von der Unterhaltung selbst mitgeteilt habe. *9* Was Quinctius seinen Bundesgenossen mitteilte, war Folgendes: Den Römern trete der König die ganze Küste Illyricums ab, gebe die Überläufer heraus und was sich an Gefangenen fände, *10* dem Attalos die Schiffe mit den darauf zu Gefangenen gemachten Seesoldaten, den Rhodiern die Landschaft, Peraea genannt, *11* Jasos aber und Bargyliae wolle er nicht räumen. Den Aetolern gebe er Pharsalus und Larisa zurück, Theben aber nicht. Den Achäern wolle er nicht bloß Argos, sondern auch Korinth abtreten. *12* Mit dieser Bestimmung der einzelnen Stücke, die er teils abtreten, teils nicht abtreten wollte, waren alle unzufrieden, weil dadurch mehr verloren gehe als gewonnen werde. Noch behalte er, wenn er seine Besatzungen nicht aus ganz Griechenland abführe, zu neuen Streitigkeiten immer einen Vorwand.

(36) Da sich so die ganze Versammlung mit lautem Wetteifer erklärte, drangen die Worte auch zu Philipp, der nur in einiger Ferne stand. *2* Daher bat er den Quinctius, die ganze Sache bis auf den folgenden Tag zu verschieben, er hoffe gewiss, ihn dann zu überreden oder sich von ihm überreden zu lassen. *3* Für diese Zusammenkunft wurde das Gestade bei Thronion bestimmt, und sie fanden sich zur rechten Zeit ein. Hier bat Philipp zuerst den Quinctius und alle Anwesenden, doch nicht absichtlich die Hoffnung auf den Frieden zu trüben. *4* Endlich suchte er um Frist nach, eine Gesandtschaft nach Rom an den Senat zu schicken; denn er werde entweder auf diese Bedingungen hin den Frieden erlangen oder die Friedensbedingungen, die ihm der Senat gäbe, wie sie auch sein möchten, sich gefallen lassen. *5* Die Übrigen erklärten sich durchaus dagegen, weil er nur Zeitgewinn und Aufschub suche, um seine Kräfte zu sammeln. *6* Quinctius sagte, dies wäre eingetreten, wenn es Sommer und Zeit zu Unternehmungen wäre. Jetzt, beim Einbruch des Winters, werde durch Bewilligung der Frist zur Absendung einer Gesandtschaft nichts verloren. *7* Denn einmal werde ohnehin von allem, was sie selbst mit dem König ausgemacht hätten, ohne Bestätigung des Senates nicht das Geringste gültig sein, und zum andern könne man ja, während der Winter selbst das Ausruhen vom Krieg nötig mache, ein Senatsgutachten zu erfragen suchen. *8* Dieser Meinung traten auch die übrigen Häupter der Bundesgenossen bei, und nach Bewilligung eines Waffenstillstandes auf zwei Monate beschlossen auch sie, jeder für ihren Teil einen Gesandten zu schicken, um den Senat gehörig zu unterrichten, damit er nicht vom König hintergangen würde. *9* Der festgesetzte Waffenstillstand war nicht ohne die Klausel, dass alle königlichen Besatzungen aus Phokis und Locris sogleich abgeführt werden sollten. *10* Auch Quinctius selbst ließ Gesandte abgehen, und zwar mit den Abgeordneten der Bundesgenossen den Amynander, der als König der Athamanen der Gesandtschaft ein Ansehen geben sollte, ferner den Quintus Fabius – er war ein Schwestersohn der Gattin des Quinctius –, den Quintus Fulvius und Appius Claudius.

(37) Nach ihrer Ankunft in Rom wurden die Gesandten der Bundesgenossen früher als die des Königs angehört. Zwar verwandten sie fast ihre ganze Rede auf Schmähungen des Königs, *2* doch machten sie besonders dadurch Eindruck auf den Senat, dass sie ihm das Meer und die Länder jener Gegend der Lage nach darstellten, so dass alle einsahen, *3* wenn der König in Thessalien Demetrias, auf Euböa Chalkis und in Achaia Korinth in Besitz habe, so könne Griechenland nicht frei sein, *4* und dass Philipp diese freilich nicht ohne Hohn, aber auch nicht ohne Grund,

die Handfesseln Griechenlands nenne. **5** Darauf wurden die Gesandten des Königs vorgelassen. Wenn sie auch zu einer langen Rede sich anschickten, so benahm ihnen doch die kurze Frage, ob der König diese drei Städte räumen werde, alle Worte, da sie selbst gestanden, dass er ihnen über diese namentlich keinen Auftrag gegeben habe. So wurden sie ohne abgeschlossenen Frieden entlassen. Quinctius bekam unbedingte Vollmacht über Frieden und Krieg. **6** Da es sich also deutlich ergab, dass der Senat den Krieg noch nicht aufgebe, so gestattete auch Quinctius, ohnehin mehr sieges- als friedenslustig, dem König keine weitere Unterredung und erklärte, er werde keine neue Gesandtschaft annehmen, wenn sie ihm nicht die gänzliche Räumung Griechenlands berichtete.

(38) Als Philipp sah, dass jetzt nur eine Schlacht entscheiden könne, und dass er dazu seine Truppen von allen Orten zusammenziehen müsse – dann aber kam er hauptsächlich wegen der Städte des ihm so entfernten Achaia und mehr noch in Rücksicht auf Argos als auf Korinth in Verlegenheit –, **2** entschloss er sich, Argos dem spartanischen Tyrannen Nabis gleichsam in Verwahrung zu geben, um sich die Stadt, wenn er siegte, von ihm zurückgeben zu lassen, und wenn er Unglück hätte, sie ihm zu lassen, und schrieb an Philokles, den er über Korinth und Argos gesetzt hatte, er möge selbst mit dem Tyrannen darüber sprechen. **3** Philokles fügte außer dass er schon mit einer Schenkung kam, zum Unterpfand der künftigen Freundschaft zwischen dem König und dem Tyrannen die Versicherung hinzu, der König wünsche seine Töchter mit den Söhnen des Nabis zu vermählen. **4** Der Tyrann sagte anfangs, er werde die Stadt unter keiner anderen Bedingung annehmen, als wenn er durch einen eigenen Beschluss der Argiver zum Schutz ihrer Stadt berufen werde. Als er aber dann erfuhr, dass sie in voller Versammlung den Namen eines Tyrannen nicht bloß verabscheut, **5** sondern sogar verflucht hätten, glaubte er sich dadurch zu ihrer Plünderung berechtigt und forderte den Philokles auf, ihm die Stadt zu übergeben, sobald er wolle. **6** Philokles ließ bei Nacht, ehe die Argiver es vermuteten, den Tyrannen in die Stadt. Am frühen Morgen besetzte dieser alle Anhöhen und schloss die Tore. **7** Die Güter der Vornehmen, deren nur wenige beim ersten Anlauf entkommen waren, wurden in ihrer Abwesenheit geplündert, denen, die geblieben waren, wurde ihr Gold und Silber genommen und ungeheure Zahlungen auferlegt. **8** Zahlten sie sofort, so wurden sie ohne Beschimpfung und körperliche Misshandlung entlassen; war aber gegen sie der geringste Verdacht einer Verheimlichung oder eines Zurückbehaltes, so wurden sie wie Sklaven zerfleischt und gefoltert. **9** Darauf hielt er eine Volksversammlung ab, in der er zwei Bekanntmachungen ergehen ließ, die eine, dass lauter neue Schuldbücher angefertigt, die andere, dass alle Ländereien dem Volk Mann für Mann verteilt werden sollten, zwei Brandfackeln für Aufwiegler, um das Volk zur Wut gegen die Vornehmen zu entflammen.

(39) Als der Tyrann die Stadt der Argiver in seiner Gewalt sah, schickte er, ohne daran zu denken, von wem und zu welchem Zweck er sie bekommen hatte, Gesandte nach Elatea an Buinctius und an Attalos, **2** der auf Aegina überwinterte, mit der Meldung, er habe jetzt Argos in seiner Gewalt. Wenn Quinctius zu einer Unterredung dorthin kommen wolle, so würden sie, wie er nicht zweifle, gleich über alles sich verständigen. **3** Da Quinctius, um Philipp auch dieser Unterstützung zu berauben, erklärte, er werde kommen, ließ er zugleich Attalos sagen, er möchte von Aegina aus in Sikyon mit ihm zusammentreffen, **4** und er selbst ging von Antikyra mit zehn Fünfruderern, welche gerade in diesen Tagen sein Bruder Lucius Quinctius aus den Winterquartieren zu Korkyra hierher geführt hatte, nach Sikyon über. **5** Attalos war schon da. Durch seine Behauptung, der Tyrann müsse zum römischen Feldherrn kommen, nicht der römische Feldherr zum Tyrannen, bewirkte er, dass Quinctius ihm nachgab und nicht in die Stadt Argos selbst hineinging. **6** Nicht weit von der Stadt ist ein Platz, Mykenika genannt. Dorthin wurde die Zusammenkunft bestellt. **7** Quinctius kam mit seinem Bruder und einigen Obersten, Attalos

mit einem königlichen Gefolge, der achäische Prätor Nikostratos mit einigen wenigen von den Hilfstruppen. ***8*** Den Tyrannen, der mit allen seinen Truppen sie erwartete, fanden sie schon dort. Selbst bewaffnet, kam er mit bewaffneten Trabanten bis in die Mitte des zwischen ihnen liegenden Feldes, Quinctius ohne Waffen mit seinem Bruder und zwei Obersten, der König, ebenfalls unbewaffnet, hatte den achäischen Prätor und einen seiner Hofleute zu beiden Seiten. ***9*** Den Anfang des Gespräches machte der Tyrann mit der Entschuldigung, dass er, selbst bewaffnet und mit Bewaffneten umgeben, zu dieser Unterredung gekommen sei, obwohl er den römischen Feldherrn und den König unbewaffnet sehe. Er fürchte aber, setzte er hinzu, nicht sie, sondern die aus Argos Vertriebenen. ***10*** Als darauf die Bedingungen des Bündnisses zur Sprache kamen, stellte Quinctius an Nabis zwei Forderungen: die eine, den Krieg gegen die Achäer zu beenden, die andere, ihm gegen Philipp Hilfstruppen mitzugeben. Diese versprach er, allein statt des Friedens mit den Achäern bewilligte er ihnen einen Waffenstillstand, bis der Krieg mit Philipp beendet wäre.

(40) Auch über Argos veranlasste König Attalos einen Streit, weil er behauptete, Nabis halte die durch Philokles' Treulosigkeit ihm verratene Stadt durch Waffengewalt im Gehorsam – Nabis hingegen, die Argiver selbst hätten ihn zu ihrem Schutz herbeigerufen. ***2*** Der König trug auf eine Versammlung der Argiver an, damit man die Wahrheit erfahren könne. Dies schlug der Tyrann nicht ab. Allein der König fügte hinzu, er müsse nach Abführung seiner Truppen aus der Stadt die Versammlung frei vor ihnen auftreten lassen, da sie nur ohne Einmischung spartanischer Zeugen erklären könne, was man zu Argos wünsche. Seine Truppen aber wollte der Tyrann nicht abführen, ***3*** und der ganze Streit blieb ohne Erfolg. ***4*** Der Tyrann stellte den Römern 600 Kreter; zwischen dem achäischen Prätor Nikostratos und dem spartanischen Tyrannen wurde ein Waffenstillstand auf vier Monate geschlossen, und die Unterredung wurde aufgehoben. ***5*** Quinctius brach von hier nach Korinth auf und rückte mit der Kohorte Kreter bis an das Tor, um dem Befehlshaber der Stadt, Philokles, den Abfall des Tyrannen von Philipp bemerkbar zu machen. Philokles kam auch zu einer Unterredung mit dem römischen Feldherrn heraus und gab auf dessen Antrag, ***6*** jetzt gleich zu ihm überzutreten und die Stadt zu übergeben, eine Antwort, welche mehr den Zögernden als den Weigernden verriet. ***7*** Von Korinth setzte Quinctius nach Antikyra über und schickte von da, um die Acarnanen zum Übertritt zu bewegen, seinen Bruder an sie. ***8*** Attalos brach von Argos nach Sikyon auf. Hier vermehrte nicht nur die Bürgerschaft ihrerseits die alten Beschlüsse zu Ehren des Königs mit neuen, sondern auch der König beschenkte sie darüber hinaus, dass er schon ein dem Apollo heiliges Grundstück für eine große Summe eingelöst hatte, auch jetzt, ***9*** um gegen die Stadt seiner Bundesgenossen und Freunde bei seiner Durchreise nicht unfreigebig zu sein, mit zehn Talenten Silber und 10 000 attischen Scheffeln Getreide. Und so kehrte er nach Kenchreae zur Flotte zurück.

10 Nabis, der nach verstärkter Besatzung zu Argos nach Sparta ebenfalls zurückging, schickte, weil er selbst die Männer geplündert hatte, nun auch zum Raub der Frauen die seinige nach Argos. ***11*** Sie lud bald einzelne vornehme Frauen, bald mehrere miteinander verwandte zugleich zu sich, und durch Schmeicheleien und Drohungen nahm sie ihnen nicht nur ihr Gold, sondern zuletzt ihre Kleider und allen weiblichen Putz.

Dreiunddreissigstes Buch

Inhalt

Titus Quinctius Flamininus macht als Prokonsul durch den Sieg übel Philipp bei Kynoskephalae dem Krieg ein Ende. Lucius Quinctius Flamininus, des Prokonsuls Bruder, zwingt die Acarnaner durch Eroberung ihrer Hauptstadt Leukas zur Übergabe. Der Prätor Gaius Sempronius Tuditanus wird mit seinem Heer von den Keltiberern niedergehauen. Attalos lässt sich von Theben, wo er plötzlich krank wird, nach Pergamon bringen und stirbt. Philipp erhält auf seine Bitte den Frieden und Griechenland die Freiheit. Die Konsuln Lucius Furius Purpureo und Claudius Marcellus bezwingen die Boier und insubrischen Gallier. Marcellus triumphiert. Hannibal, der vergebens Afrika zum Krieg zu bewegen sucht und deswegen von den Häuptern seiner Gegenpartei in Rom angezeigt wird, rettet sich vor den Römern, welche seinetwegen an den Senat von Karthago schicken, durch die Flucht zum syrischen König Antiochos, der sich gegen die Römer zum Krieg rüstet.

(1) Dies waren die Vorgänge des Winters. Mit Frühlingsanfang berief Quinctius den Attalos nach Elatea, zog in der Absicht, die noch immer in Unentschiedenheit schwankenden Böotier sich zu unterwerfen, durch Phokis und lagerte sich 5000 Schritte von Theben, der Hauptstadt Böotiens. *2* Von hier machte er sich am folgenden Tag auf den Weg zur Stadt, begleitet von den Soldaten einer Fahne, von Attalos und von den Gesandtschaften, welche sich zahlreich von allen Orten her bei ihm eingefunden hatten, und hatte vom ersten Treffen seiner Legionen einer Anzahl, welche 2000 Mann betrug, befohlen, in einer Entfernung von 1000 Schritten ihm zu folgen. *3* Fast auf halbem Weg kam ihm der böotische Prätor Antiphilus entgegen, während die übrige Volksmenge von der Mauer den römischen Feldherrn und den König aus der Ferne herankommen sah. *4* Sie bemerkte um diese her nur einzelne Waffen und wenig Soldaten; denn die weiter hinten nachkommenden Legionssoldaten wurden ihr durch die Krümmungen der Wege und dazwischenliegende Täler verdeckt. *5* Als sich Quinctius jetzt der Stadt näherte, ging er, gleich als bezeigte er dem ihm entgegenkommenden Schwarm seine Achtung, etwas langsamer. Er zögerte aber absichtlich, damit die vom ersten Treffen nachkommen sollten. *6* Die Bürger, die vor Quinctius von der Menge Liktoren vorausgedrängt wurden, erblickten den sogleich nachkommenden Zug von Bewaffneten nicht eher als vor dem Absteigequartier des Feldherrn. *7* Da gerieten sie alle, in der Meinung, die Stadt sei durch die List ihres Prätors Antiphilos verraten und erobert, in Staunen; und sie sahen wohl ein, dass in der Versammlung, welche den Böotiern auf den folgenden Tag angesetzt wurde, ihnen keine freie Beratung übrig bliebe. *8* So verbargen sie ihren Schmerz, den sie vergebens und nicht ohne Gefahr geäußert hätten.

(2) In der Versammlung hatte Attalos das Wort zuerst. Er sprach anfangs von seinen Vorfahren und seinen eigenen Verdiensten um ganz Griechenland und besonders um die Nation der Böotier, wurde aber, *2* weil er schon bejahrt und zu schwach war, die Anstrengung des Redens auszuhalten, plötzlich stumm und sank zusammen. *3* Während man den König aufhob und den an einer Seite Gelähmten in Sicherheit brachte, war die Versammlung eine Zeitlang unterbrochen. *4* Dann trat Aristaenos, der Prätor der Achäer, auf und redete mit mehr Gewicht, weil er den Böotiern gerade dasselbe empfahl, was er den Achäern empfohlen hatte. *5* Nach ihm fügte Quinctius nur wenige Worte hinzu, in denen er mehr die Treue der Römer als ihre Waffen und ihre Macht hervorhob. *6* Darauf wurde der Antrag, mit den Römern ein Bündnis zu schließen, welchen Dicaearchos von Plataeae vorschlug und vorlas, von allen Staaten Böotiens, da niemand zu widersprechen wagte, einstimmig angenommen und beschlossen. *7* Quinctius, der nach Entlassung der Versammelten nur so lange in Theben verweilte, als der plötzliche Unfall des Attalos es forderte, *8* ließ ihn nun, da er sah, dass das Übel keine augenblickliche Lebensgefahr, sondern eine Lähmung zur Folge habe, zu der nötigen körperlichen Pflege hier, und ging nach Elatea, von wo er hierher gekommen war, mit dem Bewusstsein zurück, nun auch die Böotier, *9* wie früher die Achäer, gewonnen zu haben; und da er beide gesichert und als Freunde sich im Rücken ließ, richtete er seine Gedanken nur auf Philipp und auf die Beendigung des Krieges.

(3) Auch Philipp war mit dem Anfang des Frühlings, als seine Gesandten keinen Frieden von Rom heimbrachten, damit beschäftigt, in allen Städten seines Reiches Truppen auszuheben, so sehr es auch an Dienstfähigen fehlte. *2* Denn die seit mehreren Menschenaltern fortdauernden Kriege hatten die Makedonier hinweggerafft; *3* selbst unter seiner Regierung war in den Kriegen zur See mit den Rhodiern und Attalos und zu Lande gegen die Römer eine große Anzahl gefallen. *4* Also nahm er auch junge Leute von 16 Jahren zu Soldaten und manche, die schon über die Dienstjahre hinaus waren, wurden, wenn sie nur noch einige Körperkraft hatten, wieder zu den Fahnen gerufen. *5* Als er so sein Heer ergänzt hatte, zog er nach der Frühlings-Tag-und-Nacht-Gleiche seine ganze Macht bei Dion zusammen, nahm hier ein Standlager und erwartete unter täglicher Übung seiner Truppen den Feind. *6* Auch Quinctius kam fast in denselben Tagen nach seinem Aufbruch von Elatea vor Thronion und Skarphea vorbei nach Thermopylae. *7* Die nach Heraklea beschiedene Versammlung der Aetoler, die darüber berieten, in welcher Stärke sich ihre Truppen den Römern anschließen sollten, hielt ihn hier auf. *8* Nach drei Tagen, als er über die Beschlüsse seiner Bundesgenossen gewiss war, rückte er von Heraklea bis Xyniae, bezog auf der Grenze der Aenianen und Thessalier ein Lager und wartete auf die aetolischen Hilfstruppen. *9* Und die Aetoler blieben nicht lange aus. Unter Anführung des Phaeneas kamen 2000 Mann zu Fuß und 400 zu Pferd. Um keinen in Zweifel zu lassen, worauf er gewartet habe, brach Quinctius sogleich auf. *10* Als er in das Gebiet von Phthiotis gekommen war, stießen 500 Kreter von Gortyne unter Anführung des Tydas zu ihm und 300 Apolloniaten, mit ungefähr gleicher Bewaffnung, bald darauf auch Amynander mit 1200 Mann athamanischer Fußvölker. *11* Da Philipp auf die Nachricht vom Aufbruch der Römer aus Elatea, weil es jetzt die Entscheidung galt, seine Truppen ermuntern zu müssen glaubte, *12* kam er nach den schon mehrmals wiederholten Schilderungen von der Tapferkeit ihrer Vorfahren und von dem Kriegsruhm der Makedonier auch auf das, was ihnen gerade jetzt den Mut benahm, und ebenso, was sie zu einiger Hoffnung erheben konnte.

(4) Der in einem Engpass am Fluss Aous erlittenen Niederlage stellte er die dreimalige Besiegung der Römer durch die makedonische Phalanx vor Atrax entgegen. *2* Und selbst daran, dass sie dort die besetzten Pässe von Epirus nicht behauptet hätten, wären zuerst diejenigen schuld gewesen, die ihren Posten vernachlässigt hätten, *3* und nachher im Kampf selbst die leichten Truppen und Mietsoldaten. Die makedonische Phalanx aber habe damals standgehalten

und werde auch immer auf gleichem Kampfboden und in förmlicher Schlacht unüberwindlich bleiben. ***4*** Es waren 16 000 Mann, der ganze Kern seiner Kriegsmacht und seines Reiches, hierzu kamen 2000 Rundschildner, dort heißen sie Peltasten, und Thraker und Illyrer – dieser Volksstamm hat den Namen der Tratten – je 2000, ***5*** ferner aus mehreren Völkern gemischte, für Sold gedungene Hilfstruppen, fast tausend Mann, und 2000 zu Pferd. Mit diesen Truppen erwartete der König den Feind. ***6*** Die Römer waren fast ebenso stark; nur an Reiterei waren sie durch den Beitritt der Aetoler ihm überlegen.

(5) Als Quinctius mit seinem Lager bis an das phthiotische Theben gekommen war, ging er, weil er hoffte, Timon, einer der vornehmsten Einwohner, solle ihm die Stadt verraten, mit einer kleinen Bedeckung von Reiterei und Leichtbewaffneten an die Mauer. ***2*** Allein diese Hoffnung schlug so gänzlich fehl, dass es nicht allein mit den ausfallenden Feinden zum Gefecht kam, sondern er auch selbst in die drohendste Gefahr geraten wäre, wenn nicht schleunigst Fußvolk und Reiterei aus dem Lager herbeigerufen und ihm zu rechter Zeit zu Hilfe gekommen wären. ***3*** Da auch die grundlos gefasste Hoffnung nicht den geringsten Erfolg gewährte, gab er zwar jetzt alle weiteren Angriffsversuche auf die Stadt auf. ***4*** Weil er jedoch sichere Nachricht hatte, dass der König schon in Thessalien stehe, ohne jedoch zu wissen, in welche Gegend er sich gewandt habe, ließ er seine Soldaten auf das Land gehen, um Schanzpfähle zu hauen und zuzurichten.

5 Der Schanzpfähle bedienten sich auch die Makedonier und Griechen, wussten aber den Gebrauch derselben weder mit einer Bequemlichkeit für den Träger, noch mit der Festigung des Werkes selbst zu vereinigen. ***6*** Denn die Bäume, die sie umhauten, waren größer und hatten mehr Zweige, als dass der Soldat unter den Waffen sie hätte tragen können; und wenn sie ihr Lager mit diesen vorgepflanzten Pfählen umzäunt hatten, war die Niederreißung ihres Pfahlwalles ein leichtes Werk. ***7*** Denn weil die ragenden Stämme der großen Bäume viel zu einzeln standen und die vielen und starken Zweige der Hand den festen Zugriff gestatteten, so rissen zwei, höchstens drei junge Leute, wenn sie ihre Kraft anwandten, zwar nur einen Baum aus, ***8*** allein wenn dieser ausgerissen war, war auch sogleich eine Öffnung wie ein Lagertor da und nichts bei der Hand, womit man diese hätte verrammeln können. ***9*** Die Römer hingegen hieben leichte, meistenteils nur zweizackige Schanzpfähle, oder mit drei, höchstens vier Ästen, so dass der Soldat, die Waffen auf dem Rücken, mehrere zugleich bequem tragen kann; ***10*** dann zwängen sie auch die Äste so dicht über- und durcheinander, dass man weder deutlich merken kann, zu welchem Auswuchs jeder Stamm, noch zu welchem Stamm jeder Auswuchs gehört, ***11*** und die spitzen, ineinandergreifenden Schrägläufer lassen zum Durchstecken einer Hand so wenig Platz, dass es, eben weil die ineinander geschobenen Äste sich gegenseitig festhalten, ***12*** weder möglich ist, etwas zu fassen, um daran ziehen zu können, noch dies selbst wegzuziehen, und würde auch zufällig einer ausgerissen, so macht er nur eine unbedeutende Öffnung, und wie leicht lässt sich an seine Stelle ein anderer hinsetzen.

(6) Als sich Quinctius am folgenden Tag nach einem kurzen Marsch – auf welchem der Soldat seine Schanzpfähle mit sich trug, um allenthalben zum Aufschlagen eines Lagers bereit zu sein – ***2*** fast 6000 Schritte von Pherae gelagert hatte, schickte er Späher aus, sich über den Standort der Feinde in Thessalien und ihre Vorkehrungen zu erkundigen. ***3*** Der König stand in der Gegend von Larisa; und als er den Aufbruch der Römer von Theben nach Pherae erfuhr, zog er, ebenfalls mit dem Wunsch, je eher je lieber eine Schlacht zu liefern, dem Feind entgegen und lagerte sich etwa 4000 Schritte von Pherae. ***4*** Die leichten Truppen, die von hier am folgenden Tag von beiden Seiten zur Besetzung der Hügel oberhalb der Stadt ausgerückt waren, machten fast in gleicher Entfernung von der zu besetzenden Anhöhe, als sie einander gewahr wurden, halt ***5*** und erwarteten ruhig ihre Boten, die sie mit der Anfrage, wie sie sich gegen den ihnen unvermutet

aufgestoßenen Feind zu verhalten hätten, ins Lager zurückgeschickt hatten. ***6*** Und für heute wurden sie, ohne sich in einen Kampf einzulassen, in ihr Lager zurückgerufen. Am folgenden Tag kam es an denselben Höhen zu einem Reitergefecht, in welchem hauptsächlich durch Mitwirkung der Aetoler die königlichen geschlagen und in ihr Lager getrieben wurden. ***7*** Sich hier weiter einzulassen, sahen sich beide Teile durch die mit vielen Bäumen besetzte Gegend nicht wenig gehindert, ferner durch die in den Umgebungen der Städte gewöhnlichen Gartenanlagen und Wege, die durch Zäune verengt und hin und wieder ganz ohne Ausweg waren. ***8*** Also beschlossen beide Feldherren, diese Gegend zu räumen, und beide zogen, als hätten sie es verabredet, nach Skotussa, Philipp in der Hoffnung, dort Getreide zu finden, Quinctius, als der Vorauseilende, dies dem Feind zu verderben. ***9*** Den ganzen Tag über setzten die beiden Heereszüge ihren Marsch fort, von einer langen Bergkette geschieden, ohne einander irgendwo zu Gesicht zu kommen. ***10*** Bei Eretria in Phthiotis bezogen die Römer ein Lager, Philipp oberhalb des Flusses Onchestus. ***11*** Nicht einmal am folgenden Tag, als Philipp schon bei dem im skotussäischen Gebiet sogenannten Melambion, Quinctius bei Thetideon im pharsalischen Gebiet sein Lager bezogen hatte, wussten die einen und die anderen mit Gewissheit, wo der Feind stehe. ***12*** Am dritten Tag hielt anfangs ein herabströmender Platzregen, dann eine nachtähnliche Dunkelheit die Römer aus Furcht vor einem Hinterhalt in ihrem Lager zurück.

(7) Ohne sich durch die nach dem Regenguss auf die Erde herabgesunkenen Nebelwolken abhalten zu lassen, befahl Philipp, um schleunigst weiterzukommen, den Aufbruch. ***2*** Allein der dicke Nebel verdunkelte das Tageslicht so sehr, dass weder die Fahnenträger den Weg, noch die Soldaten die Fahnen erkennen konnten, und das Heer, auf jedes halb gehörte Geschrei hin und her schwankend, wie in nächtlicher Verirrung durcheinander lief. ***3*** Als sie die Hügel, welche die Hundsköpfe (Kynoskephalae) heißen, überstiegen hatten, ließen sie hier einen starken Posten Fußvolk und Reiterei und schlugen ein Lager auf. ***4*** Der römische Feldherr schickte, obgleich er in seinem Lager bei Thetideon blieb, dennoch, um den Stand des Feindes auszuspähen, zehn Geschwader Reiterei und 1000 Mann leichter Truppen aus mit der Weisung, vor jedem Hinterhalt sich in Acht zu nehmen, den ein so dunkler Tag selbst in offener Gegend verdecken könne. ***5*** Als diese an die besetzten Höhen kamen, blieben beide Teile, von gegenseitiger Bestürzung gleichsam gelähmt, in Untätigkeit. Sobald sich aber nach Absendung ihrer Boten an die Feldherren ins Lager der erste Schrecken des unerwarteten Anblicks gelegt hatte, ließen sie sich nicht länger vom Kampf zurückhalten.

6 Anfangs war das Gefecht nur eine Neckerei einiger Vorsprengenden, dann wurde es durch die den zurückgetriebenen Ihrigen zu Hilfe Eilenden allgemeiner; und da die Römer, die ihm durchaus nicht gewachsen waren, ihrem Feldherrn durch Boten über Boten sagen ließen, sie litten Not, ***7*** schickte er ihnen sogleich 500 Mann Reiterei und 2000 zu Fuß, meistens Aetoler, von zwei Obersten geführt, wodurch sie wieder die Oberhand bekamen; ***8*** und nun waren umgekehrt die Makedonier die Leidenden, die bei ihrem König um Hilfe bitten ließen. Weil er aber einen großen Teil von Truppen aller Art auf Futterholen ausgeschickt hatte – denn bei dem alles einhüllenden Nebel hatte er heute nichts weniger als eine Schlacht erwartet –, war er in unschlüssiger Verlegenheit. ***9*** Als aber die Boten dringender wurden, der Nebel die Gipfel der Berge schon aufgedeckt hatte, und die Makedonier sichtbar wurden, die auf einen über die anderen merklich hervorragenden Hügel gedrängt, sich mehr durch den Ort als mit ihren Waffen behaupteten, ***10*** da glaubte er, er müsse es nun, möge kommen, was da wolle, um die im Stich Gelassenen nicht ganz zu verlieren, zur völligen Entscheidung kommen lassen, und schickte den Anführer der Söldner, Athenagoras, ***11*** mit allen Hilfstruppen außer den Thrakern und der makedonischen und thessalischen Reiterei. ***12*** Durch diese Anrückenden von der Höhe herabgetrieben, hielten die Römer nicht eher wieder stand, als bis sie in die Talebene kamen. *13* Dass sie nicht in völliger Flucht hinuntergejagt wurden, verdankten sie hauptsächlich der aetolischen Reiterei, denn zu Pferd waren diese damals in Griechenland bei Weitem die Besten, in den Truppen zu Fuß taten es ihnen ihre Nachbarn zuvor.

(8) Die Nachricht hiervon, die im Verhältnis zu dem Erfolg des Gefechtes viel zu erfreulich klang, da von den aus der Schlacht Zurückeilenden einer über den andern laut versicherte, die Römer nähmen voll Bestürzung die Flucht, bewog den König, *2* so ungern und zögernd er einwilligte und selbst äußerte, es sei viel zu gewagt, ihm gefalle eben weder die Gegend noch die Zeit, dessen ungeachtet mit allen seinen Truppen zur Schlacht auszurücken. *3* Dasselbe tat auch der römische Feldherr, mehr vom Zwang als von irgendeinem begünstigenden Umstand dazu bestimmt. Er ließ seinen rechten Flügel, vor dessen Fahnen er die Elefanten aufstellte, im Hintertreffen, den linken und alle leichten Truppen führte er gegen den Feind, mit der Erinnerung, *4* sie würden mit denselben Makedoniern zu kämpfen haben, welche sie am Eingangspass von Epirus aus ihren Verschanzungen hinter Bergen und Flüssen, selbst mit Überwindung des nachteiligen Kampfbodens, vertrieben und in der Feldschlacht überwunden hätten, *5* mit denen, die schon früher von ihnen unter Anführung des Publius Sulpicius geschlagen wären, als sie ihnen den Eingang in Eordaea hätten sperren wollen. Das makedonische Reich habe bis jetzt auf seinem Ruf, nicht auf eigener Kraft dagestanden. Endlich sei auch dieser Ruf verklungen. *6* Schon war er bei den unten im Tal stehenden Seinigen angelangt, die bei der Ankunft ihres Heeres und Feldherrn den Kampf erneuerten, in den Feind eindrangen und ihn abermals warfen. *7* Philipp ging mit den Leichtbeschildeten und dem rechten Flügel seines Fußvolkes, dem Kern des makedonischen Heeres, der sogenannten Phalanx, in vollem Lauf auf den Feind los. *8* Dem Nikanor, einem der Ersten seines Hofes, befahl er, mit den übrigen Truppen ihm sogleich zu folgen. *9* Als er auf die Höhe gelangte und sah, dass hier, weil hier feindliche Waffen und Körper lagen, der Kampf stattgefunden habe, dass die Römer von hier zurückgetrieben waren, und dass jetzt schon nahe am feindlichen Lager gekämpft werde, fühlte er sich von außerordentlicher Freude gehoben. *10* Bald aber, als die Seinigen zurückflohen und jetzt der Schrecken auf sie überging, blieb er in der Verlegenheit eine Zeitlang ungewiss, ob er seine Truppen in das Lager zurückziehen sollte. *11* Als darauf die Feinde näher kamen und ihm selbst, während auch seine Leute im Rücken niedergehauen wurden und ohne Unterstützung verloren waren, nicht einmal ein sicherer Rückzug blieb, stellte er, *12* nunmehr gezwungen, alles zu wagen, obgleich ein Teil seiner Truppen noch nicht nachgekommen war, die Reiterei und die Leichtbewaffneten, die schon im Kampf gewesen waren, auf den rechten Flügel. *13* Die Leichtbeschildeten und die Phalanx der Makedonier ließ er die Lanzen niederlegen, weil ihnen ihre Länge hinderlich war, und mit dem Schwert kämpfen. *14* Zugleich gab er, damit die Linie nicht so leicht durchbrochen würde, dadurch, dass er die Frontlänge um die Hälfte verkürzte, den in die Tiefe gedehnten Gliedern eine Verdoppelung, so dass seine Schlachtlinie mehr lang als breit war; zugleich ließ er die Glieder zusammenrücken, dass Mann an Mann, Waffe an Waffe anstieß.

(9) Nachdem Quinctius die im Gefecht gewesenen Truppen in seine Fahnen und Glieder aufgenommen hatte, ließ er mit der Trompete das Zeichen geben. *2* Kaum soll sich je beim Beginn einer Schlacht ein so starkes Geschrei erhoben haben, denn es traf sich, dass es beide Linien zugleich anstimmten, und nicht bloß die schon kämpfenden, sondern auch die im Hintertreffen und alle, die jetzt erst zur Schlacht sich einfanden. *3* Auf dem rechten Flügel hatte der König, hauptsächlich durch Begünstigung des Kampfbodens, die Oberhand, denn er kämpfte von höheren Hügelstellen herab, auf seinem linken, wo eben jetzt der Teil der Phalanx ankam, der im Zug den letzten Platz gehabt hatte, lief alles in voller Unordnung durcheinander. *4* Die

Truppen im Mitteltreffen, das dem rechten Flügel näher stand, gaben Zuschauer eines Kampfes ab, der sie nichts anzugehen schien. *5* Die eben angekommene Phalanx, einem Zug ähnlicher als einer Linie, und mehr zum Marsch als zur Schlacht geeignet, hatte kaum die Höhe erstiegen. *6* Da ließ Quinctius, obgleich er seinen linken Flügel weichen sah, zuerst die Elefanten auf den Feind los und machte dann auf diese Ungeordneten einen Angriff, weil er darauf rechnete, dass der geschlagene Flügel alles Übrige mit sich fortreißen werde. *7* Der Erfolg blieb nicht zweifelhaft. Die Makedonier flohen alsbald, da sie schon im ersten Schrecken vor den Untieren sich abgewandt hatten. *8* Nun verfolgten die übrigen Römer diese Geschlagenen. Einer von ihren Obersten entschloss sich auf der Stelle, mit 20 Fahnen den offenbar siegenden Flügel der Seinigen zu verlassen, und griff durch einen kurzen Umweg den rechten Flügel der Feinde von hinten an. *9* Durch einen Angriff im Rücken hätte er jedes Heer in Unordnung gebracht, hier aber kam zu der Verwirrung, die unter solchen Umständen gewöhnlich auch andere trifft, *10* noch das hinzu, dass die schwere und unbewegliche Phalanx der Makedonier nicht schwenken konnte, und dass ihm dies auch die Feinde nicht erlaubten, die nun, da sie noch kurz zuvor gewichen waren, als die Angreifenden auf die Mutlosen eindrangen. *11* Auch waren die Makedonier jetzt durch den Ort im Nachteil, weil sie die Höhe, wo sie den Kampf von oben gehabt hatten, während sie den Geschlagenen bergab nachdrangen, dem hinter ihnen herumgezogenen Feind in Besitz gegeben hatten. Umringt, wurden sie eine Zeitlang niedergehauen; dann ergriffen sie, meistens unter Wegwerfen ihrer Waffen, die Flucht.

(10) Philipp machte sich anfangs mit einer kleinen Bedeckung von Fußvolk und Reitern auf einen über die anderen hervorragenden Hügel, um zu sehen, was die Seinigen auf dem linken Flügel für Glück hätten. *2* Als er sie hier in voller Flucht forteilen sah, und dass alle Höhen umher von römischen Fahnen und Waffen blitzten, verließ auch er die Schlacht. *3* Quinctius, der den Fliehenden nachsetzte, machte plötzlich, weil er die Makedonier ihre Lanzen emporrichten sah und sich ihre Absicht nicht erklären konnte, bei dieser für ihn neuen Erscheinung einen Augenblick Halt. *4* Als er hörte, dies sei das gewöhnliche Zeichen der Makedonier, wenn sie sich ergeben wollten, wollte er die Besiegten schonen. *5* Allein die Soldaten, die weder wussten, dass der Feind hierdurch alle Gegenwehr aufgebe, noch was die Meinung ihres Feldherrn sei, fielen über sie her, und da die Vordersten niedergehauen waren, zerstreuten sich die Übrigen auf der Flucht. *6* Der König eilte in vollem Lauf nach Tempe. Hier blieb er einen Tag bei Gonnoi, um die von der Schlacht etwa noch Übriggebliebenen an sich zu ziehen. Voll Hoffnung auf Beute, brachen die siegreichen Römer in das feindliche Lager ein, fanden es aber größtenteils schon von den Aetolern geplündert. *7* An diesem Tag fielen 8000 Feinde, 5000 wurden Gefangene, von den Siegern fielen gegen 700 Mann. *8* Wollte man Valerius glauben, der immer die Zahlen unmäßig vergrößert, so wären an diesem Tag 40 000 Feinde gefallen; gefangen wären – und hier ist die Lüge bescheidener – 5700, und 249 Kriegsfahnen erbeutet. *9* Auch Claudius gibt die Zahl der erschlagenen Feinde auf 32 000 an, der Gefangenen auf 4300. *10* Ich habe mich nicht gerade an die kleinste Zahl halten wollen, sondern bin Polybius gefolgt, einem Schriftsteller, der überhaupt in der römischen Geschichte, und namentlich wenn ihr Schauplatz Griechenland ist, nicht zu den Unzuverlässigen gehört.

(11) Als Philipp die durch mancherlei Unfälle der Schlacht zerstreuten Flüchtlinge, die seiner Spur gefolgt waren, gesammelt und Leute nach Larisa geschickt hatte, um die königlichen Schriftstücke zu verbrennen, damit sie nicht in die Hände des Feindes gerieten, zog er sich nach Makedonien zurück. *2* Quinctius, der die Gefangenen und die Beute verkauft, zum Teil auch den Soldaten überlassen hatte, brach nach Larisa auf, ohne bis jetzt mit Sicherheit zu wissen, in welche Gegend sich der König gewandt habe und was er im Sinn habe. *3* Dorthin kam ein königlicher

Herold, dem Anschein nach wegen eines Waffenstillstandes, während dessen die in der Schlacht Gefallenen zur Beerdigung abgeholt werden könnten, in der Tat aber, sich die Erlaubnis zu erbitten, Gesandte schicken zu dürfen. Der römische Feldherr bewilligte ihm beides ***4*** und gab ihm noch die Bestellung mit, dem König zu sagen, er möge guten Mutes sein, wodurch sich besonders die Aetoler beleidigt fühlten, die schon jetzt aufgeblasen waren und sich beklagten, dass der Sieg den Feldherrn zu einem ganz anderen gemacht habe. ***5*** Vor der Schlacht habe er immer über jeden wichtigen und unwichtigen Gegenstand mit seinen Bundesgenossen sich besprochen; jetzt hätten sie an allen seinen Entschließungen keinen Teil, er verfahre in allen Stücken nach eigener Willkür; ***6*** schon lege er es bei Philipp darauf an, ihn sich allein verbindlich zu machen, dass also die Aetoler die Mühen und Gefahren des Krieges getragen haben sollten, und die Römer allen Dank und Vorteil vom Frieden sich selbst zuwendeten. ***7*** Auch hatten sie unstreitig an Achtung bedeutend verloren, ohne doch den Grund der Zurücksetzung zu wissen. Sie meinten, er trachte nach den Geschenken des Königs, während sein Sinn für Habsucht ganz unempfänglich war; ***8*** er aber hatte teils seine Gründe, auf die Aetoler ungehalten zu sein, da ihre Gier nach Beute so unersättlich war, und sie mit einer Anmaßung, deren hoher Ton jedes Ohr beleidigte, die Ehre des Sieges an sich zu reißen suchten, ***9*** teils sah er, wenn Philipp ganz vernichtet würde, da jetzt die Macht des makedonischen Reiches gebrochen sei, in den Aetolern die künftigen Tyrannen Griechenlands. ***10*** Ebendeswegen tat er geflissentlich vieles, wodurch nicht allein ihr Wert und ihre Wichtigkeit allenthalben geschmälert, sondern dies auch bemerklich werden musste.

(12) Er hatte dem Feind einen Waffenstillstand von 15 Tagen bewilligt und eine Unterredung mit dem König selbst festgesetzt. Ehe diese Zeit kam, berief er die Bundesgenossen zu einem Kriegsrat und brachte die Bestimmung der Friedensbedingungen zur Umfrage. ***2*** Amynander, der König der Athamanen, gab seine Stimme mit den wenigen Worten ab. Der Friede müsse so geschlossen werden, dass Griechenland auch in Abwesenheit der Römer völlig imstande sei, zugleich Frieden und Freiheit zu behaupten. ***3*** Die Aetoler drückten sich härter aus. Nachdem sie als Einleitung darüber gesprochen hatten, dass der römische Feldherr sehr recht und dem Herkommen gemäß handle, wenn er diejenigen, die er zu Bundesgenossen im Krieg gehabt, auch an den Beratungen des Friedens teilnehmen lasse, meinten sie, ***4*** er habe völlig unrecht, wenn er denke, er werde den Römern den Frieden und den Griechen ihre Freiheit hinlänglich gesichert hinterlassen, ohne Philipp entweder das Leben oder das Reich zu nehmen. Und beides sei ihm doch, wenn er sein Glück verfolgen wolle, so leicht.

5 Hierauf erwiderte Quinctius, die Aetoler wären bei der Abgabe ihrer Stimme so wenig der römischen Sitte eingedenk, als gegen sich selbst ohne Widerspruch geblieben. ***6*** Sie selbst seien in allen früheren Zusammenkünften und Unterredungen über die Friedenspunkte immer dafür gewesen, dass dies kein Vertilgungskrieg sein solle, ***7*** und die Römer hätten außer ihrer uralten Gewohnheit, die Besiegten zu schonen, durch den sogar dem Hannibal und den Karthagern bewilligten Frieden einen auffallenden Beweis ihrer Milde gegeben. ***8*** Er wolle Karthago nicht weiter erwähnen. Allein wie oft sei man mit Philipp selbst in Unterredung getreten? Und nie sei die Rede davon gewesen, dass er sein Reich abgeben solle. Sei etwa der Krieg bloß dadurch zu einem unversöhnlichen geworden, dass Philipp eine Schlacht verloren habe? ***9*** Gegen den bewaffneten Feind müsse man erbittert auftreten, Besiegten gegenüber sei immer der Mildeste auch der Hochherzigste. ***10*** Makedoniens Könige schienen der Freiheit Griechenlands gefährlich; wenn aber diese Macht und diese Nation vernichtet werde, dann würden die Thraker, die Illyrer, dann die Gallier, lauter wilde und unbändige Völker, über Makedonien und Griechenland herfallen. ***11*** Sie möchten nicht durch Beseitigung jedes näheren Übels größeren und gefährlicheren den Zugang öffnen. ***12*** Da ihm hier der aetolische Bundeshauptmann Phaeneas mit der Behauptung in die

Rede fiel, Philipp werde, wenn man ihn diesmal entschlüpfen lasse, bald einen weit schlimmeren Krieg wieder anfangen, sprach Quinctius: *Hört auf, Störungen zu machen, wo beraten werden soll.* ***13*** *Die Bedingungen, an die der Friede mit ihm gebunden wird, sollen nicht von der Art sein, dass er Krieg anfangen kann.*

(13) Als diese Versammlung aufgelöst war, kam Philipp am folgenden Tag in den Pass, der nach Tempe führt; dies war der zur Unterredung ihm bestimmte Ort. ***2*** Am dritten Tag empfing man ihn in einer zahlreichen Versammlung von Römern und Bundesgenossen. ***3*** Hier sagte Philipp, klug genug, diejenigen Punkte, ohne die der Friede nicht erhalten werden konnte, lieber freiwillig aufzugeben, als sie durch Wortwechsel sich abzwingen zu lassen, er wolle alles abtreten, ***4*** was ihm in der vorigen Unterredung entweder die Römer angedeutet oder ihre Bundesgenossen verlangt hätten, und die übrigen Punkte dem Senate anheim stellen. ***5*** Hätte man gleich denken sollen, dies habe allen seinen noch so erbitterten Feinden den Mund schließen müssen, so warf doch der Aetoler Phaeneas, da alles schwieg, die Frage auf: ***6*** So, Philipp, gibst du uns endlich Pharsalos, Larisa Kremaste, Echinus und das phthiische Theben wieder? ***7*** Da Philipp versicherte, er wolle ihnen in deren Besitznehmung nicht hinderlich sein, erhob sich zwischen dem römischen Feldherrn und den Aetolern ein Streit über Theben; ***8*** denn dies sei, sagte Quinctius, durch das Kriegsrecht fremdes Eigentum geworden, weil die Bürger, die er noch vor Entscheidung der Dinge mit seinem vor die Stadt gerückten Heer zum Beitritte aufgefordert habe, bei völliger Freiheit, vom König abzutreten, dennoch den Bund mit dem König dem römischen vorgezogen hätten. ***9*** Phaeneas führte dagegen an, teils sei es billig, dass den Aetolern als Bundesgenossen in diesem Krieg alles wiedergegeben werde, was sie vor dem Krieg gehabt hätten, ***10*** teils sei auch in dem ersten Bundesvertrag ausdrücklich festgesetzt, dass die Beute und alles, was fortgebracht oder weggetrieben werden könne, den Römern, der Boden aber und die eroberten Städte den Aetolern zufallen sollten. Da rief Quinctius: ***11*** *Ihr habt ja selbst die Punkte dieses Vertrages damals gebrochen, als ihr, ohne euch um uns zu bekümmern, mit Philipp Frieden schlosst.* ***12*** *Wäre er aber auch jetzt noch gültig, so bezöge sich dieser Punkt nur auf die eroberten Städte; Thessaliens Städte aber haben sich unserer Botmäßigkeit freiwillig unterworfen.* ***13*** Diese Erklärung, die den Beifall aller Bundesgenossen fand, war den Aetolern nicht nur für diesmal sehr unangenehm zu hören, sondern sie wurde auch bald nachher für sie die Veranlassung zu einem Krieg und großer aus ihm hervorgehender Niederlagen. ***14*** Mit Philipp wurde verabredet, dass er seinen Sohn Demetrius und einige seiner Freunde als Geiseln, 200 Talente geben und wegen der übrigen Punkte Gesandte nach Rom schicken sollte. ***15*** Auf den Fall, dass der Senat den Frieden nicht bewilligte, wurde die Rückgabe der Geiseln und des Geldes an Philipp beantragt. Unter den Gründen zur Beschleunigung des Friedens soll für den römischen Feldherrn der wichtigste gewesen sein, dass anerkanntermaßen Antiochos Krieg und einen Übergang nach Europa im Schilde führe.

(14) Um dieselbe Zeit, wie von einigen überliefert wird, an demselben Tag, besiegten bei Korinth die Achäer den königlichen Feldherrn Adrosthenes in einer förmlichen Schlacht. ***2*** Philipp, der sich dieser Stadt gegen die übrigen griechischen Staaten als eines Bollwerks bedienen wollte, hatte teils ihre ersten Männer unter dem Vorwand, mit ihnen zu verabreden, wie viel Reiterei die Korinther zum Krieg stellen könnten, aus der Stadt gelockt und als Geiseln behalten, ***3*** teils außer den 500 Makedoniern und 800 aus allen Völkern gemischten Hilfstruppen, welche schon darin lagen, noch 1000 Makedonier hineingeschickt, ***4*** ferner 1200 Illyrer und Thrazier, und von den bei beiden dienenden Kretern 800. ***5*** Die noch hinzugekommenen 1000 Böotier, Thessalier und Acarnaner, lauter Schwerbewaffnete, und 700 junge Leute aus Korinth selbst, machten den Androsthenes, der nun 6000 Mann vollzählig hatte, Mut zu einer Entscheidung im Feld. ***6*** Der achäische Befehlshaber Nikostratos stand mit 2000 Mann zu Fuß und 100 Reitern zu Sikyon.

Allein im Bewusstsein seiner Schwäche, sowohl in der Zahl als in der Art seiner Truppen, wagte er sich nicht aus den Mauern. *7* Die Königlichen, zu Fuß und zu Pferd umherstreifend, plünderten die Gegenden von Pellene, Phleios und Kleonae. *8* Zuletzt gingen sie, den furchtsamen Feind höhnend, in das Gebiet von Sikyon, ja sie umschwärmten zu Schiff die ganze Küste von Achaia und plünderten sie. *9* Da die Feinde hierin immer zügelloser und, wie es bei zu großer Zuversicht geht, immer sorgloser wurden, sandte Nikostratos, dem dies Hoffnung machte, sie zu überfallen, insgeheim zu den benachbarten Städten Gesandte mit dem Auftrag, *10* an einem bestimmten Tag und zahlreich aus jeder Stadt bei Apelauros – es liegt im Gebiet von Stymphalus – bewaffnet sich einzufinden. *11* Als an dem bestimmten Tag alles fertig war, rückte er sogleich aus und kam bei Nacht durch das Gebiet von Phleios nach Kleonae, wo niemand um sein Vorhaben wusste. *12* Er hatte 5000 Mann Fußvolk bei sich – hierunter Leichtbewaffnete – und 300 Reiter. Mit diesen Truppen wartete er nach Aussendung seiner Späher bloß darauf, nach welcher Seite sich der Strom der feindlichen Heeresmacht ergossen habe.

(15) Androsthenes, der von alledem nichts wusste, schlug nach seinem Aufbruch von Korinth sein Lager an der Nemea auf, einem Fluss, der zwischen dem korinthischen und sikyonischen Gebiet die Grenze bildet. *2* Als er hier die Hälfte seiner Truppen zu ihrem Lagerdienst entlassen hatte, befahl er der andern Hälfte – diese teilte er in drei Abteilungen – und der ganzen Reiterei, sich zugleich auf Plünderung der Gebiete von Pellene, Sikyon und Phleios zu verteilen. *3* So gingen die drei Züge nach verschiedenen Seiten ab. Als die Nachricht nach Kleonae an Nikostratos kam, schickte er sogleich einen starken Trupp Söldner zur Besetzung des Waldes vorauf, *4* durch welchen der Weg auf das Gebiet von Korinth führt, gab ihnen die Reiterei als Vorhut an die Spitze und eilte selbst in zwei Zügen ihnen nach. *5* Auf der einen Seite gingen die Söldner mit den Leichtbewaffneten, auf der andern seine Schildträger, die mit den Rundschildnern aus anderen Völkern den Kern des Heeres bildeten. *6* Schon waren Fußvolk und Reiterei in der Nähe des feindlichen Lagers angekommen, und Abteilungen von Thrakern hatten auf die zerstreuten, in den Dörfern umherschweifenden Feinde einen Angriff gemacht, als der Schrecken plötzlich ins Lager drang. *7* Der Feldherr war um so mehr in Verlegenheit, weil sich nirgends Feinde hatten sehen lassen, außer ab und zu auf den Höhen von Sekyon, wo sie sich aber nie in die Ebene hinunterwagten; dass sie bis Kleonae vorrücken würden, hatte er nie geglaubt. Die Trompete musste den nach verschiedenen Richtungen ausgerückten Schwärmen das Zeichen zum Rückzug geben. *8* Er selbst ließ die Soldaten eiligst zu den Waffen greifen, rückte in schwach besetztem Zug aus dem Tore und stellte am Fluss seine Schlachtordnung auf. *9* Die übrigen Truppen, die sich kaum zusammenbringen und aufstellen ließen, hielten nicht einmal den ersten Angriff der Feinde aus. *10* Die Makedonier waren nicht nur am stärksten, sondern ließen auch die Hoffnung auf den Sieg lange unentschieden. *11* Endlich, durch die Flucht der Übrigen preisgegeben, als schon zwei feindliche Schlachthaufen von zwei Seiten, die Leichtbewaffneten auf der Flanke, die Schildträger und Rundschildner von vorn in sie drangen, zogen auch sie bei dem Übergewicht des Feindes anfangs sich nur zurück; *12* dann aber, durch einen Ansturz geworfen, ergriffen auch sie die Flucht und eilten, meistens unter Wegwerfen ihrer Waffen, da ihnen keine Hoffnung, ihr Lager zu behaupten, übrig blieb, nach Korinth. *13* Nikostratos, der zur deren Verfolgung seine Söldner, die Reiterei aber und die thrakischen Hilfstruppen gegen die Plünderer des Gebietes von Sikyon abschickte, richtete unter beiden Zügen ein großes Gemetzel an, beinahe größer als selbst in der Schlacht. *14* Auch von denen, welche bei Pellene und Phleios geplündert hatten, wurden die einen, die in Unordnung und von nichts wissend nach ihrem Lager zurückgingen, von den feindlichen Posten da, wo sie ihre eigenen erwarteten, in Empfang genommen; die anderen, die aus der Eile der Versprengten das Vorgefallene vermuteten, *15* zerstreuten sich so nach allen

Seiten hin auf die Flucht, dass sie beim Umherirren sogar den Landleuten zur Beute wurden. ***16*** 1500 wurden an diesem Tag niedergehauen, 300 gefangen genommen. Ganz Achaia wurde von einer großen Furcht befreit.

(16) Bevor bei Kynoskephalae gekämpft wurde, hatte Lucius Quinctius dadurch, dass er die Häupter der Acarnaner, der einzigen griechischen Nation, die bei dem Bund mit Makedonien beharrte, nach Korkyra kommen ließ, den ersten Anlass zu Bewegungen unter ihnen gegeben. ***2*** Zwei Hauptursachen hatten sie bisher der Freundschaft mit dem König treu erhalten: die eine, die der Nation eigentümliche Redlichkeit, die andere, Furcht und Abneigung vor den Aetolern. ***3*** Jetzt wurde eine Volksversammlung nach Leukas angesetzt. Dahin aber kamen weder alle Völkerschaften der Acarnaner, noch konnten die, die sich eingefunden hatten, einig werden. Doch setzten es die ersten Männer des Volkes und die Behörden durch, dass wenigstens von ihrer Seite ein Beschluss zugunsten einer Verbindung mit Rom abgefasst wurde. ***4*** Alle nicht zugegen Gewesenen waren damit unzufrieden, und während dieses Murrens im Volk brachten es Androkles und Echedemus, zwei vornehme, von Philipp hergeschickte Acarnaner, dahin, dass nicht allein der Beschluss über die Verbindung mit Rom wieder aufgehoben, ***5*** sondern dass auch Archelaus und Bianor, beide die ersten Männer der Nation, weil sie namentlich dafür gestimmt hatten, auf einer Versammlung als Landesverräter verurteilt wurden, und der Bundesvorsteher Zeuxidas, weil er den Antrag gestellt hatte, seinen Posten verlor. ***6*** Da schlugen die Verurteilten einen Weg ein, der freilich gewagt, aber von glücklichem Erfolg war. Da ihnen nämlich ihre Freunde rieten, den Umständen nachzugeben und in den Schutz der Römer nach Korkyra zu fliehen, ***7*** beschlossen sie, sich lieber der Volksmenge hinzugeben und entweder eben dadurch ihren Zorn zu besänftigen oder zu leiden, was das Schicksal bringen werde. ***8*** Als sie in die zahlreiche Versammlung kamen, erhob sich zuerst unter den dadurch Befremdeten ein Murren und lautes Rufen, dann aber bewirkte zugleich die Achtung vor ihrer ehemaligen Würde und Mitleid mit ihrer jetzigen Lage eine allgemeine Stille. ***9*** Da sie auch die Erlaubnis zu reden bekamen, sprachen sie anfangs in bittendem Ton, aber im weiteren Verlauf, als sie an die Widerlegung der ihnen gemachten Vorwürfe kamen, mit einer Festigkeit des Selbstvertrauens, die nur die Unschuld ihnen gab; ***10*** ja zuletzt, als sie es sogar wagten, über dies und jenes sich zu beklagen und die ihnen widerfahrene Ungerechtigkeit und Härte zu missbilligen, machten sie einen solchen Eindruck auf die Gemüter, ***11*** dass man beinahe einstimmig alle Beschlüsse gegen sie aufhob, obgleich festgesetzt wurde, zum Bündnis mit Philipp zurückzukehren und die Verbindung mit den Römern abzulehnen.

(17) Zu Leukas, der Hauptstadt Acarnaniens, beschlossen sie dies, wo sich alle Volksstämme zur Versammlung einzufinden pflegten. ***2*** Als nun die Nachricht von dieser plötzlichen Änderung nach Korkyra an den Legaten Flamininus kam, ging er sogleich mit der Flotte ab und landete bei Leukas, in der Gegend des sogenannten Heraeums (Junotempels). ***3*** Von hier rückte er mit Wurfgeschützen und Belagerungswerkzeugen aller Art an die Mauern, in der Hoffnung, die Bürger im ersten Schrecken zur Nachgiebigkeit zu bringen. ***4*** Da sich aber keine friedliche Gesinnung zeigte, ließ er Annäherungshütten und Türme errichten und den Sturmbock gegen die Mauern anbringen.

5 Ganz Acarnanien liegt zwischen Aetolien und Epirus gegen Abend und hat die Aussicht auf das Sizilische Meer. ***6*** Leukadia, jetzt eine Insel und durch eine seichte Meerenge, die durch Kunst ausgestochen ist, von Acarnanien geschieden, war damals eine Halbinsel, die im Westen von Acarnanien vermittels einer schmalen Landenge mit ihm zusammenhing. ***7*** Diese Landenge war beinahe 500 Schritte lang, aber nicht über 120 breit, und auf diesem engen Raum steht Leukas, an einen Hügel gelehnt, der nach Morgen und nach Acarnanien sieht. ***8*** Der untere Teil der Stadt ist flach und liegt am Meer, welches Leukadien und Acarnanien trennt, hier ist der Stadt zu Land und zu Wasser beizukommen. Denn die Meeresstellen sind seicht, einem stehenden See ähnlicher als einem Meer, und der Boden der ganzen Fläche ist Erde und macht die Anlagen nicht schwer. ***9*** Daher wurden die Mauern an vielen Stellen zugleich entweder untergraben oder mit dem Mauerbrecher herabgeworfen. So vorteilhaft aber die Lage der Stadt auch für die Angreifenden war, so unbesiegbar war der Mut der Feinde. ***10*** Tag und Nacht arbeitend, besserten sie die zerstoßenen Stellen aus, versperrten, was der Einsturz geöffnet hatte, gingen mutig in den Kampf und schützten mehr die Mauern durch ihre Waffen als sich selbst durch die Mauer. ***11*** Ja sie hätten die Belagerung über die Erwartung der Römer verlängert, hätten nicht einige zu Leukas ansässige Verbannte, Italer von Geburt, von der Burg aus die Soldaten eingelassen. ***12*** Und selbst diesen, die von dem höheren Platz mit großem Getümmel herabgestürzt kamen, leisteten die Leukadier, auf ihrem Markt in Schlachtordnung aufgestellt, lange Zeit in vollem Kampf Widerstand. ***13*** Unterdessen wurden aber die Mauern an mehreren Stellen durch Leitern gewonnen, auch über die zur Erde gerollten Steine und Trümmer stieg der Feind in die Stadt, und schon hatte der Legat selbst die Kämpfenden mit einem langen Zug umschlossen. Die Umringten wurden zum Teil niedergehauen, zum Teil warfen sie die Waffen weg und ergaben sich dem Sieger. ***15*** Und wenige Tage darauf unterwarfen sie dem Legaten auf die Nachricht von der Schlacht bei Kynoskephalä alle Völkerschaften Acarnaniens.

(18) In diesen Tagen – als wollte das Glück überall zugleich den Ausschlag geben – schickten auch die Rhodier, um sich von Philipp den Strich des festen Landes zu erkämpfen, der bei ihnen Peraea heißt und im Besitz ihrer Vorfahren gewesen war, ***2*** ihren Prätor Pausistratus mit 800 Söldnern zu Fuß und etwa 1200 Mann ab, die sie aus verschiedenen Arten von Hilfstruppen zusammengestellt hatten. ***3*** Diese waren Gallier, Mnisueten, Pisueten, Tarmianer und Theraier aus Peraia, Laodikener aus Kleinasien. ***4*** Mit diesen Truppen besetzte Pausistratus Tendeba, einen Ort von sehr vorteilhafter Lage im Gebiet von Stratonikea, als die königlichen Truppen in Thera waren. ***5*** Und gerade für diesen Zweck zu rechter Zeit trafen die zu Hilfe gerufenen Achäer ein, 1000 Mann zu Fuß nebst 100 Reitern. ***6*** Ihr Führer war Theoxenus. Die kleine Feste wiederzuerobern, rückte Dinocrates, der königliche Befehlshaber, mit seinem Lager zuerst vor Tendeba selbst; von da vor eine andere, ebenfalls im Gebiet von Stratonicea, namens Astragos, ***7*** und nachdem er alle Truppen von seinen an verschiedenen Stellen verteilten Posten und selbst aus Stratonikea die thessalischen Hilfstruppen an sich gezogen hatte, ging er gerade auf Alabanda los, wo die Feinde standen. ***8*** Die Rhodier schlugen den Kampf nicht aus, und sobald sich beide Teile einander näher gelagert hatten, rückten sie zur Schlacht aus. ***9*** Dinokrates stellte auf seinen rechten Flügel 500 Makedonier, auf seinen linken Agrianen, in die Mitte nahm er die aus den Besatzungen der kleinen Festen Zusammengezogenen, größtenteils Karier; die Flügel deckte er mit Reiterei und kretischen, auch thrakischen Hilfstruppen. ***10*** Die Rhodier hatten auf dem rechten Flügel die Achäer, auf dem linken die Söldner, ein auserlesenes Fußvolk, ***11*** in der Mitte die aus mehreren Völkern gemischten Hilfstruppen, die Reiterei, und was sie an Leichtbewaffneten hatten, wurde auf die Flügel verteilt. ***12*** An diesem Tag standen beide Schlachtreihen an den Ufern eines zwischen ihnen hinfließenden seichten Flusses einander nur gegenüber, schossen einige Pfeile ab und kehrten in ihr Lager zurück. Am folgenden Tag lieferten sie, in derselben Ordnung aufgestellt, ein bei Weitem ernsthafteres Treffen, als man von dieser Zahl der kämpfenden hätte erwarten sollen, denn es waren auf keiner Seite über 3000 Mann zu Fuß und gegen 100 Reiter. ***13*** Allein sie kämpften nicht nur an Zahl und Waffenart sich gleich, sondern auch an Mut und Hoffnung zu siegen. ***14*** Die Achäer waren die ersten, welche über den Fluss gingen und auf die Agrianen einen Angriff machten; ***15*** dann setzte die ganze Schlachtlinie fast im Lauf über den Fluss. ***16*** Lange war die Schlacht unentschieden. Die Achäer, ebenso wie die Agrianen 1000 Mann

stark, warfen diese aus ihrer Stellung. Als darauf das Mitteltreffen zum Weichen gebracht war, griffen alle den rechten Flügel an. *17* Die Makedonier blieben unbeweglich, solange ihre Phalanx in Reih' und Glied und wie ineinandergedrängt feststand. *18* Als sie aber wegen der Blöße auf ihrer Linken gegen den auf der Flanke anrückenden Feind sich mit ihren Lanzen umwenden wollten, gerieten sie, sogleich in Unordnung gebracht, unter sich selbst in ein Getümmel, kehrten den Rücken und zuletzt nahmen sie unter Wegwerfen ihrer Waffen in stürzender Flucht forteilend den Weg nach Bargyliae. *19* Dorthin floh auch Dinokrates. Die Rhodier, die ihnen nur so lange nachsetzten, als es noch Tag war, zogen dann in ihr Lager zurück. Wären die Sieger sogleich nach Stratonikea gezogen, so hätten sie, wie alle behaupten, diese Stadt ohne Kampf nehmen können. *20* Sie verabsäumten diese Gelegenheit, indem sie mit Wiedereroberung kleiner Festen und Flecken in Peraea die Zeit hinbrachten. *21* Inzwischen bekam die Besatzung zu Stratonikea wieder Mut. Bald darauf hielt auch Dinokrates mit den Truppen, die er aus dem Treffen gerettet hatte, seinen Einzug. Nun belagerten und bestürmten die Rhodier die Stadt ohne Erfolg, *22* und sie konnten sie nur erst lange nachher durch die Römer von Antiochos wiederbekommen. Dies waren die fast gleichzeitigen Vorfälle in Thessalien, in Achaia und in Asien.

(19) Als Philipp hörte, dass die aus Geringschätzung seiner jetzt geschwächten Macht über Makedoniens Grenzen hereingebrochenen Dardaner die oberen Gegenden desselben verwüsteten, war ihm, *2* so sehr auch das Schicksal fast in allen Weltteilen auf ihn und seine Untertanen von allen Seiten losschlug, *3* dennoch der Gedanke, sich auch aus Makedoniens Besitz treiben zu lassen, schrecklicher als der Tod, und mit 6000 Mann zu Fuß und 500 Reitern, die er eiligst in makedonischen Städten ausgehoben hatte, überfiel er bei Stoboi in Paeonien die Feinde, die ihn nicht vermuteten. *4* In der Schlacht wurden viele Menschen getötet, aber noch mehr von denen, die sich aus Lust zum Plündern in die Dörfer zerstreut hatten. Diejenigen, welche ungehindert fliehen konnten, kehrten in ihr Land zurück, ohne die Gefahr einer Schlacht auch nur gewagt zu haben. *5* Durch diesen einzigen, ganz im Gegensatz zu seinem sonstigen Geschick ihm gelungenen Zug hatte er den Seinigen wieder Mut gemacht und ging nach Thessaloniki zurück.

6 Die Beendigung des Punischen Krieges konnte kaum so zu rechter Zeit für Rom eintreten, um nicht zugleich auch mit Philipp kämpfen zu müssen, als jetzt der Augenblick, mit Philipp fertig zu sein, erwünscht war, da Antiochos in Syrien schon zum Krieg rüstete. *7* Denn abgesehen davon, dass der Krieg mit jedem Einzeln leichter wurde, als wenn beide ihre Kräfte vereinigt hätten, erhob sich um dieselbe Zeit auch Spanien in furchtbarem Aufstand zum Krieg. *8* War gleich Antiochos, der sich im vorigen Sommer alle dem Ptolemaeus gehörenden Städte in Koile-Syrien unterwarf, in die Winterquartiere nach Antiochien gegangen, so gestatteten ihm doch nun seine Vorkehrungen keine größere Ruhe. *9* Denn da er im Aufgebot aller Kräfte seines Reiches eine gewaltige Land- und Seemacht zusammengebracht, im Anfang des Frühjahrs seine beiden Söhne Ardys und Mithradates zu Land mit dem Heer vorausgeschickt und ihnen befohlen hatte, auf ihn in Sardes zu warten, *10* fuhr er selbst mit einer Flotte von 100 Kriegsschiffen und außerdem noch mit 200 leichteren Fahrzeugen, Jachten und Boten ab, *11* teils um an der ganzen Küste Siliziens und Kariens Angriffe auf die Städte zu machen, die unter der Herrschaft des Ptolemaeus standen, teils auch um mit seinem Heer und seiner Flotte den König Philipp – denn noch war der Krieg nicht zu Ende – zu unterstützen.

(20) Die Rhodier haben für die Verbindung mit dem römischen Staat und für das Gesamtvolk der Griechen zu Land und zur See manche ausgezeichnete Unternehmung gewagt, *2* allein keine, die ihnen ruhmvoller wäre als die, dass sie damals, ohne sich durch den drohenden Sturm eines so gefährlichen Krieges schrecken zu lassen, Gesandte an den König schickten, er solle nicht über die Thelidonischen Inseln hinausfahren; es ist dies ein Vorgebirge von Silizien, berühmt

durch den alten Vertrag der Athener mit den Königen der Perser. ***3*** Wenn er nicht seine Flotte und seine Heeresmacht innerhalb dieser Grenze zurückhalte, so würden sie ihm entgegenrücken, nicht aus irgendeiner feindseligen Absicht, sondern weil sie nicht zugeben könnten, dass er sich mit Philipp vereinige und die Römer in der Befreiung Griechenlands aufhalte. ***4*** Antiochos stand damals eben in den Belagerungswerken vor Korakesion. Nachdem er nämlich Zephyrion, Soloi, Aphrodisias, Korykos und nach Umsegelung Anemuriums – dies ist gleichfalls ein silizisches Vorgebirge – auch Selinos gewonnen hatte, ***5*** weil alle diese und noch andere kleine Festen an dieser Küste aus Furcht oder freiwillig sich ihm ohne Kampf ergaben, sah er sich wider Erwarten vor Korakesion aufgehalten, das ihm die Tore schloss. ***6*** Hier ließ er die Gesandten der Rhodier vor, und stellte ihm auch die Gesandtschaft einen Antrag, der einen Königskopf leicht hätte in Feuer setzen können, ***7*** so gebot er doch seinem Zorn und gab zur Antwort, er werde nach Rhodos Gesandte schicken und ihnen den Auftrag geben, seine und seiner Vorfahren alte Verbindungen mit diesem Staat zu erneuern und sie über die Ankunft des Königs zu beruhigen, die weder ihnen noch ihren Bundesgenossen im Geringsten nachteilig oder beeinträchtigend sein solle. ***8*** Denn dass er die Freundschaft mit Rom nicht aufgeben wolle, davon wären nicht allein seine kürzlich dahin gegangenen Gesandten, sondern auch die ehrenvollen Beschlüsse und Erklärungen des Senats Beweis genug. ***9*** Seine Gesandten waren nämlich eben von Rom zurückgekommen, wo man sie sehr freundschaftlich angehört und entlassen hatte, ganz den Zeitumständen gemäß, solange der Erfolg gegen Philipp noch ungewiss war.

10 Gerade als die Gesandten des Königs vor der Versammlung zu Rhodos sich dieses Auftrages entledigten, lief die Meldung ein, der Krieg sei durch die Schlacht bei Kynoskephalae entschieden. Und gleich auf diese Nachricht hatten die Rhodier, die nun von Philipp nichts mehr fürchten durften, anfangs den Plan gefasst, dem Antiochos mit einer Flotte entgegenzugehen. ***11*** Wenigstens ließen sie doch einen zweiten Gegenstand nicht unbeachtet, die Bundesgenossenstädte des Ptolemaeus, auf die ein Angriff des Antiochos gewiss war, bei ihrer Freiheit zu erhalten. ***12*** Einigen wurden sie durch Truppensendungen, anderen durch Vorbeugung und Warnung vor feindlichem Überfalle behilflich, und so retteten sie den Bürgern von Kaunos, Myndos, Halikarnassos und Samos ihre Freiheit. ***13*** Es ist nicht nötig, weiter zu verfolgen, wie alles in diesen Gegenden zugegangen ist, da ich kaum dem genügen kann, was den römischen Krieg insbesondere betrifft.

(21) Um dieselbe Zeit starb der König Attalos, den man von Theben krank nach Pergamon gebracht hatte, im 72. Lebensjahr nach 44jähriger Regierung. ***2*** Zu der Hoffnung auf einen Thron hatte ihm das Glück weiter nichts verliehen als Reichtum. Die mit Klugheit verbundene prachtvolle Größe, mit der er ihn zu gebrauchen wusste, stellte ihn zuerst in seinen eigenen, dann auch in anderer Augen des Thrones nicht unwürdig dar. ***3*** Als er darauf die Gallier, die als neue Ankömmlinge den Asiaten noch furchtbarer waren, in einer einzigen Schlacht besiegt hatte, nahm er den königlichen Titel an, mit dessen Größe sein Geist beständig gleichen Schritt hielt. ***4*** Sein Volk beherrschte er mit der größten Gerechtigkeit, seinen Bundesgenossen bewies er eine seltene Treue, seinen Freunden war er der Gütige und Freigebige. ***5*** Er hinterließ eine Gemahlin und vier Kinder und die Thronfolge so feststehend und gesichert, dass sie bis ins dritte Glied fortging. ***6*** Bei diesem Zustand der Dinge in Asien, Griechenland und Makedonien brach, als der Krieg mit Philipp kaum beendet, wenigstens der Friede noch nicht abgeschlossen war, ein gewaltiger Krieg im jenseitigen Spanien aus. ***7*** Marcus Helvius hatte dort seinen Posten. Er schrieb dem Senat, die Fürsten Culchas und Luxinius wären in den Waffen, mit Culchas 17 Städte, mit Luxinius die beiden mächtigen Städte Carmo und Baldo; ***8*** auch die ganze Seeküste, die sich über ihre Gesinnungen noch nicht geäußert habe, werde bei den Bewegungen unter ihren Nachbarn

sich erheben. *9* Als der Prätor Marcus Sergius, der die Gerichtspflege über die Bürger hatte, dieses Schreiben den Vätern vorlas, beschlossen sie, wenn die Prätorenwahl vor sich gegangen sei, sollte der Prätor, welchem das Los Spanien zu seinem Posten bestimmen werde, sobald als möglich den spanischen Krieg im Senat zum Vortrag bringen.

(22) Um dieselbe Zeit langten die Konsuln vor Rom an. Als sie im Tempel der Bellona Senat hielten und für ihre glücklichen Verrichtungen im Krieg den Triumph verlangten, *2* drangen die Volkstribunen Gaius Atinius Labeo und Gaius Afranius darauf, dass sich die Konsuln jeder besonders zum Triumph melden sollten. Einen gemeinschaftlichen Antrag über diesen Punkt würden sie nicht gestatten, weil sonst ungleichen Verdiensten eine gleiche Ehre widerfahren möchte. *3* Obgleich nun Minucius behauptete, Italien sei ihnen beiden als bestimmter Posten zugefallen, er und sein Amtsgenosse hätten nach demselben Plan Krieg geführt, *4* und Cornelius hinzufügte, die Boier, die zum Angriff gegen ihn selbst über den Po gegangen wären, um den Insubrern und Cenomanern zu Hilfe zu kommen, wären dadurch, dass sein Amtsgenosse ihre Flecken und Dörfer verheert habe, zum Schutz ihres Eigentums abgerufen, *5* so räumten die Tribunen zwar ein, Cornelius habe in diesem Krieg so große Taten verrichtet, dass man ebenso wenig Anstand nehmen dürfe, ihm den Triumph, als den Göttern die gebührende Ehre zuzuerkennen, *6* versicherten aber auch, weder er noch irgendein Bürger habe je so viel Einfluss und Übergewicht gehabt, dass er mit dem für sich selbst ausgewirkten Triumph dieselbe Ehre zugleich der unbescheidenen Bitte eines Amtsgenossen habe bewilligen können. *7* Quintus Minucius habe in Ligurien nur einige kleine Gefechte geliefert, die gar nicht in Betracht kommen könnten, und in Gallien viele Leute verloren. *8* Sie nannten auch die beiden Obersten Titus Juventius und den Gnaeus, des Labeo Bruder, welche mit vielen anderen Tapferen, Bürgern und Bundesgenossen, in einem unglücklichen Gefecht gefallen wären. *9* Er habe bloß die vorgegebene, auf einige Zeit erheuchelte Übergabe einiger Städtchen und Flecken angenommen, ohne sich auch nur ein Unterpfand geben zu lassen. *10* Diese Streitigkeiten zwischen den Konsuln und Tribunen dauerten zwei Tage, und durch die Beharrlichkeit der Tribunen besiegt, stellten die Konsuln besondere Anträge.

(2) Gaius Cornelius wurde der Triumph einstimmig zuerkannt, und diese günstige Stimmung für den Konsul wurde noch durch die Gegenwart der Placentiner und Cremonenser verstärkt, *2* welche ihm ihre Dankbarkeit ausdrückten und es rühmten, dass er ihre belagerte Stadt entsetzt und sehr viele von ihnen in feindlichem Land aus der Sklaverei errettet habe. *3* Quintus Minucius machte nun einen schwachen Versuch zu einem Antrag und erklärte, als er den ganzen Senat gegen sich sah, er werde vermöge des ihm als konsularischem Oberbefehlshaber zustehenden Rechtes und nach dem Beispiel so vieler angesehener Männer seinen Triumphzug auf dem Albaner Berge halten.

4 Gaius Cornelius triumphierte noch in seinem Amt über die Insubrer und Tenomaner. Viele Fahnen wurden vorangetragen, eine Menge gallischer Beute zog auf eroberten Kriegswagen durch die Straßen, und viele vornehme Gallier gingen seinem Wagen voraus, *5* unter denen nach einigen Schriftstellern der punische Feldherr Hamilkar gewesen sein soll. *6* Noch mehr aber zog die Schar von Cremonenser und Placentiner Siedlern, die mit Hüten bedeckt dem Wagen folgten, die Blicke aller auf sich. *7* Dem Schatz führte er in diesem Triumph 237 500 Pfund und 79 000 Silberdenare zu. Jeder Soldat erhielt zu seinem Anteil 70 As, doppelt so viel der Ritter, der Hauptmann das Dreifache.

8 Konsul Quintus Minucius triumphierte auf dem Albanerberg über die Ligurer und boischen Gallier, war dieser Triumph freilich hinsichtlich der Stelle, des Tatenrufes und auch darum minder ehrenvoll, weil jeder wusste, dass ihm die Kosten dazu nicht aus der Schatzkammer bewilligt waren, so kam er doch jenem in der Menge der gelieferten Fahnen, Kriegswagen und Rüstungen beinahe gleich. *9* Auch die Geldsumme war fast dieselbe. Er lieferte 240 000 Pfund, 350 000 Silberdenare und gab jedem Soldaten, Hauptmann und Ritter ebenso viel wie sein Amtsgenosse.

(24) Nach dem Triumph wurde Konsulwahl gehalten. Lucius Furius Purpureo und Marcus Claudius Marcellus wurden gewählt. *2* Die am folgenden Tag ernannten Prätoren waren Quintus Fabius Buteo, Tiberius Sempronius Longus, Quintus Minucius Thermus, Manius Acilius Glabrio, Lucius Apustius Fullo und Gaius Laelius. *3* Ungefähr am Ende des Jahres kam von Titus Quinctius die schriftliche Meldung, dass er in Thessalien dem König Philipp eine förmliche Schlacht geliefert und das feindliche Heer besiegt und in die Flucht geschlagen habe. *4* Dieses Schreiben verlas der Prätor Sergius zuerst im Senat, dann mit Genehmigung der Väter in der Volksversammlung. Wegen dieser glücklichen Taten wurde ein fünftägiges Dankfest angeordnet. *5* Bald darauf kamen Gesandte von Titus Quinctius und vom König. Die Makedonier wurden in ein außerhalb der Stadt gelegenes Staatsgebäude geführt und bekamen dort Quartier und Verköstigung; im Tempel der Bellona wurde Senat gehalten. *6* Hier wurden nicht viele Worte gemacht, weil die Makedonier erklärten, ihr König werde sich zu allem verstehen, was der Senat festsetzen würde. *7* Dem Herkommen gemäß beschloss man, zehn Abgeordnete hinzusenden, mit deren Zuziehung Titus Quinctius als Oberfeldherr dem König die Friedensbedingungen bestimmen solle, und es wurde beigefügt, dass in der Zahl dieser Abgeordneten Publius Sulpicius und Publius Villius sein sollten, die als Konsuln ihren Posten in Makedonien gehabt hätten. *8* Da in dieser Sitzung auch die Bürger von Cosa eine Vermehrung der Anzahl ihrer Siedler beantragten, wurde befohlen, noch 1000 auf ihre Liste zu setzen, *9* unter denen sich aber keiner befinden solle, der nach dem Konsulat des Publius Cornelius und Tiberius Sempronius Feind des römischen Volkes gewesen wäre.

(25) In diesem Jahr gaben die kurulischen Ädilen Publius Cornelius Scipio und Gnaeus Manlius Vulso die Römischen Spiele in der Rennbahn und auf der Schaubühne, und zwar prachtvoller als sonst. Den Zuschauern machten die Spiele wegen der glücklichen Ereignisse im Krieg viel größere Freude, und sie wurden dreimal von Anfang an gegeben, die plebejischen siebenmal. *2* Diese veranstalteten Acilius Glabrio und Gaius Laelius. *3* Von den Strafgeldern stellten sie drei eherne Standbilder der Ceres, dem Liber und der Libera auf.

4 Lucius Furius und Marcus Claudius Marcellus baten den Senat, als bei dem Antritt ihres Konsulats die Kriegsplätze zur Sprache kamen und der Senat ihnen beiden Italien als Posten bestimmte, zugleich über Makedonien und Italien losen zu dürfen. *5* Marcellus, der nur zu sehr auf jenen Posten losgegangen war, hatte durch die Behauptung, der Friede sei erheuchelt und trüglich, und der König werde, sobald das Heer von dort weggeführt sei, den Krieg wieder beginnen, die Väter wankend gemacht. *6* Und vielleicht hätten die Konsuln ihren Zweck erreicht, wenn nicht die Volkstribunen Quintus Marcius Rex und Gaius Atinius Labeo erklärt hätten, sie würden Einsprache tun, wenn man sie nicht vorher bei dem Volk anfragen lasse, ob es dafür stimme und sich dahin erkläre, dass mit König Philipp Friede sein solle. *7* Dieser Antrag an das Volk ging auf dem Kapitol vor sich. Alle 35 Bezirke stimmten bejahend für die Anfrage. *8* Auch wurde die Gewissheit des Friedens mit Makedonien für alle um so erfreulicher, als aus Spanien die traurige Nachricht einlief und ein Schreiben meldete, *9* der Prokonsul Gaius Sempronius Tuditanus habe im diesseitigen Spanien eine Schlacht verloren, sein Heer sei geschlagen und geflohen, und viele vornehme Männer seien auf dem Schlachtfeld gefallen. Tuditanus sei schwer verwundet aus dem Treffen getragen und bald nachher gestorben. *10* Nun wurde beiden Konsuln Italien zu ihrem Posten angewiesen mit Beibehaltung der Legionen, welche die vorigen Konsuln gehabt hätten; doch sollten sie vier neue Legionen ausheben, zwei für die Stadt und zwei, welche dahin geschickt werden sollten, wohin es der Senat für gut fände. *11* Auch sollte Titus Quinctius Flamininus bei demselben Heer auf seinem Posten bleiben; für die Verlängerung seines Oberbefehls scheine schon früher hinlänglich gesorgt zu sein.

(26) Darauf teilte das Los den Prätoren ihre Amtsbezirke zu, dem Lucius Apustius Fullo die Gerichtspflege in der Stadt, dem Manius Acilius Glabrio die zwischen Bürgern und Fremden, Quintus Fabius Buteo das jenseitige Spanien, Quintus Minucius Thermus das diesseitige, **2** Gaius Laelius Sizilien, Tiberius Sempronius Longus Sardinien. Dem Quintus Fabius Buteo und Quintus Minucius, **3** welchen beide Spanien zugefallen waren, sollten die Konsuln nach Gutbefinden laut dem Beschluss, von den vier neu geworbenen Legionen jedem eine geben, **4** und an Bundesgenossen und Latinern jedem 4000 Mann zu Fuß und 300 zu Pferd; und diese Prätoren sollten sobald wie möglich auf ihre Stellen abgehen. **5** Der Krieg in Spanien brach fünf Jahre nachher wieder aus, als er zugleich mit dem Punischen aufgehört hatte.

6 Vor dem Aufbruch der Prätoren zu diesem, ich möchte sagen, neuen Krieg – denn jetzt zum ersten Mal traten die Spanier für sich selbst, ohne punische Heere oder Feldherren, zum Kampf auf –, und ehe die Konsuln selbst aus der Stadt rückten, mussten sie, wie gewöhnlich, die Abwendung der gemeldeten Schreckzeichen besorgen. **7** Der römische Ritter P. Villius war auf einer Reise in das sabinische Gebiet mit seinem Pferd vom Blitze erschlagen. **8** Im capenatischen Gebiet hatte der Blitz den Tempel der Feronia getroffen. Im Tempel der Moneta hatten an zwei Lanzen die Spitzen gebrannt. **9** Ein Wolf, der zum Esquilinischen Tor hereinkam, war durch die volkreichste Gegend der Stadt bis auf den Markt gelaufen und durch die Tuskische Straße und über den Cermalus zum Capenischen Tor hinaus fast unbeschädigt entkommen. Diese Drohungen wurden mit größeren Opfertieren gesühnt.

(27) In denselben Tagen zog Gnaeus Cornelius Lentulus, der das diesseitige Spanien vor Sempronius Tuditanus verwaltet hatte, nach einem Senatsbeschluss im kleinen Triumph in die Stadt, **2** vor ihm her trug man 1515 Pfund Gold, 20 000 Pfund Silber, an geprägtem Silber 34 500 Denare. **3** Lucius Stertinius lieferte aus dem jenseitigen Spanien, ohne auf den Triumph auch nur Anspruch zu machen, 50 000 Pfund Silber in den Schatz, und von seinem Anteil an der Beute ließ er auf dem Rindermarkt zwei Schwibbogen bauen vor dem Tempel der Fortuna und der Mutter Matuta, **4** und einen in der großen Rennbahn, und besetzte die Bogen mit vergoldeten Standbildern. **5** Das sind ungefähr die Ereignisse des Winters.

Quinctius lag damals zu Elatea in den Winterquartieren. Unter den vielen Gesuchen, welche die Bundesgenossen an ihn richteten, war auch eins, was er den Böotiern gewährte, dass ihnen ihre Landsleute, die auf Philipps Seite gekämpft hätten, zurückgegeben würden. **6** Quinctius bewilligte ihnen dies gern, nicht weil sie es seiner Meinung nach besonders verdienten, sondern weil Rom bei dem gegen König Antiochos schon obwaltenden Verdacht sich die Liebe dieser Staaten erwerben musste. **7** Kaum hatte sie ihnen Quinctius wiedergegeben, so zeigte sich's, wie wenig es ihm die Böotier Dank wussten. Denn einmal ließen sie für die Rückgabe der Ihrigen durch eine Gesandtschaft Philipp ihren Dank sagen, gleich als hätten es Quinctius und die Römer aus Gefälligkeit gegen ihn getan, sodann ernannten sie auf dem nächsten Wahltage einen gewissen Brachyllas aus keinem anderen Grund zum Böotarchen, **8** weil er bei den Böotiern in des Königs Diensten Oberster gewesen war, **9** und übergingen dabei Zeuxippos, Pisistratos und andere, welche zum Bündnis mit Rom geraten hatten. **10** Diese nahmen das nicht allein für jetzt sehr übel, sondern sie dachten auch mit Besorgnis an die Zukunft; wenn dergleichen geschehe, während ein römisches Heer fast vor ihren Toren stehe, was aus ihnen werden solle, wenn die Römer nach Italien abgezogen wären, **11** Philipp dann aus der Nähe seine Freunde unterstütze und alle, die es mit der Gegenpartei gehalten hätten, verfolge.

(28) Weil sie also jetzt noch den Schutz der römischen Waffen in der Nähe hatten, beschlossen sie, das Oberhaupt der Königsfreunde, den Brachyllas, aus dem Weg zu räumen. ***2*** Sie warteten die Gelegenheit ab, als er von einem öffentlichen Gastmahl betrunken und im Gefolge von Kastraten, welche die zahlreiche Tafelgesellschaft belustigt hatten, nach Hause ging. ***3*** Hier wurde er von sechs Bewaffneten, drei Italern und drei Aetolern, überfallen und getötet. Seine Begleiter, die zum Vergnügen das Gastmahl besucht hatten, flohen, schrien um Hilfe, und das Getümmel der mit Fackeln Umherlaufenden erfüllte die Stadt. Die Mörder entkamen aus dem nächsten Tor. ***4*** Mit Tagesanbruch fand sich auf den Ruf des Heroldes, als wären die Täter schon bekannt, eine zahlreiche Versammlung auf dem Schauspielplatz ein. Laut riefen die Leute, sein Gefolge und jene ekelhaften Menschen hätten ihn ermordet, ***5*** in Gedanken aber sahen sie den Anstifter des Mordes in Zeuxippos. ***6*** Man beschloss gleich, die Beteiligten greifen und peinlich befragen zu lassen. ***7*** Während diese sich suchen ließen, befolgte Zeuxippos, um alle Beschuldigung von sich abzuwälzen, die entgegengesetzte Maßregel, trat vor die Versammlung und sagte, man irre sehr, wenn man einen so schrecklichen Mord jenen Kastraten zutraue, ***8*** und stellte für seine Behauptung so manche Wahrscheinlichkeit auf, dass er wirklich einigen einredete, er werde, wenn er selbst darum wisse, sich nie der Versammlung gestellt und unaufgefordert die Tat zur Sprache gebracht haben. ***9*** Bei anderen hingegen unterlag es keinem Zweifel, dass er durch sein freches Entgegenkommen allen Verdacht von sich abwenden wollte. Jene, welche bald darauf unschuldig gefoltert wurden, bauten auf die allgemeine Meinung, die ihnen bekannt war, ihre Aussage und nannten den Zeuxippos und Pisistratos, ohne einen Grund anzugeben, aus dem sie irgendetwas zu wissen scheinen konnten. ***10*** Dennoch entfloh Zeuxippos mit einem gewissen Stratonidas in der Nacht nach Tanagra, mehr aus Furcht vor seinem Gewissen als vor der Aussage von Leuten, die nicht das Geringste wussten. ***11*** Pisistratos setzte sich über die Aussagen hinweg und blieb zu Theben. Zeuxippos hatte einen Sklaven, der über die ganze Sache die Unterhandlungen und Bestellungen gehabt hatte. Pisistratos, der von diesem Menschen eine Aussage fürchtete, zwang ihm eben durch diese Furcht die Aussage ab. Er schrieb an Zeuxippos, er möge den mitwissenden Sklaven aus dem Weg räumen. ***12*** So gut er zur Ausführung gewesen sei, so wenig scheine er ihm dazu gemacht, die Sache geheim zu halten. Dem Überbringer dieses Briefes befahl er, dem Zeuxippos den Brief sobald wie möglich einzuhändigen. ***13*** Dieser aber, der den Zeuxippos nicht sprechen konnte, übergab den Brief demjenigen Sklaven, dem er eine besondere Treue für seinen Herrn zutraute, und fügte hinzu, er komme von Pisistratos in einer für Zeuxippos höchst wichtigen Angelegenheit. Der Sklave versprach, ihn sogleich zu übergeben, allein die Sache belastete sein Gewissen. ***14*** Er brach ihn auf, las und flüchtete in der Angst nach Theben. ***15*** Zeuxippos rettete sich freilich, durch die Flucht seines Sklaven gewarnt, nach Athen, das ihm in seiner Verbannung mehr Sicherheit gewährte; allein Pisistratos und andere wurden gefoltert und hingerichtet.

(29) Der Umstand, dass Zeuxippos einen solchen Frevel gerade gegen den ersten Mann des Staates eingeleitet hatte, empörte alle Thebaner und Böotier zu einem furchtbaren Hass gegen die Römer. ***2*** Allein zu einem neuen Krieg fehlte es ihnen sowohl an Kräften als an einem Anführer. Daher schlugen sie einen andern Weg ein, der einem Krieg sehr ähnlich war; die Soldaten, die bei ihnen im Quartier lagen, oder wenn sie während der Winterquartiere zerstreut zu allerlei Geschäften nachgingen, meuchelmörderisch zu töten. ***3*** Sie mordeten einige auf der Straße, wo sie, mit den Schlupfwinkeln bekannt, ihnen auflauerten, andere, wenn sie ihnen in böser Absicht verlassene Häuser zur Einkehr hatten anweisen lassen oder sie selbst hineingeführt hatten. ***4*** Zuletzt übten sie diesen Frevel nicht bloß aus Hass, sondern auch aus Raubsucht aus, weil die Soldaten, wenn sie auf Urlaub waren, fast immer in Handelsgeschäften ihr Geld im Gürtel hatten. ***5*** Da man anfangs nur einige, dann täglich mehrere vermisste, geriet Böotien ganz in Verruf, und

der Soldat war bei jedem Ausgang aus dem Lager ängstlicher als in Feindes Land. ***6*** Da schickte Quinctius Gesandte an die Städte, um über diese Mordtaten Klage zu führen. Besonders fand man viele vom Fußvolk im See Kopais. An die Leichen, die man hier aus dem Schlamm hervorholte und aus dem Sumpf zog, waren Steine oder große Krüge gebunden, damit die Last sie zu Boden zöge. ***7*** Es stellte sich heraus, dass viele dieser Freveltaten zu Akraephia und Koronea verübt waren. Anfangs forderte Quinctius, die Böotier sollten ihm die Täter ausliefern, und für die 500 Soldaten – so viel waren heimlich ermordet – 500 Talente bezahlen. ***8*** Als keins von beidem geschah und es die Städte bei der Entschuldigung bewenden ließen, der Staat habe zu dem allen keine Veranlassung gegeben, schickte er Gesandte nach Athen und Achaia, welche den Bundesgenossen bezeugen mussten, dass sein Krieg gegen die Böotier gerecht und pflichtmäßig sei, ***9*** ließ den Publius Claudius mit dem einen Teil der Truppen gegen Akraephia gehen und schloss selbst mit dem anderen Koronea ein, nachdem er noch, ehe sich von Elatea aus das Heer in zwei Züge teilte, die Gegend verwüstet hatte. ***10*** Durch dies Unglück gebeugt und allenthalben von Schrecken verfolgt und flüchtend, schickten die Böotier Gesandte. Diese wollte man nicht ins Lager lassen, als gerade die Achäer und Athener dazukamen. ***11*** Auf die Fürbitte der Achäer wurde besonders Rücksicht genommen, auch erklärten sie sich, wenn sie den Böotiern den Frieden nicht auswirken könnten, zum gemeinschaftlichen Krieg gegen sie bereit. ***12*** Durch die Achäer erhielten die Böotier die Erlaubnis, vor dem römischen Feldherrn zu erscheinen und ihre Sache vorzutragen, und unter der Bedingung, die Schuldigen auszuliefern und 30 Talente als Strafe zu bezahlen, bewilligte er ihnen den Frieden und hob die Belagerung auf.

(30) Wenige Tage darauf kamen die zehn Abgeordneten von Rom, nach deren Beschluss dem Philipp der Friede unter folgenden Bedingungen bewilligt wurde: Alle griechischen Städte, ***2*** sie möchten zu Europa oder zu Asien gehören, sollten frei sein und nach eigenen Gesetzen leben. Aus denen, die unter Philipps Herrschaft gestanden hätten, sollte Philipp seine Besatzungen abführen. ***3*** Diese sollte er vor dem Beginn der Isthmischen Spiele den Römern einräumen, ausgenommen die in Asien gelegenen Euromos, Pedasa, Bargyliae, Jasos und Abydos, auch Marina, Thasos und Perinthus, denn diese sollten frei sein. ***4*** Wegen der Freiheit der Bürger von Kias sollte Quinctius dem bithynischen König Prusias schreiben, was der Senat und die zehn Abgeordneten für gut gefunden hätten. ***5*** Die Gefangenen und Überläufer sollte Philipp den Römern zurückgeben und alle Kriegsschiffe ausliefern, ausgenommen fünf nebst dem einen Königsschiff von beinahe unbrauchbarer Größe, weil es 16 Reihen Ruder hatte. ***6*** Er sollte nicht mehr als 5000 Bewaffnete und keinen einzigen Elefanten halten. Ohne Erlaubnis des Senats sollte er außerhalb von Makedoniens Grenzen keinen Krieg führen. ***7*** Dem römischen Volk sollte er 1000 Talente entrichten, die Hälfte auf der Stelle bar, die andere in zehn jährlichen Zahlungen.

8 Valerius Antias setzt die zehnjährige Abgabe auf jährlich 4000 Pfund Silber und die gleich bar gezahlte Summe auf 34 220 Pfund; Claudius 4200 Pfund für 30 Jahre und 20 000 Pfund sogleich bar; ***9*** auch schreibt er, es sei Philipp ausdrücklich verboten, mit des Attalos Sohn Eumenes – dieser war jetzt der neue König – einen Krieg zu führen. ***10*** Zur Bürgschaft nahmen die Römer Geiseln, unter diesen auch Demetrius, den Sohn Philipps. Valerius Antias fügt noch hinzu, dem abwesenden Attalos habe man die Insel Aegina und die Elefanten geschenkt, ***11*** den Rhodiern Stratonikea in Karien und andere vorher von Philipp beherrschte Städte, den Athenern aber die Inseln Paros, Imbros, Delos und Skyros gegeben.

(31) Während alle Staaten Griechenlands diesem Friedensschluss ihren Beifall spendeten, waren die Aetoler die Einzigen, welche insgeheim den von den zehn Gesandten erlassenen Beschluss durch halblauten Tadel verunglimpften. ***2*** Es sei ein gehaltloses Geschreibsel, mit einem leeren Schein von Freiheit aufgestutzt. Denn warum würden einige Städte den Römern überliefert und

nicht benannt; andere hingegen benannt und ohne alle Übergabe für frei erklärt, **3** wenn es nicht etwa darum geschehe, die in Asien gelegenen, schon eher durch ihre Entfernung gesicherten, für frei zu erklären, hingegen der in Griechenland gelegenen Städte Korinth, Chalkis, Breon, Eretria und Demetrias, ohne sie namhaft zu machen, sich zu bemeistern? **4** Und ganz ohne Grund war die Beschuldigung nicht. Denn über Korinth, Chalkis und Demetrias war man in Ungewissheit, weil in dem Senatsbeschluss, Kraft dessen die Gesandten von Rom abgeschickt waren, offenbar die übrigen Städte Griechenlands und Asiens freigegeben wurden; **5** allein wegen dieser drei Städte waren sie angewiesen, so, wie es die Umstände des Staates erfordern würden, seinem Besten und ihrem eigenen Gewissen gemäß zu verfügen. **6** König Antiochos war es, an dessen Übergang nach Europa, sobald er mit seinen Vorkehrungen zufrieden sein würde, sie nicht mehr zweifelten, und ihn wollten sie diese Städte von so wichtiger Lage nicht so offen in Besitz nehmen lassen. **7** Von Elatea ging der römische Feldherr mit den zehn Gesandten nach Antikyra, von da nach Korinth. Hier gingen die zehn Gesandten mit ihm zu Rate. **8** Quinctius beteuerte zu wiederholten Malen, man müsse ganz Griechenland frei machen, wenn man die aufreizenden Reden der Aetoler entkräften, wenn man dem römischen Namen bei aller Welt wahre Liebe und wahre Hoheit erwerben, **9** wenn man es beglaubigen wolle, dass die Römer über das Meer gekommen wären, Griechenland zu befreien, nicht aber, die Beherrschung desselben von Philipp auf sich selbst zu übertragen. **10** Gegen die Freiheit jener Städte hatten die anderen nichts einzuwenden, meinten jedoch, es sei für die Städte selbst ratsamer, auf kurze Zeit unter dem Schutz einer römischen Besatzung zu stehen, als für Philipp den Antiochos zum Herrn zu erhalten. **11** Endlich wurde der Beschluss dahin abgefasst: Korinth solle den Achäern zurückgegeben werden, doch so, dass in Akrokorinth eine Besatzung bliebe; Chalkis und Demetrias wollte man behalten, bis die Besorgnis wegen Antiochos gehoben wäre.

(32) Die bestimmte Zeit für die Isthmischen Spiele war gekommen, die freilich auch sonst sehr stark besucht wurden, teils weil die Nation bei der Teilnahme, womit sie den Wettkämpfen in allen Arten der Geschicklichkeit, der Körperkraft und Schnelligkeit zusieht, einen Hang für diese Augenweide hat, **2** teils weil wegen der begünstigenden Lage des Ortes über die Meere von zwei Seiten her alle Griechen von allen Seiten herbeiströmen, aus Asien und Griechenland, **3** sondern auch in der gespannten Erwartung, wie künftig die Verfassung Griechenlands und ihr eigenes Schicksal sich gestalten werde; ja einige begnügten sich nicht mit ihren Mutmaßungen in der Stille, sondern knüpften darüber Gespräch an Gespräch. **4** Jetzt setzten sich die Römer zum Schauspiel nieder; der Herold trat der Sitte gemäß mit einem Trompeter in die Mitte des Kampfplatzes, von wo die Spiele mit der gehörigen Formel angekündigt werden, und als die Trompete Stille geboten hatte, erscholl sein Ausruf: **5** *Der römische Senat und der Oberfeldherr Titus Quinctius erklären nach Besiegung des Königs Philipp und der Makedonier für freie, niemandem steuerpflichtige, nach eigenen Gesetzen waltende Staaten die Korinther, Phoker und alle Locrer, ferner die Insel Euböa, die Magneten, Thessalier, Perraeber und die phthiotischen Achäer.* **6** So hatte er der Reihe nach alle die Völker genannt, welche unter König Philipps Herrschaft gestanden hatten. Bei den Zuhörern erhob sich auf diese Worte des Heroldes eine Freude, die sie in ihrer ganzen Größe nicht fassen konnten. **7** Kaum glaubte jeder, das wirklich gehört zu haben. Einer sah den andern an, wie wenn er über eine leere Traumerscheinung staunte. Weil sie ihren eigenen Ohren über das, was sie selbst anging, am wenigsten trauten, befragten sie darüber die Nächststehenden. **8** Da alle vor Begierde brannten, nicht bloß zu hören, sondern auch den Verkünder ihrer Freiheit zu sehen, musste der Herold noch einmal auftreten. Er wiederholte dasselbe. **9** Da nun wurde durch die Vergewisserung der Freude das mit Geschrei begleitete Beifallklatschen so laut und so oft wiederholt, dass es sich deutlich zeigte, unter allen Gütern des Lebens sei dem Volke nichts lieber

als die Freiheit. ***10*** Die Spiele selbst wurden dann schnell beendet, da niemand seine Gedanken oder seine Blicke mit ihnen beschäftigte, so wenig gab die außerordentliche Freude dem Gefühl für jedes andere Vergnügen Raum.

(33) Nach Beendigung der Spiele eilten alle fast im Lauf zum römischen Feldherrn, ***2*** so dass er, da der ganze Schwarm von Menschen, die ihm nahten, ihm die Hand reichen wollten und ihm Kränze und Kranzbänder zuwarfen, auf den einen Mann heranstürzte, beinahe in Gefahr kam. ***3*** Er war fast 33 Jahre alt, und Jugendkraft und Freude über einen so ausgezeichneten Genuss von Ehre lieh ihm Stärke. ***4*** Auch überließen sich alle nicht bloß für heute dem Ausbruch der Freude, sondern sie erneuerten sie viele Tage lang durch dankbare Erinnerung und durch das Geständnis, ***5*** es sei doch noch ein Volk auf Erden, das auf seine eigenen Kosten, mit eigener Beschwerde und Gefahr ***6*** für die Freiheit anderer Krieg führe, das diese Wohltat nicht etwa nur Anwohnern seiner Grenzen, nahe benachbarten und mit ihm zu einem festen Land gehörenden Völkern erweise, ***7*** nein, das über die Meere setze, um auf dem ganzen Erdboden jede ungerechte Herrschaft zu tilgen und überall menschlichem und göttlichem Rechte und dem Gesetze die höchste Gewalt zu geben. Durch den bloßen Ausruf eines Heroldes habe es alle dienstbaren Städte Griechenlands und Asiens frei gemacht. ***8*** Sich hierzu Hoffnung zu machen, habe schon hohen Mut erfordert, es zur Ausführung zu bringen, außerordentliche Kraft und Glück.

(34) Darauf erteilten Quinctius und die zehn Abgeordneten den Gesandtschaften der Könige, der Völker und Städte Audienz. ***2*** Früher als alle anderen wurden die Gesandten des Königs Antiochos vorgelassen. Da sie fast ebenso wie früher zu Rom Versicherungen gaben, denen die Wahrheit widersprach, ***3*** so erklärte man ihnen, nicht mehr so umwunden wie damals, als vor dem Sieg über Philipp der Ausgang noch zweifelhaft war, sondern geradeheraus, Antiochos müsse die Städte Asiens, welche den Königen Philipp oder Ptolemaeus gehört hätten, räumen und diese so wie alle griechischen Städte frei sein lassen. ***4*** Vor allen Dingen wurde ihm angedeutet, weder selbst nach Europa überzugehen, noch Truppen herüberzusenden. ***5*** Nach Entlassung der königlichen Gesandten wurden die der Völker und Städte zu einer Versammlung berufen, welche viel früher zu Ende ging, weil die zehn Abgeordneten durch ihre Beschlüsse die namentlich schon bestimmten Städte nur kundzutun hatten. ***6*** Den Orestern – dies ist eine makedonische Völkerschaft – wurden ihre eigenen Gesetze wiedergegeben. Die Magneten, Perraeber, Doloper wurden ebenfalls für frei erklärt. ***7*** Den Thessaliern wurden außer der zugestandenen Freiheit die phthiotischen Achäer zugeteilt, doch mit Ausnahme von den phthiotischen Theben und Pharsalos. Die Aetoler wurden mit ihrer Forderung, dass ihnen Pharsalos und Leukas vermöge des Vertrages wieder eingeräumt werden müssten, an den Senat verwiesen. ***8*** Aber das Gebiet der Phoker und Locrer wurde ihnen nun, so wie sie es vorher gehabt hatten, durch hinzukommende Bestätigung des Beschlusses zugesprochen. ***9*** Korinth, Triphylia und Heraea – auch dies ist eine Stadt der Peloponnes – wurden den Achäern wiedergegeben. ***10*** Oreum und Eretria gaben die zehn Abgeordneten dem König Eumenes, dem Sohn des Attalos. Weil aber Quinctius dagegen war, wurde diese Angelegenheit der Entscheidung des Senats überlassen. Der Senat gab diesen Städten die Freiheit und fügte Karystos dazu. ***11*** Dem Pleuratus wurden Lychnidus und die Parthiner gegeben, beides illyrische Völkerschaften, die unter Philipps Herrschaft gestanden hatten. Amynander überließen sie die eroberten Festungen, die er während des Krieges Philipp abgenommen hatte.

(35) Als die Versammlung aufgelöst war, reisten die zehn Abgeordneten, die sich in die Geschäfte teilten, nach verschiedenen Gegenden ab, jeder, um die Städte der ihm angewiesenen Landschaft in Freiheit zu setzen; ***2*** Publius Lentulus nach Bargyliae; Lucius Stertinius nach Hephaestia, Thasos und den Städten Thrakiens; Publius Villius und Lucius Terentius zum König Antiochos; Gnaeus

Cornelius zu Philipp. ***3*** Als er ihm nach Mitteilung der minder wichtigen Aufträge die Frage vorgelegt hatte, ob er wohl einem nicht bloß nützlichen, sondern auch sehr heilsamen Rat sein Ohr leihen wolle, ***4*** und der König ihm versicherte, er werde es ihm sogar Dank wissen, wenn er ihm etwas mitteilte, was zu seinem Besten diente, ***5*** riet er ihm dringend, er möge jetzt, da ihm der Friede bewilligt sei, Gesandte nach Rom schicken und um Bündnis und Freundschaft bitten, ***6*** damit er sich auf den Fall, dass Antiochos etwas unternähme, nicht den Schein gäbe, bloß gezögert und nach einem günstigen Zeitpunkt zum Kriege ausgesehen zu haben. ***7*** Es war in dem thessalischen Tal Tempe, wo er mit Philipp zusammenkam. Als ihm dieser zugefügt hatte, er wolle sogleich die Gesandten abschicken, ***8*** begab sich Cornelius nach Thermopylae, wo an festgesetzten Tagen eine zahlreiche Versammlung der Griechen sich einzufinden pflegt – sie nennen sie die Pylaeische Versammlung –, und forderte namentlich die Aetoler auf, ***9*** mit Festigkeit und Treue bei der Freundschaft mit Rom zu beharren. ***10*** Hier beklagten sich einige der aetolischen Vornehmen in sehr gemäßigtem Ton, ***11*** dass die Gesinnung der Römer gegen ihre Nation nach dem Sieg nicht mehr dieselbe wie während des Krieges sei; andere waren in ihren Beschuldigungen trotziger und rückten den Römern vor, ohne die Aetoler hätten sie nicht allein den König Philipp nicht besiegen, sondern nicht einmal nach Griechenland gehen können. ***12*** Hierauf zu antworten hielt der römische Legat, um es nicht zu einem Streit kommen zu lassen, für unnötig, und sagte bloß, wenn sie nach Rom schickten, würden sie jede billige Forderung erlangen. So wurde auf seinen Rat die Absendung beschlossen.

Dies war der Ausgang des Krieges mit Philipp.

(36) Während dieser Begebenheiten in Griechenland, Makedonien und Asien wäre Etrurien durch eine Sklavenverschwörung beinahe feindlich gegen Rom aufgetreten. ***2*** Der Prätor Manius Acilius, dem das Los die Rechtspflege über Bürger und Ausländer beschieden hatte, den man aber, um die Sache zu untersuchen und zu dämpfen, mit einer von den beiden Stadtlegionen abgehen ließ, besiegte einen Teil, der sich schon zusammengerottet hatte – von diesen wurden viele getötet, viele gefangen –, ***3*** andere, die Häupter der Verschwörung, ließ er prügeln und kreuzigen, noch andere lieferte er ihren Herren wieder ab.

4 Nun gingen die Konsuln auf ihre Standorte ab. Als Marcellus nach seinem Eintritt in das Land der Boier seine durch den Marsch eines ganzen Tages ermüdeten Soldaten auf einer Anhöhe ein Lager ausschlagen ließ, griff ihn Corolamus, der Fürst der Boier, mit einer großen Schar an und tötete ihm gegen 3000 Mann. ***5*** Auch fielen in diesem wilden Gefecht mehrere angesehene Männer, unter anderen die den Bundesgenossen vorgesetzten Obersten, Titus Sempronius Gracchus und Marcus Junius Silanus, sowie die Obersten von der zweiten Legion, Aulus Ogulnius und Publius Claudius. ***6*** Doch vollendeten die Römer unverzagt die Befestigung ihres Lagers und behaupteten es, so dass der Angriff, den die Feinde gleich nach ihrem Sieg unternahmen, ohne Erfolg blieb. ***7*** Mehrere Tage hindurch verhielt sich der Konsul in diesem Standlager ruhig, teils zur Heilung der Verwundeten, teils um seinen Soldaten nach einem solchen Unfall den gesunkenen Mut wiederherzustellen. ***8*** Die Boier, ein Volk, das jedes Aufenthaltes so leicht überdrüssig wird, zerstreuten sich in ihre kleinen Festungen und Flecken. ***9*** Marcellus, der sogleich über den Po ging, führte seine Legionen in das Gebiet von Comum, wo die Insubrer mit den zu Waffen gerufenen Comensern ihr Lager hatten. Die Gallier, die den Legionen entgegenrückten und sie noch auf dem Marsch trafen, fingen sogleich das Treffen an und drangen anfangs mit solchem Ungestüm ein, dass sie die ersten Glieder zum Weichen brachten. ***10*** Als dies der Konsul merkte, schob er aus Besorgnis, die einmal zurückgedrängten möchten sich in die Flucht schlagen lassen, eine Kohorte Marser vor und ließ alle Geschwader der latinischen Reiter auf den Feind los. ***11*** Als ihr erster und zweiter Andrang den keck hereindringenden Feind zurückgeworfen hatte, hielt auch die übrige römische Linie, dadurch ermutigt, anfangs stand, und darauf drang sie hitzig mit ihren Fahnen ein. *12* Länger hielten die Gallier den Kampf nicht aus: Sie flohen in vollem Lauf. Valerius Antias schreibt, *13* man habe von ihnen in diesem Treffen über 40 000 getötet, 507 Kriegsfahnen erbeutet, 432 Wagen und viele goldene Halsketten, von denen, wie Claudius meldet, eine von ansehnlichem Gewicht auf dem Kapitol als Geschenk für Jupiter in der Kapelle niedergelegt sei. *14* Das Lager der Gallier wurde noch an diesem Tag erstürmt und geplündert und die Stadt Comum in wenigen Tagen erobert. Darauf unterwarfen sich dem Konsul 28 kleine Festungen. *15* Auch das ist bei den Geschichtsschreibern nicht ermittelt, ob der Konsul sein Heer zuerst gegen die Boier oder gegen die Insubrer führte und das nachteilige Gefecht durch das gelungene in den Hintergrund stellte, oder ob der bei Comum errungene Sieg durch die im Boierland erlittene Niederlage verunstaltet wurde.

(37) Zur Zeit dieser von so wechselndem Glück begleiteten Unternehmungen kam der andere Konsul Lucius Furius Purpureo durch den sapinischen Bezirk im boischen an. *2* Schon war er nahe bei Castrum Mutilum, als er aus Besorgnis, zugleich von den Boiern und Ligurern eingeschlossen zu werden, auf demselben Weg, den er gekommen war, wieder zurückzog und nach einem großen Umweg durch offene, aber sichere Gegenden, bei seinem Kollegen anlangte. *3* Nun durchzogen sie, mit vereinten Heeren plündernd, zuerst das boische Gebiet bis an die Stadt Felsina. *4* Diese Stadt und die übrigen kleinen Festungen ergaben sich, auch fast alle Boier, mit Ausnahme ihrer Mannschaft, die aus Lust zu plündern unter die Waffen getreten war und sich jetzt in unwegsame Wälder zurückgezogen hatte. Nun ging das Heer in das ligurische Gebiet. *5* Die Boier hofften, den Zug der Römer, der in der Voraussetzung, sie weit entfernt zu wissen, nicht so genau zusammenhalten würde, unvermutet zu überfallen, und folgten ihnen durch verborgene Waldpässe. *6* Als sie sie aber nicht erreichten, gingen sie eilig auf Schiffen über den Po, und als sie nach Ausplünderung der Laever und Libuer durch die äußerste Ecke von Ligurien zurückkehrten, trafen sie mit ihrem Raub vom Land auf den Zug der Römer. *7* Das Gefecht begann rascher und heftiger, als wenn sie nach Bestimmung der Zeit und des Platzes zum Kampf wohlvorbereitet zusammengetroffen wären. *8* Hier zeigte sich's, wie kräftig die Rache den Mut spornt. Mit einer Wut zum Mord mehr als zum Sieg kämpften die Römer so, dass sie vom Feind kaum einen Boten seiner Niederlage entkommen ließen. *9* In Rücksicht auf diese Taten wurde in Rom, als die schriftliche Meldung von den Konsuln einlief, ein dreitägiges Dankfest verordnet. Bald darauf kam Marcellus nach Rom, und mit großer Einstimmigkeit der Väter wurde ihm der Triumph zuerkannt. *10* Er hielt ihn noch in seinem Amt über die Insubrer und Comenser. Sich auf einen Triumph über die Boier Hoffnung zu machen, überließ er seinem Kollegen, weil er für seine Person gegen diese Nation eine Niederlage, sein Kollege hingegen Sieg gehabt hatte. *11* Eine große, den Feinden abgenommene Beute zog auf eroberten Kriegswagen durch die Straßen, viele Fahnen wurden ihm voraufgetragen, an Kupfergeld 320 000 As, an Silber 234 000 Denare. Jeder vom Fußvolk bekam 80 As, der Ritter und Hauptmann das Dreifache.

(38) In diesem Jahr unternahm es der König Antiochos, der seine Winterquartiere zu Ephesus gehabt hatte, kleinasiatische Städte wieder in das frühere Verhältnis der Abhängigkeit zu bringen, *2* insofern wenigstens die übrigen entweder wegen ihrer Lage in der Ebene, oder weil sie sich auf ihre Mauern, Waffen und Mannschaft nicht ganz verlassen konnten, das Joch ohne große Mühe sich würden gefallen lassen. *3* Nur Smyrna und Lampsakos waren im wirklichen Besitz der angemaßten Freiheit, und es war zu befürchten, wenn man ihnen dies einräumte, dass es alsdann auch andere Städte in Kolis und Jonien wie Smyrna, und am Hellespont wie Lampsakos machen möchten. *4* Deswegen schickte er selbst von Ephesus zur Einschließung von Smyrna Truppen ab und befahl auch, die zu Abydos liegenden, mit Zurückbehaltung einer nur mäßigen

Besatzung, zur Belagerung vor Lampsakos zu führen. **5** Er brauchte aber nicht bloß Gewalt, um sie zu schrecken, sondern suchte ihnen auch durch Abgeschickte, welche ihnen in Güte zureden und ihre Unbesonnenheit und Hartnäckigkeit missbilligen mussten, die Hoffnung einzuflößen, dass sie nächstens ihre Wünsche erreicht haben würden; **6** aber dann, wenn sie selbst und jeder andere davon überzeugt sein müssten, dass sie die Freiheit vom König bewilligt erhalten, nicht aber gelegentlich erhascht hätten. **7** Hierauf antworteten sie, es müsse den König weder befremden noch unwillig machen, wenn sie sich die gewünschte Freiheit nicht gern aufschieben ließen. **8** Mit Frühlingsanfang segelte Antiochos selbst von Ephesus mit seiner Flotte in den Hellespont, **9** setzte seine Landtruppen nach Madytos über, einer Stadt der Chersones, ließ die Seesoldaten zu seiner Landmacht stoßen, und weil ihm die Bürger die Tore verschlossen, umstellte er die Mauern mit seinem Heer. Schon rückten die Werkzeuge zum Sturm an, als die Übergabe erfolgte. Ebenso ergaben sich aus Furcht auch die Einwohner anderer Städte in der Chersones. ***10*** Von hier kam er mit allen seinen See- und Landtruppen nach Lysimachia. Da er aber dieses verödet und beinahe in Trümmern liegen sah – ***11*** die Thraker hatten es wenige Jahre zuvor erobert und nach der Plünderung angezündet –, wandelte ihn die Lust an, eine so berühmte und trefflich gelegene Stadt wiederherzustellen. ***12*** Deshalb unternahm er mit großem Eifer alles zugleich, die Häuser und Mauern wieder aufzubauen, die Lysimachier teils aus der Knechtschaft loszukaufen, teils ihre am Hellespont und in der Chersones zerstreuten Flüchtlinge aufzusuchen und zusammenzubringen, ***13*** auch neue Altbauer unter angebotenen Vorteilen anzustellen und auf alle Art die Bevölkerung zu heben. Um sie aber auch vor den Thrakern zu sichern, ***14*** brach er selbst mit der Hälfte seiner Landmacht auf, um die nächsten Gegenden Thrakiens zu verheeren; die andere Hälfte und alle Seetruppen ließ er bei dem Wiederaufbau der Stadt als Arbeiter zurück.

(39) Um dieselbe Zeit machte nicht nur Lucius Cornelius, der als Gesandter vom Senat die Streitigkeiten zwischen den Königen Antiochos und Ptolemaeus beilegen sollte, auf seinem Weg zu Selymbria Halt, **2** sondern auch von den zehn Abgeordneten gingen Publius Lentulus von Bargyliae, Publius Villius und Lucius Terentius von Thasus nach Lysimachien, und ebenda trafen auch Lucius Cornelius von Selymbria und nach wenigen Tagen Antiochos aus Thrakien ein. **3** Die erste Zusammenkunft mit den Gesandten und die darauffolgende Bewirtung war zuvorkommend und gastfreundlich. Sobald aber ihre Aufträge und der gegenwärtige Zustand Kleinasiens zur Sprache kamen, geriet alles in feindselige Stimmung. **4** Die Römer verhehlten es nicht, dass alle Unternehmungen des Königs, seitdem er mit seiner Flotte aus Syrien abgefahren sei, das Missfallen des Senates erregten, und erklärten es für seine Pflicht, dem Ptolemaeus alle Städte, die zu dessen Herrschaft gehört hätten, wieder herauszugeben. **5** Denn was jene Städte betreffe, deren sich Antiochos als ehemaliger Besitzungen Philipps bei der Gelegenheit bemächtigt habe, als Philipp durch den Krieg gegen Rom hier abgerufen sei, sei es vollends unerhört, **6** dass die Römer mehrere Jahre lang zu Land und zu Wasser so große Gefahren und Beschwerden erduldet haben sollten, und den Preis des Krieges Antiochos im Besitz habe. **7** Gesetzt aber, die Römer hätten sich den Schein geben können, dass sie auf seinen Einfall in Kleinasien, gleich als gehe dieser sie gar nichts an, nicht achteten, was denn jetzt bei seinem Übergang sogar nach Europa mit allen seinen See- und Landtruppen, zu einem offenbaren Krieg mit Rom noch fehle? Er freilich werde selbst dann, wenn er nach Italien übersetzte, immer noch leugnen.

(40) Der König erwiderte, er sehe schon lange deutlich genug, dass die Römer sich darum kümmerten, wie König Antiochos zu handeln habe, aber nicht daran dächten, **2** wie weit sie selbst zu Land und zu Wasser vorschreiten dürften. Kleinasien gehe das römische Volk nichts an, und die Römer hätten weder danach zu fragen, **3** was Antiochos in Kleinasien, noch Antiochos, was die Römer in Italien vornähmen. Was den Ptolemaeus betreffe, dem er laut ihrer Klage Städte

genommen haben solle, so bestehe zwischen ihm und Ptolemaeus die Freundschaft noch jetzt, und er beabsichtige, nächstens mit ihm auch eine Verwandtschaft zu knüpfen. *4* Selbst nicht aus Philipps Unglück habe er für sich eine Beute zu ziehen gesucht, noch sei er zum Krieg gegen Rom nach Europa übergegangen. Aber die Chersones, die dem Lysimachus gehört habe –und nach dessen Besiegung sei ja alles, was er im Besitze gehabt habe, durch das Recht des Krieges Eigentum des Seleukos geworden –, rechne er zu den Ländern seiner Herrschaft. *5* Während seine Vorfahren bald mit dieser, bald mit jener Angelegenheit zu tun gehabt hätten, hätten zuerst Ptolemaeus, nachher auch Philipp, als Benutzer fremden Eigentums, einige der dortigen Städte im Besitz gehabt. *6* Die Chersones sowie auch einige in dem benachbarten Thrakien, die doch unzweifelhaft Lysimachos gehört hätten. Er sei als angestammter Landesherr gekommen, um von diesen Besitz zu nehmen. So baue er auch die durch einen Einbruch der Thraker zerstörte Stadt Lysimachia von Neuem wieder auf, damit sie der Herrschersitz seines Sohnes Seleukos würde.

(41) Als unter solchen Gegenerklärungen mehrere Tage hingebracht waren, bewirkte ein unverbürgtes Gerücht, das den Tod des Königs Ptolemaeus meldete, eine solche Stimmung, dass es nun vollends in den Unterredungen zu keiner Entscheidung kam. *2* Denn auf beiden Seiten gab man sich den Schein, als ob man nichts gehört habe. Hier suchte Lucius Cornelius, dem die Gesandtschaft an beide Könige, an Antiochos und Ptolemaeus aufgetragen war, einige Zeit zu gewinnen, *3* um früher zu einer Unterredung mit Ptolemaeus nach Ägypten zu kommen, ehe die jüngste Thronbesteigung andere Verhältnisse hervorbrächte; dort glaubte Antiochos, Ägypten müsse ihm werden, wenn er jetzt daran kommen könne. *4* Nachdem er sich also von den Römern beurlaubt und seinen Sohn Seleukos mit den Landtruppen zu den schon angefangenen Wiederaufbau Lysimachias zurückgelassen hatte, *5* ging er mit seiner ganzen Flotte nach Ephesus unter Segel, ließ an Quinctius eine Gesandtschaft abgehen, welche unter dem Schein seiner aufrichtigsten Gesinnungen auf ein Bündnis antragen sollte, kam, ohne sich von Asiens Küste zu entfernen, nach Lykien, und als er zu Patara erfuhr, dass Ptolemaeus noch lebe, gab er den Plan, nach Ägypten zu segeln, auf. *6* Als er aber gleichwohl, um auf Zypern loszugehen, um das Vorgebirge Chelidonium herumgefahren war, wurde er durch einen Aufstand seiner Ruderknechte in Pamphylien in der Nähe des Flusses Eurymedon einige Zeit aufgehalten *7* und nach seiner Abfahrt von hier bei den sogenannten Mündungen des Flusses Saros durch einen entstandenen schrecklichen Sturm fast mit seiner ganzen Flotte zugrunde gerichtet. Viele Schiffe strandeten, viele verschlang das Meer, ohne dass sich auch nur ein Mann an das Land rettete. *8* Eine Menge Menschen fanden hier ihren Tod, und nicht bloß Ruderer und gemeine Soldaten, sondern auch einige von seinen vornehmen Freunden. *9* Nachdem er die Überbleibsel des Schiffbruches gesammelt hatte, brachte er, weil er jetzt nicht in der Lage war, auf Zypern einen Angriffsversuch zu machen, ein weit schwächeres Heer, als mit dem er ausgezogen war, nach Seleukia zurück. Hier ließ er die Schiffe auf das Land ziehen – denn auch der Winter kam schon heran – und rückte selbst weiter nach Antiochien in die Winterquartiere. So standen die Angelegenheiten der Könige.

(42) Zu Rom wurden in diesem Jahr zuerst die drei Speisemeister ernannt, nämlich Gaius Licinius Lucullus, der als Tribun den Vorschlag zu ihrer Ernennung gemacht hatte, Publius Manlius und Publius Porcius Laeca. Diesen Dreimännern wurde durch das Gesetz zugestanden, ebenso wie die Oberpriester die Toga mit der Verbrämung zu tragen. *2* Mit allen Priestern aber hatten in diesem Jahr die Quästoren der Stadt Quintus Fabius Labeo und Lucius Aurelius einen großen Streit. *3* Man hatte Geld nötig, weil man beschlossen hatte, von der für den Krieg zusammengeschossenen Summe den Privatpersonen den Rest ihrer Forderung abzutragen. *4* Da forderten die Quästoren von den Vogelschauern und Oberpriestern den Beitrag, den sie während des Krieges nicht geliefert hätten. Vergeblich sprachen die Priester die Tribunen an, und man trieb von ihnen

die Gelder für alle die Jahre ein, in denen sie nicht gezahlt hatten. ***5*** In diesem Jahr starben auch zwei Oberpriester, und an ihre Stelle wurden neue gewählt; in die Stelle des Gaius Sempronius Tuditanus, der als Prätor in Spanien gestorben war, der Konsul Marcus Marcellus, und an Stelle des Marcus Cornelius Cethegus kam Lucius Valerius. ***6*** Auch der Vogelschauer Quintus Fabius Maximus starb als ein noch sehr junger Mann, ehe er irgendein Staatsamt bekleidet hatte, und in diesem Jahr wurde kein Vogelschauer an seiner Stelle gewählt.

7 Darauf hielt der Konsul Marcus Marcellus die Wahlversammlungen. Die gewählten Konsuln waren Lucius Valerius Flaccus und Marcus Porcius Cato. Dann wurden Gaius Fabricius Luscinus, Gaius Atinius Labeo, Gnaeus Manlius Vulso, Appius Claudius Nero, Publius Manlius und Publius Porcius Laeca Prätoren. ***8*** Die kurulischen Ädilen Marcus Fulvius Nobilior und Gaius Flaminius teilten dem Volk eine Million Scheffel Weizen zu einem Preis von zwei As aus. Dieses Getreide hatten aus Achtung vor Gaius Flaminius und dessen Vater die Sikuler nach Rom gebracht. Flaminius ließ den Dank dafür auch seinen Amtsgenossen ernten. ***9*** Die Römischen Spiele wurden mit Pracht veranstaltet und dreimal ganz erneuert. ***10*** Die plebejischen Ädilen Gnaeus Domitius Ahenobarbus und Gaius Scribonius Curio zogen viele Viehzüchter vor das Volksgericht; drei von diesen wurden verurteilt, von deren Strafgeldern bauten sie auf der Tiberinsel dem Faunus einen Tempel. ***11*** Die plebejischen Spiele wurden zwei Tage lang gegeben und in Verbindung mit den Spielen ein Götterschmaus gefeiert.

(43) Als Lucius Valerius Flaccus und Marcus Porcius am ersten Tag ihres Amtes beim Senat auf die Verteilung der Aufgabenbereiche antrugen, erklärten die Väter, ***2*** weil in Spanien ein so bedeutender Krieg entglimme, dass er schon einen Konsul und ein Konsularisches Heer erfordere, so sei ihre Meinung, die Konsuln möchten über das diesseitige Spanien und über Italien als ihre Aufgabenbereiche sich vergleichen oder losen. ***3*** Wer von beiden seinen Posten in Spanien bekäme, sollte zwei Legionen und 5000 latinische Bundesgenossen nebst 500 Reitern hinführen und 20 Kriegsschiffe mitnehmen. ***4*** Der andere Konsul sollte zwei Legionen ausheben. ***5*** Diese würden zur Behauptung der Provinz Gallien genügen, weil man im vorigen Jahr den Trotz der Insubrer und Boier gebrochen habe. Das Los gab Spanien dem Cato, Italien dem Valerius. Darauf zogen auch die Prätoren das Los über ihre Plätze. Es gab dem Gaius Fabricius Luscinus die Gerichtspflege in der Stadt, dem Gaius Atinius Labeo die über die Fremden, dem Gnaeus Manlius Vulso Sizilien, dem Appius Claudius Nero das jenseitige Spanien, dem Publius Portius Laeca Pisa, so dass er den Ligurern im Rücken stünde; Publius Manlius wurde für das diesseitige Spanien dem Konsul zum Gehilfen gegeben. ***6*** Bei dem Verdacht nicht allein gegen Antiochos und die Aetoler, sondern auch gegen Nabis, den Tyrannen der Spartaner, verlängerte man dem Titus Quinctius die Feldherrnstelle auf ein Jahr, so dass er zwei Legionen befehligen sollte. Falls diese Legionen Ergänzungstruppen nötig hätten, waren die Konsuln angewiesen, sie auszuheben und nach Makedonien zu schicken. ***7*** Appius Claudius erhielt die Erlaubnis, noch über die Legion, welche Quintus Fabius gehabt hatte, 2000 Mann neue Truppen zu Fuß und 200 zu Pferd auszuheben. ***8*** Eine gleiche Zahl neuer Truppen zu Fuß und zu Pferd wurde dem Publius Manlius für das diesseitige Spanien bestimmt und ihm dieselbe Legion gegeben, die unter dem Prätor Minucius gestanden hatte. ***9*** Auch dem Publius Porcius Laeca wurden für Etrurien in der Gegend von Pisa vom gallischen Heer 2000 Mann zu Fuß und 500 zu Pferd zuerkannt. Der Oberbefehl in Sardinien wurde dem Sempronius Longus verlängert.

(44) Nach dieser Verteilung der Geschäfte stellten die Konsuln, ehe sie von der Stadt aufbrachen, nach dem Beschluss der Oberpriester die Frühlingsfeier an, ***2*** welche der Prätor Aulus Cornelius Mammula dem Willen des Senats und der Genehmigung des Volkes gemäß unter den Konsuln Gnaeus Servilius und Gaius Flaminius gelobt hatte. Sie wurde 21 Jahre später begangen, als sie

gelobt war. **3** In denselben Tagen wurde Gaius Claudius Pulcher, des Appius Sohn, als Vogelschauer an die Stelle des im vorigen Jahre verstorbenen Quintus Fabius Maximus gewählt und eingeweiht.

4 Als man sich schon allgemein darüber wunderte, dass der von Seiten Spaniens angefangene Krieg vernachlässigt werde, meldete Quintus Minucius schriftlich, er habe bei der Stadt Turda in einer förmlichen Schlacht die spanischen Feldherren Budares und Baesadines geschlagen, gegen 12 000 Feinde erschlagen, den Feldherrn Budares gefangen genommen und die Übrigen verjagt und zerstreut. **5** Als man dieses Schreiben gelesen hatte, fand man den Krieg mit Spanien, den man sich so groß gedacht hatte, nicht mehr so furchtbar, und alle Sorgen waren nun auf den König Antiochos, vollends nach der Ankunft der zehn Abgeordneten, gerichtet. **6** Als diese zuerst auseinandergesetzt hatten, was sie mit Philipp abgeschlossen und unter welchen Bedingungen sie ihm den Frieden bewilligt hätten, bewiesen sie, dass ein nicht minder schwerer Krieg, nämlich mit Antiochos, bevorstehe. **7** Er sei mit einer großen Flotte, mit einer trefflichen Landmacht nach Europa übergegangen. Hätte ihm nicht die unbegründete, auf ein noch unbegründeteres Gerücht gebaute Hoffnung, Ägypten überfallen zu können, eine andere Richtung gegeben, so hätte die Flamme des Krieges Griechenland sogleich ergriffen. Denn sogar die Aetoler würden nicht ruhig bleiben, dies von Natur unruhige und jetzt den Römern zürnende Volk. **8** Außerdem hafte im Herzen Griechenlands noch ein anderes schweres Übel, nämlich Nabis, jetzt Tyrann von Sparta, bald aber, wenn man ihn dazu kommen lasse, des ganzen Griechenlands Tyrann, der an Habsucht und Grausamkeit den verrufensten Tyrannen gleichkomme. **9** Wenn diesem erlaubt werde, Argas, gleichsam die Burg der Peloponnes, zu behaupten, so werde Griechenland, sobald die römischen Heere nach Italien abgegangen wären, aus Philipps Fesseln vergebens freigemacht, statt eines, wenigstens doch entfernteren Königs, den benachbarten Tyrannen zum Herrn haben.

(45) Da diese Aussage von Männern kam, die nicht allein an sich glaubwürdig waren, sondern auch alles, was sie erzählten, selbst in Erfahrung gebracht hatten, **2** so schien die wichtigere Angelegenheit das Verhältnis zu Antiochos zu sein, allein da der König, aus was für Ursachen es immer sei, sich nach Syrien zurückgezogen habe, die Beratung wegen des Tyrannen mehr Eile zu haben. **3** Nachdem die Väter lange darüber gestritten hatten, ob sie sich schon für berechtigt halten könnten, den Krieg zu beschließen, oder ob sie den Titus Quinctius bevollmächtigen sollten, in Ansehung des Spartaners Nabis so zu handeln, wie er es dem Besten des Staates angemessen fände, **4** so erteilten sie diese Vollmacht, weil sie überzeugt waren, es könne dem römischen Staat im Ganzen nicht viel verschlagen, ob die Sache beschleunigt oder aufgeschoben werde. **5** Es sei mehr darauf zu sehen, wie sich Hannibal und die Karthager verhalten würden, falls der Krieg mit Antiochos zum Ausbruch käme.

6 Denn von Hannibals Gegenpartei schrieben einige an die ersten Männer Roms, jeder an seinen Freund, zu wiederholten Malen, es gingen von Hannibal Boten und Briefe an Antiochos, und vom König hätten sich in aller Stille Gesandte bei ihm eingefunden, **7** wie einige wilde Tiere nie zahm würden, so sei auch dieser Mann hart und unversöhnlich. Er klage darüber, dass der Staat durch Muße und Stillliegen erschlaffte, in Untätigkeit erstarrte und nur durch Waffengetöse aufgeregt werden könnte. **8** Die Erinnerung an den vorigen Krieg, den dieser eine Mann nicht nur geführt, sondern auch veranlasst hatte, machte dies wahrscheinlich. Auch hatte er unlängst etwas getan, was viele Männer von Einfluss gegen ihn erbitterte.

(46) Zu Karthago hatte damals der Stand der Richter die Herrschaft, hauptsächlich deswegen, weil dieselben Männer zeitlebens Richter blieben. **2** Gut, Ehre, Leben eines jeden stand in ihren Händen. Wer einen aus diesem Stand zum Feinde hatte, hatte sie alle gegen sich, und an einem Kläger vor anfeindenden Richtern fehlte es nie. **3** Hannibal, der unter dem zügellosen Regiment dieser Menschen – denn in der Tat, sie bedienten sich ihres zu großen Einflusses nicht als Bürger

eines Freistaates –, Vorsteher des Staates geworden war, ließ den Schatzmeister vorfordern. ***4*** Dieser achtete nicht darauf, denn er gehörte zu der Gegenpartei, auch war er, weil man von der Schatzmeisterstelle unter die Richter, diesen allgewaltigen Stand, aufgenommen wurde, hinsichtlich seines baldigen Einflusses der Trotzige. ***5*** Hannibal, der dies ärgerlich fand, schickte den Gerichtsdiener hin, den Schatzmeister zu greifen, stellte ihn unten hin vor die Volksversammlung und begann die Anklage, nicht eigentlicher gegen ihn, als gegen den ganzen Stand der Richter, vor deren Übermut und Einfluss kein Gesetz und keine Obrigkeit das Geringste gelte. ***6*** Und als er bemerkte, dass seine Rede mit Beifall aufgenommen werde, und dass selbst die niedrigste Klasse ihre Freiheit von diesem Übermut gedrückt fühle, brachte er sogleich ein Gesetz in Vorschlag und setzte es durch, ***7*** dass die Richter nur auf ein Jahr gewählt würden, und niemand zwei Jahre nacheinander Richter sein solle. So viel er aber durch diesen Schritt an Liebe bei dem Bürgerstand gewann, so sehr beleidigte er dadurch einen großen Teil der Vornehmen. ***8*** Ebenso zog er durch einen zweiten Schritt dem allgemeinen Besten zuliebe sich selbst Privatfeindschaften zu. Die Einkünfte des Staates gingen teils durch Unachtsamkeit verloren, teils wussten einige der Vornehmen und Beamten sie zu erbeuten und sich darein zu teilen; ***9*** ja es fehlte an dem Geld, welches den Römern jährlich als bestimmter Tribut entrichtet werden musste, und den Privatpersonen schien eine schwere Abgabe bevorzustehen.

(47) Als Hannibal sah, wie hoch sich die Einkünfte zu Land und zu Wasser beliefen, zu was für Ausgaben sie bewilligt würden, was die gewöhnlichen Staatsbedürfnisse davon verbrauchten und wie viel der Unterschleif entwende, ***2*** erklärte er, nachdem er durch Beitreibung aller vorenthaltenen Gelder die Abgaben den Bürgern erlassen, öffentlich in der Versammlung, der Staat werde zur Abtragung des Tributes an die Römer reich genug sein. Und sein Versprechen ging in Erfüllung. ***3*** Nun aber hetzten die, welche seit mehreren Jahren vom Unterschleif der öffentlichen Gelder sich bereichert hatten, gleich als hätte er ihnen ihr Eigentum entrissen und nicht das Gestohlene ihren Händen entwunden, voll Erbitterung und Wut gegen Hannibal die Römer auf, die sich schon aus eigenem Antrieb nach einem Vorwand der Rache umsahen. ***4*** So setzten es diese endlich durch, dass nach Karthago, obgleich Scipio Africanus lange dagegen sprach – denn er hielt es unter der Würde des römischen Volkes, gegen Hannibal Anfeindungen und Anklagen zu unterstützen, im Namen des Staates den Parteien zu Karthago beifällig zu sein und sich nicht damit zu begnügen, den Hannibal besiegt zu haben, ***5*** wenn man nicht auch nach Art der Ankläger feierlich gegen ihn aufträte und ihn namentlich belangte –, ***6*** Gesandte abgeschickt wurden, welche dort beim Senat darüber Klage führen sollten, dass sich Hannibal mit dem König Antiochos auf Kriegspläne einlasse. ***7*** Man ließ drei Abgeordnete hingehen, den Gaius Servilius, Marcus Claudius Marcellus und Quintus Terentius Culleo. Nach ihrer Ankunft ließen sie auf den Rat der Feinde Hannibals allen, die nach der Ursache ihres Hierseins fragten, die Antwort geben, ***8*** sie wären gekommen, die Streitigkeiten beizulegen, die zwischen Karthago und dem numidischen König Masinissa obwalteten. Dies galt durchgängig für wahr. ***9*** Nur dem Hannibal entging es nicht, dass er allein der sei, auf den die Römer es absahen, und dass sie zwar mit Karthago Frieden geschlossen, aber darum den unversöhnlichen Krieg gegen ihn allein nicht aufgegeben hätten. ***10*** Er beschloss also, den Zeitumständen und dem Schicksal zu weichen; und da er schon früher alles zur Flucht vorbereitet hatte, erschien er, um jeden Verdacht abzuwenden, auf dem Gerichtsplatz und ging noch denselben Tag mit dem ersten Dunkel in seiner Amtskleidung, begleitet von zwei Bedienten, die von seinem Plan nichts wussten, zum Tor hinaus.

(48) An einem bestimmten Ort standen Pferde bereit, und da er noch während der Nacht nach Byzacium ritt, kam er schon am folgenden Tag frühmorgens zwischen Akylla und Thapsus bei seinem Schloss an, ***2*** wo ihn ein bestelltes segelfertiges Schiff aufnahm. So schied Hannibal aus

Afrika, mehr unter Klagen über das Schicksal seiner Vaterstadt als über sein eigenes. **3** An diesem Tag setzte er nach der Insel Kerkina über. Da er hier im Hafen mehrere Frachtschiffe mit Waren vorfand und bei seinem Austritt aus dem Schiff alles zusammenlief, ihn zu bewillkommnen, ließ er den Nachfragenden den Bescheid geben, er gehe als Gesandter nach Tyrus. **4** Weil er indessen fürchtete, von diesen Schiffen könnte eins in der Nacht auslaufen und die Nachricht, dass man ihn auf Kerkina gesehen habe, nach Thapsus oder Akylla bringen, so ließ er nach erteiltem Befehl zur Veranstaltung eines Opfermahls die Schiffsherren und Kaufleute dazu einladen und um am Strand für seine Gäste Schatten zu haben – **5** es war gerade mitten im Sommer –, aus den Schiffen alle Segel und Segelstangen zusammenleihen. **6** So gut es die Umstände und die Zeit gestatteten, wurde das Gastgebot zubereitet und gefeiert, und die Tafel dauerte bei reichlich gegebenem Wein bis tief in die Nacht. **7** Sobald Hannibal seine Zeit ersah, denen im Hafen zu entkommen, fuhr er ab. **8** Die übrigen, die in Schlaf gesunken waren und am folgenden Tag endlich in vollem Kopfweh vom Schlaf aufstanden, brachten mehrere Stunden, gerade wie er es gewollt hatte, damit zu, die Segelstangen wieder auf die Schiffe zu bringen und das Takelwerk instand zu setzen. **9** Zu Karthago lief die Menge, die gewöhnlich in Hannibals Haus ab und zu ging, im Vorhof des Palastes zusammen, **10** und als bekannt wurde, dass er nicht zu finden sei, sammelte sich ein Schwarm auf dem Gerichtsplatz, um den ersten Mann des Staates zu suchen; **11** und einige sagten, er habe, wie es auch wirklich der Fall war, die Flucht ergriffen, andere, und zwar die meisten, die Römer hätten ihn heimlich morden lassen. Hier konnte man auf den Gesichtern die verschiedenen Mienen bemerken, je nachdem in einem von Parteien aufgeregten Freistaat jener die eine, dieser die andere begünstigte. Endlich lief die Nachricht ein, Hannibal sei auf Kerkina gesehen worden.

(49) Als die römischen Gesandten im Senat erklärten, Roms Väter wüssten mit Gewissheit, dass nicht allein vorher König Philipp namentlich auf Hannibals Rat die Römer bekriegt habe, **2** sondern dass auch jetzt Briefe und Boten von diesem an den König Antiochos abgegangen seien, dass er nicht eher ruhen werde, bis er sie mit der ganzen Welt in Krieg verwickelt habe, **3** und er müsse nicht zweimal ungestraft bleiben, wenn anders die Karthager das römische Volk überzeugen wollten, dass dies alles ohne ihren Willen und ohne Zustimmung von Seiten des Staates geschehen sei, **4** so gaben die Karthager zur Antwort, sie wären bereit, alles zu tun, was die Römer für nötig hielten.

5 Hannibal kam nach einer glücklichen Fahrt in Tyrus an, wurde hier von den Erbauern Karthagos, wie in seiner zweiten Vaterstadt, als der Mann aufgenommen, der in jeder Art sich ausgezeichnet hatte, verweilte einige Tage dort und segelte dann nach Antiochien. **6** Als er hier erfuhr, der König sei schon aufgebrochen, begab er sich zu dessen Sohn, der bei Daphne die feierlichen Spiele beging, und so freundlich er aufgenommen wurde, säumte er doch nicht, sogleich weiter zu fahren. **7** Zu Ephesus holte er den König ein, der hinsichtlich des Krieges mit Rom noch im Entschluss wankte und unentschieden war; allein Hannibals Ankunft gab seiner Bestimmung, ihn zu unternehmen, keinen geringen Ausschlag. **8** Um diese Zeit trennten sich auch die Aetoler von dem Bündnis mit Rom, weil der Senat ihre Gesandten mit ihren auf das frühere Bündnis sich gründenden Ansprüchen auf Pharsalos und Leukas und einige andere Städte an Quinctius verwiesen hatte.

Vierunddreissigstes Buch

Inhalt

Das Oppische Gesetz, welches der Volkstribun Gaius Oppius im Punischen Krieg zur Beschränkung des Frauenputzes vorgeschlagen hatte, wird unter großer Teilnahme am Streit darüber abgeschafft, obgleich Porcius Cato gegen die Aufhebung dieses Gesetzes gesprochen hatte. Nach seiner Ankunft in Spanien eröffnet dieser den Feldzug von Emporiae aus und bringt das diesseitige Spanien zur Ruhe. Titus Quinctius Flamininus beendet den gegen die Spartaner und ihren Tyrannen Nabis glücklich geführten Krieg durch Bewilligung eines Friedens, wie er selbst ihn für gut hält und nach Befreiung der Stadt Argos, die der Tyrann in seiner Gewalt gehabt hatte. Jetzt zum ersten Mal saßen die Senatoren als Zuschauer bei den Spielen vom Volke abgesondert, eine Änderung, welche zur großen Unzufriedenheit des Bürgerstandes die Zensoren Sextus Aelius Paetus und Gaius Cornelius Cethegus bewirkten. Mehrere Kolonien werden gegründet. Marcus Porcius Cato triumphiert über Spanien. Außerdem erzählt dies Buch die glücklichen Unternehmungen in Spanien, auch gegen die Boier und insubrischen Gallier. Titus Quinctius Flamininus, der Besieger des makedonischen Königs Philipp und des spartanischen Tyrannen Nabis, der Befreier des gesamten Griechenlands, hält drei Tage nacheinander Triumph. Gesandte von Karthago melden, der zu Antiochos geflüchtete Hannibal treffe mit diesem Vorkehrungen zu einem Krieg. Hannibal hatte nämlich durch den Tyrier Aristo, den er ohne Brief nach Karthago abschickte, den Versuch gemacht, die Punier zur Erneuerung des Krieges aufzureizen.

(1) Zwischen die Sorgen der großen entweder kaum beendigten oder noch drohenden Kriege reihte sich ein geringfügiger Auftritt, der aber durch die Hitze der Teilnehmenden zu einem großen Streit ausschlagen konnte. *2* Die Volkstribunen Marcus Fundanius und Lucius Valerius beantragten beim Bürgerstand die Abschaffung des Oppischen Gesetzes. *3* Der Volkstribun Gaius Oppius hatte unter dem Konsulat des Quintius Fabius und Tiberius Sempronius, mitten im Sturm des Punischen Krieges, den Vorschlag durchgesetzt, dass keine Frau mehr als eine halbe Unze Gold besitzen, keine bunte Kleidung tragen und weder in Rom noch in einer römischen Stadt, noch unter 1000 Schritten davon, ausgenommen zu heiligen Feierlichkeiten, mit einem Fuhrwerk fahren sollte. *4* Die Volkstribunen Junii Bruti (der eine Marcus, der andere Publius) nahmen das Oppische Gesetz in Schutz und erklärten, sie würden die Abschaffung nicht gestatten. Den Vorschlag zu empfehlen oder ihn zu widerraten, traten viele vom Adel auf. Das Kapitol war voll von Menschen, die dem Vorschlag wohl oder übel wollten. *5* Die Frauen ließen sich durch kein Abraten, durch keine Regel des Anstandes, durch kein Verbot der Männer in ihren Häusern halten; sie besetzten alle Straßen der Stadt und die Zugänge zum Gerichtsplatz und baten die zu Gericht gehenden Männer, doch nicht dagegen zu sein, dass man bei dieser Wohlhabenheit des Staates,

bei dem täglichen Wachstum jedes Privatvermögens auch den Frauen ihren ehemaligen Schmuck wieder zugestehe. **6** Mit jedem Tag wurde der Zulauf der Frauen größer, denn sie sammelten sich auch aus den kleineren Städten und Gerichtsorten. **7** Schon wagten sie es, sogar die Konsuln, die Prätoren und andere Obrigkeiten anzusprechen und zu bitten. Indessen hatten sie an dem einen Konsul, Marcus Porcius Cato, einen ganz unerbittlichen Mann, und er verteidigte das Gesetz, dessen Abschaffung in Vorschlag gebracht war, folgendermaßen:

(2) *Wenn es jeder von uns bei seiner Frau sich zur Aufgabe gemacht hätte, ihr Quiriten, des Mannes Recht und Würde zu behaupten, so würden uns jetzt die Frauen sämtlich nicht so viel zu schaffen machen.* **2** *So aber wird unsere in unseren Häusern durch die weibliche Leidenschaftlichkeit besiegte Freiheit sogar hier auf dem Gerichtsplatz vernichtet und mit Füßen getreten, und weil wir, jeder seiner einen, nicht widerstehen konnten, werden sie alle uns furchtbar.* **3** *Ich hielt es für ein Märchen, für eine erdichtete Sage, dass auf irgendeiner Insel das ganze männliche Geschlecht durch eine Verschwörung der Frauen völlig ausgerottet sein sollte.* **4** *Allein jede Menschenart wird höchst gefährlich, wenn man ihr Zusammenlauf, Versammlung und geheime Beratung gestattet. Auch kann ich kaum mit mir selbst darüber einig werden, ob die Sache an und für sich oder ihre Verhandlung als Beispiel schlimmer ist.* **5** *Dies würde mehr vor uns Konsuln und Obrigkeiten gehören, jenes mehr vor euch, ihr Quiriten. Denn ob das, was euch vorgeschlagen wird, dem Staat zuträglich sei oder nicht, dies zu erwägen ist eure Sache, die ihr darüber zur Abstimmung schreitet.* **6** *Ob aber dies Herbeistürzen der Frauen, das unstreitig den Obrigkeiten zuschulden kommt, mag es nun ihr eigener Betrieb oder euer Werk sein, Marcus Fundanius und Lucius Valerius, euch Tribunen oder uns Konsuln zu größerer Unehre gereiche, weiß ich nicht;* **7** *euch, wenn ihr nun schon so weit gekommen seid, zur Erregung tribunizischer Empörungen auch Frauen aufzuhetzen, uns, wenn wir ebenso, wie einst durch den Austritt des Bürgerstandes, jetzt durch den der Frauen gezwungen werden, Gesetze anzunehmen.* **8** *Nicht ohne rot zu werden, kam ich soeben durch einen Zug von Frauen auf den Gerichtsplatz. Und hätte ich nicht aus Achtung mehr für die Würde und weibliche Ehre dieser und jener als für die des ganzen Haufens an mich gehalten, damit es nicht heißen sollte, der Konsul habe sie zur Rede gestellt, so hätte ich gesagt:* **9** *„Was ist das für eine Sitte, auf die Straßen zu laufen, die Straßen zu besetzen und fremde Männer anzusprechen? Konntet ihr nicht um dasselbe jede ihren Mann zu Hause bitten?* **10** *Seid ihr mehr auf offener Straße die Schmeichelnden als zu Hause? Mehr gegen fremde Männer als gegen eure eigenen? Wiewohl ihr, wenn Sittsamkeit die Hausfrauen auf die Grenzen ihres Rechtes beschränkte, euch nicht einmal zu Hause darum bekümmern musstet, was für Gesetze hier in Vorschlag kämen oder abgeschafft würden.“*

11 *Nach dem Willen unserer Vorfahren sollten Frauen keine einzige, selbst keine Privatsache ohne Vormund führen; sie sollten des Vaters, des Bruders, des Mannes Eigentum sein. Wir aber lassen es, wenn es die Götter wollen, sogar geschehen, dass sie sich beinahe auf dem Gerichtsplatz selbst in die öffentlichen Zusammenkünfte und Abstimmungen mischen.* **12** *Denn was tun sie auf den Straßen und öffentlichen Plätzen anderes, als dass sie hier den Vorschlag der Volkstribunen anpreisen, dort sich für die Abschaffung des Gesetzes erklären?* **13** *Lasst nur diesem leidenschaftlichen Wesen, diesen unbezähmbaren Geschöpfen die Zügel schießen und lebt dann der Hoffnung, dass sie von selbst ohne euer Zutun ihrer Ausgelassenheit ein Ziel setzen werden.* **14** *Von allem, was die Frauen als ihnen entweder durch Gebräuche oder durch Gesetze aufgelegte Bürden so ungern dulden, ist dies das Geringste. Wenn wir die Wahrheit sagen wollen, so sehnen sie sich nach Freiheit, ja nach Ungebundenheit in allem. Was wäre noch, woran sie sich nicht wagen werden, wenn sie dies ertrotzt haben?*

(3) *Geht alle die Frauen betreffenden Rechtsbefugnisse durch, an welche unsere Vorfahren ihre Ungebundenheit festmachen und sie den Männern unterwerfen wollten, und bei allen diesen Verstrickungen könnt ihr sie doch kaum im Zaum halten.* **2** *Und wie, wenn wir ihnen gestattet haben,*

dass sie erst an diesem und jenem zwicken, es den Männern entwinden und endlich diesen gleichgestellt sind, glaubt ihr, dass ihr euch dann noch ihrer werdet erwehren können? Den Augenblick, da sie anfangen, euch gleich zu sein, werden sie eure Herren sein. – **3** *Aber in der Tat, sagt man, sie wollen ja nur nichts Neues gegen sich in Vorschlag bringen lassen.* **4** *Nicht, was Rechtens ist, sondern Ungerechtigkeit verbitten sie sich. – Im Gegenteil, ihr sollt nur ein vorgeschlagenes Gesetz, das ihr genehmigt, durch eure Stimmen bestätigt, durch so vieljährige Anwendung und Erfahrung bewährt gefunden habt, dies sollt ihr nur abschaffen; das heißt, ihr sollt durch Aufhebung des einen die anderen alle entkräften.* **5** *Kein einziges Gesetz ist allen gleich zuträglich; man sieht nur darauf, ob es dem größeren Teil und im Ganzen nützlich ist. Wenn jeder ein Gesetz, das ihm in seinem Kreis im Wege steht, umstoßen und zu Boden werfen darf, wozu sollen wir dann Vorschläge zu Gesetzen vor das Volk bringen, da sie bald nachher jeder, gegen den sie gegeben sind, abschaffen kann?* **6** *Doch möchte ich wohl hören, was denn das sein mag, warum sogar Frauen von Stand so außer sich auf die Straßen gerannt sind und sich kaum noch vom Gerichtsplatz und der Volksversammlung entfernt halten.* **7** *Wollen sie etwa die Auswechslung ihrer von Hannibal zu Gefangenen gemachten Väter, Männer, Söhne oder Brüder bewirken? Weit entfernt; und weit entfernt bleibe auch immer vom Staat ein solches Unglück. Gleichwohl schlugt ihr dies damals, zur Zeit des Unglücks, ihren pflichtmäßigen Bitten ab.* **8** *Wenn also nicht die Liebe, nicht Besorgnis für die Ihrigen sie versammelt hat, so tat es vielleicht die Andacht; sie wollen die Idaeische Mutter, die aus Pessinos in Phrygien ankommt, in Empfang nehmen. Wenn sich doch dieser Frauenaufruhr hinter einen wenigstens anständigen Vorwand verhüllte!* **9** *„Wir wollen – dies ist die Antwort – in Gold und Purpur strahlen; wollen an Werk- wie an Festtagen über das besiegte und abgeschaffte Gesetz, über eure eroberten und euch abgezwungenen Stimmen gleichsam triumphierend in Wagen durch die Stadt fahren; wir wollen im Aufwand, in der Verschwendung durchaus von keiner Beschränkung wissen."*

(4) *Oft habt ihr mich über den Aufwand der Frauen, oft über den der Männer, und nicht bloß der Unbeamteten, sondern selbst der Obrigkeiten Klage führen hören,* **2** *und dass unser Staat an zwei entgegengesetzten Lastern, der Habsucht und der Verschwendung leidet, an Seuchen, welche die Zerstörerinnen aller großen Reiche wurden.* **3** *Je gesegneter und erfreulicher von Tag zu Tag die Lage des Staates wird, je weiter unsere Herrschaft sich ausbreitet, wenn wir schon nach Griechenland und Asien hinübergehen, die mit allen Lockungen der Lüste überladen sind, wenn wir schon nach den Schätzen der Könige greifen: um so viel ängstlicher besorge ich, dass diese Dinge uns gewisser erobert haben, als wir sie.* **4** *Ich versichere euch, jene Standbilder von Syrakus sind als Feinde in Rom eingerückt. Schon höre ich gar zu viele Korinths und Athens Prachtstücke preisen und bewundern und über die irdenen römischen Götter in unsern Giebelfeldern lachen.* **5** *Ich lobe mir diese uns gnädigen Götter, und gnädig, hoffe ich, sollen sie uns bleiben, wenn wir sie ruhig an ihrer Stätte lassen.* **6** *Zu unserer Väter Zeiten suchte Pyrrhus durch seinen Gesandten Kineas mit Geschenken nicht nur Männer, sondern auch Frauen zu gewinnen. Noch war kein Oppisches Gesetz zur Beschränkung weiblicher Schwelgerei gegeben; dennoch nahm keine einzige ein Geschenk.* **7** *Was, meint ihr, war davon der Grund? Derselbe, den unsere Vorfahren hatten, nichts über diesen Punkt durch ein Gesetz zu bestimmen. Es gab noch keine zu beschränkende Schwelgerei.* **8** *Sowie man notwendig die Krankheiten eher kennt als ihre Gegenmittel, so gingen auch die Gelüste eher hervor als die Gesetze, die ihnen eine Grenze geben sollten.* **9** *Was anders, als die übermäßige Begierde, Land an Land zu reißen, rief das Licinische Gesetz über die 500 Hufen ins Dasein? Und das Cincische Gesetz über Geschenke und Spenden, was anders, als der Umstand, dass der Bürger schon anfing, dem Senat zinsbar und dienstpflichtig zu werden?* **10** *So ist es denn durchaus kein Wunder, dass man weder ein Oppisches noch irgendein anderes Gesetz zur Beschränkung des Aufwandes der Frauen in jenen Zeiten für nötig hielt, als sie Gold und Purpur, die ihnen geschenkt sein sollten und zuvorkommend angeboten*

wurden, nicht annahmen. **11** *Wenn Kineas jetzt mit seinen Geschenken in der Stadt herumginge, auf den Straßen würde er die Abnehmerinnen stehen sehen.* **12** *Und bei einigen dieser Lüsternheiten weiß ich mir nicht einmal eine Veranlassung oder einen Grund zu denken. Denn zugegeben, dass etwa die Natur selbst eine Art von Scham oder Unwillen in dir rege machte, wenn du nicht darfst, was eine andere darf, so sagt mir doch, was kann jede Einzelne unter euch, wenn die Tracht bei allen gleichmäßig ist, als etwas an ihr allein Auffallendes fürchten?* **13** *Die verwerflichste Scham ist die vor Sparsamkeit oder vor Armut. Der einen wie der andern überhebt euch das Gesetz, wenn ihr das nicht habt, was ihr nicht haben dürft. –* **14** *„Gerade diese Gleichstellung ist mir unausstehlich", so lautet der Einwurf einer Reichen: „Warum soll man nicht sehen, dass ich mich durch Gold und Purpur auszeichne? Warum soll sich die Armut anderer hinter diesen Vorwand des Gesetzes verstecken, so dass es scheinen muss, sie könnten, wenn es nur erlaubt wäre, das wohl haben, was sie doch nicht haben können?"* **15** *Wollt ihr bei euren Gattinnen, ihr Quiriten, diesen Wettstreit anregen, dass die Reicheren gerade das haben wollen, was keine andere haben kann? Und die Ärmeren, um nicht ebendeswegen verachtet zu werden, über ihr Vermögen hinausgehen?* **16** *Wahrhaftig, fängt man erst an sich zu schämen, wo man nicht sollte, so wird man da, wo man sollte, sich nicht mehr schämen. Die es vom Ihrigen kann, wird sich etwas anschaffen, die es nicht kann, wird ihren Mann angehen.* **17** *Der arme Mann, er mag sich erbitten oder nicht erbitten lassen, weil er doch, was er selbst nicht gegeben hatte, ihr von einem anderen geschenkt sehen wird.* **18** *Schon jetzt gehen sie ohne Unterschied fremde Männer an, und was noch schlimmer ist, bitten für den Vorschlag und um die Stimme und finden bei diesem und jenem Gehör, sie, gegen euch und euer Vermögen und eure Kinder die Unerbittlichen. Sobald das Gesetz aufhört, den Aufwand deiner Gattin zu beschränken, beschränkst du selbst ihn nie.* **19** *Glaubt doch nicht, Quiriten, dass die Sache wieder ebenso stehen werde, wie sie stand, ehe ein Gesetz darüber in Vorschlag kam.* **20** *Einen Bösewicht nicht anklagen ist ratsamer als ihn freisprechen; so würde auch die Schwelgerei ungereizt erträglicher sein, als sie nun sein wird, wenn sie wie ein wildes Tier selbst durch die Fesseln wütend gemacht und dann losgelassen wird.* **21** *Ich stimme auf keine Weise für die Abschaffung des Oppischen Gesetzes; was ihr darüber verfügen werdet, mögen alle Götter gesegnet sein lassen.*

(5) Als hierauf auch diejenigen Volkstribunen, die ihre Einsprache schon angekündigt hatten, noch einige Worte von gleichem Inhalt hinzugefügt hatten, hielt Lucius Valerius für seinen gestellten Antrag folgende Rede:

Wären bloß Privatpersonen aufgetreten, um das, was wir vorgeschlagen haben, zu empfehlen oder zu widerraten, so hätte auch ich, in der Meinung, es sei von beiden Seiten genug geredet, eure Abstimmung schweigend abgewartet. **2** *Allein jetzt, da ein so ehrwürdiger Mann, der Konsul Marcus Porcius, nicht bloß durch Angabe seiner Meinung, die auch ohne Worte Gewicht genug gehabt hätte, sondern sogar in einer langen planmäßigen Rede unseren Vorschlag angegriffen hat, ist es nötig, kurz zu antworten.* **3** *Doch er hat mehr Worte darauf verwandt, unsere Frauen zu tadeln, als unseren Vorschlag zu widerraten, und zwar so, dass er es in Zweifel stellte, ob die Frauen das, was er rügte, aus eigener Bewegung oder auf unseren Antrieb getan hätten.* **4** *Ich will die Sache verteidigen, nicht uns, da der Konsul die Beschuldigungen mehr in Worten gegen uns ausgestoßen hat, als dass er uns wirklich verdächtig gemacht haben sollte.* **5** *Dass die Frauen euch auf öffentlicher Straße gebeten haben, im Frieden und unter diesen blühenden und gesegneten Umständen des Staates ein Gesetz abzuschaffen, das über sie während des Krieges und in Zeiten der Not gegeben war, das nennt er ein Zusammenrotten, einen Aufruhr und bisweilen gar einen Aufruhr der Frauen.* **6** *Ich kenne diese starken Ausdrücke, die man zur Vergrößerung einer Sache herbeiholt, und deren es noch mehrere gibt; und wir alle wissen ja, dass Marcus Cato, bei aller ihm eigenen Milde, als Redner nicht allein der Kräftige, sondern zuweilen auch der Derbe ist.* **7** *Was haben denn nun die Frauen Neues getan,* *wenn sie in einer sie betreffenden Sache zahlreich und öffentlich auftraten? Haben sie sich vorher nie öffentlich sehen lassen? Dein eigenes Werk über die Anfänge Roms werde ich gegen dich aufschlagen.* **8** *Höre, wie oft sie dies getan haben und immer zum Segen für den Staat. Gleich anfangs unter Romulus' Regierung, als das Kapitol von den Sabinern erobert war, und mitten auf dem Markt eine förmliche Schlacht geliefert wurde, wurde da nicht durch die zwischen beide Reihen eindringenden Frauen der Kampf geschlichtet?* **9** *Ferner, nach Vertreibung der Könige, als von Marcius Coriolanus geführt die Legionen der Volsker sich bei dem fünften Meilenstein gelagert hatten, waren es da nicht die Frauen, vor denen jener Heerhaufe, unter dem die Stadt hätte erliegen müssen, sich abwandte? Weiter, nach Eroberung der Stadt durch die Gallier, womit kaufte damals die Stadt sich los? Ich meine doch, mit dem Gold, das die Frauen alle einmütig dem Staat opferten.* **10** *Im letzten Krieg endlich – um nicht lauter alte Beispiele anzuführen –, kam da nicht bei dem Geldmangel das Geld der Witwen der Schatzkammer zu Hilfe? Und als sogar fremde Götter, in unserer misslichen Lage uns zu helfen, herbeigeholt wurden, zogen da nicht alle Hausfrauen zum Empfang der Idaeischen Mutter an den Strand hinaus? Du sagst: Das sind ganz andere Veranlassungen! –* **11** *Es ist auch nicht mein Zweck, die Veranlassungen als gleich darzustellen.* **12** *Genug, wenn ich erhärte, dass jetzt nichts Neues geschah, wenn es aber niemand befremdet hat, dass sie dies in Dingen getan haben, die alle Männer und Frauen zugleich betrafen, warum soll es denn uns befremden, wenn sie es in einer Angelegenheit tun, die ganz eigentlich sie selbst betrifft?* **13** *Und was haben sie denn getan? Wahrhaftig, wir müssen sehr spröde Ohren haben, wenn wir, die wir uns als Herren für die Bitten unserer Sklaven nicht zu hoch halten, es unter unserer Würde finden, von ehrbaren Frauen gebeten zu werden.*

(6) *Nun komme ich auf das, worum es sich handelt. Hier hat sich der Konsul über zweierlei ausgelassen. Denn einmal eiferte er dagegen, dass überhaupt irgendein Gesetz abgeschafft würde, und dann besonders dieses, das zur Beschränkung weiblicher Verschwendung gegeben sei.* **2** *Jene Verteidigung aller Gesetze bewährte sich ganz als die Rede eines Konsuls, und diese Rüge der Verschwendung entsprach der höchsten Strenge seiner Sitten.* **3** *Folglich müsste ich fürchten, wenn ich euch nicht zeige, was in beiden Behauptungen unhaltbar ist, dass ihr in einen Irrtum geratet.* **4** *Denn sowie ich gern zugebe, dass von solchen Gesetzen, die nicht für eine bestimmte Zeit, sondern ihres bleibenden Nutzens wegen auf ewig gegeben sind, kein einziges abgeschafft werden müsse, außer wenn die Erfahrung es verwerflich oder die Lage des Staates es unbrauchbar macht,* **5** *so sehe ich doch, dass solche Gesetze, welche durch gewisse Umstände nötig wurden, wenn ich so sagen soll, sterblich sind und gerade selbst durch die Umstände als veränderlich bezeichnet werden.* **6** *Die der Friede gab, schafft gewöhnlich der Krieg ab, und die im Krieg gegebenen der Friede, so wie bei der Leitung eines Schiffes andere Maßregeln bei günstigem, andere bei widrigem Wind anwendbar sind.* **7** *Da sie also wesentlich so verschieden sind, so fragt es sich: Zu welcher von beiden Klassen gehört das Gesetz, dessen Abschaffung wir beantragen? Ist es ein altes königliches Gesetz und bekam zugleich mit der Stadt selbst sein Dasein?* **8** *Oder ist es – was ihm den zweiten Rang gäbe – von den zur Abfassung der Rechte ernannten Zehnmännern in die Zwölf Tafeln eingetragen, so dass auch wir, weil etwa unsere Vorfahren geglaubt hätten, ohne dieses Gesetz lasse die weibliche Ehre sich nicht erhalten, jetzt fürchten müssten, wir möchten zugleich mit ihm auch ihre Scham und die Unbescholtenheit des weiblichen Geschlechtes aufheben?* **9** *Wer weiß denn nicht, dass dieses Gesetz neu, dass es unter den Konsuln Quintus Fabius und Tiberius Sempronius vor 20 Jahren gegeben wurde? Und wenn unsere Frauen so viele Jahre lang ohne dasselbe den besten Lebenswandel geführt haben, was ist denn für Gefahr vorhanden, dass sie mit Abschaffung des Gesetzes sich der Schwelgerei preisgeben sollten?* **10** *Wenn es in der Absicht gegeben wäre, die Ausschweifungen der Frauen zu beschränken, so wäre zu befürchten, dass seine Abschaffung für sie ein Reiz werden könnte. Allein zu welchem Zweck es*

gegeben sei, hat jene Zeit selbst nicht unbezeugt gelassen. Hannibal war in Italien, war bei Cannae Sieger. **11** *Schon hatte er Tarent, hatte Arpi, hatte Capua. Er schien sein Heer vor die Stadt Rom führen zu wollen.* **12** *Unsere Bundesgenossen waren abgefallen, wir hatten zur Ergänzung des Heeres keine Soldaten, zur Behauptung der Flotte keine Seeleute, in der Staatskasse kein Geld. Sklaven, die man bewaffnen wollte, wurden auf die Bedingung gekauft, dass man den Eigentümern nach Beendigung des Krieges den Kaufpreis bezahlen wollte.* **13** *Die Staatspächter erklärten sich bereit, gegen Sicherung dieses Zahltages die Lieferungen an Getreide und anderen Kriegsbedürfnissen zu übernehmen. Sklaven auf die Ruderbänke stellten wir selbst in einer nach Verhältnis des Vermögens festgesetzten Zahl und zahlten ihnen den Sold vom Unsrigen.* **14** *Alles Gold und Silber lieferten wir, da die Senatoren uns hierin vorangingen, an den Staat ab. Die Witwen und Unmündigen legten ihre Gelder in die Schatzkammer. Es wurde eine Summe von verarbeitetem Gold und Silber, von geprägtem Silber und Kupfer festgesetzt, die man nicht überschreiten und zu Hause haben durfte.* **15** *Waren in einer solchen Zeit unsere Frauen so auf Verschwendung und Putz versessen, dass zur Steuer derselben das Oppische Gesetz nötig geworden wäre? Damals, als der Senat, weil alle Frauen in Trauer waren, und darüber das Opfer der Ceres unterblieb, die Trauer mit 30 Tagen zu endigen befahl?* **16** *Wem leuchtet nicht ein, dass Mangel und Elend des Staates und die Notwendigkeit, alles Privatgeld zum Gebrauch des Staates zu verwenden, dieses Gesetz abgefasst haben, um es so lange gelten zu lassen, als der Zweck seiner Abfassung gelten würde?* **17** *Denn wenn alles, was damals auf Veranlassung der Umstände entweder der Senat erkannte oder das Volk zum Gesetz machte, auf immer beibehalten werden soll, warum tragen wir denn jetzt den Privatpersonen ihre Gelder ab? Warum verpachten wir die Lieferungen an den Staat für bares Geld?* **18** *Warum kauft man nicht noch zum Waffendienst Sklaven? Warum stellt nicht jeder Privatmann seine Ruderknechte, wie wir sie damals stellten?*

(7) *Alle anderen Stände, alle Leute sollen den Übergang des Staates in eine glücklichere Lage empfinden; nur auf unsere Frauen soll sich der Genuss des Friedens sollen Purpur tragen, als Obrigkeiten, als Priester in der Verbrämung gehen;* **2** *unsere Kinder sollen mit Purpur verbrämte Röcke tragen; den Obrigkeiten in den Kolonien und Munizipien, selbst ihrer niedrigsten Klasse, den Bezirksmeistern hier in Rom, sollen wir das Recht gestatten, die verbrämte Toga zu tragen,* **3** *und nicht bloß bei ihrem Leben diese Auszeichnung zu haben, sondern auch noch im Tod darin verbrannt zu werden; nur unseren Frauen wollen wir den Gebrauch des Purpurs verbieten? Und wenn es dir als Mann erlaubt sein soll, Purpur auf deiner Reitdecke zu haben, willst du der Mutter deines Hauses auch nicht einmal ein Purpurmäntelchen gestatten? Dein Ross soll prächtiger gedeckt als deine Gattin gekleidet sein?* **4** *Doch bei dem Purpur, der sich abträgt und verbraucht wird, sehe ich, wenngleich keinen gerechten, doch noch immer einigen Grund, warum du so zäh bist; allein bei dem Gold, an welchem nichts als Arbeitslohn verloren geht, wozu da diesen Geiz? Es ist vielmehr eine Aushilfe, sowohl für den Familien- als auch für den Staatsbedarf, gerade wie ihr davon die Erfahrung habt.* **5** *Der Konsul sagte: Wenn alle so etwas nicht haben dürften, so würden sie auch einzeln nicht eifersüchtig aufeinander sein. Aber wahrhaftig, es ist für sie alle schmerzhaft und kränkend, wenn sie sehen, dass den Frauen der latinischen Bundesgenossen ein Putz gestattet ist, den man ihnen genommen hat,* **6** *dass jene durch Gold und Purpur sich auszeichnen; dass jene durch die Stadt fahren und sie – zu Fuß folgen, nicht anders, als ginge die Regierung von den Städten der Latinerinnen, nicht von der ihrigen aus.* **7** *Männerherzen könnte dies verwunden; was meint ihr, wie viel eher schwache Frauen, auf die auch Kleinigkeiten Eindruck machen?* **8** *Obrigkeitliche Ämter, Priestertümer, Triumphe, kriegerische Auszeichnungen, Ehrengeschenke, erbeutete Prunkstücke können ihnen nicht werden. Nettigkeit, Putz und Anzug,* **9** *das sind die Kleinodien der Frauen; darin finden sie ihre Freude, ihren Stolz; darum bekamen diese Dinge bei unseren Vorfahren den Namen „weiblicher Schmuck“.*

10 *Ist nicht Purpur und Gold das Einzige, was sie bei einer Trauer ablegen? Das Einzige, was sie nach vollendeter Trauer wieder anlegen? Und wenn sie an Freudenfesten und Bettagen mehr tun wollen, besteht dies nicht ganz allein in einem köstlicheren Anzug?* ***11*** *Aber freilich, wenn ihr das Oppische Gesetz aufhebt, so wird es nicht mehr in eurer Macht stehen, von dem, was ihnen jetzt das Gesetz untersagt, dies oder jenes, falls ihr wolltet, ihnen zu untersagen. Die Töchter, die Frauen, bei einigen auch die Schwestern werden weniger abhängig sein?* ***12*** *Nie werden Frauen, solange die Ihrigen leben, das Band der Unterwürfigkeit abstreifen; sie selbst verabscheuen die Ungebundenheit, die ihnen durch des Mannes oder des Vaters Tod zuteil wird.* ***13*** *Dass ihr Putz von eurer Willkür abhänge, wollen sie gern, nur nicht vom Gesetz. Und ihr müsst sie ja auch in Abhängigkeit von euch unter Vormundschaft behalten, nicht in Sklaverei, müsst lieber Väter und Männer heißen wollen als Dienstherren.* ***14*** *Es waren verunglimpfende Ausdrücke, die sich vorhin der Konsul erlaubte, wenn er von Aufruhr und Aufstand der Frauen sprach. Denn freilich, es ist große Gefahr, dass sie, wie ehemals der aufgebrachte Bürgerstand, den Heiligen Berg oder den Aventin besetzen.* ***15*** *Gefallen lassen muss sich das schwache Geschlecht, was ihr beschließen werdet. Je mehr ihr Macht habt, desto mäßiger müsst ihr eure Gewalt gebrauchen.*

(8) Nach diesen gegen und für das Gesetz gehaltenen Reden strömte am folgenden Tag eine weit größere Schar von Frauen auf die Straßen, ***2*** und alle in einem Zug besetzten die Haustüren der beiden Tribunen, die dem Vorschlag ihrer Kollegen widersprechen wollten; sie ließen auch nicht eher ab, bis die Tribunen die Einsprache aufgaben. ***3*** Nun war kein Zweifel mehr, dass alle Bezirke das Gesetz abschaffen würden. Im 20. Jahr nach seiner Aufstellung wurde es abgeschafft. ***4*** Der Konsul Marcus Porcius, der gleich nach Aufhebung des Oppischen Gesetzes mit 25 Kriegsschiffen – fünf hatten die Bundesgenossen gestellt – nach dem Hafen Luna segelte, wo er auch sein Heer gesammelt hatte und durch einen längs der Küste erlassenen Befehl Schiffe aller Art zusammenzog, ***5*** machte bei seiner Abfahrt von Luna bekannt, dass sie ihm nach dem Hafen Pyrenaeus folgen sollten; von dort wolle er mit seiner vollzähligen Flotte gegen den Feind ziehen. ***6*** Sie fuhren an den Gebirgen Liguriens und dem Gallischen Meerbusen herum und stießen an dem Tag zu ihm, den er ihnen bestimmt hatte. Von da kamen sie nach Rhoda und warfen die spanische Besatzung, die in dem Kastell war, mit Sturm von den Mauern. ***7*** Von Rhoda segelten sie mit günstigem Wind nach Emporiae. Hier wurden alle Truppen mit Ausnahme der Seeleute ausgeschifft.

(9) Schon damals bestand Emporiae aus zwei durch eine Mauer geschiedenen Städten. Die eine bewohnten Griechen, die mit den Massiliern aus Phokaea stammten, die andere Spanier. ***2*** Die griechische Stadt, die ins Meer hinauslag, hatte im ganzen Umfang ihrer Mauer kaum vierhundert Schritt; die spanische Mauer, weiter vom Meer zurückgezogen, hatte im Umkreise 3000 Schritt. ***3*** Eine dritte Abteilung, aus römischen Siedlern bestehend, hatte Caesar nach Besiegung der Söhne des Pompejus hinzugefügt. Jetzt sind sie alle zu einem Ganzen verschmolzen, nachdem zuerst die Spanier, zuletzt auch die Griechen als römische Bürger aufgenommen worden waren. ***4*** Wer diese damals gesehen hätte, auf der einen Seite dem offenen Meer ausgesetzt, auf der andern den Spaniern, diesem wilden und kriegerischen Volk, der hätte nicht begreifen können, wodurch sie sich hier behaupteten. Die Hüterin ihrer Schwäche war die Zucht, die unter lauter Stärkeren an der Furcht die beste Stütze hat. ***5*** Der nach der Landseite gelegene Teil der Mauer war trefflich befestigt, nach dieser Gegend hin nur mit einem Tor versehen, dessen beständiger Aufseher immer ein obrigkeitlicher Beamter war. ***6*** Nachts hielt der dritte Teil der Bürger auf den Mauern Wache, und sie taten die Wachen und machten die Runde nicht bloß, weil es der Gebrauch oder das Gesetz haben wollte, sondern mit einer Sorgfalt, als stünde der Feind vor den Toren. ***7*** Keinen Spanier ließen sie in die Stadt. Sie selbst gingen nie ohne Grund

hinaus. Nach dem Meer hin stand der Ausgang allen offen. ***8*** Aus dem nach der spanischen Stadt führenden Tor gingen sie nie anders als zahlreich, etwa der dritte Teil der Bürger, der in der letzten Nacht auf den Mauern die Wache gehabt hatte. Was sie hinaustrieb, war Folgendes: ***9*** Die des Meeres unkundigen Spanier hatten gern Verkehr mit ihnen und wünschten gern, die zu Schiff eingeführten fremden Erzeugnisse zu kaufen und die von ihren Ländereien abzusetzen. Das Bedürfnis dieses gegenseitigen Umganges machte, dass die Stadt der Spanier den Griechen offenstand. ***10*** Diese waren viel sicherer, weil sie sich hinter den Schutz der römischen Freundschaft steckten, welcher sie dagegen ihre Anhänglichkeit, freilich ohne die Macht der Massilier zu haben, doch mit gleicher Treue bewiesen. Auch jetzt nahmen sie den Konsul und sein Heer freundlich und hilfreich auf. ***11*** Cato, der hier einige Tage verweilte, um den Standort und die Stärke der feindlichen Truppen zu erkunden, verwandte diese ganze Zeit, um selbst als der Säumende nicht untätig zu sein, auf Übungen seiner Soldaten. ***12*** Gerade war jetzt die Jahreszeit, wo man das Getreide in den Tennen zum Dreschen hat. Also verbot er den Fruchtlieferanten alle Anschaffung von Getreide, schickte sie nach Rom und sagte: *Der Krieg muss sich selbst nähren.* ***13*** Nach seinem Aufbruch von Emporiae brannte und verheerte er im feindlichen Gebiet und verbreitete überall Furcht und Schrecken.

(10) Zu gleicher Zeit kamen Marcus Helvius, der mit einer ihm vom Prätor Appius Claudius gegebenen Bedeckung von 6000 Mann aus dem jenseitigen Spanien abzog, die Keltiberer mit einem großen Heer bei der Stadt Illiturgi entgegen. ***2*** Valerius meldet, sie hätten 20 000 Mann unter den Waffen gehabt; davon seien 12 000 im Kampfe geblieben, die Stadt Illiturgi sei erobert und alle Erwachsenen niedergemacht worden. ***3*** Von hier aus erreichte er das Lager des Cato, und weil jetzt die Gegend vor Feinden sicher war, schickte er die Bedeckung in das jenseitige Spanien zurück, ging nach Rom und zog im kleinen Triumph wegen des ihm gelungenen Sieges in die Stadt ein. ***4*** An unberarbeitetem Silber lieferte er 14 732 Pfund in die Schatzkammer, an geprägtem 17 320 Denare und an Silber von Osca 120 438. ***5*** Den Grund, ihm den Triumph zu verweigern, fand der Senat darin, dass er die Schlacht unter der Oberleitung eines anderen, auch im Bereich des Oberbefehles eines anderen geliefert hatte. Er war aber erst nach zwei Jahren wiedergekommen, weil er, als er seinen Posten schon seinem Nachfolger Quintus Minucius übergeben hatte, durch eine langwierige schwere Krankheit dort zurückgehalten war. ***6*** Darum zog auch Helvius in seinem kleinen Triumph nur zwei Monate früher in die Stadt ein als sein Nachfolger Quintus Minucius im großen. ***7*** Auch dieser lieferte an Silber 34 800 Pfund, 78 000 Denare, und aus Oskersilber 278 000.

(11) In Spanien hatte unterdessen der Konsul sein Lager nicht weit von Emporiae. ***2*** Dahin kamen von Bilistages, dem Fürsten der Ilergeten, drei Gesandte, von denen der eine sein Sohn war, und klagten, ihre Festungen würden angegriffen, und sie müssten alle Hoffnung auf Widerstand aufgeben, wenn nicht römische Truppen sie in Schutz nähmen. ***3*** 3000 Mann wären hinreichend, und die Feinde würden, wenn die Römer in dieser Stärke anrückten, nicht standhalten. ***4*** Der Konsul erwiderte, ihre Gefahr und ihre Besorgnis gehe ihm nahe, allein er habe durchaus so viele Truppen nicht, dass er bei dieser Nähe eines so großen feindlichen Heeres, mit dem er sogleich schlagen zu müssen täglich erwarte, durch Teilung seines Heeres seine Macht ohne Gefahr verringern könne. ***5*** Als dies die Gesandten hörten, stürzten sie weinend dem Konsul zu Füßen. Sie baten ihn, in dieser dringenden Not sie nicht zu verlassen. An wen sollten sie sich denn, wenn sie die Römer abwiesen, wenden? ***6*** Sie hätten keine Bundesgenossen und nirgends irgendeine andere Hoffnung. ***7*** Sie hätten dieser Gefahr überhoben sein können, wenn sie hätten treulos werden und sich mit den übrigen hätten verschwören wollen. Durch keine Drohungen, durch keine Schreckmittel hätten sie sich bewegen lassen, in der Hoffnung, an den Römern

hinreichenden Schutz und Beistand zu haben. **8** Wenn es den nicht gäbe, wenn ihn der Konsul ihnen versage, so nähmen sie Götter und Menschen zu Zeugen, dass sie ungern und gezwungen, um nicht dasselbe Schicksal zu leiden, was die Saguntiner erlitten, von Rom abfallen würden und lieber zugleich mit den übrigen Spaniern als allein zugrunde gehen wollten.

(12) Für heute wurden sie ohne weitere Antwort entlassen. In der folgenden Nacht setzte dem Konsul die Verlegenheit von zwei Seiten zu. **2** Er wollte seine Bundesgenossen nicht im Stich lassen und wollte auch seine Truppen nicht schwächen, weil dies entweder die Schlacht aufschieben oder in der Schlacht gefährlich werden konnte. **3** Sein Entschluss blieb der, sein Heer nicht zu schwächen, um nicht mit Schimpf zu bestehen, falls ihn unterdessen die Feinde angriffen. Den Bundesgenossen glaubte er, statt wirklich zu helfen, nur die Aussicht auf Hilfe eröffnen zu müssen. **4** Schon oft habe, namentlich im Krieg, der Schein die Wahrheit ersetzt, und mancher sei bei dem Gedanken, Hilfe zu haben, gleich als habe er sie wirklich gehabt, gerade durch dies Vertrauen und durch Hoffen und Wagen gerettet worden. **5** Am folgenden Tag gab er den Abgesandten die Antwort: Obgleich er seine eigenen Kräfte zu schwächen fürchte, wenn er sie anderen liehe, so wolle er doch auf ihre Lage und Gefahr mehr Rücksicht nehmen als auf sich selbst. **6** Nun befahl er, von allen Kohorten solle sich der dritte Teil beizeiten mit Speisen versehen, um es mit auf die Schiffe zu nehmen, und die Schiffe sollten auf den dritten Tag segelfertig sein. **7** Zwei von den Gesandten hieß er dies dem Bilistages und den Ilergeten melden; den Sohn des Fürsten wusste er durch leutselige Begegnung und Geschenke bei sich zu behalten. **8** Die Gesandten gingen nicht eher ab, bis sie die Einschiffung der Soldaten gesehen hatten. Und da sie dies schon als nicht zu bezweifelnde Wahrheit berichteten, wurde dadurch nicht bloß unter den Ihrigen, sondern selbst bei den Feinden der Ruf vom Anzug römischer Hilfstruppen allgemein.

(13) Als der Konsul hinlänglich zur Schau gestellt hatte, was nur zum Schein geschah, ließ er die Soldaten von den Schiffen zurückrufen. **2** Da schon die Jahreszeit zu Unternehmungen herannahte, bezog er 3000 Schritte von Emporiae ein Winterlager. Von da aus führte er seine Truppen, so dass er eine mäßige Bedeckung im Lager zurückließ, wie es die Gelegenheit gab, bald auf dieser, bald auf jener Seite zur Plünderung des feindlichen Gebietes. **3** Sie brachen meistens bei Nacht auf, teils um so weiter vorrücken zu können, teils um die Feinde unvermutet zu überfallen. Dadurch wurden nicht nur die neuen Soldaten geübt, sondern auch die Feinde in großer Menge aufgefangen, und schon wagten sie es nicht mehr, aus den Mauern ihrer kleinen Festungen herauszukommen. **4** Als er den Mut der Seinigen und der Feinde genügend erprobt hatte, ließ er seine Obersten, auch die der Bundesgenossen, und alle Ritter und Hauptleute zusammenrufen. **5** *Die Zeit,* sprach er, *die ihr oft herbeigesehnt habt, ist gekommen, die euch Gelegenheit geben sollte, eure Tapferkeit zu zeigen. Noch habt ihr euren Dienst mehr nach Räuber- als nach Kriegerart getan.* **6** *Jetzt sollt ihr in förmlicher Schlacht als feindliches Heer mit den Feinden euch einlassen: Dann werdet ihr nicht mehr Dörfer zu plündern, sondern reiche Städte auszuleeren haben.* **7** *Als Spanien noch den Karthagern gehörte, hier ihre Feldherren und Heere standen, ließen unsere Väter, obgleich sie dort keinen Feldherrn, keine Truppen hatten, doch ausdrücklich in dem Bündnis den Zusatz machen, dass der Ebro die Grenze ihrer Herrschaft sein solle.* **8** *Und jetzt, wo zwei Prätoren, ein Konsul, drei römische Heere Spanien behaupten, beinahe schon seit zehn Jahren in diesen Provinzen kein Karthager zu sehen ist, ist für uns diesseits des Ebro die Herrschaft verloren.* **9** *Diese müsst ihr durch Waffen und Tapferkeit wiedergewinnen, und ein Volk, welches Krieg mehr aus Leichtsinn erneuert als mit Standhaftigkeit führt, dazu zwingen, das Joch, das es abschüttelt, wieder auf sich zu nehmen.* **10** Nachdem er sie so ungefähr angefeuert hatte, machte er ihnen bekannt, er wolle in dieser Nacht vor das feindliche Lager rücken. Nun wurden sie entlassen, um sich durch Speise und Trank zu stärken.

(14) Um Mitternacht rückte er nach Abwartung der Vogelschau aus, zog, um seiner Absicht gemäß eine Stellung zu gewinnen, ehe es die Feinde bemerkten, an ihrem Lager vorbei, und als er mit anbrechendem Tag in Schlachtordnung stand, schickte er drei Kohorten ihnen gerade vor den Lagerwall. **2** Die Barbaren, voll Verwunderung, dass sich die Römer ihnen im Rücken sehen ließen, liefen nach den Waffen. **3** Unterdessen redete der Konsul die Seinigen so an: *Soldaten, hier ist nichts, worauf ihr bauen könntet, als eure Tapferkeit.* **4** *Und ich habe es absichtlich so gemacht, dass euch nichts anderes bleiben sollte. Zwischen unserem Lager und uns stehen in der Mitte die Feinde; hinter uns ist Feindes Land. Was das Ehrenvollste ist, ist jetzt auch das Sicherste, alle Hoffnung auf der Tapferkeit beruhen zu lassen.* Zugleich gab er den Kohorten Befehl zum Rückzug, um durch den Schein einer Flucht die Barbaren herauszulocken. **5** Was er erwartet hatte, geschah. In der Meinung, die Römer wichen aus Furcht, brachen sie aus dem Tor heraus und erfüllten den ganzen zwischen ihrem Lager und der feindlichen Linie leer gelassenen Platz mit Truppen. **6** Während sie sich beeilten, ihre Schlachtreihe zu ordnen, griff der Konsul, der schon alles bereit und in Ordnung hatte, sie an, ehe sie sich aufstellten. Von beiden Flügeln führte er die Reiterei voran in die Schlacht. Allein auf dem rechten sogleich geschlagen und in Unordnung weichend, setzte sie auch ihr Fußvolk in Bestürzung. **7** Der Konsul bemerkte es und befahl zwei auserlesenen Kohorten, den Feind auf der rechten Seite zu umgehen und sich ihm im Rücken zu zeigen, ehe noch die Reihen des Fußvolkes aufeinander träfen. **8** Diese dem Feind geltende Drohung machte das Gefecht, das schon durch die Mutlosigkeit der römischen Reiterei eine schlimme Wendung genommen hatte, wieder gleich. Und doch waren auf dem rechten Flügel Reiterei und Fußvolk so mutlos, dass der Konsul mehrere mit eigener Hand zurückhielt und sie wieder gegen den Feind richtete. **9** So war das Gefecht nicht allein, solange man aufeinander schoss, unentschieden, sondern auf dem rechten Flügel, wo Schrecken und Flucht zuerst begannen, hielten auch die Römer kaum noch stand. **10** Vom linken Flügel hingegen und von vorn wurden die Barbaren bedrängt und sahen sich ängstlich nach den ihnen im Rücken drohenden Kohorten um. **11** Als sie ihre eisernen Geschosse und Wurfspieße verschossen hatten und nun die Schwerter zogen, da begann die Schlacht wie von Neuem. Nun gab es nicht mehr überraschende Wunden aus der Ferne von unbemerkten Schüssen, sondern man setzte, Fuß gegen Fuß, seine ganze Hoffnung auf Tapferkeit und Festigkeit.

(15) Der Konsul flößte den schon ermattenden Seinigen dadurch wieder Mut ein, dass er Kohorten aus der zweiten Reihe ins Treffen führte. Dies gab eine neue Linie. **2** Die frischen Kämpfer, die mit frischen Waffen auf die ermüdeten Feinde losgingen, brachen zuerst in ungestümem Angriff wie im Keil ein, dann schlugen sie die Auseinandergeworfenen in die Flucht, und in vollem Lauf suchten diese über das Feld ihr Lager wiederzugewinnen. **3** Als Cato ihre Flucht sich überall verbreiten sah, ritt er zurück zur zweiten Legion, die er in den Rückhalt gestellt hatte, hieß sie die Fahnen ihm vortragen und in vollem Schritt zum Sturm auf das feindliche Lager anrücken. **4** Schritt einer zu hitzig dem Glied voran, so schlug er, die Reihen durchreitend, ihn mit seinem Spieß und forderte auch die Obersten und Hauptleute auf, Zucht zu halten. **5** Schon wurde das feindliche Lager bestürmt; mit Steinen, Pfählen und allen Arten von Geschossen wurden die Römer vom Pfahlwerk ferngehalten. Beim Anrücken der frischen Legion wuchs hier den Stürmenden der Mut, dort kämpften die Feinde für ihren Wall mit größerer Erbitterung. **6** Die Blicke des Konsuls spähten nach allen Seiten, um da einzubrechen, wo der Widerstand am schwächsten war. Er sieht das Tor zur Linken weniger stark besetzt; dahin führt er das erste und zweite Treffen seiner zweiten Legion. **7** Ihrem Andrang hielt der Posten am Tor nicht stand, und die Übrigen warfen, als sie schon Feinde im Lager erblickten, nach Verlust des Lagers selbst, auch ihre Fahnen und Waffen von sich. **8** In den Toren wurden

sie, weil sie im Gedränge in ihrem eigenen Zug hängen blieben, zusammengehauen. **9** Die zweite Legion war es, die auf die Feinde von hinten einhieb; die Übrigen plünderten das Lager. Valerius Antias gibt die Zahl der an diesem Tag gefallenen Feinde mit über vierzigtausend an. Cato selbst, gewiss nicht Verkleinerer seiner Verdienste, sagt, es seien viele im Feld geblieben; die Zahl gibt er nicht an.

(16) Man rechnet ihm an diesem Tag dreierlei zum Verdienst an: einmal, dass er sein hinter den Feinden herumgezogenes Heer fern von seinen Schiffen und seinem Lager die Schlacht da liefern ließ, wo Tapferkeit die einzige Hoffnung gab, **2** zweitens, dass er die zwei Kohorten dem Feind im Rücken entgegenwarf, drittens, dass er die zweite Legion, während die übrigen alle zur Verfolgung des Feindes fortstürzten, in vollem Schritt, unter ihren Fahnen aufgestellt und schlagfertig gegen das Lagertor anrücken hieß. **3** Auch nach dem Sieg säumte er nicht im Geringsten. Kaum hatte er auf das zum Rückzug gegebene Zeichen seine mit Beute beladenen Soldaten ins Lager zurückgeführt, so stellte er sich, da er ihnen nur wenige Stunden der Nacht zur Ruhe gegönnt hatte, zum Ausplündern des Landes wieder an ihre Spitze. **4** Weil die Feinde durch die Flucht zersprengt waren, breitete sich die Plünderung der Römer desto freier aus. Und dies trieb ebenso sehr wie die tags zuvor verlorene Schlacht die Spanier zu Emporiae mit ihren Nachbarn zur Übergabe. **5** Auch ergaben sich viele, die aus anderen Staaten nach Emporiae geflüchtet waren. Diese alle entließ er nach einer freundlichen Anrede und Verpflegung mit Wein und Speise nach ihrer Heimat. **6** Von hier rückte er sogleich weiter, und auf seinem ganzen Zug eilten ihm allenthalben Gesandte mit der Übergabe ihrer Staaten entgegen. Als er nach Tarraco kam, war schon ganz Spanien diesseits des Ebro unterworfen, **7** und die Barbaren führten dem Konsul ihre gefangenen Römer, Bundesgenossen und Latiner, deren sie sich bei verschiedenen Unfällen in Spanien bemächtigt hatten, als ein Geschenk wieder zu. **8** Darauf verbreitete sich das Gerücht, der Konsul werde mit seinem Heer nach Turdetanien ziehen, und den entlegeneren Bergbewohnern wurde fälschlich sogar gemeldet, er sei nach einem unwegsamen Gebirge abmarschiert. **9** Auf diese eitle und völlig unverbürgte Nachricht empörten sich sieben kleine Festungen im Stamm der Bergistaner. Der Konsul führte sein Heer dahin, und ohne besonderen Kampf brachte er sie wieder in seine Gewalt. **10** Bald nachher, als der Konsul nach Tarraco zurückgegangen und von hier aus noch nirgendwohin vorgerückt war, fielen dieselben wieder ab. Sie wurden abermals unterjocht, fanden aber nach der diesmaligen Besiegung nicht dieselbe Schonung. Damit sie den Frieden nicht noch öfter störten, wurden sie alle als Sklaven verkauft.

(17) Unterdessen brach der Prätor Publius Manlius, der das alte Heer von Quintus Minucius, an dessen Stelle er trat, übernommen und das gleichfalls alte Heer des Appius Claudius Nero aus dem jenseitigen Spanien an sich gezogen hatte, nach Turdetanien auf. **2** Unter allen Spaniern hält man die Turdetaner für am wenigsten kriegerisch. Doch gingen sie im Vertrauen auf ihre Menge dem römischen Heer entgegen. **3** Die auf sie losgelassene Reiterei brachte ihre Linie sogleich in Verwirrung, und das Treffen zu Fuß kostete fast gar keinen Kampf. Die alten Streiter, mit dem Feind und seinem Kriege bekannt, ließen über den Ausgang der Schlacht keinen Zweifel. **4** Und doch war der Krieg mit dieser Schlacht nicht zu Ende. Die Turduler nahmen 10 000 Keltiberer in Sold und erneuerten den Krieg mit Hilfe fremder Waffen. **5** Der Konsul aber, welcher, durch den Aufstand der Bergistaner beunruhigt, erwarten konnte, dass auch die übrigen Staaten bei Gelegenheit dasselbe tun würden, nahm allen Spaniern diesseits des Ebro die Waffen weg. **6** Dies war ihnen so kränkend, dass viele sich selbst den Tod gaben. Ein Völkerstamm voll Kühnheit, achteten sie ein Leben ohne Waffen für keins. **7** Als dies dem Konsul gemeldet wurde, ließ er die Ältesten aller Staaten vor sich rufen und sagte ihnen: *Uns liegt daran, dass ihr euch nicht empört, nicht so viel als euch: Denn so oft es geschah, haben noch immer die Spanier mehr Unglück davon*

gehabt als die römischen Heere Mühe. ***8*** *Dass es nie geschehe, kann meines Erachtens nur durch ein Mittel verhütet werden; wenn es dahin gebracht ist, dass ihr euch nicht empören könnt. Ich möchte dies gern auf dem schonendsten Weg erreichen. Unterstützt auch ihr mich hierin mit eurem Rat.* ***9*** *Keinen will ich lieber befolgen, als den ihr mir selbst erteilen werdet.* ***10*** Als sie schwiegen, sagte er, er gebe ihnen einige Tage Zeit zur Überlegung. ***11*** Als sie, wieder vorgefordert, auch in der zweiten Zusammenkunft schwiegen, mussten die Städte alle an einem Tag ihre Mauern niederreißen, und da er selbst gegen die, die noch nicht gehorchten, ausrückte, mussten sich ihm, sowie er in eine Gegend kam, alle umliegenden Völker ergeben. ***12*** Nur Segestica, eine wichtige und wohlhabende Stadt, eroberte er mit Schutz- und Schirmdächern.

(18) Ihm stießen aber in der Unterjochung der Feinde um so mehr Schwierigkeiten auf, als jenen zuerst nach Spanien gekommenen Römern, weil die Spanier aus Widerwillen gegen die karthagische Herrschaft zu jenen übertraten; ***2*** er hingegen musste sie nach dem Genuss der Freiheit gleichsam wieder in das Verhältnis der Knechtschaft bringen; und er fand alles schon so völlig in Aufruhr, dass einige schon unter den Waffen standen, andere durch Belagerungen zum Abfall gezwungen werden sollten, und wenn man ihnen nicht noch zu rechter Zeit zu Hilfe gekommen wäre, nicht länger hätten widerstehen können. ***3*** Allein der Konsul hatte auch eine solche Seelen- und Geistesstärke, dass er alles, das Kleinste wie das Größte, selbst in Augenschein nahm und besorgte, nicht bloß, was nötig war, bedachte und befahl, ***4*** sondern auch meistens selbst vollzog, den Oberbefehl gegen niemanden härter und strenger ausübte als gegen sich selbst, ***5*** in Sparsamkeit, Wachen und Anstrengung mit den gemeinsten Soldaten wetteiferte und vor seinem Heer weiter nichts als die Ehre und den Oberbefehl voraushatte.

(19) Den Krieg in Turdetanien machten dem Prätor Publius Manlius die von den Feinden, wie ich oben gesagt habe, durch den angebotenen Sold aufgewiegelten Keltiberer sehr schwer. ***2*** Darum führte der Konsul, vom Prätor in einem Schreiben zu Hilfe gerufen, seine Legionen dahin. Als er ankam, ließen sich die Römer sogleich mit den Turdetanern (Keltiberer und Turdetaner standen in besonderen Lagern) durch Angriffe auf ihre Posten in kleine Gefechte ein, und aus jedem kehrten sie als Sieger, mochten sie auch noch so mutwillig sich eingelassen haben, zurück. ***3*** Zu den Keltiberern hieß der Konsul einige Obersten gehen, um sich mit ihnen zu unterreden und ihnen unter drei Vorschlägen die Wahl zu lassen. ***4*** Der erste war: Ob sie zu den Römern übergehen und doppelt soviel Sold annehmen wollten als sie sich bei den Turdetanern ausbedungen hätten. ***5*** Der zweite: Ob sie nach Hause abziehen wollten, unter der feierlichen Zusicherung, für ihre jetzige Vereinigung mit Roms Feinden nie zur Strafe gezogen zu werden. ***6*** Der dritte: Wenn sie durchaus Krieg wünschten, so möchten sie Tag und Ort bestimmen, wann und wo sie ihre Sache durch die Waffen mit ihm ausmachen wollten.

Die Keltiberer baten sich einen Tag Bedenkzeit aus. ***7*** Sie hielten ihre Versammlung, weil sich die Turdetaner einmischten, unter lautem Lärm; um so weniger konnte etwas beschlossen werden. ***8*** Bei dieser Ungewissheit, ob mit den Keltiberern Krieg oder Friede sei, holten gleichwohl die Römer geradeso wie im Frieden, aus den Ländereien und Ortschaften der Feinde ihre Zufuhr, da sie ebenso oft in die feindlichen Werke hineingingen, als wäre durch einen Privatwaffenstillstand ein gegenseitiger Verkehr verabredet. ***9*** Als der Konsul die Feinde zu keiner Schlacht verleiten konnte, rückte er mit einigen leicht beweglichen Kohorten aus, um vorerst unter dem Schutz der Fahnen auf dem Gebiet einer noch verschonten Gegend zu plündern; ***10*** allein auf die Nachricht, dass die Keltiberer alle ihre Feldbündel mit dem schweren Gepäck in Seguntia zurückgelassen hätten, zog er zum Angriff gegen die Stadt. ***11*** Da sie sich aber durch kein Mittel in Bewegung setzen ließen, zahlte er nicht nur seinen, sondern auch des Prätors Truppen den Sold aus, ließ das ganze Heer im Lager des Prätors zurück, und nur mit sieben Kohorten ging er an den Ebro zurück.

(20) Mit dieser kleinen Schar eroberte er mehrere Städte. Die Sedetaner, Ausetaner und Suessetaner traten zu ihm über. **2** Die Laketaner, ein abgelegenes Waldvölkchen, legten die Waffen nicht nieder, teils aus angeborener Wildheit, teils waren sie sich bewusst, während der Beschäftigung des Konsuls und seines Heeres im turdetanischen Krieg durch unerwartete Einfälle seine Verbündeten geplündert zu haben. **3** Daher zog der Konsul zum Angriff auf ihre Stadt, nicht bloß mit seinen römischen Kohorten, sondern auch mit der Mannschaft seiner mit Recht auf sie erbitterten Bundesgenossen. **4** Ihre Stadt hatte weit mehr Länge als Breite. In einer Entfernung von beinahe 400 Schritt machte er Halt. **5** Einem Posten von seinen auserlesenen Kohorten, den er hier stehen ließ, befahl er, aus dieser Stellung nicht eher aufzubrechen, bis er selbst zu ihnen käme. Mit den übrigen Truppen zog er sich auf die andere Seite der Stadt herum. Unter allen seinen Hilfstruppen waren die jungen Suessetaner die zahlreichsten. Ihnen übertrug er den Sturm auf die Mauer. **6** Als die Laketaner sie an ihren Waffen und Fahnen erkannten, stürzten sie im Bewusstsein ihres so oft auf suessetanischem Boden ungestraft verübten Hohnes, ihrer so oft in förmlicher Schlacht erfochtenen vollständigen Siege, aus plötzlich geöffnetem Tor insgesamt auf sie heraus. Kaum ihr Geschrei, viel weniger den Angriff, hielten die Suessetaner aus. Sobald der Konsul das eintreten sah, was er erwartet hatte, sprengte er an der feindlichen Mauer hin zu seinen Kohorten, rückte mit ihnen im Sturmschritt, da alles zur Verfolgung der Suessetaner hinausgestürzt war, auf der stillen und menschenleeren Seite in die Stadt und eroberte sie ganz, ehe noch die Laketaner umkehrten. Bald mussten auch sie, da sie nichts als Waffen hatten, sich ihm überliefern.

(21) Gleich nach seinem Sieg brach er von hier gegen die Feste Bergium auf. Hier hielten sich größtenteils Räuber versteckt, und Streifzüge von hier aus in die friedlichen Gegenden jener Provinz waren die Folge davon. **2** Ein vornehmer Bergestaner kam als Überläufer zum Konsul heraus und fing an, sich und seine Landsleute zu entschuldigen. Sie selbst hätten die Regierung nicht in ihrer Gewalt. Die aufgenommenen Räuber hätten die ganze Feste von sich abhängig gemacht. **3** Der Konsul ließ ihn, unter irgendeiner wahrscheinlichen Angabe für seine Abwesenheit, wieder nach Hause gehen, **4** und wenn er ihn an die Mauern rücken und die Räuber mit Verteidigung der Werke beschäftigt sähe, dann sollte er ja nicht versäumen, mit den Anhängern seiner Partei die Burg zu besetzen. **5** Sie befolgten den Befehl. Plötzlich umringte die Barbaren der Schrecken von zwei Seiten, weil hier die Römer zur Mauer heranstiegen, dort die Burg genommen war. Schon im Besitz des Ortes, schenkte der Konsul denen, welche die Burg gewonnen hatten, nebst ihren Angehörigen die Freiheit und ihr ganzes Eigentum, **6** Die übrigen Bergestaner musste der Quästor auf seinen Befehl als Sklaven verkaufen; die Räuber bestrafte er mit dem Tod. **7** Nach Beruhigung der Provinz sicherte er dem Staat die beträchtlichen Einkünfte von den Eisen- und Silberbergwerken, und durch diese damals getroffene Einrichtung gewann die Provinz mit jedem Tag an Reichtum. **8** Für diese glücklichen Verrichtungen in Spanien ordnete der Senat ihm zu Ehren ein dreitägiges Dankfest an.

(22) In demselben Sommer lieferte auch der andere Konsul Lucius Valerius Flaccus in Gallien einem Heer der Boier am Wald Litana eine förmliche Schlacht, die für ihn glücklich ausfiel. **2** 8000 Gallier sollen gefallen sein, die übrigen zerstreuten sich, ohne den Krieg weiter fortzusetzen, in ihre Dörfer und Felder. **3** Solange der Sommer noch dauerte, ließ der Konsul sein Heer am Po zu Placentia und Cremona bleiben und in diesen Städten wieder aufbauen, was durch den Krieg zerstört war.

4 Dies war die Lage der Dinge in Italien und Spanien zu der Zeit, als bei Titus Quinctius – der die Winterquartiere in Griechenland so hingebracht hatte, dass mit Ausnahme der Aetoler (denn sie hatten vom Sieg nicht so viele Vorteile geerntet als sie erwartet hatten, und mit der Ruhe konnten sie sich nie lange vertragen) das gesamte Griechenland im vollen Genuss des Glückes der Freiheit und des Friedens über seinen Zustand hocherfreut war **5** und die Mäßigung, Gerechtigkeit und Selbstbeherrschung des römischen Feldherrn im Sieg ebenso sehr bewunderte als seine Tapferkeit im Krieg – der Senatsbeschluss einlief, in welchem gegen den Spartaner Nabis der Krieg beschlossen war. **6** Als Quinctius nach Durchsicht desselben die Gesandtschaften aller verbündeten Staaten auf einen bestimmten Tag zur Versammlung nach Korinth beschieden hatte und die Vornehmen von allen Orten her sich zahlreich eingefunden hatten, so dass auch nicht einmal die Aetoler fehlten, redete er zu ihnen etwa so: ***7*** *Folgten auch in dem mit Philipp geführten Krieg Römer und Griechen ihrer gemeinschaftlichen Ansicht und ihren Grundsätzen, so hatten doch beide zu diesem Krieg ihre besonderen Ursachen.* ***8*** *Die Freundschaft mit den Römern hatte er dadurch gebrochen, dass er teils die Karthager, ihre Feinde, unterstützte, teils hier unsere Bundesgenossen angriff, und gegen euch hatte er sich so benommen,* ***9*** *dass uns, hätten wir auch unserer Beleidigungen vergessen wollen, eure Misshandlungen die gerechteste Ursache zum Krieg geben mussten.* ***10*** *In der heutigen Beratung aber hängt alles von euch ab. Ich lege euch nämlich die Frage vor, ob ihr Argos, das, wie ihr selbst wisst, von Nabis besetzt ist, in seiner Botmäßigkeit lassen wollt,* ***11*** *oder ob ihr es recht findet, dass man die edelste, älteste, im Mittelpunkt Griechenlands gelegene Stadt wieder in Freiheit und mit den übrigen Städten der Peloponnes und Griechenlands in gleiche Lage setze.* ***12*** *Diese ganze Beratung betrifft, wie ihr seht, eine Sache, die bloß die eurige ist; mit uns Römern kommt sie nicht in Berührung, außer insofern die Dienstbarkeit dieser einen Stadt unsern Ruhm, Griechenland befreit zu haben, nicht vollständig, nicht unverkümmert sein lässt.* ***13*** *Wenn aber euch eure Teilnahme für diese Stadt, wenn euch das Beispiel und die Gefahr, dass durch Ansteckung das Übel um sich greifen könne, keine Unruhe macht, so kann das uns recht und willkommen sein. Dies ist der Gegenstand, über den ich euch so zu Rate ziehe, dass ich mich an das halten will, was die Mehrzahl unter euch für gut erachten wird.*

(23) Nach den Worten des römischen Feldherrn fing man an, die übrigen anzuhören. **2** Da der Gesandte der Römer um Griechenland so viel wie möglich erhob, die ihnen auf ihre flehentliche Bitte um Beistand gegen Philipp Hilfe geleistet hätten, jetzt ungebeten mit ihrem Anerbieten zum Beistand gegen den Tyrannen Nabis ihnen zuvorkämen, **3** und dann voll Unwillen hinzusetzte, gleichwohl würden diese so großen Verdienste in Gesprächen von diesen und jenen verkleinert, die die Zukunft gern verunglimpfen möchten, **4** statt dass sie sich für das Vergangene dankbar zeigen sollten, so war es klar, dass dies den Aetolern galt. **5** Alexander also, einer der aetolischen Vornehmen, griff zuerst die Athener an, die, ehemals Führer und Aufforderer zur Freiheit, jetzt, um sich allein gefällig zu machen, am Wohl aller zu Verrätern würden; **6** dann klagte er darüber, dass die Achäer, die ehemals auf Philipps Seite gekämpft hätten und zuletzt bei seinem sinkenden Glück Überläufer geworden wären, nicht nur Korinth genommen hätten, sondern auch darauf ausgingen, die Stadt Argos zu bekommen; **7** dass hingegen die Aetoler, diese ersten Feinde Philipps und beständigen Bundesgenossen Roms, obgleich sie sich in dem Vertrag ausbedungen hätten, dass nach Philipps Besiegung die Städte und Länder ihnen gehören sollten, sich um Echinus und Pharsalus betrogen sähen; **8** und zuletzt beschuldigte er die Römer der Unredlichkeit, weil sie, bei allem Prunk mit ihrer nichtigen Verheißung von Freiheit, in Chalkis und Demetrias ihre Besatzungen stehen ließen, **9** sie, die jedes Mal, wenn Philipp der Räumung dieser Städte von seinen Truppen habe ausweichen wollen, ihm die Einwendung gemacht hätten, Griechenland werde nie frei sein, solange Demetrias und Thalkis und Korinth besetzt blieben; **10** endlich noch, weil sie jetzt Argos und Nabis zum Vorwand nähmen, um länger in Griechenland zu bleiben und ihr Heer hierzubehalten. Sie möchten ihre Legionen nach Italien führen. **11** Die Aetoler versprächen, entweder solle Nabis durch Verträge und mit eigener Zustimmung seine Besatzung aus Argos

wegnehmen, oder sie wollten ihn durch Gewalt der Waffen zwingen, sich dem einmütigen willen Griechenlands zu fügen.

(24) Empört über diese Prahlerei, war Aristaenus, Prätor der Achäer, der Erste, der gegen ihn auftrat. **2** *Das wollten*, rief er, *der allmächtige Jupiter und die Königin Juno, die Schutzgöttin von Argos, verhüten, dass diese Stadt zwischen einem spartanischen Tyrannen und den Räubern aus Aetolien als Kampfpreis ausgesetzt werde, so dass wir Gefahr liefen, sie in einem noch traurigeren Zustand wiederzuerobern, als in den sie durch die Eroberung des Tyrannen geriet.* **3** *Jetzt, Titus Quinctius, schützt uns vor diesen Straßenräubern nicht einmal das scheidende Meer. Wie wird es uns gehen, wenn sie sich eine Burg mitten in der Peloponnes gründeten? Von Griechen haben sie nur die Sprache, sowie von Menschen nur das Äußere.* **4** *Bei Gewohnheiten und Gebräuchen einer Wildheit, die man ja groß bei keinem Barbaren sieht, leben sie wie die Ungeheuer der Tierwelt. Deshalb bitten wir euch, ihr Römer, dass ihr nicht allein Argos dem Nabis wieder abnehmt, sondern auch Griechenland in eine solche Lage bringt, dass ihr uns hier auch in gehöriger Sicherheit vor der Straßenräuberei der Aetoler zurücklassen könnt.* **5** Da nun alle von allen Seiten gegen die Aetoler laut wurden, sagte der römische Feldherr, er hätte den Aetolern geantwortet, wenn er nicht bemerkt hätte, dass die allgemeine Erbitterung gegen sie so groß sei, dass er statt aufzureizen, lieber beruhigen müsse. **6** Und so frage er, mit der Meinung, die sie von den Römern und Aetolern hätten, sich begnügend, hiermit an, was sie über den Krieg mit Nabis, falls er den Achäern Argos nicht herausgäbe, beschließen wollten. **7** Da sich alle für den Krieg entschieden, ging sein Antrag dahin, dass jeder Staat nach Maßgabe seiner Kräfte Hilfstruppen stellen solle. Ja, an die Aetoler schickte er sogar einen Gesandten, mehr um ihre Gesinnung zu offenbaren, was auch geschah, als weil er an die Möglichkeit einer Bewilligung geglaubt hätte.

(25) Nun gab er seinen Obersten Befehl, das Heer von Elatea heranzuziehen. **2** In diesen Tagen erteilte er auch den Gesandten des Antiochos, die ein Bündnis beantragten, die Antwort, in Abwesenheit der zehn Abgeordneten habe er gar keine Stimme. Sie müssten nach Rom an den Senat gehen. **3** Mit den von Elatea ihm zugeführten Truppen zog er nun selbst gegen Argos; in der Gegend von Kleonae stieß der Prätor Aristaenus mit 10 000 Achäern und 1000 Reitern zu ihm, und nicht weit davon schlugen sie nach Vereinigung ihrer Heere ein Lager auf. **4** Am folgenden Tag rückten sie in das ebene argivische Gebiet und wählten fast 4000 Schritte von Argos einen Ort zum Lager. **5** Befehlshaber der spartanischen Besatzung war Pythagoras, zugleich Schwiegersohn des Tyrannen und seiner Gattin Bruder. Bei der Annäherung der Römer versah er sowohl die beiden Burgen – denn Argos hat deren zwei – als auch andere günstig gelegene oder ihm verdächtige Posten mit starken Besatzungen, **6** doch war es ihm nicht möglich, bei seinen Vorkehrungen den Schrecken zu verbergen, in den ihn das Anrücken der Römer versetzte; und zu der Drohung von außen gesellte sich noch ein innerer Aufruhr. **7** Der Argiver Damokles, ein Jüngling von mehr Mut als Klugheit, der sich schon mit einigen dazu geeigneten Leuten unter dem Eid der Verschwiegenheit darüber besprochen hatte, die Besatzung zu vertreiben, war bei seinem Eifer, die Verschwörung durch mehrere zu verstärken, in der Beurteilung ihrer Zuverlässigkeit nicht vorsichtig genug. **8** Da ihn in einer Unterredung mit seinen Vertrauten der Befehlshaber durch einen abgeschickten Trabanten vor sich fordern ließ, merkte er, dass der Anschlag verraten sei, ermahnte die Verschworenen, so viel gegenwärtig waren, ehe sie auf der Folter stürben, lieber mit ihm zu den Waffen zu greifen, **9** und zog mit diesen wenigen gerade auf den Marktplatz, unter dem wiederholten Ruf, wer es mit dem Staat ehrlich meine, solle sich ihm, dem Aufforderer und Führer zur Freiheit, anschließen. **10** Dies machte auf niemanden Eindruck, weil niemand Hoffnung in der Nähe, geschweige jetzt eine hinlängliche Mannschaft sah. **11** Während seines lauten Rufens wurde er mit seinen Begleitern von den Spartanern umringt und niedergehauen.

12 Später ergriff man auch andere. Von diesen wurden die meisten hingerichtet, nur wenige ins Gefängnis geworfen, viele ließen sich in der nächsten Nacht an Seilen an der Mauer hinab und flohen zu den Römern.

(26) Auf ihre Versicherung, dass dieser Aufstand nicht ohne Wirkung geblieben wäre, wenn das römische Heer vor den Toren gestanden hätte, und dass die Argiver gewiss nicht ruhig bleiben würden, ***2*** wenn Quinctius näher heranrückte, schickte er leichtes Fußvolk und Reiterei ab, welche bei Cylarabis, einem Gymnasium, nicht ganz 300 Schritte von der Stadt, ***3*** mit den aus dem Tore hervorbrechenden Spartanern zum Gefecht kamen und sie ohne großen Kampf in die Stadt zurücktrieben. Auf den Platz, wo sie gekämpft hatten, verlegte der römische Feldherr sein Lager. ***4*** Hier blieb er einen Tag lang auf der Lauer, ob es vielleicht zu einem neuen Aufstand kommen würde. Als er aber sah, dass die Bürgerschaft zu sehr eingeschüchtert war, berief er wegen des Angriffes auf Argos einen Kriegsrat. ***5*** Alle Häupter Griechenlands, Aristaenus ausgenommen, waren derselben Meinung: Da Argos die einzige Ursache des Krieges sei, müsse man es auch zum ersten Gegenstand des Krieges machen. ***6*** Dies gefiel Quinctius durchaus nicht; im Gegenteil hörte er den Aristaenus, als dieser die einstimmige Meinung bestritt, mit unzweideutigem Beifall und fügte selbst noch hinzu: ***7*** Da man den Krieg für die Argiver nur gegen den Tyrannen unternommen habe, so frage er, ob es nicht höchst unzweckmäßig sei, mit Beiseitesetzung des Feindes Argos anzugreifen. ***8*** Dafür werde er auf den Hauptsitz des Krieges, auf Sparta und den Tyrannen losgehen. Er schickte auch nach Auflösung des Kriegrates leichte Kohorten auf Getreideholung aus. Was in der Umgegend reif war, ließ er mähen und zusammenfahren, was noch grün war, zertreten und vernichten, damit es nicht die Feinde demnächst ernteten. ***9*** Dann brach er auf, zog über den Berg Parthenios bei Tegea vorbei und lagerte sich am dritten Tag bei Karya. Hier wartete er, bevor er das feindliche Gebiet beträte, auf die Hilfstruppen der Verbündeten. ***10*** Es trafen 1500 Makedonier von Philipp ein und 400 thessalische Reiter. Und jetzt hielten ihn nicht mehr die Hilfstruppen auf, deren er genug hatte, sondern die den benachbarten Städten auferlegte Zufuhr. ***11*** Auch kam eine ansehnliche Seemacht zusammen. Schon war von Leukas mit 40 Schiffen Lucius Quinctius eingetroffen, dann kamen 18 rhodische Kriegsschiffe, ferner stand König Eumenes bei den Kykladischen Inseln mit zehn Kriegsschiffen, 30 Jachten und mehreren kleinen Fahrzeugen. ***12*** Ja, es sammelten sich auch viele Flüchtlinge selbst aus Sparta, welche widerrechtlich von dem Tyrannen vertrieben waren, im römischen Lager, in der Hoffnung, ihre Vaterstadt wiederzugewinnen. ***13*** Es waren nämlich viele schon seit einigen Menschenaltern, solange Sparta unter Tyrannen stand, von diesem oder von jenem vertrieben worden. Der vornehmste unter diesen Verbannten war Agesipolis, dem vermöge seines Stammrechtes der Thron zu Sparta gehörte, der aber als Kind nach dem Tod des Kleomenes, des ersten Tyrannen zu Sparta, von dem Tyrannen Lycurgus vertrieben worden war.

(27) Der Tyrann, obgleich ihn zu Wasser und zu Land ein so furchtbarer Krieg ringsum bedrohte, und ihm bei einer richtigen Schätzung seiner eigenen und der feindlichen Kräfte fast keine Hoffnung übrig bleiben konnte, ***2*** gab dennoch den Krieg nicht auf, sondern er ließ aus Kreta 1000 der dortigen auserlesensten Mannschaft kommen, da er ihrer schon 1000 hatte, stellte 3000 Söldner und an Eingeborenen nebst den Landleuten aus den Bergflecken 10 000 unter die Waffen und befestigte die Stadt durch einen Graben und Pfahlwerk. ***3*** Und um jedem inneren Aufstand vorzubeugen, fesselte er alle durch Furcht und harte Strafen, da er nicht darauf rechnen durfte, dass sie die Erhaltung des Tyrannen wünschten. ***4*** Einige Bürger waren ihm verdächtig. Er ließ also alle Truppen auf die Ebene ausrücken, die dort die Rennbahn heißt, ***5*** die Spartaner ohne Waffen zur Versammlung rufen und umstellte diese mit seinen bewaffneten Trabanten. ***6*** Er sagte wenige Worte zur Einleitung, warum man ihm verzeihen müsse, wenn er in einer solchen Zeit

alles fürchten müsse und allem vorzubeugen suche; auch müsse ihnen selbst daran gelegen sein, wenn die gegenwärtige Lage der Dinge den und jenen verdächtig werden lasse, dass man diesen lieber jede Unternehmung unmöglich mache, als sie schon mitten in der Unternehmung bestrafe, ***7*** dass er also einige in Gewahrsam behalten werde, bis der drohende Sturm vorübergehe; nach Zurücktreibung der Feinde, vor denen sie sich, wenn sie gegen inneren Verrat gehörig gesichert wären, nicht sehr zu fürchten hätten, werde er jene sogleich wieder freigeben, und er ließ gegen 80 vornehme junge Männer namentlich aufrufen ***8*** und sie, sowie jeder auf seinen Namen sich meldete, in Verwahrung nehmen. In der folgenden Nacht wurden diese alle hingerichtet. Dann wurden auch verschiedene Heloten – ***9*** sie sind der ländliche, seit uralten Zeiten in Bergflecken wohnende Volksstamm – unter der Beschuldigung eines geplanten Überganges zum Feind durch alle Straßen gepeitscht und getötet. Durch solche Schreckmittel war der Volksgeist zu jedem Versuch einer Staatsumwälzung erlahmt. ***10*** Seine Truppen behielt Nabis innerhalb der Befestigung, teils weil er sich zu einer förmlichen Schlacht nicht stark genug fühlte, teils weil er es bei der allgemeinen Spannung und unzuverlässigen Stimmung nicht wagte, die Stadt zu verlassen.

(28) Nachdem Quinctius, in jeder Beziehung gerüstet, aus seinem Standlager aufgebrochen war, kam er am folgenden Tag nach Sellasia oberhalb des Flusses Onus, wo der makedonische König Antigonus, wie man erzählte, dem spartanischen Tyrannen Kleomenes eine Schlacht geliefert hatte. ***2*** Als er hörte, dass es von hier auf einem beschwerlichen und engen Wege bergan gehe, schickte er auf einem kurzen Umweg Leute durch das Gebirge voraus, den Weg zu bahnen, und er kam auf einer hinlänglich breiten und offenen Straße an den Fluss Eurotas, der beinahe dicht unter den Mauern von Sparta fließt. ***3*** Hier griffen die Hilfstruppen des Tyrannen die mit Absteckung eines Lagers beschäftigten Römer und den Quinctius, der selbst mit der Reiterei und den leichten Truppen vorausgegangen war, an und brachten sie in Schrecken und Unordnung; denn sie hatten so etwas gar nicht erwartet, weil ihnen auf dem ganzen Marsch niemand entgegengerückt war, und sie nicht anders als durch Freundes Land gegangen waren. ***4*** Die Verwirrung dauerte ziemlich lange, weil aus Mangel an Selbstvertrauen das Fußvolk die Reiterei, die Reiter das Fußvolk zu Hilfe riefen. ***5*** Endlich kamen die Legionen unter den Fahnen dazu, und sobald die Kohorten des Vordertreffens ins Gefecht geführt waren, wurden die, welche eben noch die Schreckenden gewesen waren, in voller Bestürzung zur Stadt hineingetrieben. ***6*** Die Römer, die von der Mauer wieder so weit zurückwichen, dass sie außer Pfeilschuss waren, blieben eine Zeitlang in aufgestellter Schlachtreihe stehen. Als niemand von Seiten des Feindes gegen sie ausrückte, gingen sie wieder in ihr Lager. ***7*** Am folgenden Tag führte Quinctius seine Truppen in Schlachtordnung nahe am Fluss bei der Stadt vorbei gerade an den Fuß des Menelaus-Berges. Voraus gingen die Kohorten der Legionen, während die Leichtbewaffneten und die Reiter den Zug schlossen. ***8*** Nabis hatte seine Söldner – auf diese setzte er das meiste Vertrauen – hinter der Mauer in Ordnung und zum Angriff schlagfertig unter den Fahnen stehen, um den Feind im Rücken anzugreifen. ***9*** Als die Letzten des Zuges vorüber waren, stürzten jene an mehreren Stellen zugleich, ebenso lärmend wie tags vorher zur Stadt heraus. ***10*** Appius Claudius schloss den Zug. Er hatte seine Leute auf den vorauszusehenden Fall, damit er ihnen nicht unerwartet käme, vorbereitet, ließ sogleich die Fahnen umkehren und bot durch diese Schwenkung mit dem ganzen Zug dem Feind die Stirn. ***11*** So kämpften sie, als wären sie in gerader Linie aufeinander getroffen, eine geraume Zeit in förmlicher Schlacht. Endlich neigten sich die Truppen des Nabis zur Flucht. Diese wäre für sie weniger gefährlich und unruhig gewesen, wenn ihnen nicht die Achäer, die der Gegend kundig waren, nachgesetzt hätten. Diese richteten unter ihnen ein großes Blutbad an und entwaffneten von den nach allen Seiten versprengten Flüchtlingen die meisten. ***12*** Quinctius nahm sein Lager bei Amyklae. Nachdem er alle Umgebungen der Stadt mit ihren

zahlreich bewohnten und reizenden Fluren verheert hatte, und schon kein Feind sich mehr vor das Tor wagte, brach er nach dem Fluss Eurotas auf. Von hier aus verwüstete er das unter dem Taygetos gelegene Tal und die bis zum Meer sich erstreckenden Ländereien.

(29) Fast um dieselbe Zeit gewann Lucius Quinctius die Städte an der Seeküste durch freiwillige Übergabe oder durch Drohung oder Erstürmung. *2* Als er jetzt erfuhr, die Spartaner hätten von allen zum Seewesen nötigen Vorräten ihre Niederlage in der Stadt Gytheon, und das römische Lager sei schon nicht mehr weit vom Meer entfernt, beschloss er, mit seiner ganzen Macht diese Stadt anzugreifen. *3* Sie hatte damals eine bedeutende Stärke, sowohl durch die Menge ihrer Bürger und Einwohner, als durch ihren Reichtum an Kriegsvorräten aller Art. *4* Für Quinctius zur rechten Zeit – denn er machte sich an keine kleine Arbeit – kamen König Eumenes und die rhodische Flotte dazu. *5* Diese große Menge Seetruppen, die aus drei Flotten zusammengezogen war, brachte alle zum Sturm auf eine zu Wasser und zu Land befestigte Stadt nötigen Werke in wenigen Tagen zustande. *6* Schon wurde die Mauer unter angebrachten Sturmdächern untergraben, schon mit Widderköpfen eingestoßen. Unter wiederholten Stößen sank ein Turm, und bei seinem Fall stürzte auch die Mauer auf beiden Seiten; *7* und die Römer, um von dieser offenen Stelle die Feinde abzuziehen, suchten zugleich vom Hafen her, wo sie einen ziemlich ebenen Zugang hatten, und zugleich auf jenem durch den Einsturz gebahnten Weg einzudringen. *8* Und es fehlte nicht viel, so wären sie da, wo sie hindrängten, durchgebrochen, da hemmte ihren Andrang die ihnen gemachte Hoffnung zur Übergabe, die sich aber bald wieder zerschlug. *9* Dexagoridas und Gorgopas hatten als Befehlshaber der Stadt gleiche Rechte. Dexagoridas hatte dem römischen Unterfeldherrn sagen lassen, er wolle die Stadt übergeben. Als hierzu Zeit und Ort schon verabredet waren, tötete Gorgopas den Verräter. Nun war der eine in der Verteidigung der Stadt noch eifriger, *10* und der Sturm wäre noch viel schwieriger geworden, wenn nicht jetzt Titus Quinctius mit 4000 Mann auserlesener Truppen angekommen wäre. *11* Da er am Abhang eines der Stadt nahe gelegenen Hügels sein Heer in Schlachtordnung gezeigt hatte und von der andern Seite Lucius Quinctius aus seinen Werken zu Wasser und zu Land den Belagerten zusetzte, *12* zwang endlich die Verzweiflung auch den Gorgopas, sich zu demselben Entschluss zu verstehen, den er an dem andern mit dem Tod bestraft hatte. *13* Unter der Bedingung eines freien Abzuges mit seiner Besatzung überlieferte er die Stadt dem Quinctius. *14* Noch vor der Übergabe von Gythium überließ der von Nabis in Argos zurückgelassene Befehlshaber Pythagoras die Aufsicht über die Stadt dem Timokrates von Pellene und traf mit 1000 Mann Söldnern und 2000 Argivern in Sparta bei Nabis ein.

(30) Als Nabis, den ebenso wie ihn die erste Ankunft einer römischen Flotte und die Übergabe seiner Städte an der Seeküste in Schrecken setzte, einige Hoffnung wieder beruhigte, weil seine Truppen Gytheon behaupteten, *2* nun auch die Übergabe dieser Stadt an die Römer erfuhr, und dass er, ohne alle Aussicht zu Lande, wo ihn ringsum Feinde umgaben, nun auch gänzlich vom Meer abgeschnitten sei, hielt er es für das Beste, sich in sein Unglück zu fügen, *3* und schickte zuerst einen Herold in das Lager, welcher hören sollte, ob man geneigt sei, Gesandte anzunehmen. *4* Nach erhaltener Bewilligung stellte sich Pythagoras bei dem Feldherrn ein, ohne weiteren Auftrag, als für den Tyrannen um eine Unterredung mit dem Feldherrn zu bitten. *5* Da nun in dem zu dem Zweck berufenen Kriegsrat alle für die Bewilligung stimmten, wurden Tag und Ort festgesetzt. *6* Als sie sich mit einem kleinen Gefolge von Truppen in der zwischen ihnen liegenden Gegend auf einige Anhöhen begeben hatten, ließen sie hier auf einem beiden Teilen sichtbaren Posten ihre Kohorten zurück, *7* und Nabis kam mit ausgewählten Leibtrabanten, Quinctius mit seinem Bruder, dem König Eumenes, dem Rhodier Sosilaus, dem Prätor der Achäer, Aristaenus, und einigen Obersten in die Ebene.

(31) Hier begann der Tyrann, dem man die Wahl ließ, ob er zuerst Redner oder Hörer sein wolle, folgendermaßen: *Wenn ich mir selbst eine Ursache ausdenken könnte, Titus Quinctius und ihr übrigen Anwesenden, warum ihr entweder den Krieg mir erklärt haben könntet oder ihn jetzt gegen mich führt, so hätte ich den Ausgang meines Schicksals schweigend abgewartet.* **2** *So aber kann ich den Wunsch nicht unterdrücken, ehe ich zugrunde gehe, zu erfahren, warum ich zugrunde gehen soll.* **3** *Und wahrhaftig, wenn ihr so wäret, wie das Gerücht die Karthager bezeichnet, so dass euch Treue im Bund nicht im Geringsten heilig wäre, so sollte es mich nicht wundern, wenn ihr euch daraus nichts machtet, wie ihr an mir handeltet.* **4** *Jetzt, wenn ich euch ansehe, erblicke ich Römer, bei denen in Hinsicht ihrer Beziehung auf die Götter – die Bündnisse, und insofern sie unter Menschen ausgeübt wird, die Bundestreue – die höchste Heiligkeit haben.* **5** *Wenn ich auf mich selbst zurücksehe, so hoffe ich, derselbe zu sein, der schon von Seiten seines Vaterlandes, wie alle übrigen Spartaner, mit euch im uralten Bund steht, und der auch ganz besonders in seinem eigenen Namen die Freundschaft und Verbindung mit euch vor Kurzem erst in dem Krieg gegen Philipp erneuert hat.* **6** *Aber vielleicht habe ich sie dadurch verletzt und umgestoßen, dass ich die Stadt Argos besetzt halte. Wie soll ich dies rechtfertigen?* **7** *Mit der Tatsache oder mit der Zeit? Die Tatsache selbst nimmt mich zweifach in Schutz. Denn einmal habe ich die Stadt angenommen, weil die Argiver selbst mich riefen und sie mir übergaben; ich habe sie nicht überrascht; zum andern habe ich sie angenommen, als sie auf Philipps Seite nicht mit euch im Bund stand.* **8** *Die Zeit spricht mich frei, insofern ich Argos schon besaß, als wir den Bund miteinander ausmachten, und ich musste euch versprechen, euch Hilfstruppen zum Krieg zu stellen, nicht, meine Besatzung aus Argos zu ziehen.* **9** *Ja, so bleibe ich denn wahrhaftig in dem Streit über Argos oben, sowohl nach der Billigkeit der Sache, insofern ich nicht eure, sondern eine feindliche Stadt, insofern ich sie mit ihrem Willen,* **10** *nicht mit Zwang und Gewalt erhalten habe; als auch nach eurem Geständnis, da ihr bei den Bundesbedingungen mir Argos gelassen habt;* **11** *allein der Name des Tyrannen und meine Handlungen fallen mir zur Last, insofern ich die Sklaven zur Freiheit rufe, den bedürftigen Bürger in den Besitz von Grundstücken setze.* **12** *In Ansehung des Namens kann ich antworten, dass ich, wie ich auch sein mag, immer noch derselbe bin, der ich war, als du selbst, Titus Quinctius, mit mir das Bündnis schlossest.* **13** *Ich erinnere mich, dass ihr mich damals als König anredetet; jetzt, sehe ich, heiße ich Tyrann. Hätte ich selbst meine Regierung unter einem anderen Namen aufgestellt, so hätte ich meine eigene Unbeständigkeit zu verantworten, da aber die Änderung von euch kommt, ihr nur die eurige.* **14** *Was die durch Befreiung der Sklaven vermehrte Volkszahl betrifft und die Verteilung der Ländereien an Bedürftige, so könnte ich auch hier mich auf mein Recht vermöge der Zeit berufen.* **15** *Das alles, sei es wie es wolle, hatte ich schon getan, als ihr den Bund mit mir schlosset und im Krieg gegen Philipp Hilfstruppen von mir annahmt. Allein, selbst wenn ich es jetzt getan hätte, sage ich nicht:* **16** *„Wie habe ich euch dadurch beleidigt oder eure Freundschaft verletzt?" Sondern das habe ich der Sitte und Anordnung meiner Vorfahren gemäß getan.* **17** *Was zu Sparta geschieht, müsst ihr nicht nach euren Gesetzen und Einrichtungen beurteilen. Ich habe nicht nötig, bei diesem Vergleich auf Einzelheiten einzugehen. Ihr hebt nach dem Vermögen den Ritter, nach dem Vermögen den Fußgänger aus. Euch ist es recht, dass einige wenige durch Wohlhabenheit über die anderen hervorragen, und dass der Bürgerstand ihnen untergeordnet sei.* **18** *Unser Gesetzgeber wollte die Regierung nicht in den Händen jener wenigen wissen, die ihr den Senat nennt, noch auch, dass irgend der eine oder der andere Stand im Staat hervorragen sollte, sondern glaubte, durch Ausgleichung des Vermögens und Ranges zu bewirken, dass ihrer viele sein sollten, die zum Schutz des Vaterlandes das Schwert führten.* **19** *Ich bekenne, dass ich für einen Vortrag nach der bei uns üblichen Kürze schon zu viele Worte gemacht habe, und ich hätte alles mit den wenigen Worten abtun können: Dass ich seit Errichtung unserer Freundschaft nichts begangen habe, weswegen ihr mit mir unzufrieden sein solltet.*

(32) Hierauf antwortete der römische Feldherr: *Mit dir haben wir keine Freundschaft, kein Bündnis geschlossen, sondern mit Pelops, einem gerechten und rechtmäßigen König Spartas.* **2** *Von dieser Begünstigung haben auch jene Tyrannen, welche nachher die Herrschaft über Sparta mit Gewalt behaupteten, Gebrauch gemacht, weil uns bald die punischen, bald die gallischen, bald andere aufeinander folgende Kriege beschäftigten, sowie auch du in diesem Makedonischen Krieg getan hast.* **3** *Denn was würde sich weniger schicken, als wenn wir, während wir für Griechenlands Freiheit gegen Philipp Krieg führten, mit einem Tyrannen Freundschaft schlössen, und zwar mit dem gegen sein Volk grausamsten und gewalttätigsten von allen Tyrannen, die es je gegeben hat?* **4** *Wir aber mussten – du mochtest nun Argos hinterlistig genommen haben und behalten oder nicht –, wenn wir ganz Griechenland befreiten, auch Sparta wieder zu seiner alten Freiheit und zu seinen Gesetzen verhelfen, die du, gleich als tätest du es einem Lykurg nach, vorhin erwähntest.* **5** *Sollen wir etwa dafür sorgen, dass Philipp seine Besatzungen aus Jasos und Bargyliae wegnimmt, Argos aber und Sparta, die beiden berühmtesten Städte, ehemals die Zierden Griechenlands, dir zu Füßen liegen lassen, damit sie in ihrer Dienstbarkeit uns die Ehre der Befreiung Griechenlands entstellen? –* **6** *Aber damals hielten es ja die Argiver mit Philipp. – Wir erlassen dir das, unseren Rächer zu spielen. Wir haben in sichere Erfahrung gebracht, dass hieran ihrer zwei, höchstens drei schuld waren, nicht aber ihr ganzer Staat schuld war.* **7** *Aber wahrhaftig, ebenso gewiss, als wir wissen, dass es von ihrer Seite durchaus nicht Staatsbeschluss war, dich und deine Besatzung einzuladen und in die Burg aufzunehmen, wissen wir auch das,* **8** *dass die Thessalier, Phoker und Locrer alle einmütig auf Philipps Seite waren. Und wenn wir dessen ungeachtet das ganze übrige Griechenland befreit haben, wie, meinst du, werden wir uns gegen die Argiver benehmen, da sie sich hierin keinen Senatsbeschluss haben zuschulden kommen lassen?* **9** *Du sagtest vorhin, wir machten dir Vorwürfe darüber, dass du die Sklaven zur Freiheit riefst und Ländereien unter die Armen verteiltest. Freilich ist auch dies nicht unbedeutend; allein was ist es gegen die übrigen Frevel, die von dir und den Deinigen täglich einer über den andern verübt werden?* **10** *Gestatte einmal entweder zu Argos oder zu Sparta eine freie Volksversammlung, wenn du Lust hast, die Vorwürfe wegen deiner grenzenlosen Tyrannei der Wahrheit gemäß zu hören.* **11** *Um alles andere Frühere zu übergehen: Welch ein Gemetzel richtete nicht zu Argos der saubere Pythagoras, dein Schwiegersohn, fast unter meinen Augen an? Was für ein Gemetzel du selbst, als ich fast schon auf spartanischen Grund und Boden stand?* **12** *Lass doch gleich die alle, die du in der Volksversammlung festnahmst, und so, dass alle deine Mitbürger es hörten, nur in Gewahrsam zu behalten versprachst, in ihren Fesseln vorführen, damit ihre unglücklichen Eltern sehen, dass die, um die sie in ihrer falschen Einbildung trauern, noch am Leben sind.* **13** *Aber, sagst du, gesetzt, dies alles verhalte sich so, was geht es euch Römer an? Eine solche Sprache wolltest du gegen Griechenlands Befreier führen? Gegen sie, die, um es befreien zu können, über das Meer setzten? Den Krieg zu Land und zu Wasser führten?* **14** *Bei alledem, sagst du, habe ich doch nicht eigentlich euch, noch die Freundschaft und Verbindung mit euch beleidigt. Soll ich dir beweisen, wie oft du das getan hast? Doch ich verschmähe jetzt weitere Angaben; ich will alles in eins zusammenfassen. Wodurch verletzt man die Freundschaft?* **15** *Doch wohl vorzüglich durch zweierlei; wenn man meine Verbündeten als Feinde behandelt, und wenn man sich mit meinen Feinden verbindet.* **16** *Was von beiden hattest du nicht getan? Messene, das wir gerade mit Sparta selbst durch ein und denselben Vertrag in unsere Freundschaft aufgenommen hatten, hast du, als du noch unser Bundesgenosse warst,* **17** *und die Stadt mit uns im Bunde stand, mit stürmender Hand genommen, und mit Philipp, unserem Feind, hast du nicht bloß ein Bündnis, sondern durch seinen Feldherrn Philokles – wenn's Gott gefällt – sogar ein Band der Verwandtschaft verabredet,* **18** *hast uns, als mit uns im Krieg, das Meer um Malea durch deine Raubschiffe unsicher gemacht; hast beinahe mehr römische Bürger als Philipp gefangen genommen und hingemordet,* **19** *und die mit*

Zufuhr für unsere Heere beladenen Schiffe hatten die makedonische Küste nicht so zu fürchten als das Vorgebirge Malea. ***20*** *Also sei so gut und wirf nicht weiter mit Bundestreue und Bundesrechten um dich. Lass das volkstümliche Gerede und sprich als Tyrann und Feind.*

(33) Hier nun fing Aristaenus an, Nabis zu warnen und dann wieder zu bitten, sich selbst und sein Bestes zu bedenken, solange er es noch in seiner Gewalt habe und solange es noch Zeit sei. ***2*** Dann nannte er ihm die Tyrannen der benachbarten Städte, die ihre Regierung niedergelegt, dem Volk die Freiheit wiedergegeben und ihr Alter nicht bloß in Sicherheit, sondern sogar in Ehren unter ihren Mitbürgern verlebt hatten. ***3*** Über diesen Worten von beiden Seiten wurde es beinahe Nacht, und die Unterredung aufgehoben. Am folgenden Tag erklärte Nabis, er wolle Argos abtreten und seine Besatzung wegnehmen, wenn es die Römer so haben wollten, ***4*** auch die Gefangenen und Überläufer zurückgeben. Sollten sie sonst noch Forderungen machen wollen, so bat er, ihm diese schriftlich anzugeben, um sie mit seinen Freunden beraten zu können. ***5*** Also wurde dem Tyrannen Bedenkzeit gegeben, und auch Quinctius konnte noch einen Kriegsrat abhalten, zu dem er auch die Häupter der Verbündeten zog. ***6*** Die meisten waren der Meinung, man müsse bei dem Krieg beharren und den Tyrannen beiseite schaffen, sonst werde Griechenlands Freiheit nie sicher sein. ***7*** Es wäre viel besser gewesen, den Krieg gegen ihn nicht anzufangen, als ihn nun nach der Eröffnung liegen zu lassen. ***8*** Nabis selbst werde dann gleichsam unter der Genehmigung seiner Tyrannei um so fester stehen, wenn er die Römer als Bürgen seiner unrechtmäßigen Regierung gewinnen könne, und auch sein Beispiel werde in anderen Staaten manche anreizen, der Freiheit ihrer Mitbürger eine Falle zu legen. ***9*** Der Feldherr selbst war mehr zum Frieden geneigt, denn er sah, es sei nun, da sie den Feind in die Mauern getrieben hätten, nichts weiter übrig als Einschließung. Diese aber werde langwierig sein; denn sie würden kein Gytheon zu bestürmen haben – ***10*** und selbst dieses hätten sie durch Übergabe, nicht durch Sturm bekommen –, sondern Sparta in der vollen Kraft der Gegenwehr. ***11*** Man habe noch die einzige Hoffnung gehabt, dass vielleicht das Anrücken des Heeres unter den Bürgern selbst Uneinigkeit und Aufstand erregen sollte, allein es habe sich niemand gerührt, obgleich sie die feindlichen Fahnen beinahe schon in den Toren gesehen hätten. ***12*** Er fügte hinzu, Villius, der von seiner Gesandtschaft zu Antiochos zurückkomme, melde die Unzuverlässigkeit des Friedens mit ihm; der König sei mit einer weit stärkeren Land- und Seemacht als zuvor nach Europa übergegangen. ***13*** Beschäftige nun das Heer die Belagerung Spartas, mit welchen anderen Truppen man alsdann mit einem so rüstigen und mächtigen König den Krieg führen wolle? – ***14*** Dies sagte er öffentlich; seine geheime Sorge aber war, das Los möchte dem neuen Konsul Griechenland als Statthalterschaft anweisen, dann würde er die Ehre des Sieges in diesem von ihm angefangenen Krieg seinem Nachfolger überlassen müssen.

(34) Als er sah, dass seine Gegenvorstellungen bei den Bundesgenossen keinen Beifall fanden, brachte er sie unter dem Schein, als trete er ihrer Meinung bei, alle dahin, dass sie seinem Plan beistimmten. ***2*** *Gut,* sagte er, *wenn es so sein soll, so lasst uns Sparta einschließen. Nur dürft ihr hierbei nicht vergessen, da die Belagerung einer Stadt, wie ihr wisst, eine so langwierige Sache ist, und ihrer oft die Belagerer eher als die Belagerten müde werden, dass ihr euch schon jetzt darauf gefasst machen müsst, an den Mauern Spartas zu überwintern.* ***3*** *Wäre dieser Zeitaufwand bloß mit Beschwerde und Gefahr verbunden, so würde ich euch auffordern, mit Mut und Körperkraft euch dagegen anzuschicken.* ***4*** *So aber macht er auch große Summen nötig, zu Belagerungswerken, zu Sturmzeug, zu Geschützen, womit eine solche Stadt angegriffen sein will, zur Herbeischaffung von Vorräten auf den Winter für euch und für uns.* ***5*** *Damit ihr also nicht unerwartet in Verlegenheit kommt oder mit Schimpf von dem angefangenen Werke abstehen müsst, so rate ich euch, vorher an eure Staaten zu schreiben und zu erforschen, wie es bei jedem um den Willen, wie es um die Kräfte*

stehe. ***6*** *Hilfstruppen habe ich genug, allein je mehr wir sind, desto mehr Bedürfnisse werden wir haben. Jetzt hat das feindliche Gebiet nichts als den bloßen Boden. Der Winter mit seinen Schwierigkeiten für die Zufuhr aus der Ferne kommt dazu.* ***7*** Diese Rede führte sie alle dahin zurück, dass jeder seine heimischen Übel in Betracht zog, die Saumseligkeit, den Neid und die feindselige Stimmung der zu Hause Bleibenden gegen die im Feld Dienenden, ***8*** die jeden einmütigen Beschluss erschwerende Freiheit, den Mangel der Schatzkammer und die Knappheit in Beiträgen aus eigenem Vermögen. ***9*** Plötzlich also völlig umgestimmt überließen sie es dem Feldherrn, so zu handeln, wie er es dem Besten der Römer und ihrer Bundesgenossen gemäß erachte.

(35) Dann stellte Quinctius bloß mit Zuziehung seiner Unterfeldherren und Obersten folgende Bedingungen auf, unter welchen der Friede mit dem Tyrannen zustande kommen sollte. ***2*** Es sollte zwischen Nabis und den Römern nebst dem König Eumenes und den Rhodiern ein sechsmonatiger Waffenstillstand sein. Titus Quinctius und Nabis sollten sogleich zur Bestätigung des Friedens durch ein Senatsgutachten nach Rom Gesandte schicken. ***3*** Mit dem Tag, an welchem die schriftlichen Friedensbedingungen dem Nabis eingehändigt wären, sollte der Waffenstillstand seinen Anfang nehmen, und innerhalb von zehn Tagen, von diesem Tage an zu rechnen, sollten von Argos und den übrigen im Argivergebiet gelegenen Städten alle Besatzungen weggenommen und diese Orte geräumt und frei den Römern übergeben werden. ***4*** Kein Leibeigener, mag er dem Regenten, dem Staat oder einem Privatmann gehören, sollte aus diesen Orten abgeführt, und die etwa schon früher Abgeführten ihren Eigentümern wieder ausgeliefert werden. ***5*** Alle den Seestädten genommenen Schiffe sollte Nabis herausgeben und weiter kein Schiff behalten als zwei Jachten, die aber nicht über 16 Ruder haben dürften. ***6*** Allen Bundesstaaten des römischen Volkes sollte er ihre Überläufer und Gefangenen herausgeben, und den Messenern alles Ihrige, das sich vorfände und von den Eigentümern als solches erkannt würde. ***7*** Den spartanischen Verbannten sollte er das Ihrige, ihre Kinder und Frauen, wenn sie ihren Männern folgen wollten, wiedergeben, gezwungen aber sollte keine werden, den Mann in die Verbannung zu begleiten. ***8*** Denen von Nabis' Söldnern, die entweder in ihre Heimat oder zu den Römern übergegangen wären, sollte all ihr Eigentum richtig zurückgegeben werden. ***9*** Auf der Insel Kreta sollte er keine Stadt innehaben, die er gehabt habe, sie vielmehr den Römern übergeben. Er sollte mit niemandem, weder in Kreta noch sonst, ein Bündnis schließen oder Krieg führen. ***10*** Aus allen Städten, die er selbst herausgäbe, sowie auch aus denen, die sich und ihr Eigentum unter der Römer Schutz und Hoheit gegeben hätten, sollte er alle seine Besatzungen wegnehmen und sowohl er als auch sein Anhang mit ihnen außer Berührung bleiben. ***11*** Weder auf eigenem noch auf fremdem Gebiet sollte er irgendeine Stadt oder eine Burg bauen. Für die Sicherheit der Erfüllung dieser Punkte sollte er fünf Geiseln stellen, die der römische Feldherr annehmlich fände, und unter ihnen seinen Sohn, auch für jetzt 1000 Talente Silber bezahlen und acht Jahre lang jährlich 50.

(36) Quinctius rückte mit seinem Lager näher an Sparta heran und schickte die aufgestellten Bedingungen hinein. ***2*** Auch nicht eine darunter wollte dem Tyrannen recht gefallen, außer dass wider seine Erwartung einer Wiederaufnahme der Vertriebenen gar nicht gedacht war. Vor allem missfiel ihm der Punkt, dass ihm sowohl die Schiffe als auch die Seestädte genommen wurden. ***3*** Denn vom Meer hatte er große Vorteile gezogen, da er die ganze Küste von Malea mit seinen Raubschiffen unsicher machte. Außerdem hatte er an der jungen Mannschaft aus diesen Städten bei Weitem die besten Ergänzungstruppen. ***4*** So geheim er nun mit seinen Vertrauten über diese Bedingungen zu Rate ging, so trug man sich doch allgemein damit, weil die Zuverlässigkeit seiner fürstlichen Diener wie überhaupt bei Forderungen der Treue so auch in der Verschweigung seiner Geheimnisse nicht standhielt. ***5*** Und nun missbilligten sie nicht nur sämtliche Punkte, sondern jeder Einzelne den, der ihn selbst betraf. Hatte einer die Gattin eines Vertriebenen geheiratet

oder von dessen Gütern dies und jenes im Besitz, so war er so aufgebracht, als träfe ihn nicht die Rückgabe, sondern der Verlust. ***6*** Die durch den Tyrannen frei gewordenen Sklaven sahen nicht allein für die Zukunft ihre Freiheit verloren gehen, sondern einer weit schrecklicheren Sklaverei entgegen als die war, in welcher sie vorher gelebt hatten, weil sie nun in die Gewalt racheschnaubender Eigentümer zurückkehrten. ***7*** Die Söldner sahen mit Ärger den Preis ihrer Kriegsdienste im Frieden sinken und sich selbst die Rückkehr in ihre Städte unmöglich gemacht, wo die Trabanten der Tyrannei noch gehasster waren als die Tyrannen selbst.

(37) Anfangs besprachen sie dies nur unter Männern in geselligen Kreisen, dann aber lief alles plötzlich zu den Waffen. ***2*** Da der Tyrann bei diesem Aufstand das Volk schon aus eigenem Antrieb so erbittert sah, ließ er eine Versammlung berufen. ***3*** Als er ihm hier die Forderungen der Römer bekannt gemacht und einige härtere und empörendere fälschlich hinzugefügt hatte, und die Versammlung bei jedem Punkt, bald insgesamt, bald teilweise ihm zuschrie, legte er ihnen die Frage vor, was er hierauf nach ihrem Willen antworten oder wie er handeln solle. ***4*** Fast einstimmig riefen alle: *Gar keine Antwort! Krieg!* Jeder nach seiner Weise hieß ihn, wie es der große Haufe macht, guten Mut haben, hieß ihn unter der Versicherung, dass das Glück es mit der Tapferkeit halte, das Beste zu hoffen. ***5*** Der Tyrann, durch ihren Zuruf ermuntert, sagte laut, Antiochos und die Aetoler würden ihnen zu Hilfe kommen, und er selbst habe Truppen genug, um eine Belagerung auszuhalten. ***6*** Verschwunden war der Gedanke an Frieden aus aller Herzen, und sie laufen auseinander nach den verschiedenen Posten, entschlossen, nicht länger untätig zu bleiben. Der Ausfall einiger weniger zu einem Angriff und ihre abgeschossenen Wurfspieße ließen die Römer nicht länger an der Unvermeidlichkeit des Krieges zweifeln. ***7*** Dann fanden leichte Gefechte statt, die in den ersten vier Tagen ohne bestimmte Entscheidung blieben. ***8*** Am fünften wurden die Spartaner nach einem beinahe ordentlichen Treffen in so völliger Flucht in die Stadt getrieben, dass einige römische Soldaten, die den Fliehenden nachsetzten, durch die offen gelassenen Stellen der Mauer, die sich damals noch nicht schloss, in die Stadt eindrangen.

(38) Quinctius, dem jetzt, da die Feinde hierdurch von allen weiteren Ausfällen zurückgeschreckt waren, nichts als die Bestürmung der Stadt übrigblieb, schickte nach Gytheon, um von dort alle Seetruppen kommen zu lassen, und machte inzwischen mit seinen Obersten zu Pferd, um sich über die Lage der Stadt zu unterrichten, seine Rundgänge um die Mauern. ***2*** Früher war Sparta ohne Mauern gewesen; erst kürzlich hatten die Tyrannen vor die offenen und ebenen Stellen eine Mauer gezogen; die höheren und nicht so leicht zu ersteigenden Stellen schützten sie statt aller Befestigungen durch vorgeschobene Posten von Bewaffneten. ***3*** Nachdem Quinctius alles genau in Augenschein genommen und sich zur Belagerung entschlossen hatte, umstellte er die Stadt mit allen seinen Truppen; und er hatte an Römern und Bundesgenossen, Fußvolk und Reiterei, Land- und Seetruppen zusammengenommen gegen 50 000 Mann. ***4*** Die einen trugen Leitern herbei, andere Fackeln, andere noch andere Dinge, nicht bloß zum Sturm, sondern auch, um den Feind zu schrecken. Sie bekamen Befehl, mit erhobenem Kriegsgeschrei alle auf einmal anzugreifen, so dass die Spartaner, auf allen Seiten geschreckt, nicht wüssten, wo sie zuerst sich entgegenstellen oder helfen sollten. ***5*** Die Kerntruppen des Heeres hatte er in drei Teile geteilt. Der eine sollte bei dem Tempel des Phöbus, der andere bei dem Tempel der Dictynna, der dritte bei den sogenannten Sieben Ecken, lauter offenen Gegenden ohne Mauer, den Angriff machen. ***6*** Bei diesem ringsum auf die Stadt hereinbrechenden Schrecken stellte sich der Tyrann, bald durch ein plötzliches Geschrei, bald durch herbeistürzende Boten hingerufen, je nachdem ein Posten besonders Not litt, entweder selbst ein oder sandte Unterstützung. ***7*** Als ihn aber der Schrecken von allen Seiten umgab, wurde er gleichsam so versteinert, dass er zweckdienliche Maßregeln so

wenig selbst angeben als anhören konnte, und nicht nur völlig ohne Überlegung, sondern fast ohne Besinnung war.

(39) In den engen Zwischenräumen hielten die Spartaner anfänglich den Angriff der Römer aus, und drei verschiedene Schlachtreihen fochten zu gleicher Zeit an drei verschiedenen Stellen. **2** Als aber die Hitze des Kampfes stieg, blieb das Gefecht durchaus nicht mehr auf beiden Seiten gleich. Vor den Wurfgeschossen, deren sich die Spartaner bedienten, konnte sich der römische Soldat nicht nur sehr leicht durch die Größe seines Schildes decken, sondern mancher Schuss traf auch entweder gar nicht oder nur leicht. **3** Denn bei dem Mangel an Raum und im Gedränge des Gewühles fehlte es ihnen nicht nur an Platz, die Wurfspieße mit dem Zulauf abzuschleudern, der ihnen den meisten Schwung gibt, sondern auch an einer freien und festen Stellung zum Ausholen. **4** So bohrten sich denn ihre geradezu herübergeschossenen Spieße nie in die Körper und nur selten in die Schilde. Durch die höher Stehenden wurden einige Römer von den Höhen herab verwundet, **5** und bald darauf, als sie vorrückten, trafen schon von den Dächern nicht bloß Geschosse, sondern auch Ziegel, vor denen sie sich nicht hüteten. **6** Da nahmen sie ihre Schilde über die Köpfe, reihten sie so dicht aufeinander, dass sie nicht allein keinem unvorhergesehenen Schuss, sondern auch keinem Stoß aus der Nähe zum Eindringen Platz ließen, und rückten so im geschlossenen Sturmdach heran. **7** Die erste Schlucht, gestopft von ihrem und der Feinde Gewühl, hielt sie eine kurze Zeit auf; sobald sie aber, den Feind allmählich wegdrängend, auf eine breitere Straße der Stadt vorgerückt waren, war die Gewalt ihres Angriffes unwiderstehlich. **8** Als die Spartaner dem Feind den Rücken kehrten und in regelloser Flucht auf die Höhe eilten, sah sich Nabis, in Bestürzung, als sei die Stadt schon erobert, nach einem Weg um, auf dem er entkommen könnte. **9** Pythagoras aber, der schon in allen übrigen Punkten dem Mut und dem Amt eines Feldherrn Genüge tat, war es auch diesmal ganz allein, der die Eroberung der Stadt verhinderte. Er ließ die nächsten Häuser an der Mauer anzünden. **10** Da diese sogleich in Flammen standen, weil die, welche sonst zum Löschen hilfreiche Hände bieten, das Feuer beförderten, stürzten die Dächer auf die Römer ein, **11** und nicht bloß Ziegelstücke, sondern auch brennende Balken erreichten die Bewaffneten; das Feuer griff weiter um sich, und selbst der Rauch vergrößerte den Schrecken, wenn auch nicht die Gefahr. **12** Also kehrten nicht nur diejenigen Römer, die noch außerhalb der Stadt waren und eben eindringen wollten, an der Mauer um, sondern auch die schon Eingedrungenen zogen sich zurück, um nicht durch die ihnen im Rücken ausbrechende Feuersbrunst von den Ihrigen abgeschnitten zu werden. **13** Auch ließ Quinctius, als er sah, wie die Sache stand, zum Rückzug blasen. So gingen sie, von der beinahe schon eroberten Stadt zurückgerufen, wieder in ihr Lager.

(40) Quinctius, dem nicht nur der Erfolg selbst, sondern auch die Feinde durch ihre Furcht Mut machten, ließ in den drei folgenden Tagen nicht nach, ihnen zuzusetzen, so dass er sie bald durch Gefechte beunruhigte, bald durch seine Belagerungswerke einige Stellen sperrte, um ihnen den Ausweg zur Flucht zu nehmen. **2** Durch diese drohenden Vorkehrungen in die Enge getrieben, schickte der Tyrann den Pythagoras abermals als seinen Gesandten, welchen Quinctius anfangs mit dem Befehl, das Lager zu verlassen, abwies, weil er aber so demütig bat und ihm zu Füßen fiel, endlich vorließ. **3** Pythagoras fing damit an, dass er alles dem Ermessen der Römer überlassen wolle. **4** Und da er hiermit außer nichtigen, ohne Erfüllung bleibenden Worten nichts ausrichtete, kam es dahin, dass auf dieselben Bedingungen hin, die wenige Tage vorher schriftlich angegeben waren, ein Waffenstillstand geschlossen und das Geld nebst den Geiseln angenommen wurde.

5 Während ihr Tyrann belagert wurde, machten auch den Argivern die sich fast überholenden Nachrichten, dass Sparta schon so gut wie erobert sei, **6** und zugleich der Umstand Mut, dass Pythagoras mit dem stärksten Teil der Besatzung abgezogen war, und da die wenigen auf der Burg ihnen nicht furchtbar sein konnten, trieben sie die Besatzung unter Führung des Archippos aus der Stadt. *7* Dem Timokrates von Pellene schenkten sie, weil er sie schonend behandelt hatte, das Leben und hielten ihm ihr Wort, ihn zu entlassen. Mitten in ihrer Freude kam Quinctius dazu, der jetzt dem Tyrannen den Frieden bewilligt, von Sparta den Eumenes und die Rhodier und seinen Bruder Lucius Quinctius zur Flotte entlassen hatte.

(41) In ihrer frohen Stimmung setzte die Bürgerschaft ihren größten Festtag und die berühmte Feier der Nemeischen Spiele, die an dem festgesetzten Tag wegen der Leiden des Krieges unterblieben war, auf den Einzug des römischen Feldherrn und seines Heeres an, und bei den Spielen gab sie dem Feldherrn selbst den Vorsitz. *2* Hier häufte sich aus mehreren Gründen Freude auf Freude. Aus Sparta waren ihnen ihre Mitbürger wieder zugeführt, welche kürzlich Pythagoras, und die, welche vormals Nabis weggeführt hatte. Auch die waren zurückgekehrt, die nach der von Pythagoras entdeckten Verschwörung und unter den schon begonnenen Hinrichtungen entflohen waren. *3* Nach langer Zwischenzeit sahen sie die Freiheit wieder und in den Römern die Wiederbringer der Freiheit, die sogar ihnen zuliebe den Krieg mit dem Tyrannen angefangen hatten; und am Tag der Nemeischen Spiele selbst wurde den Argivern ihre Freiheit durch die Stimme des Herolds bestätigt. *4* So fröhlich dies die Achäer stimmte, Argos dem gemeinschaftlichen Bund Achaias wiedergegeben zu sehen, so ließ sie doch der Gedanke, dass man Sparta in der Knechtschaft gelassen habe, dass eine Tyrannenherrschaft ihnen zur Seite stehe, keine reine Freude genießen. *5* Die Aetoler aber verunglimpften dies in allen ihren Versammlungen ohne Schonung. Mit Philipp habe man nicht eher aufgehört zu kämpfen, als bis er alle Städte Griechenlands geräumt habe, aber einem Tyrannen werde Sparta gelassen, *6* und der rechtmäßige König, der sich im römischen Lager befunden habe, und die übrigen angesehensten Bürger möchten in der Verbannung leben. Zu des Tyrannen Nabis Thronhütern hätten sich die Römer hergegeben. *7* Von Argos führte Quinctius seine Truppen nach Elatea zurück, von wo er zu dem Krieg gegen Sparta aufgebrochen war. *8* Einige geben an, der Tyrann habe den Krieg nicht, ihn von der Stadt aus abwehrend, geführt, sondern dem römischen Lager gegenüber sich gelagert. *9* Nach langem Zaudern sei er endlich, weil er auf aetolische Hilfstruppen gewartet habe, zu einer förmlichen Schlacht gezwungen, weil die Römer seine Truppen auf einer Getreideholung angegriffen hätten, *10* hier sei er geschlagen, habe sein Lager verloren und um Frieden gebeten, nachdem 15 000 Mann von den Seinigen gefallen und über 4000 gefangen genommen worden wären.

(42) Fast zu gleicher Zeit lief ein Schreiben von Titus Quinctius über seine Taten bei Sparta und eines vom Konsul Marcus Porcius aus Spanien ein. Beiden zu Ehren wurde für jeden ein dreitägiges Dankfest vom Senat beschlossen. *2* Der Konsul Lucius Valerius, der nach seinem Sieg am Wald Litana über die Boier einen ruhigen Stand gehabt hatte, kam zur Abhaltung der Wahlen nach Rom zurück und hatte den Vorsitz, *3* als Publius Cornelius Scipio Africanus zum zweiten Mal und Tiberius Sempronius Longus zu Konsuln gewählt wurden. Ihre Väter waren im ersten Jahr des zweiten Punischen Krieges Konsuln gewesen. *4* Nun folgte die Prätorenwahl. Die Gewählten waren Publius Cornelius Scipio und zwei Cornelier, mit Vornamen Gnaeus, der eine mit Zunamen Merenda, der andere Blasio; ferner Gnaeus Domitius Ahenobarbus und Sextus Digitius und Titus Juventius Thalna. *5* Nach beendeter Wahl ging der Konsul in die Provinz zurück. In diesem Jahr wurde von Ferentinaten der Versuch gemacht, ein neues Recht aufzubringen, dass nämlich Latiner, wenn sie sich für eine römische Kolonie hatten einziehen lassen, römische Bürger sein sollten. *6* Da sie als zugegebene Siedler für Puteoli, Salernum und Buxentum eingezeichnet, aus diesem Grund für römische Bürger gelten wollten, setzte der Senat fest, sie wären keine römischen Bürger.

(43) Im Anfang des Jahres, in welchem Publius Scipio Africanus zum zweiten Mal und Tiberius Sempronius Longus Konsuln waren, kamen die Gesandten des Tyrannen Nabis nach Rom. *2* Im

Apollotempel außerhalb der Stadt wurden sie vom Senat vorgelassen. Sie baten um Bestätigung des mit Titus Quinctius verabredeten Friedens und erhielten sie. *3* Als auf die Bestimmung der Aufgaben angetragen wurde, traten viele Senatoren der Meinung bei, dass beiden Konsuln, weil in Spanien und Makedonien der Krieg zu Ende sei, Italien als Standort angewiesen werden müsse. *4* Scipio hingegen meinte, für Italien genüge ein Konsul, dem andern müsse man Makedonien geben. Man sehe einem schweren Krieg mit Antiochos entgegen. Er sei schon auf eigenen Antrieb nach Europa gegangen. *5* Was sie glaubten, von ihm erwarten zu müssen, wenn auf der einen Seite die Aetoler, diese offenbaren Feinde Roms, ihn zur Teilnahme am Krieg aufforderten, und auf der andern Hannibal, als Feldherr durch Roms Niederlagen ausgezeichnet, ihm Mut mache. *6* Während dieser Erörterungen über die amtliche Tätigkeit der Konsuln losten die Prätoren um die ihrigen. *7* Die Rechtspflege der Stadt erhielt Gnaeus Domitius, die über die Fremden Titus Juventius, Publius Cornelius das jenseitige Spanien, Sextus Digitius das diesseitige, die beiden Gnaei Cornelii, der eine, Blasio, Sizilien, der andere, Merenda, Sardinien. *8* Nach Makedonien wollte man kein neues Heer senden; das dort stehende solle Quinctius nach Italien zurückbringen und entlassen. So solle auch das Heer entlassen werden, das unter Marcus Porcius Tata in Spanien stehe. *9* Beide Konsuln sollten ihren Stand in Italien haben und zwei Stadtlegionen bilden, so dass nach Entlassung der vom Senat dazu bestimmten Heere überhaupt acht römische Legionen wären.

(44) Im vorigen Jahr war unter den Konsuln Marcus Porcius und Lucius Valerius die heilige Frühlingsweihe begangen worden. *2* Da nun der Oberpriester Publius Licinius zuerst dem Kollegium der Oberpriester und dann nach einem Beschluss des Kollegiums den Vätern anzeigte, dass sie nicht auf die rechte Weise begangen worden sei, erklärten diese, sie solle nach einer von den Oberpriestern zu treffenden Einrichtung noch einmal gefeiert werden; auch solle man die zugleich mit jener Weihe verheißenen großen Spiele geben, und zwar mit dem gewöhnlichen Kostenaufwand. *3* Zur heiligen Frühlingsweihe sei aber das ganze Herdenvieh zu rechnen, das unter den Konsuln Publius Cornelius Scipio und Tiberius Sempronius Longus zwischen dem ersten März und letzten April zur Welt komme.

4 Darauf ging die Zensorenwahl vor sich. Sextus Mus Paetus und Gaius Cornelius Cethegus, die erwählten Zensoren, nannten bei der Ablesung ihres Verzeichnisses von den Senatoren den Konsul Publius Scipio zuerst, den auch die vorigen Zensoren obenan gesetzt hatten. Nur drei Senatoren ließen sie ungenannt, von denen aber keiner ein kurulisches Amt bekleidet hatte. *5* Sie machten sich diesen Stand auch dadurch sehr verbindlich, dass sie bei der Feier der Römischen Spiele den kurulischen Ädilen befahlen, die Senatoren mit ihren Sitzen vom Volk abzusondern; denn vorher saßen sie als Zuschauer zwischen allen anderen. Auch nur wenigen Rittern nahmen sie das Pferd und bewiesen überhaupt gegen keinen Stand eine Härte. Sie ließen auch die Halle der Freiheit und das Volkshaus ausbessern und erweitern. *6* Die Frühlingsweihe und die gelobten Spiele, welche Publius Sulpicius Galba als Konsul gelobt hatte, wurden begangen. Während jeder seine Aufmerksamkeit auf dieses Schauspiel richtete, *7* hatte Quintus Pleminius, der wegen seiner vielen zu Locri gegen Götter und Menschen verübten Frevel im Gefängnis saß, Leute bestellt, welche bei Nacht an mehreren Orten der Stadt zugleich Feuer anlegen sollten, um sein Gefängnis, während die Bürger über den nächtlichen Lärm in Bestürzung wären, erbrechen zu können. *8* Durch die Aussage einiger Mitverschworenen wurde die Sache entdeckt und dem Senat gemeldet. Pleminius wurde in den unteren Teil des Kerkers gebracht und hingerichtet.

(45) In diesem Jahr wurden nach Puteoli, Volturnum und Liternum römische Siedler geschickt, nach jedem Ort 300 Bürger. *2* So wurden auch nach Salernum und Buxentum römische Bürger als Siedler geschickt. Die Dreimänner, von denen sie hingeführt wurden, waren Tiberius Sempronius Longus, der damalige Konsul, Marcus Servilius und Quintus Minucius Thermus. Das unter sie

verteilte Land hatte früher den Campanern gehört. *3* Noch andere Dreimänner, Decimus Junius Brutus, Marcus Baebius Tamphilus und Marcus Helvius, führten römische Siedler nach Sipontum, *4* einer Landschaft, die ehemals den Arpinern gehört hatte. Ferner wurden nach Tempsa und Kroton römische Kolonien gegründet. Das Tempsaner Gebiet war den Bruttiern abgenommen, von den Bruttiern waren die Griechen vertrieben worden. *5* Kroton hatten noch Griechen inne. Die nach Kroton ausführenden Dreimänner waren Gnaeus Octavius, Lucius Aemilius Paulus und Gaius Laetorius; die nach Tempsa: Lucius Cornelius Merula und Gaius Salonius.

6 Auch Wunderzeichen wurden in diesem Jahr teils in Rom selbst gesehen, teils gemeldet. Auf dem Markt, auf dem Richtplatz und auf dem Kapitol hatte man Blutstropfen gesehen; es hatte mehrmals Erde geregnet, und einem Standbild Vulkans hatte der Kopf gebrannt. *7* Gemeldet wurde weiter: Im Fluss Nar sei Milch geflossen, zu Ariminum seien Kinder von freien Eltern ohne Augen und Nase, im picenischen Gebiet eins ohne Hände und Füße zur Welt gekommen. *8* Die Abwendung dieser Wunderzeichen wurde nach Anordnung der Oberpriester besorgt. Auch wurde das neuntägige Opferfest gehalten, weil die Einwohner von Hadria meldeten, es habe in ihrem Gebiet Steine geregnet.

(46) In Gallien lieferte der Prokonsul Lucius Valerius Flaccus bei Mediolanum den insubrischen Galliern und den Boiern, welche, um die Insubrer aufzuwiegeln, unter ihrem Heerführer Dorulatus über den Po gegangen waren, eine förmliche Schlacht mit Entscheidung. Zehntausend Feinde wurden niedergehauen. *2* Sein Kollege Marcus Porcius Cato triumphierte in diesen Tagen über Spanien. Sein Triumph lieferte an unverarbeitetem Silber 25 000 Pfund, an Silberdenaren 123 000 an oskischem Silber 45 000 und 1400 Pfund Gold. *3* Als Anteil an der Beute gab er jedem Soldaten 270 Kupfer-As, einem Reiter das Dreifache.

4 Der Konsul Tiberius Sempronius führte nach seiner Ankunft auf seinem Standort die Legionen zuerst in das Gebiet der Boier. Boiorix, damals König, hatte mit seinen zwei Brüdern das ganze Volk zu einem neuen Krieg aufgewiegelt und lagerte sich in einer offenen Gegend, um zu zeigen, dass sie schlagen wollten, wenn der Feind ihr Gebiet beträte. *5* Als der Konsul die Stärke des Feindes und dieses große Selbstvertrauen bemerkte, ließ er seinem Kollegen sagen, er möge, wenn es ihm nicht ungelegen sei, eilig zu ihm stoßen. Durch Zögern wolle er bis zu seiner Ankunft den Krieg hinhalten. *6* Was den Konsul bewog zu zaudern, gerade dies war für die Gallier, abgesehen davon, dass ihnen das Zögern der Feinde Mut machte, ein Ansporn, die Sache zu beschleunigen, um sie abzutun, ehe die Heere beider Konsuln sich vereinigten. *7* Doch ließen sie es zwei Tage lang dabei bewenden, in Schlachtordnung bereitzustehen, wenn jemand gegen sie ausrücken wolle; am dritten endlich zogen sie vor den Wall und griffen das Lager sogleich auf allen Seiten an. *8* Der Konsul ließ die Soldaten sogleich zu den Waffen greifen, behielt sie aber dann noch eine Zeitlang unter den Waffen im Lager, teils, um beim Feind dieses törichte Selbstvertrauen noch weiter zu treiben, teils um seine eigenen Truppenabteilungen anzuweisen, aus welchem Tor jede ihren Ausfall zu machen habe. *9* Beide Legionen sollten zu den beiden Seitentoren ausrücken, aber gerade am Ausgang stellten sich ihnen die Gallier in so dichten Scharen entgegen, dass sie den Weg versperrten. *10* Lange wurde in diesem engen Raum gekämpft, und sie fochten mit Faust und Schwert nicht ernstlicher, als sie mit Schild und Körper sich in den Feind hineinstemmten: *11* die Römer, um mit ihren Fahnen hinauszukommen, die Gallier, um entweder in das Lager selbst einzudringen oder doch die Römer nicht ausrücken zu lassen. *12* Und eine Rückwärtsbewegung ließ sich weder auf der einen noch auf der andern Linie bewirken, bis Quintus Victorius, der Hauptmann der Triarier, und der Oberst Gaius Atinius, dieser von der vierten, jener von der zweiten Legion – schon mehrmals war in schweren Kämpfen dies Mittel versucht – die ihrem Fahnenträger genommene Fahne unter die Feinde warfen. Bei der Anstrengung, die Fahne wiederzugewinnen, waren die von der zweiten Legion die Ersten, welche zum Tor hervorbrachen.

(47) Schon kämpften diese außerhalb des Walles, während die vierte Legion noch im Tor festsaß, als auf der Rückseite des Lagers sich ein anderer Lärm erhob. *2* Die Gallier waren zum Hintertor eingebrochen und hatten den Quästor Lucius Postumius mit dem Beinamen Tympanus, die Bundesgenossenobersten Marcus Atinius und Publius Sempronius und gegen 200 Mann nach hartnäckigem Widerstand niedergemacht. *3* Das Lager blieb auf dieser Seite so lange erobert, bis die Kohorte auserlesener Bundestruppen, die der Konsul zur Behauptung des Hintertores geschickt hatte, nicht nur die Feinde innerhalb des Walles teils niederhieb, teils aus dem Lager drängte, sondern auch der Eindringlinge wehrte. *4* Fast zu gleicher Zeit brach auch die vierte Legion mit zwei Kohorten auserlesener Bundestruppen aus dem Tor heraus. So umstanden das Lager auf verschiedenen Punkten drei Treffen zugleich, deren misstönendes Geschrei die Aufmerksamkeit der Kämpfenden von dem Kampf vor ihrem Angesicht auf den ihnen unbekannten Erfolg der Ihrigen hinüberzog. *5* Bis zu Mittag kämpfte man mit gleichen Kräften und mit fast gleicher Hoffnung. Als aber Anstrengung und Hitze die Gallier bei ihren fleischigen, leicht schwitzenden und den Durst durchaus nicht ertragenden Körpern das Gefecht aufzugeben zwang, da hieben die Römer auf die wenigen sich noch wehrenden ein und trieben sie in voller Flucht in ihr Lager. *6* Jetzt gab der Konsul das Zeichen zum Rückzug, welchem auch der größere Teil folgte, die Übrigen blieben in der Hitze des Kampfes und in der Hoffnung, sich des feindlichen Lagers zu bemächtigen, im Angriff auf dasselbe stehen. *7* Voll Verachtung gegen so wenige brachen die Gallier sämtlich aus ihrem Lager hervor. Die Römer wurden geschlagen und eilten, was sie vorhin auf Befehl des Konsuls nicht tun wollten, jetzt von selbst voll Bestürzung und Schrecken in ihr Lager. So wechselte diesmal auf beiden Seiten bald Flucht bald Sieg. *8* Doch waren gegen 11 000 Gallier und 5000 Römer gefallen; die Gallier zogen sich tief in ihr Gebiet zurück. Der Konsul führte seine Legionen nach Placentia.

(48) Einige berichten, Scipio habe nach Vereinigung seines Heeres mit seinem Kollegen das boische und ligurische Gebiet verheerend durchzogen, soweit ihm Waldungen und Moräste das Vorrücken erlaubt hätten; andere, er sei, ohne etwas Denkwürdiges ausgeführt zu haben, zur Haltung der Wahlen nach Rom zurückgekehrt.

2 In demselben Jahr brachte Titus Quinctius zu Elatea, wohin er mit seinen Truppen in die Winterquartiere gegangen war, die ganze Winterzeit mit richterlichen Entscheidungen und der Veränderung jener Anordnungen zu, die sich entweder Philipp selbst oder seine Statthalter in der Absicht in den Staaten erlaubt hatten, um durch Hebung seiner Partei die Rechte und die Freiheit der Gegner zu unterdrücken. *3* Mit Frühlingsanfang ging er nach Korinth zu der von ihm bestimmten Zusammenkunft. Hier hielt er an die gleich einer Volksversammlung ihn umgebenden Gesandtschaften aller Staaten eine Anrede, *4* worin er zuerst an die erste freundschaftliche Verbindung Roms mit der griechischen Nation und an alles das erinnerte, was die Feldherren getan hatten, die vor ihm in Makedonien gewesen wären, und was er selbst getan hatte. *5* Das alles fand bei den Zuhörern außerordentlichen Beifall, nur meinte man, als er in der Reihe seiner Erwähnungen auf Nabis kam, *6* es sei durchaus dem Befreier Griechenlands nicht angemessen gewesen, einen Tyrannen zurückzulassen, der nicht allein für seine eigene Vaterstadt so drückend, sondern auch allen umliegenden Staaten furchtbar sei, da er sich im Schoß eines so weltberühmten Staates festgesetzt habe.

(49) Quinctius, dem diese Stimmung nicht unbekannt war, gestand, wenn es ohne Spartas Zerstörung sich hätte machen lassen, so hätte man dem Vorschlag eines Friedens mit dem Tyrannen kein Gehör geben müssen. *2* So aber, da er nur mit dem Untergang einer so ehrwürdigen Stadt

habe gestürzt werden können, sei es geratener gewesen, lieber den Tyrannen geschwächt und fast für alle unschädlich gemacht zu belassen, *3* als den Staat an den für seine jetzigen Kräfte zu starken Heilmitteln sterben zu lassen, so dass ihm gerade diese Erwerbung der Freiheit das Leben gekostet hätte. *4* Nach dieser Erwähnung der Vergangenheit setzte er hinzu, er sei willens, nach Italien zu gehen und sein ganzes Heer mitzunehmen. *5* Noch vor Ablauf der nächsten zehn Tage würden sie von dem Abzug der Besatzungen aus Demetrias und Chalkis hören; Akrokorinth werde er sogleich vor ihren Augen geräumt den Achäern übergeben, *6* damit die Welt erfahre, ob die Lüge bei den Römern oder bei den Aetolern zu Hause sei, die allenthalben herumgesprochen hätten, man habe sehr übel daran getan, seine Freiheit den Römern anzuvertrauen und sich statt der Makedonier die Römer zu Herren genommen. *7* Doch diese Leute hätten nie überlegt, weder was sie sprächen, noch was sie täten. Die übrigen Staaten wolle er erinnert haben, ihre Freunde nach den Taten, nicht nach den Worten abzuwägen und darüber verständigt zu sein, wem sie zu trauen und vor wem sie sich zu hüten hätten. *8* Sie möchten sich ihrer Freiheit mit Mäßigung bedienen – gemildert sei sie sowohl dem Einzelnen als auch den Staaten heilsam, in der Übertreibung nicht nur für andere drückend, sondern selbst in den Händen ihrer Besitzer ungezügelt und halsbrechend. *9* Für die Eintracht möchten in den Staaten die Häupter und Stände unter sich, und hinsichtlich des Ganzen alle Staaten Sorge tragen. Wären sie einig, so werde kein König, kein Tyrann ihnen als Gegner gewachsen sein. *10* Zwietracht und Trennung gebe auf allen Seiten dem Auflauerer Blöße, weil die Partei, die zu Hause im Streit unterliege, sich lieber an Auswärtige anschließe, als ihren Mitbürgern nachgebe. *11* Die durch fremde Waffen errungene, durch die Redlichkeit einer auswärtigen Nation ihnen wiedergegebene Freiheit zu bewahren und zu erhalten, möchten sie nun ihre eigene Sorge sein lassen, damit das römische Volk sehe, es habe die Freiheit Würdigen verliehen und sein Geschenk in gute Hände gegeben.

(50) Es war ihnen, als hörten sie die Worte eines Vaters; alle vergossen Tränen vor Freude, so dass sie selbst den Redner aus der Fassung brachten. *2* Eine Weile verging darüber, dass sie seiner Rede lauten Beifall nachriefen und einander aufforderten, diese Worte, wie aus einem Orakel gesprochen, sich tief in Herz und Seele zu prägen. *3* Nach geforderter Stille bat er sie, die römischen Bürger, die etwa bei ihnen in Sklaverei lebten, aufzusuchen und sie ihm nach Thessalien zu schicken. Ihnen selbst sei es nicht ehrenvoll, wenn in ihrem befreiten Land seine Befreier Sklaven wären. *4* Alle riefen ihm zu, sie dankten ihm außer für alles Übrige auch dafür, dass er sie daran erinnere, einer so pflichtmäßigen und unerlässlichen Gefälligkeit sich zu unterziehen. *5* Die Zahl der Gefangenen aus dem Punischen Krieg, welche Hannibal, weil sie von den Ihrigen nicht ausgelöst wurden, zu Sklaven verkauft hatte, war sehr bedeutend. *6* Als Beweis für ihre Menge mag die Angabe des Polybius gelten, dass dies den Achäern allein auf 100 Talente zu stehen kam, da sie zum Ersatz für die Eigentümer den Preis jedes Kopfes auf 500 Denare gesetzt hätten. Nach dieser Rechnung hatte Achaia allein 1200. *7* Man rechne nun verhältnismäßig so viele dazu, als man mit Wahrscheinlichkeit für ganz Griechenland annehmen kann. *8* Noch waren sie auf der Zusammenkunft nicht verabschiedet, als sie von Akrokorinth die Besatzung herabkommen, sofort dem Tor zugeführt und abziehen sahen. *9* Der Feldherr, der unter dem Zuruf „Der Erretter", „Der Befreier" von allen begleitet, dem Zug folgte, sagte ihnen beim Abschied Lebewohl und ging auf derselben Straße, die er gekommen war, nach Elatea zurück. *10* Von hier entließ er den Unterfeldherrn Appius Claudius mit allen Truppen und befahl ihm, durch Thessalien und Epirus sie nach Orikon zu führen und ihn dort zu erwarten, *11* weil er beabsichtige, das Heer von da nach Italien überzusetzen. Auch schrieb er seinem Bruder Lucius Quinctius, als Unterfeldherrn und Befehlshaber der Flotte, er möge ebenfalls dorthin von der ganzen Küste Griechenlands seine Lastschiffe zusammenziehen.

(51) Er selbst ging nach Chalkis und hielt hier, als er nicht nur aus Chalkis, sondern auch aus Oreum und Eretria seine Besatzungen gezogen hatte, eine Versammlung aus allen euböischen Städten ab, gab ihnen zu beherzigen, *2* in welchem Zustand er sie vorgefunden habe und in welchem er sie verlasse, und entließ sie. *3* Von da ging er nach Demetrias, zog seine Besatzung heraus, *4* und ebenso wie zu Korinth und Chalkis von allen vor das Tor begleitet, nahm er seinen Weg weiter nach Thessalien, wo er die Städte nicht bloß in Freiheit setzen, sondern aus einer Flut von Verwirrungen aller Art in eine wenigstens erträgliche Verfassung bringen musste. *5* Diese Verwirrung war nicht bloß eine Folge der nachteiligen Zeitumstände oder der Gewalttaten und Ermächtigungen des Königs, sondern sie selbst haben auch bei der unruhigen, ihrem Volk eigenen Sinnesart von ihrem Entstehen an bis auf unsere Zeiten nie eine Wahl, nie eine Zusammenkunft oder Versammlung ohne Aufruhr und Tumult vorübergehen lassen. *6* Deswegen nahm Quinctius bei der Wahl ihrer Senatoren und Ritter hauptsächlich das Vermögen zum Maßstab und gab in jeder Bürgerschaft dem Teil die größere Macht, dem an der allgemeinen Wohlfahrt und Ruhe am meisten gelegen sein musste.

(52) Nachdem er so ganz Thessalien durchwandert und durchmustert hatte, kam er durch Epirus nach Orikon, von wo er übersetzen wollte. *2* Von Orikon setzte er alle seine Truppen nach Brundisium über, von hier zogen sie durch ganz Italien bis zur Stadt beinahe im Triumph, weil sie einen Zug von erobertem Gut vorausgehen ließen, der nicht kleiner als ihr eigener war. *3* Als sie vor Rom ankamen, ließ der Senat außerhalb der Stadt den Quinctius zum Bericht seiner Taten vor und bewilligte ihm den verdienten Triumph mit Freuden. *4* Er triumphierte drei Tage lang. Am ersten führte er Rüstungen, Waffen, eherne und marmorne Standbilder auf, meistens von Philipp gewonnene Beute, nur wenig aus den Städten; am zweiten Tag Gold und Silber, verarbeitet, roh und gemünzt. *5* Das unverarbeitete Silber betrug 18 000 Pfund, das verarbeitete 270. Darunter waren viele Gefäße aller Art, meistens von getriebener Arbeit, manche von vorzüglicher Kunst, auch viele Kunstwerke von Erz und zehn silberne Schilde. *6* Das geprägte Silber betrug 84 000 Attiker, sie heißen dort Vierdrachmenstücke, deren jedes an Silber etwa vier Denare hält, *7* hierzu kamen 3714 Pfund Gold, ein ganz goldener Schild und 14 514 Goldphilipp-Münzen. *8* Am dritten Tag zogen die goldenen Kränze vorüber, die ihm die Städte verehrt hatten, 114 an Zahl, die Opfertiere folgten; *9* dem Wagen voraus gingen viele vornehme Gefangene und Geiseln, unter diesen König Philipps Sohn Demetrius und des Tyrannen Nabis Sohn Armenes von Sparta. *10* Hierauf fuhr der Triumphwagen Quinctius selbst in die Stadt. Das Gefolge von Soldaten war stark, weil das ganze Heer vom Kriegsschauplatz zurückkam. *11* Bei der Teilung bekam jeder Fußsoldat 250 As, doppelt soviel ein Hauptmann, jeder Reiter das Dreifache. *12* Als Nachzug verherrlichten den Triumph die aus der Leibeigenschaft Befreiten, die alle mit abgeschorenem Haupt folgten.

(53) Am Ende des Jahres machte der Volkstribun Quintus Aelius Tubero nach einem Senatsgutachten dem Volke den Vorschlag, den es auch annahm, dass zwei latinische Kolonien, die eine in das bruttische, die andere in das thurinische Gebiet ausgeführt würden. *2* Die zu ihrer Ausführung erwählten, auf drei Jahre mit obrigkeitlicher Macht versehenen Dreimänner waren für das Bruttische Quintus Naevius, Marcus Minucius Rufus und Marcus Furius Crassipes; für das Thurinische Gnaeus Manlius, Quintus Aelius und Lucius Apustius. Diese beiden Wahlversammlungen hielt der Stadtprätor Gnaeus Domitius auf dem Kapitol ab.

3 In diesem Jahr wurden mehrere Tempel eingeweiht: einer der Juno Matuta auf dem Kohlmarkt, welchen ihr Gaius Cornelius vor vier Jahren im Gallischen Krieg als Konsul gelobt, auch den Bau verdungen hatte; jetzt weihte er ihn als Zensor. *4* Ein zweiter dem Faunus. Aus den Strafgeldern hatten diesen Bau vor zwei Jahren die Ädilen verdungen, Gaius Scribonius und Gnaeus Domitius, der ihn als Stadtprätor weihte. *5* Ferner weihte der Fortuna der Erstgeborenen der hierzu ernannte Duumvir Quintus Marcius Ralla einen Tempel auf dem Quirinal. **6** Gelobt hatte ihn vor zehn Jahren im Punischen Krieg Publius Sempronius; auch den Bau hatte er als Konsul verdungen. **7** Außerdem weihte den Tempel Jupiters auf der Tiberinsel der Duumvir Gaius Servilius. Gelobt war er vor sechs Jahren im Gallischen Krieg von Lucius Furius Purpureo in seiner Prätur und nachher auch von ihm in seinem Konsulat verdungen. Dies waren die Ereignisse dieses Jahres.

(54) Publius Scipio kam aus der Provinz Gallien, um neue Konsuln wählen zu lassen. Die Wahlen der Konsuln fanden statt, und die ernannten waren Lucius Cornelius Merula und Quintus Minucius Thermus. **2** Am folgenden Tag wurden zu Prätoren gewählt Lucius Cornelius Scipio, Marcus Fulvius Nobilior, Gaius Scribonius, Marcus Valerius Messalla, Lucius Porcius Licinus und Gaius Flaminius. **3** Die kurulischen Ädilen Gaius Atilius Serranus und Lucius Scribonius Libo waren die ersten, welche die Megalesien als Bühnenspiele gaben. **4** Den Römischen Spielen dieser Ädilen sah der Senat zum ersten Mal in seiner Absonderung vom Volk zu und gab dadurch – wie das gewöhnlich alles Neue tut – zu mancherlei Reden Anlass, sowohl bei der einen Partei – denn diese erklärte, endlich habe man doch dem erhabensten Stand das, was ihm längst gebührt habe, eingeräumt –, **5** als auch bei der anderen, welche die Sache so auslegte: Was der Majestät der Väter zugelegt werde, sei der Würde des Volkes genommen, und alle solche Unterscheidungen, wodurch die Stände getrennt würden, dienten ebenso sehr dazu, Eintracht und Freiheit zu schmälern. **6** Bis auf das jetzige Jahr 558 hätten die Zuschauer zusammengesessen. Was sich auf einmal zugetragen habe, dass die Väter den Bürgerstand nicht länger in ihren Sitzen zulassen wollten, **7** dass den Reichen vor dem Armen als Nachbar ein Ekel befalle? Dies sei eine neue, eine übermütige Anmaßung, die man bis jetzt noch nie im Senat irgendeines Volkes wünschenswert gefunden oder eingeführt habe. **8** Ja, Africanus selbst soll es endlich bereut haben, dass er als Konsul den Vorschlag unterstützt habe. So wenig kann man bei irgendeiner Abänderung des Hergebrachten auf Beifall rechnen. Tritt die Erfahrung nicht ganz offen gegen das Alte auf, so wollen es die Leute lieber bei diesem gelassen wissen.

(55) Am Anfang des Jahres, in welchem Lucius Cornelius und Quintus Minucius Konsuln waren, liefen so häufige Nachrichten von Erdbeben ein, dass die Leute nicht nur des Ereignisses selbst, sondern auch der deshalb verordneten Bettage überdrüssig wurden. **2** Es konnte kein Senat gehalten, kein Staatsgeschäft betrieben werden, weil die Konsuln vollauf mit Opferungen und Sühnungen zu tun hatten. **3** Endlich bekamen die Zehnmänner den Auftrag, in den heiligen Büchern nachzusehen, nach deren Ausspruch ein dreitägiges Betfest angestellt wurde. **4** Bekränzt hielten die Leute ihre Andacht in allen Tempeln, und es war verordnet, dass alle Glieder einer Familie die Andacht zugleich begehen sollten. Auch verordneten auf einen Senatsbeschluss die Konsuln, es solle niemand an einem Tag, der schon wegen eines gemeldeten Erdbebens zu einem Bettage bestimmt sei, ein neues Erdbeben melden. **5** Darauf losten zuerst die Konsuln, dann die Prätoren um ihre Aufgabenbereiche. **6** Den Cornelius traf Gallien, den Minucius Ligurien, den Gaius Scribonius die städtische, den Marcus Valerius die fremde Gerichtspflege, den Lucius Cornelius Sizilien, den Lucius Porcius Sardinien, den Gaius Flaminius das diesseitige und den Marcus Fulvius das jenseitige Spanien.

(56) Bei den Konsuln, die für dieses Jahr gar keinen Krieg erwarteten, lief von Marcus Cincius – er war Befehlshaber zu Pisa – die schriftliche Anzeige ein, **2** dass nach einer auf allen Versammlungsplätzen des ganzen ligurischen Völkerstammes beschworenen Vereinigung 20 000 bewaffnete Ligurer zuerst das Gebiet von Luna verheert, dann ihren Zug durch die Gegend von Pisa genommen und sich in Streifzügen über die ganze Seeküste ausgebreitet hätten. **3** Da bestieg der Konsul Minucius, dem das Los seinen Posten in Ligurien angewiesen hatte, nach

einem Senatsbeschluss die Rednerbühne und machte bekannt, ***4*** die beiden im vorigen Jahr geworbenen Stadtlegionen hätten sich nach zehn Tagen zu Arretium einzufinden. An ihre Stelle wolle er zwei Stadtlegionen ausheben. ***5*** So gab er auch den Bundesgenossen und Latinerstaaten, den Obrigkeiten nämlich und Gesandten derer, an denen die Reihe der Truppenstellung war, die Anweisung, sich auf dem Kapitol bei ihm zu melden. ***6*** Hier verteilte er auf sie, nach der Zahl der Dienstfähigen in jeder Gemeinde, 15 000 Mann Fußvolk und 500 Reiter, die sie zu stellen hätten, ***7*** hieß sie sogleich vom Kapitol dem Tor zueilen und zur Beschleunigung der Sache auf Werbung abgehen. ***8*** Dem Fulvius und Flaminius wurden je 3000 Mann römisches Fußvolk und 100 Reiter zu Ergänzungen bestimmt und ebenso jedem 5000 Mann latinischer Bundestruppen und 200 Reiter; zugleich erhielten diese Prätoren den Auftrag, die alten Soldaten zu entlassen, wenn sie auf ihrem Posten angekommen wären. ***9*** Schon hatten sich viele Soldaten in den Stadtlegionen an die Volkstribunen gewandt, um diese entscheiden zu lassen, wie viele von ihnen schon ausgedient hätten oder wegen Kränklichkeit mit dem Feldzug verschont werden müssten, da vereitelte diese Untersuchung ein Schreiben von Tiberius Sempronius, ***10*** worin er meldete, 10 000 Ligurer hätten das Gebiet von Placentia überfallen und unter Mord und Brand bis an die Mauern der Kolonie selbst und bis an die Ufer des Po verheert. Auch schicke sich das Volk der Boier zu einem neuen Krieg an. ***11*** Darauf erklärte der Senat den Kriegszustand; er finde es für die Volkstribunen unstatthaft, auf die Angaben der Soldaten, warum sie sich dem Aufruf nicht stellen könnten, sich einzulassen. ***12*** Ferner stand in dem Senatsbeschluss, die latinischen Bundestruppen, die im Heer des Publius Cornelius und Tiberius Sempronius gestanden hätten und von diesen Konsuln entlassen wären, sollten sich auf den ihnen vom Konsul Lucius Cornelius zu bestimmenden Tag in Etrurien auf dem Sammelplatz einfinden, den er ebenfalls ihnen bestimmen werde. ***13*** Ferner, der Konsul Lucius Cornelius sollte auf seinem Marsch zur Provinz in allen Städten und Dörfern, durch die er zöge, wenn es ihm zweckmäßig scheine, Truppen ausheben, bewaffnen und mitgehen lassen, auch das Recht haben, von ihnen zu verabschieden, wen und wann er wolle.

(57) Als die Konsuln nach abgehaltener Aushebung auf ihre Standorte abgegangen waren, beantragte Titus Quinctius, man möge sich im Senat die von ihm im Verein mit den zehn Abgeordneten getroffenen Anordnungen vortragen lassen, und wenn man sie genehmige, durch ein Gutheißen bestätigen. ***2*** Dies werde man sich erleichtern, wenn man die Gesandten, die aus ganz Griechenland, aus einem großen Teil Asiens und von den Königen sich eingefunden hätten, selbst reden ließe. ***3*** So wurden denn diese Gesandtschaften vom Stadtprätor Gaius Scribonius dem Senat vorgestellt und erhielten alle eine freundliche Antwort. ***4*** Nur wurde die Auseinandersetzung mit den Gesandten des Antiochos als zu weitläufig den zehn Abgeordneten übertragen, von denen mehrere in Asien oder beim König selbst zu Lysimachia gewesen waren. ***5*** Titus Quinctius wurde bevollmächtigt, mit Zuziehung derselben den Vortrag der königlichen Gesandten anzuhören und ihnen eine Antwort zu erteilen, so gut sie sich der Würde und des Nutzens des römischen Volkes unbeschadet geben lasse.

6 Die Häupter der königlichen Gesandtschaft waren Menippos und Hegesianax. Der eine, Menippos, sagte, er begreife nicht, was man in ihrer Gesandtschaft Rätselhaftes finden könne, da sie gekommen wären, ganz offen um Freundschaft zu bitten und ein Bündnis einzuleiten. ***7*** Es gäbe aber drei Arten von Bündnissen, vermittels welcher Staaten und Könige Freundschaft untereinander eingingen. Die eine, wenn den Besiegten Bedingungen vorgeschrieben würden. Wenn nämlich an den, der im Krieg die Oberhand habe, alles ausgeliefert sei, dann stehe es in seiner Macht und Willkür, was er hiervon dem Besiegten lassen oder was er ihm zur Strafe abnehmen wolle. ***8*** Die andere, wenn zwei im Krieg sich gleiche Mächte sich vermittels eines gleichstellenden Vertrages auf Frieden und Freundschaft einließen. Da fordere, da gebe man nach einer Übereinkunft sich gegenseitig Ersatz, und sei man durch den Krieg in diesem oder jenem Bereich gestört gewesen, so werde das entweder nach dem Ausspruch des vorher bestehenden Rechtes oder den Vorteilen beider gemäß ausgeglichen. **9** Die dritte Art sei die, wenn sich Staaten, welche nie Feinde waren, zu einer durch Bundesvertrag unter ihnen zu stiftenden Freundschaft verbänden. Bedingungen hätten sie weder vorzuschreiben noch anzunehmen; denn dies fände nur zwischen Sieger und Besiegten statt. ***10*** Da nun Antiochos in diesem Verhältnis stehe, so wundere er sich, wie es die Römer billig finden könnten, seinem König darüber Vorschriften zu machen, welche Städte in Asien er frei und ohne Abgaben lassen müsse, welche hingegen ihm steuerpflichtig sein sollten, und wie sie den Besatzungen des Königs und dem König selbst verbieten könnten, diese oder jene zu betreten. ***11*** So hätten sie allerdings mit ihrem Feind Philipp einen Frieden abzuschließen, nicht aber mit ihrem Freund Antiochos einen Bundesvertrag.

(58) Quinctius antwortete: *Weil es euch denn Vergnügen macht, alles so bestimmt zu scheiden und die verschiedenen Arten Freundschaft zu schließen, so will auch ich zwei Bedingungen feststellen, die ihr eurem König als die einzigen angeben könntet, unter denen für ihn eine freundschaftliche Verbindung mit Rom möglich bleibt.* ***2*** *Die eine: Will er, dass wir uns um alles das nicht bekümmern, was Asiens Städte angeht, so muss auch er von ganz Europa die Hand abziehen.* ***3*** *Die andere: Will er sich auf Asiens Grenzen nicht beschränken und nach Europa übergehen dürfen, so müssen auch die Römer das Recht haben, ihre mit den Staaten Asiens schon bestehenden Verbindungen aufrechtzuerhalten und neue daran zu reihen.* ***4*** Da rief Hegesianax, ohne Unwillen lasse sich das nicht einmal anhören, dass Antiochos von den Städten Thrakiens und der Chersones vertrieben sein solle, **5** die ihm sein Ahnherr Seleukos, nachdem er den König Lysimachus besiegt und in der Schlacht getötet, als eine höchst ehrenvolle Eroberung hinterlassen habe, und die mit ebenso viel Ehre Antiochos durch seine Waffen den Händen der Thraker entrissen und als öde Plätze, wie Lysimachia selbst, durch Zurückführung der Bewohner wieder bevölkert, und wenn sie zusammengestürzt oder niedergebrannt waren, mit großen Kosten wieder aufgebaut habe. **6** Könne sich das wohl im Geringsten miteinander vergleichen lassen, wenn Antiochos ein so begründetes, so wieder erworbenes Eigentum aufgeben, *7* die Römer hingegen sich Asiens enthalten sollten, das ihnen nie gehört habe? Antiochos bitte um die Freundschaft der Römer, doch so, dass es ihm zur Ehre und nicht zur Schande gereichen möge, sie erlangt zu haben. **8** Hierauf erwiderte Quinctius: *Weil wir denn das Ehrenvolle in Erwägung ziehen, sowie es entweder als das einzige oder als das höchste Gut vom ersten Volke der Erd und einem so großen König erwogen werden muss, so frage ich:* ***9*** *Was von beiden erscheint denn ehrenvoller: alle griechischen Städte, wo sie auch liegen mögen, frei wissen zu wollen oder sie sich dienstbar und steuerpflichtig zu machen?* ***10*** *Rechnet es sich Antiochos zur Ehre, Städte, welche seinem Ahnherrn das Kriegsrecht gab, auf deren Besitz aber sein Großvater und Vater nie Anspruch gemacht haben, auf ihre Dienstbarkeit zurückzuführen,* ***11*** *so rechnet es sich das römische Volk zur Treue und Standhaftigkeit, den einmal übernommenen Schutz der griechischen Freiheit nicht aufzugeben.* ***12*** *So wie es Griechenland von Philipp befreit hat, so ist es auch willens, die Städte Asiens aus griechischem Stamm von Antiochos zu befreien.* ***13*** *Denn die Kolonien haben die Griechen nach Äolien und Jonien nicht zur Sklaverei unter Königen ausgeführt, sondern zur Erweiterung ihres Stammes und zur Verbreitung ihres uralten Volkes über die ganze Welt.*

(59) Als Hegesianax in Verlegenheit war und nicht leugnen konnte, dass der Verfechter der Freiheit von seinem Aushängeschild mehr Ehre habe als ihr Unterdrücker, sprach Publius Sulpicius, der älteste von den zehn Abgeordneten: *Wozu die vielen Umschweife?* ***2*** *Entweder wählt euch eine von den Bedingungen, die euch soeben von Quinctius unzweideutig genug angegeben sind, oder spart die Mühe, weiter Freundschaft zu beantragen.* – ***3*** *Nein,* sprach Menippos, *wir wollen und*

können nichts eingehen, wodurch Antiochos an seinen Staaten einbüßen müsste. ***4*** Als Quinctius am folgenden Tag alle Gesandtschaften Griechenlands und Asiens mit in den Senat genommen hatte, legte er, damit sie selbst erfahren sollten, wie das römische Volk und wie Antiochos gegen die griechischen Staaten gesinnt seien, seine eigenen Forderungen und die des Königs vor und hieß sie an ihre Staaten den Bescheid mitnehmen: ***5*** Das römische Volk werde mit derselben Tapferkeit und Treue, mit der es ihre Freiheit von Philipp errettet habe, falls Antiochos nicht von Europa abstände, sie auch von ihm erretten. ***6*** Da bat Menippos ihn und die Väter inständig, nicht so eilig einen Beschluss zu fassen, durch den sie die Ruhe der ganzen Welt stören würden. ***7*** Sie möchten sich selbst Zeit nehmen und dem König zur Überlegung Frist gönnen. Er werde gewiss die Sache überlegen, sobald ihm die Bedingungen angezeigt wären, und dann entweder noch einige Bewilligungen erlangen oder dem Frieden zuliebe sich dazu verstehen. So wurde die Sache ohne Entscheidung vertagt. ***8*** Man beschloss, an den König dieselben Gesandten abgehen zu lassen, die ihn zu Lysimachia gesprochen hatten, den Publius Sulpicius, Publius Villius und Publius Aelius.

(60) Kaum waren sie weggegangen, als von Karthago Gesandte mit der Nachricht kamen, es sei gewiss, dass sich Antiochos unter Hannibals Einwirkung zum Krieg rüste; dadurch erregten sie die Besorgnis, dass zu gleicher Zeit auch ein Punischer Krieg erregt werde. ***2*** Hannibal war, wie oben gesagt, als Flüchtling aus seinem Vaterland zu Antiochos gekommen und stand bei ihm in großem Ansehen, durch kein anderes Verdienst, als weil der König, der über einem Krieg mit Rom schon so lange brütete, ***3*** in seinen Unterredungen über diesen wichtigen Gegenstand sich an niemand besser wenden konnte, als an ihn. ***4*** Seine Meinung blieb immer dieselbe, dass man diesen Krieg in Italien führen müsse. Einem auswärtigen Feind werde Italien Zufuhr und Truppen liefern. Wenn man nicht dort auf der Stelle Bewegungen veranlasse und den Römern gestatte, mit Italiens Kräften und Truppen den Krieg außerhalb Italiens zu führen, so sei weder der König noch irgendein Staat den Römern gewachsen. ***5*** Er verlange nur 100 Kriegsschiffe, 10 000 Mann zu Fuß und 1000 zu Pferd. Mit dieser Flotte wolle er zuerst nach Afrika gehen. Er rechne stark darauf, dass sich auch die Karthager von ihm zu einem neuen Krieg würden bewegen lassen. ***6*** Sollten sie aber unschlüssig sein, so werde er auf irgendeiner Seite Italiens den Römern Krieg zu erregen wissen. Der König müsse mit allen seinen übrigen Truppen nach Europa gehen und mit ihnen in irgendeiner Gegend stehen bleiben, zwar ohne selbst überzusetzen, wohl aber, was dem Krieg Schein und Ruf zu geben geeignet sei, immer zum Übersetzen in Bereitschaft.

(61) Obgleich er es nun für ratsam hielt, nachdem er den König für seinen Plan gewonnen hatte, seinen Landsleuten im Voraus hierzu die nötige Stimmung zu geben, so wagte er es doch nicht, sich schriftlich an sie zu wenden, weil ein Schreiben, zufällig aufgefangen, das Unternehmen verraten könnte. ***2*** Da er aber zu Ephesus an einem Tyrier, Aristo, einen Mann fand, dessen Gewandtheit sich ihm in minder wichtigen Dienstleistungen bewährte, so überhäufte er diesen mit Geschenken und mit Aussichten auf Belohnungen, zu denen selbst der König seine Einwilligung gab, und schickte ihn mit Aufträgen nach Karthago, gab ihm die Namen derer an, mit denen er notwendig sprechen müsse, ***3*** und machte ihn mit einigen geheimen Zeichen bekannt, woraus sie offenbar ihn selbst in den Aufträgen erkennen würden. ***4*** Die Absicht, in welcher dieser in Karthago sich herumtreibende Aristo gekommen sei, entdeckten Hannibals Feinde ebenso bald wie seine Freunde. ***5*** Anfangs war dies nur in ihren geselligen Kreisen und bei Gastmählern der Gegenstand des allgemeinen Gesprächs, ***6*** dann aber sagten sogar einige im Senat, der Zweck von Hannibals Verbannung sei durchaus verfehlt, wenn er auch abwesend Umwälzungen einzuleiten und durch Aufwiegelung der Untertanen die Verhältnisse des Staates umzustoßen imstande sei. ***7*** Da sei ein gewisser Aristo angekommen, ein Fremdling aus Tyrus, der von Hannibal und von

König Antiochos Aufträge habe. Täglich hielten mit ihm gewisse Leute geheime Zusammenkünfte, und hier werde im Verborgenen vorbereitet, was nächstens als ein Unglück für alle zum Ausbruch kommen werde. *8* Alle riefen einstimmig: Den Aristo müsse man rufen lassen, über die Absicht seines Hierseins vernehmen, und falls er keine Auskunft gäbe, mit einer Gesandtschaft nach Rom schicken. Man habe die Unbesonnenheit eines Einzigen schwer genug gebüßt. *9* Sollten sich Privatpersonen hierin vergehen, so täten sie das auf eigene Gefahr. Den Staat aber müsse man nicht nur von wirklicher Schuld, sondern auch von jeder Nachrede einer Schuld rein erhalten. *10* Der vorgeforderte Aristo verteidigte sich und führte als den haltbarsten Grund seiner Rechtfertigung den an, dass er auch nicht eine schriftliche Zeile an irgendeinen mitgebracht habe. *11* Allein die Ursache seiner Ankunft brachte er nicht ganz klar vor und stockte da besonders, als sie ihm vorhielten, dass er seine Unterredungen bloß mit Gliedern der barcinischen Partei gehabt habe. *12* Nun kam es zum Wortwechsel; denn einige verlangten, man müsse ihn als einen Aushorcher einziehen und festsetzen, andere sagten, dies sei noch keine Ursache, so viel Skandal zu machen. Um nichts Fremde greifen zu lassen, gebe ein böses Beispiel. *13* Dann könne den Karthagern sowohl zu Tyrus als auch in anderen Handelsplätzen, welche so viele von ihnen besuchten, dasselbe widerfahren. So wurde die Sache für heute verschoben.

14 Aristo, der sich unter Puniern gut punisch benahm, hängte beim ersten Dunkel auf dem besuchtesten Stadtplatz über dem täglichen Sitz der Obrigkeiten einen aufgesetzten Brief hin, ging um die dritte Nachtwache auf ein Schiff und entfloh. *15* Als sich am folgenden Tag die Sufeten zu ihren richterlichen Sitzungen niederließen, bemerkte man den Brief, nahm ihn ab und las. Der Inhalt war: Aristo habe an keinen Einzelnen, sondern nur an die Ältesten (so nannte man den Senat) Aufträge für den Staat gehabt. *16* Da er so die ganze Regierung in Anspruch genommen hatte, war die über einige wenige verfügte Untersuchung umso weniger streng. Doch beschloss man, Gesandte nach Rom abgehen zu lassen, um den Konsuln und dem Senat den Vorfall zu melden und zugleich über die Gewalttätigkeiten des Masinissa sich zu beklagen.

(62) Masinissa nämlich hatte kaum in Erfahrung gebracht, dass das Gerücht die Karthager anklage, dass sie auch unter sich selbst uneinig wären, dass ihre Großen wegen der Unterredungen mit Aristo beim Senat in Verdacht ständen, *2* und der Senat durch die Angabe dieses Aristo beim Volk, so benutzte er die Gelegenheit, ihnen wehtun zu können, verheerte ihr Gebiet an der Seeküste und zwang einige den Karthagern zinsbare Städte, die Abgaben an ihn zu entrichten. *3* Diese Gegend heißt bei ihnen Emporia, ist eine Küste an der kleineren Syrte und von fruchtbarem Boden. Eine ihrer Städte ist Leptis. Diese trug den Karthagern täglich ein Talent Steuern ein. *4* Jetzt behandelte Masinissa die ganze Gegend feindlich, und mit einem Teil derselben hatte er es schon bis zur Streitfrage gebracht, ob dessen Besitz seinem Reich oder den Karthagern gebühre. *5* Weil er nun hörte, dass sie nach Rom gehen würden, sich gegen die Beschuldigungen zu rechtfertigen und zugleich sich über ihn zu beklagen, schickte er ebenfalls Gesandte nach Rom, welche teils jenen durch Bestärkungen des Verdachtes mehr Gewicht geben, teils seine Ansprüche auf die Zollgefälle behaupten sollten. *6* Die Karthager, die mit der Anzeige über ihren tyrischen Fremden zuerst Gehör bekamen, erregten bei den Vätern die Besorgnis, dass sie mit Antiochos und den Puniern zugleich Krieg haben würden. *7* Am meisten erhärtete diesen Verdacht, dass sie zwar versprochen hatten, ihn zu verhaften und nach Rom zu bringen, dabei aber weder ihn noch sein Schiff bewacht hatten.

8 Darauf folgte die Auseinandersetzung mit den königlichen Gesandten über das Landeigentum. *9* Die Karthager beriefen sich auf die durch das Recht bestimmten Grenzen, weil dieses Land innerhalb der Marksteine liege, durch welche Publius Scipio nach seinem Sieg die Grenzen bestimmt habe, die unter karthagischer Hoheit liegen sollen, ferner auf das Geständnis des Königs selbst. Als er den aus seinem Reich entflohenen und mit einer Schar Numider in der Gegend von Cyrenae umherstreifenden Aphthir habe verfolgen wollen, ***10*** habe er, bittend um freien Durchzug durch diese Gegend, diese als unstreitiges Eigentum der Karthager anerkannt.

11 Die Numider wandten dagegen ein, die Grenzbestimmung durch Scipio sei erlogen. Und wolle man das Recht des Grundbesitzes bis auf seinen Ursprung verfolgen, wo liege dann in Afrika das Lad, das karthagisches Eigentum sei? ***12*** Auf ihre Bitte habe man den Ankömmlingen zur Anlage einer Stadt soviel Platz eingeräumt, als sie mit einer zerschnittenen Rindshaut hätten umziehen können. Soweit sie ihren Ursitz Bursa überschritten hätten, sei alles durch Gewalt und Unrecht erworbenes Gut. ***13*** Ja selbst von demjenigen Stück Land, von dem die Rede sei, könnten sie nicht nur nicht beweisen, dass sie es von Anfang an gehabt hätten, sondern nicht einmal, dass sie es lange gehabt hätten. Sowie sich die Gelegenheit gefunden habe, hätten bald sie, bald die numidischen Könige dieses Recht beansprucht, und der Besitz sei immer in den Händen dessen gewesen, dem die Waffen die Oberhand gegeben hätten. ***14*** Die Väter mögen erlauben, dass die Sache in dem Zustand bleibe, in welchem sie gewesen sei, ehe die Karthager Roms Feinde und Numidiens König Roms Bundesgenosse und Freund geworden seien, und nichts dagegen einwenden, dass der im Besitz bleibe, der ihn behaupten könne.

15 Die Väter beschlossen, den Gesandten beider Teile zur Antwort zu geben, sie würden einen nach Afrika schicken, um die Sache zwischen dem Staat von Karthago und dem König an Ort und Stelle auszumachen. ***16*** Die dahin Abgeschickten, Publius Scipio Africanus, Gaius Cornelius Cethegus und Marcus Minucius Rufus, stellten Untersuchungen und Besichtigungen an und ließen, ohne eine Partei zu begünstigen, alles unentschieden. ***17*** Ob sie das ungeheißen taten oder dazu angewiesen waren, ist nicht so gewiss, als es wahrscheinlich den Zeitumständen angemessen war, den Streit der Parteien unentschieden zu lassen. Denn wenn wir dies nicht annehmen, so hätte ja Scipio allein entweder vermöge seiner Sachkunde oder seines Ansehens, als der um beide so hochverdiente Mann, mit einem Wink dem Streit ein Ende machen können.

Fünfunddreissigstes Buch

Inhalt

Als Abgesandter an Antiochos lässt sich Publius Scipio Africanus zu Ephesus mit Hannibal, der sich an Antiochos angeschlossen hatte, auf eine Unterredung ein, um ihm womöglich die Besorgnis, die er sich von Seiten der Römer machte, zu benehmen. Auf die ihm unter anderen vorgelegte Frage, wer nach seiner Meinung der größte Feldherr gewesen sei, antwortet Hannibal, Alexander, König von Makedonien; denn er habe mit einer kleinen Schar unzählige Heere geschlagen und die äußersten Weltgegenden durchzogen, welche nur zu sehen andere Menschen nicht einmal hoffen dürften. Auf die Frage, wem er den zweiten Platz gebe, antwortete er, dem Pyrrhus, denn er habe zuerst gelehrt, sich kunstmäßig zu lagern; außerdem habe niemand so geschickt Lagerplätze gewählt und Posten ausgestellt. Scipio fragt weiter, wen er für den dritten erkläre, und Hannibal nennt sich selbst. Lachend erwidert Scipio: *Was würdest du sagen, wenn du mich besiegt hättest?* Hannibal antwortet: *Dann setzte ich mich über Alexander, Pyrrhus und alle anderen.* – Zu den Wunderzeichen, deren es sehr viele gegeben haben soll, gehört auch unter anderen dies, dass ein Ochse des Konsuls Gnaeus Domitius die Worte spricht: *Rom, sei auf deiner Hut!* – Die Römer rüsten sich zum Krieg gegen Antiochos. Nabis, Tyrann von Sparta, tritt auf Anstiften der Aetoler, welche auch Philipp und Antiochos zum Krieg mit Rom zu bewegen suchen, vom Bund mit Rom ab, führt Krieg gegen den Bundeshauptmann der Achäer, Philopoemen, und wird von den Aetolern und ihrem Feldherrn Alexamenos ermordet. Auch die Aetoler brechen die Verbindung mit Rom ab. Mit ihnen schließt der syrische König Antiochos ein Bündnis, überzieht Griechenland mit Krieg und besetzt mehrere Städte, unter anderen auch Chalkis und ganz Euböa. Außerdem enthält dieses Buch die Taten der Römer in Ligurien und des Antiochos Zurüstungen zum Krieg.

(1) Am Anfang des Jahres, da dies geschah, lieferte der Prätor Sextus Digitius im diesseitigen Spanien den Städten, die nach dem Abgang des Marcus Cato in großer Anzahl sich empört hatten, ***2*** mehr häufige als merkwürdige Gefechte und meistens so zu seinem Nachteil, dass er an seinen Nachfolger kaum halb soviel Truppen ablieferte, als er selbst bekommen hatte. ***3*** Auch hätte sich ohne Zweifel ganz Spanien erhoben, wenn nicht der andere Prätor, Publius Cornelius Scipio, des Gnaeus Sohn, jenseits des Ebro in vielen Schlachten gesiegt hätte, so dass, hierdurch geschreckt, nicht weniger als 50 Städte zu ihm übertraten. ***4*** Dies hatte Scipio als Prätor ausgeführt. ***5*** Als Proprätor griff er die Lusitanier, die nach Verheerung der jenseitigen Provinz mit einer bedeutenden Beute in ihre Heimat zurückkehrten, noch unterwegs an und kämpfte mit ihnen von morgens neun Uhr bis nachmittags um zwei ohne bestimmten Erfolg, weil er ihnen an Truppenzahl nachstand, so sehr er ihnen sonst in allen Stücken überlegen war. ***6*** Denn mit seiner stark besetzten schlagfertigen Linie hatte er ihren gedehnten, in ein Gewühl von Viehherden verwickelten Zug

und mit frischen Truppen die vom langen Marsch Ermüdeten angegriffen. *7* Die Feinde waren nämlich mit der dritten Nachtwache ausgerückt; drei Stunden vom Tag waren auf diesen nächtlichen Marsch schon zugegeben, und ohne ihnen einige Ruhe zu gestatten, schloss sich jetzt an den ermüdenden Marsch die Schlacht. *8* So zeigten sie sich beim Ausbruch des Kampfes an Körperkraft und Mut noch rüstig genug und brachten anfangs die Römer in Unordnung; dann aber wurde das Gefecht allmählich sich gleich. In diesem Augenblick der Entscheidung gelobte der Proprätor dem Jupiter Spiele, wenn es ihm gelänge, die Feinde zu schlagen und niederzuhauen. *9* Endlich drangen die Römer mit Nachdruck ein, und die Lusitanier wichen, dann ergriffen sie völlig die Flucht. Und da die Sieger den Fliehenden nachsetzten, verloren diese gegen 12 000 Mann, *10* 540 wurden gefangen genommen, meistens Reiter, und 134 Fahnen erbeutet. Der Verlust des römischen Heeres betrug 73 Mann. *11* Die Schlacht fiel in der Nähe der Stadt Ilipa vor. In diese führte Publius Cornelius sein siegreiches, mit Beute beladenes Heer zurück. *12* Alle diese Beute wurde vor der Stadt ausgestellt und den Eigentümern die Erlaubnis gegeben, das Ihrige auszusuchen. Was übrigblieb, wurde dem Quästor zum Verkauf abgeliefert und die daraus gelöste Summe unter die Soldaten verteilt.

(2) Noch war der Prätor Gaius Flaminius nicht von Rom aufgebrochen, während dies in Spanien vorging. *2* So gab er denn mit seinen Freunden sowohl den widrigen als auch den günstigen Ereignissen durch vergrößernde Mitteilungen einen Ruf *3* und hatte schon versuchsweise vorgeschlagen, ihm eine von den Stadtlegionen anzuweisen, da doch in der Provinz der Krieg so bedeutend geworden sei, und er von Sextus Digitius nur kleine Reste eines Heeres, und diese noch dazu in einer solchen Stimmung zur Mutlosigkeit und Flucht, in Empfang zu nehmen habe, *4* um sich dann, wenn er die von ihm zufolge des Senatsbeschlusses geworbenen Truppen dazu nähme, aus der ganzen Anzahl 6500 Mann zu Fuß und 300 Reiter auszuwählen. Mit dieser Legion getraue er sich – *5* denn von dem Heer des Sextus Digitius lasse sich nicht viel erwarten – den Krieg zu übernehmen. *6* Allein die Älteren im Senat erklärten ihm, auf bloße Nachrichten, die von Privatpersonen geradezu erdacht würden, um die Beamten zu begünstigen, ließen sich keine Senatsbeschlüsse ausfertigen. Es dürfe nichts als gültig angenommen werden, wenn es nicht entweder die Prätoren aus ihren Provinzen schriftlich, oder von ihnen Abgeschickte mündlich berichteten. *7* Eigne sich der Krieg in Spanien zum Aufstand, so solle der Prätor durch ein Aufgebot außerhalb Italiens Truppen zusammenbringen. Die Absicht des Senats war, durch ein Aufgebot Truppen in Spanien ausheben zu lassen. *8* Valerius Antias schreibt, Gaius Flaminius sei zur Aushebung nicht allein nach Sizilien gesegelt, sondern, da er auf seiner Fahrt von Sizilien nach Spanien durch Sturm nach Afrika verschlagen sei, *9* habe er von dem Heer des Publius Africanus dort hin und wieder zerstreute Soldaten in Eid genommen und diesen Aushebungen in zwei Provinzen noch in Spanien eine dritte hinzugefügt.

(3) Auch der ebenso lebhafte Krieg in Italien gegen die Ligurer wurde wichtiger. Schon umlagerten Pisa 40 000 Menschen, weil auf den Ruf des Krieges und in Hoffnung auf Beute täglich Scharen herbeiströmten. *2* Konsul Minucius kam an dem Tag zu Arretium an, auf den zufolge seiner Bekanntmachung die Soldaten sich stellen mussten. Von hier führte er sie in Schlachtordnung nach Pisa, und da sich die Feinde mit ihrem Lager auf die andere Seite des Flusses, 1000 Schritte von der Stadt entfernt, zurückzogen, rückte der Konsul in die unzweifelhaft durch seine Ankunft gerettete Stadt. *3* Am folgenden Tag lagerte er sich ebenfalls jenseits des Flusses, etwa 500 Schritte vom Feinde, und von hier aus schützte er durch leichte Gefechte das Gebiet seiner Bundesgenossen vor Plünderungen. *4* Zur Schlacht auszurücken wagte er nicht, weil seine Truppen neu, aus verschiedenartigen Menschen zusammengewürfelt und zum gegenseitigen Vertrauen aufeinander sich noch zu unbekannt waren. *5* Die Ligurer hingegen, die sich auf ihre

Menge verließen, rückten zur Schlacht aus, zu einem Entscheidungskampf bereit; bei ihrem Überfluss an Truppen sandten sie ganze Scharen auf Plünderung in die Grenzgegenden, ***6*** und wenn sie Viehherden und Beute in großer Menge zusammengetrieben hatten, war schon eine Deckung in Bereitschaft, um sie in ihre festen Plätze und Flecken abzuführen.

(4) Während der Ligurische Krieg sich auf die Gegend von Pisa beschränkte, führte der andere Konsul Lucius Cornelius Merula sein Heer durch die äußerste Ecke von Ligurien in das Gebiet der Boier, wo der Krieg eine ganz andere Gestalt als in Ligurien annahm. ***2*** Hier rückte der Konsul zur Schlacht aus, und die Feinde schlugen den Kampf aus. Die Römer zerstreuten sich, weil ihnen niemand entgegentrat, zum Beutemachen. Die Boier wollten lieber ihr Eigentum ungestraft plündern lassen, als zur Beschützung desselben auf ein Treffen eingehen. ***3*** Als der Konsul alles mit Feuer und Schwert völlig verwüstet hatte, räumte er das feindliche Gebiet und nahm, ohne seinen Zug zu decken – er war in Freundes Land –, seinen Weg auf Mutina. ***4*** Kaum merkten die Boier, dass der Feind ihr Gebiet verlassen habe, so zogen sie ihm in der Absicht, ihm einen Hinterhalt zu legen, in aller Stille nach, gingen in der Nacht über das römische Lager hinaus und besetzten einen Waldpass, durch den die Römer gehen mussten. ***5*** Weil sie sich aber nicht verdeckt genug gehalten hatten, wartete der Konsul, der sonst erst in später Nacht aufzubrechen pflegte, diesmal den Anbruch des Tages ab, um den Kampf in einem ungeregelten Treffen nicht durch die Nacht noch gefährlicher zu machen; ja, obgleich er bei Tage ausrückte, schickte er doch ein Geschwader Reiterei auf Kundschaft aus. ***6*** Als ihm die Stärke der Feinde und ihre Lage gemeldet worden waren, ließ er das Gepäck des ganzen Zuges in die Mitte nehmen und vom letzten Treffen mit einem Pfahlwerk umschließen. Mit dem übrigen Heer rückte er schlagfertig gegen den Feind. ***7*** Das taten auch die Gallier; denn sie sahen ihren Hinterhalt entdeckt und sich zu einem förmlichen Kampf in Linie gezwungen, in dem nur wirkliche Tapferkeit siegen könne.

(5) Ungefähr gegen acht Uhr morgens erfolgte der Angriff. Die linke Abteilung der Bundesgenossen und die Auserlesenen fochten vorn in der Linie, befehligt von zwei konsularischen Unterfeldherren, Marcus Marcellus und Tiberius Sempronius, dem vorjährigen Konsul. ***2*** Der neue Konsul war bald im Vordertreffen, bald wehrte er den Legionen seines Rückhaltes, aus Kampflust eher hervorzubrechen, als das Zeichen gegeben war. ***3*** Mit der Reiterei dieser Legionen mussten sich die beiden Obersten Minucii, Quintus und Publius, aus der Schlachtreihe in eine freie Stellung ziehen. Von dort aus sollten sie, wenn er das Zeichen gäbe, einen offenen Angriff machen. ***4*** Noch war er hiermit beschäftigt, als Tiberius Sempronius Longus ihm sagen ließ, die Auserlesenen könnten dem Angriff der Gallier nicht widerstehen und hätten schon großen Verlust erlitten; ***5*** die noch Übrigen hätten teils aus Ermattung, teils aus Furcht im Eifer des Gefechtes nachgelassen. Finde er es ratsam, so möge er die eine von den beiden Legionen ihm nachschicken, ehe sie ein Unglück erlebten. ***6*** Er schickte ihm die zweite Legion, und diese nahm die Auserlesenen zwischen ihre Glieder. Nun begann die Schlacht von Neuem. Da jetzt eine Legion frischer Truppen und in so vollen Gliedern eingerückt war, konnte sich nun auch die linke Abteilung der Bundesgenossen aus dem Kampf ziehen, und die rechte trat als Vordertreffen auf. ***7*** Brennend heiß stach die Sonne die Gallier, welche die Hitze gar nicht ertragen können, doch hielten sie noch in geschlossenen Gliedern, bald einer auf den andern, bald auf ihre Schilde sich stützend, den Angriff der Römer aus. ***8*** Als dies der Konsul bemerkte, befahl er, um sie aus dem Schluss zu bringen, Gaius Livius Salinator, dem Anführer der Bundesreiterei, im stärksten Laufschritt gegen sie anzusprengen, und der Reiterei der Legionen, im Rückhalt stehen zu bleiben. ***9*** Dieser Sturmangriff der Reiterei brachte zuerst Unordnung und Verwirrung unter die Gallier und trennte dann auch ihre Linie, doch wandten sie sich noch nicht ab zur Flucht. ***10*** Dies wehrten ihnen ihre Anführer, die von hinten mit ihren Lanzen auf die Unschlüssigen losschlugen und sie ins Glied

zurücktreiben wollten; dies aber ließ die dazwischen sprengende Bundesreiterei nicht geschehen. *11* Da beschwor der Konsul die Soldaten, nur noch einen Augenblick auszuhalten. Der Sieg sei in ihren Händen. Jetzt müssten sie eindringen, solange sie noch diese Unordnung und Verlegenheit vor sich sähen. Ließen sie den Feind seine Glieder wieder aufstellen, so würden sie einen völlig neuen und schweren Kampf zu bestehen haben. *12* Zugleich befahl er den Fahnenträgern, mit der Fahne vorzurücken. Alle zwangen endlich in vereinter Kraft die Feinde zur Flucht. Als sie schon den Rücken wandten und nach allen Seiten zur Flucht fortstürzten, da erst wurde zur Verfolgung die Reiterei der Legionen ihnen nachgeschickt, *13* 14 000 Boier wurden an diesem Tag niedergehauen, 1092 gefangen genommen, 721 Reiter und drei von ihren Anführern. 212 Fahnen wurden erbeutet und 63 Kriegswagen. *14* Aber auf Seiten der Römer wurde der Sieg nicht ohne Blutvergießen errungen. Über 5000 Mann, Römer wie Bundesgenossen, waren gefallen, 23 Hauptleute, vier Obersten der Bundestruppen, und von der zweiten Legion die Obersten Marcus Genucius und Quintus und Marcus Marcius.

(6) Fast zugleich trafen die Schreiben beider Konsuln ein, das des Lucius Cornelius über die bei Mutina den Boiern gelieferte Schlacht, und des Quintus Minucius von Pisa, des Inhaltes: *2* Das Los habe zwar ihm die Abhaltung der Wahlen bestimmt, allein er sehe in Ligurien alles in einer so bedenklichen Lage, dass er ohne Aufopferung der Bundesgenossen und ohne Nachteil für den Staat nicht abkömmlich sei. *3* Fänden es die Väter ratsam, so möchten sie zu seinem Amtsgenossen schicken, damit dieser, der über das Missliche des Krieges schon hinaus sei, zur Abhaltung der Wahlen nach Rom zurückkäme. *4* Sollte dieser Anstand nehmen, weil ihm das Los dies Geschäft nicht angewiesen habe, so wolle er freilich dem Ermessen der Väter Folge leisten, bitte sie aber ernstlich zu erwägen, ob es nicht dem Besten des Ganzen angemessener sei, lieber eine Zwischenregierung eintreten zu lassen, als ihn unter solchen Umständen von seinem Posten abzurufen. *5* Der Senat gab dem Prätor Gaius Scribonius den Auftrag, aus den Mitgliedern des Senats zwei Abgeordnete an den Konsul Lucius Cornelius zu schicken, *6* um ihm das beim Senat eingegangene Schreiben seines Amtsgenossen einzuhändigen und ihm zu sagen, wenn er nicht zur Wahl der neuen Obrigkeiten nach Rom käme, so werde der Senat, ehe er den Quintus Minucius mitten im Lauf des Krieges abrufen lasse, lieber seine Einwilligung zu einer Zwischenregierung geben. *7* Die Abgesandten brachten die Antwort, Lucius Cornelius wolle zur Wahl der neuen Obrigkeiten nach Rom kommen.

8 Über das Schreiben des Lucius Cornelius, das er gleich nach der Schlacht mit den Boiern abgefasst hatte, äußerten sich die Meinungen im Senat verschieden, *9* weil der Unterfeldherr Marcus Claudius an mehrere Senatoren in Privatbriefen geschrieben hatte, man müsse es dem Glück des römischen Volkes und der Tapferkeit der Soldaten Dank wissen, wenn alles so gut abgelaufen sei. Auf des Konsuls Rechnung komme einmal, dass er den bedeutenden Verlust an Leuten gehabt, zum andern, dass er die Feinde habe entkommen lassen, obgleich es in seiner Macht gestanden habe, sie aufzureiben. *10* Soldaten seien deswegen mehrere gefallen, weil die im Rückhalt, die den Bedrängten hätten zu Hilfe kommen sollen, zu spät angerückt wären. Die Feinde habe man aus den Händen gelassen, weil die Reiterei der Legionen das Zeichen zu spät bekommen habe und die Fliehenden nicht habe verfolgen dürfen.

(7) Die Väter beschlossen, keinen übereilten Beschluss zu fassen; die Beratung darüber wurde bis zu einer zahlreicheren Senatsversammlung ausgesetzt. *2* Sie sahen sich nämlich von einer anderen Sorge bedrängt, insofern ihre Bürger dem Wucher erlagen und die Habsucht alle sie beschränkenden Wuchergesetze listig genug dadurch umging, dass die Ausleiher den Schuldbrief an einen Bundesgenossen ausstellen ließen; denn auf diese erstreckten sich jene Gesetze nicht. So richteten sie durch willkürliche Zinsen die Anleiher zugrunde. *3* Als die Väter auf ein

Mittel sannen, diesem Übel zu steuern, beschlossen sie, das letzte Totenfest als festgesetzten Tag anzunehmen, so dass jeder Bundesgenosse, der nach diesem Tag einem römischen Bürger Geld geliehen habe, es angeben, und der Gläubiger über jede seit jenem Tag ausgeliehene Summe sich den Rechtsspruch gefallen lassen müsse, je nachdem der Schuldner nach den einen oder den anderen Gesetzen gerichtet sein wolle. *4* Da nun aus den Angaben die Größe der aus diesem Betrug erwachsenen Schuldenmasse hervorging, beantragte mit Genehmigung der Väter der Volkstribun Marcus Sempronius beim Volk, und das Volk machte es zum Gesetz, *5* dass gegen Bundesgenossen und Latiner in Schuldsachen dasselbe Recht gelten sollte wie gegen römische Bürger. So viel von den Staats- und Kriegsangelegenheiten in Italien.

6 In Spanien war der Krieg bei Weitem nicht so bedeutend, wie ihn das Gerücht gemacht hatte. *7* Gaius Flaminius eroberte im diesseitigen Spanien die Stadt Inlucia im Oretanischen; dann führte er die Truppen in die Winterquartiere. Auch während des Winters fanden mehrere Gefechte statt, welche keine Erwähnung verdienen, mehr gegen Streifzüge von Räubern als von Feinden, doch mit ungleichem Erfolg und nicht ohne Verlust an Leuten. Marcus Fulvius tat mehr. *8* Bei der Stadt Toletum lieferte er den Vaccaeern, Vettonen und Keltiberern eine förmliche Schlacht, schlug das Heer dieser Völker, trieb es in die Flucht und nahm den König Hilernus gefangen.

(8) Während dieser Ereignisse in Spanien rückte der Tag der Wahlen schon heran. Konsul Lucius Cornelius ließ daher den Unterfeldherrn Marcus Claudius beim Heer zurück und ging nach Rom. *2* Nachdem er im Senat seine Taten und den Zustand der Provinz auseinandergesetzt hatte, machte er den versammelten Vätern einen Vorwurf daraus, *3* dass man für die durch einen einzigen Sieg bewirkte glückliche Beendigung eines so wichtigen Krieges den unsterblichen Göttern den Ehrendank nicht dargebracht habe. Dann verlangte er von ihnen die Bewilligung eines Dankfestes und zugleich des Triumphes. *4* Ehe es aber hierüber zum Antrag kam, sagte Quintus Metellus, der schon Konsul und Diktator gewesen war, es seien zu gleicher Zeit Schreiben von dem Konsul Lucius Cornelius an den Senat und von Marcus Marcellus an einen großen Teil der Senatoren eingelaufen, die einander widersprächen, *5* und darum habe man die Beratung verschoben, um die Sache in Gegenwart der Verfasser jener Briefe zu erledigen. Er für seine Person habe erwartet, der Konsul, dem es doch bekannt sei, dass sein Unterfeldherr ungünstig von ihm geschrieben habe, werde diesen, da er selbst habe kommen müssen, nach Rom mitnehmen, obwohl es ohnehin passender gewesen sei, *6* dem mit dem Oberbefehl bekleideten Tiberius Sempronius das Heer zu übergeben als einem Unterfeldherrn. *7* Jetzt scheine es so, als sei dieser absichtlich entfernt gehalten, damit er das, was er geschrieben habe, nicht mündlich aussagen und entweder dem Konsul ins Gesicht behaupten oder, falls er Unwahrheiten vorbringe, überführt werden könne, so dass die Wahrheit hätte klargelegt werden müssen. *8* Er also gebe seine Stimme dahin ab, dass dem Konsul für jetzt keine seiner Forderungen zu bewilligen sei. *9* Da dieser nun trotzdem darauf antragen wollte, dass ein Dankfest verordnet und ihm gestattet würde, triumphierend in die Stadt einzuziehen, so erklärten die Volkstribunen, beide Titinier, Marcus und Gaius, sie würden, wenn es hierüber zum Senatsbeschluss kommen sollte, dagegen Einsprache tun.

(9) Zensoren waren die im vorigen Jahr gewählten Sextus Klius Paetus und Gaius Cornelius Cethegus. *2* Cornelius schloss die Schätzung. Geschätzt wurden 143 704 Bürger. *3* In diesem Jahr gab es eine große Flut, und der Tiber überschwemmte die ebenen Gegenden der Stadt, und in der Gegend des Flusstores stürzten einige Gebäude ein. Ferner schlug der Blitz in das Caelimontanische Tor, und die Mauer ringsum wurde an mehreren Stellen getroffen. *4* Zu Aricia, zu Lanuvium und auf dem Aventin regnete es Steine; von Capua wurde gemeldet, es sei ein großer Wespenschwarm auf den Markt geflogen und habe sich auf dem Tempel des Mars niedergelassen;

man habe sie alle sorgfältig gesammelt und verbrannt. *5* Wegen dieser Wunderzeichen mussten sich die Zehnmänner an die heiligen Bücher wenden; man beging die neuntägige Opferfeier, ordnete einen Bettag an und entsühnte die Stadt. *6* In denselben Tagen weihte auch Marcus Porcius Cato neben dem Tempel der Siegesgöttin der jungfräulichen Siegesgöttin einen kleineren Tempel, den er ihr vor zwei Jahren gelobt hatte.

7 In demselben Jahr wurden auch latinische Siedler in das thurinische Gebiet von den Dreimännern Gnaeus Manlius Vulso, Lucius Apustius Fullo und Quintus Aelius Tubero ausgeführt, der diese Ausführung beantragt hatte. 3000 Mann zu Fuß gingen hin und 300 Reiter, für den Überfluss an Land eine sehr kleine Zahl. *8* Es konnten ihnen jedem zu Fuß 30 Morgen und jedem Reiter 60 Morgen gegeben werden. Aber auf des Apustius Vorschlag wurde der dritte Teil des Ackers zurückbehalten, um für diesen, falls man in Zukunft wollte, eine Sendung neuer Siedler einzeichnen zu können. So bekam der Mann zu Fuß 20 Morgen, der Reiter 40.

(10) Schon neigte sich das Jahr zu Ende, und die Bewerbungen am konsularischen Wahltag wurden hitziger als je betrieben. *2* Es rangen nach der Ehre viele und bedeutende Männer vom Adel und vom Bürgerstand. Der aus der Provinz Spanien nach großen Taten erst neulich abgegangene Publius Cornelius Scipio, des Gnaeus Sohn, ferner Lucius Quinctius Flamininus, der in Griechenland die Flotte befehligt hatte, und Gnaeus Manlius Vulso waren die Adligen, *3* die Bürgerlichen Gaius Laelius, Gnaeus Domitius, Gaius Livius Salinator und Manius Acilius. *4* Doch aller Augen waren auf Quinctius und Cornelius gerichtet. Denn für beide als Bewerber vom Adel war doch nur der eine Platz offen, und ihr noch neuer Tatenruhm empfahl sie beide. *5* Besonders aber veranlassten eine lebhaftere Teilnahme für den Streit dieser Bewerber ihre Brüder, die beiden berühmtesten Feldherren ihres Zeitalters. Auf Scipios Seite stand der größere Ruhm, je größer, desto mehr beneidet; auf Quinctius' Seite der frischere Ruhm, hatte er doch in diesem Jahr triumphiert. *6* Dazu kam noch, dass jener fast schon ins zehnte Jahr den Bürgern beständig vor Augen gelebt hatte, und gerade dies, wodurch uns die großen Männer etwas Altes werden, macht sie weniger ehrwürdig. Nach Hannibals Besiegung war ihm das zweite Konsulat zuteil geworden, auch die Zensur. *7* Bei Quinctius hingegen hatte alles, was ihn begünstigte, Neuheit und frisches Leben. Nach seinem Triumph hatte er das Volk um nichts gebeten und auch nichts von ihm erhalten. *8* Er bitte, sagte er für einen leiblichen Bruder, nicht für seines Vaters Brudersohn, für seinen Unterfeldherrn und Teilnehmer an der Führung des Krieges; den Oberbefehl zu Lande habe er, zur See sein Bruder gehabt. *9* Dadurch verschaffte er ihm den Vorzug vor einem Mitbewerber, den ein Africanus als Vaters Brudersohn, den das Geschlecht der Cornelier, gerade da ein Cornelier als Konsul bei der Wahl den Vorsitz hatte, den eine ehrenvolle frühere Erklärung des Senats empfahl, vermöge welcher er für den rechtschaffensten Mann im Staat anerkannt wurde, der die Idaeische Mutter bei ihrer Ankunft von Pessinus zur Stadt in Empfang nehmen durfte. *10* Lucius Quinctius und Gnaeus Domitius Ahenobarbus wurden Konsuln. So drang Africanus, der sich für Gaius Laelius verwandte, auch nicht einmal mit dem bürgerlichen Konsul durch. *11* Am folgenden Tag wurden zu Prätoren gewählt Lucius Scribonius Libo, Marcus Fulvius Centumalus, Aulus Atilius Serranus, Marcus Baebius Tamphilus, Lucius Valerius Tappo und Quintus Salonius Sarra. *12* Marcus Aemilius Levidus und Lucius Ilmilius Paulus zeichneten sich in ihrem diesjährigen Ädilenamt aus. Sie verurteilten viele Viehzüchter und brachten von den Strafgeldern vergoldete Schilde an dem Giebel des Jupitertempels an. Vor dem Drillingstor legten sie einen Säulengang mit einem daran stoßenden Warenhaus an der Tiber an; einen zweiten vom Brunnentor bis an den Altar des Mars als Weg nach dem Marsfeld.

(11) In Ligurien war lange nichts Denkwürdiges vorgefallen. Aber am Ende des Jahres sah es hier zweimal sehr schlimm aus. *2* Die Feinde unternahmen einen Sturm auf das Lager des

Konsuls, und es wurde nur mit Mühe behauptet. Und bald darauf, als der Zug der Römer durch einen engen Gebirgspass ging, besetzte das Heer der Ligurer den Ausgang. **3** Als dieser gesperrt war, ließ der Konsul sogleich den Zug umkehren und zurückgehen; aber auch der Eingang des Passes hinter ihm war mit einer Abteilung feindlicher Truppen besetzt, und nun hatten die Römer das Unglück von Caudium nicht bloß in der Erinnerung, sondern beinahe vor Augen. **4** Doch der Konsul hatte fast 800 numidische Reiter unter seinen Hilfstruppen. Ihr Oberster versprach ihm, auf einer von beiden Seiten, auf welcher er es verlange, sich mit seinen Leuten durchzuschlagen. **5** Nur möge er ihm sagen, wo die meisten Dörfer lägen, in diese wolle er einfallen und sofort die Häuser in Brand stecken, damit der Schrecken von dorther die Ligurer zwänge, den gesperrten Pass zu räumen und sich schnell zur Rettung des Ihrigen zu verteilen. **6** Unter Lobsprüchen stellte ihm der Konsul große Belohnungen in Aussicht. Die Numider saßen auf und ritten, ohne angreifend zu werden, vor den feindlichen Posten auf und ab. **7** Ihr erster Anblick weckte tiefe Verachtung, Pferde und Menschen klein und schmächtig; **8** der Reiter schlottrig in Kleidung und ohne Waffen, außer dass er einige Wurfspieße bei sich führte; die Pferde ohne Zügel; selbst ihr Lauf hässlich, denn sie rennen mit steifem Hals und vorgestrecktem Kopf. In der Absicht, sich noch verächtlicher zu machen, fielen die Numider zuweilen vom Pferd und gaben sich dem Spott zum Schauspiel her. **9** Also sahen die, die anfangs, auf den Fall eines Angriffes gespannt und in Bereitschaft, auf ihren Posten gestanden hatten, jetzt schon größtenteils unbewaffnet und sitzend ihnen zu. **10** Die Numider ritten heran, flohen wieder, ließen aber ihre Pferde allmählich in die Nähe des Schlupfweges vorsprengen, als ob diese wider den Willen ihrer ungeschickten Lenker mit ihnen durchgingen. Zuletzt gaben sie ihnen die Sporen, brachen mitten durch die feindlichen Posten, **11** und sobald sie ins Freie hinausgejagt waren, zündeten sie alle Gebäude in der Nähe ihres Weges an. Dann steckten sie das nächste Dorf in Brand und verheerten alles mit Feuer und Schwert. **12** Zuerst erblickte man im Lager den Rauch, hörte bald das Geschrei der Geängstigten in den Dörfern, endlich setzten die herüberflüchtenden Greise und Kinder das ganze Lager in Aufruhr. **13** Ohne Plan, ohne Befehl lief jeder hin, um sein Eigentum zu schützen. Sofort stand das Lager leer, und der Konsul, von der Einschließung befreit, erreichte das Ziel seines Marsches.

(12) Aber weder die Boier noch die Spanier, mit welchen Rom in diesem Jahr Krieg geführt hatte, waren gegen die Römer so feindselig und erbittert wie die Aetoler. **2** Nach Abführung der Heere aus Griechenland hatten sie sich anfangs Hoffnung gemacht, Antiochos werde zu der ihm offen gelassenen Besitznahme nach Europa herüberkommen, und ebenso wenig Philipp oder Nabis sich ruhig verhalten. **3** Da sie aber nirgends Bewegungen entstehen sahen, beriefen sie in der Überzeugung, dass sie selbst sich regen und etwas anstellen müssten, wenn ihre Pläne nicht durch Zögern unwirksam werden sollten, eine Versammlung nach Naupaktos. **4** Hier gab ihr Bundeshauptmann Thoas nach vielen Klagen über die Ungerechtigkeiten der Römer und über die Lage der Aetoler, die unter allen Volksstämmen und Staaten Griechenlands den schlechtesten Lohn von einem Sieg ernteten, den sie selbst begründet hätten, seine Stimme dahin ab, **5** man müsse an die Höfe der Könige Gesandte schicken, die nicht bloß die Gesinnungen erforschen, sondern auch zur Anregung eines Römerkrieges auf jeden die rechten Reizmittel anzuwenden wüssten. **6** An Nabis wurde Damocritus, Nikander an Philipp und der Bruder des Bundeshauptmanns, Dicaearchos, an Antiochos geschickt. **7** Dem Tyrannen von Sparta gab Damocritus etwa folgendes zu hören: Mit den Seestädten habe man ihm den Nerv seiner Alleinherrschaft genommen; aus ihnen habe er seine Truppen gehabt, aus ihnen seine Schiffe und Seeleute. **8** Jetzt beinahe auf seine Mauern beschränkt, müsse er zusehen, wie die Achäer in der Peloponnes die Herrscher spielten. Nie werde er Gelegenheit haben, wieder zum Besitz des Seinigen zu kommen, wenn er sie, so wie sie jetzt

sei, vorbeilasse. Jetzt hätten die Römer kein Heer in Griechenland, und um Gytheons oder andere spartanischen Seeplätze zu verteidigen, schickten die Römer keine Legionen nach Griechenland. ***9*** Dies war die Sprache, die den Tyrannen erbittern sollte, damit er sich, wenn Antiochos nach Griechenland käme, in dem Bewusstsein, die Freundschaft der Römer durch Beleidigung ihrer Verbündeten gekränkt zu haben, dem Antiochos anschließen müsste,

10 In ähnlichen Reden setzte Nikander Philipp zu, und hier fanden die Darstellungen noch reicheren Stoff, da der König von einem weit höheren Gipfel hatte herabsteigen müssen als der Tyrann, und weit größere Verluste gehabt hatte. ***11*** Noch mehr; Nikander ließ sich auf den alten Ruhm der makedonischen Könige ein, unter welchen einst die Nation den Erdkreis durchzogen habe; ferner auf die Sicherheit des ihm mitgeteilten Plans, Philipp möge nun auf den Anfang oder auf den Erfolg sehen. ***12*** Denn er fordere ihn ja nicht auf, sich eher zu regen, bis Antiochos mit einem Heer nach Griechenland gelangt sei. ***13*** Und wo die Römer die Macht hernehmen wollten, ihm zu widerstehen, da er ohne Antiochos den Krieg gegen Römer und Aetoler so lange ausgehalten habe, wenn er nun mit Antiochos vereint die Aetoler zu Bundesgenossen haben werde, die ihm den Krieg schwerer gemacht hätten al die Römer. ***14*** Hannibal blieb als Anführer nicht unerwähnt, der, zum Feind der Römer geboren, ihnen mehr Feldherren und Krieger erschlagen habe, als sie jetzt aufstellen könnten.

15 Anders sprach bei Antiochos Dikaearch, und gleich zuerst: Geplündert hätten Philipp die Römer, besiegt aber die Aetoler; ohne die Aetoler hätten die Römer Griechenland gar nicht betreten können, und auch zum Sieg hätten ihnen jene die Kräfte geliehen; ***16*** dann, wie viele Truppen zu Fuß und zu Pferd die Aetoler dem Antiochos zu diesem Krieg überlassen würden, welche Plätze für sein Heer zu Lande, welche Häfen für seine Seemacht. ***17*** Endlich benutzte er auch die Freiheit, hier von Philipp und Nabis lügen zu können; sie seien beide zur Wiedereröffnung des Krieges bereit und würden die erste beste Gelegenheit ergreifen, sich das wieder zu verschaffen, was sie durch den Krieg verloren hätten. ***18*** So erregten die Aetoler in allen Weltteilen zugleich einen Krieg gegen die Römer. Aber die beiden Könige ließen sich entweder gar nicht oder doch erst später dazu bewegen.

(13) Nur Nabis schickte sofort in alle Seeplätze herum, um hier Aufstände zu erregen; von ihren Häuptern brachte er einige durch Geschenke auf seine Seite, andere, die hartnäckig bei dem römischen Bündnis beharrten, ließ er morden. ***2*** Die Sorge für den Schutz aller spartanischen Küstenbewohner hatte Titus Quinctius den Achäern aufgetragen. Diese schickten also sogleich an den Tyrannen Gesandte, ***3*** die ihn an das Bündnis mit Rom erinnern und ihm erklären mussten, den Frieden, den er so sehnlich gesucht habe, nicht zu stören, zugleich auch nach Gytheon, das schon von dem Tyrannen belagert wurde, Hilfstruppen und mit der Anzeige von dem allen Gesandte nach Rom.

4 König Antiochos, der in diesem Winter zu Raphia in Phönizien seine Tochter mit Ptolemaeus, König von Ägypten, vermählt hatte, ging nach seiner Rückkehr nach Antiochien durch Kilikien und kam über das Gebirge Taurus schon am Ende des Winters in Ephesus an; ***5*** von da brach er mit Frühlingsanfang, nachdem er, um sich auch im Rücken während seiner Abwesenheit vor Unruhen zu sichern, seinen Sohn Antiochos zur Bewachung der entlegeneren Provinzen seines Reiches nach Syrien geschickt hatte, mit seiner ganzen Landmacht zu einem Angriff gegen die Pisidier, die Nachbarn von Sida, auf. ***6*** Um diese Zeit kamen die römischen Gesandten Publius Sulpicius und Publius Villius, die, wie oben gesagt ist, zu Antiochos gehen, vorher aber Eumenes begrüßen sollten, nach Elaea und gingen von da hinauf nach Pergamon, dem Königssitz des Eumenes. ***7*** Eumenes hatte zum Krieg gegen Antiochos große Lust, weil er, wenn Friede bliebe, in einem so viel mächtigeren König einen furchtbaren Nachbarn sah; käme es aber zum Krieg, so würde jener seiner Meinung nach den Römern ebenso wenig gewachsen sein, als es Philipp gewesen sei, ***8*** und entweder gänzlich zugrunde gerichtet werden, oder falls auch dem Besiegten ein Friede zugestanden würde, doch manches jenem Abgenommene ihm zufallen, so dass er dann auch ohne allen römischen Schutz sich seiner leicht erwehren könne. ***9*** Sollte es auch nicht so glücklich ausfallen, so werde es doch für ihn besser sein, im Verein mit den Römern sich jedem Schicksal zu unterwerfen, als so allein sich entweder die Oberherrschaft des Antiochos gefallen zu lassen oder im Weigerungsfall mit Gewalt der Waffen dazu gezwungen zu werden. Aus diesen Gründen reizte er die Römer, soviel er durch sein Gewicht und durch seinen Rat auf sie wirken konnte, für den Krieg.

(14) Sulpicius blieb, von einer Krankheit befallen, zu Pergamon. Villius, der auf die Nachricht, der König sei mit einem Krieg gegen Pisidien beschäftigt, nach Ephesus ging, ***2*** suchte in den wenigen Tagen seines dortigen Aufenthalts mit Hannibal, der sich zufällig dort befand, öfters zusammenzukommen, ***3*** um womöglich seine Gesinnungen zu erspähen, zugleich auch ihm die Besorgnis zu nehmen, dass er sich von den Römern irgendeiner Gefahr zu versehen habe. ***4*** Durch diese Unterredungen wurde freilich weiter nichts zustande gebracht, das aber folgte daraus von selbst, gleich als wäre es absichtlich darauf angelegt gewesen, dass ebendarum Hannibal dem König weniger wert und in allem verdächtig wurde.

5 Claudius, der der griechisch geschriebenen Geschichte des Acilius folgt, erzählt, in dieser Gesandtschaft sei Publius Africanus gewesen und er habe zu Ephesus Hannibal gesprochen. ***6*** Auch führte er eines der Gespräche an, in welchem Hannibal den Africanus auf die Frage, wen er für den größten Feldherrn halte, geantwortet haben soll: ***7*** Den makedonischen König Alexander; denn der habe mit einer kleinen Schar unzählige Heere geschlagen und Länder durchzogen, welche nur zu sehen andere Menschen nicht hoffen dürften. ***8*** Auf die Frage, wem er den zweiten Platz gebe, habe er geantwortet: ***9*** dem Pyrrhus. Der habe zuerst gelehrt, sich kunstmäßig zu lagern; außerdem habe niemand so geschickt Lagerplätze gewählt und Posten ausgestellt; auch habe er die Kunst, die Menschen zu gewinnen, in so hohem Grad verstanden, dass die Völker Italiens ihm, einem ausländischen König, die Oberherrschaft lieber gegönnt hätten als der römischen Nation, die schon so lange in Italien obenan gestanden habe. ***10*** Als er weiter fragte, wen er für den Dritten halte, soll Hannibal ganz unbefangen sich selbst genannt haben. ***11*** Da habe Scipio, der sich des Lachens nicht habe enthalten können, hinzugesetzt: *Was würdest du denn sagen, wenn du mich besiegt hättest? Dann,* versetzte Hannibal, *würde ich sagen, ich übertreffe Alexander, Pyrrhus und alle anderen Feldherren.* ***12*** Diese durch punische Schlauheit zweideutige Antwort soll nicht ohne Wirkung auf Scipio geblieben sein, weil er, als über alle Schätzung erhaben, aus dem Haufen der Heerführer ausgeschieden worden sei.

(15) Villius ging von Ephesus weiter nach Apamea. Hier kam Antiochos auf die Nachricht von der Ankunft römischer Gesandter dazu. ***2*** Auf ihren Zusammenkünften zu Apamea hatte der Streit fast denselben Inhalt, den er zu Rom zwischen Quinctius und des Königs Gesandten gehabt hatte. Die Nachricht vom Tod des Sohnes des Königs Antiochos, dessen Sendung nach Syrien ich kurz vorher erwähnt habe, hob die Unterredungen auf. ***3*** Im Palast herrschte große Trauer, und der Verlust des Jünglings wurde allgemein beklagt. Er hatte schon solche Proben von sich abgelegt, dass man sicher annehmen konnte, seine Anlagen hätten, wenn er länger gelebt hätte, einen großen und gerechten König gegeben. ***4*** Je größer sein Wert und seine Liebe bei allen war, desto mehr erregte sein Tod den Verdacht, der Vater, der für seine späteren Jahre in ihm einen lästigen Thronfolger heranreifen sah, habe ihn durch verschnittene, wie sie gewöhnlich wegen ihrer Dienstleistung in Ausrichtungen dieser Art die Lieblinge der Könige sind, vergiften lassen. ***5*** Als zweite Veranlassung der heimtückischen Tat gab man folgende an. Der Vater habe, da er

Seleukos Lysimachia zum Wohnsitz angewiesen hatte, für Antiochos, um auch ihn mit Ehren von sich zu entfernen, keinen ähnlichen Hof anzuweisen gewusst. **6** Indessen herrschte dem Schein nach mehrere Tage lang am königlichen Hof tiefe Trauer, und der römische Gesandte, um nicht zur Unzeit als der Unwillkommene zu erscheinen, begab sich nach Pergamon. *7* Der König, der den angefangenen Krieg liegen ließ, ging nach Ephesus zurück. Hier hielt er, solange der Trauer wegen niemand bei Hof vorgelassen wurde, mit einem gewissen Minnio, dem vornehmsten seiner Günstlinge, geheime Beratungen. **8** Minnio, unbekannt mit allem, was Ausland hieß, und seines Königs Macht nur nach dessen Taten in Syrien oder Asien beurteilend, glaubte nicht allein, dass Antiochos die gerechte Sache für sich habe, weil die römischen Forderungen lauter Unbilligkeiten wären, sondern auch, dass er im Krieg die Oberhand behalten werde. **9** Da der König einer Auseinandersetzung mit den Gesandten auswich, entweder weil er schon erfahren hatte, wie wenig er dadurch gewann, oder weil die frische Trauer ihm die Klarheit des Geistes raubte, beredete ihn Minnio, mit dem Erbieten zu sagen, was sich für seine Sache sagen lasse, dass er die Gesandten von Pergamon zu sich laden ließ.

(16) Sulpicius war schon wieder genesen; also kamen sie beide nach Ephesus. Der König ließ sich durch Minnio entschuldigen, und die Verhandlung ging ohne dessen Beisein vor sich. Hier sagte Minnio, der sich zu seiner Rede vorbereitet hatte: **2** *Ich sehe, ihr Römer gebt die Befreiung der griechischen Staaten als euren glänzenden Vorwand an; allein eure Taten stimmen mit euren Reden nicht überein, und ihr schreibt dem Antiochos ein anderes Recht vor als ihr selbst ausübt.* **3** *Denn inwiefern sind die Bürger von Smyrna und Lampsakos in eigentlicherem Sinn Griechen als die von Neapolis, von Regium und Tarent, von denen ihr Abgaben, von denen ihr Schiffe vertragsmäßig eintreibt?* **4** *Warum schickt ihr nach Syrakus und in die anderen griechischen Städte Siziliens jährlich euren Prätor mit dem Recht, über Leben und Tod zu gebieten? Ihr könnt sicher keinen anderen Grund angeben, als dass ihr ihnen, nach eurem Waffensieg über sie, diese Gesetze auferlegt habt.* **5** *So lasst euch denn auch von Antiochos in Hinsicht auf Smyrna, Lampsakos und die übrigen Städte Joniens und Äoliens dieselbe Angabe gefallen.* **6** *Diese Städte, die von seinen Vorfahren besiegt, ihnen zinsbar und steuerpflichtig wurden, fordert er unter seine alte Gerichtsbarkeit zurück. Ich wünschte also, dass ihm dies beantwortet würde, wenn wir nämlich unsere Auseinandersetzung auf Billigkeit beruhen lassen und nicht zum Krieg nur ein Vorwand gesucht wird.*

7 Hierauf antwortete Sulpicius: *Es ist Artigkeit von Antiochos, wenn sich nichts Besseres für seine Sache sagen ließ, dies lieber durch jeden anderen sagen zu lassen, als es selbst zu sagen.* **8** *Denn was haben die von dir zusammengestellten Staaten in ihrem Verhältnis für Ähnlichkeit? Von den Reginern, von den Neapolitanern, von den Tarentinern lassen wir bei gleichem, fortwährenden, immer ausgeübten, nie nachgelassenen Bestand unseres Rechtes uns das entrichten, was sie vertragsmäßig schuldig sind.* **9** *Kannst du, ich bitte dich, ebenfalls behaupten: So wie jene Völker nie, weder selbst, noch durch sonst irgendjemanden, unsere Verträge gestört haben, ebenso hätten die Städte Asiens, nachdem sie einmal den Vorfahren des Antiochos unterwürfig geworden waren, als bleibendes Eigentum zu eurem Reich gehört?* **10** *Hätten nie – die einen unter Philipp, die anderen unter Ptolemaeus gestanden, und wieder andere viele Jahre lang die Freiheit behauptet, ohne dass sie ihnen jemand streitig machte?* **11** *Denn wenn der Vorwand, dass sie im Drang ungünstiger Zeitverhältnisse einmal dienstbar gewesen sind, noch nach so vielen Menschenaltern jemanden berechtigen soll, sie wieder dienstbar zu machen –* **12** *bedarf es denn noch etwas, unsere Befreiung Griechenlands von Philipp zur ungeschehenen Arbeit zu machen, und Philipps Nachkommen Korinth, Chalkis, Demetrias und ganz Thessalien wieder hinnehmen zu lassen?* **13** *Doch wozu führe ich die Sache der Städte, während es billiger ist, dass, sie sie selber führen, und dass wir und der König auf diese Weise in Kenntnis gesetzt werden?*

(17) Nun ließ er die Gesandtschaften der Städte hereinrufen, welche Eumenes schon vorbereitet und angewiesen hatte, weil er sich von allem, was der Macht des Antiochos abgehen würde, einen Zuwachs für sein Reich versprach. **2** Da aber von den vielen Vorgelassenen jeder bald seine Klagen, bald seine Forderungen einfließen ließ und die billigen und unbilligen durcheinander aufstellte, entstand aus dem Rechtsstreit ein Gezänk. Ohne etwas nachgegeben oder erlangt zu haben, gingen die Gesandten, gerade wie sie gekommen waren, in völliger Ungewissheit wieder nach Rom.

3 Nach ihrer Entlassung berief der König über den Krieg mit Rom seine Räte, hier in Hochmut miteinander wetteifernd – denn jeder hoffte, je bitterer er sich gegen die Römer ausließe, sich desto gefälliger zu machen –, schalt der eine auf den Übermut der Römer in ihren Forderungen, **4** mit dem sie nicht anders, als ihrem besiegten Nabis, auch einem Antiochos, dem größten unter Asiens Königen, Gesetze aufbürden wollten. **5** Gleichwohl hätten sie doch dem Nabis die Alleinherrschaft über seine Vaterstadt, und zwar Sparta, zugestanden, **6** und wenn nur Smyrna, Lampsakos die Befehle eines Antiochos befolgten, so hielten sie dies für empörend; **7** andere meinten, für einen so großen König würden diese Städte eine zu kleinliche, kaum nennenswerte Veranlassung zum Krieg sein; allein bei ungerechten Zumutungen mache man immer mit Kleinigkeiten den Anfang, man müsste denn glauben, es sei den Persern, als sie von den Spartanern Wasser und Erde forderten, um eine Erdscholle und einen Trunk Wasser zu tun gewesen. **8** Mit einem ähnlichen Versuch ließen sich die Römer über zwei Städte ein. Auch andere Städte würden, sobald sie sähen, dass jene beiden das Joch abgeschüttelt hätten, auf die Seite der Freiheit bringenden Nation übertreten. **9** Hätte die Freiheit nicht schon ihre Vorzüge vor der Dienstbarkeit, so finde doch jeder in der Hoffnung auf eine neue Verfassung mehr Reiz als in der jeweiligen Lage seiner gegenwärtigen Umstände.

(18) Bei dieser Beratung war Alexander aus Acarnanien zugegen, früher ein Vertrauter Philipps, der aber diesen, von der größeren Hofhaltung des Antiochos angezogen, kürzlich verlassen hatte, **2** und dem der König, als dem Mann, der Griechenland kenne und mit den Römern nicht unbekannt sei, einen so hohen Grad des Wohlwollens angedeihen ließ, dass er auch den geheimen Beratungen beiwohnen durfte. **3** Geradeso, als wäre hier nicht die Frage, ob man Krieg führen müsse oder nicht, sondern wo und wie man ihn zu führen habe, versicherte dieser, er sehe den unzweifelhaften Sieg schon vor Augen, sobald der König nach Europa ginge und in irgendeinem Teil von Griechenland den Schauplatz des Krieges aufschlage. **4** Vor allen anderen werde er die Aetoler im Herzen von Griechenland schon unter den Waffen finden, bereit, immer in den gefährlichsten Auftritten des Krieges voranzugehen. **5** Gleichsam auf den beiden Flügeln von Griechenland werde – von der Peloponnes aus – Nabis alles aufbieten, die Stadt Argos und seine Seestädte wiederzugewinnen, nach deren Wegnahme ihn die Römer auf Spartas Mauern beschränkt hätten, **6** und von Makedonien aus werde Philipp auf den ersten Schlachtruf der Feldposaune zu den Waffen greifen. Er kenne den Hochsinn, kenne die Denkungsart des Mannes, wisse, dass ihm wie bei wilden Tieren, die man im Zwinger oder in Ketten halte, ein fürchterlicher Grimm schon lange im Busen koche; **7** ja er erinnere sich, wie oft Philipp während des Krieges die Bitte an die Götter gerichtet habe, ihm doch den Antiochos zum Mitkämpfer zu geben. Würde ihm jetzt dieser Wunsch erfüllt, so werde er sich keinen Augenblick besinnen, den Krieg wieder anzufangen. **8** Nur müsse man nicht unschlüssig, nicht untätig sein. Denn darauf beruhe der Sieg, dass man sich der geeigneten Plätze und der beitretenden Völker zuvorkommend versichere. Auch müsse man sofort den Hannibal nach Afrika schicken, um die Römer auf mehreren Seiten zu beschäftigen.

(19) Hannibal, der bei dieser Beratung nicht zugegen war, weil er durch seine Unterredungen mit Villius dem König verdächtig geworden und seitdem keiner Ehre gewürdigt war, **2** trug diese Zurücksetzung anfangs schweigend; da er es aber weiterhin für besser hielt, nach dem Grund

dieser plötzlichen Entfremdung sich zu erkundigen und sich zu rechtfertigen, fragte er bei einer passenden Gelegenheit den König mit aller Offenheit nach der Ursache seiner Ungnade, erfuhr sie und sprach: ***3*** *Mein Vater Hamilkar, Antiochos, ließ mich bei einem seiner Opfer als kleinen Knaben unter Berührung des Altars eidlich geloben, nie ein Freund der Römer zu werden.* ***4*** *Dies war mein Fahneneid, unter dem ich 36 Jahre gedient habe; er war es, der mich im Frieden aus meinem Vaterland trieb, der mich aus meinem Vaterland Verbannten an deinen Hof führte; von ihm geleitet, will ich, wenn du meine Hoffnung unerfüllt lässt, hingehen, wo ich noch eine Macht, wo ich noch Waffen anzutreffen glaube, um irgendwo in der Welt Roms Feinde aufzufinden.* ***5*** *Wenn es daher einige der Deinigen gelüstet, durch Beschuldigungen gegen mich bei dir höher zu steigen, so müssen sie eine andere Veranlassung suchen, um vermittels meiner zu steigen.* ***6*** *Ich hasse die Römer und werde von ihnen gehasst. Dass ich hierin die Wahrheit sage, davon ist mein Vater Hamilkar, davon sind die Götter Zeugen. Denkst du also an einen Krieg mit den Römern, so zähle den Hannibal zu deinen ersten Freunden; bestimmt dich aber irgendeine Rücksicht zum Frieden,* ***7*** *so wähle dir zum Teilnehmer an dieser Beratung einen andern.* Eine solche Sprache machte nicht bloß Eindruck auf den König, sondern söhnte ihn auch mit Hannibal aus. Auch diese Beratung endigte mit der Entscheidung für den Krieg.

(20) Zu Rom sah man zwar den Antiochos, wo man von ihm sprach, schon als Feind an, allein zu einem Krieg gegen ihn schickte man sich noch mit nichts weiter an als mit dem Willen. ***2*** Beiden Konsuln wurde Italien als ihr Posten angewiesen, so dass sie sich darüber zu vergleichen oder zu losen hätten, wer von ihnen die diesjährigen Wahlversammlungen abhalten solle. ***3*** Wer von beiden dies Geschäft nicht zu besorgen habe, solle sich bereithalten, nötigenfalls mit den Legionen außerhalb Italiens zu gehen, wohin es sein möchte. ***4*** Dieser Konsul bekam die Vollmacht, zwei neue Legionen auszuheben und 20 000 latinische Verbündete und 800 Reiter. ***5*** Dem andern Konsul wurden die beiden Legionen bestimmt, welche Lucius Cornelius, der Konsul des vorigen Jahres, gehabt habe und von demselben Heer an Verbündeten und Latinern 15 000 Mann und 500 Reiter. ***6*** Quintus Minucius wurde der Oberbefehl beim Heer, mit welchem er in Ligurien stand, verlängert, außerdem sollten zur Ergänzung desselben 4000 Römer zu Fuß und 150 Reiter ausgehoben und die Bundesgenossen angewiesen werden, ebenfalls für jene Gegend 5000 Mann zu Fuß und 250 Reiter zu stellen. ***7*** Gnaeus Domitius wurde durch das Los sein Posten außerhalb Italiens auf einem vom Senat ihm zu bestimmenden Platz angewiesen; dem Lucius Quinctius Gallien und die Abhaltung der Wahlversammlungen. ***8*** Dann wurden den Prätoren durch das Los ihre Posten bestimmt; Marcus Fulvius Centumalus die Rechtspflege in der Stadt, Lucius Scribonius Libo die über die Fremden; Lucius Valerius Tappo Sizilien, Quintus Salonius Sarra Sardinien, Marcus Baebius Tamphilus das diesseitige Spanien, Aulus Atilius Serranus das jenseitige. ***9*** Doch diesen beiden wurden zuerst durch einen Senatsbeschluss, dann auch vermöge eines Volksbeschlusses ihre Posten umgeändert; ***10*** dem Atilius nämlich die Flotte nebst Makedonien, dem Baebius die Bruttier zuerkannt. ***11*** Dem Flaminius und Fulvius wurde für beide Spanien der Oberbefehl verlängert. Baebius Tamphilus wurden für das bruttische Gebiet die beiden Legionen bestimmt, die im vorigen Jahr in der Stadt gelegen hatten, und zu derselben Bestimmung sollten ihm auch die Bundesgenossen 15 000 Mann zu Fuß und 500 Reiter stellen. ***12*** Atilius erhielt Befehl, 30 neue Fünfruderer auszurüsten, die alten etwa noch brauchbaren aus den Schiffswerften zu nehmen und Seeleute zu werben. Auch wurden die Konsuln angewiesen, ihm 2000 Mann Bundesgenossen und Latiner und 1000 Römer zu Fuß zu geben. ***13*** Der Angabe nach waren diese beiden Prätoren und diese beiden Heere, sowohl das zu Land als auch das zu Wasser, gegen Nabis bestimmt, der schon ganz offen eine römische Bundesstadt belagerte. ***14*** Allein man wartete noch auf die an Antiochos abgeschickten

Gesandten, und der Senat hatte dem Konsul Gnaeus Domitius befohlen, vor ihrer Wiederkunft die Stadt nicht zu verlassen.

(21) Die Prätoren Fulvius und Scribonius, deren Amt die Rechtspflege in Rom war, erhielten den Auftrag, außer der Flotte, welche Atilius befehligen sollte, noch 100 Fünfruderer auszurüsten. ***2*** Ehe der Konsul und die Prätoren auf ihre Posten abgingen, wurde wegen der Wunderzeichen ein Bettag gehalten. ***3*** Es war nämlich aus dem picenischen Gebiet gemeldet worden, eine Ziege habe sechs Zicklein auf einmal geworfen; ***4*** zu Arretium war ein Knabe mit einer Hand geboren; zu Amiternum ein Erdregen gefallen; zu Formiae Tor und Mauer vom Blitz getroffen, und was den meisten Schrecken erregte, ein Ochse des Konsuls Gnaeus Domitius sollte die Worte gesprochen haben: *Rom, sei auf deiner Hut!* ***5*** Wegen der übrigen Schreckzeichen wurde der Bettag gehalten; für den Ochsen hießen die Opfer-Schauer Sorge tragen, dass er Leben und Futter behielt. Der Tiber, der sich in noch wilderer Flut als das letzte Mal über die Stadt ergoss, riss zwei Brücken und viele Gebäude ein, hauptsächlich in der Gegend des Flusstores. ***6*** Ein ungeheurer Felsblock, entweder durch Regengüsse losgerissen oder durch ein sonst nicht weiter bemerktes leichtes Erdbeben, stürzte vom Kapitol auf die Ochsengasse herab und erschlug viele Menschen. An mehreren Orten auf dem Land trieb die Überschwemmung die Herden weg und riss Landhäuser ein.

7 Noch vor der Ankunft des Konsuls Lucius Quinctius auf seinem Kriegsplatz lieferte Quintus Minucius im Gebiet von Pisa den Ligurern eine förmliche Schlacht, hieb 9000 Feinde zusammen und trieb die Übrigen in voller Flucht in ihr Lager. ***8*** Bis in die Nacht wurde dies unter heftigem Kampf bestürmt und verteidigt; in der Nacht machten sich die Ligurer unbemerkt davon. ***9*** Mit Tagesanbruch fielen die Römer über das leere Lager her. Beute fanden sie wenig, weil die Ligurer von Zeit zu Zeit den Raub aus den Dörfern nach Hause zu schicken pflegten. ***10*** Von nun an gestattete Minucius den Feinden nicht die geringste Erholung. Er brach aus der Gegend von Pisa nach Ligurien auf, verheerte ihre kleinen Festungen und Flecken mit Feuer und Schwert, ***11*** und hier belud sich der römische Soldat mit der ganzen etrurischen Beute, welche von jenen Plünderern hierhergeschickt war.

(22) Um dieselbe Zeit kamen in Rom die Gesandten von den Königen zurück. ***2*** Da ihre Berichte nichts enthielten, was schon jetzt einen gültigen Grund zum Krieg abgeben konnte, außer gegen den Tyrannen von Sparta, und zugleich die achäischen Gesandten seinen vertragswidrigen Angriff auf die spartanischen Seeplätze meldeten, wurde nur der Prätor Atilius zum Schutz der Verbündeten mit seiner Flotte nach Griechenland geschickt. ***3*** Und weil die Gefahr von Seiten des Antiochos noch nicht dringend war, wurde beschlossen, beide Konsuln auf ihre Posten abgehen zu lassen. Domitius kam von Ariminum auf dem nächsten Weg, Quinctius durch Ligurien in das Land der Boier; ***4*** und die beiden konsularischen Heere verwüsteten von zwei Seiten her das Gebiet der Feinde weit und breit. Da gingen zuerst nur kleine Scharen Reiterei mit ihren Obersten, dann ihr ganzer Senat und gegen 1500 Reiche und Angesehene zu den Konsuln über.

5 Auch in beiden Spanien waren die römischen Waffen in diesem Jahr glücklich. Gaius Flaminius gewann die feste und wohlhabende Stadt Licabrum durch Belagerung und machte den Conribilo, einen Fürsten von großem Ruf, zum Gefangenen; ***6*** und Marcus Fulvius lieferte zwei feindlichen Heeren zwei glückliche Schlachten, erstürmte zwei spanische Städte Vescelia und Helo und viele kleine Festungen; andere unterwarfen sich freiwillig. ***7*** Nun rückte er gegen die Oretaner vor, bemächtigte sich auch hier der beiden Städte Noliba und Cusibi und zog weiter zum Fluss Tagus. Hier lag die kleine Stadt Toletum auf einer befestigten Höhe. ***8*** Als er sie belagerte, kamen die Vettonen mit einem großen Heer den Toletanern zu Hilfe. Er besiegte sie in einer förmlichen Schlacht und eroberte nach Verjagung der Vettonen Toletum durch eine förmliche Belagerung.

(23) Jetzt aber machten die Kriege, welche wirklich im Gang waren, den Vätern weniger Sorge als der noch nicht ausgebrochene Krieg mit Antiochos, dem sie entgegensahen. *2* Freilich unterrichteten sie sich von allem fortwährend durch Gesandte, allein durch zufällig unverbürgte Gerüchte bekam die Wahrheit manchen falschen Zusatz. *3* Unter anderem hieß es, Antiochos werde gleich nach seiner Ankunft in Aetolien eine Flotte nach Sizilien schicken. *4* Daher schickte der Senat, obgleich er den Prätor Atilius mit der Flotte nach Griechenland gehen ließ, dennoch, *5* weil es nötig war, den Mut der Verbündeten nicht bloß durch Truppen, sondern auch durch Männer von Gewicht aufrechtzuerhalten, Titus Quinctius, Gnaeus Octavius, ferner Gnaeus Servilius und Publius Villius als Gesandte nach Griechenland. Auch beschloss er, Marcus Baebius sollte mit seinen Legionen aus dem bruttischen Gebiet bis Tarent und Brundisium vorrücken, *6* um nötigenfalls von da nach Makedonien überzusetzen; auch sollte der Prätor Marcus Fulvius eine Flotte von 30 Schiffen abgehen lassen, um die Küste Siziliens zu schützen; *7* wer diese führen würde – Lucius Oppius Salinator, im vorigen Jahr plebejischer Ädil, führte sie –, dem sollte das volle Recht des Oberbefehls zustehen; ferner sollte der Prätor seinem Kollegen Lucius Valerius schreiben, es sei zu befürchten, *8* dass eine Flotte des Königs Antiochos aus Aetolien nach Sizilien segle; darum sei der Senat der Ansicht, Valerius möge das schon unter ihm stehende Heer mit 12 000 Mann durch einen Aufruf zusammengebrachter Truppen und 400 Reitern verstärken, damit er imstande sei, die Griechenland gegenüberliegende Küste seiner Provinz zu decken. *9* Diese Truppen hob der Prätor nicht bloß in Sizilien aus, sondern auch auf den umliegenden Inseln, und sicherte alle gegen Griechenland liegenden Küstenstädte durch Besatzungen. *10* Die Ankunft des Attalos, eines Bruders des Eumenes, gab jenen Gerüchten Nahrung. Er meldete, König Antiochos sei mit seinem Heer über den Hellespont gegangen, und die Aetoler schickten sich an, um die Zeit seiner Ankunft in den Waffen zu sein. *11* Dem abwesenden Eumenes und seinem gegenwärtigen Bruder stattete der Senat seinen Dank ab, verordnete für diesen ein besonderes Haus, einen Standplatz und die Ehrenbewirtung und machte ihm ein Geschenk von zwei Pferden, zwei Reiterrüstungen, einem Silbergerät von 101, Goldgeräte von 20 Pfund.

(24) Da nun eine Nachricht über die andere den nahen Krieg meldete, fand man es zweckmäßig, so schnell als möglich Konsuln zu wählen. *2* Daher erging der Senatsbeschluss, der Prätor Marcus Fulvius solle sogleich an den Konsul schreiben und ihm den Willen des Senats kundtun, dass er seinen Posten und sein Heer an die Unterfeldherren abgeben, nach Rom zurückkommen *3* und noch unterwegs seine Bekanntmachung, in der er den Tag der Konsulnwahl bestimme, vorab schicken möge. Diesem Schreiben leistete der Konsul Folge, schickte die Bekanntmachung voraus und kam nach Rom. *4* Auch bei der diesjährigen Bewerbung sah man ein großes Parteienspiel, weil um die eine adlige Stelle sich drei bewarben: der bei der vorigen Wahl durchgefallene Publius Cornelius Scipio , Sohn des Gnaeus; ferner Lucius Cornelius Scipio und Gnaeus Manlius Vulso. *5* Publius Scipio bekam das Konsulat, so dass man sah, einem solchen Mann sei die Ehrenstelle nur aufgespart, nicht versagt gewesen. Der ihm an die Seite gesetzte Kollege vom Bürgerstand war Manius Acilius Glabrio. *6* Am folgenden Tag wurden diese Prätoren gewählt: Lucius Aemilius Paulus, Marcus Aemilius Lepidus, Marcus Julius Brutus, Aulus Cornelius Mammula, Gaius Livius und Lucius Oppius, beide mit Zunamen Salinator. Dies war der Oppius, welcher die Flotte von 30 Schiffen nach Sizilien geführt hatte. *7* Marcus Baebius erhielt den Befehl, solange das Los den neuen Obrigkeiten ihre Aufgabenbereiche noch nicht zugewiesen habe, von Brundisium mit allen seinen Truppen nach Epirus überzugehen *8* und sie in der Nähe von Apollonia zusammenzuhalten, und dem Stadtprätor Marcus Fulvius wurde aufgetragen, 50 neue Fünfruderer auszustatten.

(25) Und so rüsteten sich die Römer ihrerseits gegen alle Unternehmungen des Antiochos. *2* Nabis hingegen war so weit davon entfernt, mit dem Krieg noch zu warten, dass er vielmehr

schon jetzt aus allen Kräften Gyntheon bestürmte und aus Erbitterung auf die Achäer, weil sie den Belagerten Hilfe geschickt hatten, ihr Land verwüstete. ***3*** Die Achäer, die es nicht gewagt hatten, den Krieg zu eröffnen, bevor ihre Gesandten von Rom zurückgekehrt wären, ***4*** um erst die Ansicht des Senates zu erfahren, setzten nach der Rückkehr der Gesandten eine Versammlung zu Sikyon an und schickten Abgeordnete an Titus Quinctius, um sich seinen Rat zu erbitten. ***5*** Auf dieser Versammlung entschieden sich alle Stimmen für eine schnelle Eröffnung des Krieges. Allein ein Schreiben von Titus Quinctius, in dem er ihnen riet, den römischen Prätor mit der Flotte abzuwarten, machte sie unschlüssig. ***6*** Da einige der Vornehmen auf ihrer Meinung beharrten, andere den Rat dessen befolgt wissen wollten, den sie selbst darum befragt hätten, sahen die meisten der Erklärung Philopoemens entgegen. ***7*** Er war jetzt Bundeshauptmann und übertraf alle damals an Klugheit und Ansehen. Nach einer Einleitung, in welcher er die achäische Sitte pries, vermöge welcher kein Bundeshauptmann, wenn er über einen zu beschließenden Krieg die Stimmen angehört, sein eigenes Gutachten abgeben darf, forderte er sie auf, sobald als möglich zu bestimmen, was ihr Wille sei. ***8*** Ihr Bundeshauptmann werde dann ihre Beschlüsse mit aller Treue und Sorgfalt vollziehen und seine Kräfte aufbieten, dass sie sich weder den Frieden noch den Krieg, soweit dies von menschlicher Leitung abhängig sei, gereuen lassen sollten. ***9*** Diese Rede gab für die Stimmung zum Krieg einen weit stärkeren Ausschlag, als wenn er durch offenbares Zuraten etwa Tatensucht hätte blicken lassen. ***10*** Demnach wurde der Krieg mit großer Einstimmigkeit beschlossen; die Zeit aber und die Art, ihn zu führen, dem Bundeshauptmann völlig überlassen. ***11*** Philopoemen war, abgesehen davon, dass er hierin den Willen des Quinctius sah, schon selbst der Meinung, man müsse die römische Flotte erwarten, um durch diese Gytheon von der Seeseite decken zu können; ***12*** weil er aber besorgt war, die Sache möchte keinen Aufschub leiden, und nicht allein Gytheon, sondern auch das der Stadt zu Hilfe geschickte Korps verloren gehen, ließ der die Schiffe der Achäer in See stechen.

(26) Auch der Tyrann hatte eine kleine Flotte ausgerüstet, um den Verstärkungen, die den Belagerten zur See geschickt werden möchten, das Einlaufen zu wehren, ***2*** die aus drei Kriegsschiffen, einigen Barken und Jachten bestand, denn seine alte Flotte hatte er im Friedensschluss den Römern ausgeliefert. Um die Leichtigkeit seiner noch neuen Schiffe zu erproben, zugleich auch um alles zum Kampf in gehörigem Zustand zu haben, ließ er seine Ruderer und Soldaten täglich auslaufen und sich durch Nachbildungen von Seegefechten üben, weil er sich von der Belagerung nur dann Erfolg versprach, wenn er alle Hilfsleistungen von der See her unmöglich machte. ***3*** Der achäische Bundeshauptmann, so sehr er in der Kunst der Landschlachten jedem berühmten Feldherrn an Übung und Erfindung gleichkam, ***4*** so wenig verstand er vom Seewesen, als ein geborner Arkadier, mitten im Land heimisch und mit allem, was Ausland hieß, unbekannt, außer dass er in Kreta als Oberster über die Hilfstruppen gedient hatte. ***5*** Es stand noch ein alter Vierruderer, den die Achäer vor 80 Jahren, als es Nicaea, die Gemahlin des Krateros, von Naupaktos nach Korinth führen sollte, aufgebracht hatten. ***6*** Durch den Ruf desselben verleitet – denn es war ehemals in der königlichen Flotte ein hochberühmtes Fahrzeug gewesen –, ließ er dies schon vor Alter baufällige Schiff von Aegion auslaufen. ***7*** Jetzt ging es als Hauptschiff, da es den Befehlshaber der Flotte, den Tison von Patrae an Bord hatte, vor der Flotte her, als ihr von Gytheon aus die spartanischen Schiffe entgegenkamen, ***8*** und gleich beim ersten Stoß auf ein neues und festes Schiff fiel das alte, das ohnehin in allen Fugen Wasser zog, auseinander, und alle, die es an Bord hatte, wurden Gefangene. ***9*** Nach dem Verlust des Hauptschiffes entflohen die übrigen, so gut sich jedes durch seine Ruder half. Philopoemen selbst entkam auf einem leichten Spähschiff und setzte seiner Flucht erst dann ein Ziel, als er Patrae erreicht hatte. ***10*** Allein den Mut des Krieggewohnten, der schon so manchen Unfall erfahren hatte, brach dieser Unfall nicht;

im Gegenteil, wenn er zur See, wo er nichts verstünde, einen kleinen Unfall erlitten, so habe er um so mehr Hoffnung für das, worin er Erfahrung hätte, und versicherte, diese Freude des Tyrannen werde von kurzer Dauer sein.

(27) Nabis, durch diesen glücklichen Vorfall gehoben, ja schon mit der sicheren Hoffnung sich schmeichelnd, **2** dass er vom Meer aus nichts weiter zu befürchten habe, wollte nun auch durch zweckmäßig aufgestellte Posten dem Feind jeden Zugang zu Lande versperren. Er führte den dritten Teil seiner Truppen von der Belagerung Gytheons ab und nahm ein Lager bei Pleiae. Dieser Ort liegt in der Nähe von Leukae und Akriae an dem Weg, auf dem seiner Meinung nach die Feinde heranziehen mussten. **3** Da er in diesem Lager stehen blieb, wo nur wenige unter Zelten lagen, die übrigen aber ihren aus Schilf geflochtenen Hütten, um nur Schatten zu haben, ein Dach von Laubwerk gegeben hatten, **4** entschloss sich Philopoemen, ehe er noch dem Feind zu Gesicht käme, ihn wider alles Vermuten durch eine Kriegslist anzugreifen, auf die er nicht vorbereitet sei. **5** Auf eine verdeckte Stellung an der argivischen Küste zog er mehrere kleine Fahrzeuge zusammen, bemannte sie mit leichten Truppen, die meistens nur kleine Schilde, Schleudern, Wurfpfeile und andere leichte Waffen hatten, **6** fuhr an der Küste hin, stieg an einem Vorgebirge in der Nähe des feindlichen Lagers aus, kam auf ihm bekannten Fußstegen in der Nacht nach Pleiae, und weil die Wachen, die keine Gefahr in der Nähe ahnten, eingeschlafen waren, ließ er von allen Seiten auf die Lagerhütten Feuer werfen. **7** Da verbrannten viele, ohne etwas von einem ankommenden Feind zu wissen, und die ihn bemerkten, konnten keine Hilfe leisten; **8** feindliche Schwerter und Flammen vertilgten alles. So von zwei Unfällen in die Mitte genommen, retteten sich doch noch einige in das größere Lager von Gytheon. **9** Während dieser Bestürzung der Feinde ging Philopoemen sogleich weiter, um Tripolis zu verheeren, eine Landschaft des lakonischen Gebietes, wo es an die Grenze von Megalopolis stößt. **10** Er raffte viele Herden und Menschen zusammen und zog wieder ab, ehe der Tyrann dem Land von Gytheon aus Hilfe schicken konnte. **11** Als er sein Heer von dort nach Tegea zusammengezogen und hierher die Achäer mit ihren Verbündeten zu einer Versammlung berufen hatte, auf welcher auch die vornehmsten Epiroten und Acarnaner erschienen, **12** entschloss er sich, weil jetzt die Seinigen für ihre zur See gekränkte Ehre schon völlig wieder entschädigt und die Feinde die Mutlosen waren, vor Sparta selbst zu rücken, insofern dies das einzige Mittel sei, den Feind von der Belagerung Gytheons abzuziehen. **13** Bei Karyae schlug er auf feindlichem Boden sein erstes Lager auf. Gerade an diesem Tag wurde Gytheon erobert. Philopoemen, der davon nichts wusste, rückte bis zum Barnosthenes vor, einem Berg 10 000 Schritte von Sparta entfernt. **14** Und Nabis, der nach der Eroberung von Gytheon mit seinem schlagfertigen Heer dort aufbrach, führte es in Eilmärschen vor Sparta vorbei und besetzte das sogenannte Pyrrhuslager, weil er an der Absicht der Achäer, diese Stellung zu beziehen, nicht zweifelte, von hier aus ging er den Feinden entgegen. **15** Sie dehnten sich aber wegen der schmalen Straße auf einen langen Zug von beinahe 5000 Schritten aus. Diesen Zug beschloss die Reiterei und der größte Teil der Hilfstruppen, weil Philopoemen vermutete, der Tyrann werde mit seinen Söldnern, auf die er sich am meisten verließ, die Achäer im Rücken angreifen, **16** hier aber setzten ihn auf einmal zwei unerwartete Umstände in Verlegenheit: einmal die Stellung, die er hatte nehmen wollen, war schon vom Feind besetzt, sodann sah er die Feinde auf seine Vorhut stoßen, wo bei diesem Weg über Klippengänge ohne eine Bedeckung von leichten Truppen alles weitere Vorrücken seiner Ansicht nach unmöglich war.

(28) Allein einen Zug zu führen, eine Stellung zu nehmen, gerade darin hatte Philopoemen außerordentliches Geschick und Erfahrung, und hierin besonders hatte er nicht bloß zur Zeit des Krieges, sondern auch im Frieden sich geübt. **2** Machte er irgendwohin einen Marsch und kam an einen Gebirgspass, wo der Durchgang schwierig war, so nahm er die Beschaffenheit des

Ortes von allen Seiten in Augenschein; war er allein, so ging er darüber mit sich selbst zu Rate; hatte er Begleiter, so warf er die Fragen auf, *3* wenn sich hier ein Feind zeigte, wie man seine Maßregeln zu nehmen habe, falls er von vorn, wie, wenn er von dieser oder der Seite, wie, wenn er im Rücken angriffe. Man könne schlagfertig in gerader Linie auf ihn stoßen, man könne aber auch in ungeschlossenem Zug und bloß zum Marsch eingerichtet sein. *4* Dann ließ er sich auf weiteres Nachdenken oder Fragen darüber ein, welche Stellung er nehmen müsse, wie viele Truppen und von welcher Art der Bewaffnung er dazu brauchen werde, denn auch darauf komme nicht wenig an; wohin er das schwere Kriegsgerät, wohin das leichte Gepäck bringen wolle, wohin den unbewehrten Tross; *5* wie stark für diese die Bedeckung sein müsse und von was für Truppen; ob es besser sei, den einmal eingeschlagenen Weg zu verfolgen, oder auf dem, den man gekommen sei, zurückzugehen; *6* ferner, welchen Platz er zum Lager wählen werde und wie viel er mit seinen Werken zu umfassen habe, wo man am besten Wasser holen, wo man sich die Zufuhr an Futter und Holz offen halten könne, welcher Weg beim Aufbruch am folgenden Tag der sicherste, wie der Zug geordnet sein müsse. *7* Mit dergleichen Fragen und Rücksichten hatte er sich von Jugend auf beschäftigt, so dass ihm in keinem Fall dieser Art eine zu treffende Maßregel neu war. *8* Auch jetzt ließ er vor allen Dingen den Zug Halt machen, schickte dann die kretischen Hilfstruppen und die sogenannten tarentinischen Reiter, deren jeder zwei Pferde hatte, an die Spitze des Zuges, ließ seine Reiterei am Schluss folgen und besetzte über einem Bach, wo sie Wasser holen konnten, einen Felsen. *9* Dorthin wurde alles Kriegsgerät und der Tross der Knechte ausgeschieden, mit einer Bedeckung umgeben und ein Lager befestigt, so gut es die Beschaffenheit des Ortes erlaubte. Schwer war es, auf einem felsigen und unebenen Boden die Zelte aufzuschlagen. 500 Schritte davon standen die Feinde. *10* Das Wasser holten beide Heere unter einer Bedeckung von Leichtbewaffneten aus demselben Bach, und ehe es noch zu Gefechten kam, wie sie in einer solchen Nähe beider Lager gewöhnlich sind, brach die Nacht ein. *11* Dass man am folgenden Tag zur Verteidigung der Wasserholer am Bach fechten müsse, war einleuchtend. Also versteckte er während der Nacht in einem Tal, das den Feinden außerhalb ihres Gesichtskreises lag, so viele Leichtbeschildete, wie er dort unterbringen konnte.

(29) Mit Tagesanbruch ließen sich die kretischen Leichtbewaffneten nebst den tarentinischen Reitern am Bach mit den Feinden ein. Telemnastos, ein Kreter, befehligte seine Landsleute, die Reiter Lykortas von Megalopolis. *2* Bei den Feinden dienten ebenfalls die kretischen Hilfstruppen und ebensolche tarentinische Reiter den Wasserholern zur Bedeckung. Eine Zeitlang blieb also das Gefecht unentschieden, war doch auf beiden Seiten die Art der Truppen und ihre Bewaffnung gleich. *3* Doch bei der Dauer des Kampfes siegten die Hilfstruppen des Tyrannen, teils durch ihre Überlegenheit, teils weil es Philopoemen seinen Obersten befohlen hatte, sie sollten nach einem mäßigen Gefecht sich auf eine Flucht einlassen und die Feinde auf die Stelle des Hinterhaltes ziehen. In vollem Lauf setzten diese durch das Tal den Fliehenden nach, und viele von ihnen wurden schon verwundet, schon getötet, ehe sie den versteckten Feind bemerkten. *4* Philopoemens Leichtbeschildete hatten sich, so gut es die Breite des Tales gestattete, in einer solchen Stellung gehalten, dass sie die Fliehenden leicht in die Zwischenräume ihrer Glieder aufnehmen konnten. *5* Jetzt erhoben sie sich, ohne Wunde, bei voller Kraft, im Schluss und fielen auf den in Unordnung heranstürzenden, von Arbeit und Wunden ermatteten Feind. *6* Der Sieg war entschieden. Die Truppen des Tyrannen kehrten sogleich den Rücken, und viel schneller fliehend, als sie vorhin verfolgt hatten, wurden sie in ihr Lager getrieben. *7* Noch auf der Flucht wurden viele getötet und gefangen genommen. Selbst im Lager wäre die Verlegenheit groß geworden, hätte nicht Philopoemen zum Rückzug blasen lassen, weil er die felsige, bei jedem unvorsichtigen Vorrücken gefahrvolle Gegend mehr als den Feind fürchtete. *8* Doch da er

sich aus dem Erfolg der Schlacht und aus der Sinnesart dessen, der sie verloren hatte, die Größe seiner jetzigen Bestürzung berechnete, ***9*** ließ er durch einen von den Hilfstruppen, den er als Überläufer hinschickte, ihm als sicher melden, es sei bei den Achäern beschlossen, morgen bis an den Fluss Eurotas vorzurücken – dieser bespült fast die Mauern von Sparta – und den Weg zu versperren, teils um dem Tyrannen, ***10*** falls er sich zum Rückzug in die Stadt entschlösse, diesen unmöglich zu machen, teils um keine Zufuhr aus der Stadt ins Lager zu lassen, zugleich auch, um zu versuchen, ob sich nicht mancher bewegen lasse, von dem Tyrannen abzufallen. ***11*** Die Aussagen des Überläufers fanden bei Nabis nicht gerade viel Glauben, vielmehr gaben sie ihm bei seiner Ängstlichkeit einen scheinbaren Vorwand, das Lager zu verlassen. ***12*** Am folgenden Tag ließ er den Pythagoras mit den Hilfstruppen und der Reiterei sich vor dem Lagerwall aufstellen. Er selbst rückte mit den Kerntruppen dem Schein nach zur Schlacht aus und gebot dann den Eilmarsch nach Sparta.

(30) Als Philopoemen ihren Zug so schnell den engen und abschüssigen Weg entlang eilen sah, sandte er seine ganze Reiterei und die kretischen Hilfstruppen gegen die vor ihrem Lager aufgestellten Feinde. ***2*** Diese, die den Feind vor Augen und sich von den Ihrigen verlassen sahen, wollten sich zuerst in ihr Lager zurückziehen; ***3*** als aber jetzt das ganze Heer der Achäer schlagfertig anrückte, blieb ihnen bei der Furcht, samt dem Lager dem Feinde in die Hände zu fallen, nichts übrig, als dem schon ziemlich vorausgeeilten Zug der Ihrigen zu folgen. ***4*** Sogleich überfielen die achäischen Leichtbeschildeten das Lager und plünderten es; die Übrigen zogen gleich weiter, um den Feind zu verfolgen. Der Weg war so, dass sich ein Heereszug, auch ohne alle Beunruhigung von einem Feind, nur mit Mühe durchwinden konnte. ***5*** Da also jetzt bei der Nachhut das Gefecht begann, und vom Rücken her das fürchterliche Geschrei der Bedrängten zu den vorderen Fahnen drang, da rettete sich jeder, so gut er konnte, unter Wegwerfen seiner Waffen in die Wälder auf beiden Seiten des Weges, ***6*** und im Augenblick war der Weg von zusammengestürzten Waffen versperrt, hauptsächlich von Speeren, die den Gang, da sie fast alle mit der Spitze in die Erde gesunken waren, wie ein hingepflanztes Pfahlwerk schlossen. ***7*** Philopoemen, der seinen Hilfstruppen befahl, die Verfolgung, so gut sie könnten, fortzusetzen, denn namentlich für die Reiterei werde die Flucht beschwerlich sein, führte selbst seine schweren Truppen einen offeneren Weg zum Fluss Eurotas. ***8*** Als er sich gegen Sonnenuntergang hier gelagert hatte, erwartete er seine Leichtbewaffneten, die er zur Verfolgung des Feindes zurückgelassen hatte. Als diese um die erste Nachtwache meldeten, der Tyrann habe nur mit wenigen die Stadt erreicht, die übrige Menge streife ohne Waffen im ganzen Wald zerstreut umher, befahl er ihnen, sich zu pflegen, ***9*** nahm aber von den übrigen Truppen, die wegen ihrer früheren Ankunft im Lager schon Erquickung durch Speise und einige Ruhe gehabt hatten, sogleich eine auserlesene, bloß mit Schwertern versehene Mannschaft mit sich und stellte sie auf den Heerstraßen, die aus zwei Stadttoren, hier nach Pherae, dort nach dem Barnosthenes führen, auf welchen, wie er voraussetzte, die Feinde aus ihrer Zerstreuung sich zur Stadt zurückbegeben würden, auf. ***10*** Er hatte sich nicht geirrt. Solange es noch einigermaßen Tag war, nahmen die Spartaner ihren Rückweg mitten durch den Wald auf abgelegenen Pfaden. Als sie gegen Abend die Feuer im feindlichen Lager sahen, hielten sie sich ihm gegenüber an verdeckte Fußstege, sobald sie aber über dasselbe hinaus waren, wagten sie sich, ihrer Meinung nach mit Sicherheit, auf die offenen Landstraßen. ***11*** Hier wurden sie von dem überall auflauernden Feind in Empfang genommen und so viele niedergehauen und gefangen, dass vom ganzen Heer kaum der vierte Teil sich rettete. ***12*** Nach dieser Einschließung des Tyrannen auf seine Stadt brachte Philopoemen beinahe die ganzen nächstfolgenden 30 Tage mit Verheerung des spartanischen Gebietes zu und hatte bei seinem Abzug die Macht des Tyrannen gebeugt, ja fast gebrochen, ***13*** so dass ihn die Achäer

an Tatenruhm dem römischen Feldherrn an die Seite und in Rücksicht auf den Spartanischen Krieg noch über diesen stellten.

(31) Während dieses Krieges zwischen den Achäern und dem Tyrannen besuchten die römischen Gesandten die Städte ihrer Bundesgenossen, weil sie fürchteten, die Aetoler möchten einige von ihnen für Antiochos gewonnen haben. *2* Die Achäer zu besuchen, ließen sie sich am wenigsten angelegen sein, da sie sich von ihnen bei ihrer Erbitterung gegen Nabis auch im Übrigen die erforderliche Freundschaft versprachen. *3* Sie gingen zuerst nach Athen, von da nach Chalkis, dann nach Thessalien, und nach einem Vortrag an die zahlreich versammelten Thessalier wandten sie sich nach Demetrias, wo eine Zusammenkunft der Magneten angekündigt wurde. *4* Hier war bei ihren Worten größere Umsicht nötig, weil mehrere Vornehme die Partei der Römer verlassen hatten und ganz an Antiochos und an den Aetolern hingen. *5* Denn als sie schon erfahren hatten, dem Philipp werde sein Sohn, bisher Geisel zu Rom, zurückgegeben und die ihm auferlegte Zahlung erlassen werden, hörten sie unter anderen unverbürgten Gerüchten auch dies, die Römer würden ihm auch Demetrias wiedergeben. *6* Bevor sie dies geschehen ließen, wollten Eurylochos, einer der ersten Magneten, und einige seiner Anhänger lieber durch die Ankunft der Aetoler und des Antiochos dem Ganzen eine neue Gestalt geben lassen. *7* Gegen diese also musste man eine solche Sprache führen, dass man sich nicht etwa, wenn man ihnen die Besorgnis als unbegründet ausredete, den Philipp durch diese vereitelte Hoffnung zum Feind machte, da er in allem einen weit größeren Ausschlag als die Magneten gab. *8* Daher wurde nur das erwähnt, dass zwar ganz Griechenland, diese Stadt aber ganz besonders, für das Geschenk der Freiheit den Römern verpflichtet sei. *9* Denn dort hätten die Makedonier nicht allein eine Besatzung gehabt, sondern auch eine Königsburg gebaut, so dass die Bürger den Herrscher in Person beständig hätten vor Augen haben müssen. *10* Doch hätten die Römer das alles vergebens getan, wenn jetzt die Aetoler in Philipps Palast den Antiochos einführten, und die Bürger sich statt des alten, schon gewohnten Königs einen neuen und unbekannten gefallen lassen müssten. *11* Die höchste Obrigkeit heißt dort der Magnetarches. Dies war damals Eurylochos. In seiner Würde sich groß fühlend, sagte er, weder er noch die Magneten brauchten damit zurückzuhalten, dass ihnen das allgemeine Gerücht von der Zurückgabe der Stadt Demetrias an Philipp bekannt sei. *12* Ehe die Magneten dies zugäben, müssten sie sich auf jeden Versuch und jedes Wagstück einlassen. In der Hitze seiner Rede zur Unbesonnenheit fortgerissen, ließ er die Worte fallen, selbst jetzt sei Demetrias nur dem Schein nach frei, in der Tat gehe alles nach dem Wink der Römer. *13* Über diese Sprache wurde die Versammlung laut, da sie in großer Uneinigkeit dem dreisten Redner hier ihren Beifall, dort ihren Unwillen zu erkennen gab. Und Quinctius wurde so aufgebracht, dass er, die Hände zum Himmel emporstreckend, die Götter zu Zeugen der Undankbarkeit und Treulosigkeit der Magneten anrief. *14* Als dieser Aufruf sie alle in Schrecken setzte, bat Zeno, einer der Vornehmen, ein Mann, dem sein musterhafter Lebenswandel und seine nie zu verkennende Anhänglichkeit an die Römer ein großes Ansehen gab, den Quinctius und die übrigen Gesandten unter Tränen, den Unsinn eines Einzigen nicht dem Staat anzurechnen. *15* Die Tollheit des Einzelnen treffe diesen selbst. Die Magneten verdankten nicht bloß ihre Freiheit, sondern alles, was Menschen heilig und teuer sei, Titus Quinctius und den Römern. *16* Niemand könne die unsterblichen Götter um etwas bitten, was die Magneten nicht schon von den Römern erhalten hätten, und eher würden sie sich wütend an sich selbst vergreifen, als die römische Freundschaft verletzen.

(32) An seine Rede schlossen sich die Bitten der übrigen Menge. Nach der Versammlung machte sich Eurylochos in aller Stille an das Tor und sogleich von da weiter nach Aetolien. *2* Denn schon gaben die Aetoler, und zwar von Tag zu Tag deutlicher, ihren Abfall zu erkennen, und gerade jetzt war Thoas, der erste Mann im Staate, den sie an Antiochos abgeschickt hatten,

zurückgekommen und hatte von dort Menippos als Gesandten des Königs mitgebracht. **3** Noch bevor diese einer Versammlung vorgestellt wurden, hatten sie schon allen von der großen Land- und Seemacht genug zu hören gegeben. **4** Es komme eine ungeheure Menge Fußvolk und Reiterei, Elefanten aus Indien, namentlich aber – und dies musste ihrer Meinung nach auf die Stimmung des großen Haufens am meisten wirken – habe Antiochos so viel Gold geladen, dass er die Römer selbst damit kaufen könne. **5** Es ließ sich voraussehen, was diese Reden in einer Versammlung wirken würden. Denn dass diese angekommen waren, und alles, was sie vornahmen, wurde den römischen Gesandten hinterbracht, **6** und war auch alle Hoffnung so gut wie abgeschnitten, so hielt es Quinctius doch nicht für unzweckmäßig, von den Bundesgenossen den einen und den anderen Gesandten an dieser Versammlung teilnehmen zu lassen, weil diese die Aetoler an ihr Bündnis mit Rom erinnern und gegen den Gesandten des Königs die Sprache freier Männer führen könnten. **7** Die Athener schienen ihm hierzu am besten geeignet, teils wegen ihres so angesehenen Staates, teils als uralte aetolische Bundesgenossen. Quinctius ersuchte sie, zur aetolischen Staatenversammlung ihre Gesandten zu schicken. **8** In der Versammlung berichtete Thoas zuerst über die Gesandtschaft. Menippos, der nach ihm vorgelassen wurde, sagte, es wäre freilich für alle Bewohner Griechenlands und Asiens das Beste gewesen, wenn Antiochos schon zur Zeit der ungeschwächten Macht Philipps hätte eingreifen können, **9** dann hätte jeder das Seinige behalten, und nicht so ganz wäre alles dem Wink und dem Machtgebot der Römer unterwürfig geworden. ***10*** *Aber auch jetzt noch,* fuhr er fort, *wenn ihr anders euren eingeleiteten Plan mit Festigkeit bis zu seiner Ausführung verfolgt, wird Antiochos unter göttlichem Beistand und in Verbindung mit den Aetolern Griechenlands Macht, wenn sie auch noch so sehr gesunken sei, auf die frühere Würde zurückführen können.* ***11*** *Diese beruht aber auf einer Freiheit, die auf innerer Kraft beruht und nicht von fremder Willkür abhängt.*

12 Die Athener, die nach der königlichen Gesandtschaft zuerst die Erlaubnis bekamen, ihre Ansicht vorzutragen, forderten, ohne im Geringsten den König zu erwähnen, die Aetoler auf, den Bund mit Rom und die Verdienste des Titus Quinctius um das gesamte Griechenland zu bedenken, und jenen Bund nicht aufs Geratewohl durch übereilte Maßregeln umzustoßen. **13** Die raschen und gewagten Entwürfe seien auf den ersten Anblick erfreulich, in der Behandlung schwierig und im Ausgang traurig. Roms Gesandte, und Titus Quinctius unter ihnen, stünden in der Nähe. **14** Mit diesen möchten sie, solange die Sache noch unverdorben sei, die streitigen Punkte lieber durch Worte ausmachen, als zu einem verderblichen Krieg Asien und Europa in die Waffen rufen.

(33) Die Menge, immer neuerungssüchtig, war ganz auf der Seite des Antiochos; ja ihrer Meinung nach mussten die Römer nicht einmal in der Versammlung zugelassen werden; doch setzten es hauptsächlich unter den Vornehmen die Älteren vermöge ihres Ansehens durch, dass ihnen der Zutritt freigestellt wurde. **2** Als die Athener den Quinctius von diesem Beschluss benachrichtigten, glaubte er, nach Aetolien gehen zu müssen. **3** Denn entweder werde er irgendetwas bewirken, oder alle Welt zum Zeugen haben, dass die Schuld des Krieges an den Aetolern liege; dann würden die Römer beim Ergreifen der Waffen das Recht, ja die Notwendigkeit für sich haben. **4** Als man dort zusammengekommen war, ließ sich Quinctius vor der Versammlung, der er zuerst den Anfang der aetolischen Verbindung mit Rom erzählte, und wie oft sie ihr Bundesversprechen geändert hätten, mit wenigen Worten auf Erörterung der streitigen Ansprüche auf jene Städte ein. **5** Wenn sie aber ihren Forderungen nur irgend etwas Billigkeit zutrauten, wie viel sie dann besser tun würden, Gesandte nach Rom zu schicken, **6** und nach ihrem Ermessen ihre Sache vor dem Senat entweder als streitende Partei oder als Bittende zu führen, als wenn nun die Römer mit Antiochos, gerade wie ein von den Aetolern zusammengestelltes Fechterpaar, nicht ohne

große Erschütterung der Welt, nicht ohne Griechenlands Verderben, einen Gang wagen müssten! Auch werde keinem das Elend des Krieges früher fühlbar werden als denen, die seinen Ausbruch betrieben hätten. Umsonst sprach hier Quinctius prophetisch, *7* hingegen wurde Thoas nach ihm und andere von derselben Partei mit allgemeinem Beifall angehört, und sie setzten es durch, **8** dass man, selbst ohne die Versammlung zu vertagen oder die Abwesenheit der Römer abzuwarten, den Beschluss fasste, nach dem Antiochos eingeladen wurde, Griechenlands Befreier und zwischen Aetolern und Römern Schiedsrichter zu werden. **9** Diesem so übermütigen Beschluss fügte ihr Bundeshauptmann Damocritus noch eine besondere Beschimpfung hinzu. Denn als Quinctius von ihm die Mitteilung dieses Beschlusses verlangte, ***10*** gab er ihm ohne die geringste Achtung vor der Würde eines solchen Mannes zur Antwort, er habe für diesmal ein anderes, dringenderes Geschäft vorher zu erledigen, werde ihm aber mit dem Beschluss seinen Bescheid nächstens in Italien geben, ***11*** wenn sein Lager am Ufer des Tiber stehe. So groß war damals bei der aetolischen Nation, so groß bei ihren Obrigkeiten die Verblendung.

(34) Quinctius und die Gesandten gingen nach Korinth zurück. Die Aetoler hielten, um den Schein zu meiden, als ob sie, ohne sich selbst zu regen, alles von Antiochos erwarteten und nur ruhig der Ankunft des Königs entgegensähen, nach Entlassung der römischen Gesandten **2** keine neue Zusammenkunft ihres ganzen Völkervereins ab, taten aber durch ihre Auserwählten – so heißt bei ihnen der höhere Rat, der in einem engeren Ausschuss besteht – alles Mögliche, um auf irgendeine Art in Griechenland eine Umwälzung zu bewirken. **3** Darüber war man allgemein einverstanden, dass alle die Ersten und Gutdenkenden in den Städten zum römischen Bund gehörten, dass aber der große Haufe und alle, die mit ihrer Lage unzufrieden waren, eine Änderung des Ganzen wünschten. ***4*** Da fassten die Aetoler an ein und demselben Tag den Plan, der, auch nur als Hoffnung gedacht, nicht bloß zu den kühnen, sondern auch zu den unbescheidenen gehörte, sich der Städte Demetrias, Chalkis und Sparta zu bemächtigen. **5** Nach jeder schickten sie einen ihrer Großen ab, den Thoas nach Chalkis, Alexamenos nach Sparta, Diokles nach Demetrias. **6** Der hier ausgewanderte Eurylochos, von dessen Flucht und ihrer Veranlassung ich oben gesprochen habe, unterstützte diesen, weil ihm keine andere Hoffnung der Rückkehr in seine Vaterstadt übrig blieb. *7* Durch einen Brief von Eurylochos aufgefordert, ließen seine Verwandten und Freunde und andere Mitglieder dieser Partei seine Kinder und Gattin in Trauerkleidern und im Aufzug der Schutzflehenden in der zahlreichen Volksversammlung erscheinen, mit der flehentlichen Bitte an jeden Einzelnen und an alle, den Unschuldigen, nie Verurteilten, nicht in der Verbannung seine Tage verleben zu lassen. ***8*** Auf die Gutmütigen wirkte das Mitleid, auf die Schlechten und Aufrührerischen die Aussicht auf eine durch den Einbruch der Aetoler begünstigte Verwirrung. Jeder stimmte auf seine Weise für die Zurückberufung. **9** Nach diesen Vorkehrungen brach Diokles mit der ganzen Reiterei auf – und er war gerade damals ihr Oberster –, unter dem Schein, einen verbannten Gastfreund wieder in sein Vaterland zu geleiten, und nachdem er Tag und Nacht einen langen Weg zurückgelegt hatte, ging er bei Tagesanbruch, als er von der Stadt nur noch 6000 Schritte entfernt war, mit drei ausgewählten Geschwadern voraus und hieß die übrigen Reiter nachfolgen. ***10*** Als er dem Tor näher kam, mussten alle seine Reiter absitzen und die Pferde am Zügel führen, ganz wie auf einem Reisezug, ohne allen Gliederschluss, so dass sie eher für des Obersten Gefolge als für sein Korps angesehen wurden. ***11*** Eins seiner Geschwader ließ er hier am Tor anhalten, damit die nachfolgende Reiterei nicht ausgeschlossen werden könne, und brachte Eurylochos an seiner Hand mitten durch die Stadt und über den Markt unter manchem Willkommen und Glückwunsch bis an sein Haus. ***12*** Bald war die ganze Stadt voll Reiter, und er ließ die geeigneten Plätze besetzen; dann schickte er in die Häuser und ließ die Häupter der Gegenpartei ermorden. So kam Demetrias in die Hände der Aetoler.

(35) Bei Sparta durften sie nicht Gewalt gegen die Stadt anwenden, sondern mussten nur den Tyrannen überlisten. *2* War er auch von allen seinen Seeplätzen durch die Römer entblößt und jetzt sogar in die Mauern von Sparta durch die Achäer zurückgedrängt, so konnte man doch leicht einsehen, dass der, der sich zuerst das Verdienst erwürbe, ihn zu töten, bei den Spartanern den Dank für alles das ernten werde. *3* An einem Vorwand, jemanden hinzuschicken, fehlte es ihnen nicht, da er selbst sie dringend bat, ihm Hilfstruppen zu geben, weil er auf ihr Wort den Krieg wieder angefangen habe. *4* Sie gaben dem Alexamenos tausend Mann zu Fuß und 30 auserlesene junge Männer zu Pferd. Letzteren wurde vom Bundeshauptmann Damocritus in dem geheimen Rat des Volkes, den ich oben erwähnte, angedeutet, *5* sie sollten nicht glauben, dass sie zu einem Krieg mit den Achäern oder zu irgendeinem Unternehmen abgeschickt würden, was der eine so, der andere so zu erraten hoffen könne. Wenn die Umstände den Alexamenos noch so schnell zu einem Entschluss bestimmten, so müssten sie, so unerwartet, so unbesonnen und gewagt es immer sein möge, zur folgsamen Ausführung bereit sein und die Sache so ansehen, als wären sie sich bewusst, gerade dazu von zu Hause abgeschickt zu sein. *6* Mit diesen so vorbereiteten Leuten ging Alexamenos zu dem Tyrannen ab, den er gleich bei seiner Ankunft mit Hoffnungen erfüllte; *7* Antiochos sei schon nach Europa gekommen, nächstens werde er in Griechenland sein und Länder und Meere mit Rüstungen und Mannschaft überschwemmen. Dann würden die Römer sehen, dass sie es nicht mit einem Philipp zu tun hätten. Die Zahl der Fußvölker, der Reiter, der Schiffe lasse sich nicht angeben; die Schlachtreihe der Elefanten werde schon durch ihren Anblick die Schlacht entscheiden. *8* Die Aetoler hätten sich schon in Bereitschaft gesetzt, mit ihrem ganzen Heer nach Sparta zu kommen, sobald es die Umstände verlangten; nur hätten sie jetzt dem König bei seiner Ankunft eine große Anzahl Bewaffneter zeigen wollen. *9* Auch Nabis müsse sich ebenfalls so einrichten, dass er die ihm zu Gebote stehenden Truppen nicht in den Quartieren in Untätigkeit erschlaffen, sondern ausrücken lasse; er müsse sie unter den Waffen manövrieren lassen, um zugleich ihren Mut anzuspornen und ihre Körper zu üben. *10* Durch die Gewohnheit werde ihnen die Beschwerde leichter werden, und Freundlichkeit und Güte des Feldherrn könne sie ihnen sogar angenehm machen. Darauf wurden die Truppen oft vor die Stadt in die Ebene am Fluss Eurotas geführt. *11* Die Leibwache des Tyrannen stand fast immer in der Mitte der Linie; er selbst ritt mit höchstens drei Reitern, unter denen sich gewöhnlich Alexamenos befand, vor den Reihen auf und ab und musterte auf den Ecken die Flügel; *12* auf dem rechten standen die Aetoler, sowohl die schon vorher als Hilfstruppen bei dem Tyrannen gedient hatten, als auch die 1000, die mit Alexamenos gekommen waren. *13* Alexamenos hatte sich's zur Sitte gemacht, jetzt mit dem Tyrannen einige Glieder durchzugehen und ihn auf das, was etwa zweckdienlich war, aufmerksam zu machen; *14* dann ritt er wieder zu seinen Leuten auf dem rechten Flügel und kam dann bald, als habe er seine nötigen Anordnungen getroffen, zu dem Tyrannen zurück. *15* Als er aber an dem Tag, den er zur Ausführung der Tat bestimmt hatte, nach einem kurzen Ritt an der Seite des Tyrannen jetzt bei den Seinigen ankam, redete er die ihm von zu Hause mitgegebenen Reiter so an: *16 Jetzt, ihr jungen Männer, soll die Tat vor sich gehen und gewagt werden, die ihr unter meiner Anführung mutig auszuführen den Befehl habt. Sei jeder bereit, mit Mut und Hand, mir das, was er mich tun sieht, sogleich nachzutun. 17 Nimmt einer Anstand und will nicht meinem, sondern seinen Bedenken folgen, der wisse, dass er nie seine Heimat wiedersehen wird.* Entsetzen überfiel sie alle, und sie erinnerten sich der beim Ausmarsch mitgegebenen Weisung. *18* Jetzt kam der Tyrann vom linken Flügel. Alexamenos hieß seine Reiter die Lanzen einlegen und auf ihn sehen. Von der Richtung auf eine so wichtige Tat in seinem Innern selbst befangen, rief er sich zur nötigen Fassung zurück. Als der Tyrann sich näherte, sprengte er auf ihn ein, durchbohrte ihm das Pferd und warf ihn nieder. Als er dalag, erschlugen ihn die Reiter. *19* Nach vielen vergeblichen Stößen

auf den Panzer drangen endlich mehrere Stiche in den Körper selbst, und noch ehe man ihm aus der Mitte der Linie zu Hilfe kommen konnte, gab er den Geist auf.

(36) Gleich von hier machte sich Alexamenos mit allen Aetolern im Schnellschritt auf zur Besetzung der Burg. **2** Die Leibwächter wurden anfangs, weil die Tat vor ihren Augen geschah, von Entsetzen ergriffen; **3** als sie aber die Aetoler abziehen sahen, liefen sie bei der zurückgelassenen Leiche des Tyrannen zusammen, und aus den Beschützern seines Lebens und Rächern seines Todes wurde ein Schwarm von Gaffern. **4** Auch hätte sich niemand gerührt, hätte man nur sogleich, ohne von den Waffen Gebrauch zu machen, die Volksmenge zur Versammlung gerufen, den Umständen gemäß sie angesprochen und dann ein Korps Aetoler, ohne sich an jemanden zu vergreifen, in den Waffen bleiben lassen. **5** So aber tat man, wie es bei einem tückisch angelegten Plan gehen musste, gerade alles, was das Verderben derer beschleunigen musste, die ihn ausgeführt hatten. **6** Der Anführer, der sich auf die Königsburg einschloss, brachte Tag und Nacht damit zu, die Schätze des Tyrannen hervorzusuchen, die Aetoler nicht anders, als hätten sie die Stadt erobert, deren Befreier sie doch heißen wollten, machten sich ans Plündern. **7** Ebenso sehr hierüber empört als sie verachtend, bekamen die Spartaner Mut, sich zusammenzuscharen. Einige sagten, man müsse die Aetoler aus der Stadt jagen und der Freiheit, um die man gerade jetzt, unter dem Schein, sie wiederzubekommen, betrogen würde, sich versichern; andere, um den Unternehmungen ein Haupt zu geben, müsse man für die äußere Form irgendjemanden vom königlichen Stamm hineinziehen. **8** Lakonikos war aus diesem Geschlecht, ein kleiner Knabe, mit den Kindern des Tyrannen erzogen. Ihn setzten sie auf ein Pferd, griffen zu den Waffen und hieben die in der Stadt zerstreuten Aetoler nieder. Dann brachen sie in die Königsburg ein. **9** Hier wurde Alexamenos, der sich nur mit wenigen zur Wehr setzte, getötet. Die Aetoler, die sich am Chalkioekos, dem ehernen Minervatempel, sammelten, wurden niedergehauen. Nur wenige retteten sich unter Wegwerfen ihrer Waffen teils nach Tegea, teils nach Megalopolis. Hier wurden sie von den Obrigkeiten ergriffen und öffentlich als Sklaven verkauft.

(37) Als Philopoemen, der auf die Nachricht von der Ermordung des Tyrannen nach Sparta aufgebrochen war, alles in ängstlicher Verwirrung fand, **2** berief er die Großen und gewann durch eine an sie gehaltene Rede, wie sie Alexamenos hätte halten sollen, die Spartaner dem Bund der Achäer, um so leichter, **3** weil gerade um dieselbe Zeit Aulus Atilius mit 24 Fünfruderern vor Gytheon angekommen war. **4** In diesen Tagen traf den Thoas bei Chalkis ein Schicksal von ganz anderer Art, als das war, das die Überrumpelung von Demetrias durch Eurylochos begünstigte, obgleich er durch Euthymidas, einen der dortigen Großen, der nach Titus Quinctius und seiner Mitgesandten Ankunft von der römischen Partei vertrieben war **5** und durch Herodorus, einen Kaufmann von Cia, der aber zu Chalkis durch seinen Reichtum ein einflussreicher Mann war, die Anhänger des Euthymidas zu einem Verrat schon vorbereitet hatte. **6** Euthymidas ging von Athen – dies hatte er zu seinem Wohnort gewählt – zuerst nach Theben, von da nach Salganeus; Herodorus nach Thronium. **7** Nicht weit von hier hatte Thoas im Malischen Meerbusen 2000 Mann zu Fuß, 200 zu Pferd und gegen 30 leichte Frachtschiffe. Diese befahl er dem Herodorus mit 600 Mann zu Fuß nach der Insel Atalanta hinüberzuführen, **8** um von dort auf die erste Nachricht, dass die Landtruppen sich schon Aulis und dem Euripus näherten, nach Chalkis überzusetzen. **9** Er selbst zog mit den übrigen Truppen, meistens in Nachtmärschen, so schnell er konnte, gegen Chalkis heran.

(38) Mikythion und Xenoklides, in deren Händen damals zu Chalkis nach der Vertreibung des Euthymidas die Regierung war, setzten bei dieser entweder von selbst vermuteten oder ihnen angezeigten Gefahr in der ersten Bestürzung ihre Hoffnung auf nichts anderes als auf die Flucht. **2** Als sich aber ihr Schrecken legte, und sie einsahen, dass sie nicht allein ihre Vaterstadt

als Verräter im Stich ließen, sondern auch den Bund mit Rom, ließen sie sich auf folgenden Plan ein: *3* Zu Eretria war gerade um diese Zeit das jährliche Opferfest der Diana Amarynthis, zu dem sich nicht nur die dortigen Einwohner, sondern auch die von Karystos zahlreich einfanden. *4* Dahin schickten sie und ließen die Eretrier und Karystier bitten, sie möchten sich nicht bloß ihrer, als Eingeborene einer Insel, erbarmen, sondern auch des Bündnisses mit Rom eingedenk sein, sie möchten nicht zugeben, dass Chalkis an die Aetoler komme. *5* Diese würden Euböa haben, wenn sie Chalkis hätten. Die Makedonier wären drückende Gebieter gewesen, aber noch weit unerträglicher würden die Aetoler sein. *6* Hauptsächlich bewog die beiden Städte die Rücksicht auf die Römer, deren Tapferkeit im Krieg, deren Gerechtigkeit und Milde im Sieg sich ihnen erst kürzlich bewährt hatte. Beide also bewaffneten ihre tüchtigsten jungen Krieger und schickten sie los. *7* Die Mauern von Chalkis zu bewachen, übertrugen die Bürger diesen, gingen dann mit ihrer ganzen Mannschaft über den Euripos und lagerten sich bei Salganeus. *8* Von hier schickten sie zuerst einen Herold und dann Gesandte an die Aetoler mit der Anfrage, welche Beleidigung durch Wort oder Tat sie als Bundesgenossen und Freunde durch einen Angriff auf Chalkis rächen wollten. *9* Thoas, der Feldherr der Aetoler, antwortete, er komme nicht, sie anzugreifen, sondern sie von den Römern zu befreien. *10* Sie lägen jetzt an einer glänzenderen, aber auch weit schwereren Kette als damals, wo sie auf ihrer Burg eine makedonische Besatzung gehabt hätten. Die Gesandten von Chalkis versicherten, sie wüssten weder von irgendeiner Dienstbarkeit, noch bedürften sie jemandes Schutz, *11* und mit dieser Behauptung gingen sie aus der Unterredung zurück zu den Ihrigen. Thoas und seine Aetoler, die ihre ganze Hoffnung nur auf eine unvermutete Eroberung gesetzt hatten, *12* zum offenen Krieg aber und zum Angriff auf eine zu Wasser und zu Lande feste Stadt lange nicht stark genug waren, nahmen ihren Rückweg nach Hause. *13* Euthymidas, der von einem Lager seiner Landsleute bei Salganeus und vom Abzug der Aetoler hörte, begab sich ebenfalls von Theben wieder nach Athen. *14* Und Herodorus, der von Atalanta seit mehreren Tagen in vergeblicher Spannung nach dem verabredeten Zeichen aussah, auch ein Spähschiff abgehen ließ, um die Ursache der Zögerung zu erfahren, und nun den Plan von seinen Bundesgenossen aufgegeben sah, zog wieder nach Thronium, wo er hergekommen war.

(39) Auch Quinctius kam auf diese Nachrichten von Korinth mit der Flotte und traf im Euripus vor Chalkis mit dem König Eumenes zusammen. *2* Sie machten aus, König Eumenes solle 500 Mann zur Besatzung in Thalkis zurücklassen, selbst aber nach Athen gehen. *3* Quinctius steuerte, wozu er ausgelaufen war, weiter nach Demetrias, in der Erwartung, auch für die Magneten könne der Entsatz von Chalkis den Anlass geben, die Verbindung mit Rom wieder aufzusuchen. *4* Damit auch die Mitglieder seiner Partei nicht ohne allen Schutz wären, schrieb er dem thessalischen Bundeshauptmann Eunomos, er möge die Dienstfähigen bewaffnen. Auch schickte er nach Demetrias Villius vorauf, um dort die Stimmung zu prüfen, weil er selbst unter keiner Bedingung sich auf die Sache einlassen wollte, wenn nicht wenigstens ein Teil der Einwohner geneigt sei, sich wieder nach der früheren Verbindung umzusehen. *5* Villius segelte mit einem Fünfruderer nur bis in die Mündung des Hafens, und da die ganze Volksmenge der Magneten hierher hinausströmte, richtete er die Frage an sie, ob sie lieber wollten, dass er zu ihnen als Freunden oder als Feinden komme. *6* Der Magnetarch Eurylochos antwortete, zu Freunden sei er gekommen; doch möge er aus dem Hafen bleiben, die Magneten bei ihrer Eintracht und Freiheit lassen und nicht unter dem Vorwand einer Unterredung Unruhen im Volk erregen. *7* Und nun entstand ein Wortwechsel aus dem Gespräch, da der Römer die Magneten laut Undankbare schalt und ihnen ihr herannahendes Unglück vorhersagte, das Volk aber ihn mit Vorwürfen, bald gegen den Senat, bald gegen Quinctius tobend unterbrach. So nahm Villius unverrichteter Sache seinen Rückweg

zu Quinctius. ***8*** Quinctius aber ließ dem Bundeshauptmann sagen, er möge seine Truppen wieder nach Hause führen, und ging mit der Flotte zurück nach Korinth.

(40) Griechenlands Angelegenheiten in dieser Verwicklung mit den römischen haben mich gleichsam von meiner Bahn abgeleitet, nicht etwa, weil sie eine eigene Auseinandersetzung verdienten, sondern weil sie den Krieg mit Antiochos veranlassten. ***2*** Nach Ernennung der Konsuln – denn davon war ich abgeschweift – gingen die Konsuln Lucius Quinctius und Gnaeus Domitius auf ihre Standorte; Quinctius gegen die Ligurer, Domitius gegen die Boier. ***3*** Die Boier verhielten sich ruhig; ja ihre Obrigkeiten ergaben sich mit ihren Familien dem Konsul, auch die Heerführer mit der Reiterei, im Ganzen 1500 Mann. ***4*** Der andere Konsul verheerte das Gebiet der Ligurer weit und breit und eroberte mehrere kleine Festungen, wo er nicht allein Beute aller Art und Gefangene machte, sondern auch den Feinden mehrere Römer und römische Bundesgenossen, die sie in ihrer Gewalt hatten, wieder abnahm. ***5*** In demselben Jahr wurde nach einem Senatsbeschluss und einer Volksverfügung eine Kolonie nach Vibo ausgeführt. Dorthin gingen 3700 Mann vom Fußvolk und 300 Reiter. ***6*** Als Dreimänner leiteten die Ausführung Quintus Naevius, Marcus Minucius und Marcus Furius Trassipes. Jedem vom Fußvolk wurden 15 Morgen Land gegeben, dem Reiter doppelt soviel. Das Land hatte zuletzt den Bruttiern gehört, die es den Griechen abgenommen hatten. ***7*** In dieser Zeit sah man in Rom zwei große Schrecknisse. Das eine, länger anhaltend, aber minder heftig, war ein 38-tägiges Erdbeben. In diesen Tagen standen bei der allgemeinen Beunruhigung und Furcht alle Geschäfte still, und man hielt deshalb ein dreitägiges Betfest. ***8*** Das andere ließ es nicht bei dem bloßen Schrecken, sondern machte wirklich viele unglücklich. In einer Feuersbrunst, die am Ochsenmarkt ausbrach, standen einen Tag und eine Nacht die dem Tiber zugekehrten Häuser in Flammen, und alle Kramläden mit ihren wertvollen Warenbeständen brannten nieder.

(41) Schon war das Jahr fast zu Ende, und mit jedem Tag vermehrten sich das Gerücht vom Krieg mit Antiochos und die Sorge der Väter. ***2*** Deswegen brachten sie die Verteilung der Aufgabenbereiche unter die schon ernannten Obrigkeiten zur Sprache, um so eher bei ihnen allen der Tätigkeit eine Richtung zu geben. ***3*** Sie verordneten, die Posten der beiden Konsuln sollten Italien und – noch einer sein, den der Senat bestimmen werde; schon wusste jedermann, dass der Krieg mit König Antiochos gemeint sei. ***4*** Wer diesen Platz bekäme, dem wurden 4000 Mann römisches Fußvolk nebst 300 Reitern und 6000 Mann latinische Bundestruppen mit 400 Reitern bewilligt. ***5*** Konsul Lucius Quinctius erhielt den Auftrag, sie auszuheben, damit der neue Konsul durch nichts aufgehalten werde, sogleich auf den vom Senat ihm anzuweisenden Posten zu gehen. ***6*** So wurde auch über die Plätze der Prätoren festgesetzt; mit dem ersten Posten sollten zwei Ämter vereinigt sein; die Gerichtspflege über die Stadt und die über Bürger und Auswärtige, der zweite Posten sollte das bruttische Gebiet sein, der dritte die Flotte mit einer Bestimmung des Ortes, die ihr der Senat noch anweisen werde, der vierte Sizilien, der fünfte Sardinien und der sechste das jenseitige Spanien. ***7*** Außerdem wurde dem Konsul Lucius Quinctius aufgetragen, zwei neue Legionen aus römischen Bürgern und bei den Bundesgenossen und Latinern 20 000 Mann zu Fuß und 800 Reiter auszuheben. Dieses Heer bestimmten die Väter dem Prätor, dem das bruttische Gebiet zufallen würde.

8 Dem Jupiter wurden in diesem Jahr zwei Tempel auf dem Kapitol eingeweiht; gelobt hatte sie ihm Lucius Furius Purpureo, den einen als Prätor im Gallischen Krieg, den andern als Konsul. Die Einweihung hatte Quintus Marcius Ralla als Zweimann. ***9*** Gegen die Wucherer sprachen die Gerichte in diesem Jahr auf die von den kurulischen Ädilen Marcus Tuccius und Publius Junius Brutus geschehenen Anklagen der Einzelnen mehrmals mit Strenge. ***10*** Von den Strafgeldern der Verurteilten stellten sie auf dem Kapitol in Jupiters Allerheiligstem ein vergoldetes Viergespann auf, und auf dem Gipfel dieser Kapelle zwölf vergoldete Schilde; sie waren es auch, die vor dem Drillingstor den Säulengang bei den Holzhändlern anlegten.

(42) Während die Römer die Zurüstungen zum neuen Krieg so ernstlich betrieben, säumte Antiochos auch nicht länger. *2* Nur hielten ihn noch die drei Städte auf: Smyrna, Alexandria in der Troas und Lampsakos, die er bis jetzt so wenig hatte erstürmen, als durch Erbietungen zum Übertritt überreden können, und doch auch, wenn er selbst nach Europa überginge, nicht gern als Feinde im Rücken behalten wollte. *3* Auch hielt ihn lange die Beratung wegen Hannibal zurück. Und zuerst fehlte es anfangs an unbedeckten Schiffen, die er ihm nach Afrika hatte mitgeben wollen. Dann wurde sogar die Frage, ob man ihn überhaupt abschicken solle, *4* namentlich von dem Aetoler Thoas, in Anregung gebracht. Denn nachdem dieser in Griechenland alles mit Empörungen erfüllt hatte, kam er mit der Nachricht an, Demetrias gehöre ihnen schon; *5* und sowie er durch seine Unwahrheiten über den König und durch seine die Truppenzahl desselben vervielfältigenden Berichte so manchen in Griechenland in Spannung gebracht hatte, so erhöhte er auch die Hoffnungen des Königs durch die Lüge, *6* alles flehe in Gelübden um seine Ankunft. Alles werde an den Küsten zusammenlaufen, wo sich die königliche Flotte blicken lasse. So nahm auch er sich's heraus, den beinahe schon festen Entschluss des Königs über Hannibal zu hintertreiben. *7* Er erklärte, die königliche Flotte dürfe überhaupt nichts von ihren Schiffen abgeben; und wolle man durchaus ein Geschwader nach Afrika senden, so sei Hannibal gerade der letzte, dem man die Anführung geben müsse. *8* Er sei ein Flüchtling und ein Punier, dem sein Schicksal und sein Kopf mit jedem Tag tausend neue Pläne eingeben könnten. *9* Und selbst dieser Kriegsruhm, der ihn gleichsam wie eine Mitgift empfehle, sei für den Feldherrn eines Königs zu groß. Der in die Augen Fallende müsse der König sein, der König als der einzige Führer, als der einzige Oberfeldherr erscheinen. *10* Sollte Hannibal eine Flotte, sollte er ein Heer verlieren, so werde der Schaden derselbe sein, als wenn sie durch einen anderen Anführer verloren gingen; sollte er aber Glück haben, so werde den Ruhm Hannibal davontragen, nicht Antiochos. *11* Ließe ihn gar das Glück den Krieg im Ganzen mit Besiegung der Römer beenden, lasse es sich dann wohl denken, dass ein Hannibal unter einem König, abhängig von dem einen, werde leben wollen, der sich kaum mit seinem Vaterland vertragen habe? *12* So habe er sich nicht von seiner Jugend an benommen, er, dessen Aussichten und Geist den Erdkreis umfasst hätten, dass er sich im Alter einen Herrscher sollte gefallen lassen. *13* Mit Hannibal als Feldherr sei dem König nichts gedient, aber als Gehilfen und Ratgeber könne er ihn im Krieg gebrauchen. *13* Eine mäßige Benutzung eines solchen Mannes falle weder zur Last noch sei sie ohne Vorteil; wenn man das Höchste begehre, würde es dem Geber wie dem Empfänger zu schwer werden.

(43) Keine Menschen sind so geneigt zum Neid wie die, deren Geist ihrer Abkunft und ihrem Glück nicht gleichkommt, weil sie fremde Trefflichkeit und das Gute an andern hassen. *2* Sogleich wurde die einzige heilsame, beim Anfang des Krieges gefasste Maßregel, Hannibal nach Afrika gehen zu lassen, aufgegeben; und besonders gehoben durch den Übertritt der Stadt Demetrias von den Römern zu den Aetolern, beschloss Antiochos, den Zug nach Griechenland nicht länger aufzuschieben. *3* Ehe er die Schiffe auslaufen ließ, ging er von der Küste nach Ilion hinauf, um der Minerva ein Opfer zu bringen. Nach seiner Rückkehr von dort zur Flotte fuhr er mit 40 Deckschiffen und 60 offenen ab, 200 Lastschiffe mit Zufuhr aller Art und anderen Kriegsvorräten folgten. *4* Zuerst hielt er bei der Insel Imbros an und setzte von hier nach Skiathos über. Als er hier die von der Flotte abgekommenen Schiffe auf der Höhe an sich gezogen hatte und zuerst bei Pteleum das feste Land erreichte, *5* kamen ihm hier von Demetrias der Magnetarches Eurylochos und die vornehmsten Magneten entgegen. Voll Freude über ihre zahlreiche Gegenwart lief er am folgenden Tag mit der Flotte in den Hafen der Stadt ein. Nicht weit davon setzte er seine Truppen

aus. *6* Dies waren 10 000 Mann zu Fuß und 500 zu Pferd, sechs Elefanten, eine Mannschaft, die kaum hinreichte, ein unbewaffnetes Griechenland zu besetzen, geschweige denn, einen Krieg mit den Römern auszuhalten. *7* Als die Aetoler erfuhren, Antiochos sei zu Demetrias angekommen, schrieben sie einen Landtag aus und beschlossen, ihn einzuladen. *8* Der König, von diesem Beschluss im Voraus unterrichtet, war schon von Demetrias aufgebrochen und an die Küste des Malischen Meerbusens bis Phalara vorgerückt. *9* Von da kam er, als der Beschluss angelangt war, nach Lamia, wo ihn der große Haufe mit außerordentlichen Beweisen der Zuneigung, unter Beifallruf und Jubelgeschrei und allen Äußerungen empfing, wodurch der Pöbel seine ausgelassene Freude zu erkennen gibt.

(44) Als man in die Staatenversammlung kam, in welche der Prätor Phaeneas und die Vornehmen den König nur mit Mühe einführen konnten, nahm dieser nach erfolgter Stille zuerst das Wort. *2* Am Anfang seiner Rede entschuldigte er sich, dass er mit viel weniger Truppen gekommen sei, als sie alle gewünscht und geglaubt hätten. *3* Dies müsse ihnen für sein Interesse für sie der größte Beweis sein, dass er, obgleich noch in keinem Stück gehörig in Bereitschaft und in dieser für die Schifffahrt noch zu frühen Jahreszeit der Einladung ihrer Gesandten ohne Bedenken Folge geleistet und sich geschmeichelt habe, die Aetoler würden, wenn er sich ihnen nur zeigte, dies so aufnehmen, als werde ihnen schon in seiner Person jede Art des Schutzes verbürgt. *4* Doch auch die Hoffnung derer, die für jetzt in ihren Erwartungen getäuscht schienen, werde er reichlich befriedigen. *5* Denn sobald nur die früheste Jahreszeit ein schiffbares Meer darbiete, wolle er ganz Griechenland mit Waffen, Menschen, Rossen, und die ganze Seeküste mit Schiffen anfüllen. *6* Auch werde er keine Kosten, keine Anstrengung oder Gefahr scheuen, bis er die Griechen durch Abwälzung des römischen Joches von ihrem Nacken in Wahrheit frei und unter ihnen die Aetoler zum ersten Volk gemacht habe. *7* Mit seinen Heeren würden auch Zufuhren aller Art aus Asien ankommen. Für jetzt aber müssten die Aetoler dafür sorgen, dass seine Truppen mit Getreide versorgt und ihnen für einen leidlichen Preis auch die übrigen Bedürfnisse zu Gebote stünden.

(45) So etwa redete der König unter großem Beifall aller Zuhörer und entfernte sich. *2* Nach seinem Weggang entstand unter den beiden Häuptern der Aetoler, Phaeneas und Thoas, ein Streit. *3* Phaeneas sagte, man werde wohltun, wenn man Antiochos lieber als Friedensvermittler und Schiedsrichter in den Punkten gebrauche, worüber man mit den Römern in Streit sei, nicht aber als Anführer im Krieg. *4* Seine Ankunft und seine Hoheit werden mehr als seine Waffenmacht den Römern eine gewisse Scheu einflößen. Die Völker verstünden sich, um nur nicht zum Krieg genötigt zu sein, von selbst zu manchem Erlass, zu dem sie durch keinen Krieg, durch keine Waffen gezwungen werden könnten. *5* Thoas antwortete, die wahre Absicht des Phaeneas sei nicht der Friede, sondern dass sich die Vorbereitungen zum Krieg zerschlagen sollten, damit einmal der König, des langen Wartens müde, in seinem Eifer nachlasse, und zum andern die Römer Zeit hätten, sich zu rüsten. *6* Denn dass sie sich von den Römern durchaus keine Bewilligung selbst des Billigsten versprechen dürften, davon gäben die öfter nach Rom geschickten Gesandtschaften und die öfteren Wortkämpfe mit Quinctius selbst einen hinlänglichen Beweis, und wäre ihnen nicht alle Hoffnung abgeschnitten worden, so hätten sie den Antiochos nicht um Hilfe gebeten. *7* Da man nun diese über alle Erwartung schnell eintreten sehe, so müsse man sich nicht ruhig verhalten, sondern den König bitten, da er schon den wichtigsten Schritt getan und in Person als Griechenlands Retter aufgetreten sei, nun auch seine Land- und Seemacht kommen zu lassen. *8* Mit den Waffen in der Hand werde der König etwas bewirken; unbewehrt werde er sowohl für die Aetoler als auch für sich selbst in den Augen der Römer nicht das geringste Ansehen haben. *9* Diese Meinung behielt die Oberhand. Sie beschlossen, den König zum Oberfeldherrn

zu ernennen, und wählten unter ihren Großen 30 aus, die der König, falls er es für nötig fände, zu Rate ziehen sollte.

(46) Nach dieser Verfügung gingen alle, als die Versammlung entlassen wurde, in ihre Städte. Am folgenden Tag ging der König mit ihren Auserwählten darüber zu Rate, mit welcher Unternehmung er den Krieg zu eröffnen habe. *2* Man glaubte, am besten zu tun, wenn man zuerst Chalkis angreife, auf welches die Aetoler kürzlich den fruchtlosen Angriff gemacht hatten, und hierzu habe man große Anstrengung und Vorkehrungen nicht so nötig wie Schnelligkeit. *3* Daher rückte der König mit 1000 Mann zu Fuß, die ihm von Demetrias gefolgt waren, durch Phokis vor; auf einem andern Weg stießen die Häupter der Aetoler mit einer kleinen aufgebotenen Mannschaft bei Chaeronea zu ihm und folgten ihm mit zehn Kriegsschiffen. *4* Der König schlug sein Lager bei Salganeus auf, ging mit den aetolischen Großen zu Schiff über den Euripus, und da er nicht weit vom Hafen ausstieg, begaben sich auch die Obrigkeiten und die Vornehmen von Chalkis zu ihm hinaus vor das Tor. Zu einer Unterredung traten von beiden Seiten nur wenige zusammen. *5* Von den Aetolern wurden die Einwohner dringend aufgefordert, unbeschadet der römischen Freundschaft auch den König zu ihrem Bundesgenossen und Freunde anzunehmen. *6* Er sei ja nicht nach Europa gekommen, Griechenland zu bekriegen, sondern es zu befreien, und zwar um es wirklich zu befreien, nicht den Worten und dem Schein nach, wie die Römer getan hätten. *7* Den Staaten Griechenlands könne nichts vorteilhafter sein, als sich auf beide Verbindungen einzulassen. Dann nämlich werde es immer, geschützt durch die eine und ihres Beistandes gewiss, vor Beeinträchtigungen von beiden sicher sein. *8* Nähmen sie den König nicht auf, so möchten sie sehen, was ihnen jetzt gleich widerfahren werde, da die Hilfe der Römer so fern, Antiochos aber, dem sie mit eigener Macht nicht widerstehen könnten, als Feind vor ihren Toren sei.

9 Hierauf antwortete Micythio, einer der Vornehmen aus Chalkis, er könne nicht begreifen, was das für Leute sein möchten, zu deren Befreiung Antiochos mit Hinterlassung seines Reiches nach Europa gekommen sei. *10* Denn er kenne in Griechenland keine einzige Stadt, die entweder eine römische Besatzung habe oder an die Römer Abgaben entrichte oder an ein nachteiliges Bündnis gekettet Gesetze zu dulden habe, in welche sie sich nicht fügen wolle. *11* Die Bürger von Chalkis bedürften also weder eines Befreiers, da sie frei wären, noch einer Besatzung, da sie durch die Wohltat des römischen Volkes zugleich Frieden und Freiheit hätten. *12* Die Freundschaft des Königs wollten sie nicht zurückgewiesen haben, selbst die der Aetoler nicht; nur möchten diese sich dadurch zum ersten Mal als ihre Freunde zeigen, dass sie die Insel räumten und abzögen. *13* Denn sie hätten sich fest entschlossen, niemanden in ihren Mauern aufzunehmen, auch sich nie auf irgendein Bündnis, außer mit Zustimmung der Römer, einzulassen.

(47) Als der König bei den Schiffen, wo er geblieben war, diese Antwort erhielt, beschloss er vorderhand – denn er war nicht mit so viel Truppen gekommen, dass er hätte Gewalt anwenden können –, nach Demetrias zurückzugehen. *2* Hier beriet er sich mit den Aetolern, weil ihre erste Unternehmung fehlgeschlagen sei, was sie nun zu tun hätten. Es wurde beschlossen, einen Versuch auf die Achäer, auf die Böotier und Amynander, den König der Athamanen, zu machen. *3* Von den Böotiern glaubten sie, sie hätten seit der Ermordung des Brachyllas und den daran geknüpften Folgen sich ganz von den Römern losgesagt. *4* Bei den Achäern war ihrer Ansicht nach das Oberhaupt Philopoemen aus Eifersucht über den Ruhm im Spartanischen Krieg dem Quinctius abgeneigt und ebenso diesem nicht angenehm. *5* Amynander hatte die Tochter eines gewissen Alexander von Megalopolis, Apamea, zur Gemahlin, der, seiner Angabe nach ein Abkömmling Alexanders des Großen, seinen beiden Söhnen die Namen Philipp und Alexander, und der Tochter den Namen Apamea gegeben hatte, *6* und ihr, in dem Glanz einer königlichen Gemahlin, war

der älteste ihrer Brüder, Philipp, nach Athamanien gefolgt. *7* Diesem, den sie hierzu stolz genug fanden, ließen die Aetoler und Antiochos, wenn er den Amynander und die Athamanen zu des Antiochos Verbündeten machte, den Thron der makedonischen Könige hoffen, da er ja ein echter Sprössling dieses Stammes sei. ***8*** Und dies leere Versprechen zeigte nicht bloß auf Philipp, sondern selbst auf Amynander Wirkung.

(48) In Achaia wurden die Gesandten des Antiochos und der Aetoler zu Aegium in eine Versammlung geführt, in welcher Titus Quinctius zugegen war. ***2*** Den Gesandten des Antiochos ließ man zuerst reden, nachher den aetolischen. Jener, ein Großsprecher wie so viele, die vom Überfluss der Könige mitessen, erfüllte Meer und Land mit seinem leeren Wortgetön. ***3*** Von Reitern gehe eine unzählige Menge über den Hellespont nach Europa, teils gepanzert – diese heißen die Kataphrakten –, teils vom Pferd herab mit Pfeilen schießend, und vor denen niemand sich völlig decken könne, da sie sogar auf dahineilendem Ross von rückwärts noch sicherer träfen. ***4*** Könnten auch die zusammengetriebenen Heere von ganz Europa schon von diesen Reitern niedergeritten werden, so komme doch ein mächtiges Fußvolk, wie er versicherte, noch hinzu, ***5*** und selbst die fürchterlichen Namen solcher Völker, die kaum vor Menschenohren genannt waren, ließ er erklingen, indem er die Daher, Meder, Elymaeer und Kadusier nannte. ***6*** Von den Seetruppen aber, für welche alle Häfen in Griechenland zu klein wären, machten die Sidonier und Tyrier nur den rechten Flügel aus; den linken die Aradier und aus Pamphylien die Sideten, und nie habe irgendein Volk an Geschicklichkeit und Tapferkeit zur See es ihnen gleich getan. *7* Vom Geld und den anderen Kriegsvorräten zu sprechen, sei überflüssig. Sie wüssten selbst, dass Asiens Könige immer Gold in Überfluss gehabt hätten. Daher würden es die Römer nicht mit Philipp, nicht mit Hannibal zu tun haben, von denen der eine ein Mann von Bedeutung in einer Freistadt, der andere auf die Grenzen des makedonischen Reiches beschränkt sei, sondern mit dem großen König von ganz Asien und einem Teil Europas. ***8*** Und dennoch fordere er, obgleich er als Griechenlands Befreier von den äußersten Grenzen des Orients komme, von den Achäern nichts, wodurch ihre Treue gegen die Römer, ihre früheren Bundesgenossen und Freunde, verletzt werde. ***9*** Denn er verlange nicht, dass sie mit ihm gegen jene zu den Waffen greifen, sondern nur, dass sie keinem von beiden Teilen sich anschließen sollten. Den Frieden möchten sie, wie es für Freunde von beiden sich schicke, beiden Teilen wünschen, nur in den Krieg selbst sich nicht mischen. ***10*** Ungefähr dasselbe begehrte auch der aetolische Gesandte Archidamos, sie möchten nur, was ihnen so leicht und für sie das Sicherste sei, sich ruhig verhalten und als Zuschauer des Krieges die Entscheidung des Schicksals über andere ohne die geringste Gefahr für sich selbst abwarten. ***11*** Und nun fuhr er, weil er seiner Zunge nicht Herr war, in Schmähreden bald gegen alle Römer los, ***12*** bald insbesondere gegen Quinctius selbst, indem er sie undankbar nannte und ihnen vorwarf, nicht bloß den Sieg über Philipp, sondern selbst ihr Leben müssten sie der Tapferkeit der Aetoler danken. Die Rettung des Quinctius und seines Heeres sei sein Werk. ***13*** Er möchte wohl wissen, worin jener je seine Pflicht als Feldherr getan habe. Während er, um ihn zu decken, seine Person den feindlichen Pfeilen ausgesetzt habe, habe er ihn in der Schlacht, gleich einem Opfer begaffenden Wahrsager, die Vögel beobachten, Opfertiere schlachten und Gelübde herbeten sehen.

(49) Hierauf antwortete Quinctius, Archidamus habe mehr Rücksicht darauf genommen, vor wem als bei wem er zu reden habe. ***2*** Denn die Achäer wüssten sehr gut, dass das ganze Ungestüm der Aetoler in Worten, nicht im Handeln bestehe und sich mehr in Versammlungen und Reden an das Volk als in Schlachten zeige. ***3*** Daher habe ihr Gesandter sich wenig darum bekümmert, was die Achäer von ihnen denken möchten, da sie wüssten, dass diese sie kennten; allein vor den königlichen Gesandten und durch diese vor dem abwesenden König habe er sich eine Größe geben

wollen. **4** Sollte jemand es vorher noch nicht gewusst haben, wodurch eigentlich die Verbindung zwischen Antiochos und den Aetolern bewirkt sei, so hätte er dies aus der Sprache der Gesandten deutlich ersehen können. Durch gegenseitige Lügen, durch Großtun mit einer Macht, die sie nicht hätten, habe der eine den andern mit täuschenden Hoffnungen aufgeblasen und von ihm sich aufblasen lassen. **5** *Während jene,* so fuhr er fort, *von sich erzählen, wie sie es gewesen, die den Philipp besiegt, wie sie durch ihre Tapferkeit das römische Heer gerettet hätten, und, was ihr soeben gehört habt, so auch, dass ihr mit allen übrigen Städten und Völkern ihre Partei ergreifen würdet, und der König dagegen mit seinen Massen von Fußvolk und Reiterei prahlt und mit seinen Flotten die Meere bedeckt.* **6** *Es geht damit fast ebenso zu wie an der Tafel meines Gastfreundes zu Chalkis, eines braven Mannes, der seine Gäste zu bewirten weiß. Als wir, um die Zeit des längsten Tages von ihm zu einem freundlichen Mahl geladen, uns wunderten, wie er zu dieser Jahreszeit so viel und so mancherlei Wildbret aufzuweisen habe,* **7** *sagte der Mann – kein solcher Prahler wie diese hier – mit Lächeln, mit Gewürzen habe man zahmes Schweinefleisch so verschiedenartig zugerichtet und ihm den Wildgeschmack gegeben.* **8** Dies lässt sich sehr gut auf die Truppen des Königs anwenden, mit denen man kurz vorher so groß tat. Die mancherlei Arten von Bewaffneten, die vielen unerhörten Namen von Völkerschaften, die Daher, die Meder, die Kadusier, die Elymaeer sind sämtlich nur Syrier, sind ihres knechtischen Sinnes wegen weit bessere Sklaven als Soldaten. **9** *Und dass ich euch doch, ihr Achäer, das Laufen des großen Königs bald von Demetrias nach Lamia zum Landtag der Aetoler, dann wieder nach Chalkis, vor Augen stellen könnte! Sehen würdet ihr da im Lager des Königs etwas,* **10** *das kaum wie ein paar halbvollzählige Legionen im Kleinen aussieht, würdet den König sehen, wie er bald bei den Aetolern um Getreide, das sie seinen Truppen zumessen sollen,* **11** *beinahe bettelt, bald zur Löhnung für diese Geld auf Zinsen sucht, dann vor den Toren von Chalkis steht und schnell wieder, weil er hier abgewiesen wird, ohne weiter etwas getan zu haben, als Aulis und den Euripus gesehen zu haben, nach Aetolien zurückgeht. Antiochos hat sehr übel getan, dass er den Aetolern, und die Aetoler, dass sie der Großsprecherei eines Königs getraut haben.* **12** *Um so weniger müsst ihr euch an der Nase herumführen lassen, müsst viel lieber auf die geprüfte und bewährte Treue der Römer bauen. Denn was auch jene immerhin sagen mögen, es sei für euch das Beste, euch gar nicht in den Krieg zu mischen, so beteure ich euch dennoch:* **13** *Nichts verträgt sich mit eurer Lage weniger. Dann würdet ihr ohne Gunst, ohne Würde die Beute des Siegers sein.*

(50) Was er sagte, galt schon an und für sich als treffende Antwort an beide, und bei wohlwollenden Zuhörern fand auch seine Rede desto leichter Eingang. **2** Ohne allen Wortstreit, ohne weiteres Bedenken erklärten alle, das achäische Volk wolle dieselben für seine Feinde und Freunde ansehen, die das römische Volk für die Seinigen erkenne, und beschlossen, dem Antiochos und den Aetolern den Krieg zu erklären. **3** Auch schickten sie sogleich Hilfstruppen, wohin Quinctius riet, 500 Mann nach Chalkis und 500 in den Piräus. **4** Denn zu Athen war die Lage der Dinge nicht weit von einem Aufruhr, weil einige den für Geld immer feilen Pöbel durch die zu hoffenden königlichen Spenden auf die Seite des Antiochos lenkten, bis die römische Partei den Quinctius herbeirief, und Apollodoros, der den Abfall einleitete, auf die Anklage eines gewissen Leon verurteilt und aus der Stadt verwiesen wurde.

5 So kam denn die Gesandtschaft des Antiochos von den Achäern mit einer traurigen Antwort zum König zurück. Die Böotier antworteten sehr unbestimmt: wenn Antiochos nach Böotien käme, würden sie sich's überlegen, was zu tun sei. **6** Als Antiochos hörte, sowohl die Achäer als auch König Eumenes ließen zum Schutz von Chalkis Truppen abgehen, glaubte er, eilen zu müssen, wenn die Seinigen jenen zuvorkommen und sie noch im Anzug auffangen sollten, **7** und schickte mit fast 3000 Mann den Menippos ab und mit der ganzen Flotte den Polyxenidas. Er selbst brach einige Tage später mit 6000 Mann seiner eigenen Leute und einer kleinen Anzahl

Aetoler auf, soviel man zu Lamia von ihrem Truppenbestand in der Eile hatte sammeln können. *8* Die 500 Achäer und das mäßige Hilfskorps von König Eumenes gelangten unter Anführung des Chalkidiers Xenoklides auf noch unbesetzten Wegen sicher über den Euripus nach Chalkis. *9* Als aber die römischen Truppen kamen – sie waren ebenfalls gegen 500 stark –, hatte schon Menippos vor Salganeos ein Lager in der Nähe des Hermaeum, wo man aus Böotien nach der Insel Euböa überfährt. *10* Micythio war bei ihnen, der als Gesandter von Chalkis an Quinctius geschickt war, sich diese Hilfe zu erbitten. *11* Als dieser den Pass von den Feinden besetzt sah, gab er den Weg nach Aulis auf und lenkte auf Delion ein, um von dort nach Euböa überzusetzen.

(51) Delion ist ein auf der Küste ragender Tempel des Apollo, 5000 Schritte von Tanagra entfernt, und nicht ganz 4000 beträgt von hier die Überfahrt zu Meer auf das nächste Ufer von Euböa. *2* Diesem Heiligtum und seinem Hain gaben Verehrung und Rechte dieselbe Unverletzbarkeit wie den übrigen Tempeln, die bei den Griechen den Namen der Freistätten führen, *3* und die römischen Soldaten, in aller Ruhe – weil der Krieg noch nicht erklärt oder doch nicht so weit gediehen war, dass ihnen das Gerücht hätte sagen können, das Schwert sei gezogen oder irgendwo schon Blut geflossen –, *4* waren hier darüber aus, Tempel und Hain in Augenschein zu nehmen, dort streiften sie ohne Waffen auf der Küste umher, und eine Menge hatte sich zur Holz- und Futterholung auf die Dörfer verteilt, als plötzlich Menippos die überallhin Zerstreuten angriff, sie zusammenhieb und an die 50 Gefangene machte. Nur sehr wenige entflohen, unter ihnen auch Micythion, den ein kleines Frachtschiff aufnahm. *5* War dieser Vorfall für Quinctius und die Römer durch den Verlust von Leuten sehr unangenehm, so fanden sie sich aber auch vielmehr dadurch berechtigt, dem Antiochos den Krieg zu erklären.

6 An der Spitze seines bis Aulis vorgerückten Heeres schickte Antiochos abermals einige Abgeordnete teils aus seinen Leuten, teils Aetoler nach Chalkis hinein, ließ die neulichen Anträge unter härteren Drohungen wiederholen und erreichte, aller Gegenbemühungen des Micythion und Tenoklides ungeachtet, seinen Zweck sehr leicht. Die Tore wurden ihm geöffnet. *7* Die von der römischen Partei räumten bei der Ankunft des Königs die Stadt. Die Truppen der Achäer und des Eumenes hatten Salganeos in Besitz genommen, und die wenigen Römer legten am Euripos eine Schanze an, um durch diese Posten sich der Gegend zu versichern. *8* Auf Salganeos unternahm Menippos den Angriff, auf die Schanze am Euripos der König selbst. Die Achäer und die Truppen des Eumenes waren die ersten, die unter der Bedingung eines freien Abzugs ihren Posten räumten; die Römer am Euripos verteidigten sich hartnäckiger. *9* Aber auch sie konnten, da sie zu Land und zu Wasser eingeschlossen waren und schon das Sturmgerät und Wurfgeschütz herbeikommen sahen, keine Belagerung aushalten. *10* Als der König jetzt die Hauptpunkte von Euböa in Besitz hatte, verweigerten ihm auch die übrigen Städte der Insel die Unterwerfung nicht, und er glaubte, den Krieg unter glänzenden Aussichten eröffnet zu haben, da er schon jetzt eine so große Insel und so viele Städte von so vorteilhafter Lage erobert sah.

Sechsunddreissigstes Buch

Inhalt

Der Konsul Manius Acilius Glabrio treibt den bei Thermopylae mit Hilfe des Königs Philipp besiegten Antiochos aus Griechenland, auch bezwingt er die Aetoler. Publius Cornelius Scipio Nasica weiht als Konsul den Tempel der Göttermutter ein, die er selbst auf das Palatium getragen hatte, als er vom Senat für den rechtschaffensten Mann erklärt war; auch zwingt er durch seinen Sieg die boischen Gallier zur Übergabe und triumphiert über sie. Außerdem werden die glücklichen Kämpfe zur See gegen die Befehlshaber des Königs Antiochos erzählt.

(1) Die Konsuln Publius Cornelius Scipio, der Sohn des Gnaeus, und Manius Acilius Glabrio wurden beim Antritt ihres Amtes von den Vätern angewiesen, *2* ehe sie auf die Verteilung der Standorte antrügen, in allen Heiligtümern, in denen gewöhnlich die meiste Zeit im Jahr Göttermahle gegeben würden, die Opfer mit größeren Tieren zu verrichten und die Götter anzuflehen, da der Senat zu einem neuen Krieg entschlossen sei, diesen Vorsatz für Roms Senat und Volk von glücklichen und segensreichen Folgen sein zu lassen. *3* Alle diese Opfer fielen erfreulich aus und versprachen gleich bei den ersten Tieren die volle Gnade der Götter. Die Opferschauer erklärten, sie sähen die Grenzen des römischen Staates durch diesen Krieg sich erweitern, und Sieg und Triumph angedeutet. *4* Da man sich vermöge dieser Mitteilung von Seiten der Götter gedeckt sah, gaben nun die Väter den Befehl, beim Volk darauf anzutragen, *5* ob die Quiriten damit einverstanden wären und es bewilligten, dass man gegen den König Antiochos und alle, die sich ihm angeschlossen hätten, den Krieg beginne; wenn der Vorschlag durchginge, dann sollten die Konsuln, wenn sie es angemessen fänden, die Sache ganz von vorn an im Senat zur Sprache bringen. Publius Cornelius brachte die Frage vor das Volk, und sie ging durch. *6* Darauf beschloss der Senat, die Plätze, worüber die Konsuln zu losen hätten, sollten Italien und Griechenland sein; wem Griechenland zufalle, der solle außer jener Truppenzahl, welche Lucius Quinctius für jenen Standort nach einem Senatsbeschluss selbst angeworben oder eingefordert habe, auch jenes Heer übernehmen, *7* das der Prätor Marcus Baebius im vorigen Jahr einem Senatsbeschlusse zufolge nach Makedonien übergesetzt habe. *8* So wurde ihm freigestellt, wenn es die Umstände erforderten, auch außerhalb Italiens sich von den Bundesgenossen, doch nicht über 5000 Mann, Hilfstruppen geben zu lassen. Der Konsul des vorigen Jahres, Lucius Quinctius, wurde für diesen Krieg zum Unterfeldherrn bestimmt. *9* Der andere Konsul, der zu seinem Standort Italien bekomme, solle zum Krieg gegen die Boier sich eins von den beiden Heeren wählen, welche die vorigen Konsuln gehabt hätten, das andere aber nach Rom schicken, damit an ihm der Senat Stadtlegionen in Bereitschaft habe, die er gehen lassen könnte, wohin er es nötig fände.

(2) Als dies alles im Senat bis auf den Punkt erledigt war, welcher Standort jedem zufallen werde, ließ man nun die Konsuln losen. Acilius traf Griechenland, Cornelius Italien. *2* Nach entschiedener Bestimmung erließ der Senat den Beschluss: In Bezug auf den Krieg, welchen das römische Volk zu dieser Zeit gegen den König Antiochos und alle unter ihm stehenden Völker beschlossen habe, in Rücksicht auf diesen Gegenstand sollten die Konsuln ein Betfest anordnen; ferner solle der Konsul Manius Acilius dem Jupiter große Spiele geloben und Geschenke für alle Altäre. *3* Dies Gelübde legte der Konsul nach folgender Formel ab, wie sie ihm der Hohepriester Publius Licinius angab: Wenn der Krieg, den das Volk gegen den König Antiochos zu eröffnen beschlossen hat, des Senates und des römischen Volkes Wünschen gemäß beendet sein wird, *4* dann wird dir, Jupiter, das römische Volk zehn Tage dauernde große Spiele feiern, und auf alle Altäre sollen Geschenke niedergelegt werden, wozu der Senat die Geldsumme anweisen wird. *5* Wenn nur eine obrigkeitliche Person diese Spiele anstellt, wann und wo es auch sein mag, soll die Feier der Spiele und die Darbringung der Geschenke gültig sein. Das hierauf von beiden Konsuln angeordnete Betfest dauerte zwei Tage. *6* Als die Konsuln über ihre Plätze gelost hatten, losten sogleich auch die Prätoren. Marcus Junius Brutus traf die doppelte Gerichtspflege, Aulus Cornelius Mammula das bruttische Gebiet, den Marcus Aemilius Lepidus Sizilien, den Lucius Oppius Salinator Sardinien, den Gaius Livius Salinator die Flotte und den Lucius Aemilius Paulus das jenseitige Spanien. *7* Die Heere wurden ihnen so bestimmt. Dem Aulus Cornelius wurden die neuen Truppen gegeben, welche im vorigen Jahr der Konsul Lucius Quinctius nach einem Senatsbeschluss ausgehoben hatte, und der Befehl, die ganze Küste von Tarent und Brundisium zu decken. *8* Lucius Aemilius Paulus sollte in das jenseitige Spanien außer dem Heer, das er vom Proprätor Marcus Fulvius übernehmen würde, 3000 Mann neuer Truppen mitnehmen und 300 Reiter, und zwar sollten zwei Drittel davon verbündete Latiner und eins geborene Römer sein. *9* Eine ebenso starke Ergänzung wurde dem Gaius Flaminius, dem man den Oberbefehl verlängerte, in das diesseitige Spanien zugeschickt. *10* Marcus Aemilius Lepidus sollte von Lucius Valerius, an dessen Stelle er trete, Provinz und Heer zugleich übernehmen; *11* wenn er es geraten fände, den Lucius Valerius als Proprätor in der Provinz lassen und diese so einteilen, dass die eine Hälfte sich von Agrigent bis Pachynum, die andere von Pachynum bis Tyndarium erstrecke. Die letztere Seeküste sollte Lucius Valerius mit zwanzig Kriegsschiffen schützen. *12* Auch wurde dem Prätor aufgetragen, den doppelten Getreidezehnten zu erheben und die Lieferung des Getreides an das Meer und die Überführung nach Griechenland zu besorgen. *13* Eine gleiche Erhebung des doppelten Zehnten in Sardinien wurde auch dem Lucius Oppius befohlen; doch wolle man dies Getreide nicht nach Griechenland, sondern nach Rom geschafft wissen. *14* Der Prätor Gaius Livius, dem die Flotte zugefallen war, erhielt Befehl, mit 30 vollkommen ausgerüsteten Schiffen sobald wie möglich nach Griechenland überzugehen und von Atilius die Flotte zu übernehmen. *15* Die alten Schiffe, die in den Werften waren, auszubessern und zu bemannen, dies Geschäft wurde dem Prätor Marcus Junius gegeben, auch zu Seetruppen für diese Flotte Freigelassene auszuheben.

(3) Nach Afrika schickte man an die Karthager drei Gesandte und drei nach Numidien, um Getreide zu bestellen, das nach Griechenland geliefert würde, doch gegen bare Bezahlung von römischer Seite. *2* Und die Aufmerksamkeit der Bürgerschaft auf die Anstalten und Vorkehrungen zu diesem Krieg ging so weit, dass der Konsul Publius Cornelius bekannt machte: *3* Von allen denen, die Senatoren wären oder die im Senat stimmen dürften, auch die kleinere Ämter bekleideten, solle keiner sich so weit von Rom entfernen, dass er nicht noch an demselben Tag zurückkommen könnte, auch sollten nicht fünf Senatoren auf einmal von der Stadt Rom abwesend sein. *4* In der eiligen Ausrüstung der Flotte hielt den Prätor Gaius Livius ein mit den Kolonien von der Seeküste entstandener Streit ein Weilchen auf. *5* Denn als sie zur Flotte

gezwungen wurden, nahmen sie den Schutz der Volkstribunen in Anspruch; von diesen wurden sie an den Senat gewiesen. Der Senat, in dem auch nicht ein einziger anders stimmte, beschloss, dass diesen Siedlern die Befreiung vom Seedienst nicht zukomme. *6* Ostia, Fregenae, Castrum Novum, Pyrgi, Antium, Tarracina, Minturnae und Sinuessa waren die, die den Streit über die Dienstfreiheit mit dem Prätor führten.

7 Nun stellte der Konsul Manius Acilius nach einem Senatsbeschluss bei dem Kollegium der Fetialen die Anfrage, ob der Krieg durchaus dem König Antiochos in Person angekündigt werden müsse, oder ob man dies bloß irgendeinem bewaffneten Posten andeuten könne; *8* ferner, ob sie es für nötig hielten, dass man auch den Aetolern den Krieg besonders erkläre, endlich, ob man vor der Kriegserklärung Bündnis und Freundschaft aufzukündigen habe. *9* Die Fetialen antworteten: Schon das vorige Mal, als man sie Philipps wegen befragt habe, hätten sie erklärt, es sei einerlei, ob man die Anzeige ihm selbst oder bei einem seiner Posten mache. *10* Die Freundschaft scheine ihnen schon dadurch aufgekündigt, dass jene gegen die so oft Ersatz fordernden Gesandten weder mit einer Herausgabe noch mit einer Genugtuung einverstanden gewesen wären. *11* Die Aetoler hätten zuvorkommend sich selbst den Krieg dadurch erklärt, dass sie Demetrias, eine römische Bundesstadt, durch einen Gewaltstreich besetzt, dass sie sich darauf eingelassen hätten, *12* Chalkis zu Wasser und zu Lande zu belagern, dass sie den König Antiochos nach Europa herübergeführt hätten, um mit dem römischen Volk Krieg anzufangen. *13* Als der Konsul Manius Acilius alle Vorkehrungen beendet hatte, ließ er den Befehl ergehen, die Truppen, welche Lucius Quinctius ausgehoben, auch die, welche er sich von den Bundesgenossen und Latinern habe stellen lassen, die nun mit ihm auf seinen Posten abgehen müssten, so auch die Obersten bei der ersten und dritten Legion, hätten sich sämtlich am 15. Mai zu Brundisium einzufinden. *14* Er selbst zog am 3. Mai im Feldherrngewand aus Rom ab. Auch die Prätoren gingen in diesen Tagen auf ihre Posten ab.

(4) Um diese Zeit kamen auch Gesandte von zwei Königen, von Philipp in Makedonien und von Ptolemaeos in Ägypten in Rom an und versprachen zu diesem Krieg Hilfstruppen, Geld und Getreide. *2* Die von Ptolemaeos brachten sogar 1000 Pfund Gold und 20 000 Pfund Silber mit. *3* Von dem allen nahm der Senat nichts an, ließ aber die Könige seines Dankes versichern. Da sich auch beide bereit erklärten, mit allen ihren Truppen in Aetolien einzutreffen und an dem Krieg teilzunehmen, lehnte man dies dem Ptolemaeus ab; *4* Philipps Gesandte aber erhielten die Antwort, der König werde Roms Senat und Volk eine Gefälligkeit erzeigen, wenn er dem Konsul Manius Acilius seine Hilfe nicht versage. *5* So kamen auch von den Karthagern und von König Masinissa Gesandte an. Die Karthager versprachen, eine Million Scheffel Weizen und 500 000 Scheffel Gerst dem Heere zu liefern und halb soviel nach Rom; *6* sie bäten die Römer, dies von ihnen als ein Geschenk anzunehmen; *7* auch wollten sie eine Flotte mit eigener Bemannung auf ihre Kosten ausrüsten und die Steuer, die sie auf viele Jahre in mehreren Zahlungen zu entrichten hätten, auf einmal bar auszahlen. *8* Die Gesandten des Masinissa sagten, der König wolle 500 000 Scheffel Weizen, 300 000 Scheffel Gerste an das Heer in Griechenland und 300 000 Scheffel Gerste nach Rom abgehen lassen; auch dem Konsul Manius Acilius 500 Reiter und 20 Elefanten zusenden. *9* Hinsichtlich des Getreides erhielten beide die Antwort, das römische Volk wolle davon Gebrauch machen, wenn sie Bezahlung annähmen. Die Flotte wurde den Karthagern erlassen, außer was sie etwa an Schiffen vertragsmäßig zu stellen hätten. So bekamen sie auch wegen des Geldes zur Antwort, man werde vor der bestimmten Zeit nichts annehmen.

(5) Während dieser Vorgänge in Rom war Antiochos in Chalkis, um auch in den Winterquartieren nicht untätig zu sein, damit beschäftigt, durch seine ausgeschickten Gesandten mehrere Staaten zu gewinnen; aus anderen kam man unaufgefordert zu ihm. So fanden sich die Epiroten

nach einem gemeinschaftlichen Beschluss ihres Volkes bei ihm ein, und aus der Peloponnes die Eleer. **2** Die Eleer baten um Hilfe gegen die Achäer, weil sie glaubten, nach der wider ihre abgegebene Stimme erfolgten Kriegserklärung gegen Antiochos würden sie nun auch zuerst von diesen angegriffen werden. **3** Ihnen wurden unter Anführung des Kreters Euphanes 1000 Mann Fußvolk zu Hilfe geschickt.

Die Gesandtschaft der Epiroten zeigte nach keiner Seite hin einen freien und unbefangenen Sinn, sie wollten sich bei dem König beliebt machen und doch zugleich verhüten, die Römer zu beleidigen. **4** Sie baten ihn, er möge sie nicht geradezu für ihn Partei nehmen lassen, da sie als Vorlage des gesamten Griechenlandes Italien gegenüberstünden und die ersten Angriffe der Römer auszuhalten hätten. **5** Wenn er aber in Person mit seiner Land- und Seemacht Epirus schützen könne, so würden ihn alle Epiroten mit Sehnsucht in ihre Städte und Häfen aufnehmen. Könne er das nicht, so müssten sie ihn bitten, sie nicht als die Schutz- und Wehrlosen einem Kriege mit den Römern preiszugeben. **6** Offenbar legten sie es durch diese Gesandtschaft darauf an, dass sie, falls der König nicht nach Epirus käme – und dies war ihnen am wahrscheinlichsten –, bei den römischen Heeren eine völlig unverdorbene Sache behielten, und sich doch den König dadurch hinlänglich zum Freund gemacht hätten, dass sie ihn, wenn er gekommen wäre, hätten aufnehmen wollen. **7** Käme er aber, so könnten sie auch dann noch von den Römern Verzeihung hoffen, weil sie, ohne die ihnen so ferne Hilfe abwarten zu können, der Übermacht des im Land Stehenden hätten erliegen müssen. **8** Der König, der auf einen Antrag mit so vielen Verwicklungen jetzt gleich nicht zu antworten wusste, sagte ihnen, er werde zur Verabredung dessen, was sie und ihn gemeinschaftlich betreffe, Gesandte schicken.

(6) Er selbst brach nach Böotien auf, wo man freilich als Vorwand der Erbitterung gegen die Römer die Gründe angeben konnte, die ich früher erwähnte, die Ermordung des Brachyllas und den Angriff auf Koronea, womit Quinctius die gemordeten römischen Soldaten rächte, **2** wo aber eigentlich schon seit vielen Menschenaltern die früher treffliche Sittenzucht des Volkes im Ganzen und im Einzelnen wankte, und viele in einer Lage waren, dass sie ohne eine Staatsumwälzung sich nicht halten konnten. **3** Mit den ihm allenthalben entgegenströmenden böotischen Vornehmen kam er nach Theben. Obgleich er nun hier in ihrer Staatenversammlung bei allen seinen nicht unbedeutenden und nicht zweideutigen Schritten, die er durch seinen Angriff auf den römischen Posten bei Delion und dann bei Chalkis zu einem Krieg mit den Römern getan hatte, **4** seinem Vortrag dieselbe Einleitung gab, wie seiner ersten Unterredung mit ihnen bei Chalkis und dem Antrag seiner Gesandten auf der Versammlung der Achäer, dass er nämlich bloß ihre Freundschaft, keine Kriegserklärung gegen Rom verlange, so leuchtete doch jedem ein, was das bezwecke. **5** Und dennoch wurde unter einer nichtigen Beschönigung ein Beschluss zugunsten des Königs gegen die Römer abgefasst. **6** Als er den Beitritt auch dieses Volkes bewirkt hatte, ging er nach Chalkis zurück, ließ von hier an die aetolischen Großen die schriftliche Einladung zu einer Zusammenkunft in Demetrias, wo er sich mit ihnen über den Krieg im Ganzen zu beraten habe, vorangehen, und kam auf den zur Versammlung festgesetzten Tag zu Schiff dort an. **7** Auch Amynander wurde zu dieser Beratung aus Athamanien berufen, und diesmal erschien im Staatsrat auch der schon lange nicht hinzugezogene Punier Hannibal. **8** Hier beriet man über das Volk der Thessalier, deren Stimmung nach der Meinung aller Anwesenden untersucht werden sollte. **9** Nur waren die Stimmen insofern geteilt, als einige meinten, dies müsse sogleich geschehen; andere, es lasse sich vom Winter, der beinahe halb verflossen war, bis auf den Anfang des Frühjahres verschieben; ***10*** auch rieten einige, bloß Gesandte hinzuschicken; andere, mit allen Truppen hinzugehen, um sie, wenn sie zögerten, durch Drohungen zu schrecken.

(7) Da sich nun die ganze Verhandlung fast um diese einzige Frage drehte, richtete Hannibal, namentlich um seine Meinung befragt, durch folgende Rede die Aufmerksamkeit des Königs und der Anwesenden auf den Gedanken des Krieges überhaupt: **2** *Wäre ich seit unserer Ankunft in Griechenland zu Rate gezogen worden, als man sich über Euböa, über die Achäer und Böotien beriet, ich hätte dieselbe Meinung geäußert, die ich jetzt vortragen werde, da die Rede von Thessalien ist. Ich stimme dahin,* **3** *dass man vor allen Dingen Philipp und die Makedonier durch jedes Mittel zur Teilnahme am Krieg bewegen müsse.* **4** *Denn was Euböa, die Böotier und Thessalier betrifft, wer zweifelt daran, dass diese als Völker ohne eigene Macht auch als jeweilige Schmeichler der im Land Stehenden, aus derselben Furchtsamkeit, die sie bei Ergreifung ihrer Maßregeln leitete, auf eine zu erflehende Verzeihung Rücksicht nehmen?* **5** *Dass sie, sobald sie in Griechenland ein Römerheer erblicken, unter den gewohnten Oberbefehl zurückkehren? Und dass ihnen kein Verbrechen daraus gemacht wird, wenn sie bei der weiten Entfernung der Römer nicht Lust hatten, deine und deines Heeres Überlegenheit auf der Stelle zu fühlen.* **6** *Wie viel dringender und wichtiger ist es also, lieber Philipp mit uns zu vereinigen als jene, da er, wenn er sich einmal auf unsere Sache eingelassen hat, dies nicht ungeschehen machen kann und uns eine Macht zuführt, die in einem Krieg gegen Rom nicht als eine bloße Zugabe gelten kann, sondern neulich noch für sich selbst es mit den Römern aufnehmen konnte.* **7** *Haben wir ihn mit uns verbunden, wie könnte mir dann noch der Ausgang des Krieges – fern sei von diesem Ausdruck alles Anstößige! – zweifelhaft sein? Dann, wenn ich sehe, dass dieselben Kräfte, durch welche die Römer gegen Philipp oben blieben, nun zum Angriff auf sie selbst angewandt werden.* **8** *Die Aetoler, wie jeder weiß, die eigentlichen Besieger Philipps, werden auf Philipps Seite gegen die Römer kämpfen.* **9** *Amynander und die Athamanen, die nächst den Aetolern das Meiste in jenem Krieg leisteten, werden auf unserer Seite stehen.* **10** *Damals unterzog sich Philipp, während du dich ruhig verhieltest, der ganzen Last des Krieges; und jetzt werdet ihr, zwei der größten Könige, mit den Kräften Asiens und Europas gegen ein einziges Volk Krieg führen – von meinen mannigfachen Schicksalen will ich schweigen –, das wenigstens zu unserer Väter Zeiten nicht einmal einem einzigen König der Epiroten gewachsen war, und wo bleibt dieser gar im Vergleich mit euch?* **11** *Und welches sind die Gründe, die mich die Möglichkeit einer Verbindung zwischen uns und Philipp hoffen lassen? Der eine ist der gemeinschaftliche Vorteil, jeder Verbindung stärkstes Band; der andere, euer Wort, ihr Aetoler.* **12** *Denn euer hier anwesender Gesandter Thoas beteuerte unter anderem, was er, um Antiochos nach Griechenland zu rufen, so oft erzählte, vor allem immer das: Philipp schnaube Rache; er fühle es voll Unwillen, dass man ihm unter dem Schein des Friedens Gesetze der Dienstbarkeit auftrug.* **13** *Er verglich den ergrimmten König mit dem wilden Tier, welches angekettet oder eingeschlossen ist und seinen Zwinger zu sprengen strebt. Ist dies die Stimmung Philipps, so lasst uns doch die Kette ihm abnehmen, lasst uns den Zwinger sprengen, damit er den lange verhaltenen Groll gegen die gemeinschaftlichen Feinde äußern kann.* **14** *Bleibt unsere Gesandtschaft an ihn ohne Wirkung, nun dann lasst uns, weil wir ihn nicht mit uns verbinden können, wenigstens verhüten, dass er sich mit unseren Feinden verbinde. Dein Sohn Seleukos steht zu Lysimachia.* **15** *Wenn der mit dem Heer, das er bei sich hat, durch Thrakien in die nächsten Gegenden Makedoniens auf Plünderung ausgeht, so wird Philipp bald von der den Römern zu leistenden Hilfe vielmehr zum Schutz seines Eigentums abgelenkt werden.* **16** *Hier hast du meine Meinung über Philipp, was ich über den Krieg im Ganzen denke, blieb dir gleich von Anfang an nicht unbekannt. Hätte ich damals Gehör gefunden, so sollten die Römer jetzt nicht von der Einnahme der Stadt Chalkis auf Euböa, nicht von der Erstürmung einer Schanze am Euripos hören, sondern von einem Kriegsfeuer, das Etrurien und die Küste von Ligurien und Gallien diesseits der Alpen ergriffen habe und, was ihnen immer eine schreckliche Nachricht bleibt, von Hannibals Erscheinung in Italien.* **17** *Noch jetzt rate ich dir, deine ganze See- und Landmacht kommen zu*

lassen. Der Flotte müssen die Lastschiffe mit Zufuhren folgen. Denn so wie von uns hier zu den Geschäften des Krieges zu wenige sind, so sind von uns bei diesem Mangel an Lebensmitteln viel zu viele. ***18*** *Hast du dann alle deine Kräfte gesammelt, so behältst du von deiner geteilten Flotte das eine Geschwader bei Korkyra auf dem Posten,* ***19*** *um die Römer nicht so frei und ungestört landen zu lassen; das andere lässt du an die Küste Italiens hinübergehen, welche Sardinien und Afrika zugekehrt ist; du selbst rückst mit deiner ganzen Landmacht in das Gebiet von Bullis.* ***20*** *Von hier aus deckst du Griechenland so, dass du den Römern immer den Anschein erhältst, als wolltest du hinübergehen, und auch wirklich, wenn es erforderlich sein sollte, hinübergehen kannst. Dies rate ich dir, der, wenn auch nicht in jeder Art des Krieges erfahren, doch mit den Römern Krieg zu führen durch Glück und Missgeschick gelernt hat.* ***21*** *Wozu ich dir meinen Rat erteilt habe, dazu verspreche ich auch meine treue und tätige Mitwirkung. Mögen den Entschluss, welcher dir als der beste gelten wird, die Götter gutheißen!*

(8) Dies etwa redete Hannibal; seine Worte wurden mehr für den Augenblick von den Anwesenden gepriesen als in der Tat befolgt; denn es geschah von dem allen nichts, außer dass der König den Polyxenidas abschickte, um die Flotte und die Truppen aus Asien zu holen. ***2*** Die Versammlung der Thessalier zu Larisa beschickte er durch Gesandte. Den Aetolern und dem Amynander wurde ein Tag bestimmt, auf den sie sich zu Pherae beim Heer einzufinden hätten. ***3*** Hierher kam auch sogleich der König mit seinen Truppen. Während er hier den Amynander und die Aetoler erwartete, schickte er den Megalopolitaner Philipp mit 2000 Leuten ab, um bei Kynoskephalae, wo Philipp geschlagen war, die Gebeine der Makedonier zu sammeln, wozu ihn entweder der beredete, ***4*** der sich dadurch bei den Makedoniern beliebt machen und ihrem König den Vorwurf zuziehen wollte, die Beerdigung seiner Soldaten vernachlässigt zu haben, oder Antiochos selbst war aus einer den Königen eigenen Eitelkeit auf diese dem Schein nach ehrenvolle, in der Tat nichtssagende Maßregel verfallen. ***5*** Die zerstreut herumliegenden Gebeine bildeten nun, auf einen Haufen zusammengetragen, einen Hügel, der ihm bei den Makedoniern nicht den geringsten Dank, aber Philipps vollen Hass erwarb. ***6*** Derselbe Philipp also, der bis jetzt willens gewesen war, das Glück zu Rate zu ziehen, ließ sogleich dem Proprätor Marcus Baebius sagen, Antiochos sei in Thessalien eingefallen; finde er es angezeigt, so möge er aus den Winterquartieren aufbrechen; er selbst wolle ihm entgegenrücken, damit sie miteinander beraten könnten, was sie zu tun hätten.

(9) Zu Antiochos, der schon sein Lager bei Pherae hatte, wo die Aetoler und Amynander zu ihm gestoßen waren, kamen Gesandte von Larisa und fragten an, durch welche Tat oder Äußerung sich die Thessalier von ihm einen feindlichen Angriff zugezogen hätten, ***2*** auch baten sie, er möge nach seinem Abzug, was er für gut finde, durch Gesandte ausmachen. ***3*** Zu gleicher Zeit aber schickten sie 500 Mann unter Anführung des Hippolochos zur Besatzung nach Pherae. Da diese jeden Zugang unmöglich fanden, weil die königlichen Truppen schon alle Wege besetzt hatten, zogen sie sich nach Skotussa. ***4*** Den Gesandten von Larisa antwortete der König sehr gnädig, er sei nicht in Thessalien eingedrungen, um Krieg anzufangen, sondern um die Freiheit der Thessalier zu schützen und zu befestigen. Nach Pherae schickte er einen Abgeordneten mit einer ähnlichen Erklärung. ***5*** Ohne diesem zu antworten, ließen die Pheraeer den Pausanias, den ersten Mann ihres Staates, als Gesandten zum König gehen. ***6*** Da dieser fast dasselbe, was unter ähnlichen Verhältnissen die Chalkidier in der Unterredung an der Meerenge des Euripus vorschützten, manches auch in dreisterem Ton äußerte, ***7*** entließ der König die Gesandtschaft mit der Warnung an die Pheraeer, sie möchten die Sache gründlich überlegen, damit sie nicht einen Entschluss fassten, von dem sie, aus gar zu großer Behutsamkeit und Vorsicht für die Zukunft, den Schaden gleich auf der Stelle hätten. ***8*** Als dieser Bescheid nach Pherae zurückkam, bedachten

sich die Bürger auch nicht einen Augenblick, aus Treue gegen die Römer alles zu erdulden, was das Schicksal des Krieges über sie verhängen würde.

9 Sie schickten sich also aus allen Kräften an, die Stadt zu verteidigen. Der König unternahm den Sturm auf die Mauern von allen Seiten zugleich, und da er sehr richtig einsah, was auch keinem Zweifel unterlag, ***10*** dass der Erfolg seines Angriffs auf die erste Stadt darüber entscheiden werde, ob ihn das ganze thessalische Volk künftig verachten oder fürchten solle, so setzte er von allen Seiten jedes Schreckmittel gegen die Belagerten in Bewegung. ***11*** Den ersten Sturm hielten sie mit aller Standhaftigkeit aus; als aber von den Verteidigern so mancher sank oder verwundet wurde, da fing ihr Mut an zu wanken. ***12*** Doch durch die Weisungen ihrer Oberhäupter zur Beharrlichkeit auf ihrem Vorsatz zurückgerufen, zogen sie sich mit Hinterlassung des äußeren Mauerkreises, weil es ihnen anfing an Leuten zu fehlen, in den inneren Teil der Stadt, den eine engere Ringmauer umschloss, zurück. Endlich der Not erliegend und aus Besorgnis, nach der Eroberung durch Sturm bei dem Sieger gar keine Gnade zu finden, ergaben sie sich. Sofort schickte der König, um den noch neuen Schrecken zu benutzen, 4000 Mann gegen Skotussa. ***13*** Hier ließ die Übergabe nicht auf sich warten, weil die Bürger vor Augen sahen, wie es soeben den Pheraeern ergangen war, ***14*** die zu dem, was sie anfangs so hartnäckig verweigert hätten, durch die gebietende Not sich dennoch endlich hätten bequemen müssen. Mit der Stadt selbst wurde ihm auch Hippolochos und die Besatzung von Larisa übergeben. ***15*** Alle entließ der König, ohne ihnen das geringste Leid zuzufügen, weil er sich von einem solchen Benehmen für die zu erwerbende Liebe der Larisaeer große Wirkung versprach.

(10) Da er so viel innerhalb von zehn Tage nach seiner Ankunft bei Pherae ausgeführt hatte, brach er mit seinem ganzen Heer nach Krannon auf und eroberte es gleich bei seiner Ankunft. ***2*** Dann nahm er Cierium, Metropolis und die umherliegenden kleineren Festungen, und schon war alles in dieser Gegend bis auf Atrax und Gyrton in seiner Gewalt. ***3*** Nun beschloss er, Larisa anzugreifen, in der Hoffnung, die Bürger würden entweder durch die Erstürmung der übrigen Städte geschreckt oder durch die in ihrer entlassenen Besatzung ihnen erwiesene Wohltat oder durch das Beispiel so vieler sich ergebenden Städte bewogen, von ihrer Hartnäckigkeit nachlassen. ***4*** Um sich mit Schrecken anzukündigen, ließ er die Elefanten vorangehen und rückte in voller Schlachtordnung vor die Stadt, so dass ein großer Teil der Larisaeer bei der Wahl zwischen der dringenden Gefahr vom Feind und der schuldigen Rücksicht auf ihre entfernten Bundesgenossen in völliger Unentschlossenheit schwankte. ***5*** In diesen Tagen besetzte auch Amynander mit seinen jungen Athamanen Pellinaeum, und Menippos, der mit 3000 Aetolern zu Fuß und 300 Reitern in Perraebien einrückte, erstürmte Malloea und Tyretiae und plünderte die Landschaft von Tripolis. ***6*** Das alles vollführten sie wie im Flug und kehrten nach Larisa zum König zurück, wo sie eben ankamen, als er über seine Unternehmung auf Larisa Kriegsrat hielt. ***7*** Hier hatten die Stimmen eine sehr verschiedene Richtung. Einige meinten, man müsse Gewalt anwenden und mit dem Angriff durch Belagerungswerke und Sturmgerät von allen Seiten auf die Mauern einer Stadt nicht länger zögern, die in einer Ebene liege und auf allen Seiten dem Zugang vom Feld her offen sei; ***8*** andere gaben bald die Stärke der Stadt zu erwägen, die man durchaus nicht mit Pherae vergleichen dürfe, bald den Winter und die Jahreszeit, die sich überhaupt nicht zu kriegerischen Unternehmungen, am wenigsten zu Einschließungen und zum Sturm auf Städte eigne. ***9*** Gerade als der König zwischen Furcht und Hoffnung schwankte, flößte ihm die Ankunft einer Gesandtschaft von Pharsalos, welche ihm diese Stadt übergab, wieder Mut ein.

10 Unterdessen hatte sich Marcus Baebius in Dassaretien mit Philipp besprochen und schickte nach gemeinschaftlichem Übereinkommen zum Entsatz von Larisa den Appius Claudius ab, der in Eilmärschen durch Makedonien bis auf den Bergrücken kam, der über Gonni ragt. ***11***

Die Stadt Gonni liegt 20 000 Schritte von Larisa gerade in dem Eingang zu dem Gebirgswald, der den Namen Tempe führt. Dadurch, dass er hier sein Lager nach Maßgabe seiner Truppen viel zu groß aufschlug und mehr Feuer anzünden ließ, als er nötig hatte, gab er sich, wie es seine Absicht war, in den Augen der Feinde den Schein, als stehe hier das ganze römische Heer samt dem König Philipp. *12* Antiochos verweilte also, indem er den Seinigen den dringenden Winter als Vorwand angab, vor Larisa nur noch einen Tag, dann zog er ab und ging nach Demetrias zurück; auch die Aetoler und Athamanen zogen sich wieder in ihre Grenzen. *13* Sah Appius auch die Belagerung der Stadt, zu deren Entsatz er geschickt wurde, schon aufgehoben, so kam er doch, um die Bundesgenossen in ihrer Treue auch für die Zukunft zu befestigen, nach Larisa, *14* und nun herrschte doppelte Freude, weil ihr Gebiet von Feinden geräumt war und sie in ihren Mauern eine römische Besatzung sahen.

(11) Der König, der von Demetrias nach Chalkis ging, verliebte sich in ein Mädchen, die Tochter des Chalkidiers Kleoptolemos, und als er von dem Vater, den er zuerst durch Gesandte, dann durch Bitten in eigener Person bestürmte, endlich die Einwilligung erhielt – denn in eine drückende Glückslage wollte er sich nur ungern einlassen –, *2* so feierte er seine Hochzeit wie mitten im Frieden, und ohne daran zu denken, was für zwei wichtige Dinge er zugleich unternommen habe, einen Krieg gegen Rom und die Befreiung Griechenlands, brachte er den übrigen Winter, um alles unbekümmert, in Gastereien und vom Wein erzeugten Wollüsten zu, endlich, wie er sich mehr darin erschöpft als gesättigt hatte, mit Schlaf. *3* In ein gleiches Schlaraffenleben verfielen alle Unterfeldherren des Königs, wo sie allenthalben über die Winterquartiere gesetzt waren, hauptsächlich in der Gegend von Böotien; auch die Soldaten überließen sich ihr unaufhaltsam. *4* Keiner von ihnen legte seine Waffen an, versah seinen Posten oder seine Wache, keiner befasste sich mit irgendeiner Kriegerarbeit oder Dienstsache. *5* Als daher der König mit Frühlingsanfang durch Phokis nach Chäronea kam, wo sich das ganze Heer von allen Orten hatte zusammenziehen müssen, bemerkte er leicht, dass die Soldaten keine strengere Zucht in den Winterquartieren als ihr Oberfeldherr beobachtet hatten. *6* Von hier ließ er den Acarnanier Alexander und den Makedonier Menippos die Truppen nach Stratus in Atolien führen. Er selbst opferte zu Delphi dem Apollo und ging weiter nach Naupaktos. *7* Nachdem er hier mit den Oberhäuptern Aetoliens einen Staatsrat gehalten hatte, nahm er den Weg, der neben Kalydon und Lysimachia vorbeiführt, und traf bei Stratus sein Heer, das durch den Pass des Malischen Meerbusens gekommen war. *8* Durch große Geschenke erkauft, suchte hier Mnesilochos, einer der acarnanischen Vornehmen, nicht nur für seine Person dem König die Nation zuzuführen, sondern er hatte auch den Bundeshauptmann Klytos, der damals die höchste Gewalt in Händen hatte, für seine Absicht gewonnen. *9* Als dieser bemerkte, dass die Leukadier, das Hauptvolk Acarnaniens, aus Furcht vor der unter Atilius oder der bei Tephalenia stehenden römischen Flotte nicht so leicht zum Abfall zu bewegen sein würden, suchte er auf sie durch List zu wirken. *10* Denn als er in der Versammlung erklärt hatte, man müsse das Innere von Acarnanien schützen und alle Waffenfähigen nach Medion und Thyrreon marschieren lassen, damit Antiochos oder die Aetoler diese Städte nicht besetzten, *11* behaupteten einige dagegen, es sei nicht nötig, das ganze Volk so lärmend aufzubieten; eine Besatzung von 500 Mann sei dazu hinreichend. Diese Mannschaft ließ er sich geben, legte 300 als Besatzung in Medion, 200 in Thyrreum und hatte dabei die Absicht, sie als künftige Geiseln dem König in die Hände zu liefern.

(12) Auch kamen in denselben Tagen Gesandte vom König nach Medion. Als man sie angehört hatte, ging man über die dem König zu erteilende Antwort in einer Volksversammlung zu Rate, *2* und da einige dafür waren, man müsse in dem Bündnis mit den Römern verharren, andere, die Freundschaft des Königs nicht abweisen, so schien die Meinung des Klytus den Mittelweg

zu gehen und wurde ebendarum angenommen: *3* Man müsse an den König Gesandte schicken und ihn bitten, den Medioniern zu gestatten, dass sie sich über eine so wichtige Sache in der Staatenversammlung von Acarnanien beraten könnten. *4* Mnesilochos und seine Anhänger, welche nicht ohne Absicht an dieser Gesandtschaft sich beteiligten, ließen dem König heimlich sagen, er möge mit seinen Truppen anrücken, und sie selbst suchten die Zeit hinzubringen. *5* Kaum also hatten die Gesandten die Stadt verlassen, da stand Antiochos schon auf ihrem Gebiet, bald darauf an ihren Toren, und während die, die um den Verrat nicht wussten, in Verlegenheit gerieten und lärmend die Mannschaft zu den Waffen riefen, wurde der König durch Klytos und Mnesilochos in die Stadt geführt, *6* und da auch andere aus Zuneigung von selbst herbeiströmten, so fanden sich aus Furcht auch die, die anders dachten, beim König ein. Da er diese in ihrem Schrecken durch freundliche Worte beruhigte, fielen im Vertrauen auf seine bekannt gewordene Güte mehrere Völker Acarnaniens an ihn ab. *7* Von Medion brach er nach Thyrreon auf, wohin er den Mnesilochos und die Gesandten vorausgehen ließ. Allein die List, die zu Medion entdeckt war, hatte die Bürger von Thyrreon nur vorsichtiger, nicht furchtsam gemacht. Sie gaben ihm die offene Antwort, *8* ohne Genehmigung der römischen Oberbefehlshaber würden sie keine neue Verbindung eingehen, schlossen die Tore und verteilten ihre Mannschaft auf die Mauern. *9* Um die Acarnaner in dieser Gesinnung zu befestigen, kam gerade zu rechter Zeit Gnaeus Octavius, welcher von Quinctius geschickt wurde und ein Korps nebst einigen Schiffen von Aulus Postumius in Empfang genommen hatte, der als Unterfeldherr von Atilius über Kephalenia gesetzt worden war, zu Leukas *10* an und erfüllte die Bundesgenossen mit Mut durch die Nachricht, dass der Konsul Manius Acilius mit den Legionen schon über das Meer gesetzt sei und in Thessalien ein römisches Lager stehe. *11* Weil die bei der vorgerückten Jahreszeit schon offene Schifffahrt dieses Gerücht wahrscheinlich machte, zog der König mit Hinterlassung einer Besatzung zu Medion und in einigen anderen acarnanischen Städten von Thyrreum ab und nahm durch die Städte von Aetolien und Phokis seinen Rückweg nach Chalkis.

(13) Um dieselbe Zeit rückten auch Marcus Baebius und König Philipp, die nach ihrer früheren Unterredung während des Winters in Dassaretien (von wo sie den Appius Claudius zum Entsatz Larisas nach Thessalien schickten) *2* bei der damals für jede Unternehmung noch zu frühen Jahreszeit in ihre Winterquartiere zurückgegangen waren, in Thessalien ein, nachdem sie mit Frühlingsanfang ihre Truppen vereinigt hatten. *3* Antiochos stand damals in Acarnanien. Bei ihrer Ankunft griffen sie, Philipp Malloea in Perraebien, Baebius Phakion an, und da er dies beinahe im ersten Sturm gewonnen hatte, eroberte er Phaestos ebenso schnell. *4* Von hier ging er nach Atrax zurück, nahm dann Kyretiae und Erition ein, legte Besatzungen in die eroberten Städte und vereinigte sich wieder mit Philipp, der noch Malloea belagerte. *5* Da die Stadt bei der Ankunft eines römischen Heeres entweder aus Furcht vor der Überlegenheit oder weil sie nun Schonung hoffte, sich ergab, unternahmen sie, zu einem Zug vereinigt, die Wiedereroberung der von den Athamanen besetzten Städte. *6* Diese waren Aeginion, Ericinion, Gomphoi, Silana, Trikka, Meliboea und Phaloria. *7* Von hier rückten sie zur Einschließung von Pellinaeon, wo Philipp aus Megalopolis mit 500 Mann Fußvolk und 40 Reitern lag, und ließen, ehe sie zum Sturm schritten, Philipp durch einen Abgeschickten warnen, es auf das Äußerste kommen zu lassen. *8* Er antwortete ihnen ganz trotzig, den Römern oder den Thessaliern hätte er sich anvertraut, allein in Philipps Gewalt werde er sich nie begeben. *9* Als sie einsahen, sie müssten Gewalt anwenden, und sich zu gleicher Zeit ein Angriff auch auf Limnaeon machen ließ, so wurde beschlossen, der König solle gegen Limnaeon gehen, und Baebius blieb zur Belagerung vor Pellinaeum.

(14) Konsul Manius Acilius, der gerade in diesen Tagen mit 20 000 Mann zu Fuß, 2000 Reitern und 15 Elefanten über das Meer gekommen war, ließ durch Oberste, die er dazu ernannte, nun sein

Fußvolk nach Larisa führen; er selbst stieß mit der Reiterei nach Limnaeon zum König Philipp. **2** Nach der Ankunft des Konsuls erfolgte unverzüglich die Übergabe; die königliche Besatzung ergab sich und mit ihr auch die Athamanen. **3** Von Limnaeon brach der Konsul nach Pellinaeon auf. Hier ergaben sich zuerst die Athamanen, dann auch der Megalopolitaner Philipp. **4** König Philipp, der gerade ankam, als dieser von seinem Posten abzog, gab ihm zum Spott den Befehl, ihn als König zu begrüßen, ging auf ihn zu und erlaubte sich, die seiner Hoheit nicht angemessene Anrede „Bruder“ zu verwenden. **5** Er wurde zum Konsul geführt, von diesem in Haft genommen und bald darauf in Fesseln nach Rom geschickt. Der übrige Haufe von Athamanen oder Soldaten des Königs Antiochos, die in den Städten, welche sich in diesen Tagen ergaben, als Besatzungen gelegen hatten, wurde dem König Philipp übergeben. Es waren gegen 3000 Mann.

6 Nun zog der Konsul nach Larisa, um den allgemeinen Kriegsplan zu verabreden. Unterwegs begegneten ihm Gesandte von Kierion und Metropolis, die ihm ihre Städte übergaben. **7** Philipp, der durch die freundliche Behandlung, die er besonders den athamanischen Gefangenen in der Absicht widerfahren ließ, durch sie ihre Nation zu gewinnen, sich Hoffnung gemacht hatte, sich Athamaniens zu bemächtigen, führte sein Heer dahin, schickte aber die Gefangenen voran in ihre Städte. **8** Ihre Berichte von der ihnen zuteil gewordenen Huld und Freigebigkeit des Königs übten bei ihren Landsleuten eine große Wirkung aus; **9** zugleich aber flüchtete auch Amynander, der durch seine Würde, wenn er hier geblieben wäre, manche in der Treue erhalten hätte, aus Furcht, an seinen alten Feind Philipp und an die Römer ausgeliefert zu werden, deren Hass er jetzt durch seinen Abfall verdient habe, mit seiner Gemahlin und seinen Kindern aus seinem Reich und begab sich nach Ambrakia. So unterwarf sich ganz Athamanien der Botmäßigkeit Philipps.

10 Der Konsul hielt sich, besonders um den Lasttieren einige Erholung zu gönnen, welche durch die Seefahrt und dann durch die Märsche gelitten hatten, einige Tage in Larisa auf und rückte dann mit seinem durch die kurze Ruhe gleichsam neu belebten Heere nach Krannon. **11** Bei seiner Ankunft ergaben sich Pharsalos, Skotussa und Pherae mit den darin liegenden Besatzungen des Antiochos. 1000 Mann von diesen Truppen, welche sich auf die Anfrage, wer von ihnen bei ihm bleiben wolle, bereitwillig erklärten, gab er an Philipp ab, die Übrigen schickte er entwaffnet nach Demetrias zurück. **12** Darauf besetzte er Proerna und die umher liegenden kleinen Festungen. Dann zog er weiter an die Küste des Malischen Meerbusens. Als er dem Pass nahte, oberhalb dessen Thaumakoi liegt, hatte alles, was wehrhaft war, die Stadt verlassen, sich in den Wäldern und an den Wegen in einen Hinterhalt gelegt und brach von den Höhen herab auf den Zug der Römer ein. **13** Zuerst schickte der Konsul einige ab, um sie durch Unterredung in der Nähe vor dieser Tollheit warnen zu lassen. Als er aber sah, dass sie bei ihrem Vorsatz blieben, ließ er einen Obersten mit den Truppen zweier Fahnen sich herumziehen, schnitt so den Bewaffneten den Rückweg ab und nahm die unbesetzte Stadt ein. **14** Als sie auf das Geschrei der ihnen im Rücken eroberten Stadt aus ihrem Hinterhalt von allen Seiten des Waldes zurückfliehen wollten, wurden sie niedergehauen, **15** Von Thaumakoi kam der Konsul am anderen Tag bis zum Fluss Spercheus; von hier aus verheerte er das Gebiet von Hypata.

(15) Antiochos war während dieser Vorgänge in Chalkis. Schon jetzt sah er ein, dass er sich aus Griechenland nichts geholt habe als die Vergnügungen in den Winterquartieren zu Chalkis und die üble Nachrede wegen seiner Vermählung, **2** und brach in Klagen über die leeren Versprechungen der Aetoler und über Thoas aus, Hannibal aber bewunderte er nicht bloß als einen klugen Mann, sondern fast als den verkündigenden Seher alles dessen, was jetzt in Erfüllung ging. Um indessen das unbesonnene Unternehmen nicht noch obendrein durch Untätigkeit zu vernichten, ließ er nach Aetolien melden, sie möchten alle ihre Truppen aufbieten und bei Lamia zusammenziehen; **3** auch kam er selbst hierher mit etwa 10 000 Mann Fußvolk, welches durch die

aus Asien Nachgekommenen ergänzt war, und 500 Reitern. *4* Als sie sich aber in weit geringerer Anzahl als je vorher hier einfanden, fast nur die Vornehmen mit einigen ihrer Schützlinge erschienen und dabei versicherten, sie hätten allen Eifer angewandt, so viele als möglich aus ihren Städten aufzubringen, *5* aber weder durch Vorstellungen noch durch Liebe oder Befehl auf die Dienstweigernden wirken können, da zog er sich, von allen Seiten, von seinen Untertanen, die in Asien säumten, von seinen Bundesgenossen, welche das nicht leisteten, worauf sie ihm bei ihrer Einladung Hoffnung machten, verlassen, zurück in das Waldgebirge der Thermopylen.

6 Dieser Bergrücken durchschneidet Griechenland so wie der Bergrücken des Apenninus Italien. *7* Vor dem Wald der Thermopylen gegen Mitternacht liegen Epirus, Perraebien, Magnesia, Thessalien, das phthiotische Achaia und die Küste des Malischen Meerbusens; *8* hinter dem Pass, gegen Mittag gelegen, sind der größere Teil von Aetolien, dann Acarnanien, Phokis nebst Locris und Böotien mit seiner Insel Euböa und dem gleich einem Vorgebirge in das Meer auslaufenden Attika und im Rücken auch die Peloponnes. *9* Dieser Bergrücken, der sich von Leukate und dem Meer gegen Westen durch Aetolien bis zu dem andern Meer gegen Osten erstreckt, ist so mit Flächen, die mit Geröll bedeckt sind, und dazwischenliegenden Felsen durchsetzt, dass selbst leicht bewegliche Fußgänger, geschweige denn Heere, kaum irgendeinen schmalen Pfad zum Durchgang finden. *10* Die äußersten Gebirge nach Morgen nennt man dort den Ota, und das höchste darunter das Kallidromon, durch dessen Tal mit der Aussicht auf den Malischen Meerbusen der Weg geht, der nur 60 Schritte in der Breite hat. *11* Dies ist der einzige Heerweg, auf welchem Züge von Bewaffneten, wenn ihnen der Durchgang nicht gewehrt wird, hinüberkommen können. *12* Daher hat diese Gegend den Namen Pylä (das Tor), oder wie sie andere nach den in dem Pass selbst befindlichen warmen Quellen nennen, Thermopylae, berühmt durch die Spartaner, welche hier gegen die Perser viel ruhmvoller starben als kämpften.

(16) Bei Weitem nicht mit gleichem Mut suchte damals Antiochos, als er hier innerhalb des Tores ein Lager aufgeschlagen hatte, den Forst durch Verschanzungen noch unwegsamer zu machen. *2* Er befestigte alles mit einem doppelten Wall und Graben und wo es nötig war, von der großen Menge überall umherliegender Steine mit einer Mauer, *3* und weil er sich ganz darauf verließ, dass nie ein römisches Heer hier einen Sturm wagen werde, schickte er von den 4000 Aetolern – denn so viel hatten sich eingefunden – *4* einen Teil zur Behauptung von Heraklea, welches dicht vor dem Pass liegt, als Besatzung hin, einen anderen nach Hypata; denn einen Angriff des Konsuls auf Heraklea erwartete er gewiss, und von Hypata meldeten ihm schon viele, dass dort alles umher verheert werde. *5* Als der Konsul zuerst die Gegend von Hypata, dann die von Heraklea geplündert hatte, ohne dass die zu Hilfe geschickten Aetoler an beiden Orten etwas geleistet hätten, schlug er im Pass selbst bei den warmen Quellen dem König gegenüber sein Lager auf. Die beiden Abteilungen der Aetoler schlossen sich in Heraklea ein.

6 Glaubte Antiochos, ehe er einen Feind erblickte, alles hinlänglich befestigt und durch Posten gesperrt zu haben, so ergriff ihn jetzt die Furcht, die Römer könnten über die zunächst ragenden Höhen vielleicht auf schmalen Stegen einen Durchweg finden. *7* Hatte er doch gehört, dass einst die Spartaner so von den Persern und kürzlich noch Philipp gerade von den Römern umgangen wären. *8* Also ließ er nach Heraklea den Aetolern sagen, sie möchten ihm in diesem Krieg doch wenigstens den Dienst leisten, sich der Gebirgsgipfel umher zu versichern und sie besetzen, damit die Römer nicht irgendwo durchkommen könnten. *9* Als die Aetoler dies hörten, gerieten sie in Streit. Einige meinten, man müsse dem König gehorchen und hinziehen, *10* andere, eben hier in Heraklea müsse man sich auf beide Fälle gefasst machen, damit sie, wenn der König vom Konsul geschlagen würde, ihre noch ungeschwächten Truppen zur Hilfe für ihre nahen Städte bei der Hand hätten, oder wenn er siegte, die auf der Flucht zerstreuten Römer verfolgen könnten. *11*

Beide Parteien blieben nicht allein bei ihrer Meinung, sondern führten ihren Entschluss auch aus. 2000 blieben zu Heraklea, 2000 besetzten in drei Abteilungen Kallidromon, Rhoduntia und Tichios, dies sind die Namen der Berggipfel.

(17) Als der Konsul die höchsten Gegenden von Aetolern besetzt sah, schickte er seine konsularischen Unterfeldherren, Marcus Porcius Cato und Lucius Valerius Flaccus, mit je 2000 Auserlesenen vom Fußvolk gegen die Verschanzungen der Aetoler, gegen Rhoduntia und Tichios den Flaccus, den Cato gegen Kallidromon. **2** Bevor er selbst die Truppen gegen den Feind führte, hielt er an die zur Versammlung Berufenen folgende kurze Anrede: *Ich sehe, Soldaten, dass von jedem Rang viele unter euch sind, die schon auf demselben Kriegsschauplatz unter der Anführung und Leitung des Titus Quinctius gekämpft haben.* **3** *Im Makedonischen Krieg war der Waldpass am Fluss Aous weit unersteiglicher als dieser.* **4** *Denn hier ist ja ein wirkliches Tor, ist der einzige Durchgang, den die Natur gleichsam gelassen hat, als sie das Ganze zwischen zwei Meere einschloss. Dort standen die Verschanzungen auf vorteilhafteren Stellen und waren auch der Anlage nach stärker; dort hatte das feindliche Heer eine größere Zahl und Truppen von weit besserer Art.* **5** *Dort gab es Makedonier, Thraker und Illyrer, lauter streitbare Völker, hier gibt es nur Syrer und asiatische Griechen, die geringste Menschenklasse und zur Sklaverei geboren.* **6** *Dort war der König der erfahrenste Krieger, von früher Jugend in den Nachbarkriegen mit den Thrakern, Illyrern und allen Anwohnern ringsumher geübt, dieser hier –* **7** *wenn ich auch seinen übrigen Lebenslauf ganz übergehe – ist derselbe, der aus Asien nach Europa überging, das römische Volk mit Krieg zu überziehen und während der ganzen Zeit der Winterquartiere nichts Denkwürdigeres verrichtete,* **8** *als dass er infolge einer Liebschaft aus einem Privathaus, aus einer selbst den Mitbürgern kaum bekannten Familie sich eine Frau nahm, und nun tritt der neue Ehemann, als hätte er sich auf den hochzeitlichen Gastmählern zu gut gefüttert, zur Schlacht auf. Seine ganze Stärke und Hoffnung beruhte auf den Aetolern, dem eitelsten und undankbarsten Volk, wie ihr schon früher erfahren habt und Antiochos jetzt erfährt. Sie stellten sich weder zahlreich ein noch ließen sie sich im Lager halten, und sind untereinander selbst im Zwiespalt;* **9** *ja als man ihnen auf ihre Forderung Hypata und Heraklea zu schützen gab, haben sie sich, ohne auch nur eins von beiden zu schützen, zum Teil auf die Gebirgsgipfel geflüchtet, zum Teil in Heraklea eingesperrt.* **10** *Der König selbst hat, nicht ohne das Geständnis, dass er nicht den Mut habe, ich will nicht sagen, in offenem Feld zur Schlacht aufzutreten, sondern sich auch nur im Freien zu lagern, hat, sage ich, mit Aufopferung der ganzen vor ihm liegenden Gegend, die er uns und Philipp abgenommen zu haben sich rühmte, sich zwischen die Klippen gesteckt, und zwar so, dass er sich mit seinem Lager nicht etwa bis vor den Eingang des Passes, wo einst der Erzählung nach die Spartaner standen,* **11** *sondern tief in das Innere zurückgezogen hat. Ist es nicht, um seine Feigheit offensichtlich zu machen, fast ebenso gut, als ob er sich in eine Stadt einschlösse und sich hinter den Mauern belagern ließ?* **12** *Doch den Antiochos werden seine Schlupfwinkel ebenso wenig schützen, wie die Aetoler jene von ihnen besetzten Höhen. Es ist schon auf allen Seiten vorgebaut und dafür gesorgt, dass in der Schlacht euch nichts als der Feind entgegenstehe.* **13** *Der Gedanke aber müsse eurem Geist vorschweben, dass ihr nicht bloß für Griechenlands Freiheit kämpft – wiewohl sich auch dies mit Ehren angeben ließe, die schon einmal von Philipps Joch Geretteten jetzt wieder von den Aetolern und von Antiochos zu befreien –, und dass euch nicht bloß alles als Belohnung zuteil werde, was jetzt im Lager des Königs vorhanden ist,* **14** *sondern dass euch auch alle die Vorräte zufallen, die sie täglich von Ephesus erwarten, und dass dann durch euch Asien, Syrien und alle jene äußerst reichen bis zum Aufgang der Sonne sich erstreckenden Königreiche der Herrschaft der Römer geöffnet werden.* **15** *Wie viel wird dann noch daran fehlen, dass wir unser Reich von Gades bis zum Roten Meer durch den Ozean begrenzen, der als Umgebung den Erdkreis schließt, und vom ganzen menschlichen Geschlecht nächst den Göttern der römische Name verehrt wird?* **16** *Auf so*

hohe Belohnungen bereitet euch würdig vor, damit wir morgen mit dem Beistand der Götter eine Schlacht liefern.

(18) Die Soldaten, nach dieser Rede entlassen, setzten, ehe sie noch an ihre eigene Pflege gingen, Rüstung und Waffen instand. Mit Tagesanbruch stellte der Konsul nach gegebenem Zeichen zur Schlacht sein Heer in Schlachtordnung auf, die Stirn schmal, der Lage und Beschränkung des Ortes entsprechend. *2* Als der König die feindlichen Fahnen sah, führte auch er seine Truppen heraus. Einen Teil seiner Leichtbewaffneten stellte er voran vor den Wall, dann stellte er seine Kerntruppen, die Makedonier, die bei ihnen Lanzenträger heißen, als eine Stütze um die Verschanzungen selbst. *3* Auf ihrem linken Flügel ließ er die Wurf- und Bogenschützen mit den Schleuderern ihren Stand dicht am Fuß des Berges nehmen, um dort aus der höheren Stellung den Feinden die ungedeckte Seite zu treffen. *4* Den Makedoniern zur Rechten, ganz an das Ende der Verschanzungen, wo die bis zum Meer hin durch schlammige Moräste und Sumpflöcher unwegsame Gegend den Weg versperrt, stellte er die Elefanten mit ihrer gewöhnlichen Bedeckung, hinter diese die Reiterei, dann in einem mäßigen Zwischenraum die übrigen Truppen als zweites Treffen.

5 Die vor dem Wall aufgestellten Makedonier hielten anfangs die Römer, die auf allen Seiten einzudringen versuchten, mit leichter Mühe ab, denn sie hatten eine große Unterstützung an denen, die von der höheren Stellung, aus ihren Schleudern gleichsam einen Hagel von Bleikugeln und zugleich Pfeile und Wurfspieße herabschossen. *6* Als aber der Feind mit größerer, schon nicht mehr abzuwehrender Kraft einbrach, wichen sie aus der Stellung gedrängt in rückwärts gehenden Gliedern in ihre Berschanzungen, und hier bildeten sie auf dem Wall durch ihre vorgestreckten Lanzen gleichsam einen zweiten Wall; *7* denn der Wall selbst hatte eine so mäßige Höhe, dass er seinen Verteidigern zwar im Kampf die höhere Stellung gewährte, sie aber auch mit ihren langen Lanzen den unten stehenden Feind erreichen ließ. *8* Viele Römer, die sich zu verwegen hinan machten, wurden durchbohrt, und man wäre entweder nach vergeblichem Angriff abgezogen oder hätte noch mehrere verloren, da erschien Marcus Porcius unter dem Gipfel des Kallidromon, von dem er die Aetoler verjagt und sie größtenteils niedergemacht hatte – denn sorglos hatten sie und meistens im Schlaf sich überfallen lassen –, auf einem an das Lager stoßenden Hügel.

(19) Flaccus hatte bei Tichio und Rhaduntia – er suchte vergebens an den Bergfesten hinanzukommen – nicht gleiches Glück. *2* Die Makedonier und die Übrigen im königlichen Lager glaubten anfangs, solange sich in der Ferne weiter nichts als ein Gewühl und ein Truppenzug sehen ließ, die Aetoler hätten von Ferne das Schlachtgetümmel bemerkt und kämen ihnen zu Hilfe. *3* Sobald ihnen aber die in der Nähe erkannten Fahnen und Waffen den Irrtum klarmachten, befiel alle plötzlich eine solche Bestürzung, dass sie die Waffen wegwarfen und flohen. *4* Den Verfolgern waren teils die Schanzwerke, teils das enge Tal im Weg, durch das sie folgen mussten, und hauptsächlich, dass die Elefanten im Zug die Letzten waren, an denen sie zu Fuß nur mit Mühe, zu Pferd aber gar nicht vorbeikommen konnten, weil die Pferde sich scheuten und hier unter sich mehr Getümmel als in der Schlacht anrichteten. *5* Auch die Plünderung des Lagers dauerte eine geraume Zeit. Dennoch verfolgten die Römer den Feind an dem Tag bis nach Skarphea. *6* Nachdem sie viele Pferde und Menschen auf dem Zug selbst getötet und gefangen genommen, auch die Elefanten, die sie nicht fangen konnten, niedergestochen hatten, kehrten sie in ihr Lager zurück, *7* auf das an demselben Tag die Aetoler, die in Heraklea zur Besatzung lagen, während der Schlacht selbst einen Angriff gemacht hatten, ohne von ihrer wahrlich sehr gewagten Unternehmung einigen Erfolg zu haben. *8* Der Konsul, der in der folgenden Nacht um die dritte Nachtwache die Reiterei zur Verfolgung des Feindes vorangehen ließ, brach mit dem ersten Tageslicht mit den Legionen in Ordnung auf. *9* Der König hatte einen großen Vorsprung, denn er hielt mit seiner unaufhaltsamen Flucht nicht eher inne als zu Elatea, wo er zuerst die Überbleibsel der Schlacht

und der Flucht sammelte und sich dann mit einem sehr kleinen Häuschen halb bewaffneter Truppen nach Chalkis zurückzog. *10* Die römische Reiterei erreichte zwar den König selbst zu Elatea nicht, aber sehr viele vom Zug, die entweder vor Ermattung liegen blieben oder als Verirrte sich zerstreuten – denn auf unbekannten Wegen flohen sie ohne Wegweiser –, und hieb sie nieder. Von dem ganzen Heer kam auch nicht einer davon, *11* außer den 500, die um den König waren, was selbst als Rest von 10 000, so hoch ich nach dem Zeugnis des Polybius die Summe der mit dem König nach Griechenland Übergegangenen nur angegeben habe, eine sehr kleine Zahl ist. *12* Und wie, wenn wir Valerius Antias glauben wollten, nach dessen Aussage im Heer des Königs 60 000 standen, von denen 40 000 fielen und über 5000 gefangen genommen wurden, auch 230 Fahnen erbeutet wurden? Auf römischer Seite fielen in der Hitze des Kampfes 150; von denen, die sich gegen den Einbruch der Aetoler verteidigen mussten, blieben nicht über 50.

(20) Als der Konsul sein Heer durch Phokis und Böotien führte, standen die Bürger der des Abfalls sich bewussten Städte, aus Furcht, feindlich geplündert zu werden, im Aufzug von Schutzflehenden vor den Toren. *2* Allein der Zug rückte während der ganzen Zeit nicht anders weiter, als wäre hier Freundes Gebiet, ohne sich an etwas zu vergreifen, bis er in das Gebiet von Koronea kam. *3* Hier weckte das Standbild des Königs Antiochos, im Tempel der Itonischen Minerva aufgestellt, den Unwillen, und der Soldat erhielt die Erlaubnis, die Gegend um den Tempel zu verheeren. Bald aber nahm man die Unbilligkeit zu Herzen, die einzige Gegend von Koronea mit Härte zu behandeln, da doch jenes Standbild vermöge eines gemeinschaftlichen Beschlusses aller Böotier gesetzt war. *4* Sogleich wurde der Soldat wieder abberufen, die Plünderung hatte ein Ende, und den Böotiern wurde ihre Undankbarkeit bei so großen und so neuen Wohltaten der Römer nur mit Worten verwiesen.

5 Während der Schlacht selbst standen zehn königliche Schiffe unter dem Befehl des Isidorus im Malischen Meerbusen bei Thronion. Als nun der schwer verwundete Acarnaner Alexander mit der Nachricht von der verlorenen Schlacht hierher geflüchtet kam, segelten die Schiffe im ersten Schrecken schleunigst nach Kenaeon auf Euböa ab, wo Alexander starb und begraben wurde. *6* Drei Schiffe, die nach ihrer Abfahrt aus Asien diesen Hafen erreicht hatten, gingen auf die Nachricht von dem Unglück ihres Heeres nach Ephesus zurück. Von Kenaeon segelte Isidorus nach Demetrias hinüber, wenn etwa die Flucht den König dorthin verschlüge. *7* In diesen Tagen fing auch Aulus Atilius, der Befehlshaber der römischen Flotte, viele für den König bestimmte Zufuhren auf, welche schon die Meerenge bei der Insel Andrus hinter sich hatten; einige Schiffe versenkte er, einige nahm er. *8* Die letzten im Zug nahmen ihren Lauf zurück nach Asien. Atilius, der in den Piräus, aus welchem er abgesegelt war, mit einem Zug von erbeuteten Schiffen zurückfuhr, verteilte eine große Menge Getreide an die Athener und andere Bundesgenossen dieser Gegend.

(21) Antiochos, der bei der Ankunft des Konsuls von Chalkis absegelte, hielt zuerst bei der Insel Tenos an, von hier ging er nach Ephesus. *2* Der Konsul fand bei seiner Ankunft zu Chalkis die Tore offen, da bei seiner Annäherung der königliche Befehlshaber Aristoteles die Stadt geräumt hatte. *3* Auch die übrigen Städte auf Euböa ergaben sich ohne Schwertstreich, und nach wenigen Tagen ging das Heer, das alles wieder in friedlichen Stand gesetzt hatte, nach Thermopylae zurück, ohne sich an irgendeiner Stadt zu vergreifen, und machte sich durch diese Mäßigung nach dem Sieg eines weit höheren Lobes als selbst durch den Sieg würdig. *4* Von hier schickte der Konsul den Marcus Cato nach Rom, damit durch ihn Senat und Volk aus sicherem Mund vernähmen, was man getan habe. *5* Dieser segelte von Kreusis, dem in der innersten Krümmung des Korinthischen Busens gelegenen Landungsplatz der Bürger von Thespiae, nach Patrae in Achaia. Von Patrae bis Korkyra fuhr er an der aetolischen und acarnanischen Küste hin und setzte so nach Hydrus in

Italien über. *6* Wie im Flug legte er den ganzen Weg von hier bis Rom zu Lande in fünf Tagen zurück, eilte noch vor Tage in die Stadt und gleich vom Tor zum Prätor Marcus Junius. *7* Mit Tagesanbruch berief dieser den Senat. Hier kam Lucius Cornelius Scipio, den der Konsul schon mehrere Tage vorher abgeschickt hatte, und der bei seiner Ankunft hörte, Cato sei schon vor ihm in den Senat gegangen, eben dazu, als dieser über die Ereignisse Bericht erstattete. *8* Beide Unterfeldherren wurden dann auf Befehl des Senats vor das versammelte Volk geführt, wo sie wie im Senat über die Vorgänge in Aetolien Bericht erstatteten. *9* Es wurde ein dreitägiges Dankfest angeordnet, und ein Opfer, welches der Prätor den Göttern, die er selbst bestimmen möchte, mit 40 großen Opfertieren zu bringen habe. *10* In diesen Tagen zog auch Marcus Fulvius Nobilior, der vor zwei Jahren als Prätor nach Spanien gegangen war, im kleinen Triumph in die Stadt. *11* Vor ihm her fuhren die Wagen mit 130 000 Silberdenaren und außer dem in Münze gezählten Geld mit 12 000 Pfund Silber und 127 Pfund Gold.

(22) Konsul Acilius ließ vor seinem Aufbruch von Thermopylae nach Heraklea den Aetolern sagen, sie möchten doch jetzt wenigstens, nachdem sie die Unzuverlässigkeit des Königs erfahren hätten, wieder vernünftig sein, und wenn sie Heraklea übergeben hätten, daran denken, sich vom Senat Verzeihung für ihren Wahnsinn oder für ihre Verirrung zu erbitten. *2* Auch andere Staaten Griechenlands wären in diesem Krieg von den so sehr um sie verdienten Römern abgefallen. Weil sie aber nach der Flucht des Königs, dessen Beistand sie verleitet habe, ihrer Pflicht untreu zu werden, ihre Schuld nicht durch Hartnäckigkeit erhöht hätten, so habe man ihnen wieder Schutz angedeihen lassen. *3* Auch die Aetoler, obgleich sie nicht dem König sich bloß angeschlossen, sondern ihn geholt hätten, und seine Anführer zum Krieg, nicht bloße Teilnehmer gewesen wären, könnten ebenfalls, wenn sie nur der Reue fähig wären, ohne Schaden davonkommen. *4* Als hierauf keine friedliche Antwort erfolgte und es sich ergab, dass man die Waffen entscheiden lassen müsse und, war auch der König besiegt, doch den ganzen Krieg mit den Aetolern noch vor sich habe, so brach der Konsul von Thermopylae gegen Heraklea auf und nahm noch an demselben Tag, um sich mit der Lage der Stadt bekannt zu machen, zu Pferd die Mauern auf allen Seiten in Augenschein. *5* Heraklea liegt am Fuß des Otaberges, die Stadt selbst in einer Ebene und hat eine auf einer bedeutenden, überall steilen Anhöhe ragende Burg. *6* Nachdem der Konsul alles, was er wissen musste, in Augenschein genommen hatte, beschloss er, die Stadt an vier Punkten zugleich anzugreifen. *7* Die Aufsicht über die Belagerungswerke und den Angriff da, wo der Asopus fließt und wo die Übungsschule steht, gab er dem Lucius Valerius. Den Sturm auf den Teil, wo der Platz außerhalb der Mauern fast stärker bewohnt wurde als die Stadt selbst, übertrug er dem Tiberius Sempronius Longus. *8* Auf der Seite nach dem Malischen Meerbusen, welcher nur schwer beizukommen war, musste sich Marcus Baebius aufstellen, auf der an dem kleineren Fluss, Melas genannt, Appius Claudius. *9* Bei ihrem großen Wetteifer wurden Türme, Mauerbrecher und alles übrige zum Sturm auf Städte nötige Gerät in wenigen Tagen fertig. *10* Teils lieferte ihnen der Boden um Heraklea, der überall sumpfig und an hohen Bäumen reich war, das Bauholz zu allen Arten der Werke in Menge, *11* teils gaben auch, weil sich die Aetoler in die Stadt geflüchtet hatten, die vor der Stadt stehenden verlassenen Häuser zu verschiedenen Zwecken nicht bloß Balken und Bretter her, sondern auch Backsteine, Schutt und Bruchsteine von mancherlei Größe.

(23) Die Römer griffen nun die Stadt mehr mit Belagerungswerken als mit Waffen an; die Aetoler hingegen verteidigten sich mit den Waffen. *2* Waren die Sturmböcke gegen die Mauern in Arbeit, so zogen die Aetoler nicht wie gewöhnlich durch Stricke die aufgefangenen Stöße seitwärts, sondern zahlreich bewaffnet unternahmen sie einen Ausfall, und manche brachten Feuer mit, um es auf den Balkendamm zu werfen. *3* Auch erleichterten gewölbte Ausgänge in der Mauer die

Ausfälle, und bei der Ausbesserung der niedergestoßenen Mauerstellen legten sie deren mehrere an, um von mehreren Punkten aus auf den Feind loszubrechen. ***4*** In den ersten Tagen taten sie dies, solange sie noch bei vollen Kräften waren, zahlreich genug und mit Unverdrossenheit, allein von Tag zu Tag mehr einzeln und säumiger. ***5*** Denn obgleich sie sich von mancherlei Not bedrängt sahen, griff dennoch nichts sie stärker an als das Wachen, weil auf römischer Seite bei der großen Truppenmenge immer wieder andere auf die Posten einrücken konnten, hingegen bei der geringeren Anzahl der Aetoler die Tag und Nacht fortdauernde Arbeit immer auf denselben lastete. ***6*** Seit 24 Tagen reihten sich gegen einen, zugleich auf vier Seiten stürmenden Feind die Arbeiten der Nächte an die der Tage so ununterbrochen, dass es auch nie eine Zwischenzeit ohne Kampf gab. ***7*** Als der Konsul schon aus der Berechnung der Zeit die Erschöpfung der Aetoler wissen konnte, und die Aussagen der Überläufer sie bestätigten, traf er seine Maßregeln so: ***8*** Mitten in der Nacht ließ er zum Rückzug blasen und behielt seine sämtlichen zugleich vom Sturm abgerufenen Truppen bis zur dritten Tagesstunde ruhig im Lager. ***9*** Dann ging der Sturm wieder bis Mitternacht fort und wurde wieder bis zur dritten Tagesstunde unterbrochen. ***10*** Die Aetoler, welche diese Unterbrechung des Sturmes der Ermüdung zuschrieben, sowie diese ja auch sie ergriffen hatte, gingen sämtlich, wenn den Römern das Zeichen zum Abzug gegeben war, gleich als würden auch sie dadurch abgerufen, jeder von seinem Posten, und vor der dritten Tagesstunde ließen sich keine Bewaffneten auf der Mauer sehen.

(24) Als der Konsul wieder um Mitternacht mit dem Sturm innegehalten hatte, ließ er schon um die vierte Nachtwache auf drei Seiten den Angriff mit größter Heftigkeit erneuern und auf der einen den Tiberius Sempronius mit seinen Soldaten in Bereitschaft das Zeichen von ihm erwarten; ***2*** er setzte nämlich voraus, die Feinde würden ohne Zweifel nach den Stellen zusammenlaufen, aus welchen das Geschrei hörbar würde. ***3*** Die Aetoler, zum Teil eingeschlafen, entwinden sich, in der Erschöpfung von Arbeit und Wachen, dem Schlaf, zum Teil noch wachend laufen sie im Dunkeln nach dem Getöse der Kämpfenden. ***4*** Die Feinde wagen sich teils über die Trümmer der zu Boden liegenden Mauer, teils versuchen sie das Hinansteigen auf Leitern; gegen sie laufen die Aetoler von allen Seiten zur Hilfe herbei. ***5*** Die eine Stelle, bei der außerhalb der Stadt die Gebäude waren, wurde weder verteidigt noch angegriffen, aber die, welche angreifen sollten, standen schon in gespannter Erwartung des Zeichens; und kein Verteidiger ließ sich blicken. ***6*** Jetzt fing es an zu tagen, als der Konsul das Zeichen gab, und ohne Kampf stiegen die Römer hier über die Bruchstellen, dort auf Leitern über die noch stehende Mauer hinein. Kaum erscholl, die Eroberung verkündigend, ihr Geschrei, da flohen die Aetoler von allen Seiten mit Aufgebung ihrer Posten auf die Burg. ***7*** Den Siegern überließ der Konsul die Stadt zur Plünderung, nicht aus Erbitterung oder Hass, sondern um die Soldaten, denen er bei so mancher den Händen der Feinde entrissenen Stadt Enthaltsamkeit befohlen hatte, doch auch endlich einmal den Vorteil des Sieges genießen zu lassen. ***8*** Nachdem er fast gegen Mittag die Truppen wieder zusammengerufen und sie in zwei Abteilungen gestellt hatte, musste sich die eine am Fuß der Gebirge nach dem Felsen herumziehen, der mit der Burg in gleicher Höhe ragend, durch das dazwischengelegene Tal von ihr wie abgerissen war; ***9*** allein diese Berge stehen mit ihrem Doppelgipfel einander so nahe, dass man von der Spitze des einen in die Burg hineinschießen kann; mit der andern Hälfte der Soldaten erwartete der Konsul, um von der Stadt aus gegen die Burg anzurücken, von denen, die den Felsen im Rücken ersteigen sollten, das Zeichen. ***10*** Die Aetoler, die auf der Burg waren, hielten weder das erste Geschrei derer aus, die den Felsen gewonnen hatten, noch nachher den Angriff der Römer von der Stadt her, teils weil sie mutlos waren, teils weil hier zur längeren Ausdauer in einer Belagerung auch nicht die geringste Vorkehrung getroffen war, ***11*** da sogar Frauen, Kinder und ein Schwarm von anderen Wehrlosen sich in die Burg zusammengedrängt hatten, so dass

diese eine solche Menge kaum fassen, geschweige denn schützen konnte. Also warfen sie bei dem ersten Angriff die Waffen weg und ergaben sich. ***12*** Unter den anderen Ausgelieferten befand sich auch der vornehme Aetoler Damocritus, der im Anfang des Krieges, als ihm Titus Quinctius die Verordnung der Aetoler abforderte, vermöge welcher Antiochos zu Hilfe gerufen werden sollte, zur Antwort gegeben hatte, er wolle sie ihm in Italien geben, wenn dort die Aetoler ihr Lager hätten. Wegen dieses Übermutes bereitete seine Übergabe den Siegern desto größere Freude.

(25) Zu derselben Zeit, wo die Römer Heraklea belagerten, belagerte auch Philipp nach einer Verabredung mit ihnen die Stadt Lamia, denn er hatte sich bei dem Konsul, als dieser aus Böotien zurückkehrte, in der Gegend von Thermopylae eingefunden, um ihm und dem römischen Volk zum Sieg Glück zu wünschen und sich zu entschuldigen, dass er durch Krankheit behindert am Krieg nicht habe teilnehmen können. ***2*** Von hier brachen sie nach verschiedenen Seiten zur gleichzeitigen Belagerung der beiden Städte auf. ***3*** Diese sind nicht ganz 7000 Schritt voneinander entfernt, und weil Lamia nicht nur auf einem Hügel liegt, sondern auch namentlich nach dieser Seite sich herabneigt, so erscheint die Entfernung wirklich als sehr unbedeutend, und beide haben die Mauern der anderen vor Augen. ***4*** Da also Römer und Makedonier, als hätten sie sich einen Wettstreit vorgenommen, in den Werken oder in den Kämpfen alle Kräfte aufboten, so wurde doch den Makedoniern die Arbeit schwerer, weil die Römer die Belagerung durch Erdwälle, Annäherungshütten und nur durch Belagerungswerke über der Erde betrieben, die Makedonier hingegen durch unterirdische Gänge, und oft kamen sie in dem felsigen Boden auf Gestein, das kein Eisen durchdringen konnte. ***5*** Auch suchte der König, weil das Werk kaum fortschritt, durch Unterredungen die vornehmsten Bürger zur Übergabe zu bestimmen; ***6*** denn er zweifelte nicht daran, dass sie sich lieber, wenn Heraklea früher erobert würde, den Römern als ihm ergeben würden, und der Konsul durch die aufgehobene Belagerung sich bei ihnen beliebt machen werde. ***7*** Und seine Vermutung traf ein. Gleich nach der Eroberung von Heraklea ließ ihm der Konsul sagen, er möge die Belagerung aufgeben; es sei passender, dass die römischen Soldaten, da sie gegen die Aetoler in der Schlacht gekämpft hätten, auch den Lohn des Sieges ernteten. ***8*** So sah Lamia seine Belagerer abziehen und entging durch das Unglück seiner Nachbarstadt einer ähnlichen Erfahrung.

(26) Wenige Tage vor der Eroberung von Heraklea schickten die Aetoler nach einer zu Hypata gehaltenen Staatenversammlung Gesandte an Antiochos, worunter sich auch derselbe Thoas befand, der schon einmal hingeschickt worden war. ***2*** Ihr Auftrag war, den König zu bitten, er möge selbst einmal, wenn er seine Land- und Seemacht wieder gesammelt habe, nach Griechenland kommen; ***3*** zum andern, sollte er für seine Person Abhaltung haben, so möge er Geld und Hilfstruppen schicken. Nicht bloß sein hoher Rang und Fürstenwort verpflichte ihn, seine Verbündeten nicht aufzuopfern, ***4*** sondern auch das Wohl seines eigenen Reiches, den Römern nicht zu gestatten, dass sie nach Vertilgung der aetolischen Nation ganz sorglos mit ihrer ganzen Macht nach Asien übergehen könnten. ***5*** Sie sagten die Wahrheit; umso mehr Eindruck machten sie auf den König. Für jetzt also gab er den Gesandten die zu den Bedürfnissen des Krieges nötigen Gelder mit und versprach Land- und Seetruppen zu Hilfe zu schicken. ***6*** Thoas, einen aus der Gesandtschaft, behielt er dort, der auch nicht ungern in der Absicht zurückblieb, um durch seine Gegenwart die Erfüllung des Versprechens zu betreiben.

(27) Indes brach doch endlich die Eroberung von Heraklea den Mut der Aetoler, ***2*** und wenige Tage darauf, als sie, um den Krieg zu erneuern und den König einzuladen, Gesandte nach Asien geschickt hatten, schickten sie unter Aufgabe aller kriegerischen Maßregeln Gesandte mit der Bitte um Frieden an den Konsul. ***3*** Als sie ihren Auftrag vortrugen, unterbrach sie der Konsul, indem er sagte, er habe jetzt nötigere Dinge zu tun, und hieß sie unter zugestandenem zehn-

tägigen Waffenstillstand nach Hypata zurückgehen, und was sie mit ihm zu verhandeln gehabt hätten oder sonst etwa verlangten, dem Lucius Valerius Flaccus vorlegen, den er ihnen mitgab. ***4*** Nach ihrer Ankunft in Hypata gingen die ersten der Aetoler, bei Flaccus versammelt, darüber zu Rate, wie sie beim Konsul ihre Sache vorbringen sollten. ***5*** Und da einige schon eine Einleitung machen wollten, die mit den alten Bundesartikeln und den Verdiensten der Aetoler um Rom anheben sollte, sagte Flaccus, diese müssten sie aufgeben, da sie selbst sie verletzt und gebrochen hätten. ***6*** Durch das Geständnis ihrer Schuld und einen durchaus bittenden Ton würden sie weit mehr erreichen. Denn ihre Rettung lasse sich nicht von ihrer gerechten Sache hoffen, sondern von der Großmut der Römer. ***7*** Auch wolle er, wenn sie demütig bittend kämen, sowohl bei dem Konsul ihr Fürsprecher sein, als auch zu Rom vor dem Senat; denn auch dorthin müssten sie Gesandte schicken. ***8*** Alle erkannten dies als ihr einziges Rettungsmittel, sich in den Schutz der Römer zu begeben. Auf diese Weise würden sie die Römer durch ihre eigene Ehre binden, sich an Schutzflehenden nicht zu vergreifen, und dabei dennoch, wenn das Glück eine bessere Aussicht eröffnete, von sich selbst abhängen.

(28) Nach ihrer Ankunft beim Konsul erklärte Phaeneas, das Haupt der Gesandtschaft, am Schluss seiner langen Rede, die in mancherlei Wendungen auf Besänftigung des zürnenden Siegers berechnet war, die Aetoler gäben sich und alles Ihrige in den Schutz des römischen Volkes. Als der Konsul dies hörte, sprach er: ***2*** *Es muss euch hiermit wirklich ernst sein, euch in dieser Form uns zu ergeben.* Phaeneas zeigte also den Beschluss vor, in welchem dies ausdrücklich geschrieben stand. Und der Konsul fing so an: ***3*** *Weil ihr euch denn in dieser Form ergebt, so verlange ich, dass ihr euren Landsmann Dicaearchos und den Epiroten Menesta – er hatte sich mit Truppen nach Naupaktos geworfen und es zum Abfall verleitet –, ferner den Amynander und die Ersten der Athamanen, auf deren Antrieb ihr von uns abgefallen seid, mir sofort ausliefert.* ***4*** Phaeneas, der dem römischen Feldherrn beinahe in die Rede fiel, sagte: *Nicht in die Sklaverei, sondern in deinen Schutz haben wir uns gegeben, und ich bin gewiss, dass du bloß aus Unkunde das Versehen machst, uns etwas zu befehlen, was bei Griechen nicht Sitte ist. –* ***5*** *Jetzt kümmert es mich auch wahrhaftig sehr wenig,* antwortete der Konsul, *ob die Aetoler mein Verfahren der griechischen Sitte angemessen finden, wenn ich nur nach römischer Sitte die Landeshoheit über diejenigen ausübe, die sich mir soeben durch ihren Volksbeschluss übergeben haben, und die schon vorher durch die Waffen bezwungen waren. Geschieht also nicht sogleich, was ich verlange, so gebe ich auf der Stelle Befehl, euch zu fesseln.* ***6*** Und er ließ die Ketten herbeibringen und seine Beilträger die Gesandten umstellen. Dies brach dem Phaeneas und den übrigen Aetolern den Trotz; jetzt endlich beherzigten sie ihre gegenwärtige Lage, ***7*** und Phaeneas sagte, er und die anwesenden Aetoler wüssten, dass sie das zu befolgen hätten, was ihnen anbefohlen werde; allein um es verordnen zu lassen, bedürfe es einer Staatenversammlung der Aetoler, hierzu bitte er um einen Waffenstillstand von zehn Tagen. ***8*** Auf Fürbitte des Flaccus wurde ihnen der Waffenstillstand bewilligt, und sie gingen wieder nach Hypata. Als Phaeneas hier dem versammelten Ausschuss, der bei ihnen den Namen der Auserwählten hat, die Forderungen mitteilte, ferner, was ihnen selbst beinahe begegnet wäre, ***9*** brachen freilich die aetolischen Großen über ihr Schicksal in Seufzer aus, meinten aber doch, man müsse dem Sieger gehorchen und aus allen aetolischen Städten eine Versammlung Berufen.

(29) Als aber die ganze vereinigte Volksmasse ebendiese Angaben hörte, gerieten alle über die Härte des Befehles und vor Unwillen so in Erbitterung, dass sie in diesem Sturm der Leidenschaft, selbst wenn sie in Frieden gewesen wären, sich zum Krieg hätten empören können. ***2*** Ihren Unmut erhöhte auch die Schwierigkeit dessen, was ihnen anbefohlen wurde – wie sie sogar den König Amynander sollten ausliefern können? – ***3*** und eine zufällig jetzt sich zeigende Hoffnung, da Nikander, der gerade in dieser Zeit von König Antiochos ankam, dem großen Haufen die nichtige

Aussicht auf einen gewaltigen Krieg gab, zu dem man dort zu Land und zu Wasser sich rüste. Nach vollbrachter Gesandtschaft war er auf seiner Rückfahrt nach Aetolien. ***4*** Zwölf Tage nachdem er sich eingeschifft hatte, lief er zu Phalera im Malischen Meerbusen ein. ***5*** Von hier schaffte er das Geld nach Lamia, machte sich selbst mit rüstigen Begleitern um die erste Abenddämmerung auf den Weg nach Hypata, so dass er sich auf ihm bekannten Pfaden zwischen dem makedonischen und römischen Lager in der Mitte hielt, stieß aber auf einen makedonischen Posten und wurde vor den König geführt, ehe noch die Tafel aufgehoben war. ***6*** Als Philipp diese Meldung erhielt, nahm er ihn als Gast, nicht als Feind auf, nötigte ihn Platz zu nehmen und mitzuspeisen, ***7*** behielt ihn dann, als die Gäste entlassen waren, allein bei sich und versicherte ihm, ***8*** dass er für seine Person nichts zu befürchten habe. Nur beschwerte er sich über die verkehrten Maßregeln der Aetoler, die immer ihnen selbst über dem Kopf zusammenschlügen, insofern sie zuerst die Römer, dann den Antiochos nach Griechenland geholt hätten. ***9*** Doch ohne an das Vergangene, das sich nur tadeln, nicht bessern lasse, zu denken, werde er sich gegen sie in ihrem Unglück die eine Misshandlung erlauben. ***10*** Aber auch die Aetoler müssten endlich den Hass gegen ihn ablegen, und Nikander besonders den Tag nicht vergessen, an dem er ihm das Leben geschenkt habe. Er ließ ihn, bis er in Sicherheit war, begleiten, ***11*** und so kam Nikander in Hypata gerade noch dazu, als man sich über den Frieden mit Rom beriet.

(30) Nachdem Manius Acilius die bei Heraklea gemachte Beute verkauft oder den Soldaten überlassen hatte und nun erfuhr, dass auch zu Hypata die Beschlüsse nicht friedlich ausfielen, und dass die Aetoler nach Naupaktos zusammenströmten, um sich dort gegen den ganzen Sturm des Krieges zu behaupten, ***2*** schickte er Appius Claudius mit 4000 Mann voraus, um die Höhen zu besetzen, wo der Übergang über die Gebirge Schwierigkeiten machte. ***3*** Er selbst rückte am Oeta hinauf und brachte dem Hercules auf jener Stelle ein Opfer, welche den Namen „Brandstätte" führt, weil hier der sterbliche Körper des Gottes verbrannt sein soll. ***4*** Von hier brach er mit dem ganzen Heer auf, und der übrige Weg wurde dem Zug nicht sehr beschwerlich. Als er aber an den Korax kam – dies ist der höchste Berg zwischen Kallipolis und Naupaktos –, da stürzten die Lasttiere in Menge mit ihrem Gepäck in den Abgrund, und die Menschen litten sehr. ***5*** Und es war leicht wahrzunehmen, mit was für einem untätigen Feind er es zu tun habe, da zur Sperrung eines so schwierigen Bergpasses nicht einmal ein Posten aufgestellt war. ***6*** Er zog mit dem Heer, das auch so schon genug gelitten hatte, nach Naupaktos, warf gegen die Burg eine Schanze auf und schloss mit den nach der Lage der Mauern verteilten Truppen die Stadt auf allen übrigen Seiten ein. Ihre Belagerung erforderte aber ebenso viele Belagerungswerke und Arbeit wie bei Heraklea.

(31) Um dieselbe Zeit unternahmen auch die Achäer die Belagerung der Stadt Messene in der Peloponnes, weil sie sich geweigert hatte, an ihrem Bunde teilzunehmen. ***2*** Zwei Staaten, Messene und Elis, schlossen sich vom achäischen Bund aus und hielten es mit den Aetolern. ***3*** Doch hatten die Eleer nach Vertreibung des Antiochos aus Griechenland den Gesandten der Achäer die mildere Antwort gegeben, wenn die Besatzung des Königs abgezogen sei, wollten sie daran denken, was sie zu tun hätten. ***4*** Die Messenier hatten, ohne die Gesandten mit einer Antwort zu entlassen, den Krieg begonnen, und nun in nicht geringer Verlegenheit, als sie ihr Gebiet überall von einem großen Heer verwüsten und nahe an der Stadt ein Lager stehen sahen, ***5*** schickten sie an Titus Quinctius, den Wiederbringer der Freiheit, Gesandte nach Chalkis und ließen ihm sagen, den Römern, aber nicht den Achäern wären die Messenier bereit, ihre Tore zu öffnen und die Stadt zu übergeben. ***6*** Quinctius, der sogleich nach Anhörung der Gesandten sich auf den Weg machte, schickte von Megalopolis einen Boten an den Bundeshauptmann der Achäer, Diophanes, mit der Andeutung, sogleich sein Heer von Messene abzuführen und zu ihm zu kommen. ***7*** Diophanes gehorchte aufs Wort, hob die Belagerung auf, ging ohne Begleitung dem

Zug voraus und traf in der Gegend von Andania, einer kleinen Stadt, die zwischen Megalopolis und Messene liegt, den Quinctius. *8* Als er die unternommene Belagerung rechtfertigen wollte, verwies es ihm Quinctius mit aller Milde, dass er sich ohne seine Billigung auf eine so wichtige Unternehmung eingelassen habe, und machte es ihm zur Pflicht, sein Heer zu entlassen und den zum Segen für alle errungenen Frieden nicht zu stören. *9* Den Messeniern befahl er, die Verbannten wieder aufzunehmen und sich dem Bund der Achäer anzuschließen. Wollten sie gegen dies oder jenes Einwendungen machen oder darüber auf die Zukunft sichergestellt sein, so möchten sie zu ihm nach Korinth kommen. *10* Diophanes forderte er auf, ihn sogleich einer Staatenversammlung der Achäer vorzustellen. Hier beschwerte er sich über die Unredlichkeit, mit der sie sich in den Besitz der Insel Zakynthos gesetzt hätten, und verlangte ihre Rückgabe an die Römer. *11* Die Insel Zakynthos hatte dem makedonischen König Philipp gehört. Er hatte sie dem Amynander überlassen und für diesen Preis den Durchzug mit seinem Heer durch Athamanien nach der oberen Gegend Aetoliens erhalten, hatte auch durch diesen Zug die Aetoler mutlos gemacht und sie genötigt, um Frieden zu bitten. *12*Amynander machte den Philipp von Megalopolis zum Statthalter über die Insel. Als er nachher in dem Krieg, in welchem er sich mit Antiochos gegen die Römer verband, den Philipp zu Geschäften des Krieges abrief, schickte er den Agrigentiner Hierokles an dessen Stelle.

(32) Nach der Flucht des Antiochos von Thermopylae und der Vertreibung des Amynander aus Athamanien durch Philipp übergab Hierokles, der sich hierzu aus eigener Bewegung durch Unterhändler bei dem Bundeshauptmann der Achäer, Diophanes, für eine Summe Geldes erbot, die Insel den Achäern. *2* Die Römer aber hielten es für gerecht, dass sie als eine Belohnung ihres Sieges ihnen zukomme; denn der Konsul Manius Acilius und seine Legionen hätten bei Thermopylae nicht dem Diophanes und den Achäern ein Eigentum erkämpfen wollen. *3* Diophanes suchte dagegen bald sich und die Nation zu entschuldigen, bald die Rechtmäßigkeit des Verfahrens auseinanderzusetzen. *4* Einige Achäer bezeugten nicht nur, dass sie von Anfang an gegen die Sache gewesen wären, sondern ließen auch jetzt bei der Unnachgiebigkeit des Bundeshauptmanns ihre Missbilligung laut werden, und auf ihren Antrieb wurde beschlossen, die ganze Sache dem Titus Quinctius zu überlassen. *5* Quinctius, gegen Widerspenstige hart, war aber auch, wenn man ihm nachgab, der Versöhnliche. Mit Entfernung aller Heftigkeit in Stimme und Blick sprach er: *Wenn ich den Besitz dieser Insel den Achäern für vorteilhaft hielte, so würde ich dem römischen Senat und Volk raten, sie euch behalten zu lassen. 6 Allein sowie ich an der Schildkröte bemerke, dass sie vor jedem Schlag gesichert ist, wenn sie sich unter ihr Dach gesammelt hat, dass hingegen, sobald sie Teile hervorstreckt, jeder entblößte Teil preisgegeben und wehrlos ist, 7 ungefähr ebenso, glaube ich, muss es euch ringsum vom Meer eingeschlossenen Achäern leicht werden, 8 alles, was innerhalb der Grenzen der Peloponnes liegt, mit euch zu vereinigen und in der Vereinigung zu behaupten; wenn ihr aber aus Begierde, mehr zu haben, diese Grenzen überschreitet, möchte für euch alles außerhalb Gelegene zu wenig geschützt und zu sehr jedem Angriff ausgesetzt sein.* *9* Da die ganze Versammlung ihm beistimmte, und auch Diophanes keine weiteren Gegenbehauptungen wagte, wurde Zakynthos den Römern abgetreten.

(33) Als um diese Zeit König Philipp bei dem Konsul, als dieser vor Naupaktos zog, anfragte, ob er unterdessen die vom Bund mit Rom abgefallenen Städte wiedererobern solle, und dieser seine Einwilligung gebe, *2* rückte er mit seinen Truppen vor Demetrias, weil er wusste, wie groß dort jetzt die Verwirrung sei. *3* Denn die Bürger, aller Hoffnung beraubt, erwarteten, da sie sich von Antiochos verlassen sahen und sich von den Aetolern keinen Beistand versprechen durften, Tag und Nacht von ihrem Feind Philipp einen Angriff, oder von den Römern einen noch feindseligeren, weil diese noch gerechtere Ursache zum Zorn hatten. *4* Es war hier ein ungeordneter Haufe von

Truppen des Antiochos, die anfangs in geringer Zahl als Besatzung hier zurückgelassen, nachher in größerer Menge, aber meistens ohne Waffen, aus der verlorenen Schlacht hierher geflüchtet, weder Kraft noch Mut genug hatten, eine Belagerung auszuhalten. **5** Auch gaben sie denen, welche Philipp vor sich herschickte, um der Stadt seine Bereitschaft zum Verzeihen zuzusichern, zur Antwort, ihre Tore stünden dem König offen. **6** Einige ihrer Großen verließen beim Einrücken seiner Vorhut die Stadt; Eurylochos nahm sich das Leben. Die Soldaten des Antiochos wurden der Übereinkunft zufolge zu ihrer Sicherheit unter makedonischem Geleit durch Makedonien und Thrakien nach Lysimachia geführt. **7** Auch lagen einige Schiffe bei Demetrias, worüber Isidorus den Oberbefehl hatte. Auch diese wurden mit ihrem Befehlshaber entlassen. Darauf eroberte Philipp die Landschaften Dolopien, Aperantia und einige Städte in Perraebien.

(34) Während Philipp hiermit beschäftigt war, segelte Titus Quinctius, dem der achäische Bund Zakynthos abgetreten hatte, nach Naupaktos, das schon seit zwei Monaten, **2** aber so, dass die Eroberung nahe bevorstand, belagert wurde, und wurde es mit Sturm genommen, so fand auch hier wahrscheinlich alles, was Aetoler hieß, seinen Untergang. **3** War er aber gleich auf die Aetoler mit Recht empört – denn er hatte es noch nicht vergessen, dass sie allein bei der Befreiung Griechenlands seinen Ruhm verkleinerten, dass sie auf sein Wort so gar nichts gegeben hatten, als er, um sie von ihrem wahnwitzigen Vorhaben abzuschrecken, ihnen alles, was gerade jetzt sie betroffen hatte, vorhersagte –, **4** so glaubte er doch, dass er vor allen anderen darauf sehen müsse, in dem durch ihn befreiten Griechenland auch nicht ein Volk ganz vertilgen zu lassen, und fing also an, vor den Mauern auf und ab zu gehen, so dass ihn die Aetoler leicht bemerken mussten. **5** Sogleich erkannten ihn die Vorposten, und durch alle Stände verbreitete sich der Ruf: „Quinctius ist da!" Von allen Seiten strömten sie auf den Mauern zusammen; jeder streckte, so hoch er konnte, die Hände empor, und mit einstimmigem Geschrei forderten sie ihn bittend mit Namen auf, ihnen zu helfen und ihr Retter zu sein. **6** Für jetzt gab er, obwohl ihn diese Stimmen rührten, mit der Hand ein Zeichen, dass er nicht helfen könne. Als er aber zum Konsul kam, sprach er: ***7*** *Hast du entweder nicht bemerkt, Manius Acilius, wie die Sachen jetzt stehen, oder glaubst du, obgleich du es völlig durchschaust, es könne auf das Ganze nicht viel verschlagen?* **8** Dies steigerte des Konsuls Erwartung. *Warum*, sprach er, *erklärst du dich nicht genauer, wie du das meinst?* Da fuhr Quinctius fort: *Du siehst doch wohl, dass du nach Besiegung des Antiochos mit der Belagerung zweier Städte die Zeit hinbringst, so sehr auch das Jahr deines Oberbefehls schon dem Ende nahe ist,* ***9*** *dass hingegen Philipp, der keine feindliche Schlachtreihe, keine Fahne gesehen hat, nicht bloß Städte, sondern schon so viele Völkerschaften, Athamanien, Perraebien, Aperantia und Dolopien an sich gebracht hat!* ***10*** *Wahrlich, es ist für uns so wichtig nicht, den Einfluss und die Kräfte der Aetoler zu schwächen, als Philipp nicht zu groß werden zu lassen, und dass du mit deinen Soldaten als Lohn des Sieges noch nicht zwei Städte hast, während Philipp in Griechenland so viele Völker gewinnt!*

(35) Der Konsul stimmte bei; dagegen trat die Scham auf, wenn er unverrichteter Sache die Belagerung aufhöbe; endlich überließ er dem Quinctius das Ganze. **2** Dieser ging wieder in der Gegend an die Mauer, wo ihn die Aetoler kurz zuvor so laut angerufen hatten, und als sie ihn hier noch flehentlicher baten, sich der aetolischen Nation zu erbarmen, sagte er, es möchten einige zu ihm herauskommen. **3** Phaeneas selbst und andere Vornehme gingen sogleich hinaus. Als sie ihm zu Füßen fielen, sprach er: ***4*** *Euer Unglück macht, dass ich mit meinem Zorn und meinen Ausdrücken an mich halte. Gekommen ist alles, was ich euch vorhersagte, es werde kommen, und auch das bleibt euch nicht einmal übrig, dass ihr denken könntet, es habe euch ohne euer Verschulden getroffen. Doch da ich gewissermaßen vom Schicksal dazu bestimmt scheine, Griechenland zu erhalten, so will ich auch nicht aufhören, Undankbaren wohl zu tun. Schickt Abgeordnete an den Konsul, die ihn um einen so langen Waffenstillstand bitten müssen,* ***5*** *dass ihr Gesandte nach*

Rom schicken könnt, um durch sie dem Senat euer Schicksal anheimzustellen. Ich will beim Konsul als Fürsprecher und Verteidiger euch beistehen. **6** Sie taten, wie ihnen Quinctius riet, und der Konsul wies die Gesandtschaft nicht ab. Nach Bewilligung des Waffenstillstandes bis zu einem bestimmten Tag, an dem die Gesandtschaft die Antwort von Rom zurückbringen konnte, wurde die Belagerung aufgehoben und das Heer nach Phokis geschickt.

7 Der Konsul schiffte mit Titus Quinctius nach Aegium über zur achäischen Staatenversammlung. Hier brachten sie die Sache der Eleer und die Wiederaufnahme der spartanischen Flüchtlinge zur Sprache, konnten aber keins von beiden durchsetzen, weil sich die Achäer das Letztere als Wohltat von ihrer Seite verdanken lassen, und die Eleer lieber aus freiem Antrieb als auf Verlangen der Römer dem achäischen Bund beitreten wollten. **8** Bei dem Konsul meldete sich eine Gesandtschaft der Epiroten. Dass ihre Bundestreue sehr zweideutig gewesen war, war klar, doch hatten sie dem Antiochos keine Truppen gestellt; ihn mit Geld unterstützt zu haben, gab man ihnen die Schuld; dass sie an den König Gesandte geschickt hätten, leugneten sie selbst nicht. **9** Auf ihre Bitte, als alte Freunde beibehalten zu werden, antwortete der Konsul, ob er sie als Feinde oder als Freunde ansehen sollte, wisse er noch nicht. ***10*** Der Senat werde darüber entscheiden. Er verweise sie, ohne in ihrer Sache vorzugreifen, nach Rom und bewillige ihnen hierzu einen Waffenstillstand von 90 Tagen. ***11*** Also erschienen nach Rom gesandte Epiroten im Senat. Da sie mehr darüber sprachen, was für Feindseligkeiten sie nicht begangen hätten, als gegen die ihnen gemachten Vorwürfe sich rechtfertigten, gab man ihnen eine Antwort, aus der sie ersehen konnten, dass sie zwar Verzeihung erhalten, ihre Unschuld aber nicht erwiesen hätten. ***12*** Um dieselbe Zeit wurden dem Senat auch die Gesandten des Königs Philipp vorgestellt, die seinen Glückwunsch zum Sieg überbrachten. Die Bitte, auf dem Kapitol ein Opfer bringen und im Tempel des allmächtigen Jupiter ein Geschenk von Gold niederlegen zu dürfen, wurde ihnen vom Senat gewährt. Das dargebrachte Geschenk bestand in einem goldenen, hundert Pfund schweren Kranz. ***13*** Die Gesandten bekamen nicht allein eine dankende Antwort, sondern man gab ihnen auch Philipps Sohn Demetrius mit, der als Geisel in Rom war, um ihn dem Vater zurückzubringen. So weit reichen die Begebenheiten in Griechenland bis zum Ende des Krieges, welchen der Konsul Manius Acilius gegen König Antiochos führte.

(36) Bevor der andere Konsul Publius Cornelius Scipio, welchem das Los Gallien zuerteilt hatte, zu dem Krieg, den er mit den Boiern führen sollte, aufbrach, verlangte er vom Senat, ihm zu den Spielen, die er als Proprätor in Spanien im entscheidenden Augenblicke der Schlacht gelobt hatte, die Gelder anweisen zu lassen. **2** Diese Forderung fiel als neu und unbillig auf. Deswegen beschlossen die Väter, die Spiele, die er ohne Anfrage beim Senat nach eigenem Gutdünken gelobt habe, möge er entweder von dem Ertrag der Beute, wenn er dafür Geld zurückbehalten hätte, oder auf seine eigenen Kosten feiern. Publius Cornelius beging sie in zehntägiger Feier. **3** Fast zu gleicher Zeit wurde der Tempel der Großen Idaeischen Mutter geweiht. Die Göttin hatte derselbe Publius Cornelius, als sie unter dem Konsulat des Publius Cornelius Scipio, der nachher den Beinamen Africanus erhielt, und des Publius Licinius aus Asien ankam, vom Meer auf das Palatium getragen. **4** Der Bau des Tempels war nach einem Senatsbeschluss von den Zensoren Marcus Livius und Gaius Claudius unter dem Konsulat des Marcus Cornelius und Publius Sempronius verdungen worden; 13 Jahre nach der Verdingung weihte ihn Marcus Junius Brutus, und zur Feier dieser Weihe wurden Spiele gefeiert, welche nach dem Bericht des Valerius Antias die ersten unter dem Namen der Megalesien aufgeführten Bühnenspiele gewesen sein sollen. **5** Ferner weihte der Zweimann Gaius Licinius Lucullus den Tempel der Juventas auf der Großen Rennbahn. **6** Gelobt hatte diesen der Konsul Marcus Livius vor 16 Jahren, an dem Tag, wo er den Hasdrubal samt seinem Heer niederhieb, und er hatte auch als Zensor unter den Konsuln

Marcus Cornelius und Publius Sempronius den Bau verdungen. *7* Auch in Beziehung auf diese Weihe wurden Spiele gefeiert, und das alles tat man mit größerer Frömmigkeit, weil man einen neuen Krieg mit Antiochos befürchtete.

(37) Im Anfang des Jahres, wo dies geschah, als nach dem Aufbruch des Manius Acilius zum Krieg der Konsul Publius Cornelius noch in Rom blieb, sollen dem Bericht nach in einem Haus auf der Kielstraße (in den Carinen) zwei zahme Ochsen die Treppen hinauf auf das Dach gegangen sein. *2* Man ließ sie, dem Ausspruch der Opferdeuter zufolge, lebendig verbrennen und die Asche in den Tiber werfen. *3* Zu Tarracina und Amiternum sollte laut Berichten öfter ein Steinregen gefallen sein, zu Minturnae der Blitz den Tempel Jupiters und die Buden am Markt getroffen haben, und zu Volturnum sollten zwei Schiffe in der Mündung des Flusses durch einen Blitzstrahl verbrannt sein. *4* Die Zehnmänner, die auf Senatsbefehl wegen dieser Wunderzeichen die Sibyllinischen Bücher nachschlugen, erklärten, man müsse Fasten zur Ehre der Ceres anordnen und sie immer im fünften Jahr wieder begehen, *5* das neuntägige Opferfest feiern, ferner ein eintägiges Betfest, und bei dem Gebet bekränzt sein; auch müsse der Konsul Publius Cornelius denjenigen Göttern Opfer bringen, für welche die Zehnmänner ihm die Opfertiere bestimmen würden. *6* Nachdem man die Götter teils durch gehörige Erfüllung der Gelübde, teils durch Sühnung der Wunderzeichen besänftigt hatte, ging der Konsul auf seinen Kriegsposten ab und ließ von dort den Prokonsul Gnaeus Domitius nach Entlassung seines Heeres nach Rom zurückgehen; er selbst rückte mit den Legionen in das Gebiet der Boier.

(38) Ungefähr um dieselbe Zeit griffen die Ligurer mit einem durch ein heiliges Gesetz aufgebotenen Heer unvermutet in der Nacht das Lager des Prokonsuls Quintus Minucius an. *2* Minucius behielt seine Soldaten bis zu Tagesanbruch innerhalb des Walles und sorgte nur dafür, dass der Feind die Verschanzungen nirgends übersteige. *3* Mit dem ersten Tageslichte machte er aus zwei Toren zugleich einen Ausfall; doch ließen sich die Ligurer nicht so, wie er gehofft hatte, durch den ersten Angriff vertreiben. Länger als zwei Stunden ließen sie den Kampf nicht zur Entscheidung kommen. *4* Zuletzt ergriffen die Ligurer, da ein Zug nach dem andern ausbrach, und an die Stelle der Ermüdeten frische Truppen einrückten, die außer den übrigen Beschwerden auch vom Wachen erschöpft waren, endlich die Flucht, über 4000 Feinde wurden niedergemacht; von den Römern und ihren Verbündeten fielen nicht ganz 300.

5 Ungefähr zwei Monate später errang der Konsul Publius Cornelius in einer förmlichen Schlacht einen herrlichen Sieg über die Boier. *6* Nach Valerius Antias hatten die Feinde 28 000 Tote; man machte 3400 Gefangene, erbeutete 124 Fahnen, 1230 Pferde, 247 Kriegswagen, und von den Siegern wären 1484 gefallen. *7* Gesetzt, in den angegebenen Zahlen sei dem Erzähler nicht ganz zu trauen – denn keiner übertreibt so sehr wie er –, so ergibt sich doch die Größe des Sieges schon daraus, dass er auch die Eroberung des Lagers zur Folge hatte, dass sich die Boier gleich nach der Schlacht ergaben, dass der Senat wegen dieses Sieges ein Dankfest verordnete und den Göttern große Opfertiere dargebracht wurden.

(39) In denselben Tagen zog Marcus Fulvius Nobilior wegen seiner Taten im jenseitigen Spanien im kleinen Triumph in die Stadt. *2* Er lieferte an Silber 1200 Pfund, 130 000 Stück Silberdenare und 127 Pfund Gold.

3 Konsul Publius Cornelius nahm zuerst den Boiern, die ihm Geiseln hatten stellen müssen, zur Strafe etwa die Hälfte ihres Landes, um sie von den Römern, wenn sie wollten, mit Kolonien besetzen zu lassen. *4* Dann entließ er, um zu dem Triumph, den er sich sicher versprach, nach Rom zu gehen, sein Heer mit dem Befehl, am Tag des Triumphes vor Rom zu sein. *5* Am Tag nach seiner Ankunft berief er den Senat in den Tempel der Bellona, berichtete über seine Taten und bat um die Erlaubnis, triumphierend in die Stadt einzuziehen. *6* Da stimmte der Volkstribun Publius

Sempronius Blaesus so, diese Ehre sei dem Scipio nicht zu verweigern, aber doch vorderhand auszusetzen. Die Kriege der Ligurer hätten immer mit denen der Gallier in Verbindung gestanden; beide Völker leisteten sich gegenseitigen nachbarlichen Beistand. *7* Hätte nun Publius Scipio nach errungenem Sieg über die Boier sich entweder selbst mit seinem siegreichen Heer auf das Gebiet der Ligurer hinübergewandt oder einen Teil seiner Truppen dem Quintus Minucius zugeschickt, den dort ein misslicher Krieg schon ins dritte Jahr festhalte, so hätte der Krieg mit den Ligurern beendet sein können. ***8*** So aber habe er, um seinem Triumph ein zahlreiches Gefolge zu geben, die Truppen abgeführt, die dort dem Staat die herrlichsten Dienste hätten leisten können und noch leisten könnten, wenn der Senat das durch Beeilung des Triumphes Versäumte durch Aufschub des Triumphes wieder einbringen wolle. ***9*** Die Väter möchten den Konsul mit seinen Legionen in die Provinz zurückgehen und dahin wirken lassen, dass die Ligurer besiegt würden. Solange diese noch nicht unter römischer Botmäßigkeit und Gerichtsbarkeit stünden, würden nicht einmal die Boier ruhig sein. ***10*** Nach Bezwingung der Ligurer werde dann Publius Cornelius in wenigen Monaten als Prokonsul seinen Triumph halten, wie schon so mancher andere auch nicht in seinem Amtsjahr triumphiert habe.

(40) Hierauf antwortete der Konsul, den Krieg in Ligurien habe ihm das Los nicht zum Posten beschieden, und auch er habe mit den Ligurern keinen Krieg geführt, verlange auch über sie nicht zu triumphieren. ***2*** Er zweifle nicht, dass Quintus Minucius nächstens, wenn er sie bezwungen habe, den verdienten Triumph erwarten und erhalten werde. ***3*** Er verlange den Triumph über die boischen Gallier, die er besiegt, denen er ihr Lager abgenommen, die er dahin gebracht habe, dass sich ihre ganze Nation zwei Tage nach der Schlacht habe ergeben müssen; von denen er zum Unterpfand des Friedens für die Zukunft Geiseln mitgebracht habe. ***4*** Allein zu seiner noch weit größeren Ehre könne er behaupten, eine so große Anzahl Gallier in der Schlacht niedergemacht zu haben, dass wenigstens alle Feldherren vor ihm so viel Tausende Boier nicht einmal im Kampf vor sich gehabt hätten; ***5*** von 50 000 Menschen seien mehr als die Hälfte gefallen, viele Tausende gefangen genommen, nur Greise und Knaben habe er den Boiern gelassen. ***6*** Ob es also jemand befremden könne, dass das siegreiche Heer, wenn es in der Provinz keinen Feind übrig gelassen habe, nach Rom gekommen sei, den Triumph seines Konsuls feierlich zu machen? *7* Wenn der Senat die Dienste dieser Truppen auf einem andern Schauplatz gebrauchen wollte, in welchen von beiden Fällen er sich dann größere Bereitwilligkeit zur Übernahme neuer Gefahren und neuer Arbeiten zu versprechen wage, wenn ihnen der Lohn für die frühere Gefahr und Arbeit ohne Vorenthaltung abgetragen sei, oder wenn er sie statt der Tat bloß eine Hoffnung mitnehmen lasse, die ihnen schon das erste Mal vereitelt sei? ***8*** Denn was ihn selbst betreffe, so sei ihm für sein ganzes Leben genug Ruhm an dem Tag zuteil geworden, wo der Senat ihm als dem anerkannt rechtschaffensten Mann den Empfang der Idaeischen Mutter aufgetragen habe. ***9*** Unter dieser Aufschrift, wenn auch kein Konsulat, kein Triumph daneben geschrieben stehe, werde einst das Ahnenbild des Publius Scipio Nasica ehrenvoll und betitelt genug erscheinen. ***10*** Der ganze Senat vereinigte sich nicht allein, ihm den Triumph zuzuerkennen, sondern bewog auch durch sein Beispiel den Volkstribun, von der Einsprache abzustehen. ***11*** Publius Cornelius triumphierte als Konsul über die Boier. In diesem Triumph ließ er auf gallischen Kriegswagen die Waffen, die Fahnen, die erbeuteten Rüstungen aller Art und eherne gallische Gefäße vor den Zuschauern vorüberfahren und führte außer den vornehmen Gefangenen auch eine Herde erbeuteter Pferde auf. ***12*** Getragen wurden 1471 goldene Halsketten, außerdem 247 Pfund Gold, an rohem und verarbeitetem Silber – dies waren Gefäße, nach gallischem Geschmack nicht ohne Kunst – 2340 Pfund und 234 000 Silberdenare. ***13*** Den im Gefolge seines Triumphwagens sich befindenden Soldaten gab er Mann für Mann 125 As, das Doppelte dem Hauptmann, dem Reiter

das Dreifache. *14* Am folgenden Tag berief er eine Volksversammlung, erzählte seine Taten, dann die Kränkung, dass ein Tribun, bloß um ihn um den Genuss seines Sieges zu bringen, ihm einen Krieg habe aufbürden wollen, der einem andern aufgetragen sei, und entließ die Soldaten mit Erteilung ihres Abschiedes.

(41) Während dieser Begebenheiten in Italien war Antiochos zu Ephesos über den Krieg mit Rom völlig sorglos, als würden die Römer nie nach Asien herüberkommen. Und in diese Sorglosigkeit versetzten ihn die meisten seiner Vertrauten, entweder aus eigenem Wahn oder aus Schmeichelei. *2* Hannibal, dessen Wort damals bei dem König ganz besonders galt, sagte allein, er wundere sich mehr, dass die Römer nicht schon in Asien seien, als dass er an ihrer Ankunft zweifeln solle. *3* Aus Griechenland nach Asien sei der Übergang näher als aus Italien nach Griechenland; und ein Antiochos sei für sie ein weit einladenderer Grund als die Aetoler. Auch seien die Römer zur See nicht minder geübte Krieger als zu Land. *4* Schon längst liege ihre Flotte in der Gegend von Malea. Er höre, dass vor Kurzem ein neuer Befehlshaber mit neuen Schiffen aus Italien gekommen sei, um sich in Angriff zu setzen. *5* Antiochos möge sich ja nicht länger in nichtigen Hoffnungen einen Frieden erträumen. Nächstens werde er in Asien und um den Besitz Asiens selbst zu Land und zu Wasser mit den Römern zu kämpfen haben und entweder ihnen die Herrschaft über die Welt, die sie erringen wollten, entreißen oder sein eigenes Reich verlieren müssen. *6* Er allein schien von der Zukunft die richtige Ansicht und Redlichkeit genug zu haben, sie vorauszusagen. So ging denn der König mit den Schiffen, welche segelfertig und bemannt waren, nach der Chersones ab, um diese Gegenden, wenn etwa die Römer zu Lande kämen, durch Besatzungen zu decken; *7* die übrige Flotte instand zu setzen und auf das Meer zu bringen, trug er dem Polyxenidas auf und schickte Spähschiffe nach den Inseln umher, um überall Kundschaft einzuziehen.

(42) Gaius Livius, der Befehlshaber der römischen Flotte, ging nach seiner Abfahrt mit 50 Kriegsschiffen von Rom nach Neapel, wo sich auf seinen Befehl die Transportschiffe hatten sammeln müssen, welche die Bundesgenossen an dieser Küste vertragsmäßig zu stellen hatten, *2* und von da nach Sizilien, fuhr dann durch die Meerenge an Messana hin, ließ sechs zu Hilfe geschickte punische Schiffe sich anschließen, forderte von Regium, von Locri und anderen ebenso verpflichteten Bundesgenossen die zu liefernden Schiffe, musterte die Flotte bei Lacinium und segelte auf die hohe See. *3* Als er nach seiner Ankunft auf Korkyra, dem ersten griechischen Staat, wo er landete, bei seiner Erkundigung nach dem Gang des Krieges – denn noch war in Griechenland die Ruhe nicht überall hergestellt – und nach dem Standort der Flotte, *4* die Nachricht erhielt, der Konsul und der König hätten sich im Waldpass der Thermopylen aufgestellt, die Flotte liege im Piräus, da segelte er, durch alle diese Gründe zur Eile bewogen, sogleich nach der Peloponnes. *5* Im Flug plünderte er Same und Zakynthos, weil sie die Partei der Aetoler gewählt hatten, fuhr nach Malea und war in wenigen Tagen nach einer glücklichen Fahrt im Piräus bei der alten Flotte. *6* Bei Skyllaeon stieß König Eumenes, welcher zu Aegina lange unschlüssig gewesen war, ob er zur Beschützung seines Reiches nach Hause ginge – denn er hörte, dass Antiochos zu Ephesus seine See- und Landmacht instand setze – oder ob er den Römern allenthalben zur Seite bliebe, da sein Schicksal von dem ihrigen abhing, mit drei Schiffen zu ihm. *7* Aus dem Piräus ging Aulus Atilius, nachdem er seinem Nachfolger 25 Kriegsschiffe übergeben hatte, nach Rom ab. *8* Livius setzte mit 81 gedeckten Schiffen und außerdem mit vielen kleineren, zum Teil offenen Schnabelschiffen, zum Teil ungeschnäbelten Spähschiffen nach Delos über.

(43) Ungefähr um dieselbe Zeit belagerte der Konsul Acilius Naupaktos. Ungünstige Winde hielten zu Delos – denn dies ist die windigste Gegend bei den Kykladen, die teils durch größere, teils durch kleinere Meerengen voneinander geschieden sind – Livius mehrere Tage auf. *2* Als

Polyxenidas durch seine ausgestellten Spähschiffe erfuhr, dass die römische Flotte bei Delos sei, ließ er dies durch mehrere Boten dem König anzeigen. *3* Der König gab seine Vorkehrungen am Hellespont auf, ging mit den Schnabelschiffen, so schnell er konnte, nach Ephesus zurück und hielt sogleich Kriegsrat, ob man eine Seeschlacht wagen solle. *4* Polyxenidas sagte, man dürfe nicht säumen, ja man müsse früher schlagen, ehe sich die Flotte des Eumenes und die Schiffe von Rhodos mit den römischen vereinigten. *5* So würden sie jetzt an Zahl ihnen fast gleich und in allen übrigen Stücken sowohl an Schnelligkeit der Schiffe als an Mannigfaltigkeit der Hilfsmittel ihnen überlegen sein. *6* Denn die römischen Schiffe, schon an sich durch ihren plumpen Bau so schwerfällig, schleppten sich noch dazu, weil sie in feindliche Gegend kämen, mit der Last der Zufuhr, *7* ihre eigenen hingegen, die alles um sich her in friedlicher Ruhe zurückließen, würden nur Truppen und Waffen zu tragen haben. Auch werde ihnen die Bekanntschaft mit dem Meer, mit den Küsten und Winden sehr zustatten kommen, was einem hiermit unbekannten Feind lauter Verlegenheiten bereite. *8* Dieser Maßregel traten alle bei, weil der Mann sie angab, der gerade diese Maßregel durch die Tat zur Ausführung bringen wollte.

Zwei Tage nahm die Zurüstung in Anspruch; am dritten Tag liefen sie mit 100 Schiffen aus, worunter 70 gedeckt, die übrigen offen, alle aber von kleinerem Bau waren, und segelten nach Phokaea. *9* Von hier begab sich der König, auf die Nachricht, dass die römische Flotte schon im Anzug sei, weil er selbst einer Seeschlacht nicht beiwohnen wollte, nach Magnesia am Sipylos, um die Landmacht auszurüsten. *10* Die Flotte nahm ihren Lauf nach Kissos, dem Hafen von Erythrae, als ob sie hier den Feind am besten erwarten könne. *11* Als sich die Nordwinde legten – denn diese hatten seit mehreren Tagen angehalten –, gingen die Römer von Delos nach Phanae, einem dem Ägäischen Meer zugekehrten Hafen der Insel Chios; von hier fuhren sie herum nach der Stadt Chios selbst, nahmen Lebensmittel ein und setzten nach Phokaea über. *12* Eumenes, der nach Elaea zu seiner Flotte gegangen war, kehrte in wenigen Tagen von dort mit 24 Kriegsschiffen und einigen noch mehr offenen nach Phokaea zu den Römern zurück, die schon mit den Anstalten und Zurüstungen zu einer Seeschlacht beschäftigt waren. *13* Von hier gingen sie mit 105 Kriegsschiffen und beinahe 50 ungedeckten unter Segel, sahen sich anfangs, weil sie der Nordwind von der Seite gegen die Küste trieb, genötigt, einen schmalen Zug, beinahe eine Reihe von einzelnen Schiffen zu bilden, dann aber, als sich die Heftigkeit des Windes ein wenig legte, suchten sie nach Korykos, einem Hafen jenseits Kissos, überzusetzen.

(44) Als dem Polyxenidas die Annäherung der Feinde gemeldet wurde, gab er selbst, erfreut über die gebotene Schlacht, seinem linken Flügel eine Dehnung nach dem offenen Meer; den Hauptleuten der Schiffe befahl er, den rechten an der Küste auszubreiten, und rückte in gerader Linie zur Schlacht auf. *2* Der römische Befehlshaber sah es, zog seine Segel ein, senkte die Masten, legte das Tauwerk bei und erwartete seine nachfolgenden Schiffe. Schon bildeten etwa 30 von ihnen die Front; *3* um seinen linken Flügel diesen gleichzumachen, nahm er selbst mit aufgesteckten kleineren Segeln seine Richtung nach der hohen See und befahl den nachfolgenden Schiffen, geradezu dem feindlichen rechten Flügel an der Küste entgegenzugehen. *4* Eumenes bildete den Schluss des Zuges. Als er aber ihr Getümmel beim Einziehen der Segel sah, ließ er auch seine Schiffe so schnell wie möglich anrücken. Schon erschienen sie alle in der Linie. *5* Zwei punische Schiffe gingen der römischen Flotte voran; ihnen kamen drei königliche entgegen, *6* und wie es sich bei der ungleichen Zahl erwarten ließ, zwei königliche umstellten das eine, streiften ihm gleich auf beiden Seiten die Ruder ab, ihre Truppen enterten, stürzten die Verteidiger herab oder machten sie nieder und eroberten das Schiff. *7* Kaum sah das andere, welches nur seinen einen Gegenmann hatte, jenes erste Schiff genommen, so zog es sich schnell, um nicht von dreien zugleich umringt zu werden, auf seine Flotte zurück. *8* Livius, von Zorn entbrannt, ging mit seinem

Hauptschiff den Feinden entgegen. Als die beiden, welche das punische Schiff umzingelt hatten, in gleicher Hoffnung auf ihn eindrangen, mussten seine Ruderer, um dem Schiffe Halt zu geben, auf beiden Seiten die Ruder ins Wasser hängen lassen; dann ließ er an die feindlichen Schiffe, wie sie ankamen, eiserne Enterhaken werfen, ***9*** und als er so den Kampf beinahe in ein Landgefecht verwandelt hatte, hieß er seine Leute der römischen Tapferkeit eingedenk sein und Königssklaven nicht für Männer zu halten. Weit leichter als vorhin die beiden das eine bezwang jetzt das eine die beiden Schiffe und nahm sie. ***10*** Schon hatten sich auch die Flotten auf allen Punkten eingelassen, und hier und dort war ein Gewühl von kämpfenden Schiffen. ***11*** Als Eumenes, der nach schon eröffnetem Kampf zuletzt ankam, den linken feindlichen Flügel von Livius in Unordnung gebracht sah, wandte er seinen Angriff gegen den rechten, wo das Gefecht noch gleich war.

(45) Bald nachher nahm auch die Flucht auf dem linken Flügel den Anfang. Denn als Polyxenidas sah, dass ihm der Feind offenbar an Tapferkeit der Truppen überlegen sei, steckte er die kleineren Segel auf und ging in voller Flucht davon, und bald machten es die, welche an der Küste sich mit Eumenes eingelassen hatten, ebenso. ***2*** Die Römer und Eumenes folgten ihnen, solange ihre Ruderer noch Kräfte und sie selbst die Hoffnung hatten, dem Nachzug schaden zu können, mit viel Beharrlichkeit. ***3*** Als sie aber sahen, dass ihre von Ladungen schweren Schiffe trotz aller Anstrengung den Feind bei der Schnelligkeit seiner so leichten Schiffe nicht erreichen konnten, hörten sie endlich mit der Verfolgung auf, nachdem sie 13 Schiffe mit Truppen und Ruderern genommen und zehn versenkt hatten. ***4*** Die römische Flotte hatte das einzige punische Schiff verloren, das am Anfang der Schlacht von zweien umringt worden war. Polyxenidas floh bis zum Hafen von Ephesos.

5 Die Römer blieben den Tag an der Stelle liegen, wo die königliche Flotte ausgerückt war; am nächsten Tag machten sie sich zur Verfolgung des Feindes auf. Etwa in der Mitte der Fahrt begegneten ihnen 25 rhodische Kriegsschiffe unter dem Oberbefehl des Pausistratos. ***6*** Als sich diese angeschlossen hatten, ging die Verfolgung des Feindes weiter bis Ephesus, wo sie vor der Mündung des Hafens sich in Schlachtordnung aufstellten. Nachdem sie sich von den Besiegten das volle Geständnis ihrer Schwäche erzwungen hatten, wurden die Rhodier und Eumenes nach Hause entlassen. ***7*** Die Römer, die auf Chios lossteuerten, fuhren bei Phoenicos, dem ersten Hafen des Gebietes von Erythrae, vorbei, blieben die Nacht vor Anker und gingen am folgenden Tag bei der Stadt Chios selbst auf die Insel über, von welcher sie nach einigen Tagen, die sie hauptsächlich den Ruderern zur Erholung gaben, nach Phokaea übersetzten. ***8*** Hier ließ die Flotte zum Schutz der Stadt vier Fünfruderer zurück und ging nach Kanae, und weil der Winter schon herannahte, wurden die Schiffe ans Land gezogen und mit Graben und Wall umgeben. ***9*** Am Ende des Jahres gingen zu Rom die Wahlen vor sich. Zu Konsuln wurden Lucius Cornelius Scipio und Gaius Laelius gewählt, weil alle, um den Krieg mit Antiochos zu beendigen, den Africanus im Auge hatten. Die am folgenden Tag gewählten Prätoren waren Marcus Tuccius, Lucius Aurunculeius, Gnaeus Fulvius, Lucius Aemilius, Publius Junius und Gaius Atinius Labeo.

Siebenunddreissigstes Buch

Inhalt

Der Konsul Lucius Cornelius Scipio, dessen Unterfeldherr Publius Scipio Africanus war – denn dieser hatte sich zum Unterfeldherrn seines Bruders angeboten, wenn man jenem Griechenland zu seinem Posten anwiese, weil es bei dem großen Einfluss des Gaius Laelius im Senat den Anschein hatte, als sollte dieser Posten ihm übertragen werden –, geht zum Krieg gegen Antiochos ab und ist der erste römische Heerführer, der nach Asien übersetzt, Aemilius Regillus kämpft bei Myonnesos mit Hilfe der Rhodier glücklich gegen die Flotte des Königs Antiochos. Des Africanus Sohn, Gefangener des Antiochos, wird dem Vater zurückgeschickt, Manius Acilius Glabrio hält seinen Triumph über Antiochus, den er aus Griechenland vertrieben hatte, und über die Aetoler. Dem nachher von Lucius Cornelius Scipio mit Hilfe des Königs von Pergamon, Eumenes, eines Sohnes Attalos', besiegten Antiochos wird der Friede unter der Bedingung bewilligt, alle Länder diesseits des Taurus abzutreten. Eumenes, mit dessen Hilfe Antiochos besiegt worden war, erhält einen Zuwachs an Ländern, auch den Rhodiern werden ebenfalls für ihren Beistand einige Städte überlassen. Nach Bononia werden Siedler geschickt, Aemilius Regillus, der die Befehlshaber des Antiochos in einer Seeschlacht besiegt hatte, zieht in einem Seetriumph ein. Dem Lucius Cornelius Scipio, der dem Krieg gegen Antiochos ein Ende gemacht hatte, gibt man, um ihn durch einen Beinamen seinem Bruder gleichzustellen, den Namen Asiaticus.

(1) Unter dem Konsulat des Lucius Cornelius Scipio und Gaius Laelius waren im Senat nächst dem, was die Gottesverehrungen betraf, die Aetoler der erste Gegenstand. Teils betrieben dies ihre Gesandten, weil ihnen nur ein kurzer Waffenstillstand bewilligt war, teils wurden sie hierin von dem damals aus Griechenland nach Rom zurückgekehrten Titus Quinctius unterstützt. *2* Weil nun die Aetoler mehr auf das Mitleid des Senats als auf ihre eigene Sache hofften, so sprachen sie in einem demütigen Ton und legten gegen ihre neueren Fehltritte ihre früheren Verdienste in die Waagschale. *3* Allein im Senat wurden sie von allen Seiten durch die Fragen der Senatoren bestürmt, die von ihnen, statt sie zur Antwort kommen zu lassen, nur das Geständnis ihrer Schuld erpressten, und als sie aus dem Rathaus hatten abtreten müssen, kam es über sie unter den Senatoren selbst zu einem heftigen Streit. *4* Der Unwille sprach in ihrer Sache lauter als das Mitleid; denn die Väter sahen im Zorn nicht bloß Feinde in ihnen, sondern ein unbändiges und unversöhnliches Volk. *5* Nach mehreren Tagen des Streites beschlossen sie endlich, ihnen den Frieden weder zu bewilligen noch abzuschlagen. Man stellte ihnen zwei Bedingungen, sich entweder ganz der Verfügung des Senats zu überlassen oder 1000 Talente zu zahlen und Roms Freunde oder Feinde auch für die ihrigen anzusehen. *6* Als sie zu erfahren wünschten, in welchen Stücken sie dem Senat die Verfügung über sich gestatten sollten, erhielten sie keine bestimmte

Antwort. So wurden sie unverrichteter Sache mit dem Befehl entlassen, Rom noch heute, Italien innerhalb von 15 Tagen zu verlassen.

7 Nun wurde über die Statthalterschaften der Konsuln beraten. Beide wünschten sich Griechenland. Laelius hatte großen Einfluss im Senat. Als nun der Senat die Konsuln aufforderte, um ihre Statthalterschaften entweder zu losen oder sich zu einigen, äußerte er, es wäre anständiger, wenn sie die Sache lieber dem Urteil des Senats als dem Los überließen. *8* Scipio, der ihm die Antwort gab, er wolle überlegen, was er zu tun habe, sprach darüber ganz allein mit seinem Bruder, und auf dessen Rat, dem Senat alles getrost zu überlassen, brachte er seinem Amtsgenossen den Bescheid, er sei bereit, es so zu machen, wie er vorgeschlagen habe. *9* Da nun bei einem Antrag, der, wie dieser, entweder wirklich neu oder bei dem hohen Alter ähnlicher Falle dem Gedächtnis aller entfallen war, der Senat in Erwartung eines Streites gespannt war, erklärte Scipio Africanus, wenn die Väter seinem Bruder Lucius Scipio Griechenland als Statthalterschaft gaben, so wolle er als dessen Unterfeldherr mitgehen. *10* Dies wurde mit großem Beifall vernommen, hob allen Streit auf. Man wünschte doch zu erfahren, ob König Antiochos an dem besiegten Hannibal eine kräftigere Hilfe haben werde als Roms Konsul und seine Legionen am Sieger Africanus, und fast einmütig wurde Griechenland dem Scipio, Italien dem Laelius zuerkannt.

(2) Darauf verlieh das Los den Prätoren ihre Stellen: dem Lucius Aurunculeius die Gerichtspflege in der Stadt, die über die Fremden dem Gnaeus Fulvius, dem Lucius Aemilius Regillus die Flotte, dem Publius Junius Brutus die Tusker, dem Marcus Tuccius Apulien und die Bruttier, dem Gaius Atinius Sizilien. *2* Ferner bewilligte man dem Konsul, dessen bestimmter Posten Griechenland war, zu dem Heer, welches er von Manius Acilius in Empfang nehmen würde – es bestand aus zwei Legionen –, eine Ergänzung von 3000 Römern zu Fuß nebst 100 Reitern und 5000 Latinern zu Fuß nebst 200 Reitern, *3* mit dem Zusatz, wenn er nach seiner Ankunft auf seinem Posten es vorteilhaft finde, so könne er sein Heer nach Asien übersetzen. *4* Dem andern Konsul wurde ein ganz neues Heer bestimmt: zwei Legionen Römer und an latinischen Bundestruppen 15 000 Mann zu Fuß, 600 zu Pferd. *5* Quintus Minucius wurde befohlen, aus Ligurien – denn er hatte geschrieben, dass er das Land in eine Provinz verwandelt, und dass alles, was Ligurer heiße, sich ergeben habe – das Heer in das Gebiet der Boier hinüberzuführen und dem Prokonsul Publius Cornelius zu übergeben. *6* Die aus dem Strich Land, das er den Boiern abgenommen hatte, abgeführten Legionen, welche im vorigen Jahr in der Stadt geworben worden waren, wurden nebst 15 000 Mann latinischer Bundestruppen zu Fuß und 600 zu Pferd dem Prätor Marcus Tuccius gegeben, um Apulien und das Bruttierland zu besetzen. *7* Der vorjährige Prätor Aulus Cornelius, der das Bruttierland nebst dem dortigen Heer gehabt hatte, erhielt Befehl, wenn er die Zustimmung des Konsuls habe, seine nach Aetolien übergesetzten Legionen dem Manius Acilius zu übergeben, falls dieser dort noch bleiben wolle; *8* wolle Acilius lieber nach Rom zurückkehren, so solle Aulus Cornelius mit diesem Heer in Aetolien bleiben. Casus Atinius Labeo wurde aufgetragen, sich seinen Posten in Sizilien nebst dem Heer von Marcus Aemilius abtreten zu lassen und, wenn er es wünsche, in der Provinz selbst 2000 Mann zu Fuß und 100 zu Pferd zur Ergänzung auszuheben. *9* Publius Junius Brutus sollte für Tuskien ein neues Heer bilden, eine Legion Römer und 10 000 Mann latinischer Bundestruppen zu Fuß und 400 zu Pferd. *10* Lucius Aemilius, der seinen Posten zur See hatte, sollte sich 20 Linienschiffe nebst den Seetruppen vom vorjährigen Prätor Marcus Junius geben lassen und selbst 1000 Mann Seetruppen und 2000 Mann Fußvolk aufbringen; mit diesen Schiffen und Truppen sollte er nach Asien gehen und von Gaius Livius die Flotte übernehmen. *11* Den Befehlshabern über beide Spanien und Sardinien wurden mit dem auf ein Jahr verlängerten Oberbefehl dieselben Heere wieder bestimmt. *12* Sizilien und Sardinien wurde für dieses Jahr die doppelte Lieferung des Getreidezehnten auferlegt; das sikulische Ge-

treide sollte nach Aetolien zum Heer gebracht werden, aus Sardinien ein Teil nach Rom, ein Teil nach Aetolien mit dem sikulischen an denselben Ort der Bestimmung.

(3) Bevor die Konsuln auf ihre Posten abgingen, ließ man durch die Oberpriester die Sühnung der Wunderzeichen besorgen. *2* Zu Rom hatte der Blitz den Tempel der Juno Lucina getroffen und den Giebel nebst den Türflügeln beschädigt. Zu Puteoli waren an mehreren Stellen Mauer und Stadttor vom Blitz getroffen, auch zwei Menschen erschlagen worden. *3* Dass sich zu Nursia bei heiterem Himmel ein Gewitterschauer ergossen und auch hier zwei Freigeborene erschlagen habe, wusste man mit Gewissheit. Die Einwohner von Tuskulum berichteten, bei ihnen sei ein Erdregen gefallen, und die von Reate, in ihrem Gebiet habe eine Mauleselin ein Füllen geworfen. *4* Die Sühnung aller dieser Gräuel wurde besorgt, auch das Latinerfest darum noch einmal begangen, weil den Bürgern von Laurentum das ihnen gebührende Opferfleisch nicht gegeben war. *5* Auch wurde wegen dieser frommen Besorgnisse denjenigen Göttern ein Festopfer gebracht, welche von den Zehnmännern aus den heiligen Büchern dazu bestimmt wurden. *6* Zehn Jünglinge und zehn Jungfrauen von Stand, die sämtlich noch Vater und Mutter hatten, wurden zu diesem Gottesdienst verwendet, und die Zehnmänner richteten das Opfer bei Nacht mit noch saugenden Tieren aus. *7* Ehe Publius Cornelius Scipio Africanus abreiste, errichtete er auf dem Kapitolinus der Straße gegenüber, auf der man zum Kapitol geht, einen Schwibbogen mit sieben vergoldeten Standbildern und zwei Rossen und vor dem Schwibbogen zwei marmorne Wasserbecken.

8 In denselben Tagen wurden dreiundvierzig vornehme Aetoler, worunter auch Damocritus und sein Bruder waren, durch zwei von Manius Acilius mitgeschickte Kohorten nach Rom geliefert und in die Steinbrüche geschickt; die Kohorten ließ der Konsul Lucius Cornelius wieder zum Heer zurückgehen. *9* Von Ptolemaeus (Epiphanes) und der Kleopatra von Ägypten kamen Gesandte, die den Römern Glück wünschten, dass sie durch den Konsul Manius Acilius den König Antiochos aus Griechenland vertrieben hätten, und sie ermahnten, mit einem Heere nach Asien überzugehen; *10* denn nicht bloß in Kleinasien, sondern selbst in Syrien sei alles in Bestürzung; der König von Ägypten sei zu allem, was der Senat beschließe, bereit. *11* Dem königlichen Paar stattete der Senat seinen Dank ab und befahl, die Gesandten zu beschenken, jeden mit 4000 As.

(4) Als der Konsul Lucius Cornelius alles, was in Rom zu tun war, erledigt hatte, machte er in einer Volksversammlung bekannt, dass die Soldaten, die er selbst als Ergänzungstruppen ausgehoben habe, auch die, welche im bruttischen Gebiet unter dem Proprätor Aulus Cornelius ständen, sich sämtlich am 15. Juli zu Brundisium einfinden sollten. *2* Ferner ernannte er drei Unterfeldherren, Sextus Digitius, Lucius Apustius und Gaius Fabricius Luscinus, welche von allen Plätzen der Seeküste die Schiffe nach Brundisium zusammenziehen sollten, und als nun alles bereit war, zog er im Feldherrngewand von Rom aus. *3* Gegen 5000 Freiwillige, Römer wie Bundesgenossen, welche unter dem Oberbefehl des Publius Africanus schon ausgedient hatten, stellten sich dem Konsul bei seinem Abzug und nahmen Dienste. *4* In den Tagen, in welchen der Konsul aufbrach, den 11. Juli, an den apollinarischen Festspielen, verschwand bei heiterem Himmel das Tageslicht, weil der Mond vor die Sonnenscheibe trat. *5* Um diese Zeit ging auch Lucius Aemilius Regillus ab, der den Posten zur See erlost hatte. Dem Lucius Aurunculeius trug der Senat auf, 30 Fünfruderer und 20 Dreiruderer zu bauen; denn es ging das Gerücht, Antiochos rüste seit dem Seetreffen eine weit größere Flotte.

6 Als den Aetolern ihre Gesandten den Bescheid von Rom zurückbrachten, dass kein Friede zu hoffen sei, besetzten sie, obgleich ihnen die Achäer die ganze der Peloponnes zugekehrte Seeküste verheert hatten, *7* dennoch mehr der Gefahr als ihres Schadens eingedenk, den Berg Korax, um den Römern den Weg zu versperren. Denn sie zweifelten nicht daran, dass sie mit Frühlingsanfang wieder zur Belagerung von Naupaktos zurückkehren würden. *8* Daher hielt es Acilius, weil er wusste, dass man dies erwarte, für besser, etwas Unerwartetes zu unternehmen und Lamia anzugreifen. ***9*** Denn teils sei die Stadt schon durch Philipp dem Untergang nahe gebracht, teils könne sie jetzt, eben weil sie dergleichen nicht befürchtete, unvorbereitet überrascht werden. ***10*** Nach seinem Aufbruch von Elatea lagerte er sich auf feindlichem Boden zuerst am Strom Spercheios; von hier brach er in der Nacht auf und griff mit frühem Morgen von allen Seiten an.

(5) Die Überraschung erregte wie gewöhnlich großen Schrecken und Auflauf. Allein obgleich man es den so plötzlich bedrohten Einwohnern nicht zugetraut hatte, so verteidigten sie doch die Stadt an diesem ersten Tag mit Standhaftigkeit, wobei die Männer gegen die schon allenthalben angebrachten Sturmleitern in den Kampf gingen, und die Frauen alle Arten von Geschossen und Steinen auf die Mauern brachten. ***2*** Ungefähr um Mittag rief Acilius durch ein Zeichen zum Rückzug die Seinigen wieder ins Lager, und nachdem sie sich durch Speise und Ruhe gestärkt hatten, erklärte er ihnen, ehe er noch den Kriegsrat entließ, sie müssten vor Tagesanbruch in den Waffen und schlagfertig sein; erst wenn die Stadt erstürmt sei, werde er sie wieder ins Lager führen. ***3*** Um dieselbe Zeit wie gestern griff er noch an mehreren Stellen an, und da den Bürgern endlich die Kraft, die Geschosse und mehr als dies alles, der Mut ausging, gewann er die Stadt in wenigen Stunden. Nachdem er hier die Beute entweder verkauft oder verteilt hatte, hielt er Kriegsrat, was nun zu tun sei. ***4*** Vor Naupaktos zu gehen hatte niemand Lust, weil die Aetoler den Bergpass am Korax besetzt hatten. Um aber den Sommerfeldzug nicht zu versäumen, ferner um nicht die Aetoler durch seine Untätigkeit einen Frieden genießen zu lassen, den ihnen der Senat abgeschlagen habe, beschloss Acilius, Amphissa anzugreifen. ***5*** Er ging mit dem Heer von Heraklea über den Oeta. Als er sich vor den Mauern gelagert hatte, eröffnete er die Belagerung nicht wie bei Lamia mit einem Angriff von allen Seiten, sondern durch Belagerungswerke. Der Sturmbock wurde an mehreren Stellen zugleich angebracht; und obgleich die Mauern litten, wandten doch die Belagerten gegen diese Art von Sturmzeug kein Mittel an und sannen auch auf keins. ***6*** Sie setzten alle ihre Hoffnung auf ihre Waffen und Tapferkeit und schreckten durch häufige Ausfälle nicht bloß die Posten der Feinde, sondern selbst die, welche um die Werke und Maschinen waren.

(6) Doch hatte Acilius die Mauer schon an vielen Stellen niedergeworfen, als gemeldet wurde, sein Nachfolger rücke mit dem zu Apollonia gelandeten Heer durch Epirus und Thessalien heran. ***2*** Der Konsul kam mit 13 000 Mann zu Fuß und 500 Reitern. Schon war er an dem Malischen Meerbusen eingetroffen. Da seine nach Hypata Vorausgeschickten auf die Forderung, ihm die Stadt zu übergeben, die Antwort erhielten, man werde ohne den gemeinschaftlichen Beschluss der Aetoler nichts bewilligen, ließ er, um sich nicht bei der Belagerung von Hypata aufzuhalten, da Amphissa noch nicht erobert sei, seinen Bruder Africanus vorangehen und zog vor Amphissa. ***3*** Bei der Ankunft dieser Truppen zogen sich alle Einwohner, Bewaffnete und Wehrlose, weil die Stadt größtenteils schon von ihren Mauern entblößt war, mit Hinterlassung der Stadt auf ihre unbezwingliche Burg. ***4*** Der Konsul nahm fast 6000 Schritte davon sein Lager. Hierher kamen zuerst zu Publius Scipio, der, wie ich oben sagte, dem Zug vorangegangen war, und dann auch zum Konsul selbst Gesandte von Athen mit einer Fürbitte für die Aetoler. ***5*** Von Africanus bekamen sie eine ganz freundliche Antwort, weil sich dieser bei seinem Augenmerk auf Asien und auf den König Antiochos nur nach einem Vorwande umsah, vom aetolischen Krieg mit Ehren abzutreten, und die Athener aufgefordert hatte, nicht bloß den Römern, sondern auch den Aetolern zu raten, den Frieden dem Krieg vorzuziehen. ***6*** Sogleich kam auf Veranlassung der Athener von Hypata eine zahlreiche aetolische Gesandtschaft, und eine Unterredung mit Africanus, bei dem sie sich zuerst meldeten, bestärkte ihnen wirklich die Hoffnung auf Frieden, indem er sie daran erinnerte, dass sich ihm früher in Spanien, später in Afrika viele Völker und Völkerschaften ergeben hätten; und bei allen habe er mehr Erinnerungen seiner Schonung und Milde als der kriegerischen

Tapferkeit hinterlassen. *7* Sie hielten den Frieden schon für ausgemacht, als sie in der Unterredung beim Konsul dieselbe Antwort bekamen, mit der sie vom Senat abgewiesen waren. Die Aetoler, betroffen durch diese, ihnen jetzt gleichsam neue Erklärung – denn sie sahen nun, dass sie weder durch die Gesandten von Athen noch durch des Africanus gütige Antwort das Geringste gewonnen hatten –, sagten bloß, sie wollten dies den Ihrigen berichten.

(7) Sie kamen zurück nach Hypata, und hier wusste man keine Auskunft. 1000 Talente aufzubringen war ihnen unmöglich, und ergaben sie sich auf unbedingte Willkür, wer stand ihnen dann vor persönlicher Misshandlung? *2* Sie befahlen daher denselben Gesandten, noch einmal zum Konsul und zu Africanus zu gehen, mit der Bitte, wenn sie ihnen im Ernst Frieden geben und ihn nicht, um ihre Hoffnung in ihrem Unglück zu täuschen, bloß aus der Ferne zeigen wollten, so möchten sie entweder in der Geldforderung nachlassen oder die Übergabe nicht auf die Personen ausdehnen. *3* Beim Konsul bewirkten sie keine Änderung, und auch diese Gesandtschaft zog unverrichteter Sache ab. *4* Die Gesandten von Athen folgten ihr, und Echedemos, das Haupt derselben, rief bei den durch so viele Abweisungen gebeugten, in unnützem Gewinsel das Schicksal ihres Volkes bejammernden Aetolern dadurch wieder einige Hoffnung hervor, dass er ihnen riet, um einen Waffenstillstand von sechs Monaten zu bitten, damit sie Gesandte nach Rom schicken könnten. *5* Der Aufschub werde zu ihrem gegenwärtigen Leiden, das schon die größte Höhe erreicht habe, keine Zugabe sein; vielmehr sei durch mancherlei Zufälle während der Zwischenzeit für ihr Unglück eine Erleichterung möglich. *6* Auf diesen Vorschlag des Echedemos wandten sich dieselben Gesandten zuerst wieder an Publius Scipio, erhielten durch ihn vom Konsul den Waffenstillstand auf die gewünschte Zeit; *7* Manius Acilius hob die Belagerung von Amphissa auf, übergab dem Konsul das Heer und trat seinen Posten ab; der Konsul ging von Amphissa nach Thessalien zurück, um durch Makedonien und Thrakien nach Asien zu ziehen.

8 Da sprach Africanus zu seinem Bruder: *Der Weg, den du einschlägst, Lucius Scipio, hat auch meine Zustimmung, er hängt aber ganz von Philipps Gesinnung ab. **9** Ist er unserem Staat treu, so wird er freien Durchzug, Zufuhr und alles, was einem Heer auf weitem Marsch zur Nahrung reicht und forthilft, uns gewähren. Lässt er uns im Stich, so hast du auf dem Weg durch Thrakien nirgends einige Sicherheit. Lass uns also vorher des Königs Stimmung erforschen. **10** Am besten erfahren wir sie, wenn der, welcher an ihn abgeschickt wird, ihn in seinem Tun als den Unvorbereiteten überrascht.* *11* Tiberius Sempronius Gracchus, damals bei Weitem einer der wackersten jungen Männer, den sie zu diesem Amt ausersahen, kam mit untergelegten Pferden in fast unglaublicher Schnelligkeit von Amphissa – hier sandten sie ihn ab – am dritten Tag zu Pella an. *12* Der König war bei Tisch und hatte ziemlich viel getrunken; gerade diese Abspannung des Geistes beseitigte allen Verdacht, dass er neue Verhältnisse suche. *13* Für heute wurde der Fremde gütig aufgenommen, und am folgenden Tag sah er reichliche Vorräte für das Heer in Bereitschaft, über die Flüsse Brücken geschlagen, die Heerstraßen an schwierigen Stellen wegsam gemacht. *14* Mit dieser Anzeige ging er ebenso schnell wie auf der Hinreise zurück und begegnete dem Konsul bei Thaumakoi. Auf dem Zug von hier nach Makedonien von der Freude über die ihm zugesicherte und erhöhte Erwartung geleitet, fand das Heer bei seiner Ankunft alles zu seiner Unterstützung bereit. *15* Der König benahm sich bei dem Empfang der Römer als königlicher Wirt und schloss sich ihrem Zug an. Er zeigte viel Gewandtheit und Leutseligkeit, die ihm bei Africanus empfahlen, einem Mann, der bei seiner hohen Auszeichnung im Übrigen auch kein Feind der Geselligkeit war, wenn sie nicht in Üppigkeit ausartete. *16* So kamen sie weiter, nicht bloß durch Makedonien, sondern auch durch Thrakien bis an den Hellespont unter Philipps Geleit und überall getroffenen Voranstalten.

(8) Nach dem Seetreffen bei Korykos war Antiochos, der zu seinen Rüstungen zu Land und zu Wasser den ganzen Winter frei gehabt hatte, hauptsächlich darauf bedacht gewesen, seine

Flotte wiederherzustellen, damit ihm der Besitz des Meeres nicht ganz genommen würde. **2** Ihm entging die Bemerkung nicht, dass ihn die Römer selbst in Abwesenheit der rhodischen Flotte besiegt hätten. Nähme nun auch diese am Kampf teil – und die Rhodier würden sich gewiss eine abermalige Verspätung nicht zuschulden kommen lassen –, so habe er, um der feindlichen Flotte in der Bemannung und Größe gleichzukommen, eine Menge Schiffe nötig. **3** Daher hatte er nicht allein den Hannibal nach Syrien geschickt, um die Schiffe der Phönizier zu holen, sondern auch dem Polyxenidas aufgetragen, da er so wenig Glück gehabt habe, nun um so eifriger sowohl die noch übrigen Schiffe auszubessern als auch neue auszurüsten. **4** Er selbst überwinterte in Phrygien, wo er Hilfstruppen von allen Seiten zusammenzog; auch hatte er Gallograekien beschickt, dessen Einwohner in jenen Zeiten kriegerischer waren, weil sie, da ihr Volksstamm noch nicht ausgeartet war, immer noch den gallischen Mut bewahrten. **5** Seinen Sohn Seleukos hatte er mit einem Heer in Äolis zurückgelassen, um die Seestädte zu behaupten, welche auf der einen Seite, von Pergamon aus, Eumenes, auf der andern, von Phokaea und Erythrae, die Römer zum Abfall aufforderten. **6** Die römische Flotte überwinterte, wie ich oben gesagt habe, bei Canae. Fast in der Mitte des Winters kam König Eumenes hier mit 2000 Mann zu Fuß und 100 Reitern an. **7** Da er versicherte, es lasse sich auf dem feindlichen Gebiet in der Gegend von Thyatira viel Beute machen, so bewogen seine Vorstellungen den Livius, ihm 5000 Mann mitzugeben. Sie brachten von diesem Zug in wenigen Tagen eine ungeheure Beute mit.

(9) Unterdessen kam es zu Phokaea, wo einige das Volk für Antiochos zu gewinnen suchten, zu einem Aufstand. **2** Die überwinternde Flotte wurde drückend, drückend war die Auflage, weil sie 500 Ober- und 500 Untergewänder liefern mussten, drückend endlich der Getreidemangel, um dessentwillen auch die Flotte und die Besatzung der Römer die Stadt verließ. **3** Nun aber hatte die Partei, welche die Bürger in den Volksversammlungen auf des Antiochos Seite zog, niemand zu fürchten. **4** Der Senat und die Vornehmen stimmten für das Bleiben im Bund mit Rom; allein die Verführer zum Abfall hatten bei der Menge das Übergewicht. **5** Waren die Rhodier im vorigen Sommer saumselig gewesen, so sandten sie deshalb umso früher, schon um die Frühlings-Tag-und-Nacht-Gleiche, denselben Pausistratus als Oberbefehlshaber einer Flotte von 36 Schiffen. **6** Schon steuerte Livius von Canae mit 30 Schiffen und sieben von König Eumenes ihm zugeführten Vierruderern dem Hellespont zu, um zur Überfahrt des Heeres, das, wie er vermutete, zu Land kommen musste, alles Nötige instand zu setzen. **7** Er ließ die Flotte zuerst im sogenannten Hafen der Achäer landen. Von hier ging er nach Ilion, brachte der Minerva ein Opfer und gab den Gesandtschaften aus der Nähe, von Elaios, von Dardanos und Rhoiteion, welche ihre Städte in römischen Schutz gaben, geneigtes Gehör. **8** Von hier segelte er nach dem Eingang des Hellespont, ließ zehn Schiffe als Posten auf der Reede gegenüber von Abydus zurück und ging mit der übrigen Flotte nach Europa über, um Sestos zu belagern. **9** Schon wollten seine Soldaten die Mauern angreifen, als ihnen zuerst die Priesterschar der Galler in feierlicher Amtstracht vor das Tor entgegenkam. Ihrer Angabe nach kamen sie auf Befehl der Göttermutter, als Diener der Göttin für ihre Mauern und ihre Stadt bei den Römern um Schonung zu bitten, **10** und keinem von ihnen tat man etwas zuleide; ihnen folgte gleich der Zug des ganzen Senates mit den Obrigkeiten, um die Stadt zu übergeben. **11** Von hier fuhr die Flotte nach Abydus. Da bei einem Versuch, die Stimmung gesprächsweise zu erforschen, keine friedliche Antwort erteilt wurde, machten sich die Römer zum Angriff fertig.

(10) Wählend dieser Ereignisse am Hellespont sann der königliche Admiral Polyxenidas – er war nämlich aus Rhodos vertrieben, hatte gehört, dass die Flotte seiner Landsleute von Rhodos ausgelaufen sei, **2** und dass ihr Befehlshaber Pausistratus in einer öffentlichen Rede mit Übermut und Verachtung von ihm gesprochen habe und dass er von der größten Erbitterung gegen ihn

erfüllt sei – Tag und Nacht auf weiter nichts, als wie er jene hochklingenden Reden durch Taten widerlegen möchte. **3** Er schickte einen Menschen an ihn, den jener ebenfalls kannte, und ließ ihm sagen, er wolle dem Pausistratos und seinem Vaterland, wenn sie es ihm erlaubten, einen großen Dienst leisten, und dann könne Pausistratos ihn wieder in sein Vaterland führen. **4** Als Pausistratos voll Verwunderung fragte, wie das möglich sein könne, verlangte jener von ihm sein Wort darauf, die Sache entweder gemeinschaftlich zu betreiben oder sie mit Stillschweigen zuzudecken; und er gab es ihm. **5** Da eröffnete ihm der Unterhändler, Polyxenidas wolle ihm entweder die königliche Flotte ganz oder doch größtenteils überliefern. Zur Belohnung für eine so verdienstliche Tat bedinge er sich weiter nichts als die Rückkehr in sein Vaterland. **6** Die Wichtigkeit der Sache machte, dass Pausistratus weder dem Vorschlag traute noch ihn abwies. Er segelte nach Panormus auf Samos und nahm hier seinen Stand, um den Antrag prüfen zu können. **7** Eilboten gingen hin und her; doch glaubte Pausistratos nicht eher, bis Polyxenidas vor den Augen seines Boten mit eigner Hand niederschrieb, er werde, was er versprochen habe, erfüllen, und den Brief mit seinem aufgedrückten Siegel abschickte. **8** Durch dieses Unterpfand, meinte er, habe sich der Verräter an ihn verkauft; denn ein Mensch, der so wie jener unter einem König lebe, werde sich nicht dazu verstehen, Beweise von seiner eigenen Hand gegen sich selbst auszustellen. **9** Nun wurde der Plan des scheinbaren Verrats verabredet. Polyxenidas versprach, er wolle jede Zurüstung unterlassen, die Flotte weder mit Rudern noch Seesoldaten gehörig besetzen, einige Schiffe unter dem Vorwand der Ausbesserung auf das Ufer bringen, andere auf die benachbarten Seehäfen verteilen. **10** Vor dem Hafen von Ephesus sollten nur wenige Schiffe See halten, die er, wenn es zum Ausrücken käme, zum Kampf aufstellen werde. **11** Kaum hatte Pausistratos gehört, dass Polyxenidas auf seiner Flotte den Nachlässigen machen wollte, so war er es selbst von diesem Augenblick an wirklich. Einen Teil seiner Flotte schickte er nach Halikarnassos, um Lebensmittel zu holen, einen andern nach der Stadt Samos, um auf das Zeichen des Verräters zum Angriff bereit zu sein. **12** Polyxenidas erhöhte die Täuschung durch Verstellung, Er ließ einige Schiffe an das Ufer bringen, und gleich als ob er noch andere nachholen wollte, ließ er die Werft instand setzen; die Ruderer ließ er aus den Winterquartieren nicht nach Ephesus kommen, sondern in aller Stille sich zu Magnesia sammeln.

(11) Zufällig wurde einer von den Soldaten des Antiochos, der in persönlichen Angelegenheiten nach Samos gekommen war, als Kundschafter ergriffen und nach Panormus vor den Befehlshaber gebracht. **2** Als ihn dieser fragte, was man zu Ephesus vorhabe, entdeckte der Mensch, ich weiß nicht, ob aus Furcht, oder weil er es mit seinen Landsleuten nicht treu meinte, ihm alles: **3** Die Flotte liege gerüstet und segelfertig im Hafen, alle Ruderknechte habe man nach Magnesia geschickt; nur sehr wenige Schiffe seien an das Ufer gebracht und die Werften würden bedeckt; nie habe man die Anstalten zur See eifriger betrieben. **4** Doch einem von Irrwahn und leerer Hoffnung eingenommenen Kopf galt diese Aussage nicht für Wahrheit. Als Polyxenidas, in allem gehörig vorbereitet, die Ruderknechte bei Nacht von Magnesia einberufen, die auf das Ufer gebrachten Schiffe eiligst ins Meer gelassen und den Tag nicht auf seine Vorkehrungen verwandt hatte, weil man das Absegeln der Flotte nicht bemerken sollte, **5** lief er nach Sonnenuntergang mit 70 Kriegsschiffen aus und erreichte bei widrigem Wind den Hafen Pygela noch vor Tagesanbruch. Hier lag er aus demselben Grund bei Tag still und setzte in der Nacht auf die nächste Küste von Samos über. **6** Von hier ließ er einen Seeräuberhauptmann Nikander mit fünf Kriegsschiffen nach Palinurus segeln und von dort seine Truppen auf dem nächsten Weg durch die Felder gegen Panormus den Feinden in den Rücken führen, während er selbst mit geteilter Flotte, um den Eingang zum Hafen von zwei Seiten besetzen zu können, auf Panormus lossteuerte. **7** Pausistratus, anfangs nicht ohne Bestürzung – er hatte so etwas nicht vermutet –, erlangte als alter Krieger bald

seine Fassung wieder, und weil er glaubte, die Feinde besser auf der Landseite als zur See abhalten zu können, führte er seine Truppen in zwei Zügen den Vorgebirgen zu, *8* welche durch ihre gegen das Meer vortretenden Krümmungen den Hafen bilden, weil er von dort den Feind, der auf zwei Seiten unter Beschuss kam, leicht zu vertreiben hoffte. Da ihm aber Nikander, der sich von der Landseite zeigte, diesen Plan vereitelte, befahl er mit schneller Änderung seines Entschlusses eine allgemeine Einschiffung. *9* Dies verursachte nun unter den Soldaten und den Seeleuten eine gewaltige Verwirrung, gerade als flüchteten sie auf ihre Schiffe, weil sie sich zugleich zu Wasser und zu Land umringt sahen. *10* Pausistratos, der nur darin einen Weg zur Rettung fand, wenn er den Ausgang aus dem Hafen erzwingen und sich auf die offene See durchschlagen könnte, befahl seinen übrigen Truppen, sobald er sie eingeschifft sah, ihm zu folgen; er selbst voran eilte mit seinem durch die Ruder fortgeschnellten Schiff der Mündung des Hafens zu. *11* Schon fuhr er zur Öffnung hinaus, als sein Schiff Polyxenidas mit drei Fünfruderern umstellte. Es wurde durch Schnabelstöße überwältigt, seine Verteidiger fielen, mit Pfeilen bedeckt, und unter ihnen, nach tapferem Widerstand, auch Pausistratus. *12* Die übrigen Schiffe wurden teils vor, teils im Hafen erobert, einige schon von Nikander genommen, während sie sich vom Land losarbeiten wollten. *13* Nur fünf rhodische Schiffe entkamen mit zwei koischen und bahnten sich durch das Schreckmittel der lodernden Flamme einen Weg mitten durch die dicht gedrängten Schiffe. Denn zwei Stangen, die vom Vorderteil herüberhingen, trugen in eisernen Töpfen ein großes flammendes Feuer ihnen voran. *14* Da die Dreiruderer von Erythrae nicht weit von Samos die rhodischen Schiffe, denen sie zu Hilfe kommen sollten, schon auf der Flucht fanden, nahmen sie ihren Lauf rückwärts zu den Römern am Hellespont. *15* Um dieselbe Zeit eroberte Seleukos Phokaea durch Verrat, da ihm die Wache ein Tor öffnete, und Kyme nebst anderen Städten der Küste trat aus Furcht zu ihm über.

(12) Abydos hatte während dieser Ereignisse in Äolis schon mehrere Tage die Belagerung ausgehalten, weil eine königliche Besatzung die Mauern verteidigte; *2* jetzt aber waren alle Kräfte erschöpft, und selbst mit Bewilligung des Befehlshabers der Besatzung, Philotas, unterhandelte die Stadtobrigkeit mit Livius über die Bedingungen der Übergabe. *3* Das Eine hielt die Sache noch auf, dass man nicht ganz darüber einig war, ob die königlichen Truppen mit oder ohne Waffen abziehen sollten. *4* Da aber während dieser Unterhandlungen die Nachricht von der Niederlage der Rhodier einlief, musste Livius die Eroberung aus den Händen geben. Denn aus Besorgnis, Polyxenidas möge, durch diesen wichtigen Erfolg mutig gemacht, die bei Canae liegende Flotte überfallen, gab er sogleich die Belagerung von Abydos und seinen Posten am Hellespont auf und ließ die Schiffe, die bei Canae waren, ins Meer. *5* Auch kam Eumenes nach Elaea, Livius ging mit seiner ganzen Flotte, die er noch mit zwei Dreiruderern von Mytilene verstärkt hatte, nach Phokäa. Als er hörte, die Stadt habe eine starke königliche Besatzung, und Seleukos in ihrer Nähe ein Lager, *6* verheerte er die Küste, brachte schnell seinen meist aus Menschen bestehenden Raub zu Schiff, wartete nur noch, bis Eumenes mit seiner Flotte nachkam, und nahm dann die Richtung nach Samos.

7 Bei den Rhodiern erregte die erste Nachricht von ihrer Niederlage zugleich große Bestürzung und Trauer. Außer dem Verlust an Schiffen und Leuten hatten sie die Blüte und den Kern ihrer Mannschaft verloren, *8* weil viele vom Adel außer anderen Gründen auch dem Namen des Pausistratos gefolgt waren, der unter seinen Bürgern mit Recht im größten Ansehen stand. Dann aber ging ihre Trauer in Erbitterung über, weil sie nur überlistet waren, und noch dazu von einem ihrer Mitbürger. *9* Sogleich sandten sie zehn Schiffe ab und wenige Tage darauf zehn andere, sämtlich unter dem Oberbefehl des Eudamos, an dem sie sich, stand er auch in anderen kriegerischen Verdiensten dem Pausistratos weit nach, eben weil er weniger Unternehmungsgeist besaß, einen desto besonneneren Anführer versprachen. *10* Die Römer und König Eumenes hielten zuerst mit ihrer Flotte an der Küste von Erythrä an; *11* hier warteten sie eine Nacht und erreichten am folgenden Tag Korykus, das Vorgebirge im Gebiet von Teas. Da sie von hier auf die nächste Küste des samischen Landes übersetzen wollten, überließen sie die Flotte, ohne den Sonnenaufgang abzuwarten, woraus die Schiffer hätten abnehmen können, was für einen Himmel sie haben würden, der ungewissen Witterung. *12* Mitten auf ihrer Fahrt schlug der Nordost in Nordwind um, und sie trieben auf einem durch Wogen aufgetürmten Meer herum.

(13) Polyxenidas, der von Ephesus in der Voraussetzung auslief, die Feinde würden nach Samos gehen, um sich mit der rhodischen Flotte zu vereinigen, nahm seinen Stand zuerst vor Myonnesos. Von da ging er nach der Insel Makris über, um womöglich auf die vom Zug der vorübersegelnden Flotte abstreifenden Schiff oder gelegentlich auf das Hintertreffen einen Angriff zu machen. *2* Als er die Flotte vom Sturm zerstreut sah, fand er hierin anfangs einen Anlass zum Angriff; da aber gleich nachher der Wind heftiger wurde und höhere Wogen wälzte, setzte er, *3* weil er sah, er könne nicht an die Feinde herankommen, nach der Insel Athalia über, um von hier am folgenden Tag die von der hohen See auf Samos Zusteuernden anzugreifen. *4* Mit dem ersten Dunkel erreichte nur ein kleiner Teil der römischen Flotte an der Küste von Samos einen verlassenen Hafen; die übrige Flotte lief dann erst in diesen Hafen ein, als sie die ganze Nacht über auf hoher See Sturm gehabt hatte. *5* Auf die Anzeige der Landleute, dass die feindliche Flotte bei Athalia liege, wurde hier Kriegsrat gehalten, ob man sogleich eine Schlacht liefern oder die rhodische Flotte noch abwarten solle. Die Schlacht wurde – so wollte es die Mehrheit – verschoben und man setzte wieder nach Karykos über, woher man gekommen war. *6* Auch Polyxenidas kehrte, da er vergebens vor Anker gelegen, nach Ephesus zurück. Nun segelten die römischen Schiffe über das von den Feinden geräumte Meer nach Samos. *7* Wenige Tage nachher traf hier auch die rhodische Flotte ein, und um zu zeigen, dass man nur auf diese gewartet habe, segelte man sogleich nach Ephesus, um entweder eine Seeschlacht zu liefern, oder dem Feind, falls er dem Kampf ausweichen sollte, das Geständnis der Mutlosigkeit abzunötigen, was auf die Stimmung in den Städten von großer Wirkung sein musste. *8* Gegenüber der Mündung des Hafens standen sie mit allen ihren die Front bietenden Schiffen in Schlachtordnung. Als niemand ihnen entgegenkam, teilten sie die Flotte, ließen den einen Teil am Eingang des Hafens in See vor Anker stehen und den andern Truppen an das Land setzen. *9* Als diese schon große Beute aus der weit umher geplünderten Gegend wegführten, brach der Makedonier Andronikos, der zu Ephesus in Besatzung lag, sowie sie den Mauern näher kamen, gegen sie heraus, nahm ihnen einen großen Teil der Beute ab und trieb sie zurück zum Meer und an die Schiffe. *10* Am folgenden Tag nahmen die Römer, nachdem sie etwa auf halbem Weg einen Hinterhalt gelegt hatten, ihren Zug gerade gegen die Stadt, um den Makedonier aus den Mauern herauszulocken; weil aber gerade diese Vermutung den Feind von jedem Ausfalle abschreckt, kehrten sie zu ihren Schiffen zurück; *11* und weil sich der Feind so wenig zu Lande wie zu Wasser einzulassen wagte, nahm die Flotte ihren Lauf wieder nach Samos, wo sie hergekommen war. Hier ließ der Prätor zwei Dreiruderer von den italischen Bundesschiffen und ebenso viele rhodische unter dem rhodischen Befehlshaber Epikrates abgehen, um die Kephallenische Meerenge zu beschützen. *12* Ein Spartaner, Hybristas, machte mit einer Mannschaft von Kephallene sie durch seine Seeräubereien unsicher, und schon war aller Zufuhr für Italien das Meer gesperrt.

(14) Im Piräus traf Epikrates den neuen Befehlshaber zur See, den Lucius Aemilius Regillus. *2* Als dieser die Niederlage der Rhodier erfuhr, nahm er, weil er selbst nur zwei Fünfruderer bei sich hatte, den Epikrates mit den vier Schiffen mit sich nach Asien zurück. Auch folgten

ihm mehrere offene Schiffe der Athener. *3* Er ging auf dem Ägäischen Meer nach Chios über. Ebendahin kam auch von Samos noch in später Nacht der Rhodier Timasikrates mit zwei Vierruderern, wurde vor Aemilius geführt und berichtete, er sei geschickt, diese Meeresgegend zu decken, weil die königlichen Schiffe durch ihre Streifzüge vom Hellespont und von Abydos aus sie für Lastschiffe unsicher machten. Als Aemilius von Chios nach Samos fuhr, nahmen zwei von Livius ihm entgegengeschickte rhodische Vierruderer und König Eumenes mit zwei Fünfruderern ihn in Empfang. *4* Nach seiner Ankunft auf Samos übernahm Aemilius die Flotte von Livius, und nach gehöriger Ausrichtung des gewöhnlichen Opfers berief er einen Kriegsrat. Hier sagte Gaius Livius – denn er wurde um seine Stimme zuerst befragt –, niemand könne einem anderen einen treueren Rat geben, als der, der ihm das zu tun riete, was er selbst, wenn er an dessen Stelle stünde, getan hätte. *5* Seine Absicht sei gewesen, mit der ganzen Flotte vor Ephesus zu gehen, Lastschiffe mit Kiesladungen mitzunehmen und sie in der Mündung des Hafens zu versenken. *6* Diese Sperre mache umso weniger Schwierigkeit, weil der Eingang zum Hafen gleich einem Fluss lang und schmal sei und seichte Stellen habe. So hätte er den Feinden die Verbindung mit dem Meere genommen und ihnen die Flotte unnütz gemacht.

(15) Dieser Meinung stimmte keiner bei. König Eumenes warf die Fragen auf: Wie nun, wenn sie also durch Versenkung der Schiffe den Pass zum Meer geschlossen hätten, ob sie dann mit ihrer eigenen freien Flotte dort abziehen sollten, um ihre Verbündeten zu schützen und den Feind in Schrecken zu setzen? *2* Oder ob sie auch dann noch mit der ganzen Flotte den Hafen belagert halten sollten? Denn wenn sie weggingen, wer könne dann daran zweifeln, dass die Feinde die versenkten Lasten herausziehen und den Hafen mit geringeren Anstalten wieder öffnen würden, als womit man ihn jetzt verschütte? Müsse man aber auch dann noch dort bleiben, was nütze es dann, den Hafen zu verstopfen? *3* Im Gegenteil hätten jene im Genuss des sichersten Hafens und der wohlhabendsten Stadt, in welcher ihnen Asien alles liefere, ruhige Sommerquartiere, und die Römer, auf offenem Meer den Fluten und Stürmen ausgesetzt, an allem Mangel leidend, auf ihrem beständigen Posten stehen? *4* Ja sie selbst würden hier mehr die Festgebundenen und gehindert sein, irgendetwas zu unternehmen, was doch getan werden müsse, als die Feinde eingeschlossen halten. *5* Eudamos, der Oberbefehlshaber der rhodischen Flotte, äußerte mehr sein Missfallen an dieser Meinung, als dass er selbst eine Unternehmung in Vorschlag gebracht hätte. *6* Der Rhodier Epikrates stimmte so: Für jetzt müsse man mit Verzichtleistung auf Ephesus einen Teil der Flotte nach Lykien schicken und Statara, die Hauptstadt des Landes, für den Bund gewinnen. *7* Dies werde zwei große Vorteile gewähren. Einmal würden die Rhodier, wenn sie mit dem Festland ihrer Insel gegenüber in Frieden wären, alle ihre Kräfte auf die Sorge für den einzigen Krieg mit Antiochos wenden können; *8* Zum andern werde es der Flotte, welche er jetzt in Lykien ausrüsten lasse, unmöglich gemacht, zur Vereinigung mit Polyxenidas auszulaufen. *9* Diese Meinung machte den größten Eindruck. Doch beschloss man, Regillus solle, um den Feinden Schrecken einzujagen, mit der ganzen Flotte gegen den Hafen von Ephesus gehen.

(16) Gaius Livius aber wurde mit zwei römischen Fünf- und vier rhodischen Vierruderern und zwei offenen Schiffen von Smyrna nach Lykien geschickt, mit dem Befehl, vorher bei den Rhodiern einzulaufen und mit ihnen gemeinschaftlich zu Rate zu gehen. *2* Die Städte, bei welchen er vorfuhr, Miletos, Myndos, Halikarnassos, Kos, Knidos, leisteten mit großem Eifer seinen Forderungen Genüge. *3* Als er nach Rhodos kam, setzte er den Bürgern den Zweck seiner Sendung auseinander und fragte sie zugleich um Rat. Mit ihrer aller Zustimmung und nachdem er in die Flotte, die er schon hatte, noch drei Vierruderer aufgenommen, schiffte er nach Patara. *4* Anfangs trieb die Römer ein günstiger Wind gerade gegen die Stadt, und sie versprachen sich von dem überraschenden Schrecken einige Wirkung. Als aber bei dem sich umsetzenden Wind das Meer

in Fluten von ungewisser Richtung wogte, gelang es ihnen freilich durch Rudern, das Land zu erreichen; *5* allein in der Nähe der Stadt war der Standort nicht sicher, und vor der Mündung des Hafens konnte die Flotte bei dem Toben des Meeres und bei einbrechender Nacht nicht in See bleiben. *6* Sie fuhren also an den Stadtmauern vorbei und liefen in den nicht ganz 2000 Schritte entfernten Hafen Phoinikos, der den Schiffen vor der Gewalt des Meeres Sicherheit gewährte, ein; *7* allein hohe Klippen ragten über ihm, welche die Bürger, mit den Truppen der königlichen Besatzung vereint, sogleich besetzten. *8* Gegen diese schickte Livius, so nachteilig auch die Gegend und so schwer hier das Aussteigen war, die Hilfstruppen von Issa und die Leichtbewaffneten von Smyrna. *9* Anfangs, solange der Kampf bloß mit Geschossen und durch rasches Hervorrennen auf eine kleine Schar mehr eingeleitet als wirklich geführt wurde, hielten diese den Kampf aus. *10* Als aber von der Stadt immer mehr herbeiströmten, und schon die ganze Volksmenge herauszstürzte, wurde Livius besorgt, seine Hilfstruppen möchten umringt werden, ja selbst seine Schiffe vom Land aus zu fürchten haben. *11* Daher führte er nicht bloß seine Truppen, sondern auch die Schiffssoldaten, einen Schwarm von Ruderknechten, alle mit Waffen, wie sie jeder haben konnte, ins Treffen. *12* Auch jetzt war der Kampf noch unentschieden, und in diesem regellosen Gefecht fielen nicht allein mehrere Soldaten, sondern auch Lucius Apustius. Zuletzt wurden doch die Lykier völlig geschlagen und in die Stadt getrieben, und die Römer kehrten nach einem blutigen Sieg zu ihren Schiffen zurück. *13* Von hier segelten sie in die Bucht von Telmessos, die mit der einen Seite Karien, mit der andern Lykien berührt, und ließen, ohne den Anschlag auf Patara weiter zu verfolgen, die Rhodier nach Hause gehen. *14* Livius fuhr an der Küste Asiens vorbei nach Griechenland, um die Scipionen zu sprechen, welche damals in Thessalien standen, und dann nach Italien überzugehen.

(17) Als Aemilius, der mit seiner Flotte von Ephesus, durch Stürme verschlagen, unverrichteter Sache nach Samos zurückgegangen war, die Nachricht erhielt, die Unternehmung in Lykien sei aufgegeben und Livius nach Italien gegangen, beschloss er, *2* weil er den fehlgeschlagenen Versuch auf Patara für schändlich hielt, mit seiner ganzen Flotte dort hinzugehen und die Stadt mit allen Kräften anzugreifen. *3* Sie fuhren an Milet und der übrigen Küste ihrer Verbündeten vorbei und landeten im Meerbusen von Bargyliae bei Jasos. Die Stadt hatte eine königliche Besatzung; die Gegend umher plünderten die Römer feindlich. *4* Dann suchte Aemilius durch Gesandte in Unterredungen mit den Vornehmen und obrigkeitlichen Personen ihre Stimmung zu erfahren, und als diese antworteten, sie selbst hätten über nichts zu verfügen, zog er zum Sturm gegen die Stadt heran. *5* Bei den Römern befanden sich Vertriebene aus Jasos. Zahlreich drangen diese mit der Bitte in die Rhodier, sie möchten eine ihnen benachbarte und mit ihnen verwandte Stadt nicht unverdienterweise zugrunde richten lassen. *6* Dass sie selbst verbannt wären, daran sei bloß ihre persönliche Treue gegen die Römer schuld. Allein, dieselbe Gewalttätigkeit der königlichen Befehlshaber, welche sie verbannt habe, binde auch den in der Stadt Gebliebenen die Hände. In dem Wunsch, der königlichen Sklaverei zu entgehen, seien die Bürger von Jasos sich alle gleich. *7* Die Rhodier, durch diese Bitten gerührt, nahmen König Eumenes zu Hilfe, dachten an ihre dortigen Verwandten, beklagten die Stadt, die von der königlichen Besatzung zu ihrem Verderben gezwungen werde, und bewirkten dadurch, dass die Belagerung unterblieb. *8* Weil hier alles übrige Freundesland war, ging die Fahrt weiter, Asiens Küste entlang nach Loryma, einem Hafen Rhodos gegenüber. *9* Hier gab es zuerst im Vertrauen unter den Obersten an der Hauptwache das Gerede, das bald auch selbst dem Aemilius zu Ohren kam, es sei nicht recht, dass man die Flotte so weit von Ephesus, wo sie den Krieg für sich selbst führe, entferne, dass der hinter ihr zurückgelassene Feind gegen so viele benachbarte Bundesstaaten sich alles ungestraft erlauben könne. *10* Dies wirkte auf Aemilius. Er ließ die Rhodier rufen und fragte sie, ob der Hafen zu

Patara für die ganze Flotte Platz habe. Als sie dies verneinten, nahm er dies zum Vorwand, die Unternehmung aufzugeben, und führte die Schiffe nach Samos zurück.

(18) Um diese Zeit kam Seleukos, der Sohn des Antiochos, der sich während des ganzen Winters mit seinem Heer in Äolis darauf beschränkt hatte, seinen Verbündeten Hilfe zu leisten ***2*** und diejenigen, die er nicht für seine Partei gewinnen konnte, zu plündern, auf den Entschluss, während Eumenes von seinen Staaten mit den Römern und Rhodiern Lykiens Seestädte belagere, zu einem Angriff auf das Gebiet desselben auszurücken. ***3*** Zuerst zog er gegen Elaea, gab dann die Belagerung der Stadt auf, verheerte feindlich ihr Gebiet und zog zum Angriff auf Pergamon, die Hauptstadt und erste Festung des Reiches. ***4*** Durch die anfangs von Attalos vor der Stadt aufgestellten Posten und die Ausfälle der Reiterei und Leichtbewaffneten wurden die Feinde mehr gereizt als aufgehalten. ***5*** Zuletzt zog er sich, als ihn die kleinen Gefechte belehrten, dass er ihnen in keiner Beziehung gewachsen sei, in die Mauern zurück, und die Belagerung der Stadt begann. ***6*** Fast um dieselbe Zeit hatte auch Antiochos nach seinem Aufbruch von Apamea anfangs zu Sardes, dann nicht weit von dem Lager des Seleukos an der Quelle des Flusses Kaikos sein Standlager mit einem großen, aus allerlei Völkern gemischten Heer. ***7*** Die furchtbarsten darunter waren die in Sold genommenen 4000 Gallier. Mit einer kleinen beigegebenen Mannschaft schickte er diese ab, das Gebiet von Pergamon allenthalben von Grund auf zu verheeren. ***8*** Als diese Nachrichten von Samos einliefen, segelte Eumenes, durch den Krieg in seinem Reich abgerufen, mit seiner Flotte zuerst nach Elaea, von da eilte er unter dem Schutz der hier vorgefundenen Reiterei und leichten Fußtruppen, ehe es noch die Feinde merkten oder in Bewegung kamen, nach Pergamon. ***9*** Hier kam es wieder durch Ausfälle zu kleinen Gefechten, da Eumenes offenbar einem Entscheidungskampf auswich. Nach wenigen Tagen kamen die Flotten der Römer und Rhodier zur Hilfe des Königs von Samos nach Elaea. ***10*** Als dem Antiochos gemeldet wurde, dass sie in Elaea ihre Truppen ans Land gesetzt und in diesem einen Hafen so viele Flotten sich vereinigt hätten, und er zugleich erfuhr, der Konsul stehe schon mit seinem Heer in Makedonien, ***11*** und man treffe die nötigen Vorbereitungen zum Übergang über den Hellespont, da glaubte er, jetzt sei es Zeit, ehe er sich zu Land und zu Wasser zugleich bedrängt sähe, um Frieden zu unterhandeln, und besetzte mit seinem Lager eine Höhe Elaea gegenüber. ***12*** Hier ließ er sein ganzes Fußvolk zurück, kam mit der Reiterei – sie bestand aus 6000 Mann – in die Ebene dicht unter den Mauern von Elaea und ließ dem Aemilius durch einen Herold anzeigen, er wolle wegen eines Friedens unterhandeln.

(19) Aemilius ließ Eumenes von Pergamon abrufen und zog auch die Rhodier mit zum Kriegsrat. Die Rhodier wiesen den Frieden nicht zurück. Allein Eumenes behauptete, jetzt sei es weder ehrenvoll, sich auf Friedensunterhandlungen einzulassen, noch könnten diese für die Sache von Entscheidung sein. *2 Denn*, sagte er, *wie können wir entweder mit Ehren Friedensbedingungen eingehen, da wir in den Mauern eingeschlossen und belagert sind? Oder wer wird einen Frieden gelten lassen, den wir ohne Konsul, ohne Genehmigung des Senates, ohne Bewilligung des römischen Volkes verabredet haben?* ***3*** *Ich frage dich selbst, willst du, wenn der Friede durch dich geschlossen wird, dann sogleich nach Italien zurückgehen? Flotte und Heer von hier abführen? Oder willst du abwarten, wie er dem Konsul gefalle, was der Senat dazu sage, ob das Volk ihn genehmige?* ***4*** *Dir bliebe also nichts übrig, als in Asien zu bleiben und wieder von deinen in die Winterquartiere geführten Truppen, weil du den Krieg aufgegeben hättest, die Bundesgenossen durch Lieferungen der Bedürfnisse erschöpfen zu lassen, hinterher fingen wir dann,* ***5*** *sobald es der Wille derer wäre, die hierüber zu entscheiden hätten, den Krieg wieder ganz von vorn an, den wir, wenn wir nicht etwa durch Aufschub in dem jetzigen raschen Gang nachlassen, vor dem Winter mit dem Beistand der Götter beendet haben können.* ***6*** Diese Meinung behielt die Oberhand, und Antiochos bekam zur Antwort, vor des Konsuls Ankunft lasse sich nicht über den Frieden verhandeln. ***7*** Nach diesem

vergeblichen Versuch zum Frieden verheerte Antiochos zuerst das Gebiet von Elaea, dann das pergamenische Gebiet, ließ hier seinen Sohn Seleukos, zeigte sich auf dem Marsch nach der Stadt Adramytteon als Feind und rückte dann in ihr fruchtbares Gebiet, genannt die Ebene von Theben, dieser durch die homerischen Gedichte bekannten Stadt. ***8*** In keiner Gegend Kleinasiens machten die königlichen Soldaten größere Beute. Nun nahmen auch die Flotten des Aemilius und Eumenes den Weg in einem Wagen ebendahin nach Adramytteon, um die Stadt zu schützen.

(20) Gerade in diesen Tagen kamen zu Elaea 1000 Mann zu Fuß und 100 Reiter aus Achaia an, sämtlich unter der Anführung des Diophanes. Als sie die Schiffe verließen, geleiteten die von Attalos ihnen Entgegengeschickten sie nach Pergamon. Sie waren alle alte, erfahrene Krieger, und der ***2*** Anführer selbst ein Zögling Philopoemens, des größten unter allen griechischen Feldherren jener Zeit. Zur Erholung für Menschen und Pferde, zugleich um die Stellungen der Feinde kennenzulernen, auch wo und wann sie sich zu nähern und sich zurückzuziehen pflegten, nahmen sie sich zwei Tage. ***3*** Die königlichen Truppen rückten gewöhnlich bis etwa an den Fuß des Hügels, auf dem die Stadt liegt. So hatten sie im Rücken ganz ungehinderte Plünderung, weil aus der Stadt niemand einen Ausfall machte, auch nicht einmal, um aus der Ferne auf ihre Posten zu schießen. ***4*** Und als sich die Belagerten einmal, aus Furcht zusammengedrängt, auf ihre Mauern eingeschlossen hatten, erwuchs daraus bei den Königlichen Verachtung des Feindes und daher Nachlässigkeit. Viele hatten ihre Pferde nicht gesattelt und aufgezäumt. ***5*** Mit Hinterlassung einiger weniger unter den Waffen und im Glied, zerstreuten sich die auseinanderlaufenden Übrigen überall in der ganzen Ebene. Diese beschäftigten sich mit jugendlichem Spiel und Mutwillen; jene lagen im Schatten beim Essen, einige auch zum Schlaf hingestreckt. ***6*** Als Diophanes von der hochgelegenen Stadt Pergamon dies bemerkt hatte, befahl er seinen Leuten, zu den Waffen zu greifen und seinen Befehl abzuwarten. Er selbst ging zu Attalos und meldete ihm seine Absicht, auf die feindlichen Posten einen Angriffsversuch zu machen. ***7*** So ungern Attalos seine Einwilligung gab – denn er sah ihn mit 100 Reitern gegen 300, mit 1000 Mann zu Fuß gegen 4000 kämpfen –, so zog Diophanes doch vor das Tor und nahm in der Nähe der feindlichen Stellung einen Stand, um eine Gelegenheit abzuwarten. ***8*** Nicht allein die in Pergamon hielten dies mehr für Wahnsinn als für Kühnheit, sondern selbst die Feinde, die einen Augenblick aufmerksam auf sie geworden waren, änderten auch auf ihrer Seite, als sie keine weitere Unternehmung sahen, nichts in ihrer gewohnten Nachlässigkeit. ***9*** Diophanes hielt seine Leute, als wären sie nur zum Zusehen ausgerückt, eine Zeitlang beisammen. ***10*** Als er aber sah, dass die Feinde ihren Gliedern entlaufen waren, befahl er seinem Fußvolk, so schnell wie möglich nachzusetzen, und stützte mit seinem Geschwader, der übrigen Reiterei voran, im größten Schnellschritt unter einem zugleich von Fußvolk und Reiterei erhobenen Geschrei plötzlich auf die feindlichen Posten. ***11*** Der Schrecken traf nicht bloß die Menschen, auch die Pferde, die sich von den Halftern losrissen, brachten Verwirrung und Getümmel unter die Ihrigen; ***12*** nur wenige Pferde standen, ohne Scheu zu weiden, aber auch diese zu satteln, aufzuzäumen, zu besteigen, war nicht so leicht, da schon die achäische Reiterei einen weit größeren Schrecken verbreitete, als ihre Anzahl erwarten ließ. ***13*** Und nun überfiel das Fußvolk in Reihe und Glied und in völliger Fassung die nachlässig Umherlaufenden oder halb Schlafenden. Auf den Feldern war allenthalben Gemetzel und Flucht. ***14*** Diophanes, der den Fortstürzenden, soweit es sich mit Sicherheit tun ließ, nachsetzte und der achäischen Nation ungemeinen Ruhm erwarb – denn ganz Pergamon, Männer und Frauen, hatten von den Mauern zugesehen –, kehrte auf seinen Posten zum Schutz der Stadt zurück.

(21) Am folgenden Tag schlugen die königlichen Truppen, besser in Ordnung und in Reihe und Glied aufgestellt, ihr Lager 500 Schritte weiter von der Stadt auf. Fast um dieselbe Zeit wie vorhin rückten auch die Achäer aus und auf denselben Platz. ***2*** Mehrere Stunden harrte man

auf beiden Seiten voll Erwartung auf den Angriff, als würde er jetzt gleich erfolgen. Als es gegen Sonnenuntergang Zeit wurde, ins Lager zurückzukehren, nahmen die Königlichen ihre Fahnen zusammen und traten in einem mehr zum Marsch als zum Kampf geordneten Zug den Rückzug an. *3* Diophanes verhielt sich, solange er sie sehen konnte, ruhig. Dann aber warf er sich mit demselben Ungestüm wie tags zuvor auf die Nachhut und bewirkte abermals so viel Bestürzung und Verwirrung, dass von allen, weil sie im Rücken niedergehauen wurden, auch nicht einer zum Kämpfen standhielt. Im Eilschritt und kaum auf ihrem Zug Reihe und Glied haltend, wurden sie in ihr Lager getrieben. *4* Diese Kühnheit der Achäer nötigte den Seleukos, aus dem Gebiet von Pergamon abzumarschieren. Als Antiochos hörte, dass die Römer und Eumenes angekommen wären, um Adramytteum zu schützen, ließ er die Stadt bis auf die Plünderung ihres Gebietes unangefochten. Darauf eroberte er Peraea, eine Kolonie von Mytilene. *5* Kotton, Korylenus, Aphrodisias und Prinne wurden im ersten Sturm genommen. Von da kehrte er über Thyatira nach Sardes zurück. *6* Seleukos, der an der Seeküste blieb, bedrohte manche Städte, andere beschützte er. Die römische Flotte ging mit Eumenes und den Rhodiern zurück nach Mytilene, von da wieder nach Elaea, wo sie ausgelaufen war. *7* Auf ihrer Fahrt von hier nach Phokaea landeten sie auf der Insel, welche Bacchion heißt und nahe an der Stadt Phokaea liegt; und da sie vorher Tempel und Standbilder – die Insel ist herrlich damit geschmückt – verschont hatten, plünderten sie jetzt feindlich und setzten nach der Stadt selbst über. *8* Als sie sich in den Sturm auf die Mauern geteilt hatten und sahen, dass sie ohne Werke, bloß durch Waffen und Sturmleitern, nicht zu erobern wären, weil ein von Antiochos abgeschicktes Korps von 3000 Mann hineingekommen war, zogen sie sich nach aufgegebenem Sturm sogleich mit der Flotte auf die Insel zurück, nachdem sie bloß das Gebiet um die Stadt, soweit es feindlich war, geplündert hatten.

(22) Darauf beschloss man, Eumenes solle nach Hause entlassen werden und für den Konsul und dessen Heer die nötigen Vorkehrungen zum Übergang über den Hellespont besorgen, die römische und rhodische Flotte aber nach Samos zurücksegeln, um Polyxenidas das Auslaufen von Ephesus zu wehren. So ging der König nach Elaea, die Römer und Rhodier nach Samos zurück. *2* Hier starb Marcus Aemilius, der Bruder des Prätors. Nach seiner feierlichen Bestattung segelten die Rhodier gegen eine dem Gerücht nach aus Syrien kommende Flotte nach Rhodos mit 13 eigenen Schiffen, einem koischen Fünfruderer und einem knidischen, um dort vor Anker zu gehen. *3* Zwei Tage früher, als Eudamos mit seiner Flotte von Samos ankam, waren von Rhodos 13 Schiffe unter dem Befehl des Pamphilidas gegen diese syrische Flotte ausgeschickt; sie zogen noch vier Schiffe, welche Karien deckten, an sich und entsetzten Daedala und andere Bergfestungen in Peraea, welche die Königlichen belagerten. *4* Eudamos beschloss, sogleich auszulaufen. Man gab auch ihm zu der Flotte, die er schon hatte, noch sechs unbedeckte Schiffe. *5* Er ging ab, fuhr so schnell wie möglich, und bei dem Hafen, welcher Megiste heißt, holte er die früher Ausgelaufenen ein. Als sie von hier in vereintem Zug nach Phaselis gekommen waren, hielten sie es für das Beste, den Feind hier zu erwarten,

(23) Phaselis liegt auf der Grenze von Lykien und Pamphylien, tritt weit ins Meer hinaus, ist die erste sichtbare Landspitze, wenn man von Kilikien nach Rhodos fährt; und auch von dort sieht man jedes Schiff schon von Weitem. Darum besonders wählten sie sich diese Stelle, damit sie der feindlichen Flotte begegneten, *2* allein, es brachen, und dies hatten sie nicht vorhergesehen, in dieser ungesunden Gegend und Jahreszeit – es war Mitte des Sommers – und durch den ungewohnten Geruch ganz allgemein Krankheiten, besonders unter den Ruderern, aus. *3* Als sie aus Furcht vor dieser Seuche aufbrachen und vorbei am Pamphylischen Meerbusen die Flotte am Fluss Eurymedon landen ließen, hörten sie bei den Einwohnern von Aspendos, die Feinde stünden schon bei Sida. *4* Die Königlichen waren langsamer gesegelt, weil ihnen die Zeit der

Passatwinde ungünstig war, die für die Westwinde gleichsam festgesetzt ist. Die Rhodier hatten 32 Vierruderer und vier Dreiruderer. **5** Die königliche Flotte bestand aus 37 größeren Schiffen, unter denen sie drei Siebenruderer und vier Sechsruderer hatte und außer diesen noch zehn Dreiruderer. Auch ihr wurde von einer Warte die Nähe des Feindes kundgetan. **6** Am folgenden Tag rückten beide Flotten mit Sonnenaufgang aus dem Hafen aus, als wenn an diesem Tag eine Schlacht stattfinden würde. Und als die Rhodier über das von Sida in die hohe See vortretende Vorgebirge hinausfuhren, kamen sie sogleich den Feinden und die Feinde ihnen zu Gesicht. **7** Auf dem königlichen linken Flügel, der sich gegen die Seeseite aufgestellt hatte, war Hannibal Anführer, auf dem rechten Apollonios, ein königlicher Hofbeamter; und schon hatten sie ihren Schiffen die gerade Richtung gegeben. **8** Die Rhodier kamen in einem langen Zug, das Hauptschiff mit Eudamos voran, Chariklitos schloss den Zug, und das Mitteltreffen befehligte Pamphilidas. **9** Als Eudamos die feindliche Linie aufgestellt und zum Schlagen bereit sah, steuerte er ebenfalls der Höhe zu und befahl den nachfolgenden Schiffen, sich eins nach dem andern mit Beachtung der Ordnung zur Reihe aufzustellen. **10** Dies veranlasste anfangs Verwirrung. Denn er selbst war nicht so weit auf die Höhe ausgelaufen, dass sich die ganze Linie von Schiffen an der Küste hätte ausbreiten können, und aus Eilfertigkeit ging er zu vorschnell bloß mit fünf Schiffen auf Hannibal ein. Die übrigen folgten ihm nicht, weil sie Befehl hatten, sich in die Linie zu stellen. **11** Für die vom Hintertreffen war an der Küste nicht der geringste Platz geblieben, und während sie untereinander in einer unruhigen Bewegung waren, war der rechte Flügel schon mit Hannibal im Kampf.

(24) Aber sofort war bei den Rhodiern durch ihre vortrefflichen Schiffe und ihre Erfahrenheit zur See aller Schrecken vorüber. **2** Denn jedes Schiff machte sich schnell auf die See hinaus und gab dadurch dem ihm an die Küste nachfolgenden Platz, und wenn eins mit einem feindlichen zusammentraf, so zerstieß es ihm entweder mit dem Schnabel das Vorderteil oder streifte ihm die Ruder ab, oder lief auf dem freien Durchgange zwischen den Gliedern herum und fiel ihm auf das Hinterteil. **3** Nicht ohne großen Schrecken sahen die Königlichen einen ihrer Siebenruderer nach einem einzigen Stoße von einem weit kleineren rhodischen Schiff sinken. Darum neigte sich der rechte Flügel offenbar schon zur Flucht. **4** Eudamos sah sich auf der Seeseite bei seiner großen Überlegenheit in allen übrigen Stücken dennoch von Hannibal hauptsächlich durch die Mehrzahl der Schiffe bedrängt und wäre von ihm umringt worden, wären nicht auf das aus seinem Hauptschiff aufgesteckte Zeichen, auf welches die zerstreute Flotte sich zu sammeln gewohnt war, alle Schiffe, welche auf dem andern Flügel gesiegt hatten, zu seiner Hilfe herbeigeeilt. **5** Nun ergriff auch Hannibal mit den unter ihm stehenden Schiffen die Flucht, und die Rhodier konnten ihn, weil ihre Ruderer größtenteils krank und darum früher erschöpft waren, nicht verfolgen. **6** Als sie sich aber auf der hohen See, wo sie Halt gemacht hatten, mit Speise stärkten, ließ Eudamos, der die Feinde ihre lahmen und verstümmelten Schiffe im Schlepptau durch unbedeckte Schiffe fortführen und nur mit wenig mehr als 20 unbeschädigten abziehen sah, von einem Bollwerk seines Hauptschiffes Stille gebieten und rief: *Erhebt euch und gönnt euren Augen ein herrliches Schauspiel!* **7** Alle richteten sich auf, und als sie die Verwirrung und Flucht der Feinde bemerkten, riefen alle wie aus einem Mund, man müsse sie verfolgen. **8** Das Schiff des Eudamos selbst war durch viele Stöße beschädigt. Er befahl also dem Pamphilidas und Chariklitus, soweit sie es für sicher hielten, nachzusetzen. **9** Eine Zeitlang folgten sie. Als sich aber Hannibal dem Land näherte, kehrten sie aus Furcht, vom Wind an der feindlichen Küste festgehalten zu werden, zu Eudamos zurück und schleppten einen eingenommenen, gleich vom ersten Zusammenstoß durchbohrten Siebenruderer mit Mühe nach Phaselis. **10** Darauf kehrten sie nach Rhodos zurück, nicht so freudig über ihren Sieg, als mit gegenseitigen Vorwürfen untereinander, dass sie die feindliche

Flotte, wie doch möglich gewesen wäre, nicht ganz in den Grund gebohrt oder genommen hätten. ***11*** Hannibal war auch jetzt noch, ohne sich durch ein einziges misslungenes Treffen abschrecken zu lassen, völlig entschlossen, an Lykien vorbeizusegeln, weil er sich mit der alten königlichen Flotte möglichst bald zu vereinigen wünschte. ***12*** Damit ihm dies nicht freistünde, schickten die Rhodier den Chariklitus mit 20 Kriegsschiffen nach Patara und dem Hafen Megiste. ***13*** Den Eudamos ließen sie mit sieben der größten Schiffe aus der von ihm bisher befehligten Flotte nach Samos zu den Römern zurückkehren, um sie, soviel er durch seinen Rat und seinen Einfluss vermöchte, zu einem Angriff auf Patara zu bewegen.

(25) Bei den Römern erregte zuerst die Nachricht vom Sieg und dann die Ankunft der Rhodier große Freude; ***2*** und es war klar, wenn diese Sorge den Rhodiern genommen war, so konnten sie ganz frei und ungehindert den Meeren ihrer Gegend Sicherheit gewähren. Allein der Aufbruch des Antiochos von Sardes, der sie einen Überfall der Seestädte fürchten ließ, erlaubte es nicht, Jonien und Nolis unbeschützt zu lassen. ***3*** Daher ließen sie nur den Pamphilidas mit vier Kriegsschiffen zu der Flotte gehen, welche bei Patara stand. ***4*** Antiochos zog nicht allein die Besatzungen aus den Städten in seiner Nähe an sich, sondern er ließ auch an Prusias, den König von Bithynien, eine Gesandtschaft mit einem Schreiben abgehen, in dem er den Übergang der Römer nach Asien tadelte. ***5*** Sie kämen, um alle Königreiche zu stürzen, damit es nirgends in der Welt eine Herrschaft außer der römischen gebe. ***6*** Philipp und Nabis hätten sie bezwungen; auf ihn gingen sie als dritten. Sowie jeder auf den Unterdrückten zunächst folge, würden sie, wie eine fortlaufende Feuersbrunst, alle ergreifen. ***7*** Ihr nächster Schritt von ihm werde nach Bithynien gehen, insofern sich Eumenes schon zur freiwilligen Sklaverei hingegeben habe. ***8*** Prusias, auf den dies Eindruck machte, brachte ein Brief vom Konsul und mehr noch einer von dessen Bruder Africanus von allem Argwohn dieser Art zurück. Dieser regte in Prusias den Wunsch, sich um seine Freundschaft verdient zu machen, nicht nur durch Einführung der beständigen römischen Gewohnheit, die Hoheit der mit ihnen verbündeten Könige durch jede ehrenvolle Auszeichnung zu erhöhen, sondern auch durch Beispiele aus seinem eigenen Kreis. ***9*** In Spanien habe er kleine Fürsten, die sich in seinen Schutz begeben hätten, als Könige zurückgelassen. Den Masinissa habe er nicht allein in sein väterliches Reich wieder eingeführt, sondern auch auf den Thron des Syphax gesetzt, von dem er vorher vertrieben worden sei. ***10*** Jetzt sei er nicht nur in Afrika bei Weitem der mächtigste König, sondern an Hoheit und Macht jedem Herrscher auf Erden gleich. Philipp und Nabis, beide durch Krieg besiegte Feinde, habe Titus Ouinctius dennoch in ihren Reichen gelassen, ***11*** Philipp habe man im vorigen Jahr die Zahlungen erlassen, ihm seinen als Geisel gestellten Sohn zurückgeschickt, ***12*** und mit Bewilligung der römischen Feldherren habe er manche Staaten außerhalb Makedoniens wieder an sich gebracht, auch Nabis würde sich immer auf seinem Posten behauptet haben, wenn ihn nicht zuerst seine eigene Verrücktheit und dann die List der Aetoler gestürzt hätten. ***13*** Am meisten bestärkte den König in dieser Stimmung die Ankunft des Gaius Livius, der früher als Prätor die Flotte befehligt hatte, jetzt als Gesandter von Rom kam und ihm auseinandersetzte, ***14*** wie viel gewisser sich der Sieg für die Römer als für Antiochos hoffen lasse, und wie er von den Römern eine weit gewissenhaftere und dauerhaftere Freundschaft zu erwarten habe.

(26) Antiochos brach, als ihm die gehoffte Verbindung mit Prusias fehlschlug, von Sardes nach Ephesus auf, um die Flotte, die schon seit mehreren Monaten bemannt und segelfertig war, in Augenschein zu nehmen, ***2*** mehr, weil er einsah, er sei mit seinen Landtruppen einem römischen Heer und zwei Scipionen an dessen Spitze nicht gewachsen, als dass er vom Seekrieg an sich selbst entweder je mit Glück Gebrauch gemacht, oder sich viel Großes und Sicheres versprochen hätte. ***3*** Doch gab seiner Erwartung für jetzt der Umstand einen Ausschlag, dass er gehört hatte, ein

großer Teil der rhodischen Flotte liege bei Patara, und König Eumenes sei mit allen seinen Schiffen dem Konsul nach dem Hellespont entgegengesegelt; *4* auch machte ihm das einigen Mut, dass es bei Samos geglückt war, durch jene listige Einleitung die rhodische Flotte zu vernichten. *5* Aus diesen Gründen ließ er Polyxenidas mit der ganzen Flotte absegeln, um unter allen Umständen sein Glück in einer Schlacht zu versuchen; er selbst führte seine Truppen vor Notion. *6* Dies den Kolophoniern gehörige Städtchen, das ins Meer hinausliegt, ist vom alten Kolophon nicht ganz 2000 Schritte entfernt, und selbst die Stadt Kolophon wünschte er für sich zu haben, weil sie so nahe bei Ephesus lag, dass alles, was er zu Land und zu Wasser unternahm, nicht nur vor den Augen der Kolophonier geschah, *7* sondern auch durch sie sogleich den Römern bekannt wurde, die dann, wie er nicht zweifelte, wenn sie von der Belagerung hörten, zum Schutze ihrer verbündeten Stadt mit der Flotte sich von Samos aufmachen würden. *8* Dann werde Polyxenidas Gelegenheit haben, etwas zu unternehmen. Er machte also den Angriff auf die Stadt durch Werke, und nachdem er seine Verschanzungen von zwei Seiten zugleich bis zum Meer geleitet hatte, führte er auf beiden Seiten Annäherungshütten und einen Damm bis an die Mauer und ließ unter Sturmdächern Widderköpfe anrücken. *9* Von so vielen Übeln bedroht, schickten die Kolophonier Gesandte nach Samos an Lucius Aemilius und baten um den Schutz des Prätors und des römischen Volkes. *10* Aemilius war schon lange über seinen untätigen Aufenthalt zu Samos ärgerlich, weil er nichts weniger vermutete, als dass Polyxenidas, dem er zweimal eine Schlacht vergeblich angeboten hatte, sich jetzt darauf einlassen werde; *11* zugleich hielt er es für schimpflich, wenn er sich, während die Flotte des Eumenes den Konsul beim Übersetzen der Legionen nach Asien unterstütze, durch den Entsatz eines belagerten Kolophon fesseln ließe, der noch von ungewissem Erfolg sei. *12* Allein der Rhodier Eudamos, der ihn gegen seinen Wunsch, nach dem Hellespont zu gehen, zu Samos festgehalten hatte, und die übrigen alle drangen in ihn und sagten, *13* es sei viel besser für ihn, entweder die Bundesgenossen von der Belagerung zu befreien oder die schon einmal besiegte Flotte noch einmal zu schlagen und den Feind aus dem Besitz des Meeres völlig zu vertreiben, als mit Aufopferung der Bundesgenossen, mit Hingebung Asiens zu Land und zu Wasser an Antiochos, von dem ihm angewiesenen Schauplatz des Krieges zum Hellespont abzugehen, wo die Flotte des Eumenes genügend sei.

(27) Sie schickten sich an, von Samos, weil sie ihre Lebensmittel verbraucht hatten, um neue zu holen, nach Chios überzusetzen. Denn dies war die Vorratskammer der Römer; und alle aus Italien abgegangenen Lastschiffe richteten ihren Lauf dahin. *2* Als sie nach ihrer Herumfahrt von der Stadt Samos auf die Rückseite der Insel – diese liegt nordwärts, Chios und Erythrae gegenüber – schon im Übersetzen begriffen waren, meldete ein Schreiben dem Prätor, auf Chios sei ein großer Vorrat Getreide angekommen, allein die Schiffe mit Weinladungen würden noch vom Sturm zurückgehalten. *3* Zugleich erhielt er die Nachricht, die Tejer hätten die königliche Flotte reichlich mit Lebensmitteln versorgt und ihr noch 5000 Krüge Wein versprochen. Er fuhr sogleich nach Teos ab, um sich entweder den für die Feinde angeschafften Vorrat von den Tejern gutwillig geben zu lassen, oder sie als Feinde zu behandeln. *4* Schon richteten sie die Vorderteile der Küste zu, als sich in der Nähe von Myonnesus gegen 15 Schiffe sehen ließen, die der Prätor anfangs, weil sie seiner Meinung nach von der königlichen Flotte waren, verfolgen wollte. Nachher zeigte sich's, dass es Jachten und Barken von Seeräubern waren. *5* Sie hatten an der Küste von Chios geplündert, waren mit Beute aller Art auf der Rückkehr begriffen und ergriffen, sobald sie auf der hohen See eine Flotte sahen, die Flucht. Sie waren mit ihren leichten und hierzu gebauten Fahrzeugen den Römern nicht nur an Schnelligkeit überlegen, sondern auch dem Land schon näher. *6* Ehe also die Flotte herankam, retteten sie sich nach Myonnesus. Der Prätor, des Ortes unkundig, folgte ihnen in der Hoffnung, die Schiffe aus dem Hafen abholen zu können. *7*

Myonnesus ist ein Vorgebirge zwischen Teos und Samos. Der Hügel selbst steigt in Kegelform von einem ziemlich breiten Fuß zu einem spitzen Gipfel auf; von der Landseite lässt er sich auf einem schmalen Pfad ersteigen; vom Meer her sperren ihn Klippen, von den Fluten so ausgespült, dass an einigen Stellen die herüberhängenden Felsen weiter ins Meer hinaustreten als die darunter haltenden Schiffe. *8* Da es die Römer nicht wagten, sich hier mit ihren Schiffen zu nähern, um den auf den Klippen stehenden Seeräubern nicht in den Schuss zu kommen, ging ihnen dieser Tag verloren. *9* Gegen Einbruch der Nacht gaben sie endlich ihr vergebliches Unternehmen auf und landeten am folgenden Tag bei Teos. Der Prätor ließ die Schiffe in dem Hafen vor Anker, welcher der Stadt im Rücken liegt – dort nennt man ihn Geraistikos –, und schickte Truppen aus, die umliegende Gegend der Stadt zu verwüsten.

(28) Die Tejer, unter deren Augen die Plünderung stattfand, schickten an den römischen Befehlshaber Gesandte in priesterlichem Schmuck und mit den Abzeichen der Schutzflehenden. *2* Als diese behaupteten, ihrem Staat falle keine feindliche Handlung, kein feindliches Wort gegen die Römer zur Last, hielt er ihnen vor, dass sie der königlichen Flotte mit Lebensmitteln ausgeholfen und wie viel Wein sie Polyxenidas zugesagt hätten. Würden sie der römischen Flotte dasselbe geben, so wolle er seine Truppen von der Plünderung zurückrufen, wenn nicht, sie als Feinde behandeln. *3* Als die Gesandten diesen traurigen Bescheid zurückbrachten, beriefen die Obrigkeiten das Volk zur Versammlung, um zu beraten, was zu tun sei. *4* Als Polyxenidas hörte – er war gerade an diesem Tag mit der königlichen Flotte von Kolophon ausgelaufen –, die Römer hätten sich von Samos aufgemacht, hätten bis Myonnesus Seeräuber verfolgt, das Gebiet von Teos geplündert und ihre Schiffe lägen im Hafen Geraistikos, *5* ging er selbst Myonnesus gegenüber an der von den Schiffern Makris genannten Insel in einem verdeckt gelegenen Hafen vor Anker. *6* Bei seinen hier in der Nähe vorgenommenen Nachforschungen nach dem Verhalten der Feinde machte er sich anfangs große Hoffnung, ebenso wie er bei Samos die rhodische Flotte durch Besetzung der schmalen Straße am Ausgang des Hafens besiegt habe, auch die römische zu besiegen. Und der Platz hatte eine ähnliche Lage. *7* Zwei zusammenstoßende Vorgebirge schließen den Hafen so eng, dass hier kaum zwei Schiffe zugleich auslaufen können. *8* Polyxenidas nahm sich vor, in der Nacht den Eingang zu besetzen, an jedem Vorgebirge zehn Schiffe aufzustellen, welche von beiden Landspitzen die auslaufenden Schiffe in der Flanke angreifen sollten, die Truppen der übrigen Flotte so, wie er bei Panormus getan hatte, an die Küste auszusetzen und die Feinde zu Wasser und zu Land zugleich zu überfallen. *9* Sein Plan wäre nicht fehlgeschlagen, wenn nicht die Römer, als sich die Tejer zu den Lieferungen bereit erklärten, um die Vorräte in Empfang zu nehmen, mit ihrer Flotte lieber in den andern Hafen, der vor der Stadt liegt, herumgegangen wären. *10* Auch soll der Rhodier Eudamos dem Prätor die nachteilige Lage des andern Hafens gezeigt haben, als sich zufällig zwei Schiffe in der engen Mündung so ineinander verwickelten, dass sie die Ruder zerbrachen. *11* Unter anderen war für den Prätor auch dies ein Grund zur Verlegung der Flotte, dass ihm dort das feste Land gefährlich wurde, wo Antiochos mit seinem Lager in der Nähe war.

(29) Ohne das Geringste zu ahnen, waren Soldaten und Schiffer, als sie die Flotte nach der Stadt herumgeführt hatten, ans Land gegangen, um die Vorräte und hauptsächlich den Wein auf die Schiffe zu verteilen, *2* da meldete gerade um Mittag ein Bauer, den man vor den Prätor brachte, bei der Insel Makris liege schon zwei Tage eine Flotte, und kurz vorher habe er einige Schiffe manövrieren sehen, als wollten sie auslaufen. *3* Der Prätor, durch die unerwartete Anzeige betroffen, ließ die Trompeter das Zeichen geben, dass die etwa auf dem Land Zerstreuten zurückkommen sollten; die Obersten schickte er in die Stadt, um die Soldaten und Seeleute an Bord zu bringen. *4* Wie bei einer plötzlichen Feuersbrunst oder bei Erstürmung einer Stadt stürzten

alle durcheinander, weil die einen in die Stadt liefen, ihre Kameraden zu rufen, die anderen aus der Stadt nach den Schiffen zurückrannten; Verwirrung kam durch das viele unverständliche Geschrei, zwischen dem die Trompeten durchschmetterten, Verwirrung selbst in die Befehle, doch strömte endlich alles bei den Schiffen zusammen. *5* Aber kaum konnte jeder das seinige herausfinden oder vor Getümmel herankommen; und die Verwirrung wäre auf der See und auf der Küste gleich gefährlich geworden, wenn nicht Aemilius und Eudamos, durch Teilung der Geschäfte unter sich, jener zuerst mit dem Hauptschiff aus dem Hafen auf die hohe See ausgelaufen, wo er die nachfolgenden in Empfang nahm und jedes auf seinen Platz zur Schlachtreihe aufstellte, *6* dieser mit der rhodischen Flotte an der Küste stehengeblieben wäre, damit die Leute sich ohne Unordnung einschiffen und alle Schiffe, sowie sie einzeln fertig waren, auslaufen könnten. *7* So breiteten sich nicht nur die ersten unter den Augen des Prätors in Linie aus, sondern auch die Rhodier schlossen sich als Hintertreffen an, und die Linie rückte geordnet, gleich als sähe sie die königliche Flotte vor sich, auf die Höhe vor. *8* Sie waren zwischen Myannesus und dem Vorgebirge Korykus, als sie den Feind erblickten, auch die königliche Flotte, die in einem langen Zug von zwei Gliedern herankam, breitete sich gegenüber in Linie aus und dehnte ihren linken Flügel so lang, dass sie den rechten Flügel der Römer umfassen und umgehen konnte. *9* Als Eudamos, der den Schluss des Zuges machte, bemerkte, dass die Römer nicht gleiche Linie halten könnten und beinahe schon auf ihrem rechten Flügel umgangen würden, eilte er mit seinen Schiffen herbei – die rhodischen aber waren bei Weitem unter allen die schnellsten in der ganzen Flotte –, und als er die Flügellänge ausgeglichen hatte, stellte er dem feindlichen Hauptschiff, auf welchem Polyxenidas war, sein eigenes entgegen.

(30) Schon waren die Flotten auf allen Punkten zugleich miteinander im Kampf, auf römischer Seite kämpften 80 Schiffe, worunter 22 rhodische waren. Die Flotte der Feinde bestand aus 89 Schiffen und hatte drei sehr große Sechsruderer und zwei Siebenruderer. *2* Durch die feste Bauart der Schiffe und die Tapferkeit der Kämpfenden waren die Römer den Königlichen weit überlegen, und die rhodischen Schiffe an Schnelligkeit, an Geschicklichkeit ihrer Steuerleute und Fertigkeit der Ruderer. *3* Doch hauptsächlich waren die Schiffe den Feinden furchtbar, die Feuer vor sich hertrugen; und was bei Panormus für die umringten Rhodier das einzige Rettungsmittel gewesen war, das gab auch jetzt den größten Ausschlag zum Sieg. *4* Denn wenn die königlichen Schiffe aus Furcht vor dem ihnen entgegensegelnden Feuer dem Zusammentreffen mit dem Vorderteil auswichen, so konnten sie selbst dem feindlichen Schiff keinen Schnabelstoß geben und boten sich von der Seite den Stößen des anderen dar. *5* Ließ sich eins mit dem Feind ein, so wurde es mit einem Feuerstrom überschüttet; und sie waren bei dem Brand in größerer Verlegenheit als im Kampf. *6* Am meisten wirkte indessen, wie gewöhnlich bei Schlachten, die Tapferkeit der Truppen. Denn als die Römer die Linie der Feinde in der Mitte durchbrochen hatten, warfen sie sich mit einer Schwenkung den gegen die Rhodier kämpfenden königlichen Schiffen in den Rücken, und sofort waren nicht allein die Schiffe im Mitteltreffen des Antiochous, sondern auch die auf seinem linken Flügel umringten versenkt. *7* Die noch unversehrten auf dem rechten schreckte mehr die Niederlage ihrer Kameraden als die eigene Gefahr; als sie aber die übrigen besiegt und das Hauptschiff des Polyxenidas, der seine Schlachtgenossen im Stich ließ, davon segeln sahen, steckten sie eiligst die kleinen Segel auf – und zur Fahrt nach Ephesus hatten sie günstigen Wind – *8* und ergriffen die Flucht, nachdem sie in dieser Schlacht 42 Schiffe verloren hatten, worunter 13 genommene den Feinden in die Hände fielen und die übrigen verbrannt oder gesunken waren. *9* Von den römischen Schiffen waren zwei zertrümmert, mehrere beschädigt. Ein rhodisches Schiff wurde durch einen merkwürdigen Zufall genommen. Denn als es mit seinem Schnabel ein sidonisches Schiff durchbohrte, flog durch den Stoß der Anker aus seinem

Schiff und klammerte mit seinem krummen Zahn das Vorderteil des andern so fest, als wäre ihm ein eiserner Enterhaken angeworfen; ***10*** und als die Rhodier, dadurch in Schrecken gesetzt, mit ihrem Schiff, um sich von dem feindlichen loszureißen, rückwärts ruderten, streifte diesem das langgezogene und sich in die Ruder verwickelnde Ankertau die eine Seite ab: So verstümmelt wurde es von demselben Schiff genommen, das auf den Schnabelstoß an ihm hängen geblieben war. Dies war ungefähr der Verlauf der Seeschlacht bei Myonnesus.

(31) Dadurch geschreckt, gab Antiochos, der jetzt, um den Besitz des Meeres gebracht, nicht wagte, entfernte Plätze behaupten zu können, den Befehl, die Besatzung zu Lysimachia, damit sie nicht dort von den Römern gefangen genommen würde, abzuführen, eine, wie sich später aus der Sache selbst ergab, verkehrte Maßregel. ***2*** Denn nicht allein das war leicht, dass sich Lysimachia gegen den ersten Angriff der Römer behauptete, sondern auch, dass es während des ganzen Winters eine Belagerung aushielt, die Belagerer selbst durch das lange Hinhalten auf den äußersten Mangel brachte; und unterdessen konnte man, wenn sich die Umstände boten, neue Friedensversuche einleiten. ***3*** Und nicht nur Lysimachia gab er nach dieser unglücklichen Seeschlacht den Feinden preis, sondern hob auch die Belagerung von Kolophon auf, ging nach Sardes zurück ***4*** und schickte von hier nach Kappadokien an Ariarathes, um Hilfstruppen abholen zu lassen, und wohin er sonst konnte, um Truppen zusammenzubringen, nur noch auf den einzigen Gedanken gerichtet, eine entscheidende Schlacht zu liefern.

5 Aemilius Regillus, der nach seinem Seesieg nach Ephesus segelte, stellte seine Schiffe vor dem Hafen in Linie, und als er den Feinden das offenbare Geständnis, dass sie das Meer ihm räumten, abgezwungen hatte, schiffte er nach Chios, wohin von Samos aus seine Richtung schon vor der Seeschlacht gegangen war. ***6*** Als er hier die im Kampf beschädigten Schiffe ausgebessert hatte, schickte er Lucius Aemilius Scaurus mit 30 Schiffen nach dem Hellespont, um das Heer überzusetzen, die rhodischen Schiffe, die er mit einem Teil der Beute und mit Ehrenzeichen vom Seesieg beschenkte, sollten nach Hause segeln. ***7*** Schnell kamen ihm die Rhodier zuvor, segelten hin, um die Truppen des Konsuls überzusetzen, und als sie auch diesen Dienst geleistet hatten, dann erst kehrten sie nach Rhodos zurück. ***8*** Die römische Flotte ging von Chios nach Phokaea über. Diese Stadt liegt tief in einer Bucht am Meer; sie dehnt sich in die Länge. Die Mauer hat einen Umfang von 2500 Schritten, dann zieht sie sich von beiden Seiten gleichsam in einen engeren Keil zusammen, welcher dort „Leuchte" heißt. ***9*** Hier beträgt die Breite 1200 Schritt. Eine Landzunge, die von hier ab 1000 Schritte weit ins Meer ausläuft, durchschneidet den Meerbusen ungefähr in der Mitte gleichsam durch eine Scheidewand; wo sie mit der schmalen Landenge zusammenhängt, hat sie zwei sehr sichere, nach beiden Himmelsgegenden hingekehrte Häfen. ***10*** Den gegen Mittag nennen sie dort von der Sache selbst Naustathmos, weil er eine große Menge Schiffe fasst; der andere liegt dicht neben der Leuchte.

(32) Als die römische Flotte diese beiden äußerst sicheren Häfen besetzt hatte, beschloss der Prätor, ehe er die Mauern mit Sturmleitern oder durch Werke angriff, einige zu senden, um die Stimmung der Vornehmen und der Obrigkeiten zu erfahren. Als er sie zum Widerstand entschlossen fand, fing er die Bestürmung auf zwei Stellen zugleich an. ***2*** Der eine Teil der Stadt hatte nur wenige Wohnhäuser; die Göttertempel nahmen einen bedeutenden Raum ein; hier machte er den Anfang, mit dem angebrachten Sturmbock Mauern und Türme niederzureißen; ***3*** dann, als sich hier die Menge zur Verteidigung aufstellte, ließ er den Mauerbrecher auch gegen den andern Teil vorrücken; ***4*** und schon wurden an beiden Stellen die Mauern niedergerissen. Als bei ihrem Sturz die römischen Soldaten selbst über die am Boden liegenden Trümmer eindringen wollten, einige auch auf Leitern zu den Mauern hinanzusteigen suchten, ***5*** leisteten die Bürger einen so hartnäckigen Widerstand, dass man deutlich sah, sie fanden größeren Schutz

in ihren Waffen und in ihrer Tapferkeit als an ihren Mauern. *6* Die Gefahr seiner Leute, die er jetzt bei ihrer Dreistigkeit einem vor Verzweiflung und Wut rasenden Feind nicht bloßstellen wollte, zwang den Prätor, zum Rückzug blasen zu lassen. *7* Auch jetzt nach aufgehobenem Kampf dachten die Feinde nicht an Ruhe, sondern von allen Seiten liefen alle zusammen, um die durch den Einsturz verursachten Lücken wieder zuzumauern und zu verrammen. *8* Noch waren sie bei dieser Arbeit, als Quintus Antonius dazukam, der sie, vom Prätor abgeschickt, wegen ihrer Hartnäckigkeit ausschelten und sie überzeugen sollte, dass die Römer mehr dafür sorgten als sie selbst, den Kampf nicht zum Verderben der Stadt gereichen zu lassen. *9* Wenn sie von ihrer Wut ablassen wollten, so wolle er ihnen die Übergabe unter denselben Bedingungen zugestehen, auf die sie sich vormals in den Schutz des Gaius Livius begeben hätten. *10* Als sie dies hörten, ließen sie sich fünf Tage Bedenkzeit geben, suchten während derselben bei Antiochos Hilfe, und als die an den König abgegangenen Gesandten ihnen meldeten, von ihm sei kein Beistand zu hoffen, da erst öffneten sie, unter der Bedingung, nicht als Feinde behandelt zu werden, ihre Tore. *11* Obgleich der Prätor beim Einrücken in die Stadt bekannt gemacht hatte, er wolle die Bürger, weil sie sich ergeben hätten, schonen, so entstand doch von allen Seiten ein Geschrei, es sei unerhört, dass die Phokaeer, diese niemals treuen Bundesgenossen, diese immer erbitterten Feinde, ihnen ungestraft entkommen sollten. *12* Und mit diesen Worten, gleich als habe der Prätor das Zeichen gegeben, zerstreuten sich die Soldaten durch die ganze Stadt zur Plünderung. Anfangs trat ihnen Aemilius in den Weg und rief sie mit den Worten ab, erstürmte, nicht aber übergebene Städte plündere man, und selbst bei jenen hänge das von der Willkür des Feldherrn, nicht der Soldaten ab. *13* Als ihnen aber Rache und Habsucht mehr galten als Feldherrnbefehl, ließ er durch die in der Stadt herumgeschickten Herolde alle Freigeborenen, um sie nicht misshandeln zu lassen, zu sich entbieten, und in allem, was von ihm abhing, hielt ihnen der Prätor sein Wort. *14* Er gab ihnen ihre Stadt, ihre Ländereien, ihre Gesetze wieder, und weil der Winter schon nahte, wählte er die Häfen von Phokaea, um hier mit der Flotte zu überwintern.

(33) Ungefähr um dieselbe Zeit lief bei dem Konsul bei seinem Durchzug durch das Gebiet der Aenier und Maroniten die Nachricht ein, die königliche Flotte sei bei Myonnesus geschlagen und Lysimachia von seiner Besatzung geräumt. *2* Darüber freuten sich die Römer weit mehr als über den Seesieg; vollends als sie hinkamen und eine Stadt sie aufnahm, die mit Vorräten aller Art, als wären sie zur Ankunft des Heeres angeschafft, vollgefüllt war, wo sie sich schon auf die höchste Not und Anstrengung bei der Belagerung der Stadt gefasst gemacht hatten. *3* Hier hatten sie einige Tage ihr Standlager, damit das Gepäck und die Kranken nachkommen könnten, da sie überall in den kleinen Festungen Thrakiens Kranke und vom langen Marsch Ermüdete zurückgelassen hatten. *4* Nachdem sie alle an sich gezogen hatten, machten sie sich wieder auf den Weg durch die Chersones und kamen an den Hellespont, wo sie, weil König Eumenes alles zum Übergang sorgfältig veranstaltet hatte, wie auf Freundes Küsten, von niemand gehindert und so, dass einige Schiffe hier, andere dort anfuhren, ohne die geringste Unordnung übersetzten. *5* Dies gab den Römern noch mehr Mut, da sie sahen, dass ihnen der Übergang nach Asien, bei dem sie einen harten Kampf vermutet hatten, nicht einmal gewehrt wurde. *6* Darauf hatten sie am Hellespont eine Zeitlang ihr Standlager, weil gerade jetzt die für einen zu unternehmenden Marsch bedenklichen Tage eintraten, in welchen die Ancilien (die heiligen Schilde) herumgetragen werden. *7* Diese Feiertage, die den Publius Scipio, weil er salischer Priester war, noch näher angingen, hatten ihn auch vom Heer getrennt gehalten, und bis er nachkommen konnte, gab schon sein persönliches Ausbleiben zu diesem längeren Aufenthalt die Veranlassung.

(34) Gerade in dieser Zeit war als Gesandter von Antiochos der Byzantiner Heraklides mit Friedensanträgen ins Lager gekommen. *2* Dass dieser zu erlangen sei, machte ihm das Säumen

und Zögern der Römer sehr wahrscheinlich, da er geglaubt hatte, sowie sie Asien beträten, würden sie gleich in unaufhaltsamem Zug dem königlichen Lager zueilen. *3* Doch nahm er sich vor, zum Konsul nicht eher zu gehen als zu Publius Scipio; auch hatte ihm dies der König befohlen. Auf diesen setzte er die größte Hoffnung; abgesehen davon, dass seine Seelengröße und Sättigung mit Ruhm ihm vor allen andern eine versöhnliche Stimmung gab und es den Nationen bekannt war, *4* wie er sich als Sieger in Spanien und in Afrika benommen hatte, auch deswegen, weil sein Sohn als Gefangener in des Königs Gewalt war. *5* Wo und wann und durch welchen Unfall er Gefangener wurde, darüber sind die Schriftsteller, wie über so manches andere, nicht ganz einig. Die einen sagen, er sei im Anfang des Krieges auf der Fahrt von Chalkis nach Oreon von königlichen Schiffen umringt worden, *6* andere, nach dem Übergang nach Asien sei er mit einem Geschwader fregellanische Reiterei gegen das königliche Lager auf Kundschaft ausgeschickt, sei auf dem Rückzug, weil ein Schwarm königlicher Reiterei auf ihn heraussprengte, mit dem Pferd gestürzt, mit noch zwei Reitern übermannt und so vor den König gebracht worden. *7* Darin aber sind alle einig, dass er, selbst wenn der Friede mit Rom Bestand gehabt und der König mit den Scipionen in einer engeren gastlichen Verbindung gestanden hätte, nicht anständiger, nicht gütiger hätte behandelt und gehalten werden können, als er wirklich gehalten wurde. *8* Da also der Gesandte aus diesen Gründen die Ankunft des Publius Scipio abgewartet hatte, begab er sich, als dieser ankam, zum Konsul und bat ihn, seine Anträge anzuhören.

(35) Nach Berufung eines zahlreichen Kriegsrats wurde der Gesandte angehört. *2* Er sagte, gerade aus dem Umstand, dass von den vielen des Friedens wegen schon früher vergebens hin und her gegangenen Gesandtschaften alle diese früheren Gesandten nie etwas erlangt hätten, verspreche er sich, diesmal etwas auszurichten. Denn immer sei Smyrna, Lampsakos, Alexandria, Troas und in Europa Lysimachia Gegenstand der Unterhandlungen gewesen. *3* Von diesen Städten habe der König Lysimachia schon geräumt, so dass sie nicht sagen könnten, er habe Besitzungen in Europa; er sei bereit, die asiatischen Städte abzutreten und auch die, welche die Römer etwa, weil sie es mit ihnen gehalten hätten, von der königlichen Herrschaft befreit zu sehen wünschten. *4* Auch wolle der König dem römischen Volk die Hälfte der Kriegslasten abtragen. *5* Dies waren die Friedensbedingungen. Der übrige Inhalt seiner Rede war, sie möchten, eingedenk des Wechsels in menschlichen Dingen, in ihrer Lage sich mäßigen und andere in der ihrigen nicht bedrängen. Sie möchten ihre Herrschaft auf Europa begrenzen. Auch dann sei sie schon unermesslich. *6* Sie hätten sich bei dem Erwerb leichter in den Besitz des Einzelnen setzen können, als sie das Ganze zusammenhalten könnten. *7* Wenn sie jetzt auch von Asien ein Stück abreißen wollten, so werde der König, sofern sie nur die Grenzen nicht unbestimmt ließen, dem Frieden und der Eintracht zuliebe es sich gefallen lassen, dass seine Mäßigung von der Begehrlichkeit der Römer übertroffen werde. Alles, was der Gesandte zur Erlangung des Friedens als wichtig angesehen hatte, erschien den Römern als Kleinigkeit. *8* Sie meinten, der König müsse die auf einen Krieg verwandten Kosten, an dessen Ausbruch er schuld sei, ganz tragen; ferner, *9* nicht bloß aus Jonien und Äolis müssten die königlichen Besatzungen abgeführt werden, sondern so wie ganz Griechenland freigemacht sei, müssten auch die Städte, die zu Kleinasien gehörten, alle frei werden. *10* Dies könne nicht anders möglich werden, als wenn Antiochos seinen ganzen Anteil an Kleinasien diesseits des Taurus abtrete.

(36) Als der Gesandte glaubte, er werde in einem Kriegsrat nie annehmliche Bedingungen erhalten, versuchte er, in einer besonderen Unterredung – dazu hatte er ja den Auftrag – auf Publius Scipio einzuwirken. *2* Gleich zuerst sagte er, der König werde ihm seinen Sohn ohne Lösegeld zurückgeben, und dann versprach er ihm, unbekannt mit Scipios Gesinnung und römischer Sitte, eine ungeheure Summe Gold und, bloß mit Ausnahme des königlichen Titels, völlige Gemein-

schaft des Thrones, wenn der König durch ihn den Frieden erlangte. Hierauf antwortete Scipio: **3** *Dass du die Römer alle, dass du mich, an den du abgeschickt bist, nicht kennst, wundert mich weniger, da ich sehe, dass dir selbst die Lage dessen unbekannt ist, von dem du kommst.* **4** *Lysimachia musste behauptet werden, um uns nicht in die Chersones eindringen zu lassen, oder uns am Hellespont entgegentreten, um uns nicht nach Asien übergehen zu lassen, wenn ihr mit uns – angenommen, wir wären wegen des Ausganges des Krieges besorgt gewesen – einen Frieden unterhandeln wolltet.* **5** *Jetzt, da ihr uns den Übergang nach Asien gestattet habt und euch nicht bloß den Zügel, sondern sogar das Joch habt auferlegen lassen, was bleibt da noch für Unterhandlung als zwischen zwei gleichen Teilen übrig, wo der eine sich das Gebot gefallen lassen muss?* **6** *Von der Freigebigkeit des Königs wird für mich mein Sohn das größte Geschenk sein; anderer Dinge möge – das hoffe ich zu den Göttern – meine Lage nie bedürfen, wenigstens soll mein Herz es nie.* **7** *Für das mir gemachte große Geschenk wird er mich dankbar finden, wenn er den Dank des Privatmannes für die dem Privatmann erwiesene Wohltat wünschenswert findet; in Beziehung auf den Staat werde ich sowenig von ihm das Geringste annehmen als ihm geben.* **8** *Was ich für jetzt geben kann, ist ein treu gemeinter Rat. Geh hin, sage ihm in meinem Namen, er solle vom Krieg ablassen und auch keine Friedensbedingung zurückweisen.* **9** Auf den König blieb dies ohne Wirkung, und er hielt sich bei dem Wagnis des Krieges immer noch gedeckt, wenn ihm gerade als einem schon jetzt Besiegten Gesetze vorgeschrieben würden. Ohne für jetzt von Frieden weiter zu sprechen, richtete er seine ganze Sorge auf die Rüstung zum Krieg.

(37) Als der Konsul nach allen Vorkehrungen zur Erreichung seiner Zwecke aus seinem Standlager aufgebrochen war, kam er zuerst nach Dardanus, von da nach Rhoeteon; und aus beiden Städten strömten ihm die Bürger entgegen. **2** Von hier rückte er nach Ilion vor, nahm sein Lager in der Ebene vor den Mauern, ging hinauf in die Stadt und zur Burg und brachte der Minerva, der Schutzgöttin der Burg, ein Opfer; **3** und wie die Ilier durch Taten und Worte in allen ihren Ehrenbezeigungen die Römer als ihre Nachkömmlinge priesen, so freuten die Römer sich über ihren Stammort. Nach ihrem Aufbruch von hier kamen sie in sechs Tagemärschen an die Quelle des Flusses Kaikos. **4** König Eumenes wollte anfangs mit seiner Flotte vom Hellespont in die Winterquartiere nach Elaea zurückgehen; weil ihn aber ungünstige Winde mehrere Tage lang aufgehalten hatten, um das Vorgebirge Lektos zu kommen, war er ans Land gegangen; und um nicht gleich bei dem Anfang der Unternehmungen zu fehlen, eilte er mit einer kleinen Bedeckung auf den nächsten Wegen ebenfalls hierher in das römische Lager. **5** Aus dem Lager musste er, um Zufuhr zu besorgen, nach Pergamon zurückgehen, ließ das Getreide an die vom Konsul dazu Angewiesenen abliefern und kehrte in dasselbe Standlager zurück. Von hier wollte man, als sich die Soldaten auf mehrere Tage mit Kost versorgt hatten, gegen den Feind rücken, ehe man vom Winter überrascht würde.

6 Das Lager des Königs war bei Thyatira. Als er hier erfuhr, Publius Scipio sei krank nach Elaea gebracht, schickte er Gesandte, um seinen Sohn ihm zurückzubringen. **7** Dies war nicht allein dem Vaterherzen ein willkommenes Geschenk, sondern die Freude beförderte auch die Wiederherstellung des Scipio, **8** und als er endlich in den Umarmungen des Sohnes seine Sehnsucht gestillt hatte, sprach er: *Sagt dem König meinen Dank; sagt ihm, jetzt könne ich mich auf keine andere Art dankbar erweisen, als dass ich ihm riete, nicht eher eine Schlacht zu liefern, bis er meine Rückkehr in das Lager erfahren habe.* **9** Ließen gleich 62 000 Mann zu Fuß und mehr als 12 000 zu Pferd die Aussicht des Königs auf eine Schlacht zuweilen nicht ohne Hoffnung, so hörte er doch auf das Wort eines so großen Mannes, auf den er bei dem ungewissen Ausgang des Krieges die ganze Rettung seines Glückes setzte, zog sich über den Fluss Phrygius zurück und schlug sein Lager bei Magnesia am Sipylus auf. **10** Und damit nicht etwa die Römer, wenn er Zeit gewinnen wollte, einen Angriff auf seinen Lagerwall machten, zog er einen sechs Ellen tiefen und zwölf Ellen breiten Graben herum, *11* und den Graben umgab er von außen mit einem doppelten Wall; an dem inneren Rand führte er eine Mauer mit zahlreichen Türmen auf, um von da herab dem Feind leicht den Übergang über den Graben verwehren zu können.

(38) Der Konsul, in der Voraussetzung, der König stehe bei Thyatira, kam in ununterbrochenen Märschen am fünften Tag in die hyrkanische Ebene. *2* Als er hörte, er sei von hier aufgebrochen, folgte er seiner Spur und schlug diesseits des Flusses Phrygios 4000 Schritt vom Feind entfernt sein Lager auf. *3* Hier machten fast 1000 Reiter – größtenteils waren es Gallogriechen, mit einigen beigegebenen Dahern und berittenen Bogenschützen von anderen Völkern –, die mit großem Lärmen über den Fluss setzten, einen Angriff auf die Posten. Anfangs setzten sie die Ungeordneten in Verwirrung. *4* Als aber das Gefecht länger dauerte, und die Römer bei der Leichtigkeit, aus ihrem nahen Lager Hilfe zu bekommen, sich verstärkten, machten sich die Königlichen, schon ermüdet und der verstärkten Anzahl nicht gewachsen, auf den Rückzug und erlitten am Ufer des Flusses, als sie ins Wasser gehen wollten, von ihren Verfolgern einigen Verlust. *5* Dann waren zwei ruhige Tage, in welchen niemand von beiden Teilen über den Fluss setzte. Am dritten Tag kamen die Römer sämtlich zugleich herüber und schlugen etwa 2500 Schritte vom Feind entfernt ein Lager auf. *6* Noch waren sie mit der Absteckung und Verschanzung beschäftigt, als 3000 Mann auserlesene königliche Truppen, Reiterei und Fußvolk, drohend und lärmend ankamen. *7* Der Posten, bei Weitem schwächer, aber doch 2000 stark, behauptete sich nicht allein im Anfang des Gefechtes, ohne jemanden von der Arbeit am Lager abzurufen, sondern schlug auch bei fortgesetztem Kampf den Feind wirklich, tötete ihm 100 Mann und machte gegen 100 Gefangene. *8* In den folgenden vier Tagen standen die Heere von beiden Seiten vor ihrem Wall in Schlachtordnung, am fünften rückten die Römer in die Mitte der Ebene vor. Der König aber rückte nicht weiter vor, so dass sein Hintertreffen nicht einmal 1000 Schritte von seinem Wall entfernt war.

(39) Als der Konsul den Feind einer Schlacht ausweichen sah, fragte er in einem am folgenden Tag berufenen Kriegsrat an, was er tun solle, wenn sich Antiochos auf keine Schlacht einließe. *2* Der Winter rücke heran. Entweder müssten die Soldaten unter Zelten bleiben, oder, wenn man Winterquartiere beziehen wolle, den Krieg bis in den Sommer verschieben. *3* Nie haben die Römer einen Feind so sehr verachtet. Von allen Seiten wurde gerufen, er möge sie sogleich gegen den Feind führen und die Kampflust der Soldaten benutzen. *4* Und wirklich waren diese, nicht als hätten sie mit soviel tausend Feinden fechten, sondern ebensoviele Schafe niederhauen sollen, bereit, wenn der Feind nicht zur Schlacht herauskäme, über Gräben und Wälle ihm ins Lager zu brechen. *5* Als nun Gnaeus Domitius, den der Konsul ausschickte, um den Weg in Augenschein zu nehmen, und wo man dem feindlichen Wall beikommen könne, über alles genaue Auskunft gab, wurde beschlossen, am folgenden Tag näher heranzurücken, und am dritten Tag zogen die Truppen in die Mitte der Ebene, und die Aufstellung der Schlachtordnung begann. *6* Antiochos, der auch nicht länger zaudern zu müssen glaubte, damit er nicht durch Verweigerung der Schlacht seinem Heer den Mut schwäche und des Feindes Vertrauen verstärke, führte ebenfalls seine Truppen aus und schritt vom Lager so weit vor, dass man sah, er wolle schlagen.

7 Die römische Schlachtordnung war sowohl hinsichtlich der Leute wie der Waffen beinahe einförmig. Sie hatte zwei Legionen Römer und zwei Abteilungen Bundesgenossen; jede bestand aus 5000 Mann. *8* Im Mittelpunkt standen die Römer, auf den Flügeln die Latiner. Das erste Treffen bildeten die Hastaten, auf diese folgten die Principes, und den Schluss bildeten die Triarier. *9* Außerhalb dieser gleichsam schon für sich bestehenden Linie ließ der Konsul ihr zur Rechten die unter die beschildeten Achäer gemischten Hilfstruppen des Eumenes, beinahe 3000 Mann Fußvolk, in gleicher Linie auftreten; noch weiter nach außen stellte er die Reiter auf, nicht ganz

3000 Mann, unter denen 800 von Eumenes, alle übrigen römische waren. ***10*** Den äußersten Platz gab er den Trailern und Kretern; beide zusammen machten 500 Mann aus. ***11*** Der linke Flügel schien solcher Hilfstruppen nicht zu bedürfen, weil ihn der Fluss und das abschüssige Ufer deckten, doch wurden auch hier vier Geschwader Reiterei aufgestellt. ***12*** Dies war alles, was die Römer an Truppen hatten, außer noch 2000 Mann, aus Makedoniern und Thrakern gemischt, welche als Freiwillige mitgegangen waren. Diese wurden als Besatzung im Lager zurückgelassen. ***13*** Sechzehn Elefanten bekamen ihren Platz als Rückhalt hinter den Triariern. Denn abgesehen davon, dass sie wahrscheinlich der Anzahl der königlichen Elefanten – ihrer waren 54 – nicht standhalten konnten, können selbst bei gleicher Anzahl die afrikanischen den indischen nicht widerstehen, entweder weil sie von ihnen an Größe – denn darin haben diese bei Weitem den Vorzug – oder an Ausdauer im Mut übertroffen werden.

(40) Die Schlachtordnung des Königs war in ihren vielen Völkerschaften bei der Verschiedenheit der Waffen und Hilfstruppen weit bunter. 16 000 Mann zu Fuß, Phalangiten genannt, waren makedonisch bewaffnet. Im Mittelpunkt aufgestellt, hatten sie auf der Stirnbreite 500 Mann in zehn Abteilungen. ***2*** Diese trennte er durch zwei zwischen jeder Abteilung gestellte Elefanten. Von der Frontseite nach innen breiteten sich diese Truppen in 32 Glieder aus. ***3*** Sie waren der Kern des königlichen Heeres und gewährten sowohl durch ihr übriges Äußeres als auch durch die so hoch zwischen den Bewaffneten herausragenden Elefanten einen fürchterlichen Anblick. ***4*** Diese gehörten schon zu den sehr großen, und was ihnen noch mehr Ansehen gab, waren ihr Stirnschmuck, ihr Federbusch, der auf ihren Rücken errichtete Turm und vier Bewaffnete, die noch außer dem Lenker auf jedem Turm waren. ***5*** Den Phalangiten zur rechten Seite stellte er 1500 gallogriechische Reiter auf. Mit diesen verband er 3000 Mann schwer gepanzerte Reiter – sie hießen Kataphrakten – und als Zugabe noch ein Geschwader von beinahe 1000 Reitern, Agema genannt. ***6*** Es waren Meder, auserlesene Männer und aus vielen Völkern jener Gegend zusammengebrachte Reiter. An diese schloss sich als Rückhalt eine Herde von 16 Elefanten; ***7*** dort stand auch auf etwas hervorgedehntem Flügel die Königskohorte, aufgrund ihrer Rüstung die Silberschildner genannt, ***8*** dann die Daher, berittene Bogenschützen, 1200. Weiterhin 3000 Leichtbewaffnete, zum Teil Kreter, zum Teil Trailer, beide fast in gleicher Anzahl, ihnen waren 2500 mysische Bogenschützen beigegeben. ***9*** Den Flügel schlossen auf der Ecke 4000 kyrtische Schleuderer und elyinaeische Bogenschützen untereinandergestellt. ***10*** Auf dem linken Flügel stießen an die Phalangiten 1500 gallogriechische Reiter und in ähnlicher Rüstung 2000 Kappadozier, die Ariarathes dem König geschickt hatte. ***11*** Dann folgten 2700 Mann Hilfstruppen aller Art untereinander und 3000 schwer gepanzerte Reiter und noch andere 1000, das sogenannte Königsgeschwader, mit den vorigen fast von gleicher Rüstung, außer dass Mann und Ross leichtere Panzer hatten, meistenteils Syrer, mit Phrygiern und Lydiern untermischt. ***12*** Vor dieser Reiterei standen die vierspännigen Sichelwagen und die dort Dromedare genannten Kamele. Auf diesen saßen arabische Bogenschützen mit schmalen, vier Ellen langen Degen, um von einer solchen Höhe herab den Feind erreichen zu können. ***13*** Dann folgten noch die übrigen Truppen, mit denen auf dem rechten Flügel in gleicher Stärke, zuerst Tarentiner, dann 2500 gallogriechische Reiter, ferner 1000 Neokreter und mit diesen in gleicher Rüstung ebenso viele Trailer, ferner 3000 Rundschildner – ***14*** dies waren Pisidier, Pamphyler und Lykier –; dann ebenso viele kyrtische und elymaeische Hilfstruppen, als auf dem rechten Flügel standen, und in einiger Entfernung 16 Elefanten.

(41) Der König selbst war auf dem rechten Flügel, seinen Sohn Seleukos und seines Bruders Sohn Antipater setzte er über den linken; das Mittelheer übergab er dreien, dem Minnio, Zeuxis und Philipp, dem Aufseher über die Elefanten. ***2*** Ein Morgennebel, der mit zunehmendem Tag

als Gewölk aufstieg, verbreitete Dunkelheit; und wie bei Regenwind durchzog seine Feuchtigkeit alles. *3* Beides war den Römern gar nicht, den Königlichen sehr nachteilig. Denn das trübe Licht benahm den Römern in einer so mäßigen Linie die Übersicht über alle Teile keineswegs, und die Feuchtigkeit konnte bei ihrer größtenteils schweren Rüstung die Schwerter oder Wurfspieße nicht stumpf machen. *4* Allein die Königlichen konnten in einer so langen Linie nicht einmal aus dem Mittelpunkt ihre Flügel, viel weniger auf beiden Ecken, sich untereinander erkennen, und die Feuchtigkeit machte ihre Bogen und Schleudern und die Riemen ihrer Wurfpfeile schlaff. *5* Auch die vierspännigen Sichelwagen, durch die Antiochos die feindliche Linie in Unordnung zu bringen gehofft hatte, brachten den Schrecken über sein eigenes Heer. *6* Die Art ihrer Bewaffnung war etwa folgende: Sie hatten an der Deichsel gleich Hörnern zwei ebenfalls zwei Ellen lang vor dem Wagen hervorragende Spieße, die alles, was ihnen entgegenkam, durchbohren sollten. *7* Auch an der Hinterwange ragten an jeder Seite zwei Sicheln hervor, die eine mit dem Wagen in gleicher Höhe, die andere niedrigere sich abwärts zur Erde senkend; jene sollte alles, was ihr von der Seite in den Wurf kam, durchschneiden, diese die Niedergefallenen und von unten Herankommenden erreichen. Und so waren wieder zwei Sicheln auf beiden Seiten an den Achsen der Räder in ebenso verschiedener Richtung befestigt. *8* Diese so bewaffneten Wagen hatte der König, wie ich vorhin sagte, vor der Linie aufgestellt, weil sie, wenn er ihnen ihren Platz hinten oder in der Mitte gegeben hätte, durch seine Leute hätten durchfahren müssen. *9* Als dies Eumenes sah, der mit dieser Art des Kampfes bekannt war und wusste, wie misslich dieses Hilfsmittel sei, wenn man, statt einen förmlichen Angriff zu machen, lieber die Pferde scheu machte, ließ er die kretischen Bogenschützen, die Schleudern und berittenen Wurfschützen nicht in dichten Gliedern, sondern soviel als möglich vereinzelt gegen sie heransprengen und sie von allen Seiten zugleich mit Pfeilen beschießen. *10* Wie ein Wettersturm machte dies die Pferde teils durch die ihnen von allen Seiten her mit Geschossen beigebrachten Wunden, teils durch das misstönende Geschrei so wild, dass sie plötzlich wie toll nach allen Seiten hin in ungeregeltem Lauf rannten. *11* Auch wichen ihrem Angriff die Leichtbewaffneten, die flinken Schleuderer, und der gewandte Kreter leicht aus; durch die nachsetzende Reiterei wurde unter den Pferden und ebenso scheu gewordenen Kamelen das Getümmel und der Schrecken noch größer, und hierzu kam noch das mannigfaltige Geschrei der übrigen auf den Seiten sie umgebenden Menge. *12* So wurden die Wagen aus der Mitte der Ebene zwischen beiden Linien hinausgedrängt, und als dieses leere Possenspiel entfernt war, da erst erhob man sich auf das von beiden Seiten gegebene Zeichen zum wirklichen Kampf.

(42) Gleichwohl wurde dieser eitle Prunk die Veranlassung zu der bald nachher eintretenden wirklichen Niederlage. Denn da die als Reserven aufgestellten Hilfstruppen, die den Sichelwagen zunächst standen, *2* voll Schrecken über die scheu gewordenen und durcheinanderstürzenden Gespanne ebenfalls die Flucht ergriffen, entblößten sie den ganzen Flügel bis an die schwer gepanzerten Reiter. Und als die römische Reiterei nach Zerstreuung jenes Rückhaltes an diese kam, hielten diese auch nicht einmal den ersten Angriff aus, sondern wurden verjagt oder wegen der Schwere ihrer Panzer und Waffen niedergehauen. *3* Jetzt bekam der ganze linke Flügel eine Biegung; und da nun die zwischen der Reiterei und den sogenannten Phalangiten aufgestellten Hilfstruppen geworfen waren, ging der Schrecken auf das Mitteltreffen über. *4* Hier gerieten die Glieder in Unordnung, und zugleich konnten sie von ihren überlangen Lanzen – sie heißen bei den Makedoniern Sarissen – keinen Gebrauch machen. Die römischen Legionen rückten an und beschossen sie in ihrer Unordnung noch mit Wurfpfeilen. *5* Nicht einmal die dazwischengestellten Elefanten schreckten den römischen Soldaten zurück, da er schon seit den afrikanischen Kriegen gewohnt war, dem Angriff eines solchen Ungeheuers auszuweichen und ihm von der Seite entweder mit Wurfpfeilen zuzusetzen oder ihm, wenn er in die Nähe

kommen konnte, mit dem Schwert die Kniekehle zu durchhauen. ***6*** Von vorn her war fast das ganze Mitteltreffen schon zu Boden gestreckt, das umgangene Hintertreffen wurde im Rücken niedergemacht; da sahen die Römer auf der andern Seite die Flucht der Ihrigen und vernahmen das Geschrei derer, welche in ihrem eigenen Lager fast schon in Not waren. ***7*** Antiochos nämlich hatte von seinem rechten Flügel, weil er sah, dass die Römer hier, durch den Fluss gesichert, keinen stärkeren Rückhalt als die vier Geschwader Reiterei aufgestellt hatten, und dass diese, um sich den Ihrigen anzuschließen, das Ufer entblößten, mit seinen Hilfstruppen und der schwer gepanzerten Reiterei auf dieser Seite einen Angriff gemacht ***8*** und drang nicht bloß von vorn ein, sondern bedrängte auch diesen auf der Seite des Flusses umgangenen Flügel in der Flanke, so dass zuerst die geschlagene Reiterei und dann auch das zunächst stehende römische Fußvolk nach ihrem Lager getrieben wurde.

(43) Im Lager befehligte der Oberst Marcus Aemilius, ein Sohn des Marcus Lepidus, der wenige Jahre später Oberster Priester wurde. ***2*** Als er die Seinigen fliehen sah, rückte er ihnen mit seiner ganzen Besatzung entgegen. Zuerst befahl er ihnen standzuhalten, dann, ins Treffen zurückzukehren, und schalt auf ihre Bestürzung und schimpfliche Flucht. ***3*** Nun folgte die Drohung, sie würden, wenn sie sich an seinen Befehl nicht kehrten, blindlings in ihr Verderben rennen. Zuletzt gab er den Seinigen das Zeichen, die vordersten Flüchtlinge niederzuhauen und den Schwarm der Nachfolgenden mit Schwert und Wunden auf den Feind zurückzutreiben. ***4*** Diese größere Besorgnis überwand die kleinere. Von zwei Seiten bedroht, machten sie anfangs Halt; dann gingen nicht sie allein in das Treffen zurück, sondern auch Aemilius leistete mit seiner Besatzung – es waren zweitausend tapfere Männer – ***5*** dem als Verfolger heranstürmenden König nachdrücklich Widerstand. Auch Attalos, des Eumenes Bruder, kam vom rechten Flügel, von dem der feindliche linke gleich beim ersten Angriff geschlagen war, als er die Flucht der Seinigen auf dem linken Flügel und das Gewühl in der Nähe des Lagers sah, zu rechter Zeit mit 200 Reitern herbei. ***6*** Als Antiochos die Truppen, die ihm eben noch den Rücken zugekehrt hatten, den Kampf erneuern und hier einen andern Schwarm aus dem Lager, dort aus der Linie herbeiströmen sah, wandte er sein Pferd zur Flucht um. ***7*** So zogen die Römer, auf beiden Flügeln Sieger, über Haufen von Leichen, die sie namentlich im Mittelpunkt des Treffens übereinander gestreckt hatten, weil hier die Kerntruppen teils ihre Tapferkeit, teils die schwere Rüstung nicht fliehen ließ, gerade auf das Lager zu, um es zu plündern. ***8*** Eumenes' Reiter, allen anderen voran, und ihnen nach auch die übrige Reiterei, verfolgten überall in der ganzen Ebene die Feinde und hieben die letzten, welche sie erreichten, nieder. ***9*** Allein zu größerem Verderben gereichte den Fliehenden ihr eigenes mit Sichelwagen, Elefanten, Kamelen sich mischendes Gewühl, in welchem sie nach Auflösung der Glieder, wie blind einer über den andern fortstürzend, von den dazwischenlaufenden Tieren zertreten wurden. ***10*** Auch im Lager erfolgte ein schreckliches Gemetzel, das fast noch größer als in der Schlacht selbst war. Denn die ersten Scharen der Fliehenden hatten meistens ihre Richtung nach dem Lager genommen, und im Vertrauen auf diese Menge verteidigte die Besatzung ihren Wall desto hartnäckiger. ***11*** Als nun die Römer, aufgehalten in den Toren und am Wall, den sie beim ersten Angriff zu erobern gehofft hatten, dennoch endlich durchbrachen, richteten sie aus Zorn ein größeres Blutbad an.

(44) Gegen 50 000 zu Fuß und 3000 Reiter sollen an diesem Tag gefallen sein. Gefangen wurden 1400, auch 15 Elefanten mit ihren Führern. ***2*** Die Römer hatten mehr Verwundete, an Gefallenen nicht über 300 vom Fußvolk, 24 von der Reiterei und 25 vom Heer des Eumenes. ***3*** Für heute kehrten die Sieger nach Plünderung des feindlichen Lagers mit großer Beute in das ihrige zurück; am folgenden Tag zogen sie die Erschlagenen aus und brachten die Gefangenen zusammen. ***4*** Von Thyatira und Magnesia am Sipylus kamen Gesandte, welche ihre Städte übergaben.

5 Antiochos, der mit wenigen floh, erreichte doch mit einer ziemlichen Bedeckung von Soldaten, weil sich mehrere unterwegs ihm angeschlossen hatten, ungefähr gegen Mitternacht Sardes. *6* Von hier brach er, weil er hörte, sein Sohn Seleukos sei schon mit einigen seiner Freunde nach Apamea vorausgegangen, ebenfalls mit seiner Gemahlin und Tochter um die vierte Nachtwache nach Apamea auf, *7* nachdem er den Zeno zum Befehlshaber in der Stadt, den Timon zum Statthalter in Lydien eingesetzt hatte. Doch ohne sich an diese zu kehren, schickte man von Sardes mit Übereinstimmung der Bürger und der Soldaten auf der Burg Gesandte an den Konsul ab.

(45) Fast zu gleicher Zeit kamen von Tralles, von Magnesia jenseits des Mäander und von Ephesus Gesandte, welche ihre Städte übergaben. *2* Ephesus hatte Polyxenidas auf die Nachricht von der Schlacht verlassen, und da er mit der Flotte bis nach Patara in Lykien gesegelt war, war er aus Furcht vor dem Posten rhodischer Schiffe, der bei Megiste stand, ans Land gegangen und machte nur mit wenigen den Weg nach Syrien zu Lande. *3* Die Städte Kleinasiens gaben sich in den Schutz des Konsuls und unter die Herrschaft des römischen Volkes. Der Konsul war schon in Sardes. Dahin kam auch von Elaea Publius Scipio, sobald er die Anstrengung des Weges ertragen konnte.

4 Ungefähr um dieselbe Zeit suchte und erhielt ein Herold des Antiochos durch Publius Scipio beim Konsul für seinen König die Erlaubnis, Gesandte zu schicken. *5* Wenige Tage darauf kamen Zeuxis, gewesener Statthalter von Lydien, und Antipater, des Königs Brudersohn. *6* Zuerst besuchten sie Eumenes, bei dem sie wegen der alten Streitigkeiten eine besondere Abneigung gegen den Frieden vermuteten; und als sie ihn über ihre und ihres Königs Erwartung versöhnlich fanden, ließen sie sich nun bei Publius Scipio einführen und durch ihn beim Konsul. *7* Auf die Bitte, ihre Aufträge vorlegen zu dürfen, erhielten sie vor einem zahlreichen Kriegsrat Zutritt, und Zeuxis sprach: *Wir haben nicht so sehr selber etwas zu sagen, als vielmehr bei euch, ihr Römer, anzufragen, mit welchem Sühnopfer wir den Fehltritt des Königs büßen und von den Siegern Frieden und Verzeihung erlangen können. 8 Immer habt ihr mit der höchsten Großmut besiegten Königen und Völkern verziehen. Mit wie viel mehr Großmut und Versöhnlichkeit müsst ihr jetzt dasselbe in einem Sieg tun, der euch zu Beherrschern des Erdkreises gemacht hat. 9 Mit Aufgebung aller Streitigkeiten gegen die Menschen müsst ihr ebenso wie die Götter des menschlichen Geschlechts euch annehmen und es schonen.* *10* Schon vor der Ankunft der Gesandten war die ihnen zu gebende Antwort bestimmt, und Africanus sollte sie geben. *11* Seine Worte sollen etwa folgende gewesen sein: *Was wir Römer an Gütern besitzen, die in der Macht der unsterblichen Götter sind, darin erkennen wir der Götter Geschenk. 12 Unser Sinn, dieses Eigentum unseres Geistes, der uns in allen Schicksalen blieb, bleibt auch jetzt derselbe; er überhob sich weder im Glück noch stimmte Unglück ihn herab. Hierüber würde ich euch, mit Übergehung aller anderen, euren Hannibal zum Beweis anführen, wenn ich nicht diese Zeugen in euch selbst aufstellen könnte. 13 Dieselben Forderungen, die wir nach unserm ersten Übergang über den Hellespont an euch machten, ehe wir noch des Königs Lager, ehe wir noch seine Schlachtordnung erblickten, die wir an euch stellten, als wir vom Mars den Sieg uns noch beide versprachen und der Ausgang des Krieges noch ungewiss war, die wir, als ihr um Frieden batet, als Gleich an Gleich an euch machten, ebendiese machen mir jetzt als Sieger an unsere Besiegten. 14 Enthaltet euch Europas und tretet ganz Kleinasien ab, soweit es diesseits des Taurus liegt. Als Kriegskosten sollt ihr uns 15 000 euböische Talente zahlen, 500 sogleich, 2500 dann, wenn Roms Senat und Volk den Frieden genehmigen, dann zwölf Jahre nacheinander 1000 Talente. 15 Auch an Eumenes müsst ihr 500 Talente entrichten, und den Rückstand von dem Getreide, das ihr seinem Vater liefern musstet. 16 Wenn wir diese Bedingungen stellen, so wird es zwar eine Art von Unterpfand sein, das uns die Erfüllung von eurer Seite sichert, wenn ihr uns nach unsrer Auswahl 40 Geiseln stellt; allein nie werden wir die Gewissheit haben, dass da für Römer Friede ist, wo Hannibal ist. Vor allen Dingen fordern wir seine Auslieferung.* ***17*** *Auch den Aetoler Thoas, den Urheber des Krieges mit den Aetolern, der euch im Vertrauen auf sie, und sie im Vertrauen auf euch gegen uns bewaffnete, müsst ihr uns herausgeben und mit ihm den Acarnaner Mnasilochos und die beiden Chalkidier Philo und Eubulidas.* ***18*** *Jetzt wird der König in seiner schlimmeren Lage Frieden machen, weil er ihn später macht, als er ihn machen konnte. Sollte er jetzt säumen, so mag er sich gesagt sein lassen, dass es schwieriger ist, Könige vom höchsten Gipfel ihrer Hoheit zur Mittelstufe herabzunötigen, als sie von der Mittelmäßigkeit auf die unterste Stufe zu stürzen.* ***19*** Die Gesandten waren vom König mit der Vollmacht abgeschickt, jede Friedensbedingung anzunehmen. Daher beschloss man, Gesandte nach Rom zu schicken. Der Konsul verteilte die Truppen auf die Winterquartiere nach Magnesia am Mäander, nach Tralles und Ephesus. ***20*** Wenige Tage später wurden die Geiseln vom König nach Ephesus an den Konsul abgeliefert, und die nach Rom bestimmten Gesandten trafen ein. ***21*** Mit den königlichen Gesandten ging auch Eumenes zu gleicher Zeit nach Rom. Ihnen folgten die Gesandtschaften aller Völker Kleinasiens.

(46) Während dieser Vorfälle in Asien kehrten ungefähr um dieselbe Zeit zwei Prokonsuln von ihren Standorten mit der Hoffnung auf einen Triumph nach Rom zurück: Quintus Minucius aus Ligurien und Manius Acilius aus Aetolien. ***2*** Nachdem die Väter die Taten beider angehört hatten, verweigerten sie dem Minucius den Triumph, bewilligten ihn aber mit großer Übereinstimmung dem Acilius, und er zog wegen seines Sieges über den König Antiochos und die Aetoler triumphierend in Rom ein. ***3*** In dem Triumph wurden seinem Wagen 230 Fahnen vorangetragen; an unverarbeitetem Silber 3000 Pfund; an gemünztem 113 000 attische Vierdrachmenstücke; 248 000 Kistophoren, auch viele silberne Gefäße von getriebener Arbeit und großer Schwere. ***4*** Auch ließ er silbernes Gerät des Königs und prächtige Kleidungsstücke vorantragen; 45 goldene Kränze, von verbündeten Staaten ihm geschenkt, und erbeutete Rüstungen aller Art. Vorangehende Gefangene von Stand waren 36, teils aetolische, teils syrische Anführer. ***5*** Einige Tage vorher war der aetolische Feldherr Damocritus bei Nacht aus dem Kerker entkommen, und als ihn am Tiberufer die Wache einholte, durchbohrte er sich, ehe sie ihn greifen konnte, mit seinem Schwert. ***6*** Bloß das Gefolge des Wagens, die Soldaten, fehlten; übrigens verherrlichte den Triumph der prachtvolle Anblick und der Tatenruhm. ***7*** Die Freude über diesen Triumph wurde durch die traurige Nachricht aus Spanien niedergedrückt, dass in einer unglücklichen Schlacht gegen die Lusitanier im bastetanischen Gebiet unter der prokonsularischen Anführung des Lucius Amilius bei der Stadt Lykon ***8*** das römische Heer 6000 Mann verloren habe. Die Übrigen hätten sich in voller Bestürzung hinter ihren Wall geflüchtet, das Lager nur mit Mühe behauptet und wären dann, wie auf der Flucht, in großen Märschen auf Freundesgebiet zurückgeführt. ***9*** Soweit die Nachricht aus Spanien. Aus Gallien kamen Gesandte von Placentia und Cremona, die der Prätor Lucius Aurunculeius in den Senat einführte. ***10*** Auf ihre Klage über die Verringerung ihrer Mitsiedler, welche durch Unfälle des Krieges und durch Krankheit weggerafft, zum Teil auch aus Überdruss der gallischen Nachbarschaft weggezogen wären, beschloss der Senat, der Konsul Gaius Laelius sollte, wenn er es für nötig halte, 6000 Familien zur Verteilung auf diese Kolonien sich einschreiben lassen, und der Prätor Lucius Aurunculeius die Dreimänner zur Ausführung dieser Siedler wählen lassen. ***11*** Die gewählten waren Marcus Atilius Serranus, Lucius Valerius Flaccus, des Publius Sohn, und Lucius Valerius Tappo, Sohn des Gaius.

(47) Nicht lange darauf kam der Konsul Gaius Laelius, weil schon die Zeit der Konsulnwahl heranrückte, aus Gallien nach Rom zurück. ***2*** Er brachte nicht allein nach dem in seiner Abwesenheit abgefassten Beschluss die Siedler zur Wiederbevölkerung von Cremona und Placentia zusammen, sondern beantragte auch, dass auf die ehemaligen boischen Ländereien zwei neue Kolonien ausgeführt würden, und dies wurde seinem Vorschlag gemäß von den Vätern beschlossen. ***3***

Zu gleicher Zeit meldete ein Schreiben des Prätors Lucius Aemilius (Regillus) den Seesieg bei Myonnesus und den Übergang des Konsuls Lucius Scipio mit seinem Heer nach Asien. *4* Wegen des Seesieges wurde ein feierlicher Gottesdienst auf einen Tag angeordnet, auf den folgenden Tag ein zweiter, damit das Ereignis, dass jetzt zum ersten Mal ein römisches Heer sein Lager in Asien bezogen hatte, glückliche und erfreuliche Folgen haben möchte. *5* Der Konsul erhielt den Auftrag, an jedem dieser beiden Festtage 20 große Tiere zum Opfer darzubringen.

6 Nun ging die Konsulnwahl unter sehr lebhaftem Wettstreit vor sich. Marcus Aemilius Lepidus hatte bei seinem Gesuche die öffentliche Meinung gegen sich, weil er, um sich zum Konsulat zu melden, seinen Amtsposten in Sizilien verlassen hatte, ohne beim Senat um Erlaubnis nachzusuchen. *7* Mit ihm bewarben sich Marcus Fulvius Nobilior, Gnaeus Manlius Vulso und Marcus Valerius Messalla. Man ernannte zu dem einen Konsul – denn die anderen hatten die Stimmen nicht vollzählig – den Fulvius. Am folgenden Tag machte er mit Verdrängung des Lepidus – und Messalla meldete sich nicht weiter – den Gnaeus Manlius als seinen erwählten Kollegen bekannt. *8* Die gleich darauf ernannten Prätoren waren die beiden Quinti Fabii, der eine mit dem Zunamen Labeo, der andere Pictor, der in diesem Jahr zum Eigenpriester des Quirinus geweiht war, ferner Marcus Sempronius Tuditanus, Spurius Postumius Albinus, Lucius Plautius Hypsaeus und Lucius Baebius Vives.

(48) Als Marcus Fulvius Nobilior und Gnaeus Manlius Vulso Konsuln geworden waren, ging nach der Angabe des Valerius Antias in Rom das Gerücht allgemein herum und wurde beinahe als sicher angenommen, *2* der Konsul Lucius Scipio und zugleich Publius Africanus hätten sich vom König, um die Rückgabe des jungen Scipio zu bewirken, zu einer Unterredung herauslocken lassen; da habe er beide festgenommen, *3* und sowie er die Feldherren in seiner Gewalt gehabt, sei sogleich ein Heer vor das römische Lager gerückt, habe es erobert und die römischen Truppen sämtlich aufgerieben. *4* Dies habe den Aetolern Mut gemacht; sie hätten alle ihnen gestellten Forderungen verweigert und ihre Häupter nach Makedonien in das Gebiet der Dardaner und nach Thrakien abgehen lassen, um Hilfstruppen in Sold zu nehmen. *5* Als Überbringer dieser Nachricht nach Rom habe der Proprätor Aulus Cornelius den Aulus Terentius Varro und Marcus Claudius Lepidus aus Aetolien abgesandt. – *6* Hernach reihte er noch das Märchen an, man habe im Senat die aetolischen Gesandten unter andern auch darüber befragt, woher sie wüssten, dass Antiochos die römischen Feldherren in Asien gefangen genommen und das Heer zugrunde gerichtet habe. *7* Die Aetoler hätten geantwortet, sie hätten den Bericht von ihren Gesandten erhalten, die bei dem Konsul gewesen waren. Weil ich für dieses Gerücht keinen andern Gewährsmann hatte, wollte ich die Sache selbst weder durch eine Äußerung von meiner Seite bestätigen noch als unbegründet übergehen.

(49) Forderte auch die in den Senat eingeführten aetolischen Gesandten ihre eigene Sache und ihr Schicksal auf, sich für ihre Schuld oder für ihren Fehltritt durch ein demütiges Bekenntnis Verzeihung zu erbitten, *2* so fingen sie doch von ihren Verdiensten um die Römer an, erwähnten ihre im Krieg mit Philipp bewiesene Tapferkeit in einem fast vorwerfenden Ton, beleidigten durch ihre hochmütige Sprache jedes Ohr und brachten es dadurch, *3* dass sie auf alte und vergessene Dinge zurückgingen, so weit, dass sich die Väter an weit mehr Übeltaten und Wohltaten von ihrem Volk erinnerten und sie selbst, die des Mitleids so sehr bedurften, gegen sich Erbitterung und Hass erregten. *4* Als sie nun auf die Frage eines Senators, ob sie sich ganz in des römischen Volkes Gewalt gäben, und auf die eines anderen, ob sie mit dem römischen Volk gleiche Freunde und Feinde haben wollten, keine Antwort gaben, erhielten sie den Befehl, das Rathaus zu verlassen. *5* Dann riefen beinahe alle im Senat einstimmig, die Aetoler hingen noch ganz an Antiochos; er sei die eigentliche Hoffnung, auf welche ihr Trotz sich gründe. Deshalb müsse man mit ihnen

als unzweifelhaften Feinden den Krieg fortsetzen und ihren übermütigen Sinn brechen. ***6*** Auch das brachte die Senatoren auf, dass die Aetoler gerade in der Zeit, als sie bei den Römern Frieden suchten, Dolopien und Athamanien bekriegten. ***7*** Der Senatsbeschluss wurde so abgefasst, wie Manius Acilius, der Sieger über Antiochos und die Aetoler, gestimmt hatte, nämlich den Aetolern zu befehlen, noch heute die Stadt und in 15 Tagen Italien zu verlassen. ***8*** Aulus Terentius Varro gab man ihnen als Geleit auf die Reise mit und erklärte ihnen, sollten abermals Gesandte aus Aetolien nach Rom kommen, ohne Erlaubnis von dem Feldherrn, der dort seinen Standort habe, und ohne einen römischen Abgeordneten bei sich zu haben, so werde man sie alle als Feinde betrachten. So wurden die Aetoler entlassen.

(50) Nun brachten die Konsuln die Aufgabenbereiche zum Vortrag. ***2*** Es wurde beschlossen, sie um Aetolien und Asien losen zu lassen. Wen Asien träfe, dem bestimmte man das Heer, welches jetzt Lucius Scipio habe, ***3*** und zur Ergänzung desselben 4000 Römer zu Fuß nebst 200 Reitern und 8000 Bundesgenossen und Latiner zu Fuß mit 400 Reitern, um mit diesen Truppen den Krieg gegen Antiochos fortzusetzen. ***4*** Dem andern Konsul wurde das Heer bestimmt, das in Aetolien stand, und um es zu ergänzen, ihm bewilligt, ebenso viele Bürger und Bundesgenossen als sein Amtsgenosse auszuheben. ***5*** Dieser Konsul erhielt auch den Befehl, die im vorigen Jahr fertiggestellten Schiffe völlig instand zu setzen und mitzunehmen, auch nicht bloß den Krieg gegen die Aetoler zu führen, sondern gleichfalls nach der Insel Kephallenia überzugehen. ***6*** Zugleich wurde ihm aufgetragen, wenn er es ohne Nachteil des Staates tun könne, zu den Amtswahlen nach Rom zurückzukommen. ***7*** Denn abgesehen davon, dass die neuen Beamten ernannt werden müssten, wolle man auch Zensoren wählen lassen. Sollte ihn irgendein Hindernis abhalten, so möge er es den Senat wissen lassen, dass er gegen die Wahlzeit nicht eintreffen könne. ***8*** Aetolien beschied das Los dem Marcus Fulvius, Asien dem Gnaeus Manlius.

Nun erhielten die Prätoren, und zwar durch das Los, Spurius Postumius Albinus die Gerichtspflege in der Stadt und über die Fremden, Marcus Sempronius Tuditanus Sizilien, Quintus Fabius Pictor, der Eigenpriester des Quirinus, Sardinien, Quintus Fabius Labeo die Flotte, Lucius Plautius Hypsaeus das diesseitige Spanien, das jenseitige Lucius Baebius Dives. ***9*** Für Sizilien bestimmte man die eine Legion und die Flotte, die in jener Provinz waren; auch sollte der neue Prätor die Sikuler den doppelten Getreidezehnten liefern lassen und den einen nach Asien, den andern nach Aetolien schicken. ***10*** Ebenso viel sollte auch von den Sardiniern erhoben und dies Getreide an dieselben Heere abgeliefert werden, die das sikulische Gebiet bekämen. ***11*** Dem Lucius Baebius wurden zur Ergänzung für Spanien 1000 Römer zu Fuß nebst 50 Reitern, 6000 Latiner zu Fuß mit 200 Reitern bewilligt, ***12*** dem Plautius Hypsaeus für das diesseitige Spanien 1000 Römer zu Fuß, 2000 verbündete Latiner und 200 Reiter. Mit diesen Ergänzungen sollten beide Spanien je eine Legion haben. ***13*** Den Beamten vom vorigen Jahr, dem Gaius Laelius, wurde nebst seinem Heer der Oberbefehl mit Verlängerung auf ein Jahr gelassen; auch dem Proprätor Publius Junius der Oberbefehl in Etrurien nebst dem in dieser Provinz stehenden Heer, ferner dem Proprätor Marcus Tuccius über das bruttische Gebiet und Apulien.

(51) Bevor die Prätoren auf ihre Plätze abgingen, entstand zwischen dem Obersten Priester Publius Licinius und dem quirinalischen Eigenpriester Quintus Fabius Pictor ein Streit von derselben Art, wie es einen solchen zu ihrer Väter Zeiten zwischen Lucius Metellus und Postumius Albinus gegeben hatte. ***2*** Diesem, der als Konsul mit seinem Amtsgenossen Gaius Lutatius nach Sizilien zur Flotte abgehen wollte, hatte damals der Oberste Priester Metellus die Entfernung von seinen priesterlichen Verrichtungen nicht gestattet; ***3*** und jetzt untersagte Publius Licinius dem Prätor die Abreise nach Sardinien. Im Senat und vor dem Volk boten sie in ihrem Streit alles auf; ***4*** auf beiden Seiten gebot der eine dem andern von Amts wegen, ließ ihn pfänden, verurteilte ihn

zu einer Geldstrafe; es kam zum Aufruf der Volkstribunen, zur Ansprache beim Volk. ***5*** Zuletzt behielt die Rücksicht auf die Götter die Oberhand, so dass der Eigenpriester dem Obersten Priester Folge leisten musste; die Geldstrafen wurden durch einen Ausspruch des Volkes erlassen. ***6*** Der Prätor, der aus Unwillen über die ihm entrissene Befehlshaberstelle sein Staatsamt niederlegen wollte, ließ sich durch die Missbilligung der Väter davon abhalten, und sie erkannten ihm die Rechtspflege über die Fremden zu. ***7*** Als darauf innerhalb weniger Tage die Aushebungen beendet waren – denn die Aushebung forderte nicht viele Truppen –, gingen die Konsuln und Prätoren auf ihre Posten ab. ***8*** Nun verbreitete sich ohne genügende Veranlassung von dem Sieg in Asien zuerst ein unverbürgtes Gerücht, und wenige Tage darauf liefen auch sichere Nachrichten und ein Schreiben des Feldherrn ein. ***9*** Dies erregte nicht so sehr darum Freude, weil man bis jetzt in Furcht geschwebt hätte – denn man fürchtete den in Aetolien besiegten König nicht mehr –, sondern wegen des ehemaligen Rufes, weil die Römer den König, als sie diesen Krieg anfingen, wegen seiner eigenen Macht und weil er die Unternehmungen von Hannibal leiten lassen würde, für einen gefährlichen Feind gehalten hatten. ***10*** Dennoch beschlossen sie, die Absendung eines Konsuls nach Asien nicht zu ändern noch seine Truppenzahl zu verringern, denn sie fürchteten, mit den Galliern kämpfen zu müssen.

(52) Nicht lange darauf kam Marcus Aurelius Cotta, Legat des Lucius Scipio, mit den Gesandten des Königs Antiochos in Rom an, auch König Eumenes und die Rhodier. ***2*** Cotta setzte zuerst im Senat, dann auch auf Befehl der Väter in einer Volksversammlung auseinander, was man in Asien getan habe. Dann wurde eine dreitägige Dankfeier angesetzt und ein Opfer von 40 großen Tieren verordnet. ***3*** Nun gab der Senat vor allen anderen dem Eumenes Gehör. In aller Kürze sagte er den Vätern seinen Dank, dass sie ihn und seinen Bruder von der Belagerung befreit und sein Reich gegen die Unbilden des Antiochos geschützt hätten, ***4*** bezeigte ihnen seine Freude über ihre Siege zu Wasser und zu Land, auch darüber, dass sie den König Antiochos geschlagen und als einen Flüchtling mit Verlust seines Lagers zuerst aus Europa, dann auch aus Kleinasien, soweit es sich diesseits des Taurus erstreckt, vertrieben hätten, ***5*** und zuletzt äußerte er den Wunsch, dass sie das, was er für sie getan habe, lieber von ihren Feldherren und Legaten als aus seinem Mund erfahren möchten. ***6*** Da ihm alle ihren Beifall zollten und ihn aufforderten, für diesmal ohne Zurückhaltung selbst zu bestimmen, was ihm Roms Senat und Volk seiner Meinung nach zu gewähren habe; ***7*** bei seinen großen Verdiensten werde ihm der Senat, wenn es irgend möglich sei, mit noch größerer Bereitwilligkeit, mit noch vollerem Maß messen, so sagte der König. Wenn ihm andere die Wahl seiner Belohnungen überließen, so hätte er, wenn er die Erlaubnis habe, den römischen Senat zu befragen, den Rat eines so erlauchten Standes benutzt, um sich nicht den Schein eines zu unbescheidenen Wunsches oder einer zu unverschämten Bitte zuzuziehen; ***8*** allein, da sie selbst die Geber sein wollten, so müsse er ihre Freigebigkeit gegen ihn und seine Brüder um so mehr ihrem Gutdünken überlassen. ***9*** Die Väter ließen sich durch diese Erklärung nicht abhalten, beim König auf eigene Angabe zu dringen. Als beide Teile dadurch, dass sie wechselseitig alles dem andern überließen, hier in der Bereitwilligkeit, dort in der Bescheidenheit, mit einer nicht so sehr gegenseitigen als gegenseitig sich verwickelnden Gefälligkeit lange gewetteifert hatten, verließ Eumenes das Rathaus. ***10*** Der Senat beharrte auf seiner Meinung und sagte, es lasse sich nicht denken, dass der König nicht wissen sollte, mit welchen Hoffnungen und Wünschen er gekommen sei. Was seinem Reich zuträglich sei, wisse er selbst am besten; Asien kenne er weit besser als der Senat. Man müsse ihn also wieder hereinrufen und ihn nötigen, seine Wünsche und Gedanken zu sagen.

(53) Der König, von dem Prätor abermals in den Versammlungssaal eingeführt und zu einer Erklärung aufgefordert, sprach: *Ich wäre bei meinem Schweigen geblieben, versammelte Väter, wenn*

ich nicht wüsste, dass ihr nun bald die rhodische Gesandtschaft berufen werdet, und dass ich dann, wenn ihr sie gehört habt, notwendig werde reden müssen. **2** *Und diese Rede wird um so schwieriger sein, weil ihre Forderungen von der Art sein werden, dass man sieht, ihre Bitte ist nicht allein nicht gegen mich gerichtet, sondern betrifft eigentlich nicht einmal sie selbst.* **3** *Sie werden nämlich die Sache der griechischen Städte führen und es euch zur Pflicht machen, diese für frei zu erklären. Wer könnte, wenn sie dies erreichen, noch daran zweifeln, dass sie dann auch nicht bloß diejenigen Städte unserem Reich abwendig machen werden, die für frei erklärt werden, sondern auch die, welche uns von altersher zinspflichtig waren,* **4** *für ihren Teil aber an diesen, durch eine so große Wohltat ihnen Verpflichteten, dem Namen nach Verbündete, in der Tat aber wirkliche Untertanen und ihrer Oberherrschaft preisgegebene Vasallen haben werden?* **5** *Und bei allem diesem Aussehen nach einer so ausgebreiteten Macht werden sie sich, wenn es den Göttern gefällt, den Schein geben, als stünden sie damit auf keiner Seite in Berührung, werden bloß sagen, so sei es eurer würdig und eurer bisherigen Handlungsweise angemessen.* **6** *Ihr habt euch also vorzusehen, dass euch diese Sprache nicht täusche, um nicht auf einen zu ungleichen Fuß einige von euren Bundesgenossen zu sehr niederzudrücken und andere über die Maßen zu erheben; ja, um nicht diejenigen, welche gegen euch in den Waffen gestanden haben, in eine bessere Lage zu bringen als eure Bundesgenossen und Freunde.* **7** *Was mich betrifft, so will ich in allen übrigen Verhältnissen lieber den Schein haben, mich gegen jedermann auf die diesseitige Grenze meiner Befugnisse zurückzuziehen, als allzu hartnäckig auf deren Behauptung zu halten; nur in dem einzigen Wettstreit der Freundschaft zwischen uns, des Wohlwollens gegen euch, und in der Ehre, die ihr mir erweisen wollet, kann ich mich nicht ohne Wehmut besiegen lassen.* **8** *Dies ist das schätzbarste Erbteil, das mir mein Vater hinterließ, der unter allen Bewohnern Asiens und Griechenlands zuerst in eure Freundschaft zugelassen wurde und sie bis zum letzten Augenblick seines Lebens mit ununterbrochener und standhafter Treue sich erhielt,* **9** *der gegen euch nicht bloß in seiner Gesinnung Redlichkeit und Ergebenheit blicken ließ, sondern der an allen euren Kriegen, die ihr in Griechenland führtet, zu Land und zu Wasser persönlich teilnahm und euch so mit aller Art von Zufuhr unterstützte, dass es ihm von allen euren Bundesgenossen keiner in irgendeinem Punkt gleichtun konnte.* **10** *Noch zuletzt, als er den Böotiern die Verbindung mit euch empfahl, fiel er mitten in seiner Rede in Ohnmacht und starb bald darauf.* **11** *In seine Fußstapfen tretend, konnte ich freilich an Zuneigung und Eifer, euch als Freunde zu behandeln, nichts hinzutun, denn hierin war er nicht zu übertreffen;* **12** *allein ihn öfters durch die Tat selbst, durch Dienstleistungen, durch Aufwand in meinen Pflichterfüllungen übertreffen zu können, dazu ließen es das Verhängnis, die Zeitumstände, Antiochos und Asien als Kriegsschauplatz mir an Stoff nicht fehlen.* **13** *Als König Asiens und eines Teiles von Europa wollte mir Antiochos seine Tochter zur Gemahlin geben, wollte mir sogleich die Städte zurückgeben, welche von mir abgefallen waren, machte mir große Hoffnung auch zur künftigen Erweiterung meines Reiches, wenn ich in dem Krieg gegen euch auf seiner Seite sein wollte.* **14** *Ich will mich nicht damit rühmen, dass ich mich gegen euch nicht verging, lieber will ich anführen, was die uralte Freundschaft meines Hauses mit euch von mir fordern musste.* **15** *Mit Truppen zu Land und zu Wasser habe ich eure Feldherren unterstützt, so dass von euren Bundesgenossen keiner mir es gleichtun konnte, habe Zufuhren zu Land und zu Wasser geliefert, habe an allen Seeschlachten, die an mehreren Orten ausgefochten wurden, teilgenommen, mich nirgends den Strapazen, der Gefahr für meine Person entzogen;* **16** *eins der traurigsten Schicksale im Krieg, eine Belagerung, habe ich ausgehalten, auf Pergamon eingeschlossen, nicht ohne die äußerste Gefahr für mein Leben und mein Reich.* **17** *Kaum war ich von der Belagerung befreit, da ließ ich, obgleich auf der einen Seite Antiochos, auf der andern Seleukos in der Nähe meiner Hauptstadt lagerten, alles hinter mir und stellte mich mit meiner ganzen Flotte am Hellespont bei eurem Konsul Lucius Scipio ein, um ihn beim Übersetzen seines Heeres zu unterstützen.* **18** *Nach dem Übergang eures Heeres* *nach Asien bin ich dem Konsul nie von der Seite gewichen; kein römischer Soldat hielt mit mehr Treue in eurem Lager aus als ich und meine Brüder. Keine Unternehmung, kein Gefecht der Reiterei ging ohne mich vor sich.* **19** *In der Hauptschlacht stand ich da und befehligte den Teil, auf dem ich nach des Konsuls Willen stehen sollte. Ich will, versammelte Väter, damit nicht etwa nur so viel sagen: „Wer kann an Dienstleistungen, die ich euch in diesem Krieg erwies, mit mir verglichen werden?“* **20** *Sondern ich hätte wohl den Mut, allen den Völkern, allen Königen, die ihr in so hohen Ehren haltet, mich an die Seite zu stellen.* **21** *Masinissa ist früher euer Feind als euer Verbündeter gewesen. Er führte euch nicht etwa aus der Fülle seiner Staatskräfte seine Hilfstruppen zu, sondern landesflüchtig, vertrieben, nach dem Verlust aller seiner Truppen fand er selbst mit einem Reitergeschwader Zuflucht in eurem Lager.* **22** *Und doch habt ihr ihn, weil er in Afrika so treu und unverdrossen gegen Syphax und die Karthager euch zur Seite stand, nicht nur in sein Reich wieder eingesetzt, sondern ihm durch die Zugabe des blühendsten Teiles vom Reich des Syphax ein Übergewicht über Afrikas Könige gegeben.* **23** *Welcher Belohnung, welcher Ehre werden wir also würdig sein, die wir nie eure Feinde, immer eure Bundesgenossen waren?* **24** *Mein Vater, ich und meine Brüder haben nicht bloß in Asien, sondern auch fern von unserer Heimat, in der Peloponnes, in Böotien, in Atolien, im Krieg mit Philipp, mit Antiochos, mit den Aetolern, zu Land und zu Wasser für euch die Waffen geführt.* **25** *„Was verlangst du also?“ könnte jemand sagen. Weil ich denn eurem ausdrücklichen Willen zu reden Folge leisten muss, so erkläre ich, versammelte Väter, ich werde, wenn ihr den Antiochos in der Absicht über die Höhen des Taurus hinausgerissen habt, um diese Länder selbst zu besitzen, in euch die liebsten Anwohner, die liebsten Nachbarn sehen* **26** *und verspreche mir davon für mein Reich für die Zukunft größere Sicherheit und Festigkeit als von jedem andern Mittel.* **27** *Seid ihr aber gesonnen, sie zu räumen und eure Heere wegzuführen, so erkühne ich mich auch zu behaupten: Die von euch in diesem Krieg gemachten Eroberungen zu besitzen, ist unter allen euren Bundesgenossen keiner würdiger als ich.* **28** *Aber – es ist doch ruhmvoll, Städte, die in Knechtschaft sind, frei zu machen. Das ist auch meine Meinung, wenn sie nicht als Feinde gegen euch gehandelt haben. Sind sie aber auf Seiten des Antiochos gewesen, wie viel werdet ihr dann eurer Klugheit und eurer Billigkeit würdiger handeln, wenn ihr lieber für die um euch wohlverdienten Bundesgenossen als für eure Feinde sorgt?*

(54) Die Rede fand den Beifall der Väter, und es zeigte sich klar, dass sie ganz nach den Eingebungen der Freigebigkeit und des Wohlwollens handeln würden. **2** Die vortretende Gesandtschaft von Smyrna – denn die Rhodier waren noch nicht alle beisammen – verursachte einen kurzen Aufenthalt. Nach einer äußerst ehrenvollen Erwähnung dessen, dass die Smyrnäer lieber alles Äußerste hätten dulden als sich dem König hingeben wollen, wurden die Rhodier eingeführt. **3** Der Wortführer an der Spitze ihrer Gesandtschaft sprach anfangs von der Entstehung ihrer Freundschaft mit Rom, über die Verdienste der Rhodier, zuerst im Krieg mit Philipp und dann mit Antiochos, und sprach dann folgendermaßen: **4** *Nichts ist uns in dieser ganzen Auseinandersetzung, versammelte Väter, schwieriger und unangenehmer als eine Erörterung zwischen uns und Eumenes,* **5** *mit dem gerade unter allen Königen am innigsten nicht nur Einzelne unter uns in besonderer, sondern, was uns die Sache noch empfindlicher macht, von Seiten des Staates wir alle in gastfreundlicher Verbindung stehen.* **6** *Doch was uns scheidet, versammelte Väter, liegt nicht in unseren Gesinnungen gegen ihn, sondern in der allgewaltigen Natur der Verhältnisse selbst, insofern wir als freie Bürger auch der Freiheit anderer uns annehmen, Könige hingegen allenthalben Untertänigkeit und Abhängigkeit von ihrem Zepter haben wollen.* **7** *Gleichwohl ist uns, wie sich auch die Sache verhalten mag, mehr unsere Achtung für den König hinderlich, als dass die Erörterung selbst entweder für uns mit größerer Mühe oder für euch mit einer sehr verwickelten Prüfung verbunden sein sollte.* **8** *Denn wenn es euch nicht möglich wäre, einem König, der euer Verbündeter und Freund ist, der sich gerade in diesem Krieg um euch so verdient gemacht hat*

und um dessen Belohnungen es sich jetzt handelt, Anerkennung auf andere Art zu zollen, als dass ihr ihm freie Städte in die Dienstbarkeit hingebt, dann hättet ihr bei dieser Prüfung zweierlei zu fürchten: **9** *Entweder den König, euren Freund, ohne Ehrenbelohnung entlassen zu müssen oder von eurem Grundsatz abzugehen und den im Krieg mit Philipp erworbenen Ruhm jetzt durch die Hingebung so vieler Städte in die Dienstbarkeit zu verunglimpfen.* **10** *Allein von dieser Notwendigkeit, entweder der Erkenntlichkeit gegen euren Freund oder eurem Ruhm Eintrag zu tun, befreit euch das Glück auf eine sehr ausgezeichnete Art. Denn die Gnade der Götter gab euch nicht bloß einen rühmlichen, sondern auch einen so reichen Sieg, dass er seht leicht diese eure – Schuld will ich es einmal nennen – abtragen kann.* **11** *Lykaonien, beide Phrygien, ganz Pisidien, die Chersones und die danebenliegenden Länder Europas sind in eurer Gewalt.* **12** *Durch jedes von diesen, einzeln dem König zugegeben, lässt sich das Reich des Eumenes vervielfachen, und die Zugabe aller macht ihn den größten Königen gleich.* **13** *Folglich steht es euch frei, eure Bundesgenossen vom Ertrag des Sieges reich zu machen, ohne von eurem Grundsatz abzugehen, ohne zu vergessen, wie ruhmvoll die Angabe klang, die ihr vorhin beim Krieg mit Philipp, jetzt bei diesem gegen Antiochos vorschütztet,* **14** *und wie ihr nach Philipps Besiegung handeltet, was man endlich, nicht so sehr weil ihr es einmal getan habt, als vielmehr weil so zu handeln eurer würdig ist, von euch sich ersehnt und erwartet. Denn von anderen Völkern hat das eine diese, das andere jene ehrenhafte und lobenswerte Ursache zum Krieg.* **15** *Jene wollen Land, diese wollen Dörfer haben, wieder andere Städte, Seehäfen oder eine Strecke an der Seeküste. Ihr habt nach allem dergleichen nie vor dem wirklichen Besitz euch gesehnt, und jetzt könnt ihr euch, da der Erdkreis eure Hoheit anerkennt, nicht mehr danach sehnen.* **16** *Für eure Würde habt ihr gekämpft und für euren Ruhm bei dem ganzen Menschengeschlecht, das schon längst nächst den unsterblichen Göttern auf Roms Namen, auf Roms Befehle sieht. Dies so mühsam erworbene Eigentum zu behaupten, ist, wie mich dünkt, noch schwerer.* **17** *Ihr habt es übernommen, die Freiheit eines uralten, sowohl durch den Ruhm seiner Taten als auch durch jegliche Empfehlung von Seiten der Bildung und Gelehrsamkeit weltbekannten Volkes vor der Dienstbarkeit unter Königen zu schützen. Dieses Schirmrecht über das gesamte Volk, das ihr in euren Schutz und eure Schirmgenossenschaft aufgenommen habt, ziemt es euch für immer zu gewährleisten.* **18** *Allein die Städte sind bloß darum, weil sie auf dem alten Boden stehen, nicht mehr griechisch als ihre Kolonien, welche einst von ihnen nach Asien ausgingen. Auch hat in diesen die Veränderung des Wohnlandes weder ihren Stamm noch ihre Sitten geändert.* **19** *Wir haben es gewagt, jede Stadt für sich, einen edlen Wettkampf in jeder edlen Kunst und Trefflichkeit mit unseren Eltern und Gründern zu bestehen.* **20** *Die meisten unter euch haben Griechenlands, haben Asiens Städte besucht, wir stehen jenen in keiner Beziehung nach, außer dass wir von euch entfernter sind.* **21** *Könnte die angeborene Natur von dem – ich möchte sagen Geist – des Landes überwältigt werden, so wären die Massilier von so vielen sie umschwärmenden rohen Völkern längst zu Wilden gemacht, da sie doch bei euch, wie wir hören, mit Recht in ebenso großer Ehre und Achtung stehen, als ob sie im Mittelpunkt von Griechenland wohnten.* **22** *Denn sie haben nicht bloß den Klang der Sprache, die Kleidung und das Äußere, sondern vorzüglich die Sitten, die Gesetze, den Geist von aller Ansteckung durch die Nachbarschaft rein und ungefälscht bewahrt.*

23 *Die Grenze eurer Herrschaft ist jetzt der Taurus. Was diesseits dieses Wendepunktes liegt, dürft ihr gar nicht als abgelegen betrachten, wohin eure Waffen reichten, dahin reiche auch das von euch ausgehende Recht.* **24** *Die Barbaren, denen immer die Befehle ihrer Gebieter als Gesetze galten, mögen, weil es ihnen so recht ist, Könige haben. Die Griechen schalten mit ihren Angelegenheiten selbst und in eurem Sinn.* **25** *Früher umfassten sie aus eigener Kraft auch eine Oberherrschaft, jetzt wünschen sie der Regierung in den Händen, in welchen sie ist, ununterbrochene Dauer. Es genügt ihnen, ihre Freiheit durch eure Waffen zu schützen, weil sie das durch eigene nicht können.* **26**

„Aber", sagt ihr, „einige von diesen Städten haben es doch mit Antiochos gehalten." – Hielten es doch früher auch andere mit Philipp, die Tarentiner mit Pyrrhus. Ohne andere Völker aufzuzählen, sogar Karthago ist frei bei eigenen Gesetzen. **27** *Erwäget, versammelte Väter, wie viel ihr diesem eurem Beispiel schuldig seid. Entschließt euch dazu, den Wünschen des Eumenes etwas zu versagen, was ihr eurer gerechtesten Rache versagt habt.* **28** *Wie tapfer und wie treu wir Rhodier sowohl in diesem als in allen Kriegen, die ihr in jener Gegend geführt habt, euch unterstützt haben mögen, überlassen wir eurer Würdigung. Selbst im Frieden ist die Maßregel, die wir euch vorschlagen, von der Art, dass die Welt, wenn ihr sie genehmigen solltet, eingestehen muss, der Gebrauch, den ihr von eurem Sieg gemacht hättet, sei noch herrlicher als der Sieg.* Man fand diese Rede der Größe Roms angemessen.

(55) Nach den Rhodiern wurden die Gesandten des Antiochos hereingerufen. Nach der gewöhnlichen Weise der um Verzeihung Bittenden **2** gestanden sie den Fehler des Königs ein und beschworen die versammelten Väter, bei ihren Beschlüssen lieber der eigenen Großmut als der Verschuldung des Königs eingedenk zu sein, der schon mehr als zu viel gestraft sei, und zuletzt, sie möchten den vom Feldherrn Lucius Scipio ihm bewilligten Frieden unter den zugestandenen Bedingungen durch ihre Genehmigung bestätigen. **3** Der Senat stimmte für die Beibehaltung dieses Friedens, und wenige Tage darauf erklärte ihn auch das Volk für gültig. Der Vertrag selbst wurde mit Antipater, dem Haupt der Gesandtschaft, der zugleich ein Bruderssohn des Königs Antiochos war, auf dem Kapitol abgeschlossen. **4** Darauf wurden auch die übrigen Gesandtschaften aus Asien angehört. Sie alle erhielten den Bescheid, der Senat werde dem Herkommen gemäß zehn Abgeordnete senden, welche die Angelegenheiten Asiens untersuchen und ordnen sollten. **5** Im Ganzen werde man darauf sehen, dass alles, was diesseits des Taurus zum Reich des Antiochos gehört habe, dem Eumenes angewiesen werde, mit Ausnahme Lykiens und Kariens bis an den Mäander. Diese sollten zum Staat der Rhodier gehören. **6** Die übrigen Städte Asiens, welche Attalos zinsbar gewesen waren, sollten auch dem Eumenes die Abgaben entrichten, die aber, welche dem Antiochos gezahlt hätten, sollten als Freistädte an niemanden zu zahlen haben. **7** Zu den zehn Abgeordneten ernannten sie Quintus Minucius Rufus, Lucius Furius Purpureo, Quintus Minucius Thermus, Appius Claudius Nero, Gnaeus Cornelius Merenda, Marcus Junius Brutus, Lucius Aurunculeius, Lucius Aemilius Paulus, Publius Cornelius Lentulus und Publius Aelius Tubero.

(56) Zu Entscheidungen an Ort und Stelle bekamen sie Vollmacht. **2** Die Hauptpunkte setzte der Senat fest. Ganz Lykaonien, beide Phrygien, Mysien, die königlichen Wälder, die Städte Lydiens und Joniens (mit Ausnahme derer, welche am Tag der Schlacht mit dem König Antiochos schon frei waren), **3** und zwar namentlich Magnesia am Sipylus und Karia mit dem Zunamen Hydrela, das an Phrygien stoßende Gebiet von Hydrela, die kleinen Festungen und Flecken jenseits des Mäander, **4** auch die Städte, die nicht schon vor dem Krieg frei waren, ferner Telmissus namentlich und Castra Telmissium, mit Ausnahme des Landstrichs, der dem Telmissier Ptolemaeus gehört habe, alles dieses, was hier bezeichnet worden ist, sollten sie dem König Eumenes geben. **5** Den Rhodiern wurde Lykien gegeben, mit Ausschluss des genannten Telmissus und Castra Telmissium und des dem Telmissier Ptolemaeus gehörenden Landstriches. **6** Dies waren die Punkte, die von dem, was Eumenes, und von dem, was die Rhodier haben sollten, ausgenommen wurden. Auch wurde diesen der Teil von Karten gegeben, der jenseits des Mäander nahe bei der Insel Rhodos liegt, ferner die Städte, Flecken, Schanzen und Dörfer, welche nach Pisidien zu liegen, mit Ausnahme der Städte, welche schon vorher in Freiheit waren, ehe dem König Antiochos die Schlacht in Asien geliefert wurde.

7 Als die Rhodier dafür gedankt hatten, sprachen sie wegen der Stadt Soli, die in Kilikien liegt. Die Solier stammten ebenso wie sie von Argos, und diese Verbrüderung habe zwischen ihnen eine Bruderliebe gestiftet. Sie bäten sich's also zu einer außerordentlichen Vergünstigung aus, diese Stadt von der Dienstbarkeit des Königs freizusprechen. *8* Man rief die Gesandten des Königs Antiochos herein, besprach sich mit ihnen, konnte aber nichts auswirken, weil sich Antipater auf die Friedenspunkte berief, mit denen es sich nicht vertrage, dass die Rhodier – den Worten nach es auf Soli, in der Tat auf Kilikien anlegten und die Höhen des Taurus überschritten. *9* Als die Väter den wieder in den Senat gerufenen Rhodiern eröffnet hatten, wie ernstlich der königliche Gesandte dagegen sei, fügten sie hinzu, wenn die Rhodier glaubten, die Sache stehe durchaus mit der Ehre ihres Staates in Verbindung, so wolle der Senat den Starrsinn der Gesandten auf alle Weise zu bekämpfen suchen. *10* Da aber zeigten die Rhodier ihre dankbaren Gesinnungen noch angelegentlicher als zuvor und erklärten, sie wollten lieber gegen Antipaters Anmaßung zurückstehen, als Anlass zur Störung des Friedens geben. Also traf man mit Soli keine Änderung.

(57) In den Tagen, als dies vorging, brachten Gesandte aus Massilia die Nachricht, der Prätor Lucius Baebius sei auf dem Zug nach Spanien, seinem Standort, von den Ligurern umringt worden. Nicht ohne großen Verlust an seinem Gefolge, *2* habe er, selbst verwundet, nur mit wenigen, und zwar ohne Beilträger, sich nach Massilia gerettet und den dritten Tag nicht überlebt. *3* Auf diese Nachricht beschloss der Senat, Publius Junius Brutus, der als Proprätor in Etrurien stehe, solle nach Abgabe dieser Provinz und des Heeres an einen seiner von ihm selbst zu bestimmenden Unterfeldherren nach dem jenseitigen Spanien aufbrechen und hier seinen Standort haben. *4* Dieser Senatsbeschluss ging mit einem Schreiben vom Prätor Spurius Postumius nach Etrurien ab, und der Proprätor Publius Junius brach nach Spanien auf. *5* In dieser Provinz hatte Lucius Aemilius Paulus, der in der Folge den König Perseus mit so großem Ruhm besiegte, obgleich er im vorigen Jahr im Feld gar nicht glücklich gewesen war, schon lange vor der Ankunft seines Nachfolgers in der Eile ein Heer zusammengebracht und den Lusitaniern eine förmliche Schlacht geliefert. *6* Die Feinde wurden völlig geschlagen, 18 000 Mann getötet, 3300 gefangen genommen und ihr Lager erobert. Der Ruf von diesem Sieg machte auch Spanien wieder ruhiger. *7* Am 30. Dezember dieses Jahres führten zufolge eines Senatsbeschlusses Lucius Valerius Flaccus, Marcus Atilius Serranus, Lucius Valerius Tappus als Dreimänner latinische Anbauer nach Bononia. *8* 3000 Männer wurden ausgeführt. Jeder Reiter bekam 70 Morgen, die übrigen Siedler je 50. Das Land hatte man den boischen Galliern abgenommen, und die Gallier hatten vorher die Tusker daraus vertrieben.

9 In demselben Jahr bewarben sich auch viele und angesehene Männer um das Zensorenamt; und dies erregte, als wäre der dadurch ohnehin veranlagte Wettstreit nicht groß genug, einen andern, weit heftigeren Kampf. *10* Die Bewerber waren Titus Quinctius Flamininus, Publius Cornelius Scipio, der Sohn des Gnaeus, Lucius Valerius Flaccus, Marcus Porcius Cato, Marcus Claudius Marcellus und Manius Acilius Glabrio, der Sieger über Antiochos bei Thermopylae und der Aetoler. *11* Diesem war die Stimmung des Volkes besonders wegen der vielen Spenden günstig, wodurch er sich einen großen Teil der Bürger verpflichtet hatte. *12* Da es nun so viele vornehme Männer verdross, dass ihnen ein Neuadliger so sehr vorgezogen wurde, luden ihn die Volkstribunen Publius Sempronius Gracchus und Gaius Sempronius Rutilus vor Gericht, mit der Anklage, er habe von den königlichen Geldern und der übrigen im Lager des Antiochos gemachten Beute einen bedeutenden Teil weder im Triumph mit aufgeführt noch in die Schatzkammer abgeliefert. *13* Die Aussagen seiner Unterfeldherren und Obersten fielen verschieden aus. Vor den übrigen Zeugen zeichnete sich Marcus Cato aus; allein in der Toga des Bewerbers verlor er viel von dem Gewicht, das ihm ein sich ununterbrochen gleicher Lebenswandel erworben hatte. *14* Dieser versicherte als Zeuge, viele goldene und silberne Gefäße, die er nach Eroberung des Lagers unter der übrigen königlichen Beute bemerkt habe, habe er im Triumph nicht gesehen. ***15*** Zuletzt erklärte Glabrio, er stehe, zum Vorwurf für Cato, von seiner Bewerbung ab, weil jener ihn bei diesem Gesuch, worüber sich doch die Adligen nur in der Stille ärgerten, als Mitbewerber, und an Ahnen nicht reicher als er selbst, durch einen Meineid bekämpfe, der über alle zu bestimmende Strafe sei.

(58) Es war gegen ihn auf eine Geldstrafe von 100 000 As angetragen, und zweimal wurde die Sache vor Gericht verhandelt. Am dritten Gerichtstag wollte das Volk, weil der Beklagte von seiner Bewerbung zurückgetreten war, über die Geldfrage nicht stimmen, und die Tribunen ließen die Klage fallen. ***2*** Zu Zensoren wurden Titus Quinetius Flamininus und Marcus Claudius Marcellus gewählt.

3 In diesen Tagen wurde auch dem Lucius Aemilius Regillus, der mit seiner Flotte den Admiral des Königs Antiochos besiegt hatte, außerhalb der Stadt im Tempel des Apollo Zutritt vor dem Senat erteilt, und als er den Vätern seine Taten berichtet hatte, mit was für großen feindlichen Flotten er zu kämpfen gehabt und wie viele von ihren Schiffen er in den Grund gebohrt und genommen habe, bewilligten sie ihm mit großer Übereinstimmung einen Triumph zur See. ***4*** Er hielt ihn am ersten Februar. In diesem Triumph wurden 49 goldene Kränze zur Schau getragen. Die Geldsumme war für den Glanz eines Triumphes über einen König so groß bei Weitem nicht und betrug 34 700 attische Vierdrachmenstücke und 131 300 Kistophoren. ***5*** Darauf wurde nach einem Senatsbeschluss dem Sieg zu Ehren ein Dankfest gefeiert, welchen Lucius Aemilius in Spanien erfochten hatte.

6 Bald nachher kam Lucius Scipio zur Stadt. Um seinem Bruder hinsichtlich des Beinamens nicht nachzustehen, ließ er sich Asiaticus nennen. ***7*** Es fehlte nicht an solchen, welche diesem Krieg das Ansehen zu geben suchten, als habe er mehr einen großen Ruf als wirkliche Schwierigkeiten gehabt; mit einer einzigen denkwürdigen Schlacht sei er beendet gewesen, und der Ruhm dieses Sieges sei schon bei Thermopylae vorweggenommen worden. ***8*** Allein, genau genommen fühlten den Krieg bei Thermopylae mehr die Aetoler als der König. Denn mit dem wievielsten Teil seiner Macht lieferte dort Antiochos die Schlacht! In Asien hingegen standen die Kräfte von ganz Asien in der Schlacht, weil er Truppen von allen seinen Völkern aus den Gegenden des äußersten Morgenlandes zusammengezogen hatte.

(59) Mit vollem Recht also wurde nicht allein den unsterblichen Göttern dafür, dass sie einen so großen Sieg auch so leicht gemacht hatten, der Dank so feierlich wie möglich dargebracht, sondern auch dem Feldherrn der Triumph zuerkannt. ***2*** Er hielt ihn in einem Schaltmonat, den Tag vor dem ersten März. Eine weit größere Augenweide gewährte dieser Triumph als der seines Bruders Africanus; dachte man aber an die Taten, erwog man die Gefahr und den Kampf, so war dieser jenem ebenso wenig zu vergleichen, wie wenn man Heerführer gegen Heerführer oder den Antiochos als Feldherrn mit Hannibal zusammengestellt hätte. ***3*** Er führte in diesem Triumphe 234 Fahnen auf, 134 Abbildungen von Städten, 1231 Elefantenzähne, 234 goldene Kränze, ***4*** 137 420 Pfund Silber, 224 000 attische Vierdrachmen, 331 070 Kistophoren, 140 000 Goldphilippsmünzen, ***5*** an Silbergefäßen – sie waren alle von getriebener Arbeit – 1424 Pfund, an goldenen 1024 Pfund. Vor dem Wagen gingen als Gefangene 32 königliche Feldherren, Statthalter und andere von hohem Rang. ***6*** Den Soldaten gab er jedem 25 Denare, einem Hauptmann das Doppelte, jedem Reiter das Dreifache. Auch erhielten die Soldaten nach dem Triumph eine doppelte Löhnung an Sold und Getreide. Schon nach der Schlacht in Asien hatte er sie ihnen doppelt gegeben. Die Zeit seines Triumphes war etwa ein Jahr nach Niederlegung seines Konsulats.

(60) Ungefähr um dieselbe Zeit kam der Konsul Gnaeus Manlius nach Asien und der Prätor Quintus Fabius Labeo zur Flotte. ***2*** Der Konsul freilich fand in dem Krieg gegen die Gallier genug zu tun; allein auf dem Meer war nach Besiegung des Antiochos Ruhe. Als nun Quintus

Fabius erwog, auf was für eine Unternehmung er sich eigentlich einlassen sollte, um sich nicht etwa einem Schein von Untätigkeit auf seinem Posten auszusetzen, so glaubte er am besten zu tun, wenn er auf die Insel Kreta hinüberginge. ***3*** Dort führte der Staat von Kydonia Krieg mit denen von Gortyn und Gnosos; auch hieß es, eine große Anzahl gefangener Römer und Italer lebe auf der ganzen Insel zerstreut in der Sklaverei, ***4*** Sobald er nach seiner Abfahrt von Ephesus mit der Flotte das Gestade von Kreta erreicht hatte, ließ er allen Staaten kundtun, sie sollten die Waffen niederlegen, jeder die in seinen Städten und Dörfern aufgesuchten Gefangenen ihm wieder zuführen und Gesandte schicken, mit denen er sich über Gegenstände, welche die Kreter ebenso wie die Römer angingen, auseinandersetzen könne. ***5*** Auf die Kreter machte dies wenig Eindruck, und außer den Gortyniern gab niemand Gefangene zurück. ***6*** Valerius Antias hat erzählt, die ausgelieferten Gefangenen, die man aus Furcht vor dem angedrohten Krieg von der ganzen Insel zusammengebracht habe, hätten sich auf 4000 belaufen, und aus diesem Grund habe Fabius ohne alle weitere Verrichtung vom Senat einen Seetriumph bewilligt erhalten. ***7*** Von Kreta kehrte Fabius nach Ephesus zurück und sandte von hier drei Schiffe nach der Küste von Thrakien, mit dem Befehl, von Aenos und Maroneia, weil diese Städte frei werden sollten, die Besatzungen des Antiochos abzuführen.

ACHTUNDDREISSIGSTES BUCH

Inhalt

Der Konsul Marcus Fulvius gewinnt in Epirus die belagerte Stadt Ambrakia durch Übergabe, unterwirft sich Kephallenia und gibt den besiegten Aetolern den Frieden. Sein Kollege, Konsul Cnaeus Manlius, besiegt die galatischen Völker, die Tolistobogier, Tectosager und Trocmer, die, von einem Brennus geführt, nach Asien gekommen waren, damals die Einzigen diesseits des Taurus, welche sich noch nicht unterworfen hatten. Ihre Herkunft und wie sie sich dieser Besitzungen bemächtigt haben, wird angegeben, auch wird ein Beispiel von weiblicher Tugend und Keuschheit erzählt. Die Gemahlin des Ortiagon nämlich tötet den Hauptmann, ihren Aufseher, der sie als Gefangene gewaltsam entehrt hatte. Die Schätzungsfeier wird von den Zensoren geschlossen. Geschätzt wurden 258 328 Bürger. Freundschaft mit Kappadokiens König Ariarathes. Gnaeus Manlius, dem die zehn Abgeordneten, nach deren Gutachten er den Bundesvertrag mit Antiochos abgefasst hatte, den Triumph über die Gallier streitig machen, bringt seine Sache vor den Senat und triumphiert. Scipio Africanus, nach einigen von dem Volkstribun Quintus Petillius, nach anderen von Naevius vor Gericht geladen, weil er dem Schatz einen Teil der Beute von Antiochos unterschlagen habe, spricht, als er am Gerichtstag auf die Bühne gefordert wird: *Quiriten, am heutigen Tag überwand ich Karthago!* und geht, vom Volk begleitet, zum Kapitol hinauf. Nachher begibt er sich, um nicht länger durch tribunizische Angriffe gekränkt zu werden, nach Liternum in eine freiwillige Verbannung. Man weiß nicht, ob er dort oder zu Rom gestorben ist, denn an beiden Orten stand sein Grabmal. Als der Bruder des Africanus, Lucius Scipio Asiaticus, den man ebendieses Unterschleifs beschuldigte und verurteilte, schon in Fesseln und Kerker gelegt werden soll, erhebt Tiberius Sempronius Gracchus, früher ein Feind der Scipionen, als Volkstribun Einspruch und bekommt für dieses Verdienst des Africanus Tochter. Die Schatzmeister, vom Staat bevollmächtigt, das Vermögen des Asiaticus einzuziehen, finden nicht allein keine Spur von königlichen Geldern, sondern bringen auch bei Weitem nicht die Summe heraus, zu der er verurteilt war. Ein ungeheures Geld, das seine Verwandten und Freunde zusammenlegen, schlägt er aus, doch lösen sie für ihn den nötigen Hausrat wieder ein.

(1) Während des Krieges in Asien waren auch in Aetolien Unruhen, wozu die Athamanen den Anfang machten. *2* Athamanien hatte damals nach Vertreibung des Amynander königliche Besatzungen unter Philipps Statthaltern, die durch übermütige und maßlose Herrschergewalt die Sehnsucht nach Amynander geweckt hatten. *3* Ihm, der sich jetzt als Verbannter in Aetolien aufhielt, machten Briefe von seinen Untertanen, worin sie ihm Athamaniens Lage schilderten, Hoffnung zur Wiedererlangung seines Reiches, *4* und er ließ nach Argithea – dies war Athamaniens Hauptstadt – den Vornehmen zurücksagen, wenn ihm seine Landsleute ihre Gesinnung

hinlänglich bewährten, so wolle er mit Hilfstruppen, welche ihm die Aetoler überließen, nach Athamanien kommen, begleitet von einigen des engeren Ausschusses, der den Staatsrat der Nation bilde, und dem Prätor Nikander. *5* Als er gewiss war, dass sie schon zu allem bereit seien, kündigte er ihnen bald darauf an, an welchem Tag er mit dem Heer in Athamanien einrücken werde. *6* Zuerst hatten sich nur vier von ihnen auf die Verschwörung gegen die makedonische Besatzung eingelassen. Diese nahmen sich zur Ausführung je sechs Gehilfen. Noch nicht ganz gedeckt durch eine so kleine Anzahl, die eher dazu taugte, die Sache zu verheimlichen als durchzusetzen, ließen sie noch ebenso viele beitreten als vorher. *7* So auf 52 gebracht, trennten sie sich in vier Abteilungen. Die eine ging nach Heraklea, die andere nach Tetraphylia, wo gewöhnlich die königlichen Gelder niedergelegt wurden, die dritte nach Theudoria, die vierte nach Argithea. *8* Sie alle hatten verabredet, sich anfangs ganz ruhig, als wären sie zur Betreibung von Privatangelegenheiten gekommen, auf dem Gerichtsplatz sehen zu lassen. *9* An dem bestimmten Tag wollten sie dann die ganze Volksmenge zusammenrufen, um die makedonischen Besatzungen aus den Burgen zu vertreiben. Als dieser Tag kam und Amynander mit 1000 Mann Aetolern schon diesseits der Grenze stand, wurden der Verabredung gemäß an vier Orten zugleich die makedonischen Besatzungen vertrieben, und nach allen Seiten ergingen an die übrigen Städte schriftliche Aufforderungen, von Philipps maßloser Herrschaft sich zu befreien und sich der angestammten, gesetzmäßigen Regierung wiederzugeben. Überall wurden die Makedonier vertrieben. *10* Die Stadt Theion, wo der Befehlshaber Xenon den Brief aufgefangen hatte und die königlichen Truppen sich in die Burg geworfen hatten, leistete den Belagerern einige Tage Widerstand. *11* Dann ergab auch sie sich an Amynander, und er hatte schon ganz Athamanien in seiner Gewalt, die kleine Feste Athenäum ausgenommen, die unmittelbar an der Grenze Makedoniens lag.

(2) Als Philipp den Abfall Athamaniens hörte, brach er mit 6000 Bewaffneten auf und kam mit großer Schnelligkeit nach Gomphoi. *2* Hier ließ er den größeren Teil seines Heeres stehen – denn so starke Märsche hätte dieser nicht ausgehalten – und kam mit 2000 Mann nach Athenäum, dem einzigen Ort, der noch in den Händen seiner Truppen war. *3* Als er aus einigen Versuchen in der Nähe leicht vermutete, dass es weiterhin nichts als Feinde gebe, ging er wieder nach Gomphoi und kehrte mit allen Truppen nach Athamanien zurück. *4* Dem Xenon, den er mit 1000 Mann Fußvolk vorausgehen ließ, gab er Befehl, Ethopia zu besetzen, das über Argithea sehr vorteilhaft auf einer Höhe liegt. *5* Als er sah, dass die Seinigen den Platz besetzt hatten, lagerte er sich selbst am Tempel des Jupiter Acraeus. Hier von einem schrecklichen Unwetter einen Tag aufgehalten, setzte er am folgenden den Marsch nach Algithea fort. *6* Gleich als sie weiterrückten, ließen sich Athamanen sehen, welche sich eiligst auf die den Weg beherrschenden Höhen verteilten. Bei ihrem Anblick machten die ersten Glieder Halt: Bestürzung und Verlegenheit ging durch den ganzen Zug, *7* und jeder dachte sich auf seine Art, wie es ihm ergehen werde, wenn der Zug in die unter den Felsen liegenden Täler rücke. *8* Diese Unruhe unter seinen Truppen nötigte den König, der so gern, wenn sie ihm gefolgt wären, den Pass im Flug zurückgelegt hätte, die Vordersten zurückzurufen und sich auf demselben Wege, den er gekommen war, zurückzuziehen. Die Athamanen folgten ihm anfangs ruhig in der Ferne, *9* als aber die Aetoler zu ihnen gestoßen waren, ließen sie diese hinten bleiben, um dem Zug vom Rücken her zuzusetzen, sie selbst umströmten ihn auf den Seiten. *10* Andere eilten, mit den Pfaden bekannt, auf kürzerem Weg ihm voraus und besetzten die Durchgänge; und die Makedonier gerieten in eine solche Unordnung, dass sie mehr in völliger Flucht als auf einem geordneten Marsch mit Zurücklassung vieler Waffen und Leute über den Fluss setzten. *11* Hier hatte die Verfolgung ein Ende. Von da nahmen die Makedonier ihren sicheren Rückweg nach Gomphoi und von Gomphoi nach Makedonien. *12* Die Athamanen und Aetoler eilten von allen Seiten nach Ethopia, um den Xenon mit seinen 1000 Makedoniern

aufzunehmen. ***13*** Die Makedonier, durch die Örtlichkeit nicht hinlänglich gesichert, zogen sich von Ethopia auf einen höheren, ringsum mehr abschüssigen Hügel zurück. ***14*** Die Athamanen fanden an mehreren Stellen einen Aufgang, trieben sie herab und nahmen die Versprengten, die ihrer Flucht über unwegsame, ihnen unbekannte Klippen keine feste Richtung geben konnten, teils gefangen, teils machten sie sie nieder; viele stürzten in der Angst über die Abhänge hinunter, und nur sehr wenige retteten sich mit Xenon zum König. Am folgenden Tag erhielten sie in einem Waffenstillstand die Erlaubnis zur Beerdigung ihrer Toten.

(3) Nach Rückeroberung seines Reiches schickte Amynander Gesandte nach Rom an den Senat und nach Asien an die Scipionen, die nach der großen Schlacht gegen Antiochos in Ephesus waren. ***2*** Er bat um Frieden, entschuldigte sich, zur Rückeroberung seines väterlichen Reiches die Aetoler gebraucht zu haben, und schob die Schuld auf Philipp.

3 Die Aetoler zogen aus Athamanien in das Gebiet der Amphilochier und machten das ganze Volk mit Zustimmung des größeren Teiles zu ihren Untertanen. ***4*** Nach der Rückeroberung von Amphilochien – denn es hatte früher schon den Aetolern gehört – gingen sie in gleicher Hoffnung in die Landschaft Aperantia hinüber. Auch diese ergab sich ihnen größtenteils ohne Kampf. Die Doloper hingegen waren nie aetolisch gewesen, gehörten vielmehr zu Philipps Reich. ***5*** Diese ergriffen anfangs die Waffen; als sie aber die Verbindung der Amphilochier mit den Aetolern, Philipps Flucht aus Athamanien und die Niederlage seiner Truppen erfuhren, traten sie ebenfalls von Philipps Seite zu den Aetolern über. ***6*** Schon glaubten die Aetoler, durch diese sie umgebenden Völkerschaften sich auf allen Seiten gegen die Makedonier gesichert zu haben, als das Gerücht vom Sieg der Römer in Asien über Antiochos auch zu ihnen drang. Und bald darauf kamen auch ihre Gesandten von Rom ohne alle Hoffnung auf Frieden und mit der Nachricht zurück, der Konsul Fulvius sei schon mit einem Heer über das Meer gegangen. ***7*** Dadurch geschreckt, wirkten sie sich gleich zuerst von Rhodos und Athen Gesandtschaften aus, um ihren neulich abgewiesenen Bitten durch die Fürsprache dieser Staaten beim Senat leichteren Eingang zu verschaffen, und schickten dann die Häupter ihres Volkes zu einem letzten Friedensversuch nach Rom, ***8*** ohne früher an die Abwendung des Krieges gedacht zu haben, als bis sie den Feind beinahe vor Augen hatten.

9 Schon überlegte Marcus Fulvius, der sein Heer nach Apollonia übergesetzt hatte, wie er den Krieg eröffnen sollte. Die Epiroten rieten zu einem Angriff auf Ambrakia, das sich damals den Aetolern angeschlossen hatte; ***10*** denn entweder kämen die Aetoler zum Entsatz, dann böten die Umgebungen der Stadt offene Felder zur Schlacht, oder sie wichen dem Kampf aus, dann würde die Belagerung nicht schwierig sein. ***11*** Denn Bauholz zur Aufführung von Erdwällen und anderen Befestigungen gebe es in der Nähe in Menge, und der schiffbare Fluss Arethon, zur Herbeischaffung der Bedürfnisse so bequem, fließe an den Mauern vorbei; auch sei der Sommer, zu einer solchen Unternehmung die beste Jahreszeit, vor der Tür. Durch diese Vorstellungen bewogen sie ihn, den Zug durch Epirus anzutreten.

(4) Bei seiner Ankunft vor Ambrakia fand der Konsul die Belagerung sehr schwierig. Ambrakia liegt unter einem felsigen Hügel; die Einwohner nennen ihn Perranthes. ***2*** Wo sich die Mauer nach den Feldern und dem Fluss hinzieht, hat die Stadt die Aussicht nach Abend, die Burg hingegen, die auf dem Hügel liegt, gegen Morgen. ***3*** Der Fluss Arethon, der aus Athamanien kommt, fällt in den nach dem Namen der nahen Stadt genannten Ambrakischen Meerbusen. ***4*** Abgesehen davon, dass auf der einen Seite der Fluss, auf der andern die Höhen die Stadt schützen, war sie auch von einer festen Mauer umgeben, die etwas über 3000 Schritt im Umfang hatte. ***5*** Fulvius führte vom Feld her in einer mäßigen Entfernung voneinander zwei Lager auf und auf einer Höhe eine Schanze gegen die Burg. ***6*** Dies alles wollte er durch Wall und Graben so verbinden,

dass die Eingeschlossenen keinen Ausgang aus der Stadt haben sollten, und auch niemand von außen, wenn er etwa Hilfstruppen hineinbringen wollte, einen Eingang. Auf das Gerücht von der Belagerung Ambrakias hatten sich die Aetoler schon durch einen Aufruf des Prätors Nikander zu Stratos eingefunden. *7* Ihr erster Plan war, mit allen Truppen zu kommen, um die Belagerung zu verhindern; als sie aber die Stadt schon größtenteils mit Befestigungen umschlossen hatten und jenseits des Flusses auf einer Ebene das Lager der Epiroten sahen, beschlossen sie, ihre Truppen zu teilen. *8* Eupolemus, der mit 1000 Leichtbewaffneten nach Ambrakia aufbrach, kam durch eine noch offene Lücke in den Werken in die Stadt. *9* Nikander wollte zuerst mit den übrigen Truppen bei Nacht das Lager der Epiroten angreifen, wo ihnen die Römer, weil der Fluss sie schied, nicht so leicht zu Hilfe kommen konnten. *10* Dann aber, als er die mit dieser Unternehmung verbundene Gefahr erwog, dass die Römer es merken könnten, und ihm der Rückzug ins Freie abgeschnitten würde, fand er diesen Plan zu gewagt, kehrte um und verheerte Acarnanien.

(5) Als der Konsul schon die Schanzarbeiten zur Einschließung der Stadt und die Werkzeuge, die er gegen die Mauern gebrauchen wollte, vollendet sah, unternahm er den Sturm auf die Mauern an fünf Stellen zugleich. *2* Drei seiner Werke brachte er in gleichen Zwischenräumen, da, wo der Zugang von der Ebene her leichter war, gegen das sogenannte Pyrrheon an, eins dem Tempel des Äskulap, eins der Burg gegenüber. *3* Mit Widderköpfen erschütterte er die Mauern, mit gesichelten Sturmpfählen riss er die Zinnen herab. Bei diesem Anblick und bei den Stößen gegen die Mauer, die ein fürchterliches Getöse verursachten, ergriff die Bürger anfangs Schrecken und Bestürzung. *4* Als sie aber ihre Mauern über ihre Erwartung feststehen sahen, fassten sie wieder Mut, schleuderten auf die Widderköpfe vermittels einer Wippe Massen von Blei oder Steinen oder Eichenstämme nieder, brachen vorn von den Sturmpfählen, die sie durch angeworfene Krummeisen auf die innere Seite der Mauer herabzogen, die Sicheln ab, *5* ja durch Ausfälle, sowohl bei Nacht auf die Wachen bei den Befestigungen als auch bei Tag auf die Posten, machten sie sich sogar furchtbar.

6 So standen die Sachen vor Ambrakia, als die Aetoler von der Verheerung Acarnaniens schon nach Stratos zurückgekehrt waren. Von da schickte ihr Prätor Nikander, in der Hoffnung, durch einen kühnen Streich der Belagerung ein Ende zu machen, einen gewissen Nikodamos mit 500 Aetolern nach Ambrakia hinein. *7* Eine bestimmte Nacht, ja die Stunde der Nacht, wurde bestimmt, wann jene von der Stadt aus die feindlichen Werke dem Pyrrheon gegenüber angreifen sollten und er zugleich das römische Lager bedrohen wolle, weil er es nicht für unmöglich hielt, bei diesem von zwei Seiten einbrechenden Feindeslärm, wenn die Nacht den Schrecken noch vergrößere, etwas Namhaftes auszuführen. *8* Auch drang Nikodamus mitten in der Nacht, nachdem er sich bei einigen Wachen durchgeschlichen, bei anderen in einem nachhaltigen Angriff sich durchgeschlagen und die Umwallungslinie überstiegen hatte, in die Stadt, flößte den Belagerten großen Mut und neue Hoffnung ein, alles zu wagen, und machte unvermutet, als die bestimmte Nachtstunde gekommen war, den verabredeten Ausfall auf die Belagerungswerke. *9* Doch war diese Unternehmung im ersten Ausbruch gefährlicher als in der Wirkung, weil von der Außenseite kein Angriff erfolgte. *10* Entweder hatte Furcht den aetolischen Bundeshauptmann abgeschreckt, oder er hatte es für ratsamer erachtet, den neulich in Schutz genommenen Amphilochiern zu Hilfe zu eilen, auf welche Perseus, den sein Vater Philipp abgeschickt hatte, um Dolopien und Amphilochien wiederzuerobern, den Angriff aus allen Kräften betrieb.

(6) Gegen das Pyrrheon standen, wie oben gesagt worden ist, an drei Stellen römische Belagerungswerke. *2* Auf diese zugleich machten die Aetoler ihren Angriff, nur nicht mit gleichen Mitteln und gleicher Kraft. Einige kamen mit brennenden Fackeln, andere hatten gepichtes Werg und Brandspindeln, so dass ihre ganze Linie von Flammen leuchtete. *3* Im ersten Anlauf töteten

sie viele Wachen. Als aber das Geschrei und Getümmel in das Lager drang und der Konsul das Zeichen gab, griffen die Römer zu den Waffen und stürmten aus allen Toren zur Hilfe herbei. *4* An einer Stelle machten die Aetoler Gebrauch von Schwert und Feuer zugleich, auf zweien aber zogen sie unverrichteter Sache ab und hatten den Kampf mehr versucht als wirklich angefangen. Die Wut des Gefechts zog sich ganz nach jener einen Stelle hin. *5* Hier ermunterten auf zwei verschiedenen Seiten die beiden Feldherren Eupolemos und Nikodamos die Kämpfenden und erhielten sie bei dem Vertrauen auf die fast gewisse Erwartung, dass Nikander nach der Verabredung den Augenblick erscheinen und dem Feind in den Rücken fallen werde. *6* Dies hielt auch eine Zeitlang den Mut der Kämpfenden aufrecht. Als sie aber von den Ihrigen kein verabredetes Zeichen bemerkten, die Zahl der Feinde immer größer werden und sich im Stiche gelassen sahen, drangen sie schon nicht mehr so mutig ein. *7* Zuletzt gaben sie die ganze Sache auf, als der Rückzug kaum noch ohne Gefahr tunlich war, und wurden fliehend in die Stadt getrieben; doch hatten sie einen Teil der Belagerungswerke in Brand gesteckt und weit mehr von den Feinden niedergehauen, als von ihrer Seite gefallen waren. Wäre der Plan der Verabredung gemäß ausgeführt worden, so unterlag es keinem Zweifel, dass sie, namentlich an der einen Stelle, die Belagerungswerke mit großem Verlust auf Seiten der Feinde hätten erobern können. *8* Nun aber standen die Ambrakier nebst den in der Stadt befindlichen Aetolern nicht bloß von dieser nächtlichen Unternehmung ab, sondern setzten sich auch für die Folge, als von den Ihrigen preisgegeben, den Gefahren nicht mehr so willig aus. *9* Schon kämpften sie gar nicht mehr wie vorher in Ausfällen mit den Posten der Feinde, sondern auf sicherem Standort von ihren Mauern und Türmen.

(7) Perseus, der auf die Nachricht von der Ankunft der Aetoler, von der Einschließung der Stadt, die er bestürmte, zur Plünderung des Landes überging, räumte nun Amphilochien und ging nach Makedonien zurück. *2* Aber auch die Aetoler wurden durch eine Plünderung auf ihrer Seeküste dort abgerufen. Pleuratus, König von Illyrien, war mit 60 kleinen Fahrzeugen und den zu ihm gestoßenen achaischen Schiffen, welche zu Patra vor Anker lagen, in den Korinthischen Meerbusen eingelaufen und verheerte die Küstengegenden Aetoliens. *3* Gegen diesen Feind wurden von den Aetolern 1000 Mann abgeschickt, welche, wohin sich auch die Flotte längs den Krümmungen des Gestades gewendet hatte, auf kürzeren Fußpfaden ihnen entgegentraten. *4* Vor Ambrakia hatten zwar die Römer dadurch, dass sie die Mauern an mehreren Stellen mit Sturmböcken bloßlegten, einen ziemlichen Teil der Stadt schon entblößt, und dennoch konnten sie in die Stadt selbst nicht eindringen. *5* Teils wurde ihnen ebenso schnell statt der niedergestürzten Mauer eine neue entgegengestellt, teils vertraten die auf den Trümmern stehenden Bewaffneten die Stelle eines Bollwerks. *6* Weil also die Unternehmung dem Konsul im offenbaren Sturm nicht schnell genug vonstatten ging, beschloss er, an einer Stelle, die er vorher mit Annäherungshütten verdeckte, eine unsichtbare Mine anzulegen. Und eine Zeitlang merkten die Feinde, obgleich die Römer Tag und Nacht daran arbeiteten, ebenso wenig, dass sie unter der Erde gruben, als dass sie Erde heraustrugen. *7* Nur der plötzlich emporragende Erdhügel verriet den Belagerten die Arbeit; und nicht ohne Furcht, dass durch Untergrabung der Mauern der Weg in die Stadt schon gebahnt sei, beschlossen sie, der durch die Annäherungshütten verdeckten Befestigung gegenüber innerhalb der Mauer einen Graben zu ziehen. *8* Als sie mit diesem so weit in die Erde gekommen waren, wie die größte Bodentiefe eines Erdganges betragen konnte, geboten sie Stille, legten an mehreren Stellen das Ohr an und lauschten nach einem Getöse der Grabenden. *9* Als sie dies vernahmen, gruben sie sich einen geraden Weg nach dem Erdgang, und dieser machte ihnen wenig Mühe; denn sie kamen gleich an die hohle Stelle, wo die Feinde die Stadtmauer mit Gabeln gestützt hatten. *10* Als nun hier, wo beide Werke zusammentrafen, der Weg vom Graben aus in den Erdgang geöffnet war, lieferten sich zuerst die Arbeiter mit ihrem Gerät, und als schnell statt ihrer

Bewaffnete eintraten, auch diese unter der Erde ein Gefecht im Verborgenen. Nachher war dies so lebhaft nicht mehr, weil sie den Erdgang, so oft sie wollten, durch vorgespannte Haardecken oder eilig vorgemachte Türen absperren konnten. *11* Auch ersannen sie gegen die im Erdgang ein neues Mittel, das wenig Mühe kostete. Sie gaben einem Fass im Boden eine Öffnung, so dass eine mäßige Röhre hineingesteckt werden konnte. Die Röhre machten sie von Eisen, auch den Deckel des Fasses von Eisen, der ebenfalls, und zwar an mehreren Stellen, durchlöchert war. Dies locker mit Federn gefüllte Fass legten sie mit der oberen Mündung dem Erdgang zugekehrt. *12* Durch einige Löcher im Deckel ragten lange Lanzen, ihre sogenannten Sarissen, hervor, um die Feinde nicht herankommen zu lassen. Ein Stückchen glimmenden Zunder, zwischen die Federn gelegt, bliesen sie mit einem in das Vorderende der Röhre gesteckten Blasebalg zum Feuer an. *13* Dies erfüllte den ganzen Erdgang mit einem Rauch, der nicht allein dick genug, sondern durch den schrecklichen Geruch der angebrannten Federn noch mehr zum Ersticken war, und kaum konnte ein Mensch es darin aushalten.

(8) So standen die Sachen vor Ambrakia, als Phaeneas und Damoteles, von den Aetolern nach einem Volksbeschluss mit unumschränkter Vollmacht abgesandt, zum Konsul kamen. Denn als ihr Bundeshauptmann sah, dass hier Ambrakia belagert, dort die Küste von einer feindlichen Flotte bedroht, *2* wieder auf einer andern Seite Amphilochien und Dolopien von den Makedoniern verheert wurde, und dass die Aetoler nicht Truppen genug hatten, um diesen Angriffen zugleich auf drei verschiedenen Punkten zu begegnen, fragte er in einer berufenen Versammlung bei den aetolischen Vornehmen an, was zu tun sei. *3* Alle meinten, dass man den Frieden womöglich auf billige, wo nicht, auf erträgliche Bedingungen hin suchen müsse. Im Vertrauen auf Antiochos hätten sie den Krieg unternommen. *4* Da nun Antiochos zu Lande und zu Wasser besiegt und fast zur Welt hinaus hinter die Höhen des Taurus verdrängt sei, was könnten sie nun für Hoffnung haben, den Krieg auszuhalten? *5* Phaeneas und Damoteles möchten so handeln, wie sich der Vorteil der Aetoler unter einem solchen Missgeschick mit der Zustimmung ihres Gewissens vereinigen lasse. Habe ihnen nicht das Schicksal selbst jeden Anschlag, jede Auswahl unmöglich gemacht? *6* Mit diesen Aufträgen abgesendet, baten die Gesandten den Konsul, die Stadt zu schonen, Mitleid mit einem Volk zu haben, das einst mit Rom im Bunde gestanden habe und, wenn sie auch nicht sagen wollten, durch Unbilden, so doch durch vielfache Not gezwungen sei, ohne Überlegung zu handeln. *7* Die Aetoler hätten im Krieg der Römer gegen Antiochos auf ihre Rechnung nicht so viel Unheil gebracht, wie in dem früheren Krieg gegen Philipp Gutes. Damals habe man sie nicht reichlich belohnt; darum müsse man sie auch jetzt nicht mit übermäßigen Strafen belegen. Hierauf antwortete der Konsul, die Aetoler bäten oft genug, nur nie im Ernst um Frieden. Antiochos, den sie zum Krieg überredet hätten, möchten sie im Gesuch um Frieden zum Muster nehmen. *8* Nicht etwa nur die wenigen Städte, über deren Freiheit man in Streit gewesen sei, habe er geräumt, sondern ein herrliches Königreich, das ganze Asien diesseits des Taurus. *9* Er werde auf die Friedensanträge der Aetoler gar nicht hören, bis sie die Waffen niedergelegt hätten. *10* Vorher müssten sie ihm ihre Waffen und alle Pferde ausliefern, dann dem römischen Volk 1000 Talente Silber zahlen, und die Hälfte dieser Summe gleich bar, wenn sie Frieden haben wollten. Außer diesen Punkten werde er zu dem Vertrag noch hinzufügen, dass sie mit dem römischen Volk einerlei Freunde und Feinde haben müssten.

(9) Ohne sich hierüber im Geringsten zu erklären, gingen die Gesandten, teils weil die Bedingungen zu hart waren, teils weil sie den unbändigen und veränderlichen Sinn ihrer Landsleute kannten, nach Hause zurück, um auch jetzt noch einmal, da sie noch nichts in der Sache vergeben hatten, bei dem Bundeshauptmann und den Ersten des Volkes anzufragen, was sie tun sollten. *2* Man empfing sie mit Geschrei und der vorwurfsvollen Frage, wie lange sie die Sache hinhielten,

da sie doch Befehl hätten, Frieden mitzubringen, möchte er sein, wie er wolle; und auf dem Rückweg nach Ambrakia fielen sie in einen nahe an der Heerstraße aufgestellten Hinterhalt der Acarnaner, mit denen sie jetzt Krieg hatten, und wurden nach Thyrreum in Verwahrung gebracht. *3* Dadurch wurde der Friede verzögert, während der Anwesenheit der attischen und rhodischen Gesandten, welche mit einer Fürbitte für die Aetoler zum Konsul gekommen waren, *4* war auch der athamanische König Amynander auf die Zusicherung freien Geleites im römischen Lager eingetroffen, mehr aus Teilnahme für die Stadt Ambrakia, wo er als der Landesflüchtige sich meistens aufgehalten hatte, als für die Aetoler. *5* Der Konsul, der durch sie das Schicksal der Gesandten erfuhr, ließ diese von Thyrreum holen; und nach ihrer Ankunft nahmen die Friedensverhandlungen ihren Anfang. *6* Amynander arbeitete mit Eifer daran, was auch sein eigentliches Hauptgeschäft war, die Bürger von Ambrakia zur Übergabe zu bewegen. *7* Da er seinen Zweck in den Unterredungen mit ihren Oberhäuptern, wenn er unter die Mauer trat, nicht ganz erreichte, ging er endlich mit Bewilligung des Konsuls in die Stadt und brachte es teils durch Vorstellungen, teils durch Bitten dahin, dass sie sich an die Römer ergaben. *8* Auch den Aetolern leistete Gaius Valerius, ein Sohn des Laevinus, der zuerst mit diesem Volk ein Bündnis geschlossen hatte, und Bruder des Konsuls von einer Mutter, wesentliche Dienste. *9* Die Ambrakier öffneten nach erhaltener Zusage, dass die aetolischen Hilfstruppen unangefochten abziehen dürften, ihre Tore. Dann schlossen auch die Aetoler ab. Sie sollten 500 euböische Talente zahlen, 200 gleich und die 300 binnen sechs Jahren in gleichen Zahlungen, alle Gefangenen und Überläufer den Römern ausliefern, *10* auf keine von den Städten, welche seit der Überfahrt des Titus Quinctius nach Griechenland entweder von den Römern erobert oder dem Bund mit ihnen freiwillig beigetreten wären, ihre Gerichtsbarkeit ausdehnen wollen, ferner die Insel Kephallenia sollte von allem Anteil an diesem Vertrag ausgeschlossen sein. *11* Fanden auch die aetolischen Gesandten diese Bedingungen weit über ihre Erwartung erträglich, so baten sie doch um die Erlaubnis, sie der Staatenversammlung vorzulegen, und erhielten sie. *12* Hier kam es über die Städte zu einem kleinen Streit. Denn da diese ehemals unter ihrer Herrschaft gestanden hatten, so willigten sie nur ungern darein, sie gleichsam von ihrem Staatskörper abreißen zu lassen, doch stimmten sie alle für die Annahme des Friedens. *13* Die Bürger von Ambrakia schenkten dem Konsul einen goldenen Kranz von 150 Pfund Gewicht. Die Standbilder von Erz und Marmor und die Gemälde, womit Ambrakia, der ehemalige Königssitz des Pyrrhus, reichlicher als die übrigen Städte jener Gegend geschmückt war, wurden abgehoben und weggeführt; *14* sonst blieb alles unberührt und unbeschädigt.

(10) Nach seinem Aufbruch von Ambrakia in das innere Aetolien lagerte sich der Konsul bei Argos Amphilochion, 22 000 Schritte von Ambrakia. Hier trafen endlich die aetolischen Gesandten bei dem Konsul ein, dem ihr Zögern schon auffallend gewesen war. *2* Als er hörte, dass die Staatenversammlung der Aetoler den Frieden genehmigt habe, befahl er ihre Abreise von hier nach Rom zum Senat, erlaubte den Gesandten von Rhodos und Athen, als Fürsprecher mitzugehen, gab ihnen auch seinen Bruder Gaius Valerius zum Begleiter mit und setzte dann selbst nach Kephallenia über. *3* Zu Rom fanden sie bei den Vornehmen schon durch Philipps Beschuldigungen Ohr und Herz gegen sich eingenommen, und da er durch Gesandte und in Briefen klagte, dass sie ihm Dolopien, Amphilochien und Athamanien schon entrissen und seine Besatzungen, zuletzt auch seinen Sohn Perseus aus Amphilochien vertrieben hätten, hatte er den Senat durchaus nicht geneigt gemacht, auf ihre Bitten zu hören. *4* Doch bei dem Vortrag der Rhodier und Athener herrschte allgemeine Stille. Auch soll die Beredsamkeit des attischen Gesandten Leon, eines Sohnes des Hikesias, ihre Wirkung gehabt haben. *5* Er bediente sich eines oft gebrauchten Gleichnisses und sagte, indem er die aetolische Volksmenge mit dem ruhigen

Meer verglich, das nur die Winde auftürmten: Solange sie dem römischen Bündnis treu geblieben wären, wären sie auch bei der dem Volk natürlichen Neigung zur Ungestörtheit in ihrer Ruhe geblieben. *6* Als aber von Asien her ein Thoas, ein Dicaearchos, von Europa ein Menestas, ein Damokritos geweht hätten, da sei jener Sturm ausgebrochen, der sie dem Antiochos – ihrer Klippe – zugeführt habe.

(11) Lange wurden die Aetoler hin und her getrieben; endlich setzten sie es durch, dass die Friedensbedingungen zustande kamen. *2* Sie waren folgende: Die aetolische Nation soll ohne alle böse List der römischen ihre Oberherrschaft und ihren Vorrang behaupten helfen. Sie darf keinem Heer, das gegen deren Verbündete und Freunde geführt wird, den Durchzug durch ihr Gebiet gestatten, noch ihm irgendeine Unterstützung gewähren. *3* Die Feinde des römischen Volkes soll sie auch für die ihrigen ansehen, gegen sie unter die Waffen treten und den Krieg gemeinschaftlich führen. *4* Die Überläufer, die flüchtigen Sklaven und die Gefangenen soll sie den Römern und deren Bundesgenossen zurückgeben, ausgenommen, wenn etwa Gefangene nach der Rückkehr in ihre Heimat zum zweiten Mal ihre Gefangenen geworden sind, oder wenn sie noch von der Zeit Gefangene hat, welche damals Feinde der Römer waren, als die Aetoler mit unter den römischen Truppen standen. *5* Alle Übrigen, welche sich vorfinden, mögen binnen 100 Tagen ohne alle böse List an die Obrigkeiten auf Korkyra abgeliefert werden; die jetzt nicht erscheinen, mögen zurückgegeben werden, sowie jeder von ihnen zum Vorschein kommt. *6* Sie soll 40 Geiseln stellen, nach der Auswahl des römischen Konsuls keinen unter zwölf, keinen über 40 Jahre alt. *7* Kein Prätor, kein Oberster bei der Reiterei, kein Staatsschreiber darf Geisel werden, auch keiner, der schon früher bei den Römern Geisel gewesen ist. Kephallenia soll von diesen Friedenspunkten ausgeschlossen sein. – *8* Über die Geldsumme, welche sie zahlen sollten, und über die Zahlungen derselben wurde in dem, was sie mit dem Konsul ausgemacht hatten, nichts geändert: Wollten sie statt in Silber lieber in Gold abtragen, so konnten sie der Übereinkunft gemäß auch hierin zahlen, nur mussten sie auf zehn Silberstücke ein Goldstück rechnen. *9* Haben die Aetoler früher Städte, Ländereien und Bewohner unter ihrer Gerichtsbarkeit gehabt, und diese sind unter den Konsuln Titus Quinctius, Gnaeus Domitius oder nach deren Konsulat entweder durch Gewalt der Waffen oder freiwillig unter römische Herrschaft gekommen, so sollen sich die Aetoler von dem allen nichts wieder zueignen wollen. Die Stadt Oeniadae mit ihrem Gebiet soll den Acarnanern gehören. Unter diesen Bedingungen wurde der Friede mit den Aetolern abgeschlossen.

(12) Nicht nur in demselben Sommer, sondern fast in denselben Tagen, da Konsul Marcus Fulvius dies in Aetolien vollführte, führte der andere Konsul, Gnaeus Manlius, den Krieg in Gallogräkien, den ich nun zu erzählen fortfahren werde.

2 Mit Anfang des Frühjahrs kam der Konsul nach Ephesus, übernahm von Lucius Scipio die Truppen, musterte das Heer und hielt eine Rede vor den Soldaten, worin er ihre Tapferkeit lobte, *3* mit der sie dem Krieg gegen Antiochos in einer Schlacht ein Ende gemacht hätten, sie dann ermunterte, sich auch dem neuen Krieg gegen diese Gallier zu unterziehen, *4* die nicht nur den Antiochos mit Hilfstruppen unterstützt, sondern überhaupt eine so rohe Sinnesart hätten, dass Antiochos, wenn sie nicht die Macht dieser Gallier brächen, vergebens von ihnen hinter die Höhen des Taurus hinausgewiesen sein werde, und zuletzt auch einiges über sich selbst hinzufügte, woraus Wahrheit und Bescheidenheit sprach. *5* Mit Freuden und wiederholtem Beifall hörten die Soldaten dem Konsul zu, und in den Galliern sahen sie ja nur einen Teil der Kräfte des Antiochos, der nach Besiegung des Königs, als gallisches Heer allein stehend, keinen Ausschlag geben könne. *6* Nur glaubte der Konsul, dass ihm Eumenes – er war eben in Rom – jetzt zur unrechten Zeit fehle, insofern er mit den Gegenden und Menschen bekannt und ihm selbst darum zu tun sei, dass die Macht der Gallier geschwächt wurde. *7* Er ließ also dessen Bruder Attalos von Pergamon kommen, forderte ihn auf, mit ihm zugleich den Krieg zu beginnen, und als ihm dieser versprach, persönlich und durch seine Truppen mitzuhelfen, entließ er ihn, um sich instand zu setzen, nach Hause. ***8*** Wenige Tage darauf, als der Konsul von Ephesus nach Magnesia aufgebrochen war, stieß Attalos schon mit 1000 Mann zu Fuß und 200 Reitern unterwegs zu ihm, hatte seinem Bruder Athenaeos befohlen, mit den übrigen Truppen zu folgen, und den Schutz der Stadt Pergamon Männern übertragen, auf deren Anhänglichkeit an seinen Bruder und die Regierung er rechnen konnte. ***9*** Der Konsul lobte den jungen Mann, rückte mit allen Truppen bis zum Mäander vor und schlug hier sein Lager auf, weil der Fluss zum Durchschreiten zu tief war und zum Übersetzen des Heeres erst Schiffe zusammengebracht werden mussten. ***10*** Nach dem Übergang über den Mäander kamen sie nach Hiera Kome.

(13) Hier ist ein heiliger Hain des Apollo mit einem Orakel; die Priester sollen die Antworten in nicht unpassenden Versen geben. ***2*** In zwei Märschen kam der Konsul von hier an den Fluss Harpasos, wo ihn Gesandte von Alabanda, einer kleinen, neulich von ihnen abgefallenen Festung, baten, entweder durch seine Verwendung oder durch die Waffen zur Unterwerfung unter die alte Macht zu nötigen. ***3*** Hierher kam auch Athenaeus, der Bruder des Eumenes und Attalos, mit dem Kreter Leusos und dem Makedonier Korragos. Sie führten ihm 1000 Mann zu Fuß, ein Gemisch aus mehreren Völkern und dreihundert Reiter zu. ***4*** Der Konsul, der einen Obersten mit einer mäßigen Mannschaft abschickte, gab die durch Sturm gewonnene Feste den Bürgern von Alabanda zurück. Ohne sich von der Straße zu entfernen, nahm er sein Lager bei Antiochia jenseits des Mäander. Die Quellen dieses Flusses sind zu Kelaenae. ***5*** Diese Stadt war einst die Hauptstadt Phrygiens. Man wanderte von da in die Nähe des alten Kelaenae aus und gab der neuen Stadt von des Königs Seleukos Gemahlin Apame den Namen Apamea. ***6*** Auch der Fluss Marsyas, der nicht weit von den Quellen des Mäander entspringt, fließt in den Mäander, und die Sage behauptet, Malsyas habe mit Apollo einen Wettstreit auf der Flöte zu Kelaenae gehabt. ***7*** Der Mäander, der auf der Höhe der Burg von Kelaenae entspringt und mitten durch die Stadt fließt, ergießt sich zuerst durch Karien, dann durch Jonien in den Meerbusen zwischen Priene und Milet. ***8*** In das Lager des Konsuls bei Antiochia kam der Sohn Antiochos', Seleukos, um nach dem mit Scipio geschlossenen Vertrag dem Heer Getreide zu bringen. ***9*** Da entstand ein kleiner Streit über die Hilfstruppen des Attalos, weil Seleukos behauptete, Antiochos habe sich nur verpflichtet, römischen Soldaten Getreide zu liefern. ***10*** Dies wurde durch die Festigkeit des Konsuls erledigt, der durch einen abgeschickten Obersten bekannt machen ließ, die römischen Soldaten sollten nichts annehmen, bevor nicht die Hilfstruppen des Attalos das Ihrige empfangen hätten. ***11*** Von hier rückten sie nach Gordiu Teichos vor – so heißt die Stadt – und kamen dann in drei Märschen nach Tabas. Diese Stadt liegt im Gebiet von Pisidien, auf der Seite, wo es sich nach dem Pamphylischen Meer erstreckt. Als dieses Land noch bei voller Kraft war, hatte die Stadt in ihren Bürgern tapfere Krieger. ***12*** Auch jetzt bewirkte ihre Reiterei durch einen Ausfall auf den Zug der Römer bei dem ersten Angriff eine nicht geringe Unordnung; als es sich aber zeigte, dass sie ihnen weder an Zahl noch an Tapferkeit gleich waren, baten sie, in ihre Stadt zurückgetrieben, um Verzeihung ihres Fehlers und erboten sich zur Übergabe der Stadt. ***13*** Ihnen wurden 25 Silbertalente und 10 000 Scheffel Weizen auferlegt und so die Übergabe angenommen.

(14) In drei Tagen gelangten die Römer weiter zum Fluss Kasos; nach ihrem Aufbruch von hier eroberten sie die Stadt Eriza beim ersten Angriff. ***2*** Sie kamen zu der Bergfeste Tabusion in der Nähe des Flusses Indus, dem man diesen Namen gegeben hatte, weil hier ein Inder von einem Elefanten abgeworfen worden war. ***3*** Sie waren nicht weit mehr von Kibyra entfernt, und noch immer kam keine Gesandtschaft von Moagetes, dem Tyrannen dieser Stadt, einem in allen Beziehungen treulosen und übermütigen Menschen. ***4*** Um einen Versuch zu machen, wie dieser

gesinnt sei, schickte der Konsul den Gaius Helvius mit 4000 Mann zu Fuß und 500 zu Pferd voraus. Als dieser Zug schon die Grenze betrat, kamen ihm Gesandte mit der Meldung entgegen, der Tyrann sei bereit, jede Forderung zu erfüllen; ***5*** sie baten den Helvius, als Freund in ihr Gebiet einzurücken und seinen Soldaten keine Plünderung auf dem Land zu gestatten; zugleich überreichten sie einen goldenen Kranz von 15 Talenten. ***6*** Helvius versprach, das Land mit der Plünderung zu verschonen, und befahl den Gesandten, zum Konsul zu gehen. Der Konsul, dem sie dieselben Eröffnungen machten, antwortete: ***7*** *Einmal haben wir Römer nicht den geringsten Beweis von einer günstigen Gesinnung eures Tyrannen gegen uns, sodann gilt er überall als ein solcher Mensch, dass wir eher auf seine Bestrafung als auf seine Freundschaft bedacht sein mussten.* ***8*** Durch eine solche Sprache in Verlegenheit gesetzt, konnten ihn die Gesandten nur noch bitten, den Kranz anzunehmen und dem Tyrannen den Zutritt zu gestatten, um selbst mit ihm zu reden und sich zu entschuldigen. ***9*** Mit Bewilligung des Konsuls kam am folgenden Tag der Tyrann in das Lager, seiner Kleidung und Begleitung nach kaum mit dem Anstand eines mäßig begüterten Privatmannes; auch machte er in seiner Rede den Demütigen, den Vernichteten, setzte seine Macht so sehr herab und klagte über die Armut der ihm unterwürfigen Städte. ***10*** Unter ihm standen außer Kibyra auch Sylleum und das sogenannte Limne. Er versprach, wiewohl er selbst die Möglichkeit zu bezweifeln schien, von diesen, wenn er sich und seine Untertanen rein ausplünderte, 25 Talente zusammenzubringen. ***11*** *Aber ein solcher Hohn*, rief der Konsul, *ist doch nicht länger zu ertragen. Dir war es nicht genug, als du uns durch deine Gesandten zum Besten hieltest, in der Ferne von uns nicht zu erröten; vor unsern Augen beharrst du bei derselben Schamlosigkeit.* ***12*** *25 Talente sollten den Bereich deines Tyrannenreiches arm machen? So mache dich denn, wenn du nicht in drei Tagen 500 Talente zahlst, auf eine Plünderung im Land und eine Belagerung der Stadt gefasst.* ***13*** Zusammengeschreckt durch diese Ankündigung, fuhr er dennoch hartnäckig fort, Armut zu heucheln, ***14*** und nur allmählich ließ er sich durch ein unanständiges Zulegen, bald unter Ausflüchten, bald unter Bitten und verstellten Tränen, bis auf 100 Talente treiben. 10 000 Scheffel Getreide wurden noch dazu gefordert. Dies alles war in sechs Tagen eingezogen.

(15) Von Kibyra wurde das Heer durch das Gebiet von Linda geführt, überschritt den Fluss Kaularis und lagerte sich. ***2*** Am folgenden Tag ging der Zug der Römer neben dem See Karalitis hin. Bei Madrampos ruhten sie. ***3*** Als sie nach der nächsten Stadt, Lakas, vorrückten, ergriffen die Bewohner aus Furcht die Flucht. Von Menschen leer und mit einer Menge von allen Vorräten vollgestopft, wurde die Stadt geplündert. ***4*** Von hier, von der Quelle des Flusses Lysis, zogen die Römer am folgenden Tag weiter an den Fluss Kobulatos. Gerade damals belagerten die Termessier die Burg der schon eroberten Stadt Isionda. Die Eingeschlossenen schickten, weil für sie keine andere Hilfe zu hoffen war, ***5*** Gesandte an den Konsul mit der Bitte, sie zu retten; denn mit Frau und Kind auf der Burg eingeschlossen, sähen sie täglich dem Tod entgegen, den sie entweder unter dem Schwert oder durch Hunger erleiden würden. So bot sich dem Wunsch des Konsuls ein Vorwand zu einem Seitenzug nach Pamphylien. Seine Ankunft befreite die Bewohner von Isionda von der Belagerung. ***6*** Termessus erhielt den Frieden gegen Zahlung von 50 Talenten Silber; so auch die Aspendier und Pamphyliens übrige Völker. ***7*** Auf seinem Rückzug aus Pamphylien lagerte er sich den ersten Tag am Fluss Taurus, den folgenden bei Tome, mit dem Zunamen Xyline. Nach seinem Aufbruch von hier kam er in ununterbrochenen Märschen zur Stadt Kormasa. ***8*** Dann war Darsa die nächste Stadt. Diese fand er von ihren Bewohnern verlassen und mit Vorräten aller Art angefüllt. Auf seinem weiteren Zug neben den Sümpfen hin begegneten ihm Gesandte von Lysinoe, welche ihm diese Stadt übergaben. ***9*** Von hier kam er in das Gebiet von Sagalassos, ein an allen Arten von Früchten ergiebiges Land. Die Bewohner sind Pisidier, bei weitem die geübtesten Krieger jener Gegend. Nicht dies allein gibt ihnen Mut, sondern auch die Fruchtbarkeit ihres

Landes, ihre Volksmenge und die Lage ihrer Stadt mit einer seltenen Befestigung. **10** Der Konsul, bei dem sich keine Gesandtschaft an der Grenze einstellte, schickte Truppen auf Plünderung in die Dörfer. Da wurde endlich ihr Trotz gebrochen, als sie ihr Eigentum geplündert und geraubt sahen. **11** Sie schickten Gesandte, verstanden sich zur Lieferung von 50 Talenten, 20 000 Scheffel Weizen, 20 000 Scheffel Gerste und erlangten dafür den Frieden. **12** Er rückte zu den Rotrinischen Quellen vor und lagerte sich bei einem Flecken, Kome Akoris genannt. Am folgenden Tag traf hier von Apamea aus Seleukos bei ihm ein. **13** Von hier schickte er die Kranken und das unnütze Gepäck nach Apamea, ließ sich von Seleukos Wegweiser geben, rückte noch an demselben Tag in das metropolitanische Gefilde und ging am folgenden bis Dyniae in Phrygien. **14** Von da kam er nach der Stadt Synnada, deren Nachbarn sämtlich ihre Städte aus Furcht verlassen hatten. Mit der hier abgeführten Beute, die seinen Zug schon schleppend machte, kam er so, dass er an einem ganzen Tag kaum 5000 Schritte zurücklegte, nach Beudos, mit dem Beinamen das Alte. **15** Nach seinem Aufbruch von hier lagerte er sich bei Anabura, am folgenden Tag an den Quellen des Alander, den dritten Tag bei Abbassios. Hier blieb er mehrere Tage stehen, weil nun die tolostabogische Grenze erreicht war.

(16) Ein großer Schwarm Gallier, der entweder aus Mangel an Land oder aus Hoffnung auf Beute und in der Voraussetzung auswanderte, dass ihnen keins von allen Völkern, durch die ihr Zug ginge, im Kampf gewachsen sei, drang unter Führung eines Brennus bis zu den Dardanern vor. **2** Hier zerstritten sie sich; und gegen 20 000 Menschen, die sich unter ihren Führern Lonorius und Lutarius vom Brennus trennten, nahmen ihren eigenen Weg nach Thrakien. **3** Hier kamen sie unter Siegen, wenn man sich ihnen widersetzte, unter auferlegten Lieferungen, wenn man sie um Schonung bat, bis Byzanz und behaupteten sich eine Zeitlang in dem Besitz der Städte auf der Propontis, so dass ihnen diese Städte zinspflichtig waren. **4** Nun kam ihnen die Lust, nach Asien überzugehen, von dessen großer Fruchtbarkeit sie in dieser Nähe gehört hatten. Sie bemächtigten sich Lysimachias mit List, besetzten die ganze Chersones mit ihren Waffen und kamen an den Hellespont. **5** Da sie sich hier von Asien nur durch die schmale Meerenge getrennt sahen, wurde ihr Wunsch, hinüberzugehen, viel dringender, und sie schickten betreffs dieser Überfahrt an Antipater, den Statthalter in dieser Gegend, Gesandte. Während sich dieses Geschäft wider Erwarten verzögerte, kam es wieder zwischen ihren Führern zu einer neuen Trennung. Lonorius ging mit der größeren Hälfte des Schwarms zurück nach Byzanz, wo er hergekommen war, **6** Lutarius hingegen nahm den Makedoniern, welche Antipater unter dem Schein einer Gesandtschaft als Kundschafter hingeschickt hatte, ihre zwei Kriegsschiffe und drei Barken ab. Auf diesen setzte er in wenigen Tagen, da er Tag und Nacht immer andere überfahren ließ, alle seine Truppen über. **7** Bald darauf kam auch von Byzanz aus, mit Hilfe des Königs Nikomedes von Bithynien, Lonorius herüber. **8** Nun schlossen sich die Gallier wieder aneinander und gaben dem Nikomedes Hilfstruppen, der eben mit Ziboetes, dem Besitzer eines Teiles von Bithynien, Krieg führte; **9** und besonders durch ihre Mitwirkung wurde Ziboetes besiegt und ganz Bithynien dem Nikomedes unterworfen. Nach ihrem Aufbruch aus Bithynien rückten sie in Asien weiter vor. Unter ihren 20 000 Menschen waren nur 10 000 Bewaffnete. **10** Dennoch jagten sie allen Völkern diesseits des Taurus einen solchen Schrecken ein, dass sich alle, wo sie auch hinkamen und wohin sie nicht kamen, entfernte wie benachbarte, ihrer Herrschaft fügten. **11** Endlich teilten sie, weil sie aus drei Völkerstämmen bestanden, den Tolostobogiern, Trocmern und Tectosagen, auch Asien in drei Teile, je nachdem jeder Teil einer von ihren Völkerschaften zinsbar sein sollte. **12** Die Trocmer bekamen die Küste des Hellesponts; den Tolostobogiern gab das Los Äolis und Jonien, den Tectosagen das mittelländische Kleinasien. Diese erhoben in ganz Kleinasien diesseits des Taurus ihre Schätzungen; sie selbst aber ließen sich auf beiden Seiten des Flusses Halys nieder. **13**

Der Schrecken ihres Namens wurde nun, da sich auch ihre Volksmenge durch zahlreiche Kinder vermehrte, so groß, dass sich endlich sogar Syriens König zur Abtragung einer Steuer verstehen mussten. ***14*** Der erste unter allen Bewohnern Asiens, der sie ihnen verweigerte, war Attalos, der Vater des Königs Eumenes. Sein kühnes Unternehmen wurde wider aller Erwarten vom Glück begünstigt, und er behauptete in einer Schlacht den Sieg. Doch brach er ihren Mut nicht so, dass sie ihrer Überheblichkeit entsagt hätten. ***15*** Bis auf den Krieg des Antiochos mit den Römern war ihre Macht dieselbe geblieben. Und auch jetzt nach dem Sieg über Antiochos waren sie der festen Meinung, weil sie so weit vom Meer entfernt wohnten, dass bis zu ihnen kein römisches Heer kommen werde.

(17) Weil der Konsul seinen Krieg mit diesem Feind zu führen hatte, der allen Völkern jener Gegend so furchtbar war, redete er in einer Versammlung seiner Soldaten ungefähr so zu ihnen: ***2*** *Ich weiß es sehr wohl, Soldaten, dass die Gallier an Kriegsruhm alle Völker, welche Asien bewohnen, übertreffen.* ***3*** *Dies wilde Volk, das unter Kriegen fast den ganzen Erdkreis durchzog, wählte sich seinen Wohnsitz unter der sanftesten Menschenart. Ihr schlanker Körperwuchs, ihr langes und gerötetes Haar, die ungeheuren Schilde, die überlangen Schwerter,* ***4*** *ferner der Gesang, womit sie den Kampf beginnen, ihr Geheul, ihr Schlachttanz, und –* ***5*** *dies ist ihnen eine Art von Erbsitte – das fürchterliche Geklirr ihrer Waffen, wenn sie auf ihre Schilde schlagen, dies alles ist absichtlich darauf berechnet, Schrecken einzujagen. Mögen sich denn Leute davor fürchten, denen dies neu und fremd ist, Griechen, Phrygier, Karier; die Römer aber, denen ein gallischer Kriegslärm nichts Ungewohntes ist, sind auch mit allen seinen Nichtigkeiten bekannt.* ***6*** *Nur einmal flohen vor langer Zeit beim ersten Zusammentreffen an der Allia unsere Vorfahren vor ihnen; seit jener Zeit aber, schon 200 Jahre lang, werden sie von den Eurigen wie durcheinander gescheuchte Heiden zusammengehauen und gejagt; und der über Gallier gehaltenen Triumphe gibt es beinahe mehr als über die Länder des ganzen Erdkreises zusammen.* ***7*** *Hält man nur ihren ersten Angriff aus – dies wissen wir schon aus Erfahrung –, in welchem sie die ganze ihnen eigene Glut und blinde Erbitterung ausströmen, so fließen ihnen die Glieder von Schweiß und Ermattung, so wanken ihnen die Waffen, so strecken ihren erschlafften Körper, und wenn die Hitze verraucht ist, auch ihren erschlafften Mut, ohne dass es unseres Schwertes bedürfte, Sonnenstich, Staub und Durst zu Boden.* ***8*** *Wir haben uns nicht bloß in Legionen gegen ihre Legionen versucht, sondern Titus Manlius, Marcus Valerius, welche einzeln Mann gegen Mann auftraten, haben bewiesen, wie mächtig römische Tapferkeit die gallische Tollheit besiegt.* ***9*** *Ja, der einzige Marcus Manlius warf einen Zug zum Kapitol heransteigender Gallier herab. Und jene unsere Vorfahren hatten doch mit unbezweifelten, im eigenen Vaterland geborenen Galliern zu tun. Diese hier sind schon ausgeartet, sind Mischlinge, sind wirklich, was ihr Name sagt, Gallogriechen geworden.* ***10*** *Gerade so, wie bei Früchten und Tieren der Same zur Erhaltung ihrer Art nicht so wirksam ist, als die Eigentümlichkeit des Bodens und des Himmels, unter dem sie sich nähren, zu ihrer Veränderung.* ***11*** *Die Makedonier, welche Alexandria in Ägypten, auch die, welche Seleukidien und Babylon, so wie die, welche andere über den Erdkreis zerstreute Kolonien bewohnen, sind in Syrer, Parther, Ägypter ausgeartet.* ***12*** *Massilien hat, weil es unter Galliern liegt, nicht wenig von der Gemütsart seiner Nachbarn angenommen. Was ist den Tarentinern von jener harten und rauen spartanischen Zucht noch geblieben?* ***13*** *Immer wird alles auf seinem Urstamm edler erzeugt; einem fremden Boden aufgepfropft artet es mit Verwandlung seiner Natur in das aus, was ihm die Nahrung gibt. Folglich werdet ihr in diesen mit gallischen Waffen belasteten Phrygiern, wie ihr sie schon in dem Heer des Antiochos niedergehauen habt, eure schon Besiegten als Sieger niederhauen.* ***14*** *Meine Sorge ist mehr die, dass es bei ihnen für uns zu wenig Ruhm, als zu viel Krieg gebe.* ***15*** *Hat sie doch König Attalos oft geschlagen und vertrieben. Ihr müsst nicht denken, nur Tiere, die eben eingefangen jene Wildheit vom Wald her zwar anfangs beibehielten, würden mit der Zeit, wenn sie*

lange genug von Menschenhänden gefüttert wären, zahmer; allein in Besänftigung menschlicher Wildheit zeige sich die Natur nicht ebenso. ***16*** *Haltet ihr denn diese Menschen für dasselbe, was ihre Väter und Großväter waren? Aus Mangel an Äckern landesflüchtig, zogen sie durch die raueste Gegend Illyricums; von hier wanden sie sich unter Kämpfen mit den trotzigsten Völkern durch Paeonien und Thrakien und bemächtigten sich hier dieser Länder.* ***17*** *Diese durch so mancherlei Not abgehärteten und rauen Menschen nahm nun ein Land auf, das mit seinem Überfluss an allem sie mästen sollte. Bei der Fruchtbarkeit des Bodens, der Milde des Himmels, der sanftesten Sinnesart ihrer Nachbarn ging die ganze Wildheit, mit der sie gekommen waren, in Zahmheit über.* ***18*** *Ihr, vom Mars stammende Helden, müsst vor dieser Annehmlichkeit Asiens euch hüten und sie sobald wie möglich fliehen; so mächtig sind diese Reize des Auslandes, die Kraft des Geistes auszutilgen, so ansteckend die Zucht und Weise seiner Bewohner.* ***19*** *Das ist aber für uns eine günstige Fügung, dass sie sich, sowenig ihnen gegen euch die alte Kraft geblieben ist, doch bei den Griechen in einem Ruf erhalten haben, der jenem alten gleicht, mit dem sie gekommen sind;* ***20*** *und ihr werdet als Sieger bei euren Bundesgenossen euch einen ebenso hohen Kriegsruhm erwerben, als wenn ihr Gallier von unverkennbarer alter Tapferkeit besiegt hättet.*

(18) Als er die Versammlung entlassen und Gesandte an Eposognatus, den einzigen von den dortigen Fürsten, der nicht nur ein Freund des Eumenes geblieben war, sondern auch dem Antiochos Hilfstruppen gegen die Römer verweigert hatte, abgeschickt hatte, brach er auf. Den ersten Tag kamen sie bis an den Fluss Lalander, am folgenden an einen Flecken, der dort den Namen Tyskon führt. ***2*** Als hier Gesandte der Bürger von Oroanda mit einem Freundschaftsgesuch erschienen, wurde ihnen zur Bedingung gemacht, 200 Talente zu zahlen, und die Bitte, mit diesem Bescheid nach Hause zurückzugehen, zugestanden. ***3*** Von hier fühlte der Konsul sein Heer nach Plitendon; dann lagerte er sich bei Alyattos. Dahin kamen die an Eposognatus Abgeschickten zurück und mit ihnen Gesandte des Fürsten, welche den Konsul baten, die Tolostobogier nicht zu bekriegen. Eposognatus wolle zu dieser Völkerschaft selbst gehen und sie überreden, den Forderungen sich zu fügen. ***4*** Dies wurde dem Fürsten bewilligt, und das Heer zog von hier durch die Landschaft, welche Axylos (die Holzlose) heißt. Sie führt den Namen von der Sache. Denn sie liefert nicht allein gar kein Holz, sondern auch nicht einmal Dorngestrüpp oder irgendein anderes Nahrungsmittel des Feuers. Statt des Holzes gebrauchen sie Kuhmist. ***5*** Als die Römer bei der gallogriechischen Feste Kuballon sich lagerten, zeigte sich eine laut lärmende feindliche Reiterei. Durch ihren unvermuteten Angriff brachte sie die römischen Posten nicht bloß in Verwirrung, sondern tötete ihnen auch einige. ***6*** Kaum aber scholl dieses Getümmel in das Lager hinüber, als die ganze römische Reiterei plötzlich aus allen Toren herausstürzte, die Gallier schlug, in die Flucht trieb und mehrere der Fliehenden tötete. ***7*** Von hier an rückte nun der Konsul, weil er sah, er war nun an die Feinde gekommen, nur auf ausgekundschaftetem Weg und in sorgfältig geschlossenem Zug weiter; und als er in ununterbrochenen Märschen an den Fluss Sangarios kam, beschloss er, weil der Fluss zum Durchgehen nirgends flach genug war, eine Brücke zu schlagen. ***8*** Der Sangarios, der vom Berg Adoreus durch Phrygien fließt, vereinigt sich bei seinem Eintritt in Bithynien mit dem Fluss Tymbres, läuft von hier, durch die Verdoppelung seiner Gewässer verstärkt, durch Bithynien und ergießt sich in den Pontus, nicht so sehr durch seine Größe, als wegen der ungeheuren Menge Fische, die er den Anwohnern liefert, bemerkenswert. ***9*** Als die Römer nach ihrem Übergang über die vollendete Brücke am Ufer hinzogen, kamen ihnen von Pessinos die Priester der Großen Mutter in ihrem Ehrenschmuck entgegen und verkündigten in einem begeisterten Lied, die Göttin zeige den Römern den Weg zum Krieg und den Sieg und verleihe ihnen die Herrschaft dieser Gegend. ***10*** Der Konsul hieß die gute Vorbedeutung willkommen und nahm auf dieser Stelle ein Lager. Am folgenden Tag kam er nach Gordion. ***11*** Die Stadt ist

zwar nicht groß, aber für ein Warenlager mitten im Land stark besucht und volkreich. *12* Sie hat drei Meere fast in gleicher Ferne, den Hellespont, den Pontus bei Sinope und den Strand der gegenüberliegenden Gegend, wo die Küstenkilikier wohnen. Außerdem grenzt sie mit vielen und großen Völkerschaften, mit denen das gegenseitige Bedürfnis besonders diesen Ort in Verkehr setzt. *13* Jetzt fanden die Römer die Stadt durch die Flucht ihrer Bewohner menschenleer, aber angefüllt mit Vorräten aller Art. *14* Als sie hier ihr Lager hatten, kamen Gesandte von Eposognatus und meldeten, er habe durch seine Hinreise zu den gallischen Führern keine billigen Bedingungen erlangen können. *15* Die Gallier wanderten in Scharen aus den Flecken und Dörfern der Ebene, alles, was sich tragen und treiben ließ, plünderten und raubten sie, zögen mit Frau und Kind auf das Gebirge Olympus, um sich von dort durch die Waffen und zugleich durch die vorteilhafte Stellung zu schützen.

(19) Noch bestimmtere Auskunft gaben nachher die Gesandten von Oroanda: Der Stamm der Tolostobogier habe den Berg Olympus besetzt. Die Tectosagen hätten sich auf die entgegengesetzte Seite gezogen, auf einen andern Berg, namens Magaba. *2* Die Trocmer hätten ihre Frauen und Kinder bei den Tectosagen untergebracht und wollten mit dem Heer ihrer Waffenfähigen den Tolostobogiern zu Hilfe ziehen. Die damaligen Führer der drei Völkerschaften hießen Ortiago, Combolomarus und Gaudotus. *3* Der Plan, nach welchem sie den Krieg begonnen hatten, gründete sich hauptsächlich auf die Voraussetzung, dass sie den Feind durch Überdruss ermüden würden, wenn sie selbst im Besitz der höchsten Berge dieser Gegend alle Vorräte dort zusammenfahren ließen, um für ihre Bedürfnisse auf recht lange Zeit auszureichen. *4* Denn die Römer würden es nicht wagen, über einen so steilen, so unvorteilhaften Boden anzurücken, und versuchten sie es, so könne man sie mit einer kleinen Mannschaft zurückhalten oder herunterwerfen. Sie würden nicht einmal der Kälte und dem Mangel widerstehen können, wenn sie sich, ohne anzugreifen, am Fuß der kalten Gebirge lagern wollten. *5* Obgleich nun die Höhe der Gegend sie schützte, umgaben sie doch die Gipfel, welche sie besetzt hatten, mit einem Graben und anderen Befestigungen. *6* Am wenigsten sorgten sie dafür, sich mit Geschossen zu versehen, weil sie glaubten, die raue Gegend werde ihnen ohnehin Steine genug darbieten.

(20) Der Konsul aber, der nicht auf eine Schlacht in Reih und Glied, sondern auf Bestürmungen aus der Ferne rechnete, hatte eine große Menge Wurfpfeile, leichter Spieße, Bogenpfeile, Bleikugeln und mäßig große Steine zum Wurf aus der Schleuder angeschafft; *2* so mit einem Vorrat von Geschossen versehen zog er gegen den Berg Olympus und schlug in einer Entfernung von beinahe 5000 Schritten ein Lager auf. *3* Als er am folgenden Tag darauf mit 400 Reitern und Attalos ausgerückt war, um sich über die Beschaffenheit des Berges und die Stellung des feindlichen Lagers zu unterrichten, zwang ihn eine doppelt so starke Anzahl feindlicher Reiter, die aus ihren Toren hervorstürzten, zur Flucht; und sie töteten ihm einige von seinen Fliehenden, mehrere verwundeten sie. *4* Als er am dritten Tag mit der ganzen Reiterei zur Besichtigung der Gegend aufgebrochen war und niemand von den Feinden aus den Verschanzungen vorrückte, umritt er den Berg ungestört und fand auf der Mittagsseite mit Erdreich bekleidete und bis auf eine gewisse Höhe mäßig bergangehende Hügel, gegen Norden steile und beinahe senkrechte Klippen, *5* und bei der Unzugänglichkeit fast aller übrigen Stellen drei mögliche Wege: den einen an der Mitte des Berges, wo sich das Erdreich gezeigt hatte, und zwei beschwerlichere auf der Nordost- und Südwestseite. Nach diesen Wahrnehmungen lagerte er sich für heute dicht unter dem Berg. *6* Als ihm am folgenden Tag bei Darbringung des Opfers gleich die ersten Opfertiere Glück verkündeten, ging er mit seinem Heer in drei Abteilungen gegen den Feind. *7* Mit dem stärksten Teile der Truppen nahm er selbst den bequemsten Aufweg, den der Berg gestattete. Seinen Bruder Lucius Manlius ließ er auf der Nordostseite hinangehen, soweit es die Gegend erlaube und es mit

Sicherheit tunlich sei. ***8*** Stieße er auf gefährliche und abgerissene Stellen, so sollte er nicht gegen die Hindernisse des Bodens ankämpfen, nicht gegen unübersteigbare Schwierigkeiten Gewalt brauchen, sondern sich schräg am Berg herabziehen und zu ihm in den Zug einrücken. ***9*** Mit dem dritten Teil sollte Gaius Helvius den Fuß des Berges in aller Stille umgehen und sich dann auf der Südwestseite zur Höhe hinanziehen. Auch von den Hilfstruppen des Attalos gab er den drei Abteilungen eine gleiche Zahl; den Jüngling selbst behielt er bei sich. ***10*** Die Reiterei mit den Elefanten ließ er auf der den Anhöhen nächsten Ebene zurück. Den Obersten gab er Befehl, sorgfältig zu beachten, was überall geschehe und wo es nötig sei, eiligst Hilfe zu leisten.

(21) Die Gallier, voll Vertrauen auf die Unzugänglichkeit ihrer beiden Flügel, schickten nun, um den Weg auf der Seite, die gegen Mittag lag, durch Truppen zu versperren, beinahe 4000 Bewaffnete zur Besatzung einer Anhöhe ab, welche den Weg beherrschte und nicht ganz 1000 Schritte von ihrem Lager entfernt war; so glaubten sie den Zugang wie durch eine Schanze unmöglich zu machen. ***2*** Als dies die Römer sahen, machten sie sich kampffertig. Vor ihren Reihen gingen in mäßiger Entfernung ihre Leichtbewaffneten und von des Attalos Hilfstruppen die kretischen Bogenschützen, die Schleuderer, die Trailer und Thraker. ***3*** Die Reihen des Fußvolkes ließ man, wie es der steile Aufgang forderte, in langsamem Schritt anrücken und die Schilde so vor sich halten, dass sie sich nur gegen den Schuss sicherten, ohne auf das Zusammentreffen im Gefecht zu rechnen. ***4*** Das Treffen, das mit Schüssen aus der Ferne eröffnet wurde, blieb sich anfangs gleich, weil den Galliern ihr Stand, den Römern die Mannigfaltigkeit und Menge ihres Geschosses zustatten kam. Allein bei der Fortdauer verlor der Kampf bald alles Gleichgewicht. Von ihren zwar langen, aber zum Schutz so ansehnlicher Körper viel zu schmalen und noch dazu platten Schilden wurden die Gallier nur schlecht gedeckt. ***5*** Auch hatten sie schon keine andere Waffe mehr als ihr Schwert, von dem sie, weil der Feind nicht zum Handgemenge kam, keinen Gebrauch machen konnten. ***6*** Ihre Steine, die noch dazu nicht klein genug waren, weil sie nicht vorher dafür gesorgt hatten, sondern nur zugriffen, so wie sie jedem ohne Wahl in der Eile in die Hand kamen, gebrauchten sie als ungeübte Werfer, ohne durch Kunst oder Kraft den Wurf zu verstärken. ***7*** Sie aber wurden mit Pfeilen, Bleikugeln, Wurfspießen, ohne dagegen verwahrt zu sein, von allen Seiten zusammengeschossen; von Wut und Bestürzung geblendet wussten sie nicht, was sie tun sollten, und sahen sich durch eine Kampfesart überrascht, zu der sie durchaus nicht geeignet waren. ***8*** Denn so wie im Handgefecht, wo man gegenseitig Wunden bekommen und geben kann, ihren Mut die Rache befeuert, so brechen sie hingegen, wenn sie aus einem Hinterhalt oder aus der Ferne durch ein leichtes Geschoss verwundet werden und kein Gegenstand da ist, auf den sie blindlings zum Angriff hinstürzen könnten, wie angeschossenes Wild geradezu auf die Ihrigen ein. ***9*** Dass sie nackt kämpfen, dass ihre Körper schwammig und weiß sind – denn sie entblößen sich nie, außer im Kampf –, deckte ihre Wunden noch mehr auf; und auch ihr Fleisch gab mehr Blut und fürchterlicher klaffende Wunden, und auf den weißen Körpern fleckte das schwarze Blut um so abstechender. ***10*** Doch machen sie sich aus offenen Wunden nicht viel. ***11*** Ist die Wunde mehr breit als tief, so schlitzen sie selbst zuweilen die Haut weiter auf und kämpfen so ihres Erachtens noch ehrenvoller. Peinigt sie aber der Stachel eines tiefer steckenden Pfeiles oder einer Bleikugel in einer dem Anschein nach leichten Wunde und kommt beim Nachsuchen dessen, was sie herauszuziehen haben, das Geschoss nicht mit heraus, so strecken sie sich, ergriffen von Wut und Scham, an einem so kleinen Schaden sterben zu müssen, auf die Erde hin, so wie sie auch jetzt überall sich niederwarfen. ***12*** Andere rannten auf den Feind ein und wurden von allen Seiten niedergeschossen, oder kamen sie zum Handgemenge, so wurden sie von den Leichtbewaffneten mit dem Schwert niedergehauen. ***13*** Diese Truppen haben einen Rundschild von drei Fuß Länge, in der Rechten Spieße zum Gebrauch für die Ferne. Sie sind mit

einem spanischen Schwert gegürtet, und müssen sie Mann gegen Mann kämpfen, so nehmen sie ihre Spieße in die Linke und ziehen ihr Schwert. ***14*** Jetzt waren nur noch wenige Gallier übrig. Diese, die sich von leichten Truppen überwunden und die schweren Legionen anrücken sahen, flohen in vollem Lauf ihrem Lager zu, wo es schon lauter Schrecken und Getümmel gab, weil hier Frauen und Kinder und der übrige Schwarm von Wehrlosen bunt durcheinander war. ***15*** Die Hügel, von den flüchtigen Feinden verlassen, nahmen die siegreichen Römer auf.

(22) Zu gleicher Zeit schwenkten Lucius Manlius und Gaius Helvius, die so lange bergan gestiegen waren, als der Abhang der Hügel einen Weg gestattete, als sie an die unersteigbaren Stellen kamen, nach jener Seite des Berges ein, die allein einen Weg darbot, ***2*** und fingen nun an, beide in kleiner Entfernung, als hätten sie es verabredet, dem Zug des Konsuls zu folgen, durch die wirkliche Not zu einer Maßregel gezwungen, die gleich anfangs die beste gewesen wäre. ***3*** Denn gerade an solchen Stellen von nachteiliger Lage hat oft die Nachhut den wesentlichen Dienst geleistet, dass sie als die zweiten, wenn etwa die ersten zurückgeworfen sind, nicht nur die Geschlagenen decken, sondern in ihrer frischen Kraft die Schlacht selbst übernehmen. ***4*** Der Konsul ließ, sobald die ersten Züge der Legionen die von den Leichtbewaffneten genommenen Höhen erreicht hatten, seine Truppen sich erholen und ein wenig ruhen; zugleich zeigte er ihnen die über die Hügel zerstreuten Leichen der Gallier und fragte sie, ***5*** da schon die leichten Truppen so gekämpft hätten, was sich nun von den Legionen, von ihrer vollen Bewaffnung, von dem Mut der tapfersten Krieger erwarten lasse. Sie müssten das Lager erobern, in dem der Feind, der sich von leichten Truppen habe hineintreiben lassen, mutlos sei. ***6*** Doch ließ er die Leichtbewaffneten vorangehen, welche selbst die Zeit, während das Heer still stand, nicht untätig hatten verstreichen lassen, sondern auf den Anhöhen, damit die Geschosse ausreichten, die Wurfwaffen zusammengelesen hatten. ***7*** Jetzt näherten sie sich dem Lager; und die Gallier hatten sich aus Furcht, ihre Verschanzung möge ihnen nicht Schutz genug gewähren, vor ihrem Wall bewaffnet aufgestellt. Von Geschossen aller Art überschüttet, mussten sie sich, da ein Fehlschuss um so weniger möglich war, je zahlreicher und dichter sie dastanden, sehr bald in ihren Wall hineintreiben lassen und stellten nur an den Eingängen bei den Toren starke Posten auf. ***8*** Über den in das Lager getriebenen Schwarm ergoss sich nun eine ungeheure Menge von Pfeilen, und dass viele von ihnen verwundet wurden, gab ihr Geschrei zu erkennen, das mit dem Geheul der Frauen und Kinder sich vereinte. ***9*** Gegen die zur Sperrung der Tore aufgestellten Posten schleuderte das erste Glied der Legionen seine Wurfpfeile ab. Die Gallier bekamen nicht etwa Wunden, sondern meistenteils hinter ihren durchschleuderten Schilden miteinander zusammengeschossen, steckten sie fest; auch hielten sie den Angriff der Römer nicht länger aus.

(23) Schon war der Eingang zu den Toren frei, als die Gallier aus ihrem Lager, ehe noch die Sieger eindrangen, nach allen Seiten die Flucht ergriffen. Blindlings rannten sie über Wege und Umwege. Kein steiler Absturz, kein Felsen hielt sie zurück; sie fürchteten nichts als den Feind. ***2*** Meistenteils also fanden sie, wenn sie sich von der ungeheuren Höhe stürzten, den Tod entweder gleich auf der Stelle oder nachher durch die Verstümmelung. Nach Eroberung des Lagers verbot der Konsul seinen Soldaten alles Plündern und Beutemachen, ließ jeden, so gut er könne, ihm folgen, den Feind angreifen und unter den mutlosen Feinden die Bestürzung vergrößern. ***3*** Nun kam der zweite Zug mit Lucius Manlius dazu. Auch diese ließ er nicht in das Lager; sie mussten sogleich zur Verfolgung des Feindes weiter, und er selbst folgte ihnen, sobald er die Aufsicht über die Gefangenen einigen Obersten übertragen hatte; denn er meinte, der Krieg wäre, wenn in dieser Bestürzung so viele wie möglich getötet oder gefangen würden, so gut wie beendet. ***4*** Schon war der Konsul ausgerückt, als Gaius Helvius mit dem dritten Zug ankam. Er war nicht imstande, seine Truppen von der Plünderung des Lagers abzuhalten, und so beschied ein höchst

unbilliges Los die Beute denen, die nicht einmal mitgekämpft hatten. **5** Die Reiterei, die von der Schlacht und dem Sieg der Ihrigen nichts wusste, hielt lange still; dann aber holte auch sie, soweit sie mit den Pferden hinan kommen konnte, die auf der Flucht zerstreuten Gallier am Fuß des Berges ein, hieb sie nieder oder nahm sie gefangen. **6** Die Zahl der Getöteten ließ sich nicht leicht bestimmen, weil sich die Flucht und das Gemetzel weit umher über alle Krümmungen der Gebirge verbreitete. **7** Auch war ein großer Teil der Feinde von den unwegsamen Klippen in die Abgründe des Tales gestürzt oder in Wäldern und Gebüschen niedergehauen.

8 Claudius, nach welchem es am Berg Olympus zu zwei Schlachten kam, gibt die Getöteten auf 40 000 an, Valerius Antias, der sonst in Übertreibung der Zahlen viel unmäßiger ist, nicht über 10 000. **9** Die Gefangenen beliefen sich gewiss auf volle 40 000, weil die Gallier, nicht als ob sie zu Felde zögen, sondern als ob sie auswanderten, die ganze Volksmasse, ohne Unterschied des Standes und Alters, mitgeschleppt hatten. **10** Der Konsul ließ die feindlichen Waffen auf einem Haufen verbrennen, befahl allen, die übrige Beute einzuliefern, verkaufte so viel, als in den Schatz geliefert werden musste, und ließ es bei der Verteilung des Übrigen seine Sorge sein, alles möglichst gleichzumachen. **11** Auch lobte er vor der Versammlung alle und beschenkte jeden nach seinem Verdienst, besonders den Attalos mit voller Beistimmung aller. Denn der junge Held hatte in jeder Anstrengung und Gefahr eine seltene Tapferkeit und Tätigkeit und sich dabei doch bescheiden gezeigt.

(24) Den Krieg mit den Tectosagen hatte man nun noch vor sich. Der Konsul brach gegen sie auf und kam in drei Märschen nach Ankyra, einer in jener Gegend ansehnlichen Stadt, von wo die Feinde etwas über 10 000 Schritte entfernt waren. **2** Während hier das Lager eine Zeitlang stehen blieb, führte eine Gefangene eine denkwürdige Tat aus. Mit mehreren Gefangenen war auch eine Frau von außerordentlicher Schönheit, die Gemahlin des Königs Ortiago, unter Aufsicht gestellt, und diese führte ein Hauptmann, unzüchtig und geldgierig, wie ein roher Soldat. **3** Zuerst prüfte er ihre Neigung; als er aber sah, dass sie gegen jede entehrende Bewilligung sich empörte, verübte er an der vom Schicksal zur Sklavin Hingegebenen die körperliche Misshandlung mit Gewalt. **4** Um ihren Unwillen über die schnöde Tat zu mildern, machte er ihr nunmehr Hoffnung zur Rückkehr zu den Ihrigen, aber auch diese nicht etwa, wie ein Verliebter, unentgeltlich, nein, er ließ sich dafür eine namhafte Summe versprechen; und um keinen seiner Söldner etwas erfahren zu lassen, stellte er ihr selbst frei, einen von den Gefangenen, welchen sie wolle, als Boten an die Ihrigen abzusenden, **5** bestimmte ihr dann am Fluss eine Stelle, wo zwei von ihren Angehörigen, aber nicht mehr, mit dem Gold sich einfinden sollten, um sie in der folgenden Nacht abzuholen. **6** Zufällig war unter den Gefangenen, über welche der Hauptmann die Aufsicht hatte, auch ein Sklave dieser Frau. Diesen führte er als den Boten beim ersten Dunkel vor die Posten hinaus. **7** In der folgenden Nacht fanden sich die beiden Verwandten der Frau und der Hauptmann mit seiner Gefangenen an dem bestimmten Ort ein. **8** Als sie ihm hier das Gold vorzeigten, welches ein volles attisches Talent betragen musste – denn so viel hatte er verlangt –, befahl ihnen die Gefangene in ihrer Sprache, ihre Schwerter zu ziehen und den Hauptmann, der das Gold nachwog, zu töten. **9** Mit dem abgehauenen Kopf des Ermordeten, den sie selbst unter der Hülle ihrer Kleidung trug, kam sie bei ihrem Gemahl Ortiago an, der sich vom Olympus in seine Heimat gerettet hatte. **10** Ehe sie ihn umarmte, warf sie ihm den Kopf des Hauptmanns vor die Füße, und da er nicht begreifen konnte, wessen Kopf dies sein könne, oder wie sie zu einer so unweiblichen Tat gekommen sei, bekannte sie ihrem Gatten die erlittene Misshandlung und wie sie für die ihrer Ehre angetane Gewalt sich gerächt habe; **11** und wie die Geschichte sagt, behauptete sie durch die sonstige Reinheit und Strenge ihres Lebenswandels den Ruhm dieser weiblichen Heldentat bis an ihr Ende.

(25) In dem Standlager bei Ankyra kamen Gesandte der Tectosagen zum Konsul, die ihn baten, nicht eher von Ankyra vorzurücken, bis er mit ihren Königen eine Unterredung gehabt habe. Jede Friedensbedingung werde ihnen lieber als Krieg sein. *2* So wurde denn für den folgenden Tag eine Zeit bestimmt, und ein Platz, den man vom Lager der Gallier und von Ankyra gleich weit entfernt fand. *3* Als hier der Konsul zur festgesetzten Zeit unter einer Deckung von 500 Reitern angekommen und ohne dort einen Gallier gesehen zu haben, in sein Lager zurückgekehrt war, *4* kamen dieselben Gesandten wieder, und zwar mit der Entschuldigung, dass ein ungünstiges Vorzeichen ihren Königen nicht erlaube, zu kommen. Allein die Vornehmen ihres Volkes, durch welche die Sache ebenso gut erledigt werden könne, sollten kommen. *5* Da sagte der Konsul, so wolle auch er für sich den Attalos schicken. Von beiden Seiten fand man sich zur Unterredung ein. Attalos nahm zu seiner Bedeckung 300 Reiter mit, und die Friedensbedingungen kamen zur Sprache. *6* Weil aber die Sache ohne Beisein der Oberanführer nicht beendigt weiden konnte, so verabredete man eine Zusammenkunft des Konsuls und der Könige auf den folgenden Tag an derselben Stelle. *7* Bei diesem Hinhalten hatten die Gallier einmal die Absicht, die Zeit hinzubringen, bis sie ihr Hab und Gut, das sie der Gefahr nicht aussetzen wollten, mit ihren Frauen und Kindern über den Fluss Halys geschafft hätten, sodann den Konsul selbst in die Falle zu locken, weil er gegen Büberei bei einer Unterredung doch nicht ganz gedeckt sein konnte. *8* Zu diesem Zweck suchten sie unter ihrer ganzen Anzahl 1000 Reiter von bewährter Kühnheit aus. Und die List wäre ihnen gelungen, hätte nicht für das Völkerrecht, dessen Verletzung in ihrem Plan lag, das Glück Partei genommen. *9* Die Römer ließen ihre Futterholer und Holzträger in jene Gegend gehen, wo die Unterredung stattfinden sollte. Die Übelsten nämlich hielten dies für viel sicherer, weil sie dann die Deckung des Konsuls ebenfalls als einen gegen den Feind aufgestellten Posten benutzen konnten; *10* doch stellten auch sie einen zweiten Posten, ihren eigenen, von 600 Reitern etwas näher am Lager auf. *11* Als der Konsul, der auf die Versicherung des Attalos, dass die Könige kommen würden und die Sache erledigt werden könne, aus dem Lager rückte, unter einer ebenso starken Deckung wie das vorige Mal, etwa 5000 Schritte zurückgelegt hatte und nicht weit mehr von der verabredeten Stelle entfernt war, da mit einmal sah er die Gallier in gestrecktem Lauf zu einem feindlichen Angriff dahersprengen. *12* Er ließ den Zug halten, ließ seine Reiter mit Waffen und Mut sich gefasst machen und begegnete dem Kampf anfangs mit Festigkeit, ohne zu weichen. Nachher, als die Überlegenheit der Menge zu groß wurde, zog er sich ohne alle Unordnung in den Gliedern seiner Geschwader langsam zurück; *13* zuletzt aber, da ein längeres Säumen mehr Gefahr brachte, als der Gliederschluss Vorteil, sprengten sie alle zur Flucht nach allen Seiten auseinander. Nun setzten die Gallier den Zerstreuten nach und fingen an niederzuhauen; und die Römer hätten viele verloren, wäre nicht der Posten von 600 Reitern, die Deckung der Futterholer, dazugekommen. *14* Da diese auf das in der Ferne gehörte Notgeschrei der Ihrigen sich gleich zum Lanzenstoß in Angriff gesetzt hatten, nahmen sie nun den Kampf in ihrer vollen Kraft den Geschlagenen ab. *15* Sogleich wandte sich das Glück, wandte sich der Schrecken von den Besiegten auf die Sieger. Die Gallier wurden nicht bloß beim ersten Angriff geschlagen, sondern aus den Dörfern trafen nun auch die Futterholer ein, und auf allen Seiten hatten die Gallier Feinde vor sich, so dass sie, weil die Römer mit frischen Pferden den ermüdeten nachsetzten, ihre Flucht ebenso wenig bewerkstelligen als sichern konnten. *16* So retteten sich nur wenige. Gefangen wurde nicht einer; der bei Weitem größere Teil bezahlte den Missbrauch des Vertrauens auf ihr zu einer Unterredung gegebenes Wort mit dem Tod. Von Rache glühend gelangten die Römer am folgenden Tag mit allen Truppen an den Feind.

(26) Zwei Tage brachte der Konsul damit zu, den Berg persönlich zu besichtigen, um mit jeder Stelle bekannt zu sein. Nachdem er am dritten Tag die Vögel befragt und dann geopfert

hatte, rückte er so mit seinen Truppen aus, indem er vier Abteilungen hatte, *2* um mit zweien im Mittelpunkte gegen den Berg anzurücken und zwei auf den Seiten gegen die Flügel der Gallier hinauf dringen zu lassen. *3* Auf Seiten der Feinde standen ihre Kerntruppen, die Tectosagen und Trocmer im Mitteltreffen, 50 000 Mann. Die Reiterei, 10 000 Mann stark, die sie absitzen ließen, weil zwischen den unebenen Klippen die Pferde nicht zu gebrauchen waren, stellten sie auf den rechten Flügel. *4* Die kappadokischen Hilfstruppen des Ariarathes und die des Morsos machten beinahe 4000 Mann auf dem linken aus. Der Konsul, der so, wie am Berg Olympus, seinen leichten Truppen ihre Stelle im Vordertreffen gab, sorgte dafür, dass auch ebenso von Geschossen aller Art ein großer Vorrat zur Hand war. *5* Als sie einander sich näherten, stand auf beiden Seiten alles gerade so, wie in dem vorigen Kampf, den Mut ausgenommen, den ihr Waffenglück den Siegern erhöht, den Feinden gebrochen hatte. *6* Denn waren sie auch nicht selbst die Geschlagenen, so sahen sie doch in der Niederlage ihrer Landsleute die ihrige. Also hatte auch das Gefecht, das gleich anfangs denselben Gang nahm, denselben Ausgang. *7* Die Linie der Gallier wurde wie von einer herüber geschleuderten Wolke leichten Geschosses überdeckt. Vorzudringen wagten sie ebenso wenig, als einzeln aus den Gliedern hervorzutreten, um nicht den Geschossen von allen Seiten ausgesetzt zu sein, und blieben sie stehen, so bekamen sie um so mehr Wunden, je dichter sie standen, da die Römer gleichsam ihr Ziel nicht verfehlen konnten. *8* In der Überzeugung, dass diese ohnehin schon in Unordnung Geratenen sich sogleich alle zur Flucht wenden würden, wenn er ihnen das schwere Fußvolk mit seinen Äolern unter die Augen treten ließe, nahm der Konsul die Leichtbewaffneten und die Schar der übrigen Hilfstruppen in die Glieder der Legionen auf und ließ die Linie vorrücken.

(27) Die Gallier hielten, durch die Erinnerung an die Niederlage der Tolostobogier geschreckt, mit den ihnen im Körper steckenden Pfeilen sich schleppend, durch Stehen und Wunden ermattet, nicht einmal den ersten Angriff und das Feldgeschrei der Römer aus. *2* Ihre Flucht ging nach ihrem Lager hin; allein nur wenige retteten sich in die Verschanzungen. Der größere Teil, der zur Rechten und zur Linken vorbeistürmte, floh, wohin einen jeden das Ungestüm führte. *3* Die Sieger, die ihnen bis an das Lager nachsetzten, hieben sie im Rücken nieder; dann aber blieben sie aus Begierde nach Beute im Lager hängen und ließen den Feind unverfolgt. *4* Auf den Flügeln blieben die Gallier länger stehen, weil der Angriff auf sie später erfolgte; doch hielten sie nicht einmal das erste Schleudern der Geschosse aus. *5* Der Konsul, der die ins Lager Eingerückten von der Plünderung nicht abzuziehen vermochte, sandte die, welche auf den Flügeln angegriffen hatten, zur weiteren Verfolgung der Feinde ab. *6* Ob sie ihnen gleich eine ganze Strecke weit nacheilten, hieben sie doch nicht mehr als 8000 auf der Flucht nieder, denn eine Schlacht hatte es hier nicht gegeben. Die Übrigen eilten durch den Fluss Halys. *7* Von den Römern blieb während dieser Nacht ein großer Teil im feindlichen Lager. Die Übrigen führte der Konsul in ihr Lager zurück. Am folgenden Tag nahm der Konsul die Gefangenen und die Beute in Augenschein, die so groß war, dass sie nur ein so raubsüchtiges Volk in den vielen Jahren hatte aufhäufen können, während welcher die ganze Gegend diesseits des Taurus unter der Gewalt seiner Waffen stand. *8* Als sich die Gallier von ihrer nach allen Seiten zerstreuten Flucht wieder an einem Orte gesammelt hatten, schickten sie, größtenteils verwundet oder waffenlos und von allem entblößt, Gesandte an den Konsul mit der Bitte um Frieden. *9* Manlius hieß sie nach Ephesus kommen. Er selbst führte sein siegreiches Heer, weil ihm daran lag, aus diesen durch die Nähe des Taurus kalten Gegenden abzuziehen – und es war schon mitten im Herbst –, zurück in die Winterquartiere an der Seeküste.

(28) Während dieser Ereignisse in Asien war sonst alles ruhig. Zu Rom lasen die Zensoren Titus Quinctius Flamininus und Marcus Claudius Marcellus das Verzeichnis der Senatoren ab, *2* und dies war das dritte Mal, dass Publius Scipio Africanus zum Ersten im Senat erklärt wurde.

Nur vier wurden übergangen, von denen aber keiner ein kurulisches Amt bekleidet hatte. Auch bei der Musterung des Ritterstandes bewiesen diese Zensoren große Milde. **3** Sie gaben einen Grundbau auf dem Aequimaelium am Kapitol in Verding, auch die Pflasterung der Heerstraße vom Capenischen Tor bis an den Marstempel mit Kieselsteinen. **4** Die Campaner fragten bei dem Senat an, wo sie sich schätzen lassen sollten. Ihnen wurde befohlen, es zu Rom tun zu lassen. Das Wasser wurde dieses Jahr sehr hoch. Zwölfmal überschwemmte der Tiber das Marsfeld und die Niederungen der Stadt.

5 Schon war durch Konsul Gnaeus Manlius der Krieg in Asien mit den Galliern beendet, als der andere Konsul, Marcus Fulvius, nach Besiegung der Aetoler nach Kephallenia übersetzte und bei den Städten der Insel anfragen ließ, ob sie sich lieber den Römern ergeben oder ihr Glück im Krieg versuchen wollten. **6** Die Furcht brachte sie alle dahin, die Übergabe nicht zu verweigern. Darauf stellten die Städte Proni, Kranion, Palaeae und Same die nach Verhältnis eines so armen Volkes auferlegten 20 Geiseln. **7** So lächelte den Kephalleniern ein unerwarteter Friede, als plötzlich die Bürger der einzigen Stadt Same, man weiß nicht, aus welcher Ursache, abfielen. **8** Sie sagten nachher, wegen der vorteilhaften Lage ihrer Stadt hätten sie gefürchtet, von den Römern zur Auswanderung gezwungen zu werden. Übrigens bleibt es ungewiss, ob sie selbst diese Furcht sich einbildeten und aus unbegründeter Besorgnis die Ruhe verschmähten, **9** oder ob die Sache wirklich bei den Römern zur Sprache kam und jenen wiederum gesagt wurde. Genug, sie schlossen, als sie schon Geiseln gestellt hatten, unvermutet die Tore und wollten nicht einmal auf die Bitten der Ihrigen, die der Konsul unter die Mauer geschickt hatte, wenn sie etwa auf das Mitleid ihrer Verwandten und Landsleute wirken könnten, von ihrem Vorhaben abstehen. **10** Als sie sich auf keine friedliche Erklärung einließen, nahm die Belagerung der Stadt ihren Anfang. Der Konsul hatte alle mit herüber genommenen Wurfgeschütze und Werkzeuge von dem Sturm auf Ambrakia bei sich, **11** auch brachten die Soldaten die anzulegenden Werke eifrig zustande; und schon rückten an zwei Stellen angebrachte Widderköpfe gegen die Mauer.

(29) Aber auch die Samäer unterließen nichts, was die feindlichen Werke oder den Feind selbst abhalten könnte. Den stärksten Widerstand leisteten sie durch zwei Dinge: **2** Erstens bauten sie immer statt der niedergestoßenen Mauer eine innere ebenso starke auf, sodann unternahmen sie bald auf die Belagerungswerke, bald auf die Posten der Feinde plötzliche Ausfälle und hatten meistenteils in diesen Gefechten die Oberhand. **3** Da verfiel man auf ein Mittel, ihnen Einhalt zu tun, so einzig in seiner Wirkung, wie für die Angabe unwichtig. **4** Man ließ von Aegion, Patrae und Dymae 100 Schleuderer kommen. Diese Leute übten sich nach einer Volkssitte von Kindheit an, aus ihrer Schleuder runde Steine, wie sie sich häufig in ihrem Küstensand fanden, in das offene Meer hinauszuwerfen. **5** Deswegen treffen sie mit dieser Waffe weiter, sicherer und kräftiger als der balearische Schleuderer. **6** Auch hat sie nicht einen einfachen Riemen, wie die Schleuder der Balearen und anderer Völker, sondern der Riemen ist dreifach und durch viele Nähte gesteift, damit sich die Eichel nicht etwa, wenn der Zügel schlaff wäre, im Werfen verschiebe, sondern, weil sie unter dem Schwung fest liegt, wie von einer Bogensehne fortgeschnellt werde. **7** Gewohnt, aus weiter Ferne durch Ringe von mäßigem Umkreis zu schießen, verwundeten sie die Feinde nicht bloß am Kopf, sondern an jeder zum Ziel genommenen Stelle des Gesichts. **8** Diese Schleudern beschränkten die häufigen und kühnen Ausfälle der Samäer, so dass sie sogar von der Mauer herab die Achäer baten, ein Weilchen auf die Seite zu gehen und ihnen im Kampf mit den römischen Posten ruhig zuzusehen. **9** Vier Monate lang hielt Same die Einschließung aus. Da aber von ihrer kleinen Anzahl täglich doch einige fielen oder verwundet wurden, und bei den Übrigen Körperkraft und Mut sich erschöpften, **10** erstiegen die Römer bei Nacht die Mauer und drangen durch die Burg, Tyatis genannt – denn die Stadt zieht sich weiter gegen Westen nach dem Meer hinab

–, bis auf den Markt. ***11*** Als die Samäer sahen, dass ein Teil ihrer Stadt von den Feinden erobert sei, flüchteten sie mit Frau und Kind auf die größere Burg. Von dort erfolgte am folgenden Tag die Übergabe. Ihre Stadt wurde geplündert, und alle wurden als Sklaven verkauft.

(30) Als der Konsul die Angelegenheiten Kephallenias geordnet hatte, legte er eine Besatzung nach Same und fuhr nach der Peloponnes, wohin ihn schon längst die Agier und Spartaner eingeladen hatten. ***2*** Denn seit dem Anfang des achäischen Bundes hatten immer die Zusammenkünfte des Volkes in Aegion stattgefunden, ein Vorrecht, das man entweder dem Ansehen oder der günstigen Lage dieser Stadt eingeräumt hatte. ***3*** Philopoemen, der in diesem Jahr zum ersten Mal diese Sitte ändern wollte, ging damit um, vorzuschlagen, dass diese Zusammenkünfte der Reihe nach in allen Städten gehalten werden sollten, welche zum achäischen Bund gehörten. ***4*** Und als gegen die Ankunft des Konsuls die Damiurgen – so heißt in den Städten die höchste Obrigkeit – die Einladung nach Aegion machten, beschied Philopoemen – er war damals Bundeshauptmann – die Zusammenkunft nach Argos. ***5*** Da es keinem Zweifel unterlag, dass fast alle sich hier einfinden würden, so kam auch der Konsul, obgleich er die Ansprüche der Aigier begünstigte, nach Argos, und als es hier zu einer Erörterung kam, und er sah, dass der Sache nicht mehr zu helfen war, gab er seinen Vorsatz auf.

6 Nun riefen ihn die Spartaner zu ihren Streitigkeiten ab. Die Hauptveranlassung zu Besorgnissen für diesen Staat waren die Verbannten, größtenteils die Bewohner der kleinen Festungen an der Küste, die alle den Spartanern entrissen waren. ***7*** Die Spartaner, welche dies nicht verschmerzen konnten, überfielen, um doch irgendwo, wenn sie Gesandte nach Rom oder an andere Orte zu schicken hätten, den Zutritt zum Meer frei zu haben und sich zugleich für fremde Waren zum notwendigen Gebrauch einen Handelsplatz und eine Niederlage zu verschaffen, in der Nacht einen dieser Seeflecken, namens Las (Stein), und besetzten ihn in der ersten Überraschung. ***8*** Die Bürger und die dort wohnenden Verbannten waren anfangs, weil sie dies nicht erwartet hatten, in Schrecken gesetzt, gegen Morgen aber traten sie zusammen und vertrieben die Spartaner nach einem unbedeutenden Gefecht. ***9*** Doch verbreitete dies einen Schrecken über die ganze Seeküste, und gemeinsam schickten alle Festen, die Flecken und die hier ansässigen Verbannten an die Achäer eine Gesandtschaft ab.

(31) Der Bundeshauptmann Philopoemen, der die Sache der Vertriebenen gleich anfangs begünstigt und den Achäern immer geraten hatte, die Macht und das Ansehen der Spartaner zu schwächen, führte die Gesandten mit ihrer Klage in die Ratsversammlung, und auf seinen Antrag wurde folgender Beschluss gefasst: ***2*** Da Titus Quinctius und die Römer die Festen und Flecken an der spartanischen Küste den Achäern in Schutz und Obhut gegeben, und die Spartaner laut dem Vertrag sich deren zu enthalten hätten, nun aber auf den Flecken Las ein Angriff gemacht und dort ein Blutbad angerichtet worden sei, so müsse man, sofern nicht die Anstifter und Teilnehmer dieser Tat den Achäern ausgeliefert würden, den Vertrag als gebrochen ansehen. ***3*** Und sogleich wurden Gesandte nach Sparta geschickt, um sich die Leute ausliefern zu lassen. Die Spartaner fanden dies so hart und so empörend, dass sie ganz gewiss in der ehemaligen Lage ihres Staats sogleich zu den Waffen gegriffen hätten. ***4*** Besonders aber wurden sie durch die Besorgnis aufgebracht, Philopoemen möchte, wenn sie durch Befolgung der ersten Befehle das Joch einmal auf sich genommen hätten, seinem längst entworfenen Plan gemäß Sparta den Verbannten überliefern. ***5*** Wütend vor Zorn ermordeten sie dreißig von der Partei, welche an den Plänen Philopoemens und der Verbannten Anteil hatten, und beschlossen, den Achäern den Bund zu kündigen und sogleich Gesandte nach Kephallenia zu schicken, ***6*** welche Konsul Marcus Fulvius und den Römern Sparta übergeben und ihn bitten sollten, in die Peloponnes zu kommen, um die Stadt Sparta in den Schutz und Besitz der Römer aufzunehmen.

(32) Als die achäischen Gesandten diese Nachrichten brachten, wurde mit Zustimmung aller dem Bund angehörigen Staaten den Spartanern der Krieg erklärt. Seine sofortige Eröffnung hinderte nur der Winter; ***2*** doch wurde ihr Gebiet durch kleine Streifzüge mehr nach Straßenräuber- als Kriegssitte nicht bloß zu Land, sondern auch auf der Seeseite durch Fahrzeuge verheert. ***3*** Diese Friedensstörung führte den Konsul in die Peloponnes, und vor eine auf seinen Befehl nach Elis beschiedene Versammlung wurden die Spartaner zur Verhandlung vorgeladen. ***4*** Hier wurde nicht bloß die Auseinandersetzung, sondern auch der Streit laut genug, doch machte ihm der Konsul, der über manches andere, unter gehörigen Schmeicheleien beide Parteien begünstigend, unbestimmte Antworten gab, durch die einzige Andeutung ein Ende, sie sollten sich, bis sie Gesandte an den Senat nach Rom geschickt hätten, des Krieges enthalten. ***5*** Beide Teile ließen eine Gesandtschaft nach Rom gehen, auch die spartanischen Verbannten schlossen sich mit ihrer Sache und mit ihrer Gesandtschaft den Achäern an. ***6*** Diophanes und Lykortas, beide aus Megalopolis, waren die Häupter der achäischen Gesandtschaft, die, in ihren politischen Grundsätzen verschieden, auch diesmal in ihren Reden weit voneinander abwichen. ***7*** Diophanes übergab die Auseinandersetzung aller Punkte den Senatoren; sie würden die Streitigkeiten zwischen den Achäern und Spartanern am besten schlichten. ***8*** Lykortas hingegen verlangte nach den Vorschriften Philopoemens, den Achäern müsse die Ausführung alles dessen freistehen, was sie beschlössen, ohne gegen den Vertrag und die Gesetze zu verstoßen; auch müssten ihnen diejenigen, die selbst die Stifter ihrer Freiheit wären, diese ungekränkt erhalten. ***9*** Die achäische Nation stand damals bei den Römern in großem Ansehen, gleichwohl bewilligte man über die Spartaner keine neuen Verfügungen, allein die Antwort war so verwickelt, dass die Achäer sie als eine ihnen gegebene Vollmacht über Sparta ansahen, und die Spartaner sie so auslegten, als sei den Achäern nicht alles zugestanden. ***10*** Übrigens machten die Achäer von dieser Befugnis einen maßlosen und übermütigen Gebrauch.

(33) Dem Philopoemen wurde sein Amt verlängert. Dieser bestimmte mit dem Eintritt des Frühlings dem Heer den Sammelplatz und nahm sein Lager auf spartanischem Gebiet. ***2*** Dann schickte er, um sich die Urheber des Abfalls ausliefern zu lassen, Gesandte mit dem Versprechen, dass nicht nur ihr Staat, wenn sie sich hierzu verstünden, Frieden behalten, sondern auch diesen Leuten ohne Verhör kein Leid geschehen solle. ***3*** Aus Furcht schwiegen alle Übrigen still. Allein diejenigen, die er namentlich fordern ließ, erboten sich mitzugehen, da ihnen die Gesandten ihr Wort gaben, dass man sich vor dem angestellten Verhör keine Gewalt gegen sie erlauben werde. ***4*** Andere angesehene Männer gingen ebenfalls mit, teils diesen Einzelnen zum gerichtlichen Beistand, teils weil deren Sache ihrer Meinung nach auch den Staat betraf. ***5*** Noch nie hatten die Achäer bisher das spartanische Gebiet in Begleitung von dort Verbannten betreten, weil dies natürlich die unausbleibliche Folge haben musste, ihnen die Bürger abgeneigt zu machen. Jetzt aber bestand fast ihr ganzes Vordertreffen aus Verbannten. ***6*** Diese traten in einem geschlossenen Zug den ankommenden Spartanern am Lagertor entgegen. Zuerst machten sie ihnen beleidigende Vorwürfe, und als bei dem entstandenen Wortwechsel die Erbitterung stieg, fielen die Verwegensten unter den Vertriebenen über die Spartaner her. ***7*** Als diese über Frevel gegen die Götter, über Wortbruch der Gesandten schrieen, und die Gesandten selbst, auch der Bundeshauptmann die Stürmer zurückstießen, die Spartaner in Schutz nahmen und die Fesseln, die ihnen einige schon anlegen wollten, von sich abwehrten, ***8*** da wurde bei dem aufwogenden Getümmel das Gewühl immer größer. Die Achäer liefen zwar anfangs nur als Zuschauer herbei, ***9*** dann aber, als die Verbannten schreiend erzählten, wie viel sie gelitten hätten, sie zur Hilfe aufforderten und zugleich versicherten, nie würde man eine solche Gelegenheit wieder haben, wenn man diese vorbeigehen ließe - dass der auf dem Kapitol, zu Olympia, auf der Burg zu Athen beschworene

Vertrag gebrochen sei, sei das Werk dieser Menschen; ***10*** ehe man sich von Neuem durch einen andern Vertrag die Hände binden lasse, müsse man die Schuldigen zur Strafe ziehen –, wurde die Menge durch diese Schreier so aufgebracht, dass sie, als ihr ein einziger zurief, sie sollten zuschlagen, sogleich zur Steinigung schritt, und so fanden 17 während des Getümmels Gefesselte ihren Tod. ***11*** 63, die der Bundeshauptmann vor Gewalt geschützt hatte, nicht, weil er ihre Rettung wünschte, sondern weil er sie nicht ohne Verhör sterben lassen wollte, wurden am folgenden Tag hergeschleppt und dem erbitterten Volksschwarm preisgegeben, der sie alle nach kurzer Verantwortung, auf die niemand hörte, zum Tod verurteilte und hinrichten ließ.

(34) An die auf eine solche Art in Schrecken gesetzten Spartaner ergingen nun folgende Befehle: Erstlich, sie sollten ihre Stadtmauer niederreißen, sodann alle fremden Hilfstruppen, welche bei den Tyrannen in Sold gestanden hatten, sollten das lakonische Gebiet räumen, ***2*** ferner, die von den Tyrannen in Freiheit gesetzten Sklaven, deren eine größere Zahl war, sollten vor einem bestimmten Tag abziehen; über die etwa Zurückgebliebenen sollte den Achäern das Recht zustehen, sie zu ergreifen, zu verkaufen oder mitzunehmen. ***3*** Lykurgs Gesetze und Gebräuche sollten sie abschaffen, sollten sich an die Gesetze und Einrichtungen der Achäer gewöhnen, dann würden sie zu demselben Staatskörper gehören und desto leichter mit ihnen in allen Stücken übereinstimmen. ***4*** Nichts konnte größer sein als die Folgsamkeit, mit der die Spartaner ihre Mauer schleiften; nichts aber ging ihnen härter ein, als dass man die Verbannten wieder einführte. ***5*** Der Beschluss, diese wieder einzusetzen, wurde zu Tegea auf einem allgemeinen Landtag der Achäer gefasst; ***6*** und auf die Nachricht, dass die fremden Truppen entlassen wären und die den Spartanern Einverleibten – so nannte man die von den Zwingherren in Freiheit gesetzten Sklaven – die Stadt geräumt und sich in die Dörfer zerstreut hätten, beschloss man, ehe das Heer entlassen würde, sollte der Feldhauptmann mit Truppen, die nur Waffen mitnähmen, hinziehen, jener Menschenklasse sich bemächtigen und sie als Kriegsbeute verkaufen. Auch wurden viele aufgegriffen und verkauft. ***7*** Von dem Geld wurde mit Bewilligung der Achäer ein Säulengang zu Megalopolis, den die Spartaner zerstört hatten, wieder aufgebaut. ***8*** Dieser Stadt wurde auch das Gebiet von Belbina, das die spartanischen Tyrannen widerrechtlich in Besitz gehabt hatten, zurückgegeben, in Beziehung auf einen ehemaligen Beschluss, den die Achäer zur Zeit der Regierung Philipps, des Sohnes des Amyntas, ausgefertigt hatten. ***9*** Durch alles dieses gleichsam entnervt, blieb der Staat von Sparta lange den Achäern unterwürfig; doch gereichte ihm nichts so sehr zum Nachteil als die Aufhebung der lykurgischen Verfassung, an die sich die Bürger seit 800 Jahren gewöhnt hatten.

(35) Marcus Fulvius, welcher von der Zusammenkunft, auf der die Auseinandersetzung der Achäer und Spartaner vor ihm als Konsul stattgefunden hatte, nach Rom zum Wahlgeschäft gegangen war, weil das Jahr schon zu Ende ging, hielt den Wahltag ab, auf dem Marcus Valerius Messalla und Casus Livius Salinator Konsuln wurden, und verdrängte den Marcus Aemilius Lepidus, seinen Feind, auch bei der diesjährigen Bewerbung. ***2*** Die darauf gewählten Prätoren waren Quintus Marcius Philippus, Marcus Claudius Marcellus, Gaius Stertinius, Gaius Atinius, Publius Claudius Pulcher und Lucius Manlius Acidinus. ***3*** Nach Beendigung der Wahlen wurde beschlossen, den Konsul Marcus Fulvius auf seinen Posten zum Heer zurückgehen zu lassen, und ihm wie seinem Kollegen Gnaeus Manlius wurde der Oberbefehl verlängert. ***4*** In diesem Jahr wurden einer Erklärung der Zehnmänner zufolge auf dem Tempel des Herkules die Bildsäule dieses Gottes und auf dem Kapitol von Publius Cornelius ein vergoldeter sechsspänniger Wagen aufgestellt. In der Inschrift wird der Konsul als Geber benannt. ***5*** Auch hingen die kurulischen Ädilen Publius Claudius Pulcher und Servius Sulpicius Galba zwölf vergoldete Schilde von der Geldstrafe auf, zu welcher auf ihre Klage die Kornhändler wegen verheimlichten Fruchtvorrats

verurteilt waren. *6* Auch der plebejische Ädil Quintus Fulvius Flaccus stellte zwei vergoldete Standbilder auf, weil auf seinen Antrag – denn er hatte sich mit seinem Amtsgenossen in die Klagen geteilt – das Volk einen Schuldigen verurteilt hatte. Unter den von seinem Kollegen Aulus Caecilius Angeklagten wurde keiner verurteilt. Die Römischen Spiele wurden dreimal, die Bürgerlichen fünfmal vollständig erneuert.

7 Als darauf am 15. März Marcus Valerius Messalla und Casus Livius Salinator ihr Konsulat angetreten hatten, brachten sie ihre Anfrage über die ganze Staatsverwaltung, über die Amtsstellen und über die Heere vor den Senat. *8* Über Aetolien und Asien wurde nichts Neues verfügt. Dem einen Konsul wurde Pisa nebst Ligurien, dem andern Gallien als Amtsbezirk angewiesen. *9* Sie sollten sich darüber einigen oder losen und jeder zwei Legionen als neue Heere ausheben und für jedes von den latinischen Bundesvölkern 15 000 Mann zu Fuß und 1200 zu Pferd einberufen. *10* Ligurien fiel Messalla, Gallien Salinator zu. Nun losten die Prätoren. Den Marcus Claudius traf die Rechtspflege in der Stadt, den Publius Claudius die über die Fremden, den Quintus Marcius Sizilien, den Gaius Stertinius Sardinien, den Lucius Manlius das diesseitige Spanien, das jenseitige den Casus Atinius.

(36) Hinsichtlich der Heere erklärte der Senat: Aus Gallien sollten die Legionen, die unter Casus Laelius gestanden hatten, in das bruttische Gebiet zum Proprätor Marcus Tuccius geführt, *2* das Heer in Sizilien sollte entlassen werden und der Proprätor Marcus Sempronius die dortige Flotte nach Rom zurückführen. *3* Beiden Spanien wurde je eine Legion, welche jetzt dort ihren Standort hatte, zuerkannt, und beide Prätoren sollten zu deren Ergänzung je 3000 Mann zu Fuß, 200 zu Pferd bei den Bundesvölkern aufbieten und mit dorthin nehmen. *4* Ehe die neuen Befehlshaber auf ihre Standorte abgingen, wurde auf allen Kreuzwegen eine vom Rat der Zehnmänner auf drei Tage angeordnete Betandacht gehalten, weil bei Tag etwa zwischen der dritten und vierten Stunde eine Finsternis entstanden war; auch wurde das neuntägige Opferfest angeordnet, weil auf dem Aventin ein Steinregen gefallen war. *5* Die Campaner hielten, weil sie vermöge eines im vorigen Jahr gefassten Senatsbeschlusses von den Zensoren gezwungen wurden, sich zu Rom schätzen zu lassen – denn vorher war der Ort ihrer Schätzung nicht bestimmt gewesen –, um die Erlaubnis an, geborene Römerinnen heiraten zu dürfen, *6* auch dass diejenigen, welche früher eine solche Frau genommen hätten, sie behalten könnten, und die schon jetzt aus dieser Ehe Erzeugten als rechtmäßige und erbfähige Kinder gelten möchten. Beides wurde bewilligt.

7 Der Volkstribun Gaius Valerius Tappo schlug im Interesse der Freistädter von Formiae, Fundi und Arpinum vor, ihnen auch das Stimmrecht zu geben, denn bisher hatten sie nur das Bürgerrecht ohne Stimmrecht gehabt. *8* Die vier Volkstribunen, welche sich diesem Vorschlag widersetzten, weil er ohne Genehmigung des Senates getan sei, traten auf die Weisung, dass das Volk berechtigt sei, das Stimmrecht zu erteilen, wem es wolle, und nicht der Senat, mit ihrer Einsprache zurück. Und so ging der Vorschlag durch, dass die von Formiae und Fundi ihre Stimmen im aemilischen, die von Arpinum im cornelischen Bezirk abzugeben hätten; und in diesen Bezirken wurden sie auch jetzt zum ersten Mal dem vom Valerius veranlassten Volksbeschluss zufolge geschätzt. Das Vorrecht, die Schätzungsfeier zu schließen, erteilte das Los dem Zensor Marcus Claudius Marcellus vor Titus Quinctius. Geschätzt wurden 258 318 Bürger. Nach beendetem Opfer gingen die Konsuln in ihre Provinzen ab.

(37). In demselben Winter, wo dies zu Rom vorging, fanden sich bei Gnaeus Manlius, der zuerst als Konsul, dann als Prokonsul seine Winterquartiere in Asien hatte, aus allen Städten und Völkern, welche diesseits des Taurus wohnen, Gesandtschaften von allen Seiten ein. *2* War auch der Sieg der Römer über den König Antiochos glänzender und ruhmvoller als der über die Gallier, so war doch für die Bundesgenossen der Sieg über die Gallier erfreulicher als der über

Antiochos. **3** Die Abhängigkeit vom König war ihnen erträglicher gewesen als die Rohheit jener unmenschlichen Barbaren und als die tägliche angstvolle Ungewissheit, auf welche Gegend – der Sturm, möchte ich sagen, diese Räuberhorden ergießen werde. **4** Da ihnen also durch Vertreibung des Antiochos ihre Freiheit und durch Bezwingung der Gallier friedliche Ruhe zuteil geworden war, so waren sie nicht bloß gekommen, um ihre freudige Teilnahme zu bezeigen, sondern sie hatten auch alle, je nach ihrem Vermögen, goldene Kränze mitgebracht. **5** Auch von Antiochos und selbst von den Galliern waren Gesandte angekommen, um sich die Friedensbedingungen angeben zu lassen, und von Kappadokiens König Ariarathes, ihm Verzeihung zu erbitten und sein Unrecht, dass er den Antiochos mit Hilfstruppen unterstützt hatte, mit einer Geldsumme zu tilgen. **6** Ihm wurden 600 Silbertalente auferlegt. Die Gallier erhielten von Manlius den Bescheid, er werde ihnen die Bedingungen angeben, wenn König Eumenes angekommen sei. Die Gesandtschaften der Städte wurden von ihm mit freundlichen Antworten noch freundlicher entlassen als sie gekommen waren. **7** Die Gesandten des Antiochos ließ er das Geld und das im Vertrag mit Lucius Scipio versprochene Getreide nach Pamphylien liefern; denn er werde mit seinem Heer dort hinkommen. **8** Mit Frühlingsanfang brach er nach Musterung des Heeres auf und kam in acht Tagen nach Apamea. Hier blieb er drei Tage und kam ebenfalls nach einem Marsch von drei Tagen von Apamea nach Pamphylien, wohin er den königlichen Gesandten befohlen hatte, Geld und Getreide zu liefern. **9** 1500 Talente Silber nahm er in Empfang und ließ sie nach Apamea bringen; das Getreide wurde unter das Heer verteilt. Von hier brach er nach Perga auf, der einzigen Stadt in dieser Gegend, die noch eine königliche Besatzung hatte. ***10*** Bei seiner Annäherung kam ihm der Befehlshaber der Besatzung entgegen und bat um 30 Tage Frist, um beim König wegen Übergabe der Stadt anzufragen. Die Frist wurde bewilligt, und an dem bestimmten Tag zog die Besatzung ab. ***11*** Nachdem er von Perga seinen Bruder Lucius Manlius mit 4000 Mann nach Oroanda geschickt hatte, um von dem Geld, wozu sie sich verstanden hatten, den Rückstand einzufordern, fühlte er selbst auf die Nachricht, dass König Eumenes und die zehn Abgeordneten von Rom zu Ephesus angekommen wären, das Heer nach Apamea zurück und hieß die Gesandten des Antiochos ihm folgen.

(38) Hier wurde nach der Meinung der zehn Abgeordneten der Bundesvertrag mit dem König Antiochos etwa in folgenden Worten abgefasst: **2** „Zwischen König Antiochos und dem römischen Volk besteht künftig eine Freundschaft unter folgenden Bestimmungen und Bedingungen: Der König soll keinem Heer, das mit Rom oder dessen Verbündeten Krieg führen will, den Durchmarsch durch sein Reich oder die von ihm abhängigen Völker gestatten und ihm weder Zufuhr noch andere Unterstützung zukommen lassen. **3** Dasselbe leisten die Römer dem Antiochos und den unter seiner Herrschaft stehenden Völkern. Antiochos soll nicht befugt sein, mit den Inselbewohnern Krieg zu führen oder nach Europa überzusetzen. **4** Er soll die Städte, Ländereien, Flecken und kleinen Festungen diesseits des Taurus bis an den Fluss Halys räumen und vom Tal des Taurus bis an die Höhen, wo er sich nach Lykaonien zieht. **5** Aus den Städten, Ländereien und Festungen, die er räumt, nimmt er nichts als die Waffen seiner Soldaten mit. Hat er schon etwas mitgenommen, so liefert er dies gewissenhaft wieder ab und wohin es gehört. **6** Aus dem Reich des Eumenes darf er keinem Soldaten noch sonst irgendeinem Zuflucht bei sich gestatten. Befinden sich jetzt Bürger der Städte, die nunmehr seinem Reich abgehen, in Diensten des Antiochos und in der Heeresmacht seines Reiches, so sollen diese alle an einem bestimmten Tag nach Apamea zurückkommen. **7** Die hingegen aus dem Reich des Antiochos bei den Römern und ihren Verbündeten stehen, sollen das Recht haben, zu gehen oder zu bleiben. Sklaven, sie mögen ihm zugelaufen oder gefangen genommen sein, auch jeden freigeborenen Gefangenen oder Überläufer soll er den Römern und ihren Verbündeten ausliefern. **8** Alle Elefanten soll er

herausgeben und keine anderen abrichten. Auch seine Kriegsschiffe mit allem Zubehör soll er herausgeben und nur zehn Frachtschiffe halten, von denen keines über 30 Ruder haben darf; und zu keinem Krieg, den er selbst anfängt, soll er ein Kriegsschiff auch nur von einer Reihe Ruder halten dürfen. ***9*** Diesseits der Vorgebirge Kalykadnos und Sarpedon hat er keine Schifffahrt, außer wenn das Schiff Gelder, Kriegssteuern, Gesandte oder Geiseln bringen soll. ***10*** Von den unter römischer Herrschaft stehenden Völkern Truppen in Sold zu nehmen, ist dem König Antiochos nicht erlaubt; er darf nicht einmal Freiwillige annehmen. ***11*** An den den Rhodiern oder ihren Verbündeten zuständigen Häusern und Gebäuden auf dem Gebiet des Königs Antiochos sollen die Rhodier dasselbe Recht behalten, das sie vor dem Krieg hatten. ***12*** Wer dort Gelder ausstehen hat, behält das Recht, sie einzutreiben. Ebenso bleibt das Recht, alles Weggenommene aufzusuchen, in Anspruch zu nehmen und sich wieder zuzueignen. Sind Städte, welche Antiochos abtreten muss, noch im Besitz derer, welchen er sie anvertraut hat, so führt er nicht allein die Besatzungen aus diesen Städten ab, sondern sorgt auch dafür, dass sie richtig übergeben werden. ***13*** Er liefert 12 000 attische Talente – und das Talent darf an Gewicht nicht unter 80 römische Pfund haben – in gleichen Zahlungen auf zwölf Jahre und 540 000 Scheffel Weizen. ***14*** Dem König Eumenes zahlt er in fünf Jahren 350 Talente; und für das Getreide – er selbst hatte es so hoch angeschlagen – 137 Talente. ***15*** Den Römern stellt er 20 Geiseln, welche alle drei Jahre abgelöst werden; sie dürfen alle nicht unter 18 und nicht über 25 Jahre alt sein. ***16*** Wird Antiochos von römischen Verbündeten feindlich angegriffen, so bleibt ihm das Recht, Gewalt mit Gewalt zu vertreiben, nur darf er ebenso wenig eine Stadt durch Kriegsrecht sich zueignen als sie in ein Bündnis aufnehmen. ***17*** Streitigkeiten sollen sie untereinander auf dem Weg des Rechts und durch Ausspruch ausmachen, oder wenn beide Parteien nicht anders wollen, durch Krieg.“ ***18*** Auch in diesem Vertrag bestimmt ein Anhang die Auslieferung des Puniers Hannibal, des Aetolers Thoas, des Acarnanen Mnasilochos und der Chalkidier Eubulidas und Philo; und sollte man später etwas beifügen, weglassen oder ändern wollen, so sollte dies unbeschadet des Vertrages geschehen dürfen.

(39) Der Konsul beschwor den Vertrag. ***2*** Ihn vom König beschwören zu lassen, mussten Quintus Minucius Thermus und Lucius Manlius, der gerade jetzt von Oroanda zurückkam, zu ihm gehen. Quintus Fabius Labeo, dem Befehlshaber der Flotte, schrieb der Konsul, er möge sogleich nach Patara absegeln und die dort liegenden königlichen Schiffe zerstören und verbrennen. ***3*** Fabius fuhr von Ephesus ab und ließ 50 Kriegsschiffe zerstören oder verbrennen. Auf demselben Zug nahm er Telmissus ein, dessen Bewohner die plötzliche Erscheinung einer Flotte in Schrecken gesetzt hatte. ***4*** Von Lykien aus machte er, nachdem er den zu Ephesus Zurückgelassenen befohlen hatte, ihm zu folgen, seine Überfahrt nach Griechenland über die Inseln, machte zu Athen nur wenige Tage Halt, bis die Schiffe von Ephesus im Piräus ankamen, und führte von dort die ganze Flotte nach Italien zurück.

5 Als Gnaeus Manlius mit allem, was ihm Antiochos abliefern musste, auch die Elefanten in Empfang genommen und sie zusammen dem Eumenes geschenkt hatte, mussten ihm nun auch alle Staaten, da in so vielen durch die Umwälzung der Dinge die Verfassung zerrüttet war, ihre Angelegenheiten vortragen. ***6*** Und König Ariarathes hatte es dem Eumenes zu verdanken, mit dem er in diesen Tagen seine Tochter verlobte, dass ihm die auferlegte Summe zur Hälfte erlassen und er als Freund der Römer anerkannt wurde. ***7*** Nach beendeter Anhörung der Bürgerschaften bestimmten die zehn Bevollmächtigten die Lage eines jeden besonders. Denen, die dem König Antiochos zinsbar gewesen waren und es mit den Römern gehalten hatten, gaben sie Steuerfreiheit; ***8*** die aber auf der Partei des Antiochos oder dem König Attalos zinsbar gewesen waren, wurden sämtlich angewiesen, die Abgaben an Eumenes zu entrichten. Außerdem erteilten sie die Steuerfreiheit namentlich den in Notion wohnenden Kolophoniern, den Bewohnern von

Kyme und Mylasa. *9* Den Klazomeniern schenkten sie außer der Steuerfreiheit auch die Insel Drynmssa; den Milesiern gaben sie das sogenannte heilige Land zurück *10* und vermehrten das Gebiet von Ilion durch Rhoeteon und Gergithon, nicht so sehr wegen neuerer Verdienste als aus Rücksicht auf die gemeinschaftliche Abstammung; aus demselben Grund gaben sie auch Daidanus die Unabhängigkeit. *11* Auch den Bewohnern von Chios, Smyrna und Erythrae machten sie Geschenke mit Ländereien und behandelten sie wegen ihrer in diesem Krieg bewiesenen seltenen Treue in jeder Beziehung mit besonderer Auszeichnung. *12* Die Phokäer bekamen nicht nur ihr Land wieder, das sie vor dem Krieg gehabt hatten, sondern auch die Erlaubnis, nach ihren alten Gesetzen zu leben. *13* Den Rhodiern wurden die Bewilligungen des früheren Beschlusses bestätigt; sie bekamen Lykien und Karien bis an den Mäanderfluss, Telmissos ausgenommen. *14* Das Reich des Königs Eumenes vergrößerten die Römer in Europa durch die Chersones mit Lysimachia und allen Festungen, Dörfern und Ländereien, soweit sie Antiochos in Besitz gehabt hatte; *15* in Asien durch beide Phrygien – das eine am Hellespont, das andere ist das sogenannte Großphrygien –; auch Mysien, das ihm König Prusias genommen hatte, gaben sie ihm zurück; *16* und außerdem Lykaonien, die Landschaft Milyas, Lydien und namentlich die Städte Tralles, Ephesus und Telmissus. *17* Da über Pamphylien zwischen Eumenes und den Gesandten des Antiochos ein Streit entstand, weil der eine Teil desselben diesseits, der andere jenseits des Taurus liegt, so wurde die Sache ohne Entscheid an den Senat verwiesen.

(40) Nach Ausfertigung dieser Verträge und Beschlüsse bestimmte Manlius, der mit den zehn Bevollmächtigten und seinem ganzen Heer nach dem Hellespont aufbrach, den dorthin beschiedenen Fürsten der Gallier die Bedingungen, die sie im Frieden mit Eumenes zu beobachten hätten, und befahl ihnen, *2* sie sollten der Gewohnheit, bewaffnet umherzustreifen, entsagen und sich auf die Grenzen ihres Gebietes beschränken. *3* Als er darauf seine Schiffe von der ganzen Küste zusammengezogen, auch Athenaeus, der Bruder des Eumenes, ihm von Elaea die Flotte des Königs zugeführt hatte, setzte er alle Truppen nach Europa über. *4* Auf seinem Zug, den er von hier durch die Chersones, mit Beute aller Art beladen, nur in mäßigen Märschen fortsetzte, hielt er bei Lysimachia in einem Standlager an, damit seine Lasttiere, wenn er Thrakien beträte – ein Durchzug, vor dem sich alle fürchteten –, so frisch und kräftig wie möglich sein möchten. *5* Noch am Tag seines Aufbruchs von Lysimachia gelangte er an den Fluss Melas und von hier am folgenden nach Kypsela. *6* Von Kypsela hatte er einen waldigen, engen, von Felsen durchschnittenen Weg von etwa 10 000 Schritten vor sich. Wegen der Beschwerlichkeit eines solchen Marsches teilte er sein Heer in zwei Züge, ließ den einen voraus ziehen, den andern nach einem großen Zwischenraum den Schluss machen, und zwischen beide stellte er das Gepäck, nämlich die Wagen mit den Staatsgeldern und anderer kostbaren Beute. *7* Als er so durchs Gebirge zog, lagerten sich die Thraker aus vier Völkerschaften, die Astier, Caener, Maduatener und Kareler, nicht über 10 000 stark, in dem Engpass auf beiden Seiten des Weges. *8* Man meinte, es sei nicht ohne Antrieb des makedonischen Königs Philipp geschehen. Er habe gewusst, dass die Römer keinen andern Rückweg als durch Thrakien nehmen würden, auch dass sie so viel Geld mit sich führten. *9* In dem vordersten Zug befand sich der Feldherr, wegen der gefährlichen Gegend nicht ohne Besorgnis. *10* Solange die Bewaffneten vorüberzogen, regten sich die Thraker nicht. Als sie aber sahen, dass die ersten über den Pass hinaus waren und die letzten noch nicht näher kamen, griffen sie die Lastwagen mit dem Gepäck an, hieben die Bedeckung nieder und rafften teils die Ladungen von den Fuhrwerken, teils führten sie die Tiere selbst mit ihren Lasten fort. *11* Als sich von hier das Geschrei zuerst bis zu denen verbreitete, die schon am Eingang des Waldes nachkamen, und dann auch zu dem vorderen Zug, da stürzte man von beiden Seiten der Mitte zu, und an mehreren Stellen zugleich begann ein regelloses Gefecht. *12* Die Thraker

gibt ihre eigene Beute, da sie mit Lasten bepackt und größtenteils, um die Hände zum Plündern frei zu haben, unbewaffnet sind, dem feindlichen Schwert preis; die Römer liefert die nachteilige Gegend den Barbaren in die Hände, die über nur ihnen bekannte Pfade auf sie eindringen oder auch in hohle Täler sich versteckt haben. ***13*** Selbst die Ballen des Gepäcks und die Wagen, die den einen oder den anderen, wie sich's trifft, zu ihrem Nachteil in den Wurf kommen, werden den Fechtenden hinderlich; hier erliegt der Räuber, dort der Abnehmer des Raubes. ***14*** Je nachdem der Platz diesen oder jenen ungünstig oder günstig ist, je nachdem die Kämpfenden Mut haben, oder nach Verhältnis der Anzahl – denn manche stießen auf ihnen überlegene, mehrere andere auf wenigere, als sie selbst waren –, war auch das Schicksal des Kampfes verschieden. Auf beiden Seiten fallen viele. ***15*** Schon brach die Nacht ein, als die Thraker sich aus dem Kampf zogen, nicht weil sie Tod oder Wunden scheuten, sondern weil sie Beute genug hatten.

(41) Der vordere Zug der Römer schlug außer dem Wald beim Tempel der (Diana) Mendis in einer offenen Gegend ein Lager auf; die andere Hälfte blieb zur Hut des Gepäcks mitten im Wald hinter einem doppelten Wall. ***2*** Am folgenden Tag untersuchten sie vor ihrem Aufbruch die Wege durch den Wald und stießen zu den Ersteren. ***3*** Der größte Verlust, welchen die Römer in einem Treffen erlitten, in dem auch ein Teil der Lasttiere und Packknechte und mehrere Soldaten fielen, weil sich das Gefecht überall fast durch den ganzen Wald verbreitete, war der Tod des Quintus Minucius Thermus, eines tapferen und tüchtigen Mannes. ***4*** Noch an diesem Tag kamen sie bis an den Fluss Hebrus. Von hier gingen sie am Tempel des Apollo vorbei – diesen nennen die Einwohner Zerynthius – durch das Gebiet der Aenier. ***5*** Nun hatten sie in der Gegend von Tempyra – so heißt der Ort – einen andern Engpass vor sich, der ebenso wie der vorige von Felsen durchschnitten war; weil er aber keine Waldung hatte, gewahrte er nicht einmal einen Schlupfwinkel zum Hinterhalt. ***6*** Hier sammelten sich die Trausen, ebenfalls ein thrakisches Volk, in derselben Hoffnung auf Beute. Da sich aber bei der Nacktheit der Täler schon in der Ferne wahrnehmen ließ, dass sie den Pass besetzt hatten, so minderte dies auch die Besorgnis und Unruhe der Römer; denn hier sahen sie ja, wenn auch auf nachteiligem Boden, doch einer förmlichen Schlacht entgegen, einer unverdeckten Linie, einem regelrechten Angriff. ***7*** Mit Schlachtgeschrei rückten sie in geschlossenen Gliedern bergan, griffen an, trieben die Feinde zuerst aus ihrer Stellung, dann zwangen sie dieselben zu fliehen. Nun wurde Flucht und Gemetzel unter ihnen allgemein, da ihnen ihre eigenen Engpässe den Ausweg sperrten. ***8*** Nach diesem Sieg schlugen die Römer bei einem Flecken der Maroniten, namens Sale, ihr Lager auf. Am folgenden Tage kamen sie auf offenem Weg in die Priatische Ebene; und hier lagen sie drei Tage, um Getreide teils von den Maroniten in Empfang zu nehmen, die es ihnen aus den Dörfern zuführten, teils von ihrer eigenen Flotte, welche ihnen mit allen Arten von Zufuhr folgte. ***9*** Von diesem Standlager machten sie einen Tagemarsch nach Apollonia. Von da kamen sie durch das Gebiet von Abdera nach Neapolis. ***10*** Diesen ganzen Weg machten sie ungestört durch lauter griechische Kolonien. Von hier an aber blieben sie, auf beiden Seiten von Thrakern umgeben, Tag und Nacht, wenngleich ohne Angriff, doch nicht ohne Besorgnis, bis sie Makedonien erreichten. ***11*** An den Thrakern hatte dasselbe Heer, als es diesen Weg von Scipio geführt wurde, aus keinem andern Grund friedlichere Menschen gefunden, als weil damals bei ihm weniger Beute zu holen war. ***12*** Indessen berichtet Claudius, dass sich auch damals gegen 15 000 Thraker dem Numider Muttines, der, die Gegend zu erspähen, dem Zug voranging, entgegengeworfen hätten. Die Numider hätten vierhundert Mann zu Pferd gehabt und einige Elefanten. ***13*** Der Sohn des Muttines habe sich mit 150 auserlesenen Reitern mitten durch die Feinde durchgeschlagen und bald darauf, als Muttines, der seine Elefanten in die Mitte nahm und die Reiterei auf beide Flügel verteilte, sich mit den Feinden eingelassen hätte, ***14*** habe er ihnen im Rücken Schrecken verursacht, und durch diesen Sturm der

angreifenden Reiterei geschreckt, hätten sich die Feinde nicht an das Fußvolk gewagt. ***15*** Durch Makedonien führte Gnaeus Manlius sein Heer nach Thessalien. Als er von hier durch Epirus nach Apollonia gekommen war, bezog er die Winterquartiere, weil er, um das Heer schon jetzt zur See überzusetzen, noch zu viel Rücksicht auf die Winterstürme nehmen musste, zu Apollonia.

(42) Fast gegen Ende des Jahres traf der Konsul Marcus Valerius aus Ligurien zur Wahl der neuen Obrigkeiten in Rom ein, ohne irgendeine denkwürdige Tat auf seinem dortigen Posten verrichtet zu haben, die ihm bei seinem Zögern nun zum passenden Vorwand gedient hätte, warum er sich später als gewöhnlich zu den Wahlversammlungen eingefunden habe. ***2*** Die Wahlversammlung zur Ernennung der Konsuln fand am 18. Februar statt. Man wählte den Marcus Aemilius Lepidus und Gaius Flaminius. ***3*** Am Tag darauf wurden zu Prätoren ernannt ***4*** Appius Claudius Pulcher, Servius Sulpicius Galba, Quintus Terentius Culleo, Lucius Terentius Massiliota, Quintus Fulvius Flaccus und Marcus Furius Crassipes. ***5*** Nach beendeter Wahl fragte der Konsul beim Senat an, welche Provinzen man den Prätoren anweisen wolle. Man bestimmte zwei für die Rechtspflege in Rom, zwei außerhalb Italiens, nämlich Sizilien und Sardinien, zwei in Italien, Tarent und Gallien; ***6*** und die Prätoren erhielten Befehl, sogleich zu losen, ehe sie ihr Amt anträten. Servius Sulpicius erloste die Gerichtspflege in der Stadt, Quintus Terentius die über die Fremden; Lucius Terentius Sizilien, Quintus Fulvius Sardinien; Appius Claudius Tarent, Marcus Furius Gallien.

7 In diesem Jahr wurden Lucius Minucius Myrtilus und Lucius Manlius, auf die Beschuldigung, karthagische Gesandte geschlagen zu haben, vermöge eines Befehls vom Stadtprätor Marcus Claudius durch Fetialen an die Gesandten ausgeliefert und nach Karthago geführt.

8 In Ligurien ging der Krieg, wie das Gerücht sagte, ins Große und griff täglich weiter um sich. Daher bestimmte der Senat an demselben Tag, wo die neuen Konsuln über die Provinzen und die Staatsgeschäfte Vortrag hielten, beiden Ligurien zu ihrem Posten. ***9*** Diesem Senatsbeschluss widersprach der Konsul Lepidus mit den Worten: Es sei unwürdig, beide Konsuln auf Liguriens Täler zu beschränken. ***10*** Schon seit zwei Jahren hätten Marcus Fulvius und Gnaeus Manlius, der eine in Europa, der andere in Asien, als habe man sie statt des Philipp und Antiochos eingesetzt, königliche Gewalt, wolle man in diesen Ländern Heere halten, so müsse man an deren Spitze lieber Konsuln als Leute ohne amtliche Befugnis haben wollen. ***11*** Mit allen Schrecken des Krieges schwärmten sie durch Nationen, denen man nicht einmal Krieg angekündigt habe, und trieben mit dem Frieden einen Handel gegen Bezahlung. Wenn es erforderlich sei, diese Provinzen durch Heere zu behaupten, so hätten ebenso, wie Lucius Scipio als Konsul in die Stelle des Marcus Acilius, ***12*** wie Marcus Fulvius und Gnaeus Manlius als Konsuln in die des Lucius Scipio eingerückt wären, Gaius Livius und Marcus Valerius als Konsuln den Fulvius und Manlius ablösen müssen. Wenigstens müssten doch jetzt, da Rom den Aetolischen Krieg beendet, dem Antiochos Kleinasien abgenommen und die Gallier besiegt habe, entweder jenen konsularischen Heeren Konsuln zugeschickt oder die Legionen von dort abgeführt und dem Staat endlich einmal wiedergegeben werden. ***13*** Der Senat hörte diese Vorstellungen an, ohne seine Erklärung, dass beide Konsuln in Ligurien stehen sollten, zurückzunehmen; doch beschloss er, Manlius und Fulvius sollten von ihren Standorten abgehen, die Heere dort wegführen und nach Rom zurückkehren.

(43) Zwischen Marcus Fulvius und dem Konsul Marcus Aemilius herrschte Feindschaft, und von allem Übrigen abgesehen glaubte Aemilius, er sei durch die Bemühung des Marcus Fulvius zwei Jahre später Konsul geworden. ***2*** Um ihn also in ein gehässiges Licht zu stellen, führte er die Gesandten von Ambrakia mit an die Hand gegebenen Beschuldigungen vor den Senat. Sie klagten, sie hätten Frieden gehalten, hätten die Forderungen der vorigen Konsuln erfüllt, wären bereit gewesen, in Gehorsam dasselbe dem Marcus Fulvius zu leisten, ***3*** da habe man gegen sie

Krieg angefangen, zuerst ihr Gebiet verheert und ihre Stadt mit Plünderung und Blutvergießen bedroht, um sie durch diese Furcht zur Schließung ihrer Tore zu zwingen. *4* Dann habe man sie belagert und bestürmt und durch Mord und Brand, durch Einsturz und Plünderung alle Gräuel des Krieges an ihnen verübt, ihre Frauen und Kinder in Sklaverei geschleppt, alles Eigentum ihnen genommen und, was sie mehr als alles andere schmerze, die Tempel in der ganzen Stadt ihres Schmuckes beraubt. *5* Die Bilder der Götter, ja die Götter selbst habe man von ihren Standorten losgebrochen und weggeführt; außer den nackten Wänden und Pfosten habe man den Ambrakiern nichts übrig gelassen, was sie verehren, wo sie ihre Gebete sprechen, ihre Andacht verrichten könnten. **6** Unter diesen Klagen lockte der Konsul der Verabredung gemäß durch manche zur Angabe verleitende Frage noch mehr aus ihnen heraus, gleich als ob sie so etwas von selbst zu sagen nicht gewagt hätten. *7* Als dies auf die Väter Eindruck machte, übernahm der Konsul Gaius Flaminius die Sache des Fulvius. Die Ambrakier, sagte er, hätten einen alten, schon ungangbaren Weg eingeschlagen. *8* Ebenso hätten die Syrakusaner den Marcus Marcellus, ebenso die Campaner den Quintus Fulvius angeklagt. Ob man nicht in einem Abtun auch den Titus Quinctius vom König Philipp, den Manius Acilius und Lucius Scipio von Antiochos, den Gnaeus Manlius von den Galliern und ebenfalls den Marcus Fulvius von den Aetolern und den Völkern auf Kephallenia anklagen lassen wolle? *9 Glaubt ihr, versammelte Väter dass ich im Namen des Marcus Fulvius, oder dass Marcus Fulvius selbst es leugnen werde, dass er Ambrakia belagert und erobert, dass er Standbilder und Zieraten von dort weggeführt habe und auch im Übrigen mit der Stadt verfahren sei, wie es bei eroberten Städten gewöhnlich ist,* **10** *da er gerade für diese Taten euch um die Bewilligung eines Triumphes angehen, die Abbildung des eroberten Ambrakia, die Standbilder, deren Wegnahme sie ihm zur Last legen und die übrige Prunkbeute von dieser Stadt seinem Wagen vorantragen lassen und an den Pfosten seiner Haustür aufhängen wird?* **11** *Dass sie zwischen sich und den Aetolern einen Unterschied machen, ist eine Nichtigkeit, Ambrakier und Aetoler stehen in gleicher Verantwortung.* **12** *Also mag mein Amtsgenosse entweder in einer andern Sache seiner Feindschaft Raum geben, oder will er es durchaus lieber in dieser, so mag er seine Ambrakier bis zur Ankunft des Marcus Fulvius hier behalten.* **13** *Ich werde es in Abwesenheit des Marcus Fulvius sowenig über die Ambrakier als über die Aetoler zu einem Beschluss kommen lassen.*

(44) Da nun Aemilius die schlaue Bosheit seines Feindes, gleichsam als allgemein bekannt, in Anspruch nahm und versicherte, jener werde unter Zögerungen die Zeit verstreichen lassen, um nur nicht unter dem Konsulat seines Feindes in Rom anzukommen, so gingen über diesen Streit der Konsuln zwei Tage hin. *2* Auch schien es, solange Flaminius anwesend sei, zu keinem Beschluss kommen zu können. *3* Man benutzte aber die Gelegenheit, da Flaminius krankheitshalber nicht anwesend war, und auf Antrag des Aemilius wurde der Senatsbeschluss gefasst, *4* dass den Ambrakiern alles Eigentum zurückgegeben werden solle. Sie sollten frei sein und nach eigenen Gesetzen leben; zu Land und zu Wasser Zölle erheben können wie sie wollten, wenn nur die Römer und die latinischen Bundesvölker davon frei blieben. *5* Wegen der Standbilder und der übrigen Zieraten, welche man laut ihrer Klage aus den Heiligtümern weggenommen habe, solle dann, wenn Marcus Fulvius nach Rom zurückgekehrt sei, an das Kollegium der Oberpriester berichtet und nach deren Gutachten verfahren werden. **6** Und auch hiermit begnügte sich der Konsul nicht, sondern fertigte noch in einer minder zahlreichen Senatssitzung die neue Erklärung aus: Ambrakia scheine nicht mit Sturm erobert zu sein.

7 Darauf wurde nach dem Beschluss der Zehnmänner ein dreitägiges Betfest für das Wohlergehen des Volkes begangen, weil eine schwere Seuche die Stadt und die Dörfer verheerte. Dann waren die latinischen Feiertage. *8* Als die Konsuln diese gottesdienstlichen Angelegenheiten beseitigt und die Aushebung erledigt hatten – denn beide wollten lieber neu ausgehobene Truppen haben –, gingen sie zu ihrem Standort ab und entließen alle alten Soldaten.

9 Nach dem Weggang der Konsuln kam Prokonsul Gnaeus Manlius nach Rom. ***10*** Als er vom Prätor Servius Sulpicius im Tempel der Bellona dem Senat vorgestellt wurde und nach Auseinandersetzung dessen, was er verrichtet habe, nun selbst im Senat beantragte, dass man in Rücksicht darauf den unsterblichen Göttern Ehre erweisen und ihm erlauben möge, im Triumph in die Stadt einzuziehen, ***11*** wandten der größere Teil der zehn ihm zugegebenen Abgeordneten und vor allen Lucius Furius Purpureo und Lucius Aemilius Paulus dagegen Folgendes ein:

(45) Sie seien dem Gnaeus Manlius als Abgeordnete beigegeben, um mit Antiochos Frieden zu schließen und den Vertrag und die Bedingungen, welche Lucius Scipio schon eingeleitet habe, abzuschließen. ***2*** Gnaeus Manlius habe alles angewandt, diesen Frieden zu stören und des Antiochos, sobald er seiner Person beikommen könne, auf listige Weise sich zu bemächtigen, der König aber habe, von der bösen Absicht des Konsuls unterrichtet, so oft es dieser durch nachgesuchte Unterredungen auf ihn angelegt habe, sich gehütet, mit ihm zusammenzukommen, ja sogar ihm vor die Augen zu kommen. ***3*** Von seinem Vorsatz, über den Taurus hinauszugehen, habe sich Manlius kaum durch die Bitten aller Abgeordneten, sich doch nicht dem Unglück auszusetzen, welches die Sprüche der Sibylle dem ankündigten, der diese vom Schicksal festgesetzten Grenzen überschreiten werde, abbringen lassen. Dennoch habe er sein Heer wenigstens hinangeführt und beinahe selbst auf den Höhen, am Scheideweg der Wasserquellen, sein Lager aufgeschlagen. ***4*** Als er hier bei dem ruhigen Verhalten der königlichen Posten keinen Vorwand zum Krieg gefunden habe, sei er mit dem Heer umgekehrt gegen die Gallogriechen ***5*** und habe diese Nation ohne Vollmacht vom Senat, ohne Auftrag vom Volk bekriegt. Hat je ein Feldherr so etwas nach eigenem Gutdünken gewagt? Die zuletzt geführten Kriege wären die mit Antiochos, Philipp, Hannibal und den Puniern. ***6*** Über alle diese sei beim Senat angefragt worden, vom Volk die Zustimmung erteilt. Oft habe man Gesandte zuvor abgehen lassen, Genugtuung gefordert und dann zuletzt die zur Kriegserklärung Bevollmächtigten hingeschickt. ***7*** *Was von alledem, Gnaeus Manlius, hast du getan, um uns hierin einen öffentlichen Krieg des römischen Staates und nicht deinen eigenen Räuberzug finden zu lassen?* ***8*** *Doch vielleicht beschränktest du dich bloß auf diesen? Führtest dein Heer geradewegs gegen die, welche du zu Feinden dir ausersehen hattest?* ***9*** *Oder durchstreiftest du auch nach allen Krümmungen der Heerstraßen, so dass du an den Scheidewegen halt machtest, um Attalos, dem Bruder des Eumenes, auf jedem abbeugenden Zug – du, als römischer Konsul sein Söldner – mit einem römischen Heer nachzuziehen, jeden Ort und jeden Winkel Pisidiens, Lykaoniens, Phrygiens und sammeltest bei den verstecktesten Tyrannen und Schlossbesitzern ein Almosen ein? Denn was ging dich sonst Oroanda, was gingen andere ebenso unschuldige Völker dich an?* ***10*** *Den Krieg selbst aber, den du bei deinem Gesuch um einen Triumph zum Vorwand nimmst, wie hast du ihn geführt? Schlugst du, als der Kampfboden für dich, der Zeitpunkt dein war?* ***11*** *Ja, mit vollem Recht verlangst du, dass wir den unsterblichen Göttern ihre Ehre geben sollen; einmal nämlich dafür, dass, sie die Frechheit eines Feldherrn, der den Krieg gegen alles Völkerrecht unternahm, nicht an seinem Heer strafen wollten; zum andern, dass sie uns auf unvernünftiges Vieh, nicht auf Feinde treffen ließen.*

(46) *Glaubt ja nicht an die bloße Mischung des Namens Gallogriechen. Viel früher schon schwächte diese Mischung ihre Körper, ihren Geist.* ***2*** *Sollte wohl von dort, danach, wie es unser Feldherr anfing, wenn sie noch jene Gallier wären, gegen die wir tausendmal in Italien mit wechselndem Glück gekämpft haben, auch nur ein Bote zurückgekehrt sein?* ***3*** *Zweimal kämpfte er mit ihnen; zweimal rückte er auf nachteiligem Boden hinauf, gab im tiefen Tal seine Linie den Feinden so gut als unter die Füße. Schossen sie aus der Stellung über uns nicht mit Pfeilen, sondern warfen sich nur mit ihren*

Körpern ohne Waffen auf uns, so konnten sie uns erdrücken. **4** *Was für ein Wunder trat denn ein! Das römische Volk hat sich seines großen Glückes, seines großen und furchtbaren Rufes zu erfreuen. Dadurch, dass neulich Schlag auf Schlag Hannibal, Philipp, Antiochos traf, waren die Feinde bei aller ihrer Riesengröße wie angedonnert. Mit Schleudern, mit Pfeilen wurden sie in die Flucht geschreckt;* **5** *kein Schwert färbte sich in diesem gallischen Krieg mit Blut; beim ersten Pfeilgerassel flogen sie gleich Vogelschwärmen davon.* **6** *Dafür aber, bei Gott, waren wir es denn auch – als wollte uns das Glück zu Gemüte führen, wie es ausgefallen sein möchte, wenn wir einen Feind gehabt hätten –, die auf dem Rückzug auf thrakische Räuber stießen, von ihnen niedergehauen, in die Flucht geschlagen und unseres Gepäcks beraubt wurden.* **7** *Quintus Minucius Thermus, an welchem wir einen weit größeren Verlust erlitten haben, als wenn Gnaeus Manlius, durch dessen Unbesonnenheit dieses Unglück über uns kam, getötet wäre, blieb mit vielen Tapferen auf dem Platz;* **8** *das Heer, mit seiner Beute von Antiochos heimkehrend, lag eine ganze Nacht in drei Haufen versprengt, mit dem ersten Zug hier, dort mit dem letzten, und wieder dort mit dem Gepäck, unter Dornbüschen in den Schlupfwinkeln des Wildes versteckt.* **9** *Und dafür verlangst du einen Triumph? Gesetzt, du hättest dir in Thrakien keine Niederlage, keinen Schimpf geholt, wer wären denn die Feinde, über welche zu triumphieren du verlangen könntest?* **10** *Ich dächte, doch die, welche dir der Senat oder das römische Volk zu Feinden gegeben hätte. So wurde über den König Antiochos dem Lucius Scipio hier, dem Manius Acilius dort, so kurz vorher über König Philipp dem Titus Quinctius, ebenso über Hannibal, die Punier und den Syphax dem Publius Africanus ein Triumph bewilligt.* **11** *Und selbst wenn der Senat schon für den Krieg gestimmt hatte, kam es doch noch zu Fragen über jene – Kleinigkeiten, wem er anzukündigen sei, ob man ihn durchaus den Königen selbst erklären müsse, oder ob es genüge, irgendeinem Posten die Eröffnung zu machen.* **12** *Wollt ihr dies alles geschändet und zusammengeworfen wissen? Die Rechte der Fetialen abschaffen? Keine Fetialen mehr haben? So mag denn – verzeihen es mir die Götter – die Religion zugrunde gehen, Gottesvergessenheit sich eurer Herzen bemächtigen; aber soll über einen Krieg auch der Senat nicht mehr zu Rate gezogen,* **13** *nicht mehr beim Volk angefragt werden, ob es zu einem Krieg mit den Galliern seine Zustimmung, seine Vollmacht gebe?* **14** *Soeben wenigstens, als sich die Konsuln Griechenland und Asien wünschten, und ihr dennoch auf eurer Meinung beharrtet, ihnen Ligurien zum Amtskreis zu bestimmen, fügten sie sich eurer Erklärung.* **15** *Mit Recht also werden sie nach glücklicher Führung des Krieges euch um einen Triumph angehen, da sie den Krieg auf eure Vollmacht geführt haben.*

(47) In diesem Ton sprachen Furius und Aemilius. Manlius soll ihnen etwa so geantwortet haben: *Ehemals, versammelte Väter, hatte man bei dem Gesuce um einen Triumph die Volkstribunen zu Gegnern.* **2** *Diesen fühle ich mich jetzt verpflichtet, weil sie, sei es nun aus Rücksicht auf meine Person oder auf die Größe dieser Taten, mein Ehrengesuch nicht allein durch ihr Schweigen gebilligt haben, sondern sogar, wenn es nötig sein sollte, bereit schienen, deshalb einen Antrag zu stellen.* **3** *Ich habe meine Gegner unter den zehn Abgeordneten, dem Beirat, welchen unsere Vorfahren den Feldherren gegeben haben, um den Sieg zu verherrlichen und dessen Früchte zu verteilen.* **4** *Lucius Furius und Lucius Aemilius wehren mir, den Triumphwagen zu besteigen; sie nehmen meinem Haupt den Ehrenkranz, sie, die ich, wenn die Tribunen mir den Triumph untersagten, zu Zeugen meiner Taten aufrufen würde.* **5** *Ich missgönne niemandem seine Ehre, versammelte Väter, aber noch neulich habt ihr die Volkstribunen, sonst brave und tüchtige Männer, als sie den Triumph des Quintus Fabius Labeo verhindern wollten, durch eure Erklärung beschwichtigt. Er triumphierte, obgleich seine Feinde laut sagten, zwar nicht, er habe einen ungerechten Krieg geführt, aber er habe überhaupt keinen Feind gesehen.* **6** *Und ich, der ich Hunderttausenden der wütendsten Feinde so manche förmliche Schlacht geliefert, mehr als 40 000 gefangen genommen oder getötet, zweimal ihr Lager erobert, diesseits der Höhen des Taurus alles in einem tieferen Frieden hinterlassen habe,*

als unser Italien ihn hat, **7** *werde nicht allein um den Triumph gebracht, sondern muss hier vor euch, versammelte Väter, gegen die Anklagen meiner eigenen Legaten mich verantworten.* **8** *Wie ihr bemerkt habt, versammelte Väter, war ihre Beschuldigung eine doppelte. Denn einmal behaupteten sie, ich hätte gar keinen Krieg mit den Galliern führen müssen, sodann, ich hätte ihn unbesonnen und ungeschickt geführt: „Die Gallier waren keine Feinde, sondern du hast dich an dem friedlichen Volk, das deine Forderungen erfüllte, vergriffen."* **9** *Ich werde euch nicht zumuten, versammelte Väter, dass ihr das alles, was ihr von der Unmenschlichkeit der gallischen Nation im Ganzen, von ihrem erbitterten Hass gegen alles, was Römer heißt, schon wisst, auch von den Galliern glauben sollt, die in Asien wohnen.* **10** *Ohne auf den schlechten Ruf und den Hass, in dem die ganze Nation steht, zu sehen, würdigt sie an und für sich. Möchte doch jetzt König Eumenes, möchten die Staaten Asiens sämtlich hier sein, und ihr lieber ihre Klagen, als von mir Beschuldigungen hören!* **11** *Schickt, ich bitte euch, Gesandte an alle Städte Asiens und fragt bei ihnen an, ob die Knechtschaft die drückendere war, von der sie durch Zurückweisung des Antiochos hinter die Höhen des Taurus, oder die, von der sie durch Besiegung der Gallier befreit sind;* **12** *lasst sie erzählen, wie oft ihr Gebiet verheert, wie oft die Geraubten weggetrieben wurden und ihnen auch dann kaum vergönnt wurde, die Gefangenen loszukaufen, und sie hören mussten, dass Menschen als Opfertiere gewürgt und ihre Kinder auf Altären geschlachtet waren.* **13** *Wisst, dass eure Bundesgenossen den Galliern Tribut gezahlt haben, und diese, obgleich durch euch vom königlichen Joch befreit, noch jetzt zahlen würden, wenn ich untätig gewesen wäre.*

(48) *Je weiter Antiochos zurückgewiesen wäre, umso zügelloser hätten in Asien die Gallier die Tyrannen gespielt; und alle die Länder diesseits des Taurus hättet ihr der Herrschaft der Gallier, nicht eurer hinzugefügt.* **2** *Ja, sagt man, das alles ist freilich wahr; sie haben sogar einst Delphi, das gemeinschaftliche Orakel der Welt, den Mittelpunkt des Erdkreisen, ausgeplündert; darum aber hat der römische Staat einen Krieg weder ihnen angekündigt noch mit ihnen geführt.* **3** *Ich meinesteils glaubte, einen Unterschied zu finden zwischen der Zeit, wo Griechenland und Asien noch nicht so unter eurer Gerichtsbarkeit und Herrschaft standen, dass ihr euch darum hättet bekümmern und alles beachten müssen, was in diesen Ländern vorging,* **4** *und dieser, wo ihr als Grenze der römischen Oberherrschaft den Taurus festgesetzt habt, wo ihr den Staaten Selbstständigkeit und Steuerfreiheit gebt, die Grenzen des einen erweitert, den andern durch Abtretungen straft, wieder andere zinspflichtig macht, Reiche vergrößert, verkleinert, verschenkt und nehmt, und dafür sorgen zu müssen glaubt, dass sie zu Land und zu Wasser Frieden haben.* **5** *Hieltet ihr, wenn Antiochos seine Besatzungen aus den Bergschlössern, die ruhig in ihren Festungen lagen, nicht abgeführt hätte, Asien für nicht befreit? Dann aber, wenn gallische Heere ausgelassen umherschwärmten, sollten dem König Eumenes die Geschenke, die ihr ihm gemacht habt, sollte den Staaten ihre Freiheit gesichert bleiben?* **6** *Doch wozu führe ich alle diese Gründe an, gleich als hätte ich in den Galliern nicht Feinde gefunden, sondern gemacht?* **7** *An dich, Lucius Scipio, wende ich mich, dessen Tapferkeit und Glück zusammen ich mir, als dein Nachfolger im Oberbefehl, nicht ohne Erhörung von den unsterblichen Göttern erfleht habe, an dich, Publius Scipio, der du wie bei deinem Bruder, dem Konsul, so bei dem Heer das Recht eines Unterfeldherrn und den hohen Rang eines Kollegen hattest, ob ihr nicht wisst, dass im Heer des Antiochos Legionen der Gallier standen,* **8** *ob ihr sie nicht in seiner Linie, auf beiden Flügeln – denn diese galten ja für seine Hauptmacht – aufgestellt gesehen habt, ob ihr nicht gegen sie als wirkliche Feinde gekämpft, sie niedergehauen, Beute von ihnen eingebracht habt.* **9** *„Ja", sagt man, „zu einem Krieg gegen Antiochos, aber nicht mit den Galliern hatte der Senat den Beschluss, das Volk die Vollmacht gegeben." Meines Erachtens aber hatten sie ihn zugleich gegen die beschlossen und gegen die Vollmacht dazu gegeben, welche unter seinen Truppen standen,* **10** *unter denen also, Antiochos ausgenommen, mit dem Scipio Frieden geschlossen hatte und mit dem namentlich eurem*

Auftrag gemäß ein Vertrag eingegangen war. Alle unsere Feinde waren die, welche für Antiochos die Waffen gegen uns geführt hatten. **11** *Obgleich nun diese Schuld vor allen anderen die Gallier traf, auch einige Fürsten und Tyrannen, so habe ich doch mit einigen, nachdem ich sie ihr Vergehen der Ehre eures Reiches gemäß hatte büßen lassen, Frieden geschlossen, habe selbst auf die Gemüter der Gallier den Versuch gemacht, ob sich ihrer angeborenen Wildheit eine sanftere Stimmung geben lasse;* **12** *und als ich sie unbezähmbar und unversöhnlich fand, da erst glaubte ich, sie durch Waffengewalt zügeln zu müssen.* **13** *Nachdem ich mich von dem Vorwurf wegen Unternehmung des Krieges gereinigt habe, muss ich nun Rechenschaft über seine Führung geben. Hier würde ich auf meine gute Sache vertrauen, wenn ich sie auch nicht vor dem Senat in Rom, sondern vor dem in Karthago zu führen hätte, wo die Feldherren, wie es heißt, gekreuzigt werden, wenn sie den Krieg noch so glücklich, aber nach falschem Plan geführt haben.* **14** *Allein in einem Staat, welcher eben darum solche Taten, die den Beifall der Götter selbst fanden, von niemandem verunglimpfen lässt, weil er bei allen Unternehmungen und Ausführungen die Götter zu Hilfe nimmt, der immer, wenn er einem Feldherrn ein Dankfest oder einen Triumph zuerkennt, sich der eingeführten Formel bedient,* **15** *„weil er dies öffentliche Geschäft gut und glücklich verwaltet hat", wenn ich in diesem Staate ungern daran ginge, es beleidigend und übermütig fände, mich meiner Tapferkeit zu rühmen, lieber beantrage, für mein und meines Heeres Glück, ohne allen Verlust an Leuten eine große Nation besiegt zu haben,* **16** *den unsterblichen Göttern ihre Ehre zu geben und mich selbst triumphierend zum Kapitol hinaufziehen zu lassen, von wo ich nach feierlich ausgesprochenen Gelübden aufgebrochen war, wolltet ihr dann mir und zugleich den unsterblichen Göttern dies versagen?*

(49) *Aber freilich, ich habe in ungünstiger Stellung gekämpft. So sagt mir denn, wo ich in günstigerer hätte kämpfen können. Da die Feinde einen Berg besetzt hatten und hinter ihren Verschanzungen blieben, so musste ich doch wohl gegen die Feinde ziehen, wenn ich sie besiegen wollte.* **2** *Wie, wenn sie nun hier eine Stadt gehabt, sich hinter den Mauern gehalten hätten? Dann musste ich sie ja belagern. Und wie? Hatte etwa Manius Acilius in der Schlacht bei Thermopylae gegen den König Antiochos die Gegend für sich?* **3** *Oder trieb Titus Quinctius nicht ebenso den Philipp von den Gipfeln der Berge oberhalb des Flusses Aous, die er besetzt hielt? Noch bis jetzt kann ich nicht finden, wie sie den Feind entweder sich selbst vorstellen oder in euren Augen erscheinen lassen möchten.* **4** *Etwa als den ausgearteten und durch Asiens Reize verweichlicht? Was liefen wir alsdann für Gefahr im Angriff, selbst auf ungünstigem Boden? Oder seines unbändigen Mutes und seiner Körperkraft wegen furchtbar? Und einem solchen Sieg versagt ihr den Triumph?* **5** *Der Neid, versammelte Väter, ist blind und versteht sich auf weiter nichts, als Verdienste zu verkleinern und ihnen jede Ehre und Belohnung zu verderben.* **6** *Eure Verzeihung, versammelte Väter, erbitte ich mir nur dann, wenn es nicht eigene Ruhmsucht, sondern notgedrungene Zurückweisung der Anklagen ist, die jetzt meine Rede länger gemacht hat.* **7** *Ich konnte also wohl auch die Gebirgspässe durch Thrakien, da sie eng genug waren, erweitern? Die Höhen zu Ebenen, die waldigen Gegenden zu angebauten umschaffen? Bewirken, dass sich das thrakische Raubgesindel nirgends in seinen alten Schlupfwinkeln versteckte?* **8** *Dass uns kein Stück des Gepäcks geraubt, aus einem so langen Zug kein Zugtier entführt, niemand verwundet wurde, und Quintus Minucius, der tapfere, tüchtige Mann, nicht an seiner Wunde starb?* **9** *Über diesen Zufall, der die unglückliche Folge hatte, dass wir einen so hervorragenden Mitbürger einbüßten, verbreiten sie sich.* **10** *Dass aber, so gebirgig der Wald, so ungünstig der Boden war, als der Feind uns angriff, dennoch unsere beiden Linien, die Vorhut mit der Nachhut zugleich, das in unser Gepäck sich verwickelnde Heer der Barbaren umringten, noch an diesem Tag viele Tausende und wenige Tage darauf noch weit mehr von ihnen niederhieben und gefangen nahmen,* **11** *glauben sie etwa, dass ihr dies, wenn sie es verschwiegen, nicht erfahren würdet, da das Heer Zeuge meiner Rede ist?* **12** *Hätte ich in Asien nie das Schwert gezogen, dort keinen Feind gesehen, so hätte ich mir noch*

in Thrakien als Prokonsul den Triumph durch zwei Schlachten erworben. ***13*** *Doch ich habe genug geredet. Und selbst dafür, dass ich durch mehr Worte, als ich wollte, euch ermüdet habe, wünsche ich, euch um Verzeihung bitten zu dürfen, versammelte Väter, und sie zu erhalten.*

(50) Die Anklagen hätten an diesem Tag über die Verteidigung die Oberhand behalten, wenn sie nicht einen Wortwechsel veranlasst hätten, der bis in den späten Abend dauerte. Der Senat wurde mit der Meinung entlassen, als wenn er den Triumph hätte verweigern wollen. ***2*** Am folgenden Tag boten nicht allein die Verwandten und Freunde des Gnaeus Manlius ihren ganzen Einfluss auf, sondern auch die Älteren setzten ihre Ansicht mit der Behauptung durch, es lasse sich kein Beispiel nachweisen, ***3*** dass ein Feldherr, der nach Besiegung der Feinde und völliger Beendigung des ihm aufgetragenen Krieges das Heer zurückgebracht habe, ohne Siegeswagen und Lorbeer, ohne Amt und jeden Ehrenempfang zur Stadt eingezogen sei. Das Gefühl für den Anstand drückte den bösen Willen nieder, und die Stimmenmehrheit entschied für den Triumph.

4 Nachher wurden die Erwähnung und alle Erinnerung an diesen Streit durch einen größeren Kampf unterdrückt, der sich gegen einen größeren und berühmteren Mann erhob. ***5*** Den Publius Scipio Africanus hatten nach dem Bericht des Valerius Antias die beiden Quinti Petillii vor Gericht geladen. Dies legte jeder nach seiner Denkungsart aus. ***6*** Einige machten nicht etwa diesen Volkstribunen, sondern dem ganzen Staate einen Vorwurf daraus, dass er dies zugegeben habe. ***7*** Die beiden größten Städte der Welt ließen sich fast zu gleicher Zeit auf einer Undankbarkeit gegen ihre ersten Männer betreffen; undankbarer aber sei Rom, denn Karthago habe doch als das Besiegte den besiegten Hannibal in die Verbannung getrieben, Rom aber, siegreich, vertreibe den siegreichen Africanus. ***8*** Andere sagten: Kein Bürger dürfe sich als Einzelner so hoch erheben, dass man ihn nicht nach den Gesetzen zur Verantwortung ziehen könne. Nichts sei zur Gleichstellung der Freiheit so wirksam, als wenn auch für den Mächtigsten die Möglichkeit bleibe, vor Gericht Rede stehen zu müssen. ***9*** Und wie könne man einem Mann irgendetwas, geschweige denn den ganzen Staat, mit Sicherheit anvertrauen, wenn er keine Rechenschaft abzulegen habe? Wer die Gleichheit des Rechtes nicht über sich dulden könne, gegen den sei Zwang kein Unrecht. ***10*** Hiermit trug man sich in Gesprächen, bis der Tag der gerichtlichen Verantwortung erschien. Nie wurde früher irgendjemand und selbst Scipio als Konsul oder Zensor in einem größeren Gefolge von Menschen aller Art auf den Markt begleitet, als an diesem Tag als Beklagter. ***11*** Aufgefordert, sich zu verteidigen, begann er, ohne die Klagepunkte auch nur zu berühren, eine Rede, so voll Erhebung seiner Taten, dass alle darüber einig waren, es sei nie ein Mensch schöner, nie mit mehr Wahrheit gelobt. ***12*** Denn die Taten schilderte hier derselbe Mut, derselbe Geist, der sie verrichtet hatte; und ohne den Zuhörern unangenehm zu werden, weil er sie zur Abwendung der eigenen Gefahr, nicht um sich zu rühmen, erzählte.

(51) Nachdem die Volkstribunen zur Beglaubigung ihrer diesmaligen Anklagen die ihm ehemals zum Vorwurf gemachten üppigen Winterquartiere in Syrakus und den Pleminischen Aufstand zu Locri in Erinnerung gebracht hatten, beschuldigten sie den Beklagten, mehr nach Vermutungen als mit Beweisen, einer Unterschlagung barer Gelder. ***2*** Den gefangen genommenen Sohn habe ihm Antiochos ohne Lösegeld zurückgegeben und den Scipio in allen übrigen Stücken so verehrt, als stehe Krieg und Friede mit Rom in der Hand des einen. ***3*** Auf dem Schauplatz des Krieges habe der Konsul an ihm einen Diktator statt eines Unterfeldherrn gehabt; und er selbst sei auch in keiner andern Absicht dorthin mitgegangen, als gerade das, was längst schon Spaniens, Galliens, Siziliens, Afrikas feste Überzeugung sei, auch dem gesamten Griechenland, Asien und allen Königen und Völkern des Morgenlandes einleuchten zu lassen, ***4*** dass ein einziger Mann das Haupt und die Stütze des Römerreiches sei, dass der Staat, der den Erdkreis beherrsche, im Schatten eines Scipio sich berge; dass ein Wink von ihm Verordnungen der Väter, Vollmachten des Volkes vertrete.

5 Da sie seinem guten Namen nicht beikommen konnten, setzten sie ihm, so gut sie konnten, durch Neid und Missgunst zu. Nachdem die Reden bis in die Nacht gedauert hatten, wurde ein anderer Gerichtstag angesetzt. **6** Als dieser da war, nahmen die Tribunen mit anbrechendem Morgen ihren Sitz auf der Rednerbühne. Der vorgeladene Beklagte ging mit einem langen Zug von Freunden und Klienten mitten durch die Versammlung auf die Bühne, und nach eingetretener Stille sprach er: ***7** An diesem Tag, ihr Volkstribunen und ihr Quiriten, habe ich über Hannibal und die Karthager in einer förmlichen Schlacht in Afrika einen schönen und glücklichen Sieg erfochten. **8** Da es also billig ist, heute die Streitsachen und Zänkereien beiseite zu lassen, so werde ich von hier sogleich auf das Kapitol gehen, um den allmächtigen Jupiter, die Juno, Minerva und die übrigen Götter, in deren Schutz das Kapitol und die Burg stehen, anzubeten und ihnen meinen Dank abstatten, **9** dass sie mir gerade an diesem Tag und auch sonst öfters den Sinn und die Gelegenheit verliehen haben, die Sache des Staates mit Auszeichnung zu führen. **10** Auch ihr, Quiriten – wem es unter euch Vergnügen macht –, geht mit mir und bittet die Götter darum, Männer, wie ich bin, an eurer Spitze zu haben; so habe ich, **11** wenn ihr vom 17. Jahr an immer meinen Jahren mit euren Ehrenbezeugungen vorangereift seid, eure Ehre durch meine Taten überboten.* **12** Von der Rednerbühne ging er zum Kapitol. Zugleich wandte sich die ganze Versammlung von den Tribunen ab und folgte dem Scipio, so dass zuletzt auch die Schreiber und Gerichtsdiener die Tribunen verließen und keiner außer ihrer Begleitung von Hausbedienten und dem Ausrufer bei ihnen blieb, der immer noch von der Bühne herab den Beklagten vorforderte. ***13*** Scipio ging nicht allein auf dem Kapitol, sondern auch in der ganzen Stadt nach allen Göttertempeln mit dem römischen Volk umher. ***14*** Der Beweis der allgemeinen Liebe und die Anerkennung der wirklichen Größe des Mannes machte diesen Tag beinahe noch feierlicher als den, an dem er triumphierend über den König Syphax und die Karthager in die Stadt einzog.

(52) Dieser Tag war für Publius Scipio als der letzte glanzvolle aufgegangen; und da er sich seitdem von der ausgesetzten Untersuchung nichts als Neid und Streitigkeiten mit den Tribunen versprach, zog er sich auf sein Landgut bei Liternum zurück, mit dem festen Entschluss, sich nicht zu stellen. ***2*** Ihm war ein höherer Geist schon angeboren, er selbst an ein größeres Glück gewöhnt, als dass er hätte Beklagter sein und sich zu dem demütigen Ton einer Verteidigung herablassen können. ***3*** Als der Tag kam, und der abwesende Beklagte gefordert wurde, gab Lucius Scipio eine Krankheit als Ursache seiner Abwesenheit an. ***4*** Da die beiden Tribunen, welche Kläger waren, diese Entschuldigung nicht gelten lassen wollten, vielmehr die neue Klage vorbrachten, dass Scipio jetzt nicht zu seiner Verteidigung erscheine, **5** sei derselbe Stolz, mit dem er sich von dem Gericht, von den Volkstribunen und der Volksversammlung abgewandt, mit dem er in Begleitung derselben Bürger, denen er das Recht des Ausspruchs über ihn und ihre Freiheit genommen, als schleppe er sich seine Gefangenen nach, seinen Triumph über das römische Volk gehalten und damals den Volkstribunen ihre Bürger auf das Kapitol entführt habe, ja in die Worte ausbrachen: ***6** Da habt ihr nun den Lohn für eure Unbesonnenheit. Derselbe, unter dessen Anführung, auf dessen Wort ihr uns stehen ließt, lässt euch jetzt wieder stehen.* **7** Und so sehr sinkt uns der Mut mit jedem Tag, dass wir, die wir noch vor 17 Jahren den Mut hatten, gegen denselben Mann, obgleich er an der Spitze eines Heeres und einer Flotte stand, Volkstribunen und einen Ädil nach Sizilien abzuschicken, um ihn zu ergreifen und nach Rom zurückzubringen, es jetzt nicht wagen, ihn als Privatmann aus seinem Landgut abholen zu lassen, um sich zu rechtfertigen – ***8*** so gab das zum Schutz aufgerufene Kollegium der Tribunen folgende Erklärung: Wenn er unter der Angabe einer Krankheit entschuldigt werde, so sei ihre Meinung, man müsse diese Angabe gelten lassen, und ihre Amtsgenossen hätten einen späteren Tag zu bestimmen.

9 Tiberius Sempronius Gracchus war damals Volkstribun und lebte mit Publius Scipio in Feindschaft. Dieser hatte seinen Namen nicht unter den Beschluss seiner Amtsgenossen setzen lassen wollen, und da alle einen strengeren Spruch erwarteten, gab er folgende Erklärung: ***10*** Da Lucius Scipio zur Entschuldigung seines Bruders eine Krankheit vorschütze, sei dies seiner Meinung nach genügend. Er werde gegen Publius Scipio, bevor dieser nach Rom zurückgekommen sei, keine Anklage gestatten. Und auch dann werde er, wenn er seinen Beistand anrufe, ihn gegen die geforderte Verantwortung in Schutz nehmen. ***11*** Publius Scipio habe, worin Götter und Menschen übereinstimmten, durch seine Taten und durch die vom römischen Volk ihm verliehenen Ehrenämter eine solche Höhe erreicht, dass es für das römische Volk entehrender als für ihn selbst sein werde, wenn er als Beklagter am Fuß der Rednerbühne stehen und sich von jungen Leuten Schmähungen anhören müsse.

(53) Die Ausfertigung begleitete er mit folgenden Worten des Unwillens: ***2*** *Zu euren Füßen soll, ihr Tribunen, Afrikas edler Überwinder, Scipio stehen? Hat er deswegen in Spanien vier der berühmtesten punischen Feldherren, vier Heere niedergeworfen und in die Flucht geschlagen, deswegen Syphax gefangen genommen, Hannibal geschlagen, den Antiochos –* ***3*** *denn Lucius Scipio machte ja seinen Bruder zum Mitgenossen dieses Ruhmes – über die Höhen des Taurus hinausgewiesen, damit er den beiden Petilliern erliege und ihr euch die Siegespalme an Publius Africanus erringen möchtet?* ***4*** *Sollen ausgezeichnete Männer niemals durch alle ihre Verdienste, durch alle von euch ihnen verliehenen Würden eine sichere und gleichsam geheiligte Freistätte erreichen, so dass hier ihr Alter, ich will nicht sagen Ehrfurcht gebietend, wenigstens unangetastet seinen Ruhesitz finde?* ***5*** Das Erkenntnis sowohl als seine begleitende Rede machte nicht allein auf die übrigen Eindruck, sondern selbst auf die Kläger, und sie sagten, sie wollten überlegen, was ihre Befugnis und ihre Pflicht sei. ***6*** Nachdem sie die Bürgerversammlung entlassen hatten, wurde nun Senat gehalten. Hier dankten dem Tiberius Gracchus der ganze Rat und besonders die Konsularen und Älteren angelegentlich, dass er die Privatfeindschaft dem allgemeinen Besten habe nachstehen lassen; ***7*** und die Petillier wurden mit bitteren Vorwürfen beladen, dass sie auf Unkosten eines andern glänzen und im Triumph des Africanus für sich einen Raub hätten finden wollen. ***8*** Darauf war über Africanus alles still. Er lebte zu Liternum, ohne Sehnsucht nach der Stadt. Als er auf seinem Landgut starb, soll er verordnet haben, ihn auch hier zu begraben und hier sein Denkmal zu errichten, damit ihm die undankbare Vaterstadt kein Leichenbegängnis halten könne. ***9*** Ein merkwürdiger Mann! Doch war die erste Hälfte seines Lebens, und auch diese mehr durch seine Verdienste im Krieg als im Frieden denkwürdiger als die letzte; denn in seiner Jugend führte er Krieg auf Krieg, mit seinem Alter verblühte auch sein Tatenruhm, und seinem Geist bot sich kein Stoff. ***10*** Wie sticht sein zweites Konsulat, wollte man auch die Zensur mit in Anschlag bringen, gegen sein erstes ab? Wie seine Unterfeldherrnstelle in Asien, die ihn wegen seiner Krankheit so wenig leisten ließ und auch an Glanz teils durch den Unfall seines Sohnes, verlor, teils durch die nach seiner Rückkehr ihm auferlegte Notwendigkeit, entweder dem Gericht sich zu stellen oder sich ihm und zugleich seiner Vaterstadt zu entziehen? ***11*** Doch den Punischen Krieg, den wichtigsten und gefährlichsten, welchen je die Römer führten, beendet zu haben, diesen herrlichen Ruhm machte nur er sich zueigen.

(54) Mit dem Tod des Africanus wuchs der Mut seiner Feinde. Der Vornehmste unter ihnen war Marcus Porcius Cato, der die Größe des Mannes auch schon bei dessen Leben anzutasten gewohnt war. ***2*** Auf sein Anstiften, glaubt man, ließen sich die Petillier noch bei Lebzeiten des Africanus auf die Sache ein und brachten auch nach dessen Tod einen Antrag an das Volk. ***3*** Dieser Antrag lautete: „Gebt ihr eure Einwilligung und Vollmacht, ihr Quiriten, in betreff der Gelder, die wir vom König Antiochos und den unter seinem Befehl Stehenden erbeutet, genommen und

eingetrieben haben, und dessen, was davon nicht in die Schatzkammer abgeliefert ist, *4* dass hierüber der Stadtprätor Servius Sulpicius beim Senat anfrage, wen von den jetzigen Prätoren der Senat die Sache untersuchen lassen wolle?“ *5* Diesem Antrag widersetzten sich anfangs die beiden Mummii, Quintus und Lucius mit Vornamen. Sie meinten, die Untersuchung über nicht abgelieferte Gelder gehöre, wie man es sonst immer gehalten habe, vor den Senat. *6* Die Petillier sprachen gegen den Adel und gegen Scipios Königtum im Senat. Der Konsular Lucius Furius Purpureo, der unter den zehn Abgeordneten in Asien gewesen war, meinte, die vorgeschlagene Untersuchung müsse sich weiter erstrecken, *7* nicht bloß auf die Gelder, die man dem Antiochos, sondern auch die man den übrigen Königen und Völkern abgenommen habe, ein Hieb, den er seinem Feind Gnaeus Manlius gab. *8* Auch Lucius Scipio trat gegen diesen Antrag auf, obgleich man in seiner Rede mehr seinen eigenen Anwalt als den Gegner des Vorschlages erwarten musste. Er brach darüber in Klagen aus, dass man mit einem solchen Antrag erst nach dem Tod seines großen und ausgezeichneten Bruders Publius Africanus hervortrete. *9* Nicht genug, dass einem Publius Africanus nach seinem Tod keine öffentliche Lobrede gehalten sei, man wolle ihn auch noch anklagen. *10* Sogar die Karthager hätten sich mit Hannibals Verbannung begnügt. Nur das römische Volk lasse sich nicht einmal durch den Tod des Publius Scipio versöhnen, wenn es nicht auch noch im Grab seinen guten Namen antaste und den Bruder obendrein als Zugabe seinem Hass zum Opfer bringe. *11* Für den Antrag sprach Marcus Cato; seine Rede „Über das Geld des Königs Antiochos“ ist noch vorhanden, und sein Gutachten schreckte die Tribunen Mummius ab, sich dem Vorschlag länger zu widersetzen. *12* Da diese also ihre Einsprache zurücknahmen, gaben alle Bezirke ihre Stimme für den Antrag ab.

(55) Auf die Anfrage des Servius Sulpicius, wer dem Antrag der Petillier zufolge die Untersuchung haben solle, ernannten die Väter den Quintus Terentius Culleo. *2* Vor diesem Prätor, einem so großen Freund der Cornelischen Familie, dass die, nach welchen Publius Scipio zu Rom starb und begraben wurde – denn man hat ja auch dieses Gerücht –, uns erzählen, Terentius sei ebenso mit dem Hut auf dem Kopf, wie er bei Scipios Triumph einhergeschritten war, auch bei dessen Leichenzug vor der Bahre hergegangen und habe am Tavenischen Tor dem Leichenzug einen Honigwein reichen lassen, weil ihn Scipio in Afrika nebst anderen Gefangenen den Feinden wieder abgenommen hatte – *3* oder aber ihrem so erbitterten Feind, dass ihn die Gegenpartei der Scipionen wegen dieser erklärten Abneigung gerade am liebsten zu der anzustellenden Untersuchung gewählt haben soll. *4* Genug, vor diesem Prätor, mag er nun zu sehr für oder dagegen gewesen sein, wurde Lucius Scipio sofort belangt. Zugleich wurden auch seine Unterfeldherren, *5* die beiden Hostilii Catones, Aulus und Lucius mit Vornamen, und sein Quästor Gaius Furius Aculea, als Mitbeklagte aufgeführt und angenommen; ja, um der Sache den Schein zu geben, als erstrecke sich das Einverständnis zu diesem Unterschleif über alle Klassen, auch zwei Schreiber und ein Gerichtsdiener. Lucius Hostilius, die Schreiber und der Gerichtsdiener, wurden, noch ehe das Urteil über Scipio gefällt wurde, freigesprochen; Scipio und sein Unterfeldherr Aulus Hostilius, auch Gaius Furius wurden verurteilt. *6* Um Antiochos einen gefälligen Frieden zu geben, habe sich Scipio 6000 Pfund Gold, 84 Pfund Silber mehr geben lassen, als er in den Schatz abgeliefert habe, *7* Aulus Hostilius 80 Pfund Gold, 403 Pfund Silber, der Quästor Furius 130 Pfund Gold, 200 Pfund Silber. So finde ich diese Summe in Gold und Silber bei Valerius Antias angegeben. *8* Bei Lucius Scipio will ich in der Summe des Goldes und des Silbers lieber ein Versehen des Abschreibers als eine lügenhafte Angabe des Schriftstellers annehmen. *9* Denn es ist doch wahrscheinlicher, dass die Pfundzahl des Silbers die des Goldes überstieg, wahrscheinlicher, dass die in Klage stehende Summe zu vier Millionen Sesterzien angeschlagen wurde, als zu 24 Millionen, *10* um so mehr, da nach einigen Berichten Publius Scipio selbst nur über jene Summe im Senat in Anspruch

genommen wurde, *11* die darüber geführte Rechnung, die er durch seinen Bruder Lucius holen ließ, vor den Augen des Senats mit eigenen Händen zerriss und es empörend fand, *12* über vier Millionen sich zur Rede stellen zu lassen, da er 200 Millionen in den Schatz geliefert habe. *13* Mit derselben Zuversicht soll er, als es die Quästoren nicht wagten, dem Gesetz zuwider Geld aus dem Schatz herzugeben, die Schlüssel gefordert und gesagt haben, er werde ihn aufschließen, da er es durchgesetzt habe, dass er geschlossen würde.

(56) Noch viele andere Angaben, besonders über die letzten Tage des Scipio, über die gerichtliche Anklage, über seinen Tod, sein Leichenbegängnis und Grabmal gehen so weit auseinander, dass ich nicht weiß, an welche Sage, an welche Schriftsteller ich mich halten soll. *2* Man ist nicht einig über den Kläger; einige melden, Marcus Naevius, andere, die Petillier hätten ihn vor Gericht gefordert, nicht über die Zeit der Vorforderung, nicht über das Jahr, über den Ort seines Todes oder seines Begräbnisses. *3* Einige sagen, er sei zu Rom, andere, zu Liternum gestorben und begraben; an beiden Orten zeigt man sein Denkmal und sein Standbild. Denn er hat nicht nur zu Liternum ein Grabmal, und auf dem Grabmal war sein Standbild aufgestellt, dessen Zerstückelung durch den Sturm wir vor Kurzem selbst erlebt haben, *4* sondern auch bei Rom befinden sich auf dem Grabmal der Scipionen vor dem Capenischen Tor drei Standbilder, von denen zwei die Scipionen Publius und Lucius sein sollen, und das dritte der Dichter Quintus Ennius. *5* Auch weichen nicht bloß die Geschichtschreiber voneinander ab, sondern es widersprechen sich auch die Reden, wenn anders die, welche man dem Publius Scipio und dem Tiberius Gracchus beilegt, von ihnen selbst sind. *6* Die Aufschrift der Rede des Publius Scipio gibt für den Volkstribun den Namen Marcus Naevius an; die Rede selbst hat den Namen des Anklägers nicht; hier heißt er nur bald der Schurke, bald der Schwätzer. *7* Selbst die Rede des Gracchus erwähnt weder die Petillier als Kläger gegen Africanus noch im Entferntesten jene gegen Africanus ergangene Klage. *8* Ich muss eine ganz andere Erzählung annehmen, wenn sie mit der Rede des Gracchus übereinstimmen soll, und der Aussage derer folgen, welche berichten, sowohl zur Zeit der Anklage gegen Lucius Scipio als auch zur Zeit seiner Verurteilung, Geld vom König genommen zu haben, sei Africanus als Unterfeldherr in Etrurien gewesen. *9* Als das Gerücht vom Missgeschick seines Bruders dorthin gekommen sei, sei er unter Aufgabe seiner Unterfeldherrnstelle nach Rom geeilt, habe sich sofort vom Tor, weil ihm gesagt wurde, man führe seinen Bruder ins Gefängnis, auf den Markt begeben, den Häscher von der Person seines Bruders weggestoßen und sich gegen die Tribunen, die ihn hätten zurückhalten wollen, mehr nach Bruder- als Bürgerpflicht Gewalt erlaubt. *10* Gerade darauf bezieht sich die Klage des Gracchus selbst, dass ein Privatmann die tribunizische Gewalt vernichtet habe, und am Ende, wo er dem Lucius Scipio seinen Beistand verspricht, fügt er hinzu, der Fall sei nicht von so schlimmen Folgen, wenn man einen Volkstribun, als wenn man einen Privatmann dafür ansehen müsse, dass ihm die tribunizische Gewalt und die ganze Staatsverfassung sich habe fügen müssen. *11* Allein selbst diese einzige leidenschaftliche ungerechte Handlung weiß er dem Africanus so zur Last zu legen, dass er ihn gerade in dem Vorwurf, sich selbst so untreu geworden zu sein, durch Anführung seiner ehemaligen rühmlichen Beispiele von Mäßigung und Selbstbeherrschung für die diesmalige Rüge in vollem Maß entschädigt. *12* Sagt er doch, Scipio habe einst das Volk getadelt, als es ihn zum beständigen Konsul und Diktator machen wollte, dass seine Standbilder nicht auf dem Wahlplatz, nicht auf der Rednerbühne, auf dem Rathaus, auf dem Kapitol, in Jupiters Allerheiligstem aufgestellt wurden, habe er selbst hintertrieben, und ebenso den Beschluss hintertrieben, *13* dass sein Bild immer im Schmuck eines Triumphators aus dem Tempel des allmächtigen Jupiter abgeholt werden solle.

(57) Solche Beispiele, wenn sie nur in einer Lobrede angeführt wären, würden eine große Seelenhoheit in der Beschränkung der Ehrenstellen auf das bürgerliche Maß beweisen, was sein

Feind zugesteht, indem er ihm Vorwürfe macht. *2* Dass von den beiden Töchtern des Africanus – die ältere hatte erwiesenermaßen der Vater selbst dem Publius Cornelius Nasica zur Ehe gegeben – die jüngere an diesen Gracchus verheiratet wurde, ist ausgemacht. *3* Dann aber ist man nicht ganz einig, ob sie ihm erst nach des Vaters Tod verlobt und zur Frau gegeben, oder ob die Meinung derer begründet sei, welche den Gracchus, als Lucius Scipio ins Gefängnis geführt werden sollte, und sich seiner von des Gracchus Amtsgenossen auch nicht einer annahm, *4* den Schwur tun lassen, er lebe noch mit den Scipionen in derselben Feindschaft wie sonst und tue auch durchaus nichts, um sich einen Dank zu erwerben; allein dass in denselben Kerker, in welchen er den Publius Africanus feindliche Könige und Feldherren habe führen sehen, jetzt dessen eigener Bruder geführt werden solle, das werde er nicht zugeben. *5* Der Senat, der gerade an diesem Tag auf dem Kapitol speiste, sei aufgestanden und habe den Africanus gebeten, seine Tochter an Gracchus noch während der Tafel zu verloben. *6* Die Versprechung, sagt man, wurde noch während der öffentlichen Feierlichkeit mit den gehörigen Gebräuchen bündig gemacht; Scipio ging nach Hause und sagte seiner Gattin Aemilia, er habe die jüngere Tochter versprochen. *7* Sie ließ sich mit dem Unwillen einer Frau darüber aus, dass sie über eine Tochter, die doch auch ihr gehöre, nicht zu Rate gezogen sei, und fügte hinzu, als Mutter hätte sie um den Plan wissen müssen, selbst dann, wenn er sie an Tiberius Gracchus verlobt hätte. *8* Voll Freude über dieses einstimmige Urteil habe Scipio geantwortet, der eben sei es, dem er sie versprochen habe. – Mögen diese Erzählungen als Vermutungen oder schriftliche Nachrichten noch so sehr voneinander abweichen, über einen so großen Mann musste ich sie mitteilen.

(58) Als der Prätor Quintus Terentius die gerichtlichen Untersuchungen beendet hatte, stellten Hostilius und Furius als Verurteilte noch an demselben Tag bei den Quästoren der Stadt Bürgschaft. *2* Allein mit Scipio, weil er dabei beharrte, alles ihm gezahlte Geld sei im Schatz und er habe nichts dem Staat Gehöriges, kam es schon zur Abführung ins Gefängnis. *3* Da rief Publius Scipio Nasica den Beistand der Tribunen an und hielt eine Rede, in der er die wirklichen Verdienste nicht nur des ganzen Cornelischen Geschlechts überhaupt, sondern insbesondere seiner Familie gesammelt hatte. *4* Sein Vater und der Vater des Publius Africanus und jenes Lucius Scipio, den man zum Kerker führe, wären die beiden Scipionen, Gnaeus und Publius gewesen, die ausgezeichnetsten Männer. *5* Nachdem sie mehrere Jahre lang in Spanien im Kampf mit vielen punischen und spanischen Heerführern und Heeren die Ehre des römischen Namens erhöht hätten, und dies nicht bloß durch Waffen, *6* sondern durch die jenen Völkern gegebenen Proben römischer Mäßigung und Treue, hätten sie zuletzt beide im Dienst des Staates ihren Tod gefunden. *7* Den Glanz dieser Männer zu behaupten, hätte ihren Erben genügen können; allein Publius Africanus habe den Ruhm seiner Väter so weit übertroffen, dass man auf den Glauben gekommen sei, er stamme nicht aus sterblichem Blut, sondern sei göttlicher Abkunft. *8* In Lucius Scipio, von welchem die Rede sei – wenn er auch alles das übergehen wolle, was der Mann in Spanien, in Afrika als Unterfeldherr seines Bruders geleistet habe –, habe der Senat den Konsul gefunden, den er für würdig halten konnte, ihm den Posten in Asien und den Krieg gegen den König Antiochos ohne Los zuzuerkennen, und sein Bruder den, dem er selbst nach zwei Konsulaten, nach der Zensur, nach einem Triumph sich zum Unterfeldherrn nach Asien hingeben konnte. *9* Dort habe sich – als sollte die Größe und der Glanz des Unterfeldherrn den Ruhm des Konsuls nicht verdunkeln – so fügen müssen, dass an demselben Tag, an welchem Lucius Scipio bei Magnesia den Antiochos in offener Feldschlacht besiegt habe, Publius Scipio in einer Entfernung von mehreren Tagemärschen zu Elaea krank gewesen sei. *10* Das feindliche Heer sei hier nicht schwächer gewesen als das unter Hannibal in der Schlacht in Afrika. Und Hannibal, der im Punischen Krieg der Oberbefehlshaber gewesen sei, habe hier noch viele andre

königliche Feldherren neben sich gehabt. Was den Krieg selbst betreffe, so sei dieser ja so geführt, dass keiner selbst nicht einmal dem Schicksal etwas zur Last legen könne. ***11*** Dafür lege man dem Scipio den Frieden zur Last. Man sage, er habe ihn verkauft. Alsdann würden ja zugleich die zehn Abgeordneten beschuldigt, nach deren Ermessen Scipio den Frieden erteilt habe. ***12*** Noch mehr: Unter den zehn Abgeordneten seien ja einige als Kläger gegen Gnaeus Manlius aufgetreten; dennoch habe sich aus ihrer Anklage ebenso wenig ein Beweis für diese Beschuldigung ergeben, als sie damals auch nur einen Aufschub des Triumphes habe bewirken können.

(59) Aber wahrhaftig, bei Scipio seien die Friedensbedingungen selbst, als Antiochos allzu begünstigend, verdächtig. Sein ganzes Reich sei ihm gelassen, er habe noch alle Besitzungen, die vor dem Krieg sein waren; ***2*** von seiner ungeheuren Menge Gold und Silber sei nichts in den Schatz geliefert, sei alles in Privathäuser gegangen. ***3*** Ob nicht im Triumph des Lucius Scipio vor aller Augen so viel Gold und Silber vorübergezogen sei, als das von zehn anderen Triumphen, wenn man es zusammenwerfen wollte, nicht betrüge? ***4*** *Denn was soll ich vom Umfang des syrischen Reiches sagen?* Antiochos habe ganz Kleinasien und die nächsten Länder von Europa besessen; ***5*** alle Welt wisse, welch ein großes Stück vom Erdboden die vom Taurus bis in das Ägäische Meer hinaustretende Strecke sei, wie viele, er wolle nicht sagen Städte, sondern Völker sie umfasse. ***6*** Diese ganze Strecke, die doch mehr als 30 Tagemärsche in die Länge und zwischen den beiden Meeren zehn in die Breite betrage, sei bis an die Gipfel des Taurus Antichos, ***7*** der in den äußersten Winkel der Welt zurückgetrieben wurde, abgenommen worden. Was habe ihm noch mehr genommen werden können, selbst wenn man ihm die Zahlungen für den Frieden erlassen hätte? Dem besiegten Philipp sei Makedonien, dem Nabis Sparta geblieben, und niemand habe dem Quinctius daraus einen Vorwurf gemacht, denn er habe keinen Africanus zum Bruder gehabt, der als der Beneidete dem Lucius Scipio nachteilig geworden sei, statt dass sein Ruhm ihn hätte schützen sollen. ***8*** Das Gold und Silber, das nach dem Urteilsspruch in das Haus des Lucius Scipio gekommen sein soll, belaufe sich so hoch, dass aus dem Verkauf seines ganzen Eigentums so viel nicht herauskommen könne. Wo sei also dieses königliche Gold, wo so viele Erbschaften, die er gemacht hat? ***9*** In einer Haushaltung, die sich nicht durch Verschwendung erschöpft habe, müsste doch die Fülle des noch neuen Reichtums sichtbar gewesen sein. Aber freilich, was sich aus dem Vermögen des Lucius Scipio nicht herausbringen lasse, das würden seine Feinde an seiner Person durch peinliche Misshandlungen und Beschimpfungen zu gewinnen wissen und dafür sorgen, ***10*** dass der Mann von seltener Auszeichnung zu nächtlichen Dieben und Räubern ins Gefängnis gesperrt, in dem tiefsten Kerker in der Finsternis seinen Geist aufgeben müsse und sein nackter Leichnam vor den Kerker hingeworfen werde, ***11*** für den Stamm der Cornelier zur großen, zur größeren Beschimpfung für Rom.

(60) Dagegen las der Prätor Terentius den Petillischen Antrag, den Senatsbeschluss und das gegen Lucius Scipio ergangene Urteil vor. ***2*** Werde die zuerkannte Summe nicht in den Schatz geliefert, so könne er für seine Person nicht anders verfahren, als dass er Befehl gebe, den Verurteilten zu verhaften und ins Gefängnis zu führen. ***3*** Die Tribunen traten beiseite, um darüber zu beraten, und bald darauf gab Gaius Fannius nach seinem und seiner Amtsgenossen Gutachten – den Gracchus ausgenommen – den Bescheid, die Tribunen würden dem Prätor in der Ausübung seines Amts nicht hinderlich sein. ***4*** Da gab Tiberius Gracchus folgende Erklärung ab: Er werde dem Prätor nicht hinderlich sein, die vom Gericht geforderte Summe aus dem Vermögen des Lucius Scipio beizutreiben. ***5*** Aber dass Lucius Scipio selbst, der den reichsten König auf Erden besiegt, die Herrschaft Roms bis zu den äußersten Grenzen der Welt erweitert, ***6*** der den König Eumenes, die Rhodier, so viele andere Städte Asiens den Wohltaten des römischen Volkes verbindlich gemacht, eine Menge feindlicher Feldherren nach ihrer Aufführung im Triumph in

den Kerker eingeschlossen habe, dass dieser Lucius Scipio zwischen Roms Feinden in Kerker und Banden liegen solle, das werde er nicht zugeben und fordere dessen Entlassung. ***7*** Dieser Erklärung hörte die Versammlung mit so großem Beifall zu, und die Entlassung des Lucius Scipio war ihr ein so erfreulicher Anblick, dass sich seine Verurteilung als Spruch derselben Staatsbürger kaum denken ließ. ***8*** Nun ließ der Prätor die Quästoren hingehen und im Namen des Staates das Vermögen des Lucius Scipio in Besitz nehmen. Es fand sich darunter nicht allein keine Spur von königlichem Geld, sondern es kam auch bei Weitem die Summe nicht heraus, zu der er verurteilt war. ***9*** Die Verwandten, Freunde und Schützlinge des Lucius Scipio brachten für ihn so viel Geld zusammen, dass er, wenn er es angenommen hätte, weit reicher geworden wäre, als er vor seiner Verurteilung war. ***10*** Er nahm nichts. Was ihm zum Lebensunterhalt nötig war, erhielt er von seinen nächsten Verwandten. Und nun hatten den Hass gegen die Scipionen der Prätor, seine Beisitzer und die Ankläger zu tragen.

Neununddreissigstes Buch

Inhalt

Konsul Aemilius führt nach Bezwingung der Ligurer eine Pflasterstraße von Placentia bis Ariminum, die mit der Flaminischen zusammenläuft. Der Anfang der Schwelgerei wird erzählt, die das Heer von Asien einführt. Alle Ligurer diesseits des Apenninus werden unterjocht. Die Bacchanalien, ein griechischer, noch dazu ein nächtlicher Gottesdienst, die Pflanzschule aller Frevel, der schon zu einer zahlreichen Verschwörung gediehen war, werden vom Konsul entdeckt und nach Bestrafung vieler Mitglieder abgeschafft. Von den Zensoren Lucius Valerius Flaccus und Marcus Porcius Cato, diesem durch Verdienst im Krieg und Frieden größten Mann, wird Lucius Quinctius Flamininus, der Bruder des Titus Quinctius, aus dem Senat gestoßen, weil er damals, auf seinem konsularischen Posten in Gallien, auf die bei Tafel vorgetragene Bitte seines Lieblings Philipp, eines Karthagers und bekannten unzüchtigen Menschen, einen Gallier mit eigener Hand hingerichtet hatte, oder, wie andere melden, auf die Bitte einer Placentiner Dirne, in die er unsterblich verliebt war, einem der zum Tod Verurteilten den Kopf abschlagen ließ. Die Rede des Marcus Cato gegen ihn hat man noch. Scipio stirbt zu Liternum. Und so, als wollte das Schicksal die beiden Todesfälle der größten Männer gleichzeitig machen, gab auch Hannibal sich den Tod durch Gift, als ihn Bithyniens König Prusias, zu dem er nach der Niederlage des Antiochos geflohen war, den Römern ausliefern wollte, die den Titus Quinctius Flamininus hingeschickt hatten, ihn zu fordern. Auch Philopoemen, der Feldherr der Achäer, einer der größten Männer, wird von den Messeniern, die ihn im Krieg zum Gefangenen gemacht hatten, durch Gift hingerichtet. Nach Potentia, Pisaurum, Mutina und Parma werden Siedler geschickt. Außerdem enthält dieses Buch die glücklichen Unternehmungen gegen die Keltiberer und die Keime und Veranlassungen zu einem makedonischen Krieg. Seine Entstehung war eine Folge von Philipps Unzufriedenheit darüber, dass ihm sein Reich von den Römern geschmälert und er gezwungen wurde, aus Thrakien und anderen Plätzen seine Besatzungen abzuführen.

(1) Während dieser Vorgänge in Rom – wenn sie in dieses Jahr fallen – führten beide Konsuln Krieg in Ligurien. *2* Dieser Feind schien gleichsam dazu geboren, in den Unterbrechungen der größeren Kriege die Kriegszucht bei den Römern zu erhalten, und kein anderer Posten war für die Tapferkeit des Soldaten ein stärkerer Ansporn. *3* Denn Asien machte durch die Annehmlichkeit seiner Städte, durch den Überfluss seiner Erzeugnisse zu Wasser und zu Land, durch die Weichlichkeit der Feinde und durch die königlichen Schätze die Truppen mehr reich als tapfer. *4* Besonders waren sie unter dem Oberbefehl des Gnaeus Manlius schlaff und nachlässig gehalten worden. Daher gereichte ihnen auch in Thrakien ein etwas beschwerlicherer Marsch und ein geübterer Feind nicht ohne ihren großen Verlust zur Züchtigung. *5* In Ligurien hingegen

war alles, was den Soldaten in Atem setzen konnte: die Gegenden bergig und rau, sie nur so zu gewinnen war mühsam, von den vorbesetzten den Feind hinabzuwerfen, gefährlich; die Wege steil, ***6*** eng und mit drohenden Hinterhalten; der Feind gewandt, schnell und überlistend, so dass er zu keiner Zeit, an keinem Ort Ruhe oder Sicherheit gestattete, die fortwährende Eroberung der befestigten Bergschlösser war zugleich beschwerlich und gefahrvoll, das Land arm, so dass es den Soldaten auf Sparsamkeit beschränkte und wenig Beute gewährte. ***7*** Daher folgte dem Heer kein Marketender, keine lange Reihe von Lasttieren vergrößerte den Zug; hier gab es nichts als Waffen und Krieger, die ihre ganze Hoffnung auf die Waffen setzten. Auch fehlte es zu Kämpfen mit den Feinden nie an Stoff oder Veranlassung, weil sie bei ihrer Armut zu Hause immer Einfälle in die benachbarten Länder machten, ohne dass es zu einer entscheidenden Schlacht kam.

(2) Dem Konsul Gaius Flaminius, der mit den friniatischen Ligurern mehrere glückliche Gefechte auf ihrem Gebiet gehabt hatte, ergab sich dieser ganze Stamm, und er nahm ihnen die Waffen ab. ***2*** Da er sie, weil sie diese nicht ehrlich ablieferten, bestrafte, flüchteten sie mit Hinterlassung ihrer Flecken auf das Gebirge Auginus. Sogleich zog ihnen der Konsul nach. ***3*** Abermals flüchtig, stürzten die Übrigen über Umwege und schroffe Klippen hinab, auf denen der Feind sie nicht verfolgen könnte, und so entkamen sie auf die andere Seite des Apennin. Die im Lager geblieben waren, wurden eingeschlossen und das Lager erstürmt. ***4*** Nun wurden die Legionen über den Apennin geführt. Hier schützte die Feinde auf kurze Zeit die Höhe des Berges, den sie besetzt hatten, bald aber ergaben sie sich. Jetzt wurden die Waffen mit größerer Genauigkeit und Sorgfalt eingetrieben und sämtlich ihnen genommen. ***5*** Nun zog sich der Krieg zu den apuanischen Ligurern, welche auf die Gefilde von Pisa und Bononia solche Streifzüge gemacht hatten, dass sie nicht bestellt werden konnten. ***6*** Der Konsul verschaffte dadurch, dass er auch diese bezwang, ihren Nachbarn Frieden; und weil er auf seinem Standort Ruhe vom Krieg bewirkt hatte, legte er, um seine Soldaten nicht müßig sein zu lassen, von Bononia nach Arretium eine Heerstraße an.

7 Der andere Konsul, Marcus Aemilius, verbrannte und verheerte den Ligurern, während sie die beiden Berge Balista und Suismontium besetzt hielten, die in den Ebenen oder Tälern gelegenen Dörfer und Flecken. ***8*** Dann griff er sie in ihrer Stellung auf den Bergen an, hielt sie zuerst durch Scharmützel in beständigem Atem, und als er sie endlich in Linie heranzukommen zwang, besiegte er sie in einem regelrechten Treffen, in dem er auch der Diana einen Tempel gelobte. ***9*** Nachdem Aemilius alle diesseits des Apennin bezwungen hatte, griff er nun die jenseits des Gebirges an – hierzu gehörten auch diejenigen friniatischen Ligurer, bis zu welchen Flaminius nicht vorgedrungen war – und bezwang sie alle, nahm ihnen die Waffen und führte den Schwarm von den Gebirgen in die Ebenen herab. ***10*** Nach Beruhigung der Ligurer führte er seine Truppen auf gallischen Boden und ließ sie eine Heerstraße von Placentia bis Ariminum anlegen, so dass sie mit der Flaminischen zusammentraf. ***11*** Im letzten Treffen, das er den Ligurern im Feld lieferte, gelobte er der Königin Juno einen Tempel. Das geschah in diesem Jahr in Ligurien.

(3) In Gallien hatte der Prätor Marcus Furius, der selbst dem Frieden einen Anschein des Krieges geben wollte, den ganz unschuldigen Cenomanern ihre Waffen genommen. ***2*** Die Cenomaner, die sich hierüber zu Rom vor dem Senat beschwerten und an den Konsul Aemilius gewiesen wurden – ihm hatte der Senat die Untersuchung und Entscheidung aufgetragen –, behielten nach einem heftigen Streit mit dem Prätor Recht. ***3*** Der Prätor bekam Befehl, den Cenomanern ihre Waffen wiederzugeben und jenen Standort zu verlassen. ***4*** Darauf ließ der Senat die Bundesgesandten latinischen Stammes vor, die sich zahlreich von allen Orten aus ganz Latium eingefunden hatten. Auf ihre Klage, dass ihre Mitbürger in großer Menge nach Rom gezogen wären und sich hier hätten schätzen lassen, ***5*** bekam der Prätor Quintus Terentius Culleo den Auftrag, diese

aufsuchen zu lassen und alle diejenigen, von denen die Bundesgenossen beweisen könnten, dass sie selbst oder ihre Väter unter den Zensoren Gaius Claudius, Marcus Livius oder noch unter späteren Zensoren bei ihnen geschätzt wären, zu zwingen, dass sie dahin zurückkehrten, wo sie geschätzt wären. ***6*** Gemäß dieser Nachforschung kehrten 12 000 Latiner in ihre Heimat zurück. Schon damals also war der Stadt die Menge von Fremden lästig.

(4) Bevor die Konsuln nach Rom zurückkehrten, kam Marcus Fulvius als Prokonsul aus Aetolien zurück, ***2*** und als er im Apollotempel dem Senat seine Taten in Aetolien und Kephallenia berichtet hatte, bat er die Väter, es für billig zu erklären, dass für die mit Geschicklichkeit und Glück dem Staat geleisteten Dienste die den unsterblichen Göttern zu haltende Dankfeier anbefohlen und ihm der Triumph zuerkannt werde. ***3*** Da erklärte der Volkstribun Marcus Aburius, wenn man in dieser Sache vor Ankunft des Konsuls Marcus Aemilius entscheiden wolle, so werde er Einsprache tun. ***4*** Dieser habe Einwendungen zu machen und ihm beim Weggang auf seinen Standposten aufgetragen, darauf zu sehen, dass diese Verhandlung bis zu seiner Ankunft unausgemacht bliebe. Für Fulvius sei dies ein bloßer Aufschub, und der Senat könne immer noch, wie es ihm gefalle, beschließen, wenn auch der Konsul anwesend sei. ***5*** Hierauf erwiderte Fulvius, wenn es nicht allgemein bekannt wäre, dass Marcus Aemilius mit ihm in Missverhältnis lebe, oder wie leidenschaftlich und beinahe tyrannisch ergrimmt jener diese Feindschaft ausübe, ***6*** so dürfe man es sich doch nicht gefallen lassen, dass ein abwesender Konsul dem den Göttern darzubringenden Ehrendank sich widersetze und einen verdienten und gebührenden Triumph verhindere, ***7*** so dass ein Feldherr nach ausgezeichneten Taten und ein siegreiches Heer mit seiner Beute und seinen Gefangenen vor den Toren stehen müsse, bis es dem gerade jetzt absichtlich zögernden Konsul beliebe, sich nach Rom zurückzubegeben. ***8*** Jetzt aber vollends, da seine Feindschaft mit dem Konsul stadtbekannt sei, wer könne da die geringste Billigkeit von einem Mann erwarten, der die einem schwach besetzten Senat abgerungene Erklärung im Archiv niedergelegt habe: Man halte die Wegnahme der Stadt Ambrakia für keine Waffentat, ***9*** zu deren Erstürmung gleichwohl ein Schanzwall und Annäherungshütten gewirkt hätten, wo die Belagerten die Befestigungswerke verbrannt und von Grund auf neue Anlagen nötig gemacht hätten, wo man über und unter der Erde 15 Tage lang mit den Mauern gekämpft habe; wo selbst dann, als der Soldat die Mauern schon erstiegen hatte, ***10*** der Kampf dennoch von Tagesanbruch bis in die Nacht lange ohne Entscheidung angehalten, ***11*** wo man über 3000 Feinde niedergehauen habe. Dann, was er erst über die geplünderten Tempel der unsterblichen Götter für eine Verleumdung bei den Oberpriestern angebracht habe? ***12*** Wenn es Sünde gewesen sei, Rom mit den Prachtstücken von Syrakus und anderen eroberten Städten zu schmücken, dann freilich möchte wohl gegen das einzige Ambrakia das Kriegsrecht bei der Eroberung nicht gegolten haben. ***13*** Er bitte die versammelten Väter, er bitte den Tribun, dass sie ihn nicht sollten von einem so übermütigen Feind verhöhnen lassen.

(5) Von allen Seiten wandte sich die ganze Versammlung, hier mit Fürbitten, dort mit Verweisen an den Tribun. ***2*** Am meisten wirkte auf ihn, was sein Kollege Tiberius Gracchus sagte: Es sei schon kein gutes Beispiel, wenn man von seinem Staatsamt Gebrauch in eigenen Feindschaften mache, dass sich aber ein Volkstribun bei Feindschaften anderer zum Anwalt hergebe, sei unanständig, sei für die Würde dieses Kollegiums und für die beschworenen Gesetze entehrend. ***3*** Anderen abgeneigt sein oder sie lieben, ihre Taten billigen oder missbilligen müsse jeder nach eigener Ansicht, nicht aber von dem Blick, vom Wink eines Dritten abhängen, nicht von den Einwirkungen einer fremden Stimmung sich herumtreiben lassen, nicht als Volkstribun einem zürnenden Konsul beistimmen, ebenso wenig wie daran denken, ***4*** was ihm Marcus Aemilius unter vier Augen aufgetragen habe, und darüber sein vom römischen Volk ihm übertragenes Tribunat vergessen, vergessen, dass es ihm zum Schutz der Einzelnen, zur Erhaltung der Freiheit

übertragen sei, nicht, ein konsularisches Königtum zu verfechten. **5** Der Mann sehe nicht einmal ein, dass es einst der Geschichte, dass es der Nachwelt überliefert werde, dass von zwei zugleich im Amt stehenden Volkstribunen der eine dem Staat zuliebe seine persönliche Feindschaft fallen ließ, der andere eine fremde und übertragene ausgeübt habe. **6** Als der Tribun, durch solche Zurechtweisungen gedemütigt, den Tempel verlassen hatte, wurde auf Antrag des Prätors Servius Sulpicius dem Marcus Fulvius der Triumph zuerkannt. **7** Seiner Danksagung an die versammelten Väter fügte dieser noch hinzu, er habe am Tag der Eroberung von Ambrakia dem allmächtigen Jupiter große Spiele gelobt. Hierzu hätten ihm die Städte 100 Pfund Gold gegeben. **8** Er bitte, dieses Gold von der Geldsumme abziehen zu lassen, die er nach der Aufzeigung im Triumph in den Schatz liefern werde. **9** Der Senat ließ bei dem Kollegium der Oberpriester anfragen, ob es notwendig sei, diese ganze Summe Gold zu den Spielen zu verwenden. **10** Als die Oberpriester erklärten, die Größe der auf die Spiele zu wendenden Kasten habe auf die Gottesverehrung keinen Bezug, so überließ es der Senat dem Fulvius, wie viel er aufwenden wolle, nur dürfe er die Summe von 80 000 As nicht übersteigen. **11** Er hatte im Monat Januar triumphieren wollen. Da er aber hörte, **12** der Konsul Aemilius sei nach Empfang eines Schreibens vom Volkstribun Aburius über die aufgegebene Einsprache schon selbst auf dem Weg nach Rom, um diesen Triumph zu hindern, und bloß eine Krankheit halte ihn unterwegs auf, so setzte er, um bei dem Triumph nicht noch mehr Kampf zu haben als selbst im Krieg, den Tag des Triumphes früher an. **13** Am 23. Dezember triumphierte er über die Aetoler und über Kephallenia. **14** Seinem Wagen wurden vorangetragen an Gold in Kränzen 112 Pfund, 83 000 Pfund Silber, 243 Pfund Gold, 118 000 attische Vierdrachmenstücke, **15** 12 422 Goldphilippsmünzen, 285 Standbilder aus Erz, von Marmor 230, eine große Menge Waffen, Geschosse **16** und andere feindliche Beute, kleineres und größeres Wurfgeschütz und Sturmgerüste aller Art; von den aetolischen und kephallenischen oder von Antiochos dort zurückgelassenen königlichen Feldherren gegen 27. **17** Noch an dem Tag seines Einzuges in die Stadt beschenkte er vorher in der Flaminischen Rennbahn die römischen und die Obersten der Bundesgenossen, die Ritter und Hauptleute der Römer und Bundesgenossen mit kriegerischen Ehrenzeichen. Von der Beute gab er jedem Soldaten zu seinem Anteil 25 Denare, dem Hauptmann das Doppelte, dem Reiter das Dreifache.

(6) Schon nahte die Zeit der konsularischen Wahlversammlungen. Da nun der Konsul Marcus Aemilius, dem das Los dieses Geschäft bestimmt hatte, nicht dazu eintreffen konnte, kam Gaius Flaminius nach Rom. **2** Unter seinem Vorsitz wurden Spurius Postumius Albinus und Quintus Marcius Philippus zu Konsuln gewählt, sodann zu Prätoren Titus Maenius, Publius Cornelius Sulla, Gaius Calpurnius Piso, Marcus Licinius Lucullus, Gaius Aurelius Scaurus und Lucius Quinctius Crispinus. **3** Am Ende des Jahres, als die Obrigkeiten schon gewählt waren, am 5. März, triumphierte Gnaeus Manlius Vulso über die in Asien wohnenden Gallier. **4** Seine Absicht bei dem so späten Triumph war, sich nicht noch während der Prätur des Quintus Terentius Culleo dem Petillischen Gesetz zufolge vor Gericht zu stellen und in der Klagesache eines Dritten – **5** sie war ja zur Verurteilung des Lucius Scipio ausgefallen – ein Opfer der um sich greifenden Gerechtigkeit zu werden, da die Richter gegen ihn weit mehr erbittert waren als gegen jenen, weil gerade er die von jenem streng gehandhabte Zucht als Nachfolger durch gestattete Ausschweifungen aller Art vernichtet hatte. **6** Auch gereichte ihm nicht bloß das zum schlimmen Ruf, was in der Gegend des Krieges fern von den Augen der Richter vorgefallen sein sollte, sondern vielmehr das, was täglich an seinen Soldaten auffiel. **7** Denn die ersten Reize der ausländischen Üppigkeit hielten in Rom mit diesem asiatischen Heer ihren Einzug. Dieses Heer brachte zuerst Ruhebetten mit ehernen Füßen, kostbare Decken, Vorhänge und anderes Kunstgewebe nach Rom, und die damaligen Prachtstücke des Hausrates, die Konsolentische und Trinktische. **8** Nun erhöhte man die Freuden des Mahles

durch Sängerinnen, Zitherspielerinnen und durch die während der Tafel belustigenden Kunstspieler; **9** auch das Mahl selbst wurde mit größerer Sorgfalt und größerem Aufwand zubereitet. Jetzt erhielt der Koch, bei den Alten im Preis und im Gebrauch der schlechteste Sklave, einen Wert, und was Knechtsgeschäft gewesen war, galt nun als Kunst. Und doch war alles das, was damals auffiel, im Verhältnis zu der Üppigkeit, die noch kommen sollte, kaum der Keim.

(7) Die in seinem Triumph von Gnaeus Manlius eingeführten Summen betrugen an goldenen Kränzen 212 Pfund, an Silber 220 000 Pfund, an Gold 2103 Pfund, an attischen Vierdrachmenstücken 127 000, an Kistophoren 250 000, an Goldphilippsmünzen 16 320. **2** Gallische Waffen und Beute in Menge fuhren auf zweirädrigen Kriegswagen vorüber. Dem Siegeswagen voran gingen 52 feindliche Anführer. Jedem Soldaten gab er zum Anteil an der Beute 42 Denare; dem Hauptmann das Doppelte; auch gab er jedem Fußsoldaten eine doppelte Löhnung, dem Reiter die dreifache. **3** Dem Wagen folgten viele mit kriegerischen Ehrenzeichen Beschenkte von allen Graden. Auch sangen die Soldaten auf den Feldherrn solche Lieder, dass man wohl sehen konnte, sie galten einem nachsichtigen und um Gunst buhlenden Befehlshaber, und der Triumph zeichne sich mehr durch den Beifall der Soldaten als des Volkes aus. **4** Doch Manlius auch die Volksliebe zu erwerben, waren seine Freunde tätig genug. **5** Auf ihren Betrieb wurde der Senatsbeschluss abgefasst, dass von dem Geld, das in diesem Triumph eingebracht sei, die der Kammer vom Volk gemachten Beisteuern, **6** die sie bisher noch nicht zurückgezahlt habe, bezahlt werden sollten. Mit gewissenhafter Pünktlichkeit zahlten die Quästoren der Stadt auf je 1000 As 25½ As als Zinsen.

7 Um diese Zeit kamen aus den beiden Spanien zwei Obersten mit Schreiben von Gaius Atinius und Lucius Manlius, welche auf jenen Posten standen. Aus diesen Schreiben ersah man, dass die Keltiberer und Lusitanier unter den Waffen standen und in dem Gebiet römischer Bundesgenossen plünderten. Die ganze Beratung hierüber verwies der Senat an die neuen Behörden. **8** Bei der diesjährigen Feier der Römischen Spiele, welche Publius Cornelius Cethegus und Aulus Postumius Albinus veranstalteten, schlug auf der Rennbahn ein zu schwach befestigter Stützpfahl auf das Standbild der Pollentia nieder und warf es herab. **9** Voll frommer Bedenklichkeit hierüber verordneten die Väter, der Feierlichkeit der Spiele einen Tag zuzugeben und statt des einen Standbildes zwei aufzustellen und das neue vergolden zu lassen. **10** Auch die plebejischen Spiele wurden von den Ädilen Gaius Sempronius Blaesus und Marcus Furius Luscus einen Tag lang gefeiert.

(8) Das folgende Jahr richtete die Sorge der Konsuln Spurius Postumius Albinus und Quintus Marcius Philippus vom Heer, von Kriegen und Heeresposten auf die Bestrafung einer inneren Verschwörung. **2** Die Prätoren erhielten durch das Los ihre Aufgabenbereiche, Titus Maenius die Rechtspflege in der Stadt, Marcus Licinius Lucullus die über Bürger und Fremde, Gaius Aurelius Scaurus Sardinien, Publius Cornelius Sulla Sizilien, Lucius Quinctius Crispinus das diesseitige Spanien, Gaius Calpurnius Piso das jenseitige. **3** Beiden Konsuln wurde die Untersuchung der geheimen Verschwörungen aufgetragen.

Ein gemeiner Grieche kam zuerst nach Etrurien, ohne alle Kenntnis von Künsten und Wissenschaften, von denen das gebildetste aller Völker so manche zur Bildung des Geistes und des Körpers bei uns eingeführt hat, ein bloßer Opferpriester und Wahrsager, **4** und zwar kein solcher, der durch unversteckte Ausübung gottesdienstlicher Gebräuche bei offener Angabe seines Erwerbes und seiner Lehre in den Gemütern ein heiliges Grauen zu wecken suchte, sondern er leitete einen geheimen und nächtlichen Gottesdienst. **5** Die Geheimnisse der Weihe wurden zuerst nur wenigen mitgeteilt, dann wurden sie allgemeiner unter Männern und Frauen. **6** Um mehrere anzulocken, wurden die Reize des Weines und des Mahles mit dem Gottesdienst in Verbindung gesetzt. Wenn der Wein die Besinnung, wenn die Nacht und das Gemisch von Männern und Frauen, des zarteren Alters mit Älteren, alle Schranken der Scham vernichtet hatte, führte dies zuerst zu Sünden der Unzucht aller Art, da sich jeder den Genuss dessen, wozu er sich am stärksten gereizt fühlte, geboten sah; **7** allein die Entehrungen des eigenen und des andern Geschlechts an frei geborenen Knaben und Frauen blieben nicht die einzige Art der Verbrechen, sondern falsche Zeugnisse, falsche Siegel, Testamente und Anklagen gingen aus demselben Treiben hervor, **8** auch Vergiftungen und Familienmorde, bei denen zuweilen nicht einmal die Leichen zum Begräbnis aufzufinden waren. Viel unternahm hier die List, das meiste die Gewalt; und die Gewalttat blieb verborgen, weil man vor vielfachem Geheul, vor dem Getöse der Pauken und Schallbecken bei allen Schändungen und Mordtaten kein Hilferufen hören konnte.

(9) Dieses grässliche Verderben zog sich wie eine ansteckende Seuche aus Etrurien nach Rom. Zuerst gab ihm die Größe der Stadt, für solche Übel geräumiger und empfänglicher, eine Verborgenheit. Endlich fand eine Anzeige ihren Weg zum Konsul Postumius etwa auf folgende Art. **2** Publius Aebutius war von seinem Vater, der in seinen Felddiensten ein Pferd vom Staat gehabt hatte, unmündig hinterlassen und dann nach dem Tod seiner Vormünder unter der Aufsicht seiner Mutter Duronia und seines Stiefvaters Titus Sempronius Rutilus erzogen worden. **3** Die Mutter hing ganz an ihrem Mann, und der Stiefvater wünschte, weil er die Aufsicht so geführt hatte, dass er keine Rechnung ablegen konnte, seinen Zögling entweder aus dem Weg zu räumen oder ihn durch irgendein Band von sich abhängig zu machen. **4** Der sicherste Weg, ihn zugrunde zu richten, waren die Bacchanalien. Die Mutter nahm den Jüngling vor. Sie habe für ihn in seiner Krankheit das Gelübde getan, ihm nach seiner Genesung von den Bacchantinnen die Weihe geben zu lassen. Da ihr nun durch die Gnade der Götter ihr Wunsch erfüllt sei, wolle sie sich ihres Gelübdes entledigen. Er müsse eine zehntägige Enthaltsamkeit beobachten; am zehnten Tag wolle sie ihn, wenn er sich nach dem Abendessen durch ein Bad gereinigt habe, in das Heiligtum führen. **5** Eine bekannte Dirne, die Freigelassene Hispala Fecenia, eines anständigeren Erwerbes würdig als der, an den sie als junge Sklavin gewöhnt war, nährte sich auch noch nach ihrer Freilassung auf gleiche Art. **6** Die Nachbarschaft hatte auch zwischen ihr und Aebutius einen Umgang gestiftet, der aber für das Vermögen und den guten Ruf des Jünglings nicht im Geringsten nachteilig war. Denn der zuerst Geliebte, der Angelockte, war er, und da ihm die Seinigen alles sehr kärglich gaben, so lebte er von der Freigebigkeit seiner Buhle. **7** Ja, von seinem Umgang bezaubert, war sie so weit gegangen, dass sie sich, weil sie nach dem Tod ihres Schirmherrn in niemandes Gewalt stand, von den Tribunen und dem Prätor einen Vormund erbat und bei Niederlegung ihres Testamentes den Aebutius zu ihrem alleinigen Erben einsetzte.

(10) Da sie solche Beweise von Liebe und beide kein Geheimnis voreinander hatten, sagte ihr einst der Jüngling scherzend, sie müsse sich nicht wundern, wenn er mehrere Nächte allein schlafe. **2** Aus einer frommen Rücksicht, um sich eines für seine Genesung getanen Gelübdes zu entledigen, wolle er sich bei den Bacchantinnen die Weihe geben lassen. Kaum hörte dies das Mädchen, als sie voll Bestürzung ausrief: *Gott bewahre!* Ihr und ihm, sagte sie, sei es besser zu sterben, als wenn er sich darauf einließe, und sie wünsche alle dadurch herbeigeführten Schrecknisse und Gefahren auf diejenigen herab, die ihm dazu geraten hätten. **3** Der Jüngling, sowohl über diese Worte als über ihre so große Bestürzung sich wundernd, befahl ihr, die Verwünschungen zu lassen. Seine Mutter sei es, die ihm dies mit Zustimmung des Stiefvaters zur Pflicht gemacht habe. **4** *So ist denn dein Stiefvater, sprach sie – denn eine Mutter dessen zu beschuldigen, möchte Sünde sein –, darüber aus, deine Sittsamkeit, deine Ehre, Hoffnung und Leben durch diesen Schritt zugrunde zu richten.* **5** Bei seinem um so mehr wachsenden Staunen und auf seine Frage, was sie damit sagen wolle, bat sie alle Götter und Göttinnen um Schonung und Verzeihung, wenn sie, von der Liebe zu ihm gezwungen, aussagte, was sie verschweigen sollte, und erzählte, als Sklavin habe sie, um ihre Hausfrau zu begleiten, dies Heiligtum besucht; solange sie frei sei, habe sie es

nie betreten. **6** Sie wisse, es sei die Werkstatt aller möglichen Verführungen und gewiss seit zwei Jahren niemand dort eingeweiht, der über zwanzig Jahre alt sei. **7** Sowie jemand eingeführt sei, werde er den Priestern als Schlachtopfer übergeben. Diese führten ihn an einen Ort, welchen vielfaches Geheul, ein Zusammenklang von Flöten und Becken- und Paukenschlag rings umtöne, damit man sein Hilferufen, wenn er gewaltsam geschändet werde, nicht hören könne. **8** Dann bat und beschwor sie ihn, die Sache auf alle mögliche Art rückgängig zu machen und sich ja nicht dahinein zu stürzen, wo er alle Schande erst leiden und dann selbst ausüben müsse. **9** Sie ließ den Jüngling nicht eher von sich, bis er ihr sein Wort gab, dass er sich von diesem Gottesdienst fernhalte.

(11) Als er nach Hause kam und die Mutter in Erinnerung brachte, was er heute, was er die folgenden Tage nacheinander in Bezug auf die Weihe zu tun habe, erklärte er, er werde von alledem nichts tun und wolle sich auch nicht einweihen lassen. **2** Bei diesem Gespräch war der Stiefvater zugegen. Sogleich schrie die Mutter auf, er könne sich das Zusammenschlafen mit der Hispala nicht zehn Tage versagen. Bezaubert von den Verlockungen, von dem Gift dieser Schlange, habe er vor Mutter, vor Pflegevater und vor Göttern keine Achtung mehr. Unter Vorwürfen von der Mutter und vom Stiefvater wurde er, mit vier Sklaven ausgestattet, aus dem Haus gejagt. **3** Der Jüngling begab sich nun zur Aebutia, der Schwester seines Vaters, und erzählte ihr, warum ihn seine Mutter verstoßen habe. **4** Auf ihren Rat meldete er die Sache am folgenden Tag dem Konsul Postumius unter vier Augen. Der Konsul entließ ihn mit dem Befehl, nach drei Tagen wieder zu ihm zu kommen, erkundigte sich aber selbst bei seiner Schwiegermutter Sulpicia, einer ehrwürdigen Frau, ob ihr eine alte Frau Aebutia vom Aventin bekannt sei. **5** Auf ihre Antwort, sie kenne sie als eine rechtliche Frau noch von altväterlicher Sitte, sagte er, es liege ihm daran, sie zu sprechen, sie möge ihr sagen lassen, dass sie kommen solle. **6** Aebutia stellte sich bei der Sulpicia ein, und bald nachher brachte der Konsul, welcher zufällig dazuzukommen schien, das Gespräch auf Aebutius, den Sohn ihres Bruders. **7** Da brach die Frau in Tränen aus und ließ sich auf Klagen über das Schicksal des Jünglings ein, der gerade von denen um sein Vermögen gebracht sei, die es am wenigsten tun dürften, sich jetzt bei ihr aufhalte, da ihn seine Mutter verstoßen habe, weil der zu gut gesinnte junge Mensch in einen – Gott möge es ihr verzeihen! – der Sage nach schandbaren Gottesdienst sich nicht einweihen lassen wolle.

(12) Als der Konsul genug gehört zu haben glaubte, um die Aussage des Aebutius ernst zu nehmen, bat er nach Entlassung der Aebutia seine Schwiegermutter, auch die Freigelassene Hispala, welche ebenfalls auf dem Aventin wohne und dort der Nachbarschaft nicht unbekannt sei, zu sich rufen zu lassen; er habe auch diese um das eine und andere zu befragen. **2** Hispala, schon über diese Einladung erschrocken, weil sie, ohne zu wissen warum, zu einer so vornehmen und ehrwürdigen Frau gerufen wurde, erblickte kaum im Vorhaus die Beilträger, das konsularische Gefolge und den Konsul selbst, als sie beinahe in Ohnmacht fiel. **3** Der Konsul rief sie mit Zuziehung seiner Schwiegermutter in eins der inneren Zimmer und sagte, wenn sie sich dazu verstehen könne, die Wahrheit zu sagen, so habe sie nicht nötig, verlegen zu sein. **4** Dies könne sie entweder der Sulpicia, einer Frau von solcher Bedeutung, oder ihm selbst aufs Wort glauben. Sie möge ihm auseinandersetzen, wie es im Hain der Simila an den Bacchanalien bei dem nächtlichen Gottesdienst herzugehen pflege. **5** Auf diese Worte wurde das Mädchen von einem solchen Schrecken und Zittern in allen Gliedern befallen, dass sie lange nicht sprechen konnte. **6** Endlich kam sie wieder zu sich selbst und sagte, als eine noch junge Sklavin habe sie mit ihrer Hausherrin die Weihe bekommen; seit mehreren Jahren aber, seit sie Freigelassene sei, wisse sie von allem, was dort vorgehe, nichts. **7** Schon selbst das lobte der Konsul, dass sie nicht leugne, die Weihe empfangen zu haben. Sie möge nun auch das Übrige ebenso offen angeben. **8** Als sie versicherte,

sie wisse nichts weiter, sagte er, sie werde weder dieselbe Verzeihung noch denselben Dank zu erwarten haben, wenn sie von einem Dritten überführt würde, als wenn sie von selbst gestünde. Ihm sei schon alles von einem erzählt worden, der es von ihr selbst gehört habe.

(13) Sie, in der sicheren Voraussetzung der Wahrheit, dass Aebutius ihr Geheimnis verraten habe, fiel der Sulpicia zu Füßen und legte sich zuerst bei ihr aufs Bitten, *2* sie möchte doch das Gespräch eines freigelassenen Mädchens mit ihrem Liebhaber nicht zu einer ernsthaften, ja sogar zu einer lebensgefährlichen Sache werden lassen. Sie habe das gesagt, bloß um ihn abzuschrecken, nicht, als ob sie selbst das Geringste misse. *3* Da sprach Postumius voll Unwillen, sie glaube gewiss, auch jetzt ihren Liebhaber Aebutius zum Besten zu halten, nicht aber im Haus dieser so ehrwürdigen Frau mit einem Konsul zu reden. Und Sulpicia, welche die Zitternde vom Boden aufhob, sprach ihr zu und suchte zugleich ihren Schwiegersohn zu besänftigen. *4* Endlich fasste sie sich, klagte bitter über die Treulosigkeit des Aebutius, der ihr gerade dies so große Verdienst um ihn so schlecht vergelte, und sagte, *5* sie habe große Furcht vor den Göttern, deren geheime Weihe sie jetzt enthüllen solle, aber noch weit größere vor den Menschen, welche sie als die Verräterin mit eigenen Händen zerreißen würden. *6* Deswegen bitte sie Sulpicia und den Konsul um dies Eine, sie außerhalb Italiens irgendwohin bringen zu lassen, wo sie ihre noch übrigen Tage in Sicherheit verleben könne. *7* Der Konsul hieß sie guten Mutes sein und sagte, er werde schon dafür sorgen, dass sie sicher in Rom wohnen könne. *8* Nun gab Hispala Auskunft, wie dieser Gottesdienst aufgekommen sei. Das Heiligtum sei anfänglich nur für Frauen bestimmt gewesen, und es sei kein Mann zugelassen worden. Nur drei Tage im Jahr hätten sie gehabt, an welchen sie die Aufzunehmenden den Bacchantinnen bei Tag geweiht hatten. Zu Priesterinnen habe man regelmäßig die Frauen von Stand abwechselnd gewählt. *9* Eine Campanerin, Paculla Annia, habe als Priesterin gleichsam auf Anforderung der Götter alles geändert. Sie habe in ihren Söhnen, den beiden Cerriniern, Minius und Herennius, zum ersten Mal Männer eingeweiht; sie habe aus dem Gottesdienst bei Tage einen nächtlichen, aus den drei Weihetagen im Jahr fünf für jeden Monat gemacht. *10* Seitdem die Teilnahme an der Feier freigegeben, die Gesellschaft aus Männern und Frauen gemischt gewesen und die nächtliche Ungebundenheit dazugekommen sei, sei hier kein Frevel, keine Schandtat unausgeübt geblieben. Die Männer begingen mehr Unzucht unter sich als mit Frauen. *11* Litten einige die Entehrung nicht willig genug, oder wären sie zu bedenklich, sie an anderen auszuüben, so würden sie als Schlachtvieh geopfert. Nichts für Sünde zu halten, sei für sie die wichtigste religiöse Satzung. *12* Die Männer sprächen wie wahnsinnig unter schwärmerischen Verzückungen des Körpers Weissagungen; die Frauen liefen in Bacchantinnentracht, mit fliegendem Haar und brennenden Fackeln an den Tiber, tauchten ihre Fackeln ins Wasser und zögen sie, weil sie mit Schwefel und Kalk überzogen wären, in voller Flamme wieder heraus. *13* Man sage, die Götter haben sie von uns entrückt, wenn man Menschen, an eine Winde gebunden und in verborgene Höhlen fortgerissen, verschwinden lasse. Das wären aber solche, die dem Eid nicht hätten beitreten, an den Freveln nicht teilnehmen oder sich der Entehrung nicht hätten hingeben wollen. *14* Die Gesellschaft sei von bedeutender Größe, fast schon ein zweites Volk, und darunter mehrere vornehme Männer und Frauen. Seit den letzten zwei Jahren habe man angeordnet, keinen einzuweihen, der über zwanzig Jahre sei. Man habe es auf das Alter abgesehen, das ebenso empfänglich für Irrtum wie für Unzucht wäre,

(14) Als sie ihre Aussage beendet hatte, fiel sie wieder auf die Knie und erneuerte die Bitte, der Konsul möge sie fortschicken. *2* Der Konsul ersuchte seine Schwiegermutter, einen Teil ihres Hauses zu räumen, damit Hispala bei ihr wohnen könne. Zu dem Speisezimmer im oberen Stock, das ihr eingeräumt wurde, musste die auf die Straße führende Treppentür verriegelt werden, so dass der Zugang in das Innere des Hauses führte. *3* Sogleich wurden alle Sachen der Fecenia in

das Haus geschafft und ihr Gesinde nachgeholt. Auch Aebutius musste bei einem von des Konsuls Klienten einziehen.

Als sich so Postumius beider Aussage versichert hatte, brachte er die Sache vor den Senat, dem er alles, was gleich anfangs bei ihm angezeigt war, sowie was er selbst durch weitere Untersuchung erfahren hatte, der Reihe nach auseinandersetzte. *4* Die Väter wurden von großem Schrecken befallen, teils aus Besorgnis für den Staat, für welchen diese Verschwörungen und nächtlichen Vereine ein geheimes Bubenstück oder Gefahr herbeiführen konnten, teils jeder aus eigener Rücksicht auf die Verhältnisse der Seinigen, ob sich nicht einer darunter auf die Verbrechen eingelassen habe. **5** Der Senat erkannte auf eine Danksagung an den Konsul, weil er die Sache mit einer so seltenen Umsicht und ohne alles Geräusch entdeckt habe. **6** Dann trug er beiden Konsuln außerordentlich die Untersuchung über die Bacchanalien und nächtlichen Gottesdienste auf, hieß sie dafür sorgen, dass den Zeugen, dem Aebutius und der Fecenia hieraus kein Nachteil erwachse, und durch Belohnungen noch mehrere zur Aussage auffordern. *7* Die Priester dieses Gottesdienstes, möchten sie Männer oder Frauen sein, sollten nicht bloß in Rom, sondern in allen Marktflecken und Gerichtsorten aufgesucht werden, damit die Konsuln sie in ihrer Gewalt hätten. Ferner sollten in Rom und durch ganz Italien die Befehle ergehen, ***8*** dass niemand, der bei den Bacchantinnen eingeweiht sei, sich zu diesem Gottesdienst einfinden oder mit anderen vereinigen, noch auf irgendeine Ausübung eines solchen Gottesdienstes einlassen solle. Vor allen Dingen sollte eine Untersuchung gegen diejenigen eingeleitet werden, welche sich zusammengetan oder eidlich verbunden hätten, an anderen Unzucht oder Schandtaten auszuüben. Dies waren die Bestimmungen des Senats.

9 Nun befahlen die Konsuln den kurulischen Ädilen, alle Priester dieses Gottesdienstes aufsuchen zu lassen und die Eingezogenen zum Verhör in Haft zu behalten, wo sie es für gut fänden, den plebejischen Ädilen aber, darauf zu sehen, dass kein Gottesdienst im Verborgenen abgehalten werde. ***10*** Den Dreimännern der peinlichen Gerichtspflege wurde aufgetragen, Wachen in der Stadt zu verteilen und darauf zu achten, dass keine nächtlichen Versammlungen stattfänden; und zur Verhütung von Feuersbrünsten sollten mit den Dreimännern andere Fünfmänner als Gehilfen jenseits und diesseits des Tiber jeder über die Gebäude seines Bezirks die Aufsicht haben.

(15) Als die Konsuln die Unterbeamten zu diesen Ausrichtungen entlassen hatten, bestiegen sie die Rednerbühne und beriefen eine Versammlung. Postumius verrichtete das Gebet nach der feierlichen Formel, welche die Obrigkeiten ihren Anreden an das Volk gewöhnlich vorausgehen lassen, und begann darauf so:

2 *Bei keiner Versammlung, ihr Quiriten, war diese Anrufung der Götter nicht allein so passend, sondern auch so notwendig, weil sie euch zu Gemüte führte, dass dies die Götter sind, welchen ihr nach der Anordnung eurer Vorfahren zu dienen, sie zu verehren und anzubeten habt;* ***3*** *nicht aber die, welche die von verderblichem und fremdem Aberglauben bezauberten Sinn wie unter Furienschlägen allen Freveltaten, allen Lüsten nachjagen lassen.* ***4*** *Ich für meine Person weiß weder, wie viel ich verschweigen, noch wie weit ich mich aussprechen soll. Verhehle ich euch einen Teil, so möchte ich euch zur Sorglosigkeit verleiten, decke ich alles auf, so fürchte ich, euch zu sehr mit Schrecken zu erfüllen.* ***5*** *Was ich aber auch sagen werde, ihr müsst doch wissen, dass ich im Verhältnis der Abscheulichkeit und Größe des Übels noch zu wenig gesagt habe. Euch wenigstens so weit zu belehren, dass ihr euch dagegen verwahren könnt, dies soll jetzt mein Bestreben sein.*

6 *Dass es schon längst in ganz Italien und jetzt auch in der Stadt an vielen Orten Bacchanalien gibt, ist euch gewiss nicht bloß durch das Gerücht, sondern auch durch das nächtliche Lärmen und Geheul, das überall in der Stadt ertönt, bekannt geworden, nicht aber, was die Sache zu bedeuten habe.* ***7*** *Einige von euch glauben etwa, es sei eine Art von Gottesdienst, andere, es sei eine erlaubte*

Posse und Belustigung, und die ganze Sache, möge sie bestehen, worin sie wolle, gehe doch nur wenige an. **8** *Wenn ich euch also in Rücksicht auf ihre Menge erkläre, dass es viele tausend Menschen sind, so müsste euch auf der Stelle ein Schrecken ergreifen, wenn ich nicht zugleich angäbe, wer und von welcher Art sie sind.* **9** *Erstlich also besteht ein großer Teil aus Frauen, und von ihnen schreibt sich eigentlich das Übel her; dann aus Männern, die nicht besser als Frauen sind, Geschändete und Schänder, Schwärmer, Nachtschwärmer, vom Wein, vom nächtlichen Getöse und Geheul sinnlos.* **10** *Noch hat die Verschwörung keine Kraft, aber sie geht mit großen Schritten einer Stärke entgegen, weil es täglich mehr werden.* **11** *Eure Vorfahren haben, so wie ihr, es sich nie gestattet, auf den ersten besten Anlass sich zusammenzutun; nur dann kamen sie, wenn entweder nach Aufsteckung der Fahne auf der Burg das Heer zu den Wahlversammlungen ausrückte, oder die Tribunen bei dem Bürgerstand eine Zusammenkunft bestellten, oder wenn jemand von der Obrigkeit eine Volksversammlung berief, und überall, wo die Menge sich einfand, hielten sie auch einen gesetzmäßigen Aufseher der Menge für notwendig.* **12** *Was meint ihr nun, von welcher Art sind einmal diese nächtlichen und dann diese aus Frauen und Männern gemischten Zusammenkünfte?* **13** *Wenn ihr erfahrt, in welchem Alter dort die Männer eingeweiht werden, so werdet ihr sie nicht bloß bemitleiden, sondern auch ihrer euch schämen. Quiriten, möchtet ihr Jünglinge, die solch ein Schwur geweiht hat, zu Soldaten machen? Möchtet ihr diesen aus dem Tempel der Schandtat Genommenen die Waffen anvertrauen?* **14** *Diese mit Sünden eigener und fremder Unzucht Belasteten sollten das Schwert für die Keuschheit eurer Frauen und Kinder ziehen?*

(16) *Dennoch hätte es weniger auf sich, wenn sie durch Entehrungen bloß weibisch geworden wären – diese Schande träfe größtenteils nur sie selbst – und hätten die Hand von Freveltaten, die Seele vom Verderben ferngehalten.* **2** *Aber nie gab es im Staat ein Übel von dieser Größe, nie umfasste eines mehr Schuldige, nie der Verbrechen mehr. Wisset: Alles, was in diesen Jahren durch Unzucht, Bosheit und Frevel gesündigt ist, ging ganz allein aus diesem Heiligtum hervor.* **3** *Und bis jetzt stehen die Verbrechen, zu denen sie sich verschworen haben, nicht alle auf der Liste der schon verübten. Bis jetzt beschränkt sich die ruchlose Vereidigung, weil sie zur Unterdrückung des Staates noch nicht Kraft genug hat, auf Verschuldungen am Einzelnen. Allein das Übel wächst und greift täglich um sich. Schon ist es größer, als dass es auf Hab und Gut eines Privatmannes sich beschränken sollte; es richtet seinen Blick auf den ganzen Staat.* **4** *Seid ihr nicht auf der Hut, Quiriten, dann könnte bald dieser bei Tag gehaltenen, gesetzmäßig vom Konsul berufenen Versammlung jene nächtliche gleich sein. Jetzt fürchten sie einzeln eure Versammlung des Ganzen. Bald aber, wenn ihr in eure Häuser, auf eure Fluren euch zerstreut habt und sie dann zusammentreten, dann ratschlagen sie über ihre Erhaltung und eure Verderben zu gleicher Zeit; dann wird ihre Gesamtheit euch Einzelnen furchtbar sein.* **5** *Folglich muss jeder von euch wünschen, dass die Seinigen alle ihr Herz bewahrt haben. Hat aber Unkeuschheit, hat Wahnsinn einen von ihnen in jenen Strudel fortgerissen, dann sehe er ihn als jenen gehörig an, mit denen er sich zu jeder Schandtat, zu jedem Frevel verschworen hat, nicht als den Seinigen.* **6** *Ja ich bin selbst in Rücksicht auf euch nicht außer Sorge, dass nicht einer oder der andere aus Irrtum fehle. Denn nichts hat einen trüglicheren Schein als falsche Götterfurcht.* **7** *Wo der heilige Wille der Götter Freveltaten zum Deckmantel gegeben wird, da schleicht sich in unser Herz die Besorgnis, wir könnten uns durch Bestrafung dessen, was menschliche Bosheit ist, an dem versündigen, was dabei Gottes ist. Von diesem frommen Bedenken befreien euch unzählige Verordnungen der Oberpriester, Senatsbefehle und Bescheide der Opferschauer.* **8** *Wie oft ist zu unserer Väter und Großväter Zeiten den Obrigkeiten der Auftrag gegeben, ausländischem Gottesdienst zu steuern, Opferern und Wahrsagern den Markt, die Rennbahn, die Stadt zu verbieten, prophetische Bücher aufzusuchen und zu verbrennen, jede Lehrart des Opferdienstes, die sich nicht an römische Gebräuche hält, zu verbannen?* **9** *Nach dem Urteil dieser, des gesamten göttlichen und menschlichen*

Rechtes so kundigen Männer war nichts so wirksam, alle Gottesfurcht zu tilgen, als wenn man bei den heiligen Gebräuchen statt der vaterländischen Sitte die des Auslandes befolgt. ***10*** *Dies glaubte ich euch im Voraus sagen zu müssen, damit euch nicht etwa Aberglaube beunruhigen möchte, wenn ihr uns die Opferstätten der Bacchusfeier zerstören und die schändlichen Versammlungen auseinandersprengen seht.* ***11*** *Das alles werden wir tun unter Begünstigung und Zustimmung der Götter, die unwillig darüber, dass ihre Heiligkeit durch Verbrechen und Unzucht befleckt wurde, diese aus ihrem geheimen Dunkel an das Licht hervorgezogen haben, und nicht die Absicht hatten, sie dazu offenbar werden zu lassen, dass sie ungestraft bleiben, sondern dass wir uns ihrer erwehren und sie unterdrücken sollten.* ***12*** *Der Senat hat zur Untersuchung der Sache mir und meinem Amtsgenossen den Auftrag außerordentlich gegeben; wir werden, was uns selbst dabei obliegt, mit Eifer ins Werk setzen.* ***13*** *Die Sorge für die Nachtwachen in der Stadt haben wir den unteren Beamten übertragen. Auch euch geziemt es, was eure Obliegenheiten sind, da, wo jeder angestellt wird, und was ihm befohlen wird, mit Eifer auszurichten und darauf zu sehen, dass nicht aus dem Frevel der Schuldigen für uns Gefahr oder Aufruhr entstehe.*

(17) Nun ließen die Konsuln die Senatsbeschlüsse vorlesen und setzten eine Belohnung für jeden Anzeiger aus, der ihnen einen der Schuldigen auslieferte oder den Namen eines Abwesenden angab. **2** Wer als Angegebener flüchtig werde, dem würden sie einen festgesetzten Tag bestimmen, und wenn er sich auf die Vorladung an diesem nicht meldete, ihn abwesend verurteilen. Würde jemand genannt, der jetzt nicht auf italischem Boden sei, so wollten sie ihm, wenn er sich zur Verantwortung stellen wolle, eine längere Frist gestatten. **3** Darauf machten sie bekannt, es solle niemand etwas verkaufen oder kaufen, um zu fliehen, ferner solle niemand die Flüchtigen aufnehmen, verbergen oder mit irgendetwas unterstützen.

4 Nach aufgelöster Versammlung war ganz Rom in großem Schrecken, und er beschränkte sich nicht auf die Ringmauern der Stadt oder auf ihr Gebiet, sondern war überall in ganz Italien, sowie Briefe von Gastfreunden mit der Nachricht von dem Senatsbeschluss, von der abgehaltenen Versammlung, von der Verordnung der Konsuln einliefen, geriet alles in Bewegung. **5** Viele wurden in der Nacht, die dem Tag folgte, an welchem die Entdeckung der Versammlung mitgeteilt war, auf ihrer Flucht von den Dreimännern der peinlichen Gerichtspflege ergriffen und zurückgebracht; viele wurden namentlich angegeben. Einige darunter, Männer und Frauen, gaben sich den Tod. **6** Wie es hieß, hatten sich über 7000 Männer und Frauen auf diesen Geheimbund eingelassen. Die Häupter der Verschwörung aber waren – und dies wusste man – die beiden Atinii Marcus und Gaius, von der niedrigsten Volksklasse zu Rom; Lucius Opiternius, ein Falisker, und Minius Cerrinius, der Campaner, auch, **7** dass alle Frevel und Schandtaten von ihnen herrührten, dass sie die Oberpriester und Stifter dieses Gottesdienstes waren. Man ließ sich's angelegen sein, sie sobald wie möglich festzunehmen. Sie wurden vor die Konsuln gebracht und gestanden, was sie selbst betraf, ohne den Gang der Untersuchung aufzuhalten.

(18) Übrigens war das Flüchten aus der Stadt so groß geworden, dass die Prätoren Titus Manius und Marcus Licinius, weil so manchem sein Klagerecht und seine Ansprüche verloren gingen, sich genötigt sahen, alle Klagesachen auf 30 Tage auszusetzen, bis die Konsuln die Untersuchungen erledigt hätten. **2** Eben dies Ausbleiben der Angegebenen, die zu Rom weder sich stellten noch hier aufgefunden wurden, nötigte die Konsuln, die Gerichtsorte zu bereisen und hier Untersuchungen anzustellen und Gericht zu halten. **3** Diejenigen, welche bloß eingeweiht waren und bei der Eidesformel, die ihnen der Priester wörtlich vorsagte, zwar das Gelübde nachgebetet hatten, in dem die ruchlose Vereinigung zu allen Freveln und Schandtaten enthalten war, jedoch von allen den Untaten, wozu der Eid sie verpflichtete, keine weder an sich nach an anderen ausgeübt hatten, blieben in Gefängnishaft; **4** aber die durch Unzucht oder Mordtaten Entweihten oder die

sich durch falsche Zeugnisse, nachgemachte Siegel, untergeschobene Testamente und andere Frevel entehrt hatten, wurden mit dem Tod bestraft. Die Zahl der Hingerichteten überstieg die der Verhafteten; **5** unter beiden waren Männer und Frauen in großer Menge. **6** Die verurteilten Frauen übergab man ihren Verwandten oder denen, unter deren Aufsicht sie standen, damit diese selbst die Strafe in der Stille vollziehen könnten; fand sich niemand, der zu ihrer Hinrichtung sich eignete, so wurde sie öffentlich vollzogen. **7** Nun erhielten die Konsuln den Auftrag, jede Stätte der Bacchanalien zuerst in Rom, dann durch ganz Italien zu zerstören, ausgenommen die alten Altäre oder geweihten Götterbilder, die etwa in denselben stünden. **8** Dann wurde für die Zukunft durch einen Senatsbeschluss verordnet, es sollten weder in Rom noch in Italien Bacchanalien stattfinden. Glaube jemand, die Feier eines solchen Gottesdienstes sei für ihn festgesetzt und notwendig, und er könne sie ohne Gewissensangst und Versündigung nicht unterlassen, so möge er darüber bei dem Stadtprätor Anzeige erstatten und der Prätor bei dem Senat anfragen. **9** Würde ihm in einer Senatssitzung, die nicht unter hundert Mitglieder haben dürfe, die Erlaubnis erteilt, so könne er diesen Gottesdienst unter der Bedingung abhalten, dass nicht über fünf Personen am Opfer teilnähmen, dass sie keine Vereinskasse hätten und niemand Vorsteher des Gottesdienstes oder Priester sei.

(19) Dann wurde auf Antrag des Konsuls Quintus Marcius ein zweiter, jenem sich anschließendes Ratsbeschluss abgefasst, dass über diejenigen, welche die Konsuln zu Anzeigern gehabt hätten, von Neuem beim Senat angefragt werden solle, wenn Spurius Postumius nach beendigten Untersuchungen wieder in Rom einträfe. **2** Die Väter beschlossen, den Campaner Minius Terrinius in Gefängnishaft nach Ardea zu schicken und den Obrigkeiten der Ardeaten zu sagen, dass sie ihn in sorgfältiger Verwahrung hielten, damit er weder entfliehen noch Gelegenheit finden könne, sich Gewalt anzutun. **3** Eine geraume Zeit später kam Spurius Postumius nach Rom. Auf seinen Antrag wurde über die Belohnung des Publius Aebutius und der Hispala Fecenia ein Senatsbeschluss abgefasst, **4** dass ihnen die Schatzmeister der Stadt aus dem Staatsschatz jedem 100 000 As zahlen sollten. Auch solle der Konsul die Volkstribunen dahin bringen, sobald wie möglich bei der Plebejerversammlung zu beantragen, dass Publius Aebutius dienstfrei wäre, dass er zu Kriegsdiensten nicht gezwungen werde, und kein Zensor ihm ein Staatspferd gebe. **5** Ferner solle Hispala Fecenia berechtigt sein, von ihren Gütern wegzugeben, sie zu vermindern, aus der Familie ihres Freigebers herauszuheiraten und sich selbst ihren Pfleger zu wählen, als habe ihr dies Recht der Mann im Testament gegeben. Ferner solle ihr erlaubt sein, sich an einen Mann von Stande zu verheiraten und dem, der sie zur Frau nähme, solle dies nicht zum Vorwurf oder zur Schande gereichen. **6** Ferner die Konsuln und Prätoren, die jetzigen und die künftigen, sollten dafür sorgen, dass sich niemand an dieser Person vergreife, und dass sie Sicherheit habe. Dies sei des Senats Wille, und er erkläre für Recht, dass dies also geschehe. **7** Alles dies kam bei der Plebejerversammlung zum Antrag und ging dem Senatsbeschluss gemäß in Erfüllung; auch erhielten die Konsuln Vollmacht, die übrigen Anzeiger teils zu begnadigen, teils zu belohnen.

(20) Und schon war Quintus Marcius, der in seiner Gegend die Untersuchungen beendigt hatte, im Begriff, auf seinen Posten nach Ligurien abzugehen, nachdem er an Römern 3000 Mann Fußvolk, 150 Reiter, an Latinern 5000 Mann zu Fuß und 200 Reiter als Ergänzungstruppen bekommen hatte. **2** Dieser Posten und ebenso viele Truppen zu Fuß und zu Pferd waren auch seinem Kollegen bewilligt. Sie bekamen die Heere, welche im vorigen Jahr die Konsuln Gaius Flaminius und Marcus Aemilius gehabt hatten. **3** Außerdem wurde ihnen durch einen Senatsbeschluss befohlen, zwei neue Legionen auszuheben, und sie befahlen den Bundesgenossen und Latinern, 20 000 Mann zu Fuß und 1300 Reiter zu stellen, und hoben 3000 Römer zu Fuß und 200 Reiter aus. **4** Dieses ganze Heer, mit Ausnahme der Legionen, sollte dem spanischen Heer

zur Ergänzung zugeführt werden. Während also die Konsuln selbst durch die Untersuchungen verhindert wurden, übergaben die Väter die Leitung der Anwerbung dem Titus Maenius. **5** Nach Ende der Untersuchungen brach zuerst Quintus Marcius gegen die apuanischen Ligurer auf. **6** Darüber, dass er sie tief in ihre versteckten Bergpasse verfolgte, welche ihnen immer zu Schlupfwinkeln und Zufluchtsstätten gedient hatten, wurde er in einer engen, schon von den Feinden besetzten Stellung, wo er im Nachteil war, umringt. **7** Er verlor 4000 Mann; auch fielen drei Fahnen der zweiten Legion und elf Standarten von den latinischen Bundestruppen den Feinden in die Hände und eine Menge Waffen, die man überall von sich geworfen hatte, weil sie auf Pfaden durch Waldungen die Flucht erschwerten. **8** Die Ligurer hörten eher auf zu verfolgen, als die Römer zu fliehen. **9** Sobald sich der Konsul aus dem feindlichen Gebiet gerettet hatte, entließ er, um die Größe seines Verlustes an Leuten nicht sichtbar werden zu lassen, in Freundes Land sein Heer. **10** Dennoch konnte er den Ruf von seiner erlittenen Niederlage nicht ausrotten, denn der Wald, aus dem ihn die Ligurer zurückgeschlagen hatten, hieß später der Marcische.

(21) Um die Zeit, als diese Nachricht aus Ligurien eintraf, wurde ein Schreiben aus Spanien verlesen, das eine mit Freude gemischte Traurigkeit bewirkte. **2** Gaius Atinius, der vor zwei Jahren als Prätor auf jenen Posten abgegangen war, hatte den Lusitanern im Gebiet von Asta eine regelrechte Schlacht geliefert, von den Feinden fielen gegen 6000, die Übrigen wurden geschlagen, verjagt und verloren ihr Lager. **3** Nun führte er seine Legionen zum Angriff auf die Stadt Asta. Er nahm auch diese wie das Lager nach einem nicht viel schwereren Kampf, allein wenige Tage darauf starb er an seiner Wunde, die er bei zu unvorsichtiger Annäherung an die Mauern bekommen hatte. **4** Nach verlesenem Bericht über den Tod des Proprätors beschloss der Senat, nach dem Hafen Luna dem Prätor Gaius Calpurnius einen Boten nachzuschicken und ihm sagen zu lassen, der Senat finde für gut, damit jener Posten nicht ohne Oberbefehlshaber sei, ihn seine Abfahrt beschleunigen zu lassen.

5 In vier Tagen kam der Bote nach Luna, und wenige Tage vorher war Calpurnius schon abgefahren. **6** Auch im diesseitigen Spanien lieferte Lucius Manlius Acidinus – er und Gaius Atinius waren zugleich auf ihre Posten abgegangen – den Keltiberern eine Schlacht. Beide Teile schieden, ohne des Sieges gewiss zu sein; **7** doch in der nächsten Nacht verlegten die Keltiberer ihr Lager weiter rückwärts, und die Römer konnten die Ihrigen begraben und die feindlichen Waffenrüstungen auflesen. **8** Wenige Tage darauf forderten die Keltiberer mit einem zusammengebrachten größeren Heer bei der Stadt Kalagurris die Römer zur Schlacht heraus. Warum sie trotz dieser Verstärkung dennoch unterlagen, darüber finde ich nichts angegeben. **9** Genug, sie verloren die Schlacht. Gegen 12 000 von ihnen fielen, über 2000 wurden gefangen genommen; auch nahmen die Römer ihr Lager; **10** und hätte nicht sein Nachfolger durch seine Ankunft den Lauf des Siegers unterbrochen, so wären die Keltiberer bezwungen worden. Beide neuen Prätoren führten ihre Heere in die Winterquartiere.

(22) In den Tagen, als diese Nachrichten aus Spanien einliefen, wurde die zweitägige gottesdienstliche Feier der Taurischen Spiele gefeiert. Darauf gab Marcus Fulvius zehn Tage lang die prächtigen Spiele, die er im aetolischen Krieg gelobt hatte. **2** Ihm zu Ehren fanden sich dabei viele Künstler aus Griechenland ein; und die Römer hatten jetzt zum ersten Mal das Schauspiel eines Wettstreites von Athleten; auch gab er eine Löwen- und Pantherjagd; und die Feier dieser Spiele erreichte an Mannigfaltigkeit und Abwechslung beinahe unser Zeitalter. **3** Darauf trat ein neuntägiges Opferfest ein, weil im picenischen Gebiet ein dreitägiger Steinregen gefallen war, und weil hin und wieder ein vom Himmel gekommenes Feuer mehrere Leute hauptsächlich an den Kleidern leicht versengt haben sollte. **4** Nach einer Verordnung der Oberpriester wurde noch ein Bettag zugegeben, weil der Tempel der Ops auf dem Kapitol vom Blitz getroffen war. Diese

Sühne besorgten die Konsuln mit größeren Opfertieren, und sie entsündigten die Stadt durch feierliche Reinigung. *5* Um dieselbe Zeit wurde auch aus Umbrien gemeldet, man habe einen beinahe zwölfjährigen Zwitter entdeckt. Mit Abscheu sich dagegen verwahrend, gab man den Befehl, dieses Ungetüm schleunigst von Roms Gebiet zu entfernen und zu töten.

6 Die Gallier, die in diesem Jahr von jener Seite der Alpen ohne Plünderung oder Krieg in das venezianische Gebiet herüberzogen, besetzten nicht weit von der Gegend, wo jetzt Aquileja steht, einen Platz zur Erbauung einer Stadt. *7* Die römischen Gesandten, die deswegen über die Alpen gehen mussten, bekamen zur Antwort, die Nation habe jene weder zur Auswanderung aufgefordert, noch wisse sie jetzt, was sie in Italien machten.

8 Jetzt gab Lucius Scipio zehn Tage lang von den ihm hierzu von mehreren Königen und Staaten eingelieferten Geldern die Spiele, die er nach seiner Angabe im Krieg gegen Antiochos gelobt hatte. *9* Valerius Antias berichtet, Scipio sei nach seiner Verurteilung und nach dem Verkauf seiner Güter als Gesandter nach Asien geschickt, um die Streitigkeiten zwischen den Königen Antiochos und Eumenes zu schlichten. *10* Damals habe er diese zusammengelegten Summen erhalten und die Künstler in Asien zusammengebracht, und erst nach dieser Gesandtschaft sei es im Senat zur Verhandlung über die Spiele gekommen, deren Scipio gleich nach dem Krieg, in welchem er sie seiner Angabe nach gelobt hatte, nicht Erwähnung getan hatte.

(23) Schon war mit dem Ausgang des Jahres die Zeit da, wo der abwesende Quintus Marcius sein Amt niederlegen musste. Spurius Postumius, der die Untersuchungen mit höchster Gewissenhaftigkeit und Sorgfalt beendet hatte, hielt die Wahlversammlungen. *2* Zu Konsuln wurden gewählt Appius Claudius Pulcher und Marcus Sempronius Tuditanus. Die am folgenden Tag ernannten Prätoren waren Publius Cornelius Cethegus, Aulus Postumius Albinus, Gaius Afranius Stellio, Gaius Atilius Serranus, Lucius Postumius Tempsanus und Marcus Claudius Marcellus. *3* Am Schluss des Jahres ernannte der Stadtprätor Titus Maenius, weil der Konsul Spurius Postumius angezeigt hatte, er habe bei den gerichtlichen Untersuchungen auf seinen Reisen an beiden Küsten Italiens die beiden Kolonien Sipontum am adriatischen und Buxentum am Tyrrhenischen entvölkert gefunden, *4* vermöge eines Senatsbeschlusses den Lucius Scribonius Libo, Marcus Tuccius, Gnaeus Baebius Tamphilus zu Dreimännern, um die dorthin zu führenden Siedler aufzuzeichnen.

5 Der damals noch in Aussicht stehende Krieg mit König Perseus und den Makedoniern wurde nicht auf die Art, wie man meistens glaubt, auch nicht von Perseus selbst veranlasst. Den Anfang leitete schon Philipp ein; und er selbst hätte, wenn er länger gelebt hätte, diesen Krieg geführt. *6* Als er sich nach seiner Besiegung an Vorschriften gebunden sah, war ihm besonders der eine Punkt empfindlich, dass ihm der Senat die Befugnis genommen hatte, diejenigen Makedonier, die in diesem Krieg von ihm abgefallen waren, seinen Zorn empfinden zu lassen, so sehr er auch, *7* weil Quinctius in den Friedensbedingungen die Sache unentschieden ließ, auf eine mögliche Bewilligung gehofft hatte. *8* Als sich darauf dem Sieg über König Antiochos bei Thermopylae der Konsul Acilius und Philipp in die Unternehmungen teilten und zu gleicher Zeit jener Heraklea, *9* dieser Lamia belagerte, fand sich Philipp dadurch beleidigt, dass der Konsul nach der Eroberung von Heraklea ihm die Belagerung von Lamia aufzuheben befahl, und die Stadt den Römern übergeben wurde. *10* Der Konsul besänftigte den Zürnenden dadurch, dass er ihm, weil er selbst nach Naupaktos eilte, wohin die fliehenden Aetoler ihren Weg genommen hatten, die Erlaubnis gab, Athamanien und Amynander zu bekriegen und die den Thessaliern von den Aetolern weggenommenen Städte seinem Reich einzuverleiben. *11* Ohne großen Kampf hatte Philipp nicht allein den Amynander aus Athamien vertrieben, sondern auch mehrere Städte erobert. *12* Ja, er hatte sich auch Demetrias, diese starke Festung von einer in jeder Rücksicht vorteilhaften Lage, und das Volk der Magneten unterworfen. *13* Dann hatte er noch einige Städte in Thrakien, die der verführerische Genuss einer neuen und ungewohnten Freiheit durch die Meutereien der Vornehmen in Aufruhr gesetzt hatte, sich dadurch angeeignet, dass er sich immer den Parteien anschloss, die in den bürgerlichen Streitigkeiten die Schwächeren waren.

(24) Hierdurch war der Zorn des Königs gegen die Römer für jetzt gestillt; doch unterließ er es nicht, während des Friedens Kräfte zu sammeln, um davon bei der ersten günstigen Gelegenheit zum Krieg Gebrauch zu machen. ***2*** Die Einkünfte des Thrones vermehrte er nicht bloß durch Abgabe von den Feldfrüchten und durch Hafenzölle, sondern er brachte auch die alten liegen gebliebenen Bergwerke wieder in Betrieb und legte an vielen Orten neue an. ***3*** Um die ehemalige, durch die Niederlagen im Krieg geschwächte Volksmenge wieder zu kräftigen, förderte er nicht bloß den Nachwuchs einer neuen Jugend durch den Befehl an jedermann, zu heiraten und Kinder zu erziehen, ***4*** sondern er hatte auch eine große Menge Thraker nach Makedonien versetzt und bei der dauernden Ruhe vom Krieg seine ganze Sorge darauf gerichtet, die Kräfte seines Reiches zu verstärken. ***5*** Nun traten wieder Veranlassungen ein, seinen Zorn gegen die Römer von Neuem zu wecken. ***6*** Die Klagen der Thessalier und Perrhaeber über seine Besitzergreifung von ihren Städten, die Klagen der Gesandten des Königs Eumenes über die von Philipp mit Gewalt genommenen Städte Thrakiens und über die nach Makedonien verpflanzte Menschenmasse waren so aufgenommen, dass man wohl sah, sie blieben nicht unbeachtet. ***7*** Den meisten Eindruck machte bei den Vätern die Nachricht, dass Philipp es jetzt auch auf den Besitz von Aenos und Maronea absehe; um die Thessalier kümmerten sie sich weniger. ***8*** Auch athamanische Gesandte kamen, nicht etwa mit der Klage über den Verlust eines Teiles oder über Schmälerung ihres Gebietes, sondern dass sich der König in den völligen Besitz von ganz Athamanien gesetzt habe. ***9*** Ferner meldeten die verbannten Maroniten – sie waren, weil sie die Sache der Freiheit verfochten hatten, von der königlichen Besatzung vertrieben –, nicht bloß Maronea, sondern auch Aenos sei in Philipps Gewalt. ***10*** Von Philipp erschienen ebenfalls Gesandte, um ihn deshalb zu rechtfertigen. Sie versicherten, das alles sei mit Genehmigung der römischen Feldherren geschehen. ***11*** Die Städte der Thessalier, Perrhäber und Magneten, auch das Volk der Athamanen sowie Amynander hätten mit den Aetolern gleiche Sache gehabt. ***12*** Nach Vertreibung des Königs Antiochos habe der Konsul, beschäftigt mit Belagerungen aetolischer Städte, den König Philipp hingeschickt, jene Städte wegzunehmen. Durch Gewalt der Waffen unterjocht, leisteten sie jetzt Gehorsam. ***13*** Der Senat ließ nun, um nicht in Abwesenheit des Königs zu verfügen, zur Untersuchung dieser Streitigkeiten den Quintus Caecilius Metellus, Marcus Baebius Tamphilus und Tiberius Sempronius als Gesandte abgehen. ***14*** Gleich nach ihrer Ankunft wurden alle Städte, welche mit dem König in Streit waren, nach Tempe in Thessalien zu einer Versammlung beschieden.

(25) Als hier die römischen Gesandten auf dem Platz der Schiedsrichter, die Thessalier, Perrhaeber und Athamanen als ganz entschiedene Ankläger, Philipp, um Beschuldigungen anzuhören, gleichsam als Beklagter sich niedergelassen hatten, sprachen die Häupter der Gesandtschaften, ***2*** jeder nach seiner Sinnesart und je nachdem er mit Philipp wohl oder übel stand, in einem mehr bitteren oder milderen Ton. ***3*** In Frage kamen aber Philippopolis, Tricca, Phaloria, Eurymenae und die übrigen Städte ihrer Nachbarschaft, ***4*** ob sie zu Thessalien gehört hätten, als die Aetoler sie gewaltsam wegnahmen und besetzten – denn dass Philipp sie den Aetolern abgenommen hatte, war unzweifelhaft –, oder ob sie von jeher aetolische Städte gewesen wären. ***5*** Denn nur dann habe sie Acilius dem König überlassen, wenn sie zu Aetolien gehört hätten, und aus eigenem Willen, nicht durch Gewalt und Waffen gezwungen, es mit den Aetolern hielten. ***6*** Ähnlich war die Frage über die Städte der Perrhaeber und Magneten; denn die Aetoler hatten durch die gelegentliche Besitznehmung die Verhältnisse aller verwirrt. ***7*** Zu diesen Punkten, die zu einer Auseinandersetzung sich eigneten, kamen nun noch die Klagen

der Thessalier, dass er ihnen jene Städte, wenn sie ihnen auch jetzt zurückgegeben würden, doch nicht anders als geplündert und verödet wiedergeben werde. ***8*** Denn abgesehen davon, dass so mancher durch die Unfälle des Krieges weggerafft sei, habe Philipp 500 der vornehmsten Jünglinge nach Makedonien geschleppt und missbrauche ihre Dienste zu Sklavenarbeiten; und habe er ja ein und das andere den Thessaliern herausgeben müssen, so habe er auch dafür gesorgt, es ihnen unbrauchbar zurückzugeben. ***9*** Das pthiotische Theben, ihr bester Lagerplatz an der Küste, sei ehemals den Thessaliern sehr vorteilhaft und einträglich gewesen. Den ganzen dortigen Seehandel habe der König dadurch, dass er Handelsschiffe gebaut habe, die an Theben vorbei nach Demetrias hätten gehen müssen, dorthin abgeleitet. ***10*** Schon lasse er nicht einmal die Gesandten unverletzt, welche doch das Völkerrecht heilige. Er habe ihnen auf ihrer Reise zu Titus Quinctius auflauern lassen. ***11*** Dadurch habe er denn auch allen Thessaliern eine solche Furcht eingejagt, dass niemand in seiner eigenen Vaterstadt, niemand auf den gemeinsamen Versammlungen der Nation den Mund aufzutun wage. Denn die Römer, die Stifter ihrer Freiheit, seien zu weit entfernt; aber ein furchtbarer Herrscher sei ihnen zur Seite gesetzt und lasse sie die Wohltaten des römischen Volkes nicht genießen. Was da frei sein könne, wo nicht einmal die Sprache frei sei? ***12*** Selbst jetzt, im Vertrauen auf die Gesandten und unter ihrem Schutz, brächten sie doch mehr Seufzer als Worte vor. Träfen die Römer nicht irgendeine Vorkehrung, bei den an Makedonien wohnenden Griechen die Furcht und bei Philipp den Übermut zu beschränken, so sei es umsonst, dass sie ihn besiegt und sie befreit hätten. ***13*** Er müsse, wie ein störrisches Pferd, das dem Zügel nicht gehorche, durch ein härteres Gebiss gebändigt werden. ***14*** So bitter sprachen die letzten Redner, während die früheren, mit sanfter Schonung seines Zornes, ihn nur gebeten hatten, ***15*** er möge ihnen verzeihen, wenn sie für ihre Freiheit sprachen, möge die Herbheit des Gebieters ablegen und sich gewöhnen, als Bundesgenosse und Freund sich zu zeigen; möge die Römer zum Muster nehmen, denen es lieber sei, wenn ihre Bundesgenossen aus Liebe als aus Furcht sich ihnen anschlössen. ***16*** Als die Thessalier ausgeredet hatten, behaupteten die Perrhaeber, Gonnocondylon, von Philipp Olympias benannt, habe zu Perrhaebien gehört und müsse ihnen zurückgegeben werden. Ebenso forderten sie Malloia und Erikinion. ***17*** Die Athamanen verlangten Sicherheit vor seinen Ansprüchen und die Rückgabe der kleinen Festungen Athenaeum und Poetneon.

(26) Philipp begann ebenfalls, um sich lieber das Ansehen des Klägers als des Beklagten zu geben, mit Klagen und beschwerte sich, die Thessalier hätten in Dolopien die Stadt Menelais, die zu seinem Reich gehört habe, mit Sturm genommen, ebenso hätten gleichfalls die Thessalier und Perrhaeber die Stadt Petra in Pierien erobert. ***2*** Xyniae, ohne Zweifel eine aetolische Stadt, hätten sie sich zugeeignet, und Parachelois, das unter Athamanien stehe, sei widerrechtlich unter thessalische Hoheit gekommen. ***3*** Was aber die ihm gemachten Vorwürfe betreffe, dass er einer Gesandtschaft habe auflauern lassen, dass der eine Seehafen stark besucht sei, der andere dagegen gar nicht, ***4*** so sei das zweite eine höchst lächerliche Forderung, dass er darüber Rechenschaft geben solle, in was für Häfen die Kaufleute oder Schiffer einliefen; und das Erste sei gegen seine Art zu handeln. ***5*** Seit einer Reihe von Jahren habe es nie an Gesandten gefehlt, welche Verleumdungen gegen ihn bald den römischen Feldherren, bald nach Rom selbst dem Senat gebracht hätten. ***6*** Ob jemals irgendeiner nur mit einem Wort beleidigt sei? Einmal habe er ihnen – so sage man – auf ihrer Reise zu Quinctius auflauern lassen; man setze aber nicht hinzu, was ihnen zuleide getan worden sei. Solche Beschuldigungen kämen nur von Leuten, die eben deshalb, weil sie nichts Wahres anzugeben hätten, auf falsche Anklagen ausgingen. ***7*** Die Thessalier missbrauchten die Nachsicht der Römer durch Übermut und ohne Maß geradeso, als ob sie in dem geistigen Getränk der Freiheit nach langem Durst gar zu gierige Züge täten. ***8*** Darum erlaubten

sie sich auch wie Sklaven, die man wider Erwarten auf einmal freigebe, diese Dreistigkeit in Ton und Sprache und gefielen sich in der Verunglimpfung und Schmähung ihrer Herrschaft. ***9*** Und im Zorn herausfahrend setzte er hinzu, noch sei nicht aller Tage Abend gekommen. Nicht bloß die Thessalier, sondern auch die Römer bezogen diese Drohung auf sich. ***10*** Ein lautes Murren erhob sich auf diese Worte, und als es sich endlich legte, gab er nun den perrhaebischen und athamanischen Gesandten zur Antwort, mit den Städten, welche sie in Anspruch nähmen, habe es gleiche Bewandtnis. ***11*** Der Konsul Acilius und die Römer hätten sie ihm damals als feindliche Städte überlassen. ***12*** Wenn die Geber selbst ihr Geschenk zurücknehmen wollten, so wisse er, dass er es abtreten müsse, sie aber würden, leichtsinnigen und unbrauchbaren Bundesgenossen zuliebe, einem tauglichen und treuen Unrecht tun. ***13*** Für keine Wohltat sei der Dank kürzer als für erteilte Freiheit, namentlich bei Leuten, welche sie durch einen schlechten Gebrauch sich selbst verderben würden.

14 Als sich die römischen Gesandten über die Sache unterrichtet hatten, taten sie den Ausspruch, sie fänden für gut, dass die makedonischen Besatzungen aus jenen Städten abgeführt würden und Makedonien sich auf seine alten Reichsgrenzen beschränke. Wie zwischen diesen Völkern und Makedonien über die Unbilden zu entscheiden sei, welche sie laut ihrer Klage sich gegenseitig zugefügt hätten, darüber solle ihnen zur Verfolgung ihres Rechtes eine Formel festgesetzt werden.

(27) So sehr sie auch den König beleidigt hatten, gingen sie doch von hier weiter nach Thessaloniki, um auch das Verhältnis der thrakischen Städte zu untersuchen. ***2*** Hier sprachen die Gesandten des Eumenes, dass, wenn die Freiheit von Aenos und Maronea im Plan der Römer liege, sie sich zu bescheiden wüssten, dass sie nichts weiter zu sagen, sondern die Römer bloß zu erinnern hätten, diese Städte auch in der Tat, nicht bloß den Worten nach frei zu hinterlassen und nicht zuzugeben, dass ihr Geschenk von einem Dritten unterschlagen werde. ***3*** Sollten aber die Römer an diesen in Thrakien liegenden Städten nicht so viel Anteil nehmen, so sei es weit billiger, ***4*** dass sie als ehemalige Untertanen des Antiochos als Kriegspreis dem Eumenes, als Philipp zufielen, teils für die Verdienste seines Vaters Attalos in dem Krieg, den die Römer gegen Philipp selbst geführt hätten, teils für seine eigenen, da er in dem Krieg gegen Antiochos sich zu Wasser und zu Land allen Beschwerden und Gefahren unterzogen habe. ***5*** Außerdem habe er die vorläufige Entscheidung der zehn Abgeordneten für sich, welche ihm durch die Anweisung auf die Chersones und Lysimachia ohne Zweifel auch Maronea und Aenos gegeben hätten, die schon durch die Nähe der Gegend Zugaben zu dem größeren Geschenk wären. ***6*** Denn was Philipp betreffe, so möchten sie wohl fragen, entweder welchem Verdienst um die Römer oder welchem Besitzgrund zufolge er diese von Makedoniens Grenzen so entfernt liegenden Städte mit Besatzungen belegt habe. Sie möchten die Maroniten rufen lassen; von ihnen würden sie über das Verhältnis dieser Städte alles noch sicherer erfahren.

7 Die vorgelassenen Gesandten der Maroniten erzählten, bei ihnen liege nicht so wie in anderen Städten eine königliche Besatzung bloß in einem Platz der Stadt, sondern zugleich in mehreren, und Maronea sei voll von Makedoniern; ***8*** folglich wären die königlichen Schmeichler ihre Herrscher. Diese allein hätten die Freiheit, im Senat und in den Versammlungen zu sprechen. ***9*** Alle Ehrenstellen besetzten diese teils selbst, teils gäben sie sie anderen. Alle rechtlichen Leute, die Freunde der Freiheit und der Gesetze lebten entweder, aus ihrer Vaterstadt vertrieben, in der Verbannung, oder ohne Amt und von Nichtswürdigen abhängig schwiegen sie. ***10*** Auch gaben sie noch mit wenigen Worten über die Grenzgerechtigkeit die Auskunft, Quintus Fabius Labeo habe bei seiner Anwesenheit der Grenze Philipps die Richtung der alten Heerstraße entlang gesetzt, die zwar an Thrakiens Küstenlande hinlaufe, nirgends aber zum Meer hinabsteige, Philipp aber habe nachher der Straße eine andere Richtung gegeben, wodurch er die Städte und das Gebiet der Maroniten mit einschließe.

(28) Dagegen schlug Philipp einen ganz andern Weg der Rechtfertigung ein, als neulich gegen die Thessalier und Perrhaeber. *Nicht mit den Maroniten*, sprach er, *oder mit Eumenes, sondern jetzt habe ich es mit euch zu tun, ihr Römer, von denen ich, wie ich schon lange bemerke, auch die Gewährung des Billigsten nicht erlangen kann.* **2** *Dass mir die makedonischen Städte, welche während des Waffenstillstandes von mir abgefallen waren, wiedergegeben würden, hielt ich für billig; nicht etwa, weil dies für mein Reich ein großer Zuwachs gewesen wäre – denn es sind ja nur kleine Städte und sie liegen auf den äußersten Grenzen – sondern weil dies als Beispiel sehr wirksam sein musste, die übrigen Makedonier in ihrer Pflicht zu erhalten.* **3** *Es ist mir verwehrt worden. Als ich im Aetolischen Krieg, von Konsul Manius Acilius angewiesen, Lamia zu belagern, mich lange vor dem Platz in Kämpfen und mit der Anlegung von Werken abgemüht hatte, und jetzt eben daran war, über die Mauern einzudringen, rief mich der Konsul von der beinahe schon eroberten Stadt zurück und zwang mich, mit meinen Truppen abzuziehen.* **4** *Um diese Kränkung verschmerzen zu können, erhielt ich die Erlaubnis, in Thessalien einige – Städte kann ich nicht sagen, sondern Schanzen – hinzunehmen. Auch diese, Quintus Caecilius, habt ihr vor wenigen Tagen mir genommen.* **5** *Und soeben nahmen es die Gesandten des Eumenes, dass Gott erbarm, als völlig ausgemacht an, dass die von Antiochos besetzt gewesenen Stücke billiger dem Eumenes als mir gehören müssten. Darüber bin ich ganz anderer Meinung. Eumenes nämlich konnte sich in seinem Reich nicht halten, ich will nicht sagen, wenn die Römer nicht siegten, sondern auch dann nicht, wenn sie diesen Krieg nicht führten.* **6** *Also habt ihr ein Verdienst um ihn, nicht er um mich. Mein Reich hingegen war in allen seinen Teilen vor jeder Gefahr so gesichert, dass ich den Antiochos, obgleich er mir für meinen Beitritt 3000 Talente, eine Flotte von 50 Kriegsschiffen und den Wiederbesitz aller griechischen Städte von selbst anbot, abweisen konnte.* **7** *Ja, ich erklärte mich schon für seinen Feind, ehe noch der Konsul Manius Acilius sein Heer nach Griechenland übersetzte, und ließ mich mit diesem Konsul gemeinschaftlich auf jeden von ihm angewiesenen Teil der Kriegsunternehmungen ein.* **8** *So ließ ich auch den folgenden Konsul Lucius Scipio, als er den Heereszug an den Hellespont zu Land machen wollte, nicht bloß durch meine Staaten ziehen, sondern ich legte auch Straßen an, baute Brücken, versah ihn mit Zufuhr,* **9** *und das nicht bloß auf dem Weg durch Makedonien, sondern auch durch Thrakien, wo ich ihm über das alles noch vor den Barbaren Sicherheit schaffen musste.* **10** *Römer, musstet ihr zur Vergeltung dieses meines Eifers, ich will nicht sagen meiner Verdienste um euch, mir aus eigener Freigebigkeit lieber einiges zulegen, mein Reich ansehnlicher und größer machen, oder musstet ihr, was ich aus eigenem Rechtsanspruch oder als euer Geschenk besaß, mir entreißen? Und das tut ihr jetzt.* **11** *Makedonische Städte, die selbst nach eurem Geständnis meinem Reich gehören, werden mir nicht zurückgegeben. Eumenes kommt, um mich auszuplündern, als wäre ich Antiochos, und beschönigt die schamloseste Rechtsverdrehung, wenn's den Göttern gefällt, mit derselben Verordnung der zehn Bevollmächtigten, die gerade dazu geeignet ist, ihn zu widerlegen und zu überführen.* **12** *Denn es steht darin ausdrücklich und mit klaren Worten: Die Chersones und Lysimachia werden dem Eumenes gegeben. – wo sind hier Aenos, Maronea und Thrakiens Städte als Zugabe genannt? Was er von ihnen nicht einmal zu fordern wagte, soll er von euch, als hätten es ihm jene bewilligt, erhalten?* **13** *Es kommt jetzt darauf an, für wen ich bei euch gelten soll. Habt ihr euch vorgenommen, mich als euren Widersacher und Feind zu verfolgen, so fahrt so fort, wie ihr angefangen habt.* **14** *Habt ihr aber noch einige Rücksicht auf mich, als einen mit euch verbündeten und befreundeten König, so bitte ich euch, es auch unwürdig zu finden, dass ich so tief gekränkt werde.*

(29) Die Rede des Königs machte einen bedeutenden Eindruck auf die Gesandten. Diese wichen der Entscheidung auf einem Mittelwege durch die Antwort aus: Wenn eine Verordnung

der zehn Bevollmächtigten jene Städte dem Eumenes zugesprochen habe, so änderten sie darin nichts. *2* Habe sie Philipp in dem Krieg bekommen, so müsse er nach Kriegsrecht den Lohn seines Sieges behalten. Sei beides nicht der Fall, so habe ihrer Meinung nach der Senat darüber zu entscheiden, und um alles völlig in seinem Zustand zu lassen, müssten die Besatzungen, die in jenen Städten lägen, abgeführt werden. *3* Besonders aus diesen Gründen kamen Philipps feindliche Gesinnungen gegen die Römer, so dass es den Anschein gewinnt, sein Sohn Perseus habe den Krieg nicht aus neuen Veranlassungen eröffnet, sondern der Vater habe ihn aus jenen Gründen dem Sohn vermacht.

4 In Rom vermutete man einen Makedonischen Krieg nicht im Geringsten. Prokonsul Lucius Manlius war aus Spanien zurückgekehrt. Als er im Tempel der Bellona beim Senat um den Triumph anhielt, sprach freilich die Größe seiner Taten für die Gewährung; *5* man scheute aber das Beispiel; denn es war immer bei dem Gebrauch der Vorfahren geblieben, dass niemand triumphieren durfte, der sein Heer nicht mitbrachte, außer, wenn er das eroberte Land seinem Nachfolger völlig in Unterwürfigkeit und Frieden übergeben hatte. Doch traf man, um Manlius seine Ehre zu erweisen, den Ausweg, ihn im kleinen Triumph zur Stadt einziehen zu lassen. *6* Er brachte 52 goldene Kränze ein, ferner 132 Pfund Gold, 16 300 Pfund Silber, *7* und erklärte im Senat, dass sein Quästor Quintus Fabius noch 10 000 Pfund Silber und 80 Pfund Gold bringe; auch diese werde er dem Schatz einliefern.

8 In diesem Jahre war in Apulien ein großer Sklavenaufstand. Tarent hatte der Prätor Lucius Postumius zu seinem Posten. *9* Er hielt also über die Verschwörung der Hirten, welche die Straßen und öffentlichen Triften durch Räubereien unsicher machten, eine strenge Untersuchung und verurteilte gegen 7000 Menschen. Viele flohen, viele wurden hingerichtet. *10* Die Konsuln, durch die Aushebungen lange bei der Stadt zurückgehalten, gingen endlich auf ihre Posten ab.

(30) In Spanien rückten in demselben Jahr die Prätoren Gaius Calpurnius und Lucius Quinctius, als sie mit Frühlingsanfang nach dem Aufbruch aus den Winterquartieren ihre Truppen in Baeturien vereinigt hatten, in die Gegend, wo das feindliche Lager stand, nach Karpetanien, entschlossen, nach gemeinschaftlichem Plan und einmütig zu Werk zu gehen. *2* Nicht weit von den Städten Hippo und Toletum kam es zwischen den Futterholern zu einem Gefecht. Dadurch, dass ihnen auf beiden Seiten aus ihrem Lager Hilfe nachrückte, wurden nachher sämtliche Truppen in die Schlachtreihe gezogen. *3* In diesem Gemenge gaben dem Feind seine Kenntnis der Gegend und die Art des Gefechtes den Vorteil. Beide römischen Heere wurden geschlagen und in ihr Lager getrieben; doch setzten den Bestürzten die Feinde nicht nach. *4* Die römischen Prätoren, die für den folgenden Tag einen Angriff auf das Lager fürchteten, führten in der Stille der nächsten Nacht ihr Heer auf ein geräuschloses Zeichen davon. *5* Mit Tagesanbruch rückten die Spanier in Schlachtordnung vor den Wall, und bei ihrem Einzug in das wider ihre Erwartung leer gefundene Lager rafften sie zusammen, was die Römer in der nächtlichen Eile zurückgelassen hatten, gingen in ihr Lager zurück und blieben hier einige Tage ruhig stehen. *6* Die Römer und ihre Verbündeten hatten in der Schlacht und auf der Flucht gegen 5000 Tote. Mit den ihnen abgenommenen Waffen machten sich die Feinde bewehrt und zogen nun weiter an den Fluss Tagus.

7 Diese Zeit wandten die römischen Prätoren dazu an, aus den spanischen Bundesstaaten Hilfstruppen an sich zu ziehen und den durch das unglückliche Gefecht niedergeschlagenen Mut der Ihrigen wieder aufzurichten. *8* Als sie sich für stark genug hielten, auch der Soldat, um den früheren Schimpf zu tilgen, und eine Schlacht mit dem Feinde forderten, schlugen sie 12 000 Schritte vom Fluss Tagus ihr Lager auf. *9* Von hier brachen sie um die dritte Nachtwache auf, und in schlagfertigem Zug kamen sie bei Tagesanbruch am Ufer des Tagus an. *10* Jenseits des Flusses stand auf einem Hügel das Lager der Feinde. Sogleich führten an zwei Orten, wo der Fluss seichte

Stellen erkennen ließ, Calpurnius zur Rechten, zur Linken Quinctius das Heer hindurch; und der Feind, der sie gerade jetzt, im Gedränge des Übergangs durch den Strom, hätte in Verwirrung bringen können, stand über ihre plötzliche Erscheinung staunend still. *11* Die Römer, die unterdes auch ihr ganzes Gepäck herüberbrachten und auf einen Platz zusammenbrachten, stellten sich nun, weil sie den Feind in Bewegung sahen und zur Befestigung eines Lagers die Zeit fehlte, in Schlachtordnung auf. *12* In der Mitte standen die fünfte Legion des Calpurnius und die achte des Quinctius. Sie machten die Stärke des ganzen Heeres aus. Bis zum Lager der Feinde hatten sie ein offenes Feld, wo kein Hinterhalt zu fürchten war.

(31) Als die Spanier die Römer in zwei Zügen auf dem diesseitigen Ufer erblickten, brachen sie plötzlich, um ihnen zuvorzukommen, ehe sie sich vereinigen und aufstellen könnten, in vollem Lauf aus ihrem Lager zur Schlacht heran. *2* Der Kampf war anfangs hartnäckig, weil den Spaniern der jüngste Sieg Mut machte und den römischen Krieger die ungewohnte Schande erbitterte. *3* Am hitzigsten focht das Mitteltreffen, die beiden tapferen Legionen. Da die Feinde sahen, dass sie diese auf keine andere Art vom Platz drängen könnten, setzten sie den Kampf in keilförmiger Stellung fort; und immer zahlreicher und dichter setzten sie ihren in der Mitte Fechtenden nach. *4* Als hier der Prätor Calpurnius seine Linie in Not sah, schickte er schleunigst seine Unterfeldherren Titus Quinctilius Varus und Lucius Juventius Thalna zur Ermunterung der Legionen, an jede einen ab. *5* Sie mussten ihnen zeigen und zu erwägen geben, dass die ganze Hoffnung auf den Sieg und zur Behauptung Spaniens auf ihnen beruhe. Wichen sie vom Platz, so werde nie einer vom ganzen Heer Italien wiedersehen, ja nicht einmal das jenseitige Ufer des Tagus. *6* Er selbst sprengte in einem kleinen Umweg mit den Reitern beider Legionen dem feindlichen Keil, der das Mitteltreffen bedrängte, in die Flanke. *7* Quinctius mit seinen Reitern griff den Feind auf der andern Seite an. Aber weit hitziger kämpften die Reiter des Calpurnius und vor allen anderen der Prätor selbst. *8* Er war der Erste, der auf die Feinde einhieb, und warf sich so tief in ihre Mitte, dass man kaum erkennen konnte, auf welcher Seite er war. *9* Die Reiter feuerte die ausgezeichnete Tapferkeit ihres Prätors, das Fußvolk die der Reiter an. Schamgefühl spornte die Hauptleute vorn, als sie den Prätor mitten unter den Waffen der Feinde sahen. Also setzte jeder auf seine Art seinem Fahnenträger zu, hieß ihn mit der Fahne einrücken und die Soldaten ihm auf dem Fuße folgen. *10* Alle erneuern das Feldgeschrei; es erfolgt ein Angriff wie von einer Höhe herab, wie ein Gießbach reißen sie die Zurückgedrängten fort, werfen sie und werden, immer hintereinander her im Andrang, unaufhaltbar. *11* Die in ihr Lager flüchtenden Feinde verfolgte die Reiterei, und mit dem Schwarm im Gemisch drang sie in die Verschanzung. Hier erneuerte die im Lager gebliebene Besatzung den Kampf, und die römischen Reiter sahen sich genötigt, abzusitzen. *12* Noch kämpften sie, als die fünfte Legion durchkam; und nun strömten die übrigen Scharen, je nachdem es einer jeden möglich war, herbei. *13* Im ganzen Lager wurden die Spanier allenthalben niedergehauen, und nur 4000 entkamen. Etwa 3000 derer, welche noch Waffen hatten, zogen sich auf einen nahen Berg; 1000 meist Halbbewaffnete zerstreuten sich in die Dörfer. *14* Die Feinde hatten über 35 000 Mann gehabt, von denen nur ein so kleiner Teil die Schlacht überlebte. 133 Fahnen wurden erbeutet. *15* Von den Römern und Latinern fielen etwas über 600, von den Bundestruppen des Landes gegen 150. *16* Dass der Sieg nicht ohne Blut erkauft schien, machte hauptsächlich der Verlust von fünf römischen Obersten und einigen Reitern. Weil die Römer nicht Zeit gehabt hatten, ein eigenes Lager aufzuschlagen, nahmen sie das Nachtquartier im feindlichen.

17 Am folgenden Tag spendete Gaius Calpurnius vor der Versammlung den Reitern Lob, beschenkte sie mit Pferdeschmuck und erklärte laut, dass man den Feind geschlagen, sein Lager genommen und erobert habe, sei hauptsächlich ihr Werk. *18* Der andere Prätor, Quinctius, beschenkte seine Reiter mit kleinen Ketten und Spangen. Sehr viele Hauptleute vom Heer beider erhielten Geschenke, besonders die, welche im Mitteltreffen gestanden hatten.

(32) Als die Konsuln die Aushebungen und andere in Rom zu verrichtende Geschäfte erledigt hatten, führten sie ihr Heer nach Ligurien, seinem bestimmten Posten. *2* Sempronius brach von Pisa gegen die apuanischen Ligurer auf, und unter Verheerung ihres Gebietes und Niederbrennung ihrer Flecken und Festungen öffnete er sich den Gebirgswald bis zum Fluss Macra und dem Hafen Luna. *3* Die Feinde zogen sich auf einen Berg, den alten Stammsitz ihrer Vorfahren, allein die Römer, welche die Schwierigkeiten des Bodens besiegten, warfen sie im Kampf von dort herab. *4* Und in dem Gebiet der ingaunischen Ligurer tat es Appius Claudius durch mehrere Siege seinem Kollegen an Glück und Tapferkeit gleich. Außerdem eroberte er sechs ihrer Städte, machte in diesen viele Tausende zu Gefangenen und ließ 43 von ihnen als Urheber des Krieges hinrichten.

5 Schon nahte die Zeit der Wahlversammlungen. Zwar hatte das Los dem Sempronius das Wahlgeschäft beschieden – allein, noch vor ihm kam Claudius in Rom an, weil sein Bruder Publius Claudius sich um das Konsulat bewarb. *6* Zu Mitbewerbern unter den Adligen hatte er den Lucius Aemilius, Quintus Fabius und Servius Sulpicius Galba, lauter ehemalige Bewerber, die nach ihrer Abweisung jetzt um so mehr die Anstellung als eine Schuld einforderten, weil sie ihnen früher versagt war, *7* und weil man aus dem Adelsstand nicht mehr als einen wählen durfte, sahen sich vier Suchende bei ihrer Bewerbung um so mehr bedrängt. *8* Auch vom Bürgerstand bewarben sich Männer von Einfluss, Lucius Porcius, Quintus Terentius Cullea und Gnaeus Baebius Tamphilus; und auch sie waren als schon Abgewiesene mit der Hoffnung vertröstet worden, endlich einmal die Stelle zu bekommen. *9* Unter allen war Claudius der einzige neue Bewerber, allgemein hielt man den Quintus Fabius Labeo und Lucius Porcius Licinius für die unbezweifelt Auserlesenen. *10* Allein Konsul Claudius ging ohne Beilträger mit seinem Bruder den ganzen Markt auf und ab, und so laut ihm auch seine Gegner und der größere Teil des Senats entgegenschrieen, *11* es sei für ihn passender, darauf Rücksicht zu nehmen, dass er Konsul, als dass er der Bruder des Publius Claudius sei. Warum er nicht auf seinem obrigkeitlichen Sitz bei der Wahl entweder den Zeugen oder den schweigenden Zuschauer abgebe? So war doch nichts imstande, ihn in seinem übermäßigen Eifer zu beschränken. *12* Durch die heftigen Streitigkeiten, selbst der Volkstribunen, welche entweder gegen den Konsul oder für seine Wünsche kämpften, wurden die Wahlversammlungen einige Male unterbrochen, bis endlich Appius es durchsetzte, mit Ausschaltung des Fabius seinen Bruder durchzuschleppen. *13* Gegen seine eigene und aller anderen Erwartung wurde Publius Claudius Pulcher gewählt. Lucius Porcius Licinius behauptete seinen Platz, weil sich die Bürgerlichen mit gemäßigtem Eifer, ohne das Ungestüm des Claudius, bekämpften. Nun ging die Prätorenwahl vor sich. *14* Prätoren wurden Casus Decimus Flavus, Publius Sempronius Longus, Publius Cornelius Cethegus, Quintus Naevius Matho, Gaius Sempronius Blaesus und Aulus Terentius Varro. *15* Dies sind die Begebenheiten des Jahres, das den Appius Claudius und Marcus Sempronius zu Konsuln hatte, daheim und im Feld.

(33) Als im Anfang des folgenden Jahres Quintus Caecilius, Marcus Baebius und Tiberius Sempronius, welche zur Untersuchung der Zwistigkeiten zwischen den Königen Philipp und Eumenes und den Städten Thessaliens abgeschickt gewesen waren, über ihre Gesandtschaft Bericht erstattet hatten, führten die Konsuln Publius Claudius und Lucius Porcius auch die Gesandten dieser Könige und Städte in den Senat ein. *2* Diese wiederholten von beiden Seiten dasselbe, was sie in Griechenland bei den Gesandten vorgebracht hatten. *3* Darauf beschloss der Senat, eine andere, neue Gesandtschaft, an deren Spitze Appius Claudius stand, nach Makedonien und Griechenland zu schicken, um zuzusehen, ob den Thessaliern, und Perrhaebern die Städte wiedergegeben wären. *4* Sie bekam auch den Auftrag, die Besatzungen aus Aenos und Maronea abführen zu

lassen und die ganze thrakische Seeküste von Philipp und den Makedoniern zu befreien. **5** Ferner sollte sie die Peloponnes besuchen, wo die vorige Gesandtschaft die Sachen bei ihrem Weggang in einer ungewisseren Lage hinterlassen hatte, als wenn sie nie gekommen wäre. Denn außer anderen hatte man sie ohne Bescheid entlassen und ihr die verlangte Versammlung der Achäer nicht bewilligt. **6** Da sich Quintus Caecilius nachdrücklich darüber beschwerte, und zugleich die Spartaner die bittere Klage führten, die Achäer hätten ihnen ihre Mauer zerstört, ihre Bürger nach Achaia weggeführt und verkauft, Lykurgs Gesetze, bei denen ihr Staat bis auf den heutigen Tag bestanden habe, ihnen genommen, **7** so entschuldigten die Achäer besonders die Verweigerung des Landtages und lasen ein Gesetz vor, das ihnen einen Landtag auszuschreiben verbot, außer zu Krieg und Frieden und wenn Gesandte vom Senat mit einem Schreiben oder schriftlichen Aufträgen kämen. **8** Um dieser Ausflucht auf die Zukunft vorzubeugen, erklärte ihnen der Senat, sie hätten dafür zu sorgen, dass Roms Gesandte immer an eine Ständeversammlung gelangen könnten, so wie auch sie, so oft sie wollten, im Senat Zutritt erhielten,

(34) Als nach Entlassung dieser Gesandtschaften Philipp durch die seinige erfuhr, er müsse die Städte abtreten und seine Besatzungen wegnehmen, ließ er, erbittert auf sie alle, seinen Zorn an den Maroniten aus. **2** Er befahl seinem Statthalter an der Seeküste, Onomastos, die Häupter der Gegenpartei zu ermorden. Dieser richtete durch seine Thraker, die von einem gewissen Kasander, einem schon lange zu Maronea wohnenden Königsfreund, bei Nacht eingelassen wurden, ein Blutbad wie in einer durch Waffengewalt erstürmten Stadt an. **3** Bei den römischen Gesandten, die den König einer solchen Grausamkeit gegen die unschuldigen Maroniten, eines so großen Übermutes gegen das römische Volk anklagten, dass er gerade diejenigen Feinde niedermachen lasse, denen er nach dem Willen des Senates ihre Freiheit zurückgeben solle, behauptete er, sowohl er als auch alle seine Untertanen hätten mit der ganzen Sache nichts zu tun. **4** Bei einem Aufruhr hätten die Maroniten selbst gegeneinander gekämpft, weil die eine Partei die Stadt ihm, die andere sie dem Eumenes habe unterwerfen wollen. **5** Dies könnten sie leicht erfahren, sie dürften nur die Maroniten selbst anhören. Er war nämlich überzeugt, bei dem allgemeinen, durch das jüngste Blutbad angerichteten Schrecken werde niemand den Mut zu sprechen haben. **6** Allein Appius antwortete, eine offenbare Sache brauche man nicht als zweifelhaft zu untersuchen, wolle er sich außer Schuld setzen, so möge er den Onomastos und Kasander, die namhaften Vollzieher der Tat, nach Rom schicken, um sie vom Senat vernehmen zu lassen. **7** Diese Sprache brachte anfangs den König so aus der Fassung, dass seine Farbe und Miene wechselten, als er endlich zu sich kam, sagte er, den Kasander wolle er, wenn sie es durchaus verlangten, hinschicken, weil der in Maronea gewohnt habe. **8** Was gehe aber die Sache den Onomastos an, der gar nicht in Maronea, ja nicht einmal in der Nachbarschaft gewesen sei? **9** Er wollte nämlich lieber in Onomastos den Freund von höherem Rang schonen, auch fürchtete er eine Aussage von diesem viel mehr, weil er die Sache mit ihm besprochen und ihn bei mancher ähnlichen Tat zu seinem Werkzeug und Mitwisser gemacht hatte. **10** Aber auch den Kasander, dem er einige mitgab, die ihn durch Epirus an die Küste begleiten mussten, schaffte er, um auch durch ihn nichts herauskommen zu lassen, wie man glaubt, durch Gift aus dem Weg.

(35) Nicht allein die Gesandten schieden so aus der Unterredung mit Philipp, dass sie geradezu erklärten, das alles habe ihr Missfallen, **2** sondern auch Philipp hielt einen neuen Krieg für unabwendbar; weil aber hierzu seine Kräfte noch nicht ausreichten, beschloss er, um Aufschub zu gewinnen, seinen jüngeren Sohn Demetrius nach Rom zu schicken, um durch ihn zugleich die Beschuldigungen zu widerlegen **3** und den Zorn des Senats zu besänftigen, weil er sich auch von der persönlichen Erscheinung des Jünglings, der früher in Rom als Geisel königlichen Edelmut bewiesen hatte, einige Wirkung versprach. **4** Da er unterdessen, scheinbar um den Byzantinern

zu helfen, in der Tat aber die Fürsten der Thraker zu schrecken, ausgezogen war, sie in einer Schlacht gedemütigt und ihren Heerführer Amadokos gefangen genommen hatte, kehrte er nach Makedonien zurück, schickte aber noch vorher zu den am Fluss Ister wohnenden Barbaren, um sie zu einem Einbruch in Italien aufzuwiegeln.

5 Auch in der Peloponnes erwartete man die Ankunft der römischen Gesandten, weil sie Befehl hatten, aus Makedonien nach Achaia zu gehen. Um diesen gegenüber seine Entschließungen vorbereitet zu haben, setzte ihr Prätor Lykortas einen Landtag an. **6** Hier hatte die Verhandlung über die Spartaner folgenden Inhalt: Aus Feinden wären sie Ankläger geworden, und man müsse befürchten, dass man an diesen Besiegten furchtbarere Gegner haben werde, als man an ihnen im Krieg gehabt habe. Denn im Krieg hätten die Achäer die Römer zu Bundesgenossen gehabt, **7** jetzt hielten es dieselben Römer nicht so sehr mit den Achäern als mit Sparta, wo sogar ein Areos, ein Alkibiades, zwei Vertriebene, welche ihre Zurückberufung den Achäern verdankten, eine Gesandtschaft nach Rom als Ankläger der achäischen Nation übernommen hätten, die sich so hoch um sie verdient gemacht habe, und dort eine so feindselige Sprache geführt hätten, als wären sie aus ihrer Vaterstadt durch die Achäer vertrieben, nicht durch diese wieder eingesetzt. **8** Von allen Seiten schrie man dem Prätor zu, er möge namentlich über diese beiden abstimmen lassen; und weil Erbitterung ohne Rücksicht das Ganze leitete, wurden beide zum Tod verurteilt. Wenige Tage darauf kamen die römischen Gesandten an und wurden auf einem Landtag zu Kleitor in Arkadien zugelassen.

(36) Ehe noch etwas vorgenommen wurde, ergriff die Achäer ein Schrecken und die Ahnung, dass sie bei der Verhandlung wenig Unparteilichkeit zu erwarten hätten, **2** denn sie sahen bei den Gesandten den Areos und Alkibiades, diese auf dem letzten Landtag von ihnen zum Tod verurteilten, und keiner wagte den Mund aufzutun. **3** Appius erklärte, die Behandlung, über die sich die Spartaner beim Senat beklagt hätten, habe vollkommen des Senates Missfallen. Einmal hätten sie bei Kompasion diejenigen ermordet, die auf Philopoemens Aufforderung, sich zu verantworten, vor der Stadt sich eingefunden hätten. Nach dieser gegen die Menschen ausgeübten Wut hätten sie ferner, **4** um ihre Grausamkeit an allen Gegenständen auszulassen, die Mauern einer so angesehenen Stadt geschleift, ihre uralten Gesetze abgeschafft und Lykurgs Verfassung, die bei allen Völkern in so hohem Ansehen stehe, aufgehoben. **5** Auf diese Äußerungen des Appius gab Lykortas als Prätor und als Anhänger des Philopoemen, auf dessen Veranlassung alles dies über Sparta ergangen war, folgende Antwort:

6 Unsere Worte vor euch Gesandten haben für uns größere Schwierigkeiten, Appius Claudius, als neulich vor dem Senat zu Rom. 7 Denn damals waren die, denen wir zu antworten hatten, unsere Ankläger, die Spartaner, jetzt sind wir von euch selbst angeklagt, vor denen wir unsere Sache zu führen haben. ***8*** *Auf einen so nachteiligen Standpunkt lassen wir uns mit der Hoffnung ein, du werdest mit der Gesinnung eines Richters uns anhören und den Geist des Widersachers, in welchem du soeben uns bestrittest, ruhen lassen. Ich will wenigstens, obgleich du selbst kurz vorher dasselbe, was die Spartaner sowohl früher hier bei Quintus Caecilius als nachher zu Rom beklagt haben, wieder vorgebracht hast, mich so ansehen, als antwortete ich nicht dir, sondern nur ihnen vor deinem Richterstuhl.* ***9*** *Ihr werft uns die Ermordung jener Leute vor, die damals getötet wurden, als sie der Prätor Philopoemen aus der Stadt rufen ließ, sich zu verantworten. Diese Beschuldigung, ihr Römer, musste uns meiner Meinung nach nicht allein nicht von euch, sondern auch nicht einmal vor euch gemacht werden können. Und warum das? Weil in dem Vertrag mit euch geschrieben stand, die Spartaner sollten die Seestädte in Ruhe lassen.* ***10*** *Hätte also zu der Zeit, als sie die Waffen ergriffen und durch nächtlichen Überfall gerade die Städte eroberten, die sie in Ruhe lassen sollten, ein Titus Quinctius, ein römisches Heer, wie in früherer Zeit, in der Peloponnes gestanden. Natürlich wären* *dann die durch die Eroberung ihrer Städte unglücklich Gemachten zu ihnen geflüchtet.* **11** *Da ihr aber fern wart, zu wem sollten sie da sonst fliehen als zu uns, euren Verbündeten, die sie früher der Stadt Gytheon hatten zu Hilfe eilen und mit euch selbst aus ähnlichem Grund gegen Sparta hatten heranziehen sehen?* **12** *Folglich haben wir diesen gerechten und pflichtmäßigen Krieg für euch übernommen, andere loben uns darum; tadeln können es nicht einmal die Spartaner; ja wir hatten selbst die Genehmigung der Götter, die uns den Sieg verliehen; und nun sollten wir wegen dem, was das Kriegsrecht mit sich brachte, verantwortlich sein? Doch uns geht dies größtenteils nichts an.* **13** *Was wir getan haben, ist, dass wir Leute zur Verantwortung zogen, die den Pöbel zu den Waffen gerufen, die Seestädte erobert, geplündert, die ersten Männer dort ermordet hatten.* **14** *Dass aber jene bei ihrem Eintritt in unser Lager umgebracht sind, das geht euch an, Areos und Alkibiades, die ihr jetzt, so die Götter wollen, unsere Kläger seid, nicht uns.* **15** *Spartanische Verbannte – unter ihnen waren ebenfalls diese beiden – standen auch damals in unserem Heer, und in dem Wahn, die Spartaner hätten es auf sie abgesehen. Weil sie sich in den Seestädten häuslich niedergelassen hatten, fielen sie über diejenigen her, auf welche sie erbittert waren, weil sie, schon durch sie aus dem Vaterlande verbannt, auch nicht einmal sicher in der Verbannung alt werden können.* **16** *Folglich waren die Mörder der Spartaner selbst Spartaner, nicht Achäer. Auch bedarf es hier der Frage nicht, ob sie mit Recht oder Unrecht hingerichtet wurden.*

(37) *„Aber“, sagt man, „so war doch das euer Werk, ihr Achäer, dass ihr die uralte Ordnung des Lykurgus abschafftet, dass ihr die Mauern schleiftet.“* **2** *Wie kann uns beides zugleich von denselben Menschen vorgeworfen werden, da nicht Lykurg den Spartanern Mauern gegeben hat, sondern diese vor wenigen Jahren ausgeführt sind, um die Ordnung Lykurgs zu vernichten?* **3** *Die Tyrannen haben sie ja erst neulich angelegt als Burg und Bollwerk für sich selbst, nicht für den Staat. Und stünde heute Lykurg von den Toten auf, freuen würde er sich über ihre Trümmer, würde gestehen, dass er nun erst seine Vaterstadt, sein altes Sparta wiedererkenne.* **4** *Nicht auf einen Philopoemen, nicht auf die Achäer musstet ihr warten, sondern selbst mit eigenen Händen musstet ihr Spartaner jede Spur der Tyrannei wegschaffen und zerstören.* **5** *Denn sie waren euch geblieben als die hässlichen Narben eurer Knechtschaft, und da ihr ohne Mauern beinahe 800 Jahre lang frei und einst sogar Griechenlands Haupt gewesen wart, so lagt ihr nun, mit euch umschlingenden Mauern, wie mit Fußeisen gefesselt, seit 100 Jahren in der Sklaverei.* **6** *Was die ihnen genommenen Gesetze betrifft, so denke ich, die alten Gesetze haben den Spartanern ihre Tyrannen genommen; nicht von uns sind ihnen die ihrigen genommen, die sie nicht mehr hatten, sondern die unsrigen gegeben;* **7** *und wir haben es mit ihrem Staat nicht schlecht gemeint, wenn wir ihn in unseren Gesamtbund aufnahmen, ihn uns einverleibten, so dass ich die ganze Peloponnes in einen Staatskörper, in einen Gesamtbund schloss, wenn wir selbst nach anderen Gesetzen lebten und wieder andere ihnen aufgebürdet hätten.* **8** *Dann, denke ich, könnten sie klagen und unwillig werden, dass sie mit uns nicht gleiche Verfassung hätten.* **9** *Mein bisheriger Vortrag – ich weiß es, Appius Claudius – ist nicht die Sprache eines verbündeten Volkes bei seinen Verbündeten, nicht die einer freien Nation, sondern die wahre Sprache der Sklaven, wenn sie ihre Sache vor ihre Herrschaft bringen.* **10** *Denn wenn jener Ausruf des Heroldes, durch welchen ihr uns Achäer vor allen anderen zuerst für frei erklärtet, nicht nichtig war, wenn unser Vertrag noch gültig ist, wenn auf Bündnis und Freundschaft gleiche Rücksicht für beide Teile genommen wird, warum werfe ich denn nicht die Frage auf, wie ihr Römer mit dem besiegten Capua verfahren seid, da ihr uns doch darüber zur Rechenschaft zieht, was wir Achäer als Sieger mit den Spartanern gemacht haben?* **11** *Es sind einige umgebracht worden, nimm an, wir hätten das getan, und? Habt ihr nicht die Senatoren von Capua hingerichtet?* **12** *Wir haben ihnen die Mauern geschleift. Ihr nahmt jenen nicht die Mauern allein, sondern Stadt und Land. Du antwortest:* **13** *„Das Bündnis ist nur dem Schein nach gleich; in der Tat gilt die Freiheit der Achäer*

nur bittweise, auf Seiten der Römer hingegen ist sogar der Oberbefehl.“ ***14*** *Das fühle ich, Appius, und klage nicht darüber, solange dies nicht Pflicht wird; allein ich bitte euch, lasst den Unterschied zwischen Römern und Achäern noch so groß sein, nur gebt euren und unseren Feinden mit uns, euren Bundesgenossen, nicht gleichen Rang bei euch, oder gar vor uns noch Vorrechte.* ***15*** *Denn dass sie uns gleichstehen sollten, haben wir bewirkt, als wir ihnen unsre Gesetze gaben, als wir es dahin brachten, dass sie zum achäischen Gesamtbund gehörten. Als Besiegte haben sie nicht genug an dem, was den Siegern genügt; als Feinde verlangen sie mehr, als die Bundesgenossen haben.* ***16*** *Was wir durch Eid, durch in Stein gehauene Denkschrift für ewige Zeiten geheiligt und geweiht haben, das wollen sie umstoßen, so dass sie zugleich uns dadurch meineidig machen.* ***17*** *Ja, wir verehren euch, ihr Römer, und wenn ihr es so wollt, wir fürchten euch auch; allein noch höher verehren und fürchten wir die unsterblichen Götter.* ***18*** Er hatte den Beifall des größten Teiles der Zuhörer und nach aller Meinung seiner hohen Würde gemäß geredet, so dass sich mit Sicherheit annehmen ließ, die Römer würden bei mildem Verfahren ihre Würde nicht behaupten können. ***19*** Da sagte Appius, er rate den Achäern ernstlich, solange ihnen nach eigenem Entschluss zu handeln noch frei stehe, hierbei einen Dank zu erwerben, um nicht dasselbe binnen Kurzem wider Willen und gezwungen zu tun. ***20*** Als sie diesen Ausspruch hörten, seufzten sie freilich alle, und doch schreckte er sie ab, das Befohlene zu verweigern. ***21*** Nur darum baten sie, die Römer möchten die Veränderungen, die sie hinsichtlich der Spartaner nötig fänden, selbst treffen, und den Achäern nicht dadurch ihr Gewissen beschweren, dass sie heilig beschworene Verordnungen selbst widerrufen müssten. Bloß das neulich gegen Areos und Alkibiades ausgesprochene Todesurteil wurde zurückgenommen.

(38) In Rom wurde im Anfang dieses Jahres, als über die Aufgabenbereiche der Konsuln und Prätoren verhandelt wurde, den Konsuln, weil sonst nirgends Krieg war, Ligurien bestimmt. ***2*** Von den Prätoren erloste Gaius Decimius Flavus die Rechtspflege in der Stadt, Publius Cornelius Cethegus die zwischen Bürgern und Fremden, ***3*** Gaius Sempronius Blaesus Sizilien, Quintus Naevius Matho Sardinien und zugleich die Untersuchungen über Giftmischereien, Aulus Terentius Varro das diesseitige, Publius Sempronius Longus das jenseitige Spanien. ***4*** Aus diesen beiden Provinzen trafen ungefähr um dieselbe Zeit die Unterfeldherren Lucius Juventius Tholna und Titus Quinctilius Varus ein. ***5*** Nachdem sie dem Senat die Wichtigkeit des nun beendeten spanischen Krieges auseinandergesetzt hatten, beantragten sie zugleich, für diese so glücklichen Erfolge den unsterblichen Göttern ein Dankfest zu widmen und die Prätoren zur Abführung des Heeres zu bevollmächtigen. Das Dankfest wurde auf zwei Tage festgesetzt. ***6*** Das Gesuch über die abzuführenden Legionen sollten sie wieder zum Vortrag bringen, wenn den Konsuln und Prätoren ihre Heere bestimmt würden. ***7*** Wenige Tage darauf wurden für Ligurien jedem Konsul zwei Legionen angewiesen, welche bisher Appius Claudius und Marcus Sempronius gehabt hatten. ***8*** Über die Heere für Spanien kam es zwischen den neuen Prätoren und den Freunden der abwesenden, des Calpurnius und Quinctius, zu einem heftigen Streit. ***9*** Auf beiden Seiten waren Volkstribunen, auf beiden ein Konsul. Die einen erklärten, sie würden gegen den Senatsbeschluss Einsprache erheben, wenn man die Abführung der Heere bewilligte; die anderen, wenn es zu dieser Einsage käme, würden sie keinen Beschluss über sonst irgendetwas zustande kommen lassen. ***10*** Am Ende war doch der Einfluss der Abwesenden der schwächere, und der Senatsbeschluss fiel so aus: Die beiden Prätoren hätten jeder 4000 Römer zu Fuß nebst 400 Reitern und 5000 verbündete Latiner zu Fuß nebst 500 Reitern auszuheben, um sie nach Spanien mitzunehmen. ***11*** Wenn sie diese in die vier Legionen eingeschrieben hätten, sollten sie bei jeder Legion die Überzähligen über 5000 zu Fuß und 300 zu Pferd entlassen, zuerst die, welche ihre Dienstjahre schon hinter sich hätten, ***12*** dann, je nachdem jeder dem Calpurnius und Quinctius in der Schlacht die besten Dienste geleistet habe.

(39) Dieser Streit war beigelegt, und sogleich veranlasste der Tod des Prätors Gaius Decimius einen neuen. *2* Um seine Stelle bewarben sich Gnaeus Sicinius und Lucius Puvius, die im vorigen Jahr Ädilen gewesen waren, auch Gaius Valerius, Jupiters Eigenpriester, und Quintus Fulvius Flaccus; und dieser, weil er schon erwählter kurulischer Ädil war, zwar nicht in der weißen Toga des Bittenden, aber mit größerer Zudringlichkeit als alle Übrigen. *3* Er hatte es mit dem Eigenpriester auszumachen. Als er diesem anfangs gleichzukommen, bald sogar ihm überlegen zu sein schien, behauptete ein Teil der Volkstribunen, auf ihn müsse keine Rücksicht genommen werden, *4* weil er in einer Person zwei Stellen zugleich, noch dazu adlige, weder annehmen noch verwalten könne. Andere meinten, man müsse ihn von der Verbindlichkeit gegen die Gesetze lossprechen, damit es dem Volk freistehe, zum Prätor zu wählen, wen es wolle. *5* Der Konsul Lucius Porcius hielt sich anfangs bloß an seine eigene Meinung, den Namen des Fulvius nicht anzunehmen. *6* Nachher berief er, um auch mit Zustimmung des Senates so handeln zu können, die Väter und sagte ihnen, er habe ihnen mitzuteilen, da ein ernannter kurulischer Ädil gegen alles Recht und zu einem mit einem Freistaateunverträglichen Beispiel sich um die Prätur bewerbe, so wolle er bei dieser Wahl, wenn sie nicht anderer Meinung wären, sich an das Gesetz halten. *7* Die Väter stimmten dahin, der Konsul Lucius Porcius solle mit Quintus Fulvius reden, dass er der gesetzmäßigen Wahl eines in die Stelle des Gaius Decimius einzusetzenden Prätors nicht hinderlich sein möge. *8* Auf die kraft Senatsbeschlusses ihm gemachten Eröffnungen erklärte Flaccus dem Konsul, er werde nichts tun, was seiner unwürdig sei. Durch diese doppelsinnige Antwort machte er denen, die sie nach ihren Wünschen auslegten, Hoffnung, er werde dem Ansehen des Senates nachgeben. *9* Auf dem Wahltag aber warb er nun noch dringender als zuvor, nicht ohne klägerische Rüge, dass der Konsul und der Senat ihm die Wohltat des römischen Volkes entzögen und ihn wegen doppelter Amtsbewerbung verhasst machten, als ob es sich nicht von selbst verstünde, dass er in dem Augenblick, wo er zum Prätor ernannt sei, das Ädilenamt niederlegen werde. *10* Als der Konsul ihn immer eifriger werben sah, und wie die Gunst des Volkes immer mehr und mehr sich zu ihm neigte, entließ er die Wahlversammlung und berief den Senat. Die Stimmenmehrheit tat den Ausspruch, weil sich Flaccus der Willenserklärung der Väter nicht gefügt habe, so müsse man mit Flaccus vor dem Volk verhandeln. *11* Der Konsul machte ihm seine Vorstellungen vor der berufenen Volksversammlung. Er aber, auch jetzt noch nicht anderen Sinnes, brachte seine Danksagungen vor, dass ihn Roms Volk, so oft es jetzt auch Gelegenheit finde, seine Gesinnung zu erklären, mit so viel Liebe zum Prätor habe ernennen wollen. *12* Er habe nicht im Sinn, seine Mitbürger bei dieser ihrer Liebe zu ihm von seiner Seite im Stich zu lassen. Diese feste Erklärung erwarb ihm vollends eine so große Zuneigung, dass er offenbar Prätor war, sobald sich der Konsul dazu verstand, den Namen Fulvius mit auf die Liste zu setzen. *13* Der Streit der Tribunen untereinander und mit dem Konsul wurde heftig. *14* Endlich berief der Konsul den Senat, und dieser erklärte, weil die Hartnäckigkeit des Quintus Flaccus und die verkehrten Bemühungen der Leute für ihn die gesetzmäßige Ernennung eines nachzuwählenden Prätors verhinderten, so erkenne der Senat, man habe Prätoren genug. *15* Publius Cornelius solle in der Stadt beiderlei Rechtspflege haben und die Feier der Apollinischen Spiele besorgen.

(40) Durch Klugheit und Festigkeit hatte der Senat diese Wahl vereitelt. Da veranlasste eine andere einen desto größeren Streit, je wichtiger der Gegenstand und je größer die Zahl und der Einfluss der Männer war, die ihn führten. *2* Mit der größten Anstrengung bewarben sich um die Zensur Lucius Valerius Flaccus, Publius und Lucius Scipio, Gnaeus Manlius Vulso, Lucius Furius Purpureo als Adlige; *3* die Bürgerlichen waren Marcus Porcius Cato, Marcus Fulvius Nobilior, Tiberius und Marcus Sempronius, jener mit dem Beinamen Longus, dieser Tuditanus. Aber vor allen Adligen und Bürgerlichen der angesehensten Geschlechter hatte Marcus Porcius bei Weitem

den Vorzug. *4* In diesem Mann hatten Mut und Geist eine solche Kraft, dass es schien, er hätte, auf welcher Stufe er geboren sein möchte, sich seinen Stand selbst geschaffen. Zur Führung der Privat- oder Staatsangelegenheiten fehlte ihm kein Geschick. Die Geschäfte in der Stadt und auf dem Land verstand er gleich gut. *5* Zu den höchsten Ehrenstellen hat andere ihre Kenntnis des Rechtes, andere ihre Beredsamkeit, noch andere ihr Ruhm im Feld gebracht. Er aber hatte für das alles zugleich eine solche Gewandtheit des Geistes, dass man hätte sagen mögen, er sei einzig für das, was er jedes Mal betrieb, geboren. *6* Im Krieg von der größten persönlichen Tapferkeit und durch viele ausgezeichnete Gefechte berühmt, war er, als er zu den hohen Stellen gelangte, der größte Feldherr, war ebenso im Frieden, wenn man ihn über das Recht zu Rate zog, der größte Rechtskundige, und galt es eine Rede vor Gericht, der größte Redner; *7* und nicht etwa so, dass seine Vorträge zwar bei seinem Leben gewirkt, aber kein Denkmal ihrer Kraft hinterlassen hätten, nein, noch lebt und wirkt seine Beredsamkeit, durch Schriften aller Art geheiligt. Noch haben wir viele Reden von ihm, zu seiner eigenen und zu anderer Verteidigung gehalten, auch gegen andere. *8* Denn er demütigte seine Feinde nicht bloß durch Anklagen, sondern auch durch Verteidigungsreden. *9* Nur hielten ihn zu viele Feindschaften in Spannung, so wie er sie; und es ist nicht leicht zu bestimmen, ob der Adel mehr ihn gedrückt, oder ob er den Adel mehr gehetzt habe. *10* Er hatte ohne Zweifel eine raue Zunge, eine scharfe Zunge und eine Freimütigkeit ohne Maß, aber sein Geist unbesiegbar jeder Begierde, von unbiegsamer Rechtschaffenheit, der Gunst, des Reichtums Verächter. *11* In Sparsamkeit, in Ausdauer gegen Arbeit und Gefahr war er an Körper und Geist ich möchte sagen der Eiserne; konnte doch sogar das Alter, das sonst alles auflöst, ihn nicht brechen, *12* führte er doch noch in seinem 86. Jahr seinen Rechtsstreit selbst, verteidigte sich in einer Rede und setzte sie auf, zog er doch nach in seinem 90. Jahr den Servius Galba vor das Volksgericht.

(41) Ihn wollte, so wie in seinem ganzen Leben, besonders bei dieser Bewerbung der Adel niederhalten; und alle Bewerber, seinen gewesenen Mitkonsul Lucius Flaccus ausgenommen, hatten sich zusammengetan, um ihm die Stelle zu versperren, *2* nicht allein um sie lieber selbst zu erlangen, oder aus Unwillen, in einem Emporkömmlinge den Zensor zu sehen, sondern auch weil sie eine strenge Führung der Zensur und Gefahr für die Ehre so vieler von einem Mann erwarteten, den die meisten gekränkt hatten, und dessen Wunsch es war, ihnen zu schaden. *3* Denn selbst jetzt warb er in drohendem Ton und ließ sie den Vorwurf hören, dass ihm alle die entgegenarbeiteten, die vor einer freien und mannhaften Zensur sich fürchteten. *4* Zugleich sagte er zur Empfehlung des Lucius Valerius, nur mit diesem einen als Kollegen sei es ihm möglich, die neuen Schandtaten zu strafen und die alten Sitten wiederherzustellen. Die Bürger, hierdurch angefeuert, wählten nicht allein den Marcus Porcius bei allem Widerstand des Adels zum Zensor, sondern gaben ihm auch den Lucius Valerius Flaccus zum Amtsgenossen.

5 Als die Zensorenwahl vollzogen war, gingen die Konsuln und Prätoren auf ihre Standorte ab, Quintus Naevius ausgenommen, denn ihn hielten bis zu seinem Abgang nach Sardinien vier Monate lang die Untersuchungen über die Giftmischereien zurück, die er größtenteils, weil es so passender schien, außerhalb der Stadt in den Freistädten und Marktplätzen abhielt. *6* Will man Valerius Antias glauben, so verurteilte Naevius gegen 2000 Menschen. Auch zog der Prätor Lucius Postumius, welcher zu seinem Standort Tarent bekommen hatte, eine Menge Hirten wegen Verschwörungen zur Strafe und betrieb die Verfolgung der Untersuchung über die Bacchanalien mit aller Sorgfalt. *7* Eine Menge Menschen, die entweder auf die Vorladung nicht gekommen oder ihren Bürgen davongegangen waren und sich in dieser Gegend Italiens verbargen, erklärte er für schuldig oder schickte sie als Verhaftete nach Rom an den Senat. Sie wurden alle von Publius Cornelius in den Kerker geworfen.

(42) Im jenseitigen Spanien herrschte Ruhe, weil die Lusitanier im letzten Krieg gedemütigt waren. Im diesseitigen eroberte Aulus Terentius die Stadt Corbia im suessetanischen Gebiet durch Annäherungshütten und Belagerungswerke und verkaufte die Einwohner zu Sklaven. Nun hatten auch auf dem diesseitigen Posten die Winterquartiere Ruhe. *2* Die früheren Prätoren, Gaius Calpurnius Piso und Lucius Quinctius gingen nach Rom zurück. Beiden wurde mit großer Übereinstimmung seitens der Väter der Triumph zuerkannt. *3* Zuerst triumphierte Gaius Calpurnius über die Lusitanier und Keltiberer. Er brachte 83 goldene Kränze mit und 12 000 Pfund Silber. *4* Wenige Tage darauf triumphierte Lucius Quinctius Crispinus ebenfalls über die Lusitanier und Keltiberer. In diesem Triumph wurde ebensoviel Gold und Silber aufgeführt. *5* Nun erfolgte unter banger Erwartung die Musterung des Senats durch die Zensoren Marcus Porcius und Lucius Valerius. Sie stießen sieben aus, und unter diesen einen, durch Adel und Ehrenämter hervorragend, den Konsular Lucius Quinctius Flamininus. *6* Es soll zu unserer Väter Zeiten Sitte geworden sein, dass die Zensoren dem Namen der aus dem Senat Gestoßenen die Rüge dazu schrieben. Von Cato hingegen sind ganze Reden voll Bitterkeit freilich auch gegen andere vorhanden, denen er entweder den Senatorenrang oder das Ritterpferd nahm; *7* allein bei Weitem die heftigste ist die Rede gegen Lucius Quinctius, und hätte er sie noch vor der zensorischen Rüge nur als Ankläger, nicht als Zensor nach dieser Rüge gehalten, so hätte sie doch selbst Titus Quinctius, wenn er jetzt Zensor gewesen wäre, seinem eigenen Bruder Quinctius nicht im Senat halten können. *8* Unter anderen wirft er ihm vor, er habe seinen geliebten und bekannten Schandbuben, den Punier Philippus, durch die Hoffnung auf große Geschenke überredet, ihm von Rom nach seinem Standort Gallien zu folgen. *9* Dieser Bube habe dem Konsul, den er aus Mutwillen neckte, oft einen Vorwurf daraus gemacht, dass er sich, um mit seinen Gefälligkeiten immer für den Liebhaber bereit zu sein, gerade gegen die Zeit der Fechterspiele von Rom habe müssen wegführen lassen. *10* Einst sei beim Schmaus, als der Wein sie schon erhitzt hatte, während der Tafel gemeldet, dass ein vornehmer Boier als Überläufer mit seiner Familie angekommen sei. Er wünsche den Konsul zu sprechen, um die Zusicherung des Schutzes von ihm in Person zu erhalten. *11* Nach seiner Einführung in das Zelt habe er angefangen, durch einen Dolmetscher mit dem Konsul zu sprechen. Mitten in der Rede des Mannes fragte Quinctius seinen Buben: *Hast du Lust, weil du doch die Augenweide des Fechterspieles hast im Stich lassen müssen, jetzt diesen Gallier sterben zu sehen? 12* Und er hatte kaum in halbem Ernst dazu genickt, als der Konsul auf den Wink eines Schandbuben sein Schwert zog, das über seinem Kopf hing, dem Gallier während seiner Rede zuerst einen Hieb auf den Kopf gab, und als er fliehend den römischen Staat und alle Anwesenden zu seinem Schutz aufrief, ihn durchbohrte.

(43) Valerius Antias führt uns das Stück, weil er vielleicht die Rede des Cato nicht gelesen hatte und sich nur an eine unverbürgte Sage hielt, nach einem andern Inhalt auf, der aber, was Unzucht und Grausamkeit betrifft, jenem ähnlich ist. *2* Er berichtet, Quinctius habe zu Placentia eine berüchtigte Person, in die er unsterblich verliebt war, zu seinem Schmaus holen lassen. Hier habe er, um gegen seine Dirne großzutun, unter anderen erzählt, wie scharf es bei seinen Untersuchungen hergegangen sei, und wie viele zum Tod Verurteilte er in Haft habe, deren Köpfe unter dem Beil fallen sollten. *3* Da habe sie, die ihm zur Linken zu Tisch lag, gesagt, sie habe noch nie mit dem Beil köpfen sehen und möchte es gern einmal sehen. Und nun habe der gefällige Liebhaber einen von jenen Unglücklichen herbeischleppen und mit dem Beil enthaupten lassen. *4* Mag die Tat auf die Art begangen sein, wie sie ihm der Zensor vorgeworfen hat, oder wie sie Valerius berichtet, so bleibt es immer grausam und abscheulich, wenn beim Becher und beim Mahl, wo es Sitte ist, den Göttern ihren Anteil zu weihen und Segenswünsche zu sprechen, einem

frechen, unzüchtigen Geschöpf, das dem Konsul in den Armen lag, zur Augenweide ein Mensch als Opfertier geschlachtet und die Tafel mit Blut bespritzt wird.

5 Am Ende der Rede Catos wird dem Konsul die Bedingung gestellt, dass, wenn er die Tat leugne und anderes, was er ihm vorwerfe, er nach Verbürgung einer Geldsumme sich verteidigen solle. Gestehe er sie aber ein, ob er dann glaube, dass seine Beschimpfung irgendjemandem nahegehen werde, da er selbst, von Wein und Liebe sinnlos, mit dem Blut eines Menschen bei einem Schmaus gespielt habe.

(44) Bei der Musterung der Ritter wurde dem Lucius Scipio Asiagenes das Pferd genommen. Auch bei der Annahme des steuerbaren Vermögens war diese Zensur streng und hart gegen alle Stände. ***2*** Was an weiblichen Putzsachen, Kleidungsstücken und Wagen mehr als 15 000 As kostete, das mussten die Listenführer als zur Vermögenssteuer gehörig in Rechnung bringen. ***3*** Ferner alle Leibeigenen unter 20 Jahren, welche seit der letzten Schätzung mit 10 000 As oder noch höher bezahlt waren, mussten zu dem zehnfach erhöhten Einkaufspreis angerechnet und alle diese Dinge mit einer Steuer von drei As vom Tausend belegt werden. ***4*** Die Zensoren nahmen den Privatleuten alles Wasser, was diese aus öffentlichen Leitungen in ihre Häuser oder auf ihre Ländereien geleitet hatten, und wo ein Privatmann mit seinem Haus oder aufgeführten Werk in öffentlichen Grund und Boden hineingebaut war, musste er es in 30 Tagen wegnehmen lassen. ***5*** Die Arbeiten, die sie dann von einer ihnen hierzu ausgesetzten Summe in Verding gaben, waren die Pflasterung der Wasserbehälter, die Reinigung der Abführungskanäle, wo sie nötig war, und die Anlegung neuer auf dem Aventin und in anderen Teilen der Stadt, welche bisher noch keine hatten. ***6*** Ein besonderes Werk des Flaccus war ein Damm nach Aquae Neptuniae als künftiger Weg für jedermann und eine Heerstraße über den Formianischen Berg. ***7*** Cato kaufte dem Staat zwei Säulenhallen, die Manische und die Titische bei den Steinbrüchen, nebst vier Läden, und führte hier die nachher sogenannte Porcische Basilika auf. Die Zollpachten brachten sie gegen die höchsten Gebote unter, die Zahlungen aus der Staatskasse gegen die niedrigste Forderung. ***8*** Als der Senat, veranlasst durch die Bitten und Tränen der Pächter, die Pachtverträge aufzuheben und eine neue Verpachtung vorzunehmen befahl, schlossen die Zensoren durch eine Bekanntmachung diejenigen, welche die erste Verpachtung rückgängig gemacht hatten, von den Bietenden aus und verpachteten alles wieder zu einem etwas herabgesetzten Preis. ***9*** Diese Zensur wurde berühmt und veranlasste viele Feindschaften, die dem Marcus Porcius, dem man diese Strenge zuschrieb, sein ganzes Leben hindurch zu schaffen machten.

10 In diesem Jahr wurden auch zwei Kolonien, die eine in das picenische Gebiet nach Potentia, die andere in das gallische Gebiet nach Pisaurum abgeführt. Jedem Siedler wurden sechs Morgen Land angewiesen. Die Landverteilung sowie die Abführung der Siedler hatten in beiden dieselben Dreimänner, Quintus Fabius Labeo und Marcus und Quintus Fulvius, jener mit Zunamen Flaccus, dieser Nobilior. ***11*** Die Konsuln dieses Jahres verrichteten weder zu Hause noch im Feld etwas Denkwürdiges.

(45) Für das folgende Jahr wählten sie den Marcus Claudius Marcellus und den Quintus Fabius Labeo zu Konsuln. Am 15. März, dem Antrittstag ihres Konsulats, brachten Marcus Claudius und Quintus Fabius die Verteilung der Standorte unter sie und die Prätoren zum Vortrag. ***2*** Die gewählten Prätoren waren Gaius Valerius, Jupiters Eigenpriester und schon im vorigen Jahr Bewerber um die Prätur, ferner Spurius Postumius Albinus und Publius Cornelius Sisenna, Lucius Pupius, Lucius Julius und Gnaeus Sicinius. ***3*** Den Konsuln wurde zu ihren Aufgaben Ligurien mit denselben Heeren bestimmt, die Publius Claudius und Lucius Porcius gehabt hatten. ***4*** Beide Spanien wurden, ohne darum zu losen, den vorjährigen Prätoren nebst ihren Heeren gelassen. Die Prätoren mussten so losen, dass dem Eigenpriester Jupiters die eine der beiden Rechtspflegen

zu Rom vorbehalten blieb. Er zog die über die Fremden. *5* Cornelius Sisenna traf die in der Stadt, Spurius Postumius Sizilien, Lucius Pupius Apulien, Lucius Julius Gallien, Gnaeus Sicinius Sardinien. *6* Lucius Julius bekam Befehl zu eilen, denn die Gallier jenseits der Alpen waren, wie oben gesagt wurde, durch die Gebirgspässe eines vorher unbekannten Weges nach Italien gekommen und erbauten auf dem Gebiet, das jetzt zu Aquileia gehört, eine Stadt. *7* Der Prätor erhielt den Auftrag, soviel ihm ohne Krieg möglich sein würde, sie hieran zu hindern. Müssten sie mit bewaffneter Macht abgehalten werden, so möge er die Konsuln benachrichtigen. Dann sollte der eine von ihnen die Legionen gegen die Gallier führen.

8 Am Ende des vorigen Jahres hatte das Augurenkollegium einen erledigten Platz besetzt; an die Stelle des verstorbenen Gnaeus Cornelius Lentulus wurde Spurius Postumius Albinus gewählt.

(46) Im Anfang dieses Jahres starb der Oberste Priester Publius Licinius Crassus. An seine Stelle wählte das Kollegium Marcus Sempronius Tuditanus zum Oberpriester; Oberster Priester aber wurde Casus Servilius Geminus. *2* Bei der Leichenfeier des Publius Licinius fand eine Fleischverteilung statt. 120 Gladiatoren kämpften; drei Tage lang wurden Leichenspiele angestellt, und nach den Spielen ein Gastmahl gegeben. *3* Als hierzu der ganze Markt schon mit Gästen besetzt war, nötigte ein Ungewitter, das unter großen Stürmen ausbrach, die meisten, auf dem Markt Zelte aufzuschlagen, *4* die aber bald darauf, als es sich von allen Seiten aufklärte, wieder weggenommen wurden. Und sie glaubten ganz allgemein, sie hätten nun überstanden, was die Seher als Verhängnis verkündet hatten, es müssten Zelte auf dem Markt errichtet werden. *5* Als sie sich dieser frommen Besorgnis entledigt sahen, waren sie von einer andern befallen, weil es zwei Tage lang auf dem Vulcanusplatz Blut geregnet haben sollte. Und die Zehnmänner hatten zur Sühne dieses Schreckzeichens einen Bettag angesagt.

6 Bevor die Konsuln nach ihren Standorten aufbrachen, führten sie die über das Obere Meer gekommenen Gesandtschaften in den Senat ein; nie waren vorher in Rom so viel Menschen aus jenen Gegenden gewesen. *7* Denn seitdem sich unter den Völkern, welche an Makedonien grenzen, das Gerücht verbreitet hatte, dass man zu Rom die Beschuldigungen und Klagen gegen Philipp nicht gleichgültig anhöre, dass manche sogar von ihren Klagen Vorteil gehabt hätten, *8* meldeten sich in Rom Städte und Völkerschaften, jede in ihrer Angelegenheit, ja auch einzelne in ihrer eigenen Sache – denn er war ihnen allen ein lästiger Nachbar –, entweder in der Hoffnung, die Bedrückung gemildert zu sehen, oder doch Trost für ihre Tränen zu finden. *9* Auch vom König Eumenes kam eine Gesandtschaft mit seinem Bruder Athenaeos, um Klage zu führen, dass die Besatzungen noch nicht aus Thrakien abgeführt würden, und dass Philipp Prusias zum Krieg gegen Eumenes Hilfstruppen nach Bithynien geschickt habe.

(47) Auf das alles sollte nun der noch sehr jugendliche Demetrius antworten, da es gar nicht leicht war, bald die ihm gemachten Vorwürfe, dann wieder, was er darauf zu erwidern hatte, ins Gedächtnis zu fassen. *2* Denn es waren nicht allein viele Punkte, sondern größtenteils sehr unbedeutende; es waren Grenzstreitigkeiten, Klagen über geraubte Menschen und weggetriebene Herden, über willkürlich gesprochenes oder gar nicht gesprochenes Recht, über Entscheidungen durch Machtsprüche oder nach Gunst. *3* Da der Senat einsah, dass Demetrius über keinen dieser Punkte eine klare Darstellung geben und er selbst von ihm die gehörige Aufklärung nicht erwarten könne, zugleich auch den Jüngling wegen seiner Unerfahrenheit und Verwirrung bedauerte, ließ er bei ihm anfragen, ob er hierüber von seinem Vater nichts Schriftliches erhalten habe. *4* Der Prinz bejahte es, und nun fand man nichts für nötiger und dienlicher, als sich des Königs eigene Beantwortung der einzelnen Punkte geben zu lassen. Man verlangte die Schrift vom Sohn, überließ es ihm aber nachher, sie selbst vorzulesen. *5* Bei jedem Punkt hatte Philipp die Gründe kurz zusammengestellt, so dass er bei einigen nachwies, er habe so nach den Verfügungen der

Abgeordneten gehandelt; bei anderen, wenn er nicht so gehandelt habe, liege dies nicht an ihm, sondern an den Klägern selbst. *6* Hin und wieder hatte er auch Klagen über die Unbilligkeit der Verfügungen angebracht, wie man sich in der Auseinandersetzung vor Caecilius so wenig unparteiisch gezeigt habe, und wie empörend er und ohne all sein Verschulden verhöhnt worden sei. *7* Diese Beweise von Erbitterung merkte sich der Senat. Da indes der Prinz einige Punkte entschuldigte, bei anderen sich verbürgte, es solle so geschehen, wie es der Senat am liebsten wolle, beschloss man, die Antwort so abzufassen: *8* Sein Vater habe in keinem Punkt mehr recht gehandelt und mehr dem Willen des Senates gemäß, als dass er, wie es sich auch um die geschehenen Dinge verhalten möge, durch seinen Sohn Demetrius den Römern habe Genugtuung geben wollen. *9* Die Väter könnten von der Vergangenheit manches nicht wissen wollen, manches vergessen, manches ertragen; sie glaubten auch, dass Demetrios Glauben verdiene. Denn noch sei ihnen seine Liebe als Geisel geblieben, obgleich sie die Person dem Vater zurückgegeben hätten *10* und sie wüssten, dass er ein Freund der Römer sei, soweit er es ohne Verstoß gegen die kindliche Liebe sein könne. *11* Aus ehrenvoller Rücksicht auf ihn wollten sie Gesandte nach Makedonien schicken, damit dies oder jenes, was nicht so geschehen sei, wie es hätte geschehen sollen, sich auch jetzt noch ohne Sühne für das Vergangene nachholen lasse. Auch wünschten sie, der König möge darin, dass es mit Roms Freundschaft gegen ihn völlig beim Alten bleibe, ein Verdienstliches Werk seines Sohnes Demetrius erkennen.

(48) Gerade das, was man getan hatte, um dem jungen Mann einen höheren Wert zu geben, veranlasste sogleich Hass gegen ihn und bald sogar sein Verderben.

2 Nun wurden die Spartaner in den Senat geführt. Hier kamen viele und unbedeutende Streitigkeiten zur Sprache. Die Hauptsache aber war, ob die von den Achäern Verurteilten wieder eingesetzt werden sollten oder nicht, ob sie die Getöteten unrechtmäßig oder mit Recht getötet hätten. *3* Auch handelte es sich um die Frage, ob die Spartaner im Achäischen Bund bleiben oder ob sie wie vormals der einzige Staat in der Peloponnes sein sollten, der seine besondere Verfassung habe. *4* Es wurde beschlossen, die Verurteilten sollten wieder eingesetzt und die gegen sie ergangenen Urteile widerrufen werden; Sparta solle im Achäischen Bund bleiben, dieser Beschluss gefasst und von den Spartanern und Achäern unterzeichnet werden. *5* Als Gesandter nach Makedonien musste Quintus Marcius gehen. Zugleich erhielt er Befehl, sich in der Peloponnes über die Lage der Bundesgenossen zu unterrichten. Denn auch hier waren noch Unruhen die nachgebliebene Folge der ehemaligen Uneinigkeit, und Messene war vom Achäischen Bund abgefallen. *6* Wollte ich die Ursachen und den Gang dieses Krieges darlegen, so müsste ich den Vorsatz vergessen, der mich bestimmte, die Angelegenheiten des Auslandes nur insoweit zu berühren, als sie mit der römischen Geschichte zusammenhängen.

(49) Allein sein Ausgang war merkwürdig, weil Philopoemen, der Bundeshauptmann der Achäer, obgleich sie im Feld Sieger waren, in Gefangenschaft geriet, da ihn die Feinde auf seinem Weg nach Korone – das er, weil sie dagegen anrückten, früher besetzen wollte – in einem engen Tal mit seiner kleinen Anzahl Reiter überfielen. *2* Man sagt, er für seine Person habe unter der Bedeckung von Thrakern und Kretern entkommen können. Allein das Schamgefühl, seine Reiter, die edelsten im Volk, zu verlassen, die er selbst erst neulich ausgesucht hatte, hielt ihn zurück. *3* Während er selbst durch Zusammenhalten des Zuges ihnen den Ausweg aus dem engen Pass ermöglichte und dem Angriff der Feinde standhielt, stürzte sein Pferd. *4* Und von seinem eigenen Fall und von der Last des über ihn hingesunkenen Tieres blieb er fast auf der Stelle tot, schon ein siebzigjähriger Mann, dessen Kräfte durch eine lange Krankheit, von der er sich kaum erholt hatte, noch sehr geschwächt waren. *5* In dieser Lage bemächtigten sich seiner die über ihn herstürzenden Feinde, und als sie ihn erkannten, hoben sie ihn gleich zuerst aus Achtung und

Erinnerung an seine Verdienste auf, als wäre er ihr eigener Feldherr, brachten ihn wieder zu sich und trugen ihn aus dem abgelegenen Tal auf die Heerstraße, indem sie vor unerwarteter Freude kaum sich selber trauten. ***6*** Andere schickten Boten nach Messene mit der Nachricht, der Krieg sei zu Ende, sie brächten den Philopoemen gefangen.

7 Zuerst schien die Sache so unglaublich, dass man den Boten nicht bloß für einen Lügner, sondern kaum für bei Sinnen hielt. Als aber einer über den andern, alle mit derselben Nachricht ankamen, fand sie endlich Glauben, ***8*** und ehe sie noch mit Sicherheit wussten, ob auch der Zug der Stadt schon näher komme, strömten alle zu diesem Schauspiel hinaus, Freie und Sklaven, Kinder und Frauen. ***9*** Daher stopften die Haufen von Menschen das Tor, weil es jedem für seine Person so vorkam, als könnte er das große Ereignis kaum fassen, wenn er es nicht seinen eigenen Augen glauben müsste. ***10*** Nur mit Mühe durch die Entgegeneilenden sich durchdrängend, kamen die, welche Philopoemen brachten, ins Tor. Ein ebenso dichter Volksschwarm hatte den übrigen Weg gesperrt. Und da der größte Teil vom Anblick ausgeschlossen war, besetzten sie geschwind das nahe an der Straße stehende Schauspielhaus und riefen alle einstimmig, Philopoemen solle dem Volk zur Schau hierher gebracht werden. ***11*** Die Obrigkeit und die Vornehmen, aus Besorgnis, das Mitleid mit einem so großen Mann könne, wenn er vor den Leuten dastünde, einen Aufruhr veranlassen, wenn die einen durch die Ehrfurcht vor seiner ehemaligen Größe im Vergleich mit seinem gegenwärtigen Schicksal, die anderen durch die Erinnerung an seine großen Verdienste sich rühren ließen, stellten ihn den Zuschauern nur in einiger Ferne auf. ***12*** Bald wurde er ihren Augen plötzlich wieder entzogen, und der Prätor Dinokrates sagte, die Obrigkeit wolle ihn über einige den Krieg betreffende Punkte hören. Er wurde von hier auf das Rathaus geführt, der Senat berufen, und die Beratung begann.

(50) Schon kam der Abend heran, und sie hatten noch nichts von allem ins Reine gebracht, nicht einmal das, wo sie ihn für die nächste Nacht mit völliger Sicherheit verwahren könnten. ***2*** Vor der Größe seines ehemaligen Glückes und seiner Tapferkeit waren sie in Staunen geraten, und niemand wagte es, ihn zur Bewachung selbst zu sich ins Haus zu nehmen, und getraute sich doch nicht, irgendeinem Einzelnen die Bewachung zu übertragen. ***3*** Da erinnerten einige daran, man verwahre ja den öffentlichen Schatz unter der Erde in einer Einfassung von Quadersteinen. Hier ließ man ihn gebunden hinab, und der Deckel, ein ungeheurer Stein, wurde vermittels eines Hebewerkzeuges darübergelegt. ***4*** In der Überzeugung, sich bei diesem Gefangenen lieber auf den Ort verlassen zu müssen als auf irgendeinen Menschen, erwarteten sie den folgenden Morgen. ***5*** Die unverdorbene Volksmenge, eingedenk der ehemaligen Verdienste des Mannes, selbst um ihren Staat, stimmte dafür, ihn zu schonen und durch ihn eine Abhilfe für ihre gegenwärtigen Leiden zu suchen. ***6*** Allein die Urheber des Abfalls, in deren Hand die Regierung war, waren in ihren geheimen Beratungen alle über seinen Tod einig, und nur darüber ungewiss, ob sie ihn beschleunigen oder aufschieben sollten. ***7*** Die mordgierige Partei behielt die Oberhand, und das Gift wurde ihm durch einen Abgeschickten überbracht. Als er den Becher erhalten hatte, soll er weiter nichts gesagt, sondern bloß gefragt haben, ob Lykortas – dies war der andere Feldherr der Achäer – und die Reiter sich glücklich gerettet hätten. ***8*** Als man ihm dies versicherte, sagte er: *Dann steht alles gut.* Er trank den Becher unerschrocken aus und starb kurz darauf. ***9*** Über seinen Tod freuten sich die, deren Werk diese Grausamkeit war, nicht lange. Das besiegte Messene lieferte den Achäern auf ihre Forderung die Schuldigen aus und gab Philopoemens Gebeine zurück. Bei seinem Begräbnis folgte der ganze achäische Landtag, und man überhäufte ihn so mit aller Art menschlicher Ehre, dass man es sogar an göttlicher nicht fehlen ließ. ***10*** Griechische und lateinische Geschichtsschreiber legen diesem Mann einen so hohen Wert bei, dass es einige von ihnen, gleichsam zur kenntlichen Bezeichnung dieses Jahres, der Nachwelt aufbewahrt haben, es

wären in diesem Jahr drei berühmte Feldherren mit Tod abgegangen, Philopoemen, Hannibal und Publius Scipio. ***11*** So sehr setzten sie ihn den größten Feldherren der beiden mächtigsten Staaten gleich.

(51) Zu König Prusias, welchen nicht nur die Aufnahme Hannibals nach dem Sieg über Antiochos, sondern auch der gegen Eumenes unternommene Krieg den Römern verdächtig machte, kam Titus Quinctius Flamininus als Gesandter. ***2*** Hatte hier entweder Flamininus dem Prusias unter anderen Vorwürfen auch den gemacht, dass er den Mann bei sich dulde, der unter allen lebenden Menschen Roms erbittertster Feind sei, der zuerst sein Vaterland, und als dies seine Kräfte aufgeopfert hatte, den König Antiochos gegen Rom zum Krieg beredet, ***3*** oder hatte Prusias sich aus eigenem Antrieb entschlossen, um sich seinem Gast Flamininus und den Römern gefällig zu machen, den Hannibal hinzurichten oder auszuliefern? Genug, gleich nach der ersten Unterredung mit Flamininus wurden Soldaten abgeschickt, um das Haus Hannibals zu bewachen. ***4*** Einem solchen Ausgang seines Lebens hatte Hannibal im Geist beständig entgegengesehen, weil er den unversöhnlichen Hass der Römer gegen ihn kannte, und auf die Zuverlässigkeit der Großen baute er fast gar nicht. Vom Leichtsinn eines Prusias hatte er ohnehin schon Beweise, und gleich in der Ankunft des Flamininus hatte er den Vorboten seines Todes geahnt. ***5*** Um bei allen diesen ihn von allen Seiten umringenden Gefahren immer noch einen Ausweg zur Flucht offen zu behalten, hatte er seinem Haus sieben Ausgänge gegeben und einige versteckt genug, damit keine Wache sie besetzen könnte. ***6*** Allein die Macht der Großen lässt nichts unaufgespürt, was sie erforschen wollen. Der ganze Umfang des Hauses wurde so mit Wachen umstellt, dass hier niemand entkommen konnte. ***7*** Hannibal, der auf die Anzeige, im Vorhaus stünden königliche Soldaten, durch die Hintertür zu entfliehen suchte, die am meisten abgelegen und der geheimste Ausgang war, ***8*** forderte, als er auch diese von entgegentretenden Soldaten gesperrt und alles rings von Wachen eingeschlossen sah, Gift, das er auf solche Fälle längst in Bereitschaft hielt. ***9*** *So will ich denn die Römer,* sprach er, *von ihrer anhaltenden Besorgnis befreien, weil es ihnen doch zu lange währt, den Tod eines alten Mannes abzuwarten.* ***10*** *Der Sieg, mit welchem Flamininus heimkehrt, über einen wehrlosen, über einen Verratenen, ist weder groß noch ehrenvoll, wie sehr sich aber die Römer in ihrer Art zu handeln geändert haben, davon wird selbst der heutige Tag ein Beweis sein.* ***11*** *Ihre Väter warnten den König Pyrrhus, der, als Feind bewaffnet, mit einem Heer in Italien stand, sich vor Gift zu hüten; und diese haben einen Konsularen als Gesandten hergeschickt, der den Prusias auffordern muss, seinen Gast auf verbrecherische Weise zu ermorden.* ***12*** Dann rief er Verwünschungen auf das Haupt und auf den Thron des Prusias herab, rief die gastlichen Götter zu Zeugen der von ihm gebrochenen Treue an und trank den Becher aus. So endete Hannibal.

(52) Nach Polybius und Rutilius starb in diesem Jahr Scipio. Ich stimme weder ihnen noch Valerius Antias bei. Ihnen nicht, weil ich finde, dass in der Zensur des Marcus Porcius und Lucius Valerius der Zensor Lucius Valerius selbst als der erste Mann des Senates gewählt sei, während es doch alle dreimal in den letzten fünf Jahren Africanus gewesen war, bei dessen Leben, ***2*** wenn er nicht aus dem Senat gestoßen wurde – und diesen Schimpf sagt ihm doch nicht ein einziger Schriftsteller nach –, kein anderer als erster Mann in seine Stelle eingesetzt geworden wäre. ***3*** Und die Angabe des Valerius widerlegt der Umstand, dass die Rede des Publius Africanus in der Aufschrift den Volkstribun Marcus Naevius als seinen Widersacher nennt. ***4*** Dieser Naevius ist im Verzeichnis der Beamten als Volkstribun des Jahres angegeben, das den Publius Claudius und Lucius Porcius zu Konsuln hatte. Er trat aber sein Tribunal schon unter den Konsuln Appius Claudius und Marcus Sempronius am 10. Dezember an. Von hier an gerechnet bis zum 15. März, ***5*** da Publius Claudius und Lucius Porcius ihr Konsulat antraten, sind noch drei Monate. ***6*** Er hat also, wie es scheint, noch unter dem Tribunat des Naevius gelebt, und der Gerichtstag hat

ihm von diesem angesetzt werden können, ist aber noch vor der Zensur des Lucius Valerius und Marcus Porcius gestorben.

7 Diese drei Männer, jeder einer der berühmtesten seiner Nation, lassen sich in ihrem Tod nicht bloß wegen seiner Gleichzeitigkeit zusammenstellen, sondern auch, weil bei keinem von ihnen der Ausgang ihres Lebens dem Glanz desselben ganz entsprach. ***8*** Gleich das Erste: Keiner von ihnen fand seinen Tod, fand sein Grab in der Vaterstadt. Hannibal und Philopoemen kamen durch Gift um, Hannibal als Verbannter und von einem Gastfreund verraten, Philopoemen endete als Gefangener in Kerker und Banden. ***9*** Scipio, zwar nicht verbannt, nicht verurteilt, aber doch, weil er auf dem Gerichtstag als Beklagter nicht erschienen war, abwesend vorgeladen, entsagte der Heimat von selbst und fand sein Grab in freiwilliger Verbannung,

(53) Während dieser Vorgänge in der Peloponnes - wovon meine Erzählung abgeschweift war - hatte die Rückkehr des Demetrios und der Gesandten nach Makedonien den Gemütern eine sehr verschiedene Stimmung gegeben. ***2*** Die große Masse der Makedonier, der vor einem bevorstehenden Krieg mit den Römern graute, sah auf Demetrios als den Friedensvermittler mit viel Liebe, und zugleich bestimmte man ihm mit fester Zuversicht nach des Vaters Tod den Thron. ***3*** Möchte er immerhin jünger als Perseus sein, so sei er doch von einer rechtmäßigen Gemahlin, jener aber von einer Dirne geboren. Jener, das Kind einer sich jedem hingebenden Person, habe kein Kennzeichen von einem bestimmten Vater an sich, an diesem sei die auffallendste Ähnlichkeit mit Philipp sichtbar. ***4*** Außerdem würden die Römer auf den väterlichen Thron gewiss den Demetrios setzen, ***5*** Perseus habe bei ihnen nicht die geringste Liebe. So sprach man allgemein. Daher ängstigte nicht bloß den Perseus die Besorgnis, das Alter allein möchte für ihn nicht geltend genug sein, da ihm in allen anderen Stücken sein Bruder überlegen sei, ***6*** sondern Philipp selbst sah in der Voraussetzung, dass es kaum von ihm abhängen werde, wen er als Thronerben hinterlassen wolle, seinen jüngeren Sohn selbst gegen ihn mehr Gewicht bekommen, als ihm lieb war. ***7*** Zuweilen fand er sich durch den Zusammenlauf der Makedonier um den Prinzen beleidigt und äußerte voll Unwillen, es gebe schon bei seinem Leben einen zweiten Hofstaat. ***8*** Ohne Zweifel hatte auch der Jüngling einigen Stolz mit zurückgebracht, weil er es fühlte, dass sich der Senat so günstig für ihn erklärt und ihm gewählt hatte, was seinem Vater abgeschlagen war, ***9*** und ein je größeres Ansehen ihm bei den übrigen Makedoniern jede seiner Berufungen auf die Römer lieh, desto größere Abneigung zog sie ihm nicht allein bei seinem Bruder, sondern auch bei seinem Vater zu. ***10*** Vollends, als eine neue römische Gesandtschaft kam und Philipp gezwungen wurde, Thrazien zu räumen, seine Besatzungen wegzunehmen und sich entweder dem Beschluss der vorigen Gesandten gemäß oder nach der neuen Festsetzung des Senates noch zu manchem anderen zu verstehen. ***11*** Das alles tat er freilich mit innerem Gram und Seufzen - um so mehr, weil er seinen Sohn fast häufiger in der Römer als in seiner Gesellschaft sah –, aber doch mit allem Gehorsam gegen diese, um ihnen keine Gelegenheit zu einem Krieg zu geben. ***12*** Um sich auch bei ihnen hinsichtlich ähnlicher Maßregeln außer allen Verdacht zu setzen, rückte er mit seinem Heer in die Mitte von Thrakien, gegen die Odrysen, Dentheleten und Bessen. ***13*** Die Stadt Philippopolis, verödet durch die Flucht ihrer Bewohner, die mit ihren Familien auf die nächsten Höhen der Gebirge gezogen waren, besetzte er. ***14*** Er ließ in Philippopolis eine Besatzung zurück, die aber bald von den Odrysen vertrieben wurde, und beschäftigte sich mit Anlegung einer Stadt im Deuriopos. Dies ist eine Gegend Paeoniens in der Nähe der alten Stadt Stabi, am Fluss Erigonos, ***15*** der aus Illyricum durch Paeonien fließt und in den Strom Azius mündet. ***16*** Die neue Stadt ließ er seinem älteren Sohn zu Ehren Perseis nennen.

(54) Während dieser Begebenheiten in Makedonien brachen die Konsuln in ihre Provinzen auf. ***2*** Marcellus ließ durch einen vorausgeschickten Boten Prokonsul Lucius Porcius sagen, er möge

mit den Legionen gegen die neue Stadt der Gallier ziehen. *3* Bei seiner Ankunft ergaben sich die Gallier dem Konsul. Sie waren 12 000 Mann stark. Ihre Waffen hatten sie meistens in den Dörfern geraubt. *4* Diese wurden ihnen zu ihrem großen Kummer abgenommen, auch was sie sonst noch entweder auf Plünderungen in den Dörfern geraubt oder mitgebracht hatten. *5* Um deshalb ihre Klage anzubringen, schickten sie Gesandte nach Rom. Der Prätor Gaius Valerius führte sie in den Senat ein, und sie erzählten, bei der übergroßen Volksmenge in Gallien wären sie aus Mangel an Land und aus Armut über die Alpen gegangen, um sich einen Wohnsitz zu suchen. Ohne jemand zu beleidigen, hätten sie auf einem Boden, den sie aus Mangel an Menschen ungebaut gefunden, sich niedergelassen, *6* hätten auch angefangen, eine Stadt zu bauen, was Beweis genug sei, dass sie nicht gekommen wären, sich an fremden Ländereien oder Städten zu vergreifen. Da habe Marcus Claudius ihnen sagen lassen, wenn sie sich ihm nicht ergäben, werde er sie bekriegen. *7* Aus Vorliebe für einen sicheren, wenn auch minder ehrenvollen Frieden gegen einen ungewissen Krieg hätten sie sich mehr in den Schutz als in die Gewalt der Römer gegeben. *8* Nach einigen Tagen habe man ihnen gesagt, sie sollten ihr Gebiet und ihre Stadt räumen; und sie hätten im Sinn gehabt, stillschweigend fortzuziehen, wohin in der Welt es sein möchte. Da habe man ihnen ihre Waffen und zuletzt auch alles Übrige genommen, was sie getragen oder mit sich geführt hätten. *9* Sie bäten den Senat und das römische Volk, gegen sie als schuldlose Schützlinge nicht ärger als gegen Feinde zu verfahren. *10* Auf diese Rede ließ ihnen der Senat zur Antwort geben, sie hätten freilich nicht recht daran getan, dass sie nach Italien gekommen wären und es gewagt hätten, ohne Einwilligung der römischen Obrigkeit, die dort ihren Standort habe, auf fremdem Boden eine Stadt zu erbauen, doch sei es auch nicht der Väter Wille, Schützlinge berauben zu lassen. *11* Sie wollten ihnen also Gesandte an den Konsul mitgeben, die ihnen unter der Bedingung, dass, sie zurückgingen, wo sie hergekommen wären, alles Ihrige wiedergeben lassen, und dann geradezu über die Alpen gehen und den gallischen Völkern andeuten sollten, ihre Bevölkerung zu Hause zu halten. *12* Die Alpen stünden als eine fast unübersteigbare Grenzlinie zwischen ihnen beiden in der Mitte, und sicher solle es ihnen jetzt nicht besser bekommen als denen, welche die Alpen zuerst gangbar gemacht hätten. *13* Als Gesandte wurden ihnen Lucius Furius Purpureo, Quintus Minucius und Lucius Manlius Acidinus mitgegeben. Man lieferte den Galliern alles wieder aus, was sie nicht mit Gewalt genommen hatten, und sie verließen Italien.

(55) Die Völker jenseits der Alpen gaben den römischen Gesandten eine freundliche Antwort. Die älteren tadelten sogar die zu große Milde der Römer, *2* dass sie solche Menschen, die von der Nation unaufgefordert sich aufgemacht und es gewagt hätten, ein unter römischer Herrschaft stehendes Gebiet zu besetzen und auf fremdem Boden eine Stadt zu erbauen, ungestraft hätten ziehen lassen. *3* Für ihre Unbesonnenheit hätten sie dieselben mit schwerer Strafe belegen sollen. Dass sie ihnen aber sogar das Ihrige wiedergegeben hätten, sei eine so große Nachsicht, dass sie fürchteten, dies möchte noch für mehrere ein Antrieb zu ähnlicher Keckheit sein. *4* Sie behandelten die Gesandten nicht nur als Gäste, sondern entließen sie auch mit Geschenken.

Nach Vertreibung der Gallier aus seiner Provinz traf der Konsul Marcus Claudius Vorbereitungen zu einem Krieg mit den Istriern und bat den Senat schriftlich um die Erlaubnis, die Legionen nach Istrien zu führen. *5* Die Väter bewilligten es, denn sie gingen damit um, nach Aquileia Siedler führen zu lassen; es war aber noch nicht entschieden, ob sie Latiner oder römische Bürger hinschicken wollten. Zuletzt bestimmten sie sich für die Absendung latinischer Siedler. *6* Die hierzu erwählten Dreimänner waren Publius Scipio Nasica, Gaius Flaminius und Lucius Manlius Acidinus.

7 In diesem Jahr wurden auch Mutina und Parma römische Kolonien. 2000 Mann für jede Kolonie bekamen von dem Boden, der zuletzt den Boiern, früher den Tuskern gehört hatte, zu

Parma jeder acht Morgen, zu Mutina jeder fünf. *8* Die Dreimänner Marcus Aemilius Lepidus, Titus Aebutius Carus, Lucius Quinctius Crispinus führten sie hin. *9* Auch auf das Gebiet von Caletra, nach Saturnia, ging eine Kolonie römischer Bürger. Die Dreimänner, welche sie abführten, waren Quintus Fabius Labeo, Gaius Afranius Stellio, Tiberius Sempronius Gracchus. Jedem wurden zehn Morgen gegeben,

(56) In demselben Jahr hatte Aulus Terentius als konsularischer Stellvertreter in der Nähe des Flusses Ebro im ausetanischen Gebiet mit den Keltiberern einige glückliche Gefechte und eroberte mehrere Städte, welche sie hier befestigt hatten. *2* Im jenseitigen Spanien ging für dieses Jahr alles friedlich ab, weil der konsularische Stellvertreter Publius Sempronius in eine langwierige Krankheit verfiel und glücklicherweise die Lusitanier, da sie niemand reizte, sich ruhig verhielten, *3* Auch in Ligurien verrichtete der Konsul Quintus Fabius nichts Besonderes. Marcus Marcellus, den man aus Istrien abberief, kehrte nach Entlassung seines Heeres, um die Wahlversammlungen abzuhalten, nach Rom zurück. *4* Unter seinem Vorsitz wurden Gnaeus Baebius Tamphilus und Lucius Aemilius Paulus zu Konsuln gewählt. Dieser war mit Marcus Aemilius Lepidus kurulischer Ädil gewesen. Jetzt war es schon das fünfte Jahr nach dem Konsulat des Lepidus, und selbst dieser war erst nach zweimaliger Abweisung Konsul geworden. *5* Dann wurden zu Prätoren gewählt Quintus Fulvius Flaccus, Marcus Valerius Laevinus, Publius Manlius zum zweiten Mal, Marcus Ogulnius Gallus, Lucius Caecilius Denter und Gaius Terentius Istra.

6 Am Ende des Jahres war auf Veranlassung der Wunderzeichen ein Bettag, weil man allgemein glaubte, es habe zwei Tage nacheinander auf dem Concordiaplatz Blut geregnet, zugleich weil man erfahren hatte, in der Nähe von Sizilien sei eine Insel, die vorher noch nicht da war, neu aus dem Meer aufgetaucht. *7* Nach der Angabe Valerius Antias' starb Hannibal in diesem Jahr, doch setzt er hinzu, man habe außer Titus Quinctius Flamininus, dessen Name hierbei allgemein genannt wird, auch den Lucius Scipio Asiaticus und den Publius Scipio Nasica als Gesandte zu diesem Zweck an Prusias geschickt.

Vierzigstes Buch

Inhalt

Weil Philipp sich die Kinder derer, die er hatte hinrichten lassen, zu Geiseln zusammenholen lässt, bringt Theoxena, die für die zarte Jugend ihrer und ihrer Schwester Söhne von den Lüsten des Königs fürchtet, Dolche und Giftbecher herbei, fordert sie auf, der bevorstehenden Misshandlung durch den Tod zu entgehen, und als sie ihren Willen befolgt sieht, stürzt sie sich mit ihrem Gemahl aus dem Schiff ins Meer. Die Streitigkeiten zwischen Perseus und Demetrios, den Söhnen König Philipps von Makedonien, werden erzählt, auch wie Demetrios von der Bosheit seines Bruders zuerst durch ersonnene Verleumdungen, unter anderem durch Beschuldigung des Brudermordes und geheimer Absichten auf den Thron verunglimpft, endlich weil er ein Freund der Römer ist, mit Gift hingerichtet wird, und dann der makedonische Thron nach Philipps Tod an Perseus kommt. Ferner die glücklichen Gefechte mehrerer Feldherren gegen die Ligurer und in Spanien gegen die Keltiberer. Bauern finden auf des Schreibers Lucius Petillius Feldmark am Fuß des Janiculus die Bücher des Numa Pompilius in einem steinernen Kasten verwahrt in griechischer und lateinischer Sprache. Da der Prätor, dem sie gebracht werden, manches darin findet, was dem Gottesdienst zum Verfall gereiche, versichert er dem Senat durch einen Eid, es sei dem Staat nachteilig, diese Bücher zu lesen und aufzubewahren, und auf Befehl des Senates werden sie auf dem Versammlungsplatz verbrannt. Nach Aquileja wird eine Kolonie geschickt. Philipp, der sich darüber grämt, dass er seinen Sohn Demetrios auf die falschen Angaben seines andern Sohnes Perseus hat vergiften lassen, denkt an Perseus' Bestrafung und will lieber seinen Freund Antigonos als Nachfolger hinterlassen. Da ereilt ihn der Tod, Perseus folgt ihm auf dem Thron.

(1) Im Anfang des folgenden Jahres losten die Konsuln und Prätoren um ihre Aufgabenbereiche. Den Konsuln konnte kein anderer als Ligurien angewiesen werden. Marcus Ogulnius Gallus traf die Rechtspflege in der Stadt, Marcus Valerius die über die Fremden; ***2*** von den beiden Spanien das diesseitige Quintus Fulvius Flaccus, das jenseitige Publius Manlius; Lucius Caecilius Denter Sizilien, Gaius Terentius Istra Sardinien. ***3*** Die Konsuln erhielten Vollmacht zu Aushebungen. Quintus Fabius nämlich hatte aus Ligurien geschrieben, die Apuaner träfen Vorbereitungen zur Erneuerung des Krieges, und es sei von ihnen ein Einfall in das Gebiet von Pisa zu befürchten. ***4*** Auch wusste man aus beiden Spanien, dass das diesseitige in den Waffen und der Krieg mit den Keltiberern im Gang sei, und dass im jenseitigen bei der langen Krankheit des Prätors Ausgelassenheit und Untätigkeit alle Kriegszucht aufgelöst habe. ***5*** Deswegen beschloss man, neue Heere auszuheben, vier Legionen für Ligurien, so dass jede 5200 Mann zu Fuß und 300 Reiter hätte; dazu kamen noch an latinischen Bundestruppen 15 000 Mann zu Fuß und 800 Reiter. Dies sollten die beiden konsularischen Heere sein. ***6*** Die Prätoren mussten an latinischen Bundestruppen 7000

Mann zu Fuß und 400 Reiter aufbringen und sie nach Gallien zu Marcus Marcellus schicken, dem man den Oberbefehl nach seinem Konsulat verlängert hatte. ***7*** Auch mussten mit der Bestimmung für beide Spanien 4000 römische Bürger als Fußvolk nebst 200 Reitern und 7000 Bundestruppen zu Fuß nebst 300 Reitern ausgehoben werden. ***8*** Ferner wurde dem Quintus Fabius Labeo bei dem Heer, das er in Ligurien hatte, der Oberbefehl auf ein Jahr verlängert.

(2) Der Frühling war in diesem Jahr stürmisch. Am Tag vor dem Parilienfest gegen Mittag brachte ein fürchterliches Unwetter, das sich mit Sturm erhob, Verheerung über manche geweihte und ungeweihte Stätte, warf auf dem Kapitol eherne Standbilder um, hob am Tempel der Luna auf dem Aventin einen Torflügel aus und führte ihn fort, ***2*** dass er hinten am Tempel der Ceres hängen blieb. Noch andere Standbilder auf der großen Rennbahn stürzte er mit den Säulen um, auf denen sie standen, riss an mehreren Tempeln die Giebel von ihren Firsten und schleuderte sie auf eine schimpfliche Weise umher. ***3*** Natürlich wurde ein solches Wetter für ein Schreckzeichen angesehen, und die Opferdeuter hielten eine Sühne für nötig. ***4*** Zugleich veranstaltete man eine Sühne wegen der Meldung, dass zu Reate ein dreibeiniges Maultier zur Welt gekommen, zu Formiae ein Tempel, zu Caieta der Tempel Apollos vom Blitz getroffen worden sei. Wegen dieser Schreckzeichen wurde ein Opfer mit zwanzig großen Tieren gebracht und ein Bettag gehalten.

5 Während dieser Tage erfuhr man aus einem Schreiben des Proprätors Aulus Terentius, dass im jenseitigen Spanien Publius Sempronius, nachdem er über ein Jahr krank gelegen, gestorben sei; um so früher mussten die Prätoren nach Spanien abgehen.

6 Nun wurden die übers Meer gekommenen Gesandtschaften vor den Senat geführt. Die ersten waren die der Könige Eumenes und Pharnakes und die von den Rhodiern, welche über das Unglück von Sinope Klage führten. ***7*** Um dieselbe Zeit kamen auch Gesandte von Philipp, von den Achäern und von den Spartanern. Diese erhielten ihre Antwort erst, nachdem man zuvor den Marcius gehört hatte, der hingeschickt worden war, um sich über den Zustand der Dinge in Griechenland und Makedonien zu unterrichten. ***8*** Asiens Könige und die Rhodier bekamen zur Antwort, der Senat werde zur Untersuchung dieser Sachen Gesandte senden.

(3) Die Sorge wegen Philipp hatte Marcius noch vergrößert. Denn er gestand, der König habe das, was der Senat beschlossen, so getan, dass man deutlich gesehen habe, er werde es nicht länger tun, als es die Not gebiete. ***2*** Und es ließ sich nicht verkennen, dass er den Krieg wieder beginnen werde; ***3*** alle seine damaligen Handlungen und Äußerungen hatten darauf Bezug. Gleich zuerst versetzte er aus den Seestädten fast die ganze bürgerliche Bevölkerung mit ihren Familien in das jetzige Emathien – ehemals hieß es Paeonien – ***4*** und gab die Städte Thrakern und anderen Barbaren zum Bewohnen, weil er sich von dieser Art Menschen einst im Krieg gegen Rom mehr Zuverlässigkeit versprach. ***5*** Dies erregte in ganz Makedonien eine große Unzufriedenheit. Nur wenige hielten, wenn sie jetzt mit Frau und Kind ihre Hausgötter verließen, schweigend mit ihrem Schmerz an sich, und aus den Zügen der Wandernden ertönten, weil der Hass die Furcht überwog, Verwünschungen gegen den König. ***6*** Ihm, der hierüber äußerst empört war, wurden nun alle Menschen, jede Gegend und Zeit verdächtig. ***7*** Endlich erklärte er ohne Rückhalt, es gebe für ihn nirgends völlige Sicherheit, wenn er nicht die Söhne derer, die er habe hinrichten lassen, ergreifen und verwahren ließe und den einen dann, den andern ein andermal aus der Welt schaffte.

(4) Diese Grausamkeit, schon an sich grässlich genug, wurde durch das Unglück einer Familie noch scheußlicher. ***2*** Er hatte vor vielen Jahren einen der thessalischen Großen, Heradikos, umbringen lassen. Später ermordete er auch dessen Schwiegersöhne. Die Töchter, nunmehr hinterbliebene Witwen, hatten jede einen noch kleinen Sohn. ***3*** Theoxena und Archo hießen diese Frauen. Theoxena schlug trotz mehrerer Anträge eine zweite Ehe aus. ***4*** Archo vermählte sich mit einem gewissen Poris, bei Weitem dem angesehensten Mann seines Volkes, der Aeneanen.

Ihm gebar sie mehrere Kinder und hinterließ bei ihrem Tod alle noch unmündig. **5** Theoxena gab sich, um die Erziehung ihrer Schwestersöhne selbst zu leiten, dem Poris zur Frau, und gleich als wären es alle ihre eigenen Kinder, widmete sie ihrem eigenen und ihrer Schwester Söhnen gleiche Sorgfalt. **6** Als sie den königlichen Befehl vernahm, die Kinder der Hingerichteten sollten eingezogen werden, verfiel sie bei dem Gedanken, sie künftig nicht bloß den Lüsten des Königs, sondern auch ihrer Hüter preisgegeben zu wissen, auf einen schrecklichen Plan. **7** Sie hatte den Mut, zu erklären, ehe sie die Kinder in Philipps Gewalt kommen lasse, wolle sie lieber mit eigener Hand alle ermorden. **8** Poris, der die Erwähnung einer so schrecklichen Tat schon um der Vorbedeutung willen abscheulich fand, versprach, sie nach Athen zu treuen Freunden zu bringen und selbst mit ihnen dahin zu fliehen. **9** Sie reisten von Thessaloniki nach Aenia zu einem festgesetzten Opfer, welches dem Erbauer Aeneas jährlich mit großer Feierlichkeit gebracht wurde. **10** Nachdem sie dort den Tag beim festlichen Mahl hingebracht hatten, bestiegen sie, während alles schlief, um die dritte Nachtwache das von Paris bereitgehaltene Schiff, als wollten sie nach Thessaloniki zurückkehren, ihre Absicht aber war, nach Euböa überzusetzen. **11** Allein nach vergeblichem Kampf mit dem widrigen Wind überraschte sie noch nahe an der Küste der Tag; und die königliche Besatzung des Hafens schickte eine bewaffnete Jacht ab, um jenes Schiff ans Land zu ziehen, mit dem strengen Befehl, nicht ohne dasselbe zurückzukommen. **12** Schon nahten diese; und Poris bot alles auf, seine Ruderer und Schiffer zu ermuntern, zuweilen flehte er mit zum Himmel erhobenen Händen zu den Göttern, hier zu helfen. **13** Unterdessen rührte sie, auf ihre längst überdachte Tat zurückgebracht, voll mutigen Trotzes Gift ein, holte Waffen, stellte den Becher mit den gezogenen Dolchen vor ihren Augen hin und sprach: *Tod ist die einzige Rettung.* ***14*** *Hier habt ihr Wege zum Tod. Entflieht, wie jeder am liebsten will, der Tyrannei des Königs. Auf, meine Jungen, greift ihr zuerst, als die Ältesten nach dem Stahl, oder zieht ihr den minder raschen Tod vor, so trinkt!* **15** Von dort kamen die Feinde heran, hier wurde die Aufforderin zum Tod zugleich die Dringende. Der eine dieses, der andere jenes Todesopfer, wurden sie noch halb lebend über Bord geworfen. Dann stürzte sie sich, ihren Mann, ihren Begleiter im Tod umarmend, ins Meer. So bekamen die königlichen Soldaten das Schiff ohne seine Besitzer.

(5) Die Grässlichkeit dieser Tat ließ den Hass gegen den König aufs Neue zur Flamme auflodern, so dass man im Volk ihm und seinen Kindern fluchte; und bald machten ihn diese Flüche, von allen Göttern erhört, gegen sein eigenes Kind zum Tyrannen. **2** Denn da Perseus mit jedem Tag die Liebe und Achtung vor seinem Bruder Demetrios bei dem makedonischen Volk und ebenso die Zuneigung der Römer für ihn wachsen sah, lichtete er in der Voraussetzung, er könne sich die Hoffnung zum Thron nur durch eine Freveltat erhalten, alle seine Gedanken auf diese. **3** Weil er sich aber auch nicht einmal zur Ausführung seines mit weiblicher Leidenschaft ausgedachten Entwurfes die Kraft zutraute, legte er sich darauf, auf jeden von seines Vaters Vertrauten durch umwundene Äußerungen seinen Versuch zu machen. **4** Einige von ihnen, nach deren Erwartung Demetrios weit mehr versprach, stellten sich anfangs, als würden sie sich nie auf so etwas einlassen. **5** Als sie aber bei Philipps von Tag zu Tag steigendem Hass gegen die Römer, welchen Perseus nährte, Demetrios hingegen aus allen Kräften bestritt, den Ausgang des gegen die Ränke seines Bruders zu unbehutsamen Jünglings schon im Geist voraussahen, schlossen sie sich, klug genug, dahin mitzuwirken, wie es doch kommen musste, und den Hoffnungen des Mächtigeren zu schmeicheln, dem Perseus an. **6** Was sie übrigens zu tun hatten, verspürten sie alles bis zu seiner Zeit; für jetzt machten sie aus, sie wollten durch jede Einwirkung den König gegen die Römer erbittern und ihn in seinen Entwürfen zum Krieg bestärken, zu dem er ohnehin schon so geneigt sei. **7** Um zugleich den Demetrios mit jedem Tag verdächtiger zu machen, leiteten sie nach einer Verabredung alle Gespräche auf Verachtung der Römer, wenn in diesen der eine über

ihre Sitten und Einrichtungen, der andere über ihre Taten, ein Dritter über das schlechte Äußere ihrer Hauptstadt, die in der Schönheit der öffentlichen und privaten Gebäude noch so weit zurück sei, ein Vierter über einzelne Vornehme spottete, ***8*** so machte der unbehutsame Jüngling, der aus Liebe für alles, was Römer hieß, und aus Rechthaberei gegen seinen Bruder alles in Schutz nahm, sich seinem Vater verdächtig und gab Veranlassung zu Beschuldigungen. ***9*** Daher ließ ihn der Vater an den Beratungen über die Verhältnisse mit Rom nicht mehr teilnehmen, gab sich ganz dem Perseus hin und brütete über Entwürfen, die sich hierauf bezogen, mit diesem Tag und Nacht. ***10*** Die Gesandten, welche er um diese Zeit zu den Bastarnen geschickt hatte, um Hilfstruppen zu holen, waren zurückgekommen und hatten von dort mehrere vornehme Jünglinge, einige sogar von königlicher Abkunft, mitgebracht. Einer von diesen versprach seine Schwester dem Sohn Philipps zur Gemahlin, und die Verbindung mit dieser Nation gab dem König neue Aussichten. ***11*** Da sagte ihm Perseus: *Was hilft das alles? Wir haben von der Hilfe von außen bei Weitem nicht so viel Schutz als Gefahr von den Ränken im Innern. Einen Verräter –* ***12*** *will ich nicht sagen, wenigstens einen Späher, nähren wir am Busen; ihn haben uns, seit er zu Rom Geisel war, dem Körper nach die Römer wiedergegeben, seine ganze Seele haben sie noch.* ***13*** *Fast alle Makedonier richten ihre Augen auf ihn und versprechen sich auf die Zukunft keinen andern König, als den ihnen die Römer gegeben haben.* ***14*** Reden dieser Art ließen in dem schon wunden Herzen des Greises ihre Stacheln zurück und gingen tiefer in sein Inneres, als seine Miene merken ließ.

(6) Gerade jetzt kam für das Heer die Zeit der Musterungsweihe, die in folgender Feierlichkeit besteht: Der Kopf und der Vorderteil eines in der Mitte auseinandergehauenen Hundes wurden auf die rechte, der Hinterteil mit den Eingeweiden auf die linke Seite des Weges gelegt. ***2*** Zwischen diesen Stücken des Opfertieres zieht das Heer unter den Waffen vorbei. Dem vordersten Zug werden die Prachtwaffen aller makedonischen Könige, die seit der Gründung des Reiches regierten, vorangetragen, dann folgt der König selbst mit seinen Kindern; ***3*** ihm zunächst die königliche Kohorte und die Leibtrabanten; den Schluss des Zuges bildet die Menge der übrigen Makedonier. ***4*** Den König deckten auf beiden Seiten seine zwei erwachsenen Söhne, Perseus, schon im 30. Jahr, Demetrios, fünf Jahre jünger; jener in voller Jugendkraft, dieser in voller Jugendblüte; gereifte Stammhalter eines beglückten Vaters, wenn er vernünftig gewesen wäre. ***5*** Es war Sitte, dass das Heer nach vollbrachtem Musterungsopfer manövrierte und in zwei Abteilungen, die einander als Linien angriffen, ein Treffen nachbildete. ***6*** Anführer bei diesem Lustgefecht waren die Prinzen. Diesmal aber war es nicht ein bloßes Bild einer Schlacht, sondern der Angriff wurde so hitzig, als wenn sie um den Thron kämpften; es gab mit Pfählen Wunden über Wunden, und zu einer Schlacht in völliger Form fehlte nichts als der Stahl. ***7*** Die Abteilung, die unter Demetrios stand, hatte bei Weitem die Oberhand. Ärgerte dies gleich den Perseus, so waren doch seine weiter sehenden Freunde darüber froh, und sie versicherten ihm, gerade dies werde für ihn eine neue Quelle zu Beschuldigungen des Jünglings werden.

(7) Ihren Jugendfreunden, welche die Übung mitgemacht hatten, gaben an diesem Tag beide Prinzen einen Schmaus; denn Perseus hatte die Einladung, bei Demetrios zu speisen, abgelehnt. ***2*** An einem so festlichen Tag, bei gastfreier Nötigung, bei jugendlicher Heiterkeit wurde im Weine an beiden Tafeln zu viel getan. ***3*** Es fehlte nicht an Erwähnungen des Kampfspieles, nicht an witzigen Scherzen über die Gegenpartei, und selbst die Anführer wurden nicht geschont. ***4*** Einer von Perseus' Gästen, als Horcher abgeschickt, solche Äußerungen aufzufangen, ist bei seinem Auf-und-ab-Gehen nicht vorsichtig genug, lässt sich von einigen jugendlichen Gästen, die einmal aus dem Speisesaale gehen, ertappen und wird übel zugerichtet. ***5*** Demetrios, der nichts davon weiß, sagt: *Warum schwärmen wir nicht zu meinem Bruder hinüber und besänftigen den Zorn, der ihm vom Kampf noch geblieben sein könnte, durch unsere Offenheit und Heiterkeit?* ***6*** Alle schrien:

Wir gehen mit! Nur schwiegen die, welche für die dem Späher gegebenen Schläge auf der Stelle Vergeltung zu fürchten hatten. Da sie nun Demetrios dennoch mit fortzog, steckten sie Dolche unter die Kleider, um sich im Fall eines Angriffes zu wehren. **7** Bei Zwietracht in Familien kann nichts verborgen bleiben, und in beiden Häusern gab es Späher und Verräter genug. Ein Anzeiger läuft zu Perseus voraus und meldet, Demetrios komme mit vier Jünglingen, welche versteckte Waffen hätten. **8** Leuchtete ihm auch die Ursache ein – denn er hatte schon gehört, dass sie seinen Gast geschlagen hatten –, so ließ er doch, um der Sache einen bösen Ruf zu geben, seine Tür verriegeln und versagte vom oberen Stockwerk und aus den Fenstern nach der Straße herab den Nachtschwärmern, als kämen sie, um ihn zu ermorden, den Zutritt in sein Haus. **9** Demetrios, den der Wein ein wenig laut werden ließ, weil er sich so abgewiesen sah, ging, mit der ganzen Sache unbekannt, wieder zu seiner Gesellschaft.

(8) Als Perseus am folgenden Tag, sobald er bei seinem Vater Zutritt haben konnte, in den Palast gegangen war, stellte er sich mit verstörtem Blick schweigend und in einiger Entfernung dem Vater vor die Augen. **2** Auf des Vaters Frage, ob ihm etwas zugestoßen sei, und was diese Traurigkeit bedeute, antwortete er: *Du kannst von Glück sagen, dass ich noch lebe. Schon legt mir mein Bruder nicht mehr heimlich seine Fallen. In dieser Nacht kam er mit Bewaffneten, um mich zu ermorden, vor mein Haus, und nur die verschlossenen Türen und der Schutz der Wände retteten mich vor seiner Wut.* **3** Als er so den Vater in Bestürzung und Staunen gesetzt hatte, fuhr er fort: *Und doch will ich dich, wenn du nur dein Ohr dazu leihen kannst, dahin bringen, dass die Sache erwiesen vor dir liegen soll.* **4** Allerdings wolle er das hören, sagte Philipp, und befahl, sogleich den Demetrios zu holen, und ließ auch zwei seiner älteren Günstlinge holen, die an den Streitigkeiten der Brüder ohne Teilnahme waren und nur noch selten bei Hof erschienen, den Lysimachos und Onomastos, die seine Beisitzer sein sollten. **5** Bis die Räte kamen, ging er allein, während der Sohn in einiger Entfernung stand, unter allerlei Erwägungen auf und ab. **6** Als man sie meldete, begab er sich mit diesen zwei Vertrauten und ebenso vielen Trabanten in eins der inneren Zimmer und gab jedem Sohn die Erlaubnis, drei Unbewaffnete mit sich einzuführen. Als er sich hier gesetzt hatte, sprach er: *7 Da sitze ich, der unglücklichste Vater, Richter zwischen meinen zwei Söhnen, dem Kläger auf Brudermord und dem Beklagten, um den Schandfleck entweder der erlogenen oder der verwirkten Beschuldigung auf den Meinigen haften zu sehen. **8** Schon lange befürchtete ich diesen drohenden Sturm, wenn ich eure gegenseitigen gar nicht brüderlichen Blicke sah, wenn ich diese und jene Worte hörte. **9** Doch zuweilen hoffte mein Herz, euer Zorn würde einmal austoben, und die Verdächtigungen könnten beseitigt werden. Hätten doch selbst Feinde mit Niederlegung der Waffen sich zu Bündnissen vertragen und so viele andere ihre Privatfeindschaft aufgegeben. **10** So werde auch einst bei euch die Erinnerung an eure brüderliche Abstammung, an eure ehemalige kindliche Offenheit und Vertraulichkeit, ja selbst an meine Lehren erwachen, die ich – ich fürchte! – tauben Ohren gepredigt habe. **11** Wie oft bezeigte ich, so dass ihr es hören musstet, über Beispiele der Zwietracht unter Brüdern meinen Abscheu, erzählte euch die schauderhaften Folgen, durch welche sie sich und ihre Familie, ihre Königsburg und ihr Reich zugrunde richteten. **12** Auf der andern Seite stellte ich euch auch erfreulichere Beispiele auf; die verträgliche Gemeinschaft in jedem spartanischen Königspaar, die viele Jahrhunderte lang ihnen und dem Vaterland so heilsam war; **13** den Untergang dieses Staates, sobald es Sitte wurde, dass jeder die Alleinherrschaft an sich reißen wollte. **14** Ferner, dass sich die Brüder Eumenes und Attalos durch nichts so sehr als durch ihre brüderliche Eintracht von einem so kleinen Anfang, dass sie sich selbst des königlichen Titels beinahe schämten, zu einer Macht von gleichem Rang mit mir und dem Antiochos und jedem König unseres Zeitalters gehoben haben. **15** Selbst römische Beispiele ließ ich nicht unangeführt, mochte ich sie gesehen oder von ihnen gehört haben, das der beiden Quinctier, Titus und Lucius, die ich im*

Krieg mir gegenüber hatte, das der beiden Scipionen, Publius und Lucius, die den Antiochos besiegt haben, und ihres Vaters und Onkels, für deren im Leben ununterbrochene Eintracht selbst der Tod zum neuen Band wurde. **16** *Ihr habt euch ebenso wenig durch den Frevel der Ersteren und die ihrem Frevel entsprechenden Schicksale von eurer unsinnigen Zwietracht abschrecken lassen, als die guten Gesinnungen der Letzteren und ihr segensreicher Erfolg zu eurer Genesung gefruchtet haben.* **17** *Noch lebe und atme ich, und ihr habt beide schon mit ebenso ruchloser Hoffnung als Gier meine Erbschaft angetreten.* **18** *Ihr wollt, dass ich so lange leben soll, bis ich, den einen von euch beiden überlebend, den andern durch meinen Tod zum unbezweifelten König mache. Ihr mögt weder euren Vater noch Bruder leiden. Nichts ist euch teuer, nichts euch ehrwürdig. An die Stelle aller dieser Empfindungen tritt bei euch eine unersättliche Begierde nach dem einzigen, dem Thron.* **19** *Wohlan, entweiht eures Vaters Ohren zu Mitwissern um eure Frevel; bekämpft euch mit Beschuldigungen, ihr, die ihr euch bald mit dem Schwert bekämpfen werdet! Sagt laut heraus, was ihr entweder mit Wahrheit sagen könnt, oder was euch zu erfinden beliebt.* **20** *Mein Ohr ist euch aufgetan; aber allen gegenseitigen Beschuldigungen hinter des andern Rücken wird es künftig geschlossen sein.* Als er so, wütend vor Zorn, gesprochen hatte, kamen allen die Tränen, und lange herrschte ein finsteres Schweigen.

(9) Darauf sprach Perseus: *Allerdings musste ich in der Nacht meine Tür öffnen, musste die bewaffneten Schwärmer einlassen und meinen Hals ihrem Mordstahl hinhalten, weil man freilich hier eine Freveltat nicht eher glaublich findet, bis sie vollbracht ist, und weil ich, dessen Leben es galt, mit dem Straßenräuber und Auflaurer dasselbe anzuhören bekomme.* **2** *Nicht umsonst sagen jene Elenden, du habest in Demetrios deinen einzigen Sohn, und nennen mich den Untergeschobenen, den von einer Nebenfrau Geborenen.* **3** *Denn wenn ich bei dir Rang und Wert eines Sohnes hätte, so würdest du nicht gegen mich toben, wenn ich dir klage, einen Anschlag auf mein Leben entdeckt zu haben, sondern gegen den, der ihn gemacht hatte;* **4** *und mein Leben würde nicht bei dir in so geringem Wert stehen, dass du bei der Gefahr, der ich entging, die mir aber, wenn die Meuchler ungestraft bleiben, noch bevorsteht, der Gleichgültige bleiben könntest.* **5** *Wenn ich also den Tod stillschweigend leiden soll, so will ich schweigen und nur noch die Götter bitten, dass der eingeleitete Frevel bei mir sein Ende finden möge, und der Stoß durch meine Brust nicht auf dich gehe.* **6** *Wenn aber auch ich, so wie dem überfallenen Einzelnen die Natur selbst es eingibt, Menschen, die er nie vorher gesehen hatte, dennoch um Hilfe anzurufen, wenn ich ebenso bei dem Anblick des auf mich gezückten Dolches meine Stimme erheben darf,* **7** *so bitte ich dich um deiner selbst, um deines Vaternamens willen – du fühltest es längst, wem von uns beiden er heiliger sei –, höre mich jetzt so, als wärest du von meiner Stimme, von meiner nächtlichen Wehklage geweckt, auf mein Hilferufen dazugekommen und fändest den Demetrios mit seinen Bewaffneten in tiefer Nacht auf meinem Vorplatz über der Tat. Was ich dir da im Augenblick der Gefahr als der Bestürzte entgegenschreien würde, das klage ich dir jetzt, den Tag nachher.* **8** *Bruder, wir leben unter uns schon lange nicht mehr auf dem Fuß nachtschwärmender Zecher. Du willst durchaus regieren. Entgegen steht dieser deiner Hoffnung mein Alter, entgegen steht ihr das Völkerrecht, entgegen Makedoniens alte Sitte, entgegen endlich selbst des Vaters Ausspruch.* **9** *Über das alles hinaus kannst du nicht anders als durch mein Blut. Du bietest alles auf, du versuchst alles. Bis jetzt hat entweder meine Vorsicht oder mein Glück deinem Brudermord gewehrt.* **10** *Am gestrigen Tag, bei der Musterungsweihe, bei Entwicklungen zur Übung, bei einer zum Spiel nachgebildeten Schlacht machtest du das Gefecht beinahe zum Leichenzug, und ich rettete mich nur dadurch vom Tod, dass ich mich und meine Leute besiegen ließ.* **11** *Nach diesem feindlichen Treffen wolltest du mich, als wäre dies ein brüderliches Spiel gewesen, an deine Tafel locken. Glaubst du, Vater, dass ich dort unter unbewaffneten Gästen zu Tische gesessen hätte, da sie mit ihren Waffen zu mir herüber geschwärmt sind? Glaubst du, dass ich bei Nacht nichts von ihren Dolchen zu fürchten gehabt hätte, da sie mich vor deinen Augen beinahe mit Stöcken getötet*

haben? **12** *Warum kamst du zu dieser Nachtzeit, warum als Feind zu dem Zürnenden, warum mit heimlich bewaffneten Jünglingen? Ich hatte es nicht gewagt, mich dir als Gast anzuvertrauen, und sollte dich aufnehmen, wenn du schwärmend mit Bewaffneten kamst?* **13** *Stand meine Tür offen, Vater, so dächtest du in diesem Augenblick, da du meine Klage hörst, an meine Beerdigung. Ich lasse mich nicht darauf ein, im Ton des Anklägers die Sache zu verschlimmern oder ungewisse Beschuldigungen durch Folgerungen aufzustellen. Denn wozu?* **14** *Leugnet er etwa, dass er mit einem Schwarm vor meine Tür gekommen sei, dass er heimlich Bewaffnete bei sich gehabt habe? Lass sie rufen, so wie ich sie dir nennen werde. Leute, die sich hierzu erfrechen konnten, können zwar alles wagen; aber dies zu leugnen wagen sie nicht.* **15** *Brächte ich sie als innerhalb meiner Schwelle Ergriffene mit ihren Dolchen vor dich, so nähmst du die Sache für erwiesen an; so sieh sie doch, da sie alles eingestehen, als Ergriffene an.*

(10) *Verfluche nun die Herrschsucht und rufe die Rachegöttinnen des Bruderhasses auf. Allein damit deine Flüche, Vater, nicht blindlings treffen, so unterscheide und sondere den Laurer von dem Belauerten.* **2** *Belege mit ihnen das Haupt des Schuldigen. Wer seinen Bruder morden wollte, dem bleibe der Zorn der väterlichen Götter; wer durch das Bubenstück des Bruders fallen sollte, dem bleibe in des Vaters Erbarmung und Gerechtigkeit eine Zuflucht.* **3** *Denn wohin sonst soll ich fliehen, ich, dem die Opferfeier bei deiner Heeresmusterung, dem die Übungen deiner Truppen, sein eigenes Haus, sein Gastmahl, dem selbst die Nacht, die durch die Wohltat der Natur den Sterblichen zur Ruhe beschieden ist, keine Sicherheit gewähren?* **4** *Gehe ich auf seine Einladung zu meinem Bruder hin, so muss ich sterben; lasse ich meinen Bruder als herübergekommenen Trinkbesuch in meine Tür, so muss ich sterben. Ich mag gehen oder bleiben, ich entwinde mich der Schlinge nie. Wohin soll ich mich wenden?* **5** *Ich habe mich an niemanend gehalten als an die Götter und an dich, Vater. Ich habe keine Römer, zu denen ich fliehen könnte. Mein Tod käme ihnen erwünscht, weil es mir wehe tut, wenn sie dich kränken, weil ich mich ärgere, dass sie dir so viele Städte, so viele Völker nahmen und soeben noch die ganze Küste Thrakiens. Solange ich und du leben, das sehen sie voraus, gehört Makedonien nicht ihnen.* **6** *Rafft aber mich meines Bruders Bubenstück, dich das Alter dahin, oder wird auch dies nicht einmal abgewartet, dann wissen sie, sind der König und das Reich von Makedonien ihr Eigentum. Hätten dir die Römer irgendetwas außerhalb Makedoniens gelassen, so wollte ich glauben, dies sei auch mir als Zufluchtsort gelassen.* **7** *„Du hast ja", ruft man mir zu, „Schutz genug an den Makedoniern." Gestern hast du den Angriff der Truppen auf mich gesehen, was fehlte diesen als das Schwert? Und was diesen bei Tag fehlte, nahmen sich meines Bruders Gäste bei Nacht.* **8** *Und was soll ich von so vielen Vornehmen sagen, welche die ganze Hoffnung ihres Ansehens und Glückes auf die Römer gesetzt haben und auf ihn, der bei den Römern alles vermag? Und ihn nicht nur, dem älteren Bruder, vorziehen, sondern beinahe selbst dir, seinem König und Vater?* **9** *Denn er ist es ja, dem du die Wohltat der vom Senat erlassenen Strafe zu verdanken hast, unter dessen Schutz du jetzt von den Römern unangegriffen bleibst, nach dessen Meinung dein Alter seiner Jugend verpflichtet und unterwürfig sein muss.* **10** *Für ihn stehen die Römer, für ihn alle von deiner Herrschaft befreiten Städte, für ihn die Makedonier, die sich den Frieden mit Rom gefallen lassen, wo aber gibt es für mich außer bei dir, Vater, irgendeine Hoffnung oder Schutz?*

(11) *Was meinst du, Vater, was bezweckt Titus Qinctius jetzt mit seinem Brief an dich, wenn er dir versichert, du habest darin deinen Vorteil gekannt, dass du nach Rom den Demetrios schicktest, und dich zugleich auffordert, ihn wieder hinzuschicken, an der Spitze einer zahlreicheren Gesellschaft, und zwar der vornehmsten Makedonier?* **2** *Titus Quinctius ist jetzt für ihn das Vorbild seines ganzen Verhaltens und sein Lehrmeister. Ihn hat er sich, nachdem er sich von dir losgesagt hat, an deine Stelle gesetzt; dort sind alle die geheimen Anschläge vorher ausgebrütet.* **3** *Jetzt sucht man für diese Pläne auch Helfershelfer, wenn man dich mehrere in seiner Begleitung und die meisten Makedonier*

senden heißt. Gehen sie von hier unbefleckt und rein nach Rom, in dem Glauben, Philipp sei ihr König, so kommen sie als die Eingeweihten und von römischen Lockungen Angesteckten zurück. **4** *Demetrios allein ist ihr Alles; schon jetzt nennen sie ihn bei Vaters Lebzeiten König! Und wenn ich nun darüber unwillig werde, gleich geben mir nicht allein andere, sondern selbst du den Vorwurf anzuhören, dass ich nach dem Thron trachte.* **5** *Ich aber für mein Teil, wenn der Vorwurf einen von uns beiden treffen soll, kann mich nicht dazu bekennen. Denn wen verdrängte ich denn aus seinem Platz, um selbst an seinen Platz zu treten? Vor mir habe ich den Vater ganz allein; und dass er es noch lange sein möge, darum bitte ich die Götter.* **6** *Überlebe ich ihn – und dies wünsche ich mir nur, wenn ich's verdienen werde, dass er selbst es mir wünscht –, so will ich, wenn ich sie aus Vaterhand erhalte, die Erbschaft des Reiches annehmen.* **7** *Der aber wünscht den Thron und wünscht ihn als Bösewicht, wer über die Folgereihe des Alters, der Natur, der makedonischen Sitte, des Völkerrechts nicht geschwind genug sich hinwegsetzen kann. „Mein älterer Bruder ist mir im Weg, dem der Thron von Rechts wegen, auch nach des Vaters Willen gebührt, weg mit ihm!* **8** *Ich werde nicht der Erste sein, der durch Brudermord zum Thron hinansteigt. Der alte Vater in seiner kinderlosen Einsamkeit wird um sich selbst zu sehr besorgt sein, als dass er den Mord des Sohnes rächen könnte. Meine Römer werden jubeln, meine Tat genehmigen, werden sie rechtfertigen."* **9** *Diese Hoffnungen, Vater, sind noch ungewiss, aber auch nicht ohne Grund. Denn die Sache steht so:* **10** *Vor der Lebensgefahr kannst du mich sichern, wenn du diejenigen bestrafst, die, um mich zu ermorden, das Schwert ergriffen; gelingt es aber ihrem Frevel, dann wirst du für deine Person meines Todes Rächer nicht sein können.*

(12) Als Perseus seine Rede beendet hatte, richteten die Anwesenden ihre Augen auf Demetrios, in der Erwartung, dass er sogleich antworten werde. **2** Es erfolgte aber eine lange Stille, und sie sahen alle, dass der in Tränen Schwimmende nicht reden konnte. Endlich, als sie ihn aufforderten, zu sprechen, besiegte die Notwendigkeit den Schmerz, **3** und er begann so: *Vater, mit alledem, was bis jetzt Beklagten zustatten kommen konnte, hat sich schon mein Ankläger in Vorteil gesetzt. Durch falsche Tränen, zum Verderben seines Nächsten vergossen, hat er dir meine ungeheuchelten verdächtig gemacht.* **4** *Während er selbst seit meiner Rückkehr von Rom Tag und Nacht in geheimen Unterredungen mit seinen Helfern mir Schlingen legt, hängt er noch obendrein mir selbst die Maske des Laurers, ja die des offenbaren Räubers und Meuchelmörders vor.* **5** *Mit seiner Gefahr setzt er dich in Schrecken, um eben durch dich seinem unschuldigen Bruder den Untergang zu beschleunigen. Für ihn, sagt er, sei in der ganzen Welt keine Zuflucht mehr, damit nur mir auch nicht einmal bei dir die geringste Hoffnung übrig bleiben soll.* **6** *Dem Umstellten, einsam Dastehenden, Hilflosen legt er noch die Liebe im Ausland zur Last, die ohnehin für mich von größerem Nachteil als Nutzen ist. Wie ganz im Geist des Anklägers weiß er in die Beschuldigung von dieser Nacht jede andere Verunglimpfung meines Wandels einzuflechten, um mich zugleich durch den ganzen übrigen Gang meines Lebens dieses Vorwurfes,* **7** *dessen wahre Beschaffenheit du gleich erfahren sollst, verdächtig zu machen und jene nichtige Verleumdung meiner Aussichten, meiner Wünsche und Anschläge durch dies ersonnene und verabredete Nachtstück zu stützen.* **8** *Auch sucht er dadurch der Anklage den Schein zu geben, als sei sie die Wirkung des Augenblicks und ohne alle Vorbereitung, insofern sie erst durch seine Angst in dieser Nacht und durch den unvorhergesehenen Lärm veranlasst sei.* **9** *War ich aber meines Vaters und seines Reiches Verräter, hatte ich mit den Römern und anderen Feinden meines Vaters mich auf Pläne eingelassen, dann, Perseus, musstest du nicht erst das Märchen dieser Nacht abwarten, sondern meines Verrates mich früher beschuldigen; auch musstest du jene Anklage,* **10** *wenn sie nicht etwa, getrennt von dieser, unhaltbar wurde und mehr deinen Hass gegen mich als den mir gemachten Vorwurf dartat,* **11** *heute entweder ungerügt lassen, oder bis auf eine Zeit verschieben, damit es klar werden konnte, ob ich dir oder du mir, freilich aus einem seiner Art nach unerhörten und einzigen Hass, nach dem Leben getrachtet hast.* **12** *Ich aber werde, soviel ich*

bei dieser plötzlichen Bestürzung kann, was du vermengt hast, voneinander trennen und den von dir oder von mir in dieser Nacht versuchten Meuchelmord aufdecken. **13** *Es soll so scheinen, als hätte ich den Plan gehabt, ihn umzubringen, in der Absicht nämlich, wenn ich den älteren Bruder aus dem Weg geräumt hätte, welchem nach dem Völkerrecht, nach makedonischer Sitte, ja, wie er sagt, auch nach deinem Willen der Thron werden soll, dass ich, der jüngere, dann in seine, des Gemordeten Stelle rückte.* **14** *Was soll denn nun der andere Punkt seiner Angabe, nach welchem ich mich an die Römer gehalten und mir im Vertrauen auf sie Hoffnung auf den Thron gemacht haben soll?* **15** *Denn wenn ich den Römern so viel Gewicht zutraute, dass sie, wen sie wollten, zum Könige über Makedonien setzen könnten, und mich auf meine Gunst bei ihnen so sehr verließ, wozu bedurfte es dann eines Brudermordes?* **16** *Etwa dazu, das Diadem befleckt mit Bruderblut zu tragen? Selbst ihnen, bei denen ich mir entweder durch wahre oder wenigstens durch geheuchelte Rechtschaffenheit Liebe erwarb, wenn ich mir anders einige erworben habe, der Fluchwürdige und Verabscheute zu sein.* **17** *Wenn du nicht etwa glaubst, derselbe Titus Quinctius, dessen mannhafte Anschläge mich ja jetzt leiten sollen, habe mir bei der zärtlichen Liebe, worin er mit seinem Bruder lebt, zum Brudermord geraten, –* **18** *derselbe Ankläger, der nicht allein meine Gunst bei den Römern, sondern auch die Urteile der Makedonier und, ich möchte sagen, die Zustimmung des Himmels und der Erde als lauter Gründe zusammenstellt, nach welchen er glauben müsse, einst im Kampf mit mir zu unterliegen.* **19** *Derselbe beschuldigt mich, ich hatte, gleich als stünde ich in jeder andern Rücksicht ihm nach, meine letzte Zuflucht zum Entwurf eines Frevels genommen.* **20** *Willst du bei der Untersuchung uns dies zur Richtschnur annehmen lassen, dass demjenigen von uns beiden, welcher fürchten konnte, der andere möge des Thrones würdiger erscheinen, der Anschlag des Brudermordes zugesprochen werde?*

(13) *Doch lasst uns einmal die Beschuldigung, so elend sie zusammengefunden sein mag, in ihrem Gang verfolgen. Er gibt mir die Schuld, ihm auf mancherlei Art nachgestellt zu haben, und alle Arten der Nachstellungen hat er auf einen Tag verlegt.* **2** *Ich habe ihn bei Tag ermorden wollen nach dem Entsündigungsopfer, als wir den Angriff machten, und – ist es vor Gott erhört? – selbst am Tag der Entsühnungen; ich habe ihn, als ich ihn zur Tafel lud – vermutlich mit Gift –, ermorden wollen; ich habe ihn, als in meiner Begleitung Bewaffnete zu ihm hinüberschwärmten, niedermachen wollen.* **3** *Du siehst, welche Zeiten zum Brudermord gewählt wurden: die des Kampfspieles, des Gastmahls, des Trinkgelages. Und nun, was für ein Tag? Der, an dem das Heer die Musterungsweihe feierte, an dem zwischen dem zerteilten Opfertier, unter Vortragung der königlichen Waffen von allen makedonischen Königen, die es jemals gegeben hat, wir beiden allein, indem wir dir, Vater, die Seite deckten, voranritten und der Zug der Makedonier folgte.* **4** *An diesem Tag also, an dem ich, wenn ich vorher etwas Sühnungswertes begangen hätte, doch jetzt der Gereinigte und Entsündigte war, beschäftigte ich gerade jetzt, als ich das Opfer auf beiden Seiten unseres Ganges vor Augen hatte, meine Gedanken mit einem Brudermord, mit Gift und Schwertern, die ich für die Nachtschwärmer bereit halten wollte, um mein von lauter Frevel beflecktes Herz – mit was für Opfern denn nun noch? – entsündigen zu lassen.* **5** *Doch von Verleumdungssucht geblendet, stößt er, indem er alles verdächtig machen will, das eine durch das andere um.* **6** *Denn wenn ich dich während der Mahlzeit vergiften wollte, was vertrug sich dann hiermit weniger, als durch einen hartnäckigen Angriff im Wettgefecht dich aufzubringen, so dass du aus begründeten Ursachen, was du ohnehin getan hast, die Einladung zum Gastmahl ausschlagen konntest?* **7** *Und wenn du sie nun aus Verdruss ausgeschlagen hattest, musste ich mir dann nicht Mühe geben, dich zu besänftigen, um mir,* **8** *weil ich doch einmal mein Gift in Bereitschaft hatte, eine andere Gelegenheit zu verschaffen; oder musste ich von diesem Plan auf den neuen gleichsam hinüberspringen, dich mit dem Schwert, und zwar noch an diesem Tag, unter dem Schein eines Trinkgelages zu ermorden?* **9** *Und wie war es mir nun möglich, wenn*

ich einmal glaubte, du habest aus Furcht vor Lebensgefahr meine Tafel gemieden, dennoch nicht zu glauben, dass du aus gleicher Furcht auch das Trinkgelage vermeiden werdest?

(14) *Ich finde darin keine Ursache zum Erröten, Vater, wenn ich einmal an einem Festtag unter Jugendgenossen etwas mehr getrunken habe.* **2** *Ich wünschte, auch du möchtest nachforschen, wie froh, wie lustig es bei meinem gestrigen Gastmahl hergegangen ist, da auch die – vielleicht tadelnswerte – Freude uns aufforderte, dass in dem jugendlichen Waffenkampf unsere Partei nicht die schwächere gewesen war.* **3** *Nur einem so traurigen Auftritt wie diesem und seinen Schrecken wurde es leicht, unseren Rausch zu vertreiben; kamen diese nicht dazwischen, so lagen wir Meuchelmörder noch in tiefem Schlaf.* **4** *Wenn ich, Perseus, dein Haus erstürmen und nach dem Einbruch den Hausherrn ermorden wollte, sollte ich mich dann nicht einmal auf den einzigen Tag im Wein gemäßigt, nicht meine Soldaten davon zurückgehalten haben?* **5** *Und um nicht der Einzige zu sein, der sich mit gar zu großer Gutmütigkeit verteidigt – mein herzensguter, von Argwohn weit entfernter Bruder sagt ja selbst: „Ich weiß weiter nichts, ich habe weiter keinen Beweis, als dass sie bei ihrem Herüberschwärmen zu mir bewaffnet gewesen sind."* **6** *Wie, wenn ich dich nun frage, woher du selbst dies weißt? Dann musst du notwendig gestehen, entweder mein Haus sei von deinen Spähern voll gewesen oder sie hätten die Schwerter so offen zur Hand genommen, dass es jedermann habe sehen können.* **7** *Und um sich nicht den Schein zu geben, als habe er die Sache schon früher erkundet oder hasche jetzt als Verleumder nach Beweisen, forderte er dich vorhin auf, Vater, die selbst, die er dir nennen würde, zu befragen, ob sie nicht Schwerter gehabt hätten; damit sie dann, wenn du sie, gleich als bei zweifelhafter Sache, um das befragtest, was sie doch selbst eingestehen, als die Überführten erscheinen sollen.* **8** *Warum verlangst du nicht, dass sie darüber befragt werden, ob sie die Schwerter nahmen, um dich zu ermorden? Ob auf mein Geheiß und mit meinem Wissen? Denn dahin soll doch nach deiner Absicht der Schein fallen, nicht auf das, was sie eingestehen, was offenbar ist. Sie sagen ja selbst, dass sie zu ihrem eigenen Schutz sie genommen haben.* **9** *Ob sie daran recht oder unrecht getan haben, darüber müssen sie als über ihre Tat Rechenschaft geben. Meine Sache, die mit dieser Tat nichts zu tun hat, musst du nicht hineinziehen, oder du musst uns auseinandersetzen, ob wir dich haben mit offener Gewalt oder heimlich angreifen wollen.* **10** *Sollte es offene Gewalt sein, warum waren wir denn nicht alle bewaffnet? Warum weiter niemand als die, welche deinen Schächer geschlagen hatten? Oder heimlich? Was war alsdann der Gang unseres Planes? Nach beendetem Gastmahl, als ich, um zu dir hinüberzuschwärmen, weggegangen war, ihrer vier aber dort zurückblieben – um dich hier im Schlaf zu überfallen? –* **11** *Wie hätten sie da als Fremde, als meine Leute und noch dazu so verdächtig, weil sie soeben bei der Schlägerei gewesen waren, sich einschleichen können? Wie hätten sie ferner, wenn sie dich nun ermordet hatten, für ihre Person entkommen wollen? Konnte dein Haus mit vier Schwertern genommen und erstürmt werden?*

(15) *Warum gibst du nicht lieber die ganze nächtliche Geschichte auf und kommst auf das zurück, was dir so wehe tut und deinem Neid zur Marter wird?* **2** *„Wie kann irgend in der Welt, Demetrios, von deiner Regierung die Rede sein? Warum scheinst du diesem und jenem ein würdigerer Nachfolger in des Vaters Rang als ich? Warum machst du mich in meiner Hoffnung, die mir, wenn du nicht wärst, sicher war, so ungewiss und ängstlich?"* **3** *So denkt Perseus, wenn er es auch nicht sagt. Dies macht ihn zu meinem Feind, zu meinem Ankläger, dies macht deinen Palast und dein Reich zum Sammelplatz der Verleumdungen und Verdächtigungen.* **4** *Sowenig ich aber jetzt, Vater, auf den Thron hoffen und diesen Punkt deswegen vielleicht nie zur Streitfrage machen darf, weil ich der Jüngere bin, weil du mich dem Älteren nachstehen lassen willst, so wurde ich doch nie und werde dadurch auch jetzt noch nicht berechtigt, mich so aufzuführen, dass mich alle für unwürdig, für deiner, meines Vaters, unwürdig halten müssen.* **5** *Denn dies würde die Folge meiner Fehler sein, nicht die der Nachgiebigkeit gegen den, dem ich nach menschlichen und göttlichen Rechten nachgeben*

soll, nicht die der Bescheidenheit. – Du wirfst mir die Römer vor und machst aus dem, was mir zum Ruhm gereichen muss, eine Anklage. **6** *Ich habe weder darum gebeten, den Römern als Geisel überliefert, noch als Gesandter nach Rom geschickt zu werden; von dir geschickt, hatte ich mich nicht geweigert, hinzugehen. Beide Male habe ich mich so betragen, dass ich dir, dass ich deinem Reich, dass ich der makedonischen Nation keine Schande machte.* **7** *Also bist du, Vater, zu meiner Freundschaft mit den Römern die Veranlassung gewesen. Solange sie mit dir Frieden haben, bleibt auch das gute Benehmen mit mir, bricht ein Krieg aus, so werde ich, der ich auf meines Vaters Partei als Geisel, als Gesandter nicht der Untaugliche war, ebenso ihr erbitterter Feind sein.* **8** *Und auch für heute verlange ich nicht, von dem Wohlwollen der Römer Vorteil zu haben, nur dass es mir nicht schade, das ist meine Bitte. Es nahm seinen Anfang nicht im Krieg und wird auch nicht für den Krieg bewahrt. Ich war Unterpfand des Friedens, war der zur Beibehaltung des Friedens abgeschickte Gesandte; beides gereiche mir weder zum Ruhm noch zum Vorwurf.* **9** *Vater, habe ich mich irgend an dir gegen die kindliche Liebe oder an meinem Bruder aus frevelhafter Absicht vergangen, so will ich jede Strafe über mich ergehen lassen; bin ich aber unschuldig, so bitte ich, nicht vom Neid mich stürzen zu lassen, da es die Anklage nicht konnte.* **10** *Mein Bruder verklagt mich heute nicht zum ersten Mal; aber heute zum ersten Mal so offenbar ohne alles mein Verschulden um ihn. Zürnte mein Vater auf mich, so musstest du als älterer Bruder für den jüngeren eine Fürbitte einlegen, musstest seiner Jugend, seinem Fehltritt Verzeihung auswirken. Aber da, wo ich für mich Schutz finden sollte, gerade da finde ich mein Verderben.* **11** *Vom Gastmahl, von Nachtschwärmereien, beinahe halbschlafend, werde ich fortgeschleppt, mich wegen eines Brudermordes zu verantworten. Ohne Beistände, ohne Sachführer muss ich für mich selbst sprechen.* **12** *Hätte ich für einen andern zu reden, so hätte ich mir doch Zeit zum Nachdenken und zur Einkleidung meines Vortrages genommen, obgleich ich dabei – was denn für größere Gefahr liefe als die, den Ruf eines guten Kopfes einzubüßen? Ohne zu wissen, warum ich hergerufen war, höre ich dich in der Sprache des Zürnenden und deinen Befehl, mich zu verantworten, und meinen Bruder als Kläger.* **13** *Er greift mich in einer lange vorbereiteten, überdachten Rede an; ich behalte nur die Zeit, in welcher ich angeklagt werde, um zu erfahren, worauf es ankommt.* **14** *Sollte ich in diesen wichtigen Augenblicken auf meinen Kläger hören oder meine Verteidigung entwerfen? Betäubt von dem überraschenden und ungeahnten Unglück konnte ich kaum verstehen, was man mir vorwarf, geschweige denn wissen, wie ich mich verteidigen sollte.* **15** *Welche Hoffnung bliebe mir, wenn ich nicht in meinem Richter meinen Vater hätte; und stehe ich gleich bei ihm in der Liebe meinem älteren Bruder nach, so darf ich wenigstens als Beklagter in seiner Erbarmung diesem nicht nachstehen.* **16** *Denn ich bitte, dass du mir und dir mich erhalten mögest, er aber verlangt, dass du um seiner Sicherheit willen mich hinrichten sollst, was glaubst du? Wie wird er mich behandeln, wenn du ihm einst die Regierung hinterlassen hast, da er es jetzt schon für billig hält, ihm zu Gefallen mich bluten zu lassen?*

(16) Bei diesen Worten nahmen ihm die Tränen zugleich Atem und Stimme. Philipp, der sie abtreten ließ, erklärte nach einer kurzen Rücksprache mit seinen Vertrauten, *2* er wolle ihre Sache weder durch mündlichen Ausspruch noch nach einer Untersuchung von einer Stunde entscheiden, sondern dadurch, dass er künftig über beider Leben und Sitten Nachfrage hielte und ihre Reden und Handlungen bei wichtigen Dingen und in Kleinigkeiten beobachtete, *3* so dass es allen klar war, die Anklage wegen der vorigen Nacht sei vollkommen widerlegt, nur sei ihm des Demetrios gar zu große Freundschaft mit den Römern verdächtig. So wurde noch bei Philipps Leben gleichsam der Same zu jenem makedonischen Krieg ausgestreut, der eigentlich mit Perseus geführt werden sollte.

4 Beide Konsuln brachen nach Ligurien auf, das damals der einzige konsularische Standort war; und weil sie dort mit Glück kämpften, wurde ein Dankfest auf einen Tag angesetzt. *5* Etwa

2000 Ligurer kamen an die äußerste Grenze der Provinz Gallien, wo Marcellus sein Lager hatte, und baten ihn, ihre Übergabe anzunehmen. Marcellus, der die Ligurer da, wo sie standen, bis auf Weiteres warten hieß, fragte deshalb schriftlich beim Senat an. ***6*** Der Senat ließ den Prätor Marcus Ogulnius dem Marcellus antworten, es wäre besser gewesen, die Konsuln, die dort ihren Stand hätten, entscheiden zu lassen, was hierbei des Staates Bestes sei, als den Senat. Auch jetzt stimme der Senat, falls Marcellus die Ligurer vermittels einer Übergabe annehmen werde, nicht dafür, ihnen nach der Übergabe die Waffen zu nehmen, und sei überhaupt der Meinung, sie müssten an die Konsuln gewiesen werden. *7* Die Prätoren kamen zu gleicher Zeit in ihre Provinzen, in das jenseitige Spanien Publius Manlius; und, was jener in seiner ersten Prätur als Provinz gehabt hatte, in das diesseitige Quintus Fulvius Flaccus. Hier übernahm er von Terentius das Heer; das jenseitige Spanien aber war seit dem Tod des Prokonsuls Publius Sempronius ohne Oberbefehl gewesen. ***8*** Fulvius Flaccus griffen bei der Belagerung einer spanischen Stadt, Namens Urbicua, die Keltiberer an. Hier kam es zu mehreren hitzigen Gefechten. Die Römer hatten viele Verwundete und Gefallene. Die Keltiberer erlagen der Beharrlichkeit des Fulvius, den alle ihre Angriffe die Belagerung aufzugeben nicht imstande waren, und erschöpft durch die Gefechte von wechselndem Ausgang zogen sie ab. ***9*** Die Stadt, die sie ohne Hilfe ließen, wurde wenige Tage darauf erobert und geplündert. Die Beute überließ der Prätor den Soldaten. ***10*** Als Fulvius diese Stadt erobert und Publius Manlius bloß das verteilte Heer zusammengezogen hatte, führten sie, ohne weiter etwas Besonderes ausgeführt zu haben, ihre Truppen in die Winterquartiere. ***11*** Dies sind die Vorfälle dieses Sommers in Spanien. Terentius, der dort abgegangen war, zog im kleinen Triumph in die Stadt ein. Das aufgeführte Silber betrug 9320 Pfund, das Gold 80 Pfund, zwei goldene Kränze von 67 Pfund.

(17) In demselben Jahr fanden sich auch wegen eines zwischen Karthago und dem Könige Masinissa streitigen Gebietes Schiedsrichter von Rom an Ort und Stelle ein. ***2*** Gala, Masinissas Vater, hatte es den Karthagern abgenommen, den Gala hatte Syphax daraus vertrieben und es nachher aus Gefälligkeit für seinen Schwiegervater Hasdrubal den Karthagern geschenkt. ***3*** Die Karthager hatte in diesem Jahre Masinissa vertrieben. Beide führten ihre Sache vor den Römern mit derselben Erbitterung, mit der sie mit dem Schwert und in Schlachtordnung gekämpft hatten. ***4*** Die Karthager forderten das Land zurück, weil es von Anfang an ihren Vorfahren gehört habe und dann von Syphax an sie gekommen sei. Masinissa sagte, er habe mit diesem Landstrich ein Stück seines väterlichen Reiches wieder an sich gebracht und besitze es nach dem Völkerrecht und sei sowohl im Such- als im Besitzrecht. ***5*** Er fürchte bei dieser Untersuchung weiter nichts, als dass ihm das Ehrgefühl der Römer nachteilig sein könne, wenn sie den Schein fürchteten, einen Verbündeten und befreundeten König gegen ihre und seine gemeinsamen Feinde begünstigt zu haben. ***6*** Die Abgeordneten trafen in dem Besitzstand keine Änderung, sondern verwiesen die Sache unentschieden an den Senat.

In Ligurien geschah nichts weiter. Zuerst zogen sich die Feinde in ihre unwegsamen Waldgebirge zurück, dann zerstreuten sie sich mit Entlassung ihres Heeres in ihre Flecken und kleinen Festungen. *7* Auch die Konsuln wollten ihr Heer entlassen und fragten deshalb bei den Vätern an. Diese befahlen, der eine von ihnen solle nach Entlassung seines Heeres zur Wahl der jährigen Obrigkeiten nach Rom kommen, der andere mit seinen Legionen zu Pisa überwintern. ***8*** Es hieß nämlich, die Gallier jenseits der Alpen bewaffneten ihre Mannschaft, und man wusste nicht, in welche Gegend Italiens dieser Schwarm hinüberströmen werde. Also einigten sich die Konsuln, dass Gnaeus Baebius zur Abhaltung der Wahlen nach Rom gehen solle, weil sich sein Bruder Marcus Baebius um das Konsulat bewarb.

(18) Die Konsulnwahl ging vor sich; gewählt wurden Publius Cornelius Cethegus und Marcus Baebius Tamphilus. ***2*** Dann wurden Prätoren die beiden Quinti Fabii, Maximus und Buteo, Ti-

berius Claudius Nero, Quintus Petillius Spurinus, Marcus Pinarius Posca und Lucius Duronius. *3* Ihnen bestimmte das Los nach ihrem Amtsantritt folgende Aufgabenbereiche: Ligurien den Konsuln, den Prätoren Quintus Petillius die Rechtspflege über die Bürger, Quintus Fabius Maximus die über die Fremden, Quintus Fabius Buteo Gallien, Tiberius Claudius Nero Sizilien, Marcus Pinarius Sardinien, Lucius Duronius Apulien nebst dem dazugegebenen Illyrien, *4* denn die Tarentiner und Brundisiner berichteten, ihre Gegenden am Meere litten durch Seeräuberschiffe von der jenseitigen Küste. Dieselbe Klage führten die Massilier über die Schiffe der Ligurer. *5* Nun wurde jedem sein Heer angewiesen, den Konsuln vier Legionen – jede sollte 5200 Mann römisches Fußvolk und 300 Reiter haben – und jedem 15 000 Mann latinische Bundestruppen nebst 800 Reitern. *6* In beiden Spanien sollten die bisherigen Prätoren den Oberbefehl nebst den Heeren, welche sie jetzt hatten, behalten, und man bestimmte ihnen als Ergänzungstruppen 3000 Römer zu Fuß nebst 200 Reitern, und 6000 verbündete Latiner zu Fuß nebst 300 Reitern. *7* Auch die Seemacht ließ man nicht außer Acht. Den Konsuln wurde befohlen, hierzu Zweimänner zu ernennen, um durch diese 20 Schiffe in See gehen zu lassen und sie mit Seeleuten zu bemannen, die jetzt römische Bürger, vorher aber Sklaven gewesen wären, nur ihre Vorgesetzten sollten Freigeborene sein. *8* Die Verteidigung der Küste wurde jedem der Zweimänner mit zehn Schiffen so zugeteilt, dass sie das Vorgebirge der Minerva zu ihrem Wendepunkte in der Mitte hätten; der eine sollte die Küste rechts bis nach Massilia, der andere die zur Linken bis nach Barium schützen.

(19) In diesem Jahr zeigten sich viele traurige Schreckzeichen in Rom, und viele wurden von auswärts gemeldet. *2* Auf dem dem Vulkan und der Eintracht geweihten Platz regnete es Blut. Die Oberpriester meldeten, Spieße hätten sich bewegt, und zu Lanuvium habe das Bild der Juno Sospita geweint. *3* Auch war auf dem Land, in den Gerichtsorten und Marktflecken und in Rom selbst eine so große Sterblichkeit, dass die Beerdigungsanstalten kaum alle Leichen bestatten konnten. *4* Durch diese Schreckzeichen und Sterbefälle in Angst gesetzt, befahlen die Väter, die Konsuln sollten denjenigen Gottheiten, denen sie es nötig fänden, Opfer mit großen Tieren bringen, und die Zehnmänner sollten die heiligen Bücher befragen. *5* Auf einen Beschluss von ihnen wurde eine Betandacht an allen Altären zu Rom auf einen Tag verordnet. Auf ihr Gutachten beschloss auch der Senat, und die Konsuln machten es bekannt, dass durch ganz Italien eine dreitägige Betandacht und Ferien sein sollten. *6* Die Pest war so arg, dass die Konsuln, als der Senat wegen einer Empörung der Korsen und eines auf Sardinien von den Iliern erregten Krieges 8000 Mann latinische Bundestruppen zu Fuß und 300 zu Pferde auszuheben befahl, um sie mit dem Prätor Marcus Pinarius nach Sardinien übersetzen zu lassen, die Anzeige machten, *7* es wären so viele Menschen gestorben, und es lägen überall so viele krank darnieder, dass man diese Anzahl von Soldaten nicht habe aufbringen können. *8* Deshalb erhielt der Prätor Befehl, sich die fehlenden Leute vom Prokonsul Gnaeus Baebius geben zu lassen, der zu Pisa überwinterte, und von hier nach Sardinien überzugehen. *9* Dem Prätor Lucius Duronius, dem Apulien als Standplatz zugefallen war, wurde auch die Untersuchung wegen der Bacchanalien aufgetragen, weil sich ein von diesem früheren Übel gleichsam nachgebliebener Samenstoff schon im vorigen Jahr gezeigt hatte. *10* Allein bei dem Prätor Lucius Pupius waren die Untersuchungen mehr eingeleitet gewesen als zu irgendeinem Ausgang gediehen. Die Väter befahlen dem Prätor, diese neue Pestbeule völlig auszuschneiden, damit sie nicht noch weiter um sich greife. *11* Auch brachten die Konsuln nach dem Beschluss des Senats ein Gesetz über die Amtsbewerbungen vor das Volk.

(20) Dann führten sie die Gesandtschaften in den Senat ein; zuerst die der Könige, des Eumenes, des kappadokischen, Ariarathes, und des pontischen, Pharnaces. Sie erhielten weiter keine Antwort, als die, die Väter würden zur Untersuchung und Entscheidung ihrer Streitigkeiten Gesandte schicken. *2* Dann wurden die Gesandten der verbannten Spartaner und der Achäer eingeführt,

und den Verbannten die Hoffnung gemacht, dass der Senat wegen ihrer Wiedereinsetzung den Achäern schreiben werde. Die Achäer setzten den Vätern nicht ohne Beifall ihre Wiedereroberung von Messene und die Beilegung der dortigen Angelegenheiten auseinander. *3* Auch von Philipp, König von Makedonien, kamen zwei Gesandte, Philokles und Apelles, aber ohne etwas bei dem Senat zu suchen. Sie waren mehr als Späher abgeschickt, um den Unterredungen nachzuspüren, welcher Perseus den Demetrios angeklagt hatte, als ob sie dieser mit römischen Vornehmen, besonders mit Titus Quinctius, seinem Bruder zum Nachteil über die Thronfolge gehabt habe. *4* Der König hatte sie, als wären sie die Unparteiischen, und ohne Vorliebe für einen von beiden abgeschickt. Aber auch sie waren Werkzeuge und Teilnehmer der Bosheit des Perseus gegen seinen Bruder. *5* Demetrios, der von allem nichts wusste, außer was ihm das neulich an den Tag gekommene Bubenstück seines Bruders verraten hatte, hegte anfangs zwar keine große, aber doch einige Hoffnung, seinen Vater versöhnen zu können; nachher traute er der Stimmung seines Vaters, dessen Ohr er von seinem Bruder belagert sah, von Tag zu Tag weniger. *6* Seine eigenen Worte und Handlungen beachtend, um den Verdacht keines Menschen gegen sich zu mehren, enthielt er sich besonders aller Erwähnung und Annäherung der Römer, so, dass er nicht einmal Briefe haben wollte, weil er sah, dass sein Vater hauptsächlich über Vorwürfe dieser Art erbittert wurde.

(21) Philipp ließ, um seine Soldaten nicht durch Untätigkeit schlechter werden zu lassen, zugleich um allen Verdacht von sich abzuwenden, als sinne er auf einen römischen Krieg, sein Heer nach Stobi in Paeonien kommen und rückte dann mit ihm weiter in das Gebiet Maedica. *2* Es hatte ihn die Begierde ergriffen, den Gipfel des Haemos zu besteigen, weil er der allgemeinen Meinung Glauben beimaß, man könne dort zugleich das Pontische und Adriatische Meer, die Donau und die Alpen sehen, und er versprach sich von dieser Übersicht für seinen Plan zu einem römischen Krieg Winke von Bedeutung. *3* Als er die der Gegend Kundigen über das Hinansteigen zum Haemos befragt hatte, und alle darin übereinstimmten, für ein Heer gebe es gar keinen Weg, *4* sondern nur für einzelne Leichtbeladene einen äußerst beschwerlichen Aufgang, so legte er seinem jüngeren Sohn, den er nicht mitnehmen wollte, um ihm mit ein paar vertrauten Worten zu liebkosen, zuerst die Frage vor, ob man bei einer so großen Schwierigkeit des Weges bei dem Unternehmen beharren oder davon abstehen müsse. *5* Falls er aber dennoch weiterginge, so könne er unter diesen Umständen nicht umhin, sich an Antigonos zu erinnern, von dem man erzählte, er habe einst in einem schweren Seesturm, als er die Seinigen alle auf demselben Schiff bei sich hatte, es seinen Söhnen zur Vorschrift gemacht, sowohl für ihre Person es nie zu vergessen, als auch ihren Nachkommen die Lehre aufzubewahren, es solle niemand zugleich mit seinem ganzen Stamm sich einer misslichen Lage aussetzen. *6* Und so wolle er, dieser Lehre eingedenk, nicht seine beiden Söhne zugleich auf das Spiel dieser angedeuteten Möglichkeit setzen, und weil er den älteren Sohn mitnehme, wolle er zur Stütze seiner Hoffnung und zur Bewachung seines Thrones den jüngeren nach Makedonien zurücksenden. *7* Es entging Demetrios nicht, dass man ihn wegschicke, damit er nicht bei der Beratung zugegen sei, wenn der Vater bei dem Überblick der Gegenden in Erwägung zöge, welchen Weg er zunächst an das Adriatische Meer und nach Italien zu nehmen habe und wie der Gang des Krieges sein müsse. *8* Allein jetzt war es Zeit, dem Vater nicht bloß zu gehorchen, sondern sogar ihm beizustimmen, um nicht in den Verdacht zu kommen, als gehorche er ungern. *9* Damit er aber auf dem Weg nach Makedonien Sicherheit hätte, wurde Didas, einem von den königlichen Befehlshabern und Statthalter in Paeonien, befohlen, ihn mit einer mäßigen Bedeckung zu begleiten. *10* Aber auch dieser stand mit Perseus, so wie die meisten von seines Vaters Vertrauten, seitdem niemand mehr darüber in Zweifel war, an wen bei dieser Stimmung des Vaters die Erbschaft des Thrones fallen werde, zum Verderben seines Bruders

im Bund. *11* Für jetzt trug dieser ihm auf, sich durch alle Arten von Gefälligkeit bei Demetrios auf den Fuß der innigsten Vertraulichkeit zu setzen, um ihm alle seine Geheimnisse abzulocken und seine verstecktesten Gedanken zu erspähen. So schied Demetrios, bei dieser Bedeckung viel unsicherer, als wenn er allein gegangen wäre.

(22) Philipp, der zuerst durch Maedica, dann durch die zwischen Maedica und dem Humos liegenden Einöden zog, gelangte erst in sieben Tagemärschen an den Fuß des Gebirges. Hier verweilte er einen Tag, um die, die er mitnehmen wollte, auszuwählen. Am dritten Tag trat er die Reise an. *2* Anfangs war auf den untersten Hügeln die Beschwerde nur gering, je mehr sie aber in die Höhe stiegen, trafen sie immer mehr und mehr auf Waldungen und unwegsame Stellen. *3* Dann kamen sie auf einen so schattigen Weg, dass sie vor dicht stehenden Bäumen und durcheinander verschlungenen Ästen kaum den Himmel sehen konnten. *4* Als sie aber dem Bergrücken nahe kamen, da war – was anderwärts nur selten geschieht – alles in einen so starken Nebel gehüllt, dass ihnen der Weg so schwer wurde, als machten sie ihn bei Nacht. Erst am dritten Tag kamen sie auf dem Gipfel an. *5* Nach ihrem Abstieg widersprachen sie dem allgemein verbreiteten Glauben nicht, vermutlich mehr, um einem Spott über ihre vergebliche Reise zu entgehen, als dass sie wirklich die Meere, Gebirge und Ströme auf so entgegengesetzten Punkten zugleich von diesem einzigen Standort hätten sehen können. *6* Alle waren von den Beschwerden der Reise sehr angegriffen, und der König bei seinen Jahren schon sehr schwerfällig im Vergleich zu den anderen. *7* Nachdem er an zwei Altären, die er hier dem Jupiter und Sol weihte, geopfert hatte, machte er den Weg, den er in drei Tagen hinangestiegen will, bergab in zwei Tagen, weil er besonders die Nachtfröste fürchtete, welche hier in den Hundstagen den Winterfrösten glichen. *8* Hatte er in diesen Tagen mit vielen Beschwerden zu kämpfen gehabt, so fand er auch in seinem Lager keine frohere Stimmung, weil es in einer Gegend, die auf allen Seiten von Einöden umschlossen war, den höchsten Mangel gab. *9* Um denen, die er bei sich gehabt hatte, einige Ruhe zu gönnen, verweilte er einen einzigen Tag, und eilte dann, wie auf der Flucht, in das Land der Dentheleter. *10* Diese waren Bundesgenossen, allein aus Mangel plünderten ihnen die Makedonier das Land, als ob es Feinden gehöre. *11* Raubend verheerten sie anfangs die Landhöfe hin und wieder, dann auch mehrere Flecken, nicht ohne große Beschämung des Königs, der das Klagegeschrei seiner Bundesgenossen anhören musste, wenn sie vergeblich die Bundesgötter und ihn namentlich um Hilfe anflehten. *12* Als er hier das Getreide weggenommen hatte und nach Maedica zurückgekehrt war, unternahm er die Belagerung einer Stadt, namens Petra. *13* Er selbst lagerte sich da, wo er ihr von der Ebene aus beikommen konnte, seinen Sohn Perseus ließ er mit einem mäßigen Korps einen Umweg nehmen, um die Stadt von den Anhöhen aus anzugreifen. *14* Die Bürger, von allen Seiten bedroht, verstanden sich für diesen Augenblick zur Stellung von Geiseln und zur Übergabe. Sobald aber das Heer abzog, flohen sie mit Aufopferung ihrer Geiseln und Hinterlassung ihrer Stadt in feste Plätze und auf das Gebirge. *15* Als Philipp wieder in Makedonien ankam, hatte er ohne den geringsten Erfolg seine Soldaten durch Beschwerden aller Art ermüdet und fand den Verdacht gegen seinen Sohn durch die Bosheit des Statthalters Didas noch gesteigert,

(23) Da dieser dem Prinzen, wie ich oben gesagt habe, zugegebene Begleiter die Offenheit des Unvorsichtigen und mit Recht auf die Seinigen zürnenden Jünglings unter Beistimmung und teilnehmendem Unwillen über sein Schicksal belauschte, entlockte er ihm durch das zuvorkommende Anerbieten, ihm in allen Stücken zu dienen, nach zugesicherter Verschwiegenheit seine Geheimnisse.

2 Demetrios dachte an eine Flucht zu den Römern. Für diesen Plan schien ihm durch göttliche Fügung der Statthalter von Paeonien als Helfer angeboten zu werden, durch dessen Provinz er sicher entkommen zu können hoffte. *3* Sogleich wurde dieser Plan seinem Bruder verraten und auf dessen Betreiben dem Vater mitgeteilt. *4* Zuerst bekam dieser einen Brief, als er Petra belagerte. Nun wurde Herodoros – er war der Vornehmste von den Freunden des Demetrios – ins Gefängnis geworfen und Befehl gegeben, den Demetrios, ohne dass er es merkte, zu beobachten. *5* Dem König gab außer den übrigen Veranlassungen auch diese in Makedonien eine traurige Ankunft. Auch jetzt angebrachte Beschuldigungen beunruhigten ihn, doch glaubte er, die Rückkehr derer abwarten zu müssen, die er, um sich nach allen Umständen zu erkundigen, nach Rom geschickt hatte. *6* Von diesen Sorgen gequält, hatte er mehrere Monate zugebracht, da kamen endlich die Gesandten, denen schon längst in Makedonien angegeben war, was sie von Rom aus berichten mussten, *7* und ohne ihre übrigen Schändlichkeiten zu erwähnen, brachten sie sogar dem König einen gefälschten Brief von Titus Quinctius, welcher mit dessen nachgemachtem Siegel versehen war. *8* Der Brief bat um Entschuldigung, dass der Jüngling, durch die Lust zum Thron verblendet, sich deshalb an ihn gewandt habe, obgleich er nie das Geringste gegen einen der Seinigen unternehmen werde. Und er selbst sei nicht der Mann, den man für den Angeber irgendeiner lieblosen Maßregel ansehen dürfe. *9* Auf diesen Brief fanden Perseus' Verleumdungen Glauben. Sogleich musste sich Herodorus eine lange Folter gefallen lassen; er starb aber unter den Martern, ohne irgendetwas ausgesagt zu haben.

(24) Perseus klagte den Demetrios noch einmal bei seinem Vater an. Er legte viel Gewicht auf die eingeleitete Flucht durch Päonien, auch darauf, dass einige bestochen waren, die Reise mitzumachen. Am meisten aber wirkte der dem Titus Quinctius untergeschobene Brief. *2* Doch wurde das harte Urteil über Demetrios nicht öffentlich ausgesprochen, um ihn lieber heimlich ermorden zu können, und auch dies nicht aus Rücksicht auf ihn selbst, sondern um nicht durch seine Hinrichtung den Plan gegen die Römer aufzudecken. *3* Da Philipp selbst von Thessaloniki zu Demetrios reisen wollte, schickte er den Demetrios, von demselben Didas begleitet, nach Astraeon in Paeonien, und Perseus, um die thrakischen Geiseln in Empfang zu nehmen, nach Amphipoli. *4* Beim Scheiden soll er dem Didas den Auftrag gegeben haben, den Sohn zu töten. Didas schickte sich entweder zu einem wirklichen Opfer an oder traf anscheinend Vorkehrungen. *5* Zu dieser Feier eingeladen, kam Demetrios von Astraeon nach Heraklea. Bei dem Opfermahl soll ihm Gift gegeben worden sein. *6* Er hatte kaum den Becher ausgetrunken, da merkte er es. Bald stellten sich die Schmerzen ein, er verließ das Mahl, begab sich in sein Schlafzimmer, und unter lauten Klagen über seines Vaters Grausamkeit, über den vom Bruder am Bruder verübten Mord und über den Verrat des Didas litt er die größten Qualen. *7* Da schickte man einen gewissen Thyrsis von Stubera und den Alexander von Beroia zu ihm hinein, die ihn mit über den Kopf und Mund geworfenen Decken erstickten. *8* So wurde der unschuldige Jüngling getötet, und seine Feinde hatten sich dabei nicht einmal mit einem einfachen Tod begnügt.

(25) Während dieser Vorgänge in Makedonien fühlte Lucius Aemilius Paulus, dem nach seinem Konsulat der Oberbefehl verlängert war, sein Heer gegen die ingaunischen Ligurer. *2* Als er sich in dem Gebiet der Feinde lagerte, kamen Gesandte bei ihm an, die sich unter dem Schein einer Bitte um Frieden bei ihm umsehen wollten. *3* Als Paulus sagte, er schließe nur mit denen Frieden, die sich ergäben, verweigerten sie dies nicht geradewegs, sondern sagten, hierzu hätten sie Zeit nötig, um ihre rohen Landsleute dazu zu bereden. *4* Da ihnen deshalb auf zehn Tage Waffenstillstand bewilligt wurde, baten sie hinterher, die Truppen möchten doch nicht auf ihren Zügen aus dem Lager zum Futter- oder Holzholen über die nächsten Berge gehen; die bestellten Äcker dort gehörten zu ihrem Gebiet. *5* Als ihnen dies zugesagt war, zogen sie gerade hinter diesen Bergen, von denen sie den Feind entfernt gehalten hatten, ihr ganzes Heer zusammen, und plötzlich unternahmen sie mit einer außerordentlichen Menge die Bestürmung des römischen Lagers an allen Toren zugleich. *6* Den ganzen Tag hindurch stürmten sie mit höchster Anstrengung, so dass

die Römer nicht einmal dazu kommen konnten, unter den Fahnen auszurücken, auch den Platz nicht hatten, ihre Schlachtreihe auszubreiten. ***7*** In den Toren zusammengedrängt, schützten sie ihr Lager mehr durch diese Sperrung des Weges als durch Kampf. Als sich die Feinde gegen Sonnenuntergang zurückgezogen hatten, schickte Paulus zwei Reiter zu Prokonsul Gnaeus Baebius nach Pisa mit der schriftlichen Bitte, ihm je eher je lieber zu Hilfe zu kommen, da man ihn während eines Waffenstillstandes eingeschlossen habe. ***8*** Baebius hatte sein Heer an den Prätor Marcus Pinarius abgegeben, als dieser nach Sardinien ging. Doch benachrichtigte er durch einen Brief den Senat, ***9*** dass Lucius Aemilius von den Ligurern eingeschlossen sei, und schrieb auch an Marcus Claudius Marcellus, der von hier den nächsten Standort hatte, wenn es ihm recht sei, möge er mit seinem Heer aus Gallien nach Ligurien übergehen und Lucius Aemilius von der Einschließung befreien. Alle diese Hilfe sollte zu spät kommen. ***10*** Am folgenden Tag kamen die Ligurer wieder an das Lager. Obgleich Aemilius wusste, dass sie kommen würden, und er in Linie hätte ausrücken können, behielt er seine Leute doch in der Verschanzung, um den Kampf bis zu dem Zeitpunkt zu verlängern, wo Baebius mit seinem Heer von Pisa eintreffen konnte.

(26) In Rom erregte das Schreiben des Baebius um so größere Bestürzung, ***2*** weil wenige Tage darauf Marcellus, als er nach Abgabe seines Heeres an Fabius zu Rom eintraf, alle Hoffnung niederschlug, das in Gallien stehende Heer nach Ligurien gehen lassen zu können, weil es selbst gegen die Istrier kämpfe, welche die Anlegung einer Kolonie zu Aquileja nicht gestatten wollten. ***3*** Fabius sei dorthin vorgerückt und könne, da der Krieg einmal angefangen, von dort nicht zurückkommen. ***4*** Die einzige, aber für die dringenden Zeitumstände ebenfalls zu sehr zögernde Hoffnung der Hilfe war die, wenn die Konsuln sich beeilten, auf ihren Standort abzugehen. Alle Väter erklärten sich laut dafür, dass sie dies tun möchten. ***5*** Die Konsuln sagten, vor beendeter Aushebung würden sie nicht abgehen, und dass diese erst später beendet werde, sei nicht die Schuld ihrer Saumseligkeit, sondern die Gewalt der Krankheit. ***6*** Doch bei der einstimmigen Zumutung des Senates konnten sie nicht umhin, im Feldherrnschmuck auszurücken und den Soldaten, so viel sie schon geworben hatten, den Tag zu bestimmen, auf den sie sich in Pisa zu stellen hätten. Es wurde ihnen gestattet, wo sie durchkämen, auf dem Marsch Truppen für diesen Notfall auszuheben und mitgehen zu lassen. ***7*** Auch den Prätoren Quintus Petillius und Quintus Fabius wurden Aufträge erteilt: Petillius, zwei Legionen eilig geworbener Römer zu bilden und alle unter 50 Jahren zur Fahne schwören zu lassen, Fabius, sich von den verbündeten Latinern 15 000 Mann zu Fuß und 800 Reiter stellen zu lassen. ***8*** Zu Zweimännern beim Seewesen wurden Gaius Matienus und Gaius Lucretius erwählt und ihnen die Schiffe instand gesetzt, auch dem Matienus, dessen Standort in dem Gallischen Meerbusen war, Befehl gegeben, so schnell wie möglich mit seiner Flotte an die ligurische Küste zu gehen, wenn er etwa dem Lucius Aemilius und dessen Heer von einigem Nutzen sein könnte.

(27) Weil Aemilius, der bei dem Ausbleiben aller Hilfe seine Reiter für aufgefangen hielt, mit einem Ausbruchsversuch aus eigener Kraft nicht länger warten zu müssen glaubte, ***2*** stellte er, ehe die Feinde wiederkamen, die aber schon saumseliger und sorgloser bei ihrem Angriff waren, seine Truppen an den vier Lagertoren auf, um sie zugleich auf allen Seiten ausbrechen zu lassen. ***3*** An die vier Kohorten verbündeter Auserlesener ließ er zwei andere Kohorten Bundestruppen sich anschließen, gab ihnen den Unterfeldherrn Marcus Valerius zum Anführer und ließ sie zum Vordertor den Ausfall machen. ***4*** An das rechte Seitentor stellte er das erste Treffen der ersten Legion und gab ihm das zweite Treffen zum Rückhalt; über diese setzte er die Obersten Marcus Servilius und Lucius Sulpicius. ***5*** Die dritte Legion wurde dem linken Seitentor gegenüber aufgestellt, nur mit der Abänderung, dass das zweite Treffen voran, das erste in den Rückhalt zu stehen kam. ***6*** Über diese Legion wurden die Obersten Sextus Julius Caesar und Lucius Aurelius Cotta gesetzt.

7 Der Unterfeldherr Quintus Fulvius Flaccus mit der rechten Abteilung der Bundesgenossen bekam seinen Platz am Hintertor. Zwei Kohorten und von beiden Legionen das dritte Treffen mussten zur Bedeckung des Lagers bleiben. *8* Der Feldherr selbst zeigte sich unter Anreden an die Seinigen an allen Toren und schärfte die Erbitterung der Soldaten durch alle ihm möglichen Reizmittel, *9* bald durch laute Anklage der Arglist, mit welcher die Feinde nach ihrer Bitte um Frieden, nach bewilligtem Waffenstillstand, selbst während dieser Zeit des Waffenstillstandes gegen alles Völkerrecht sich aufgemacht hätten, das römische Lager anzugreifen, *10* bald durch die Vorstellung, wie schimpflich es sei, dass von Ligurern, mehr Räubern als ordentlichen Feinden, ein römisches Heer eingeschlossen werde. *11 Mit welcher Miene will einer von euch, falls euch hier fremde Unterstützung, nicht eigene Tapferkeit befreite, ich will nicht sagen, den Soldaten begegnen, welche Hannibal, Philipp oder Antiochos, die größten Könige und Feldherren unseres Zeitalters, besiegten, 12 sondern denen, von welchen eben diese Ligurer zu verschiedenen Malen wie flüchtiges Vieh in unwegsamen Waldungen eingeholt und zusammengehauen wurden? 13 Was keine Spanier, keine Gallier, Makedonier oder Punier wagen würden, das wagt der Ligurer als Feind, vor einen römischen Lagerwall zu rücken, von seiner Seite der Belagerer, der Stürmende zu sein, ein Feind, den wir, wenn wir ihm früher in unwegsamen Waldgebirgen nachspülten, kaum in seinen Löchern und Schlupfwinkeln auffinden konnten.* *14* Hierauf erwiderten die Truppen durch einstimmiges Geschrei, dies sei nicht die Schuld der Soldaten, denen niemand ein Zeichen zum Ausfall gegeben habe. *15* Er möge ihnen das Zeichen geben, dann solle er erfahren, dass Römer und Ligurer noch dieselben, die sie sonst gewesen sind, waren.

(28) Die Ligurer hatten diesseits der Berge zwei Lager. Aus diesen schritten sie in den ersten Tagen mit Sonnenaufgang alle zugleich geordnet und schlachtfertig heran; *2* jetzt aber griffen sie schon nicht eher zu den Waffen, als bis sie sich völlig mit Speise und Wein gesättigt hatten. *3* Zerstreut und ungeordnet rückten sie aus, weil sie es beinahe als gewiss ansahen, die Feinde würden sich mit ihren Fahnen nicht aus der Verschanzung wagen. *4* Mit einem Geschrei, das alle im Lager befindlichen Römer, Trossknechte und Marketender auf einmal erhoben, machten sie an allen Toren zugleich auf die in dieser Unordnung Herankommenden einen Ausfall. *4* Dies kam den Ligurern so unerwartet, dass sie ebenso bestürzt wurden, als wären sie in einen Hinterhalt geraten. Eine kurze Zeit dauerte nur der Anschein eines Gefechtes, dann wurde unaufhaltsame Flucht und das Gemetzel unter den Flüchtigen allgemein. *5* Kaum hatte die Reiterei den Wink zum Aufsitzen bekommen und niemand entrinnen zu lassen, da wurden die Feinde sämtlich in wilder Flucht zu ihrem Lager hineingetrieben und verloren das Lager selbst. *6* Man hieb an diesem Tag über 15 000 Ligurer nieder und machte 2500 Gefangene. Drei Tage nachher ergab sich in Ligurien alles, was Ingauner hieß, und stellte Geiseln. *7* Die Steuermänner und Schiffer, welche mit ihren Fahrzeugen Räuberei getrieben hatten, wurden eingezogen und sämtlich in Gewahrsam gebracht. Auch eroberte der Zweimann Gaius Matienus an der Küste von Ligurien 32 Schiffe dieser Art. *8* Zur Überbringung dieser Nachricht und eines Schreibens an den Senat wurden Lucius Aurelius Cotta und Gaius Sulpicius Gallus nach Rom geschickt, zugleich um zu bitten, dass man dem Lucius Aemilius erlauben möge, nach vollendeter Eroberung von seinem Posten abzugehen, auch die Truppen abzuführen und zu entlassen. *9* Beides bewilligte der Senat und verordnete zugleich ein dreitägiges Dankfest an allen Altären. Die Prätoren erhielten Befehl: Petillius, die Stadtlegionen zu entlassen, Fabius, den verbündeten Latinern die Aushebung zu erlassen; *10* auch musste der Stadtprätor den Konsuln schreiben, der Senat halte es für billig, den in der Eile für diesen Notfall aufgebotenen Landsturm so schnell wie möglich zu entlassen,

(29) In diesem Jahr wurde nach Graviscae in Etrurien, das früher den Tarquiniern entrissen worden war, eine Kolonie abgeführt. Jeder bekam fünf Morgen Land. *2* Die Abführung hatten

die Dreimänner Gaius Calpurnius Piso, Publius Claudius Pulcher und Gaius Terentius Istra. Dieses Jahr war bemerkenswert durch Dürre und Unfruchtbarkeit; in sechs Monaten soll es nicht geregnet haben.

3 In demselben Jahr fanden auf einem dem Schreiber Lucius Petillius gehörigen Acker unten am Janiculum die Arbeiter, als sie die Erde tiefer aufgruben, zwei steinerne Särge, jeder fast acht Fuß lang und vier Fuß breit und die Deckel mit Blei befestigt. ***4*** Beide Särge hatten eine lateinische und griechische Inschrift. In dem einen sollte Numa Pompilius, der Sohn des Pompo, König der Römer, beigesetzt sein, der andere die Bücher des Numa Pompilius enthalten. ***5*** Als der Besitzer auf Zureden seiner Freunde die Särge öffnete, fand sich der eine, in welchem der Aufschrift zufolge der König begraben lag, ganz leer, ohne alle Spur von einem menschlichen Leichnam oder irgendeiner Sache, weil durch die Verwesung in so vielen Jahren alles verschwunden war. ***6*** In dem andern enthielten zwei mit gewichsten Schnüren umwundene Pakete jedes sieben Bücher, die nicht allein unversehrt waren, sondern auch völlig neu aussahen. ***7*** Die sieben lateinischen handelten vom oberpriesterlichen Recht, die sieben griechischen von der Weltweisheit, wie sie in jenem Zeitalter sein konnte. ***8*** Valerius Antias fügt hinzu, sie seien pythagoreisch gewesen, so dass er sich mit seiner Versicherung durch diese glaubliche Lüge der gewöhnlichen Ansicht anschließt, nach welcher Numa ein Zuhörer des Pythagoras gewesen sein soll. ***9*** Von den Freunden des Schreibers, die dabei zugegen waren, wurden die Bücher zuerst gelesen, Als sie durch zahlreichere Leser bekannter wurden, ließ sie sich der Stadtprätor Quintus Petillius, neugierig sie zu lesen, von Lucius Petillius geben. ***10*** Sie standen in näherem Umgang, weil Quintus Petillius als Schatzmeister jenen in die Zunft der Schreiber aufgenommen hatte. ***11*** Als er die Hauptpunkte gelesen und bemerkt hatte, dass sie sich meistens auf eine Abstellung des Gottesdienstes beziehen, sagte er dem Lucius Petillius, er werde diese Bücher ins Feuer werfen. Ehe er dies tue, wolle er es ihm überlassen, von jedem Recht, von jedem Hilfsmittel Gebrauch zu machen, wodurch er sich den Wiederbesitz der Bücher verschaffen zu können glaube. Er könne dies unbeschadet ihrer Freundschaft tun. ***12*** Der Schreiber wandte sich an die Volkstribunen, die Tribunen verwiesen die Sache an den Senat. Der Prätor versicherte, er sei bereit zu schwören, dass diese Bücher nicht gelesen und aufbewahrt werden dürften. ***13*** Darauf erklärte der Senat, es sei hinreichend, dass sich der Prätor zu diesem Eid erbiete. Die Bücher müsse man sobald wie möglich auf dem Versammlungsplatz verbrennen. Der Preis der Bücher, so hoch ihn der Prätor Quintus Petillius und der größere Teil der Volkstribunen bestimmen würden, solle dem Besitzer ausgezahlt werden. ***14*** Der Schreiber nahm das Geld nicht an. Die Bücher wurden auf dem Versammlungsplatz auf einem von den Opferdienern angezündeten Feuer vor den Augen des Volkes verbrannt.

(30) Im diesseitigen Spanien kam während dieses Sommers ein großer Krieg zum Ausbruch. Gegen 35 000 Menschen, mehr als jemals vorher, hatten die Keltiberer zusammengebracht. Quintus Fulvius Flaccus hatte dort seinen Standort. ***2*** Weil er gehört hatte, dass die Keltiberer ihre Mannschaft bewaffneten, hatte er auch von den Bundesgenossen so viele Hilfstruppen als möglich zusammengezogen; allein er kam dem Feind in der Anzahl bei Weitem nicht gleich. ***3*** Mit Frühlingsanfang führte er sein Heer nach Karpetanien und schlug sein Lager bei der Stadt Aebura auf, in die er eine mäßige Besatzung gelegt hatte. ***4*** Wenige Tage darauf schlugen die Keltiberer in einer Entfernung von beinahe 2000 Schritten unter einer Anhöhe ihr Lager auf. Als der römische Prätor ihre Ankunft erfuhr, schickte er seinen Bruder Marcus Fulvius mit zwei Geschwadern Bundesreiter ab, um das feindliche Lager in Augenschein zu nehmen, mit dem Befehl, sich dem Wall soviel wie möglich zu nähern, um zu erfahren, wie groß es sei. ***5*** Auf ein Gefecht aber sollte er sich nicht einlassen, und wenn er die feindliche Reiterei ausrücken sehe, sich zurückziehen. Er tat, wie ihm befohlen war. Mehrere Tage hindurch wurde nichts weiter unternommen, als dass jene

beiden Geschwader sich zeigten und dann, wenn die feindliche Reiterei aus ihrem Lager hervorbrach, sich zurückzogen. **6** Endlich traten die Keltiberer, die zugleich mit allen ihren Truppen zu Fuß und zu Pferd aus ihrem Lager rückten, in Schlachtordnung fast in der Mitte zwischen beiden Lagern auf. **7** Das ganze Feld war eben und eignete sich zu einer Schlacht. Hier standen die Spanier und erwarteten den Feind. Vier Tage nacheinander behielt der römische Feldherr die Seinigen in seinem Wall, und jene stellten immer auf demselben Platz ihre Schlachtordnung auf. Die Römer unternahmen nichts. **8** Seitdem blieben auch die Keltiberer ruhig im Lager, weil auf eine Schlacht nicht eingegangen wurde; nur die Reiterei rückte auf ihren Posten aus, um, wenn der Feind etwas unternehme, bereit zu sein. **9** Hinter ihrem Lager gingen beide Teile auf Futter- und Holzholen aus, ohne dass eine die andere daran gehindert hätte.

(31) Als der römische Prätor glaubte, seine Untätigkeit seit so vielen Tagen habe den Feinden die sichere Hoffnung eingeflößt, dass er nicht zuerst etwas unternehmen werde, befahl er dem Lucius Acilius, mit der linken Abteilung der Bundesgenossen und 6000 Mann vom Hilfskorps der dortigen Landestruppen den Berg im Rücken der Feinde zu umgehen und von dort herab, sobald er das Schlachtgeschrei höre, über ihr Lager herzufallen. **2** Um unbemerkt zu bleiben, brachen sie in der Nacht auf. **3** Bei Tagesanbruch sandte Flaccus den Obersten der Bundestruppen Gaius Scribonius mit der auserlesenen Reiterei der linken Abteilung gegen das feindliche Lager. **4** Sobald die Keltiberer diese, und zwar in stärkerer Anzahl als gewöhnlich, heranrücken sahen, strömte ihre ganze Reiterei zum Lager hinaus, und zugleich erhielt das Fußvolk das Zeichen zum Ausrücken. **5** Scribonius kehrte, wie ihm befohlen war, sobald er das Getümmel der Reiterei vernahm, mit seinen Pferden um und eilte nach dem Lager zurück. Umso heftiger stürzten ihm seine Feinde nach. **6** Zuerst erschien ihre Reiterei, dann auch die Linie ihres Fußvolkes, in der sicheren Erwartung, heute den Angriff auf das Lager zu machen. Nicht weiter als 500 Schritte waren sie noch vom Wall entfernt. **7** Als Flaccus nun glaubte, sie weit genug vom Schutz ihres Lagers weggezogen zu haben, brach er mit seinem innerhalb des Walls aufgestellten Heer auf drei Seiten zugleich aus, unter einem Geschrei, das nicht bloß den Mut zum Kampf wecken, sondern auch denen auf dem Gebirge hörbar werden sollte. **8** Und diese säumten nicht, zum Angriff auf das Lager, wie ihnen befohlen war, heranzukommen, in welchem nicht mehr als 5000 Mann zur Bedeckung gelassen waren. **9** Da diesen ihre eigene Schwäche, die Stärke der Feinde und die Überraschung den Mut nahm, so wurde das Lager fast ohne Kampf erobert, und die Seite vom Lager, die den Kämpfenden am ehesten vor dem Blicke lag, steckte Acilius in Brand.

(32) Die letzten Glieder in der Linie der Keltiberer wurden das Feuer zuerst gewahr. Dann teilte sich's der ganzen Linie mit, ihr Lager sei erobert; gerade jetzt stehe es in vollen Flammen. Was sie in Schrecken setzte, erhöhte den Mut der Römer; **2** und schon vernahmen sie das Geschrei der siegenden Ihrigen. Brennend zeigte sich ihnen das feindliche Lager. **3** Eine Weile wankten die Keltiberer in Unentschlossenheit. Weil sie aber, wenn sie geschlagen wurden, sich auf nichts zurückziehen konnten und nur die Schlacht allein sie hoffen ließ, so erneuerten sie den Kampf desto hartnäckiger. **4** Auf ihrem Mittelpunkt wurden sie von der fünften Legion heftig bedrängt, aber gegen den linken Flügel, wo sie die Hilfstruppen der dortigen Landeskinder von den Römern aufgestellt sahen, brachen sie mit größerem Selbstvertrauen ein. **5** Und es war nahe daran, dass der linke Flügel der Römer geschlagen wäre, wäre nicht die siebente Legion in die Schlacht eingerückt. Zugleich traf aus der Stadt Aebura die dort zurückgelassene Besatzung mitten im heftigsten Kampf ein, und im Rücken zeigte sich Acilius. **6** Das Gemetzel unter den in die Mitte genommenen Keltiberern war anhaltend. Die übrig gebliebenen ergriffen allenthalben die Flucht nach allen Seiten. Die Reiterei, die in zwei Abteilungen ihnen nachgeschickt wurde, machte sehr viele nieder. Gegen 23 000 Feinde wurden an diesem Tag getötet, 4700 gefangen genommen

und über 400 Pferde erbeutet nebst 88 Fahnen. *7* Der Sieg war groß, aber er hatte Blut gekostet. Von den zwei Legionen fielen etwas über 200 Römer, an latinischen Bundesgenossen 830, an ausländischen Hilfstruppen fast 2400. **8** Der Prätor führte das siegreiche Heer in sein Lager zurück, Acilius musste in dem von ihm eroberten Lager bleiben. Am folgenden Tag sammelte man die feindliche Beute, und alle, die sich durch Tapferkeit ausgezeichnet hatten, wurden vor der ganzen Versammlung beschenkt.

(33) Nun wurden die Verwundeten in die Stadt Aebura gebracht und die Legionen durch Karpetanien nach Kontrebia geführt. **2** Diese Stadt wurde eingeschlossen und sie ließ zu ihrem Entsatz Keltiberer herbeirufen; als aber diese längere Zeit ausblieben, nicht etwa, weil sie absichtlich zögerten, sondern weil auf ihrem Marsch von der Heimat die durch anhaltende Regengüsse unwegsam gewordenen Wege und angeschwollenen Flüsse sie aufhielten, hoffte sie nicht länger auf Hilfe von den Ihrigen und ergab sich. **3** Auch Flaccus sah sich durch die grässlichen Stürme genötigt, sein ganzes Heer in die Stadt zu legen. **4** Als die aus ihrer Heimat aufgebrochenen Keltiberer, sobald die Regengüsse nachließen, endlich über die Flüsse gingen und ohne von der Übergabe zu wissen, sich Kontrebia näherten, glaubten sie, weil sie nirgends ein Lager vor den Mauern sahen, entweder sei es auf die andere Seite verlegt, oder der Feind schon abgezogen, und kamen in aller Sorglosigkeit zur Stadt herangestürzt. **5** Da machten die Römer aus zwei Toren einen Ausfall auf sie und warfen die Ungeordneten, sowie sie angriffen. **6** Was diese nicht zum Widerstand, nicht zum Kampf kommen ließ, war, dass sie nicht in einem Zug, nicht im Schluss unter den Fahnen herankamen. Gerade dies war ihnen größtenteils zur Flucht sehr heilsam. **7** Denn überall über das ganze Feld zerstreut, liefen sie auseinander, und nirgends konnte der Feind sie in Haufen umringen. Dennoch verloren sie gegen 12 000 Mann, an Gefangenen über 5000, 400 Pferde und 62 Feldzeichen. **8** Die versprengten Flüchtlinge, welche ihre Heimat aufsuchten, veranlassten durch die Erzählungen von der Übergabe Kontrebias und ihrer eigenen Niederlage das zweite Heer der heranziehenden Keltiberer zur Umkehr. Und sogleich zerstreuten sie sich alle in ihre Flecken und Schanzen. **9** Flaccus machte nach seinem Aufbruch von Kontrebia mit seinen Legionen einen verheerenden Zug durch Keltiberien und erstürmte viele Schanzen, bis sich der größte Teil der Keltiberer ergab. Soweit die Begebenheiten dieses Jahres im diesseitigen Spanien.

(34) Auch im jenseitigen Spanien lieferte der Prätor Manlius den Lusitaniern mehrere glückliche Gefechte. **2** Nach Aquileja auf gallischem Gebiet wurden in diesem Jahr latinische Kolonisten abgeführt. 3000 Mann zu Fuß bekamen je 50 Morgen Land, die Hauptleute 100, die Ritter 140. **3** Die Dreimänner, welche die Hinführung hatten, waren Publius Cornelius Scipio Nasica, Gaius Flaminius und Lucius Manlius Acidinus. **4** Zwei Tempel wurden in diesem Jahr geweiht, der eine der Venus Erycina am Collinischen Tor. Ihn weihte der Zweimann Lucius Porcius Licinus, der Sohn des Lucius; gelobt hatte ihn im Ligurischen Krieg der Konsul Lucius Porcius. Der andere war der Tempel der Pietas am Kohlmarkt. **5** Diesen weihte der Zweimann Manius Acilius Glabrio; auch stellte er seines Vaters Glabrio vergoldetes Standbild auf, von allen vergoldeten Standbildern in Italien das erste. **6** Dieser hatte den Tempel gerade an dem Tage gelobt, an dem er bei Thermopylae mit dem König Antiochos gekämpft hatte, und er hatte ihn auch nach einem Senatsbeschlusse verdungen.

7 In denselben Tagen, an welchen diese Tempel geweiht wurden, hielt Lucius Aemilius Paulus als Prokonsul seinen Triumph über die ingaunischen Ligurer. **8** Er führte 25 goldene Kränze auf; außer diesen kam in diesem Triumph weiter kein Gold und Silber ein. Viele vornehme Ligurer zogen als Gefangene seinem Wagen voran. Jedem Soldaten gab er als Anteil 300 As. **9** Was den Ruf dieses Triumphes noch erhöhte, waren die angekommenen ligurischen Gesandten, welche um einen beständigen Frieden baten; denn die ligurische Nation sei entschlossen, nie wieder eine

Waffe anzurühren, außer wenn sie ihnen vom römischen Volk auferlegt werde. ***10*** Auf Befehl des Senates gab der Prätor Quintus Fabius den Ligurern zur Antwort, diese Sprache der Ligurer sei nicht neu; ob sie aber neue, mit dieser Sprache übereinstimmende Gesinnungen hegten, dies könne niemanden so viel verschlagen als ihnen selbst. ***11*** Sie sollten sich an die Konsuln wenden und tun, was ihnen von diesen befohlen würde. Die Konsuln seien die Einzigen, denen es der Senat glauben wolle, dass die Ligurer es mit dem Frieden ehrlich meinten. ***12*** In Ligurien blieb es wirklich beim Frieden. In Korsika aber wurde mit den Korsen gekämpft. Der Prätor Marcus Pinarius hieb gegen 2000 nieder, und durch diesen Verlust bewogen, lieferten sie Geiseln und 100 000 Pfund Wachs. ***13*** Darauf ging das Heer nach Sardinien über und lieferte den Iliern, einem selbst jetzt noch nicht völlig beruhigten Volk, einige glückliche Gefechte. ***14*** Den Karthagern gaben die Römer in diesem Jahr die 100 Geiseln wieder und gewährten ihnen für diesmal nicht nur den Frieden von ihrer Seite, sondern auch mit dem König Masinissa, welcher das streitige Gebiet mit Truppen besetzt hatte.

(35) Die Konsuln fanden auf ihrem Standort nichts zu tun. Marcus Baebius, der zum Wahlgeschäft nach Rom zurückgerufen wurde, hatte den Vorsitz, als Aulus Postumius Albinus Luscus und Casus Calpurnius Piso zu Konsuln gewählt wurden. ***2*** Darauf wurden zu Prätoren gewählt Tiberius Sempronius Gracchus, Lucius Postumius Albinus, Publius Cornelius Mammula, Tiberius Minucius Molliculus, Aulus Hostilius Mancinus und Gaius Maenius. Alle traten am 15. März ihr Amt an.

3 Mit dem Anfang des Jahres, in welchem Aulus Postumius Albinus und Gaius Calpurnius Piso Konsuln waren, wurden vom Konsul Aulus Postumius in den Senat die Abgeordneten geführt, die Quintus Fulvius Flaccus aus dem diesseitigen Spanien geschickt hatte; sein Unterfeldherr Lucius Minucius und zwei Obersten, Titus Maenius und Lucius Terentius Massiliota. ***4*** Sie berichteten zwei Siege, die Übergabe Keltiberiens, die völlige Eroberung, und dass es für dieses Jahr nicht nötig sei, den gewöhnlich zu schickenden Sold oder Getreidezufuhren zum Heer abgehen zu lassen; dann baten sie den Senat, einmal, ***5*** für diese glücklichen Taten den unsterblichen Göttern den Ehrendank darbringen zu lassen, ***6*** sodann, dem Quintus Fulvius zu erlauben, dass er beim Abgang von seinem Standort das Heer, von dessen tapferen Dienstleistungen er und schon viele Prätoren vor ihm Gebrauch gemacht hätten, dort abführen dürfe; außerdem sei es pflichtmäßig, werde auch fast selbst durch die Not geboten. ***7*** *7*Denn die Soldaten rechneten so fest darauf, dass es dem Anschein nach unmöglich sei, sie länger dort im Ausland zu halten, und dass sie, wenn man sie nicht entließ, ohne Befehl dort abziehen oder, wollte man sie mit Ernst zurückhalten, zu einem höchst verderblichen Aufruhr losschlagen würden.

8 Beiden Konsuln bestimmte der Senat Ligurien zu ihrem Kriegsposten. Nun losten die Prätoren. Aulus Hostilius traf die Gerichtspflege in der Stadt, Tiberius Minucius die über die Fremden; Publius Cornelius Sizilien, Gaius Maenius Sardinien. ***9*** Die beiden Spanien fielen, das jenseitige dem Lucius Postumius zu, das diesseitige dem Tiberius Sempronius. ***10*** Weil dieser Nachfolger des Quintus Fulvius Flaccus werden sollte, sprach er, um sich auf seinem Posten das alte Heer nicht nehmen zu lassen: *Ich frage dich, Lucius Minucius, da du uns eine völlige Eroberung berichtest, ob du glaubst, dass die Keltiberer ununterbrochen bei ihrer Pflicht beharren werden, so dass sich jene Provinz ohne Heer behaupten lasse.* ***11*** *Kannst du dich aber für die Treue der Barbaren nicht verbürgen oder sie uns versprechen, und hältst du es für nötig, dort ein Heer zu halten, würdest du dann dem Senat dazu raten, Ergänzungstruppen nach Spanien zu schicken, so dass bloß nach Entlassung solcher Truppen, welche ihre Dienstzeit hinter sich haben, die Neulinge unter die übrigen Altkrieger eingereiht werden,* **12** *oder nach Abführung der alten Legionen aus der Provinz neue zu bilden und hinzuschicken, obgleich die verächtliche Unerfahrenheit der Neulinge selbst friedlichere*

Barbaren zur Empörung reizen kann. ***13*** *Ferner, ob nicht die völlige Unterwerfung eines so trotzigen, so empörungssüchtigen Volkes den Worten nach leichter als in der Wirklichkeit ist. Soviel ich höre, haben sich nur wenige Städte, die am meisten durch die Nähe unserer Winterquartiere bedroht wurden, unserer Verfügung und Oberherrschaft unterworfen; die übrigen stehen unter den Waffen.* ***14*** *Unter solchen Umständen, versammelte Väter, kann ich schon von hier aus vorhersagen, ich werde mit dem Heer, welches jetzt dort steht, der Sache des Staates mich unterziehen; nimmt aber Flaccus die Legionen mit sich, so werde ich mir zu Winterquartieren unangefochtene Gegenden aussuchen, nicht aber meine neuen Soldaten dem wildesten Feind preisgeben.*

(36) Auf die an ihn ergangenen Fragen antwortete der Unterfeldherr, weder er noch irgendjemand könne ahnen, wie die Keltiberer dächten oder später denken würden. ***2*** Er könne also nicht leugnen, dass es besser sein werde, selbst gegen ruhige Barbaren, wenn sie noch nicht ganz an den Gehorsam gewöhnt wären, ein Heer zu schicken. ***3*** Ob aber hier ein neues oder das alte Heer nötig sei, habe nur der zu bestimmen, der vorher wissen könne, wie treu die Keltiberer den Frieden halten würden, und der zugleich auch darüber gewiss ist, ob die Soldaten, wenn sie länger in der Provinz zurückbleiben müssten, sich ruhig verhalten würden. ***4*** Wenn man aus dem, was sie entweder in Gesprächen untereinander oder durch laute Antworten auf die Vorträge des Feldherrn zu erkennen gaben, auf ihre Stimmung schließen müsse, so hätten sie frei genug ausgerufen, sie wollten entweder ihren Feldherrn in der Provinz behalten oder mit ihm nach Italien kommen. ***5*** Diese Auseinandersetzung des Prätors mit dem Unterfeldherrn wurde durch den Antrag der Konsuln unterbrochen, die es für billig erachteten, dass ihnen selbst, ehe vom Heer eines Prätors die Rede sein könne, ihre Standorte bestellt würden. ***6*** Den Konsuln wurde ein ganz neues Heer bestimmt, jedem zwei römische Legionen mit der nötigen Reiterei, und an latinischen Bundestruppen so viel wie immer, 15 000 zu Fuß und 800 Reiter. Mit diesem Heer sollten sie die apuanischen Ligurer bekriegen. ***7*** Dem Publius Cornelius und Marcus Baebius wurde der Oberbefehl verlängert, und sie sollten ihre Standorte so lange behalten, bis die Konsuln kämen, dann aber nach Entlassung ihres jetzigen Heeres nach Rom zurückkommen. ***8*** Nun kam man über das Heer des Tiberius Sempronius zur Sprache. Die Konsuln erhielten Befehl, für ihn eine neue Legion von 5200 Mann zu Fuß und 400 Reitern auszuheben, und außerdem noch an Römern 1000 zu Fuß nebst 50 Reitern, ***9*** ferner die Bundesgenossen des Latinergebietes 7000 Mann Fußvolk und 300 Reiter stellen zu lassen. Mit diesem Heer sollte Tiberius Sempronius nach dem diesseitigen Spanien gehen. ***10*** Dem Quintus Fulvius wurde freigestellt, diejenigen Soldaten, möchten sie Römer oder Bundesgenossen sein, die vor dem Konsulat des Spurius Postumius und Quintus Marcius nach Spanien geführt wären, ferner was nach Ankunft der Ergänzungstruppen in zwei Legionen über 10 4000 Mann zu Fuß und 600 Reiter, ***11*** und an latinischen Bundestruppen über 12 000 Mann und 600 Reiter zu viel sei, solche nämlich, die dem Quintus Fulvius in den beiden Schlachten gegen die Keltiberer tapfere Dienste geleistet hätten, wenn er nichts dawider habe, bei seinem Abzug mitzunehmen. ***12*** Auch wurde wegen seiner glücklichen Verrichtungen im Amt ein Dankfest angeordnet, und die übrigen Prätoren mussten auf ihre Posten abziehen. ***13*** Quintus Fabius Buteo wurde der Oberbefehl in Gallien verlängert. Man setzte die Zahl der Truppen außer dem alten Heer, welches in Ligurien seiner bevorstehenden Entlassung entgegensah, für dieses Jahr auf acht Legionen. ***14*** Und selbst dieses Heer wurde nur mit Mühe vollzählig gemacht, weil jene Seuche schon im dritten Jahr die Stadt Rom und Italien verheerte.

(37) Es starb der Prätor Tiberius Minucius und nicht lange darauf der Konsul Gaius Calpurnius und viele andere angesehene Männer aller Stände. Zuletzt hielt man dieses Unglück für ein Zeichen göttlicher Ungnade. ***2*** Dem Obersten Priester Gaius Servilius wurde befohlen, Sühnemittel des göttlichen Zornes aufzufinden, den Zehnmännern, die heiligen Bücher einzusehen, der Konsul

sollte dem Apollo, dem Äskulap, der Salus Geschenke geloben und ihnen vergoldete Standbilder weihen. Er gelobte und weihte sie. *3* Die Zehnmänner verordneten eine zweitägige Andacht mit Gebeten um Genesung, sowohl in der Stadt als auch an allen Gerichtsorten und Marktplätzen. Alles, was über zwölf Jahre alt war, verrichtete die Andacht bekränzt und mit Lorbeerzweigen in der Hand. *4* Man hegte sogar Verdacht auf menschliche Bosheit, und nach einem Senatsbeschluss wurde dem Prätor Gaius Claudius, der an Stelle des Tiberius Minucius gewählt war, eine Untersuchung über Vergiftungen aufgetragen, die in der Stadt und diesseits des zehnten Meilensteines verübt worden wären, die über den zehnten Stein hinaus in den Gerichtsorten und Marktplätzen dem Gaius Matienus, ehe er auf seinen Standort nach Sardinien abginge. *5* Namentlich war der Tod des Konsuls verdächtig. Es hieß, seine Gattin Quarta Hostilia habe ihn umgebracht. *6* Und als nun ihr Sohn Quintus Fulvius Flaccus an des Stiefvaters Stelle zum Konsul erklärt wurde, fing der Tod Pisos an, noch in weit höherem Grad Gegenstand übler Nachrede zu werden. Es fanden sich Zeugen, welche aussagten, nach der Erklärung des Albinus und Piso zu Konsuln, bei welcher Wahl Flaccus abgewiesen war, habe ihm die Mutter Vorwürfe gemacht, dass ihm nun schon zum dritten Mal die Bitte um das Konsulat abgeschlagen sei, und habe hinzugefügt, er möchte sich zur Bewerbung vorbereiten; binnen zwei Monaten wolle sie bewirken, dass er Konsul werde. *7* Unter vielen anderen Zeugnissen, die auf die Sache Einfluss hatten, waren auch diese durch ihren nur zu wahren Erfolg bestätigten Worte ein Grund zur Verurteilung der Hostilia.

8 Im Anfang dieses Frühjahres rückten, während die neuen Konsuln die Aushebung in Rom zurückhielt und dann der Tod des einen und die zur Wiederbesetzung seiner Stelle zu haltende Wahl alles verspätete, *9* Publius Cornelius und Marcus Baebius, die in ihrem Konsulat nichts Bemerkenswertes geleistet hatten, mit ihrem Heer gegen die apuanischen Ligurer vor.

(38) Die Ligurer, die vor der Ankunft der Konsuln auf ihren Standorten keinen Krieg erwartet hatten, sahen sich unvermutet überfallen, und gegen 12 000 von ihnen ergaben sich. Cornelius und Baebius beschlossen, überzeugt, dass der Ligurische Krieg nicht eher zu Ende sein werde, *2* nach vorhergegangener schriftlichen Anfrage beim Senat, diese Leute von ihren Gebirgen in ein flaches Land herabzuführen, weit genug von ihrer Heimat, so dass sie keine Rückkehr zu hoffen hätten. *3* Rom hatte Staatsländereien im samnitischen Gebiet, ehemals taurainisches Eigentum. Auf diese wollten sie die apuanischen Ligurer herüberführen und machten bekannt: Die apuanischen Ligurer sollten mit Frau und Kind von den Gebirgen kommen und all ihr Hab und Gut mitbringen. *4* Die Ligurer ließen zu wiederholten Malen durch Gesandte bitten, man möge sie nicht zwingen, ihre Hausgötter, den Wohnsitz, wo sie geboren wären, die Gräber ihrer Vorfahren zu verlassen, und versprachen, ihre Waffen zu liefern und Geiseln zu geben. *5* Weil sie durchaus kein Gehör fanden und zum Krieg zu schwach waren, leisteten sie der Bekanntmachung Gehorsam. *6* Gegen 40 000 Freigeborene wurden mit Frau und Kindern auf Kosten des Staates versetzt. Man gab ihnen 150 000 Silberdenare, um sich die zu ihrem neuen Anbau nötigen Bedürfnisse anzuschaffen. *7* Zu Aufsehern bei der Verteilung und Zuweisung der Ländereien ernannte man Cornelius und Baebius, welche die Ausführung geleitet hatten. Weil aber diese selbst es verlangten, gab ihnen der Senat Fünfmänner zu, nach deren Rat sie verfahren könnten. *8* Als sie nach vollendetem Geschäft ihr altes Heer nach Rom führten, wurde ihnen vom Senat ein Triumph bewilligt. *9* Sie waren die Ersten, die, ohne Krieg geführt zu haben, triumphierten, doch so, dass nur die feindlichen Gefangenen dem Wagen vorausgingen; denn es gab bei ihren Triumphen keine Beute zur Schau zu tragen oder zu fahren, ebenso wenig eine unter die Soldaten zu verteilende Summe.

(39) In demselben Jahr führte Fulvius Flaccus als konsularischer Stellvertreter in Spanien, weil sein Nachfolger später auf seinem Posten eintraf, das Heer aus den Winterquartieren und

schickte sich an, das jenseitige Keltiberien zu verheeren, weil sich von dort niemand zu einer Übergabe eingefunden hatte. **2** Dadurch erbitterte er die Barbaren mehr, als er sie schreckte. Heimlich sammelten sie Truppen und besetzten den Manlianischen Bergwald, durch welchen, wie sie sicher wussten, das römische Heer ziehen würde. **3** Seinem Kollegen Lucius Postumius Albinus hatte Gracchus, als er nach dem jenseitigen Spanien ging, aufgetragen, dem Quintus Fulvius anzuzeigen, dass er das Heer nach Tarraco führen möge; **4** denn hier wolle er das alte Heer entlassen, die Ergänzungen verteilen und das ganze Heer ordnen. Auch wurde dem Flaccus ein Tag, und zwar ein nicht entfernter angegeben, an welchem sein Nachfolger eintreffen wolle. **5** Da diese neue Mitteilung den Flaccus zwang, seine Unternehmung aufzugeben und das Heer eiligst von Keltiberien abzuführen, besetzten die Barbaren, die, mit der Veranlassung unbekannt, sich einbildeten, er habe ihren Abfall und ihre geheimen Rüstungen erfahren und sei in Furcht geraten, den Wald mit desto größerem Mut. **6** Als der Zug der Römer am frühen Morgen den Pass betrat, griffen plötzlich die auf zwei Seiten zugleich hervorbrechenden Feinde die Römer an. **7** Kaum bemerkte es Flaccus, so stillte er das erste Getümmel dadurch, dass er durch die Hauptleute befehlen ließ, alle sollten im Zug stehen bleiben, jeder auf seinem Platz, **8** und die Waffen zur Hand nehmen, und sobald das Gepäck und die Lasttiere auf eine Stelle geschafft waren, stellte er ohne die geringste Übereilung, teils selbst, teils durch die Unterfeldherren und Obersten, so wie Zeit und Ort es erlaubten, alle seine Truppen auf, nicht ohne sie daran zu erinnern, sie hätten es mit einem Feind zu tun, der sich schon zweimal ergeben habe. **9** In Bosheit und Treulosigkeit habe es dieser weiter gebracht, nicht in Tapferkeit und Mut. Ihre sonst ruhmlose Heimkehr ins Vaterland werde jetzt durch diese verherrlicht und denkwürdig gemacht. Nun könnten sie die Schwerter, vom frischen Blutbad der Feinde gerötet, und die Beute, noch von Blut triefend, zum Triumph nach Rom mitbringen. **10** Die Zeit gestattete keine längere Ansprache. Die Feinde drangen ein; auf den äußersten Ecken wurde schon gekämpft. Nun trafen die Schlachtreihen aufeinander.

(40) Schrecklich war der Kampf überall, aber nicht von gleichem Erfolg. Die Legionen kämpften mit Auszeichnung, mit nicht geringerem Eifer beide Abteilungen der Bundesgenossen; nur die fremden Hilfstruppen litten unter einem Feind, der mit ihnen gleiche Rüstung, aber bei Weitem bessere Krieger hatte, und konnten ihren Platz nicht behaupten. **2** Als die Keltiberer sahen, dass sie in geordneter Reihe und Mann gegen Mann den Legionen nicht gewachsen waren, drangen sie in keilförmiger Schlachtordnung vor. **3** Und in dieser Kampfstellung geben sie sich eine Überlegenheit, dass sie da, wo ihr Angriff zum Einbruch kommt, unaufhaltbar werden. Auch jetzt gerieten die Legionen in Unordnung, und beinahe war die Linie getrennt. **4** Als Flaccus diese Verwirrung sah, jagte er zu den Reitern der Legionen hin und rief: *Ob wohl noch Hilfe bei euch zu erwarten ist, oder soll es jetzt um dieses Heer geschehen sein?* Auf ihren Zuruf von allen Seiten, er möge ihnen angeben, was er getan wissen wolle, ungesäumt würden sie dann den Befehl vollziehen, sprach er: **5** *Schiebt eure Geschwader, ihr Reiter, von beiden Legionen zusammen und lasst eure Pferde auf den Keil, mit dem die Feinde die Unsrigen bedrängen. Sprengt ihr mit entzügelten Pferden gegen sie, so werdet ihr von den Pferden selbst um so mehr Wirkung haben,* **6** *denn oft haben es Roms Reiter, so sagt die Geschichte, zu ihrer großen Ehre ebenso gemacht.* **7** Sie gehorchten aufs Wort, nahmen die Zügel ab und durchbrachen die Feinde unter großem Gemetzel zweimal hin und zurück, obgleich auch keiner von ihnen seine Lanze ungeknickt behielt. **8** Als der Keil gesprengt war, auf welchen die Keltiberer ihre ganze Hoffnung gesetzt hatten, gerieten sie in Verlegenheit und sahen sich fast mit Aufgebung des Kampfes nach Auswegen zur Flucht um. **9** Die Bundesreiter, welche die denkwürdige Tat der römischen Reiter vor Augen hatten, sprengten ebenfalls, durch die Tapferkeit jener angetrieben, ohne allen Befehl auf die schon in Verwirrung geratenden Feinde. **10** Und nun begaben sich die Keltiberer sämtlich auf die Flucht, und der römische Feldherr gelobte,

als er die Feinde fliehen sah, der Göttin Fortuna Equestris einen Tempel und dem allmächtigen Jupiter feierliche Spiele. ***11*** Im ganzen Wald wurden die auf ihrer Flucht zerstreuten Keltiberer niedergehauen. 17 000 Feinde sollen an diesem Tag getötet sein, über 4000 wurden gefangen genommen mit 277 Feldzeichen und beinahe 1100 Pferden. ***12*** Das siegreiche Heer übernachtete diesmal ohne Lager. Der Sieg war nicht ohne Verlust. ***13*** 472 Römer, 1019 latinische Verbündete und 3000 von den Hilfstruppen waren gefallen. So wurde das siegreiche Heer nach Erneuerung seines früheren Ruhmes weiter nach Tarraca geführt. ***14*** Dem kommenden Fulvius ging der Prätor Tiberius Sempronius, der zwei Tage früher angekommen war, entgegen und wünschte ihm zu der Auszeichnung in den Taten seines Amtes Glück. Mit großer Eintracht verabredeten sie, welche Soldaten sie entlassen und welche sie zurückbehalten wollten. ***15*** Von hier ging Fulvius, der die entlassenen Krieger einschiffte, nach Rom ab, Sempronius führte die Legionen nach Keltiberien.

(41) Die beiden Konsuln rückten mit ihren Heeren auf zwei verschiedenen Stellen in Ligurien ein. ***2*** Postumius schloss mit der ersten und dritten Legion die Berge Ballista und Suismontium ein, schnitt den Feinden dadurch, dass er ihre engen Pässe von seinen Truppen versperren ließ, die Zufahrt ab und zwang sie durch den Mangel an allem zur Unterwerfung. ***3*** Fulvius, der von Pisa aus die apuanischen Ligurer angriff, ließ die am Fluss Macra wohnenden, die sich ihm ergaben, an 7000 Menschen, sich einschiffen und schickte sie an der Küste des Tuskermeeres hin nach Neapolis. ***4*** Von da führte man sie nach Samnium über und gab ihnen Ländereien bei ihren Landsleuten. ***5*** Den Bergligurern vernichtete Aulus Postumius die Weinberge und verbrannte ihnen die Feldfrüchte, bis sie endlich, von allem Ungemach des Krieges bedrängt, sich ergaben und alle Waffen ablieferten. ***6*** Von hier ging Postumius mit der Flotte weiter auf Untersuchungen an der Küste der ingaunischen und intemelischen Ligurer. ***7*** Ehe diese Konsuln bei ihrem nach Pisa beschiedenen Heere eingetroffen waren, stand es unter Aulus Postumius und dem Bruder des Quintus Fulvius, Marcus Fulvius Nobilior. ***8*** Dieser Fulvius war Oberster der zweiten Legion. In den Monaten seines Oberbefehls entließ er die Legion, nachdem er die Hauptleute hatte schwören lassen, dass sie die Löhnungsgelder an die Quästoren in die Kammer zurückliefern wollten. ***9*** Als dies dem Aulus, welcher anwesend war, nach Placentia gemeldet wurde, setzte er mit leichter Reiterei den Entlassenen nach und brachte alle, die er einholen konnte, unter Verweisen nach Pisa. Von den Übrigen erstattete er dem Konsul Anzeige; ***10*** auf dessen Antrag erging der Senatsbeschluss, dass Marcus Fulvius nach Spanien über Neukarthago hinaus verwiesen werden solle; und der Konsul gab ihm ein Schreiben, das er nach dem jenseitigen Spanien an Publius Manilus mitnehmen sollte. ***11*** Den Soldaten wurde befohlen, sich wieder zur Fahne zu stellen. Zu ihrer Beschimpfung erging der Befehl, dass diese Legion für dieses Jahr nur halbjährigen Sold haben solle; und fände sich ein Soldat nicht wieder beim Heer ein, so sollte der Konsul ihn selbst und seine Güter verkaufen.

(42) Als Lucius Duronius, der als Prätor im vorigen Jahr aus Illyrien mit zehn Schiffen nach Brundisium zurückgekehrt war, in diesem Jahr von dort mit Zurücklassung seiner Schiffe im Hafen in Rom ankam, gab er in dem Bericht, den er von seinen dortigen Unternehmungen ablegte, die Schuld an der ganzen Seeräuberei dem illyrischen König Gentius. ***2*** Alle Schiffe, welche die Küste des Adriatischen Meeres geplündert hätten, kämen aus seinem Reich. Er habe deswegen Gesandte an ihn geschickt, die aber keinen Zutritt zum König hätten erhalten können. ***3*** Auch von Gentius waren Gesandte in Rom angekommen. Er ließ sagen, gerade damals, als die Römer gekommen wären, um den König zu sprechen, habe er in den entferntesten Gegenden seines Reiches krank gelegen. ***4*** Gentius bitte den Senat, den erlogenen Beschuldigungen, welche seine Feinde gegen ihn ausgestreut hätten, nicht zu glauben. Dies beantwortete Duronius mit dem Zusatz, man habe viele römische Bürger und latinische Bundesgenossen im Reich des Gentius

misshandelt, und wie es heiße, würden viele römische Bürger auf Korkyra festgehalten. ***5*** Man beschloss, diese alle nach Rom holen zu lassen. Der Prätor Gaius Claudius solle die Untersuchung haben, und bis dahin dem König Gentius oder seinen Gesandten keine Antwort erteilt werden.

6 Unter vielen anderen, welche die Seuche in diesem Jahr dahinraffte, starben auch mehrere Priester. Es starb der Hohepriester Lucius Valerius Flaccus, an dessen Stelle Quintus Fabius Labeo gewählt wurde. ***7*** Ferner Publius Manlius, der kürzlich aus dem jenseitigen Spanien zurückgekommen war, einer von den Dreimännern der heiligen Opfermahle. An dessen Stelle wählte das Kollegium den Quintus Fulvius, den Sohn des Marcus, der jetzt noch ein Knabe war. ***8*** Über den in die Stelle des Gnaeus Cornelius Dolabella zu wählenden Opferkönig entstand ein Streit zwischen dem Obersten Priester Gaius Servilius und dem Zweimann für das Seewesen Lucius Cornelius Dolabella, welchen der Oberste Priester sein Amt niederlegen ließ, damit er ihm die Weihe geben könne. ***9*** Als dieser sich weigerte, erkannte der Oberste Priester dem Zweimann eine Geldstrafe zu, über die es, als der Zweimann Ansprache tat, beim Volk zum Stimmen kam. ***10*** Als nun schon mehrere Bezirke nach ihrer Einberufung in die Schranken dafür gestimmt hatten, der Zweimann habe dem Hohenpriester Folge zu leisten, und wenn er sein Amt niederlege, solle ihm die Strafe erlassen sein, so kam noch zuletzt eine Erscheinung am Himmel dazwischen, welche die Versammlung stören musste. Und nun hielten es die Oberpriester für bedenklich, dem Dolabella die Weihe zu geben. ***11*** Sie gaben diese dem Publius Cloelius Siculus, der unter den Augurn die zweite Stelle hatte. Am Ende des Jahres starb auch der Oberste Priester Gaius Servilius Geminus. Er war zugleich Zehnmann der Gottesverehrungen gewesen. An seine Stelle wurde vom Kollegium Quintus Fulvius Flaccus als Oberpriester gewählt, ***12*** Oberster Priester aber wurde Marcus Aemilius Lepidus, obgleich sich viele angesehene Männer mit ihm beworben hatten, und zum Zehnmann der Gottesverehrungen nahm ebenfalls statt seiner das Kollegium den Quintus Marcius Philippus auf. ***13*** Auch starb der Augur Spurius Postumius Albinus, an dessen Stelle die Vogelschauer den Publius Scipio, den Sohn des Africanus, unter sich aufnahmen. Den Bewohnern von Cumae wurde in diesem Jahr auf ihre Bitte erlaubt, in Angelegenheiten ihrer Stadt sich der lateinischen Sprache zu bedienen, dass auch die Ausrufer die zu verkaufenden Sachen lateinisch ausrufen könnten.

(43) Die Bewohner von Pisa erhielten vom Senat für die Zusage von Ländereien, auf welche latinische Siedler geführt werden könnten, eine Danksagung. Die hierzu ernannten Dreimänner waren Quintus Fabius Buteo und die beiden Popillii, Marcus und Publius, beide mit dem Zunamen Limas. ***2*** Vom Prätor Gaius Maenius lief – nachdem ihm das Los Sardinien zu seinem Standort bestimmt hatte, war ihm als Zugabe die Untersuchung über die Vergiftungen aufgetragen, die über den zehnten Meilenstein hinaus stattgefunden hätten – ein Schreiben mit der Meldung ein, er habe schon 3000 Menschen verurteilt, ***3*** und durch die Aussagen werde die Untersuchung immer umfangreicher. Entweder müsse er von dieser ablassen oder seinen Posten aufgeben.

4 Aus Spanien kehrte Quintus Fulvius Flaccus mit großem Ruhm nach Rom zurück. Als er sich wegen des Triumphes vor der Stadt aufhielt, wurde er mit Lucius Manlius Acidinus zum Konsul ernannt, ***5*** und wenige Tage darauf zog er mit den Truppen, die er mit sich abgeführt hatte, triumphierend in die Stadt ein. ***6*** In diesem Triumph lieferte er 124 goldene Kränze, außerdem 31 Pfund Gold und an geprägtem Oskersilber 173 200 Denare ab. ***7*** Von der Beute gab er jedem Soldaten 50 Denare, dem Hauptmann das Doppelte, dem Reiter das Dreifache, und ebenso den latinischen Bundesgenossen, auch allen doppelten Sold.

(44) In diesem Jahr wurde auf Antrag des Volkstribuns Lucius Villius zum ersten Mal bestimmt, wie alt einer sein müsse, um ein obrigkeitliches Amt suchen und übernehmen zu können. Dies gab seiner Familie einen Zunamen, nämlich Annales (Jahreszähler). ***2*** Nach vielen Jahren wurden

diesmal nur vier Prätoren nach dem Baebischen Gesetz ernannt, nach welchem ein Jahr ums andere vier gewählt werden mussten. Sie waren Gnaeus Cornelius Scipio, Gaius Valerius Laevinus, die beiden Mucii Quintus und Publius, Söhne des Quintus, beide mit dem Beinamen Scaevola. ***3*** Den Konsuln Quintus Fulvius und Lucius Manlius wurde derselbe Standort wie den vorigen bestimmt, mit einer gleichen Anzahl von Fußvolk und Reiterei an Römern und Bundesgenossen. ***4*** In beiden Spanien wurde dem Tiberius Sempronius und Lucius Postumius bei denselben Heeren, die sie jetzt befehligten, der Oberbefehl verlängert, ***5*** und die Konsuln erhielten den Auftrag, zur Ergänzung gegen 3000 Römer zu Fuß nebst 300 Reitern und 5000 latinische Bundestruppen nebst 400 Reitern auszuheben. ***6*** Publius Mucius Scaevola bestimmte das Los die Gerichtspflege in der Stadt und zugleich die Untersuchung über die Vergiftungen in Rom und diesseits des zehnten Meilensteines, ***7*** Cnaeus Cornelius Scipio die Rechtspflege über die Fremden, dem Quintus Mucius Scaevola Sizilien, Gaius Valerius Laevinus Sardinien. ***8*** Konsul Quintus Fulvius sagte, ehe er irgendein öffentliches Geschäft unternähme, wünsche er durch Erfüllung seiner Gelübde sich und den Staat von seiner Verbindlichkeit zu befreien. ***9*** An dem Tag, da er zum letzten Mal gegen die Keltiberer gekämpft habe, habe er dem allmächtigen Jupiter Spiele und der Fortuna Equestris einen Tempel gelobt. Hierzu hätten ihm die Spanier eine Geldsumme zusammengebracht. ***10*** Die Spiele und die Ernennung der Zweimänner, welche den Tempelbau verdingen sollten, wurden gewählt, wegen der Geldsumme wurde festgesetzt, die auf die Spiele zu verwendende Summe solle nicht höher sein als diejenige, die dem Fulvius Nobilior für die Spiele bestimmt sei, die er nach dem Aetolischen Krieg angestellt habe. ***11*** Er dürfe also zu diesen Spielen nichts kommen lassen, zusammenbringen, in Empfang nehmen oder veranstalten, was dem im Konsulat des Lucius Aemilius und Gnaeus Baebius über die Spiele erlassenen Senatsbeschluss zuwiderlaufe. ***12*** Diese Verordnung hatte der Senat damals wegen des ungeheuren Aufwandes bei den Spielen des Ädils Tiberius Sempronius erlassen, der nicht allein Italien und den verbündeten Latinern, sondern auch den auswärtigen Provinzen drückend gewesen war.

(45) Der Winter in diesem Jahr wurde durch Schnee und alle möglichen Wetterstürme fürchterlich. Die Bäume, die von der Kälte litten, erfroren alle, und er hielt auch weit länger als gewöhnlich an. ***2*** So wurden die Latinischen Festlichkeiten auf dem Berg Albanus bald von einem plötzlich entstandenen unerträglichen Wetter unterbrochen und nachher auf Verordnung der Oberpriester wieder angefangen. ***3*** Ebenderselbe Sturm warf auch auf dem Kapitol mehrere Götterbilder um und verunstaltete durch Blitzeinschläge verschiedene Gebäude, so zu Tarracina den Tempel Jupiters, zu Capua den Weißen Tempel und das Römische Tor; an mehreren Orten waren die Zinnen von den Mauern heruntergerissen. ***4*** Bei diesen Schreckzeichen wurde auch von Reate gemeldet, es sei ein Maulesel mit drei Beinen zur Welt gekommen. ***5*** Die Zehnmänner, die deshalb die heiligen Bücher nachschlagen mussten, gaben an, welchen Göttern und mit wie vielen Opfertieren man ihnen opfern müsse; und wegen der an mehreren Orten durch den Blitz angerichteten Zerstörungen solle im Tempel Jupiters ein Bettag gehalten werden. ***6*** Darauf wurden die vom Konsul Quintus Fulvius gelobten Spiele zehn Tage lang mit großem Aufwand gefeiert. Dann folgten die Versammlungen zur Zensorenwahl. Die gewählten waren Marcus Aemilius Lepidus, der Oberste Priester, und Marcus Fulvius Nobilior, der über die Aetoler triumphiert hatte. ***7*** Die Feindschaft zwischen diesen Männern war stadtbekannt und hatte oft durch ihre vielen und heftigen Streitigkeiten im Senat und vor dem Volk Aufsehen erregt. ***8*** Nach vollzogener Wahl setzten sich die Zensoren – so will es die alte Sitte – auf dem Marsfeld neben dem Altar des Mars auf ihre Thronsessel, und hierher kamen auf einmal die Vornehmsten der Senatoren mit einem Zug von Bürgern. Quintus Caecilius Metellus aus ihrer Mitte nahm das Wort und sprach:

(46) *Wir haben es nicht vergessen, ihr Zensoren, dass ihr soeben vom römischen Volk zu Aufsehern unserer Sitten gewählt seid, und dass wir von euch erinnert und geleitet werden müssen, nicht ihr von uns.* **2** *Gleichwohl müssen wir euch anzeigen, was alle Rechtschaffenen an euch entweder anstößig finden oder wenigstens abgeändert wissen möchten.* **3** *Richten wir unsern Blick auf jeden von euch einzeln, Marcus Aemilius, Marcus Fulvius, so haben wir im Staat keinen, dem wir, wenn wir wieder zur Stimmensammlung gerufen würden, vor euch den Vorzug gegeben wünschten.* **4** *Sehen wir aber auf euch beide zugleich, so müssen wir notwendig fürchten, dass ihr übel zusammengestellt seid, und dass dem Staat kein so großer Vorteil daraus erwachse, wenn ihr unser aller besonderen Beifall habt, als Nachteil daraus, wenn ihr euch selbst untereinander missfallt.* **5** *Ihr hegt seit vielen Jahren eine Feindschaft, die euch selbst drückend und furchtbar wird, die uns fürchten lässt, dass sie von diesem Tag an uns und dem Staat drückender als euch selbst sein werde.* **6** *Sollen wir angeben, aus was für Gründen wir dieses fürchten, so fällt uns eine Menge dessen ein, was wir erzählen müssten, wenn es nicht eure Herzen vielleicht in einen unversöhnlichen Hass verstricken möchte (da ihr, ohne daran erinnert zu werden, aus eigener Stimmung wenigstens nicht die Unversöhnlichen gewesen wäret).* **7** *Dass ihr diese Missverhältnisse heute, dass ihr sie an dieser heiligen Stätte aufgeben wollet, ist unser aller Bitte an euch, und dass ihr uns erlauben möget, Männer, welche das römische Volk durch seine Stimmenwahl verband, auch durch diese Aussöhnung zu verbinden.* **8** *Eines Mutes, eines Sinnes lest künftig den Senat vor, mustert so die Ritter, haltet so die Schätzung; schließt so die Schätzungsfeier.* **9** *Was ihr fast in allen euren Gebeten durch Worte aussprechen werdet, möge dies mir und meinem Kollegen zum Guten und zum Glück ausschlagen, das müsst ihr auch so in der Wahrheit, aus ganzer Seele gewünscht haben, müsst bei uns bewirken, dass in dem, warum ihr die Götter ansehen werdet, auch wir Menschen den Wunsch eures Herzens lesen.* **10** *Titus Tatius und Romulus herrschten einmütig in derselben Stadt, in der sie mitten auf dem Marktplatz als Feinde gekämpft hatten.* **11** *Nicht bloß Feindschaften, Kriege sogar werden beendet; aus erbitterten Feinden werden gewöhnlich treue Bundesgenossen, zuweilen selbst Mitbürger.* **12** *Die Albaner wurden nach der Zerstörung von Alba nach Rom übergeführt, Latiner, Sabiner erhielten das Bürgerrecht. Und das bekannte Wort „Freundschaften müssen unsterblich sein, Feindschaften sterblich", wurde, weil es Wahrheit enthielt, zum Sprichwort.* **13** Hier unterbrachen ein lauter Beifall und dann die durcheinander tönenden Worte der ganzen zu gleicher Bitte einstimmenden Versammlung die Rede. **14** Darauf beklagte sich Aemilius über Mehreres, hauptsächlich aber, dass ihn Marcus Fulvius zweimal von dem ihm schon sicheren Konsulat verdrängt habe. Fulvius dagegen klagte, jener sei immer der angreifende Teil gewesen und habe sich sogar bei seiner Behauptung, Fulvius sei ein schlechter Mensch, zur Bezahlung einer Summe anheischig gemacht, wenn er unrecht habe. Doch gaben beide zu erkennen, wenn es der andere wünsche, so wollten sie sich dem Willen der ersten Männer des Staates fügen. **15** Da nun alle Anwesenden sie bestürmten, gaben sie sich die Hand mit dem Versprechen, allem Hass aufrichtig zu entsagen und ihm ein Ende zu machen. Unter allgemeinem Beifall wurden sie nun auf das Kapitol begleitet. Sowohl die Bemühung der Vornehmen in dieser Angelegenheit, als auch die Nachgiebigkeit der Zensoren fand im Senat eine außerordentliche Billigung und ehrenvolle Erwähnung. **16** Dann wurde den Zensoren auf ihren Antrag, zu den Kosten öffentlicher Anlagen ihnen eine Geldsumme anzuweisen, eine einjährige Abgabe zur Einnahme bestimmt.

(47) In Spanien einigten sich in diesem Jahr die Proprätoren Lucius Postumius und Tiberius Sempronius dahin, dass Albinus durch Lusitanien gegen die Vaccaeer gehen und von dort nach Keltiberien zurückkommen, Gracchus aber in die entfernteren Gegenden Keltiberiens vordringen sollte, falls hier der Krieg von größerer Bedeutung sei. **2** Hier eroberte er gleich zuerst die Stadt Munda durch einen nächtlichen Überfall. Er ließ sich Geiseln geben, legte eine Besatzung hinein,

erstürmte kleine Festungen und brannte die Dörfer nieder, bis er an eine andere sehr mächtige Stadt gelangte, die bei den Keltiberern Certima hieß. **3** Als gegen diese schon seine Belagerungswerke anrückten, kamen aus der Stadt Gesandte, die ganz im Ton der alten Offenherzigkeit gestanden, dass sie sich zur Wehr setzen würden, wenn sie stark genug wären. **4** Sie baten nämlich, er möge ihnen erlauben, in das Lager der Keltiberer zu gehen, um sich Entsatz zu holen. Wenn ihnen dieser abgeschlagen würde, dann wollten sie ohne weitere Verbindung mit jenen sich mit ihren Bürgern beraten. Mit Erlaubnis des Gracchus gingen sie hin und brachten wenige Tage darauf von dort zehn andere Gesandte mit. Es war gerade Mittag. **5** Ihre erste Bitte bei dem Prätor war die, er möge ihnen zu trinken geben lassen. Nach Leerung der ersten Becher erneuerten sie die Forderung, nicht ohne großes Gelächter der Anwesenden über die ungebildeten, aller Sitte so unkundigen Menschen. Dann sprach der Älteste von ihnen: **6** *Wir sind von unserem Volk geschickt, um dich zu befragen, was dir denn eigentlich Mut mache, uns feindlich anzugreifen?* **7** Auf diese Anfrage erwiderte Gracchus, er komme im Vertrauen auf ein treffliches Heer. Hätten sie Lust, dies in Augenschein zu nehmen, um den Ihrigen desto sicherern Bescheid zu bringen, so wolle er ihnen dazu behilflich sein; **8** und er befahl seinen Obersten, alle Truppen zu Fuß und zu Pferd sich instand setzen und unter den Waffen eine Übung machen zu lassen. Die Gesandten, nach diesem Schauspiel entlassen, rieten den Ihrigen, der belagerten Stadt keinen Entsatz zu schicken. **9** Da also die Bürger ihr verabredetes Zeichen, ihre Nachtfeuer auf ihren Türmen vergeblich ausgesteckt hatten, schritten sie, von der einzigen zu hoffenden Hilfe verlassen, zur Übergabe. Sie mussten 2 400 000 Sesterzien und 40 ihrer vornehmsten Ritter liefern, zwar nicht dem Namen nach als Geiseln – denn sie mussten im Heer dienen –, in der Tat aber doch als Unterpfand der Treue.

(48) Von hier zog er nun gegen die Stadt Alce, wo jene Keltiberer, von denen neulich die Gesandten gekommen waren, ihr Lager hatten. **2** Nachdem er sie mehrere Tage lang durch seine gegen ihre Posten ausgesandten leichten Truppen in Scharmützeln gereizt hatte, leitete er täglich ernsthaftere Kämpfe ein, um sie alle zugleich aus ihren Verschanzungen zu locken. **3** Als er seinen Zweck erreicht zu haben glaubte, gab er den Obersten der Hilfstruppen den Befehl, wenn sie sich auf den Kampf eingelassen hätten, dann auf einmal, als ob sie sich übermannt sähen, dem Feind den Rücken zu kehren und in voller Flucht ihrem Lager zuzueilen. Er selbst stellte innerhalb des Walles an allen Toren seine Truppen auf. **4** Es währte nicht lange, da sah er schon den Zug der Seinigen auf der verabredeten Flucht und in den Barbaren die hitzigsten Verfolger. Gerade für diesen Zeitpunkt hatte er die Seinigen innerhalb des Walles in Schlachtordnung aufgestellt. **5** Er zögerte also nur noch, um seinen Fliehenden den Eintritt in das Lager freizulassen, und stürzte dann mit Feldgeschrei zugleich aus allen Toren. **6** Diesen unerwarteten Angriff hielten die Feinde nicht aus. Sie, die sein Lager zu stürmen gekommen waren, konnten nicht einmal das ihrige halten. Denn sogleich waren sie geworfen, in die Flucht geschlagen, bald in voller Bestürzung in ihren Wall hineingetrieben und zuletzt verloren sie ihr Lager. **7** 9000 Feinde wurden an diesem Tag getötet, 320 fielen den Römern lebendig in die Hände, 112 Pferde, 37 Fahnen. Der Verlust des römischen Heeres betrug 109 Mann.

(49) Nach diesem Treffen führte Gracchus seine Legionen zur Plünderung Keltiberiens; und da er überall alles plünderte und raubte, und einige Völker sich willig, andere aus Furcht das Joch auflegen ließen, hatten in wenigen Tagen sich 103 Städte ihm ergeben, und er machte ungeheure Beute. **2** Dann kehrte er um, woher er gekommen war, nach Alce, und machte ernstliche Anstalten, diese Stadt zu belagern. **3** Zuerst hielten die Bewohner dem Angriff der Feinde stand, als sie aber schon nicht mehr mit bloßen Waffen, sondern auch mit Belagerungswerken bestürmt wurden, zogen sie sich aus Misstrauen auf den Schutz ihrer Stadt auf die Burg zusammen. **4** Auch von hier aus gaben sie zuletzt durch vorausgeschickte Gesandte sich und alles Ihrige unter römische

Botmäßigkeit. Hier wurde große Beute gemacht, und viele Vornehme kamen als Gefangene in die Gewalt der Römer, unter ihnen auch zwei Söhne und eine Tochter des Thurrius. **5** Er war ein Fürst dieser Völkerschaften und bei Weitem unter allen Spaniern der Mächtigste. Als er von dem Unglück der Seinigen hörte, erbat er sich bei Gracchus durch Abgeordnete sicheres Geleit zu einem Besuch im Lager, und kam. **6** Seine erste Frage an Gracchus war diese, ob er, wenn er sich ergäbe, er und die Seinigen leben dürften. Als der Prätor dies bejahte, fragte er weiter, ob er im Heer der Römer dienen dürfe. **7** Als ihm Gracchus auch dies freistellte, sprach er: *So folge ich euch gegen meine alten Verbündeten, da es ihnen nicht gefallen hat, auf mich länger Rücksicht zu nehmen.* Er schloss sich nachher den Römern an und leistete der Sache Roms bei vielen Gelegenheiten tapfere und treue Dienste.

(50) Nun öffnete Ergavica, eine ansehnliche und mächtige Stadt, durch die Niederlagen der anderen umliegenden Völker in Schrecken gesetzt, den Römern die Tore. **2** Diese Übergabe der Städte, sagen einige Berichte, sei nicht aufrichtig gewesen. Wenn Gracchus seine Legionen abgeführt habe, sei sogleich der Krieg wieder ausgebrochen, und er habe nachher am Berg Chaunus den Keltiberern in förmlicher Schlachtordnung von Tagesanbruch bis Mittag ein heftiges Treffen geliefert; auf beiden Seiten habe es viele Tote gegeben. **3** Und die Römer hätten, um nicht als die Besiegten zu gelten, nichts weiter für sich gehabt, als dass sie am folgenden Tag die im Lager bleibenden Feinde zum Treffen aufgefordert, den ganzen Tag über die Beute zusammengesucht und am dritten Tag ein noch größeres Treffen geliefert hätten. **4** Da endlich seien die Keltiberer völlig besiegt und ihr Lager erobert und geplündert worden. **5** Feinde seien an dem Tag 22 000 gefallen, über 300 zu Gefangenen gemacht, ungefähr eine gleiche Anzahl Pferde erbeutet und 72 Fahnen. Hier habe der Krieg sein Ende erreicht, und die Keltiberer hätten ernstlich, ohne wie vorhin in der Treue zu wanken, Frieden geschlossen. **6** Auch melden sie, in demselben Sommer habe Lucius Postumius im jenseitigen Spanien zweimal gegen die Vaccaeer mit Auszeichnung gekämpft, habe gegen 35 000 Feinde getötet und ihr Lager erstürmt. **7** Wahrscheinlicher ist es, dass er auf seinem Standort zu spät ankam, um noch in diesem Sommer Taten verrichten zu können.

(51) Die Zensoren wählten mit aufrichtiger Eintracht den Senat. Der zuerst Gewählte war der Zensor selbst, Marcus Aemilius Lepidus, der Oberste Priester. Drei wurden aus dem Senat gestoßen; einige von seinem Kollegen Übergangene behielt Lepidus bei. **2** Von dem ihnen angewiesenen Geld machten sie, soweit sie es miteinander teilten, folgende Anlagen: Lepidus einen Damm bei Tarracina, ein undankbares Werk, weil er dort Grundstücke besaß und Ausgaben, die er hätte für sich machen müssen, dem Staat aufgebürdet hatte. **3** Den Standplatz bei den Schauspielen neben dem Apollotempel nebst dem Vorplatz, den Tempel Jupiters auf dem Kapitol und die ihn umgebenden Säulen gab er in Verding. Um dem allen mit weißer Farbe einen frischen Glanz zu geben; ließ die zu den Säulen störend in den Weg gestellten Götterbilder wegbringen und die aufgehängten Schilde und Fahnen aller Art von diesen Säulen herabnehmen. **4** Marcus Fulvius gab mehr und nützlichere Werke in Verding: einen Hafen und die Pfeiler zu einer Brücke über den Tiber – die diesen Pfeilern aufzulegenden Schwibbogen besorgten erst nach mehreren Jahren die Zensoren Publius Scipio Africanus und Lucius Mummius – **5** die Basilika hinter den neuen Wechselbuden und dem Fischmarkt mit rings angelegten Kramläden, die er an Privatleute verkaufte, **6** auch einen Markt und Säulengang vor dem Drillingstor, einen andern hinter der Schiffswerft, auch bei dem Heiligtum des Hercules, und am Tiber hinter dem Tempel der Hoffnung dem Heilenden Apollo einen Tempel. **7** Auch behielten sie eine Summe ungeteilt; aus dieser ließen sie gemeinschaftlich Wasser zur Stadt leiten und dazu die Schwibbogen anlegen. Marcus Licinius Crassus legte ihnen bei diesem Werk Hindernisse in den Weg, weil er die Leitung durch sein Grundstück nicht zugab. **8** Auch führten sie mehr Zölle und Abgaben ein. Sie

sorgten dafür, dass mehrere öffentliche Kapellen, die sich Privatleute als ihr Eigentum angemaßt hatten, wieder Staatseigentum und geheiligt wurden und dem Volk offen stehen mussten. ***9*** In der Stimmensammlung machten sie eine Änderung, sie verteilten nämlich die Bezirksbewohner von Gegend zu Gegend nach ihrem Stand, Vermögen und Gewerbe in Klassen.

(52) Auch bat der eine von den Zensoren, Marcus Aemilius, den Senat, ihm zu Spielen bei der Einweihung der Tempel der Königin Juno und der Diana, die er vor acht Jahren im Ligurischen Krieg gelobt habe, eine Summe zu bewilligen. ***2*** 20 000 As wurden ihm bewilligt. Er weihte diese Tempel, beide auf der Flaminischen Rennbahn, ***3*** und gab nach der Weihe des Junotempels drei Tage, nach der des Dianatempels zwei Tage lang Bühnenspiele und auf der Rennbahn für jede noch einen Tag. ***4*** Ferner weihte er den Schutzgöttern zur See einen Tempel auf dem Marsfeld. Gelobt hatte diesen elf Jahre früher Lucius Aemilius Regillus in der Seeschlacht mit den Befehlshabern des Königs Antiochos. ***5*** Über den Torflügeln des Tempels wurde eine Tafel mit folgender Inschrift aufgehängt: „Als zur Beendigung des Krieges durch Bezwingung der Könige und zur Erwirkung Friedens Lucius Aemilius, des Marcus Aemilius Regillus Sohn, der Prätor, zur Schlacht auslief, wurde unter Aufsicht, Oberbefehl, Segenseinfluss und Führung desselben, zwischen Ephesos, Samos und Chios, ***6*** wo ihnen Antiochos selbst, sein ganzes Heer, seine Reiterei samt den Elefanten zusahen, die Flotte des Königs Antiochos am 22. Dezember besiegt, gejagt, zerschellt und versprengt, und wurden dieses Tages allhier 13 Kriegsschiffe mit allen Seeleuten genommen. Durch diese Schlacht wurden König Antiochos und sein Reich zur See bezwungen. Deswegen hat der Prätor den Schutzgöttern zur See diesen Tempel verheißen." ***7*** Eine Tafel mit gleich lautender Inschrift wurde auch über den Torflügeln am Tempel Jupiters auf dem Kapitol angebracht.

(53) In den zwei Tagen, an welchen die Zensoren den Senat wählten, brach der Konsul Quintus Fulvius gegen die Ligurer auf, zog mit seinem Heer durch unwegsame Gebirge und Waldtäler und lieferte dem Feind eine förmliche Schlacht, besiegte ihn nicht allein in dem Treffen, ***2*** sondern eroberte auch an demselben Tag das Lager. 3200 Feinde ergaben sich, sowie diese ganze Gegend Liguriens. ***3*** Der Konsul führte sie nach der Übergabe auf ebene Ländereien und belegte die Berge mit Besatzungen. Schnell gelangte auch von seinem Stand-posten ein Schreiben nach Rom. Wegen seiner Taten wurde ein dreitägiges Dankfest angeordnet. ***4*** Bei dieser Dankfeier ließen die Prätoren den Gottesdienst mit 40 großen Opfertieren besorgen. Der andere Konsul Lucius Manlius verrichtete in Ligurien nichts Denkwürdiges. ***5*** Die Gallier jenseits der Alpen, welche 3000 Mann stark nach Italien herüberkamen, ohne jemanden zum Krieg zu reizen, baten sich von den Konsuln und dem Senat ein Stück Land aus, um unter römischer Herrschaft in Frieden zu leben. ***6*** Der Senat befahl ihnen, Italien zu räumen, und dem Konsul Quintus Fulvius, Untersuchungen anzustellen und diejenigen zu bestrafen, welche Führer und Anstifter des Zuges über die Alpen gewesen wären.

(54) In diesem Jahr starb Philipp, König von Makedonien, nach dem Tod seines Sohnes von Altersschwäche und Gram verzehrt. ***2*** Er verlebte den Winter zu Demetrias unter Qualen der Sehnsucht nach seinem Sohn und der Reue über seine Grausamkeit. ***3*** Auch machte ihm das Kummer, dass der andere Sohn schon offenbar seiner eigenen und anderer Meinung nach König war, dass aller Augen auf ihn gerichtet waren, und er selbst im Alter der Verlassene war, weil die einen seinen Tod erwarteten, die anderen ihn nicht einmal abwarteten. ***4*** Dies machte ihn noch unruhiger und mit ihm Antigonos, den Sohn des Echekrates, der nach seines Vaters Bruder Antigonos hieß, den gewesenen Vormund Philipps, einen Mann von königlicher Hoheit, der sich auch durch die berühmte Schlacht mit dem Spartaner Kleomenes ausgezeichnet hatte. ***5*** Die Griechen nannten ihn den Vormund, um ihn durch diesen Zunamen von den übrigen Königen

zu unterscheiden. *6* Seines Bruders Sohn Antigonos war unter den Umgebungen Philipps von höherem Stand der einzige Unverführte geblieben, und diese Treue hatte den Perseus, der ohnehin sein Freund nicht war, zu seinem Todfeind gemacht. *7* Im Geist voraussehend, mit welch großer Gefahr für ihn die Erbschaft des Thrones dem Perseus zufallen werde, hatte er dem König, sobald er ihn in seinen Gesinnungen wanken und oft aus Sehnsucht nach seinem Sohn seufzen sah, *8* bald als der gefällige Zuhörer, bald durch eingeleitete Erwähnung jener übereilten Tat in seinen wiederholten Klagen nicht ohne eigene Klage recht gegeben; und da uns die Wahrheit gewöhnlich mehrere Spuren ihres Daseins zu bieten pflegt, so war er mit allen Kräften dazu behilflich, alles schneller an den Tag kommen zu lassen. *9* Ohnehin hatte man die Werkzeuge der Tat, namentlich den Apelles und Philokles in Verdacht, da sie als Gesandte nach Rom gegangen waren und den für Demetrios so verderblichen Brief unter des Flamininus Namen mitgebracht hatten.

(55) Dass er gefälscht gewesen, die Hand vom Schreiber Xychos erkünstelt und das Siegel nachgemacht sei, sagte man sich am Hof offen genug. *2* Als aber die Sache immer noch mehr verdächtig als erwiesen war, begegnete zufällig Antigonos dem Xychos, zog ihn mit sich fort, brachte ihn auf das Schloss, ließ ihn unter Wache und ging zu Philipp hinein. *3 Aus mehreren Gesprächen*, fing er an, *glaube ich erkannt zu haben, dass es dir viel wert sein werde, über deine Söhne die volle Wahrheit zu hören, wer es von beiden war, dem der andere nachstellte und auflauerte. 4 Der unter allen Menschen am besten den Knoten dieser Verwicklung lösen kann, Xychos, ist in deiner Gewalt.* Er erzählte nun, dass er ihn zufällig getroffen und mit auf das Schloss genommen habe. Der König möge ihn rufen lassen. *5* Der Vorgeführte leugnete anfangs, allein mit solcher Unsicherheit, dass man gleich sah, er werde, nur einigermaßen bedroht, mit der Anzeige nicht zurückhalten. Den Anblick des Peinigers und der Peitsche hielt er nicht aus und erzählte den ganzen Hergang des Bubenstückes der Gesandten und seiner Hilfeleistung dabei. *6* Die zur Ergreifung der Gesandten sogleich Abgeschickten bemächtigten sich des Philokles, der zur Stelle war; Apelles, der zur Verfolgung eines gewissen Thaerea ausgeschickt war, setzte, als er von der Aussage des Xychos hörte, nach Italien über. *7* Über Philokles ist nichts Gewisses bekannt geworden. Einige versichern, er habe nach anfänglichem frechen Leugnen, als ihm Xychos vorgeführt worden sei, alle weiteren Versuche aufgegeben; andere, er habe sogar die Folter ausgehalten, ohne zu gestehen. *8* Philipps Trauer erneuerte und verdoppelte sich, und er erklärte sein Unglück an seinen Kindern darum für viel ärger, weil gerade der Sohn noch lebe, durch dessen Bosheit der andere seinen Tod gefunden habe.

(56) Als Perseus erfuhr, dass alles entdeckt sei, war er schon zu mächtig, als dass er die Flucht hätte für nötig hatten sollen. *2* Er sorgte nur dafür, weit genug entfernt zu bleiben, um indes, solange Philipp noch lebe, der Flamme seines brennenden Zornes zu entgehen. Dieser, ohne Hoffnung, sich seiner Person zu bemächtigen, sann nur darauf, ihn außer der Ungestraftheit nicht noch dazu eine Belohnung seines Frevels genießen zu lassen. *3* Er spricht also mit Antigonos, dem er nicht allein für die Entdeckung des Brudermordes verpflichtet war, sondern von dem er auch glaubte, er werde bei dem noch frischen Andenken an den Ruhm seines Onkels Antigonos für die Makedonier ein König sein, dessen sie sich zu schämen oder mit ihm unzufrieden zu sein keine Ursache hätten. *4 Antigonos*, sprach er, *weil ich in eine Lage gekommen bin, in der mir die Kinderlosigkeit, die andere Eltern so verabscheuen, wünschenswert sein muss, so habe ich im Sinn, mein Reich, das ich von deinem Onkel durch seine kraftvolle, nicht bloß treue Vormundschaft geschützt und erweitert empfing, dir zu hinterlassen. 5 In dir habe ich den Einzigen, den ich des Thrones würdig halten kann. Hätte ich niemanden, so wollte ich lieber, dass er unterginge und ausstürbe, als dass Perseus durch ihn für seine verruchte Tücke belohnt würde. 6 Ich werde glauben, Demetrios sei von den Toten auferstanden und mir wiedergegeben, wenn ich dich, den Einzigen,*

der dem Tod des Unschuldigen, der meiner unglückliche Verblendung eine Träne weihte, als den in seine Stelle Eingesetzten hinterlassen kann. 7 Nach dieser Unterredung hörte er nicht auf, ihn durch jede Art von Ehre hervorzuziehen. Während Perseus in Thrakien war, besuchte Philipp die Städte Makedoniens, empfahl hier den Antigonos den ersten Männern und hätte ihn, hätte er selbst länger gelebt, ohne Zweifel im Besitz des Thrones hinterlassen. ***8*** Nach seinem Weggang von Demetrias hatte er sich meistenteils zu Thessaloniki aufgehalten, als er von hier nach Amphipolis kam, fiel er in eine schwere Krankheit. ***9*** Man weiß, dass er mehr seelisch als körperlich litt, und dass er vor Gram und Schlaflosigkeit, weil ihn immer wieder die Gestalt und der Schatten seines unschuldig ermordeten Sohnes beunruhigten, unter schrecklichen Verwünschungen des andern gestorben ist. ***10*** Dennoch hätte Antigonos gewarnt werden können, wenn der Tod des Königs sogleich bekannt geworden wäre. ***11*** Allein der Arzt Kalligenes, der ihn behandelte, ließ, ohne den Tod des Königs abzuwarten, bei den ersten Merkmalen der Hoffnungslosigkeit seine nach der Verabredung im Voraus verteilten Boten an Perseus abgehen und hielt bis zu dessen Ankunft den Tod des Königs vor allen außerhalb des Schlosses geheim.

(57) So überraschte Perseus alle wider Erwarten und Vermuten und bestieg den durch Frevel errungenen Thron. ***2*** Um den Krieg gegen die Römer noch aufzuschieben und die Kräfte dazu sammeln zu lassen, erfolgte Philipps Tod gerade zu rechter Zeit. Denn wenige Tage darauf kamen die Bastarnen, dies lange von ihm aufgewiegelte Volk, aus ihrer Heimat mit einem großen Schwarm von Fußvolk und Reitern über die Donau. ***3*** Man kam dem Antigonus und Kotto – dieser war ein vornehmer Bastarner, und Antigonus hatte sich, wiewohl höchst ungern, mit diesem Kotto als Gesandten an die Bastarner schicken lassen, um sie in Bewegung zu setzen –, als sie von dort vorausgingen, um dem König die Nachricht zu bringen, schon nicht weit von Amphipolis mit dem Gerücht und weiterhin mit der sicheren Anzeige entgegen, der König sei gestorben. Dies störte den ganzen Gang des Planes. ***4*** Er war aber so verabredet: Philipp sollte den Bastarnern für den sicheren Durchmarsch durch Thrakien und für die Zufuhr stehen. Dies zu können, hatte er den Fürsten dieser Gegenden Geschenke gemacht und sich verbürgt, dass die Bastarner auf ihrem Durchzug sich friedlich verhalten würden. ***5*** Sein Zweck war, das Volk der Dardaner auszurotten und ihr Land den Bastarnern zu festen Wohnsitzen einzuräumen. ***6*** Hieraus sollte ihm ein doppelter Vorteil erwachsen: Wenn einmal die Dardaner, diese immer gegen Makedonien erbitterte und auf die Verlegenheiten seiner Könige lauernde Nation, vertilgt würden, sodann, wenn man die Bastarner mit Zurücklassung ihrer Frauen und Kinder in Dardanien, zur Verheerung Italiens abschicken könnte. ***7*** Der Zug zum Adriatischen Meer und nach Italien gehe durch das Land der Skordisker. Für ein Heer gebe es keinen andern Weg. Die Skordisker würden den Bastarnern den Durchmarsch leicht gestatten. Denn ihnen gleich, wären sie auch in Sprache und Sitten ihnen nicht unähnlich, ja sie würden von selbst sich anschließen, wenn sie sähen, dass der Zug die Plünderung des reichsten Volkes zum Zweck habe. ***8*** Darauf wurden die Pläne auf alle Fälle eingerichtet. Würden die Bastarner von den Römern niedergehauen, so werde man sich mit der Vertilgung der Dardaner, mit der Beute vom Überrest der Bastarner, mit dem freien Besitz Dardaniens trösten können, hätten sie aber Glück, ***9*** so werde der König, während die Römer mit dem Krieg gegen die Bastarner beschäftigt seien, in Griechenland das Verlorene wiedererobern. Dies waren Philipps Pläne gewesen.

(58) Die Bastarner rückten ein und zogen ruhig und in Ordnung weiter. Aber bald nach der Nachricht von Philipps Tod waren weder die Thraker so bereitwillig zum Verkehr, noch konnten die Bastarner sich mit dem Gekauften begnügen oder beim Zug zurückgehalten werden, dass sie sich nicht von dem Weg entfernten. ***2*** Seitdem fielen von beiden Seiten Beleidigungen vor, und da diese täglich zunahmen, brach der Krieg aus. Zuletzt zogen sich die Thraker, da sie der Macht

und Menge der Feinde nicht gewachsen waren, mit Hinterlassung ihrer Flecken in der Ebene auf ein Gebirge von ungeheurer Höhe zurück, es heißt bei ihnen Donuka. *3* Als die Bastarner hier hinan wollten, überfiel sie jetzt, so wie der Sage nach ein Sturm die Gallier bei der Plünderung von Delphi vertilgte, ein solches Unwetter, dass sie vergeblich sich schon der Höhe der Berge näherten. *4* Denn es überschüttete sie nicht bloß der Guss eines Platzregens und der dichteste Hagel unter schrecklichem Krachen des Himmels mit Donnerschlägen und Wetterstrahlen, welche die Augen blendeten, *5* sondern die Blitze fuhren auch so von allen Seiten auf die Menschen ein, als zielten sie nach ihnen, und nicht bloß Soldaten, sondern auch Vornehme stürzten tot zu Boden. *6* Als sie so über Hals und Kopf an den hohen Felswänden, ohne sich vorsehen zu können, hinabgeschmettert wurden und fortstürzten, drängten zwar den Bestürzten die Thraker nach, sie selbst aber riefen, ihre Flucht sei der Götter Werk und der Himmel stürze auf sie nieder. *7* Als die vom Sturm Zerstreuten wie aus einem Schiffbruch, meistens nur halbbewaffnet, in dem Lager, aus welchem sie ausgerückt waren, wieder ankamen, fingen sie an zu beraten, was nun zu tun sei. Da entstand Uneinigkeit, weil die einen zur Umkehr, die anderen zum Vordringen nach Dardanien rieten. *8* Beinahe 30 000 Mann, die unter Führung des Klondikos aufbrachen, kamen an; die übrige Menge ging auf dem Weg, den sie gekommen war, in das Land jenseits der Donau zurück. *9* Als sich Perseus des Thrones bemächtigt hatte, ließ er den Antigonos ermorden und schickte zur Erneuerung der väterlichen Freundschaft, bis er sich festgesetzt hatte, Gesandte nach Rom, mit der Bitte, vom Senat als König anerkannt zu werden. Dies waren die Ereignisse dieses Jahres in Makedonien.

(59) Der eine Konsul, Quintus Fulvius, triumphierte über die Ligurer. Man war überzeugt, dass ihm dieser Triumph mehr aus Gefälligkeit als wegen der Größe seiner Taten bewilligt sei. *2* Es zog dabei eine große Menge feindlicher Waffen durch die Straßen, aber so gut wie gar kein Geld. *3* Dennoch gab er jedem Soldaten als Anteil 300 As, jedem Hauptmann das Doppelte, dem Reiter das Dreifache. Nichts gab seinem Triumph eine größere Auszeichnung als der Zufall, dass er gerade an dem Tag triumphierte, an dem er im vorigen Jahr nach seiner Prätur triumphiert hatte. *4* Nach dem Triumph setzte er den Tag zu den Wahlversammlungen an, an welchem Marcus Junius Brutus und Aulus Manlius Vulso zu Konsuln gewählt wurden. *5* Die darauffolgende Prätorenwahl wurde, als schon drei gewählt waren, durch ein Unwetter gestört. Am folgenden Tag, dem 12. März, wurden die übrigen drei ernannt, Marcus Titinius Curvus, Tiberius Claudius Nero und Titus Fontejus Capito. *6* Von den kurulischen Ädilen Gnaeus Servilius Caepio und Appius Claudius Centho wurden wegen der Schreckzeichen, die sich ereigneten, die Römischen Spiele erneuert. *7* Es war nämlich ein Erdbeben. Auf den öffentlichen Plätzen, wo eben ein Göttermahl gefeiert wurde, *8* wandten sich die auf die Polster gestellten Götterbilder mit ihren Häuptern ab; die Schüssel mit dem Deckel, die dem Jupiter vorgesetzt war, fiel vom Tisch herunter. Dass auch die Mäuse die aufgesetzten Oliven benagt hatten, galt für ein Schreckzeichen. Zur Sühne alles dessen wurde weiter nichts vorgenommen, als dass die Spiele erneuert wurden.

Einundvierzigstes Buch

Inhalt

Das Buch enthält die glücklichen Taten mehrerer Feldherren gegen die Ligurer, Istrier, Sardinier und Keltiberer und die Einleitung zum Makedonischen Krieg, zu dem Philipps Sohn, Perseus, seine Vorkehrungen traf; denn er hatte eine Gesandtschaft an die Karthager geschickt, welche dieser bei Nacht Gehör erteilten; aber auch in Griechenland suchte er mehrere Staaten aufzuwiegeln. Der Anfang des Buches fehlt (1 Quarternio). Die Zählung beginnt im erhaltenen Teil mit (1). Im verlorenen Teil dieses Buches wurde zunächst wahrscheinlich die Verteilung der Provinzen und Heere, dann eine Feuersbrunst in Rom, das Erlöschen des heiligen Feuers im Vestatempel und die Bestrafung der Vestalin, die dieses verschuldet hatte, berichtet, ferner die Taten des Tiberius Sempronius Gracchus und Postumus Albinus in Spanien geschildert und vielleicht die Anerkennung des Perseus als König und dessen erste Unternehmungen berührt.

(1) Als der Konsul wegen des Feldzuges gegen die Illyrer Kriegsrat hielt, stimmten einige dafür, den Krieg sogleich anzufangen, ehe die Feinde ihre Truppen zusammenziehen könnten, andere, vorher beim Senat anzufragen. Die Meinung derer, welche keinen Aufschub wollten, drang durch. ***2*** Der Konsul brach von Aquileja auf und lagerte sich am See Timavus. Dieser See ist in der Nähe des Meeres. Hier fand sich auch mit zehn Schiffen der Zweimann für das Seewesen Gaius Furius ein. ***3*** Man hatte nämlich gegen die Flotte der Illyrer Zweimänner des Seewesens ernannt, welche mit 20 Schiffen zum Schutz des Ägäischen gleichsam ihren Wendepunkt zu Ankona haben sollten; von hier aus sollte Lucius Cornelius die Küste zur Rechten bis nach Tarent zu decken haben, Gaius Furius die zur Linken bis Aquileja. ***4*** Diese Schiffe wurden in Begleitung von Lastschiffen und großer Zufuhr zum nächsten Hafen an die illyrische Grenze gesandt, und der Konsul, der ihnen mit seinen Legionen nachzog, lagerte sich fast 5000 Schritte vom Meer. ***5*** Zur Einfuhr der Waren wurde im Hafen ein Platz angelegt, der bald sehr stark besucht wurde, und von hier aus wurde alles ins Lager geschafft; damit auch dies um so sicherer geschehen könne, wurden auf allen Seiten des Lagers Posten aufgestellt, ***6*** gegen Illyrien zu ein feststehendes Korps, zwischen dem Meer und dem Lager wurde die Kohorte placentinischer Hilfstruppen aufgestellt, und damit sie zugleich am Fluss die Wasserholer decken könnte, musste der Oberste der zweiten Legion Marcus Aebutius mit zwei Scharen zu ihr stoßen. ***7*** Die beiden Obersten Titus und Gaius, beide Aelier, hatten mit der dritten Legion, um die Futterholungen zu decken, ihren Platz auf dem Weg genommen, der nach Aquileja führt, ***8*** auf derselben Seite, beinahe 1000 Schritt weiter, stand das Lager der Gallier mit nicht mehr als 3000 Mann, welche Catmelus als Stellvertreter des Fürsten befehligte.

(2) Als das römische Lager nach dem See Timavus verlegt worden war, nahmen die Istrier eine verdeckte Stellung hinter einem Hügel; von hier aus folgten sie dem Zug auf Querwegen, auf jede

Gelegenheit gespannt, *2* und von allem, was man zu Land und zu Wasser tat, entging ihnen nichts. *3* Als sie nun das Lager durch so schwache Posten geschützt sahen und den Warenplatz, den nur der wehrlose Haufe der zwischen dem Lager und dem Meer Handeltreibenden besetzte, sowohl von der Land- als von der Seeseite ohne alle Verschanzung, machten sie einen Angriff auf zwei Posten zugleich, auf die placentinische Kohorte und auf die Haufen von der zweiten Legion. *4* Ein Morgennebel verdeckte die Unternehmung. Als dieser bei der ersten Sonnenwärme sich zerteilte, zeigte das schon durchblickende, aber wie gewöhnlich noch ungewisse Tageslicht, das dem Klugen den Schein aller Gestalten vervielfältigt, den Römern auch jetzt nicht ohne Täuschung die feindliche Schlachtreihe in weit größerer Stärke, als sie wirklich war; *5* und da die Soldaten von beiden Posten, hierdurch geschreckt, unter lautem Lärm zum Lager flüchteten, erregten sie hier einen noch weit größeren Schrecken, als sie selbst mitgebracht hatten. *6* Sie waren nicht imstande zu sagen, vor wem sie geflohen wären, oder auf Erkundigungen Auskunft zu geben; in den Lagertoren – denn hier stand ja kein Posten, der einen Angriff hätte aufhalten können – hörte man nur Geschrei, und das Zusammenlaufen der im Dunkeln aufeinander Stürzenden hatte es unbestimmt gelassen, ob der Feind innerhalb des Walles sei. *7* Man hörte nur den einen Ruf: „Nach dem Meer!" Dieses zufällig von einem ohne Überlegung ausgestoßene Geschrei tönte jetzt durch das ganze Lager. *8* So liefen anfangs nur wenige Bewaffnete, ein weit größerer Teil ohne Waffen, als hätten sie den Befehl, dem Meer zu; bald mehrere, endlich fast alle und der Konsul selbst, weil bei seinen vergeblichen Bemühungen, die Fliehenden zurückzuhalten, sein Befehl, sein Ansehen, zuletzt selbst seine Bitten nichts ausrichteten. *9* Ein Einziger blieb, Marcus Licinius Strabo, Oberster der dritten Legion, den an der Spitze von drei Haufen seine Legion im Stich ließ. Nach einem Angriff auf das leere Lager überfielen ihn die Istrier, da ihnen weiter niemand bewaffnet entgegentrat, als er auf dem Feldherrnplatz die Seinigen stellte und ihnen Mut einsprach. *10* Der Kampf war hartnäckiger, als sich von der kleinen Schar der Widerstand Leistenden erwarten ließ, und endete nicht eher, bis der Oberste und die sich um ihn Anschließenden gefallen waren. *11* Als die Feinde das Hauptzelt niederrissen, und was dort war, geplündert hatten, kamen sie zu der Quästur, dem Markt und der Gasse Quintana. *12* Weil sie hier alle Vorräte von Lebensmitteln zum Kauf ausgestellt und in der Quästur selbst die Tafelsessel schon überzogen fanden, lagerte sich der Fürst zu Tisch und fing an zu schmausen. *13* Ebenso machten es bald die Übrigen alle, ohne an Waffen und Feinde zu denken; und da ihnen ein besseres Mahl etwas Ungewohntes war, so überluden sie sich mit Wein und Speise umso gieriger.

(3) Unterdessen hatten die Sachen bei den Römern eine ganz andere Gestalt. Auf dem Land, auf dem Meer nichts als Bestürzung. Die Seeleute brachen ihre Zelte ab und brachten ihre am Ufer ausgestellten Vorräte wieder in die Schiffe. Die Soldaten eilten vor Schrecken in die Kähne und auf das Meer. *2* Die Seeleute aus Besorgnis, die Schiffe möchten zu voll werden, wehrten hier dem Haufen, dort stießen sie mit den Schiffen vom Ufer ab, um die See zu gewinnen. *3* Darüber kam es zwischen den Soldaten und Seeleuten zum Streit, bald sogar zum Gefecht, nicht ohne Wunden und Tote auf beiden Seiten, bis auf des Konsuls Befehl die Flotte weiter vom Land abfuhr. *4* Nun fing er an, die Unbewaffneten von den Bewaffneten zu trennen. Bei einer so großen Menge fanden sich kaum 1200 mit Waffen, nur sehr wenige Reiter, die ihr Pferd mitgebracht hatten. Die Übrigen bildeten einen kläglichen Schwarm, wie von Marketendern und Holzknechten, der in der Tat des Feindes Beute werden musste, wenn dieser einen Angriff beabsichtigt hätte. *5* Endlich ging ein Bote ab, um die dritte Legion und das Korps Gallier wieder herzurufen, und zugleich kam alles von allen Seiten zurück, um das Lager zurückzuerobern und den Schimpf wieder gutzumachen. *6* Die Obersten der dritten Legion geboten ihr, die Futterbündel und alles Holz abzuwerfen, den Hauptleuten befahlen sie, von den älteren Soldaten immer zwei auf die einzelnen Lasttiere zu

setzen, von denen man das Gepäck heruntergeworfen hatte. Jeder Reiter sollte einen von dem jüngeren Fußvolk zu sich aufs Pferd nehmen. *7* Die Legion werde sich einen ausgezeichneten Ruhm erwerben, wenn sie durch ihre Tapferkeit das Lager wieder gewönne, das man durch die Feigheit der zweiten Legion verloren habe. Die Wiedereroberung sei leicht, wenn man die mit ihrer Beute beschäftigten Barbaren schnell überrumpele. So wie diese es gewonnen hätten, könne es wiedergewonnen werden. ***8*** Die Soldaten hörten auf diese Ermunterung mit großer Freude. Auf den Ruf brachen sie mit den Fahnen auf und blieben unter ihren Waffen dem Fahnenträger nicht nach, doch trafen der Konsul und die Truppen, die vom Meer zurückgeholt wurden, vor dem Wall zuerst ein. ***9*** Der erste Oberste der zweiten Legion, Lucius Atius, ermunterte die Soldaten nicht allein, ***10*** sondern bewies ihnen auch, dass, wenn die Istrier willens wären, das mit den Waffen eroberte Lager ebenso mit den Waffen zu behaupten, sie zuerst auch den aus seinem Lager getriebenen Feind bis an das Meer verfolgt und dann wenigstens vor ihrem Wall Posten aufgestellt hätten. Wahrscheinlich lägen sie in tiefem Rausch und Schlaf.

(4) Mit diesen Worten befahl er einem seiner Fahnenträger, Aulus Baeculonius, einem Mann von bekannter Tapferkeit, mit der Fahne vorzugehen. ***2*** Dieser antwortete, wenn sie ihm als einem Einzigen folgen wollten, so wolle er schon machen, dass das desto schneller gehen solle. Dann holte er zum Wurf aus, schleuderte die Fahne über den Wall hinein und drang allen voran in das Tor. ***3*** Auf der andern Seite kamen die beiden Aelier, Titus und Gaius, Obersten der dritten Legion, mit der Reiterei heran. Sogleich folgten auch die, welche man paarweise auf die Packpferde gesetzt hatte, und der Konsul mit dem ganzen Zug. ***4*** Bei den Istriern dachten nur wenige, die mäßigeren Trinker, ans Fliehen, bei den anderen reihte sich der Tod an den Schlaf, und die Römer bekamen alles Ihrige unversehrt wieder, außer was an Wein und Speise verzehrt war. ***5*** Auch die kranken Soldaten, die man im Lager zurückgelassen hatte, ergriffen, sobald sie die Ihrigen im Lager gewahr wurden, die Waffen und richteten ein großes Gemetzel an. ***6*** Vor allen tat der Ritter Gaius Popillius mit dem Beinamen Sabellus ausgezeichnete Dienste. Wegen seiner Wunde am Fuß war er zurückgelassen worden und tötete bei Weitem die meisten Feinde. ***7*** Gegen 8000 Istrier wurden erschlagen, keiner zum Gefangenen gemacht, weil Erbitterung und Unwille an keine Beute denken ließen. Doch entkam der berauschte König der Istrier, schnell von den Seinigen auf ein Pferd geworfen, durch seine Flucht vom Schmaus. ***8*** Von den Siegern fielen 237 Soldaten, mehr auf der Flucht am Morgen als bei Wiedereroberung des Lagers.

(5) Zufällig traf es sich so, dass die beiden Gavillii, Gnaeus und Lucius, neue Siedler von Aquileja, die mit Zufuhr ankamen und von nichts wussten, fast in das von den Istriern eroberte Lager geraten wären. ***2*** Als diese mit Zurücklassung des Gepäcks nach Aquileja zurückgeflohen kamen, erfüllten sie alles mit Schrecken und Bestürzung, nicht bloß zu Aquileja, sondern auch einige Tage später zu Rom, ***3*** weil hier nicht bloß von der feindlichen Eroberung des Lagers, nicht bloß von der Flucht der Römer Nachricht kam – dies war beides wahr –, sondern, alles sei verloren und das ganze Heer aufgerieben. ***4*** So wurden denn, wie gewöhnlich bei überraschender Kriegsgefahr, außerordentliche Aushebungen nicht bloß in der Stadt, sondern in ganz Italien angesagt. Man hob zwei Legionen römischer Bürger aus und ließ das verbündete Latium 10 000 Mann Fußvolk nebst 500 Reitern stellen. ***5*** Konsul Marcius Junius erhielt Befehl, nach Gallien überzugehen und von den Städten dieser Provinz so viele Truppen zu fordern, als jede stellen könnte. ***6*** Zugleich wurde beschlossen, der Prätor Tiberius Claudius sollte den Soldaten der vierten Legion und 5000 verbündeten Latinern nebst 250 Reitern bekannt machen, dass sie sich zu Pisa einzufinden hätten, und diesen Standplatz so lange beschützen, als der Konsul von dort abwesend sei. ***7*** Der Prätor Marcus Titinius sollte die erste Legion und ebenso viele Bundesgenossen zu Fuß und zu Pferd in Ariminum zusammenkommen lassen. ***8*** Nun ging Nero im Feldherrngewand auf den Standplatz

zu Pisa ab. Titinius schickte den Obersten Gaius Cassius nach Ariminum, um den Oberbefehl über die Legion zu übernehmen, und hielt zu Rom eine Aushebung. ***9*** Konsul Marcus Junius, der aus Ligurien in die Provinz Gallien überging, und sogleich Hilfstruppen in den gallischen Städten und in den Kolonien Soldaten forderte, kam zu Aquileja an. ***10*** Hier erfuhr er, das Heer sei in gutem Stand, schrieb nach Rom, man möge sich nicht beunruhigen, erließ den Galliern die eingeforderten Hilfstruppen und zog zu seinem Amtsgenossen. ***11*** In Rom war die Freude groß und unerwartet. Die Aushebung unterblieb. Die schon zur Fahne geschworen hatten, wurden entlassen, und das Heer, das zu Ariminum von der Seuche gelitten hatte, nach Hause entlassen. ***12*** Als die Istrier, die mit einem großen Heer nicht weit vom Lager des Konsuls standen, die Ankunft des andern Konsuls mit einem neuen Heer erfuhren, zerstreuten sie sich nach allen Seiten in ihre Städte. Die Konsuln führten die Legionen nach Aquileja in die Winterquartiere zurück.

(6) Nachdem endlich der durch die Istrier veranlasste Aufstand gestillt war, wurde ein Senatsbeschluss abgefasst, die Konsuln möchten sich darüber einigen, wer von beiden zur Abhaltung der Wahlen nach Rom zurückkommen solle. ***2*** Da die Volkstribunen Aulus Licinius Nerva und Gaius Papirius Turdus den abwesenden Manlius in ihren Volksreden mit Schmähungen überhäuften und den Vorschlag machten, Manlius sollte den Oberbefehl – denn schon waren den Konsuln ihre Standorte auf ein Jahr verlängert – nicht länger als bis zum 15. März behalten, ***3*** damit er sich sogleich nach seinem Abgang vom Amt zur Verantwortung stellen könne, so tat ihr Amtsgenosse Quintus Aelius gegen diesen Vorschlag Einspruch und bewirkte, nicht ohne heftige Streitigkeiten, dass er nicht durchging.

4 Als in diesen Tagen Tiberius Sempronius Gracchus und Lucius Postumius Albinus aus Spanien nach Rom zurückkehrten, führte sie der Prätor Marcus Titinius im Tempel der Bellona in den Senat ein, um ihre Taten zu berichten und die verdienten Ehrenbezeigungen zu beantragen, damit den unsterblichen Göttern der Dank dargebracht würde. ***5*** Zu derselben Zeit erfuhr man aus einem Schreiben des Prätors Titus Aebutius, das sein Sohn dem Senat überbrachte, dass auch in Sardinien ein großer Aufstand sei. ***6*** Die Ilier, von den Balarern durch Hilfstruppen verstärkt, hatten die dortige Provinz mitten im Frieden angegriffen, und mit einem schwachen, größtenteils von der Seuche aufgeriebenen Heer hatte man ihnen nicht widerstehen können. ***7*** Dasselbe meldeten auch Gesandte von den Sardiniern, mit der Bitte, der Senat möge wenigstens ihren Städten Hilfe senden, denn die Dörfer wären schon nicht mehr zu retten. Dieses Gesuch und alles, was Sardinien betraf, wurde für die neuen Obrigkeiten zurückgesetzt.

8 Eine Gesandtschaft der Lykier nahm das Mitleid in gleichen Anspruch. Sie klagten über die Grausamkeit der Rhodier, denen sie von Lucius Cornelius Scipio zugeteilt waren. ***9*** Sonst hätten sie unter der Herrschaft des Antiochos gestanden. Diese Dienstbarkeit unter einem König, verglichen mit ihrer gegenwärtigen Lage, erscheine ihnen als eine ehrenvolle Freiheit. Sie würden nicht bloß im Allgemeinen von der Regierung gedrückt, sondern jeder einzelne leide völlige Sklaverei. ***10*** So wie sie, würden auch ihre Frauen und Kinder gequält; sie würden persönlich auf ihrem Rücken misshandelt; was das Ärgerlichste aber sei, ihr guter Name werde befleckt und entehrt; ganz offenbar begehe man die empörendsten Dinge, sogar, um sich nur das Recht herauszunehmen und sie nicht darüber in Ungewissheit zu lassen, dass zwischen ihnen und um Geld gekauften Leibeigenen kein Unterschied sei. ***11*** Dadurch bewogen, gab der Senat den Lykiern dieses Schreiben an die Rhodier mit, des Inhalts, dass weder die Lykier den Rhodiern noch überhaupt Freigeborene an irgendeinen zur Sklaverei gegeben würden. ***12*** Die Lykier stünden so zugleich unter der Oberherrschaft und Vormundschaft der Rhodier, dass beide unter römischer Herrschaft verbündete Staaten blieben.

(7) Nun schlossen sich zwei Triumphe aneinander, beide über Spanien. ***2*** Zuerst triumphierte Sempronius Gracchus über die Keltiberer und ihre Bundesgenossen, am folgenden Tag Lucius

Postumius über die Lusitanier und andere spanische Völker jener Gegend. 40 000 Pfund Silber führte Tiberius Gracchus als Beute ein, 20 000 Albinus. ***3*** Jedem Soldaten gaben sie 25 Denare, dem Hauptmann das Doppelte, dem Reiter das Dreifache, und ebenso viel als sie den Römern gaben, auch den Bundesgenossen.

4 Es traf sich so, dass in diesen Tagen der Konsul Marcus Junius aus Istrien zum Wahltag nach Rom kam. ***5*** Nachdem ihn die Volkstribunen Papirius und Licinius mit ihren Fragen über die Vorfälle in Istrien lange genug im Senat geplagt hatten, führten sie ihn auch dem Volk vor. ***6*** Als der Konsul auf die Fragen die Erklärung gab, er sei in jener Gegend des Krieges nicht über elf Tage gewesen, und was in seiner Abwesenheit vorgefallen sei, das habe auch er so wie sie nur durch das Gerücht erfahren, so kamen sie nun auf die weiteren Fragen, ***7*** warum denn nicht für ihn Aulus Manlius nach Rom gekommen sei, um dem römischen Volk Rechenschaft darüber geben zu können, dass er aus Gallien, diesem durch das Los ihm bestimmten Standort, nach Istrien hinübergegangen sei. ***8*** Wann der Senat diesen Krieg beschlossen habe, und wann das römische Volk diesen Krieg genehmigt habe. Aber wahrhaftig, könne man vielleicht sagen, der Krieg wurde freilich nur nach eigenem Gutdünken unternommen, allein mit Klugheit und Tapferkeit gefühlt. ***9*** Wahrhaftig, es lasse sich nicht entscheiden, ob er unrechtmäßiger angefangen oder unbesonnener geführt sei. Zwei Posten wären durch Überfall von den Istriern zugrunde gerichtet, das römische Lager verlorengegangen und alles, was sich an Fußvolk, an Reiterei im Lager befunden habe. ***10*** Die Übrigen wären waffenlos und geschlagen, vor allen der Konsul selbst, zum Meer und zu den Schiffen geflohen. Er solle nach Niederlegung seines Amtes, weil er es als Konsul nicht habe tun wollen, hierüber Rechenschaft geben.

(8) Nun wurden die Wahlversammlungen gehalten. Zu Konsuln wurden gewählt Gaius Claudius Pulcher und Tiberius Sempronius Gracchus. Die am folgenden Tag ernannten Prätoren waren Publius Aelius Tubero zum zweiten Mal, Gaius Quinctius Flamininus, Gaius Numisius, Lucius Mummius, Cnaeus Cornelius Scipio und Gaius Valerius Laevinus. ***2*** Tubero traf die Rechtspflege in der Stadt, Quinctius die über die Fremden, Numisius Sizilien, Mummius Sardinien – doch hieraus machte man des größeren Krieges wegen einen Standplatz für einen Konsul – ***3*** Scipio und Laevinus erlosten Gallien, das in zwei Provinzen geteilt wurde.

4 Am 15. März, an welchem Tag Sempronius und Claudius ihr Konsulat antraten, war im Senat nur von den Standorten beider, von Sardinien und Istrien und ihren Feinden die Rede. ***5*** Am folgenden Tag erschien mit den sardinischen Gesandten, die man auf die neuen Obrigkeiten vertröstet hatte, Lucius Minucius Thermus, der gewesene Unterfeldherr des Konsuls Manlius in Istrien, vor dem Senat. Sie zusammen setzten dem Senat die Größe des Krieges in diesen Provinzen auseinander und nannten die Ruhestörer, die ebendiesen Krieg bewirkt hätten.

6 Ebenso erregten mehrere Gesandtschaften der verbündeten Latiner, die mit ihren Klagen den Zensoren und den vorigen Konsuln lästig fielen, als sie endlich in den Senat geführt wurden, dessen Aufmerksamkeit. ***7*** Der Hauptpunkt ihrer Klage war der, dass ihre zu Rom geschätzten Bürger meistenteils nach Rom gezogen wären. Wenn dies erlaubt sei, würde es nach einigen Schätzungen dahin kommen, dass ihre verlassenen Städte, ihre verlassenen Dörfer nicht einen Soldaten stellen könnten. ***8*** Auch klagten die Samniten und Paeligner, es wären 4000 Familien von ihnen nach Fregellae hinübergezogen, und trotzdem werde ihnen, den einen sowenig wie den anderen, in ihrer zu stellenden Mannschaft das Geringste erlassen. ***9*** Aus einer Bürgerschaft einzeln in die andere übergehen zu können, hatte man zweierlei Arten von Betrügereien eingeführt. Ein Gesetz gestattete den Bundesgenossen und Latinern, wenn sie einen leiblichen Erben in ihrer Heimat zurückließen, römische Bürger zu werden. Durch unerlaubte Anwendung dieses Gesetzes schadeten einige den Bundesgenossen, andere dem römischen Volk. ***10*** Die einen gaben, um keinen Erben in der Heimat zurückzulassen, ihre Kinder dem ersten besten Römer unter der Bedingung zu Leibeigenen hin, dass sie freigelassen würden und dann freigelassene Bürger waren, die anderen, denen es an Erben fehlte, die sie hätten zurücklassen können, wurden so römische Bürger. ***11*** Ja, nachher gingen sie, selbst ohne Gebrauch von diesen Scheingründen des Rechts zu machen, ohne Unterschied gegen das Gesetz und ohne Erben, vermittels der Auswanderung und Schätzung in die römische Bürgerschaft über. ***12*** Die Gesandten baten, dass dies in Zukunft nicht mehr geschehen möchte, und dass sie den Bundesgenossen befehlen sollten, in ihre Staaten zurückzukommen, auch darum, durch ein Gesetz zu bestimmen, dass niemand, um in eine andere Bürgerschaft überzugehen, einen Sohn annehmen oder in Leibeigenschaft geben dürfe, und dass, wer auf diese Art römischer Bürger geworden sei, kein Bürger sein solle. Dies wurde ihnen vom Senat bewilligt.

(9) Zu Provinzen, die im Kriegszustand waren, wurden Sardinien und Istrien bestimmt. ***2*** Für Sardinien sollten zwei Legionen ausgehoben werden, jede zu 5200 Mann zu Fuß und 200 Reitern; auch 12 000 Mann Bundestruppen und Latinern zu Fuß nebst 600 Reitern. Ferner sollte der Konsul zehn Fünfruderer in See nehmen, aus welchem Hafen er wolle. Für Istrien wurde ebenso viel Fußvolk und Reiterei wie für Sardinien bestimmt. ***3*** Auch wurde den Konsuln befohlen, eine Legion mit 300 Reitern und 5000 Mann Bundesgenossen zu Fuß nebst 250 Reitern nach Spanien zu Marcus Titinius zu schicken. ***4*** Ehe die Konsuln um ihre Standorte losten, liefen die Meldungen der Schreckzeichen ein. ***5*** Im crustuminischen Gebiet sollte in den Hain des Mars ein Stein vom Himmel gefallen, im römischen ein verstümmelter Knabe zur Welt gekommen und eine vierfüßige Schlange gesehen worden sein. Auf dem Markt zu Capua habe der Blitz in mehrere Häuser eingeschlagen und zu Puteoli ein Blitzstrahl zwei Schiffe verbrannt. ***6*** Noch während dieser Meldungen lief zu Rom bei hellem Tage ein gejagter Wolf in das Collinische Tor, und mit großem Getümmel verfolgt entkam er aus dem Esquilinischen. ***7*** Wegen dieser Schreckzeichen brachten die Konsuln den Göttern große Opfertiere dar, und an allen Altären wurde eine eintägige Betandacht gehalten. Als sie die Opfer glücklich verrichtet hatten, losten sie um ihre Standorte. ***8*** Claudius traf Istrien, Sempronius Sardinien. Darauf brachte Gaius Claudius nach einem Senatsbeschluss folgende Verordnung über die Bundesgenossen an das Volk und machte bekannt: ***9*** Bundesgenossen und Latiner, möchten sie selbst oder ihre Väter von den Zensoren Marcus Claudius, Titus Quinctius oder nachher bei den verbündeten Latinern geschätzt sein, sollten alle vor dem 1. November jeder in seine Heimat zurückkehren. ***10*** Die Untersuchung über diejenigen, die hiernach nicht zurückkehrten, wurde dem Prätor Lucius Mummius zuerkannt. ***11*** Dem Gesetz und der Bekanntmachung des Konsuls wurde der Senatsbeschluss beigefügt: Wer bei einem von denen, der die Stelle eines Diktators, Konsuls, Zwischenkönigs, Zensors oder Prätors bekleidete, entlassen oder in Freiheit gesetzt werde, der solle den Eid leisten, dass sein Freilasser bei dieser Entlassung nicht die Absicht habe, sich in eine andere Bürgerschaft zu begeben. Man erklärte, wer dies nicht schwöre, sollte nicht freigelassen werden können. ***12*** Nachher wurden diese Sache und ihre gerichtliche Entscheidung dem Konsul Gaius Claudius übertragen.

(10) Während dieser Vorgänge in Rom führten die Konsuln des vorigen Jahres, Marcus Junius und Aulus Manlius, nachdem sie zu Aquileja überwintert hatten, ihr Heer mit Frühlingsanfang in das Gebiet der Istrier. ***2*** Als sie hier alles weit und breit verheerten, setzte die Istrier mehr der Schmerz und der Unwille in Bewegung, mit dem sie das Ihrige plündern sahen, als die Hoffnung, gegen zwei Heere stark genug zu sein. ***3*** Aus allen Völkerschaften stürmten die Dienstfähigen zusammen, und ihr in der Eile und Unordnung aufgebrachtes Heer kämpfte mehr mit Hitze beim ersten Angriff als mit Ausdauer. ***4*** Gegen 4000 von ihnen wurden in der Schlacht getötet, die Übrigen gaben den Krieg auf und zerstreuten sich nach allen Seiten in ihre Städte. Von hier

aus schickten sie zuerst Gesandte ins römische Lager mit der Bitte um Frieden, dann schickten sie die verlangten Geiseln. **5** Als man dies zu Rom durch ein Schreiben der Prokonsuln erfuhr, ging der Konsul Gaius Claudius aus Besorgnis, dies möchte ihn um seinen Kriegsposten und um den Heeresbefehl bringen, ohne Darbringung der Gelübde, ohne Feldherrnpurpur, ohne Beilträger, so dass er es ganz allein seinem Kollegen anzeigte, in der Nacht ab und eilte schleunigst auf seinen Amtsposten. Hier benahm er sich noch unbesonnener, als er gekommen war. **6** Denn nachdem er vor der berufenen Versammlung auf die Flucht des Aulus Manlius aus dem Lager gescholten hatte – nicht ohne Beleidigung der Soldaten, die ja zuerst geflohen waren –, auch dem Marcus Junius Vorwürfe darüber gemacht hatte, dass er sich selbst an der Schande seines Kollegen zum Teilnehmer gemacht habe, befahl er zuletzt beiden, den Kriegsschauplatz zu verlassen. **7** Als diese erwiderten, ihm würden die Soldaten nur dann erst als ihrem befehlenden Konsul Gehorsam leisten, wenn er der herkömmlichen Sitte gemäß nach Darbringung der Gelübde auf dem Kapitol mit Beilträgern und im Feldherrnpurpur Rom verlassen habe, ließ er wütend vor Zorn den prokonsularischen Quästor des Manlius rufen, **8** forderte Ketten von ihm und drohte, er wolle den Junius und Manlius gefesselt nach Rom senden. **9** Aber auch dieser kehrte sich nicht an den Befehl des Konsuls, und das rings herumstehende Heer mit der Vorliebe für die Sache seiner Feldherren und voll Erbitterung gegen den Konsul machte ihm Mut, nicht zu gehorchen. Der Demütigungen von Einzelnen und des Gespöttes von allen – denn sie verlachten ihn noch obendrein – ***10*** wurde zuletzt der Konsul müde und ging mit demselben Schiff, auf dem er gekommen war, nach Aquileja zurück. ***11*** Von hier schrieb er an seinen Mitkonsul, er möchte der Abteilung Neugewonnener, die für Istrien als ihren Standort ausgehoben sei, bekannt machen, dass sie sich zu Aquileja einzufinden habe, damit ihn selbst in Rom nichts aufhielte, nach Darbringung der Gelübde im Feldherrnpurpur aus der Stadt zu gehen. ***12*** Dies wurde für ihn als Kollegen mit Folgsamkeit ausgerichtet und den Truppen nur eine kurze Frist festgesetzt, sich einzustellen. ***13*** Beinahe holte Claudius sein eigenes Schreiben ein. Als er bei seiner Ankunft in einer Volksversammlung über Manlius und Junius geredet hatte, ging er, ohne sich länger als drei Tage in Rom aufzuhalten, im Feldherrnpurpur und mit seinen Beilträgern, nach Ablegung der Gelübde auf dem Kapitol, mit derselben reißenden Geschwindigkeit als das vorige Mal nach seinem Standort ab.

(11) Wenige Tage vorher machten Junius und Manlius auf die Stadt Nesactium, in welche sich die vornehmsten Istrier und selbst der Fürst Aepulo geworfen hatten, einen heftigen Angriff. **2** Claudius, der seine zwei neuen Legionen hierher führte und das alte Heer mit seinen Anführern entließ, schloss nun selbst die Stadt ein und beabsichtigte, sie durch Annäherungshütten anzugreifen. **3** Einen an die Mauer vorbeifließenden Fluss, der nicht nur den Belagerern hinderlich war, sondern auch den Istriern die Wasserholung gestattete, grub er durch eine Arbeit vieler Tage ab und gab ihm in einem neuen Bett einen andern Lauf. **4** Die Barbaren erfüllte dieses bewerkstelligte Wunder der Abschneidung des Wassers mit Schrecken, und da sie auch jetzt von einem Frieden nichts wissen wollten, gingen sie zur Ermordung ihrer Frauen und Kinder über, ja um eine so schreckliche Tat ihren Feinden zur Schau zu stellen, stürzten sie die vor aller Augen auf der Mauer Ermordeten herab. **5** Mitten unter dem Jammergeheul der Frauen und Kinder und zugleich noch während des unerhörten Mordens erstiegen die Römer die Mauern und drangen in die Stadt. **6** Als sich der König aus dem Angstgeschrei der Flüchtenden das Getümmel der Eroberung erklärte, stieß er sich, um nicht lebendig gefangen zu werden, sein Schwert in die Brust. Die Übrigen wurden gefangen genommen oder getötet. **7** Darauf wurden noch zwei Städte, Mutila und Faveria, im Sturm erobert und zerstört. **8** Die Beute war bei der Armut dieses Volkes über Erwarten groß und wurde sämtlich den Soldaten überlassen. 5632 Menschen wurden als Sklaven verkauft, die Aufwiegler zum Krieg mit Ruten ausgepeitscht und enthauptet. **9** Mit der

Zerstörung dieser drei Städte und dem Tod des Königs wurde ganz Istrien zur Ruhe gebracht, und von allen Seiten kamen die Völker, stellten Geiseln und ergaben sich. ***10*** Gegen das Ende des Istrischen Krieges hielten die Ligurer schon Zusammenkünfte, die den Krieg bezweckten.

(12) Tiberius Claudius hatte als Stellvertreter des Konsuls und als vorjähriger Prätor unter der Bedeckung von einer Legion den Oberbefehl zu Pisa. ***2*** Durch ein Schreiben von ihm hiervon benachrichtigt, beschloss der Senat, dieses Schreiben dem Gaius Claudius – denn der andere Konsul war schon nach Sardinien übergesetzt – einhändigen zu lassen und legte die Verordnung bei, ***3*** weil der Kriegsschauplatz in Istrien geschlossen sei, solle er, falls er nichts dawider habe, sein Heer nach Ligurien führen. ***4*** Zugleich wurde auch nach dem Schreiben des Konsuls über die in Istrien von ihm verrichteten Taten ein zweitägiges Dankfest angeordnet. Auch der andere Konsul Tiberius Sempronius führte den Krieg in Sardinien mit Glück. ***5*** Er rückte mit seinem Heer in das Gebiet der Ilischen Sardinier. Ein großer Schwarm von Balarern war den Iliern zu Hilfe gekommen. Mit beiden Völkern kämpfte er in einer förmlichen Schlacht. Die Feinde wurden geschlagen, in die Flucht getrieben und ihr Lager genommen. 12 000 Soldaten wurden ihnen getötet. ***6*** Am folgenden Tag ließ der Konsul die gesammelten Waffen auf einen Haufen werfen und dem Vulcanus zum Opfer verbrennen. Das siegreiche Heer führte er in die verbündeten Städte in die Winterquartiere zurück. ***7*** Ebenso ging auch Gaius Claudius, als er das Schreiben des Tiberius Claudius und den Senatsbeschluss erhalten hatte, aus Istrien mit seinen Legionen nach Ligurien. ***8*** Die in die Ebene vorgerückten Feinde hatten ihr Lager am Fluss Scultenna. Hier wurde ihnen eine Schlacht geliefert. 15 000 wurden getötet, über 700 entweder in der Schlacht oder im Lager – denn auch dieses wurde erobert – zu Gefangenen gemacht und 51 Fahnen erobert. ***9*** Die Ligurer, die aus dem Blutbad übrig waren, flohen auf allen Seiten in ihre Gebirge zurück, und vor dem Konsul, der die Dörfer in der Ebene verheerte, ließen sich nirgends Waffen sehen. ***10*** So kehrte Claudius, in einem Jahr Besieger zweier Völker, nach Rom zurück, nachdem er in seinem Konsulat, was ein seltener Fall ist, auf zwei Schauplätzen des Krieges Ruhe gestiftet hatte.

(13) Die in diesem Jahr gemeldeten Schreckzeichen waren folgende: Im crustuminischen Gebiet habe der Vogel, den man Beinbrecher nennt, mit dem Schnabel an einem geweihten Stein gehackt, ***2*** in Kampanien habe ein Rind geredet, zu Syrakus ein wilder Stier, der sich von der Herde losgelöst hatte, eine eherne Kuh besprungen und mit seinem Samen bespritzt. ***3*** Im crustuminischen Gebiet wurde einen Tag an Ort und Stelle eine Betandacht gehalten, in Kampanien das Rind auf Kosten des Staates in Fütterung gegeben; auch wurde das Schreckzeichen von Syrakus so gesühnt, dass die Opferschauer die Götter namhaft machten, denen geopfert werden musste. ***4*** In diesem Jahr starb der Oberpriester Marcus Claudius Marcellus, gewesener Konsul und Zensor. Zum Oberpriester wurde sein Sohn Marcus Marcellus in seine Stelle gewählt. Auch nach Luna wurde in diesem Jahr eine Kolonie von 2000 römischen Bürgern geführt. ***5*** Die Dreimänner der Ausführung waren Publius Aelius, Marcus Aemilius Lepidus und Gnaeus Sicinius. Jedem wurden 51 und ein halber Morgen Land angewiesen. Es war den Ligurern abgenommen und hatte, ehe es ligurisch wurde, den Etruskern gehört. ***6*** Konsul Gaius Claudius kam zur Stadt. Als er im Senat seine glücklichen Verrichtungen in Istrien und Ligurien auseinandergesetzt hatte, wurde ihm der verlangte Triumph bewilligt. Er triumphierte noch während seines Amtes über zwei Völker zugleich. ***7*** Er lieferte in diesem Triumph 307 000 Silberdenare und 85 702 Halbdenare. Jeder Soldat bekam 15 Denare, der Hauptmann das Doppelte, der Reiter das Dreifache. ***8*** Den Bundesgenossen gab er halb so viel wie seinen Mitbürgern; darum folgten sie auch, um ihren Unwillen zu erkennen zu geben, seinem Wagen schweigend.

(14) Während hier über die Ligurer triumphiert wurde, baten die Ligurer selbst, bei denen auf die Entdeckung, dass nicht nur das konsularische Heer nach Rom abgeführt, sondern auch die

Legion zu Pisa von Tiberius Claudius entlassen sei, sogleich alle Furcht verschwand, *2* heimlich ein Heer auf, überstiegen auf Querpfaden die Gebirge, kamen in die Ebene, plünderten das Gebiet von Mutina und gewannen die Kolonie selbst durch Überfall. *3* Als dies nach Rom gemeldet wurde, befahl der Senat dem Konsul Casus Claudius, je eher je lieber die Wahlversammlungen abzuhalten und nach der Wahl der Obrigkeiten für das nächste Jahr auf jenen Kriegsposten zurückzugehen und die Kolonie den Feinden zu entreißen. *4* Man schritt sogleich, wie der Senat befohlen hatte, zu den Wahlen. Die gewählten Konsuln waren Gnaeus Cornelius Scipio Hispallus und Quintus Petillius Spurinus. *5* Dann wurden zu Prätoren gewählt Marcus Popillius Limas, Publius Licinius Crassus, Marcus Cornelius Scipio, Lucius Papirius Maso, Marcus Aburius, Lucius Aquilius Gallus. *6* Dem Konsul Gaius Claudius wurde der Oberbefehl nebst dem Standort Gallien auf ein Jahr verlängert, und damit es nicht auch die Istrier ebenso machten wie die Ligurer, solle er die latinischen Bundestruppen, die er zu seinem Triumph aus der Provinz mit abgeführt habe, nach Istrien schicken.

7 Als die Konsuln Gnaeus Cornelius und Quintus Petillius an ihrem ersten Amtstag dem Jupiter wie gewöhnlich jeder einen Stier opferten, fand sich in dem Opfertier, welches Quintus Petillius darbrachte, der eine Lappen an der Leber nicht. Als er es den Vätern meldete, hießen sie ihn das Opfer mit Stieren bis zum Gelingen fortsetzen. *8* Auf die Anfrage wegen der Standorte erklärte der Senat Pisa und Ligurien zu Standorten der Konsuln, *9* wer Pisa zu seinem Posten bekäme, der sollte, wenn es Zeit sei, die Obrigkeiten zu wählen, zum Wahltag zurückkommen. *10* Auch stand in diesem Beschluss, jeder von ihnen solle zwei neue Legionen ausheben, und ebenso jeder sich von den Bundesgenossen und Latinern 10 000 Mann zu Fuß und 600 Reiter stellen lassen. *11* Tiberius Claudius wurde der Oberbefehl bis zur Ankunft des Konsuls auf seinem Standposten verlängert.

(15) Gnaeus Cornelius, der während dieser Verhandlungen im Senat von dem Amtsboten herausgerufen, das Staatsgebäude verlassen hatte, kam bald nachher mit verstörtem Blick wieder und eröffnete den versammelten Vätern, die Leber eines von ihm geopferten 600-pfündigen Stieres sei zergangen. *2* Weil er dies dem Opferdiener auf dessen Anzeige nicht ohne weiteres habe glauben wollen, habe er selbst von dem Kessel, in welchem die Eingeweide gekocht würden, das Wasser abgießen lassen und gesehen, dass die übrigen Teile der Eingeweide unversehrt gewesen seien, die ganze Leber aber auf eine unerklärliche Weise verkocht sei. *3* Die über dieses Schreckzeichen betroffenen Väter machte der andere Konsul noch mehr besorgt. Er sagte, es habe ihm, weil immer an der Leber der eine Lappen gefehlt habe, mit drei Stieren kein Opfer gelingen wollen. *4* Der Senat befahl, mit großen Tieren bis zum Gelingen weiterzuopfern. Man sagt, bei den übrigen Gottheiten sei es gelungen, nur bei der Salus habe es dem Petillius nicht gelingen wollen. *5* Nun losten die Konsuln und Prätoren um ihre Aufgabenbereiche. Pisa fiel dem Gnaeus Cornelius zu, Ligurien dem Petillius. Den Prätoren, nämilch Lucius Papirius Maso, gab das Los die Rechtspflege in der Stadt, Marcus Aburius die über die Fremden, Marcus Cornelius Scipio Maluginensis bekam das jenseitige Spanien, Lucius Aquilius Gallus Sizilien. *6* Zwei verbaten sich die auswärtigen Anstellungen, Marcus Popillius die in Sardinien. Denn Gracchus bewirke schon auf jenem Posten Ruhe, auch sei ihm der Prätor Titus Aebutius vom Senat zum Gehilfen gegeben. *7* Den Fortgang der Unternehmungen stören zu lassen, zu deren Vollendung der Zusammenhang gerade so wirksam sei, tauge durchaus nicht. *8* Während der Abgabe des Oberbefehls und der Neuheit des Nachfolgers, die doch immer eher mit dem Kennenlernen, als mit dem Ausführen der Geschäfte sich befassen müsse, gingen oft die Gelegenheiten zum glücklichsten Schlag verloren. *9* Die Weigerung des Popillius wurde gebilligt, Publius Licinius Crassus führte an, ihn halte ein festgesetztes Opfer ab, auf seinen Posten zu gehen. Ihm war nämlich das diesseitige Spanien zugefallen. *10* Gleichwohl wurde ihm zur Pflicht gemacht, entweder hinzugehen oder

vor der Volksversammlung zu beschwören, dass ihn das festgesetzte Opfer abhalte. Nach dieser Verfügung über Publius Licinius wünschte auch Marcus Cornelius, man möge denselben Eid von ihm als Entschuldigung annehmen, warum er nicht auf seinen Standort abgehe. Beide Prätoren schworen nach derselben Formel. ***11*** Marcus Titinius und Titus Fonteius mussten als Prokonsuln bei ihrem bisherigen Oberbefehl in Spanien bleiben; auch sollten ihnen 3000 römische Bürger mit 200 Reitern und 5000 latinische Bundesgenossen nebst 300 Reitern als Ergänzungstruppen geschickt werden.

(16) Am 5. Mai wurde das Latinerfest gefeiert. Weil an diesem der lanuvinische Beamte bei einem Opfertier die Worte des Gebetes „dem römischen Volk der Quiriten" ausließ, erregte dies einen Anstoß. ***2*** Man berichtete die Sache an den Senat; der Senat verwies sie an die Oberpriester; diese erklärten, weil das Latinerfest nicht auf die gehörige Weise begangen sei, müssten bei der Erneuerung desselben die Lanuviner, welche die neue Feier veranlasst hätten, die Opfertiere stellen. ***3*** Zu dem religiösen Bedenken kam noch dies dazu, dass Konsul Gnaeus Cornelius auf dem Rückweg vom Albanerberg zusammensank und als er, an einer Körperseite gelähmt, sich in das Bad von Cumae begeben hatte, zu Cumae noch heftiger erkrankte und starb. ***4*** Sein Leichnam wurde nach Rom gebracht, unter einer prächtigen Bestattung zu Grabe geleitet und beigesetzt. Er war auch Oberpriester gewesen. ***5*** Konsul Quintus Petillius wurde befohlen, sobald es die Götterzeichen gestatteten, zur Besetzung der Stelle seines Amtsgenossen einen Wahltag abzuhalten und die Latinischen Feiertage anzukündigen. Die Wahlversammlung setzte er auf den 3., das Latinerfest auf den 11. August. ***6*** Zu der Menge frommer Besorgnisse kam noch die Meldung folgender Schreckzeichen: Zu Tuskulum habe sich am Himmel eine Fackel sehen lassen, zu Gabii der Blitz in den Apollotempel und in mehrere Privathäuser eingeschlagen, zu Graviscae in die Mauer und in ein Tor. ***7*** Während zuerst beide Konsuln durch die frommen Besorgnisse, dann der eine durch des andern Tod, durch das Wahlgeschäft und die Wiederholung des Latinerfestes verhindert wurden, führte unterdes Gaius Claudius sein Heer vor Mutina, das die Ligurer im vorigen Jahr erobert hatten. ***8*** In nicht ganz drei Tagen nach eröffneter Belagerung gab er die den Feinden abgenommene Kolonie ihren Bewohnern wieder. Hier hieb er 8000 Ligurer in den Ringmauern nieder ***9*** und ließ sogleich ein Schreiben nach Rom abgehen, worin er nicht nur die Tat erzählte, sondern sich auch rühmte, dass durch seine Tapferkeit und sein Glück jetzt der römische Staat diesseits der Alpen keinen Feind mehr habe, und es sei eine bedeutende Länderstrecke gewonnen, so dass sie zur Verteilung unter Hausväter für viele Tausende reichen werde.

(17) In Sardinien bezwang zu gleicher Zeit Tiberius Sempronius in vielen glücklichen Gefechten die Sarder. ***2*** 15 000 Feinde wurden getötet, Alle sardinischen Völkerschaften, so viele ihrer abgefallen waren, wurden unterjocht. Von den schon früher Zinsbaren wurde eine doppelte Steuer gefordert und eingetrieben, die Übrigen lieferten Getreide. ***3*** Als der Friede im Land wiederhergestellt war und er sich von der ganzen Insel 230 Geiseln hatte geben lassen, schickte er Gesandte nach Rom, um dies zu melden und dann beim Senat anzuhalten, dass für die unter Anführung und Götterleitung des Tiberius Sempronius gelungenen Siege den unsterblichen Göttern der Ehrendank dargebracht, ihm selbst aber erlaubt werde, bei seinem Abgang aus der Provinz das Heer mit sich abzuführen. ***4*** Der Senat, der die Gesandten im Apollotempel anhörte, verordnete ein zweitägiges Dankfest und befahl den Konsuln, 40 große Tiere zu opfern, dem Tiberius Sempronius aber, als Prokonsul bei seinem Heer für dieses Jahr auf seinem Posten zu bleiben. ***5*** Die Wahl, die zur Besetzung der einen Konsulstelle auf den dritten August angesetzt war, wurde noch an diesem Tag beendigt. ***6*** Kollege des Konsuls Quintus Petillius wurde Gaius Valerius Laevinus, mit der Bestimmung, sein Amt sogleich anzutreten. Schon lange hatte sich dieser einen Kriegsposten gewünscht. Da nun seinem Wunsch gemäß mit einem Schreiben die

Nachricht einlief, dass die Ligurer sich empört hätten, zog er mit seinen beiden neuen Legionen nach eben beendetem Latinerfest am 13. August im Feldherrnpurpur gegen die Ligurer aus. Der Senat ließ, *7* als ihm das Schreiben vorgelesen wurde, jenes Aufstandes wegen noch eine dritte Legion nach Gallien zum Prokonsul Gaius Claudius aufbrechen und die Zweimänner beim Seewesen mit einer Flotte nach Pisa gehen, um die Ligurer, an deren Küste sie kreuzen sollten, auch von der Seeseite zu bedrohen. *8* Pisa hatte auch der Konsul Quintus Petillius seinem Heer zum Sammelplatz bestimmt. *9* Und als der Prokonsul Gaius Claudius von dem Aufstand der Ligurer hörte, führte er außer den Truppen, die er zu Parma bei sich hatte, sein durch Notwerbungen verstärktes Heer an die ligurische Grenze.

(18) Nach der Ankunft des Gaius Claudius besetzten die Feinde, dessen eingedenk, dass sie kürzlich von demselben Feldherrn am Fluss Scultenna besiegt und in die Flucht geschlagen waren, um sich gegen seine Überlegenheit, die sie zu ihrem Schaden kennengelernt hatten, lieber durch feste Stellungen als mit den Waffen zu schützen, die beiden Berge Letum und Ballista und umgaben sie noch mit einer Mauer. *2* Die aus den Dörfern zu spät Ausgewanderten wurden eingeholt und hatten gegen 1500 Tote. *3* Die Übrigen hielten sich auf den Bergen, und nicht einmal in dieser Bedrängung ihrer angeborenen Rohheit ungetreu, ließen sie ihre Wut an der Beute aus, welche sie zu Mutina gemacht hatten. Die Gefangenen mordeten sie unter kläglichen Verstümmelungen, und das Vieh metzelten sie in ihren Heiligtümern mehr nieder, als dass sie es ordnungsmäßig opferten. *4* Des Mordens an dem, was Leben hatte, satt, schlugen sie, was leblos war, gegen die Wände. Ebenso Gefäße aller Art, gefertigt mehr zum Gebrauch als um als Putzwerk in die Augen zu fallen. *5* Aus Besorgnis, der Krieg möge ohne ihn beendet werden, schrieb Konsul Quintus Petillius an Gaius Claudius, er möge mit seinem Heer zu ihm nach Gallien kommen, er wolle in den Mageren Feldern ihn erwarten. *6* Nach Empfang des Schreibens brach Claudius aus Ligurien auf und übergab sein Heer in den Mageren Feldern dem Konsul. Hier traf einige Tage später auch der andere Konsul Gaius Valerius ein. *7* Nachdem sie sich in die Truppen geteilt hatten, musterten sie hier, ehe sie auseinandergingen, beide gemeinschaftlich das Heer, und weil nicht beide den Feind auf einer Seite angreifen wollten, losten sie darum, nach welcher Gegend sich jeder wenden solle. *8* Dem Valerius musste es laut allen Nachrichten mit seinem Los glücken, weil er in dem geweihten Bezirk geblieben war. Bei Petillius hingegen fiel, wie die Vogelschauer hinterher erklärten, der Fehler vor, dass er selbst außer dem Weihbezirk das Los in die Urne geworfen hatte, die nun von draußen auf den Weiheplatz gebracht wurde. *9* Nun zogen sie nach entgegengesetzten Richtungen auseinander. Petillius stand mit seinem Lager gegen die Höhe der Berge Ballista und Letum, die als fortlaufender Gebirgsrücken diesen Bergen Zusammenhang gibt. *10* Hier soll er in seiner Ermunterungsrede an die Soldaten, ohne an die Zweideutigkeit des Wortes zu denken, nicht ohne Vorbedeutung gesagt haben, er wolle Letum (den Tod) noch heute haben. *11* Er rückte auf zwei Stellen zugleich gerade zu den Bergen hinan. Diejenige Abteilung, bei der er selbst sich befand, drang tapfer vorwärts. Allein da die Feinde die andere zurückschlugen, ritt der Konsul selbst, um das Treffen wiederherzustellen, dorthin und brachte zwar die Seinigen von der Flucht zurück, setzte aber an der Spitze sich zu unvorsichtig aus, und mit einem Wurfspieß durchschossen sank er nieder. *12* Die Feinde bemerkten den Fall des Feldherrn nicht, und die wenigen von seinen Leuten, die ihn gesehen hatten, verdeckten seinen Körper – sie wussten ja, dass hierauf der Sieg beruhe – sehr sorgfältig. *13* Der übrige Haufe, Fußvolk und Reiterei, warf ohne Heerführer die Feinde herab und eroberte die Berge. Gegen 5000 Ligurer wurden getötet, vom römischen Heer fielen 52. *14* Außer dem so offenbaren Erfolg der bösen Vorbedeutung hörte man auch später von einem Hühnerwärter, es sei bei Beobachtung der Vögel ein Fehler vorgefallen und dem Konsul nicht unbekannt geblieben. *15* Casus Valerius vereinigte auf die

Nachricht vom Tod des Quintus Petillius das von dem gefallenen Feldherrn hinterlassene Heer mit seinen Truppen, griff die Feinde noch einmal an und brachte mit ihrem Blut dem Geist seines Kollegen ein herrliches Totenopfer. Er triumphierte über die Ligurer. Die Legion, an deren Spitze der Konsul gefallen war, bestrafte der Senat streng. Er verordnete, der ganzen Legion solle dieses Jahr nicht in der Dienstzeit angerechnet, ihr auch der Sold nicht gegeben werden, weil sie sich nicht selbst zur Rettung des Feldherrn den feindlichen Geschossen ausgesetzt hatte. Um diese Zeit kamen zu Rom Gesandte von den Dardanern an, …

[an dieser Stelle fehlt wiederum ein Quarternio der Handschrift]

16 oben erwähnt habe, von einem großen Heer der Bastarner unter Anführung des Klondikos bedrängt wurden. Als sie die Menge der Bastarner, ihren hohen und riesenhaften Körperbau, ihren Mut in Gefahren geschildert hatten, fügten sie hinzu, die Bastarner stünden mit Perseus im Bund, und ihnen sei dieser eigentlich furchtbarer als die Bastarner selbst. Aus diesem Grund baten sie den Senat, ihnen Hilfe zu schaffen. Die Väter beschlossen, eine Gesandtschaft zu schicken, um Makedoniens Verhältnisse in Augenschein zu nehmen, und sogleich erhielt Aulus Postumius den Auftrag, dahin zu gehen. Zu Nebengesandten gaben sie ihm jüngere Männer, um die Wirksamkeit und Würde der Gesandtschaft besonders auf ihm beruhen zu lassen. Darauf besprach man sich über die Wahl der Obrigkeiten für das folgende Jahr, und hierüber kam es zu einer lebhaften Auseinandersetzung, weil die des heiligen und des öffentlichen Rechtes Kundigen behaupteten, da die beiden regelmäßig gewählten Konsuln dieses Jahres der eine an einer Krankheit gestorben, der andere gefallen sei, so könne von einem nachgewählten Konsul der Wahltag nicht füglich gehalten werden. Man half sich mit einer Zwischenregierung. Von einem Zwischenkönig wurden Publius Mucius Scaevola und Marcus Aemilius Lepidus – dieser zum zweiten Mal – zu Konsuln gewählt. Darauf wurden Prätoren Gaius Popillius Laenas, Publius Aelius Ligus, Quintus Baebius Sulca, Gnaeus Lutatius Cerco, Servius Cornelius Sulla und Appius Claudius Cento. Die Konsuln bekamen zu ihren Standorten Gallien und Ligurien, von den Prätoren Cornelius Sulla Sardinien, Claudius Cento das diesseitige Spanien. Die Verteilung der übrigen prätorischen Standorte wissen wir nicht. Diesem Jahr wird eine Seuche nachgesagt, die indes nur unter dem großen Vieh wütete. Die Ligurer, dieses immer besiegte und immer wieder kriegende Volk, hatten das Gebiet von Luna und Pisa verheert, zugleich hörte man von einem Aufstand der Gallier. Lepidus, der die Bewegungen der Gallier ohne Mühe beruhigte, ging von da nach Ligurien. Mehrere Völkerschaften ergaben sich ihm auf Gnade und Ungnade, die er – denn die Sinnesart der Bewohner stimmt ja fast immer zu ihrem Boden – in der Überzeugung, dass die von ihnen bewohnten rauen Bergrücken sie so verwildern ließen, nach dem Beispiel einiger früheren Konsuln in die Ebenen herabführte.

(19) Diesseits des Apenninus hatten die Garuler, Lapiciner und Hergaten gewohnt, die Friniaten jenseits des Apennin. Publius Mucius führte diesseits des Flusses Audena den Krieg mit denen, welche das Gebiet von Luna und Pisa geplündert hatten, und nahm ihnen allen, als er sie bezwungen hatte, die Waffen ab. ***2*** Wegen dieser unter der Anführung und Götterleitung der beiden Konsuln in Gallien und Ligurien errungenen Siege verordnete der Senat ein dreitägiges Dankfest und ein Opfer von 40 Tieren. ***3*** So war nunmehr der gallische und ligurische Aufstand, der im Anfang des Jahres ausbrach, ohne große Anstrengung in kurzer Zeit unterdrückt. ***4*** Schon aber trat die Sorge eines Makedonischen Krieges ein, weil Perseus zwischen den Dardanern und Bastarnern Kämpfe veranlasste. Auch waren die Gesandten, die zur Untersuchung der Dinge nach Makedonien geschickt worden waren, mit der Anzeige nach Rom zurückgekommen, dass in Daidanien schon Krieg sei. ***5*** Zugleich waren auch von König Perseus Abgeordnete erschienen, welche zu seiner Rechtfertigung sagen mussten, er habe die Bastarner weder herbeigerufen noch

zu irgendeiner Unternehmung aufgefordert. ***6*** Der Senat sprach diese Schuld dem König so wenig ab als zu, doch hieß er die Gesandten ihn erinnern, dass er sich ernstlich zu bemühen habe, das Bündnis, das zwischen ihm und den Römern vor den Augen der ganzen Welt bestehe, zu achten. *7* Als die Dardaner sahen, dass die Bastarner nicht nur gegen ihre Hoffnung ihr Land nicht räumten, sondern auch, durch die Hilfstruppen der benachbarten Thraker und Skardisker unterstützt, ihnen täglich noch lästiger wurden, sammelten sie sich mit dem Entschluss, etwas zu wagen, sei es auch bloß aufs Geratewohl, von allen Seiten mit Waffen in der Stadt, welche dem Lager der Bastarner die nächste war. ***8*** Es war Winter, und diese Jahreszeit hatten sie gewählt, um die Thraker und die Skordisker in ihre Heimat abziehen zu lassen. Als dies wirklich erfolgte, und sie hörten, die Bastarner seien allein, teilten sie ihre Truppen in zwei Teile. Der eine sollte geradeswegs zum offenen Angriff hinziehen, der andere nach einem Umweg durch einen Nebenwald im Rücken angreifen. ***9*** Allein, ehe sie das feindliche Lager umgehen konnten, kam es schon zur Schlacht, und die besiegten Dardaner wurden in die Stadt getrieben, die etwa 12 000 Schritte vom Lager der Bastarner entfernt war. ***10*** Sogleich umschlossen die Sieger die Stadt, in der sicheren Hoffnung, am folgenden Tag sie entweder von den geschreckten Feinden durch Übergabe zu bekommen, oder sie mit Sturm zu nehmen. ***11*** Unterdessen eroberte das zweite Korps Dardaner, das den Umweg gemacht hatte, mit der Niederlage der Seinigen unbekannt, das unbesetzt gelassene Lager der Bastarner ohne Mühe. Die Bastarner, aller Vorräte und Kriegswerkzeuge, die in ihrem Lager gewesen waren, beraubt, und ohne die Möglichkeit, sich das alles auf feindlichem Boden bei so nachteiliger Jahreszeit wieder zu verschaffen, beschlossen, ihr Vaterland aufzusuchen. Bei ihrer Rückkehr zur Donau fanden sie zu ihrer großen Freude den Strom mit Eis von einer solchen Höhe bedeckt, dass es unter jeder Last halten zu müssen schien. Als aber mit einem Mal der ganze Zug der hinübereilenden und im Lauf sich zusammendrängenden Menschen und Packtiere auf ihm lastete, zersprang plötzlich das unter der ungeheuren Schwere berstende Eis und setzte, endlich unhaltbar und zerschellt, den ganzen Zug, den es lange getragen hatte, mitten in die Fluten ab. Die meisten wurden sogleich von den Wellen verschlungen. Viele wurden bei dem Versuch, sich durch Schwimmen zu retten, von den über sie hergeschwemmten Bruchstücken der zersprungenen Eisdecke in die Tiefe getaucht. Von dem ganzen Volk retteten sich kaum einige mit gequetschten Gliedern auf beide Ufer.

[Hier fehlt wiederum ein Quarternio der Handschrift. Der Inhalt könnte etwa das gewesen sein, was bis Kap. 20 zusammengefasst ist.]

Damals bestieg Antiochos, der Sohn des Großen Antiochos, welcher lange zu Rom Geisel gewesen war, nach dem Tod seines Bruders Seleukos den Thron von Syrien. Seleukos nämlich, von den Griechen Philopator genannt, rief, als er das durch die Niederlagen seines Vaters sehr geschwächte syrische Reich übernommen hatte, nach einer ruhigen, gar nicht durch Taten ausgezeichneten zwölfjährigen Regierung diesen seinen jüngeren Bruder zurück und schickte an dessen Stelle seinen Sohn Demetrios nach Rom, den Friedensbedingungen gemäß, nach welcher von Zeit zu Zeit andere Geiseln gestellt werden mussten. Antiochos war kaum bis Athen gekommen, da starb Seleukos, durch die Ränke eines seiner Kronbedienten, Heliodoros, heimlich ermordet. Diesen, der sich auf den Thron drängen wollte, verjagten Eumenes und Attalos, und setzten den Antiochos in Besitz, weil ihnen darum zu tun war, ihn durch ein so großes Verdienst sich zu verpflichten. Denn schon waren ihnen bei kleinen Misshelligkeiten die Römer verdächtig geworden. Antiochos, durch ihre Hilfe Herr des Thrones, wurde von seinen Völkern mit so großem Jubel empfangen, dass sie ihm den Zunamen Epiphanes (der Erlauchte) gaben, weil er zu einer Zeit, in dem ein dem königlichen Stamm ganz fremder Mensch sich in die Regierung eindrängte, durch Behauptung des Eigentums seiner Ahnen seinen Untertanen als leuchtendes Gestirn erschienen sei. Auch fehlte es ihm zu Kriegstaten nicht an Anlagen und feurigem Geist, er war aber in seinem ganzen Benehmen und seiner Lebensweise so verkehrt und unbedachtsam, dass er bald, mit Abänderung seines Zunamens, statt Epiphanes Epimanes, das heißt der Tolle, genannt wurde. Denn oft ging er, ohne dass die Hofbedienten darum wussten, von einem oder zweien begleitet, aus dem Palast, lief mit Rosen bekränzt und im goldgestickten Kleid in der Stadt herum und bewarf bald die ihm Begegnenden mit Steinen, die er unterm Arm trug, bald wieder streute er Geld unter das Volk und rief: *Greift zu, wem das Glück es beschieden hat!* Dann wieder besuchte er die Werkstätten der Goldarbeiter, der Meister in getriebener Arbeit und anderer Künstler und wollte bei jedem in seinen Gesprächen den Kunstkenner verraten; bald ließ er sich mit dem ersten Besten, der ihm vom Volk begegnete, auf der Straße in ein Gespräch ein; dann irrte er in den Kneipen umher und zechte mit den niedrigsten Ausländern und Landstreichern. Hörte er zufällig, dass junge Leute bei einem Schmaus vergnügt waren, gleich erschien er, ehe sie sich's versahen, mit seinem Becher in der Hand und mit Musik als der Schwärmer, als der Ausgelassene, so dass sie meistens durch die Überraschung bestürzt flohen, zum Teil auch aus Furcht verstummten. Man weiß, dass er sogar in öffentlichen Bädern mit dem großen Haufen badete. Da er sich gleichwohl auch hier der köstlichsten Salben bediente, soll einmal ein gemeiner Mann ihm gesagt haben: *Wie glücklich bist du, König, du duftest von den teuersten Salben.* Der König, dem dies behagte, antwortete: *So will ich dich denn jetzt so beglücken, dass du deine volle Sättigung gestehen sollst.* Und damit ließ er ihm eine große Urne voll der edelsten Salbe über den Kopf gießen, so dass auf dem schlüpfrigen Boden, weil der Estrich schwamm, nicht nur die Übrigen ausglitten, sondern auch der König, lauter lachend als alle, niederfiel.

(20) Zuletzt legte er statt des königlichen Gewandes eine Toga an, ging, wie er es zu Rom bei Amtsbewerbern gesehen hatte, auf dem Markt herum, drückte jedem gewöhnlichen Mann die Hand, umarmte ihn mit der Bitte bald um ein Ädilenamt, bald um ein Volkstribunat, und hatte er nun durch die Volksstimmen die Würde erhalten, dann sprach er nach römischer Sitte von dem elfenbeinernen Thronsessel herab als Richter und entschied die geringfügigsten Sachen – ***2*** kurz, sein Geist, der sich in allen Lebensarten umtrieb, hing so ganz und gar an keiner Form, dass er selbst sowenig wie andere mit sich darüber eins werden konnte, was an ihm sei. ***3*** Mit seinen Freunden sprach er nicht – Leuten, die er kaum kannte, lachte er vertraulich entgegen. Mit seiner ungleichen Freigebigkeit machte er sich und andere zum Gespött. Manchen Vornehmen, die etwas Großes verdient zu haben glaubten, gab er kindische Geschenke, zum Beispiel Esswaren oder Spielzeug; andere, die nichts erwarteten, machte er reich. ***4*** Deswegen glaubten manche, er wisse selbst nicht, was er wolle. Einige sagten, er tändle aus wahrer Arglosigkeit, andere, er sei ohne Zweifel verrückt. ***5*** Doch in zwei wichtigen und anständigen Dingen zeigte er wahrhaft königliche Gesinnung: in seinen Schenkungen an Städte und in der Verehrung der Götter. ***6*** Den Megalopolitanern in Arkadien versprach er, ihre Stadt mit einer Mauer zu umgeben, und gab den größeren Teil der Geldsumme dazu her. Zu Tegea unternahm er die Anlage eines prächtigen Schauplatzes von Marmor. ***7*** Zu Kyzikos gab er in das Prytaneum oder in das Stadthaus, wo diejenigen, denen diese Ehre zuerkannt ist, vom Staat gespeist werden, die goldenen Gefäße zur Besetzung einer Tafel. Den Rhodiern machte er zwar nicht ein sich auszeichnendes, aber dafür alle Arten von Geschenken, so wie ihr Bedürfnis sie forderte. ***8*** Allein von seinem Prachtaufwand für die Götter kann schon der Tempel des Olympischen Jupiter zu Athen Zeuge sein, der einzige in der Welt von einer der Größe des Gottes entsprechenden Anlage. ***9*** Auch Delos schmückte er mit herrlichen Altären aus und mit einer Menge von Standbildern; und den prachtvollen Tempel des Jupiter Kapitolinus zu Antiochien, in dem nicht bloß das Deckengetäfel golden, sondern auch ganze Wände mit Goldblech belegt waren, und mehrere andere, die er anderen Orten versprochen

hatte, brachte er wegen der nur noch sehr kurzen Zeit seiner Regierung nicht zur Vollendung. ***10*** Auch Schauspiele aller Art stellte er mit größerer Pracht an als die früheren Könige, und zwar die übrigen nach der Landessitte und unter zahlreicher Aufstellung griechischer Künstler. ***11*** Dagegen das bei den Römern übliche Fechterspiel gab er seinen eines solchen Schauspieles nicht gewohnten Untertanen das erste Mal zu größerem Schrecken als zu ihrem Vergnügen. ***12*** Dadurch aber, dass er es nachher öfter gab, und bald so, dass die Verwundung, bald aber auch so, dass nur der Tod die Kämpfer schied, brachte er es dahin, dass sich ihr Auge daran gewöhnte, dass sie an diesem Schauspiel Geschmack fanden, und erweckte bei vielen Jünglingen die Lust zu Waffenübungen. ***13*** Und da er anfangs die Fechter immer aus Rom kommen ließ, die er nur für große Belohnungen haben konnte, konnte er nun schon aus seinem Reich freiwillige Gladiatoren mit leichter Mühe aufstellen, die ihre Dienste unaufgefordert für einen geringen Preis zum Kampf darboten. Aber auch bei Aufführung dieser Schauspiele zeigte er, wie in seinem ganzen übrigen Leben, immer dieselbe Verkehrtheit und Gehaltlosigkeit des Geistes, so dass man keine prachtvolleren Anstalten sehen konnte, als seine Spiele, und nichts Schlechteres und Verächtlicheres als den König selbst. Dies zeigte sich zwar auch bei mehreren anderen Gelegenheiten, am auffallendsten aber bei den Spielen, die er, um mit den nach dem Sieg über Perseus durch Aemilius Paulus in Makedonien gegebenen an Pracht zu wetteifern, zu Antiochien mit ungeheurem Aufwand und zu seiner eigenen nicht geringeren Beschimpfung gab. Doch ich muss zu Roms Angelegenheiten zurückkehren, von denen mich die Erwähnung dieses Königs zu weit abgeführt hat.

[Auch hier fehlt ein größerer Abschnitt. Er mag etwa den bis Anfang von Kap. 21 wiedergegebenen Inhalt gehabt haben.]

Tiberius Sempronius Gracchus, der seit zwei Jahren Sardinien zu seinem Posten gehabt hatte, übergab diesen dem Prätor Servius Cornelius Sulla und triumphierte bei seiner Rückkehr nach Rom über die Sarder. Er soll von dieser Insel eine so große Menge Gefangener mitgebracht haben, dass ihr lange dauernder Verkauf zum Sprichwort wurde, und dass man bei Dingen ohne Wert sich im täglichen Leben des scherzhaften Ausrufes bedient „Sarder zu Kaufe". Auch beide Konsuln triumphierten, Scaevola über die Ligurer, Lepidus ebenfalls über diese und über die Gallier. Darauf schritt man zu den Wahlen der Obrigkeiten für das folgende Jahr. Zu Konsuln wurden gewählt Spurius Postumius Albinus und Quintus Mucius Scaevola. Am Tag der Prätorenwahl verwickelte das Schicksal einen der Bewerber, den Sohn des Publius Africanus, Lucius (oder hieß er Gnaeus?) Cornelius Scipio, zur großen Unzufriedenheit mit ihm in einen Streit mit Gaius Cicereius, einem gewesenen Schreiber des Vaters Scipio. Denn da Scipio, weil schon fünf Prätoren ernannt waren, nämlich Gaius Cassius Longinus, Publius Furius Philus, Lucius Claudius Asellus, Marcus Atilius Serranus und Gnaeus Servilius Caepio, alle Kräfte aufbot, um wenigstens auf dem letzten Platz noch angebracht zu werden, so erschien er dadurch so ganz als der von seines Vaters Vorzügen Ausgeartete, dass ihm durch die Stimmen aller Zenturien Cicereius vorgezogen worden wäre, hätte nicht dieser – soll ich sagen, die Schuld des Schicksals oder den Fehlgriff der Wahlversammlung? – durch seine Bescheidenheit wieder gut gemacht. Er fand es zu dreist, in einem Kampf um ein Ehrenamt den Sohn seines Schutzherrn zu besiegen, warf sogleich die weiße Toga ab und wurde aus einem schon des Sieges gewissen Nebenbuhler ein dankbarer Schützling und Stimmgeber für seinen Mitbewerber. So erlangte Scipio durch Hilfe des Cicereius die Ehrenstelle, die er allem Anschein nach vom Volke nicht erhalten hätte, zu größerer Ehre des Cicereius als für ihn selbst.

(21) Den Konsuln wurden zu ihren Standorten Gallien und Ligurien angewiesen. Als bald nachher die Prätoren losten, bekam Gaius Cassius Longinus die Rechtspflege in der Stadt, Lucius Cornelius Scipio die über die Fremden. Dem Prätor Marcus Atilius hatte das Los Sardinien zu

seinem Standort gegeben; *2* allein er erhielt den Befehl, mit einer von den Konsuln neu gebildeten Legion von 5000 Mann zu Fuß und 300 Reitern nach Korsika zu gehen. Während er dort den Krieg zu führen habe, sollte Cornelius Sulla mit verlängertem Oberbefehl Sardinien verwalten. *3* Gnaeus Servilius Caepio wurden für das jenseitige Spanien, auch dem Puplius Furius Philus für das diesseitige 3000 Mann römisches Fußvolk mit 150 Reitern und 5000 Mann latinischer Bundestrupppen zu Fuß nebst 300 Reitern bestimmt, und dem Lucius Claudius Sizilien ohne Ergänzungstruppen. *4* Außerdem sollten die Konsuln zwei neue Legionen ausheben von der gehörigen Stärke an Fußvolk und Reiterei, und die Bundesgenossen 10 000 Mann zu Fuß und 600 Reiter stellen lassen. *5* Diese Aushebung wurde den Konsuln umso schwerer, weil das vorjährige Sterben unter dem Rindvieh sich in diesem Jahr in eine Krankheit unter den Menschen umgesetzt hatte. Die Befallenen überstanden nicht leicht den siebenten Tag. Überlebten sie ihn, so bekamen sie ein langwieriges, meistens viertägiges Fieber. Besonders starben die Sklaven; *6* auf allen Straßen lagen sie unbeerdigt. Das Bestattungsamt konnte nicht einmal alle Bestattungen der Freien besorgen. Unangerührt von Hunden und Geiern gingen die Leichen in Verwesung über, *7* und man machte die allgemeine Bemerkung, dass sich so wenig in diesem als im vorigen Jahr bei den vielen tot liegenden Rindern und Menschen irgendwo ein Geier habe sehen lassen. *8* An dieser Seuche starben folgende staatliche Priester: Gnaeus Servilius Caepio, ein Oberpriester, Vater des Prätors, Tiberius Sempronius Longus, der Sohn des Tiberius, ein Zehnmann des Gottesdienstes; Publius Aelius Paetus, ein Vogelschauer, auch Tiberius Sempronius Gracchus; Gaius Aemilius Vitulus, der Oberbezirkspfleger, und Marcus Sempronius Tuditanus, ein Oberpriester. *9* Zu Oberpriestern wurden gewählt: Gaius Sulpicius Galba an die Stelle des Caepio, [der hier zu erwartende Name ist nicht bekannt] an die Stelle des Tuditanus. Die nachgewählten Vogelschauer waren folgende: An des Gracchus Stelle Titus Veturius Gracchus Sempronianus, an des Publius Aelius Platz Quintus Aelius Paetus, den Zehnmann des Gottesdienstes ersetzte Gaius Sempronius Longus, den Oberbezirkspfleger Gaius Scribonius Turio. *10* Da die Seuche kein Ende nahm, verordnete der Senat, die Zehnmänner sollten die Sibyllinischen Bücher nachschlagen. *11* Nach einer Anordnung von ihnen wurde ein Bettag gehalten, und nach der von Quintus Marcius Philippus vorgesprochenen Formel nahm das Volk auf dem Markt das Gelübde auf sich: Wenn diese Krankheit und Ansteckung aus dem römischen Gebiet vertrieben sein werde, dann wolle es zwei Tage festlich und mit einer Betandacht begehen. *12* Im Vejentergebiet wurde ein Knabe mit zwei Köpfen geboren, in Sinuessa hatte ein Knabe nur eine Hand, zu Auximum kam ein Mädchen mit Zähnen auf die Welt. Zu Rom sah man auf dem Markt am Tag bei heiterem Himmel einen Regenbogen über dem Tempel des Saturnus ausgespannt und zugleich drei Sonnen aufblitzen, *13* und in derselben Nacht fuhren im lanuvinischen Gebiet mehrere Fackeln am Himmel herab. Die Bewohner von Caere versicherten, in ihrer Stadt habe sich eine Schlange mit Mähnen sehen lassen und mit Goldflecken gesprenkelt. Auch behauptete man als gewiss, in Kampanien habe ein Ochse geredet.

(22) Am 5. Juni kamen aus Afrika die Gesandten zurück, die nach einem dem König Masinissa abgestatteten Besuch nach Karthago gegangen waren. Freilich hatten sie das, was man zu Karthago vorgenommen hatte, weit gewisser von dem König als von den Karthagern selbst erfahren. *2* Doch hatten sie, wie sie versicherten, in Erfahrung gebracht, dass vom König Perseus eine Gesandtschaft angekommen sei, und dass sie der Senat von Karthago bei Nacht im Tempel des Äskulap vorgelassen habe. Dass von Karthago Gesandte nach Makedonien geschickt wären, versicherte nicht nur der König, sondern sie selbst hatten es auch nicht entschieden in Abrede gestellt. *3* Der römische Senat beschloss, auch nach Makedonien Gesandte zu schicken. Drei wurden hingeschickt, Gaius Laelius, Marcus Valerius Messalla und Sextus Digitius. *4* Um diese

Zeit war Perseus, weil einige Doloper ihm den Gehorsam verweigerten und die Untersuchung der streitigen Punkte vom König auf die Römer übergehen lassen wollten, mit seinem Heer hingezogen und hatte das ganze Volk seiner Herrschaft und Gerichtsbarkeit unterworfen. **5** Von da ging er, weil ihn dies und jenes beunruhigte, zwischen dem Oetagebirge durch nach Delphi, um das Orakel zu befragen. Durch diese plötzliche Erscheinung mitten in Griechenland setzte er nicht allein die benachbarten Städte in großen Schrecken, sondern selbst nach Asien ging die Nachricht von dieser Bewegung zum König Eumenes. **6** Nach einem Aufenthalt zu Delphi von ungefähr drei Tagen kehrte er durch das pthiatische Achaia und Thessalien, ohne sich in den Gegenden, wo er durchzog, Raub oder Gewalttaten zu erlauben, in sein Reich zurück. **7** Auch begnügte er sich nicht damit, sich die Staaten, durch welche sein Weg gehen musste, zu Freunden zu machen, sondern er beschickte auch die Staatenversammlungen der Griechen entweder durch Gesandte oder durch Schreiben mit der Bitte, sie möchten der Misshelligkeiten, die sie mit seinem Vater gehabt hätten, nicht länger eingedenk sein. Auch wären diese nicht so schwer gewesen, dass sie nicht mit jenem hätten aussterben können und müssen. **8** Allein mit ihm eine aufrichtige Freundschaft zu schließen, hätten sie ja ganz reine Bahn. Namentlich sann er auf ein Mittel, die Zuneigung der Achäer wiederzugewinnen.

(23) Dieses einzige Volk in ganz Griechenland hatte, so wie der Staat von Athen, die Erbitterung so weit getrieben, dass es den Makedoniern sein Land verbot. **2** Darüber wurde Makedonien der Zufluchtsort der aus Achaia entlaufenden Sklaven. Denn weil die Achäer jenen ihr Land untersagt hatten, wagten auch sie es nicht, die Grenze des Königreichs zu betreten. **3** Perseus, der dies bemerkte, ließ die Sklaven sämtlich ergreifen und ein Schreiben an die Achäer abgehen, worin er sagte, er sende ihnen ihre Sklaven, die zu ihm herübergeflüchtet wären, freundschaftlich zurück. Übrigens müssten nun auch sie daran denken, dass künftig ihren Sklaven eine ähnliche Flucht nicht gestattet sei. **4** Als der Prätor Tenarchus, der sich für seine Person dem König gefällig zu machen wünschte, das Schreiben vorgelesen hatte, und die meisten, vor allen aber die, welche unerwartet ihre verlorenen Sklaven wiederbekommen sollten, den Ton des Schreibens sehr maßvoll und freundschaftlich fanden, **5** sprach Kallikrates, einer von denen, nach deren Meinung das Wohl der Nation darauf beruhte, dass sie den Bund mit den Römern unverletzt erhielt: *Einigen scheint es so, ihr Achäer, als verhandelten wir jetzt einen geringfügigen oder doch ganz unbedeutenden Gegenstand.* **6** *Nach meiner Meinung wird ein Gegenstand von der höchsten Wichtigkeit nicht bloß verhandelt, sondern ist gewissermaßen schon erledigt. Denn wir, die wir wissen, dass eine Verordnung den makedonischen Königen und den Makedoniern selbst unser Land verboten hat, und dass sie noch jetzt in der Absicht ihre Kraft behält,* **7** *dass wir keine Gesandten, durch welche dieser oder jener von uns in Versuchung geführt werden möchte, aufzunehmen nötig habe. Wir hören jetzt gewissermaßen den abwesenden König zu uns reden und geben seiner Rede, wenn's Gott gefällt, sogar Beifall.* **8** *Ja, da die wilden Tiere so oft vor der ihnen zur Falle hingelegten Speise sich scheuen und zurückfliehen, so lassen wir blindlings durch den Schein einer kleinen Wohltat uns ködern, lassen in der Hoffnung, die Nichtswürdigsten von unsern Sklaven wiederzubekommen, unsere eigene Freiheit untergraben und bedrohen.* **9** *Denn wer sieht nicht, dass die Freundschaft mit dem König nur ein Übergang zur Verletzung des Bündnisses mit Rom sein soll, auf welchem unser ganzes Heil beruht? Es müsste denn jemand noch daran zweifeln, dass es zwischen den Römern und Perseus zum Krieg kommen, und dass der schon bei Philipps Leben erwartete und durch dessen Tod unterbrochene Krieg nach Philipps Tod stattfinden werde.* **10** *Wie ihr wisst, hatte Philipp zwei Söhne, Demetrios und Perseus. An mütterlicher Abkunft, an Tapferkeit, Geist und Liebe der Untertanen hatte Demetrios bei Weitem den Vorzug.* **11** *Weil aber der König den Thron als Belohnung für den Hass gegen Rom aussetzte, so ermordete er den Demetrios unter keiner andern Beschuldigung, als*

der, mit den Römern Freundschaft geknüpft zu haben, und machte den Perseus zum König, von dem das römische Volk eher wusste, dass er des Vaters Bestrafung als dass er den Thron von ihm erben werde. **12** *Und was hat nun dieser nach des Vaters Tod sonst getan, als sich zum Krieg gerüstet? Zuerst ließ er zum Schrecken aller die Bastarner in Dardanien einfallen. Hätten diese jenen Sitz behauptet, so hätte Griechenland an ihnen lästigere Nachbarn gehabt, als Asien an den Galliern hat.* **13** *Als ihm diese Hoffnung fehlschlug, gab er dennoch die Pläne zum Krieg nicht auf, ja er hat, wenn wir die Wahrheit gestehen wollen, den Krieg schon eingeleitet: Dolopien hat er mit den Waffen bezwungen. Auf die, die sich in Betreff der Streitpunkte auf die Entscheidung des römischen Volkes beriefen, hat er nicht gehört. Von dort ging er nach einem Zug über den Oeta, um plötzlich im Mittelpunkt von Griechenland sich zu zeigen, nach Delphi, sich einen so ungewöhnlichen Marsch herauszunehmen.* **14** *Was dünkt euch, was bezweckt er? Darauf durchzog er Thessalien. Tat er das, ohne irgendjemanden von denen, die er hasste, zu beleidigen, um so viel gefährlicher scheint mir die Versuchung.* **15** *Von da ließ er an uns das Schreiben mit dem scheinbaren Geschenke abgehen und fordert uns auf, daran zu denken, künftig dieses Geschenk entbehren zu können, das heißt, die Verordnung aufzuheben, welche den Makedoniern die Peloponnes untersagt, wieder Gesandte vom König bei uns zu sehen,* **16** *Gastfreundschaften, die er mit unsern Großen errichtet, bald auch makedonische Heere, ja ihn selbst von Delphi – denn wie schmal ist die Meerenge dazwischen? – auf der Überfahrt zur Peloponnes und den Makedoniern bei ihren Rüstungen gegen Rom uns einreihen zu lassen.* **17** *Ich stimme dafür, nichts Neues zu verordnen und alles zu lassen, wie es ist, bis es sicher ausgemacht ist, ob diese unsere Besorgnis nichtig oder ob sie begründet gewesen ist.* **18** *Ist der Friede zwischen Makedonien und Rom von Bestand, dann treten auch wir mit Makedonien in Freundschaft und Verkehr. Jetzt aber daran zu denken, ist gefährlich verfrüht.*

(24) Nach ihm redete Arko, der Bruder des Prätors Xenokrates, so: *Kallikrates hat mir und jedem, der anderer Meinung ist als er, den Vortrag sehr schwer gemacht.* **2** *Denn dadurch, dass er selbst die Verbindung mit Rom in Schutz nimmt und behauptet, diese werde angefochten und bestritten, obgleich sie niemand weder anficht noch bestreitet, hat er das gewonnen, dass jeder, der ihm widerspricht, gegen die Römer zu reden scheint.* **3** *Und vor allen Dingen, gleich als wäre er nicht immer hier bei uns gewesen, sondern käme entweder vom römischen Rathaus oder wäre zu den Geheimnissen der Könige gezogen, weiß und verkündigt er alles, was noch so geheim geschehen ist.* **4** *Er errät, was geschehen wäre, wenn Philipp noch lebte, warum gerade Perseus Erbe des Thrones wurde, was die Makedonier bezwecken, was die Gedanken der Römer sind, wir aber, die wir weder wissen warum, noch auf was für eine Art Demetrios das Leben verlor, noch auch, was Philipp, wenn er länger gelebt hätte, getan hätte,* **5** *wir müssen unsere Maßregeln dem anschließen, was öffentlich vorgeht. Und nun wissen wir, dass von Perseus, als er die Regierung angetreten hatte, Gesandte nach Rom kamen, dass die Römer dem Perseus den Königstitel zugestanden;* **6** *wir hören, dass Gesandte von Rom zum Könige kamen und freundlich aufgenommen wurden.* **7** *Das alles halte ich für meine Person für Zeichen des Friedens und nicht des Krieges und glaube, dass es die Römer nicht beleidigen kann, wenn wir ebenso, wie wir im Krieg ihrer Fahne folgten, auch im Frieden ihrem Beispiele folgen. Warum gerade wir allein von allen Völkern einen unversöhnlichen Krieg gegen den makedonischen König führen sollen, sehe ich nicht ein.* **8** *Sind wir vielleicht schon durch unsere Nähe den Makedoniern zu sehr ausgesetzt, oder sind wir das allerschwächste Volk, wie die neulich von Perseus bezwungenen Doloper? Gerade im Gegenteil sind wir sowohl durch unsere Macht – Dank sei den Göttern! – als auch durch die entfernte Lage die Gesicherten. Aber angenommen, wir wären ebenso ausgesetzt wie die Thessalier und Aetoler?* **9** *Stehen wir denn nicht im Geringsten bei den Römern, deren Bundesgenossen und Freunde wir immer gewesen sind, in besserem Vertrauen und Ansehen als die Aetoler, die noch vor Kurzem ihre Feinde waren?* **10** *In demselben Verhältnis, in*

welchem die Aetoler, die Thessalier, die Epiroten und ganz Griechenland mit Makedonien stehen, wollen auch wir mit ihm stehen. Warum trifft uns allein dieses fluchwürdige Ausscheiden aus der menschlichen Verbindung? ***11*** *Mag Philipp dies oder jenes begangen haben, dass wir gegen ihn, wenn er bewaffnet dastand und der Kriegführende war, diese Verordnung machen mussten, was hat denn Perseus verdient, ein neuer König, der an allen Unbilden unschuldig ist, der mit seiner Wohltat die väterlichen Misshelligkeiten tilgen will? Und warum sind von allen Völkern nur wir seine Feinde?* ***12*** *Ich könnte ferner sagen: Die Verdienste der früheren Könige Makedoniens um uns sind so groß, dass wir der Beleidigungen von Philipp allein, wenn es deren gab, vergessen mussten, vollends nach seinem Tod.* ***13*** *Als eine römische Flotte bei Kenchreae lag, der Konsul mit einem Heer in Elatea war, brachten wir in der Staatenversammlung drei Tage mit der Beratung hin, ob wir uns den Römern oder dem König Philipp anschließen sollen.* ***14*** *Mag das Übergewicht, welches die dringende Furcht vor den Römern unseren Stimmen gab, nur unbedeutend gewesen sein, so muss doch wenigstens die lange Dauer unserer Überlegung ihren Grund gehabt haben. Und gerade dieser lag in unserer uralten Verbindung mit den Makedoniern, in den alten und großen Verdiensten ihrer Könige um uns.* ***15*** *So müssen denn auch jetzt dieselben Gründe geltend genug sein, nicht etwa dazu, dass wir vorzugsweise Freunde der Makedonier, aber doch, dass wir nicht vorzugsweise ihre Feinde sind. Nein, Kallikrates, lass uns ja nicht unserer Beratung einen Gegenstand unterlegen, den sie nicht hat. Niemand rät dazu, die Punkte einer neuen Freundschaft oder einer neuen Verbindung aufzusetzen, in die wir leichtsinnig uns einlassen sollen.* ***16*** *Nur ein Gegentausch der zu bewilligenden und wieder zu erwartenden Rechte soll stattfinden, damit wir nicht, wenn wir jenen unser Land verbieten, auch uns selbst ihr Königreich versperren und damit nicht unsere Sklaven irgendwohin freie Zuflucht haben. Wie kann dies dem römischen Bündnis entgangen sein?* ***17*** *Warum legen wir auf einen so geringfügigen, so offen daliegenden Umstand eine solche Wichtigkeit, einen so großen Verdacht?* ***18*** *Warum schlagen wir unnötig Lärm? Wozu machen wir, um uns selbst Gelegenheit zu einer Schmeichelei gegen Rom zu eröffnen, andere verhasst und verdächtig? Kommt es zum Krieg, dann zweifelt selbst Perseus nicht daran, dass wir auf Seiten der Römer sein werden; so müssen aber auch die Feindseligkeiten durch den Frieden, wenn er sie nicht endigen kann, doch unterbrochen werden.* ***19*** Da dieselben, welchen des Königs Brief gefallen hatte, auch dieser Rede beipflichteten, wurde, weil die Vornehmen darüber ihren Unwillen äußerten, dass man dem Perseus auf einen Brief von wenigen Zeilen eine Bitte bewilligen wolle, die er nicht einmal einer Gesandtschaft wert gehalten habe, der Beschluss noch ausgesetzt. ***20*** Nachher kamen in dieser Angelegenheit Gesandte vom König, als die Staatenversammlung zu Megalopolis gehalten wurde, diejenigen aber, welche bei den Römern anzustoßen fürchteten, wussten es dahin zu bringen, dass sie nicht vorgelassen wurden.

(25) Unterdessen schien die Wut der Aetoler, die sie gegen sich selbst wandten, die ganze Nation durch gegenseitige Ermordungen vertilgen zu wollen. ***2*** Erschöpft schickten darauf beide Parteien Gesandte nach Rom und hatten auch unter sich Verhandlungen zur Wiederherstellung der Eintracht, ein Vorhaben, das sich über eine neue Gräueltat zerschlug und selbst die alte Erbitterung weckte. ***3*** Den Vertriebenen aus Hypata von der Partei des Proxenos war die Rückkehr in ihre Vaterstadt versprochen und von dem ersten Mann im Staat, von Eupolemos, das Wort gegeben. ***4*** 80 angesehene Männer, denen unter der übrigen Volksmenge auch Eupolemos entgegenging, empfing man mit freundlichem Willkommen und gebotenem Handschlag, und als sie in das Tor traten, wurden sie, unter vergeblichen Berufungen auf das gegebene Wort und auf die zu Zeugen genommenen Götter, ermordet. ***5*** Nun entbrannte der Krieg von Neuem noch heftiger. Gaius Valerius Laevinus, Appius Claudius Pulcher, Gaius Memmius, Marcus Popillius und Lucius Canuleius, die der Senat hinschickte, waren angekommen. ***6*** Als vor diesen zu Delphi die

Gesandten beider Teile mit großem Gezänk ihre Sache führten, schien hauptsächlich Proxenos, sowohl durch seine Rechtsgründe als auch durch seine Beredsamkeit, ein Übergewicht zu haben. Allein wenige Tage darauf wurde er von seiner Gattin Orthobula vergiftet, und auf diese Anklage verurteilt, verbannte sie sich ins Ausland. **7** Mit gleicher Wut ermordeten sich auch die Kreter. Dann schöpften sie bei der Ankunft des Gesandten Quintus Minucius, welcher mit zehn Schiffen abgeschickt war, ihre Streitigkeiten zu dämpfen, einige Hoffnung auf Frieden. Allein sie schlossen nur einen Waffenstillstand auf sechs Monate, und nachher entbrannte der Krieg weit heftiger. **8** Auch die Lykier wurden um diese Zeit von den Rhodiern sehr hart durch Krieg mitgenommen. Doch ich fühle keinen Beruf, den Gang jedes Krieges, den die auswärtigen Völker unter sich führten, zu verfolgen, da ich an dem Bericht über die Taten der Römer schon eine ziemliche Last zu tragen habe.

(26) In Spanien waren die Keltiberer, welche im Krieg besiegt sich dem Tiberius Gracchus ergeben hatten, solange der Prätor Marcus Titinius dort seinen Posten versah, ruhig geblieben. Um die Zeit, als Appius Claudius ankam, machten sie einen Aufstand und eröffneten den Krieg mit einem unerwarteten Angriff auf das römische Lager. **2** Der Tag war eben im Anbrechen, als die Wachen auf dem Wall und die Posten an den Toren in der Ferne den Feind kommen sahen und zu den Waffen liefen. **3** Appius Claudius ließ das Zeichen zur Schlacht ausstecken, ermunterte seine Soldaten mit wenigen Worten und ließ sie an drei Toren zugleich ausrücken. Da ihnen die Keltiberer den Ausgang versperrten, war das Treffen anfangs auf beiden Seiten gleich, denn aus Mangel an Raum konnten die Römer in den Torwegen nicht alle zum Kämpfen kommen. **4** Sobald sie aber, einer dem andern nachdrängend, um sich in eine Linie auszubreiten und mit den feindlichen Flügeln, von denen sie sich umzingelt sahen, gleiche Ausdehnung zu bekommen, nur erst an irgendeiner Stelle aus der Verschanzung vordrangen, brachen sie auch mit solcher Schnelligkeit ein, dass die Keltiberer den Angriff nicht aushalten konnten. **5** Noch vor acht Uhr morgens waren sie geschlagen; gegen 15 000 wurden niedergehauen oder gefangen genommen und 32 Fahnen erbeutet, auch ihr Lager wurde erobert und der Krieg beendet. Denn die, welche die Schlacht überlebten, zerstreuten sich in ihre Städte, und ruhig leisteten sie nachher Gehorsam.

(27) Die in diesem Jahr gewählten Zensoren Quintus Fulvius Flaccus und Aulus Postumius Albinus lasen das Senatorenverzeichnis ab; obenan hatten sie den Obersten Priester Marcus Aemilius Lepidus gesetzt. Sie stießen neun Senatoren aus. **2** Eine bemerkenswerte Rüge erhielten Marcus Cornelius Maluginensis, der vor zwei Jahren als Prätor nach Spanien bestimmt war, und Lucius Cornelius Scipio, der Prätor, der jetzt die Rechtspflege zwischen Bürgern und Fremden hatte, sowie Gnaeus Fulvius, des Zensors rechter Bruder, mit dem er sich, wie Valerius Antias berichtet, noch nicht einmal über ihr Erbe auseinandergesetzt hatte. **3** Nun gingen die Konsuln, nachdem sie auf dem Kapitol die Gelübde abgelegt hatten, auf ihre Standorte ab. Dem einen von ihnen, Marcus Aemilius, gab der Senat den Auftrag, in Venezien die Unruhen der Pataviner zu dämpfen, bei denen, wie sowohl die Gesandten ihrer Nachbarn als ihre eigenen gemeldet hatten, ein Parteistreit zu einem inneren Krieg gediehen war. **4** Diejenigen Gesandten, welche ähnliche Unruhen zu stillen nach Aetolien gegangen waren, kamen mit der Nachricht zurück, die Wut dieses Volkes lasse sich nicht bändigen. Die Pataviner rettete die Ankunft des Konsuls, und da er weiter nichts auf seinem Standposten zu tun fand, ging er nach Rom zurück.

5 Die Zensoren waren die Ersten, welche dafür sorgten, dass man die Straßen in der Stadt mit Kieselsteinen pflasterte, dass die Straßen außerhalb der Stadt eine Unterlage von Kies bekamen und berandet wurden. Auch legten sie an mehreren Stellen Brücken an. Für die von den Ädilen und Prätoren zu gebenden Spiele ließen sie eine Schaubühne anlegen, **6** ferner auf der Rennbahn neue Schranken, auch die einförmigen Knöpfe als Zählmale der Runden; für die Umrandung der

Wendesäulen und die eisernen Käfige, um die wilden Tiere auf den Platz zu lassen [hier fehlt ein Stück des Textes] auf dem Albanischen Berg für die Konsuln. *7* Auch ließen sie das Kapitol mit Kieselsteinen pflastern, den Säulengang vom Saturnustempel auf das Kapitol bis zum Sitzungssaal der Senatoren und weiter hinauf das Rathaus. *8* Auch das Warenlager vor dem Drillingstor ließen sie mit Steinen pflastern und mit Pfählen einfassen, den Aemilischen Säulengang ausbessern, von dem Tiber Stufen zum Aufgang nach dem Warenlager anlegen, *9* innerhalb desselben Tores einen Säulengang nach dem Aventin mit Kieselsteinen pflastern und einen auf dem Publicischen Hügel vom Tempel der Venus auslaufen. *10* So gaben sie auch zu Calatia und Auximum die Aufführung der Mauern in Verding, verkauften dort Staatsländereien und wandten das daraus gelöste Geld dazu an, an beiden Orten den Markt mit Kramläden zu umgeben. *11* Der eine von ihnen, Fulvius Flaccus – denn Postumius erklärte, er werde ihnen ohne Befehl des römischen Senates oder des Volkes selbst für ihr eigenes Geld keine Anlagen machen –, ließ zu Pisaurum dem Jupiter einen Tempel bauen, Wasserleitungen nach Fundi, auch nach Pollentia anlegen, zu Pisaurum die Straße mit Kieselsteinen pflastern *12* und veranstaltete zu Sinuessa wichtige Unternehmungen und von mancherlei Art, unter anderem einen Ableitungskanal, der aus der Gegend der Bäder herumgeführt wurde, die Einfassung des Marktes mit Säulengängen und Krambuden und drei Schwibbogen als Prachttore. *13* Dies alles ließ der eine Zensor anlegen und hatte dafür in den Kolonien viel Liebe. Auch auf die Sittenzucht hielt diese Zensur mit Genauigkeit und Strenge. Manchem Ritter nahm sie das Pferd.

(28) Beinahe am Ende des Jahres wurde wegen der in Spanien unter der Anführung und Götterleitung des Prokonsuls Appius Claudius glücklich verrichteten Taten ein eintägiges Dankfest gefeiert und ein Opfer mit 20 großen Tieren gebracht. *2* Den zweiten Tag wurde in den Tempeln der Ceres, des Liber und der Libera eine Betandacht gehalten, weil aus dem sabinischen Gebiet ein heftiges Erdbeben mit dem Einsturz vieler Gebäude gemeldet worden war. *3* Als Appius Claudius aus Spanien nach Rom zurückgekehrt war, wurde ihm vom Senat bewilligt, im kleinen Triumph zur Stadt einzuziehen. *4* Schon nahte der Tag der Konsulnwahl, und diesmal wurden, nicht ohne großen Parteikampf, weil alle sich bewarben, Lucius Postumius Albinus und Marcus Popillius Laenas gewählt. *5* Die darauf gewählten Prätoren waren Numerius Fabius Buteo, Marcus Matienus, Gaius Cicereius, Marcus Furius Crassipes zum zweiten Mal, Aulus Atilius Serranus zum zweiten Mal und Casus Cluvius Saxula zum zweiten Mal. *6* Appius Claudius Cento, der nach beendeter Wahl den kleinen Triumph über die Keltiberer hielt, lieferte bei seinem Einzug in die Stadt 10 000 Pfund Silber in den Schatz und 5000 Pfund Gold. *7* Zum Eigenpriester Jupiters wurde Gnaeus Cornelius geweiht. *8* Auch wurde in diesem Jahr eine Tafel mit folgender Inschrift in dem Tempel der Mutter Matuta angebracht: „Unter Konsul Tiberius Sempronius Gracchus' Oberbefehl und Götterleitung bezwangen eine Legion und ein Heer des römischen Volkes Sardinien. In dieser Provinz wurden über 80 000 Feinde getötet oder gefangen genommen. *9* Nach der glücklichsten Führung der Staatsgeschäfte, nach Befreiung der Bundesgenossen und Wiedererwerbung der Einkünfte brachte er das Heer wohlbehalten und vollständig und beladen mit Beute nach Hause. Zum zweiten Mal triumphierend kehrte er in die Stadt Rom zurück. Dafür hat er diese Tafel dem Jupiter zum Geschenk geweiht." *10* Die Tafel hatte die Gestalt der Insel Sardinien, und darauf waren Bilder der Schlachten gemalt.

11 In diesem Jahr wurden mehrere Fechterspiele gegeben, zum Teil kleinere, eins aber zeichnete sich vor den übrigen aus, welches Titus Flamininus bei dem Tod seines Vaters nebst einer Fleischverteilung, einer Volksspeisung und Bühnenspielen vier Tage lang gab. Eine solche Anzahl, dass nämlich in drei Tagen 74 Fechter auftraten, galt damals für eine große Spende.

Zweiundvierzigstes Buch

Inhalt

Der Zensor Quintus Fulvius Flaccus raubt vom Tempel der Juno Lacinia die marmornen Dachplatten, um damit einen Tempel zu decken, den er selbst geweiht hatte. Auf Senatsbefehl werden die Platten wieder hingebracht. Eumenes, König in Kleinasien, klagt im Senate über den makedonischen König Perseus, dessen feindliche Unternehmungen gegen Rom erzählt werden. Nach der hierauf gegen ihn erfolgten Kriegserklärung geht der Konsul Publius Licinius Crassus, dem dieser Krieg übertragen war, nach Makedonien, hat aber in Thessalien in einigen leichten Gefechten mit der Reiterei gegen Perseus wenig Glück. Bei den Streitigkeiten zwischen Masinissa und den Karthagern über einen Landstrich gibt der Senat einen Schiedsrichter. An die verbündeten Staaten und Könige werden Gesandte mit der Bitte geschickt, dem Bund treu zu bleiben; denn die Rhodier wankten. Die Zensoren begehen die Schätzfeier der Schätzung. Die Zahl der geschätzten Bürger betrug 257 231. Außerdem erzählt dieses Buch den Erfolg der römischen Waffen gegen die Korsen und Ligurer.

(1) Als Lucius Postumius Albinus und Marcus Popillius Laenas zuerst wegen der Standorte und Heere beim Senat anfragten, ***2*** wurde ihnen beiden Ligurien bestimmt, so dass sie beide zur Behauptung dieser Provinz neue Legionen – jedem wurden zwei bestimmt –, jeder 10 000 Mann latinische Bundestruppen nebst 600 Reitern ausheben sollten, und als Ergänzungstruppen für Spanien 3000 Römer zu Fuß und 200 Reiter. ***3*** Außerdem sollten 1500 Römer zu Fuß und 100 Reiter ausgehoben werden. Mit diesen sollte der Prätor, dem das Los Sardinien bestimmen würde, zur Führung des Krieges nach Korsika gehen, ***4*** und der bisherige Prätor Marcus Atilius Sardinien als seinen Posten behalten. ***5*** Darauf losten die Prätoren um ihre Plätze. Aulus Atilius Serranus bekam die Rechtspflege in der Stadt, Gaius Cluvius Laxula die über Bürger und Fremde, Numerius Fabius Buteo das diesseitige Spanien, Marcus Matienus das jenseitige, Marcus Furius Crassipes Sizilien, Casus Cicereius Sardinien. ***6*** Ehe die Obrigkeiten abgingen, beschloss der Senat, den Konsul Lucius Postumius nach Kampanien gehen zu lassen, um die Grenzen zwischen Staats- und Privatländereien zu bestimmen, weil man erfahren hatte, dass die Privatpersonen durch allmähliche Erweiterung ihrer Grenzen eine bedeutende Strecke von jenen in Besitz genommen hatten. ***7*** Postumius, erzürnt auf die Praenestiner, weil sie ihm noch als Privatmann bei seiner Hinreise, um dort im Tempel der Fortuna zu opfern, weder von Seiten der Stadt noch im Einzelnen irgendeine Ehre erwiesen hatten, schrieb vor seiner Abreise von Rom nach Praeneste, die Obrigkeiten sollten ihm entgegenkommen, um ihm ein Absteigequartier auf Staatskosten instand zu setzen und ihm die Gespanne, wenn er von dort wieder wegging, bereit halten. ***8*** Vor diesem Konsul hatte niemand den Bundesgenossen jemals Last oder Kosten verursacht. ***9***

Deswegen wurden die Obrigkeiten mit Maultieren, Zelten und dem ganzen übrigen Feldgerät ausgestattet, damit sie den Bundesgenossen dergleichen nicht auferlegten. ***10*** Sie fanden ihre Aufnahme bei Privatfreunden, erhielten sich diese durch Freigebigkeit und Gefälligkeit, und den Gastfreunden, bei denen sie abzusteigen pflegten, standen wieder in Rom ihre Häuser offen. ***11*** Gesandte, welche schleunigst wohin geschickt wurden, ließen sich wohl von den Städten, wo ihre Reise durchging, ein Pferd stellen; weitere Unkosten hatten die Bundesgenossen für die römischen Beamten nicht. ***12*** Das entweder zu bescheidene oder zu furchtsame Stillschweigen der Praenestiner bei dieser Unzufriedenheit des Konsuls, die er, falls sie auch gerecht war, doch nicht im Amt ausüben durfte, gab den Obrigkeiten, gleich als ob das Beispiel gebilligt würde, das Recht zu Forderungen dieser Art, welche von Tag zu Tag drückender wurden.

(2) Im Anfang dieses Jahres kamen die Gesandten, die man nach Atolien und Makedonien geschickt hatte, mit der Anzeige zurück, sie hätten den König Perseus, weil ihn die einen für abwesend, die anderen für krank ausgäben, obgleich beides unwahr sei, nicht sprechen können. ***2*** Doch sei es ihnen klar geworden, dass der Krieg im Werk sei und einen längeren Aufschub des Entgegentretens nicht gestatten werde. Auch in Aetolien entglimme der Aufruhr mit jedem Tag stärker, und ihre Verwendung habe die Anführer der Streitenden nicht zur Ruhe bringen können. ***3*** In der Erwartung des Makedonischen Krieges beschloss der Senat, bevor man diesen unternehme, die Schreckzeichen zu sühnen und durch die aus den Büchern der Schicksale angegebenen Gebete um die Gnade der Götter nachzusuchen. ***4*** Zu Lanuvium hatten sich – so hieß es – Erscheinungen einer großen Flotte am Himmel gezeigt, ***5*** zu Privernum war schwarze Wolle aus der Erde gewachsen, bei Remens im vejentischen Gebiet war ein Steinregen gefallen. ***5*** Die ganze pomptinische Gegend habe man wie mit Wolken von Heuschrecken bedeckt gefunden, und auf gallischem Boden wären, so weit man gepflügt habe, unter den empor stehenden Schollen Fische hervorgekommen. ***6*** Wegen dieser Schreckzeichen wurden die Schicksalsbücher nachgeschlagen, und die Zehnmänner gaben an, welchen Göttern und was für Tiere man opfern müsse, und dass zur Sühne der Schreckzeichen eine Betandacht zu halten sei, ***7*** auch eine zweite, nämlich die im vorigen Jahr für die Genesung des Volkes verheißene, solle begangen werden und ein Stillstand der Geschäfte sein. Und nach der schriftlichen Angabe der Zehnmänner wurden die gottesdienstlichen Handlungen verrichtet.

(3) In diesem Jahr wurde der Tempel der Juno Lacinia abgedeckt. Der Zensor Quintus Fulvius Flaccus nämlich ließ es sich eifrig angelegen sein, dass kein Tempel in Rom den der Ritterlichen Fortuna, welchen er in Spanien als Prätor im Keltiberischen Krieg gelobt hatte, an Majestät und Pracht übertreffen sollte, ***2*** und weil er nun seinem Tempel eine große Zierde zu geben glaubte, wenn die Dachplatten von Marmor wären, ging er in das bruttische Gebiet und ließ den Tempel der Juno Lacinia zur Hälfte abdecken. So viel hielt er zur Bedachung dessen, den er baute, für genügend. ***3*** Auch waren Schiffe in Bereitschaft, die Platten an Bord zu nehmen und abzuführen, da das Ansehen eines Zensors die Bundesgenossen abschreckte, diesem Tempelraub zu wehren. ***4*** Als der Zensor zurückkam, wurden die ausgeladenen Platten nach dem Tempel getragen. Verschwieg man auch, wo sie her wären, so konnte es doch nicht verheimlicht werden. ***5*** Da erhob sich denn auf dem Rathaus ein lauter Unwille. Von allen Seiten verlangte man, die Konsuln sollten die Sache vor den Senat bringen. Als nun der geforderte Zensor in dem Ratssaal erschien, sagten sie einzeln und insgesamt mit weit größerer Erbitterung die härtesten Dinge ihm ins Gesicht: ***6*** Es sei ihm nicht genug gewesen, den ehrwürdigsten Tempel in jener ganzen Gegend, den kein Pyrrhus, kein Hannibal entweiht habe, zu entweihen, wenn er ihn nicht auch so jämmerlich abdecke und so gut wie zerstöre. ***7*** Er habe den Giebel vom Tempel abgerissen, das entblößte Dach stehe jedem Platzregen offen, um zu verfaulen. Ein Zensor, zur Leitung der Sittenzucht

gewählt, nach alter Sitte damit beauftragt, die Gebäude zum öffentlichen Gottesdienst in Dach und Fach zu erhalten und die Stätte desselben in Schutz zu nehmen, *8* gerade der durchstreife die Städte der Bundesgenossen, um die Tempel zu zertrümmern und die heiligen Häuser ihrer Dächer zu berauben, *9* und was schon als empörend betrachtet werden könne, wenn er es an den Privathäusern der Bundesgenossen ausübte, das erlaube er sich als Zerstörer an den Tempeln der unsterblichen Götter; das römische Volk mache er vor den Göttern verantwortlich, indem er Tempel aus Tempeltrümmern aufbaue, gleich als ob die unsterblichen Götter nicht überall dieselben wären und man den einen durch Plünderung des andern verehren und verherrlichen müsse. *10* Da sich schon, ehe die Sache zum Vortrag kam, die Stimmung der Väter deutlich erkennen ließ, erklärten auch nach geschehenem Antrag alle, man müsse die Rücklieferung der Platten nach dem Tempel verdingen und der Juno Sühnopfer darbringen. *11* Was die Religion betraf, wurde sorgfältig angerichtet: Die Platten aber – diese Nachricht brachten die Frachtleute mit zurück – blieben auf dem Tempelplatz liegen, weil kein Werkmeister ein Mittel habe ausfindig machen können, sie wieder aufzulegen.

(4) Einer von den Prätoren, welche auf ihre Standorte abgegangen waren, Numerius Fabius, starb zu Massilien auf seinem Weg nach dem diesseitigen Spanien. *2* Als diese Nachricht durch massilische Gesandte gemeldet wurde, verordnete der Senat, Publius Furius und Gnaeus Servilius, für deren Stellen Nachfolger bestimmt waren, sollten unter sich darum losen, wer von ihnen beiden das diesseitige Spanien mit Verlängerung seines Oberbefehles verwalten sollte. *3* Das Los entschied, passend genug, derselbe Publius Furius, der diese Provinz gehabt hatte, sollte bleiben. Auch wurde in diesem Jahr, weil von dem im Krieg eroberten ligurischen und gallischen Acker eine bedeutende Strecke ohne Herren war, der Senatsbeschluss ausgefertigt, dass diese Ländereien nach Köpfen verteilt werden sollten. *4* Die hierzu nötigen Zehnmänner wählte nach einem Senatsbeschluss der Stadtprätor Aulus Atilius, nämlich den Marcus Aemilius Lepidus, Gaius Cassius, Titus Aebutius Tarus, Gaius Tremellius, Publius Cornelius Cethegus, Quintus und Lucius Apuleius, Marcus Caecilius, Gaius Salonius und Gaius Munatius. Sie teilten jedem Siedler zehn Morgen zu und jedem von latinischer Abkunft drei. *5* Um dieselbe Zeit, da dieses vorging, kamen wegen der in Aetolien herrschenden Zwietracht und Empörung Gesandte nach Rom. Auch zeigten thessalische Gesandte an, was in Makedonien geschah.

(5) Perseus, voll Nachdenken über den schon bei seines Vaters Lebzeiten geplanten Krieg, suchte überall durch Gesandtschaften nicht bloß die Völker Griechenlands, sondern auch die Städte zu gewinnen, obgleich er mehr versprach als leistete. *2* Dennoch war ein großer Teil sehr geneigt, ihn zu begünstigen, und hielt weit mehr von ihm als von Eumenes, *3* obgleich dem Eumenes alle griechischen Städte und die meisten Vornehmen für seine Wohltaten und Geschenke verpflichtet waren, und er in seinem Reich sich so benahm, dass die Städte unter seiner Herrschaft mit der Lage irgendeines Freistaats nicht hätten tauschen mögen. *4* Von Perseus hingegen sagte das Gerücht, er habe seine Gemahlin nach seines Vaters Tod mit eigener Hand umgebracht, habe das ehemalige Werkzeug zur heimlichen Ermordung seines Bruders, den Apelles, der geflüchtet war, weil ihn Philipp zur Hinrichtung für dieses Verbrechen aufsuchen ließ, nach seines Vaters Tod unter großen Versprechungen, ihn für ein so wichtiges Verdienst zu belohnen, zu sich gelockt und heimlich töten lassen. *5* Ja ihn, der sich außerdem durch so manchen an Untertanen und Ausländern verübten Mord berüchtigt gemacht hatte, ohne sich durch irgendein Verdienst zu empfehlen, zogen die Städte durchweg einem König vor, der gegen die Seinigen so liebevoll, gegen seine Untertanen so gerecht, gegen jedermann so freigebig war, *6* mochte sie nun entweder das Vorurteil für den Ruhm und die Majestät makedonischer Könige zur Verachtung eines aufkommenden neuen Reiches gestimmt haben, oder sehnten sie sich nach einer Umwälzung der Dinge, oder wünschten sie

sich in jenem eine Vormauer gegen Rom. ***7*** Aber nicht die Aetoler allein waren in Aufruhr, und zwar wegen drückender Schuldenlast, sondern auch die Thessalier, und wie eine Seuche hatte sich das Übel durch diese Ansteckung auch bis Perrhaebien verbreitet. ***8*** Auf die Nachricht, dass die Thessalier unter den Waffen stünden, schickte der Senat den Appius Claudius als Gesandten zur Untersuchung und Beilegung der Sache hin. ***9*** Den Häuptern beider Parteien verwies er ihr Benehmen, und weil die Geldschulden bei übertriebenen Zinsen zu drückend geworden waren, erleichterte er diese größtenteils durch die Nachgiebigkeit der Bedrücker und verteilte die Abtragung des eigentlichen Anlehens auf zehnjährige Abzahlungen. ***10*** Auch in Perrhaebien stellte Appius, und zwar durch dasselbe Mittel, die Ordnung wieder her. Zu gleicher Zeit untersuchte zu Delphi Marcellus die Streitigkeiten der Aetoler. Sie hatten diese mit feindlicher Erbitterung betrieben, welcher sie sich während des inneren Krieges überlassen hatten. ***11*** Als er sah, dass sie auf beiden Seiten in Unbesonnenheit und Frechheit miteinander gewetteifert hatten, wollte er durch seine Entscheidung keinen von beiden Teilen weder heben noch niederdrücken. Nur bat er beide zugleich, vom Krieg abzulassen und durch Vergessenheit des Vergangenen ihren Zwist zu beenden. Und die Aufrichtigkeit dieser Aussöhnung sicherten sie einander durch gegenseitig gestellte Geiseln. ***12*** Sie kamen zu Korinth zusammen, um hier die Geiseln in Verwahrung zu geben.

(6) Von Delphi und der aetolischen Versammlung setzte Marcellus auf die Peloponnes über, wohin er die Achäer zu einer Zusammenkunft beschieden hatte. ***2*** Hier gab er durch ehrenvolle Erwähnung dessen, dass die Nation ihrer alten Verordnung, Makedoniens Königen keinen Zutritt in ihr Gebiet zu gestatten, so standhaft treu geblieben sei, den Hass der Römer gegen Perseus deutlich zu erkennen, ***3*** und dass dieser noch früher zum Ausbruch kam, wurde dadurch veranlasst, dass König Eumenes in Rom eintraf und eine schriftliche Übersicht vorlegte, die er sich bei seinen vollständigen Erkundigungen nach den Vorkehrungen des Perseus zum Krieg gemacht hatte. ***4*** An diesen gingen zu gleicher Zeit fünf Gesandte ab, um sich über den Zustand der Sachen in Makedonien zu unterrichten. Auch waren sie beauftragt, nach Alexandrien zu Ptolemaeus zu gehen und die Freundschaft mit ihm zu erneuern. ***5*** Diese Gesandten waren Gaius Valerius, Gnaeus Lutatius Cerco, Quintus Baebius Sulco, Marcus Cornelius Mammula und Marcus Caecilius Denter. ***6*** Um diese Zeit kamen auch Gesandte von König Antiochos. Ihr Haupt, Apollonius, entschuldigte den König mit vielen und gültigen Gründen, dass er die schuldige Zahlung später leiste, als bestimmt sei. ***7*** Er habe die ganze Summe mitgebracht, so dass sein König nur hinsichtlich der Zeit einer Nachsicht bedürfe. ***8*** Außerdem bringe er an goldenen Gefäßen 500 Pfund zum Geschenk. Der König bitte um Erneuerung des Bündnisses und der Freundschaft, die mit seinem Vater bestanden habe. Auch möge das römische Volk ihm zumuten, was sich einem redlichen und treuen Bundesgenossen als König zumuten lasse. Er werde in keiner Beziehung mit seiner Dienstwilligkeit zurückstehen. ***9*** Der Senat habe sich um ihn bei seinem Aufenthalt in Rom so verdient gemacht, und die jungen Männer ihm so viel Freundlichkeit bewiesen, dass er bei allen Ständen als König, nicht als Geisel angesehen worden sei. ***10*** Die Gesandten erhielten eine freundliche Antwort, und der Stadtprätor Aulus Atilius den Auftrag, mit Antiochos das Bündnis, das man mit dessen Vater gehabt habe, zu erneuern. ***11*** Die Quästoren der Stadt nahmen die Zahlung in Empfang, die Zensoren die goldenen Gefäße, und diese wurden beauftragt, sie in den Tempeln aufzustellen, die sie selbst dazu wählen würden. Dem Gesandten ließ man ein Geschenk von 100 000 As geben, gab ihm in einem freien Haus Quartier und bewilligte ihm die Unkosten, solange er in Italien wäre. ***12*** Denn die in Syrien gewesenen Gesandten versicherten, der Mann stehe beim König im höchsten Ansehen und sei ein warmer Freund der Römer.

(7) Auf den Standorten der Heere geschah in diesem Jahr Folgendes: Der Prätor Gaius Cicereius lieferte in Korsika eine förmliche Schlacht. 7000 Korsen fielen, über 1700 wurden Gefangene.

2 In dieser Schlacht hatte der Prätor der Juno Maneta einen Tempel geweiht. Dann wurde den Korsen der erbetene Frieden bewilligt und 200 000 Pfund Wachs von ihnen gefordert. Aus dem bezwungenen Korsika segelte Cicereius nach Sardinien. *3* Auch in Ligurien kam es auf dem Gebiet der Statellaten bei der Stadt Karystos zu einer Schlacht. Ein großes Heer Ligurer hatte sich hineingezogen. *4* Und anfangs hielten sie sich bei der Ankunft des Konsuls Marcus Popillius hinter den Mauern. Als sie aber nachher sahen, dass die Römer die Stadt angreifen wollten, rückten sie aus den Toren und stellten ihre Schlachtordnung auf, *5* und der Konsul – dies hatte er ja durch den gedrohten Sturm erreichen wollen – schlug die Schlacht nicht aus. Über drei Stunden kämpfte man so, dass sich die Hoffnung auf keine von beiden Seiten neigte. *6* Als der Konsul bemerkte, dass die ligurischen Truppen auf keinem Punkt wankten, ließ er die Reiter aufsitzen und so laut wie möglich von drei Seiten zugleich auf die Feinde einhauen. *7* Der größte Teil der Reiter brach mitten durch die Linie und drang bis in den Rücken der Kämpfenden. Da gerieten die Ligurer in Schrecken. *8* Nach allen Seiten auseinandersprengend ergriffen sie die Flucht, nur sehr wenige nach der Stadt, weil sich von dorther hauptsächlich die Reiterei ihnen entgegenwarf. Nicht bloß dieser so hartnäckige Kampf hatte viele Ligurer weggerafft, sondern sie wurden auch auf der Flucht überall niedergehauen. *9* 10 000 Menschen sollen getötet, über 700 versprengte zu Gefangenen gemacht und 82 Fahnen eingebracht worden sein. *10* Aber der Sieg hatte auch Blut gekostet. Der Verlust belief sich auf über 3000, weil auf beiden Teilen, da keiner weichen wollte, die Vorderreihen fielen.

(8) Als nach dieser Schlacht die Ligurer von den entgegengesetzten Seiten ihrer Flucht sich wieder zusammenfanden und sahen, dass sie weit mehr Bürger verloren als noch übrig hatten – denn es waren ihrer nicht mehr als 10 000 –, ergaben sie sich, ohne weitere Bedingungen zu machen. *2* Doch hatten sie gehofft, der Konsul werde gegen sie nicht härter als die früheren Feldherren verfahren. *3* Er aber entwaffnete alle, zerstörte ihre Stadt, und die Menschen selbst samt ihrem Eigentum verkaufte er. Und nun meldete er dem Senat seine Taten schriftlich. *4* Als der Prätor Aulus Atilius das Schreiben im Senat vorgelesen hatte – denn der andere Konsul Postumius war wegen seiner Beschäftigung mit den in Kampanien zu besichtigenden Grundstücken abwesend –, *5* fand der Senat dieses Benehmen abscheulich. Die Statellaten, die einzigen in der ganzen ligurischen Nation, welche nicht gegen Rom die Waffen getragen, die auch jetzt von ihrer Seite keinen Krieg angefangen hätten, habe der Konsul bekriegt. Nachdem sie sich in den Schutz des römischen Staates begeben hätten, habe er sie durch jede Ausübung der äußersten Grausamkeit misshandelt und vertilgt. *6* So viele Tausende unschuldiger Menschen, die das römische Volk um Schutz angefleht hätten, habe er verkauft, zum abschreckenden Beispiel für jeden, der etwa künftig es wagen wollte, sich zu ergeben. Als die Verschleppten steckten sie jetzt überall bei ehemals erklärten, jetzt beruhigten Feinden Roms in der Sklaverei. *7* Deswegen beschließe der Senat, der Konsul Marcus Papillius solle die Ligurer für ihre Personen nach Rückgabe des Kaufpreises an die Käufer wieder in Freiheit setzen und darauf sehen, dass ihnen ihr Eigentum, soviel sich davon wieder herbeischaffen lasse, zurückgegeben werde; *8* auch die Waffen sollten zurückgegeben werden, und dies sobald wie möglich geschehen; und der Konsul solle, wenn er die Ligurer als ein Volk, das sich ergeben habe, wieder in ihre Heimat eingesetzt hätte, von seinem Posten dort abgehen. Sieg über die Angreifenden, nicht Misshandlung der Gebeugten gebe dem Sieg seinen Ruhm.

(9) Hatte der Konsul mit Starrsinn gegen die Ligurer gehandelt, so bewies er ihn auch jetzt durch Ungehorsam gegen den Senat. *2* Er ließ sogleich die Legionen nach Pisa in die Winterquartiere gehen und kam voll Zorn auf die Väter, voll Grimm gegen den Prätor nach Rom zurück, berief sogleich den Senat in den Tempel der Bellona und überhäufte den Prätor mit Vorwürfen, *3*

dass er, statt seiner Schuldigkeit gemäß beim Senat zu beantragen, für den glücklichen Erfolg im Krieg den unsterblichen Göttern den Ehrendank darzubringen, den Feinden zum Vorteil einen Senatsbeschluss gegen ihn veranlasst habe, wodurch er die Früchte seines Sieges den Ligurern zuwende und sich als Prätor fast zu dem Befehl erdreiste, den Konsul ihnen auszuliefern. ***4*** Deswegen bestimme er ihm eine Geldstrafe und verlange von den Vätern den Befehl, dass der gegen ihn ausgefertigte Senatsbeschluss aufzuheben sei, ***5*** ferner, dass sie das Dankfest, das sie ohne ihn auf die über sein Glück ihnen gemachte Eröffnung hatten verordnen müssen, jetzt in seinem Beisein einmal zur Ehre der Götter und zweitens doch auch wohl endlich mit einiger Rücksicht auf ihn verordnen möchten. ***6*** Nun griffen ihn mehrere Senatoren in Reden an, die ihn jetzt ebenso wenig schonten wie in seiner Abwesenheit, und ohne von seinen beiden Forderungen auch nur eine erhalten zu haben, ging er in die Provinz zurück.

7 Der andere Konsul, Postumius, der den Sommer mit den Untersuchungen über die Ländereien hingebracht hatte, kam zur Haltung des Wahltages, ohne seinen Kriegsplatz gesehen zu haben, zurück nach Rom. ***8*** Unter seinem Vorsitz wurden Gaius Popillius Laenas und Popillius Aelius Ligus zu Konsuln gewählt. Darauf wählte man die Prätoren Casus Licinius Crassus, Marcus Junius Pennus, Spurius Lucretius, Spurius Cluvius, Gaius Licinius und zum zweiten Mal den Gaius Memmius.

(10) In diesem Jahr wurde der Schätzungsschluss begangen. Die Zensoren waren Quintus Fulvius Flaccus und Aulus Postumius Albinus. Die Schlussfeier hatte Postumius. ***2*** Geschätzt wurden 269 015 römische Bürger. ***3*** Die Zahl war diesmal viel kleiner, weil der Konsul Lucius Postumius in der Volksversammlung erklärt hatte, dass von den latinischen Bundesgenossen, welche auf die vom Konsul Gaius Claudius erstattete Anzeige in ihre Städte hätten zurückgehen müssen, keiner in Rom, sondern alle in ihren Städten geschätzt werden sollten. ***4*** Die Zensoren führten ihr Amt mit Eintracht und mit Rücksicht auf das Beste des Ganzen. Sie machten jeden, den sie aus dem Senat ausschlossen, und alle, denen sie das Pferd nahmen, zu Steuerpflichtigen und stießen sie aus dem Bezirk, und nie fand der eine den bewährt, den der andere missbilligend kennzeichnete. ***5*** Den Tempel der Ritterlichen Fortuna, den Fulvius als Prokonsul in Spanien in der Schlacht mit den Legionen der Keltiberer gelobt hatte, weihte er sechs Jahre nach jenem Gelübde und gab vier Tage lang Bühnenspiele und einen Tag Spiele in der Rennbahn. ***6*** Lucius Cornelius Lentulus, Zehnmann des Gottesdienstes, starb in diesem Jahr. An seine Stelle trat Aulus Postumius Albinus. ***7*** Der Wind führte vom Meer her plötzlich so große Wolken von Heuschrecken nach Apulien, dass sie mit ihren Schwärmen die Äcker weit bedeckten. ***8*** Diese Pest der Feldfrüchte zu vertilgen, wurde der für das folgende Jahr erwählte Prätor Gnaeus Sicinius mit Feldherrnvollmacht nach Apulien geschickt und brachte eine geraume Zeit damit zu, von einer großen Menge Menschen, die er dazu aufbot, die Heuschrecken auflesen zu lassen.

9 Das folgende Jahr, in dem Gaius Popillius und Publius Aelius Konsuln waren, fand bei seinem Anfang noch die Streitigkeiten vom verflossenen Jahr vor. ***10*** Die Väter verlangten, es solle wegen der Ligurer ein Vortrag gehalten und der Senatsbeschluss erneuert werden. Auch wollte der Konsul Aelius den Vortrag halten, Popillius aber machte für seinen Bruder sowohl bei seinem Kollegen als auch beim Senat Gegenvorstellungen ***11*** und schreckte seinen Kollegen durch die Erklärung ab, er werde gegen einen Beschluss, falls man diesen abfassen wolle, Einsprache tun. Die Väter umso mehr und zugleich auf beide Konsuln zürnend, bestanden auf ihrem Vorhaben. Wie man also auf die Bestimmung der Standorte kam, und die Konsuln bei dem drohenden Krieg mit Perseus sich Makedonien wünschten, wurde ihnen beiden Ligurien zuerkannt. ***12*** Die Väter erklärten, sie würden Makedonien nur dann bewilligen, wenn die Sache des Marcus Popillius zum Vortrag gebracht würde. Auch schlugen sie den Konsuln die Forderungen, neue Heere oder für die alten Ergänzungstruppen ausheben zu dürfen, beide ab. *13* Auch den Prätoren wurde die Bitte um Ergänzungstruppen für Spanien, dem Marcus Junius für das diesseitige, dem Spurius Lucretius für das jenseitige, abgeschlagen. *14* Gaius Licinius Crassus hatte durch das Los die Rechtspflege in der Stadt bekommen, Gnaeus Sicinius die über die Fremden, Gaius Memmius Sizilien und Spurius Cluvius Sardinien. *15* Die Konsuln, deswegen auf den Senat erzürnt, legten das Latinerfest auf den ersten besten Tag und erklärten, sie würden zu ihren Standorten abgehen und sich um Staatssachen nicht weiter bekümmern, außer was etwa zu den Verrichtungen auf ihrem Kriegsposten gehöre.

(11) In ihrem Konsulat kam, wie Valerius Antias berichtet, Attalos, der Bruder des Königs Eumenes, als Gesandter nach Rom, um Beschuldigungen gegen Perseus beim Senat vorzubringen und von dessen Rüstungen Anzeige zu machen. Die Jahrbücher mehrerer, und zwar solcher, denen man lieber glauben möchte, sagen, Eumenes sei selbst gekommen. *2* Nach einer so ehrenvollen Aufnahme, wie die Römer sie nicht allein seinen Verdiensten, sondern auch ihren ihm erwiesenen Wohltaten schuldig zu sein glaubten – und sie hatten ihn ja mit sehr großen überhäuft –, wurde er vor den Senat geführt. *3* Zu der Reise nach Rom, sagte er, habe ihn teils die Sehnsucht getrieben, die Götter und die Menschen zu sehen, durch deren Wohltat er jetzt in einer Lage sei, welche zu verbessern selbst seine Wünsche sich nicht erkühnten, teils die Absicht, in eigener Person den Staat aufzufordern, den Unternehmungen des Perseus entgegenzutreten. *4* Dann ging er auf Philipps Pläne zurück, schob die Schuld der Ermordung des Demetrios auf dessen Abneigung gegen den Krieg mit Rom und erzählte, wie Philipp die Bastarner aus ihrer Heimat gelockt habe, um von ihnen unterstützt nach Italien übergehen zu können. *5* Bei diesen Überlegungen von seinem Ende überrascht, habe er sein Reich in den Händen dessen gelassen, bei dem er die größte Erbitterung gegen die Römer gefunden habe. Für Perseus also sei der vom Vater als Erbstück hinterlassene und zugleich mit der Regierung ihm übertragene Krieg gleichsam sein Hauptgeschäft, das er zum Gegenstand aller seiner Anschläge und zu seiner Lieblingsaufgabe mache. *6* Außerdem habe er Überfluss an Mannschaft, da ihm der lange Friede Zuwachs genug geliefert habe, Überfluss an Hilfsquellen seines Reiches und die Blüte seiner Jahre. Bei völliger Lebenskraft eines festen und kräftigen Körpers sei ihm auch Mut durch die lange Belehrung und Übung im Krieg zur Natur geworden. *7* Schon von Kindheit an mit dem Vater in einem Zelt, sei er sogar an Kriege gegen Römer, nicht bloß gegen die Nachbarn gewöhnt und zu vielen und verschiedenartigen Unternehmungen vom Vater ausgesandt. *8* Ja seit seiner Übernahme des Reiches habe er manches, was Philipp mit allen Versuchen durch Gewalt und durch List nicht habe durchsetzen können, mit bewundernswürdigem Glück erreicht. *9* Und seine Macht werde noch durch ein Ansehen erhöht, das sonst nur durch die Länge der Zeit, durch viele und große Verdienste erworben werde.

(12) Denn in den Städten Griechenlands und Asiens verehre jeder seine Hoheit. Er sehe nicht ein, für welche Verdienste, für welche Beweise der Freigebigkeit ihm so viel eingeräumt werde, *2* und könne auch nicht sicher behaupten, ob ihm das durch ein besonderes Glück zufalle, oder, was er zu sagen sich scheue, ob eine Unzufriedenheit mit den Römern ihm diese Zuneigung erwerbe. *3* Selbst bei den Königen gelte er sehr viel. Er habe des Seleukos Tochter zur Gemahlin genommen, nicht als der Werbende, sondern als der von jener Seite Gesuchte. Auf Bitten und Flehen habe er dem Prusias seine Schwester gegeben. *4* Beide Hochzeiten seien unter Glückwünschen und Geschenken unzähliger Gesandtschaften gefeiert und die jungen Paare gleichsam unter der segnenden Zustimmung der angesehensten Völker zusammengegeben. *5* Die böotische Nation, um die sich Philipp so viel Mühe gegeben, habe doch nie von ihm zur Abfassung eines freundschaftlichen Vertrages bewogen werden können, *6* mit Perseus stehe schon an drei Orten ein Bündnis eingegraben, einmal zu Theben, dann auf Delos in dem heiligsten und besuchtesten

Tempel, drittens zu Delphi. Noch mehr, auf der achäischen Staatenversammlung sei die Sache so weit gediehen, dass ihm der Zutritt in Achaia gestattet sei, hätten nicht noch einige durch ihre Drohung mit Rom die Sache hintertrieben. *7* Dagegen stünden wahrlich die ihm selbst geweihten Ehrenmale – und es lasse sich doch kaum bestimmen, ob er (Eumenes) sich bei den Achäern größere Verdienste um Einzelne oder um die ganze Nation erworben habe – zum Teil verödet, weil man sie verfallen lasse und vernachlässige, zum Teil habe man sie feindselig wieder weggenommen. Und nun die Aetoler? Wem sei es unbekannt, dass sich diese bei ihren aufrührerischen Streitigkeiten nicht Hilfe von Rom, sondern von Perseus erbeten hatten? **8** Allein so sehr er sich auf diese Bündnisse und Freundschaften stützen könne, habe er sich doch zu Hause so zum Krieg vorbereitet, dass er auswärtiger Hilfe gar nicht bedürfe. Er habe 30 000 Mann zu Fuß, 5000 zu Pferd, er schütte für zehn Jahre Korn auf, um mit Getreideholungen sowohl sein eigenes als des Feindes Land verschonen zu können. *9* Schon habe er so viel Geld beisammen, dass er auf ebenso viele Jahre den Sold für 10 000 Söldner außer dem für die makedonischen Truppen liegen habe, die jährlichen Einkünfte nicht mitgerechnet, die er aus den königlichen Bergwerken ziehe. ***10*** In die Zeughäuser habe er so viele Waffen zusammengeschafft, dass wohl drei Heere daran genug hätten. Und Mannschaft – gesetzt, in Makedonien fange sie an zu fehlen – wie aus einem nie versiegenden Quell zu schöpfen, liege ihm ja Thrakien zur Seite.

(13) Der übrige Teil seiner Rede war mehr eine Aufforderung: *Dies alles,* fuhr er fort, *sage ich euch, versammelte Väter, nicht als das Geschwätz unsicherer Gerüchte, vielleicht zu voreilig von mir geglaubt, weil ich den Beschuldigungen meines Feindes Wahrheit gönnte, sondern weil ich es völlig so in Erfahrung gebracht und ausgekundschaftet habe, als hättet ihr in mir euren Späher hingeschickt, und ich berichtete nun, was ich mit eigenen Augen gesehen hätte.* ***2*** *Auch wäre ich nicht mit Hinterlassung meines Reiches, das euch seine Erweiterung und Auszeichnung verdankt, über ein weites Meer gegangen, um mich als Zuträger von Unwahrheiten bei euch um allen Glauben zu bringen.* ***3*** *Nein, ich sah, dass die angesehensten Städte Asiens und Griechenlands, die immer mehr mit jedem Tag ihre Gesinnungen zu erkennen gaben, nächstens bis zu einem Punkt vorschreiten würden, auf dem ihnen eine Sinnesänderung nicht mehr möglich sein würde.* ***4*** *Ich sah, wie Perseus, statt sich auf das Reich von Makedonien zu beschränken, dort Besitzungen durch Waffengewalt erwarb, dort, wo gewaltsame Unterjochung nicht stattfand, alles durch Liebe und Wohlwollen an sich schloss.* ***5*** *Ich sah, wie ungleich das Verhältnis war, insofern er den Krieg gegen euch vorbereitete, ihr ihm sicheren Frieden leistetet, wiewohl er – wie es mir schien – den Krieg nicht erst vorbereitete, sondern fast schon führte. Euren Bundesgenossen und Freund Abrupolis hat er aus seinem Reich vertrieben.* ***6*** *Den Illyrer Arthetarus, ebenfalls euren Bundesgenossen und Freund, hat er ermordet, weil er erfuhr, er habe euch dies und jenes geschrieben.* ***7*** *Die Thebaner Eureas und Kallikritos, die Ersten des Staates, die auf dem bötischen Landtage freier gegen ihn geredet und erklärt hatten, sie würden euch diese Verhandlungen mitteilen, ließ er aus dem Weg räumen.* ***8*** *Dem Vertrage zuwider leistete er den Byzantinern Hilfe und bekriegte Dolopien. Thessalien und Doris durchzog er mit seinem Heer, um bei dem inneren Krieg durch Unterstützung der schlechteren Partei die bessere zu schwächen.* ***9*** *In Thessalien und Perrhaebien setzte er dadurch, dass er die Armen neue Schuldbücher hoffen ließ, alles in Verwirrung und Gärung, um durch den Schwarm der ihm verpflichteten Schuldner die höhere Klasse zu unterdrücken.* ***10*** *Da er dies getan hat, während ihr ruhig bliebt und es geschehen ließt, da er sieht, dass ihr ihm Griechenland überlassen habt, so glaubt er auch gewiss, keinen Bewaffneten auf seinem Weg zu finden, bis er nach Italien gekommen ist.* ***11*** *Wie ratsam, wie ehrenvoll dies für euch sei, ist die Sache eurer eigenen Erwägung. Ich wenigstens hielt es für schimpflich, wenn Perseus zur Eröffnung des Krieges früher nach Italien käme als ich, euer Bundesgenosse, mit der Warnung, auf eurer Hut zu sein.* ***12*** *Da ich so meine Pflicht und Schuldigkeit getan, mein Gewissen befreit*

und entledigt habe, was bleibt mir jetzt noch übrig, als alle Götter und Göttinnen anzuflehen, dass sie euch für euer eigenes und eures Staates Wohl, so wie für uns, eure Bundesgenossen und Freunde, die wir mit euch stehen und fallen, Sorge tragen lassen.

(14) Diese Rede machte Eindruck auf den Senat. Übrigens konnte für jetzt niemand etwas weiter erfahren, als dass der König in der Ratsversammlung gewesen war. So sicher war damals das Rathaus unter dem Schloss der Verschwiegenheit. Was der König gesagt und was man ihm geantwortet habe, wurde erst nach beendetem Krieg bekannt.

2 Einige Tage später wurden nun auch die Gesandten des Königs Perseus vorgelassen. Allein weil König Eumenes schon jedes Ohr und jedes Herz gewonnen hatte, fanden die Gesandten mit ihren Rechtfertigungen und Entschuldigungen kein Gehör, ***3*** ja der Trotz des Harpalos, des Hauptes der Gesandtschaft, erbitterte die Gemüter. Er sagte, es sei der Wunsch und das Bestreben seines Königs, dass man seiner Rechtfertigung, sich in Wort und Tat keine Feindseligkeit erlaubt zu haben, Glauben schenken möge. ***4*** Wenn er aber sehe, dass man so hartnäckig einen Vorwand zum Krieg suche, so werde er sich tapfer verteidigen. Auf Glück des Krieges hätten beide Teile Anspruch, und sein Erfolg sei ungewiss. ***5*** Allen Städten Griechenlands und Asiens war es nicht gleichgültig, was die Gesandten des Perseus, was Eumenes im Senat gesagt haben möchten, und in Hinsicht auf die Herreise des Königs, die ihrer Meinung nach nicht ohne Folgen sein konnte, hatten die meisten unter der scheinbaren Angabe einer anderen Absicht ihre Gesandten geschickt. ***6*** Auch war eine Gesandtschaft der Rhodier da, und Satyros, das Haupt derselben, glaubte sicher, Eumenes werde auch den Staat von Rhodos in die Beschuldigungen gegen Perseus hineingezogen haben. ***7*** Deswegen suchte er auf alle Weise durch seine Gönner und Gastfreunde Gelegenheit, mit dem König im Senat zu einem Wortwechsel zu kommen. ***8*** Als er sie erhalten hatte, machte er als Freibürger mit wenig Schonung dem König den Vorwurf, dass er die Lykier gegen die Rhodier aufgewiegelt habe ***9*** und Asien unter härterem Druck als früher Antiochos halte, und hielt eine Rede so ganz im Volkston und zur Behaglichkeit für Asiens Völkerschaften – denn auch bis zu ihnen erstreckte sich schon die Teilnahme für Perseus –, allein zum Missbehagen des Senates und zu seinem eigenen und seines Staates Nachteil. ***10*** Dem Eumenes hingegen erwarb dieses Zusammenhalten gegen ihn das Wohlwollen der Römer. Folglich erwiesen sie ihm alle mögliche Ehre und machten ihm die ansehnlichsten Geschenke, auch mit einem Thronsessel und elfenbeinernen Stab.

(15) Als die Gesandten entlassen waren und Harpalos, der mit möglichster Schnelligkeit nach Makedonien zurückging, dem König meldete, ***2*** er habe die Römer zwar noch nicht unter Vorbereitungen zum Krieg, aber doch in einer solchen Erbitterung verlassen, dass aus allem hervorgehe, sie würden den Krieg nicht aufschieben, wünschte jetzt der König, der das schon erwartet hatte, ebenfalls den Krieg, weil er sich jetzt in seiner vollen Stärke zu fühlen glaubte. ***3*** Besonders war er auf Eumenes erbittert. Um den Krieg mit dem Blut des Eumenes zu eröffnen, stiftete er den Kreter Euander, den Befehlshaber der Hilfstruppen, zur Ermordung des Königs an und noch drei andere Makedonier, die mit der Dienstleistung bei solchen Taten schon vertraut waren. Er gab ihnen einen Brief mit an seine Gastfreundin Prazo, die zu Delphi durch Ansehen und Einfluss den ersten Rang hatte. ***4*** Denn es war sicher, dass Eumenes, um dem Apollo zu opfern, nach Delphi gehen werde. Die Meuchelmörder, die mit Euander ausgingen, fanden zur Ausführung ihres Vorhabens nur eine vorteilhafte Stellung nötig, nach der sie überall suchten. ***5*** Wenn man von Kirrha aus zum Tempel hinanging, stand, ehe man in die mit Häusern besetzte Gegend kam, eine von ihrer Grundlage ziemlich hoch emporragende Wand dem Fußsteig, auf dem man einzeln vorübergehen musste, zur Linken; die rechte Seite des Pfades war durch einen Erdfall zu einer bedeutenden Tiefe eingestürzt. ***6*** Hinter dieser Wand, zu welcher sie sich Stufen hinanlegten, versteckten sie

sich, um von da wie von einer Festungsmauer auf den vorübergehenden König herabzuschießen. *7* Vom Meer her zogen anfangs die Räte und Trabanten als ein den König umgebender Haufe, allmählich aber machte der enge Weg den Zug schmaler. *8* Als sie an die Stelle kamen, wo sie einzeln gehen mussten, ging Pantaleon, ein vornehmer Aetoler, mit dem der König sprach, auf dem Pfad voran. *9* Da treten die Meuchelmörder auf und wälzen zwei ungeheure Steine herab, wovon der eine den Kopf des Königs traf, der andere die Schulter. *10* Betäubt fällt er von dem bergab gehenden Fußsteig auf den Abhang hinunter. Die Mörder glauben, er sei getötet, vollends durch die vielen Steine, womit sie den zu Boden Gesunkenen noch überhäuft hatten. Auch von den Räten und Trabanten des Königs ergriffen, als sie ihn fallen sahen, die Übrigen die Flucht; nur Pantaleon hielt unerschrocken stand, um den König zu schützen.

(16) Die Mörder, die mit einem kleinen Umweg um die Wand hätten hinabeilen können, um den Verwundeten vollends zu töten, flüchteten zur Höhe des Parnassos, und zwar so schnell, dass sie einen von ihren Kameraden, der sie im Fliehen aufhielt, weil er ihnen über die unwegsamen und schroffen Stellen nicht so gut folgen konnte, ermordeten, um nicht durch die Aussage des Ergriffenen die Tat anzuzeigen. *2* Um die Person des Königs sammelten sich zuerst die Räte, dann auch die Trabanten und Bedienten und hoben ihn in seiner Betäubung und Empfindungslosigkeit auf. *3* Doch merkten sie an seiner Wärme und am Atem, dass er noch lebe; *4* dass er leben bleibe, dazu hatten sie wenig und fast gar keine Hoffnung. Einige von der Leibwache, welche die Spur der Mörder verfolgten, gelangten nach vergeblichem Bemühen bis auf die Höhe des Parnassos und kamen unverrichteter Dinge zurück. *5* So wenig unüberlegt und dabei so kühn die Makedonier die Tat unternommen hatten, so unüberlegt und feige zugleich hatten sie sie nach der Unternehmung aufgegeben. *6* Am folgenden Tag brachten den König, der schon wieder zu sich gekommen war, seine Freunde auf sein Schiff. Sie gingen von hier nach Korinth, von Korinth, wo sie die Schiffe über den Rücken der Landenge bringen ließen, nach Aegina. *7* Hier wurde seine Heilung so geheim betrieben, indem sie keinen Menschen vorließen, dass das Gerücht von seinem Tod bis nach Asien drang. *8* Auch Attalos hat es schneller geglaubt, als es der brüderlichen Eintracht angenehm war; denn in seinen Unterredungen mit seines Bruders Gemahlin und dem Befehlshaber der Burg äußerte er sich so, als sei er schon der unbezweifelte Erbe des Thrones. *9* Dies blieb nachher dem Eumenes nicht unentdeckt; und hatte er sich auch vorgenommen, es zu verbergen, es ohne Rüge bei sich zu behalten und zu verschmerzen, so konnte er doch bei der ersten Zusammenkunft sich nicht enthalten, seinen Bruder aus der übertriebenen Eilfertigkeit, mit der er sich um die Gemahlin beworben hatte, einen Vorwurf zu machen. Auch nach Rom verbreitete sich das Gerücht vom Tod des Eumenes.

(17) Um dieselbe Zeit kam Gaius Valerius aus Griechenland zurück, der als Gesandter dahin geschickt war, um sich über die dortige Lage der Dinge zu unterrichten und die Anschläge des Königs Perseus zu erkunden; und er berichtete, es stimme alles für die durch Eumenes ihnen mitgeteilten Beschuldigungen. *2* Er hatte auch die Praxo von Delphi mitgebracht, deren Haus der Schlupfwinkel der Mörder gewesen war, und den Brundisiner Lucius Rammius, welcher folgende Anzeige machte. *3* Rammius nämlich war der erste Mann zu Brundisium und nahm alle römischen Heerführer und Gesandten, auch die ausgezeichnetsten, die von auswärtigen Völkern kamen, insbesondere die königlichen, bei sich auf. *4* Dadurch war er mit dem abwesenden Perseus in Bekanntschaft gekommen; und da er auf einen Brief, der ihm zu näherer Freundschaft und daraus erwachsendem großen Glück Hoffnung machte, zum König hingereist war, wurde er bald als Vertrauter behandelt und mehr als ihm lieb war, zu geheimen Besprechungen gezogen. *5* Unter Versprechung großer Belohnungen drang der König mit der Bitte in ihn, da alle römischen Feldherren und Gesandten bei ihm Quartier zu nehmen pflegten, so möge er denen, deren Namen

er ihm schreiben werde, Gift geben lassen. **6** Seines Wissens aber habe die Bereitung der Gifte viele Schwierigkeit und Gefahr. Man habe bei ihrer Bereitung mehrere Mitwisser. Man sei zum andern hinsichtlich des Erfolges, dass sie teils zur Erreichung des Zweckes wirksam genug wären, teils auch, ohne die Sache zu verraten, mit Sicherheit gegeben werden könnten, nicht gedeckt. **7** Er wolle ihn mit einem versehen, das sich weder beim Geben noch hinterher durch irgendein Merkmal verrate. **8** Rammius, aus Besorgnis, wenn er nein sagte, man möchte mit dem Gift die erste Probe an ihm selbst machen, erklärte sich bereitwillig und reiste ab, mochte aber doch nicht eher nach Brundisium zurückgehen, als bis er den Gesandten Casus Valerius gesprochen hatte, der sich, wie man ihm sagte, in der Gegend von Chalkis aufhielt. **9** Diesem machte er die erste Anzeige, ging auf Befehl zugleich mit ihm nach Rom, wurde vor den Senat geführt und erzählte die ganze Sache.

(18) Dies gab in den Augen der Väter den Anzeigen des Eumenes den Ausschlag, den Perseus sobald als möglich für einen Feind zu erklären; sahen sie doch, dass er, weit entfernt, mit königlichem Edelmut sich zu einem ordentlichen Krieg anzuschicken, sich vielmehr in allen heimlichen Freveln des Meuchelmordes und der Giftmischerei umtrieb. **2** Die Führung des Krieges wurde bis auf die neuen Konsuln ausgesetzt, für jetzt aber beschlossen, den Prätor Gnaeus Sicinius, der die Rechtspflege über Bürger und Fremde hatte, Truppen ausheben zu lassen, **3** die nach Brundisium geführt werden und je eher je lieber nach Apollonia in Epirus übergehen sollten, um die Seestädte im Besitz zu haben, wo der Konsul, der Makedonien zu seinem Standplatz bekäme, sicher mit der Flotte landen und die Truppen bequem ausschiffen könne. **4** Sobald Eumenes, der wegen seiner misslichen und beschwerlichen Heilung einige Zeit auf Aegina bleiben musste, mit Sicherheit die Reise machen konnte, ging er nach Pergamon und rüstete sich, außer seinem ehemaligen Hass noch durch die neue Freveltat des Perseus angespornt, mit aller Macht zum Krieg. **5** Dahin kamen Gesandte von Rom zu ihm, um zur Errettung aus einer so großen Gefahr ihm Glück zu wünschen.

6 Da der Makedonische Krieg auf ein Jahr verschoben war, und die übrigen Prätoren schon auf ihre Standorte abgegangen waren, ließen Marcus Junius und Spurius Lucretius, die zu ihren Posten beide Spanien bekommen hatten, mit wiederholten Bitten beim Senat nicht eher ab, bis sie es erreichten, dass ihnen für ihr Heer eine Ergänzung gegeben wurde, nämlich auf die römischen Legionen 3000 Mann zu Fuß, nebst 150 Reitern, **7** und für die Bundestruppen sollten sie sich von den Verbündeten 5000 Mann zu Fuß und 300 Reiter stellen lassen. Mit den neuen Prätoren wurden diese Truppen nach beiden Spanien eingeschifft.

(19) In diesem Jahr machte hinsichtlich des kampanischen Ackers, dessen sich auf allen Seiten Privatleute ohne Unterschied bemächtigt hatten, der Volkstribun Marcus Lucretius, da jetzt vermöge der Besichtigung durch den Konsul Postumius ein großer Teil desselben dem Staat wieder zugesprochen war, in der Versammlung den Vorschlag, die Zensoren sollten die kampanischen Ländereien zur Nutznießung verpachten. **2** Dies war nach der Eroberung von Capua seit so vielen Jahren nicht geschehen, so dass hier die Habsucht der Privatpersonen freien Spielraum hatte. **3** Als der Senat bei dem zwar noch nicht angekündigten, aber doch schon beschlossenen Krieg in gespannter Erwartung war, welche Könige sich als Freunde an Rom, und welche sich an Perseus schließen würden, kamen Gesandte des Ariarathes nach Rom, welche den königlichen Prinzen mitbrachten. **4** Sie erklärten, ihr König habe seinen Lohn zur Erziehung nach Rom geschickt, um ihn von Kind auf an römische Sitten und Umgang mit Römern zu gewöhnen. **5** Er bitte, man möge ihn nicht bloß unter der Aufsicht von Privatleuten, sondern unter der Fürsorge und gleichsam unter der Vormundschaft des Staates stehen lassen. **6** Diese Gesandtschaft war den Vätern angenehm. Sie beschlossen, der Prätor Gnaeus Sicinius solle ein Haus völlig einrichten lassen, wo der Prinz mit seinen Begleitern wohnen könnte. Auch den Gesandten thrakischer

Völkerschaften, die ihnen ihre Streitigkeiten vortrugen und um Bündnis und Freundschaft baten, bewilligten sie ihre Bitte und schickten jedem ein Geschenk in Geld von 2000 As. *7* Allerdings machte es ihnen Freude, mit diesen Völkern ein Bündnis geschlossen zu haben, weil Thrakien im Rücken von Makedonien lag. Um aber auch über Asien und die Inseln gewiss zu sein, ließen sie Tiberius Claudius Nero und Marcus Decimius als Gesandte hingehen. *8* Sie trugen ihnen auf, Kreta und Rhodos zu besuchen und bei Erneuerung der Freundschaft zugleich in Erfahrung zu bringen, ob nicht bei diesen Bundesgenossen König Perseus Versuche gemacht habe, sie gegen Rom aufzuwiegeln.

(20) Während dieser Spannung der Bürger bei dem zu erwartenden neuen Krieg wurde auf dem Kapitol die Schiffschnabelsäule – im ersten Punischen Krieg hatte sie der Konsul Marcus Aemilius aufgestellt, der den Servius Fulvius zum Amtsgenossen hatte – ganz bis auf den Boden vom Blitz abgeschlagen. Man brachte den Vorfall, den man für ein Schreckzeichen hielt, vor den Senat. *2* Die Väter ließen die Sache den Opferdeutern vorlegen und von den Zehnmännern die Bücher nachschlagen. *3* Diese gaben den Bescheid, man müsse die Stadt entsühnen, in den Tempeln Andachten halten und auf der Rednerbühne die Litanei beten lassen, und sowohl auf dem Kapitol zu Rom als auch auf dem Vorgebirge der Minerva in Kampanien große Tiere zum Opfer bringen; auch je eher je lieber zur Ehre Jupiters des Allmächtigen zehntägige Spiele anstellen. Sorgfältig wurde alles verrichtet. *4* Die Opferdeuter gaben die Auslegung an, dies Schreckzeichen werde zum Guten ausschlagen und dadurch eine Erweiterung der Grenzen und der Feinde Untergang angedeutet, weil die vom Unwetter auseinandergeworfenen Schiffsschnäbel Beute vom Feind gewesen seien. *5* Es kam noch mehr hinzu, die frommen Besorgnisse zu häufen. Zu Saturnia – so wurde gemeldet – sollte es drei Tage in der Stadt Blut geregnet haben, zu Calatia ein dreibeiniger Esel zur Welt gekommen und ein Stier mit fünf Kühen von einem Blitzstrahl getötet, zu Auximum ein Erdregen gefallen sein. *6*Auch wegen dieser Schreckzeichen wurden gottesdienstliche Übungen angestellt und ein Tag unter Betandachten und Geschäftsstillstand begangen.

(21) Die Konsuln waren bis jetzt noch nicht auf ihre Standorte abgegangen, weil sie ihrerseits dem Senat nicht den Willen tun wollten, die Sache des Marcus Popillius zum Vortrag zu bringen, und die Väter entschlossen waren, vorher über keine andere Sache zu verfügen. *2* Die Unzufriedenheit mit Popillius vermehrte noch ein Schreiben von ihm, worin er berichtete, er habe als Prokonsul den statellatischen Ligurern wieder eine Schlacht geliefert und ihnen 10 000 Menschen getötet. Über diesen unrechtmäßigen Krieg griffen nun auch die übrigen Völker Liguriens zu den Waffen. *3* Jetzt also schalt man im Senat nicht bloß auf den abwesenden Popillius, welcher gegen menschliche und göttliche Rechte Völker, die sich ergeben hatten, bekriegt und die beruhigten zur Erneuerung des Krieges gereizt habe, sondern auch auf die Konsuln, weil sie nicht auf ihre Standorte gingen. *4* Durch diese Übereinstimmung der Väter angespornt erklärten die Volkstribunen Marcus Marcius Sermo und Quintus Marcius Scylla, sie würden den Konsuln eine Geldstrafe auflegen, wenn sie nicht auf ihre Posten gingen, und lasen im Senat einen Antrag vor, den sie in Beziehung auf die Ligurer, welche sich ergeben hätten, an das Volk bringen wollten. *5* In diesem wurde festgesetzt: Wenn von den Statellaten, die sich ergeben hätten, irgendeiner vor dem nächsten 1. August noch nicht wieder in Freiheit gesetzt sein sollte, so sollten eidlich Bevollmächtigte aus dem Senat einen ernennen, um über jeden, der ihn aus böser Absicht in die Sklaverei gegeben habe, Untersuchung und Bestrafung zu verfügen. Nach einem Senatsbeschluss stellten sie nun vor dem Volk diesen Antrag. *6* Noch vor der Abreise der Konsuln ließ der Senat im Tempel der Bellona den vorjährigen Prätor Gaius Cicereius vor. *7* Dieser setzte seine auf Korsika verrichteten Taten auseinander, forderte, allein vergeblich, einen Triumph und hielt ihn auf dem Albanerberg, der Gewohnheit gemäß, nach welcher man sich dies schon damals ohne

Bewilligung der Regierung erlaubte. **8** Den Marcischen Vorschlag wegen der Ligurer genehmigte und bestätigte das Volk mit großer Einstimmigkeit. Gemäß diesem Bürgerbeschluss fragte der Prätor Casus Licinius beim Senat an, wer die in diesem Antrag bestimmte Untersuchung haben solle; und die Väter bevollmächtigten zu dieser Untersuchung ihn selbst.

(22) Nun endlich gingen die Konsuln zu ihren Standorten ab und übernahmen von Marcus Popillius das Heer. **2** Allein Marcus Popillius wagte es nicht, nach Rom zurückzukehren, um nicht bei dieser widrigen Stimmung des Senats, bei dieser Erbitterung des Volkes, bei einem Prätor vor Gericht zu stehen, der zu dieser gegen ihn angestellten Untersuchung im Senat den Antrag gemacht hatte. **3** Diesem Ausweichen von seiner Seite begegneten die Volkstribunen durch die Ankündigung eines zweiten Antrages, dass Gaius Licinius in seiner Sache, wenn er vor dem 13. November nicht zur Stadt zurückgekommen sei, in seiner Abwesenheit einen Gerichtstag ansetzen und erkennen solle. **4** Durch dieses Zwangsmittel hergezogen kam er und fand bei seiner Erscheinung im Senat alles in großer Unzufriedenheit. **5** Viele setzten ihm mit harten Vorwürfen zu, und es wurde der Senatsbeschluss abgefasst: Die Prätoren Gaius Licinius und Gnaeus Sicinius hätten dafür zu sorgen, dass alle Ligurer, welche nach dem Konsulat des Quintus Fulvius und Lucius Manlius nicht Roms Feinde gewesen wären, wieder in Freiheit gesetzt würden, und der Konsul Gaius Popillius ihnen jenseits des Po Land anweise. **6** Viele tausend Menschen wurden durch diesen Senatsbeschluss wieder in Freiheit gesetzt und nach ihrer Versetzung jenseits des Po mit Ländereien versehen. **7** Dem Marcischen Antrag gemäß stellte sich Marcus Popillius in seiner Sache vor Gaius Licinius zweimal; für das dritte Mal beschied der Prätor aus Gefälligkeit für den abwesenden Konsul und aus Nachgiebigkeit gegen die Bitten der popillischen Familie den Beklagten auf den 15. März, wo die neuen Obrigkeiten ihr Amt antreten mussten, um dann, wenn er jetzt in den Privatstand zurücktreten sollte, keinen Spruch tun zu können. **8** Da wurde der die Ligurer betreffende Antrag durch einen betrügerischen Kunstgriff vereitelt.

(23) Damals befanden sich in Rom Gesandte aus Karthago und Gulussa, ein Sohn Masinissas. Unter beiden gab es im Senat heftige Streitigkeiten. **2** Die Karthager beschwerten sich, dass außer dem Landstrich, worüber schon früher Abgeordnete von Rom hingeschickt wären, um den Tatbestand an Ort und Stelle zu untersuchen, Masinissa in den letzten zwei Jahren über 70 Städte und Kastelle auf karthagischem Boden mit Waffengewalt in Besitz genommen habe. Ihm, der auf nichts Rücksicht nehme, sei das ein Leichtes. **3** Die Karthager, durch den Friedensvertrag gehalten, schwiegen dazu still; denn es sei ihnen untersagt, in den Waffen über ihr Gebiet hinauszugehen. **4** Und obgleich sie wüssten, dass sie sich mit dem Krieg auf ihre Grenzen beschränkten, solange sie aus diesen die Numider zurücktrieben, so schrecke sie doch jener unzweideutige Punkt des Vertrages, der ihnen ausdrücklich verbiete, mit Bundesgenossen des römischen Staates Krieg zu führen. **5** Jetzt aber könne man von Seiten Karthagos seinen Übermut, seine Grausamkeit und Habsucht nicht länger ertragen. **6** Man habe sie hergeschickt, um die Väter zu bitten, dass sie sich's gefallen lassen möchten, von folgenden drei Mitteln ihnen eins zu erlauben: dass sie entweder bei der mit beiden verbündeten Nation als gleiche Teile sich darüber auseinandersetzten, was eines jeden Eigentum sei, oder dass den Karthagern erlaubt würde, gegen ungerechte Angriffe sich durch einen pflichtmäßigen und gerechten Krieg zu schützen, oder endlich, dass die Römer, falls ihnen Gunst mehr als Wahrheit gelten sollte, einmal festsetzen möchten, wie viel Masinissa von fremdem Eigentum geschenkt haben solle. **7** Wenigstens würden sie ihm mit mehr Mäßigung zuteilen und auch wissen, wie viel sie ihm gegeben hätten, er selbst hingegen werde sich nur durch die Willkür seiner eigenen Begierde beschränken. **8** Sollte ihnen keins von diesen Mitteln gestattet werden, sollten sie nach dem von Publius Scipio ihnen bewilligten Frieden sich durch etwas vergangen haben, so möchten die Römer ihre Strafe lieber selbst verfügen. **9** Sie wünschten sich

lieber in der Knechtschaft die Römer zu Herren, als eine Masinissas Misshandlungen ausgesetzte Freiheit. ***10*** Denn einmal zu sterben sei ihnen doch besser, als nach der Willkür des peinigendsten Henkers das Leben hinzuschleppen. Bei diesen Worten fielen sie weinend nieder, und, so zu Boden gestreckt, erregten sie neben dem Mitleid für sich ebenso großen Hass gegen den König.

(24) Es wurde beschlossen, Gulussa zu fragen, was er hierauf zu antworten habe, oder er möchte auch, wenn er diese lieber vorangehen lassen wollte, die Gründe angeben, warum er nach Rom gekommen sei. ***2*** Gulussa sagte, es sei ihm nicht so leicht, über Gegenstände zu verhandeln, worüber er von seinem Vater keine Aufträge habe, und ebenso wenig sei es für seinen Vater leicht gewesen, ihm Aufträge zu geben, da die Karthager so wenig angegeben hätten, worüber sie Verhandlungen anfangen, als überhaupt, dass sie nach Rom gehen wollten. ***3*** Sie hätten mehrere Nächte im Tempel des Äskulap geheime Ratsversammlungen ihrer Vornehmen gehalten, wovon weiter nichts kund geworden sei, als dass Gesandte mit geheimen Aufträgen nach Rom geschickt wurden. ***4*** Dies sei für seinen Vater Veranlassung geworden, ihn nach Rom zu schicken, um den Senat zu bitten, dass sie den gemeinschaftlichen Feinden in Beschuldigungen gegen ihn keinen Glauben schenken möchten, da ihn diese aus keinem andern Grund hassten, als wegen seiner standhaften Treue gegen das römische Volk. ***5*** Als so beide Teile angehört waren, ließ der Senat nach geschehener Umfrage über die Forderungen der Karthager ihnen folgende Antwort geben: ***6*** Gulussa solle sogleich nach Numidien gehen und seinem Vater melden, dass er über die Klagen der Karthager baldmöglichst Gesandte an den Senat schicken und den Karthagern anzeigen möge, sie möchten sich zu dieser Auseinandersetzung einfinden. ***7*** Wo die Römer irgendetwas aus Achtung für Masinissa tun könnten, da hätten sie es getan und würden es ferner tun; allein Recht sprächen sie nie nach Gunst. ***8*** Nach ihrem Willen solle der den Strich Landes und so weit besitzen, dem er und so weit er ihm gehöre. Sie wären nicht gesonnen, neue Grenzen festzusetzen, sondern die alten beobachtet zu wissen. ***9*** Den Karthagern, ihren Besiegten, hätten sie ihre Städte und Länder zugestanden, nicht, um ihnen im Frieden unrechtmäßigerweise zu entreißen, was sie ihnen nach dem Kriegsrecht nicht genommen hätten. So wurden der Prinz und die Karthager entlassen. ***10*** Beiden gab man dem Herkommen gemäß Geschenke und beobachtete sehr freundlich die Pflichten der Gastfreundschaft auch im Übrigen.

(25) Um dieselbe Zeit kamen Gnaeus Servilius Caepio, Appius Claudius Cento, Titus Annius Luscus, die als Gesandte nach Makedonien geschickt waren, um Genugtuung zu fordern und dem König die Freundschaft aufzukündigen, zurück. ***2*** Den ohnehin auf Perseus zürnenden Senat brachten sie dadurch noch mehr auf, dass sie der Reihe nach erzählten, was sie gesehen und was sie gehört hätten. Sie hätten gesehen, dass man sich in allen makedonischen Städten aus allen Kräften zum Krieg rüste. ***3*** Als sie angekommen wären, hätten sie viele Tage lang keinen Zutritt zum König bekommen können. Zuletzt, als sie schon, auf jede Unterredung verzichtend, abgereist wären, da endlich habe man sie von der Reise zurückgerufen und eingeführt. ***4*** Der Hauptinhalt ihrer Rede sei der gewesen, das mit Philipp geschlossene Bündnis habe man mit ihm selbst nach seines Vaters Tode erneuert. In diesem werde ihm ausdrücklich untersagt, unter den Waffen aus seinen Grenzen zu rücken, untersagt, römische Bundesgenossen zu bekriegen. ***5*** Dann hätten sie ihm alles der Reihe nach auseinandergesetzt, was sie neulich selbst im Senat gehört hätten, als es Eumenes der Wahrheit und Erfahrung gemäß erzählt habe. ***6*** Außerdem habe der König viele Tage lang auf Samothrake mit den Gesandtschaften kleinasiatischer Städte geheime Beratungen gehalten. ***7*** Der Senat halte es für billig, dass er für diese Beleidigungen entschädigt und ihm und seinen Verbündeten alles herausgegeben werde, was der König gegen den Vertrag in Besitz habe. ***8*** Der König habe sich anfangs im Zorn sehr ungnädig darüber ausgesprochen, habe den Römern mehrmals Habsucht und Übermut vorgeworfen, und dass Gesandte über Gesandte kämen, um

seine Worte und Handlungen zu erspähen; sie fänden es billig, dass er in allem nach ihrem Wink und Befehl spreche und handle. ***9*** Zuletzt, nach vielem und langem Geschrei, habe er sie den andern Tag wiederkommen heißen; er wolle ihnen die Antwort schriftlich geben. ***10*** Da sei ihnen ein Aufsatz folgenden Inhalts eingehändigt: Der mit seinem Vater geschlossene Vertrag gehe ihn nichts an. Er habe sich's gefallen lassen, ihn zu erneuern, nicht weil er ihn gebilligt habe, sondern weil man sich im neuen Besitz eines Thrones alles gefallen lassen müsse. ***11*** Wollten sie mit ihm einen neuen Vertrag schließen, so müsse man vorher über die Bedingungen einig werden. Und wenn sie sich dann dazu verstehen könnten, auf gleiche Bedingungen einen Vertrag einzugehen, so werde er ebenso darauf sehen, was er zu tun habe, als er glaube, dass sie für ihren Staat sorgen würden. ***12*** Hierauf sei er aufgesprungen, und man habe allen den Wink gegeben, den Palast zu verlassen. Da hätten sie ihm Freundschaft und Bündnis aufgekündigt. Durch diesen Ausdruck beleidigt, sei er wieder stehen geblieben und habe ihnen mit lauter Stimme angedeutet, sie hätten in drei Tagen die Grenzen seines Reiches zu räumen. ***13*** So wären sie abgereist, und weder bei ihrer Ankunft noch bei ihrem Dortsein habe man ihnen die geringste Gastfreundschaft oder Gefälligkeit erwiesen.

Nun bekamen die thessalischen und aetolischen Gesandten Gehör. ***14*** Der Senat ließ, um eher zu wissen, was für Anführer der Staat haben werde, den Konsuln schreiben, wer von beiden könne, der möge zur Wahl der Obrigkeiten nach Rom kommen.

(26) Die Konsuln hatten in diesem Jahr in Staatsgeschäften nichts getan, was eine Erwähnung nötig machte; sie hatten es für den Staat geratener gefunden, die erbitterten Ligurer zur Ruhe zu bringen und zu besänftigen. ***2*** Bei dieser Erwartung eines makedonischen Krieges erregte eine Gesandtschaft von Issa auch gegen den illyrischen König Gentius Verdacht. Sie klagten, er habe schon zum zweiten Mal ihr Gebiet geplündert, und meldeten zugleich, dass die beiden Könige von Makedonien und Illyrien auf einem sehr vertraulichen Fuß lebten; sie rüsteten sich zum Krieg gegen Rom nach gemeinschaftlichem Plan; ***3*** auch hielten sich unter dem Schein einer Gesandtschaft illyrische Kundschafter zu Rom auf, die auf Betreiben des Perseus hergeschickt wären, um zu erfahren, was vorgehe. ***4*** Man forderte die Illyrer vor den Senat. Als sie sich für Gesandte ausgaben, welche ihr König geschickt habe, um ihn gegen die Beschuldigungen zu verteidigen, die etwa die Issaeer gegen ihren König vorbringen möchten, ***5*** so fragte man sie, warum sie sich denn nicht bei der Obrigkeit gemeldet hatten, damit man ihnen dem Herkommen gemäß Ehrenplätze und Bewirtung gegeben und auch erfahren hätte, dass sie angelangt und warum sie gekommen wären. ***6*** Da sie in der Antwort stockten, wurde ihnen gesagt, sie möchten das Rathaus verlassen. Man beschloss, da sie nicht verlangt hätten, vor den Senat geführt zu werden, ihnen auch nicht als Gesandten eine Antwort zu erteilen, und man meinte, lieber an den König Gesandte zu schicken, die ihm sagen sollten, dass nach der bei dem Senat eingegangenen Klage römischer Bundesgenossen, dass er auf ihrem Gebiet senge und brenne, der König darin sehr unrecht handle, dass er sich der Beleidigungen ihrer Bundesgenossen nicht enthalte. ***7*** Die Gesandtschaft bestand aus Aulus Terentius Varro, Gaius Praetorius und Gaius Cicereius. Aus Kleinasien kamen die Gesandten, welche zu den mit Rom verbündeten Königen herumgeschickt waren, mit der Anzeige zurück, sie hätten dort den Eumenes, in Syrien den Antiochos, in Alexandria den Ptolemaus gesprochen. ***8*** Auf alle habe Perseus durch Gesandtschaften einen Bündnisversuch gemacht; allein sie blieben bei musterhafter Treue und hätten versprochen, alles zu leisten, was das römische Volk befehlen werde. Auch die verbündeten Städte hätten sie besucht. Man könne sich auf alle ganz verlassen; die Rhodier allein hätten sie wankend und in des Perseus Absichten eingeweiht gefunden. ***9*** Schon waren Gesandte von Rhodos angekommen, um sich über das, was man allgemein, wie sie wussten, ihrem Staat nachsagte, zu rechtfertigen. Allein es wurde beschlossen, sie dann erst im Senat vorzulassen, wenn die neuen Konsuln ihr Amt angetreten hätten.

(27) Man beschloss, die Kriegsrüstungen nicht aufzuschieben. Der Prätor Gaius Licinius erhielt den Auftrag, von den alten Fünfruderern, die zu Rom auf der Schiffswerft lagen, die noch brauchbaren auszubessern und eine Flotte von 50 Schiffen auszurüsten. ***2*** Sollte ihm an dieser Zahl etwas fehlen, so möge er nach Sizilien an seinen Kollegen Gaius Memmius schreiben, dass er die in Sizilien befindlichen Schiffe ausbessern und segelfertig machen solle, damit sie so schnell wie möglich nach Brundisium abgehen könnten. Für 25 Schiffe die Seeleute aus römischen Bürgern vom Freigelassenenstand auszuheben, wurde der Prätor Gaius Licinius beauftragt, ***3*** für 25 eine gleiche Anzahl von den Bundesgenossen zu fordern, Gnaeus Sicinius. Derselbe Prätor sollte sich von den verbündeten Latinern 8000 Mann zu Fuß und vierhundert Reiter geben lassen. ***4*** Diese Truppen in Brundisium zu übernehmen und nach Makedonien zu senden, wurde Aulus Atilius Serranus ausersehen, der im vorigen Jahr Prätor gewesen war. ***5*** Damit der Prätor Gnaeus Sicinius das Heer zur Überfahrt beisammen finden möchte, schrieb der Prätor Gaius Licinius nach einem Senatsbeschluss an den Konsul Gaius Popillius, er möge die zweite Legion, welche am längsten in Ligurien gedient hatte, und 4000 latinische Bundestruppen zu Fuß nebst 200 Reitern auf den 13. Februar zu Brundisium eintreffen lassen. ***6*** Mit dieser Flotte und diesem Heer den Posten in Makedonien so lange zu versehen, bis sein Nachfolger käme, wurde dem Gnaeus Sicinius aufgetragen und ihm der Oberbefehl auf ein Jahr verlängert. ***7*** Alle diese Verfügungen des Senates wurden sofort ins Werk gesetzt. Von der Schiffswerft wurden 38 Fünfruderer abgeführt. Ihre Abführung nach Brundisium wurde dem Lucius Porcius Licinus anvertraut. Zwölf wurden aus Sizilien geschickt. ***8*** Getreide für die Flotte und für das Heer zusammenzukaufen, schickte man nach Apulien und Kalabrien drei Abgeordnete, den Sextus Digilius, Titus Juventius und Marcus Caecilius. Der Prätor Gnaeus Sicinius, der im Feldherrnpurpur von Rom aufbrach, fand bei seiner Ankunft zu Brundisium alles in Bereitschaft.

(28) Fast am Ende des Jahres kam der Konsul Gaius Popillius wieder nach Rom, viel später, als der Senat bestimmt hatte, nach dessen Meinung die Obrigkeiten wegen des bevorstehenden wichtigen Krieges so früh wie möglich hatten gewählt werden sollen. ***2*** Deswegen fand der Konsul, als er im Tempel der Bellona über die von ihm in Ligurien verrichteten Taten sprach, bei den Vätern kein geneigtes Ohr. ***3*** Oft unterbrachen sie ihn laut und fragten, warum er die durch seines Bruders Frevel zugrunde gerichteten Ligurer nicht in Freiheit gesetzt habe. ***4*** Die Konsulnwahl ging an dem vorher bestimmten Tag, dem 18. Februar, vor sich. Die gewählten Konsuln waren Publius Licinius Crassus und Gaius Cassius Longinus. ***5*** Am folgenden Tag wurden zu Prätoren gewählt Gaius Sulpicius Galba, Lucius Furius Philus, Lucius Canuleius Dives, Gaius Lucretius Gallus, Gaius Caninius Rebilus und Lucius Villius Annalis. ***6*** Diesen Prätoren wurden folgende Stellen bestimmt: Die doppelte Rechtspflege in Rom; dann Spanien, Sizilien, Sardinien, so dass die Anstellung des einen dem Gutbefinden des Senates noch überlassen blieb. ***7*** Den schon bestimmten Konsuln befahl der Senat, wenn sie am Tag ihres Antrittes das Opfer mit großen Tieren ordnungsmäßig verrichtet hätten, sollten sie feierlich die Götter darum bitten, dass der Krieg, zu dem sich das römische Volk entschlossen habe, von glücklichem Erfolg sein möge. ***8*** An demselben Tag fasste der Senat den Beschluss, der Konsul Gaius Popillius solle dem Allmächtigen Jupiter zehntägige Spiele und die Darbringung von Gaben auf alle Altäre geloben, wenn sich der Staat zehn Jahre lang in seinem Zustand erhielte. ***9*** Nach diesem Beschluss gelobte der Konsul auf dem Kapitol die Anstellung der Spiele und die Darbringung der Geschenke von einer Summe, die von den Vätern, deren nicht unter 150 beisammen sein durften, bestimmt sein würde. Dieses Gelübde wurde nach einer vom Hohenpriester Levidus vorgesprochenen Formel abgelegt.

10 In diesem Jahr starben zwei Staatspriester, Lucius Aemilius Papus, Zehnmann der Gottesverehrungen, und der Oberpriester Quintus Fulvius Flaccus, der im vorigen Jahr Zensor gewesen war. *11* Dieser starb eines grässlichen Todes. Er erhielt nämlich die Nachricht, dass von seinen zwei Söhnen, welche in Illyricum dienten, der eine gestorben, der andere sehr schwer und gefährlich krank sei. *12* Dem Gram und der Besorgnis zugleich erlag der Geist des Mannes. Als die Sklaven des Morgens in sein Schlafzimmer traten, fanden sie ihn an einem Strick aufgehängt. Man glaubte, er sei nach seiner Zensur nicht ganz zurechnungsfähig gewesen; man sagte allgemein, Juno Lacinia habe ihn, um die Beraubung ihres Tempels zu rächen, verrückt gemacht. *13* Zum Zehnherrn an Stelle des Aemilius wurde Marcus Valerius Messalla gewählt, zum Oberpriester an Stelle des Fulvius ein noch sehr junger Priester, Gnaeus Domitius Ahenobarbus ernannt.

(29) Nicht allein die Stadt Rom und ganz Italien, sondern auch alle Könige und Staaten, mochten sie in Europa, mochten sie in Asien sein, beschäftigten unter dem Konsulat des Publius Licinius und Gaius Cassius sich in Gedanken mit dem Krieg zwischen Makedonien und Rom. *2* Den Eumenes spornte nicht allein die alte Feindschaft, sondern auch die Erbitterung von neulich, als er zu Delphi durch das Bubenstück des Perseus fast wie ein dargebrachtes Opfertier gefallen war. *3* Prusias, König von Bithynien, hatte beschlossen, sich ganz dem Krieg fernzuhalten und den Ausgang abzuwarten. Gegen seiner Gemahlin Bruder die Waffen für Rom zu ergreifen, hielt er für unrecht, und bei Perseus, wenn dieser siegte, hoffte er durch die Schwester Verzeihung zu erhalten. *4* Ariarathes, König von Kappadozien, hielt sich seit seiner Verwandtschaft mit Eumenes, außer dass er schon für sich den Römern Hilfstruppen zugesagt hatte, zu jeder Teilnahme an den Maßregeln für Krieg und Frieden bereit. *5* Antiochos hatte zwar Absichten auf Ägypten, verachtete die Jugend des Königs sowie die Schwäche der Vormünder, glaubte in dem streitigen Besitz Coelesyriens einen Vorwand zum Krieg zu finden und ihn, *6* während der Beschäftigung der Römer mit dem Makedonischen Krieg, ohne alle Störung zu führen; dennoch hatte er durch seine Gesandten dem Senat und auch selbst den römischen Gesandten alles aufs Beste versprochen. *7* Ptolemaeus stand damals wegen seiner Jugend ohnehin unter der Leitung anderer. Die Vormünder schickten sich, um Coelesyrien zu behaupten, gegen Antiochos zum Krieg an und versprachen den Römern für den Makedonischen Krieg alles. *8* Masinissa unterstützte die Römer mit Getreide und machte sich schon fertig, ihnen Hilfstruppen und Elefanten nebst seinem Sohn Misagenes zuzusenden. *9* Seine Maßregeln hatte er aber auf jeden Fall so berechnet: Wäre der Sieg auf römischer Seite, dann würden auch seine Verhältnisse dieselben bleiben und er dürfe sich nicht auf weitere Unternehmungen einlassen, denn die Römer würden nicht zugeben, dass er gegen Karthago Gewalt brauche. *10* Würde Roms Macht gebrochen, die jetzt Karthagos Beschützerin sei, so werde ganz Afrika ihm gehören. *11* Der illyrische König Gentius hatte sich mehr verdächtig gemacht als eigentlich beschlossen, welche Partei er begünstigen wolle; und seine Verbindung mit der einen oder mit der andern Partei schien mehr von einem raschen Entschluss als von einem Plan abzuhängen. *12* Der Thraker Kotys, König der Odrysen, hielt es offen mit Makedonien.

(30) Während die Könige so über diesen Krieg dachten, war in den freien Staaten und Völkerschaften der gemeine Mann, wie er gewöhnlich die schlechtere Partei begünstigt, fast durchgängig dem König und den Makedoniern zugetan. Bei den Vornehmen ließ sich in den Gesinnungen eine Verschiedenheit bemerken. *2* Zum Teil waren sie ganz den Römern ergeben, dass sie durch ihre übertriebene Zuneigung ihrem eigenen Ansehen schadeten. *3* Aus Vorliebe für die Gerechtigkeit der römischen Regierung taten dies nur wenige, die meisten hingegen, weil sie sich in ihren Städten, wenn sie den Römern hervorragende Dienste leisteten, größere Macht versprachen. *4* Ein anderer Teil schmeichelte dem König, die nämlich, die ihrer Schulden wegen oder weil sie, wenn die Sache so blieb, an ihrer Rettung verzweifelten, jeder Umwälzung des Ganzen rasch entgegeneilten. Einige auch als wetterwendische Köpfe, weil Perseus mehr der Mann fürs Volk

war. *5* Eine dritte Partei – und diese war die beste und klügste – wollte lieber, wenn sie durchaus einem von beiden Oberherren den Vorzug geben sollte, unter den Römern als unter einem König stehen. *6* Hätten diese über das Schicksal nach freiem Willen entscheiden können, so hätten sie es lieber gesehen, dass keine von beiden Parteien durch Unterdrückung der andern die mächtigere werde, sondern dass es eben deswegen, wenn beide Parteien ihre Kräfte ungeschwächt behielten, beim Frieden bleibe. *7* Dann würden sich zwischen beiden die Städte in einer erwünschten Lage befinden, wenn immer der eine den Schwachen gegen die Bedrückungen des andern schützte. Mit diesen Gesinnungen waren sie bei den Streitigkeiten der Teilnehmer für die zwei Parteien die stillen, ungefährdeten Zuschauer.

8 Als die Konsuln am ersten Tag ihres Amtes nach dem Senatsbeschlusse in allen den Heiligtümern, in denen gewöhnlich den größten Teil des Jahres hindurch Göttermahle gehalten werden, die Opfer mit großen Tieren dargebracht hatten und sich daraus die gnädige Erholung ihres Gebetes bei den unsterblichen Göttern versprechen konnten, zeigten sie dem Senat an, dass sie glücklich geopfert und das den Krieg betreffende Gebet verrichtet hätten. *9* Die Opferdeuter erklärten, wenn man etwas Neues zu unternehmen habe, so möge man sich beeilen; denn die Opfer wiesen auf Sieg, auf Triumph und Vergrößerung der Herrschaft hin. *10* Die Väter befahlen, zum Glück und Segen für das römische Volk sollten die Konsuln in einer Versammlung nach Zenturien beim Volk beantragen, dass, weil Perseus, Philipps Sohn, König von Makedonien, gegen das mit seinem Vater Philipp geschlossene und mit ihm nach dessen Tod erneuerte Bündnis mit Rom verbündete Völker feindlich angegriffen, ihr Gebiet verheert, ihre Städte besetzt habe, *11* weil er ferner zur Führung eines Krieges gegen das römische Volk seine Vorbereitungen getroffen und zu diesem Zweck Waffen, Truppen und eine Flotte zusammengebracht habe, dass mit ihm, wenn er dafür keine Genugtuung gäbe, der Krieg beginnen solle. Und dieser Antrag wurde vor das Volk gebracht.

(31) Nun erfolgte ein Senatsbeschluss, die Konsuln sollten um Italien und Makedonien als ihre Standorte sich einigen oder losen. Wer Makedonien bekäme, der sollte den König Perseus und alle, die seiner Partei angehörten, sofern er dem römischen Volk nicht Genugtuung gäbe, mit Krieg überziehen. *2* Man beschloss, vier neue Legionen zu bilden, zwei für jeden Konsul. Dem Posten in Makedonien gab man das voraus, da den Legionen des andern Konsuls nach altem Herkommen nur 5200 Mann zu Fuß auf jede Legion bewilligt wurden, dass man für Makedonien 6000 Mann zu Fuß, übrigens aber 300 Reiter für die eine Legion wie für die andern ausheben ließ. *3* Auch beim Heer der Bundesgenossen wurde diesem Konsul eine stärkere Anzahl gegeben; von diesen sollte er 16 000 Mann zu Fuß und 800 Reiter ohne die von Gnaeus Sicinius abgeführten 600 Reiter nach Makedonien hinübernehmen. *4* Für Italien schienen 12 000 Mann Bundestruppen zu Fuß und 600 Reiter hinreichend. Auch dies wurde der Stelle in Makedonien vorzugsweise bewilligt, dass dieser Konsul unter den Hauptleuten und alten Soldaten die ihm beliebigen bis zu einem Alter von 50 Jahren ausheben durfte. *5* Aus Anlass des Makedonischen Krieges kam es in diesem Jahr auch bei den anzustellenden Obersten zu einer Neuerung, weil die Konsuln nach einem Senatsbeschluss beim Volk beantragten, dass die Obersten in diesem Jahr nicht durch die Volksstimmen gewählt werden, sondern bei deren Anstellung die Konsuln und Prätoren die Beurteilung und Entscheidung haben sollten. *6* Unter die Prätoren wurden die Befehlshaberstellen so verteilt: *7* Der Prätor, den das Los träfe, dahin zu gehen, wo es der Senat für gut finden werde, sollte nach Brundisium zur Flotte gehen, dort die Seetruppen mustern, die Dienstuntauglichen entlassen, den Abgang aus Freigelassenen ersetzen und dahin sehen, dass zwei Drittel aus geborenen Römern, das dritte aus Bundestruppen bestände. *8* Damit aus Sizilien und Sardinien der Flotte und den Legionen die Zufuhr geliefert werden könnte, sollte den Prätoren,

welchen diese Provinzen durch das Los beschieden würden, der Auftrag gegeben werden, sich von den Sizilianern und Sardiniern den zweiten Zehnten einliefern und das Getreide zum Heer nach Makedonien fahren zu lassen. *9* Sizilien bekam durch das Los Gaius Caninius Rebilus, Sardinien Lucius Furius Philus, Spanien Lucius Canuleius, die Rechtspflege in der Stadt Gaius Sulpicius Galba, die über die Fremden Lucius Villius Annalis. Den Gaius Lucretius Gallus traf das Los, dass er dem Senat zur Verfügung gestellt wurde.

(32) Unter den Konsuln kam es über ihre Standorte mehr zu einer Neckerei als zu einem ernsthaften Streit. Cassius sagte, er werde ohne Los Makedonien wählen, und sein Amtsgenosse könne, ohne seinen Eid zu verletzen, gar nicht mit ihm losen. *2* Als Prätor habe er, um nicht auf seinen Kriegsposten abzugehen, vor der Versammlung geschworen, dass er an einem festgesetzten Ort und an festgesetzten Tagen gewisse Opfer zu verrichten habe, die in seiner Abwesenheit nicht ordnungsmäßig vollzogen werden könnten. *3* Diese würden sich jetzt ebenso wenig, wenn er als Konsul abwesend sei, gehörig vollziehen lassen als damals in seiner Prätur. Wenn indes der Senat der Ansicht sei, dass man das, was jetzt Publius Licinius in seinem Konsulat sich wünsche, mehr zu beachten habe als das, was von ihm in der Prätur beschworen sei, so wolle er sich dem Willen des Senates fügen. *4* Die deshalb befragten Väter fanden es hart, jemandem einen Kriegsposten zu versagen, dem das römische Volk das Konsulat nicht versagt habe, und befahlen den Konsuln zu losen. Publius Licinius traf Makedonien, Gaius Cassius Italien. *5* Nun losten sie um die Legionen, so dass die erste und dritte zur Überfahrt nach Makedonien bestimmt wurden, die zweite und vierte in Italien blieben. *6* Auf die Aushebung verwandten die Konsuln eine viel größere Sorgfalt als sonst. Licinius warb auch alte Soldaten und Hauptleute an, und viele stellten sich freiwillig, weil sie sahen, dass die reich waren, die im ersten Makedonischen Krieg oder gegen Antiochos in Asien Dienste getan hatten. *7* Da die Obersten immer die ältesten Hauptleute aufforderten, so taten 23 Hauptleute, welche schon die ersten Rotten geführt hatten, als sie aufgerufen wurden, Ansprache bei den Volkstribunen. *8* Zwei aus ihrer Mitte, Marcus Fulvius Nabilior und Marcus Claudius Marcellus wiesen die Sache an die Konsuln zurück, weil die Untersuchung denen gehöre, welchen die Werbung sowie der ganze Krieg aufgetragen sei. Die Übrigen sagten, sie wollten den zur Ansprache gebrachten Gegenstand untersuchen, und wenn ihren Mitbürgern Unrecht geschähe, ihnen Hilfe leisten.

(33) Die Sache wurde vor den Stühlen der Tribunen verhandelt. Hierher also kamen der Konsular Marcus Popillius, als Beistand der Hauptleute, die Hauptleute selbst und der Konsul Publius Licinius. *2* Auf Verlangen des Konsuls, dass die Sache vor einer Versammlung verhandelt werden solle, wurde nun das Volk zur Versammlung gerufen. Für die Hauptleute führte Marcus Popillius, welcher vor zwei Jahren Konsul gewesen war, so das Wort: *3* Diese tapfern Männer hätten ihre vollen Dienstjahre, ihr Körper sei durch Alter und anhaltende Beschwerden geschwächt, dennoch weigerten sie sich nicht, dem Staat ferner Dienste zu leisten. Nur darum bäten sie, nicht auf einen niedrigeren Rang angewiesen zu werden, als sie im Dienst gehabt hätten. *4* Nun ließ Konsul Publius Licinius die Senatsbeschlüsse vorlesen, den ersten, dass der Senat den Krieg gegen Perseus genehmigt habe, dann, dass er es für gut befunden habe, zu diesem Krieg so viele erprobte Hauptleute wie möglich ausheben zu lassen und niemand mit dem Dienst zu verschonen, der noch nicht über 50 Jahre alt sei. *5* Dann bat er sie, bei diesem neuen Krieg, in dieser Nähe von Italien, gegen einen so mächtigen König, *6* möchten sie weder die Obersten in der Werbung stören noch dem Konsul hinderlich sein, jedem den Rang anzuweisen, der ihm zum Besten des Ganzen angewiesen werden müsse. Fände sich hierbei irgendein Bedenken, so möchten sie es dem Senat anheim stellen.

(34) Als der Konsul gesagt hatte, was er vorzutragen wünschte, bat Spurius Ligustinus, einer von denen, die bei den Volkstribunen Ansprache getan hatten, den Konsul und die Volkstribunen um

die Erlaubnis, mit wenigen Worten zum Volk zu reden. Nach erhaltener Zustimmung von allen soll er so gesprochen haben: **2** *Quiriten, ich heiße Spurius Ligustinus, gehöre in den crustuminischen Bezirk und bin aus dem Sabinerland gebürtig. Mein Vater hinterließ mir einen Morgen Land und die kleine Hütte, in welcher ich geboren und erzogen bin und in der ich noch heute wohne.* **3** *Sobald ich das Alter hatte, gab mir mein Vater seines Bruders Tochter zur Frau, die mir nichts mitbrachte als den Rang einer Freien und Keuschheit, und überdies eine Fruchtbarkeit, an welcher sogar ein reiches Haus zur Genüge gehabt hätte;* **4** *wir haben sechs Söhne, zwei Töchter, beide schon verheiratet. Vier Söhne sind schon in der Männertoga, zwei noch im Jugendkleid.* **5** *Soldat wurde ich unter den Konsuln Publius Sulpicius und Gaius Aurelius. In dem Heere, das nach Makedonien ging, diente ich zwei Jahre als gemeiner Soldat gegen König Philipp. Im dritten Jahr gab mir Titus Quinctius Flamininus, weil ich mich gut geführt hatte, die unterste Hauptmannsstelle in der ersten Linie.* **6** *Nach dem Sieg über Philipp und der Makedonier ging ich, als wir nach Italien zurückgebracht und entlassen waren, ohne Unterbrechung mit dem Konsul Marcus Porcius als Freiwilliger nach Spanien.* **7** *Dass unter allen jetzt lebenden Feldherren keiner ein strengerer Beobachter und Beurteiler der Tapferkeit ist als er, wissen alle, die bei längerem Dienst ihn und andere Heerführer kennengelernt haben. Dieser Feldherr erklärte mich für würdig, mir in der ersten Linie die erste Hauptmannsstelle bei dem ersten Hundert anzuvertrauen.* **8** *Zum dritten Mal trat ich wiederum als Freiwilliger in das Heer, das gegen die Aetoler und den König Antiochos geschickt wurde. Von Manius Acilius wurde mir die erste Hauptmannsstelle bei dem ersten Hundert der zweiten Linie anvertraut.* **9** *Als König Antiochos vertrieben und die Aetoler bezwungen waren, wurden wir wieder nach Italien gebracht, und da habe ich nacheinander zweimal die Dienste getan, in welchen die Legionen das ganze Jahr hindurch standen. Nachher habe ich zweimal in Spanien gedient, einmal unter dem Prätor Quintus Fulvius Flaccus, das zweite Mal unter Tiberius Sempronius Gracchus.* **10** *Von Flaccus wurde ich unter denen, die er ihres Verdienstes wegen vom Kriegsschauplatz zu seinem Triumph mitnahm, mit abgeführt. Auf die Bitte des Tiberius Gracchus ging ich auf den Kriegsposten zurück,* **11** *viermal habe ich in wenigen Jahren das erste Hundert angeführt, bin 34-mal für mein Verdienst von meinen Feldherren beschenkt worden, habe sechs Bürgerkränze bekommen, zähle 22 bei dem Heer vollendete Dienstjahre und bin über 50 Jahre alt.* **12** *Wenn ich aber auch meine Jahre noch nicht alle ausgehalten hätte, und mich auch mein Alter nicht dienstfrei machte, so könnte ich dach darauf rechnen, Publius Licinius, jetzt entlassen zu werden, da ich in meinen einen Platz vier Mann zu stellen imstande bin.* **13** *Allein ich bitte euch, dies so aufzufassen, als hätte ich's nur zur Verteidigung meiner Sache gesprochen. Mich selbst werde ich nie, solange mich jemand, welcher Heere zu werben hat, zum Dienst für tauglich hält, mit der Freiheit entschuldigen.* **14** *Welches Ranges mich die Obersten würdig achten wollen, das steht bei ihnen. Dass aber niemand im Heer mich an Tapferkeit übertreffe, das wird meine Sache sein, wie meine Feldherren und meine Dienstgenossen es bezeugen können, dass ich es immer so gehalten habe.* **15** *Auch ihr, Kameraden, obgleich ihr von eurem Recht der Ansprache Gebrauch macht, müsst auch jetzt, da ihr nie als Jünglinge das Geringste gegen eurer Obrigkeiten und des Senates Gutachten unternommen habt, dem Senat und den Konsuln euch fügen und jeden Rang für ehrenvoll halten, in dem ihr den Staat verteidigen sollt.*

(35) Als er so gesprochen hatte, führte ihn der Konsul unter vielen Lobsprüchen aus der Versammlung in den Senat. **2** Auch hier wurde ihm durch eine Senatserklärung Dank gesagt, und die Obersten erkannten ihm für sein Verdienst die erste Hauptmannsstelle in der ersten Legion zu. Die übrigen Hauptleute gaben die Ansprache auf und beantworteten den Aufruf bei der Werbung bereitwilligst. **3** Um die Befehlshaber desto früher auf ihre Standorte zu schicken, feierte man das Latinerfest schon am ersten Juni, und nach beendeter Feier brach der Prätor Gaius Lucretius, der schon alle Bedürfnisse für die Flotte hatte vorangehen lassen, nach Brundisium auf. **4** Außer

den Heeren, welche die Konsuln rüsteten, musste der Prätor Gaius Sulpicius Galba vermöge Auftrages vier Stadtlegionen von gehöriger Stärke an Fußvolk und Reiterei aufbringen und zu ihren Anführern vier Obersten aus dem Senat wählen. **5** Auch von den verbündeten Latinern 15 000 Mann zu Fuß und 1200 Reiter stellen lassen. Dieses Heer solle sich zum Aufbruch bereit halten, wohin es der Senat bestimmen werde. **6** Für sein Heer von Bürgern und Bundesgenossen wurden dem Konsul Publius Licinius auf seine Bitte noch als Hilfstruppen 2000 Ligurer, kretische Bogenschützen – die Anzahl der Truppen, welche die Kreter auf Roms Bitte schicken würden, war noch ungewiss –, ferner numidische Reiter und Elefanten zugegeben. **7** Zu diesem Zweck gingen an Masinissa und nach Karthago Lucius Postumius Albinus, Quintus Terentius Culleo und Gaius Aburius als Gesandte ab. Nach Kreta bestimmte man ebenfalls drei Gesandte, Aulus Postumius Albinus, Gaius Decimius und Aulus Licinius Nerva.

(36) Während derselben Zeit kamen Gesandte von König Perseus. Man beschloss, sie nicht in die Stadt zu lassen, weil der Senat den Krieg gegen ihren König und gegen die Makedonier schon beschlossen und das Volk ihn auch schon genehmigt hatte. **2** Sie wurden im Tempel der Bellona vor den Senat geführt und sagten: König Perseus wundere sich, dass nach Makedonien Heere gekommen wären. Wenn der Senat sich dazu verstehen könnte, diese zurückzurufen, so wolle sich der König für die Unbilden, **3** wenn sie sich ja über dergleichen als ihren Bundesgenossen angetan zu beklagen hätten, zu einer von den Vätern zu bestimmenden Genugtuung verstehen. **4** Spurius Curvilius, der hierzu absichtlich aus Griechenland von Gnaeus Sicinius zurückgeschickt worden war, befand sich im Senat. Da dieser den Gesandten über die gewaltsame Eroberung Perrhaebiens, über die Wegnahme mehrerer Städte Thessaliens und über die anderen Vorbereitungen und Rüstungen des Königs Vorwürfe machte, forderte man die Gesandten auf, hierauf zu antworten. **5** Als sie stockten und sagten, ihr König habe ihnen weiter keine Aufträge gegeben, so gab man ihnen für ihren König den Bescheid mit, der Konsul Publius Licinius werde nächstens mit einem Heer in Makedonien sein. **6** An ihn möchte der König, wenn es ihm mit der Genugtuung ernst sei, seine Gesandten schicken. Dass er weiter Gesandte nach Rom schicke, sei nicht nötig. Es werde keinem von ihnen erlaubt werden, durch Italien zu gehen. **7** So entließ man sie und trug dem Konsul Publius Licinius auf, ihnen zu erklären, dass sie Italien binnen elf Tagen zu verlassen hätten, ihnen auch den Spurius Carvilius mitzugeben, um sie bis zu ihrer Einschiffung zu beobachten. **8** Dies wurde in Rom vor dem Aufbruch der Konsuln nach ihrem Standplatz verhandelt.

Schon hatte Gnaeus Sicinius, der vor seinem Abgang vom Amt nach Brundisium zur Flotte und zum Heer vorausgeschickt war, 5000 Mann zu Fuß und 300 Reiter nach Epirus übergesetzt und stand bei Nymphaeum im Gebiet von Apollonia im Lager, von hier aus schickte er 2000 Mann unter der Anführung von Obersten ab, um die kleinen Festungen der Dassaretier und Illyrer zu besetzen. **9** Und sie selbst hatten diese Besatzungen verlangt, um vor einem Einfall der benachbarten Makedonier um so gesicherter zu sein.

(37) Wenige Tage darauf brachten die nach Griechenland gegangenen Bevollmächtigten Quintus Marcius, Aulus Atilius, Publius und Servius Cornelius Lentulus und Lucius Decimius 1000 Mann Fußvolk mit nach Korkyra. Hier teilten sie sich in die Gegenden, die sie besuchen wollten, und in die Soldaten: **2** Decimius wurde an den illyrischen König Gentius mit dem Auftrag abgeschickt, wenn er sähe, dass dieser gegen die Freundschaft mit Rom nicht gleichgültig sei, einen Versuch auf ihn zu machen oder ihn gar für diesen Krieg zu einem Bündnis zu bewegen. **3** Die beiden Lentuli wurden nach Kephallenia geschickt, um auf die Peloponnes überzugehen und die Küste des Weltmeeres noch vor dem Winter zu bereisen. **4** Marcius und Atilius wurden zu ihren Besuchen Epirus, Aetolien und Thessalien angewiesen. Ferner sollten sie Böotien und Euböa in Augenschein nehmen und dann in die Peloponnes übergehen. Sie verabredeten, dort mit den

beiden Lentulus zusammenzutreffen. ***5*** Ehe sie aus Korkyra voneinander schieden, wurde ein Schreiben von Perseus gebracht, worin er anfragte, was die Römer für Gründe hätten, Truppen nach Griechenland zu schicken oder auch Städte zu besetzen. ***6*** Man beschloss, nicht schriftlich zu antworten, sondern nur seinem Boten, dem Überbringer des Schreibens, sagen zu lassen, die Römer täten das zur eigenen Sicherheit der Städte. ***7*** Als die beiden Lentuli bei ihrem Besuch der peloponnesischen Städte alle Staaten ohne Unterschied aufforderten, mit demselben Mut und derselben Treue den Römern gegen Perseus beizustehen, womit sie zuerst im Krieg gegen Philipp und dann in dem gegen Antiochos sie unterstützt hätten, hörten sie in den Versammlungen ein lautes Murren, ***8*** weil es die Achäer verdross, dass sie, da sie doch seit dem Anfang des Krieges mit Makedonien den Römern alles geleistet hätten und schon im Krieg mit Philipp Makedoniens Feinde gewesen wären, mit den Messeniern und Eleern auf gleichen Fuß behandelt würden, die doch gegen das römische Volk für dessen Feind Antiochos die Waffen geführt hätten ***9*** und, da sie erst neulich dem Achäischen Staatenbund zugeteilt wären, sich noch beklagten, man habe sie den Siegern, den Achäern, für den Krieg zum Lohn hingegeben.

(38) Dem Marcius und Atilius hörte man, da sie bei ihrem Marsch nach Gitana – einer Stadt in Epirus, 10 000 Schritte vom Meer – eine Versammlung der Epiroten hielten, mit allgemeinem Beifall zu, und sie schickten den Orestern 4000 Mann Epiroten zu, um diese durch die Römer befreiten Makedonier zu schützen. ***2*** Nachdem sie sich von hier nach Aetolien begeben und wenige Tage daselbst sich aufgehalten hatten, bis an die Stelle des verstorbenen Prätors ein anderer gewählt wäre, und Lyciscus zum Prätor ernannt war, von dem man gewiss wusste, dass er es mit den Römern hielt, gingen sie weiter nach Thessalien. Dahin kamen auch acarnanische Gesandte und böolische Flüchtlinge. ***3*** Den Acarnanen trugen sie auf, sie sollten melden, dass ihnen jetzt die Gelegenheit geboten sei, das wieder gut zu machen, was sie im Krieg der Römer zuerst mit Philipp und dann mit Antiochos, getäuscht durch die Vorspiegelungen der Könige, am römischen Volk verschuldet hätten. ***4*** Wenn sie, so schlecht sie sich auch um die Römer verdient gemacht hätten, dennoch ihre Milde erfahren hätten, so möchten sie doch nun durch Wohlverhalten von ihrer Freigebigkeit Erfahrung machen. ***5*** Den Böotiern machten sie den Vorwurf, dass sie mit Perseus ein Bündnis geschlossen hätten. Als sie nun die Schuld auf das Haupt der Gegenpartei, auf Ismenias schoben und verschiedene gegen ihre Neigung in jene Partei gezogene Städte anführten, antwortete Marcius, das werde sich zeigen, denn man werde jedem Staat Gelegenheit geben, in Beziehung auf Rom sein eigenes Bestes zu beherzigen.

6 Die Zusammenkunft mit den Thessaliern fand zu Larisa statt. Hier hatten die Thessalier Gelegenheit genug, den Römern für das Geschenk der Freiheit zu danken und die Bevollmächtigten den Thessaliern dafür, dass sie vorher im Krieg mit Philipp und dann im Krieg mit Antiochos die Römer so eifrig unterstützt hätten. ***7*** Durch diese gegenseitige Erwähnung der Verdienste wurde die Versammlung so begeistert, dass sie alles bewilligte, was die Römer wünschten. ***8*** Nach dieser Zusammenkunft kamen Gesandte von König Perseus, namentlich im Vertrauen auf die eigene Gastfreundschaft, in welcher der König von seinem Vater her mit Marcius stand. Die Gesandten, die von der Erwähnung dieses Verhältnisses ausgingen, baten für ihren König um die Erlaubnis, sich zu einer Unterredung einfinden zu dürfen. ***9*** Marcius sagte, auch er habe sich von seinem Vater sagen lassen, dass zwischen ihm und Philipp Freundschaft und gastliche Verbindung bestanden habe, und nicht ohne Rücksicht auf dieses Verhältnis habe er diese Gesandtschaft übernommen. ***10*** Wenn er sich völlig wohl befände, hätte er diese Unterredung nicht verschoben. So aber wollten sie, sobald es ihm möglich sei, am Flusse Peneos, da wo der Weg von Homolion nach Dion gehe, mit dem König zusammenkommen, und er werde ihn zuvor davon benachrichtigen lassen.

(39) Für jetzt zog sich Perseus von Dion wieder tiefer in sein Reich zurück, da ihm nur ein schwacher Schimmer von Hoffnung vorschwebte, dass doch Marcius gesagt hatte, er habe die Gesandtschaft seinetwegen übernommen. Wenige Tage darauf kamen sie an den bestimmten Ort. **2** Der König, von einem Schwarm von Vertrauten und Trabanten umgeben, hatte ein großes Gefolge. Die Gesandten kamen mit einem nicht kleineren Zug, weil in ihrem Gefolge nicht allein viele aus Larisa selbst, sondern auch die Gesandtschaften der Städte waren, welche sich zu Larisa versammelt hatten und jetzt das, was sie selbst hören würden, als zuverlässig nach Hause melden wollten. **3** Sie waren nicht ohne die den Sterblichen eigene Neugier, die Zusammenkunft eines so bedeutenden Königs mit den Gesandten des ersten Volkes der Welt zu sehen. **4** Als sie einander im Angesicht dastanden und nur durch den Fluss geschieden waren, verursachte das Hin- und Hertragen, wer von beiden herüberkommen solle, einige Verzögerung. Jene meinten, etwas sei man doch der königlichen Würde schuldig, diese, der Ehre des römischen Staates, besonders da Perseus um die Unterredung nachgesucht habe. Auch ein Scherz des Marcius war auf die Unschlüssigen nicht ohne Wirkung. **5** *Der Jüngere,* sagte er, *mag zu dem Älteren kommen*, und – mit Anspielung auf seinen eigenen Zunamen Philipp – *der Sohn zum Vater.* Der König ließ sich leicht dazu bereden. Nun gab es einen zweiten Punkt zu erledigen, mit wie vielen er hinübergehen solle. **6** Der König hielt es für schicklich, mit seinem ganzen Gefolge zu kommen. Die Bevollmächtigten verlangten, er solle mit dreien kommen oder, wenn er einen solchen Zug mit herüberbringen wolle, zur Sicherheit gegen jede böse Absicht bei dieser Unterredung Geiseln stellen. **7** Er stellte Hippias und Pantauchus, die Ersten unter seinen Vertrauten, die auch vorhin seine Abgesandten gewesen waren. Die Geiseln verlangte man nicht allein zum Unterpfand der Sicherheit, sondern auch damit es den verbündeten Völkern offenbar würde, dass der König bei der Zusammenkunft durchaus nicht gleichen Rang mit den Abgeordneten habe. **8** Sie begrüßten sich nicht als Feinde, sondern als Gastfreunde mit viel Freundlichkeit und nahmen auf den zurechtgestellten Sitzen Platz.

(40) Nach einer kurzen Stille sprach Marcius: *Ich glaube, man erwartet, dass wir eine Antwort auf dein Schreiben geben, das du uns nach Korkyra geschickt hast, worin du anfragst, warum wir denn als Bevollmächtigte mit Truppen gekommen wären und einer Stadt nach der andern Besatzungen zuschickten.* **2** *Auf diese deine Frage nicht zu antworten, möchte, wie ich fürchte, Stolz verraten und doch die richtige Antwort für dich gar zu bitter anzuhören sein.* **3** *Da indes derjenige, der den Bund zerreißt, entweder durch Worte oder durch die Waffen zurechtgewiesen werden muss, so will ich mich, so wie ich auch den Krieg gegen dich lieber einem andern als mir aufgetragen sähe, ebenso der bitteren Anklage meines Gastfreundes, sei sie mir noch so unangenehm, unterziehen, so wie es die Ärzte machen, wenn sie, um zu retten, etwas stärkere Mittel anwenden.* **4** *Seitdem du die Regierung angetreten hast, hast du nach Ansicht des Senates von dem, was du zu tun hattest, das allein recht gemacht, dass du zur Erneuerung des Bundesvertrages Gesandte nach Rom schicktest; welchen du aber lieber nicht hättest erneuern sollen, meint der Senat, als dass du ihn nach der Erneuerung verletztest.* **5** *Abrupolis, den Bundesgenossen und Freund der Römer, hast du aus seinem Reich vertrieben. Die Mörder des Arthetaurus nahmst du auf, so dass du zeigtest, seine Ermordung – wenn ich auch von dem Übrigen schweige – mache dir Freude; Mörder eines Fürsten, der unter allen Illyrern der treueste Freund von allem war, was Römer hieß.* **6** *Durch Thessalien und das malische Gebiet zogst du gegen den Vertrag mit einem Heer bis Delphi; den Byzantinern schicktest du ebenso vertragswidrig Hilfe. Den Böotiern, unseren Bundesgenossen, gabst du deinen Eid zu einer bloß mit dir geschlossenen Verbindung, die dir nicht erlaubt war.* **7** *Die von uns zurückkommenden thebanischen Gesandten, den Euerkes und Kallikritus – ich will lieber fragen: „Wer hat sie ermordet?", als dich beschuldigen. Den inneren Krieg in Aetolien und die Ermordungen der Vornehmen dort – auf wen kann der*

Verdacht, sie angestiftet zu haben, sonst fallen, als auf deine Vertrauten? **8** *Dolopien hast du selbst verwüstet. Auf wen der König Eumenes, der auf seiner Rückreise von Rom in sein Reich, zu Delphi, auf heiliger Stätte, beinahe am Altar wie ein Opfertier abgetan wäre, diesen Verdacht fallen lässt, sage ich nur ungern,* **9** *welche geheimen Bosheiten dein Brundisiner Gastfreund nachweist – das alles hat man dir, ich weiß es gewiss, von Rom aus geschrieben, und deine Gesandten haben es dir wieder gesagt.* **10** *Dass ich dies nicht zu sagen brauchte, hättest du durch das eine Mittel abwenden können, wenn du mich nicht fragtest, warum nach Makedonien Heere übergesetzt würden, oder warum wir in die Städte unserer Verbündeten Besatzungen schickten. Dir die Frage gar nicht zu beantworten, wäre von unserer Seite mehr Härte gewesen, als dir die Wahrheit zu sagen.* **11** *Für meine Person will ich als väterlicher Gastfreund dich mit Wohlwollen anhören und wünsche, dass du mir wenigstens einige Gelegenheit geben mögest, mich deiner Sache vor dem Senat anzunehmen.*

(41) Hierauf antwortete der König: *So will ich denn meine Sache, die unter die guten gehörte, wenn sie vor unparteiischen Richtern geführt würde, vor meinen Anklägern führen, die zugleich meine Richter sind.* **2** *Die mir gemachten Vorwürfe sind teils von der Art, dass ich mich ihrer beinahe rühmen möchte, teils so, dass ich sie einzugestehen mich nicht schäme, und bei einigen, mir bloß mit ein paar Worten gemacht, möchten wohl ein paar Worte hinreichen, sie zu leugnen.* **3** *Denn angenommen, ich würde hier heute nach euren Gesetzen gerichtet, was läge dann in den Vorwürfen entweder des Brundisinischen Angebers oder des Eumenes, das sich mehr zu einer wahren Anklage eignete als zu einer Lästerung?* **4** *Man denke doch! Eumenes, dessen Druck so mancher Staat, so mancher Einzelne fühlt, kann keinen andern Feind gehabt haben als mich; und ebenso konnte auch ich zur Handreichung bei meinen Verbrechen keinen finden, der mir zuverlässiger war als Rammius, den ich nie zuvor gesehen hatte und nachher nie wieder sehen sollte.* **5** *Auch wegen der Thebaner, die bekanntlich im Schiffbruch umkamen, und wegen der Ermordung des Arthetaurus soll ich mich verantworten. Und doch wird mir bei dieser sonst nichts zur Last gelegt, als dass seine Mörder als Flüchtlinge in meinem Reich lebten.* **6** *Diese unbillige Zusage will ich gar nicht von mir ablehnen, unter der Bedingung, dass auch ihr euch dazu versteht, bei jedem Flüchtling, der sich nach Italien oder nach Rom begibt, euch als Anstifter der Verbrechen zu bekennen, um derentwillen sie verurteilt sind.* **7** *Weigert ihr euch aber dessen, wie jede andere Nation, so gehöre auch ich zu dieser Mehrzahl. Und wahrhaftig, was hilft es denn, dass man irgendeinem die Auswanderung offen lässt, wenn der Flüchtling nirgends einen Platz finden soll?* **8** *Und dennoch habe ich, sobald ich, durch euch aufmerksam gemacht, erfuhr, dass sich diese Menschen in Makedonien aufhielten, sie aufsuchen lassen, sie aus meinem Reich verwiesen und ihnen auf immer untersagt, es zu betreten.* **9** *So viel über die Vorwürfe, die mir als dem sich verantwortenden Beklagten galten. Was nun folgt, gilt mir, dem König, und führt zu einer Auseinandersetzung des zwischen mir und euch bestehenden Vertrages.* **10** *Wenn in diesem Vertrag wirklich geschrieben steht, dass ich auch dann, wenn jemand mich bekriegt, mich und mein Reich nicht schützen darf, dann muss ich gestehen, den Vertrag gebrochen zu haben, weil ich mich gegen den Bundesgenossen der Römer Abrupolis mit den Waffen verteidigt habe.* **11** *Blieb mir dies aber auch in dem Vertrag erlaubt, und bringt es das Völkerrecht so mit sich, dass man sich der Waffen durch Waffen erwehrt, ich bitte euch, was sollte ich da tun, als Abrupolis das Gebiet meines Reiches bis nach Amphipolis verheerte, viele freie Leute, eine große Menge Sklaven und viele tausend Stück Vieh wegtrieb?* **12** *Sollte ich dabei ruhig sein und es geschehen lassen, bis er mit den Waffen nach Pella und in meine Königsburg kam? Doch vielleicht war es zwar recht, gegen ihn zum Krieg zu schreiten; ich musste ihn nur nicht überwinden, nur nicht leiden lassen, was die Besiegten zu treffen pflegt? Wenn ich aber all dies Unheil erfahren habe, der ich doch der Angegriffene war, wie kann er klagen, gelitten zu haben, da er die Veranlassung des Krieges war?* **13** *Nicht auf gleiche Art, ihr Römer, werde ich mich dagegen verteidigen, dass ich die Doloper durch*

die Waffen zu Paaren trieb, weil ich darin, gesetzt auch, es war nicht nach ihrem Verschulden, doch nach meinem Recht verfuhr, insofern sie, durch euren eigenen Beschluss, meinem Vater zugeteilt, zu meinem Reich, unter meine Landeshoheit gehörten. **14** *Und auch dann, wenn ich mich – nicht bei euch, nicht bei unseren Verbündeten – sondern selbst bei denen zu verantworten hätte, welche eine zu harte und ungerechte Herrengewalt, sogar nur gegen Sklaven ausgeübt, missbilligen, würde ich doch nicht als der Mann dastehen, der sie zu unbillig und zu schlimm behandelt hätte; denn sie hatten den von mir eingesetzten Statthalter Euphranor auf eine solche Art ermordet, dass von seinen Martern der Tod selbst die kleinste war.*

(42) *Aber, sagt man, als ich von dort weiterzog, um Larisa, Antron und Pteleon zu besuchen, bin ich ja, um in der Nähe meine schon lange schuldigen Gelübde zu bezahlen, zum Opfer nach Delphi gegangen.* **2** *Und hier setzt man, um die Beschuldigung zu vergrößern, hinzu, ich soll sogar mein Heer bei mir gehabt haben. Freilich, in der Absicht, Städte zu überfallen und in ihre Burgen Truppen zu legen, ein Verfahren, das ich euch jetzt vorwerfen muss.* **3** *Ruft die Städte Griechenlands zu einer Versammlung; kann irgendeiner über eine Gewalttat eines von meinen Soldaten Klage führen, so will ich den Argwohn verdienen, unter dem Schein eines Opfers etwas anderes beabsichtigt zu haben.* **4** *Aber den Aetolern und Byzantinern haben wir Truppen gesandt, mit den Böotiern Freundschaft geschlossen? Davon habe ich ja, gesetzt, es wäre noch so schlimm, nicht bloß durch meine Gesandten in eurem Senate Anzeig machen, sondern mich auch deshalb entschuldigen lassen, wo ich freilich einige Richter fand, die nicht so wohlwollend waren wie du, Quintus Marcius, meines Vaters Bekannter und Gastfreund.* **5** *Doch war mein Ankläger Eumenes damals noch nicht in Rom gewesen, um durch seine Verleumdungen und Verdrehungen alles in ein verdächtiges und gehässiges Licht zu stellen und den Versuch zu machen, euch zu überzeugen, dass Griechenland nie in Freiheit sein, nie von eurer Wohltat Gebrauch machen werde, solange das makedonische Königreich bestehe.* **6** *Dieses Rad wird sich drehen; bald wird sich jemand mit der Klage einfinden: Antiochos sei umsonst über die Höhen des Taurus zurückgewiesen; Eumenes sei für Asien weit drückender als Antiochos gewesen, und eure Bundesgenossen könnten nicht zur Ruhe kommen, solange es einen Königssitz Pergamon gebe; denn dieser sei den benachbarten Städten über dem Kopf als Zwingburg aufgetürmt.* **7** *Ich weiß, Quintus Marcius und Aulus Atilius, diese mir von euch gemachten Vorwürfe ebenso wie meine Rechtfertigung dagegen hängen ganz von der Aufnahme und von den Gesinnungen ab, welche sie bei den Zuhörern finden; und es kommt nicht so viel darauf an, was und in welcher Absicht ich es getan habe, als wie ich es nach eurer Ansicht getan haben soll.* **8** *Ich bin mir bewusst, wissentlich nicht gefehlt zu haben, und dass es immer, hätte ich ja aus Unwissenheit einen Fehltritt getan, noch möglich sei, durch eine Zurechtweisung wie diese mich wieder auf den rechten Weg zu bringen und zu bessern.* **9** *Wenigstens habe ich kein unheilbares Verbrechen begangen; keines, welches in euren Augen die Bestrafung durch Krieg und Waffen verdienen könnte; allein der Ruf von eurer Schonung und Würde hat sich umsonst über die Völker ausgebreitet, wenn ihr aus solchen Ursachen, die kaum der Klage und der Gegenrede wert sind, zu den Waffen greift und verbündeten Königen den Krieg erklärt.*

(43) Marcius, der ihm hierin beistimmte, riet ihm, Gesandte nach Rom zu schicken, weil er meinte, der König müsse alles bis auf das Letzte versuchen und keinen Anschein einer Hoffnung unbeachtet lassen. Die übrige Unterredung betraf den Punkt, wie die Gesandten mit Sicherheit reisen könnten. **2** Da hierzu ein erbetener Waffenstillstand notwendig erschien, Marcius aber ihn wünschte und nur diesen durch die Unterredung hatte erreichen wollen, stellte er sich doch höchst schwierig und bewilligte ihn dem Bittenden als einen großen Gefallen. **3** Für jetzt nämlich hatten die Römer zum Krieg noch nichts in gehöriger Bereitschaft, kein Heer, keinen Feldherrn, während Perseus, hätte ihn nicht die eitle Hoffnung zum Frieden in seinen Maßregeln getäuscht, alles vorbereitet und eingerichtet hatte, und gerade jetzt, in dem günstigsten Zeitpunkt für ihn und

im ungünstigsten für die Feinde, den Krieg anfangen konnte. *4* Von dieser Unterredung begleitete man die Gesandten unter dem Schutz des Waffenstillstandes nach Böotien. *5* Hier war es schon zu Bewegungen gekommen, weil auf die Nachricht, die Bevollmächtigten hätten zur Antwort gegeben, es werde sich zeigen, welche Städte von ihrer Seite die Verbindung mit dem König missbilligt hätten, schon verschiedene böotische Völker von der Teilnahme an dem gemeinschaftlichen Landtag zurücktraten. *6* Noch auf dem Hinweg begegneten den Bevollmächtigten zuerst Gesandte von Chäronea, dann von Theben, mit der Versicherung, sie wären auf dem Landtag, auf welchem jene Verbindung beschlossen sei, nicht zugegen gewesen. Die Bevollmächtigten hießen sie, ohne ihnen für jetzt eine Erklärung zu geben, nach Chalkis mitgehen. *7* Zu Theben hatte ein anderer Streit eine große Spannung veranlasst. Die bei der Böotarchenwahl übergangene Partei hatte aus Rache für diese Beleidigung den großen Haufen zusammengebracht und zu Theben die Verordnung erlassen, dass keine Stadt die Böotarchen aufnehmen solle. *8* Alle Auswandernden begaben sich nach Thespiai, und als sie von hier, wo man sie ohne Bedenken aufgenommen hatte, nach schon erfolgter Umstimmung des Volkes nach Theben zurückgerufen wurden, machten sie die Verordnung, die Zwölf, welche als Unbeamtete eine Volksversammlung und einen Landtag gehalten hätten, sollten alle mit der Verbannung bestraft werden. *9* Nachher erkannte ihnen in ihrer Abwesenheit der neue Bundeshauptmann – dies war Ismenias, ein vornehmer und einflussreicher Mann – in einer Verordnung die Todesstrafe zu. Sie waren aber nach Chalkis geflohen, von hier zu den Römern nach Larisa gegangen und hatten berichtet, die ganze Schuld des Bündnisses mit Perseus liege an Ismenias, *10* und ihr Widerspruch habe den Streit veranlasst. Von beiden Seiten stellten sich gleichwohl Gesandte bei den Römern ein; nicht allein die Vertriebenen und Ankläger des Ismenias, sondern auch Ismenias selbst.

(44) Als man nach Chalkis kam, erklärten sich die Großen der übrigen Städte, welche jede durch ihren eigenen Beschluss das Bündnis mit Perseus verworfen hatten – und dies war den Römern besonders lieb –, für die Römer. Ismenias hielt es für besser, wenn sich das ganze böotische Volk in römischen Schutz begäbe. *2* Bei dem hierüber entstandenen Streit fehlte nicht viel, so wäre er, wenn er sich nicht zu den Stühlen der Bevollmächtigten gerettet hätte, von den Vertriebenen und ihren Gönnern ermordet worden. *3* Auch Theben selbst, Böotiens Hauptstadt, war in großem Aufruhr, weil die eine Partei den Staat auf die Seite des Königs, die andere ihn auf die Seite der Römer ziehen wollte; *4* und ein Schwarm von Bürgern aus Korona und Haliartos hatte sich eingefunden, um den Beschluss zugunsten der Verbindung mit dem König aufrechtzuerhalten. Allein durch die Standhaftigkeit der Vornehmen, die ihnen aus Philipps und Antiochos' Niederlagen bewiesen, wie groß die Macht und das Glück des römischen Staates sei, ließ sich auch die Volksmenge umstimmen, verordnete, das Bündnis mit dem König aufzuheben, schickte alle die, welche zum Abschluss jenes Bündnisses geraten hatten, zur eigenen Verantwortung vor den Bevollmächtigten nach Chalkis und ließ ihren Staat dem Schutz der Bevollmächtigten empfehlen. *5* Marcius und Atilius machten die Worte der Thebaner viel Freude, und sie rieten ihnen, wie den übrigen einzeln, zur Erneuerung der Freundschaft Gesandte nach Rom zu schicken. *6* Vor allen Dingen verlangten sie die Wiederaufnahme der Verbannten und verurteilten durch ihren Spruch die, welche zu dem Bündnis mit dem König geraten hatten. Da sie so, was sie namentlich wünschten, den böotischen Staatenbund gesprengt hatten, reisten sie nach der Peloponnes ab, ließen aber vorher den Servius Cornelius nach Chalkis kommen. *7* Zu Argos hielt man in ihrem Beisein einen Landtag ab. *8* Hier baten sie sich von der achäischen Nation nichts weiter aus als 1000 Mann. Diese wurden zur Besatzung nach Chalkis geschickt, um es einstweilen, solange noch das römische Heer im Übergang nach Griechenland begriffen sei, zu decken. Als Marcius und Atilius ihre Geschäfte in Griechenland besorgt hatten, gingen sie zum Winteranfang nach Rom zurück.

(45) Von hier ging um diese Zeit auch eine Gesandtschaft nach Asien und nach den Inseln ab. ***2*** Die drei Gesandten waren Tiberius Claudius, Spurius Postumius und Marcus Junius. Sie gingen bei den Bundesgenossen umher und forderten sie auf, an dem Krieg gegen Perseus für die Römer teilzunehmen; und je mächtiger jeder Staat war, desto angelegentlicher betrieben sie die Sache, weil natürlich die kleineren dem Beispiel der größeren folgten. ***3*** In jeder Hinsicht ließ sich vom Beitritt der Rhodier ein wichtiger Ausschlag erwarten, weil sie den Kriegführenden nicht bloß begünstigen, sondern auch mit ihrer Macht unterstützen konnten, die aus 40 auf Betrieb des Hegesilochos ausgerüsteten Schiffen bestand. ***4*** Als höchster Staatsbeamter der Rhodier – dieser hat bei ihnen den Titel Prytanis – hatte er sie durch mehrere Gründe überzeugt, sie müssten den Plan, der sie nun schon so oft getäuscht habe, sich mit den Königen gutzustellen, aufgeben, und die Verbindung mit Rom festhalten, die jetzt sowohl hinsichtlich ihrer Macht als auch ihrer Treue die einzige zuverlässige auf Erden sei. ***5*** Jetzt komme es zu einem Krieg mit Perseus. Die Römer würden von ihnen dieselbe Ausrüstung zur See begehren, wie sie kürzlich im Krieg mit Antiochos und vorher mit Philipp gesehen hätten. ***6*** Sie aber würden in Verlegenheit kommen, wenn sie die Flotte, die dann schon auslaufen sollte, nun erst in aller Eile ausrüsten wollten, wenn sie nicht schon jetzt anfingen, die Schiffe instand zu setzen und mit Seetruppen zu bemannen. Dies müssten sie sich umso mehr angelegen sein lassen, um die von Eumenes angebrachten Beschuldigungen durch den Beweis der Tat widerlegen zu können. ***7*** Dadurch angefeuert, zeigten sie den römischen Bevollmächtigten bei ihrer Ankunft eine segelfertige, bemannte Flotte von 40 Schiffen, dass man sehen musste, sie hatten die Aufforderung nicht abgewartet. ***8*** Also war auch diese Gesandtschaft für die freundschaftliche Stimmung Kleinasiens von großer Wirkung, Decimius aber kam nach Rom zurück, ohne etwas ausgerichtet zu haben, ja nicht ohne Nachrede des Verdachtes, dass er sich vom illyrischen Königen habe bestechen lassen.

(46) Als Perseus nach der Unterredung mit den Römern nach Makedonien zurückgekehrt war, schickte er wegen der mit Marcius eingeleiteten Friedensbedingungen Gesandte nach Rom; anderen Gesandten nach Byzanz und Rhodos gab er Schreiben mit. ***2*** Die Schreiben sagten allen dasselbe: Er habe mit den römischen Bevollmächtigten eine Unterredung gehabt, was man ihn hatte hören lassen, was er selbst gesagt hatte, das alles hatte er so dargestellt, dass es scheinen konnte, bei dieser Auseinandersetzung sei das Recht auf seiner Seite gewesen. ***3*** Bei den Rhodiern fügten seine Gesandten noch hinzu, er rechne sicher auf den Frieden; denn selbst auf Betrieb von Marcius und Atilius habe er die Gesandten nach Rom geschickt. ***4*** Sollten indessen die Römer gegen den Vertrag sich doch zum Krieg anschicken, so müssten die Rhodier mit ihrem ganzen Einfluss, mit aller ihrer Kraft dahin arbeiten, den Frieden wiederherzustellen. Richteten sie durch ihre abmahnenden Bitten nichts aus, so hätten sie dahin zu wirken, dass nicht die Entscheidung und Obergewalt in allen Dingen einem einzigen Volk anheimfalle. Dies sei zwar allen Völkern von Vorteil, besonders aber den Rhodiern, da sie vor anderen Staaten eine ausgezeichnete Würde und Macht besäßen, die aber gleich untergeordnet und preisgegeben sein würden, wenn die Römer das einzige Volk wären, auf das man Rücksicht zu nehmen habe. ***5*** Das Schreiben und die Rede der Gesandten fanden mehr eine gefällige Aufnahme, als dass sie in den Gesinnungen einen Ausschlag gegeben hätten. Das Übergewicht der besseren Partei war schon zu groß geworden. Nach einem Beschluss wurde ihnen die Antwort gegeben, die Rhodier wünschten den Frieden. ***6*** Sollte aber Krieg sein, so möchte der König nichts von den Rhodiern erwarten und nichts verlangen, was sie von der alten, durch viele und große Verdienste im Frieden und Krieg erworbenen Freundschaft mit den Römern trennen würde. ***7*** Auf dem Rückweg von Rhodos besuchten die Gesandten auch die Städte Böotiens, Theben, Koronea und Haliartos, die, wie sie meinten, wider Willen gezwungen waren, das Bündnis mit dem König aufzugeben und sich den Römern anzuschließen. ***8*** Auf

die Thebaner machten sie nicht den geringsten Eindruck, obgleich diese die Verurteilung ihrer Vornehmen und die Wiedereinsetzung der Vertriebenen auf die Römer unwillig machte. ***9*** Die Bürger von Koronea und Haliartos schickten bei der ihnen eigenen Vorliebe für Könige Gesandte nach Makedonien und baten um Truppen, mit denen sie sich gegen die zügellose Tyrannei der Thebaner schützen könnten. ***10*** Die Gesandtschaft erhielt vom König zur Antwort, Truppen könne er ihnen bei dem mit den Römern geschlossenen Waffenstillstand nicht schicken, doch rate er ihnen, sich gegen die Misshandlungen der Thebaner zu schützen, so gut sie dazu imstande wären, ohne den Römern einen Vorwand zur Härte gegen sie zu geben.

(47) Als Marcius und Atilius bei ihrer Rückkehr nach Rom über ihre Gesandtschaft auf dem Kapitol Bericht erstatteten, rühmten sie sich keiner Sache so sehr, als dass sie durch den Waffenstillstand und durch die Hoffnung auf Frieden den König getäuscht hätten. ***2*** Denn er sei mit seinen Rüstungen zum Krieg vollkommen imstande gewesen, während sie selbst noch nichts in Bereitschaft gehabt hätten, dass er alle vorteilhaften Plätze früher hätte besetzen können, ehe noch ein Heer nach Griechenland gekommen sei. ***3*** Durch die gewonnene Frist des Waffenstillstandes werde er um nichts gerüsteter auftreten, die Römer aber würden nun, mit allem besser versehen, den Krieg beginnen. Auch hätten sie durch ihre Geschicklichkeit den Staatenbund der Böotier gesprengt, so dass sie nie wieder durch irgendeine einmütige Maßregel mit den Makedoniern sich vereinigen könnten. ***4*** Ein großer Teil des Senates billigte dies als ein höchst kluges Benehmen. Nur die Alten, die an die ehemalige Sitte zurückdachten, erklärten, sie könnten die Methoden dieser Gesandtschaft nicht als römisch anerkennen. ***5*** Nicht im Hinterhalt und in nächtlichen Kämpfen, nicht durch verstellte Flucht und unvermutete Rückschliche auf den sorglosen Feind, nicht um in der Schlauheit größeren Ruhm zu suchen als in der echten Tapferkeit, hätten die Vorfahren ihre Kriege geführt. Sie wären gewohnt gewesen, die Kriege eher anzukündigen als zu führen, zuweilen dem Feind den Tag festzusetzen und den Ort zu bestimmen, an dem sie hätten kämpfen wollen. ***6*** Ebenso redlich habe man dem König Pyrrhus den Arzt angezeigt, der seinem Leben nachgestellt habe, ebenso vor Falerii den Verräter gebunden den Ruten der Kinder übergeben. ***7*** Das wäre die römische Art, nicht mit der Arglist der Punier, nicht mit der Verschmitztheit der Griechen, bei denen es rühmlicher sei, den Feind zu betrügen als durch Tapferkeit ihn zu besiegen. ***8*** Zuweilen werde für den Augenblick durch List mehr als durch Tapferkeit gewonnen; allein auf immer werde nur dessen Mut besiegt, dem man das Bekenntnis abgezwungen habe, er sei nicht durch Kunstgriffe, nicht durch Zufall, sondern durch in der Nähe gemessene Kraft, in einer ordentlichen Schlacht, in einem gewissenhaft geführten Krieg überwunden. ***9*** So sprachen die Älteren, denen unsere neue Klugheitslehre gar nicht gefallen wollte. Doch behielt im Senat die Partei die Oberhand, die mehr auf das Nützliche als auf das Ehrenvolle sah, so dass die vorige Gesandtschaft des Marcius gebilligt, er wieder mit einigen Fünfruderern nach Griechenland in dieselben Gegenden zurückgeschickt und ihm aufgetragen wurde, das Übrige so zu machen, wie er es für den Staat am vorteilhaftesten fände. ***10*** Auch den Aulus Atilius schickten sie zur Besetzung von Larisa nach Thessalien, weil sie befürchteten, Perseus möchte nach Ablauf des Waffenstillstandes eine Besatzung hineinlegen und so die Hauptstadt Thessaliens in seiner Gewalt haben. ***11*** Hierzu sollte Atilius 2000 Mann Fußvolk von Gnaeus Licinius bekommen. Auch Publius Lentulus, der aus Achaia zurückgekommen war, wurden 3000 Mann italischer Truppen gegeben, um von Theben aus zu bewirken, dass Böotien in seiner Gewalt wäre.

(48) Nach diesen Vorbereitungen beschloss man, obgleich die Maßregeln für den Krieg schon bestimmt waren, die Gesandten des Perseus dennoch im Senat vorzulassen. ***2*** Ungefähr dasselbe, was der König in der Unterredung vorgebracht hatte, wiederholten seine Gesandten. Gegen den Vorwurf, dem Eumenes aufgelauert zu haben, verteidigten sie ihn zwar sehr angelegentlich, doch

ohne die geringste Wahrscheinlichkeit; denn die Sache war offenbar. Das Übrige war bittende Entschuldigung, **3** die aber keine Hörer fand, die sich hätten belehren oder erweichen lassen. Man sagte ihnen, Rom sogleich zu verlassen und Italien binnen dreißig Tagen zu räumen. **4** Konsul Publius Licinius, dem Makedonien als Standplatz zugefallen war, wurde nun angewiesen, dem Heer den ersten besten Tag zu bestimmen, an dem es sich zu sammeln habe. **5** Der Prätor Gaius Lucretius, der die Anführung der Flotte hatte, ging mit 40 Fünfruderern von Rom ab; denn von den ausgebesserten Schiffen wollte man mehrere zu verschiedenem Gebrauch in der Nähe der Stadt behalten. **6** Der Prätor sandte seinen Bruder Marcus Lucretius mit einem Fünfruderer voraus, befahl ihm, die von den Bundesgenossen vertragsmäßig zu stellenden Schiffe in Empfang zu nehmen und bei Kephallenia zur Flotte zu stoßen. **7** Dieser fuhr auf einem Dreiruderer von Regium, mit zweien von Locri und vier von Uria längs der Küste Italiens auf dem Jonischen Meer über das äußerste Vorgebirge Kalabriens hinaus und setzte nach Dyrrachium über. Hier fand er zehn Schiffe der Dyrrachiner vor, **8** zwölf von Issa und 54 von König Gentius, stellte sich, als hielte er sie zum Dienst für die Römer zusammengebracht, nahm sie alle mit, ging in drei Tagen nach Korkyra und von da weiter nach Kephallenia über. **9** Der Prätor Gaius Lucretius, der von Neapolis auslief, ging durch die Meerenge und fuhr in fünf Tagen nach Kephallenia. **10** Hier hielt die Flotte an, um zweierlei abzuwarten: dass die Landmacht herüberkäme und dass die Lastschiffe, die sich auf der hohen See zerstreut hatten, nachkämen.

(49) Es traf sich so, dass in diesen Tagen der Konsul Publius Licinius, nachdem er auf dem Kapitol die Gelübde abgelegt hatte, im Feldherrnpurpur von der Stadt aufbrach. **2** Dieses Ereignis geht zwar immer mit großer Würde und Feierlichkeit vor sich, besonders aber wird es dann für die Blicke der Zuschauer und für die Aufmerksamkeit anziehend, wenn sie einem Konsul das Geleit geben, der gegen einen großen, im Ruf der Tapferkeit oder Macht stehenden Feind auszieht. **3** Dann finden sie sich nicht bloß aus Pflichtgefühl ein, sondern auch aus Hang für diese Augenweide, einen Feldherrn zu sehen, welcher der Ihrige ist und dessen Oberbefehl und Einsicht sie die ganze Wohlfahrt des Staates übergeben haben. **4** Dann führen sie sich zu Gemüte, wie mancherlei die Zufälle des Krieges sind, **5** wie ungewiss der Ausgang des Schicksals, wie unentschieden die Ansprüche auf Kriegsglück, die widrigen, die günstigen Ereignisse, die Niederlagen, die oft eine Folge der Unwissenheit und Unbesonnenheit der Feldherren waren, wie segensreich dagegen Einsicht und Tapferkeit wurden. **6** Welcher Sterbliche könne wissen, was für Übersicht, was für Glück der Konsul haben werde, den sie jetzt zum Krieg aussendeten, ob sie ihn nächstens mit seinem siegreichen Heer im Triumphe, im Zug zum Kapitol und zu denselben Göttern sehen sollten, aus deren Tempeln er sich jetzt auf den Weg begebe, oder ob die Götter diese Freude den Feinden bereiten würden. **7** Dem König Perseus aber, dem es diesmal galt, gab nicht allein die durch ihre Kriege berühmte makedonische Nation großen Ruf, sondern auch sein Vater Philipp, der sich bei manchen gelungenen Unternehmungen auch durch seinen Krieg mit Rom ausgezeichnet hatte. Allein auch Perseus' eigener Name war seit seiner Thronbesteigung bei dieser Erwartung des Krieges mit ihm beständig in aller Munde gewesen. **8** Mit diesen Gedanken begleiteten den ausziehenden Konsul alle Stände. **9** Zwei Konsulaten gab man ihm zu Obersten mit, den Gaius Claudius und Quintus Mucius, und drei angesehene junge Männer, den Publius Lentulus und die beiden (Lucii) Manlii Acidini, von denen der eine des (Gnaeus) Manlius, der andere des (Lucius) Manlius Sohn war. **10** Mit ihnen kam der Konsul zu Brundisium beim Heer an, und nach seiner Überfahrt mit allen Truppen lagerte er sich bei Nymphaeum im Gebiet von Apollonia.

(50) Wenige Tage vorher hielt Perseus, als ihm seine Gesandten bei ihrer Rückkehr von Rom alle Hoffnung auf Frieden abgeschnitten hatten, einen Staatsrat. In diesem wurde bei den sich widersprechenden Meinungen ziemlich lange gestritten. **2** Es fehlte nicht an solchen, die der

Ansicht waren, der König müsse sich sogar zu einer jährlichen Zahlung verstehen, wenn ihm die Römer diese auferlegen, oder zur Abtretung eines Teiles von seinem Gebiet, wenn sie ihm diesen nehmen wollten, überhaupt kein Opfer scheuen, das er dem Frieden zuliebe sich gefallen lassen müsse, und es nur nicht dahin kommen lassen, dass er sich samt seinem Reich auf ein so entscheidendes Spiel setze. *3* Bleibe ihm nur der Besitz seines Reiches unbestritten, so könnten Aufschub und Zeit manches herbeiführen, wodurch er nicht allein das Verlorene wiedergewinnen, sondern von seiner Seite denen furchtbar werden könne, vor denen er sich jetzt zu fürchten habe. *4* Allein bei Weitem der größere Teil führte eine mutigere Sprache. Sie versicherten, mit dem ersten Schritt, den der König weiche, würde er sofort auch sein Reich aufgeben müssen. *5* Denn Geld oder Land hätten ja die Römer nicht nötig. Allein sie wüssten, dass alle menschlichen Dinge und besonders immer die größten Königsstaaten und Reiche vielen Zufällen ausgesetzt seien. *6* Die Macht Karthagos hatten sie gebrochen, hätten ihm den Nacken mit einem übermächtigen, benachbarten König bejocht, hätten den Antiochos und seine Thronerben über die Höhen des Taurus hinausgedrängt. *7* Nur das Königreich Makedonien sei das einzige, das ihnen zu nahe liege und ihrer Meinung nach seinen Königen, sobald einmal dem römischen Volk sein Glück zu wanken anfange, den alten Mut wiedergeben könne. *8* Perseus müsse, solange er noch alles beisammen habe, mit sich einig werden, ob er lieber für seine Nachgiebigkeit im Einzelnen am Ende aller seiner Macht beraubt und aus seinem Reich vertrieben, Samothrake oder sonst eine Insel von den Römern sich erbitten wolle, um dort als Privatmann sein Königreich zu überleben und in Verachtung und Mangel alt zu werden, *9* oder ob er als der bewaffnete Verteidiger seines Glückes und seines Ranges, wie es eines Helden würdig sei, entweder der Entscheidung des Krieges sich fügen oder als Sieger den Erdkreis von der Herrschaft der Römer befreien solle. *10* Die Vertreibung der Römer aus Griechenland sei kein unbegreiflicheres Wunder als die Vertreibung Hannibals aus Italien. Und sie sähen wahrhaftig nicht ein, wie das zusammenstimme, dass er gegen einen Bruder, weil dieser widerrechtlich nach dem Thron strebte, alle Kräfte aufgeboten habe und nun den mit Ehre errungenen Thron Ausländern überlassen solle. *11* Überhaupt stimme ja bei der Entscheidung durch Krieg und Frieden alle Welt darin überein, dass nichts schimpflicher sei, als ein Königreich ohne Schwertschlag preisgegeben, und nichts ehrenvoller, als zur Behauptung der eigenen Würde und Hoheit jedem Schicksal sich unterzogen zu haben.

(51) Dieser Staatsrat wurde zu Pella gehalten, in der alten Residenz der Makedonier. *So wollen wir denn unter dem gnädigen Beistand der Götter,* rief Perseus, *wenn ihr meint, den Krieg führen.* Und seine an die Statthalter erlassenen schriftlichen Befehle beschieden alle Truppen nach Aition, einer Stadt in Makedonien. *2* Er selbst ging, nachdem er königlich genug der Minerva, die dort den Beinamen Alkis hat, ein Opfer von 100 Tieren gebracht hatte, mit der Schar seiner Vertrauten und Trabanten nach Kition ab. Hier hatten sich alle makedonischen Truppen und alle auswärtigen Hilfstruppen schon gesammelt. *3* Er lagerte sich vor der Stadt und stellte alle seine Truppen in der Ebene auf. Die Anzahl aller Bewaffneten betrug 43 000, worunter beinahe die Hälfte Phalangiten waren. Diese führte Hippias aus Beröa. *4* Dann folgten zwei wegen ihrer Stärke und kraftvollen Jugend aus der ganzen Menge der Rundschildner ausgesuchte Züge; sie nannten eine solche Legion einen Zug. Diese hatten den Leonnatos und Thrasippos, zwei Eulyester,* zu Anführern. *5* Die übrigen sich fast auf 3000 Mann belaufenden Rundschildner führte Antiphilos aus Edessa. Die aus Paeonien, aus Parorien, aus Parstiymonia – diese Landschaften grenzen an Thrakien – und die Agrianer mit ihren thrakischen Anbauern machten ebenfalls gegen 3000 Mann aus. *6* Der Paeonier Didas, der Mörder des jungen Demetrios, hatte sie bewaffnet und zusammengezogen.

* Dieser Völkername ist in der Handschrift nicht sicher lesbar.

7 An der Spitze von 2000 Mann gallischer Truppen stand Asklepiadotos. 3000 freie Thraker, aus der sintischen Stadt Heraklea, hatten ihren eigenen Anführer. So folgte auch fast eine ebenso starke Schar Kreter ihren eigenen Führern Susos von Phalasarna und Syllos von Gnossos. ***8*** 500 Griechen, aus mehreren Völkern gemischt, hatten den Spartaner Leonidas zum Befehlshaber. Er galt als ein Abkömmling der Könige, war aber jetzt ein Verbannter, weil ihn ein großer achäischer Landtag wegen eines aufgefangenen Briefes von ihm an Perseus verurteilt hatte. ***9*** Die Aetoler und Böotier, die zusammen nicht über 500 Mann betrugen, kommandierte der Achäer Lykon. Diese aus so vielen Völkerschaften und Nationen gemischten Hilfstruppen betrugen fast 12 000 Mann. ***10*** An Reiterei hatte Perseus aus ganz Makedonien 3000 zusammengebracht. Hier hatte sich aber auch Kotys, der Sohn des Seuthes, König des adrysischen Volksstammes, mit 1000 erlesenen Reitern und fast ebenso vielem Fußvolk eingefunden. ***11*** Die Summe des ganzen Heeres betrug 39 000 Mann zu Fuß, 4000 zu Pferd. Man wusste sicher, dass nach jenem Heer, welches Alexander der Große nach Asien hinübernahm, nie wieder ein makedonischer König so viele Truppen gehabt hatte.

(52) Es war jetzt das 26. Jahr, seitdem die Römer dem König Philipp auf seine Bitte den Frieden bewilligt hatten. ***2*** Makedonien hatte während dieser ganzen Zeit in Ruhe Landeskinder genug geliefert, welche größtenteils zum Kriegsdienst reif sein konnten; und in den kleinen Kriegen mit den benachbarten Thrakern, welche für sie mehr übend als erschöpfend waren, hatten sie doch in ununterbrochenem Dienst gestanden; ***3*** dann bewirkte auch der Umstand, dass schon lange vorher zuerst Philipp, dann Perseus an einen Krieg mit Rom gedacht hatten, dass jetzt alles eingerichtet und in Bereitschaft war. ***4*** Das Heer musste eine kleine Bewegung machen – doch nicht bis zur vollen Musterübung –, damit es nur nicht in den Waffen bloß dazustehen scheine; und nun berief er es bewaffnet, wie es war, zu einer Versammlung. ***5*** Er selbst stand auf einer Bühne, ihm auf beiden Seiten standen seine beiden Söhne, von denen der ältere, Philipp, eigentlich sein Bruder, nur sein angenommener Sohn, der jüngere, der den Namen Alexander hatte, sein wirklicher Sohn war. ***6*** Er forderte die Truppen zum Krieg auf. ***7*** Er zählte die Unbilden auf, welche die Römer seinem Vater und ihm zugefügt hätten. Sein Vater, den alle diese unwürdigen Handlungen zur Erneuerung des Krieges gezwungen hätten, sei während der Kriegsrüstungen vom Tod überrascht worden. An ihn selbst hätten die Römer Gesandte und auch zu gleicher Zeit Truppen geschickt, um die Städte Griechenlands zu besetzen. ***8*** Dann hätten sie durch eine listige Unterredung unter dem Schein, den Frieden wieder einzuleiten, ihn während des Winters hingehalten, um zu ihren Rüstungen Zeit zu gewinnen. Jetzt komme nun ein Konsul mit zwei Legionen Römern, deren jede aus 5000 Mann zu Fuß und 300 Reitern bestehe, und mit einer fast gleichen Anzahl von Bundestruppen zu Fuß und zu Pferd. ***9*** Möchten immerhin die Hilfstruppen von den Königen Eumenes und Masinissa hinzukommen, die doch nicht mehr als 7000 zu Fuß, 2000 zu Pferd betragen würden. ***10*** Nachdem sie nunmehr die Truppenzahl der Feinde gehört hätten, möchten sie auf ihr eigenes Heer blicken, um einzusehen, wie sehr sie selbst an Zahl und an Wert der Truppen ungeübten, eiligst zu diesem Krieg geworbenen Jünglingen überlegen sein müssten, sie, von Kindheit an die in allen Künsten des Krieges Gebildeten, die durch so viele Kriege Eingeübten und Abgehärteten. ***11*** Die Hilfstruppen der Römer bestünden aus Lydiern, Phrygiern, Numidern; die seinigen aus Thrakern und Galliern, den tapfersten Völkern. Jene hätten Waffen, so gut sie sich jeder Soldat bei seiner Armut habe anschaffen können, die Makedonier hingegen, wie die königlichen Waffenlager sie hergegeben hätten, und sie sein Vater seit so vielen Jahren mit Sorgfalt und Kasten habe fertigen lassen. ***12*** Die Zufuhr werde jenen aus der Ferne kommen und allen Zufällen der Seefahrt unterworfen sein, er dagegen habe Gelder und Getreide, den Ertrag der Bergwerke nicht mitgerechnet, auf zehn Jahre zurückgelegt. ***13*** Alles, was durch

die Gnade der Götter, was durch die Vorsorge der Könige habe vorbereitet werden müssen, hätten die Makedonier vollauf und im Überfluss; ***14*** nun müssten sie auch den Mut haben, den ihre Vorfahren gehabt hätten, die nach dem Sieg über ganz Europa nach Asien gingen, einen selbst dem Gerücht unbekannten Weltteil durch ihre Waffen eröffneten und nicht eher abließen zu siegen, bis es für sie, vom Ostmeer begrenzt, nichts zu besiegen gab. ***15*** Jetzt aber wahrhaftig würden sie vom Schicksal nicht zu einem Kampf aufgefordert über die äußersten Küsten Indiens, sondern für den Besitz von Makedonien selbst. Dem Krieg mit seinem Vater hätten die Römer den ehrenvollen Vorwand einer Befreiung Griechenlands gegeben; ***16*** Jetzt gingen sie ganz ohne Hehl darauf aus, Makedonien in Sklaverei zu bringen, um keinen König in der Nähe des Römerstaates zu haben, um keiner Nation von einigem Kriegsruf die Waffen zu lassen. Denn diese samt ihrem König und Königreiche müssten die Makedonier den tyrannischen Sklavengebietern ausliefern, wenn sie vom Krieg zurücktreten und ihren Forderungen sich fügen wollten.

(53) Zwar hatten sie während der ganzen Rede ihm schon häufig Beifall gespendet, jetzt aber wurde das Geschrei, weil sie von Unwillen empört Drohungen ausstießen, zum Teil auch den König guten Mutes sein hießen, so laut, dass er seine Rede schloss, sie nur noch aufforderte, sich zum Marsch bereit zu halten, ***2*** denn wie es heiße, brächen die Römer schon von Nymphaeon mit ihrem Lager auf, dann die Versammlung entließ und sich wegbegab, um die Gesandtschaften der makedonischen Städte vorzulassen. ***3*** Sie waren gekommen, um ihm Geld und Getreide, jede nach den Verhältnissen ihrer Stadt zum Kriege anzubieten. ***4*** Alle erhielten eine Danksagung; die Lieferung wurde allen erlassen und ihnen gesagt, die königlichen Vorräte reichten dazu hinlänglich aus; bloß Wagen verlangte man von ihnen, um die Wurfgeschütze und die ungeheure Menge vorrätiger Geschosse und anderes Kriegsgerät fortbringen zu können. ***5*** Nun brach er mit dem ganzen Heer auf, lagerte sich auf dem Weg nach Eordaea an dem See Begorrites und rückte am folgenden Tag darauf in Elimae am Fluss Haliakmon vor. ***6*** Als er dann durch einen engen Pass die sogenannten Kambunischen Berge überstiegen hatte, kam er zu den sogenannten Dreistädtern, den Bewohnern von Azoron, Pythion und Doliche herab. ***7*** Diese drei Städte, obgleich sie ein wenig zögerten, weil sie den Larisaeern Geiseln gestellt hatten, ließen sich doch durch die drohende Gegenwart besiegen und ergaben sich. ***8*** Er sprach mit diesen sehr gnädig, und in der Voraussetzung, dass auch die Perrhaeber ihn willig aufnehmen würden, bemächtigte er sich ihrer Stadt ohne Weigerung von Seiten der Bürger bloß durch seine Ankunft. ***9*** Allein vor Kyretiae sah er sich zum Sturm genötigt, ja den ersten Tag wurde er in einem heftigen Kampf an den Toren von ihren Bewaffneten zurückgeschlagen. Am folgenden Tag griff er sie mit seiner ganzen Macht an; und noch vor Nacht ergaben sie sich alle.

(54) Mylae, die nächste und so stark befestigte Stadt, dass das Vertrauen auf ihre unüberwindlichen Werke die Bewohner trotziger machte, begnügte sich nicht damit, dem König ihre Tore zu verschließen, sondern die Bürger stießen auch gegen ihn und seine Makedonier freche Schimpfreden aus. ***2*** Erhöhte dies die Erbitterung des stürmenden Feindes, so spornte es auch die Belagerten, weil sie an aller Schonung verzweifelten, zu einer desto hartnäckigeren Gegenwehr an. ***3*** Folglich wurde Myla drei Tage lang von beiden Seiten mit unglaublicher Tapferkeit bestürmt und verteidigt. Den Makedoniern wurde es bei ihrer Menge nicht schwer, zu dem abwechselnd zu übernehmenden Kampf einander abzulösen, die Belagerten aber, die Tag und Nacht in der Verteidigung ihrer Mauern immer dieselben waren, fühlten sich nicht durch Wunden allein, sondern auch von Wachen und von der ununterbrochenen Anstrengung erschöpft. ***4*** Als am vierten Tag rings um die Mauern Sturmleitern angelegt wurden, und besonders an einem Tor ein heftigerer Angriff erfolgte, stützten die von der Mauer herabgetriebenen Bürger zur Verteidigung des Tores herbei und machten plötzlich auf den Feind einen Angriff. ***5*** Weil aber dieser mehr das Werk

einer blinden Wut als des Vertrauens auf wirkliche Stärke war, ergriffen die wenigen Kraftlosen, von frischen Truppen besiegt, die Flucht und ließen im Fliehen durch das offene Tor den Feind mit ein. ***6*** So wurde die Stadt erobert und geplündert. Auch wurden alle Freigeborenen, welche das Blutbad übrig gelassen hatte, verkauft. Nachdem Perseus die Stadt größtenteils niedergerissen und verbrannt hatte, brach er nach Phalanna auf und kam von da am folgenden Tag nach Gyrton. ***7*** Als er hörte, dass hier Titus Minucius Rufus und der thessalische Prätor Hippias mit Truppen eingerückt waren, zog er, ohne einen Angriff zu versuchen, vorbei und nahm Elatea und Gonnos, weil sich ihre Bewohner durch seine überraschende Ankunft schrecken ließen. Beide Städte liegen in dem Pass, der in das Tal Tempe führt, namentlich Gonnos. ***8*** Deswegen verließ er dies nicht eher, bis er es durch eine Besatzung von Reiterei und Fußvolk gesichert und mit einem dreifachen Graben und Wall geschützt hatte. ***9*** Er rückte nach Sykurion vor und beschloss, hier die Ankunft der Feinde abzuwarten; zugleich ließ er sein Heer aus dem unten vor ihm liegenden feindlichen Gebiet Getreide holen. ***10*** Denn Sykurion liegt am Fuß des Berges Ossa und hat auf seiner Aussicht nach Mittag die Gefilde Thessaliens unter sich, im Rücken aber Makedonien und Magnesia. ***11*** Zu diesen Vorteilen der Lage kommt noch der Überfluss an sehr gesundem, nie versiegendem Wasser aus einer Menge ringsumher befindlicher Quellen.

(55) Der römische Konsul, der in diesen Tagen mit seinem Heer nach Thessalien zog, hatte zuerst durch Epirus einen offenen Weg, ***2*** dann aber, als er nach Athamanien gekommen war, wo der Boden rau und beinahe unwegsam ist, kam er unter großen Schwierigkeiten in kleinen Märschen kaum bis Gomphoi. ***3*** Hätte sich ihm hier, als er mit ermatteten Leuten und Pferden und einem neu geworbenen Heer heranzog, der König in Schlachtordnung und im Vorteil des Ortes und der Umstände entgegengestellt, so hätten die Römer nach ihrem eigenen Geständnis nicht ohne großen Nachteil kämpfen müssen. ***4*** Als sie aber Gomphoi ohne Kampf erreicht hatten, vereinigte sich mit ihrer Freude, den gefahrvollen Gebirgswald zurückgelegt zu haben, auch eine Verachtung ihrer Feinde, die so ganz mit ihren Vorteilen unbekannt waren. ***5*** Nach gebührend vollbrachtem Opfer und nach Austeilung des Getreides unter die Soldaten und einem Aufenthaltevon wenigen Tagen, um Tiere und Menschen sich erholen zu lassen, zog der Konsul auf die Nachricht, dass sich die Makedonier auf ihren Streifzügen über ganz Thessalien ausbreiteten und das Gebiet seiner Bundesgenossen verheerten, mit seinen schon hinlänglich wieder gestärkten Truppen nach Larisa. ***6*** Als er von dort aus beinahe noch 3000 Schritte von Tripolis, mit dem Beinamen das Linke, entfernt war, schlug er am Ufer des Stromes Peneus ein Lager auf. ***7*** Inzwischen landete Eumenes, der seinen Bruder Philetaeros zum Schutz seines Reiches zu Pergamon zurückließ, mit seinen Brüdern Attalos und Athenaeos bei Chalkis. Von hier kam er mit Attalos nebst 4000 Mann zu Fuß und 1000 zu Pferd zum Konsul. ***8*** In Chalkis ließ man 2000 Mann Fußvolk unter dem Befehl des Athenaeos zurück. Hier fanden sich bei den Römern auch die übrigen Hilfstruppen aus allen griechischen Völkern von allen Zeiten ein, die aber meistens – so unbedeutend waren sie – in Vergessenheit geraten sind. ***9*** Die Apolloniaten schickten 300 zu Pferd, 100 zu Fuß. Von den Aetolern kam ein Geschwader, was an Reiterei in der ganzen Nation zu haben war, ***10*** und von den Thessaliern – man hatte auf ihre ganze Reiterei gehofft – befanden sich im römischen Lager nicht mehr als 300 Reiter. Die Achäer stellten von ihrer Mannschaft gegen 1000, meistens in kretischer Rüstung.

(56) Um diese Zeit schiffte sich auch der Prätor Gaius Lucretius, der die Schiffe bei Kephallenia befehligte, nachdem er seinen Bruder Marcus Lucretius angewiesen hatte, mit der Flotte um Malea herum nach Chalkis zu segeln, auf einem Dreiruderer ein, in der Absicht, in den Korinthischen Meerbusen einzulaufen und so dem König in Böotien zuvorzukommen. ***2*** Wegen seiner schwachen Gesundheit ging diese Fahrt sehr langsam. ***3*** Als Marcus Lucretius bei seiner

Ankunft zu Chalkis erfuhr, Publius Lentulus belagere Haliartos, ließ er ihm im Namen des Prätors sagen, er möge abziehen. ***4*** Der Unterfeldherr, der bloß mit böotischen Soldaten von der römisch gesinnten Partei die Sache unternommen hatte, zog vor den Mauern ab. ***5*** Aber diese aufgehobene Belagerung machte einer neuen Belagerung Platz. Denn sogleich schloss Marcus Lucretius mit einem Heer von 10 000 Mann Seetruppen und den 2000 Mann von des Königs Soldaten, die unter Atyenaeos standen, Haliartos ein. Als sie sich schon zum Angriff bereit machten, traf von Kreusa aus der Prätor selbst ein. ***6*** Ungefähr um dieselbe Zeit kamen auch zu Chalkis die Schiffe der Bundesgenossen an, zwei punische Fünfruderer, zwei Dreiruderer von Heraklea in Pontus, vier von Chalkedon, ebenso viele von Samos und dann noch fünf rhodische Vierruderer. ***7*** Der Prätor schickte sie, weil der Krieg zur See nirgends stattfand, den Bundesgenossen zurück. Auch Quintus Marcius, welcher Alope erobert und Larisa mit dem Beinamen Kremaste belagert hatte, kam mit seinen Schiffen nach Chalkis.

8 Perseus, der bei dieser Lage der Dinge, wie ich oben gesagt habe, bei Sykurion im Lager stand, ließ ringsumher aus den Dörfern Getreide zusammenfahren ***9*** und schickte zur Verheerung des Gebietes von Pherae Truppen ab, in der Hoffnung, so die Römer zu erreichen, wenn er sie zur Verteidigung ihrer Bundesstädte weiter von ihrem Lager abgezogen hätte. ***10*** Als er aber merkte, dass sie sich durch diesen lärmenden Streifzug nicht rührten, verteilte er wenigstens die Beute, die Menschen ausgenommen – sie bestand aber meistens aus allen Arten von Heidenvieh –, damit sich seine Soldaten daran gütlich tun sollten.

(57) Jetzt überlegten zu gleicher Zeit der Konsul und der König mit ihrem Kriegsrat, auf welchem Punkt sie den Angriff eröffnen sollten. ***2*** Dem König wuchs der Mut, weil ihm der Feind die Verheerung des Gebietes von Pherae gestattet hatte. Also, meinte er, müsse man vor sein Lager rücken und ihm nicht länger Zeit lassen, sich zu bedenken. ***3*** Auch die Römer meinten, ihr Zögern bringe sie bei ihren Bundesgenossen in schlechten Ruf, weil diese höchst unwillig darüber wären, dass man die Pheraeer ohne Hilfe gelassen habe. ***4*** Als sie noch berieten, was sie tun sollten – auch Eumenes und Attalos wohnten diesem Kriegsrat bei –, meldete ein Bote voll Bestürzung, die Feinde rückten in einem langen Zug an. Die Versammlung wurde entlassen und allen sogleich das Zeichen gegeben, sich zu bewaffnen. ***5*** Inzwischen sollten von den königlichen Hilfstruppen 100 Reiter und an Wurfschützen ebensoviel Fußvolk ausrücken. ***6*** Perseus ließ etwa gegen zehn Uhr morgens in einer Entfernung vom römischen Lager von ungefähr 1000 Schritt sein Fußvolk Halt machen. Er selbst rückte mit der Reiterei und den Leichtbewaffneten weiter vor. Mit ihm kamen auch Kotys und die Führer der übrigen Hilfstruppen vorauf. ***7*** Sie waren nicht mehr 500 Schritt vom Lager entfernt, als ihnen feindliche Reiterei zu Gesicht kam. Es waren zwei Geschwader, größtenteils Gallier unter ihrem Anführer Cassignatus, etwa 100 Leichtbewaffnete und 50 Myser und Kreter. ***8*** Der König, über die Anzahl der Feinde ungewiss, machte Halt. Dann sandte er aus seinem Zug zwei thrakische, zwei makedonische Reitergeschwader mit zwei kretischen und zwei thrakischen Kohorten. ***9*** Der Kampf endigte, da sie an Zahl sich gleich waren, und weder von dieser noch von jener Seite Verstärkung nachrückte, so dass der Sieg ungewiss blieb. Von den Truppen des Eumenes fielen fast 30, und unter den Gefallenen war der gallische Anführer Cassignatus. Für diesmal zog Perseus seine Truppen nach Lykurion zurück. ***10*** Am folgenden Tag um dieselbe Stunde rückte der König mit seinen Truppen wieder auf denselben Platz, mit einem Gefolge von Wagen mit Wasser. Denn der ganze Weg von 12 000 Schritten hatte kein Wasser und viel Staub, so dass sie unfehlbar lechzend vor Durst hätten kämpfen müssen, wenn sie sich auf jeder Stelle, wo sie den Feind sahen, hätten einlassen wollen. ***11*** Als die Römer, die sogar ihre Posten in die Verschanzungen zurückzogen, sich ruhig verhielten, kehrten auch die Truppen des Königs in ihr Lager zurück. Dies machten sie mehrere Tage so, weil sie hofften,

die römische Reiterei sollte ihnen bei ihrem Abzug die Nachhut angreifen. *12* Und wenn sie dann in dem daraus hervorgehenden Kampf die Reiter weiter von ihrem Lager weggelockt hätten, so könnten sie selbst bei ihrer Überlegenheit an Reiterei und Leichtbewaffneten, wo es auch sein möchte, ohne Gefahr ihre Linie gegen den Feind umkehren.

(58) Als dieses Vorhaben nicht gelang, rückte der König mit seinem Lager näher an den Feind und befestigte es in einer Entfernung von nur 5000 Schritt . *2* Von hier aus führte er, als er bei Tagesanbruch sein Fußvolk auf dem gewöhnlichen Platz in Schlachtordnung aufgestellt hatte, seine ganze Reiterei und die Leichtbewaffneten gegen das feindliche Lager. *3* Der Anblick der ungewöhnlich größeren und näheren Staubwolke setzte das römische Lager in Verwirrung. Anfangs fand die Nachricht kaum Glauben, weil sich der Feind in den früheren Tagen nacheinander nie vor zehn Uhr gezeigt hatte, und jetzt ging erst die Sonne auf. *4* Als aber auf das Geschrei und Herbeieilen mehrerer von den Toren aller Zweifel verschwand, entstand ein gewaltiger Auflauf. Die römischen Obersten, die Obersten der Bundesgenossen, die Hauptleute liefen dem Feldherrnzelt zu, die Soldaten jeder in das seinige. *5* Nicht volle 500 Schritt vom Wall entfernt hatte Perseus die Seinigen an einem Hügel, namens Kallikinos, aufgestellt. *6* Auf dem linken Flügel standen unter dem König Kotys alle seine Landsleute, die Glieder der Reiterei schied das dazwischen geschobene leichte Fußvolk. Auf dem rechten Flügel stand die makedonische Reiterei, zwischen deren Geschwadern die Kreter eingereiht waren. *7* Über diese in ihrer eigenen Rüstung hatte Medon von Beröa, über die Reiterei und diesen ganzen Flügel Menon von Antigonea den Oberbefehl. *8* Zunächst an die Flügel schlossen sich die königliche Reiterei und ein Gemisch von auserlesenen Hilfstruppen aus mehreren Völkern. Hier waren Patrokles von Antigonea und Paeoniens Statthalter Didas Befehlshaber. *9* In der Mitte des Ganzen stand der König, um ihn der sogenannte Zug und die heiligen Geschwader der Reiterei. *10* Vor sich stellte er die Schleuderer und Wurfschützen auf. Beide Scharen machten zusammen 400 Mann aus. Über diese setzte er Jon von Thessaloniki und Neoptolemos. So standen die Truppen des Königs.

11 Der Konsul, der die Schlachtreihe seines Fußvolkes innerhalb des Walles aufstellte, ließ ebenfalls die ganze Reiterei mit den Leichtbewaffneten ausrücken. Sie wurden dicht vor dem Wall aufgestellt. *12* Den rechten Flügel befehligte Gaius Licinius Crassus, der Bruder des Konsuls, mit der ganzen italischen Reiterei und den dazwischen gestellten leichten Truppen; auf dem linken hatte Marcus Valerius Laevinus die Bundesreiterei aus den griechischen Völkern mit ihren Leichtbewaffneten. *13* Den Mittelpunkt deckte Quintus Mucius mit der ausgewählten und der außerordentlichen Reiterei. Vor ihnen standen 200 gallische Reiter und von den Hilfstruppen des Eumenes 300 Kyrtier. *14* Über den linken Flügel hinaus in einem kleinen Zwischenraum hatten 400 thessalische Reiter ihren Platz. König Eumenes und Attalos standen mit ihrer ganzen Mannschaft im Rücken zwischen dem Hintertreffen und dem Wall.

(59) Ungefähr in dieser Stellung machten die Schlachtreihen, auf beiden Seiten an Reiterei und Leichtbewaffneten fast in der Zahl sich gleich, den Angriff, so dass die vorangehenden Schleuderer und Wurfschützen den Kampf begannen. *2* Nun rannten von allen zuerst die Thraker, gleich wilden, lange im Zwinger gehaltenen Tieren daherstürzend, mit schrecklichem Geschrei gegen den rechten Flügel an, gegen die italische Reiterei, *3* so dass diese bei Erfahrung und angestammtem Mut sonst unerschrockenen Krieger in Unordnung gerieten. Die Thraker zu Fuß schlugen mit ihren Schwertern die Lanzen weg. Bald hieben sie den Pferden die Schenkel ein, bald durchstachen sie ihnen den Bauch. *4* Vor Perseus, der auf den linken Flügel einsprengte, wandten sich auf seinen ersten Angriff die Griechen ab. Als ihnen der Feind mit Überlegenheit im Rücken nachdrang, kam ihnen die thessalische Reiterei, die, von dem linken Flügel durch einen kleinen Zwischenraum getrennt, nur als Unterstützung außerhalb der fechtenden Linie

stand und anfangs bloß Zuschauer des Kampfes gewesen war, jetzt auf ihrer Flucht wesentlich zustatten. *5* Denn als sie, langsam in ungetrennten Scharen weichend, sich den Hilfstruppen des Eumenes angeschlossen hatte, gab sie ebenso wie er ihren durch die Flucht auseinandergeworfenen Freunden in den Zwischenräumen ihrer Scharen eine sichere Aufnahme, und als die Feinde schon minder dicht geschlossen ihnen nachsetzten, durfte sie sich heranwagen und rettete durch ihr Entgegenkommen viele Fliehende. *6* Auch hatten die Truppen des Königs, durch das Nachsetzen schon selbst an mehreren Punkten getrennt, nicht den Mut, mit diesen in Reih und Glied und festem Schritt Anrückenden zu kämpfen. *7* Da die ganze Schlacht gewonnen wäre, wenn der König – mit der Reiterei schon Sieger – durch einen kleinen Ausschlag nur nachgeholfen hätte, kam – ihm Mut zu machen, gerade zu rechter Zeit – die Phalanx bei ihm an, die Hippias und Leonnatos, als sie von dem glücklichen Kampf der Reiterei hörten, aus eigenem Antrieb, um das mutige Unternehmen nicht ohne Unterstützung zu lassen, eiligst herbeigeführt hatten. *8* Während der König zwischen Hoffnung und Furcht, an ein so großes Wagestück zu gehen, schwankte, kam der Kreter Euander, durch den Perseus zu Delphi dem Tumenes hatte auflauern lassen, als er den schweren Zug der Phalanx unter den Fahnen heranziehen sah, *9* zum König geeilt und warnte ihn dringend davor, sich durch sein Glück verführen zu lassen, aufs Geratewohl das Ganze ohne Not aufs Spiel zu setzen. *10* Wenn er, mit dem jetzigen Erfolg sich begnügend, für heute aufhörte, bleibe ihm entweder die Unterhandlung eines ehrenvollen Friedens, oder es würden sich, wenn er den Krieg vorzöge, nur wenige Teilnehmer am Krieg finden, die der Partei des Glücklichen sich anzuschließen wünschten. *11* Der König selbst hatte Lust, diesem Rat zu folgen. Er erteilte dem Euander Lob, befahl den Abmarsch, ließ den Zug des Fußvolkes nach dem Lager umkehren und der Reiterei zum Rückzug blasen.

(60) Auf römischer Seite fielen an diesem Tag 200 Reiter, von ihrem Fußvolk nicht unter 2000, fast 200 Reiter wurden Gefangene. Auf Seiten des Königs wurden 20 zu Pferd, 40 Mann Fußvolk getötet. *2* Als die Sieger in ihr Lager zurückkamen, waren sie zwar alle vergnügt, vor allen aber zeichnete sich die übermütige Freude der Thraker aus, denn sie kehrten mit Gesang zurück und trugen die aufgesteckten Köpfe der Feinde voran. *3* Bei den Römern war man nicht allein traurig, dass man seine Sache so schlecht gemacht hatte, sondern sogar in Angst, dass der Feind sogleich das Lager angreifen möchte. Eumenes riet, das Lager auf die andere Seite des Peneos zu verlegen, um durch den Fluss geschützt zu sein, bis die bestürzten Soldaten wieder Mut fassten. *4* Der Konsul stieß sich an der Schande, seine Furcht zu gestehen, doch gab er Vernunftgründen Gehör, führte seine Truppen in der Stille der Nacht hinüber und schlug sein Lager auf dem jenseitigen Ufer auf. *5* Als der König, der am folgenden Tag ausrückte, um die Feinde zum Kampf aufzufordern, sie durch ihr Lager jenseits des Flusses geschützt sah, gestand er freilich seinen Fehler ein, dass er gestern den Besiegten nicht nachgedrungen sei, machte sich aber einen weit größeren Vorwurf über seine Untätigkeit in dieser Nacht. *6* Denn wenn er auch weiter niemanden von den Seinigen hatte aufbieten wollen, so hätte er die feindlichen Truppen in der Verwirrung des Überganges über den Fluss bloß durch Absendung seiner Leichtbewaffneten größtenteils aufreiben können. *7* Die Römer waren zwar für jetzt von ihrer Angst befreit, da sie ein Lager an einem sicheren Ort hatten, außer dem sonstigen Verlust aber wirkte namentlich der der Ehre auf sie, *8* und im Kriegsrat beim Konsul schob jeder, so gut er konnte, die Schuld auf die Aetoler. Bei ihnen hätten Furcht und Bestürzung zuerst angefangen, *9* und den Aetolern hätten es die übrigen griechischen Bundesgenossen in der Verzagtheit nachgetan. Fünf aetolischen Anführern wurde nachgesagt, man habe sie zuerst die Flucht ergreifen sehen. *10* Den Thessaliern wurde vor der Versammlung Lob erteilt, und ihre Führer erhielten für ihre Tapferkeit Ehrengeschenke.

(61) Der König ließ sich die den erschlagenen Feinden abgenommenen Rüstungen bringen. ***2*** Hiervon machte er Geschenke; einigen gab er schöne Waffen, anderen Pferde, einige beschenkte er mit Gefangenen. Schilde waren über 1500; die Menge der Riemenpanzer und Brustharnische stieg über 1000. Die Zahl der Helme, Schwerter und Geschosse aller Art war noch weit größer. ***3*** So bedeutend dies in der Tat war, so vergrößerte es der König meistens noch in der Rede, die er nach Zusammenrufung des Heeres vor der Versammlung hielt. ***4*** *So habt ihr denn*, sprach er, *über den Ausgang des Krieges die vorläufige Entscheidung. Die Hauptstärke der Feinde, die römische Reiterei, in der sie unüberwindlich zu sein sich rühmten, habt ihr geschlagen.* ***5*** *Denn ihre Reiter sind ihre ersten jungen Männer, ihre Reiter sind die Pflanzschule ihres Senates, aus ihnen wählen sie die in die Zahl der Väter Aufgenommenen zu Konsuln, aus ihnen ihre Feldherren. Diesen waren die Rüstungen abgenommen, die wir soeben unter euch ausgeteilt haben.* ***6*** *Nicht geringer ist euer Sieg über die Legionen ihres Fußvolkes, wimmelte doch der Fluss von ihnen, als sie durch ihre Flucht bei Nacht sich euch entzogen, wie vom Gewühl umherschwimmender Schiffbrüchiger.* ***7*** *Doch als Verfolger der Besiegten werden wir leichter über den Peneos setzen können, als sie es im eiligen Gedränge konnten; und sind wir hinüber, dann greifen wir sofort ihr Lager an, das wir schon heute, wären sie nicht geflohen, erobert hätten.* ***8*** *Oder wollen sie eine Schlacht in Linie, so erwartet von dem Kampf zu Fuß denselben Ausgang, den der Kampf zu Pferd gehabt hat.* ***9*** Nicht allein die, welche den Sieg errungen hatten und den Raub vom erschlagenen Feind auf ihren Schultern trugen, wurden bei der Anhörung ihrer Heldentaten voll frohen Mutes, weil sie sich im Voraus von dem, was geschehen war, Hoffnung auf die Zukunft machten, ***10*** sondern auch das Fußvolk, angefeuert durch dies den anderen erteilte Lob, und besonders die von der makedonischen Phalanx wünschten sich ebenfalls eine Gelegenheit, dem König ihre Dienste zu leisten und sich am Feind einen ähnlichen Ruhm zu erwerben. ***11*** Der König entließ die Versammlung und brach von hier am folgenden Tag nach Mopsion auf, wo er ein Lager bezog. Dies ist ein Hügel in der Mitte zwischen Tempe und Larisa.

62. Die Römer verlegten, ohne das Ufer des Peneos zu verlassen, ihr Lager an einen sicherern Ort. ***2*** Dahin kam der Numider Misagenes mit 1000 Reitern, ebenso viel Fußvolk und überdies mit zweiundzwanzig Elefanten. ***3*** Dem König, der in diesen Tagen einen Hauptkriegsrat hielt, wagten schon einige seiner Vertrauten, weil der hohe Jubel über den Sieg sich nunmehr gelegt hatte, den Rat zu geben, er möge sich seines Glückes lieber zur Verabredung eines ehrenvollen Friedens bedienen, als von eitler Hoffnung zu weit geführt sich einem Spiel überlassen, das keinen Rückschritt gestatte. ***4*** Seinen glücklichen Fortschritten ein Ziel stecken und dem Sonnenschein des begünstigenden Augenblickes nicht zu viel trauen, zeige den klugen Mann, den Mann, der glücklich zu sein verdiene. ***5*** Er möge Abgeordnete zum Konsul schicken, einen neuen Vertrag unter denselben Bedingungen zu schließen, unter denen sein Vater Philipp den Frieden vom Sieger Titus Quinctius erhalten habe. ***6*** Der Krieg könne nicht glorreicher beendet werden als nach einem so denkwürdigen Kampf, und nie lasse sich von den Umständen die Hoffnung zu einem dauerhaften Frieden sicherer erwarten, als wenn diese jetzt den durch die unglückliche Schlacht gebeugten Römern mehr Nachgiebigkeit für die Unterhandlung gebieten würden. ***7*** Sollten aber die Römer auch dann mit der ihnen eigenen Hartnäckigkeit alle Billigkeit zurückstoßen, so würden die Mäßigung des Perseus und der trotzige Übermut der Römer Götter und Menschen zu Zeugen haben. ***8*** Des Königs Sinn war diesen Maßregeln nicht abgeneigt. Also wurde diese Meinung durch die Beistimmung mehrerer gebilligt. ***9*** Die an den Konsul abgeschickten Gesandten wurden mit Zuziehung eines zahlreichen Kriegrates angehört. Sie sagten, Perseus bitte um Frieden, ***10*** er verspreche, den Römern dieselbe Steuer zu entrichten, zu der sich sein Vater verstanden habe. Gleich zuerst wolle er die Städte, Gebiete und Plätze räumen, die sein

Vater geräumt habe. So weit die Gesandten. *11* Als man sie hatte abtreten lassen und nun überlegte, behielt im Kriegsrat die römische Standhaftigkeit die Oberhand. So war es damals Sitte, im Unglück sich die Miene des Glücklichen zu geben, im Glück den Mut zu mäßigen. *12* Man beschloss, ihnen zu antworten, dass unter der Bedingung der Friede bewilligt werde, dass der König in allen Punkten dem Senat das freie Recht zugestehe, über ihn und ganz Makedonien zu verfügen. *13* Als die Gesandten dies zurückmeldeten, staunten die, denen ein solches Benehmen fremd war, über die Hartnäckigkeit der Römer, und die meisten sagten, man müsse kein Wort von Frieden weiter sprechen, bald würden sie von ihrer Seite suchen, was sie jetzt von dem Darbietenden nicht annehmen möchten. *14* Perseus hingegen fürchtete gerade diesen Übermut, insofern ihn das Vertrauen auf eigene Kräfte erzeuge, und unter Erbietungen zu einer größeren Summe, wenn er den Frieden mit Geld erkaufen könnte, ließ er nicht ab, auf den Konsul seine Versuche zu machen. *15* Da dieser in seiner ersten Antwort nicht das Geringste änderte, kehrte er, auf den Frieden verzichtend, nach Sykurion, von wo er gekommen war, zurück, um sich von Neuem auf die missliche Entscheidung des Krieges einzulassen,

(63) Als sich die Kunde von dieser Schlacht der Reiterei durch Griechenland verbreitete, enthüllten sich die Gesinnungen der Menschen. Denn nicht bloß die von der makedonischen Partei vernahmen dies Gerücht mit Freuden, sondern fast alle, obgleich manche den Römern durch große Wohltaten verpflichtet waren, noch mehrere dem König wenigstens nichts zu verdanken, einige sogar seine Gewalttätigkeit und Grausamkeit erfahren hatten. *2* Und dies aus keinem andern Grund, als aus einer strafbaren Parteilichkeit, die der große Haufe auch bei den Kampfspielen äußert, aus einer Begünstigung des schlechteren und schwächeren Teiles.

3 Damals hatte in Böotien der Prätor Lucretius den Sturm auf Haliartos mit seiner ganzen Macht unternommen, und hatten auch die Belagerten keine fremde Hilfe außer einigen Truppen von Koronen, die sich bei der ersten Belagerung hineingeworfen hatten, und konnten sie auch keine hoffen, so hielten sie sich dennoch mehr durch ihren Mut als durch ihre Stärke. *4* Sie machten öftere Ausfälle auf die Belagerungswerke, sie stürzten den angebrachten Mauerbrecher durch herabgeschnellte Blöcke von Blei zur Erde nieder, und wenn auch die Lenker des Widderkopfes hier oder da den Schlag abzuwenden wussten, so holten die Belagerten eben die niedergekollerten Steine der Lücke schnell zusammen und bauten statt der niedergestürzten Mauer als Notbehelf eine neue auf. *5* Da die Belagerung mit den Maschinen zu langsam ging, ließ der Prätor unter seine Leute Leitern austeilen, um die Mauern von allen Seiten im Ringsturm anzugreifen. Denn er konnte umso mehr darauf rechnen, dass seine Truppenzahl dazu ausreichen werde, weil auf jener Seite der Stadt, wo sie der Sumpf umgibt, ein Angriff ebenso unnötig als untunlich war. *6* Er selbst rückte auf der Seite, wo zwei Türme und die Mauer dazwischen schon niedergestürzt waren, mit 2000 seiner Auserlesenen an, um es so möglich zu machen, dass gerade dann, wenn er über die Trümmer einzudringen suchte und die Bürgerschaft gegen ihn herbeieilte, die von Verteidigern entblößte Mauer an irgendeiner Stelle durch Sturmleitern gewonnen würde. *7* Erfinderisch genug schickten sich die Belagerten an, seinem Andränge zu wehren. Die von Trümmern bedeckte Stelle beschütteten sie mit dürren Reisbündeln, standen mit brennenden Fackeln da unter beständiger Drohung, jetzt anzuzünden, so dass sie, durch das Feuer vom Feind geschieden, zur Aufführung einer inneren Mauer Platz behielten. *8* Allein der Zufall vereitelte ihre Erfindung. Denn plötzlich ergoss sich ein so starker Platzregen, dass er das Anzünden fast unmöglich machte und das Angezündete auslöschte. *9* So stand der Weg über das auseinandergerissene dampfende Reisig offen, und während sich alle mit der Verteidigung dieser einen Stelle abgaben, wurde die Mauer an mehreren Stellen zugleich mit Leitern erstiegen. *10* Im ersten Getümmel der Eroberung wurden auch Greise und Unmündige, so wie sie der Zufall den Siegern entgegenführte, überall, niedergehauen. Die Bewaffneten retteten sich auf die Burg. Doch aller Hoffnung beraubt, ergaben sie sich am folgenden Tag und wurden öffentlich verkauft. *11* Es waren beinahe 2500. Alle Kleinodien der Stadt an Standbildern und Gemälden und jede Beute von Welt wurden eingeschifft, die Stadt selbst von Grund aus zerstört. *12* Von hier führte der Prätor sein Heer nach Theben, und als er sich der Stadt ohne Schwertstreich bemächtigt hatte, übergab er sie den Verbannten und der römischen Partei. Die Familien der Gegenpartei und alle, die den König und die Makedonier begünstigt hatten, verkaufte er als Sklaven. Nach diesen Verrichtungen in Böotien ging er an das Meer zurück und auf seine Schiffe.

(64) Während dieser Vorgänge in Böotien hatte Perseus mehrere Tage lang sein Standlager bei Sykurion. *2* Als er hier erfuhr, dass die Römer das eiligst auf den benachbarten Feldern abgemähte Getreide zusammenbrächten, dann, dass jeder vor seinem Zelt die Ähren mit der Sichel abschneide, *3* um das Getreide umso reiner zu dreschen, und dass große Haufen von Stroh im ganzen Lager herumliegen, ließ er, weil es deshalb so leichter in Brand zu setzen sei, Fackeln, Kienholz und Brandspindeln von gepichtem Werg herbeischaffen und brach dann um Mitternacht auf, um sie durch seinen Angriff bei Tagesanbruch zu überfallen. *4* Umsonst. Die überraschten Vorposten setzten doch durch ihren Lärm und ihren Schrecken die Übrigen in Bewegung; es erfolgte das Zeichen zur schleunigen Bewaffnung, und zugleich auf dem Wall und an den Toren standen die Soldaten schlagfertig und auf die Verteidigung ihres Lagers gefasst. *5* Perseus ließ sogleich die Linie sich schwenken, die Wagen vorangehen und die Fahnen des Fußvolkes nachfolgen. Er selbst blieb, um den Zug zu schließen, mit der Reiterei und den Leichtbewaffneten stehen, weil er glaubte – und so kam es auch –, die Feinde würden, um auf seine Nachhut im Rücken einzuhauen, ihn verfolgen. *6* Es entstand ein kurzes Gefecht, meistens zwischen seinen Leichtbewaffneten und den hervorsprengenden Feinden. Reiterei und Fußvolk gingen in aller Ruhe wieder ins Lager. *7* Nachdem die Römer die Kornfelder umher abgemäht hatten, rückten sie mit ihrem Lager auf das noch unberührte Gebiet von Krannon. Als sie hier wegen der Entfernung des feindlichen Lagers und wegen der Schwierigkeit des wasserarmen Weges zwischen Sykurion und Krannon ganz unbesorgt in ihrem Standlager waren, *8* setzte plötzlich am frühen Morgen die königliche Reiterei, die sich mit Leichtbewaffneten auf den nahen Hügeln sehen ließ, alles in große Bewegung. Tags zuvor waren sie von Sykurion gegen Mittag aufgebrochen; den Zug ihres Fußvolkes hatten sie gegen Tagesanbruch in der nächsten Ebene zurückgelassen. *9* Eine Zeitlang blieb der König auf den Hügeln stehen und hoffte, die Römer sollten sich zu einem Reitertreffen herauslocken lassen. Weil sie sich aber nicht regten, schickte er einen Reiter ab, der das Fußvolk nach Sykurion zurückgehen hieß, und er selbst kam bald darauf nach. *10* Als die römische Reiterei, die ihm in mäßiger Entfernung nachgezogen war, um etwa die Abstreifenden und Versprengten zu erreichen, den Feind in dichtem Schluss unter der Fahne und im Glied abziehen sah, kehrte auch sie in ihr Lager zurück.

(65) Ärgerlich über den weiten Weg brach der König mit seinem Lager nach dem Hügel Mopsion auf. Auch die Römer, die nun die Felder bei Krannon abgemäht hatten, gingen auf das Gebiet von Phalannae über. *2* Als der König hier durch einen Überläufer erfuhr, die Römer wären überall auf den Feldern zerstreut mit Mähen beschäftigt, ohne die geringste bewaffnete Bedeckung, *3* machte er sich mit 1000 Reitern, 2000 Thrakern und Kretern auf, und da sie, so schnell er sie treiben konnte, in vollem Lauf gegangen waren, griff er die Römer unvermutet an. *4* Von bespannten, meistens schwer beladenen Wagen erbeutete er 1000, machte beinahe 600 Gefangene und übergab die Beute 300 Kretern zur Bedeckung und Abführung ins Lager. *5* Er selbst rief die Reiterei und das übrige Fußvolk von der Zerstreuung beim Niederhauen zurück und führte sie gegen den nächsten Posten, den er ohne großen Kampf zu überwältigen hoffte. *6* Lucius

Pompejus, der hier befehlende Oberste, zog sich mit seinen durch die plötzliche Erscheinung der Feinde geschreckten Soldaten auf einen nahen Hügel zurück, um, was ihm an Mannschaft und Hilfsmitteln abging, durch den Vorteil des Ortes zu ersetzen. *7* Als er sie hier in einen Kreis zusammengezogen hatte, damit sie hinter dem Schluss ihrer Schilde vor den Pfeilschüssen und Wurfspießen gedeckt sein möchten, hieß Perseus, der den Hügel rings mit Bewaffneten einschloss, den einen Teil seiner Leute auf allen Seiten das Aufsteigen versuchen und den Feind durch einen Angriff aus der Nähe beschäftigen, den andern, ihn aus der Ferne beschießen. ***8*** Hier sahen sich die Römer von einer doppelten Gefahr umringt, denn in Hinsicht auf die, welche die Höhe zu ersteigen suchten, durften sie nicht in geschlossenem Glied kämpfen, und gaben sie, um Ausfälle zu machen, den Gliederschluss auf, so setzten sie sich auch den Wurfspießen und Pfeilen aus. ***9*** Die meisten Wunden schlugen ihnen die Schleuderpfeile. Dies war ein neues, in diesem Krieg erfundenes Geschoss. Ein Pfriem, zwei Handbreiten lang, war einem Schaft von der Länge einer halben Elle und von Fingerdicke aufgesteckt, der nach Art der Pfeile, ***10*** um ihm die Schwungkraft zu geben, mit drei Federzapfen besetzt war. Die Mitte der Schleuder hatte zwei ungleiche Bänder, wenn nun der Schleuderer das mit größerer Anstrengung geschwungene Geschoss mit den Riemen im Kreis bewegte. So flog das Abgeschleuderte wie eine Kugel heraus. ***11*** Als mit diesem und anderen Geschossen aller Art mehrere Römer verwundet waren und vor Ermattung ihre Waffen nur noch mit Mühe hielten, drang der König in sie, sie möchten sich ergeben, versprach ihnen Schonung, mitunter auch Belohnungen, und als sich auch nicht einer zur Übergabe bewegen ließ, da strahlte den schon zum Tod Entschlossenen unerwartet eine neue Hoffnung entgegen. ***12*** Denn da einige von den ins Lager zurückfliehenden Futterholern dem Konsul meldeten, jener Posten sei umzingelt, rückte er, bei der Gefahr so vieler Bürger nicht gleichgültig – es waren beinahe 800 und lauter Römer –, mit der Reiterei und den Leichtbewaffneten, zu denen noch neue Hilfstruppen gekommen waren – Numider zu Fuß und zu Pferd, auch Elefanten –, aus dem Lager und befahl seinen Obersten, mit den Fahnen der Legionen zu folgen. ***13*** Er selbst ging mit den leichten Hilfstruppen, zu deren Verstärkung er auch römische Leichtbewaffnete mitnahm, nach dem Hügel voraus. ***14*** Als Begleiter deckten ihn Eumenes, Attalos und Misagenes, ein numidischer Fürst.

(66) Sobald die Eingeschlossenen die ersten Fahnen der Ihrigen erblickten, belebte freilich die Römer nach der äußersten Verzweiflung ein neuer Mut, ***2*** und Perseus, dessen erster Hauptzweck gewesen war, mit einem zufälligen Glück zufrieden, sobald er mehrere Getreideholer gefangen genommen oder getötet hatte, seine Zeit nicht mit der Einschließung eines bloßen Postens hinzubringen, ***3*** und der zweite, als er dies mit ziemlichem Glück unternommen hatte, sich, ehe er angegriffen würde, davonzumachen, weil er wusste, dass er keine schweren Truppen bei sich hatte, wartete, durch sein Glück verführt, ebenfalls die Ankunft des Konsuls ab und schickte schleunigst einige hin, um die Phalanx zu holen. ***4*** Da diese für den Drang der Umstände zu spät aufbrach und doch den Weg im Eilschritt machen musste, wäre er bei ihrer Ankunft in der vollen Unordnung des Eilmarsches auf geschlossene und schlagfertige Truppen gestoßen. Schon vor der Ankunft der Phalanx hatte der Konsul den Kampf begonnen. ***5*** Zuerst leisteten die Makedonier Widerstand, dann aber, weil sie in allen Stücken die Schwächeren waren, machten sie sich zum Abzug fertig nach einem Verlust von 300 Mann zu Fuß und 24 der vornehmsten Ritter vom sogenannten Heiligen Geschwader, unter denen auch der Anführer des Geschwaders, Antimachos, fiel. ***6*** Übrigens war der Abzug beinahe noch stürmischer als der Kampf selbst. Die Phalanx, von einem Boten in der Hast herbeigerufen, zog im Schnellschritt heran, blieb aber zuerst, weil sie in einem engen Weg auf den Zug von Gefangenen und die mit Getreide beladenen Wagen stieß, zwischen diesen stecken. ***7*** Hier zerrieben sich beide Teile gewaltig, weil keiner es abwartete, dass sich der Zug, so gut es angehen wollte, entwickelte, sondern die Bewaffneten bei

der Unmöglichkeit, sich den Weg auf andere Weise zu bahnen, die beladenen Wagen am Abhang hinunterstießen, und die Tiere, denen der Treiber zusetzte, im Getümmel wild wurden. ***8*** Kaum hatten sich die Truppen der Phalanx dem verwickelten Zug der Gefangenen entwunden, so stießen sie auf den Zug des Königs und seine voll Bestürzung fliehende Reiterei. Nun bewirkte vollends das Geschrei derer, die ihnen zuriefen, sie sollten umkehren, eine Verwirrung, so dass beinahe alles übereinander stürzte und sie eine große Niederlage hätten erleiden können, wenn die Feinde sich in den Pass gewagt und sie weiter verfolgt hätten. ***9*** Allein sobald der Konsul den Posten vom Hügel an sich gezogen hatte, führte er, mit einem mäßigen Erfolg sich begnügend, seine Truppen ins Lager zurück. Nach einigen Berichten kam es an diesem Tag zu einer großen Schlacht, in der 8000 Feinde, unter ihnen auch die königlichen Feldherrn Sopater und Antipater fielen, ungefähr 2800 Gefangene gemacht und 27 Fahnen erbeutet sein sollen. ***10*** Der Sieg soll aber auch nicht unblutig gewesen sein, und das Heer des Konsuls über 4300 Mann und der linke Flügel fünf Fahnen verloren haben.

(67) Dieser Tag gab den Römern wieder Mut und schlug den Perseus nieder, so dass er bei Mopsion, hauptsächlich um die Beerdigung seiner Gefallenen zu besorgen, nur noch wenige Tage verweilte, eine hinlängliche Besatzung zu Gonnos hinterließ und seine Truppen nach Makedonien zurückzog. ***2*** Einen von seinen Obersten, einen gewissen Timotheus, ließ er mit einer mäßigen Mannschaft bei Phila zurück, mit dem Befehl, die Magnesier aus der Nähe zu bedrohen. ***3*** Als er zu Pella ankam, entließ er das Heer in die Winterquartiere und ging selbst mit Katys nach Thessaloniki. ***4*** Hier lief die Nachricht ein, Autlesbis, ein thrakischer Fürst, und Korragos, Oberster des Eumenes, hätten in das Gebiet des Kotys einen Einfall gemacht und die Gegend, namens Marene, erobert. ***5*** Weil er also glaubte, Kotys zur Verteidigung seines Eigentums entlassen zu müssen, gab er ihm bei der Abreise große Geschenke mit. Seiner eigenen Reiterei zahlte er nur den halbjährigen Sold aus, 200 Talente, da er ihnen zuerst die Zahlung eines jährigen festgesetzt hatte.

6 Als der Konsul hörte, Perseus sei abgezogen, rückte er mit seinem Lager nach Gonnos, falls es ihm gelänge, sich der Stadt zu bemächtigen. Sie liegt unmittelbar vor Tempe am Eingang, gibt den festesten Schlüssel zu Makedonien und gewährt den Makedoniern einen sehr günstig gelegenen Ausgangspunkt, um von hier in Thessalien einzubrechen. ***7*** Weil aber ihre Lage und die starke Besatzung die Eroberung unmöglich machten, stand der Konsul von seinem Plan ab, zog seitwärts nach Penhaebien, eroberte Malloia beim ersten Angriff, plünderte die Stadt, unterwarf sich das Gebiet der Dreistädte nebst dem übrigen Perrhaebien und ging zurück nach Larisa. ***8*** Hier entließ er Eumenes und Attalos in ihre Staaten, verteilte die Numider unter Misagenes auf die nächsten thessalischen Städte in die Winterquartiere und legte einen Teil seiner Truppen so in ganz Thessalien umher, dass sie sämtlich bequeme Winterquartiere hatten und in den Städten die Besatzung bildeten. ***9*** Zur Behauptung von Ambrakien ließ er den Unterfeldherrn Quintus Mucius mit 2000 Mann abgehen. Mit dem andern Teil seines Heeres brach er nach Achaia Pthiotis auf, zerstörte die Stadt Pteleos, die von ihren entflohenen Bewohnern verlassen war, von Grund aus und besetzte mit Zustimmung der Bürger Antron. ***10*** Dann rückte er mit dem Heer vor Larisa. Die Stadt war verlassen, die ganze Volksmenge hatte sich auf die Burg begeben. Er schickte sich zum Sturm an. ***11*** Die Makedonier, eine königliche Besatzung, waren die Ersten, die aus Furcht sich davonmachten. Von ihnen verlassen, ergaben sich die Bürger sogleich. Nun war es zweifelhaft, ob er zuerst Demetrias angreifen oder in Böotien die Verhältnisse näher betrachten sollte. ***12*** Die Thebaner, die von den Koroneern viel zu leiden hatten, riefen den Konsul nach Böotien. Auf ihre Bitten zog er, weil diese Gegend bessere Winterquartiere gab als Magnesia, nach Böotien.

Dreiundvierzigstes Buch

Dieses Buch ist nur sehr lückenhaft erhalten; eine Inhaltsangabe ist daher nicht möglich.

(1) In demselben Sommer, in welchem dies in Thessalien geschah, zwang in Illyricum der vom Konsul dahin geschickte Unterfeldherr zwei wohlhabende Städte durch Gewalt der Waffen zur Übergabe *2* und ließ ihnen alles Ihrige, um durch die gute Meinung von der römischen Milde die Bürger der starken Festung Karnus zu gewinnen. *3* Als er sie aber weder zur Übergabe bewegen noch durch Einschließung erobern konnte, gab er die früher verschonten Städte, damit sich seine Soldaten nicht umsonst in zwei Belagerungen abgemüht haben sollten, der Plünderung preis.

4 Der andere Konsul Gaius Cassius führte nicht nur in Gallien, das er erlost hatte, nichts Besonderes aus, sondern er machte sich auch, wiewohl vergeblich, an das Unternehmen, mit seinen Legionen durch Illyricum nach Makedonien zu gehen. *5* Dass der Konsul diesen Zug angetreten habe, erfuhr der Senat durch Abgesandte von Aquileja. Als diese mit der Klage, ihre Kolonie liege bei ihrer Neuheit, bei ihrer Schwäche und noch nicht vollendeten Befestigung zwischen zwei feindseligen Völkern, den Istriern und Illyrern in der Mitte, zugleich die Bitte vortrugen, *6* der Senat möge sich die Befestigung ihrer Kolonie empfohlen sein lassen, legte man ihnen die Frage vor, ob sie wünschten, dass man dem Konsul Gaius Cassius diesen Auftrag gebe, *7* und sie antworteten, Cassius habe sein Heer nach Aquileja berufen und sei durch Illyricum nach Makedonien aufgebrochen. Anfangs schien die Nachricht unglaublich, und jeder vermutete, Cassius habe vielleicht die Carner oder die Istrier angegriffen. *8* Darauf sagten die Aquilejer, sie wüssten weiter nichts und getrauten sich auch weiter nichts zu behaupten, als dass den Soldaten auf 30 Tage Getreide zugeteilt sei, und dass man Wegweiser, welche mit den Straßen aus Italien nach Makedonien bekannt wären, aufgesucht und mitgenommen habe. *9* Nun war der Senat darüber empört, dass sich der Konsul so viel erdreistet habe, seinen eigenen Standort zu verlassen, auf den eines andern zu gehen, sein Heer auf einem nie gemachten, gefahrvollen Marsch zwischen fremden Völkern durchzuführen und so vielen Nationen einen Weg nach Italien zu bahnen. *10* Mit großer Stimmenmehrheit wurde beschlossen, der Prätor Gaius Sulpicius solle aus dem Senat drei Abgesandte ernennen. Diese sollten noch heute von Rom abgehen und so schnell wie möglich dem Konsul Cassius, er möge sein, wo er wolle, nachreisen, um ihm zu erklären, *11* dass er mit keinem Volk einen Krieg anfange, mit dem er nicht auf Befehl des Senates geführt werden müsse. *12* Diese abgehenden Gesandten waren Marcus Cornelius Cethegus, Marcus Fulvius und Publius Marcius Rex. Über die Besorgnis um den Konsul und sein Heer wurde für jetzt die Sorge für die Befestigung Aquilejas aufgeschoben.

(2) Nun wurden die Gesandten einiger Völker aus beiden Spanien in den Senat eingeführt. *2* Unter Klagen über die Habsucht und Härte der römischen Befehlshaber baten sie den Senat fußfällig, nicht zu gestatten, dass sie als Bundesgenossen grässlicher als die Feinde geplündert und gequält würden. *3* Da sie über mancherlei unwürdige Handlungen klagten und offenbar Gelderpressungen vorgefallen waren, wurde dem Prätor Lucius Canulejus, welchem das Los

Spanien bestimmt hatte, aufgetragen, gegen jeden, an den die Spanier Geldforderungen hätten, fünf Mitglieder des Senates zu Untersuchungsrichtern zu ernennen und den Spaniern zu erlauben, zu Führern ihrer Sache sich die Männer, die sie wünschten, selbst zu wählen. *4* Man rief die Gesandten in das Rathaus, las ihnen den Senatsbeschluss vor und forderte sie auf, ihre Sachführer zu bestimmen. *5* Sie ernannten dazu vier Männer, Marcus Porcius Cato, Publius Cornelius Scipio, den Sohn des Gnaeus, Lucius Aemilius Paulus, den Sohn des Lucius, und Gaius Sulpicius Gallus. *6* Von dem Untersuchungsausschuss machten sie zuerst gegen Marcus Titinius Gebrauch, der unter den Konsuln Aulus Manlius und Marcus Junius als Prätor im diesseitigen Spanien gestanden hatte. Zweimal wurde in seiner Sache ein neuer Gerichtstag angesetzt; zum dritten Mal wurde der Beklagte freigesprochen. *7* Nun entstand zwischen den Gesandten beider Provinzen eine Uneinigkeit: Die Völker des diesseitigen Spanien nahmen zu ihren Sachführern Marcus Cato und Scipio, die des jenseitigen Lucius Paulus und Sulpicius Gallus. *8* Von den diesseitigen Völkern wurde Publius Furius Philus, von den jenseitigen Marcus Matienus vor dem Untersuchungsausschuss belangt. *9* Jener war vor drei Jahren unter den Konsuln Spurius Postumius und Quintus Mucius, dieser zwei Jahre vorher unter den Konsuln Lucius Postumius und Marcus Popillius Prätor gewesen. *10* Gegen beide wurden die härtesten Anklagen erhoben und ihre Sache zweimal verhandelt. Als sie sich abermals verantworten sollten, ließen sie ihr Nichterscheinen damit entschuldigen, dass sie sich selbst aus der Stadt verwiesen hätten. *11* Furius ging als Verbannter nach Praeneste, Matienus nach Tibur. Darauf hieß es, die Sachführer selbst verhinderten die Vorladung der Adligen und Mächtigen, und diesen Argwohn bestärkte der Prätor Canulejus dadurch, dass er die Sache liegen ließ und die Aushebung vornahm. Dann ging er plötzlich nach seinem Standort ab, um den Plackereien der Spanier nicht noch mehrere auszusetzen. *12* Ließ auch der Senat auf diese Art das Geschehene durch Stillschweigen in Vergessenheit geraten, so sorgte er doch für die Zukunft für die Spanier, indem er ihnen bewilligte, dass kein römischer Statthalter für das ihm zu liefernde Getreide die Geldsumme bestimmen dürfe, ferner dass die Spanier den Zwanzigsten von ihrer Ernte nicht nach einem vom Statthalter bestimmten Preis zu verkaufen brauchten, sowie dass er in keine von ihren Städten zur Eintreibung von Geldern einen Obersten schicken dürfe.

(3) Aus Spanien kam noch eine andere Gesandtschaft, eines Menschenstammes von neuer Abkunft. *2* Über 4000 Menschen meldeten sich mit der Anzeige, sie wären von römischen Soldaten mit Spanierinnen erzeugt, mit welchen kein Eherecht stattfinde; sie baten, ihnen eine Stadt zum Wohnort anzuweisen. *3* Der Senat befahl, sie sollten sich bei Lucius Canulejus melden. Diejenigen von ihnen, die er für Freie erklärte, sollten nach Carteia am Ozean abgeführt werden. *4* Wer von den Carteiern Lust habe, in seiner Vaterstadt zu bleiben, der solle durch das ihm angewiesene Grundstück das Recht bekommen, zu den Siedlern zu gehören. Die Kolonie solle Latinerrecht und den Namen Kolonie der Freigelassenen haben.

5 Zu derselben Zeit kamen aus Afrika nicht allein Gulussa, Sohn des Königs Masinissa, als Gesandter seines Vaters, sondern auch Karthager. *6* Gulussa wurde zuerst in den Senat eingeführt, berichtete über die Beiträge zum Makedonischen Krieg, die sein Vater ihm mitgegeben hatte, versprach, falls es den Vätern gefällig sein sollte, ihm noch andere Lieferungen aufzuerlegen, seiner Verbindlichkeit gegen Rom gemäß auch diese zu leisten, *7* und warnte sie vor der Hinterlist der Karthager. Sie hätten den Beschluss gefasst, eine große Flotte auszurüsten, dem Schein nach für die Römer gegen die Makedonier. Wenn diese ausgerüstet und segelfertig sei, dann werde es von ihnen abhängen, wen sie als Feind oder als Freund ansehen wollten.

[Hier fehlen vier Quaternionen der Handschrift.]

(4) Die Keltiberer machten sich auf die Flucht; *2* und es fehlte nicht an Vorschlägen, Gesandte zu schicken und um Frieden zu bitten. Auch ergaben sich auf diese erhaltene Nachricht mehrere

Städte. *3* Da sie, sich selbst unsträflich zu machen, alle Schuld dem Unsinn jener beiden beimaßen, welche sich selbst zur Strafe eingeliefert hätten, erteilte ihnen der Prätor Verzeihung, *4* setzte sogleich seinen Zug nach anderen Städten fort, und da sie sich zu allem willig finden ließen, durchzog er mit seinem ruhigen Heer dasselbe Land in Frieden, das noch kurz zuvor in der vollen Flamme des Aufruhrs loderte. *5* Diese Milde des Prätors, wodurch er ohne Blut ein so trotziges Volk beruhigt hatte, fand bei dem Bürgerstand wie bei den Vätern umso größeren Beifall, je mehr Grausamkeit und Habsucht sowohl der Konsul Licinius als auch der Prätor Lucretius beim Krieg in Griechenland gezeigt hatten. *6* In einer Volksversammlung nach der andern nahmen die Volkstribunen Lucretius durch, und zwar als einen Abwesenden, insofern sein Nichterscheinen mit Geschäften im Dienst des Staates entschuldigt wurde. Allein so sehr war man damals auch über das, was in der Nähe vorging, außer Kunde, dass eben der Mann sich gerade jetzt auf seinem Landgut bei Antium aufhalten konnte und von seiner Feldherrnbeute aus dem Fluss Loracina eine Wasserleitung nach Antium anlegte, ein Werk, welches er zu 130 000 As in Auftrag gegeben haben soll. *7* Auch schmückte er von der Beute das Heiligtum des Äskulap mit Gemälden. *8* Die Gesandten der Abderiten wurden die Veranlassung, dass der Hass und die Verachtung des Lucretius auf seinen Nachfolger Hortensius überging. Am Eingang des Rathauses klagten sie mit Tränen, Hortensius habe ihre Stadt erobert und geplündert. *9* Die Stadt habe sich die Zerstörung dadurch zugezogen, dass sie bei seiner Forderung von 100 000 Denaren und 50 000 Scheffel Weizen um Frist gebeten hätten, an den Konsul Hostilius und nach Rom in dieser Angelegenheit Gesandte zu schicken. *10* Kaum wären sie bei dem Konsul angekommen, so hätten sie schon gehört, ihre Stadt sei erobert, ihre Vornehmen habe man hingerichtet und die Übrigen als Sklaven verkauft. *11* Der Senat fand dies empörend; er fertigte in der Sache der Abderiten einen Beschluss aus, der mit dem vorjährigen für die Bürger von Koronea gleichlautend war, und ließ in der Volksversammlung durch den Prätor Quintus Maenius dieselbe Bekanntmachung ergehen. *12* Auch wurden zwei Gesandte, Quintus Sempronius Blaesus und Sextus Julius Caesar hingeschickt, um die Abderiten wieder in Freiheit zu setzen. *13* Zugleich bekamen diese den Auftrag, sowohl Konsul Hostilius als Prätor Hortensius zu erklären, nach des Senates Ermessen sei der Krieg mit den Abderiten eine Ungerechtigkeit, und man habe alle in die Sklaverei Gegebenen aufzusuchen und wieder in Freiheit zu setzen.

(5) Zu derselben Zeit liefen beim Senat, Klagen über Gaius Cassius ein, der im vorigen Jahr Konsul gewesen war und jetzt in Makedonien bei Aulus Hostilius als Oberster stand; und es erschien eine Gesandtschaft von dem König der Gallier, Cincibilus. *2* Sein Bruder führte vor dem Senat das Wort und beschwerte sich, Gaius Cassius habe die Länder der Alpenvölker, ihrer Bundesgenossen, verheert und von dort viele tausend Menschen in die Sklaverei geschleppt. *3* Um dieselbe Zeit trafen Gesandte von den Karnern, Istriern und Japyden mit der Klage ein, Konsul Cassius habe von ihnen zuerst Wegweiser gefordert, die ihm auf seinem Heerzug nach Makedonien die Straße zeigen sollten; *4* friedlich sei er, als zur Führung eines andern Krieges, von ihnen abgegangen; dann sei er mitten auf dem Marsch umgekehrt und habe ihr Land feindlich durchzogen; allenthalben sei geraubt und gebrannt worden, und noch bis diese Stunde wüssten sie nicht, warum sie dem Konsul als Feinde gegolten hätten. *5* Sowohl der abwesende König der Gallier als auch diese Völkerschaften erhielten die Antwort, der Senat habe weder gewusst, dass das, worüber sie sich beklagten, habe geschehen sollen, noch könne er, wenn es geschehen sei, es billigen. Allein einen Mann von konsularischem Rang unverhörter Sache in seiner Abwesenheit zu verurteilen, wenn er in Diensten des Staates abwesend sei, sei eine Ungerechtigkeit. *6* Wenn Gaius Cassius aus Makedonien zurückgekehrt sein werde, und sie wollten ihn dann persönlich anklagen, dann werde der Senat nach Untersuchung der Sache dafür sorgen, dass sie Genugtuung

bekämen. *7* Ja man fand für gut, nicht bloß diesen Völkern so zu antworten, sondern auch Gesandte zu schicken, zwei über die Alpen an den König und drei an jene Völkerschaften, um ihnen die Erklärung der Väter mitzuteilen. *8* Auch beschloss man, den Gesandten Geschenke zustellen zu lassen, 2000 As an Wert. Die beiden fürstlichen Brüder bekamen vorzugsweise jeder eine Halskette aus fünf Pfund Gold gearbeitet, ein Silbergeschirr von 25 Pfund, zwei Pferde mit ihren Stirn- und Brustschildern nebst Stallknechten, eine Ritterrüstung und einen Kriegsmantel, und die Freien, auch die Sklaven in ihrem Gefolge, bekamen Gewänder. *9* Dies war es, was man ihnen zustellen ließ. Auch bewilligte man ihre Bitte um die Erlaubnis, dass sie sich jeder zehn Pferde ankaufen und aus Italien ausführen dürften. *10* Die mit den Galliern über die Alpen abgehenden Gesandten waren Gaius Laelius und Marcus Aemilius Lepidus, die an die übrigen Völkerschaften Gaius Sicinius, Publius Cornelius Blasio und Publius Memmius.

(6) Aus Griechenland und Asien zugleich fanden sich in Rom Gesandte von vielen Städten ein. *2* Die von Athen wurden zuerst vorgelassen. Sie erzählten, was sie an Schiffen und Soldaten gehabt hätten, hätten sie dem Konsul Publius Licinius und dem Prätor Gaius Lucretius zugesandt. *3* Ohne davon Gebrauch zu machen, hätten diese eine Lieferung von 100 000 Scheffel Getreide gefordert. Obgleich sie nun einen unfruchtbaren Boden beackerten, und sogar ihre Landleute von fremdem Korn erhalten müssten, so hätten sie es dennoch, um nicht ungefällig zu sein, zusammengebracht und wären auch bereit, was sonst noch gefordert würde, zu liefern. *4* Die Milesier erklärten mit dem Geständnis, dass sie bis jetzt noch nichts geliefert hätten, ihre Bereitwilligkeit, alles zu leisten, was der Senat zu diesem Krieg von ihnen zu fordern belieben werde. *5* Die von Alabanda meldeten, sie hätten der Stadt Rom einen Tempel erbaut und ihr als Göttin jährliche Spiele angeordnet; *6* auch hätten sie einen goldenen Kranz von 50 Pfund als ein Geschenk für den allmächtigen Jupiter mitgebracht, um es auf dem Kapitol niederzulegen; ferner 300 Ritterschilde zur Ablieferung, an wen der Senat befehle. Nur baten sie um die Erlaubnis, auf dem Kapitol das Geschenk niederzulegen und opfern zu dürfen. *7* Ebendarum baten auch die Gesandten von Lampsakus, die einen Kranz von 80 Pfund mitbrachten *8* und zugleich sagten, sie hätten die Partei des Perseus verlassen, sobald das römische Heer in Makedonien eingerückt sei, obgleich sie unter Perseus' und vorher unter Philipps Herrschaft gestanden hätten. *9* Für diese Treue, sowie auch dafür, dass sie den römischen Feldherren alles geliefert hätten, bäten sie sich die einzige Vergeltung aus, zu Roms Freunden zu gehören, und wenn es zum Frieden mit Perseus käme, um die ausschließende Bestimmung, dass sie nicht in die Gewalt des Königs zurückkommen sollten. *10* Den übrigen Gesandten wurde eine freundliche Antwort erteilt, was aber die Lampsakener betraf, dem Prätor Quintus Maenius aufgetragen, sie förmlich unter Roms Bundesgenossen aufzunehmen. Sie erhielten sämtlich jeder 2000 As zum Geschenk. Die von Alabanda wurden angewiesen, die Schilde nach Makedonien an den Konsul Aulus Hostilius zu liefern.

11 Auch aus Afrika kamen zu gleicher Zeit Gesandte von Karthago und von Masinissa; die von Karthago mit der Anzeige, sie hätten 1 Mio. Scheffel Weizen und 50 000 Scheffel Gerste an das Meer gefahren, um sie dahin zu liefern, wohin der Senat bestimmen werde. *12* Sie wüssten freilich, dass dies als Geschenk und als Gefälligkeit ebenso wenig Roms Verdiensten als ihrem eigenen guten Willen entspreche; doch hätten sie sich auch sonst schon öfter, noch unter glücklichen Umständen beider Völker, ihrer Pflicht als dankbare und treue Bundesgenossen entledigt. *13* So versprachen auch die Gesandten des Masinissa außer einem gleichen Betrag an Weizen noch 1200 Reiter und zwölf Elefanten. Sollte außerdem etwas nötig sein, so möge der Senat nur fordern; ihr König werde es ebenso bereitwillig liefern, als was er unaufgefordert versprochen habe. *14* Der Senat sagte sowohl den Karthagern als auch dem König Dank und bat, das Versprochene nach Makedonien an den Konsul Hostilius zu liefern. Jedem Gesandten wurde ein Geschenk von 2000 As gegeben.

(7) Als die kretischen Gesandten erwähnten, sie hätten so viele Bogenschützen wie der Konsul Publius Licinius von ihnen verlangt habe, nach Makedonien geschickt, *2* aber auch auf geschehene Nachfrage nicht leugnen konnten, dass von ihren Bogenschützen mehr im Heer des Perseus als bei den Römern Dienste täten, bekamen sie zur Antwort, *3* wenn sich die Kreter redlich und männlich entschließen könnten, die Freundschaft der Römer der mit König Perseus vorzuziehen, dann werde ihnen auch der römische Senat als zuverlässigen Bundesgenossen eine Antwort erteilen. *4* Bis dahin möchten sie ihren Landsleuten melden, nach des Senates Ermessen hätten die Kreter dafür zu sorgen, dass alle Soldaten, welche sie zu den Truppen des Königs Perseus gestellt hätten, schleunigst wieder einberufen würden. *5* Als die Kreter mit diesem Bescheid abgefertigt waren, wurden die von Chalkis hereingerufen. *6* Schon selbst durch ihren Eintritt kündigte sich diese Gesandtschaft, weil der Hauptgesandte Mikion, an beiden Füßen lahm, in einer Sänfte hereingetragen wurde, als Wirkung des äußersten Notdranges an, bei dem entweder selbst ein so kranker Mann es für unrecht gehalten haben musste, sein Befinden vorzuschützen, oder mit dieser Entschuldigung abgewiesen war. *7* Nachdem er einleitend gesagt hatte, bei ihm sei nichts am Leben geblieben als die Sprache, um die Leiden seiner Vaterstadt beklagen zu können, setzte er zuerst auseinander, wie viel Gutes seine Mitbürger teils früher, teils jetzt im Krieg gegen Perseus den römischen Feldherren und Heeren erwiesen hätten; *8* dann wie übermütig, raubsüchtig und grausam zuerst Gaius Lucretius als römischer Prätor seine Landsleute behandelt habe, und zuletzt, wie gerade jetzt namentlich Lucius Hortensius sie behandle; *9* und wie sie dessen ungeachtet glaubten, lieber dies alles, ja noch härtere Misshandlungen, als sie jetzt litten, dulden zu müssen, ehe sie sich dem Perseus ergäben. Was den Lucretius und Hortensius betreffe, so sähen sie jetzt ein, es sei besser gewesen, diesen ihre Tore zu verschließen, als sie in die Stadt aufzunehmen. *10* Denn Emathia, Amphipolis, Maronea, Aenus, welche sie ausgeschlossen hätten, wären unversehrt, bei ihnen aber sei jeder Tempel seiner Zierden beraubt, und die Beute seines Tempelraubes habe Gaius Lucretius auf seinen Schiffen nach Antium geführt; die Freigeborenen habe man in die Sklaverei geschleppt, das Eigentum römischer Bundesgenossen habe man geplündert und plündere es noch täglich. *11* Denn nach dem Vorgang des Gaius Lucretius habe auch Hortensius die Seesoldaten für Sommer und Winter bei den Bürgern einquartiert, und in ihren Häusern sei ein Gewühl von Seeleuten; sie selbst und ihre Frauen und Kinder hätten beständig Menschen um sich, die in ihren Reden und Handlungen auf nichts in der Welt Rücksicht nähmen.

(8) Man beschloss, den Lucretius in den Senat zu berufen, damit er sich persönlich mit seinen Klägern auseinandersetzen und sich rechtfertigen könne. *2* Hier aber wurde ihm weit mehr ins Gesicht gesagt, als man gegen ihn in seiner Abwesenheit vorgebracht hatte; und nun traten auch noch zwei wichtigere und wirksamere Ankläger auf, die beiden Volkstribunen Manius Juventius Thalna und Gnaeus Aufidius. *3* Diese ließen ihm nicht allein im Senat keine Ehre, sondern überhäuften ihn auch, als sie ihn gezwungen hatten, vor dem Volk zu erscheinen, mit Vorwürfen und forderten ihn vor Gericht. *4* Den Gesandten von Chalkis gab auf Befehl des Senates der Prätor Quintus Maenius folgende Antwort: Wenn sie sagten, sie hätten sich sowohl früher als auch in dem Krieg, der jetzt geführt werde, um den römischen Staat verdient gemacht, so erkenne der Senat dies nicht allein für Wahrheit, sondern auch seiner Schuldigkeit gemäß mit Wohlgefallen an. *5* Wenn sie aber klagten, dass die römischen Prätoren, Gaius Lucretius dies und jenes ausgeübt habe, und Lucius Hortensius es noch jetzt ausübe, ob dann nicht jeder leicht erachten könne, dass dies mit dem Willen der Väter nicht geschehen sei, und auch jetzt nicht geschehe, sobald er wisse, *6* dass das römische Volk Perseus, und schon früher dessen Vater Philipp den Krieg erklärt habe, um die Freiheit der Griechen zu schützen, nicht aber, um sie solche Unwürdigkeiten von den Befehlshabern ihrer Bundesgenossen und Freunde leiden zu lassen. *7* Sie würden dem

Prätor Lucius Hortensius schreiben, die Handlungen, über welche die Bürger von Chalkis klagten, haben ganz des Senates Missfallen. Wären freie Leute in die Sklaverei verkauft worden, so habe er dafür zu sorgen, dass sie sogleich aufgesucht und wieder freigegeben würden; auch finde es der Senat der Sache angemessen, dass von den Seeleuten keiner, die Schiffshauptleute ausgenommen, gastliche Herbergen erhielten. Dies wurde dem Hortensius auf Befehl des Senates geschrieben. ***8*** Jedem Gesandten wurde ein Geschenk von 2000 As gegeben und für Mikion ein Fuhrwerk auf Kosten des Staates gedungen, ihn bequem bis nach Brundisium zu bringen. ***9*** Als der dem Gaius Lucretius angesetzte Gerichtstag erschien, klagten ihn die Tribunen vor dem Volk an und legten ihm eine Geldstrafe von 1 Mio. As auf. ***10*** An dem gehaltenen Versammlungstag verurteilten ihn alle 35 Bezirke.

(9) In Ligurien fiel in diesem Jahr nichts Denkwürdiges vor. Die Feinde griffen nicht zu den Waffen, und der Konsul rückte ihnen auch nicht mit seinen Legionen ins Land. ***2*** Da er für dieses Jahr des Friedens völlig gewiss war, entließ er, ehe noch 60 Tage nach seiner Ankunft auf seinem Standposten verliefen, das Fußvolk beider römischen Legionen, ***3*** führte das latinische Bundesheer frühzeitig nach Luna und Pisa in die Winterquartiere und besuchte mit der Reiterei die meisten Städte der Provinz Gallien. ***4*** Makedonien ausgenommen, war nirgends Krieg, doch hatte man den illyrischen König Gentius in Verdacht, einen vorzubereiten. ***5*** Demnach befahl nicht allein der Senat, acht segelfertige Schiffe von Brundisium nach Issa an den Unterfeldherrn Gaius Furius zu schicken, der mit einer Bedeckung von zwei Schiffen der Issäer der Insel vorstand, ***6*** (und auf jene Schiffe wurden 2000 Mann eingeschifft, welche der Prätor Quintus Maenius nach einem Senatsbeschluss in dem Illyricum gegenüberliegenden Bezirk Italiens ausgehoben hatte), sondern auch der Konsul Hostilius schickte den Appius Claudius mit 4000 Mann zu Fuß nach Illyricum, um hier die Anwohner zu schützen. ***7*** Claudius, nicht zufrieden mit den Truppen, die er mitgebracht hatte, brachte dadurch, dass er von den Bundesgenossen Hilfstruppen zusammenbettelte, gegen 8000 Menschen von mancherlei Art unter die Waffen, und nachdem er die ganze Gegend durchzogen hatte, lagerte er sich bei der dassaretischen Stadt Lychnidus.

(10) Nicht weit davon war die Stadt Uskana, welche fast immer zum Reich des Perseus gerechnet wurde. Sie hatte 10 000 Mann Bürger und eine mäßige Anzahl Kreter zur Besatzung. ***2*** Von hier fanden sich einige bei Claudius mit dem geheimen Antrag ein, wenn er mit seinen Truppen näher vorrücken wolle, so warteten schon einige darauf, ihm die Stadt zu verraten. Und die Mühe werde sich lohnen, er werde Beute nicht bloß für sich und seine Freunde, sondern auch für die Truppen in Überfluss vorfinden. ***3*** Die seiner Habsucht gemachte Hoffnung verblendete ihn so, dass er weder von denen, die da kamen, irgendeinen festhielt, noch Geiseln verlangte, die ihn, bei einer Unternehmung voll Heimlichkeit und Trug zum Unterpfand dienen mussten, niemand auf Spähung ausschickte und sich nicht die geringste Sicherheit geben ließ. Er verabredete bloß den Tag, an dem er von Lychnidos aufbrach, und lagerte sich 12 000 Schritt von der Stadt, gegen die er heranzog. ***4*** Hier rückte er um die vierte Nachtwache aus und ließ gegen 1000 Mann zur Bedeckung des Lagers zurück. Ohne Glied zu halten, in einen langen Zug sich ausbreitend und, weil Verirrung bei Nacht sie auseinanderführte, vereinzelt, kamen die Truppen vor der Stadt an. ***5*** Ihre Sorglosigkeit stieg, als sie auf den Mauern keinen Bewaffneten bemerkten. Sobald sie aber im Pfeilschutz waren, geschah aus zwei Toren zugleich ein Ausfall; dann erhob sich auf das Geschrei der Herausstürzenden rings auf den Mauern ein schreckliches Getöse der heulenden Frauen, von Beckengeklapper begleitet, und eine wilde Volksmasse, mit einem Gewühl von Sklaven gemischt, tönte mit mancherlei Stimmen dazwischen. ***6*** Dieser vielfache, von allen Seiten sich darbietende Schrecken hatte die Wirkung, dass die Römer dem ersten Sturm des Ausfalles nicht widerstehen konnten. Und nun wurden mehr von ihnen auf der Flucht als im Kampfe getötet, kaum 2000

Mann entkamen mit dem Unterfeldherrn selbst in ihr Lager. *7* Je länger der Weg bis zum Lager war, je mehr Gelegenheit hatten die Feinde, noch viele Ermüdete einzuholen. *8* Selbst ohne sich in seinem Lager länger aufzuhalten, um die durch die Flucht zerstreuten Seinigen zu sammeln – und dies hätte doch die in den Feldern Herumirrenden retten können –, führte Appius sofort die Überbleibsel seines geschlagenen Heeres zurück nach Lychnidos.

(11) Diese und andere nicht gelungene Unternehmungen in Makedonien erfuhr man durch den Obersten Sextus Digitius, der zur Verrichtung eines Opfers nach Rom gekommen war. *2* Die Väter schickten also, weil sie fürchteten, eine noch schimpflichere Niederlage zu erleben, den Marcus Fulvius Flaccus und Marcus Caninius Rebilus als Abgeordnete nach Makedonien, um durch sie über die dortigen Vorgänge sichere Erkundigungen einzuholen, zugleich auch, *3* um dem Konsul Aulus Hostilius zu sagen, er möge die Versammlungstage zur Wahl der neuen Konsuln so ansetzen, dass die Wahl noch im Monat Januar vor sich gehen könne, und selbst sobald wie möglich zur Stadt zurückkommen. *4* Unterdessen trugen sie dem Prätor Marcus Raecius auf, durch eine Bekanntmachung alle Senatoren aus ganz Italien, wenn sie nicht in Staatsgeschäften abwesend wären, nach Rom einzuberufen, *5* und von denen, die sich zu Rom aufhielten, sollte sich keiner über 1000 Schritte von Rom entfernen. Alles geschah, wie der Senat verordnet hatte. *6* Die Konsulwahl ging am 28. Januar vor sich. Die gewählten Konsuln waren Quintus Marcius Philippus zum zweiten Mal und Gnaeus Servilius Caepio. *7* Drei Tage darauf wurden zu Prätoren gewählt Gaius Decimius, Marcus Claudius Marcellus, Gaius Sulpicius Gallus, Gaius Marcius Figulus, Servius Cornelius Lentulus und Publius Fonteius Capito. *8* Den neuen Prätoren wurden außer den beiden Amtsstellen in der Stadt vier Standorte bestimmt; Spanien, Sardinien, Sizilien und die Flotte.

9 Die Gesandten kamen aus Makedonien gerade Ende Februar zurück. Sie erzählten, was König Perseus in diesem Sommer für Glück in seinen Unternehmungen gehabt und wie sehr die römischen Bundesgenossen dadurch in Furcht geraten wären, dass sich der König so viele Städte unterworfen habe. *10* Des Konsuls Heer sei schwach, weil man, um sich beliebt zu machen, jedermann Urlaub gebe. Die Schuld daran schiebe der Konsul auf die Obersten, diese wieder auf den Konsul. *11* Nun erfuhren auch die Väter, dass diejenigen in ihren Briefen die Niederlage, welche Claudius durch seine Unbesonnenheit erlitten hatte, viel zu klein angäben, wenn sie meldeten, an italischen Truppen habe man nur sehr wenige vermisst, und meistens nur solche, die man dort in der Eile zusammengeworben habe. *12* Die ernannten Konsuln bekamen Befehl, sobald sie ihr Amt angetreten hätten, wegen Makedonien im Senat eine Vorlage zu machen.

13 In diesem Jahr wurde ein Monat eingeschaltet. Der erste Tag des Schaltmonats wurde diesmal auf den dritten Tag nach den Terminalien gesetzt. Im Verlauf dieses Jahres starben die Priester Lucius Flamininus, ein Augur, [...]; auch starben zwei Oberpriester, Lucius Furius Philus und Gaius Livius Salinator. An des Furius Stelle wählten die Oberpriester den Titus Manlius Torquatus, in die des Livius den Marcus Servilius.

(12) Als im Anfang des folgenden Jahres die neuen Konsuln Quintus Marcius und Gnaeus Servilius über die Standorte Vortrag hielten, hieß sie der Senat sobald wie möglich über Italien und Makedonien entweder sich vergleichen oder losen, *2* und um alle Einwirkung der Parteilichkeit zu verhüten, sollten aufs Ungewisse, ehe noch das Los entscheide, für beide Standorte die nötigen Ergänzungstruppen bestimmt werden. *3* Für Makedonien nämlich an Fußvolk 6000 Römer, 6000 latinische Bundestruppen, an Reiterei 250 Römer und 300 Bundesgenossen. *4* Die alten Soldaten sollten entlassen werden, so dass bei jeder Legion Römer nicht über 6000 Mann Fußvolk und 300 Reiter blieben. *5* Dem andern Konsul wurde für die Ergänzungstruppen, die er ausheben sollte, keine bestimmte Zahl römischer Bürger festgesetzt; nur das wurde festgesetzt,

dass er zwei Legionen aushöbe, deren jede 5200 Mann zu Fuß haben solle und 300 Reiter. ***6*** Ihm wurden aber mehr Latiner als seinem Kollegen gegeben, 10 000 Mann zu Fuß und 600 Reiter. Außerdem sollten noch vier Legionen gebildet werden, um sie dahin gehen zu lassen, wo es nötig sein würde. ***7*** Für diese die Obersten zu ernennen, wurde den Konsuln nicht gestattet; das Volk wählte sie. ***8*** Von den verbündeten Latinern forderte man 16 000 Mann Fußvolk und 1000 Reiter. Dieses Heer sollte bloß in Bereitschaft sein, um ausrücken zu können, sobald ihm die Umstände einen Ort der Bestimmung gäben. ***9*** Die größte Aufmerksamkeit zog Makedonien auf sich. Deswegen sollten für die Flotte aus römischen Bürgern vom Freigelassenenstand 1000 Mann Seesoldaten ausgehoben werden, aus Italien 500 Mann, aus Sizilien ebenso viele; und die Sorge für ihre Überfahrt nach Makedonien – möchte dort die Flotte stehen, wo sie wollte – wurde dem aufgetragen, dem das Los seinen Platz auf der Flotte gäbe. ***10*** Für Spanien bestimmte man als Ergänzungstruppen 3000 Mann römisches Fußvolk und 300 Reiter. Auch hier wurde die Anzahl der Soldaten für die Legionen festgesetzt, für jede nämlich 5000 Mann zu Fuß und 330 Reiter. ***11*** Auch sollte sich der Prätor, dem Spanien zufallen würde, von den Bundesgenossen 4000 Mann Fußvolk und 300 Reiter stellen lassen.

(13) Ich weiß sehr wohl, dass aus derselben Achtlosigkeit, mit der man jetzt allgemein glaubt, die Götter gäben keine Vorbedeutungen, auch so gut wie gar keine Schreckzeichen öffentlich mehr gemeldet, auch nicht in die Jahrbücher eingetragen werden. ***2*** In mir aber – ich weiß nicht, wie es zugeht – belebt den Geschichtsschreiber des Altertums der Geist der Vorwelt, und ich empfinde eine gewisse Scheu, das für ungeeignet zu halten, in die Jahrbücher aufgenommen zu werden, was jene sehr verständigen Männer von Seiten des Staates glaubten beachten zu sollen. ***3*** Von Anagnia wurden in diesem Jahr zwei Schreckzeichen gemeldet: Am Himmel sei eine Fackel gesehen worden, und eine Kuh habe geredet und werde schon auf Staatskosten gefüttert. Auch zu Minturnae hatte man in diesen Tagen gesehen, dass der brennende Himmel Strahlen warf. ***4*** Zu Reate regnete es Steine. Auf der Burg zu Cumae ließ der Apollo drei Tage und drei Nächte Tränen fließen. ***5*** In Rom selbst meldeten zwei Tempelwärter, der eine, im Tempel der Fortuna hätten mehrere Leute eine Schlange mit Mähnen gesehen, der andere, bei dem Tempel der Fortuna der Erstlinge, der auf dem Hügel steht, habe man zwei sich widersprechende Vorzeichen gesehen; auf dem freien Tempelplatz sei eine Palme hervorgewachsen, und ein Blutregen sei am hellen Tag gefallen. ***6*** Zwei Wunderzeichen wurden als beziehungslos für den Staat angesehen, das eine, weil es sich nur in einem Privathaus begeben hatte; Titus Marcius Figulus nämlich meldete, in seinem Hof sei eine Palme hervorgewachsen, das andere, weil der Ort, wo es geschah, einem Fremden gehörte. Es hieß nämlich, zu Fregellae habe in dem Haus des Lucius Atreus eine Lanze, die er seinem Sohn, einem Soldaten, gekauft hatte, bei hellem Tag zwei Stunden lang gebrannt, ohne dass irgendetwas daran verbrannte. ***7*** Wegen der vom Staat anerkannten Schreckzeichen wurden von den Zehnmännern die Bücher nachgeschlagen. Aus diesen gaben sie an, welchen Göttern man mit 40 großen Tieren opfern müsse, und dass ein Betfest gehalten werden solle, an dem alle Staatsbeamten an allen Altären große Tiere zum Opfer und die Bürger in Kränzen gehen sollten. Dies alles wurde so, wie die Zehnmänner die heilige Handlung leiteten, ausgerichtet.

(14) Nun wurde eine Versammlung zur Zensorenwahl angesetzt. Um die Zensur bewarben sich die ersten Männer des Staates, Gaius Valerius Laevinus, Lucius Postumius Albinus, Publius Mucius Scaevola, Marcus Junius Brutus, Gaius Claudius Pulcher und Tiberius Sempronius Gracchus. Diese beiden wählte das römische Volk zu Zensoren. ***2*** Da die Aushebung diesmal wegen des Makedonischen Krieges sorgfältiger als sonst betrieben wurde, klagten die Konsuln beim Senat über den Bürgerstand, da sogar junge Leute bei der Aufforderung stillschwiegen. ***3*** Gegen sie nahmen sich die Prätoren Gaius Sulpicius und Marcus Claudius des Bürgerstandes an. Die Aushebung werde

ihnen schwer gemacht, nicht als Konsuln, sondern als den parteiischen Konsuln, *4* denn sie nähmen ja keinen Einzigen wider seinen Willen zum Soldaten. Um die versammelten Väter hiervon zu überzeugen, wollten sie als Prätoren, obgleich sie ein an Macht und Ansehen geringeres Amt bekleideten, die Aushebung, wenn der Senat damit einverstanden sei, zustande bringen. *5* Mit großer Einstimmung der Väter wurde den Prätoren, nicht ohne Schimpf für die Konsuln, dieser Auftrag gegeben. Und um die Sache zu unterstützen, kündigten die Zensoren in der Volksversammlung an, sie würden eine bei der Vermögensschätzung zu beobachtende Verordnung erlassen, dass jeder außer dem gewöhnlichen, von allen Bürgern zu leistenden Eid, auch nach folgender Formel beeidigt werden solle: *6* „Du bist noch nicht 46 Jahre alt und musst dich vermöge der von den Zensoren Gaius Claudius und Tiberius Sempronius erlassenen Bekanntmachung zur Aushebung stellen. Auch musst du, so oft eine solche eintritt, welche unter dieser Zensur von der Obrigkeit gehalten wird, wenn du nicht schon als Soldat angenommen bist, bei der Aushebung dich stellen." *7* Weil man auch sagte, viele Soldaten der Legionen in Makedonien hätten sich bei der gefälligen Nachsicht der Feldherren auf unbestimmten Urlaub vom Heer entfernt, machten sie hinsichtlich der unter den Konsuln Publius Aelius und Gaius Popillius oder nach deren Konsulate für Makedonien geworbenen Soldaten bekannt: *8* Wer von diesen sich in Italien aufhalte, solle binnen 30 Tagen, nachdem er sich zuvor bei ihnen habe schätzen lassen, auf den Standplatz des Krieges zurückgehen, wer noch unter Vater oder Großvater stehe, solle seinen Namen bei ihnen angeben lassen. *9* Auch würden sie bei den Verabschiedeten die Rechtmäßigkeit des Abschiedes untersuchen und denen, die nach ihrem Ermessen den Abschied vor Verlauf der Dienstjahre als eine Gefälligkeit erhalten hätten, erklären, wieder Soldaten zu werden. *10* Als diese Bekanntmachung nebst einem Schreiben der Zensoren in die Marktflecken und Gerichtsorte herumgeschickt war, stellte sich zu Rom eine so große Menge Dienstfähiger ein, dass dies ungewöhnliche Gewühl der Stadt sogar lästig wurde.

(15) Außer denen, welche zur Absendung als Ergänzungstruppen geworben werden mussten, hob der Prätor Gaius Sulpicius vier Legionen aus, und in elf Tagen war die Aushebung beendet. *2* Nun losten die Konsuln um ihre Standorte; denn die Prätoren hatten wegen der Rechtspflege schon früher gelost. *3* Die in der Stadt war dem Gaius Sulpicius, die über die Fremden dem Gaius Decimius zugefallen, Spanien hatte Marcus Claudius Marcellus, Sizilien Servius Cornelius Lentulus erlost, Sardinien Publius Fonteius Capito, die Flotte Gaius Marcius Figulus. Von den beiden Konsuln traf Gnaeus Servilius Italien, Quintus Marcius Makedonien, und gleich nach der Feier des Latinerfestes brach Marcius auf. *4* Auf die Anfrage Caepios beim Senat, welche beiden von den neuen Legionen er mit nach Gallien nehmen solle, erklärten die Väter, die Prätoren Gaius Sulpicius und Marcus Claudius sollten von den Legionen, welche sie ausgehoben hätten, nach ihrem Gutdünken zwei dem Konsul anweisen. *5* Aus Niger, als Konsul vom Ermessen der Prätoren abzuhängen, entließ er den Senat und forderte, vor dem Richterstuhl der sitzenden Prätoren stehend, sie sollten ihm nach dem Senatsbeschluss zwei Legionen bestimmen; und die Prätoren überließen das Aussuchen seiner eigenen Wahl. *6* Nun lasen die Zensoren ihre Senatorenliste vor. Sie waren schon die dritten Zensoren, die den Marcus Aemilius Lepidus obenan setzten. Sieben wurden von ihnen aus dem Senat gestoßen. *7* Bei der Annahme der Schätzungssteuer vom Volk nötigten sie die Soldaten vom makedonischen Heer – und in wie zahlreicher Menge sie von den Fahnen abwesend waren, ergab sich aus der Schätzung selbst –, nach dem Standort des Krieges zurückzukehren, *8* untersuchten bei denen, die noch nicht ausgedient hatten, den Rechtsbestand des Abschiedes und ließen den, der ihn nach ihrer Ansicht noch nicht verdient hatte, die vorgelegte Frage eidlich beantworten: „Sage mir, wie du es ehrlich meinst; willst du, der Bekanntmachung der Zensoren Gaius Claudius und Tiberius Sempronius gemäß auf deinen Standplatz Makedonien zurückgehen, soweit du das, ohne unredlich zu sein, in deiner Macht hast?"

(16) Bei der Musterung der Ritter war ihre Zensur sehr streng und hart. Vielen nahmen sie das Pferd. *2* Da sie sich schon dadurch die Unzufriedenheit des Ritterstandes zugezogen hatten, steigerten sie den Hass gegen sich noch durch den Befehl, es solle niemand von denen, welche unter der Zensur des Quintus Fulvius und Aulus Postumius Staatseinnahmen oder Staatsausgaben in Pacht genommen hätten, bei ihnen ein Gebot tun dürfen, noch mit ihrer diesmaligen Verpachtung in irgendeiner Gemeinschaft oder Verbindung stehen. *3* Schon früher hatten die Staatspächter durch ihre öfteren Klagen es nie beim Senat durchsetzen können, dass die Gewalt der Zensoren beschränkt wurde; endlich fanden sie an dem Volkstribun Publius Rutilius, den ein Streit über eine Privatsache gegen die Zensoren erbittert hatte, einen Beschützer. *4* Seinem Schützling, einem Freigelassenen, hatten sie befohlen, seine Gegenwand an einem Staatsgebäude auf der Heiligen Straße abzutragen, weil sie auf Grundeigentum des Staates gebaut sei. *5* Der Mann sprach die Tribunen um Beistand an. Da sich aber außer Rutilius keiner für ihn verwandte, schickten die Zensoren hin, ihn zu pfänden, und bestimmten ihm in der Volksversammlung eine Geldstrafe. *6* Als bei dem hierüber entstandenen Wortwechsel die ehemaligen Staatspächter auf die Seite des Tribunen traten, wurde unerwartet unter dem Namen des einen Tribuns dem Volk der Antrag vorgelegt: *7* Die Verpachtung, vermöge welcher Gaius Claudius und Tiberius Sempronius Staatseinnahmen und Staatsausgaben in Verding gegeben hätten, solle nicht gültig sein. Es solle alles von Neuem verpachtet werden und jedem ohne Unterschied die Übernahme und Pacht gestattet sein. *8* Zur Abstimmung über diesen Antrag setzte der Volkstribun einen Versammlungstag an. Dieser kam. Die Zensoren traten als Gegner des Antrages auf, und solange Gracchus redete, war alles still. Dem Claudius tobte man entgegen, und er hieß den Herold Stille gebieten. *9* Mit der Klage, dass man die von ihm berufene Versammlung von ihm abwende, dass man ihn auf den Privatmann beschränke, verließ der Tribun das Kapitol, wo die Zusammenkunft stattfand. *10* Am folgenden Tag machte er einen ungeheuren Lärm. Zuerst belegte er die Güter des Tiberius Gracchus mit dem Bann der Weihe, weil dieser durch zuerkannte Geldstrafe und Auspfändung eines Mannes, der ihn als Tribun zu Hilfe gerufen, sich an die Einsprache eines Tribuns nicht gekehrt und ihn als Privatmann behandelt habe. *11* Gaius Claudius forderte er vor Gericht, weil er die Versammlung von ihm angewandt habe, erklärte, er halte beide Zensoren der Anklage auf Hochverrat für schuldig und erbat sich dazu vom Stadtprätor Gaius Sulpicius eine Versammlung des Volkes. *12* Da die Zensoren sich nicht weigerten, das Volksgericht je eher je lieber über sich ergehen zu lassen, wurde als Versammlungstag über die Klage auf Hochverrat der 16. September angesetzt. *13* Sogleich begaben sich die Zensoren zur Halle der Freiheit hinauf, versiegelten daselbst alle Staatsrechnungen, schlossen das Archiv, entließen die Unterbedienten und erklärten, sie würden nicht das Geringste in Staatsgeschäften vornehmen, bis das Urteil des Volkes über sie gesprochen sei. *14* Claudius trat zuerst als Beklagter vor. Und als von den 18 Ritterzenturien 13 und noch mehr andere Zenturien der ersten Klasse den Zensor verurteilten, legten sogleich die Vornehmsten des Staates vor den Augen des Volkes ihre goldenen Ringe ab und legten Trauerkleider an, um im Aufzug der Flehenden bei dem Bürgerstand herumzugehen. *15* Hauptsächlich aber soll Tiberius Gracchus die Abänderung des Ausspruches dadurch bewirkt haben, dass er, obgleich ihm von allen Seiten das Volk schreiend zulief, Gracchus habe nichts zu fürchten, den feierlichen Eid ablegte, wenn sein Kollege verurteilt würde, so werde er, ohne das Urteil des Volkes über sich abzuwarten, ihn in die Verbannung begleiten. *16* Dennoch ging die Hoffnung für den Beklagten so nahe zu Ende, dass zu seiner Verurteilung nur acht Zenturien fehlten. Als Claudius freigesprochen war, erklärte der Volkstribun, dass er den Gracchus nicht weiter behellige.

(17) Da in diesem Jahr Gesandte von Aquileja im Senat beantragten, die Anzahl ihrer Siedler zu vermehren, so wurden durch einen Senatsbeschluss 1500 Familien zusammengebracht, und die zu

deren Ausführung ernannten Dreimänner waren Titus Annius Luscus, Publius Decius Subulo und Marcus Cornelius Cethegus. *2* Auch gingen in diesem Jahr die nach Griechenland geschickten Abgeordneten Gaius Popillius und Gnaeus Octavius mit dem Senatsbeschluss, den sie zuerst in Theben vorlasen, in allen Städten der Peloponnes herum, dass niemand römischen Befehlshabern etwas zum Krieg liefern solle, wenn es nicht der Senat verordnet habe. *3* Dies hatte den Griechen auch für die Zukunft Sicherheit gegeben, von Lasten und Kosten befreit zu sein, durch welche sie, weil immer andere sich bald dies, bald jenes liefern ließen, erschöpft wurden. *4* Also fanden die Abgeordneten bei dem zu Aegion verhandelten achäischen Landtag nach einer freundlichen Anrede gleiches Gehör, verließen diese Nation bei der herrlichen Aussicht auf ihre künftige Lage in der unverbrüchlichsten Treue und gingen nach Italien. *5* Zwar war hier noch kein Aufruhr, aber alles verdächtig und allenthalben gegenseitige Beschuldigungen der Italer untereinander. *6* Deswegen forderten die Abgeordneten Geiseln, und ohne die Sache zu erledigen, gingen sie von hier nach Acarnanien. *7* Zu Thyrium hielten die Acarnanen um ihretwillen einen Landtag. Auch hier gab es Streit unter den Parteien: Einige der Vornehmen beantragten, man müsse, um der Verrücktheit derer zu steuern, welche die Nation auf die makedonische Partei ziehen wollten, in ihre Städte Besatzungen legen. *8* Andere verwarfen dies, um sich nicht im Frieden und Bund mit Rom einem Schimpf ausgesetzt zu sehen, den man gewöhnlich nur eroberten und feindlichen Städten antue. *9* Ihr Recht, dies zu verbitten, wurde anerkannt. Die Abgeordneten gingen zum Prokonsul Hostilius – er war es, der sie geschickt hatte – nach Larisa zurück. *10* Den Octavius behielt er bei sich, den Popillius ließ er mit ungefähr 1000 Mann in die Winterquartiere nach Ambrakien gehen.

(18) Hatte Perseus das Gebiet von Makedonien zu Winteranfang nicht zu verlassen gewagt, damit nicht in sein unbesetztes Reich an irgendeiner Stelle die Römer einbrächen, *2* so rückte er nun um die Zeit des kürzesten Tages, wenn der hohe Schnee die Gebirge von Thessalien her unübersteigbar macht, weil er jetzt Gelegenheit zu haben glaubte, den benachbarten Völkern Hoffnung und Mut zu nehmen, um sich so jeder Gefahr von ihnen zu entledigen, während er auf der andern Seite im Krieg mit den Römern beschäftigt sein würde – denn von Thrakien aus gewährte ihm Katys Friede, von Epirus aus Kephalus durch seinen neulichen Abfall von den Römern, *3* die Dardaner hatte er selbst neulich durch seinen Feldzug gedemütigt; nur die Seite Makedoniens, welche gegen Illyricum offen stand, sah er noch bedroht, weil die Illyrer selbst nicht ruhig sein und auch den Römern den Zugang zu Makedonien gestatten würden – zugleich in der Hoffnung, durch Sieg über die angrenzenden Illyrier den schon lange wankenden illyrischen König Gentius zu einem Bündnis zu bewegen – mit 10 000 Mann Fußvolk aus, worunter ein Teil von der Phalanx war, *4* ferner mit 2000 Leichtbewaffneten und 500 Reitern, und kam nach Stuberra. *5* Von hier nahm er auf mehrere Tage Getreide mit, ließ die Werkzeuge zum Sturm auf Städte nachkommen und lagerte sich am dritten Tag vor Uskana, der Hauptstadt der penestianischen Landschaft. *6* Bevor er aber Gewalt anwandte, schickte er hin, um teils auf die Befehlshaber der Besatzung, teils auf die Bürger selbst einzuwirken; denn außer einer illyrischen Mannschaft lag hier auch eine römische Besatzung. *7* Als die Antwort nicht friedlich lautete, begann er den Angriff und suchte die Stadt im Ringsturm zu gewinnen. Obgleich nun ohne Unterbrechung Tag und Nacht immer neu anrückende Truppen hier Leitern an die Mauern legten, dort Feuer an die Tore warfen, boten die Verteidiger der Stadt doch diesem Sturm Trotz, weil sie hofften, *8* die Makedonier würden die heftige Kälte im Freien auf die Dauer nicht aushalten, und auch dem König werde der römische Krieg nicht so viel Zeit gestatten, sich lange zu verweilen. *9* Als sie jene aber Annäherungshütten bauen und Türme aufführen sahen, wurde ihr Trotz gebrochen. Denn abgesehen davon, dass ihnen die Stürmenden an Zahl überlegen waren, hatten auch sie selbst bei der unerwarteten

Einschließung sich weder mit Getreide noch anderen Vorräten versehen können. *10* Da sie also zum Widerstand keine Hoffnung hatten, wurden von der römischen Besatzung Gaius Carvilius Spoletinus und Gaius Afranius herausgeschickt, bei Perseus zuerst zu beantragen, dass er sie unter den Waffen mit ihrem Eigentum abziehen ließe, dann aber, wenn sie dies nicht erlangen könnten, sollten sie sich wenigstens Leben und Freiheit versprechen lassen. *11* Der König bewies größere Bereitwilligkeit im Zusagen als Treue im Halten. Obgleich er ihnen hatte sagen lassen, sie könnten mit ihrem Eigentum abziehen, nahm er ihnen gleich zuerst die Waffen. Sobald sie die Stadt verlassen hatten, ergaben sich mit der 500 Mann starken Kohorte Illyrer auch die Bürger von Uskana mit ihrer Stadt.

(19) Perseus legte nach Uskana eine Besatzung und führte alle, die sich ergeben hatten, eine Menge, die seinem Heer beinahe gleichkam, nach Stuberra. *2* Hier verteilte er die 4000 Römer, die Anführer ausgenommen, zur Verwahrung in mehrere Städte, verkaufte die Uskanenser und Illyrer als Sklaven und führte sein Heer wieder nach Penestia, um sich die Stadt Oaeneon zu unterwerfen. Sie hat überhaupt eine vorteilhafte Lage, *3* und außerdem führt hier der Weg durch, wenn man zu den Labeaten will, welche Gentius beherrschte. *4* Als er jetzt bei einer bevölkerten Bergfestung, namens Draudacum, vorüberzog, sagte einer von denen, die diese Gegend kannten, die Eroberung Oaeneons sei nicht notwendig, wenn man nicht auch Draudacum in seiner Gewalt habe. Ja, dieses habe in jeder Hinsicht eine noch vorteilhaftere Lage. *5* Perseus rückte mit seinem Heer hin und sogleich ergaben sich alle Bewohner. Die über seine Erwartung schnell erfolgte Übergabe hob seinen Mut, und da er bemerkte, wie groß der Schrecken sei, den sein Heer verbreitete, so unterwarf er sich während dieser Bestürzung der Völker noch elf andere Kastelle. *6* Nur bei wenigen hatte er Gewalt nötig; die Übrigen ergaben sich freiwillig. Und er machte in diesen 1500 römische Soldaten zu Gefangenen, welche hier, in die Besatzungen verteilt, lagen. *7* Hier wurde ihm Carvilius von Spoleto sehr nützlich, weil dieser in den Unterredungen versicherte, es sei keinem Römer ein Leid geschehen. Nun kam der Zug vor Oaeneon an, das ohne förmliche Belagerung nicht gewonnen werden konnte; denn die Stadt war durch ihre Mannschaft und durch ihre Mauern weit stärker als die übrigen. *8* Auch schützte sie auf der einen Seite der Fluss Artatos, auf der andern ein sehr hoher und schwer zu ersteigender Berg. Dies alles machte den Bürgern Mut zum Widerstand. *9* Nachdem Perseus die Stadt umpfählt hatte, legte er auf der oberen Seite einen Erdwall an, dessen Höhe die Mauern überragen sollte. *10* Bevor dieses Werk zustande kam, verloren die Bürger in öfteren Gefechten, durch welche sie bei Ausfällen ihre Mauer deckten und die feindlichen Werke hinderten, eine große Menge der Ihrigen durch mancherlei Missgeschick, und die noch übrig waren, wurden durch die Tag und Nacht fortgesetzten Arbeiten und durch ihre Wunden unbrauchbar. *11* Sobald der Damm der Mauer sich näherte, stieg nicht allein die königliche Kohorte, welche bei den Makedoniern die Sieger hieß, hinüber, sondern man drang auch an mehreren Stellen zugleich über die Leitern in die Stadt hinein. *12* Alle Erwachsenen wurden niedergehauen, Frauen und Kinder gab der Sieger in Verwahrung, die übrige Beute überließ er den Soldaten. *13* Auf seinem Rückzug von hier nach Stuberra schickte er als Gesandte an Gentius den Illyrer Pleuratus ab, der sich bei ihm als Flüchtling aufhielt, und den Makedonier Adaeus von Beroia. *14* Er trug ihnen auf, dort eine Schilderung von dem zu geben, was er in diesem Sommer und Winter gegen die Römer und Dardaner ausgerichtet habe; dann sollten sie seine neuen Taten vom Winterfeldzug in Illyricum folgen lassen und Gentius auffordern, mit ihm und Makedonien in freundschaftliche Verbindung zu treten.

(20) Als diese über das Skordosgebirge gegangen waren, kamen sie durch Illyricums Wüsteneien, welche die Makedonier absichtlich durch ihre Verheerungen geschaffen hatten, um den Dardanern den Übergang nach Illyricum oder Makedonien zu erschweren, und endlich nach

unsäglicher Mühe zu Skadra an. *2* König Gentius war aber zu Lissus. Er ließ die Gesandten dahin kommen; sie fanden mit ihren Aufträgen ein gnädiges Gehör, brachten aber die nichts entscheidende Antwort zurück, es fehle ihm zu einem Krieg mit den Römern nicht am Willen; allein um auf das, was er wünsche, sich einzulassen, fehle es ihm namentlich an Geld. *3* Diesen Bescheid brachten sie dem König nach Stuberra, wo er jetzt seine Gefangenen aus Illyricum verkaufte. Er schickte sogleich dieselben Gesandten wieder hin, gab ihnen noch den Glaukias von seiner Leibwache mit, hieß sie aber keine Geldsumme erwähnen, obgleich dies das Einzige war, was den armen ausländischen König zum Krieg bewegen konnte. *4* Als Perseus auf seinem Zug von hier Ankyra verwüstet hatte, ging er wieder mit seinem Heer nach Penesta, verstärkte zu Uskana und in allen übrigen von ihm eroberten Festen dieser Gegend die Besatzungen und zog sich nach Makedonien zurück.

(21) In Illyrien befehligte ein römischer Unterfeldherr, Lucius Caelius. Er wagte es nicht, solange der König in diesen Gegenden stand, sich zu bewegen, und als er endlich nach dessen Abzug versuchte, Uskana in Penestia zurückzuerobern, musste er, von der dort liegenden makedonischen Besatzung geschlagen, mit vielen Verwundeten abziehen und kam mit seinen Truppen wieder zu Lychnidus an. *2* Wenige Tage darauf schickte er von hier den Marcus Trebellius Fregellanus mit einer genügenden Mannschaft nach Penestia, um von den Städten, welche der römischen Freundschaft treu geblieben waren, die Geiseln in Empfang zu nehmen. *3* Er hieß ihn auch in das Gebiet der Parthiner vorrücken; denn auch sie hatten sich zu Geiseln verstanden. Bei beiden Völkern wurden sie ohne Unruhe eingetrieben. Die Geiseln der Penesten wurden nach Apollonia, nach Dyrrhachium aber – bei den Griechen war damals der Name Epidamnos gebräuchlicher – die Parthiner geschickt.

4 Appius Claudius, welcher die in Illyrien erlittene Schlappe wieder gutzumachen wünschte, unternahm einen Angriff auf Phanote, eine Bergfestung in Epirus, brachte außer dem römischen Heer gegen 6000 Mann athamanischer und thesprotischer Hilfstruppen mit *5* und richtete doch mit diesen Anstalten nichts aus, weil Kleuas, welchen Perseus in der Festung zurückgelassen hatte, sie mit einer starken Besatzung verteidigte. Auch Perseus, der nach Elimea aufgebrochen war und in dieser Gegend sein Heer gemustert hatte, zog auf Einladung der Epiroten gegen Stratos heran. *6* Stratos war damals Aetoliens stärkste Festung. Sie liegt oberhalb des Ambrakischen Meerbusens am Fluss Acheloas. Er unternahm den Zug dorthin mit 10 000 Mann zu Fuß und nur 300 Reitern. Wegen der engen und rauen Wege nahm er nur wenige von ihnen mit. *7* Als er in drei Tagen an den Berg Kitios gelangt war und ihn bei dem hohen Schnee kaum hatte übersteigen können, fand er auch nur mit Mühe eine Stelle für sein Lager. *8* Er rückte, mehr aus dem Grund, weil er nicht bleiben konnte, als weil Weg und Wetter erträglich gewesen wären, unter großen Strapazen, vor allem der Lasttiere, weiter, und lagerte sich am folgenden Tag bei dem Tempel Jupiters, mit dem Zunamen Nikaios (Sieggeber). *9* Nach einem zurückgelegten sehr starken Marsch verweilte er am Fluss Arachthos, weil ihn der hochgehende Strom aufhielt. Als während dieses Aufenthaltes eine Brücke fertig geworden war und er mit seinen hinübergeführten Truppen noch einen Tagemarsch gemacht hatte, kam ihm Archidamos, einer der aetolischen Vornehmen, der ihm Stratos übergeben wollte, entgegen.

(22) An diesem Tag lagerte er sich an der Grenze des aetolischen Gebietes. Von hier traf er am folgenden Tag vor Stratos ein. *2* Als er hier in dem am Achelous genommenen Lager voll Erwartung war, dass die Aetoler aus allen Toren herzuströmen würden, sich in seinen Schutz zu geben, fand er nicht allein die Tore verschlossen, sondern erfuhr auch, dass sie in derselben Nacht, in welcher er selbst angekommen war, eine römische Besatzung mit dem Unterfeldherrn Gaius Popillius aufgenommen hatten. *3* Die Häupter der Stadt nämlich, die auf das Wort des

Archidamas, solange er persönlich zugegen war, den König eingeladen hatten, die aber, während er dem König entgegenging, weniger aufmerksam gewesen waren, hatten der Gegenpartei Zeit gelassen, von Ambrakia den Popillius mit tausend Mann Fußvolk hereinrufen. ***4*** Gerade jetzt war auch Dinarchos, der Anführer der aetolischen Reiterei, mit 600 Mann zu Fuß und 100 Reitern angekommen. ***5*** Es war ausgemacht, dass er in der Meinung, zu Perseus zu stoßen, nach Stratos gekommen war, und sich nun, gegen den Zufall geschmeidig genug, den Römern anschloss, deren Feind er noch beim Einrücken war. ***6*** Auch war Popillius unter so wankelmütigen Menschen ganz auf seiner Hut, wie sich's gehörte. Er eignete sich sogleich die Torschlüssel und die Bewachung der Mauern zu; ***7*** den Dinarchos mit seinen Aetolern und der Mannschaft aus Stratos selbst entfernte er unter dem Auftrag, dort die Besatzung zu machen, auf die Burg. ***8*** Als Perseus, der von den am oberen Teil der Stadt ragenden Höhen sich auf Unterredungen einlassen wollte, alles fest entschlossen und sich sogar aus der Ferne mit Geschossen abgewiesen sah, verlegte er sein Lager auf die andere Seite des Flusses Petitaros, 5000 Schritte von der Stadt. ***9*** Hier hielt er Kriegsrat; und da Archidamos und die zu ihm übergegangenen Epiroten den König zu bleiben aufforderten, die Vornehmen der Makedonier dagegen erklärten, sie dürften nicht gegen die feindliche Jahreszeit ankämpfen, da keine Zufuhr vorbereitet wäre, ***10*** und sie als Belagerer den Mangel eher spüren würden als selbst die Belagerten, hauptsächlich weil die Feinde ihre Winterquartiere so nahe hätten, so folgte er den Abratenden und rückte nach Aperantia vor. ***11*** Die Aperantier nahmen ihn, weil Archidamos bei ihrer Nation in großer Liebe und Achtung stand, mit allgemeiner Einstimmung auf, und er ließ ihnen diesen mit einer Besatzung von 800 Mann als Befehlshaber zurück.

(23) Zwar mit nicht geringerem Ungemach für Tiere und Menschen, als bei seinem Anzug, kehrte der König nach Makedonien zurück; doch bewirkte der Ruf von der Annäherung des Perseus gegen Stratos, dass Appius die Einschließung von Phanota aufhob. ***2*** Kleuas, der ihn mit einer Bedeckung von rüstigen Jünglingen verfolgte, hieb ihm von seinem Zug, der an dem beinahe unwegsamen Fuß des Gebirges nicht fortkommen konnte, gegen 1000 Mann nieder und machte gegen 200 Gefangene, ***3*** Als Appius über die Schluchten hinaus war, nahm er auf einige Tage sein Standlager in einer Ebene – sie hat den Namen „Weingarten". Unterdessen zog Kleuas den Philostratos an sich, unter dem die Epiroten standen, und zog in das Gebiet von Antigonea. ***4*** Hier gingen die Makedonier auf Plünderung, Philostratos aber legte sich mit seiner Kohorte an einem versteckten Ort in einen Hinterhalt. Die Mannschaft von Antiganea brach gegen die zerstreuten Plünderer aus und fiel, weil sie die Fliehenden zu weit verfolgte, in den von den Feinden im Tal gelegten Hinterhalt. Kleuas und Philostratos, ***5*** welche hier gegen 1000 Feinde töteten, beinahe 100 Gefangene machten und allenthalben Glück gehabt hatten, lagerten sich nun dem Standort des Appius näher, um auch ihre Verbündeten gegen jeden Angriff vom römischen Heer zu decken. ***6*** Appius, der in dieser Gegend seine Zeit vergeblich hinbrachte, ließ die chaonischen Hilfstruppen und was er an Epiroten hatte, auseinandergehen, ging mit den italischen Truppen wieder nach Illyrien, verteilte sie in die Winterquartiere auf die Städte der Parthiner, seiner Bundesgenossen, und kehrte für seine Person zur Ausrichtung eines Opfers nach Rom zurück. ***7*** Perseus schickte 1000 Mann zu Fuß und 200 Reiter, die er aus Penestien zurückrief, als Besatzung nach Kassandrea. ***8*** Von Gentius kamen seine Gesandten mit der vorigen Antwort zurück. Er hörte seitdem nicht auf, immer durch andere Abgeordnete den König zu bearbeiten, weil es ihm einleuchtete, wie wichtig ihm sein Beistand sein würde, und er es doch nicht über sich bringen konnte, an eine Verbindung, die für ihn in jeder Hinsicht von so entscheidendem Ausschlag sein musste, die Kosten zu übernehmen.

[Der Rest des Buches fehlt.]

Vierundvierzigstes Buch

Inhalt

Quintus Marcius Philippus dringt durch unwegsame Waldgebirge in Makedonien ein und besetzt mehrere Städte. Die Rhodier schicken Gesandte nach Rom mit der Drohung, sie würden Perseus beistehen, sofern nicht der römische Staat mit ihm Frieden und Freundschaft schlösse. Dies wird sehr übel aufgenommen. Dem Lucius Aemilius Paulus, der das Jahr darauf zum zweiten Mal Konsul war, wird dieser Krieg aufgetragen. Paulus ruft vor der Volksversammlung die Götter an, jeden dem römischen Staat drohenden Unfall auf sein Haus abzuleiten, geht nach Makedonien, besiegt den Perseus und unterwirft sich das ganze Makedonien.

(1) Im Anfang des Frühlings, der auf den Winter folgte, in dem dieses geschah, kam Konsul Quintus Marcius Philippus nach seinem Aufbruch von Rom mit 5000 Mann, die er zur Ergänzung seiner Legionen mit hinübernehmen wollte, zu Brundisium an. ***2*** Der Konsular Marcus Popillius und andere ebenso vornehme junge Männer folgten dem Konsul zu den makedonischen Legionen als Obersten. ***3*** In jenen Tagen kam auch der Prätor Gaius Marcius Figulus, dem der Oberbefehl über die Flotte zugefallen war, nach Brundisium, und da sie zugleich miteinander von Italien abfuhren, erreichten sie am zweiten Tag Korkyra, am dritten Aktium, den Hafen Acarnaniens. ***4*** Aus dieser Gegend zog der Konsul, der sich bei Ambrakia ausschiffte, zu Land nach Thessalien. Der Prätor, der um Leucate herumfuhr, lief in den Korinthischen Meerbusen ein, ließ seine Schiffe zu Kreusa und ging, gleichfalls zu Land, im Eilmarsch von einem Tag mitten durch Böotien nach Chalkis zur Flotte. ***5*** Aulus Hostilius hatte damals sein Lager in Thessalien bei Alt-Pharsalos; und hatte er auch keine denkwürdige Kriegstat verrichtet, so hatte er doch die Soldaten von ihrer völligen Zügellosigkeit zur Befolgung der Kriegszucht in allen Stücken zurückgebracht, die Bundesgenossen mit Treue behandelt und sie vor jeder Art von Unbilden geschützt. ***6*** Als er die Ankunft seines Nachfolgers erfuhr, hielt er über Waffen, Mann und Ross genaue Musterung und führte dem ankommenden Konsul das Heer im Waffenschmuck entgegen. ***7*** Ihre erste Zusammenkunft war nicht nur ihrer eigenen und der Würde des römischen Namens angemessen, sondern auch noch nachher bei den Unternehmungen nützlich. ***8*** Denn der Prokonsul blieb als Legat beim Heer. ***9*** Wenige Tage später hielt auch der Konsul eine Rede an die Soldaten. ***10*** Er eröffnete sie mit der Erzählung des von Perseus an seinem Bruder verübten, gegen seinen Vater im Sinn gehabten Mordes, ließ auf die durch Frevel errungene Thronbesteigung seine Vergiftungen und Ermordungen folgen, den so boshaft auf Eumenes angelegten Mordplan, seine Beleidigungen des römischen Volkes, seine bundbrüchigen Plünderungen römischer Bundesstaaten. Und wie verhasst dies alles auch den Göttern sei, werde Perseus aus dem Ausgang seiner Taten wahrnehmen. ***11*** Denn die Götter begünstigten Frömmigkeit und Treue, wodurch sich das römische

Volk zu einer solchen Höhe emporgeschwungen habe. *12* Dann zeigte er das Verhältnis der Kräfte des römischen Staates, welcher schon den Erdkreis umfasse, zu den Kräften Makedoniens, der Heere zu den Heeren und die Zahl der Truppen, welche die viel größere Macht des Philipp und Antiochos gebrochen hätten, nicht größer gewesen sei als die Ihrige.

(2) Nachdem er durch Ermahnungen dieser Art den Mut der Soldaten angefeuert hatte, hielt er Rat über die Führung des Krieges im Ganzen. Der Prätor Gaius Marcius kam von Chalkis, wo er die Flotte übernommen hatte, dazu. *2* Es wurde beschlossen, nicht durch längeres Zögern in Thessalien die Zeit zu vergeuden, sondern sogleich aufzubrechen *3* und geradeswegs in Makedonien einzurücken. Der Prätor solle dafür sorgen, dass zu gleicher Zeit auch die Flotte die feindliche Küste bedrohe. *4* Als der Konsul den Prätor entlassen hatte, befahl er den Soldaten, auf einen Monat Mundvorrat mitzunehmen, brach am zehnten Tag nach Übernahme des Heeres auf, berief nach zurückgelegtem Tagemarsch die Wegweiser, *5* und nachdem sie im Kriegsrat hatten angeben müssen, welchen Weg jeder nehmen wollte, ließ er sie abtreten und fragte nun beim Kriegsrat an, welchen von allen er wählen solle. *6* Einige wollten über Pythion gehen, andere über das Kambunische Gebirge, den Weg des Konsuls Hostilius im vorigen Jahr, andere am See Askuris vorbei. *7* Noch hatten sie einen ziemlichen Weg vor sich, der nach allen diesen Gegenden führte; also wurde die Entscheidung dieser Frage bis auf die Zeit verschoben, da sie am Scheidepunkte der Straßen sich lagern würden. *8* Von hier zog er nach Perrhaebien und blieb zwischen Azoros und Doliche mit seinem Lager stehen, um wieder zu beraten, welcher Straße er den Vorzug geben sollte.

9 Perseus, der in diesen Tagen die Annäherung des Feindes erfuhr, allein nicht wusste, welchen Weg er nehmen würde, entschloss sich, alle Pässe mit Mannschaft zu besetzen. *10* Auf die Höhen der Kambunischen Berge, sie heißt dort Volustana, schickte er 10 000 Mann leichter Truppen unter Anführung des Asklepiodotos. *11* Neben der Bergfestung, die über dem See Askuris lag – der Ort heißt Lapathos –, musste Hippias den Pass mit 12 000 Makedoniern besetzen. *12* Er selbst hatte mit den übrigen Truppen anfangs ein Standlager bei Dion. Dann aber durcheilte er mit der leichten Reiterei – man hätte glauben können, er sei ganz ratlos und wie betäubt gewesen – bald Heraklea, bald Phila, und kehrte in demselben Ritt nach Dion zurück.

(3) Unterdessen stand es für den Konsul fest, durch den Gebirgswald zu ziehen, *2* in welchem, wie ich gesagt habe, bei Lapathos auf Befehl des Königs Hippias sein Lager genommen hatte. Doch fand er es gut, 4000 Mann vorausgehen zu lassen, um dem Feind in der Besetzung der vorteilhaften Stellen zuvorzukommen; ihre Vorgesetzten waren Marcus Claudius und Quintus Marcius, des Konsuls Sohn. *3* Sogleich folgten ihnen alle Truppen. Allein der Weg war so steil, so rau und abgerissen, dass die ohne Gepäck vorausgehenden Truppen, nachdem sie nur mit Mühe in zwei Tagen einen Weg von 15 000 Schritten zurückgelegt hatten, sich lagern mussten. Der Platz, den sie bezogen, hieß dort der Schönwasserturm. *4* Von hier rückten sie am folgenden Tag 7000 Schritte weiter vor, besetzten in der Nähe des feindlichen Lagers eine Anhöhe und ließen dem Konsul zurücksagen, sie seien bis zum Feind gelangt, hätten sich an einem sicheren und in jeder Beziehung günstigen Ort gelagert; er möge den Marsch so stark wie möglich machen, um nachzukommen. *5* Schon war der Konsul in Unruhe wegen der Schwierigkeiten des Weges, auf den er sich eingelassen hatte, und in Bezug auf die, die er in geringer Anzahl mitten unter die Posten der Feinde vorausgeschickt hatte, als der Bote beim See Askuris eintraf. *6* Nun bekam er ebenfalls mehr Vertrauen, und nach der Vereinigung seiner Truppen lehnte er sein Lager an die schon besetzte Höhe, da wo die Beschaffenheit des Ortes es am besten gestattete. *7* Hier hatte er nicht bloß das feindliche Lager unter sich vor Augen, das etwas über 1000 Schritt entfernt war, sondern auch die ganze Gegend nach Dion und Phila und die Meeresküste, weil sich ihm von

einem so hohen Bergrücken eine weite Aussicht eröffnete. *8* Den Soldaten wuchs der Mut, als sie den Platz zur Entscheidung des Krieges, alle Truppen des Königs und das Land des Feindes so nahe sahen. *9* Da sie also freudig den Konsul aufforderten, sie näher an das feindliche Lager zu führen, gab er ihnen nach der Ermüdung von dem beschwerlichen Weg einen Tag Ruhe. *10* Am dritten Tag brach der Konsul mit Hinterlassung eines Teiles der Truppen zur Bedeckung des Lagers gegen den Feind auf.

(4) Hippias war erst neulich zur Bedeckung des Gebirges vom König hierher geschickt. Als er auf der Höhe ein römisches Lager erblickte, machte er die Seinigen auf den Kampf gefasst und ging dem anrückenden Zug des Konsuls entgegen. *2* Von den Römern und den Feinden waren nur die Schlagfertigen zum Kampf ausgerückt. Auf beiden Seiten waren nur die Leichtbewaffneten zur Einleitung eines Treffens die tauglichste Truppenart. *3* Da sie also schnell aneinander gerieten, schossen sie ihre Wurfpfeile ab. Bei diesem wilden Zusammenstürzen gab es auf beiden Seiten viele Wunden, allein auf beiden Seiten waren nur wenige Gefallene. *4* Nachdem sie sich so für den folgenden Tag gegenseitig gereizt hatten, trafen sie in größerer Truppenzahl und mit größerer Erbitterung aufeinander; wenn sie nur Platz genug gehabt hätten, sich in Linie auszubreiten, allein der Gipfel des Berges, der sich als ein keilförmiger schmaler Rücken erhob, ließ an der Stirn der Reihen nur eine Breite für drei Mann. *5* Also stand, während diese wenigen kämpften, die übrige Menge, vorzüglich die unter den schweren Waffen, als Zuschauer des Kampfes da. *6* Es waren nur Leichtbewaffnete, die auch mit Umgehung des Gipfels vordrangen, die feindlichen leichten Truppen auf den Seiten angriffen und über unebene und ebene Stellen hinaus zum Kampf zu kommen suchten; und die Nacht schied die Streitenden, die auch an diesem Tag mehr Verwundete als Gefallene hatten.

7 Am dritten Tag war der römische Feldherr in Verlegenheit. Auf einem nackten Berggipfel konnte er nicht bleiben, ohne Schimpf, ja ohne Gefahr sich nicht zurückziehen; wohl aber konnte ihm, wenn er wich, der Feind von den Höhen herab in das Heer fallen; *8* und es blieb ihm nichts übrig, als das unternommene Wagstück durch beharrliche Kühnheit, die sich oft in den Erfolgen als Klugheit erweist, zu verbessern. Er sah sich der Möglichkeit ausgesetzt, wenn sein Feind den ehemaligen makedonischen Königen ähnlich gewesen wäre, eine große Niederlage zu erleiden. *9* Allein der König, der bei Dion mit seinen Reitern an der Küste umherstreifte und das Geschrei und Schlachtgetöse seiner 12 000 Mann beinahe hören konnte, verstärkte dennoch weder diese durch Absendung frischer Truppen an Stelle der Ermüdeten, noch war er, worauf doch das meiste ankam, selbst bei dem Kampf zugegen, *10* während der römische Feldherr, ein Mann schon über 60 Jahre und von schwerem Körper, sich unverdrossen jeder Pflicht des Soldaten in eigener Person unterzog. *11* Musterhaft hielt er bis ans Ende bei seiner kühnen Unternehmung aus. Er ließ den Popillius zurück, um die Höhe besetzt zu halten, schickte Leute, um Bahn zu machen, auf Umwegen voran, über welche er weiterzog; Attalos und Misagenes, beide mit den Hilfstruppen ihrer Nation, mussten die Arbeiter bei Eröffnung des Waldes decken; *12* er selbst hatte die Reiterei und das Gepäck vor sich und schloss mit den Legionen den Zug.

(5) Unbeschreiblich war die Anstrengung, als sie unter beständigem Niederstürzen der Zugtiere und des Gepäcks bergab zogen. Als sie 4000 Schritt vorgerückt waren, wünschten sie nichts sehnlicher, als auf dem Weg, den sie gekommen waren, wenn es möglich sein sollte, wieder umzukehren. *2* Die Elefanten erfüllten, fast wie ein feindlicher Angriff, den ganzen Zug mit Getümmel. Kamen sie an unwegsame Stellen, so warfen sie ihre Lenker ab und scheuchten unter grässlichem Geschrei alles um sich her, hauptsächlich die Pferde, bis man ein Mittel fand, sie weiterzubringen. *3* Durch den Abhang hinunter wurden so, dass man einen oberen Stützpunkt benutzte, nach unten hin zwei lange starke Pfähle in die Erde gerammt, welche nur etwas weiter, als die Breite des Tieres

beträgt, voneinander abstanden. *4* Auf einem darüber liegenden Querbalken wurden Balken von beinahe 30 Fuß Länge befestigt, so dass eine Brücke entstand, und oben darauf Erde geschüttet, *5* weiter unten nach einem mäßigen Zwischenraum wurde eine ähnliche zweite Brücke geschlagen, dann eine dritte und so der Reihe nach mehrere, soweit die Felsen abschüssig waren. *6* Vom festen Boden schritt der Elefant auf die Brücke; ehe er an das Ende derselben gelangte, wurden die Träger weggehauen und das Einfallen der Brücke ließ ihn bis zum Anfang der folgenden Brücke allmählich hinabgleiten. *7* Einige Elefanten standen auf ihren Füßen, andere glitten auf dem Hintergesäß hinab. Hatte die Ebene der zweiten Brücke sie in Empfang genommen, so wurden sie ebenso durch das Einfallen dieser unteren Brücke weiter hinabgesenkt, bis man in das ebenere Tal gelangte. *8* Kaum etwas über 7000 Schritte kamen die Römer an diesem Tag weiter. Den geringsten Teil legten sie zu Fuß zurück; meist kamen sie, aber auf alle mögliche Art zerstoßen, nur dadurch weiter, dass sie sich selbst mit ihren Waffen und anderem Gepäck hinabwälzten, so dass auch der, der sie diesen Weg geführt und ihnen dazu geraten hatte, nicht leugnen konnte, mit einer Handvoll Leute hätte das ganze Heer vertilgt werden können. *9* In der Nacht kamen sie an eine mäßige Ebene; nur war keine Umsicht möglich, ob auch der rings umschlossene Ort nicht etwa gefährlich sei. Hatten sie auch hier unverhofft einen Ort getroffen, wo sie endlich auf festem Boden stehen konnten, *10* so mussten sie doch in dem so tiefen Tal auch noch den folgenden Tag auf Popillius und die mit ihm zurückgelassenen Truppen walten. Und diese ebenfalls, waren sie auch auf keiner Seite von einem Feind bedroht, wurden durch den schlimmen Weg wie von einem Feind zerarbeitet. *11* Am dritten Tag zogen sie vereint durch den Wald, welchen die Anwohner die Schönfichte nennen. *12* Von hier gingen sie am vierten Tag über ebensolche Unwege, aber aus Gewohnheit schon mit mehr Erfahrung, auch unter besseren Hoffnungen, weil nie ein Feind sich zeigte, und weil sie dem Meer näher kamen, auf die Gefilde herab und lagerten sich zwischen Herakleion und Libethron mit dem Fußvolk, dessen größerer Teil die Höhen besetzte. *13* Diese umfassten das Tal und auch einen Teil des Feldes, wo die Reiterei lagern sollte.

(6) Die Nachricht von der Ankunft des Feindes wurde dem König gebracht, als er gerade im Bad war. Erschrocken sprang er aus der Wanne, schrie, er sei ohne Schlacht überwunden, *2* und indem er alle Augenblicke von dem einen übereilten Entschluss und Befehl auf den andern verfiel, hieß er zwei von seinen Vertrauten nach Pella abgehen, wo der königliche Schatz niedergelegt war und, was er dort an Geld fände, ins Meer werfen; und dem Andronikos nach Thessaloniki, um die Schiffswerften anzuzünden. Zugleich zog er die Posten unter Hippias und Asklepiodotus zurück und eröffnete so den Feinden jeden Zugang. *3* Er selbst zwang die Bewohner von Dion, wo er eiligst alle vergoldeten Standbilder, damit sie nicht dem Feind zum Raub würden, auf die Flotte bringen ließ, sogleich nach Pydna auszuwandern, *4* und machte nun die anscheinende Verwegenheit des Konsuls, auf einen Platz vorgerückt zu sein, von wo er sich ohne des Feindes Willen nicht zurückziehen konnte, zu einer nicht unüberlegten Kühnheit. *5* Denn die Römer hatten nur zwei Gebirgswege, auf denen sie sich hier herausziehen konnten, den einen durch Tempe nach Thessalien, den andern nach Makedonien an Dion vorbei; und beide waren vom König mit Posten besetzt. *6* Hätte also ein unerschrockener Feldherr zehn Tage lang den ersten Anblick des drohend anrückenden Feindes ertragen, so hätten die Römer sich ebenso wenig durch Tempe nach Thessalien zurückziehen können, als für ihre Zufuhr einen offenen Weg gehabt. *7* Denn ein Durchzug durch das Waldgebirge Tempe hat seine Schwierigkeiten, wenn auch kein Krieg ihn unsicher macht. *8* Den Pass entlang, der in einer Länge von 5000 Schritten so eng fortgeht, dass für ein beladenes Zugtier nur ein schmaler Weg bleibt, sind auf beiden Seiten die Felsen so schroff, dass man, ohne schwindlig und bewusstlos zu werden, kaum hinabblicken kann. Auch das Tosen und die Tiefe des in der Mitte des Tales fließenden Peneos sind schrecklich. *9* Diese

schon durch die Natur so grauenvolle Gegend war an vier verschiedenen Stellen mit königlichen Posten besetzt. *10* Der eine stand vorn am Eingang bei Gonnoi, der andere bei Kondylon in einem uneinnehmbaren Kastell, der dritte bei Lapathos mit dem Beinamen der Schlagbaum; *11* der vierte war in der Mitte des Tales, wo es am engsten ist, über dem Weg selbst aufgestellt, so dass schon zehn Bewaffnete ihn leicht behaupten konnten. *12* Wäre also den Römern zugleich der Zugang der Lebensmittel durch das Tal Tempe und zugleich die Rückkehr abgeschnitten, so mussten sie wieder zu den Gebirgen umkehren, über die sie gekommen waren. *13* Hatten sie das gekonnt, weil sie unbemerkt sich durchschlichen, so wurde es ihnen jetzt vor des Feindes Augen, wenn er die oberen Höhen besetzt hatte, unmöglich; schon die Erinnerung an die ausgestandenen Mühseligkeiten hätte sie mutlos gemacht. *14* Es blieb ihnen, da sie sich aufs Geratewohl eingelassen hatten, nichts weiter übrig, als sich nach Makedonien bei Dion mitten durch die Feinde hinauszuziehen; und selbst dies hatte, wenn nicht die Götter dem Könige den Verstand genommen hätten, ungeheure Schwierigkeiten. *15* Denn da der Fuß des Gebirges Olympos nur etwas über 1000 Schritt Raum an der Küste übrig lässt und der bei seiner Mündung weit austretende Fluss Baphyros die eine Hälfte des Platzes bedeckt, die andere Hälfte der Ebene der Tempel Jupiters und die Stadt einnimmt, *16* so konnte der sehr geringe Überrest von Platz leicht durch einen mäßigen Graben und Wall gesperrt werden; und Steine und Bäume aus dem Wald waren so viele zur Hand, dass man sogar eine Mauer hätte vorziehen und Türme errichten können. *17* Das alles ließ sein durch plötzlichen Schrecken verdunkelter Geist unbeachtet. Er entblößte alle Posten von Truppen, öffnete sie dem Feind und floh nach Pydna zurück.

(7) Der Konsul, der sich durch die Dummheit und Lässigkeit des Feindes bedeutend gesichert und zu Hoffnungen berechtigt sah, ließ dem Spurius Lucretius nach Larisa melden, er möge die in der Gegend um Tempe vom Feind aufgegebenen Kastelle besetzen, schickte den Popillius voraus, die Ausgänge bei Dion zu untersuchen, rückte auf die Nachricht, *2* es stehe nach allen Seiten hin alles offen, in zwei Märschen bis Dion vor und ließ sein Lager, um alle Entweihung des Heiligtums zu verhüten, unmittelbar unter dem Tempel abstecken. *3* Bei seinem Einzug in die Stadt, die freilich nicht groß, aber durch öffentliche Anlagen und eine Menge Standbilder verschönert und trefflich befestigt war, konnte er kaum glauben, dass bei der unnötigen Aufopferung alles dessen nicht eine List zugrunde liege. *4* Um alle Umgebungen zu untersuchen, blieb er einen Tag, brach dann auf und rückte, in der Voraussetzung, er werde Getreide genug in Pierien finden, bis an den Fluss Mitys vor. *5* Auf seinem Zug am folgenden Tag nahm er die Stadt Agassae in Besitz, deren Bewohner sich ergaben; und um die Herzen der übrigen Makedonier zu gewinnen, begnügte er sich mit Geiseln und sagte den Bürgern, er überlasse ihnen ihre Stadt ohne Besatzung; sie möchten, ohne Kriegssteuer zu zahlen, nach ihren eigenen Gesetzen leben. *6* Von hier rückte er einen Tagemarsch weiter und lagerte sich um Fluss Askordos; da er aber, je weiter er sich von Thessalien entfernte, immer größeren Mangel an allem führte, ging er nach Dion zurück, *7* und es wurde allen klar, wie schlimm es ihm gegangen wäre, wenn man ihn von Thessalien abgeschnitten hätte, von dem er sich ohne Gefahr nicht einmal entfernen konnte.

8 Als Perseus alle seine Truppen und Heerführer zusammengezogen hatte, schalt er auf die Befehlshaber seiner Besatzungen, am meisten auf Asklepiodotos und Hippias, *9* welche, wie er sagte, die Schlüssel zu Makedonien den Römern übergeben hätten, eine Schuld, die doch niemand eigentlicher trug als er selbst. *10* Der Konsul, der von seiner schon auf der hohen See erblickten Flotte hoffen konnte, dass sie ihm Zufuhr bringe – denn das Getreide war sehr teuer und fast nicht zu haben –, erfuhr, als sie jetzt in den Hafen eingelaufen war, sie habe die Schiffe mit den Ladungen zu Magnesia gelassen. *11* Bei seiner Ungewissheit, was nun zu tun sei – so sehr hatte er mit seiner schwierigen Lage zu kämpfen, wenn auch nicht die geringste Einwirkung von Seiten des

Feindes sie verschlimmerte –, *12* meldete ihm sehr zur gelegenen Zeit ein Schreiben von Spurius Lucretius, er sei im Besitz aller Kastelle oberhalb von Tempe und um Phila und habe darin einen Vorrat von Getreide und anderen nützlichen Gegenständen gefunden.

(8) Hierüber sehr erfreut, zog der Konsul von Dion nach Phila, zugleich, um hier die Besatzung zu verstärken und den Truppen Getreide auszuteilen, das ihnen zu langsam angefahren wurde. *2* Dieser Marsch fand eine sehr ungünstige Beurteilung. Einige sagten, der Feldherr habe sich aus Furcht vor dem Feind zurückgezogen, weil er, wenn er geblieben wäre, hätte kämpfen müssen; andere, er wisse nicht, *3* dass das Glück im Krieg täglich neue Verhältnisse gebe; denn er habe, obgleich sich die Umstände ihm geboten hätten, aus den Händen gehen lassen, was er späterhin nicht wiedergewinnen könne. *4* Auch machte gleich der aufgegebene Besitz von Dion den Feind aufmerksam, dass er nun endlich fühlte, er müsse das wieder erobern, was er früher durch seine Schuld verloren hatte. *5* Als er den Abzug des Konsuls erfuhr, ging er nach Dion zurück, und was die Römer auseinandergeworfen und zerstört hatten, stellte er wieder her. Die herabgestürzten Mauerzinnen legte er wieder auf und sorgte überall für die Festigkeit der Mauern. Dann schlug er 5000 Schritt von der Stadt ein Lager am diesseitigen Ufer des Flusses Elpeios auf, um selbst an dem Fluss und seinen Schwierigkeiten des Überganges ein Bollwerk zu haben. *6* Dieser fließt aus einem Tal des Berges Olympus, im Sommer klein, im Winter durch Regengüsse reißend; über den Felsen bildet er gewaltige Wassermassen, unterhalb aber dadurch, dass er das aufgewühlte Erdreich ins Meer hinausspült, sehr tiefe Schlünde, und weil er die Mitte seines Bettes aushöhlt, auf beiden Seiten schroffe Ufer. *7* In der Hoffnung, durch diesen Fluss sei dem Feind der Weg gesperrt, beschloss Perseus, die übrige Zeit dieses Sommers so hinzubringen. *8* Inzwischen schickte der Konsul den Popillius mit 2000 Bewaffneten von Phila nach Herakleion. *9* Dies liegt beinahe 5000 Schritte von Phila, in der Mitte zwischen Dion und Tempe auf einem über den Strom ragenden Felsen.

(9) Bevor Popillius die Mauern durch seine Krieger angriff, ließ er durch Abgeordnete den Obrigkeiten und den Häuptern der Stadt raten, sie möchten sich lieber dazu entschließen, die Zuverlässigkeit und Schonung der Römer als die Gewalt ihrer Waffen kennenzulernen. *2* Seine Vorschläge blieben ohne Wirkung, weil man von dort aus die Wachtfeuer des königlichen Lagers am Elipeos vor Augen hatte. Nun begann die Belagerung zu Land und zu Wasser – denn auch die Flotte lag an der Küste verankert – zugleich mit Waffen, Anlagen und Maschinen. *3* Auch benutzten einige römische Jünglinge ein Übungsspiel der Kampfbahn für den Krieg und erstiegen so die Mauer, wo sie am niedrigsten war. *4* Es war damals üblich, als die Verschwendung, die Kampfbahn mit Tieren aus aller Welt anzufüllen, noch nicht eingeführt war, für die Augenweide mehrere Arten von Spielen zu vereinigen, und wenn ein Rennwagen seine Umzüge nur einmal oder ein Abspringer sie nur einmal machte, so verstrich mit dem Aufzug beider kaum die Zeit einer Stunde. *5* Unter andern stellte man auch bewaffnete Jünglinge auf, gegen 60 jedes Mal, zuweilen, bei Spielen von größerem Aufwand, auch mehrere. Ihr Aufzug war teils bildlich dargestellte Kampfübung eines Heeres, teils Ausübung eines eher zierlichen als für den Soldaten passenden Kunststücks und näherte sich mehr einer Anwendung der Waffen im Geist des Fechterspieles. *6* Nach mancherlei im Spielgefecht gemachten Bewegungen traten sie in ein Viereck zusammen, schoben die Schilde über ihren Köpfen dicht aneinander, und zwar so, dass die Ersten aufrecht standen, die Zweiten etwas gebückt, noch mehr die Dritten und Vierten, und die Letzten sogar auf dem Knie lagen, und so bildeten sie ein nach Art der Hausdächer schräg ablaufendes Schilddach. *7* Dann liefen aus einer Entfernung von beinahe 50 Fuß zwei Bewaffnete herbei; nach wechselseitigem Drohen machten sie sich auf den dicht geschlossenen Schilden von unten zur Höhe des Schilddaches hinauf und sprangen wie auf festem Boden bald, gleichsam zur Vertei-

digung des Schilddaches, am äußersten Rand desselben herum, ***8*** bald in der Mitte miteinander kämpfend. Wie also die Soldaten auf einem ähnlichen Schilddach gegen die Mauer anrückten, waren sie mit den Verteidigern der Mauer in gleicher Höhe; und als sie diese vertrieben hatten, stieg die Mannschaft von zwei Fahnen in die Stadt hinüber. ***9*** Nur darin waren die Schilddächer verschieden, dass hier bloß die Vordersten in der ersten Reihe und auf den beiden Seiten die Schilde nicht über den Kopf emporhoben, sonst hätten sie ihre Körper bloßgegeben, sondern sie ihrem Körper wie Kämpfende vorhielten. Nun konnte sie selbst im Anrücken kein von der Mauer herabgeworfenes Geschoss verwunden, auch glitten die auf das Schilddach abgeschossenen Pfeile wie ein Regen auf der schiefen Ebene unschädlich hinunter. ***10*** Der Konsul selbst verlegte nach der Eroberung von Herakleion sein Lager hierher, als wollte er nach Dion, und wenn er hier den König vertrieben hätte, sogar nach Pierien vordringen. ***11*** Da er sich aber schon auf die Winterquartiere anschickte, gab er Befehl, für die aus Thessalien herbeizuschaffende Zufuhr die Wege zu pflastern und geeignete Stellen zu Vorratshäusern zu wählen, wo die Überbringer der Zufuhr einkehren könnten.

(10) Als Perseus endlich nach dem Schrecken, von dem er wie angedonnert war, wieder Mut bekam, wünschte er, man hätte lieber seine Befehle damals nicht befolgt, als er in der Bestürzung den Schatz zu Pella ins Meer werfen und die Schiffswerft zu Thessaloniki anzünden hieß. ***2*** Andronikos, den er nach Thessaloniki geschickt hatte, hatte die Sache in die Länge gezogen, um der Reue Raum zu lassen, wie es auch eintraf. ***3*** Weniger auf seiner Hut hatte Nikias zu Pella einen Teil der Geldsummen, soviel er gerade fand, ins Meer geworfen, ***4*** hatte aber, wie es schien, einen Fehler begangen, der sich wieder gutmachen ließ, insofern durch Taucher fast alles Geld wieder herausgezogen wurde. Und der König schämte sich in dieser Angst so sehr, dass er die Taucher heimlich hinrichten ließ, nachher auch, um keinen Mitwisser jenes tollen Befehles zu haben, den Andronikos und Nikias.

5 Unterdessen war Gaius Marcius mit seiner Flotte von Herakleion nach Thessaloniki gegangen, hatte das Gebiet auf mehreren Seiten durch die an der Küste ausgesetzten Soldaten weit umher verheeren lassen und die Feinde, wenn sie aus der Stadt heranzogen, durch mehrere glückliche Gefechte genötigt, sich eiligst in die Mauern zurückzuziehen. ***6*** Schon bedrohte er die Stadt selbst; da wurden durch Aufstellung eines vielfachen Wurfgeschützes nicht bloß die an den Mauern Herumstreifenden, zu unbehutsam sich Nähernden, sondern selbst seine Soldaten auf den Schiffen von den dem Wurfgeschütz entfliegenden Steinen getroffen. ***7*** Er rief also die Truppen auf die Schiffe zurück, hob die Belagerung von Thessaloniki auf, und sie segelten von hier nach Aenia. 15 000 Schritt ist diese Stadt davon entfernt und liegt Pydna gegenüber auf fruchtbarem Boden. ***8*** Nach Verwüstung ihres Gebietes fuhren sie längs der Küste weiter und kamen nach Antigonea. Als sie hier gelandet waren, verheerten sie zuerst die Gegend allenthalben und brachten eine große Beute auf die Schiffe. ***9*** Als sie sich nachher zerstreuten, griffen die Makedonier, aus Fußvolk und Reiterei gemischt, sie an, verfolgten sie auf ihrer eiligen Flucht bis an das Meer, töteten beinahe 5000 von ihnen und nahmen ebenso viele gefangen. ***10*** Und nur die äußerste Not, als sie sich ohne Gefahr auch nicht einmal auf ihre Schiffe retten konnten, brachte die Römer durch die Verzweiflung an jedem andern Rettungsmittel und durch den Unwillen zur Erbitterung. ***11*** Am Ufer begann der Kampf von Neuem, und die Truppen auf den Schiffen unterstützten ihn. Hier fielen gegen 200 Makedonier, ebenso viele wurden gefangen genommen. Nach ihrer Abfahrt von Antigonea machten die Römer eine Landung im Gebiet von Pallene, um Beute zu machen. ***12*** Diese Gegend gehörte zum Gebiet von Kassandrea und war bei Weitem die fruchtbarste an der ganzen Küste, an welcher sie vorbeigesegelt waren. Hier stieß König Eumenes, der mit 20 Kriegsschiffen von Elea ausgesegelt war, zu ihnen, ferner fünf Kriegsschiffe, die König Prusias schickte.

(11) Diese Verstärkung seiner Macht gab dem Prätor Mut zu einem Angriff auf Kassandrea selbst. *2* Die Stadt ist von König Kassander auf der Landenge selbst erbaut, die das pallenische Gebiet mit dem übrigen Makedonien verbindet, auf der einen Seite vom Toronäischen, auf der andern vom Makedonischen Meerbusen eingeschlossen. *3* Es ragt nämlich die Landzunge, auf der sie liegt, ins Meer hinaus und tritt ebenso weit wie der Berg Athos vor, hat aber mit ihren zwei ungleichen Vorgebirgen, von denen das größere Posideon, das kleinere Tanastraeon heißt, ihre Richtung gegen Magnesia. *4* Die Belagerer hatten sich in die Stellen zum Angriff geteilt. Die Römer führten ihre Verschanzungen bei den sogenannten Schrägen vom Makedonischen Meer bis an das Toronäische, rammten auch, um den Weg zu sperren, ästige Baumstämme vor; auf der andern Seite ist ein schmaler Wasserstrich; *5* hier unternahm Eumenes den Sturm. Den Römern machte die Ausfüllung eines Grabens, den Perseus kürzlich zum Schutz des Ortes gezogen hatte, die meiste Arbeit. Weil der Prätor hier nirgends Erdhaufen bemerkte, fragte er, wo das Erdreich aus dem Graben hingeschafft sei, und man zeigte ihm die angelegten Gewölbe, die aber nicht mit der alten Mauer in gleicher Dicke, sondern nur aus einer Reihe von Ziegelsteinen aufgeführt wären. *6* Da kam er auf den Gedanken, mit Durchbrechung dieser Mauer den Weg in die Stadt sich zu öffnen. Dies würde er unbemerkt tun können, wenn er die Mauer auf einer andern Seite mit Sturmleitern angriff und mit dem hierdurch verursachten Lärm bewirkte, dass die Verteidiger der Stadt zum Schutz dieser Stelle sich dorthin wendeten. *7* Zur Besatzung lagen in Kassandrea außer einer bedeutenden Mannschaft von Eingeborenen 800 Agrianer und 2000 Penesten aus Illyrien, welche Pleuratus von dort geschickt hatte, beides kriegerische Völker. *8* Während die Römer gegen solche Verteidiger der Mauern mit größter Anstrengung hinaufzuklimmen suchten, eröffneten die im Augenblick durchbrochenen Wände der Gewölbe die Stadt; und wären Bewaffnete zur Stelle gewesen, die hätten hineindringcn können, so hätten sie die Stadt sogleich erobert. *9* Als den Soldaten die Vollendung jener Arbeit gemeldet wurde, erhoben sie freudigen Mutes plötzlich ein Geschrei, weil der eine auf dieser, der andere auf einer andern Stelle einzudringen hoffte.

(12) Die Feinde ergriff zuerst Verwunderung, was das plötzliche Geschrei zu bedeuten habe. *2* Als aber die Befehlshaber der Besatzung, Pytho und Philipp, hörten, der Weg in die Stadt sei gemacht, stürzten sie, in der Überzeugung, dass jene Arbeit für den getan sei, der mit dem Angriff zuvorkomme, mit einer starken Schar Agrianer und Illyrer hinaus *3* und jagten die Römer, die von hier und von dort sich sammelten und zum Einbruch in die Stadt zusammengerufen wurden, aber noch nicht in Reihe und Glied standen, in die Flucht, setzten ihnen bis an den Graben nach und stürzten die Hineingesprengten haufenweise übereinander. Hier wurden beinahe 600 Mann getötet, und fast alle, die zwischen der Mauer und dem Graben überfallen waren, verwundet. *4* Durch seinen eigenen Angriff geschlagen, verlor der Prätor die Lust zu ähnlichen Plänen; auch Eumenes, obgleich er zur See und zu Land gleichzeitige Angriffe machte, hatte nicht das gewünschte Glück. *5* Folglich beschlossen beide, ihre Posten zu verstärken, damit von Makedonien aus keine Hilfe hineingeschickt werden könne, und die Mauern, gegen die ihnen der Sturm aus freier Hand nicht gelungen sei, mit Maschinen anzugreifen. *6* Während sie hierzu Anstalten trafen, schickte man von Thessaloniki zehn königliche Boote mit auserlesenen gallischen Hilfstruppen, und diese kamen, weil sie die feindliche Flotte auf hoher See vor Anker wahrgenommen hatten, bei dunkler Nacht in einer Reihe hintereinander so nahe wie möglich neben dem Ufer hin zur Stadt. *7* Der Ruf von dieser neuen Verstärkung zwang die Römer und den König, die Belagerung aufzugeben. Sie fuhren um das Vorgebirge und landeten mit der Flotte bei Torone. *8* Auch hier versuchten sie einen Sturm, segelten aber, sobald sie sich von der Stärke der Besatzung überzeugten, mit Aufgebung ihres Unternehmens nach Demetrias. Als sie hier bei ihrer Annäherung die Menge

der Bewaffneten auf den Mauern sahen, fuhren sie vorbei und ließen die Flotte bei Jolkas landen, um, wenn sie dort die Gegend geplündert hätten, von hier aus auch Demetrias anzugreifen.

(13) Unterdessen schickte auch der Konsul, um nicht in Feindesland nur als der Untätige dazustehen, den Marcus Popillius mit 5000 Mann zu einem Angriff auf die Stadt Meliböa. ***2*** Sie liegt am Fuß des Berges Ossa, wo sich dieser nach Thessalien hinneigt, auf einer Demetrias beherrschenden Höhe. ***3*** Zuerst setzte die Ankunft der Feinde die Bewohner des Ortes in Bestürzung. Als sie sich aber von dem unvermuteten Schrecken erholt hatten, eilten die Bewaffneten an die Tore und auf die Mauern, wo sich irgendein Hinansteigen des Feindes befürchten ließ, und nahmen ihm dadurch sogleich die Hoffnung, im ersten Sturm die Stadt gewinnen zu können. ***4*** Er schickte sich also zur Einschließung an und begann die Aufführung der Belagerungswerke. Als nun Perseus hörte, dass zu derselben Zeit, wo das Heer des Konsuls Meliböa belagere, auch eine Flotte bei Jolkas liege, um von dort aus einen Angriff auf Demetrias zu machen, ließ er einen von seinen Heerführern, Euphranor, mit 2000 Auserlesenen nach Meliböa gehen, ***5*** zugleich mit dem Befehl, sobald er die Römer vor Meliböa vertrieben habe, sich heimlich nach Demetrias zu ziehen, bevor die Römer gegen diese Stadt von Jolkos anrücken könnten. ***6*** Plötzlich zeigte sich dieser auf den Höhen; und die Belagerer von Meliböa gaben in größter Eile ihre Werke auf und steckten sie in Brand. So war ihr Abzug von Meliböa. ***7*** Euphranor ging nach dem Entsatz der einen Stadt sogleich nach Demetrias. Und nun konnte man hier mit Sicherheit hoffen, nicht bloß die Mauer verteidigen, sondern selbst die Dörfer vor Plünderungen schützen zu können. Es erfolgten Ausfälle auf die zerstreuten Plünderer, und die Feinde hatten viele Verwundete. ***8*** Dennoch ritten der Prätor und der König um die Stadt, ihre Lage in Augenschein zu nehmen, ob sich auf irgendeiner Seite mit Maschinen oder Sturm ein Versuch machen lasse. ***9*** Es hieß, hier hätten der Kreter Kydas und Antimachos, der Befehlshaber von Demetrias, wegen einer Verbindung zwischen Eumenes und Perseus Unterhandlungen gepflogen, wenigstens zog man von Demetrias ab. ***10*** Eumenes fuhr zum Konsul, stattete ihm zu dem gelungenen Einbruch in Makedonien seinen Glückwunsch ab und ging in sein Reich nach Pergamon zurück. ***11*** Der Prätor Marcius Figulus, der einen Teil seiner Flotte zum Überwintern nach Skiathos schickte, ging mit den übrigen Schiffen nach Oreum auf Euböa, weil ihm die Stadt vorzüglich dazu gelegen schien, den in Makedonien und Thessalien stehenden Heeren von hier aus Zufuhr zu senden. ***12*** Über den König Eumenes weichen die Berichte sehr voneinander ab. Will man dem Valerius Antias glauben, so findet man bei ihm, der König habe weder den Prätor mit einer Flotte unterstützt, so oft ihn auch dieser schriftlich zu sich entboten habe, noch sei er im Guten vom Konsul bei seiner Abreise nach Asien geschieden, denn es habe ihn verdrossen, dass ihm die Römer nicht gestatteten, mit ihnen in einerlei Lager zu stehen. ***13*** Man habe ihn nicht einmal bewegen können, seine mitgebrachte gallische Reiterei zurückzulassen. Dagegen soll sein Bruder Attalos bei dem Konsul geblieben, seine ungeheuchelte Ergebenheit sich immer gleich und seine Dienste in diesem Krieg ausgezeichnet gewesen sein.

(14) Während in Makedonien Krieg geführt wurde, kamen transalpinische Gesandte nach Rom, von einem Fürsten der Gallier – er wird unter dem Namen Balanos angeführt, das Volk aber, zu dem er gehört haben soll, nicht angegeben –, und versprachen Hilfstruppen zum Makedonischen Krieg. ***2*** Der Senat ließ ihm Dank sagen und schickte ihm Geschenke, eine goldene Halskette von zwei Pfund, an goldenen Opferschalen vier Pfund, ein Pferd mit Brust- und Stirnschilden und eine Ritterrüstung. ***3*** Gleich nach den Galliern überreichten die pamphylischen Gesandten im Rathaus einen goldenen Kranz, aus 20 000 Goldphilippsmünzen gefertigt, und die Bitte, dies Geschenk im Allerheiligsten des allmächtigen Jupiter niederlegen und auf dem Kapitol ein Opfer bringen zu dürfen, wurde ihnen bewilligt. ***4*** Auf ihr Gesuch um Erneuerung der Freundschaft

bekamen diese Gesandten eine sehr freundliche Antwort, und man ließ jedem ein Geschenk von 2000 As zustellen. *5* Nun erhielten die Gesandten vom König Prusias und gleich nachher auch die von den Rhodiern, die über einerlei Gegenstand sich sehr verschieden äußerten, im Senat Gehör. *6* Die Vorträge beider handelten von der Wiederherstellung des Friedens mit dem König Perseus. Prusias ließ mehr in bittendem als in forderndem Ton versichern, so wie er es bis dahin mit den Römern gehalten habe, so werde er auch, solange der Krieg dauere, auf ihrer Seite sein. *7* Da sich indes von Perseus wegen Beendigung des Krieges mit den Römern Gesandte bei ihm eingefunden hätten, so habe er ihnen versprochen, beim Senat eine Fürbitte einzulegen. Er bitte die Väter – wenn sie sich anders dazu verstehen könnten –, ihren Zorn aufzugeben. Auch könnten sie bei dem zu verdienenden Dank, den Frieden wieder eingeleitet zu haben, von ihm Gebrauch machen. So sprachen die Gesandten des Königs. *8* Die Rhodier hingegen, die mit Übermut ihre Verdienste um das römische Volk erwähnten und beinahe den Sieg, besonders den über König Antiochos, sich größtenteils selbst zuschrieben, fügten hinzu, *9* ihre Freundschaft mit König Perseus habe zu einer Zeit ihren Anfang genommen, als zwischen Makedonien und Rom Friede gewesen sei. Ungern hätten sie diese, da Perseus nichts um sie verschuldet habe, unterbrochen, bloß weil es den Römern so gefallen habe, sie zur Teilnahme an diesem Krieg zu nötigen. *10* Jetzt empfänden sie schon ins dritte Jahr die mannigfachen Übel dieses Krieges. Bei der Sperrung zur See leide ihre Insel Mangel, weil sie mit den Einkünften von der See auch die Zufuhr verliere. *11* Da sie dies nicht länger hätten aushalten können, hätten sie andere Gesandte an Perseus nach Makedonien geschickt, um ihm zu erklären, es sei der Wille der Rhodier, dass er mit den Römern Frieden schließe. *12* Sie selbst wären mit derselben Erklärung nach Rom gesandt, wer von beiden Teilen schuld daran sei, dass der Krieg nicht beendet werde, gegen den würden die Rhodier ihre Maßregeln zu treffen wissen. *13* Ich bin überzeugt, dass man dies auch noch jetzt nicht ohne Unwillen lesen oder hören kann – es lässt sich also auf die Empfindungen der Väter schließen, als sie so etwas hören mussten.

(15) Claudius berichtet, man habe ihnen keine Antwort erteilt, nur sei ihnen der Senatsbeschluss vorgelesen, durch den das römische Volk die Karer und Lykier für unabhängig erklärte, und woraus sie ersehen mussten, dass man sogleich Schreiben an beide Völker mit dieser Anzeige abgehen ließ. *2* Als der Erste der Gesandtschaft, für dessen Großsprecherei soeben noch das Rathaus fast zu klein war, dies hörte, soll er zusammengesunken sein. *3* Nach anderen wurde ihnen folgende Antwort gegeben: Das römische Volk habe beim Ausbruch dieses Krieges aus zuverlässigen Quellen erfahren, dass sich die Rhodier mit König Perseus gegen den römischen Staat auf geheime Pläne eingelassen hätten; *4* auch habe dies soeben, wenn es vorher noch zweifelhaft gewesen wäre, die Sprache der Gesandten zur Gewissheit gebracht; und gewöhnlich verrate sich eine Unredlichkeit, wenn sie auch anfangs auf ihrer Hut sei, am Ende selbst. *5* Die Rhodier dächten durch eine bloße Ankündigung in der ganzen Welt über Krieg und Frieden die Schiedsrichter zu machen; nach ihrem Wink sollten die Römer zu den Waffen greifen und sie wieder niederlegen, sollten künftig nicht mehr in den Göttern, sondern in den Rhodiern die Zeugen der Bündnisse sehen. *6* Also wirklich, wenn man ihnen nicht gehorche, nicht die Heere aus Makedonien abführe, so würden sie sehen, was sie zu tun hätten. – Was sie zu tun hätten, müssten die Rhodier selbst wissen. *7* Die Römer würden ihrerseits nach Besiegung des Perseus, die hoffentlich nächstens erfolgen werde, darauf sehen, jedem Staat, so wie er es in diesem Kriege um sie verdienen werde, nach Gebühr zu vergelten. *8* Doch ließ man jedem Gesandten 2000 As als Geschenk zustellen, das sie aber nicht annahmen.

(16) Nun wurde das Schreiben des Konsuls Quintus Marcius vorgelesen, worin er berichtete, wie er mit Übersteigung des Waldgebirges in Makedonien eingedrungen sei. *2* Hier sei er im

Besitz der Vorräte, mit denen ihn der Prätor aus anderen Gegenden auf den Winter versorgt habe, auch habe er sich von den Epiroten 20 000 Scheffel Weizen und 10 000 Scheffel Gerste unter der Bedingung geben lassen, dass dieses Getreide ihren Gesandten zu Rom bezahlt werde. ***3*** Kleidungsstücke müssten seinen Truppen von Rom aus geschickt werden. Er habe gegen 200 Pferde nötig, hauptsächlich numidische, denn in jenen Gegenden könne er durchaus keine bekommen. ***4*** Es wurde beschlossen, dass dies alles der Anzeige des Konsuls gemäß ausgerichtet werden solle. Der Prätor Gaius Sulpicius schloss einen Pachtvertrag, 6000 Oberkleider, 30 000 Unterkleider und die Pferde nach Makedonien zu liefern und nach des Konsuls Verfügung sie abzugeben, ließ den Gesandten der Epiroten das Geld für das Getreide auszahlen und stellte Onesimus, den Sohn des Pytho, einen vornehmen Makedonier, dem Senat vor. ***5*** Dieser hatte dem König beständig den Frieden empfohlen und ihm geraten, so wie sich's sein Vater Philipp bis zum letzten Tag seines Lebens zur Aufgabe machte, den Friedensvertrag mit den Römern täglich zweimal durchzulesen, von dieser Weise, wo nicht immer, doch öfter Gebrauch zu machen. ***6*** Als er ihn vom Krieg nicht abschrecken konnte, zog er sich anfangs bald unter diesem, bald unter jenem Vorwand zurück, um bei dem, was er nicht gutheißen konnte, nicht zugegen zu sein; zuletzt, als er sah, dass man ihn verdächtig fand und ihm mitunter die Beschuldigung eines Verrates aufbürdete, ging er zu den Römern über und war dem Konsul von großem Nutzen. ***7*** Als er dies bei seinem Auftreten in der Kurie anführte, verordnete der Senat, ihn förmlich unter Roms Bundesgenossen aufzunehmen, ihm einen Ehrenplatz und freie Bewirtung zu geben, an tarentinischer, dem römischen Staat gehörender Länderei 200 Morgen anzuweisen und zu Tarent ein Haus zu kaufen. Die Besorgung wurde dem Prätor Gaius Decimius aufgetragen. ***8*** Am 13. Dezember hielten die Zensoren die Schätzungsmusterung, und zwar mit größerer Strenge als sonst. Vielen nahmen sie das Ritterpferd, unter anderen auch dem Publius Rutilius, der sie als Volkstribun heftig angeklagt hatte. Sie stießen ihn auch aus seinem Bezirk und machten ihn zum Steuerpflichtigen. ***9*** Da ihnen von den Schatzmeistern vermöge eines Senatsbeschlusses die Hälfte der diesjährigen Zolleinkünfte zu öffentlichen Anlagen angewiesen wurde, ***10*** kaufte Tiberius Sempronius von der ihm angewiesenen Summe das Haus des Publius Africanus neben den alten Krambuden bei der Bildsäule des Vortumnus mit den daran grenzenden Fleischbänken und Kramgewölben für den Staat an ***11*** und ließ das Staatsgebäude aufführen, das später Basilica Sempronia hieß.

(17) Schon war das Jahr fast zu Ende, und hauptsächlich mit Rücksicht auf den Makedonischen Krieg machten die Bürger die Frage zum Gegenstand ihrer Gespräche, ***2*** welche Konsuln sie für das nächste Jahr wählen müssten, um endlich mit diesem Krieg fertig zu werden. Der Senat beschloss, Gnaeus Servilius solle sich so bald wie möglich zur Haltung der Wahlversammlung einfinden. ***3*** Nachdem der Prätor Sulpicius diesen Beschluss dem Konsul (zugeschickt hatte), las er die wenige Tage nachher (vom Konsul erhaltene Antwort den Vätern) vor, worin jener die Haltung der Wahltage auf den […] bestimmte. Er werde vorher in Rom eintreffen. Der Konsul selbst kam früh genug, und an dem bestimmten Tag ging auch die Wahl vor sich. ***4*** Zu Konsuln wurden gewählt Lucius Aemilius Paulus zum zweiten Mal, 14 Jahre nach seinem ersten Konsulat, und Gaius Licinius Crassus. ***5*** Die am folgenden Tag ernannten Prätoren waren Gnaeus Baebius Tamphilus, Lucius Anicius Gallus, Gnaeus Octavius, Publius Fonteius Balbus, Marcus Aebutius Helva und Gaius Papirius Carbo. ***6*** Der Gedanke an den Makedonischen Krieg trieb den Senat an, alles umso mehr zu beschleunigen. ***7*** Daher wurde beschlossen, dass die bestimmten Konsuln sogleich um ihre Standorte losen sollten, damit man wisse, wem von beiden Makedonien, und welchem Prätor die Flotte zugefallen sei, so dass diese gleich jetzt die künftigen Erfordernisse zum Krieg überdenken und sie anschaffen, auch auf den Fall einer nötigen Anfrage beim Senat

diese zum Vortrag bringen könnten. ***8*** Wenn sie ihr Amt angetreten hätten, sollten sie die Feier des Latinerfestes, soviel sich ohne Anstoß gegen die heiligen Gebräuche tun lasse, möglichst beschleunigen; und der Konsul, der nach Makedonien gehen müsse, solle sich durch nichts aufhalten lassen. ***9*** Nach diesen Beschlüssen wurden den Konsuln Italien und Makedonien, den Prätoren außer der zwiefachen Gerichtspflege in der Stadt die Flotte, Spanien, Sizilien und Sardinien zu ihren Standorten bestimmt. ***10*** Von den konsularischen Plätzen fiel Makedonien dem Aemilius zu, Italien dem Licinius. Von den Prätoren wies das Los dem Gnaeus Baebius die städtische Gerichtspflege an, dem Lucius Anicius die über die Fremden und noch eine vom Senat zu bestimmende Anstellung; Gnaeus Octavius die Flotte, Publius Fonteius Spanien, Marcus Aebutius Sizilien, Gaius Papirius Sardinien.

(18) Sogleich war es allen klar, dass Lucius Aemilius diesen Krieg nicht langsam führen werde; außerdem, dass er ein ganz anderer Mann war, auch darum, weil er, Tag und Nacht aufmerksam, seinen Geist allein mit dem beschäftigte, was zum Krieg gehörte. ***2*** Gleich zuerst bat er den Senat, Abgeordnete nach Makedonien zu schicken, um die Heere und die Flotte zu untersuchen und darüber zu berichten, was nach ihren Wahrnehmungen die Truppen zu Land oder zur See nötig hätten. ***3*** Außerdem möchten sie sich soviel wie möglich über die Truppen des Königs in Kenntnis setzen; ferner, wo die Römer ihren Standplatz hätten, wo der Feind den seinen; ob die Römer ihr Lager noch in dem Waldgebirge hätten, oder ob sie schon über alle Engpässe hinaus und in ebenere Gegenden gekommen wären; ***4*** welche Bundesgenossen uns wirklich treu, welche zweifelhaft und mit ihrer Treue vom Glück abhängig und welche offenbar Feinde zu sein schienen; wie groß die angeschafften Vorräte wären; aus welcher Gegend sie zu Land zugeführt würden, woher zur See; was man in diesem Sommer zu Land und zu Wasser ausgerichtet habe; denn seiner Meinung nach könne man für die Zukunft nur nach gründlicher Belehrung über diese Punkte bestimmte Maßregeln treffen. ***5*** Der Senat gab Konsul Gnaeus Servilius den Auftrag, die von Lucius Aemilius zu bestimmenden Abgeordneten für Makedonien zu bevollmächtigen. ***6*** Schon nach zwei Tagen gingen Gnaeus Domitius Ahenabarbus, Aulus Licinius Nerva und Lucius Baebius mit der Vollmacht ab.

Am Ausgang des Jahres lief die Meldung ein, es sei zweimal ein Steinhagel gefallen, nämlich auf römischem und zugleich auf vejentischem Gebiet. Die neuntägige Andacht wurde gehalten. ***7*** In diesem Jahr starben die Priester Publius Quinctius Varus, der Eigenpriester des Mars, und Marcus Claudius Marcellus, einer von den Zehnmännern, an dessen Stelle Gnaeus Octavius gewählt wurde. ***8*** Auch findet sich, weil damals der Prachtaufwand schon im Steigen war, angemerkt, dass auf den Spielen in der Kampfbahn, welche die kurulischen Ädilen Publius Cornelius Scipio Nasica und Publius Lentulus gaben, 63 Panther, 40 Bären und Elefanten das Kampfspiel machten.

(19) Als zu Anfang des folgenden Jahres, in dem Lucius Aemilius Paulus und Gaius Licinius Konsuln waren, die Väter am 15. März in Erwartung waren, was der Konsul, dem Makedonien als Standort zugefallen war, darüber sagen werde, erklärte Paulus, er habe darüber nichts vorzutragen, weil die Gesandten noch nicht zurückgekommen seien. ***2*** Doch befänden sie sich schon zu Brundisium, nachdem sie auf ihrer Heimfahrt zweimal nach Dyrrachium verschlagen wären. ***3*** Sobald er nächstens über das unterrichtet sei, was er vorher zu wissen nötig habe, wolle er einen Antrag stellen. In wenigen Tagen werde es so weit kommen. ***4*** Damit auch seine Abreise durch nichts (bis zum 12. April) verzögert werden könne, habe man zum Latinerfest den 31. März angesetzt. Nach ordnungsmäßiger Ausrichtung des Opfers wollten er und Gnaeus Octavius, sobald es der Senat bestimme, ausziehen. ***5*** Sein Kollege Gaius Licinius werde in seiner Abwesenheit dafür sorgen, dass man alles, was etwa zu diesem Krieg anzuschaffen und abzusenden sei, anschaffe und absende. Indessen könnten die Gesandtschaften der auswärtigen Völker angehört werden. ***6*** Die

zuerst Vorgerufenen waren die Alexandriner, gesandt von dem königlichen Ehepaar Ptolemaeus und Kleopatra. *7* In Trauergewändern, mit lang gewachsenem Bart und Haar und Ölzweige in den Händen traten sie in den Ratssaal, sanken auf die Knie nieder, und ihr Vortrag war noch kläglicher als ihr Aufzug. ***8*** Antiochos, König von Syrien, der zu Rom Geisel gewesen war und jetzt unter dem ehrenvollen Schein, den älteren Ptolemaeus wieder in sein Reich einzusetzen, mit dessen jüngerem Bruder, der damals Alexandrien inne hatte, Krieg führte, ***9*** hatte nicht nur bei Pelusium mit der Flotte gesiegt, sondern war auch vermittels einer Notbrücke mit seinem Heer über den Nil gegangen und bedrohte Alexandrien selbst mit einer Belagerung; ja es hatte den Anschein, als ob er bald von diesem so mächtigen Reich Herr sein werde. ***10*** Dies klagten die Gesandten dem Senat und baten ihn, ihrem Reich und ihrem Königspaar als Freunden des römischen Staates zu helfen. ***11*** Das römische Volk habe um Antiochos so große Verdienste und stehe bei allen Königen und Nationen in so hohem Ansehen, dass er gewiss, wenn sie nur Gesandte hinschickten und ihm sagen ließen, der Senat sei mit diesem Krieg gegen seine königlichen Verbündeten unzufrieden, sogleich von Alexandriens Mauern abziehen und sein Heer nach Syrien zurückführen werde. ***12*** Nähmen sie Anstand, dies zu tun, so würden nächstens Ptolemaeus und Kleopatra als Flüchtlinge aus ihrem Reich in Rom erscheinen, nicht ohne Beschämung für das römische Volk, das sie, als ihr alles auf dem Spiel stand, ohne Hilfe gelassen habe. ***13*** Gerührt durch die Bitten der Alexandriner ließen die Väter sogleich Gaius Popillius Limas, Gaius Decimius und Gaius Hostilius als Gesandte hingehen, um den Krieg zwischen den Königen beizulegen. ***14*** Sie wurden angewiesen, zuerst zu Antiochos und dann zu Ptolemaeus zu gehen und ihnen zu sagen, wenn sie nicht vom Krieg abließen, würden die Römer den, der von ihnen beiden daran schuld sei, weder als ihren Freund noch als ihren Bundesgenossen anerkennen.

(20) Als sie noch vor Ablauf von drei Tagen zugleich mit den alexandrinischen Gesandten hingegangen waren, trafen am letzten Tag des Quinquatrusfestes die Gesandten aus Makedonien unter so sehnlicher Erwartung ein, dass die Konsuln, wäre es nicht schon Abend gewesen, sogleich den Senat berufen hätten. ***2*** Am folgenden Tag war Senatssitzung, und die Gesandten wurden vernommen. Sie meldeten, mehr mit Gefahr als Nutzen sei das Heer über unwegsame Waldgebirge in Makedonien eingerückt. ***3*** Pierien, wohin es vorgedrungen sei, habe der König besetzt. Lager an Lager stünden beide sich fast so nahe, dass sie nur der zwischen ihnen fließende Fluss Elipeos voneinander abhalte; und der König biete keine Schlacht an, und unser Heer sei nicht stark genug, ihn dazu zu zwingen. ***4*** Mitten in den Unternehmungen sei der harte Winter dazugekommen; der Soldat werde, ohne etwas dafür zu tun, gefüttert, und man habe nicht mehr als sechs Einheiten Getreide. ***5*** Die Makedonier sollten 30 000 Mann stark sein. Hatte Appius ein hinlänglich zahlreiches Heer bei Lychnidos, so hätte man durch Angriff auf zwei Seiten die Macht des Königs teilen können; so aber sei Appius selbst mit seinem Korps in größter Gefahr, wenn nicht schleunigst entweder ein ordentliches Heer dorthin gesandt oder jene von dort abgeführt würden. ***6*** Aus dem Lager wären sie zur Flotte hingereist und hätten gehört, dass ein Teil der Seetruppen durch Krankheit weggerafft sei; ein anderer Teil, hauptsächlich Sizilianer, sei nach seiner Heimat abgegangen, und es fehle auf den Schiffen an Menschen; und die man habe, hätten keinen Sold erhalten und wären ohne Kleider. *7* Eumenes sei mit seiner Flotte, als hätten ihn die Winde mit den Schiffen hergeblasen, ohne Ursache gekommen und gegangen; auch scheine dieser König in seiner Zuneigung nicht ganz fest zu sein. So wie sie das ganze Verhältnis zu Eumenes als unzuverlässig darstellten, so meldeten sie von Attalos eine musterhafte Beharrlichkeit in seiner Treue.

(21) Als die Gesandten angehört waren, erklärte endlich Lucius Aemilius, nun bringe er die Angelegenheiten des Krieges zum Vortrag. ***2*** Der Senat verordnete, dass die Ernennung der Obersten für acht Legionen zwischen den Konsuln und dem Volk zu gleichen Teilen gehen

solle. Es solle aber für dieses Jahr niemand dazu gewählt werden, der nicht schon ein Ehrenamt bekleidet habe. ***3*** Dann könne sich unter allen Obersten Lucius Aemilius die ihm geeigneten zu den zwei Legionen für Makedonien aussuchen, und nach Beendigung der launischen Jahresfeier sollten der Konsul Lucius Aemilius und der Prätor Gnaeus Octavius, dem die Flotte zugefallen sei, auf ihre Standorte abgehen. ***4*** Außer ihnen erhielt noch ein dritter eine Bestimmung, der Prätor Lucius Anicius, der die Rechtspflege über die Fremden hatte. Man fand für gut, ihn dem Appius Claudius auf seinem Posten bei Lychnidus in Illyricum zum Nachfolger zu geben. ***5*** Die Sorge für die Aushebung wurde Konsul Gaius Licinius übertragen. ***6*** Er erhielt Befehl, 7000 römische Bürger und 200 Reiter auszuheben, sich von den verbündeten Latinern 7000 Mann zu Fuß und 400 Reiter stellen zu lassen, ***7*** und Gnaeus Servilius, der seinen Posten in Gallien hatte, zu schreiben, dass er 600 Reiter anwerben möge. ***8*** Dieses Heer sollte er dann so schnell wie möglich nach Makedonien an seinen Amtsgenossen schicken. Dort sollten auf dem Kriegsschauplatz nicht mehr als zwei Legionen stehen, und diese so ergänzt werden, dass jede aus 6000 Mann zu Fuß und 300 Reitern bestehe. Die Übrigen, Reiter wie Fußvolk, sollten in die Besatzungen verteilt ***9*** und die nicht mehr zum Dienst Tauglichen entlassen werden. Außerdem mussten die Bundesgenossen 10 000 Mann zu Fuß und 800 Reiter stellen. ***10*** Diese Truppen wurden dem Anicius noch außer den zwei Legionen gegeben, welche er nach Illyrien mitnehmen sollte und welche jede 5200 Mann zu Fuß und 300 Reiter haben sollten. Auch für die Flotte wurden 5000 Seeleute ausgehoben. ***11*** Konsul Licinius sollte für seinen Standplatz zwei Legionen haben und diese mit 10 000 Mann Fußvolk und 600 Reitern von den Bundesgenossen verstärken.

(22) Als die Senatsbeschlüsse abgefasst waren, trat der Konsul Lucius Aemilius, sowie er vom Rathaus kam, in der Volksversammlung auf und hielt folgende Rede. **2** *Ich glaube bemerkt zu haben, Quiriten, dass die Zahl derer, die mir Glück wünschten, Makedonien zum Standort zu bekommen, größer war als damals, als man mich als neu gewählten Konsul begrüßte, oder auch am Antrittstag meines Amtes,* **3** *und dies aus keiner andern Ursache, als weil ihr glaubtet, dem Makedonischen Krieg, der so langsam geht, vielleicht durch mich einen der Hoheit des römischen Volkes würdigen Ausgang zu geben.* **4** *Ich hoffe, meine Ziehung des Loses soll auch den Göttern gefällig gewesen sein, und ihr Segen mich in meinen Unternehmungen begleiten. Dies kann ich mir aus den Vorbedeutungen und nach eigener Erwartung versprechen, wenigstens fehlt es mir für die Zusage, mich aus allen Kräften zu bestreben, dass ihr diese Hoffnung von mir nicht umsonst gefasst haben sollt, so wenig an Gewissheit als an Mut.* **5** *Die Bedürfnisse des Krieges hat nicht nur der Senat bewilligt, sondern mein Kollege – denn ich selbst soll sogleich aufbrechen, und ich bin auch nicht dagegen. Gaius Licinius, ein so vortrefflicher Mann, wird sie auch ebenso angelegentlich besorgen, als hätte er selbst diesen Krieg zu führen.* **6** *So glaubt denn künftig meinen Berichten an den Senat oder an euch selbst, gebt aber nicht durch eigene Leichtgläubigkeit Gerüchten Nahrung, zu denen sich kein Zeuge findet.* **7** *Denn jetzt ist kein Feldherr – und dies habe ich als etwas Gewöhnliches, namentlich aber in diesem Krieg bemerkt – gegen Gerüchte so gleichgültig, dass sie ihm nicht den Mut nehmen sollten.* **8** *In allen Kreisen und, beim Herkules, bei jedem Gastmahl gibt es Leute, die sich's zutrauen, Heere nach Makedonien zu führen, die da wissen, wo man sich zu lagern habe, welche Gegenden man besetzen müsse, wann und durch welchen Waldpass man in Makedonien eindringen, wo man die Vorräte aufschütten, auf welchem Weg man die Zufuhr zu Land und zu Wasser kommen lassen, wann mit dem Feind schlagen, wann sich ruhig verhalten müsse.* **9** *Und sie bestimmen nicht allein, wie dies und jenes besser zu machen sei, sondern sobald es der Konsul anders als nach ihrem Ermessen macht, sind sie seine Ankläger, als stünden sie mit ihm vor Gericht.* **10** *Dies lähmt den Mann, der sich an eine Unternehmung wagt; denn nicht alle sind gegen ungünstiges Gerede so fest und standhaft, wie Fabius war, der sich lieber dazu verstand, seinen Oberbefehl von*

der Torheit des Volkes beschränken zu lassen, als unter günstiger Nachrede seine Sache schlecht zu machen. ***11*** *Ich bin nicht der Meinung, dass man einem Feldherrn gar keine Erinnerungen machen dürfe; im Gegenteil sehe ich in dem, der alles nach eigenem Gutdünken ausrichten will, eher den Übermütigen als den Weisen. Worauf kommt es also an?* ***12*** *Erstens müssen die Ermahnungen an den Feldherren von einsichtsvollen Männern kommen, die recht eigentlich mit dem Kriegswesen bekannt und durch Erfahrung belehrt sind, dann von solchen, die bei den Unternehmungen zugegen sind, die den Ort, den Feind, den günstigen Zeitpunkt vor Augen haben und gleichsam auf demselben Schiff Teilnehmer der Gefahr sind.* ***13*** *Ist also jemand, der sich's zutrauen kann, über den Krieg, den ich zu führen habe, mir einen Rat zu geben, der dem Staat heilsam ist, der versage doch ja dem Staat seine Dienste nicht und begleite mich nach Makedonien. Sein Schiff, sein Pferd, ein Zelt, ja die Zehrung will ich ihm geben.* ***14*** *Wem aber dies zu unbequem ist, wer die Ruhe der Stadt den Beschwerlichkeiten des Felddienstes vorzieht, der muss nicht vom Land aus Steuermann sein wollen.* ***15*** *Die Stadt gibt sich selbst Gespräche genug zum Besten, sie beschränke also ihre Geschwätzigkeit auf sich selbst, und lasse sich's gesagt sein, dass auch wir mit unsern Beratungen im Lager uns begnügen wollen.* ***16*** Nach dieser Rede brachen, sobald am Latinerfest, das am 31. März gefeiert wurde, das Opfer auf dem Albanerberg ordnungsmäßig ausgerichtet war, der Konsul und der Prätor Gnaeus Octavius sogleich nach Makedonien auf. ***17*** Es ist überliefert, dass den Konsul diesmal eine weit zahlreichere Menge als gewöhnlich vor das Tor begleitete, und dass man, mit einer Art von Gewissheit ahnend, sich versprach, das Ende des Makedonischen Krieges sei gekommen, und bald werde in einem herrlichen Triumph die Rückkehr des Konsuls erfolgen.

(23) Während dieser Vorgänge in Italien wurde Perseus klar, dass er die Benutzung eines Mittels, zu dem er, obgleich er den Anfang gemacht hatte, sich doch noch nicht hatte verstehen können, weil er dann Geld ausgeben musste, ich meine die Verbindung mit dem illyrischen Könige Gentius, jetzt nicht länger verschieben dürfe, ***2*** denn er sah, dass die Römer in das Waldgebirge eingedrungen waren, und dass es mit dem Krieg zur Entscheidung kommen müsse. Da er schon durch seinen Gesandten Hippias, unter der Bedingung, sich gegenseitig Geiseln zu geben, 300 Talente hatte versprechen lassen, schickte er einen seiner vertrautesten Freunde, Pantauchos hin, die Sache zustande zu bringen. ***3*** Pantauchos traf den illyrischen König zu Meteon in Labeatis. Hier übernahm er vom König den Eid und die Geiseln. Auch Gentius schickte einen Gesandten, namens Olympion, um von Perseus den Eid und die Geiseln anzunehmen. ***4*** Mit diesem ließ er zum Empfang des Geldes noch andere abgehen, und auf den Vorschlag des Pantauchos wurden auch Parmenio und Morkos dazu bestimmt, als Gesandte mit den makedonischen nach Rhodos zu gehen. ***5*** Diese bekamen den Auftrag, dann erst nach Rhodos zu gehen, wenn jene Gesandten den Eid, die Geiseln und die Gelder von Perseus übernommen hätten. Wenn dann den Rhodiern zwei Könige zugleich genannt würden, so müsse sie dies doch wohl zum Krieg mit Rom bestimmen können. ***6*** Und die Verbindung mit diesem Staat, der jetzt den Ruf der größten Seemacht habe, werde die Römer zu Land und zu Wasser um alle ihre Hoffnungen bringen. ***7*** Die ankommenden Illyrer traf Perseus, der sich aus seinem Lager am Fluss Elipeos mit der ganzen Reiterei aufgemacht hatte, bei Dion. ***8*** Hier wurden die verabredeten Vertragspunkte in einem von der Reiterei geschlossenen Kreis vollzogen, denn Perseus hatte ihre Gegenwart beim Abschluss der mit Gentius eidlich eingegangenen Verbindung gewünscht, weil er glaubte, es werde zur Erhöhung ihres Mutes viel beitragen. ***9*** Die Geiseln wurden vor aller Augen übergeben und angenommen, die zum Empfang des Geldes bestimmten Gesandten an die königliche Schatzkammer nach Pella geschickt, und die, welche mit den illyrischen Gesandten nach Rhodos gehen sollten, wurden angewiesen, zu Thessaloniki sich einzuschiffen. ***10*** Dort war Metrodoros, der kürzlich von Rhodos zurückgekommen war und versicherte, dass auf Betrieb des Dinon und Polyaratos, der Häupter

ihres Staates, sich die Rhodier zum Krieg in Bereitschaft gesetzt hätten. Er wurde bei der den Illyrern mitgegebenen Gesandtschaft zum Oberhaupt bestellt.

(24) Zu derselben Zeit wurden auch dem Eumenes und Antiochos gemeinsame Eröffnungen gemacht, wie sie sich von der Lage der Verhältnisse erwarten ließen. Zwischen einem Freistaat und einem König bestehe Feindschaft von Natur aus. *2* Das römische Volk greife einen nach dem andern an, und was noch unwürdiger sei, bestreite die Könige mit der anderen Könige Kräften. *3* Mit Attalos' Hilfe sei sein Vater unterdrückt, mit Eumenes' Hilfe und zum Teil auch seines Vaters Philipp sei Antiochos angegriffen worden. Gegen ihn selbst hätten die Römer jetzt den Eumenes und Prusias bewaffnet. *4* Hätten sie das makedonische Reich vernichtet, dann sei Kleinasien das nächste, das sie zum Teil schon unter dem Vorwand, die Städte in Freiheit zu setzen, sich zu eigen gemacht hätten, und dann folge Syrien. *5* Schon zögen sie in ihren Ehrenerweisungen dem Eumenes den Prusias vor, schon werde der Sieger Antiochos vom Lohn seines Sieges, von Ägypten, zurückgewiesen. *6* Wenn der König dies beherzige, möge er doch entweder daran denken, die Römer zu zwingen, dass sie mit Perseus Frieden schlössen, oder, wenn sie bei ihrem ungerechten Krieg beharrten, sie als die gemeinschaftlichen Feinde aller Könige betrachten. *7* Der Antrag an Antiochos ging seinen offenen Weg; der Gesandte an Eumenes kam unter dem Vorwand, die Gefangenen auszuwechseln, es wurden aber einige geheimere Dinge verhandelt, welche den den Römern schon jetzt missfälligen und verdächtigen Eumenes mit noch härteren unbegründeten Beschuldigungen belasteten. *8* Denn darüber, dass die beiden Könige, um einander zu belisten, in Betrug und Geldgeiz wetteiferten, galt er ihnen für einen Verräter, ja beinahe für erklärten Feind. *9* Der Kreter Kydas gehörte zu den nächsten Vertrauten des Eumenes. Dieser hatte schon früher bei Amphipolis mit einem gewissen Chimarus, seinem Landsmann in Perseus' Diensten, dann später bei Demetrias, einmal mit einem gewissen Menekrates, dann mit Antiochos, zwei königlichen Anführern, dicht unter den Mauern der Stadt Besprechungen gehabt. *10* Auch der jetzt von Perseus abgeschickte Herophan hatte ebenfalls an Eumenes die Gesandtschaft schon früher zweimal gemacht. Über diese geheimen Unterredungen und Sendungen wurde zwar schlimm genug gesprochen, doch wusste niemand, was hier verhandelt sei, oder wohin sich die Könige geeinigt hätten. Die Sache verhielt sich aber folgendermaßen:

(25) Eumenes, sowenig er selbst den Perseus bekriegen wollte, wünschte ihm doch auch den Sieg keineswegs, nicht nur, weil sie schon von ihren Vätern her Feinde waren, *2* sondern auch weil die durch gegenseitige Erbitterungen entflammte Eifersucht beider Könige durchaus nicht von der Art war, dass es Eumenes gleichgültig hätte ansehen können, wenn Perseus eine so große Macht und einen so hohen Ruhm erlangte, als er nach einem Sieg über die Römer erwarten durfte. *3* Nun sah er, dass nicht allein Perseus schon seit dem Beginn des Krieges auf alle Weise die Hoffnung zum Frieden versucht habe und von Tag zu Tag ernstlicher, je näher ihm die Gefahr rückte, bloß hieran arbeite und nur damit sich beschäftige, *4* sondern dass auch die Römer, sowohl ihre Feldherren als auch ihr Senat, weil der Krieg sich gegen ihre Erwartung in die Länge zog, nicht abgeneigt waren, einen so lästigen und schwierigen Krieg zu beenden. *5* Als er sich von dieser Stimmung beider Richtungen überzeugt hatte, wurde es ihm bei einem Geschäft, das seiner Meinung nach bei dem Überdruss des Stärkeren und der Besorgnis des Schwächeren sich von selbst machte, noch wünschenswerter, seine Dienste käuflich an den Mann zu bringen, als bloßen Dank zu ernten. *6* Bald unterhandelte er um die ihm zu zahlende Summe, wenn er die Römer weder zu Land noch zu Wasser unterstützen sollte, bald dafür, den Frieden mit Rom zustande zu bringen; *7* verlangte, wenn er nicht am Krieg teilnehme, tausend Talente, erklärte sich in beiden Fällen nicht nur zum Eid, sondern auch zur Stellung von Geiseln bereit. *8* Perseus ging im Drang der Not schnell daran, die Sache einzuleiten, trat über die Annahme der Geiseln ohne Aufschub

in Unterhandlung, und man war eins geworden, sie sollten nach der Überlieferung nach Kreta gebracht werden. *9* Als man aber auf das Geld zu sprechen kam, da war er der Zögerer und meinte, vollends die Bezahlung der ersten Summe sei für so berühmte Könige schimpflich und niedrig, zwar für den Geber ebenfalls, noch mehr aber für den Empfänger. *10* Lieber wollte er sich noch für die Hoffnung zum Frieden mit Rom zu einer Ausgabe verstehen, dies Geld aber erst nach Erfüllung des Versprechens auszahlen und es so lange im Heiligtum auf der Insel Samothrake niederlegen. *11* Da diese ihm gehörte, sah Eumenes für sich keine größere Sicherheit, wenn es hier, als wenn es zu Pella lag, und suchte dahin zu gelangen, dass er wenigstens einen Teil gleich bar bekäme. Durch diese vergeblichen Versuche, sich gegenseitig zu überlisten, bewirkten sie nur üble Nachrede.

(26) Und nicht bloß diese Vermittlung gab Perseus aus Geiz auf, da er für eine Geldsumme einmal durch Eumenes einen baldigen Frieden haben konnte, den er sogar mit einem Teil seines Königreiches hätte erkaufen müssen, und zum andern, in Roms Freundschaft wieder aufgenommen, seinen Feind mit der schwer beladenen Tasche ans Tageslicht ziehen und die Römer berechtigen konnte, seine Feinde zu werden, *2* sondern ebenfalls aus Geiz ließ er die Verbindung mit dem König Gentius, die er schon in Händen hatte, fahren, sowie auch einen großen Schwarm gerade jetzt sich darbietender Gallier, welche sich über ganz Illyrien verbreitet hatten. *3* Sie kamen mit 10 000 Mann Reiterei und ebenso vielen Truppen zu Fuß, die neben den Pferden her mit ihnen den Lauf aushielten und zum Gefecht statt der gefallenen Reiter sich auf die ledigen Pferde schwangen. *4* Die Reiter verlangten zehn, die Fußgänger fünf, der Anführer 1000 Goldstücke sogleich als bare Zahlung. *5* Als sie heranzogen, ging ihnen Perseus aus seinem Lager am Elpeos mit der Hälfte seiner Truppen entgegen und forderte die in der Nähe des Weges liegenden Dörfer und Städte auf, Vorräte herbeizuschaffen und es an Getreide, Wein und Schlachtvieh nicht fehlen zu lassen. *6* Er selbst nahm Pferde, Pferdeschmuck und Kriegsmäntel als Geschenke für die Vornehmen mit, aber nicht Gold genug, nur zur Verteilung unter wenige, weil er glaubte, die Menge durch Hoffnung hinhalten zu können. *7* Er kam an die Stadt Almana und schlug am Ufer des Flusses Axois sein Lager auf. In der Gegend von Desudaba in der Landschaft Maedica hatte sich das Heer der Gallier gelagert, um den ausbedungenen Lohn zu erwarten. *8* Dahin schickte er einen seiner Hofbeamten, Antigonos, der ihnen sagen musste, alle Gallier möchten nach Bylazora – dies liegt in Paeonien – vorrücken, die Vornehmen aber sich zahlreich bei ihm einfinden. Sie standen aber noch 75 000 Schritt vom Fluss Axios und dem Lager des Königs entfernt. *9* Als ihnen Antigonos dies bestellte und zugleich erzählte, wie große Vorräte an allem sie auf dem Marsch durch die Fürsorge des Königs in Bereitschaft finden und mit welch herrlichen Geschenken an Gewändern, Silber und Pferden er die Vornehmen bei ihrer Ankunft empfangen werde, antworteten sie, *10* das würden sie dann an Ort und Stelle erfahren, allein hinsichtlich der bedungenen baren Zahlung fragten sie, ob er denn nicht das an die einzelnen Fußgänger und Reiter zu verteilende Gold mitgebracht habe. *11* Als sie hierüber keine Antwort erhielten, sprach ihr Fürst Klondikos: *So geh denn hin und sage deinem König, die Gallier würden, wenn sie nicht das Gold und Geiseln bekämen, keinen Schritt weiter tun.* *12* Als der König nach diesem Bericht Kriegsrat hielt, und kein Zweifel darüber war, was ihm alle raten würden, ließ er selbst – ein treuerer Hüter seines Geldes als seines Reiches – sich auf eine weitläufige Schilderung der Treulosigkeit und Rohheit der Gallier ein. *13* Durch die früheren Niederlagen so vieler anderen Völker habe man die Erfahrung gemacht, wie gefährlich es sei, einen so großen Schwarm in Makedonien aufzunehmen, um dann in ihnen schlimmere Bundesgenossen als Feinde in den Römern zu haben. *14* An 5000 Reitern habe man genug, um von ihnen zum Krieg Gebrauch zu machen, ohne sich selbst vor ihrer Menge fürchten zu müssen.

(27) Daraus wurde allen klar, dass er den Sold für so viele scheue und nichts anderes; allein da ihm bei der Umfrage niemand zu raten wagte, wurde Antigonos wieder hingeschickt, um den Galliern zu sagen, der König brauche zum Dienst nur 5000 Reiter, mit der übrigen Menge sei ihm nicht gedient. *2* Als dies die Barbaren hörten, wurden die anderen alle laut vor Unwillen, dass man sie unnützerweise von ihrem Standort habe herkommen lassen; nur Klondikos legte ihm wieder die Frage vor, ob er denn nun wenigstens diesen 5000 Mann die bedungene bare Zahlung leiste. *3* Als er sah, dass Antigonos auch hiergegen Ausflüchte machte, gingen die Gallier, ohne sich an dem wortbrüchigen Unterhändler zu vergreifen – er selbst hatte kaum gehofft, so gut davonzukommen –, an die Donau zurück, nachdem sie Thrakien, soweit es an ihrem Weg lag, verheert hatten. *4* Wäre dieser Heerhaufe, selbst wenn der König ruhig am Elpeos stehen blieb, durch Perrhaebiens Waldgebirge gegen die Römer nach Thessalien geführt, so konnte er nicht allein durch Plünderungen die Dörfer aussaugen, so dass die Römer von dort kaum Zufuhr hätten erwarten können, *5* sondern auch die Städte selbst zerstören, während Perseus am Elpeos die Römer festhielt, dass sie ihren Bundesstädten nicht zu Hilfe kommen konnten. *6* Ja die Römer hätten an ihre eigene Rettung denken müssen, weil sie nach dem Verlust von Thessalien, aus dem sie ihr Heer versorgten, ebenso wenig hätten hier bleiben können als sie vorrücken konnten, *7* weil ihnen das makedonische Lager gegenüberstand. Durch diesen so wichtigen, aus den Händen gelassenen Vorteil bestärkte Perseus nicht allein die Römer in ihrem Mut, sondern schlug auch den Mut der Makedonier, die sich viel von dieser Aussicht versprochen hatten, gewaltig nieder. *8* Durch denselben Geiz machte er sich auch den König Gentius zum Feind. Denn als er zu Pella den von König Gentius hierzu Abgeschickten die 300 Talente hatte aufzählen lassen, gestattete er ihnen, die Gelder einzusiegeln. *9* Zehn Talente davon schickte er an Pantauchos mit dem Befehl, sie sogleich an den König abzuliefern. Mit den übrigen, von den Illyrern mit ihrem Siegel versehenen Geldern mussten auf seinen Befehl seine Fuhrleute nur kurze Tagereisen zurücklegen, *10* dann, wenn sie an die makedonische Grenze kamen, Halt machen und seine Boten erwarten. *11* Gentius, dem nach Empfang jenes kleinen Teiles der Summe Pantauchos anlag, durch irgendeine feindliche Tat die Römer zu kränken, warf den Marcus Perperna und Lucius Petillius, welche eben jetzt als Gesandte zu ihm kamen, ins Gefängnis. *12* Als dies Perseus hörte, glaubte er, Gentius habe sich nun selbst in die Notwendigkeit verwickelt, durchaus mit den Römern kämpfen zu müssen, und ließ die Leute mit den Geldfuhren zurückrufen, als beabsichtige er nur, den Römern bei dem Sieg über ihn eine möglichst große Beute aufzusparen, *13* Auch von Eumenes kam Herophont zurück, ohne dass man die geheimen Verhandlungen erfuhr. Dass sie über die Gefangenen unterhandelt hätten, hatten die Könige selbst bekannt gemacht; und dies war auch die Angabe, welche Eumenes darüber, um allen Verdacht zu vermeiden, bei dem Konsul machte.

(28) Perseus, der nach Herophons Rückkehr von Eumenes diese Hoffnung vereitelt sah, schickte seine Flottenführer, Antenor und Kallippos, mit 40 Jachten – zu diesen waren noch fünf gestoßen – *2* nach Tenedos, um von dort aus seine zwischen den Kykladischen Inseln zerstreuten, mit Getreide nach Makedonien zurückgehenden Schiffe in Schutz zu nehmen. *3* Diese zu Kassandrea in See gelassenen Schiffe gingen zuerst in die Seehäfen am Fuß des Athosberges hinüber, von da bei ruhiger See nach Tenedos, und ließen die hier unter dem Befehl des Eudamos im Hafen stehenden rhodischen offenen Schiffe nicht allein unbehelligt, sondern sogar nach freundlicher Begrüßung abziehen. *4* Auf die Nachricht, dass auf der andern Seite der Insel 50 ihrer Frachtschiffe von den unter dem Befehl des Damms vor der Mündung des Hafens liegenden Kriegsschiffen des Eumenes eingeschlossen lägen, *5* segelten sie schnell herum, vertrieben die vom Schrecken überraschten feindlichen Schiffe und sandten die Lastschiffe nach Makedonien, unter Begleitung von zehn Jachten, die aber nach Tenedos zurückkehren sollten, sobald sie jene in Sicherheit

gebracht hätten. *6* Am neunten Tag fanden sie sich wieder bei der Flotte ein, die aber jetzt schon bei Sigeon stand. Von hier fuhren sie nach Subota über, einer Insel zwischen Elaea und dem Athos. *7* Es traf sich so, dass am folgenden Tag, als die Flotte Subota erreicht hatte, 35 Schiffe, sogenannte Rossträger, die von Elaea mit gallischen Reitern und Pferden ausgelaufen waren, nach dem Vorgebirge von Chios, Phanae, steuerten, um von da nach Makedonien übergehen zu können. Eumenes schickte sie an Attalos. *8* Auf das von einer Warte ihm gegebene Zeichen, dass sich diese Schiffe auf hoher See sehen ließen, ging Antenor von Subota in See und traf die Feinde zwischen dem Vorgebirge von Erythrae und Chios, wo die Meerenge am schmalsten ist. *9* Die Befehlshaber des Eumenes erwarteten nichts weniger als eine auf diesem Meer kreuzende makedonische Flotte; bald glaubten sie, es müssten Römer, bald, es müsse Attalos oder einige von Attalos aus dem römischen Lager Zurückgeschickte sein, die nach Pergamon steuerten. *10* Als sie aber jetzt die Bauart der sich nähernden Jachten nicht mehr verkennen konnten, auch der volle Ruderschlag und die Richtung der Vorderteile gegen sie selbst sie von der Annäherung des Feindes überzeugte, verloren sie alle Fassung; *11* denn an Widerstand war nicht zu denken, weil ihre Schiffe zu schwerfällig waren und die Gallier zur See kaum eine ruhige Fahrt vertragen konnten. *12* Diejenigen, welche dem festen Land näher waren, schwammen an die erythräische Küste, andere setzten mit vollen Segeln die Schiffe bei Chios auf den Strand, ließen die Pferde im Stich und eilten nach der Stadt. *13* Da aber die Jachten ihre Bewaffneten näher an der Stadt und auf einem bequemeren Landungsplätze ausgesetzt hatten, wurden die fliehenden Gallier von den Makedoniern niedergehauen, welche sie teils noch auf dem Weg einholten, teils vor dem Tor ausgeschlossen fanden. Denn die Chier, die nicht wussten, wer die Fliehenden, wer die Verfolger waren, hatten das Tor geschlossen. *14* Gegen 800 Gallier fielen, 200 wurden gefangen genommen. Die Pferde gingen teils, als die Schiffe scheiterten, im Meer unter, teils hieben ihnen am Strand die Makedonier die Kniekehlen ein. *15* Auf denselben zehn Jachten, die er schon einmal abgeschickt hatte, schickte Antenor 20 Pferde von auserlesener Schönheit nebst den Gefangenen nach Thessaloniki. Die Jachten ließ er sobald wie möglich wieder zu seiner Flotte stoßen, denn er wollte zu Phanae auf sie warten. *16* Nicht volle drei Tage stand die Flotte bei der Stadt Chios, von da segelte sie bis Phanae vor, und als die zehn Jachten wider Erwarten schnell zurückgekehrt waren, fuhr sie auf dem Ägäischen Meer nach Delos über.

(29) Als unterdessen die von Chalkis abgesegelten römischen Gesandten Gaius Popillius, Gaius Decimius und Gaius Hostilius auf drei Fünfruderern zu Delos angelangt waren, fanden sie hier 40 makedonische Jachten vor und fünf Fünfruderer vom König Eumenes. *2* Die Heiligkeit des Tempels und der Insel gab ihnen allen eine Unverletzlichkeit. Deshalb gingen die Seesoldaten der Römer, der Makedonier und des Königs Eumenes im Tempel untereinander herum, weil der ehrwürdige Ort Waffenstillstand gewährte. *3* Wenn aber Antenor, der Befehlshaber des Perseus, von den Warten ein Zeichen bekam, dass auf der hohen See Lastschiffe vorbeisegelten, machte er entweder selbst mit einem Teil seiner Jachten oder durch die auf den Zykladen ausgestellten Jagd darauf *4* und ließ alle, die nicht nach Makedonien fuhren, versenken oder plündern. Popillius, auch die Schiffe des Eumenes halfen, wo sie konnten; *5* allein die Makedonier liefen mit ihren Jachten gewöhnlich bei Nacht nur paarweise oder zu dreien aus, ohne bemerkt zu werden. *6* Ungefähr um diese Zeit trafen die makedonischen und illyrischen Gesandten miteinander auf Rhodos ein; und nicht bloß die Erscheinung der Jachten, die allenthalben bei den Zykladen und auf dem Ägäischen Meer kreuzten, gab ihnen ein größeres Gewicht, sondern schon selbst die Verbindung zwischen den Königen Perseus und Gentius und der Ruf von den so zahlreich heranziehenden Galliern zu Fuß und zu Pferd. *7* Da also dem Dinon und Palyaratos, welche auf Perseus' Seite waren, der Mut wuchs, erhielten die Könige nicht bloß eine freundliche Antwort,

sondern die öffentliche Erklärung, die Rhodier würden durch ihr Eingreifen dem Krieg ein Ende machen; **8** demnach möchten auch die Könige ihrerseits zur Annahme des Friedens sich geneigt finden lassen.

(30) Schon war der Anfang des Frühlings da, und die neuen Anführer waren auf ihren Standorten eingetroffen, Konsul Aemilius in Makedonien, Octavius auf der Flotte bei Oreum und Anicius in Illyrien zum Krieg gegen Gentius. **2** Dieser, ein Sohn des illyrischen Königs Pleuratos und der Eurydike, hatte zwei Brüder gehabt, den Plator, welcher beide Eltern, den Karavantios, der nur die Mutter mit ihm gemein hatte. **3** Diesen scheute er wegen der nicht so hohen Abkunft von väterlicher Seite weniger; den Plator aber und zwei von dessen Freunden, den Ettritos und Epikados, zwei tüchtige Männer, ließ er, um auf seinem Thron um so sicherer zu sein, ermorden. **4** Es hieß, er habe die Verlobung seines Bruders mit der Etuta, der Tochter des Monunos, eines Fürsten der Dardaner, ungern gesehen, **5** als hätte jener durch diese Vermählung die dardanische Nation an sich ziehen wollen. Dies machte er dadurch noch wahrscheinlicher, dass er nach Plators Ermordung die Prinzessin selbst nahm. **6** Als er seinen Bruder nicht mehr zu fürchten hatte, wurde er seinen Untertanen drückend, und Unmäßigkeit im Weingenuss erhöhte die zu seiner Sinnesart stimmende Gewalttätigkeit. **7** Da er sich nun, wie ich oben gesagt habe, zum Krieg gegen die Römer hatte bereden lassen, zog er alle seine Truppen bei Lissus zusammen. Es waren 15 000 Mann. **8** Nachdem er von hier seinen Bruder gegen das Volk der Kavier, die er durch Gewalt oder durch Drohungen sich unterwerfen sollte, mit 1000 Mann zu Fuß und 500 Reitern abgeschickt hatte, zog er selbst vor die Stadt Bassania, 5000 Schritte von Lissus. **9** Ihre Bürger standen mit Rom im Bund. Bei der zuerst durch Abgeordnete an sie ergangenen Anfrage zogen sie die Belagerung der Übergabe vor. **10** Den Karavantios hingegen im Gebiet der Kavier nahm ihre Stadt Durnion bei seinem Anzug willig auf; ihre andere Stadt, Karavantis, schloss ihm die Tore, und als er sich bei der Verheerung ihres Gebietes zu weit ausbreitete, wurden viele seiner umherstreifenden Truppen von den sich zusammenrottenden Landleuten erschlagen. **11** Schon war auch Appius Claudius, nachdem er das unter ihm stehende Heer durch Hilfstruppen von Bullis, von Apollonia und Dyrriachium verstärkt hatte, aus den Winterquartieren aufgebrochen, stand bei dem Fluss Genusus im Lager, **12** und erbittert durch die Nachricht von der Verbindung des Perseus und Gentius und von der gesetzwidrigen Behandlung der Gesandten, war er fest entschlossen, ihn anzugreifen. **13** Allein, der Prätor Anicius, der gerade jetzt in Apollonia über die Begebenheiten in Illyrien Nachricht erhalten und dem Appius vorläufig geschrieben hatte, er möge ihn am Genusus erwarten, traf nicht nur selbst nach drei Tagen im Lager ein, sondern als er mit seinen Truppen noch 2000 Mann parthinisches Fußvolk und 200 Reiter vereinigt hatte – **14** das Fußvolk befehligte Epikados, die Reiter Algalsos –, traf er Anstalten, in Illyrien einzurücken, besonders um die in Bassania Belagerten zu befreien. Sein Ungestüm hielt das Gerücht zurück, dass eine Anzahl Jachten an der Küste plündere. **15** Auf Antrieb des Pantauchos hatte Gentius 80 Jachten abgesendet, um das Gebiet von Dyrrachium und Apollonia zu verheeren. **16** [Hier folgt eine Lücke von einem Blatt]

(31) Dasselbe taten auch die Städte dieser Gegend der Reihe nach, weil die Güte und Gerechtigkeit des römischen Prätors die günstige Stimmung beförderte. **2** Nun kam man vor die Stadt Skodra. Der Ort war bisher der Hauptsitz des Krieges, nicht nur, weil Gentius es sich gleichsam zum Hauptort seines ganzen Reiches gewählt hatte, sondern auch, weil es bei Weitem die stärkste Festung im labeatischen Gebiet und der Stadt sehr schwer beizukommen war. **3** Es umströmen sie zwei Flüsse, die Klausala, die an der Ostseite der Stadt vorüberfließt, und im Westen die Barbanna, die aus dem See Labeatis entspringt. **4** Diese beiden Ströme münden vereinigt in den Fluss Oriundes, der auf dem Gebirge Skodros entspringt und, durch viele andere Gewässer

verstärkt, sich ins Adriatische Meer ergießt. ***5*** Das Gebirge Skodros, bei Weitem das höchste dieser Gegend, hat nach Morgen Dardanien unter sich, gegen Mittag Makedonien, gegen Abend Illyrien. ***6*** Zwar wurde die Stadt durch ihre natürliche Lage gedeckt und von der ganzen illyrischen Macht und dem König selbst verteidigt; dennoch rückte der römische Prätor, da ihm die ersten Schritte gelungen waren, voll Hoffnung, das Glück der ersten Versuche werde ihn auch im Ganzen begleiten und ein überraschender Schrecken seine Wirkung nicht verfehlen, mit aufgestelltem Heer vor die Mauern. ***7*** Hätten sich die Truppen in der Stadt nach Verschließung der Tore zur Verteidigung der Mauern und Tortürme verteilt, so hätten sie die Römer mit ihrem fruchtlosen Versuch zurückgewiesen. Allein sie rückten aus und lieferten, dem Platz nach im Vorteil, ein Treffen, mehr mutig als mit Ausdauer. Geschlagen ***8*** und auf der Flucht zusammengedrängt verloren sie noch im Eingang des Tores selbst über 200 Mann ***9*** und setzten alles so in Schrecken, dass Gentius sogleich durch Teutikos und Bellos, die vornehmsten Männer seines Volkes, beim Prätor auf einen Waffenstillstand antragen ließ, um sich über seine Lage beraten zu können. ***10*** Als ihm hierzu drei Tage bewilligt wurden, setzte er sich, da das römische Lager fast 500 Schritte von der Stadt entfernt war, zu Schiff und fuhr auf der Barbanna in den See Labeatis, als wollte er sich zu seinen Beratungen an einen abgesonderten Ort begeben; ***11*** eigentlich aber machte er sich, wie es sich nachher ergab, in der falschen Hoffnung hinaus, dass sein Bruder Karavantios in der dortigen Gegend, wohin er ihn geschickt hatte, mehrere tausend Bewaffnete aufgeboten habe und im Anzug sei. ***12*** Als dieses Gerücht sich nicht bestätigte, ging er am dritten Tag auf demselben Schiff mit dem Strom nach Skodra zurück, ließ durch Vorangeschickte um Erlaubnis anhalten, den Prätor zu sprechen, und kam nach erhaltener Bewilligung ins Lager. ***13*** Er begann seine Rede mit der eigenen Anklage seiner Torheit, schloss unter vielen Bitten mit einem Strom von Tränen, warf sich dem Prätor zu Füßen und ergab sich. ***14*** Anfangs hieß man ihn guten Mutes sein; nach erhaltener Einladung zur Abendtafel kehrte er in die Stadt zu seiner Familie zurück und genoss an dem Tag, als er bei dem Prätor speiste, alle Ehre. ***15*** Dann aber wurde er dem Obersten Gaius Cassius als Verhafteter übergeben, er, der – selbst König – sich von einem andern König zehn Talente – kaum einen Gladiatorenlohn! – geben ließ, um in diese traurige Lage herabzusinken.

(32) Als Anicius Skodra in Besitz genommen hatte, ließ er es sein Erstes sein, die Gesandten Petillius und Perperna aufsuchen und vor sich führen zu lassen. ***2*** Er ließ sie wieder in ihrem Glanz erscheinen und schickte sogleich Perperna ab, sich der Vertrauten und Angehörigen des Königs zu versichern. ***3*** Dieser zog nach Medeon, einer Stadt der Labeaten, und brachte des Gentius Gemahlin Etleva mit zwei Söhnen, Skerdilaedos und Pleuratos, und den Bruder desselben, Karavantios, nach Skodra ins Lager. ***4*** Nach Beendigung des Illyrischen Krieges innerhalb von 30 Tagen sandte Anicius Perperna mit der Siegesbotschaft nach Rom, und wenige Tage darauf den König Gentius selbst mit seiner Mutter, mit seiner Gemahlin und den Kindern, seinem Bruder und anderen illyrischen Vornehmen. ***5*** Dies ist der einzige Krieg, von dem man in Rom eher hörte, dass er beendet, als dass er begonnen sei.

Die Tage, in denen dieses vorging, waren auch für den Perseus sehr beunruhigend; in gleicher Rücksicht sowohl auf die Ankunft des neuen Konsuls Aemilius, dessen Anzug – so hörte er – von drohenden Vorkehrungen begleitet war, als auf die des Prätors Octavius; ***6*** denn die römische Flotte und die Gefahr von der Seeküste her war ihm nicht minder furchtbar. Zu Thessaloniki standen seine Befehlshaber Eumenes und Athenagoras mit einer kleinen Besatzung von Rundschildnern. ***7*** Dahin schickte er also auch den Obersten Androkles mit dem Befehl, sich unmittelbar neben der Schiffswerft zu lagern. ***8*** Nach Aenia schickte er zum Schutz der Seeküste tausend Reiter unter Antigonos, um sogleich den Landleuten, die feindliche Flotte möchte landen, wo es auch sei, zu Hilfe zu eilen. ***9*** 5000 Makedonier, denen er den Histiäus, Theogenes und Midon zu Befehlshabern gab, ließ er als Besatzung nach Pythion und Petra gehen. ***10*** Als diese ausgerückt waren, machte er sich daran, die Ufer des Flusses Elpeos zu verschanzen, weil man ihn bei niedriger Stromhöhe durchwaten konnte. ***11*** [Hier fehlen zwei Blätter.]

33. Als die in die nahen Umgebungen Ausgeschickten dem Konsul zurückmeldeten, es sei nirgends Wasser zu finden, ließ er am Ende die Schlauchträger ihm an das Meer folgen, das nicht volle 300 Schritte entfernt war, und auf mäßige Zwischenräume verteilt an der Küste nachgraben. ***2*** Die Berge von so bedeutender Höhe machten ihm Hoffnung, und zwar umso mehr, weil sie nirgends Bäche sichtbar hervorspringen ließen; sie müssten verborgene Quellen enthalten, deren Adern dem Meer zufließend sich mit den Wellen mischten. ***3*** Kaum war die oberste Sanddecke abgeschaufelt, so sprangen schon Quellen hervor, anfangs trübe und sparsam, bald aber gaben sie klares und reichliches Wasser, wie ein Geschenk des Himmels. ***4*** Auch dieser Vorfall erhöhte bei den Soldaten den Ruf und das Ansehen ihres Feldherrn nicht wenig. Nach dem Befehl an die Truppen, ihre Waffen bereitzuhalten, ging er selbst mit den Obersten und den ersten Hauptleuten herum, Stellen aufzusuchen, wo man durch den Fluss gehen könne, wo der Hinabgang Bewaffneten leichter, wo das Hinansteigen zum jenseitigen Ufer am wenigsten beschwerlich sei. ***5*** Als er sich hierüber gehörig unterrichtet hatte, traf er, einmal, damit im Heer alles mit Ordnung und ohne Lärm auf den Wink und Befehl des Feldherrn vor sich gehen könne, folgende Einrichtung: ***6*** Würde das, was geschehen sollte, allen zugleich bekannt gemacht und nicht alle könnten es deutlich hören, so täten bei dieser Ungewissheit über den Befehl einige nach eigenem Antrieb mehr, als befohlen sei, andere weniger. Dann entstehe allenthalben ein misstönendes Geschrei, und die Feinde erführen, was man vorhabe eher als die Soldaten selbst. ***7*** Darum solle künftig der Oberste dem ersten Hauptmann der Legion ganz allein den Befehl kundtun; dieser dann und so immer jeder einzeln dem in der Ordnung zunächst folgenden Hauptmann anzeigen, was geschehen solle; der Befehl möge nun von der Vorderreihe zum Hintertreffen, oder von den Letzten zu den Ersten durchlaufen müssen. ***8*** Sodann untersagte er den Schildwachen die neue Gewohnheit, zum Wachestehen einen Schild mitzunehmen; denn die Schildwache gehe ja nicht ins Treffen, so dass sie Waffen nötig hätte, sondern zum Wachehalten, um sich, wenn sie die Ankunft des Feindes merke, zurückzuziehen und die anderen zu den Waffen zu rufen. ***9*** Jetzt stünden sie da hinter dem vorgepflanzten Schild unter dem Helm; wenn sie dann müde würden, stützten sie sich auf ihre Pike, legten den Kopf auf den Rand des Schildes und schliefen im Stehen, so dass sie in ihren blanken Waffen der Feind schon von Weitem gewahr werde, ohne dass sie selbst das Geringste daraus lesen könnten. ***10*** Endlich änderte er auch eine Gewohnheit bei den Vorposten ab. Sie standen immer den ganzen Tag alle unter den Waffen, die Reiterei mit aufgezäumten Pferden. Taten sie das in den Sommertagen, bei anhaltendem Sonnenbrand, so griff die in so vielen Stunden vor Hitze und Ermattung hinfällig gewordenen Menschen und Pferde oft der Feind bei frischen Kräften an und machte selbst in geringer Anzahl ihnen bei ihrer Überlegenheit viel Not. ***11*** Also mussten sie nun vom Morgenposten auf den Mittag abgehen und auf den Nachmittag andere an ihre Stelle treten. So fand beim Angriff ein vollkräftiger Feind in ihnen nie die Ermüdeten.

(34) Als er ihnen in einer zusammenberufenen Versammlung erklärt hatte, dass es so künftig sein solle, fügte er noch mehr hinzu, was mit seiner in der Stadt gehaltenen Rede gleichen Inhaltes war: ***2*** In einem Heer habe das, was geschehen solle, bloß der Feldherr vorzubereiten und zu besorgen, bald durch sich allein, bald durch diejenigen, die er zum Kriegsrat berufen habe. Wer nicht berufen sei, müsse seine eigenen Maßregeln weder öffentlich noch insgeheim verbreiten. ***3*** Der Soldat habe für folgende drei Stücke zu sorgen: seinen Körper so kraftvoll wie möglich, seine Waffen in tauglichem Zustand, und mit seiner Kost sich für unerwartete Befehle in Vorrat

zu erhalten; ***4*** für das Übrige, wisse er, sorgten die unsterblichen Götter und sein Feldherr. In einem Heer, in welchem die Soldaten die Beratenden wären und der Feldherr sich von dem Geschwätz der Menge bestimmen lasse, könne durchaus nichts gedeihen. ***5*** Er werde, wie dies die Pflicht des Feldherrn sei, dahin sehen, dass er für sie den rechten Zeitpunkt wähle, ihre Sache gut machen zu können: Sie hätten über die Zukunft noch nichts zu fragen; wenn das Zeichen gegeben sei, dann sei die Leistung ihres Felddienstes an ihnen. ***6*** Nach diesen Belehrungen entließ er die Versammlung; und selbst die alten Krieger gestanden durchweg, heute hätten sie gleich Neulingen zum ersten Mal erfahren, worauf es im Kriegsdienst ankomme. ***7*** Sie bewiesen aber nicht bloß durch diese mündlichen Äußerungen, mit wie viel Beifall sie der Rede des Konsuls zugehört hätten, sondern der Erfolg wurde sogleich sichtbar. ***8*** Da sah man keinen im ganzen Lager untätig, hier wetzten sie die Schwerter, dort putzten sie die Helme und die Backenstücke, andere die Schilde, wieder andere die Panzer, hier passten sie die Waffen ihren Körpern an und prüften in diesen die Behendigkeit ihrer Glieder; ***9*** dort schwangen sie ihre Wurfpfeile oder ließen ihre Schwerter blinken und untersuchten die Spitze, so dass man leicht sehen konnte, sobald ihnen Gelegenheit gegeben werde, mit dem Feind zu kämpfen, sie würden diesen Krieg entweder durch einen herrlichen Sieg oder durch ihren denkwürdigen Tod bezeichnen.

10 Als auch Perseus sah, dass zugleich wegen der Ankunft des Konsuls und bei dem Anfang des Frühlings, als ginge der Krieg von Neuem an, alles bei den Feinden laut und in Bewegung war, dass sie ihr Lager bei Philae abgebrochen und am Ufer ihm gerade gegenüber aufgeschlagen hatten, dass der feindliche Feldherr jetzt zur Besichtigung seiner Werke umherging, ohne Zweifel, um einen Übergang zu erspähen [Hei fehlt ein Blatt].

(35) Den Römern steigerte diese Nachricht den Mut, den Makedoniern und ihrem König brachte sie nicht geringen Schrecken. ***2*** Anfangs versuchte er, die Verbreitung der Nachricht in aller Stille zu unterdrücken und schickte dem von dort kommenden Pantauchos einige entgegen, die ihm verbieten mussten, dem Lager näher zu kommen. ***3*** Allein schon hatten verschiedene ihre Kinder gesehen, die unter den Geiseln mit nach Illyrien abgeführt gewesen waren, und dann, je sorgfältiger etwas verheimlicht wird, desto leichter kommt es durch die Plauderhaftigkeit der Hofbedienten heraus. ***4*** Um diese Zeit kamen auch die rhodischen Gesandten ins römische Lager mit demselben Antrag über den Frieden, wodurch sie zu Rom die Väter so sehr erzürnt hatten. Ein noch weit ungünstigeres Gehör fanden sie vor dem Kriegsrat im Lager. ***5*** Und da die Übrigen meinten, man müsse sie ohne Antwort sofort zum Lager hinausjagen, erklärte der Konsul, er werde ihnen die Antwort nach 14 Tagen erteilen. ***6*** Damit es aber auffiele, wie wenig die friedengebietenden Rhodier Eindruck gemacht hätten, brachte er sogleich einen Angriffsplan zur Beratung. Einige, und besonders die Jüngeren meinten, man müsse sich über das Ufer des Elpeos und über die Verschanzungen den Weg bahnen. ***7*** Im dicht geschlossenen Zug und Sturmangriff könnten ihnen die Makedonier nicht widerstehen. Habe man sie doch im vorigen Jahr aus so vielen weit höheren und festeren Kastellen vertrieben, worin sie mit starken Besatzungen gelegen hätten. ***8*** Andere meinten, Octavius müsse mit der Flotte nach Thessaloniki gehen und durch Verheerung der Seeküste die Truppen des Königs teilen, damit dieser, wenn sich ihm im Rücken ein zweiter Feind zeige, genötigt werde, zum Schutz seines inneren Reiches sich umzukehren und irgendwo den Übergang über den Elpeos zu entblößen. ***9*** Der Konsul selbst hielt das Ufer durch Natur und Werke für unersteigbar, und außer, dass allenthalben Wurfgeschütz aufgestellt war, hatte er auch gehört, dass die Feinde mit ihren Geschossen besser und sicherer träfen. ***10*** Alle seine Pläne beschäftigten sich mit etwas anderem, und nach Entlassung des Kriegsrates ließ er die perrhaebischen Kaufleute Tonos und Menophilos zu sich rufen, Männer von erprobter Treue und Einsicht, und erkundigte sich bei ihnen insgeheim, wie nach Perrhaebien durchzukommen sei. ***11***

Als sie ihm sagten, die Gegend sei nicht schlimm, allein von königlichen Posten besetzt, erwachte bei ihm die Hoffnung, wenn er bei Nacht unentdeckt mit einem starken Korps die Feinde, die das nicht erwarteten, überraschte, so könne er sie aus ihren Posten werfen. ***12*** Im Dunkeln, wo man nicht aus der Ferne sehen könne, wonach man zielen solle, sei der Wurfspieß, der Pfeil und alles Geschoss unbrauchbar; da trete im Gewühl beider Teile Mann gegen Mann mit dem Schwert auf, mit dem sich der römische Soldat den Sieg nicht nehmen lasse. ***13*** Entschlossen, sich dieser Führer zu bedienen, ließ er den Prätor Octavius rufen, machte ihn mit seinem Plan bekannt und ließ ihn mit der Flotte nach Herakleon gehen und für 1000 Mann auf zehn Tage Mundvorrat bereithalten. ***14*** Er selbst schickte den Publius Scipio Nasica und seinen Sohn Quintus Fabius Maximus mit 5000 Auserlesenen nach Herakleon, gleich als sollten sie zu einer Plünderung der inneren makedonischen Seeküste, welche im Kriegsrat in Vorschlag gekommen war, sich einschiffen. ***15*** Insgeheim sagte er ihnen, die Lebensmittel für ihre Truppen wären schon bei der Flotte besorgt, so dass sie durch nichts aufgehalten würden. Nun befahl er den Wegweisern, den Marsch so einzurichten, dass am dritten Tag schon um die vierte Nachtwache der Angriff auf Pythion erfolgen könne. ***16*** Um den König von jeder anderweitigen Umsicht abzuziehen, ließ er es tags darauf in der Mitte des Flusses mit den feindlichen Vorposten zum Treffen kommen. Auf beiden Seiten kämpften die leichten Truppen; und in einem so ungleichen Strombett fand auch kein Gefecht mit schweren Waffen statt. ***17*** Der Hinabweg an beiden Ufern bis in das Bett betrug gegen 300 Schritt; die Breite des hier so, dort wieder anders ausgehöhlten Flusses erstreckte sich in der Mitte auf ungefähr 1000 Schritt. ***18*** Hier in der Mitte wurde gefochten, und von beiden Seiten waren auf ihrem Lagerwall hier der König, dort der Konsul mit den Legionen Zuschauer. ***19*** Mit dem Geschoss fochten aus der Ferne die königlichen Hilfstruppen besser; Mann gegen Mann stand der Römer fester und hinter seinem Rundschild oder dem ligustinischen Langschild mehr gedeckt. ***20*** Ungefähr gegen Mittag ließ der Konsul den Seinigen zum Rückzug blasen. So wurde für heute das Gefecht getrennt, und auf beiden Seiten waren nicht wenige gefallen. ***21*** Durch den Kampf erbittert, trafen sie am folgenden Tag schon mit Sonnenaufgang schärfer zusammen; allein die Römer wurden nicht bloß von denen verwundet, mit denen sie sich ins Gefecht eingelassen hatten, sondern noch weit mehr von der Menge, welche auf die Türme verteilt stand, mit allen Arten von Geschossen und am meisten mit Steinen. ***22*** Rückten sie näher an das Ufer der Feinde, so erreichten die aus dem Wurfgeschütz geschleuderten Steine sogar die Letzten. Diesmal ließ der Konsul die Seinigen, welche heute weit mehr verloren hatten, etwas später abziehen. ***23*** Am dritten Tag ließ er es nicht zum Gefecht kommen, sondern zog nach dem unteren Teil seines Lagers hinab, als wollte er versuchen, über einen zum Meer hinunterlaufenden Arm durchzubrechen. ***24*** Perseus, auf das, was er vor Augen hatte, ganz allein bedacht, richtete seine ganze Sorgfalt nur darauf, den Feind auf dieser Seite zurückzuschlagen, ohne auf einem andern Punkt etwas zu fürchten. [Hier fehlen vier Blätter etwa folgenden Inhalts: Als Nasica, der unterdessen mit der ihm zugegebenen Mannschaft nach Herakleon abgegangen war, dort ankam, ließ er die Soldaten sich gütlich tun und erwartete die Nacht. Nun teilte er den Vornehmen unter seinen Anführern den eigentlichen Auftrag des Konsuls mit, bog beim ersten Einbruch der Dunkelheit von seinem Weg ab gegen das Gebirge und führte die Truppen, wie ihm befohlen war, in aller Stille gegen Pythion. Als sie auf dem obersten Gipfel ankamen, der sich zu einer Höhe von mehr als zehn Stadien erhebt, wurde den ermüdeten Soldaten einige Zeit zur Erholung gegeben. Im Besitz dieser Höhe waren, wie schon gesagt, Midon, Histaeos und Theogenes, welche Perseus mit 5000 Makedoniern hierhergeschickt hatte. Allein die Sorglosigkeit dieser königlichen Befehlshaber war so groß, dass niemand etwas vom Anzug der Römer erfuhr. Nasica überfiel sie im Schlaf und warf sie ohne Mühe von der Höhe, wenn wir Polybios glauben. Denn in seinem Brief an einen von den Königen erzählt Nasica selbst die Sache ganz anders. Beim Aufstieg hätten sie den Berg sehr steil gefunden, aber unbewacht, so dass er die Klause ohne Schwierigkeit genommen hätte, wenn nicht von den Kretern in seinem Korps ein Überläufer zu Perseus geeilt wäre und ihn von dem, was vorging, benachrichtigt hätte. Der König selbst sei zwar in seinem Lager geblieben, habe aber 2000 Makedonier und 10 000 Mann Hilfstruppen unter Anführung des Midon geschickt, die Klause zu besetzen. Mit diesen habe man auf der Höhe des Bergrückens ein sehr hartnäckiges Gefecht gehabt; unter anderen habe auch ein thrakischer Soldat nach ihm selbst gestochen, dem er aber seinen Spieß durch die Brust gestoßen habe. Endlich hätten die besiegten Makedonier den Kampfplatz geräumt, und Midan selbst habe mit weggeworfenen Waffen sein Heil in der schimpflichsten Flucht gesucht. Bei der Verfolgung der Flüchtigen kamen die Römer ohne Mühe und Gefahr in die Ebene.

Bei dieser Lage der Dinge wurde Perseus unschlüssig, was er tun sollte. Da er fürchten musste, weil sich jetzt die Römer den Weg durch den Bergpass eröffnet hatten, von ihnen umgangen zu werden, wurde es für ihn durchaus notwendig, entweder nach einem Rückzug auf Pydna dort den Feind zu erwarten, um unter den Mauern der Festung desto sicherer mit ihm zu schlagen, oder seine Truppen in die Städte Makedoniens zu verteilen, das Getreide und die Herden in die festen Plätze zusammenzubringen und dem Feind die verheerten Dörfer und den nackten Boden zu überlassen. Der König selbst schwankte zwischen diesen beiden Maßregeln hin und her, seine Vertrauten aber, die das Ehrenvollere auch für das Sichere hielten, redeten ihm zu, es auf eine Schlacht ankommen zu lassen. Er sei schon an Truppenzahl dem Feind überlegen; er müsse aber wahrlich auch auf ihre Tapferkeit vertrauen, da diese, schon ihr angeborenes Eigentum, noch durch die stärksten und heiligsten Ermunterungsmittel, die es in der Welt gebe, zum tapferen Kampf werde angefeuert werden; durch die Rücksichten auf ihre Altäre, auf den eigenen Herd, auf die Heiligtümer, zwischen welchen und für welche sie kämpfen würden, auf ihre Eltern und Gattinnen und endlich auf einen König, der in Person ihr Augenzeuge sei und zu jeder Teilnahme an der Gefahr sich darbiete. Hierdurch überredet, schickte sich der König zu einer Schlacht an, und als er sich bis Pydna zurückgezogen hatte, ließ er gleich ein Lager aufschlagen, stellte zugleich die Schlachtordnung auf und wies jedem Anführer sein Geschäft und seinen Platz an, als ginge es vom Marsch zur Schlacht. Die Beschaffenheit der Gegend war folgende. Ein Feld erlaubte der Phalanx, die eine offene und ebene Fläche nötig hat, sich auszubreiten, doch nicht so, dass sie mit Leichtigkeit hätte vorrücken können; dann folgte eine Reihe von Anhöhen, welche den leichten Truppen als Zuflucht und zu schnellen Umgehungen dienen konnten. Zwei Flüsse, in der Landessprache der eine Aeson, der andere Leukos genannt, flössen sie auch jetzt sehr dürftig, schienen für die Römer wenigstens einigermaßen ein Hindernis werden zu können. Aemilius nahm, als er sich mit Nasica vereinigt hatte, sogleich den geraden Weg gegen den Feind. Aber staunend beim Anblick eines Heeres, das an Zahl und Kerntruppen so stark, das so herrlich imstande und zur Schlacht gerüstet war, machte er Halt unter mancherlei Erwägungen.]

(36) Die Zeit im Jahr war die nach Verlauf des längsten Tages. Der Tageszeit nach ging es schon gegen Mittag, und der Marsch war unter vielem Staub und steigender Sonnenhitze zurückgelegt. **2** Müdigkeit und Durst wurden fühlbar, und offenbar musste gegen Mittag beides noch stärker werden. Er beschloss, die Truppen in dieser Ermüdung einem rüstigen ungeschwächten Feind nicht auszusetzen. **3** Allein bei beiden Teilen war die Begierde zur Schlacht so brennend, dass der Konsul bei den Seinigen ebenso viel Kunst anwenden musste, sie zu täuschen, als bei den Feinden. **4** Da sie noch nicht alle aufgestellt waren, drängte er die Obersten, die Aufstellung zu beschleunigen. Er selbst ging von einer Abteilung zur andern, und seine Aufmunterungen befeuerten den Mut der Soldaten zur Schlacht. **5** Da verlangten sie erst freudig das Zeichen zur Schlacht.

Sowie aber die Hitze zunahm, verloren die Mienen ihr Feuer, das Rufen legte sich, und manche standen da, an ihren Schild gelehnt, auf ihre Pike gestützt. ***6*** Nun befahl er den Hauptleuten des ersten Gliedes geradezu, die Vorderseite des Lagers abzustecken und dem Gepäck seinen Stand zu geben. ***7*** Als die Soldaten diese Anstalten sahen, äußerten die Übrigen ihre Freude laut, dass er sie, von dem beschwerlichen Marsch und der brennendsten Hitze ermüdet, nicht genötigt habe, zu kämpfen. ***8*** Allein um den Heerführer her waren die Unterfeldherren, die Obersten der fremden Truppen, unter diesen auch Attalos, welche alle, als sie noch glaubten, der Konsul wolle schlagen, ihm beigestimmt hatten; denn selbst ihnen hatte er seine Unlust nicht entdeckt, ***9*** und als bei der plötzlichen Abänderung des Planes die Übrigen schwiegen, wagte es von allen Nasica allein, den Konsul daran zu erinnern, er möge den Feind, der die vorigen Feldherren durch Verweigerung einer Schlacht gehöhnt habe, nicht aus den Händen lassen. ***10*** Er fürchte, dass dieser in der Nacht davongehe, dass man ihm dann mit der größten Mühe und Gefahr in das innerste Makedonien nachgehen müsse, und das Heer, so wie unter den vorigen Anführern, über die Pfade und Pässe der makedonischen Gebirge in der Irre umhergezogen werde. ***11*** Er rate dringend zum Angriff, solange man noch den Feind in offenem Feld habe, und die gebotene Gelegenheit zum Sieg nicht fahren zu lassen. ***12*** Der Konsul, durch die freimütige Erinnerung eines so angesehenen jungen Mannes nicht im Mindesten beleidigt, sprach: *Auch ich habe einst so gedacht, Nasica, wie du jetzt denkst; nur wie ich jetzt denke, wirst du dereinst denken.* ***13*** *Viele Erfahrungen im Krieg haben mich belehrt, wann man schlagen und wann man sich der Schlacht entziehen müsse. Jetzt möchte mir's in der Linie gegen den Feind zu unwichtig sein, dich zu belehren, aus welchen Gründen für heute die Ruhe besser sei. Frage mich darum ein andermal, jetzt genüge dir der Ausspruch eines alten Feldherrn.* ***14*** Der Jüngling schwieg; denn gewiss sehe der Konsul Hindernisse der Schlacht, die ihm nicht einleuchteten.

(37) Als Paulus sah, dass das Lager abgesteckt und das Gepäck zur Stelle sei, führte er zuerst die Triarier aus dem Hintertreffen ab, ***2*** dann das zweite Treffen, während das erste vorn in der Linie stehen blieb, zuletzt auch das erste Treffen, so dass er zuerst vom rechten Flügel nach und nach jede einzelne Abteilung wegnahm. ***3*** So wurden die Fußtruppen, während die Reiterei mit den Leichtbewaffneten vor der Linie dem Feind gegenüberstand, ohne Störung abgeführt, und nun erst, als die Vorderseite des Walles und der Graben fertig waren, wurde die Reiterei von ihrem Posten abberufen. ***4*** Auch der König, der heute ohne Weigerung sich zu einer Schlacht bereit gezeigt hatte, zog seine Truppen ebenfalls in sein Lager zurück, zufrieden, dass sie wussten, die Verzögerung der Schlacht habe am Feind gelegen. ***5*** Nach beendeter Verschanzung des Lagers zeigte Gaius Sulpicius Gallus, ein Oberster von der zweiten Legion, der im vorigen Jahr Prätor gewesen war, den mit des Konsuls Erlaubnis zu einer Versammlung berufenen Soldaten an: ***6*** Damit es niemand für ein Schreckzeichen ansehe, so sage er ihnen, in der nächsten Nacht werde der Mond von der zweiten Nachtstunde an bis zur vierten verfinstert werden. Weil dies der Ordnung der Natur gemäß zu festgesetzten Zeiten erfolge, so könne man es vorherwissen und vorhersagen. ***7*** Sowie sie sich also nicht darüber wunderten, dass der Mond, weil Sonne und Mond ihren bestimmten Aufgang und Untergang hätten, bald in voller Scheibe strahle, bald mit abnehmenden schmalen Hörnern, so müssten sie auch dies nicht als ein Unglückszeichen ansehen, dass er, wenn ihn der Erdschatten bedecke, verdunkelt werde. ***8*** Als nun in der Nacht, auf welche der vierte September folgte, die Mondfinsternis in der angegebenen Stunde eintrat, hielten die römischen Soldaten die Weisheit des Gallus beinahe für göttlich; ***9*** die Makedonier hingegen erschütterte sie als ein trauriges Vorzeichen, das den Untergang des Reiches und das Verderben des Volkes bedeute. Und so sprachen auch ihre Wahrsager. Geschrei und Geheul ertönten im makedonischen Lager, bis der Mond wieder in seinem Licht hervortrat. ***10*** Am folgenden Tag – so

erpicht waren beide Heere auf ein Treffen gewesen, dass sowohl dem König als auch dem Konsul einige von den Ihrigen Vorwürfe darüber machten, dass man ohne Schlacht auseinandergegangen sei – ***11*** konnte sich der König leicht entschuldigen, nicht allein damit, dass die Feinde zuerst mit offenbarer Verweigerung einer Schlacht ihre Truppen in das Lager zurückgezogen hätten, sondern auch, weil er selbst seine Stellung da genommen hatte, wo die Phalanx, die jede noch so mittelmäßige Ungleichheit des Bodens unnütz macht, nicht vorrücken konnte. ***12*** Der Konsul war außer, dass er gestern die Gelegenheit zur Schlacht verabsäumt und es dem Feind freigestellt zu haben schien, ob er in der Nacht abziehen wolle, auch jetzt noch in dem Verdacht, dass er unter dem Vorwand des Opfers die Zeit hinbringe, obgleich er mit Tagesanbruch das Zeichen zum Ausrücken in die Schlachtordnung gegeben habe. ***13*** Als endlich um die dritte Tagesstunde das Opfer ordnungsmäßig vollzogen war, berief er einen Kriegsrat. Und auch hier kam es einigen so vor, als bringe er die Zeit zum Handeln mit Sprechen und unzeitigen Beratungen hin. Nach mancherlei Gesprächen hielt der Konsul folgende Rede:

(38) *Publius Nasica, dieser vortreffliche junge Mann, hat mir unter allen, die gestern eine Schlacht gewünscht haben, ganz allein seine Meinung mitgeteilt. Nachher hat er geschwiegen, so dass ich annehmen kann, er sei zu meiner Meinung übergegangen.* **2** *Andere haben es für besser befunden, den Feldherrn hinter seinem Rücken zu tadeln, als ihn persönlich zu erinnern.* **3** *Ich nehme keinen Anstand, sowohl dir, Nasica, als allen denen, welche mit dir denselben Wunsch, nur versteckter, hegten, über den Aufschub der Schlacht Rechenschaft zu geben.* **4** *Denn ich bin so weit entfernt, das gestrige Stillsitzen zu bereuen, dass ich vielmehr glaube, durch diese Maßregel das Heer gerettet zu haben. Und damit niemand unter euch glauben möge, dass ich für diese Meinung keine Gründe habe, wohlan, so zähle er mit mir, wenn's ihm gefällig ist, das alles wieder auf, wodurch der Feind im Vorteil und wir im Nachteil waren.* **5** *Gleich zuerst dies: Ich bin überzeugt, dass jeder von euch schon früher gewusst hat, wie sehr uns die Makedonier an Zahl überlegen sind, und dass ihr dies gestern bei dem Anblick ihrer ausgedehnten Linie selbst gesehen habt.* **6** *Von dieser unserer kleineren Anzahl war der vierte Teil der Truppen bei dem Gepäck zur Bedeckung geblieben, und ihr wisst, dass man zum Schutz des Gepäcks nicht gerade die Schlechtesten zurücklässt.* ***7*** Aber gesetzt, wir waren alle zur Stelle, halten wir denn das für eine Kleinigkeit, dass wir aus diesem Lager, worin wir jetzt übernachtet haben, wenn wir es für gut finden, erst heute oder spätestens morgen unter dem Beistand der Götter zur Schlacht ausrücken werden? **8** Macht das keinen Unterschied, ob man den Soldaten, den heute kein Marsch, keine Arbeit erschöpft hat, nach der Ruhe neu gestärkt in seinem Zelt zu den Waffen greifen heißt, und ihn in voller Kraft, an Leib und Seele munter, in die Linie treten lässt, **9** oder ob man ihn, vom langen Marsch ermattet, unter seiner Last erliegend, von Schweiß triefend, lechzend vor Durst, Mund und Auge voll Staub, von der Mittagssonne glühend, einem Feind preisgibt, der frisch und ausgeruht seine zu nichts vorher verbrauchten Kräfte mit ins Treffen bringt? ***10*** Wer, bei den Göttern, sei er noch so sehr feige und unkriegerisch, wird nicht, wenn er so dem tapfersten Mann gegenübergestellt wird, ihn besiegen? ***11*** Ferner, hatten nicht die Feinde in aller Ruhe ihre Linie geordnet, sich neu ermutigt, und standen sie nicht jeder auf seinem Platz in ihren Gliedern da? Und mussten wir nicht plötzlich zur Aufstellung der Linie uns durcheinander tummeln und noch ohne Gliederschluss angreifen?

(39) *Nun ja, wird man sagen, wir hätten freilich eine Linie ohne Schluss und Ordnung gehabt. So hatten wir vielleicht ein schon befestigtes Lager, hatten für die Wasserholung gesorgt, den Weg dahin durch aufgestellte Posten in unserer Gewalt, die ganze Gegend umher ausgesichert, oder hatten wir nichts, das unser war, als den nackten Boden, auf dem wir schlagen sollten?* **2** *Ihre Vorfahren sahen ihr festes Lager bei allem, was ihr Heer treffen konnte, als seinen Hafen an, aus dem es zur Schlacht auslaufen, in den es, vom Sturm der Schlacht verschlagen, sich bergen könne.* **3** *Deswegen sicherten sie*

das Lager, wenn sie es schon mit Verschanzungen umzäunt hatten, noch durch eine starke Besatzung, weil der, der sein Lager verlor, wenn er auch in der Schlacht gesiegt hatte, doch als der Besiegte galt. Dem Sieger ist sein Lager Ruhepunkt, dem Besiegten Rettungsort. **4** *Wie manches Heer, dem das Glück in der Schlacht minder hold war, machte, in seinen Lagerwall zusammengedrängt, bei einem günstigeren Zeitpunkt, zuweilen gleich den Augenblick nachher, einen Ausfall und schlug den feindlichen Sieger!* **5** *Dieser Wohnort des Kriegers ist seine zweite Vaterstadt; der Lagerwall vertritt die Stelle der Stadtmauer, sein Zelt ist jedem Haus und Hausaltar. Wir aber hätten als Umherirrende, die nirgends zu Hause sind, geschlagen, um uns nach erfochtenem Sieg – wohin denn? – zurückzuziehen.* **6** *Diesen Schwierigkeiten und Verhinderungen einer Schlacht stellt man Folgendes entgegen: Wie, wenn der Feind im Verlauf dieser Nacht davongegangen wäre, wie viele Beschwerlichkeiten mussten wir dann von Neuem ausstehen, ihm bis hinten an das Ende von Makedonien zu folgen?* **7** *Ich aber bin überzeugt, dass er weder standgehalten noch sein Heer zur Schlacht aufgeführt hätte, wenn er hätte weichen wollen. Wie viel leichter konnte er abziehen, da wir noch fern waren, als jetzt, da wir ihm auf dem Nacken sind? Auch könnte er uns bei seinem Abzug sowenig bei Tage wie bei Nacht unbemerkt bleiben.* **8** *Was kann uns aber erwünschter sein, als denselben Feind, dessen Lager wir zu stürmen wagten, obgleich es durch das so hohe Flussufer gesichert und noch obendrein mit einem Wall und Türmen in Menge umgeben war, jetzt auf offenem Feld in seinem Rücken anzugreifen, wenn er mit Hinterlassung seiner Befestigungen eiligst davonginge? Dies waren die Gründe für die Aussetzung der Schlacht von gestern auf heute.* **9** *Denn zu schlagen ist ebenso sehr auch mein Wille; und darum habe ich ja, weil uns der Weg zum Feind durch den Fluss Elpeos gesperrt war, durch einen andern Pass, aus dem ich die feindlichen Posten vertreiben ließ, einen neuen Weg eröffnet, und ich werde nicht eher ablassen, als bis ich den Krieg beendet habe.*

(40) Auf diese Rede erfolgte eine Stille, weil er den einen Teil der Zuhörer für seine Meinung gewonnen hatte, und der andere sich scheute, ihn in einer Sache zu beleidigen, die jetzt – mochte ihre Verabsäumung recht oder unrecht sein – nicht ungeschehen gemacht werden konnte. **2** Und da auch selbst an diesem Tag der Konsul so wenig wie der König Lust hatten – der König nicht, weil er jetzt die Feinde nicht so wie tags zuvor vom Marsch ermüdet, zur Aufstellung der Linie durcheinander eilend und kaum zum Schluss fertig, angreifen konnte, der Konsul nicht, weil in seinem neuen Lager kein Holz, kein Futter angefahren und, diese Bedürfnisse zu holen, ein großer Teil der Soldaten vom Lager auf die nahen Dörfer abgegangen war –, **3** kurz, da von beiden Feldherren keiner willens war, leitete dennoch das Schicksal, mächtiger als alle menschlichen Maßregeln, eine Schlacht ein. **4** Aus einem Fluss von geringer Größe, dem makedonischen Lager näher, holten Makedonier und Römer das Wasser. Damit sie dies mit Sicherheit tun konnten, waren an beiden Ufern Bedeckungen aufgestellt, **5** auf römischer Seite standen zwei Kohorten, die marrucinische und die paelignische, ferner zwei Geschwader samnitischer Reiterei, die der Unterfeldherr Marcus Sergius Silus anführte, und vor dem Lager hielt noch ein anderer feststehender Posten mit dem Unterfeldherrn Gaius Cluvius, **6** nämlich drei Kohorten, die firmanische, die vestinische und die cremonensische, und zwei Geschwader Reiterei, das placentinische und aeserninische. **7** Am Ufer war alles still, weil keiner von beiden Teilen den andern angriff, als etwa um die neunte Tagesstunde ein Lasttier seinen Wärtern unter den Händen weglief und an das jenseitige Ufer entkam. **8** Da ihm durch das kaum kniehohe Wasser drei Soldaten nachgingen, zwei Thraker aber das Tier aus der Mitte des Flusses nach ihrem Ufer hinzogen, töteten jene den einen von diesen, nahmen das Tier wieder mit und gingen zu ihrem Posten zurück. **9** Am feindlichen Ufer stand ein Posten von 800 Thrakern. Von diesen gingen aus Unwillen, einen von ihren Landsleuten vor ihren Augen getötet zu sehen, zuerst nur wenige zur Verfolgung seiner Mörder über den Fluss, dann mehrere, zuletzt alle und wurden mit dem Posten, der auf römischer

Seite das Ufer beschützte, handgemein. [Hier fehlen zwei Blätter etwa folgenden Inhalts: Es fehlt nicht an Berichten, welche melden, auf Paulus' eigenen Befehl habe man das Pferd entzügelt dem feindlichen Ufer zugejagt, dann einige Leute abgeschickt, es wiederzuholen, damit die Feinde den Angriff zur Schlacht zuerst machen möchten. Denn da bei 20 geschlachteten Tieren das Opfer nicht günstig ausgefallen war, hatten die Opferschauer endlich beim 21. die Eingeweide für glückverheißend erklärt, doch so, dass sie den Römern nur dann den Sieg versprachen, wenn sie nicht angriffen, sondern bloß sich verteidigten. Die Schlacht, die auf diese Art wenigstens in Gang gebracht wurde, sei es nun durch Zufall oder nach des Feldherrn Absicht, wurde übrigens sehr bald, weil von beiden Seiten Truppen über Truppen den ihrigen zu Hilfe herbeieilten, so ernsthaft, dass die Heerführer gezwungen wurden, sich einer gewagten Hauptentscheidung zu unterziehen. Denn als Aemilius, der auf das Getümmel der gegeneinander Anstürzenden aus dem Feldherrnzelt trat, jetzt wahrnahm, dass er die zu ihren Waffen Laufenden bei ihrer blinden Hitze ebenso wenig ohne Mühe als ohne Gefahr werde zurückrufen oder zum Stillstehen bringen können, glaubte er, den Eifer der Truppen benutzen und dem Zufall die Wendung geben zu müssen, als ob er ihm geboten sei. Er rückte also mit den Truppen aus dem Lager, durchritt die Glieder und ermahnte sie, die so sehnlich gewünschte Schlacht mit gleichem Eifer anzunehmen. Jetzt brachte ihm Nasica, den er vorausgeschickt hatte, um zu erfahren, wie die vorn schon Kämpfenden miteinander stünden, die Nachricht, Perseus sei mit seinem aufgestellten Heere im Anzug. Die Thraker schritten voran mit wildem Blick, von schlankem Körperwuchs und auf der Linken mit Schilden gedeckt, von denen ein blendendes weiß zurückstrahlte. Beide Schultern umhüllte ein schwarzer Kriegsrock; ihre Rechte schwang von Zeit zu Zeit die blitzende Lanze von gewaltiger Schwere. Neben den Thrakern stellten sich die besoldeten Hilfstruppen auf, nach Verschiedenheit der Nationen in Rüstung und Aufzug verschieden, unter ihnen auch die Paeonier. Dann folgte eine Schar geborener Makedonier, nach dortiger Benennung die Phalanx der Weißschildner, an Körperkraft und Tapferkeit alle die Auserlesensten, strahlend in vergoldeten Waffen und Scharlachröcken. Sie machten das Mitteltreffen aus. Auf sie folgten die von ihren ehernen und glänzenden Schilden sogenannten Erzschildner oder Glanzschildner. Diese Phalanx stand neben der andern auf dem rechten Flügel. Außer diesen beiden Phalangen, die den eigentlichen Kern des makedonischen Heeres bildeten, waren die Rundschildner, ebenfalls Makedonier, und so wie die anderen Phalangiten mit langen Lanzen, im Übrigen leichter bewaffnet, auf die Flügel verteilt und ragten, weiter vorgeschoben, aus der übrigen Linie hervor. Das Feld blitzte von Waffenglanz. Vom Zuruf der sich untereinander Ermunternden hallten die nahen Hügel. Alle Truppen rückten zur Schlacht mit solcher Schnelligkeit und Kühnheit an, dass die ersten Getöteten nur 250 Schritte vom römischen Lager gefallen waren.

Unterdessen ging auch Aemilius vor, und als er die Makedonier erblickte, vorzüglich aber die Phalanx, die teils ihre schweren, teils ihre leichten Schilde von der Schulter genommen hatten und mit ihren auf ein Zeichen gesenkten Lanzen den Angriff der Römer auffingen, durchfuhr ihn voll Verwunderung über den dichten Schluss und die Festigkeit dieser Heerhaufen und über ihre Umzäunung von vorgestreckten Lanzen zugleich Staunen und Schrecken, als hätte er nie ein ähnliches so furchtbares Schauspiel vor Augen gehabt; und noch nachher erwähnte er dies öfter und machte daraus kein Hehl. Für jetzt aber stellte er, ohne im Geringsten die Bestürzung seines Inneren zu verraten, mit heiterem Blick und ruhiger Stirn, an Haupt und Körper unbedeckt, seine Linie. Schon kämpften die Paeligner mit den ihnen gegenüberstehenden Leichtschildnern, und als sie nach langer fruchtloser Anstrengung den dichten Zug nicht durchbrechen konnten, ergriff Salius, der die Paeligner führte, eine Fahne und warf sie unter die Feinde. Hier entbrannte ein heißer Kampf, weil die Paeligner auf ihrer Seite, die Fahne wiederzuerobern, von der andern die

Makedonier, sie zu behaupten, alle Kräfte aufboten. Jene hieben die überlangen makedonischen Lanzen mit dem Schwert ein oder schlugen sie mit der Wölbung ihres Schildes zu Boden, oder schoben sie sogar mit bloßen Händen zur Seite. Diese stießen die mit beiden Händen fest gefasste Lanze mit solcher Kraft auf die ohne Umsicht und in blinder Wut Heranstürzenden, dass sie Schild und Panzer durchbohrten und selbst den Mann auf dem Spieß über ihre Häupter wegschleuderten. Als so die ersten Reihen der Paeligner zurückgeschlagen waren, wurden auch die zunächst hinter ihnen Stehenden niedergehauen; und wenngleich auch nicht auf eingestandener Flucht, schritten doch die Römer rückwärts dem Berg zu, der in der Landessprache Olokros heißt.

Und hier ergriff den Aemilius ein so herber Schmerz, dass er vor Unwillen sogar seinen Purpur zerriss. Denn er sah auch auf den übrigen Stellen die Seinigen zögern und nur furchtsam jener gleichsam eisernen Umzäunung nahen, von welcher rings die Schlachtordnung der Makedonier starrte. Doch der einsichtsvolle Feldherr bemerkte auch, dass diese gleichsam zusammengezimmerten Feinde nicht allenthalben in so dichtem Schluss standen, dass sie hin und wieder in Zwischenräume sich öffneten, entweder wegen der Ungleichheit des Bodens, oder selbst wegen der übertriebenen Ausdehnung der Vorderfront in die Länge, weil notwendig diejenigen, welche zu einer Erhöhung hinanstiegen, von den niedriger Stehenden, die Langsameren von den Schnelleren, die Fortschreitenden von den Stehenbleibenden, endlich die Verfolger des Feindes von den Zurückgedrängten selbst wider ihren Willen getrennt werden mussten. Um also die ganze feindliche Linie zu sprengen und die unbesiegbare Gewalt der ganzen Phalanx in viele vereinzelte Gefechte zu zerteilen, befahl er den Seinigen, aufmerksam auf jede Lücke zu achten, die die feindliche Linie bekäme, und wo sie dergleichen bemerkten, sogleich im Angriff dort hinzustürmen, in die auch noch so unbedeutend sich öffnenden Zwischenräume keilweise sich einzuschieben und ihre Sache gutzumachen. Er hatte diesen Befehl gegeben und durch das ganze Heer laufen lassen, als er jetzt in Person von den beiden Legionen eine nahm und sie ins Treffen führte.]

(41) Die hohe Würde des Feldherrnamtes, der Ruhm des Mannes selbst und besonders sein Alter machten Eindruck, insofern er, schon über 60, da wo Kampf und Gefahr am drängendsten waren, sich den Pflichten der Jünglinge unterzog. Seine Legion füllte den Zwischenraum aus, der die Leichtschildner von beiden Phalangen schied, und unterbrach die feindliche Linie. ***2*** Den Leichtschildnern stand sie im Rücken, die Front bot sie den sogenannten Glanzschildnern. Die zweite Legion musste der Konsular Lucius Albinus gegen die Phalanx der Weißschildner führen, die das feindliche Mitteltreffen bildete. ***3*** Auf dem römischen rechten Flügel, da, wo am Fluss der Kampf seinen Anfang genommen hatte, wurden die Elefanten aufgestellt und die eine Abteilung der Bundesgenossen. Und sie war es, die zuerst die Flucht der Makedonier bewirkte. ***4*** Denn wie so manche neue menschliche Erfindung der Angabe nach ihre Wirkung tut, allein in der Anwendung – wenn nicht die Weise, wie man zu handeln habe, dargetan, sondern gehandelt werden soll –, ohne das Geringste zu leisten, im Stiche lässt, so standen auch diesmal die Elefanten in der Schlachtordnung dem Namen nach da, allein ohne Nutzen. ***5*** Den angreifenden Elefanten folgten die latinischen Bundestruppen, und diese waren es, die den linken feindlichen Flügel warfen. ***6*** Im Mitteltreffen zerstückelte die Phalanx die eingeschobene zweite Legion. Was als Beförderungsmittel des Sieges sich am auffallendsten bewährte, war dies, dass es überall Scharmützel gab, die die wogende Phalanx zuerst in Unordnung brachten und dann auseinanderwarfen. Denn solange sie im Schluss steht und von vorgestreckten Lanzen starrt, ist ihre Kraft unwiderstehlich. ***7*** Nötigt man aber durch vorteilhafte Angriffe die Phalangiten, mit der durch Länge und Gewicht schwerfälligen Lanze sich umzudrehen, so verwickeln sie sich in dem Gewirr; und wird ihnen irgendwo in der Flanke oder im Rücken ein angreifender Feind laut, dann stürzt alles übereinander. ***8*** So sahen sie sich auch jetzt gezwungen, den truppweise angreifenden Römern, und

zwar mit vielfacher Unterbrechung ihrer eigenen Linie, entgegenzugehen, und die Römer schoben allenthalben, wo ihnen Zwischenräume geboten wurden, ihre Haufen ein. **9** Hätten sie sich auf der Vorderfront in ganzer Linie mit der aufgestellten Phalanx eingelassen, so hätten sie, wie es zu Anfang der Schlacht den Paelignern mit ihrem unvorsichtigen Angriff auf die Leichtschildner ging, sich auf die Lanzen gespießt und der geschlossenen Linie nicht widerstanden.

(42) Als aber die Fußtruppen allenthalben niedergehauen wurden, wenn sie nicht unter Abwurf ihrer Waffen die Flucht ergriffen, zog die Reiterei fast ohne Verlust aus der Schlacht ab. Der König selbst war auf der Flucht voran. **2** Schon eilte er von Pydna mit den Geschwadern der Heiligen Reiterei nach Pella. Auf diese folgte sogleich Kotys mit der Reiterei der Odrysen. **3** Auch die übrigen makedonischen Geschwader zogen in geschlossenen Gliedern ab, weil die Linie des Fußvolkes, die als Scheidewand vor ihnen stand, die mit Niederhauen beschäftigten Sieger an die Verfolgung der Reiterei nicht denken ließ. **4** Lange dauerte das Gemetzel in der Phalanx, sowohl von vorn als auch auf den Flanken und im Rücken. Endlich flohen die, welche den Händen der Feinde entkamen, wehrlos dem Meer zu; einige gingen auch ins Wasser, streckten mit flehentlicher Bitte um ihr Leben denen auf der Flotte die Hände entgegen, **5** und als sie sahen, dass von allen Seiten Kähne von den Schiffen herbeieilten, glaubten sie, man komme, sie einzunehmen, um sie lieber zu Gefangenen zu machen als zu töten, und wagten sich noch weiter ins Wasser, einige schwammen auch. **6** Als man aber von den Kähnen aus feindlich auf sie einhieb, suchten sie, wenn sie konnten, an das Land zurückzuschwimmen und fanden hier einen noch kläglicheren Tod. Sowie sie dem Wasser entstiegen, traten die von ihren Lenkern an das Ufer getriebenen Elefanten sie nieder oder erdrückten sie. **7** Nach allgemeinem Eingeständnis hatten die Römer nie so viele Makedonier in einer Schlacht niedergemacht. Gegen 20 000 waren niedergehauen. Etwa 6000, die aus der Schlacht nach Pydna geflohen waren, kamen lebend in die Hände der Feinde, von den durch die Flucht Zerstreuten wurden 5000 Gefangene. **8** Von den Siegern fielen nicht über 100 Mann, und diese waren größtenteils Paeligner. Verwundet aber waren bei Weitem mehr. **9** Hätte die Schlacht früher begonnen, so dass die Sieger zur Verfolgung mehr vom Tag vor sich gehabt hätten, so wäre das ganze Heer vernichtet worden; so aber deckte die einbrechende Nacht die Fliehenden und nahm den Römern die Lust, sie in eine unbekannte Gegend zu verfolgen.

(43) Perseus floh auf der großen Heerstraße mit einer zahlreichen Reiterei und seinem königlichen Gefolge dem Pierischen Wald zu. **2** Als er in den Wald kam, wo es mehrere Fußpfade nach verschiedenen Seiten gab, und die Nacht einbrach, bog er mit wenigen seiner Getreuesten von der Straße ab. **3** Die Reiter, von ihrem Führer verlassen, zerstreuten sich, der eine hier- der andere dorthin in ihre Städte. Nur sehr wenige von ihnen kamen in Pella an, aber schneller als Perseus, weil sie den geraden und bequemeren Weg gegangen waren. **4** Der König hatte fast bis um Mitternacht mit Besorgnissen und mancherlei Schwierigkeiten des Weges zu kämpfen. **5** Im Palast empfingen den Perseus Eulaeos und Euktos, Befehlshaber zu Pella, und die königlichen Pagen. Allein von den übrigen Freunden, die, der eine so, der andere so gerettet, aus der Schlacht nach Pella kamen, fand sich keiner bei ihm ein, so oft er sie auch rufen ließ. Nur drei Begleiter seiner Flucht waren bei ihm, **6** der Kreter Euander, der Böotier Nea und der Aetoler Archidamos. **7** Mit diesen floh er aus Furcht, dass die, welche sich jetzt weigerten, zu ihm zu kommen, bald noch etwas mehr wagen möchten, um die vierte Nachtwache weiter. Ihm folgten 500 Kreter. **8** Er wollte nur nach Amphipolis, hatte aber schon in der Nacht Pella verlassen, weil er eilte, um noch bei Tag über den Fluss Axios zu kommen, in der Meinung, die Römer würden wegen der Schwierigkeit, durch den Fluss zu setzen, hier mit der Verfolgung innehalten.

(44) Den Konsul, der sich als Sieger in sein Lager zurückbegeben hatte, ließ die Sorge um seinen jüngeren Sohn die Freude nicht rein genießen. **2** Dieser war Publius Scipio, der nachher

als Karthagos Zerstörer den Beinamen Africanus auch durch sich selbst bekam, ein leiblicher Sohn des Konsuls Paulus, durch Adoption ein Enkel des Africanus. ***3*** Da er jetzt als 17-jähriger Jüngling – gerade dies vermehrte die Sorge des Vaters – die Feinde unaufhaltsam verfolgte, war er im Gewühl in eine andere Gegend geraten, und erst bei seiner späten Rückkehr wurde der Konsul, als ihm der Sohn wohlbehalten wiedergegeben war, für die Freude über seinen wichtigen Sieg empfänglich.

4 Schon war das Gerücht von der Schlacht nach Amphipolis gekommen, und die Frauen eilten in den Tempel der Diana mit dem Zunamen Tauropolos, um den Beistand der Göttin zu erflehen, da ließ sich der Befehlshaber der Stadt, Diodorus, aus Furcht, die 2000 Thraker, welche in der Stadt als Besatzung lagen, möchten im Auflauf die Stadt plündern, von einem Menschen, dem er zum Schein den Aufzug eines Eilboten gegeben hatte, mitten auf dem Markt einen Brief einhändigen. ***5*** In dem Brief stand, bei Emathia sei eine römische Flotte gelandet, und die umliegenden Dörfer würden hart mitgenommen. Die Befehlshaber von Emathia bäten ihn, ihnen gegen die Plünderer Hilfe zu senden. ***6*** Als er den Brief vorgelesen hatte, redete er den Thrakern zu, sie möchten ausrücken, um die emathische Küste zu schützen. Sie würden unter den Römern, die sich weit und breit über die Dörfer zerstreut hätten, ein großes Blutbad anrichten und viele Beute machen. ***7*** Zugleich machte er das Gerücht von einer verlorenen Schlacht verdächtig. Denn wenn es wahr sei, wäre ja von den Flüchtenden ein neuer Bote über den andern gekommen. Als er die Thraker unter diesem Vorwand weggeschickt hatte, schloss er, sobald er sah, sie waren über den Strymon gegangen, die Tore.

(45) Am dritten Tag nach der Schlacht kam Perseus in Amphipolis an. Von hier schickte er an Paulus Gesandte mit dem Heroldsstab. ***2*** Unterdessen begaben sich die vornehmsten Freunde des Königs, Hippias, Midan und Pantauchos, in Person zum Konsul und übergaben ihm die Stadt Beloia, wohin sie aus der Schlacht geflüchtet waren. Und mehrere Städte machten sich der Reihe nach, von Schrecken befallen, gefasst, dasselbe zu tun. ***3*** Nachdem der Konsul seinen Sohn Quintus Fabius, ferner den Lucius Lentulus und Quintus Metellus als Siegesboten mit einem Schreiben nach Rom geschickt hatte, überließ er die feindliche Beute vom Schlachtfeld dem Fußvolk, ***4*** der Reiterei die Plünderung der umliegenden Dörfer unter der Bedingung, nicht über zwei Nächte im Lager zu fehlen. Er selbst rückte näher an das Meer gegen Pydna. ***5*** Zuerst ergab sich Beroia, dann Thessaloniki, dann Pella und der Reihe nach fast ganz Makedonien in zwei Tagen. ***6*** Die Bürger von Pydna hatten, obgleich sie die nächsten waren, noch keine Gesandten geschickt. Die ungeordnete Menschenmenge, aus mehreren Völkern gemischt, und das Gewühl derer, die nach der Schlacht durch die Flucht zusammen hierher an einen Ort verschlagen waren, machten der Bürgerschaft jede Beratung und Übereinstimmung unmöglich, und die Tore waren nicht bloß verschlossen, sondern sogar zugebaut. ***7*** Midon und Pantauchos mussten zu einer Unterredung mit dem Befehlshaber der Besatzung, Solon, an die Mauern gehen; dieser ließ den Schwarm der Soldaten abziehen. Die Stadt ergab sich und wurde den Truppen zur Plünderung überlassen.

8 Perseus trat zu Amphipolis nach dem einzigen Versuch, sich Hilfe bei den Bisalten zu verschaffen, zu denen er aber umsonst geschickt hatte, mit seinem Sohn Philipp vor der Volksversammlung auf, ***9*** teils um die Amphipolitaner selbst, teils auch die von der Reiterei und dem Fußvolk, die entweder ihm ununterbrochen gefolgt oder auf ihrer Flucht hier mit ihm zusammengetroffen waren, zu fernerer Treue zu ermuntern. ***10*** Allein bei mehrmaligem Versuch zu reden versagte ihm die Stimme vor Tränen, und weil er selbst nicht zu Worte kommen konnte, gab er dem Kreter Euander die Punkte an, die er dem Volk vorgetragen wissen wollte, und trat von der Bühne ab. ***11*** Hatte die Menge bei dem Anblick des Königs und seiner jammervollen Tränen selbst mitgeseufzt und mitgeweint, so wollte sie nun von Euander keinen Vortrag hören, ja einige wagten es, aus der Mitte der Versammlung zu ihm hinaufzurufen: *Macht euch fort, damit wir noch wenigen Übrigen um euretwillen nicht zugrunde gehen!* ***12*** Diese dreiste Sprache schloss dem Euander den Mund. Der König zog sich in ein Haus zurück, und nachdem er sein Geld und Gold und Silber auf die im Strymon stehenden Jachten geschafft hatte, ging er selbst an den Fluss. ***13*** Die Thraker, zu einer Seefahrt nicht kühn genug, und der übrige Haufe von allerlei Soldaten zerstreuten sich in ihre Heimat. Die Kreter gingen der Hoffnung auf Geld nach, und weil man bei einer Verteilung unter sie mehr Anstoß als Dank erwarten musste, wurden ihnen 50 Talente zur Plünderung am Ufer des Flusses ausgesetzt. ***14*** Als sie nach dieser Plünderung in Verwirrung zu Schiffe gingen, sank in der Mündung des Stromes eine der Jachten, weil sie mit Menschen überladen war. An diesem Tag kamen sie bis Galepsus, am folgenden nach Samothrake, wohin die Fahrt ging. Wie es heißt, waren es gegen 2000 Talente, die hierhergebracht wurden.

(46) In alle Städte, die sich ergaben, schickte Paulus, um die Überwundenen bei dem noch neuen Frieden vor Misshandlungen zu sichern, Befehlshaber; die Friedensboten des Königs behielt er bei sich, und weil er nicht wusste, dass der König schon weitergeflohen war, ließ er den Publius Nasica mit einer mäßigen Mannschaft zu Fuß und zu Pferd nach Amphipolis gehen, ***2*** zugleich um die Landschaft Sintice zu verwüsten und jede Unternehmung des Königs zu hindern. ***3*** Unterdessen wurde Meliboia von Gnaeus Octavius erobert und geplündert. Bei Aeginion, zu dessen Belagerung der Unterfeldherr Gnaeus Anicius abgeschickt war, verloren die Römer durch einen Ausfall der Bürger, die von der Entscheidung des Krieges noch nichts gehört hatten, 200 Mann. ***4*** Der Konsul, der von Pydna aufbrach, kam am andern Tag mit seinem ganzen Heer nach Pella, lagerte sich in einer Entfernung von 1000 Schritten und hatte hier mehrere Tage sein Standquartier, wo er die Lage der Stadt von allen Seiten in Augenschein nahm und bemerkte, dass man sie nicht ohne Grund zum Königsitz gewählt habe. ***5*** Sie liegt auf einer Anhöhe, welche die Aussicht nach Südwesten hat. Ringsherum zieht sich ein Sumpfwasser, von austretenden Seen gebildet und so tief, dass man es im Sommer so wenig wie im Winter durchwaten kann. ***6*** In diesem Sumpf, wo er der Stadt am nächsten kommt, ragt wie eine Insel das königliche Schloss auf einem Damm, der von erstaunlicher Anlage und so fest ist, dass er nicht allein die Mauer trägt, sondern auch selbst von dem ihn umfließenden Wasser nicht leidet. ***7*** Von Weitem scheint es mit der Stadtmauer zusammenzuhängen, ist aber durch den zwischen beiden Mauern fließenden Fluss von ihr geschieden und nur durch eine Brücke mit ihr in Verbindung, so dass es einem von außen angreifenden Feind nirgends einen Zugang, und doch dem, den etwa der König hier einschließt, nur über die leicht zu hütende Brücke einen Ausweg gestattet. ***8*** Hier war auch der königliche Schatz; jetzt aber fand man weiter nichts, als die 300 Talente, die zwar an König Gentius abgegangen, dann aber zurückbehalten worden waren. ***9*** Während der Tage, da der Konsul bei Pella still lag, ließ er die vielen Gesandtschaften vor, welche besonders aus Thessalien gekommen waren, um ihm Glück zu wünschen. ***10*** Dann brach er auf die erhaltene Nachricht, Perseus sei nach Samothrake gegangen, von Pella auf und kam in vier Tagemärschen nach Amphipolis. ***11*** In der ihm entgegenströmendes Menge sah man den deutlichen Beweis, dass die Amphipolitaner nicht glaubten, einen guten und gerechten König verloren zu haben

[Es fehlt wiederum ein Blatt.]

Fünfundvierzigstes Buch

Inhalt

Perseus wird auf Samothrake von Aemilius Paulus gefangen genommen. Als Syriens König Antiochos das ägyptische Königspaar, Ptolemaeus und Kleopatra, belagert, und den vom Senat an ihn abgeschickten Gesandten, die ihm die Belagerung ihres königlichen Bundesgenossen aufzugeben befehlen, nach Ausrichtung ihres Auftrags zur Antwort gibt, er wolle überlegen, was er zu tun habe, zieht einer von den Gesandten, Popillius, mit seinem Stab eine Linie um den König, befiehlt ihm, sich zu erklären, ehe er aus diesem Kreis trete, und bewirkt durch diese barsche Sprache, dass Antiochos den Krieg aufgibt. Die Gesandtschaften der Glück wünschenden Völker und Könige werden im Senat vorgelassen. Die der Rhodier wird, weil sie in diesem Krieg die Gegenpartei der Römer begünstigt hatten, ausgeschlossen. Bei der tags darauf gehaltenen Umfrage, ob man ihnen den Krieg erklären solle, verteidigen die Gesandten die Sache ihres Vaterlandes im Senat. Sie werden nicht als Feinde, aber auch nicht als Bundesgenossen entlassen. Makedonien bekommt die Verfassung einer römischen Provinz, Aemilius Paulus triumphiert, obgleich sich seine Soldaten wegen der zu geringen Beute widersetzen, und Servius Sulpicius Galba die Bewilligung des Triumphes bestritt, und führt vor seinem Wagen Perseus und dessen drei Söhne auf. Um ihn die Freude des Triumphes nicht ganz genießen zu lassen, trübt diese der Todesfall seiner beiden Söhne, von denen der eine vor, der andere nach des Vaters Triumph stirbt. Die Zensoren begehen die Schlussfeier der Schätzung. Der geschätzten Bürger waren 312 805. Bithyniens König Prusias kommt nach Rom, dem Senat zu dem über Makedonien erfochtenen Sieg Glück zu wünschen und empfiehlt seinen Sohn Nikodemus dem Senat. Er selbst nennt sich einen Freigelassenen des römischen Volkes.

(1) Kamen auch die Siegesboten Quintus Fabius, Lucius Lentulus und Quintus Metellus möglichst schnell nach Rom, so fanden sie doch, dass man schon einen Hörgenuss dieser Freude gehabt hatte. ***2*** Am vierten Tag nach der Schlacht mit dem König verbreitete sich bei den auf der Rennbahn gegebenen Spielen auf einmal im Volk durch alle Zuschauer das Gerede, in Makedonien habe eine Schlacht stattgefunden und der König sei völlig besiegt. ***3*** Darauf wurde dies Rufen stärker und ging zuletzt in Geschrei und frohes Händeklatschen über, als ob eine zuverlässige Siegesnachricht eingetroffen wäre. ***4*** Die Obrigkeiten fragten voll Verwunderung nach dem Verkünder einer so unerwarteten Freudenpost, und als sich keiner fand, verschwand zwar die Freude wie über eine noch unzuverlässige Sache, allein eine erfreuliche Vorbedeutung senkte sich tief in die Gemüter. ***5*** Als sich nun die Sache bei der Ankunft des Fabius, Lentulus und Metellus durch die wichtige Anzeige bestätigte, freute man sich nicht allein über den Sieg, sondern auch über das eigene innere Vorgefühl. ***6*** Diese Freude der Versammlung auf der Renn-

bahn wird mit gleicher Wahrscheinlichkeit auch noch anders erzählt: Am 16. September, dem zweiten Tag der Römischen Spiele, habe dem Konsul Gaius Licinius, als er eben auf den Wagen stieg, um den Rennwagen das Zeichen zum Auslaufen zu geben, ein Briefbote mit der Angabe, er komme aus Makedonien, einen mit einem Lorbeer umwundenen Brief gegeben. *7* Als der Konsul die Rennwagen hatte ausfahren lassen, setzte er sich wieder auf seinen Wagen, und als er über die Rennbahn nach den öffentlichen Schausitzen zurückfuhr, zeigte er dem Volk den mit Lorbeer umwundenen Brief. *8* Sowie das Volk diesen sah, lief es gleich, ohne an das Schauspiel weiter zu denken, mitten auf den Platz. Hierher rief der Konsul den Senat, und als er das Blatt vorgelesen hatte, zeigte er mit Genehmigung der Väter vor den öffentlichen Schausitzen dem Volk an, dass sein Kollege Lucius Aemilius König Perseus eine förmliche Schlacht geliefert habe. *9* Das makedonische Heer sei besiegt und in die Flucht geschlagen, der König mit einem kleinen Gefolge entflohen. Alle Städte Makedoniens seien in römischer Gewalt. *10* Mit Jubelgeschrei und gewaltigem Händeklatschen vernahm das Volk diese Anzeige; viele verließen die Spiele, um zu Hause ihren Frauen und Kindern die frohe Nachricht zu bringen. Es war dies der 13. Tag nach dem, an welchem in Makedonien die Schlacht stattfand.

(2) Am folgenden Tag war im Rathause Senatssitzung. Es wurden Dankfeste verordnet und der Senatsbeschluss gefasst, dass der Konsul alle Truppen, die er in Eid genommen habe, die Schiffssoldaten und Seeleute ausgenommen, entlassen solle. *2* Die Entlassung der Schiffssoldaten und Seeleute solle dann erst zum Vortrag kommen, wenn die Abgeordneten des Konsuls Lucius Aemilius, die den Briefboten vorausgeschickt hätten, angekommen wären. *3* Am 25. September, ungefähr um die zweite Tagesstunde, trafen die Gesandten in Rom ein. Mit einem großen Schwarm, der sich von Begegnenden und Begleitenden, wohin sie gingen, ihnen anschloss, kamen sie auf den Markt zur Bühne. *4* Gerade war der Senat im Rathaus, und der Konsul führte die Abgeordneten vor ihn. Man behielt sie hier nur so lange, dass sie berichten konnten, wie stark die königlichen Truppen an Fußvolk und Reiterei gewesen, *5* wie viele Tausende niedergehauen, wie viele gefangen genommen seien; mit wie geringem Verlust an Leuten man dem Feind eine so große Niederlage beigebracht habe; mit wie wenigen der König entflohen sei; dass er vermutlich nach Samothrake gehen werde, dass aber die Flotte zu seiner Verfolgung schon in Bereitschaft sei, und dass er weder zu Land noch zur See entkommen könne; *6* und gleich nachher ließ man sie in die Volksversammlung übergehen, wo sie dasselbe erzählten. Mit erneuerter Freude gingen die Bürger, als der Konsul bekannt machte, es sollten alle Tempel geöffnet werden, aus der Versammlung, um den Göttern zu danken; *7* und von großen Schwärmen nicht bloß von Männern, sondern auch von Frauen, waren die Tempel der unsterblichen Götter in der ganzen Stadt gedrängt voll. *8* Der Senat, der wieder ins Rathaus gerufen wurde, verordnete, wegen der herrlichen Taten des Konsuls Lucius Aemilius solle ein fünftägiges Dankfest an allen Altären begangen werden und die Opferung mit großen Tieren geschehen. *9* Die Schiffe, welche auf den Fall, dass der König zum Widerstand stark genug sei, segelfertig und bemannt im Tiber standen, um nach Makedonien abzugehen, sollten ans Land und auf die Werft gebracht, *10* die Seeleute mit Auszahlung eines jährlichen Soldes und zugleich alle entlassen werden, die dem Konsul den Diensteid geleistet hätten; *11* auch die zu Korkyra, zu Brundisium, am Ägäischen und im larinischen Gebiet stehenden Soldaten – denn an allen diesen Orten waren Truppen aufgestellt, mit denen Gaius Licinius nötigenfalls seinem Kollegen zu Hilfe ziehen konnte – *12* sollten alle auseinandergehen. Die Feier des Dankfestes wurde dem Volk vor der Versammlung auf den 11. Oktober und, diesen mitgerechnet, auf fünf Tage angekündigt.

(3) Aus Illyrien brachten zwei Abgeordnete, Gaius Licinius Nerva und Publius Decius die Nachricht, das Heer der Illyrer sei geschlagen, König Gentius gefangen und auch Illyrien sei unter

römischer Herrschaft. *2* Wegen dieser unter Anführung und Götterleitung des Prätors Lucius Anicius vollführten Taten verordnete der Senat ein dreitägiges Dankfest, und der Konsul musste es sogleich auf den 10., 11. und 12. November ansetzen.

3 Einige Schriftsteller berichten, man habe auf die Nachricht vom Sieg die rhodischen Gesandten, die damals noch nicht entlassen gewesen, ihrem törichten Übermut gleichsam zum Hohn, in den Senat gerufen. *4* Hier habe Agepolis, der Vornehmste unter ihnen, so gesprochen: Die Rhodier hätten sie als Gesandte abgeschickt, um zwischen den Römern und Perseus Frieden zu stiften, weil dieser Krieg dem gesamten Griechenland drückend und unwillkommen und selbst für die Römer kostspielig und nachteilig gewesen sei. *5* Das Schicksal aber habe es so schön gefügt, dass es durch Beendigung des Krieges auf eine andere Art ihnen Gelegenheit gebe, den Römern zu ihrem herrlichen Sieg Glück zu wünschen. Soweit die Rhodier. *6* Der Senat habe geantwortet, nicht aus Besorgnis um Griechenlands Vorteile, noch um die Kosten des römischen Volkes hätten die Rhodier diese Gesandtschaft abgeschickt, sondern zum Besten des Perseus. *7* Denn wenn es ihnen mit der vorgegebenen Besorgnis ernst gewesen wäre, so hätten sie damals Gesandte schicken müssen, als Perseus mit seinem Heer in Thessalien eingerückt war und zwei Jahre lang die griechischen Städte belagerte oder durch Androhung des Krieges in Schrecken setzte. *8* Damals hätten die Rhodier keinen Frieden erwähnt. Als sie aber gehört hätten, die Römer seien durch die Gebirgspässe in Makedonien eingerückt, und Perseus werde als der Eingeschlossene festgehalten, da hätten sie die Gesandtschaft abgeschickt nur zu dem Zweck, um den Perseus der herannahenden Gefahr zu entreißen. Mit diesem Bescheid habe man die Gesandten entlassen.

(4) In denselben Tagen lieferte auch Marcus Marcellus, der nach Eroberung der berühmten Stadt Markolika von seinem Standplatz Spanien abging, zehn Pfund Gold und gegen eine Million Sesterzien in die Schatzkammer. *2* Als Konsul Aemilius Paulus, der bei Sirae in Odomantica, wie ich oben gesagt, sein Lager hatte, die drei gerade nicht vornehmen Leute sah, durch die ihm als seine Gesandten König Perseus ein Schreiben zustellen ließ, soll auch er über den Wechsel der menschlichen Dinge geweint haben, *3* weil derselbe Mann, der noch kurz vorher, mit dem Königreich Makedonien sich nicht begnügend, Dardanien und Illyrien angriff und die Bastarner zu seinen Hilfstruppen aufbot, jetzt nach dem Verlust seines Heeres von Land und Leuten gejagt, auf eine kleine Insel beschränkt, als der Schutzsuchende nur der Unverletzlichkeit des Heiligtums, nicht seiner eigenen Macht seine Sicherheit verdankte. *4* Als er aber las: König Perseus entbietet Konsul Paulus seinen Gruß, da verdrängte die Torheit dessen, der seine Lage nicht begriff, alles Mitleid. *5* Waren also auch die Bitten im Verfolg des Briefes nichts weniger als königlich, so wurde dennoch die Gesandtschaft ohne mündliche und schriftliche Antwort entlassen. *6* Da merkte Perseus, welchen Titels er sich als Besiegter entäußern müsse; und ein zweiter Brief, mit der Überschrift seines Namens als bloßen Privatmannes, enthielt die Bitte, die ihm auch bewilligt wurde, einige Personen zu ihm zu senden, mit denen er über den Zustand und die Bestimmung seines Schicksals sprechen könne. *7* Drei Abgeordnete gingen hin, Publius Lentulus, Aulus Postumius Albinus und Aulus Antonius. Allein durch diese Gesandtschaft wurde nichts erzielt, weil Perseus durchaus den Königstitel behalten wollte, Paulus hingegen darauf drang, er müsse sich und alles Seinige dem Schutz und der Gnade des römischen Volkes überlassen.

(5) Während dieser Vorgänge landete die Flotte des Gnaeus Octavius auf Samothrake. Da auch dieser den Perseus unter Einwirkung der näher gerückten Gefahr bald durch Drohungen, bald durch Hoffnung zu bewegen suchte, sich zu ergeben, kam ihm hierin ein entweder durch Zufall oder absichtlich herbeigeführter Umstand zu Hilfe. *2* Ein junger, vornehmer Römer, Lucius Atilius, der die Samothraker in einer Volksversammlung beisammen sah, *3* bat ihre Obrigkeiten um die Erlaubnis, vor dem Volk einige Worte reden zu dürfen. Als er sie erhielt, sprach er: *Sind wir richtig*

oder nicht unterrichtet, samothrakische Freunde, dass diese Insel und ihr ganzer Boden ehrwürdig und unverletzlich sei? Als alle die anerkannte Heiligkeit ihm bezeugten, fragte er: ***4*** *Warum hat denn ein Mörder sie dadurch entweiht, dass er sie mit dem Blut des Königs Eumenes befleckt? Und da immer durch den Vorspruch beim Opfer jeder, der keine reinen Hände hat, vom Opfer abgewiesen wird, warum wollt ihr euer Allerheiligstes durch einen von Blut triefenden Meuchelmörder verunreinigen lassen?* ***5*** Die beinahe gelungene Ermordung des Königs Eumenes zu Delphi durch Euander war durch das Gerücht allen griechischen Staaten bekannt geworden. ***6*** Da also die Samothraker, außer dass sie sich, ihre ganze Insel und ihren Tempel in der Gewalt der Römer sahen, selbst diesen Vorwurf nicht mit Unrecht zu hören glaubten, schickten sie den Theondas, der bei ihnen die höchste Würde bekleidete – sie selbst nannten ihn König –, an Perseus, dem er sagen musste, der Kreter Euander werde eines Mordes beschuldigt. ***7*** Ihre Vorfahren hätten über diejenigen, welche beschuldigt würden, mit Frevler-Händen sich in die geweihten Grenzen des Tempels gewagt zu haben, ein Gericht angeordnet. ***8*** Wenn sich Euander bewusst sei, dass ihm unschuldig ein solches Todesverbrechen nachgesagt werde, so möge er kommen und sich verantworten. Könne er es aber nicht wagen, sich dem Gericht zu stellen, so möge er hinsichtlich des Tempels das öffentliche Ärgernis beseitigen und für seine eigene Sicherheit sorgen. ***9*** Perseus ließ den Euander beiseite und riet auf keine Weise dazu, sich dem Gericht zu unterwerfen. Weder seine Sache noch die Gunst der Richter werde für ihn sprechen. Auch lag bei ihm die Furcht zugrunde, der Verurteilte möchte ihn selbst als den Urheber der schändlichen Tat öffentlich darstellen, – ***10*** was bleibe ihm noch übrig, als heldenmütig zu sterben? Euander weigerte sich ganz und gar nicht; allein unter dem Vorwand, er wolle lieber durch Gift als vom Schwert sterben, schickte er sich an, heimlich zu entfliehen. Als dies dem König gemeldet wurde, ließ er aus Furcht, sich den Unwillen der Samothraker durch den Verdacht zuzuziehen, er selbst habe den Schuldigen der Strafe entzogen, Euander ermorden. ***11*** Kaum war der unbesonnene Mord begangen, so fiel es ihm aufs Herz, Euanders Strafbarkeit offenbar auf sich selbst geladen zu haben; jener habe zu Delphi den Eumenes verwundet, er auf Samothrake den Euander ermordet, und auf sein Haupt allein falle die Schuld, die beiden heiligsten Tempel auf Erden durch Menschenblut entweiht zu haben. ***12*** Der Vorwurf dieses Verbrechens musste nun dadurch abgewandt werden, dass Theondas durch Geld gewonnen wurde, dem Volk zu erzählen, Euander habe Selbstmord verübt.

(6) Allein eine so unerhörte Freveltat, an dem einzigen ihm übrig gebliebenen Freund ausgeübt, den er in so mancherlei Schicksalen bewährt gefunden hatte und den er jetzt aufopferte, weil er ihn nicht hatte aufopfern wollen, wandte aller Herzen von ihm ab. ***2*** Jeder ging aus Rücksicht auf sich selbst zu den Römern über, und dadurch, dass ihn fast alle allein ließen, zwangen sie ihn, an die Flucht zu denken. Er wandte sich an den Kreter Oroandes, welchem Thrakiens Küste bekannt war, weil er in dieser Gegend Handelsgeschäfte getrieben hatte, mit der Bitte, ihn in seine Jacht aufzunehmen und zum Könige Kotys zu bringen. Ein Vorgebirge von Samothrake hat einen Hafen, namens Demetrion. ***3*** Hier stand die Jacht. Gegen Sonnenuntergang wurden die notwendigen Bedürfnisse hineingeschafft, auch Geld eingeschifft, soviel sich heimlich fortbringen ließ. ***4*** Um Mitternacht kam der König selbst, der nebst drei Mitwissern seiner Flucht aus einer Hintertür seines Hauses in einen an sein Gemach stoßenden Garten ging, und aus diesem mit Mühe über die Gartenmauer stieg, an das Meer. ***5*** Oroandes war schon, als das Geld abgeliefert war, mit dem ersten Dunkel abgefahren und steuerte jetzt auf dem hohen Meer nach Kreta. ***6*** Da das Schiff im Hafen nicht zu finden war, irrte Perseus eine Zeitlang an der Küste umher; endlich, als ihm bei dem nahenden Tageslicht bange wurde und er nicht das Herz hatte, in sein Quartier zurückzukehren, versteckte er sich an einer Seitenwand des Tempels in einem finstern Winkel. ***7*** Die Söhne der Vornehmsten, die zu des Königs Bedienung ausgewählt waren, hießen bei den

Makedoniern die königlichen Edelknaben. Dieses Korps, das dem fliehenden König gefolgt war, verließ auch jetzt ihn nicht, bis auf Befehl des Gnaeus Octavius ein Herold bekannt machte: ***8*** Wenn die königlichen Edelknaben, und wer sonst noch von Makedoniern auf Samothrake sei, zu den Römern übergingen, sollten sie nebst persönlicher Sicherheit und Freiheit auch alles Eigentum behalten, was sie entweder bei sich führten oder in Makedonien zurückgelassen hätten. ***9*** Auf diese Erklärung gingen alle über und meldeten sich bei dem Obersten Gaius Postumius. Auch die kleineren Prinzen überlieferte dem Octavius Jon von Thessaloniki, und niemand blieb beim König außer seinem ältesten Sohn Philipp. ***10*** Nun ergab er sich dem Octavius ebenfalls mit seinem Sohn, unter Anklagen des Schicksals und der Götter, denen der Tempel gehörte, die dem Schutzflehenden keine Hilfe gewährt hatten. ***11*** Er wurde auf Befehl auf das Hauptschiff gebracht und dahin auch das noch übrige Geld geliefert. Nun fuhr die Flotte sogleich nach Amphipolis zurück. ***12*** Von hier sandte Octavius den König ins Lager zum Konsul, dem er durch einen vorausgegangenen Brief gemeldet hatte, der König sei gefangen und werde gebracht.

(7) Auf diese Nachricht ließ Paulus, der hierin, wie er mit Recht konnte, einen zweiten Sieg sah, Opfertiere schlachten, und als er nach Berufung eines Kriegsrates den Brief des Prätors vorgelesen hatte, schickte er den Quintus Aelius Tuber dem König entgegen; die Übrigen mussten im Feldherrnzelt versammelt bleiben. **2** Nie war vorher zu irgendeinem Schauspiel eine solche Menge Menschen herzugeströmt. Zu der Väter Zeiten war freilich König Syphax als Gefangener ins römische Lager gebracht, der aber abgesehen davon, dass er weder durch seinen eigenen noch durch seines Volkes Ruhm mit Perseus zusammengestellt werden konnte, selbst damals nur eine Zugabe zum Punischen Krieg gewesen war, wie Gentius jetzt zum Makedonischen. **3** Perseus hingegen war die Hauptmacht des Krieges; und nicht bloß sein eigener Name oder der Name seines Vaters und Großvaters und der übrigen Könige, mit denen er durch Verwandtschaft und Abstammung in naher Berührung stand, gaben ihm Auszeichnung, sondern sie alle überstrahlte Philipp und Alexander der Große, die dem makedonischen Reich die Oberherrschaft des Erdkreises gegeben hatten. ***4*** Bei seinem Eintritt in das Lager trug Perseus einen Soldatenmantel von dunkler Farbe, ohne von den Seinigen irgendeinen Begleiter zu haben, der als Gefährte seines Unglücks ihn hätte noch beklagenswerter machen können. Vor dem Gewühl derer, die zu diesem Schauspiel herbeiliefen, konnte er nicht vorwärtskommen, bis der Konsul die Gerichtsdiener hingehen ließ, um Platz zu machen und den Weg zum Feldherrnzelt offenzuhalten. **5** Der Konsul selbst stand auf, befahl den anderen sitzenzubleiben, reichte dem eintretenden König, dem er einige Schritte entgegenging, die Rechte, hob ihn auf, als er sich ihm zu Füßen werfen wollte, und ohne ihm den Kniefall zu gestatten, führte er ihn weiter in das Zelt und ließ ihn gegenüber den Mitgliedern des Kriegsrates Platz nehmen.

(8) Die erste Frage, die er an ihn richtete, war, durch welche Beleidigung er sich veranlasst gefühlt habe, mit einer solchen Erbitterung gegen Rom einen Krieg zu unternehmen, durch den er sich und sein Reich der größten Gefahr aussetzte. **2** Als er bei der allgemeinen Erwartung einer Antwort mit auf die Erde geheftetem Blick anhaltend, ohne zu reden, weinte, fing der Konsul wieder an: ***3*** *Wärest du als Jüngling auf den Thron gekommen, so würde ich mich weniger wundern, wenn du nicht gewusst hättest, wie viel Gewicht das römische Volk seiner Freundschaft, aber auch seiner Feindschaft zu geben imstande ist.* ***4*** *So aber, da du an dem Krieg, den dein Vater mit uns führte, teilgenommen hast, da du ferner des Friedens, den wir ihm mit der gewissenhaftesten Treue gehalten haben, dich erinnern musstest, wie konntest du dich da entschließen, mit denen lieber im Krieg zu leben, deren Übergewicht im Krieg, deren Treue im Frieden du aus Erfahrung kanntest?* **5** Da er, wie vorhin die Frage, so jetzt den Vorwurf unbeantwortet ließ, fuhr der Konsul fort: *Mag nun gekommen sein, was da will, durch menschliche Verirrung, durch Zufall, oder weil es so*

kommen musste, so lass nur den Mut nicht sinken. Die durch das Missgeschick so vieler Könige und Völker bekannt gewordene Milde des römischen Volkes gewährt dir nicht bloß die Hoffnung, sondern beinahe die feste Gewissheit deiner Erhaltung. ***6*** Dies sagte er dem Perseus auf Griechisch, und nun seinen Römern auf Lateinisch: *Ihr seht ein auffallendes Beispiel vom Wechsel der menschlichen Geschicke. Besonders euch, ihr Jünglinge, sage ich dies. Darum muss man nie in glücklicher Lage andere mit Übermut oder Härte behandeln, nie dem gegenwärtigen Glück trauen, da es ungewiss bleibt, was der Abend herbeiführen werde.* ***7*** *Nur der ist Mann, der seinen Mut weder vom begünstigenden Anhauch des Glückes sich überheben noch vom Missgeschick ihn brechen lässt.* Nach Entlassung des Kriegsrates wurde die Aufsicht über den König dem Quintus Aelius aufgetragen. Für heute wurde Perseus nicht allein vom Konsul zur Abendtafel gezogen, sondern ihm auch alle Ehre erwiesen, die ihm in einer solchen Lage erwiesen werden konnte.

(9) Nun wurde das Heer in die Winterquartiere entlassen; den größten Teil der Truppen nahm Amphipolis auf, die übrigen die benachbarten Städte.

2 Dies war nach einer anhaltenden Dauer von vier Jahren das Ende des Krieges zwischen den Römern und Perseus und zugleich das Ende eines durch den größten Teil Europas und durch ganz Asien berühmten Reiches. ***3*** Man zählte von Karanos, dem ersten König, bis Perseus 20 (Herrscher), Perseus trat die Regierung an unter dem Konsulat von Quintus Fulvius und Lucius Manlius; der Senat erkannte ihn als König an unter den Konsuln Marcus Junius und Aulus Manlius. Er regierte elf Jahre. ***4*** Der Ruf des makedonischen Reiches blieb bis auf Philipp, den Sohn des Amyntas, sehr im Dunkeln. Mit ihm und durch ihn fing es an sich zu heben, doch beschränkte es sich auf Europas Grenzen, insofern es ganz Griechenland und einen Teil von Thrakien und Illyrien umfasste. ***5*** Dann breitete es sich über Asien aus; und in den 13 Jahren, die Alexander regierte, unterwarf er seiner Herrschaft zuerst alles, soweit sich das fast unermessliche Reich der Perser erstreckt hatte; ***6*** dann durchzog er Arabien und Indien bis dahin, wo das Ostmeer die äußersten Grenzen der Lande umfasst. ***7*** Damals hatte Makedonien den größten Staat und den größten Ruhm auf Erden. Durch Alexanders Tod, als jeder die Herrschaft an sich riss, in viele Reiche zerstückelt, hielt es sich mit zersplitterten Kräften vom höchsten Gipfel seines Glückes bis zu seinem völligen Ende 150 Jahre.

(10) Als sich der Ruf vom Sieg der Römer in Asien verbreitete, ging Antenor, der mit einer Flotte von leichten Fahrzeugen bei Phanae stand, von da nach Kassandrea. ***2*** Gaius Popillius, welcher zur Sicherheit der nach Makedonien segelnden Schiffe bei Delos stand, hatte kaum erfahren, dass der Krieg in Makedonien zu Ende sei, und dass die feindlichen Schiffe ihren Standort hätten verlassen müssen, so setzte auch er nach Entlassung der attischen Schiffe, um die übernommene Sendung auszurichten, seine Fahrt nach Ägypten fort, ***3*** um den Antiochos noch zu treffen, ehe er vor die Mauern von Alexandrea rückte. ***4*** Als die Gesandten an Asiens Küste hinfuhren und nach Loryma kamen, einem Hafen, der etwas über 20 000 Schritte von Rhodos entfernt ist und der Stadt selbst gegenüberliegt, ***5*** kamen die vornehmsten Rhodier – denn auch hierher war schon der Ruf des Sieges erschollen – ihnen mit der Bitte entgegen, sie möchten doch bei Rhodos anfahren. Dem guten Ruf und der Wohlfahrt ihres Staates sei daran gelegen, dass sie selbst von allem Kenntnis erhielten, was zu Rhodos geschehen sei und noch geschehe, und dann darüber, nicht etwa wie das Gerücht es erzählen möchte, sondern wie sie es bei eigener Ansicht gefunden hätten, in Rom berichteten. ***6*** Nach langem Weigern brachten diese Rhodier sie endlich dahin, dass sie sich einer Bundesstadt zum Besten eine kurze Verzögerung ihrer Fahrt gefallen ließen. Als sie in Rhodos angekommen waren, zogen ebenfalls jene durch Bitten sie in die Volksversammlung. ***7*** Die Erscheinung der Gesandten vermehrte aber die Besorgnis der Bürger, statt sie zu mindern; denn Popillius zählte ihnen jede feindselige Äußerung und Handlung auf, die sie während dieses

Krieges einzeln oder insgesamt begangen hatten; und als ein Mann von rauer Sinnesart ***8*** stellte er das, was er angab, mit seinem strengen Blick und dem Ton der gerichtlichen Belangung als noch größere Verbrechen dar, so dass sie, da er selbst zu einer besonderen Abneigung gegen ihren Staat keinen Grund hatte, ***9*** aus der Bitterkeit dieses einzigen römischen Senators auf die Stimmung des ganzen Senates gegen sie schließen mussten. ***10*** Die Rede des Gaius Decimius hatte mehr Mäßigung. Er sagte, in den meisten Stücken, welche Popillius angeführt habe, liege die Schuld nicht so sehr an der Nation als vielmehr an einigen Aufhetzern des großen Haufens. ***11*** Diese Leute hätten mit ihrer käuflichen Zunge jene Ausfertigungen voll Schmeichelei gegen den König bewirkt und Gesandtschaften abgeschickt, deren sich die Rhodier auf immer ebenso sehr zu schämen als sie zu bereuen haben würden. Das alles aber werde, sobald dies des Volkes Wille sei, das Haupt der Schuldigen treffen. ***12*** Man hörte ihn mit großem Beifall, nicht so sehr deshalb, weil er die Strafwürdigkeit des Volkes milderte, als vielmehr, weil er die Schuld auf die Anstifter fallen ließ. ***13*** Wie also ihre Vornehmen auf die Worte der Römer antworteten, ernteten diejenigen, welche die Vorwürfe des Popillius, so gut sie konnten, zu widerlegen suchten, von ihren Reden lange nicht so vielen Dank, als die, welche dem Decimius beistimmten, die Urheber als Sühneopfer des Verbrechens preiszugeben. ***14*** Daher wurde sogleich der Beschluss gefasst, alle diejenigen, welche überführt würden, für Perseus den Römern zum Nachteil geredet oder gehandelt zu haben, zum Tod zu verurteilen. Einige waren schon bei der Ankunft der Römer aus der Stadt geflohen, andere gaben sich selbst den Tod. ***15*** Die Gesandten reisten nach einem Aufenthalte von nicht länger als fünf Tagen nach Alexandrien. Nichtsdestoweniger gingen dem in ihrer Anwesenheit gefassten Beschluss gemäß die gerichtlichen Untersuchungen zu Rhodos ihren raschen Gang, und zu dieser Beharrlichkeit in Vollziehung desselben hielten sich die Rhodier durch die Milde des Decimius (sogar für verpflichtet).

(11) Unterdessen war Antiochos von Alexandriens Mauern nach einem vergeblichen Angriff abgezogen, und da er das übrige Ägypten in seiner Gewalt hatte, ließ er den älteren Ptolemaeus, dem er seinem Vorgeben nach durch seinen Beistand den Thron wieder verschaffen wollte – um dann den wieder eingesetzten selbst anzugreifen –, in Memphis zurück und führte sein Heer nach Syrien. ***2*** Ptolemaeus, mit jener Absicht nicht unbekannt, und in der Voraussetzung, er selbst könne vielleicht, ***3*** solange er seinem Bruder noch mit einer Belagerung drohen könne, durch Vorschub seiner Schwester und unter Einwilligung der Freunde seines Bruders in Alexandrien wieder aufgenommen werden, ***4*** ließ nicht ab, zuerst an seine Schwester, dann an seinen Bruder und dessen Freunde zu schicken, bis er den Frieden mit ihnen zustande brachte. Antiochos hatte sich ihm dadurch verdächtig gemacht, dass er ihm zwar das übrige Ägypten übergab, allein in Pelusion eine starke Besatzung zurückließ. ***5*** Es war klar, dass er diesen Schlüssel zu Ägypten behalten wollte, um, sobald es ihm gefiele, mit seinem Heer wieder einzurücken; und von dem inneren Krieg mit seinem Bruder versprach sich Ptolemaeus keinen andern Ausgang als den, dass er selbst als Sieger, vom Kampf erschöpft, dem Antiochos auf keine Weise gewachsen sein werde. ***6*** Diese richtigen Bemerkungen des älteren Bruders wurden von dem jüngeren und seinem Anhang mit Beifall aufgenommen; namentlich trug die Schwester nicht bloß durch ihren Rat, sondern auch durch ihre Bitten viel dazu bei. ***7*** Da also der von allen genehmigte Friede zustande kam, wurde Ptolemaeus wieder in Alexandrien aufgenommen; und selbst das Volk war damit nicht unzufrieden, weil es in dem Krieg nicht bloß während der Belagerung, sondern auch weil aus Ägypten keine Zufuhr kam, durch Mangel an allem gelitten hatte. ***8*** Da sich Antiochos hierüber hätte freuen müssen, wenn er nämlich mit seinem Heer zur Wiedereinsetzung des Ptolemaeus nach Ägypten gekommen war – und dieses ehrenvollen Vorwandes hatte er sich ja gegen alle asiatischen und griechischen Staaten bei Annahme ihrer Gesandten und in allen abgelassenen

Sendschreiben bedient –, so fand er sich nun so sehr beleidigt, dass er sich viel eifriger und feindseliger gegen beide Brüder als vorher gegen den einen zum Krieg anschickte. *9* Nach Zypern sandte er sogleich eine Flotte und rückte selbst nach Koilesyrien vor, um im Anfang des Frühlings mit seinem Heer auf dem Wege nach Ägypten zu sein. *10* Den Gesandten, die ihm in der Gegend von Rhinokolura im Namen des Ptolemaeus dafür dankten, dass dieser durch ihn wieder sein väterliches Reich erhalten hätte, und ihn baten, ihm diese seine Wohltat zu erhalten und ihnen lieber jetzt seine Wünsche auszusprechen, als aus seinem Freund sein Feind zu werden und mit Gewalt der Waffen zu verfahren, *11* antwortete er, er werde unter keiner anderen Bedingung seine Flotte zurückrufen, nach mit seinem Heer umkehren, wenn ihm nicht Ptolemaeus ganz Zypern, Pelusion und die Gegend an der pelusischen Nilmündung abträte. Auch bestimmte er einen Tag, vor welchem er über die abgeschlossenen Verhandlungen eine Erklärung haben wollte.

(12) Als der Tag, bis zu welchem er den Waffenstillstand bewilligt hatte, verstrichen war, ließ er die Anführer seiner Seemacht, welche seinem Landheer das Geleit gab, durch die Nilmündung nach Pelusium segeln: Er selbst rückte durch Arabiens Wüste in Ägypten ein, fand bei den Nachbarn von Memphis und den übrigen Ägyptern *2* zum Teil eine willige, zum Teil eine erzwungene Aufnahme und zog in mäßigen Tagemärschen nach Alexandrien. *3* Als er bei Eleusis, welches 4000 Schritte von Alexandrien entfernt ist, über den Fluss gegangen war, trafen ihn die römischen Gesandten. *4* Er begrüßte sie und wollte dem Popillius die Rechte reichen, Popillius aber übergab ihm ein Schreiben, das den Senatsbeschluss enthielt, und hieß ihn vor allem diesen lesen. *5* Als er nach der Durchlesung erklärte, er wolle mit Zuziehung seiner Räte überlegen, was er zu tun habe, zog Popillius, ganz in der ihm eigenen rauen Sinnesart, mit dem Stab, den er in der Hand trug, einen Kreis um den König und sprach: *Ehe du aus diesem Kreis trittst, musst du mir die Antwort geben, die ich dem Senat bringen soll.* *6* Betroffen über diese gebietende Zumutung stockte Antiochos eine Weile, dann antwortete er: *Ich will tun, was der Senat verlangt.* Und nun erst reichte Popillius dem König als einem Bundesgenossen und Freund die Hand. *7* Als darauf Antiochos auf einen bestimmten Tag Ägypten geräumt und die Gesandten die Eintracht der Brüder, zwischen denen der Friede soeben erst zustande gekommen war, auch durch ihr Zureden befestigt hatten, segelten sie nach Zypern ab und schickten von dort die Flotte des Antiochos, die schon über die ägyptischen Schiffe einen Sieg errungen hatte, nach Hause. *8* Diese Gesandtschaft kam bei den auswärtigen Völkern in großen Ruf; denn offenbar hatte sie dem Antiochos Ägypten, als er es schon in Händen hatte, genommen und dem Stamm des Ptolemaeus das väterliche Reich wiedergegeben.

9 So berühmt das Konsulat des einen von den diesjährigen Konsuln durch seinen ausgezeichneten Sieg wurde, so sehr blieb der Ruf des andern im Dunkeln, weil es ihm an Stoff zu Taten fehlte. *10* Gleich zuerst, als er den Legionen den Tag bestimmte, an dem sie sich zu stellen hätten, betrat er die geweihte Erhöhung gegen die Zustimmung der Vögel, und die Vogelschauer erklärten, als ihnen die Sache vorgelegt wurde, der fehlerhaft bestimmte Tag sei ungültig. *11* Er ging nach Gallien und hatte sein Lager in der Gegend der Magern Gefilde bei den Gebirgen Sicimina und Papinus, und nachher in derselben Gegend mit den latinischen Bundestruppen seine Winterquartiere; *12* denn die römischen Legionen waren, weil ihr Sammeltag nicht seine Richtigkeit hatte, zu Rom geblieben. *13* Auch die Prätoren gingen an ihre Standorte ab, Gaius Papirius Carbo ausgenommen, welchem Sardinien zugefallen war. Er musste nach dem Beschluss der Väter in Rom bleiben, um zwischen Bürgern und Fremden Recht zu sprechen, denn dieses Amt hatte er ebenfalls.

(13) Auch Popillius und die mit ihm an Antiochos abgegangenen Gesandten kehrten zurück und berichteten die Beilegung der Streitigkeiten zwischen den Königen und den Abzug des syrischen Heeres aus Ägypten. *2* Dann kamen die Gesandten der Könige selbst. Die von Antiochos

sagten: Einen Frieden nach des Senates Willen habe ihr König jedem Sieg vorgezogen, und den Aufforderungen der römischen Gesandten habe er wie einem Göttergebot Folge geleistet. *3* Darauf statteten sie seinen Glückwunsch zum Sieg ab, mit dem Zusatz, ihr König würde aus allen Kräften dazu mitgewirkt haben, wenn man ihn nur zu irgendeiner Leistung aufgefordert hätte. *4* Die Gesandten des Ptolemaeus dankten im Namen des Königs und der Kleopatra gemeinschaftlich. *5* Sie seien Roms Senat und Volk mehr als ihren Eltern verpflichtet, mehr als den unsterblichen Göttern; denn durch sie wären sie von einer höchst traurigen Belagerung befreit und hätten ihr beinahe schon verlorenes Reich wiederbekommen. *6* Der Senat gab folgende Antworten: Dass Antiochos den Gesandten Folge geleistet habe, darin habe er nach Recht und Gebühr gehandelt, und Roms Senat und Volk sei dies angenehm. *7* Ferner gereichte es dem Senat zur großen Freude, wenn durch ihn Ägyptens Königspaar, dem Ptolemaeus und der Kleopatra, irgendein Glück oder Vorteil erwachsen sein sollte, und er werde sich bestreben, sie beständig in der treuen Freundschaft Roms die mächtigste Stütze ihres Thrones finden zu lassen. *8* Der Prätor Gaius Papirius erhielt den Auftrag, die herkömmlichen Geschenke für die Gesandten zu besorgen. *9* Nun meldete ein Schreiben aus Makedonien, was die Freude des Sieges noch verdoppelte, König Perseus sei in des Konsuls Gewalt.

10 Nach Entlassung dieser Gesandten trugen die Gesandten von Pisa und Luna ihre Streitigkeiten vor, indem die von Pisa darüber klagten, dass jene römischen Siedler sie von ihrem Grundeigentum verdrängten, die von Luna hingegen behaupteten, der streitige Acker sei von den Dreimännern ihnen angewiesen. *11* Der Senat schickte zur Untersuchung und Bestimmung der Grenzen den Gaius Fabius Buteo, Publius Cornelius Blasia, Titus Sempronius Musca, Lucius Naevius Balbus und Gaius Apuleius Saturninus als Fünfmänner hin.

12 Auch von Eumenes und den Gebrüdern Attalos und Athenaeos kam eine Gesandtschaft, um ihren gemeinschaftlichen Glückwunsch zum Sieg zu überbringen. Bei Masgaba, dem Sohn des Masinissa, meldete sich, als er zu Puteoli ans Land gestiegen war, der mit einer Geldsumme ihm entgegengeschickte Quästor Lucius Manlius, der ihn auf Kosten des Staates nach Rom geleiten sollte. Gleich nach seiner Ankunft ließ der Senat ihn vor. *13* Der junge Mann drückte sich so aus, dass die an sich schon so willkommenen Dienstleistungen durch seine Worte noch gefälliger wurden. Er erwähnte, wie viel Fußvolk und Reiterei, wie viele Elefanten, wie viel Getreide sein Vater in diesen vier Jahren nach Makedonien geschickt habe. *14* Allein über zweierlei sei ihm eine Schamröte ins Gesicht gestiegen, einmal, insofern der Senat ihn durch Gesandte um die Kriegsbedürfnisse habe bitten lassen, während er doch habe befehlen können, dann, dass er ihm für das Getreide die Bezahlung geschickt habe. *15* Masinissa vergesse es nie, dass das römische Volk ihm sein Reich erworben, erweitert und vergrößert habe, und mit dem Nießbrauch seines Königreiches zufrieden, wisse er, dass Oberherrschaft und Eigentumsrecht denen zustehe, die es ihm gegeben hätten. *16* Es sei also billig, dass sie auch nähmen, und nicht ihn baten, nicht vom Ertrag des ihm von ihnen geschenkten Bodens dergleichen kauften, was dieser Boden selbst liefere. Masinissa habe genug an dem, und werde genug daran haben, was ihm das römische Volk übrig lasse. *17* Als er mit diesen Aufträgen von seinem Vater abgereist sei, habe ihm dieser nachher reitende Boten nachgeschickt, ihm die Besiegung Makedoniens zu melden, und ihm zugleich den Auftrag gegeben, nach seinem Glückwunsch dem Senat zu bezeugen, sein Vater sei hierüber so hocherfreut, dass er selbst nach Rom kommen, dem allmächtigen Jupiter auf dem Kapitol ein Opfer und seinen Dank darbringen wolle. Er ersuche den Senat, ihm hierzu die Erlaubnis zu erteilen.

(14) Der Prinz bekam zur Antwort, sein Vater Masinissa handle darin, dass er einer ihm als Schuldigkeit erwiesenen Wohltat höheren Wert und größere Ehre beilege, wie es sich für einen

dankbaren und edeln Mann gezieme. **2** Im Punischen Krieg habe er durch seine tapferen und treuen Dienste das römische Volk unterstützt, dagegen habe er unter Begünstigung des römischen Volkes durch seine unermüdliche Tätigkeit sein Reich wiedererlangt. Dann habe er in den Kriegen mit drei Königen nacheinander alle Forderungen der Gefälligkeit erfüllt. **3** Dass ein König, der das Schicksal seiner ganzen Lage und seines Reiches mit den Angelegenheiten Roms verflochten habe, sich über den Sieg der Römer freue, sei ihnen nicht unerwartet. Den Göttern möge er seinen Dank für den Sieg der Römer auf seinem Hausaltar darbringen, in Rom könne dies sein Sohn in seinem Namen tun. **4** Der Darbringung der Glückwünsche habe der Sohn in seinem eigenen und seines Vaters Namen vollkommen Genüge geleistet. Dass der König selbst sein Reich verlasse und sich von Afrika entferne, sei nach des Senates Meinung, abgesehen davon, dass es ihm selbst Nachteil bringe, auch für das Beste der römischen Nation nicht ratsam. **5** Auf die Bitte, dass sich die Römer statt des [...] den Sohn Hamilkars, Hanno, von den Puniern zur Geisel geben lassen möchten, gab der Senat dem Masgaba zur Antwort, er halte es für unstatthaft, den Karthagern Geiseln nach Masinissas Gutdünken abzufordern. **6** Durch einen Senatsbeschluss erhielt der Quästor den Auftrag, für 100 Pfund Silber dem Prinzen Geschenke zu kaufen, ihn nach Puteoli zu begleiten, **7** ihm während seines Aufenthaltes in Italien alle Kosten zu reichen und zwei Schiffe zu mieten, auf denen er selbst und sein Gefolge nach Afrika übergehen könnten; auch wurden die Personen des Gefolges, Freie und Sklaven, sämtlich mit Kleidern beschenkt. **8** Bald darauf meldete ein Schreiben von dem andern Sohn des Masinissa, Misagenes, nach Besiegung des Perseus habe Lucius Paulus ihn nebst seiner Reiterei nach Afrika geschickt. Auf dieser Fahrt habe ein Sturm die Flotte im Adriatischen Meer zerstreut und ihn mit drei Schiffen krank nach Brundisium verschlagen. **9** Der Quästor Lucius Stertinius wurde an ihn nach Brundisium mit gleichen Geschenken abgeschickt, so wie sie seinem Bruder zu Rom gegeben waren, [Hier fehlt ein Blatt etwa folgenden Inhaltes: und bekam die Besorgung eines Quartiers für den Prinzen als Gast und alles zu seiner Genesung Erforderlichen. Auch musste er, ohne Aufwand zu scheuen, ihn und sein ganzes Gefolge freihalten und Schiffe bestellen, die ihn bequem und sicher nach Afrika bringen konnten. Jedem Reiter gab man ein Pfund Silber und 500 Sesterzien.

Die Versammlung zur Wahl der Konsuln auf das folgende Jahr hielt Konsul Gaius Licinius. Gewählt wurden Quintus Aelius Paetus und Marcus Junius Pennus. Dann wurden zu Prätoren gewählt Quintus Cassius Longinus, Manius Juventius Tholna, Tiberius Claudius Nero, Aulus Manlius Torquatus, Gaeus Fulvius Gillo und Gaius Licinius Nerva.

In diesem Jahr kamen auch die Zensoren Tiberius Sempronius Gracchus und Gaius Claudius Pulcher über einen Gegenstand, den sie lange unter sich mit mancherlei Widerspruch verhandelt hatten, endlich zu einem einmütigen Schluss. Weil die Freigelassenen trotz der wiederholten Beschränkung auf die vier Stadtbezirke sich wieder in alle Bezirke ausgebreitet hatten, war Gracchus willens gewesen, dies immer wieder hervorkeimende Übel mit der Wurzel auszurotten und alle in Sklaverei Gewesenen von der Schätzung auszuschließen. Dem widersetzte sich Claudius und berief sich auf die Einrichtung der Vorfahren, welche zwar oft versucht hätten, die Freigelassenen zu beschränken, nie aber sie ganz vom Bürgerrecht auszuschließen. Ja, er führte auch an, dass die Zensoren Gaius Flaminius und Lucius Aemilius die ehemalige Strenge etwas gemildert hätten. Und in der Tat war einigen von diesem Stand, obgleich sich auch damals diese Hefe des Volkes in alle Bezirke verteilt hatte, und man es wieder nötig gefunden hatte, sie gleichsam auf ihren alten Bodensatz zurücksinken zu lassen, dennoch vorzugsweise dies und jenes eingeräumt.]

(15) Jene Zensoren nämlich hatten die Freigelassenen auf die vier Stadtbezirke verteilt, mit Ausnahme derer, die einen Sohn hatten, der schon über fünf Jahre alt war. **2** Diesen befahlen sie, sich in dem Bezirk schätzen zu lassen, wo sie vermöge eines Senatsbeschlusses bei der vorigen

Schätzung geschätzt waren. Auch erteilten sie denen, die ein oder mehrere Landgüter von einem höheren Wert als 30 000 Sesterzien hatten, das Recht, sich (in den Bezirken der Landbesitzer) schätzen zu lassen. ***3*** Weil dies bisher so ausgeführt worden war, behauptete Claudius, das Recht der Stimmgebung könne der Zensor ohne Genehmigung des Volkes keinem Einzelnen, geschweige denn einem ganzen Stand nehmen. ***4*** Denn wenngleich der Zensor aus dem Bezirk stoßen könne, was eigentlich dasselbe sei wie befehlen, dass jemand den einen Bezirk mit einem andern vertauschen solle, so könne er darum doch niemand aus allen 35 Bezirken stoßen, denn das heiße ihm Bürgerrecht und Freiheit nehmen, heiße nicht festsetzen, wo er sich schätzen lassen solle, sondern ihn von aller Schätzung ausschließen. ***5*** Hierüber stritten beide untereinander. Endlich kamen sie dahin überein, dass sie in der Halle der Freiheit öffentlich über einen der vier Stadtbezirke das Los zogen, in dem sie alle, die je in Knechtschaft gewesen wären, vereinigen wollten. ***6*** Das Los traf den Esquilinischen, und Tiberius Gracchus erklärte öffentlich, sie hätten ausgemacht, dass alle Freigelassenen sich in diesem Bezirk schätzen lassen sollten. ***7*** Dies brachte den Zensoren beim Senat große Ehre ein. Man dankte nicht allein dem Sempronius für die Beharrlichkeit bei seinem nützlichen Unternehmen, sondern auch dem Claudius, es nicht gehindert zu haben. ***8*** Von diesen Zensoren wurden mehr als von den vorigen aus dem Senat gestoßen und ihr Ritterpferd zu verkaufen befohlen; auch die im Bezirk Herabgesetzten und für Steuersassen Erklärten waren bei beiden dieselben Leute; und keinem wurde der Schimpf, den ihm der eine angetan hatte, vom andern wieder abgenommen. ***9*** Als sie darum baten, man möge ihnen zu der herkömmlichen Besorgung der Baulichkeiten und zur eigenen Würdigung der von ihnen in Verding gegebenen Werke noch eineinhalb Jahre zulegen, tat der Tribun Gnaeus Tremellius, weil sie ihn nicht in den Senat aufgenommen hatten, Einsprache.

10 In diesem Jahr weihte auch Gaius Cicereius der Moneta den Tempel auf dem Albanerberg im fünften Jahr nach dessen Gelobung. Zum Eigenpriester des Mars wurde in diesem Jahr Lucius Postumius Albinus eingeweiht.

(16) Als die Konsuln Quintus Aelius und Marcus Junius wegen der Aufgabenbereiche vortrugen, beschlossen die Väter, Spanien, das während des Makedonischen Krieges nur eine einzelne Provinz gewesen war, sollte wieder in zwei zerfallen; ***2*** ferner: Makedonien und Illyrien sollten dieselben Männer, Lucius Paulus und Lucius Anicius so lange behalten, bis sie mit Zustimmung der Abgeordneten die durch den Krieg entstandenen Verwirrungen und überhaupt den Zustand beider Reiche geordnet hätten. ***3*** Den Konsuln wurden Pisa und Gallien bestimmt, jedem mit zwei Legionen von 5000 Mann zu Fuß und 300 Reitern, nebst 10 000 Mann latinischer Bundestruppen zu Fuß und 900 Reitern. Die Prätoren traf bei der Verlosung, den Quintus Cassius die Rechtspflege in der Stadt, den Manius Juventius Tholna die über die Fremden, den Tiberius Claudius Nero Sizilien, den Gnaeus Fulvius das diesseitige Spanien, den Gaius Licinius Nerva das jenseitige. ***4*** Den Aulus Manlius Torquatus hatte Sardinien getroffen; allein er konnte nicht zu diesen Standort abgehen, weil er nach einem Senatsbeschluss als Richter über Todesverbrechen zurückbleiben musste.

5 Nun wurden dem Senat die Meldungen von Wunderzeichen vorgelegt. In den Tempel der göttlichen Penaten auf der Höhe Velia hatte der Blitz eingeschlagen, und ferner in der Altstadt in den Minervatempel, in zwei Tore und einen Teil der Mauer. Zu Anagnia war ein Erdregen gefallen, zu Lanuvium eine Fackel am Himmel erschienen. Von Kalatia meldete ein römischer Bürger, Marcus Valerius, auf seinem vom Staat gepachteten Grundstück sei aus dem Feuerherd drei Tage und zwei Nächte lang Blut hervorgeronnen. ***6*** Besonders wegen des Letzteren mussten die Zehnmänner die Bücher nachschlagen; sie setzten für das Volk einen Bettag an und brachten auf dem Markt ein Opfer von 50 Ziegen. Auch wurde wegen der anderen Wunderzeichen der folgende

Tag mit Betandacht bei allen Altären gefeiert, das Opfer mit großen Tieren dargebracht und die Stadt entsündigt. *7* Und nun befahl der Senat in Rücksicht auf den den unsterblichen Göttern gebührenden Dank, weil die feindlichen Kriegsmächte besiegt und die Könige Perseus und Gentius nebst Makedonien und Illyrien in der Gewalt der Römer wären, *8* so sollten die Prätoren Quintus Cassius und Manius Juventius dafür sorgen, dass ebenso große Dankopfer gebracht würden, als man für die Besiegung des Königs Antiochos auf allen Altären dargebracht habe.

(17) Nun ernannten die Väter zu Bevollmächtigten, nach deren Gutbefinden die Feldherren Lucius Paulus und Lucius Anicius ihre Verfügungen treffen sollten, zehn Männer für Makedonien und fünf für Illyrien. *2* Für Makedonien wurden folgende ernannt: Aulus Postumius Luscus und Gaius Claudius, beide gewesene Zensoren; Gaius Licinius Crassus, Kollege des Paulus im Konsulat; jetzt hatte er nach verlängertem Oberbefehl Gallien zu seinem Standort. *3* Die diesen Konsulaten Zugegebenen waren: Gnaeus Domitius Ahenobarbus, Servius Cornelius Sulla, Lucius Junius, Gaius Antistius Labeo, Titus Numisius Tarquiniensis und Aulus Terentius Varro. *4* Für Illyrien aber wurden folgende ernannt: Publius Aelius Ligus, ein Konsular, Gaius Cicereius und Gnaeus Baebius Tamphilus (dieser war im vorigen, Cicereius vor vielen Jahren Prätor gewesen), Publius Terentius Tuscivicanus und Publius Manilius. *5* Die Konsuln, von den Vätern aufgefordert, je eher je lieber sich über ihre Standorte zu vergleichen oder darum zu losen, weil der eine von ihnen an die Stelle des zum Bevollmächtigten ernannten Gaius Licinius nach Gallien gehen müsse, losten nun. *6* Marcus Junius traf Pisa und Quintus Aelius Gallien; man ließ ihn aber, ehe er auf seinen Standplatz abging, die Gesandtschaften, welche von allen Orten her, um Glück zu wünschen, nach Rom kamen, dem Senat vorstellen. *7* Obgleich man nun solche Männer als Bevollmächtigte abschickte, von denen man hoffen durfte, dass unter ihrem Beirat die Feldherren nichts beschließen würden, was mit Roms Milde oder mit seiner Würde unverträglich sein möchte, so wurden dennoch die eigentlichen Hauptmaßregeln auch im Senat zur Sprache gebracht, damit die Bevollmächtigten von Rom aus den Feldherren alles schon angebahnt mitnehmen könnten.

(18) Vor allen Dingen wurde beschlossen, dass die Makedonier und Illyrer frei sein sollten, um alle Völker sehen zu lassen, dass Roms Waffen nicht etwa den Freien Knechtschaft, sondern den Dienstbaren Freiheit brächten, *2* zugleich auch den in Freiheit lebenden Völkern die Überzeugung zu geben, dass unter römischem Schutz ihre Freiheit sicher und dauernd sein werde, und den unter Königen stehenden den Glauben, dass nicht allein für jetzt ihre Könige in Rücksicht auf Rom gütiger gegen sie und gerechter sein müssten, sondern dass auch künftig bei einem zwischen Rom und den Königen entstandenen Krieg der Ausgang den Römern Sieg, den Völkern Freiheit bringe. *3* Die Einkünfte von den makedonischen Bergwerken, so groß sie waren, und die Verpachtungen der Krongüter wolle man eingehen lassen. *4* Denn ohne Pächter könnten sie nicht betrieben werden; wo aber ein Pächter sei, da gingen entweder dem Staat seine Forderungen verloren, oder es sei um die Freiheit der Bundestruppen geschehen. *5* Auch nicht einmal die Makedonier selbst dürften dies betreiben; denn wo der Verwalter nur zugreifen dürfe, um die Beute zu haben, da werde es nie an Veranlassungen zu Aufruhr und Streitigkeiten fehlen. *6* Eine einzige allgemeine Ständeversammlung solle die Nation nicht haben, damit nicht die schlecht denkende Menge die ihm früher von der wohltätigen Mäßigung des Senates geschenkte Freiheit zu einer verderblichen Zügellosigkeit anwenden könne. *7* Makedonien solle in vier Landschaften geteilt werden, deren jede ihre eigene Ständeversammlung habe; und dem römischen Staat solle halb so viel an Abgaben gezahlt werden, als die Untertanen bisher den Königen gewöhnlich gegeben hätten. *8* Ähnliche Vorschriften wurden auch für Illyrien gegeben; alle übrigen Verfügungen, welche der Lauf der Geschäfte selbst weit sicherer an Ort und Stelle an die Hand geben musste, wurden den Feldherren und den Bevollmächtigten überlassen.

(19) Unter den vielen Gesandtschaften der Könige und der größeren und kleineren Völker zog hauptsächlich Attalos, der Bruder des Königs Eumenes, die Blicke und die Aufmerksamkeit aller auf sich. **2** Denn er wurde von denen, die mit ihm zugleich in diesem Krieg dienten, weit freundlicher als Eumenes selbst aufgenommen, wenn dieser gekommen wäre. **3** Zwei dem Ansehen nach sehr ehrenvolle Geschäfte hatten ihn hergeführt; das eine war der Glückwunsch zu einem Sieg, den er selbst mit errungen hatte, ganz angemessen; das andere eine Klage über einen Einbruch der Gallier und die dabei erlittene Niederlage. Nach seiner Aussage schwebte das pergamenische Reich in Gefahr. **4** Im Hintergrund lag auch die geheime Hoffnung auf solche Ehre und Belohnungen vom Senat, wie sie ihm ohne Verletzung der Bruderliebe kaum zuteil werden konnten. Er hatte nämlich einige schlimme Ratgeber auch unter den Römern, welche durch erregte Hoffnungen seine Begierde zu locken suchten. **5** Die Meinung zu Rom über Attalos und Eumenes erkläre den ersten für einen zuverlässigen Freund der Römer, den andern für einen Bundesgenossen, der den Römern ebenso wenig wie dem Perseus treu sei. **6** Deswegen lasse es sich kaum ermitteln, ob eine Bitte zu seinem eigenen Besten oder seinem Bruder zum Schaden bei den Vätern willigeres Gehör finden werde; so sehr wünschten sie alle, ihm alles zu bewilligen und jenem durchaus alles abzuschlagen. **7** Attalos gehörte, wie der Erfolg bewies, ganz zu der Art von Menschen, die empfänglich für die Begierde nach allem sind, was ihnen die Hoffnung verspricht, hätte nicht diesmal die weise Erinnerung eines trefflichen Freundes seinen vor Glück übermütigen Wünschen gleichsam einen Zügel angelegt. **8** Es war bei ihm der Arzt Stratius, den ihm der nicht unbesorgte Eumenes zu diesem Zweck nach Rom mitgegeben hatte, um auf seines Bruders Handlungen ein Auge zu haben, und wo er von seiner Pflicht abzugehen scheine, sein treuer Erinnerer zu sein. **9** Dieser Mann, obgleich er die Ohren des Prinzen schon eingenommen hatte und seine Wünsche aufgeregt fand, machte dennoch durch Vorstellungen zu rechter Zeit die beinahe schon verdorbene Sache wieder gut. **10** Er sagte: Andere Reiche seien aus anderen Ursachen gewachsen: ihre Herrschaft, noch neu und durchaus nicht auf alte Macht gegründet, halte sich nur durch die brüderliche Eintracht, vermöge welcher der eine den königlichen Namen und die auszeichnende Kopfbinde trage, und die Brüder alle die Regierung hätten. **11** Und wer sollte besonders den Attalos, da er an Alter der nächste sei, nicht als König anerkennen? Nicht bloß deswegen, weil er schon jetzt die Größe seines Einflusses sehe, sondern auch weil Attalos selbst bei dieser Schwäche, bei diesen Jahren des kinderlosen Eumenes – denn der Sohn, welcher späterhin zur Regierung kam, war ihm noch nicht geboren – unfehlbar nächstens der regierende Herr sein müsse. **12** Wozu es helfen könne, etwas zu erzwingen, das binnen Kurzem ohnehin an ihn kommen werde. Nun sei noch der neuliche Sturm des gallischen Einfalles über das Reich hereingebrochen, dem die königlichen Brüder kaum bei aller Vereinigung und Eintracht widerstehen könnten. **13** Sollte zu diesem Krieg von außen noch innerer Zwiespalt hinzukommen, dann sei an kein Halten zu denken; auch werde er dadurch weiter nichts bewirken, als um seinen Bruder nicht im Besitz des Thrones sterben zu lassen, sich selbst die nahe Hoffnung auf den Thron vernichten. **14** Wenn beides an sich rühmlich sein könne, einem Bruder den Thron erhalten oder ihm denselben entrissen zu haben, so habe doch immer die Ehre, ihm den Thron erhalten zu haben, da sie mit der Bruderliebe Hand in Hand gehe, den Vorzug. Da nun aber das Zweite verabscheuungswürdig sei und nahe an Brudermord grenze, wie da bei der Überlegung noch ein Zweifel stattfinden könne? **15** Denn ob er ihm etwa einen Teil des Reiches nehmen oder das Ganze entreißen wolle? Einen Teil? Dann würden sie beide mit zersplitterten Kräften die Geschwächten und jedem Angriff preisgegeben sein. Oder das Ganze? Ob er dann etwa seinen älteren Bruder als Privatmann oder bei dieser Kränklichkeit und so hohen Jahren in der Verbannung, oder zuletzt wohl gar auf Befehl sterben lassen wolle? – **16** Wenn er ihn auch nicht an das Ende feindseliger

Brüder in den Trauerspielen erinnern wolle, so zeige sich ja wohl Perseus mit seinem Erfolg als ein herrliches Muster, da er die dem ermordeten Bruder entrissene Krone im Tempel der Samothraker, als hätten ihn die Götter vor ihren Augen bestrafen wollen, dem feindlichen Sieger kniefällig zu Füßen gelegt habe. *17* Selbst diejenigen, welche jetzt nicht aus Freundschaft für ihn, sondern aus Erbitterung gegen Eumenes ihn aufwiegelten, würden seinem Pflichtgefühl und seiner Festigkeit, wenn er bis ans Ende seinem Bruder treu bliebe, ihren Beifall spenden.

(20) Dies war für den Entschluss des Attalos entscheidend. Als er nun vor den Senat geführt wurde, stattete er seinen Glückwunsch zum Sieg ab, sprach von seinen Verdiensten in diesem Krieg, von denen seines Bruders, wenn dieser einige hatte, und von dem Abfall der Gallier, der neulich so große Bewegungen veranlasst hatte. *2* Er bat den Senat, Gesandte an sie zu schicken, um sie durch ihre Befehlsgewalt zur Niederlegung der Waffen zu bereden. Nachdem er sich dieser Aufträge für das Beste seines Königreiches entledigt hatte, bat er, ihm Aenos und Maronea einzuräumen. *3* So vereitelte er die Hoffnung derer, welche geglaubt hatten, er werde unter Klagen über seinen Bruder eine Teilung des Reiches beantragen, und verließ das Rathaus. Nicht leicht fand irgendein anderer König oder Privatmann unter so großem Wohlwollen und so allgemeiner Zustimmung Gehör. Alle Arten von Ehrenbezeigungen und Geschenken bewiesen ihm die öffentliche Achtung bei seiner Gegenwart und begleiteten ihn auf seiner Rückreise.

4 Unter den vielen Gesandtschaften Asiens und Griechenlands waren es namentlich die Gesandten der Rhodier, welche die allgemeine Aufmerksamkeit auf sich zogen. *5* Anfangs waren sie, wie es sich für Glückwünschende schickte, in Feierkleidern erschienen; hätten sie sich schlecht gekleidet, so konnte es ja scheinen, als betrauerten sie den Fall des Perseus. *6* Als nun die Väter auf die Anfrage des Konsuls Marcus Junius, ob sie den Gesandten – sie standen draußen auf dem Volksplatz – Quartier, Ehrenbewirtung und Zutritt im Senat bewilligen wollten, ihnen keines von allen gastfreundschaftlichen Rechten zugestanden, *7* kam der Konsul aus dem Rathaus, und da die Rhodier ihm sagten, sie wären gekommen, zum Sieg Glück zu wünschen, sich gegen die ihrem Staat gemachten Vorwürfe zu rechtfertigen, und bäten um Zutritt im Senat, erklärte er ihnen, es sei römische Gewohnheit, Bundesgenossen und Freunden nicht nur jede andere Höflichkeit und gastliche Aufnahme angedeihen zu lassen, *8* sondern auch ihnen im Senat Zutritt zu geben; die Rhodier aber hätten sich in diesem Krieg nicht so benommen, dass sie als Freunde oder Bundesgenossen gelten könnten. *9* Sie hörten diese Worte, sanken alle zur Erde nieder und baten den Konsul und alle Umstehenden, sie möchten das nicht für Gerechtigkeit ansehen, dass man den Rhodiern zum Nachteil neuen und erdichteten Beschuldigungen das Übergewicht über alte Verdienste gebe, von denen sie selbst Zeugen wären. *10* Sogleich legten sie Trauerkleider an, gingen unter Bitten und Tränen zu den Vornehmen von Haus zu Haus und baten, ehe sie sie verurteilten, möchten sie doch ihre Sache untersuchen.

(21) Der Prätor Manius Juventius Tholna, der die Rechtspflege zwischen Bürgern und Fremden hatte, reizte das Volk gegen die Rhodier auf und hatte schon den Vorschlag öffentlich ausgestellt, dass man den Rhodiern den Krieg erklären *2* und von den diesjährigen Beamten einen auswählen müsse, um ihn zu diesem Krieg mit einer Flotte abgehen zu lassen, denn er hoffte, selbst gewählt zu werden. *3* Diesem Antrag widersetzten sich die beiden Volkstribunen Marcus Antonius und Marcus Pomponius. *4* Doch nicht den Prätor allein traf diesmal die Schuld, auf eine beispiellose und nachteilige Art die Sache eingeleitet zu haben, insofern er ohne alle Anfrage beim Senat, ohne alle den Konsuln gemachte Eröffnung, bloß nach eigenem Ermessen beim Volk beantragt hatte, *5* ob es die Kriegserklärung gegen Rhodos genehmige und beschließe, da früher über einen Krieg immer zuerst beim Senat angefragt und dann erst der Antrag vor das Volk gebracht wurde, *6* sondern auch die Tribunen, insofern es hergebrachte Sitte war, bei einem Vorschlag nie eher

Einsprache zu tun, als wenn auch Privatpersonen die Erlaubnis benutzt hatten, den Vorschlag zu empfehlen oder ihm zu widerraten, und darüber oft der Fall eingetreten war, **7** dass Tribunen, welche sich vorher nicht für die Einsprache erklärt hatten, nun noch Einsprache taten, wenn ihnen aus der Ansicht der widerratenden die Fehler des Vorschlages offenbar wurden; **8** und ebenso, dass diejenigen, die mit dem Vorsatz, Einsprache zu tun, gekommen waren, durch die triftigen Gründe der Fürsprecher des Vorschlages überzeugt, zurücktraten. Jetzt aber wetteiferten Prätor und Tribunen miteinander, [Hier fehlt ein Blatt, etwa folgenden Inhalts: in allem die Voreiligen zu sein; und während die Tribunen am Prätor das vorschnelle Verfahren tadelten, taten sie selbst durch ihre zu frühe Einsprache es ihm nach. Doch gaben sie ihrem Widerspruch den Vorwand, man müsse die ganze Beratung über die Rhodier bis zur Rückkehr des Feldherrn und der zehn Bevollmächtigten aus Makedonien liegen lassen, weil nur diese nach genauer Erwägung der Umstände aus der Ansicht der schriftlichen Verzeichnisse und Listen mit Sicherheit würden angeben können, wie die Stimmung für Perseus oder die Römer in jedem Staat gewesen sei. Da aber der Prätor nichtsdestoweniger auf seinem Vorsatz beharrte, kam die Sache so weit, dass der Tribun Antonius dem Volk die Gesandten vorstellte, den Tholna, als er gegen sie auftrat und seine Rede anfing, von der Bühne herabzog und die Rhodier vor dem Volk reden hieß. Freilich hatte so den übereilten und stürmischen Versuch des Prätors der ebenso durchgreifende Trotz des Tribuns vereitelt; dennoch waren die Rhodier noch nicht außer Sorgen. Denn am meisten waren die Väter auf sie erbittert, so dass die Rhodier bei der ihnen drohenden Gefahr mehr eine Erleichterung für jetzt als eine vollkommene Rettung sahen. Da ihnen also nach langen und wiederholten Bitten endlich Zutritt im Senat gewährt wurde, lagen sie, vom Konsul eingeführt, zuerst unter anhaltenden Tränen auf dem Boden hingestreckt. Und als sie dann der Konsul aufstehen und reden hieß, sprach Astymedes in einem zur Erregung des Mitleides möglichst kläglichen Aufzug etwa Folgendes:

(22) *Diese Trauer, versammelte Väter, dieser betrübte Aufzug eurer Bundesgenossen, die noch vor Kurzem eure Freundschaft zum höchsten Wohlstand hob, muss notwendig auch bei Zürnenden Erbarmen wecken, wie viel gerechter aber wird das Mitleid sein, das eure Herzen beschleicht, wenn ihr erwägen wollt, unter was für drückenden Verhältnissen wir hier vor euch die Sache unseres schon so gut wie verurteilten Staates zu führen haben. Andere werden erst Beklagte, ehe man sie verurteilt, und erleiden ihre Strafe nicht eher, bis ihre Schuld erwiesen ist. Ob wir Rhodier*] *unrecht gehandelt haben, ist noch nicht ausgemacht; aber die Strafen, die Beschimpfungen alle leiden wir schon. Kamen wir früher nach euren Siegen über Karthago, über Philipp oder Antiochos nach Rom, so geleitete man uns aus dem vom Staat uns eingeräumten Ehrenquartier zur Überbringung unserer Glückwünsche an euch, versammelte Väter, auf das Rathaus, aus dem Rathaus zur Darbringung unserer Dankgeschenke vor euren Göttern auf das Kapitol;* **2** *und jetzt kommen wir aus einer schmutzigen Herberge, die uns kaum für Bezahlung aufnahm, und beinahe mit der Weisung, als Feinde außerhalb der Stadt zu übernachten, in diesem betrübten Aufzug auf das Rathaus der Römer, wir, dieselben Rhodier, die ihr noch jüngst mit ganzen Provinzen, mit Lykien und Karien beschenktet und mit auszeichnenden Belohnungen und Ehrenerweisungen überhäuftet.* **3** *Auch die Makedonier und Illyrer erklärt ihr, wie wir hören, für frei, sie, die ehe sie gegen euch Krieg führten, Sklaven waren –* **4** *und wir missgönnen keinem sein Glück, vielmehr erkennen wir auch hierin die Milde des römischen Volkes – und wollt die Rhodier, die nur in diesem Krieg still saßen, aus Bundesgenossen zu Feinden machen?* **5** *Wenigstens seid ihr doch noch Römer, das heißt, ihr preist laut euer Glück in euren Kriegen, weil sie gerecht waren, und rühmt euch nicht nur ihres Ausganges eures Sieges wegen, sondern auch ihres Anfanges, weil ihr sie nie ohne gegebene Veranlassung unternahmt.* **6** *Die Belagerung von Messana auf Sizilien machte euch die Karthager zu Feinden; die Belagerung Athens,*

die versuchte Unterwerfung Griechenlands, die Unterstützung Hannibals durch Geld und Truppen den Philipp. **7** *Antiochos ging selbst als der Angreifende von euren Feinden, den Aetolern, gerufen, mit einer Flotte nach Griechenland und versuchte es, durch die Besetzung der Städte Demetrias und Chalkis und des Passes der Thermopylen, euch aus dem Besitz der Oberherrschaft zu werfen.* **8** *Zum Krieg mit Perseus veranlassten euch seine Angriffe auf eure Bundesgenossen und die an anderen Königen und Fürsten größerer und kleinerer Völker verübten Mordtaten.* **9** *Welche Ursache aber wollt ihr für unser Unglück anführen, wenn denn unser Untergang beschlossen ist? Und doch trenne ich die Sache unseres Staates nicht von der unserer Mitbürger, des Polyaratos und Dinan und der übrigen, die wir zur Auslieferung an euch mitgebracht haben. Gesetzt, wir Rhodier wären alle gleich schuldig, worin bestände denn unser Verbrechen in diesem Krieg?* **10** *Ihr antwortet, wir haben die Partei des Perseus begünstigt, und so wie wir in den Kriegen mit Antiochos und Philipp auf eurer Seite standen, so haben wir diesmal mit dem König gegen euch gestanden.* **11** *Wie wir unseren Bundesgenossen beizustehen pflegen und wie tätigen Anteil wir an ihren Kriegen nehmen, darüber befragt Gaius Livius und Lucius Aemilius Regillus, die in Asien die Anführer eurer Flotten waren.* **12** *Nie haben eure Schiffe ohne uns gekämpft, wir hingegen lieferten mit unserer Flotte einmal die Schlacht bei Samos, dann die in Pamphylien gegen den Oberbefehlshaber Hannibal.* **13** *Und dieser Sieg ist darum viel rühmlicher, weil wir, obgleich wir in der unglücklichen Schlacht bei Samos einen großen Teil unserer Schiffe und eine treffliche Mannschaft verloren hatten, ohne uns durch einen so großen Verlust abschrecken zu lassen, der königlichen Flotte bei ihrer Ankunft aus Syrien abermals entgegenzugehen wagten.* **14** *Ich erwähne dies, nicht um uns zu rühmen - dies stimmt jetzt zu unserer Lage nicht -, sondern um euch daran zu erinnern, wie die Rhodier ihren Bundesgenossen zu helfen pflegen.*

(23) *Nach Philipps und Antiochos' Besiegung haben wir von euch die glänzendsten Belohnungen erhalten. Wie aber, wenn der Sieg, der jetzt durch göttliche Gnade und durch eure Tapferkeit auf eurer Seite steht, dem Perseus zuteil geworden wäre, und wir kämen nun zu dem siegreichen König nach Makedonien, um uns unsere Belohnung auszubitten, was sollten wir ihm sagen?* **2** *Wir hätten ihn mit Geld oder mit Getreide, mit Hilfstruppen zu Lande unterstützt? Oder zur See? Könnten wir auch nur einen Posten angeben, den mir besetzt gehabt, oder den Ort, wo wir – sei es unter seinen oder unter eigenen Anführern – gekämpft hatten?* **3** *Wenn er uns fragte, wo irgendeiner unserer Soldaten, irgendeines unserer Schiffe in seinen Reihen gestanden habe, was sollten wir antworten? Vermutlich stünden wir dann ebenso als Beklagte vor ihm, dem Sieger, als jetzt vor euch.* **4** *Denn das haben wir durch unsere nach beiden Orten zur Vermittlung des Friedens abgeschickten Gesandtschaften uns zugezogen, dass nicht allein beide Teile es uns nicht Dank wissen, sondern dass wir von dem einen sogar beschuldigt und bedroht werden.* **5** *Und doch könnte uns Perseus mit Recht vorwerfen, was ihr nicht könnt, versammelte Väter, dass wir zu Anfang des Krieges an euch Gesandte hätten abgehen lassen, euch alles zum Krieg Nötige zu versprechen, zu versprechen, dass mir mit allem, so wie in den vorigen Kriegen, mit unsern Schiffen, mit unsern Waffen und Truppen für euch bereit stünden.* **6** *Dass wir sie nicht gestellt haben, lag an euch, die ihr, aus welchem Grund auch immer, unsere Hilfe damals zurückwieset. Wir haben also in keinem Stück als Feinde gehandelt, in keinem Stück die Pflichten treuer Bundesgenossen versäumt, sondern ihr habt uns gewehrt, sie zu leisten.* **7** *Wie also? Sagt man, in eurem Staat, ihr Rhodier, sollte, selbst gegen euren Willen, nichts geschehen, nichts gesprochen sein, was die Römer mit Recht hätte beleidigen können? Von jetzt an will ich nicht länger das Geschehene in Schutz nehmen – so wahnsinnig bin ich nicht –, wohl aber die Sache des Staates von der Schuld der Einzelnen trennen.* **8** *Es gibt ja keinen Staat, der nicht zuweilen seine schlechten Bürger und eine unerfahrene Menge beständig hätte.* **9** *Auch bei euch – so höre ich – gab es Menschen, die als Schmeichler der Menge ihr Unwesen trieben; ja einst zog der Bürgerstand von*

euch aus, und ihr wart nicht mehr Herren eures eigenen Staates. **10** *Konnte das in einem so sittlich gebildeten Staat der Fall sein, darf es dann jemanden befremden, wenn es bei uns einige gegeben hat, die im Hinblick auf des Königs Gewogenheit unsern Pöbel durch ihre Eingebungen verschlimmerten? Und doch bewirkten sie weiter nichts, als dass wir mit unsern Gefälligkeiten für euch nur säumig waren.* **11** *Ich will das nicht übergehen, was für unsern Staat in diesem Krieg der schwerste Vorwurf ist. wir haben zu gleicher Zeit des Friedens wegen Gesandte an euch und an Perseus geschickt. Diese unglückliche Maßregel hat, wie wir nachträglich erfahren haben, unser Wortführer, der tolle Mensch,* **12** *zu einem der dümmsten Streiche gemacht. Wir wissen, dass er in einen Ton verfallen ist, als spräche aus ihm ein römischer Bevollmächtigter, ein Gaius Popillius, den ihr an die Könige Antiochos und Ptolemaeus abschicktet, um ihnen den Krieg zu verbieten.* **13** *Mag sein Benehmen den Namen des Übermutes oder der Torheit verdienen, genug, es war gegen euch nicht anders als gegen Perseus.* **14** *Auch Staaten haben ihre Eigenheiten geradeso wie einzelne Menschen. Auch unter den Völkern sind manche jähzornig, einige verwegen, andere furchtsam; jene mehr dem Trunk ergeben, diese der Liebe.* **15** *Die Athener sind, wie man sagt, rasch, über ihre Kräfte zum Unternehmen kühn; die Spartaner hingegen die Zauderer, die sich nicht einmal auf das einlassen, worauf sie mit Sicherheit rechnen können.* **16** *Ich will nicht leugnen, dass Asien überhaupt Menschen liefert, die etwas windiger sind, als sie sein sollten, und dass insbesondere unseren Landsleuten, weil wir vor den benachbarten Staaten einen Vorzug zu haben scheinen – obgleich selbst diesen nicht so sehr durch unsere eigene Macht als durch eure ehrenvollen Urteile –, ein zu hoher Ton eigen ist.* **17** *Freilich hatte jene Gesandtschaft auch sogleich damals ihre volle Züchtigung bekommen, als sie von euch mit einer so harten Antwort entlassen wurde; wenn wir aber auch damals noch nicht Schimpf genug erlitten haben, so brächte doch diese so klägliche und demütige Gesandtschaft für eine noch trotzigere, als jene war, ein genügendes Sühnopfer dar.* **18** *Und Übermut, noch dazu nur in Worten, erregt freilich bei dem leicht zu Erzürnenden Abneigung; der Kluge lächelt darüber, vollends dann, wenn ihn der Untergeordnete gegen den Höheren zeigt; allein der Todesstrafe hat ihn noch nie ein Mensch für würdig erklärt.* **19** *Freilich war sehr zu befürchten, dass die Rhodier Verächter der Römer sein möchten! Fährt doch wohl dieser und jener mit trotzigeren Worten sogar gegen die Götter los, und doch haben wir nie gehört, dass ein Blitz irgendeinen deswegen erschlagen habe.*

(24) *Was wäre nun also noch übrig, weshalb wir uns zu rechtfertigen hätten; wenn nämlich keine unserer Handlungen feindlich war, und der stolzere Ton eines Gesandten, welcher freilich die Ohren beleidigen musste, doch den Untergang unseres Staates nicht verschulden kann?* **2** *Ich höre, versammelte Väter, dass ihr untereinander in Gesprächen gleichsam die Strafsumme schon ausmacht, mit der wir unsere geheimen Wünsche büßen sollen. Einige glauben, Wir hätten dem König wohl gewollt und ihm den Sieg lieber gewünscht; dafür müsse man uns bekriegen; andere, wir hätten das freilich gewünscht, müssten aber bloß deswegen nicht bekriegt werden;* **3** *denn es sei in keinem Staat weder durch Herkommen noch durch Gesetze eingeführt, dass jemand zum Tod verurteilt werde, wenn er seinem Feind den Tod wünsche, ohne zur Herbeiführung desselben eine Tätlichkeit zu verüben.* **4** *Zwar sind wir diesen, die uns von der Strafe, wenngleich nicht von dem Vorwurf freisprechen, dankbar verpflichtet; allein wir selbst fällen über uns den Spruch: Haben wir alle den Wunsch gehegt, dessen man uns beschuldigt, so machen wir zwischen Willen und Tat keinen Unterschied; so unterwerfen wir uns alle der Strafe.* **5** *Sind hingegen einige unserer Vornehmen eure, andere des Königs Freunde gewesen, so verlange ich freilich nicht, dass um unsertwillen, die wir von eurer Partei waren, die Gönner des Königs frei ausgehen sollen; aber darum bitte ich, dass wir nicht um ihretwillen unglücklich werden.* **6** *Ihr seid gegen sie nicht heftiger erbittert, als unsere Bürger selbst. Auch haben die meisten von ihnen, die dies sehr wohl wussten, entweder die Flucht ergriffen oder sich selbst den Tod gegeben; über andere, die schon von uns verurteilt sind, hängt*

die Verfügung, versammelte Väter, von euch ab. ***7*** *Haben wir übrigen Rhodier in diesem Krieg uns kein Verdienst erworben, so haben wir doch auch keine Strafe verdient. Das gehäufte Maß unseres früheren Wohlverhaltens möge unsere diesmal versäumten Gefälligkeiten ersetzen.* ***8*** *Ihr habt in diesen Jahren mit drei Königen Krieg geführt. Lasst unsere Schuld, in diesem einen Kriege gesäumt zu haben, nicht größer als unser Verdienst sein, in zweien für euch gekämpft zu haben.* ***9*** *Nehmt den Philipp, den Antiochos, den Perseus als drei richtende Stimmen an. Zwei sprechen uns frei; die dritte zweifelt noch, gesetzt, sie nähme auch die Sache strenger, wenn sie alle drei uns richten sollten, dann wären wir schon verurteilt. So entscheidet denn, versammelte Väter, ob es noch ferner auf Erden ein Rhodos geben oder ob es von Grund auf zerstört werden soll.* ***10*** *Denn was den Krieg betrifft, über den ihr euch jetzt beratet, so könnt ihr diesen freilich erklären, versammelte Väter, aber nicht führen, weil von uns Rhodiern auch nicht einer sich gegen euch bewaffnen wird.* ***11*** *Beharrt ihr in eurem Zorn, so werden wir auch nur um so lange Frist bitten, den uns erklärten Todesspruch nach Hause zu berichten.* ***12*** *Dann wollen wir Rhodier alle, so viele unserer Freigeborene sind, Männer und Frauen, mit unserem Vermögen uns einschiffen, wollen mit Hinterlassung unserer Staats- und Hausgötter nach Rom kommen, alles Gold und Silber, mag es Staats-, mag es Privateigentum sein, hier auf dem Versammlungsplatz vor dem Eingang eures Rathauses auftürmen, und uns in Person mit Frau und Kind in eure Gewalt geben, um,* ***13*** *was wir auch zu leiden haben sollen, hier zu leiden.* ***14*** *Fern von unseren Augen mag dann unsere Stadt geplündert und angezündet werden. Die Römer können durch ihren Richterspruch die Rhodier für Feinde erklären, so bleibt uns dennoch unser eigener Spruch über uns selbst, nach welchem wir uns nie für eure Feinde erklären, nie als Feinde handeln werden, selbst dann nicht, wenn alles mögliche Leid uns treffen wird.*

(25) Nach dieser ihrer Rede warfen sie sich abermals alle auf die Erde; und da sie in dieser flehenden Stellung die Ölzweige emporhielten, hieß man sie endlich aufstehen, und sie verließen das Rathaus. Nun begann die Diskussion. ***2*** Hauptsächlich waren diejenigen gegen die Rhodier aufgebracht, welche als Konsuln, Prätoren oder Unterfeldherren in Makedonien Krieg geführt hatten. Am meisten nahm sich ihrer Sache Marcus Porcius Cato an, der, bei aller ihm sonst eigenen Härte, diesmal als Stimmgeber im Senat der Schonende und Verzeihende war. ***3*** Ich will aber nicht durch Anführung dessen, was er sagte, die Fülle des Redners in einem eingereihten Nachbild darstellen; seine eigene Rede, die noch schriftlich vorhanden ist, befindet sich im fünften Buch seiner Urgeschichten. ***4*** Die Rhodier erhielten eine Antwort, welche sie zwar nicht als Feinde erklärte, aber auch nicht länger für Bundesgenossen gelten ließ. ***5*** Philokrates und Astymedes waren die Häupter der Gesandtschaft. Sie ließ einige ihrer Mitglieder mit Philokrates den Bescheid nach Rhodos überbringen, und andere mit Astymedes in Rom bleiben, um zu erfahren, was vorging, und die Ihrigen zu benachrichtigen. ***6*** Für jetzt befahlen ihnen die Väter, ihre Beamten aus Lykien und Karien innerhalb einer bestimmten Frist zurückzuziehen. Als dieser Bericht, der an sich niederschlagend genug gewesen sein mag, nach Rhodos kam, stimmte er die Rhodier, weil sie jetzt die Furcht vor dem größeren Übel gehoben sahen – hatten sie doch schon Krieg gefürchtet –, zur Freude. ***7*** Sie beschlossen sogleich, einen Kranz, 20 000 Goldstücke an Wert, nach Rom zu senden, und ließen zu dieser Gesandtschaft den Befehlshaber der Flotte, Theätetos, abgehen. Sie wollten nämlich um ein Bündnis mit Rom auf die Art bitten, dass darüber von ihren Bürgern kein Volksbeschluss gefasst und nichts schriftlich aufgezeichnet würde, weil sie, wenn sie es nicht erlangten, als Abgewiesene desto größere Schande gehabt hätten. ***8*** Und nur der Befehlshaber der Flotte hatte das Recht, hierüber ohne allen genehmigten Antrag zu unterhandeln. ***9*** Sie waren aber seit so vielen Jahren Freunde der Römer gewesen, ohne sich durch einen Bundesvertrag zu binden, aus keinem andern Grunde, als weil sie keinem König, der etwa ihrer Hilfe bedürfte, alle Hoffnung und sich selbst die Vorteile nicht unmöglich machen wollten, die sie von seinem

Wohlwollen oder von seinem Glück haben mussten. **10** Jetzt hielten sie es allerdings für nötig, um ein Bündnis zu bitten, nicht um sich dadurch mehr Sicherheit gegen andere zu geben, denn sie fürchteten außer den Römern keinen Menschen, sondern um bei den Römern selbst aus dem Verdacht zu kommen.

11 Ungefähr um diese Zeit fielen die Bürger von Kaunos von ihnen ab, und die von Mylassa besetzten die zu Euromon gehörigen Städte. *12* Noch war den Rhodiern der Mut so sehr nicht gesunken, dass sie es nicht beherzigt hätten, wenn ihnen die Römer Lykien und Karien nahmen, und das Übrige entweder durch Abfall sich befreite oder von Nachbarn besetzt wurde, sich dann auf die Küsten ihrer kleinen und unfruchtbaren Insel beschränkt zu sehen, welche durchaus die Volksmenge einer so großen Stadt nicht ernähren konnte. *13* Sie schickten also eilig Truppen ab und zwangen nicht nur die Kaunier, obgleich diese Hilfe von Kibyra an sich gezogen hatten, zum Gehorsam, sondern besiegten auch die Truppen von Mylassa und Alabanda, die nach Eroberung des Bezirkes von Euromon mit vereinigtem Heer gegen sie selbst heranzogen, bei Orthosia.

(26) Wählend dieser Vorgänge in Rhodos, in Makedonien und in Rom gab in Illyrien Lucius Anicius, der sich, wie oben gesagt, des Königs Gentius bemächtigt hatte, der gewesenen Königsstadt Skodra nach eingelegter Besatzung den Gabinius zum Befehlshaber, *2* und Rhizon und Olkinion, zwei Städte von vorteilhafter Lage, den Gaius Licinius. *3* Als er diese über Illyrien gesetzt hatte, ging er mit seinem übrigen Heer nach Epirus. Die erste Stadt, die sich hier ihm ergab, war Phanata, deren Bewohner ihm im Aufzug der Gnadeflehenden entgegenkamen. *4* Er gab ihr eine Besatzung und ging nach Molossis; und da ihn hier die Städte sämtlich einließen, nur Passaron, Tekmon, Phylake und Horreo nicht, rückte er zuerst vor Passaron. *5* Antinous und Theodotos waren die Häupter dieser Stadt, ausgezeichnet durch ihre Anhänglichkeit an Perseus und ihren Hass gegen die Römer; auch hatten sie das ganze Volk zum Abfall von den Römern vermocht. *6* Im Bewusstsein ihrer persönlichen Schuld schlossen sie ihm die Tore, um bei dem Mangel einer für sich zu hoffenden Verzeihung unter den alle Bürger treffenden Trümmern der Vaterstadt begraben zu werden, und ermunterten die Volksmenge, der Sklaverei den Tod vorzuziehen. *7* Gegen die beiden Übermächtigen wagte niemand einen Laut. Endlich rief ein gewisser Theodotos, ebenfalls ein vornehmer junger Mann, bei dem die größere Furcht vor den Römern die Scheu vor seinen Beherrschern besiegte, den Bürgern zu: *Was für eine Wut spornt euch an, eure Stadt dem Verbrechen zweier Einzelner zu opfern? 8 Ich wenigstens habe oft von Männern erzählen hören, die für ihre Vaterstadt in den Tod gegangen waren; allein von solchen, die um ihretwillen die Vaterstadt zugrunde gehen lassen wollen? – Wahrlich, da sind sie die Ersten. Warum öffnen wir nicht die Tore und fügen uns einer Herrschaft, der sich der Erdkreis gefügt hat?* *9* Als ihn auf dieses Wort die Menge begleitete, stürzten sich Antinous und Theodotos auf den ersten Posten der Feinde und fielen hier unter den Wunden, denen sie sich absichtlich ausgesetzt hatten. Die Stadt ergab sich den Römern. *10* Die durch ähnliche Hartnäckigkeit ihres Oberhauptes Kephalos verschlossene Stadt Tekmon gewann Anicius durch Übergabe, nachdem man jenen getötet hatte. Auch Phylake und Horeon ließen es nicht zum Sturm kommen. *11* Als Anicius Epirus beruhigt und seine Truppen für die Winterquartiere in geeignete Städte verteilt hatte, ging er nach Illyrien zurück und hielt zu Skodra, wo die fünf Bevollmächtigten von Rom angekommen waren, eine Zusammenkunft der Vornehmen, die er aus der ganzen Provinz berief. *12* Hier machte er von der Rednerbühne herab gemäß der Angabe seiner Beiräte bekannt, Roms Senat und Volk erkläre die Illyrer für frei. Er selbst werde aus allen Städten, Kastellen und Schanzen seine Besatzungen abführen. *13* Nicht bloß bürgerlich frei, sondern auch steuerfrei sollten die Issäer und Taulantier sein, von den Dassaretiern die Pirusten, ferner die Bewohner von Rhizon und Olkinion, weil sie noch vor Besiegung des Gentius auf die Seite der Römer getreten wären. *14* Auch den Daorsern

bewilligten sie die Steuerfreiheit, weil sie den Karavantios verlassen hätten und in ihren Waffen zu den Römern übergegangen wären. Die Bürger von Skodra, die Dassarenser und Selepitaner sollten halb so viel Steuern zahlen, als sie dem König entrichtet hätten. Dann machte er aus Illyrien drei Teile. *15* Zu dem ersten nahm er die oben genannten Völker, zu dem zweiten alle Labeaten, zu dem dritten die Akravoniten, die Bewohner von Rhizon, von Olkinion und ihre Nachbarn. Nach dieser über Illyrien ausgesprochenen Verfügung ging er nach Passaron in Epirus in die Winterquartiere zurück.

(27) Während dieser Ereignisse in Illyrien schickte Paulus noch vor der Ankunft der zehn Bevollmächtigten seinen von Rom schon zurückgekehrten Sohn Quintus Maximus hin, um Aeginion und Agassae zu plündern; *2* Agassae nämlich, weil die Bewohner, die bei einem freiwilligen Gesuch ums Roms Freundschaft ihre Stadt dem Konsul Anicius übergeben hatten, wieder zu Perseus übergetreten waren. Die Aeginier hingegen traf ein Vorwurf aus neuerer Zeit. *3* Sie hatten dem Gerücht vom Sieg der Römer nicht glauben wollen und einige Soldaten, die zu ihnen in die Stadt kamen, mit feindlicher Wut behandelt. *4* Auch schickte er den Lucius Postumius ab, die Stadt der Aeneaten feindlich zu plündern, weil sie mit größerer Hartnäckigkeit als die benachbarten Städte unter den Waffen geblieben waren. *5* Jetzt war es bald Herbst; und da er sich vorgenommen hatte, zu Anfang dieser Jahreszeit Griechenland zu bereisen und alle die Dinge in Augenschein zu nehmen, von denen man als berühmten Merkwürdigkeiten gewöhnlich mehr hört als selbst zu sehen bekommt, *6* gab er dem Gaius Sulpicius Gallus den Oberbefehl im Lager, ging mit einer mäßigen Begleitung ab, von welcher er seinen Sohn Scipio und den Bruder des Königs Eumenes, Atheaeos, zunächst um sich hatte, und ging durch Thessalien nach Delphi, dem berühmten Orakel. *7* Hier brachte er dem Apollo ein Opfer und bestimmte die angefangenen Säulen am Eingang des Tempels, worauf man die Standbilder des Königs Perseus hatte setzen wollen, als Sieger für seine eigenen. *8* Auch zu Lebadia besuchte er den Tempel des Jupiter Trophonius. Nachdem er hier die Mündung der Höhle, durch welche diejenigen, die sich des Orakels bedienen wollen, um die Götter zu befragen, hinabsteigen, in Augenschein genommen, auch dem Jupiter und der Hercynna, welche hier ihren Tempel haben, ein Opfer dargebracht hatte, ging er nach Chalkis, um den Euripos und Euböa zu sehen, diese durch eine Brücke so nahe mit dem Festland verbundene Insel. *9* Von Chalkis fuhr er nach dem nur 3000 Schritte entfernten Hafen Aulis hinüber, berühmt als ehemaliger Ankerplatz der Flotte Agamemnons von 1000 Schiffen, und nach dem Dianatempel, wo jener König der Könige, seinen Schiffen die Fahrt nach Troja zu erflehen, seine Tochter als Opfer an den Altar führte. *10* Von hier kamen sie nach Oropos in Attika, wo der Wahrsager Amphilochos göttlich verehrt wird und ein alter Tempel steht, dessen Gegend Quellen und Bäche reizend machen. *11* Dann weiter nach Athen, das freilich ebenfalls viele Gegenstände von uraltem Ruhm, aber auch ebenso viele für das Auge hatte, seine Akropolis, seine Häfen, seine Mauern, die den Piräus mit der Stadt verbinden, die meisten der Flotten großer Feldherren, und ausgezeichnete Bildwerke der Götter und Menschen von Stoff und Meistern aller Art.

(28) Nachdem er der Minerva, der Schutzgöttin der Akropolis, ein Opfer in der Stadt dargebracht hatte, ging er weg und kam am folgenden Tag nach Korinth. *2* Dies war damals noch vor der Zerstörung eine herrliche Stadt. Auch die Akropolis und die Landenge gewährten ihm einen Prachtanblick: die Akropolis, die zwischen den Mauern zu einer ungeheuren Höhe emporragte und doch von Quellen bewässert; die Landenge, welche zwei von Sonnenuntergang und -aufgang einander nahende Meere durch einen schmalen Zwischenweg trennt. *3* Von hier besuchte er die berühmten Städte Sikyon und Argos; dann Epidaurus, minder wohlhabend, allein durch den berühmten Tempel des Äskulap weitgepriesen, der 5000 Schritte von der Stadt entfernt liegt, jetzt nur noch an Spuren der losgebrochenen Weihgeschenke, damals an Weihgeschenken reich,

welche die Kranken aus Dankbarkeit für seine Heilmittel dem Gott geweiht hatten. ***4*** Von hier ging er nach Sparta, merkwürdig nicht durch Pracht der Gebäude, wohl aber durch seine Zucht und Einrichtungen. Von da ging er über Megalopolis nach Olympia. ***5*** Hier fand er zwar auch manches andere Sehenswerte, doch von dem Anblick des gleichsam vergegenwärtigten Jupiter fühlte er sich ergriffen. Darum ließ er auch ein ungewöhnlich prächtiges Opfer darbringen, gerade als hätte er auf dem Kapitol opfern sollen.

6 Nachdem er Griechenland so bereist hatte, ohne im Geringsten Erkundigungen darüber einzuziehen, wie ein jeder im Krieg mit Perseus für sich oder als Mitglied des Staates gedacht haben möchte – denn er wollte ja in den Gemütern der Bundesgenossen auch nicht die geringste beunruhigende Furcht erregen –, begegnete er auf der Rückreise nach Demetrias noch unterwegs einer Schar Aetoler in Trauergewändern. ***7*** Als er sich verwunderte und fragte, was dies zu bedeuten habe, wurde ihm gemeldet, Lykiskos und Tisippos hätten mit römischen Soldaten, die ihnen der Statthalter Baebius geschickt habe, den Senat umringt, 550 der Vornehmsten hingerichtet, andere mit Verbannung bestraft und die Güter der Hingerichteten und der Verbannten wären im Besitz dieser Ankläger. ***8*** Er hieß sie zu Amphipolis sich melden, besprach sich zu Demetrias mit Gnaeus Octavius, und als die Nachricht einlief, die zehn Bevollmächtigten hätten schon übergesetzt, ließ er alles andere liegen und reiste nach Apollonia zu ihnen. ***9*** Als ihm von Amphipolis aus Perseus, den man nicht sorgfältig genug bewacht hatte, dorthin entgegenkam – es ist eine Tagereise –, empfing er freilich ihn sehr freundlich. Als er aber in das Lager bei Amphipolis kam, ***10*** soll er dem Gaius Sulpicius einen nachdrücklichen Verweis gegeben haben, einmal, weil er gestattet habe, dass Perseus in einer solchen Entfernung von ihm in der Provinz umherschweife, sodann, weil er gegen die Soldaten nachsichtig genug gewesen sei, ihnen zu erlauben, zur Bedachung ihrer Winterquartiere sogar die Ziegel von den Stadtmauern zu nehmen. ***11*** Er befahl auch, die Ziegel zurückzuliefern und die gedeckt gewesenen Stellen wieder in den früheren Zustand zu setzen. Perseus in Person nebst seinem älteren Sohn Philipp übergab er als Verhaftete Aulus Postumius; die Tochter aber und der jüngere Sohn, die er von Samothrake nach Amphipolis holen ließ, fanden bei ihm eine durchaus angemessene Behandlung.

(29) Als der Tag gekommen war, wo er nach Amphipolis aus jeder Stadt zehn der Vornehmsten hatte kommen und alle Schriften, wo sie auch niedergelegt sein mochten, nebst dem königlichen Schatz hatte zusammenbringen lassen, setzte er sich mit den zehn Bevollmächtigten, von einer Menge Makedonier aller Art umgeben, auf der Richterbühne nieder. ***2*** Bei aller Gewohnheit an königliche Regierung gab ihnen doch die nie gesehene Richterbühne einen schrecklichen Anblick. Der den Zugang verwehrende Beilträger, der Herold, der Gerichtsdiener, dies alles war ihren Augen und Ohren etwas Ungewohntes, und hätte selbst Bundesgenossen, geschweige denn besiegte Feinde, schrecken können. ***3*** Als durch den Herold Stille geboten war, erklärte Paulus in lateinischer Sprache, was der Senat und er selbst mit Zustimmung seiner Beiräte beschlossen habe, und der Prätor Gnaeus Octavius – denn auch dieser war zugegen – sagte es in griechischer Übersetzung nach. ***4*** Gleich zuerst erklärte er die Makedonier für frei, im Besitz ihrer bisherigen Städte und Ländereien, mit Beibehaltung ihrer Gesetze und einer ihnen überlassenen Wahl jähriger Obrigkeiten. Dem römischen Volk sollten sie halb so viel an Steuern zahlen, wie sie den Königen entrichtet hätten. ***5*** Ferner werde Makedonien in vier Kreise geteilt. Der eine, und zwar der erste Kreis umfasse das Gebiet zwischen den Flüssen Strymon und Nessos; ***6*** an diesen Kreis schließe sich jenseits des Nessos nach Osten alles, soweit Perseus die Dörfer, Kastelle und Städte in Besitz gehabt habe, Aenos, Maronea und Abdera ausgenommen; und jenseits des Strymon nach Abend zu ganz Bisaltica nebst Heraklea mit dem Beinamen Sintis. ***7*** Der zweite Kreis bestehe aus der Gegend, welche gegen Osten der Fluss Strymon einschließe, Heraklea Sintike und die

Bisalten ausgenommen, gegen Abend, soweit der Strom Axius sie begrenze, mit Einschluss der Paeonier, die auf der Morgenseite des Stromes Axios wohnten. *8* Zum dritten Kreis wurde alles gerechnet, was gegen Osten der Axios, gegen Westen der Peneos begrenzt, gegen Norden schließt ihn das vortretende Gebirge Bora. Zu diesem Kreis schlug man auch die Gegend Paeoniens, wo es sich gegen Westen am Axios hinunterzieht; auch Edessa und Beroia sollten hierher gehören. *9* Der vierte Kreis, auf der andern Seite des Vorgebirges, grenzte auf der einen Seite an Illyrien, auf der andern an Epirus. Zu Hauptstädten, wo die Ständeversammlungen abgehalten werden sollten, machte er für den ersten Kreis Amphipolis, für den zweiten Thessaloniki, für den dritten Pella, für den vierten Pelagonia. *10* Hierher sollte jeder Kreis seine Landtage berufen, die Gelder einliefern und hier seine Obrigkeiten wählen.

Dann erklärte er, es sei beschlossen, dass sich keiner außerhalb seines Kreises eine Frau nehmen oder auf Ankauf von Ländereien und Gebäuden einlassen solle. *11* Die Gold- und Silberbergwerke sollten nicht benutzt werden; Eisen und Kupfer aber könnten sie bauen. Die Unternehmer sollten davon die Hälfte der Abgaben entrichten, welche sie dem König gezahlt hätten, Auch verbot er ihnen die Einfuhr des Salzes. *12* Den Dardanern, welche Paeonien zurückforderten, weil es ihnen gehört habe und mit ihrem Gebiet zusammenhänge, erklärte er, er gebe die Freiheit allen, die zum Reich des Perseus gehört hätten. *13* Weil er ihnen Paeonien verweigert hatte, erlaubte er ihnen den Ankauf des Salzes von dort, befahl dem dritten Kreis, Salz nach Stobi in Paeonien zu führen, und setzte den Preis fest. Holz zum Schiffbau sollten sie weder selbst fällen dürfen, noch anderen dies gestatten. Den an Barbaren angrenzenden Kreisen – und dies war, den dritten ausgenommen, der Fall bei allen – erlaubte er, an den äußersten Grenzen bewaffnete Posten aufzustellen.

(30) Durch diese am ersten Versammlungstag gemachten Erklärungen wurden die Gemüter zu verschiedenen Empfindungen gestimmt. Die ihnen wider Erwarten verliehene Freiheit und die Herabsetzung der jährlichen Abgaben richtete sie auf. *2* Allein dadurch, dass sie nach ihren Kreisen vom gegenseitigen Verkehr ausgeschlossen wurden, hielten sie sich für ebenso zerstückelt, als wenn man an einem Tier die Glieder, die eins das andere nötig haben, abreißt. Sowenig wussten selbst die Makedonier, wie groß Makedonien war, wie sich seine Einteilung von selbst ergab, und wie sehr sich jeder Kreis mit sich selbst begnügen konnte. *3* Der erste Kreis hat die Bisalten zu Bewohnern, ein sehr tapferes Volk – sie wohnen jenseits des Nessos und auf beiden Seiten des Strymon –, auch hat er manche eigentümliche Landfrüchte, ferner Bergwerke und die vorteilhafte Lage von Amphipolis, das als Vormauer jeden Zugang Makedoniens gegen Osten verschließt. *4* Der zweite Kreis hat die weltberühmten Städte Thessaloniki und Kassandrea, außerdem die ergiebige und getreidereiche Landschaft Pallene; auch gewähren ihm die Häfen um Torone und der sogenannte Äneashafen am Berg Athos bei ihrer günstigen Lage gegen die Insel Eubäa sowie gegen den Hellespont die Vorteile der See. *5* Der dritte Bezirk hat die bekannten Städte Edessa, Beroia, Pella und das kriegerische Volk der Bottier, auch an einer Menge gallischer und illyrischer Bewohner sehr fleißige Bauern. *6* Den vierten Kreis bewohnen die Eordaeer, Lynkesten und Pelagonen; mit diesem sind die Landschaften Atintania, Stymphalis und Elimiotis verbunden. *7* Dieser ganze Landstrich ist kalt, schwer zu bebauen und rau, und die Sinnesart der Bewohner hat Ähnlichkeit mit ihrem Boden. Auch machen schon die rohen Nachbarn sie wilder, weil sie durch Krieg sie in Unruhe erhalten und im Frieden ihnen ihre Sitten mitteilen. *8* Jetzt untersagte auch Paulus dem geteilten Makedonien, zwischen dessen Kreisen er alle Verbindungen aufgehoben hatte, die Beibehaltung der Rechtsform, an welche früher alle Makedonier gebunden waren, da er schon erklärt hatte, er werde ihnen auch Gesetze geben.

(31) Nun wurden die Aetoler vorgelassen. Bei dieser Untersuchung sah man mehr darauf, welche Partei die Römer und welche den König begünstigt hatte, als darauf, wer die Beleidiger

oder die Beleidigten waren. *2* Die Mörder wurden von aller Strafe freigesprochen. Die Verbannung der Vertriebenen wurde ebenso wie die Ermordung der Hingerichteten gebilligt. Aulus Baebius allein wurde verurteilt, weil er zur Ausübung eines Blutbades römische Soldaten hergegeben habe. *3* Dadurch, dass die Sache der Aetoler diesen Ausgang nahm, wurden bei allen größeren und kleineren Völkern Griechenlands die Anhänger der römischen Partei mit einem unerträglichen Übermut erfüllt, und sie traten alle diejenigen als Preisgegebene unter ihre Füße, die nur einigermaßen der Verdacht einer Vorliebe für den König traf. *4* Die Vornehmen in den Staaten zerfielen in drei Klassen. Zwei davon gründeten, während sie sich als Schmeichler entweder der römischen Herrschaft oder den zu begünstigenden Königen anschlossen, auf die Unterdrückung des Vaterlandes ihre eigene Macht; die dritte nahm, als die unbefangene den beiden anderen entgegenarbeitend, die Freiheit und die Gesetze in Schutz. *5* Je höher ihre Mitbürger diese schätzten, je weniger hatte sie die Gunst der Fremden. Durch das Glück der Römer gehoben, waren die Begünstiger der römischen Partei die Einzigen, die jetzt in Ämtern und bei Gesandtschaften standen. *6* Da sie sich nun zahlreich genug aus der Peloponnes, aus Böotien und anderen griechischen Landtagstädten eingefunden hatten, sprachen sie den zehn Bevollmächtigten beständig davon, *7* dass nicht bloß diejenigen, die sich aus Eitelkeit der Gastfreundschaft und Gunst des Perseus öffentlich gerühmt hätten, sondern noch weit mehr andere insgeheim seine Freunde gewesen wären. *8* Die Übrigen hätten unter dem Schein, die Freiheit zu verfechten, auf den Landtagen alles gegen die Römer eingeleitet. Auch lasse sich von diesen Völkern keine dauernde Treue erwarten, wenn man nicht den Trotz der Parteien breche und das Ansehen derer hebe und befestige, deren einziges Augenmerk die Herrschaft der Römer sei. *9* Auf ihre Angabe der Namen wurden nun durch schriftlichen Befehl des Feldherrn alle diejenigen aus Aetolien, Acarnanien, Epirus und Böotien berufen, die ihm nach Rom folgen sollten, um sich zu verantworten. Nach Achaia aber gingen zwei aus der Zahl der Bevollmächtigten ab, Gaius Claudius und Gnaeus Domitius, um den Befehl der Vorladung in Person zu überbringen. *10* Hierzu hatte man zwei Gründe. Einmal glaubte man, die Achäer hätten zur Nichtbefolgung noch Selbstvertrauen und Mut genug; auch könnten vielleicht Kallikrates und die Übrigen derer, die diese Mitteilungen erfanden oder verbreiteten, in Gefahr geraten. *11* Der andere Grund, die Vorladung in Person zu befehlen, war dieser. Die Briefe der Großen aus anderen Völkern waren mit den Heften des Königs den Römern in die Hände geraten; allein über den Beschuldigungen gegen die Achäer lag ein Dunkel, weil sich von ihnen auch nicht ein einziger Brief gefunden hatte. *12* Nach Entlassung der Aetoler wurden die Acarnanen vorgefordert. Bei ihnen kam es zu keiner Abänderung, außer dass Leukas vom Landtag der Acarnanen getrennt wurde. *13* Nun aber verbreitete sich durch die weitere Nachfrage, wer als Staats- oder als Privatmann auf des Königs Seite gewesen sei, die Untersuchung sogar bis nach Asien; *14* und Labeo wurde hingeschickt, Antissa auf der Insel Lesbos zu zerstören und die Antissaeer nach Methymna auswandern zu lassen, weil sie den königlichen Befehlshaber Antenor damals, als er mit seinen Schiffen bei Lesbos kreuzte, in ihren Hafen aufgenommen und mit Zufuhr unterstützt hatten. *15* Zwei Männer von Auszeichnung mussten unter dem Beil bluten; von den Aetolern Andronikus, der Sohn des Andronikus, weil er auf seines Vaters Seite gegen die Römer gekämpft hatte, von den Thebanern Neo, weil er sie zu dem Bündnis mit Perseus verleitet hatte.

(32) Nachdem die Untersuchungen der auswärtigen Angelegenheiten erledigt waren, wurden abermals die Makedonier zum Landtag berufen. *2* Hier wurde ihnen angekündigt, hinsichtlich der makedonischen Staatsverfassung hätten sie Räte – dort heißen sie Beisitzer – zu ernennen, nach deren Einsichten der Staat verwaltet werden solle. *3* Dann wurden die Namen der makedonischen Vornehmen vorgelesen, die mit ihren Söhnen, wenn sie über 15 Jahre alt wären, nach

Italien gehen sollten. *4* So hart es dem ersten Anschein nach war, so erkannte doch bald nachher die makedonische Volksmenge hierin eine zum Besten ihrer Freiheit getroffene Maßregel. Denn die Genannten waren sämtlich Vertraute des Königs, Hofbeamte, Heerführer, Befehlshaber der Flotten oder Besatzungen, gemahnt, vor dem König zu kriechen und anderen übermütig zu befehlen; *5* teils waren sie überaus reich, teils taten sie es solchen, denen sie an Vermögen nicht gleichkamen, im Aufwand gleich; alle lebten und kleideten sich auf königliche Art; Gemeinsinn war allen fremd, gleiche Gesetze, gleiche Freiheit ihnen unausstehlich. *6* Folglich erhielten alle, die in königlichen Diensten oder auch bei den unbedeutendsten Gesandtschaften gestanden hatten, den Befehl, Makedonien zu verlassen und nach Italien zu gehen; und auf die Nichtbefolgung des Befehls wurde der Tod gesetzt. *7* Bei Abfassung der Gesetze sorgte Paulus für Makedonien so, dass es schien, nicht, als gäbe er sie besiegten Feinden, sondern wohlverdienten Bundesgenossen, und dass selbst eine vieljährige Erfahrung, welche allein Gesetze berichtigt, bei dem Gebrauch nichts an ihnen zu tadeln fand.

8 Nach diesen ernsten Geschäften stellte er zu Amphipolis mit vieler Pracht ein feierliches Spiel an, das er nach längst getroffenen Vorkehrungen den Staaten Asiens und den Königen durch Boten hatte bekannt machen lassen, und als er in Person die Staaten Griechenlands bereiste, den Großen angekündigt hatte. *9* Denn es kamen hier aus allen Weltgegenden alle Arten von Kunstverständigen, die mit ihrer Geschicklichkeit bei Feierspielen ein Gewerbe trieben, sowie auch die Wettringer und die herrlichsten Pferde in Menge zusammen, auch Gesandtschaften mit Opfertieren und alles, was man in Griechenland an den größten Volksspielen Göttern und Menschen zu Ehren aufzustellen pflegt. *10* Und so kam es, dass man nicht allein die Pracht, sondern auch den Geschmack in der Anordnung der vielfachen Augenweide, worin die Römer damals noch ungeübt waren, bewunderte. *11* Ebenso zeichneten Überfluss und Aufmerksamkeit das Gastgebot aus, das er den Gesandtschaften gab. Sein Ausspruch ging damals von Mund zu Mund, dass nur der ein Gastmahl ausrichten und Spiele veranstalten könne, der im Krieg zu siegen verstehe.

(33) Als er die Feier der mannigfaltigen Spiele beendet und die ehernen Schilde hatte auf die Flotte bringen lassen, *2* ließ er die übrigen Waffen aller Art auf einen großen Haufen zusammenwerfen, betete zu Mars, zur Minerva, zur Mutter Lua und zu den übrigen Gottheiten, denen man nach menschlichen und göttlichen Rechten die feindliche Beute darbringen darf; und nun hielt er, der Feldherr, in eigener Person die Fackel darunter und zündete sie an. Darauf warfen die umherstehenden Obersten jeder nach Gebühr seine Fackel dazu. *3* Es findet sich bemerkt, dass bei dieser Zusammenkunft Europas und Asiens, bei welcher, teils um ihre Glückwünsche zu überbringen, teils als Zuschauer, von allen Orten her eine Menge Menschen zusammengeströmt und so viele See- und Landtruppen zugegen waren, ein so großer Überfluss an Vorräten war und die Lebensmittel in so niedrigem Preis standen, *4* dass der Feldherr an Privatpersonen, an Städte und Völker meistenteils hiervon Geschenke machte, und nicht bloß für ihren Bedarf während ihres Hierseins, sondern sogar zum Mitnehmen nach Hause. *5* Der Menge, die sich eingefunden hatte, gewährten aber nicht die Spiele auf der Bühne, nicht die kämpfenden Menschen, nicht die wettlaufenden Rosse so viel Augenweide wie die makedonische Beute, die insgesamt zur Schau ausgestellt war, an Standbildern, Gemälden, Teppichen und Gerät aus Gold, Silber, Erz und Elfenbein, für deren Anschaffung am makedonischen Hof so reichlich gesorgt war, *6* dass sie nicht bloß für den bezaubernden Anblick selbst, wie es deren im Palast zu Alexandrien die Menge gab, sondern zum beständigen Gebrauch angeschafft wurden. *7* Als er das alles hatte an Bord bringen lassen, übertrug er die Abführung nach Rom dem Gnaeus Octavius. Nun entließ Paulus die Gesandtschaften mit großer Freundlichkeit, ging über den Strymon und lagerte sich 1000

Schritte von Amphipolis entfernt, zog weiter und kam in fünf Märschen nach Pella. ***8*** Vor dieser Stadt ging er vorbei, weilte zwei Tage bei der sogenannten Höhle und schickte mit dem Befehl, bei Orikon wieder zu ihm zu stoßen, den Publius Nasica und seinen Sohn Quintus Maximus mit einem Teil seiner Truppen ab, um die Illyrer zu plündern, welche in diesem Krieg den Perseus unterstützt hatten. Er selbst ging nach Epirus, und nach 15 Tagesmärschen traf er zu Passaron ein.

(34) Nicht weit von hier war das Lager des Anicius. Damit diesen die folgenden Auftritte nicht in Bewegung setzen möchten, schrieb er ihm, der Senat habe die Beute in den Städten von Epirus, welche zu Perseus übergetreten wären, den Soldaten bestimmt. ***2*** In die einzelnen Städte schickte er in der Stille seine Hauptleute, welche sagen mussten, man habe sie, um den Epiroten und den Makedoniern gleiche Freiheit zu geben, hergeschickt, auch um die Besatzungen abzuführen, und forderte aus jeder Stadt zehn der angesehensten Bürger zu sich. Diesen kündigte er an, sie hätten alles Gold und Silber auf öffentliche Plätze zu liefern, und verteilte dann seine Kohorten auf alle Städte. ***3*** Nach den entfernteren brachen sie früher auf als nach den näheren, um in allen an demselben Tag anzukommen. ***4*** Die Obersten und die Hauptleute bekamen über die Leitung des Ganzen ihre Anweisungen. Am frühen Morgen wurde alles Gold und Silber zusammengebracht, um die vierte Tagesstunde den Soldaten das Zeichen zur Plünderung der Städte gegeben, ***5*** und die Beute war so groß, dass jeder Reiter 400, jeder Fußgänger 200 Denare als seinen Anteil erhielt, und 150 000 Menschen als Sklaven weggeführt wurden. ***6*** Darauf wurden die Mauern der geplünderten Städte geschleift; es waren ungefähr 70. Die Beute aus allen Städten wurde verkauft, und von der Summe bekam der Soldat bare Zahlung. ***7*** Paulus zog nun zum Meer nach Orikon, allein ohne die Habsucht der Soldaten, was er doch gehofft hatte, befriedigt zu haben, weil es sie verdross, bei der königlichen Beute ohne Anteil geblieben zu sein, gleich als hätten sie in Makedonien keinen Krieg geführt. ***8*** Als er zu Orikon die unter Scipio Nasica und seinem Sohn Maximus abgeschickten Truppen vorfand, schiffte er das Heer ein und ging nach Italien. ***9*** Einige Tage später setzte auch Anicius, nachdem er eine Zusammenkunft der übrigen Epiroten und Acarnanen abgehalten und den Vornehmen, deren Sache er der Untersuchung vorbehielt, befohlen hatte, ihm nach Italien zu folgen, auf den zurückerwarteten Schiffen, deren sich das makedonische Heer bedient hatte, nach Italien über.

10 Während dieser Vorgänge in Makedonien und Epirus kamen auch die Gesandten, welche dem Attalos mitgegeben wurden, um dem Krieg zwischen den Galliern und dem König Eumenes ein Ende zu machen, in Asien an. ***11*** Bei dem für den Winter geschlossenen Waffenstillstand waren nicht nur die Gallier in ihre Heimat abgezogen, sondern auch der König in die Winterquartiere nach Pergamon gegangen und hier bedenklich krank gewesen. Der Anfang des Frühjahres rief die Gallier ins Feld; ***12*** und als Eumenes sein Heer von allen Seiten bei Sardes zusammengezogen hatte, waren sie schon bis Synnada vorgerückt. Darauf hatten zu Synnada mit dem gallischen Fürsten Solovettius nicht allein die Römer eine Unterredung, sondern auch Attalos, der sie hierher begleitet hatte; doch fand man nicht für gut, ihn in das gallische Lager mitgehen zu lassen, um so bei der mündlichen Auseinandersetzung alle Erbitterung zu verhüten. ***12*** Publius Licinius unterredete sich mit dem Fürsten der Gallier und meldete zurück, jener sei bei seinen vermittelnden Bitten nur trotziger geworden. ***13*** Es musste auffallend sein, dass die Sprache römischer Gesandter bei der Vermittlung zwischen den mächtigen Königen Antiochos und Ptolemaeus von solcher Wirkung gewesen war, ***14*** dass sie den Augenblick Frieden machten und bei den Galliern nicht das geringste Gewicht hatte.

(35) Nach Rom wurden zuerst die Könige Perseus und Gentius mit ihren Kindern in die Gefangenschaft geführt, darauf die übrige Menge von Gefangenen; dann diejenigen Makedonier, denen befohlen war, nach Rom zu gehen, sowie auch die vornehmen Griechen; ***2*** denn auch von

diesen hatte man nicht bloß die im Land befindlichen nach Rom entboten, sondern auch denen die schriftliche Vorladung nachgeschickt, von denen man hörte, dass sie jetzt in Geschäften an anderen Höfen wären. ***3*** Wenige Tage darauf fuhr Paulus selbst auf dem Königsschiff von ungeheurer Größe mit 16 Ruderbänken – und man hatte es von der makedonischen Beute nicht bloß mit prächtigen Waffen, sondern auch mit königlichen Webereien geschmückt – den Tiber hinauf zur Stadt, und die ihm entgegenströmende Menge hatte die Ufer besetzt. ***4*** Einige Tage später kamen auch Anicius und Octavius mit ihrer Flotte an. Allen dreien wurde vom Senat der Triumph bewilligt, und der Prätor Quintius Cassius erhielt den Auftrag, nach einem Beschluss der Väter die Volkstribunen zu dem Antrag an den Bürgerstand zu vermögen, dass allen dreien auf den Tag, an dem sie im Triumph zur Stadt einzögen, der Oberbefehl zu lassen sei. ***5*** Das Mittelmäßige bleibt vom Neid unberührt, gewöhnlich streckt er seine Hand nach dem Höchsten aus, weder gegen den Triumph des Anicius noch des Octavius hatte man etwas einzuwenden; allein einen Paulus, mit welchem sich zu vergleichen selbst diese Männer geschämt hätten, benagte der Zahn der Verkleinerung. ***6*** Er hatte die Soldaten in der alten Zucht gehalten; von der Beute hatte er ihnen weniger gegeben, als sie von so großen Königsschätzen sich versprochen hatten, weil sie ihm, wenn er gegen ihre Habsucht nachsichtiger gewesen wäre, zur Lieferung in die Staatskasse nichts übriggelassen hätten. ***7*** Von dem ganzen makedonischen Heer hätten sich also an dem zur Abstimmung über jenen Antrag festgesetzten Tag ihrem Feldherrn zuliebe nur wenige Teilnehmer eingefunden. ***8*** Allein Servius Sulpicius Galba, der in Makedonien bei der zweiten Legion als Oberster gestanden hatte und ein persönlicher Feind des Feldherrn war, hatte nicht allein dadurch, dass er selbst ihnen die Hände drückte, sondern auch durch Verführer aus seiner Legion sie aufgefordert, bei der Stimmenabgabe zahlreich zu erscheinen. ***9*** Denn nun könnten sie sich an dem gebieterischen und geizigen Feldherrn dadurch rächen, dass sie den Vorschlag, in welchem auf seinen Triumph angetragen werde, verwürfen. Die Stadtbürger würden sich nach dem Urteil der Soldaten richten. Die Bewilligung der Gelder habe nicht von ihm abgehangen; die Bewilligung der Ehre hänge von den Soldaten ab. Er müsse da keine Gefälligkeit erwarten, wo er sie nicht verdient habe.

(36) Dies brachte die Soldaten in Aufregung. Als der Volkstribun Tiberius Sempronius auf dem Kapitol beantragte und es jedem Einzelnen freistand, über den Vorschlag seine Meinung zu sagen, niemand aber ihn zu empfehlen auftrat, weil man die Sache schon für ausgemacht hielt, ***2*** trat unerwartet Servius Galba auf und verlangte von dem Tribun, weil es schon nachmittags zwei Uhr sei und er nicht mehr Zeit genug habe, den Beweis zu führen, warum sie dem Aemilius den Triumph nicht bewilligen dürften, so möchten sie die Sache bis auf den folgenden Tag verschieben und sie gleich früh vornehmen. Zur Auseinandersetzung des Ganzen müsse er den Tag noch vor sich haben. ***3*** Als ihm der Tribun sagte, wenn er etwas vorzutragen habe, möge er es heute tun, so dehnte er seine Rede unter folgenden Angaben und Warnungen bis in die Nacht aus: Der Soldat sei zum Dienst mit Härte angehalten; man habe ihn größeren Beschwerden, größeren Gefahren als nötig gewesen sei, ausgesetzt. ***4*** Bei Belohnungen hingegen und Ehrengeschenken habe man alles ins Kleine gezogen; und wenn das Feldherren von diesem Schlag frei ausgehen sollte, so werde der Dienst für die im Feld Stehenden immer fürchterlicher und härter werden, und für die Sieger ebenso erwerbslos als arm an Ehre. Die Makedonier stünden sich besser als die römischen Soldaten. ***5*** Wenn sich diese zur Bestreitung des Vorschlages zahlreich genug am folgenden Tag einfänden, so würden die übermächtigen Herren erfahren, dass nicht alles vom Feldherrn, dass manches auch von den Soldaten abhänge. ***6*** Durch Reden dieser Art aufgeregt, besetzten die Soldaten am folgenden Tag so zahlreich das Kapitol, dass zur Stimmabgabe weiter niemand herankommen konnte. ***7*** Da also die ersten in die Schranken gerufenen Bezirke den

Vorschlag verwarfen, liefen die ersten Männer des Staates auf das Kapitol und riefen, es sei ein empörender Frevel, einem Lucius Paulus, dem Siegel in einem so wichtigen Krieg, des Triumphes zu berauben. ***8*** So würden die Feldherren der Ausgelassenheit und Habsucht des Soldaten preisgegeben. Ohnehin fehlten sie nur zu oft aus Gefallsucht, wie, wenn nun erst die Soldaten den Feldherren zu Herren gesetzt würden? Galba überhäuften sie, jeder auf seine Art, mit Vorwürfen. ***9*** Als endlich der Lärm sich legte, bat Marcus Servilius – er war Konsul und Befehlshaber der Reiterei gewesen – die Tribunen, die Sache von Neuem vorzunehmen und ihm einige Worte an das Volk zu gestatten. ***10*** Die Tribunen traten, um sich darüber zu beraten, allein zusammen, und aus Achtung vor den Vorstellungen der Vornehmen fingen sie die Sache wieder von vorn an mit der Erklärung, sie wollten dieselben Bezirke abermals zur Abstimmung aufrufen lassen, wenn Marcus Servilius und andere Privatmänner, falls sie wollten, geredet hätten.

(37) Da sprach Servilius: *Wenn es sich aus keinem andern Umstand abnehmen ließe, ihr Quiriten, was für ein großer Feldherr Lucius Aemilius gewesen sein muss, so wäre schon die eine genug, dass er, obgleich er so aufrührerische und leichtsinnige Soldaten und einen so vornehmen, so kühnen und zur Aufwiegelung der Menge so beredten Widersacher im Lager hatte, dennoch nie im Heer einen Aufruhr gehabt hat.* ***2*** *Derselbe Ernst des Oberbefehls, den sie jetzt hassen, hielt sie damals in Schranken. In alter Zucht gehalten, hielten sie für diesmal Ruhe.* ***3*** *Was Servius Galba betrifft, so musste der, wenn er seine erste Probe einer Anklage an Lucius Paulus ablegen und einen Beweis von seiner Beredsamkeit geben wollte, nicht einen Triumph verhindern, welchen, wenn ich auch nichts weiter sage, der Senat für gerecht erklärt hatte,* ***4*** *sondern musste am Tag darauf, wenn der Triumph vorbei war und er in Paulus nur einen Privatmann sah, ihn belangen und nach den Gesetzen verhören, oder auch etwas später, wenn er selbst erst ein Amt bekleidete, ihm einen Gerichtstag ansetzen und seinen Feind vor dem Volk anklagen.* ***5*** *Dann hätte Lucius Paulus den Lohn seines Wohlverhaltens, den Triumph für die musterhafte Führung des Krieges, aber auch seine Strafe bekommen, wenn er etwas getan hatte, was seines alten und neuen Ruhmes unwürdig war.* ***6*** *Aber freilich Galba wollte dem Mann, dem er keine Beschuldigung, keinen Vorwurf nachsagen konnte, nur sein Lob verringern. Verlangte er doch gestern zur Anklage des Lucius Paulus einen ganzen Tag und verbrauchte die noch übrigen vier Stunden des Tages zu seiner Rede.* ***7*** *Gab es jemals an einem Beklagten so viel auszusetzen, dass sich die schlechten Streiche seines ganzen Lebens in so vielen Stunden nicht hätten aufzählen lassen? Und hat er während der Zeit irgendetwas vorgebracht, wozu sich Lucius Paulus, wenn er sich verantworten müsste, nicht bekennen möchte?* ***8*** *Ich wünschte, es zerlegte mir jemand diese Versammlung auf einige Augenblicke in zwei; in die eine, von makedonischen Soldaten, in eine zweite, von Soldaten rein, mit einem nicht so von Gunst und Hass bestochenen Urteil, weil ja in dieser das ganze römische Volk richten soll. Mag unser Beklagter zuerst vor den Städtern in Friedensgewändern belangt werden.* ***9*** *Was würdest du, Servius Galba, vor Roms Quiriten angeben? Denn ein Geschwätz, wie folgendes, wäre dir ganz und gar genommen: „Auf dem Posten meintest du es mit uns so ernstlich und so eifrig, die Runde ging bei den Wahlen so streng und so aufmerksam herum, du machtest uns weit mehr Arbeit, als wir vorher hatten; denn du gingst selbst herum als Feldherr und Einforderer; an ein und demselben Tag ließest du uns einen Marsch machen und führtest uns vom Marsch in die Schlacht."* ***10*** *Ja, er gönnte euch nicht einmal nach dem Sieg die Ruhe; sogleich führte er euch zur Verfolgung des Feindes weiter. Er konnte euch durch Verteilung der Beute zu reichen Leuten machen und will die königlichen Gelder lieber im Triumph auffahren lassen und sie in die Schatzkammer liefern."* ***11*** *Mögen Reden dieser Art, wenn sie Soldaten aufwiegeln sollen, die ihre Ausgelassenheit, ihre Habsucht nicht genug geschmeichelt glauben, nicht ohne Ansporn sein;* ***12*** *allein auf den römischen Bürger hätten sie keinen Eindruck gemacht. Denn ohne sich die früheren, von seinen Eltern ihm erzählten Beispiele zurückzurufen, wie so manche Niederlage durch*

die schmeichelnde Nachgiebigkeit der Feldherren herbeigeführt wurde, und was für herrliche Siege ein strenger Oberbefehl errang, weiß er wenigstens aus dem letzten Punischen Krieg noch sehr gut, was für ein großer Unterschied zwischen einem Marcus Minucius, dem Befehlshaber der Reiterei, und einem Diktator Quintus Fabius Maximus war. **13** *Dass dies dem Ankläger nicht unbekannt sein konnte, und dass eine Verteidigung des Paulus ganz unnötig gewesen sei, diese Überzeugung, Quiriten, wenn ihr sie auch, von dem Soldatengewühl verdrängt, durch eure Stimmen nicht habt darlegen können, darf ich euch um so sicherer zutrauen, da wir gesehen haben, dass es im ganzen römischen Volk auch nicht einen Menschen gab, welcher geglaubt hätte, dass die an euch geschehene Anfrage über den Triumph eines Lucius Aemilius auch nur einer Empfehlung bedürfe.*

14 *Nun hinüber zu der andern Versammlung. Und hier ist mir, als möchte ich euch nicht als Quiriten anreden, sondern Soldaten, um zu sehen, ob noch wohl dieser Name euch eine Röte auf die Wangen treiben und euch eine Art von Scheu einflößen könne, euren Feldherrn zu misshandeln.*

(38) *Ich selbst gerate in eine andere Stimmung, wenn ich glaube, vor einem Heer zu reden, als kurz vorher, wo meine Rede an die Staatsbürger gerichtet war. Denn was sagt ihr dazu, Soldaten?* **2** *Es gäbe zu Rom außer Perseus noch jemanden, der einen Triumph über Makedonien nicht wünschte? Und ihr zerreißt ihn nicht mit denselben Händen, mit denen ihr die Makedonier besiegt habt? Wer euch wehrt, triumphierend in die Stadt einzuziehen, der hätte euch, wenn es bei ihm stand, auch den Sieg gewehrt.* **3** *Ihr irrt, Soldaten, wenn ihr glaubt, der Triumph sei nur des Feldherrn Ehre und nicht auch der Soldaten und des ganzen römischen Volkes.* **4** *Sollte nicht Paulus, wenn es seine Ehre allein beträfe, es ebenso machen können, wie es schon so viele gemacht haben, denen vom Senat der Triumph versagt wurde? Sie triumphierten auf dem Albanerberg. Aber dem Lucius Paulus lässt sich die Ehre, den Makedonischen Krieg beendet zu haben, ebenso wenig entreißen, als dem Gaius Lutatius die des beendeten ersten Punischen Krieges, als dem Publius Cornelius die des zweiten.* **5** *Und allen denen, die triumphiert haben – sei es früher oder später –, der jedem gebührende Preis. Auch kann Lucius Paulus als Feldherr durch den Triumph weder kleiner noch größer werden; allein dem guten Namen des Soldaten und des ganzen römischen Volkes liegt mehr daran.* **6** *Einmal, um sich nicht dem Verdacht des Neides und der Undankbarkeit immer gegen die ausgezeichnetsten Mitbürger auszusetzen und den Schein auf sich zu laden, als ahme man die Athener nach, die ihre großen Männer aus Neid zugrunde richteten.* **7** *Genug, dass eure Vorfahren sich an Camillus versündigt haben, wiewohl sie ihn nur vorher misshandelten, ehe sie die Vaterstadt durch ihn von den Galliern errettet sahen, und noch mehr, ihr selbst an Publius Africanus! O dass der Bezwinger von Afrika seine Wohnung und seinen Aufenthalt zu Liternum gehabt haben muss, dass sein Grabmal zu Liternum gezeigt wird!* **8** *Schämen müssen wir uns, wenn Lucius Paulus diesen Männern, so wie er ihnen an Ruhm gleichsteht, auch durch unsere Kränkungen gleich wird. Also einmal, dieser schlimme Ruf muss getilgt werden, der uns bei anderen Völkern zur Schande, bei unseren eigenen Bürgern zum Schaden gereicht.* **9** *Denn wer verlangt in einem undankbaren und gegen die Guten feindseligen Staat einem Africanus oder Paulus ähnlich zu sein?* **10** *Wenn wir uns aber auch keiner Schande aussetzen, und es wäre hier bloß die Frage von der Ehre, wo gäbe es dann einen Triumph, der nicht allem, was Römer heißt, in gleicher Weise Ehre brächte?* **11** *Die vielen Triumphe über die Gallier, über die Spanier, über die Punier – sind das bloß Triumphe der Feldherren oder der römischen Nation? Ebenso, wie die Triumphe nicht über Pyrrhus allein, nicht über Hannibal allein gehalten sind, sondern auch über die Epiroten und Karthager, haben auch nicht bloß Manius Curius, nicht bloß Publius Cornelius triumphiert, sondern die Römer.* **12** *Und die Soldaten geht die Sache ganz besonders an, da sie, ebenfalls mit Lorbeer geschmückt, und jeder durch die Geschenke, die ihm gegeben wurden, ausgezeichnet, den Triumphgott bei Namen rufen und unter Liedern auf ihre und ihres Feldherrn rühmlichen Taten durch die Stadt einherziehen.* **13** *Werden einmal die Soldaten*

nicht vom Kriegsschauplatz zum Triumph mit abgeführt, so murren sie laut, und selbst dann halten sie den Triumph, bei dem sie nicht zugegen sind, für den ihrigen, weil ihre Hände den Sieg errungen haben. **14** *Wenn euch jemand fragte, Soldaten, zu welchem Zweck man euch nach Italien abgeführt und nicht sogleich nach Beendigung eures Felddienstes entlassen habe, wozu ihr vollzählig unter den Fahnen nach Rom gekommen seid, warum ihr hier weilt und nicht, jeder in seine Heimat, auseinandergingt, was möchtet ihr anders antworten als, ihr wolltet euch im Triumph sehen lassen? Wenigstens musste es doch euer Wunsch sein, euch als Sieger zeigen zu können.*

(39) *Vor Jahren sahen wir den Triumph über Philipp, den Vater des jetzt Besiegten, und den über Antiochos. Beide blieben, als über sie triumphiert wurde, regierende Könige. Und über Perseus, der als Gefangener mit seiner Familie nach Rom gebracht wird, soll nicht triumphiert werden?* **2** *Wenn jetzt Lucius Paulus im Gedränge der gewöhnlich gekleideten Bürger ohne alles Abzeichen als bloßer Privatmann den beiden in Gold und Purpur auf ihrem Triumphwagen zum Kapitol hinanfahrenden Siegern von unten herauf die Frage zuriefe: Lucius Anicius, Gnaeus Octavius, haltet ihr euch des Triumphes würdiger als mich? Ich bin überzeugt, sie würden ihm den Wagen räumen und voll Beschämung ihre Ehrenzeichen selbst in seine Hände geben.* **3** *Und ihr, Quiriten, wolltet lieber den Gentius als den Perseus im Triumph aufgeführt sehen, und über einen Anhang dieses Krieges lieber triumphieren lassen als über den Krieg selbst?* **4** *Die Legionen aus Illyrien und die Seetruppen sollen mit Lorbeer geschmückt in die Stadt einziehen, und die makedonischen Legionen, denen der eigene Triumph versagt wird, sollen fremden Triumphen zusehen?* **5** *Was soll alsdann aus dieser so überreichen Beute werden, aus allem, was ein so bedeutender Sieg erwarb? Wohin sollen die vielen tausend, den erschlagenen Feinden ausgezogenen Waffen versteckt werden? Sollen wir sie etwa nach Makedonien zurückschicken? Wohin mit den vergoldeten, marmornen und elfenbeinernen Standbildern, den Gemälden, Teppichen, mit dem vielen Silber von getriebener Arbeit, mit so vielem Gold und dem großen königlichen Schatz?* **6** *Soll das alles bei Nacht wie Diebesbeute in die Schatzkammer gebracht werden? Und nun, das Sehenswürdigste von allem, ein so berühmter, so mächtiger König als Gefangener, wo soll er dem Volk, das ihn besiegte, gezeigt werden? –* **7** *Welch eine Menschenmenge die Erscheinung des gefangenen Königs Syphax herbeizog, obgleich er nur eine Zugabe zum Punischen Krieg war, wissen noch die meisten von uns. Und Perseus, als König ein Gefangener – seine Söhne Philipp und Alexander – was für Namen! – sollen den Augen der Bürger entzogen werden?* **8** *Sind doch aller Augen begierig nach dem Anblick des Lucius Paulus selbst, wenn er als zweimaliger Konsul, als Besieger Griechenlands, auf dem Triumphwagen zur Stadt einfährt. Wir haben ihn zum Konsul gewählt, damit er einen Krieg beenden möchte, der nicht ohne große Beschämung für uns vier Jahre lang hingehalten wurde,* **9** *um dem Mann, dem wir, als das Los ihm diesen Krieg bestimmte, dem wir bei seinem Auszug Sieg und Triumph mit prophetischem Geist zusagten, nach dem Sieg den Triumph zu versagen, um nicht bloß Menschen,* **10** *sondern auch den Göttern den Dank zu entziehen? Denn auch den Göttern gebührt er, nicht bloß den Menschen allein. Haben nicht eure Vorfahren jede große Unternehmung bei ihrem Anfang mit den Göttern begonnen und sie bei der Beendigung ebenso auf die Götter zurückgeführt?* **11** *Wenn ein Konsul oder Prätor im Feldherrnpurpur mit seinen Beilträgern auf seinen Amtsposten und in den Krieg auszieht, spricht er auf dem Kapitol seine Gelübde aus. Wenn er als Sieger nach Beendigung des Krieges triumphierend auf dem Kapitol erscheint, führt er ebenfalls den Göttern, vor denen er die Gelübde tat, die gebührenden Dankgeschenke des römischen Volkes zu.* **12** *Die vorangehenden Opfertiere sind nicht der unbedeutendste Teil des Triumphes. Sie sollen zeigen, dass der Feldherr für den Segen bei seinen Unternehmungen dankbringend zu den Göttern zurückkehrt. So geht denn hin und schlachtet alle die Opfertiere, welche Paulus zur Aufführung im Triumph den Göttern geweiht hatte, der eine hier, der andere dort.* **13** *Das feierliche Gastmahl des Senates, das in keinem Privathaus, auf keinem*

ungeweihten Platz, sondern auf dem Kapitol gegeben werden muss – etwa bloß Menschen zum Genuss, oder Göttern und Menschen zugleich? –, wolltet ihr dies auf das Wort eines Servius Galba stören? Sollen dem Triumph des Lucius Paulus die Tore verschlossen werden? ***14*** *Der makedonische König Perseus soll mit seiner Familie, mit den übrigen Gefangenen und der makedonischen Beute auf jener Seite des Flusses zurückgelassen werden? Lucius Paulus soll als Privatmann, als käme er von seinem Landgut zur Stadt, vom Tor nach Hause gehen? –* ***15*** *Nein, höre du, Hauptmann, du, Soldat, lieber auf das, was hinsichtlich deines Feldherrn Paulus der Senat bestimmt hat, als was ein Servius Galba schwatzt, und lass es dir lieber von mir als von diesem sagen.* ***16*** *Er hat nichts als schwatzen gelernt, und noch dazu schmähend und verleumderisch schwatzen: „Ich habe 23mal auf Herausforderung mit Feinden gekämpft und allen, mit denen ich kämpfte, nahm ich die Rüstung. Gezeichnet ist mein Körper mit ehrenvollen Narben von lauter vorn empfangener Wunden." –* ***17*** *Hier soll er sich entblößt und erzählt haben, in welchem Krieg er jede Wunde bekommen habe. Indem er sie zeigte, veranlasste bei den Zunächststehenden, weil er zufällig gewisse zu verhüllende Teile aufdeckte, eine Geschwulst dieser Teile ein Gelächter:* ***18*** *„Auch dies", sprach er, „worüber ihr lacht, habe ich von dem Sitzen zu Pferd bei Tag und Nacht, und fühle deswegen ebenso wenig Scham oder Missvergnügen wie über diese Narben; denn es hat mich nie verhindert, die Sache des Staates im Frieden und im Krieg mit Ehren zu führen. Waren es doch junge Leute, die selbst im Dienst stehen, denen ich alter Soldat meinen so oft vom Schwert getroffenen Körper gezeigt habe." Mag sich nun Galba in seiner glatten, unversehrten Haut entblößen! – Ich dächte, Tribunen, ihr riefet jetzt die Bezirke zur neuen Abstimmung auf. Ich aber, Soldaten, gehe zu euch* [Es fehlt ein Blatt.]

(40) Die Summe des ganzen erbeuteten Goldes und Silbers, das im Triumph eingeliefert wurde, gibt Valerius Antias auf 120 Millionen Sesterzien an, während doch ohne Zweifel eine weit größere Summe aus der Zahl der Wagen und der Gold- und Silberwagen, die er besonders nach ihren Metallen verzeichnet hat, herauskommt. ***2*** Noch einmal so viel, sagt man, hatte der letzte Krieg gekostet aber war auf der Flucht, als Perseus nach Samothrake eilte, verstreut. Und man muss sich über diese Menge Geld umso mehr wundern, weil so viel in 30 Jahren, seit Philipps Krieg mit Rom, vom Ertrag der Bergwerke und von den übrigen Einkünften gesammelt war. ***3*** Philipp also fing seinen Krieg mit den Römern ohne Geld an, Perseus hingegen als der Überreiche. – ***4*** Zuletzt kam Paulus selbst auf seinem Wagen, ehrfurchtgebietend durch sein würdevolles Aussehen und durch sein Alter selbst; und hinter seinem Wagen seine zwei Söhne Quintus Maximus und Publius Scipio, von anderen angesehenen Männern umgeben; dann die Reiter in ihren Geschwadern und die Kohorten des Fußvolkes in Reihe und Glied. ***5*** Jeder vom Fußvolk bekam als Anteil 100 Denare, ein Hauptmann das Doppelte, der Reiter das Dreifache. Und man glaubt, der Feldherr hätte jedem Fußgänger und so nach Verhältnis auch den anderen noch einmal so viel gegeben, wenn sie entweder der ihm bestimmten Ehre sich nicht widersetzt oder selbst bei der Ankündigung, dass sie so viel erhalten sollten, ihm einen freundlichen Dank zugerufen hätten.

6 Nicht aber Perseus allein war in diesen Tagen ein sprechender Beweis vom Wechsel der menschlichen Schicksale, als er in Ketten dem Wagen des siegenden Feldherrn durch die Stadt der Feinde vorangeführt wurde, sondern auch der von Gold und Purpur strahlende Sieger Paulus. ***7*** Denn da er zwei Söhne zur Aufnahme in andere Familien hingegeben hatte, so starben ihm von den beiden anderen, die er als die einzigen Erben seines Namens, seiner gottesdienstlichen Gebräuche und seiner Familie bei sich behielt, der jüngere, beinahe zwölf Jahre alt, fünf Tage vor dem Triumph, und der ältere von 14 Jahren, drei Tage nach dem Triumph, ***8*** da sie, jetzt noch im verbrämten Knabenrock, unter Vorahnungen ähnlicher Triumphe für sie selbst, mit dem Vater im Triumphwagen hätten fahren müssen. ***9*** Er erwähnte dies, als er wenige Tage darauf in der vom Volkstribun Marcus Antonius ihm bewilligten Volksversammlung, wie andere Feldherren, seine Taten auseinandergesetzt hatte, in folgenden denkwürdigen und einem der ersten Männer Roms angemessenen Worten:

(41) *Obgleich ich der Meinung bin, Quiriten, dass es euch nicht unbekannt ist, mit welchem Glück ich die Sache des Staates geführt habe, und was für zwei Schicksalsschläge in diesen Tagen mein Haus getroffen haben, denn ihr seid bald bei meinem Triumph, bald wieder bei den Leichenzügen meiner Kinder Zuschauer gewesen,* **2** *so bitte ich euch dennoch, lasst mich das Glück des Staates und mein häusliches Unglück mit Empfindungen gegeneinanderhalten, wie sie Pflicht für mich sind.* **3** *Bei meiner Abfahrt aus Italien ging ich von Brundisium nach Sonnenaufgang mit der Flotte unter Segel; um die neunte Tagesstunde erreichte ich mit allen meinen Schiffen Korkyra. Fünf Tage darauf brachte ich zu Delphi für mich, für die Heere und Flotten dem Apollo die gebührenden Opfer dar.* **4** *Von Delphi kam ich am fünften Tag im Lager an. Als ich hier das Heer übernommen und manches geändert hatte, was dem Sieg sehr hinderlich war, rückte ich aus, und weil das Lager der Feinde unüberwindlich war, der König auch zur Schlacht nicht gezwungen werden konnte, ging ich mitten unter seinen aufgestellten Posten durch den Pass bei Petra, zwang den König bei Pydna zur Schlacht, besiegte ihn,* **5** *unterwarf Makedonien dem römischen Volk und den Krieg, den vier Jahre lang vier vor mir gewesene Konsuln so geführt hatten, dass sie ihn immer schwieriger gemacht ihrem Nachfolger übergaben, beendete ich in 15 Tagen.* **6** *Hieraus erwuchs gleichsam eine reiche Ernte neuen Glückes. Alle Städte Makedoniens ergaben sich; der königliche Schatz fiel in unsere Hände, der König selbst wurde, als wollten sogar die Götter ihn uns ausliefern, im Tempel der Samothraker mit den Seinigen unser Gefangener.* **7** *Ich selbst hielt nachgerade mein Glück für zu groß und wurde misstrauisch. Ich fing an, Gefahren zur See zu fürchten, wenn ich nun den großen königlichen Schatz nach Italien übersetzen und das siegreiche Heer hinüberbringen müsste.* **8** *Nachdem nun alles bei der glücklichsten Fahrt der Flotte angelangt und nichts mehr zu erbitten übrig war, war dies mein Wunsch, weil das Glück vom höchsten Gipfel wieder bergab zu rollen pflegt, es möchte den Wechsel des Glückes lieber mein Haus als der Staat erfahren.* **9** *Ich hoffe also, der Staat soll durch meinen so großen Verlust sein Missgeschick abgekauft haben, da mein Triumph – gleichsam um mit dem, was Menschen treffen kann, zu spielen – zwischen die beiden Leichenzüge meiner Kinder gefallen ist.* **10** *Und da ich und Perseus jetzt als besonders auffallende Beispiele des menschlichen Schicksals die Augen auf uns ziehen, so hat er, der selbst als Gefangener seine Kinder als Gefangene vor sich her aufführen sah, sie doch noch am Leben,* **11** *ich aber, der ich über ihn triumphierte, kam von der Leiche des einen Sohnes auf meinem Wagen auf das Kapitol und vom Kapitol zu dem andern, als er schon im Sterben lag; und von einem solchen Segen an Söhnen bleibt mir auch nicht einer, der den Namen des Lucius Aemilius Paulus erben soll.* **12** *Denn zwei, die ich nach Maßgabe eines solchen Reichtums an Kindern fremden Vätern zur Annahme überließ, gehören jetzt in die Cornelische und Fabische Familie, und im Haus des Paulus ist außer dem Greis weiter niemand, allein bei diesem meinem häuslichen Verlust werde ich durch euren Wohlstand und die erfreuliche Lage des Staates getröstet.*

(42) Dieser Ausdruck so erhabener Empfindungen war für die Zuhörer ergreifender, als wenn er sich unter Tränen über seine Kinderlosigkeit jammernd beklagt hätte.

2 Der Seetriumph des Gnaeus Octavius über König Perseus ging am 1. Dezember vor sich. Dieser Triumph war ohne Gefangene und Beute. **3** Jedem Seemann gab er 75 Denare, jedem Steuermann von der Flotte das Doppelte, jedem Schiffshauptmann das Vierfache. **4** Nun war Senatssitzung. Die Väter beschlossen, Quintus Cassius solle den König Perseus nebst seinem Sohn Alexander nach Alba in Verwahrung abführen, nebst seinen Bedienten, seinem Geld, Silbergerät und seinen übrigen Sachen. **5** Bithys, der Sohn des thrakischen Königs Kotys, wurde mit den Geiseln zur Verwahrung nach Karseoli gebracht. Die übrigen Gefangenen, welche im

Triumph aufgeführt waren, ließ man in den Kerker bringen. ***6*** Wenige Tage darauf kamen vom thrakischen König Kotys Gesandte mit einer Summe Geld zur Auslösung seines Sohnes und der übrigen Geiseln. ***7*** Als sie im Senat vorgelassen wurden und in ihrem Vortrag den Beweis, dass Kotys den Perseus im Kriege nicht freiwillig unterstützt habe, selbst daraus hernehmen wollten, dass er gezwungen gewesen sei, Geiseln zu stellen, dann auch die Bitte hinzufügten, man möge ihnen erlauben, die Geiseln um einen Preis loszukaufen, den die Väter selbst zu bestimmen hatten, ***8*** erhielten sie nach einem Beschluss des Senates zur Antwort, das römische Volk sei der früheren Freundschaft mit Kotys sowie mit dessen Vorfahren und der thrakischen Nation nicht uneingedenk. ***9*** Allein gerade dies, dass er Geiseln gestellt habe, gereiche ihm zum Vorwurf, nicht aber zur Entschuldigung des Vorwurfes, insofern Perseus nicht einmal bei voller Ruhe den Thrakern habe furchtbar sein können, viel weniger also, wenn ihn ein römischer Krieg in Anspruch genommen habe. ***10*** Trotzdem wollten die Römer, obgleich Kotys die Freundschaft des Perseus der ihrigen vorgezogen habe, lieber das in Anschlag bringen, was für sie selbst sich schicke, als was nach dem Benehmen des Kotys geschehen könne, und ihm seinen Sohn und die Geiseln zurückgeben. ***11*** Gefälligkeiten ließen sich die Römer nicht bezahlen; den Wert derselben im Herzen der Empfänger niederzulegen, sei ihnen lieber als ihn bar einzutreiben. Zu Gesandten, welche die Geiseln nach Thrakien zurückbringen sollten, wurden Titus Quinctius Flamininus, Gaius Licinius Nerva, Marcus Caninius Rebilus gewählt, den thrakischen aber jedem ein Geschenk von 2000 As gegeben. ***12*** Bithys, den man mit den übrigen Geiseln von Karseoli holen ließ, ging mit den Gesandten zu seinem Vater. Die den Makedoniern abgenommenen königlichen Schiffe von ungewöhnlicher Größe wurden auf dem Marsfeld ans Land gebracht.

(43) Noch schwebte Roms Bürgern der makedonische Triumph nicht bloß in Gedanken, sondern fast vor Augen, als am Quirinusfest (17. Februar) Lucius Anicius über den König Gentius und die Illyrer triumphierte. ***2*** Sie fanden in allen Stücken beide Triumphe mehr einander ähnlich als gleich. Der Feldherr selbst erreichte jenen nicht, man mochte Anicius mit Aemilius hinsichtlich des Standes oder den Prätor mit dem Konsul im Rang der Feldherrnstellen vergleichen; ebenso wenig ließen sich Gentius mit Perseus, die Illyrer mit den Makedoniern, Beute mit Beute, Gelder mit Geldern, Geschenke mit Geschenken zusammenstellen. ***3*** Überstrahlte also der neuliche Triumph diesen allerdings, so fand man ihn doch, wenn man ihn an sich selbst betrachtete, keineswegs unbedeutend. ***4*** Die im Land- und Seekrieg tapfere, auf ihre festen Plätze trotzende Nation der Illyrer hatte Anicius in wenigen Tagen völlig bezwungen, den König und alle Mitglieder der königlichen Familie zu Gefangenen gemacht; ***5*** zur Aufführung im Triumph lieferte er eine Menge von Kriegsfahnen und anderer Beute nebst dem königlichen Gerät, 27 Pfund Gold, 1009 Pfund Silber, 3000 Silberdenare und 120 000 Stück illyrisches Silbergeld. ***6*** Seinem Wagen gingen König Gentius mit seiner Gemahlin und Kindern, Karavantios, der Bruder des Königs, und mehrere vornehme Illyrer voran. ***7*** Den Soldaten gab er von der Beute jedem 45 Denare, dem Hauptmann das Doppelte, dem Reiter das Dreifache, den Latinern so viel wie seinen Mitbürgern, den Seeleuten so viel wie den gemeinen Soldaten. ***8*** Bei diesem Triumph zeigte der Soldat größere Fröhlichkeit und ließ es an Liedern zum Preis seines Feldherrn nicht fehlen. Valerius Antias berichtet, man habe außer dem in die Schatzkammer abgelieferten Gold und Silber aus dieser Beute 20 Millionen Sesterzien gelöst. Weil ich nicht einsah, woraus man denn diese Summe habe lösen können, habe ich, ohne von der Angabe Gebrauch zu machen, ihren Gewährsmann angeführt. ***9*** Nach einem Senatsbeschluss wurde König Gentius mit Kindern, Gemahlin und Bruder nach Spoletium, die übrigen Gefangenen in den Kerker nach Rom gebracht; da aber die Spoletiner die Bewachung der königlichen Familie nicht übernehmen wollten, brachte man diese nach Iguvium (im Umbrien). Nun waren von der Beute aus Illyrien noch 220 Schiffe übrig. Diese dem

König Gentius abgenommenen Schiffe übergab Quintus Cassius nach einem Senatsbeschluss den Bewohnern von Korkyra, Apollonia und Dyrrachium.

(44) Die Konsuln, die in diesem Jahr nichts Besonderes verrichteten, weil die Feinde nie mit ihren Heeren ausrückten, kehrten nach einer bloßen Plünderung des ligurischen Gebietes zur Wahl der neuen Obrigkeiten nach Rom zurück, und unter ihrem Vorsitz wurden gleich am ersten Versammlungstag Marcus Claudius Marcellus und Gaius Sulpicius Gallus zu Konsuln gewählt; *2* dann am folgenden Tag zu Prätoren Lucius Julius, Lucius Apuleius Saturninus, Aulus Licinius Nerva, Publius Rutilius Calvus, Publius Quinctilius Varus und Marcus Fonteius. Die diesen Prätoren bestimmten Aufgabenbereiche waren die beiden in der Stadt, beide Spanien, Sizilien und Sardinien. *3* In diesem Jahr war ein Schaltmonat; der erste Schalttag fiel auf den Tag nach dem Terminusfest. Der Vogelschauer Gaius Claudius starb in diesem Jahr; an seine Stelle wählten die Vogelschauer den Titus Quinctius Flamininus. Auch starb Quintus Fabius Pictor, der Eigenpriester des Quirinus.

4 In diesem Jahr kam König Prusias mit seinem Sohn Nikomedes nach Rom. *5* Er zog mit einem großen Gefolge in die Stadt ein, ging vom Tor geradewegs auf den Markt und vor die Richterbühne des Prätors Quintus Cassius, dem er unter großem Zusammenlauf von allen Seiten erklärte, er sei gekommen, den die Stadt Rom bewohnenden Göttern und Roms Senat und Volk seine Ehrerbietung zu bezeigen und ihnen Glück zu wünschen, dass sie die Könige Perseus und Gentius besiegt und durch die Unterwerfung von Makedonien und Illyrien ihre Herrschaft erweitert hätten. *6* Als ihm der Prätor sagte, er wolle, wenn es ihm gefällig sei, ihn noch heute in den Senat einführen, erbat er sich zwei Tage aus, um die Tempel der Götter und die Stadt zu besichtigen und seine Gastfreunde und Freunde zu besuchen. *7* Um ihn herumzuführen, wurde ihm der Quästor Lucius Cornelius Scipio beigegeben, der ihm schon nach Capua entgegengeschickt war; auch mietete man für ihn und sein Gefolge ein Haus, das ihn freundlich aufnahm. *8* Drei Tage darauf kam er vor den Senat. Er wünschte Glück zum Sieg, erwähnte seine Verdienste in diesem Krieg und bat, man möge ihm erlauben, zur Erfüllung seines Gelübdes zu Rom auf dem Kapitol zehn große Opfertiere und eins der Fortuna zu Praeneste darzubringen. *9* Er habe diese Gelübde für den Sieg des römischen Volkes getan. Auch möge man das Bündnis mit ihm erneuern und ihm das Gebiet überlassen, das von den Römern dem König Antiochos abgenommen worden war, und weil sie es an niemanden gegeben hätten, jetzt im Besitz der Gallier sei. Zuletzt empfahl er dem Senat seinen Sohn Nikomedes. Alle Feldherren, die in Makedonien gestanden hatten, waren für ihn. *10* Demnach wurden ihm seine übrigen Bitten gewährt. Hinsichtlich des Gebietes gaben ihm die Väter zur Antwort, sie wollten Bevollmächtigte schicken, welche die Sache untersuchen sollten. Wenn jenes Gebiet römisches Eigentum gewesen und keinem gegeben sei, so hielten sie den Prusias vor allen anderen dieses Geschenkes für würdig. *11* Habe es aber dem Antiochos nicht gehört, so gehe schon daraus hervor, dass es nicht römisches Eigentum geworden sei, oder sei es den Galliern einmal gegeben, so müsse Prusias verzeihen, wenn die Römer ihm nicht gern zur Kränkung eines Dritten etwas schenkten. *12* Selbst ein Geschenk könne dem, dem es verliehen werde, nicht angenehm sein, wenn er wisse, dass es ihm der Geber, sobald er es nötig fände, wieder nehmen werde. *13* Dass er ihnen den Nikomedes empfehle, sei ihnen angenehm. Wie eifrig die Römer die Prinzen befreundeter Könige in Schutz nähmen, davon sei Ägyptens König Ptolemaeus ein Beweis. *14* Mit dieser Antwort entließen sie den Prusias. Dann verordneten sie, ihm für 100 000 Sesterzien Geschenke zu geben und an silbernen Gefäßen 50 Pfund; *15* auch auf die Geschenke für seinen Sohn Nikomedes eine ebenso große Summe zu verwenden, als auf die dem Masgabas, dem Sohn des Masinissa, gegebenen; ferner die Opfertiere und die übrigen Erfordernisse zum Opfer sollten dem König, er möge zu Rom oder zu Praeneste opfern wollen, ebenso wie den römischen Obrigkeiten, vom Staat gegeben, ***16*** auch von der Flotte, die bei Brundisium liege, zwanzig Kriegsschiffe angewiesen werden, deren sich der König bedienen könne, ***17*** bis er die ihm geschenkte Flotte erreichte. Lucius Cornelius Scipio solle ihm nicht von der Seite gehen und jeden Aufwand für ihn und sein Gefolge bezahlen, bis er sich eingeschifft habe. ***18*** Auch dem König, sagt man, habe diese freundliche Aufnahme von Seiten der Römer außerordentliche Freude gemacht; alles, was ihm für seine Person bewilligt war, habe er bar bezahlt, seinem Sohn aber befohlen, das Geschenk des römischen Volkes anzunehmen. ***19*** Dies erzählen von Prusias unsere Schriftsteller, Polybius berichtet, der König habe sich seines so hohen Ranges sehr unwürdig benommen, sei gewöhnlich mit einem Hut auf dem Haupt und kahlgeschoren den römischen Gesandten entgegengegangen, habe ferner laut gesagt, er sei ein Freigelassener des römischen Staates und trage deswegen die Abzeichen dieses Standes. ***20*** Auch in Rom habe er sich bei seinem Eintritt in den Ratssaal niedergebückt und die Schwelle des Saales geküsst, den Senat seine rettenden Götter genannt und übrigens eine Sprache geführt, die nicht so ehrenvoll für die Zuhörer als für ihn selbst entehrend gewesen sei. ***21*** Nachdem er sich in und bei Rom ungefähr 30 Tage aufgehalten hatte, ging er in sein Reich zurück.